专利复审和无效审查决定汇编丛书

专利复审和无效审查决定汇编

（2007）

光 电（第二卷）

国家知识产权局专利复审委员会 编

知识产权出版社
全国百佳图书出版单位

图书在版编目（CIP）数据

专利复审和无效审查决定汇编．2007．光电/国家知识产权局专利复审委员会编．—北京：知识产权出版社，2015.12

ISBN 978-7-5130-1610-0

Ⅰ．①专… Ⅱ．①国… Ⅲ．①专利权法—案例—中国 Ⅳ．①D923.425

中国版本图书馆 CIP 数据核字（2012）第 246938 号

内容提要

本书汇集了专利复审委员会 2007 年作出的光电专利复审和无效审查决定及相关审查决定和司法判决（根据法律规定需要保密的除外），比较全面地反映了专利复审委员会的审查工作和人民法院专利行政案件审理工作取得的进展，对专利工作者具有一定的借鉴和指导作用，也有利于当事人及广大公众对专利复审委员会的审查工作进行监督。

责任编辑：崔开丽　　**责任校对**：董志英
责任出版：孙婷婷　　**封面设计**：品　序

专利复审和无效审查决定汇编丛书

专利复审和无效审查决定汇编（2007）

光　电（第二卷）

国家知识产权局专利复审委员会　编

出版发行：知识产权出版社有限责任公司
网　　址：http://www.ipph.cn
社　　址：北京市海淀区马甸南村 1 号（邮编：100088）
天猫旗舰店：http://zscqcbs.tmall.com
责编电话：82000860 转 8377
责编邮箱：cui_kaili@sina.com
发行电话：010-82000860 转 8101/8102
发行传真：010-82000893/82005070/82000270
印　　刷：北京中献拓方科技发展有限公司
经　　销：各大网上书店、新华书店及相关专业书店
开　　本：880mm×1230mm　1/16
印　　张：175.75
版　　次：2015 年 12 月第 1 版
印　　次：2015 年 12 月第 1 次印刷
字　　数：5062 千字
定　　价：850.00 元（全 3 卷）

ISBN 978-7-5130-1610-0

本书编委会

前　言

随着经济全球化和我国国民经济的飞速发展，专利制度在经济活动中的作用和地位越来越突出，国民的专利意识也在不断增强。目前，我国专利申请总量超过1170万件，每年专利复审与无效宣告请求案件已超过2万件，2012年达到20261件。作为专利复审和无效宣告请求案件审查的专属机构，专利复审委员会每年都要作出数以千计的审查决定。与之相应，人民法院每年要作出数百篇司法判决。每一篇审查决定和判决书都凝聚着审查员和审判人员的心血和智慧。通过审查员和审判人员结合具体案情的创作型劳动，生硬的法律条文变得鲜活和丰满，形成一笔宝贵的精神财富和公共资源，并不断有专利代理机构、专利代理人以及审查员希望专利复审委员会能够出版专利复审和无效审查决定，作为学习和工作时的重要参考资料。

除根据法律规定需要保密的外，《专利复审和无效审查决定汇编（2007）》汇集了专利复审委员会2007年作出的审查决定，包括针对相应审查决定的司法判决，以便读者了解审查决定的法律状态并对照阅读和分析。本汇编按照技术专业领域将分为8大册，共25分卷：机械（3卷）、电学（4卷）、通信（2卷）、医药（2卷）、化学（2卷）、材料（3卷）、光电（3卷）、外观设计（6卷）。因此，本汇编比较全面地反映了专利复审委员会的审查工作和人民法院专利行政案件审理工作取得的进展。

我们相信，本汇编对专利工作者具有一定的借鉴和指导作用，也有利于当事人及广大公众对专利复审委员会的审查工作进行监督。本汇编也将为推动专利复审委员会的发展，促进专利代理业务水平的提高，为《国家知识产权战略纲要》进一步实施尽微薄之力。

本书编委会

2013年8月

目　录

无效宣告请求审查决定

无效宣告请求审查决定

001

火箭筒自动点火燃气灶

无效宣告请求审查决定（第8229号）

决　定　号　第8229号
决　定　日　2006年2月8日
发明创造名称　火箭筒自动点火燃气灶
国际分类号　F24C 3/08
无效请求人　滨州市惠尔旺冷冻设备有限公司
专利权人　刘和平
申　请　号　00220166.6
申　请　日　2000年4月30日
授权公告日　2001年6月13日
合议组组长　朱文广
主　审　员　刘敏飞
参　审　员　刘瑞斌

法律依据　专利法第26条第3款，第22条第2款、第3款
决定要点
如果不同的证据之间不具有关联性，则这些证据不能构成一个完整的证据链来证明一项专利在其申请日之前已为公众所知的事实。

一、案由

本无效宣告请求涉及国家知识产权局于2001年6月13日授权公告的名称为"火箭筒自动点火燃气灶"的00220166.6号实用新型专利权（下称本专利），其申请日是2000年4月30日，专利权人是刘和平（下称被请求人）。本专利授权公告的权利要求书如下：

"1. 一种火箭筒自动点火燃气灶，它包括有炉墙及其内的炉芯，其特征在于炉芯由约束混合筒、引射混合管和喷嘴组成，约束混合筒为一空腔体，其上部通过整体连出的连接板与炉墙底面相连，引射混合管为台阶管，它固定设置在约束混合筒的底面中部，其上部长细管位于约束混合筒内，其下部短粗管位于约束混合筒底面外，且短粗管周壁上和长细管下部周壁上分别开有多个一次混合孔和二次混合孔，引射混合管的短粗管端头与喷嘴螺旋配接，对应引射混合管的长细管上部位置在约束混合筒的周壁上开有多个三次混合孔，喷嘴的进口与气源相连。

2. 根据权利要求1所述的火箭筒自动点火燃气灶，其特征在于所述引射混合管的长细管顶端不超过约束混合筒高度的二分之一。

3. 根据权利要求 1 所述的火箭筒自动点火燃气灶，其特征在于所述一次、二次、三次混合孔之间的间距相同。”

针对本专利，滨州市惠尔旺冷冻设备有限公司（下称请求人）于 2005 年 5 月 30 日向专利复审委员会提出了无效宣告请求，理由是本专利权利要求 1~3 不符合专利法第 22 条第 2、3 款的规定，并提交了如下 4 份附件作为证据：

附件 1-1：请求人声称为喷火枪实物图的复印件，共 1 页；

附件 1-2：授权公告号为 CN2401804Y 的中国实用新型专利说明书复印件，其授权公告日为 2000 年 10 月 18 日，申请日为 1999 年 9 月 17 日，申请人为金京男；

附件 1-3：授权公告号为 CN2342257Y 的中国实用新型专利说明书复印件，其授权公告日为 1999 年 10 月 6 日；

附件 1-4：授权公告号为 CN2229609Y 的中国实用新型专利说明书复印件，其授权公告日为 1996 年 6 月 19 日。

请求人认为：本专利权利要求 1-3 不具有新颖性和创造性，具体为：本专利权利要求 1~3 的技术方案与附件 1-1 所证明的公知公用的现有技术完全相同，故权利要求 1~3 不具有新颖性和创造性；附件 1-2 作为本专利的抵触申请，破坏权利要求 1-3 的新颖性；本专利权利要求 1~3 相对于附件 1-3 与附件 1-4 的结合不具有创造性。

经形式审查合格后，专利复审委员会受理了该无效请求，并于 2005 年 5 月 30 日向请求人及被请求人发出无效宣告请求受理通知书，并将请求人提交的专利权无效宣告请求书及其附件清单中所列附件副本转给了被请求人，要求被请求人在规定的期限内陈述意见。

2005 年 6 月 27 日，请求人提交了如下 9 份附件作为补充证据：

附件 1-5：浙江省慈溪市公证处（2005）浙慈证字第 399 号公证书复印件，共 6 页；

附件 1-6：浙江省慈溪市公证处（2005）浙慈证字第 400 号公证书复印件，共 8 页；

附件 1-7：慈溪奋发阀门有限公司的证明复印件，共 1 页；

附件 1-8：编号为“甬关字第 3320950067 号”的自理报关单位注册登记证明书复印件，共 2 页；

附件 1-9：出口企业退税登记证（副本）、国税甬进登字 330282614032662 号复印件，共 1 页；

附件 1-10：慈溪奋发阀门有限公司章程复印件，共 8 页；

附件 1-11：慈溪奋发阀门有限公司、宁波奋发阀们有限公司产品实物图片及照片复印件，共 3 页；

附件 1-12：宁波市鄞州姜山新发燃气具厂的证明复印件，共 1 页；

附件 1-13：实物图片复印件，共 1 页。

请求人认为，附件 1-7 至 1-10 是原慈溪市长河镇奋发五金塑料厂变更为慈溪奋发阀门有限公司的证明，附件 1-5、1-6、1-11、1-12 及 1-13 是对附件 1-1 的补充，证明在本专利申请日以前，本专利已被公知公用，从而权利要求 1-3 不具有新颖性和创造性。

针对专利复审委员会发出的无效宣告请求受理通知书，被请求人于 2005 年 7 月 12 日向专利复审委员会提交了意见陈述书，认为请求人提交的附件 1-1 缺乏证据效力，怀疑其真实性；附件 1-2 只能用于评价本专利的新颖性，但其与本专利完全不同，不能破坏本专利的新颖性；附件 1-3、1-4 与本专利相比，其结构差别更大，不能影响本专利的创造性。

本案合议组于 2005 年 8 月 23 日分别向请求人和被请求人发出口头审理通知书，定于 2005 年 10 月 20 日在专利复审委员会举行口头审理，随同口头审理通知书将请求人于 2005 年 6 月 27 日补充提交的意见陈述书及其意见陈述附件清单中所列证据副本转送给被请求人，将被请求人于 2005 年 7 月

12日提交的意见陈述书转送给请求人。

针对本专利，请求人于2005年9月6日再次向专利复审委员会提出了无效宣告请求，理由是本专利不符合专利法第26条第3款的规定、权利要求1~3不符合专利法第22条第3款的规定，并提交了如下6份附件作为证据：

附件2-1：授权公告号为CN2385221Y的中国实用新型专利说明书复印件，其授权公告日为2000年6月28日，申请日为1999年9月13日，申请人为孙昌楷；

附件2-2：授权公告号为CN2224350Y的中国实用新型专利说明书复印件，其授权公告日为1996年4月10日；

附件2-3：授权公告号为CN2129379Y的中国实用新型专利说明书复印件，其授权公告日为1993年4月7日；

附件2-4：专利号为US5647739A的美国专利说明书复印件，其授权公告日为1997年7月15日；

附件2-5：日本特开平6-137525A号专利说明书复印件，其公开日为1994年5月17日；

附件2-6：日本特开平11-304113A号专利说明书复印件，其公开日为1999年11月5日。

请求人认为：（1）本专利公开的技术内容无法达到专利权人所述的发明目的和技术效果，不符合专利法第26条第3款的规定，具体为：说明书没有说明“燃气的最完全燃烧”、“燃气所具有的最大燃烧热值得以完全利用”的技术效果是如何达到的；对于说明书中所述的“本实用新型自动点火并设有火种，操作间歇尽可放心关闭主火，比传统的油、气灶节省一半的燃料”，没有说明自动点火是如何实现的、没有披露自动点火装置的具体结构及安装位置、没有说明何为“火种”、何为“主火”、何装置可放心“关闭主火”、相对“主火”何又为“辅火”或其他的火焰、“自动点火”与“火种”或其结合如何达到“比传统的油、气灶节省一半的燃料”；权利要求1的技术方案无法达到“火焰不外拉下窜”的技术效果。（2）本专利权利要求1的全部技术特征在附件2-1和2-2中均已全部公开，故权利要求1不具有创造性，另外附件2-1或附件2-2与附件2-3至2-6中任一或二篇的组合均披露了本专利权利要求1的全部技术特征，故权利要求1不具有创造性；权利要求2的附加技术特征在附件2-1中公开，同时上述附加技术特征对本领域的技术人员来说是公知常识，并且权利要求3的附加技术特征对本领域技术人员来说是公知常识，从实质意义上说，一、二、三次混合孔之间的间距是否相同并不产生实质性的技术效果，从而权利要求2和3也不具有创造性。

经形式审查合格后，专利复审委员会受理了该无效请求，并于2005年9月6日向请求人及被请求人发出无效宣告请求受理通知书，同时将请求人提交的专利权无效宣告请求书及其附件清单中所列附件副本转给了被请求人，要求被请求人在规定的期限内提交意见陈述。

在规定的期限内，被请求人没有针对请求人于2005年9月6日提出的无效宣告请求提交意见陈述。

根据合案审理原则，合议组决定将请求人分别于2005年5月30日和2005年9月6日提出的两个无效宣告请求合案审理，并于2005年9月7日分别向请求人和被请求人发出口头审理通知书，定于2005年10月20日在专利复审委员会举行口头审理，并在口头审理通知书中告知双方当事人将编号为5W06770和5W07091的两个无效宣告请求进行合案审理，并告知请求人应最迟在口头审理当庭提交外文证据的中文译文，否则外文证据视为未提交。

口头审理如期举行，双方当事人均参加了口头审理。

对于案件编号为5W06770的无效宣告请求：

在口头审理中，（1）双方当事人对对方出席口头审理的人员的身份和资格无异议。（2）请求人明确其无效宣告请求的理由、范围和证据是：请求人认为本专利权利要求1-3不符合专利法第22条第2、3款的规定。附件1-1、1-5至1-13证明本专利权利要求1-3不具有新颖性和创造性，附件1-2影响权利要求1-3的新颖性，附件1-3、1-4组合影响权利要求1-3的创造性。3. 关于权利要求1-3相对于附件1-1、1-5至1-13的新颖性和创造性：请求人当庭提交声称附件1-1的原物作为证据。请求人认为：附件1-1及其实物的结构与本专利完全相同，附件1-5至1-6用于证明慈溪市奋发五金塑料厂在99年已经生产与本专利相同的产品，附件1-7至1-10用于证明慈溪市奋发阀门有限公司的资质和身份，附件1-11是慈溪市奋发阀门有限公司的产品样本和实物照片、附件1-12、1-13用于证明宁波鄞州姜山新发燃气具厂的销售事实。被请求人认为，附件1-1只是一张图，没有公开的时间信息；对附件1-5、1-6复印件与原件一致表示认可，但对原件的真实性有异议；认可附件1-7至1-10的真实性，但其与本专利无关；宁波市电话号码于01年5月18日升为8位，因此附件1-11的出版日期晚于本专利申请日；附件1-12是证人证言，但没有证人出庭是没有效力的；对附件1-11至1-13的真实性有异议；实物证据提交超出无效请求提交证据的期限；请求人对电话号码升位的时间不清楚。4. 关于权利要求1-3相对于附件1-2的新颖性以及相对于附件1-3和1-4的创造性：被请求人对附件1-2至1-4的真实性无异议。关于本专利相对于附件1-2的新颖性，请求人认为附件1-2没有公开“炉墙”、“通过整体连出的连接板与炉墙底面相连”、“长细管下部周壁上开有二次混合孔”。被请求人也认为上述特征没有被附件1-2公开。双方均认可附件1-2没有公开权利要求2和3的附加技术特征。关于本专利相对于附件1-3和1-4的创造性，请求人认为附件1-4中通过两次进气实现空气与燃气的混合，附件1-3中通过多次进气实现空气与燃气的混合，在这些技术启示下，本领域技术人员可以显而易见的得出本专利的技术方案。被请求人认为，附件1-4是通过鼓风机鼓风使燃烧充分，如果将鼓风机放入附件1-3中就会把火吹出灶体，因此不能组合。请求人认为，附件1-4公开了权利要求2的附加技术特征，权利要求3的附加技术特征是公知常识。被请求人不认可上述意见。5. 请求人表示已对本案充分发表意见，没有其他的无效理由、证据和事实，不再补充新的意见。被请求人已对本案充分发表了意见。

对于案件编号为5W07091的无效宣告请求：

在口头审理中，（1）双方当事人对对方出席口头审理的人员的身份和资格无异议。（2）请求人明确其无效宣告请求的理由、范围和证据是：请求人认为：本专利权利要求1-3和说明书不符合专利法第26条第3款的规定。权利要求1-3相对于附件2-3或2-2不具备创造性，当庭提交附件2-8作为公知技术的证明，证据的具体使用方式为：使用附件2-3或者附件2-2影响权利要求1的创造性，附件2-3或2-2与附件2-8结合影响权利要求2的创造性，附件2-3或2-2与附件2-4的译文部分结合影响权利要求3的创造性。放弃使用附件2-1、附件2-5和附件2-6，附件2-4只使用有译文的部分（说明书第3栏第35~38行的一句话）及附图。被请求人认为附件2-4的部分译文是当庭提交，被请求人无法核实。被请求人对附件2-2、2-3、2-4的真实性无异议，附件2-8的提交时间超出了专利法规定的期限，不应被接受。（3）关于专利法第26条第3款：请求人除坚持2005年9月6日提交的意见陈述书的意见外，进一步认为“没有操作中的损坏（电器损坏，油路堵塞）维修忧虑”的技术效果无法达到。被请求人认为点火装置是公知技术，清理维修不属于本专利技术方案的内容。（4）关于权利要求1的创造性：请求人认为，附件2-2的附图中的（2）相当于炉墙，（1）相当于约束混合筒，混合输气管（12）相当于引射混合管，（16）相当于喷嘴，（6）相当于第三次进气孔，附件2-2中没有公开台阶管，第一、二次进气孔的位置与本专利不同，但台阶管没有实质性的效果，进气孔只是实现进气，位于何处并无关系。被请求人认为，附件2-2中的（1）和（2）是同一部件，不能相当于两个部件，本专利约束混合筒与炉墙是分开的，第三进气孔是在管的周壁上而不是在底面上。请求人认为，附件2-3中没有公开本专利的炉墙、连接板、引射混合管为台阶管和长细管下部周壁上开设二次混合孔，而开设多次混合孔只是为了与空气多次混合。被请求人认为本专利权利要求1中的连接板、炉墙、二次混合孔、短粗管端头与喷嘴螺旋配接，在附件2-3中未公开，台阶管是公知的技术手段，但本专利是悬浮式火焰与附件2-3的原理不同，技术效果也不同。（5）关于权利要求2和3的创造性。请求人用附件2-3或附件2-8来证明权利要求2的附加技术特征已被公开。被请求人认为不能从附件2-3的附图中得到关于长细管顶端与约束混合筒之间高度的限定。请求人用附件2-2或2-3与附件2-4结合破坏权利要求3的创造性，其中用附件2-4来证明权利要求3的附加技术特征已经被公开，同时附件2-2或2-3也能证明权利要求3的附加技术特征已经被公开。被请求人认为附件2-2、2-3均没有公开权利要求3的附加特征，请求人对附件2-4中混合孔之间的间距相等只是根据附图的推测，并且附图上所画的混合孔间的间距并不相等。（6）请求人表示已对本案充分发表意见，没有其他的无效理由、证据和事实，被请求人表示已针对请求人的无效理由、证据和事实充分发表意见，没有其他意见需要补充。

另外，请求人在口审当庭提交了针对案件编号为5W07091的无效宣告请求的意见陈述书及附件2-8，合议组当庭将请求人提交的上述意见陈述书及附件2-8的副本转交给被请求人。请求人提交的附件2-8为：

附件2-8：授权公告号为CN2308809Y的中国实用新型专利说明书复印件，其授权公告日为1999年2月24日。

至此，合议组认为本案事实清楚，现依法作出审查决定。

二、决定的理由

1. 关于证据

请求人声称附件1-1是喷火枪实物图，并当庭提交声称为附件1-1所示的原物，请求人用附件1-5至1-6证明慈溪市奋发五金塑料厂在99年已经生产与本专利相同的产品，用附件1-7至1-10证明慈溪市奋发阀门有限公司的资质和身份，声称附件1-11是慈溪市奋发阀门有限公司的产品样本和实物照片，用附件1-12、1-13证明宁波鄞州姜山新发燃气具厂的销售事实。就此合议组认为，附件1-1仅仅是声称为喷火枪实物图的复印件，其上没有记载公开日期及其他信息，因此无法核实该附件1-1的真实性及与其他附件的关联性。附件1-5和附件1-6是公证书，其公证的内容均是慈溪市奋发五金塑料厂的图纸的复印件与原件相符，但在图纸上没有记载图纸所示部件的公开日期，并且也没有其他证据证明图纸所示部件的公开使用日期。附件1-7是慈溪奋发阀门有限公司出具的慈溪市长河镇奋发五金塑料厂更名为慈溪奋发阀门有限公司的证明。附件1-8至附件1-10仅是证明慈溪市奋发阀门有限公司的资质和身份。附件1-11是请求人声称的公司产品实物图片及照片复印件，在没有其他证据作为佐证的情况下，其真实性无法得到确认，并且其上也没有记载其所示实物的公开使用日期。由于无法证实附件1-1、附件1-11的真实性，而附件1-1、附件1-5、附件1-6、附件1-11所记载部件的公开使用日期无法得到确认，并且附件1-7至附件1-10仅是证明了公司的资质和身份，从而附件1-1、附件1-5至附件1-11不能形成完整的证据链来证明本专利在申请日之前已经公开。附件1-12中没有给出关于所售喷火枪结构的记载，而附件1-13仅是实物照片，在没有其他证据作为佐证的情况下，其真实性无法得到确认，并且附件1-12与附件1-13均没有给出任何互相关联的信息，因此无法证明附件1-12与附件1-13之间的关联性，附件1-12和附件1-13也不能形成完整的证据链来证明本专利在申请日之前已经被公开。

附件1-2是中国实用新型专利说明书，其申请日为1999年9月17日，授权公告日为2000年10月18日，专利权人为金京男，从而对于本专利来说，附件1-2属于由他人向国务院专利行政部门提出的申请日在前，公开日在后的专利申请文件，并且被请求人对其真实性无异议，因此附件1-2只能用来评价本专利的新颖性。

附件1-3、附件1-4、附件2-2、附件2-3都是中国实用新型专利，其公开日均在本专利申请日之前，被请求人对其真实性无异议，因此合议组认为其上记载的内容可以作为本专利的现有技术。

附件2-4是美国专利说明书，其公开日早于本专利的申请日，被请求人对其真实性无异议，因此附件2-4可以作为本专利的现有技术使用。请求人在口审当庭提交了附件2-4所使用部分，即：说明书第3栏第35至38行的一句话的中文译文“空气通过通道30、31、32A和32B从空气腔进入喷嘴与喷嘴中的燃料流进行混合”，合议组经核实接受该译文，附件2-4所公开的内容以此译文为准。

请求人在口审当庭提交了附件2-8，由于该附件2-8属于在提出无效宣告请求之日起一个月后提交的新证据，因此根据专利法实施细则第66条的规定，合议组对该附件2-8不予考虑。

请求人放弃附件2-1、附件2-5和附件2-6，因此合议组对上述附件不再进行审查和评述。

2. 关于专利法第26条第3款

根据专利法第26条第3款的规定，说明书应当对发明或者实用新型作出清楚、完整的说明，以所属技术领域的技术人员能够实现为准。

请求人认为，本专利公开的技术内容无法达到专利权人所述的发明目的和实现其技术效果，所属技术领域的技术人员无法实现，故不符合专利法第26条第3款的规定。

合议组认为，本专利说明书中对构成燃气灶的各部分的结构和彼此之间的相互位置关系作出了清楚、完整的说明，使得所属技术领域的技术人员按照说明书记载的内容，不需要花费创造性的劳动，就能够再现该实用新型的技术方案，并且本专利通过一次、二次、三次混合孔使空气与气体燃料混合，促进了空气与燃料的充分混合，以及燃料的充分燃烧，从而解决了技术问题，取得了一定的有益效果。因此，合议组认为本专利符合专利法第26条第3款的规定。

3. 关于新颖性和创造性

根据专利法第22条第2款的规定，新颖性是指在申请日以前没有同样的发明或者实用新型在国内外出版物上公开发表过、在国内公开使用过或者以其他方式为公众所知，也没有同样的发明或者实用新型由他人向国务院专利行政部门提出过申请并且记载在申请日以后公布的专利申请文件中。

根据专利法第22条第3款的规定，创造性是指同申请日以前已有的技术相比，该发明有突出的实质性特点和显著的进步，该实用新型有实质性特点和进步。

请求人认为，附件1-1、1-5至1-13证明本专利权利要求1-3不具有新颖性和创造性，附件1-2影响权利要求1-3的新颖性，附件1-3、1-4组合影响权利要求1-3的创造性，附件2-3或者附件2-2影响权利要求1的创造性，附件2-3或2-2与附件2-8结合影响权利要求2的创造性，附件2-3或2-2与附件2-4的译文部分结合影响权利要求3的创造性。

如上所述，附件1-1、1-5至1-13不能证明本专利在申请日之前已经公开，因此附件1-1、1-5至1-13不能破坏本专利权利要求1-3的新颖性和创造性。

附件1-2公开了一种喷射型燃气灶，在灶体上垂直装有若干个喷射装置，喷射装置由下部喷头、喷射管和空气管组成，下部喷头与灶体相接，空气管连接在下部喷头和喷射管之间，这些管体均为中空结构，喷射管和空气管上围绕其外周开有若干个空气孔，喷射管内设有台阶，喷头安装在其上。

将附件1-2与本专利权利要求1相比较，附件1-2没有公开权利要求1中的特征“炉墙”、“通过整体连出的连接板与炉墙底面相连”、“长细管下部周壁上开有二次混合孔”，并且请求人和被请求人也认为上述特征没有被附件1-2公开。从而附件1-2公开的技术方案与本专利权利要求1实质上不同，权利要求1相对于附件1-2具备新颖性，符合专利法第22条第2款的规定。

由于从属权利要求2、3引用权利要求1，因此从属权利要求2、3相对于附件1-2也具备新颖性，符合专利法第 22 条第 2 款的规定。

附件 1-3 中公开了一种灶头发火碗，发火碗的碗体上分布有孔眼，碗体外底部带有进气管，碗体内碗底中间部位凸起，其上有多个进风孔，凸起部位的中心为出气孔。

附件 1-4 中公开了一种多级助燃隔热燃气灶，在灶体下方设置内套，两者锥面相吻合，形成混合腔，内套周向均布通气槽，燃气由进气管输入，进气管、喷嘴与内套螺接形成燃气管道，燃料经喷嘴上的喷孔进入混合腔。

将本专利权利要求 1 与附件 1-3、附件 1-4 相比较，附件 1-3 和附件 1-4 均没有公开本专利权利要求 1 中的下述区别技术特征：引射混合管的下部短粗管位于约束混合筒底面外，且短粗管周壁上和长细管下部周壁上分别开有多个一次混合孔和二次混合孔，并且附件 1-3 和附件 1-4 也没有给出得出上述区别技术特征的技术启示，而上述区别技术特征取得了促进空气与燃料充分混合的有益效果，因此权利要求 1 相对于附件 1-3 和附件 1-4 的结合具备创造性，符合专利法第 22 条第 3 款的规定。

由于从属权利要求 2、3 引用权利要求 1，因此从属权利要求 2、3 相对于附件 1-3 和附件 1-4 的结合也具备创造性，符合专利法第 22 条第 3 款的规定。

附件 2-2 公开了一种石油气炉，将燃烧盘 2 套在混合输气管 12 上，把混合输气管 12 的出气口插入空心圆锥台体 4 的进气口 7 内，角阀 16 与混合输气管 12 联接，该石油气炉还具有燃烧盘斜折槽 1、燃烧盘三次进气孔 6、一次进气孔 15 和二次进气孔 14。

附件 2-4 中公开了一种燃烧器，空气通过通道 30、31、32A 和 32B 从空气腔进入喷嘴与喷嘴中的燃料流进行混合。

将本专利权利要求 1 与附件 2-2 和附件 2-4 相比较，附件 2-2 和附件 2-4 均没有公开权利要求 1 中的下述区别技术特征：约束混合筒上部通过整体连出的连接板与炉墙底面相连，引射混合管上部长细管位于约束混合筒内，长细管下部周壁上开有多个二次混合孔。由于附件 2-2 和附件 2-4 中既没有公开上述区别技术特征，也没有给出得出上述区别技术特征的技术启示，并且上述区别技术特征使本专利权利要求 1 所保护的技术方案取得了促进空气与燃料充分混合的有益效果，因此权利要求 1 相对于附件 2-2 或者附件 2-2 与附件 2-4 的结合均具备创造性，符合专利法第 22 条第 3 款的规定。

由于从属权利要求 2、3 引用权利要求 1，因此从属权利要求 2、3 相对于附件 2-2 或者附件 2-2 和附件 2-4 的结合也具备创造性，符合专利法第 22 条第 3 款的规定。

附件 2-3 公开了一种混合燃烧器，由本体、螺管、燃烧头构成，本体的上端沿径向延伸形成较大的外径，且在其内部设有环状的凹槽，用来容纳燃烧头，凹槽上形成一圆锥台体，本体下方壁面圆周之数等分位置上，分别沿径向设置气孔，螺管与本体螺接在一起，在燃烧头下部之壁面圆周之数等分位置上，沿径向方向设置辅助气孔。

将本专利权利要求 1 与附件 2-3 相比较，附件 2-3 没有公开权利要求 1 中的下述区别技术特征：炉墙、约束混合筒上部通过整体连出的连接板与炉墙底面相连，引射混合管上部长细管位于约束混合筒内，长细管下部周壁上开有多个二次混合孔。并且如上所述，附件 2-4 也没有公开上述区别技术特征。由于附件 2-3 和附件 2-4 中既没有公开上述区别技术特征，也没有给出得出上述区别技术特征的技术启示，并且上述区别技术特征使本专利权利要求 1 所保护的技术方案取得了促进空气与燃料充分混合的有益效果，因此权利要求 1 相对于附件 2-3 或者附件 2-3 与附件 2-4 的结合均具备创造性，符合专利法第 22 条第 3 款的规定。

由于从属权利要求 2、3 引用权利要求 1，因此从属权利要求 2、3 相对于附件 2-3 或者附件 2-3 和附件 2-4 的结合也具备创造性，符合专利法第 22 条第 3 款的规定。

由于附件 2-8 属于在提出无效宣告请求之日起一个月后提交的新证据，合议组对该附件 2-8 不予考虑，因此请求人提出的附件 2-3 或 2-2 与附件 2-8 结合影响权利要求 2 的创造性的主张，合议组不予支持。

综上所述，本专利符合专利法第 26 条第 3 款的规定，本专利权利要求 1-3 相对于请求人提交的证据符合专利法第 22 条第 2、3 款的规定。

至此，合议组依法作出如下审查决定。

三、决定

维持 00220166.6 号实用新型专利权有效。

当事人对本决定不服的，可以根据专利法第 46 条第 2 款的规定，自收到本决定之日起三个月内向北京市第一中级人民法院起诉。根据该款的规定，一方当事人起诉后，另一方当事人应当作为第三人参加诉讼。

002

焖烧锅

无效宣告请求审查决定（第8244号）

决　定　号 第8244号
决　定　日 2006年2月15日
发明创造名称 焖烧锅
国际分类号 A47J27/00
无效宣告请求人 顺德市怡达电器实业有限公司
专　利　权　人 沈立华
申　请　号 99209579.4
申　请　日 1999年4月27日
授权公告日 2001年6月20日
合议组组长 朱文广
主　审　员 刘敏飞
参　审　员 刘　凡

法律依据 专利法第22条第2款、第3款
决定要点

如果一项权利要求请求保护的技术方案与现有技术所公开的技术方案相比其技术领域、所要解决的技术问题和技术方案实质上相同，预期效果相同，则其相对于该现有技术不具备新颖性。

一、案由

本无效宣告请求涉及中华人民共和国国家知识产权局于2001年6月20日授权公告的、名称为“焖烧锅”的实用新型专利权（下称本专利），其申请号是99209579.4，申请日是1999年4月27日，专利权人是沈立华（下称被请求人）。本专利授权公告的权利要求书如下：

“1. 一种焖烧锅，其特征是所述的焖烧锅的上部有一个盖或者罩（1），下部具有壳体（2），它们相连，壳体（2）内具有腔体（3）。

2. 根据权利要求1所述的焖烧锅，其特征是所述的焖烧锅的外壳体的盖或者罩（1），是焖烧锅背后部的盖或者罩（1）。

3. 根据权利要求1所述的焖烧锅，其特征是所述的焖烧锅的外壳体的盖或者罩（1），是焖烧锅的外壳体上部的盖或者罩（1）和焖烧锅的外壳体的背后部的盖或者罩（1）。

4. 根据权利要求1或2或3所述的焖烧锅，其特征是所述的焖烧锅的外壳体内有内锅，内锅具有壳体（4），壳体（4）内具有腔体（5）。

5. 根据权利要求 1 或 2 或 3 所述的焖烧锅，其特征是所述的焖烧锅的外壳体内有内锅，内锅具有盖（6）壳体（7），它们相连，壳体（7）内具有腔体（8）。

6. 根据权利要求 1 或 2 或 3 所述的焖烧锅，其特征是所述的焖烧锅的腔体（3）的数量是 1 个，腔体（5）腔体（8）的数量是 1~20 个，腔体（3）腔体（5）腔体（8）的内径都在 10 毫米以上。

7. 根据权利要求 1 或 2 或 3 所述的内锅，其特征是所述的内锅，设置有提手（9），在内锅壳体上设置有“中间装置”（10），在“中间装置”（10）上，再设置提手（9）。

8. 根据权利要求 1 或 2 或 3 所述的外锅，其特征是所述的外锅，设置有提手（11），其位置，设置在壳体（2）盖或者罩（1）上。

9. 根据权利要求 1 或 2 或 3 所述的外锅，其特征是所述的外锅的盖或者罩（1）与壳体（2）上，设置锁定装置（12）。

10. 根据权利要求 5 所述的盖（6），其特征是所述的盖（6）上，设置有提手（13）。

11. 根据权利要求 1 或 2 或 3 所述的焖烧锅，其特征是所述的焖烧锅，在外锅的盖或者罩（1）的内部或盖或者罩（1）与内锅盖（6）之间，设置有保温体（14）；保温体（14）是实体；或者是空心体；或者是实体与空心体的混合间隔结构；或者在空心体（15）内，设置有保温室（16）装置。

12. 根据权利要求 11 所述的焖烧锅，其特征是所述的焖烧锅的保温室（16）装置的数量是 1 个，或者是 2 个……在 1 亿个以内，在大小上，其内径为 10 毫米以上，或者是 10 毫米。

13. 根据权利要求 11 所述的焖烧锅，其特征是所述的焖烧锅的保温室（16）装置的大小，是其内径在 10 毫米以下的，是小气孔或者是微小气孔。

14. 根据权利要求 1 或 2 或 3 所述的焖烧锅，其特征是所述的焖烧锅的壳体（2），是中间层为抽真空或空气层的双层不锈钢壳体（2）。”

针对本专利，广东美的电饭煲制造有限公司于 2003 年 6 月 19 日向专利复审委员会提出了无效宣告请求。专利复审委员会受理了该无效宣告请求，于 2004 年 2 月 16 日举行了口头审理，并于 2005 年 2 月 28 日向双方当事人发出了第 6896 号无效宣告请求审查决定书，目前该决定为生效决定。该决定宣告本专利权利要求 2、3 以及权利要求 4~14 引用权利要求 2、3 的部分，以及权利要求 1、权利要求 14 引用权利要求 1 的部分中附加技术特征为“所述焖烧锅的壳体（2），是中间层为空气层的双层不锈钢壳体（2）”的技术方案无效，在权利要求 4~13 引用权利要求 1 的部分以及权利要求 14 引用权利要求 1 的部分中附加技术特征为“所述的焖烧锅的壳体（2），是中间层为抽真空双层不锈钢壳体（2）”的技术方案的基础上维持专利权有效。

针对本专利，顺德市怡达电器实业有限公司（下称请求人）于 2005 年 1 月 28 日向专利复审委员会提出了无效宣告请求，理由是本专利不符合专利法第 22 条第 2、3 款的规定，请求人提交如下 3 份附件作为证据：

附件 1-2：授权公告号为 CN2246978Y 的中国实用新型专利说明书，授权公告日为 1997 年 2 月 12 日；

附件 1-3：授权公告号为 CN2255799Y 的中国实用新型专利说明书，授权公告日为 1997 年 6 月 11 日；

附件 1-4：授权公告号为 CN2364803Y 的中国实用新型专利说明书，专利权人为王晓东，申请日为 1999 年 1 月 27 日，授权公告日为 2000 年 2 月 23 日。

请求人认为：上述三份附件都在 1999 年 4 月 27 日前公开了涉案专利独立权利要求 1 的所有必要技术特征，因此可以明确的指出涉案专利权利要求 1 不具有新颖性和创造性；同时三份附件都公开了涉案专利的权利要求 2、3、4、5、8、9、10、14 的技术特征；对于涉案专利权利要求 6 所描述的内锅腔体的数量可以是一个到二十个的特征，附件1-2在其权利要求3中明确指出，内锅最好为子母型的大小锅，其目的是为了实现同时烹调不同的食物或供给某种需要，节省能源。该项特征的本质也可以说是把内锅的腔体分成为两个或以上，所以涉案专利的技术是该技术的等同替换，普通的技术人员无需付出创造性的劳动就可以实现。同时，把锅内分成不同的腔体的技术已经是公知公用技术，不是某个个人所垄断的专利技术。至于权利要求7、11、12、13所记载的技术特征也都是公知技术，不具有创造性。特别是权利要求12所记载的技术特征，其根本不可实施。

经形式审查合格后，专利复审委员会受理了该无效请求，并于2005年1月28日将无效请求书及其附件清单所列附件副本转给了被请求人，并要求被请求人在规定的期限内陈述意见。

2005年2月2日，请求人提交了意见陈述书，并提交了如下7份附件作为补充证据：

附件2-1：授权公告号为CN2239211Y的中国实用新型专利说明书，授权公告日为1996年11月6日；

附件2-2：公告号为CN2084764U的中国实用新型专利申请说明书，公告日为1991年9月18日；

附件2-3：公告号为CN2086563U的中国实用新型专利申请说明书，公告日为1991年10月16日；

附件2-4：编号为00923020的广东省增值税专用发票复印件、编号为00451463的广东增值税专用发票复印件、编号为0065028的增值税专用发票销货清单复印件；

附件2-5：顺德市产品质量监督检验所盖章的检验报告，共6页复印件；

附件2-6：中国电工产品认证委员会盖章的电工产品认证合格证书（正本），共2页复印件；

附件2-7：中国家用电器检测所盖章的安全认证检测报告第1、2页，共2页复印件。

请求人认为，附件2-1、2-2、2-3都公开了涉案专利的技术特征，证明了涉案专利所要保护的技术方案没有创造性，系公知技术。同时，附件2-4、2-5、2-6、2-7证明了涉案产品在涉案专利申请日前就已经公开销售，也证明了涉案专利不具有新颖性。因此，申请人认为涉案专利不具有新颖性和创造性。

合议组于2005年2月18日收到被请求人关于专利复审委员会于2004年12月9日发出的结案通知书的意见陈述书，被请求人先后于2005年3月23日、2005年6月4日提交了意见陈述书。

合议组于2005年9月26日向请求人和被请求人发出口头审理通知书，定于2005年11月8日在专利复审委员会举行口头审理，并将请求人于2005年2月2日提交的意见陈述书及其附件清单所列附件副本转给了被请求人，将专利复审委员会于2005年2月28日发出的第6896号无效宣告请求审查决定书复印件共10页转送给请求人。

被请求人于2005年10月4日提交了意见陈述书，说明将口头审理通知书回执邮寄给专利复审委员会。

2005年10月5日，被请求人提交了无效宣告请求口头审理通知书回执，表示不能参加口头审理。

2005年10月6日，被请求人提交了上海市邮政局发票联复印件。2005年10月8日，被请求人提交了意见陈述书，对专利复审委员会第6896号无效宣告请求审查决定书及专利复审委员会受理顺德市怡达电器实业有限公司的无效宣告请求人陈述了意见。2005年10月12日，被请求人提交了上海市邮政局发票联复印件1页和意见陈述书，说明将修改后的权利要求书和说明书邮寄给专利复审委员会。

2005年10月12日，被请求人提交了权利要求书和说明书的修改替换页以及印有上海超感贸易有限公司发票专用章的收据复印件1页，其中，对于权利要求书，被请求人仅对权利要求1进行了修改，修改后的权利要求1如下：

“1. 一种焖烧锅，其特征是所述的焖烧锅的上部有一个盖或者罩（1），下部具有壳体（2），它们以嵌连连结方式相连，壳体（2）内具有腔体（3）”。

口头审理如期举行，请求人参加了口头审理，被请求人没有参加口头审理。

在口头审理中，（1）请求人对合议组成员无回避请求。（2）请求人明确其无效宣告请求的理由、证据和范围是：请求人补充权利要求4~14不符合专利法实施细则第21条第2款规定的理由，具体为：外锅壳体和盖上没有保温结构，缺少实现焖烧功能的技术方案。补充权利要求6不符合专利法第26条第4款的理由，具体为：腔体数量得不到说明书支持。补充权利要求7不符合专利法第26条第4款的理由，具体为：中间装置在说明书中没有清楚的限定，得不到说明书支持。补充权利要求11不符合专利法实施细则第20条第1款规定的理由，具体为：其所引用的权利要求1中没有对内盖和内锅的限定。补充权利要求12不符合专利法实施细则第20条第1款的规定，具体为：权利要求11不清楚，所以其从属权利要求12也不清楚。补充权利要求12不符合专利法第26条第4款的规定，具体为：权利要求12中的特征“在1亿个以内，在大小上，其内径为10毫米以上，或者是10毫米”在说明书中没有相应说明，得不到支持，并且保温室在1亿个以内是不可实施的。补充权利要求13不符合专利法实施细则第20条第1款的规定，以及不符合专利法第26条第4款的规定，具体为：权利要求13中对保温室内径在10毫米以下、是小气孔或者是微小气孔的限定不完整，并且在说明书中也没有记载。请求人未提交附件2-4至2-7的原件，合议组当庭告知请求人附件2-4至2-7不能形成证据链。权利要求4相对附件1-2、1-3、1-4或2-1均不具有新颖性；权利要求4相对附件1-2、1-3、2-1不具有创造性，其中附件1-2是最接近的对比文件。权利要求5相对附件1-2、1-3、2-1不具有新颖性和创造性。权利要求6相对附件1-2不具有新颖性，附件1-2是最接近的对比文件，权利要求6相对附件1-2分别与附件1-3、附件2-1的结合不具有创造性。权利要求7相对附件1-3不具有新颖性，相对附件1-2、1-3的结合不具有创造性。权利要求8中，当提手设置在壳体上时，相对附件2-3不具有新颖性、相对附件2-3和1-2、1-3、2-1的结合不具有创造性，当提手设置在盖上时，相对附件1-2、1-3、1-4、2-1不具有新颖性和创造性。权利要求9相对附件1-2、2-1不具有新颖性和创造性。权利要求10相对附件1-2、1-3、2-1不具有新颖性和创造性。权利要求11中，当保温体设置在外锅的盖或罩的内部时，相对附件1-2、1-3、1-4不具有新颖性，当保温体设置在盖或者罩与内锅盖之间时，相对附件2-1不具有新颖性，权利要求11相对附件1-2、1-3、2-1不具有创造性。权利要求12相对附件1-2、1-3、2-1不具有新颖性和创造性。权利要求13相对附件1-2、1-3、2-1不具有新颖性和创造性。权利要求14相对附件1-3、2-1不具有新颖性和创造性。

2005年11月8日，被请求人提交了意见陈述书，对专利复审委员会第6896号无效宣告请求审查决定陈述了意见。

2005年12月28日，合议组向被请求人发出无效宣告请求审查通知书，告知被请求人其于2005年10月12日提交的权利要求书和说明书的修改替换页不能被接受，并将口头审理的内容告知被请求人，要求其在指定的期限内陈述意见，并且随同此无效宣告请求审查通知书，将口头审理记录表（附页）的复印件转送给被请求人。

被请求人于2006年1月12日提交了意见陈述书，指出其已在2005年5月1日向北京第一中级人民法院就第6896号无效宣告请求审查决定书提出诉讼。

2006年1月13日，被请求人再次提交了意见陈述书以及上海市邮政局发票联复印件。

2006年1月14日，被请求人又提交了意见陈述书，认为本专利的授权日在2001年7月1日以后，因此不适用2001年7月1日以后施行的专利法、专利法实施细则法律规定，其提交的修改文本应当被接受；保温室在1亿个以内，只是一个数限；权利要求13中，对保温室内径在10毫米以下，是小气孔或者是微小气孔，在说明书中第5页有限定；附件1-2、1-3、1-4或2-1中，盖与壳体，它们不是以嵌连相连的技术特征，无修改后的独立权利要求 1 的技术方案，请求人的证据不足以提供有盖、壳体以嵌连相连技术特征在内的修改后权利要求 1 的技术方案；请求人未提交附件 2-4 至 2-7 的原件；附件 2-2、2-3 中，它们的盖、壳体不是嵌连关系，也没有记载它们相连方式的文字证据。

2006 年 1 月 14 日，被请求人又提交了意见陈述书以及上海市邮政局发票联复印件。

至此，合议组认为本案事实清楚，现依法作出审查决定。

二、决定的理由

1. 关于文本

本案合议组经审查认为，虽然被请求人在意见陈述中声称，其已在 2005 年 5 月 1 日向北京第一中级人民法院就第 6896 号无效宣告请求审查决定书提出诉讼，但专利复审委员会至今并未收到由北京市第一中级人民法院发出的关于第 6896 号无效宣告请求的双方当事人对该决定提出诉讼的通知，因此第 6896 号决定为生效判决。

国家知识产权局第 78 号公告《施行修改后专利法及其实施细则的过渡办法》规定：2001 年 7 月 1 日之前提出的专利申请和根据该申请授予的专利权，除另有规定的以外，自 2001 年 7 月 1 日起也适用修改后的专利法及其实施细则。本专利的授权公告日为 2001 年 6 月 20 日，由于没有其他的规定指出在 2001 年 7 月 1 日前申请并授予的专利权，在无效宣告请求程序中，审查修改是否被允许应该适用修改前的专利法及其实施细则，因此根据第 78 号公告的规定，本无效宣告请求的审查应该适用修改后的专利法及其实施细则的规定。此外，修改前后的专利法实施细则虽然对无效程序中专利权人修改专利文件的规定有所不同，但是修改前的审查指南对这一问题进行了明确的规定，在是否可以引入未包含在原权利要求中的技术特征以及修改仅可以针对权利要求书进行的问题上，修改前的审查指南与修改后的专利法实施细则及审查指南的规定是一致的。

根据专利法实施细则第 68 条规定：在无效宣告请求的审查过程中，发明或者实用新型专利的专利权人可以修改其权利要求书，但是不得扩大原专利的保护范围。发明或者实用新型专利的专利权人不得修改专利说明书和附图，外观设计专利的专利权人不得修改图片、照片和简要说明。而审查指南第四部分第三章第 5.4 节对无效宣告程序中对专利文件的修改进行了如下规定："发明或者实用新型专利文件的修改仅限于权利要求书，其原则是……一般不得增加未包含在授权的权利要求书中的技术特征。修改权利要求书的具体方式一般限于权利要求的删除、合并和技术方案的删除。"被请求人对权利要求书进行了修改，将"以嵌连连结方式"补充到权利要求 1 中，而上述增加的技术特征，是授权公告的权利要求书中未记载的，并且这样的修改方式也不属于审查指南所规定的修改方式，因此被请求人对权利要求的上述修改不符合专利法实施细则及审查指南的上述规定，不能被接受。由于专利法实施细则以及审查指南都规定了在无效程序中，被请求人不能对说明书进行修改，因此，被请求人提交的对说明书的修改不能被接受。因此本次无效宣告请求所针对的文本仍以专利复审委员会第 6896 号无效宣告审查决定维持有效的权利要求为基础，即在本专利权利要求 4~13 引用权利要求 1 的部分以及权利要求 14 引用权利要求 1 的部分中附加技术特征为"所述的焖烧锅的壳体（2），是中间层为抽真空双层不锈钢壳体（2）"的技术方案的基础上进行审查。

2. 关于证据

请求人提交的作为证据的附件 1-2、1-3、1-4、2-1、2-2、2-3 是中国实用新型专利说明书，被请求人对上述附件没有提出异议。其中附件 1-2、1-3、2-1、2-2、2-3 的公开日均在本专利的申请日之前，因此其上记载的内容可以构成本专利的现有技术；附件 1-4 为中国实用新型专利说明书，其申请日为 1999 年 1 月 27 日，授权公告日为 2000 年 2 月 23 日，专利权人为王晓东，从而对于本专利来说，附件 1-4 属于由他人向国务院专利行政部门提出的申请日在前，公开日在后的专利申请文件，只能用来评价本专利的新颖性。由于请求人没有提交附件 2-4 至附件 2-7 的原件，从而附件 2-4 至附件 2-7 的真实性无法得到确认，因此合议组不予采信。

3. 关于新颖性和创造性

根据专利法第 22 条第 2 款的规定，新颖性是指在申请日以前没有同样的发明或者实用新型在国内外出版物上公开发表过、在国内公开使用过或者以其他方式为公众所知，也没有同样的发明或者实用新型由他人向国务院专利行政部门提出过申请并且记载在申请日以后公布的专利申请文件中。

根据专利法第 22 条第 3 款的规定，创造性是指同申请日以前已有的技术相比，该发明有突出的实质性特点和显著的进步，该实用新型有实质性特点和进步。

根据专利法实施细则第 21 条第 3 款的规定，从属权利要求应当用附加的技术特征，对引用的权利要求作进一步限定。从而，从属权利要求的技术方案应当是由其引用权利要求的全部技术特征与该从属权利要求的附加技术特征组成。本案中，由于权利要求 4~14 均是从属权利要求，因此它们的技术方案应当是由其引用权利要求的全部技术特征与其附加技术特征组成，在进行新颖性和创造性判断时，应当将从属权利要求的整体技术方案与对比文件进行对比。

附件 1-2 公开了一种焖烧锅，其上部有一个保温盖 2，下部具有保温外壳体 1，它们相连，保温外壳体内具有腔体和内锅 3，内锅具有金属锅盖 6 和壳体，它们相连，壳体内具有腔体。

将权利要求 4 与附件 1-2 相比较，附件 1-2 中的保温盖、保温外壳体、腔体和内锅分别相当于本专利权利要求 4 中的盖或者罩、外壳体、腔体和内锅，因此权利要求 4 中的全部技术特征均已被附件 1-2 公开，并且两者的技术领域相同，技术方案相同，能够取得相同的技术效果，所以权利要求 4 相对于附件 1-2 不具有新颖性，不符合专利法第 22 条第 2 款的规定。

权利要求 5 与权利要求 4 相比较，其区别在于：内锅具有盖（6），盖（6）与壳体（7）相连。而附件 1-2 中已经公开了内锅 3 具有金属锅盖 6，且与内锅壳体相连的技术方案。因此权利要求 5 的全部技术特征也已经被附件 1-2 公开，两者的技术领域相同，技术方案相同，能够取得相同的技术效果，所以权利要求 5 相对于附件 1-2 不具有新颖性，不符合专利法第 22 条第 2 款的规定。

如上所述，附件 1-2 公开了本专利中的盖或者罩、壳体、壳体的腔体和内锅，并且还公开了保温外壳体内的腔体数量是 1 个，内锅 3 的腔体数量为 2 个的技术方案。虽然附件 1-2 中没有对保温外壳体内的腔体和内锅的腔体的内径作出限定，但是为了能够满足日常生活中烹调食物的需要，其保温外壳体内的腔体和内锅的腔体的内径必然都在 10 毫米以上。因此权利要求 6 的全部技术特征也已经被附件 1-2 公开，两者的技术领域相同，技术方案相同，能够取得相同的技术效果，所以权利要求 6 相对于附件 1-2 不具有新颖性，不符合专利法第 22 条第 2 款的规定。并且即便附件 1-2 中没有明确记载保温外壳体内的腔体和内锅的腔体的内径都在 10 毫米以上，但是本领域技术人员为了达到烹调一定体积的食物的目的，很容易想到将外壳体内的腔体和内锅腔体的内径设置成在 10 毫米以上，而将内锅腔体的数量设置成 1~20 个，也是本领域技术人员为了满足同时烹调多种食物的需要而很容易想到的，因此权利要求 6 的技术方案也不具有实质性特点和进步，不符合专利法第 22 条第 3 款关于创造性的规定。

附件 1-3 中公开了一种不锈钢真空保温锅，其上部有一个外盖 3，下部具有外锅体 1，它们相连，外锅体具有腔体，在外锅体内具有内锅体 2，内锅体设置有内锅手柄 9。

将权利要求 7 与附件 1-3 相比较，附件 1-3 中的外盖、外锅体、腔体、内锅体和内锅手柄分别相当于权利要求 7 中的盖或者罩、壳体、腔体、内锅和提手，所不同的是，权利要求 7 中的提手是设置在内锅壳体上设置的“中间装置”上。而本领域技术人员为了有效阻断内锅壳体的热量向提手的传递，进而达到防止提手烫手的目的，很容易想到在内锅壳体上设置中间装置，并把提手设置在中间装置上。因此，权利要求 7 不具有实质性特点和进步，不符合专利法第 22 条第 3 款的规定。

权利要求 8 实际上包括两个技术方案：方案①提手设置在壳体（2）上。方案②提手设置在盖或者罩（1）上。

如上所述，附件 1-2 公开了本专利中的盖或者罩、壳体和壳体的腔体，并且还公开了在保温盖上设置有提手的技术方案，因此附件 1-2 公开了权利要求 8 的方案②的全部技术特征，因此权利要求 8 的方案②不具有新颖性，不符合专利法第 22 条第 2 款的规定。

附件 2-3 公开了一种电饭锅，其在锅体 2 上设置有提手。从而附件 2-3 给出了将提手设置在壳体上的技术启示，本领域技术人员在附件 1-2 的基础上结合附件 2-3 得出权利要求 8 的方案①的技术方案是不需花费创造性劳动的，因此权利要求 8 的方案①不具有创造性，不符合专利法第 22 条第 3 款的规定。

如上所述，附件 1-2 公开了本专利中的盖或者罩、壳体和壳体的腔体，并且附件 1-2 中的焖烧锅在其保温外壳体 1 与保温盖 2 上，还设置卡钩开关结构。可见，权利要求 9 的全部技术特征也已经被附件 1-2 公开，因此权利要求 9 不具有新颖性，不符合专利法第 22 条第 2 款的规定。

权利要求 10 引用权利要求 5。由于附件 1-2 中还公开了在金属锅盖 6 上设置有提手，因此，附件 1-2 也公开了权利要求 10 的全部技术特征。当其引用的权利要求 5 不具有新颖性时，该权利要求 10 也不具有新颖性，不符合专利法第 22 条第 2 款的规定。

附件 2-1 中公开了一种焖烧锅，其上部有一个外盖 A13，下部具有外锅隔热本体 A2，它们相连，外锅隔热本体内具有腔体，在外盖的内部具有保温隔热层 A14，保温隔热层可为真空断热结构式、灌注隔热性 PU 发泡体、充填隔热性软木材或其他隔热性佳的低导温系数材质所形成的保温隔热结构，内锅金属本体 B1 上设有内锅上盖 B6。

将附件 2-1 与权利要求 11 相比较，附件 2-1 中的外盖、外锅隔热本体、腔体、内锅上盖、保温隔热层、真空断热结构式或灌注隔热性 PU 发泡体、软木材分别相当于权利要求 11 中的盖或者罩、壳体、腔体、内锅盖、保温体、空心体、实体，而 PU 发泡体中的小气孔或者是微小气孔就相当于该权利要求 11 中的保温室。可见，权利要求 11 与附件 2-1 的区别在于：保温体设置在盖或者罩与内锅盖之间，保温体是实体与空心体的混合间隔结构。由于将附件 2-1 中设置在外盖内的保温隔热层改为设置在外盖与内锅盖之间，从而起到同样的保温、隔热作用，对领域技术人员来说是不需花费创造性劳动就能够想到的；并且附件 2-1 中公开了保温隔热层可为真空断热结构式、PU 发泡体、软木材或其他隔热性佳的低导温系数材质所形成的保温隔热结构，从而本领域技术人员能够从中得到启示，容易想到使保温隔热层采用软木材与真空断热结构式或 PU 发泡体的混合间隔结构，即：使保温隔热层成为实体与空心体的混合间隔结构，来达到保温、隔热的目的。因此，权利要求 11 不具有实质性特点和进步，不符合专利法第 22 条第 3 款的规定。

权利要求 12 引用权利要求 11。在附件 2-1 的附图 2 中公开了外盖 A13 内的保温隔热层 A14 具有 3 个保温室，由此本领域技术人员能够得到启示，为了达到保温、隔热的目的，容易想到改变保温室的个数，进而设置 1 个、2 个……甚至是更多个保温室，而将保温室的内径设置成 10 毫米以上、或者是 10 毫米也是本领域技术人员根据焖烧锅上盖的大小及保温室的数量而很容易确定的。因此在其引用的权利要求 11 不具有创造性时，该权利要求 12 也不具有创造性，不符合专利法第 22 条第 3 款的规定。

权利要求 13 引用权利要求 11。由于在附件 2-1 中公开了外盖 13 内的保温隔热层 A14 可以是 PU 发泡体，而 PU 发泡体内就具有小气孔或微小气孔，并且对于 PU 发泡体来说，其内的小气孔或微小气孔的内径通常就在 10 毫米以下。因此当其引用的权利要求 11 不具有创造性时，该权利要求 13 也不具有创造性，不符合专利法第 22 条第 3 款的规定。

如上所述，附件 1-3 公开了本专利中的盖或者罩、壳体和腔体，并且附件 1-3 中的外锅体 1 采用中间层为抽真空的双层不锈钢制成。可见，附件 1-3 公开了权利要求 14 的所有技术特征，因此，权利要求 14 不具有新颖性，不符合专利法第 22 条第 2 款的规定。

综上所述，本专利权利要求 4～14 不具有新颖性或创造性，不符合专利法第 22 条第 2、3 款的规定。

三、决定

宣告 99209579.4 号实用新型专利权全部无效。

当事人对本决定不服的，可以根据专利法第 46 条第 2 款的规定，自收到本决定之日起三个月内向北京市第一中级人民法院起诉。根据该款的规定，一方当事人起诉后，另一方当事人应当作为第三人参加诉讼。

003

数码监控摄录像报警装置

无效宣告请求审查决定（第8841号）

决　　定　　号　第8841号
决　　定　　日　2006年11月20日
发明创造名称　数码监控摄录像报警装置
国 际 分 类 号　G08B1 3/196
无效宣告请求人　中国工商银行股份有限公司陕西省分行营业部
专　利　权　人　吴　雨
申　　请　　号　200420000433.9
申　　请　　日　2004年1月12日
授 权 公 告 日　2004年12月29日
合 议 组 组 长　陈迎春
主　　审　　员　田　华
参　　审　　员　杜微科

法　律　依　据　专利法第22条第3款；专利法实施细则第20条第1款、第21条第2款
决　定　要　点

如果技术方案中缺少的技术特征不属于为解决本专利的技术问题而不可缺少的技术特征，则该技术特征不属于必要技术特征。

如果权利要求所要求保护的技术方案相对于对比文件存在区别技术特征，现有技术中也未给出上述区别技术特征的技术启示，并且该区别技术特征带来了一定的技术效果，则该权利要求具有创造性。

一、案由

本无效宣告请求涉及国家知识产权局于2004年12月29日授权公告的第200420000433.9号实用新型专利权，名称为“数码监控摄录像报警装置”，申请日为2004年1月12日，专利权人为吴雨。授权公告的权利要求书如下：

“1. 一种数码监控摄录像报警装置，由摄象机、录象机、监视器、控制电路、报警器构成，其特征是：所说的摄象机为针孔摄象机，设置在柜员机正面上部的隐蔽处及进、出钞口附近的隐蔽处，厅内屋顶处或保险柜门附近设有广角的半球摄象机，针孔摄象机、半球摄象机分别与录象机成电连接，录象机与针孔摄象机的对应脚与红外传感器的输出端相连，所说的控制电路为传感器信号放大电路，录象机与半球摄象机的对应脚与放大电路输出端相连，放大电路输出端与厅内设置的报警器相连，放

大电路板放置于录象机内，门磁传感器的一端与A相连，另一端与振动传感器一端相连，振动传感器另一端与烟雾传感器的公共极相连，烟雾传感器的常闭端与液位传感器公共极相连，液位传感器常闭端与B点相连，柜员机正面下部设有红外传感器，在侧面下部自上至下设有振动、门磁、液位传感器、厅内高处或屋顶处设有烟雾传感器，振动、门磁、液位、烟雾传感器串联后与放大电路的输入端A、B相连，红外传感器、烟雾传感器的电源为变压整流器的输出DC12V，液位传感器的电源为AC220V，监视器的232接线头与录象机的232接口相连，放大电路包括二极管VD、电容C、电阻R1、R2、三极管VT1、VT2、继电器K、变压整流器T。

2. 根据权利要求1所述的摄录象报警装置，其特征是：针孔摄像机身设置于柜员机的后面，通过柜员机面板的孔使针孔摄象机镜头伸到柜员机的孔内而不外露，针孔摄象机型号为JCC-420P或JCC-430P。

3. 根据权利要求1所述的摄录象报警装置，其特征是：放大电路包括二极管VD型号1N4007，电容C47μF16V，电阻R1为5K、R2为10K，三极管VT1、VT2型号2N3551，继电器K型号JRC-19F，变压整流器T输入为AC220V、输出为DC12V3A，该放大电路板也可放置于录象机外。

4. 根据权利要求1所述的摄录象报警装置，其特征是：录象机型号IDR-4AP数字硬盘录象机；门磁传感器也可用微动开关替代；振动传感器也可用其他振动开关替代；液位传感器也可用浸水传感器替代，警笛、警灯也可选用警笛、警灯一体的产品。”

针对本专利权，中国工商银行陕西省分行营业部（后变更为中国工商银行股份有限公司陕西省分行营业部，下称请求人）于2005年11月24日向专利复审委员会提出无效宣告请求，其理由是本专利权利要求1至4不具有创造性，不符合专利法第22条第3款的规定；权利要求1不符合专利法实施细则第21条第2款的规定；权利要求4不符合专利法实施细则第20条第1款的规定。请求人同时提交了下列证据：

证据1：题为“硬盘录像技术在ATM监控取证中的应用”的文章（复印件），载于《金融&科技》2001年11月号第34、35页。

请求人在无效宣告请求书中指出，证据1公开了当人靠近ATM机时，系统进行录像，并具有震动探测器和报警器。与本专利的权利要求1相比，不同点在于：A. 缺少本专利限定的液位传感器和门磁传感器；B. 只描述有进行录像，没有本专利中所述的针孔摄象机和半球摄像机。而本领域技术人员在考虑监测人员的动态和考虑监测液体的侵入时，采用门磁传感器、液位传感器是容易想到的。使用在监控ATM机上时，隐蔽和全面拍摄是必须考虑的，因此采用针孔摄象机和半球摄象机是容易想到的，不需要付出创造性劳动。因此，权利要求1不具有创造性。权利要求2~4只是进一步限定了权利要求1中录像机、传感器等的型号，而以上均为市售产品，因此，权利要求2~4不具有创造性。同时权利要求1没有具体描述二极管、电容等部件是如何连接的，不符合专利法实施细则第21条第2款的规定，权利要求4中“振动传感器也可以用其他振动开关替代”的描述是不清楚的，不符合专利法实施细则第20条第1款的规定。

经形式审查合格，专利复审委员会受理了上述请求，并于2005年12月27日将专利权无效宣告请求书及其他有关文件副本转送给了专利权人，要求其在指定的期限内答复。

请求人于2005年12月21日提交了补充意见陈述书及如下证据：

证据2：第02103713.2号发明专利申请公开说明书，公开日为2003年3月5日；

证据3：第91227156.6号实用新型专利申请说明书，公开日为1992年4月29日。

在该补充意见陈述书中，请求人认为本专利权利要求1~4和证据2或证据3相比不具有创造性。具体理由是：证据2公开了本专利的大部分技术特征，没有公开的一些技术特征属于公知技术特征。

证据2虽然没有明确列举可以选择本专利所使用的半球摄象机、门磁传感器、烟雾传感器、液位传感器，但给出了选择它们的技术启示；对于本领域技术人员而言，在采用半球摄象机、门磁传感器、烟雾传感器、液位传感器以后，与控制它们的控制电路的连接亦是惯常技术。因此，将证据2和公知技术结合是显而易见的，权利要求1不具有创造性。证据3揭露了本专利权利要求1所述的监测器组件、控制电路、电视监控、报警装置等，因此，权利要求1不具有创造性。由于权利要求2、3、4所增加的限定技术特征是公知技术，因此权利要求2、3、4也没有创造性。

专利权人于2006年1月24日提交了意见陈述书，认为证据1中的摄像部分与录像部分没有一个完整的实用新型结合方案，而且其技术结合方案中也不包含柜员机板面本身，因此，本专利相对于证据1具有创造性，并且符合专利法实施细则第20条第1款、第21条第2款的规定。同时，专利权人认为证据1无国家版权局核定的出版刊号，属于非法出版物，并且证据1没有陈述该技术的具体结合方案及电路联接设计原理，文中所表述的技术方案是一般在任何场合都能通用的摄录象过程，体现不出在ATM上使用的特殊点。

专利复审委员会于2006年4月17日向双方当事人发出了口头审理通知书，定于2006年6月19日进行口头审理，并将请求人于2005年12月21日提交的意见陈述书及其附件以及专利权人于2006年1月24日提交的意见陈述书及其附件随口头审理通知书分别转送给了对方。

2006年4月27日，专利复审委员会收到请求人提交的意见陈述书，请求人在意见陈述中增加了新的无效理由，认为本专利的权利要求1关于放大电路的描述缺少零部件之间的连接关系，因此权利要求1不符合专利法第26条第4款以及专利法实施细则第21条第2款的规定，权利要求1~4不符合专利法实施细则第20条第1款的规定。

2006年5月8日，专利复审委员会收到专利权人提交的意见陈述书，专利权人认为，本专利的技术方案与证据2相比较，所采用的技术手段不同、具体实现方式不同、达到的实际效果不同，证据3公开的技术与本专利无任何关联性，因此，本专利相对于证据2或3具有创造性。

2006年5月18日，专利复审委员会将2006年4月27日收到的请求人提交的意见陈述书及其附件、2006年5月8日收到的专利权人提交的意见陈述书及其附件分别转送给了对方。

2006年5月31日，专利复审委员会收到请求人提交的关于其名称变更的说明文件，包括银监复［2005］272号复印件、“中国工商银行股份有限公司陕西省分行营业部”营业执照（副本）复印件、（2005）京国证经字第3421号公证书复印件，表明请求人的名称已变更为“中国工商银行股份有限公司陕西省分行营业部”。

口头审理如期举行，双方当事人均出席了口头审理。在口头审理中，合议组当庭将2006年5月31日收到的请求人提交的名称变更说明文件转交给专利权人，并将专利权人当庭提交的意见陈述转给请求人。请求人当庭出示了证据1的原件，放弃证据3，专利权人认可证据1、2的真实性、合法性。请求人明确其无效理由和范围是：权利要求1不符合专利法实施细则第21条第2款的规定，权利要求1~4不符合专利法实施细则第20条第1款的规定，权利要求1~4相对于证据1或2不具有创造性，不符合专利法第22条第3款的规定。请求人明确放弃以专利法第26条第4款为无效理由。针对请求人当庭提出的本专利不符合专利法第26条第3款这一无效理由，合议组经合议认为，请求人在提出该无效理由时未提交书面意见，且提出该理由的时间已超出一个月的举证期限，因此合议组对该无效理由不予考虑。

口头审理结束后，合议组于2006年6月28日收到请求人提交的意见陈述，其中增加了新的无效理由：权利要求1中“232接口”是不清楚的，不符合专利法实施细则第20条第1款的规定，由于该理由系请求人在口审后新提出的无效理由，已超出审查指南规定的举证期限合议组对其不予考虑。

至此，合议组认为本案事实已经清楚，在此基础上做出如下结论。

二、决定的理由

1. 关于证据

请求人提交的证据共 3 份。

证据 1 是发表在亚太国际系列期刊《金融 & 科技》2001 年 11 月号（总第 60 期）上的《硬盘录像技术在 ATM 监控取证中的应用》一文，请求人提交了该期刊的原件，经核实原件与复印件一致。该期刊属于公开出版物，出版日期是 2001 年 11 月，早于本专利的申请日，可以作为本专利的现有技术评价其创造性。

证据 2 是申请号为 02103713.2 发明专利申请公开说明书，公开日早于本专利的申请日，可以作为本专利的现有技术评价其创造性。

请求人在口审时声明放弃证据 3，因此，合议组对证据 3 不予评述。

2. 关于专利法实施细则第 21 条第 2 款

专利法实施细则第 21 条第 2 款规定，独立权利要求应当从整体上反映发明或实用新型的技术方案，记载解决技术问题的必要技术特征。

审查指南第二部分第二章第 3.1.2 节规定，必要技术特征是指，发明或实用新型为解决其技术问题所不可缺少的技术特征，其总和足以构成发明或实用新型的技术方案，使之区别于背景技术中所述的其他技术方案。

请求人认为，监视器和录像机是有个 VGA 没有 232 接口的，232 接口是国际电工委员会定义的国际标准，其含义为串行数据信号接口。权利要求 1 中的放大电路只罗列电器名称，没有说明它们的连接方式，因此，权利要求 1 的技术方案不完整。

专利权人认为，权利要求 1 中监视器 232 与线头相接的问题在本专利的说明书和附图中有详细描述，232 接口不是通用名词是专利权人自己定义的代号。权利要求 1 中的控制电路与放大电路是有区别的，控制电路包含放大电路，而且附图中有放大电路详细的连接方式。

关于接口类型，合议组认为，未在说明书中记载仅能作通常含义理解，232 接口是目前最常用的一种串行通讯接口，而并非专利权人声称的自己定义的代号。本专利的发明目的是提供一种在发生情况时能适时摄录并声、光报警的数码监控摄录像装置，只要权利要求的技术方案记载了如何监控、摄象、录象、报警及将这些装置连接起来的特征就足以解决本专利所要解决的技术问题。至于所使用的监视器、录像机的具体接口类型并不影响权利要求 1 技术方案的实施和发明目的的实现，即 232 接口不是权利要求 1 的必要技术特征。

关于放大电路，合议组认为，各种常见的放大电路属于本领域技术人员公知的技术内容，并且本专利的改进不在于放大电路本身的结构，本领域技术人员采用任一个能实现信号放大功能的电路就可以解决本专利所要解决的技术问题，也就是说，权利要求中提到包含一个放大电路以及该电路的组成元件，本领域的技术人员根据本领域技术常识就可以连接一个放大电路从而实现整个技术方案，从而可以解决摄录、报警等技术问题，所以放大电路的具体连接方式并不是解决技术问题所不可缺少的技术特征，即不是权利要求 1 的必要技术特征。因此，权利要求 1 的技术方案是完整的，符合专利法实施细则第 21 条第 2 款的规定。

3. 关于专利法实施细则第 20 条第 1 款

专利法实施细则第 20 条第 1 款规定，权利要求书应当说明发明或者实用新型的技术特征，清楚、简要地表述请求保护的范围。

请求人认为，权利要求 1 中的放大电路的连接方式是不清楚的，权利要求 2、3、4 是权利要求 1

的从属权利要求，因此，权利要求 2、3、4 也是不清楚的，不符合专利法实施细则第 20 条第 1 款的规定。同时权利要求 4 中“其他振动开关”的描述也是不清楚的。

合议组认为，虽然在权利要求 1 中只有放大电路的组成元件，没有它们之间的连接方式，但是根据放大电路的性质及组成元件，本领域技术人员很清楚如何组成一个放大电路并实现其功能。因此权利要求 1 中有关放大电路的描述是清楚的，权利要求 1 符合专利法实施细则第 20 条第 1 款的规定，同理权利要求 2、3、4 也符合专利法实施细则第 20 条第 1 款的规定。

对于权利要求 4 中其他振动开关，本领域技术人员可以清楚地理解其含义为：只要通过感应振动情况来达到开和关作用的开关即可实现权利要求 4 的技术方案，因此，权利要求 4 的表述是清楚的，符合专利法实施细则第 20 条第 1 款的规定。

4. 关于创造性

专利法第 22 条第 3 款规定，创造性，是指同申请日以前已有的技术相比，该发明具有突出的实质性特点和显著的进步，该实用新型有实质性特点和进步。

请求人使用证据 1 或 2 分别评价权利要求 1~4 的创造性。

证据 1 公开了一种银行 ATM 视频监控取证系统，该系统包括两个摄像机，分别摄录正面接触 ATM 机的人员外形及动作、出钞口的出钞及拿钱过程；录像机，当有人向 ATM 机靠近，系统进行“预录像”，然后根据视频变化特殊规律，“智能”分析判断是否进行录像；具有探测器输入报警、镜头被遮盖报警；具有视频移动报警、动态跟踪触发录像功能；具有振动探测器，在 ATM 机遭到破坏时，进行摄录并报警。证据 1 中没有公开权利要求 1 中的传感器信号放大电路、门磁、液位、烟雾等传感器及传感器与放大电路之间的连接方式等特征，并且在证据 1 中也未给出得到上述区别技术特征及将其应用在 ATM 上的技术启示，因此，权利要求 1 相对于证据 1 有实质性特点和进步，具有专利法第 22 条第 3 款规定的创造性。

证据 2 公开了一种具有摄影功能的防盗装置，该防盗装置可将窃贼的盗窃时的影像摄录下来，为事后抓捕窃贼提供有利的线索。其具体公开了以下技术特征（参见说明书第 2 页第 14 行至第 4 页 17 行）：侦测单元，其可为红外线感应器、振动感应器、微动开关或影像辨识器等；影像感测器，其可以是针孔摄像机或小型摄像机；警报装置；主机，用于控制影像感测器、警报装置、侦测单元动作；显像器，用于察视主机摄录的结果。而权利要求 1 的数码监控摄录像报警装置，可以在感应到有人在柜员机前时进行摄录像，如果遇到柜员机遭到破坏时启动报警装置，由此可见，证据 2 与权利要求 1 应用的场合不同、所解决的技术问题不完全相同，证据 2 中没有公开权利要求 1 中的监控器、传感器信号放大电路、门磁传感器、液位传感器、烟雾与传感器及它们之间的连接方式等技术特征，证据 2 也没有给出在柜员机上如何控制及报警的技术启示。因此，权利要求 1 相对于证据 2 有实质性特点和进步，具有专利法第 22 条第 3 款规定的创造性。

独立权利要求 1 具有创造性，相应地其从属权利要求 2、3、4 也具有创造性。

三、决定

维持 200420000433.9 号实用新型专利权有效。

当事人对本决定不服的，可以根据专利法第 46 条第 2 款的规定，自收到本决定之日起三个月内向北京市第一中级人民法院起诉。根据该款的规定，一方当事人起诉后，另一方当事人应当作为第三人参加诉讼。

004

烟感探测器

无效宣告请求审查决定（第8847号）

决　　定　　点　第8847号
决　　定　　日　2006年11月30日
发明创造名称　烟感探测器
国 际 分 类 号　G08B 17/107
无效宣告请求人　上海中环科仪消防报警设备有限公司
专　利　权　人　西门子瑞士有限公司
专　　利　　号　97190933.4
申　　请　　日　1997年7月15日
授 权 公 告 日　2004年1月21日
合 议 组 组 长　张惠军
主　　审　　员　张田勇
参　　审　　员　张梅珍

法　律　依　据　专利法实施细则第21条第2款
决　定　要　点

判断某一技术特征是否为必要技术特征，应当从所要解决的技术问题出发并考虑说明书描述的整体内容，不应简单地将实施例中的某技术特征直接认定为必要技术特征。

一、案由

本无效宣告请求涉及国家知识产权局于2004年1月21日授权公告的名称为“烟感探测器”的97190933.4号发明专利权（下称本专利），其申请日为1997年7月15日，专利权人为西门子建筑技术公司，后变更为西门子瑞士有限公司。本专利授权公告的权利要求书如下：

“1. 一种烟感探测器，它带有一种可固定于底座的探测单元（1），一个含一个光源（6），一个光接收器（7），一个测量间（8），一个覆盖所述测量间（8）的底（11），以及一个曲折密封系统的光学组件（5），该密封系统包含一些光阑（9），它们分布于所述测量间（8）的四周，其特征在于，底（11）呈斗状结构且形如锥面或金字塔样。

2. 根据权利要求1的烟感探测器，其特征在于，底（11）为筛状或网状结构（13），且作为一种昆虫挡板设计。

3. 根据权利要求1～2之一的烟感探测器，其特征在于，底（11）的内表面在面向测量间（8）的方向上有许多向上伸的薄片（14，15），通过选择它们的布置、数量、高度以及相互距离，使得落在底（11）上的光线在到达该底之前就落在了一块薄片（14，15）上，而且光接收器（7）从底（11）只看得到薄片（14，15）。

4. 根据权利要求3的烟感探测器，其特征在于，光接收器（7）由薄片（14，15）挡住外部光线从外射入测量间（8）。

5. 根据权利要求3的烟感探测器，其特征在于，薄片（14，15）呈平行布置，且分别同其金字塔侧面底边正交。

6. 根据权利要求4的烟感探测器，其特征在于，底（11）外侧的肋片（12）呈星状布置，它们组成导烟槽的侧壁。

7. 根据权利要求1~2之一的烟感探测器，其特征在于，光学组件（5）中容易产生背景光的关键部件，四周光阑（9）中心光阑（10）以及对着底（11）的测量间（8）盖板都优选地具有一种光泽表面，这样设计可使得未被吸收的光线沿着指定的方向反射。

8. 根据权利要求1~2之一的烟感探测器，其特征在于，设计四周的光阑（9），使得在大多数光阑上，光源（6）发出光束的入射角以及光接收器（7）收到光束的入射角都为一个恒值。

9. 根据权利要求1~2之一的烟感探测器，其特征在于，在对着中心光阑（10）的一侧，四周光阑（9）的前端尽可能做得尖些。”

针对上述专利权，上海中环科仪消防报警设备有限公司（下称请求人）于2005年9月5日向专利复审委员会提出无效宣告请求，其提供的证据如下：

证据1：本专利的授权公告文本；

证据2：本专利的申请公开文本；

证据3：本专利实质审查程序中的文件，包括中华人民共和国国家知识产权局于2003年1月10日发出的第一次审查意见通知书复印件3页和西门子建筑技术公司（原专利权人）于2003年5月23日提交的意见陈述书及修改后的权利要求书复印件共2页。

请求人认为：由本专利授权公告文本的说明书可知，中心光阑是本专利权利要求1的烟感探测器的必要技术特征，并且从本专利的审查过程也可以证明“中心光阑”是必要技术特征，本专利权利要求1不符合专利法实施细则第21条第2款的规定，并且该特征也没有记载在从属权利要求中，应依法宣告本专利权利要求1~9全部无效。

经形式审查合格，专利复审委员会受理了上述无效宣告请求，于2006年6月30日向双方当事人发出无效宣告请求受理通知书，同时将无效宣告请求书及其附件清单中所列附件的副本转送给专利权人，要求其在指定的期限内答复。

针对上述无效宣告请求，专利权人于2006年8月8日向专利复审委员会提交了意见陈述书，认为：（1）本专利原始申请是PCT申请，进入国家阶段时提交的中文译文中的权利要求1包括了“一个中心光阑”的特征，但属于翻译错误，在原始国际申请中并不包括此特征，不能由此证明“一个中心光阑”的特征是权利要求1的必要技术特征，专利权人对申请文件的修改符合专利法及实施细则的相关规定；（2）本发明涉及一种灰尘锥，用于防止灰尘进入检测室和产生错误警报，“中心光阑”是本发明的一个优选实施例，不是权利要求1的必要技术特征；（3）不能以从属权利要求中的特征为依据，证明该“一个中心光阑”的特征是权利要求1的必要技术特征。

专利复审委员会依法组成合议组，对上述无效宣告请求进行审查。

本案合议组于2006年10月10日向双方当事人发出无效宣告请求口头审理通知书，定于2006年11月14日举行口头审理。随同口头审理通知书，将专利权人于2006年8月8日提交的意见陈述书及其附件清单中所列附件的副本转送给请求人。

口头审理如期举行，双方当事人均出席口头审理。在口头审理中，请求人明确其无效的理由、范围为本专利权利要求1不符合专利法实施细则第21条第2款的规定，而从属权利要求2~9中也没有包括相应的必要技术特征，应当全部无效，请求人使用证据1~3对此进行说明。专利权人对证据1~3的真实性没有异议，但对其关联性有异议。在口头审理中，双方当事人均充分发表了意见。

经审理，合议组认为本案的事实清楚，现依法作出如下决定。

二、决定的理由

1. 关于证据

请求人在无效宣告程序中共提交3份证据，即证据1~3。

口头审理中，专利权人对证据1~3的真实性没有异议，但对它们的关联性有异议。合议组认为，证据1~3分别是本专利的授权和公开文本、以及本专利在实质审查阶段的审查意见通知书和申请人的意见陈述，请求人使用证据1~3证明本专利不符合专利法实施细则第21条第2款的规定，因此证据1~3可以作为本案的证据使用。

2. 关于专利法实施细则第21条第2款

专利法实施细则第21条第2款规定：独立权利要求应当从整体上反映发明或者实用新型的技术方案，记载解决技术问题的必要技术特征。

审查指南第二部分第二章第3.1.2节规定：判断某一技术特征是否为必要技术特征，应当从所要解决的技术问题出发并考虑说明书描述的整体内容，不应简单地将实施例中的技术特征直接认定为必要技术特征。

请求人认为：（1）中心光阑的作用是阻挡从光源发射的光线直接到达光接收器，没有中心光阑，整个产品的目的不能实现，中心光阑是本专利权利要求1的技术方案解决其技术问题的必要技术特征；（2）在本专利的实质审查阶段，申请人将“中心光阑”的技术特征从公开文本的权利要求1中删除，而这一修改不是根据审查员的审查意见进行的，也没有说明理由；（3）本专利权利要求1的从属权利要求7、9中出现了“中心光阑”的技术特征，属于被引用的技术特征，由此推知独立权利要求1中应当包括技术特征“中心光阑”，即“中心光阑”是本专利权利要求1的必要技术特征。

专利权人认为：（1）本专利是通过在设计底时，其中心比其边缘距离光源与光接收器组成的平面要远，从而避免或减少由尘粒散射光带来的误报；四周光阑9可以完成中心光阑10的所有功能，四周光阑9是必要技术特征；散光烟感探测器中应当包括阻挡光线进入探测器的光阑；（2）从属权利要求中可以对其引用的权利要求进行进一步限定，也可以增加新的技术特征，从属权利要求7、9中描述的特征未必是必要技术特征。

合议组认为：根据审查指南的相关规定，由说明书部分可知，本专利所要解决的技术问题是，在现有的烟感探测器中，由于长期使用的原因，光源的光线被沉积于测量间的尘粒散射，由此会产生误报警。在本专利权利要求1的技术方案中，将烟感探测器中的覆盖所述测量间8的底11设置成形如锥面或金字塔样的斗状结构，从而在使用过程中使进入测量间的尘埃主要沉积在所述底11的锥面区的顶点部位处，避免光源发出的光通过尘粒而散射回测量间，因此解决了避免光线被沉积于测量间的尘粒散射这一技术问题。本专利中“中心光阑”的作用是阻挡从光源发射的光线直接到达光接收器，并不涉及本专利所要解决的技术问题。此外，正如说明书第1页第2段中所提到的，本专利的烟感探测器是一种散光烟感探测器，本领域技术人员在设计这种烟感探测器时，必然会考虑到使光源的光线不直接到达探测器，既可以如本发明实施例那样采用中心光阑阻挡光线直接进入探测器，也可以通过适当调整光源或光接收器的位置，使得由光源发射的光不直接到达光接收器，而四周的光阑阻挡照射向测量间四周的光线进入光接收器，由此可以不使用中心光阑而实现本专利权利要求1的技术方案。

并且请求人应当注意的是，在本专利实审阶段对“中心光阑”这一特征的删除和在本专利从属权利要求中对“中心光阑”这一特征的进一步限定，均不能表明“中心光阑”这一特征是本专利解决其技术问题的必要技术特征。因此，本专利权利要求1符合专利法实施细则第21条第2款的规定。

在权利要求1符合专利法实施细则第21条第2款的规定的基础上，直接或间接引用独立权利要求1的从属权利要求2~9的技术方案也是完整的，合议组对请求人提出的从属权利要求2~9的无效理由不予支持。

三、决定

维持97190933.4号发明专利权有效。

当事人对本决定不服的，可以根据专利法第46条第2款的规定，自收到本决定之日起三个月内向北京市第一中级人民法院起诉。根据该款的规定，一方当事人起诉后，另一方当事人应当作为第三人参加诉讼。

005

两段变压吸附尿素脱碳工艺方法

无效宣告请求审查决定（第8860号）

决　　定　　号　第8860号
决　　定　　日　2006年11月24日
发明创造名称　两段变压吸附尿素脱碳工艺方法
国 际 分 类 号　B01D53/047, C07C273/16
无效宣告请求人　西南化工研究设计院
专　利　权　人　成都天立化工科技有限公司
专　　利　　号　01108694.7
申　　请　　日　2001年7月31日
授 权 公 告 日　2004年10月27日
合 议 组 组 长　张　沧
主　　审　　员　何　炜
参　　审　　员　赵　明

法　律　依　据　专利法第22条第2款、第3款，第26条第3款、第4款；专利法实施细则第20条第1款

决　定　要　点

说明书应当充分公开发明或者实用新型的技术内容，以使所属技术领域的技术人员按照说明书记载的内容，就能够再现该发明或者实用新型的技术方案，解决其技术问题，并且产生预期的技术效果。

对于方法权利要求，如果要求保护的技术方案与现有技术的技术方案相比，在一个或几个步骤上存在实质不同，则该权利要求相对于该现有技术具备新颖性。

在判断一项权利要求是否具有创造性时，首先，应当确定与该权利要求所述技术方案最接近的现有技术的技术方案；其次，将该权利要求中所述技术方案和现有技术中最接近的技术方案进行特征分析，确定二者之间的区别技术特征，并进一步确定要求保护的发明相对于最接近的现有技术实际解决的技术问题；最后，判断现有技术是否给出为解决发明实际解决的技术问题而将区别技术特征引入最接近的技术方案得到该权利要求技术方案的启示。如果现有技术并未给出从最接近的对比文件得出权利要求技术方案的启示，同时区别技术特征的引入给该权利要求技术方案带来了有益的效果，则该权利要求具备创造性。

一、案由

本无效宣告请求案涉及国家知识产权局于2004年10月27日公告授予的、名称为“两段变压吸附尿素脱碳工艺方法”的第01108694.7号发明专利权（下称本专利），其申请日为2001年7月31日，专利权人为成都天立化工科技有限公司。该专利授权公告的权利要求如下：

“1. 两段变压吸附尿素脱碳工艺方法，二段变压吸附装置串联操作，原料气以煤为原料的合成氨变换气，第一段变压吸附装置用于提纯二氧化碳，第二段变压吸附装置用于分离氢、氮气；第一段变压吸附装置在一个循环周期中依次经历吸附A、均压降ED、产品二氧化碳降压D、均压升ER、最终升压FR变压吸附工艺步骤；第二段变压吸附装置在一个循环周期中依次经历吸附A、均压降ED、逆放BD、抽真空VC、均压升ER、最终升压FR变压吸附工艺步骤。

2. 根据权利要求1所述两段变压吸附尿素脱碳工艺方法，第二段变压吸附装置吸附塔在均压降压ED和逆放BD步骤之间有回收RG步骤，在第二段变压吸附装置吸附塔增加回收RG步骤的同时，必须在第一段变压吸附装置吸附塔在产品二氧化碳降压D和均压升压ER步骤之间有二段气升压2ER步骤。

3. 根据权利要求2所述的两段变压吸附尿素脱碳工艺方法，其特征在于，第一段变压吸附的均压降ED与产品二氧化碳降压D之间设置二氧化碳置换P步骤，用第二段变压吸附装置吸附塔回收RG步骤的气体对第一段变压吸附装置吸附塔升压。

4. 根据权利要求2所述的两段变压吸附尿素脱碳工艺方法，其特征在于，在第一段变压吸附产品二氧化碳降压D与均压升ER之间设置抽真空操作步骤VC。

5. 根据权利要求1或2所述的两段变压吸附尿素脱碳工艺方法，其特征在于第一段变压吸附装置吸附塔内由下到上装填的吸附剂为活性氧化铝、活性炭及细孔硅胶，或活性氧化铝及活性炭，或活性氧化铝及细孔硅胶，第二段变压吸附装置吸附塔内装填的吸附剂只为细孔硅胶。

6. 根据权利要求1或2的两段变压吸附，其特征在于第一段变压吸附装置在进行产品二氧化碳降压置换步骤D时，先将吸附塔内的产品二氧化碳放入均压缓冲罐，当吸附塔与均压缓冲罐的压力基本平衡后，再将吸附塔内的产品二氧化碳放入气柜。

7. 根据权利要求2所述的两段变压吸附尿素脱碳工艺方法，其特征在于第二段变压吸附装置吸附塔的回收RG步骤是将其吸附塔内均压降完成后的气体逆向放入中间独立吸附床T，该中间独立吸附床T也可以用缓冲罐代替。

8. 根据权利要求1或2所述的两段变压吸附尿素脱碳工艺方法，其特征在于第一段变压吸附装置出口气中二氧化碳的平均浓度为2%~9%（V）。

9. 根据权利要求1和2所述的两段变压吸附尿素脱碳工艺方法，其特征在于第一段变压吸附装置均压降ED结束时，吸附塔瞬间流出气中二氧化碳浓度为85%~98%（V）。

10. 根据权利要求1或2所述的两段变压吸附尿素脱碳工艺方法，其特征在于两段变压吸附装置吸附步骤A的压力为0.6~3.6MPa，两段变压吸附装置的吸附压力可以不相等。”

针对上述专利权，西南化工研究设计院（下称请求人）于2005年8月18日向专利复审委员会提出无效宣告请求，认为本专利不符合专利法第22条第2、3款，专利法第26条第3、4款以及专利法实施细则第20条第1款的规定，并提交了下述附件：

附件1：第99116508.X号发明专利的授权公告文本，授权公告号CN1126585C，授权公告日为2003年11月5日，共10页；

附件2：第96117584.2号发明专利的授权公告文本，授权公告号CN1089621C，授权公告日为2002年8月28日，共10页；

附件3：第01108694.7号发明专利的授权公告文本，共29页（即本专利）。

请求人认为，（1）本专利说明书没有明确说明当变压吸附装置吸附塔的工艺步骤运行到抽真空阶段时吸附塔内的压力参数值，本专利不符合专利法第26条第3款的规定；（2）基于与本专利说明书不符合专利法第26条第3款规定的同样理由，权利要求1~10不符合专利法第26条第4款和专利法实施细则第20条第1款的规定；（3）附件1为最接近的现有技术，附件1和2所公开的技术内容完全覆盖了本专利的所有技术特征，即完全否定了本专利的新颖性，本专利权利要求1~10不符合专利法第22条第2款的规定；（4）本专利相对于附件1和2不具备新颖性，当然也不具备创造性；附件1和2相结合已经在本专利申请日以前将本发明所属的技术领域、发明目的、技术方案、技术效果等方面的内容予以充分公开，因此本专利不具有突出的实质性特点和显著的进步，不符合专利法第22条第3款的规定。

经形式审查合格后，专利复审委员会受理了上述请求，于2005年12月14日向双方当事人发出《无效宣告请求受理通知书》，并将《专利权无效宣告请求书》及其他有关文件的副本转送给专利权人，要求其在指定的期限内答复，同时成立合议组对本无效请求案进行审理。

专利复审委员会于2006年1月25日收到专利权人提交的意见陈述书和反证1：

反证1：《吸着分离过程基础》，叶振华编著，化学工业出版社，1988年9月第1版，封面页、出版信息页、目录页、289~300页、425~426页，复印件共20页。

专利权人认为：（1）反证1可以证明抽真空是本领域的公知常识，并且在本专利申请日前，大量的专利文献已经公开了抽真空变压吸附工艺，因此本专利符合专利法第26条第3、4款的规定；（2）本发明第一段的均压降ED步骤后直接采用产品二氧化碳降压D步骤，而在附件1中并未公开该技术特征，本专利权利要求1~10具备新颖性；（3）附件2也没有公开上述技术特征，也没有给出上述技术特征的启示，因此本专利权利要求相对于附件1和2的结合具备创造性。

2006年8月22日，本案合议组向双方当事人发出口头审理通知书，拟定于2006年11月7日对该专利权的无效请求进行口头审理。

2006年11月7日口头审理如期进行。双方当事人的代理人出席了口头审理，合议组逐一调查了无效宣告请求的理由和证据，双方当事人充分陈述了意见。庭审过程中：（1）请求人补充提交了附件1和附件2的申请公开文本（以下分别称附件1′和附件2′），用以替换原来的附件1~2：

附件1′：第99116508.X号发明专利的公开文本，公开号CN1235862A，公开日为1999年11月24日，共9页（下称对比文件1）；

附件2′：第96117584.2号发明专利的公开文本，公开号CN1146369A，公开日为1997年4月2日，共9页（下称对比文件2）。

请求人提出在提交无效宣告请求时误将附件1~2的授权公告文本当作申请公开文本提交，现予更正。合议组当庭将新的附件1′和附件2′转交专利权人。专利权人对于请求人补充提交的附件1′和附件2′的公开文本作为对比文件表示没有异议。（2）专利权人对对比文件1~2的真实性、合法性、关联性、公开性均没有异议；请求人对反证1的真实性、合法性、关联性、公开性均没有异议。（3）请求人当庭增加了新的无效理由，即认为本专利说明书第7页中“二段气压升2ER”工艺的内容、以及第8页“回收RG”工艺的内容都说明在第一段吸附工艺中有抽真空的步骤，这与说明书和权利要求书中所称的本发明第一段吸附工艺可以没有抽真空步骤相反，不符合专利法第26条第3款的规定，因此本专利权利要求1、2、7不符合专利法第26条第4款的规定。合议组当庭宣布，由于请求人当庭陈述的上述无效理由没有在提出无效宣告请求日起一个月内提及和提交，因此根据专利法实施细则第66条的规定，合议组对其不予接受。（4）请求人明确其无效理由为：本专利说明书没有明确说明当变压吸附装置吸附塔的工艺步骤运行到抽真空阶段时吸附塔内的压力参数值，因此本专利权利要求1~10不符合专利法第26条第3、4款和专利法实施细则第20条第1款的规定；相对于对比文件1，权利要求1、3~6、8~10不具备新颖性；对比文件1为最接近的现有技术，依据对比文件1和公知常识，权利要求1~6、8~10不具备创造性；依据对比文件1和2，权利要求7不具备创造性。

（5）专利权人认为吸附塔内的抽真空步骤及其控制参数，对本领域的普通技术人员来说完全是公知的，权利要求1~10符合专利法第26条第3、4款和专利法实施细则第20条第1款的规定；权利要求1~10与对比文件1~2相比，主要区别技术特征在于第一段的均压降ED步骤后直接采用产品二氧化碳降压D步骤，因此而大幅度降低了设备投资和能耗，减少了装置的氢、氮气的损失，同时大大简化了工艺流程和操作，因此具备新颖性和创造性。

经过上述审查程序，合议组认为本案事实已经清楚，可以依法作出审查决定。

二、决定的理由

1. 关于证据

请求人提交的对比文件1和2均为中国发明专利申请公开说明书，专利权人对其真实性没有异议，合议组对对比文件1和2予以接受。对比文件1和2的公开日均早于本专利申请日，因此，这两篇对比文件可以用于评价本专利的新颖性和创造性。专利权人提交的反证1的公开日也早于本专利申请日，请求人对其真实性、公开性均无异议，可以作为本案证据使用。

2. 关于无效理由

请求人在口头审理中提出了新的本专利不符合专利法第26条第3、4款，专利法实施细则第20条第1款规定的无效理由，其所依据的事实与提出无效宣告请求时提出的事实不同，且无关联，也没有在提出无效宣告请求日起一个月内提及和提交，因此根据专利法实施细则第66条的规定，合议组对其不予接受。

下面将针对请求人提出的其他无效理由，分别评述本专利权利要求1~10是否符合专利法第26条第3、4款，专利法第22条第2、3款和专利法实施细则第20条第1款的规定。

（1）关于专利法第26条第3款。

专利法第26条第3款规定："说明书应当对发明或者实用新型作出清楚、完整的说明，以所属技术领域的技术人员能够实现为准"。

说明书应当充分公开发明或者实用新型的技术内容，以使所属技术领域的技术人员按照说明书记载的内容，就能够再现该发明或者实用新型的技术方案，解决其技术问题，并且产生预期的技术效果。

本专利涉及一种两段变压吸附尿素脱碳方法，尤其涉及采用两段变压吸附技术从制气过程以煤为原料的合成氨变换气中进行尿素脱碳的方法。说明书中描述本发明两段变压吸附尿素脱碳方法的提纯装置不需置换和抽真空的步骤，原料气为制气过程以煤为原料的合成氨变换气，此方法采用二段变压吸附装置串联操作，第一段变压吸附装置用于提纯二氧化碳产品，第二段变压吸附装置用于分离氢、氮气产品。其工艺过程为第一段变压吸附装置的吸附塔在一个循环周期中依次经历吸附A、均压降ED、产品二氧化碳降压D、均压升ER、最终升压FR变压吸附工艺步骤，第一段变压吸附装置吸附塔在产品二氧化碳降压D步骤放出的气体即为产品二氧化碳，第二段变压吸附装置的吸附塔在一个循环周期中依次经历吸附A、均压降ED、逆放BD、抽真空VC、均压升ER、最终升压FR变压吸附工艺步骤，第二段变压吸附装置处于吸附步骤的吸附塔出口流出的混合气主要为氮、氢气。第一段变压吸附的均压降ED与产品二氧化碳降压D之间可设置二氧化碳置换P步骤，第一段变压吸附产品二氧化碳降压D与均压升ER之间可设置抽真空操作步骤VC。说明书中描述本发明与现有技术相比大幅度节省投资和操作费用，减少了装置的氢、氮气损失，工艺流程和操作变得简单，降低了装置的故障率。随着吸附压力的增高，这种优势越见明显。说明书中还给出了3个具体实施例。

请求人认为，在本发明中，抽真空（VC）为第二段变压吸附装置工艺步骤中必不可少的技术特征和第一段变压吸附装置工艺步骤中可有的技术特征，但是说明书没有给出吸附塔内抽真空时的压力参数值，如果从公知技术中推导这一参数显然不能达到说明书所述的技术效果：第一段变压吸附装置出口气中二氧化碳平均浓度2%~9%，产品氢、氮气中二氧化碳浓度小于0.1%（V）。因此本专利说明书公开不充分，不符合专利法第26条第3款的规定。

合议组认为，抽真空是化学工程领域的常规技术。具体到变压吸附分离领域中，对吸附塔中的吸附剂进行再生可以通过抽真空解吸易吸附组分的方式是本领域技术人员的公知常识，设置抽真空步骤使吸附塔中的吸附剂再生，这可以从已出版的教科书中得到证明。反证1第291页第8行到第292页第20行中，介绍了双塔变压吸附是常用的工艺，并介绍了其中的抽真空步骤，在真空度为500mmHg时，可以将已吸附的氮气解吸出来，使吸附剂再生，并说明该双塔变压吸附工艺可以将混合气中易吸附组分H_2O、CH_4、CO、CO_2等杂质降至1ppm以下。显然，在本发明第二段采用抽真空时，将易吸附组分CO_2控制在0.1%（V）（即1000ppm）以下是容易实现的。因此抽真空步骤及其相应的压力参数的计算和控制，在本发明申请日属于本领域技术人员公知的常识，其压力参数值的选择是所属领域的技术人员通过逻辑分析和有限的试验容易得到的，请求人认为本发明没有给出其压力参数值会导致本发明技术方案达不到说明书所述的技术效果缺乏具体的事实和理论依据。

因此，合议组认为，说明书已对本发明作出了清楚、完整的说明，所属技术领域的技术人员按照说明书的记载就能够实现本发明的技术方案，请求人主张本专利不符合专利法第26条第3款规定之无效理由不能够成立。

2. 关于专利法第26条第4款和专利法实施细则第20条第1款

请求人认为本专利权利要求1~10不符合专利法第26条第4款和专利法实施细则第20条第1款的理由与本专利不符合专利法第26条第3款的理由相同，即说明书没有给出抽真空工艺具体的压力参数值。由于前文已经认定请求人主张本专利不符合专利法第26条第3款规定之无效理由不能够成立，基于同样的理由，合议组对请求人关于本专利不符合专利法第26条第4款和专利法实施细则第20条第1款的无效理由也不予支持。

3. 关于专利法第22条第2款

专利法第22条第2款规定：新颖性，是指在申请日以前没有同样的发明或者实用新型在国内外出版物上公开发表过、在国内公开使用过或者以其他方式为公众所知，也没有同样的发明或者实用新型由他人向国务院专利行政部门提出过申请并且记载在申请日以后公布的专利申请文件中。

对于方法权利要求，如果要求保护的技术方案与现有技术的技术方案相比，在一个或几个步骤上存在实质不同，则该权利要求相对于该现有技术具备新颖性。

本专利权利要求1~10均要求保护两段变压吸附尿素脱碳工艺方法，所述方法为二段变压吸附装置串联操作，原料气是以煤为原料的合成氨变换气，第一段变压吸附装置用于提纯二氧化碳，第二段变压吸附装置用于分离氢、氮气（参见本专利说明书第3页第6段和权利要求1~10）。

对比文件1公开了一种从混合气中分离提纯易吸附相产品（CO_2）和难吸附相产品（氢、氮气）的变压吸附分离方法，此方法用二段变压吸附PSA装置，第一段装置吸附分离易吸附相组份，第二段装置获得高纯度的难吸附相组份（参见对比文件1说明书第1页第4~6段和说明书第2页第1~7行以及第3页实施例）。

为了方便比较，下面将本专利权利要求1~4的两段变压吸附装置在一个循环周期中经历的步骤与对比文件 1 的相应步骤通过表格比较：

<table>
<tr><td rowspan="2">权利要求 1</td><td>一段</td><td>吸附 A</td><td>均压降 ED</td><td colspan="2">CO_2 降压 D</td><td></td><td colspan="2">均压升 ER</td><td>最终升压 FR</td></tr>
<tr><td>二段</td><td>吸附 A</td><td>均压降 ED</td><td colspan="2">逆放 BD</td><td>抽真空 VC</td><td colspan="2">均压升 ER</td><td>最终升压 FR</td></tr>
<tr><td rowspan="2">权利要求 2</td><td>一段</td><td>吸附 A</td><td>均压降 ED</td><td colspan="2">CO_2 降压 D</td><td></td><td>2ER</td><td>ER</td><td>最终升压 FR</td></tr>
<tr><td>二段</td><td>吸附 A</td><td>均压降 ED</td><td>回收 RG</td><td>逆放 BD</td><td>抽真空 VC</td><td colspan="2">均压升 ER</td><td>最终升压 FR</td></tr>
<tr><td rowspan="2">权利要求 3</td><td>一段</td><td>吸附 A</td><td>均压降 ED</td><td>CO_2 置换 P</td><td>CO_2 降压 D</td><td></td><td>2ER</td><td>ER</td><td>最终升压 FR</td></tr>
<tr><td>二段</td><td>吸附 A</td><td>均压降 ED</td><td>回收 RG</td><td>逆放 BD</td><td>抽真空 VC</td><td colspan="2">均压升 ER</td><td>最终升压 FR</td></tr>
<tr><td rowspan="2">权利要求 4</td><td>一段</td><td>吸附 A</td><td>均压降 ED</td><td colspan="2">CO_2 降压 D</td><td>抽真空 VC</td><td>2ER</td><td>ER</td><td>最终升压 FR</td></tr>
<tr><td>二段</td><td>吸附 A</td><td>均压降 ED</td><td>回收 RG</td><td>逆放 BD</td><td>抽真空 VC</td><td colspan="2">均压升 ER</td><td>最终升压 FR</td></tr>
<tr><td rowspan="2">对比文件 1</td><td>一段</td><td>预吸附 FA→
吸附 A→
再吸附 LA</td><td>均压降 ED</td><td colspan="2">顺放 PP+CO_2 置换 P</td><td>抽真空 VC</td><td colspan="2">均压升 ER</td><td>最终升压 FR</td></tr>
<tr><td>二段</td><td>吸附 A</td><td>均压降 ED</td><td colspan="2">逆放 BD</td><td>抽真空 VC</td><td colspan="2">均压升 ER</td><td>最终升压 FR</td></tr>
</table>

本专利权利要求 1 和对比文件 1 中所使用的原料气在表述上不完全一样，但是从本专利说明书第 7 页表格所显示的原料气的组成和对比文件 1 说明书第 3 页实施例所显示的原料气的组成来看，二者所含成分相同（本专利虽然提及 O_2+Ar，但是其体积浓度范围是≤0. 8%，即没有排除可以为零的情况），各成分浓度重叠或部分重叠，可见本专利与对比文件 1 的方案中原料气实质上相同。

本专利方法二段中的“回收 RG”是指均压降 ED 结束后，吸附塔内气体逆向放入中间吸附床，此后再将该中间吸附床与一段刚抽完真空的吸附塔连通；“逆放 BD”是指回收 RG 结束后，若吸附塔内气体压力较高，须逆着吸附方向将气体降至常压（参见本专利说明书第 6 页第 19~23 行）；一段中的“2ER”是指利用二段回收 RG 步骤进入中间吸附床的气体对一段完成抽真空步骤的吸附塔升压（参见本专利说明书第 8 页）。对比文件 1 中一段中的“顺放 PP”是指吸附塔内气体顺着吸附方向放出，前一部分气体回收至原料气中，后一部分气体放空至常压；“CO_2 置换 P”是指用高纯的易吸附相产品气（CO_2）顺向置换吸附塔，置换出气放空。

经比较，合议组认为本专利权利要求 1 与对比文件 1 相比存在以下区别技术特征：权利要求 1 的一段“均压降 ED”和“均压升 ER”步骤之间，为“产品二氧化碳降压 D”步骤，而对比文件 1 为“顺放 PP”、“CO_2 气置换 P”和“抽真空 VC”步骤。请求人在口头审理中认为对比文件 1 说明书第 2 页第 5 行中“顺向均压降压回收有效气体”即为“产品二氧化碳降压”，反证 1 第 291 页第 3~6 行也可以证明“产品二氧化碳降压”属于公知常识。合议组认为，本专利权利要求 1 要求保护的方法与对比文件 1 公开的技术方案具有明显不同的操作步骤，权利要求 1 通过直接降压回收产品二氧化碳，而对比文件 1 中首先经过顺放、二氧化碳气置换步骤后，再通过抽真空回收产品二氧化碳，请求人指出的对比文件 1 第 2 页第 5 行中“顺向均压降压回收有效气体”是说第一段吸附工艺结束后，在第二段吸附装置中得到高纯度难吸附相产品（氢、氮气）的方法，并非权利要求 1 所述的在第一段吸附工艺中的“产品二氧化碳降压 D”步骤；至于反证 1 第 291 页第 3-6 行中介绍变压吸附工艺时提到的“或者把吸附塔的出口和缓冲贮罐相连放压，缓冲贮罐中均压得到的气体可以作为冲洗气使用，减少了产品冲洗的消耗”，仅仅是说变压吸附工艺中吸附塔中的气体可以放压进入缓冲贮罐，作为冲洗气使用，并不能证明在两段变压吸附工艺在第一段吸附装置中用“产品二氧化碳降压 D”步骤替代“顺放 PP”“CO_2 气置换 P”和“抽真空 VC”步骤属于公知常识。另外，请求人指出的对比文件 1

说明书第 1 页倒数第 1 行到第 2 页第 1 行提到的“降压回收气体”是指均压降 ED 工艺，也并非本专利所述“产品二氧化碳降压 D”。可见权利要求 1 与对比文件 1 的技术方案存在实质区别，因此，权利要求 1 相对于对比文件 1 具备新颖性。

权利要求 2 与对比文件 1 相比存在以下区别技术特征：（1）权利要求 2 的一段“均压降 ED”和“均压升 ER”步骤之间，为“产品二氧化碳降压 D”步骤和“二段气升压 2ER”步骤，而对比文件 1 为“顺放 PP”“CO_2 气置换 P”和“抽真空 VC”步骤；（2）权利要求 2 二段具有“回收 RG”步骤，对比文件 1 不存在上述步骤。因此，权利要求 2 与对比文件 1 的技术方案存在实质区别，权利要求 2 相对于对比文件 1 具备新颖性。

权利要求 3 与对比文件 1 相比存在以下区别技术特征：（1）权利要求 3 一段通过降压回收产品二氧化碳气体，而对比文件 1 通过抽真空回收产品二氧化碳气体，且置换 P 步骤前有“顺放 PP”步骤；（2）权利要求 3 二段具有“回收 RG”步骤，同时在一段“均压升 ER”步骤前，有“二段气升压 2ER”步骤，对比文件 1 不存在上述步骤。因此，权利要求 3 与对比文件 1 的技术方案存在实质区别，权利要求 3 相对于对比文件 1 具备新颖性。

权利要求 4 与对比文件 1 相比存在以下区别技术特征：（1）权利要求 4 一段“均压降 ED”步骤后，首先通过降压回收产品二氧化碳气体，然后再抽真空回收二氧化碳气体，而对比文件 1 一段“均压降 ED”步骤之后，首先有“顺放 PP”步骤，然后用产品二氧化碳置换吸附塔，然后直接抽真空回收二氧化碳气体；（2）权利要求 4 二段具有“回收 RG”步骤，同时在一段“均压升 ER”步骤前，有“二段气升压 2ER”步骤，对比文件 1 不存在上述步骤。因此，权利要求 4 与对比文件 1 的技术方案存在实质区别，权利要求 4 相对于对比文件 1 具备新颖性。

权利要求 5~10 分别是权利要求 1 或 2 的从属权利要求，在权利要求 1、2 相对于对比文件 1 均具备新颖性的情况下，权利要求 5~6、8~10 也具备新颖性。

4. 关于专利法第 22 条第 3 款

专利法第 22 条第 3 款规定：创造性，是指同申请日以前已有的技术相比，该发明有突出的实质性特点和显著的进步。

在判断一项权利要求是否具有创造性时，首先，应当确定与该权利要求所述技术方案最接近的现有技术的技术方案；其次，将该权利要求中所述技术方案和现有技术中最接近的技术方案进行特征分析，确定二者之间的区别技术特征，并进一步确定要求保护的发明相对于最接近的现有技术实际解决的技术问题；最后，判断现有技术是否给出为解决发明实际解决的技术问题而将区别技术特征引入最接近的技术方案得到权利要求技术方案的启示。如果现有技术并未给出从最接近的对比文件得出权利要求技术方案的启示，同时区别技术特征的引入给该权利要求技术方案带来了有益的效果，则该权利要求具备创造性。

对比文件 2 涉及一种多塔变压吸附气体分离方法，其中公开了以下内容：传统的变压吸附气体分离方法至少需两个或两个以上的吸附塔，每个吸附塔在一次循环中一般要经历吸附（A），均压降压（ED），顺向或逆向放压（D），顺放气冲法或抽真空（VC），均压升压（ER），隔离（I），最终升压（FR）步骤，在抽真空管线上可以并联真空缓冲罐，当真空泵不能直接抽塔时就抽缓冲罐（参见对比文件 2 说明书第 1 页第 3~11 行）。对比文件 1 和 2 中，对比文件 1 是最接近的现有技术。

上文已经描述了本专利权利要求 1 相对于对比文件 1 的区别技术特征是：权利要求 1 的一段“均压降 ED”和“均压升 ER”步骤之间，为“产品二氧化碳降压 D”步骤，而对比文件 1 为“顺放 PP”、“CO_2 气置换 P”和“抽真空 VC”步骤。本专利省略“顺放 PP”、“CO_2 气置换 P”和“抽真空 VC”步骤的目的在于节省投资和操作费用，减少氢、氮气的损失，同时保证产品二氧化碳气体的纯度。

对比文件2为多塔变压吸附工艺，其方法在均压降和均压升步骤之间，为“顺放气冲洗或抽真空（VC）”，其中顺放气冲洗或抽真空步骤是为了使吸附床再生（参见对比文件2说明书第1页第7~8行和倒数第2~5行），对比文件2并未给出为节省操作费用，可以省略顺放PP、顺放气冲洗或抽真空的技术启示，更未给出可以省略对比文件1中二氧化碳置换步骤的技术启示。请求人认为上述区别技术特征是本领域公知常识的观点缺乏根据，合议组不予支持。因此，权利要求1技术方案的得出是非显而易见的。而且，本专利实施例1描述了按照权利要求1的工艺方法进行的操作步骤，产品氢、氮气中二氧化碳浓度小于0.1%，该工艺方法与对比文件1相比，氮气损失减少了35%，氢气损失减少了30%，每年可增加直接经济效益450万元左右（参见本专利说明书第10页第5、6段）。因此，权利要求1相对于对比文件1~2、以及本领域公知常识，具有突出的实质性特点和显著的进步，具备专利法第22条第3款规定的创造性。

权利要求2与对比文件1相比存在以下区别技术特征：（1）权利要求2一段“均压降ED”和“均压升ER”步骤之间，为“产品二氧化碳降压D”步骤，而对比文件1为“顺放PP”、“CO_2气置换P”和“抽真空VC”步骤；（2）权利要求2二段具有“回收RG”步骤，同时在一段“均压升ER”步骤前，设置有“二段气升压2ER”步骤，对比文件1不存在上述步骤。

对于上述区别技术特征（1），按照上述评述，对比文件2没有给出引入对比文件1的技术启示。鉴于在对比文件1基础上引入区别技术特征（1）得出权利要求2技术方案是非显而易见的，而且，该特征的引入产生了有益的技术效果，因此，权利要求2具备专利法第22条第3款规定的创造性。

权利要求3与对比文件1相比存在以下区别技术特征：（1）权利要求3一段通过降压回收产品二氧化碳气体，而对比文件1通过抽真空回收产品二氧化碳气体，且置换P步骤前有“顺放PP”步骤；（2）权利要求3二段具有“回收RG”步骤，同时在一段“均压升ER”步骤前，有“二段气升压2ER”步骤，对比文件1不存在上述步骤。

对于上述区别技术特征（1），同样，对比文件2没有给出可省略抽真空步骤的技术启示，即权利要求3技术方案的得出是非显而易见的。本专利实施例2描述了按照权利要求3的方法进行的操作步骤，该实施例得到的产品二氧化碳纯度为99.5%，二氧化碳回收率大于70%，产品中二氧化碳浓度小于0.1%，该方法与对比文件1相比，氮气损失减少65%，氢气损失减少60%，每年增加直接经济效益720万元（参见本专利说明书第15页第1、2段）。由此可见，权利要求3相对于对比文件1和2具有突出的实质性特点和显著的进步，具备专利法第22条第3款规定的创造性。

权利要求4与对比文件1相比存在以下区别技术特征：（1）权利要求4一段“均压降ED”步骤后，首先通过降压回收产品二氧化碳气体，然后再抽真空回收二氧化碳气体，而对比文件1一段“均压降ED”步骤之后，首先有“顺放PP”步骤，然后用产品二氧化碳置换吸附塔，然后直接抽真空回收二氧化碳气体；（2）权利要求4二段具有“回收RG”步骤，同时在一段“均压升ER”步骤前，有“二段气升压2ER”步骤，对比文件1不存在上述步骤。

对于上述区别技术特征（1），即权利要求4省略了二氧化碳气体置换步骤，回收产品二氧化碳气体时也非直接通过真空泵回收，而是先降压回收，再抽真空回收。对比文件2没有给出在对比文件1基础上可省略二氧化碳气体置换步骤的启示，即权利要求4技术方案的得出是非显而易见的。本专利实施例3描述了按照权利要求4的方法进行的操作步骤，该实施例得到的产品氢、氮气中二氧化碳浓度小于0.1%，该实施例方法与对比文件1相比，氮气损失减少了90%，氢气损失减少了85%，每年增加直接经济效益800万元（参见本专利说明书第20页第4、5段）。由此可见，权利要求4相对于对比文件1和2具有突出的实质性特点和显著的进步，具备专利法第22条第3款规定的创造性。

权利要求5~10分别是权利要求1或2的从属权利要求，在权利要求1和2具备创造性的情况下，权利要求 5~10 也具备创造性。

基于以上事实和理由，本案合议组作出如下审查决定。

三、决定

维持第 01108694.7 号发明专利权有效。

当事人对本决定不服的，可以根据专利法第 46 条第 2 款的规定，自收到本决定之日起三个月内向北京市第一中级人民法院起诉。根据该款的规定，一方当事人起诉后，另一方当事人应当作为第三人参加诉讼。

006

学生护视镜

无效宣告请求审查决定（第8865号）

决　　定　　点　第8865号
决　　定　　日　2006年11月23日
发明创造名称　学生护视镜
国 际 分 类 号　G02C 7/06
无效宣告请求人　北京上上医近视眼防治研究中心
专　利　权　人　刘　东
专　　利　　号　00267270.7
申　　请　　日　2000年12月29日
授 权 公 告 日　2001年11月7日
合 议 组 组 长　张荣彦
主　　审　　员　宋　瑞
参　　审　　员　张惠军

法　律　依　据　专利法第22条第4款
决　定　要　点

权利要求1中“小镜片3的光心在水平方向向大镜片1的外侧移出5.5~6.5毫米”与人眼用眼规律相悖，不能实现本专利说明书中所述的积极效果，且严重影响使用者的用眼健康，不符合专利法第22条第4款的规定，不具备实用性。

一、案由

本无效宣告请求涉及中华人民共和国国家知识产权局于2001年11月7日授权公告的、名称为“学生护视镜”的实用新型专利权（下称本专利），其专利号是00267270.7，申请日是2000年12月29日，专利权人是刘东。该专利授权公告时的权利要求如下：

“1. 一种学生护视镜，主要包括有镜架2和装在镜架2上的为凹透镜的大镜片1，以及大镜片1上与大镜片1屈光度不同的小镜片3，其特征在于所述的大镜片1与小镜片3为一体结构，该小镜片3在大镜片1上的位置是，小镜片3的光心在垂直方向比大镜片1的光心低8~18毫米，小镜片3的光心在水平方向向大镜片1的外侧移出5.5~6.5毫米，所述的小镜片3可以是小度数的凹透镜也可以是小度数的凸透镜，所述的大镜片1的内侧镜面4具有同一曲率半径。

2. 根据权利要求1所述的学生护视镜，其特征在于所述的小镜片3的形状是底部为圆弧上部为直线的透镜。

3. 根据权利要求 1 所述的学生护视镜，其特征在于所述的小镜片 3 的形状是底部为小直径圆弧上部为大直径圆弧的透镜。

4. 根据权利要求 1 所述的学生护视镜，其特征在于所述的小镜片 3 的形状是圆形的透镜。"

针对上述专利权，北京上上医近视眼防治研究中心（下称请求人）于 2005 年 10 月 20 日向专利复审委员会提出无效宣告请求，认为本专利不符合专利法第 22 条的规定，其提交的证据如下：

证据 1：授权公告号为 CN2287311Y 的中国实用新型专利说明书全文，授权公告日为 1998 年 8 月 5 日；

证据 2：吴燮灿编著的《实用眼镜光学》第 141～156 页及封面页、出版信息页复印件，出版日期为 1996 年 8 月；

证据 3：唐秀荣编著的《实用眼镜加工学》封面页、出版信息页及第 76～83 页复印件，出版日期为 2002 年 8 月。

经形式审查合格，专利复审委员会依法受理了上述无效宣告请求，并于 2005 年 12 月 1 日向双方当事人发出无效宣告请求受理通知书，同时将无效宣告请求书及其附件清单中所列附件的副本转送给专利权人。

针对上述无效宣告请求，专利权人于 2006 年 1 月 13 日向专利复审委员会提交了意见陈述书及如下附件：

附件 1：授权公告号为 CN2286885Y 的中国实用新型专利说明书全文，授权公告日为 1998 年 7 月 29 日；

附件 2：授权公告号为 CN2283871Y 的中国实用新型专利说明书全文，授权公告日为 1998 年 6 月 10 日；

附件 3：授权公告号为 CN2295228Y 的中国实用新型专利说明书全文，授权公告日为 1998 年 10 月 21 日。

专利权人认为：（1）本专利权利要求 1 的眼镜与请求人提交的证据 1、2 中的眼镜在制作工艺与应用方面不同；（2）请求人提交的证据 3 的出版日期为 2002 年 8 月，在本专利申请日之后，不能作为评述本专利新颖性、创造性的证据使用；（3）请求人所列举出的"融合双焦眼镜"不是"一体结构"；（4）本专利权利要求 1 中所指的"外侧移出"指的是在镜片上相对于大镜片光心的四周都是外，而不是在眼镜上。

2006 年 4 月 4 日，专利权人向专利复审委员会提交了补充的意见陈述书，认为本专利是在在先专利的基础上加以改进与完善而成的，具备实用性、新颖性和科学性。

专利复审委员会依法成立合议组对本无效宣告请求进行审查，并于 2006 年 7 月 27 日向双方当事人发出无效宣告请求口头审理通知书，指出本案合议组定于 2006 年 9 月 13 日举行口头审理。随同口头审理通知书，将专利权人分别于 2006 年 1 月 13 日、2006 年 4 月 4 日两次提交的意见陈述及其附件清单中所列附件的副本转送给请求人，要求请求人应在口头审理时当庭提交相关证据的原件，否则该证据不能作为单独定案的依据或视为未提出。

请求人于 2006 年 9 月 4 日提交了意见陈述书，补充提交了证据 4：《现代汉语词典》第 697 页和第 1599 页的复印件共两页，此外，请求人还补充提交了其他 5 份证据。

口头审理如期举行，双方当事人均参加了口头审理。

在口头审理中，双方当事人对对方出席口头审理人员的资格无异议，对合议组成员无回避请求。请求人明确表示无效理由及范围为：本专利全部权利要求相对于证据 1—3 不符合专利法第 22 条第 2 款—第 4 款关于新颖性、创造性、实用性的规定。请求人表示于 2006 年 9 月 4 日向专利复审委员会提交了补充证据，其中包括《现代汉语词典》。合议组当庭告知请求人：根据专利法实施细则第66条的规定，请求人上述补充提交的证据的提交时间超出了规定的时限，上述补充证据中除《现代汉语词典》为工具书可以作为公知常识性的证据使用外，其余都不予接受。专利权人对请求人所提交证据1~3的真实性无异议；并表示证据1、2可以作为现有技术使用；认为证据3不能作为现有技术证据使用，不能用于评价本专利的新颖性、创造性。请求人认为：本专利不具有实用性，并明确表示证据3仅用于评价本专利的实用性，不用于评价本专利的新颖性、创造性。请求人认为：在本专利申请之前，已在公开出版物上公开本专利技术方案，证据1已详细描述了本专利的技术特征，并认为双光镜为公知技术，所以不作为专利得到保护；并且证据2说明书及附图公开了本专利的技术方案，小镜片的不同形状完全覆盖了本专利的技术特征；本专利的“该小镜片在大镜片上的位置是，小镜片的光心在垂直方向比大镜片的光心低8~18毫米”的内容已被证据1所公开；权利要求1中“小镜片3的光心在水平方向向大镜片1的外侧移出5.5~6.5毫米”与本领域常识不符，根据本领域常识，小镜片光心应从大镜片光心向内移2mm（参见证据1、3)，本专利权利要求1的方案会严重损害使用者的健康。专利权人认为：双光眼镜确实早已存在，但还在不断的改进，认为证据2的眼镜结构是通过粘合而成的组合方式，而本专利大小镜片的结构形式是用同一种材料加工形成的，两者具有区别，本专利的优点在于解决了拼合式、黏合式、分裂式双光眼镜的缺点，拼合式的容易积累灰尘并且不美观，黏合式的在时间长了之后导致视线模糊而变形，负片也容易发生位移，光源会出现光晕，有不适应感，融合性双光眼镜取代了黏合剂使两个镜片结合在一起，解决了黏合式镜片的缺点，但还是会出现影响视线、会产生光晕，佩戴者会有不舒适感，本专利权利要求1中的“一体结构”是指通过一种材料一次加工成型，光线进入后只有一次折射，不会产生光晕，与证据2完全不同，在证据1中已描述了上述两种材料制成的镜片的缺点，因而本专利相对于证据1~2具有新颖性。请求人简述《现代汉语词典》对“一体”、“结构”的解释，认为一体结构并非指一种材料一次制成，本专利也没有限定一种材料一次制成。请求人认为：本专利所描述小镜片的移动位置是在外侧的下方，小镜片的两个方向外移是不能实现的；认为本专利所描述的“减少眼球内聚的聚合反射”不能理解；认为专利权人所述“四周都可以叫外移”是不对的，本专利的附图表示移动是向外和向下的。专利权人认为：本专利权利要求中大小镜片的位置指的是镜片本身，而不是镜片安装在眼镜上的状态。本专利所指的外移是在平面图上相对于大镜片的光心向外的移动，所以本专利的内侧和外侧指的是依据镜片而确定的，并不是相对于镜架，关于尺寸“5.5~6.5毫米”，由于本专利没有讲清镜片直径为多少，所以各种数据忽略了大的前提，没有限定直径，所以上述尺寸可以根据配镜人瞳距进行调节。请求人认为：本专利所描述的是眼镜而不是镜片。专利权人认为：只要针对光心外移了，相对光心来讲都可以说是外。请求人认为：本专利“光心低8~18毫米”在证据1第145页图815-816中公开。专利权人表示认可上述特征被公开，认为有一定的关联性，但认为小片与本专利不完全一样，形状也不一样，本专利存在三个形状；5.5~6.5装到镜架上以后的尺寸是依据患者具体身体条件而确定，正常的范围是1~3毫米，并还要根据患者的情况而定，镜片的大小、尤其是小镜片的大小是不确定的，所以大、小镜片的光心距离是不一定的，有一个变化范围，应根据实际情况确定。请求人认为：“小镜片可以是凹透镜也可以是凸透镜”的特征在证据1第142页公开，并认为是公知常识，屈光度可以正也可以负，不同的屈光度可以是正的也可以是负的，证据1说明书中第四自然段完全描述了小镜片的屈光度。专利权人认为：请求人上述所认为的事实不能成立；本专利的小镜片可以是凸透镜也可以凹透镜，也就是可以是远视镜也可以是近视镜；远处是一个近视镜，近处是用一个远视镜，不同的屈光度不等同于上述特征。请求人认为：“大镜片具有统一曲率半径”在证据1第142页第3点中公开。专利权人认为：证据1公开本专利的曲率半径特征。请求人认为：本专利权利要求2~4的附加技术特征在证据1的第142页第3点中公开。专利权人认为：证据1没有公开本专利权利要求2~4的附加技术特征。双方当事人表示已充分发表意见，没有新的意见需要补充。

至此，合议组认为本案事实清楚，现依法作出审查决定。

二、决定的理由

1. 关于证据和现有技术

请求人提交的证据1是专利文件，证据2、3是公开出版物，专利权人对证据1~3的真实性无异议，因此证据1~3可以作为本案证据使用。同时由于证据1的公开日期和证据2的出版日期均在本专利的申请日前，因此证据1、2可以作为本专利的现有技术使用，证据3的出版日期在本专利之后，请求人表示仅使用证据3评价本专利的实用性，因此在本案中证据3只作为评价本专利实用性的证据使用。至于请求人于2006年9月4日补充提交的证据，由于已经超出了法定的举证期限，因此上述补充证据中除了证据4——《现代汉语词典》作为工具书可以作为公知常识性的证据使用外，其他补充证据在本案中不予考虑。

专利权人提交的证据是附件1~3，想要证明本专利相对于现有技术具有许多优点，在此供参考。

2. 关于专利法第22条第4款

专利法第22条第4款规定，实用性，是指该发明或者实用新型能够制造或者使用，并且能够产生积极效果。

请求人认为本专利不具有实用性，理由是：本专利权利要求1中“小镜片3的光心在水平方向向大镜片1的外侧移出5.5~6.5毫米”与本领域常识不符，根据本领域常识，小镜片光心应从大镜片光心向内移2毫米（参见证据1、3），本专利权利要求1的方案会严重损害使用者的健康。

专利权人在口头审理中承认眼镜制作应当符合用眼规律，并认为本专利权利要求1和说明书中所指的“小镜片3的光心在水平方向向大镜片1的外侧移出5.5~6.5毫米”是相对于镜片本身而言，即相对于大镜片光心四周移动都是“外移”，不是相对于眼镜来讲的。

合议组经审查认为：本专利权利要求1要求保护的主题是一种“学生护视镜”，因此在权利要求1中所述的“外侧移出”应是以眼镜为参照进行描述的，通过阅读本专利说明书或权利要求书，也必然会理解所述“外侧移出”是指以眼镜为参照将小镜片的光心相对于大镜片光心向外侧移出。如果按照专利权人在口头审理中对“外侧移出”的解释，所述“外侧移出”是相对于镜片而言的，即大镜片的光心四周都算“外侧”，那么就不会存在权利要求1中所述“小镜片3的光心在垂直方向比大镜片1的光心低8~18毫米”的说法，因为大镜片光心四周都算“外侧”，对于一个中心对称的圆形镜片就不存在“垂直”和“水平”的概念了。因此合议组对于专利权人对“外侧移出”的解释不予支持。根据人体生理原理，眼球在近视时会进行向内向下转动的辐辏调节，因此在制作双焦眼镜时小镜片的光心也应当与眼的生理解剖位置相对应，大约从远用瞳距各眼分别减去2毫米作为近用瞳距（参见证据3第80页第四节及图11-11）。在本专利说明书第5自然段中明确指出：“在看远处的物体时，是用凹透镜的大镜片……在看近处的书本时，就自然地用上了在大镜片下方的小镜片，小镜片的作用是使眼球从看远到看近时减少睫状肌收缩的调节反射和眼镜内聚的聚合反射，可使学生在看黑板和写字时适应远近焦点的变化，排除引起近视的病因并避免了近视加深的恶性循环”。但是，本专利权利要求1中小镜片的光心却向大镜片1的外侧移出5.5~6.5毫米，这明显与人体用眼的自然规律相悖，导致眼睛看近处时眼睛视轴不能穿过小镜片光心，因此无法实现本专利说明书所述的积极效果，更会严重影响使用者的用眼健康。因此，本专利权利要求1的技术方案不具备实用性，不符合专利法第22条第4款的规定。

在本专利权利要求1不具备实用性的情况下，其从属权利要求2~4也都存在与权利要求1相同的缺陷，即小镜片光心在水平方向向大镜片光心的外侧移出 5.5~6.5 毫米是违反人体用眼规律，会损害用眼健康的，未产生预期的积极效果。因此，本专利权利要求 2~4 也都不具备实用性，不符合专利法第 22 条第 4 款的规定。

综上所述，本专利所有权利要求都不符合专利法第 22 条第 4 款的规定，均不具备实用性。在本专利所有权利要求不具备实用性的情况下，本决定对于请求人提出的其他无效请求理由不再评述。

三、决定

宣告 00267270.7 号实用新型专利权全部无效。

当事人对本决定不服的，可以根据专利法第 46 条第 2 款的规定，自收到本决定之日起三个月内向北京市第一中级人民法院起诉。根据该款的规定，一方当事人起诉后，另一方当事人应当作为第三人参加诉讼。

北京市第一中级人民法院
行政判决书

（2008）一中行初字第 506 号

原告刘东，男，1968 年 4 月 5 日出生，汉族，住山东省济南市市中区经八路 70 号 502 号。

委托代理人：董建成，男，1979 年 7 月 10 日出生，汉族，麦迪格医疗保健品（济南）有限公司职员，住山东省济南市天桥区大桥镇胡家村 157 号。

委托代理人：赵勇，男，麦迪格医疗保健品（济南）有限公司职员。

被告国家知识产权局专利复审委员会，住所地北京市海淀区北四环西路 9 号银谷大厦 10~12 层。

法定代表人：廖涛，副主任。

委托代理人：宋瑞，男，专利复审委员会审查员。

委托代理人：刘妍，女，专利复审委员会审查员。

第三人北京上上医近视眼防治研究中心，住所地北京市东城区安定门外大街 44 号。

法定代表人：雷士光，经理。

委托代理人：席珂，北京市民星律师事务所律师。

原告刘东不服被告国家知识产权局专利复审委员会（以下简称专利复审委）作出的第 8865 号无效宣告请求审查决定（以下简称第 8865 号决定），向本院提起行政诉讼。本院于 2007 年 3 月 5 日受理后，依法组成合议庭，于 2008 年 6 月 4 日公开开庭审理了本案。原告刘东的委托代理人董建成、赵勇，被告专利复审委的委托代理人宋瑞、刘妍，第三人北京上上医近视眼防治研究中心（以下简称上上医研究中心）的委托代理人席珂到庭参加了诉讼。本案现已审理终结。

2006 年 11 月 23 日，被告作出第 8865 号决定认为：

1. 关于证据和现有技术：上上医研究中心提交的证据 1 是专利文件，证据 2、3 是公开出版物，刘东对证据 1~3 的真实性无异议，因此证据 1~3 可以作为本案证据使用。同时由于证据 1 的公开日期和证据 2 的出版日期均在本专利的申请日前，因此证据 1、2 可以作为本专利的现有技术使用，证据 3 的出版日期在本专利之后，上上医研究中心表示仅使用证据 3 评价本专利的实用性，因此在本案中证据 3 只作为评价本专利实用性的证据使用。至于刘东于 2006 年 9 月 4 日补充提交的证据，由于已经超出了法定的举证期限，因此上述补充证据中除了证据 4《现代汉语词典》作为工具书可以作为公知常识性的证据使用外，其他补充证据在本案中不予考虑。

刘东提交的证据是附件1~3，想要证明本专利相对于现有技术具有许多优点，在此供参考。

2. 关于《中华人民共和国专利法》（以下简称《专利法》）第二十二条第四款：

上上医研究中心认为本专利不具有实用性，理由是：本专利权利要求1中“小镜片3的光心在水平方向向大镜片1的外侧移出5.5~6.5毫米”与本领域常识不符，根据本领域常识，小镜片光心应从大镜片光心向内移2mm（参见证据1、3），本专利权利要求1的方案会严重损害使用者的健康。

刘东在口头审理中承认眼镜制作应当符合用眼规律，并认为本专利权利要求1和说明书中所指的“小镜片3的光心在水平方向向大镜片1的外侧移出5.5~6.5毫米”是相对于镜片本身而言，即相对于大镜片光心四周移动都是“外移”，不是相对于眼镜来讲的。

专利复审委合议组经审查认为：本专利权利要求1要求保护的主题是一种“学生护视镜”，因此在权利要求1中所述的“外侧移出”应是以眼镜为参照进行描述的，通过阅读本专利说明书或权利要求书，也必然会理解所述“外侧移出”是指以眼镜为参照将小镜片的光心相对于大镜片光心向外侧移出。如果按照刘东在口头审理中对“外侧移出”的解释，所述“外侧移出”是相对于镜片而言的，即大镜片的光心四周都算“外侧”，那么就不会存在权利要求1中所述“小镜片3的光心在垂直方向比大镜片1的光心低8~18毫米”的说法，因为大镜片光心四周都算“外侧”，对于一个中心对称的圆形镜片就不存在“垂直”和“水平”的概念。因此合议组对于刘东对“外侧移出”的解释不予支持。根据人体生理原理，眼球在近视时会进行向内向下转动的辐辏调节，因此在制作双焦眼镜时小镜片的光心也应当与眼的生理解剖位置相对应，大约从远用瞳距各眼分别减去2毫米作为近用瞳距（参见证据3第80页第四节及图11-11）。在本专利说明书第5自然段中明确指出：“在看远处的物体时，是用凹透镜的大镜片……在看近处的书本时，就自然地用上了在大镜片下方的小镜片，小镜片的作用是使眼球从看远到看近时减少睫状肌收缩的调节反射和眼镜内聚的聚合反射，可使学生在看黑板和写字时适应远近焦点的变化，排除引起近视的病因并避免了近视加深的恶性循环”。但是，本专利权利要求1中小镜片的光心却向大镜片1的外侧移出5.5~6.5毫米，这明显与人体用眼的自然规律相悖，导致眼睛看近处时眼睛视轴不能穿过小镜片光心，因此无法实现本专利说明书所述的积极效果，更会严重影响使用者的用眼健康。因此，本专利权利要求1的技术方案不具备实用性，不符合《专利法》第二十二条第四款的规定。

在本专利权利要求1不具备实用性的情况下，其从属权利要求2~4也都存在与权利要求1相同的缺陷，即小镜片光心在水平方向向大镜片光心的外侧移出5.5~6.5毫米是违反人体用眼规律，会损害用眼健康的，未产生预期的积极效果。因此，本专利权利要求2~4也都不具备实用性，不符合《专利法》第二十二条第四款的规定。

综上所述，本专利所有权利要求都不符合《专利法》第二十二条第四款的规定，均不具备实用性。在本专利所有权利要求不具备实用性的情况下，专利复审委对于上上医研究中心提出的其他无效请求理由不再评述。综上，专利复审委做出第8865号决定宣告00267270.7号实用新型专利权全部无效。

被告在法定期限内向本院提交了以下证据，用以证明第8865号决定的合法性：证据1. 专利号为00267270.7实用新型专利说明书（即本专利）；证据2.《实用眼镜加工学》，唐秀荣编著，封面页、出版信息页及第76~83页复印件（即第8865号决定中的证据3）；证据3. 口审记录表。

原告刘东诉称：1. 专利审查的原则应该以所属技术领域人员看问题的角度和眼光去分析专利的实质性要件，审查该专利的实用性以及该实用新型能否制造或者使用并且能够产生积极效果。被告在本专利的复审过程中并没有以此为标准，而是站在对眼镜光学技术毫无了解的非技术人员角度分析原告权利要求中“外侧移出”的意思，并以眼镜为参照物进行描述，从而认为本专利不符合用眼规律，但对眼镜光学知识稍有了解的人都不会做此解释。2. 被告曲解原告专利要求书中文字表述的字面意思。被告没有依据在申请日提交的本专利的说明书和权利要求书所公开的整体技术内容审查本专利。结合本专利说明书附图，可以看出原告所描述的外移是小镜片以大镜片的光心作为参照物，通过权利要求所描述的位置制作过程来实现。本专利说明书中的附图 2 到附图 4 是原告权利要求中的解析图，说明原告权利要求的要点，图形中也是以大镜片的光心作为参照物。被告认为小镜片外移应该以眼镜作为参照物是对原告权利要求的错误解释。3. 原告权利要求表述的小镜片 3 的光心在水平方向向大镜片光心外侧移出 5. 5~6. 5 毫米并没有违背人的用眼规律。综上原告请求法院撤销第 8865 号决定。

原告在庭审时向本院提交了以下证据：证据 1. 授权公告号为 CN2286885Y 的中国实用新型专利说明书全文，授权公告日为 1998 年 7 月 29 日；证据 2. 授权公告号为 CN2283871Y 的中国实用新型专利说明书全文，授权公告日为 1998 年 6 月 10 日；证据 3. 授权公告号为 CN2295228Y 的中国实用新型专利说明书全文，授权公告日为 1998 年 10 月 21 日。

被告专利复审委辩称，其坚持在第 8865 号决定中认定的意见，认为本专利权利要求不符合《专利法》第二十二条第四款规定的实用性。被告请求人民法院维持第 8865 号决定。

第三人上上医研究中心同意第 8865 号决定的认定意见，请求人民法院维持该决定。

第三人未向本院提交证据。

经庭审质证，原告及第三人对被告提出的证据没有意见；被告及第三人对原告证据的真实性没有意见，但认为原告提交的证据无法证明原告提出的观点。本院经过审核，被告提供的证据真实、合法，能够作为认定本案件事实的依据；原告提交的证据与本案没有关联性，本院不予采纳。

根据上述有效证据及各方当事人在庭审中无争议的陈述，本院确认如下事实：

第 8865 号决定涉及中华人民共和国国家知识产权局于 2001 年 11 月 7 日授权公告的、名称为“学生护视镜”的实用新型专利权（下称本专利），其专利号是 00267270. 7，申请日是 2000 年 12 月 29 日，专利权人是刘东。该专利授权公告时的权利要求如下：

“1. 一种学生护视镜，主要包括有镜架 2 和装在镜架 2 上的为凹透镜的大镜片 1，以及大镜片 1 上与大镜片 1 屈光度不同的小镜片 3，其特征在于所述的大镜片 1 与小镜片 3 为一体结构，该小镜片 3 在大镜片 1 上的位置是，小镜片 3 的光心在垂直方向比大镜片 1 的光心低 8~18 毫米，小镜片 3 的光心在水平方向向大镜片 1 的外侧移出 5. 5~6. 5 毫米，所述的小镜片 3 可以是小度数的凹透镜也可以是小度数的凸透镜，所述的大镜片 1 的内侧镜面 4 具有同一曲率半径。

2. 根据权利要求 1 所述的学生护视镜，其特征在于所述的小镜片 3 的形状是底部为圆弧上部为直线的透镜。

3. 根据权利要求 1 所述的学生护视镜，其特征在于所述的小镜片 3 的形状是底部为小直径圆弧上部为大直径圆弧的透镜。

4. 根据权利要求 1 所述的学生护视镜，其特征在于所述的小镜片 3 的形状是圆形的透镜。”

针对上述专利权，上上医研究中心于 2005 年 10 月 20 日向专利复审委提出无效宣告请求，认为本专利不符合《专利法》第二十二条的规定，其提交的证据如下：

证据 1：授权公告号为 CN2287311Y 的中国实用新型专利说明书全文，授权公告日为 1998 年 8 月 5 日；

证据 2：吴燮灿编著的《实用眼镜光学》第 141~156 页及封面页、出版信息页复印件，出版日期为 1996 年 8 月；证据 3：唐秀荣编著的《实用眼镜加工学》封面页、出版信息页及第76~83 页复印件，出版日期为 2002 年 8 月。

经形式审查合格，专利复审委依法受理了上述无效宣告请求。

上上医研究中心于2006年9月4日提交了意见陈述书，补充提交了证据4：《现代汉语词典》第697页和第1599页的复印件共两页，此外，上上医研究中心还补充提交了其他5份证据。

专利复审委于2006年11月23日做出第8865号决定。

各方当事人对于第8865号决定做出的行政程序的合法性没有异议，对该决定关于证据和现有技术的表述无异议；原告在庭审中承认双焦眼镜中的小镜片光心应向内属于公知常识。

本院认为：根据当事人无争议的陈述，本院经审查，对被告作出第8865号决定的行政程序以及该决定中关于证据和现有技术认定的合法性予以确认。

本案件的争议焦点为本专利是否符合《专利法》第二十二条第四款规定的实用性。

《专利法》第二十二条第四款规定：实用性，是指该发明或者实用新型能够制造或者使用，并且能够产生积极效果。

本专利权利要求1所要求保护的主题是一种学生护视镜，而非未安装到眼镜上的镜片，故本专利权利要求1中的相关位置关系应当以眼镜作为参照物。因此，权利要求1所述“小镜片的光心在水平方向向大镜片1的外侧移出5.5~6.5毫米”，应是指以眼镜为参照物将小镜片的光心相对于大镜片的光心而向外侧移出。本院对第8865号决定的相关认定予以确认。故原告提出的本专利权利要求1中“外侧移出”不是以眼镜作为参照物的诉讼理由没有事实依据，本院不予采纳。

第8865号决定认定，根据人体生理原理，眼球在近视时会进行向内向下的辐辏调节，因此在制作双焦眼镜时小镜片的光心也应当与眼的生理解剖位置相对应，原告在庭审中亦承认小镜片光心应向内。故本专利权利要求1中描述的“小镜片3的光心在水平方向向大镜片1的外侧移出5.5~6.5毫米”与以上规律明显相悖，无法实现本专利说明书中记载的技术效果。因此，被告关于本专利权利要求1的技术方案不具备实用性的认定于法有据，原告提出的本专利权利要求并未违背人的用眼规律的诉讼理由没有事实依据，本院亦不予采纳。

综上，本专利权利要求1的技术方案不具备《专利法》第二十二条第四款规定的实用性。在本专利权利要求1不具备实用性的前提下，其从属权利要求2~4存在与权利要求1同样的情况，亦不具备实用性。

专利复审委做出的第8865号决定认定事实清楚，适用法律正确，程序合法，本院应予维持。原告要求撤销第8865号决定的诉讼请求，缺乏事实和法律依据，本院不予支持。依照《中华人民共和国行政诉讼法》第五十四条第（一）项之规定，判决如下：

维持被告国家知识产权局专利复审委员会作出的第8865号无效宣告请求审查决定。

案件受理费100元，由原告刘东负担（已交纳）。

如不服本判决，可于本判决书送达之日起15日内，向本院递交上诉状，按对方当事人的人数提交副本并预交上诉费，上诉于北京市高级人民法院。上诉人在接到人民法院预交诉讼费用的通知后七日内未预交又不提出缓交申请的，按自动撤回上诉处理。

审　判　长　娄宇红
审　判　员　李纪红
人民陪审员　杨　旭
二〇〇八年九月十日
书　记　员　殷　悦

007

预制薄壁管

无效宣告请求审查决定（第8926号）

决　　定　　号 第8926号
决　　定　　日 2006年12月9日
发明创造名称 预制薄壁管
国 际 分 类 号 E04G 15/00
无效宣告请求人 长沙巨星轻质建材股份有限公司
专　利　权　人 黄安刚
专　　利　　号 200420010358.4
申　　请　　日 2004年3月12日
授 权 公 告 日 2005年2月16日
合 议 组 组 长 赵　明
主　　审　　员 朱文广
参　　审　　员 郭建强

法　律　依　据 专利法第22条第2款、第3款
决　定　要　点

对比文件中对于所属领域的技术人员来说，隐含的且可直接地、毫无疑义地确定的技术内容也属于该对比文件所公开的内容。

一、案由

本无效宣告请求涉及中华人民共和国国家知识产权局于2005年2月16日授权公告的、名称为“预制薄壁管”的实用新型专利权（下称本专利），其专利申请号是200420010358.4，申请日是2004年3月12日，专利权人是黄安刚。本专利授权公告时的权利要求书如下：

“1. 一种预制薄壁管，包括管体，其特征在于：管体的两端设置有封头，管体的横截面为正多边形。

2. 根据权利要求1所述的预制薄壁管，其特征在于：所述的管体的横截面为正六边形或正八边形。”

针对本专利权，长沙巨星轻质建材股份有限公司（下称请求人）于2005年5月31日向专利复审委员会提出无效宣告请求，认为本专利不符合专利法第22条第2、3款的规定，请求人除提交了本专利的专利说明书之外还提交了如下附件作为证据使用：

附件1：授权公告日为2003年7月16日、授权公告号为CN1114738C的中国发明专利说明书，

共10页；

附件2：授权公告日为2003年7月9日、授权公告号为CN1113746C的中国发明专利说明书，共9页；

附件3：授权公告日为2003年6月11日、授权公告号为CN1111235C的中国发明专利说明书，共28页；

附件4：授权公告日为1999年10月13日、授权公告号为CN2343240Y的实用新型专利说明书，共5页；

附件5：授权公告日为2002年10月9日、授权公告号为CN2515321Y的实用新型专利说明书，共5页。

请求人认为：附件1~5均分别公开了权利要求1的技术方案，附件1、3分别公开了权利要求2中“管体的横截面为正六边形”的技术特征，并且正八边形与正六边形是等同的技术特征。

经形式审查合格，专利复审委员会依法受理了上述无效宣告请求，并于2005年6月29日向请求人和专利权人发出无效宣告请求受理通知书，同时将专利权无效宣告请求书及其附件清单中所列附件的副本转送给专利权人，并要求专利权人在指定的期限内陈述意见。

专利权人逾期未陈述意见。

专利复审委员会依法成立合议组。

本案合议组于2006年8月24日向双方发出无效宣告请求口头审理通知书，定于2006年10月30日在专利复审委员会举行口头审理。

口头审理如期举行，请求人参加了口头审理，专利权人没有参加。

在口头审理中，请求人放弃了附件2和4，认为本专利相对于附件1、3或5不具有新颖性和创造性。

至此，合议组认为本案事实已经清楚，可以作出审查决定。

二、决定的理由

1. 关于证据和现有技术

请求人使用的证据包括三份中国专利文献，即附件1、3、5，专利权人对上述附件没有提出异议，合议组经核实后对上述证据的真实性予以认可，因此上述证据可以作为本案的证据使用。同时由于上述证据的公开日期在本专利的申请日前，因此可以作为本专利的现有技术使用。

2. 本专利权利要求1、2的新颖性和创造性。

新颖性，是指在申请日以前没有同样的发明或者实用新型在国内外出版物上公开发表过、在国内公开使用过或者以其他方式为公众所知，也没有同样的发明或者实用新型由他人向国务院专利行政部门提出过申请并记载在申请日以后（含申请日）公布的专利申请文件中。

如果专利申请与对比文件公开的内容相比，其权利要求所限定的技术方案与对比文件公开的技术方案实质上相同，所属技术领域的技术人员根据两者的技术方案可以确定两者能够适用于相同的技术领域，解决相同的技术问题，并具有相同的预期效果，则认为两者为同样的发明或者实用新型。

创造性，是指同申请日以前已有的技术相比，该发明有突出的实质性特点和显著的进步，该实用新型具有实质性特点和进步。

审查指南第二部分第四章有关发明创造性的审查基准中指出：判断发明是否具有突出的实质性特点就是要判断对本领域的技术人员来说，要求保护的发明相对于现有技术是否显而易见；在评价发明是否具有显著的进步时，主要应当考虑发明是否具有有益的技术效果。审查指南第四部分第六章第4节指出：实用新型专利创造性审查的有关内容，包括创造性的概念、创造性的审查原则、审查基准以及不同类型发明的创造性判断等内容参照审查指南第二部分第四章的规定。

合议组经审查后认为，本专利权利要求 1 请求保护的是一种预制薄壁管。附件 1 的权利要求 1~4 公开了一种预制在钢筋砼中的空腔硬质薄壁构件，其为空腔硬质薄壁筒或空腔硬质薄壁盒，多个开口式空心构件组合后封闭两端开口，其截面形状为圆形、方形或其他异形。显然，其中多个开口式空心构件组合后封闭两端开口的操作必然会在构件的两端形成封头。从附件 1 的图 4 及其说明可以看出该构件可以为正六边形。由此可见，本专利权利要求 1 以及权利要求 2 中横截面为正六边形的技术方案已被附件 1 公开，因此本专利权利要求 1 以及权利要求 2 中横截面为正六边形的技术方案相对于附件 1 不具备新颖性，不符合专利法第 22 条第 2 款的规定。

由于附件 1 中已经提到该构件的截面形状为圆形、方形或其他异形，同时说明书中还给出了正六边形的例子。因此正八边形作为一种常见的形状对本领域技术人员来说也是显而易见的，因此权利要求 2 中横截面为正八边形的技术方案相对于附件 1 是显而易见的，不具备创造性，不符合专利法第 22 条第 3 款的规定。

此外，附件 5 中也公开了一种用于现浇空心板成孔技术用的薄壁筒，其包括空心圆管 1 以及两端的封头板 2，并且其中的“薄壁筒可以是圆形管之外的其他异形的薄壁筒，如方形、椭圆形、梯形等”（见权利要求书，图 1）。因此权利要求 1 的技术方案已被附件 5 公开，权利要求 1 相对于附件 5 也不具备新颖性，不符合专利法第 22 条第 2 款的规定。

显然基于附件 5 中“薄壁筒可以是圆形管之外的其他异形的薄壁筒，如方形、椭圆形、梯形等”的启示，本领域技术人员同样能够显而易见地想到正六边形和正八边形这样常见的形状，因此权利要求 2 的技术方案相对于附件 5 不具备创造性，不符合专利法第 22 条第 3 款的规定。

根据上述的事实和理由，本案合议组依法做出以下决定。

三、决定

宣告 200420010358.4 号实用新型专利权全部无效。

当事人对本决定不服的，可以根据专利法第 46 条第 2 款的规定，自收到本决定之日起三个月内向北京市第一中级人民法院起诉。根据该款的规定，一方当事人起诉后，另一方当事人应当作为第三人参加诉讼。

008

全封闭管式 PTC 发热器

无效宣告请求审查决定（第 8927 号）

决　定　号　第 8927 号
决　定　日　2006 年 11 月 7 日
发明创造名称　全封闭管式 PTC 发热器
国际分类号　F24H 3/04
无效宣告请求人　巫嘉雄
专　利　权　人　深圳市金科特种材料有限公司
专　利　号　01271581.6
申　请　日　2001 年 12 月 30 日
授权公告日　2002 年 10 月 23 日
合议组组长　黄　颖
主　审　员　朱文广
参　审　员　刘瑞斌

法律依据　专利法第 22 条第 2、3 款
决定要点

权利要求中的某些特征在对比文件中没有公开，同时也不能从该对比文件中唯一确定出这些特征，那么该权利要求相对于该对比文件具有新颖性。

一、案由

本无效宣告请求涉及中华人民共和国国家知识产权局于 2002 年 10 月 23 日授权公告的、名称为“全封闭管式 PTC 发热器”的实用新型专利权（下称本专利），其专利号是 01271581.6，申请日是 2001 年 12 月 30 日，专利权人是深圳市金科特种材料有限公司。本专利授权公告时的权利要求书如下：

“1. 一种全封闭管式 PTC 发热器，它是由发热器件（1）、散热条（4、5）和设在发热器件（1）两端的塞头（2、3）组成，所述的发热器件（1）由中心的 PTC 片组（13）、设在 PTC 组片上下面的绝缘胶层（11、12）、设在绝缘胶层（11、12）外的电极板（9、10）和铝管（6）组成，其特征在于在电极板（9、10）的一面或两面设有绝缘层（7、8）；在所述的由中心的 PTC 组片（13）、设在 PTC 组片上下面的绝缘胶层（11、12）、设在绝缘胶层（11、12）外的电极板（9、10）和绝缘层（7、8）组成的发热内芯的前后左右两侧设有绝缘隔层（14）。

2. 如权利要求 1 中所述的全封闭管式 PTC 发热器，其特征在于所述的绝缘层（7、8）为绝缘陶

瓷片。

3. 如权利要求 1 中所述的全封闭管式 PTC 发热器，其特征于所述的绝缘隔层（14）是绝缘陶瓷片、绝缘橡胶或云母。”

针对本专利权，巫嘉雄（下称请求人）于 2006 年 03 月 10 日向专利复审委员会提出无效宣告请求，认为本专利不符合专利法第 22 条第 2、3 款的规定，同时请求人提交了如下附件：

附件 1：本专利的专利说明书；

附件 2：授权公告日为 1999 年 11 月 17 日、授权公告号为 CN2349737Y 的中国实用新型专利说明书共 7 页；

附件 3：授权公告日为 1995 年 8 月 30 日、授权公告号为 CN2206529Y 的中国实用新型专利说明书共 5 页；

附件 4：申请日为 1986 年 2 月 5 日的第 330012 号台湾专利，其上盖有“经确认此副本与原件相同的国家知识产权局专利检索咨询中心副本认证专用章 2006 年 1 月 26 日”印章，复印件共 10 页；

附件 5：申请日为 1982 年 5 月 8 日的第 212593 号台湾专利，其上盖有“经确认此副本与原件相同的国家知识产权局专利检索咨询中心副本认证专用章 2006 年 01 月 26 日”印章，复印件共 9 页；

附件 6：申请日为 1985 年 8 月 14 日的第 317408 号台湾专利，其上盖有“经确认此副本与原件相同的国家知识产权局专利检索咨询中心副本认证专用章 2006 年 01 月 26 日”的印章，复印件共 10 页；

附件 7：授权公告日为 2000 年 10 年 11 日、授权公告号为 CN2400994Y 的中国实用新型专利说明书共 11 页；

附件 8：中华人民共和国国家知识产权局专利复审委员会对专利号为 94213661. 6 的专利权作出的第 2387 号无效宣告请求审查决定书，复印件共 5 页。

请求人认为：（1）权利要求 1~3 相对于附件 2 不具有新颖性，其中权利要求 2 的材料变化未对产品的形状构造带来变化，因此不考虑，权利要求 2 不具有新颖性，同理权利要求 3 也不具有新颖性；（2）权利要求 2 相对于附件 2 或附件 2 和 3 或者是附件 2 与附件 4、5、6 或 7 的结合不具有创造性。（3）权利要求 3 也不具有创造性。

经形式审查合格，专利复审委员会依法受理了上述无效宣告请求，并于 2006 年 04 月 12 日向请求人和专利权人发出无效宣告请求受理通知书，同时将专利权无效宣告请求书及其附件清单中所列附件的副本转送给专利权人，并要求专利权人在指定的期限内陈述意见。

针对专利复审委员会于 2006 年 04 月 12 日发出的上述无效宣告请求受理通知书，专利权人于 2006 年 5 月 26 日提交了意见陈述书。专利权人认为：（1）附件 1 中没有任何关于在发热芯的前后两侧设置绝缘隔层的记载；（2）请求人关于材料特征的理解是对实用新型保护范围的一种误解；（3）附件 3 中的绝缘层与权利要求“在绝缘层外的电极板和绝缘层组成的发热内芯的前后左右两侧设有绝缘隔层”中的绝缘隔层，虽只一字之差，但意义完全不同。因此本专利具有新颖性和创造性。

专利复审委员会依法成立合议组，对本无效宣告请求进行审查。

本案合议组于 2006 年 8 月 10 日向双方发出无效宣告请求口头审理通知书，定于 2006 年 10 月 24 日举行口头审理。随同口头审理通知书，将专利权人于 2006 年 5 月 26 日提交的意见陈述书转送给请求人。同时要求请求人应在接到本通知书一周内或者在口头审理时当庭提交相关证据的原件，否则该证据不能作为单独定案的依据；被请求人应在接到本通知书一周内或者在口头审理时对请求人所提的证据进行质证，否则视为没有异议。

口头审理如期举行，双方当事人均参加了口头审理。口头审理记录了以下事项。（1）双方出席人员对对方出席人员的身份和资格没有异议。(2) 请求人明确其无效宣告请求的理由、证据和范围为：本专利权利要求 1 相对于附件 2 不符合专利法第 22 条第 2 款的规定，权利要求 1~3 相对于附件 2~8 不符合专利法第 22 条第 3 款的规定，请求人放弃其他无效理由，请求人明确附件 2 是最接近的现有技术。(3) 专利权人对附件 2~8 的真实性没有异议。(4) 关于权利要求 1 相对于附件 2 的新颖性。请求人认为附件 2 公开了权利要求 1 的全部技术特征，其中附件 2 中的导热胶 2 相当于权利要求 1 中的绝缘胶层（11、12），但没有公开导热胶 2 是绝缘的；附件 2 中的绝缘材料 6 相当于绝缘隔层 14。专利权人认为附件 2 中并未公开权利要求 1 中的绝缘胶层（11、12）和绝缘隔层（14），但认可其他特征均已被附件 2 公开。(5) 权利要求 1 相对于附件 2~8 的创造性。请求人认为：权利要求 1 中的特征已经被附件 2 公开，因此权利要求 1 也不具有创造性。附件 3~8 中没有公开权利要求 1 中的绝缘胶层（11、12）和绝缘隔层（14）。专利权人认为权利要求 1 相对于附件 2~8 有创造性，认为附件 2~8 中没有公开权利要求 1 中的绝缘胶层（11、12）和绝缘隔层（14）。(6) 关于权利要求 2、3 的创造性。双方均认为权利要求 2、3 的附加技术特征均为现有材料，并且权利要求 2 中的绝缘陶瓷片在附件 2~8 中均未公开。请求人认为选用上述材料没有创造性。专利权人认为这种选择具有创造性。

至此，合议组认为本案事实已经清楚，可以作出审查决定。

二、决定的理由

1. 关于证据和现有技术

请求人提交的证据是附件 2~8，被请求人对其真实性没有异议，合议组经审查认为附件 2~8 可以作为本案证据使用。同时由于附件 2~7 的公开日期在本专利的申请日前，因此其上记载的内容可以作为本专利的现有技术使用。

2. 关于本专利权利要求 1 相对于附件 2 的新颖性

新颖性，是指在申请日以前没有同样的发明或者实用新型在国内外出版物上公开发表过、在国内公开使用过或者以其他方式为公众所知，也没有同样的发明或者实用新型由他人向国务院专利行政部门提出过申请并记载在申请日以后（含申请日）公布的专利申请文件中。

本案中，请求人认为附件 2 公开了权利要求 1 的全部技术特征，其中附件 2 中的导热胶 2 相当于权利要求 1 中的绝缘胶层（11、12），但没有公开导热胶 2 是绝缘的：附件 2 中的绝缘材料 6 相当于绝缘隔层 14。专利权人认为附件 2 中并未公开权利要求 1 中的绝缘胶层（11、12）和绝缘隔层（14），但认可其他特征均已被附件 2 公开。

从以上事实可以看出，双方均认可权利要求 1 中除绝缘胶层（11、12）和绝缘隔层（14）之外其他特征均已被附件 2 公开，合议组经审查后对该事实予以确认。由此可见，双方关于权利要求 1 相对于附件 2 是否具有新颖性的争议点在于权利要求 1 中的绝缘胶层（11、12）和绝缘隔层（14）是否被附件 2 公开。对此合议组经审查后认为，权利要求 1 请求保护一种全封闭管式 PTC 发热器，附件 2 公开的是一种全封闭胶粘型表面不带电 PTC 发热器件，其包括 PTC 陶瓷发热片、电极、绝缘材料和金属扁管以及 PTC 陶瓷发热片和电极之间的导热胶等，请求人认为其中的导热胶对应于本专利权利要求 1 中的绝缘胶层，其中的绝缘材料对应于本专利的绝缘隔层。然而，附件 2 中并未公开其中的导热胶是绝缘的，这一点请求人在口头审理中予以承认。此外从附件 2 所公开的内容也不能唯一地确定这一事实，由此可见附件 2 中没有公开本专利权利要求 1 中的绝缘胶层。此外，附件 2 说明书第 3 页第 2-3 行中描述在前述发热内胆的外面包裹一层轻质超簿导热性好的绝缘材料后放入铝扁管 3 内压紧，由此可见，该技术方案与本专利说明书第 1 页背景技术中描述的在发热器的内芯的外部包裹一层绝缘纸的技术方案类似，而本专利正是基于这种技术方案的缺陷，即，很容易在使用过程中被损坏造成击穿现象，以及绝缘簿膜导热系数低的缺点提出本专利的技术方案，本专利除了在电极板的一面或两面设有绝缘层之外，在发热内芯的前后左右两侧设有绝缘隔层，因此本专利的绝缘隔层和绝缘层的设置方式与附件 2 中的绝缘材料是不同的。基于以上两点区别可以看出本专利权利要求 1 的技术方案相对于附件 2 具备新颖性，符合专利法第 22 条第 2 款的规定。

3. 关于本专利权利要求 1~3 相对于附件 2~8 的创造性

创造性，是指同申请日以前已有的技术相比，该发明有突出的实质性特点和显著的进步，该实用新型具有实质性特点和进步。

审查指南第二部分第四章有关发明创造性的审查基准中指出：突出的实质性特点是指要求保护的技术方案相对于现有技术具有非显而易见性；显著的进步是指具有有益的技术效果。审查指南第四部分第六章第 2 节指出实用新型创造性的审查可以参考审查指南第二部分第四章有关发明创造性的审查原则、审查基准以及不同类型发明的创造性判断的规定。

关于权利要求 1 的创造性。请求人认为：权利要求 1 中的特征已经被附件 2 公开，因此权利要求 1 也不具有创造性。附件 3~8 中没有公开权利要求 1 中的绝缘胶层（11、12）和绝缘隔层（14）。专利权人认为权利要求 1 相对于附件 2~8 有创造性，认为附件 2~8 中没有公开权利要求 1 中的绝缘胶层（11、12）和绝缘隔层（14）。

合议组经审查后认为，首先基于上文新颖性的分析，权利要求 1 的特征并未被附件 2 全部公开，因此请求人基于权利要求 1 的特征已经被附件 2 公开从而不具有创造性的理由不能成立。其次，附件 3 公开了一种正温度系数热敏电阻加热器，其包括热敏电阻 PTC 元件、金属电极、绝缘层、铝管、铝纤焊材料、散热片、铝导电片、胶塞、电源插脚片等内容；附件 4 公开了一种非线圈式电热组件、其包括电阻元件、电极、散热板、粘着物、金属板等内容；附件 5 公开了一种发热器，其包括陶瓷电阻、粘接剂、散热板等内容；附件 6 公开了一种陶瓷电阻发热器，其包括散热板、陶瓷发热器、耐温胶剂等内容；附件 7 公开了一种具有包封型态的安全加热器，其包括包封体、发热单体、散热元件、密封剂粒、导接部、散热鳍板等内容；附件 8 是一份无效宣告请求审查决定书。正如请求人自已承认的那样，附件 3~8 均未公开本专利权利要求 1 中的绝缘隔层（14），即本专利权利要求 1 的最后一个特征“设在绝缘胶层（11、12）外的电极板（9、10）和绝缘层（7、8）组成的发热内芯的前后左右两侧设有绝缘隔层（14）”，同时附件 2~8 中并未给出如此设置绝缘隔层（14）的技术启示，因此从附件 2~8 尚不能得出本专利权利要求 1 技术方案显而易见的结论。因此请求人所主张的权利要求 1 相对于附件 2~8 不具有创造性的无效理由不能成立。

由于请求人所主张的权利要求 1 相对于附件 2~8 不具有创造性的无效理由不能成立，因此请求人所主张的权利要求 2、3 不具有创造性的理由也不能成立，本专利与附件 2~8 相比具备创造性，符合专利法第 22 条第 3 款的规定。

根据上述的事实和理由，本案合议组做出以下决定。

三、决定

维持 01271581. 6 号实用新型专利权有效。

当事人对本决定不服的，可以根据专利法第 46 条第 2 款的规定，自收到本决定之日起三个月内向北京市第一中级人民法院起诉。根据该款的规定，一方当事人起诉后，另一方当事人应当作为第三人参加诉讼。

009

食品真空冷冻干燥设备

无效宣告请求审查决定（第8932号）

决　　定　　号　第8932号
决　　定　　日　2006年10月26日
发明创造名称　食品真空冷冻干燥设备
国 际 分 类 号　F26B 5/06
无效宣告请求人　大连冰山集团冷冻设备有限公司
专　利　权　人　沈阳航天新阳速冻设备制造有限公司
专　　利　　号　00210510.1
申　　请　　日　2000年1月5日
授 权 公 告 日　2000年10月4日
合 议 组 组 长　赵　明
主　　审　　员　朱文广
参　　审　　员　姜　岩

法　律　依　据　专利法第22条第3款、第26条第3款；专利法实施细则第2条第2款
决　定　要　点

如果权利要求中既包含形状、构造特征，又包含对方法本身提出的技术方案，则不属于实用新型专利保护的客体。

一、案由

本无效宣告请求涉及中华人民共和国国家知识产权局于2000年10月4日授权公告的、名称为“食品真空冷冻干燥设备”的实用新型专利权（下称本专利），其申请号是00210510.1，申请日是2000年1月5日，专利权人是沈阳航天新阳速冻设备制造有限公司。该专利授权公告时的权利要求书如下：

“1. 食品真空冷冻干燥设备是适用于食品在真空状态下冷冻干燥加工的一种新型机械装置，其特征在于设计有干燥舱（33）及料盘（34）和加热系统、水汽扑集系统、真空系统、融冰系统、自动控制系统等六大部分组合构成，在干燥舱（33）的上部设有幅射热量的加热板（35），于加热板（35）之间盛装有干燥物料的料盘（34），在其下部设有交替工作的内置双式水汽扑集器，这六大部分及各部件均通过管路相互连接为一体构成完整的真空冷冻干燥的新型机械装置。

2. 根据权利要求1所述的食品真空冷冻干燥设备，其特征在于设计有热水循环泵（1）、调温三通阀Ⅰ（2）、调温三通阀Ⅱ（3）、板式换热器Ⅰ（4）、冷水循环泵（5）、加热罐（6）、板式换热器Ⅱ

（7）、水循环泵（8）和加热板（35）等部件组成，均通过管路相互连接为一体构成加热系统。

3. 根据权利要求 1 所述的食品真空冷冻干燥设备，其特征在于设计有氨分离器（17）、氨泵（18）、氨预冷阀 I（19）、氨主阀 I（20）、氨主阀 II（29）、氨预冷阀 II（31）、换向作动筒（21）、活动隔离门（22）、右水汽扑集器（23）、左水汽扑集器（27）等构成水汽扑集系统，均通过管路相互连接为一体。

4. 根据权利要求 1 所述的食品真空冷冻干燥设备，其特征在于设计有真空调节阀（9）、真空蝶阀 I（10）、真空蝶阀 II（11）、真空蝶阀 III（16）、真空蝶阀 IV（32）、破空阀（36）、维持阀 I（14）、维持阀 II（12）、抽空泵 I（15）和抽空泵 II（13）等部件组成，均通过管路相互连接为一体构成真空系统。

5. 根据权利要求 1 所述的食品真空冷冻干燥设备，其特征在于设计有融冰阀 I（24）、融冰阀 II（25）、融冰罐（26）、融冰排水泵（28）、融冰排水阀（30）等部件组成，均通过管路相互连接为一体构成融冰系统。

6. 根据权利要求 1 所述的食品真空冷冻干燥设备，其特征在于设计有自动控制系统，它兼有指示、控制、保护、报警等对全程冻干运行流程实施全面自动控制的通过管路连接全程各系统和各部件。

7. 根据权利要求 1 或 3 所述的食品真空冷冻干燥设备，其特征是将水汽扑集器设计成一种内置双式交替工作的结构形式，即在干燥舱（33）的下部设计有左、右对称的两个全不锈钢水汽扑集器（23）、（27），这是由壳体、盘管和共用中间隔板及共用活动隔离门（22）等组成，共用活动隔离门（22）又是由固定在干燥舱（33）舱壁上的换向作动筒（21）操纵。

8. 根据权利要求 1 或 3 所述的食品真空冷冻干燥设备，其特征是将水汽扑集器盘管内氨液的制冷方式由直膨相变体制变为氨满液循环式体制，使氨液在水汽扑集器盘管内满液循环。

9. 根据权利要求 1 或 5 所述的食品真空冷冻干燥设备，其特征在于设计了内置蒸汽加热器的融冰罐（26），使融冰方式由常压下温水浸泡更改为负压蒸汽浸泡，蒸汽加热器在负压下形成负压蒸汽。”

针对本专利权，专利复审委员会于 2005 年 11 月 30 日作出第 7779 号无效宣告请求审查决定，宣告权利要求 1、5、6 和 9 无效，在权利要求 2~4、7~8 的基础上维持专利权有效。当事人在法定期限内没有对该决定提出行政诉讼，因此该决定为生效决定。本专利权当前有效的权利要求为权利要求 2~4、7~8。

针对本专利权，大连冰山集团冷冻设备有限公司（下称请求人）于 2006 年 2 月 28 日向专利复审委员会提出无效宣告请求，其提交的附件如下：

附件 1：中国机械仪表类核心期刊《流体机械》1996 年第 24 卷第 5 期月刊的中英文目录页、第 49~52 页、附页的复印件；

附件 2：《食品工业科技》1998 年第 4 期双月刊，中英文目录页、第 80、81、19 页的复印件；

附件 3：本专利的说明书。

请求人认为：本专利的权利要求 2 相对于附件 1 和 2 不具有创造性；权利要求 3、4、7 相对于附件 1 不具有创造性；权利要求 8 是一种使用方法，因此不符合专利法实施细则第 2 条第 2 款的规定；同时权利要求 8 和说明书亦未说明如何使氨液在水汽扑集器盘管内满液循环，因此公开不充分，不符合专利法第 26 条第 3 款的规定。

经形式审查合格，专利复审委员会依法受理了上述无效宣告请求，并于 2006 年 3 月 1 日向双方发出无效宣告请求受理通知书，同时将无效宣告请求书及其附件清单中所列附件的副本转送给被请求人，并要求被请求人在指定的期限内陈述意见。

请求人于2006年3月28日又一次提交了意见陈述书，并补充了无效的理由和证据，其中补充的附件为：

附件4：授权公告日为1999年3月24日、专利号为ZL96218493.4的中国实用新型专利说明书；

附件5：兰州物理研究所达道安主编、国防工业出版社出版、1991年11月第2版、1996年8月第4次印刷的《真空设计手册》的封面、出版信息页、第442、491页的复印件；

附件6：1998年9月、第4卷第3期的《真空与低温》的第170~171页的复印件。

请求人认为权利要求2相对于附件1和2不具有创造性；权利要求3中的区别特征作动筒（21）相对于附件4无创造性；权利要求4中的真空系统已被附件5、6公开，无创造性；权利要求7中的区别特征作动筒（21）被附件3公开，无创造性。

针对专利复审委员会于2006年3月1日作出的上述无效宣告请求受理通知书，专利权人于2006年4月16日提交意见陈述书，专利权人认为附件1和2均为真空冷冻干燥设备的一般原理性介绍，没有给出实现冷冻干燥的技术方案，因此权利要求2~4、7~8符合创造性的规定；权利要求8中的满液循环是同现有技术：直膨式制冷系统、重力供液式制冷系统和泵供液制冷系统不同的一种更适应于冻干过程的新型制冷系统，其中通过氨分离器、氨泵、氨预冷阀I、氨主阀I、氨主阀II、氨预冷阀II、换向作动筒、活动隔离门和左右水捕集器来保证氨液在水汽捕集器盘管内满液循环，无蒸发，仅有压降和温升，在离开水汽捕集器后经节流进入氨分离器中剧烈蒸发，使氨液温度下降，气体分离后，输入压缩机完成制冷循环，因此其不同于现有技术的结构，是一种新颖的、实用的革新了的技术方案，完全符合专利法实施细则第2条第2款的规定。

专利复审委员会本案合议组于2006年8月9日向双方发出无效宣告请求口头审理通知书，定于2006年9月19日举行口头审理。随同口头审理通知书，将请求人于2006年3月28日提交的意见陈述书及其附件清单中所列附件的副本转送给被请求人，将专利权人于2006年4月16日提交的意见陈述书转送给请求人。

口头审理如期举行，双方当事人均参加了口头审理。

在口头审理中记录了如下事项。（1）请求人明确其无效宣告请求的理由、证据和范围是：用附件1、2否定权利要求2的创造性，用附件1、4否定权利要求3和7的创造性，用附件1、5、6、7否定权利要求4的创造性；权利要求8不符合专利法实施细则第2条第2款、或者专利法第26条第3款的规定。（2）请求人当庭提交意见陈述书及新的公知常识性证据附件7——《冷冻干燥技术》共3页，合议组当庭转给专利权人。专利权人提交补充的意见陈述，合议组当庭转给请求人。请求人当庭提交了附件1、2、5~7的原件，专利权人经核实认为附件1、2、5、6的复印件与原件一致，并对附件1~6的真实性表示认可。合议组告知专利权人附件7为公知常识性证据，要求其对该证据的真实性、合法性和关联性发表意见，专利权人坚持认为附件7的提交已经超过了举证期限，拒绝对其真实性进行核对，不认可附件7并且不对附件7发表意见。合议组经核对认为附件7的复印件与原件一致。（3）关于权利要求8。请求人认为权利要求8的附加技术特征是一种使用方法，此外权利要求8和说明书均没有清楚完整地说明满液循环如何实现，公开不充分，所属领域的技术人员无法实施。专利权人认为权利要求8是一种限定结构形式的描述，在说明书和说明书的附图中都可以反映出来，满液循环已充分公开。（4）关于权利要求2的创造性。请求人认为附件1是最接近的对比文件，附件1公开了权利要求2的加热系统和冷板式换热器，附件2公开了加热罐、三通调温阀、热板式换热器、热水循环泵等内容，附件1、2组合把权利要求2的内容都公开了；此外，其中带有蒸汽加热器的加热罐是本领域技术人员所公知的，本专利附图所示的结构不能完成加热任务。专利权人认为附件1、

2只是原理性的描述，没有具体的结构，附件1、2反应不出结构形式，附件1只有加热系统但加热形式没有指出，本专利是采用两个三通调节阀进行控制，这种方法控温准确可以节能，加热罐的水是外循环方式的，板式换热器也是不同的；此外，本专利要求保护的设备的结构与附件1、2中的结构不同，加热方式也有多种。(5) 关于权利要求3的创造性。请求人认为附件1公开了权利要求3中除了作动筒之外的技术内容，附件4公开了权利要求3中作动筒的技术内容；此外，本专利没有说明满液式供液的特征，权利要求3实现不了满液式供液。专利权人认为本专利的制冷系统是满液循环的制冷系统，通过氨泵、氨预冷阀Ⅰ、氨预冷阀的Ⅱ、氨主阀Ⅰ、氨主阀Ⅱ的组合来实现满液循环，本专利的制冷剂是一种载冷剂，在工作稳定后氨预冷阀和氨主阀均是不可调节的；附件4公开了两个或两个以上的隔离门，本专利提出了一个共用的隔离门，两个专利中的制冷系统结构不一样，隔离门不一样，隔离门的运动方式也是不一样的；此外，权利要求3把结构形式都描述清楚了，说明书附图也描述清楚了，说明书和说明书附图都可以对其解释。(6) 关于权利要求7的创造性。请求人表示对权利要求7的意见与对权利要求3的意见陈述是一样的。专利权人认为本专利是共用的活动隔离门，是一个门，两者的运动方向以及门和结构形式、技术方案都是不一样的。请求人认为附件4说明书第2页第5行提到“将一个共同隔离门改为用两个独立的隔离门”，因此公开了权利要求7的技术方案。(7) 关于权利要求4的创造性。请求人认为附件1公开了权利要求4中的结构，但没有公开真空阀、破空阀，附件5、7中公开了真空调节阀，是普通的常识，附件6的第171页倒数第10行公开了破空阀；此外，破空阀和真空调节阀在系统中安装在什么地方效果都一样，本专利附图中的破空阀、真空调节阀的位置无创造性。专利权人认为附件1是简单的原理介绍，并没有公开本专利的具体结构，附件5是一个具体的零件，与本专利的技术方案没有任何关系，附件6也是原理性的探讨没有公开本专利的技术特征，本专利是完整的技术方案，附件1、6是两个自相矛盾的技术方案；此外，本专利的具体组合方式在请求人的证据中没有公开。(8) 关于隔离门。专利权人认为附件1中没有公开图2的隔离门，附件4公开了一个共用隔离门的现有技术，本专利权利要求中作动筒本身是现有技术，但是组合起来是独特的结构。

至此，合议组认为本案事实已经清楚，可以作出审查决定。

二、决定的理由

1. 关于证据和现有技术

请求人提交的证据是附件1、2、4~7，专利权人对附件1、2、4~6的真实性表示认可。合议组经审查对附件1、2、4~6的真实性予以认可，其可以作为本案的证据使用。由于附件1、2、4~6的公开日均在本专利的申请日之前，因此其上记载的内容可以作为本专利的现有技术使用。

关于附件7。请求人提交附件7作为公知常识性证据，并当庭提交了附件7的原件，合议组亦告知专利权人附件7为公知常识性证据，要求其对该证据的真实性、合法性和关联性发表意见，此时专利权人仍坚持认为附件7的提交已经超过了举证期限，拒绝对其真实性进行核对，不认可附件7并且不对附件7发表意见。在此情况下，合议组经核对认为附件7的复印件与原件一致，因此附件7的真实性可以得到确认。此外附件7封面中载明附件7为高等学校试用教材，其上记载的内容应属于公知常识类技术，因此虽然该证据的提交超过了一个月，但其可以作为本案的证据考虑。由于附件7的公开日在本专利的申请日之前，因此其上记载的内容也可以作为本专利的现有技术使用。

2. 关于权利要求8是否符合专利法实施细则第2条第2款的规定。

专利法实施细则第2条第2款规定：专利法所称的实用新型，是指对产品的形状、构造或者其结合所提出的适于实用的新的技术方案。审查指南第一部分第二章第6.1节规定“如果权利要求中既包含形状、构造特征，又包含对方法本身提出的技术方案，则不属于实用新型专利保护的客体”。“但是，以现有技术中已知方法的名称限定产品的形状、构造的，例如，以焊接、铆接等已知方法名称限定各部件连接关系的，不属于对方法本身提出的技术方案”。

请求人认为本专利的权利要求8不符合专利法实施细则第2条第2款的规定，具体理由为：权利要求8的附加技术特征是一种使用方法。专利权人认为权利要求8是一种限定结构形式的描述，权利要求8中的满液循环是一种与现有技术：直膨式制冷系统、重力供液式制冷系统和泵供液制冷系统不同的一种更适应于冻干过程的新型制冷系统，其不同于现有技术的结构，是一种新颖的、实用革新了的技术方案，完全符合专利法实施细则第2条第2款的规定。

合议组经审查后认为本专利说明书第2页第4段记载了以下内容“特征之二是将水汽扑集器盘管内氨液的制冷方式由直膨相变（蒸发）体制改为氨满液循环式体制，使氨液在水汽扑集器盘管内满液循环、无蒸发，仅有压降和温升，离开水汽扑集器经节流进入氨分离器中剧烈蒸发，使氨液温度下降，气体分离后，输入压缩机完成制冷循环”。显然，在权利要求8附加技术特征“满液循环”本身并不能体现其属于产品结构的限定，同时由说明书的上述内容可以看出“满液循环”体现的实际上是工艺过程或流程等技术特征所描述的方法。而且专利权人自己也承认“满液循环”是一种新颖的、实用的革新了的技术方案，因此权利要求8包含了对方法本身提出的技术方案，其中的满液循环也不能看成是以现有技术中已知方法的名称来限定各部件的连接关系，因此权利要求8不符合专利法实施细则第2条第2款的规定。

由于权利要求8不符合专利法实施细则第2条第2款的规定，因此合议组不再对请求人针对权利要求8提出的其他无效理由进行评述。

3. 本专利权利要求2~4、7的创造性

创造性，是指同申请日以前已有的技术相比，该发明有突出的实质性特点和显著的进步，该实用新型具有实质性特点和进步。审查指南第二部分第四章有关发明创造性的审查基准中指出：判断发明是否具有突出的实质性特点就是要判断对本领域的技术人员来说，要求保护的发明相对于现有技术是否显而易见；在评价发明是否具有显著的进步时，主要应当考虑发明是否具有有益的技术效果。审查指南第四部分第六章第4节指出：实用新型专利创造性审查的有关内容，包括创造性的概念、创造性的审查原则、审查基准以及不同类型发明的创造性判断等内容参照审查指南第二部分第四章的规定。

（1）关于权利要求2的创造性。

请求人认为附件1是最接近的对比文件，附件1公开了权利要求2的加热系统和冷板式换热器，附件2公开了加热罐、三通调温阀、热板式换热器、热水循环泵等内容，附件1、2组合把权利要求2的内容都公开了；此外，其中带有蒸汽加热器的加热罐是本领域技术人员所公知的，本专利附图所示的结构不能完成加热任务。专利权人认为附件1、2只是原理性的描述，没有具体的结构，附件1、2反应不出结构形式，附件1只有加热系统但加热形式没有指出，本专利是采用两个三通调节阀进行控制，这种方法控温准确可以节能，加热罐的水是外循环方式的，板式换热器也是不同的；此外，本专利要求保护的设备的结构与附件1、2中的结构不同，加热方式也有多种。

合议组经审查后认为，附件1公开了一种食品冻干机，其中第49页第1栏在整体方案设计公开了以下内容：食品冻干机和医药冻干机在工作原理、基本结构等方面相同，都是由干燥仓、水汽凝结器（捕水器）、制冷系统、加热系统、真空排气系统和监测控制系统组成。第50页图2具体公开了一种批次式双捕水器食品冻干机，其包括：筒体7、制品盘6、加热系统2、捕水器8、初期排气系统9和正常排气系统10（其构成真空系统）、化霜装置11、加热板3、加热介质集管5和制冷系统1，此外从图2中还可以看到水循环泵。因此附件1公开了权利要求2所引用的权利要求1的全部技术特征以及权利要求2附加技术特征中的水循环泵和加热板，但其中并没有详细公开其中的加热系统。因此本领域技术人员很容易想到结合现有技术来具体实现所述的加热系统。附件2也公开了一种食品真空冷冻干燥装置，其中在第81页第2.2节的加热系统中具体公开了以下内容：由一个蒸汽加热的热媒加热罐和两套独立的热媒循环温控回路组成，可根据不同的冻干工艺要求分别向两台干燥仓的加热板供热”，“精心设计的由加热罐、三通调节阀、板式加热器、热媒循环泵组成的加热系统控温精确、动态响应快、加热冷却迅速”。由此可见，该加热系统除了要具有水循环泵将加热罐中加热好的水送到加热板来加热被处理的食品之外，还有两套独立的热媒循环温控回路以便加热冷却加热罐控制加热罐的温度，由此构成加热系统。由于是独立的两套温控回路来加热和冷却，因此两个温控三通阀、两个板式换热器、两个循环泵（分别为热水循环泵和冷水循环泵）均是显而易见，此外，上述部件必然要通过管路连接为一体。由此可见权利要求2中其他的附加技术特征也被附件2公开，因此权利要求2的技术方案相对于附件1和2所公开的技术内容来说是显而易见，权利要求2不具有创造性。

（2）关于权利要求3的创造性。

请求人认为附件1公开了权利要求3中除了作动筒之外的技术内容，附件4公开了权利要求3中作动筒的技术内容。专利权人认为本专利的制冷系统是满液循环的制冷系统，通过氨泵、氨预冷阀Ⅰ、氨预冷阀的Ⅱ、氨主阀Ⅰ、氨主阀Ⅱ的组合来实现满液循环。

合议组经审查后认为附件1虽然公开了权利要求3的左右水汽扑集器、分别作用于左右水汽扑集器两个制冷剂控制阀等内容。但本专利权利要求3中氨阀包括氨预冷阀Ⅰ、Ⅱ和氨主阀Ⅰ、Ⅱ共四个阀门。附件4虽然公开了一种冷冻干燥设备用变条件水汽冷凝装置，其中供冷阀也是分别作用于左右水汽扑集器。但是，附件1和4中均未公开由氨预冷阀和氨主阀来构成氨液控制的技术启示，因此通过附件1和4还不能显而易见地得到权利要求3的技术方案。显然，权利要求3在氨阀设置的构思上不同于现有技术，请求人也没有证据表明该方案不能达到现有技术的水平，因此请求人认为权利要求3不具有创造性的理由不能成立，权利要求3相对于附件1和4的结合具有创造性。

（3）关于权利要求7的创造性。

由于请求人关于权利要求3不具有创造性的理由不能成立，因此请求人关于权利要求7中引用权利要求3的技术方案不具有创造性的理由也不能成立。下面将针对权利要求7引用权利要求1的技术方案进行评述。

请求人表示权利要求7不具有创造性的理由与权利要求3的意见陈述是一样的。专利权人认为本专利是一个共用的活动隔离门，本专利权利要求中的换向作动筒虽然是现有技术，但其与共用活动隔离门的组合是独特的结构。

合议组经审查后认为附件1在公开了权利要求1全部技术特征的基础上，从其第50页中的图2还能看到以下特征，即在筒体（即本专利中的干燥舱）的下部设计有左右对称的两个捕水器，其由壳体、盘管、中间隔板组成，从图中还能可以看到左捕水器上面有一个隔离门。附件1第51页第1.4节第3、4行还公开了以下内容，即双式捕水器在冻干中轮流工作和化霜。由于图2中只有一个隔离门，因此该隔离门在工作时应当是被左右捕水器共用并轮流工作。此外，附件4说明书第2页第6行中也公开了一个共同隔离门的技术方案。显然既然是一个隔离门被两个捕水器轮流共用，就存在被一个驱动装置操纵运动的问题。专利权人自己承认换向作动筒本身是现有技术，显然本领域技术人员在上述问题的启示下能够想到将换向作动筒应用到这里来操纵活动隔离门。至于换向作动筒的固定，显然就近固定在干燥舱舱壁上是容易想到的方案之一。对于权利要求7中的水汽扑集器的材料为全不锈钢，由于不锈钢本身是一种公知的材料，因此本领域技术人员在实施该技术方案中很容易就能想到使用不锈钢。由此可见，权利要求7引用权利要求1的技术方案相对于附件1及公知技术，或者附件1、4和公知技术不具有创造性。

（4）关于权利要求 4 的创造性。

请求人认为附件 1 公开了权利要求 4 中的结构，但没有公开真空阀、破空阀，附件 5、7 中公开了真空调节阀，真空调节阀是普通的常识，附件 6 的第 171 页倒数第 10 行公开了破空阀；此外，破空阀和真空调节阀在系统中安装在什么地方效果都一样，本专利附图中的破空阀、真空调节阀的位置无创造性。专利权人认为附件 1 是简单的原理介绍，并没有公开本专利的具体结构，附件 5 是一个具体的零件，与本专利的技术方案没有任何关系，附件 6 也是原理的探讨没有公开本专利的技术特征，本专利是完整的技术方案，附件 1、6 是两个自相矛盾的技术方案；此外，本专利的具体组合方式在请求人的证据中没有公开。

合议组经审查后认为，首先权利要求 4 中出现了维持阀 I（14）和维持阀 II（12），然而从说明书及附图中与此相对应的都是维持泵 I（14）和维持泵 II（12），因此本领域技术人员据此能够推定这里的维持阀 I（14）和维持阀 II（12）是一种明显的笔误，其应当是维持泵 I（14）和维持泵 II（12）。由此权利要求 4 中就由维持泵 I（14）、维持泵 II（12）和抽空泵 I（15）、抽空泵 II（13）构成了两套双泵系统。附件 1 图 2 中初期排气系统 9 和正常排气系统 10 与此相对应，然而从中并不能看出其采用的是由维持泵和抽空泵组成的双泵系统，并且其中也并未给出这方面的技术启示。请求人虽然还提交了附件 5、6 和 7，但请求人使用附件 5、6 和 7 仅是用来证明真空调节阀和破空阀是公知技术，因此依据请求人所提交的上述证据还不能得出权利要求 4 显而易见或者不具有进步的结论，因此请求人主张权利要求 4 不具有创造性的理由不能成立。

根据上述的事实和理由，本案合议组做出以下决定。

三、决定

宣告 00210510.1 号实用新型专利权的权利要求 2、权利要求 7 引用权利要求 1 的技术方案以及权利要求 8 无效，在权利要求 3、4 以及权利要求 7 引用权利要求 3 的技术方案基础上维持该专利权继续有效。

当事人对本决定不服的，可以根据专利法第 46 条第 2 款的规定，自收到本决定之日起三个月内向北京市第一中级人民法院起诉。根据该款的规定，一方当事人起诉后，另一方当事人应当作为第三人参加诉讼。

北京市第一中级人民法院
行政判决书

（2007）一中行初字第 419 号

原告：大连冰山集团冷冻设备有限公司，住所地辽宁省大连市甘井子区营城子镇。

原告：沈阳航天新阳速冻设备制造有限公司，住所地辽宁省沈阳市皇姑区阳山 1 号。

委托代理人：王鸿谋，男，北京金信立方知识产权代理有限公司专利代理人。

委托代理人：王一田，男，大连冰山集团冷冻设备有限公司工作人员。

委托代理人：顾增泉，男，沈阳航天新阳速冻设备制造有限公司研究所工作人员。

委托代理人：许宗富，男，沈阳科苑专利商标代理有限公司职员。

被告：国家知识产权局专利复审委员会，住所地北京市海淀区北四环西路 9 号银谷大厦 10～12 层。

法定代表人：廖涛，副主任。

委托代理人：姜岩，女，国家知识产权局专利复审委员会审查员。

委托代理人：王伟艳，女，国家知识产权局专利复审委员会审查员。

原告大连冰山集团冷冻设备有限公司（以下简称冰山公司）、沈阳航天新阳速冻设备制造有限公司（以下简称新阳公司）不服被告国家知识产权局专利复审委员会（以下简称专利复审委）作出的无效宣告请求审查决定，向本院提起行政诉讼。本院受理后，依法组成合议庭，于2007年6月12日公开开庭审理了本案。原告冰山公司的委托代理人王鸿谋、王一田，新阳公司的委托代理人顾增泉、许宗富，被告专利复审委的委托代理人姜岩、王伟艳到庭参加了诉讼。本案现已审理终结。2006年10月26日，被告作出第8932号无效宣告请求审查决定（以下简称第8932号决定），宣告00210510.1号实用新型专利权（以下简称本专利）的权利要求2、权利要求7引用权利要求1的技术方案以及权利要求8无效，在权利要求3、4以及权利要求7引用权利要求3的技术方案基础上维持该专利权继续有效。被告于答辩期内向本院提交了作出被诉具体行政行为的证据材料：（1）本专利说明书复印件，用以证明本专利的保护范围。（2）中国机械仪表类核心期刊《流体机械》1996年第24卷第5期月刊的中英文目录、第49~52页、附页的复印件；（3）《食品工业科技》1998年第4期双月刊，中英文目录页、第80、81、19页复印件；（4）授权公告日为1999年3月24日、专利号为ZL96218493.4的中国实用新型专利说明书复印件；（5）兰州物理研究所达道安主编、国防工业出版社出版、1991年11月第2版、1996年8月第4次印刷的《真空设计手册》的封面、出版信息页、第442、491页的复印件；（6）1998年9月、第4卷第3期的《真空和低冷》的第170~171页，复印件；（7）高等学校试用教材《冷冻干燥技术》，1990年5月版，共3页复印件；证据2、证据3、证据4、证据5、证据6、证据7用以证明现有技术的公开内容。（8）本案件口头审理记录表复印件；9. 第7779号无效宣告请求审查决定（以下简称第7779号决定）。证据8、证据9用以证明无效程序中的重要事项。原告冰山公司诉称，（1）关于权利4（真空系统）。由附件1可以清楚地认定本专利所述的抽空泵Ⅰ、Ⅱ（15、13）已被附件1中的初期排气系统9（用大圆和长方形符号表示的二个泵）中的二个泵（用于抽空初期抽真空）所公开。本专利的维持泵Ⅰ、Ⅱ（14、12）已被附件1的正常排气系统10（用小圆和长方形符号表示的双泵系统）中的二个泵（用于维持即正常期抽真空）所公开。可以清楚地看出其采用的是由维持泵和抽空泵组成的双泵系统，并且其中也给出这方面的技术启示。因此，被告的决定意见“不能看出其采用的是由维持泵和抽空泵组成的双泵系统，并且其中也并未给出这方面的技术启示”的意见是不正确的。本专利的权利要求4已被附件1（证据A）公开，无实质性特点和进步。根据附件1（证据A）和附件2（证据B）的描述，可以认定本专利所述的抽空泵Ⅰ、Ⅱ（15、13）已被附件2（证据B）中的抽空机组即罗茨（泵）-滑阀（泵）所公开。本专利的维持泵Ⅰ、Ⅱ（14、12）已被附件2中的维持机组即水环泵-罗茨泵所公开。因此，被告的决定意见“不能看出其采用的是由维持泵和抽空泵组成的双泵系统，并且其中也并未给出这方面的技术启示”的意见是不正确的。附件6公开的设备是与本专利权利要求2内容最接近的有关批次式冻干机的现有技术，在该文的第171页的第22行写道：“……真空系统主要由下列部分组成：1）真空机组由预抽机组和维持机组组成……”，结合附件1（证据A）的图2及说明，本领域技术人员可以认定：文中提到的预抽机组相当于本专利的权利要求4的抽空泵Ⅰ（15）、抽空泵Ⅱ（13）。文中提到的维持机组相当于本专利的权利要求4的维持泵Ⅰ（14）、维持泵Ⅱ（12）。因此，本专利中的由抽空泵和维持泵组成的双泵系统分别进行快速、维持抽真空等已被公开。附件1（证据A）中虽未提到破空阀、真空调节阀，但原告认为，在附件5、附件6、附件7不仅可证明真空调节阀和破空阀是公知技术，还可证明了本专利中的真空调节阀和破空阀在系统中的应用也是公知的。附件7（证据F）为公开出版物

《冷冻干燥技术》，是与本专利技术领域相同的高等学校试用教材。在第 195 页的图 5-11 调压冻干装置图及其下方的文字中，均说明了干燥箱的调压装置，且在调压冻干装置中装有破空阀（放气阀）和真空调节阀。本领域技术人员结合附件 1（证据 A）的说明和阅读了高等学校试用教材（证据 F 附件 7）的说明后，会得到启示：采用附件 7（证据 F）所示的图 5-11 调压冻干装置，采用包括真空调节阀 C 的调压管路系统用于附件 1（证据 A）的图 2 的干燥仓上，以调节干燥仓的真空度，采用包括电磁阀 E 的充气（破空）管路系统用于附件 1（证据 A）的图 2 的干燥仓上，以在冻干循环结束时给干燥箱放进空气，打开仓门。因此本专利中的真空调节阀、破空阀是显而易见的。真空调节阀 C 的结构可从附件 5（证据 D）的第 491 页中真空微调阀查到。（2）关于权利要求 3（制冷系统）。本领域技术人员从附件 1（证据 A）可以得到启示：在一个干燥周期中，各阶段的制冷负荷为初期负荷最大，后期最小；即在初期制冷液氨供应的量均为最大，而在后期，制冷液氨供应量为最小。这就必定使本领域的技术人员知道，制冷液氨的供应量在各阶段是不平稳的，需要有不同的手段来供应不同阶段的需要。在附件 1（证据 A）中两个捕水器是频繁交替工作，即每一个捕水器捕水一段时间后除霜，除霜完毕后又进行捕水，在开始捕水的瞬间，捕水器盘管突然降温会产生热应力，频繁的急冷急热势必会造成捕水器盘管的热疲劳破坏。捕水器在开始捕水的瞬间减少供氨液量可以降低降温速度，减少热应力，避免热疲劳破坏，这是本技术领域的常识。为此，本领域技术人员已知上述的启示下，会采取措施以满足在不同阶段的氨液供应。对照附件 1 中的说明和图 2，可以看出，附件 1 中的说明和图 2 是由液氨泵和氨阀供液氨，而本专利的附图和权利要求 3 也是由液氨泵和氨阀供氨；二者目的相同，手段相同，二者的功能均是输送氨液，并控制氨液的通断。而不同之处只在于本专利是二个氨阀，附件 1 图 2 中是 1 个氨阀。本领域技术人员阅读了附件 1 中的上述说明和图 2，知道了在不同阶段有不同的负荷（供氨量）和避免热疲劳破坏要求下，会采用本行业公知的技术措施，专利权人所述的分步拉冷实质上还是通过供液氨量的多少来完成的。本专利采用的二个不同流量的阀来控制不同阶段需要的氨液流量，只是本领域技术人员在阅读了上述对比文件后得到的启示、会采用的措施之一，是显而易见的，无创造性。附件 1（证据 A）中的真空系统的解决措施是采用预抽机组（在循环开始的初期时，大负荷抽真空）和维持机组（在正常升华时小负荷抽真空）两路，按干燥周期的不同阶段的真空要求来分别抽真空，来加以解决。通过上述的解决措施，本领域技术人员也可得到启示：氨液供应也能参照真空系统分为两路，由口径大的氨阀来供应在初期时的大量氨液，由口径小的阀来供应后期时的小量氨液，用口径大小不同的阀门来分别供应，以节约耗能。在附件 1（证据 A）中两个捕水器是频繁交替工作，即每一个捕水器捕水一段时间后除霜，除霜完毕后又进行捕水，在开始捕水的瞬间，捕水器盘管突然降温会产生热应力，频繁的急冷急热势必会造成捕水器盘管的热疲劳破坏。捕水器在开始捕水的瞬间减少供氨液量可以降低降温速度，减少热应力，避免热疲劳破坏这是本技术领域的公知技术。因此权利要求 3 中的氨预冷阀和氨主阀在整个方案中是显而易见的，无创造性。本领域技术人员阅读了附件 1（证据 A）中的上述说明和图 2，知道了在干燥周期的不同阶段具有悬殊的负荷（供氨量）要求后，会得到启示，采用本行业公知的技术措施，加以解决：例如采用一个泵和一个可调节流量的阀，按干燥周期的各阶段的不同需要，供给不同流量的液氨。综上，本专利的权利要求 3 的技术方案不具备创造性。（3）关于权利要求 7 引用权利要求 3 的技术方案。在上述的对权利要求 3 的意见中，已证明权利要求 3 的技术方案是显而易见的；权利要求 7 是从属于权利要求 3 的，权利要求 7 的特征部分也已被证明是公知技术，故相对于附件 1（证据 A）及公知技术，或者附件 1（证据 A）、附件 4（证据 C）和公知技术，权利要求 7 中引用权利要求 3 的技术方案不具有创造性。综上所述，本专利权利要求 4、权利要求 3 以及权利要求 7 引用权利要求 3 的技术方案均不具有创造性，故请求法院撤销第 8932 号决定。

冰山公司向法院提交了如下证据：（1）第8932号决定；（2）冰山公司于2006年2月28日向被告提出的对本专利无效请求案件的意见陈述书；（3）冰山公司于2006年3月26日向被告提出补充的对本专利无效请求案件的意见陈述书；（4）冰山公司于2006年9月19日口审的时候向被告提出的对本专利无效请求案件的意见陈述书；（5）第7779号决定；（6）1996年5月30日出版的《流体机械》（即无效决定中的附件1）；（7）1998年出版的第4期《食品工业科技》（即无效决定中的附件2）；（8）1999年3月24日专利ZL96218493.4的说明书（即无效决定中的附件4）；（9）1996年8月出版的《真空设计手册》（即无效决定中的附件5）；（10）1998年9月出版的《真空与低温》（即无效决定中的附件6）；（11）高等学校试用教材《冷冻干燥技术》，1990年5月出版（即无效决定中的附件7）。（12）本专利的说明书。（13）丹麦阿特拉斯公司产品及山东众合食品有限公司证明。上述证据用以证明被告对本专利权利要求3、4和权利要求7引用权利要求3认定错误。新阳公司诉称，被告作出的第7779号决定发文日是2005年12月7日，被告是2006年2月28日受理冰山公司无效宣告请求的，这期间不足三个月。这实际上剥夺了专利权人法律赋予的救济权利。冰山公司的对比文件不足以破坏本专利的新颖性和创造性。冰山公司在口审中补交一份对比文件，新阳公司认为已经超过了规定的期限，不能作为无效程序使用的证据。冰山公司又要求作为公知常识提出，被告却予以接受，该行为程序违法。综上，第8932号决定认定事实不清，程序违法，请求法院撤销该决定。新阳公司向法院提交了如下证据：（1）第8932号决定；（2）第7779号决定；（3）本专利说明书复印件；（4）《流体机械》1996年第5期49~52页复印件；（5）《食品工业科技》1996年第4期80、81、19页复印件；（6）96218493.4号专利说明书复印件；（7）《真空设计手册》1991年11月第2版442、491页复印件；（8）《真空和低温》1998年9月第3期170~171页复印件。证据1、证据2用以证明第8932号无效宣告请求案件受理程序错误，证据3、证据4、证据5、证据6、证据7、证据8用以证明被告的决定理由错误。被告专利复审委辩称，第8932号决定认定事实清楚、适用法律法规正确、审理程序合法，原告的诉讼理由不能成立，请求法院维持该决定。

经庭审质证，二原告对被告证据无异议。被告认为冰山公司提交的证据13在无效程序中未提交，不应予以采纳；被告对冰山公司的其他证据的关联性、真实性、合法性无异议，但对其证明作用有异议。新阳公司对冰山公司提交的证据13的证据形式有异议，且认为该证据超过了举证期限，不应予以采纳；新阳公司对冰山公司提交的其他证据无异议。被告对新阳公司提交的证据的关联性、真实性、合法性无异议，但对其证明作用有异议。冰山公司对新阳公司提交的证据无异议。

经审查，被告提交的证据、冰山公司提交的证据1、证据2、证据3、证据4、证据5、证据6、证据7、证据8、证据9、证据10、证据11、证据12及新阳公司提交的证据与本案具有关联性，且合法、真实，能够证明本案事实，本院予以确认。冰山公司提交的证据13系行政程序中未提交的证据，不能作为审查被诉决定合法性的依据，本院不予采纳。

经审理查明，本无效宣告请求涉及国家知识产权局于2000年10月4日授权公告的、名称为“食品真空冷冻干燥设备”的实用新型专利权（即本专利），其申请号是00210510.1，申请日是2000年1月5日，专利权人是新阳公司。该专利授权公告时的权利要求书如下：

“1. 食品真空冷冻干燥设备是适用于食品在真空状态下冷冻干燥加工的一种新型机械装置，其特征在于设计有干燥舱（33）及料盘（34）和加热系统、水汽扑集系统、真空系统、融冰系统、自动控制系统等六大部分组合构成，在干燥舱（33）的上部设有幅射热量的加热板（35），于加热板（35）之间盛装有干燥物料的料盘（34），在其下部设有交替工作的内置双式水汽扑集器，这六大部分及各部件均通过管路相互连接为一体构成完整的真空冷冻干燥的新型机械装置。

2. 根据权利要求1所述的食品真空冷冻干燥设备，其特征在于设计有热水循环泵（1）、调温三通阀Ⅰ（2）、调温三通阀Ⅱ（3）、板式换热器Ⅰ（4）、冷水循环泵（5）、加热罐（6）、板式换热器Ⅱ（7）、水循环泵（8）和加热板（35）等部件组成，均通过管路相互连接为一体构成加热系统。

3. 根据权利要求1所述的食品真空冷冻干燥设备，其特征在于设计有氨分离器（17）、氨泵（18）、氨预冷阀Ⅰ（19）、氨主阀Ⅰ（20）、氨主阀Ⅱ（29）、氨预冷阀Ⅱ（31）、换向作动筒（21）、活动隔离门（22）、右水汽扑集器（23）、左水汽扑集器（27）等构成水汽扑集系统，均通过管路相互连接为一体。

4. 根据权利要求1所述的食品真空冷冻干燥设备，其特征在于设计有真空调节阀（9）、真空蝶阀Ⅰ（10）、真空蝶阀Ⅱ（11）、真空蝶阀Ⅲ（16）、真空蝶阀Ⅳ（32）、破空阀（36）、维持阀Ⅰ（14）、维持阀Ⅱ（12）、抽空泵Ⅰ（15）和抽空泵Ⅱ（13）等部件组成，均通过管路相互连接为一体构成真空系统。

5. 根据权利要求1所述的食品真空冷冻干燥设备，其特征在于设计有融冰阀Ⅰ（24）、融冰阀Ⅱ（25）、融冰罐（26）、融冰排水泵（28）、融冰排水阀（30）等部件组成，均通过管路相互连接为一体构成融冰系统。

6. 根据权利要求1所述的食品真空冷冻干燥设备，其特征在于设计有自动控制系统，它兼有指示、控制、保护、报警等对全程冻干运行流程实施全面自动控制的通过管路连接全程各系统和各部件。

7. 根据权利要求1或3所述的食品真空冷冻干燥设备，其特征是将水汽扑集器设计成一种内置双式交替工作的结构形式，即在干燥舱（33）的下部设计有左、右对称的两个全不锈钢水汽扑集器（23）、（27），这是由壳体、盘管和共用中间隔板及共用活动隔离门（22）等组成，共用活动隔离门（22）又是由固定在干燥舱（33）舱壁上的换向作动筒（21）操纵。

8. 根据权利要求1或3所述的食品真空冷冻干燥设备，其特征是将水汽扑集器盘管内氨液的制冷方式由直膨相变体制变为氨满液循环式体制，使氨液在水汽扑集器盘管内满液循环。

9. 根据权利要求1或5所述的食品真空冷冻干燥设备，其特征在于设计了内置蒸汽加热器的融冰罐（26），使融冰方式由常压下温水浸泡更改为负压蒸汽浸泡，蒸汽加热器在负压下形成负压蒸汽。”

针对本专利权，被告于2005年11月30日作出第7779号决定，宣告权利要求1、5、6和9无效，在权利要求2～4、7～8的基础上维持专利权有效。当事人在法定期限内没有对该决定提出行政诉讼，因此该决定为生效决定。本专利权当前有效的权利要求为权利要求2～4、7～8。

针对本专利权，冰山公司于2006年2月28日向被告提出无效宣告请求，其提交的附件如下：

附件1：中国机械仪表类核心期刊《流体机械》1996年第24卷第5期月刊的中英文目录页、第49～52页、附页的复印件；

附件2：《食品工业科技》1998年第4期双月刊，中英文目录页、第80、81、19页的复印件；

附件3：本专利的说明书。

冰山公司认为：本专利的权利要求2相对于附件1和附件2不具有创造性；权利要求3、4、7相对于附件1不具有创造性；权利要求8是一种使用方法，因此不符合《中华人民共和国专利法实施细则》（以下简称《专利法实施细则》）第二条第二款的规定；同时权利要求8和说明书亦未说明如何使氨液在水汽扑集器盘管内满液循环，因此公开不充分，不符合《中华人民共和国专利法》（以下简称《专利法》）第二十六条第三款的规定。

经形式审查合格，被告依法受理了上述无效宣告请求，并于2006年3月1日向双方发出无效宣告请求受理通知书，同时将无效宣告请求书及其附件清单中所列附件的副本转送给新阳公司，并要求新阳公司在指定的期限内陈述意见。

冰山公司于2006年3月28日又一次提交了意见陈述书，并补充了无效的理由和证据，其中补充的附件为：

附件4：授权公告日为1999年3月24日、专利号为ZL96218493.4的中国实用新型专利说明书；

附件5：兰州物理研究所达道安主编、国防工业出版社出版、1991年11月第2版、1996年8月第4次印刷的《真空设计手册》的封面、出版信息页、第442、491页的复印件；

附件6：1998年9月、第4卷第3期的《真空与低温》的第170~171页的复印件。

冰山公司认为权利要求2相对于附件1和附件2不具有创造性；权利要求3中的区别特征作动筒（21）相对于附件4无创造性；权利要求4中的真空系统已被附件5、附件6公开，无创造性；权利要求7中的区别特征作动筒（21）被附件3公开，无创造性。

针对被告于2006年3月1日作出的上述无效宣告请求受理通知书，新阳公司于2006年4月16日提交意见陈述书，其认为附件1和附件2均为真空冷冻干燥设备的一般原理性介绍，没有给出实现冷冻干燥的技术方案，因此权利要求2~4、7~8符合创造性的规定；权利要求8中的满液循环是同现有技术：直膨式制冷系统、重力供液式制冷系统和泵供液制冷系统不同的一种更适应于冻干过程的新型制冷系统，其中通过氨分离器、氨泵、氨预冷阀Ⅰ、氨主阀Ⅰ、氨主阀Ⅱ、氨预冷阀Ⅱ、换向作动筒、活动隔离门和左右水捕集器来保证氨液在水汽捕集器盘管内满液循环，无蒸发，仅有压降和温升，在离开水汽捕集器后经节流进入氨分离器中剧烈蒸发，使氨液温度下降，气体分离后，输入压缩机完成制冷循环，因此其不同于现有技术的结构，是一种新颖的、实用的革新了的技术方案，完全符合《专利法实施细则》第二条第二款的规定。

被告于2006年8月9日向双方发出无效宣告请求口头审理通知书，定于2006年9月19日举行口头审理。随同口头审理通知书，将冰山公司于2006年3月28日提交的意见陈述书及其附件清单中所列附件的副本转送给新阳公司，将新阳公司于2006年4月16日提交的意见陈述书转送给冰山公司。

口头审理如期举行，双方当事人均参加了口头审理。在口头审理中记录了如下事项：（1）冰山公司明确其无效宣告请求的理由、证据和范围是：用附件1、附件2否定权利要求2的创造性，用附件1、附件4否定权利要求3和7的创造性，用附件1、附件5、附件6、附件7否定权利要求4的创造性；权利要求8不符合《专利法实施细则》第二条第二款、或者《专利法》第二十六条第三款的规定。（2）冰山公司当庭提交意见陈述书及新的公知常识性证据附件7——《冷冻干燥技术》共3页，被告当庭转给新阳公司。新阳公司提交补充的意见陈述，被告当庭转给冰山公司。冰山公司当庭提交了附件1、附件2、附件5、附件6、附件7的原件，新阳公司经核实认为附件1、附件2、附件5、附件6的复印件与原件一致，并对附件1、附件2、附件3、附件4、附件5、附件6的真实性表示认可。被告告知新阳公司附件7为公知常识性证据，要求其对该证据的真实性、合法性和关联性发表意见，新阳公司坚持认为附件7的提交已经超过了举证期限，拒绝对其真实性进行核对，不认可附件7并且不对附件7发表意见。被告经核对认为附件7的复印件与原件一致。（3）关于权利要求8。冰山公司认为权利要求8的附加技术特征是一种使用方法，此外权利要求8和说明书均没有清楚完整地说明满液循环如何实现，公开不充分，所属领域的技术人员无法实施。新阳公司认为权利要求8是一种限定结构形式的描述，在说明书和说明书的附图中都可以反映出来，满液循环已充分公开。（4）关于权利要求2的创造性。冰山公司认为附件1是最接近的对比文件，附件1公开了权利要求2的加热系统和冷板式换热器，附件2公开了加热罐、三通调温阀、热板式换热器、热水循环泵等内容，附件1、附件2组合把权利要求2的内容都公开了；此外，其中带有蒸汽加热器的加热罐是本领域技术人员所公知的，本专利附图所示的结构不能完成加热任务。新阳公司认为附件1、附件2只是原理性的描述，没有具体的结构，附件1、附件2反应不出结构形式，附件1只有加热系统但加热形式没有指出，本专利是采用两个三通调节阀进行控制，这种方法控温准确可以节能，加热罐的水是外循环方式的，板式换热器也是不同的；此外，本专利要求保护的设备的结构与附件1、附件2中的结构不同，加热方式也有多种。（5）关于权利要求3的创造性。冰山公司认为附件1公开了权利要求3中除了作动筒之外的技术内容，附件4公开了权利要求3中作动筒的技术内容；此外，本专利没有说明满液式供液的特征，权利要求3实现不了满液式供液。新阳公司认为本专利的制冷系统是满液循环的制冷系统，通过氨泵、氨预冷阀Ⅰ、氨预冷阀的Ⅱ、氨主阀Ⅰ、氨主阀Ⅱ的组合来实现满液循环，本专利的制冷剂是一种载冷剂，在工作稳定后氨预冷阀和氨主阀均是不可调节的；附件4公开了两个或两个以上的隔离门，本专利提出了一个共用的隔离门，两个专利中的制冷系统结构不一样，隔离门不一样，隔离门的运动方式也是不一样的；此外，权利要求3把结构形式都描述清楚了，说明书附图也描述清楚了，说明书和说明书附图都可以对其解释。（6）关于权利要求7的创造性。冰山公司表示对权利要求7的意见与对权利要求3的意见陈述是一样的。新阳公司认为本专利是共用的活动隔离门，是一个门，两者的运动方向以及门和结构形式、技术方案都是不一样的。冰山公司认为附件4说明书第2页第5行提到“将一个共同隔离门改为用两个独立的隔离门”，因此公开了权利要求7的技术方案。（7）关于权利要求4的创造性。冰山公司认为附件1公开了权利要求4中的结构，但没有公开真空阀、破空阀，附件5、附件7中公开了真空调节阀，是普通的常识，附件6的第171页倒数第10行公开了破空阀；此外，破空阀和真空调节阀在系统中安装在什么地方效果都一样，本专利附图中的破空阀、真空调节阀的位置无创造性。新阳公司认为附件1是简单的原理介绍，并没有公开本专利的具体结构，附件5是一个具体的零件，与本专利的技术方案没有任何关系，附件6也是原理性的探讨，没有公开本专利的技术特征，本专利是完整的技术方案，附件1、附件6是两个自相矛盾的技术方案；此外，本专利的具体组合方式在冰山公司的证据中没有公开。（8）关于隔离门。新阳公司认为附件1中没有公开图2的隔离门，附件4公开了一个共用隔离门的现有技术，本专利权利要求中作动筒本身是现有技术，但是组合起来是独特的结构。

被告经审查认为：

1. 关于证据和现有技术。

冰山公司提交的证据是附件1、附件2、附件4、附件5、附件6、附件7，新阳公司对附件1、附件2、附件4、附件5、附件6的真实性表示认可。被告经审查对附件1、附件2、附件4、附件5、附件6的真实性予以认可，其可以作为本案的证据使用。由于附件1、附件2、附件4、附件5、附件6的公开日均在本专利的申请日之前，因此其上记载的内容可以作为本专利的现有技术使用。

关于附件7。冰山公司提交附件7作为公知常识性证据，并当庭提交了附件7的原件，被告亦告知新阳公司附件7为公知常识性证据，要求其对该证据的真实性、合法性和关联性发表意见，此时新阳公司仍坚持认为附件7的提交已经超过了举证期限，拒绝对其真实性进行核对，不认可附件7并且不对附件7发表意见。在此情况下，被告经核对认为附件7的复印件与原件一致，因此附件7的真实性可以得到确认。此外附件7封面中载明附件7为高等学校试用教材，其上记载的内容应属于公知常识类技术，因此虽然该证据的提交超过了一个月，但其可以作为本案的证据考虑。由于附件7的公开日在本专利的申请日之前，因此其上记载的内容也可以作为本专利的现有技术使用。

2. 关于权利要求8是否符合《专利法实施细则》第二条第二款的规定。

《专利法实施细则》第二条第二款规定：专利法所称的实用新型，是指对产品的形状、构造或者其结合所提出的适于实用的新的技术方案。《审查指南》第一部分第二章第6.1节规定“如果权利要求中既包含形状、构造特征，又包含对方法本身提出的技术方案，则不属于实用新型专利保护的客体”。“但是，以现有技术中已知方法的名称限定产品的形状、构造的，例如，以焊接、铆接等已知方法名称限定各部件连接关系的，不属于对方法本身提出的技术方案”。

本专利说明书第2页第4段记载了以下内容“特征之二是将水汽扑集器盘管内氨液的制冷方式由直膨相变（蒸发）体制改为氨满液循环式体制，使氨液在水汽扑集器盘管内满液循环、无蒸发，仅有压降和温升，离开水汽扑集器经节流进入氨分离器中剧烈蒸发，使氨液温度下降，气体分离后，输入压缩机完成制冷循环”。显然，在权利要求8附加技术特征“满液循环”本身并不能体现其属于产品结构的限定，同时由说明书的上述内容可以看出“满液循环”体现的实际上是工艺过程或流程等技术特征所描述的方法。而且专利权人自己也承认“满液循环”是一种新颖的、实用的革新了的技术方案，因此权利要求8包含了对方法本身提出的技术方案，其中的满液循环也不能看成是以现有技术中已知方法的名称来限定各部件的连接关系，因此权利要求8不符合《专利法实施细则》第二条第二款的规定。

由于权利要求8不符合《专利法实施细则》第二条第二款的规定，因此被告不再对冰山公司针对权利要求8提出的其他无效理由进行评述。

3. 本专利权利要求2~4、7的创造性。

（1）关于权利要求2的创造性。

附件1公开了一种食品冻干机，其中第49页第1栏在整体方案设计公开了以下内容：食品冻干机和医药冻干机在工作原理、基本结构等方面相同，都是由干燥仓、水汽凝结器（捕水器）、制冷系统、加热系统、真空排气系统和监测控制系统组成。第50页图2具体公开了一种批次式双捕水器食品冻干机，其包括：筒体7、制品盘6、加热系统2、捕水器8、初期排气系统9和正常排气系统10（其构成真空系统）、化霜装置11、加热板3、加热介质集管5和制冷系统1，此外从图2中还可以看到水循环泵。因此附件1公开了权利要求2所引用的权利要求1的全部技术特征以及权利要求2附加技术特征中的水循环泵和加热板，但其中并没有详细公开其中的加热系统。因此本领域技术人员很容易想到结合现有技术来具体实现所述的加热系统。附件2也公开了一种食品真空冷冻干燥装置，其中在第81页第2.2节的加热系统中具体公开了以下内容：“由一个蒸汽加热的热媒加热罐和两套独立的热媒循环温控回路组成，可根据不同的冻干工艺要求分别向两台干燥仓的加热板供热”，“精心设计的由加热罐、三通调节阀、板式加热器、热媒循环泵组成的加热系统控温精确、动态响应快、加热冷却迅速”。由此可见，该加热系统除了要具有水循环泵将加热罐中加热好的水送到加热板来加热被处理的食品之外，还有两套独立的热媒循环温控回路以便加热冷却加热罐控制加热罐的温度，由此构成加热系统。由于是独立的两套温控回路来加热和冷却，因此两个温控三通阀、两个板式换热器、两个循环泵（分别为热水循环泵和冷水循环泵）均是显而易见，此外，上述部件必然要通过管路连接为一体。由此可见权利要求2中其他的附加技术特征也被附件2公开，因此权利要求2的技术方案相对于附件1和附件2所公开的技术内容来说是显而易见，权利要求2不具有创造性。

（2）关于权利要求3的创造性。

附件1虽然公开了权利要求3的左右水汽扑集器、分别作用于左右水汽扑集器两个制冷剂控制阀等内容。但本专利权利要求3中氨阀包括氨预冷阀Ⅰ、Ⅱ和氨主阀Ⅰ、Ⅱ共四个阀门。附件4虽然公开了一种冷冻干燥设备用变条件水汽冷凝装置，其中供冷阀也是分别作用于左右水汽扑集器。但是，附件1和附件4中均未公开由氨预冷阀和氨主阀来构成氨液控制的技术启示，因此通过附件1和附件4还不能显而易见地得到权利要求3的技术方案。显然，权利要求3在氨阀设置的构思上不同于现有技术，冰山公司也没有证据表明该方案不能达到现有技术的水平，因此冰山公司认为权利要求3不具有创造性的理由不能成立，权利要求3相对于附件1和附件4的结合具有创造性。

（3）关于权利要求 7 的创造性。

由于冰山公司关于权利要求 3 不具有创造性的理由不能成立，因此冰山公司关于权利要求 7 中引用权利要求 3 的技术方案不具有创造性的理由也不能成立。

附件 1 在公开了权利要求 1 全部技术特征的基础上，从其第 50 页中的图 2 还能看到以下特征，即在简体（即本专利中的干燥舱）的下部设计有左右对称的两个捕水器，其由壳体、盘管、中间隔板组成，从图中还能可以看到左捕水器上面有一个隔离门。附件 1 第 51 页第 1.4 节第 3、4 行还公开了以下内容，即双式捕水器在冻干中轮流工作和化霜。由于图 2 中只有一个隔离门，因此该隔离门在工作时应当是被左右捕水器共用并轮流工作。此外，附件 4 说明书第 2 页第 6 行中也公开了一个共同隔离门的技术方案。显然既然是一个隔离门被两个捕水器轮流共用，就存在被一个驱动装置操纵运动的问题。新阳公司自己承认换向作动筒本身是现有技术，显然本领域技术人员在上述问题的启示下能够想到将换向作动筒应用到这里来操纵活动隔离门。至于换向作动筒的固定，显然就近固定在干燥舱舱壁上是容易想到的方案之一。对于权利要求 7 中的水汽扑集器的材料为全不锈钢，由于不锈钢本身是一种公知的材料，因此本领域技术人员在实施该技术方案中很容易就能想到使用不锈钢。由此可见，权利要求 7 引用权利要求 1 的技术方案相对于附件 1 及公知技术，或者附件 1、附件 4 和公知技术不具有创造性。

（4）关于权利要求 4 的创造性。

被告认为，首先权利要求 4 中出现了维持阀 I（14）和维持阀 II（12），然而从说明书及附图中与此相对应的都是维持泵 I（14）和维持泵 II（12），因此本领域技术人员据此能够推定这里的维持阀 I（14）和维持阀 II（12）是一种明显的笔误，其应当是维持泵 I（14）和维持泵 II（12）。由此权利要求 4 中就由维持泵 I（14）、维持泵 II（12）和抽空泵 I（15）、抽空泵 II（13）构成了两套双泵系统。附件 1 图 2 中初期排气系统 9 和正常排气系统 10 与此相对应，然而从中并不能看出其采用的是由维持泵和抽空泵组成的双泵系统，并且其中也并未给出这方面的技术启示。冰山公司虽然还提交了附件 5、附件 6 和附件 7，但冰山公司使用附件 5、附件 6 和附件 7 仅是用来证明真空调节阀和破空阀是公知技术，因此依据冰山公司所提交的上述证据还不能得出权利要求 4 显而易见或者不具有进步的结论，因此冰山公司主张权利要求 4 不具有创造性的理由不能成立。

综上，被告作出第 8932 号决定。原告不服，诉至本院。

本院认为，《专利法》第四十五条规定，自国务院专利行政部门公告授予专利权之日起，任何单位或者个人认为该专利权的授予不符合本法有关规定的，可以请求专利复审委员会宣告该专利权无效。本案中，冰山公司在被告作出第 7779 号决定后向被告提出针对本专利的无效宣告请求，被告受理该请求符合上述法律规定。新阳公司未在法定期限内行使对第 7779 号决定诉权，该责任不能归结于被告对本案无效宣告请求的受理程序。故新阳公司关于被告受理冰山公司无效宣告请求实际上剥夺其法律赋予的救济权利的诉讼主张，缺乏事实及法律依据，本院不予支持。

《审查指南》第四部分第三章第 4.3.1 节规定，“请求人在提出无效宣告请求之日起一个月后补充证据的，专利复审委员会一般不予考虑，但下列情形除外……（ii）在口头审理辩论终结前提交技术词典、技术手册和教科书等所属技术领域中的公知常识性证据或者用于完善证据法定形式的公证书、原件等证据，并在该期限内结合该证据具体说明相关无效宣告理由的。……”根据上述规定，在口头审理辩论终结前提交的公知常识性证据，不受一个月补充证据期限的限制。本案中，冰山公司在口头审理中提交的附件 7，即《冷冻干燥技术》，系高等学校试用教材，其主要证明真空调节阀属于公知技术。因此附件 7 属于请求人提交的公知常识性证据，冰山公司在口头审理中提交上述证据并未违反上述法律规定。故新阳公司关于被告接受上述证据属程序违法的诉讼主张缺乏事实及法律依据，本院不予支持。

关于本专利权利要求 8 是否符合《专利法实施细则》第二条第二款的问题。

《专利法实施细则》第二条第二款规定：专利法所称的实用新型，是指对产品的形状、构造或者其结合所提出的适于实用的新的技术方案。《审查指南》第一部分第二章第 6.1 节规定“如果权利要求中既包含形状、构造特征，又包含对方法本身提出的技术方案，则不属于实用新型专利保护的客体”。“但是，以现有技术中已知方法的名称限定产品的形状、构造的，例如，以焊接、铆接等已知方法名称限定各部件连接关系的，不属于对方法本身提出的技术方案”。本案中，本专利权利要求 8 限定的技术方案为：“根据权利要求 1 或 3 所述的食品真空冷冻干燥设备，其特征是将水汽扑集器盘管内氨液的制冷方式由直膨相变体制变为氨满液循环式体制，使氨液在水汽扑集器盘管内满液循环。”结合本专利说明书的记载，权利要求 8 中描述的“满液循环”实际上是一种工艺过程或流程的技术特征所描述的方法，其并非是对产品结构的限定，且“满液循环”也不是用已知方法名称限定各部件的连接关系。因此，被告认定权利要求 8 不符合《专利法实施细则》第二条第二款的规定正确。

《专利法》第二十二条第三款规定：创造性，是指同申请日以前已有的技术相比，该发明有突出的实质性特点和显著的进步，该实用新型有实质性特点和进步。

关于本专利权利要求 2 的创造性问题。

权利要求 2 限定的技术方案为：根据权利要求 1 所述的食品真空冷冻干燥设备，其特征在于设计有热水循环泵（1）、调温三通阀 I（2）、调温三通阀 II（3）、板式换热器 I（4）、冷水循环泵（5）、加热罐（6）、板式换热器 II（7）、水循环泵（8）和加热板（35）等部件组成，均通过管路相互连接为一体构成加热系统。从冰山公司在无效程序中提交的附件 1《工业食品冷冻干燥机的设计》的记载及附图 2 公开的内容可以看出，附件 1 公开了权利要求 2 所引用的权利要求 1 的全部技术特征以及权利要求 2 附加技术特征中的水循环泵和加热板。而附件 2《TH-FD50×2 食品真空冷冻干燥装置》中公开了由两个温控三通阀、两个板式换热器、两个循环泵通过管路连接为一体的加热系统。因此，结合附件 1 和附件 2 所公开的内容，权利要求 2 不具有实质性特点和进步，被告认定其不具有创造性正确。

关于权利要求 3 的创造性问题。

权利要求 3：根据权利要求 1 所述的食品真空冷冻干燥设备，其特征在于设计有氨分离器（17）、氨泵（18）、氨预冷阀 I（19）、氨主阀 I（20）、氨主阀 II（29）、氨预冷阀 II（31）、换向作动筒（21）、活动隔离门（22）、右水汽扑集器（23）、左水汽扑集器（27）等构成水汽扑集系统，均通过管路相互连接为一体。附件 1 和附件 4（即冷冻干燥设备用变条件水汽冷凝装置）虽然分别公开了左右水汽扑集器、分别作用于左右水汽扑集器两个制冷剂控制阀、供冷阀分别作用于左右水汽扑集器等技术内容。但是附件 1 和附件 4 均未公开本专利权利要求 3 中由氨预冷阀 I、II 和氨主阀 I、II 共四个阀门构成氨液控制的技术内容，从附件 1、附件 4 中并不能得出权利要求 3 的技术启示。故被告认定权利要求 3 相对于附件 1、附件 4 具有创造性正确。

关于权利要求 4 的创造性问题。

权利要求 4 主要限定了由维持泵 I（14）、维持泵 II（12）和抽空泵 I（15）、抽空泵 II（13）构成两套双泵系统的技术方案。附件 1 公开了初期排气系统 9 和正常排气系统 10，但是从附件 1 所公开的内容中无法得出权利要求 4 由维持泵和抽空泵组成双泵系统的技术启示。冰山公司在无效程序中提交的附件 5《真空设计手册》和附件 7《冷冻干燥技术》是为了证明真空调节阀是公知技术，附件 6《真空与低温》证明破空阀是现有技术，但是附件 5、附件 6、附件 7 都没有给出权利要求 4 技术方案的技术启示。

故被告认定权利要求4相对于附件1、附件5、附件6、附件7具有创造性正确。

关于权利要求7的创造性问题。

权利要求7限定的技术方案是：根据权利要求1或3所述的食品真空冷冻干燥设备，其特征是将水汽扑集器设计成一种内置双式交替工作的结构形式，即在干燥舱（33）的下部设计有左、右对称的两个全不锈钢水汽扑集器（23）、（27），这是由壳体、盘管和共用中间隔板及共用活动隔离门（22）等组成，共用活动隔离门（22）又是由固定在干燥舱（33）舱壁上的换向作动筒（21）操纵。

由于权利要求3具有创造性，故权利要求7引用权利要求3的技术方案部分亦具有创造性。

附件1公开了由壳体、盘管、中间隔板组成的左右对称的两个捕水器，被左右捕水器共同使用并轮流工作的一个隔离门。附件4也公开了一个共同隔离门。结合作动筒这一现有技术及公知常识，用换向作动筒来操纵活动隔离门、换向作动筒的固定位置及水汽扑集器的材料等技术问题，对于本领域技术人员来说是显而易见的。故被告认定权利要求7引用权利要求1的技术方案相对于附件1、附件4及公知常识不具有创造性正确。

综上，第8932号决定认定事实清楚，适用法律正确，行政程序合法，本院应予维持。二原告的诉讼主张缺乏事实和法律依据，本院不予支持。据此，依照《中华人民共和国行政诉讼法》第五十四条第（一）项之规定，判决如下：

维持被告国家知识产权局专利复审委员会于二〇〇六年十月二十六日作出的第8932号无效宣告请求审查决定。

案件受理费1000元，由原告大连冰山集团冷冻设备有限公司和原告沈阳航天新阳速冻设备制造有限公司各负担500元（已交纳）。

如不服本判决，可在本判决书送达之日起15日内，向本院提交上诉状，并按对方当事人人数提出副本，上诉于北京市高级人民法院。上诉人在上诉期限内未提交上诉案件受理费又不提出缓交申请的，按自动撤回上诉处理。

审　判　长　强刚华
代理审判员　贾志刚
代理审判员　谢东伟
二〇〇七年九月三十日
书　记　员　殷　悦

北京市第一中级人民法院
行政判决书

（2007）一中行初字第630号

原告：沈阳航天新阳速冻设备制造有限公司，住所地沈阳市黄姑区阳山路1号。

委托代理人：许宗富，男，沈阳科苑专利商标代理有限公司专利代理人。

委托代理人：顾增泉，男，沈阳航天新阳速冻设备制造有限公司职员。

被告：国家知识产权局专利复审委员会，住所地北京市海淀区北四环西路9号银谷大厦10~12层。

法定代表人：廖涛，副主任。

委托代理人：姜岩，女，国家知识产权局专利复审委员会审查员。

委托代理人：王伟艳，女，国家知识产权局专利复审委员会审查员。

第三人：大连冰山集团冷冻设备有限公司，住所地辽宁省大连市甘井子区营城子镇。

委托代理人：王鸿谋，男，北京金信立方知识产权代理有限公司专利代理人。

委托代理人：王一田，男，大连冰山集团冷冻设备有限公司职员。

原告沈阳航天新阳速冻设备制造有限公司不服被告国家知识产权局专利复审委员会作出的无效宣告请求审查决定，向本院提起行政诉讼。本院受理后，依法组成合议庭，对本案进行了审理。在本院审理期间，原告沈阳航天新阳速冻设备制造有限公司以本院将其列为（2007）一中行初字第419号案件的原告，其诉讼权利能够得到保障为由向法院提出撤诉申请。

本院经审查认为，原告有权在诉讼期间依法处分其诉讼权利。现原告沈阳航天新阳速冻设备制造有限公司申请撤回起诉，系其真实意思表示，未违反法律规定，本院应予准许。依照《中华人民共和国行政诉讼法》第五十一条，裁定如下：

准许原告沈阳航天新阳速冻设备制造有限公司撤回起诉。

案件受理费100元，减半收取50元，由原告沈阳航天新阳速冻设备制造有限公司负担（已交纳）。

审　判　长　强刚华
代理审判员　贾志刚
代理审判员　谢东伟
二〇〇七年六月十四日
书　记　员　殷　悦

北京市高级人民法院
行政判决书

（2008）高行终字第147号

上诉人（一审原告）沈阳航天新阳速冻设备制造有限公司，住所地辽宁省沈阳市皇姑区阳山1号。

法定代表人尚增山，董事长。

委托代理人刘德玖，男，沈阳航天新阳速冻设备制造有限公司研究所工作人员。

委托代理人许宗富，男，沈阳科苑专利商标代理有限公司职员。

被上诉人（一审被告）国家知识产权局专利复审委员会，住所地北京市海淀区北四环西路9号银谷大厦10~12层。

法定代表人廖涛，副主任。

委托代理人朱广文，国家知识产权局专利复审委员会审查员。

委托代理人隋璐，国家知识产权局专利复审委员会审查员。

一审原告大连冰山集团冷冻设备有限公司，住所地辽宁省大连市甘井子区营城子镇。

法定代表人张宏智，董事长。

委托代理人王一田，男，大连冰山集团冷冻设备有限公司工作人员。

委托代理人张传伦，男，大连冰山集团冷冻设备有限公司工作人员。

上诉人沈阳航天新阳速冻设备制造有限公司（以下简称新阳公司）因专利无效宣告请求审查决定一案，不服北京市第一中级人民法院（2007）一中行初字第419号行政判决，向本院提起上诉。本院依法组成合议庭，公开开庭审理了本案。上诉人新阳公司的委托代理人刘德玖、许宗富；被上诉人国家知识产权局专利复审委员会（以下简称专利复审委员会）的委托代理人朱广文、隋璐；一审原告大连冰山集团冷冻设备有限公司（以下简称冰山公司）的委托代理人王一田、张传伦到庭参加了诉讼。本案现已审理终结。

2006年10月26日，专利复审委员会作出第8932号无效宣告请求审查决定（以下简称第8932号决定），宣告00210510.1号实用新型专利权（以下简称本专利）的权利要求2、权利要求7引用权利要求1的技术方案以及权利要求8无效，在权利要求3、4以及权利要求7引用权利要求3的技术方案基础上维持该专利权继续有效。新阳公司、冰山公司均对第8932号决定不服，分别向一审法院提起行政诉讼。

一审法院经审理认为，新阳公司关于专利复审委员会受理冰山公司无效宣告请求实际上剥夺其法律赋予的救济权利的诉讼主张，缺乏事实及法律依据；冰山公司在口头审理中提交公知常识证据并未违反法律规定；专利复审委员会认定本专利权利要求8不符合《中华人民共和国专利法实施细则》（以下简称《专利法实施细则》）第二条第二款的规定是正确的；本专利权利要求2不具有实质性特点和进步，专利复审委员会认定其不具有创造性是正确的；专利复审委员会认定本专利权利要求3、4具有创造性是正确的；由于权利要求3具有创造性，专利复审委员会认定权利要求7引用权利要求3的技术方案部分亦具有创造性是正确的；专利复审委员会认定权利要求7引用权利要求1的技术方案不具有创造性正确。

根据以上理由，一审法院认为，专利复审委员会作出的第8932号决定认定事实清楚，适用法律正确，行政程序合法，遂判决维持了该决定。

新阳公司不服一审判决，提起上诉，其上诉请求是撤销一审法院行政判决，撤销专利复审委员会的第8932号决定。主要理由是：专利复审委员会作出第7779号无效宣告请求审查决定（以下简称第7779号决定）后，没有等到起诉期限届满，就受理了冰山公司又一次提起的无效宣告请求，属于违法受理；本专利权利要求8符合《专利法实施细则》第二条第二款的规定；权利要求2、权利要求7引用权利要求1部分具有创造性；专利复审委员会接受超过举证期限的证据是违法的。

专利复审委员会答辩称，8932号决定认定事实清楚、适用法律正确、审理程序合法，上诉人上诉理由不能成立，请求驳回上诉，维持一审法院判决。

冰山公司没有提交书面答辩意见。

本案一审期间，专利复审委员会向一审法院提交了如下证据：本专利说明书复印件，中国机械仪表类核心期刊《流体机械》1996年第24卷第5期月刊的中英文目录、第49-52页、附页的复印件（即无效决定中的附件1），《食品工业科技》1998年第4期双月刊、中英文目录页、第80、81、19页复印件（即无效决定中的附件2），授权公告日为1999年3月24日、专利号为ZL96218493.4的中国实用新型专利说明书复印件（即无效决定中的附件4），兰州物理研究所达道安主编、国防工业出版社出版、1991年11月第2版、1996年8月第4次印刷的《真空设计手册》的封面、出版信息页、第442、491页的复印件（即无效决定中的附件5），1998年9月、第4卷第3期的《真空和低冷》的第170~171页复印件（即无效决定中的附件6），高等学校试用教材《冷冻干燥技术》、1990年5月版、共3页复印件（即无效决定中的附件7），本案件口头审理记录表复印件，第7779号决定。

本案一审期间，新阳公司向一审法院提交的证据有：第8932号决定，第7779号决定，本专利说明书复印件，《流体机械》1996年第5期49~52页复印件，《食品工业科技》1996年第4期80、81、19页复印件，96218493.4号专利说明书复印件，《真空设计手册》1991年11月第2版442、491页复印件，《真空和低温》1998年9月第3期170~171页复印件。

本案一审期间，冰山公司向一审法院提交的证据有：第8932号决定，冰山公司于2006年2月28日向专利复审委员会提出的对本专利无效请求案件的意见陈述书，冰山公司于2006年3月26日向专利复审委员会补充提出的对本专利无效请求案件的意见陈述书，冰山公司于2006年9月19日口审的时候向专利复审委员会提出的对本专利无效请求案件的意见陈述书，第7779号决定，1996年5月30日出版的《流体机械》，1998年出版的第4期《食品工业科技》，1999年3月24日专利ZL96218493.4的说明书，1996年8月出版的《真空设计手册》，1998年9月出版的《真空与低温》，高等学校试用教材《冷冻干燥技术》、1990年5月出版，本专利的说明书，丹麦阿特拉斯公司产品及山东众合食品有限公司证明。

上述证据已随案移送本院。经本院审查，一审法院对上述证据的关联性、合法性、真实性的审查、认定是正确的，本院不持异议，予以确认。

根据上述证据，本院确认事实如下：

2000年1月5日，新阳公司向国家知识产权局提出名称为“食品真空冷冻干燥设备”的实用新型专利申请，其申请号是00210510.1。国家知识产权局于2000年10月4日对该申请予以授权公告。该专利授权公告时，有9项权利要求：

“1. 食品真空冷冻干燥设备是适用于食品在真空状态下冷冻干燥加工的一种新型机械装置，其特征在于设计有干燥舱（33）及料盘（34）和加热系统、水汽扑集系统、真空系统、融冰系统、自动控制系统等六大部分组合构成，在干燥舱（33）的上部设有幅射热量的加热板（35），于加热板（35）之间盛装有干燥物料的料盘（34），在其下部设有交替工作的内置双式水汽扑集器，这六大部分及各部件均通过管路相互连接为一体构成完整的真空冷冻干燥的新型机械装置。

2. 根据权利要求1所述的食品真空冷冻干燥设备，其特征在于设计有热水循环泵（1）、调温三通阀Ⅰ（2）、调温三通阀Ⅱ（3）、板式换热器Ⅰ（4）、冷水循环泵（5）、加热罐（6）、板式换热器Ⅱ（7）、水循环泵（8）和加热板（35）等部件组成，均通过管路相互连接为一体构成加热系统。

3. 根据权利要求1所述的食品真空冷冻干燥设备，其特征在于设计有氨分离器（17）、氨泵（18）、氨预冷阀Ⅰ（19）、氨主阀Ⅰ（20）、氨主阀Ⅱ（29）、氨预冷阀Ⅱ（31）、换向作动筒（21）、活动隔离门（22）、右水汽扑集器（23）、左水汽扑集器（27）等构成水汽扑集系统，均通过管路相互连接为一体。

4. 根据权利要求1所述的食品真空冷冻干燥设备，其特征在于设计有真空调节阀（9）、真空蝶阀Ⅰ（10）、真空蝶阀Ⅱ（11）、真空蝶阀Ⅲ（16）、真空蝶阀Ⅳ（32）、破空阀（36）、维持阀Ⅰ（14）、维持阀Ⅱ（12）、抽空泵Ⅰ（15）和抽空泵Ⅱ（13）等部件组成，均通过管路相互连接为一体构成真空系统。

5. 根据权利要求1所述的食品真空冷冻干燥设备，其特征在于设计有融冰阀Ⅰ（24）、融冰阀Ⅱ（25）、融冰罐（26）、融冰排水泵（28）、融冰排水阀（30）等部件组成，均通过管路相互连接为一体构成融冰系统。

6. 根据权利要求1所述的食品真空冷冻干燥设备，其特征在于设计有自动控制系统，它兼有指示、控制、保护、报警等对全程冻干运行流程实施全面自动控制的通过管路连接全程各系统和各部件。

7. 根据权利要求 1 或 3 所述的食品真空冷冻干燥设备，其特征是将水汽扑集器设计成一种内置双式交替工作的结构形式，即在干燥舱（33）的下部设计有左、右对称的两个全不锈钢水汽扑集器（23）、（27），这是由壳体、盘管和共用中间隔板及共用活动隔离门（22）等组成，共用活动隔离门（22）又是由固定在干燥舱（33）舱壁上的换向作动筒（21）操纵。

8. 根据权利要求 1 或 3 所述的食品真空冷冻干燥设备，其特征是将水汽扑集器盘管内氨液的制冷方式由直膨相变体制变为氨满液循环式体制，使氨液在水汽扑集器盘管内满液循环。

9. 根据权利要求 1 或 5 所述的食品真空冷冻干燥设备，其特征在于设计了内置蒸汽加热器的融冰罐（26），使融冰方式由常压下温水浸泡更改为负压蒸汽浸泡，蒸汽加热器在负压下形成负压蒸汽。”

2004 年 5 月 21 日，冰山公司向专利复审委员会提出无效宣告请求，专利复审委曾于 2005 年 12 月 7 日作出的第 7779 号决定，宣告本专利权利要求 1、5、6 和 9 无效，在权利要求 2、3、4、7、8 的基础上维持专利权有效。2006 年 2 月 28 日冰山公司再次向专利复审委提出无效宣告请求，提交的附件如下：

附件 1：中国机械仪表类核心期刊《流体机械》1996 年第 24 卷第 5 期月刊的中英文目录页、第 49~52 页、附页的复印件；

附件 2：《食品工业科技》1998 年第 4 期双月刊，中英文目录页、第 80、81、19 页的复印件；

附件 3：本专利的说明书。

冰山公司认为：本专利的权利要求 2 相对于附件 1 和 2 不具有创造性；权利要求 3、4、7 相对于附件 1 不具有创造性；权利要求 8 是一种使用方法，因此不符合《专利法实施细则》第二条第二款的规定；同时权利要求 8 和说明书亦未说明如何使氨液在水汽扑集器盘管内满液循环，因此公开不充分，不符合《中华人民共和国专利法》（以下简称《专利法》）第二十六条第三款的规定。

冰山公司于 2006 年 3 月 28 日又一次提交了意见陈述书，并补充了无效的理由和证据，其中补充的附件为：

附件 4：授权公告日为 1999 年 3 月 24 日、专利号为 ZL96218493.4 的中国实用新型专利说明书；

附件 5：兰州物理研究所达道安主编、国防工业出版社出版、1991 年 11 月第 2 版、1996 年 8 月第 4 次印刷的《真空设计手册））的封面、出版信息页、第 442、491 页的复印件；

附件 6：1998 年 9 月、第 4 卷第 3 期的《真空与低温》的第 170~171 页的复印件。

冰山公司认为权利要求 2 相对于附件 1 和 2 不具有创造性；权利要求 3 中的区别特征作动筒（21）相对于附件 4 无创造性；权利要求 4 中的真空系统已被附件 5、6 公开，无创造性；权利要求 7 中的区别特征作动筒（21）被附件 3 公开，无创造性。

2006 年 6 月 19 日，专利复审委员会对案件进行了口头审理。在口头审理中，冰山公司明确其无效宣告请求的理由、证据和范围是：用附件 1、2 否定权利要求 2 的创造性，用附件 1、4 否定权利要求 3 和 7 的创造性，用附件 1、5、6、7 否定权利要求 4 的创造性；权利要求 8 不符合《专利法实施细则》第二条第二款或者《专利法》第二十六条第三款的规定。

冰山公司当庭提交意见陈述书及新的公知常识性证据附件 7——《冷冻干燥技术》共 3 页，专利复审委员会当庭转给新阳公司。

冰山公司认为权利要求 8 的附加技术特征是一种使用方法，此外权利要求 8 和说明书均没有清楚完整地说明满液循环如何实现，公开不充分，所属领域的技术人员无法实施。

关于权利要求 2 的创造性，冰山公司认为附件 1 是最接近的对比文件，附件 1 公开了权利要求 2

的加热系统和冷板式换热器，附件2公开了加热罐、三通调温阀、热板式换热器、热水循环泵等内容，附件1、2组合把权利要求2的内容都公开了；此外，其中带有蒸汽加热器的加热罐是本领域技术人员所公知的，本专利附图所示的结构不能完成加热任务。

关于权利要求3的创造性，冰山公司认为附件1公开了权利要求3中除了作动筒之外的技术内容，附件4公开了权利要求3中作动筒的技术内容；此外，本专利没有说明满液式供液的特征，权利要求3实现不了满液式供液。

关于权利要求7的创造性。冰山公司表示对权利要求7的意见与对权利要求3的意见陈述是一样的。

关于权利要求4的创造性，冰山公司认为附件1公开了权利要求4中的结构，但没有公开真空阀、破空阀，附件5、7中公开了真空调节阀，是普通的常识，附件6的第171页倒数第10行公开了破空阀；此外，破空阀和真空调节阀在系统中安装在什么地方效果都一样，本专利附图中的破空阀、真空调节阀的位置无创造性。新阳公司认为附件1是简单的原理介绍，并没有公开本专利的具体结构，附件5是一个具体的零件，与本专利的技术方案没有任何关系，附件6也是原理性的探讨，没有公开本专利的技术特征，本专利是完整的技术方案，附件1、6是两个自相矛盾的技术方案；此外，本专利的具体组合方式在冰山公司的证据中没有公开。

关于隔离门，新阳公司认为附件1中没有公开图2的隔离门，附件4公开了一个共用隔离门的现有技术，本专利权利要求中作动筒本身是现有技术，但是组合起来是独特的结构。

专利复审委员会经审查认为：

1. 关于证据和现有技术。

专利复审委员会经审查，对附件1、2、4、5、6的真实性予以认可，其可以作为本案的证据使用。由于附件1、2、4、5、6的公开日均在本专利的申请日之前，因此其上记载的内容可以作为本专利的现有技术使用。

附件7封面中载明附件7为高等学校试用教材，其上记载的内容应属于公知常识类技术，因此虽然该证据的提交超过了一个月，但其可以作为本案的证据考虑。由于附件7的公开日在本专利的申请日之前，因此其上记载的内容也可以作为本专利的现有技术使用。

2. 关于权利要求8是否符合《专利法实施细则》第二条第二款的规定。

专利复审委员会认为，本专利说明书第2页第4段记载了以下内容“特征之二是将水汽扑集器盘管内氨液的制冷方式由直膨相变（蒸发）体制改为氨满液循环式体制，使氨液在水汽扑集器盘管内满液循环、无蒸发，仅有压降和温升，离开水汽扑集器经节流进入氨分离器中剧烈蒸发，使氨液温度下降，气体分离后，输入压缩机完成制冷循环”。显然，在权利要求8附加技术特征“满液循环”本身并不能体现其属于产品结构的限定，同时由说明书的上述内容可以看出“满液循环”体现的实际上是工艺过程或流程等技术特征所描述的方法。而且专利权人自己也承认“满液循环”是一种新颖的、实用的革新了的技术方案，因此权利要求8包含了对方法本身提出的技术方案，其中的满液循环也不能看成以现有技术中已知方法的名称来限定各部件的连接关系，因此权利要求8不符合《专利法实施细则》第二条第二款的规定。

由于权利要求8不符合《专利法实施细则》第二条第二款的规定，因此专利复审委员会不再对冰山公司针对权利要求8提出的其他无效理由进行评述。

3. 本专利权利要求2、3、4、7的创造性。

（1）关于权利要求2的创造性。

专利复审委员会认为，附件1公开了一种食品冻干机，其中第49页第1栏在整体方案设计公开了以下内容：食品冻干机和医药冻干机在工作原理、基本结构等方面相同，都是由干燥仓、水汽凝结器（捕水器）、制冷系统、加热系统、真空排气系统和监测控制系统组成。第50页图2具体公开了一种批次式双捕水器食品冻干机，其包括：筒体7、制品盘6、加热系统2、捕水器8、初期排气系统9和正常排气系统10（其构成真空系统）、化霜装置11、加热板3、加热介质集管5和制冷系统1，此外从图2中还可以看到水循环泵。因此附件1公开了权利要求2所引用的权利要求1的全部技术特征以及权利要求2附加技术特征中的水循环泵和加热板，但其中并没有详细公开其中的加热系统。因此本领域技术人员很容易想到结合现有技术来具体实现所述的加热系统。附件2也公开了一种食品真空冷冻干燥装置，其中在第81页第2.2节的加热系统中具体公开了以下内容："由一个蒸汽加热的热煤加热罐和两套独立的热媒循环温控回路组成，可根据不同的冻干工艺要求分别向两台干燥仓的加热板供热"，"精心设计的由加热罐、三通调节阀、板式加热器、热媒循环泵组成的加热系统控温精确、动态响应快、加热冷却迅速"。由此可见，该加热系统除了要具有水循环泵将加热罐中加热好的水送到加热板来加热被处理的食品之外，还有两套独立的热媒循环温控回路以便加热冷却加热罐控制加热罐的温度，由此构成加热系统。由于是独立的两套温控回路来加热和冷却，因此两个温控三通阀、两个板式换热器、两个循环泵（分别为热水循环泵和冷水循环泵）均是显而易见，此外，上述部件必然要通过管路连接为一体。由此可见权利要求2中其他的附加技术特征也被附件2公开，因此权利要求2的技术方案相对于附件1和2所公开的技术内容来说是显而易见，权利要求2不具有创造性。

（2）关于权利要求3的创造性。

专利复审委员会认为，附件1虽然公开了权利要求3的左右水汽扑集器、分别作用于左右水汽扑集器两个制冷剂控制阀等内容。但本专利权利要求3中氨阀包括氨预冷阀Ⅰ、Ⅱ和氨主阀Ⅰ、Ⅱ共四个阀门。附件4虽然公开了一种冷冻干燥设备用变条件水汽冷凝装置，其中供冷阀也是分别作用于左右水汽扑集器。但是，附件1和4中均未公开由氨预冷阀和氨主阀来构成氨液控制的技术启示，因此通过附件1和4还不能显而易见地得到权利要求3的技术方案。显然，权利要求3在氨阀设置的构思上不同于现有技术，冰山公司也没有证据表明该方案不能达到现有技术的水平，因此冰山公司认为权利要求3不具有创造性的理由不能成立，权利要求3相对于附件1和4的结合具有创造性。

（3）关于权利要求7的创造性。

专利复审委员会认为，由于冰山公司关于权利要求3不具有创造性的理由不能成立，因此冰山公司关于权利要求7中引用权利要求3的技术方案不具有创造性的理由也不能成立。

附件1在公开了权利要求1全部技术特征的基础上，从其第50页中的图2还能看到以下特征，即在筒体（即本专利中的干燥舱）的下部设计有左右对称的两个捕水器，其由壳体、盘管、中间隔板组成，从图中还能可以看到左捕水器上面有一个隔离门。附件1第51页第1.4节第3、4行还公开了以下内容，即双式捕水器在冻干中轮流工作和化霜。由于图2中只有一个隔离门，因此该隔离门在工作时应当是被左右捕水器共用并轮流工作。此外，附件4说明书第2页第6行中也公开了一个共同隔离门的技术方案。显然既然是一个隔离门被两个捕水器轮流共用，就存在被一个驱动装置操纵运动的问题。新阳公司自己承认换向作动筒本身是现有技术，显然本领域技术人员在上述问题的启示下能够想到将换向作动筒应用到这里来操纵活动隔离门。至于换向作动筒的固定，显然就近固定在干燥舱舱壁上是容易想到的方案之一。对于权利要求7中的水汽扑集器的材料为全不锈钢，由于不锈钢本身是一种公知的材料，因此本领域技术人员在实施该技术方案中很容易就能想到使用不锈钢。由此可见，权利要求7引用权利要求1的技术方案相对于附件1及公知技术，或者附件1、4和公知技术不具有创造性。

（4）关于权利要求4的创造性。

专利复审委员会认为，首先权利要求4中出现了维持阀Ⅰ（14）和维持阀Ⅱ（12），然而从说明书及附图中与此相对应的都是维持泵Ⅰ（14）和维持泵Ⅱ（12），因此本领域技术人员据此能够推定这里的维持阀Ⅰ（14）和维持阀Ⅱ（12）是一种明显的笔误，其应当是维持泵Ⅰ（14）和维持泵Ⅱ（12）。由此权利要求4中就由维持泵Ⅰ（14）、维持泵Ⅱ（12）和抽空泵Ⅰ（15）、抽空泵Ⅱ（13）构成了两套双泵系统。附件1图2中初期排气系统9和正常排气系统10与此相对应，然而从中并不能看出其采用的是由维持泵和抽空泵组成的双泵系统，并且其中也并未给出这方面的技术启示。冰山公司虽然还提交了附件5、6和7，但冰山公司使用附件5、6和7仅是用来证明真空调节阀和破空阀是公知技术，因此依据冰山公司所提交的上述证据还不能得出权利要求4显而易见或者不具有进步的结论，因此冰山公司主张权利要求4不具有创造性的理由不能成立。

根据以上理由，2006年10月26日，专利复审委作出第8932号无效宣告请求审查决定，宣告00210510.1号实用新型专利权的权利要求2、权利要求7引用权利要求1的技术方案以及权利要求8无效，在权利要求3、4以及权利要求7引用权利要求3的技术方案基础上维持该专利权继续有效。

冰山公司和新阳公司均不服，分别向一审法院提起行政诉讼。

本院认为：本案的争议焦点是专利复审委员会在作出8932号决定时，是否违反了法定程序、认定证据是否合法以及对本专利相关权利要求是否具有创造性的认定是否正确。

《专利法》第四十五条规定，自国务院专利行政部门公告授予专利权之日起，任何单位或者个人认为该专利权的授予不符合本法有关规定的，可以请求专利复审委员会宣告该专利权无效。本案中，冰山公司于2004年5月21日向专利复审委员会提出无效宣告请求，在专利复审委员会于2005年11月30日作出第7779号决定后，冰山公司于2006年2月28日再次依据新的证据和理由向专利复审委员会提出无效宣告请求，不违反《专利法》第四十五条的规定。专利复审委员会亦应当依法予以受理。新阳公司关于专利复审委员会受理冰山公司无效宣告请求实际上剥夺其法律赋予的救济权利的主张，缺乏法律依据。

根据《审查指南》第四部分第三章第4.3.1节规定，请求人在提出无效宣告请求之日起一个月后补充证据的，专利复审委员会一般不予考虑，但在口头审理辩论终结前提交技术词典、技术手册和教科书等所属技术领域中的公知常识性证据或者用于完善证据法定形式的公证书、原件等证据，并在该期限内结合该证据具体说明相关无效宣告理由的除外。本案中，冰山公司在2006年9月19日，即口头审理中，提交了《冷冻干燥技术》一书，由于该书系高等学校试用教材，用以证明真空调节阀属于公知技术，属于请求人提交的公知常识性证据。因此，冰山公司在口头审理中提交上述证据并未违反上述法律规定。

关于本专利权利要求是否具有创造性的问题，经审查，本院同意专利复审委员会和一审法院的认定，在此不再予以赘述。

综上，一审法院判决维持专利复审委员会作出的第8932号决定是正确的。

依据《中华人民共和国行政诉讼法》第六十一条第（一）项的规定，判决如下：

驳回上诉，维持一审判决。

二审案件受理费人民币100元，由上诉人沈阳航天新阳速冻设备制造有限公司负担（已交纳）。

本判决为终审判决。

审 判 长 景 滔
代理审判员 任全胜
代理审判员 朱海宏
二〇〇八年九月十九日
书 记 员 王 芳

010

爬升脚手架防坠装置的控制机构

无效宣告请求审查决定（第 8941 号）

决　定　号　第 8941 号
决　定　日　2006 年 11 月 28 日
发明创造名称　爬升脚手架防坠装置的控制机构
国 际 分 类 号　EO4G 3/00
无效宣告请求人　上海新易达建筑工程有限公司
专　利　权　人　北京星河模板脚手架工程有限公司
申　请　号　95224145.5
申　请　日　1995 年 11 月 9 日
授 权 公 告 日　1998 年 7 月 15 日
合 议 组 组 长　黄　颖
主　审　员　骆素芳
参　审　员　张　度

法 律 依 据　专利法第 26 条第 3 款，第 22 条第 3 款；专利法实施细则第 20 条第 1 款，第 21 条第 2 款

决 定 要 点

说明书应当对实用新型作出清楚、完整的说明，以所属技术领域的技术人员能够实现为准。所属技术领域的技术人员能够实现，是指所属技术领域的技术人员按照说明书记载的内容，就能够实现该实用新型的技术方案，解决其技术问题，并且产生预期的技术效果。

判断某一技术特征是否为必要技术特征，应当从所要解决的技术问题出发并考虑说明书描述的整体内容，如果根据说明书的描述并结合本领域的公知常识，本领域技术人员可以确定为解决上述问题所必须的某一技术特征必定存在于权利要求所限定的技术方案中，则即使该权利要求字面上未记载该特征，并不导致该权利要求缺少必要技术特征。

一、案由

本无效宣告请求涉及中华人民共和国国家知识产权局于 1998 年 7 月 15 日授权公告的名称为“爬升脚手架防坠装置的控制机构”的 95224145.5 号实用新型专利（下称本专利），其申请日为 1995 年 11 月 9 日，专利权人为北京星河模板脚手架工程有限公司。授权公告的权利要求为：

“一种爬升脚手架防坠装置的控制机构，其特征在于：拨叉一端固定在钢丝绳上，另一端与弹簧框活动连接，弹簧框套在提升杆上，内有内弹簧，内弹簧下端支撑在提升杆卡台上，弹簧框下有一外

弹簧支撑，提升杆上下有导向座，下端与制动圆柱相连。”

针对上述专利权，上海建材（集团）建筑发展有限公司（2004 年 12 月 1 日变更企业名称为：上海新易达建筑工程有限公司，下称请求人）于 2003 年 12 月 2 日向专利复审委员会提出无效宣告请求，理由是本专利的权利要求 1 不具备专利法第 22 条第 3 款规定的创造性。其提供的证据如下：

附件 1：由国家知识产权局专利检索咨询中心出具的编号为 G031486 的检索报告复印件；

附件 2：申请号为 85205402 的中国实用新型专利申请说明书的复印件，公开日为 1987 年 4 月 22 日（下称对比文件 1）；

附件 3：专利号为 93235702.4 的中国实用新型专利说明书的复印件，公开日为 1994 年 8 月 31 日（下称对比文件 2）；

附件 4：申请号为 90214293.3 的中国实用新型专利申请说明书的复印件，公开日为 1991 年 3 月 13 日（下称对比文件 3）。

经形式审查合格后，专利复审委员会受理了上述无效宣告请求，于 2003 年 12 月 23 日向双方当事人发出无效宣告请求受理通知书，并将上述专利权无效宣告请求书及其附件副本转送给专利权人，要求其在壹个月内陈述意见。

专利复审委员会于 2004 年 1 月 16 日收到请求人提交的意见陈述书，请求人认为，权利要求 1 相对于对比文件 1 与对比文件 2 的结合不具备专利法第 22 条第 3 款规定的创造性。

针对请求人的无效宣告请求，专利人于 2004 年 1 月 18 日提交了意见陈述书，专利权人认为权利要求 1 具备创造性，理由主要为：（1）权利要求与对比文件 1 有以下不同：①权利要求的特征在于“拨叉一端固定在钢丝绳上，另一端与弹簧活动连接”，是通过拨叉的转动获取信号的，对比文件 1 中的件（15）起到了与权利要求中的“拨叉”相类似的作用，但是它一端与钢丝绳连接，另一端是与传动钢丝绳固定连接的，件（15）与拨叉的连接方式不同；对比文件 1 中的安全装置（21）是插销结构，与拨叉的结构和功能都不同；②权利要求的特征还在于“弹簧框套在提升杆上，内有内弹簧，内弹簧下端支撑在提升杆卡台上，弹簧框下有一外弹簧支撑”，对比文件 1 中不存在弹簧框的结构，弹簧系统中两个弹簧分开设置，弹簧的功能与本实用新型中弹簧的功能不相同，对比文件 1 中件（27）起到提升杆的作用，但是两套弹簧并非套在件（27）上，其外部未设置弹簧框，也未设置卡台，两者明显不同。（2）权利要求与对比文件 2 有以下不同：权利要求的特征还在于“提升杆上下有导向座，下端与制动圆柱相连”，提升杆在内、外弹簧压力作用下沿上、下导向座作直线运动，从而带动圆柱上下动作，实现锁紧、解锁功能；对比文件 2 中安全杆（19）是爬架升降的导向装置，而非防坠装置；对比文件 2 的导轮座不具备导向作用，不是本专利中的导向座；对比文件 2 中的件（19）不是提升杆，因此，权利要求与对比文件 2 的结构特征明显不同；（3）本实用新型与对比文件 1 在钢丝绳断裂时的动作形式，防坠原理不同；（4）本实用新型与对比文件 1、对比文件 2 的发明目的不同；（5）本实用新型与对比文件 1、对比文件 2 的作用原理不同，本实用新型对于由于制动圆柱下移不够，影响脚手架正常工作时，拨叉仍能通过同样作用将制动圆柱调整到合适位置；对比文件 1 通过断绳安全保护装置，在钢丝绳发生断裂时，保证吊笼不坠落，在需要选停时，插入架提缀条；对比文件 2 的作用在于，导轮组件同导轨四点接触可防止支架内外倾斜。

合议组于 2004 年 4 月 23 日向双方当事人发出无效宣告请求口头审理通知书，定于 2004 年 6 月 16 日举行口头审理。同时将复审委员会于 2004 年 1 月 16 日收到的请求人提交的意见陈述书的副本随转专利权人，将专利权人于 2004 年 1 月 18 日提交的意见陈述书的副本随转请求人。

口头审理如期举行，双方当事人都参加了口头审理，对合议组成员没有回避请求，并对对方出庭人员的身份没有异议，合议组就本无效宣告请求案进行了调查，主要记录事项如下：

（1）专利权人对对比文件1、对比文件2、对比文件3能够作为证据使用无异议，对附件1是否能够作为证据使用有异议。

（2）请求人明确无效宣告请求的理由是：①专利法第22条第3款，请求人明确用对比文件1作为最接近的现有技术，和对比文件2结合评价本专利的创造性；②口审中请求人增加专利法第26条第3款作为无效理由。

（3）请求人应于口审之日起7日内提交本专利不符合专利法第26条第3款的规定的书面意见，专利权人可以在收到请求人口审后提交的书面意见后一个月内提交书面意见陈述。

请求人于2004年6月21日提交了意见陈述书，请求人认为本专利不符合专利法第26条第3款的规定，理由是：（1）本专利没有对“斜面-制动圆柱”防坠装置或“制动圆柱”进行描述，在不知晓“控制对象”的情况下，不能理解“控制装置”本身，本专利缺少必要技术特征，不完整；（2）说明书中关于拨叉的描述不清楚，体现在：①拨叉从支点到钢丝绳的距离决定了钢丝绳的行程，钢丝绳牵引负载的行程可能从几米到十几米，则需要一个几米到十几米长的拨叉，这是难以想象的；②关于拨叉如何与弹簧框“活动连接”不清楚，拨叉从水平位置转动的过程中，弹簧框（提升杆）会逐渐远离（或接近）拨叉的支点，这样提升杆与导向座发生干涉，卡在导向座中而无法工作；③“拨叉2一端与钢丝绳1固定”，当钢丝绳绷紧时，若钢丝绳直线运动，则拨叉跟着钢丝绳运动，这样不就拉坏了拨叉支点？若钢丝绳不再运动，则如何使架子升降？（3）本专利中未说明提升杆上下导向座安装在什么位置，与其他部件的相互关系如何；（4）关于控制装置与制动圆柱的连接关系及有关工作过程存在不清楚的问题；（5）关于控制装置在意外情况下控制“制动圆柱”制动的有关描述存在不清楚的问题；（6）说明书中“对于其他原因造成的制动圆柱下移不够，影响脚手架正常工作时，拨叉仍能通过同样作用，将制动圆柱调整到合适位置”，其中“制动圆柱下移不够”不清楚，拨叉如何调整制动圆柱到合适位置不清楚。

2004年6月24日，专利权人面取请求人与2004年6月21日提交的意见陈述书副本。

针对请求人的上述意见，专利权人于2004年7月26日提交了意见陈述书，专利权人认为本专利说明书清楚完整，理由主要为：（1）本专利保护的客体是爬升脚手架防坠装置的控制机构，而不是防坠装置本身，控制装置的部件及其连接关系是必要的，而作为控制对象“斜面-制动圆柱”防坠装置的结构及工作原理无须赘述，斜面制动是一般机械常识；（2）本专利的控制装置各个部件的结构关系及工作原理在说明书中已记载；（3）控制装置与“斜面-制动圆柱”防坠装置的连接关系记载在说明书第4段，控制装置对“斜面-制动圆柱”的控制过程记载在说明书第5段；（4）拨叉与钢丝绳的固定方式依钢丝绳的位置和运动方式的需要而定，说明书附图所示，拨叉套在钢丝绳上，当钢丝绳升降时，其总是固定在钢丝绳相对于支点的固定位置，如说明书附图所示，拨叉与弹簧框活动连接；（5）提升杆与上下导座间是相对静止的，上下导座可以固定在被制动体上也可以固定在制定体上，均不影响“斜面-制动圆柱”防坠装置的控制，当制动圆柱处于低位时防坠装置不起制动作用，这是机械常识；（6）“对于其他原因”是本专利要解决的重要问题，只要钢丝绳不受力，防坠装置就处于锁定状态，当再次爬升或下降时，钢丝绳逐渐受力，内弹簧始终给提升杆一压力，当钢丝绳完全受力，提升杆在内弹簧的压力下向下运动，从而控制制动装置调整至处于不起制动作用的状态；（7）有关爬升式脚手架的防坠装置的具体结构，以及“斜面-制动圆柱”防坠装置的结构、组成、动作及原理在ZL95219378.7中有详细记载。

2006年2月9日，专利复审委员会向双方当事人发出合议组成员告知通知书，将合议组成员的变更情况告知双方当事人。

合议组于2006年3月13日向双方当事人发出无效宣告请求口头审理通知书，定于2006年5月

11 日举行口头审理。同时将专利权人于 2004 年 7 月 26 日提交的意见陈述书共 6 页随转请求人。

口头审理如期举行，双方当事人均到庭参加口头审理，对合议组成员没有回避请求，并对对方出庭人员的身份没有异议，合议组就本无效宣告请求案进行了调查，主要记录事项如下：

（1）专利权人对附件 1、对比文件 1、2、3 的真实性没有异议。

（2）专利权人当庭提交证据 1（95219378.7 号中国实用新型专利说明书复印件），合议组当庭转给请求人，请求人对其真实性没有异议。

（3）合议组当庭告知，请求人当庭增加专利法实施细则第 20 条第 1 款、专利法实施细则第 21 条第 2 款的无效理由，合议组予以接受。

（4）请求人明确其无效理由为：①本专利不符合专利法第 26 条第 3 款的规定，具体理由为：a.“斜面—制动圆柱”防坠装置在说明书中未描述；b.“斜面—制动圆柱”防坠装置与控制机构的连接关系在申请文件中没有描述；c. 控制机构本身不清楚，体现在：拨叉与钢丝绳之间固定关系不清楚，以及没有记载拨叉的支点；②权利要求不符合专利法实施细则第 20 条第 1 款的规定，具体理由为：拨叉与钢丝绳之间固定关系不清楚；③权利要求不符合专利法实施细则第 21 条第 2 款的规定，没有记载拨叉的支点，不能实现发明目的；④权利要求分别相对于对比文件 1、2、3 不具备专利法第 22 条第 3 款规定的创造性，难以进行特征的直接对比。

（5）专利权人认为支点是可以没有的，在正常运行时，绷紧的钢丝绳给拨叉的一端一个逆时针的力，拨叉的另一端施加给弹簧框一个向下的力。

（6）专利权人应在自口审之日起 10 日内向合议组提交针对请求人当庭提出的新理由的意见陈述书。

专利权人于 2006 年 5 月 23 日提交了意见陈述书，针对上述请求人当庭提出的新的无效理由，专利权人陈述了以下意见：（1）技术特征“固定”表达准确、含义清楚，理由是：技术特征“固定”一词本身是清楚的，明确给出了拨叉与钢丝绳之间的连接关系和作用关系；说明书中在说明控制机构的工作机理时，也给出了拨叉与钢丝绳之间的固定关系。（2）在整个机构实现本实用新型的目的的过程中，并没有支点必然存在的问题；依据杠杆原理，支点能够起到改变力的方向或大小的作用，但是，就该机构结构、动作机理而言，无论是说明书的记载，还是客观技术事实，并不是说没有支点该机构就不能动作。专利权人同时还针对专利法第 26 条第 3 款和第 22 条第 3 款的理由陈述了意见。

至此，合议组认为，本案事实已经清楚，可以作出审查决定。

二、决定的理由

1. 关于决定的文本

专利权人未修改权利要求书，因此，本决定所依据的文本是本专利授权公告的权利要求、说明书第 1~2 页、附图第 1 页、说明书摘要和摘要附图。

2. 关于证据认定

对比文件 1、2、3 均为专利文献，其公开日早于本专利的申请日，与本专利技术领域相同，并且专利权人对其真实性无异议，合议组经审查认定对比文件 1、2、3 可以作为本案证据使用，其上记载的内容构成本专利的现有技术。

3. 关于专利法第 26 条第 3 款

专利法第 26 条第 3 款规定，说明书应当对实用新型作出清楚、完整的说明，以所属技术领域的技术人员能够实现为准。

审查指南第二部分第二章第 2.1.3 节规定：所属技术领域的技术人员能够实现，是指所属技术领域的技术人员按照说明书记载的内容，就能够实现该实用新型的技术方案，解决其技术问题，并且产生预期的技术效果。

请求人认为本专利不符合专利法第 26 条第 3 款的规定的具体理由为：a. “斜面—制动圆柱”防坠装置在说明书中未描述；b. “斜面—制动圆柱”防坠装置与控制机构的连接关系在申请文件中没有描述；c. 控制机构本身不清楚，体现在：拨叉与钢丝绳之间固定关系不清楚，以及没有记载拨叉的支点。

对于上述理由 a，本专利的主题是“一种爬升脚手架防坠装置的控制机构”，其本质在于“控制机构”，爬升脚手架防坠装置是本专利的控制机构的控制对象，是本专利的机构的“关联结构”。控制机构作为一个独立机构，说明书中描述了其具体的构造及其各零部件间的连接关系，也就是说，作为控制机构本身，说明书中已描述清楚并完整。作为关联机构的防坠装置并非本专利相对现有技术的改进之处，故不是构成本专利的控制机构的技术方案的组成部分，因此，说明书中是否公开了防坠装置的具体结构及其工作原理，并不影响本领域的技术人员实现本专利的控制机构。

对于上述理由 b，本专利说明书第 1 页第 4 段中描述了“提升杆上下有导向座 7，下端与制动圆柱 8 相连”，并且说明书附图中也可以看出提升杆 6 下端连接着制动圆柱 8，可见，说明书中已描述控制机构与防坠装置之间的连接关系。

对于上述理由 c，说明书第 1 页第 5 段中描述了本专利的控制机构的工作原理：在钢丝绳紧绷的状态下，固定在钢丝绳上的拨叉的一端受力，此力传递到拨叉的另一端并使连接在拨叉的另一端上的弹簧框向下移动，压缩内、外弹簧，进而下压提升杆；在钢丝绳不紧绷的状态下，固定在钢丝绳上的拨叉的一端不受力，外弹簧向上弹起，通过弹簧框的下框将提升杆卡台向上顶起。根据说明书中描述的上述工作原理以及公知的脚手架的工作原理，本领域的技术人员可以理解，当脚手架处于工作状态，钢丝绳牵引负载移动时，拨叉并不随着钢丝绳移动的方向移动，但拨叉并不离开钢丝绳而是始终连接在钢丝绳上。也就是说，本专利说明书中所描述的“拨叉 2 一端与钢丝绳 1 固定”是指拨叉 2 的一端不离开钢丝绳 1、始终与钢丝绳 1 连接；将钢丝绳 1 作为一个整体，拨叉 2 一端固定在钢丝绳 1 上，而不是指拨叉 2 的一端固定连接在钢丝绳 1 的某一特定的点上。可见，结合说明书中上下文的文字描述及本领域的公知常识并不影响本领域的技术人员对该技术特征的准确理解，因此，不属于不符合专利法第 26 条第 3 款规定的范畴。

在上述理由 c 中，请求人认为说明书中没有记载支点，但是从说明书附图中可以清楚地看到拨叉的支点。附图是说明书的一个组成部分，在判断说明书是否公开充分时，应当考虑说明书的全部内容，附图中直接显示的内容也是说明书公开的内容的一部分。

就本案而言，本专利的主题是“一种爬升脚手架防坠装置的控制机构”，其本质在于“控制机构”，其解决的技术问题及产生的技术效果为：提供一种控制机构，能够更有效可靠地控制“斜面—制动圆柱”防坠装置，使得爬升式脚手架更加安全。

说明书中给出了解决上述技术问题的技术手段：拨叉 2 一端与钢丝绳 1 固定，另一端与弹簧框 3 活动连接，弹簧框套在提升杆 6 上，内有内弹簧 4，内弹簧下端支撑在提升杆卡台 9 上，弹簧框下有一外弹簧 5 支撑，提升杆上下有导向座 7，下端与制动圆柱 8 相连。并给出了具体实施方式（参见说明书第 1 页第 5 段）以及说明书附图，按照说明书中公开的上述内容，本领域的技术人员能够实现本实用新型，获得本专利的控制机构，因此，本专利的说明书符合专利法第 26 条第 3 款的规定。

综上所述，请求人认为本专利说明书公开不充分的主张不能得到支持。

4. 关于专利法实施细则第 20 条第 1 款

专利法实施细则第 20 条第 1 款规定：权利要求书应当说明发明或者实用新型的技术特征，清楚、简要地表述请求保护的范围。

专利法第56条规定：发明或者实用新型专利权的保护范围以其权利要求的内容为准，说明书及附图可以用于解释权利要求。

请求人认为权利要求不符合专利法实施细则第20条第1款，具体理由是："拨叉2一端固定在钢丝绳1上"的固定关系不清楚。

在本案中，结合说明书中的描述及本领域的公知常识，本领域的技术人员能够准确地理解，权利要求中的技术特征"拨叉2一端固定在钢丝绳1上"的含义是：拨叉2的一端不离开钢丝绳1、始终与钢丝绳1接触；将钢丝绳1作为一个整体，拨叉2一端固定在钢丝绳1上，而不是固定连接在钢丝绳1的某一特定的点上。结合说明书中的描述及本领域的公知常识，包含上述技术特征的权利要求的保护范围能够得到足够清楚地限定，这种情况也是允许的，符合专利法实施细则第20条第1款的规定。

5. 关于专利法实施细则第21条第2款

专利法实施细则第21条第2款规定：独立权利要求应当从整体上反映发明或者实用新型的技术方案，记载解决技术问题的必要技术特征。

审查指南第二部分第二章第3.1.2节规定：判断某一技术特征是否为必要技术特征，应当从所要解决的技术问题出发并考虑说明书描述的整体内容，不应简单地将实施例中的技术特征直接认定为必要技术特征。

请求人认为权利要求不符合专利法实施细则第21条第2款的规定，具体理由是：权利要求中没有记载拨叉的支点，不能实现发明目的。

在本案中，权利要求所要解决的技术问题是：提供一种控制机构，能够更有效可靠地控制"斜面—制动圆柱"防坠装置，使得爬升式脚手架更加安全。

权利要求的技术方案为："一种爬升脚手架防坠装置的控制机构，其特征在于：拨叉一端固定在钢丝绳上，另一端与弹簧框活动连接，弹簧框套在提升杆上，内有内弹簧，内弹簧下端支撑在提升杆卡台上，弹簧框下有一外弹簧支撑，提升杆上下有导向座，下端与制动圆柱相连。"

根据说明书的记载，上述控制机构的工作原理为：在钢丝绳紧绷的状态下，固定在钢丝绳上的拨叉的一端受力，此力传递到拨叉的另一端并使连接在拨叉的另一端上的弹簧框向下移动，压缩内、外弹簧，进而下压提升杆；在钢丝绳不紧绷的状态下，固定在钢丝绳上的拨叉的一端不受力，外弹簧向上弹起，通过弹簧框的下框将提升杆卡台向上顶起。从上述记载可以看出，拨叉的作用是将固定在钢丝绳的一端的受力传递到连接着弹簧框的另一端并改变力的方向。

从说明书描述的整体内容可以看出，权利要求中的"拨叉"是利用杠杆原理进行工作的。杠杆原理是本领域技术人员所公知的物理原理，虽然权利要求中没有具体记载"支点"，但是本领域技术人员可以确定，在权利要求所限定的技术方案中必定存在一"支点"，用于配合"拨叉"以杠杆的方式工作。因此，本专利的权利要求构成了一个完整的技术方案，符合专利法实施细则第21条第2款的规定。

6. 关于专利法第22条第3款

专利法第22条第3款规定，创造性，是指同申请日以前已有的技术相比，该实用新型有实质性特点和进步。

对比文件1（参见对比文件1权利要求1、2、3，说明书第6页第3行-第7页第8行，图1-7）公开了一种带安全保护装置的附着式建筑龙门架，具有钢丝绳〔3〕；断绳自动的制动安全保护装置〔25〕是由吊笼〔13〕及其横梁〔20〕上的动滑轮架〔15〕、拉簧〔17〕、传动钢丝绳〔23〕、传动滑轮〔19〕、定位角钢〔18〕、传动螺栓〔26〕、拉板〔27〕、闸体架〔28〕、滑动拉杆〔29〕、拉杆螺栓

〔30〕、固定螺栓〔31〕、闸带体〔32〕、闸带〔33〕、长螺栓杆〔34〕、压簧〔35〕、压簧固定板〔36〕组成；强制插入式安全保护装置〔21〕是由通行门〔14〕、传动钢丝绳〔22〕、拉力弹簧〔24〕、安全杆组成。将本专利的权利要求与对比文件1比较，对比文件1中虽然也公开了动滑轮架〔15〕、拉簧〔17〕、拉力弹簧〔24〕、拉板〔27〕、闸体架〔28〕，但是它们连接关系及作用与本专利权利要求中的拨叉、弹簧框、内弹簧、外弹簧、卡台及提升杆之间的连接关系及作用并不相同，对比文件1中没有给出应用本专利权利要求中的结构及连接关系以获得本专利权利要求的控制机构的技术启示，并且本专利权利要求的技术方案具有有效可靠地控制“斜面—制动圆柱”防坠装置的技术效果，为本领域技术人员解决爬升脚手架防坠问题提供了另一种有效的解决方案，因此，本专利的权利要求相对于对比文件1具备专利法第22条第3款规定的创造性。

对比文件2（参见对比文件2权利要求1，说明书第3页第8行-第4页倒数第3行，图1-4）公开了一种导轨式自爬升脚手架，包括支架系统、悬吊装置、提升机构、导轨组件和导轮组件，导轨组件由挂座（2）、可调拉杆（3）、导轨（4）、限位锁（10）、提升座（5）组成，导轮组件由导轮座（21）、前导轮（17）、后导轮（18）、安全杆（19）、拉簧（22）、自锁簧片（23）、连架杆（20）组成，导轮座（21）呈凹型抓钩结构，前导轮（17）、后导轮（18）分别固定在导轮座（21）上，前导轮（17）带槽同导轨（4）侧沿相配合滚动，后导轮（18）呈圆柱形，在导轨（4）背板上滚动，连架杆（20）同支架系统连接，安全杆（19）一端同导轮座（21）铰接，并连接拉簧（22）。将本专利的权利要求与对比文件2比较，对比文件2中虽然也公开了导轮座（21）、前导轮（17）、后导轮（18）、安全杆（19）、拉簧（22）、自锁簧片（23），但是它们连接关系及作用与本专利权利要求中的拨叉、弹簧框、内弹簧、外弹簧、卡台及提升杆之间的连接关系及作用并不相同，对比文件2中没有给出应用本专利权利要求中的结构及连接关系以获得本专利权利要求的控制机构的技术启示，并且本专利权利要求的技术方案具有有效可靠地控制“斜面—制动圆柱”防坠装置的技术效果，为本领域技术人员解决爬升脚手架防坠问题提供了另一种有效的解决方案，因此，本专利的权利要求相对于对比文件2具备专利法第22条第3款规定的创造性。

对比文件3（参见对比文件3说明书第4页第2段，图1、2）公开了一种升降机自动防坠装置，当钢丝绳1被提起时，带动定位拉杆2和控制绳3上移，通过滑轮4后改变控制绳3的受力方向，使其成为水平运动，与控制绳3一端连接的弹簧拉杆5也同时水平运动，这时导向轴11、弹簧拉杆5、中间架7和舌杆8同时沿滑轨10水平移动，弹簧6被压缩，这时升降机带动吊笼处于正常工作状态；当钢丝绳1任何一处发生断绳时，吊笼9快速坠落，同时控制绳3不再受钢丝绳1的拉力，弹簧6将舌杆8、中间架7一起向外弹出，使舌杆8迅速担在井架的腹杆上，从而防止了吊笼的坠落。将本专利的权利要求与对比文件3比较，对比文件3中虽然也公开了控制绳3、滑轨10、弹簧拉杆5、弹簧6、中间架7和舌杆8，但是它们连接关系及作用与本专利权利要求中的拨叉、弹簧框、内弹簧、外弹簧、卡台及提升杆之间的连接关系及作用并不相同，对比文件3中没有给出应用本专利权利要求中的结构及连接关系以获得本专利权利要求的控制机构的技术启示，并且本专利权利要求的技术方案具有有效可靠地控制“斜面—制动圆柱”防坠装置的技术效果，为本领域技术人员解决爬升脚手架防坠问题提供了另一种有效的解决方案，因此，本专利的权利要求相对于对比文件3具备专利法第22条第3款规定的创造性。

综上所述，请求人的全部无效理由均不成立。

在此基础上，合议组作出如下审查决定。

三、决定

维持95224145.5号实用新型专利权有效。

当事人对本决定不服的，可以根据专利法第46条第2款的规定，自收到本决定之日起三个月内向北京第一中级人民法院起诉。根据该款的规定，一方当事人起诉后，另一方当事人应当作为第三人参加讼诉。

北京市第一中级人民法院
行政判决书

（2007）一中行初字第426号

原告：上海新易达建筑工程有限公司，住所地上海市大宁路660弄18号301-6

委托代理人：王昭林，男，北京邦信阳专利商标代理有限公司专利代理人

委托代理人：崔华，女，北京邦信阳专利商标代理有限公司专利代理人

被告：国家知识产权局专利复审委员会，住所地北京市海淀区北四环西路9号银谷大厦10~12层

法定代表人：廖涛，副主任

委托代理人：龙安，女，国家知识产权局专利复审委员会审查员

委托代理人：高雪，女，国家知识产权局专利复审委员会审查员

第三人：北京星河模板脚手架工程有限公司，住所地北京市昌平区城区镇创新路17号

法定代表人：杨有青，董事长

委托代理人：冯国明，男，北京星河模板脚手架工程有限公司工程师

委托代理人：刘芳，女，北京同立钧成知识产权代理有限公司专利代理人

原告上海新易达建筑工程有限公司不服专利无效宣告请求审查决定诉被告国家知识产权局专利复审委员会一案，于2007年3月13日向本院起诉。本院受理后，依法组成合议庭，并依法通知利害关系人北京星河模板脚手架工程有限公司作为本案第三人参加诉讼。2007年5月17日，本院依法公开开庭进行了审理，原告的委托代理人崔华，被告的委托代理人龙安、高雪，第三人的委托代理人冯国明、刘芳到庭参加了诉讼。现本案已审理终结。2004年12月12日，被告根据原告的无效宣告请求，对专利号为95224145.5，专利权人为第三人，名称为“爬升脚手架防坠装置的控制机构”的实用新型专利权（以下简称本专利）进行审查，依据《中华人民共和国专利法》（以下简称《专利法》）第二十六条第三款、第二十二条第三款，《中华人民共和国专利法实施细则》（以下简称《专利法实施细则》）第二十条第一款、第二十一条第二款的规定，作出第8941号无效宣告请求审查决定（以下简称被诉决定）：维持本专利权有效。理由如下：1. 本专利给出了解决的技术手段和具体的实施方式，以及说明书附图，本领域的技术人员按照说明书公开的内容，能够实现本专利，获得本专利的控制机构，因此本专利的说明书符合《专利法》第二十六条第三款的规定。2. 结合说明书中的描述及本领域的公知常识，本领域的技术人员能够准确地理解本专利权利要求中的技术特征“拨叉2一端固定在钢丝绳1上”的含义。结合说明书中的描述及本领域的公知常识，包含上述技术特征的权利要求的保护范围能够得到足够清楚地限定，这种情况也是允许的，符合《专利法实施细则》第二十条第一款的规定。3. 根据说明书的记载，可以看出其控制机构的拨叉的作用是将固定在钢丝绳的一端的受力传递到连接着弹簧框的另一端并改变力的方向。权利要求中的“拨叉”是利用杠杆原理进行工作的。杠杆原理是本领域技术人员所公知的物理原理，虽然权利要求中没有具体记载“支点”，但是本领域技术人员可以确定，在权利要求所限定的技术方案中必定存在一个“支点”，用于配合“拨

叉”以杠杆的方式工作。因此，本专利的权利要求构成了一个完整的技术方案，符合《专利法实施细则》第二十一条第二款的规定。4. 本专利所要解决的技术问题是：提供一种控制机构，能够更有效可靠地控制“斜面—制动圆柱”防坠装置，使得爬升式脚手架更加安全。将本专利的权利要求与对比文件1比较，对比文件1（即申请号为85205402的中国实用新型专利申请说明书的复印件，公开日为1987年4月22日）没有给出应用本专利权利要求中的结构及连接关系以获得本专利权利要求的控制机构的技术启示，并且本专利权利要求的技术方案具有有效可靠地控制“斜面—制动圆柱”防坠装置的技术效果，为本领域技术人员解决爬升脚手架防坠问题提供了另一种有效的解决方案，因此，本专利的权利要求相对于对比文件1具备《专利法》第二十二条第三款规定的创造性。将本专利的权利要求与对比文件2（即专利号为93235702.4的中国实用新型专利说明书的复印件，公开日为1994年8月31日）比较，对比文件2中没有给出应用本专利权利要求中的结构及连接关系以获得本专利权利要求的控制机构的技术启示，并且本专利权利要求的技术方案具有有效可靠地控制“斜面—制动圆柱”防坠装置的技术效果，为本领域技术人员解决爬升脚手架防坠问题提供了另一种有效的解决方案，因此，本专利的权利要求相对于对比文件2具备《专利法》第二十二条第三款规定的创造性。将本专利的权利要求与对比文件3（即申请号为90214293.3的中国实用新型专利申请说明书的复印件，公开日为1991年3月13日）比较，对比文件3没有给出应用本专利权利要求中的结构及连接关系以获得本专利权利要求的控制机构的技术启示，并且本专利权利要求的技术方案具有有效可靠地控制“斜面—制动圆柱”防坠装置的技术效果，为本领域技术人员解决爬升脚手架防坠问题提供了另一种有效的解决方案。因此，本专利的权利要求相对于对比文件3具备《专利法》第二十二条第三款规定的创造性。原告诉称：原告认为该决定书认定事实错误，适用法律错误，请求法院依法予以撤销。具体事实和理由如下：第一，被告对于本专利是否符合《专利法》第二十六条第三款要求的认定错误。原告认为，根据《专利法》第二十六条第三款的要求，说明书应当对实用新型作出清楚、完整的说明，并且需要达到使所属技术领域的技术人员能够实现的程度；并非被告所认为的在说明书和/或附图简单提及控制机构与防坠装置之间的连接关系即可；更何况被告并没有提出任何事实和理由证明，本领域技术人员根据本专利说明书和附图的记载就可以实现所述技术方案。被告对于控制装置本身的认定同样存在偏颇，尤其是对于说明书中所述的“拨叉2一端与钢丝绳固定”，没有任何依据地将其解释为：“当脚手架处于工作状态，钢丝绳牵引负载移动时，拨叉并不随着钢丝绳的方向移动，但拨叉并不离开钢丝绳而是始终连接在钢丝绳上。也就是说，本专利说明书中所描述的‘拨叉2一端与钢丝绳固定’是指拨叉2的一端不离开钢丝绳1、始终与钢丝绳1连接；将钢丝绳1作为一个整体，拨叉2一端固定在钢丝绳1，而不是指拨叉2的一端固定连接在钢丝绳的某一特定的点上”。即，将说明书中所述的“固定”解释成“不随着钢丝绳的方向移动”、“不离开”、“始终与钢丝绳1连接”、“不是固定连接在钢丝绳的某一特定的点上”。被告的上述解释充分说明，本专利中“拨叉2一端与钢丝绳固定”这一技术特征的实施是有特殊要求的，是不同于常规的两个部件之间的固定连接的。因为被告的上述解释在说明书中没有任何记载，也不能证明上述解释是本领域技术人员在阅读了说明书后，结合其所具备的常识必然能够得到的一种认识。因此，被告对于上述事实的认定是错误的。同样地，被告对于“支点”的认定亦存在问题。“支点”在本专利所述技术方案中起着非常关键的作用，通过“支点”的设置才能实现拨叉两端力的反向作用和放大作用，且“支点”的设置位置亦反映了该控制机构与其他部件或装置之间的位置关系和连接关系。本专利仅由附图可以看到有一支撑拨叉的支点，在说明书的文字部分没有任何相关记载；更有甚者，本案第三人在无效程序口头审理过程中及口审后的意见陈述中还在强调没有支点该控制机构照样能够动作。第三人的观点显然是错误的，因为没有支点就不可能实现拨叉两端力的反向和放大。在这种连专利权人自己都不清楚是否需要设置支点的情况下，本领域普通技术人员怎么可能清楚、完整地了解技术方案？因此，被告对于“支点”的认定是错误的。第二，被告对本专利是否符合《专利法实施细则》第二十条第一款要求的认定错误。原告认为，“固定”是常规意义上的固定连接，即，如商务印书馆出版的《现代汉语词典》第454页对于“固定”一词的解释“不变动或不移动”，可认为该技术特征是清楚的，但本专利所要求保护的技术方案不能实现，不能带来任何技术进步，因而不符合《专利法》第二十六条第三款的要求，同时也不满足《专利法》第二十二条第三款关于创造性的要求。由于说明书中并没有对于术语“固定”给出任何的限定和说明，因此，被诉决定对“固定”的解释没有依据，所以“拨叉一端固定在钢丝绳上”这一技术特征从整个技术方案的角度来理解是不清楚的，由不清楚的技术特征所构成的技术方案必然也是不清楚的。第三、对于本专利是否符合《专利法实施细则》第二十一条第二款要求的认定错误。被告在决定书中承认“拨叉的作用是将固定在钢丝绳一端的受力传递到连接着弹簧框的另一端并改变力的方向”。拨叉是利用杠杆原理进行工作的，那么就必然需要设置“支点”。如果本专利所述的控制机构不设置支点就不可能实现力的反向作用和放大作用，也就不可能解决本专利所述的技术问题。因此，支点是构成所述技术方案的必要技术特征之一，应当被记载在独立权利要求中。第四、被告对于本专利是否符合《专利法》第二十二条第三款要求的认定错误。根据本专利说明书、权利要求书和附图的记载，如果权利要求书中“拨叉一端固定在钢丝绳上”，这一技术特征是清楚的，所述“固定”是指常规意义上的固定连接，即“不变动或不移动”。根据说明书第1页第2段和第2页第2段的记载，本专利所述控制机构是用于控制高层建筑施工中使用的爬升脚手架，那么对于所述负载钢丝绳的工作距离必然会有比较高的要求，脚手架不可能仅在1米内或几米内升降。但是，由于“拨叉一端固定在钢丝绳上”，使得钢丝绳的升降距离受到了极大的限制，因此，本专利所述控制机构不可能有效控制脚手架的升降，不能实现其所述的发明目的，也未能带来任何技术进步。因此，本专利所要求保护的技术方案不能带来任何技术进步，因而不符合《专利法》第二十二条第三款关于创造性的要求。被告辩称：我委作出的被诉决定认定事实清楚，适用法律正确，审理程序合法，原告的诉讼理由不能成立，请求法院判决驳回原告的诉讼请求，维持被诉决定。具体理由如下：第一，关于涉案专利是否符合《专利法》第二十六条第三款要求的规定，有以下三点内容：首先，关于控制机构与防坠装置之间的连接关系，本领域的普通技术人员通过阅读本专利说明书，并结合本领域的公知技术，可以理解，本专利的“控制机构”是通过控制“制动圆柱”的上下移动来实现对防坠装置的控制，控制机构与防坠装置之间也正是经由“制动圆柱”连接的，本专利说明书第1页第4段以及说明书附图已经清楚描述了这种连接关系。因此，根据说明书中的记载并结合本领域的公知常识，本领域的普通技术人员能够将控制机构与防坠装置正确地连接，以实现控制机构对防坠装置的控制、实现本专利的技术方案。其次，关于说明书中所记载的“拨叉2一端与钢丝绳固定”，诚然，孤立地、分离地看“固定”一词，它具有“使不改变不移动”或“使处在特定位置，不能移动”的含义。但是，从说明书整体来看，并结合本领域的公知常识，本领域的普通技术人员能够理解，当脚手架处于工作状态，钢丝绳牵引负载移动时，作为控制机构的一部分的拨叉，感应钢丝绳的紧绷或者松弛的状态，它不会随着钢丝绳移动的方向移动，因此，上述的“拨叉2一端与钢丝绳1固定”是指拨叉2的一端不离开钢丝绳1、始终与钢丝绳1连接；将钢丝绳1作为一个整体，拨叉2一端固定在钢丝绳1上，而不是指拨叉2的一端固定连接在钢丝绳1的某一特定的点上。因此，结合说明书中上下文的文字描述及本领域的公知常识，本领域的技术人员能够准确地理解并实施本专利的技术方案。再次，关于“支点”，本专利说明书附图中可以清楚地看到拨叉的支点。附图是说明书的一个组成部分，在判断说明书是否公开充分时，应当考虑说明书的全部内容，附图中直接显示的内容也是说明书公开的内容的一部分，因此，本专利也不存在因没有记载“支点”而不完整、不符合《专利法》第二十六条第三款的缺陷。第二，关于涉案专利是否符合《专利法实施细则》第二十条第一款的规定。“拨叉 2 一端与钢丝绳固定”在说明书中是清楚的，基于与其相同的理由，上述技术特征在权利要求中也是清楚的。第三，关于涉案专利是否符合《专利法实施细则》第二十一条第二款的规定。杠杆原理是本领域技术人员所公知的物理原理，它必定包括一个“支点”。虽然该权利要求的字面上未记载该特征，但是本领域的技术人员可以确定，为解决本专利的技术问题，特征“支点”必定存在于权利要求所限定的技术方案中。因此，权利要求的字面上未记载“支点”，并不导致该权利要求存在缺少必要技术特征。第四、关于涉案专利是否符合《专利法》第二十二条第三款的规定的问题，我委坚持被诉决定中认定的理由，本专利的权利要求相对于对比文件 1、对比文件 2 或对比文件 3 具备创造性，符合《专利法》第二十二条第三款的规定。第三人未提交书面陈述意见，在开庭审理中，其表示同意被诉决定，不同意原告的诉讼请求。

在法定期限内，原告和第三人未提交证据，被告提交了如下证据，用以证明被诉决定合法：1. 本专利文件；2. 被诉决定中的发文页；3. 对比文件 1；4. 对比文件 2；5. 对比文件 3；6. 口审记录表。

在庭审质证中，原告、第三人对上述证据真实性、关联性没有争议。

经审查，本院认为上述证据能够作为本案的有效证据，本院予以确认。

根据有效证据，本院认定事实如下：

本专利的申请日为 1995 年 11 月 9 日，授权公告日为 1998 年 7 月 15 日，授权公告的权利要求内容如下：

“一种爬升脚手架防坠装置的控制机构，其特征在于：拨叉一端固定在钢丝绳上，另一端与弹簧框活动连接，弹簧框套在提升杆上，内有内弹簧，内弹簧下端支撑在提升杆卡台上，弹簧框下有一外弹簧支撑，提升杆上下有导向座，下端与制动圆柱相连。”

2003 年 12 月 2 日，上海建材（集团）建筑发展有限公司（于 2004 年 12 月 1 日变更企业名称为：上海新易达建筑工程有限公司）针对上述专利权向被告提出无效宣告请求，理由是本专利的权利要求 1 不具备《专利法》第二十二条第三款规定的创造性，其提供附件 1、附件 2、附件 3、附件 4 作为证据。

经形式审查合格，被告受理后将上述专利权无效宣告请求书及其附件副本转送给第三人，要求其在一个月内陈述意见。

2004 年 1 月 16 日，原告提出补充意见陈述书，原告认为，权利要求 1 相对于对比文件 1 与对比文件 2 的结合不具备《专利法》第二十二条第三款规定的创造性。

针对原告的无效宣告请求，第三人于 2004 年 1 月 18 日提交了意见陈述书，其认为权利要求 1 具备创造性，理由主要为：

1. 权利要求与对比文件 1 有以下不同：①权利要求的特征在于“拨叉一端固定在钢丝绳上，另一端与弹簧活动连接”，是通过拨叉的转动获取信号的，对比文件 1 中的件（15）起到了与权利要求中的“拨叉”相类似的作用，但是它一端与钢丝绳连接，另一端是与传动钢丝绳固定连接的，件（15）与拨叉的连接方式不同；对比文件 1 中的安全装置（21）是插销结构，与拨叉的结构和功能都不同；②权利要求的特征还在于“弹簧框套在提升杆上，内有内弹簧，内弹簧下端支撑在提升杆卡台上，弹簧框下有一外弹簧支撑”，对比文件 1 中不存在弹簧框的结构，弹簧系统中两个弹簧分开设置，弹簧的功能与本实用新型中弹簧的功能不相同，对比文件 1 中件（27）起到提升杆的作用，但是两套弹簧并非套在件（27）上，其外部未设置弹簧框，也未设置卡台，两者明显不同。

2. 权利要求与对比文件 2 有以下不同：权利要求的特征还在于“提升杆上下有导向座，下端与制动圆柱相连”，提升杆在内、外弹簧压力作用下沿上、下导向座作直线运动，从而带动圆柱上下动作，实现锁紧、解锁功能；对比文件 2 中安全杆（19）是爬架升降的导向装置，而非防坠装置；对比文件 2 的导轮座不具备导向作用，不是本专利中的导向座；对比文件 2 中的件（19）不是提升杆，因此，权利要求与对比文件 2 的结构特征明显不同。

3. 本实用新型与对比文件 1 在钢丝绳断裂时的动作形式，防坠原理不同。

4. 本实用新型与对比文件 1、对比文件 2 的发明目的不同。

5. 本实用新型与对比文件 1、对比文件 2 的作用原理不同，本实用新型对于由于制动圆柱下移不够，影响脚手架正常工作时，拨叉仍能通过同样作用将制动圆柱调整到合适位置；对比文件 1 通过断绳安全保护装置，在钢丝绳发生断裂时，保证吊笼不坠落，在需要选停时，插入架提缀条；对比文件 2 的作用在于，导轮组件同导轨四点接触可防止支架内外倾斜。

2004 年 4 月 23 日，被告向双方当事人发出无效宣告请求口头审理通知书，同时将其收到的原告、第三人提交的意见陈述书分别向对方转文。

2004 年 6 月 16 日，被告进行口头审理，原告和第三人均参加了口头审理。在口头审理中，原告和第三人的意见如下：

1. 第三人对对比文件 1、对比文件 2、对比文件 3 能够作为证据使用无异议，对附件 1 是否能够作为证据使用有异议。

2. 原告明确无效宣告请求的理由是：(1)《专利法》第二十二条第三款，原告明确用对比文件 1 作为最接近的现有技术，和对比文件 2 结合评价本专利的创造性；(2) 口审中原告增加《专利法》第二十六条第三款作为无效理由。

根据原告新增加的理由，被告通知原告应于口审之日起 7 日内提交本专利不符合《专利法》第二十六条第三款的规定的书面意见，第三人可以在收到原告口审后提交的书面意见后一个月内提交书面意见陈述。

2004 年 6 月 21 日，原告提交了意见陈述书，认为本专利不符合《专利法》第二十六条第三款的规定，理由是：

1. 本专利没有对“斜面-制动圆柱”防坠装置或“制动圆柱”进行描述，在不知晓“控制对象”的情况下，不能理解“控制装置”本身，本专利缺少必要技术特征，不完整；

2. 说明书中关于拨叉的描述不清楚，体现在：①拨叉从支点到钢丝绳的距离决定了钢丝绳的行程，钢丝绳牵引负载的行程可能从几米到十几米，则需要一个几米到十几米长的拨叉，这是难以想象的；②关于拨叉如何与弹簧框“活动连接”不清楚，拨叉从水平位置转动的过程中，弹簧框（提升杆）会逐渐远离（或接近）拨叉的支点，这样提升杆与导向座发生干涉，卡在导向座中而无法工作；③“拨叉 2 一端与钢丝绳 1 固定”，当钢丝绳绷紧时，若钢丝绳直线运动，则拨叉跟着钢丝绳运动，这样不就拉坏了拨叉支点？若钢丝绳不再运动，则如何使架子升降？

3. 本专利中未说明提升杆上下导向座安装在什么位置，与其他部件的相互关系如何；

4. 关于控制装置与制动圆柱的连接关系及有关工作过程存在不清楚的问题；

5. 关于控制装置在意外情况下控制“制动圆柱”制动的有关描述存在不清楚的问题；

6. 说明书中“对于其他原因造成的制动圆柱下移不够，影响脚手架正常工作时，拨叉仍能通过同样作用，将制动圆柱调整到合适位置”，其中“制动圆柱下移不够”不清楚，拨叉如何调整制动圆柱到合适位置不清楚。

2004 年 6 月 24 日，第三人收到原告的上述意见，后于 2004 年 7 月 26 日提交了意见陈述书，其认为本专利说明书清楚完整，理由主要为：

1. 本专利保护的客体是爬升脚手架防坠装置的控制机构，而不是防坠装置本身，控制装置的部件及其连接关系是必要的，而作为控制对象“斜面-制动圆柱”防坠装置的结构及工作原理无须赘述，斜面制动是一般机械常识；

2. 本专利的控制装置各个部件的结构关系及工作原理在说明书中已记载；

3. 控制装置与“斜面-制动圆柱”防坠装置的连接关系记载在说明书第4段，控制装置对“斜面-制动圆柱”的控制过程记载在说明书第5段；

4. 拨叉与钢丝绳的固定方式依钢丝绳的位置和运动方式的需要而定，说明书附图所示，拨叉套在钢丝绳上，当钢丝绳升降时，其总是固定在钢丝绳相对于支点的固定位置，如说明书附图所示，拨叉与弹簧框活动连接；

5. 提升杆与上下导座间是相对静止的，上下导座可以固定在被制动体上也可以固定在制定体上，均不影响“斜面—制动圆柱”防坠装置的控制，当制动圆柱处于低位时防坠装置不起制动作用，这是机械常识；

6. “对于其他原因”是本专利要解决的重要问题，只要钢丝绳不受力，防坠装置就处于锁定状态，当再次爬升或下降时，钢丝绳逐渐受力，内弹簧始终给提升杆一压力，当钢丝绳完全受力，提升杆在内弹簧的压力下向下运动，从而控制制动装置调整至处于不起制动作用的状态；

7. 有关爬升式脚手架的防坠装置的具体结构，以及“斜面—制动圆柱”防坠装置的结构、组成、动作及原理在ZL95219378.7中有详细记载。

2006年2月9日，被告变更合议组并将合议组成员的变更情况告知双方当事人，并将第三人于2004年7月26日提交的意见陈述书共6页随转原告。

2006年5月11日，被告进行口头审理。原告和第三人均到庭参加，其对变更后的合议组成员没有回避请求，并对对方出庭人员的身份没有异议。

在口头审理中，进行了如下工作：

1. 第三人对附件1、对比文件1、对比文件2、对比文件3的真实性没有异议。

2. 第三人当庭提交证据1（95219378.7号中国实用新型专利说明书复印件），合议组当庭转给原告，原告对其真实性没有异议。

3. 原告当庭增加本专利不符合《专利法实施细则》第二十条第一款、第二十一条第二款的无效理由，被告合议组予以接受。

4. 原告明确其无效理由为：

（1）本专利不符合《专利法》第二十六条第三款的规定，具体理由为：a. “斜面—制动圆柱”防坠装置在说明书中未描述；b. “斜面—制动圆柱”防坠装置与控制机构的连接关系在申请文件中没有描述；c. 控制机构本身不清楚，体现在：拨叉与钢丝绳之间固定关系不清楚，以及没有记载拨叉的支点；

（2）权利要求不符合《专利法实施细则》第二十条第一款的规定，具体理由为：拨叉与钢丝绳之间固定关系不清楚；

（3）权利要求不符合《专利法实施细则》第二十一条第二款的规定，没有记载拨叉的支点，不能实现发明目的；

（4）权利要求分别相对于对比文件1、对比文件2、对比文件3不具备《专利法》第二十二条第三款规定的创造性，难以进行特征的直接对比。

5. 第三人认为支点是可以没有的，在正常运行时，绷紧的钢丝绳给拨叉的一端一个逆时针的力，拨叉的另一端施加给弹簧框一个向下的力。

6. 第三人应在自口审之日起10日内向合议组提交针对原告当庭提出的新理由的意见陈述书。

2006年5月23日，第三人针对其当庭提出的新无效理由，提交了意见陈述书：

1. 技术特征“固定”表达准确、含义清楚，理由是：技术特征“固定”一词本身是清楚的，明确给出了拨叉与钢丝绳之间的连接关系和作用关系；说明书中在说明控制机构的工作机理时，也给出了拨叉与钢丝绳之间的固定关系。

2. 在整个机构实现本实用新型的目的的过程中，并没有支点必然存在的问题；依据杠杆原理，支点能够起到改变力的方向或大小的作用，但是，就该机构结构、动作机理而言，无论是说明书的记载，还是客观技术事实，并不是说没有支点该机构就不能动作。

同时，第三人还针对《专利法》第二十六条第三款和第二十二条第三款的理由陈述了意见。

经过审查，被告认为，对比文件1、对比文件2、对比文件3均为专利文献，其公开日早于本专利的申请日，与本专利技术领域相同，并且专利权人对其真实性无异议，合议组经审查认定对比文件1、对比文件2、对比文件3可以作为本案证据使用，其上记载的内容构成本专利的现有技术。

2006年11月28日，被告根据本专利授权公告的权利要求、说明书第1-2页、附图第1页、说明书摘要和摘要附图以及对比文件1、对比文件2和对比文件3作出被诉决定，于同年12月12日向原告和第三人邮寄送达。原告不服，在法定期限内，向本院起诉，请求撤销被诉决定。

在开庭审理中，原告和第三人对以下内容没有争议：1. 被告的审查职责和审查程序；2. 被诉决定中“案由”部分记载的内容；3. 被告认定的“对比文件1、对比文件2、对比文件3均为专利文献，其公开日早于本专利的申请日，与本专利技术领域相同，可以作为本案证据使用，其上记载的内容构成本专利的现有技术”的内容。

本院认为：根据当事人无争议的陈述，本院经书面审查，对上述无争议的内容予以确认。在此基础上，本院将围绕被诉决定维持本专利有效是否合法进行审查。

第一，关于说明书公开是否充分的问题，根据《专利法》第二十六条第三款规定，说明书应当对实用新型作出清楚、完整的说明，以所属技术领域的技术人员能够实现为准。

针对原告提出的认为本专利不符合《专利法》第二十六条第三款规定的a、b、c三点理由是否成立，应当根据《审查指南》第二部分第二章第2.1.3节规定的内容进行审查。

1. 针对原告的理由a，根据本专利说明书的记载，本专利的目的在于提供一种控制机构，能够更有效可靠地控制“斜面—制动圆柱”防坠装置，使得爬升式脚手架更加安全。可以认定本专利所要解决的技术问题是对“斜面—制动圆柱”防坠装置的控制机构，防坠装置是其中不可缺少的关联结构。因此，被告认定本专利的主题是“一种爬升脚手架防坠装置的控制机构”，其本质在于“控制机构”，爬升脚手架防坠装置是本专利的控制机构的控制对象，是本专利的机构的“关联结构”。据此，被告认定说明书是否公开了防坠装置的具体结构及其工作原理，并不影响本领域的技术人员实现本专利的控制机构的事实清楚。

2. 针对原告的理由b，由于在本专利说明书中记载了“提升杆上下有导向座7，下端与制动圆柱8相连”，并且在说明书附图中也可以看出提升杆6下端连接着制动圆柱8。据此，被告认定说明书中已描述控制机构与防坠装置之间的连接关系的事实清楚。

3. 针对原告的理由c，由于在本专利说明书中记载了本专利的控制机构的工作原理，即：在钢丝绳紧绷的状态下，固定在钢丝绳上的拨叉的一端受力，此力传递到拨叉的另一端并使连接在拨叉的另一端上的弹簧框向下移动，压缩内、外弹簧，进而下压提升杆；在钢丝绳不紧绷的状态下，固定在钢丝绳上的拨叉的一端不受力，外弹簧向上弹起，通过弹簧框的下框将提升杆卡台向上顶起。所以，可以认定被告认为上述工作原理以及公知的脚手架的工作原理，本领域的技术人员可以理解，当脚手架处于工作状态，钢丝绳牵引负载移动时，拨叉并不随着钢丝绳移动的方向移动，但拨叉并不离开钢丝绳，而是始终连接在钢丝绳上，以及从说明书附图中可以清楚地看到拨叉的支点的认定内容事实清楚。

综上，说明书中给出了解决上述技术问题的技术手段和具体的实施方式以及说明书附图。本领域的技术人员按照说明书中公开的上述内容，能够实现本实用新型，获得本专利的控制机构。因此，被告认为本专利的说明书符合《专利法》第二十六条第三款的证据充分，适用法律、法规及规章正确。

第二，关于本专利是否符合《专利法实施细则》第二十条第一款的规定的问题。

根据《审查指南》第二部分第二章第 3. 2. 2 节的规定，权利要求书的清楚包括每一项权利要求应当清楚、构成权利要求书的所有权利要求作为一个整体也应当清楚。

针对原告提出本专利中“拨叉 2 一端固定在钢丝绳 1 上”的固定关系不清楚的理由，被告依据《专利法》第五十六条的规定，根据说明书记载的内容以及说明书附图公开的内容，并结合本领域的公知常识，作出的以下结论合法：本领域的技术人员能够准确地理解权利要求中的技术特征“拨叉 2 一端固定在钢丝绳 1 上”的含义是：拨叉 2 的一端不离开钢丝绳 1、始终与钢丝绳 1 接触；将钢丝绳 1 作为一个整体，拨叉 2 一端固定在钢丝绳 1 上，而不是固定连接在钢丝绳 1 的某一特定的点上。因此，被告认定本专利权利要求的保护范围能够得到足够清楚地限定，符合《专利法实施细则》第二十条第一款规定的结论正确。

第三，关于独立权利要求是否具有必要技术特征的问题。

针对原告认为权利要求中没有记载“拨叉”的支点，不能实现发明目的主张，虽然原告在开庭审理中提出第三人在行政程序中都认可不存在“支点”，被告却认为有支点。为此，本院核实了原告和第三人在行政程序中的意见陈述书，可以认定被诉决定中对于第三人在行政程序中意见陈述内容真实。

在此基础上，被告根据本专利权利要求的内容以及说明书，认定该控制机构的“拨叉”的作用是将固定在钢丝绳的一端的受力传递到连接着弹簧框的另一端并改变力的方向。“拨叉”是利用杠杆原理进行工作的，而杠杆原理是本领域技术人员所公知的物理原理。在此基础上，被告认定虽然权利要求中没有具体记载“支点”，但是本领域技术人员可以确定，在权利要求所限定的技术方案中必定存在一“支点”，用于配合“拨叉”以杠杆的方式工作的内容符合《审查指南》第二部分第二章第 3. 1. 2 节规定的判断原则。因此，被告认为本专利权利要求构成了一个完整的技术方案，符合《专利法实施细则》第二十一条第二款的结论正确。

第四，关于本专利是否具有创造性的问题。

在评价专利的创造性方面，应根据《专利法》第二十二条第三款、《审查指南》中关于创造性的规定。基于原告对被诉决定对对比文件 1、对比文件 2 和对比文件 3 公开的内容没有异议，被告将本专利与对比文件 1、对比文件 2 和对比文件 3 相比，认定对比文件 1、对比文件 2 和对比文件 3 均没有给出“应用本专利权利要求中的结构及连接关系以获得本专利权利要求的控制机构的技术启示”的内容事实清楚。在此基础上，被告认定本专利权利要求的技术方案具有有效可靠地控制“斜面—制动圆柱”防坠装置的技术效果，为本领域技术人员解决爬升脚手架防坠问题提供了另一种有效的解决方案，从而认定本专利的权利要求相对于对比文件 1、对比文件 2 和对比文件 3 具备《专利法》第二十二条第三款规定的创造性的结论事实清楚。

综上所述，被诉决定的主要证据充分，适用法律正确，程序合法，本院应予维持。故，依照《中华人民共和国行政诉讼法》第五十四条第（一）项，判决如下：

维持国家知识产权局专利复审委员会于二〇〇六年十二月十二日作出的第 8941 号专利无效宣告

请求审查决定。

案件受理费 1000 元，由原告上海新易达建筑工程有限公司负担（已交纳）。

如不服本判决，当事人可在判决书送达之日起 15 日内，向本院递交上诉状，并按对方当事人的人数提出副本并预交上诉费，上诉于北京市高级人民法院。

审　判　长　饶亚东
代理审判员　贾志刚
代理审判员　陈　辉
二〇〇七年六月八日
书　记　员　蒋利玮

北京市高级人民法院
行政判决书

（2007）高行终字第 594 号

上诉人（一审原告）上海新易达建筑工程有限公司，住所地上海市大宁路 660 弄 18 号 301-6。

法定代表人黄中明，董事长。

委托代理人王昭林，男，北京邦信阳专利商标代理有限公司专利代理人。

委托代理人崔华，女，北京邦信阳专利商标代理有限公司专利代理人。

被上诉人（一审被告）国家知识产权局专利复审委员会，住所地北京市海淀区北四环西路 9 号银谷大厦 10～12 层。

法定代表人廖涛，副主任。

委托代理人骆素芬，国家知识产权局专利复审委员会审查员。委托代理人高雪，国家知识产权局专利复审委员会审查员。第三人北京星河模板脚手架工程有限公司，住所地北京市昌平区城区镇创新路 17 号。

法定代表人姜传库，董事长。

委托代理人冯国明，男，北京星河模板脚手架工程有限公司公司副总经理。

委托代理人刘芳，女，北京同立钧成知识产权代理有限公司专利代理人。

上诉人上海新易达建筑工程有限公司（以下简称新易达公司）因专利无效宣告请求审查决定，不服北京市第一中级人民法院（2007）一中行初字第 426 号行政判决，向本院提起上诉。本院依法组成合议庭，公开开庭审理了本案。上诉人新易达公司的委托代理人王昭林、崔华；被上诉人国家知识产权局专利复审委员会（以下简称专利复审委员会）的委托代理人骆素芬、高雪；被上诉人北京星河模板脚手架工程有限公司（以下简称星河公司）的委托代理人冯国明、刘芳到庭参加了诉讼。本案现已审理终结。

2006 年 11 月 28 日，专利复审委员会作出第 8941 号无效宣告请求审查决定（以下简称第 8941 号决定），维持 95224145. 5 号实用新型专利权（以下简称本专利）有效。新易达公司对第 8941 号决定不服，向一审法院提起行政诉讼。

一审法院经审理认为，专利复审委员会作出的第 8941 号决定，主要证据充分，适用法律正确，程序合法，遂依照《中华人民共和国行政诉讼法》第五十四条第（一）项的规定，判决维持了该决定。

新易达公司不服一审判决，提起上诉，请求判决撤销一审判决，撤销专利复审委员会作出的第8941号决定。主要理由是：专利复审委员会和一审法院对于本专利是否符合《专利法》第二十六条第三款要求认定错误；专利复审委员会和一审法院对于本专利是否符合《专利法实施细则》第二十条第一款的要求的认定是错误的；专利复审委员会和一审法院对于本专利是否符合《专利法实施细则》第二十一条第二款的要求的认定是错误的；专利复审委员会和一审法院对于本专利是否符合《专利法》第二十二条第三款的要求的认定是错误的。

专利复审委员会答辩称，专利复审委员会作出的第8941号决定认定事实清楚、适用法律正确、审理程序合法，上诉人的诉讼理由不能成立，故请求二审法院驳回上诉人上诉请求，维持专利复审委员会作出的8941号决定。

星河公司没有提交书面的答辩意见。

经审理查明，1995年11月9日，星河公司向国家知识产权局提出名称为“爬升脚手架防坠装置的控制机构”的实用新型专利申请。国家知识产权局经审查，授予了该申请实用新型专利权，专利权人为星河公司，专利号为95224145.5。本专利权利要求如下：

一种爬升脚手架防坠装置的控制机构，其特征在于：拨叉一端固定在钢丝绳上，另一端与弹簧框活动连接，弹簧框套在提升杆上，内有内弹簧，内弹簧下端支撑在提升杆卡台上，弹簧框下有一外弹簧支撑，提升杆上下有导向座，下端与制动圆柱相连。

上海建材（集团）建筑发展有限公司（2004年12月1日变更企业名称为：上海新易达建筑工程有限公司）于2003年12月2日向专利复审委员会提出了无效宣告请求，其理由是本专利权利要求不符合《专利法》第二十二条第三款的规定，并提交了如下附件：

附件1：由国家知识产权局专利检索咨询中心出具的编号为G031486的检索报告复印件；

附件2：申请号为85205402的中国实用新型专利申请说明书的复印件，公开日为1987年4月22日（以下简称对比文件1）；

附件3：专利号为93235702.4的中国实用新型专利说明书的复印件，公开日为1994年8月31日（以下简称对比文件2）；

附件4：申请号为90214293.3的中国实用新型专利申请说明书的复印件，公开日为1991年3月13日（以下简称对比文件3）。

经形式审查合格后，专利复审委员会受理了上述无效宣告请求。2004年6月16日，专利复审委员会举行口头审理。在口头审理中，新易达公司增加了本专利不符合《专利法》第二十六条第三款作为本专利无效的理由。2006年5月11日，专利复审委员会再次举行口头审理。新易达公司增加了本专利不符合《专利法实施细则》第二十条第一款、第二十一条第二款作为本专利无效的理由。

经过审理，专利复审委员会认为：

新易达公司认为本专利不符合《专利法》第二十六条第三款的规定的具体理由为：a.“斜面-制动圆柱”防坠装置在说明书中未描述；b.“斜面-制动圆柱”防坠装置与控制机构的连接关系在申请文件中没有描述；c.控制机构本身不清楚，体现在：拨叉与钢丝绳之间固定关系不清楚，以及没有记载拨叉的支点。

对于上述理由a，专利复审为认为，本专利的主题是“一种爬升脚手架防坠装置的控制机构”，控制机构作为一个独立机构，说明书中已描述清楚并完整。作为关联机构的防坠装置不构成本专利的控制机构的技术方案的组成部分，因此，说明书中是否公开了防坠装置的具体结构及其工作原理，并不影响本领域的技术人员实现本专利的控制机构。

对于上述理由 b，本专利说明书中描述了“提升杆上下有导向座 7，下端与制动圆柱 8 相连”，并且说明书附图中也可以看出提升杆 6 下端连接着制动圆柱 8，可见，说明书中已描述控制机构与防坠装置之间的连接关系。

对于上述理由 c，说明书中描述了本专利的控制机构的工作原理：在钢丝绳紧绷的状态下，固定在钢丝绳上的拨叉的一端受力，此力传递到拨叉的另一端并使连接在拨叉的另一端上的弹簧框向下移动，压缩内、外弹簧，进而下压提升杆；在钢丝绳不紧绷的状态下，固定在钢丝绳上的拨叉的一端不受力，外弹簧向上弹起，通过弹簧框的下框将提升杆卡台向上顶起。根据说明书中描述的上述工作原理以及公知的脚手架的工作原理，本专利说明书中所描述的“拨叉 2 一端与钢丝绳 1 固定”是指拨叉 2 的一端不离开钢丝绳 1、始终与钢丝绳 1 连接；将钢丝绳 1 作为一个整体，拨叉 2 一端固定在钢丝绳 1 上，而不是指拨叉 2 的一端固定连接在钢丝绳 1 的某一特定的点上。可见，结合说明书中上下文的文字描述及本领域的公知常识并不影响本领域的技术人员对该技术特征的准确理解。

在上述理由 c 中，请求人认为说明书中没有记载支点，但是从说明书附图中可以清楚地看到拨叉的支点。附图是说明书的一个组成部分，在判断说明书是否公开充分时，应当考虑说明书的全部内容，附图中直接显示的内容也是说明书公开的内容的一部分。

因此，本专利的说明书符合《专利法》第二十六条第三款的规定。新易达公司认为本专利说明书公开不充分的主张不能得到支持。

对于新易达公司提出的本专利权利要求“拨叉 2 一端固定在钢丝绳 1 上”的固定关系不清楚，不符合《专利法实施细则》第二十条第一款的理由，专利复审委员会认为，在本案中，结合说明书中的描述及本领域的公知常识，本领域的技术人员能够准确地理解，权利要求中的技术特征“拨叉 2 一端固定在钢丝绳 1 上”的含义是：拨叉 2 的一端不离开钢丝绳 1、始终与钢丝绳 1 接触；将钢丝绳 1 作为一个整体，拨叉 2 一端固定在钢丝绳 1 上，而不是固定连接在钢丝绳 1 的某一特定的点上。结合说明书中的描述及本领域的公知常识，包含上述技术特征的权利要求的保护范围能够得到足够清楚地限定，这种情况也是允许的，符合《专利法实施细则》第二十条第一款的规定。

对于新易达公司提出的本专利权利要求权利要求中没有记载拨叉的支点，不能实现发明目的，因此不符合《专利法实施细则》第二十一条第二款的理由，专利复审委员会认为，在本案中，权利要求所要解决的技术问题是：提供一种控制机构，能够更有效可靠地控制“斜面—制动圆柱”防坠装置，使得爬升式脚手架更加安全。

权利要求的技术方案为：“一种爬升脚手架防坠装置的控制机构，其特征在于：拨叉一端固定在钢丝绳上，另一端与弹簧框活动连接，弹簧框套在提升杆上，内有内弹簧，内弹簧下端支撑在提升杆卡台上，弹簧框下有一外弹簧支撑，提升杆上下有导向座，下端与制动圆柱相连。”

根据说明书的记载，上述控制机构的工作原理为：在钢丝绳紧绷的状态下，固定在钢丝绳上的拨叉的一端受力，此力传递到拨叉的另一端并使连接在拨叉的另一端上的弹簧框向下移动，压缩内、外弹簧，进而下压提升杆；在钢丝绳不紧绷的状态下，固定在钢丝绳上的拨叉的一端不受力，外弹簧向上弹起，通过弹簧框的下框将提升杆卡台向上顶起。从上述记载可以看出，拨叉的作用是将固定在钢丝绳的一端的受力传递到连接着弹簧框的另一端并改变力的方向。

从说明书描述的整体内容可以看出，权利要求中的“拨叉”是利用杠杆原理进行工作的。杠杆原理是本领域技术人员所公知的物理原理，虽然权利要求中没有具体记载“支点”，但是本领域技术人员可以确定，在权利要求所限定的技术方案中必定存在一“支点”，用于配合“拨叉”以杠杆的方式工作。因此，本专利的权利要求构成了一个完整的技术方案，符合专利法《专利法实施细则》第二十一条第二款的规定。

关于新易达公司提出的本专利权利要求不符合《专利法》第二十二条第三款的规定，不具有创造性的理由，专利复审委员会认为，本专利的权利要求相对于对比文件1、2、3具备《专利法》第二十二条第三款规定的创造性。

综上，专利复审委员会认为，新易达公司的全部无效理由均不成立。遂于2006年11月28日出维持本专利有效的第8941号决定。

新易达公司不服专利复审委员会作出的第8941号决定，向一审法院提起行政诉讼，请求撤销该决定。

本案一审期间，专利复审委员会向一审法院提交的证据有：1. 本专利文件；2. 第8941号决定中的发文页；3. 对比文件1；4. 对比文件2；5. 对比文件3；6. 口审记录表。

本案一审期间，新易达公司和星河公司未向法院提交证据。

上述证据已随案移送本院。经本院审查核实，一审法院对上述证据的关联性、合法性、真实性的审查、认定是正确的，本院不持异议，予以确认。

本院认为：根据《专利法实施细则》第六十四条的规定，请求宣告专利权无效或者部分无效的，应当向专利复审委员会具体说明无效宣告请求的理由。

本案中，新易达公司提出的无效理由包括本专利不符合《专利法》第二十六条第三款的规定、不符合《专利法实施细则》第二十条第一款、第二十一条第二款的规定和本专利不符合《专利法》第二十二条第三款的规定。

关于本专利是否符合《专利法》第二十六条第三款的规定的问题。新易达公司提出的具体理由是“斜面—制动圆柱”防坠装置在说明书中未描述，由于本专利的目的在于提供一种控制机构，能够更有效可靠地控制“斜面—制动圆柱”防坠装置。因此，本专利所要解决的技术问题的本质是一种控制机构。故，专利复审委员会认定说明书是否公开了防坠装置的具体结构及其工作原理，并不影响本领域的技术人员实现本专利的控制机构的事实是清楚的。

关于新易达公司提出的“斜面—制动圆柱”防坠装置与控制机构的连接关系在申请文件中没有描述的问题。由于在本专利说明书中记载了“提升杆上下有导向座7，下端与制动圆柱8相连”，并且在说明书附图中也可以看出提升杆6下端连接着制动圆柱8。因此，专利复审委员会认定说明书中已描述控制机构与防坠装置之间的连接关系的事实是清楚的。

关于新易达公司提出的控制机构本身不清楚，即拨叉与钢丝绳之间固定关系不清楚，以及没有记载拨叉的支点问题。由于在本专利说明书中记载了本专利的控制机构的工作原理，结合本专利工作原理以及公知的脚手架的工作原理，本领域的技术人员可以理解，当脚手架处于工作状态，钢丝绳牵引负载移动时，拨叉并不随着钢丝绳移动的方向移动，但拨叉并不离开钢丝绳而是始终连接在钢丝绳上，而且从说明书附图中可以清楚地看到拨叉的支点。

综上，说明书及附图中给出了解决有关技术问题的技术手段和具体的实施方式，本领域的技术人员按照说明书中公开的内容，能够实现本实用新型。因此，专利复审委员会认为本专利的说明书符合《专利法》第二十六条第三款的证据充分，适用法律正确。

关于本专利是否符合《专利法实施细则》第二十条第一款的规定的问题。新易达公司提出本专利中“拨叉2一端固定在钢丝绳1上”的固定关系不清楚，根据说明书记载的内容以及说明书及附图公开的内容，结合本领域的公知常识，本领域的技术人员能够准确地理解权利要求中的技术特征“拨叉2一端固定在钢丝绳1上”的含义是：拨叉2的一端不离开钢丝绳1、始终与钢丝绳1接触；将钢丝绳1作为一个整体，拨叉2一端固定在钢丝绳1上，而不是固定连接在钢丝绳1的某一特定的点上。因此，专利复审委员会认定本专利权利要求的保护范围能够得到足够清楚地限定，符合《细则》第二十条第一款规定是正确的。

关于本专利是否符合《专利法实施细则》第二十一条第二款的规定的问题。新易达公司认为权利要求中没有记载“拨叉”的支点，不能实现发明。根据本专利权利要求的内容以及说明书，认定该控制机构中的“拨叉”的作用是将固定在钢丝绳的一端的受力传递到连接着弹簧框的另一端并改变力的方向。“拨叉”是利用杠杆原理进行工作的，而杠杆原理是本领域技术人员所公知的物理原理。因此，专利复审委员会认为本专利权利要求构成了一个完整的技术方案，符合《专利法实施细则》第二十一条第二款的结论正确。

关于本专利是否符合《专利法》第二十二条第三款规定的问题。新易达公司在行政程序中向专利复审委员会提交了三份对比文件，即对比文件1、2和3。但是对比文件1、2和3均没有给出应用本专利权利要求中的结构及连接关系以获得本专利权利要求的控制机构的技术启示的内容。因此，专利复审委员会认定本专利权利要求的技术方案具有有效可靠地控制“斜面—制动圆柱”防坠装置的技术效果，为本领域技术人员解决爬升脚手架防坠问题提供了另一种有效的解决方案，从而认定本专利的权利要求相对于对比文件1、2和3具备《专利法》第二十二条第三款规定的创造性是正确的。

综上，专利复审委员会作出的第8941号决定认定的主要事实清楚，适用法律正确，审理程序合法；一审法院判决维持专利复审委员会作出的第8941号决定正确，审判程序合法。

依据《中华人民共和国行政诉讼法》第六十一条第（一）项的规定，判决如下：

驳回上诉，维持一审判决。二审案件受理费人民币100元，由上诉人上海新易达建筑工程有限公司负担（已交纳）。

本判决为终审判决。

审 判 长 景 滔
代理审判员 任全胜
代理审判员 朱海宏
二〇〇八年三月二十日
书 记 员 王 芳

011

多层次酸蚀工艺图案玻璃

无效宣告请求审查决定（第 8978 号）

决　　定　　号　第 8978 号
决　　定　　日　2006 年 12 月 11 日
发明创造名称　多层次酸蚀工艺图案玻璃
国 际 分 类 号　C03C 15/00
无效宣告请求人　洛阳大唐玻璃科技有限公司
专　利　权　人　郑州恒昊玻璃技术有限公司
专　　利　　号　200420010744.3
申　　请　　日　2004 年 4 月 29 日
授 权 公 告 日　2004 年 12 月 22 日
合 议 组 组 长　黄　颖
主　　审　　员　刘敏飞
参　　审　　员　刘　犟

法　律　依　据　专利法第 22 条第 2 款、第 3 款，专利法实施细则第 2 条第 2 款
决　定　要　点

如果一项对产品的构造进行改进的产品权利要求中包括工艺方法，但该工艺方法是现有技术中的已知方法，并且该权利要求中没有对该工艺方法本身提出技术方案，则该权利要求符合专利法实施细则第 2 条第 2 款的规定。

一、案由

本无效宣告请求涉及国家知识产权局于 2004 年 12 月 22 日授权公告的名称为“多层次酸蚀工艺图案玻璃”的实用新型专利权（下称本专利），其申请号是 200420010744.3，申请日为 2004 年 4 月 29 日，专利权人为郑州恒昊玻璃技术有限公司。本专利授权公告的权利要求书如下：

“1. 一种多层次酸蚀工艺图案玻璃，包括平板玻璃（1），其特征在于：在平板玻璃（1）的表面（2）上酸蚀有凹陷部分（3），在平板玻璃（1）的表面（2）上又酸蚀有低于凹陷部分（3）底面的凹陷部分（4）。

2. 根据权利要求 1 所述的一种多层次酸蚀工艺图案玻璃，其特征在于：平板玻璃（1）的表面（2）可以是平板玻璃的透明表面，凹陷部分（3）是蒙砂面经二次酸蚀抛光后的半透明蒙砂面，平板玻璃的透明表面和经两次酸蚀后的半透明蒙砂面构成透光立体图案玻璃，在透光立体图案玻璃上又酸蚀有低于凹陷部分（3）底面的凹陷部分（4），凹陷部分（4）是在该透光立体图案玻璃上酸蚀的凹

蒙图案，该凹蒙图案是具有冰花状的凹陷面。

3. 根据权利要求1所述的一种多层次酸蚀工艺图案玻璃，其特征在于：平板玻璃（1）的表面（2）还可以是对平板玻璃透明表面加工后得到的一层蒙砂面，凹陷部分（3）是将蒙砂面再经二次酸蚀后而形成的半朦胧半透明的深度蒙砂面（3），蒙砂面（2）和经二次酸蚀后的深度蒙砂面（3）构成亚光立体图案玻璃，在亚光立体图案玻璃上又酸蚀有低于凹陷部分（3）底面的凹陷部分（4），凹陷部分（4）是在该亚光立体图案玻璃上酸蚀的凹蒙图案，该凹蒙图案是具有冰花状的凹陷面。

4. 根据权利要求1所述的一种多层次酸蚀工艺图案玻璃，其特征在于：整个玻璃面由凹蒙面图案面部分（4）、透光立体图案面部分（2）、（3）或亚光立体图案面部分（2）、（3）组成。

5. 根据权利要求4所述的一种多层次酸蚀工艺图案玻璃，其特征在于：凹蒙图案面部分（4）可以设置在透光立体图案面部分（2）、（3）或亚光立体图案面部分（2）、（3）上。

6. 根据权利要求4所述的一种多层次酸蚀工艺图案玻璃，其特征在于：凹蒙图案面部分（4）也可以与透光立体图案面部分（2）、（3）或亚光立体图案面部分（2）、（3）不重叠布置。”

针对本专利，洛阳大唐玻璃科技有限公司（下称请求人）于2005年9月14日向专利复审委员会提出无效宣告请求，其理由是本专利权利要求1~6不符合专利法第22条第2款、第3款的规定，所提供的作为证据的附件如下：

附件1：2003年第1期的《玻璃艺术》封面及“装饰玻璃片的加工工艺”一文，共2页复印件；《玻璃化学蚀刻》封面、第28~35页，共9页复印件；

附件2：申请号为03119708.6的中国发明专利申请公开说明书，公开日为2003年8月13日；

附件3：申请号为02109830.1的中国发明专利申请公开说明书，公开日为2002年12月18日。

请求人认为：本专利权利要求1~3中记载的产品和生产方法，已经在本专利申请日前被他人（附件1）和专利权人自己所公开（附件2、3），因而使其丧失了新颖性和创造性。权利要求4~6的附加技术特征属于显而易见的要素变更或者惯常变换，而且也没有产生任何意外的或有益的作用效果，因而也不具有创造性。

经形式审查合格，专利复审委员会受理了上述请求，并于2006年3月21日向双方当事人发出《无效宣告请求受理通知书》，随同该通知书将请求人提交的《专利权无效宣告请求书》及其附件清单中所列附件副本转送给专利权人，并要求其在指定的期限内答复。

针对上述无效宣告请求，专利权人于2005年10月8日提交了意见陈述书，专利权人认为：请求人所提附件1、2与本专利系不同的发明创造，附件3与本案没有关系；并提出举行口头审理的请求。

请求人于2005年10月12日提交了意见陈述书，并提交如下附件作为补充证据：

附件4：2003年第2期的《玻璃艺术》封面、目录页、第8~13页，共8页复印件；

附件5：2003年第3期的《玻璃艺术》封面、目录页、第54~57页，共6页复印件；

附件6：申请号为90101645.4的中国发明专利申请公开说明书，公开日为1991年10月9日；

附件7：专利号为ZL96246860.6号中国实用新型专利说明书，授权公告日为1997年11月19日；

附件8：申请号为97108864.0的中国发明专利申请公开说明书，公开日为1998年10月7日；

附件9：新时代出版社于2000年8月第2次印刷的《玻璃表面装饰》封面、封面内页、版权页、第329~353页、358~370页，共23页复印件。

请求人认为：本专利不符合专利法第22条第2、3款的规定，也不符合专利法实施细则第2条第2款的规定。权利要求1、3不具备新颖性；对于权利要求4、5和6中涉及的其中没有透光立体图案部分的工艺图案玻璃，也不具备新颖性；由于权利要求1、3、4、5和6不具有新颖性，因此也不具有创造性；由于权利要求1、3、4、5和6与已知方案相比仅以与工艺方法有关的技术特征作为区别特征，因此不符合专利法实施细则第2条第2款的规定；权利要求2不具备创造性；权利要求4-6中，将其中的“亚光立体图案部分”更改成“透光立体图案部分”是显而易见的，因此不具备创造性。

专利复审委员会依法组成合议组，对上述无效宣告请求进行审查。

本案合议组于2006年3月23日向双方当事人发出口头审理通知书，定于2006年5月10日举行口头审理，同时将专利权人于2005年10月8日提交的意见陈述书副本转送给请求人；将请求人于2005年10月12日提交的意见陈述书及其附件清单中所列附件的副本转送专利权人。

口头审理如期举行，双方当事人均参加了口头审理。

在口头审理中，（1）请求人明确其无效的理由、证据和范围为：本专利不符合专利法第22条第2、3款的规定，也不符合专利法实施细则第2条第2款的规定。其中：权利要求1、3及权利要求4、5和6中包括“亚光立体图案面部分2、3”的技术方案不具有新颖性、创造性，并且不符合专利法实施细则第2条第2款的规定。权利要求2以及权利要求4、5、6中包括“透光立体图案面部分”的技术方案不符合专利法第22条第3款的规定。（2）请求人当庭提交了附件1、4、5、9的原件。专利权人经核实对附件1、4、5、9的真实性表示认可，对附件2、3、7、8的真实性表示认可，专利权人指出附件6是专利文献，其申请号有涂改痕迹，对附件6的真实性表示怀疑，但同意合议组代为核实附件6的真实性。（3）关于专利法第22条第2、3款，以及专利法实施细则第2条第2款。①请求人明确表示本专利权利要求1相对于附件1第28页左下角的图、或者第29、31页中的各附图不具备新颖性、创造性；本专利权利要求3相对于附件1第28页左下角中的附图和附件9的结合，从而不具备新颖性、创造性；附件1中第28页中左下角的附图中，树叶是凹陷，树干的凹陷比树叶更低；本专利权利要求4中的技术方案之一“整个玻璃面由凹蒙面图案面部分（4）、亚光立体图案面部分（2）、（3）组成。”相对于附件1第28页左下角中的附图不具有新颖性、创造性；本专利权利要求5、6引用权利要求4的技术方案之一“整个玻璃面由凹蒙面图案面部分(4)、亚光立体图案面部分（2）、（3）组成”相对于附件1第28页左下角的附图不具有新颖性、创造性；同时由于本专利权利要求1、3及权利要求4、5和6中的上述技术方案对现有技术作出贡献的部分是工艺方法，因此不符合专利法实施细则第2条第2款的规定；附件1第28页的右上图可以破坏本专利权利要求2的创造性；本专利权利要求4中的另一技术方案以及本专利权利要求5、6引用权利要求4的另一技术方案相对于附件1第28页的右上图不具有创造性。专利权人认为：本专利权利要求1的主题为多层次玻璃而附件1是玻璃制品，从附件1中的附图及文字部分不能看出本专利中的“凹陷部分（4）”，因此本专利权利要求1相对于附件1具有新颖性。②请求人认为附件7仅用来评价本专利权利要求1的创造性。③请求人明确使用附件1、7、9来评价本专利的新颖性和创造性，其他附件用作现有技术的参考。

2006年5月16日，专利权人主动提交了意见陈述书，认为权利要求1是保护有一定形状的产品，是形状构造及其结合的新的技术方案，符合专利法实施细则第2条第2款的规定，权利要求2~6是权利要求1的从属权利要求，因此也符合专利法实施细则第2条第2款的规定。附件1第28~35页仅描述了化学侵蚀机理，没有产品结构的描述，就是通过推测也有二种可能，一种可能是所有图案处于一个平面，另一种也可能图案处于二个平面上，推测也得不出唯一的结论，其给出的结构不确定，附件7压铸的图案高低是渐变的层数不确定的玻璃，从而权利要求1具备新颖性和创造性。由于权利要求1具备新颖性和创造性，所以权利要求2~6也具备新颖性和创造性。

本案合议组于2006年7月12日向请求人发出转送文件通知书，将专利权人于2006年5月16日提交的意见陈述书转送给请求人。

请求人于2006年8月7日提交了意见陈述书，指出专利权人2006年5月16日提交的意见陈述书不符合审查指南规定的程序，而且也违反合法原则和公正执法原则，该意见陈述书不应当被允许。

至此，合议组认为本案事实清楚，依法作出如下审查决定。

二、决定的理由

1. 关于证据

请求人明确表示使用附件 1、7、9 来评价本专利的新颖性和创造性，其他附件用作现有技术的参考。附件 1、7、9 为公开出版物，同时专利权人对附件 1、7、9 的真实性表示认可，因此合议组经审查认为附件 1、7、9 可以作为本案证据使用，并且附件 1、7、9 的公开日均早于本专利的申请日，所以上述附件可以作为本专利的现有技术使用。

2. 关于专利法实施细则第 2 条第 2 款

根据专利法实施细则第 2 条第 2 款的规定：专利法所称实用新型，是指对产品的形状、构造或者其结合所提出的适于实用的新的技术方案。

如果一项对产品的构造进行改进的产品权利要求中包括工艺方法，但该工艺方法是现有技术中的已知方法，并且该权利要求中没有对该工艺方法本身提出技术方案，则该权利要求符合专利法实施细则第 2 条第 2 款的规定。

请求人认为本专利权利要求 1、3 及权利要求 4、5 和 6 中的技术方案之一“整个玻璃面由凹蒙面图案面部分（4）、亚光立体图案面部分（2）（3）组成”对现有技术作出贡献的部分是工艺方法，有关的技术特征如“酸蚀工艺”、“对平板玻璃透明表面加工”、“将蒙砂面再经二次酸蚀”、“酸蚀”等，因此不符合专利法实施细则第 2 条第 2 款的规定。

合议组认为：本专利权利要求 1 请求保护一种多层次酸蚀工艺图案玻璃，在权利要求 1 中明确限定了该玻璃包括平板玻璃，平板玻璃的表面上有凹陷部分 3，以及低于凹陷部分 3 的凹陷部分 4，由此权利要求 1 限定了一种具有层次的玻璃，其是经过产业方法制造的，具有确定形状、构造且占据一定空间的产品，是对玻璃的构造进行的改进，虽然该权利要求 1 限定了通过酸蚀的方法形成具有层次的玻璃，但由于通过酸蚀的方法处理玻璃是现有技术中的已知方法，权利要求 1 未包含对该酸蚀方法本身提出改进的技术方案，因此权利要求 1 符合专利法实施细则第 2 条第 2 款的规定。

引用权利要求 1 的从属权利要求 3、4、5 和 6 分别对玻璃的构造进行了进一步限定，虽然上述权利要求中也是通过酸蚀的方法对玻璃进行处理，但均不是对酸蚀方法本身提出的技术方案，同理权利要求 3、4、5、6 也符合专利法实施细则第 2 条第 2 款的规定。

3. 关于新颖性和创造性

根据专利法第 22 条第 2 款的规定，新颖性，是指在申请日以前没有同样的实用新型在国内外出版物上公开发表过、在国内公开使用过或者以其他方式为公众所知，也没有同样的发明或者实用新型由他人向国务院专利行政部门提出过申请并且记载在申请日以后公布的专利申请文件中。

根据专利法第 22 条第 3 款的规定，创造性，是指同申请日以前已有的技术相比，该实用新型有实质性特点和进步。

（1）关于本专利权利要求 1。

请求人明确表示本专利权利要求 1 相对于附件 1 第 28 页左下角的图、或者第 29、31 页中的各附图不具备新颖性、创造性。

附件 1 公开了玻璃表面的化学抛光、蚀刻和蒙砂，其上明确记载了玻璃表面的化学抛光、蚀刻和蒙砂都是利用酸对玻璃表面的化学侵蚀作用，从描述玻璃表面化学侵蚀机理的第 28 页左下角的图中可以看出，在平板玻璃的表面上有圆形的树叶以及不规则的树干两种图案，树叶、树干以及平板玻璃三者的透明程度明显不同，并且树干在某些地方覆盖了树叶，由于上述图案是通过酸蚀过程形成，因此树叶的形成应当早于树干，树干和树叶是通过两次酸蚀过程形成的，树干和树叶应当不在同一平面上，并且树叶和树干均是通过酸蚀形成于平板玻璃上的图案，所以平板玻璃、树干、树叶三者应当位于不同的平面上，即该图案玻璃应当是平面玻璃上具有两个不同凹陷深度的凹陷，从而该玻璃具有高低不同的三个层次。

本专利权利要求 1 请求保护一种多层次酸蚀工艺图案玻璃，在平板玻璃的表面上酸蚀有凹陷部分（3），在平板玻璃的表面上又酸蚀有低于凹陷部分（3）底面的凹陷部分（4）。从而，权利要求 1 所限定的玻璃具有高低不同的三个层次。将附件 1 公开的工艺图案玻璃与权利要求 1 相比较，两者都是通过酸蚀工艺在玻璃上形成图案，并且都具有高低不同的三个层次，因此附件 1 公开了权利要求 1 的全部技术特征，两者的技术领域相同，解决了相同的技术问题，达到了相同的技术效果，所以权利要求 1 不具备新颖性，不符合专利法第 22 条第 2 款的规定。

专利权人认为，本专利权利要求 1 的主题为多层次玻璃而附件 1 是玻璃制品，从附件 1 中的附图及文字部分不能看出本专利中的“凹陷部分（4）”，因此本专利权利要求 1 相对于附件 1 具有新颖性。就此合议组认为，附件 1 与本专利均是涉及具有图案和层次的玻璃，两者的技术领域相同，并且如上所述，附件 1 公开了具有高低不同三个层次的玻璃，并公开了权利要求 1 的全部技术特征，因此专利权人关于权利要求 1 相对于附件 1 具有新颖性的主张，合议组不予支持。

（2）关于本专利权利要求 2。

请求人认为附件 1 第 28 页的右上图可以破坏本专利权利要求 2 的创造性。

从附件 1 第 28 页的右上图中可以看出，该平板玻璃上有树叶和树干两种图案，并且平板玻璃、树叶和树干之间的透明程度不同，但是无法从该图中得出该平板玻璃是透明玻璃、半透明玻璃还是蒙砂玻璃，并且在该附件 1 中也没有对该图进行文字描述。

权利要求 2 引用权利要求 1，其进一步限定了平板玻璃的表面是平板玻璃的透明表面，该玻璃为透光立体图案玻璃，其上还具有凹蒙图案。如上所述，由于既不能从附件 1 第 28 页的右上图中得出该平板玻璃的表面是平板玻璃的透明玻璃，又因在附件 1 中没有对该图进行文字描述，从附件 1 的文字描述部分也无法得出该平板玻璃的表面是平板玻璃的透明表面，进而仅从附件 1 中的图片不足以得出权利要求 2 中的玻璃为其上具有凹蒙图案的透光立体图案玻璃的技术方案，并且附件 1 中也没有给出得出上述技术方案的任何技术启示，因此请求人关于附件 1 破坏权利要求 2 的创造性的主张不成立。

（3）关于本专利权利要求 3。

请求人认为权利要求 3 相对于附件 1 第 28 页左下角中的附图和附件 9 的结合，不具备新颖性、创造性。

如上所述，从附件 1 第 28 页左下角的附图中可以看出，该平板玻璃具有树叶和树干两种图案，平板玻璃、树叶和树干之间的透明程度不同，具有高低不同的三个层次，但是无法从该图中得出该平板玻璃是透明玻璃、半透明玻璃还是蒙砂玻璃，并且在该附件 1 中也没有对该图进行文字描述。

权利要求 3 引用权利要求 1，其进一步限定了平板玻璃的表面是蒙砂面，该玻璃为亚光立体图案玻璃，其上还具有凹蒙图案。如上所述，由于既不能从附件 1 第 28 页左下角的图中得出该平板玻璃的表面是蒙砂面，又因在附件 1 中没有对该图进行文字描述，从而从附件 1 的文字描述部分也无法得出该平板玻璃的表面是蒙砂面，进而仅从附件 1 第 28 页左下角的图中不足以得出权利要求 3 中的玻璃为其上具有凹蒙图案的亚光立体图案玻璃的技术方案，因此附件 1 的第 28 页左下角的附图没有公开权利要求 3 的技术方案，请求人关于附件 1 破坏权利要求 3 的新颖性的主张不成立。并且附件 1 中也没有给出得出上述技术方案的技术启示，因此请求人关于附件 1 破坏权利要求 3 的创造性的主张也不成立。

附件 9 公开了玻璃表面化学侵蚀机理、化学抛光、化学蚀刻、化学蒙砂、含氟废气与含酸废水的处理、玻璃表面彩印、玻璃表面冰砂、玻璃表面冰花和玻璃表面堆花的工艺，但该附件 9 也没有公开权利要求 3 中的玻璃为其上具有凹蒙图案的亚光立体图案玻璃的技术方案，并且也没有给出得出该技术方案的任何技术启示，从而即使将附件 1 第 28 页左下角中的附图与附件 9 结合起来也不能得出权利要求 3 的技术方案，因此请求人关于附件 1 与附件 9 的结合破坏权利要求 3 的创造性的主张不成立。

（4）关于权利要求 4。

请求人认为权利要求 4 中的技术方案之一“整个玻璃面由凹蒙面图案面部分（4）、亚光立体图案面部分（2）、（3）组成。”相对于附件 1 第 28 页左下角中的附图不具有新颖性、创造性；本专利权利要求 4 中的另一技术方案以及本专利权利要求 5、6 引用权利要求 4 的另一技术方案相对于附件 1 第 28 页的右上图不具有创造性。

权利要求 4 包括两个技术方案，其中技术方案一为：在引用权利要求 1 的基础上进一步限定的附加技术特征为“整个玻璃面由凹蒙面图案面部分(4)、亚光立体图案面部分（2）、（3）组成”；技术方案二为：在引用权利要求 1 的基础上进一步限定的附加技术特征为“整个玻璃面由凹蒙面图案面部分（4）、透光立体图案面部分（2）、（3）组成”。

如上所述，由于不能从附件 1 第 28 页左下角的附图中得出该平板玻璃是透明玻璃、半透明玻璃还是蒙砂玻璃，并且在附件 1 中也没有对该图进行文字描述，从而仅从附件 1 第 28 页左下角的附图中不足以得出权利要求 4 中技术方案一的整个玻璃面由凹蒙面图案面部分、亚光立体图案面部分组成的技术方案，因此附件 1 的第 28 页左下角的附图没有公开权利要求 4 的技术方案一的技术方案，请求人关于附件 1 破坏权利要求 4 技术方案一的新颖性的主张不成立。并且附件 1 中也没有给出得出上述技术方案的技术启示，因此请求人关于附件 1 破坏权利要求 4 技术方案一的创造性的主张也不成立。

同样，由于不能从附件 1 第 28 页的右上图中得出该平板玻璃是透明玻璃、半透明玻璃还是蒙砂玻璃，并且在附件 1 中也没有对该图进行文字描述，从而仅从附件 1 第 28 页右上图中不足以得出权利要求 4 中技术方案二的整个玻璃面由凹蒙面图案面部分、透光立体图案面部分组成的技术方案，并且附件 1 中也没有给出得出上述技术方案的技术启示，因此请求人关于附件 1 破坏权利要求 4 技术方案二的创造性的主张也不成立。

（5）关于权利要求 5、6。

请求人认为权利要求 5、6 引用权利要求 4 的技术方案之一“整个玻璃面由凹蒙面图案面部分（4）、亚光立体图案面部分（2）、（3）组成”相对于附件 1 第 28 页左下角中的附图不具有新颖性、创造性；本专利权利要求 5、6 引用权利要求 4 的另一技术方案相对于附件 1 第 28 页的右上图不具有创造性。

如上所述，由于请求人关于附件 1 破坏权利要求 4 新颖性、创造性的主张均不成立，而权利要求 5、6 又分别对权利要求 4 进行了进一步限定，因此请求人关于附件 1 破坏权利要求 5、6 的新颖性、创造性的主张也不成立。

由于请求人明确附件 7 仅用来评述本专利权利要求 1 的创造性，而如上所述，权利要求 1 相对于附件 1 不具备新颖性，因此合议组对附件 7 不予评述。

综上所述，本专利权利要求 1、3、4、5、6 符合专利法实施细则第 2 条第 2 款的规定，本专利权利要求 1 不具备专利法第 22 条第 2 款规定的新颖性，权利要求 2 具备专利法第 22 条第 3 款规定的创造性，权利要求3、4、5、6具备专利法第22条第2、3款规定的新颖性和创造性。

在上述理由和事实的基础上，本案合议组作出如下审查决定。

三、决定

宣告200420010744.3号实用新型专利权的权利要求1无效，在权利要求2、3、4、5、6的基础上维持该专利权有效。

当事人对本决定不服的，可以根据专利法第46条第2款的规定，自收到本决定之日起三个月内向北京市第一中级人民法院起诉。根据该款的规定，一方当事人起诉后，另一方当事人应当作为第三人参加诉讼。

北京市第一中级人民法院
行政判决书

（2007）一中行初字第679号

原告：郑州恒昊玻璃技术有限公司，住所地郑州高新区梧桐街19号

委托代理人：冯月荣，女，郑州恒昊玻璃技术有限公司法律顾问

委托代理人：刘卫东，男，郑州恒昊玻璃技术有限公司法律顾问

被告：国家知识产权局专利复审委员会，住所地北京市海淀区北四环西路9号银谷大厦10~12层

法定代表人：廖涛，副主任

委托代理人：刘犟，女，国家知识产权局专利复审委员会审查员

委托代理人：张鹏，男，国家知识产权局专利复审委员会审查员

第三人：洛阳大唐玻璃科技有限公司，住所地河南省洛阳市洛龙工业区洛界高速公路白马寺出口

法定代表人：张中，董事长

委托代理人：杨涛渠，洛阳大唐玻璃科技有限公司法律顾问

原告郑州恒昊玻璃技术有限公司不服被告国家知识产权局专利复审委员会作出的第8978号无效宣告请求审查决定书（以下简称第8978号决定），于2007年3月22日向本院提起行政诉讼。本院受理后依法组成合议庭，并通知与本案有利害关系的洛阳大唐玻璃科技有限公司作为本案第三人，于2007年6月11日公开开庭审理了本案。原告的委托代理人冯月荣、刘卫东，被告的委托代理人刘犟、张鹏，第三人的委托代理人杨涛渠到庭参加了诉讼。本案现已审理终结。2006年12月25日，被告作出第8978号决定，宣告200420010744.3号实用新型专利（以下简称本专利）权的权利要求1无效，在权利要求2、3、4、5、6的基础上维持该专利权有效。主要理由为：本专利权利要求1请求保护一种多层次酸蚀工艺图案玻璃，在权利要求1中明确限定了该玻璃包括平板玻璃，平板玻璃的表面上有凹陷部分3，以及低于凹陷部分3的凹陷部分4，由此权利要求1限定了一种具有层次的玻璃，其是经过产业方法制造的，具有确定形状、构造且占据一定空间的产品，是对玻璃的构造进行的改进，虽然该权利要求1限定了通过酸蚀的方法形成具有层次的玻璃，但由于通过酸蚀的方法处理玻璃是现有技术中的已知方法，权利要求1未包含对该酸蚀方法本身提出改进的技术方案，因此权利要求1符合《中华人民共和国专利法实施细则》（以下简称《专利法实施细则》第二条第二款的规定。引用权利要求1的从属权利要求3、4、5和6分别对玻璃的构造进行了进一步限定，虽然上述权利要求中也是

通过酸蚀的方法对玻璃进行处理，但均不是对酸蚀方法本身提出的技术方案，同理权利要求 3、4、5、6 也符合《专利法实施细则》第二条第二款的规定。第三人提交的附件 1 公开了玻璃表面的化学抛光、蚀刻和蒙砂，其上明确记载了玻璃表面的化学抛光、蚀刻和蒙砂都是利用酸对玻璃表面的化学侵蚀作用，从描述玻璃表面化学侵蚀机理的第 28 页左下角的图中可以看出，在平板玻璃的表面上有圆形的树叶以及不规则的树干两种图案，树叶、树干以及平板玻璃三者的透明程度明显不同，并且树干在某些地方覆盖了树叶，由于上述图案是通过酸蚀过程形成，因此树叶的形成应当早于树干，树干和树叶是通过两次酸蚀过程形成的，树干和树叶应当不在同一平面上，并且树叶和树干均是通过酸蚀形成于平板玻璃上的图案，所以平板玻璃、树干、树叶三者应当位于不同的平面上，即该图案玻璃应当是平面玻璃上具有两个不同凹陷深度的凹陷，从而该玻璃具有高低不同的三个层次。而本专利权利要求 1 请求保护一种多层次酸蚀工艺图案玻璃，在平板玻璃的表面上酸蚀有凹陷部分（3），在平板玻璃的表面上又酸蚀有低于凹陷部分（3）底面的凹陷部分（4）。从而，权利要求 1 所限定的玻璃具有高低不同的三个层次。将附件 1 公开的工艺图案玻璃与权利要求 1 相比较，两者都是通过酸蚀工艺在玻璃上形成图案，并且都具有高低不同的三个层次，因此附件 1 公开了权利要求 1 的全部技术特征，两者的技术领域相同，解决了相同的技术问题，达到了相同的技术效果，所以权利要求 1 不具备新颖性，不符合《中华人民共和国专利法》（以下简称《专利法》）第二十二条第二款的规定。就权利要求 2 而言，由于既不能从附件 1 第 28 页的右上图中得出该平板玻璃的表面是平板玻璃的透明玻璃，又因在附件 1 中没有对该图进行文字描述，从附件 1 的文字描述部分也无法得出该平板玻璃的表面是平板玻璃的透明表面，进而仅从附件 1 中的图片不足以得出权利要求 2 中的玻璃为其上具有凹蒙图案的透光立体图案玻璃的技术方案，并且附件 1 中也没有给出得出上述技术方案的任何技术启示，因此第三人关于附件 1 破坏权利要求 2 的创造性的主张不成立。就权利要求 3 而言，权利要求 3 引用权利要求 1，其进一步限定了平板玻璃的表面是蒙砂面，该玻璃为亚光立体图案玻璃，其上还具有凹蒙图案。由于既不能从附件 1 第 28 页左下角的图中得出该平板玻璃的表面是蒙砂面，又因在附件 1 中没有对该图进行文字描述，从而从附件 1 的文字描述部分也无法得出该平板玻璃的表面是蒙砂面，进而仅从附件 1 第 28 页左下角的图中不足以得出权利要求 3 中的玻璃为其上具有凹蒙图案的亚光立体图案玻璃的技术方案，因此附件 1 的第 28 页左下角的附图没有公开权利要求 3 的技术方案，第三人关于附件 1 破坏权利要求 3 的新颖性的主张不成立。并且附件 1 中也没有给出得出上述技术方案的技术启示，因此原告关于附件 1 破坏权利要求 3 的创造性的主张也不成立。附件 9 公开了玻璃表面化学侵蚀机理、化学抛光、化学蚀刻、化学蒙砂、含氟废气与含酸废水的处理、玻璃表面彩印、玻璃表面冰砂、玻璃表面冰花和玻璃表面堆花的工艺，但该附件 9 也没有公开权利要求 3 中的玻璃为其上具有凹蒙图案的亚光立体图案玻璃的技术方案，并且也没有给出得出该技术方案的任何技术启示，从而即使将附件 1 第 28 页左下角中的附图与附件 9 结合起来也不能得出权利要求 3 的技术方案，因此原告关于附件 1 与附件 9 的结合破坏权利要求 3 的创造性的主张不成立。就权利要求 4 而言，其包括两个技术方案，其中技术方案一为：在引用权利要求 1 的基础上进一步限定的附加技术特征为“整个玻璃面由凹蒙面图案面部分（4）、亚光立体图案面部分（2）、（3）组成”；技术方案二为：在引用权利要求 1 的基础上进一步限定的附加技术特征为“整个玻璃面由凹蒙面图案面部分（4）、透光立体图案面部分（2）、（3）组成”。如上所述，由于不能从附件 1 第 28 页左下角的附图中得出该平板玻璃是透明玻璃、半透明玻璃还是蒙砂玻璃，并且在附件 1 中也没有对该图进行文字描述，从而仅从附件 1 第 28 页左下角的附图中不足以得出权利要求 4 中技术方案一的整个玻璃面由凹蒙面图案面部分、亚光立体图案面部分组成的技术方案，因此附件 1 的第 28 页左下角的附图没有公开权利要求 4 的技术方案一的技术方案，第三人关于附件 1 破坏权利要求 4 技术方案一的新颖性的主张不成立。并且附件 1 中也没有给出得出上述技术方案的技术启示，因此第三人关于附件 1 破坏权利要求 4 技术方案一的创造性的主张也不成立。同理，第三人关于附件 1 破坏权利要求 4 技术方案二的创造性的主张也不成立。由于第三人关于附件 1 破坏权利要求 4 新颖性、创造性的主张均不成立，而权利要求 5、6 又分别对权利要求 4 进行了进一步限定，因此第三人关于附件 1 破坏权利要求 5、6 的新颖性、创造性的主张也不成立。因此，本专利权利要求 1、3、4、5、6 符合《专利法实施细则》第二条第二款的规定，本专利权利要求 1 不具备《专利法》第二十二条第二款规定的新颖性，权利要求 2 具备《专利法》第二十二条第三款规定的创造性，权利要求 3、4、5、6 具备《专利法》第二十二条第二、三款规定的新颖性和创造性。为证明其决定合法，被告在法定期限内向本院提交并经当庭质证的证据包括：1. 2003 年第 1 期的《玻璃艺术》封面及“装饰玻璃片的加工工艺”一文（即附件 1），《玻璃化学蚀刻》封面、第 28~35 页；2. 口审记录表。庭审时被告出示了证据 1 的原件。原告诉称，第 8978 号决定认定事实错误，请求法院撤销第 8978 号决定，并判决被告重新作出无效宣告请求审查决定。主要理由是：被告认定本专利权利要求 1 相对于附件 1 不具有新颖性错误。本专利权利要求 1 限定的是一种具有三个层次图案、且逐层向下的一种工艺图案玻璃，其层级具体、分明。附件 1 是一种印刷品，在第三人所述的第 28~31 页中，仅对化学酸蚀机理作了一些描述，并配有若干幅图，并没有说明附图中涉及的产品是具有三个层次的工艺图案玻璃。被告在第 8978 号决定中称“附件 1 第 28 页左下角的图中可以看出，树叶、树干以及平板玻璃三者的透明程度明显不同，并且树干在某些地方覆盖了树叶，由于上述图案是通过酸蚀形成的，树干和树叶应当不在同一平面上，并且树叶和树干均是……”。被告的上述论断完全是错误的推测，第 28 页的图片中仅可以看到黑白两种颜色，被告所说的透明程度的差异实际上是黑白颜色的深浅差异，而这种差异是不规则的，是印刷品固有的特点，而不可能是产品层次本身的反映，这是一个常识。图片中只能看到某些地方树干和树叶存在同一平面的交汇连接，而不是立体的覆盖。树干和树叶通过一次酸蚀形成的玻璃产品，其树干和树叶就是在一个平面上，而要想让树干和树叶位于不同的平面上，则树干和树叶需要两次酸蚀，而该页所有的文字都没有说明这款图片中的树干和树叶是分两次酸蚀形成的。附件 1 上所使用的玻璃产品图片都是“凹蒙”产品，而“凹蒙”产品仅仅是本专利产品的一个层次。被告的上述推测违反了《审查指南》第二部分第三章“对比文件”部分的规定，属于超越职权的行为。为支持其主张，原告在法定期限内向本院提交并经当庭质证的证据包括：1. 本专利公告文本；2. 申请号为 02109830.1 的中国发明专利申请公开说明书（即第三人向被告提交的附件 3）；3.《玻璃化学蚀刻》，即附件 1；4.“金星”玻璃宣传册和网上下载的“凹蒙梅花图”专利图；5. 三块玻璃样品及相应的宣传图片。被告辩称，其坚持第 8978 号决定中的认定。同时认为，第三人在行政程序的口头审理中提交了附件 1 的原件，从该原件中可以清楚的看出平面玻璃上的凹陷层次，因此本专利权利要求 1 相对于附件 1 不符合《专利法》第二十二条第二款的规定。故请求法院维持第 8978 号决定。第三人发表意见认为，其同意第 8978 号决定中的认定，认为该决定认定事实清楚，适用法律正确，审理程序合法，原告的起诉没有任何的法律依据，请求法院维持该决定。为证明其主张，其在法定期限内提交并经当庭质证的证据（分别对应在行政程序中向被告提交的附件 1、附件 2、附件 3、附件 4、附件 5、附件 6、附件 7、附件 8、附件 9）包括：1. 2003 年第 1 期的《玻璃艺术》封面及“装饰玻璃片的加工工艺”一文，《玻璃化学蚀刻》封面、第 28~35 页；2. 申请号为申请号为 03119708.6 的中国发明专利申请公开说明书，公开日为 2003 年 8 月 13 日；3. 申请号为 02109830.1 的中国发明专利申请公开说明书，公开日为 2002 年 12 月 18 日；4. 2003 年第 2 期的《玻璃艺术》封面、目录页、第 8~13 页，共 8 页复印件；5. 2003 年第 3 期的《玻璃艺术》封面、目录页、第 54~57 页、共 6 页；6. 申请号为 90101645.4 的中国发明专利申请公开说明书，公开日为 1991 年 10 月 9 日；7. 专利号为 ZL96246860.6 号中国实用新型专利说明书，授权公告日为1997年11月19日；8. 申请号为97108864.0的中国发明专利申请公开说明书，公开日为1998年10月7日；9. 新时代出版社于2000年8月第2次印刷的《玻璃表面装饰》封面、封面内页、版权页、第329~353页、358~370页，共23页。

针对被告提交证据的真实性、合法性和关联性，原告和第三人均表示无异议，原告不同意被告关于证据1的证明作用；针对原告提交的证据1、证据3的真实性、合法性和关联性，被告和第三人表示无异议，对于原告提交的证据2、证据4、证据5，被告和第三人认为与本案无关，且证据4和证据5原告在无效宣告请求审查程序中没有提交；针对第三人提交证据的真实性、合法性，被告和原告均表示无异议，原告不同意第三人关于上述证据的证明作用，被告认为除证据1外，其他证据均与本案没有关系。

针对上述证据，本院认为，被告以及第三人提交的证据，能够证明被告作出的第8978号决定的基本过程，真实合法，本院予以认证；原告提交的证据2与第三人提交的证据3相同，原告提交的证据3与被告提交的证据1相同，本院不再单独认证，原告提交的证据1能够证明本专利的基本情况，真实合法，本院予以采纳，原告提交的证据4和证据5，与本案缺乏关联性，且未在行政程序中提交，本院不予采纳。

在本院庭审中，原告和第三人对于第8978号决定中“案由”部分记载事实的真实性没有异议。

根据上述有效证据及各方当事人无争议的陈述，本院认定事实如下：

本专利的授权公告时间为2004年12月22日，其申请日为2004年4月29日，专利权人为原告。本专利授权公告的权利要求书如下：

“1. 一种多层次酸蚀工艺图案玻璃，包括平板玻璃（1），其特征在于：在平板玻璃（1）的表面（2）上酸蚀有凹陷部分（3），在平板玻璃（1）的表面（2）上又酸蚀有低于凹陷部分（3）底面的凹陷部分（4）。

2. 根据权利要求1所述的一种多层次酸蚀工艺图案玻璃，其特征在于：平板玻璃（1）的表面（2）可以是平板玻璃的透明表面，凹陷部分（3）是蒙砂面经二次酸蚀抛光后的半透明蒙砂面，平板玻璃的透明表面和经两次酸蚀后的半透明蒙砂面构成透光立体图案玻璃，在透光立体图案玻璃上又酸蚀有低于凹陷部分（3）底面的凹陷部分（4），凹陷部分（4）是在该透光立体图案玻璃上酸蚀的凹蒙图案，该凹蒙图案是具有冰花状的凹陷面。

3. 根据权利要求1所述的一种多层次酸蚀工艺图案玻璃，其特征在于：平板玻璃（1）的表面（2）还可以是对平板玻璃透明表面加工后得到的一层蒙砂面，凹陷部分（3）是将蒙砂面再经二次酸蚀后而形成的半朦胧半透明的深度蒙砂面（3），蒙砂面（2）和经二次酸蚀后的深度蒙砂面（3）构成亚光立体图案玻璃，在亚光立体图案玻璃上又酸蚀有低于凹陷部分（3）底面的凹陷部分（4），凹陷部分（4）是在该亚光立体图案玻璃上酸蚀的凹蒙图案，该凹蒙图案是具有冰花状的凹陷面。

4. 根据权利要求1所述的一种多层次酸蚀工艺图案玻璃，其特征在于：整个玻璃面由凹蒙面图案面部分（4）、透光立体图案面部分（2）、（3）或亚光立体图案面部分（2）、（3）组成。

5. 根据权利要求4所述的一种多层次酸蚀工艺图案玻璃，其特征在于：凹蒙图案面部分（4）可以设置在透光立体图案面部分（2）、（3）或亚光立体图案面部分（2）、（3）上。

6. 根据权利要求4所述的一种多层次酸蚀工艺图案玻璃，其特征在于：凹蒙图案面部分（4）也可以与透光立体图案面部分（2）、（3）或亚光立体图案面部分（2）、（3）不重叠布置。”

针对本专利，第三人于2005年9月14日向被告提出无效宣告请求，其理由是本专利权利要求1~6不符合《专利法》第二十二条第二款、第三款的规定，并提供了其向本院提交的证据1、证据2、证据3作为附件。

第三人具体无效宣告请求理由是：本专利权利要求1～3中记载的产品和生产方法，已经在本专利申请日前被他人（附件1）和专利权人自己所公开（附件2、附件3），因而使其丧失了新颖性和创造性。权利要求4-6的附加技术特征属于显而易见的要素变更或者惯常变换，而且也没有产生任何意外的或有益的作用效果，因而也不具有创造性。

被告受理后进行了转文。2005年10月8日，原告向被告提交了意见陈述书。第三人于2005年10月12日提交了意见陈述书，并提交了其向本院提交的证据4、证据5、证据6、证据7、证据8、证据9作为附件。第三人认为，本专利不符合《专利法》第二十二条第二、三款的规定，也不符合《专利法实施细则》第二条第二款的规定。权利要求1、3不具备新颖性；对于权利要求4、5和6中涉及的其中没有透光立体图案部分的工艺图案玻璃，也不具备新颖性；由于权利要求1、3、4、5和6不具有新颖性，因此也不具有创造性；由于权利要求1、3、4、5和6与已知方案相比仅以与工艺方法有关的技术特征作为区别特征，因此不符合《专利法实施细则》第二条第二款的规定；权利要求2不具备创造性；权利要求4～6中，将其中的"亚光立体图案部分"更改成"透光立体图案部分"是显而易见的，因此不具备创造性。

被告进行了转文并于2006年5月10日进行了口审。原告和第三人均出席了口审。口审中第三人明确其无效宣告请求范围为：本专利不符合《专利法》第二十二条第二、三款的规定，也不符合《专利法实施细则》第二条第二款的规定。其中：权利要求1、3及权利要求4、5和6中包括"亚光立体图案面部分2、3"的技术方案不具有新颖性、创造性，并且不符合《专利法实施细则》第二条第二款的规定。权利要求2以及权利要求4、5、6中包括"透光立体图案面部分"的技术方案不符合《专利法》第二十二条第三款的规定。口审中第三人提交了附件1的原件，原告对其真实性没有异议。同时第三人进一步认为，本专利权利要求1相对于附件1第28页左下角的图、或者第29、31页中的各附图不具备新颖性、创造性。同时由于本专利权利要求1、3及权利要求4、5和6中的上述技术方案对现有技术作出贡献的部分是工艺方法，因此不符合《专利法实施细则》第二条第二款的规定。口审后原告提交了意见陈述。被告进行了转文。后被告作出第8978号决定，并于2006年12月25日送达给原告。

本院认为，鉴于第三人和原告针对被告对对比文件的确定、本专利符合《专利法实施细则》第二条第二款的规定以及本专利权利要求2～6在权利要求1不具备新颖性的前提下具有新颖性和创造性的评价没有异议，本院经审查亦同意被告的认定。因此本案的争议焦点在于，被告根据对比文件1认定本专利权利要求1不具有新颖性是否符合法律的规定。

根据《专利法》第二十二条第一款的规定，授予专利权的实用新型，应当具备新颖性的特征。根据该条第二款的规定，实用新型专利新颖性的具备必须符合在申请日前没有同样的实用新型在国内外出版物上公开发表过、在国内公开使用过或者以其他方式为公众所知的条件。参考《审查指南》第二部分第三章2.3节的规定，判断实用新型的新颖性时，可以引用对比文件中的附图，对于能够从附图中直接地、毫无疑义的确定的技术特征，则可以认定属于对比文件公开的内容。本专利权利要求1保护的是一种多层次酸蚀工艺图案玻璃，是对玻璃的构造进行的改进，特征在于其所限定的玻璃具有高低不同的三个层次。而对比文件1的第28～31页"（一）玻璃表面的化学抛光、蚀刻和蒙砂"部分公开了一种玻璃的蚀刻工艺，即用酸对玻璃表面进行侵蚀，呈现一定的花纹图案。从该文件第28页左下角的附图原件中可以看出，该图所显示的玻璃亦具有三个不同的凹陷层次，玻璃表面、枝干和叶片明显不在一个层面。因此被告在认定对比文件1公开了权利要求1的全部技术特征、两者的技术领域相同、解决了相同的技术问题、达到了相同的技术效果的基础上，认定权利要求1不具备新颖性符合《专利法》以及《审查指南》的上述规定。原告的诉讼理由缺乏事实和法律依据，其诉讼请求本院不予支持。

综上，依据中华人民共和国最高人民法院《关于执行〈中华人民共和国行政诉讼法〉若干问题的解释》第五十六条第（四）项之规定，判决如下：

驳回原告郑州恒昊玻璃技术有限公司的诉讼请求。

案件受理费100元，由原告郑州恒昊玻璃技术有限公司负担（已交纳）。

如不服本判决，可在判决书送达之日起15日内，向本院递交上诉状，并按对方当事人的人数提出副本，预交上诉案件受理费，上诉于北京市高级人民法院。上诉人在接到人民法院预交诉讼费用的通知后7日内未预交，又不提出缓交申请的，按自动撤回上诉处理。

审 判 长 吴 月
代理审判员 刘井玉
代理审判员 陈 辉
二〇〇七年七月三十日
书 记 员 赵 锋

012

注塑用热流道气动针阀式单喷嘴

无效宣告请求审查决定（第 9025 号）

决　定　号　第 9025 号
决　定　日　2006 年 12 月 5 日
发明创造名称　注塑用热流道气动针阀式单喷嘴
国 际 分 类 号　B29C 45/23
无效宣告请求人　魏　巍
专　利　权　人　上海克朗宁技术设备有限公司
专　利　号　03255689.6
申　请　日　2003 年 7 月 17 日
授 权 公 告 日　2004 年 9 月 8 日
合 议 组 组 长　石　竞
主　审　员　田　华
参　审　员　耿　博

法 律 依 据　专利法第 22 条第 3 款；专利法实施细则第 20 条第 1 款
决 定 要 点

权利要求所述技术方案与现有技术公开的技术方案之间存在区别技术特征，如果现有技术中给出该区别技术特征的技术启示，本领域技术人员将其应用到现有技术的技术方案中就可以得到权利要求所述技术方案，则该权利要求不具有创造性；如果现有技术没有给出任何技术启示，本领域技术人员需要付出创造性劳动才能得到所述技术方案，则该权利要求具有创造性。

一、案由

本无效宣告请求涉及国家知识产权局于 2004 年 9 月 8 日授权公告的 03255689.6 号实用新型专利权，名称为“注塑用热流道气动针阀式单喷嘴”，申请日为 2003 年 7 月 17 日，专利权人为上海克朗宁技术设备有限公司。授权公告的权利要求书如下：

“1. 一种注塑用热流道气动针阀式单喷嘴，包括：主体（1）、喷嘴（2）及气缸（3），其特征在于，主体（1）和喷嘴（2）穿过气缸（3）活塞的空心部分，喷嘴（2）阀针（10）跟活塞的横杆套接，主体（1）和喷嘴（2）通过销钉定位、螺钉紧固，气缸（3）上盖压住主体（1）上端的台阶面，气缸（3）下盖内部的台阶孔则顶住喷嘴（2）的喷嘴体（8）的帽沿边缘，从而把主体（1）和喷嘴（2）压在气缸（3）之内，定模板（15）和定位环（16）的螺钉连接则把整个阀式喷嘴压紧在模板孔中，同时下盖和喷嘴（2）、下盖和定模板（15）间均有止转销钉（13）。

2. 根据权利要求1所述的注塑用热流道气动针阀式单喷嘴，其特征是，主体（1）包括：流道主体（4）、主体加热圈（5）、主体热电偶（6）、流道密封圈（7），流道主体（4）上有两个台阶面，上端台阶面开有一小孔，主体热电偶（6）设置在其中，主体加热圈（5）紧箍在主体（1）的外壁，主体（1）上设有斜向流道和排气通道，斜向流道连接面设有流道密封圈（7），主体（1）底部中间部分开槽拉通，主体热电偶（5）置于主体（1）的安装孔中。

3. 根据权利要求1所述的注塑用热流道气动针阀式单喷嘴，其特征是，喷嘴（2）包括：喷嘴体（8）、喷嘴头（9）、阀针（10）、喷嘴加热圈（11）、喷嘴热电偶（12），喷嘴（2）上端开孔以穿过阀针（10）直通流道，上段阀针（10）的旁边也开有斜向流道和排气通道，排气通道末端位于阀针（10）和喷嘴体（8）的配合面上，喷嘴头（9）和喷嘴体（8）过盈配合，喷嘴头（8）的底端侧面进行封胶，喷嘴热电偶（12）置于喷嘴体（8）外表面的细长凹槽中，喷嘴加热圈（11）则包裹在喷嘴体（8）的外表面，并且喷嘴加热圈（11）的功率密度分布可布置，弹簧挡圈（14）卡在喷嘴体（8）的径向槽中固定喷嘴加热圈（11）。

4. 根据权利要求1所述的注塑用热流道气动针阀式单喷嘴，其特征是，主体（1）、喷嘴体（8）和阀针（10）位于一条轴线上，主体（1）和喷嘴体（8）内部有直径为3mm的排气通道。”

针对本专利权，魏巍（下称请求人）于2005年12月14日向专利复审委员会提出无效宣告请求，其理由是本专利权利要求1~4不具有创造性，不符合中国专利法第22条第3款的规定，同时权利要求1、2不符合专利法实施细则第20条第1款的规定。请求人同时提交了下列证据：

证据1：本专利公告文本；

证据2：中国专利CN1349880A，2002年5月22日公开；

证据3：美国专利US5375994A，1994年12月27日公开及相关部分的译文；

证据4：中国专利CN1353639A，2002年6月12日公开；

证据5：《机械设计》一书的封面、版权页、第62、63、110、111、123~126页复印件，共10页，西北工业大学机械原理及机械零件教研室编著，高等教育出版社2002年7月第3次印刷；

证据6：《液压传动与控制》一书的封面、版权页、第66~68页复印件，共5页，骆简文等编著，重庆大学出版社1996年8月第3次印刷；

证据7：《金属工艺学》（第三版）上册一书的封面、版权页及第77页第1~11行复印件，邓文英编著，高等教育出版社于1995年4月第7次印刷；

证据8：中国专利CN2379288Y，2000年5月24日公开。

请求人在无效宣告请求书中指出，权利要求1~4相对于证据2与证据3、证据4或公知技术的结合不具有创造性。同时，请求人认为，权利要求1中的“喷嘴（2）阀针（10）跟活塞的横杆套接”限定的范围不清楚，权利要求2中“流道主体（4）上有两个台阶面，上端台阶面开有一小孔，主体热电偶（6）设置在其中”限定的范围也不清楚。

经形式审查合格，专利复审委员会受理了上述请求，并于2005年12月15日将专利权无效宣告请求书及其他有关文件副本转送给了专利权人，要求其在指定的期限内答复。

专利权人在指定期限内未予答复。

2006年5月23日，专利复审委员会向双方当事人发出了口头审理通知书，定于2006年7月6日进行口头审理，

因工作原因，经双方当事人同意，口头审理延期至2006年7月20日，专利复审委员会于2006年6月30日向双方当事人发出变更后的口头审理通知书。

口头审理如期举行。专利权人未出席口头审理，请求人对变更后的合议组成员无回避请求。在口

审中，请求人明确其无效理由及范围是权利要求1~4不符合专利法第22条第3款的规定，权利要求1、2不符合专利法实施细则第20条第1款的规定，同时还补充权利要求1不符合专利法实施细则第20条第1款的理由还有活塞的位置不清楚。请求人当庭提交了证据5、证据6的原件，经合议组核对，原件与复印件一致，请求人明确放弃证据3、证据7。请求人明确评价本专利创造性最接近的对比文件为证据2，证据2、5、8相结合可以破坏权利要求1的创造性；以证据2、6、5、8相结合可以破坏权利要求2的创造性；证据2、4、6、5、8相结合可以破坏权利要求3的创造性；证据2、5、6、8相结合可以破坏权利要求4的创造性。

口头审理结束后，合议组于2006年7月24日向专利权人发出合议组成员变更告知通知书。合议组于2006年7月25日收到专利权人寄交的不参加口头审理通知书的回执，同日收到请求人寄交的口审提纲。

至此，合议组认为本案事实已经清楚，在此基础上做出如下结论。

二、决定的理由

1. 关于证据

证据2、4、8都是中国专利文献，其公开日均早于本专利的申请日，其上记载的内容已构成本专利的现有技术，可以用来评价本专利的创造性。

证据5、6均为公开出版物，经核实，合议组认可其真实性，二者的出版日期均早于本专利的申请日，可以作为本案的证据使用。

2. 关于专利法实施细则第20条第1款

专利法实施细则第20条第1款规定，权利要求书应当说明发明或者实用新型的技术特征，清楚、简要地表述请求保护的范围。

请求人认为权利要求1不符合专利法实施细则第20条第1款的规定，具体为：权利要求1中的“喷嘴（2）阀针（10）跟活塞的横杆套接”限定的范围不清楚，不知是喷嘴（2）、阀针（10）分别与横杆套接还是喷嘴（2）的阀针（10）与横杆套接？活塞的位置在何处也不清楚。

合议组认为，根据权利要求1中描述：“主体（1）和喷嘴（2）穿过气缸（3）活塞的空心部分，喷嘴（2）阀针（10）跟活塞的横杆套接”，本领域技术人员根据其具备的基本常识都知道活塞的位置应在气缸内，活塞的横杆应该与喷嘴上的阀针套接，这样活塞就可带动阀针上下运动。如果喷嘴、阀针分别与横杆套接的话，喷嘴、阀针同时上下运动则无法进行注塑。因此，权利要求1清楚地表述请求保护的范围，符合专利法实施细则第20条第1款的规定。

请求人认为权利要求2不符合专利法实施细则第20条第1款的规定，具体为：权利要求2中“流道主体（4）上有两个台阶面，上端台阶面开有一小孔，主体热电偶（6）设置在其中”，从说明书附图上看流道主体（4）并没有设置台阶面，也不应该将主体热电偶（6）设置在其中，而只能理解为在主体（1）上设置台阶面。

合议组认为，根据权利要求2中的描述以及说明书附图所示，本领域技术人员无法在流道主体（4）上设置两个台阶面，当然主体热电偶也无法设置其中，而参照说明书附图应是在主体（1）上设置台阶面。因此，权利要求2对台阶面的限定不清楚，未清楚地表述请求保护的范围，不符合专利法实施细则第20条第1款的规定。

3. 关于创造性

专利法第22条第3款规定的创造性是指：同申请日以前已有的技术相比，该发明具有突出的实质性特点和显著的进步，该实用新型有实质性特点和进步。

请求人认为，权利要求1不符合专利法第22条第3款的规定，具体为：对比文件1（证据2

CN1349880A，公开日 2002 年 5 月 22 日）公开了权利要求 1 中的大部分技术特征："一种注塑用热流道气动针阀式单喷嘴，包括主体、喷嘴及气缸，主体和喷嘴穿过气缸活塞的空心部分，喷嘴阀针跟活塞的横杆套接，气缸上盖压住主体上端的台阶面，气缸下盖内部的台阶孔则顶住喷嘴的喷嘴体的帽沿边缘，从而把主体和喷嘴压在气缸之内，"其区别技术特征仅在于："主体（1）和喷嘴（2）通过销钉定位、螺钉紧固，定模板和定位环的螺钉连接则把整个阀式喷嘴压紧在模板孔中，同时下盖和喷嘴、下盖和定模板间均有止转销钉。"而这些也已经被对比文件 2（证据 8）、证据 5 所公开。因此，权利要求 1 不具有创造性。

合议组认为：对比文件 1（证据 2 CN1349880A，公开日 2002 年 5 月 22 日）公开了一种在注塑模塑机中喷嘴的阀门装置（参见对比文件 1 说明书第 2 页第 25 行-第 3 页第 14 行，第 4 页第 7 行-第 5 页 16 行，附图 2、3），其中包括喷嘴 2，与喷嘴上端连接的连接件 19（相当于主体），一个垂直延伸的空心圆柱形外壳 9（相当于气缸），一个圆柱形活塞绕着连接件和喷嘴密封地配装在外壳中；活塞 3 还具有沿之境方向延伸的条状的阀销支持区 16，它具有一个中心阀销头的支持孔，阀销 4 垂直延伸通过确定在喷嘴 2 中的垂直注射通路，它在其头部与活塞 3 的中心阀销头支持孔相配合；连接件 19 上端固定到气缸顶板 10 的上端，连接件 19 的下端固定连接到喷嘴 2 的上端，喷嘴通过气缸底板 11 容纳在活塞 3 的圆柱形空间中，从而把连接件和喷嘴压在气缸之内。

对比文件 1 未公开权利要求 1 的以下技术特征：主体和喷嘴通过销钉定位、螺钉紧固，定模板和定位环的螺钉连接则把整个阀式喷嘴压紧在模板孔中，同时下盖和喷嘴、下盖和定模板间均有止转销钉。其解决的技术问题是为了将连接件、喷嘴紧固地连接在一起并将喷嘴固定。

对比文件 2（证据 8 CN2379288Y，公开日 2000 年 5 月 24 日）公开了一种阀针式热流道喷嘴装置（参见其说明书第 2 页第 1~3 行，附图 1），其中公开了整个喷嘴是装在型腔定模板和流道定模板之间，喷嘴与流道板是用螺钉定位，再通过定模板和流道板相夹并压紧喷嘴座，同样达到将喷嘴固定的技术效果。并且通过销钉定位、螺钉紧固是本领域的公知常识（参见证据 5《机械设计》一书的第 62~63、110~111 页）。

综上所述，由于对比文件 1、2 和本专利同属一个技术领域，本领域技术人员很容易将对比文件 2 的技术内容和公知常识应用到对比文件 1 中，从而得到权利要求 1 的技术方案，并且解决相同的技术问题、达到相同的技术效果，不具有实质性特点和进步，因此，权利要求 1 不具有专利法第 22 条第 3 款规定的创造性。

因权利要求 2 不符合专利法实施细则第 20 条第 1 款的规定，所以合议组对其是否具有创造性不予评述。

权利要求 3 是权利要求 1 的从属权利要求，对其附加技术特征，请求人认为，对比文件 1 公开了：喷嘴部分具有喷嘴 2、阀销 4、加热器 20（相当于喷嘴加热圈，有了加热设备，则必然要需要用于测温的设备喷嘴热电偶，是本领域的公知常识），喷嘴上端开孔以穿过阀销 4 直流通道，上段阀销 4 的旁边也开有树脂通道 7（相当于斜向流道）（参见说明书第 4 页第 26~27 行、第 5 页第 19~29 行、附图 2、3）；对比文件 3（证据 4 CN1353639A，公开日 2002 年 6 月 12 日）公开了：喷嘴是具有配合的喷嘴壳体 12（相当于喷嘴体）和喷嘴头 14（参见权利要求 8、说明书第 3 页第 18~19 行及附图 1）；证据 6 公开了在气缸上设置排气装置的技术手段（《液压传动与控制》一书的第 68 页）；证据 5 公开了各种胶接的技术手段及零件间采用过盈配合的技术手段（《机械设计》一书的第 123~125 页），所以，权利要求 3 与对比文件 1 结合对比文件 3 和公知技术相比没有产生任何实质性特点和进步，不具有创造性。

合议组认为，虽然如请求人所述权利要求 3 的有些技术特征已经被对比文件 1、对比文件 3 公开，有些是公知技术。但是，权利要求3附加技术特征中“喷嘴热电偶置于喷嘴体外表面的细长凹槽中，弹簧挡圈卡在喷嘴体的径向槽中固定喷嘴加热圈”，请求人并没有提供证据证明其是现有技术，而且请求人所称“凡是有加热设备，则必然要需要用于测温的设备喷嘴热电偶，是本领域的公知常识”，同样没有给出证据予以支持，并且现有技术中也未给出有关弹簧挡圈、喷嘴热电偶的任何技术启示。由此可见，权利要求3的附加技术特征并没有被全部公开，本领域技术人员也不能从现有技术中得到任何启示，因此，权利要求3相对于现有技术具有实质性特点和进步，具有专利法第22条第3款规定的创造性。

权利要求4是权利要求1的从属权利要求，对其附加技术特征请求人认为，在对比文件1公开的技术方案中连接体19，喷嘴2和阀销4也位于一条直线上，排气通道已经在证据6中公开属于现有技术，根据现有技术对排气通道的位置及尺寸进行设定，是所属领域的普通技术人员根据具体情况不需要创造性的劳动就能够实现的。在权利要求4中对排气通道位置和尺寸进行了限定，但并不能看出有任何特殊的效果，因此，权利要求4不具有创造性。

合议组认为，“主体和喷嘴体内部有直径为3mm的排气通道”这一特征在请求人提供的五份证据中均没有公开，也未给出任何技术启示。因此，权利要求4的附加技术特征并没有被全部公开，请求人提交的证据不足以证明该技术方案是本领域技术人员容易想到的，即不足以证明权利要求4不具有创造性。

综上所述，权利要求1不具有专利法第22条第3款规定的创造性，权利要求2不符合专利法实施细则第20条第1款的规定。

三、决定

宣告权利要求1、2无效，在授权公告的权利要求3~4的基础上，维持第03255689.6号实用新型专利权有效。

当事人对本决定不服的，可以根据专利法第46条第2款的规定，自收到本决定之日起三个月内向北京市第一中级人民法院起诉。根据该款的规定，一方当事人起诉后，另一方当事人应当作为第三人参加诉讼。

013

高压输电线路故障测试仪的采样电路

无效宣告请求审查决定（第9067号）

决　　定　　号 第9067号
决　　定　　日 2006年12月5日
发明创造名称 高压输电线路故障测试仪的采样电路
国 际 分 类 号 G01R 31/08，G01R 15/00
无效宣告请求人 吴宝新
专　利　权　人 徐梓樵
申　　请　　号 200420027338.8
申　　请　　日 2004年5月26日
授 权 公 告 日 2005年7月6日
合 议 组 组 长 石　竞
主　　审　　员 杨军艳
参　　审　　员 李　礼

法　律　依　据 专利法第22条第2款
决　定　要　点

如果本专利权利要求所限定的技术方案与对比文件公开的技术方案相同，并且两者属于相同的技术领域，那么本专利权利要求不具备新颖性。

一、案由

本无效宣告请求涉及中华人民共和国国家知识产权局于2005年7月6日授权公告的、名称为"高压输电线路故障测试仪的采样电路"的实用新型专利权（下称本专利），其专利号是200420027338.8，申请日是2004年5月26日，专利权人是徐梓樵。该专利授权公告时的权利要求书如下：

"1. 高压输电线路故障测试仪的采样电路，其特征：包括整流稳压电路、工作电源电路，大电流取样电路，识别电路，逻辑判断电路；二次绕组 L_1 经整流稳压电路后输出一路接工作电源电路，一路接大电流取样电路，大电流取样电路输出接逻辑判断电路；二次绕组 L_1 还接识别电路，识别电路输出接逻辑判断电路，逻辑判断电路输出送高频编码发射电路。

2. 根据权利要求1所述的高压输电线路故障测试仪的采样电路，其特征：其中，整流稳压电路包括二次绕组的线圈 L_1，二极管 D_1、D_2、C_1、C_2、C_3；工作电源电路包括 D_4、R_1、C_5 和 WZ_1；大电

流取样电路包括 D_3、C_4、C_6；逻辑判断电路包括与非门 IC_3、反向器 IC_4；识别电路包括 R_5、R_6、R_7、C_6、WZ_2 和反向器 IC_1、IC_2；具体电路连接：D_1（+）接 D_2（-）L_1、C_1 及 R_5，D_1 的（-）接 C_3（+）D_4（+）；D_2（+）接 C_2（-）接地；C_2（+）接 L_1、C_1 的另一端；D_4（-）接 R_1，R_1 的另一端接 R2，接 D_5 的（-）接 WZ_1（-）C_5（+），R2 的另一端接 R_4、D_5（+）D_6（-）C_6（-），R_4 的另一端、D_6（+）WZ_1（+）C_5（-）接地，C_5 输出作工作电压；D_3（-）接 R3、C_4（+）C_6（+），R3 的另一端、C_4（=）接地，C_6（-）接逻辑判断电路；R_5 的另一端接端接 IC1 的输入端、由 WZ_2、R_6 组成的交流滤波电路也接反向器 IC1 的输入端，IC_1 的输出接 D_7（+）D_7（-）接由 R_7、C_7 组成的充放电电路，接反向器 IC_2 的输入端，IC_2 的输出接逻辑判断电路与非门 IC_3 的输入端，IC_3 的输出接反向器 IC_4，IC_4 的输出接 D_8（+），D_8（-）接高频编码发射电路。"

针对本专利，吴宝新（下称请求人）于 2005 年 9 月 10 日向专利复审委员会提出无效宣告请求，其提交的附件如下：

附件 1：授权公告号为 CN2446525Y 的实用新型专利说明书全文，其授权公告日为 2001 年 9 月 5 日。

请求人认为：本专利权利要求 1 和 2 已经为附件 1 完全公开，因此不具备新颖性、创造性，不符合专利法第 22 条第 2、3 款的规定。

经形式审查合格，专利复审委员会依法受理了上述无效宣告请求，于 2005 年 12 月 1 日向双方当事人发出无效宣告请求受理通知书，并将请求人提交的无效宣告请求书及其附件清单中所列附件的副本转送给专利权人，同时要求其在规定的期限内陈述意见。

专利权人逾期未答复。

专利复审委员会针对该无效宣告请求案依法成立合议组，本案合议组于 2006 年 5 月 11 日向双方当事人发出无效宣告请求口头审理通知书，定于 2006 年 7 月 13 日举行口头审理。

口头审理如期举行，请求人参加了本次口头审理，专利权人未参加。

合议组当庭告知请求人合议组成员有变更，请求人对变更后的合议组成员无回避请求。

在口头审理中，请求人明确无效理由及范围为：本专利权利要求 1~2 相对于附件 1 不符合专利法第 22 条第 2、3 款关于新颖性、创造性的规定。

请求人认为：（1）本专利权利要求 1 与附件 1 所解决的问题相同，附件 1 是用具体的概念限定技术特征，而本专利权利要求 1 是使用一般的概念限定技术特征，附件 1 公开了本专利权利要求 1 的全部特征；（2）本专利权利要求 2 中识别电路所包含的电容 C_6 应为 C_7，附件 1 公开了本专利权利要求 2 所述的电路连接关系；（3）本专利权利要求 1、2 在不具有新颖性的基础上也不具备创造性。

合议组于 2006 年 7 月 14 日向专利权人发出合议组成员告知通知书。专利权人在指定的期限内未做答复。

至此，合议组认为本案事实已清楚，现依法作出审查决定。

二、决定的理由

1. 关于证据

请求人提交的附件 1 为中国专利文献，公开日期早于本专利的申请日，专利权人对其真实性未提出异议，合议组经审查认为附件 1 可以作为本案证据使用，其上记载的内容构成了本专利的现有技术。

2. 关于新颖性

专利法第 22 条第 2 款规定：新颖性，是指在申请日以前没有同样的发明或者实用新型在国内外出版物上公开发表过、在国内公开使用过或者以其他方式为公众所知，也没有同样的发明或者实用新型由他人向国务院专利行政部门提出过申请并且记载在申请日以后公布的专利申请文件中。

（1）关于本专利权利要求 1 的新颖性。

请求人认为本专利权利要求 1 与附件 1 所解决的问题相同，附件 1 公开了本专利权利要求 1 的全部特征，因此本专利权利要求 1 不具备新颖性，不符合专利法第 22 条第 2 款的规定。

经审查，附件 1 公开了一种高压输电线路无线电故障测试仪的采样电路，包括电源转化和导线电流跟踪电路、大电流冲击判断电路、保护动作和跳闸停电逻辑判断电路（见附件 1 说明书第 2 页第 4~5 行）。工作时，由二次绕组线圈 L_1 将高压输电线上的电流感应而产生感应电压，整流成直流电压，该电压的一路经滤波稳压形成工作电源 V_{CC}，另一路形成大电流冲击信号（见附件 1 说明书第 2 页第 12~15 行和附图）。电网工作正常时，C_6 负极电压低于 IC_3 一个输入端的门电压；同时 IC_1 输出端为高电平，IC_2 输出端为低电平，再经 IC_3 和 IC_4，使 IC_4 输出端为低电平，不能触发高频编码发射电路 PZ（见附件 1 说明书第 2 页第 16 行和第 20~21 行）。当电网发生短路故障时，C_6 负极输出一个高电平，打开 IC_3 的一个输入端；同时 IC_1 输出端变为低电平，IC_2 输出端变为高电平，与 IC_2 输出端连接的 IC_3 的另一个输入端也变为高电平，由于 IC_3 的两个输入端在此时均为高电平，其输出端由高电平变为低电平，使 IC_4 输出端变为高电平，触发后级的高频编码发射电路 PZ 而发出代表所在位置等信息编码的无线电信号（见附件 1 说明书第 2 页第 16~18 行和第 2 页第 23 行至第 3 页第 1 行）。

将本专利权利要求 1 与附件 1 进行对比可知，两者都是高压输电线路故障测试仪的采样电路。附件 1 中由二次绕组线圈 L_1 将高压输电线上的电流感应而产生感应电压，经整流成直流电压（见附件 1 说明书第 2 页第 12~14 行），说明该采样电路中包括整流稳压电路；整流后直流电压的一路被滤波稳压形成工作电源 V_{CC}（见附件 1 说明书第 2 页第 14~15 行），说明该采样电路中包括工作电源电路；整流后直流电压的另一路形成大电流冲击信号，当电网发生短路故障而产生大电流时，能够输出一个电压大于 IC_3 门电压的直流脉冲信号，从而打开 IC_3 的一个输入端（见附件 1 说明书第 2 页第15~18 行和附图），相当于本专利中的大电流取样电路。附件 1 的采样电路中还包括保护动作、跳闸停电逻辑判断电路的采样限幅电路，当电网工作正常时，IC_1 输出端为高电平，IC_2 输出端为低电平；当电网因短路而发生停电时，IC_1 的输出端变为低电平，IC_2 的输出端变为高电平（见附件 1 说明书第 2 页第 18~25 行和附图），相当本专利中的识别电路。附件 1 的采样电路中，IC_2 的输出经过与非门 IC_3 和反相器 IC_4 最终形成一个信号，当电网工作正常时，该信号不能触发高频编码发射电路 PZ；当电网因短路而发生停电时，该信号能够触发高频编码发射电路 PZ 而发出无线电信号（见附件 1 说明书第 2 页第 20 行至第 3 页第 1 行和附图），相当于本专利中的逻辑判断电路。

通过上述对比，合议组认为附件 1 所公开的采样电路中包含了本专利权利要求 1 所述采样电路的全部子电路，并且结合附件 1 的附图可知各子电路的连接关系与本专利权利要求 1 所述连接关系完全相同。可见附件 1 公开了本专利权利要求 1 的全部技术特征，并且能够产生检测高压线路故障的相同技术效果，因此本专利权利要求 1 不具备新颖性，不符合专利法第 22 条第 2 款的规定。

（2）关于本专利权利要求 2 的新颖性。

本专利权利要求 2 进一步限定了各子电路所包含的具体器件及器件间的连接关系。

请求人认为本专利权利要求 2 第 4 行“识别电路包括 R_5、R_6、R_7、C_6、WZ_2”中“C_6”应为“C_7”；附件 1 公开了本专利权利要求 2 的附加技术特征，因此本专利权利要求 2 不具备新颖性，不符合专利法第 22 条第 2 款的规定。

本专利说明书第 1 页第 23~24 行写道“大电流取样电路输出接逻辑判断电路”，第 24 行写道“识别电路输出接逻辑判断电路”，第 27~28 行写道“逻辑判断电路包括与非门 IC_3、IC_4”，结合附图 2 可知，逻辑判断电路的与非门 IC_3 的输入有两路，一路接大电流取样电路，另一路接识别电路。

根据本专利说明书第 2 页第 26~28 行和第 3 页第 1~2 行的描述，并结合附图 2 可知：电容 C_6 的负极与 IC_3 的一个输入端连接；当电网工作正常时，电容 C_6 的负极电压低于 IC_3 一个输入端的门电压；当电网发生短路故障而产生大电流时，C_6 负极出现一个大于 IC_3 门电压的高电平，从而打开 IC_3 的一个输入端。因此，电容 C_6 应当为大电流取样电路的组成器件。

根据本专利说明书第 3 页第 2~5 行的描述，并结合附图 2 可知：由 R_5、R_6、R_7、C_7、WZ_2、IC_1 和 IC_2 组成的电路通过 IC_2 的输出端与 IC_3 的另一个输入端连接；当电网因短路而发生停电时，IC_1 的输出端变为低电平，C_7 上的高电平经 R_7 放电而成低电平，使 IC_2 的输入端变为低电平，进而使 IC_2 的输出端变为高电平，从而打开 IC_3 的另一个输入端。因此，电容 C_7 应当为识别电路的组成器件，而电容 C_6 不是识别电路的组成器件。

因此，合议组认为本专利权利要求 2 第 4 行识别电路中包含的电容“C_6”应为“C_7”。

经审查，附件 1 中由二次绕组线圈 L_1、二极管 D_1 和 D_2、电容 C_1-C_3 组成的电路将高压输电线上的电流感应并整流、稳压，形成整流稳压电路；由 D_4、R_1、C_5 和 WZ_1 组成的电路将电压滤波稳压，形成工作电源电路；电网发生短路故障而产生大电流时，由 D_3、C_4 和 C_6 组成的电路输出大电流冲击信号，形成大电流取样电路；当电网发生故障时，由与非门 IC_3 和反向器 IC_4 组成的电路输出触发后级高频编码发射电路 PZ 的信号，形成逻辑判断电路；当电网发生故障时，由 R_5、R_6、R_7、C_7、WZ_2 和反向器 IC_1、IC_2 组成的电路输出高电平，形成识别电路（见附件 1 说明书第 2 页第 12 行至第 3 页第 1 行）。

将本专利附图 2 与附件 1 的附图进行比较，两者完全相同。因此，本专利权利要求 2 中根据其附图 2 所描述的各器件连接关系已被附件 1 所公开。

合议组认为，本专利权利要求 2 进一步限定的各子电路具体构成器件及各器件间的连接关系已被附件 1 所公开，因此当它所引用的权利要求 1 不具备新颖性时，权利要求 2 也不具备新颖性，不符合专利法第 22 条第 2 款的规定。

鉴于本专利所有权利要求均不具备新颖性，从而将导致该专利权全部无效，因此合议组对请求人提出的其他无效理由不再进行审查。

三、决定

宣告 200420027338.8 号实用新型专利权全部无效。

当事人对本决定不服的，可以根据专利法第 46 条第 2 款的规定，自收到本决定之日起三个月内向北京市第一中级人民法院起诉。根据该款的规定，一方当事人起诉后，另一方当事人应当作为第三人参加诉讼。

014

燃煤取暖器

无效宣告请求审查决定（第9080号）

决　　定　　号　第9080号
决　　定　　日　2006年12月13日
发明创造名称　燃煤取暖器
国 际 分 类 号　F24B 1/183
无效宣告请求人　任成甫
专　利　权　人　何国辉
专　　利　　号　01207001.7
申　　请　　日　2001年2月12日
授 权 公 告 日　2002年2月20日
合 议 组 组 长　李广峰
主　　审　　员　刘瑞斌
参　　审　　员　刘　犟

法　律　依　据　专利法第22条第2款
决　定　要　点

如果权利要求保护的技术方案与对比文件存在区别技术特征，同时所属领域普通技术人员也不能唯一直接地推导出未被覆盖的区别技术特征必然包含在该对比文件中，即该权利要求与对比文件是不同的技术方案，那么该权利要求相对于上述对比文件具有新颖性。

一、案由

本无效宣告请求涉及国家知识产权局于2002年2月20日授权公告的、名称为“燃煤取暖器”的实用新型专利权（下称本专利），其专利号是01207001.7，申请日是2001年2月12日，专利权人是何国辉。本专利授权公告时的权利要求书如下：

“1. 燃煤取暖器，由加热炉和散热器通过管道、接头连通组成一体，加热炉和散热器底部均安装有脚轮，加热炉的炉体为全封闭的圆形夹层水套，水套内充有导热介质，水套上设有加液口、出水口、进水口和排污口，炉体中心为圆筒形，其下部有风门灰斗，炉体上部有炉盖和出烟口，其特征在于：炉体中心的圆筒内活动配合有一个燃煤加热器，燃煤加热器由炉瓦、炉篦和连接件构成。

2. 根据权利要求1所述的燃煤取暖器，其特征在于：所述活动配合在炉体中心圆筒内的燃煤加热器是上提式燃煤加热器，其具体结构是在炉瓦上端设置有连接环，连接环上固定有钢丝绳，钢丝绳通过炉体上端侧支点另一端与炉体外侧的挂钩连接固定。

3. 根据权利要求 1 所述的燃煤取暖器，其特征在于：所述活动配合在炉体中心圆筒内的燃煤加热器是斜拉式燃煤加热器，其具体结构是在水套下方对应于炉瓦处的炉体一侧设一开口，开口下端设一支点，支点上有连接炉体和炉瓦及其连接件的铰链，在炉体开口处上端内壁上和炉瓦上端设置有相互配合可使炉瓦及其连接件向外倾斜 30°角的限位档块，在其烟道内设有 V 形吸热片。

4. 根据权利要求 1 所述的燃煤取暖器，其特征在于：所述活动配合在炉体中心圆筒内燃煤加热器是倾斜式燃煤加热器，其具体结构是炉瓦、炉盖及其对应的炉体部分向前倾斜 30°角，在其烟道内设有立管式热交换器。

5. 根据权利要求 1 所述的燃煤取暖器，其特征在于：所述活动配合在炉体中心圆筒内的燃煤加热器是前移式燃煤加热器，其具体结构是炉瓦、炉盖及其对应的炉体部分向前移动一个炉距，在其烟道内设有横管式热交换器。”

针对本专利权，任成甫（下称请求人）于 2003 年 11 月 29 日向专利复审委员会提出无效宣告请求，认为本专利权利要求 3、4 不符合专利法第 22 条第 2 款的规定，请求人同时提交了如下附件：

附件 1：申请日为 2000 年 7 月 21 日，公开日为 2001 年 6 月 6 日，申请号为 00230454.6，申请人为任成甫的中国实用新型专利说明书，共 4 页；

附件 2：专利号为 ZL00230454.6，申请日为 2000 年 7 月 21 日，专利权人为任成甫的中国实用新型专利证书，共 1 页；

附件 3-1：2000 年 11 月 4 日出版的《大河报》第 A12 版的大河超市（广告），复印件 1 页；

附件 3-2：2000 年 11 月 18 日出版的《大河报》第 A12 版的大河超市（广告），复印件 1 页；

附件 4：新工商企注册号 107211000359 的企业法人营业执照（副本），复印件 1 页；

附件 5：授权公告日为 2002 年 2 月 20 日，授权公告号为 CN2477973Y 的中国实用新型专利说明书（本专利），共 8 页；

附件 6：专利复审委员会第 5506 号无效宣告请求审查决定。

请求人认为：（1）附件 1 是本专利的抵触申请，该附件的内容与本专利权利要求 3、4 的内容相同，所以本专利权利要求 3、4 不具备新颖性。（2）附件 3-1、3-2 的图片公开了与本专利权利要求 3、4 相同的产品，所以本专利权利要求 3、4 不具备新颖性。

经形式审查合格，专利复审委员会依法受理了上述无效宣告请求，并于 2003 年 12 月 16 日向请求人和专利权人发出无效宣告请求受理通知书，同时将专利权无效宣告请求书及其附件清单中所列附件的副本转送给专利权人，并要求专利权人在指定的期限内陈述意见。

专利权人于 2004 年 1 月 18 日提交了意见陈述书，认为本专利权利要求 3、4 具备新颖性。

专利复审委员会依法成立合议组，并于 2006 年 9 月 22 日向双方发出无效宣告请求口头审理通知书，定于 2006 年 11 月 2 日在专利复审委员会举行口头审理。随同口头审理通知书，将专利权人于 2004 年 1 月 18 日提交的意见陈述书转送给请求人。

专利权人于 2006 年 10 月 6 日再次提交了意见陈述书，认为本专利与附件 1 中水夹套的范围不同，本专利具有排污口而附件 1 中没有排污口，因此两者不同。

请求人于 2006 年 10 月 9 日提交回执，表示不参加口头审理，并提交了答复意见。

口头审理如期举行，专利权人出席了口头审理。专利权人对附件 1~6 的真实性没有异议，但认为附件 3 报纸中的图案模糊且没有对技术内容的描述，无法与本专利进行技术对比。专利权人认为附件 1 中没有公开水夹套为全封闭结构，附件 1 中没有排污口，V 型吸热片与附件 1 中的导热装置的功能相同，但结构有区别。专利权人还认为本专利权利要求 4 中的倾斜式燃煤加热器与附件 1 中的活动炉结构不同。

合议组于2006年11月2日将上述口审的记录和专利权人于2006年10月6日提交的意见陈述书转送给请求人，要求其在指定期限内答复。

请求人于2006年11月22日提交了意见陈述书，认为本专利权利要求3、4中记载的倾斜炉体这一技术特征在附件1中已有明确记载，其中含有炉体倾斜30度角的技术方案对于本领域技术人员来说不具备新颖性。大河报中的广告用于证明权利要求3、4的技术方案已被在先广告公开。

至此，合议组认为本案事实已经清楚，可以作出审查决定。

二、决定的理由

1. 关于审查文本

本专利授权公告时包括权利要求1~5，专利复审委员会于2005年5月9日作出第7112号无效宣告请求审查决定，宣告上述权利要求1、2、5无效，该无效宣告请求审查决定已经生效。请求人此次只针对权利要求3、4提出无效宣告请求，因此本次无效宣告请求的审查基础是于2002年2月20日授权公告的权利要求3、4。

2. 关于证据和现有技术

请求人提交的证据包括附件1~6，专利权人对附件1~6的真实性没有异议，经合议组审查认可上述附件的真实性。附件1是申请日为2000年7月21日，公开日为2001年6月6日，申请人为任成甫的中国实用新型专利说明书，而本专利的申请人为何国辉，申请日为2001年2月12日，授权公告日为2002年2月20日，可见附件1是他人在本专利申请日前向专利局提出申请并在本专利申请日后公布的专利申请文件，因此只可以作为评价本专利是否具有新颖性的证据使用。附件3-1、3-2均为公开日在本专利申请日前的公开出版物，因此可以作为本专利的现有技术使用。

请求人提交的附件2是附件1的专利证书复印件，附件4是一份营业执照复印件，附件5是本专利，附件6是专利复审委员会第5506号无效宣告请求审查决定，由于上述附件与评价本专利权利要求3、4是否具有新颖性无关，因此合议组对上述证据不予考虑。

3. 本专利的权利要求3、4的新颖性

新颖性，是指在申请日以前没有同样的发明或者实用新型在国内外出版物上公开发表过、在国内公开使用过或者以其他方式为公众所知，也没有同样的发明或者实用新型由他人向国务院专利行政部门提出过申请并记载在申请日以后公布的专利申请文件中。

请求人认为，本专利权利要求3、4与附件1相比不具备新颖性，权利要求3中以“向外倾斜30^0角”限定“限位挡块”并且限定了“在其烟道内设有V形吸热片”的技术特征，权利要求4中限定的“其烟道内设有立管式热交换器”均不能使其技术方案具备新颖性。专利权人认为附件1中没有公开水套为全封闭结构，没有排污口，V型吸热片与附件1中的导热装置的功能相同，但结构有区别。专利权人还认为本专利权利要求4中的倾斜式燃煤加热器与附件1中的活动炉结构不同。

合议组经审查后认为，本专利权利要求3为一种燃煤取暖器，该取暖器加热炉的炉体为全封闭的圆形夹层水套，水套上设有加液口、出水口、进水口和排污口，炉体中心的圆筒内活动配合有一个燃煤加热器，该燃煤加热器是斜拉式燃煤加热器，其具体结构是在水套下方对应于炉瓦处的炉体一侧设一开口，开口下端设一支点，支点上有连接炉体和炉瓦及其连接件的铰链，在炉体开口处上端内壁上和炉瓦上端设置有相互配合可使炉瓦及其连接件向外倾斜30°角的限位档块，在其烟道内设有V形吸热片。附件1公开了一种高效节能取暖器，该取暖器包括炉体，炉体周围是水夹套，水夹套下部分两叉位于炉体两侧，炉腔下端设有一活动炉，炉体下部一侧有可使活动炉倾斜出入的开口，活动炉上方与炉体之间连有一限位铰链，上部有导热装置；根据本领域技术人员对取暖炉的理解，该炉水夹套是可以不必须设置排污口的，由于附件1中没有明确写明其水夹套上设有排污口，根据上述理解也不能得出其必然设有排污口，因此设置排污口是本专利权利要求 3 与附件 1 的区别特征之一。本专利权利要求 3 中还限定了烟道内吸热片的形状为 V 形，而附件 1 中并未出现这一限定，这就构成了本专利权利要求 3 与附件 1 的又一区别特征，由于这些区别技术特征的存在使得本专利权利要求 3 保护的技术方案与附件 1 中记载的技术方案并不相同，而且上述区别特征均为其技术方案带来了一定的技术效果，因此本专利权利要求 3 相对于附件 1 具有专利法第 22 条第 2 款规定的新颖性。

权利要求 4 请求保护一种燃煤取暖器，该取暖器水夹套中也含有上述权利要求 3 中所述的排污口，在权利要求 4 中还限定了烟道内设有立管式热交换器，由于上述结构特征在附件 1 的技术方案中均没有公开，使得权利要求 4 保护的技术方案与附件 1 中记载的技术方案并不相同，而且上述区别特征均为其技术方案带来了一定的技术效果，因此权利要求 4 相对于附件 1 具有专利法第 22 条第 2 款规定的新颖性。

合议组认为，附件 3-1、3-2 中所示的产品图案模糊且其文字部分没有对取暖器的技术内容进行描述，因此无法确认附件 3-1、3-2 中图案所示的产品与本专利相同，因此请求人认为本专利权利要求 3、4 相对于附件 3-1、3-2 不具备专利法第 22 条第 2 款规定的新颖性的主张不能成立。

根据上述事实和理由，本案合议组依法做出以下决定。

三、决定

维持 01207001.7 号实用新型专利权利要求 3、4 有效。

当事人对本决定不服的，可以根据专利法第 46 条第 2 款的规定，自收到本决定之日起三个月内向北京市第一中级人民法院起诉。根据该款的规定，一方当事人起诉后，另一方当事人应当作为第三人参加诉讼。

015

一种袋装水饮水机

无效宣告请求审查决定（第9089号）

决　　定　　号　第9089号
决　　定　　日　2006年11月22日
发明创造名称　一种袋装水饮水机
国 际 分 类 号　A47J 31/00，A47J 31/44
无效宣告请求人　北京高悦大陆食品有限责任公司
专　利　权　人　上海鼎伟水处理设备有限公司
申　　请　　号　200420082321.2
申　　请　　日　2004年8月30日
授 权 公 告 日　2005年9月7日
合 议 组 组 长　张梅珍
主　　审　　员　高桂莲
参　　审　　员　张春伟

法　律　依　据　专利法第22条第2款、第26条第3款；专利法实施细则第20条第1款
决　定　要　点
在没有足够证据证明请求人所提交证据的真实性的情况下，涉及该证据的请求人的主张不予支持。

一、案由

本无效宣告请求涉及中华人民共和国国家知识产权局于2005年9月7日授权公告的、名称为“一种袋装水饮水机”的200420082321.2号实用新型专利，其申请日是2004年8月30日，专利权人是上海鼎伟水处理设备有限公司。该专利授权公告的权利要求书如下：

“1. 一种袋装水饮水机包括袋装水、连接装置、饮水机，其特征在于连接装置的中央设有刺袋导流密封锁紧机构，该刺袋导流密封锁紧机构包括刺袋导流管、伸缩密封圈、拨叉、拉簧，该刺袋导流管的上端锥形刺头与袋装水托水袋容器的通孔相连，下端与连接装置的孔相连，中间套有伸缩密封圈，拨叉与连接装置相连，拉簧一端与连接装置相连，另一端与拨叉相接。

2. 根据权利要求1所述的袋装水饮水机，其特征在于连接装置包括连接体、空气隔座、密封圈、底板、液位控制机构、十字调节固定器，该空气隔座位于连接体内并与连接体及底板相连接，底板的下方与密封圈相接，液位控制机构位于底板下方与空气隔座相连接，十字调节固定器与底板相连接。

3. 根据权利要求2所述的袋装水饮水机，其特征在于十字调节固定器由横向调节块、十字锥形块、垂直固定脚组成，十字锥形块设在横向调节块槽与垂直固定脚槽中并将横向调节块与垂直固定脚

连接在一起。

4. 根据权利要求 2 所述的袋装水饮水机，其特征在于液位控制机构，包括浮体、阀芯、阀缪，该阀芯下端与浮体相连，阀芯锥形尖端与阀缪孔相戳，阀缪上平面与空气隔座相接触。”

针对上述专利权（下称本专利），北京高悦大陆食品有限责任公司（下称请求人）于 2006 年 2 月 13 日向专利复审委员会提出无效宣告请求，同时提交如下证据：

证据 1：授权公告号为 CN2449614Y 的实用新型专利说明书，其授权公告日为 2001 年 9 月 26 日；

证据 2：授权公告号为 CN2513921Y 的实用新型专利说明书，其授权公告日为 2002 年 10 月 2 日；

证据 3：李应鹏与上海鼎伟水处理设备有限公司于 2004 年 3 月 1 日订立的合作协议复印件；

证据 4：北京交响乐团出具的证明复印件，及 2003 年 10 月 9 日开出的购买饮水机的第 3485001 号北京市商业企业专用发票第三副联复印件，及 2003 年 10 月 10 日开出的全国农村信用合作社进帐单（受理回单）复印件；

证据 5：中国航空技术进出口总公司经理部出具的证明复印件，及 2003 年 11 月 24 日开出的购买袋装水费第 5752482 号北京市商业企业专用发票第三副联复印件；

证据 6：上海浦东发展银行北京黄寺支行办公室出具的证明复印件，及 2004 年 3 月 31 日开出的购买水费（赠联接器 30 台）的第 9512406 号北京市商业企业专用发票第三副联复印件，及 2004 年 4 月 6 日开出的全国农村信用合作社进帐单（受理回单）复印件；

证据 7：北京双环工程咨询有限责任公司办公室出具的证明复印件，及 2004 年 3 月 29 日开出的购买水费第 9512438 号北京市商业企业专用发票第三副联复印件，及 2004 年 4 月 8 日开出的全国农村信用合作社进帐单（受理回单）复印件；

证据 8：北京宣兴房地产开发股份有限公司出具的证明复印件，及 2004 年 6 月 23 日开出的购买水费的第 3726588 号北京市商业企业专用发票第三副联复印件，及 2004 年 7 月 5 日开出的进帐单的全国农村信用合作社进帐单（受理回单）复印件；

证据 9：中国人民武装警察部队北京市总队第二医院出具的证明复印件，及 2004 年 5 月 9 日开出的购买袋装水、连接器和饮水机的第 9534283 号北京市商业企业专用发票第三副联复印件。

请求人认为，（1）证据 1~3 说明了本专利的由来；（2）证据 4~9 证明请求人于本专利申请日之前已公开销售与本专利相同的袋装水饮水机连接器，其与已有的桶装水饮水机机体相配，组装而成的袋装水饮水机对本专利构成了使用公开，因此本专利的权利要求 1 不具备专利法第 22 条第 2 款规定的新颖性；（3）本专利的说明书不符合专利法第 26 条第 3 款的规定，具体为：说明书未清楚记载十字锥形块、垂直固定脚和横向调节块的具体结构，本领域技术人员不清楚是用一对螺栓螺母还是用两对螺栓螺母将它们连接在一起，不清楚十字调节固定器 8 和垂直固定脚 23 的作用是什么；（4）由于说明书未对十字调节固定器及其构成部件作清楚的描述，致使从属权利要求 2~4 不符合专利法实施细则第 20 条第 1 款的规定。

经形式审查合格，专利复审委员会依法受理了上述无效宣告请求，并于 2006 年 4 月 12 日将无效宣告请求书及其附件清单中所列附件的副本转送给专利权人。

专利权人于 2006 年 5 月 23 日向专利复审委员会提交了意见陈述书。专利权人认为，（1）证据 3 与本专利无关；（2）证据 4~9 的每一个证据包含的证明、发票和进帐单不能形成一个完整的证据链，证据 4~9 相互之间也不能形成一个完整的证据链，同时对证据 4~9 的真实性存在质疑，认为证据 4 和 9 的发票与本案无关；（3）由本专利说明书和附图 1、4 和 5，本领域技术人员根据一般机械制图原理已清楚知道了十字锥形块、垂直固定脚和横向调节块的具体结构，并且从图 1、4 和 5 可以看出十字调节固定器只有一对螺栓螺母将其连接在一起，十字锥形块起导轨的作用，十字调节固定器的作用是将本专利的产品与市场上使用桶装水的饮水机连接起来，认为本专利的说明书符合专利法第26条第3款的规定；（4）据此认为从属权利要求2~4符合专利法实施细则第20条第1款的规定；（5）本专利的权利要求1和2相对于证据1或2具备新颖性。

专利复审委员会于2006年8月2日向双方当事人发出无效宣告请求口头审理通知书，指出本案合议组定于2006年9月18日举行口头审理。随同口头审理通知书，将专利权人于2006年5月23日提交的意见陈述书副本转送给请求人。

口头审理如期举行，双方当事人均参加了口头审理。

在口头审理中，请求人明确其无效理由、范围、证据为：本专利权利要求1相对于证据4~9不符合专利法第22条第2款关于新颖性的规定；本专利权利要求2~4不符合专利法实施细则第20条第1款的规定；本专利说明书不符合专利法第26条第3款的规定。在庭审调查阶段：（1）请求人声称证据4~9证明了请求人产品的结构，用于证明使用公开，用于评述本专利权利要求1的新颖性，明确表示证据1~3用于证明本专利的由来，只作为参考，不作为权利要求1不符合专利法第22条第2款的证据使用。请求人在口审当庭提交证据4~9中文字材料的原件以及进帐单和发票的复印件，专利权人表示请求人当庭提交证据4~9文字材料的原件与复印件一致，但对证据4~9原件的真实性有异议。（2）请求人认为证据4~9的每一份材料都形成了一个完整的证据链，证明本专利的权利要求1不具备新颖性。专利权人对证据4~9的真实性有异议，因此对其是否公开本专利权利要求1的技术特征不予答辩。（3）请求人认为：说明书和附图未对十字调节固定器及其构造进行清楚的描述，也没有指明特定的含义，致使说明书不符合专利法第26条第3款的规定，相应地涉及上述技术特征的从属权利要求2~4的技术方案不清楚，不符合专利法实施细则第20条第1款的规定。专利权人认为：本专利的说明书和附图1、4、5已充分公开了十字调节固定块的结构，从属权利要求2~4符合专利法实施细则第20条第1款的规定。

至此，合议组认为本案事实清楚，现依法作出审查决定。

二、决定的理由

1. 关于证据和现有技术

请求人在无效宣告程序中共提交9份证据。其中，证据1和证据2为中国专利文献，其公开日均在本专利的申请日之前，专利权人对其真实性没有异议，经合议组审查，上述证据1~2可以作为本案的证据使用，其上记载的内容构成本专利的现有技术。

证据3为李应鹏与上海鼎伟水处理设备有限公司于2004年3月1日订立的合作协议的复印件，请求人没有提交原件，其真实性无法确认。鉴于请求人在口审当庭明确表示证据1~3只作为参考用于证明本专利的来历，不作为权利要求1不符合专利法第22条第2款的证据使用，因此合议组不采用证据1~3对本专利的新颖性进行评述。

证据4~9分别为北京交响乐团、中国航空技术进出口总公司、上海浦东发展银行北京黄寺支行、北京双环工程咨询有限责任公司、北京宣兴房地产开发股份有限公司、中国人民武装警察部队北京市总队第二医院六家单位出具的证明材料复印件及各自购买饮水机或水费的发票和进帐单的复印件，北京交响乐团、北京宣兴房地产开发股份有限公司、中国人民武装警察部队北京市总队第二医院的证明材料复印件上分别盖有上述三家单位的公章，中国航空技术进出口总公司的证明材料复印件上盖的是中国航空技术进出口总公司经理部的章，上海浦东发展银行北京黄寺支行和北京双环工程咨询有限责任公司盖的是上述两家公司办公室的章，上述材料上均没有单位负责人的签名或签章。请求人在口头审理当庭提交了证据4~9中证明材料的原件，专利权人认为证据4~9中证明材料的原件与复印件一致，但对证据4~9的真实性有异议。合议组认为，关于证据4~9的证明材料，根据最高人民法院审判委员会第528次会议讨论通过的《最高人民法院关于适用〈中华人名共和国民事诉讼法〉若干问题的意见》第77条的规定，依照民事诉讼法第65条由有关单位向人民法院提出的证明文书，应由单位负责人签名或盖章，并加盖单位印章，而证据4~9中证明材料均为单位提出的证明文书，但均没有单位负责人的签名或签章。因此证据4~9中证明材料不符合上述条款的规定；关于证据4~9中的购买饮水机或水费的发票和进帐单部分，请求人没有提交原件，也没有提交其他佐证以证明其真实性，由于该部分证据的真实性无法确定，因此该部分证据不能采用。基于上述事实和理由，合议组对证据4~9不予采信。

2. 关于新颖性

请求人声称证据4~9证明了专利权人产品的结构，用于证明使用公开，证据4~9的每一份材料都形成了一个完整的证据链，证明本专利的权利要求1不具备新颖性。

由于上文论述了合议组对证据4~9不予采信，因此请求人关于权利要求1不具备新颖性的无效理由没有证据支持，合议组不予评述。

3. 关于专利法第26条第3款和专利法实施细则第20条第1款

专利法第26条第3款规定：说明书应当对发明或者实用新型作出清楚、完整的说明，以所属技术领域的技术人员能够实现为准。

专利法实施细则第20条第1款规定，权利要求书应当说明发明或者实用新型的技术特征，清楚、简要地表述请求保护的范围。

在本案中，请求人认为：本专利说明书和附图未对十字调节固定器及其构造进行清楚的描述，也没有指明特定的含义，本领域技术人员不清楚是用一对螺栓螺母还是用两对螺栓螺母将十字锥形块、垂直固定脚和横向调节块连接在一起，不清楚十字调节固定器8和垂直固定脚23的作用是什么，致使说明书不符合专利法第26条第3款的规定，相应地涉及上述技术特征的从属权利要求2~4的技术方案不清楚，不符合专利法实施细则第20条第1款的规定。

合议组经调查后认为：关于上述技术特征的描述部分主要在说明书的最后一段和附图3~5。其中图3显示的是十字头调节固定器的十字锥形块示意图，图4和图5分别是十字锥形块安装在调节固定器上的俯视剖视图和左侧剖视图，通过图4和图5可以看出十字头固定调节器的组成及结构，并且通过附图可以清楚获知连接十字锥形块、垂直固定脚和横向调节块的只有一对螺栓和螺母。结合说明书最后一段可以获知，该固定器为四个，并且均匀分布在底板的圆周孔内，又通过描述“垂直固定脚23伸在饮水机1储水胆卡口内，按照饮水机1储水胆卡口径向大小，来调节垂直固定脚23在胆口内径向和高低位置，使垂直固定脚23牢牢卡紧饮水机1储水胆卡口，调节时先卸下饮水机1内聪明座”，本领域人员可以清楚知道该调节固定器是用来连接底板与饮水机的储水胆，而该垂直固定脚23的作用主要是通过其伸进饮水机的储水胆卡口内来卡紧饮水机的储水胆卡口。由上述可知，说明书及其附图对“十字头调节固定器”的结构和作用已做了清楚的描述，本领域技术人员在其基础上可以清楚获知该“十字头调节固定器”的技术方案。由于请求人没有列举其他不符合专利法第26条第3款和专利法实施细则第20条第1款的具体理由，因此，合议组对请求人的上述主张不予支持。

三、决定

维持200420082321.2号实用新型专利权有效。

当事人对本决定不服的，可以根据专利法第46条第2款的规定，自收到本决定之日起三个月内向北京市第一中级人民法院起诉。根据该款的规定，一方当事人起诉后，另一方当事人应当作为第三人参加诉讼。

016

割晒机割台仿形装置

无效宣告请求审查决定（第9090号）

决　　定　　点　第9090号
决　　定　　日　2006年12月5日
发明创造名称　割晒机割台仿形装置
国 际 分 类 号　A01D 67/00
无效宣告请求人　山东宁联机械制造有限公司
专　利　权　人　李爱城
专　　利　　号　02252427.4
申　　请　　日　2002年8月30日
授 权 公 告 日　2003年7月23日
合 议 组 组 长　张梅珍
主　　审　　员　高桂莲
参　　审　　员　王琦琳

法　律　依　据　专利法第9条，第22条第2款、第3款；专利法实施细则第13条第1款
决　定　要　点

专利法第9条和实施细则第13条第1款所指的同样的发明创造是指两件或两件以上申请（或专利）中存在保护范围相同的权利要求。

在申请日以前由他人向专利局提出过申请并且记载在申请日以后公布的专利申请文件中的内容不能用于评价发明创造的创造性。

一、案由

本无效宣告请求涉及中华人民共和国国家知识产权局于2003年7月23日授权公告的、名称为“割晒机割台仿形装置”的02252427.4号实用新型专利，其申请日是2002年8月30日，专利权人是李爱城。该专利授权公告的权利要求书如下：

“1. 一种割晒机割台仿形装置，包括割台架（5），其特征在于在割台架（5）上固装着带有仿形滚轮总成托架（4）的固定板（1），在割台架（5）的后部下方利用仿形滚轮总成托架（4）连接安装割台仿形滚轮总成（2）和刮泥板（3），且割台仿形滚轮总成（2）与刮泥板（3）相互配合。”

针对上述专利权（下称本专利），山东宁联机械制造有限公司（下称请求人）于2006年2月16日向专利复审委员会提出无效宣告请求，同时提交如下证据：

证据1：中国国家知识产权局授权的，专利号为02273679.4的实用新型专利证书复印件1页，证

书号为第 553526 号；

证据 2：专利号为 02273679.4 的实用新型专利说明书共 7 页，其申请日为 2002 年 6 月 7 日，授权公告日为 2003 年 5 月 14 日，专利权人为刘玉龙；

证据 3：本专利说明书；

证据 4：请求人声称为证据 2 专利所要求保护的专利产品——大豆割晒机仿形装置照片两张；

证据 5：请求人声称为本专利所要求保护的产品——割晒机割台仿形装置照片两张；

证据 6：专利号为 02273679.4 的专利权转让合同复印件共 4 页，转让方为刘玉龙，受让方为山东宁联机械制造有限公司，签订日期为 2003 年 5 月 30 日；

证据 7：中国国家知识产权局于 2004 年 11 月 12 日签发的著录项目变更申报书的手续合格通知书复印件 1 页。

结合上述证据，请求人认为：证据 2 和本专利的仿形轮的安装位置和作用部位相同；本专利割晒机割台仿形装置固定板和仿形滚轮总成托架与证据 2 的仿形轮总成固定架的作用完全相同，只是固定架的形状略有区别，证据 2 的仿形轮可上下、左右调整，本专利不能调整，本专利的仿形轮总成与证据 2 的仿形轮是相同的，本专利的割晒机仿形装置设有刮泥板，证据 2 的仿形装置没设刮泥板；证据 2 专利的申请日早于本专利，因此本专利不符合专利法第 9 条、专利法实施细则第 13 条第 1 款，以及专利法第 22 条第 2、3 款的规定。

经形式审查合格，专利复审委员会依法受理了上述无效宣告请求，于 2006 年 3 月 17 日向双方当事人发出无效宣告请求受理通知书，随无效宣告请求受理通知书一起将附件清单中所列附件的副本转送给专利权人，要求其在指定的期限内答复。

专利权人于 2006 年 4 月 7 日向专利复审委员会提交了意见陈述书。专利权人认为：证据 2 与本专利的割晒机割台仿形装置要求保护的结构完全不同，证据 2 的结构比本专利的结构复杂；由于证据 2 和本专利产品结构不同，因此不存在重复授权问题，同时证据 2 为本专利的在先申请、在后公开的专利文献，不能用于评述本专利的创造性；证据 4 和 5 的照片不能用于限定和解释权利要求，不能作为本案证据使用，同时对证据 4、5 和 6 的真实性有异议，因此认为请求人的无效理由不成立，本专利符合授权条件。

专利复审委员会于 2006 年 9 月 11 日向双方当事人发出无效宣告请求口头审理通知书，指出本案合议组定于 2006 年 11 月 21 日举行口头审理。随同口头审理通知书，将专利权人于 2006 年 4 月 7 日提交的意见陈述书副本转送给请求人。

口头审理如期举行，双方当事人均参加了口头审理。

在口头审理中，请求人明确其无效理由、范围、证据为：本专利相对于证据 2 不符合专利法第 9 条，专利法实施细则第 13 条第 1 款，专利法第 22 条第 2 款、第 3 款的规定。

请求人当庭提交了证据 6 的原件，表示证据 1、4、5、6、7 不作为评价新颖性、创造性的证据使用，证据 1 用来证明证据 2 的有效性，证据 4 和证据 5 用作参考，证据 6 和证据 7 用于证明请求人的主体资格。专利权人对证据 1~3、证据 7 的真实性无异议，对证据 4 和 5 的真实性有异议，认为证据 4 和 5 不能反映相关专利的真实情况，认可证据 6 的原件与复印件一致，但对证据 6 原件的真实性有异议，并认为证据 6 与本案无关联性。

在庭审调查阶段，请求人认为证据 2 的申请日早于本专利申请日，认为本专利的关键部件是仿形轮，本专利的割台架对应于证据 2 的仿形轮架，都是固定仿形轮用的；本专利仿形总成托架对应于证据 2 的垂臂（13）支臂（11）；本专利割台仿形滚轮总成对应证据 2 中仿形轮，请求人认为证据 2 与本专利关键部件相同，本专利不符合专利法第 9 条、实施细则第 13 条第 1 款以及专利法第 22 条第 2

款、第3款的规定。但是请求人认可证据2的权利要求书及说明书中均没有公开本专利的刮泥板（3）。

专利权人认为：本专利与证据2的结构完全不同，证据2有一个仿形轮架（9），仿形轮架有一个长槽，支臂和垂臂，本专利没有上述设置；本专利的刮泥板（3）与滚轮相互配合，是必要技术特征。

至此，合议组认为本案事实清楚，现依法作出审查决定。

二、决定的理由

1. 关于证据

请求人在无效宣告程序中共提交7份证据。请求人表示证据1用来证明证据2的有效性，证据4和证据5用作参考，证据6和证据7用于证明请求人的主体资格，上述证据1、4、5、6、7不作为评价新颖性、创造性的证据使用，而除此之外的无效理由也不使用上述证据，因此合议组不再对证据1、4、5、6、7进行评述。

证据2为中国专利文献，其申请日为2002年6月7日，授权公告日为2003年5月14日，专利权人为刘玉龙。专利权人对证据2的真实性没有异议，经合议组核实，该证据2为他人在本专利申请日前向中国专利局提出并且在本专利申请日以后公布并获得授权的专利文献，可以用于评价本专利是否符合专利法第9条、第22条第2款以及专利法实施细则第13条第1款的规定。证据3为本专利，专利权人对证据3的真实性没有异议，经审查，合议组确认该证据3的真实性。

2. 关于本专利与证据2是否为相同的发明创造

请求人认为本专利相对于证据2不符合专利法第9条，专利法实施细则第13条第1款的规定。

专利法第9条规定：两个以上的申请人分别就同样的发明创造申请专利的，专利权授予最先申请的人。

专利法实施细则第13条第1款规定：同样的发明创造只能被授予一项专利。

这里所述的“同样的发明创造”是指两件或两件以上申请（或专利）中存在保护范围相同的权利要求。针对本专利和证据2来说，因为二者均只有一项权利要求，因此只要比较二者的权利要求1是否相同即可判断本专利与证据2是否为同样的发明创造。

本专利的权利要求1请求保护一种割晒机割台仿形装置，证据2的权利要求1为：“一种大豆割晒机仿形装置，由仿形轮架（9）垂臂（13）支臂（11）和仿形轮（8）组成，其特征在于：仿形轮架横向设置的长槽（10），通过螺栓固定在割晒机下悬挂耳（7）下方，支臂定位安装在仿形轮架上，其中相隔的两个支臂安装在轮架长槽（10）内；垂臂（13）与支臂（11）垂直设置，垂臂上部沿纵向开有长槽（12），两垂臂之间通过长轴安装有仿形轮（8）。”将二者的权利要求1进行对比可以得出本专利权利要求1中的“刮泥板（3）”未在证据2的权利要求1中公开，也就是说，二者权利要求1保护范围不同，因此本专利与证据2并不属于同样的发明创造。

3. 关于新颖性和创造性

新颖性，是指在申请日以前没有同样的发明或者实用新型在国内外出版物上公开发表过、在国内公开使用过或者以其他方式为公众所知，也没有同样的发明或者实用新型由他人向国务院专利行政部门提出过申请并且记载在申请日以后公布的专利申请文件中。

创造性，是指同申请日以前已有的技术相比，该发明有突出的实质性特点和显著的进步，该实用新型有实质性特点和进步。

已有技术也被称作现有技术，是指申请日之前在国内外出版物上公开发表、在国内公开使用或者以其他方式为公众所知的技术。

对于新颖性，由前面评述可知证据2的权利要求1中未披露本专利的“刮泥板（3）”，而证据2

中的其他部分也未披露本专利所述的具有刮泥板的技术方案，并且上述“刮泥板（3）”的技术特征不能从证据2中直接地、毫无疑义地确定出，因此本专利相对于证据2具备新颖性。

由于证据2为他人在本专利申请日之前申请，在本专利申请日之后公开的专利文献，其并不能构成本专利申请日之前存在的已有技术，因此其不能用于评价本专利的创造性，即请求人关于本专利不具备创造性的理由没有证据支持。

综上所述，本专利相对于证据2符合专利法第9条，第22条第2、3款以及专利法实施细则第13条第1款的规定，请求人提出的无效理由不成立。基于此，合议组依法作出如下决定。

三、决定

维持02252427.4号实用新型专利权有效。

当事人对本决定不服的，可以根据专利法第46条第2款的规定，自收到本决定之日起三个月内向北京市第一中级人民法院起诉。根据该款的规定，一方当事人起诉后，另一方当事人应当作为第三人参加诉讼。

017

带防眩板的中央活动护栏

无效宣告请求审查决定（第9114号）

决　定　点　第9114号
决　定　日　2006年12月18日
发明创造名称　带防眩板的中央活动护栏
国 际 分 类 号　E01F 15/12，7/06
无效宣告请求人　江苏中路交通工程有限公司
专　利　权　人　徐　斌
申　请　号　00242836.9
申　请　日　2000年7月17日
授 权 公 告 日　2001年5月23日
合 议 组 组 长　黄玉平
主　审　员　周　航
参　审　员　张梅珍

法　律　依　据　专利法第22条第3款
决　定　要　点

如果某专利的权利要求请求保护的技术方案仅仅是将某些已知产品组合或连接在一起，各自以其常规的方式工作，而且总的技术效果是各组合部分效果之总和，组合后各技术特征之间在功能上无相互作用关系，仅仅是一种简单的叠加，或者仅仅是公知结构的变形，没有取得预料不到的技术效果，则这样的组合发明不具备创造性。

如果权利要求与请求人提供的证据相比具有区别之处，而该区别又带来了一定的技术效果，同时请求人所提供的证据也未就该区别给出任何技术教导，则该权利要求相对于请求人提供的证据具备创造性。

一、案由

本无效宣告请求涉及中华人民共和国国家知识产权局于2001年5月23日授权公告的、名称为“带防眩板的中央活动护栏”的实用新型专利权（下称本专利），其申请号是00242836.9，申请日是2000年7月17日，专利权人是徐斌。该专利授权公告时的权利要求书如下：

“1. 一种带防眩板的中央活动防护，包括有中央活动护栏，其特征在于所述的中央活动护栏上还固定连接有防眩板（3）。

2. 根据权利要求1所述的护栏，其特征在于防眩板（3）可为各种不同形状和结构的防眩板，在其底部焊接固定抱攀（6）或（6）′或抱夹（9）。

3. 根据权利要求1所述的护栏，其特征在于中央活动护栏为伸缩式活动护栏（1），将带有防眩板（3）的抱攀（6），三面紧夹持在伸缩式活动护栏（1）的封闭栅框（2）的顶面及两侧面上，用螺栓穿过抱攀（6）两侧上的通孔及封闭栅栏（2）的下端面用螺母固定。

4. 根据权利要求1所述的护栏，其特征在于中央活动护栏为可移式活动护栏（5），将带有防眩板（3）的抱攀（6）′，三面紧夹持在可移式活动护栏（5）的隔离栅（4）的顶面及两侧面上，用螺栓穿过抱攀（6）′两侧及隔离栅（4）上的通孔，将抱攀（6）′用螺母固定在可移式活动护栏（5）的隔离栅（4）上。

5. 根据权利要求1所述的护栏，其特征在于中央活动护栏为折叠式活动护栏（7），将防眩板（3）用螺栓、螺母固定在折叠式活动护栏（7）相平行的导杆（8）上，并将抱夹（9）三面夹持在导杆（8）的顶面及两侧面上，用螺栓通过抱夹（9）上的通孔及导杆（8）的下端面，将抱夹（9）用螺母固定在折叠式活动护栏（7）上的导杆（8）上。”

针对上述专利权，无锡市中路交通工程有限公司，后更名为江苏中路交通工程有限公司（下称请求人）于2006年7月7日向专利复审委员会提出无效宣告请求，其理由是，本专利不符合专利法第22条第3款以及第26条第4款的规定，其提交的证据如下：

证据1：ZL96248368.0号中国实用新型专利说明书复印件，其授权公告日为1997年8月20日；

证据2：ZL95205469.8号中国实用新型专利说明书复印件，其授权公告日为1996年2月14日；

证据3：ZL98241574.5号中国实用新型专利说明书复印件，其授权公告日为1999年9月1日。

请求人认为：（1）本专利权利要求1相对于证据1和2的结合不具备创造性，权利要求1~5相对于证据1和3的结合不具备创造性，不符合专利法第22条第3款的规定；（2）权利要求2~5的附加技术特征在说明书的技术方案中没有体现，不符合专利法第26条第4款的规定。

经形式审查合格，专利复审委员会依法受理了上述无效宣告请求，并于2006年7月11日向双方当事人发出无效宣告请求受理通知书，同时将无效宣告请求书及其附件清单中所列附件的副本转给专利权人，要求其在收到该通知之日起一个月内陈述意见。

在指定期限内专利权人未做答复。

专利复审委员会依法成立合议组对本案进行审查，合议组于2006年10月12日向双方当事人发出口头审理通知书，定于2006年11月27日在复审委员会举行本案的口头审理。

口头审理如期举行，双方当事人均参加了口头审理。在口头审理过程中，请求人当庭提交了在无锡市滨湖工商行政管理局登记的公司准予变更登记通知书原件和复印件，表示其名称由“无锡市中路交通工程有限公司”变更为“江苏中路交通工程有限公司”，合议组核实该复印件与原件一致。双方当事人对对方出庭人员身份均无异议，对合议组成员无回避请求。专利权人当庭提交了意见陈述书，合议组将其转给请求人。

请求人认为：（1）证据1公开了一种交通运输领域的伸缩式活动护栏，证据3公开了一种用于中央分割带和水泥墩上的防眩板，本专利权利要求1的带防眩板的中央活动护栏是证据1和3的技术方案的简单叠加，是本领域技术人员无需创造性劳动就能够想到的；（2）从属权利要求2~5的附加技术特征在于防眩板与中央活动护栏之间的具体连接方式，这些连接方式是公知公用的，本领域技术人员根据所连接物件的形状和所需要达到的连接强度，很容易想到和选择这些具体的连接方式；（3）证据2同样公开了一种防眩板，其与证据1的结合也破坏了权利要求1~5的创造性；（4）权利要求2~5的附加技术特征在说明书技术内容部分没有明确记载，因而不符合专利法第26条第4款的规定。

专利权人对证据1~3的真实性没有异议，并针对上述无效宣告请求的理由充分陈述了意见。专利权人认为：(1) 证据1和3之间没有相互结合的启示，证据3中的防眩板用固定部件固定在隔离墩的顶面，不能直接用在护栏上，本专利中采用的是抱攀或抱夹的三面夹持连接方式，使得防眩板与活动护栏之间的连接非常牢固并且可以拆卸，因此本专利的权利要求相对于证据1和3的结合具有实质性特点和进步；(2) 证据2中的防眩板不是用在护栏上，其与证据1之间也无法显而易见地结合以破坏本专利权利要求的创造性；(3) 权利要求2~5的附加技术特征明确记载在说明书中，符合专利法第26条第4款的规定。

在上述工作的基础上，合议组认为本案事实已经清楚，可以作出审查决定。

二、决定的理由

1. 关于证据

请求人在无效宣告程序中共提交了3份证据，专利权人对证据1~3的真实性没有异议。证据1~3均是本专利申请日之前公开的专利文件，根据专利法第22条第3款的规定，该证据1~3构成本专利的现有技术，可以用来评价本专利的创造性。

2. 关于本专利权利要求2~5是否得到说明书的支持

专利法第26条第4款规定，权利要求书应当以说明书为依据，说明要求专利保护的范围。

在本案中，请求人认为权利要求2~5的附加技术特征只在说明书实施例部分有所记载，而没有明确记载在说明书的技术内容部分，因而不符合专利法第26条第4款的规定。对此合议组认为，权利要求书应当以说明书为依据，是指权利要求应当得到说明书的支持，即权利要求书中每一项权利要求请求保护的技术方案是所属技术领域的技术人员能够从说明书充分公开的内容中得到或概括得出的技术方案，而说明书实施例也是说明书公开内容的一部分。本专利权利要求2~5的附加技术特征在说明书实施例部分（说明书第1页倒数第3段、第2页第2、5、8段）分别有相应的文字叙述，并且本领域技术人员通过阅读这部分内容完全能够得出权利要求2~5的技术方案内容，因此该权利要求2~5符合专利法第26条第4款的规定。

3. 关于本专利权利要求的创造性

专利法第22条第3款规定，创造性是指同申请日以前已有的技术相比，该发明有突出的实质性特点和显著的进步，该实用新型有实质性特点和进步。

如果权利要求请求保护的技术方案仅仅是将某些已知产品组合或连接在一起，各自以其常规的方式工作，而且总的技术效果是各组合部分效果之总和，组合后各技术特征之间在功能上无相互作用关系，仅仅是一种简单的叠加，或者仅仅是公知结构的变形，没有取得预料不到的技术效果，则这样的组合发明不具备创造性。

在本案中，请求人认为本专利的权利要求1~5是证据1和3或者证据1和2的技术方案的简单叠加，采用的连接方式是公知公用的，没有意想不到的技术效果，因此不具备创造性，其中优选的组合方式是证据1和3的结合。

证据1公开了一种伸缩式活动护栏（相当于本专利的中央活动防护），根据其说明书所述，该护栏用作公路中间的隔离带，可以根据需要移动或调节长度（参见证据1说明书第1页）。

证据2公开了一种用于公路中央隔离墩上的防眩板（参见证据2说明书第1~2页），其通过底部安装板安装到公路中央的隔离墩上。

证据3公开了一种用于高等级公路中央分离带的防眩板（参见证据3说明书第1页），其通过连接件与中央分离带水泥墩或其他形式支撑防盗螺栓连接。

通过比较可知，本专利权利要求1与证据1的区别在于，本专利权利要求1中的活动护栏上固定安装有防眩板，而证据 1 中的活动护栏上没有安装防眩板。专利权人认为尽管该区别技术特征在证据 3 中公开了，但证据 3 中的防眩板是安装在水泥墩上，其与证据 1 的活动护栏之间不存在显而易见的结合。

合议组认为，尽管证据 3 的具体实施例是将防眩板安装在中央分离带水泥墩上，但其背景技术中记载（见说明书第 1 页第 2 段）“高速公路上多采用铁栅栏、水泥墩或塑料制品进行防眩”，表明现有技术中公路中央分隔带通常采用铁栅栏、水泥墩之类制成，其同时具有防眩功能，同时该证据 3 说明书第 1 页第 5 段中记载“连接件的一面与中央分隔带水泥墩或其他形式支撑防盗螺栓连接”，也给出了中央分隔带除了水泥墩之外还有其他形式的启示。而证据 1 背景技术明确记载（参见证据 1 第 2~3 段），其活动护栏的技术方案是对作为中央隔离带的固定铁栅栏的改进。鉴于证据 1 与证据 3 的技术领域相同，在证据 3 的上述启示之下，为了实现活动护栏上加装防眩板，本领域技术人员很容易想到将证据 3 中的防眩板固定在证据 1 的中央活动护栏上，从而得到本专利权利要求 1 的技术方案。这种结合仅仅是将现有技术的防眩板和活动护栏简单组合在一起，其各自功能没有发生变化，并且总的技术效果是各组合部分效果之总和。因此该权利要求 1 相对于证据 1 和 3 的结合不具备中国专利法第 22 条第 3 款规定的创造性。

权利要求 2 从属于独立权利要求 1，其附加技术特征进一步限定了防眩板可为各种形式和结构，并且底部焊接有固定抱攀或抱夹。证据 3 中已经公开了防眩板的形式和结构技术特征（参见证据 3 的附图 1），但该证据 3 中将防眩板固定在支撑物上所采用的连接件和连接方式与本专利权利要求 2 的技术方案有所不同。从证据 3 附图可以看出，证据 3 中的防眩板采用的是底部折片式连接件，该连接件的两端通过螺栓分别固定在防眩板和水泥墩或其他形式的支撑上，而本专利权利要求 2 采用抱攀或抱夹形式的连接件，该连接件采用焊接的方式与防眩板连接，并环抱在支撑物上。专利权人认为，抱攀或抱夹是骑跨或裹抱式的连接件，这种固定方式比证据 3 中一面固定的方式更加牢固。对此合议组认为，用于固定在管状物件上的抱攀或抱夹（又称抱箍、抱卡等）都是本领域常用的连接件，其通常呈 U 型，以三面环抱或骑跨的方式与管状物件固定连接，在本专利中，说明书实施例所示的结构为∏型，双方当事人也都认可其为环抱或骑跨式的连接件；此外焊接也是本领域一种十分常规的连接固定方式。对于本领域技术人员来说，根据所固定的物件的形状和连接强度要求来选取连接件是十分常规的选择，因此为了在通常呈管状或条状的护栏部件上面固定防眩板，很容易想到采用抱攀或抱夹这种环抱或骑跨式的连接、固定方式；至于本专利在防眩板底部与抱攀或抱夹上之间采用焊接连接，而证据 3 中采用螺栓连接，也是都是可根据需要的做出的常规选择，并没有意想不到的技术效果。因而在其引用的权利要求 1 不具备创造性的情况下，该权利要求 2 也没有实质性特点和进步。

权利要求 3~4 从属于独立权利要求 1，其附加技术特征进一步限定了中央活动护栏形式分别是“伸缩式活动护栏”和“可移式活动护栏”，并且记载了采用抱攀和螺栓、螺母将防眩板固定在伸缩式活动护栏或可移式活动护栏的框架上的具体形式。证据 1 中已经公开了伸缩式活动护栏，而可移式活动护栏是道路中常见的护栏形式，是伸缩式活动护栏的常用替代方式，其也并非本专利相对现有技术的改进之处。至于抱攀与活动护栏的封闭栅框或隔离栅（都呈管状，以下统称为管状部件）之间的具体连接形式的技术特征，合议组认为：上面已经说明，防眩板与活动护栏管状部件之间的通过三面夹紧式的抱攀固定连接是本领域技术人员容易想到、且是常规的技术手段，而采用螺栓穿过抱攀两侧的通孔并用螺母固定这种固定方式则是本领域技术人员根据具体需求而加以选择的惯用固定手段，故在其引用的权利要求 1 不具备创造性的情况下，该权利要求 3~4 也没有实质性特点和进步。

权利要求 5 从属于独立权利要求 1，其附加技术特征进一步限定了中央活动护栏形式是“折叠式活动护栏”，并且记载了采用抱夹和螺栓、螺母将防眩板固定在折叠式活动护栏的导杆上的具体形式。请求人认为，折叠式活动护栏与前两种护栏形式（即“伸缩式活动护栏”和“可移动式活动护栏”）类似，也是本领域已有和公知的护栏形式，因此通过与权利要求3和4相同的证据结合方式也能破坏该权利要求5的创造性，即认为权利要求5相对于证据1和3或者证据1和2的结合不具备创造性。对此合议组认为，首先，证据1~3中均未公开折叠式活动护栏，且合议组根据本领域技术人员所掌握的知识也无法认定其属于公知技术手段；其次，考虑到本专利说明书第2页第6段的记载，所述折叠式活动护栏是专利申请号为00236968.3中公开的中央活动护栏形式，经合议组核实，该专利是2000年6月1日在中国专利局申请的实用新型专利，其授权公告日为2001年3月21日，晚于本专利的申请日，因此基于说明书中的上述限定，该折叠式活动护栏并非现有技术。综上所述，由于请求人没有提供任何其他的证据证明这种折叠式活动护栏是本专利申请日以前已经存在的现有技术，故仅凭请求人提供的证据1~3尚不足以证明权利要求5的技术方案不具备创造性。

基于以上事实和理由，本案合议组依法作出如下审查决定。

三、决定

宣告00242836.9号实用新型专利的权利要求1~4无效，在权利要求5的基础上维持该专利权有效。

当事人对本决定不服的，可以根据专利法第46条第2款的规定，在收到本决定之日起三个月内向北京市第一中级人民法院起诉。根据该款的规定，一方当事人起诉后，另一方当事人可以作为第三人参加诉讼。

018

一种新型蜂窝煤

无效宣告请求审查决定（第9119号）

决　　定　　号　第9119号
决　　定　　日　2006年12月18日
发明创造名称　一种新型蜂窝煤
国 际 分 类 号　C10L 5/34
无效宣告请求人　宜宾金齿轮有限责任公司
专　利　权　人　张太江
专　　利　　号　01231487.0
申　　请　　日　2001年7月17日
授 权 公 告 日　2002年4月17日
合 议 组 组 长　崔　震
主　　审　　员　赵　明
参　　审　　员　董晓静

法　律　依　据　专利法第22条第2款、第3款
决　定　要　点

判断一项技术方案相对于现有技术是否显而易见的关键在于现有技术中是否存在着将该技术方案中的技术特征组合在一起的技术启示。

一、案由

本无效宣告请求涉及中华人民共和国国家知识产权局于2002年4月17日授权公告的、名称为“一种新型蜂窝煤”的实用新型专利权（下称本专利），其专利号是01231487.0，申请日是2001年7月17日，专利权人是张太江。本专利授权公告时的权利要求书如下：

“1. 一种新型蜂窝煤，其特征在于在圆柱形煤体5或6等份扇形的每一扇形面上设置三个通风孔。

2. 根据权利要求1的蜂窝煤，其特征在于在圆柱形煤体上设置中心通风孔。

3. 根据权利要求1或2的蜂窝煤，其特征在于该蜂窝煤的开孔率为33%~26%。”

针对本专利权，宜宾金齿轮有限责任公司（下称请求人）于2005年5月23日向专利复审委员会提出无效宣告请求，认为本专利不符合专利法第22条第1~4款，第45条及专利法实施细则第64条第1、2款，专利法实施细则第2条第2款的规定，请求人同时提交了如下附件：

附件1：《民用蜂窝煤》，中华人民共和国国家标准GB/T 13593-92，国家技术监督局1992年8

月 15 日发布，1993 年 5 月 1 日实施，中国标准出版社出版，1992 年 12 月第一版，2003 年 3 月第二次印刷，共 4 页；

附件 2："蜂窝煤饼开孔公式初步探讨"，《民用煤技术》1982 年第 4 期，封面页及第 8~11 页复印件，共 5 页；

附件 3：刊登于《民用煤科技》1988 年第 3、4 期封底页的河南省商丘市机械厂的蜂窝煤成型机宣传广告复印件，共 2 页；

附件 4：刊登于《民用煤科技》1985 第 3 期封底页的河南省商丘市机械厂的蜂窝煤成型机宣传广告复印件，共 1 页。

请求人认为：（1）本专利权利要求 1、2 的技术特征与附件 1~4 相比，其与 16 孔或 19 孔圆煤实质内容完全相同，在附件 1、2 中已被公开；由附件 3 或 4 可知，与本专利权利要求 1、2 相同的产品早在本专利申请日之前已经公开使用；（2）权利要求 3 的附加技术特征不是对产品的形状、构造或两者结合的限定，不符合专利法实施细则第 2 条第 2 款的有关规定；（3）本专利均已被使用公开或书面公开，与申请日以前公开的技术相比没有本质区别，不具有创造性。请求专利复审委员会宣告本专利全部无效。

经形式审查合格，专利复审委员会依法受理了上述无效宣告请求，并于 2005 年 8 月 11 日向请求人和专利权人发出无效宣告请求受理通知书，同时将专利权无效宣告请求书及其附件清单中所列附件的副本转送给专利权人，并要求专利权人在指定的期限内陈述意见。

请求人于 2005 年 8 月 24 日向专利复审委员会提交了补充证据说明，并提交以下附件作为证据：

附件 5：授权公告日为 1995 年 4 月 19 日，授权公告号为 CN2194911Y（专利号为 93205482. X）的中国实用新型专利说明书；

附件 6：本专利说明书。

请求人认为：本专利权利要求 1、2 中有关的技术特征在专利权人本人的另一失效专利（申请号：93205482. X）中已经申请过，属于重复申请。

专利复审委员会依法成立合议组对本无效请求案进行了审理。

本案合议组于 2006 年 8 月 24 日向双方当事人发出无效宣告请求口头审理通知书，定于 2006 年 10 月 17 日在专利复审委员会举行口头审理。

口头审理如期举行，双方当事人均参加了口头审理。

在口头审理中，请求人明确其无效宣告请求的理由为：权利要求 1~2 相对于附件 1、2 或 3 不具有新颖性；权利要求 1~3 相对于附件 1 和 2、3、4 的组合不具有创造性。请求人放弃本专利不符合专利法第 22 条第 4 款以及专利法实施细则第 2 条第 2 款的无效理由。请求人当庭出示了附件 1~4 的原件，专利权人对上述证据的真实性没有异议。请求人当庭提交了附件 2~4 的出版信息页，合议组将其转给专利权人。专利权人当庭提交了意见陈述书，合议组将其转给请求人，同时将请求人于 2005 年 8 月 24 日提交的补充证据说明及附件 5、6 转给专利权人。合议组当庭告知请求人其所提交的附件 5、6 已经超过了举证期限，合议组不予考虑。

至此，合议组认为本案事实已经清楚，可以作出审查决定。

二、决定的理由

1. 关于证据和现有技术

请求人提交的证据包括附件 1~4，专利权人对附件 1~4 的真实性没有异议，合议组对附件 1~4 予以采信。在口审中请求人提交了附件 2~4 的出版信息页，合议组审查后认为，由于附件 1~4 为公开出版物，且其公开日期在本专利的申请日前，因此可以作为本专利的现有技术使用。

2. 关于新颖性

专利法第22条第2款规定：新颖性是指在申请日以前没有同样的发明或者实用新型在国内外出版物上公开发表过、在国内公开使用过或者以其他方式为公众所知，也没有同样的发明或者实用新型由他人向国务院专利行政部门提出过申请并且记载在申请日以后公布的专利申请文件中。

同样的发明或者实用新型，是指技术领域、所要解决的技术问题、技术方案和预期效果实质上相同的发明或者实用新型。

权利要求1要求保护一种蜂窝煤，其是在圆柱形煤体5或6等份扇形的每一扇形面上设置三个通风孔。

附件3所刊登的河南省商丘市机械厂的蜂窝煤成型机宣传广告中公开了圆柱形的蜂窝煤产品，其中公开的16孔和19孔的蜂窝煤为圆柱形煤体，并且煤体上的通风孔分布与本专利图1和2中所示的五等份或六等份扇形排列完全相同。由此可见，附件3公开了本专利权利要求1中的全部技术特征，由于本专利权利要求1与附件3所述方案的技术领域、所要解决的技术问题、技术方案相同，其预期的效果也相同，因此，权利要求1所要求保护的技术方案不具备专利法第22条第2款所规定的新颖性。

权利要求2的附加技术特征限定了在煤体上设置中心通风孔，而上述特征已被附件3所公开，因此在权利要求1不具有新颖性的基础上，权利要求2要求保护的技术方案也不具有新颖性。

3. 关于创造性

专利法第22条第3款规定：创造性，是指同申请日以前已有的技术相比，该发明有突出的实质性特点和显著的进步，该实用新型有实质性特点和进步。

如果一项实用新型的权利要求与现有技术中最接近的技术方案相比，存在区别技术特征，而这些区别技术特征不是本领域的技术人员根据现有技术的教导容易想到的，则该权利要求所述的技术方案具备创造性。

由上面的论述可知，权利要求1、2相对于附件3不具有新颖性，因此其必然不具有创造性。下面仅针对权利要求3的创造性进行评述。

权利要求3是权利要求1和2的从属权利要求，其进一步限定了蜂窝煤的开孔率为33%~26%。请求人认为附件1的表1中Y125公开了五等份扇形的特征，附件2、3或4中公开了六等份扇形，本领域技术人员根据附件1的教导增大开孔率是不需要任何创造性劳动的。

合议组认为，附件1是民用蜂窝煤的国家标准，其规定了产品的基本尺寸，要求产品按标准检验合格后方可出厂，因此本领域的技术人员按照该标准“开孔率25%~18%”的规定，不会想到要将开孔率提高。而本专利正是为了解决该标准规定的开孔率25%~18%”的限制，通过在圆柱形煤体上合理地设置通风孔的排列方式和开孔率，克服了现有技术不能形成同步燃烧、供氧不足的缺陷，从而达到了上火快、效率高、污染小和节约能源的目的，即这些区别技术特征的引入使得权利要求3要求保护的技术方案相对于现有技术解决了技术问题，产生了有益的效果。而相对于所解决的技术问题，附件1~4都没有公开“圆柱形煤体5或6等份扇形的每一扇形面上设置三个通风孔”与“开孔率为33%~26%”相结合的技术启示，即将附件1~4结合不能得出权利要求3所要求保护的技术方案，因此对本领域技术人员来说权利要求3所述技术方案是不容易想到的，权利要求3相对于附件1~4具备创造性。

根据上述的事实和理由，本案合议组依法做出以下决定。

三、决定

宣告01231487.0号实用新型专利权的权利要求1、2无效，在权利要求3的基础上维持该专利权继续有效。

当事人对本决定不服的，可以根据专利法第 46 条第 2 款的规定，自收到本决定之日起三个月内向北京市第一中级人民法院起诉。根据该款的规定，一方当事人起诉后，另一方当事人应当作为第三人参加诉讼。

019

铁水脱硫用精确定量给料的喷粉装置

无效宣告请求审查决定（第9140号）

决　　定　　号　第9140号
决　　定　　日　2006年12月10日
发明创造名称　铁水脱硫用精确定量给料的喷粉装置
国 际 分 类 号　C22C 33/12
无效宣告请求人　刘东业
专　利　权　人　中冶集团北京冶金设备研究设计总院
专　　利　　号　02292592.9
申　　请　　日　2002年12月26日
授 权 公 告 日　2003年8月20日
合 议 组 组 长　董　琤
主　　审　　员　张　沧
参　　审　　员　侯秋霞

法　律　依　据　专利法第22条第3款，专利法第26条第3款
决　定　要　点

如果一项实用新型权利要求的技术方案与最接近的现有技术公开的内容相比存在区别技术特征，而现有技术中没有给出将上述区别技术特征应用到最接近的现有技术以获得要求保护的技术方案的技术启示，并且该技术方案具有有益的技术效果，则该项权利要求对所属领域技术人员而言具有实质性特点和进步，具备创造性。

一、案由

本案涉及申请日为2002年12月26日、授权公告日为2003年8月20日、发明名称为“铁水脱硫用精确定量给料的喷粉装置”的第02292592.9号实用新型专利权，专利权人是中冶集团北京冶金设备研究设计总院。授权的权利要求书为：

“1. 一种用于铁水脱硫用精确定量给料的容积式垂直轮给料的喷粉装置，它主要包括喷射罐（1）、进料蝶阀（2）、给料机构（3）、出料阀（4）、调速电机（5）、容积式垂直给料轮（6）、悬臂轴（7）和喷射式喷气嘴（8）、电子秤（9）组成。其特征在于：以上这些部分都安装在同一罐体上，罐体除与电子秤（9）的传感器刚性接触外，与其他的外部接触均为软连接。钝化的金属镁粒经过进料阀装入罐中，喷射罐（1）分为上部加料斗、中部料仓和下部带有容积式垂直给料轮（6）的给料机构（3），其中进料蝶阀（2）、出料球阀（4）、进气阀等通过法兰和喷射罐（1）连接。给料结构

（3）由调速电机（5）通过悬臂轴（7）带动容积式垂直给料轮（6）以一定的速度转动，其速度可调，容积式垂直给料轮（6）轮齿镶有一种耐磨材料，轮齿之间呈槽状，给料机构（3）的进气端安装有喷射式喷气嘴（8），喷射式喷气嘴（8）的喷射点可调，以达到最佳的喷射气流。喷射料量由电子秤（9）精确计量。

2. 根据权利要求1所述的给料装置，其特征在于：所述的给料机构（3）的壳体内腔为过渡矩形。轴（7）与给料机构（3）的连接用法兰，轴为悬臂轴，便于容积式垂直给料轮（6）的拆换。轴的转速调节靠交流变频调速装置实现。”

2004年8月3日，刘东业（下称请求人）以上述专利权不符合专利法第22条和第26条第3款的规定为理由向专利复审委员会提出无效宣告请求，并提交了以下证据材料：

附件1：《粉粒体的空气输送》，电力工业出版社，1982年10月第1版，复印件共9页；

附件2：ZL99223935.4中国实用新型专利说明书，授权公告日为2000年3月29日，共8页；

附件3：ZL99223935.4中国实用新型专利检索报告，复印件，共4页。

请求人认为：（1）本实用新型的内容已经被附件1和附件2所公开，因而不具有创造性；（2）本领域技术人员根据本实用新型说明书和权利要求中的内容无法实现本专利的目的，从附件1和2中可看出要实现发明目的，垂直给料轮（6）的结构很关键，本专利却没有给出其结构，同样，给料机构在调速电机带动下的转速对实现本专利的发明目的也非常重要，但本专利却未给出调速电机的转速和调整转速的方案或办法，这样，本领域技术人员依据本专利的权利要求书和说明书无法实现其发明目的，必须通过反复的试验才能得出电机的转速并需设计转速的调整方案，因而本专利不符合专利法第26条第3款的规定；（3）本专利权利要求书中“容积式垂直给料轮（6）轮齿镶有一种耐磨材料”，这种特征不属于实用新型专利的保护范围。

2004年8月23日，请求人向专利复审委员会提交了一份意见陈述书。请求人认为：补充提交的附件4已经将本专利的技术内容全部公开，因而本专利不具备专利法第22条第3款规定的创造性，应予全部无效。请求人补充提交的附件4是：

附件4：美国US4347078A（公开日为1982年8月31日）及其中文译文，共11页。

经形式审查合格后，专利复审委员会于2004年11月17日向请求人、专利权人分别发出《无效宣告请求受理通知书》，并将请求人提交的有关专利权无效宣告请求材料副本转送给了专利权人。

2005年3月21日，专利复审委员会本案合议组向双方当事人发出《无效宣告请求口头审理通知书》。

2005年5月18日，口头审理如期举行，双方当事人的代理人均到庭参加口头审理。在口头审理中：（1）请求人明确其无效理由是本专利不符合专利法第22条第3款和第26条第3款的规定。（2）请求人没有出示附件1的原件，没有提供证明附件2、4真实性的证明，专利权人对上述三个附件的真实性提出异议，请求人表示将于庭后提供原件或证明真实性的证明。（3）请求人提出本专利不符合专利法第26条第3款的具体理由是：权利要求1和2中使用了多个句号，权利要求表达不清楚；权利要求1中给料机构的垂直给料轮6“以一定速度转动”，但权利要求书以及说明书中都没有给出速度是多少，本领域技术人员无法实现本发明；说明书中没有给出垂直给料轮6的结构，无法实现本发明。（4）专利权人当庭提交两份反证以说明本专利符合专利法第26条第3款的规定，两份反证分别是：反证1、《机械设计手册（上册）》（第一分册），化学工业出版社，1987年12月印刷，封面、出版信息页、第467和第521页，复印件共4页；反证2、《机械设计手册（第三版）》（第5卷），化学工业出版社，1994年印刷，出版信息页和第23-10页，共2页；请求人对专利权人当庭提出的反证1、2的真实性和公开性没有异议。（5）请求人指定附件2为最接近的对比文件。（6）合议组要求请求人于口头审理后15日内针对专利权人提供的反证1和2提出书面答复意见。在口头审理中，合议组对无效理由和证据逐一进行了调查，充分听取了双方当事人的意见。

2005年5月23日，专利权人提交了一份意见陈述书，并再次提交了其于口头审理当庭提交的反证1和2。

2005年6月1日，请求人提交了一份意见陈述书和附件1′~3′。请求人认为：(1) 专利权人当庭提交的反证1和2与本案无关，不能支持专利权人的观点；(2) 请求人提交的附件1与另一无效宣告请求案（W55861）中用的是同一证据，证据来源为辽宁省图书馆，该藏书已被他人借走，暂时无法提供；(3) 附件1′~3′能够证明附件2、4的真实性：

附件1′：国家知识产权局专利检索咨询中心出具的02292592.9专利说明书副本；

附件2′：国家知识产权局专利检索咨询中心出具的99223935.4专利说明书副本；

附件3′：辽宁省科学技术情报研究所企业咨询中心出具的证明和US4347078专利说明书。

至此，本案合议组根据当事人的书面意见陈述和口头审理的情况，认为本案事实已经调查清楚，可以作出审查结论。

二、决定的理由

1. 证据认定

请求人在无效宣告请求中提交的附件1为国内公开出版物的复印件，请求人没有出示原件，也没有提交证明其真实性的证据，该证据附件1的真实性不能确认，不能作为本案认定有关事实的证据使用。

请求人提交的附件2、4分别为99223935.4号中国实用新型专利说明书和美国4347078号专利说明书复制件，请求人于口头审理后提交了附件1′~3′用以证明上述附件的真实性，经核实附件2、4的真实性可以认定。对于请求人提交的附件4美国4347078号专利说明书的中文译文，专利权人没有提出异议，合议组认可请求人提交的US4347078专利说明书中文译文的准确性。

请求人提交的附件3为国家知识产权局对99223935.4号中国实用新型专利出具的检索报告复印件，其与本案不具有关联性，在本案中不予考虑。

专利权人在口头审理中提交了反证1、2，请求人认可其真实性和公开性，可以作为本案的证据使用。

2. 关于专利法第26条第3款

专利法第26条第3款规定，说明书应当对发明或者实用新型作出清楚、完整的说明，以所属技术领域的技术人员能够实现为准。所谓“所属领域技术人员能够实现”，是指根据说明书记载的内容和本领域的普通技术知识，所属领域技术人员能够实现要求保护的技术方案，解决其技术问题并产生预期的技术效果。

本案中，无效宣告请求人提出本专利说明书不符合专利法第26条第3款的具体理由是：(1) 权利要求1和2中使用了多个句号，权利要求表达不清楚；(2) 权利要求1中给料机构的垂直给料轮6“以一定速度转动”，但权利要求书以及说明书中都没有给出速度是多少，本领域技术人员无法实现本发明；(3) 说明书中没有给出垂直给料轮6的结构，无法实现本发明。

关于 (1)，权利要求1、2中确实包括有多个句号，导致其不符合审查指南第二部分第2章第3.3节有关“每一项权利要求只允许在其结尾处使用句号”的规定。但是，在权利要求1、2中存在多个句号这样一个事实，并没有影响所属领域技术人员对权利要求1、2中技术方案的理解，也不表明所属领域技术人员因此而无法实现要求保护的技术方案并获得预期的技术效果，所以请求人提出的具体理由 (1) 不能成立。

关于（2），权利要求1中的记载是“给料机构（3）由调速电机（5）通过悬臂轴（7）带动容积式垂直给料轮（6）以一定的速度转动，其速度可调”。本专利说明书中记载：悬臂轴（7）的转速调节靠交流变频调速装置实现，根据不同脱硫需要，下料量可以无级调速控制在2~16Kg/min之间；在具体实施方式中，说明书教导通过调整电机转数，满足相应的下料量，电机调整范围1∶4。合议组认为：根据说明书的描述，调整垂直给料轮6“以一定速度转动”，其目的在于根据不同的脱硫需要控制下料量，也就是说给料轮的转动速度要根据下料量的要求进行调节，至于调节手段，可通过选用合适的调速电机来实现。因此，虽然本专利说明书中没有具体给出垂直给料轮6“以一定速度转动”的速度是多少，但基于说明书公开的内容，所属领域技术人员能够根据下料量的要求调整电机转数以满足相应的下料量，从而实现本发明，所以请求人提出的具体理由（2）不能成立。

关于（3），容积式垂直给料轮是转子给料机构的常见部件，其沿转子周边均匀分布以分隔相同的空间，保证每格的下料量相同；另外，本专利说明书附图3给出了容积式垂直给料轮6的侧视结构。据此，没有证据表明所属领域技术人员无法获知容积式垂直给料轮的结构从而无法实现本发明，所以请求人提出的具体理由（3）不能成立。

总之，请求人认为本专利不符合专利法第26条第3款规定的无效理由均不能成立。

3. 关于专利法第22条第3款

专利法第22条第3款规定，创造性是指同申请日以前已有的技术相比，该实用新型有实质性特点和进步。

如果一项实用新型权利要求的技术方案与最接近的现有技术公开的内容相比存在区别技术特征，而现有技术中没有给出将上述区别技术特征应用到最接近的现有技术以获得要求保护的技术方案的技术启示，并且该技术方案具有有益的技术效果，则该项权利要求对所属领域技术人员而言具有实质性特点和进步，具备创造性。

附件2是一份中国专利文献，公开日是2000年3月29日，早于本申请的申请日，可以作为本专利的对比文件。附件2涉及一种单吹气化颗粒镁铁水脱硫设备，它包括计量给料器1（对应于本专利喷射罐1）、带有汽化室通道的耐火喷枪2、输镁管路3、铁水包盖4，在计量给料器1的出口端设置转子计量给料器7（对应于本专利给料机构3的容积式垂直给料轮6），在转子给料器7的下方安装了一个立体式筛分器8，筛分器底部连接气包9，输镁管路3一端与气包相连，另一端与喷枪2相连，喷枪穿过铁水包盖伸入铁水包内，惰性气体出口分两路，一路连接气包9，另一路连接计量给料器1，转子给料器7装配了一个电动调节旋转速度的转子传动装置15，转子给料器7为多级旋转格孔叶片6组成（参见附件2说明书第2页，图1、2、3、7、8）。

本专利权利要求1要求保护一种用于铁水脱硫用精确定量给料的容积式垂直轮给料的喷粉装置，将其与附件2公开的单吹气化颗粒镁铁水脱硫设备中的喷粉装置比较：（1）本专利权利要求1的喷粉装置中有进料蝶阀2、出料阀4，并且它们通过法兰与喷射罐1连接，而附件2中没有公开这些部件及其连接关系；（2）本专利权利要求1中的喷射罐1上部有加料斗，而附件2中没有给出计量给料器的加料斗及其位置；（3）本专利权利要求1中通过调速电机5和悬臂轴7带动给料机构3中的给料轮6，而附件2公开的是转子给料器7装配了一个电动调节旋转速度的转子传动装置15来传动；（4）本专利权利要求1中的喷粉装置中有电子秤9，罐体除与电子秤9的传感器刚性接触外，与其他的外部接触为软连接，喷射料量由电子秤9精确计量，而附件2没有公开上述特征；（5）本专利权利要求1中的容积式垂直给料轮6的齿轮镶有耐磨材料，而附件2中没有公开相应位置用耐磨材料；（6）本专利权利要求1的给料机构3的进气端有喷射式喷气嘴8，喷气嘴8的喷射点可调，而附件2没有公开喷射式喷气嘴。至于权利要求1中的带有容积式垂直给料轮6的给料机构3以及给料轮6的轮齿间呈槽形，其相当于附件 2 中由多级旋转格孔叶片 6 组成的转子给料器 7（参见第 2 页第 8 行，图 2、3），实质上已被公开。

附件 4 是一篇公开于本专利申请日之前的美国专利文献，其涉及一种铁水脱硫工艺和设备，所述设备包含有储料箱 1，储料箱 1 带有脱硫剂漏斗以及上氩气供气管 3，储料箱 1 通过叶片式喷吹给料机 4 进行连接，其中氩气供气管 5 端头，具有氩气固体物排放管线 6 通向喷放管，无级变速电机 8 用于驱动喷吹给料机 4 转子（参见附件 4 译文第 6 页第 2 段，图 1-4）。

显然，附件 4 没有公开上述区别技术特征，尤其是区别特征（1）、（3）、（4）和（5），更没有给出将上述区别技术特征尤其是区别特征（3）和（4）应用到附件 2 以获得本专利权利要求 1 技术方案的技术启示。而根据本专利说明书的描述，权利要求 1 要求保护的喷粉装置能够实现金属镁粒下料量精确度高，下料均匀、连续，精确计量，给料量波动误差小，产生了有益的技术效果。因此，权利要求 1 相对于附件 2 和 4 而言具有实质性特点和进步，具备创造性，符合专利法第 22 条第 3 款的规定。

权利要求 2 是权利要求 1 的从属权利要求，在权利要求 1 具有创造性的基础上，权利要求 2 也具备创造性，符合专利法第 22 条第 3 款的规定。

综上所述，请求人在本无效宣告请求中提出的无效理由不能成立。故此，本案合议组作出如下决定。

三、决定

维持第 02292592. 9 号实用新型专利权有效。

当事人对本决定不服的，可以根据专利法第 46 条第 2 款的规定，自收到本决定之日起三个月内向北京市第一中级人民法院起诉。根据该款的规定，一方当事人起诉后，另一方当事人应当作为第三人参加诉讼。

020

竹浆粕变性生产工艺

无效宣告请求审查决定（第9147号）

决　　定　　号 第9147号
决　　定　　日 2006年12月19日
发明创造名称 竹浆粕变性生产工艺
国 际 分 类 号 B27K 5/00，D21B 1/02，D21C 1/06，D21C 3/02
无效宣告请求人 河北吉藁化纤有限责任公司
专 利 权 人 上海化纤浆粕总厂
专　　利　　号 02112175.3
申　　请　　日 2002年6月21日
授 权 公 告 日 2004年8月11日
合 议 组 组 长 朱文广
主　　审　　员 刘瑞斌
参　　审　　员 赵　明

法 律 依 据 专利法26条第3款，专利法22条第3款、第4款；专利法实施细则20条第1款
决 定 要 点

现有技术对一种生产工艺中的某个步骤进行了记载，并且详细介绍了该步骤的实施过程、工艺参数等内容，在没有其他证据表明该步骤还能够做其他的解释的情况下，如果在专利申请文件中只提到该步骤的名称就应当认为其含义是清楚的，本领域技术人员也能够实施该步骤。

一、案由

本无效宣告请求涉及国家知识产权局于2004年8月11日授权公告的、名称为"竹浆粕变性生产工艺"的发明专利权（下称本专利），其专利号是02112175.3，申请日是2002年6月21日，专利权人是上海化纤浆粕总厂。本专利授权公告的权利要求书如下：

"1. 竹浆粕变性生产工艺，依浆粕生产工艺，其特征是：包括碱预浸渍、二次蒸煮、平板或带式洗料、渗漂，其中，所述碱预浸渍是经过开棉机将不溶性竹浆粕开松、去杂，经分离喷碱后喂入螺旋压榨机，对粉碎、碱预浸渍后的不溶性竹浆粕纤维进行挤压渗透，工艺参数为：用碱量19%～26%、浴比1∶3.75～1∶3.90、投料送入蒸球温度≥80℃。

2. 根据权利要求1所述的竹浆粕变性生产工艺，其特征是，所述二次蒸煮是对已经过一次蒸煮的竹浆粕进行第二次蒸煮，工艺步骤是：（1）投料后蒸球不进汽冷转20～30分钟；（2）高温高压蒸煮，其中，总升温时间2小时，3次升温2次放汽，末次升温后保温温度在170～175℃之间，压强

0.77±0.02MPa。

3. 根据权利要求1所述的竹浆粕变性生产工艺，其特征是，所述的平板或带式洗料是将疏解后浆料洗料，其技术参数为：半浆含碱≥2000g/m^3，洗浆速度30米/分，洗浆后减量80～100g/m^3。

4. 根据权利要求1所述的竹浆粕变性生产工艺，其特征是，所述渗漂的技术参数：时间90～120分钟，氯用比0.15%～0.25%，酸比0.8%～0.9%，碱量10～30g/m^3。”

针对上述专利权，河北吉藁化纤有限责任公司（下称请求人）于2005年9月16日向专利复审委员会提出无效宣告请求，理由是本专利权利要求1不符合专利法实施细则第21条第2款的规定，权利要求1～4不符合专利法第26条第3款，第22条第3、4款的规定。并提交了如下4份证据：

证据1：公开号为CN1308160A，公开日为2001年8月15日的中国发明专利申请公开说明书；授权公告号为CN 1088129C，授权公告日为2002年7月24日的中国发明专利说明书，专利权人是河北吉藁化纤有限责任公司；

证据2：1987年4月第一版第三次印刷，轻工业出版社出版的《制浆造纸工艺学》（上册）的封面页、出版信息页、第124、125、130、134、135页的复印件；

证据3：2001年5月第2版第1次印刷，中国轻工业出版社出版的《制浆原理与工程》的封面页、出版信息页、第161页的复印件；

证据4：1988年3月第1版第1次印刷，轻工业出版社出版的《制浆造纸化学工艺学》的封面页、出版信息页、第619页的复印件。

请求人认为：权利要求1缺少解决技术问题的必要技术特征，不符合专利法实施细则第21条第2款的规定；本专利说明书内容不清楚，导致权利要求1～4不符合专利法第26条第3款的规定；本专利权利要求1～4所述技术方案与证据1公开的技术方案相比是一种落后的技术，因此不具有实用性；技术方案与其申请日前的已有技术相比，不具有突出的实质性特点和显著进步，不符合专利法第22条第3款的规定。

经形式审查合格后，专利复审委员会受理了该无效宣告请求，并于2005年12月1日向请求人及专利权人发出无效宣告请求受理通知书，并将请求人提交的专利权无效宣告请求书及其附件清单中所列附件副本转给了专利权人，要求专利权人在指定的期限内陈述意见。

专利权人在指定的期限内没有答复。

专利复审委员会依法成立合议组。

本案合议组于2006年5月29日向双方当事人发出无效宣告请求口头审理通知书，定于2006年7月6日举行口头审理。

口头审理如期进行，双方均参加了口头审理。在口头审理过程中：（1）请求人明确其无效宣告请求的理由、证据和范围是，权利要求1～4不符合专利法实施细则第20条第1款的规定；权利要求1～4不符合专利法第26条第3款的规定；权利要求1～4不符合专利法第22条第3、4款的规定；放弃权利要求1不符合专利法实施细则第21条第2款的无效宣告请求理由。（2）专利权人当庭提交了反证1～3的复印件，其中反证1是1998年第一期《人造纤维》封面、目录页和第15～17页，反证2是1998年12月第29卷第四期《上海造纸》，反证3是洪松年、王志茂作的书面证言复印件；专利权人提供了反证1和反证2的原件，请求人对反证1、2的复印件与原件进行了核实，认为复印件与原件一致。（3）请求人当庭提供了证据2～4的原件，专利权人对请求人提交的证据1～4的真实性无异议。（4）请求人认为由于权利要求1中“渗漂”的含义不清楚，造成权利要求1～4不符合专利法实施细则第20条第1款的规定，本专利说明书中没有充分公开“渗漂”的含义而不符合专利法第26条第3款的规定导致权利要求1～4也不符合专利法第26条第3款的规定；专利权人认为其提交的反证

1~3 证明“渗漂”的含义对于本领域技术人员是清楚的。（5）请求人认为权利要求 1~4 相对于证据 1 与公知常识的结合不具备创造性，专利权人认为证据 1 中氯化工艺的产品为碱性，本专利渗漂工艺的产品为酸性，两者是不同的，同时两者在原材料、工艺和产品质量方面均不同。（6）鉴于专利权人当庭提交了反证 1~3，合议组要求请求人在口审结束后一个月内发表质证意见，否则视为对反证 1~3 无异议。

专利权人于 2006 年 7 月 14 日就本案的口头审理情况提交了意见陈述书。

请求人于 2006 年 8 月 3 日提交了意见陈述书，其中指出反证中虽然指出“渗漂”是“渗透、漂白”的意思，但是并未公开使用何种渗透剂；反证 1、2 中公开的渗漂工艺是一项有较多工序的工艺，而本专利中只是给出了渗漂中的时间、氯用比、酸比、碱量和其他化工助剂等参数，因此本专利仍不符合专利法实施细则第 20 条第 1 款以及专利法第 26 条第 3 款的规定。另外由于本专利的漂工艺不科学，渗漂结果不理想，本专利不符合专利法第 22 条第 3 款规定的创造性。

至此，合议组认为本案事实清楚，现依法作出审查决定。

二、决定的理由

1. 关于证据和现有技术

请求人提交了证据 1~4，证据 1 中包括两份文件，其中的授权公告号为 CN1088129C、公告日为 2002 年 7 月 24 日的中国发明专利说明书的公告日晚于本专利的申请日，因此不能用于评价本专利的创造性；其中公开号为 CN1308160A、公开日为 2001 年 8 月 15 日的中国发明专利申请公开说明书以及证据 2~4 的公开日期均在本专利的申请日前，专利权人对其真实性无异议，合议组对上述证据进行了审查，认为证据 1 中的公开号为 CN1308160A 的中国发明专利申请公开说明书及证据 2~4 可以作为本专利的现有技术使用，下文中提到证据 1 是指公开号为 CN1308160A 的中国发明专利申请公开说明书。

专利权人提交了反证 1~3，请求人在合议组指定的期限内未对其提出反对意见，合议组经审查认为反证 1、2 的公开日期早于本专利的申请日，可以作为现有技术使用，由于反证 3 是两个证人的证言，而出具证言的证人没有在口头审理中出庭接受质证，因此反证 3 不能单独作为认定其所要证明的事实的依据。

2. 关于专利法实施细则第 20 条第 1 款和专利法第 26 条第 3 款

专利法实施细则第 20 条第 1 款规定：权利要求书应当说明发明或者实用新型的技术特征，清楚、简要地表述请求保护的范围。

专利法第 26 条第 3 款规定：说明书应当对发明或者实用新型作出清楚、完整的说明，以所属技术领域的技术人员能够实现为准。由此可见，所属技术领域的技术人员依据说明书所公开的内容能否实现一项发明的技术方案是该发明是否符合专利法第 26 条第 3 款的判定依据。

请求人认为由于权利要求 1 中的“渗漂”的含义不清楚，造成权利要求 1 及引用权利要求 1 的权利要求 2~4 不清楚。说明书中没有充分公开“渗漂”的含义，从而不符合专利法第 26 条第 3 款的规定导致权利要求 1~4 也不符合专利法第 26 条第 3 款的规定。

合议组认为，专利权人提交的反证 1、2 中公开了“渗漂”就是“渗透漂白”的简称，并且对“渗漂”工艺的机理，工艺过程以及使用的原因和使用后的效果进行了描述，其机理是经过碱法蒸煮后的棉短绒在渗透剂作用下使药液渗透到纤维胞腔中，半纤维素、杂质被溶出。由此可见，“渗漂”一词所表示的工艺过程的含义是清楚的。而且请求人没有给出“渗漂”具有其他含义的证据。

请求人在意见陈述中还提到专利权人给出的反证中没有给出在渗漂中使用何种渗透剂，因此即使将“渗漂”解释为“渗透漂白”仍然是不清楚的，渗漂是一项复杂的工艺过程而本专利中只是给出了几个控制参数，因此只是根据本专利中公开的几个技术参数本领域技术人员无法实施该工艺。

合议组认为，渗透剂在造纸领域被经常使用，其是一种能使固体物料更易被水浸湿的物质，因此其功能和效用是清楚的，至于选用何种具体的渗透剂用于竹浆粕变性生产过程中只是产生的效果不同而已，并不会造成本领域技术人员因不知晓其具体含义而无法实施的后果。由于“渗漂”的含义和该工艺的机理是清楚的，那么本领域技术人员根据该工艺的机理并结合本专利中给出的参数范围可以实现“渗漂”这一工艺过程，因此本专利权利要求 1~4 符合专利法实施细则第 20 条第 1 款和专利法第 26 条第 3 款的规定。

3. 关于专利法第 22 条第 4 款

专利法第 22 条第 4 款的实用性是指发明或者实用新型能够制造或者使用，并且能够产生积极效果。

请求人认为本专利的权利要求 1~4 不具备实用性，理由是，本专利权利要求 1 的技术方案与证据 1 的技术方案参数和步骤基本相同，但是却采用了生产造纸用的“不溶性竹浆粕”作为原料，而这一原料是以竹材为原料制成的，这一过程就要经过采储、备料、蒸煮、洗涤、筛选、漂白、储浆、抄浆等工序，而本专利中又经过了碱浸、蒸煮、漂白等工序，造成了同样的工序重复进行，严重浪费资源和能源。

合议组认为，本专利权利要求 1 的技术方案是针对现有技术中存在的不溶性竹浆粕的聚合度高，甲种纤维素含量低及不可纺的缺陷而提出的，该技术方案的最终目的是将不溶性竹浆粕加工成为可溶性粘胶纯竹纤维浆粕，同时在权利要求 1 中具体给出了这一技术方案的工艺过程，因此本专利的技术方案能够使用并且带来了将不溶性竹浆粕加工成为可溶性粘胶纯竹纤维浆粕的积极的技术效果，并且该工艺能够在产业中使用，因此权利要求 1 符合专利法第 22 条第 4 款的规定。由于权利要求 2~4 从属于权利要求 1，其附加技术特征均是对权利要求 1 中工艺的具体限定，因此在权利要求 1 符合专利法第 22 条第 4 款的规定的前提下，权利要求 2~4 也符合专利法第 22 条第 4 款的规定。

4. 关于创造性

创造性，是指同申请日以前已有的技术相比，该发明有突出的实质性特点和显著的进步。

请求人认为权利要求 1~4 相对于证据 1 与公知常识的结合不具备创造性。

合议组认为，本专利权利要求 1 请求保护一种竹浆粕变性生产工艺，该工艺包括碱预浸渍、二次蒸煮、平板或带式洗料、渗漂，权利要求 1 中还对碱预浸渍过程中使用的机械、工艺参数等进行了限定。证据 1 公开了一种利用竹材生产粘胶纤维浆粕的工艺，该工艺包括以下步骤：备料→切料→筛选→洗料→预水解→洗料→蒸煮→倒料→洗料→筛选→疏解→除砂→浓缩→氯化、洗料→碱精制、洗料→漂白、洗料→酸处理→洗料→除砂→浓缩→抄造。权利要求 1 与证据 1 相比的区别之一是本专利权利要求 1 中使用渗漂工艺处理经过洗料后的中间产品，而证据 1 中采用了氯化、碱精制工艺处理相同的中间产品；由于请求人提供的证据 2~4 中未公开渗漂工艺，同时也没有证据表明渗漂工艺能够作为一种公知常识被结合到证据 1 中去以替代氯化、碱精制工艺，因此本专利权利要求 1 的技术方案相对于证据 1 与证据 2、3、4 的结合、证据 1 与公知常识的结合是非显而易见的，本专利权利要求 1 符合专利法第 22 条第 3 款关于创造性的规定。

由于权利要求 2~4 从属于权利要求 1，因此在权利要求 1 相对于证据 1 与证据 2、3、4 的结合、证据 1 与公知常识的结合具备创造性的前提下，权利要求 2~4 也符合专利法第 22 条第 3 款关于创造性的规定。

综上所述，合议组依法作出如下审查决定。

三、决定

维持 02112175. 3 号发明专利权有效。

当事人对本决定不服的，可以根据专利法第 46 条第 2 款的规定，自收到本决定之日起三个月内向北京市第一中级人民法院起诉。根据该款的规定，一方当事人起诉后，另一方当事人应当作为第三人参加诉讼。

021

竹制切菜板

无效宣告请求审查决定（第9160号）

决　　定　　号　第9160号
决　　定　　日　2006年7月24日
发明创造名称　竹制切菜板
国 际 分 类 号　A47J 47/00
无效宣告请求人　江西奋发竹木业有限公司
专　利　权　人　丁建安
专　　利　　号　99253808.4
申　　请　　日　1999年11月8日
授 权 公 告 日　2000年9月13日
合 议 组 组 长　李　隽
主　　审　　员　王桂莲
参　　审　　员　丁惠玲

法 律 依 据　专利法第22条第3款
决 定 要 点

在判断创造性的过程中，要确定现有技术整体上是否存在某种技术启示。如果请求保护的技术方案与现有技术的区别特征为另一篇对比文件中披露的相关技术手段，且该技术手段在该对比文件中所起的作用与该区别特征在请求保护的技术方案中所起的作用相同，则应当认为现有技术中存在技术启示。

一、案由

本无效宣告请求涉及中华人民共和国国家知识产权局于2000年9月13日授权公告的、名称为“竹制切菜板”的实用新型专利权（下称本专利），其专利号是99253808.4，申请日是1999年11月8日，专利权人是丁建安。本专利授权公告时的权利要求书如下：

“1. 一种竹制切菜板，其特征在于为长条竹片通过胶粘合形成竹排，横向排列的竹排和纵向排列的竹排交错叠在一起，经胶粘压合形成多层竹板构成。”

针对本专利，江西奋发竹木业有限公司（下称请求人）于2005年4月22日向专利复审委员会提出无效宣告请求，其提交的附件如下：

附件1：授权公告号为CN2316378Y的实用新型专利说明书全文，其授权公告日为1999年4月28日。

附件2：授权公告号为CN2320169Y的实用新型专利说明书全文，其授权公告日为1999年5

月26日。

请求人认为：本专利权利要求1与附件1的区别仅在于主题名称不同，附件2给出了用竹子可制成菜板的启示，因此本专利权利要求1相对于附件1和附件2的结合不具备创造性，不符合专利法第22条第3款的规定。

经形式审查合格，专利复审委员会依法受理了上述无效宣告请求，于2005年6月27日向双方当事人发出无效宣告请求受理通知书，并将请求人提交的无效宣告请求书及其附件清单中所列附件的副本转送给专利权人，告知专利权人在收到通知书之日起一个月内陈述意见，期满未答复不影响专利复审委员会审理。

专利权人期满未答复。

专利复审委员会针对本无效宣告请求案依法成立合议组，本案合议组于2005年7月15日向双方当事人发出无效宣告请求口头审理通知书，定于2005年8月30日举行口头审理。

口头审理如期举行，双方当事人均参加了口头审理。

在口头审理中，请求人当庭明确无效宣告请求的理由、事实、证据为：本专利权利要求1相对于附件1和附件2的结合不具备创造性，不符合专利法第22条第3款的规定。专利权人对附件1和附件2的真实性无异议。

专利权人认为附件1与本专利所属技术领域不同，不是与本专利最接近的对比文件；附件1未公开本专利权利要求1中竹片之间通过胶粘合成竹排、竹排之间经胶粘压合形成多层的技术特征，没有给出用竹子作菜板的启示；附件2未给出单独用竹子作菜板的启示，且附件2公开的竹木菜板结构与本专利不同。

请求人认为附件1中的竹地板的竹片和竹片层之间必然有胶，且附件1公开了竹片之间涂胶热压拼板成形；附件1中竹地板的结构与本专利相同；附件2给出了竹子经抗菌防虫处理后用来作菜板的启示。

至此，合议组认为本案事实已清楚，现依法作出审查决定。

二、决定的理由

1. 关于证据和现有技术

附件1和附件2均为公开日在本专利申请日之前的中国专利文献，专利权人对附件1和附件2的真实性无异议。经审查，附件1和附件2可以作为本案证据使用，并且其上记载的内容构成了本专利的现有技术。

2. 关于权利要求1的创造性

请求人认为附件1中竹地板的结构与本专利相同，区别仅在于主题名称不同，附件2给出了用竹子可制成菜板的启示，因此本专利权利要求1相对于附件1和附件2的结合不具备创造性，不符合专利法第22条第3款的规定。

经审查，附件1公开了一种竹地板，由上中下三层相拼竹片板相拼而成，其上层1、下层3两层竹片相拼排列方向一致，而中层2的竹片相拼排列方向与上下层的垂直（见说明书第2页第9~11行）；其制作组片时按上下层竹片排列方向一致，中层竹片排列方向垂直于上下层竹片，再涂胶热压拼板成形（见说明书第2页第12~13行）。该横拼中板竹地板能够解决竹地板窝曲变形的难题（见说明书第1页第7~8行）。

将本专利权利要求1的技术方案与附件1公开的内容进行比较：附件1中构成竹地板的上中下三层竹片板是由许多长条竹片相拼而成的竹排，与本专利权利要求1中的竹排结构相同；附件1中上下两层竹片板中竹片条排列方向一致，中层竹片板中竹片条排列方向与上下层的垂直，相当于本专利权利要求1中横向排列的竹排和纵向排列的竹排交错叠在一起；附件1中的竹片板最终经涂胶热压拼板成形，相当于本专利权利要求1中经胶粘压合形成多层竹板。此外，附件1中公开了采用这种结构的多层竹板组合能够解决窝曲变形的问题。

两者的区别在于：（1）本专利权利要求1中形成竹排的长条竹片之间是通过胶粘合的；（2）本专利权利要求1中将该结构的多层竹板组合作为切菜板使用。

关于区别技术特征（1）：附件1中各层竹片板由许多长条竹片相拼而成，各长条竹片之间必然要相互固定，而通过胶粘合固定是常用的固定手段，附件1中也公开了通过涂胶热压的方法将竹片板拼板成形，因此将许多长条竹片通过胶粘合形成竹排对本领域技术人员来说是显而易见的。

关于区别技术特征（2）：附件2公开了一种竹木菜板，在说明书背景技术部分提到现有专利中已公开了一种竹菜板（见说明书第1页第6~7行）；优点在于竹子的弹性好、纤维多，制成菜板后不易裂缝，剁肉时产生的竹沫少（见说明书第1页第8~9行）；缺点在于竹子防虫蛀性不好，在生产过程中需用药物对竹子作抗菌防虫处理，若处理后残留药性清除不彻底，会给人体健康带来损害；此外，竹子弹性好，对外箍钢带压力大，易断带或发生板体拱曲。本领域技术人员由附件2公开的内容可知单独用竹子作菜板能够解决易裂缝及剁肉起碎屑的问题，这与本专利所要解决的技术问题相同。虽然附件2记载要解决抗菌防虫药物的清除及板体变形的问题，但不能因此就否定竹子可以作菜板的启示。为了解决本专利所述菜板易开裂及剁肉起碎屑的问题，本领域技术人员容易想到使用竹子作菜板，即附件2给出了竹子可制作菜板的启示。

附件1和附件2均属于竹制板状产品，技术领域相近，且将附件1的结构转用于切菜板中不需要克服技术上的困难，也未产生预料不到的技术效果，因此在附件2的上述技术启示下，本领域技术人员将附件1中的结构转用于切菜板得到本专利权利要求1的技术方案，不需要花费创造性的劳动。因而权利要求1相对于附件1和附件2不具有实质性特点和进步，不具备创造性，不符合专利法第22条第3款的规定。

三、决定

宣告99253808.4号实用新型专利权无效。

当事人对本决定不服的，可以根据专利法第46条第2款的规定，自收到本决定之日起三个月内向北京市第一中级人民法院起诉。根据该款的规定，一方当事人起诉后，另一方当事人应当作为第三人参加诉讼。

北京市第一中级人民法院
行政判决书

（2007）一中行初字第709号

原告丁建安，男，1957年7月14日出生，汉族，无业，住福建省永安市燕南马夷口路66号。

委托代理人朱黎光，男，北京金之桥知识产权代理有限公司专利代理人。

被告国家知识产权局专利复审委员会，住所地北京市海淀区北四环西路9号银谷大厦10~12层。

法定代表人廖涛，副主任。

委托代理人杨军艳，女，国家知识产权局专利复审委员会审查员。

委托代理人张鹏，男，国家知识产权局专利复审委员会审查员。

第三人江西奋发竹木业有限公司，住所地江西省宜丰县城西五里牌。

法定代表人胡检林，总经理。

委托代理人魏运宇，男，1969 年 3 月 1 日出生，汉族，江西奋发竹木业有限公司职员，住江西省南昌市东湖区北京西路 69 号 22 栋 211 户。

原告丁建安不服被告国家知识产权局专利复审委员会于 2006 年 7 月 24 日作出的第 9160 号无效宣告请求审查决定（以下简称被诉决定），向本院提起行政诉讼。本院受理后，依法组成合议庭，并依法通知与本案被诉决定存在法律上利害关系的江西奋发竹木业有限公司作为本案第三人参加诉讼。2007 年 6 月 12 日，本院依法公开开庭审理了本案。原告的委托代理人朱黎光，被告的委托代理人杨军艳、张鹏以及第三人的委托代理人魏运宇到庭参加了诉讼。本案现已审理终结。

2006 年 7 月 24 日，被告作出被诉决定，宣告专利权人为原告的 99253808.4 号“竹制切菜板”的实用新型专利权（以下简称本专利）无效。

在法定期限内，被告向本院提交了下列证据以证明被诉决定合法：1. 本专利说明书；2. 口头审理记录表；3. [即被诉决定中的附件 1，亦即第 2973 号复审请求审查决定（以下简称第 2973 号决定）的对比文件 2]：授权公告号为 CN2316378Y 的实用新型专利说明书全文，授权公告日为 1999 年 4 月 28 日；4. （即被诉决定中的附件 2）：授权公告号为 CN2320169Y 的实用新型专利说明书全文，授权公告日为 1999 年 5 月 26 日；5. （即第 2973 号决定中的对比文件 3）：授权公告号为 CN2339132Y 的实用新型专利说明书。其中证据 1、3、4 用以证明被诉决定认定本专利不具有创造性合法；证据 2 用以证明被诉决定程序合法；证据 5 用以证明案件审查的事实基础已经发生了变化。

原告诉称：被诉决定认定事实不清，漏审原告合理的答辩内容和提交的证据，程序有误。首先，原告在无效程序中曾经提交和引用了第 2973 号决定，而且该决定针对附件 1 给出了明确适用结论和生效的法律结论，而被告对此没有评述。此外，被告举行口审时依照的是 2001 版《审查指南》，但被诉决定依据的却是 2006 版《审查指南》，法律适用变化后，被告没有给予当事人答辩的机会。其次，附件 2 并没有给出结构引用的启示，其给出的启示正好是不能单独使用竹材做菜板。第三，本专利权利要求中明显隐含的产品技术结构而导致与附件 1 的不同，如附件 1 竹片的侧向能否有效地实现胶层，层与层之间是否能有效地实现胶层，在此情况下能否有效地实现抗剁性，被诉决定中没有给予认定，导致误判漏审。第四，被诉决定中没有令人信服地说明附件 1、2 为何能结合的法律或事实依据。综上，请求人民法院撤销被诉决定。

在法定期限内，原告向本院提交了下列证据：1. 原告于 2005 年 8 月 30 日向被告提交的文件清单及相对应的附件，证明原告在无效程序中提出了答辩意见和第 2973 号决定；2. 原告于 2004 年 2 月 9 日向被告提交的文件清单及相对应的文件，证明原告在无效程序中提出了具体答辩意见；3. 无效宣告请求口头审理通知书（5W06668 和 5W06797），证明与本专利有关的两案是合案审理的；4. 原告于 2005 年 9 月 2 日向被告提交的文件清单、意见陈述及口审代理词，证明原告基于口审在 2004 年 2 月 9 日答辩的基础上总结的口审发言内容。

被告辩称：第一，第 2973 号决定中使用的对比文件 2 与被诉决定中使用的附件 1 相同，但是第 2973 号决定中使用的对比文件 3 与被诉决定中使用的附件 2 不同，由于两个决定中所使用的证据不同，因此得出的结论不同，不存在原告所述的漏审问题。第二，本专利权利要求 1 与附件 1 相比，本专利权利要求 1 中形成竹排的长条竹片之间是通过胶粘合，是常用的固定手段，且附件 1 中也公开了通过涂胶热压的方法将竹片拼板成形。本专利权利要求 1 中将该结构的多层竹板组合作为切菜板使用，在附件 2 中给出了竹子可制作菜板的启示。附件 1 和附件 2 均属于竹制板状产品，技术领域相近，因此在附件 2 的技术启示下，本领域技术人员将附件 1 中的结构转用于切菜板得到本专利权利要求 1 的技术方案，不需要花费创造性的劳动。因而本专利权利要求 1 相对于附件 1 和附件 2 不具备创造性，不符合《中华人民共和国专利法》（以下简称《专利法》）第二十二条第三款的规定。第三，原告在无效程序中没有明确指出隐含的产品技术结构，也没有将上述隐含的结构与附件 1 进行对比，事实上附件 1 中产品与本专利权利要求 1 产品的结构完全相同，本专利中长条竹片之间通过胶粘合的手段也是常用的固定手段。综上，请求法院驳回原告的诉讼请求，维持被诉决定。

第三人未向本院提交书面意见，诉讼中表示同意被告意见。在法定期限内，第三人未向本院提交证据。

经庭审质证，原告对于被告证据的真实性无异议，但认为证据 5 与本案无关，且不同意被告证据的证明作用。第三人对于被告证据的关联性、真实性均无异议。被告对于原告证据 1 的关联性、真实性无异议，但对合法性有异议；认为证据 2 与本案无关；对于证据 3 的真实性、合法性无异议，但是认为 5W06668 号无效请求案已经由无效请求人撤回；对于证据 4 的关联性、合法性与真实性均无异议。第三人对于原告证据 1 的合法性有异议，认为该证据系原告超过了无效举证期限所提交；对于其他证据，第三人同意被告的质证意见。

本院经审查认为，被告的证据 5 可以证明本案被诉决定与第 2973 号决定审查的事实基础发生了变化，被告其他的证据均亦与本案有关，且合法、真实，本院均予确认。原告的证据 2 与本案无关，本院不予采纳；原告提交的证据 3、4 均与本案有关，且合法、真实，本院予以确认；原告提交的证据 1 可以证明其于 2005 年 8 月 30 日被告举行口审当天向被告文件收发部门提交了该证据。

根据上述有效证据及各方当事人无争议的陈述，本院认定事实如下：

本专利申请日为 1999 年 11 月 8 日，授权公告日为 2000 年 9 月 13 日，其公告时的权利要求书如下：

"1. 一种竹制切菜板，其特征在于为长条竹片通过胶粘合形成竹排，横向排列的竹排和纵向排列的竹排交错叠在一起，经胶粘压合形成多层竹板构成。"

针对本专利，第三人于 2005 年 4 月 22 日向被告提出无效请求，同时提交了附件 1、2 作为证据。第三人认为：本专利权利要求 1 与附件 1 的区别仅在于主题名称不同，附件 2 给出了用竹子可制成菜板的启示，因此本专利权利要求 1 相对于附件 1、2 的结合不具备创造性，不符合《专利法》第二十二条第三款的规定。

经形式审查合格，被告受理了该无效请求，并依法将上述材料进行了转文。同时告知原告在收到通知书之日起一个月内陈述意见，期满未答复不影响被告审理。原告期满未答复。

2005 年 8 月 30 日，原告与第三人均参加了被告举行的口头审理。在口头审理中，第三人当庭明确无效宣告请求的理由、事实、证据为：本专利权利要求 1 相对于附件 1 和附件 2 的结合不具备创造性，不符合《专利法》第二十二条第三款的规定。原告对附件 1 和附件 2 的真实性无异议。

原告认为附件 1 与本专利所属技术领域不同，不是与本专利最接近的对比文件；附件 1 未公开本专利权利要求 1 中竹片之间通过胶粘合成竹排、竹排之间经胶粘压合形成多层的技术特征，没有给出用竹子作菜板的启示；附件 2 未给出单独用竹子作菜板的启示，且附件 2 公开的竹木菜板结构与本专利不同。第三人认为附件 1 中的竹地板的竹片和竹片层之间必然有胶，且附件 1 公开了竹片之间涂胶热压拼板成形；附件 1 中竹地板的结构与本专利相同；附件 2 给出了竹子经抗菌防虫处理后用来作菜板的启示。

被告经审查认为：

一、关于证据和现有技术

附件 1、2 均为公开日在本专利申请日之前的中国专利文献，原告对该二附件的真实性无异议。故，附件 1、2 可以作为本案证据使用，其上记载的内容构成本专利的现有技术。

二、关于权利要求1的创造性

第三人认为附件1中竹地板的结构与本专利相同，区别仅在于主题名称不同，附件2给出了用竹子可制成菜板的启示，本专利权利要求1相对于附件1、2的结合不具备创造性。

经审查，附件1公开了一种竹地板，由上中下三层相拼竹片板相拼而成，其上层1、下层3两层竹片相拼排列方向一致，而中层2的竹片相拼排列方向与上下层的垂直（见说明书第2页第9~11行）；其制作组片时按上下层竹片排列方向一致，中层竹片排列方向垂直于上下层竹片，再涂胶热压拼板成形（见说明书第2页第12~13行）。该横拼中板竹地板能够解决竹地板窝曲变形的难题（见说明书第1页第7~8行）。

将本专利权利要求1的技术方案与附件1公开的内容进行比较：附件1中构成竹地板的上中下三层竹片板是由许多长条竹片相拼而成的竹排，与本专利权利要求1中的竹排结构相同；附件1中上下两层竹片板中竹片条排列方向一致，中层竹片板中竹片条排列方向与上下层的垂直，相当于本专利权利要求1中横向排列的竹排和纵向排列的竹排交错叠在一起；附件1中的竹片板最终经涂胶热压拼板成形，相当于本专利权利要求1中经胶粘压合形成多层竹板。此外，附件1中公开了采用这种结构的多层竹板组合能够解决窝曲变形的问题。

两者的区别在于：（1）本专利权利要求1中形成竹排的长条竹片之间是通过胶粘合的；（2）本专利权利要求1中将该结构的多层竹板组合作为切菜板使用。

关于区别技术特征（1）：附件1中各层竹片板由许多长条竹片相拼而成，各长条竹片之间必然要相互固定，而通过胶粘合固定是常用的固定手段，附件1中也公开了通过涂胶热压的方法将竹片板拼板成形，因此将许多长条竹片通过胶粘合形成竹排对本领域技术人员来说是显而易见的。

关于区别技术特征（2）：附件2公开了一种竹木菜板，在说明书背景技术部分提到现有专利中已公开了一种竹菜板（见说明书第1页第6~7行）；优点在于竹子的弹性好、纤维多，制成菜板后不易裂缝，剁肉时产生的竹沫少（见说明书第1页第8~9行）；缺点在于竹子防虫蛀性不好，在生产过程中需用药物对竹子作抗菌防虫处理，若处理后残留药性清除不彻底，会给人体健康带来损害；此外，竹子弹性好，对外箍钢带压力大，易断带或发生板体拱曲。本领域技术人员由附件2公开的内容可知单独用竹子做菜板能够解决易裂缝及剁肉起碎屑的问题，这与本专利所要解决的技术问题相同。虽然附件2记载要解决抗菌防虫药物的清除及板体变形的问题，但不能因此就否定竹子可以做菜板的启示。为了解决本专利所述菜板易开裂及剁肉起碎屑的问题，本领域技术人员容易想到使用竹子做菜板，即附件2给出了竹子可制作菜板的启示。

附件1和附件2均属于竹制板状产品，技术领域相近，且将附件1的结构转用于切菜板中不需要克服技术上的困难，也未产生预料不到的技术效果，因此在附件2的上述技术启示下，本领域技术人员将附件1中的结构转用于切菜板得到本专利权利要求1的技术方案，不需要花费创造性的劳动。因而权利要求1相对于附件1和附件2不具有实质性特点和进步，不具备创造性。

基于上述理由，被告作出了被诉决定。原告不服，在法定期限内向本院提起了行政诉讼。

另查，原告于被告举行口审当天、口头审理进行之前向被告文件收发部门提交了文件清单及相对应的附件。

本院认为，附件1、2均为公开日在本专利申请日之前的中国专利文献，其记载的内容构成本专利的现有技术。附件1与本专利均属于竹制板状产品，而且被诉决定涉及的是二者产品结构的对比，被告基于此认定二者技术领域相近是正确的。

本专利权利要求1的技术方案与附件1公开的内容相比，两者的区别在于：（1）本专利权利要求1中形成竹排的长条竹片之间是通过胶粘合的；（2）本专利权利要求1中将该结构的多层竹板组合作为切菜板使用。因附件1中各层竹片板由许多长条竹片相拼而成，各长条竹片之间必然要相互固定，而通过胶粘合固定是常用的固定手段，附件1中也公开了通过涂胶热压的方法将竹片板拼板成形，故上述区别技术特征1对本领域技术人员来说是显而易见的。

附件2公开了一种竹木菜板，本领域技术人员由附件2公开的内容可知单独用竹子做菜板能够解决易裂缝及剁肉起碎屑的问题，这与本专利所要解决的技术问题相同。虽然附件2记载要解决抗菌防虫药物的清除及板体变形的问题，但不能因此就否定竹子可以做菜板的启示。故本领域技术人员容易想到使用竹子做菜板，能够解决本专利所述菜板易开裂及剁肉起碎屑的问题。在附件2的上述技术启示下，本领域技术人员将附件1中的结构转用于切菜板得到本专利权利要求1的技术方案，不需要花费创造性的劳动。被告因此认定本专利权利要求1相对于附件1和附件2不具有创造性正确。

针对原告主张被诉决定应以第2973号决定为依据问题，本院认为，由于第2973号决定适用的法律、证据的结合方式均与本案被诉决定不同，虽然各方当事人在口审中就该决定发表了充分意见，而被告在被诉决定中未予评述，存在程序瑕疵，但并未侵犯原告的合法权益。原告认为该决定应当对本案的审查产生约束力亦缺乏法律依据，本院不予支持。在被告作出被诉决定前，已经就相关问题听取了各方当事人的意见，故被诉决定适用其作出时生效的2006年《审查指南》，并未影响被告对本专利涉及的技术问题的审查，亦未影响原告的合法权益。

综上。原告请求撤销被诉决定的理由缺乏充分证据，本院不予支持。依照最高人民法院《关于执行〈中华人民共和国行政诉讼法〉若干问题的解释》第五十六条第（四）项的规定，判决如下：

驳回原告丁建安的诉讼请求。

案件受理费100元，由原告丁建安负担（已交纳）。

如不服本判决，各方当事人可于判决书送达之日起15日内，向本院递交上诉状，并按对方当事人人数提出副本，上诉于北京市高级人民法院。上诉人在上诉期满后7日内未预交上诉费，又不提出缓交申请的，按自动撤回上诉处理。

审　判　长　梁　菲
代理审判员　何君慧
代理审判员　司品华
二〇〇七年十二月二十八日
书　记　员　王　丽

北京市高级人民法院
行政判决书

（2008）高行终字第285号

上诉人（一审原告）丁建安，男，1957年7月14日出生，汉族，无业，住福建省永安市燕南马夷口路66号。

委托代理人朱黎光，男，北京金之桥知识产权代理有限公司专利代理人。

被上诉人（一审被告）国家知识产权局专利复审委员会，住所地北京市海淀区北四环西路9号银谷大厦10~12层。

法定代表人廖涛，副主任。

委托代理人杨军艳，女，国家知识产权局专利复审委员会审查员。

委托代理人张鹏，男，国家知识产权局专利复审委员会审查员。

被上诉人（一审第三人）江西奋发竹木业有限公司，住所地江西省宜丰县城西五里牌。

法定代表人胡检林，总经理。

上诉人丁建安因专利无效宣告请求审查决定，不服北京市第一中级人民法院（以下简称一审法院）(2007) 一中行初字第709号行政判决，向本院提起上诉。本院依法组成合议庭对本案进行了审理。本案现已审理终结。

2006年7月24日，国家知识产权局专利复审委员会（以下简称专利复审委）依据《中华人民共和国专利法》（以下简称《专利法》）第二十二条第三款的规定，针对专利权人为丁建安，名称为"竹制切菜板"的实用新型专利权（以下简称本专利）作出第9160号无效宣告请求审查决定（以下简称被诉决定），宣告本专利全部无效。丁建安不服被诉决定，在法定期限内向一审法院提起行政诉讼。

一审法院判决认为，附件1、2均为公开日在本专利申请日之前的中国专利文献，其记载的内容构成本专利的现有技术。附件1与本专利均属于竹制板状产品，而且被诉决定涉及的是二者产品结构的对比，专利复审委基于此认定二者技术领域相近是正确的。专利复审委认定本专利权利要求1相对于附件1和附件2不具有创造性正确。

由于第2973号无效宣告请求审查决定（以下简称第2973号决定）适用的法律、证据的结合方式均与本案被诉决定不同，虽然各方当事人在口审中就该决定发表了充分意见，而专利复审委在被诉决定中未予评述，存在程序瑕疵，但并未侵犯丁建安的合法权益。丁建安认为该决定应当对本案的审查产生约束力亦缺乏法律依据，不予支持。在专利复审委作出被诉决定前，已经就相关问题听取了各方当事人的意见，故被诉决定适用其作出时生效的2006年《审查指南》，并未影响专利复审委对本专利涉及的技术问题的审查，亦未影响丁建安的合法权益。

综上，丁建安请求撤销被诉决定的理由缺乏充分证据。依照最高人民法院《关于执行〈中华人民共和国行政诉讼法〉若干问题的解释》第五十六条第（四）项的规定，判决驳回丁建安的诉讼请求。

丁建安不服上述一审判决书向本院上诉称：1. 被诉决定漏审了丁建安的主张和提交的证据。专利复审委未对在无效程序中曾经提交和引用了第2973号决定进行评述。2. 被诉决定将附件2背景部分断章取义地加以引用，认定本专利不具有创造性完全是一种"事后诸葛亮"的判断方式。3. 被诉决定漏审丁建安在无效程序中的意见陈述。本案应为二案的合案审理，但被诉决定没有考虑丁建安针对两案的答辩。4. 被诉决定漏审了附件1与本专利具有第3个区别技术特征。本专利菜板表面没有漆，而附件1表面有漆。5. 正如第2973号生效决定所认定，附件1与本专利不是同一技术领域，其在评价涉案专利创造性中不起作用，二者不具有比对性。请求二审法院撤销一审判决，撤销被诉决定，维持本专利有效。

专利复审委辩称：第一，第2973号决定中使用的对比文件2与被诉决定中使用的附件1相同，但是第2973号决定中使用的对比文件3与被诉决定中使用的附件2不同，由于两个决定中所使用的证据不同，因此得出的结论不同，不存在丁建安所述的漏审问题。第二，本专利权利要求1与附件1相比，本专利权利要求1中形成竹排的长条竹片之间是通过胶粘合，是常用的固定手段，且附件1中也公开了通过涂胶热压的方法将竹片拼板成形。本专利权利要求1中将该结构的多层竹板组合作为切菜板使用，在附件2中给出了竹子可制作菜板的启示。附件1和附件2均属于竹制板状产品，技术领域相近，因此在附件2的技术启示下，本领域技术人员将附件1中的结构转用于切菜板得到本专利权利要求 1 的技术方案，不需要花费创造性的劳动。因而本专利权利要求 1 相对于附件 1 和附件 2 不具备创造性。第三、丁建安提交的证据 2 为本案口审之前的意见陈述，在该意见陈述之后，丁建安在口审中和口审之后提交的口审代理词中再一次重申了其意见，这些意见均是相同的内容，因此不存在漏审其意见的情况。请求二审法院驳回上诉，维持一审判决。

江西奋发竹木业有限公司（以下简称奋发公司）未向二审法院提交书面意见。

在法定期限内，专利复审委向一审法院提交了下列证据：1. 本专利说明书；2. 口头审理记录表；3. 附件 1（即第 2973 号决定的对比文件 2）；4. 附件 2；5. 授权公告号为 CN2339132Y 的实用新型专利说明书（即第 2973 号决定中的对比文件 3）。

在法定期限内，丁建安向一审法院提交了下列证据：1. 2005 年 8 月 30 日向专利复审委提交的文件清单及相对应的附件；2. 2004 年 2 月 9 日向专利复审委提交的文件清单及相对应的文件；3. 无效宣告请求口头审理通知书（5W06668 和 5W06797）；4. 2005 年 9 月 2 日向专利复审委提交的文件清单、意见陈述及口审代理词。

奋发公司未向一审法院提交证据。

上述证据均已随案移送本院，经本院审查认为，专利复审委提交的证据 5 可以证明本案被诉决定与第 2973 号决定审查的事实基础发生了变化，专利复审委其他的证据均亦与本案有关，且合法、真实，一审法院予以认定正确，本院予以确认。丁建安提交的证据 3、4 与本案有关，且合法、真实，一审法院予以认定正确，本院予以确认；证据 1 可以证明其于 2005 年 8 月 30 日专利复审委举行口审当天向专利复审委文件收发部门提交了该证据；证据 2 与本案无关，一审法院不予采纳正确，本院予以确认。

经审理查明，本专利是申请日为 1999 年 11 月 8 日，授权公告日为 2000 年 9 月 13 日，名称为“竹制切菜板”，专利权人为丁建安的实用新型专利权。其公告时的权利要求书如下：

“1. 一种竹制切菜板，其特征在于为长条竹片通过胶粘合形成竹排，横向排列的竹排和纵向排列的竹排交错叠在一起，经胶粘压合形成多层竹板构成。”

针对本专利，奋发公司于 2005 年 4 月 22 日向专利复审委提出无效请求，同时提交了附件 1“授权公告号为 CN2316378Y 的实用新型专利说明书全文，授权公告日为 1999 年 4 月 28 日”、附件 2“授权公告号为 CN2320169Y 的实用新型专利说明书全文，授权公告日为 1999 年 5 月 26 日”作为证据。奋发公司认为：本专利权利要求 1 与附件 1 的区别仅在于主题名称不同，附件 2 给出了用竹子可制成菜板的启示，因此本专利权利要求 1 相对于附件 1、2 的结合不具备创造性，不符合《专利法》第二十二条第三款的规定。

经形式审查合格，专利复审委受理了该无效请求，并依法将上述材料进行了转文，同时告知丁建安在收到通知书之日起一个月内陈述意见，期满未答复不影响专利复审委审理。丁建安期满未答复。

2005 年 8 月 30 日，丁建安与奋发公司均参加了专利复审委举行的口头审理。在口头审理中，奋发公司当庭明确无效宣告请求的理由、事实、证据为：本专利权利要求 1 相对于附件 1 和附件 2 的结合不具备创造性，不符合《专利法》第二十二条第三款的规定。丁建安对附件 1 和附件 2 的真实性无异议。

丁建安认为附件 1 与本专利所属技术领域不同，不是与本专利最接近的对比文件；附件 1 未公开本专利权利要求 1 中竹片之间通过胶粘合成竹排、竹排之间经胶粘压合形成多层的技术特征，没有给出用竹子作菜板的启示；附件 2 未给出单独用竹子作菜板的启示，且附件 2 公开的竹木菜板结构与本专利不同。奋发公司认为附件 1 中的竹地板的竹片和竹片层之间必然有胶，且附件 1 公开了竹片之间涂胶热压拼板成形；附件 1 中竹地板的结构与本专利相同；附件 2 给出了竹子经抗菌防虫处理后用来作菜板的启示。

专利复审委经审查认为：

一、关于证据和现有技术

附件1、2均为公开日在本专利申请日之前的中国专利文献，丁建安对该二附件的真实性无异议。故，附件1、2可以作为本案证据使用，其上记载的内容构成本专利的现有技术。

二、关于权利要求1的创造性

奋发公司认为附件1中竹地板的结构与本专利相同，区别仅在于主题名称不同，附件2给出了用竹子可制成菜板的启示，本专利权利要求1相对于附件1、2的结合不具备创造性。

经审查，附件1公开了一种竹地板，由上中下三层相拼竹片板相拼而成，其上层1、下层3两层竹片相拼排列方向一致，而中层2的竹片相拼排列方向与上下层的垂直（见说明书第2页第9~11行）；其制作组片时按上下层竹片排列方向一致，中层竹片排列方向垂直于上下层竹片，再涂胶热压拼板成形（见说明书第2页第12~13行）。该横拼中板竹地板能够解决竹地板窝曲变形的难题（见说明书第1页第7~8行）。

将本专利权利要求1的技术方案与附件1公开的内容进行比较：附件1中构成竹地板的上中下三层竹片板是由许多长条竹片相拼而成的竹排，与本专利权利要求1中的竹排结构相同；附件1中上下两层竹片板中竹片条排列方向一致，中层竹片板中竹片条排列方向与上下层的垂直，相当于本专利权利要求1中横向排列的竹排和纵向排列的竹排交错叠在一起；附件1中的竹片板最终经涂胶热压拼板成形，相当于本专利权利要求1中经胶粘压合形成多层竹板。此外，附件1中公开了采用这种结构的多层竹板组合能够解决窝曲变形的问题。

两者的区别在于：（1）本专利权利要求1中形成竹排的长条竹片之间是通过胶粘合的；（2）本专利权利要求1中将该结构的多层竹板组合作为切菜板使用。

关于区别技术特征（1）：附件1中各层竹片板由许多长条竹片相拼而成，各长条竹片之间必然要相互固定，而通过胶粘合固定是常用的固定手段，附件1中也公开了通过涂胶热压的方法将竹片板拼板成形，因此将许多长条竹片通过胶粘合形成竹排对本领域技术人员来说是显而易见的。

关于区别技术特征（2）：附件2公开了一种竹木菜板，在说明书背景技术部分提到现有专利中已公开了一种竹菜板（见说明书第1页第6~7行）；优点在于竹子的弹性好、纤维多，制成菜板后不易裂缝，剁肉时产生的竹沫少（见说明书第1页第8~9行）；缺点在于竹子防虫蛀性不好，在生产过程中需用药物对竹子作抗菌防虫处理，若处理后残留药性清除不彻底，会给人体健康带来损害；此外，竹子弹性好，对外箍钢带压力大，易断带或发生板体拱曲。本领域技术人员由附件2公开的内容可知单独用竹子做菜板能够解决易裂缝及剁肉起碎屑的问题，这与本专利所要解决的技术问题相同。虽然附件2记载要解决抗菌防虫药物的清除及板体变形的问题，但不能因此就否定竹子可以做菜板的启示。为了解决本专利所述菜板易开裂及剁肉起碎屑的问题，本领域技术人员容易想到使用竹子做菜板，即附件2给出了竹子可制作菜板的启示。

附件1和附件2均属于竹制板状产品，技术领域相近，且将附件1的结构转用于切菜板中不需要克服技术上的困难，也未产生预料不到的技术效果，因此在附件2的上述技术启示下，本领域技术人员将附件1中的结构转用于切菜板得到本专利权利要求1的技术方案，不需要花费创造性的劳动。因而权利要求1相对于附件1和附件2不具有实质性特点和进步，不具备创造性。

2006年7月24日，专利复审委作出被诉决定，宣告本专利无效。

另查，丁建安于专利复审委举行口审当天、口头审理进行之前向专利复审委文件收发部门提交了文件清单及相对应的附件（第2973号决定）。第2973号决定系专利复审委于2002年11月25日针对江西省宜丰奋发企业集团对本专利所提无效理由作出的行政决定，该决定维持本专利有效。

本院认为：《专利法》第二十二条第三款规定，创造性是指同申请日以前已有的技术相比，该发明有突出的实质性特点和显著的进步，该实用新型具有实质性特点和进步。

本案附件1、2均为公开日在本专利申请日之前的中国专利文献，其上记载的内容构成了本专利的现有技术。本专利与附件1同属竹制板状产品，二者结构完全相同，区别仅在于本专利是竹菜板，附件1是竹地板。因此，附件1与本专利是相近技术领域。将附件1的结构转用于切菜板中不需要克服技术上的困难，也未产生预料不到的技术效果。在附件2已经给出可以使用竹子做菜板的技术启示下，本领域技术人员将附件1中的结构转用于切菜板得到本专利权利要求1的技术方案，不需要花费创造性的劳动。专利复审委认定本专利权利要求1相对于附件1和附件2不具备创造性的结论正确。

第2973号决定与被诉决定所使用的对比文件不完全相同，因此第2973号决定不是本案的必然依据。各方当事人在口审中就第2973号决定发表了充分意见，专利复审委在作出的被诉决定中未予评述，属于存在程序瑕疵，但该瑕疵并未侵犯丁建安的合法权益。一审法院驳回丁建安的诉讼请求正确，本院应予维持。

综上所述，上诉人丁建安关于本专利具有创造性的上诉理由，没有事实依据，本院不予支持。一审法院驳回其诉讼请求正确。依据《中华人民共和国行政诉讼法》第六十一条第（一）项的规定，判决如下：

驳回上诉，维持一审判决。

二审案件受理费人民币100元，由上诉人丁建安负担（已交纳）。

本判决为终审判决。

审 判 长 郭 宜
审 判 员 张学磊
代理审判员 朱海宏
二〇〇八年六月五日
书 记 员 程钰玮

022

一种热风缝口密封机

无效宣告请求审查决定（第9165号）

决　定　号　第9165号
决　定　日　2006年12月18日
发明创造名称　一种热风缝口密封机
国际分类号　B29C 65/10
无效宣告请求人　张德彬
专　利　权　人　劳敬满
专　利　号　200520000656. X
申　请　日　2005年2月3日
授权公告日　2006年4月19日
合议组组长　崔　震
主　审　员　赵　明
参　审　员　刘瑞斌

法律依据　专利法第22条第2款、第3款
决定要点

使用一篇现有技术与一项权利要求进行特征对比评价其新颖性时，若二者技术领域、所要解决的技术问题和技术方案实质上相同、产生的预期效果相同，则该项权利要求不具备新颖性。

在评价一项权利要求创造性时，首先应当从现有技术中确定与该权利要求技术方案最接近的技术方案，将该权利要求与现有技术中最接近的技术方案进行特征分析，如果两者相比，存在区别技术特征，而这些区别特征的引入对本领域技术人员而言是容易想到的，且其技术效果也是可以预料的，则该权利要求不具备创造性。

一、案由

本无效宣告请求涉及中华人民共和国国家知识产权局于2006年4月19日授权公告的、名称为“一种热风缝口密封机”的实用新型专利权（下称本专利），其专利号是200520000656. X，申请日是2005年2月3日，专利权人是劳敬满。本专利授权公告时的权利要求书如下：

“1. 一种热风缝口密封机，包括密封带输送装置，上、下相向转动的压轮和热风装置，其特征在于：所述热风装置的喷嘴直接面向密封带使热风喷淋在密封带上，经热风喷淋过的密封带和布料的缝口针孔同时穿过上、下压轮。

2. 如权利要求1所述的热风缝口密封机，其特征在于所述热风装置包括风机，和风机连接的风

管，和风管连接的加热装置，和加热装置连接的喷嘴。

3. 如权利要求 2 所述的热风缝口密封机，其特征在于所述加热装置为电加热丝。

4. 如权利要求 3 所述的热风缝口密封机，其特征在于所述风机通过控制电路板控制，控制电路板中设置有时间控制电路。”

针对本专利权，张德彬（下称请求人）于 2006 年 7 月 14 日向专利复审委员会提出无效宣告请求，认为本专利权利要求 1~3 不符合专利法第 22 条第 2 款的规定；权利要求 4 不符合专利法第 22 条第 3 款的规定。请求人同时提交了如下附件：

附件 1：授权公告日为 2002 年 10 月 23 日、授权公告号为 CN2517574Y（专利号为 02203869. 8）的中国实用新型专利说明书，共 22 页；

附件 2：公开日为 2004 年 4 月 28 日、公开号为 CN1491791A（专利申请号为 02146584. 3）的中国发明专利申请公开说明书，共 12 页；

附件 3：公告日为 1998 年 11 月 11 日、公告号 345103 的台湾新型专利说明书，共 20 页；

附件 4：申请日为 2004 年 9 月 17 日、授权公告日为 2005 年 10 月 12 日、专利权人为青岛罗元机械有限公司、授权公告号为 CN2732472Y（专利号为 200420053918. 4）的中国实用新型专利说明书，共 10 页。

请求人认为：附件 1~4 的任意一篇都公开了本专利权利要求 1 的技术方案，权利要求 1 不具备新颖性；权利要求 2、3 的技术方案被附件 2 完全公开，权利要求 2、3 不具备新颖性；权利要求 4 的附加技术特征是本领域技术人员的公知常识，并且该技术方案没有取得意料不到的效果，因而不具备创造性。

经形式审查合格，专利复审委员会依法受理了上述无效宣告请求，并于 2006 年 7 月 18 日向请求人和专利权人发出无效宣告请求受理通知书，同时将专利权无效宣告请求书及其附件清单中所列附件的副本转送给专利权人，并要求专利权人在指定的期限内陈述意见。

针对专利复审委员会发出的上述无效宣告请求受理通知书，专利权人没有在指定的期限内提交意见陈述书。

专利复审委员会依法成立合议组对本无效请求案进行了审理。

本案合议组于 2006 年 9 月 25 日向双方发出无效宣告请求口头审理通知书，定于 2006 年 11 月 30 日在专利复审委员会举行口头审理。

口头审理如期举行，专利权人没有出席口头审理，合议组在请求人一方出席的情况下，就无效请求的理由和事实逐一进行了调查。

在口头审理中，请求人明确其无效宣告请求的理由是：权利要求 1 相对于附件 1~4 的任意一篇不具有新颖性；权利要求 2、3 相对于附件 2 不具有新颖性；权利要求 1 相对于附件 1~3 的任意一篇不具有创造性；权利要求 2、3 相对于附件 1 和附件 2 的组合、附件 3 与附件 2 的组合不具有创造性，权利要求 4 相对于附件 1、附件 2 及公知常识的组合、附件 3、附件 2 及公知常识的组合不具有创造性，上述组合方式中最接近的对比文件是附件 1 或 3。请求人当庭提交了盖有国家知识产权局专利检索咨询中心检索专用章的附件 3。

至此，合议组认为本案事实已经清楚，可以作出审查决定。

二、决定的理由

1. 关于证据和现有技术

请求人提交的证据包括附件 1~4，专利权人在指定期限内未对附件 1~4 的真实性提出异议，合议组经过核实，对附件 1~4 予以接受。

由于附件 1~3 均为专利文献，且其公开日期均在本专利的申请日前，因此可以作为评价本专利新颖性和创造性的现有技术使用。

请求人提交的附件 4 是在本专利申请日前由他人向专利局提出的、在本专利申请日后公开的专利文献，因此其仅能用来评述本专利的新颖性。

2. 关于新颖性和创造性

专利法第 22 条第 2 款规定：新颖性是指在申请日以前没有同样的发明或者实用新型在国内外出版物上公开发表过、在国内公开使用过或者以其他方式为公众所知，也没有同样的发明或者实用新型由他人向国务院专利行政部门提出过申请并且记载在申请日以后公布的专利申请文件中。

专利法第 22 条第 3 款规定：创造性，是指同申请日以前已有的技术相比，该发明有突出的实质性特点和显著的进步，该实用新型有实质性特点和进步。

使用一篇现有技术与一项权利要求进行特征对比评价其新颖性时，若二者技术领域、所要解决的技术问题和技术方案实质上相同、产生的预期效果相同，则该项权利要求不具有新颖性。

在评价一项权利要求创造性时，首先应当从现有技术中确定与该权利要求技术方案最接近的技术方案，将该权利要求与现有技术中最接近的技术方案进行特征分析，如果两者相比，存在区别技术特征，而这些区别特征的引入对本领域技术人员而言是容易想到的，且其技术效果也是可以预料的，则该权利要求不具备创造性。

合议组认为，附件 3 中披露了传统结构的热风贴合密封机，其中记载了传统防水布材车缝后，在车缝处需由热风贴合密封机加以处理，以达到防水密封的效果，传统的热风贴合密封机包括支承轮（13）和可上下移动的轧压轮（15）（相当于本专利的压轮），轧压轮侧边设有导料装置（17）（相当于本专利的密封带输送装置），用于将胶带导送至轧压轮与支承轮间的布材车缝处，热风机（20）（相当于本专利的热风装置）由出风口（21）向车缝处和胶带加温，再由轧压轮和支承轮轧压贴合而成（参见附件 3 说明书第 1 页第 2 段，图 1、2）。由此可见，附件 3 公开了本专利权利要求 1 中的全部技术特征，由于本专利与附件 3 的技术领域、所要解决的技术问题、技术方案相同，其预期的效果也相同，因此，权利要求 1 所保护的技术方案相对于附件 3 不具备专利法第 22 条第 2 款所规定的新颖性。

权利要求 2 进一步限定了热风装置的具体构成，附件 3 虽然没有明确记载热风装置的构成，但上述限定是本领域的惯用技术手段，对本领域的技术人员来说是容易想到的；另外相同技术领域的附件 2 公开的热风熔接装置中的热风装置（50）包括加热箱（51），空气通过送风机（53）和风管（52）送入加热箱中，加热箱中设有电热管（512），以将空气加热到预定温度，出风装置（60）包括出风管（61）及耐高温软质管件（62），出风管的末端形成出风口（63）（参见附件 2 说明书第 4 页第 2、3 段，图 3-5）。由此可见，附件 2 公开了权利要求 2 中的附加技术特征，且其技术效果也是可以预料的，因此权利要求 2 的技术方案不具有实质性特点和进步，不符合专利法第 22 条第 3 款有关创造性的规定。

权利要求 3 进一步限定加热装置为电加热丝，而附件 2 中公开的是电热管，但上述区别只是本领域的常规选择，因此在其引用的权利要求 2 不具有创造性的前提下，权利要求 3 要求保护的技术方案也不符合专利法第 22 条第 3 款有关创造性的规定。

权利要求 4 进一步限定了风机的控制方式，但上述方式也仅是本领域技术人员惯用的技术手段，没有取得预料不到的技术效果，因此在其引用的权利要求 3 不具有创造性的前提下，权利要求 4 要求保护的技术方案也不符合专利法第 22 条第 3 款有关创造性的规定。

鉴于权利要求 1 不具备新颖性、权利要求 2~4 不具备创造性，应予无效，因此对于请求人提出的其他无效理由和证据不再评述。

根据上述的事实和理由，本案合议组依法做出以下决定。

三、决定

宣告200520000656.X实用新型专利权全部无效。

当事人对本决定不服的，可以根据专利法第46条第2款的规定，自收到本决定之日起三个月内向北京市第一中级人民法院起诉。根据该款的规定，一方当事人起诉后，另一方当事人应当作为第三人参加诉讼。

023

对制管设备采用负压模块的改进

无效宣告请求审查决定（第9177号）

决　定　号　第9177号
决　定　日　2006年12月21日
发明创造名称　对制管设备采用负压模块的改进
国际分类号　B29D 23/18
无效宣告请求人　上海金纬机械制造有限公司
专　利　权　人　曼夫瑞德·A.A·鲁波克
专　利　号　89107110.5
申　请　日　1989年9月15日
授权公告日　1993年12月15日
合议组组长　周英姿
主　审　员　孙跃飞
参　审　员　赵　明

法律依据　专利法第22条第3款；专利法实施细则第4条第2款、第66条
决定要点

当事人对其主张负有举证责任。如果无效请求人在主张一项专利不符合专利法第22条第3款规定的无效理由时，无法提供破坏该专利创造性的现有技术的有效证据，则请求人提出的不符合专利法第22条第3款的无效理由不能成立。

一、案由

本无效宣告请求涉及国家知识产权局于1993年12月15日授权公告的、名称为“对制管设备采用负压模块的改进”的第89107110.5号发明专利权（下称本专利），其申请日为1989年9月15日，优先权日为1988年9月16日，专利权人为曼夫瑞德·A.A·鲁波克。本专利授权公告时的权利要求书为：

“1. 加工热塑波纹管（34）的设备，该设备包括一对互补的模具部件（14、15），各部件包括模块（16），该模块被同步驱动形成一个由配成对的模块（16）向前移动形成的模具孔道，挤压装置设在模具孔道的入口处，将热塑材料管（34）压入孔道，各个模块（16）都有一个含有模面的表面，并具有内部通道（76）经过各模块（16）导槽（75）里的第一入口（37、49）和固定负压室（80）配合导轨（81）里的第二入口（78）联通模面和固定负压室的负压，其特征是第一和第二入口（78）设于凸榫（22）和凹槽（24）连接部，这个连接部是在运载块的凹槽（75）和负压室的导轨（81）

的互补表面上。

2. 根据权利要求1所述的设备，其特征是：各个模块（16）包括一个运载块（16）和一个可更换的模具（36）组成的一个组件。

3. 根据权利要求1所述的设备，其特征是：凸榫联接（22）在负压室（80）的导轨（81）上，与其互补的凹槽联接（24）在各模块（16）的导槽（75）内。

4. 根据权利要求1所述的设备，其特征是：凸榫（22）和凹槽（24）的联接部之间有锐利的边缘。”

2005年3月23日，针对上述专利权，上海金纬机械制造有限公司（下称请求人）向国家知识产权局专利复审委员会提出无效宣告请求，同时提交了以下证据：

证据1：美国专利US3881851，公告日：1975年5月6日，英文复印件，共10页。

请求人认为：与证据1相比，本专利权利要求1中除了负压室的特征外在证据1中均已公开，而采用负压室的特征对本领域技术人员来说是显而易见的，因此权利要求1不具备创造性；从属权利要求2~4仅是对模块和负压室的位置进行限定，因此也不具备创造性。

专利复审委员会受理了该无效宣告请求，并于2005年3月24日向双方当事人发出了《无效宣告请求受理通知书》，并向专利权人转送了《专利权无效宣告请求书》及其附件清单中所列附件副本，要求其在指定的期限内答复，同时成立合议组对本无效宣告请求案进行审理。

2005年4月28日，专利权人针对无效宣告请求提交了意见陈述书。专利权人认为：（1）无效请求人在2005年3月23日提交的无效宣告请求书中没有针对无效宣告的理由，结合提交的证据指明每项理由所依据的证据，而且在意见陈述书中，也没有结合提交的证据具体说明无效宣告请求的理由，只是笼统并武断地认为本专利与证据1相比没有创造性，其无效的理由不充分；（2）请求人未提交所附外文证据的中文译文，在收到中文译文后，专利权人再进一步答复；（3）请求人在意见陈述书中说明理由时已指出，证据1没有公开负压室这一技术特征，因此本专利与证据1的区别已经凸现，证据1不能破坏本专利的创造性。

2005年5月23日，专利复审委员会向请求人发出《外文证据处理通知书》，告知请求人其未在2005年3月23日提交外文证据美国专利US 3881851的同时提交所使用部分的中文译文，请求人应当在收到本通知书之日起，壹个月内补交所使用部分的中文译文，期满未补交的，该外文证据视为未提交。

请求人未在上述《外文证据处理通知书》指定的期限内补交外文证据美国专利US 3881851所使用部分的中文译文。

2005年5月9日，请求人再次提交了《专利权无效宣告请求书》及意见陈述书，声明此次提交的补充意见书用来替换2005年3月23日提交的意见陈述书，同时提交了以下新证据：

证据1′：美国专利US 4319872，公告日：1982年3月16日，英文复印件，共9页；

证据2′：美国专利US 4199314，公告日：1980年4月22日，英文复印件，共9页；

证据3′：日本昭53-36565号公开特许公报，公开日：1978年4月4日，日文复印件，共4页；

证据4′：日本昭50-3109号特许公报，公告日：1975年1月31日，日文复印件，共4页。

请求人认为：证据1′或2′公开了权利要求1的前序部分所有技术特征和权利要求2的特征，权利要求3和4是一般说明和普通设计，故相对于上述证据1′~4′，本专利权利要求1~4不具备专利法第22条第3款规定的创造性。

2005年6月8日，请求人提交了盖有“上海翻译家协会翻译专用章”骑缝章的证据1′的中文译文12页、证据2′的中文译文11页、证据3′的中文译文4页以及证据4′的中文译文3页。

2005年10月14日，专利复审委员会本案合议组向请求人发出了《无效宣告请求审查通知书》，告知请求人其于2005年5月9日提交的证据1′～4′是请求人提出无效宣告请求之日（2005年3月23日）起一个月后提交的新证据，属于逾期补充的证据，因此合议组不予考虑；请求人应在收到上述通知书之日起壹个月内答复；期满未答复的，不影响专利复审委员会审理。

请求人未在上述《无效宣告请求审查通知书》指定的期限内进行答复。

经过上述审理程序，合议组认为本案事实已经清楚，可以依法作出审查决定。

二、决定的理由

1. 证据认定

专利法实施细则第4条第2款规定：依照专利法和本细则规定提交的各种证件和证明文件是外文的，国务院专利行政部门认为必要时，可以要求当事人在指定期限内附送中文译文；期满未附送的，视为未提交该证件和证明文件。

专利法实施细则第66条规定：在专利复审委员会受理无效宣告请求后，请求人可以在提出无效宣告请求之日起1个月内增加理由或者补充证据。逾期增加理由或者补充证据的，专利复审委员会可以不予考虑。

就本无效宣告请求案而言，请求人于2005年3月23日针对本专利提出无效宣告请求并提交证据1，证据1为一篇美国专利文献，属于外文证据，但请求人未提交该外文证据的中文译文，也未在专利复审委员会于2005年5月23日发出的《外文证据处理通知书》中指定的期限内补交证据1的中文译文，因此该外文证据视为未提交。

对于请求人于2005年5月9日提交的证据1′～4′及其补交的中文译文，合议组在2005年10月14日的《无效宣告请求审查通知书》中已指出，由于它们是请求人在提出无效宣告请求之日（即2005年3月23日）起一个月后提交的新证据，属于逾期补充的证据，因此合议组不予考虑。

2. 关于专利法第22条第3款

专利法第22条第3款规定：创造性，是指同申请日以前已有的技术相比，该发明有突出的实质性特点和显著的进步。

当事人对其主张负有举证责任。如果无效请求人在主张一项专利不符合专利法第22条第3款规定的无效理由时，无法提供破坏该专利创造性的现有技术的有效证据，则请求人提出的不符合专利法第22条第3款的无效理由不能成立。

本案中，无效请求人先后提交了证据1和证据1′～4′，并且指出上述证据作为对比文件用于破坏本专利权利要求1～4的创造性。但如上所述，请求人在本无效宣告请求案中提交的所有证据：证据1、证据1′～4′都不能在本无效宣告请求案中作为有效的证据，从而也就无法支持其无效宣告请求的理由，因此合议组认为：在请求人未能提供有效的证据支持其主张的情况下，请求人提出的本专利权利要求1～4不符合专利法第22条第3款的无效理由不成立。

基于上述事实和理由，合议组作出下述决定。

三、决定

维持第89107110.5号发明专利权有效。

当事人对本决定不服的，可以根据专利法第46条第2款的规定，自收到本决定之日起三个月内向北京市第一中级人民法院起诉。根据该款规定，一方当事人起诉后，另一方当事人应当作为第三人参加诉讼。

024

眼镜附属镜框结合构造

无效宣告请求审查决定（第9195号）

决　　定　　号　第9195号
决　　定　　日　2006年12月2日
发明创造名称　眼镜附属镜框结合构造
国 际 分 类 号　G02C 9/00，G02C 7/08
无效宣告请求人　深圳市卓英杰眼镜有限公司
专　利　权　人　赵浩志
申　　请　　号　97106767.8
申　　请　　日　1997年12月8日
授 权 公 告 日　2002年10月23日
合 议 组 组 长　张宗任
主　　审　　员　张　霞
参　　审　　员　马志远

法　律　依　据　专利法第22条第3款
决　定　要　点

如果一项权利要求与对比文件相比存在区别技术特征，且现有技术未给出技术启示，同时所述区别技术特征带来了显著的技术效果，则该权利要求所要求保护的技术方案具有突出的实质性特点和显著的进步，该权利要求具有创造性。

一、案由

本无效宣告请求涉及的是国家知识产权局于2002年10月23日授权公告的97106767.8号发明专利权，其发明名称为“眼镜附属镜框结合构造”，申请日为1997年12月8日，优先权日为1996年12月13日，专利权人为赵浩志。本专利授权公告的权利要求书如下：

“1. 一种眼镜附属镜框结合构造，包含有一主镜框（10），其两侧可供枢接脚架（12），以及一附属镜框（20）系结合至主镜框（10）上，主镜框（10）和附属镜框（20）的中间各设一桥接元件（13、12），可供将镜片环框或直接将镜片连接在一起，其特征在于：在主镜框（10）的桥接元件（13）设有至少一第一磁性元件（14），该附属镜框（20）亦在其桥接元件（21）上设有至少一第二磁性元件（24），附属镜框（20）的第二磁性元件（24）被支持在主镜框（10）的桥接元件（13）顶面上时磁力作用于主镜框（10）的桥接元件（13）顶面。

2. 如权利要求1所述的眼镜附属框结合构造，其特征在于：该附属镜框（20）的桥接元件（21）

更往后突伸一止挡杆（22）可供架设至主镜框（10）的桥接元件（13）上，在止挡杆（22）上设该第二磁性元件（24）以供和主镜框（10）的磁性元件（14）相吸附结合。

3. 如权利要求1所述的眼镜附属框结合构造，其特征在于：该第一磁性元件（14）系设置低于主镜框（10）的桥接元件（13）的顶面而呈凹陷状，该第二磁性元件（24）系由附属镜框（20）的桥接元件（21）往下延伸而可嵌入和勾住主镜框（10）的桥接元件（13）。

4. 如权利要求1所述的眼镜附属镜框结合构造，其特征在于：主镜框（10）和附属镜框（20）的桥接元件（13，21）系由磁性元件制成。

5. 如权利要求1所述的眼镜附属镜框构造，其特征在于：主镜框（10）和附属镜框（20）的桥接元件（13，21）向内成倾斜堆叠状。

6. 如权利要求1所述的眼镜附属镜框构造，其特在于：附属镜框（20）的桥接元件（21）末端向内倾斜形成挡杆（220）。

7. 如权利要求1所述的眼镜附属镜框构造，其特征在于：主镜框（10）桥接元件（13）设有一孔洞（131），能供附属镜框（20）桥接元件（21）向下突出的第二磁性元件（24）嵌入。

8. 如权利要求1所述的眼镜附属框构造，其特征在于：附属镜框（20）桥接元件（21）系成C字型。

9. 如权利要求1所述的眼镜附属框构造，其特征在于：附属镜框（20）设有一个以上的握柄（28）。

10. 如权利要求1所述的眼镜附属框构造，其特征在于：附属镜框（20）桥接元件（21）向下延伸一止挡（29）。”

针对上述发明专利（下称本专利），深圳市卓英杰眼镜有限公司（下称请求人）于2006年2月13日向专利复审委员会提出了无效宣告请求，理由是本专利不符合专利法第22条第3款，并提交了如下四份附件作为证据：

附件1：申请号为95106071.6的中国发明专利申请公开说明书，其公开日为1996年2月28日；

附件2：WO90/09611号PCT专利申请公开说明书，其公开日为1990年8月23日，以及其说明书第13页至第15页、第19页第20行至第23行、第22页第6行至第13行的中文译文；

附件3：US5568207号美国专利文献，其公开日为1996年10月22日，及其权利要求书的中文译文；

附件4：1995年12月15日的《日本工业新闻》中第15版的复印件及其中文译文。

请求人认为：本专利权利要求1相对于附件1和附件3的结合、附件1和附件4的结合、附件2和附件3的结合或者附件2和附件4的结合不具备创造性；权利要求2相对于附件1和附件3的结合、附件2和附件3的结合、附件1和附件4的结合或者附件2和附件4的结合不具备创造性；权利要求3相对于附件1和附件3的结合不具备创造性；权利要求4相对于附件1或附件2不具备创造性，因此，权利要求1~4都不符合专利法第22条第3款关于创造性的规定。

经形式审查合格后，专利复审委员会受理了该无效宣告请求，于2006年3月31日向双方当事人发出了无效宣告请求受理通知书，并将无效请求书及其附件副本转给了专利权人。

2006年5月11日专利权人针对无效请求提交了意见陈述，并随意见陈述书提交了如下三份附件作为证据：

证据1：黄炳焯请求宣告本专利无效的请求书；

证据2：专利复审委员会针对证据1所示无效宣告请求作出的第5661号决定书；

证据3：北京高院针对证据2作出的（2005）高行终字第35号行政判决书。

专利权人认为：本专利权利要求 1 反映了本发明的两个核心技术特征：一是磁性元件设置在位于镜框中间的桥接元件上，二是附属镜框的磁性元件被支持在主镜框桥接元件的顶面上时磁力作用于主镜框的桥接元件的顶面，这两点互相关联，不可分割，为本发明带来了显著的技术效果；请求人提交的附件均未公开上述技术特征，因此，本专利权利要求 1~4 具备专利法第 22 条第 3 款规定的创造性。证据 1~3 用于说明附件 2~4 是在先针对本专利提出无效宣告请求提交过的文件，复审委员会已评述并作出了决定，认为其既没有公开权利要求 1 的核心技术特征，也没有给出关于该技术特征的技术教导，更被生效的法院判决所维持，有既判力。

专利复审委员会依法成立合议组对本案进行审理，合议组于 2006 年 9 月 25 日将专利权人于 2006 年 5 月 11 日提交的意见陈述书以及附件副本转给了请求人，并向双方当事人发出口头审理通知书，定于 2006 年 11 月 22 日在专利复审委员会举行口头审理。

口头审理如期举行，双方均参加了口头审理。在口头审理过程中，双方当事人对合议组成员无回避请求。双方当事人对对方出庭人员身份无异议。专利权人对附件 1~4 的真实性没有异议，对附件 2~4 的译文涉及本领域技术的内容没有异议。请求人明确无效理由为：本专利不符合专利法第 22 条第 3 款的规定。具体评价方式为：以附件 1 作为最接近的对比文件，附件 1 结合附件 3，或附件 1 结合附件 4 评价权利要求 1、2、4 的创造性；以附件 2 作为最接近的对比文件，附件 2 结合附件 3，或附件 2 结合附件 4 评价权利要求 1、2、4 的创造性；附件 1 或附件 2 与附件 3 结合评价权利要求 3 的创造性。

在上述工作的基础上，合议组认为本案事实已经清楚，可依法作出本审查决定。

二、决定的理由

1. 关于证据

附件 1~4 的公开日均在本专利优先权日之前，专利权人对附件 1~4 的真实性没有异议，对附件 2~4 的译文涉及本领域技术的内容没有异议，因此上述文件均可以用作评价本专利创造性的现有技术。

2. 关于创造性

专利法第 22 条第 3 款规定：创造性，是指同申请日以前已有的技术相比，该发明有突出的实质性特点和显著的进步，该实用新型有实质性特点和进步。

权利要求 1 要求保护一种眼镜附属镜框结合构造，其包含有：

（A）一主镜框（10），其两侧可供枢接脚架（12）；

（B）一附属镜框（20）系结合至主镜框（10）上；

（C）主镜框（10）和附属镜框（20）的中间各设一桥接元件（13、12），可供将镜片环框或直接将镜片连接在一起；

（D）在主镜框（10）的桥接元件（13）设有至少一第一磁性元件（14）；

（E）该附属镜框（20）亦在其桥接元件（21）上设有至少一第二磁性元件（24）；

（F）附属镜框（20）的第二磁性元件（24）被支持在主镜框（10）的桥接元件（13）顶面上时磁力作用于主镜框（10）的桥接元件（13）的顶面。

附件 1 公开了一种带磁铁的可取下的太阳镜，其说明书第 3 页倒数第三段至说明书第 4 页第 3 行公开了，该太阳镜具有：（a）一付眼镜 5，其具有安装有镜片 6 的一框架 5a，由图 1 所示可以看出，所述框架枢接有脚架；（b）一无边撑太阳镜 1，带色镜片 2 装在框架 1a 上；（c）如图 1 所示，眼镜的框架 5a 上设有桥部，太阳镜的框架 1a 上也设有桥部，一铰链 4 设置于所述框架 1a 的桥部，使框架 1a 能在铰链 4 处折叠；（d）框架 5a 的各端连接有具有平面的小圆柱形磁铁 7；（e）框架 1a 的各端连接有具有平面的小圆柱形磁铁 3，其与眼镜的各磁铁磁性相连。说明书第 3 页最后一行至说明书第 4 页第 2 行记载了，在本实施例中，磁铁位于框架 1a 和 5a 的两端，然而，其不限于本实施例，所以，磁铁可以设在任何位置，只要眼镜和太阳镜能稳定地连接和分开即可。

附件 2 公开了一种定位结构，其附图 7 为一种带有被定位护目镜片的改进型眼镜，根据其说明书第 13~15 页的中文译文，（a′）改进型眼镜 2 具有眼镜边框 4 和 6，侧耳 8 和 10、眼镜腿 12 和 14；（b′）如图 7 所示，护目镜 22 可与眼镜 2 结合；（c′）改进型眼镜 2 设有桥接部分 16，护目镜设有中间部位 28；（d′）永磁体 34 固定于桥接部分 16 中；（e′）永磁体 36 固定于中间部位 28 上。如图 7 所示，改进型眼镜与护目镜通过两块永磁体侧向吸附连接在一起。

附件 3 公开了一种眼镜装置，根据其权利要求 1 译文的记载和附图 5、6 所示，主镜框的两后侧部分别固定有突起，该突起部分分别固定有第一磁性元件，支撑辅助镜片的辅助镜架两侧部分均延伸有一个臂，该臂上分别固定有与所述主镜架的第一磁性元件吸合的第二磁性元件，用以将所述辅助镜架固定至所述主镜架上，所述延伸臂与主镜架的上部吸合并受其支撑，所述辅助镜架受到主镜架的稳定支撑，避免所述辅助镜架从主镜架上下滑，从而避免所述辅助镜架脱离主镜架。

附件 4 针对眼睛近视的人在外面活动带遮阳镜时必须要有度数的镜片的难题，公开了一种在平常的眼镜上安装的遮阳镜片镜架。根据其中文译文，在镜架的百叶部位和遮阳镜片的框的两端分别安有磁铁，从而镜片可以方便地装卸，在原有的视力的条件下可使用太阳镜片，与磁铁的接触是在镜架的下侧和镜片的上侧，并且是垂直的方向，所以即使是剧烈的晃动，镜片也不会脱落。

将附件 1 与本专利权利要求 1 比较，可以看出，附件 1 中的特征（a）~（c）分别对应于本专利权利要求 1 的特征（A）~（C），附件 1 的特征（d）（e）中的磁铁分别对应于权利要求 1 特征（D）（E）中的第一磁性元件和第二磁性元件，虽然附件 1 说明书第 3 页最后一行至说明书第 4 页第 2 行记载有磁铁可以设置在任何位置，但是，上述文字中并未明确指出所述磁铁可以设置在桥接元件上，也没有给出磁性元件可以设置在桥接元件上的技术启示，因此，附件 1 公开了本专利权利要求 1 中的特征（A）~（C）以及特征（D）（E）中的主镜框和附属镜框上设有磁性元件，即附件 1 没有公开权利要求 1 的如下技术特征：第一磁性元件和第二磁性元件分别设在主镜框和附属镜框的桥接元件上和特征（F）。

由于附件 3 中磁铁的作用是在主副镜框的两侧，附件 4 中磁铁的接触是在镜架的下侧和镜片的上侧，并位于镜架和镜片的两侧，因此，附件 3、4 中均未公开下述特征：第一磁性元件和第二磁性元件分别设在主镜框和附属镜框的桥接元件上以及特征（F）。并且，上述区别技术特征给本专利带来了如下技术效果：与磁铁设置在主副镜框两侧比较，使用者只要一只手即可方便地操作以及把附属镜框设置在主镜框上，因此，本领域的普通技术人员在附件 1 结合附件 3 或附件 1 结合附件 4 所公开内容基础上得到权利要求 1 所要求保护的技术方案是需要花费创造性劳动的。

将附件 2 与本专利权利要求 1 比较，可以看出，附件 2 中的特征（a′）-（e′）分别对应于本专利权利要求 1 的特征（A）~（E），可见，附件 2 没有公开权利要求 1 的如下技术特征：附属镜框（20）的第二磁性元件（24）被支持在主镜框（10）的桥接元件（13）顶面上时磁力作用于主镜框（10）的桥接元件（13）的顶面，即特征（F）。

由于附件 3 中磁铁的作用是在主副镜框的两侧，附件 4 中磁铁的接触是在镜架的下侧和镜片的上侧，并位于镜架和镜片的两侧，因此，本专利权利要求 1 的特征（F）并未被附件 3 或附件 4 公开。并且，上述区别技术特征给本专利带来了如下技术效果：与磁铁设置在主副镜框的桥接元件上，副镜框的桥接元件上的磁铁被支撑在主镜框的桥接元件磁铁侧面比较，主副镜框的结合更牢固、定位更可靠。因此，本领域的普通技术人员在附件 2 结合附件 3 或附件 2 结合附件 4 所公开内容基础上得到权利要求 1 所要求保护的技术方案是需要花费创造性劳动的。

综上所述，相对于请求人提交的证据，本领域的普通技术人员需要花费创造性劳动才能够得出本专利权利要求 1 所述技术方案，因此权利要求 1 具有创造性，符合专利法第 22 条第 3 款的规定。

由于权利要求 1 具有创造性，从属于权利要求 1 的权利要求 2~4 也具有创造性，符合专利法第 22 条第 3 款的规定。

三、决定

维持第 97106767.8 号发明专利权有效。

当事人对本决定不服的，可以根据专利法第 46 条第 2 款的规定，自收到本决定之日起三个月内向北京市第一中级人民法院起诉。根据该款的规定，一方当事人起诉后，另一方当事人应当作为第三人参加诉讼。

北京市第一中级人民法院
行政判决书

（2007）一中行初字第 550 号

原告深圳市卓英杰眼镜有限公司，住所地中华人民共和国广东省深圳市罗湖区桂园路果园东 34 号三楼。

法定代表人陈溢炜，董事长。

委托代理人陈鸿荫，男，1938 年 9 月 15 日出生，汉族，深圳睿智专利事务所专利代理人，住中华人民共和国广东省深圳市华强南路渡前村 18 栋 204。

委托代理人郭文姬，女，1972 年 11 月 2 日出生，汉族，深圳睿智专利事务所专利代理人，住中华人民共和国广东省深圳市南山区高新南环路 36 号彩虹之岸 16 栋 9A。

被告中华人民共和国国家知识产权局专利复审委员会，住所地中华人民共和国北京市海淀区北四环西路 9 号银谷大厦。

法定代表人廖涛，副主任。

委托代理人张霞，女，中华人民共和国国家知识产权局专利复审委员会审查员。

委托代理人田华，女，中华人民共和国国家知识产权局专利复审委员会审查员。

第三人赵浩志，男，1960 年 11 月 30 日出生，住中华人民共和国台湾省嘉义市东区吴凤南路 83 巷 63 号。

委托代理人谢冠斌，北京市金信立方律师事务所律师。

委托代理人刘永全，北京市金信立方律师事务所律师。

原告深圳市卓英杰眼镜有限公司不服被告中华人民共和国国家知识产权局专利复审委员会作出的第 9195 号无效宣告请求审查决定（以下简称第 9195 号决定），向本院提起行政诉讼。本院受理后，依法组成合议庭，在法定期限内向被告送达了起诉书副本及应诉通知书。依照《中华人民共和国行政诉讼法》第二十七条的规定，本院通知赵浩志作为第三人参加诉讼，并于 2007 年 7 月 9 日公开开庭审理了本案。原告的委托代理人郭文姬，被告的委托代理人张霞、田华，第三人的委托代理人谢冠斌、刘永全到庭参加了诉讼。本案现已审理终结。

2006 年 12 月 2 日，被告作出第 9195 号决定。该决定认为名称为“眼镜附属镜框结合构造”的第 97106767.8 号发明专利（以下简称本专利）的权利要求 1~4 符合《中华人民共和国专利法》（以下简称《专利法》）第二十二条第三款的规定，故维持本专利权有效。

在法定举证期限内，为证明被诉决定的合法性，被告向本院提交了下列证据：1. 本专利说明书复印件；2. 口头审理记录表附页；3. 公开日为 1990 年 8 月 23 日的 W090/09611 号 PCT 专利申请公开说明书及说明书第 13 页至第 15 页、第 19 页第 20 行至第 23 行、第 22 页第 6 行至第 13 行的中文译文（以下简称附件 2）；4. 公开日为 1996 年 10 月 22 日的 US5568207 号美国专利文献及其权利要求书的中文译文（以下简称附件 3）；5. 1995 年 12 月 15 日的《日本工业新闻》中第 15 版的复印件及其中文译文（以下简称附件 4）；6. 被告作出的第 5661 号无效宣告请求审查决定书（以下简称第 5661 号决定）复印件；7. 北京市高级人民法院（以下简称市高院）作出的（2005）高行终字第 35 号行政判决书（以下简称第 35 号判决）。

原告诉称，附件 2、3、4 与本专利的技术领域相同，其中附件 2 属于最接近的现有技术。附件 2 与本专利权利要求 1 相比，区别技术特征为两磁性元件的磁吸力作用方向与重力方向一致。这一区别特征相对于附件 2 所解决的技术问题是磁力与重力叠加，加强主副镜框之间的结合力，二者结合更加稳固。从附件 3 的权利要求 1 及其附图 5、6，以及附件 4 可以看出，两镜架的磁性元件的磁吸力作用方向与重力方向一致。该区别特征已经为附件 3 或附件 4 所公开，且所起的作用也相同。由此可见，附件 3 和 4 均给出了可将“磁吸力作用方向设置为与重力方向一致”用作“加强主副镜框之间的结合力”的技术启示，进而使得本领域的技术人员有动机将附件 3 或附件 4 分别与附件 2 结合起来构成本专利权利要求 1 的技术方案。故本专利权利要求 1 相对于附件 2 结合附件 3 或附件 4 不具备创造性。被告认定附件 3 或 4 没有公开该区别特征的理由是机械、错误的。综上所述，第 9195 号决定不符合《专利法》有关规定，违背客观事实，请求法院判决撤销该决定。

在法定举证期限内，原告向本院提交了与被告证据 3、4、5 相同的证据，用以证明本专利权利要求 1 相对于附件 2、3、4 的结合不具有创造性。

被告辩称，附件 2 没有公开本专利权利要求 1 的如下技术特征，即附属镜框（20）的第二磁性元件（24）被支持在主镜框（10）的桥接元件（13）顶面上时磁力作用于主镜框（10）的桥接元件（13）的顶面。由于附件 3 中磁铁的作用是在主副镜框的两侧，附件 4 中磁铁的接触是在镜架的下侧和镜片的上侧，并位于镜架和镜片的两侧，因此，本专利权利要求 1 与附件 2 的上述区别特征并未被附件 3 或 4 公开。并且上述区别特征给本专利带来的技术效果是主副镜框的结合更牢固、定位更可靠。因此，本领域技术人员在附件 2 结合附件 3 或附件 4 所公开内容基础上得到权利要求 1 所要保护的技术方案是需要花费创造性的劳动。此外，附件 2~4 是针对本专利提出的在先无效宣告请求提交过的证据，已生效的第 5661 号决定中已指出上述附件没有公开权利要求 1 中的上述区别特征，也没有给出关于该区别特征的技术教导。该认定亦为第 35 号判决所认可。综上，第 9195 号决定认定事实清楚，适用法律正确，审理程序合法，请求法院判决维持该决定。

第三人述称，在本案之前的第 5661 号决定以及第 35 号判决中，已明确认定附件 2~4 不能否定本专利的创造性，故原告提起的诉讼是重复诉讼。在本次无效程序中，各方均认可附件 2 是与本专利最接近的现有技术，也认可二者存在的区别特征。相对于附件 2，该区别特征解决了主副镜框的结合更牢固、定位更可靠的问题，使用者只要一只手即可方便操作，其结构简洁而方便制造和组装。附件 3 或 4 公开的技术方案均要求磁性元件设置在主副镜框的两侧，与本专利磁性元件设置的位置不同，根本没有公开上述区别特征，更不可能存在应用该区别特征解决上述技术问题的任何启示。由此可见，相对于附件 2 结合附件 3 或结合附件 4，本专利具备创造性。原告对于本专利与附件 2 的区别技术特征进行了错误的解释，其理由不能成立。综上所述，第 9195 号决定认定事实清楚，适用法律正确，审理程序合法，请求法院驳回原告的诉讼请求。在法定举证期限内，第三人未向本院提交证据。

经庭审质证，原告、被告对对方提交证据的关联性、合法性、真实性均没有异议，但是不同意对方主张的证据的证明作用。第三人对原告、被告提交证据的关联性、合法性、真实性均没有异议，但不同意原告证据的证明作用。经审查本院认为，被告提交的证据1~5、原告提交的证据均与本案审查的第9195号决定有关，且符合合法性、真实性的要求，本院予以采纳。被告提交的证据6、7能够证明其他人针对本专利曾提出过无效宣告请求，被告就该请求作出决定的内容、结论以及所作决定已经法院终审判决维持的事实。

根据上述确认的有效证据以及当事人当庭无争议的陈述，本院认定事实如下：

1997年12月8日，第三人向国家知识产权局提出名称为“眼镜附属镜框结合构造”的发明专利申请，该申请的优先权日为1996年12月13日。2002年10月23日，国家知识产权局授予其专利权，即本专利。本专利授权公告的权利要求共10项，其权利要求1~4项具体内容如下：

1. 一种眼镜附属镜框结合构造，包含有一主镜框（10），其两侧可供枢接脚架（12），以及一附属镜框（20）系结合至主镜框（10）上，主镜框（10）和附属镜框（20）的中间各设一桥接元件（13、12），可供将镜片环框或直接将镜片连接在一起，其特征在于：在主镜框（10）的桥接元件（13）设有至少一第一磁性元件（14），该附属镜框（20）亦在其桥接元件（21）上设有至少一第二磁性元件（24），附属镜框（20）的第二磁性元件（24）被支持在主镜框（10）的桥接元件（13）顶面上时磁力作用于主镜框（10）的桥接元件（13）顶面。

2. 如权利要求1所述的眼镜附属框结合构造，其特征在于：该附属镜框（20）的桥接元件（21）更往后突伸一止挡杆（22）可供架设至主镜框（10）的桥接元件（13）上，在止挡杆（22）上设该第二磁性元件（24）以供和主镜框（10）的磁性元件（14）相吸附结合。

3. 如权利要求1所述的眼镜附属框结合构造，其特征在于：该第一磁性元件（14）系设置低于主镜框（10）的桥接元件（13）的顶面而呈凹陷状，该第二磁性元件（24）系由附属镜框（20）的桥接元件（21）往下延伸而可嵌入和勾住主镜框（10）的桥接元件（13）。

4. 如权利要求1所述的眼镜附属镜框结合构造，其特征在于：主镜框（10）和附属镜框（20）的桥接元件（13、21）系由磁性元件制成。

2006年2月13日，原告以本专利权利要求1~4不符合《专利法》第二十二条第三款的规定为由，向被告提出无效宣告请求，并提交了公开日为1996年2月28日的申请号为95106071.6的中国发明专利申请公开说明书（以下简称附件1）及附件2、3、4作为证据。被告受理上述无效宣告请求后，将上述文件转送给第三人，并于2006年11月22日举行了口头审理。在口头审理中，原告明确其无效理由为本专利不符合《专利法》第二十二条第三款的规定，并明确具体的证据评价结合方式，即以附件1作为最接近的对比文件，结合附件3或结合附件4评价权利要求1、2、4的创造性；以附件2作为最接近的对比文件，结合附件3或结合附件4评价权利要求1、2、4的创造性；附件1或附件2与附件3结合评价权利要求3的创造性。

被告经审查认为，附件1~4的公开日均在本专利优先权日之前，均可以用作评价本专利创造性的现有技术。本专利权利要求1要求保护的一种眼镜附属镜框结合构造，具体包含6个技术特征，即特征A为一主镜框（10），其两侧可供枢接脚架（12）；特征B为一附属镜框（20）系结合至主镜框（10）上；特征C为主镜框（10）和附属镜框（20）的中间各设一桥接元件（13、12），可供将镜片环框或直接将镜片连接在一起；特征D为在主镜框（10）的桥接元件（13）设有至少一第一磁性元件（14）；特征E为该附属镜框（20）亦在其桥接元件（21）上设有至少一第二磁性元件（24）；特征F为附属镜框（20）的第二磁性元件（24）被支持在主镜框（10）的桥接元件（13）顶面上时磁力作用于主镜框（10）的桥接元件（13）的顶面。

附件1公开了一种带磁铁的可取下的太阳镜，其说明书以及附图1具体公开了本专利权利要求1的特征A~C以及特征D、E中的第一磁性元件和第二磁性元件。虽然附件1说明书记载了磁铁可以设置在任何位置，但是，上述文字中并未明确指出所述磁铁可以设置在桥接元件上，也没有给出磁性元件可以设置在桥接元件上的技术启示。因此，附件1没有公开权利要求1中第一磁性元件和第二磁性元件分别设在主镜框和附属镜框的桥接元件上的技术特征和特征F。附件3公开了一种眼镜装置，根据其权利要求1的记载和附图5、6所示，主镜框的两后侧部分分别固定有突起，该突起部分分别固定有第一磁性元件，支撑辅助镜片的辅助镜架两侧部分均延伸有一个臂，该臂上分别固定有与所述主镜架的第一磁性元件吸合的第二磁性元件，用以将所述辅助镜架固定至所述主镜架上，所述延伸臂与主镜架的上部吸合并受其支撑，所述辅助镜架受到主镜架的稳定支撑，避免所述辅助镜架从主镜架上下滑，从而避免所述辅助镜架脱离主镜架。附件4公开了一种在平常的眼镜上安装的遮阳镜片镜架。在镜架的百叶部位和遮阳镜片的框的两端分别安有磁铁，从而镜片可以方便地装卸，在原有视力的条件下可使用太阳镜片，与磁铁的接触是在镜架的下侧和镜片的上侧，并且是垂直的方向，所以即使是剧烈的晃动，镜片也不会脱落。由于附件3中磁铁的作用是在主副镜框的两侧，附件4中磁铁的接触是在镜架的下侧和镜片的上侧，并位于镜架和镜片的两侧。因此，附件3、4中均未公开上述区别技术特征。与磁铁设置在主副镜框两侧比较，上述区别技术特征给本专利带来了使用者只要一只手即可方便地操作以及把附属镜框设置在主镜框上的技术效果。本领域的普通技术人员在附件1结合附件3或附件1结合附件4所公开内容基础上得到权利要求1所要求保护的技术方案是需要花费创造性劳动的。

附件2公开了一种定位结构，其中附图7为一种带有被定位护目镜片的改进型眼镜。根据说明书记载，该改进型眼镜2具有眼镜边框4和6，侧耳8和10、眼镜腿12和14；护目镜22可与眼镜2结合；该改进型眼镜2设有桥接部分16，护目镜设有中间部位28；永磁体34固定于桥接部分16中，永磁体36固定于中间部位28上。改进型眼镜与护目镜通过两块永磁体侧向吸附连接在一起。将附件2与本专利权利要求1比较，附件2没有公开权利要求1的特征征F，即附属镜框（20）的第二磁性元件（24）被支持在主镜框（10）的桥接元件（13）顶面上时磁力作用于主镜框（10）的桥接元件（13）的顶面。由于附件3中磁铁的作用是在主副镜框的两侧，附件4中磁铁的接触是在镜架的下侧和镜片的上侧，并位于镜架和镜片的两侧，因此，本专利权利要求1的特征F并未被附件3或附件4公开。并且，与磁铁设置在主副镜框的桥接元件上，副镜框的桥接元件上的磁铁被支撑在主镜框的桥接元件磁铁侧面比较，上述区别技术特征给本专利带来了主副镜框的结合更牢固、定位更可靠的技术效果。因此，本领域的普通技术人员在附件2结合附件3或附件2结合附件4所公开内容基础上得到权利要求1所要求保护的技术方案是需要花费创造性劳动的。综上所述，相对于原告提交的证据，权利要求1具有创造性，符合《专利法》第二十二条第三款的规定。由于权利要求1具有创造性，从属于权利要求1的权利要求2~4也具有创造性，符合《专利法》第二十二条第三款的规定。故被告作出第9195号决定，维持本专利权有效。原告不服该决定，向本院提起行政诉讼。

在本院庭审中，原告、第三人对于被告作出第9195号决定的程序，以及本专利权利要求1相对于附件1与附件3或附件4的结合具备创造性的认定结论不持异议。

另查明，2003年1月13日，黄炳焯针对本专利提出无效宣告请求，所提的无效理由包括本专利权利要求1~4不具有创造性。在评价本专利权利要求1~4创造性时，是以公开日为1996年12月3日的第3031881号日本实用新型专利公报（以下简称对比文件1）结合附件3或附件4评价本专利权利要求1~3的创造性，以对比文件1及附件2结合附件3或4评价本专利权利要求4的创造性。同年12月22日，被告作出第5661号决定。在该决定中，被告认为，对比文件1没有公开本专利权利要求

l的特征F，附件2、3、4亦没有公开该特征，也没有给出关于该特征的技术教导，且该特征给本专利带来了使用者只要一只手即可方便地操作以及把附属镜框设置在主镜框上，并使主副镜框的结合更牢固、结构更美观的技术效果。故决定维持本专利权有效。2005年12月20日，市高院作出第35号判决，维持上述决定。

本院认为，被告在第5661号决定中是对无效请求人以对比文件1结合附件2或附件3或附件4评价本专利创造性进行的审查、判断。而原告在本次无效宣告程序中，是以附件1结合附件3或4、附件2结合附件3或4评价权利要求1~4的创造性。因此，原告提起的本次无效宣告请求不属于《中华人民共和国专利法实施细则》第六十五条第二款规定的以同样的理由和证据证据再次提出的无效请求，被告受理该请求并作出决定与上述法律规定并不相悖。原告针对第9195号决定提起的本案诉讼亦不属于重复诉讼。第三人主张原告提起的本案诉讼属于重复诉讼的主张，缺乏事实和法律依据，本院不予采纳。

原告、第三人对于被告作出第9195号决定的程序，以及第9195号决定关于本专利权利要求1相对于附件1结合附件3或附件4具备创造性的认定结论不持异议，本院经审查，认同被告的上述认定结论，并对被告作出被诉决定程序的合法性予以确认。

本专利权利要求1所保护的技术方案与附件2公开的内容的区别在于附属镜框（20）的第二磁性元件（24）被支持在主镜框（10）的桥接元件（13）顶面上时磁力作用于主镜框（10）的桥接元件（13）的顶面。附件3、4虽然公开了磁性元件上下吸合的方式，但是附件3中磁铁作用是在主副镜框的两侧，附件4中磁铁是在镜架与镜片的两侧接触，二者均未公开上述区别特征，亦没有将在镜框两侧设置上下相吸的磁性元件应用到桥接部分的教导，本领域技术人员根据附件2结合附件3或附件4，得到本专利权利要求1请求保护的技术方案需要花费创造性的劳动。因此，被告根据附件2、3、4公开的内容，作出权利要求1具有创造性的认定，符合《专利法》及《审查指南》的相关规定。在权利要求1具备创造性的情况下，被告认定其从属权利要求2~4具备创造性亦是正确的。原告认为附件2已经公开在桥接部分设置磁性元件的技术特征，未公开的仅是垂直相吸的磁力作用方式，而附件3、4均公开这种磁力作用方式，并以此为由提出本专利权利要求1相对于附件2结合附件3或4不具有创造性的诉讼主张，缺乏事实依据，本院不予采纳。综上，第9195号决定认定事实清楚，适用法律正确，审查程序合法，本院予以维持。原告的诉讼理由均缺乏事实及法律依据，其诉讼请求本院不予支持。据此，依照《中华人民共和国行政诉讼法》第五十四条第（一）项的规定，判决如下：

维持被告中华人民共和国国家知识产权局专利复审委员会于二〇〇六年十二月二日作出的第9195号无效宣告请求审查决定。

案件受理费100元，由原告深圳市卓英杰眼镜有限公司负担（已交纳）。

如不服本判决，原告深圳市卓英杰眼镜有限公司、被告中华人民共和国国家知识产权局专利复审委员会可在本判决书送达之日起15日内，第三人赵浩志可在本判决书送达之日起30日内，向本院递交上诉状，并按对方当事人人数提出副本，预交上诉案件受理费100元，上诉于中华人民共和国北京市高级人民法院。上诉人在上诉期限内未预交上诉案件受理费，又不提出缓交申请的，按自动撤回上诉处理。

审　判　长　梁　菲
代理审判员　何君慧
人民陪审员　欧万雄
二〇〇七年十月十五日
书　记　员　李铁萌

北京市高级人民法院
行政判决书

（2008）高行终字第292号

上诉人（一审原告）深圳市卓英杰眼镜有限公司，住所地中华人民共和国广东省深圳市罗湖区桂园路果园东34号三楼。

法定代表人陈溢炜，董事长。

委托代理人陈鸿荫，男，深圳睿智专利事务所职员，身份证号码440301380915383。

委托代理人郭文姬，女，深圳睿智专利事务所职员，身份证号码432502197211021025。

被上诉人（一审被告）中华人民共和国国家知识产权局专利复审委员会，住所地中华人民共和国北京市海淀区北四环西路9号银谷大厦。

法定代表人廖涛，副主任。

委托代理人张霞，女，中华人民共和国国家知识产权局专利复审委员会审查员。

委托代理人田华，女，中华人民共和国国家知识产权局专利复审委员会审查员。

被上诉人（一审第三人）赵浩志，男，1960年11月30日出生，住中华人民共和国台湾省嘉义市东区吴凤南路83巷63号，身份证号码Q120159928。

委托代理人谢冠斌，北京市金信立方律师事务所律师。

委托代理人刘永全，北京市金信立方律师事务所律师。

上诉人深圳市卓英杰眼镜有限公司（以下简称卓英杰公司）因无效宣告请求审查决定一案，不服北京市第一中级人民法院（2007）一中行初字第550号行政判决，向本院提起上诉。本院依法组成合议庭，公开开庭审理了本案。上诉人卓英杰公司的委托代理人郭文姬，被上诉人中华人民共和国国家知识产权局专利复审委员会（以下简称专利复审委员会）的委托代理人张霞、田华，被上诉人赵浩志的委托代理人谢冠斌、刘永全出庭参加了诉讼。本案现已审理终结。

2006年12月2日，专利复审委员会作出第9195号无效宣告请求审查决定（以下简称第9195号决定），以第97106767.8号发明专利权（以下简称本专利）相对于卓英杰公司提交的4份附件具有创造性为由，依据《中华人民共和国专利法》（以下简称《专利法》）第二十二条第三款的规定，维持名称为“眼镜附属镜框结合构造”的第97106767.9号发明专利权（以下简称本专利）有效。卓英杰公司不服该决定，向中华人民共和国北京市第一中级人民法院（以下简称一审法院）提起行政诉讼。

一审法院判决认为，卓英杰公司提起本次无效宣告请求不属于《中华人民共和国专利法实施细则》第六十五条第二款规定的以同样的理由和证据再次提出的无效请求，专利复审委员会受理该请求并作出决定并不违法。卓英杰公司针对第9195号决定提起诉讼亦不属于重复诉讼。赵浩志主张卓英杰公司提起的本案诉讼属于重复诉讼的主张缺乏事实和法律依据。

卓英杰公司、赵浩志对于专利复审委员会作出第9195号决定的程序，以及第9195号决定关于本专利权利要求1相对于附件1结合附件3或附件4具备创造性的认定结论不持异议，经审查，对专利复审委员会的上述认定结论予以认同，并对专利复审委员会行政程序的合法性予以确认。

本专利权利要求1所保护的技术方案与附件2公开的内容的区别在于附属镜框（20）的第二磁性元件（24）被支持在主镜框（10）的桥接元件（13）顶面上时磁力作用于主镜框（10）的桥接元件（13）的顶面。附件3、4虽然公开了磁性元件上下吸合的方式，但是附件3中磁铁作用是在主副镜框的两侧，附件4中磁铁是在镜架与镜片的两侧接触，二者均未公开上述区别特征，亦没有将在镜框两侧设置上下相吸的磁性元件应用到桥接部分的教导，本领域技术人员根据附件2结合附件3或附件4，得到本专利权利要求1请求保护的技术方案需要花费创造性的劳动。因此，专利复审委员会根据附件2、3、4公开的内容，作出权利要求1具有创造性的认定，符合《专利法》及《审查指南》的相关规定。在权利要求1具备创造性的情况下，专利复审委员会认定其从属权利要求2至4具备创造性亦是正确的。卓英杰公司认为附件2已经公开在桥接部分设置磁性元件的技术特征，未公开的仅是垂直相吸的磁力作用方式，而附件3、4均公开这种磁力作用方式，并以此为由提出本专利权利要求1相对于附件2结合附件3或4不具有创造性的诉讼主张，缺乏事实依据。综上，第9195号决定认定事实清楚，适用法律正确，审查程序合法，据此，依照《中华人民共和国行政诉讼法》第五十四条第（一）项的规定，判决予以维持。

卓英杰公司不服一审判决，向本院提起上诉认为，本专利为了克服现有技术的缺陷，采取了将磁性元件设置在眼镜桥接元件部位，使得由至少两处定位变为一处定位，因而起到了“使用者只需利用一只手即可把附属镜框快速又稳固地吸附到主镜框上”的技术效果。附件2所公开的改进型眼镜见图7，同样也是将磁性元件设置在眼镜桥接元件部位，即也是一处定位，同样具有上述技术效果。附件2与本专利权利要求1的唯一区别在于磁力作用方式不同。附件2中，主镜框和附属镜框吸附时，磁力作用在主镜框的桥接元件侧面，而本专利的磁力作用在主镜框的桥接元件顶面。而这一区别特征正好被附件3或附件4公开。附件3或附件4的磁性元件虽设置在主镜框和附属镜框的两侧，但磁力作用在主镜框的顶面。结合附件2所公开的磁性元件设置位置，与附件3或附件4所公开的磁力作用方式不同，本领域技术人员得到本专利权利要求1的技术方案是显而易见的，不需要花费创造性的劳动，本专利权利要求1相对于附件2结合附件3或附件4不具备创造性。综上，第9195号决定违法，请求二审法院撤销一审判决，撤销第9195号决定。

被上诉人专利复审委员会答辩认为，首先，附件2与本专利的技术效果并不相同。根据附件2中文译文，附件2的技术效果在于保护眼睛及眼睛周围和脸颊，校正不正常视力以及产生美感，且附件2主镜框和附属镜框吸附时，磁力作用在桥接元件侧面，与重力方向垂直，易于脱落，不能起到本专利所述的结合牢固、定位可靠的技术效果。其次，附件3中磁铁的作用是在主附镜框的两侧，附件4中磁铁的接触是在镜架的下侧和镜片的上侧，并位于镜架和镜片的两侧，正是上述镜框两端吸附的结构保证附镜框不会从主镜框上下滑，因此，附件3、4均没有公开本专利权利要求1中的区别技术特征，也不存在将其应用于桥接元件上的教导，因此，所属技术领域的普通技术人员在附件2结合附件3或附件2结合附件4所公开内容基础上得到权利要求1所要求保护的技术方案是需要花费创造性的劳动的，本专利权利要求1具备创造性。综上，一审判决认定事实清楚，适用法律正确，请求二审法院维持一审判决和第9195号决定。

被上诉人赵浩志服从一审判决。

一审法院审理期间，专利复审委员会为证明其行为的合法性提交了下列证据：1. 本专利说明书复印件；2. 口头审理记录表附页；3. 卓英杰公司在行政程序中作为证据提交的附件2至4；6. 第5661号无效宣告请求审查决定书复印件；7.（2005）高行终字第35号行政判决书。

卓英杰公司亦提交了附件2至4作为证据。

赵浩志未提交证据。

上述证据均随案移送本院，经本院审查核实，专利复审委员会提交的证据以及卓英杰公司提交的证据均与本案审查的第9195号决定有关，且符合合法性、真实性的要求，本院予以采纳。

根据上述有效证据及各方当事人无争议的陈述，本院确认如下事实：

本专利系名称为“眼镜附属镜框结合构造”的第97106767.8号发明专利申请，其优先权日为1996年12月13日，授权公告日为2002年10月23日，专利权人为赵浩志。本专利授权公告的权利要求共10项，其权利要求1~4项具体内容如下：

“1. 一种眼镜附属镜框结合构造，包含有一主镜框（10），其两侧可供枢接脚架（12），以及一附属镜框（20）系结合至主镜框（10）上，主镜框（l0）和附属镜框（20）的中间各设一桥接元件（13、12），可供将镜片环框或直接将镜片连接在一起，其特征在于：在主镜框（l0）的桥接元件（13）设有至少一第一磁性元件（14），该附属镜框（20）亦在其桥接元件（21）上设有至少一第二磁性元件（24），附属镜框（20）的第二磁性元件（24）被支持在主镜框（10）的桥接元件（13）顶面上时磁力作用于主镜框（l0）的桥接元件（13）顶面。

2. 如权利要求1所述的眼镜附属框结合构造，其特征在于：该附属镜框（20）的桥接元件（21）更往后突伸一止挡杆（22）可供架设至主镜框（10）的桥接元件（13）上，在止挡杆（22）上设该第二磁性元件（24）以供和主镜框（10）的磁性元件（14）相吸附结合。

3. 如权利要求1所述的眼镜附属框结合构造，其特征在于：该第一磁性元件（14）系设置低于主镜框（10）的桥接元件（13）的顶面而呈凹陷状，该第二磁性元件（24）系由附属镜框（20）的桥接元件（21）往下延伸而可嵌入和勾住主镜框（10）的桥接元件（13）。

4. 如权利要求1所述的眼镜附属镜框结合构造，其特征在于：主镜框（10）和附属镜框（20）的桥接元件（13，21）系由磁性元件制成。”

2006年2月13日，卓英杰公司以本专利权利要求1~4不符合《专利法》第二十二条第三款的规定为由，向专利复审委员会提出无效宣告请求，并提交了4份附件作为证据：

附件1：公开日为1996年2月28日的申请号为95106071.6的中国发明专利申请公开说明书；

附件2：公开日为1990年8月23日的W090/09611号PCT专利申请公开说明书及说明书第13页至第15页、第19页第20行至第23行、第22页第6行至第13行的中文译文。附件2公开了一种定位结构，其中附图7为一种带有被定位护目镜片的改进型眼镜。根据说明书记载，该改进型眼镜2具有眼镜边框4和6，侧耳8和10、眼镜腿12和14；护目镜22可与眼镜2结合；该改进型眼镜2设有桥接部分16，护目镜设有中间部位28；永磁体34固定于桥接部分16中，永磁体36固定于中间部位28上。改进型眼镜与护目镜通过两块永磁体侧向吸附连接在一起。

附件3：公开日为1996年10月22日的US5568207号美国专利文献及其权利要求书的中文译文。附件3公开了一种眼镜装置，根据其权利要求1的记载和附图5、6所示，主镜框的两后侧部分分别固定有突起，该突起部分分别固定有第一磁性元件，支撑辅助镜片的辅助镜架两侧部分均延伸有一个臂，该臂上分别固定有与所述主镜架的第一磁性元件吸合的第二磁性元件，用以将所述辅助镜架固定至所述主镜架上，所述延伸臂与主镜架的上部吸合并受其支撑，所述辅助镜架受到主镜架的稳定支撑，避免所述辅助镜架从主镜架上下滑，从而避免所述辅助镜架脱离主镜架。

附件4：1995年12月15日的《日本工业新闻》中第15版的复印件及其中文译文。附件4公开了一种在平常的眼镜上安装的遮阳镜片镜架。在镜架的百叶部位和遮阳镜片的框的两端分别安有磁铁，从而镜片可以方便地装卸，在原有视力的条件下可使用太阳镜片，与磁铁的接触是在镜架的下侧和镜片的上侧，并且是垂直的方向，所以即使是剧烈的晃动，镜片也不会脱落。

专利复审委员会受理上述无效宣告请求后进行了转文，并于2006年11月22日举行了口头审理。在口头审理中，卓英杰公司明确其无效理由为本专利不符合《专利法》第二十二条第三款的规定，并明确具体的证据评价结合方式为：以附件1作为最接近的对比文件，结合附件3或结合附件4评价权利要求1、2、4的创造性；以附件2作为最接近的对比文件，结合附件3或结合附件4评价权利要求 1、2、4 的创造性；附件 1 或附件 2 与附件 3 结合评价权利要求 3 的创造性。

专利复审委员会经审查认为，附件 1 至 4 的公开日均在本专利优先权日之前，均可以用作评价本专利创造性的现有技术。本专利权利要求 1 要求保护的一种眼镜附属镜框结合构造，具体包含 6 个技术特征，即特征 A 为一主镜框（10），其两侧可供枢接脚架（12）；特征 B 为一附属镜框（20）系结合至主镜框（10）上；特征 C 为主镜框（10）和附属镜框（20）的中间各设一桥接元件（13、21），可供将镜片环框或直接将镜片连接在一起；特征 D 为在主镜框（10）的桥接元件（13）设有至少一第一磁性元件（14）；特征 E 为该附属镜框（20）亦在其桥接元件（21）上设有至少一第二磁性元件（24）；特征 F 为附属镜框（20）的第二磁性元件（24）被支持在主镜框（10）的桥接元件（13）顶面上时磁力作用于主镜框（10）的桥接元件（13）的顶面。同时，专利复审委员会对附件 1 至 4 所公开的现有技术进行了认定，其认定与本院查明事实一致。

针对卓英杰公司要求以附件 1 作为最接近的对比文件，结合附件 3 或结合附件 4 评价权利要求 1、2、4 的创造性的无效理由，专利复审委员会经审查认为，本领域的普通技术人员在附件 1 结合附件 3 或附件 1 结合附件 4 所公开内容基础上得到权利要求 1 所要求保护的技术方案需要花费创造性劳动。对此认定结论，卓英杰公司在一、二审诉讼中不持异议。

针对卓英杰公司要求以附件 2 作为最接近的对比文件，结合附件 3 或结合附件 4 评价权利要求 1、2、4 的创造性的无效理由，专利复审委员会经审查认为，将附件 2 与本专利权利要求 1 比较，附件 2 没有公开权利要求 1 的特征 F，即附属镜框（20）的第二磁性元件（24）被支持在主镜框（10）的桥接元件（13）顶面上时磁力作用于主镜框（10）的桥接元件（13）的顶面。由于附件 3 中磁铁的作用是在主副镜框的两侧，附件 4 中磁铁的接触是在镜架的下侧和镜片的上侧，并位于镜架和镜片的两侧，因此，本专利权利要求 1 的特征 F 并未被附件 3 或附件 4 公开。并且，与磁铁设置在主副镜框的桥接元件上，副镜框的桥接元件上的磁铁被支撑在主镜框的桥接元件磁铁侧面比较，上述区别技术特征给本专利带来了主副镜框的结合更牢固、定位更可靠的技术效果。因此，本领域的普通技术人员在附件 2 结合附件 3 或附件 2 结合附件 4 所公开内容基础上得到权利要求 1 所要求保护的技术方案是需要花费创造性劳动的。综上所述，相对于卓英杰公司提交的证据，权利要求 1 具有创造性，符合《专利法》第二十二条第三款的规定。由于权利要求 1 具有创造性，从属于权利要求 1 的权利要求 2 至 4 也具有创造性，符合《专利法》第二十二条第三款的规定。

2006 年 12 月 2 日，专利复审委员会作出第 9195 号决定，维持本专利权有效。卓英杰公司不服该决定，向一审法院提起行政诉讼。

本院认为，根据本院查明的事实，专利复审委员会关于与本专利权利要求 1 相比，附件 2、附件 3 或附件 4 均没有公开权利要求 1 的特征 F，即附属镜框（20）的第二磁性元件（24）被支持在主镜框（10）的桥接元件（13）顶面上时磁力作用于主镜框（10）的桥接元件（13）的顶面的认定正确。与磁铁设置在主副镜框的桥接元件上，副镜框的桥接元件上的磁铁被支撑在主镜框的桥接元件磁铁侧面比较，上述区别技术特征给本专利带来了主副镜框的结合更牢固、定位更可靠的技术效果。本领域的普通技术人员在附件 2 结合附件 3 或附件 2 结合附件 4 所公开内容基础上得到权利要求 1 所要求保护的技术方案需要花费创造性劳动。专利复审委员会据此认为本专利权利要求 1 具有创造性，由于权利要求 1 具有创造性，从属于权利要求 1 的权利要求 2 至 4 也具有创造性符合法律规定。

综上，第 9195 号决定认定事实清楚，适用法律正确，行政程序合法，一审判决维持正确，本院予以维持。卓英杰公司的上诉理由不能成立，本院不予支持。根据《中华人民共和国行政诉讼法》第六十一条第（一）项的规定，判决如下：

驳回上诉，维持一审判决。
二审案件受理费人民币 100 元，由上诉人深圳市卓英杰眼镜有限公司负担（已交纳）。
本判决为终审判决。

审 判 长 任全胜
代理审判员 景 滔
代理审判员 赵宇晖
二〇〇八年九月十日
书 记 员 王 芳

025

通过α衰变净化排气的方法和装置

无效宣告请求审查决定（第9199号）

决　定　号　第9199号
决　定　日　2006年12月20日
发明创造名称　通过α衰变净化排气的方法和装置
国际分类号　B01J 19/12，G21H 5/00，F02M 27/06
无效请求人　北京三元桥丰田汽车销售服务中心
专利权人　武部正幸
申　请　号　97118674.X
申　请　日　1997年8月15日
授权公告日　2002年10月2日
合议组组长　崔　震
主　审　员　赵　明
参　审　员　刘敏飞

法律依据　专利法第22条第2款、第3款
决定要点

在判断新颖性时，是将发明的权利要求与一篇对比文件进行单独比较，考察权利要求技术方案是否已被该对比文件公开，如果已被公开，则该权利要求不具备新颖性，如果存在区别技术特征，则该权利要求具备新颖性；如果上述区别技术特征的引入对本领域普通技术人员而言是容易想到的，且其技术效果也是可以预料的，则该权利要求不具备创造性。

一、案由

本无效宣告请求涉及中华人民共和国国家知识产权局于2002年10月2日授权公告的、名称为“通过α衰变净化排气的方法和装置”的发明专利权（下称本专利），其申请号是97118674.X，申请日是1997年8月15日，专利权人是武部正幸。该专利授权公告时的权利要求书如下：

“1. 一种用在内燃机或其他燃烧设备上的净化排气的方法，包括下述步骤：

用天然放射性元素发出的α射线对流过发动机或设备空气进口的空气进行辐射，该放射性元素通过自身α衰变发射出0.001~0.6贝克勒尔的α射线，辐射使空气中的双原子氧转变成强氧化性的活性氧，同时使空气中的部分氮通过裂变转变成单原子氧和单原子氢；

向燃烧设备或内燃机供应含有活性氧、单原子氧和氢的空气，使排气中的有毒成分减少。

2. 一种用于内燃机或其他燃烧设备的排气净化装置，包括一些各由包含天然放射性元素的物质

制成的部件，该放射性元素通过自身α衰变发射出0.001至0.6贝克勒尔的α射线；或者包括一个具有上述部件的构件，它们被布置在设备或发动机的空气进口、排气出口和燃料管处，以去除排气中的有毒成分。

3. 一种排气净化装置，包括一些各由包含天然放射性元素的物质制成的部件，放射性元素发射出0.001~0.6贝克勒尔的α射线，它们被布置在向内燃机或燃烧设备供应燃料的燃料管和燃料过滤器上。

4. 如权利要求2和3中任一项所述的装置，其中分别安装在空气进口系统、排气系统和燃料管系统的一部分上的部件是模压合成树脂、软合成树脂板、陶瓷或封装在可渗透纸内的过滤件或类似物，它们包含能发出0.001~0.6贝克勒尔α射线的天然放射性元素物质的粉末或颗粒状填料；

其中分别安装在空气进口系统、排气系统和燃料管系统所述部分上的部件被涂以涂料，涂料中混合有能发出0.001~0.6贝克勒尔α射线的天然放射性元素物质的粉末。”

针对本专利权，北京三元桥丰田汽车销售服务中心（下称请求人）于2005年8月24日向专利复审委员会提出无效宣告请求，认为本专利不符合专利法第22条第4款、本专利说明书不符合专利法第26条第3款的规定，权利要求1~4不符合专利法第26条第4款、专利法实施细则第20条第1款的规定，权利要求1~3不符合专利法实施细则第21条第2款的规定，权利要求1不符合专利法第22条第2款的规定，权利要求2~4不符合专利法第22条第3款的规定。同时请求人提交了如下附件：

附件1：JSAE 1997年春季大会学术讲演会前刷集No.973，社团法人自动车技术会1997年4月20日发行，封面、目录、出版信息页、第261~264页复印件，共7页；（下称对比文件1）

附件2：JSAE 1996年秋季大会学术讲演会前刷集No.964，社团法人自动车技术会1996年10月1日发行，封面、目录、第265~268页复印件，共8页；（下称对比文件2）

附件3：特开平7-119565号日本公开特许公报，公开日为1995年5月9日；（下称对比文件3）

附件4：特开平5-76776号日本公开特许公报，公开日为1993年3月30日；（下称对比文件4）

附件5：特开平8-218956号日本公开特许公报，公开日为1996年8月27日；（下称对比文件5）

附件6：特开平10-108904号日本公开特许公报，公开日为1998年4月28日；

附件7：特开平10-110655号日本公开特许公报，公开日为1998年4月28日；

附件8：本专利说明书。

请求人认为：（1）本专利说明书所记载的发明的实质内容是使用天然放射性元素通过自身α衰变发射出0.001~0.6贝克勒尔的α射线对内燃机或燃烧装置的进气、排气、燃料进行辐射，但按照技术常识，上述强度的α射线使活化的氧的量、裂变为氧原子和氢原子的氮的量是极其微量的，不可能获得本专利所称的技术效果，因此本专利无法在产业上应用，不具备实用性。（2）本专利对天然放射性元素的限定不明确，而且对α射线的量的限定也不明确，没有明确限定是单个天然放射性元素发射的α射线的量，还是多种天然放射性元素发射的α射线的总量，或者是由包含天然放射性元素的物质制成的部件发射出的α射线的总量；本专利说明书的具体实施方案中，没有公开所使用的净化件中含有何种天然放射性元素，是一种还是多种，含有量是多少，是一种放射性元素发射出0.001~0.6贝克勒尔的α射线，还是净化件中含有的多种放射性元素发射出0.001~0.6贝克勒尔的α射线；本专利具体实施方案中使用的净化件所发射的α射线的量不是0.001~0.6贝克勒尔，因此用于实施例中的净化件不能确定就是本专利的净化件；α射线在固体中的行程很短，要从中放出α射线必须具有相当能量的同位素，但说明书中没有记载使用何种同位素、如何安全地获得、如何加工等。综上，本专利的说明书公开不充分。（3）本专利说明书中没有记载具体实施权利要求1净化排气方法的具体技术方案，说明书所公开的净化件发射的辐射能为“0.01至0.02贝克勒尔/cm^2的α射线”，与权利要求 1 所要求的“0.001~0.6 贝克勒尔的 α 射线”两者的量纲不同，导致两者在数值范围、物理参数性质两方面有本质不同，说明书中没有试验数据证明权利要求 1 的方法可以实施，因此权利要求 1 得不到说明书的实质性支持；说明书没有公开包含通过自身 α 衰变发射出 0.001 至 0.6 贝克勒尔的 α 射线天然放射性元素的物质制成的部件，说明书所公开的净化件无法支持权利要求 2 的技术方案，权利要求 2 得不到说明书的支持；说明书所公开的净化件无法支持权利要求 3 的技术方案，本领域的技术人员不能从说明书公开的使用“0.01~0.02 贝克勒尔/cm^2 的 α 射线”的技术方案直接得到或概括得出使用“0.001~0.6 贝克勒尔的 α 射线”的技术方案；说明书具体实施方案中公开的净化件发射的辐射能与权利要求 4 所要求的“0.001~0.6 贝克勒尔的 α 射线”两者的量纲不同，导致两者在数值范围、物理参数性质两方面有本质不同，此外说明书还没有公开净化件在由包含天然放射性元素的物质制成的同时，还涂上混合有能发出 0.001~0.6 贝克勒尔的 α 射线的天然放射性元素的物质的粉末，权利要求 4 得不到说明书的支持。(4) 权利要求 1 要求保护一种方法，但是没有明确如何实现该方法，其在说明书中也没有相关说明；权利要求 2~4 也没有明确是使用含有一种天然放射性元素的物质，还是使用多种天然放射性元素发射的物质制成部件，也没有明确“0.001 至 0.6 贝克勒尔的 α 射线”是一种天然放射性元素发射的 α 射线的量，还是多种天然放射性元素发射出的 α 射线的总量；此外，权利要求 2 中出现的“一个”、“它们”的用法相互矛盾，权利要求 4 中出现的“或类似物”不清楚。综上，权利要求 1~4 没有清楚地说明请求保护的范围。(5) 权利要求 1~3 均没有记载是使用一种天然放射性元素还是使用多种天然放射性元素放出的 α 射线，同时权利要求中也没有记载使用何种同位素，因此权利要求 1~3 缺少必要技术特征。(6) 由于本专利权利要求 1~4 的优先权不成立，因此对比文件 1 可以评价权利要求 1 的新颖性，由于对比文件 1 公开了权利要求 1 的全部技术特征，因此权利要求 1 相对于对比文件 1 不具有新颖性。(7) 由于对比文件 1 公开了与本专利完全相同的净化部件，本领域的技术人员很容易将对比文件 1、2 和 4 结合，或者将对比文件 1、3 和 4 结合而得到权利要求 2 的技术方案；对比文件 1 和 2 以及公知常识的结合很容易得到权利要求 3 的技术方案；对比文件 1 和 5 的结合很容易得到权利要求 4 的技术方案。因此，权利要求 2~4 不具备创造性。

经形式审查合格，专利复审委员会依法受理了上述无效宣告请求，并于 2005 年 8 月 25 日向请求人和专利权人发出无效宣告请求受理通知书，同时将专利权无效宣告请求书及其附件清单中所列附件的副本转送给专利权人，并要求专利权人在指定的期限内陈述意见。

请求人于 2005 年 9 月 23 日向专利复审委员会提交意见陈述书，补充了无效的理由和证据，其中补充的附件为（编号续前）：

附件 9：元田谦著《同位素》，1959 年 1 月 25 日出版发行，封面、首页、目录、出版信息页、第 14~17 页，复印件，共 8 页；（下称对比文件 6）

附件 10：附件 1 的中文译文，共 9 页；

附件 11：附件 2 的中文译文，共 9 页；

附件 12：附件 3 的中文译文，共 20 页；

附件 13：附件 4 的中文译文，共 9 页；

附件 14：附件 5 的中文译文，共 10 页；

附件 15：附件 9 的中文译文，共 4 页；

附件 16：附件 1 的公证认证材料复印件及中文译文，共 19 页；

附件 17：附件 2 的公证认证材料复印件及中文译文，共 19 页；

附件 18：附件 9 的公证认证材料复印件及中文译文，共 15 页。

请求人重申了无效宣告请求书中的理由和事实，并使用对比文件 6 证明了 α 射线在液体和固体中的行程非常短，同时认为权利要求 1 的技术方案相对于对比文件 1、3 或 5 不具备创造性。

专利复审委员会依法成立合议组对本无效宣告请求案进行了审理。

本案合议组于 2005 年 11 月 30 日向专利权人发出转送文件通知书，将请求人于 2005 年 9 月 23 日提交的意见陈述书及其附件清单中所列的附件的副本转送给专利权人，并要求其在指定的期限内答复。

针对专利复审委员会于 2005 年 8 月 25 日发出的上述无效宣告请求受理通知书，专利权人于 2006 年 2 月 10 日提交了意见陈述书及相关的证据。

专利权人提交的证据如下：

证据 1：由北京理工大学汽车动力性和排放测试国家专业实验室出具的实验报告复印件一份，共 20 页。

专利权人认为：本专利的技术已经用于产业、开始实用化了，本专利即使微量的 α 射线也可以达到效果，这一结果已经通过北京理工大学的实验得到证实，因此本专利符合专利法第 22 条第 4 款的规定；本专利的说明书已经充分公开发明，所属技术领域的技术人员能够据此实施发明，本专利包括 α 衰变的自然放射性元素净化排放气体的方法和装置，本专利技术所使用的 α 衰变的自然放射性元素的含量说明书的第 3 页第 13 行明确记载为“1Oppm 至 1000ppm。”，另外，在说明书的第 3 页第 22~23 行中明确记载了是放射 α 射线、β 射线、γ 射线，最后成为铅的自然放射性元素，此外，α 射线量明确记载为在 0. 001 至 0. 6 贝勒尔的范围内，综上所述，本专利的说明书已经充分公开；在说明书充分公开的基础上，权利要求 1~4 基于说明书公开内容，也得到了说明书的支持，因此符合专利法第 26 条第 4 款的规定；权利要求 1~4 已经说明了发明的技术特征，清楚、简要地表述请求保护的范围，因此符合专利法实施细则第 20 条第 1 款的规定；本专利的权利要求 1~3 已经从整体上反映发明或者实用新型的技术方案，记载解决技术问题的必要技术特征，因此符合专利法实施细则第 21 条第 2 款的规定；本专利满足优先权的条件，因此关于本专利的新颖性和创造性的审查基准日期应该是 1996 年 8 月 15 日，对比文件 1、2、5 均是在审查基准日期以后，所以不能作为对比文献；对比文件 3 及对比文件 4 是以“化学反应机理”为基础。而本专利的特征之一，是通过对空气照射因自然放射性元素 α 衰变而产生的射线，发生核化学反应，进行原子核变换的反应，进行燃料的完全燃烧和排气净化，是对比文件 3 及对比文件 4 所完全没有公开的，因此，在可以采用的对比文件中，本专利各权利要求的技术方案均未被公开，所以，本专利的各权利要求具有新颖性和创造性。

2006 年 2 月 16 日，本案合议组将专利权人提交的意见陈述书及其附件清单中所列的附件的副本转送给请求人。

本案合议组于 2006 年 6 月 30 日向双方发出无效宣告请求口头审理通知书，定于 2006 年 8 月 29 日举行口头审理。

口头审理如期举行，双方当事人均参加了口头审理。

在口头审理中，请求人确认无效宣告请求的理由、范围和所使用的证据为：权利要求 1~4 不符合专利法第 22 条第 4 款，第 26 条第 3、4 款，专利法实施细则第 20 条第 1 款的规定；权利要求 1~3 不符合专利法实施细则第 21 条第 2 款的规定；权利要求 1 不符合专利法第 22 条第 2 款的规定，使用的证据是对比文件 1；权利要求 1~4 不符合专利法第 22 条第 3 款的规定，其中权利要求 1 相对于对比文件 1、3 或 5 不具有创造性，权利要求 2 相对于对比文件 1、3 和 4 的结合、对比文件 1、2 和 4 的结合、对比文件 2 和 4 的结合、对比文件 3 和 4 的结合不具有创造性，权利要求 3 相对于对比文件 1 和 2 的结合、对比文件 2 或者对比文件 3 不具有创造性，权利要求 4 的创造性在权利要求 2 和 3 的证据结合基础上再结合对比文件 5 进行评述。

请求人当庭出示了对比文件 1、2、6 的原件，专利权人对附件 1~9 的真实性没有异议，对对比文件 1~6 中文译文的准确性没有异议，但对对比文件 1、2、6 的公开性有异议。请求人明确附件 6、7 是本专利的两个优先权文本，仅作为参考使用。专利权人当庭提交了实验报告和证明的原件，用于证明本专利符合专利法第 22 条第 4 款的规定，请求人对其真实性不予认可。

至此，合议组认为本案事实已经清楚，可以作出审查决定。

二、决定的理由

1. 关于证据和现有技术

（1）请求人提交的对比文件 1、2、6 是域外证据，在口头审理时请求人提交了上述证据的公证认证文件，专利权人对其真实性没有异议，但认为公证书只是证明了对比文件 1、2、6 被图书馆收藏的日期，并没有证明对比文件是否发行以及公开的日期。合议组认为，由于专利权人对对比文件 1、2、6 本身的真实性并无异议，而请求人所提交的公证文件中国立国会图书馆收藏证明证实了上述对比文件被该馆的收藏日期分别为 1997 年 5 月 16 日、1996 年 10 月 8 日和 1958 年 2 月 5 日，均早于本专利的申请日，在没有相反证据证明的情况下图书馆的收藏日期通常可视为出版物的公开日期。由于专利权人未能提出足以推翻上述公证书的证据，因此根据请求人提供的对比文件 1、2、6 及其公证书可以认定，上述对比文件是本专利申请日前公开的出版物，合议组对专利权人对对比文件 1、2、6 公开性的质疑不予支持。

本专利要求了四项日本优先权，请求人认为在这四项优先权文本中都没有记载“0.001 至 0.6 贝克勒尔的 α 射线”这一技术特征，因此本专利的优先权并不成立。专利权人则认为申请文件中实施例相同就属于同样的发明创造，本专利的实施例在优先权文本中都有记载，因此可以享有优先权。合议组经审查后认为，专利法第 29 条规定了可以享受优先权的条件，其中所述的相同主题的发明或者实用新型是指技术领域、所解决的技术问题、技术方案和预期的效果相同的发明或者实用新型，如果在先申请对在后申请的技术方案中某一或某些技术特征只作了笼统或含糊的阐述，甚至仅仅只有暗示，而要求优先权的申请增加了对这一特征或这些技术特征的详细叙述，以致于所属领域的技术人员认为该技术方案不能从在先申请中直接和毫无疑义地得出包含这一技术特征的技术方案，则该在先申请不能作为在后申请要求优先权的基础。具体到本案，本专利权利要求 1~4 中均记载了“0.001 至 0.6 贝克勒尔的 α 射线”这一技术特征，而在先申请中对这一特征均没有记载，本领域技术人员并不能从在先申请中直接和毫无疑义地得出包含这一技术特征的技术方案，因此本专利要求的优先权不能成立，该专利的申请日为在中国提出专利申请时的日期即 1997 年 8 月 15 日。

综上所述，由于本专利要求的优先权并不成立，对比文件 1、2、6 的公开日期在本专利的申请日前，因此可以作为本专利的现有技术使用。请求人用附件 10、11、15 作为对比文件 1、2、6 的中文译文，专利权人对附件 10、11、15 译文的准确性也没有异议，因此对比文件 1、2、6 的公开内容以附件 10、11、15 的中文译文为准。

（2）请求人提交的证据包括对比文件 3~5，专利权人对对比文件 3~5 的真实性没有异议，同时由于上述对比文件为专利文献，且其公开日期在本专利的申请日前，因此可以作为本专利的现有技术使用。请求人用附件 12~14 作为对比文件 3~5 的中文译文，专利权人对附件 12~14 的中文译文的准确性也没有异议，因此对比文件 3~5 的公开内容以附件 12~14 的中文译文为准。

（3）请求人在明确其无效请求的理由、证据时并未使用到附件 6、7，且其表示附件 6、7 仅作为参考使用，因此上述附件与请求人提出的无效理由并没有直接的关系，合议组不予评述。

2. 关于新颖性和创造性

新颖性，是指在申请日以前没有同样的发明或者实用新型在国内外出版物上公开发表过、在国内公开使用过或者以其他方式为公众所知，也没有同样的发明或者实用新型由他人向国务院专利行政部门提出过申请并记载在申请日以后（含申请日）公布的专利申请文件中。

所谓同样的发明或者实用新型，是指技术领域、所要解决的技术问题和技术方案实质上相同，预期效果相同的发明或者实用新型。

创造性，是指同申请日以前已有的技术相比，该发明有突出的实质性特点和显著的进步。

在判断新颖性时，是将发明的权利要求与一篇对比文件进行单独比较，考察权利要求技术方案是否已被该对比文件公开，如果已被公开，则该权利要求不具备新颖性，如果存在区别技术特征，则该权利要求具备新颖性；如果上述区别技术特征的引入对本领域普通技术人员而言是显而易见的，且其技术效果也是可以预料的，则该权利要求不具备创造性。

专利权人在口审中承认权利要求1~4中出现了打印错误，“0.001至0.6贝克勒尔”均漏掉了每平方厘米，但根据说明书第7页表1的记载，本领域技术人员可以确定辐射能应为“0.001至0.6贝克勒尔/cm^2”。合议组经审查后认为，根据说明书的相关记载以及本领域技术人员的常识，权利要求书中出现的上述缺陷确为笔误，专利权人的解释可以被接受，下面的评述均是在上述认定事实的基础上进行的。

①权利要求1的新颖性和创造性。

本专利权利要求1中包含两个技术方案，一个是用在内燃机上的净化排气的方法，另一个是用在其他燃烧设备上的净化排气的方法。

对比文件1公开了利用α衰变的汽车排气的净化方法，其中在汽油发动机的入口安装放射能量的板件，天然放射性元素自然地放射能量，相继放出0.01~0.02（Bq/cm^2）α射线、0.3~0.5（Bq/cm^2）β射线、0.2~0.26（Bq/cm^2）γ射线，双原子氧通过放射线照射被转变成氧化能力强的活性氧，空气中的氮通过α射线的照射转变为单原子氧和单原子氢，可以使燃烧接近于完全燃烧的状态，净化了汽车排气（参见附件10第1页倒数第2段–第5页第2段）。

由此可见，对比文件1公开了权利要求1中“用在内燃机上的净化排气的方法”的技术方案的全部技术特征，对比文件1与本专利属于同一技术领域，所要解决的技术问题相同，所得到的预期效果也相同，因此，权利要求1的上述技术方案相对于对比文件1没有新颖性，不符合专利法第22条第2款的规定。

而对于权利要求1中“用在其他燃烧设备上的净化排气的方法”的技术方案，对比文件1与其区别仅在于：对比文件1是应用于汽车发动机，而权利要求1中是用于其他燃烧设备。由于上述区别技术特征的存在，与对比文件1相比，权利要求1中“用在其他燃烧设备上的净化排气的方法”的技术方案具有专利法第22条第2款所规定的新颖性。

对于上述区别特征，合议组认为，对比文件1通过使用天然放射性元素发出的α射线对空气进行辐射，使空气中的双原子氧转变成强氧化性的活性氧，同时使空气中的部分氮通过裂变转变成单原子氧和单原子氢，从而可以防止不完全燃烧，提高燃烧效率，这与本专利所要解决的技术问题相同。因此，本领域的技术人员为了提高锅炉等燃烧设备的燃烧效率，很容易想到对锅炉等燃烧设备空气进口的空气进行辐射，因此权利要求1中“用在其他燃烧设备上的净化排气的方法”的技术方案对本领域技术人员来说是显而易见的，权利要求1的上述技术方案相对于对比文件1不具有创造性，不符合专利法第22条第3款的规定。

②权利要求2的创造性。

权利要求2请求保护一种排气净化装置，该权利要求也包括两个技术方案，一个是内燃机的技术方案，另一个是其他燃烧设备的技术方案。由上面的分析可知，对比文件1与上述两个技术方案的区别分别为：a. 对比文件1没有公开权利要求2中放射性部件被布置在发动机的排气出口和燃料管处；

b. 对比文件 1 没有公开权利要求 2 中放射性部件被布置在其他燃烧设备的空气进口、排气出口和燃料管处。

相同技术领域的对比文件 2 公开了在燃料箱到发动机的燃料管路上安装放射性物质构成的板件（参见附件 11 第 4 页第 18~19 行），其所要解决的技术问题与本专利相同，因此权利要求 2 中内燃机的技术方案与对比文件 1 和 2 相比，区别仅在于：对比文件中没有记载在排气出口安装放射性部件。但这一区别特征对本领域的技术人员来说是显而易见的，本领域的技术人员为了得到更好的排气净化的效果，很容易想到在排气出口加装放射性部件，因此权利要求 2 中内燃机的技术方案相对于对比文件 1 和 2 不具有突出的实质性特点和显著的进步，不符合专利法第 22 条第 3 款的规定。

由对比文件 1、2 可知，通过使用辐射部件对空气和燃料进行辐射可以防止不完全燃烧，提高燃烧效率，因此，本领域的技术人员为了提高锅炉等燃烧设备的燃烧效率，很容易想到在燃烧设备的空气入口、燃料管路等位置设置放射性部件，基于与上述内燃机的技术方案相同的理由，权利要求 2 中其他燃烧设备的技术方案也不具有突出的实质性特点和显著的进步，不符合专利法第 22 条第 3 款的规定。

③权利要求 3 的创造性。

权利要求 3 请求保护一种排气净化装置，该权利要求也包括两个技术方案，一个是内燃机的技术方案，另一个是燃烧设备的技术方案。由上面的分析可知，对比文件 1 与上述两个技术方案的区别分别为：a. 对比文件 1 没有公开权利要求 3 中放射性部件被布置在内燃机燃料管和燃料过滤器上；b. 对比文件 1 没有公开权利要求 3 中放射性部件被布置在燃烧设备的燃料管和燃料过滤器上。

相同技术领域的对比文件 2 公开了在燃料箱到发动机的燃料管路上安装放射性物质构成的板件（参见附件 11 第 4 页第 18~19 行），其所要解决的技术问题与本专利相同，虽然对比文件 2 没有明确记载要在燃料过滤器处安装放射性部件，但本领域的技术人员都知道燃料过滤器必然要设置在燃料箱到发动机的燃料管路上，因此对比文件 2 实际上已经公开了上述区别技术特征，并且上述区别技术特征的引入也没有取得预料不到的技术效果，因此权利要求 3 中内燃机的技术方案相对于对比文件 1 和 2 不具有突出的实质性特点和显著的进步，不符合专利法第 22 条第 3 款的规定。

由对比文件 1、2 可知，通过使用放射性部件对空气和燃料进行辐射可以防止不完全燃烧，提高燃烧效率，因此，本领域的技术人员为了提高锅炉等燃烧设备的燃烧效率，很容易想到在燃烧设备的燃料管路上设置放射性部件，基于与上述内燃机的技术方案相同的理由，权利要求 3 中其他燃烧设备的技术方案也不具有突出的实质性特点和显著的进步，不符合专利法第 22 条第 3 款的规定。

④权利要求 4 的创造性。

权利要求 4 是权利要求 2 或 3 的从属权利要求，进一步限定了放射性部件是“模压合成树脂、软合成树脂板、陶瓷或封装在可渗透纸内的过滤件或类似物，它们包含能发出 0.001 至 0.6 贝克勒尔 α 射线的天然放射性元素物质的粉末或颗粒状填料”，以及“安装在空气进口系统、排气系统和燃料管系统上的部件被涂以涂料，涂料中混合有能发出 0.001 至 0.6 贝克勒尔 α 射线的天然放射性元素物质的粉末”。

对比文件 5 公开了内燃机吸气装置，其中在吸气通路中安装有放射性部件，该部件是含有天然放射性元素矿石的合成树脂、软质合成树脂、陶瓷、或用透气性的纸材料封装的颗粒体或粉体（参见附件 14 第 0007~0009 段、0013 段、0015 段）。虽然对比文件 5 没有记载“模压合成树脂”、“或类似物”，但本领域的技术人员根据上述对比文件 5 公开的相关技术内容以及放射性部件所应用的环境进行适当地选择并不需要付出创造性的劳动，即对比文件 5 给出了使用上述不同形式的放射性部件的技术启示。

至于放射性部件被涂以涂料这一技术特征，根据本专利说明书的记载，其应是在制成的放射性部件上再涂以涂料，这在口头审理中也得到了专利权人的确定，其目的是使辐射能量得到叠加。而对比文件5中也给出了含有放射性同位素的粉体可以涂料涂布的形式使用（参见附件14第0009段），因此本领域的技术人员为了得到较高的辐射能量的目的，选择以涂料涂布放射性部件是显而易见的，在权利要求2、3不具有创造性的基础上，权利要求4要求保护的技术方案也不具有突出的实质性特点和显著的进步，不符合专利法第22条第3款的规定。

鉴于本专利权利要求1~4缺乏新颖性或创造性应予无效，故本决定对于请求人提出的其他无效理由和证据不再进行评述。

根据上述的事实和理由，本案合议组依法做出以下决定。

三、决定

宣告97118674. X号发明专利权全部无效。

当事人对本决定不服的，可以根据专利法第46条第2款的规定，自收到本决定之日起三个月内向北京市第一中级人民法院起诉。根据该款的规定，一方当事人起诉后，另一方当事人应当作为第三人参加诉讼。

北京市第一中级人民法院
行政判决书

（2007）一中行初字第642号

原告武部正幸，男，1937年3月27日出生，住日本国滋贺县草津市平井五丁目5番7号。

委托代理人钟守期，北京北翔知识产权代理有限公司专利代理人。

委托代理人唐铁军，北京北翔知识产权代理有限公司专利代理人。

被告中华人民共和国国家知识产权局专利复审委员会，住所地中华人民共和国北京市海淀区北四环西路9号银谷大厦。

法定代表人廖涛，副主任。

委托代理人齐洪涛，男，中华人民共和国国家知识产权局专利复审委员会审查员。

委托代理人王伟艳，女，中华人民共和国国家知识产权局专利复审委员会审查员。

第三人北京三元桥丰田汽车销售服务中心，住所地中华人民共和国北京市朝阳区左家庄路2号。

法定代表人张彤，总经理。

委托代理人段承恩，北京中咨律师事务所专利代理人。

委托代理人田欣，北京中咨律师事务所专利代理人。

原告武部正幸不服被告中华人民共和国国家知识产权局专利复审委员会作出的无效宣告请求审查决定，向本院提起行政诉讼。本院受理后，依法组成合议庭，并依照《中华人民共和国行政诉讼法》第二十七条的规定，通知被诉具体行政行为的利害关系人北京三元桥丰田汽车销售服务中心作为本案第三人参加诉讼。本院于2007年6月11日公开开庭审理了本案。原告的委托代理人钟守期、唐铁军，被告的委托代理人齐洪涛、王伟艳，第三人的委托代理人段承恩、田欣到庭参加了诉讼。本案现已审理终结。

2006年12月20日，被告作出第9199号无效宣告请求审查决定（下称被诉决定），宣告原告所有的第 97118674. x 号“通过 α 衰变净化排气的方法和装置”的发明专利权（下称本专利）全部无效。

为证明被诉决定合法，被告在法定举证期限内向本院提交了以下证据：1. 本专利说明书；2（被诉决定对比文件 1）、JSAE1997 年春季大会学术演讲会前刷集 N0. 973，社团法人自动车技术会 1997 年 4 月 20 日发行，封面、目录、出版信息页、261~264 页；3（被诉决定对比文件 2）、JSAE1996 年秋季大会学术演讲会前刷集 N0. 964，社团法人自动车技术会 1996 年 10 月 1 日发行，封面、目录、出版信息页、265~268 页；4（被诉决定对比文件 5）、特开平 8-218956 号日本公开特许公报及其中文译文，公开日为 1996 年 8 月 27 日。

原告诉称：1. 对比文件 1 不能用于评价本专利的新颖性和创造性。被告关于“图书馆的收藏日期通常可视为出版物的公开日期”的认定，违反《中华人民共和国专利法》（下称《专利法》）第二十二条第二、三款、《中华人民共和国专利法实施细则》（下称《专利法实施细则》）第三十条、《审查指南》第二部分第三章第 1. 1. 3. 1 节的规定，对比文件 l 本身不能证明其公开日，第三人在无效程序中也未证明其已在本专利的申请日之前公开。2. 对比文件 1 为域外形成的证据，应当进行公证、认证手续，但对比文件 1 所作的公证、认证手续中所称的收藏日期不是对比文件 1 的公开日，对此，国立国会图书馆资料提供部长和中干雄先生能够证明，故被告认定对比文件 1 的公开日为 1997 年 5 月 16 日错误。3. 由于被告错误地使用对比文件 1 造成宣告本专利全部无效的不当后果，对原告显失公正，理应予以纠正。综上，请求撤销被诉决定。

原告为支持其诉讼理由，在本案开庭审理前向本院提交了以下证据：1. 被诉决定；2. 本专利公开文本；3. 被诉决定中对比文件 1 及其公证、认证、译文；4. 国立国会图书馆资料提供部长和中干雄先生证言。

被告辩称，原告在无效程序中对对比文件 1 的真实性无异议，该证据从形式上属于《专利法》意义上的出版物，上面标有 l997 年 4 月 20 日发行，以及编辑单位和发行单位，而非其本身不能证明其公开日。另外，从第三人提交的公证认证文件中“国立国会图书馆”的馆藏证明从另一方面也证明了对比文件 1 属于公开出版物，该资料是公众可以通过正当的途径获得的。因此，对比文件 1 可以作为本专利的现有技术使用。关于本专利的新颖性和创造性的判断坚持被诉决定中的观点。综上，请求法院维持被诉决定。

第三人陈述意见，对比文件 1 是记载有技术的独立存在的传播载体，符合《专利法》意义上的出版物的定义，其后扉页上清楚的写有发行日为 1997 年 4 月 20 日，在本专利申请目前。根据《专利法》中出版物的定义，出版物的公开日期与图书馆的收藏日，甚至该出版物是否被图书馆所收藏没有任何关系，只要该出版物本身已表明了出版发行时间，出版发行时间就应被认定为出版物的公开日。从另一角度，经公证的日本专利厅发出的审查意见通知书，该通知书引用了本案对比文件 1 为现有技术，证明了对比文件 1 属于《专利法》意义上的公开出版物。关于域外证据，根据 2006 版《审查指南》的规定，对域外证据履行公证、认证手续在于证明域外证据的真实性，而不在于证明其公开日。对于原告在诉讼中提交的证据 4 系行政程序中未提交的证据，不能作为被诉决定的依据，法院不应予以采纳。另外，该证据只证明了国立国会图书馆接受该资料的日期不是该资料供一般公众阅览的日期，而与对比文件 1 作为公开出版物的公开日没有任何关系。综上，请求法院维持被诉决定。

第三人在本案开庭审理中提交了一份经公证的日本专剩局对 1998 年专利申请第 105779 号的“审查意见通知书”，该通知书引用了本案对比文件 1 为现有技术，用以证明对比文件 1 属于《专利法》意义上的公开出版物。

庭审质证中，原告对被告证据的关联性、真实性、合法性均无异议，但不同意被告所主张的证明作用。被告、第三人亦不同意原告证据的证明作用，同时均认为原告证据4为行政程序中未提交的证据，法院不应采纳。第三人对被告证据无争议。对于第三人提交的证据，被告认为可以参考，原告认为与本案不具有关联。

经审查，本院认为，被告证据、原告证据1~3均与本案有关联、且合法、真实，本院予以确认。原告证据4及第三人证据在行政程序中均未提交，不能作为审查被诉行为合法性的依据，本院不予采纳。

根据以上确认的有效证据及当事人无争议的陈述，本院认定事实如下：

2002年10月2日，中华人民共和国国家知识产权局授权公告了本专利，其申请日是1997年8月15日。本专利授权公告的权利要求书如下：

"1. 一种用在内燃机或其他燃烧设备上的净化排气的方法，包括下述步骤：

用天然放射性元素发出的α射线对流过发动机或设备空气进口的空气进行辐射，该放射性元素通过自身α衰变发射出0.001至0.6贝克勒尔的α射线，辐射使空气中的双原子氧转变成强氧化性的活性氧，同时使空气中的部分氮通过裂变转变成单原子氧和单原子氢；

向燃烧设备或内燃机供应含有活性氧、单原子氧和氢的空气，使排气中的有毒成分减少。

2. 一种用于内燃机或其他燃烧设备的排气净化装置，包括一些各由包含天然放射性元素的物质制成的部件，该放射性元素通过自身α衰变发射出0.001至0.6贝克勒尔的α射线；或者包括一个具有上述部件的构件，它们被布置在设备或发动机的空气进口、排气出口和燃料管处，以去除排气中的有毒成分。

3. 一种排气净化装置，包括一些各由包含天然放射性元素的物质制成的部件，放射性元素发射出0.001至0.6贝克勒尔的α射线，它们被布置在向内燃机或燃烧设备供应燃料的燃料管和燃料过滤器上。

4. 如权利要求2和3中任一项所述的装置，其中分别安装在空气进口系统、排气系统和燃料管系统的一部分上的部件是模压合成树脂、软合成树脂板、陶瓷或封装在可渗透纸内的过滤件或类似物，它们包含能发出0.001至0.6贝克勒尔α射线的天然放射性元素物质的粉末或颗粒状填料；

其中分别安装在空气进口系统、排气系统和燃料管系统所述部分上的部件被涂以涂料，涂料中混合有能发出0.001至0.6贝克勒尔α射线的天然放射性元素物质的粉末。"

针对本专利，第三人于2005年8月24日向被告提出无效宣告请求，认为本专利不符合《专利法》第二十二条第四款、本专利说明书不符合《专利法》第二十六条第三款的规定，权利要求1~4不符合《专利法》第二十六条第四款、《专利法实施细则》第二十条第一款的规定，权利要求1~3不符合《专利法实施细则》第二十一条第二款的规定，权利要求1不符合《专利法》第二十二条第二款的规定，权利要求2~4不符合《专利法》第二十二条第三款的规定。同时提交了包括对比文件1、2、5在内的8份附件支持其主张。

经形式审查合格，被告依法受理了上述无效宣告请求，并于2005年8月25日向原告和第三人发出无效宣告请求受理通知书，同时将专利权无效宣告请求书及其附件清单中所列附件的副本转送给原告，并要求其在指定的期限内陈述意见。同年9月23日，第三人向被告提交意见陈述书，补充了无效的理由和证据，其中补充了10份附件。被告于2005年11月30日向原告发出转送文件通知书，将第三人的上述意见陈述书及其附件清单中所列的附件的副本转送给原告，并要求其在指定的期限内答复。2006年2月10日原告提交了意见陈述书，以及由北京理工大学汽车动力性和排放测试国家专业实验室出具的实验报告复印件一份，共20页。同年2月16日，被告将原告提交的意见陈述书及其附件清单中所列的附件副本转送给第三人。

被告于2006年6月30日向双方当事人发出无效宣告请求口头审理通知书。同年8月29日口头审理如期举行，双方当事人均参加了口头审理。在口头审理中，第三人确认无效宣告请求的理由、范围和所使用的证据为：权利要求1~4不符合《专利法》第二十二条第四款、第二十六条第三、四款，《专利法实施细则》第二十条第一款的规定；权利要求1~3不符合《专利法实施细则》第二十一条第二款的规定；权利要求1不符合《专利法》第二十二条第二款的规定，使用的证据是对比文件1；权利要求1~4不符合《专利法》第二十二条第三款的规定，其中权利要求1相对于对比文件1、3或5不具有创造性，权利要求2相对于对比文件1、3和4的结合、对比文件1、2和4的结合、对比文件2和4的结合、对比文件3和4的结合不具有创造性，权利要求3相对于对比文件1和2的结合、对比文件2或者对比文件3不具有创造性，权利要求4的创造性在权利要求2和3的证据结合基础上再结合对比文件5进行评述。第三人当庭出示了对比文件1、2、6的原件，原告对附件1~9的真实性没有异议，对对比文件1~6中文译文的准确性没有异议，但对对比文件1、2、6的公开性有异议。第三人明确附件6、7是本专利的两个优先权文本，仅作为参考使用。原告当庭提交了实验报告和证明的原件，用于证明本专利符合《专利法》第二十二条第四款的规定，第三人对其真实性不予认可。

被告经审查，对第三人提出的无效请求作出以下认定：

1. 关于证据和现有技术

（1）原告对对比文件1、2、6本身的真实性无异议，而第三人所提交的公证文件中国立国会图书馆收藏证明证实了上述对比文件被该馆的收藏日期分别为1997年5月16日、1996年10月8日和1958年2月5日，均早于本专利的申请日，在没有相反证据证明的情况下图书馆的收藏日期通常可视为出版物的公开日期。上述对比文件是本专利申请日前公开的出版物。

本专利要求了四项日本优先权，第三人认为在这四项优先权文本中都没有记载“0.001至0.6贝克勒尔的α射线”这一技术特征，因此本专利的优先权并不成立。被告经审查后认为，《专利法》第二十九条规定了可以享受优先权的条件，本专利权利要求1~4中均记载了“0.001至0.6贝克勒尔的α射线”这一技术特征，而在先申请中对这一特征均没有记载，本领域技术人员并不能从在先申请中直接和毫无疑义地得出包含这一技术特征的技术方案，因此本专利要求的优先权不能成立，该专利的申请日为在中国提出专利申请时的日期即1997年8月15日。由于本专利要求的优先权并不成立，对比文件1、2、6的公开日期在本专利的申请日前，因此可以作为本专利的现有技术使用。由于第三人用附件10、11、15作为对比文件1、2、6的中文译文，原告对附件10、11、15译文的准确性没有异议，因此，对比文件1、2、6的公开内容以附件10、11、15的中文译文为准。

（2）第三人提交的证据包括对比文件3~5，原告对对比文件3~5的真实性没有异议，由于上述对比文件为专利文献，且其公开日期在本专利的申请日前，因此可以作为本专利的现有技术使用。第三人用附件12~14作为对比文件3~5的中文译文，原告对附件12~14的中文译文的准确性没有异议，因此，对比文件3~5的公开内容以附件12~14的中文译文为准。

（3）第三人在明确其无效请求的理由、证据时并未使用到附件6、7，且其表示附件6、7仅作为参考使用，因此上述附件与其提出的无效理由并没有直接的关系，故不予评述。

2. 关于本专利的新颖性和创造性

原告在口审中承认权利要求1~4中出现了打印错误，“0.001至0.6贝克勒尔”均漏掉了每平方厘米，但根据说明书第7页表1的记载，本领域技术人员可以确定辐射能应为“0.001至0.6贝克勒尔/cm^2”。因此，根据本专利说明书的相关记载以及本领域技术人员的常识，权利要求书中出现的上述缺陷确为笔误，原告的解释可以被接受。

（1）权利要求 1 的新颖性和创造性。

本专利权利要求 1 中包含两个技术方案，一个是用在内燃机上的净化排气的方法，另一个是用在其他燃烧设备上的净化排气的方法。对比文件 1 公开了利用 α 衰变的汽车排气的净化方法，其中在汽油发动机的入口安装放射能量的板件，天然放射性元素自然地放射能量，相继放出 0.01~0.02（Bq/cm^2。）α 射线、0.3~0.5（Bq/cm^2）β 射线、0.2~0.26（Bq/cm^2）γ 射线，双原子氧通过放射线照射被转变成氧化能力强的活性氧，空气中的氮通过 α 射线的照射转变为单原子氧和单原子氢，可以使燃烧接近于完全燃烧的状态，净化了汽车排气。由此可见，对比文件 1 公开了权利要求 1 中“用在内燃机上的净化排气的方法”的技术方案的全部技术特征，对比文件 1 与本专利属于同一技术领域，所要解决的技术问题相同，所得到的预期效果也相同，因此，权利要求 1 的上述技术方案相对于对比文件 1 没有新颖性，不符合《专利法》第二十二条第二款的规定。

对于权利要求 1 中“用在其他燃烧设备上的净化排气的方法”的技术方案，对比文件 1 与其区别仅在于：对比文件 1 是应用于汽车发动机，而权利要求 1 中是用于其他燃烧设备。由于上述区别技术特征的存在，与对比文件 1 相比，权利要求 1 中“用在其他燃烧设备上的净化排气的方法”的技术方案具有新颖性。

对于上述区别特征，被告认为，对比文件 1 通过使用天然放射性元素发出的 α 射线对空气进行辐射，使空气中的双原子氧转变成强氧化性的活性氧，同时使空气中的部分氮通过裂变转变成单原子氧和单原子氢，从而可以防止不完全燃烧，提高燃烧效率，这与本专利所要解决的技术问题相同。因此，本领域的技术人员为了提高锅炉等燃烧设备的燃烧效率，很容易想到对锅炉等燃烧设备空气进口的空气进行辐射，因此权利要求 1 中“用在其他燃烧设备上的净化排气的方法”的技术方案对本领域技术人员来说是显而易见的，权利要求 1 的上述技术方案相对于对比文件 1 不具有创造性，不符合《专利法》第二十二条第三款的规定。

（2）权利要求 2 的创造性。

权利要求 2 请求保护一种排气净化装置，该权利要求也包括两个技术方案，一个是内燃机的技术方案，另一个是其他燃烧设备的技术方案。由上面的分析可知，对比文件 1 与上述两个技术方案的区别分别为：a. 对比文件 1 没有公开权利要求 2 中放射性部件被布置在发动机的排气出口和燃料管处；b. 对比文件 1 没有公开权利要求 2 中放射性部件被布置在其他燃烧设备的空气进口、排气出口和燃料管处。

相同技术领域的对比文件 2 公开了在燃料箱到发动机的燃料管路上安装放射性物质构成的板件，其所要解决的技术问题与本专利相同，因此，权利要求 2 中内燃机的技术方案与对比文件 1 和 2 相比，区别仅在于：对比文件中没有记载在排气出口安装放射性部件。但这一区别特征对本领域的技术人员来说是显而易见的，本领域的技术人员为了得到更好的排气净化的效果，很容易想到在排气出口加装放射性部件，因此，权利要求 2 中内燃机的技术方案相对于对比文件 1 和 2 不具有突出的实质性特点和显著的进步，不符合《专利法》第二十二条第三款的规定。

由对比文件 1、2 可知，通过使用辐射部件对空气和燃料进行辐射可以防止不完全燃烧，提高燃烧效率，因此，本领域的技术人员为了提高锅炉等燃烧设备的燃烧效率，很容易想到在燃烧设备的空气入口、燃料管路等位置设置放射性部件，基于与上述内燃机的技术方案相同的理由，权利要求 2 中其他燃烧设备的技术方案也不具有突出的实质性特点和显著的进步，不符合《专利法》第二十二条第三款的规定。

（3）权利要求 3 的创造性。

权利要求 3 请求保护一种排气净化装置，该权利要求也包括两个技术方案，一个是内燃机的技术方案，另一个是燃烧设备的技术方案。由上面的分析可知，对比文件 1 与上述两个技术方案的区别分别为：a. 对比文件 1 没有公开权利要求 3 中放射性部件被布置在内燃机燃料管和燃料过滤器上；b. 对比文件 1 没有公开权利要求 3 中放射性部件被布置在燃烧设备的燃料管和燃料过滤器上。

相同技术领域的对比文件 2 公开了在燃料箱到发动机的燃料管路上安装放射性物质构成的板件，其所要解决的技术问题与本专利相同，虽然对比文件 2 没有明确记载要在燃料过滤器处安装放射性部件，但本领域的技术人员都知道燃料过滤器必然要设置在燃料箱到发动机的燃料管路上，因此对比文件 2 实际上已经公开了上述区别技术特征，并且上述区别技术特征的引入也没有取得预料不到的技术效果，因此权利要求 3 中内燃机的技术方案相对于对比文件 1 和 2 不具有突出的实质性特点和显著的进步，不符合《专利法》第二十二条第三款的规定。

由对比文件 1、2 可知，通过使用放射性部件对空气和燃料进行辐射可以防止不完全燃烧，提高燃烧效率，因此，本领域的技术人员为了提高锅炉等燃烧设备的燃烧效率，很容易想到在燃烧设备的燃料管路上设置放射性部件，基于与上述内燃机的技术方案相同的理由，权利要求 3 中其他燃烧设备的技术方案也不具有突出的实质性特点和显著的进步，不符合《专利法》第二十二条第三款的规定。

（4）权利要求 4 的创造性。

权利要求 4 是权利要求 2 或 3 的从属权利要求，进一步限定了放射性部件是“模压合成树脂、软合成树脂板、陶瓷或封装在可渗透纸内的过滤件或类似物，它们包含能发出 0.001 至 0.6 贝克勒尔 α 射线的天然放射性元素物质的粉末或颗粒状填料”，以及“安装在空气进口系统、排气系统和燃料管系统上的部件被涂以涂料，涂料中混合有能发出 0.001 至 0.6 贝克勒尔 α 射线的天然放射性元素物质的粉末”。

对比文件 5 公开了内燃机吸气装置，其中在吸气通路中安装有放射性部件，该部件是含有天然放射性元素矿石的合成树脂、软质合成树脂、陶瓷、或用透气性的纸材料封装的颗粒体或粉体。虽然对比文件 5 没有记载“模压合成树脂”、“或类似物”，但本领域的技术人员根据上述对比文件 5 公开的相关技术内容以及放射性部件所应用的环境进行适当地选择并不需要付出创造性的劳动，即对比文件 5 给出了使用上述不同形式的放射性部件的技术启示。

至于放射性部件被涂以涂料这一技术特征，根据本专利说明书的记载，其应是在制成的放射性部件上再涂以涂料，这在口头审理中也得到了专利权人的确定，其目的是使辐射能量得到叠加。而对比文件 5 中也给出了含有放射性同位素的粉体可以涂料涂布的形式使用，因此，本领域的技术人员为了得到较高的辐射能量的目的，选择以涂料涂布放射性部件是显而易见的，在权利要求 2、3 不具有创造性的基础上，权利要求 4 要求保护的技术方案也不具有突出的实质性特点和显著的进步，不符合《专利法》第二十二条第三款的规定。

鉴于上述认定，即本专利权利要求 1~4 缺乏新颖性或创造性应予无效，故被告对于第三人提出的其他无效理由和证据不再进行评述。

综上，被告作出被诉决定，宣告本专利全部无效。原告不服，诉至本院。

本案开庭审理中，原告明确表示对被诉决定作出的行政程序及事实经过的记载内容无争议。同时表示，在对比文件 1 能够使用的前提下，对被告关于本专利不具有创造性的判断不发表具体意见，并同意本院对本专利的创造性问题予以书面审理。

本院认为，对于原告在开庭审理中无争议的内容，本院经审查对其合法性予以确认。鉴此，本案争议焦点在于对比文件 1 能否作为判断本专利新颖性、创造性的有效证据。

本案中，对比文件 1 的内容为国立国会图书馆收藏的“JSAE1997 年春季大会学术演讲会前刷集 NO. 973”及其收藏时间，关于收藏时间的真实性已通过公证、认证手续予以证明，原告对对比文件 1 的真实性问题在行政程序中亦未提出异议，故对比文件 1 的真实性应当予以确认。对比文件 1 中涉及的出版物是“JSAE1997 年春季大会学术演讲会前刷集 NO. 973”，因其记载了发行时间及相关出版信息，故属于专利法意义上的公开出版物。而该出版物被国立国会图书馆收藏的时间为 1997 年 5 月 16 日，早于本专利的申请日，其被图书馆收藏即处于公众随时可以得知或获得的状态。因此，该出版物被图书馆收藏的日期应当被认定为其公开日。原告在诉讼中主张图书馆的收藏日不是出版物公开日的诉讼意见缺乏事实及法律依据，本院不予采纳。

由于第三人提起无效请求时，以对比文件 1 作为支持其无效请求和理由的证据，并证明了其真实性，已经完成了无效请求人应尽的举证责任。原告虽然在行政程序中对上述出版物公开日的确定问题提出过异议，但其应提交相关证据证明其主张成立。原告认为其对此不应负有举证责任的诉讼意见缺乏法律支持，本院亦不予采纳。综上，被告使用本专利申请日之前公开的对比文件 1 评价本专利的新颖性和创造性并无违法之处，本院应予支持。

由于原告明确表示：在对比文件 1 能够使用的前提下，对被告关于本专利不具有创造性的判断不发表具体意见。经审查，本院同意被诉决定中被告关于：本专利权利要求 1 中“用在内燃机上的净化排气的方法”的技术方案相对于对比文件 1 没有新颖性、本专利权利要求 1 中“用在其他燃烧设备上的净化排气的方法”的技术方案相对于对比文件 1 具有新颖性、本专利权利要求 1~4 不具有创造性的评价，对上述内容的合法性本院予以确认。

综上，原告请求撤销被诉决定的主张缺乏事实及法律依据，本院不予支持。被诉决定认定事实清楚，适用法律正确，行政程序合法，本院应予维持。依照《中华人民共和国行政诉讼法》第五十四条第（一）项之规定，判决如下：

维持被告中华人民共和国国家知识产权局专利复审委员会于二〇〇六年十二月二十日作出的第 9199 号无效宣告请求审查决定。

案件受理费 100 元，由原告武部正幸负担（已交纳）。

如不服本判决，原告武部正幸可在判决书送达之日起 30 日内，被告中华人民共和国国家知识产权局专利复审委员会、第三人北京三元桥丰田汽车销售服务中心可在判决书送达之日起 15 日内，向本院递交上诉状，并按对方当事人的人数提出副本，预交上诉案件受理费 100 元，上诉于中华人民共和国北京市高级人民法院。上诉人在上诉期满后 7 日内未预交上诉费，又不提出缓交申请的，按自动撤回上诉处理。

审　判　长　梁　菲
代理审判员　何君慧
代理审判员　周品华
二〇〇七年十月十七日
书　记　员　李铁萌

北京市高级人民法院
行政判决书

（2008）高行终字第133号

上诉人（一审原告）武部正幸，男，1937年3月27日出生，住日本国滋贺县草津市平井五丁目5番16号。

委托代理人钟守期，北京北翔知识产权代理有限公司专利代理人。

委托代理人唐铁军，北京北翔知识产权代理有限公司专利代理人。

被上诉人（一审被告）中华人民共和国国家知识产权局专利复审委员会，住所地中华人民共和国北京市海淀区北四环西路9号银谷大厦。

法定代表人廖涛，副主任。

委托代理人齐宏涛，男，中华人民共和国国家知识产权局专利复审委员会审查员。

委托代理人王伟艳，女，中华人民共和国国家知识产权局专利复审委员会审查员。

被上诉人（一审第三人）北京三元桥丰田汽车销售服务中心，住所地中华人民共和国北京市朝阳区左家庄路2号。

法定代表人张彤，总经理。

委托代理人段承恩，北京中咨律师事务所律师。

委托代理人田欣，北京中咨律师事务所专利代理人。

上诉人武部正幸因专利无效决定，不服中华人民共和国北京市第一中级人民法院（2007）一中行初字第642号行政判决，向本院提起上诉。本院受理后，依法组成合议庭，公开开庭审理了本案。武部正幸的委托代理人钟守期、唐铁军，中华人民共和国国家知识产权局专利复审委员会（以下简称专利复审委）的委托代理人齐宏涛、王伟艳，北京三元桥丰田汽车销售服务中心（以下简称三元桥丰田中心）的委托代理人段承恩、田欣到庭参加了诉讼。本案现已审理终结。

2006年12月20日，专利复审委作出第9199号无效宣告请求审查决定（以下简称第9199号决定），宣告武部正幸所有的第97118674.X号“通过α衰变净化排气的方法和装置”的发明专利权（以下简称本专利）全部无效。武部正幸不服该决定，向中华人民共和国北京市第一中级人民法院（以下简称一审法院）提起行政诉讼。

一审法院经审理认为，本案对比文件1收藏时间的真实性已通过公证、认证手续予以证明，武部正幸对对比文件1的真实性问题在行政程序中亦未提出异议，故对比文件1的真实性应当予以确认。对比文件1中涉及的出版物是“JSAE1997年春季大会学术演讲会前刷集NO.973”，因其记载了发行时间及相关出版信息，故属于专利法意义上的公开出版物。该出版物被国立国会图书馆收藏的时间为1997年5月16日，早于本专利的申请日，其被图书馆收藏即处于公众随时可以得知或获得的状态。因此，该出版物被图书馆收藏的日期应当被认定为其公开日。

由于三元桥丰田中心提起无效请求时，以对比文件1作为支持其无效请求和理由的证据，并证明了其真实性，已经完成了无效请求人应尽的举证责任。武部正幸虽然在行政程序中对上述出版物公开日的确定问题提出过异议，但其应提交相关证据证明其主张成立。武部正幸认为其对此不应负有举证责任的诉讼意见缺乏法律支持。综上，专利复审委使用本专利申请日之前公开的对比文件1评价本专利的新颖性和创造性并无违法之处，应予支持。

由于武部正幸明确表示在对比文件1能够使用的前提下，对专利复审委关于本专利不具有创造性的判断不发表具体意见。经审查，第9199号决定关于本专利权利要求1中“用在内燃机上的净化排气的方法”的技术方案相对于对比文件1没有新颖性、本专利权利要求1中“用在其他燃烧设备上的净化排气的方法”的技术方案相对于对比文件1具有新颖性、本专利权利要求1~4不具有创造性的评价正确，对上述内容的合法性应予确认。

综上，武部正幸请求撤销第9199号决定的主张缺乏事实及法律依据，不予支持。专利复审委作出的第9199号决定认定事实清楚，适用法律正确，行政程序合法，应予维持。依照《中华人民共和国行政诉讼法》第五十四条第（一）项之规定，判决维持了第9199号决定。

武部正幸不服一审决，提起上诉。武部正幸认为第9199号决定中关于“图书馆的收藏日通常可视为公开日期”的确认错误，因为收藏日既可能已经公开，也可能尚未公开：一审法院期间其提交了新证据3，其目的是为证实无效程序关于证据认定的瑕疵，但一审法院未予考虑；故一审判决认定事实不清。由于对比文件1的公开日存在问题，故该文件不能作为评价本专利新颖性和创造性的证据使用，一审法院未予纠正，于法无据。综上，请求撤销一审判决和第9199号决定。

专利复审委答辩认为，对比文件1记载了发行时间以及相关出版信息，属于专利法意义上的公开出版物；该文件自国立国会图书馆收藏时起，即处于公众随时可以得知或获得的状态，因此，该收藏日应当被认定为公开日；由于其公开日早于本专利的申请日，因此，对比文件1可以用于评价本专利的新颖性和创造性。

武部正幸在一审期间提交的证据3，因在无效程序中没有提交，故与本案不具有关联性，不能作为审查第9199号决定合法性的证据；同时认为，即便考虑该证据，该证据也不能证明对比文件1没有从其收藏日起即处于被公开的状态。综上认为，一审判决和第9199号决定认定事实清楚，适用法律正确，程序合法，请求一并维持并驳回武部正幸的上诉请求。

三元桥丰田中心答辩认为，对比文件1是由社团法人汽车技术会发行并记载有技术内容的独立存在的传播载体，记载有发行日期，因此，该文件符合专利法意义上的出版物的定义，属于专利法意义上的公开出版物；且认为，只要该出版物载明了出版发行时间，则该时间就应为该出版物的公开时间；该公司提交的相关证据也更加证明了上述事实。关于对比文件1作为域外证据的真实性证明，本中心已经按照《审查指南》的规定提交了相关证明手续，完成了举证责任。武部正幸在一审期间提交的新证据，因在无效程序中未提交，因此对该证据的使用，同意专利复审委的答辩意见。综上认为，一审判决和第9199号决定认定事实清楚，适用法律正确，程序合法，请求予以维持并驳回武部正幸的上诉请求。

一审法院审理期间，专利复审委提交了以下证据材料：1. 本专利说明书；2. 对比文件1：JSAE1997年春季大会学术演讲会前刷集N0.973（社团法人自动车技术会1997年4月20日发行），封面、目录、出版信息页、261~264页；3. 对比文件2：JSAE1996年秋季大会学术演讲会前刷集NO.964（社团法人自动车技术会1996年10月1日发行），封面、目录、出版信息页、265~268页；4. 对比文件5：特开平8-218956号日本公开特许公报及其中文译文，公开日为1996年8月27日。

武部正幸补充提交了日本国立国会图书馆资料提供部长和中干雄先生证言。

上述证据材料已随案移送本院。经审查，专利复审委提交的证据来源合法，内容真实，且均为本专利申请日前公开的与本专利相关的技术信息，符合《审查指南》关于对比证据的规定，一审法院予以采信正确，本院予以确认。

武部正幸在一审期间补充提交的新证据系对对比文件1的否定证据，因无效程序中在专利复审委向其送达对比文件1及相关公证、认证等法律文件至口审达一年时间，其间武部正幸曾针对无效请求及证据提交了意见陈述书及相关证据材料，但未主动提交该证据且无正当理由，根据《行政诉讼证据规则》的规定，不能作为确认被诉行政行为违法的诉讼证据使用并接纳。

经审理查明，本专利系武部正幸于1997年8月15日向我国国家知识产权局申请的第97118674. X号“通过α衰变净化排气的方法和装置”的发明专利，我国国家知识产权局于2002年10月2日对该专利授予专利权并授权公告。本专利授权公告的权利要求书如下：

“1. 一种用在内燃机或其他燃烧设备上的净化排气的方法，包括下述步骤：

用天然放射性元素发出的α射线对流过发动机或设备空气进口的空气进行辐射，该放射性元素通过自身α衰变发射出0.001至0.6贝克勒尔的α射线，辐射使空气中的双原子氧转变成强氧化性的活性氧，同时使空气中的部分氮通过裂变转变成单原子氧和单原子氢；

向燃烧设备或内燃机供应含有活性氧、单原子氧和氢的空气，使排气中的有毒成分减少。

2. 一种用于内燃机或其他燃烧设备的排气净化装置，包括一些各由包含天然放射性元素的物质制成的部件，该放射性元素通过自身α衰变发射出0.001至0.6贝克勒尔的α射线；或者包括一个具有上述部件的构件，它们被布置在设备或发动机的空气进口、排气出口和燃料管处，以去除排气中的有毒成分。

3. 一种排气净化装置，包括一些各由包含天然放射性元素的物质制成的部件，放射性元素发射出0.0001至0.6贝克勒尔的α射线，它们被布置在向内燃机或燃烧设备供应燃料的燃料管和燃料过滤器上。

4. 如权利要求2和3中任一项所述的装置，其中分别安装在空气进口系统、排气系统和燃料管系统的一部分上的部件是模压合成树脂、软合成树脂板、陶瓷或封装在可渗透纸内的过滤件或类似物，它们包含能发出0.001至0.6贝克勒尔α射线的天然放射性元素物质的粉末或颗粒状填料；

其中分别安装在空气进口系统、排气系统和燃料管系统所述部分上的部件被涂以涂料，涂料中混合有能发出0.001至0.6贝克勒尔α射线的天然放射性元素物质的粉末。”

2005年8月24日，三元桥丰田中心以本专利不符合《专利法》第二十二条第四款、本专利说明书不符合《专利法》第二十六条第三款的规定，权利要求1~4不符合《专利法》第二十六条第四款、《专利法实施细则》第二十条第一款的规定，权利要求1~3不符合《专利法实施细则》第二十一条第二款的规定，权利要求1不符合《专利法》第二十二条第二款的规定，权利要求2~4不符合《专利法》第二十二条第三款的规定为由，向专利复审委提出无效宣告请求，同时提交了包括对比文件1、2、5在内的8份附件。

专利复审委经审查受理了上述无效宣告请求，并于2005年8月25日向双方当事人发出受理通知书，同时将专利权无效宣告请求书及全部附件的副本转送给武部正幸，要求其在指定的期限内陈述意见。同年9月23日，三元桥丰田中心向专利复审委提交意见陈述书，补充了无效的理由和10份附件。专利复审委于2005年11月30日向武部正幸转送了上述意见陈述书及全部附件的副本，并再次要求其在指定的期限内答复。2006年2月10日武部正幸提交了意见陈述书及由北京理工大学汽车动力性和排放测试国家专业实验室出具的实验报告复印件一份。同年2月16日，专利复审委将武部正幸提交的意见陈述书及附件副本转送给三元桥丰田中心。

专利复审委于2006年8月29日对该无效案件进行了口头审理。口头审理期间，三元桥丰田中心确认无效宣告请求的理由、范围和所使用的证据为：权利要求1~4不符合《专利法》第二十二条第四款、第二十六条第三、四款、《专利法实施细则》第二十条第一款的规定；权利要求1~3不符合《专利法实施细则》第二十一条第二款的规定；权利要求1不符合《专利法》第二十二条第二款的规定，使用的证据是对比文件1；权利要求1~4不符合《专利法》第二十二条第三款的规定，其中权利要求 1 相对于对比文件 1、3 或 5 不具有创造性，权利要求 2 相对于对比文件 1、3 和 4 的结合、对比文件 1、2 和 4 的结合、对比文件 2 和 4 的结合、对比文件 3 和 4 的结合不具有创造性，权利要求 3 相对于对比文件 1 和 2 的结合、对比文件 2 或者对比文件 3 不具有创造性，权利要求 4 的创造性在权利要求 2 和 3 的证据结合基础上再结合对比文件 5 进行评述。该中心当庭出示了对比文件 1、2、6 的原件。武部正幸对附件 1~9 的真实性没有异议，对对比文件 1~6 中文译文的准确性没有异议，但对对比文件 1、2、6 的公开性有异议。三元桥丰田中心明确附件 6、7 是本专利的两个优先权文本，仅作为参考使用。武部正幸当庭提交了实验报告和证明的原件，用于证明本专利符合《专利法》第二十二条第四款的规定，三元桥丰田中心对其真实性不予认可。

专利复审委经审查认为：

1. 关于证据和现有技术

（1）武部正幸对对比文件 1、2、6 本身的真实性无异议，而三元桥丰田中心所提交的公证文件中国立国会图书馆收藏证明证实了上述对比文件被该馆的收藏日期分别为 1997 年 5 月 16 日、1996 年 10 月 8 日和 1958 年 2 月 5 日，均早于本专利的申请日，在没有相反证据证明的情况下图书馆的收藏日期通常可视为出版物的公开日期。上述对比文件是本专利申请日前公开的出版物。

本专利要求了四项日本优先权，三元桥丰田中心认为在这四项优先权文本中都没有记载"0.001 至 0.6 贝克勒尔的 α 射线"这一技术特征，因此本专利的优先权并不成立。专利复审委经审查后认为，《专利法》第二十九条规定了可以享受优先权的条件，本专利权利要求 1~4 中均记载了"0.001 至 0.6 贝克勒尔的 α 射线"这一技术特征，而在先申请中对这一特征均没有记载，本领域技术人员并不能从在先申请中直接和毫无疑义地得出包含这一技术特征的技术方案，因此本专利要求的优先权不能成立，该专利的申请日为在中国提出专利申请时的日期即 1997 年 8 月 15 日。由于本专利要求的优先权并不成立，对比文件 1、2、6 的公开日期在本专利的申请日前，因此可以作为本专利的现有技术使用。由于三元桥丰田中心用附件 10、11、15 作为对比文件 1、2、6 的中文译文，武部正幸对附件 10、11、15 译文的准确性没有异议，因此，对比文件 1、2、6 的公开内容以附件 10、11、15 的中文译文为准。

（2）三元桥丰田中心提交的证据包括对比文件 3~5，武部正幸对对比文件 3~5 的真实性没有异议，由于上述对比文件为专利文献，且其公开日期在本专利的申请日前，因此可以作为本专利的现有技术使用。三元桥丰田中心用附件 12~14 作为对比文件 3~5 的中文译文，武部正幸对附件 12~14 的中文译文的准确性没有异议，因此，对比文件 3~5 的公开内容以附件 12~14 的中文译文为准。

（3）三元桥丰田中心在明确其无效请求的理由、证据时并未使用到附件 6、7，且其表示附件 6、7 仅作为参考使用，因此上述附件与其提出的无效理由并没有直接的关系，故不予评述。

2. 关于本专利的新颖性和创造性

武部正幸在口审中承认权利要求 1~4 中出现了打印错误，"0.001 至 0.6 贝克勒尔"均漏掉了每平方厘米，但根据说明书第 7 页表 1 的记载，本领域技术人员可以确定辐射能应为"0.001 至 0.6 贝克勒尔/cm^2"。因此，根据本专利说明书的相关记载以及本领域技术人员的常识，权利要求书中出现的上述缺陷确为笔误，武部正幸的解释可以被接受。

（1）权利要求 1 的新颖性和创造性。

本专利权利要求 1 中包含两个技术方案，一个是用在内燃机上的净化排气的方法，另一个是用在其他燃烧设备上的净化排气的方法。对比文件 1 公开了利用 α 衰变的汽车排气的净化方法，其中在汽油发动机的入口安装放射能量的板件，天然放射性元素自然地放射能量，相继放出 0.01~0.02（Bq/cm^2）α 射线、0.3~0.5（Bq/cm^2）β 射线、0.2~0.26（Bq/cm^2）γ 射线，双原子氧通过放射线照射被转变成氧化能力强的活性氧，空气中的氮通过α射线的照射转变为单原子氧和单原子氢，可以使燃烧接近于完全燃烧的状态，净化了汽车排气。由此可见，对比文件1公开了权利要求1中“用在内燃机上的净化排气的方法”的技术方案的全部技术特征，对比文件1与本专利属于同一技术领域，所要解决的技术问题相同，所得到的预期效果也相同，因此，权利要求1的上述技术方案相对于对比文件1没有新颖性，不符合《专利法》第二十二条第二款的规定。

对于权利要求1中“用在其他燃烧设备上的净化排气的方法”的技术方案，对比文件1与其区别仅在于：对比文件1是应用于汽车发动机，而权利要求1中是用于其他燃烧设备。由于上述区别技术特征的存在，与对比文件1相比，权利要求1中“用在其他燃烧设备上的净化排气的方法”的技术方案具有新颖性。

对于上述区别特征，专利复审委认为，对比文件1通过使用天然放射性元素发出的α射线对空气进行辐射，使空气中的双原子氧转变成强氧化性的活性氧，同时使空气中的部分氮通过裂变转变成单原子氧和单原子氢，从而可以防止不完全燃烧，提高燃烧效率，这与本专利所要解决的技术问题相同。因此，本领域的技术人员为了提高锅炉等燃烧设备的燃烧效率，很容易想到对锅炉等燃烧设备空气进口的空气进行辐射，因此权利要求1中“用在其他燃烧设备上的净化排气的方法”的技术方案对本领域技术人员来说是显而易见的，权利要求1的上述技术方案相对于对比文件1不具有创造性，不符合《专利法》第二十二条第三款的规定。

（2）权利要求2的创造性。

权利要求2请求保护一种排气净化装置，该权利要求也包括两个技术方案，一个是内燃机的技术方案，另一个是其他燃烧设备的技术方案。由上面的分析可知，对比文件1与二述两个技术方案的区别分别为：a. 对比文件1没有公开权利要求2中放射性部件被布置在发动机的排气出口和燃料管处；b. 对比文件1没有公开权利要求2中放射性部件被布置在其他燃烧设备的空气进口、排气出口和燃料管处。

相同技术领域的对比文件2公开了在燃料箱到发动机的燃料管路上安装放射性物质构成的板件，其所要解决的技术问题与本专利相同，因此，权利要求2中内燃机的技术方案与对比文件1和2相比，区别仅在于：对比文件中没有记载在排气出口安装放射性部件。但这一区别特征对本领域的技术人员来说是显而易见的，本领域的技术人员为了得到更好的排气净化的效果，很容易想到在排气出口加装放射性部件，因此，权利要求2中内燃机的技术方案相对于对比文件1和2不具有突出的实质性特点和显著的进步，不符合《专利法》第二十二条第三款的规定。

由对比文件1、2可知，通过使用辐射部件对空气和燃料进行辐射可以防止不完全燃烧，提高燃烧效率，因此，本领域的技术人员为了提高锅炉等燃烧设备的燃烧效率，很容易想到在燃烧设备的空气入口、燃料管路等位置设置放射性部件，基于与上述内燃机的技术方案相同的理由，权利要求2中其他燃烧设备的技术方案也不具有突出的实质性特点和显著的进步，不符合《专利法》第二十二条第三款的规定。

（3）权利要求3的创造性。

权利要求3请求保护一种排气净化装置，该权利要求也包括两个技术方案，一个是内燃机的技术方案，另一个是燃烧设备的技术方案。由上面的分析可知，对比文件1与上述两个技术方案的区别分别为：a. 对比文件1没有公开权利要求3中放射性部件被布置在内燃机燃料管和燃料过滤器上；b. 对比文件1没有公开权利要求3中放射性部件被布置在燃烧设备的燃料管和燃料过滤器上。

相同技术领域的对比文件2公开了在燃料箱到发动机的燃料管路上安装放射性物质构成的板件，其所要解决的技术问题与本专利相同，虽然对比文件2没有明确记载要在燃料过滤器处安装放射性部件，但本领域的技术人员都知道燃料过滤器必然要设置在燃料箱到发动机的燃料管路上，因此对比文件2实际上已经公开了上述区别技术特征，并且上述区别技术特征的引入也没有取得预料不到的技术效果，因此权利要求3中内燃机的技术方案相对于对比文件1和2不具有突出的实质性特点和显著的进步，不符合《专利法》第二十二条第三款的规定。

由对比文件1、2可知，通过使用放射性部件对空气和燃料进行辐射可以防止不完全燃烧，提高燃烧效率，因此，本领域的技术人员为了提高锅炉等燃烧设备的燃烧效率，很容易想到在燃烧设备的燃料管路上设置放射性部件，基于与上述内燃机的技术方案相同的理由，权利要求3中其他燃烧设备的技术方案也不具有突出的实质性特点和显著的进步，不符合《专利法》第二十二条第三款的规定。

（4）权利要求4的创造性。

权利要求4是权利要求2或3的从属权利要求，进一步限定了放射性部件是“模压合成树脂、软合成树脂板、陶瓷或封装在可渗透纸内的过滤件或类似物，它们包含能发出0.001至0.6贝克勒尔α射线的天然放射性元素物质的粉末或颗粒状填料”，以及“安装在空气进口系统、排气系统和燃料管系统上的部件被涂以涂料，涂料中混合有能发出0.001至0.6贝克勒尔α射线的天然放射性元素物质的粉末”。

对比文件5公开了内燃机吸气装置，其中在吸气通路中安装有放射性部件，该部件是含有天然放射性元素矿石的合成树脂、软质合成树脂、陶瓷、或用透气性的纸材料封装的颗粒体或粉体。虽然对比文件5没有记载“模压合成树脂”、“或类似物”，但本领域的技术人员根据上述对比文件5公开的相关技术内容以及放射性部件所应用的环境进行适当地选择并不需要付出创造性的劳动，即对比文件5给出了使用上述不同形式的放射性部件的技术启示。

至于放射性部件被涂以涂料这一技术特征，根据本专利说明书的记载，其应是在制成的放射性部件上再涂以涂料，这在口头审理中也得到了专利权人的确定，其目的是使辐射能量得到叠加。而对比文件5中也给出了含有放射性同位素的粉体可以涂料涂布的形式使用，因此，本领域的技术人员为了得到较高的辐射能量的目的，选择以涂料涂布放射性部件是显而易见的，在权利要求2、3不具有创造性的基础上，权利要求4要求保护的技术方案也不具有突出的实质性特点和显著的进步，不符合《专利法》第二十二条第三款的规定。

鉴于上述认定，即本专利权利要求1~4缺乏新颖性或创造性应予无效，故专利复审委对于三元桥丰田中心提出的其他无效理由和证据不再进行评述。综上，专利复审委作出第9199号决定。

本院庭审期间，武部正幸明确表示对第9199号决定作出的行政程序及法律适用不持异议。同时表示，在对比文件1能够使用的前提下，对专利复审委关于本专利不具有创造性的确认不持异议。

本院认为，根据各方当事人在庭审期间陈述的最终意见，本院对武部正幸不持异议的内容进行了合法性审查，认为专利复审委及一审法院对上述内容的审查结论事实清楚，证据充分，符合相关法律规定，本院同意专利复审委和一审法院的审查结论，不再赘述。

关于对比文件1能否作为本专利的对比文件，用于评价本专利的新颖性及创造性的问题，首先，在无效程序及一审期间各方当事人对该对比文件为公开出版和发行刊物以及其所记载的全部内容的真实性没有异议，经审查，本院也予确认；其次，基于图书馆的社会性，其收藏图书的目的在于为社会公众提供借阅和查询；因此，在没有保密约定的情况下，其收藏之日应当视为该出版物开始处于公众随时可以得知的状态，故专利复审委在该出版物已经载明出版日期的情况下，将该收藏日作为该出版物最迟公开日期是慎重并客观的。

关于武部正幸在一审期间提交的新证据，本院在认证部分已有意见阐述，即对一审法院没有采纳该证据予以认可。

综上，专利复审委在第9199号决定中认定的事实清楚，适用法律正确，程序合法；一审法院判决维持符合《中华人民共和国行政诉讼法》第五十四条第（一）项的规定；武部正幸的上诉理由不能成立，本院不予支持。据此，依据《中华人民共和国行政诉讼法》第六十一条第（一）项的规定，判决如下：

驳回上诉，维持一审判决。

二审案件受理费人民币100元由上诉人武部正幸负担（已交纳）。

本判决为终审判决。

审　判　长　郭　宜
审　判　员　张学磊
代理审判员　朱海宏
二〇〇八年四月十七日
书　记　员　程钰玮

026

一种多用途不锈钢蒸笼

无效宣告请求审查决定（第9205号）

决　定　号　第9205号
决　定　日　2006年12月25日
发明创造名称　一种多用途不锈钢蒸笼
国际分类号　A47J 27/04
无效宣告请求人　梁治海
专利权人　汤锡照、胡东明
申　请　号　01271498.4
申　请　日　2001年12月30日
授权公告日　2002年10月16日
合议组组长　温丽萍
主　审　员　胡文辉
参　审　员　丁惠玲

法律依据　专利法第22条第2款、第3款
决定要点

如果一项权利要求中采用了“或者”的方式并列地列举了多个技术特征，则这些技术特征与该权利要求中的其他技术特征一起分别组成了多个并列的技术方案，评价新颖性和创造性时应当针对不同的并列的技术方案分别进行评述。

一、案由

本无效宣告请求涉及国家知识产权局于2002年10月16日授权公告的01271498.4号实用新型专利权，名称为“一种多用途不锈钢蒸笼”，申请日为2001年12月30日，专利权人为汤锡照、胡东明。授权公告的权利要求书如下：

“1. 一种多用途不锈钢蒸笼，包括笼体（1），其特征在于所述笼体底部（11）设有至少一条以上的呈凹凸分布的异形加强筋（2）及若干个透气孔（3）。

2. 根据权利要求1所述多用途不锈钢蒸笼，其特征在于所述加强筋（2）为呈同心圆分布的或螺旋分布状或由内向外的放射线状或横向排布的条形或纵向排布的条形或十字形或米字形或其二种以上形状相结合的复合形状的加强筋。

3. 根据权利要求1所述多用途不锈钢蒸笼，其特征在于所述透气孔（3）为圆形或椭圆形或方形或花状或其两种以上相结合的复合形孔位。

4. 根据权利要求1所述多用途不锈钢蒸笼，其特征在于笼侧壁（12）上设有至少一条加强筋（4）。

5. 根据权利要求1所述多用途不锈钢蒸笼，其特征在于笼体侧壁（12）下部的加强筋（4）向外突出形成与锅内壁相吻合的支承环，其上部的加强向内突出形与锅盖相吻合的支承环。

6. 根据权利要求1所述多用途不锈钢蒸笼，其特征在于笼体侧壁（12）两侧设有至少一个以上的隔热提耳（5）。”

针对本专利权，梁治海（下称请求人）于2003年9月29日向专利复审委员会提出无效宣告请求，其理由是本实用新型专利不具有新颖性和创造性，不符合专利法第22条第2款和第3款的规定。请求人同时提交了下列证据：

证据1：91211466.5号实用新型专利申请说明书，授权公告日为1991年12月25日；

证据2：98217730.5号实用新型专利说明书，授权公告日为1999年10月27日；

证据3：96219815.3号实用新型专利说明书，授权公告日为1998年4月8日；

证据4：98217691.0号实用新型专利说明书，授权公告日为1999年9月15日。

经形式审查合格，专利复审委员会受理了上述请求，并于2003年11月13日将专利权无效宣告请求书及其他有关文件副本转送给了专利权人，要求其在指定的期限内答复。

专利复审委员会没有收到专利权人任何意见陈述。

2004年4月19日，专利复审委员会向双方当事人发出了口头审理通知书，定于2004年6月1日进行口头审理。

口头审理如期举行。请求人的代理人参加了口头审理，专利权人及其代理人没有向专利复审委员会提交口头审理回执也没有参加口头审理。请求人对合议组成员变更没有异议，不请求合议组人员回避。请求人针对本专利权利要求1~6的新颖性和创造性，结合提交的对比文件1~4具体陈述了意见。

本案合议组在此基础上做出如下审查决定。

二、决定的理由

1. 关于证据

请求人请求宣告本实用新型专利权无效的理由是本实用新型不具备新颖性和创造性，其提交的证据共4份，均为中国专利文献，且公开日均早于本实用新型的申请日，可以作为评价本专利新颖性和创造性的对比文件。

2. 关于新颖性和创造性

专利法第22条第2款规定，新颖性，是指在申请日以前没有同样的发明或者实用新型在国内外出版物上公开发表过、在国内公开使用过或者以其他方式为公众所知，也没有同样的发明或者实用新型由他人向国务院专利行政部门提出过申请并且记载在申请日以后公布的专利申请文件中。

专利法第22条第3款规定，创造性，是指同申请日以前已有的技术相比，该发明有突出的实质性特点和显著的进步，该实用新型有实质性特点和进步。

权利要求1要求保护一种多用途不锈钢蒸笼，包括笼体（1），其特征在于所述笼体底部（11）设有至少一条以上的呈凹凸分布的异形加强筋（2）及若干个透气孔（3）。对比文件4的附图4及权利要求2公开了一种组合式蒸笼，它包括由不锈钢制成的笼体，笼体底部有三个同心圆凹槽和若干个通气孔，所述的同心圆凹槽相当于权利要求1中的呈凹凸分布的异形加强筋，通气孔相当于透气孔，由此可见，权利要求1所要求保护的技术方案已全部在对比文件4中公开，因此，权利要求1不具备专利法第22条第2款规定的新颖性。

权利要求2在权利要求1的基础上进一步限定所述加强筋（2）为呈同心圆分布的或螺旋分布状

或由内向外的放射线状或横向排布的条形或纵向排布的条形或十字形或米字形或其二种以上形状相结合的复合形状的加强筋。对比文件4的附图4公开了加强筋呈同心圆分布的方案和由内向外的放射线状方案和十字形及同心圆与十字放射线相结合的复合形状的加强筋的方案。因此权利要求2限定的技术方案中的上述几种方案不具备专利法第22条第2款规定的新颖性。权利要求2中限定的加强筋呈螺旋分布或米字分布或横向排布的条形或与同心圆分布、放射线分布等方式相结合的复合形状分布的技术方案虽然没有在对比文件4中公开，但是本领域的普通技术人员根据对比文件4公开的技术方案所给出的启示很容易想到加强筋可以采用螺旋状分布等各种形式及其这些形式组合的复合形式。并且本专利的说明书中也未给出采用螺旋状等方式比同心圆或放射线等方式有任何更好技术效果的优点，因此，权利要求2中所限定的加强筋呈螺旋状等技术方案不具备专利法第22条第3款规定的创造性。

权利要求3在权利要求1的基础上进一步限定所述透气孔（3）为圆形或椭圆形或方形或花状或其两种以上相结合的复合形孔位。对比文件4的附图4公开了透气孔为圆形的方案。因此权利要求3中限定透气孔为圆形的技术方案不具备专利法第22条第2款规定的新颖性。对比文件中虽然没有公开透气孔为椭圆形或方形或花状或其两种以上相结合的复合形孔位的技术方案，但是椭圆形或方形或花状或其两种以上相结合的复合形孔位都是作为透气孔形状常见的一些形状，本领域的普通技术人员根据对比文件4给出的圆形透气孔的方案不需要经过创造性的劳动就可以得出常见的椭圆形或方形或花状或其两种以上相结合的复合形孔位的技术方案，因此权利要求3中限定的除透气孔为圆形之外的其他形状的透气孔的技术方案不具备专利法第22条第3款规定的创造性。

权利要求4在权利要求1的基础上进一步限定笼侧壁（12）上设有至少一条加强筋（4）。该技术特征在对比文件4中已经公开，因此权利要求4所限定的技术方案不具备专利法第22条第2款规定的新颖性。

权利要求5在权利要求1的基础上进一步限定笼体侧壁（12）下部的加强筋（4）向外突出形成与锅内壁相吻合的支承环，其上部的加强向内突出形与锅盖相吻合的支承环。对比文件4的附图1中公开了笼体侧壁下部的加强筋向外突出形成与锅内壁相吻合的支承环，其上部的加强筋向内突出形与锅盖相吻合的支承环的技术方案，因此权利要求5所限定的技术方案不具备专利法第22条第2款规定的新颖性。

权利要求6在权利要求1的基础上进一步限定笼体侧壁（12）两侧设有至少一个以上的隔热提耳（5）。在笼体侧壁上设置隔热提耳来方便取放笼体是生活中的公知常识，并且对比文件2、3中都分别公开了笼体带有隔热提耳的技术方案，其中任何一篇对比文件与对比文件4相结合得出权利要求6所限定的技术方案对本领域的普通技术人员而言都是显而易见的，因此权利要求6不具备专利法第22条第3款规定的创造性。

三、决定

宣告01271498.4号实用新型专利权全部无效。

当事人对本决定不服的，可以根据专利法第46条第2款的规定，自收到本决定之日起三个月内向北京市第一中级人民法院起诉。根据该款的规定，一方当事人起诉后，另一方当事人应当作为第三人参加诉讼。

027

防蓝光伤害保健眼镜片

无效宣告请求审查决定（第9219号）

决　　定　　号　第9219号
决　　定　　日　2006年12月21日
发明创造名称　防蓝光伤害保健眼镜片
国 际 分 类 号　G02C 7/10，G02 B1/10
无效宣告请求人　杭州文诚科技有限公司
被　请　求　人　温州众生科技有限公司
专　　利　　号　200420021909.7
申　　请　　日　2004年4月12日
授 权 公 告 日　2005年7月27日
合 议 组 组 长　李　隽
主　　审　　员　张梅珍
参　　审　　员　张田勇

法　律　依　据　专利法第22条第3款；专利法实施细则第20条第1款
决　定　要　点

一项权利要求所述技术方案与对比文件1公开的技术方案相比存在区别技术特征，但该区别技术特征被对比文件2所公开，并且存在将上述区别技术特征结合到对比文件1中的技术启示，则该权利要求相对于上述对比文件的组合不具备创造性。

一、案由

本无效宣告请求涉及国家知识产权局于2005年7月27日授权公告的名称为“防蓝光伤害保健眼镜片”的200420021909.7号实用新型专利权，其申请日是2004年4月12日，专利权人是温州众生科技有限公司。授权公告的权利要求书如下：

“1. 一种防蓝光伤害保健眼镜片，由基片和蒸镀层两部分组成，其特征在于，所述基片是由含有短波可见光吸收剂的有机高分子聚合物制成；所述蒸镀膜层是由至少一层低折射率膜层和至少一层高折射率膜层交替叠合组成的。

2. 如权利要求1所述的防蓝光伤害保健眼镜片，其特征在于所述低折射率膜层可以是氟化镁膜层、二氧化硅膜层或一氧化硅膜层其中任意一种。

3. 如权利要求1所述的防蓝光伤害保健眼镜片，其特征在于所述高折射率膜层可以是二氧化钛膜层、氧化锆膜层、氧化铝膜层或氧化钴膜层中任意一种。

4. 如权利要求1所述的防蓝光伤害保健眼镜片，其特征在于所述基片是由聚碳酸酯、聚甲基丙烯酸甲酯或烯丙二甘醇碳酸酯与二异丙基过氧化碳酸酯共聚物的其中任意一种掺入短波可见光吸收剂制备成的。

5. 如权利要求1所述的防蓝光伤害保健眼镜片，其特征在于所述短波可见光吸收剂是分散黄。

6. 如权利要求1所述的防蓝光伤害保健眼镜片，其特征在于所述短波可见光吸收剂是由分散黄和分散蓝混合而成。

7. 如权利要求1所述的防蓝光伤害保健眼镜片，其特征在于所述短波可见光吸收剂是由分散黄、分散蓝和分散黑混合而成。

8. 如权利要求1所述的防蓝光伤害保健眼镜片，其特征在于所述镀膜层共有三层，由内至外分别为SiO2膜层、ZrO膜层和SiO2膜层，厚度分别为138nm、275nm和138nm。

9. 如权利要求1所述的防蓝光伤害保健眼镜片，其特征在于所述镀膜层共有五层，由内至外分别为TiO2膜层、SiO2膜层、TiO2膜层、SiO2膜层和TiO2膜层，膜层的厚度均为197nm。

10. 如权利要求1所述的防蓝光伤害保健眼镜片，其特征在于所述镀膜层共有七层，由内至外分别为CoO膜层、SiO2膜层、CoO膜层、SiO2膜层、CoO膜层、SiO2膜层和CoO膜层，里面4层膜层的厚度为100nm，最外3层膜层的厚度为120nm。”

针对上述实用新型专利（下称本专利），杭州文诚科技有限公司（下称请求人）于2005年9月14日向专利复审委员会提出了无效宣告请求，理由是本专利权利要求1相对于证据1不符合专利法第22条第2款的规定、权利要求1~7均包含材料特征，不符合专利法实施细则第2条第2款的规定，权利要求8~10的技术效果无法从说明书中直接获得，不符合专利法第26条第3款的规定，并提交了如下证据：

证据1：88218135.1号中国实用新型专利申请说明书，公告日为1989年1月18日；

证据2：ZL94218331.2号中国实用新型专利说明书，授权公告日为1995年9月13日。

经形式审查合格后，专利复审委员会于2005年9月14日受理了该无效宣告请求，向双方当事人发出无效宣告请求受理通知书，并将无效宣告请求书及其附件清单中所列附件副本转给了专利权人。

请求人于2005年10月12日又提交了意见陈述书及补充证据1~10：

补充证据1：89104905.3号中国发明专利申请公开说明书，公开日为1990年9月12日；

补充证据2：ZL93245981.1号中国实用新型专利说明书，授权公告日为1994年9月21日。

补充证据3（同证据2）：ZL94218331.2号中国实用新型专利说明书，授权公告日1995年9月13日；

补充证据4：94113354.0号中国发明专利申请公开说明书，公开日为1995年10月4日；

补充证据5：ZL96214401.0号中国实用新型专利说明书，授权公告日为1998年4月8日；

补充证据6：“Sol-Gel法制备CoO-SiO_2膜”作者：张兆艳、林财和，《玻璃》1999年26卷第3期；

补充证据7：“SiO薄膜的光致发光研究”作者：林峰等，《自然科学进展》1999年第9卷第12期增刊；

补充证据8：“镀膜在镜片上的运用”作者：毛欣杰、瞿佳，《中国眼镜科技杂志》2000年第1期；

补充证据9：“树脂镜片绿色增透膜研究”作者：黄昱勇等，《光学仪器》第23卷第5-6期，2001年12月；

补充证据 10：“视觉环境中的光与色觉机理-防光污染与防近视（续）”作者：唐永连、谷静芝、李少白等《中国眼镜科技杂志》，2003 年第 3 期。

针对上述无效宣告请求，专利权人于 2005 年 10 月 26 日向专利复审委员会提交了答复意见，认为：（1）本专利权利要求 1 相对于证据 1、证据 2 具备新颖性。证据 1 中的眼镜与本专利的眼镜片在基片、复合膜层结构上存在不同，并且效果也不同，证据 1 中的眼镜没有防蓝光伤害的功能；证据 2 与本专利目的不同，基片、复合膜层结构不同，虽然效果上有部分重叠，但起着紫光、蓝光可见光消除作用的部分不同，前者是靠膜层，后者是靠基片。（2）本专利权利要求 1 请求保护的眼镜片具有形状，并且具有复合层结构，因此符合专利法实施细则第 2 条第 2 款的规定，从属于权利要求 1 的权利要求 2~7 也符合上述规定。（3）本专利权利要求 8~10 限定的眼镜片是本专利的三种优选实施方式，至少都具有本专利防蓝光伤害的有益效果。因此，本专利的授予完全符合专利法以及专利法实施细则的有关规定。

专利复审委员会依法组成合议组，对上述无效宣告请求进行审查。2006 年 3 月 3 日，本案合议组向双方当事人发出转送文件通知书，将请求人于 2005 年 10 月 12 日提交的意见陈述书及其附件清单中所列附件的副本转送给专利权人，将专利权人于 2005 年 10 月 26 日提交的意见陈述书转送给请求人。2006 年 3 月 14 日，本案合议组向双方当事人发出口头审理通知书，定于 2006 年 4 月 17 日对本案举行口头审理。

口头审理如期举行，双方当事人均参加了口头审理。请求人明确无效理由及范围：权利要求 1~10 不符合专利法第 22 条第 3 款的规定，补充如下无效理由：权利要求 4 不符合专利法实施细则第 20 条第 1 款的规定。明确放弃如下无效理由：权利要求不符合专利法第 22 条第 2 款的规定，权利要求不符合专利法实施细则第 2 条第 2 款的规定，权利要求不符合专利法第 26 条第 3 款规定。请求人当庭提交了补充证据 6、9、10 的原件，提交了补充证据 7~8 的公证书。合议组当庭将上述公证书复印件转交专利权人。专利权人对证据 1 以及补充证据 1~10 的真实性予以认可，坚持认为新增无效理由不应当考虑，合议组当庭告知根据审查指南的相关规定，专利法实施细则第 20 条第 1 款的新增无效理由予以接受，并指出专利权人可以于庭后十日内向合议组提交针对请求人新增无效理由的意见陈述，逾期未提交不影响合议组的审理。

在庭审调查中双方当事人对本专利是否符合上述无效宣告请求涉及的条款充分发表了意见：

（1）关于权利要求 4 是否符合专利法实施细则第 20 条第 1 款的规定。

请求人认为：该权利要求 4 中使用了“、”“或”“与”，有多种理解，如聚碳酸酯、聚甲基丙烯酸甲酯、丙烯二甘醇碳酸酯分别与二异丙基过氧化碳酸酯共聚形成共聚物，或者可以理解为聚碳酸酯、聚甲基丙烯酸甲酯、丙烯二甘醇碳酸酯与二异丙基过氧化碳酸酯共聚物三种物质，造成保护范围不清楚。

专利权人认为：权利要求 4 附加技术特征中仅仅包括三种物质：第一种物质为聚碳酸酯，第二种物质为聚甲基丙烯酸甲酯，第三种物质为丙烯二甘醇碳酸酯与二异丙基过氧化碳酸酯共聚物，不存在其他理解。

（2）关于权利要求 1 的创造性。

请求人使用证据 1、补充证据 5、补充证据 3 或补充证据 2 分别单独评价权利要求 1 的创造性，还使用证据 1 与补充证据 1 结合、补充证据 1 与补充证据 5 结合、补充证据 1 与补充证据 3 结合或者补充证据 1 与补充证据 2 结合评价权利要求 1 的创造性。请求人认为：权利要求 1 中“有机高分子聚合物”、“短波可见光吸收剂”、“高折射率”、低折射率”不是产品的形状或构造，应当不予考虑。证据 1、补充证据 5、2、3 均独立公开了权利要求 1 中除掉材料特征之外的所有特征，证据 1 中的铟锡氧化物膜底层和氟化镁表面层分别相应于低、高折射率膜层；补充证据5中的二氧化钛膜氟化镁膜分别相应于低、高折射率膜层；补充证据2中的二氧化钛膜–二氧化钴膜混合物膜和二氧化钛膜分别相应于高、低折射率膜层；补充证据3中的二氧化钛膜和二氧化钴膜分别相应于高、低折射率膜层；补充证据1与本专利为相近似的领域，其公开了透镜中加入短波可见光吸收剂实现防蓝光功能，其中的着色剂实质上就是短波可见光吸收剂。

专利权人认为：不应当将材料特征从该权利要求1中除去来评价其创造性，并且该材料特征和复合膜结构特征共同为本专利的眼镜片带来有益效果，并且通过这些特征实现本专利的发明目的；指出本专利防蓝光通过基片加入短波可见光吸收剂以及高低折射率膜层交替涂覆实现；而证据1、补充证据5中基片不具有吸收短波可见光的功能，膜层结构也与本专利中的不同，补充证据5中膜层上还必须有一层二氧化硅膜层最外层，并且证据1没有防蓝光伤害的功能；认可补充证据2中的二氧化钛–二氧化锆混合物膜和二氧化钛膜均属高折射率膜层，但认为在该证据中高折射率膜层为混合物膜，且镜片不具有防蓝光功能，与本专利不同。补充证据3中的二氧化锆膜不是低折射率膜层；补充证据1的透镜不同于本专利的眼镜片。本专利的主题涉及“防蓝光”，与上述证据均不同。权利要求1中的材料特征虽然不应考虑，但由材料特征带来的功能应以考虑。

（3）关于权利要求2~10的创造性。

请求人认为：权利要求2~7为材料特征，在实用新型创造性审查中应当不予考虑，即使考虑该材料特征，该特征也已经被下述证据公开。权利要求2的附加技术特征分别被补充证据5、7、5与7的结合所公开；权利要求3的附加技术特征分别被补充证据5、6、9、补充证据5与6的结合、补充证据5与9的结合所公开，CR–39是丙烯二甘醇碳酸酯与二异丙基过氧化碳酸酯共聚物；权利要求4~7的附加技术特征被补充证据4所公开，至于分散黄与分散蓝的混合以及分散黑是可以由本领域技术人员根据补充证据4所能想到的；权利要求8的附加技术特征被补充证据2与8的结合、补充证据5与8结合、补充证据2和公知常识的结合、补充证据5和公知常识的结合所公开；权利要求9~10的附加技术特征被补充证据5与8的结合、补充证据2与8的结合、补充证据2和公知常识的结合、补充证据5和公知常识的结合所公开。

专利权人认为：补充证据5、6、7、9均未完全公开权利要求2~3的技术方案；补充证据4仅仅公开了本专利权利要求4的聚碳酸酯，补充证据4公开了甲基丙烯酸甲酯，未公开聚甲基丙烯酸甲酯，而该补充证据4中CR–39并不是丙烯二甘醇碳酸酯与二异丙基过氧化碳酸酯共聚物；该补充证据4未公开分散黄和分散蓝的混合以及分散黄和分散蓝和分散黑的混合；权利要求8~10的附加技术特征均未在上述证据中公开，认为补充证据8是用于增透，与本专利目的相反，不能计算得出本专利中的膜层厚度。权利要求8~10的附加技术特征关于膜层厚度的技术效果在说明书中未予以记载，其效果主要体现在防蓝光。

口头审理后，专利权人逾期未提交针对请求人口头审理中新增无效理由的意见陈述。

至此，本案合议组认为事实已清楚，经合议依法作出审查决定。

二、决定的理由

1. 关于证据

专利法实施细则第66条规定：在专利复审委员会受理无效宣告请求后，请求人可以在提出无效宣告请求之日起1个月内增加理由或补充证据。逾期增加理由或者补充证据的，专利复审委员会可以不予考虑。

在本案中，请求人提交补充证据1~10的时间是2005年10月12日，本专利无效宣告请求时间为2005年9月14日，补充提交证据的时间未超过上述规定的期限，应当予以接受。

请求人在无效宣告程序中共提交了12份证据，其中证据2与补充证据3完全相同，证据1以及补充证据1~5均为专利文献，其公开日均早于本专利申请日。请求人当庭提交了补充证据6、9、10的原件以及补充证据7~8的公证书原件以及复印件，专利权人对证据1以及补充证据1~10的真实性予以认可，在此基础上，合议组经审查认为上述证据1以及补充证据1~10可以作为本案的证据使用，由于证据1及补充证据1~10的公开日均在本专利申请日之前，其上记载的内容构成本专利的现有技术。

2. 关于权利要求1的创造性

专利法第22条第3款规定：创造性，是指同申请日以前已有的技术相比，该发明有突出的实质性特点和显著的进步，该实用新型有实质性特点和进步。

审查指南第四部分第六章第3和4节中规定：在实用新型新颖性和创造性的审查中，应当考虑其技术方案中的所有技术特征，包括材料特征和方法特征。

请求人使用证据1、补充证据5、补充证据3或补充证据2分别单独评价权利要求1的创造性，还使用证据1与补充证据1结合、补充证据1与补充证据5结合、补充证据1与补充证据3结合或者补充证据1与补充证据2结合评价权利要求1的创造性。

补充证据5公开了一种新型滤色眼镜片，适于机动车驾驶人员在各种光线条件下驾驶使用，对紫光和蓝光的滤除率达90%以上，该眼镜片由基片和晶体材料形成的膜层构成，所述基片为树脂光学眼镜片；所述膜层由高折射率材料TiO_2或ZrO_2或ZnS和低折射率材料MgF_2或SiO_2交替涂镀至少5层得到，每层厚度为90~100nm。

补充证据1公开一种可校正蓝视症的眼内透镜的制备方法，其中披露了以下内容：将聚合反应后形成透明透镜材料的单体聚合，得到一种眼内透镜，聚合时要加入的其他基本组分还有例如分散黄的着色剂，该着色剂在340nm~450nm的波长范围内有最大的吸收性，并可吸收可见的蓝光和紫外线（相当于本专利中的短波可见光吸收剂），在单体溶液内还可加入紫外线吸收剂。

本专利权利要求1与补充证据5相比，区别仅在于：本专利中的基片含有短波可见光吸收剂，而该区别技术特征已经被补充证据1所公开，由于补充证据1也涉及一种用于眼睛的器件，并且该器件能够通过加入的着色剂吸收蓝光和紫外线，防止蓝光伤害，因此本领域普通技术人员在补充证据5的基础上，为了防止蓝光伤害，容易想到将补充证据1中的上述特征结合进来，从而得到权利要求1请求保护的技术方案，因此本专利权利要求1相对于补充证据1和补充证据5的结合不具备实质性特点和进步，不具备创造性。

专利权人在无效宣告口头审理中提出补充证据5眼镜片的膜层上还有一层SiO_2膜，据此认为与本专利不同，本专利权利要求1具备创造性。合议组经过合议认为，虽然补充证据5中眼镜片在交替涂镀高折射率和低折射率膜层之后，在镀膜的表面再镀上一层SiO_2膜，但该膜层用于增强膜面硬度，与眼镜片防蓝光伤害的目的不相关，也不会影响眼镜片除了硬度之外的其他效果，因此就补充证据5公开的内容而言，其与补充证据1的结合能够破坏权利要求1的创造性。

3. 关于权利要求2~10的创造性

请求人认为权利要求2的附加技术特征分别被补充证据5、补充证据7、补充证据5与7的结合所公开；权利要求3的附加技术特征分别被补充证据5、6、9、补充证据5与6的结合、补充证据5与9的结合所公开；权利要求4~7的附加技术特征被补充证据4所公开，至于分散黄与分散蓝的混合以及分散黑是可以由本领域技术人员根据补充证据4所能想到的；权利要求8的附加技术特征被补充证据2与8的结合、补充证据5与8结合、补充证据2和公知常识的结合、补充证据5和公知常识的结合所公开；权利要求9~10的附加技术特征被补充证据5与8的结合、补充证据2与8的结合、补充证据 2 和公知常识的结合、补充证据 5 和公知常识的结合所公开。

权利要求 2、3 限定部分的附加技术特征分别为“所述低折射率膜层可以是氟化镁膜层、二氧化硅膜层或一氧化硅膜层其中任意一种”、“所述高折射率膜层可以是二氧化钛膜层、氧化锆膜层、氧化铝膜层或氧化钴膜层中任意一种”。

合议组经过审查，认为权利要求 2 中的低折射率材料 MgF_2、SiO_2，权利要求 3 中的高折射率材料 TiO_2、ZrO_2 已经被补充证据 5 所公开，而一氧化硅为本领域低折射率材料的常规选择，氧化铝、氧化钴则为本领域高折射率材料的常规选择，其均是利用了这些材料固有的低折射率和高折射率性能，没有带来预料不到的技术效果，因此，在其引用的权利要求 1 不具备创造性时，该从属权利要求 2、3 也不具备创造性。

权利要求 4 限定部分的附加技术特征为“所述基片是由聚碳酸酯、聚甲基丙烯酸甲酯或烯丙二甘醇碳酸酯与二异丙基过氧化碳酸酯共聚物的其中任意一种掺入短波可见光吸收剂制备成的”。

合议组认为权利要求 4 中基片的材料聚甲基丙烯酸甲酯已经被补充证据 1 所公开，至于聚碳酸酯、烯丙二甘醇碳酸酯与二异丙基过氧化碳酸酯共聚物是本领域对眼镜片材料的惯常选择，没有带来预料不到的技术效果，因此，在其引用的权利要求 1 不具备创造性时，该从属权利要求 4 也不具备创造性。

权利要求 5~7 限定部分的附加技术特征分别为“所述短波可见光吸收剂是分散黄”、“所述短波可见光吸收剂是由分散黄和分散蓝混合而成”、“所述短波可见光吸收剂是由分散黄、分散蓝和分散黑混合而成”。

合议组认为权利要求 5 的附加技术特征已经被补充证据 1 所公开，至于分散黄和分散蓝混合或者分散黄、分散蓝和分散黑混合均为短波可见光吸收剂的常规构成，没有带来预料不到的技术效果，因此，在其引用的权利要求 1 不具备创造性时，该从属权利要求 5~7 也不具备创造性。

权利要求 8~10 对镀膜层的层数、材料、厚度作了不同限定。补充证据 5 还公开了以下内容：在眼镜片的基片上以 TiO_2 或 ZrO_2 或 ZnS 为高折射率材料，以 MgF_2 或 SiO_2 为低折射率材料交替镀膜至少涂镀 5 层，每层厚度为 90~100nm；交替涂镀高折射率材料 TiO_2、低折射率材料 MgF_2，其中 TiO_2 涂镀 4 层，MgF_2 涂镀 3 层。可见，镀膜层的层数、材料、厚度可以根据需要进行选择，而目前权利要求 8~10 中对镀膜层的限定并没有为本专利带来预料不到的技术效果，因此，在其引用的权利要求 1 不具备创造性时，该从属权利要求 8~10 也不具备创造性。

综上所述，本专利所有权利要求均不具备创造性，从而导致该专利权全部无效，因此合议组不再审查请求人提出的其他无效宣告请求理由是否成立。

三、决定

宣告 200420021909.7 号实用新型专利权全部无效。

当事人对本决定不服的，可以根据专利法第 46 条第 2 款的规定，自收到本决定之日起叁个月内向北京市第一中级人民法院起诉。根据该款的规定，一方当事人起诉后，另一方当事人应当作为第三人参加诉讼。

028

一种座钟

无效宣告请求审查决定（第9228号）

决　　定　　号　第9228号
决　　定　　日　2006年12月5日
发明创造名称　一种座钟
国 际 分 类 号　G04B 37/14
无效宣告请求人　福州中宜电子有限公司，福州汉强电子有限公司
专 利 权 人　王高祥
专　　利　　号　01272573.0
申　　请　　日　2001年11月27日
授 权 公 告 日　2002年10月9日
合 议 组 组 长　徐洁玲
主　　审　　员　杜微科
参　　审　　员　杨存吉

法 律 依 据　专利法第22条第2款、第3款
决 定 要 点

虽然权利要求与现有技术相比具有区别技术特征，但是如果该区别技术特征没有为该权利要求请求保护的技术方案带来意想不到的技术效果，则该权利要求请求保护的技术方案没有实质性特点和进步，不具有创造性。

已为人民法院生效判决认定的事实可以作为合议组认定事实的依据。

一、案由

本无效宣告请求涉及的是国家知识产权局于2002年10月9日授权公告的01272573.0号实用新型专利权，名称为“一种座钟”，申请日为2001年11月27日，专利权人（下称专利权人）为王高祥。

本专利授权的权利要求书如下：

“1. 一种座钟，由底座、支架和钟面组成，其特征是：支架为一弹簧，弹簧的两端分别固定在底座和钟面上。

2. 如权利要求1所述的一种座钟，其特征是：支架所用弹簧的上段呈由下至上逐渐缩小。

3. 如权利要求1或2所述的一种座钟，其特征是：底座的上方和钟面的下方相对位置上，分别通过固定设有一个倒圆锥型固定座和一个锥型固定柱，倒锥型固定座的顶面形成固定台，支架的两端

固定在锥型固定柱和固定台上。”

2002年11月8日，福州中宜电子有限公司（下称请求人1）向专利复审委员会提出了宣告本实用新型专利权无效的请求，其理由是本专利权利要求1~3不具有新颖性和创造性。请求人1提交如下证据：

证据1：STYLEWATCH时表专讯，September，1999，复印件2页；

证据2：ENTERPRISE1/93香港企业产品精选，复印件2页。

经形式审查合格，专利复审委员会受理了该无效宣告请求，并将无效宣告请求书及有关文件的副本转给专利权人，要求专利权人在指定期限内陈述意见。

2003年1月24日专利权人陈述意见，指出证据1和2是复印件，而且证据2没有出版日期，不能作为证据使用；本专利权利要求2~3具有新颖性和创造性，请求维持权利要求2~3有效。

2002年12月4日，福州汉强电子有限公司（下称请求人2）向专利复审委员会提出了宣告本实用新型专利权无效的请求，其理由是本专利权利要求1~3不具有新颖性和创造性。请求人2提交的证据除了请求人1提交的证据1和2之外，还包括证据1的目录1页和证据2的目录和销售地址复印件2页。

经形式审查合格，专利复审委员会受理了该无效宣告请求，并将无效宣告请求书及有关文件的副本转给专利权人，要求专利权人在指定期限内陈述意见。

2003年2月21日专利权人陈述意见，指出本专利权利要求2~3具有新颖性和创造性，请求维持权利要求2~3有效。

2003年3月11日专利复审委员会向三方当事人发出口头审理通知书，定于2003年4月17日进行口头审理，并将专利权人针对两个无效宣告请求的意见陈述书的副本分别转给请求人1和2。

口头审理如期举行，请求人1、请求人2明确无效理由是权利要求1、2不具有新颖性，权利要求2~3不具有创造性，请求宣告权利要求1~3全部无效。专利权人对证据1和2的真实性及在本专利申请日之前公开均没有异议，并承认权利要求1不具有新颖性。请求人1、请求人2提交证据1、2的原件，合议组经核实，证据1~2复印件与原件相符。各方对对方出庭人员资格没有异议。口头审理中将请求人1和2提出的两个无效请求合案审理，三方出庭人员就两个无效请求发表了意见。请求人1、请求人2提交《弹簧手册》4页和《机械设计手册》3页复印件，用于佐证弹簧上段作成锥形是公知技术。合议组当庭将上述两份证据复印件转给专利权人。合议组经核实后认定复印件与原件一致。

专利复审委员会于2003年8月6日作出第5237号无效宣告请求审查决定书，认定本专利权利要求1不具有新颖性，权利要求2不具有创造性，权利要求3具有创造性，宣告本专利权部分无效。

请求人1、请求人2不服专利复审委员会作出的上述无效宣告请求审查决定书，向北京市第一中级人民法院提出诉讼，北京市第一中级人民法院于2003年12月19日作出（2003）一中行初字第637、638号行政判决书，认定权利要求3不具有创造性，判决撤销专利复审委员会作出的第5237号无效宣告请求审查决定书，由专利复审委员会就本专利重新做出无效宣告请求审查决定。

专利权人不服北京市第一中级人民法院作出的上述判决，向北京市高级人民法院提起上诉，北京市高级人民法院于2004年5月10日作出（2004）高行终字第32、33号行政判决书，该判决书中认定：权利要求3与证据1和2相比在结构上具有两项区别技术特征，其一是权利要求3中弹簧的上段呈由下至上逐渐缩小，顶部呈圆锥形，而对比文件中的弹簧上下一样粗细；其二是权利要求3中钟面下方的固定柱为锥形，而对比文件钟的固定柱为圆柱形。在权利要求2不具有创造性的基础上，固定柱为圆锥形与现有技术为圆柱形，没有带来积极的技术效果，权利要求3没有实质性的特点和进步，因此不具备创造性，因此驳回专利权人的上诉请求。

专利复审委员会依法重新组成合议组，于 2006 年 10 月 26 日向三方当事人发出《合议组成员告知通知书》，将合议组的组成人员告知三方当事人。三方当事人未在该通知书指定的期限内对合议组成员提出回避请求。

至此，本案事实已经清楚，可以依法作出审查决定。

二、决定的理由

1. 现有技术

由于专利权人对证据 1 和 2 的真实性、及在本专利申请日之前公开均没有异议，因此证据 1 和 2 可以作为本专利的现有技术。

2. 新颖性

专利法第 22 条第 2 款规定，新颖性，是指在申请日以前没有同样的发明或者实用新型在国内外出版物上公开发表过、在国内公开使用过或者以其他方式为公众所知，也没有同样的发明或者实用新型由他人向国务院专利行政部门提出过申请并且记载在申请日以后公布的专利申请文件中。

（1）权利要求 1 不具有新颖性。

鉴于专利权人在口头审理中承认权利要求 1 不具有新颖性，合议组认定权利要求 1 不具有新颖性，不符合专利法第 22 条第 2 款的规定。

（2）权利要求 2 具有新颖性。

权利要求 2 是权利要求 1 的从属权利要求，其附加的技术特征是：“支架所用弹簧的上段呈由下至上逐渐缩小。”

请求人 1、2 以证据 1 和 2 中的图片评价本专利的新颖性和创造性。证据 1 和 2 公开了一种钟表，包括底座、弹簧支架和钟面，弹簧的两端分别固定在底座和钟面上，而且弹簧支架从上至下尺寸一致。

将权利要求 2 请求保护的技术方案与证据 1 和 2 公开的钟表分别进行比较，可以看出证据 1 和 2 都没有公开本专利权利要求 2 的技术特征“支架所用弹簧的上段呈由下至上逐渐缩小”，因此权利要求 2 具有新颖性，符合专利法第 22 条第 2 款的规定。

3. 创造性

专利法第 22 条第 2 款规定，创造性，是指同申请日以前已有的技术相比，该发明有突出的实质性特点和显著的进步，该实用新型有实质性特点和进步。

（1）权利要求 2 不具有创造性。

根据前述有关权利要求 2 具有新颖性的认定，权利要求 2 与证据 1 或 2 存在区别技术特征“支架所用弹簧的上段呈由下至上逐渐缩小。”但是该区别技术特征没有解决技术问题，说明书中也没有记载关于该区别技术特征产生的技术效果。在口头审理中专利权人的代理人强调由于支架所用弹簧的上段呈由下至上逐渐缩小降低了重心，使得钟表更平稳。合议组认为上段呈由下至上逐渐缩小的弹簧形状只是降低了弹簧本身的重心，而不能降低钟表整体的重心，因此不能起到使钟表整体平稳的效果，故专利权人的上述主张不能成立。由于上述区别技术特征不能使得权利要求 2 具备实质性特点，也没有给权利要求 2 带来意想不到的技术效果，因此权利要求 2 不具有创造性，不符合专利法第 22 条第 3 款的规定。

（2）权利要求 3 不具有创造性。

根据（2004）高行终字第 32、33 号行政判决书认定的有关事实，本专利与证据 1、2 相比在结构上具有两项区别技术特征，其一是权利要求 3 中弹簧的上段呈由下至上逐渐缩小，顶部呈圆锥形；其二是权利要求 3 中钟面下方的固定柱为锥形，而对比文件中的固定柱为圆柱形。但是上述区别技术特征没有带来积极的技术效果，不能使得权利要求 3 相对于对比文件具有实质性的特点和进步，在权利要求 2 不具有创造性的基础上，权利要求 3 也不具备创造性，不符合专利法第 22 条第 3 款的规定。

综上所述，本专利权利要求 1 不具有新颖性，不符合专利法第 22 条第 2 款的规定；权利要求 2~3 不具有创造性，不符合专利法第 22 条第 3 款的规定。

在此基础上，合议组做出如下审查决定。

三、决定

宣告第 01272573.0 号实用新型专利权全部无效。

对本决定不服的一方当事人，可以根据专利法第 46 条第 2 款的规定，自收到本决定之日起三个月内向北京市第一中级人民法院起诉。根据该款的规定，一方当事人起诉后，对方当事人应当作为第三人参加诉讼。

029

中空壁中带加强筋的内螺旋棱的塑料管

无效宣告请求审查决定（第9274号）

决　定　点　第9274号
决　定　日　2006年12月16日
发明创造名称　中空壁中带加强筋的内螺旋棱的塑料管
国 际 分 类 号　E03F 3/04，F16L 9/133
无效宣告请求人　黄泽勇，马振峰
专　利　权　人　王克义，王作为
专　利　号　99212628.2
申　请　日　1999年6月2日
授 权 公 告 日　2000年3月29日
合 议 组 组 长　钱　芸
主　审　员　李　隽
参　审　员　黄　颖

法 律 依 据　专利法第22条第2款
决 定 要 点

若一份证据覆盖了一项专利独立权利要求的全部技术特征，且两者属于同一技术领域，所要解决的技术问题及所能达到的技术效果也相同，则该独立权利要求相对于该证据不具有新颖性。

一、案由

本无效宣告请求涉及国家知识产权局于2000年3月29日授权公告的、名称为“中空壁中带加强筋的内螺旋棱的塑料管”的99212628.2号实用新型专利（下称本专利），其申请日是1999年6月2日，专利权人是王克义、王作为。该专利授权公告时的权利要求书如下：

“1. 中空壁中带加强筋的内螺旋棱的塑料管，其特征在于将具有内螺旋棱的塑料管壁（1）制成中空腔（2）的结构，在中空腔（2）中间隔均匀地固定有竖向加强筋（3）。”

针对上述专利权，黄泽勇、马振峰（下称请求人）于2003年4月1日向专利复审委员会提出无效宣告请求，其提交的证据如下：

证据1：授权公告日为1997年11月19日，授权公告号为CN2268174Y的实用新型专利说明书。

请求人在无效宣告请求书中认为：本专利权利要求1相对于证据1不具有新颖性和创造性。

请求人于2003年4月17日提交了意见陈述书，并补充提交了以下证据：

证据2：授权公告日为1997年9月24日，授权公告号为CN2263254Y的实用新型专利说明书。

请求人在上述意见陈述书中认为：上述补充证据中所公开的技术内容已经完全覆盖了本专利中所公开的全部内容，所以本专利与证据2相比不具有新颖性和创造性。

经形式审查合格，专利复审委员会依法受理了上述无效宣告请求，并于2003年5月6日向双方当事人发出无效宣告请求受理通知书，同时将无效宣告请求书及其附件清单中所列证据1副本转送给专利权人。

专利权人于2003年6月3日提交了意见陈述书，陈述意见中认为：（1）本专利相对于证据1具有新颖性。本专利与证据1的技术方案实质上不相同，本专利的竖向加强筋是间隔均匀地固定在中空腔中，而证据1的空气隔层是以内壁上的流道位置相对应的，区别在于本专利由多个竖向加强筋将中空腔分割成与管壁竖向平行并均匀分布的数个梯形空腔，而证据1内外壁之间的空气隔层都是以流道的走向为对应的螺旋形空腔，梯形空腔和螺旋型空腔肯定是不相同的；本专利与证据1的预期效果不相同，本专利彻底消除下水时产生的噪声，而证据1仅是“消音效果好”，且本专利还有“成本低”的效果，而证据1却无此效果。（2）本专利相对于证据1具有创造性。本专利与证据1相比具有实质性特点，本专利是数个“竖向梯形空腔”，与证据1中的螺旋形空腔显然有实质性的区别特征，请求人强调从附图上能看到竖向加强筋是不可能的，即使有加强筋也是螺旋形的；本专利比证据1有进步，竖向的加强筋比螺旋形加强筋容易加工制造，本专利能彻底消除整个下水时产生的噪声。

专利复审委员会依法组成合议组，对上述无效宣告请求进行审查。本案合议组于2004年3月29日向双方当事人发出无效宣告请求口头审理通知书，指出本案定于2004年5月11日举行口头审理。随同口头审理通知书，将专利权人于2003年6月3日提交的意见陈述书转给请求人，将请求人于2003年4月17日提交的意见陈述书及补充证据副本转给专利权人。

口头审理如期举行，双方当事人均参加了口头审理。

在口头审理中，双方当事人对对方出席口头审理人员的身份及资格均无异议，双方当事人对合议组成员无回避请求。

请求人当庭明确其无效宣告请求的理由、证据和范围为：（1）权利要求1相对于证据1不具备专利法第22条第2款规定；（2）权利要求1相对于证据1不具备专利法第22条第3款规定的创造性；（3）权利要求1相对于证据2不具备专利法第22条第2款规定的新颖性；（4）权利要求1相对于证据2不具备专利法第22条第3款规定的创造性；（5）权利要求1相对于证据1和证据2的结合不具备专利法第22条第3款规定的创造性。请求人认为证据2为最接近的对比文件。请求人当庭提交了新增的证据3：专利复审委员会于1999年11月29日针对96249121.7作出的第1668号《无效宣告请求审查决定》，合议组当庭告知请求人提交的证据3因超过举证期限，不予接受。专利权人对证据1、2的真实性无异议，但对证据2提交的时间仍有异议。双方就本专利权利要求1是否具备新颖性、创造性发表了各自的意见。

至此，合议组认为本案事实清楚，现依法作出审查决定。

二、决定的理由

1. 关于证据

专利法实施细则第66条规定：在专利复审委员会受理无效宣告请求后，请求人可以在提出无效宣告请求之日起1个月内增加理由或者补充证据。逾期增加理由或者补充证据的，专利复审委员会可以不予考虑。

证据2是请求人于2003年4月17日提交的补充证据，距其提出无效宣告请求之日未超过一个月，因此根据专利法实施细则第66条的规定，合议组对证据2予以接受。

证据3是请求人于2004年5月11日口审当庭提交的补充证据，距其提出无效宣告请求之日已超过了一个月，且该证据与请求人的无效请求无直接关系，因此根据专利法实施细则第 66 条的规定，合议组对证据 3 不予接受。

证据 1、2 均是中国实用新型专利说明书，专利权人未对其真实性提出异议，经审查，证据 1、2 可作为本案证据使用，证据 1、2 的公开日在本专利申请日之前，其上记载的内容构成本专利的现有技术。

2. 关于新颖性

专利法第 22 条第 2 款规定：新颖性，是指在申请日以前没有同样的发明或者实用新型在国内外出版物上公开发表过、在国内公开使用过或者以其他方式为公众所知，也没有同样的发明或者实用新型由他人向国务院专利行政部门提出过申请并且记载在申请人以后公布的专利申请文件中。

审查指南第二部分第三章第 3.1 节规定：如果专利申请与对比文件公开的内容相比，其权利要求所限定的技术方案与对比文件公开的技术方案实质上相同，所属技术领域的技术人员根据两者的技术方案可以确定两者能够适用于相同的技术领域，解决相同的技术问题，并具有相同的预期效果，则认为两者为同样的发明或者实用新型。

请求人认为本专利权利要求 1 与证据 2 相比不具备新颖性。

经审查，证据 2 公开了一种内壁形成螺旋形突起的管材，包括管体 10，与管体 10 的内壁一体成型形成多个截面呈三角形的螺旋型突起 1，这相当于本专利权利要求 1 中的具有内螺旋棱的塑料管壁；管壁内形成多个沿纵向延伸的空腔 3，空腔 3 位于内壁 4 与外壁 5 之间呈扇形分布，该空腔 3 可显著地降低流体流经管体时摩擦产生的噪音和冲击产生的噪音，具有消音的效果，空腔 3 相当于本专利权利要求 1 中的空腔 2；由附图 5 中可以看到在多个空腔 3 之间具有纵向延伸的位于内壁 4 与外壁 5 之间、间隔开各个空腔 3 的多个壁，这相当于本专利权利要求 1 中的竖向加强筋；另外，证据 2 说明书第 1 页第 2 行记载了如下内容："现有的金属或塑料管材的内壁都是光滑的形态，当水流流经这种管材时，会对水的流动产生较大的摩擦阻力，从而降低排水量，还会产生很大的噪音"，可见证据 2 针对现有技术的改进点在于管材的内部结构，因此其采用的同样可以是金属或塑料管材。由此可见，证据 2 与本专利属于同一技术领域，证据 2 所公开的技术方案与本专利权利要求 1 请求保护的技术方案实质相同，且所要解决的技术问题和预期效果也相同，均是为了解决下水时管内噪音的问题，均可实现消除下水时产生的噪音的同时不降低管的强度的技术效果，因此，本专利权利要求 1 相对于证据 2 不具备专利法第 22 条第 2 款所规定的新颖性。

综上所述，本专利权利要求 1 不具备新颖性。

在以上事实和理由基础上，本案合议组作出如下审查决定。

三、决定

宣告 99212628.2 号实用新型专利权全部无效。

当事人对本决定不服的，可以根据专利法第 46 条第 2 款的规定，自收到本决定之日起三个月内向北京市第一中级人民法院起诉。根据该款的规定，一方当事人起诉后，另一方当事人应当作为第三人参加诉讼。

030

防蓝光驾驶用护目镜片

无效宣告请求审查决定（第9277号）

决　定　号　第9277号
决　定　日　2006年12月21日
发明创造名称　防蓝光驾驶用护目镜片
国际分类号　G02C 7/02，G02C 7/16，G02B 1/10
无效宣告请求人　杭州文诚科技有限公司
专利权人　温州众生科技有限公司
专　利　号　200420022955.9
申　请　日　2004年5月18日
授权公告日　2005年8月17日
合议组组长　李　隽
主　审　员　张梅珍
参　审　员　张田勇

法律依据　专利法第22条第3款
决定要点

一项权利要求所述技术方案与多篇对比文件技术方案的结合相比存在区别技术特征，并且该区别技术特征带来了有益效果，则该权利要求相对于上述对比文件的组合具备创造性。

一、案由

本无效宣告请求涉及国家知识产权局于2005年8月17日授权公告的名称为“防蓝光驾驶用护目镜片”的200420022955.9号实用新型专利权，其申请日是2004年5月18日，专利权人是温州众生科技有限公司。授权公告的权利要求书如下：

“1. 一种防蓝光驾驶用护目镜片，由含有紫外光吸收剂的基片和蒸镀膜层两部分组成，其特征在于，所述基片是由含有短波可见光吸收剂的有机高分子聚合物制成，根据短波可见光吸收剂的含量不同，基片由上至下分为灰色的挡强光区、蓝绿色的主视区和黄色或黄绿色的增透区三个部分；所述蒸镀膜层是由至少一层低折射率膜层和至少一层高折射率膜层交替叠合组成的。

2. 如权利要求1所述的防蓝光驾驶用护目镜片，其特征在于所述基片是由聚碳酸酯、聚甲基丙烯酸甲酯或烯丙二甘醇碳酸酯与二异丙基过氧化碳酸酯共聚物的其中任意一种掺入紫外光吸引剂和短波可见光吸收剂制备成的。

3. 如权利要求1所述防蓝光驾驶用护目镜片，其特征在于所属短波可见光吸收剂为分散黄、分散蓝和分散红。

4. 如权利要求1所述的防蓝光驾驶用护目镜片，其特征在于所述主视区高度在10~20mm之间，所述挡强光区高度在5~20mm之间，所述增透区高度在7~25mm之间。

5. 如权利要求1所述的防蓝光驾驶用护目镜片，其特征在于所述低折射率膜层可以是氟化镁膜层、二氧化硅膜层或一氧化硅膜层中任意一种。

6. 如权利要求1所述的防蓝光驾驶用护目镜片，其特征在于所述高折射率膜层可以是二氧化钛膜层、氧化锆膜层、氧化铝膜层或氧化钴膜层中任意一种。

7. 如权利要求1所述的防蓝光驾驶用护目镜片，其特征在于所述蒸镀膜层共有三至五层的增透膜，由内至外分别为SiO2膜层和ZrO膜层交替组成，每层厚度为145nm~195nm。

8. 如权利要求1所述的防蓝光驾驶用护目镜片，其特征在于所述镀膜层共有五至十一层的反射膜，由内至外分别为TiO2膜层与SiO2膜层交替、或者ZrO膜层与SiO2膜层交替组成，每层膜层厚度为150~200nm。"

针对上述实用新型专利（下称本专利），杭州文诚科技有限公司（下称请求人）于2005年9月14日向专利复审委员会提出了无效宣告请求，理由是本专利权利要求1不符合专利法第22条第3款的规定、权利要求2、3、5、6均包含材料特征，不符合专利法实施细则第2条第2款的规定，权利要求4、7、8的技术效果无法从说明书中直接获得，不符合专利法第26条第3款的规定，并提交了如下证据：

证据1：88218135.1号中国实用新型专利申请说明书，公告日为1989年1月18日；

证据2：ZL94218331.2号中国实用新型专利说明书，授权公告日为1995年9月13日；

证据3：ZL97200085.2号中国实用新型专利说明书，授权公告日为1998年10月7日。

请求人认为：本专利权利要求1相对于上述证据不具备创造性。

经形式审查合格后，专利复审委员会于2005年9月14日受理了该无效宣告请求，向双方当事人发出无效宣告请求受理通知书，并将无效宣告请求书及其附件清单中所列附件副本转给了专利权人。

请求人于2005年10月12日又提交了意见陈述书及补充证据1~11：

补充证据1：89104905.3号中国发明专利申请公开说明书，公开日为1990年9月12日；

补充证据2：ZL93245981.1号中国实用新型专利说明书，授权公告日为1994年9月21日；

补充证据3（同证据2）：ZL94218331.2号中国实用新型专利说明书，授权公告日为1995年9月13日；

补充证据4：94113354.0号中国发明专利申请公开说明书，公开日为1995年10月4日；

补充证据5：ZL96214401.0号中国实用新型专利说明书，授权公告日为1998年4月8日；

补充证据6（同证据3）：ZL97200085.2号中国实用新型专利说明书，授权公告日为1998年10月7日；

补充证据7："Sol-Gel法制备 $CoO-SiO_2$ 膜"作者：张兆艳、林财和，《玻璃》1999年26卷第3期；

补充证据8："SiO薄膜的光致发光研究"作者：林峰等，《自然科学进展》1999年第9卷第12期增刊；

补充证据9："镀膜在镜片上的运用"作者：毛欣杰、瞿佳，《中国眼镜科技杂志》2000年第1期；

补充证据10："树脂镜片绿色增透膜研究"作者：黄昱勇等，《光学仪器》第23卷第5-6期，2001年12月；

补充证据11：“视觉环境中的光与色觉机理-防光污染与防近视（续）”作者：唐永连、谷静芝、李少白等《中国眼镜科技杂志》2003年第3期。

针对请求人于2005年9月14日提交的专利权无效宣告请求书，专利权人于2005年10月26日向专利复审委员会提交了答复意见，认为：（1）本专利权利要求1相对于证据1~3具备创造性。证据1中的眼镜与本专利的眼镜片在基片、复合膜层结构上存在不同，并且效果也不同，证据1中的眼镜没有防蓝光伤害的功能；证据2与本专利目的不同，基片、复合膜层结构不同，虽然效果上有部分重叠，但起着紫光、蓝光可见光消除作用的部分不同，前者是靠膜层，后者是靠基片；证据3对眼镜片的分区也不同于本专利，并且也没有防蓝光伤害的功能。即使将证据1~3进行组合，也不能得到本专利的技术方案。（2）本专利权利要求1请求保护的眼镜片具有形状，并且具有复合层结构，因此符合专利法实施细则第2条第2款的规定，从属于权利要求1的权利要求2、3、5、6也符合上述规定。3、本专利权利要求4、7、8限定的眼镜片是本专利的三种优选实施方式，至少都具有本专利防蓝光伤害的有益效果。因此，本专利的授予完全符合专利法以及专利法实施细则的有关规定。

专利复审委员会依法组成合议组，对上述无效宣告请求进行审查。2006年3月3日，本案合议组向双方当事人发出转送文件通知书，将请求人于2005年10月12日提交的意见陈述书及其附件清单中所列附件的副本转送给专利权人，将专利权人于2005年10月26日提交的意见陈述书转送给请求人。

2006年3月14日，本案合议组向双方当事人发出口头审理通知书，定于2006年4月17日对本案举行口头审理。

口头审理如期举行，双方当事人均参加了口头审理。请求人明确无效理由及范围：权利要求1~8不符合专利法第22条第3款的规定。明确放弃如下无效理由：权利要求不符合专利法实施细则第2条第2款的规定，权利要求不符合专利法第26条第3款的规定。专利权人对证据1以及补充证据1~11的真实性予以认可。

在庭审调查中双方当事人对本专利是否符合上述无效宣告请求涉及的条款充分发表了意见：

（1）关于权利要求1的创造性。

请求人使用证据1与补充证据6结合、补充证据6与补充证据5结合、补充证据2与补充证据6结合、补充证据3与补充证据6结合、或者补充证据5与补充证据6和补充证据11的结合评价权利要求1的创造性。请求人认为：权利要求1中“有机高分子聚合物”、“短波可见光吸收剂”、“高折射率”、低折射率”不是产品的形状或构造，应当不予考虑。证据1中铟锡氧化物膜底层和氟化镁表面层分别相应于低、高折射率膜层；补充证据5中的二氧化钛膜和氟化镁膜分别相应于低、高折射率膜层；补充证据2中的二氧化钛-二氧化钴膜混合物膜和二氧化钛膜分别相应于高、低折射率膜层；补充证据3中的二氧化钛膜和二氧化钴膜分别相应于高、地折射率膜层；补充证据1与本专利为相近似的领域，其公开了透镜中加入短波可见光吸收剂实现防蓝光功能，其中的着色剂实质上就是短波可见光吸收剂；补充证据6公开了本权利要求1中的特征“根据短波可见光吸收剂的含量不同，基片由上至下分为灰色的挡强光区、蓝绿色的主视区和黄色或黄绿色的增透区三个部分”，认为补充证据6中的无色下部与本专利黄绿色的增透区所起作用相同；本专利权利要求1方案中不存在染色层，并且认为在该权利要求1中紫外光吸收剂与短波可见光吸收剂相同。

专利权人认为：不应当将材料特征从该权利要求1中除去来评价其创造性，复合膜特征应属于结构特征，并且该材料特征和复合膜结构特征共同为本专利的眼镜片带来有益效果，并且通过这些特征实现本专利的发明目的；指出本专利防蓝光通过基片加入短波可见光吸收剂以及高低折射率膜层交替镀层实现；而证据1、补充证据5中基片不具有吸收短波可见光的功能，膜层结构也与本专利中的不同，补充证据5中膜层上还必须有一层二氧化硅膜最外层，并且证据1没有防蓝光伤害的功能；认可补充证据2中的二氧化钛-二氧化钴膜混合物膜和二氧化钛膜均属高折射膜层，但认为在该证据中高折射率膜层为混合物膜，且镜片不具有防蓝光功能，与本专利不同。补充证据3中的二氧化钴膜不是低折射率膜层；补充证据1的透镜不同于本专利的眼镜片；本专利的主题涉及“防蓝光”，与上述证据均不同；权利要求1中的材料特征虽然不应考虑，但由材料特征带来的功能应以考虑；紫外光吸收剂与短波可见光吸收剂不同，前者针对紫外光，后者针对短波可见光；“防蓝光”主要由挡强光区、主视区实现，但增透区也与上述两区域共同作用带来防蓝光效果；但相对较弱。补充证据6中的镜片虽然自下而上有三个不同透过率的染色区，但没有公开在镜片上同时设置染色分区和复合结构镀膜层，而且没有指出镜片上特定的蓝绿色主视区和黄色或黄绿色增透区，其方案仅仅为染色层、涂层、镀层的一种；而本专利既有镀层，又有染色层。

（2）关于权利要求2~8的创造性。

请求人认为：权利要求2~3，5~6为材料特征，在实用新型创造性审查中应当不予考虑，即使考虑该材料特征，该特征也已经被下述证据公开。权利要求2-3的附加技术特征分别被补充证据4所公开，至于分散黄与分散蓝的混合以及分散黑是可以由本领域技术人员根据补充证据4所能想到的；权利要求4的附加技术特征为公知常识；权利要求5的附加技术特征被补充证据5，或补充证据8、或者补充证据5与8的结合所公开；权利要求6的附加技术特征被分别补充证据5，或补充证据7，或补充证据10单独公开；权利要求7的附加技术特征分别被补充证据9、补充证据3、补充证据2、公知常识及其结合所公开；

权利要求8的附加技术特征分别被公知常识、补充证据9、补充证据5、或补充证据5与补充证据9的结合所公开。

专利权人认为：补充证据4仅仅公开了本专利权利要求2的聚碳酸酯，补充证据4公开了甲基丙烯酸甲酯，未公开聚甲基丙烯酸甲酯，而该补充证据4中CR-39并不是丙烯二甘醇碳酸酯与二异丙基过氧化碳酸酯共聚物；该补充证据4未公开分散黄和分散蓝的混合以及分散黄和分散蓝和分散黑的混合；权利要求8~10的附加技术特征均未在上述证据中公开，认为补充证据9是用于增透，与本专利目的相反，不能计算得出本专利中的膜层厚度；权利要求8~10的附加技术特征关于膜层厚度的技术效果在说明书中未予以记载，其效果主要体现在防蓝光。

至此，本案合议组认为事实已清楚，经合议依法作出审查决定。

二、决定的理由

1. 关于证据

专利法实施细则第66条规定：在专利复审委员会受理无效宣告请求后，请求人可以在提出无效宣告请求之日起1个月内增加理由或补充证据。逾期增加理由或者补充证据的，专利复审委员会可以不予考虑。

在本案中，请求人提交补充证据1~11的时间是2005年10月12日，本专利无效宣告请求时间为2005年9月14日，补充提交证据的时间未超过上述规定的期限，应当予以接受。

请求人共提交了13份证据，其中证据2与补充证据3完全相同，证据3与补充证据6完全相同，证据1以及补充证据1~6均为专利文献，其公开日均早于本专利申请日。请求人当庭提交了补充证据7、10、11的原件以及补充证据8~9的公证书原件以及复印件，专利权人对证据1以及补充证据1~11的真实性予以认可，在此基础上，合议组经审查认为上述证据1以及补充证据1~11可以作为本案的证据使用，由于证据1以及补充证据1~11的公开日在本专利申请日之前，其上记载的内容构成本专利的现有技术。

2. 关于权利要求 1 的创造性

专利法第 22 条第 3 款规定：创造性，是指同申请日以前已有的技术相比，该发明有突出的实质性特点和显著的进步，该实用新型有实质性特点和进步。

请求人使用证据 1 与补充证据 6 结合、补充证据 6 与补充证据 5 结合、补充证据 2 与补充证据 6 结合、补充证据 3 与补充证据 6 结合或者补充证据 5 与补充证据 6 和补充证据 11 的结合评价权利要求 1 的创造性。另外，认为补充证据 1 与本专利为相近似的领域，其公开了透镜中加入短波可见光吸收剂实现防蓝光功能，其中的着色剂实质上就是短波可见光吸收剂。

（1）关于材料特征在实用新型创造性评价时是否考虑。

对于权利要求 1 中“有机高分子聚合物”“短波可见光吸收剂”“高折射率”低折射率”，请求人认为上述特征不是产品的形状或构造，在实用新型创造性评价时应当不予考虑。

2006 年 5 月 24 日颁布的国家知识产权局令第三十八号规定：“根据中华人民共和国专利法实施细则，制定专利审查指南。现将该审查指南予以公布，自 2006 年 7 月 1 日起施行。2001 年 10 月 18 日公布的审查指南及其后公布的审查指南公报同时废止。”该审查指南中同时制定了施行修订后审查指南的过渡方法，指出 2006 年 7 月 1 日之前提出的专利申请和根据该申请授予的专利权，除了涉及分案申请、同样的发明创造以及无效宣告外文证据中文译文和自无效宣告请求之日起一个月后提出的新理由、新证据之外，自 2006 年 7 月 1 日起也适用修订后的审查指南的规定。根据上述规定，本无效宣告请求的审查应当适用 2006 年 5 月 24 日颁布的审查指南。而该审查指南第四部分第六章第 4 节规定：在实用新型专利创造性的审查中，应当考虑其技术方案中的所有技术特征，包括材料特征和方法特征。因此，合议组对请求人的上述主张不予支持。

（2）关于权利要求 1 是否具备创造性。

证据 1 公开了一种多功能明亮保健眼镜片，由眼镜片和铟锡氧化物膜与氟化镁膜双层薄膜构成，铟锡氧化物膜层的作用是使眼镜片表面形成透明导电层，使微波、紫外线、红外线在镜片表面吸收或反射掉，氟化镁膜主要是使眼镜片可见光增透。

补充证据 2 公开一种多功能眼镜片，由普通光学眼镜片和多层无机电介质镀膜组成，该镀膜由二氧化钛-二氧化锆混合物膜和二氧化硅膜交替涂镀构成，适用于机动车司机在强光或弱光细发看清物体，既能消除视觉瞬盲期，又能分辨景物颜色。

补充证据 3 公开了一种增视护目眼镜片，在普通光学眼镜片上交替镀上二氧化钛膜、二氧化锆膜。

补充证据 5 公开了一种新型滤色眼镜片，适于机动车驾驶人员在各种光线条件下驾驶使用，对紫光和蓝光的滤除率达 90% 以上，该眼镜片由基片和多层晶体材料形成的膜层构成，所述基片为树脂光学眼镜片，所述膜层由高折射率材料 TiO_2 或 ZrO_2 或 ZnS 和低折射率材料 MgF_2 或 SiO_2 交替涂镀至少 5 层得到。

补充证据 6 公开了一种新型多功能防眩光眼镜，左、右镜片上分别有一处局部挡强光区，镜片自下而上设有三个不同透光率的染色层、涂层或镀层，下部为无色，中部为黄色，上部为深色。

补充证据 11 涉及视觉环境中的光与色觉机理，其中披露了以下技术内容：特制的黄色镜片可以有效阻止有害光对视网膜的刺激，对虹膜起到了很好的保护作用，将光污染降到了最低限度。

补充证据 1 公开一种可校正蓝视症的眼内透镜的制备方法，其中披露了以下内容：将聚合反应后形成透明透镜材料的单体聚合，得到一种眼内透镜，聚合时要加入的其他基本组分还有着色剂，该着色剂在 340nm~450nm 的波长范围内有最大的吸收性，并可吸收可见的蓝光和紫外线（相当于本专利中的短波可见光吸收剂）。

本专利权利要求 1 与证据 1 相比，区别在于：所述基片是由含有短波可见光吸收剂的有机高分子聚合物制成，根据短波可见光吸收剂的含量不同，基片由上至下分为灰色的挡强光区、蓝绿色的主视区和黄色或绿色的增透区三个部分。虽然补充证据 6 公开了：镜片自下而上设有三个不同透光率的染色层、涂层或镀层，下部为无色，中部为黄色，上部为深色。但证据 1 与补充证据 6 结合仍旧未公开本专利权利要求 1 中的如下特征：所述基片是由含有短波可见光吸收剂的有机高分子聚合物制成，并且镜片分区的颜色由上至下分别为灰色、蓝绿色、黄色或绿色。而上述区别技术特征也没有被补充证据 5 和补充证据 6 的结合，补充证据 2 和补充证据 6 的结合，补充证据 3 和补充证据 6 的结合，补充证据 5、6、11 的结合所公开，并且该区别技术特征能够起到防蓝光伤害的作用，因此本专利权利要求 1 相对于证据 1 与补充证据 6 结合、补充证据 6 与补充证据 5 结合、补充证据 2 与补充证据 6 结合、补充证据 3 与补充证据 6 结合、或者补充证据 5 与补充证据 6 和补充证据 11 的结合具备创造性。

虽然补充证据 1 公开了含有能吸收 340nm~450nm 波长可见光的着色剂的眼内透镜，但是即使申请人将证据 1、补充证据 6 和补充证据 1 结合，本专利权利要求 1 相对于上述证据仍存在区别特征：镜片分区的颜色由上至下分别为灰色、蓝绿色、黄色或绿色，镜片下部为增透区。并且，下部的增透区使驾驶者在晚上行车时对路况有一个清晰的视觉效果，因此，本专利权利要求 1 相对于证据 1、补充证据 6 和补充证据 1 的结合仍旧具备创造性。

3. 关于权利要求 2~8 的创造性

当权利要求 1 具备创造性时，从属于权利要求 1 的权利要求 2~8 也具备创造性。

综上所述，本专利所有权利要求均具备创造性。

三、决定

维持 200420022955. 9 号实用新型专利权有效。

当事人对本决定不服的，可以根据专利法第 46 条第 2 款的规定，自收到本决定之日起叁个月内向北京市第一中级人民法院起诉。根据该款的规定，一方当事人起诉后，另一方当事人应当作为第三人参加诉讼。

031

注塑用热流道点浇口喷嘴

无效宣告请求审查决定（第9325号）

决　定　号　第9325号
决　定　日　2006年12月25日
发明创造名称　注塑用热流道点浇口喷嘴
国际分类号　B29C 45/20
无效宣告请求人　魏　巍
专　利　权　人　上海克朗宁技术设备有限公司
申　请　号　02266500.5
申　请　日　2002年8月22日
授权公告日　2003年7月16日
合议组组长　石　竞
主　审　员　张　华
参　审　员　王伟艳

法律依据　专利法第22条第3款；专利法实施细则第20条第1款
决定要点

对于实用新型专利而言，如果对比文件的结合不能覆盖权利要求的所有技术特征，且对比文件也未给出形成权利要求所述技术方案的技术启示，且该技术方案带来了有益的技术效果，则该项权利要求与该对比文件的结合相比具有实质性特点和进步，符合中国专利法第22条第3款规定的创造性。

一、案由

本无效宣告请求案涉及的是国家知识产权局于2003年7月16日授权公告的、申请号为02266500.5、名称为“注塑用热流道点浇口喷嘴”的实用新型专利，其申请日为：2002年8月22日，专利权人为上海克朗宁技术设备有限公司，授权公告时的权利要求书如下：

“1. 一种注塑用热流道点浇口喷嘴，主要包括：密封圈（1）、芯体（2）、喷嘴帽（3）、热电偶（4）、加热圈（5）、套筒（6）、嘴芯（7）、端盖（8）、弹簧挡圈（9），其特征在于：密封圈（1）设置于芯体（2）流道上部的沉孔中，芯体（2）与喷嘴帽（3）为过盈配合，嘴芯（7）与芯体（2）螺纹连接，热电偶（4）与芯体（2）直接接触，加热圈（5）紧绕在芯体（2）上，套筒（6）套在加热圈（5）外端，通过喷嘴帽（3）和端盖（8）固定，弹簧挡圈（9）卡在嘴芯（7）的径向凹槽上以支撑端盖（8），喷嘴帽（3）和套筒（6）的接触部位开有凹槽。

2. 根据权利要求1所述的这种注塑用热流道点浇口喷嘴，其特征是喷嘴帽（3）的下端有一锥度孔，且该处的喷嘴帽（3）外径比其余地方大1mm。

3. 根据权利要求1所述的这种注塑用热流道点浇口喷嘴，其特征是加热圈（5）的加热功率密度在喷嘴中段较疏，上下两端较密。

4. 根据权利要求1所述的这种注塑用热流道点浇口喷嘴，其特征是嘴芯（7）与芯体（2）螺纹连接处的下端为空气隙，嘴芯（7）前端有三个与流道中心线成10度角的斜孔和塑料隔热层，隔热层中部最薄处为0.4m~0.8m。

5. 根据权利要求1所述的这种注塑用热流道点浇口喷嘴，其特征是喷嘴帽（3）与模具孔的接触长度为2.5mm~4mm，芯体（2）头部与模具孔的接触长度为2.5mm~3mm，点浇口标准的浇口直径为0.8mm~2.0mm，长度为0.3mm。”

针对上述专利权，魏巍（下称请求人）于2005年12月14日向专利复审委员会提出宣告该实用新型专利权无效的请求，其理由是：本专利权利要求1~5不具备专利法第22条第3款规定的创造性，本专利权利要求2不符合专利法实施细则第20条1款的规定，同时提交了以下证据：

证据1：本专利（CN2560485Y）公告文本；

证据2：中国专利CN2183866Y，授权公告日为1994年11月30日；

证据3：中国专利CN1147999A，授权公告日为1997年4月23日；

证据4：《液压传动与控制》封面、版权页、第66~67页复印件共4页，骆简文等编著，重庆大学出版社，1996年8月第3次印刷；

证据5：《机械设计》一书的封面、版权页、第113、126、357~358页复印件共6页，西北工业大学机械原理及机械零件教研室编著，高等教育出版社2002年7月第3次印刷；

证据6：中国专利CN2379288Y，授权公告日为2000年5月24日。

请求人认为：（1）证据2~5说明本专利权利要求1~3、5不符合专利法第22条第3款的规定，证据2~6说明本专利权利要求4不符合专利法第22条第3款的规定；（2）权利要求2中所述锥度孔的具体位置在说明书中公开不清楚，不符合专利法实施细则第20条第1款的规定。

经形式审查合格后，专利复审委员会于2005年12月15日依法受理了上述无效请求，同时将无效宣告请求受理通知书及其附件清单中所列的附件副本转送给专利权人，并要求专利权人在收到本通知书之日起一个月内对该无效请求陈述意见，专利权人逾期未答复。

合议组于2006年4月5日向双方发出口头审理通知书，定于2006年5月18日对本案进行口头审理，双方当事人均提交了口头审理通知书回执，请求人表示参加口头审理，专利权人表示不参加口头审理。

口头审理如期举行，请求人出席了口头审理，且对变更后的合议组无回避请求回避。

请求人当庭明确其无效理由为：本专利权利要求1~5相对于证据2~6不符合专利法第22条第3款的规定，本专利的权利要求2不符合专利法实施细则第20条第1款的规定。同时当庭增加了权利要求5不符合专利法实施细则第20条第1款的规定的无效理由。

请求人当庭陈述认为：（1）本专利权利要求2中“喷嘴帽的下端有一锥度孔，且该处的喷嘴帽（3）外径比其余地方大1mm”，锥度孔的具体位置在说明书中公开不清楚；此外，本专利权利要求5“喷嘴帽（3）与模具孔的接触长度为2.5mm~4mm，芯体（2）头部与模具孔的接触长度为2.5mm~3mm，点浇口标准的浇口直径为0.8mm~2.0mm，长度为0.3mm。”，其中“点浇口标准”及“点浇口标准的浇口直径”不清楚、“芯体（2）头部与模具孔的接触长度”不清楚，且附图中未出现模具孔，模具孔为应用中才出现的概念，因此，权利要求2和5是不清楚的，不符合专利法实施细则第20条第1款的规定。（2）证据2公开了一种注射模型成型机的喷嘴，包括：本体1、本体2、热电偶6、加热元件 5、长方体 24，热电偶 6 与本体 1 直接接触，加热元件 5 紧绕在本体 1 上，在本体 2 和本体 1 的接触部位开有凹槽；证据 4 公开了设置在密封圈连接面上的各种密封装置，证据 5 公开了采用弹性挡圈和轴端连接件卡在轴上凹槽内来为轴端定位的技术内容和在轴上设置套筒的方法，以及零件间采用过盈配合的技术方案；证据 3 公开了注嘴密封件 20 被螺固在注嘴 10 前端 16 中的螺纹座 26 中；因此，本专利的权利要求 1 相对于证据 2 和 3 的结合以及本领域的公知常识不具备创造性。（3）权利要求 2 和 3 的附加技术特征分别为证据 2 和 3 公开，因此，在其引用的独立权利要求 1 不具备创造性的情况下，所述从属权利要求 2~3 也不具备创造性。（4）证据 2 公开了绝热气隙 22，所述嘴芯前端有两个斜孔，其功能与权利要求 4 附加技术特征中斜孔相同；证据 6 公开了在喷嘴上套有隔热圈的技术内容，权利要求 4 的附加技术特征被前述公开技术内容的结合所公开，因此，权利要求 4 不具备创造性。（5）权利要求 5 对喷嘴零件的具体尺寸进行了限定，但是说明书的记载中对这些尺寸的限定也没有给出具体的解释，也没有说明其有何技术进步之处，本领域技术人员完全可以根据工业应用需要来选择零件的尺寸，因此，权利要求 5 不具备创造性。

口头审理结束后，合议组于 2006 年 5 月 18 日向专利权人发出合议组成员变更告知通知书以及请求人当庭增加的无效理由。要求专利权人在收到本通知书之日起一个月内对该无效请求陈述意见，专利权人逾期未答复。

在此基础上，合议组认为当事人已充分发表了意见，本案事实已经清楚，现依法作出本决定。

二、决定的理由

1. 关于证据的认定

请求人提交的证据 2、3、6 为三份中国实用新型专利说明书，经核实，合议组对该三份证据的真实性予以采信，且前述三份证据的公开日均在本专利申请日之前，因此，证据 2、3、6 可以作为评价本专利的现有技术。

证据 4 为《液压传动与控制》一书的封面、版权页、第 66~67 页复印件共 4 页，骆简文等编著，重庆大学出版社 1996 年 8 月第 3 次印刷；证据 5 为《机械设计》一书的封面、版权页、第 113、126、357~358 页复印件共 6 页，西北工业大学机械原理及机械零件教研室编著，高等教育出版社 2002 年 7 月第 3 次印刷；请求人当庭提交了证据 4 和 5 的原件，经合议组核对，原件与复印件一致，合议组对附件 4 和 5 的真实性予以采信，且前述两份证据均为本专利申请日前公开的出版物，因此可以作为评价本专利的现有技术。

2. 关于专利法实施细则第 20 条第 1 款

专利法实施细则第 20 条第 1 款规定：权利要求书应该说明发明或者实用新型的技术特征，清楚、简要地表述请求保护的范围。

针对请求人提出的权利要求 2 中锥度孔位置在说明书中公开不清楚的无效理由，合议组认为：专利法实施细则第 20 条第 1 款所要求的清楚是针对权利要求而言的。根据说明书第 3 页倒数第 3~4 行、第 5 页第 8 行、附图 1、2，本领域普通技术人员完全可以理解，权利要求 2 中的锥度孔即为图 2 中喷嘴帽下端的一锥形口，以利于流道内塑料熔体的向下流动。因此，权利要求 2 所限定的技术方案中的锥度孔的位置是清楚的，不至于造成保护范围的不清楚，符合专利法实施细则第 20 条第 1 款的规定。

针对请求人提出的权利要求 5 中接触长度、点浇口标准、点浇口标准的浇口直径都不清楚的无效理由，合议组认为：根据本专利说明书及其附图，本领域普通技术人员可以确定芯体（2）位于喷嘴内部，因此其根本无法直接与模具孔接触，进而无法确定芯体（2）与模具孔的接触位置以及确定它们的接触长度；同时，本领域普通技术人员也无法理解权利要求 5 中的“点浇口标准的浇口直径”的确切含义。因此，权利要求 5 所限定的技术方案是不清楚的，本领域普通技术人员阅读权利要求 5

后无法准确确定其要求保护的范围，其不符合专利法实施细则第 20 条第 1 款的规定。

3. 关于专利法第 22 条第 3 款

专利法第 22 条第 3 款规定，创造性是指同申请日以前已有的技术相比，该发明有突出的实质性特点和显著的进步，该实用新型有实质性特点和进步。

权利要求 1 要求保护一种注塑用热流道点浇口喷嘴，包括密封圈（1）、芯体（2）、喷嘴帽（3）、热电偶（4）、加热圈（5）、套筒（6）、嘴芯（7）、端盖（8）、弹簧挡圈（9），其特征在于：密封圈（1）设置于芯体（2）流道上部的沉孔中，芯体（2）与喷嘴帽（3）为过盈配合，嘴芯（7）与芯体（2）螺纹连接，热电偶（4）与芯 体（2）直接接触，加热圈（5）紧绕在芯体（2）上，套筒（6）套在加热圈（5）外端，通过喷嘴帽（3）和端盖（8）固定，弹簧挡圈（9）卡在嘴芯（7）的径向凹槽上以支撑端盖（8），喷嘴帽（3）和套筒（6）的接触部位开有凹槽。证据 2 涉及一种注射模型成型机的喷嘴，与本专利属于同一的技术领域，可以作为评价本专利的现有技术，并具体公开了以下技术特征（见说明书第 3 页倒数第 1 段、第 4 页第 1、2、4、5 段，附图 5）：本体 1（相当于权利要求 1 芯体）、本体 2（相当于权利要求 1 喷嘴帽）、热电偶 6、加热元件 5（相当于权利要求 1 加热圈）、长方体 24（相当于权利要求 1 嘴芯），热电偶 6 与本体 1 直接接触，加热元件 5 紧绕在本体 1 上（相当于权利要求 1 中热电偶 4 与芯体 2 直接接触，加热圈 5 紧绕在芯体 2 上），在本体 2 和本体 1 的接触部位开有凹槽（相当于权利要求 1 中喷嘴帽 3 和套筒 6 的接触部位开有凹槽）。

由此可见，证据 2 公开了权利要求 1 的大部分技术特征，权利要求 1 其与证据 2 相比，区别技术特征在于：①密封圈（1）设置于芯体（2）流道上部的沉孔中；②芯体（2）与喷嘴帽（3）为过盈配合；③嘴芯（7）与芯体（2）螺纹连接；④套筒（6）套在加热圈（5）外端，通过喷嘴帽（3）和端盖（8）固定；⑤弹簧挡圈（9）卡在嘴芯（7）的径向凹槽上以支撑端盖（8）。

对于区别技术特征①，其实际解决的技术问题是提供一种常规密封方法，而证据 4 作为公开出版的教科书，公开了设置在活塞连接面上的各种密封装置（第 66-67 页第 4 段），其作用与区别技术特征①相同，都是为了防止泄露；因此，对于本领域技术人员而言，证据 4 给出了将密封装置结合到证据 2 中的技术启示。

对于区别技术特征②，其实际解决的技术问题是提供零件间的紧密配合，而证据 5 作为公开出版的教科书，公开了零件间采用过盈配合的技术方案（第 126 页），其作用与区别技术特征②相同，都是为了使得零件间结合更加紧密，因此，对于本领域技术人员而言，证据 5 给出了将过盈配合结合到证据 2 中的技术启示。

对于区别技术特征③，其实际解决的技术问题是方便更换嘴芯，而证据 3 涉及一种模注注嘴，与本专利属于相同的技术领域，并具体公开了注嘴密封件 20 被螺固在注嘴 10 前端 16 中的螺纹座 26 中（说明书第 3 页第 1 段），采用上述技术手段的作用与该区别技术特征的作用相同，都是为了方便更换嘴芯，因此，对于本领域技术人员而言，证据 5 给出了将嘴芯与芯体螺旋连接结合到证据 2 中的技术启示。

对于区别技术特征④和⑤，本领域普通技术人员根据说明书以及附图 1 可以理解：套筒 6 套在加热圈的外端，喷嘴帽、弹簧挡圈和端盖则是为了固定套筒的配套部件，由于套筒 6 与加热圈 5 通过空气绝热，套筒可以对流道内的熔体起到保温的作用，以减少热量损失。尽管请求人提出，证据 5 第 113 页公开了套筒这一技术特征，第 357 页公开了弹性挡圈和轴端连接件；但是，证据 5 中所述套筒的作用是为了连接两轴，以起到紧固作用，而轴端定位则属于定位的常规技术；因此，证据 5 公开的技术手段与区别技术特征④和⑤所要解决的问题不相同，技术效果也不相同。故而，证据 5 未给出将套筒和轴端定位结合到证据 2 中的技术启示。此外，证据 2 和 3 也未公开前述区别技术特征④和⑤。

综上，证据 2~5 的结合未覆盖权利要求 1 的全部技术特征，同时也未给出形成权利要求 1 所述技术方案的技术启示，且权利要求 1 所述技术方案带来了有益的技术效果，因此，权利要求 1 相对于证据 2~5 的结合具备实质性特点和进步，符合专利法第 22 条第 3 款规定的创造性。

在独立权利要求 1 具备创造性的情况下，引用该独立权利要求 1 的从属权利要求 2~4 也具备专利法第 22 条第 3 款规定的创造性。

三、决定

宣告 02266500.5 号实用新型专利权的权利要求 5 无效，在权利要求 1~4 的基础上维持本实用新型专利权有效。

一方当事人对本决定不服的，可以根据专利法第 46 条第 2 款的规定，在收到本决定之日起三个月内向北京市第一中级人民法院起诉。根据该款规定，一方当事人起诉后，另一方当事人应当作为第三人参加诉讼。

032

用硼元素和中子寿命测井仪寻求剩余油残余油的方法

无效宣告请求审查决定（第9337号）

决　定　号　第9337号
决　定　日　2006年12月19日
发明创造名称　用硼元素和中子寿命测井仪寻求剩余油残余油的方法
国际分类号　G01V 5/04，E21B 47/00
无效宣告请求人　中石化胜利油田有限公司
专　利　权　人　杨风桐，陈爱民，肖培琛
申　请　号　96108617.3
申　请　日　1996年6月26日
授权公告日　1999年9月22日
合议组组长　李　隽
主　审　员　张梅珍
参　审　员　杨军艳

法　律　依　据　专利法第22条第3款，第26条第3款、第4款；专利法实施细则第20条第1款，第21条第2款

决　定　要　点

独立权利要求的撰写并不要求将所有的技术特征写入，使得公众完全不借助现有技术，仅从权利要求记载的内容即可实施该技术方案，而是仅需记载：（1）与发明或者实用新型的技术方案密切相关的、与现有技术共有的必要技术特征；（2）与最接近现有技术不同的必要的区别技术特征。

一、案由

本无效宣告请求涉及中华人民共和国国家知识产权局于1999年9月22日授权公告的、名称为“用硼元素和中子寿命测井仪寻求剩余油残余油的方法”的发明专利权（下称本专利），其申请号是96108617.3，申请日是1996年6月26日，专利权人是杨风桐、陈爱民、肖培琛。该专利授权公告时的权利要求书如下：

“1. 用硼元素和中子寿命测井仪寻求低矿化度油田的剩余油的方法，其特征为，首先配制作为测量跟踪剂、浓度为3000ppm~60000ppm的硼元素溶液备用；其硼元素溶液的浓度与油层厚度成正比，其用量与井筒（A）的体积成正比，比例为硼元素溶液体积：井筒（A）体积=0.8~1.5：0.6~1.2。

2. 根据权利要求1所述用硼元素和中子寿命测井仪寻求低矿化度剩余油的方法，其特征在于该方法还包括下列步骤：

a. 用泵车将作跟踪剂的硼元素溶液循环 20~30 分钟，使溶液充分溶解；

b. 将底部为喇叭口状的油管管柱下入离井底 10 米处的井筒中；

c. 用中子寿命测井仪测量油井的基线，其方法为将中子寿命仪的井下部分下到油井 500 米以下深度，后安装防喷盒，进行测量得到油井的基线；

d. 注入硼元素溶液，同时替换出原井筒的液体，其注入的压力为 1.0~12.5MPa；

e. 用中子寿命测井仪跟踪测量。

3. 根据权利要求 1 所述用硼元素和中子寿命测井仪寻求低矿化度油田的剩余油的方法，其特征在于该方法中所用硼元素溶液可用硼酸 H_3BO_3、硼砂 $Na_2B_4O_7 \cdot 10H_2O$、四硼酸钠 $Na_2B_4O_7$ 任意一种制取。

4. 用硼元素和中子寿命测井仪寻求低矿化度油田的残余油的方法，其特征为首先配制作为测量跟踪剂、浓度为 2000ppm~15000ppm 的硼元素溶液备用；其用量与油层的厚度成正比，比例为每米油层厚度为 10 立方米的硼元素溶液。

5. 根据权利要求 4 所述用硼元素和中子寿命测井仪寻求低矿化度油田的残余油的方法，其特征在于该方法还包括下列步骤：

a. 用泵车将作跟踪剂的硼元素溶液循环 20~30 分钟，使溶液充分溶解；

b. 将设有封隔器和底部带有丝堵的油管管柱下入被测油井的井筒（A）；

c. 用中子寿命测井仪测量油井的基线，其方法为将中子寿命仪的井下部分下到油井 500 米以下深度，后安装防喷盒，进行测量得到油井的基线；

d. 注入硼元素溶液，将其硼元素溶液注入到待测油层中，其注入的压力不大于油层的破裂压力；

e. 用中子寿命测井仪跟踪测量。

6. 根据权利要求 4 所述用硼元素中子寿命测井仪寻求低矿化度油田的残余油的方法，其特征在于该方法中所用硼元素溶液可用硼酸 H_3BO_3、硼砂 $Na_2B_4O_7 \cdot 10H_2O$、四硼酸钠 $Na_2B_4O_7$ 任意一种制取。”

针对上述专利权，中石化胜利油田有限公司（下称请求人）于 2004 年 10 月 20 日向专利复审委员会提出无效宣告请求，其提交的证据如下：

证据 1：美国专利 US4191883 及其中文译文，其授权公告日为 1980 年 3 月 4 日；

证据 2：美国专利 US3562523 及其中文译文，其授权公告日为 1971 年 2 月 9 日；

证据 3：《放射性测井原理》的封面页（2 页）出版页、目录页（2 页）前言页、第 186~212 页的复印件，黄隆基编，石油工业出版社出版，1985 年 4 月北京第 1 版、1996 年 3 月北京第 3 次印刷。

请求人认为本专利说明书中未对“油层厚度”、“正比”、“井筒体积”等作出清楚的定义，对“测井图”的样图、样图的制作方法、测井资料的分析方法以及结果判定标准没有公开，也未公开测量“残余油”的实施例，也没有说明“剩余油”测量与“残余油”测量两者之间的关系，因此说明书不符合专利法第 26 条第 3 款的规定；权利要求 1、4 中限定了浓度范围、权利要求 1 中限定了比例范围、权利要求 2、5 中限定了压力范围、而在说明书中上述范围只是具体数据点值，因此得不到说明书支持，另外权利要求 2、5 的步骤 c、d 与说明书中的步骤不一致，因此权利要求 1~6 不符合专利法第 26 条第 4 款的规定；权利要求 1 中缺少硼元素溶液的注入、跟踪测量、中子寿命测井仪测量的必要技术特征，上述特征同样未在权利要求 3、4、6 中记载，因此权利要求 1、3、4、6 均不符合专利法实施细则第 21 条第 2 款的规定；权利要求 1 中没有指出“油层厚度”是何种油的“厚度”，也没有指出“正比”的比例基数以及比率，上述特征同样未记载在权利要求 2~6 中，因此权利要求 1~6 不符合专利法实施细则第 20 条第 1 款的规定；权利要求 1~6 相对于上述证据不具备创造性，不符合专利法第22条第3款的规定。

经形式审查合格，专利复审委员会依法受理了上述无效宣告请求，并于2004年11月16日向双方发出无效宣告请求受理通知书，同时将无效宣告请求书及其附件清单中所列附件的副本转送给专利权人。

专利权人于2004年12月5日向专利复审委员会提交意见陈述及作为证据使用的附件：

附件1：杏3—1—17井中子寿命剩余油测井解释成果，AT+-NLL测井队，1996年6月9日；

附件2：杏5—1—J21井中子寿命剩余油测井解释成果，AT+-NLL测井队，1996年9月5日；

附件3：杏7—1—48井中子寿命剩余油测井解释成果，AT+-NLL测井队，1996年8月22日；

附件4：申请号为98100488.1的中国发明专利申请公开说明书，其公开日为1998年9月9日；

附件5："低矿化度地层硼-中子寿命测井"作者：刘应、汪戈壁，《测井技术》第22卷第2期1998年；

附件6：《油田动态监测技术进展》的封面页、出版页、目录页（3页）"开发测井技术现状与发展"（作者：赵培华，共8页）复印件，刘宝和主编、石油工业出版社出版，2001年北京第1版；

附件7：《油田动态监测技术进展》的封面页、出版页、目录页（3页）"硼（钆）—中子寿命测井在大庆油田的应用"（作者：周履康、赵景龙、于海龙，共5页）复印件，刘宝和主编、石油工业出版社出版，2001年北京第1版；

附件8：《剩余油饱和度测井评价新技术》的封面页、出版页、编委会名单页、前言页、目录页、"套管井中剩余油饱和度测井初探"（作者：姜文达、王绍民，共8页）复印件，陆大卫、王春利主编、石油工业出版社出版，2003年5月北京第1版；

附件9：《剩余油描述与预测》的封面页、出版页、序页、前言页、目录页、第107~109页的复印件，谢俊、张金亮编著，石油工业出版社出版，2003年10月北京第1版。

专利权人认为本专利符合专利法第22条第3款，第26条第3、4款以及专利法实施细则第20条第1款以及第21条第2款的规定。而上述附件1~9都能证明专利权人在1996年6月26日采用本专利中记载的技术进行了硼中子测井。

专利复审委员会针对上述无效宣告请求依法成立合议组，本案合议组于2005年6月3日向双方发出无效宣告请求口头审理通知书，定于2005年7月5日举行口头审理。随同口头审理通知书，将专利权人于2004年12月5日提交的意见陈述书及其附件的副本转给请求人。

口头审理如期举行，请求人出席了口头审理。本专利的专利权人为杨风桐、肖培琛、陈爱民，专利权人中只有杨风桐出席了口头审理，肖培琛委托杨风桐代表自己出庭，而陈爱民既未出庭，也未委托他人出庭。杨风桐承认本专利权利要求1、4不符合专利法实施细则第21条第2款的规定，因此提出修改权利要求书，合议组告知由于陈爱民未出庭，杨风桐不能自行对权利要求书进行修改。合议组决定休庭，择日另行口审。

2005年8月4日专利权人提交了陈爱民、肖培琛委托杨风桐办理有关本专利事宜的授权委托书。

本案合议组于2005年9月21日再次向双方发出无效宣告请求口头审理通知书，指出本案定于2005年10月27日举行口头审理。

口头审理如期举行，请求人参加了口头审理，专利权人之一杨风桐出席了口头审理。合议组告知专利权人2005年8月4日提交的授权委托书不符合有关规定，杨风桐当庭提交了肖培琛、陈爱民的授权委托书，肖培琛、陈爱民授权委托杨风桐办理本专利无效宣告程序中的相关事宜，其权限为特别授权，即包括代为承认无效宣告请求人的无效宣告请求，代为修改权利要求书，代为进行和解。

在口头审理中，

（1）专利权人要求对权利要求书进行修改，删除权利要求1、3、4、6，仅保留权利要求2和5，作为两个新的独立权利要求1和2，但未提交权利要求书修改替换页，请求人对此没有异议，合议组当庭告知双方本次口头审理以修改后的权利要求为基础。

（2）请求人明确其无效理由、范围、证据：本专利不符合专利法第22条第3款，第26条第3、4款，专利法实施细则第20条第1款，专利法实施细则第21条第2款的规定；无效范围为全部无效；所使用的证据为证据1~3，证据2、3为最接近的对比文件，同时对证据2的中文译文进行了更正，认为原文中的“residualoil”应当翻译为“剩余油”，因此将原译文中的“残余油”全部改为“剩余油”；专利权人对证据1、2真实性有异议，认为上述证据虽为专利文献，但没有加盖专利局文献馆的公章，就其真实性请合议组审查，对证据3真实性无异议；对证据1的译文没有异议，认为证据2没有附图，不完整，对请求人更改证据2译文有异议，认为“residualoil”应当翻译为“残余油”。由于双方对委托翻译不能达成一致，双方约定由专利复审委员会指定专业翻译单位对证据2进行翻译，并自本次口审结束之日起20天内向合议组提交该份最终双方认可的中文译文，否则将由违反此约定者承担全部责任。

专利权人表示所提交的附件1~9用于证明本专利是专利权人所发明的。请求人对专利权人提交的附件4和附件6~9的真实性没有异议；对专利权人提交的附件1、2、3、5真实性有异议，专利权人当庭出示附件1、2、3、5的原始资料，请求人认为不能确认其真实性。

（3）关于专利法第26条第3款，请求人认为：①油层厚度、剩余油、残余油在说明书中无定义，且专利权人当庭所述的权利要求1中的“油层厚度”是全井油层厚度，井筒体积是全井的井筒体积，在权利要求2中的“油层厚度”是单层的油层厚度，而上述内容在说明书和实施例中均没有记载，②说明书中无测井图的样图、分析方法以及结果判定标准，③说明书中没有残余油的实施例，造成说明书公开不充分。专利权人认为油层厚度在原始资料中有记载，无需在说明书中记载。至于测井图的制作方法、分析方法和结果判定标准对于本领域技术人员来说是已知的，不需要在说明书中记载。

专利权人认为本专利中“剩余油”是可动油，即采出后剩余下并可以用现有技术再次采出，“残余油”为不可动油，即采出后还剩余下且不可以用现有技术再次采出的油。请求人认为“剩余油”是指采出后在地层中还剩余的可动油和残余油之和。

请求人认为按照权利要求1的技术方案不能确定测量的是剩余油还是残余油。

（4）关于专利法实施细则第20条第1款，请求人认为权利要求1没有对“油层厚度”进行一些说明；权利要求1中仅记载了“其硼元素溶液的浓度与油层厚度成正比”，但没有比例基数和具体比例；权利要求1指出硼元素溶液用量与井筒的体积成正比，但从其比值数值“0.8~1.5：0.6~1.2”来看没有明确的正比关系；权利要求1中“溶液充分溶解”不清楚。专利权人认为硼元素溶液浓度与油层厚度的比例基数以及油层厚度在油井开采的档案中可以查，正比系数为常数，但有一定范围：0.68~2.5，井筒体积一定时在该范围内取值时都可以。

（5）关于专利法实施细则第21条第2款，请求人认为权利要求1和2中缺少制作测井图和资料分析的步骤。专利权人认为权利要求1给出了具体工艺步骤和参数，能够得到油田的各种参数，再使用公知手段，可以实现本发明的目的。

（6）关于专利法第26条第4款，请求人认为实施例中的点值，不能体现出权利要求中硼元素浓度与油层厚度的正比关系以及硼元素用量与井筒体积的正比关系；权利要求的步骤a、b中的具体参数在实施例中没有记载，步骤c中防喷盒的安装顺序与实施例中的安装顺序不同；说明书中没有关于测量残余油的实施例。专利权人认为本领域人员可以根据一个实施例推知权利要求中的范围，该范围可以根据各个油井的具体情况选取；实施例中防喷盒的安装属于笔误，但本领域技术人员可以理解，并且防喷盒的安装有多种方法可以实现。

（7）关于权利要求 1 的创造性，请求人认为证据 3 中第 191 页图 11-3、第 194 页表 11-6 和第 207 页的内容公开了使用硼元素和中子寿命测井仪测量矿化度油田的剩余油，并且硼酸浓度为 4 万 ppm；证据 3 第 207 页和证据 2 第 3 页的内容公开了使用第二含水液体置换第一含水液体，表明硼元素溶液体积和井筒的体积比至少为 1：1；权利要求 1 步骤 c~e 为证据 3 第 207 页关于测-注-测技术的具体描述，步骤 a 和 b 为公知技术。专利权人认为证据 1~3 均未披露本专利发明主题和注入压力值；体积比 1：1 为推测值，没有公开成正比的情况，也没有明确指出使用硼元素代替氯化钠进行测量，没有证据表明步骤 a、b 是公知技术，硼酸浓度为 4 万 ppm 如何得出不清楚。请求人当庭解释了如何根据证据 3 第 191 页图 11-3 计算出硼酸浓度为 4 万 ppm。

（8）关于权利要求 2 的创造性，请求人认为权利要求 2 不具备创造性，理由与对权利要求 1 的评述相同。专利权人表示残余油的测量仅限于单个油层，其中“其用量”是指硼元素溶液的浓度。

2005 年 10 月 28 日，专利权人提交了按照口头审理时表述的修改方式进行修改的权利要求书，修改后的权利要求书为：

“1. 用硼元素和中子寿命测井仪寻求低矿化度油田的剩余油的方法，其特征为：

（1）首先配制作为测量跟踪剂、浓度为 3000ppm~60000ppm 的硼元素溶液备用；其硼元素溶液的浓度与油层厚度成正比，其用量与井筒（A）的体积成正比，比例为硼元素溶液体积：井筒（A）体积=0.8~1.5：0.6~1.2，

（2）该方法包括下列步骤：

a. 用泵车将作跟踪剂的硼元素溶液循环 20~30 分钟，使溶液充分溶解；

b. 将底部为喇叭口状的油管管柱下入离井底 10 米处的井筒中；

c. 用中子寿命测井仪测量油井的基线，其方法为将中子寿命仪的井下部分下到油井 500 米以下深度，后安装防喷盒，进行测量得到油井的基线；

d. 注入硼元素溶液，同时替换出原井筒的液体，其注入的压力为 1.0~12.5MPa；

e. 用中子寿命测井仪跟踪测量。

2. 用硼元素和中子寿命测井仪寻求低矿化度油田的残余油的方法，其特征为首先配制作为测量跟踪剂、浓度为 2000ppm~15000ppm 的硼元素溶液备用；其用量与油层的厚度成正比，比例为每米油层厚度为 10 立方米的硼元素溶液，

该方法还包括下列步骤：

a. 用泵车将作跟踪剂的硼元素溶液循环 20~30 分钟，使溶液充分溶解；

b. 将设有封隔器和底部带有丝堵的油管管柱下入被测油井的井筒（A）；

c. 用中子寿命测井仪测量油井的基线，其方法为将中子寿命仪的井下部分下到油井 500 米以下深度，后安装防喷盒，进行测量得到油井的基线；

d. 注入硼元素溶液，将其硼元素溶液注入到待测油层中，其注入的压力不大于油层的破裂压力；

e. 用中子寿命测井仪跟踪测量。”

2005 年 11 月 15 日请求人提交了意见陈述书，认为专利权人仅仅反对证据 2 译文中的“残余油”变更为“剩余油”并没有任何技术依据。

专利复审委员会于 2005 年 11 月 24 日向双方当事人发出外文证据处理通知书，将北京中专翻译有限公司翻译的证据 2（US3562523）的中文译文转送给双方当事人，告知双方当事人如对译文有异议，请于收到本通知书后 10 日内提交意见陈述；逾期未提交，视为对该译文无异议。

双方当事人逾期均未提交意见陈述书。

至此，合议组认为本案事实清楚，现依法作出审查决定。

二、决定的理由

1. 关于证据和现有技术

请求人在无效宣告程序中共提交了3份证据，专利权人对证据1、2真实性有异议，认为上述证据虽为专利文献，但没有加盖专利局文献馆的公章，就其真实性请合议组审查；对证据3的真实性无异议；对证据1的译文没有异议，对请求人更改证据2译文有异议，认为“residualoil”应当翻译为“残余油”。

证据1~2为专利文献，虽然没有加盖公章，但公众可以方便地上网进行查询，请求人在无充分理由和根据的情况下对证据1、2的真实性提出异议，合议组不予支持，经审查合议组对证据1~2的真实性予以认可，其可以作为本案的证据使用；专利权人对证据3的真实性无异议，合议组经审查认为证据3也可以作为本案的证据使用。其中请求人提交的证据1~2为外文证据，请求人提交了其中文译文，专利权人对证据1的中文译文没有异议，因此证据1的公开内容以其中文译文为准。鉴于双方对北京中专翻译有限公司翻译的证据2的中文译文无异议，因此证据2的公开内容以该中文译文为准。

证据1~3的公开日期均早于本专利的申请日，因此其上记载的内容构成本案的现有技术。

2. 关于专利法第26条第3款

专利法第26条第3款规定：说明书应当对发明或者实用新型作出清楚、完整的说明，以所属技术领域的技术人员能够实现为准；必要的时候，应当有附图。

说明书应当清楚，是指说明书的内容应当清楚，具体应满足下述要求：（1）主题明确。（2）表述准确。说明书完整是指说明书应当包括有关理解、实现发明或者实用新型所需的全部技术内容。所属技术领域的技术人员能够实现，是指所述技术领域的技术人员按照说明书记载的内容，就能够实现该发明或者实用新型的技术方案，解决其技术问题，并且产生预期的技术效果。

请求人认为：（1）油层厚度、剩余油、残余油在说明书中无定义，按照权利要求1的技术方案不知道测量的是剩余油还是残余油；（2）说明书中无测井图的样图、分析方法以及结果判定标准；（3）说明书中没有残余油的实施例，造成说明书公开不充分。

专利权人认为油层厚度在测井的原始资料中有记载，无需在说明书中记载。至于测井图的制作方法、分析方法和结果判定标准对于本领域技术人员来说是已知的，不需要在说明书中记载。

合议组认为：（1）剩余油、残余油在说明书中尽管没有定义，但请求人知晓其确切的含义（请求人在口头审理中表述了对上述概念的理解），本领域技术人员也都明白剩余油、残余油各自的含义，因此不能据此认为本专利说明书的内容不清楚、不完整。此外，根据本专利说明书中描述的剩余油、残余油测量方法，本领域技术人员能够按照该方法实现本专利的发明目的——测量低矿化度油田剩余油残余油的含量，而请求人并没有指出“由于剩余油残余油在说明书中无定义”而导致本专利不能实现。因此，本专利说明书达到了所属技术领域的技术人员能够实现的程度。至于请求人认为按照权利要求1的技术方案不知道测量的是剩余油还是残余油，合议组认为请求人没有提供证据证明按照权利要求1的技术方案测量的不是剩余油，况且权利要求1的技术方案能够实施，因此对请求人的上述主张并不予支持。（2）关于“油层厚度”，虽然其在说明书中无定义，但本领域技术人员应当能够理解“油层厚度”指的就是被测量的油层的厚度，因此“油层厚度”在说明书中也是清楚的；（3）至于测井图的样图、分析方法以及结果判定标准，合议组认为上述内容对于本领域技术人员是已知技术，当说明书中给出测量方法时，即使没有详细说明测井图的样图、分析方法以及结果判定标准，本领域技术人员根据自己掌握的上述已知技术，也能够再现该发明。(4) 说明书中虽然没有公开残余油的实施例，但说明书技术方案部分详细记载了残余油的测量方法，本领域技术人员根据说明书公开内容并依据本领域技术人员所掌握的公知技术能够实现残余油的测量。综上所述，请求人所提出的本专利不符合专利法第 26 条第 3 款的无效理由不成立。

3. 关于专利法第 26 条第 4 款

专利法第 26 条第 4 款规定：权利要求书应当以说明书为依据，说明要求专利保护的范围。

在判断权利要求是否得到说明书的支持时，应当考虑说明书的全部内容，而不是仅限于具体实施方式部分的内容。而如果权利要求的上位性概括使所属技术领域的技术人员有理由怀疑该上位概括所包含的一种或多种选择方式不能解决发明所要解决的技术问题，并达到相同的技术效果，则应当认为该权利要求没有得到说明书的支持。

请求人认为说明书实施例中硼元素溶液浓度的点值，不能支持权利要求 1 中较宽的数值范围；实施例中仅有一个数据点，不能体现出硼元素溶液浓度与油层厚度成正比以及硼元素溶液用量与井筒体积的正比关系；本专利权利要求 1 步骤 a、b 中的具体参数在实施例中没有记载；权利要求 1 步骤 c 中防喷盒的安装顺序与说明书实施例中的安装顺序不同；说明书中没有关于测量残余油的实施例，权利要求 2 得不到说明书支持。

合议组认为，在本案中，说明书技术方案部分写明了本专利权利要求 1 步骤 a、b 中的具体参数以及硼元素溶液的浓度范围、其浓度与油层厚度成正比、其用量与井筒体积成正比，并且实施例中记载了对于一特定油井采用一定浓度的硼酸溶液，在说明书已经给出一个具体实施例并对参数间的关系和选择范围限定的情况下，本专利权利要求的技术方案已然得到适当概括，无需再附加更多的实施例。并且，请求人也没有指出权利要求 1 的比例范围中存在不能解决本专利所要解决的技术问题的数值或数值范围。

另外，关于防喷盒，本领域技术人员清楚在测量油井基线之前需要安装防喷盒，因此合议组认为本专利说明书实施例部分防喷盒的安装顺序应当属于笔误。

关于说明书中没有测量残余油的实施例，合议组认为残余油的测量方法在说明书的技术方案部分已经记载，因此记载残余油测量方法的权利要求 2 得到了说明书的支持。

综上所述，请求人所提出的本专利不符合专利法第 26 条第 4 款的无效理由不成立。

4. 关于专利法实施细则第 21 条第 2 款

专利法实施细则第 21 条第 2 款规定：独立权利要求应当从整体上反映发明或者实用新型的技术方案，记载解决技术问题的的必要技术特征。

独立权利要求的撰写并不要求将所有的技术特征写入，使得公众完全不借助现有技术，来实现该技术方案，而是仅需记载：(1) 与发明或者实用新型的技术方案密切相关的、与现有技术共有的必要技术特征；(2) 与最接近现有技术不同的必要的区别技术特征。

请求人认为权利要求 1 和 2 中缺少制作测井图和资料分析的步骤。

合议组认为：本专利是在现有中子寿命测井仪的基础上进行的改进，鉴于使用现有中子寿命测井仪对油井进行测量时必须进行制作测井图和资料分析的过程，并且本领域技术人员已经掌握了进行上述步骤的技能，换句话说，上述步骤为本领域的公知技术。而本专利在于针对中子寿命测井仪不能应用于低矿化度的油田，提出硼元素和中子寿命测井仪结合使用，从而在不改变油井的设施的情况下，能够测量出低矿化度油田的剩余油、残余油含量。而目前的独立权利要求 1 已经记载了如何将硼元素和中子寿命测井仪结合使用，从而解决了其所提出的技术问题，并且该方案已经区别于说明书背景技术所述的方案，符合专利法实施细则第 21 条第 2 款的规定。

5. 关于专利法实施细则第 20 条第 1 款

专利法实施细则第 20 条第 1 款：权利要求书应当说明发明或者实用新型的技术特征，清楚并简要地表述请求保护的范围。

一项权利要求清楚包括权利要求的类型清楚和权利要求所确定的保护范围清楚。权利要求的保护范围应当根据其所用词语的含义来理解。如果权利要求使用了含义不确定的语句限定出不同保护范围的词语，则权利要求不清楚。

在本案中，请求人认为权利要求 1 没有对“油层厚度”进行一些说明；权利要求 1 中仅记载了“其硼元素溶液的浓度与油层厚度成正比”，但没有比例基数和具体比例；权利要求 1 指出硼元素溶液用量与井筒的体积成正比，但从其比值数值“0.8~1.5：0.6~1.2”来看没有明确的正比关系；权利要求 1 中“溶液充分溶解”不清楚。

合议组认为，如上所述权利要求 1 中的“油层厚度”文字含义是确定的，另外，“其硼元素溶液的浓度与油层厚度成正比”“其用量与井筒的体积成正比”以及“溶液充分溶解”含义也是确定的，因此其限定的保护范围也是确定。至于请求人认为“其硼元素溶液的浓度与油层厚度成正比”中没有比例基数和具体比例，合议组认为虽然权利要求 1 中没有具体比例数值，但并不影响对硼元素浓度与油层厚度正比关系本身的确定；而请求人认为的“硼元素溶液的用量与井筒的体积成正比”中从其比值数值看没有明确的正比关系，合议组认为硼元素溶液的用量与井筒的体积成正比是指随着井筒体积的增大，硼元素溶液用量成比例的增大，至于该比例可以根据油井的具体情况选取，因此存在一个比例范围以满足不同油井的情况。

由以上分析可知，请求人所提出的本专利不符合专利法实施细则第 20 条第 1 款的无效理由不成立。

6. 关于专利法第 22 条第 3 款

专利法第 22 条第 3 款规定的创造性，是指同申请日以前已有的技术相比，该发明有突出的实质性特点和显著的进步，该实用新型具有实质性特点和进步。

请求人认为本专利权利要求 1~2 相对于证据 1~3 不具备创造性。关于权利要求 1 的创造性，请求人认为：（1）在了解用硼元素和中子寿命测井仪寻求油饱和度的在先技术教导后，选用适用的硼元素浓度及其用量是显而易见的；（2）证据 3 第 207 页和证据 2 第 3 页的内容公开了使用第二含水液体置换第一含水液体，表明硼元素溶液体积和井筒的体积比至少为 1：1；（3）本专利权利要求 1 中步骤 a、b 为公知技术。

合议组经审理，查明：

证据 1 公开了一种用热中子衰减测量确定地层剩余油饱和度的方法，该方法包括：向井眼和地层中低矿化度液体加入硼元素或其化合物，测量该液体的热中子衰减，获得初始热中子俘获截面；测量注入矿化度达另一个极端的液体的热中子衰减，获得另一个热中子俘获截面，根据上述两次测量得到的热中子俘获截面确定该储层的含油饱和度。

证据 2 公开了一种采用热中子衰变测量确定地层中残油含量的方法，首先在油含量至少与注水残油一样低，以及使用中子俘获横截面为已知或可确定的水液体的条件下，获得热中子衰减的测量结果，在钻井的测井中，通过向待测地层区域中注入饱和硼酸水溶液以测定钻井中的本底辐射。将测井工具从钻井中取出，向地层中注入第二种不同的水溶液，再次运行测井工具，并再次测量本底辐射，根据两次测量结果得到地层中残油含量。

证据 3 中公开了中子寿命测井技术，首先测得一条中子寿命测井参考线，而后把与注入水俘获截面不同的流体压入目的层段。若注入水为淡水，则检查时注入含盐水浓度很高的水，而当注入水为盐水时，检查时可以注入淡水。水被替换后再测量一次中子寿命测井。根据两次测量结果得到钻井中油的含量。为增大替换液与原有孔隙流体热中子俘获截面的差别，在替换液中可加入硼酸等强中子吸收剂。该证据 3 第 191 页的图 11-3 公开了对应于不同俘获面积的硼化合物的浓度，其中硼酸的最大浓度可以如下计算：1 桶水的体积=159 升，硼酸的最大用量=14 磅=14×454 克=6356 克，硼酸溶液最大浓度=硼酸最大用量/硼酸溶液体积≈硼酸最大用量/水体积=6356 克/159 升=39.97 克/升=39970ppm。

本专利权利要求 1 与证据 1 相比较，区别在于：（1）硼元素的浓度为 3000ppm~60000ppm；（2）硼元素溶液的浓度与油层厚度成正比，其用量与井筒的体积成正比；（3）硼元素溶液体积：井筒体积=0.8~1.5：0.6~1.2；（4）用泵车将作跟踪剂的硼元素溶液循环 20~30 分钟；（5）将油管管柱下入离井底 10 米处的井筒中；（6）将中子寿命仪的井下部分下到油井 500 米以下深度，后安装防喷盒；（7）注入硼元素溶液时的注入压力为 1.0~12.5Mpa。

其中，证据 3 中公开了 39970ppm 硼酸浓度，即公开了区别技术特征（1），请求人认为证据 3 第 207 页和证据 2 第 3 页表明表明硼元素溶液体积和井筒的体积比至少为 1：1。合议组经审查得知，证据 2 第 3 页中记载了“第二水液体应至少在超出测井工具的调查区域的区域取代第一水液体”，证据 3 第 207 页记载了“水被替换后再测一次中子寿命测井”。上述内容仅仅表明替换液的体积能够与井筒的体积相同，即可认为公开了区别技术特征（3），但不能得出硼元素溶液用量与井筒体积成正比。因此区别技术特征（2）、（4）~（6）没有被证据 2 或 3 公开，同时没有证据表明上述区别技术特征为本领域的公知常识，因此本专利权利要求 1 相对于证据 1~3 具有非显而易见性，具备创造性。

至于请求人的观点（1）（3），鉴于请求人没有提供证据表明硼元素浓度及其用量的选取是显而易见的、也没有提供证据表明本专利权利要求 1 中步骤 a、b 为公知技术，合议组对请求人的上述主张不予采信。

将本专利权利要求 2 与证据 1 进行比较，其区别在于：（1）硼元素的浓度为 2000ppm~15000ppm；（2）硼元素溶液用量与油层厚度成正比，比例为每米油层厚度为 10 立方米的硼元素溶液；（3）用泵车将作跟踪剂的硼元素溶液循环 20~30 分钟；（4）将设有封隔器和底部带有丝堵的油管管柱下入被测油井的井筒；（5）将中子寿命仪的井下部分下到油井 500 米以下深度，后安装防喷盒；（6）注入硼元素溶液时的压力不大于油层的破裂压力。

上述区别技术特征（1）~（6）均未记载在证据 2~3 中，虽然本领域技术人员能够了解在中子寿命测井过程中，应当保证注入硼元素溶液时的压力不大于油层的破裂压力，但没有证据表明其余区别技术特征（1）~（5）为本领域的公知常识，因此本专利权利要求 2 相对于证据 1~3 具有非显而易见性，具备创造性。

综上所述，请求人针对本案所提出的无效宣告理由均不成立，因此，合议组依法作出如下审查决定：

三、决定

维持 96108617.3 号发明专利权有效。

当事人对本决定不服的，可以根据专利法第 46 条第 2 款的规定，自收到本决定之日起三个月内向北京市第一中级人民法院起诉。根据该款的规定，一方当事人起诉后，另一方当事人应当作为第三人参加诉讼。

033

抗裂保温墙体及施工工艺

无效宣告请求审查决定（第9346号）

决　　定　　号　第9346号
决　　定　　日　2006年11月24日
发明创造名称　抗裂保温墙体及施工工艺
国 际 分 类 号　E04C2/284
无效宣告请求人　中外合资新疆大道新型材料有限公司
专　利　权　人　北京振利高新技术有限公司
申　　请　　号　98103325.3
申　　请　　日　1998年7月28日
授 权 公 告 日　2002年11月27日
合 议 组 组 长　于　萍
主　　审　　员　朱文广
参　　审　　员　刘　犟

法　律　依　据　专利法第22条第3款、第4款
决　定　要　点

某地区的施工标准，是为了保证施工质量对施工标准提出的规范，其与专利法对专利实用性的要求是不同的要求。如果一项专利的主题能够在产业上制造或使用，并且能够产生积极的效果，则该专利即符合专利法关于实用性的要求。

如果专利所要求保护的方法对于本领域技术人员来说，根据已有技术及施工常识即可显而易见地获得，且效果也是可以预料的，则该方法权利要求不具备创造性。

一、案由

本无效宣告请求涉及中华人民共和国国家知识产权局于2002年11月27日授权公告的、名称为“抗裂保温墙体及施工工艺”的发明专利权（下称本专利），其申请号是98103325.3，申请日是1998年7月28日，专利权人是北京振利高新技术有限公司。该专利授权公告时的权利要求书如下：

“1. 一种抗裂保温墙体，包括基层、界面层、保温层和面层，其特征在于：保温层是由聚苯颗粒与复合硅酸盐粘结剂混凝成型的聚苯保温板，面层是两道掺有纤维的抗裂砂浆层，面层中间有一层纤维网布加筋层。

2. 根据权利要求1所述的抗裂保温墙体，其特征在于：所述纤维网布加筋层是抗碱玻纤网布或涂塑复合玻纤网布。

3. 根据权利要求1所述的抗裂保温墙体，其特征在于：所述抗裂砂浆的最佳配比是：水泥：抗裂剂：中砂=1：1：3。

4. 一种抗裂保温墙体的施工工艺，包括基层处理→刷界面剂→抹第一道保温砂浆→抹第二道保温砂浆→罩面层工序，其特征在于：第二道保温砂浆抹完后，抹第一道抗裂砂浆→贴网格布→将网格布压入砂浆中→抹第二道抗裂砂浆→涂料罩面。”

针对本专利权，中外合资新疆大道新型材料有限公司（下称请求人）于2005年11月22日向专利复审委员会提出无效宣告请求，认为本专利不符合专利法第22条第2、3、4款的规定，同时请求人提交了如下附件：

附件1：中国建筑业协会建筑节能专业委员会编著、中国计划出版社出版、1996年9月第一版第一次印刷的《建筑节能技术》的封面、版权信息页、目录页、第320~323页、第328~330页的复印件共11页；

附件2：“中德聚苯在建筑中的应用研讨会”（1997年）的封面、研讨会议程、目录及《用EPS废料生产轻质混凝土——一种经济的选择？——现状与展望》一文复印件共6页；

附件3：所称德国标准化研究所建筑标准委员会于1991年3月于德国发布的、标准代号为DIN18550—3的《灰浆和面涂，由矿物胶凝剂和聚苯乙烯泡沫塑料（EPS）颗粒复合而成的保温浆料系统》第三部分的外文复印件7页及中译文13页；

附件4：标准号为DBJ/T01—38—98、实行日期为1998年7月1日的《外墙外保温施工技术规程》第126~136页复印件共11页；

附件5：专利申请日为1996年11月6日、授权公告日为2003年4月16日，专利号为96120602.0的“新型外墙外保温施工工艺”的发明专利证书及口头审理通知书复印件共2页。

请求人认为：权利要求1相对于附件1不具备新颖性，相对于附件1、附件2和3不具备创造性；权利要求2相对于附件1或4不具备新颖性；用附件1或4证明权利要求3中提到的最佳配合比明显违背行业常识，不具备实用性；权利要求4相对于附件1、4和5都不具备新颖性。在请求人的意见陈述书中还夹有其上标有2001·9·总176的《建筑产品优选集》共4页复印件。

经形式审查合格，专利复审委员会依法受理了上述无效宣告请求，并于2005年11月23日向请求人和专利权人发出无效宣告请求受理通知书，同时将专利权无效宣告请求书及其附件清单中所列附件的副本转送给专利权人，并要求专利权人在指定的期限内陈述意见。

请求人于2005年12月12日向专利复审委员会提交意见陈述书，其补充了无效的理由和证据，其中补充的附件为：

附件6：京建材［2005］399号北京建设委员会的“关于发布《北京市建设工程材料使用导向目录（2005-2008）》的通知”第1~3页及《北京市建设工程材料使用导向目录（2005-2008）》的封面及材料目录复印件共5页；

附件7：标准号为JGJ144—2004、发布日期为2005年1月13日的中华人民共和国行业标准《外墙外保温工程技术规程》复印件共5页；

附件8：标准号为JG 158—2004、发布日期为2004年8月18日的中华人民共和国建筑工业行业标准《胶粉聚苯颗粒外墙外保温系统》复印件共5页；

附件9：标准号为GB/T　1.2—2002、发布日期为2002年6月20日的中华人民共和国国家标准《标准化工作导则　第2部分：标准中规范性技术要素内容的确定方法》复印件共2页；

附件10：所称国家标准涉及专利的规定（暂行）（征求意见稿）复印件共3页及与之相关的文章复印件共4页；

附件 11：中华人民共和国建筑部于 2002 年 7 月 12 日下发的、自 2002 年 9 月 1 日起执行的、图集号为 02J121-1 的《外墙外保温建筑构造（一）》的建筑图集中的 4 页复印件。

请求人认为：（1）根据附件 6 可知，本专利中的保温浆料为限用产品，实用性很有限；（2）附件 7 表明本专利在国内外早已是公知公用的技术；（3）附件 8 表示本专利已成为标准技术，但其中未显示该标准中含有专利，因此可以认为包含该专利的标准已在全国无偿使用；（4）附件 9 表明专利权人在标准中使用该专利放弃了自己的权利；（5）附件 10 表明自愿进入强制性标准而又不明示的专利将不复存在；（6）附件 11 表明本专利已被该标准覆盖，只有专利权人放弃权利，该标准才能顺利贯彻；（7）附件 8 表明本专利来源于德国标准 DIN18550 第三部分，即附件 3，因此不具有创造性。

请求人于 2005 年 12 月 21 日向专利复审委员会提交意见陈述书，其补充了无效的理由和证据，其中补充的附件为：

附件 12：《新型建筑材料》1990 年第 1~12 期总目录及其中的文章《PS 保温砂浆的研制与应用》复印件共 4 页；

附件 13：1995 年第 2 期的《保温材料与节能技术》中的文章《纤维增强聚苯乙烯外保温复合墙体》复印件共 6 页；

附件 14：1995 年第 7 期的《新型建筑材料》中的文章《国外轻型保温材料的发展》复印件共 4 页；

附件 15：1995 年第 4 期的《保温材料与节能技术》中的文章《水泥聚苯保温板在节能建筑中的应用》复印件共 7 页；

附件 16：所称《施工现场试验管理》复印件共 2 页。

请求人认为权利要求 1 相对于附件 12、13 或 14 不具备新颖性；权利要求 2 相对于附件 13 和 15 不具备创造性；用附件 16 证明权利要求 3 不具备实用性；权利要求 4 相对于附件 15 和 12 不具备创造性。此外，请求人还在提交了八篇参考文献用于了解 1998 年以前的行业动态，但其并未结合这八篇参考文献做具体说明。

专利复审委员会于 2005 年 12 月 22 日收到请求人提交的意见陈述书，其补充了无效的理由和证据，其中补充的附件为：

附件 17：所称 1991 年第 3 期的《新型建筑材料》中的文章《废聚苯乙烯泡沫塑料在建材领域中的应用》复印件共 3 页；

附件 18：所称 1989 年第 3 期的《新型建筑材料》中的文章《建议发展外保温饰面体系》复印件共 2 页。

请求人认为权利要求 1 相对于附件 17 和 18 不具备创造性。

针对专利复审委员会于 2005 年 11 月 23 日发出的上述无效宣告请求受理通知书，专利权人于 2006 年 2 月 20 日提交了意见陈述书、证据以及权利要求书的修改替换 1 页。专利权人将权利要求 1 中的“保温层是由聚苯颗粒与复合硅酸盐粘结剂混凝成型的聚苯保温板”修改为“保温层是由聚苯颗粒与复合硅酸盐粘结剂成混凝成型的”。

专利权人提交的证据如下：

证据 1：鉴定日期为 1999 年 10 月 15 日、成果名称为 ZL 聚苯颗粒保温材料及外墙外保温工程技术的研究的鉴字［京建科］第 99010 号科学技术成果鉴定证书共 3 页复印件；

证据 2：鉴定日期为 2004 年 11 月 5 日、成果名称为外墙保温体系面层裂缝产生原因及其控制技术的研究的建科鉴字［2004］第 071 号科学技术成果鉴定证书共 3 页复印件；

证据 3：建设部于 2001 年 7 月 18 日颁发的、证书编号为 2001023 的证书 1 页复印件；

证据 4：建设部于 2001 年 11 月 7 日颁发的、批准文号为建建［2001］222 号证书 1 页复印件，

专利权人认为：附件 1~5 不能支持请求人的主张，从证据 1~4 可以看出，本专利解决了技术难题，取得了意想不到的技术效果。

专利复审委员会分别于 2006 年 2 月 22 日和 3 月 10 日收到请求人提交的建科综函［2006］004 号建设部司（局）便函 1 页复印件（下称附件 19）及意见陈述书。请求人认为此案关系重大。

专利复审委员会依法成立合议组。

本案合议组于 2006 年 7 月 18 日向双方发出无效宣告请求口头审理通知书，定于 2006 年 8 月 21 日举行口头审理。随同口头审理通知书，将请求人于 2005 年 12 月 12 日、2005 年 12 月 21 日以及专利复审委员会于 2005 年 12 月 22 日、2006 年 2 月 22 日和 3 月 10 日收到的请求人提交的意见陈述书及其附件清单中所列附件的副本转送给专利权人，将专利权人于 2006 年 2 月 20 日提交的意见陈述书及其附件清单中所列附件的副本转送给请求人。

口头审理如期举行，双方当事人均参加了口头审理。

在口头审理中，（1）合议组告知双方，专利权人于 2006 年 2 月 20 日提交的权利要求书修改不符合专利法、专利法实施细则及审查指南的规定，不能接受，口头审理以本专利授权公告的权利要求书为基础进行。（2）请求人明确其无效的理由为：本专利不符合专利法第 22 条第 3、4 款的规定，请求人当庭放弃新颖性的无效理由。（3）请求人当庭放弃附件 6~11、13~18。专利权人对附件 1、4、5、12 的真实性没有异议。专利权人对附件 2 的真实性有异议，认为其不是公开出版物，请求人提交了附件 2 的原件并认为其是公开出版物。专利权人认为附件 3 是域外证据，需要办理公证认证手续。此外该附件曾经在专利复审委员会在先作出的审查决定中评述过，不符合一事不再理的原则。再有该证据不能表明其在本案专利的申请日之前被公众所获取，还有该附件的中文译文有不准确的地方。专利权人当庭提交了附件 3 的相关译文，合议组当庭将该译文转送给请求人。合议组告知双方，请求人提交的附件 5 仅为专利证书的复印件，由于请求人没有提交该专利文献的具体内容，故合议组对附件 5 不予考虑。专利权人提交了证据 1~4 的原件，请求人对证据 1~4 的真实性没有异议。（4）关于实用性。请求人认为权利要求 2 的附加技术特征不符合附件 4 中第 5 条有关耐碱性的规定，并认为对于“纤维网布加筋层”来说耐碱性与涂塑应同时具备，因此权利要求 2 不具备实用性。请求人认为权利要求 3 中的配合比应根据现场具体情况确定，不存在最佳配比，将最佳配合比限定为 1：1：3 违反常识和标准，因此不具有实用性。（5）关于权利要求 1 的创造性。请求人认为权利要求 1 中的界面层和面层中抗裂砂浆层中的掺纤维未被附件 1 公开，但界面层是公知的，掺纤维抗裂砂浆层虽未在所提交的证据中提到，但其也是现有技术。此外附件 1 第 328 页图 9-3-7 公开了外保温墙体构造示例，其对应于权利要求 1 中“外保温墙体包括基层、界面层、保温层和面层”。附件 1 中的水泥聚苯板对应于聚苯保温板，附件 1 第 330 页公开了面层中间有一个网格布，界面层是通过墙体的需要设置。附件 1 中第 320 页以及附件 4 和附件 12 第 1 页第 2 行、第 7 行中公开 EPS 保温抹灰和轻质抹灰已经进入标准且公开。专利权人认为本专利有界面层而附件 1 没有界面层；本专利没有空气间层；附件 1 是通过点粘和固定件来固定保温层，本专利没有点胶和固定件。专利权人认为本专利的保温层中没有珍珠岩散料；附件 4 的保温层也是直接涂抹在墙上，其没有界面层也没有面层的抗裂构造没有网格布的做法；界面层本身及其功用是本领域的公知技术，但满刷界面层则是本发明的发明点。请求人认为抗裂砂浆中纤维是辅料。（6）关于权利要求 2 的创造性。请求人认为权利要求 2 的特征在附件 4 中第 3 页有公开。专利权人认为基于权利要求 1 具有创造性，因此权利要求 2 也具有创造性。（7）关于权利要求 3 的创造性。请求人认为附件 4 第 3.2.6、3.2.7、3.2.8 公开了一种配合比，其与权利要求 3 不同，因此不具备创造性。（8）请求人表示附件 3 只使用标题名称，用来证明本专利的标题名称与该

德国标准DIN18550的名称一致。请求人表示已对本案充分发表意见，没有其他的无效理由、证据和事实；专利权人表示已针对请求人的无效理由、证据和事实充分发表意见，没有其他意见需要补充。

请求人于2006年8月27日提交了口审代理词，以及一些新的证据材料。

至此，合议组认为本案事实已经清楚，可以作出审查决定。

二、决定的理由

1. 关于证据和现有技术

对于请求人提交的附件1、4、5和12，专利权人对其真实性没有异议，经合议组审查，附件1、4、5和12均为公开日在本专利申请日前的公开出版物，故它们可以作为本案的证据使用。但附件5仅仅是一份专利证书，至口头审理时请求人也没有提交专利文献的具体内容，同时也没有结合该证据具体说明其无效的理由，因此合议组不予考虑。

关于附件2。请求人提供了附件2的原件。专利权人对附件2的真实性有异议，认为其不是公开出版物。对此合议组认为附件2是建设部建筑节能办公室于1997年主办的“中德聚苯在建筑中的应用研讨会”上的会议资料，并且请求人提供了原件，因此对其真实性予以认定。而专利权人虽对此提出异议，但并未举出相关证据予以证明，因此合议组对其主张不予支持。通常情况下，对于参会人员没有保密约束的业务研讨会上散发的会议资料，应视为是公开的出版物。在专利权人没有提交反证的情况下，合议组认为附件2中公开的内容可以作为本案现有技术使用。

关于附件3。请求人表示附件3只使用标题名称，用来证明本专利的标题名称与该德国标准DIN18550的名称一致。专利权人认为附件3是域外证据，需要办理公证认证手续，此外该附件曾经在专利复审委员会在先作出的审查决定中评述过，不符合一事不再理的原则，再有该证据不能表明在本案专利的申请日之前被公众所获取，还有该附件的中文译文有不准确的地方。专利权人当庭提交了附件3的相关译文，合议组当庭将该译文转送给请求人。合议组经审查后认为，专利权人所提供的附件3的译文源自建设部建筑制品与构配件产品标准化委员会的《国外外墙外保温标准汇编》，由此可以表明附件3本身是真实的。此外，请求人在本案中使用附件3所证明的事实与前案不同，因此不适用一事不再理原则。因此附件3可以作为本案的证据使用。

关于附件6~11以及13~18请求人均明确表示放弃，因此合议组不再考虑。

关于附件19。请求人用其来证明本专利已经成为标准技术，因此可以认为该技术已在全国范围公开无偿使用。合议组经审查后认为本专利是否已经成为标准技术与请求人关于本专利不符合专利法第22条相关规定的无效理由没有必然的联系，因此该附件不予考虑。

关于请求人于口头审理后提交的一些新的证据材料，合议组认为其提交超过了一个月的举证期限，故不予考虑。

2. 关于专利权人提交的修改文本

审查指南第四部分在“无效宣告程序中专利文件的修改”中规定“修改权利要求书的具体方式一般限于权利要求的删除、合并和技术方案的删除。”

合议组经审查后认为：专利权人于2006年2月20日提交的权利要求书的修改文本是将权利要求1中的“保温层是由聚苯颗粒与复合硅酸盐粘结剂成混凝成型的聚苯保温板”修改为“保温层是由聚苯颗粒与复合硅酸盐粘结剂成混凝成型的”，显然这种修改并不满足审查指南有关权利要求书具体修改方式的规定。因此不能被接受。本案的审查，即口头审理及审查决定均是以本专利授权公告的权利要求书为基础进行。

3. 关于专利法第22条第4款

专利法第22条第4款规定的实用性，是指发明或者实用新型的主题必须能够在产业上制造或者使用，并且能够产生积极效果。

请求人认为本专利的权利要求不具有实用性，具体为：权利要求 2 的附加技术特征“所述纤维网布加筋层是抗碱玻纤网布或涂塑复合玻纤网布”不符合附件 4 中第 5 条有关耐碱性的规定，其认为对于“纤维网布加筋层”来说，耐碱性与涂塑应同时具备，因此权利要求 2 不具备实用性；权利要求 3 中的配合比应根据现场具体情况确定，不存在最佳配比，权利要求 3 将最佳配合比限定为 1∶1∶3 违反常识和标准，因此不具有实用性。

合议组经审查后认为，附件 4 中第 5 条对耐碱玻璃纤维涂塑网格布的耐碱性进行了规定，但由此并不能推定出纤维网布加筋层只能是耐碱玻璃纤维涂塑网格布。此外标准本身仅仅是对施工标准的一种规范，与专利法关于实用性的规定是不同的。后者要求专利的主题能够在产业上制造或者使用，并且能够产生积极效果。显然，权利要求 2 所限定的主题在产业上是能够制造或者使用，并且其中的纤维网布加筋层能够增加抗裂保温墙体的抗裂性，因此具有积极的效果。请求人关于权利要求 2 不具有实用性的主张不能成立。关于权利要求 3，其中对抗裂砂浆的配比进行了具体限定，虽然实际施工中可以根据现场的具体情况确定抗裂砂浆的配比，但这并不能证明权利要求 3 的主题在产业上不能制造或使用，同时也不能证明这种技术方案不具有抗裂的技术效果，因此请求人关于权利要求 3 不具有实用性的主张不能成立。

4. 本专利的创造性

创造性，是指同申请日以前已有的技术相比，该发明有突出的实质性特点和显著的进步。审查指南第二部分第四章有关发明创造性的审查基准中指出：突出的实质性特点是指要求保护的技术方案相对于现有技术具有非显而易见性；显著的进步是指具有有益的技术效果。

本案中，关于权利要求 1 的创造性。请求人认为权利要求 1 中的界面层和面层中抗裂砂浆层中的掺纤维未被附件 1 公开。此外，掺纤维抗裂砂浆层虽未在所举证据中提到，但其也是现有技术，并且该抗裂砂浆中纤维是辅料。

合议组经审查后认为，附件 1 公开了一种节能建筑施工的技术，其中在保温膏浆施工中提到了保温砂浆抹灰的工序以及抹灰必须分层进行的内容。此外在外保温墙体施工中公开了一种外保温墙体，其一般包括粘结剂及（或）件、保温板、一般为聚合物水泥砂浆的底层抹灰、加强网片及装饰面层，其中的网片应在网布纤维外面罩有充分的耐碱保护层。附件 2 中公开了一种 EPS 轻混凝土保温抹灰和轻质抹灰的内容。附件 4 公开了一种外墙外保温施工技术，其中的一种外墙外保温包括结构墙体、粘结剂、聚苯板和双层网格布增强 KE 聚合物水泥砂浆。附件 12 公开了一种 PS 保温砂浆，其施工方法为将该 PS 保温砂浆以类似于常规砂浆的方式进行粉刷，在第一次粉刷硬化后可进行第二次粉刷。将本专利的权利要求 1 与上述附件进行对比可知，其中均未公开面层中抗裂砂浆层掺纤维的技术内容。对此请求人自己在口头审理中也予以承认，但请求人认为该特征为现有技术。合议组认为请求人并没有举出证据来证明其主张，因此请求人所主张的该特征为现有技术的事实不能成立。显然，由于上述附件均未公开面层中抗裂砂浆层掺纤维的技术内容，同时也未给出这方面的技术启示，因此不能得出权利要求 1 相对于上述附件是显而易见的结论。显然，在面层砂浆中掺入纤维能够增加面层的抗裂性，因此其具有有益的技术效果。基于上述分析可见，基于目前的附件 1、2、4 和 12 还不能得出权利要求 1 不具有创造性的结论，因此请求人的此项无效理由不能成立。

请求人表示附件 3 只使用标题名称，用来证明本专利的标题名称与该德国标准 DIN18550 的名称一致。显然即使在创造性中考虑附件 3，并且其中的名称按照请求人所提供的译文，由于其中没有公开“面层中抗裂砂浆层掺纤维”的技术信息，因此仅基于请求人的上述主张，将附件 3 与上述附件结合，也不能证明权利要求 1 不具有创造性。

由于请求人关于权利要求 1 不具有创造性的无效理由不能成立，因此其关于该权利要求 1 的从属权利要求，即权利要求 2~3 不具有创造性的理由亦不能成立。

关于权利要求 4 的创造性。该权利要求 4 请求保护的是一种抗裂保温墙体的施工工艺。

如果专利所要求保护的方法对于本领域技术人员来说，根据已有技术及施工常识即可显而易见地获得，则该方法权利要求不具备创造性。

附件 4 公开了外保温墙体的施工工艺，参见其中第 129~132 页的施工程序和施工要点可知其包括基层准备润湿等基层的处理（其相当于基层处理）、粘贴聚苯板、钻孔及安装固定件、刷界面剂、抹底层砂浆、贴网格布、抹面层砂浆，其中在贴网布时要用抹子由中间向上、下两边将网格布抹平使其紧贴底层聚合物砂浆。显然其中在两道面层砂浆之间贴网格布能够增强所形成墙体的抗裂性，因此权利要求 1 与之区别在于：（1）刷界面剂是在基层处理之后；（2）保温层是通过保温砂浆现抹而成，并且是两道；（3）网格布压入砂浆中；（4）保温层外的砂浆是抗裂砂浆；（5）涂料罩面。关于第（2）点，附件 12 中公开了一种类似于常规砂浆方式现抹两道 PS 保温砂浆从而形成保温墙体的技术，显然附件 12 与附件 4 的领域相同，本领域技术人员据此可以想到也可以采用附件 12 现抹形成保温层来代替附件 4 中预制的保温板，因此第（2）点区别对本领域技术人员来说是显而易见的。关于第（1）点。合议组认为，界面剂本身及其诸如提高附着力等的功用是本领域的公知技术，这一点在口头审理中专利权人也予以承认，因此在前述现抹 PS 保温砂浆的基础上，本领域势必会考虑如何提高现抹 PS 保温层对基层的附着性，显然在基层和 PS 保温砂浆之间刷界面剂是本领域技术人员容易想到的技术措施之一，因此第（1）点区别也是显而易见的。关于第（3）点。与附件 4 同一领域的附件 1——《建筑节能技术》的第 328 页第三部分第 4 点中提到将加强网片埋置在底层抹灰内部，由此可见在附件 1 这一启示下，本领域技术人员能够想到采用具体埋置的方式来引入加强网片，显然直接将加强网片压入是一种最简单的埋置方式，因此上述第（3）点区别也是显而易见的。此外，附件 1 第 329 页第 2 点还提到外墙外保温面层的抗拉强度因加强纤维网布形成，由此形成抗裂性。由此可见，附件 1 给出了加强外墙外保温墙体抗裂性的技术启示，在此基础上很容易能够想到保温层外的砂浆进一步采用抗裂砂浆以提高抗裂性，因此第（4）点区别也是显而易见的。关于第（5）点。显然在面层砂浆外进行罩面处理是通常均要进行的一种处理，其包括涂料罩面和贴砖等方式，这一点在附件 1 第 328 页第三部分第 5 点中也有所提及，因此上述第（5）点区别对本领域技术人员来说也是容易想到的。基于上述分析，合议组认为本领域技术人员能够显而易见地得到权利要求 4 的技术方案，权利要求 4 不具有创造性。

专利权人提交证据 1~4 用来证明，本专利解决了技术难题，取得了意想不到的技术效果。合议组经审查后认为，显然上述证据均不能证明权利要求 4 相对于附件 4、1 和 12 及公知的技术不是显而易见的，因此证据 1~4 无法证明权利要求 4 具有创造性。

根据上述的事实和理由，本案合议组依法做出以下决定。

三、决定

宣告 98103325.3 号发明专利权的权利要求 4 无效，在权利要求 1~3 的基础上维持该专利权继续有效。

当事人对本决定不服的，可以根据专利法第 46 条第 2 款的规定，自收到本决定之日起三个月内向北京市第一中级人民法院起诉。根据该款的规定，一方当事人起诉后，另一方当事人应当作为第三人参加诉讼。

北京市第一中级人民法院
行政判决书

（2007）一中行初字第533号

原告：北京振利高新技术有限公司，住所地北京市丰台区北大街甲13号（园区）

委托代理人：余功勋，北京君尚知识产权代理事务所专利代理人

委托代理人：余长江，北京君尚知识产权代理事务所专利代理人

被告：国家知识产权局专利复审委员会，住所地北京市海淀区北四环西路9号银谷大厦10～12层

法定代表人：廖涛，副主任

委托代理人：朱文广，国家知识产权局专利复审委员会审查员

委托代理人：张鹏，国家知识产权局专利复审委员会审查员

第三人：新疆大道新型材料有限公司，住所地新疆维吾尔自治区石河子市东工业区（开发区）

法定代表人：黄上士，董事长

委托代理人：黄心海，男，1946年8月4日出生，汉族，新疆大道新型材料有限公司总经理，住新疆维吾尔自治区石河子市七十八小区58栋楼房232号

委托代理人：王金锁，男，1945年11月14日出生，汉族，山西同圆知识产权服务中心主任，住山西省太原市迎泽区水西门街10号院34号楼2单元3号

原告北京振利高新技术有限公司（简称北京振利公司）不服被告国家知识产权局专利复审委员会（简称专利复审委员会）于2006年11月24日作出的第9346号无效宣告请求审查决定（简称第9346号决定），于法定期限内向本院提起行政诉讼。本院于2007年3月28日受理本案后，依法组成合议庭，并通知新疆大道新型材料有限公司（简称新疆大道公司）作为本案第三人参加诉讼，于2007年5月25日公开开庭进行了审理。原告北京振利公司的法定代表人黄振利，委托代理人余功勋、余长江，被告专利复审委员会的委托代理人朱文广、张鹏，第三人新疆大道公司的委托代理人黄心海、王金锁到庭参加了诉讼。本案现已审理终结。第9346号决定系专利复审委员会针对新疆大道公司就北京振利公司拥有的名称为“抗裂保温墙体及施工工艺”的发明专利（简称本专利）提出的无效宣告请求作出的。专利复审委员会在该决定中认为：1. 关于证据。附件1、附件2、附件4及附件12可以作为本案的证据予以使用；2. 关于本案的审查基础。本案对于无效宣告请求的审查以本专利授权公告的权利要求书为基础进行；3. 关于本专利的实用性。本专利的权利要求2和权利要求3具备《中华人民共和国专利法》（简称《专利法》）第二十二条第四款所规定的实用性；4. 关于本专利的创造性。由于附件1、附件2、附件4和附件12均未公开权利要求1中面层中抗裂砂浆层掺纤维的技术内容，故权利要求1具备创造性，在此基础上，从属于权利要求1的权利要求2～3亦具备创造性。权利要求4请求保护的是一种抗裂保温墙体的施工工艺。附件4公开了外保温墙体的施工工艺，权利要求1与之区别在于：（1）刷界面剂是在基层处理之后；（2）保温层是通过保温砂浆现抹而成，并且是两道；（3）网格布压入砂浆中；（4）保温层外的砂浆是抗裂砂浆；（5）涂料罩面。关于第（2）点，附件12中公开了一种类似于常规砂浆方式现抹两道PS保温砂浆从而形成保温墙体的技术，显然附件12与附件4的领域相同，本领域技术人员据此可以想到也可以采用附件12现抹形成

保温层来代替附件4中预制的保温板，因此第（2）点区别对本领域技术人员来说是显而易见的。关于第（1）点区别技术特征，界面剂本身及其诸如提高附着力等的功用是本领域的公知技术，这一点在口头审理中专利权人也予以承认，因此在前述现抹PS保温砂浆的基础上，本领域势必会考虑如何提高现抹PS保温层对基层的附着性，显然在基层和PS保温砂浆之间刷界面剂是本领域技术人员容易想到的技术措施之一，因此第（1）点区别也是显而易见的。关于第（3）点。与附件4同一领域的附件1——《建筑节能技术》的第328页第三部分第4点中提到将加强网片埋置在底层抹灰内部，由此可见在附件1这一启示下，本领域技术人员能够想到采用具体埋置的方式来引入加强网片，显然直接将加强网片压入是一种最简单的埋置方式，因此上述第（3）点区别也是显而易见的。此外，附件1第329页第2点还提到外墙外保温面层的抗拉强度因加强纤维网布形成，由此形成抗裂性。由此可见，附件1给出了加强外墙外保温墙体抗裂性的技术启示，在此基础上很容易想到保温层外的砂浆进一步采用抗裂砂浆以提高抗裂性，因此第（4）点区别也是显而易见的。关于第（5）点。显然在面层砂浆外进行罩面处理是通常均要进行的一种处理，其包括涂料罩面和贴砖等方式，这一点在附件1第328页第三部分第5点中也有所提及，因此上述第（5）点区别对本领域技术人员来说也是容易想到的。基于上述分析，本领域技术人员能够显而易见地得到权利要求4的技术方案，权利要求4不具有创造性。据此，专利复审委员会作出第9346号决定，在权利要求1~3的基础上维持第98103325.3号发明专利权继续有效。北京振利公司不服第9346号决定，在法定期限内向本院提起行政诉讼，其诉称：1. 被告审查程序违法。第三人针对本专利提出的无效宣告请求从来没有将本专利的权利要求4不具备创造性作为无效宣告理由，被告将该问题纳入无效宣告程序的审理范围是错误的。进而，由于第三人没有对本专利权利要求4的创造性问题提出无效宣告请求，导致原告没有获得在整个无效宣告审查程序中对权利要求4的创造性问题陈述意见的机会，构成原告在法律程序上的严重损失。2. 被告错误地适用了发明专利创造性地审查标准，将本专利权利要求4所采用的整体工艺割裂为孤立的单个技术特征，而没有考虑这些技术特征之间的相互支持和整体作用。3. 被告错误地认定了本专利权利要求4的在基层与保温砂浆之间刷界面漆这一技术特征是本领域技术人员容易想到的技术措施。4. 被告错误地认定附件1给出了本专利权利要求4在保温砂浆上的抗裂砂浆层中压入网格布这一技术特征的技术启示。五、被告错误认定附件1给出了在本专利权利要求4中的保温层外采用抗裂砂浆的技术启示。六、本专利权利要求4限定的技术方案克服了现有技术中已经成型的两种外墙保温体系的缺陷，开创性地提出了一种既适用于外墙外保温又适用于外墙内保温的抗裂保温墙体及其施工工艺。综上所述，被告作出的第9346号决定认定事实不清，适用法律错误，审查程序违法，请求人民法院依法予以撤销并维持本专利全部有效。被告专利复审委员会辩称：1. 关于程序问题。第三人于2005年12月21日提交的意见陈述书中指出“权利要求4”相对于“附件12和附件15结合对比”不符合“《专利法》第二十二条第五款的规定”。显然这里的第五款是一个明显的笔误应为第三款。对此，再结合其意见陈述书第2页倒数第2段的陈述可以看出，这里第三人所陈述的实质上是创造性。此外，在口头审理中，请求人在明确无效理由、证据和范围为：本专利不符合《专利法》第二十二条第二、三、四款的规定（其中第二款在口头审理过程中放弃）。因此在程序上专利权人已获得了答辩的权利和机会。2. 关于权利要求4的创造性。坚持第9346号决定中对于权利要求4的创造性进行评价的意见。综上所述，专利复审委员会对第98103325.3号发明专利无效宣告请求案作出的第9346号决定认定事实清楚、适用法律正确、审理程序合法，原告的诉讼理由不能成立，请求人民法院驳回原告的诉讼请求，维持专利复审委员会的第9346号决定。第三人新疆大道公司述称：1. 第三人曾明确提出以宣告本专利全部无效作为无效请求的范围；2. 原告所称本专利权利要求4的整体技术，是传统工艺中早已有之的施制方法，是显而易见的组合方式；3. 外保温技术中使用界面剂是一种已知的、并可以使本领域的技术人员容易想到的技术方案；附件 4 中已经公开了纤维网布的用法原理，且网格布必须放置在砂浆中间层才能起到抗裂效果也是众所周知的技术；4. 抗裂砂浆的技术内容在第三人所提供的对比文件中也已经全部公开。综上，请求人民法院维持第 9346 号决定中对于权利要求 4 创造性的评判意见。

本院经审理查明：

名称为“抗裂保温墙体及施工工艺”的发明专利（即本专利）由黄振利于 1998 年 7 月 28 日向国家知识产权局提出申请，于 2002 年 11 月 27 日被授权公告，专利号为 98103325.3。2002 年 12 月 12 日，本专利因专利权发生转让进行了著录事项的变更，专利权人由黄振利变更为北京振利高新技术公司。本专利的授权权利要求为：

“1. 一种抗裂保温墙体，包括基层、界面层、保温层和面层，其特征在于：保温层是由聚苯颗粒与复合硅酸盐粘结剂混凝成型的聚苯保温板，面层是两道掺有纤维的抗裂砂浆层，面层中间有一层纤维网布加筋层。

2. 根据权利要求 1 所述的抗裂保温墙体，其特征在于：所述纤维网布加筋层是抗碱玻纤网布或涂塑复合玻纤网布。

3. 根据权利要求 1 所述的抗裂保温墙体，其特征在于：所述抗裂砂浆的最佳配比是：水泥：抗裂剂：中砂 = 1：1：3。

4. 一种抗裂保温墙体的施工工艺，包括基层处理→刷界面剂→抹第一道保温砂浆→抹第二道保温砂浆→罩面层工序，其特征在于：第二道保温砂浆抹完后，抹第一道抗裂砂浆→贴网格布→将网格布压入砂浆中→抹第二道抗裂砂浆→涂料罩面。”

2005 年 11 月 22 日，新疆大道公司向专利复审委员会提出无效宣告请求。新疆大道公司在向专利复审委员会提交的《无效宣告意见陈述书》（简称第一次无效请求）中称：本专利不符合《专利法》第二十二条第二款和第三款的规定，不具备新颖性和创造性。但在其后对于权利要求 4 的具体分析中，第一次无效请求的表述如下：权利要求 4 相对于对比文件 1、对比文件 4、对比文件 5 都不具备新颖性。在该第一次无效请求的最后部分有下述表述：综上分析，请求宣告无效的发明专利……权利要求 4 相对于对比文件 1、对比文件 4 和对比文件 5 不具备新颖性。新疆大道公司于 2005 年 12 月 19 日再次向专利复审委员会提交了《无效宣告请求书》（简称第二次无效请求），在第二次无效请求的首页所明确的无效宣告请求的理由、范围及所依据的证据之一为：理由为《专利法》第二十二条第五款，范围为权利要求 4，依据的证据为附件 4、附件 1 结合对比。在第二次意见陈述的正文中的第八部分关于本专利权利要求 4 的具体评述中，新疆大道公司做出如下陈述：权利要求 4 相对于对比文件 1、对比文件 4 不具备新颖性。

专利复审委员会于 2006 年 8 月 21 日对本案进行了口头审理，北京振利公司和新疆大道公司均出席了口头审理。在口头审理记录表中有如下记录：请求人（新疆大道公司）明确其无效的理由、证据和范围为：本专利不符合《专利法》第二十二条第二、三、四款的规定。在口头审理过程中，新疆大道公司当庭放弃了关于新颖性的无效理由，但口头审理记录中没有关于专利复审委员会就本专利权利要求 4 是否具备创造性问题进行审理的记录。口头审理记录表的最后一页记载如下：请求人（新疆大道公司）明确无效的理由和证据以本次口头审理的为准……请求人（新疆大道公司）表示已对本案充分发表意见，没有其他的无效理由、证据和事实，专利权人（北京振利公司）表示已针对请求人（新疆大道公司）的无效理由、证据和事实充分发表意见，没有其他意见需要补充。

在庭审过程中，被告认可其在答辩状中所提的新疆大道公司于2005年12月21日提交的意见陈述即为第二次无效请求。

另查明，北京振利高新技术公司于2005年4月26日变更企业名称为北京振利高新技术有限公司。

上述事实，有本专利授权公告文本、第9346号决定、新疆大道公司在无效审查程序中提交的第一次无效请求和第二次无效请求、口头审理记录表及当事人陈述等证据在案佐证。

本院认为：

《审查指南》是专利法及其实施细则的具体化，是被告依法行政的依据和标准，可以作为本院处理本案的参照依据。根据《审查指南》的规定，复审及无效请求的审查遵循请求原则及听证原则，这是指：复审程序和无效宣告程序均应当基于当事人的请求启动。在作出审查决定之前，应当给予审查决定对其不利的当事人针对审查决定所依据的理由、证据和认定的事实陈述意见的机会，即审查决定对其不利的当事人已经通过通知书、转送文件或者口头审理被告知过审查决定所依据的理由、证据和认定的事实，并且具有陈述意见的机会。

本案中，新疆大道公司在无效审查程序中所提交的两次无效请求中均没有明确提出过本专利权利要求4不具备创造性的无效理由。虽然被告在答辩意见中认为在第二次无效请求中新疆大道公司所提到的权利要求4不符合《专利法》第二十二条第五款的表述显属笔误，而根据新疆大道公司要求将附件1与附件4结合使用的方式可以推知该无效理由应为权利要求4不符合《专利法》第二十二条第三款的规定。但本院注意到，新疆大道公司在第二次无效请求中进一步将无效理由明确为：权利要求4相对于对比文件1、对比文件4不具备新颖性。在这种情况下，专利复审委员会关于可从第二次无效请求中推知新疆大道公司提出了关于权利要求4不具备创造性的无效理由的认定证据不足，本院不予支持。

此外，在口头审理记录表中虽然记载了新疆大道公司将无效理由明确为本专利不符合《专利法》第二十二条第二、三、四款的规定，但没有新疆大道公司关于使用哪些证据来支持该无效理由的记载。在整个口头审理的过程中，专利复审委员会没有对权利要求4是否具备创造性的问题进行过审理，北京振利公司和新疆大道公司亦没有就此陈述过任何意见。

鉴于上述事实本院认为，第9346号决定以权利要求4不具备创造性为由宣告本专利权部分无效，但在整个无效审查过程中，尚无充分证据证明作为请求人的新疆大道公司曾以权利要求4不具备创造性作为无效理由，专利复审委员会亦没有对此问题进行过审理并给予因第9346号决定对其不利的北京振利公司任何陈述意见的机会。专利复审委员会的行为违反了请求原则和听证原则，并损害了当事人的利益，专利复审委员会应当就此重新作出审查决定。

由于第9346号决定作出的审查程序违法，故本院对于本专利权利要求4是否具备〈专利法〉第二十二条第三款所规定的创造性问题不再予以评述。

综上，被告作出的第9346号决定审查程序违法，本院依法予以撤销。依照《中华人民共和国行政诉讼法》第五十四条第（二）项第3目之规定，本院判决如下：

1. 撤销被告国家知识产权局专利复审委员会作出的第9346号无效宣告请求审查决定；

2. 被告国家知识产权局专利复审委员会就第98103325.3号“抗裂保温墙体及施工工艺”的发明专利权重新作出无效宣告请求审查决定。

案件受理费1000元，由被告国家知识产权局专利复审委员会负担（于本判决生效之日起七日内交纳）。

如不服本判决，各方当事人可在本判决书送达之日起15日内，向本院提交上诉状，并按对方当事人人数提交副本，交纳上诉案件受理费100元，上诉于北京市高级人民法院。

审　判　长刘海旗
代理审判员　佟　姝
代理审判员　马晓亚
二〇〇七年六月二十日
书　记　员　高　颖
书　记　员　牛　捷

北京市第一中级人民法院
行政判决书

（2007）一中行初字第579号

原告：新疆大道新型材料有限公司，住所地新疆维吾尔自治区石河子市东工业区（开发区）

委托代理人：黄心海，男，1946年8月4日出生，汉族，新疆大道新型材料有限公司总经理，住新疆维吾尔自治区石河子市七十八小区58栋楼房232号

委托代理人：王金锁，男，1945年11月14日出生，汉族，山西同圆知识产权服务中心主任，住山西省太原市迎泽区水西门街10号院34号楼2单元3号

被告：国家知识产权局专利复审委员会，住所地北京市海淀区北四环西路9号银谷大厦10～12层

法定代表人：廖涛，副主任

委托代理人：朱文广，国家知识产权局专利复审委员会审查员

委托代理人：张鹏，国家知识产权局专利复审委员会审查员

第三人：北京振利高新技术有限公司，住所地北京市丰台区北大街甲13号（园区）

法定代表人：黄振利，董事长

委托代理人：余功勋，北京君尚知识产权代理事务所专利代理人

委托代理人：余长江，北京君尚知识产权代理事务所专利代理人

原告新疆大道新型材料有限公司（简称新疆大道公司）不服被告国家知识产权局专利复审委员会（简称专利复审委员会）于2006年11月24日作出的第9346号无效宣告请求审查决定（简称第9346号决定），于法定期限内向本院提起行政诉讼。本院于2007年4月9日受理本案后，依法组成合议庭，并通知北京振利高新技术有限公司（简称北京振利公司）作为本案第三人参加诉讼，于2007年5月25日公开开庭进行了审理。原告新疆大道公司的委托代理人黄心海、王金锁，被告专利复审委员会的委托代理人朱文广、张鹏，第三人北京振利公司的法定代表人黄振利，委托代理人余功勋、余长江到庭参加了诉讼。本案现已审理终结。第9346号决定系专利复审委员会针对新疆大道公司就北京振利公司拥有的名称为“抗裂保温墙体及施工工艺”的发明专利（简称本专利）提出的无效宣告请求作出的。专利复审委员会在该决定中认为：1. 关于证据。附件1、附件2、附件3、附件4及附件12可以作为本案的证据予以使用；2. 关于本案的审查基础。本案对于无效宣告请求的审查以本专利授权公告的权利要求书为基础进行；3. 关于本专利的实用性。本专利的权利要求2和权利要求3具备《中华人民共和国专利法》（简称《专利法》）第二十二条第四款所规定的实用性；4. 关于本

专利的创造性。将本专利的权利要求 1 与附件 1、附件 2、附件 4 和附件 12 进行对比可知，其中均未公开面层中抗裂砂浆层掺纤维的技术内容。对此新疆大道公司在口头审理中也予以承认，但其认为该特征为现有技术。基于新疆大道公司并没有举出证据来证明其主张，因此其所主张的该特征为现有技术的事实不能成立。由于上述附件均未公开面层中抗裂砂浆层掺纤维的技术内容，同时也未给出这方面的技术启示，因此不能得出权利要求 1 相对于上述附件是显而易见的结论。显然，在面层砂浆中掺入纤维能够增加面层的抗裂性，因此其具有有益的技术效果。基于目前的附件 1、附件 2、附件 4 和附件 12 不能得出权利要求 1 不具有创造性的结论，因此新疆大道公司的此项无效理由不能成立。由于附件 3 中也没有公开"面层中抗裂砂浆层掺纤维"的技术信息，将附件 3 与上述附件结合，也不能证明权利要求 1 不具有创造性。由于新疆大道公司关于权利要求 1 不具有创造性的无效理由不能成立，因此其关于该权利要求 1 的从属权利要求即权利要求 2～3 不具有创造性的理由亦不能成立。权利要求 4 请求保护的是一种抗裂保温墙体的施工工艺，根据附件 1、附件 4、附件 12 等公开的内容，本领域技术人员能够显而易见地得到权利要求 4 的技术方案，权利要求 4 不具有创造性。综上，专利复审委员会作出第 9346 号决定，在权利要求 1～3 的基础上维持第 98103325.3 号发明专利权继续有效。新疆大道公司不服第 9346 号决定，在法定期限内向本院提起行政诉讼，其诉称：本案的关键问题是"面层是两道掺有纤维的抗裂砂浆层"是否是现有技术，或者本领域的技术人员是否能够根据其他启示显而易见地得出砂浆中掺纤维的技术方案。在砂浆中掺入纤维增加抗裂性是普通公众都知道的常识。古埃及人用掺有稻草的黏土制作日光下自然干燥的砖块，古罗马人将剪短的马鬃掺于石膏或石灰、火山灰、水泥中。纤维增强混凝土的发展始于本世纪初，其中尤以钢纤维研究最早最广泛，早在 1910 年，美国的 H. F. Porter 就发表了有关钢纤维混凝土的第一篇论文，我国于 20 世纪 70 年代就开始研究和应用该项技术。原告在无效程序中提交的附件 2 的第六页中也公开了"在 EPS 轻质混凝土中将加强纤维加入水泥石结合料可以克服在凝结和硬化过程中产生的缩应力和温度应力，减少裂缝产生，提高 EPS 轻质混凝土的抗拉强度"等内容。综上所述，权利要求 1 的其他特征都已公开，被告认定没有公开的砂浆掺纤维这一特征实际上也已经公开，故权利要求 1 不具有创造性。在权利要求 1 不具备创造性的情况下，其从属权利要求 2 和权利要求 3 也不具有创造性。请求人民法院判决撤销第 9346 号决定并宣告本专利权全部无效。被告专利复审委员会辩称：关于本专利权利要求 1 的创造性评判，坚持第 9346 号决定中的意见。原告在起诉书中所陈述的事实均缺乏证据支持，或者所依据的证据是放弃的或不应当予以采信的证据。综上所述，专利复审委员会对第 98103325.3 号发明专利无效宣告请求案作出的第 9346 号决定认定事实清楚、适用法律正确、审理程序合法，原告的诉讼理由不能成立，请求人民法院驳回原告的诉讼请求，维持专利复审委员会的第 9346 号决定。第三人北京振利公司述称：被告关于权利要求 1～3 的创造性评判是正确的，请求人民法院维持第 9346 号决定中对于本专利权利要求 1～3 予以维持的认定。

本院经审理查明：

名称为"抗裂保温墙体及施工工艺"的发明专利（即本专利）由黄振利于 1998 年 7 月 28 日向国家知识产权局提出申请，于 2002 年 11 月 27 日被授权公告，专利号为 98103325.3。2002 年 12 月 12 日，本专利因专利权发生转让进行了著录事项的变更，专利权人由黄振利变更为北京振利高新技术公司。本专利的授权权利要求为：

"1. 一种抗裂保温墙体，包括基层、界面层、保温层和面层，其特征在于：保温层是由聚苯颗粒与复合硅酸盐粘结剂混凝成型的聚苯保温板，面层是两道掺有纤维的抗裂砂浆层，面层中间有一层纤维网布加筋层。

2. 根据权利要求 1 所述的抗裂保温墙体，其特征在于：所述纤维网布加筋层是抗碱玻纤网布或涂塑复合玻纤网布。

3. 根据权利要求 1 所述的抗裂保温墙体，其特征在于：所述抗裂砂浆的最佳配比是：水泥：抗裂剂：中砂 = 1：1：3。

4. 一种抗裂保温墙体的施工工艺，包括基层处理→刷界面剂→抹第一道保温砂浆→抹第二道保温砂浆→罩面层工序，其特征在于：第二道保温砂浆抹完后，抹第一道抗裂砂浆→贴网格布→将网格布压入砂浆中→抹第二道抗裂砂浆→涂料罩面。”

2005 年 11 月 22 日，新疆大道公司向专利复审委员会提出第一次无效宣告请求。其后，新疆大道公司分别于 2005 年 12 月 12 日、2005 年 12 月 21 日和 2005 年 12 月 22 日对其无效理由和证据进行了补充。新疆大道公司所提交的与本案有关的证据包括：

附件 1：中国建筑业协会建筑节能专业委员会编著、中国计划出版社出版、1996 年 9 月第一版第一次印刷的《建筑节能技术》的封面、版权信息页、目录页、第 320 ~ 323 页、第 328 ~ 330 页的复印件共 11 页。附件 1 公开了一种节能建筑施工的技术，其中在保温膏浆施工中提到了保温砂浆抹灰的工序以及抹灰必须分层进行的内容。此外在外保温墙体施工中公开了一种外保温墙体，其一般包括粘结剂及（或）件、保温板、一般为聚合物水泥砂浆的底层抹灰、加强网片及装饰面层，其中的网片应在网布纤维外面罩有充分的耐碱保护层。

附件 2：“中德聚苯在建筑中的应用研讨会”（1997 年）的封面、研讨会议程、目录及《用 EPS 废料生产轻质混凝土——种经济的选择？——现状与展望》一文复印件共 6 页。附件 2 中公开了一种 EPS 轻混凝土保温抹灰和轻质抹灰的内容。

附件 4：标准号为 DBJ/T01-38-98、实行日期为 1998 年 7 月 1 日的《外墙外保温施工技术规程》第 126 ~ 136 页复印件共 11 页。附件 4 公开了一种外墙外保温施工技术，其中的一种外墙外保温包括结构墙体、粘结剂、聚苯板和双层网格布增强 KE 聚合物水泥砂浆。

附件 12：《新型建筑材料》1990 年第 1 ~ 12 期总目录及其中的文章《PS 保温砂浆的研制与应用》复印件共 4 页。附件 12 公开了一种 PS 保温砂浆，其施工方法为将该 PS 保温砂浆以类似于常规砂浆的方式进行粉刷，在第一次粉刷硬化后可进行第二次粉刷。

专利复审委员会于 2006 年 8 月 21 日对本案进行了口头审理，北京振利公司和新疆大道公司均出席了口头审理。在口头审理记录表中有如下记录：请求人（新疆大道公司）认为权利要求 1 中的界面层和面层中抗裂砂浆层中的掺纤维未被附件 1 公开，但界面层是公知的，掺纤维抗裂砂浆层虽未在所举证据中提到，但其也是现有技术。在本案庭审过程中，原告承认本专利是一种对于现有技术进行组合后的发明，但组合的方式是具有创造性的。

另查明，北京振利高新技术公司于 2005 年 4 月 26 日变更企业名称为北京振利高新技术有限公司。

上述事实，有本专利授权公告文本、第 9346 号决定、口头审理记录表及当事人陈述等证据在案佐证。

本院认为：

被告在第 9346 号决定中认为，由于现有证据均未公开面层中抗裂砂浆层掺纤维的技术内容，同时也未给出这方面的技术启示，因此不能得出权利要求 1 相对于现有证据是显而易见的结论。鉴于原告对于其在无效审查程序中提交的证据均没有公开本专利权利要求 1 当中的面层中抗裂砂浆层掺纤维的技术内容并无异议，而仅认为该区别技术特征属于公知技术，故能否认定抗裂砂浆层中掺入纤维这一技术特征为公知技术即成为本案的焦点问题。对此本院认为，我国广大劳动人民在日常生活中使用在泥土等材料中掺入纤维性物质的方法来增加房屋的抗裂性能是早已长期使用的传统技艺。在房屋建筑领域，在混凝土、砂浆等建筑材料中掺入纤维类物质来增加该建筑材料的抗裂性能，也是建筑施工过程中的常用技术手段，原告在本案庭审过程中也已承认本专利是在对现有技术进行组合基础上形成的。因此，对于本领域普通技术人员来说，在抗裂砂浆中掺入纤维从而达到增加面层抗裂性的技术效果，并不需要付出创造性劳动。

至于被告所提原告应当就在抗裂砂浆中掺入纤维这一技术特征属于公知技术的问题进行举证的主张，本院认为，按照最高人民法院《关于行政诉讼证据若干问题的规定》第六十八条的规定，除当事人有相反证据足以推翻的以外，众所周知的事实法庭可以直接认定。本案中所涉及的在抗裂砂浆中掺入纤维从而达到抗裂效果的技术方法属于早已广泛应用的常用技术手段，且原告也认可本专利是对现有技术的组合，故当事人可以不就此事实进行举证。

鉴于被告作出的本专利权利要求 1 具有创造性的认定建立在本专利同现有技术存在的面层中抗裂砂浆层掺纤维这一区别技术特征的基础上，而本院已经认定该区别技术特征属于公知技术，故被告据此作出的对于权利要求 1 的创造性评判也是错误的。但是，由于被告在第 9346 号决定中并没有在最接近的对比文件的基础上指出权利要求 1 与现有技术相比是否还存在其他区别技术特征及该区别技术特征对于本领域的普通技术人员来说是否是显而易见的，故被告应当按照《审查指南》所规定的创造性评判的方法对于本专利权利要求 1、权利要求 2 及权利要求 3 是否具备《专利法》第二十二条第三款所规定的创造性作出全面的评价，并据此重新作出无效宣告请求审查决定。

综上，被告作出的第 9346 号决定认定事实不清，适用法律错误，本院依法予以撤销。依照《中华人民共和国行政诉讼法》第五十四条第（二）项第 1 目、第 2 目之规定，本院判决如下：

1. 撤销被告国家知识产权局专利复审委员会作出的第 9346 号无效宣告请求审查决定；

2. 被告国家知识产权局专利复审委员会就第 98103325.3 号“抗裂保温墙体及施工工艺”的发明专利权重新作出无效宣告请求审查决定。

案件受理费 100 元，由被告国家知识产权局专利复审委员会负担（于本判决生效之日起 7 日内交纳）。

如不服本判决，各方当事人可在本判决书送达之日起 15 日内，向本院提交上诉状，并按对方当事人人数提交副本，交纳上诉案件受理费 100 元，上诉于北京市高级人民法院。

审　判　长　刘海旗
代理审判员　佟　姝
代理审判员　马晓亚
二〇〇七年六月二十日
书　记　员　高　颖
书　记　员　牛　捷

北京市高级人民法院
行政判决书

（2007）高行终字第 391 号

上诉人（原审原告）：北京振利高新技术有限公司，住所地北京市丰台区北大街甲 13 号（园区）

委托代理人：周维，男，汉族，1982 年 2 月 13 日出生，北京振利高新技术有限公司法务人员，住北京市丰台区西局西街乙 88 号

委托代理人：温彪飞，男，汉族，1950 年 7 月 9 日出生，山西太原科卫专利事务所专利代理人，住山西省太原市万柏林区气化街 10 号 2 楼 9 号

被上诉人（原审被告）：国家知识产权局专利复审委员会，住所地北京市海淀区北四环西路 9 号银谷大厦 10~12 层

被上诉人（原审第三人）：新疆大道新型材料有限公司，住所地新疆维吾尔自治区石河子市东工业区（开发区）

法定代表人：廖涛，副主任

法定代表人：黄上士，董事长

委托代理人：朱文广，该委员会审查员

委托代理人：张鹏，该委员会审查员

委托代理人：黄心海，男，1946 年 8 月 4 日出生，汉族，新疆大道新型材料有限公司总经理，住新疆维吾尔自治区石河子市七十八小区 58 栋楼房 232 号

委托代理人：王全明，男，汉族，1971 年 10 月 29 日出生，新疆大道新型材料有限公司开发办主任，住新疆维吾尔自治区石河子市东苑群岛花园小区 17 栋楼房 151 号

上诉人北京振利高新技术有限公司（简称振利公司）因专利无效行政纠纷一案，不服北京市第一中级人民法院（2007）一中行初字第 533 号行政判决，向本院提起上诉。本院 2007 年 8 月 6 日受理后，依法组成合议庭，于 2007 年 9 月 11 日公开开庭审理了本案。上诉人振利公司的法定代表人黄振利、委托代理人周维、温彪飞，被上诉人国家知识产权局专利复审委员会（简称专利复审委员会）的委托代理人朱文广、张鹏，被上诉人新疆大道新型材料有限公司（简称大道公司）的委托代理人黄心海、王全明到庭参加诉讼。本案现已审理终结。北京市第一中级人民法院经审理认为，大道公司在无效审查程序中所提交的两次无效请求中均没有明确提出过本专利权利要求 4 不具备创造性的无效理由。虽然专利复审委员会在答辩意见中认为在第二次无效请求中大道公司所提到的权利要求 4 不符合《专利法》第二十二条第五款的表述显属笔误，而根据大道公司要求将附件 1 与附件 4 结合使用的方式可以推知该无效理由应为权利要求 4 不符合《专利法》第二十二条第三款的规定。但是，大道公司在第二次无效请求中进一步将无效理由明确为：权利要求 4 相对于对比文件 1、对比文件 4 不具备新颖性。在这种情况下，专利复审委员会关于可从第二次无效请求中推知大道公司提出了关于权利要求 4 不具备创造性的无效理由的认定证据不足。此外，在口头审理记录表中虽然记载了大道公司将无效理由明确为本专利不符合《专利法》第二十二条第二、三、四款的规定，但没有大道公司关于使用哪些证据来支持该无效理由的记载。在整个口头审理的过程中，专利复审委员会没有对权利要求 4 是否具备创造性的问题进行过审理，振利公司和大道公司亦没有就此陈述过任何意见。鉴于上述事实，第 9346 号无效宣告请求审查决定（简称第 9346 号决定）以权利要求 4 不具备创造性为由宣告本

专利权部分无效，违反了请求原则和听证原则，专利复审委员会应当就此重新作出审查决定。由于其作出的第9346号决定审查程序违法，依法应予撤销。依照《中华人民共和国行政诉讼法》第五十四条第（二）项第3目之规定，判决：（1）撤销国家知识产权局专利复审委员会作出的第9346号无效宣告请求审查决定；（2）国家知识产权局专利复审委员会就第98103325.3号“抗裂保温墙体及施工工艺”的发明专利权重新作出无效宣告请求审查决定。振利公司不服原审判决，向本院提起上诉，请求判令撤销原审判决及第9346号决定，维持本专利权利要求4继续有效。主要理由为：原审判决超出了上诉人在一审的诉讼请求范围。上诉人在一审中仅仅提出撤销第9346号决定中对权利要求4的审查决定，依法判决本专利全部有效。而原审法院将当事人部分撤销无效宣告请求决定变更为全部撤销，既超出了当事人的请求范围，也损害了上诉人的权利。因大道公司在无效审查程序中，没有对权利要求4不具备创造性提出请求的事实，其已不具有对本案重新请求的权利，原审判决专利复审委员会就本专利重新作出无效宣告审查决定已无必要性。专利复审委员会、大道公司服从原审判决。

本院经审理查明：名称为“抗裂保温墙体及施工工艺”的发明专利（即本专利）由黄振利于1998年7月28日向国家知识产权局提出申请，于2002年11月27日被授权公告，专利号为98103325.3。2002年12月12日，本专利因专利权发生转让进行了著录事项的变更，专利权人由黄振利变更为北京振利高新技术公司。本专利的授权权利要求为：

“1. 一种抗裂保温墙体，包括基层、界面层、保温层和面层，其特征在于：保温层是由聚苯颗粒与复合硅酸盐粘结剂混凝成型的聚苯保温板，面层是两道掺有纤维的抗裂砂浆层，面层中间有一层纤维网布加筋层。

2. 根据权利要求1所述的抗裂保温墙体，其特征在于：所述纤维网布加筋层是抗碱玻纤网布或涂塑复合玻纤网布。

3. 根据权利要求1所述的抗裂保温墙体，其特征在于：所述抗裂砂浆的最佳配比是：水泥∶抗裂剂∶中砂=1∶1∶3。

4. 一种抗裂保温墙体的施工工艺，包括基层处理→刷界面剂→抹第一道保温砂浆→抹第二道保温砂浆→罩面层工序，其特征在于：第二道保温砂浆抹完后，抹第一道抗裂砂浆→贴网格布→将网格布压入砂浆中→抹第二道抗裂砂浆→涂料罩面。”

2005年11月22日，大道公司向专利复审委员会提出无效宣告请求。大道公司在向专利复审委员会提交的《无效宣告意见陈述书》（简称第一次无效请求）中称：本专利不符合《专利法》第二十二条第二款和第三款的规定，不具备新颖性和创造性。但在其后对于权利要求4的具体分析中，第一次无效请求的表述如下：权利要求4相对于对比文件1、对比文件4、对比文件5都不具备新颖性。在该第一次无效请求的最后部分有下述表述：综上分析，请求宣告无效的发明专利……权利要求4相对于对比文件1、对比文件4和对比文件5不具备新颖性。大道公司于2005年12月19日再次向专利复审委员会提交了《无效宣告请求书》（简称第二次无效请求），在第二次无效请求的首页所明确的无效宣告请求的理由、范围及所依据的证据之一为：理由为专利法第二十二条第五款，范围为权利要求4，依据的证据为附件4、附件1结合对比。在第二次意见陈述的正文中的第八部分关于本专利权利要求4的具体评述中，大道公司做出如下陈述：权利要求4相对于对比文件1、对比文件4不具备新颖性。

专利复审委员会于2006年8月21日对本案进行了口头审理，振利公司和大道公司均出席了口头审理。在口头审理记录表中有如下记录：请求人（大道公司）明确其无效的理由、证据和范围为：本专利不符合《专利法》第二十二条第二、三、四款的规定。在口头审理过程中，新疆大道公司当庭放弃了关于新颖性的无效理由，但口头审理记录中没有关于专利复审委员会就本专利权利要求4是否具备创造性问题进行审理的记录。口头审理记录表的最后一页记载如下：请求人（大道公司）明确无效的理由和证据以本次口头审理的为准……请求人（大道公司）表示已对本案充分发表意见，没有其他的无效理由、证据和事实，专利权人（振利公司）表示已针对请求人（大道公司）的无效理由、证据和事实充分发表意见，没有其他意见需要补充。

在原审法院庭审过程中，专利复审委员会认可其在答辩状中所提的大道公司于 2005 年 12 月 21 日提交的意见陈述即为第二次无效请求。

另查明，北京振利高新技术公司于 2005 年 4 月 26 日变更企业名称为振利公司。

上述事实，有本专利授权公告文本、第 9346 号决定、大道公司在无效审查程序中提交的第一次无效请求和第二次无效请求、口头审理记录表及当事人陈述等证据在案佐证。

本院认为：从振利公司的诉讼请求及专利复审委员会、大道公司二审时的诉讼地位看，各方当事人对专利复审委员会在作出第 9346 号决定时审查程序违法没有异议。由于专利复审委员会并没有对权利要求 4 是否具有创造性进行审理，其第 9346 号决定结论的作出在程序上不符合《审查指南》的规定，原审法院对本专利权利要求 4 是否具有创造性不进行评述是正确的，原审判决的结果符合《中华人民共和国行政诉讼法》的相关规定。鉴于原审法院没有对本专利权利要求 4 是否具有创造性进行审理，上诉人请求二审法院径行判令维持本专利权利要求 4 的有效性没有法律依据，本院不予支持。综上，一审判决认定事实清楚，适用法律正确，审理程序合法，本院予以维持。上诉人的上诉理由不能成立，其上诉请求不予支持。据此，依照《中华人民共和国行政诉讼法》第六十一条第（一）项之规定，判决如下：

驳回上诉，维持原判。

一审案件受理费 1000 元，由国家知识产权局专利复审委员会负担（于本判决生效之日其 7 日内交纳），二审案件受理费 100 元，由北京振利高新技术有限公司负担（已交纳）。

本判决为终审判决。

审　判　长　刘继祥
代理审判员　莎日娜
代理审判员　焦　彦
二〇〇七年十二月二十七日
书　记　员　孙　娜

北京市高级人民法院
行政判决书

（2007）高行终字第 403 号

上诉人（原审第三人）：北京振利高新技术有限公司，住所地北京市丰台区北大街甲 13 号（园区）

委托代理人：余功勋，男，汉族，1972 年 10 月 9 日出生，北京君尚知识产权代理事务所专利代理人，住北京市东城区新太仓二巷 37 号

委托代理人：余长江，男，汉族，1972 年 7 月 29 日出生，北京君尚知识产权代理事务所专利代理人，住北京市海淀区北京大学畅春园 62 公寓 2 单元 515 号

被上诉人（原审被告）：国家知识产权局专利复审委员会，住所地北京市海淀区北四环西路 9 号

银谷大厦 10~12 层

被上诉人（原审原告）：新疆大道新型材料有限公司，住所地新疆维吾尔自治区石河子市东工业区（开发区）

法定代表人：廖涛，副主任

法定代表人：黄上士，董事长

委托代理人：朱文广，该委员会审查员

委托代理人：张鹏，该委员会审查员

委托代理人：黄心海，男，汉族，1946 年 8 月 4 日出生，新疆大道新型材料有限公司总经理，住新疆维吾尔自治区石河子市七十八小区 58 栋楼房 232 号

委托代理人：王全明，男，汉族，1971 年 10 月 29 日出生，新疆大道新型材料有限公司开发办主任，住新疆维吾尔自治区石河子市东苑群岛花园小区 17 栋楼房 151 号

上诉人北京振利高新技术有限公司（简称振利公司）因专利无效行政纠纷一案，不服北京市第一中级人民法院（2007）一中行初字第 579 号行政判决，向本院提起上诉。本院 2007 年 8 月 6 日受理后，依法组成合议庭，于 2007 年 9 月 11 日公开开庭审理了本案。上诉人振利公司的法定代表人黄振利、委托代理人余功勋、余长江，被上诉人国家知识产权局专利复审委员会（简称专利复审委员会）的委托代理人朱文广、张鹏，被上诉人新疆大道新型材料有限公司（简称大道公司）的委托代理人黄心海、王全明到庭参加诉讼。本案现已审理终结。北京市第一中级人民法院经审理认为，专利复审委员会在第 9346 号无效宣告请求审查决定（简称第 9346 号决定）中认为，由于现有证据均未公开面层中抗裂砂浆层掺纤维的技术内容，同时也未给出这方面的技术启示，因此不能得出权利要求 1 相对于现有证据是显而易见的结论。鉴于大道公司对于其在无效审查程序中提交的证据均没有公开本专利权利要求 1 当中的面层中抗裂砂浆层掺纤维的技术内容并无异议，而仅认为该区别技术特征属于公知技术，故能否认定抗裂砂浆层中掺入纤维这一技术特征为公知技术即成为本案的焦点问题。我国广大劳动人民在日常生活中使用在泥土等材料中掺入纤维性物质的方法来增加房屋的抗裂性能是早已长期使用的传统技艺。在房屋建筑领域，在混凝土、砂浆等建筑材料中掺入纤维类物质来增加该建筑材料的抗裂性能，也是建筑施工过程中的常用技术手段。因此，对于本领域普通技术人员来说，在抗裂砂浆中掺入纤维从而达到增加面层抗裂性的技术效果，并不需要付出创造性劳动。最高人民法院《关于行政诉讼证据若干问题的规定》第六十八条规定，除当事人有相反证据足以推翻的以外，众所周知的事实法庭可以直接认定。依照《中华人民共和国行政诉讼法》第五十四条第（二）项第 1 目、第 2 目之规定，判决：（1）撤销国家知识产权局专利复审委员会作出的第 9346 号无效宣告请求审查决定；（2）国家知识产权局专利复审委员会就第 98103325.3 号“抗裂保温墙体及施工工艺”的发明专利权重新作出无效宣告请求审查决定。振利公司不服原审判决，向本院提起上诉，请求判令撤销原审判决，确认本专利权利要求 1~4 全部有效。主要理由为：（1）原审判决认定本专利权利要求 1 的技术特征“面层是两道掺有纤维的抗裂砂浆层”为众所周知的事实是错误的。（2）本专利的面层抗裂砂浆中掺入纤维具有创造性，原审法院认定事实的方式违背了组合发明的创造性评价原则。该技术方案的创造性已得到专利复审委员会第 8097 号无效宣告审查决定的认可。（3）原审法院在认定“面层是两道掺有纤维的抗裂砂浆层”这一技术特征为众所周知的事实时，适用了免证规则，没有给予上诉人进行反证的机会，剥夺了上诉人的诉讼权利。专利复审委员会、大道公司服从原审判决。

本院经审理查明：名称为“抗裂保温墙体及施工工艺”的发明专利（即本专利）由黄振利于 1998 年 7 月 28 日向国家知识产权局提出申请，于 2002 年 11 月 27 日被授权公告，专利号为 98103325.3。2002 年 12 月 12 日，本专利因专利权发生转让进行了著录事项的变更，专利权人由黄振

利变更为北京振利高新技术公司。本专利的授权权利要求为：

“1. 一种抗裂保温墙体，包括基层、界面层、保温层和面层，其特征在于：保温层是由聚苯颗粒与复合硅酸盐粘结剂混凝成型的聚苯保温板，面层是两道掺有纤维的抗裂砂浆层，面层中间有一层纤维网布加筋层。

2. 根据权利要求 1 所述的抗裂保温墙体，其特征在于：所述纤维网布加筋层是抗碱玻纤网布或涂塑复合玻纤网布。

3. 根据权利要求 1 所述的抗裂保温墙体，其特征在于：所述抗裂砂浆的最佳配比是：水泥：抗裂剂：中砂 = 1∶1∶3。

4. 一种抗裂保温墙体的施工工艺，包括基层处理→刷界面剂→抹第一道保温砂浆→抹第二道保温砂浆→罩面层工序，其特征在于：第二道保温砂浆抹完后，抹第一道抗裂砂浆→贴网格布→将网格布压入砂浆中→抹第二道抗裂砂浆→涂料罩面。”

本专利的说明书在解释发明的目的时称：本发明的目的是提供一种抗裂保温墙体及施工工艺，可以有效防止墙面发生“空、鼓、裂”现象，保证保温墙面施工质量。

2005 年 11 月 22 日，大道公司向专利复审委员会提出第一次无效宣告请求。其后，大道公司分别于 2005 年 12 月 12 日、2005 年 12 月 21 日和 2005 年 12 月 22 日对其无效理由和证据进行了补充。大道公司所提交的与本案有关的证据包括：

附件 1：中国建筑业协会建筑节能专业委员会编著、中国计划出版社出版、1996 年 9 月第一版第一次印刷的《建筑节能技术》的封面、版权信息页、目录页、第 320～323 页、第 328～330 页的复印件共 11 页。附件 1 公开了一种节能建筑施工的技术，其中在保温膏浆施工中提到了保温砂浆抹灰的工序以及抹灰必须分层进行的内容。此外在外保温墙体施工中公开了一种外保温墙体，其一般包括粘结剂及（或）件、保温板、一般为聚合物水泥砂浆的底层抹灰、加强网片及装饰面层，其中的网片应在网布纤维外面罩有充分的耐碱保护层。

附件 2：“中德聚苯在建筑中的应用研讨会”（1997 年）的封面、研讨会议程、目录及《用 EPS 废料生产轻质混凝土——一种经济的选择？——现状与展望》一文复印件共 6 页。附件 2 中公开了一种 EPS 轻混凝土保温抹灰和轻质抹灰的内容。

附件 4：标准号为 DBJ/T01-38-98、实行日期为 1998 年 7 月 1 日的《外墙外保温施工技术规程》第 126～136 页复印件共 11 页。附件 4 公开了一种外墙外保温施工技术，其中的一种外墙外保温包括结构墙体、粘结剂、聚苯板和双层网格布增强 KE 聚合物水泥砂浆。

附件 12：《新型建筑材料》1990 年第 1～12 期总目录及其中的文章《PS 保温砂浆的研制与应用》复印件共 4 页。附件 12 公开了一种 PS 保温砂浆，其施工方法为将该 PS 保温砂浆以类似于常规砂浆的方式进行粉刷，在第一次粉刷硬化后可进行第二次粉刷。

专利复审委员会于 2006 年 8 月 21 日对本案进行了口头审理，振利公司和大道公司均出席了口头审理。在口头审理记录表中有如下记录：请求人（大道公司）认为权利要求 1 中的界面层和面层中抗裂砂浆层中的掺纤维未被附件 1 公开，但界面层是公知的，掺纤维抗裂砂浆层虽未在所举证据中提到，但其也是现有技术。在原审法院庭审过程中，振利公司承认本专利是一种对于现有技术进行组合后的发明，但组合的方式是具有创造性的。

另查明，北京振利高新技术公司于 2005 年 4 月 26 日变更企业名称为振利公司。

上述事实，有本专利授权公告文本、第 9346 号决定、口头审理记录表及当事人陈述等证据在案佐证。

二审过程中，振利公司向本院提供了证据 1、证据 2、证据 3、证据 4、证据 5、证据 6、证据 7、证据8、证据9、证据10、证据11、证据12、证据13、证据14，其中，证据1、证据2、证据3、证据4分别为大道公司在无效审查程序中提交的附件1、附件2、附件4、附件12，证据5为第9346号决定，证据6为本专利的公告文本，证据7、证据8为大道公司在一审期间提交的《新型混凝土及其施工工艺》节选、《纤维增强水泥与纤维增强混凝土》节选，证据9为论文《外墙保温系统对饰面涂层的要求分析》，证据10为《聚合物改性水泥砂浆试验规程》，证据11为专利复审委员会第8097号无效审查决定，证据12为本专利产品的耐候性检测报告，证据13、证据14为本专利的获奖证书、成果鉴定书及部分本专利侵权诉讼判决书。

本院认为：本案二审过程中的争议焦点仍然是“面层是两道掺有纤维的抗裂砂浆层”是否是公知技术。在建筑领域，在混凝土、砂浆等建筑材料中掺入纤维类物质来增加该建筑材料的抗裂性能，属于常见技术手段。对于本领域普通技术人员来说，在抗裂砂浆中掺入纤维从而达到增加面层抗裂性的技术效果，并不需要创造性的劳动。原审判决对此认定并无不妥。上诉人振利公司为证实本专利的权利要求1具有创造性而向本院提供的证据中，证据1、证据2、证据3、证据4所要的证明事实，大道公司并无异议。证据5、证据6对其上诉主张并无实质意义。证据7、证据8系大道公司在一审过程中提交，不是第9346号决定及原审判决的事实依据。证据9、证据10、证据11、证据12、证据13、证据14并不能证实上诉人的诉讼主张，本院不予采纳。专利复审委员会在第9346号决定中，没有在最接近的对比文件的基础上指出权利要求1与现有技术相比是否还存在其他区别技术特征，以及该区别技术特征对于本领域的普通技术人员来说是否是显而易见的，专利复审委员会应当按照《审查指南》所规定的创造性评判的方法对于本专利权利要求1、权利要求2及权利要求3是否具备创造性作出全面的评价，并据此重新作出无效宣告请求审查决定。

综上，一审判决认定事实清楚，适用法律正确，审理程序合法，本院予以维持。上诉人的上诉理由不能成立，其上诉请求不予支持。据此，依照《中华人民共和国行政诉讼法》第六十一条第（一）项之规定，判决如下：

驳回上诉，维持原判。

一审案件受理费100元，由国家知识产权局专利复审委员会负担（于本判决生效之日其7日内交纳），二审案件受理费100元，由北京振利高新技术有限公司负担（已交纳）。

本判决为终审判决。

审 判 长　刘继祥
代理审判员　莎日娜
代 理 审 判　员焦彦
二〇〇七年九月二十七日
书 记 员　孙 娜

034

液化气体自动罐装秤

无效宣告请求审查决定（第9366号）

决　定　点　第9366号
决　定　日　2006年12月25日
发明创造名称　液化气体自动罐装秤
国际分类号　G01G 17/06
无效宣告请求人　南通标准衡器厂
专　利　权　人　南通衡器厂
专　利　号　00221430.X
申　请　日　2000年8月14日
授权公告日　2001年6月27日
合议组组长　陈迎春
主　审　员　刘颖杰
参　审　员　孙桂敏

法律依据　专利法第22条第2款、第3款
决定要点

在民事诉讼程序中一方当事人申请人民法院依照法定程序制作的对物证或者现场的勘验笔录，对方当事人提出异议但没有足以反驳的相反证据的，对该勘验笔录中记录的客观状况应当予以认可，但其中的主观性意见应当在其记载的客观情况的基础上加以认定。

一、案由

本无效宣告请求涉及中华人民共和国国家知识产权局于2001年6月27日授权公告的、名称为“液化气体自动灌装秤”的实用新型专利（下称本专利），其申请号是00221430.X，申请日是2000年8月14日，专利权人是南通衡器厂。本专利授权公告时的权利要求书如下：

“1. 一种液化气体自动灌装秤，其特征在于：秤体立柱上有二只可打开的窗口，一个窗口为计量视窗，内部装有一根双标尺的计量杠杆及调整游砣，第二个窗口为调校自动灌气时阀门关闭灵敏度的窗口，秤体立柱下部旁为秤台，秤台与秤量脱落控制机构相连接，秤量脱落控制机构经千斤钩带动计量杠杆，千斤钩上的挡块与液化气体灌装阀门控制机构中的联动杠杆相连接。

2. 根据权利要求1所述的液化气体自动灌装秤，其特征在于：秤量脱落控制机构中有一个与千斤钩相连接的传力小杠杆，传力小杠杆的另一端有一个端部半圆形凹槽、槽的两边向后倾斜的脱落头；脱落头与一个中部由轴承固定，一端有滑轮，另一端与联动杠杆连接的控制头的有滑轮一端相

连接。

3. 根据权利要求 2 所述的液化气体自动灌装秤，其特征在于：联动杠杆中杠杆支点选用了二只单列向心球轴承。

4. 根据权利要求 1 或 2、3 所述的液化气体自动灌装秤，其特征在于：灌装阀门的阀底有自闭顶簧，开启由上导杆下压阀门完成，阀门阀体上导杆采用了双‘O’型圈密封，阀体上盖于阀体之间采用了耐腐蚀的氟橡胶片密封。

5. 根据权利要求 1 或 2、3 所述的液化气体自动灌装秤，其特征在于：调整游砣有四只。

6. 根据权利要求 1 或 2、3 所述的液化气体自动灌装秤，其特征在于：立柱上有二只可开门及一只加气操纵杆。”

针对上述专利权，南通标准衡器厂（下称请求人）于 2002 年 11 月 19 日向专利复审委员会提出无效宣告请求，并提交了附件 1~7 作为证据。经形式审查合格，专利复审委员会于 2002 年 12 月 18 日向请求人和专利权人发出了受理通知书。

请求人又于 2002 年 12 月 19 日向专利复审委员会寄交了意见陈述书，补充提交了附件 8~13——江苏省通州市公证处出具的通证［2002］民内字第 2338-2343 号公证书，其中附件 8 是江苏省通州市公证处出具的通证［2002］民内字第 2338 号公证书，该公证书由公证词、勘验工作记录及照片组成。勘验地点为反帝桥通州市液化气站；勘验对象为该站使用的南通衡器厂生产的 2 台 YGT-120II 液化气灌装秤；勘验记录中记载该秤的制造日期为 00.11，许可证为（97）量制苏字 06000102，内部结构为两个可打开的视窗，上视窗装有双杠杆标尺，4 只调整砣，下视窗由连接钩，阀体及控制机构，右侧为操作杆，现场拍照 8 张。

附件 10 是江苏省通州市公证处出具的通证［2002］民内字第 2340 号公证书，该公证书由公证词、勘验工作记录及照片组成。勘验地点为南通开发区小海液化石油气有限公司；勘验对象为该公司使用的 4 台 YGT-120II 型液化气体自动灌装秤；勘验记录中记载 4 台秤的制造日期为 2000 年 1 月，许可证为苏（制）00000088，内部结构为两个可打开的视窗，双杠杆标尺，4 只调整砣，连接钩，小杠杆内 2 个轴，4 台秤完全一致，下视窗内部为阀体及控制机构，现场拍照 6 张。

附件 8、10 所附的产品照片显示的技术内容为：该液化气体自动灌装秤的秤体立柱上有两上可打开的视窗，一个窗口为计量视窗，内部装有一根双标尺的计量杠杆及调整游砣，第二个窗口为调校自动灌气时阀门关闭灵敏度的窗口，秤体立柱下部旁为秤台，秤台与秤量脱落控制机构相连接，秤量脱落控制机构经千斤钩带动计量杠杆，千斤钩上的挡块与液化气体灌装阀门控制机构中的联动杠杆相连接，并且秤量脱落控制机构中有一个与千斤钩相连接的传力小杠杆，传力小杠杆的另一端有一个端部半圆形凹槽、槽的两边向后倾斜的脱落头；脱落头与一个中部由轴承固定，一端有滑轮，另一端与联动杠杆连接的控制头的有滑轮一端相连接，立柱上有二只可开门及一只加气操纵杆。

专利权人针对请求人的无效理由与证据于 2003 年 1 月 23 向专利复审委员会寄交了意见陈述书，认为附件 1~5 不能证明其在申请日前已经公开销售与本案专利相同的产品，附件 1~7 与本专利的技术方案不同，并且提交了证据 1：南通衡器厂“关于（II）型液化气自动灌装秤攻关项目第三次协调会议的纪要”复印件 1 份，其日期为 2000 年 5 月 16 日。

专利复审委员会于 2003 年 2 月 14 日对本案进行口头审理，在口头审理中，请求人声明放弃附件 1、3、5~7，明确其无效的理由是：根据附件 2、4、8~13 所证明的公开销售的事实，权利要求 1~6 不具有新颖性和创造性。专利权人认可附件 8~13 的复印件与原件一致，要求附件 2.1、4.2 中的证人出庭。另外，请求人当庭提交了附件 14——江苏省南京市中级人民法院民三庭制作的勘验笔录，时间为 2002 年 12 月 27 日，地点为南通开发区小海液化石油气有限公司，勘验人为王劲松、羊震，在场人为彭汉琪（南通开发区小海液化石油气有限公司经理）顾伯兴（请求人的委托代理人），勘验结论为南通开发区小海液化石油气有限公司使用的专利权人生产的4台YGT-120II的液化气体自动灌装秤与本专利权利要求1~6的技术特征完全一致，现场照片8张。附件14的勘验人王劲松、羊震分别是请求人与专利权人在南京市中级人民法院专利侵权纠纷一案的审判长及书记员。

专利权人提交了4份证据，认为请求人提交的公证书存在多处错误，已向江苏省通州市司法局提出申诉，因此公证书不能作为证据使用；本专利的技术方案不同于I、II型产品。

口头审理中，双方均确认：专利权人在本专利申请日前已生产销售型号为YGT-120II的液化气体自动灌装秤的事实及专利权人已对附件8~13向江苏省通州市司法局提出了申诉的事实，但请求人认为申诉至今没有结论，附件8~13仍为合法的法律文件。

口头审理后，专利权人于2003年3月13日向专利复审委员会提交了2份证据及意见陈述书，认为：（1）附件14属于新证据，应不予考虑；（2）该证据未经质证，不能作为认定案件事实的依据；（3）该证据不合法，理由是该证据是原案审判人员在举证期限后，且在诉讼中止后进行的。请求人于2003年3月13日向专利复审委员会提交了3份证据，其中附件15是江苏省通州市公证处于2003年2月16日发给专利权人的文件原件，该文对原通证［2002］民内字第2338-2343号公证书中的一些漏字和错别字进行了更正，同时认为原公证书内容真实、合法，不予撤销。

专利复审委员会于2003年3月25日作出了第4969号无效宣告请求审查决定（以下简称4969号决定），宣告本专利权全部无效。理由是：请求人声明放弃附件1、3、5~7，因此对所述证据不予评价。附件2.1、2.2和附件4.1、4.2均为复印件，专利权人对其真实性提出异议，请求人没有提供原件同时也没有提出其他证据来证明其真实性，因此附件2.1、2.2和附件4.1、4.2不能作为本案证据使用。请求人提供了附件8~13的原件，专利权人认可复印件与原件一致，虽然专利权人对其内容真实性有异议，并向江苏省通州市司法局提出了申诉，但江苏省通州市公证处于2003年2月16日给南通衡器厂和南通标准衡器厂发文，对附件8~13中的一些漏字和错别字进行更正后，认为原公证书内容真实、合法，不予撤销。专利权人提交了所谓的“补充申诉”，但专利权人没有提供证据来证明江苏省通州市司法局已受理其提出的申诉，由此附件8~13中的公证书到目前为止仍然合法有效，附件8~13可以作为本案的证据使用。请求人当庭提交的江苏省南京市中级人民法院民事审判第三庭出具的勘验笔录虽然是在请求日起一个月后提交的，但该证据是用来证明原附件10中所涉及的南通衡器厂四台YGT-120II型液化气体自动罐装秤在南通开发区小海液化石油气有限公司公开使用的事实。因此，根据审查指南第四部分第三章第3.1节的规定，该证据是与附件10关联的证据，不是新证据，可以作为本案证据使用。合议组已于口头审理时将该证据转给了专利权人，并且专利权人于2003年3月13日提交的意见陈述书中对该证据也陈述了意见。根据《最高人民法院关于民事诉讼证据的若干规定》第七十条的规定，一方当事人申请人民法院依照法定程序制作的对物证或者现场的勘验笔录，对方当事人提出异议但没有足以反驳的相反证据的，应当确认其证明力。本案中专利权人认可该证据是双方在南京中级人民法院侵权诉讼的审判人员（审判长王劲松及书记员羊震）主持下所作的勘验笔录，虽然专利权人对该证据提出了异议，但没有证据足以反驳其真实性，因此该证据合法有效，可以作为本案的证据使用。

由于口头审理中双方均认为申请日前南通衡器厂已生产并销售了型号为YGT-120II的液化气体自动灌装秤的事实。因此附件8、10以及附件14中涉及南通衡器厂生产的YGT-120II型液化气体自动灌装秤的技术内容均构成涉案专利的现有技术。从其中所附照片可以看出以下技术内容：该液化气体自动灌装秤的秤体立柱上有两上可打开的视窗，一个窗口为计量视窗，内部装有一根双标尺的计量杠杆及调整游砣，第二个窗口为调校自动灌气时阀门关闭灵敏度的窗口，秤体立柱下部旁为秤台，秤台与秤量脱落控制机构相连接，秤量脱落控制机构经千斤钩带动计量杠杆，千斤钩上的挡块与液化气体灌装阀门控制机构中的联动杠杆相连接，并且秤量脱落控制机构中有一个与千斤钩相连接的传力小杠杆，传力小杠杆的另一端有一个端部半圆形凹槽、槽的两边向后倾斜的脱落头；脱落头与一个中部由轴承固定，一端有滑轮，另一端与联动杠杆连接的控制头的有滑轮一端相连接，立柱上有二只可开门及一只加气操纵杆。由此可见权利要求1、2以及权利要求6附加部分的技术特征均被公开，权利要求1~2及权利要求6引用权利要求1的技术方案不具有新颖性。权利要求3、4和5附加部分的技术特征在照片中无法唯一确定，但附件8和附件10的公证书中均确认权利要求5的附加技术特征即“调整砣有4只”也被公开，从附件14——南京市中级人民法院的勘验笔录可以看出权利要求1~6附加部分的技术特征均在南通开发区小海液化石油气有限公司内使用的由南通衡器厂生产的4台YGT120-II型液化气体自动灌装秤所公开，因此权利要求3~6均不具有新颖性。虽然专利权人一再声称其申请的专利与其原先生产的YGT-120II型不同，但其提交的证据1、4、5均无法证明其主张。专利权人所提交证据3是想证明曾经对使用中的YGT-120II型进行过维修，但这些维修所涉及仅是部件损坏的更换，因此不能证明YGT-120II型产品在结构上已与出厂时不同。综上所述，权利要求1~6均不具有专利法第22条第2款规定的新颖性。基于上述理由，宣告本专利权全部无效。

专利权人不服专利复审委员会作出的上述4969号决定，向北京市第一中级法院提起行政诉讼，

在一审庭审中，专利权人同意专利复审委员会关于本专利权利要求1和6不具有新颖性的评价；同时确认附件8、10所附照片显示的产品及附件14所涉及的产品均是专利权人在本专利申请日之前公开销售的产品照片，并且认可产品照片所显示的配重砣是被螺丝固定的，但其认为该砣可以调整位置。

一审法院经审理认为：请求人提交的附件8~13均是通州市公证处出具的公证书，专利权人未提供相应证据证明上述公证书已被依法撤销或变更，也未提供足以推翻公证内容的相反证据，故专利复审委员会认定附件8~13为合法有效的证据并无不当；附件14系南京市中级人民法院民三庭审判员及书记员制作的勘验笔录，专利权人没有参加上述勘验，目前尚无证据表明南京市中级人民法院曾就此证据进行质证，而且此勘验结论尚未被发生法律效力的裁决所确定，专利复审委员会直接采信附件14的勘验结论，剥夺了专利权人对被勘验产品与本案专利技术特征的对比提出异议的权利。同时，由于该勘验笔录仅有结论性意见，并未记载被勘验产品的任何技术特征，不能在本案中作为技术对比的根据，专利复审委员会在未就本案专利与被勘验产品的技术特征进行实际对比的情况下，仅根据勘验结论认定二者技术特征一致，证据不足。

附件8、10中涉及YGT-120II型液化气体自动罐装秤的技术内容构成本专利的现有技术。专利权人同意专利复审委员会关于本案专利权利要求1和6不具有新颖性的评价。因此，仅就本专利权利要求2~5的新颖性进行审查。附件8和10所附产品照片显示如下技术特征：秤量脱落控制机构中有一个与千斤钩相连接的传力小杠杆，传力小杠杆的另一端有一个端部半圆形凹槽、槽的两边向后倾斜的脱落头，脱落头与一个中部由轴承固定，一端有滑轮，另一端与联动杠杆连接的控制头的有滑轮一端相连接。上述技术特征与本案专利权利要求2的技术特征完全一致，即本案专利权利要求2的全部技术特征已被公开，权利要求2不具备新颖性。本案专利权利要求5限定的附加技术特征为“调整游砣有四只”，虽然附件8和10的产品照片显示的砣有5只，但其中1只砣为螺丝固定的配重砣，即该产品能调整、移动的砣只有4只，且公证书中的勘验工作记录也确认“调整砣有4只”，因此，权利要求5的附加技术特征已被公开，权利要求5不具有新颖性。由于附件8、10的产品照片无法确定本案专利权利要求3和4的附加技术特征已被公开，专利复审委员会仅仅依据附件14得出本案专利权利要求3、4不具有新颖性的认定有误。基于上述理由，北京市第一中级人民法院于2003年11月18日作出（2003）一中行初字第494号行政判决书，撤销了专利复审委员会第4969号决定。

专利复审委员会对一审法院的判决不服，向北京市高级人民法院提起上诉，在二审庭审中，请求人确认附件 14 勘验笔录是在专利侵权民事诉讼中，已经口头宣布中止审理后，南京市中级人民法院应请求人单方请求，在专利权人未派员参加的情况下作出的，并且在民事诉讼中并未经过质证。北京市高级人民法院经审理认为，请求人提供的附件 8、10 所附的照片并未公开本专利的全部技术特征，即权利要求 3~4 的附加技术特征在照片中无法唯一确定。附件 14 为南京市中级人民法院制作的勘验笔录，是请求人标准衡器厂在民事侵权诉讼中单方申请法院进行现场勘验，而法院未通知南通衡器厂参加，勘验之后也没有就勘验笔录组织双方当事人进行质证，该民事侵权诉讼尚未审结，勘验笔录上记录的事实，并非已为人民法院发生法律效力的裁判文书所确认的事实。合议组在口头审理时将这份对专利权人不利的证据转递给专利权人，当庭并未进行质证。在口头审理之后，专利复审委员会也未组织双方进行质证。专利权人提交书面意见认为该证据已超过举证期限，而没有对附件 14 记载的内容发表实质性意见。故专利复审委员会采信附件 14 的作法是不妥的。由此，北京市高级人民法院于 2004 年 7 月 2 日作出（2004）高行终字第 88 号行政判决书，驳回上诉，维持原判。

专利复审委员会收到二审判决后，重新成立合议组，对本案重新审理。合议组于 2006 年 3 月 27 日向请求人和专利权人发出了合议组成员告知通知书，告知双方当事人如对合议组成员有回避请求，应当于收到通知书之日起 7 日内提交书面请求书，逾期未答复，视为无回避请求。截至 2006 年 7 月 5 日合议组未收到双方当事人的回避请求书。

合议组于 2006 年 7 月 5 日向双方当事人发出无效宣告请求口头审理通知书，告知双方当事人合议组定于 2006 年 8 月 15 日对本案进行口头审理，审理内容主要涉及证据的质证。请求人提交口头审理回执，表示参加口头审理，但口头审理当日，双方当事人均未出席。

至此，合议组认为根据本案事实，可以依法作出审查决定。

二、决定的理由

1. 关于审理范围

由于在诉讼过程中，专利权人同意一审判决关于本专利权利要求 1、2、6 不具备新颖性的认定，对

权利要求 5 不具备新颖性的认定虽有异议，但未提出上诉，且二审判决维持一审判决，一审判决已经生效，因此合议组不再对本专利权利要求 1、2、5、6 是否具备新颖性、创造性进行审理，仅对本专利权利要求 3、4 是否具备新颖性、创造性进行评价。

2. 关于证据

请求人声明放弃附件 1、3、5~7，因此在此对上述证据不予评价。附件 2.1、2.2 和附件 4.1、4.2 均为复印件，专利权人对其真实性提出异议，请求人没有提供原件同时也没有提出其他证据来证明其真实性，因此附件 2.1、2.2 和附件 4.1、4.2 不能作为本案证据使用。

请求人提交的附件 8~13 均是通州市公证处出具的公证书，专利权人未提供相应证据证明上述公证书已被依法撤销或变更，也未提供足以推翻公证内容的相反证据，附件 8~13 合法有效，可以作为本案的证据。

附件 14 是南京市中级人民法院民三庭审判员及书记员制作的勘验笔录，对于该证据专利权人有以下异议：（1）该证据属于新证据，应不予考虑；（2）该证据未经质证，不能作为认定案件事实的依据；（3）该证据不合法，理由是该证据是原案审判人员在举证期限后，且在诉讼中止后进行的。

对于上述意见，合议组认为：（1）附件 14 虽然是在无效宣告请求日起一个月后提交的，但该证据是用来证明原附件 10 中所涉及的南通衡器厂四台 YGT-120II 型液化气体自动罐装秤在南通开发区小海液化石油气有限公司公开使用的事实，因此根据《审查指南》第四部分第三章第 3.1 节的规定，

该证据是与附件10关联的证据，可以接受。

（2）专利权人虽然没有参加勘验，也没有在民事诉讼中对上述证据加以质证，但是在无效审理过程中，合议组在当庭收到证据后即给予专利权人对该证据进行质证的机会，且在口头审理之后专利权人也对该证据发表了意见。在本案合议组对此案重新审理过程中，再次给予专利权人参加口头审理对证据质证的机会，但专利权人并未参加口头审理。至此，在无效程序中，专利复审委员会已经充分给予了专利权人对附件14进行质证的机会。

（3）民事诉讼程序与无效审查程序是两个不同的程序，在民事诉讼中超出举证期限的证据，在无效程序并非必然不能接受，附件14是请求人申请人民法院依照法定程序制作的对物证的勘验笔录，专利权人也认可附件14是双方在南京中级人民法院侵权诉讼的审判人员（审判长王劲松及书记员羊震）主持下所制作的，在专利权人没有提出足以反驳的相反证据的情况下，应当认定附件14合法有效，可以作为本案的证据使用。

3. 关于权利要求3、4的新颖性、创造性

附件14由文字和照片组成，其中文字部分表明勘验人在小海液化石油气有限公司看到4台YGT-120II型液化气体自动罐装秤，并经对比该罐装秤与本专利权利要求1-6的技术特征完全一致；照片部分显示的该罐装秤的结构与附件10中所附照片显示的罐装秤的结构一致。

对于上述内容，合议组认为其中记载的勘验人所反映出的该罐装秤的客观结构应当予以认可，而至于其中认定的该罐装秤与本专利权利要求技术特征完全一致的结论，则应当在勘验笔录所客观反映的罐装秤结构的基础上加以认定。由于附件14中照片所显示的结构与附件10照片显示的结构一致，其并没有显示出本专利权利要求3、4的附加技术特征，因而仅根据附件14记录的内容，尚不足以得出本专利权利要求3、4与该罐装秤一致的结论。因而，附件14不能证实本专利权利要求3、4不具备新颖性、创造性。

附件9是江苏省通州市公证处对如东县长辉液化气贮罐站使用的液化气自动罐装秤作的证据保全，其中附有该罐装秤的照片，该照片所反映的结构与附件10所显示的内容一致，也未能反映本专利权利要求3、4的附加技术特征，因此该证据也不能证明本专利权利要求3、4不具备新颖性、创造性。

附件11是对通州市液化气站副站长蒋玉云的证言保全，其证实附件8中照片中所示的液化气自动罐装秤是1999年12月从专利权人处购买的，且购买后至今未更换过零件；附件12是对如东县长辉液化气贮罐站站长盛光辉的证言保全，其证实附件9中照片所示的液化气体自动罐装秤是于1996年12月、1999年12月、2000年9月和2002年5月分别从专利权人处购买的，且购买至今没有更换任何零件；附件13是对南通开发区小海液化石油气有限公司经理彭汉琪的证言保全，其证实附件10中照片所示的液化气体自动罐装秤是于2000年3月15日从专利权人处购买的，且购买至今没有更换任何零件。附件10~13均涉及证人证言，并没有反映任何与本专利相关的技术方案或技术特征，因而也不能用于证实本专利权利要求3、4的附加技术特征是否已被公开。

综上所述，请求人提供的所有证据均未反映本专利权利要求3、4的附加技术特征，因而也就无法证实本专利权利要求3、4不具备新颖性、创造性。

三、决定

宣告00221430. X号实用新型专利权利要求1、2、5、6无效，在权利要求3、4的基础上维持00221430. X号实用新型专利权有效。

当事人对本决定不服的，可以根据专利法第46条第2款的规定，自收到本决定之日起三个月内向北京市第一中级人民法院起诉。根据该款的规定，一方当事人起诉后，另一方当事人应当作为第三人参加诉讼。

035

再生熔铸耐火砖的制造方法

无效宣告请求审查决定（第 9367 号）

决　定　号　第 9367 号
决　定　日　2006 年 12 月 19 日
发明创造名称　再生熔铸耐火砖的制造方法
国 际 分 类 号　C04B 35/00
无效宣告请求人　侯松发
专 利 权 人　李起胜
专　利　号　89109578.0
申　请　日　1989 年 12 月 29 日
审 定 公 告 日　1992 年 12 月 30 日
合 议 组 组 长　于　萍
主　审　员　刘　犟
参　审　员　赵　明

法 律 依 据　专利法第 22 条第 3 款，第 26 条第 3 款、第 4 款，专利法实施细则第 20 条第 1 款和第 21 条第 2 款

决 定 要 点

虽然权利要求书和说明书中均出现了明显的笔误，但本领域技术人员在阅读完说明书和权利要求书后仍然能够清楚地理解权利要求所要求保护的范围以及说明书所公开的内容，并解决其所要解决的技术问题，那么该权利要求书和说明书的撰写仍然分别符合专利法实施细则第 20 条第 1 款和专利法第 26 条第 3 款有关清楚的规定。

一、案由

本无效宣告请求案涉及国家知识产权局于 1992 年 12 月 30 日审定公告授予的、名称为“再生熔铸耐火砖的制造方法”的第 89109578.0 号发明专利权（下称本专利），其申请日为 1989 年 12 月 29 日，专利权人为李起胜。该专利审定公告的权利要求如下：

“1. 一种用于玻璃熔窑、钢铁工业加热炉的再生熔铸锆莫来石耐火砖的制造方法，其特征在于：

（1）将同一成分的玻璃熔炉上用过的烧结锆英石耐火砖、废的熔铸锆莫来石耐火砖　废的熔铸氧化铝的耐火砖，经过粗碎；细碎、磁选除铁、过筛分级，使其粒度范围为 0.5~30mm；

将加工好的 0.5~30mm 的废砖颗粒，进行烘干，除去残余水分，

（2）选用废的烧结锆英石耐火砖或废的熔铸锆刚玉耐火砖来调整再生熔铸锆莫来石耐火砖的氧

化锆成分；

选用的废熔铸锆刚玉耐火砖来调整再生熔铸锆莫来石耐火砖的氧化铝成分。

〈3）在一个熔化周期内，一个配合料，一次投入料内，初次投料量占总投料量的1/2~2/3，并且熔化温度为1900~2000℃，浇铸温度为1780~1810℃。

2. 一种用于玻璃熔窑、钢铁工业加热炉的再生熔铸30号锆刚玉耐火砖的制造方法，其特征在于：

（1）将废的熔铸33号锆刚玉耐火砖、废的熔铸氧化铝耐火砖，经过粗碎、细碎、磁选除铁。过筛分级，使其粒度范围为0.5~30mm；

将加工好的0.5~30mm的废砖颗粒，进行烘干，除去残余水分，

（2）选用废熔铸33号锆玉耐火砖来调整再生熔铸30号锆刚玉耐火砖的氧化锆成分；

选用的废熔铸氧化铝耐火砖来调整再生熔铸30号锆刚玉耐火砖的氧化铝成分，

（3）在一个熔化周期内，一个配合料，一次投入炉内，初次投料量占总投资料量的1/2~2/3，并且熔化温度为2000~2100℃，浇铸温度为1770~1820℃。”

针对上述专利权，侯松发（下称请求人）于2005年5月11日向专利复审委员会提出无效宣告请求，认为本专利权利要求1、2不符合专利法实施细则第20条第1款、第21条第2款，专利法第22条第3款和专利法第26条第3、4款的规定，并提交了下述附件：

附件1：《玻璃熔窑用的耐火材料：生产及使用》第38~63页和第116~127页复印件；

附件2：《熔注耐火材料》第230~261页复印件；

附件3：《耐火材料生产》第300~309页复印件；

附件4：《耐火材料》1987年第3期，第23~26页复印件。

专利复审委员会于2005年6月8日受理了上述无效宣告请求，向请求人及专利权人发出了无效宣告请求受理通知书，并将专利权无效宣告请求书及其所附附件转给了专利权人，要求其在规定的期限内作出答复。

专利权人于2005年7月15日作出答复，专利权人认为本专利在国内外率先把用过的报废的耐火砖当作制造玻璃窑炉耐火砖的主要原料，请求人所提出的无效宣告理由是不能成立的，本专利符合专利法实施细则第21条第2款、第20条第1款的规定，符合专利法第26条第3、4款，第22条第3款的规定。并提供了下述证据：

证据1：辽宁省沈阳市企业标准 辽沈Q2174-84《电熔浇铸锆莫来石砖》复印件共8页；

证据2：辽宁省沈阳市企业标准 辽沈Q2173-84《电熔浇铸30号锆刚玉砖》复印件共8页；

证据3：辽宁省沈阳市企业标准 辽沈Q250-84《电熔浇铸33号锆刚玉砖》复印件共8页；

证据4-1：新密市人民代表大会常务委员会和新密市人民政府共同出具的证明文件复印件共2页；

证据4-2：新密市统计局出具的证明文件复印件共1页；

证据5：中国耐火材料行业协会出具的《玻璃行业用熔铸耐火材料用后回收利用情况》复印件共1页。

2005年10月11日，本案合议组向双方当事人发出《无效宣告请求口头审理通知书》，定于2005年11月23日对本专利的无效宣告请求进行口头审理，并随口头审理通知书将专利权人于2005年7月15日提交的意见陈述书及其附件清单中所列附件副本转送给请求人。

口头审理如期进行，双方当事人均出席了口头审理。口头审理中，（1）请求人补充提交了附件1~4的扉页和版权页，没有提交附件1~4的原件，专利权人对其真实性不予认可。专利权人未提交

证据 1~3 的原件，请求人对证据 1~3 的真实性也不予认可。合议组要求双方口审结束后 10 日内提交上述证据的原件或相关证明材料。（2）请求人确认其无效宣告请求的理由、范围和依据是：本专利权利要求 1~2 不符合专利法实施细则第 20 条第 1 款、第 21 条第 2 款，专利法第 26 条第 3、4 款和专利法第 22 条第 3 款的规定，所依据的证据是其提交的附件 1~4。（3）关于专利法实施细则第 20 条第 1 款。请求人认为权利要求 1 步骤 1 中“同一成分”，三种废原料的关系不清楚；步骤 2 与步骤 1 之间的关系不清楚，其中步骤 2 中的锆刚玉在步骤 1 中没有记载，步骤 1 中的氧化铝在步骤 2、3 中没有记载；步骤 3 中的“一个熔化周期，一个配合料，一次投入料内”与“初次投料量”的关系矛盾。专利权人认为“同一成分”是指同一类别、质量标准一致的成分；步骤 2 与步骤 1 之间是配料过程；一个配合料用于一个熔化周期内；“一次投入料内”应为“一次投入炉内”，是指一个配合料应在一个溶化周期内全部投完；总投料量对应于“一个配合料”；初次投料量是指在一个熔化周期内的初次投料量。请求人认为权利要求 2 中原料不清楚，步骤 3 中的不清楚之处同步骤权利要求 1。专利权人认为步骤 2 中已清楚地记载了原料的调整步骤，即使用废熔铸 33 号锆刚玉耐火砖和废熔铸氧化铝调整最终产品 30 号锆刚玉耐火砖的含锆量和含铝量。（4）关于专利法实施细则第 21 条第 2 款。请求人认为权利要求 1 中缺少去除玻璃的步骤，多种成分如何调整某一成分的含量，原料之间的关系，步骤 2 中缺少磁选除铁步骤；熔炼时间不确定。专利权人认为上述特征在权利要求书和说明书中已经清楚记载，并且作为辅料不必除铁。请求人认为权利要求 2 不符合专利法实施细则第 21 条第 2 款的事实与权利要求 1 相同。（5）关于专利法第 26 条第 3、4 款。请求人认为权利要求 1 和 2 中原料的成分及如何进行成分的调整得不到说明书的支持，说明书公开的内容不足以支持所主张的权利要求，说明书未能公开如何得到表 1 中的产品和数据。专利权人认为说明书对上述问题已经作出了清楚地描述。（6）关于专利法第 22 条第 3 款。双方均认为附件 1~4 没有公开使用废料生产产品的技术特征，但请求人认为附件 1~4 与公知常识的结合可以得到权利要求 1、2 的技术方案。

请求人于 2005 年 12 月 2 日提交了（2005）京海民证字第 6327、6328、6329 和 6330 号四份公证书及意见陈述，其中四份公证书中用以证明附件 1~4 的复印件与原件相符，在意见陈述中，请求人认为附件 3 第 305 页第 4、5 段明确公开了融熔莫来石制品的废品可用作“浇铸时的加入物”以及“烧结法制造电熔制品的熟料”，因此将废的耐火砖用于再生生产是公知技术。专利权人于 2005 年 12 月 5 日提交了（2005）沈二证民字第 3585、3586、3587 和 3588 号四份公证书及意见陈述，其中在（2005）沈二证民字第 3586、3587 和 3588 号公证书中沈阳星光集团耐火材料有限公司出具了证明，认为辽沈 Q2173-84《电熔浇铸 30 号锆刚玉砖》和辽沈 Q2174-84《电熔浇铸锆莫来石砖》两标准确实是该公司的企业标准；公证员则证明了该复印件与原件相符，并且原件上“沈阳星光基团耐火材料有限公司”的印鉴属实；（2005）沈二证民字第 3585 号公证书中涉及沈阳质量技术监督局标准化处出具的《关于李起胜同志请求意见的回复》的复印件，其中说明了企业标准编号的含义，公证员则证明了上述复印件与原件相符，原件上“沈阳市质量技术监督局标准化处”的印鉴属实。专利权人于 2006 年 11 月 22 日表示对上述附件 1~4 的真实性予以认可，请求人则不认可上述专利权人所提交四份公证书中所涉及的企业标准。

至此，合议组认为本案的事实清楚，可以作出审查决定。

二、决定的理由

1. 关于证据

请求人于 2005 年 12 月 2 日提交了关于附件 1~4 的公证书：（2005）京海民证字第 6327、6328、6329 和 6330 号四份公证书，其中证明了公证书中的复印件（即附件 1~4 的复印件）与原件相符合，专利权人亦附件 1~4 的真实性予以认可，合议组经审查对附件 1~4 予以采信，附件 1~4 可以作为本案证据使用，从请求人提交的公证书可以看出附件1的出版日期为1956年6月，重工业出版社出版；附件2的出版日期为1963年11月，中国工业出版社出版；附件3的出版日期为1981年2月，冶金工业出版社出版；附件4的出版日期为1987年6月，冶金工业部耐火材料编辑部编辑出版。由于附件1~4的公开日期早于本专利的申请日，因此附件1~4可以作为本专利的现有技术使用。

2. 关于专利法第26条第3、4款

专利法第26条第3款规定：说明书应当对发明或者实用新型作出清楚、完整的说明，以所属技术领域的技术人员能够实现为准。由此可见，所属技术领域的技术人员依据说明书所公开的内容能否实现本发明或者实用新型是本专利是否符合专利法第26条第3款的判定依据。

专利法第26条第4款规定，权利要求书应当以说明书为依据，说明要求专利保护的范围。

请求人认为权利要求1和2中原料的成分及如何进行成分的调整得不到说明书的支持，说明书公开的内容不足以支持所主张的权利要求，说明书未能公开如何得到表1中的产品和数据。专利权人认为说明书对上述问题已经作出了清楚地描述。

合议组经审查后认为，从本专利说明书中“发明的构成”部分的描述来看，本发明的目的在于使用100%的废熔铸砖作为原料，重新熔铸成再生熔铸锆莫来石砖和再生熔铸30#锆刚玉砖。从本发明说明书第二部分——“调整炉料的成分”的描述可以看出其原理是用不同成份的废熔铸耐火砖来调整熔制的产品成份，从说明书实施例部分可以看出，其调整的参数是再生后耐火砖的氧化锆和氧化铝的成份。换句话说就是，在再生熔铸锆莫来石耐火砖时如何对耐火砖的氧化锆和氧化铝进行调整，以及在再生熔铸30#锆刚玉耐火砖时如何对耐火砖的氧化锆和氧化铝进行调整。

对于再生熔铸锆莫来石中氧化锆的调整，权利要求1和说明书实施例的描述是一致，即用废的烧结锆英石耐火砖或废的熔铸锆刚玉耐火砖来调整再生熔铸莫来石耐火砖中的氧化锆。而对于再生熔铸锆莫来石中氧化铝的调整，说明书实施例部分及权利要求2提到选用废熔铸氧化铝耐火砖来调整再生熔铸30#（或33#）锆刚玉耐火砖的氧化铝成份的实施例，但是本领域技术人员据此可以看出，显然也可用废熔铸氧化铝耐火砖来调整再生熔铸锆莫来石耐火砖的氧化铝成份。关于本专利权利要求1步骤（2）第二段中记载的“使用废的熔铸锆刚玉耐火砖来调整再生熔铸锆莫来石耐火砖的氧化铝成份”，合议组认为，本领域技术人员根据本专利说明书及权利要求的完整描述，完全可以理解到上述描述存在明显的笔误，其中的“废的熔铸锆刚玉耐火砖”应为“废熔铸氧化铝”。理由如下：根据说明书及权利要求书的整体描述来看，步骤（2）显然应当是涉及对“氧化锆”和“氧化铝”调节的步骤，其中第一段已经描述了对氧化锆的调节，第二段显然应当是对氧化铝的调节。虽然该段中提到用“熔铸锆刚玉耐火砖”来调整再生熔铸锆莫来石耐火砖的“氧化铝成份”，但是结合该权利要求1步骤（1）中提到的作为原料的“废熔铸氧化铝”，以及说明书中有关用“废熔铸氧化铝”来调节再生耐火砖的氧化铝的描述，本领域技术人员完全可以理解到此处的“废的熔铸锆刚玉耐火砖”应为“废熔铸氧化铝”。此外，本领域技术人员熟知“熔铸锆刚玉耐火砖”中“氧化铝”的含量要低于“熔铸锆莫来石”中的“氧化铝”含量（此点从请求人提供的附件3的第308页的表7-3中也能看出）。因此，不可能用“熔铸锆刚玉耐火砖”来调整“熔铸锆莫来石”中的氧化铝含量，即其应当是用废熔铸氧化铝耐火砖来调整再生熔铸锆莫来石耐火砖的氧化铝成份。

对于再生熔铸30号锆刚玉耐火砖中氧化锆的调整，在本专利权利要求2中明确写明了选用废熔铸33号耐火砖来调整再生熔铸30号锆刚玉耐火砖的氧化锆成分。对于再生熔铸30号锆刚玉耐火砖中氧化铝的调整，在本专利权利要求2中也明确写明了选用废熔铸氧化铝耐火砖来调整再生熔铸30号锆刚玉耐火砖的氧化铝成分。

但是在关于再生熔铸30号锆刚玉耐火砖中的氧化锆的调整，而说明书实施例部分却没有记载这方面的实施例，而是记载“2. 选用废熔铸 33#（或 41#）锆刚玉耐火砖来调整再生熔铸 30#（33#）锆刚玉耐火砖的氧化铝成份”。

该描述显然与本专利权利要求 2 的内容前后矛盾，但是本领域技术人员熟知，熔铸氧化铝耐火砖中的氧化铝含量明显高于锆刚玉耐火砖中的氧化铝含量，且说明书在该部分后面紧接着描述了“3. 选用废熔铸氧化铝耐火砖来调整再生熔铸 30#（或 33#）锆刚玉耐火砖的氧化铝成份”，因此本领域技术人员据此可以看出说明书实施例“2. 选用废熔铸 33#（或 41#）锆刚玉耐火砖来调整再生熔铸 30#（33#）锆刚玉耐火砖的氧化铝成份”部分应是涉及对再生熔铸 30#（或 33#）锆刚玉耐火砖中氧化锆成份的调节，其中的“氧化铝”为明显笔误，而应当是“氧化锆”。

综上所述，虽然权利要求书和说明书中均出现了一处明显的笔误，但本领域技术人员在阅读完说明书和权利要求书后仍然能够清楚地理解权利要求所要求保护的范围以及说明书所公开的内容并能解决其所要解决的技术问题，因此不能据此认为权利要求书得不到说明书的支持不符合专利法第 26 条第 4 款的规定，或者是说明书公开不充分不符合专利法第 26 条第 3 款的规定。

关于表 1 中的产品和数据，合议组认为，本领域技术人员完全可以根据本专利说明书的描述并结合常规的测试手段来测量得出表 1 的数据。

因此请求人关于本专利不符合专利法第 26 条第 3、4 款规定的无效理由不能成立。

3. 关于专利法实施细则第 20 条第 1 款

专利法实施细则第 20 条第 1 款规定：权利要求书应当说明发明或者实用新型的技术特征，清楚、简要地表述请求保护的范围。

请求人认为权利要求 1 步骤 1 中“同一成分”，三种废原料的关系不清楚；步骤 2 与步骤 1 之间的关系不清楚，其中步骤 2 中的锆刚玉在步骤 1 中没有记载，步骤 1 中的氧化铝在步骤 2、3 中没有记载；步骤 3 中的“一个熔化周期，一个配合料，一次投入料内”与“初次投料量”的关系矛盾。专利权人认为“同一成分”是指同一类别、质量标准一致的成分；步骤 2 与步骤 1 之间是配料过程；一个配合料用于一个熔化周期内；“一次投入料内”应为“一次投入炉内”，是指一个配合料应在一个溶化周期内全部投完；总投料量对应于“一个配合料”；初次投料量是指在一个熔化周期内的初次投料量。请求人认为权利要求 2 中原料不清楚，步骤 3 中的不清楚之处同步骤权利要求 1。专利权人认为步骤 2 中已清楚地记载了原料的调整步骤，即使用废熔铸 33 号锆刚玉耐火砖和废熔铸氧化铝调整最终产品 30 号锆刚玉耐火砖的含锆量和含铝量。

合议组认为：关于“同一成分”，显然权利要求 1 步骤（1）中的三种原料各自用途不同，其中烧结锆英石耐火砖用来调整氧化锆，废的熔铸铝耐火砖用来调整氧化铝，因此三种原料不可能成分相同，这里同一成分是指三种原料在选取上应各自属于同一成分；关于步骤（2）中的锆刚玉，显然是指可用废的熔铸锆刚玉耐火砖替代废的烧结锆英石耐火砖来对氧化锆进行调整的一个并列技术方案，此时显然步骤（1）中的废的烧结锆英石耐火砖也应由废的熔铸锆刚玉耐火砖来代替，因此本领域技术人员能够清楚上述撰写所形成的技术方案；至于步骤（1）的氧化铝在步骤（2）（3）没有记载的问题，如上所述，在步骤（2）中存在一处明显笔误，本领域技术人员根据本说明书的解释也可以理解到步骤（2）第二段中的废的熔铸锆刚玉耐火砖应为废的熔铸氧化铝耐火砖；关于步骤 3 中的“一个熔化周期，一个配合料，一次投入料内”与“初次投料量”的关系矛盾，显然本领域技术人员会将上述内容作为一整体来理解，即一个配合料在一个熔化周期内投完，其中初次投料量占总投料量的 1/2~2/3，并且在一个熔化周期内不再加入新的配合料，因此是一次投入炉内；其中“一次投入料内”中的“料”显然为笔误，应为“炉”，即“一次投入炉”内。

因此请求人关于本专利不符合专利法实施细则第 20 条第 1 款规定的无效理由不能成立。

4. 关于专利法实施细则第 21 条第 2 款

专利法实施细则第 21 条第 2 款规定：独立权利要求应当从整体上反映发明或者实用新型的技术方案，记载解决技术问题的必要技术特征。

请求人认为权利要求 1 中缺少去除玻璃的步骤，多种成分如何调整某一成分的含量，原料之间的关系，步骤 2 中缺少磁选除铁步骤；熔炼时间不确定。专利权人认为上述特征在权利要求书和说明书中已经清楚记载，并且作为辅料不必除铁。请求人认为权利要求 2 不符合实施细则第 21 条第 1 款的事实与权利要求 1 相同。

合议组认为在本专利权利要求 1 中记载了将原料进行粗碎、细碎，过筛分级的步骤，显然此时废砖上的玻璃渣等这类易碎的物质在此过程会被去掉，此外，权利要求 1 的步骤（2）中已记载了三种原料之间如何对氧化锆和氧化铝成分进行调整的内容，因此本领域技术人员按照权利要求 1 记载的技术方案已能实现"使用 100% 的废熔铸砖做为原料，重新熔铸成耐火砖"发明目的，而熔炼时间则是在具体实施过程中根据需要进行选择及优化的问题。因此请求人关于权利要求 1 不符合专利法实施细则第 21 条第 2 款的理由不能成立。同样，请求人关于权利要求 2 不符合专利法实施细则第 21 条第 2 款规定的无效理由也不能成立。

5. 关于专利法第 22 条第 3 款

创造性，是指同申请日以前已有的技术相比，该发明有突出的实质性特点和显著的进步，该实用新型具有实质性特点和进步。审查指南第二部分第四章有关发明创造性的审查基准中指出：判断发明是否具有突出的实质性特点就是要判断对本领域的技术人员来说，要求保护的发明相对于现有技术是否显而易见。

本案中，双方均认为附件 1~4 没有公开使用废料生产产品的技术特征，但请求人认为附件 1~4 与公知常识的结合可以得到权利要求 1、2 的技术方案。

合议组经审查后意见如下。附件 1 公开了玻璃熔窑用耐火材料的主要工艺过程，其包括粉碎、颗粒的分级、磁力去铁、配合料和坯料的配制、制品的成型、煅烧等过程。附件 2 也公开了熔注耐火材料的生产工艺基础，其中包括耐火材料的选择、工艺过程的选择等内容。附件 3 公开了熔铸耐火材料技术，其中具体公开电熔莫来石制品的制造、电熔刚玉质制品的制造和电熔硅铝酸锆质制品的制造等内容。附件 4 公开了一种电熔锆莫来石制品的研制和应用，其中的内容提到在电熔莫来石制品的基础上，在原配料中加入锆英石等内容。请求人还认为对比文件 3 第 305 页第 4、5 段明确公开了融熔莫来石制品的废品可用作"浇铸时的加入物"以及"烧结法制造电熔制品的熟料"，因此将废的耐火砖用于生产是公知技术。然而，正如双方在口头审理时所认可的那样，附件 1~4 均未提及使用废料生产产品的内容。虽然附件 3 中说明了融熔莫来石制品的废品可用作"浇铸时的加入物"以及"烧结法制造电熔制品的熟料"，但是附件 3 并没有说明制备熔铸锆莫来石耐火砖的原料全部采用废的原料，即采用用过的烧结锆英石耐火砖、废的熔铸锆莫来石耐火砖和废的熔铸氧化铝等，即全部采用废的原料来制备熔铸锆莫来石耐火砖并非公知常识。因此从附件 1~4 本身来看其并未公开权利要求 1 的这一技术特征，同时又未给出这方面的技术启示，此外本专利使用废原料来制备锆莫来石耐火砖从而显著的降低了产品的成本，具有有益的技术效果。请求人认为结合公知技术可以得到权利要求 1 的技术方案。然而，如上所述，附件 3 中并未公开全部采用废的原料来制备熔铸锆莫来石耐火砖，同时请求人并未给出其他这方面的证据，因此其主张不能成立。请求人关于权利要求 1 相对于附件 1~4 以及公知技术不具有创造性的理由也不能成立。

基于同样的理由，请求人关于权利要求 2 相对于附件 1~4 以及公知技术不具有创造性的理由也不能成立。

基于以上事实和理由，本案合议组作出如下审查决定。

三、决定

维持第 89109578.0 号发明专利权有效。

当事人对本决定不服的，可以根据专利法第 46 条第 2 款的规定，自收到本决定之日起三个月内向北京市第一中级人民法院起诉。根据该款的规定，一方当事人起诉后，另一方当事人应当作为第三人参加诉讼。

036

测力计

无效宣告请求审查决定（第9375号）

决定号 第9375号
决定日 2006年12月26日
发明创造名称 测力计
国际分类号 G01G 21/00
无效宣告请求人 库宝达株式会社
专利权人 梅特勒-托利多有限公司
专利号 88108281.3
申请日 1988年11月30日
审定公告日 1992年5月13日
合议组组长 钱 芸
主审员 张 曦
参审员 黄 颖

法律依据 专利法第22条第3款
决定要点

如果多篇对比文件中已经给出了应用一项权利要求所要求保护的技术方案中各个技术手段的技术启示，并且对于所属技术领域的技术人员来讲，将不同对比文件中的上述技术手段结合起来并不存在需要创造性劳动才能克服的困难，也就是说这些对比文件的结合是显而易见的，则该权利要求相对于这些对比文件不具备创造性。

一、案由

本无效宣告请求涉及国家知识产权局于1992年5月13日审定公告的名称为“测力计”的88108281.3号发明专利权（下称本专利），其申请日是1988年11月30日，优先权日是1987年11月30日，专利权人是梅特勒-托利多有限公司。审定公告的权利要求书如下：

“1. 一种称重装置，它包括：(1) 推力元件，(2) 安装在所述推力元件上的换能装置，其特征在于它还包括：(3) 与所述推力元件相关联的电路装置，所述电路装置响应于外部的控制，并包括：(3.1) 用于产生加到所述推力元件上的负荷的数字式表示的装置，(3.2) 用于把至少一种修正因素加到所述数字式表示上的装置，以及 (3.3) 用于传送所述数字式表示的装置，(4) 为所述换能装置和所述电路装置提供密封封装的装置，以及 (5) 为所述电路装置与外部的通信提供穿过所述封装装置的通路的装置。

2. 权利要求 1 中所要求的称重装置，其特征在于：所述推力元件是摇杆，以及所述修正因数修正所述数字式表示与所述摇杆上的各种负荷的非线性关系。

3. 权利要求 1 中所要求的称重装置，其特征在于：所述推力元件是双导向横杆推力元件。

4. 权利要求 1 中所要求的称重装置，其特征在于：所述推力元件是扭转环推力元件。

5. 权利要求 1 中所要求的称重装置，其特征在于：所述电路装置包含用于产生所述推力元件的温度的数字式表示的装置，用于存储温度修正因数的装置以及利用所述温度表示和所述温度修正因数以修正所述数字式负荷表示的装置。

6. 一种称重装置，其特征在于它包括：（1）摇杆推力元件，（2）与所述的推力元件关联的、用于提供所述推力元件上负荷的数字式表示的装置，（3）用于存储数学式的装置，该数学式用于修正所述推力元件输出信号的线性，以及（4）用于使所述数字式表示与所述数学式相结合以提供修正后的数字式表示的装置。

7. 权利要求 1 中所要求的称重装置，其特征在于包含固定在所述推力元件上的电路安装装置，该装置用于安装所述数字式表示装置、所述存储装置以及所述组合装置。

8. 一种称重装置包括（1）若干测力计，每个测力计包含推力元件和安装在所述推力元件上的换能装置，其特征在于它还包括（2）固定在所述推力元件上的电路装置，所述电路装置包括：（2.1）用于产生加到所述推力元件上的负荷的数字式表示的装置，以及（2.2）对为传输所述数字式表示的外部询问作出应答的装置，（3）为所述换能装置和所述电路装置提供密封外壳的装置，（4）为所述电路装置与外部的通信提供穿过所述密封装置的通路的装置，（5）用所述各测力计支承的负荷容纳装置，（6）把所述各测力计接入局部区域网络中的装置，（7）用于询问所述各测力计，以接收所述数字式表示的装置，以及（8）用于组合所述数字式表示，以产生所述负荷容纳装置上总重量的数字式表示的装置。

9. 权利要求 8 中所要求的称重装置，其特征在于：所述推力元件是摇杆。

10. 权利要求 8 中所要求的称重装置，其特征在于：所述电路装置包含用于把至少一种修正因数加到所述数字式表示上的装置。”

针对上述专利权，库宝达株式会社于 2004 年 4 月 20 日向专利复审委员会提出了无效宣告请求，其理由是：本专利独立权利要求 1 的技术方案相对于证据 2、证据 3 和公知常识的结合或者证据 1、证据 2 和证据 3 的结合不符合专利法第 22 条第 3 款关于创造性的规定，在权利要求 1 不具备创造性的情况下，其从属权利要求 2 的附加技术特征或为公知常识、或已被证据 1 和 4 公开，权利要求 3 的附加技术特征已被证据 6 公开，权利要求 4 的附加技术特征已被证据 7 公开，权利要求 5 的附加技术特征已被证据 1 和 8 公开，因此权利要求 2~5 也不具备专利法第 22 条第 3 款规定的创造性，独立权利要求 6 的技术方案相对于证据 1 或 2 与证据 5 和 4 的结合不符合专利法第 22 条第 3 款关于创造性的规定，在权利要求 6 不具备创造性的情况下，权利要求 7 的附加技术特征已经被本专利说明书背景技术或证据 2 公开，因此权利要求 7 也不具备专利法第 22 条第 3 款规定的创造性，独立权利要求 8 的技术方案相对于证据 1 或 2 与证据 9 和 3 的结合不符合专利法第 22 条第 3 款关于创造性的规定，在权利要求 8 不具备创造性的情况下，其从属权利要求 9 和 10 的附加技术特征均为公知技术，因此权利要求 9 和 10 也不具备专利法第 22 条第 3 款规定的创造性。请求人提交了如下证据：

证据 1：GB1462808 号英国专利说明书英文文本，其公开日为 1977 年 1 月 26 日；

证据 2：US4691290 号美国专利英文文本，其公开日为 1987 年 9 月 1 日；

证据 3：昭 62-130320 号日本专利公开特许公报日文文本，其公开日为 1987 年 6 月 12 日；

证据 4：昭 35-2392 号日本实用新案公报日文文本，其公告日为 1960 年 2 月 11 日；

证据5：请求人声称为CQ出版社于1983年2月20日出版的蒲生良治著《微机用计测电路及其接口》日文文本的封面页、目录页、出版信息页、第11、12、61、62页复印件，共4页；

证据6：昭53-156576号日本公开实用新案公报日文文本，其公开日为1978年12月8日；

证据7：EP0106900A1号欧洲专利申请公开说明书德文文本，其公开日为1984年5月2日；

证据8：昭60-39521号日本专利公开特许公报日文文本，其公开日为1985年3月1日；

证据9：US4655304号美国专利说明书英文文本，其公开日为1987年4月7日。

证据10：请求人声称为日本机械学会1987年4月15日出版的《机械工学便览》日文原文的封面页、出版信息页、B3部分封面页、目录页、B3-45页、B3-100页、B3-147页复印件，共9页；

证据11：请求人声称为美国电气与电子工程师学会关于局域网的协议标准说明书英文原文的封面页、说明页、出版信息页、前言页复印件，共3页。

经形式审查合格后，专利复审委员会于2004年5月11日受理了上述无效宣告请求，并于同日向双方当事人发出了无效宣告请求受理通知书，并将无效宣告请求书及附件清单中所列附件副本转送给专利权人，要求其在指定期限内答复。

2004年5月20日，请求人向专利复审委员会提交了意见陈述书，补交了证据1~9有关部分的中文译文。

针对上述无效宣告请求，专利权人于2004年6月24日向专利复审委员会提交了意见陈述书，专利权人认为：请求人未提交证据1~11的中文译文，并指出请求人未提供证据5及证据10和11的鉴定或公证文件，上述证据不能作为本案的证据使用；本专利是第一次将密封封装的特征应用到密封数字测力元件的技术方案，并产生了能够广泛使用、在制造中数字化调整测力计参数、无需对封装进行折衷的技术效果；证据1~3、5中公开的内容与本专利权利要求1的技术特征不同，并且证据1~3、5的任意组合也不能得到本专利权利要求1公开的技术方案，证据1、2、4、5的结合不能破坏权利要求6的新颖性和创造性，同理，权利要求8相对于请求人提交的证据也具备新颖性和创造性，在独立权利要求1、6、8具备创造性的情况下，其从属权利要求也相应具备创造性。

2005年4月4日，合议组向双方当事人发出口头审理通知书，指出定于2005年5月26日对本案进行口头审理，并随口审通知书向专利权人转送了请求人于2004年5月20日提交的意见陈述书及证据中文译文的副本，向请求人转送了专利权人于2004年6月24日提交的意见陈述书的副本。

2005年5月27日，合议组向双方当事人再次发出口头审理通知书，指出定于2005年7月6日对本案进行口头审理，并告知双方当事人原定2005年5月26日的口头审理取消，已电话通知双方，相关文件的转送以2005年4月4日发出的口头审理通知书所附转送文件为准。

口头审理如期举行，双方当事人均出席了口头审理，双方对对方出席人员的资格没有异议，对合议组成员没有回避请求。在口头审理过程中，请求人当庭提交其证据5、证据10（《机械工学便览》）证据11（美国国家标准）的公证认证原文，以及证据11的中文译文，合议组当庭将上述文件转送给专利权人，请求人表示证据10和11仅作为辅助理解本专利背景技术的参考文献使用，不作为评价本专利创造性的证据使用；请求人明确其证据使用方式为：使用证据2、4、1组合评价权利要求1的创造性；使用证据2、4证明权利要求2的附加技术特征已公开，认为摇杆是公知技术；使用证据6证明权利要求3的附加技术特征已公开；使用证据7证明权利要求4的附加技术特征已公开；使用证据8证明权利要求5的附加技术特征已公开；使用证据2、4、5组合评价权利要求6的创造性，并认为证据1也公开了非线性补偿的技术特征；使用证据2证明权利要求7的附加技术特征已公开；使用证据1、2、4、9组合评价权利要求8的创造性；使用证据4证明权利要求9的附加技术特征已公开；认为证据1、2、5均公开了权利要求10的附加技术特征；认为证据2是与本专利最接近的现有技术。

请求人当庭增加如下无效请求理由：（1）权利要求6不符合专利法实施细则第21条第2款以及专利法第26条第4款的规定，具体理由为权利要求6不具有“换能装置”“密封封装的装置”“通信通路的装置”等技术特征，并且权利要求6的技术方案在说明书中没有记载，实质上得不到说明书的支持；（2）权利要求7不符合专利法实施细则第20条第1款的规定，具体理由是权利要求7是引用权利要求1的，但权利要求1中未记载权利要求7中的附加技术特征；（3）权利要求7与权利要求6存在相同的缺陷，不符合专利法实施细则第21条第2款和专利法第26条第4款的规定。专利权人针对上述新增加的理由当庭陈述了意见，应其请求，合议组决定给予专利权人1个月的时间针对上述新增加的理由进行书面意见陈述。专利权人认为证据1~9存在多处不准确的翻译，但对权利要求1~10创造性的评价不产生实质性影响，并当庭依据上述中文译文对权利要求1~10的创造性进行了答辩。专利权人认可“摇杆”是本领域的公知技术，依据证据6和7看不出其公开了权利要求3和4的附加技术特征。请求人当庭提交了证据2的附图1和附图4的中文译文，合议组当庭将其转送给专利权人，并要求其在1个月内对中文译文的准确性发表意见，逾期不发表意见视为无异议。专利权人经核实认可所接收的转送文件与合议组留档的原件一致。转送的文件包括证据5、10、11的公证认证原文、证据11的中文译文、证据2附图的中文译文二页。合议组给予请求人1周（7日）时间提交上述公证认证文件的中文译文，期满未提交视为未提交该公证认证文件。

2005年7月11日，请求人提交了公证认证文件的中文译文。

2005年8月5日，专利权人针对请求人口头审理当庭新增加的无效理由提交了意见陈述书，专利权人认为：权利要求6与权利要求1分别用于实现不同的发明目的，权利要求6的技术方案在实现一种数字式测力计时已经具备完整的必要技术特征，并不缺少必要技术特征，权利要求是对说明书的概括，一个技术方案并不一定对应一个或多个实施例，多个独立权利要求也可以通过一个实施例来支持；权利要求7从逻辑关系上来看应引用权利要求6，不存在不清楚的问题，并且从属权利要求不会存在缺少必要技术特征的问题，从属权利要求7的内容在说明书中有所记载，因此也不存在得不到说明书支持的问题。并且，专利权人在其意见陈述书中针对创造性的无效理由和请求人提交的证据，再次发表了意见，但专利权人未针对上述口头审理中转送的证据2补充译文的准确性陈述意见。

在上述事实的基础上，合议组经合议依法作出审查决定。

二、决定的理由

1. 关于证据

请求人在口头审理时明确表示使用的证据是证据1、2、4~9，其中证据1、2、4、6~9均为专利文献，证据5是请求人声称为CQ出版社于1983年2月20日出版的蒲生良治著《微机用计测电路及其接口》封面页、目录页、出版信息页、第11、12、61、62页复印件，请求人当庭提交了该证据的公证认证文件，专利权人未对上述证据的真实性提出质疑，认为各证据中文译文不准确之处不会对权利要求1~10创造性的评价产生实质性影响，并依据上述证据的中文译文对权利要求1~10的创造性进行了答辩，经合议组核实，上述证据可以作为本案的证据使用，其上记载的内容以请求人提交的中文译文为准，并且其公开日均在本专利优先权日之前，可以用来评价本专利的新颖性和创造性；请求人在口头审理时未使用证据3，并明确表示证据10和11不作为证据使用，因此本决定中不涉及证据3、10和11。

2. 关于权利要求1~10是否符合专利法第22条第3款关于创造性的规定

（1）权利要求1的创造性。

请求人以证据2作为最接近的现有技术，与证据4和1结合评价权利要求1的创造性。

独立权利要求1请求保护一种称重装置，它包括：（1）推力元件，（2）安装在所述推力元件上的换能装置，其特征在于它还包括：（3）与所述推力元件相关联的电路装置，所述电路装置响应于外部的控制，并包括：（3.1）用于产生加到所述推力元件上的负荷的数字式表示的装置，（3.2）用于把至少一种修正因素加到所述数字式表示上的装置，以及（3.3）用于传送所述数字式表示的装置，（4）为所述换能装置和所述电路装置提供密封封装的装置，以及（5）为所述电路装置与外部的通信提供穿过所述封装装置的通路的装置。

证据2公开了一种蠕变补偿称重装置，该称重装置包括数字称重单元，该数字称重单元与“主”或秤系统微计算机62连接，微计算机还用于控制显示器和打印机，各种电子电路与模/数转换器和附加的专用称重单元微处理器和存储器安装在同一印刷电路板上，因而数字称重单元作为一个独立的单元可以被校准、补偿和修正并可安装成各种微处理机控制的秤系统，除了对数字称重单元的工作进行控制外，具有RAM的微处理器对模/数转换器输出的重量数据进行修正，以便对蠕变效应进行补偿，微处理器还与主微计算机联通，向其传递重量数据，所述重量数据将在主微计算机上进一步处理并显示。在蠕变计算常数输入数字称重单元时，将进行校准方式工作。

证据4公开了一种密闭型测重计，其具有直立的圆柱状载荷杆和安装在该载荷杆上的电阻丝应变计，筒体包围载荷杆和电阻丝应变计，用密封件密闭载荷杆和筒体的两端，获得持久气密性，盖板上具有气密地贯通的排气尖管，连接线经由导线与电阻丝应变计连接，在筒体外周上固定着插孔，从图中可以看出，该插孔通过连接线与电阻丝应变计相连。

证据1公开了一种用于称重装置的重量信息的处理，该称重装置包括受力器，多个换能器，换能器与受力器连接用于输出表示加在受力器上的重量的电信号，存储装置与换能器配合并存储用于对换能器的输出进行调整或修正的校准数据，还包括对各个换能器的输出信号进行数字化的装置，以及采用校准数据对数字化的换能器的输出信号进行处理的装置和将经过处理的换能器信号汇集在一起的装置。每个换能器的输出接在将来自换能器的模拟信号转换成数字形式的装置上，校准数据用于对各换能器的输出进行调整和校正，用于对误差源、例如零点误差和测量范围误差、非线性、滞变和与重量无关的参数，例如温度和压力的换能器输出的依赖关系进行补偿。该称重装置可以对换能器信号分别进行修正或调整。

将证据2与本专利权利要求1相比，合议组认为，证据2所涉及的技术领域与本专利相同，其所公开的蠕变补偿称重装置中的数字称重单元中包括电子电路、模/数转换器、微处理器和存储器等电路装置，而该称重装置中还包括一主微计算机，主微计算机用于处理经模数转换的重量数据并进行显示，可见其对于数字称重单元的电路装置起到外部控制的作用，而模/数转换器相当于对负荷产生数字式表示的装置，微处理器对数字式重量数据进行修正，从而对蠕变效应进行补偿，并将其传送到主微计算机。由此可见，证据2已经给出了在称重装置中应用电路装置、外部控制装置、产生重量数据的数字式表示的装置以及修正、传送数字式重量数据的装置，从而对施加到该称重装置上的负荷进行数据转换并进行修正的技术启示，证据2与权利要求1的区别在于，证据2中未具体公开权利要求1中“把至少一种修正因素加到所述数字式表示上的装置”的修正手段以及权利要求1限定的技术特征（1）（2）（4）和（5）。

证据2虽然未明确公开推力元件和换能装置，但对于称重装置而言，其内部必然包括承受负荷的推力部件以及将该部件形变后的势能转变为电能的换能部件，以及对电信号进行处理和存储的电路装置，对于所属领域的技术人员而言是显而易见的，如证据4中公开的密闭型测重计中的载荷杆和电阻丝应变计，这两个部件分别对应于权利要求1中的推力元件和安装在推力元件上的换能装置，并且是推力元件和换能装置的下位概念，证据4中还公开了气密密封的空腔以及使该空腔内的电路装置与外部进行通信的插孔，给出了在称重装置中应用为换能装置和电路装置提供密封封装的装置以及为电路装置与外部的通信提供穿过封装装置的通路的装置的技术启示，而且上述空腔和插孔在证据 4 的技术方案中起到的作用与权利要求 1 中密封封装装置和通路装置的作用相同，即证据 4 中公开了权利要求 1 中的技术特征（1）（2）（4）和（5），且证据 4 与本专利的技术领域相同，上述技术特征在证据 4 的技术方案中与其在权利要求 1 的技术方案中所起的作用相同，因此其势必能够给出在称重装置中应用上述技术手段的技术启示。

证据 1 公开的称重装置中，也包括受力器和换能器，并且换能器的输出连接到模/数转换装置，该装置相当于权利要求 1 中的产生数字式表示的装置，而与每个换能器相配合的数据存储装置中存储的校准数据对换能器的输出进行调整和校正，校准的方式是以系数形式与换能器输出相乘或求代数和，而校准的因数有零点误差、测量误差范围、非线性、滞变、温度和压力的换能器输出的依赖关系等，从而对转换后的数字信号进行校准。可见证据 1 已经给出了在称重装置中应用把至少一种修正因素加到数字式表示上的装置的技术启示，其技术效果均是校准重量数据中由于非线性、温度和压力等原因造成的误差。

合议组认为，证据 2、4 和 1 均涉及称重装置的技术领域，分别给出了在称重装置中应用本专利权利要求 1 的技术方案中各个技术手段的技术启示，这些技术手段在各自的技术方案中与其在本专利权利要求 1 的技术方案中所起的作用均相同，并且对于所属技术领域的技术人员而言，为了解决使数字测力计得到密封，并能够在外部对内部电路进行调整以及对称重数据进行校准的技术问题，将不同技术方案中的上述技术手段结合起来并不存在需要创造性劳动才能克服的困难，也就是说在证据 2 的基础上结合证据 4 和 1 得到本专利权利要求 1 的技术方案对于所属技术领域的技术人员而言是显而易见的，因此，权利要求 1 不具有突出的实质性特点和显著的进步，不符合专利法第 22 条第 3 款关于创造性的规定。

（2）权利要求 2 的创造性。

权利要求 2 的附加技术特征为：所述推力元件是摇杆，以及所述修正因数修正所述数字式表示与所述摇杆上的各种负荷的非线性关系。

使用摇杆作为推力元件是本领域的公知常识，专利权人在口头审理中也认可上述事实，并且证据 4 中公开了采用载荷杆作为推力元件的技术方案，另外如上所述，在证据 1 中公开了对数字化的换能器输出进行校准的校准数据中包括对非线性等误差源进行补偿的内容，可见在证据 1 和 4 的基础上，权利要求 2 的附加技术特征对于所属技术领域的技术人员而言是显而易见的，不能为权利要求 2 的技术方案的创造性带来实质性的影响，因此权利要求 2 也不具有突出的实质性特点和显著的进步，不具备专利法第 22 条第 3 款规定的创造性。

（3）权利要求 3 的创造性。

权利要求 3 的附加技术特征为：所述推力元件是双导向横杆推力元件。

在称重装置中使用双导向横杆推力元件是所属技术领域的公知常识，例如证据 6 公开了一种称重计的密封装置，其具有一个横梁，在横梁的柔韧区段上安装有多个形成电桥电路的应变电阻，该称重计中的横梁以及柔韧部上的应变电阻即构成了一种双导向横杆推力元件，由此可见，在权利要求 3 所引用的权利要求 1 不具备创造性的情况下，权利要求 3 也不具有突出的实质性特点和显著的进步，不具备专利法第 22 条第 3 款规定的创造性。

（4）权利要求 4 的创造性。

权利要求 4 的附加技术特征为：所述推力元件是扭转环推力元件。

在称重装置中使用扭转环推力元件是所属技术领域的公知常识，例如证据 7 公开了一种测力计，其圆柱形的测力计的机壳与环形的弹簧体结成一体，弹簧体的上段携带有膨胀测量带，并构成可变形的测量件，这种弹簧体与膨胀测量带构成的测量件即构成了一种扭转环推力元件，由此可见，在权利要求4所引用的权利要求1不具备创造性的情况下，权利要求4也不具有突出的实质性特点和显著的进步，不具备专利法第22条第3款规定的创造性。

（5）权利要求5的创造性。

权利要求5的附加技术特征为：所述电路装置包含用于产生所述推力元件的温度的数字式表示的装置，用于存储温度修正因数的装置以及利用所述温度表示和所述温度修正因数以修正所述数字式负荷表示的装置。

证据8公开了一种温度补偿测力装置，其中控制装置将测定载荷的力传感器的输出和安装在所述力传感器附近的或直接安装在力传感器的温度传感器的输出作为输入，预先对根据温度出现的力传感器的输出的变化进行存储，根据在对力进行测量时的温度对力传感器的输出信号进行修正，将经过修正的力的测定值信号输送给力显示器，模/数转换器将模拟温度信号转换为数字信号，运算装置的运算器中的存储器内存储了对应于力传感器的温度的零点和对应于力传感器的温度的输出系数。可见证据8中的模/数转换器对应于本专利权利要求5中产生推力元件的温度的数字式表示的装置，而运算器中的存储器对应于存储温度修正因数的装置，而具有运算器的运算装置对应于修正数字式负荷表示的装置，而且证据8也是通过对温度进行测定并采用对应于不同温度的系数对力传感器的输出进行补偿来避免温度的不同对于该测力装置输出测量结果的影响，达到了与本专利权利要求5相同的技术效果，证据8给出了在测力或者称重装置中采用这种温度补偿技术手段的技术启示，因此在权利要求1不具备创造性的情况下，权利要求5的附加技术特征不能为权利要求5的技术方案的创造性带来实质性的影响，因此权利要求5也不具有突出的实质性特点和显著的进步，不具备专利法第22条第3款规定的创造性。

（6）权利要求6的创造性。

请求人以证据2作为最接近的现有技术，与证据4和5结合评价权利要求6的创造性。

独立权利要求6请求保护一种称重装置，其特征在于它包括：（1）摇杆推力元件，（2）与所述的推力元件关联的、用于提供所述推力元件上负荷的数字式表示的装置，（3）用于存储数学式的装置，该数学式用于修正所述推力元件输出信号的线性，以及（4）用于使所述数字式表示与所述数学式相结合以提供修正后的数字式表示的装置。

如评述权利要求1时所述的，证据2公开了一种蠕变补偿称重装置，该称重装置包括数字称重单元，该数字称重单元与“主”或秤系统微计算机62连接，微计算机还用于控制显示器和打印机，各种电子电路与模/数转换器和附加的专用称重单元微处理器和存储器安装在同一印刷电路板上，因而数字称重单元作为一个独立的单元可以被校准、补偿和修正并可安装成各种微处理机控制的秤系统，除了对数字称重单元的工作进行控制外，具有RAM的微处理器对模/数转换器输出的重量数据进行修正，以便对蠕变效应进行补偿，微处理器还与主微计算机联通，向其传递重量数据，所述重量数据将在主微计算机上进一步处理并显示，RAM起到了存储数字式表示以及及对数字称重单元的工作进行控制的作用。在蠕变计算常数输入数字称重单元时，将进行校准方式工作。可见，证据2已经给出了在称重装置中应用电路装置、外部控制装置、产生重量数据的数字式表示的装置以及存储、修正、传送数字式重量数据的装置，从而对施加到该称重装置上的负荷进行数据转换并进行修正的技术启示，证据2与权利要求6的区别在于：证据2未明确公开使用摇杆推力元件的技术特征，以及RAM以数学式对推力元件输出信号的线性进行修正和使数字式表示与数学式相结合以提供修正后的数字式表示的装置的技术特征。

证据2虽然未明确公开摇杆推力元件的技术特征，但对于称重装置而言，其内部必然包括承受负荷的推力部件，而且使用摇杆作为推力元件也是所属技术领域的公知常识，对于所属领域的技术人员而言是显而易见的，如证据 4 中公开的密闭型测重计中的载荷杆对应于权利要求 6 中的摇杆推力元件。而作为感应外界负荷的元件其势必与用于将该负荷转换为电数据的装置相关联。因此证据 4 给出了在称重装置中应用摇杆推力元件以及使推力元件与提供该推力元件上负荷的数字式表示的装置相关联的技术启示。

证据 5 记载了将逐步半导体化的传感器和单片微机搭载在同一基板上，在微机一侧正确地补偿传感器具有的各种特性（非直线性、温度稳定性等），微机的 ROM 中存储了对照表进行数字线性化，附图中也表示出利用温度补偿数据 Δta 和线性化函数 f（x）对模数转换器的数据进行修正，可见使用数学式修正传感器的温度和线性等特性是所属技术领域的公知常识，在证据 2 已经给出了对称重数据的蠕变进行补偿的技术启示的情况下，所属技术领域的技术人员根据需要对称重装置中的传感器的非直线性和温度稳定性等特性进行补偿也是显而易见的，由于证据 5 的补偿是在模数转换器进行的，因而补偿后的数据势必为数字数据。

合议组认为，证据 2、4 均涉及称重装置的技术领域，而证据 5 涉及有关传感器的公知常识，而称重装置也是传感器的应用领域，上述证据分别给出了在称重装置中应用本专利权利要求 6 的技术方案中各个技术手段的技术启示，这些技术手段在各自的技术方案中与其在本专利权利要求 6 的技术方案中所起的作用均相同，并且对于所属技术领域的技术人员而言，为了解决本专利的技术问题，将不同技术方案中的上述技术手段结合起来并不存在需要创造性劳动才能克服的困难，也就是说在证据 2 的基础上结合证据 4 和 5 得到本专利权利要求 6 的技术方案对于所属技术领域的技术人员而言是显而易见的，因此，权利要求 6 不具有突出的实质性特点和显著的进步，不符合专利法第 22 条第 3 款关于创造性的规定。

（7）权利要求 7 的创造性。

在本专利授权公告文本中，权利要求 7 从属于权利要求 1，但根据其限定部分进一步限定的用于安装数字式表示装置、存储装置以及组合装置的电路安装装置的技术特征分析，这些附加技术特征实质上是对权利要求 6 的进一步限定，因而其应从属于权利要求 6，该权利要求引用部分存在撰写上的笔误。

权利要求 7 的附加技术特征为：包含固定在所述推力元件上的电路安装装置，该装置用于安装所述数字式表示装置、所述存储装置以及所述组合装置。

证据 2 公开的称重装置中，各种电子电路与模/数转换器和附加的专用称重单元微处理器和存储器安装在同一印刷电路板上，而该证据中各种电子电路、模/数转换器、微处理器和存储器分别起到采集电信号、进行数字式表示以及校准数据的作用，可见证据 2 已经给出了将实现不同功能的电路部件安装在同一安装装置上的技术启示，在此基础上，结合证据 4 和 5 公开的内容，所属技术领域的技术人员很容易想到将实现其他功能的电路或部件进行集成从而共同安装到称重装置的推力元件上，因此权利要求 7 的附加技术特征不能给权利要求 7 的技术方案的创造性带来实质性影响，权利要求 7 也不具备突出的实质性特点和显著的进步，不符合专利法第 22 条第 3 款关于创造性的规定。

（8）权利要求 8 的创造性。

请求人以证据 2 作为最接近的现有技术，与证据 1、4 和 9 结合评价权利要求 8 的创造性。

独立权利要求 8 请求保护一种称重装置包括（1）若干测力计，每个测力计包含推力元件和安装在所述推力元件上的换能装置，其特征在于它还包括（2）固定在所述推力元件上的电路装置，所述电路装置包括：（2.1）用于产生加到所述推力元件上的负荷的数字式表示的装置，以及（2.2）对为传输所述数字式表示的外部询问作出应答的装置，（3）为所述换能装置和所述电路装置提供密封外壳的装置，(4) 为所述电路装置与外部的通信提供穿过所述密封装置的通路的装置，(5) 用所述各测力计支承的负荷容纳装置，(6) 把所述各测力计接入局部区域网络中的装置，(7) 用于询问所述各测力计，以接收所述数字式表示的装置，以及 (8) 用于组合所述数字式表示，以产生所述负荷容纳装置上总重量的数字式表示的装置。

如评述权利要求 1 时所述的，在证据 2 的基础上结合证据 1 和 4 已经公开了推力元件、换能装置、电路装置中产生负荷的数字式表示的装置、提供密封外壳的装置、提供穿过密封装置的通路的装置这些技术特征。此外，证据 1 还公开了称重装置包括多个换能器，多个换能器与可以为水平的矩形或正方形的称重平台相连接，称重盘安装在多个挠性件上，每个挠性件具有一个应变件，使得在对挠性件加载时产生应变件输出的变化，各个换能器的信号经过校准数据的调整和校正之后存储在暂存装置中，存储装置对处理装置下指令，接收来自暂存装置的处理结果并将处理结果汇集在一起，产生表示特定称重周期的结果的最终结果，因此证据 1 公开了权利要求 8 中的技术特征 (1) (5) 和 (8)，并且这些技术手段产生的技术效果均是容纳负荷并采用多个测力计进行测量，最终汇总数据产生总重量的数字式表示。上述证据未公开的技术特征是权利要求 8 中的技术特征 (6) 和 (7) 以及电路装置中的对为传输所述数字式表示的外部询问作出应答的装置。

证据 9 公开了一种计量联机系统，其具有主机和与主机相连的第 1~16 号秤系统，各个秤具有与主机连接的接口，当秤具有有待向主机传递的数据时，其根据轮询向主机进行传送，各个秤包括 CPU、输入/输出块和模/数转换器，模/数转换器与称重单元连接。显然，证据 9 公开的计量联机系统中，各个秤与主机实质上也构成了一种局域网络，并且各个秤接入该网络中，主机通过轮询各个秤获得称重的数字信号，各个秤中的 CPU 会对主机的询问作出应答，从而控制数据向主机进行传送。由此可见，证据 9 已经给出了在称重装置中应用接有测力计的局域网络以及通过询问各测力计接收数字式表示的技术手段的技术启示。

合议组认为，证据 1、2、4 和 9 均涉及称重装置的技术领域，分别给出了在称重装置中应用本专利权利要求 8 的技术方案中各个技术手段的技术启示，这些技术手段在各自的技术方案中与其在本专利权利要求 8 的技术方案中所起的作用均相同，并且对于所属技术领域的技术人员而言，为了解决使用多个测力计进行测量并获取多个测力计的数据以得到总重量，以及使数字测力计得到密封，并能够在外部对内部电路进行调整以及对称重数据进行校准的技术问题，将不同技术方案中的上述技术手段结合起来并不存在需要创造性劳动才能克服的困难，也就是说在证据 2 的基础上结合证据 1、4 和 9 得到本专利权利要求 8 的技术方案对于所属技术领域的技术人员而言是显而易见的，因此，权利要求 1 不具有突出的实质性特点和显著的进步，不符合专利法第 22 条第 3 款关于创造性的规定。

(9) 权利要求 9 的创造性。

权利要求 9 的附加技术特征为：所述推力元件是摇杆。

使用摇杆作为推力元件是本领域的公知常识，专利权人在口头审理中也认可上述事实，并且证据 4 中公开了采用载荷杆作为推力元件的技术方案，因此权利要求 9 的附加技术特征不能为权利要求 9 的创造性带来实质性影响，权利要求 8 也不具有突出的实质性特点和显著的进步，不符合专利法第 22 条第 3 款关于创造性的规定。

(10) 权利要求 10 的创造性。

权利要求 10 的附加技术特征为：所述电路装置包含用于把至少一种修正因数加到所述数字式表示上的装置。

如评述权利要求 1 时所述的，证据 1 已经给出了在称重装置中应用把至少一种修正因素加到数字式表示上的装置的技术启示，其技术效果均是校准重量数据中由于非线性、温度和压力等原因造成的误差。因此，权利要求 10 的附加技术特征也不能为权利要求 10 的技术方案的创造性带来任何实质性影响，权利要求 10 也不具有突出的实质性特点和显著的进步，不符合专利法第 22 条第 3 款关于创造性的规定。

综上所述，本专利权利要求 1～10 均不符合专利法第 22 条第 3 款的规定。

鉴于本专利权利要求 1～10 均不具备专利法第 22 条第 3 款规定的创造性，应予宣告无效，故本决定不再对请求人提交的其他无效理由及证据予以评述。

故此，本合议组作出如下决定。

三、决定

宣告第 88108281.3 号发明专利权全部无效。

一方当事人对本决定不服的，可以根据专利法第 46 条第 2 款的规定，在收到本决定之日起三个月内向北京市第一中级人民法院起诉。起诉后，另一方当事人可以根据行政诉讼法第 27 条的规定，作为第三人向北京市第一中级人民法院申请参加诉讼。

037

一种防盗门

无效宣告请求审查决定（第9377号）

决　定　号　第9377号
决　定　日　2006年12月22日
发明创造名称　一种防盗门
国际分类号　E06B 5/11
无效宣告请求人　王力集团有限公司
专利权人　任文林
专　利　号　97109235.4
申　请　日　1997年9月9日
授权公告日　2004年1月7日
合议组组长　马　昊
主　审　员　聂春艳
参　审　员　高　栋

法律依据　专利法第22条第2款、第3款
决定要点

如果对比文件中虽然没有明确给出其所披露的技术方案的某一具体应用，但是根据本专利所要解决的技术问题及对比文件中给出的相关技术启示，本领域技术人员能够想到这一应用，则本专利的相应技术方案相对于对比文件不具备创造性。

一、案由

本无效宣告请求涉及国家知识产权局于2004年1月7日授权公告的、专利号为97109235.4、名称为“一种防盗门”的发明专利（以下简称本专利）。该专利的申请日为1997年9月9日，专利权人为任文林，其授权公告的权利要求书如下：

“1. 一种防盗门，它包括锁头（1）、面板（2），面板（2）由金属材料制成，其特征是锁头（1）装在门上，位于面板（2）之内，面板（2）上锁头位置有小于锁头外端横截面的钥匙插入孔（3）。

2. 一种防盗门，它包括锁头（1）、面板（2），锁头（1）装在门上，其特征是面板（2）上有凸罩（22、221、224）位于锁头前，凸罩上有小于锁头外端横截面的钥匙插入孔。

3. 如权利要求1所述的防盗门，其特征在于锁头（1）前的面板是凸罩（22、221、224）。

4. 如权利要求2所述的防盗门，其特征在于凸罩（22、222、224）与面板（2）固定连接。

5. 如权利要求 2 所述的防盗门，其特征在于凸罩（22、222）由门的面板向外延伸凸出而成。”

针对上述专利权，王力集团有限公司（以下简称请求人）于 2004 年 11 月 22 日向专利复审委员会提出无效宣告请求，同时提交了以下对比文件作为证据：

对比文件 1：90202550.3 号中国实用新型专利申请说明书，其公告日为 1990 年 10 月 24 日；

对比文件 2：95231826.1 号中国实用新型专利说明书，其授权公告日为 1996 年 10 月 2 日；

对比文件 3：97241263.8 号中国实用新型专利说明书公告首页、权利要求书、附图第 1、2、5、6 页，其申请日为 1997 年 9 月 11 日，授权公告日为 1999 年 11 月 3 日，专利权人是任文林。

请求人认为：（1）本专利权利要求 1、2、3、5 相对于对比文件 1 不具备新颖性和创造性；（2）本专利权利要求 2、4 相对于对比文件 2 不具备新颖性和创造性，权利要求 5 相对于对比文件 2 不具备创造性；（3）本专利权利要求 1、2、3、5 与对比文件 3 的权利要求 1 构成了重复授权，因而不符合专利法实施细则第 13 条第 1 款的规定。

经形式审查合格，专利复审委员会受理了上述请求，并于 2004 年 11 月 23 日向双方当事人发出无效宣告请求受理通知书，并将无效宣告请求书及其附件副本转送给专利权人。

2004 年 12 月 16 日，请求人提交意见陈述书，补充了以下对比文件作为证据：

对比文件 4：90209337.1 号中国实用新型专利申请说明书，其公告日为 1991 年 6 月 12 日；

对比文件 5：92214988.7 号中国实用新型专利说明书，其授权公告日为 1993 年 5 月 26 日；

对比文件 6：93239608.9 号中国实用新型专利说明书，其授权公告日为 1994 年 10 月 5 日。

请求人认为上述三份证据均可以单独评价本专利的新颖性和创造性，也可以组合评价本专利的创造性。

2005 年 1 月 7 日，专利权人提交意见陈述书，针对请求人 2004 年 11 月 22 日提出的无效宣告请求进行了答辩，认为：（1）对比文件 1 公开不充分，不能作为对比文件，且对比文件 1 所公开的结构不适用于防盗门，从对比文件 1 到本专利需要付出创造性的劳动，对比文件 2 也存在同样的问题；（2）对比文件 3 已经放弃，不能证明本专利属于重复授权；（3）本专利具有创造性。

2005 年 3 月 8 日，合议组向双方当事人发出口头审理通知书，定于 2005 年 4 月 27 日进行口头审理，同时将请求人 2004 年 12 月 16 日提交的意见陈述书和专利权人 2005 年 1 月 7 日提交的意见陈述书分别转送给对方当事人。

口头审理如期举行，双方均出席口头审理并陈述了意见。在口审中，专利权人明确表示对对比文件 1-6 的真实性没有异议，请求人则明确其无效理由为：本专利权利要求 1、2、3、5 与对比文件 3 的权利要求构成了重复授权，不符合专利法实施细则第 13 条第 1 款的规定；权利要求 1 相对于对比文件 1、对比文件 2、对比文件 4、对比文件 5、对比文件 6 不具备新颖性，权利要求 2 相对于对比文件 1、对比文件 2、对比文件 5、对比文件 6 不具备新颖性，权利要求 3 相对于对比文件 1、对比文件 2、对比文件 5、对比文件 6 不具备新颖性，权利要求 4 相对于对比文件 5、对比文件 6 不具备新颖性，权利要求 5 相对于对比文件 1、对比文件 2 不具备新颖性，不符合专利法第 22 条第 2 款的规定；权利要求 1~5 相对于对比文件 1、对比文件 2、对比文件 4 和对比文件 1 的结合、对比文件 4 和对比文件 2 的结合、对比文件 4 和对比文件 5 的结合、对比文件 4 和对比文件 6 的结合不具备创造性，不符合专利法第 22 条第 3 款的规定。合议组要求请求人在口头审理之日起 7 日内提交有关口头审理的书面意见陈述，该意见陈述不得增加新的内容。

2005 年 5 月 3 日，专利权人提交意见陈述书，认为对比文件 4、5、6 与本案专利在目的、结构、功能、效果上均不相同，也未公开本案专利的技术特征，因此无论单独评述或组合评述，均不能影响本专利的新颖性和创造性。专利权人还强调，一份公开不充分的文件，不能作为对比文件，更不能作为无效专利的证据使用。

2005年5月8日和2005年5月9日，请求人提交了两份内容完全一样的“口审代理词”，其中除了重申了其在口头审理中发表的意见之外，还增加了一些新的无效理由。

至此，合议组认为本案事实已经清楚，可以依法作出本无效宣告请求审查决定。

二、决定的理由

1. 关于与新颖性和创造性的评述相关的证据

由于对比文件1、2、4、5、6均为专利文献，属于公开出版物，其公开日均早于本专利的申请日，因此上述证据构成本专利的现有技术，可以用于评价本专利的新颖性和创造性。

至于专利权人所持的某些对比文件公开不充分、因而不能作为证据使用的观点，合议组认为，对比文件自身是否公开充分与其是否能够作为证据评价本专利的新颖性和创造性之间没有必然的联系，合议组仅依据其已明确公开的内容来评述本专利的新颖性和创造性。

2. 关于请求人在口头审理后增加的无效理由

由于合议组在口头审理时已明确告知请求人在口头审理后提交的意见陈述中不得增加新的内容，因此对于请求人在口头审理后增加的无效理由合议组不予考虑。

3. 关于权利要求2、4相对于对比文件5是否具有新颖性

权利要求2的技术方案为：“一种防盗门，它包括锁头（1）、面板（2），锁头（1）装在门上，其特征是面板（2）上有凸罩（22、221、224）位于锁头前，凸罩上有小于锁头外端横截面的钥匙插入孔”。

对比文件5（参见对比文件5说明书及附图）涉及一种门锁防盗装置，具体为一种钢质防护门门锁保护器，该保护器安装在双层钢制防护门上，由壳体1、固定圈6和防护套17组成，其中壳体1装在门扇前锁头21位置处，固定圈6装在门扇中间起支撑紧固作用，防护套17覆盖在锁壳20上；壳体1为一个中部为空心圆柱2的圆台，采用45#钢热处理淬火，空心圆柱2的半径与锁头大小配合，圆台上表面上钻有一个用作钥匙孔的圆孔5；固定圈6中部凸起成有盖空心圆柱7，空心圆柱7上有一个与圆台上表面上的钥匙孔相对的大孔9，周围是圆环结构8，圆环8焊接在门扇外层的内壁上；防护套17是根据门锁外形制成的倒角长方体壳盒；锁头21装在固定圈上，壳体中部的空心圆柱2与锁头装配；由附图8可知，壳体1上的钥匙孔5小于锁头21外端的横截面。

将本专利权利要求2与对比文件5所公开的技术内容相比较可知，对比文件5中的前锁头21、和壳体1即为权利要求2中的锁头和凸罩，对比文件5已经公开了本专利权利要求2的所有技术特征，由于对比文件5所公开的技术方案和本专利权利要求2所述的技术方案都是通过将锁藏于门面板上的凸罩内的方式来提供一种防盗门门锁保护结构，二者解决的技术问题和获得的技术效果相同，因此对比文件5已经公开了权利要求2的技术方案，权利要求2相对于对比文件5不具备新颖性，不符合专利法第22条第2款的规定。

权利要求4引用权利要求2，其附加技术特征是“凸罩与面板固定连接”，该技术特征也已经被对比文件5公开（参见其附图2、附图8），因此权利要求4也相对于对比文件5不具备新颖性，不符合专利法第22条第2款的规定。

4. 关于权利要求1、3、5相对于对比文件1是否具有创造性

权利要求1的技术方案为：“一种防盗门，它包括锁头（1）、面板（2），面板（2）由金属材料制成，其特征是锁头（1）装在门上，位于面板（2）之内，面板（2）上锁头位置有小于锁头外端横截面的钥匙插入孔（3）”。

对比文件1（参见对比文件1说明书及附图）涉及一种适用于各种木门、钢门的门锁安全加固装

置，其主要目的是保护锁芯，其采用的技术方案是：该装置由外护盖7、活动锁盖6和加固板4组成，外护盖7和保护板5为两块钢板并相互压焊，并在中间装有活动锁盖6，外护盖7在中间位置开有孔，活动锁盖6中间开有钥匙孔并可在外护盖内自由转动，外护盖内焊有内螺帽2，螺钉1与内螺帽2相连，将加固板4和门锁3固定在门8上。从对比文件1的附图1可知，外护盖7和保护板5上均有小于锁头外端横截面的钥匙插入孔。

将本专利权利要求1与对比文件1所公开的技术内容相比较可知，对比文件1中的外护盖7即为权利要求1中的面板，并且外护盖7上有小于锁头外端横截面的钥匙插入孔，对比文件1所公开的门锁安全加固装置除了没有明确指出该装置可以用于防盗门之外，已经明显公开了权利要求1的其他技术特征。由于对比文件1所公开的门锁安全加固装置也是用于加固和保护门锁特别是锁芯的，并且该装置可以用于各种木门、钢门，因此本领域技术人员在获知对比文件1所公开的技术方案后，为了提供一种防盗门门锁锁头保护装置，能够想到将对比文件1所公开的门锁安全加固装置应用于防盗门，从而得到权利要求1所述的技术方案并获得相应的技术效果，因此，权利要求1所述的技术方案相对于对比文件1不具备突出的实质性特点和显著的进步，不符合专利法第22条第3款有关发明专利创造性的规定。

权利要求3引用权利要求1，其附加技术特征是“锁头（1）前的面板是凸罩（22、221、224）”，该技术特征已被对比文件1公开，因此权利要求3也相对于对比文件1不具备创造性，不符合专利法第22条第3款的规定。

权利要求5的技术方案为：“一种防盗门，它包括锁头（1）、面板（2），锁头（1）装在门上，其特征是面板（2）上有凸罩（22、221、224）位于锁头前，凸罩上有小于锁头外端横截面的钥匙插入孔，凸罩（22、222）由门的面板向外延伸凸出而成”。

将本专利权利要求5与对比文件1所公开的技术内容相比较可知，对比文件1中的外护盖7即为权利要求5中的面板，并且外护盖7向外延伸凸出形成凸罩位于锁头前，凸罩上有小于锁头外端横截面的钥匙插入孔，对比文件1所公开的门锁安全加固装置除了没有明确指出该装置可以用于防盗门之外，已经公开了权利要求5的其他技术特征。基于与前述评价权利要求1的创造性相同的理由，权利要求5所述的技术方案也相对于对比文件1不具备创造性，不符合专利法第22条第3款的规定。

综上所述，本专利权利要求2、4相对于对比文件5不具备新颖性，不符合专利法第22条第2款的规定，权利要求1、3、5相对于对比文件1不具备创造性，不符合专利法第22条第3款的规定，请求人的相关无效理由成立。本决定对于请求人的其他无效理由不再进行评述。

三、决定

宣告第97109235.4号发明专利权全部无效。

当事人如对本决定不服，可以根据专利法第46条第2款的规定，自收到本决定之日起三个月内向北京市第一中级人民法院起诉。根据该款的规定，一方当事人起诉后，另一方当事人应当作为第三人参加诉讼。

北京市第一中级人民法院
行政判决书

（2008）一中行初字第166号

原告任文林，男，1958年12月25日出生，汉族，住湖北省潜江市江汉油田向阳开发路。

被告国家知识产权局专利复审委员会，住所地北京市海淀区北四环西路9号银谷大厦10~12层。

法定代表人廖涛，副主任。

委托代理人高栋，国家知识产权局专利复审委员会审查员。

委托代理人余心蕾，国家知识产权局专利复审委员会审查员。

第三人王力集团有限公司，住所地浙江省永康市五金科技工业园。

法定代表人王跃斌，董事长。

委托代理人林建军，北京金之桥知识产权代理有限公司职员。

委托代理人朱黎光，北京金之桥知识产权代理有限公司职员。

原告任文林不服被告国家知识产权局专利复审委员会（简称专利复审委员会）于2006年12月22日作出的第9377号无效宣告请求审查决定（简称第9377号决定），于法定期限内向本院提起行政诉讼。本院于2008年1月21日受理后，依法组成合议庭，并根据相关法律规定通知王力集团有限公司（简称王力公司）作为第三人参加诉讼，于2008年3月28日公开开庭进行了审理。原告任文林，被告专利复审委员会的委托代理人高栋、余心蕾到庭参加诉讼，第三人王力公司经本院合法传唤未到庭参加诉讼，本院依法缺席审理。本案现已审理终结。

第9377号决定系专利复审委员会针对王力公司就任文林所拥有的97109235.4号、名称为“一种防盗门”的发明专利（简称本专利）所提出的无效宣告请求而作出的。

专利复审委员会第9377号决定认为：1. 由于对比文件1、2、4、5、6均为专利文献，属于公开出版物，其公开日均早于本专利的申请日，因此上述证据构成本专利的现有技术，可以用于评价本专利的新颖性和创造性。对比文件自身是否公开充分与其是否能够作为证据评价本专利的新颖性和创造性之间没有必然联系，专利复审委员会仅依据其已明确公开的内容来评述本专利的新颖性和创造性。2. 由于专利复审委员会在口头审理时已明确告知王力公司在口头审理后提交的意见陈述中不得增加新的内容，因此对于王力公司在口头审理后增加的无效理由不予考虑。3. 将本专利权利要求2与对比文件5所公开的技术内容相比较可知，对比文件5中的前锁头和壳体即为权利要求2中的锁头和凸罩，对比文件5已经公开了本专利权利要求2的所有技术特征，由于对比文件5所公开的技术方案和本专利权利要求2所述的技术方案都是通过将锁藏于门面板上凸罩内的方式来提供一种防盗门门锁保护结构，二者解决的技术问题和获得的技术效果相同，因此对比文件5已经公开了权利要求2的技术方案，权利要求2相对于对比文件5不具备新颖性，不符合《中华人民共和国专利法》（简称《专利法》）第二十二条第二款的规定。权利要求4引用权利要求2，其附加技术特征是“凸罩与面板固定连接”，该技术特征也已经被对比文件5公开，因此权利要求4相对于对比文件5不具备新颖性，不符合专利法第二十二条第二款的规定。4. 将本专利权利要求1与对比文件1所公开的技术内容相比较可知，对比文件1中的外护盖即为权利要求1中的面板，并且外护盖上有小于锁头外端横截面的钥匙插入孔，对比文件1所公开的门锁安全加固装置除了没有明确指出该装置可以用于防盗门之外，已经明显公开了权利要求1的其他技术特征。由于对比文件1所公开的门锁安全加固装置也是用于加固和保护门锁特别是锁芯的，并且该装置可以用于各种木门、钢门，因此本领域技术人员在获知对比文件 1 所公开的技术方案后，为了提供一种防盗门门锁锁头保护装置，能够想到将对比文件 1 所公开的门锁安全加固装置应用于防盗门，从而得到权利要求 1 所述的技术方案并获得相应的技术效果，因此，权利要求 1 所述的技术方案相对于对比文件 1 不具备突出的实质性特点和显著的进步，不符合《专利法》第二十二条第三款有关发明专利创造性的规定。权利要求 3 引用权利要求 1，其附加技术特征是“锁头前的面板是凸罩”，该技术特征已被对比文件 1 公开，因此权利要求 3 相对于对比文件 1 不具备创造性，不符合《专利法》第二十二条第三款的规定。将本专利权利要求 5 与对比文件 1 所公开的技术内容相比较可知，对比文件 1 中的外护盖即为权利要求 5 中的面板，并且外护盖向外延伸凸出形成凸罩位于锁头前，凸罩上有小于锁头外端横截面的钥匙插入孔，对比文件 1 所公开的门锁安全加固装置除了没有明确指出该装置可以用于防盗门之外，已经公开了权利要求 5 的其他技术特征。基于与前述评价权利要求 1 的创造性相同的理由，权利要求 5 所述的技术方案相对于对比文件 1 不具备创造性，不符合《专利法》第二十二条第三款的规定。综上所述，本专利权利要求 2、4 相对于对比文件 5 不具备新颖性，不符合《专利法》第二十二条第二款的规定，权利要求 1、3、5 相对于对比文件 1 不具备创造性，不符合《专利法》第二十二条第三款的规定，故宣告本专利专利权全部无效。

原告任文林不服第 9377 号决定，向本院提起行政诉讼，其起诉的主要理由为：1. 专利复审委员会违反中立原则、请求原则及听证原则。2. 对比文件 5 在发明目的、技术方案、技术效果上与本专利完全不同，不能破坏本专利的新颖性。3. 对比文件 1 公开不充分，不能作为证据使用。4. 对比文件 1 与本专利的发明目的不同，且结构、功能、效果均不一样，不能破坏本专利的创造性。5. 本专利解决了人们一直渴望解决但始终未能解决的技术难题，在本专利申请日前的专利均未被人们重视，而在本专利公开后即被广泛采用，事实证明本领域普通技术人员需进行创造性劳动才能实现本专利的技术方案，因此本专利权利要求 1、3、5 相当于对比文件 1 具有创造性。综上，请求法院撤销第 9377 号决定。

被告专利复审委员会辩称：1. 原告提交的证据不能证明本专利具有新颖性和创造性，与本专利是否具有新颖性和创造性没有关联性。2. 对比文件公开是否充分与其作为评价本专利新颖性、创造性的证据所要证明的事实没有关联性。原告诉称公开不充分的对比文件具有证据的形式要件和证明效力。3. 本专利相当于对比文件不具有新颖性和创造性，虽然对比文件中使用的有关技术术语与本专利不同，但技术术语的不同只是文字表达方式的不同，根据对对比文件的理解，其代表的具体含义实质上相同。综上，请求法院驳回原告的诉讼请求，维持第 9377 号决定。

第三人王力公司述称，任文林的诉讼理由没有证据支持，其陈述的观点是对《审查指南》的片面理解，是明显错误的，本专利相对于对比文件不具备创造性，请求法院驳回任文林诉讼请求，维持第 9377 号决定。

经本院审理查明，任文林于 1997 年 9 月 9 日向原中国专利局提出了名称为“一种防盗门”的发明专利申请，国家知识产权局于 2004 年 1 月 7 日授权公告，专利号为 97109235.4，专利权人为任文林，其授权公告的权利要求书为：

“1. 一种防盗门，它包括锁头、面板，面板由金属材料制成，其特征是锁头装在门上，位于面板之内，面板上锁头位置有小于锁头外端横截面的钥匙插入孔。

2. 一种防盗门，它包括锁头、面板，锁头装在门上，其特征是面板上有凸罩位于锁头前，凸罩上有小于锁头外端横截面的钥匙插入孔。

3. 如权利要求 1 所述的防盗门，其特征在于锁头前的面板是凸罩。

4. 如权利要求 2 所述的防盗门，其特征在于凸罩与面板固定连接。

5. 如权利要求 2 所述的防盗门，其特征在于凸罩由门的面板向外延伸凸出而成。”

针对上述专利权，王力公司于2004年11月22日向专利复审委员会提出无效宣告请求，同时提交了以下对比文件作为证据：

对比文件1，90202550.3号中国实用新型专利申请说明书，公告日为1990年10月24日。对比文件1涉及一种适用于各种木门、钢门的门锁安全加固装置，其主要目的是保护锁芯，其采用的技术方案是：该装置由外护盖、活动锁盖和加固板组成，外护盖和保护板为两块钢板并相互压焊，并在中间装有活动锁盖，外护盖在中间位置开有孔，活动锁盖中间开有钥匙孔并可在外护盖内自由转动，外护盖内焊有内螺帽，螺钉与内螺帽相连，将加固板和门锁固定在门上。从对比文件1的附图1可知，外护盖和保护板上均有小于锁头外端横截面的钥匙插入孔；

对比文件2，95231826.1号中国实用新型专利说明书，授权公告日为1996年10月2日；

对比文件3，97241263.8号中国实用新型专利说明书公告首页、权利要求书、附图第1、2、5、6页，其申请日为1997年9月11日，授权公告日为1999年11月3日，专利权人是任文林。

王力公司认为；（1）本专利权利要求1、2、3、5相对于对比文件1不具备新颖性和创造性；（2）本专利权利要求2、4相对于对比文件2不具备新颖性和创造性，权利要求5相对于对比文件2不具备创造性；（3）本专利权利要求1、2、3、5与对比文件3的权利要求1构成了重复授权，因而不符合《中华人民共和国专利法实施细则》（简称《专利法实施细则》第十三条第一款的规定。

2004年12月16日，王力公司提交意见陈述书，补充了以下对比文件作为证据：

对比文件4，90209337.1号中国实用新型专利申请说明书，公告日为1991年6月12日；

对比文件5，92214988.7号中国实用新型专利说明书，授权公告日为1993年5月26日。对比文件5涉及一种门锁防盗装置，具体为一种钢质防护门门锁保护器，该保护器安装在双层钢制防护门上，由壳体、固定圈和防护套组成，其中壳体装在门扇前锁头位置处，固定圈装在门扇中间起支撑紧固作用，防护套覆盖在锁壳上；壳体为一个中部为空心圆柱的圆台，采用45#钢热处理淬火，空心圆柱的半径与锁头大小配合，圆台上表面上钻有一个用作钥匙孔的圆孔；固定圈中部凸起成有盖空心圆柱，空心圆柱上有一个与圆台上表面上的钥匙孔相对的大孔，周围是圆环结构，圆环焊接在门扇外层的内壁上；防护套是根据门锁外形制成的倒角长方体壳盒；锁头装在固定圈上，壳体中部的空心圆柱与锁头装配；由附图8可知，壳体上的钥匙孔小于锁头外端的横截面；

对比文件6，93239608.9号中国实用新型专利说明书，授权公告日为1994年10月5日。

王力公司认为上述三份证据均可以单独评价本专利的新颖性和创造性，也可以组合评价本专利的创造性。

2005年1月7日，任文林提交意见陈述书，针对王力公司2004年11月22日提出的无效宣告请求进行了答辩，认为：（1）对比文件1公开不充分，不能作为对比文件，且对比文件1所公开的结构不适用于防盗门，从对比文件1到本专利需要付出创造性的劳动，对比文件2也存在同样的问题；

（2）对比文件3已经放弃，不能证明本专利属于重复授权；

（3）本专利具有创造性。

2005年3月8日，专利复审委员会向双方当事人发出口头审理通知书，定于2005年4月27日进行口头审理，同时将王力公司2004年12月16日提交的意见陈述书和任文林2005年1月7日提交的意见陈述书分别转送给对方当事人。

在无效程序的口头审理中，任文林明确表示对对比文件1-6的真实性没有异议。王力公司明确其无效理由为：本专利权利要求1、2、3、5与对比文件3的权利要求构成了重复授权，不符合《专利法实施细则》第十三条第一款的规定；权利要求1相对于对比文件1、2、4、5、6不具有新颖性，权利要求2相对于对比文件1、2、5、6不具有新颖性，权利要求3相对于对比文件1、2、5、6不具有新颖性，权利要求4相对于对比文件5、6不具有新颖性，权利要求5相对于对比文件1、2不具有新颖性，不符合《专利法》第二十二条第二款的规定；权利要求1~5相对于对比文件1、2、对比文件4和对比文件1的结合、对比文件4和对比文件2的结合、对比文件4和对比文件5的结合、对比文件4和对比文件6的结合不具有创造性，不符合《专利法》第二十二条第三款的规定。

2005年5月3日，任文林提交意见陈述书。认为对比文件4、5、6与本案专利在目的、结构、功能、效果上均不相同，也未公开本案专利的技术特征，因此无论单独评述或组合评述，均不能影响本专利的新颖性和创造性。任文林还强调，一份公开不充分的文件，不能作为对比文件，更不能作为无效专利的证据使用。

专利复审委员会于2006年12月22日作出第9377号决定，宣告本专利全部无效。

上述事实，有本专利权利要求书、说明书及附图，对比文件1~6、原告及第三人在无效程序中提交的意见陈述书、口头审理记录表及第9377号决定在案佐证。

本院认为，根据当事人的诉辩主张，本案争议的焦点问题为：1. 专利复审委员会在无效程序中是否违反相关的程序原则；2. 对比文件公开充分与否与其是否能够作为证据使用有无必然联系；3. 本专利相对于对比文件是否具有新颖性和创造性。

一、专利复审委员会在无效程序中是否违反相关的程序原则

《审查指南》第四部分第一章第2.2节规定，专利复审委员会以客观、公正、准确、及时为原则，坚持以事实为依据，法律为准绳，独立地履行审查职责，不徇私情，全面、客观、科学地分析判断，作出公正的决定。第2.3节规定，复审程序和无效宣告程序均应当基于当事人的请求启动。第2.5节规定，在作出审查决定之前，应当给予审查决定对其不利的当事人针对审查决定所依据的理由、证据和认定的事实陈述意见的机会，即审查决定对其不利的当事人已经通过通知书、转送文件或者口头审理被告知过审查决定所依据的理由、证据和认定的事实，并且具有陈述意见的机会。根据本案查明的事实可以确认，王力公司针对本专利提出了无效宣告请求，专利复审委员会依据请求原则启动了无效宣告程序，并向任文林转送了王力公司针对本专利的无效宣告请求书面意见及相关对比文件，给予了任文林陈述意见的机会，同时按照《审查指南》的相关规定将王力公司及任文林的意见陈述书分别转送对方当事人，并进行了口头审理，在口头审理记录表中已经清楚地载明了王力公司的无效请求理由。通过上述事实可以确认，对本专利的无效请求是王力公司提出的，并针对本专利的权利要求明确了具体的对比文件和具体的无效理由，专利复审委员会给予了任文林陈述意见的机会且进行了口头审理。综上所述，专利复审委员会在本案的无效宣告程序中并未违反公正执法原则、请求原则及听证原则，任文林主张专利复审委员会在无效程序中违反相关程序原则的理由没有事实依据，本院不予采信。

二、对比文件公开充分与否与其是否能够作为证据使用有无必然联系

本院认为，在评判一项专利权是否具有新颖性、创造性时，作为对比文件而言必须具备的条件是记载了相应的技术方案。对比文件是否公开充分，与其是否能够作为证据评价本专利的新颖性和创造性之间没有必然联系。因此专利复审委员会依据相关对比文件已公开的技术方案评述本专利的新颖性和创造性没有违反《审查指南》的规定，故本院对任文林关于对比文件公开不充分，不能作为证据使用的主张，不予支持。

三、本专利相对于对比文件是否具有新颖性和创造性

（一）关于本专利权利要求2、4的新颖性

本专利权利要求2要求保护的技术方案为一种防盗门，包括锁头、面板，锁头装在门上，其特征是面板上有凸罩位于锁头前，凸罩上有小于锁头外端横截面的钥匙插入孔。对比文件5公开的是一种门锁防盗装置，系一种钢质防护门门锁保护器，保护器安装在双层钢制防护门上，由壳体、固定圈和防护套组成，壳体装在门扇前锁头位置处，固定圈装在门扇中间起支撑紧固作用，防护套覆盖在锁壳上；壳体为一个中部为空心圆柱的圆台，空心圆柱的半径与锁头大小配合，圆台上表面上钻有一个用作钥匙孔的圆孔；固定圈中部凸起成有盖空心圆柱，空心圆柱上有一个与圆台上表面上的钥匙孔相对的大孔，周围是圆环结构，圆环焊接在门扇外层的内壁上；防护套是根据门锁外形制成的倒角长方体壳盒；锁头装在固定圈上，壳体中部的空心圆柱与锁头装配。通过附图 8 可知，壳体上的钥匙孔小于锁头外端的横截面。将本专利权利要求 2 与对比文件 5 所公开的技术内容相比较可知，对比文件 5 中的前锁头和壳体即为权利要求 2 中的锁头和凸罩，对比文件 5 已经公开了本专利权利要求 2 的所有技术特征，由于对比文件 5 所公开的技术方案和本专利权利要求 2 所述的技术方案都是通过将锁藏于门面板上凸罩内的方式来提供一种防盗门门锁保护结构，二者解决的技术问题和获得的技术效果相同，因此对比文件 5 已经公开了权利要求 2 的技术方案，权利要求 2 相对于对比文件 5 不具备新颖性，不符合《专利法》第二十二条第二款的规定．权利要求 4 引用权利要求 2，其附加技术特征是“凸罩与面板固定连接”，该技术特征也已经被对比文件 5 公开，因此权利要求 4 相对于对比文件 5 不具备新颖性，不符合《专利法》第二十二条第二款的规定。

（二）关于本专利权利要求 1、3、5 的创造性

权利要求 1 的技术方案为：“一种防盗门，它包括锁头、面板。面板由金属材料制成，其特征是锁头装在门上，位于面板之内，面板上锁头位置有小于锁头外端横截面的钥匙插入孔”。对比文件 1 为一种适用于各种木门、钢门的门锁安全加固装置，其主要目的是保护锁芯，其采用的技术方案是：该装置由外护盖、活动锁盖和加固板组成，外护盖和保护板为两块钢板并相互压焊，并在中间装有活动锁盖，外护盖在中间位置开有孔，活动锁盖中间开有钥匙孔并可在外护盖内自由转动，外护盖内焊有内螺帽，螺钉与内螺帽相连，将加固板和门锁固定在门上。从对比文件 1 的附图 1 可知，外护盖和保护板上均有小于锁头外端横截面的钥匙插入孔。将本专利权利要求 1 与对比文件 1 所公开的技术内容相比较可知，对比文件 1 中的外护盖即为权利要求 1 中的面板，并且外护盖上有小于锁头外端横截面的钥匙插入孔，对比文件 1 所公开的门锁安全加固装置除了没有明确指出该装置可以用于防盗门之外，已经明显公开了权利要求 1 的其他技术特征。由于对比文件 1 所公开的门锁安全加固装置也是用于加固和保护门锁特别是锁芯的，并且该装置可以用于各种木门、钢门，因此本领域技术人员在获知对比文件 1 所公开的技术方案后，为了提供一种防盗门门锁锁头保护装置，能够想到将对比文件 1 所公开的门锁安全加固装置应用于防盗门，从而得到权利要求 1 所述的技术方案并获得相应的技术效果，因此，权利要求 1 所述的技术方案相对于对比文件 1 不具备突出的实质性特点和显著的进步，不符合《专利法》第二十二条第三款有关发明专利创造性的规定。权利要求 3 引用权利要求 1，其附加技术特征是“锁头前的面板是凸罩”，该技术特征已被对比文件 1 公开，因此权利要求 3 相对于对比文件 1 不具备创造性，不符合《专利法》第二十二条第三款的规定。权利要求 5 的技术方案为：“一种防盗门，它包括锁头、面板，锁头装在门上，其特征是面板上有凸罩位于锁头前，凸罩上有小于锁头外端横截面的钥匙插入孔，凸罩由门的面板向外延伸凸出而成”。将本专利权利要求 5 与对比文件 1 所公开的技术内容相比较可知，对比文件 1 中的外护盖即为权利要求 5 中的面板，并且外护盖向外延伸凸出形成凸罩位于锁头前，凸罩上有小于锁头外端横截面的钥匙插入孔，对比文件 1 所公开的门锁安全加固装置除了没有明确指出该装置可以用于防盗门之外，已经公开了权利要求 5 的其他技术特征。基于与前述评价权利要求 1 的创造性相同的理由，权利要求 5 所述的技术方案相对于对比文件 1 不具备创造性，不符合《专利法》第二十二条第三款的规定。

综上所述，本专利权利要求 2、4 相对于对比文件 5 不具备新颖性，不符合《专利法》第二十二

条第二款的规定，权利要求1、3、5相对于对比文件1不具备创造性，不符合《专利法》第二十二条第三款的规定。故任文林关于本专利具有新颖性和创造性的主张，本院不予支持。

综上所述，被告作出的9377号决定认定事实清楚，程序合法，应予维持。根据《中华人民共和国行政诉讼法》第五十四条第（一）项之规定，判决如下：

维持被告国家知识产权局专利复审委员会作出的第9377号无效宣告请求审查决定。

案件受理费100元，由原告任文林负担（自本判决生效之日起七日内交纳）。

如不服本判决，可于判决书送达之日起15日内，向本院提交上诉状及其副本，并按对方当事人的人数提交副本，交纳上诉案件受理费100元，上诉于北京市高级人民法院。

审　判　长　刘海旗
代理审判员　周云川
人民陪审员　高　伟
二〇〇八年八月二十九日
书　记　员　周丽婷
书　记　员　高　颖

北京市高级人民法院
行政判决书

（2008）高行终字第709号

上诉人（原审原告）任文林，男，汉族，1958年12月25日出生，住湖北省潜江市江汉油田向阳开发路。

委托代理人尹昌友，北京市亚东律师事务所律师。

被上诉人（原审被告）国家知识产权局专利复审委员会，住所地北京市海淀区北四环西路9号银谷大厦10~12层。

法定代表人廖涛，副主任。

委托代理人孙学峰，该委员会审查员。

委托代理人隋璐，该委员会审查员。

原审第三人王力集团有限公司，住所地浙江省永康市五金科技工业园。

法定代表人王跃斌，董事长。

委托代理人林建军，男，汉族，1963年10月9日出生，北京全之桥知识产权代理有限公司专利代理人，住北京市海淀区双榆树知春路49号院A座108号。

委托代理人朱黎光，男，汉族，1961年12月26日出生，北京金之桥知识产权代理有限公司专利代理人，住北京市海淀区复兴路甲49号院2楼4单元306号。

上诉人任文林因发明专利权无效行政纠纷一案，不服北京市第一中级人民法院（2008）一中行初字第166号行政判决，向本院提起上诉。本院2008年11月17日受理本案后，依法组成合议庭，于2008年12月3日公开开庭进行了审理。上诉人任文林及其委托代理人尹昌友，被上诉人国家知识产权局专利复审委员会（以下简称专利复审委员会）的委托代理人孙学峰、隋璐到庭参加诉讼。原审第三人王力集团有限公司（以下简称王力公司）经本院合法传票传唤，书面表示不参加庭审。本案现已审理终结。

北京市第一中级人民法院认定，涉案专利系任文林所拥有的97109235.4号、名称为“一种防盗门”的发明专利（以下简称本专利）。针对上述专利权，王力公司于2004年11月22日向专利复审委员会提出无效宣告请求。2006年12月22日，专利复审委员会作出第9377号无效宣告请求审查决定（以下简称第9377号决定），宣告本专利权全部无效。

北京市第一中级人民法院认为，对本专利权的无效请求是王力公司提出的，并针对本专利的权利要求明确了具体的对比文件和具体的无效理由，专利复审委员会给予了任文林陈述意见的机会且进行了口头审理，并未违反公正执法原则、请求原则及听证原则。将本专利权利要求2与对比文件5所公开的技术内容相比较可知，对比文件5已经公开了本专利权利要求2的所有技术特征，二者解决的技术问题和获得的技术效果相同，因此对比文件5已经公开了权利要求2的技术方案，权利要求2相对于对比文件5不具备新颖性。本专利权利要求4引用权利要求2，其附加技术特征也已经被对比文件5公开，因此权利要求4相对于对比文件5不具备新颖性。将本专利权要求1与对比文件1所公开的技术内容相比较可知，对比文件1中的外护盖即为权利要求1中的面板，并且外护盖上有小于锁头外端横截面的钥匙插入孔，对比文件1所公开的门锁安全加固装置除了没有明确指出该装置可以用于防盗门之外，已经明显公开了权利要求1的其他技术特征。由于对比文件1所公开的门锁安全加固装置也是用于加固和保护门锁特别是锁芯的，并且该装置可以用于各种木门、钢门，因此本领域技术人员在获知对比文件1所公开的技术方案后，为了提供一种防盗门门锁锁头保护装置，能够想到将对比文件1所公开的门锁安全加固装置应用于防盗门，从而得到权利要求1所述的技术方案并获得相应的技术效果，因此，权利要求1所述的技术方案相对于对比文件1不具备突出的实质性特点和显著的进步。本专利权利要求3引用权利要求1，其附加技术特征已被对比文件1公开，因此权利要求3相对于对比文件1不具备创造性。将本专利权利要求5与对比文件1所公开的技术内容相比较可知，本专利权利要求5所述的技术方案相对于对比文件1不具备创造性。

北京市第一中级人民法院根据《中华人民共和国行政诉讼法》第五十四条第（一）项之规定，判决：维持专利复审委员会作出的第9377号决定。

任文林不服原审判决，向本院提起上诉，请求撤销原审判决及第9377号决定。其理由为：（1）专利复审委员会违反听证原则。（2）对比文件5在发明目的、技术方案、技术效果上与本专利完全不同，不能破坏本专利的新颖性。（3）对比文件1与本专利的发明目的不同，且结构、功能、效果均不一样，不能破坏本专利的创造性。专利复审委员会、王力公司服从原审判决。

本院经审理查明，任文林于1997年9月9日向原中国专利局提出了名称为“一种防盗门”的发明专利申请，国家知识产权局于2004年1月7日授权公告，专利号为97109235.4，专利权人为任文林，其授权公告的权利要求为：

“1. 一种防盗门，它包括锁头、面板，面板由金属材料制成，其特征是锁头装在门上，位于面板之内，面板上锁头位置有小于锁头外端横截面的钥匙插入孔。

2. 一种防盗门，它包括锁头、面板，锁头装在门上，其特征是面板上有凸罩位于锁头前，凸罩上有小于锁头外端横截面的钥匙插入孔。

3. 如权利要求1所述的防盗门，其特征在于锁头前的面板是凸罩。

4. 如权利要求2所述的防盗门，其特征在于凸罩与面板司定连接。

5. 如权利要求2所述的防盗门，其特征在于凸罩由门的面板向外延伸凸出而成。”

针对本专利权，王力公司于2004年11月22日向专利复审委员会提出无效宣告请求，同时提交了以下对比文件作为证据：

对比文件1，90202550.3号中国实用新型专利申请说明书，公告日为1990年10月24日。对比文件1涉及一种适用于各种木门、钢门的门锁安全加固装置，其主要目的是保护锁芯，其采用的技术方案是：该装置由外护盖、活动锁盖和加固板组成，外护盖和保护板为两块钢板并相互压焊，并在中间装有活动锁盖，外护盖在中间位置开有孔，活动锁盖中间开有钥匙孔并可在外护盖内自由转动，外护盖内焊有内螺帽，螺钉与内螺帽相连，将加固板和门锁固定在门上。从对比文件1的附图1可知，外护盖和保护板上均有小于锁头外端横截面的钥匙插入孔；

对比文件2，95231826.1号中国实用新型专利说明书，授权公告日为1996年10月2日；

对比文件3，97241263.8号中国实用新型专利说明书公告首页、权利要求书、附图第1、2、5、6页，其申请日为1997年9月11日，授权公告日为1999年11月3日，专利权人是任文林。

王力公司认为：（1）本专利权利要求1、2、3、5相对于对比文件1不具备新颖性和创造性；（2）本专利权利要求2相对于对比文件2不具备新颖性和创造性，权利要求5相对于对比文件2不具备创造性；（3）本专利权利要求1、2、3、5与对比文件3的权利要求1构成了重复授权，因而不符合《专利法实施细则》第十三条第一款的规定。

2004年12月16日，王力公司向专利复审委员会提交意见陈述书，补充了以下对比文件作为证据：

对比文件4，90209337.1号中国实用新型专利申请说明书，公告日为1991年6月12日；

对比文件5，92214988.7号中国实用新型专利说明书，授权公告日为1993年5月26日。对比文件5涉及一种门锁防盗装置，具体为一种钢质防护门门锁保护器，该保护器安装在双层钢制防护门上，由壳体、固定圈和防护套组成，其中壳体装在门扇前锁头位置处，固定圈装在门扇中间起支撑紧固作用，防护套覆盖在锁壳上；壳体为一个中部为空心圆柱的圆台，采用45#钢热处理淬火，空心圆柱的半径与锁头大小配合，圆台上表面上钻有一个用作钥匙孔的圆孔；固定圈中部凸起成有盖空心圆柱，空心圆柱上有一个与圆台上表面上的钥匙孔相对的大孔，周围是圆环结构，圆环焊接在门扇外层的内壁上；防护套是根据门锁外形制成的倒角长方体壳盒；锁头装在固定圈上，壳体中部的空心圆柱与锁头装配；由附图8可知，壳体上的钥匙孔小于锁头外端的横截面；

对比文件6，93239608.9号中国实用新型专利说明书，授权公告日为1994年10月5日。

王力公司认为上述三份证据均可以单独评价本专利的新颖性和创造性，也可以组合评价本专利的创造性。

2005年1月7日，任文林向专利复审委员会提交意见陈述书，针对王力公司2004年11月22日提出的无效宣告请求进行了答辩，认为：（1）对比文件1公开不充分，不能作为对比文件，且对比文件1所公开的结构不适用于防盗门，从对比文件1到本专利需要付出创造性的劳动，对比文件2也存在同样的问题；（2）对比文件3已经放弃，不能证明本专利属于重复授权；（3）本专利具有创造性。

在无效程序的口头审理中，任文林明确表示对对比文件1~6的真实性没有异议。王力公司明确其无效理由为：本专利权利要求1、2、3、5与对比文件3的权利要求构成了重复授权，不符合《专利法实施细则》第十三条第一款的规定；权利要求1相对于对比文件1、2、4、5、6不具有新颖性，权利要求2相对于对比文件1、2、5、6不具有新颖性，权利要求3相对于对比文件1、2、5、6不具有新颖性，权利要求4相对于对比文件5、6不具有新颖性，权利要求5相对于对比文件1、2不具有新颖性，不符合《专利法》第二十二条第二款的规定；权利要求1~5相对于对比文件1、2、对比文件4和对比文件1的结合、对比文件4和对比文件2的结合、对比文件4和对比文件5的结合、对比文件4和对比文件6的结合不具有创造性，不符合《专利法》第二十二条第三款的规定。

2006年12月22日，专利复审委员会作出第9377号决定。专利复审委员会在该决定中认为：

（1）由于对比文件1、2、4、5、6均为专利文献，属于公开出版物，其公开日均早于本专利的申请日，因此上述证据构成本专利的现有技术，可以用于评价本专利的新颖性和创造性。对比文件自身是否公开充分与其是否能够作为证据评价本专利的新颖性和创造性之间没有必然联系，专利复审委员会仅依据其已明确公开的内容来评述本专利的新颖性和创造性。（2）由于专利复审委员会在口头审理时已明确告知王力公司在口头审理后提交的意见陈述中不得增加新的内容，因此对于王力公司在口头审理后增加的无效理由不予考虑。（3）将本专利权利要求2与对比文件5所公开的技术内容相比较可知，对比文件5中的前锁头和壳体即为权利要求2中的锁头和凸罩，对比文件5已经公开了本专利权利要求2的所有技术特征，由于对比文件5所公开的技术方案和本专利权利要求2所述的技术方案都是通过将锁藏于门面板上凸罩内的方式来提供一种防盗门门锁保护结构，二者解决的技术问题和获得的技术效果相同，因此对比文件5已经公开了权利要求2的技术方案，权利要求2相对于对比文件5不具备新颖性，不符合《专利法》第二十二条第二款的规定。权利要求4引用权利要求2，其附加技术特征是“凸罩与面板固定连接”，该技术特征也已经被对比文件5公开，因此权利要求4相对于对比文件5不具备新颖性，不符合《专利法》第二十二条第二款的规定。（4）将本专利权利要求1与对比文件1所公开的技术内容相比较可知，对比文件1中的外护盖即为权利要求1中的面板，并且外护盖上有小于锁头外端横截面的钥匙插入孔，对比文件1所公开的门锁安全加固装置除了没有明确指出该装置可以用于防盗门之外，已经明显公开了权利要求1的其他技术特征。由于对比文件1所公开的门锁安全加固装置也是用于加固和保护门锁特别是锁芯的，并且该装置可以用于各种木门、钢门，因此本领域技术人员在获知对比文件1所公开的技术方案后，为了提供一种防盗门门锁锁头保护装置，能够想到将对比文件1所公开的门锁安全加固装置应用于防盗门，从而得到权利要求1所述的技术方案并获得相应的技术效果，因此，权利要求1所述的技术方案相对于对比文件1不具备突出的实质性特点和显著的进步，不符合《专利法》第二十二条第三款有关发明专利创造性的规定。权利要求3引用权利要求1，其附加技术特征是“锁头前的面板是凸罩”，该技术特征已被对比文件1公开，因此权利要求3相对于对比文件1不具备创造性，不符合《专利法》第二十二条第三款的规定。将本专利权利要求5与对比文件1所公开的技术内容相比较可知，对比文件1中的外护盖即为权利要求5中的面板，并且外护盖向外延伸凸出形成凸罩位于锁头前，凸罩上有小于锁头外端横截面的钥匙插入孔，对比文件1所公开的门锁安全加固装置除了没有明确指出该装置可以用于防盗门之外，已经公开了权利要求5的其他技术特征。基于与前述评价权利要求1的创造性相同的理由，权利要求5所述的技术方案相对于对比文件1不具备创造性，不符合《专利法》第二十二条第三款的规定。综上所述，本专利权利要求2、4相对于对比文件5不具备新颖性，不符合《专利法》第二十二条第二款的规定，权利要求1、3、5相对于对比文件1不具备创造性，不符合《专利法》第二十二条第三款的规定。据此，专利复审委员会宣告本专利权全部无效。

上述事实，有本专利权利要求书、说明书及附图，对比文件1~6、意见陈述书、口头审理记录表、第9377号决定及当事人陈述等证据在案佐证。

本院认为，

1. 专利复审委员会在无效宣告请求审查程序中是否违反听证原则

《审查指南》第四部分第一章第2.5节规定，专利复审委员会在作出审查决定之前，应当给予审查决定对其不利的当事人针对审查决定所依据的理由、证据和认定的事实陈述意见的机会，即审查决定对其不利的当事人已经通过通知书、转送文件或者口头审理被告知过审查决定所依据的理由、证据和认定的事实，并且具有陈述意见的机会。本案中，王力公司针对本专利权提出了无效宣告请求，专利复审委员会依据请求原则启动了无效宣告请求审查程序，并向任文林转送了王力公司针对本专利的无效宣告请求书面意见及相关对比文件，给予了任文林陈述意见的机会，同时按照《审查指南》的相关规定将王力公司及任文林的意见陈述书分别转送对方当事人，并进行了口头审理，在口头审理记录表中已经清楚地载明了王力公司的无效请求理由。通过上述事实可以确认，对本专利权的无效请求是王力公司提出的，其针对本专利的权利要求明确了具体的对比文件和具体的无效理由，专利复审委员会给予了任文林陈述意见的机会且进行了口头审理。综上所述，专利复审委员会在本案无效宣告请求审查程序中并未违反听证原则。任文林主张专利复审委员会违反听证原则的上诉主张没有事实依据，本院不予支持。

2. 关于本专利权利要求 2、4 的新颖性

新颖性，是指在申请日以前没有同样的发明或者实用新型在国内外出版物上公开发表过、在国内公开使用过或者以其他方式为公众所知，也没有同样的发明或者实用新型由他人向国务院专利行政部门提出过申请并且记载在申请日以后公布的专利申请文件中。

本专利权利要求 2 要求保护的技术方案为一种防盗门，包括锁头、面板，锁头装在门上，其特征是面板上有凸罩位于锁头前，凸罩上有小于锁头外端横截面的钥匙插入孔。对比文件 5 公开的是一种门锁防盗装置，系一种钢质防护门门锁保护器，保护器安装在双层钢制防护门上，由壳体、固定圈和防护套组成，壳体装在门扇前锁头位置处，固定圈装在门扇中间起支撑紧固作用，防护套覆盖在锁壳上；壳体为一个中部为空心圆柱的圆台，空心圆柱的半径与锁头大小配合，圆台上表面上钻有一个用作钥匙孔的圆孔；固定圈中部凸起成有盖空心圆柱，空心圆柱上有一个与圆台上表面上的钥匙孔相对的大孔，周围是圆环结构，圆环焊接在门扇外层的内壁上；防护套是根据门锁外形制成的倒角长方体壳盒；锁头装在固定圈上，壳体中部的空心圆柱与锁头装配。通过附图 8 可知，壳体上的钥匙孔小于锁头外端的横截面。

将本专利权利要求 2 与对比文件 5 所公开的技术内容相比较可知，对比文件 5 中的前锁头和壳体即为权利要求 2 中的锁头和凸罩，对比文件 5 已经公开了本专利权利要求 2 的所有技术特征，由于对比文件 5 所公开的技术方案和本专利权利要求 2 所述的技术方案都是通过将锁藏于门面板上凸罩内的方式来提供一种防盗门门锁保护结构，二者解决的技术问题和获得的技术效果相同，因此对比文件 5 已经公开了权利要求 2 的技术方案，权利要求 2 相对于对比文件 5 不具备新颖性，不符合《专利法》第二十二条第二款的规定。权利要求 4 引用权利要求 2，其附加技术特征是“凸罩与面板固定连接”，该技术特征也已经被对比文件 5 公开，因此权利要求 4 相对于对比文件 5 不具备新颖性，不符合《专利法》第二十二条第二款的规定。任文林关于本专利权利要求 2、4 具有新颖性的上诉主张没有事实和法律依据，本院不予支持。

3. 关于本专利权利要求 1、3、5 的创造性

创造性，是指同申请日以前已有的技术相比，该发明有突出的实质性特点和显著的进步。本专利权利要求 1 的技术方案为：“一种防盗门，它包括锁头、面板，面板由金属材料制成，其特征是锁头装在门上，位于面板之内，面板上锁头位置有小于锁头外端横截面的钥匙插入孔”。对比文件 1 为一种适用于各种木门、钢门的门锁安全加固装置，其主要目的是保护锁芯，其采用的技术方案是：该装置由外护盖、活动锁盖和加固板组成，外护盖和保护板为两块钢板并相互压焊，并在中间装有活动锁盖，外护盖在中间位置开有孔，活动锁盖中间开有钥匙孔并可在外护盖内自由转动，外护盖内焊有内螺帽，螺钉与内螺帽相连，将加固板和门锁固定在门上。从对比文件 1 的附图 1 可知，外护盖和保护板上均有小于锁头外端横截面的钥匙插入孔。

将本专利权利要求 1 与对比文件 1 所公开的技术内容相比较可知，对比文件 1 中的外护盖即为本

专利权利要求1中的面板，并且外护盖上有小于锁头外端横截面的钥匙插入孔，对比文件1所公开的门锁安全加固装置除了没有明确指出该装置可以用于防盗门之外，已经明显公开了本专利权利要求1的其他技术特征。由于对比文件1所公开的门锁安全加固装置也是用于加固和保护门锁特别是锁芯的，并且该装置可以用于各种木门、钢门，因此本领域技术人员在获知对比文件1所公开的技术方案后，为了提供一种防盗门门锁锁头保护装置，能够想到将对比文件1所公开的门锁安全加固装置应用于防盗门，从而得到本专利权利要求1所述的技术方案并获得相应的技术效果，因此，本专利权利要求1所述的技术方案相对于对比文件1不具备突出的实质性特点和显著的进步，不符合《专利法》第二十二条第三款有关发明专利创造性的规定。

本专利权利要求3引用权利要求1，其附加技术特征是“锁头前的面板是凸罩”，该技术特征已被对比文件1公开，因此本专利权利要求3相对于对比文件1不具备创造性，不符合《专利法》第二十二条第三款的规定。

本专利权利要求5的技术方案为：“一种防盗门，它包括锁头、面板，锁头装在门上，其特征是面板上有凸罩位于锁头前，凸罩上有小于锁头外端横截面的钥匙插入孔，凸罩由门的面板向外延伸凸出而成”。将本专利权利要求5与对比文件1所公开的技术内容相比较可知，对比文件1中的外护盖即为本专利权利要求5中的面板，并且外护盖向外延伸凸出形成凸罩位于锁头前，凸罩上有小于锁头外端横截面的钥匙插入孔，对比文件1所公开的门锁安全加固装置除了没有明确指出该装置可以用于防盗门之外，已经公开了本专利权利要求5的其他技术特征。故本专利权利要求5所述的技术方案相对于对比文件1不具备创造性，不符合《专利法》第二十二条第三款的规定。任文林关于本专利权利要求1、3、5具备创造性的上诉主张于法无据，本院不予支持。

综上所述，原审判决认定事实清楚，适用法律正确。任文林的上诉主张不能成立，本院不予支持。依照《中华人民共和国行政诉讼法》第六十一条第一款第（一）项之规定，判决如下：

驳回上诉，维持原判。

一审案件受理费100元，由任文林负担（于本判决生效之日起7日内交纳）；二审案件受理费100元，由任文林负担（已交纳）。

本判决为终审判决。

审 判 长 刘 辉
代理审判员 岑宏宇
代理审判员 焦 彦
二〇〇八年十二月九日
书 记 员 陈 明
书 记 员 迟雅娜

038

双向无压型煤锅炉

无效宣告请求审查决定（第9378号）

决　　定　　号　第9378号
决　　定　　日　2006年12月28日
发明创造名称　双向无压型煤锅炉
国 际 分 类 号　F24H 9/18
无 效 请 求 人　庄河市华通环保型煤锅炉厂
专 利 权 人　大连现代轨道交通有限公司
专　　利　　号　00252688.3
申　　请　　日　2000年10月29日
授 权 公 告 日　2001年9月19日
合 议 组 组 长　陈迎春
主　　审　　员　杨存吉
参　　审　　员　朱明雅

法 律 依 据　专利法第22条第2款、第3款
决 定 要 点

如果权利要求的技术方案与请求人提供的一份对比文件相比存在区别技术特征，则该权利要求具备专利法第22条第2款规定的新颖性。如果实用新型权利要求的技术方案相对于请求人提供的现有技术具有区别技术特征，而这些区别技术特征对于本领域普通技术人员来说是非显而易见的，则该权利要求具有实质性特点和进步，符合专利法第22条第3款规定的创造性。

一、案由

本无效宣告请求涉及国家知识产权局于2001年9月19日授权公告的00252688.3号实用新型专利权（下称本专利），其名称为“双向无压型煤锅炉”，申请日为2000年10月29日，原专利权人为王永江，现专利权人为大连现代轨道交通有限公司。

本专利授权公告的权利要求书为：

“1. 一种双向无压型煤锅炉，其特征在于：炉体（1）内基本呈长方体形的炉膛下部所设的炉条（2）上置有可摆放型煤的托架（3）与其对应的推煤器（4）设在炉体前端，在炉体的前侧壁上设进煤门（11），后端或后侧壁上设出渣门（12），在炉条下面的炉体上设有与炉膛相连通的风门（14），每个风门上均带有配风门板（15），相邻两风门对应的区间设有将它们隔开的隔板（16），炉膛上部设前高后低的平板形上火板（17），其两端设有火管端板（18），在上水腔内设两端分别固定在端板

上且管口位于上水腔外的火管（19），在烟室上端的炉体上设有烟囱（20），在烟囱内设抽力控制器（21），炉膛两侧设腔内的水与上水腔相连通的侧水板（29），在后炉体下部设通过导管与侧水腔相连通的回水进口（31），在上炉体上设热水出口（32）及大气连通管（33）。

2. 根据权利要求1所述的双向无压型煤锅炉，其特征在于：包容在一个炉体内的双层多燃烧室型煤锅炉，其循环水相连通，它们有一个公共的回水进口（37）和热水出口（38）；其烟室也相连通，它们共用一个烟囱（40），其余部分均各自独立。

3. 根据权利要求1或2所述的双向无压型煤锅炉，其特征在于：在前烟室下面设固定在两侧及前炉体上的辐射板（26），其自由端位于上火板下面，在辐射板对应的炉条下面，设上面有耐火材料板（28）的其内的水与侧水腔相连通的吸热水盒（27）。

4. 根据权利要求3所述的双向无压型煤锅炉，其特征在于：在侧水板与炉膛之间设有耐火墙板（30）。

5. 根据权利要求4所述的双向无压型煤锅炉，其特征在于：在上火板下面的侧炉体上设有直管式观火窗（34）。

6. 根据权利要求5所述的双向无压型煤锅炉，其特征在于：在与前烟室对应的前炉体上设有与前烟室相连通的通孔，其上设清灰门（35）。

7. 根据权利要求6所述的双向无压型煤锅炉，其特征在于：烟囱出口处设接水盘（25）。

8. 根据权利要求7所述的双向无压型煤锅炉，其特征在于：火管（19）直径大于100毫米。”

针对本专利，庄河市华通环保型煤锅炉厂（下称请求人）于2005年11月30日向专利复审委员会提出无效宣告请求，其理由是本专利不符合专利法第22条、第23条的规定。同时请求人提交如下附件：

附件1：大连华宇环保供热设备厂宣传页的复印件2页、CMH高效节能型煤供热器标牌照片复印件1页；

附件2：《国经贸厅技［1997］327号附件一（国家技术创新项目计划项目立项建议书）》（1999年1月），即辽宁省凤城市航宇锅炉制造有限公司申报的“CWH系列双向上燃型煤常压锅炉”项目立项建议书首页及其中部分页的复印件，共5页；

附件3：《凤城日报》1999年9月24日第三版的复印件及包括有交易会、展览会会场照片、标有“凤城市航宇锅炉制造有限公司”的锅炉外观照片等5张宣传照片的复印件，共3页；

附件4：本实用新型专利说明书首页；

附件5：公告号为CN2359571Y中国实用新型专利说明书首页，共1页，公告日为2000年1月19日。

附件6：公告号为CN2402919Y中国实用新型专利说明书首页，共1页，公告日为2000年10月25日。

请求人认为：第一，大连华宇环保供热设备厂、庄河市东方建筑机械铆焊厂和辽宁省凤城市航宇锅炉制造有限公司都曾于申请日前公开发表过锅炉说明书和使用说明书，与本专利相近似，构成在先公开发表；第二，专利权人于1998年开始生产销售锅炉、请求人于1998年生产销售的锅炉与本专利技术相同，大连庄河市孙德成于1999年购买的锅炉与本专利相同，凤城航宇锅炉厂于1999年中国丹东商品交易会上展示的锅炉与本专利相同，构成在先使用公开；第三，本专利与ZL98239185.4、ZL99250678.6和ZL99318022.1从结构到外观相同或相近似，构成在先申请。

经过形式审查合格后，专利复审委员会受理了该无效宣告请求，于2005年12月1日向请求人和专利权人发出无效宣告受理通知书，并同时将专利权无效宣告请求书及其附件清单中所列附件副本转送给专利权人，要求其在指定的期限内答复。

专利权人未在指定期限内答复。

请求人于2006年3月17日提交补充意见陈述，声称其已于2005年12月31日提交了第二次证据材料。

专利复审委员会于2006年4月27日向双方当事人发出无效宣告请求口头审理通知书，定于2006年6月23日上午进行口头审理。

经双方当事人同意，合议组将口头审理的时间变更为2006年6月22日下午。请求人及其委托代理人，专利权人委托代理人出席了口头审理。

在口头审理中，请求人当庭出示了附件1、附件2、附件3首页以及5张照片的原件。请求人当庭确认附件1~3、5~6分别证明本专利在申请日之前已经在先公开、在先使用、在先申请，不具备专利法第22条规定的新颖性和创造性，并增加权利要求3不符合专利法实施细则第20条第1款规定的理由。请求人当庭提出现场勘验请求。专利权人对附件1~3原件与复印件相符无异议，但仅认可附件3首页以及附件4和5的真实性。专利权人认为附件1~3、5~6不能支持请求人的主张。专利权人认为请求人提出勘验请求的时间超出了举证期限。在此基础上，双方当事人进行了充分的意见陈述和辩论。

口头审理结束后，请求人于2006年7月4日提交了本专利口头审理中代理意见的书面材料。

至此，合议组认为本案事实已经查清，可以依法作出审查决定。

二、决定的理由

1. 关于证据

附件1的第1页和第2页为大连华宇环保供热设备厂宣传页的复印件，其上印刷有该厂大门的照片和高效节能静压型煤供热器的外观照片和安装示意图；附件1的第3页为CMH高效节能型煤供热器的产品标牌的复印件。专利权人认可原件与复印件相符，但对该附件的真实性有异议。对此，合议组认为：鉴于请求人已经提供了原件，说明了原件的来源，完成了初步的举证责任，而专利权人未能提供证据证明其对该附件真实性的合理怀疑，因此合议组对专利权人主张不予支持，对附件1的真实性予以认可。

附件2为国经贸厅技［1997］327号附件一：《国家技术创新项目计划项目立项建议书（新技术推广）》的部分页，它们分别为CWH系列双向上燃型煤常压锅炉的项目立项建议书的封皮、实施方案、该型号锅炉的产品照片、锅炉结构和锅炉示意图，该建议书的申报单位是辽宁省凤城市航宇锅炉制造有限公司。专利权人认可原件与复印件相符，但对该附件的真实性有异议。对此，合议组认为：鉴于请求人已经提供了原件，说明了原件的来源，完成了初步的举证责任，而专利权人未能提供证据证明其对该附件真实性的合理怀疑，因此合议组对专利权人主张不予支持，对附件2的真实性予以认可。

附件3为《凤城市报》1999年9月24日关于航宇锅炉的广告，其上面印刷有凤城市航宇锅炉制造有限公司的CWC系列和CWH系列锅炉的外观照片，还包括展览会会场照片及锅炉外观照片等5张宣传照片。对此，合议组认为：附件3原件与复印件相符，专利权人未能提供证据证明其对该附件真实性的合理怀疑，其真实性应当予以认可。

附件5为申请号为98239185.4的实用新型专利说明书首页的复印件，该实用新型的申请日为1998年10月27日、公告日为2000年1月19日、发明名称为“型煤锅炉用进煤出渣推拉器”。经核实复印件与原件相符。附件5的公开日期早于本专利的申请日，可以作为本专利的现有技术。

附件6为申请号为99250678.6的实用新型专利说明书首页的复印件，该实用新型的申请日为

1999 年 12 月 16 日、公告日为 2000 年 10 月 25 日、发明名称为“炉排”。经核实复印件与原件相符。附件 6 的公开日期早于本专利的申请日，可以作为本专利的现有技术。

对于专利权人于 2006 年 1 月 27 日提交的意见陈述，合议组认为：请求人提出的无效宣告请求的日期为 2005 年 11 月 30 日，根据专利法实施细则第 66 条的规定，请求人补充证据的最后期限为 2005 年 12 月 30，所以请求人声称的提交第二次证据材料的时间（即 2005 年 12 月 31 日）超出了法定期限；另一方面，请求人既没有将所述的证据材料提交给本案，也没有在向其他案件提交证据材料时指明那些证举材料可以用于本案，所以对于请求人所述其第二次提交的证据材料不予考虑。

对于请求人当庭提出的现场勘验请求，合议组认为：第一，根据举证责任分配原则，请求人对自己提出的宣告本专利无效的请求所依据的事实有责任提供证据加以证明，专利复审委员会没有法定义务为请求人收集证据。第二，根据专利法实施细则第 66 条的规定，请求人逾期增加理由或者补充证据的，专利复审委员会可以不予考虑。第三，即使参照有关规定，请求人确因客观原因请求人不能自行收集的证据，而请求专利复审委员会进行现场勘验的，也应当在举证期限内提出；而请求人提出现场勘验的请求时间已经超过举证期限，更何况本案不属于请求人因客观原因不能自行收集证据的情况。因此，合议组对请求人的现场勘验请求不予考虑。

2. 权利要求 3 是否符合专利法实施细则第 20 条第 1 款的规定

请求人在口审过程中提出，权利要求 3 中的技术特征“设上面有耐火材料板（28）的其内的水与侧水腔相连通的吸热水盒”的含义不明确，由此导致该权利要求 3 及其从属权利要求 4-8 不清楚。对此，合议组认为：权利要求是对所要求保护的技术方案的清楚、简要表述，本专利说明书第 6 页以及附图 1-2 清楚示出了辐射板、耐火材料板和吸热水盒的位置关系，即“在前烟室下面设固定在两侧及前炉体上的平板辐射板 26，在辐射板对应的炉条下面设槽形吸热水盒 27，其上面设将其覆盖的耐火材料板 28，吸热水盒内的水与侧水腔相连通”，在此基础上，本领域普通技术人员可以清楚理解权利要求 3 的上述技术特征的含义。因此，合议组对请求人提出的权利要求 3 不符合专利法实施细则第 20 条第 1 款的主张不予支持。

3. 新颖性和创造性

专利法第 22 条规定：授予专利权的发明和实用新型，应当具备新颖性、创造性和实用性。

新颖性，是指在申请日以前没有同样的发明或者实用新型在国内外出版物上公开发表过、在国内公开使用过或者以其他方式为公众所知，也没有同样的发明或者实用新型由他人向国务院专利行政部门提出过申请并且记载在申请日以后公布的专利申请文件中。

创造性，是指同申请日以前已有的技术相比，该发明有突出的实质性特点和显著的进步，该实用新型有实质性特点和进步。

附件 1 的宣传页中没有印刷日期，请求人也没有其他佐证证明该宣传页是在本专利申请日前公开的，而且在宣传页上仅有高效节能静压型煤供热器的外观照片，没有公开该供热器的具体结构，附件 1 中的产品标牌虽然标注出厂日期是 1998 年 10 月，但请求人没有提供证据证明对应于该标牌的产品的具体结构，无法证明该标牌产品与本专利的关联性，所以附件 1 不能单独用于评价本专利的新颖性和创造性，同时附件 1 缺乏与其他附件的关联性，也不能与其他附件相结合来评价本专利的新颖性和创造性，所以合议组对附件 1 不予考虑。

附件 2 的立项建议书不属于公开出版物，请求人也未提供其他佐证证明该立项建议书在本专利申请日前处于社会公众能够获知的状态，因此合议组对于请求人主张用附件 2 证明本专利在申请日前已经被公开的主张不予支持。同时附件 2 本身不能证明其中所述的 CWH 系列双向上燃型煤常压锅炉于项目立项建议书形成之日已经被公开使用，因此附件 2 本身也不能证明本专利在申请日前已经在国内被公开使用。

附件 3 仅能公开一种无压型煤锅炉的整体外观形状和部分外部组件，不能从中看出其内部结构。因此附件 3 单独也不能证明本专利在申请日前已经被公开。

附件 3 是凤城市航宇锅炉制造有限公司的广告，广告是向公众介绍商品等的一种宣传方式，其表明从广告之日社会公众就可以购买广告产品，即表明社会公众从 1999 年 9 月 24 日可以购买记载的 CWH 系列锅炉。附件 2 中记载了凤城市航宇锅炉制造有限公司生产的 CWH 系列锅炉的结构图。附件 2 和附件 3 的结合表明了附件 2 记载的凤城市航宇锅炉制造有限公司生产的 CWH 系列锅炉已经于申请日前被公开使用，成为本专利的现有技术。附件 2 的 CWH 锅炉结构图中公开下集箱焊接 2、烟室火集 3、下烟管后支板 5、下烟室内烟囱 6、回水管 7、上下托煤轨道 8、下降排水管 9、下降水管 10、下斜隔板 12、中隔板 13、下烟室前支板 14、烟室隔烟板 15、机械推煤器 16、烟囱 24、隔烟板 25、上隔板 26、上烟管后支板 27、上烟室顺封板 28、上烟管前支板 29、出渣口挡板 37、下烟囱内封板 38、上烟室火管 39 等，在附件 2 的 CWH 双向上燃节能无压锅炉示意图中公开了上下层火管清灰门 1、上下层进煤器 2、上层进煤门 3、上层第一观火孔 4、下层进煤门 5、下层第一观火孔 6、下层第一副配风门 7、下层主配风门 8、下层第二观火孔 9、下层第二副配风门 10、下层火管清灰孔 11、回水管入口 12、下层出渣门 13、烟囱拉力控制器 18、烟囱座 19 等。由此可见，与附件 2 公开的内容相比，本专利权利要求 1 存在如下主要区别技术特征：炉体的前侧壁上设进煤门、炉堂上部设有前高后低的平板形上火板、炉膛两侧设腔内的水与上水腔相连通的侧水板、在后炉体下部设通过导管与侧水腔相连通的回水进口。上述区别技术特征使得本专利权利要求 1 相对于附件 2 具有专利法第 22 条规定的新颖性。

在独立权利要求 1 具有新颖性的情况下，直接或间接引用它的从属权利要求 2-8 也具备专利法第 22 条规定的新颖性。

由于本专利权利要求 1 相对于附件 2 和 3 的结合具有上述区别技术特征，而这些区别技术特征既不属于本领域的公知常识，请求人也不能证明现有技术中存在相关技术手段的技术启示，因此权利要求 1 的技术方案对于本领域普通技术人员来说是非显而易见的，具有实质性特点和进步，具备专利法第 22 条第 3 款规定的创造性。

附件 5 公开了如下内容：一种型煤锅炉用进煤出渣推拉器，它由设置在锅炉燃烧室内的型煤托排、由转动丝杠带动的固定在托排上的型煤推板，以及一个设置在各燃烧室带一端的中间位置的传动机构组成；其中，传动机构备有由一个电动机带动的，具有顺序拨位器，以及和燃烧室数相同的多输出轴变速器。

附件 6 公开了如下内容：一种炉排由框架和将框架分隔成格阵的固接骨筋组成，其中，框架上备有外伸的炉排推拉体。该炉排保证锅炉燃烧室内有一个稳定不变的燃煤数量、供热稳定，而且燃烧条件好。实现了型煤锅炉食煤（送煤）、出渣的连续作业，解决了现有型煤锅炉送煤、燃烧和出渣相互干扰的难题，显著提高了型煤锅炉的供热效率。

本专利权利要求 1 请求保护的技术方案与附件 5 和 6 公开的内容相比，附件 5 和 6 均没有公开本专利权利要求 1 的技术特征："炉膛上部设前高后低的平板形上火板（17），其两端设有火管端板（18），在上水腔内设两端分别固定在端板上且管口位于上水腔外的火管（19），在烟室上端的炉体上设有烟囱（20），在烟囱内设抽力控制器（21），炉膛两侧设腔内的水与上水腔相连通的侧水板（29），在后炉体下部设通过导管与侧水腔相连通的回水进口（31），在上炉体上设热水出口（32）及大气连通管（33）"。因此本专利权利要求 1 分别相对于附件 5 和 6 具备专利法第 22 条第 2 款规定的新颖性。

在独立权利要求 1 具有新颖性的情况下，直接或间接引用它的从属权利要求 2~8 也具备专利法第 22 条规定的新颖性。

由于本专利权利要求 1 相对于附件 5、6 及其结合具有上述区别技术特征，而这些区别技术特征既不属于本领域的公知常识，请求人也不能证明现有技术中存在相关技术手段的技术启示，因此权利要求 1 的技术方案对于本领域普通技术人员来说是非显而易见的，具有实质性特点和进步，具备专利法第 22 条第 3 款规定的创造性。

在独立权利要求 1 具有创造性的情况下，直接或间接引用它的从属权利要求 2~8 也具备专利法第 22 条第 3 款规定的创造性。

三、决定

维持 00252688. 3 号实用新型专利权有效。

根据专利法第 46 条第 2 款的规定，当事人对本决定不服的，可以自收到本决定通知书之日起三个月内向北京市第一中级人民法院起诉。根据该款的规定，一方当事人起诉后，对方当事人应当作为第三人参加诉讼。

039

高炉炉顶溜槽式布料器用抓提式α角驱动机构

无效宣告请求审查决定（第9379号）

决　定　号　第9379号
决　定　日　2006年12月12日
发明创造名称　高炉炉顶溜槽式布料器用抓提式α角驱动机构
国际分类号　C21B 7/20
无效宣告请求人　石家庄三环阀门股份有限公司
专利权人　李玉清
专　利　号　03100838.0
申　请　日　2003年1月23日
授权公告日　2005年8月3日
合议组组长　崔　震
主　审　员　朱文广
参　审　员　刘　犟

法律依据　专利法第22条第3款；专利法实施细则第20条第1款和第21条第2款
决定要点

如果一项技术方案相对于某一篇现有技术的技术构思不同，同时现有技术又未给出启示在所述现有技术的基础上形成该项技术方案，那么不能认为在所述现有技术的基础上能够显而易见地得到该项技术方案。

一、案由

本无效宣告请求涉及中华人民共和国国家知识产权局于2005年8月3日授权公告的、名称为"高炉炉顶溜槽式布料器用抓提式α角驱动机构"的发明专利权（下称本专利），其申请号是03100838.0，申请日是2003年1月23日，专利权人是李玉清。该专利授权公告时的权利要求书如下：

"1. 高炉炉顶溜槽式布料器用抓提式α角驱动机构，该机构借助与轴承大托圈（9）内套连接的弧状异型连杆（12）通过曲柄（11）与溜槽（5）上耳轴（10A）相连接实现α角转动力矩的传递，其特征在于该驱动机构由同步反向机构驱动下的两根同步、反向、平行的驱动轴（15，16）及连接在该驱动轴（15，16）上面的呈对称分布的曲柄连杆（14）组合与轴承大托圈（9）中外套上的衬套圈（13）相铰接组成的，曲柄连杆机构（14）组合包含四个对称分布在驱动轴（15，16）上面的曲柄连杆机构，连杆的末端借助支架（14A）与轴承大托圈（9）外套上的衬套圈（13）铰接，支架

（14A）固定在衬套圈（13）上与曲柄连杆机构（14）位置对应均匀分布，同步反向机构是一对同齿数/同模数相啮合的齿轮（7，8）组成，设定在两齿轮（7，8）的轴上的复式曲柄连杆机构与两驱动轴（15，16）分别相连接，两齿轮轴中的一个与动力源变速箱（17）的输出轴相连。

2. 根据权利要求1所说的抓提式α角驱动机构，其特征在于同步反向机构中采取油压或汽动动力线性动力源时，在两个同齿数/同模数齿轮之间设置一个双面同模数齿条，将齿条直接与线性驱动的动力源的输出杆相连。

3. 根据权利要求1所说的抓提式α角驱动机构，其特征在于轴承大托圈（9）外套上的衬套圈（13）上设有两个对称的导向的限位轮，该轮与箱体壳上的导向槽相对应设置。”

针对上述专利权，石家庄三环阀门股份有限公司（下称请求人）于2006年5月8日向专利复审委员会提出无效宣告请求，认为本专利的权利要求1、3相对于附件2不符合专利法第22条第2款的规定；权利要求1~3相对于附件3、4不符合专利法第22条第3款的规定；权利要求1~3不符合专利法第22条第4款、专利法实施细则第20条第1款以及第21条第2款的规定。请求人提交的附件如下：

附件1：涉案专利的专利说明书；

附件2：授权公告日为2002年7月31日、授权公告号为CN2503073Y的中国实用新型专利说明书；

附件3：公开日为2002年1月23日、公开号为CN1332806A的中国发明专利申请公开说明书；

附件4：授权公告日为1999年12月8日、授权公告号为CN2353052Y的中国实用新型专利说明书。

经形式审查合格，专利复审委员会依法受理了上述无效宣告请求，并于2006年5月8日向双方发出无效宣告请求受理通知书，同时将无效宣告请求书及其附件清单中所列附件的副本转送给专利权人，并要求专利权人在指定的期限内陈述意见。

专利复审委员会于2006年6月12日收到请求人提交的意见陈述书，请求人补充了无效的理由和证据，其中补充的证据为：

附件5：公开日为1998年2月18日、公开号为CN1173543A的中国发明专利申请公开说明书；

附件6：授权公告日为1993年11月3日、授权公告号为CN2145264Y的中国实用新型专利说明书。

请求人认为权利要求1相对于附件5、6不具有创造性；从属权利要求2、3的附加技术特征是本领域的常规技术手段，所以权利要求2、3相对于附件5和6也不具有创造性。

针对专利复审委员会于2006年5月8日作出的上述无效宣告请求受理通知书，专利权人于2006年10月8提交意见陈述书及证据1份。其中的证据为：

证据1：申请日为2004年1月18日、公开日为2005年7月30日、公开号为CN1641049A的发明专利申请公开说明书。

专利权人认为本专利的专利性不容质疑。专利权人用证据1来证明请求人的证据——附件2存在技术缺陷。

专利复审委员会于2006年10月11日收到请求人提交的意见陈述书及证据。请求人除了将前面的附件1~6重新提交了一次之外又补充提交了两份美国专利文献。在意见陈述书中请求人补充其无效的理由、证据和范围是：本专利不符合专利法第26条第3、4款，专利法实施细则第20条第1款、第21条第2款和专利法第33条的规定；权利要求1~3相对于上述附件不具有创造性。

专利复审委员会本案合议组于2006年10月18日向双方发出无效宣告请求口头审理通知书，定于2006年11月23日举行口头审理。随同口头审理通知书，将专利复审委员会于2006年6月12日以及10月11日收到的请求人的意见陈述书及其附件清单中所列附件的副本转送给专利权人，将专利权人于2006年10月8日提交的意见陈述书及其附件清单中所列附件的副本转送给请求人。

专利复审委员会于2006年10月23日收到请求人提交的意见陈述书及证据，即本专利的公开文本。专利复审委员会于2006年11月23日将上述意见陈述书及证据转给专利权人。

口头审理如期举行，双方当事人均参加了口头审理。在口头审理中记录了以下事项。（1）双方出席人员对对方出席人员的资格没有异议。（2）请求人明确其无效的理由、证据和范围为：权利要求1~3相对于附件2和公知常识或者是附件2和附件3不符合专利法第22条第3款的规定；权利要求1、3不符合专利法实施细则第20条第1款以及第21条第2款的规定。请求人当庭放弃其他的无效理由和证据，表示除上述之外没有其他无效理由、范围、证据和意见。（3）关于证据的质证。专利权人认为附件2、3没有原件，对其真实性有异议，并强调复印件应加盖有关部门的公章证实原件与复印件相同。合议组要求专利权人应在指定的期限内对附件2、3的真实性进行核实，专利权人拒绝对附件2、3的真实性进行核实。请求人对专利权人提供的证据的真实性无异议。（4）关于专利法实施细则第20条第1款。请求人认为权利要求1、3不符合专利法实施细则第20条第1款规定的具体事实为：①权利要求1中的“弧状异形连杆”在说明书中没有说明，也不是本领域的通用术语，其含义不清楚；②与轴承大托圈内套连接的弧状异形连杆中的连接不清楚，包括固定连接，而固定连接无法实现发明目的；③权利要求1中的复式曲柄连杆机构在说明书中没有说明，也不是本领域的通用术语，其含义不清楚，且与曲柄连杆机构相矛盾；④权利要求1中的复式曲柄连杆机构与驱动轴的连接关系不清楚；⑤权利要求3中的两个对称的导向限位轮的数量不清楚。专利权人认为：异形连杆从说明书中可以看的十分清楚，作用是将上下运动传递给异形杠杆，十分清楚。导向轮是可以有的也可以没有，在多种技术方案的情况下有不同的位置。在现有的技术里面表达的目的和技术方案对一般技术人员都非常清楚。弧状异型连杆是不固定连接。（5）关于专利法实施细则第21条2款。请求人认为权利要求1、3不符合实施细则第21条第2款的规定事实为：①轴承大托圈与箱体缺少连接关系和位置关系；②溜槽与旋转筒体缺少连接关系；③两个驱动轴与箱体缺少连接关系和位置关系；④缺少限位轮的数量和位置；⑤该机构借助与轴承大托圈内套连接的弧状异形连杆中的连接缺乏“可活动地连接”这一必要技术特征；⑥“曲柄连杆机构组合包含四个对称分布”没有限定“均匀、对称”分布。专利权人认为：轴承大托圈与厢体的连接是可以有多种选择的，都在说明书中已经写明了，都是一般技术人员可知的，完全符合专利法实施细则规定的，绝对不可能出现荡秋千的情况，只是上下动。（6）关于权利要求1相对于附件2和3是否符合专利法第22条第3款的规定。请求人将权利要求1与附件2进行了特征对比，认为权利要求1与附件2相比其实质上改进仅在于将附件2的两吊点改为3或4个，而增加吊点提高平衡性是公知的，在此基础上为了保证两个转轴同步反向运动，其他区别都是显而易见的，其中设置一个动力源驱动也是本领域的公知常识，并且在附件3给出了三个螺杆的情况下，权利要求1是显而易见的。专利权人认为本专利与附件2、3在技术方案和构思上完全不同，具有明显的技术特征，具有创造性。

至此，合议组认为本案事实已经清楚，可以作出审查决定。

二、决定的理由

1. 关于证据和现有技术

请求人提交并最终确认使用的证据包括附件2和3这两份中国专利文献，专利权人认为附件2、3没有原件，对其真实性有异议，并强调复印件应加盖有关部门的公章证实原件与复印件相同。合议组要求专利权人应在指定的期限内对附件2、3的真实性进行核实，专利权人拒绝对附件2、3的真实性进行核实。至此，合议组认为附件2、3虽然不是原件，但其是中国专利文献，在国家知识产权局的官方网站上和文献馆中均能查到，因此请求人虽然对其真实性提出了异议，但未具体陈述不真实的具体内容，同时请求人又拒绝对附件2、3的真实性进行核实，因此合议组认为专利权人的上述主张不能成立。合议组经审查确定附件2、3真实有效，可以作为本案的证据使用。同时由于附件2、3的公开日均在本专利的申请日前，因此可以作为本专利的现有技术使用。

请求人对专利权人提供的证据1的真实性无异议，因此证据1也可作为本案的证据使用。

2. 关于专利法实施细则第20条第1款

专利法实施细则第20条第1款规定：权利要求书应当说明发明或者实用新型的技术特征，清楚、简要地表述请求保护的范围。

请求人认为本专利的权利要求1、3的撰写不符合专利法实施细则第20条第1款的规定，具体为：(1) 权利要求1中的“弧状异形连杆”在说明书中没有说明，也不是本领域的通用术语，其含义不清楚；(2) 与轴承大托圈内套连接的弧状异形连杆中的连接不清楚，包括固定连接，而固定连接无法实现发明目的；(3) 权利要求1中的复式曲柄连杆机构在说明书中没有说明，也不是本领域的通用术语，其含义不清楚，且与曲柄连杆机构相矛盾；(4) 权利要求1中的复式曲柄连杆机构与驱动轴的连接关系不清楚；(5) 权利要求3中的两个对称的导向限位轮的数量不清楚。

专利权人认为：异形连杆从说明书中可以看的十分清楚，作用是将上下运动传递给异形杠杆，导向轮可以有也可以没有，在多种技术方案的情况下有不同的位置，弧状异型连杆是不固定连接，权利要求1、3的技术方案对本领域一般技术人员是清楚的。

合议组经审查后认为：(1) 连杆是本领域常用的一种部件，其中弧状和异形均是对连杆形状的一种限定，显然本领域技术人员均知道弧状和异形的含义，因此请求人认为“弧状异形连杆”不清楚的主张不能成立。(2) 关于连杆与轴承大托圈的连接在权利要求1中的描述全文如下“该机构借助与轴承大托圈 (9) 内套连接的弧状异型连杆 (12) 通过曲柄 (11) 与溜槽 (5) 上耳轴 (10A) 相连接实现α角转动力矩的传递”，由此可见这种连接还需受到“实现α角转动力矩的传递”这一功能的限定，因此不能认为这种连接是固定连接，而应当认为这种连接是能够实现所述功能的一种连接。(3) 关于权利要求1中的复式曲柄连杆机构在说明书第3页倒数第10行中有描述，即“设定在两齿轮 (7, 8) 的轴上的复式曲柄连杆付与两驱动轴 (15, 16) 分别相连接”，而该段内容是对图1所示实施例具体实施方式描述中的一段内容，由此可以看出，所谓复式曲柄连杆机构是指从齿轮7、8到两驱动轴15、16之间的用来将齿轮转动传递给驱动轴转换的曲柄连杆机构，因此本领域技术人员基于本专利的说明书可以清楚地理解该术语的含义。(4) 关于复式曲柄连杆机构与驱动轴的连接关系，如上所述本领域技术人员基于本专利说明书可以理解该复式曲柄连杆机构与驱动轴连接肯定是要驱动驱动轴转动从而带动大托圈的，因此这种连接必然是一种能够传递力矩的一种连接，请求人关于权利要求1中复式曲柄连杆机构与驱动轴的连接关系不清楚的主张不能成立。(5) 权利要求3中已对导向限位轮的位置和数量进行了清楚地限定，即“在轴承大托圈 (9) 外套上的衬套圈 (13) 上设有两个对称的导向的限位轮”，因此请求人的这一项主张也不能成立。

基于上述分析可以看到，请求人关于权利要求1、3不符合实施细则第20条第1款规定的无效理由不能成立。

3. 关于专利法实施细则第21条第2款

专利法实施细则第21条第2款规定：独立权利要求应当从整体上反映发明或者实用新型的技术方案，记载解决技术问题的必要技术特征。

请求人认为本专利的权利要求1、3缺少必要技术特征，具体为：(1) 轴承大托圈与箱体缺少连接关系和位置关系；(2) 溜槽与旋转筒体缺少连接关系；(3) 两个驱动轴与箱体缺少连接关系和位置关系；(4) 缺少限位轮的数量和位置；(5) 该机构借助与轴承大托圈内套连接的弧状异型连杆中的连接缺乏“可活动地连接”这一必要技术特征；(6)“曲柄连杆机构组合包含四个对称分布”没有限定“均匀、对称”分布。

专利权人认为：轴承大托圈与厢体的连接是可以有多种选择的，都在说明书中已经写明了，都是一般技术人员可知的，完全符合专利法实施细则规定的，绝对不可能出现荡秋千的情况，只是上下动。

合议组经审查后认为，本专利在发明的背景技术中提到“在绕垂直轴旋转的物体中，同时存在着绕水平轴旋转的独立部件，这就决定了其驱动结构的复杂性。(由于该机构主要用来驱动溜槽的水平 α 摆角，所以人们又习惯地称其为高炉炉顶溜槽式布置器的 α 角驱动机构”，在发明内容部分的第一段提到“本发明的目的是克服现有机构在传递 α 角转动时水平径向分力不平衡的问题，简化同类机构中的设计方案以大辐降低成本并增加整体装置运行的稳定性、可靠性”。同时本专利权利要求1~3 所涉及的均是高炉炉顶溜槽式布料器用抓提式 α 角驱动机构。由此可见，本专利的发明目的以及本专利权利要求所要求保护的技术方案所涉及的仅仅是对 α 驱动机构的改进，因此其没有必要限定该套机构（包括其中的大托圈和驱动轴）与箱体之间的连接关系以及溜槽与旋转筒体之间的连接关系，即请求人的第（1）~（3）点主张不能成立。显然，由于本专利权利要求 1 中由同步、反向、平行驱动轴及曲柄连杆机构（14）等组合形成的机构能够实现对衬套圈、大托圈等形成同步抓提或垂放，很好地消除了水平径向分力不平衡的问题，因此并不缺少必要技术特征。请求人所述第（4）点主张所涉及的是对轴承大托圈水平摆动自由度的限定，因此不能认为是本专利的必要技术特征，至于对限位轮数量和位置的限定也只能认为是对本专利进一步优选的限定方案。至于第（5）点主张，正如前面针对专利法实施细则第 20 条第 1 款所描述的那样，弧状异型连杆与轴承大托圈之间的连接还需受到“实现 α 角转动力矩的传递”这一功能的限定，因此不能认为这种连接是固定连接，而应当认为这种连接是能够实现所述功能的一种连接。由此可见请求人的第（5）点主张亦不能成立。至于请求人的第（6）点主张，显然对于克服水平径向分力不平衡的问题，曲柄连杆机构组合包含四个对称分布在驱动轴上面的曲柄连杆机构就能实现连杆同步上下形成对轴承大托圈的抓提或垂放，因此请求人的第（6）点主张亦不成立。

基于上述分析可以看到，请求人关于本专利权利要求 1、3 不符合专利法实施细则第 21 条第 2 款规定的无效理由不能成立。

4. 关于权利要求 1~3 相对于附件 2 和 3 及附件 2 和公知技术是否具备创造性。

创造性，是指同申请日以前已有的技术相比，该发明有突出的实质性特点和显著的进步，该实用新型具有实质性特点和进步。

本案中，请求人将权利要求 1 与附件 2 进行了特征对比，认为权利要求 1 与附件 2 相比其实质上改进仅在于将附件 2 的两吊点改为 3 或 4 个，而增加吊点提高平衡性是公知的，在此基础上为了保证两个转轴同步反向运动，其他区别都是显而易见的，其中设置一个动力源驱动也是本领域的公知常识，并且在附件 3 给出了三个螺杆的情况下，权利要求 1 是显而易见的。

专利权人认为本专利与附件 2、3 在技术方案和构思上完全不同，具有明显的技术特征，具备创造性。

合议组经审查后认为，本专利的技术方案是将 α 驱动机构设计成一个由同步反向机构驱动下的两个同步、反向、平行驱动轴，及在两轴上均匀对称设置的曲柄连杆组，该曲柄连杆组的连杆定位铰连在上、下移动的轴承大托圈外套上。从而随着两个驱动轴的同步旋转带动曲柄组同时转动使连杆同步上、下形成对轴承大托圈的抓提或垂放。附件 2 所对应的机构为：驱动机构 4 带动扇形齿轮 3 使杠杆的动力臂2摆动，同时由于杠杆的作用，阻力臂18向相反的方向摆动。阻力臂18通过连杆14与托圈13活动连接，由此带动托圈13和框架6上下往复运动。附件3所对应的机构运动为，电机7通过小齿轮8驱动齿圈9，传动部件通过轴承10支承。齿圈9驱动分布在炉顶布料装置壳体12圆周上的三根螺杆13的螺杆齿轮11，使螺母升降，并使紧邻其设置的升降机架14同步升降，升降机架14的垂直运动传递给升降环15，由此带动铰接部件17的第一端18以及第二端20，从而使升降环15的垂直运动转换成摆动轴22的旋转运动。

将本专利权利要求1与附件2进行对比可以看出至少以下的区别特征：同步反向机构驱动下的两根同步、反向、平行的驱动轴及连接在该驱动轴上面的呈对称分布的曲柄连杆机构，曲柄连杆机构组合包含四个对称分布在驱动轴上面的曲柄连杆机构，同步反向机构是一对同齿数/同模数相啮合的齿轮，设定在两齿轮的轴上的复式曲柄连杆机构与两驱动轴分别相连接等。由此构成了一个在传动形式和构思上与附件2完全不同的技术方案。同样，本专利权利要求1与附件3以及附件2与附件3在α角驱动方面的传动形式和构思均是完全不同的。虽然附件3给出了三个螺杆的情况并且增加吊点有利于平衡是公知的，但将它们结合到附件2上仍缺乏足够的技术启示，此外即使在附件2的基础上能够想到增加吊点，但这种吊点的增加是否能够形成本专利权利要求1的技术方案仍缺少足够的证据支持，例如在附件2中即使增加吊点，所能想到的一般也是增加一套或者几套由驱动机构4、扇形齿轮3、动力臂2、阻力臂18和连杆14所组成的机构，显然也与本专利权利要求1由同齿数/同模数相啮合的齿轮、复式曲柄连杆机构、两驱动轴以及包括有四个曲柄连杆机构的曲柄连杆机构组合（14）所构成的传力体系仍存在很大区别，因此请求人所主张的本专利权利要求1相对于附件2和3及附件2和公知技术的结合不具备创造性的理由不能成立。

基于同样的理由和事实，请求人关于权利要求2~3相对于附件2和3及附件2和公知技术的结合不具备创造性的理由同样不能成立。

根据上述的事实和理由，本案合议组依法做出以下决定。

三、决定

维持03100838.0号发明专利权有效。

当事人对本决定不服的，可以根据专利法第46条第2款的规定，自收到本决定之日起三个月内向北京市第一中级人民法院起诉。根据该款的规定，一方当事人起诉后，另一方当事人应当作为第三人参加诉讼。

040

轻质防水隔热复合板

无效宣告请求审查决定（第9382号）

决　　定　　号　第9382号
决　　定　　日　2006年12月27日
发明创造名称　轻质防水隔热复合板
国 际 分 类 号　E04C 2/296
无效宣告请求人　中山市黄圃镇明艺防水隔热复合板厂，广州良特复合泡沫板有限公司
专　利　权　人　佛山市顺德区大良顺冠防水补强工程有限公司
专　　利　　号　00233399.6
申　　请　　日　2000年4月10日
授权公告日　2001年1月24日
合议组组长　李　隽
主　　审　　员　王桂莲
参　　审　　员　张惠军

法　律　依　据　专利法第22条第3款，第26条第3款、第4款；专利法实施细则第2条第2款

决　定　要　点

如果一项实用新型专利中既包括产品的形状、构造特征，又包含材料特征，若该材料特征为现有技术中已知的材料，并非对材料本身提出的技术方案，则认为该实用新型专利是关于产品的形状、构造的技术方案，符合专利法实施细则第2条第2款的规定。

一、案由

本无效宣告请求涉及中华人民共和国国家知识产权局于2001年1月24日授权公告的00233399.6号实用新型专利权（下称本专利），其名称为“轻质防水隔热复合板”，其申请日为2000年4月10日、专利权人为顺德市大良镇顺冠防水补强工程有限公司，后于2005年2月21日变更为佛山市顺德区大良顺冠防水补强工程有限公司。本专利授权公告的权利要求书如下：

“1. 一种轻质防水隔热复合板，包括模压成型的泡沫底板（1）和硬质面板（2），其特征是泡沫底板（1）的一表面和硬质面板（2）的底面用防水粘结材料牢固粘结形成防水粘结层（3），泡沫底板（1）的其他表面覆盖聚合物水泥基粘结防水材料（4）。

2. 如权利要求1所述的轻质防水隔热复合板，其特征在于所述的泡沫底板（1）为聚苯乙稀泡沫底板。

3. 如权利要求1所述的轻质防水隔热复合板，其特征在于所述的泡沫底板（1）的大小尺寸与硬质面板（2）的大小尺寸相对应。

4. 如权利要求1或2或3所述的轻质防水隔热复合板，其特征在于所述的硬质面板（2）为陶瓷防滑地砖或地面石料面板或墙面彩釉砖。

5. 如权利要求1所述的轻质防水隔热复合板，其特征在于所述的泡沫底板（1）的其他表面均匀涂刷聚合物水泥基粘结防水材料（4）。

6. 如权利要求1或2或3所述的轻质防水隔热复合板，其特征在于所述的泡沫底板（1）和硬质面板（2）的大小尺寸为100mm×100mm至1000mm×1000mm，最佳尺寸为300mm×300mm或400mm×400mm。"

针对上述专利权，中山市黄圃镇明艺防水隔热复合板厂（下称第一请求人）于2004年7月2日向专利复审委员会提出无效宣告请求（案件编号为5W06159），理由是本专利权利要求1~6均不符合专利法第22条第2、3款有关新颖性和创造性以及专利法实施细则第13条第1款的规定，权利要求1~4不符合专利法实施细则第2条第2款的规定，并提交了如下证据：

附件1（下称证据1.1）：专利号为99226652.1的中国实用新型专利说明书，其授权公告日为2000年3月22日；

附件2（下称证据1.2）：专利号为94231805.6的中国实用新型专利说明书，其授权公告日为1996年1月10日；

附件3（下称证据1.3）：专利号为95212435.1的中国实用新型专利说明书，其授权公告日为1996年3月13日；

附件4（下称证据1.4）：专利号为95201539.0的中国实用新型专利说明书，其授权公告日为1995年11月22日；

附件5（下称证据1.5）：专利号为95221929.8的中国实用新型专利说明书，其授权公告日为1996年11月27日；

附件6（下称证据1.6）：专利号为98201157.1的中国实用新型专利说明书，其授权公告日为1999年3月10日；和

附件7（下称证据1.7）：佛山市顺德区邮政局容桂分局于2004年7月1日出具的证明复印件1页。

第一请求人认为可将本专利归纳为包括以下三个特征：（1）相同规格的泡沫底板和硬质面板叠加复合，（2）泡沫底板和硬质面板之间用粘结材料相粘结并形成防水粘结层，和（3）泡沫底板的其他表面覆盖聚合物水泥粘结防水材料，并认为上述特征（1）用硬质面板与泡沫面叠加复合方式作防水、隔热、保温材料，是建筑行业一项运用十分广泛的生产技术，广泛应用于厂房等建筑物的屋面防水隔热保温工程，并且该特征已被证据1.1、1.2、1.3、1.4、1.5公开；认为上述特征（2）在硬质面板与泡沫底面之间用粘合剂，加压使上下两板成为一体形成一个独立产品的加工技术也是一项成熟的公开技术，并且在证据1.4、1.3中对此有详细的描述；认为上述特征（3）在泡沫底板外露面上涂抹粘结材料，以解决泡沫底面防水及与屋面基层相粘结施工的技术，也已被证据1.6公开。即，认为证据1.1影响权利要求1~6的新颖性和创造性；证据1.2影响权利要求2和4的新颖性和创造性；证据1.3和1.4影响权利要求1、2和4的新颖性和创造性；证据1.5影响权利要求1~4、6的新颖性和创造性；证据1.6影响权利要求1、5的新颖性和创造性。由此，本专利要求保护的权利要求均属于该领域内的已有技术。此外，用证据1.7证明在本专利申请日之前，相关产品也已在市场上公开出售，因而本专利不符合专利法第22条第2、3款以及专利法实施细则第13条第1款的规定，请求宣

告本专利无效。

经形式审查合格，专利复审委员会于2004年9月16日受理了上述无效宣告请求，向双方当事人发出无效宣告请求受理通知书，同日将无效宣告请求书及其附件清单中所附附件的副本转送给专利权人，要求其在指定的期限内答复。

专利权人期满未答复。

针对上述同一专利权，广州良特复合泡沫板有限公司（下称第二请求人）于2004年12月30日向专利复审委员会提出无效宣告请求（案件编号为5W06407），同时提交了如下证据：

附件2（下称证据2.1）：申请号为89203003.8的实用新型专利申请说明书，其公告日为1989年11月29日；

附件3（下称证据2.2）：申请号为92200491.9的实用新型专利申请说明书，其公告日为1992年9月30日；和

附件4（下称证据2.3）：专利号为94200160.5的实用新型专利说明书，其授权公告日为1994年12月14日。

第二请求人认为，证据2.1和2.2均公开了既能隔热又能保温的屋面隔热板和建筑用阶梯式多功能复合板，都由硬质保护面层、隔热层和防水层构成，并且证据2.1图3所示的实施例与本专利权利要求1结构完全相同；权利要求2、4是对所用材料的限定，不属于实用新型保护范围，而且这些材料均被证据2.2公开；权利要求3、5、6所描述的技术方案是本领域的常规技术，且证据2.3中也公开了类似的结构，因此权利要求1、3、5、6不具备新颖性和创造性，不符合专利法第22条第2、3款的规定，权利要求2和4不符合专利法实施细则第2条第2款的规定。

经形式审查合格，专利复审委员会于2004年12月30日受理了上述无效宣告请求，向双方当事人发出无效宣告请求受理通知书，同日将无效宣告请求书及其所附附件的副本转送给专利权人，要求其在指定的期限内答复。

专利权人期满未答复。

根据审查指南的相关规定，合议组决定对上述两项无效宣告请求5W06159和5W06407合案进行审查。2005年6月2日，合议组向第一请求人、第二请求人和专利权人发出口头审理通知书，定于2005年7月7日举行口头审理。

口头审理如期举行，第一请求人、第二请求人和专利权人均出席口头审理。在口头审理中：

第一请求人明确其无效理由及范围是：本专利权利要求1至6不符合专利法第22条第2、3款的规定，明确表示放弃本专利不符合专利法实施细则第13条第1款和第2条第2款的无效理由；明确表示使用证据1.1~1.6评价权利要求1~6的创造性，放弃使用其他证据（即证据1.7）；以证据1.1作为最接近的对比文件，认为证据1.1公开了本专利权利要求1的全部技术特征，对比文件的具体结合方式与无效宣告请求书中证据的结合方式相同；专利权人对证据1.1至1.6的真实性无异议，且认为证据1.1中未公开本专利权利要求1中的防水粘结层和聚合物水泥基粘结防水材料。

第二请求人明确其无效理由和范围为本专利权利要求1至6不符合专利法第22条第2、3款和专利法实施细则第2条第2款的规定，增加权利要求1不符合专利法第26条第3、4款的无效理由；以证据2.1作为最接近对比文件来评价权利要求1至6的新颖性；用证据2.1或证据2.1与2.2的结合评价权利要求1、2的创造性；并认为权利要求3至6的附加技术特征是本领域公知常识；认为权利要求1至5中的方法特征和材料特征以及权利要求6中的尺寸不属于实用新型的保护对象，因而权利要求1至6不符合专利法实施细则第2条第2款的规定；认为权利要求1中的“聚合物水泥基粘结防水材料”在说明书中公开不充分，不符合专利法第26条第3、4款的规定；第二请求人未使用证据

2.3 评价本专利的新颖性和创造性。专利权人表示对证据 2.1 至 2.3 的真实性无异议，认为第二请求人的无效理由不成立。

至此，合议组认为本案事实已经调查清楚，现依法作出审查决定。

二、决定的理由

1. 法律依据

专利法第 22 条第 2 款规定，“新颖性，是指在申请日以前没有同样的发明或者实用新型在国内外出版物上公开发表过、在国内公开使用过或者以其他方式为公众所知，也没有同样的发明或者实用新型由他人向国务院专利行政部门提出过申请并且记载在申请日以后公布的专利申请文件中。”

专利法第 22 条第 3 款规定，“创造性，是指同申请日以前已有的技术相比，该发明有突出的实质性特点和显著的进步，该实用新型有实质性特点和进步。”

专利法第 26 条第 3 款规定，“说明书应当对发明或者实用新型作出清楚、完整的说明，以所属技术领域的技术人员能够实现为准”。

专利法第 26 条第 4 款规定，“权利要求书应当以说明书为依据，说明要求专利保护的范围。”

专利法实施细则第 2 条第 2 款规定，“专利法所称实用新型，是指对产品的形状、构造或者其结合所提出的适于实用的新的技术方案。”

2. 关于第一请求人的无效理由是否成立

（1）关于第一请求人提交的证据。

在口审中，第一请求人明确表示放弃使用证据 1.7，第一请求人所使用的证据 1.1~1.6 均为授权公告日在本专利申请日之前的中国实用新型专利说明书，且专利权人对证据 1.1 至 1.6 的真实性均没有异议，因此证据 1.1~1.6 可以作为本案证据使用，其上披露的内容构成本专利的现有技术，可用于评价本专利权利要求的新颖性和创造性。

（2）关于权利要求 1~6 是否具备新颖性。

在本案中，第一请求人认为证据 1.1 公开了本专利权利要求 1 的全部技术特征，因而证据 1.1 影响权利要求 1 至 6 的新颖性。

经审查，证据 1.1 公开了一种屋面防漏保温板，包括由塑料泡沫板制成的保温层 3（相当于本专利权利要求 1 中的泡沫底板），由水泥制成的面层 1（相当于本专利权利要求 1 中的硬质面板），设置在保温层 3 与面层 1 之间的既具有粘性又能防水的夹胶层 21（相当于本专利权利要求 1 中的防水粘结层），保温层的底面上带有底胶层 22，并且保温层、面层、夹胶层、底胶层叠合后的端面均设有边胶层 23（相当于本专利权利要求 1 中泡沫底板其他表面上的防水粘结材料）。

本专利权利要求 1 与证据 1.1 的区别在于，证据 1.1 没有公开权利要求 1 中的以下技术特征“泡沫底板的其他表面覆盖聚合物水泥基粘结防水材料”，且证据 1.1 的面层周边有边胶层，而本专利权利要求 1 的硬质面板的周边没有边胶层。由于证据 1.1 没有公开本专利权利要求 1 的全部技术特征，不能影响本专利权利要求 1 的新颖性。

由于权利要求 1 具备新颖性，引用权利要求 1 的从属权利要求 2 至 6 也具备新颖性，符合专利法第 22 条第 2 款关于新颖性的规定。

（3）关于权利要求 1 至 6 是否具备创造性。

第一请求人以证据 1.1 作为最接近的对比文件，认为证据 1.1 公开了本专利权利要求 1 的全部技术特征，并认为证据 1.1 影响权利要求 1 至 6 的新颖性和创造性；证据 1.2 影响权利要求 2 和 4 的新颖性和创造性；证据 1.3 和 1.4 影响权利要求 1、2 和 4 的新颖性和创造性；证据 1.5 影响权利要求 1 至 4、6 的新颖性和创造性；证据 1.6 影响权利要求 1、5 的新颖性和创造性。

基于前面的评述可知，本专利权利要求 1 与证据 1.1 的区别在于，证据 1.1 没有公开权利要求 1 中的以下技术特征“泡沫底板的其他表面覆盖聚合物水泥基粘结防水材料”，且证据 1.1 的面层周边有边胶层，而本专利权利要求 1 的硬质面板的周边没有边胶层。

证据 1.6 公开了一种硬质聚氨酯泡沫防水保温隔热复合板，包括硬质聚氨酯泡沫塑料基板 1，与基板 1 粘结在一起的高分子防水涂膜覆面层 2，其中高分子防水涂膜覆面层 2 可以采用聚醋酸乙烯酯乳液水泥基防水涂料，并且为了拼缝方便，在硬质聚氨酯泡沫防水保温隔热复合板的边缘上可以做成梯形、V 形或凹凸形拼接企口 3，拼缝中间可用高分子胶条粘结。证据 1.6 中披露的聚醋酸乙烯酯乳液水泥基防水涂料虽然属于一种聚合物水泥基防水涂料，但是在证据 1.6 中聚合物水泥基防水涂料涂覆在复合板的表层上，作为复合板的面层，从而增强复合板的不透水性；而在本专利权利要求 1 中，聚合物水泥基粘结防水材料涂覆在泡沫底板的除与硬质面板相粘结的表面之外的表面上，即权利要求 1 中聚合物水泥基粘结防水材料涂覆在泡沫底板的底面和四周侧面上，不仅可以起到防止水从泡沫底板的底面和四周侧面浸入泡沫底板的作用，而且可以使防水隔热复合板用水泥砂浆直接铺砌在基层面上，使相邻复合板中的泡沫底板彼此粘结，硬质面板之间的板缝用聚合物水泥基防水材料嵌缝。由此可见，证据 1.6 没有披露上述区别技术特征，也没有给出在泡沫底板的底面和四周侧面上覆盖聚合物水泥基粘结防水材料的技术启示，本专利权利要求 1 相对于证据 1.1 和证据 1.6 的结合具有实质性特点和进步，符合专利法第 22 条第 3 款关于创造性的规定。

在第一请求人所提交的其他证据，即证据 1.2 至证据 1.5 中：证据 1.2 公开了一种轻体屋面隔热保温板，包括水泥层 1，玻璃丝网格布 2 和聚苯乙烯板 3，玻璃丝网格布 2 夹于水泥层与聚苯乙烯板之间。证据 1.3 公开了一种轻型屋面保温板，包括聚苯乙烯泡沫塑料板 1，玻璃丝网格布 3，钢化树脂胶结剂层 2、4，高强水泥砂浆层 5。证据 1.4 公开了一种水泥纤维压力复合板，包括泡沫塑料板、水泥纤维压力板和粘合剂。证据 1.5 公开了一种复合保温板，包括保温层 1，增强网格布 2 和 6，胶结剂层 3 和 5，面层 4 及找平层 7。由此可见，证据 1.2 至证据 1.5 也没有披露本专利权利要求 1 与证据 1.1 的上述区别技术特征，即证据 1.2 至证据 1.5 均没有给出在泡沫底板的底面和四周侧面上涂覆聚合物水泥基粘结防水材料的技术启示，不能影响本专利权利要求 1 的创造性。

鉴于第一请求人提供的证据 1.2 至证据 1.6 均没有公开上述区别技术特征，也没有给出技术启示，因而证据 1.1 至证据 1.6 的任何组合也不能影响本专利权利要求 1 的创造性。

在权利要求 1 具备创造性的条件下，其从属权利要求 2 至 6 也具备创造性。

综上所述，第一请求人的无效理由均不成立。

3. 关于第二请求人的无效理由是否成立

（1）关于权利要求 1 是否符合专利法第 26 条第 3、4 款的规定。

第二请求人认为，权利要求 1 中的“聚合物水泥基粘结防水材料”在说明书中公开不充分，不符合专利法第 26 条第 3、4 款的规定。

经审查，合议组认为：本实用新型的目的是提供一种具有防水隔热功能的轻质防水隔热复合板，该轻质防水隔热复合板包括模压成型的泡沫底板和硬质面板，以及在泡沫底板与硬质面板之间用防水粘结材料牢固粘结形成的防水粘结层，泡沫底板的其他表面覆盖聚合物水泥基粘结防水材料。首先，说明书中记载了该技术方案。其次，权利要求 1 和说明书中提到的“聚合物水泥基粘结防水材料”是一种本领域中已经广泛使用的建筑材料，是通过在水泥中添加聚合物制成的水泥基复合材料，具有很强的粘结、抗渗、抗裂能力，因而广泛地用作建筑防水材料。因此，本领域技术人员根据说明书的描述，能够实现本专利权利要求 1 要求保护的技术方案，因此，权利要求 1 符合专利法第 26 条第 3、4 款的规定。

（2）关于本专利权利要求 1~6 是否符合专利法实施细则第 2 条第 2 款的规定。

专利法实施细则第 2 条第 2 款规定，专利法所称实用新型，是指对产品的形状、构造或者其结合所提出的适于实用的新的技术方案。

根据上述规定，如果一项实用新型专利中既包括产品的形状、构造特征，又包含材料特征，若该材料特征为现有技术中已知的材料，并非对材料本身提出的技术方案，则认为该实用新型专利是关于产品的形状、构造的技术方案，符合专利法实施细则第 2 条第 2 款的规定。

在本案中，第二请求人认为权利要求 1~5 中的方法特征和材料特征以及权利要求 6 中的尺寸不属于实用新型的保护对象，因而权利要求 1~6 不符合专利法实施细则第 2 条第 2 款的规定。

经审查，合议组认为：本专利独立权利要求 1 要求保护一种轻质防水隔热复合板，包括泡沫底板、硬质面板以及防水粘结层这些产品结构特征，此外还对底板、面板的材料和防水材料作出了具体限定，此外，权利要求 1 还对防水粘结层的形成方式作出限定；从属权利要求 2 至 6 对该复合板的各个组成部分的具体材料或尺寸作出了进一步限定。由于权利要求 1~6 的技术方案中均包含了复合板产品的结构特征，并非仅仅包含材料特征、方法特征或者尺寸特征，且所涉及材料均为已知材料，所涉及方法均为已知方法，因而权利要求 1~6 符合专利法实施细则第 2 条第 2 款的规定。

（3）关于本专利权利要求 1~6 是否符合专利法第 22 条第 2、3 款的规定。

第二请求人认为本专利权利要求 1~6 不符合专利法第 22 条第 2 款和第 3 款规定的新颖性和创造性，以证据 2.1 作为最接近的对比文件评价权利要求 1~6 的新颖性，用证据 2.1 或证据 2.1 与证据 2.2 的结合评价权利要求 1~2 的创造性，并认为权利要求 3~6 的附加技术特征为本领域公知常识。

经审查，证据 2.1 和 2.2 均为实用新型专利申请说明书，专利权人对证据 2.1 和 2.2 的真实性无异议，且证据 2.1 和 2.2 的公开日均早于本专利的申请日，因此证据 2.1 和 2.2 构成本专利申请日前的现有技术。

证据 2.1 公开了一种既能隔热又能保温的屋面隔热板，包括由膨胀珍珠岩或者泡沫水泥等隔热材料制造的隔热层 1，由水泥、沙等制造的保护层 2，并且在隔热层 1 的外表面还覆盖有一层使用沥青或者树脂等防水材料制作成的防水层 3。

本专利权利要求 1 与证据 2.1 的区别在于，证据 2.1 没有披露权利要求 1 中的以下技术特征“泡沫底板的其他表面覆盖聚合物水泥基粘结防水材料”，因而证据 2.1 不能影响本专利权利要求 1 的新颖性。在本专利权利要求 1 中，通过在泡沫底板的除与硬质面板相粘结的表面之外的表面上，即在泡沫底板的底面和四周侧面上涂覆聚合物水泥基粘结防水材料，不仅可以起到防止水从泡沫底板的底面和四周侧面侵入泡沫底板的作用，而且可以使防水隔热复合板用水泥砂浆直接铺砌在基层面上，使相邻复合板中的泡沫底板彼此粘结，硬质面板之间的板缝用聚合物水泥基防水材料直接嵌缝，因而本专利权利要求 1 相对于证据 2.1 具有实质性特点和进步，证据 2.1 单独并不能影响本专利权利要求 1 的创造性。

证据 2.2 公开了一种建筑用阶梯式多功能复合板，包括由金属板等制成的保护板 1，由聚苯乙烯等制成的隔热板 2，以及粘结保护板 1 与隔热板 2 的粘性防水物质 4。可见，证据 2.2 没有公开上述区别技术特征，也没有给出在隔热板（相当于本专利权利要求 1 的泡沫底板）的底面和四周侧面涂覆聚合物水泥基粘结防水材料的技术启示，因而本专利权利要求 1 相对于证据 2.1 和 2.2 的结合具备专利法第 22 条第 3 款规定的创造性。

在权利要求 1 具备新颖性和创造性的条件下，其从属权利要求 2~6 也具备新颖性和创造性。

由于第二请求人没有用证据 2.3 评价本专利的新颖性和创造性，故合议组对证据 2.3 是否影响本专利的新颖性和创造性不作评述。

综上所述，第二请求人的无效理由均不成立。

三、决定

维持00233399.6号实用新型专利权有效。

当事人对本决定不服的，可以根据专利法第46条第2款的规定，自收到本决定之日起三个月内向北京市第一中级人民法院起诉。根据该款的规定，一方当事人起诉后，另一方当事人应当作为第三人参加诉讼。

北京市第一中级人民法院
行政判决书

（2007）一中行初字第521号

原告广州良特复合泡沫板有限公司，住所地广东省广州市越秀区培正东街6号105房。

法定代表人乔国华，总经理。

委托代理人宣国华，广州知友商标专利代理有限公司专利代理人。

被告国家知识产权局专利复审委员会，住所地北京市海淀区北四环西路9号银谷大厦。

法定代表人廖涛，副主任。

委托代理人马燕，国家知识产权局专利复审委员会审查员。

委托代理人杨存吉，国家知识产权局专利复审委员会审查员。

第三人佛山市顺德区大良顺冠防水补强工程有限公司，住所地广东省佛山市顺德区大良街道德政路家乐村三座十二铺。

法定代表人梁七根，总经理。

委托代理人汤茂盛，合肥诚兴知识产权代理有限公司专利代理人。

第三人何庆明，男，汉族，1967年7月26日出生，住广东省佛山市顺德区伦教镇源头村12号。

委托代理人吴国勋，广东广中律师事务所律师。

原告广州良特复合泡沫板有限公司不服被告国家知识严权局专利复审委员会作出的第9382号无效宣告请求审查决定，向本院提起行政诉讼。本院受理后，依法组成合议庭，向被告送达了起诉状副本及应诉通知书，并依照《中华人民共和国行政诉讼法》第二十七条之规定，通知佛山市顺德区大良顺冠防水补强工程有限公司（以下简称大良顺冠公司）、原中山市黄圃镇明艺防水隔热复合板厂（以下简称明艺厂，该厂已注销）的经营者何庆明作为本案第三人参加诉讼。本院先后于2007年5月30日和2007年12月19日公开开庭审理了本案。原告的委托代理人宣国华，被告的委托代理人张惠军、杨存吉，第三人大良顺冠公司的委托代理人汤茂盛，第三人何庆明的委托代理人吴国勋于2007年5月30日到庭参加了诉讼。此后，被告将其委托代理人张惠军变更为马燕、被告的委托代理人马燕、杨存吉，第三人何庆明的委托代理人吴国勋于2007年12月19日到庭参加了诉讼。原告和第三人大良顺冠公司未出席2007年12月19日的庭审，但分别向本院提交了书面诉讼意见，本案现已审理终结。

2006年12月27日，被告作出第9382号无效宣告请求审查决定（以下简称第9382号决定），依照《中华人民共和国专利法》（以下简称《专利法》）第二十二条第二、三款，第二十六条第三、四款及《中华人民共和国专利法实施细则》（以下简称《专利法实施细则》）第二条第二款的规定，维持第三人大良顺冠公司名称为轻质防水隔热复合板，专利号为00233399.6的实用新型专利权（以下简称本专利）有效。

被告为证明第9382号决定的合法性，在法定举证期限内向本院提供的证据包括：1. 本专利说明书，2. 申请号为89203003.8的实用新型专利申请说明书（即第9382号决定书中的证据2.1，以下简称证据2.1），3. 申请号为92200491.9的实用新型专利申请说明书（即第9382号决定书中的证据2.2，以下简称证据2.2），证据1~3证明原告提出无效请求的情况；4. 口头审理记录表，证明无效审查中口审情况。

原告诉称，被告在本专利权利要求1与证据2.1公开内容的比较上，事实认定不清，证据2.1公开了权利要求1中的全部结构特征，只是采用防水粘结材料的不同，实质效果也相同；本领域技术人员不用付出创造性的劳动，通过具有等同功能的本领域常用防水粘结材料的简单替换，就可以得出本专利权利要求1中的技术方案，其他的从属权利要求也没有带来预想不到的效果，本专利中权利要求1至6不符合《专利法》第二十二条第三款的规定。另外本专利的权利要求中聚合物水泥基粘结防水材料等非形状、非构造特征，不属于实用新型的保护范围，本专利权利要求1至6亦不符合《专利法实施细则》第二条第二款的规定。第9382号决定维持本专利权利全部有效的理由不能成立，因此，请求撤销该决定中对原告无效请求的决定，宣告本专利权无效。

原告为支持其诉讼主张，向本院提交了下列证据：1. 本专利公告文献复印件；2. 证据2.1的公告文献复印件；3. 证据2.2的公告文献复印件。

被告辩称，本专利权利要求1要求保护的轻质防水隔热复合板，在泡沫底板与硬质面板的底面之间具有防水粘接层，泡沫底板的其他表面覆盖聚合物水泥基粘结防水材料。证据2.1虽然公开了在隔热层1的外表面还覆盖有一层使用沥青或者树脂等防水材料制作成的防水层3，但并未公开权利要求1中“泡沫底板的其他表面覆盖聚合物水泥基粘结防水材料”这一技术特征，也没有给出采用该技术特征的技术启示，四此本专利权利要求1相对于证据2.1具备创造性，符合《专利法》第二十二条第三款的规定。原告认为证据2.1中防水层3采用沥青或树脂等具有粘接形成的防水材料，而本专利权利要求1中采用的是聚合物水泥基粘结防水材料，但认为这只是具有类似功能的常用防冰粘结材料之间的简单替换。根据本专利说明书的记载，在泡沫底板的裸露表面涂覆聚合物水泥基粘结防水材料，可使本专利的轻质防水隔热复合板在与基层面砌接时用水泥砂浆牢固粘结，从而可用水泥将本专利的轻质防水隔热复合板直接铺砌在基层面上，并用聚合物水泥基粘结防水材料嵌缝。可见，本专利通过在泡沫底板的其他表面覆盖聚合物水泥基粘结防水材料，产生了有益的技术效果，并非是常用防水粘结材料的简单替换，因此本专利权利要求1具备创造性。在独立权利要求1具备新颖性和创造性的条件下，其从属权利要求2至6也具备新颖性和创造性。因此，本专利权利要求1至6符合《专利法实施细则》第二条第二款的规定，本专利独立权利要求1要求保护一种轻质防水隔热复合板，包括泡沫底板、硬质面板以及防水粘结层这些产品结构特征，并对底板、面板的材料和防水材料作出了具体限定。此外，权利要求1还对防水粘结层的形成方式作出限定。从属权利要求2至6对该复合板的各个组成部分的具体材料或尺寸作出了进一步限定。由于权利要求1至6的技术方案中均包含了复合板产品的结构特征，并非仅仅包含材料特征、方法特征或者尺寸特征，且所涉及材料均为已知材料，所涉及方法均为已知方法，因而权利要求1至6符合《专利法实施细则》第二条第二款的规定。

综上，第9382号决定认定事实清楚、适用法律王确，原告的诉讼理由不能成立，因此，请求维持第9382号决定，驳回原告诉讼请求。

第三人大良顺冠公司述称，第9382号决定认定事实清楚、适用法律正确，审理程序合法，因此，请求维持该决定。

第三人何庆明述称，被告未正确适用《审查指南》中关于创造性的判断标准，认定事实有误，导致对本专利创造性的评价有误。被告对原告及明艺厂提交的多份证据及其组合实施以“分割并各个击破”的做法予以评价，将各个证据孤立起来，从而导致“盲人摸象”的结论。明艺厂提交的证据1.1与本专利的技术方案相比较，证据1.1的屋面防漏保温板包括由塑料泡沫板制成的保温层相当于本专利权利要求1中的泡沫底板；由水泥制成的面层相当于本专利权利要求1中的硬质面板，设置在保温层与面层之间的既有粘性又能防水的夹胶层相当于本专利权利要求1的防水粘结层，保温层底面有底胶层及周边带有边胶层相当于本专利权利要求1中的泡沫底板的其他表面覆盖有聚合物水泥基粘结防水材料，两者的基本结构是相同的，都是通过在保温板（泡沫底板）和面层（硬质面板）之间设置粘胶层，以及在保温板底边及周边设置涂覆层来实现防水，避免水从保温板底面及四周进入，从而更好地实现复合之后板材的防水、隔热、保温的效果。两技术方案唯一的区别是所采用的涂覆层材料不同。证据1.1列举了聚氨酯胶（一种聚合物，但不限定只为该种胶），本专利为聚合物水泥基粘结防水材料；但本专利涂覆层所采用的聚合物水泥基粘结防水材料已在证据1.6中公开，且在该证据1.6中的聚醋酸乙烯酯乳液水泥基防水涂料（聚合物水泥基粘结防水材料的一种）也是涂覆在硬质泡沫塑料基板上，其所起的作用同样是防水、隔热、保温；同时，在被告审查决定中也提到：“聚合物水泥基粘结防水材料”是一种本领域已广泛使用的建筑材料．具有很强的粘结、抗渗、抗裂能力因而广泛地用作建筑防水材料。因此，有理由认为：证据1.6或相关公知技术已披露了上述区别特征，将证据1.1和证据1.6结合来得出本专利的技术方案对于本领域的普通技术人员来说是显而易见，本专利权利要求1不具备实质性特点和进步，即不具备创造性；而权利要求2~6是对权利要求1产品的材料和尺寸的进一步限定，在权利要求1没有创造性的情况下，权利要求2~6同样也没有创造性。此外，第9382号决定中不应仅用证据1.1评述本专利权利要求1~6的新颖性，而不使用证据1.2~1.6评述本专利权利要求1~6的新颖性。

综上所述，被告在审查过程中认定事实错误，导致对本专利的创造性评价有误，进而作出了错误的审查决定，因此请求撤销被告第9382号决定，宣告本专利权无效。

第三人何庆明为支持其诉讼主张，向本院提交了明艺厂在无效程序中提交的证据1.1、1.6。

由于明艺厂在无效审查中向被告提交的专利号为99226652.1，授权公告日为2000年3月22日的中国实用新型专利说明书（即第9382号决定书中的证据1.1，以下简称证据1.1）；专利号为94231805.6，授权公告日为1996年1月10日的中国实用新型专利说明书（即第9382号决定书中的证据1.2，以下简称证据1.2）；专利号为95212435.1，授权公告日为1996年3月13日的中国实用新型专利说明书（即第9382号决定书中的证据1.3，以下简称证据1.3）；专利号为95201539.0，授权公告日为1995年11月22日的中国实用新型专利说明书（即第9382号决定书中的证据1.4，以下简称证据1.4）；专利号为95221929.8，授权公告日为1996年11月27日的中国实用新型专利说明书（即第9382号决定书中的证据1.5，以下简称证据1.5）；专利号为98201157.1、授权公告日为1999年3月10日的中国实用新型专利说明书（即第9382号决定书中的证据1.6，以下简称证据1.6）是被告作出第9382号决定的部分依据，虽然这些证据与原告的起诉内容无关，但与第9382号决定的合法性审查具有直接关系，因此，本院依职权向被告调取了这些证据。

经庭审质证，本院审查认为，被告、原告、第三人何庆明向本院提交的证据及本院调取的证据与第9382号决定的合法性审查有关联且合法、各方当事人对其真实性亦无异议，可以作为本案有效证据使用。

根据上述有效证据及各方当事人当庭无争议的陈述，本院对本案事实作出如下认定：

中华人民共和国国家知识产权局（以下简称国知局）于2001年1月24日授权公告了本专利。该专利的申请日为2000年4月10日，专利权人是本案第三人大良顺冠公司，本专利授权公告时的权利要求书如下：

“1. 一种轻质防水隔热复合板，包括模压成型的泡沫底扳（1）和硬质面板（2），其特征是泡沫底板（1）的一表面和硬质面板（2）的底面用防水粘结材料牢固粘结形成防水粘结层（3），泡沫底板（1）的其他表面覆盖聚合物水泥基粘结防水材料（4）。

2. 如权利要求1所述的轻质防水隔热复合板，其特征在于所述的泡沫底板（1）为聚苯乙稀泡沫底板。

3. 如权利要求1述的轻质防水隔热复合板，其特征在于所述的泡沫底板（1）的大小尺寸与硬质面板（2）的大小尺寸相对应。

4. 如权利要求1或2或3所述的轻质防水隔热复合板，其特征在于所述的硬质面板（2）为陶瓷防滑地砖或地面石料面板或墙面彩釉砖。

5. 如权利要求1所述的轻质防水隔热复合板，其特征在于所述的泡沫底板（1）的其他表面均匀涂刷聚合物水泥基粘结防水材料（4）。

6. 如权利要求1或2或3所述的轻质防水隔热复合板，其特征在于所述的泡沫底板（1）和硬质面板（2）的大小尺寸为100mm×100mm至1000mm×1000mm，最佳尺寸为300mm×300mm或400mm×400mm。”

针对本专利，明艺厂于2004年7月2日向被告提出无效宣告请求，理由是本专利权利要求1~6均不符合《专利法》。第二十二条第二、三款有关新颖性和创造性以及《专利法实施细则》第十三条第一款的规定，权利要求1、2、4还不符合《专利法实施细则》第二条第二款的规定，并提交了证据1.1、证据1.2、证据1.3、证据1.4、证据1.5、证据1.6和附件7：佛山市顺德区邮政局容桂分局于2004年7月1日出具的证明复印件1页（以下简称证据1.7）作为支持其请求的证据。

明艺厂认为可将本专利归纳为包括以下三个特征：（1）相同规格的泡沫底板和硬质面板叠加复合，（2）泡沫底板和硬质面板之间用粘结材料相粘结并形成防水粘结层，和（3）泡沫底板的其他表面覆盖聚合物水泥粘结防水材料，并认为上述特征（1）用硬质面板与泡沫面叠加复合方式作防水、隔热、保温材料，是建筑行业一项运用十分广泛的生产技术，广泛应用于厂房等建筑物的屋面防水隔热保温工程，并且该特征已被证据1.1、1.2、1.3、1.4、1.5公开；认为上述特征（2）在硬质面板与泡沫底面之间用粘合剂，加压使上下两板成为一体形成一个独立产品的加工技术也是一项成熟的公开技术，并且在证据1.4、1.3中对此有详细的描述；认为上述特征（3）在泡沫底板外露面上涂抹粘结材料，以解决泡沫底面防水及与屋面基层相粘结施工的技术，也已被证据1.6公开。即，认为证据1.1影响权利要求1至6的新颖性和创造性；证据1.2影响权利要求2和4的新颖性和创造性；证据1.3和1.4影响权利要求1、2和4的新颖性和创造性；证据1.5影响权利要求1至4、6的新颖性和创造性；证据1.6影响权利要求1、5的新颖性和创造性。由此，本专利要求保护的权利要求均属于该领域内的已有技术。此外，用证据1.7证明在本专利申请日之前，相关产品也已在市场上公开出售，因而本专利不符合《专利法》第二十二条第二、三款以及《专利法》实施细则第十三条第一款的规定，请求宣告本专利无效。

被告受理上述无效宣告请求后，将无效宣告请求书及其附件清单中所附附件的副本转送给大良顺冠公司，要求其在指定的期限内答复。大良顺冠公司期满未答复。

针对本专利，原告亦于2004年12月30日向被告提出无效宣告请求，同时提交了证据2.1、证据2.2和附件4：专利号为94200160.5的实用新型专利说明书，其授权公告日为1994年12月14日(以下简称证据2.3)。

原告认为，证据2.1和2.2均公开了既能隔热又能保温的屋面隔热板和建筑用阶梯式多功能复合板，都由硬质保护面层、隔热层和防水层构成，并且证据2.1图3所示的实施例与本专利权利要求1结构完全相同；权利要求2、4是对所用材料的限定，不属于实用新型保护范围，而且这些材料均被证据2.2公开；权利要求3、5、6所描述的技术方案是本领域的常规技术，且证据2.3中也公开了类似的结构，因此权利要求1、3、5、6不具备新颖性和创造性，不符合《专利法》第二十二条第二、三款的规定，权利要求2和4不符合《专利法实施细则》第二条第二款的规定。

被告受理该无效宣告请求后，将无效宣告请求书及其所附附件的副本转送给六良顺冠公司，要求其在指定的期限内答复。大良顺冠公司期满未答复。

被告决定对上述两项无效宣告请求合案进行审查并向明艺厂、原告及大良顺冠公司发出口头审理通知书，明艺厂、原告及大良顺冠公司均出席了口头审理。

在口头审理中，明艺厂明确其无效理由及范围是：本专利权利要求1至6不符合《专利法》第二十二条第二、三款的规定，放弃了其关于本专利不符合《专利法实施细则》第十三条第一款和第二条第二款的无效理由；并表示使用证据1.1至1.6评价权利要求1至6的创造性，放弃使用其他证据（即证据1.7）：以证据1.1作为最接近的对比文件，认为证据1.1公开了本专利权利要求1的全部技术特征，对比文件的具体结合方式与无效宣告请求书中证据的结合方式相同；大良顺冠公司对证据1.1至1.6的真实性无异议，且认为证据1.1中未公开本专利权利要求1中的防水粘结层和聚合物水泥基粘结防水材料。

在口头审理中，原告明确其无效理由和范围是：本专利权利要求1至6不符合《专利法》第二十二条第二、三款和《专利法实施细则》第二条第二款的规定，增加权利要求1不符合《专利法》第二十六条第三、四款的无效理由；以证据2.1作为最接远对比文件来评价权利要求1至6的新颖性；用证据2.1或证据2.1与2.2的结合评价权利要求1、2的创造性；并认为权利要求3至6的附加技术特征是本领域公知常识；认为权利要求1至5中的方法特征和材料特征以及权利要求6中的尺寸不属于实用新型的保护对象，因而权利要求1至6不符合《专利法实施细则》第二条第二款的规定；认为权利要求1中的“聚合物水泥基粘结防水材料”在说明书中公开不充分，不符合《专利法》第二十六条第三、四款的规定；原告未使用证据2.3评价本专利的新颖性和创造性。大良顺冠公司表示对证据2.1至2.3的真实性无异议，认为原告的无效理由不成立。

被告认为，明艺厂明确表示放弃使用证据1.7，其使用的证据1.1至1.6均为授权公告日在本专利申请日之前的中国实用新型专利说明书，且专利权人大良顺冠公司对证据1.1至1.6的真实性均无异议，因此证据1.1至1.6可以作为本案证据使用，其上披露的内容构成本专利的现有技术，可用于评价本专利权利要求的新颖性和创造性。

被告在第9382号决定关于本专利权利要求1至6是否具有新颖性的论述部分，根据明艺厂在口头审理中所作的以证据1.1作为最接近的对比文件，证据1.1公开了本专利权利要求1的全部技术特征的表述，认为证据1.1公开了一种屋面防漏保温板，包括由塑料泡沫板制成的保温层（相当于本专利权利要求1中的泡沫底板），由水泥制成的面层（相当于本专利权利要求1中的硬质面板），设置在保温层3与面层1之间的既具有粘性又能防水的夹胶层（相当于本专荆权利要求1中的防水粘结层），保温层的底面上带有底胶层，并且保温层、面层、夹胶层、底胶层叠合后的端面均设有边胶层（相当于本专利权利要求1中泡沫底板其他表面上的防水粘结材料）。本专利权利要求1与证据1.1的区别在于，证据1.1没有公开权利要求1中的以下技术特征“泡沫底板的其他表面覆盖聚合物水泥基粘结防水材料”，且证据1.1的面层周边有边胶层，而本专利权利要求1的硬质面板的周边没有边胶层。由于证据1.1没有公开本专利权利要求1的全部技术特征，不能影响本专利权利要求1的新颖性。由于权利要求1具备新颖性，引用权利要求1的从属权利要求2至6也具备新颖性，符合《专利法》第二十二条第二款关于新颖性的规定。

被告在第9382号决定关于本专利权利要求1至6是否具有创造性的论述部分表述了如下内容：

“明艺厂以证据1.1作为最接近的对比文件，认为证据1.1公开了本专利权利要求1的全部技术特征，并认为证据1.1影响权利要求1至6的新颖性和创造性；证据1.2影响权利要求2和4的新颖性和创造性；证据1.3和1.4影响权利要求1、2和4的新颖性和创造性；证据1.5影响权利要求1至4、6的新颖性和创造性；证据1.6影响权利要求1、5的新颖性和创造性。”

然后，被告根据明艺厂在口头审理中关于使用证据1.1至1.6评价权利要求1至6的创造性的要求，基于其关于本专利权利要求1至6具有新颖性的的评述，认为本专利权利要求1与证据1.1的区别在于，证据1.1没有公开权利要求1中的以下技术特征“泡沫底板的其他表面覆盖聚合物水泥基粘结防水材料”，且证据1.1的面层周边有边胶层，而本专利权利要求1的硬质面板的周边没有边胶层。证据1.6公开了一种硬质聚氨酯泡沫防水保温隔热复合板，包括硬质聚氨酯泡沫塑料基板，与基板粘结在一起的高分子防水涂膜覆面层，其中高分子防水涂膜覆面层可以采用聚醋酸乙烯酯乳液水泥基防水涂料，并且为了拼缝方便，在硬质聚氨酯泡沫防水保温隔热复合板的边缘上可以做成梯形、V形或凹凸形拼接企口，拼缝中间可用高分子胶条粘结。证据1.6中披露的聚醋酸乙烯酯乳液水泥基防水涂料虽然属于一种聚合物水泥基防水涂料，但是在证据1.6中聚合物水泥基防水涂料涂覆在复合板的表层上，作为复合板的面层，从而增强复合板的不透水性；而在本专利权利要求1中，聚合物水泥基粘结防水材料涂覆在泡沫底板的除与硬质面板相粘结的表面之外的表面上，即权利要求1中聚合物水泥基粘结防水材料涂覆在泡沫底板的底面和四周侧面上，不仅可以起到防止水从泡沫底板的底面和四周侧面浸入泡沫底板的作用，而且可以使防水隔热复合板用水泥砂浆直接铺砌在基层面上，使相邻复合板中的泡沫底板彼此粘结，硬质面板之间的板缝用聚合物水泥基防水材料嵌缝。由此可见，证据1.6没有披露上述区别技术特征，也没有给出在泡沫底板的底面和四周侧面上覆盖聚合物水泥基粘结防水材料的技术启示，本专利权利要求1相对于证据1.1和证据1.6的结合具有实质性特点和进步，符合《专利法》第二十二条第三款关于创造性的规定。证据1.2公开了一种轻体屋面隔热保温板，包括水泥层，玻璃丝网格布和聚苯乙烯板，玻璃丝网格布夹于水泥层与聚苯乙烯板之间。证据1.3公开了一种轻型屋面保温板，包括聚苯乙烯泡沫塑料板，玻璃丝网格布，钢化树脂胶结剂层，高强水泥砂浆层。证据1.4公开了一种水泥纤维压力复合板，包括泡沫塑料板、水泥纤维压力板和粘合剂。证据1.5公开了一种复合保温板，包括保温层，增强网格布，胶结剂层，面层及找平层。由此可见，证据1.2至证据1.5也没有披露本专利权利要求1与证据1.1的上述区别技术特征，即证据1.2至证据1.5均没有给出在泡沫底板的底面和四周侧面上涂覆聚合物水泥基粘结防水材料的技术启示，不能影响本专利权利要求1的创造性。鉴于证据1.2至证据1.6均没有公开上述区别技术特征，也没有给出技术启示，因而证据1.1至证据1.6的任何组合也不能影响本专利权利要求1的创造性。在权利要求1具备创造性的条件下，其从属权利要求2至6也具备创造性。

被告对原告的无效请求和理由进行了如下评述：

关于原告认为权利要求1不符合《专利法》第二十六条第三、四款的规定问题，原告认为，权利要求1中的“聚合物水泥基粘结防水材料”在说明书中公开不充分，不符合《专利法》第二十六条第三、四款的规定。被告认为，本专利的目的是提供一种具有防水隔热功能的轻质防水隔热复合板，该轻质防水隔热复合板包括模压成型的泡沫底板和硬质面板，以及在泡沫底板与硬质面板之间用防水粘结材料牢固粘结形成的防水粘结层，泡沫底板的其他表面覆盖聚合物水泥基粘结防水材料。首先，说明书中记载了该技术方案。其次，权利要求1和说明书中提到的“聚合物水泥基粘结防水材料”是一种本领域中已经广泛使用的建筑材料，是通过在水泥中添加聚合物制成的水泥基复合材料，具有很强的粘结、抗渗、抗裂能力，因而广泛地用作建筑防水材料。因此，本领域技术人员根据说明书的描述，能够实现本专利权利要求1要求保护的技术方案，因此，权利要求1符合《专利法》第二十六条第三、四款的规定。

关于原告认为本专利权利要求1至6不否符合《专利法实施细则》第二条第二款的规定的问题，被告认为如果一项实用新型专利中既包括产品的形状、构造特征，又包含材料特征，若该材料特征为现有技术中已知的材料，并非对材料本身提出的技术方案，则认为该实用新型专利是关于产品的形状、构造的技术方案，符合《专利法实施细则》第二条第二款的规定。本专利独立权利要求1要求保护一种轻质防水隔热复合板，包括泡沫底板、硬质面板以及防水粘结层这些产品结构特征，此外还对底板、面板的材料和防水材料作出了具体限定，此外，权利要求1还对防水粘结层的形成方式作出限定；从属权利要求2至6对该复合板的各个组成部分的具体材料或尺寸作出了进一步限定。由于权利要求1至6的技术方案中均包含了复合板产品的结构特征，并非仅仅包含材料特征、方法特征或者尺寸特征，且所涉及材料均为已知材料，所涉及方法均为已知方法，因而权利要求1至6符合《专利法实施细则》第二条第二款的规定。

关于原告认为本专利权利要求1至6不符合《专利法》第二十二条第二、三款的规定问题，愿告以证据2.1作为最接近的对比文件评价权利要求1至6的新颖性，用证据2.1或证据2.1与证据2.2的结合评价权利要求1和2的创造性，并认为权利要求3至6的附加技术特征为本领域公知常识。被告认为：证据2.1和2.2均为实用新型专利申请说明书，专利权人大良顺冠公司对证据2.1和2.2的真实性无异议，且证据2.1和2.2的公开日均早于本专利的申请日，因此证据2.1和2.2构成本专利申请日前的现有技术。

证据2.1公开了一种既能隔热又能保温的屋面隔热板，包括由膨胀珍珠岩或者泡沫水泥等隔热材料制造的隔热层，由水泥，沙等制造的保护层，并且在隔热层的外表面还覆盖有一层使用沥青或者树脂等防水材料制作成的防水层。本专利权利要求1与证据2.1的区别在于，证据2.1没有披露权利要求1中的以下技术特征“泡沫底板的其他表面覆盖聚合物水泥基粘结防水材料”，因而证据2.1不能影响本专利权利要求1的新颖性。在本专利权利要求1中，通过在泡沫底板的除与硬质面板相粘结的表面之外的表面上，即在泡沫底板的底面和四周侧面上涂覆聚合物水泥基粘结防水材料，不仅可以起到防止水从泡沫底板的底面和四周侧面侵入泡沫底板的作用，而且可以使防水隔热复合板用水泥砂浆直接铺砌在基层面上，使相邻复合板中的泡沫底板彼此粘结，硬质面板之间的板缝用聚合物水泥基防水材料直接嵌缝，因而本专利权利要求1相对于证据2.1具有实质性特点和进步，证据2.1单独并不能影响本专利权利要求1的创造性。证据2.2公开了一种建筑用阶梯式多功能复合板，包括由金属板等制成的保护板，由聚苯乙烯等制成的隔热板，以及粘结保护板与隔热板的粘性防水物质。可见，证据2.2没有公开上述区别技术特征，也没有给出在隔热板（相当于本专利权利要求1的泡沫底板）的底面和四周侧面涂覆聚合物水泥基粘结防水材料的技术启示，因而本专利权利要求1相对于证据2.1和2.2的结合具备《专利法》第二十二条第三款规定的创造性。在权利要求1具备新颖性和创造性的条件下，其从属权利要求2至6也具备新颖性和创造性。由于原告没有用证据2.3评价本专利的新颖性和创造性，所以被告对证据2.3是否影响本专利的新颖性和创造性未作评述。

被告认为明艺厂和原告的无效理由均不成立，因此，被告作出了维持本专利有效的第9382号决定。

本院认为，《专利法实施细则》第二条第二款规定：“专利法所称实用新型，是指对产品的形状、构造或者其结合所提出的适于实用的新的技术方案。”《审查指南》第一部分第二章第6.3节中指出：

如果权利要求中既包括形状、构造特征，又包括对材料本身提出的技术方案，则不属于实用新型专利保护的客体。但是将现有技术中已知的材料应用于具有形状、构造的产品上，不属于对材料本身提出的技术方案。上述文字应理解为，当一项实用新型专利既包括产品的形状、构造特征，又包含材料特征，而该材料特征为现有技术中已知的材料，该实用新型专利并非对材料本身提出的技术方案，则应认为该实用新型专利是关于产品的形状、构造的技术方案，符合《专利法实施细则》第二条第二款的规定。本专利独立权利要求1要求保护一种轻质防水隔热复合板，包括泡沫底板、硬质面板以及防水粘结层这些产品结构特征、并且对底板、面板的材料和防水材料作出了具体限定，此外，权利要求1还对防水粘结层的形成方式作出限定；从属权利要求2至6对该复合板的各个组成部分的具体材料或尺寸作出了进一步限定。由于权利要求1至6的技术方案中均包含了复合板产品的结构特征，并非仅仅包含材料特征、方法特征或者尺寸特征，且所涉及材料均为已知材料，所涉及方法均为已知方法，因此，本专利权利要求1至6符合《专利法实施细则》第二条第二款的规定。

此外，本院认同第9382号决定中关于本专利权利要求1符合《专利法》第二十六条第三、四款的规定及本专利具有新颖性和创造性的评述。

由于明艺厂在其无效宣告请求书和口头审理的表述中，对其无效理由及相应证据如何证明本专利不具有新颖性或创造性，均无具体说明。在这种情况下，其无效请求的审查范围难以确定的情形。故而被告在被诉决定中确定了用证据1.1评述本专利权利要求1~6的新颖性，用证据1.1~1.6评价本专利的创造性，并且得出本专利权利要求1~6均具有新颖性和创造性的结论，以及被告在第9382号决定关于本专利权利要求1至6是否具有创造性的论述部分表述明艺厂关于本专利不具有新颖性的有关意见等，均属第9382号决定存在的瑕疵，但上述瑕疵对明艺厂的权益不存在影响，亦不足以成为撤销第9382号决定的理由。

综上，原告及何庆明请求撤销该决定的诉讼理由不充分，其请求本院不予支持。据此，依照最高人民法院《关于执行<中华人民共和国行政诉讼法>若干问题的解释》第五十六条第（四）项的规定，判决如下：

驳回原告广州良特复合泡沫板有限公司的诉讼请求。

本案案件受理费1000元，由原告广州良特复合泡沫板有限公司负担（已交纳）。

如不服本判决，可在本判决书送达之日起15日内，向本院递交上诉状，并按对方当事人的人数提出副本，上诉于北京市高级人民法院。

审 判 长　吴　月
审 判 员　刘井玉
人民陪审员　杨旭东
二〇〇八年一月二十一日
书 记 员　郎莉萍

北京市高级人民法院
行政判决书

（2008）高行终字第200号

上诉人（一审原告）广州良特复合泡沫板有限公司，住所地广东省广州市越秀区培正东街6号105房。

法定代表人乔国华，总经理。

委托代理人宣国华，广州知友商标专利代理有限公司专利代理人。

被上诉人（一审被告）国家知识产权局专利复审委员会，住所地北京市海淀区北四环西路9号银谷大厦。

法定代表人廖涛，副主任。

委托代理人马燕，国家知识产权局专利复审委员会审查员。

委托代理人杨存吉，国家知识产权局专利复审委员会审查员。

被上诉人（一审第三人）佛山市顺德区大良顺冠防水补强工程有限公司，住所地广东省佛山市顺德区大良街道德政路家乐村三座十二铺。

法定代表人梁七根，总经理。

委托代理人汤茂盛，合肥诚兴知识产权代理有限公司专利代理人。

一审第三人何庆明（原中山市黄圃镇明艺防水隔热复合板厂的经营者），男，汉族，1967年7月26日出生，住广东省佛山市顺德区伦教镇源头坊12号。

委托代理人吴国勋，广东广中律师事务所律师。

上诉人广州良特复合泡沫板有限公司（以下简称良特公司）因专利无效宣告请求审查决定一案，不服北京市第一中级人民法院（农下简称一审法院）（2007）一中行初字第521号行政判决，向本院提起上诉。本院依法组成合议庭，于2008年4月10日公开开庭审理了本案。上诉人良特公司的法定代表人乔国华及其委托代理人宣国华，被上诉人国家知识产权局专利复审委员会（以下简称专利复审委）的委托代理人马燕、杨存吉，被上诉人佛山市顺德区大良顺冠防水补强工程有艰公司（以下简称大良顺冠公司）的委托代理人汤茂盛到庭参加了诉讼。一审第三人何庆明经本院合法传唤未到庭参力诉讼。本案现已审理终结。

2006年12月27日，专利复审委依据《中华人民共和国专利法》（以下简称《专利法》）第二十二条第二、三款、第二十六条第三、四款及《中华人民共和国专利法实施细则》（以下简称《专利法实施细则》）第二条第二款的规定，针对中山市黄圃镇明艺防水隔热复合板厂（以下简称明艺厂）、良特公司提出的无效理由作出第9382号无效宣告请求审查决定（以下简称第9382号决定），维持专利号为00233399.6的实用新型专利权（以下简称本专利）有效。良特公司不服该决定，在法定期限内向一审法院提起行政诉讼。

一审法院判决认为，本专利独立权利要求1要求保护一种轻质防水隔热复合板，包括泡沫底板、硬质面板以及防水粘结层这些产品结构特征，并且对底板、面板的材料和防水材料作出了具体限定，此外，权利要求1还对防水粘结层的形成方式作出限定；从属权利要求2至6对该复合板的各个组成部分的具体材料或尺寸作出了进一步限定。由于权利要求1至6约技术方案中均包含了复合板产品的结构特征，并非仅仅包含材料特征，方法特征或者尺寸特征，且所涉及材料均为已知材料，所涉及方法均为已知方法，因此，本专利权利要求1至6符合《专利法实施细则》第二条第二款的规定。

此外，认同第9382号决定中关于本专利权利要求1符合《专利法》第二十六条第三、四款的规定及本专利具有新颖性和创造性的评述。

由于明艺厂在其无效宣告请求书和口头审理的表述中，对其无效理由及相应证据如何证明本专利不具有新颖性或创造性，均无具体说明。在这种情况下，其无效请求的审查范围难以确定的情形，故而专利复审委在被诉决定中确定了用证据1.1评述本专利权利要求1~6的新颖性，用证据1.1~1.6评价本专利的创造性，并且得出本专利权利要求1~6均具有新颖性和创造性的结论，以及专利复审委在第9382号决定关于本专利权利要求1至6是否具有创造性的论述部分表述明艺厂关于本专利不具有新颖性的有关意见等，均属第9382号决定存在的瑕疵，但上述瑕疵对明艺厂的权益不存在影响，亦不足以成为撤销第9382号决定的理由。

良特公司及何庆明请求撤销该决定的诉讼理由不充分，其请求不予支持。据此，依照最高人民法院《关于执行〈中华人民共和国行政诉讼法〉若干问题的解释》第五十六条第（四）项的规定，判决驳回良特公司的诉讼请求。

良特公司不服上述一审判决向本院提起上诉称，1. 专利复审委在本专利权利要求1与证据2.1公开内容的比较上，事实认定不清。证据2.1公开了权利要求1中的全部结构特征，只是采用防水粘结材料的不同，实质效果也相同；本领域技术人员不用付出创造性的劳动，通过具有等同功能的本领域常用防水粘结材料的简单替换，就可以得出本专利权利要求求1中的术方案、其他的从属权利要求也没有带来预想不到的效果，本专利中权利要求1至6不符合《专利法》第二十二条第三款的规定。2. 本专利的权利要求中聚合物水泥基粘结防水材料等非形状、非构造特征，不属于实用新型的保护范围，本专利权利要求1至6亦不符合《专利法实施细则》第二条第二款的规定。请求撤销一审判决，撤销第9382号决定，宣告本专利权无效。

专利复审委辩称，1. 本专利权利要求1具备创造性。本专利权利要求1要求保护的轻质防水隔热复合板，在泡沫底板与硬质面板的底面之间具有防水粘接层，泡沫底板的其他表面覆盖聚合物水泥基粘结防水材料。证据2.1虽然公开了在隔热层1的外表面还覆盖有一层使用沥青或者树脂等防水材料制作成的防水层3，但并未公开权利要求1中“泡沫底板的其他表面覆盖聚合物水泥基粘结防水材料”这一技术特征，也没有给出采用该技术特征的技术启示，因此本专利权利要求1相对于证据2.1具备创造性，符合《专利法》第二十二条第三款的规定。良特公司认为证据2.1中防水层3采用沥青或树脂等具有粘接形成的防水材料，而本专利权利要求1由采用的是聚合物水泥基粘结防水材料，但认为这只是具有类似功能的常用防水粘结材料之间的简单替换。对此，专利复审委认为，根据本专利说明书的记载，在泡沫底板的裸露表面涂覆聚合物水泥基粘结防水材料，可使本专利的轻质防水隔热复合板在与基层面砌接时用水泥砂浆牢固粘结，从而可用水泥将本专利的轻质防水隔热复合板直接铺砌在基层面上，并用聚合物水泥基粘结防水材料嵌缝。可见，本专利通过在泡沫底板的其他表面覆盖聚合物水泥基粘结防水材料，产生了有益的技术效果，并非是常用防水粘结材料的简单替换，因此本专利权利要求1具备创造性。2. 在独立权利要求1具备新颖性和创造性的条件下，其从属权利要求2至6也具备新颖性和创造性。3. 本专利独立权利要求1要求保护一种轻质防水隔热复合板，包括泡沫底板、硬质面板以及防水粘结层这些产品结构特征，并对底板、面板的材料和防水材料作出了具体限定。此外，权利要求1还对防水粘结层的形成方式作出限定。从属权利要求2至6对该复合板的各个组成部分的具体材料或尺寸作出了进一步限定。由于权利要求1至6的技术方案中均包含了复合板产品的结构特征，并非仅仅包含材料特征、方法特征或者尺寸特征，且所涉及材料均为已知材料，所涉及方法均为已知方法，因而权利要求1至6符合《专利法实施细则》第二条第二款的规定。第

9382号决定认定事实清楚、适用法律正确，良特公司的上诉理由不能成立。请求驳回上诉，维持一审判决，维持第9382号决定。

被上诉人大良顺冠公司未提交书面答辩意见，庭审中表示同意第9.382号决定认定的事实和处理结果，并认为一审判决认定事实清楚、适用法律正确，审理程序合法。诸求驳回上诉，维持一审判决，维持第9382号决定。

一审第三人何庆明经本院合法传唤未参加庭审，也未提交书面意见。

经审理查明，本专利是申请日为2000年4月10日，授权公告日为2001年1月24日，名称为“轻质防水隔热复合板”，专利权人为大良顺冠公司的实用新型专利。本专利授权公告时的权利要求书如下：

“1. 一种轻质防水隔热复合板，包括模压成型的泡沫底板（1）和硬质面板（2），其特征是泡沫底板（1）的一表面和硬质面板（2）的底面用防水粘结材料牢固粘结形成防水粘结层（3）泡沫底板（1）的其他表面覆盖聚合物水泥基粘结防水材料（4）。

2. 如权利要求1所述的轻质防水隔热复合板，其特征在于所述的泡沫底板（1）为聚苯乙稀泡沫底板。

3. 如权利要求1所述的轻质防水隔热复合板，其特征在于所述的泡沫底板（1）的大小尺寸与硬质面板（2）的大小尺寸相对应。

4. 加权利要求1或2或3所述的轻质防水隔热复合板，其特征在于所述的硬质面板（2）为陶瓷防滑地砖或地面石料面板或墙面彩釉砖。

5. 如权利要求1所述的轻质防水隔热复合板，其特征在于所述的泡沫底板（1）的其他表面均匀涂刷聚合物水泥基粘结防水材料（4）。

6. 如权利要求1或2或3所述的轻质防水隔热复合板，其特征在于所述的泡沫底板（1）和硬质面板（2）的大小尺寸为100mm×100mm至1000mm×1000mm，最佳尺寸为300mm×300mm或400mm×400mm。”

针对本专利，明艺厂于2004年7月2日向专利复审委提出无效宣告请求，理由是本专利权要求1至6均不符合《专利法》第二十二条第二、三款有关新颖性和创造性以及《专利法实施细则》第十三条第一款的规定，权利要求1、2、4还不符合《专利法实施细则》第二条第二款的规定，并提交了证据1.1（专利号为99226652.1，授权公告日为2000年3月22日的中国实用新型专利说明书）、证据1.2（专利号件04231805.6，授权公告日为1996年1月10日的中国实用新型专利说明书）、证据1.3（专利号为95212435.1，授权公告日为1996年3月13日的中国实用新型专利说明书）、证据1.4（专利号为95201539.0，授权公告日为1995年11月22日的中国实用新型专利说明书）、证据1.5（专利号为95221929.8，授权公告日为1996年11月27日的中国实用新型专利说明书）、证据1.6（专利号为98201157.1，授权公告日为1999年3月10日的中国实用新型专利说明书）、证据1.7（佛山市顺德区邮政局容桂分局于2004年7月1日出具的证明复印件1页）作为支持其请求的证据。

明艺厂认为可将本专利归纳为包括以下三个特征：（1）相同规格的泡沫底板和硬质面板叠加复合，（2）泡沫底板和硬质面板之间用粘结材料相粘结并形成防水粘结层，和（3）泡沫底板的其他表面覆盖聚合物水泥粘结防水材料，并认为上述特征（1）用硬质面板与泡沫面叠加复合方式作防水、隔热、保温材料，是建筑行业一项运用十分广泛的生产技术，广泛应用于厂房等建筑物的屋面防水隔热保温工程，并且该特征已被证据1.1、1.2、1.3、1.4、1.5公开；认为上述特征（2）在硬质面板与泡沫底面之间用粘合剂，加压使上下两板成为一体形成一个独立产品的加工技术也是一项成熟的公开技术。并且在证据1.4、1.3中对此有详细的描述；认为上述特征（3）在泡沫底板外露面上涂抹粘结材料，以解决泡沫底面防水及与屋面基层相粘结施工的技术，也已被证据1.6公开。即，认为证据1.1影响权利要求1至6的新颖性和创造性；证据1.2影响权利要求2和4的新颖性和创造性；证据1.3和1.4影响权利要求1、2和4的新颖性和创造性；证据1.5影响权利要求1至4、6的新颖性和创造性；证据1.6影响权利要求1、5的新颖性和创造性，由此，本专利要求保护的权利要求均属于该领域内的已有技术，此外，用证据1.7证明在本专利申请日之前，相关产品也已在市场上公开出售，因而本专利不符合《专利法》第二十二条第二、三款以及《专利法实施细则》第十三条第一款的规定，请求宣告本专利无效。

专利复审委受理上述无效宣告请求后，将无效宣告请求书及其附件清单中所附附件的副本转送给大良顺冠公司，要求其在指定的期限内答复。大良顺冠公司期满未答复。

针对本专利，良特公司亦于2004年12月30日向专利复审委提出无效宣告请求，同时提交了证据2.1（申请号为89203003.8的实用新型专利申请说明书，其公告日为1989年11月29日）、证据2.2（申请号为92200491.9的实用新型专利申请说明书，其公告日为1992年9月30日）和证据2.3（专利号为94200160.5的实用新型专利说明书，其授权公告日为1994年12月14日）。

良特公司认为，证据2.1和2.2均公开了既能隔热又能保温约屋面隔热板和建筑用阶梯式多功能复合板，都由硬质保护面层、隔热层和防水层构成，并且证据2.1图3所示的实施例与本专利权利要求1结构完全相同；权利要求2、4是对所用材料的限定，不属于实用新型保护范围，而且这些材料均被证据2.2公开；权利要求3、5、6所描述的技术方案是本领域的常规技术，且证据2.3中也公开了类似的结构，因此权利要求1、3、5、6不具备新颖性和创造性，不符合《专利法》第二十二条第二、三款的规定，权利要求2和4不符合《专利法实施细则》第二条第二款的规定。

专利复审委受理该无效宣告请求后，将无效宣告请求书及其所附附件的副本转送给大良顺冠公司，要求其在指定的期限为答复。大良顺冠公司期满未答复。

专利复审委决定对上述两项无效宣告请求合案进行审查并向明艺厂、良特公司及大良顺冠公司发出口头审理通知书，明艺厂、良特公司及大良顺冠公司均出席了口头审理。

在口头审理中，明艺厂明确其无效理由及范围是：本专利权利要求1至6不符合《专利法》第二十二条第二、三款的规定，放弃了其关于本专利不符合《专利法实施细则》第十三条第一款和第二条第二款的无效理由；并表示使用证据1.1至1.6评价权利要求1至6的创造性，放弃使用其他证据（即证据1.7）；以证据1.1作为最接近的对比文件，认为证据1.1公开了本专利权利要求1的全部技术特征，对比文件的具体结合方式与无效宣告请求书中证据的结合方式相同；大良顺冠公司对证据1.1至1.6的真实性无异议，且认为证据1.1中未公开本专利权利要求1中的防水粘结层和聚合物水泥基粘结防水材料。

在口头审理中，良特公司明确其无效理由和范围是：本专利权利要求1至6不符合《专利法》第二十二条第二、三款和《专利法实施细则》第二条第二款的规定，增加权利要求1不符合《专利法》第二十六条第三、四款的无效理由；以证据2.1作为最接近对比文件来评价权利要求1至6的新颖性；用证据2.1或证据2.1与2.2的结合评价权利要求1、2的创造性；并认为权利要求3至6的附加技术特征是本领域公知常识；认为权利要求1至5中的方法特征和材料特征以及权利要求6中的尺寸不属于实用新型的保护对象，因而权利要求1至6不符合《专利法实施细则》第二条第二款的规定；认为权利要求1中的“聚合物水泥基粘结防水材料”在说明书中公开不充分，不符合《专利法》第二十六条第三、四款的规定；良特公司未使用证据2.3评价本专利的新颖性和创造性。大良顺冠公司表示对证据2.1至2.3的真实性无异议，认为良特公司的无效理由不成立。

专利复审委针对明艺厂提出的无效理由，经审查认为，1. 明艺厂明确表示放弃使用证据1.7，其使用的证据 1.1 至 1.6 均为授权公告日在本专利申请日之前的中国实用新型专利说明书，且专利权人大良顺冠公司对证据 1.1 至 1.6 的真实性均无异议，因此证据 1.1 至 1.6 可以作为本案证据使用，其上披露的内容构成本专利的现有技术，可用于评价本专利权利要求的新颖性和创造性。2. 关于本专利权利要求 1 至 6 是否具有新颖性的问题。根据明艺厂在口头审理中所作的以证据 1.1 作为最接近的对比文件，证据 1.1 公开了本专利权利要求 1 的全部技术特征的表述，认为证据 1.1 公开了一种屋面防漏保温板，包括由塑料泡沫板制成的保温层（相当于本专利权利要求 1 中的泡沫底板），由水泥制成的面层（相当于本专利权利要求 1 中的硬质面板），设置在保温层 3 与面层 1 之间的既具有粘性又能防水的夹胶层（相当于本专利权利要求 1 中的防水粘结层），保温层的底面上带有底胶层，并且保温层、面层、夹胶层、底胶层叠合后的端面均设有边胶层（相当于本专利权利要求 1 中泡沫底板其他表面上的防水粘结材料）。本专利权利要求 1 与证据 1.1 的区别在于，证据 1.1 没有公开权利要求 1 中的以下技术特征“泡沫底板的其他表面覆盖聚合物水泥基粘结防水材料”，且证据 1.1 的面层周边有边胶层，而本专利权利要求 1 的硬质面板的周边没有边胶层，由于证据 1.1 没有公开本专利权利要求 1 的全部技术特征，不能影响本专利权利要求 1 的新颖性。由于权利要求 1 具备新颖性、引用权利要求 1 的从属权利要求 2 至 6 也具备新颖性，符合《专利法》第二十二条第二款关于新颖性的规定。3. 关于本专利权利要求 1 至 6 是否具有创造性的问题。“明艺厂以证据 1.1 作为最接近的对比文件，认为证据 1.1 公开了本专利权利要求 1 的全部技术特征，并认为证据 1.1 影响权利要求 1 至 6 的新颖性和创造性；证据 1.2 影响权利要求 2 和 4 的新颖性和创造性；证据 1.3 和 1.4 影响权利要求 1、2 和 4 的新颖性和创造性；证据 1.5 影响权到要求 1 至 4、6 的新颖性和创造性；证据 1.6 影响权利要求 1、5 的新颖性和创造性。”然后，专利复审委根据明艺厂在已头审理中关于使用证据 1.1 至 1.6 评价权利要求 1 至 6 的创造性的要求，基于其关于本专利权利要求 1 至 6 具有新颖性的的评述，认为本专利权利要求 1 与证据 1.1 的区别在于，证据 1.1 没有公开权利要求 1 中的以下技术特征“泡沫底板的其他表面覆盖聚合物水泥基粘结防水材料”，且证据 1.1 的面层周边有边胶层，而本专利权利要求 1 的硬质面板的周边没有边胶层。证据 1.6 公开了一种硬质聚氨酯泡沫防水保温隔热复合板，包括硬质聚氨酯泡沫塑料基板，与基板粘结在一起的高分子防水涂膜覆面层，其中高分子防水涂膜覆面层可以采用聚醋酸乙烯酯乳液水泥基防水涂料，并且为了拼缝方便，在硬质聚氨酯泡沫防水保温隔热复合板的边缘上可以做成梯形、V 形或凹凸形拼接企口，拼缝中间可用高分子胶条粘结。证据 1.6 中披露的聚醋酸乙烯醋乳液水泥基防水涂料虽然属于一种聚合物水泥基防水涂料，但是在证据 1.6 中聚合物水泥基防水涂料涂覆在复合板的表层上，作为复合板的面层，从而增强复合板的不透水性；而在本专利权利要求 1 中：聚合物水泥基粘结防水材料涂覆在泡沫底板的除与硬质面板相粘结约表面之外的表面上，即权利要求 1 中聚合物水泥基粘结防水材料涂覆在泡沫底板的底面和四周侧面上，不仅可以起到防止水从泡沫底板的底面和四周侧面浸入泡沫底板约作用，而且可以使防水隔热复合板用水泥砂浆直接铺砌在基层面上，使相邻复合板中的泡沫底板彼此粘结，硬质面板之间的板缝用聚合物水泥基防水材料嵌缝。由此可见，证据 1.6 没有披露上述区别技术特征，也没有给出在泡沫底板的底面和四周侧面上覆盖聚合物水泥基粘结防水材料的技术启示，本专利权利要求 1 相对于证据 1.1 和证据 1.6 的结合具有实质性特点和进步，符合《专利法》第二十二条第三款关于创造性的规定。证据 1.2 公开了一种轻体屋面隔热保温板，包括水泥层，玻璃丝网格布和聚苯乙烯板，玻璃丝网格布夹于水泥层与聚苯乙烯板之间。证据 1.3 公开了一种轻型屋面保温板，包括聚苯乙烯泡沫塑料板，玻璃丝网格布，钢化树脂胶结剂层，高强水泥砂浆层。证据 1.4 公开了一种水泥纤维压力复合板，包括泡沫塑料板、水泥纤维压力板和粘合剂。证据 1.5 公开了一种复合保温板，包括保温层，增强网格布，胶结剂层，面层及找平层。由此可见，证据 1.2 至证据 1.5 也没有披露本专利权利要求 1 与证据 1.1 的上述区别技术特征，即证据1.2至证据1.5均没有给出在泡沫底板的底面和四周侧面上涂覆聚合物水泥基粘结防水材料的技术启示，不能影响本专利权利要求1的创造性。鉴于证据1.2至证据1.6均没有公开上述区别技术特征，也没有给出技术启示，因而证据1.1至证据1.6的任何组合也不能影响本专利权利要求1的创造性。在权利要求1具备创造性的条件下，其从属权利要求2至6也具备创造性。

专利复审委针对良特公司的无效请求和理由，经审查认为：1. 关于良特公司认为权利要求1不符合《专利法》第二十六条第三、四款的规定问题。良特公司认为，权利要求1中的“聚台物水泥基粘结防水材料”在说明节中公开不充分，不符合《专利法》第二十六条第三、四款的规定。专利复审委认为，本专利的目的是提供一种具有防水隔热功能的轻质防水隔热复合板，该轻质防水隔热复合板包括模压成型的泡沫底板和硬质面板，以及在泡沫底板与硬质面板之间用防水粘结材料牢固粘结形成的防水粘结层，泡沫底板的其他表面覆盖聚合物水泥基粘结防水材料。首先，说明书中记载了该技术方案。其次，权利要求1和说明书中提到的“聚合物水泥基粘结防水材料”是一种本领域中已经广泛使用的建筑材料，是通过在水泥中添加聚合物制成的水泥基复合材料，具有很强的粘结、抗渗、抗裂能力，因而广泛地用作建筑防水材料。因此，本领域技术人是根据说明书的描述，能够实现本专利权利要求1要求保护的技术方案，因此，权利要求1符合《专利法》第二十六条第三、四款的规定。2. 关于良物公司认为本专利权利要求1至6不符合《专利法实施细则》第二条第二款的规定的问题。专利复审委认为如果一项实用新型专利中既包括产品的形状、构造特征，又包含材料特征，若该材料特征为现有技术中已知的材料，并非对材料本身提出的技术方案，则认为该实用新型专利是关于产品的形状，、构造的技术方案，符合《专利法实施细则》第二条第二款的规定。本专利独立权利要求1要求保护一种轻质防水隔热复合板，包括泡沫底板、硬质面板以及防水粘结层这些产品结构特征，此外还对底板、面板的材料和防水材料作出了具体限定，此外，权利要求1还对防水粘结层的形成方式作出限定；从属权利要求2至6对该复合板的各个组成部分的具体材料或尺寸作出了进一步限定。由于权利要求1至6的技术方案中均包含了复合板产品的结构特征，并非仅仅包含材料特征、方法特征或者尺寸特征，且所涉及材料均为已知材料，所涉及方法均为已知方法，因而权利要求1至6符合《专利法实施细则》第二条第二款的规定。3. 关于良特公司认为本专利权利要求1至6不符合《专利法》第二十二条第二、三款的规定问题。良特公司以证据2.1作为最接近的对比文件评价权利要求1至6的新颖性，用证据2.1或证据2.1与证据2.2的结合评价权利要求1和2的创造性，并认为权利要求3至6的附加技术特征为本领域公知常识。专利复审委认为、证据2.1和2.2均为实用新型专利申请说明书，专利权人大良顺冠公司对证据2.1和2.2的真实性无异议，且证据2.1和2.2的公开日均早于本专利的申请日，因此证据2.1和2.2构成本专利申请日前的现有技术。证据2.1公开了一种既能隔热又能保温的屋面隔热板，包括由膨胀珍珠岩或者泡沫水泥等隔热材料制造的隔热层，由水泥、沙等制造的保护层，并且在隔热层的外表面还覆盖有一层使用沥青或者树脂等防水材料制作成的防水层。本专利权利要求1与证据2.1的区别在于，证据2.1没有披露权利要求1中的以下技术特征“泡沫底板的其他表面覆盖聚合物水泥基粘结防水材料”，因而证据2.1不能影响本专利权利要求1的新颖性。在本专利权利要求1中，通过在泡沫底板的除与硬质面板相粘结的表面之外的表面上，即在泡沫底板的底面和四周侧面上涂覆聚合物水泥基粘结防水材料，不仅可以起到防止水从泡沫底板的底面和四周侧面侵入泡沫底板的作用，而且可以使防水隔热复合板用水泥砂浆直接铺砌在基层面上，使相邻复合板中的泡沫底板彼此粘结，硬质面板之间的板缝用聚合物水泥基防水材料直接嵌缝，因而本专利权利要求1相对于证据2.1具有实质性特点和进步，证据2.1单独并不能影响本专利权利要求1的创造性。证据2.2公开了一种建筑用阶梯式多功能复合板，包括由金属板等制成的保护板，由聚苯乙烯等制成的隔热板，以及粘结保护板与隔热板的粘性防水物质。可见，证据2.2没有公开上述区别技术特征，也没有给出在隔热板（相当于本专利权利要求 1 的泡沫底板）的底面和四周侧面涂覆聚合物水泥基粘结防水材料的技术启示，因而本专利权利要求 1 相对于证据 2.1 和 2.2 的结合具务《专利法》第二十二条第三款规定的创造性。在权利要求 1 具备新颖性和创造性的条件下，其从属权利要求 2 至 6 也具备新颖性和创造性。由于良特公司没有用证据 2.3 评价本专利的新颖性和创造性，所以专利复审委对证据 2.3 是否影响本专利的新颖性和创造性未作评述。

专利复审委认为明艺厂和良特公司的无效理由均不成立，遂于 2006 年 12 月 27 日作出第 9382 号无效决定，维持本专利有效。

良特公司不服第 9382 号决定，在法定期限内向一审法院提起行政诉讼。

另查明，中山市黄圃镇明艺防水隔热复合板厂为个体工商户，其于 2004 年 6 月 28 日被注销。

专利复审委在法定举证期限内向一审法院提交了下列证据：1. 本专利说明书，2. 证据 2.1，3. 证据 2.2，4. 口头审理记录表。

良特公司向一审法院提交了下列证据：1. 本专利公告文献复印件；2. 证据 2.1 的公告文献复印件；3. 证据 2.2 的公告文献复印件。

一审第三人何庆明向一审法院提交了证据 1.1、1.6。

大良顺冠公司未向一审法院提交证据。

一审法院依职权向专利复审委调取了明艺厂在行政程序中向专利复审委提交的证据1.1~1.6。

上述证据均已随案移送本院，经本院审查认为，上述证据能够证明案件的事实，且真实合法与本案具有关联性，一审法院予以认定正确，本院予以确认。

良特公司在二审开庭时提交的《建筑防水工程技术规范》未在行政程序和一审程序中提交，且不属于新证据，本院不予接纳。

本院认为，各方当事人对被诉决定的审查程序、适用法律均无异议，良特公司对被诉决定认定本专利符合《专利法》第二十六条第三、四款的规定，本专利相对于证据 2.1 具有新颖性的结论不持异议，经审查，一审法院对上述内容的审查认定正确，本院予以确认。在此基础上，本案的争议焦点是：专利复审委认定本专利符合《专利法实施细则》第二条第二款、《专利法》第二十二条第三款的规定的结论是否正确。

关于专利复审委认定本专利符合《专利法实施细则》第二条第二款规定的结论是否正确的问题。

《专利法实施细则》第二条第二款规定，专利法所称实用新型，是指对产品的形状、构造或者其结合所提出的适于实用的新的技术方案。本专利独立权利要求 1 要求保护一种轻质防水隔热复合板，包括泡沫底板、硬质面板以及防水粘结层这产品结构特征，并且对底板、面板的材料和防水材料作出了具体限定。此外，权利要求 1 还对防水粘结层的形成方式作出限定，从属权利要求 2 至 6 对该复合板的各个组成部分的具体材料或尺寸作出了进一步限定。由于权利要求 1 至 6 的技术方案中均包含了复合板产品的结构特征，并不是仅仅包含材料特征、方法特征或者尺寸特征，且所涉及材料均为已知材料，所涉及方法均为已知方法，因此，专利复审委认定本专利权利要求 1 至 6 符合《专利法实施细则》第二条第二款的规定正确。

关于专利复审委认定本专利符合《专利法》第二十二条第三款的结论是否正确的问题。

证据 2.1 公开了一种既能隔热又能保温的屋面隔热板，包括由膨胀珍珠岩或者泡沫水泥等隔热材料制造的隔热层，由水泥、沙等制造的保护层，并且在隔热层的外表面还覆盖有一层使用沥青或者树脂等防水材料制作成的防水层。虽然本专利说明书的实施例图 1 与证据 2.1 说明书图 3 较为接近，但本专利“泡沫底板的一表面和硬质面板的底面用防水粘结材料牢固粘结形成防水粘结层，泡沫底板的其他表面覆盖聚合物水泥基粘结防水材料。”而证据 2.1“隔热层的外表面还覆盖有一层使用沥青或者树脂等防水材料制作成的防水层”。因此，本专利权利要求 1 与证据 2. 1 的区别在于，证据 2. 1 没有披露权利要求 1 中的以下技术特征“泡沫底板的其他表面覆盖聚合物水泥基粘结防水材料”。该区别不是常用防水材料的简单替换，而是通过在泡沫底板的不同表面使用不同的防水材料，使本专利所使用的材料结构关系不同于证据 2. 1。本专利权利要求 1 中，在泡沫底板的底面和四周侧面上涂覆聚合物水泥基粘结防水材料，不仅可以起到防止水从泡沫底板的底面和四周侧面侵入泡沫底板的作用，而且可以使防水隔热复合板用水泥砂浆直接铺砌在基层面上，使相邻复合板中的泡沫底板彼此粘结，硬质面板之间的板缝用聚合物水泥基防水材料直接嵌缝，因而本专利权利要求 1 相对于证据 2. 1 具有实质性特点和进步。证据 2. 2 公开了一种建筑用阶梯式多功能复合板，包括由金属板等制成的保护板，由聚苯乙烯等制成的隔热板，以及粘结保护板与隔热板的粘性防水物质。证据 2. 2 亦没有公开“泡沫底板的其他表面覆盖聚合物水泥基粘结防水材料”这一区别技术特征，也没有给出隔热板（相当于本专利权利要求 1 的泡沫底板）的底面和四周侧面涂覆聚合物水泥基粘结防水材料的技术启示，因而本专利要求 1 相对于证据 2. 1 和 2. 2 的结合具备《专利法》第二十二条第三款规定的创造性。在权利要求 1 具备创造性的条件下，其从属权利要求 2 至 6 也具备创造性。专利复审委认定本专利符合《专利法》第二十二条第三款的结论正确。

由于明艺厂在提出无效宣告请求前即已被注销，其在行政程序中亦未向专利复审委提交工商营业执照，因此，专利复审委认定明艺厂为无效请求人认定不当。但由于明艺厂为个体三商户，该厂的经营者对该厂承担无限连带责任，因此，被诉的第 9382 号决定并未侵害何庆明的合法权益。经本院审查，专利复审委认定本专利相对于何庆明所提交的证据具有新颖性和创造性的结论正确。

综上，良特公司的上诉理由依法不成立，本院不予支持。依照《中华人民共和国行政诉讼法》第六十一条第（一）项的规定，判决如下：

驳回上诉，维持一审判决。

二审案件受理费人民币 100 元，由上诉人广州良特复合泡沫板有限公司负担（已交纳）。

本判决为终审判决。

审 判 长 郭 宜
审 判 员 张学磊
代理审判员 朱海宏
二〇〇八年五月六日
书 记 员 程钰玮

041

草坪光纤灯

无效宣告请求审查决定（第9383号）

决　定　点　第9383号
决　定　日　2006年12月30日
发明创造名称　草坪光纤灯
国 际 分 类 号　F21S 10/00，F21S 4/00，F21V8/00//F21W121：00
无效宣告请求人　胜大灯饰（惠州）有限公司
专　利　权　人　庞美灯具照明（番禺）有限公司
专　利　号　200320119047.7
申　请　日　2003年12月10日
授 权 公 告 日　2004年12月8日
合 议 组 组 长　丁惠玲
主　审　员　张　曦
参　审　员　张惠军

法 律 依 据　专利法第22条第2款
决 定 要 点

如果请求人提交的证据既不能单独证明本专利产品在申请日之前已经公开的事实，也不能构成完整的证据链，则其主张得不到相应证据的支持，其无效宣告请求的理由不成立。

一、案由

本无效宣告请求涉及国家知识产权局于2004年12月8日授权公告的名称为“草坪光纤灯”的200320119047.7号实用新型专利权（下称本专利），其申请日是2003年12月10日，专利权人是庞美灯具照明（番禺）有限公司。本专利授权公告的权利要求书如下：

“1. 一种草坪光纤灯，包括电源供电系统和灯串发光系统，灯串发光系统与电源供电系统连接，其特征在于：所述灯串发光系统由单束或二束以上的光纤花（1）串接而成，每束光纤花（1）下端与一直管（3）相连接，发光体（4）置于直管（3）内并与光纤花（1）紧密连接；所述灯串发光系统与电源供电系统之间连接有电路闪光控制器（8），通过电路闪光控制器（8）的内部电路处理，可使光纤花（1）变化闪烁方式或保持常亮状态。

2. 根据权利要求1所述的草坪光纤灯，其特征在于：所述直管（3）下端连接有尖插（7）。

3. 根据权利要求2所述的草坪光纤灯，其特征在于：所述直管（3）和尖插（7）之间设置有热收缩管（5）和防水胶塞（6）。

4. 根据权利要求 1 至 3 中任何一项所述的草坪光纤灯，其特征在于：所述直管（3）和光纤花（1）的连接处设置有护套（2）。

5. 根据权利要求 1 所述的草坪光纤灯，其特征在于：在光纤花（1）之间的连接线（9）上设置有挂钩（10）。"

针对上述专利权，胜大灯饰（惠州）有限公司（下称请求人）于 2005 年 3 月 8 日向专利复审委员会提出无效宣告请求，同时提交了下列证据：

证据 1：声称为意盛电脑制作有限公司发票复印件，共 1 页；

证据 2：声称为三域印刷设计公司发票复印件，共 1 页；

证据 3~5：胜大灯饰（惠州）有限公司光纤刷子灯图纸复印件，共 3 页；

证据 6：本专利专利证书及律师函复印件，共 3 页；

证据 7~10：声称为胜大灯饰（惠州）有限公司的名称为"DECORATINGTHEWORLD"的广告宣传单复印件，共 4 页。

请求人的具体理由是认为：①以证据 1 和证据 2 证明请求人于 2003 年 1 月公布的"DECORATINGTHEWORLD"目录上已经公开了与本专利权利要求 1 相同的产品；②以证据 3~5 证明请求人公司的内部图纸记载了与本专利权利要求 1 相同的产品；③本专利权利要求 2~5 的附加技术特征均被证据 7~10 中记载的产品结构公开，因此本专利权利要求 1~5 均不具备专利法第 22 条第 2 款规定的新颖性。

请求人于 2005 年 4 月 6 日向专利复审委员会寄交了下列补充证据（编号续前）：

证据 11~14：声称为澳洲商人开具的发票复印件，共 4 页；

证据 15：声称为货物签收单复印件，共 1 页。

经形式审查合格后，专利复审委员会受理了上述无效宣告请求，于 2005 年 5 月 8 日向双方当事人发出无效宣告请求受理通知书，并将无效宣告请求书及附件清单中所列附件副本以及补充证据的副本转送给专利权人，要求其在指定期限内答复。

针对上述无效宣告请求，专利权人于 2005 年 6 月 14 日向专利复审委员会寄交了意见陈述书，专利权人认为：①无法证明请求人提交的"DECORATINGTHEWORLD"目录的公开时间；②证据 1 发票上的名称与上述目录名称不一致，并且证据 2 无文字证明所印刷的为上述目录；③证据 3~5 为请求人公司内部制作的设计图纸，不属于专利法所称的公开出版物；④请求人补充提交的证据 11~15 无印章和签名，极易伪造，并且请求人未对此出口行为提供相应的《中华人民共和国海关出口货物报关单》证据；⑤权利要求 2~5 的附加技术特征未被证据 7~10 公开。专利权人还认为，请求人声称的包含与本专利草坪光纤灯结构相同的产品广告照片的"DECORATINGTHEWORLD"的公开时间早于其图纸设计时间，并且证据 3 和 4 与证据 11~15 中的产品名称不相符，因而证据之间存在矛盾；请求人未提交证据 11~15 的中文译文。因此对请求人提交的证据 1、2、11~15 的真实性有异议。

2005 年 9 月 19 日，合议组向双方当事人发出口头审理通知书，指出本案定于 2005 年 10 月 27 日举行口头审理，并随口头审理通知书向请求人转送了专利权人提交的上述意见陈述书的副本。

口头审理如期举行，请求人出席了口头审理，专利权人缺席此次口头审理。在口头审理过程中，请求人明确其无效宣告请求的理由、证据和范围是：本专利权利要求 1~5 不符合专利法第 22 条第 2 款的规定，所用证据为：证据 1~15。请求人当庭提交了下列补充证据（编号续前）：

证据 16：由三域印刷设计公司出具的证明复印件 1 页；

证据 17：香港关礼雄律师行出具的证明复印件 1 页；

证据 18：由杰特利灯饰出具的证明书复印件 1 页；

证据 19：杰特利灯饰个体工商户营业执照复印件 1 页；
证据 20：澳大灯饰公司出具的发票复印件 1 页；
证据 21：澳大灯饰公司出具的装箱单复印件 4 页；
证据 22：澳大灯饰公司出具的电放提单复印件 1 页；
证据 23：澳大利亚 Kmart 促销海报复印件 2 页；
证据 24：胜大灯饰（惠州）有限公司出具的有关光纤刷子灯策划、设计和生产全过程的相关报告、图纸复印件共 57 页。

请求人当庭提交了：证据 7~10 的原件，其上并未记载公开时间；证据 18 的原件；加盖有杰特利灯饰印章的证据 19；证据 23 的原件；加盖有澳大灯饰公司印章的证据 20、21；加盖有胜大灯饰（惠州）有限公司印章的设计图纸、作业指导书和检验标准。请求人当庭提交了证据 1、2、11~17、20~23 的中文译文。

请求人主张：通过证据 1、2、7~10 证明胜大灯饰（香港）有限公司委托三域印刷设计公司对宣传册进行设计，后交至意盛电脑制作有限公司进行印刷，并在广交会等展览会上散发该宣传册，从而与本专利草坪光纤灯结构相同的光纤灯在本专利申请日之前已经公开了，影响本专利权利要求 1~5 的新颖性；通过证据 18~23 证明在本专利申请日之前，杰特利灯饰生产、采购与本专利草坪光纤灯结构相同的光纤灯，并经过澳大灯饰公司出口到澳大利亚中间商 Mirabella，Mirabella 再向其终端客户 Kmart 销售该光纤灯，Kmart 促销海报显示已经于 2003 年 11 月 29 日至 12 月 5 日公开销售上述产品，从而影响本专利的新颖性；通过证据 3~5、24 证明在本专利申请日之前，胜大灯饰（惠州）有限公司已经开始研发、生产与本专利草坪光纤灯结构相同的光纤刷子灯，从而影响本专利的新颖性。请求人指出胜大灯饰（香港）有限公司是请求人胜大灯饰（惠州）有限公司的母公司。请求人认为本专利权利要求 1 中的电路闪光控制器的技术特征是本领域公知技术。合议组指定请求人于口审结束后 10 日内提交有关域外证据的公证认证文本。

请求人于 2005 年 11 月 8 日寄交了“证据清单”和 25 份证据以及有关域外证据的公证认证文本。其中该“证据清单”中所列证据为：

证据 1——意盛电脑制作有限公司发票复印件 1 页；
证据 2——三域印刷设计公司发票复印件 1 页；
证据 3~5——胜大灯饰（惠州）有限公司光纤刷子灯图纸复印件 3 页；
证据 6——草坪光纤灯专利证书及律师函复印件 3 页；
证据 7~10——胜大灯饰（香港）有限公司广告宣传单复印件 4 页；
补充证据：
证据 11~15——产品销售发票及产品销售签收单复印件 5 页；
请求人当庭提交的证据：
证据 16——由三域印刷设计公司出具的证明复印件 1 页；
证据 17——香港关礼雄律师行出具的证明复印件 1 页；
证据 18——由杰特利灯饰出具的证明书复印件 1 页；
证据 19——杰特利灯饰个体工商户营业执照复印件 1 页；
证据 20——澳大灯饰公司出具的发票复印件 1 页；
证据 21——澳大灯饰公司出具的装箱单复印件 2 页；
证据 22——澳大灯饰公司出具的电放提单复印件 1 页；
证据 23——Mirabella 公司的发票复印件 4 页；

证据24——澳大利亚Kmart促销海报复印件2页；

证据25——胜大灯饰（惠州）有限公司有关光纤刷子灯策划、设计和生产全过程的相关报告、图纸复印件共57页。

2005年12月20日，合议组向专利权人发出无效宣告请求审查通知书，将请求人于2005年11月8日提交的“证据清单”（共7页）及附件（共112页）转送给专利权人，并且要求专利权人在该通知书指定期限内对请求人提交的证据1~24的真实性以及译文的准确性发表意见，并且对上述证据能否证明与本专利权利要求1~5所要求保护的产品相同的产品在本专利申请日之前已经在国内公开销售或使用陈述意见。

针对上述无效宣告请求审查通知书，专利权人于2006年1月24日提交了意见陈述书。专利权人认为：请求人提供的证据1、2、7~10无法确定印刷时间，难以确定公开时间，并且在其产品设计时间及产品目录刊载时间上存在矛盾；证据18~23中，杰特利灯饰生产证明的时间与营业执照颁发时间存在矛盾，并且对澳大灯饰公司的发票、装箱单真实性有异议，认为缺乏其他证据证明其出口行为的发生；澳大利亚Mirabella及Kmart等商业发票、广告促销等证据无法证明该产品在中国生产、销售，也没有中国国家税务局的商品销售发票，而且从译文来看，没有“灯”及“草坪”等内容，图中也没有电线、电参数等灯具产品的指标；对于证据3~5、24的真实性有异议。

2006年6月12日，合议组将专利权人提交的上述意见陈述书转送给请求人，指出其应在收到上述文件之日起壹个月内答复，并告知请求人，自口头审理结束后，不再接受请求人补充提交的证据。

2006年7月15日，请求人向专利复审委员会提交了意见陈述书，请求人主张“DECORATI-INGTHEWORLD”产品目录和请求人公司内部的电路图设计图纸以及示意图已经公开了权利要求1的技术方案，该目录还分别公开了权利要求2~5的附加技术特征，因此权利要求1~5均不具备新颖性。此外请求人还针对专利权人提交的意见陈述书中的内容进一步发表了意见。

在上述事实的基础上，合议组经合议依法作出审查决定。

二、决定的理由

请求人2005年11月8日提交的证据清单共包括25项证据，与其在口头审理时明确使用的证据清单相比，其中增加了证据23，其后的证据编号顺延，但证据23与证据11~15的内容相类似，均为Mirabella公司的发票和交货记录的复印件，在证据23的每页发票复印件和交货记录复印件后分别附有该发票和交货记录的部分中文译文，因此与口审时明确使用的证据1~24相比，此次提交的证据1~25中并未增加新证据并且请求人依据证据1~25所要证明的事实并未发生变化，因此本决定中以请求人2005年11月8日提交的证据清单中的证据1~25为准。以下根据请求人的主张将证据1~25分为四组分别加以评述。

1. 关于第一组证据

请求人主张通过证据1、2、7~10、16证明胜大灯饰（香港）有限公司委托三域印刷设计公司对“DECORATINGTHEWORLD”目录进行设计，后交至意盛电脑制作有限公司进行印刷，并主张在广交会等展览会上散发该目录，从而使得与本专利草坪光纤灯结构相同的光纤灯在本专利申请日之前已经处于公开状态，影响了权利要求1~5的新颖性。请求人提交了香港关礼雄律师行对证据1和2的证明即证据17，其中证明了证据1和2与原件一致。

合议组经过审查后认为，请求人提交了用于证明意胜电脑制作有限公司发票（证据1）和三域印刷设计公司发票（证据2）真实性的证据即证据17，证明了证据1和2发票的复印件均与原件一致，且专利权人未对上述两发票的真实性提出合理怀疑，因此合议组认可证据1和2的真实性；证据16是三域印刷设计公司出具的证人证言，相关证人未出庭作证，因此其书面证言不能单独作为认定案件事实的依据。请求人通过证据1、2和16证明胜大灯饰（香港）有限公司委托三域印刷设计公司对“DECORATINGTHEWORLD”目录进行设计，后交至意盛电脑制作有限公司进行印刷，证据7~10的原件即请求人声称的经上述设计、印刷过程得到的广告宣传目录，并且请求人主张在广交会等展览会上散发该目录。经审查，证据16、证据2仅能证明胜大（香港）有限公司曾于2003年1月份委托三域印刷设计公司设计了纸张为A4、页数为16、颜色为4C的目录，未反映出所设计目录的名称，因而不能证明胜大（香港）有限公司委托三域印刷设计公司设计的就是请求人提交的这份“DECORATINGTHEWORLD”目录。证据1能够证明胜大（香港）有限公司曾于2003年1月份委托意盛电脑制作有限公司印刷“16Pdecoratingtheworldcatalogue”，但发票上的日期信息仅能够证明胜大（香港）有限公司在该日期之前委托了意盛电脑制作有限公司进行印刷并交付了印刷款项，该发票开具的时间是完成交付款项的时间，不能证明该目录印刷行为发生的时间、该目录印刷后能否被公众获知以及该目录公开或出版的时间，并且证据7~10的广告目录原件上也没有表示出版时间的信息，因此不能证明证据7~10是本专利申请日前公开出版发行并为公众所知的，此外请求人也没有提交证据证明以支持其关于该目录在广交会等展览会上散发的主张；而且委托印刷的受委托方，即意盛电脑制作有限公司是特定人群，并不能够使该目录中的技术内容处于公众想得知就能够得知的状态，也就是说上述委托印刷的行为也不能构成公开。

综上所述，上述的证据1、2、7~10、16和17既不能单独证明“DECORATINGTHEWORLD”目录在本专利申请日之前为公众获知的事实，也不能够构成完整的证据链，因此也就不能证明与本专利草坪光纤灯结构相同的光纤灯已经在本专利申请日之前已经公开。

2. 关于第二组证据

请求人主张通过证据11~15证明在本专利的申请日之前，本专利权利要求所要求保护的16支光纤灯已经在国内大量生产并为众多生产厂家所掌握，因此本专利不具有新颖性。

经审查，证据11~15均为在域外形成的产品销售发票及签收单，但由于请求人既未提交证据11~15的原件，也未提供域外证据的公证认证材料，无法对其真实性进行核实，合议组对其真实性不予认可，对证据11~15不予采信，因此上述证据不能用来证明与本专利结构相同的产品在本专利申请日之前已经公开。

3. 关于第三组证据

请求人主张通过证据18~24证明在本专利申请日之前，杰特利灯饰生产、采购与本专利草坪光纤灯结构相同的光纤灯，并经过澳大灯饰公司出口到澳大利亚中间商Mirabella，Mirabella再向其终端客户Kmart销售该光纤灯，Kmart促销海报显示已经于2003年11月29日至12月5日公开销售上述产品，从而影响本专利的新颖性。

经审查，证据18是杰特利灯饰出具的证人证言，该证言出具的时间为2005年10月21日，相关证人未出庭作证，因此其书面证言不能单独作为认定案件事实的依据，另外，证据19中记载的该个体工商户营业执照有效期为自2004年4月份至2008年4月份，而证据18中证人周飞证明杰特利灯饰在2003年期间已经存在生产和销售行为，即杰特利灯饰的生产和销售行为发生在其营业执照有效期之外，因此证据18和19明显存在矛盾，不能相互印证；请求人提交了加盖有“澳大灯饰公司”印章的证据20和21，但未提交证据20、21和22的原件，由于该印章为请求人声称的出具证据20和21的澳大灯饰公司的印章，而非具备公证认证资格的单位出具的证明，另外证据21中的一份装箱单上反映出的杰特利灯饰的英文名称“JETMAXGROUP”与证据18的证人证言中的英文名称“JETMAXFACTORY”不符，因此在请求人未提交原件的情况下，无法对证据20、21和22的真实性进行核实，合议组对其真实性不予认可，对证据20~22不予采信；而证据23与证据11~15的内容相同，基于同样的理由，在没有提供证据23原件的情况下，合议组对证据23的真实性也不予认可；证据24是请求人声称的澳大利亚Kmart超市的促销海报，该证据为域外证据，请求人未履行相应的域外证据公证认证程序，合议组对其真实性不予认可，对该证据不予采信。

综上所述，合议组对证据18~24不予采信。

4. 关于第四组证据

请求人主张通过证据3~5、25证明在本专利申请日之前，胜大灯饰（惠州）有限公司已经开始研发、生产与本专利草坪光纤灯结构相同的光纤刷子灯，从而影响本专利的新颖性。

证据3~5、25均为请求人声称的其公司有关光纤刷子灯策划、设计和生产全过程的相关报告、图纸。合议组经过审查后认为：其一，该证据是请求人提供的源于其本人的相关报告、图纸；其二，报告和图纸等资料通常为单位内部资料，处于保密状态，一般不对外出版、发行或进行商业性交流，因此在没有其他旁证证明该报告和图纸真实性以及该报告和图纸本身被公开的情况下，证据3~5、25不能作为出版物公开的证据使用，同样在没有其他旁证的情况下，也无法以报告和图纸本身来证明使用公开。

综上所述，证据3~5、25既不能单独证明与本专利产品结构相同的产品已经在本专利申请日之前公开的事实，也不能构成完整的证据链，因此也就不能证明与本专利草坪光纤灯结构相同的光纤灯已经在本专利申请日之前已经公开。

由于请求人提交的证据均不能单独证明本专利产品在申请日之前已经公开的事实，也不能构成完整的证据链，因此请求人的主张得不到相应证据的支持，其无效宣告请求的理由均不成立，本专利符合专利法第22条第2款的规定。

故此，本合议组作出如下决定。

三、决定

维持200320119047.7号实用新型专利权有效。

当事人对本决定不服的，可以根据专利法第46条第2款的规定，自收到本决定之日起三个月内向北京市第一中级人民法院起诉。根据该款的规定，一方当事人起诉后，另一方当事人应当作为第三人参加诉讼。

042

轮法炉渣粒化装置

无效宣告请求审查决定（第9384号）

决　　定　　号　第9384号
决　　定　　日　2006年12月25日
发明创造名称　轮法炉渣粒化装置
国际宣告分类号　C21B 3/06
无效宣告请求人　莱芜钢铁集团有限公司
专　利　权　人　唐山嘉恒铸造有限责任公司
专　　利　　号　97228276.9
申　　请　　日　1997年10月17日
授 权 公 告 日　1999年2月24日
合 议 组 组 长　周英姿
主　　审　　员　赵　明
参　　审　　员　朱　芳

法　律　依　据　专利法第26条第3款、第4款，第22条第3款
决　定　要　点

如果本领域技术人员在阅读了说明书之后，根据已有技术和说明书公开的内容，不需要创造性的劳动就能够理解和实施该发明或者实用新型，解决其技术问题并产生预期的技术效果，则说明书就满足充分公开的要求。

权利要求的保护范围，应当与专利申请说明书公开的内容相适应，对于每一项权利要求而言，其所要求保护的技术方案，应当是所属技术领域的技术人员能够从说明书充分公开的内容中直接得到或概括得出的技术方案。

实用新型的创造性应当考虑其技术方案的所有技术特征的变化，如果一项技术方案相对于现有技术而言具有实质性特点和进步，则该实用新型技术方案具有创造性。

一、案由

本无效宣告请求涉及国家知识产权局于1999年2月24日授权公告、申请日为1997年10月17日、名称为“轮法炉渣粒化装置”的第97228276.9号实用新型专利（下称本专利），本专利的专利权人为唐山嘉恒铸造有限责任公司，本专利授权公告的权利要求书如下：

“1. 一种轮法炉渣粒化装置，包括传动装置，炉渣溜嘴，粒化器，脱水器，下料斗排汽筒，其特征在于，脱水器由壳体内齿圈，托圈轮鼓，轮架，筛网，筛片构成，炉渣嘴位于粒化器上方的炉渣入

口处，粒化轮位于粒化器壳体内，外与传动装置相联，粒化器壳体出水渣端伸入脱水器内，脱水器位于排汽筒下方，外与传动装置相联，下料斗伸入脱水器内上方。

2. 根据权利要求1所述轮法炉渣粒化装置，其特征在于，粒化轮结构为空腔水冷狼牙棒外形。

3. 根据权利要求1所述轮法炉渣粒化装置，其特征在于，粒化器内设挡渣板。

4. 根据权利要求1所述轮法炉渣粒化装置其特征在于，粒化器上配装高压水管。

5. 根据权利要求1所述轮法炉渣粒化装置其特征在于，脱水器下方设有溢流装置。

6. 根据权利要求1所述轮法炉渣粒化装置其特征在于，排汽筒上设有冷风虹吸装置。”

2005年3月3日，莱芜钢铁集团有限公司（以下称请求人）针对该专利权向国家知识产权局专利复审委员会提出无效宣告请求，请求人认为本专利的授权不符合专利法第22条第2、3款及专利法第26条第3、4款的有关规定，并提交了以下证据：

证据1：俄罗斯图拉冶金工厂的产品宣传页复印件及中文译文，共3页；

证据2：美国专利说明书US4909821A（公开日1990年3月20日）及中文译文，共13页；

证据3：苏联专利说明书SU1426956A1（公开日1988年9月30日）及中文译文，共5页；

证据4：苏联专利说明书SU1482120A（公开日1996年11月10日）及中文译文，共7页；

证据5：封面印有“世界图书出版西安公司”字样的俄罗斯《钢铁》杂志（1996年4月）第69、70、79、80页及封面俄文复印件，及其相关内容中译文《冶金科技》1997年第2期，封面、目录、第1、2页复印件，共9页；

证据6：苏联专利说明书SU1161170A（公开日1985年6月15日）及中文译文，共5页；

证据7：苏联专利说明书SU1350134A（公开日1987年11月7日）及中文译文，共6页；

证据8：苏联专利说明书SU727589A（公开日1980年4月15日）及中文译文，共5页；

证据9：苏联专利说明书SU979287A（公开日1982年12月7日）及中文译文，共5页。

请求人的意见概括如下：本专利权利要求1~6的特征已被证据1全部公开，附件1的第1页实物图与本专利附图3完全相同，本专利与证据1相比没有新颖性；证据2~4均涉及冶金粒化装置，它们覆盖了本专利权利要求1~6的特征，结合本领域公知常识，权利要求1~6不具有创造性；证据5的高炉炉渣粒化装置的结构图与本专利附图1基本相同，结合本领域公知常识，权利要求1~6不具备创造性；证据6~9均涉及冶金炉渣粒化装置，权利要求1~6与上述证据相比不具有创造性；权利要求2的特征在说明书及附图中没有清楚地说明，不符合专利法第26条第3、4款的规定，请求复审委员会宣告本专利全部无效。

经形式审查合格后，专利复审委员会受理了该无效宣告请求案，于2005年3月3日向双方当事人发出了《无效宣告请求受理通知书》，并将《专利权无效宣告请求书》及其附件清单中所列附件副本转送给专利权人，要求其在指定的期限内答复。同时成立合议组对本无效宣告请求案进行审理。

2005年3月24日，请求人提交了补充证据——证据10，并认为证据10公开的粒化器基本覆盖了权利要求1~6，上述权利要求与证据10相比不具有创造性。

证据10：加盖有山东省专利信息中心检索专用章的苏联专利说明书SU1609758A（公开日1990年11月30日）及中文译文，共7页。

2005年3月28日，请求人再次提交了补充证据——加盖有山东省专利信息中心检索专用章的证据11、12，并认为上述证据公开的转鼓基本覆盖了本专利的权利要求，本专利与证据11、12相比不具有创造性。

证据11：第93219177.0号中国实用新型专利说明书，授权公告日1994年6月15日，共12页；

证据12：第95242342.1号中国实用新型专利说明书，授权公告日1996年12月11日，共6页。

2005年4月14日，专利权人针对《无效宣告请求受理通知书》陈述了意见，专利权人认为请求人提供的证据所公开的内容不能破坏本专利的新颖性和创造性，并提供反证1、2说明在本专利申请日后与本专利内容相同的一份发明专利申请被授予了专利权，请求复审委员会驳回该无效宣告请求。

反证1：专利号为ZL98106855.3的第60215号发明专利证书复印件，共1页；

反证2：第98106855.3号中国发明专利申请公开说明书，公开日1998年11月25日，共10页。

2005年5月27日，合议组向双方当事人发出《无效宣告请求口头审理通知书》，拟定于2005年7月6日就该无效宣告请求进行口头审理，并把请求人于2005年3月24日和2005年3月28日提交的无效宣告请求补充证据以及专利权人于2005年4月14日提交的意见陈述书及其附件分别转交给对方当事人。

2005年7月6日，口头审理如期举行，双方当事人的代理人均出席口头审理。本案合议组对请求人提出的无效理由和事实进行了调查，并充分听取了双方当事人的陈述。在口头审理过程中，（1）请求人当庭放弃权利要求2、5不符合专利法第22条第2款的无效理由；（2）请求人当庭放弃证据8和证据10~12作为证据使用；（3）请求人明确无效宣告请求的理由、范围及所使用的证据为：本专利说明书不符合专利法第26条第3款的规定；权利要求2不符合专利法第26条第4款的规定；使用证据1评价权利要求1、3、4、6的新颖性；使用证据5、2的结合、证据3、7的结合、证据4、7的结合或证据6、7的结合评价权利要求1的创造性，使用证据5、2和7的结合或证据5、2和9的结合评价权利要求2的创造性，使用证据5、2和3的结合评价权利要求3的创造性，使用证据5、2的结合评价权利要求4和5的创造性，使用证据5、2并结合公知常识评价权利要求6的创造性；（4）请求人当庭提交了俄罗斯新库兹涅茨克-莫斯科联合股份公司与中国包头钢铁设计研究院共同签署的合作协议书（以下简称“协议书”），合议组将该协议书当庭转交专利权人；（5）请求人提交了证据1和5的原件，并确认证据5《冶金科技》中“新型高炉炉渣粒化装置”的内容仅作为该证据中俄罗斯《钢铁》杂志的中文译文使用；（6）专利权人确认证据1、5与原件相符，对证据5的中文译文有异议，对其他证据的中文译文无异议；（7）请求人对专利权人提交的反证1和2的真实性无异议；（8）双方当事人均认可“空腔水冷的粒化轮结构”为本领域的常规技术；（9）合议组同意请求人在口头审理结束后十五日内补交证据1的公证认证材料、证据5在国内外所获得途径的证据、证据5出版信息的中文译文，以及有关“冷风虹吸”、“齿圈传动”为公知常识的证据；专利权人提交对证据5与译文准确性有异议部分的中文译文及意见。

2005年7月21日，请求人提交了下述补充证据（编号续前），其中证据13~17作为公知常识的证据，证据18~20用于证明证据5的公开性，证据21~22用于证明证据1的真实性与公开性：

证据13：《机械原理》下册，1987年8月第一版、1990年1月第二次印刷，重庆大学出版社出版，封面、目录、出版信息页及第八章第1、2页复印件，共5页；

证据14：《齿轮手册》上册，1990年11月第1版、1994年7月第3次印刷，机械工业出版社出版，封面、目录、出版信息页及第二篇第2~6和2~7页复印件，共5页；

证据15：《冶金炉热工基础》，1980年7月第一版、1980年7月第一次印刷，冶金工业出版社出版，封面、目录、出版信息页及第二篇第101、102页复印件，共5页；

证据16：《重有色冶金企业采暖通风设计参考资料》，1980年8月第一版、1980年8月第一次印刷，冶金工业出版社出版，封面、目录、出版信息页及第383页复印件，共4页；

证据17：《机器制造工厂采暖通风设计手册》修订本，1969年5月第一版、1971年9月第二次印刷，机械工业出版社出版，封面、目录、出版信息页及第47、186页复印件，共6页；

证据18：证据5出版信息页的中文译文，共1页；

证据19：2006年《俄文期刊购权目录》，世界图书出版西安公司2005年5月发行，封面、扉页、目录及第11页复印件，共5页；

证据20：1996年第4期俄文《钢》杂志，封面、出版信息页、目录、第70页、图片复印件，共5页；

证据21：证明人白玉祥、刘瑞雪于2005年7月18日出具的证明复印件，共1页；

证据22：证明人路家齐于2005年7月18日出具的证明复印件，共1页。

请求人在提交上述证据的同时，还提交了证据13~17和证据19的原件，合议组将上述原件与复印件核实后，于2005年8月30日将上述补充证据的证据转送给专利权人，要求其在指定期限内答复。

2005年9月22日，专利权人针对上述转送的文件提交了意见陈述书，专利权人认为，证据15~17不属于口审过程中合议组要求请求人提供的资料，属于超过举证期限以后提交的证据；证据19是2005年5月出版的目录，与本专利无关；证据20第5页的图片是新提交的证据，并且证据20与证据5不是相同的杂志，属于新证据；证据21~22是两个自然人的证言，属于新证据，而且证人没有出庭接受质询，不能作为证据使用；专利权人对证据13~14，以及证据5出版信息页的中文译文即证据18无异议。

经过上述审理程序，合议组认为本案事实已经清楚，可以作出审查决定。

二、决定的理由

1. 文本的认定

本无效决定是针对1999年2月24日授权公告的说明书和权利要求1~6进行的。

2. 证据的认定

请求人在无效宣告请求期间提交了证据1~22和“协议书”，并在口头审理时宣布放弃证据8和证据10~12，在所使用的证据中证据2~4、6、7和9均为专利文献，属于公开出版物，专利权人对其真实性及中文译文的准确性无异议，并且它们的公开日均早于本专利的申请日，故可以作为本专利申请日前的已有技术。

请求人作为公知常识证据补充提交了证据13~17，并同时提交了上述证据的原件，专利权人对证据13、14没有异议，但认为证据15~17不属于合议组要求请求人提供的资料，是超过了举证期限的证据。合议组经核实后认为，证据13~17的复印件与原件一致，而且证据15-17是为了证明“冷风虹吸”是公知技术，属于合议组在口审中要求请求人提交的证据材料，因此合议组认为证据13-17可以接受，对其真实性予以确认。

证据1是俄罗斯图拉冶金工厂的产品宣传页，请求人在口审中出示了原件，专利权人认可该证据的复印件与原件相符，但认为产品宣传页不是公开出版物，而且属于域外证据，应当提交公证认证材料。合议组认为，该产品宣传页属于域外形成的证据，请求人应当提交相关的公证认证材料，因此要求其在指定期限内提交上述证明材料。请求人在指定期限内并没有提交公证认证等相关证明，只是补充提交了两份证人证言——证据21和22，请求人以此说明证据1的真实性与公开性，专利权人认为上述证言属于新证据，而且证人没有当庭接受质询，不能作为证据使用。合议组认为，证据21和22并不属于合议组在口审中要求请求人提交的证据材料，由于出具证言的证人未参加口审接受质证，并且没有其他证据予以佐证，因此合议组无法对上述证据的真实性进行调查，因此对证据21和22不予采信。综上，由于请求人没有在规定期限内提交证据1的公证认证等相关证明、所出具的证人证言不能被采信，因此证据1不能作为有效证据使用。

此外，请求人在口审中提交了一份“协议书”，用以说明请求人于1996年就开始了俄罗斯新库兹湟茨克-莫斯科联合股份公司有关技术的推广工作，但合议组注意到，请求人并不是该协议书的签署方，而且协议书中也没有记载请求人为该协议书的执行方，同时请求人又未提交其他证据对其上述主张予以佐证，因此该“协议书”并不能支持请求人的上述主张，合议组对该“协议书”不予采信。

证据5是俄罗斯出版的《钢铁》杂志（1996年第4期），及《冶金科技》1997年第2期，请求人确认《冶金科技》杂志仅作为该证据中《钢铁》杂志的中文译文使用，而不作为出版物公开的证据。请求人在口审中提交了上述证据的原件，专利权人认可上述证据的复印件与原件相符，但认为证据5是国外的出版物，应当提供公证认证材料，虽然该证据的封页印有“世界图书出版西安公司”的字样，但其上没有出版号、出版日期和发行日期等信息，因此是一种内部刊物，同时对证据5没有提供出版信息页的中文译文提出异议。合议组注意到，请求人提交的证据5原件只在封面上印有“世界图书出版西安公司”的字样，除此之外没有记载任何其在国内出版或发行的相关信息以及出版的具体时间，故无法确定该证据在本专利申请日之前在国内公开发行。虽然请求人认为证据5是发行在世界各地的杂志，在国内许多图书馆都有定购，因此该证据不属于域外证据，但合议组认为，请求人目前提交的证据并不足以支持其上述主张，因此在口头审理中，合议组要求请求人在指定期限内补交证据5在国内外获得途径的证据。在指定期限内，请求人提交了证据18-20，其中证据18为证据5出版信息页的中文译文，专利权人对其准确性没有异议，合议组对证据18予以认可。对于证据19，专利权人认为该证据是2005年5月出版的目录，与本专利无关。合议组认为，证据19是世界图书出版西安公司于2005年发行的2006年《俄文期刊购权目录》，其并不能证明证据5在本专利申请日前已在国内公开发行或可以通过国内的公开渠道获得，故证据19不足以证实证据5在本专利申请日之前合法公开。证据20为《钢铁》杂志原版的复印件，请求人以此说明该证据由钢铁研究总院对外公开借阅，从而证明《钢铁》杂志的原版与影印板均在我国可以公开查阅到。专利权人对该证据前4页与原件的一致性没有异议，但认为第5页的图片属于新证据，并认为证据20与证据5不是相同的杂志，属于新证据。合议组认为，请求人提交证据20的目的在于证明证据5可以在国内公开查阅到，但请求人并没有提交该证据的原件，同时也没有提交可以在国内公共渠道获得该证据的其他证明，因此合议组认为证据20不足以支持请求人的上述主张，证据20不能作为有效证据使用。综上，由于请求人补充提交的证据——证据18~20并不能证明证据5在本专利申请日前已在国内公开发行或可以在国内的公开渠道获得，因此合议组对证据5不予接受，证据18作为证据5出版信息页的中文译文因此也不能作为有效的证据。

综上所述，由于请求人放弃证据8和证据10~12，证据1、5、18~22和协议书不能作为有效证据使用，因此，本无效宣告请求中可以使用的证据为证据2~4、6、7、9和证据13~17，其中证据2~4、6、7、9作为本专利的已有技术，可用于评述新颖性和创造性，附件13~17作为本专利的公知常识性证据。

由于证据1和5在本案中不能作为证据使用，因此涉及到这两份证据的无效理由将不再进行评述。

3. 关于专利法第26条第3款

专利法第26条第3款规定：说明书应当对发明或者实用新型作出清楚、完整的说明，以所属技术领域的技术人员能够实现为准。

如果本领域技术人员在阅读了说明书之后，根据已有技术和说明书公开的内容，不需要创造性的劳动就能够理解和实施该发明或者实用新型，解决其技术问题并产生预期的技术效果，则说明书就满足充分公开的要求。

请求人认为说明书第1页倒数第3段记载的“粒化轮结构为空腔水冷狼牙棒外形”在附图和实施

例中都没有描述，本领域技术人员在阅读时无法推知其具体技术方案。

在口审过程中，当事人双方均认可空腔水冷的粒化轮是常规技术，请求人所强调的只是狼牙棒的形状公开不充分。对此合议组认为，根据本专利说明书图1的记载，以及证据7~9中有关转鼓的记载，粒化轮是有齿的转轮。本专利中粒化轮外形为狼牙棒外形，虽然没有图示，但狼牙棒是中国古代的一种兵器，在1979年版的《辞海》中有下述的文字记载及附图“狼牙棒　古代兵器的一种，用坚重的木头制成棒，长四五尺，上端长圆作枣子形，遍植铁钉，形如狼牙”，因此它的形状对公众来说是清楚的，本领域的技术人员在看到“狼牙棒外形”的描述后，能够理解并加以实施本专利所述的技术方案，因此本专利说明书不符合专利法第26条第3款的规定的无效理由不能成立。

4. 关于专利法第26条第4款

专利法第26条第4款规定，权利要求书应当以说明书为依据，说明要求专利保护的范围。

权利要求的保护范围，应当与专利申请说明书公开的内容相适应，对于每一项权利要求而言，其所要求保护的技术方案，应当是所属技术领域的技术人员能够从说明书充分公开的内容中直接得到或概括得出的技术方案。

请求人认为权利要求2中所记载的“狼牙棒外形”没有得到实质上的支持，本领域技术人员不能得到唯一的外形。

基于与第3点同样的理由，合议组认为，“狼牙棒外形”这一描述是清楚的，本领域的技术人员根据说明书的记载可以直接得到权利要求2的技术方案，该权利要求符合专利法第26条第4款的规定。

5. 关于专利法第22条第2款

请求人提出本专利权利要求1、3、4、6与证据1相比，不具有新颖性，不符合专利法第22条第2款的规定。由于证据1不能作为有效的证据使用，故不再对此无效理由进行评述。

6. 关于专利法第22条第3款

创造性，是指同申请日以前已有的技术相比，该发明有突出的实质性特点和显著的进步，该实用新型有实质性特点和进步。

实用新型的创造性应当考虑其技术方案的所有技术特征的变化，如果一项技术方案相对于现有技术而言具有实质性特点和进步，则该实用新型技术方案具有创造性。

本专利提供一种轮法炉渣粒化装置，目的在于克服现有技术占地面积大、能耗大、污染严重等缺陷，其通过下述技术方案来实现：一种轮法炉渣粒化装置，包括传动装置，炉渣溜嘴，粒化器，脱水器，下料斗排汽筒，脱水器由壳体内齿圈，托圈轮鼓，轮架，筛网，筛片构成，炉渣嘴位于粒化器上方的炉渣入口处，粒化轮位于粒化器壳体内，外与传动装置相联，粒化器壳体出水渣端伸入脱水器内，脱水器位于排汽筒下方，外与传动装置相联，下料斗伸入脱水器内上方。

证据2公开了一种冶炼粒化装置，包括粒化装置（1）、供水装置（13）、流槽（2）、直齿（6）的旋转转鼓（3），转鼓（3）下安装水箱（11），带有溢流装置（12），粒化器（1）和槽（3）安装在转鼓内，转鼓的下部与水箱（11）连接，水箱安装在溢流装置（12）下，粒化装置配有一个槽（22），渣粒通过槽从转鼓（3）中排出（参见证据2摘要，图1、2）。

证据3涉及一种冶金熔渣粒化装置，包括液态渣受料溜槽，其下端有粒化器，转鼓上有钻孔板，腔内的突出直齿用以运输碎渣，蓄水池及溢流装置位于转鼓下方，液态渣受料溜槽和粒化器安装在转鼓腔内（参见证据3译文第1页，图1、2）。

证据4公开了一种冶金熔渣粒化装置，包括液态熔渣受料溜槽1，其下端有粒化器2，带有打眼表面的转鼓4和在其内部安装的钻孔板5，转鼓4外侧由直齿10和筛网组成，该装置还设有净水箱

15 及溢流装置 14，粒化时生成的蒸汽通过内壁 3 进入管道 18 排入大气（参见证据 3 译文第 1~2 页，图 1、2）。

证据 6 公开了一种熔渣粒化器，包括熔渣受料溜槽 1、外壁 2 及内部安装有带有筛网的转鼓 3，转鼓安装成可旋转式，其中被灌满水并带有直齿 4，转鼓上带有渣包 7，位于转鼓 3 的一端直齿 4 的下面（参见证据 6 译文第 1 页，图 1-3）。

证据 7 公开了一种辊轮式熔渣粒化器，包括圆盘式受料溜槽 1，其前端低部有喷嘴 2，叶式水冷转鼓带有出渣孔 4 和入渣孔 5，其对面设有固定喷嘴 6、7 及冲洗部分渣的喷嘴（参见证据 7 译文第 1 页及附图）。

证据 9 公开了一种冶金熔渣粒化装置，包括熔渣受料溜槽 1，其低部有水冷转鼓 2 和直齿，转鼓 2 的供排水辊子 3 被钻上小孔 4，水管 5 安装在其内腔并留有环行缝隙，以便将水排入集水池 6，直齿转鼓 2 上方盖有水冷外壳 7，备有高压水枪 8 和 9（参见证据 9 译文第 2 页，图 1-2）。

由此可见，证据 2~4、6、7 或证据 9 均没有公开权利要求 1 中脱水器由“壳体内齿圈”、“托圈”构成等技术特征，即上述证据均没有公开由壳体内齿圈、托圈等构成脱水器的技术内容的启示。虽然请求人强调使用齿圈传动是本领域的常用技术手段，并提交了证据 13、14 作为证据，合议组注意到上述证据仅仅证明了内齿传动是公知的技术，而本专利的脱水器由“壳体内齿圈，托圈，轮鼓，轮架，筛网，筛片”构成，需要将内齿圈、托圈、轮鼓等结合在一起才能使用，本领域的技术人员仅仅根据内齿传动的公知技术，不经过创造性的劳动是不能得到本专利内齿圈、托圈、轮鼓组合为一体的结构的。对本领域技术人员来说基于证据 2~4、6、或证据 7 以及公知常识不能显而易见地得到权利要求 1 的技术方案，并且即使将上述证据任意进行组合也不能得出权利要求 1 所要保护的技术方案，同时该装置具有占地面积小、投资少、能耗低、结构紧凑等优点，因此权利要求 1 相对于证据 2、证据 3 和 7 的组合、证据 4 和 7 的组合、证据 6 和 7 的组合都具备创造性。

权利要求 2~6 均为权利要求 1 的从属权利要求，在权利要求 1 具备创造性的基础上，上述权利要求相对于证据 2、证据 3 和 7 的组合、证据 4 和 7 的组合、证据 6 和 7 的组合也具备专利法第 22 条第 3 款所规定的创造性。

请求人还主张权利要求 2 相对于证据 5、2、7 的组合、证据 5、2、9 的组合不具有创造性，权利要求 3 相对于证据 5、2、3 的组合不具有创造性。由于证据 5 在本案中不能作为证据使用，因此合议组对上述组合方式中的证据 5 不予考虑。基于与权利要求 1 创造性的同样理由，由于证据 2、3、7、9 中均没有给出脱水器由内齿圈、托圈、轮鼓组合为一体的启示及教导，对本领域技术人员来说基于证据 2、3、7 或证据 9 及其上述组合以及公知常识并不能显而易见地得到权利要求 2 或 3 的技术方案，并且即使将上述证据任意进行组合也不能得出权利要求 2 或 3 所要保护的技术方案，因此请求人的上述主张不成立，权利要求 2 相对于证据 2 和 7 的组合、证据 2 和 9 的组合、权利要求 3 相对于证据 2 和 3 的组合都具备创造性。

请求人提交的证据 15~17 用于证明“冷风虹吸”是公知技术，该技术涉及从属权利要求 6，但在权利要求 1 具备创造性的基础上，权利要求 6 也具备专利法第 22 条第 3 款所规定的创造性。

根据以上事实和理由，本案合议组作出如下审查决定。

三、决定

维持第 97228276.9 号实用新型专利权有效。

当事人对本决定不服的，可以根据专利法第 46 条第 2 款的规定，自收到本决定之日起三个月内向北京市第一中级人民法院起诉。根据该款规定，一方当事人起诉后，另一方当事人应当作为第三人参加诉讼。

北京市第一中级人民法院
行政判决书

（2007）一中行初字第572号

原告：莱芜钢铁集团有限公司，住所地山东省莱芜市钢城区友谊大街38号

委托代理人：孙君，女，43岁，汉族，山东大学职员，住山东省济南市历城区洪家楼办事处洪家楼15号13号楼6单元203号

委托代理人：赵祉荣，男，36岁，汉族，包头钢铁设计院职员，住内蒙古包头市昆都伦区友谊小区南区27栋50号

被告：国家知识产权局专利复审委员会，住所地北京市海淀区北四环西路9号银谷大厦10~12层

法定代表人：廖涛，副主任

委托代理人：赵明，男，国家知识产权局专利复审委员会审查员

委托代理人：张鹏，男，国家知识产权局专利复审委员会审查员

第三人：唐山嘉恒铸造有限责任公司，住所地河北省滦南县青坨营镇

法定代表人：张维环，总经理

委托代理人：刁玉生，北京国林贸知识产权代理有限公司

原告莱芜钢铁集团有限公司（以下简称莱芜公司）不服国家知识产权局专利复审委员会（以下简称复审委）作出的第9384号无效宣告请求审查决定（以下简称第9384号决定），于2007年4月9日向本院提起行政诉讼。本院于2007年4月9日受理后，于2007年4月19日向被告送达了起诉状副本及应诉通知书。本院依法组成合议庭，并依法通知唐山嘉恒铸造有限责任公司（以下简称嘉恒公司）作为第三人参加诉讼。本院于2007年6月14日公开开庭审理了本案。原告莱芜公司的委托代理人孙君、赵祉荣，被告复审委的委托代理人赵明、张鹏，第三人嘉恒公司的委托代理人刁玉生到庭参加诉讼。本案现已审理终结。2006年12月30日，经对莱芜公司针对嘉恒公司的第97228276.9号专利（以下称为本专利）提出的无效宣告请求进行审查，复审委作出第9384号决定，宣告维持本专利有效。第9384号决定于2007年1月15日送达原告莱芜公司。原告莱芜公司诉称，1. 复审委对证据的认定与采信有误。原告提交的证据1系在前南斯拉夫印制，但由于前南斯拉夫已不存在，所以无法取得域外公证材料。原告提交的协议书能够证明相应技术已在我国推广使用。原告提交的证据18、证据19、证据20也足以证明证据5在申请日前已公开。综上，证据1、证据5、证据18、证据19、证据20及协议书均应被作为证据采信，用于评价本专利的新颖性及创造性。2. 复审委关于权利要求2符合《专利法》第二十六条第三、四款规定的认定有误。复审委引用《辞海》的内容不属于本领域的公知常识，即使公众知道“狼牙棒”的形状，也不等于本领域的普通技术人员能够不付出创造性劳动就在“炉渣粒化装置”中应用。因此，本专利权利要求2不符合《专利法》第三、四款的规定。3. 复审委关于权利要求1~6符合《专利法》第二十二条第二、三款的规定认定有误。本专利与证据1相比没有新颖性，与证据5和证据6、证据1相比没有创造性。对比文件7、对比文件9和对比文件2、对比文件3、对比文件4公开了与本专利权利要求相同的技术特征，说明本专利属本领域公知技术的拼凑。综上，请求撤销复审委的第9384号决定，并宣告本专利无效。被告复审委辩称，原告在诉讼中提交的证据——《协议书》中的外文部分、证明材料在行政程序中并没有提交。其他

问题坚持第9384号决定中的意见。第9384号决定认定事实清楚、适用法律正确、审理程序合法，请求人民法院予以维持。第三人嘉恒公司认为第9384号决定合法，请求人民法院予以维持。复审委在答辩期内向本院提交了以下证据材料：1. 第9384号决定扉页复印件；2. 本专利说明书复印件；3. 俄罗斯图拉冶金工厂的产品宣传页复印件及中文译文（即第9384号决定中的证据1）；4. 美国专利说明书US4909821A及中文译文（即第9384号决定中的证据2）；5. 苏联专利说明书SU1426956A1及中文译文（即第9384号决定中的证据3）；6. 苏联专利说明书SU1482120A及中文译文（即第9384号决定中的证据4）；7. 封面印有“世界图书出版西安公司”字样的俄罗斯《钢铁》杂志（1996年4月）第69、70、79、80页及封面俄文复印件，及其相关内容中译文《冶金科技》1997年第2期，封面、目录、第1、2页复印件（即第9384号决定中的证据5）；8. 苏联专利说明书SU1161170A及中文译文；（即第9384号决定中的证据6）；9. 苏联专利说明书SU1350134A及中文译文（即第9384号决定中的证据7）；10. 苏联专利说明书SU979287A（公开日1982年12月7日）及中文译文（即第9384号决定中的证据9）；11.《机械原理》下册，封面、目录、出版信息页及第八章第1、2页复印件（即第9384号决定中的证据13）；12.《齿轮手册》上册，封面、目录、出版信息页及第二篇第2-6和2-7页复印件（即第9384号决定中的证据14）；13.《冶金炉热工基础》，封面、目录、出版信息页及第二篇第101、102页复印件（即第9384号决定中的证据15）；14.《重有色冶金企业采暖通风设计参考资料》，冶金工业出版社出版，封面、目录、出版信息页及第383页复印件，共4页（即第9384号决定中的证据16）；15.《机器制造工厂采暖通风设计手册》修订本，封面、目录、出版信息页及第47、186页复印件，共6页（即第9384号决定中的证据17）；16. 证据5出版信息页的中文译文（即第9384号决定中的证据18）；17. 2006年《俄文期刊购权目录》，世界图书出版西安公司2005年5月发行，封面、扉页、目录及第11页复印件（即第9384号决定中的证据19）；18. 1996年第4期俄文《钢》杂志，封面、出版信息页、目录、第70页、图片复印件（即第9384号决定中的证据20）；19. 证明人白玉祥、刘瑞雪于2005年7月18日出具的证明复印件；（即第9384号决定中的证据21）20. 证明人路家齐于2005年7月18日出具的证明复印件，共1页（即第9384号决定中的证据22）；21. 口头审理记录表。原告莱芜公司向本院提交了上述证据三、四、五、六、七、八、九、十及《协议书》、教材、证明材料。

本院经审理认为，原告证据中的《协议书》外文部分及证明材料在行政程序中没有提交，本院在本案中不予采纳。原告的其他证据及被告的全部证据能够证明案件事实，本院予以认证。此外，本院在庭审中依职权向被告调取了1996年第4期俄文《钢》杂志封面、出版信息页、目录、第70页及图片复印件，各方当事人均认可该证据系原告在行政程序中向复审委提交的证据20，对此本院予以认可。根据上述经认证的证据，本院对以下事实予以认定：

本专利系名称为“轮法炉渣粒化装置”的实用新型专利，申请日为1997年10月17日，国家知识产权局于1999年2月24日授权公告，专利号为第97228276.9号，专利权人为嘉恒公司，本专利授权公告的权利要求书如下：

“1. 一种轮法炉渣粒化装置，包括传动装置，炉渣溜嘴，粒化器，脱水器，下料斗排汽筒，其特征在于，脱水器由壳体内齿圈，托圈轮鼓，轮架，筛网，筛片构成，炉渣嘴位于粒化器上方的炉渣入口处，粒化轮位于粒化器壳体内，外与传动装置相联，粒化器壳体出水渣端伸入脱水器内，脱水器位于排汽筒下方，外与传动装置相联，下料斗伸入脱水器内上方。

2. 根据权利要求1所述轮法炉渣粒化装置，其特征在于，粒化轮结构为空腔水冷狼牙棒外形。

3. 根据权利要求1所述轮法炉渣粒化装置，其特征在于，粒化器内设挡渣板。

4. 根据权利要求1所述轮法炉渣粒化装置其特征在于，粒化器上配装高压水管。

5. 根据权利要求 1 所述轮法炉渣粒化装置其特征在于，脱水器下方设有溢流装置。

6. 根据权利要求 1 所述轮法炉渣粒化装置其特征在于，排汽筒上设有冷风虹吸装置。”

2005 年 3 月 3 日，莱芜公司向复审委提出关于本专利的无效宣告请求，其先后向复审委提交了以下证据材料：

证据 1：俄罗斯图拉冶金工厂的产品宣传页复印件及中文译文，共 3 页；

证据 2：美国专利说明书 US4909821A（公开日 1990 年 3 月 20 日）及中文译文，共 13 页；

证据 3：苏联专利说明书 SU1426956A1（公开日 1988 年 9 月 30 日）及中文译文，共 5 页；

证据 4：苏联专利说明书 SU1482120A（公开日 1996 年 11 月 10 日）及中文译文，共 7 页；

证据 5：封面印有“世界图书出版西安公司”字样的俄罗斯《钢铁》杂志（1996 年 4 月）第 69、70、79、80 页及封面俄文复印件，及其相关内容中译文《冶金科技》1997 年第 2 期，封面、目录、第 1. 2 页复印件，共 9 页；

证据 6：苏联专利说明书 SU1161170A（公开日 1985 年 6 月 15 日）及中文译文，共 5 页；

证据 7：苏联专利说明书 SU1350134A（公开日 1987 年 11 月 7 日）及中文译文，共 6 页；

证据 8：苏联专利说明书 SU727589A（公开日 1980 年 4 月 15 日）及中文译文，共 5 页；

证据 9：苏联专利说明书 SU979287A（公开日 1982 年 12 月 7 日）及中文译文，共 5 页。

证据 10：加盖有山东省专利信息中心检索专用章的苏联专利说明书 SU1609758A（公开日 1990 年 11 月 30 日）及中文译文，共 7 页。

证据 11：第 93219177. 0 号中国实用新型专利说明书，授权公告日 1994 年 6 月 15 日，共 12 页；

证据 12：第 95242342. 1 号中国实用新型专利说明书，授权公告日 1996 年 12 月 11 日，共 6 页。

证据 13：《机械原理》下册，1987 年 8 月第一版、1990 年 1 月第二次印刷，重庆大学出版社出版，封面、目录、出版信息页及第八章第 1、2 页复印件，共 5 页；

证据 14：《齿轮手册》上册，1990 年 11 月第 1 版、1994 年 7 月第 3 次印刷，机械工业出版社出版，封面、目录、出版信息页及第二篇第 2-6 和 2-7 页复印件，共 5 页；

证据 15：《冶金炉热工基础》，1980 年 7 月第一版、1980 年 7 月第一次印刷，冶金工业出版社出版，封面、目录、出版信息页及第二篇第 101、102 页复印件，共 5 页；

证据 16：《重有色冶金企业采暖通风设计参考资料》，1980 年 8 月第一版、1980 年 8 月第一次印刷，冶金工业出版社出版，封面、目录、出版信息页及第 383 页复印件，共 4 页；

证据 17：《机器制造工厂采暖通风设计手册》修订本，1969 年 5 月第一版、1971 年 9 月第二次印刷，机械工业出版社出版，封面、目录、出版信息页及第 47、186 页复印件，共 6 页；

证据 18：证据 5 出版信息页的中文译文，共 1 页；

证据 19：2006 年《俄文期刊购权目录》，世界图书出版西安公司 2005 年 5 月发行，封面、扉页、目录及第 11 页复印件，共 5 页；

证据 20：1996 年第 4 期俄文《钢》杂志，封面、出版信息页、目录、第 70 页、图片复印件，共 5 页；

证据 21：证明人白玉祥、刘瑞雪于 2005 年 7 月 18 日出具的证明复印件，共 1 页；

证据 22：证明人路家齐于 2005 年 7 月 18 日出具的证明复印件，共 1 页。

此外，莱芜公司还提交了证据 1、证据 5 及证据 13、证据 14、证据 15、证据 16、证据 17 和证据 19 的原件及《协议书》。

莱芜公司最终向复审委确定的无效宣告请求的理由为：本专利说明书不符合《专利法》第二十六条第三款的规定；权利要求 2 不符合《专利法》第二十六条第四款的规定；使用证据 1 评价权利要

求1、3、4、6的新颖性；使用证据5、证据2的结合、证据3、证据7的结合、证据4、证据7的结合或证据6、证据7的结合评价权利要求1的创造性，使用证据5、证据2和证据7的结合或证据5、证据2和证据9的结合评价权利要求2的创造性，使用证据5、证据2和证据3的结合评价权利要求3的创造性，使用证据5、证据2的结合评价权利要求4和5的创造性，使用证据5、证据2并结合公知常识评价权利要求6的创造性。

嘉恒公司向复审委提交了以下证据材料：

反证1：专利号为ZL98106855.3的第60215号发明专利证书复印件，共1页；

反证2：第98106855.3号中国发明专利申请公开说明书，公开日1998年11月25日，共10页。

经审查，复审委于2006年12月30日作出第9384号决定如下：

1. 文本的认定

本决定是针对1999年2月24日授权公告的说明书和权利要求1~6进行的。

2. 证据的认定

请求人在无效宣告请求期间提交了证据1、证据2、证据3、证据4、证据5、证据6、证据7、证据8、证据9、证据10、证据11、证据12、证据13、证据14、证据15、证据16、证据17、证据18、证据19、证据20、证据21、证据22和"协议书"，并在口头审理时宣布放弃证据8和证据10、证据11、证据12，在所使用的证据中证据2、证据3、证据4、证据6、证据7和证据9均为专利文献，属于公开出版物，专利权人对其真实性及中文译文的准确性无异议，并且它们的公开日均早于本专利的申请日，故可以作为本专利申请日前的已有技术。

请求人作为公知常识证据补充提交了证据13、证据14、证据15、证据16、证据17，并同时提交了上述证据的原件，专利权人对证据13、证据14没有异议，但认为证据15、证据16、证据17不属于合议组要求请求人提供的资料，是超过了举证期限的证据。合议组经核实后认为，证据13、证据14、证据15、证据16、证据17的复印件与原件一致，而且证据15、证据16、证据17是为了证明"冷风虹吸"是公知技术，属于合议组在口审中要求请求人提交的证据材料，因此合议组认为证据13、证据14、证据15、证据16、证据17可以接受，对其真实性予以确认。

证据1是俄罗斯图拉冶金工厂的产品宣传页，请求人在口审中出示了原件，专利权人认可该证据的复印件与原件相符，但认为产品宣传页不是公开出版物，而且属于域外证据，应当提交公证认证材料。合议组认为，该产品宣传页属于域外形成的证据，请求人应当提交相关的公证认证材料，因此要求其在指定期限内提交上述证明材料。请求人在指定期限内并没有提交公证认证等相关证明，只是补充提交了两份证人证言—证据21和证据22，请求人以此说明证据1的真实性与公开性，专利权人认为上述证言属于新证据，而且证人没有当庭接受质询，不能作为证据使用。合议组认为，证据21和证据22并不属于合议组在口审中要求请求人提交的证据材料，由于出具证言的证人未参加口审接受质证，并且没有其他证据予以佐证，因此合议组无法对上述证据的真实性进行调查，因此对证据21和证据22不予采信。综上，由于请求人没有在规定期限内提交证据1的公证认证等相关证明、所出具的证人证言不能被采信，因此证据1不能作为有效证据使用。

此外，请求人在口审中提交了一份"协议书"，用以说明请求人于1996年就开始了俄罗斯新库兹涅茨克—莫斯科联合股份公司有关技术的推广工作，但合议组注意到，请求人并不是该协议书的签署方，而且协议书中也没有记载请求人为该协议书的执行方，同时请求人又未提交其他证据对其上述主张予以佐证，因此该"协议书"并不能支持请求人的上述主张，合议组对该"协议书"不予采信。

证据5是俄罗斯出版的《钢铁》杂志（1996年第4期），及《冶金科技》1997年第2期，请求人确认《冶金科技》杂志仅作为该证据中《钢铁》杂志的中文译文使用，而不作为出版物公开的证据。请求人在口审中提交了上述证据的原件，专利权人认可上述证据的复印件与原件相符，但认为证据5是国外的出版物，应当提供公证认证材料，虽然该证据的封页印有“世界图书出版西安公司”的字样，但其上没有出版号、出版日期和发行日期等信息，因此是一种内部刊物，同时对证据5没有提供出版信息页的中文译文提出异议。合议组注意到，请求人提交的证据5原件只在封面上印有“世界图书出版西安公司”的字样，除此之外没有记载任何其在国内出版或发行的相关信息以及出版的具体时间，故无法确定该证据在本专利申请日之前在国内公开发行。虽然请求人认为证据5是发行在世界各地的杂志，在国内许多图书馆都有定购，因此该证据不属于域外证据，但合议组认为，请求人目前提交的证据并不足以支持其上述主张，因此在口头审理中，合议组要求请求人在指定期限内补交证据5在国内外获得途径的证据。在指定期限内，请求人提交了证据18、证据19、证据20，其中证据18为证据5出版信息页的中文译文，专利权人对其准确性没有异议，合议组对证据18予以认可。对于证据19，专利权人认为该证据是2005年5月出版的目录，与本专利无关。合议组认为，证据19是世界图书出版西安公司于2005年发行的2006年《俄文期刊购权目录》，其并不能证明证据5在本专利申请日前已在国内公开发行或可以通过国内的公开渠道获得，故证据19不足以证实证据5在本专利申请日之前合法公开。证据20为《钢铁》杂志原版的复印件，请求人以此说明该证据由钢铁研究总院对外公开借阅，从而证明《钢铁》杂志的原版与影印板均在我国可以公开查阅到。专利权人对该证据前4页与原件的一致性没有异议，但认为第5页的图片属于新证据，并认为证据20与证据5不是相同的杂志，属于新证据。合议组认为，请求人提交证据20的目的在于证明证据5可以在国内公开查阅到，但请求人并没有提交该证据的原件，同时也没有提交可以在国内公共渠道获得该证据的其他证明，因此合议组认为证据20不足以支持请求人的上述主张，证据20不能作为有效证据使用。综上，由于请求人补充提交的证据—证据18、证据19、证据20并不能证明证据5在本专利申请日前已在国内公开发行或可以在国内的公开渠道获得，因此合议组对证据5不予接受，证据18作为证据5出版信息页的中文译文因此也不能作为有效的证据。

综上所述，由于请求人放弃证据8和证据10、证据11、证据12，证据1、证据5、证据18、证据19、证据20、证据21、证据22和协议书不能作为有效证据使用，因此，本无效宣告请求中可以使用的证据为证据2、证据3、证据4、证据6、证据7、证据9和证据13、证据14、证据15、证据16、证据17，其中证据2、证据3、证据4、证据6、证据7、证据9作为本专利的已有技术，可用于评述新颖性和创造性，附件13、附件14、附件15、附件16、附件17作为本专利的公知常识性证据。

由于证据1和证据5在本案中不能作为证据使用，因此涉及到这两份证据的无效理由将不再进行评述。

3. 关于《中华人民共和国专利法》（以下简称《专利法》）第二十六条第三款

《专利法》第二十六条第三款规定：说明书应当对发明或者实用新型作出清楚、完整的说明，以所属技术领域的技术人员能够实现为准。

如果本领域技术人员在阅读了说明书之后，根据已有技术和说明书公开的内容，不需要创造性的劳动就能够理解和实施该发明或者实用新型，解决其技术问题并产生预期的技术效果，则说明书就满足充分公开的要求。

请求人认为说明书第1页倒数第3段记载的“粒化轮结构为空腔水冷狼牙棒外形”在附图和实施例中都没有描述，本领域技术人员在阅读时无法推知其具体技术方案。

在口审过程中，当事人双方均认可空腔水冷的粒化轮是常规技术，请求人所强调的只是狼牙棒的形状公开不充分。对此合议组认为，根据本专利说明书图1的记载，以及证据7、证据8、证据9中有关转鼓的记载，粒化轮是有齿的转轮。本专利中粒化轮外形为狼牙棒外形，虽然没有图示，但狼牙棒是中国古代的一种兵器，在1979年版的《辞海》中有下述的文字记载及附图“狼牙棒 古代兵器的一种，用坚重的木头制成棒，长四五尺，上端长圆作枣子形，遍植铁钉，形如狼牙”，因此它的形状对公众来说是清楚的，本领域的技术人员在看到“狼牙棒外形”的描述后，能够理解并加以实施本专利所述的技术方案，因此本专利说明书不符合《专利法》第二十六条第三款的规定的无效理由不能成立。

4. 关于《专利法》第二十六条第四款

《专利法》第二十六条第四款规定，权利要求书应当以说明书为依据，说明要求专利保护的范围。

权利要求的保护范围，应当与专利申请说明书公开的内容相适应，对于每一项权利要求而言，其所要求保护的技术方案，应当是所属技术领域的技术人员能够从说明书充分公开的内容中直接得到或概括得出的技术方案。

请求人认为权利要求2中所记载的“狼牙棒外形”没有得到实质上的支持，本领域技术人员不能得到唯一的外形。

基于与第3点同样的理由，合议组认为，“狼牙棒外形”这一描述是清楚的，本领域的技术人员根据说明书的记载可以直接得到权利要求2的技术方案，该权利要求符合《专利法》第二十六条第四款的规定。

5. 关于《专利法》第二十二条第二款

请求人提出本专利权利要求1、3、4、6与证据1相比，不具有新颖性，不符合《专利法》第二十二条第二款的规定。由于证据1不能作为有效的证据使用，故不再对此无效理由进行评述。

6. 关于《专利法》第二十二条第三款

创造性，是指同申请日以前已有的技术相比，该发明有突出的实质性特点和显著的进步，该实用新型有实质性特点和进步。

实用新型的创造性应当考虑其技术方案的所有技术特征的变化，如果一项技术方案相对于现有技术而言具有实质性特点和进步，则该实用新型技术方案具有创造性。

本专利提供一种轮法炉渣粒化装置，目的在于克服现有技术占地面积大、能耗大、污染严重等缺陷，其通过下述技术方案来实现：一种轮法炉渣粒化装置，包括传动装置，炉渣溜嘴，粒化器，脱水器，下料斗排汽筒，脱水器由壳体内齿圈，托圈轮鼓，轮架，筛网，筛片构成，炉渣嘴位于粒化器上方的炉渣入口处，粒化轮位于粒化器壳体内，外与传动装置相联，粒化器壳体出水渣端伸入脱水器内，脱水器位于排汽筒下方，外与传动装置相联，下料斗伸入脱水器内上方。

证据2公开了一种冶炼粒化装置，包括粒化装置（1）、供水装置（13）、流槽（2）、直齿（6）的旋转转鼓（3），转鼓（3）下安装水箱（11），带有溢流装置（12），粒化器（1）和槽（3）安装在转鼓内，转鼓的下部与水箱（11）连接，水箱安装在溢流装置（12）下，粒化装置配有一个槽（22），渣粒通过槽从转鼓（3）中排出。

证据3涉及一种冶金熔渣粒化装置，包括液态渣受料溜槽，其下端有粒化器，转鼓上有钻孔板，腔内的突出直齿用以运输碎渣，蓄水池及溢流装置位于转鼓下方，液态渣受料溜槽和粒化器安装在转鼓腔内。

证据4公开了一种冶金熔渣粒化装置，包括液态熔渣受料溜槽1，其下端有粒化器2，带有打眼表面的转鼓4和在其内部安装的钻孔板5，转鼓4外侧由直齿10和筛网组成，该装置还设有净水箱15及溢流装置14，粒化时生成的蒸汽通过内壁3进入管道18排入大气。

证据6公开了一种熔渣粒化器，包括熔渣受料溜槽1、外壁2及内部安装有带有筛网的转鼓3，转鼓安装成可旋转式，其中被灌满水并带有直齿4，转鼓上带有渣包7，位于转鼓3的一端直齿4的下面。

证据7公开了一种辊轮式熔渣粒化器，包括圆盘式受料溜槽1，其前端低部有喷嘴2，叶式水冷转鼓带有出渣孔4和入渣孔5，其对面设有固定喷嘴6、7及冲洗部分渣的喷嘴。

证据9公开了一种冶金熔渣粒化装置，包括熔渣受料溜槽1，其低部有水冷转鼓2和直齿，转鼓2的供排水辊子3被钻上小孔4，水管5安装在其内腔并留有环行缝隙，以便将水排入集水池6，直齿转鼓2上方盖有水冷外壳7，备有高压水枪8和9。

由此可见，证据2、证据3、证据4、证据6、证据7或证据9均没有公开权利要求1中脱水器由“壳体内齿圈”、“托圈”构成等技术特征，即上述证据均没有公开由壳体内齿圈、托圈等构成脱水器的技术内容的启示。虽然请求人强调使用齿圈传动是本领域的常用技术手段，并提交了证据13、证据14作为证据，合议组注意到上述证据仅仅证明了内齿传动是公知的技术，而本专利的脱水器由“壳体内齿圈，托圈，轮鼓，轮架，筛网，筛片”构成，需要将内齿圈、托圈、轮鼓等结合在一起才能使用，本领域的技术人员仅仅根据内齿传动的公知技术，不经过创造性的劳动是不能得到本专利内齿圈、托圈、轮鼓组合为一体的结构的。对本领域技术人员来说基于证据2、证据3、证据4、证据6、证据或证据7以及公知常识不能显而易见地得到权利要求1的技术方案，并且即使将上述证据任意进行组合也不能得出权利要求1所要保护的技术方案，同时该装置具有占地面积小、投资少、能耗低、结构紧凑等优点，因此权利要求1相对于证据2、证据3和证据7的组合、证据4和证据7的组合、证据6和证据7的组合都具备创造性。

权利要求2~6均为权利要求1的从属权利要求，在权利要求1具备创造性的基础上，上述权利要求相对于证据2、证据3和证据7的组合、证据4和证据7的组合、证据6和证据7的组合也具备《专利法》第二十二条第三款所规定的创造性。

请求人还主张权利要求2相对于证据5、证据2、证据7的组合、证据5、证据2、证据9的组合不具有创造性，权利要求3相对于证据5、证据2、证据3的组合不具有创造性。由于证据5在本案中不能作为证据使用，因此合议组对上述组合方式中的证据5不予考虑。基于与权利要求1创造性的同样理由，由于证据2、证据3、证据7、证据9中均没有给出脱水器由内齿圈、托圈、轮鼓组合为一体的启示及教导，对本领域技术人员来说基于证据2、证据3、证据7或证据9及其上述组合以及公知常识并不能显而易见地得到权利要求2或3的技术方案，并且即使将上述证据任意进行组合也不能得出权利要求2或3所要保护的技术方案，因此请求人的上述主张不成立，权利要求2相对于证据2和证据7的组合、证据2和证据9的组合、权利要求3相对于证据2和证据3的组合都具备创造性。

请求人提交的证据15、证据16、证据17用于证明“冷风虹吸”是公知技术，该技术涉及从属权利要求6，但在权利要求1具备创造性的基础上，权利要求6也具备《专利法》第二十二条第三款所规定的创造性。

依据上述理由，复审委作出第9384号决定。

在本院庭审中，原告及第三人对第9384号决定中记载的莱芜公司提交的证据2、证据3、证据4、证据6、证据7、证据9公开的内容没有异议，本院对第9384号决定认定的上述证据公开内容予以认可。

本院认为，

1. 关于证据。

证据1宣传页系在域外形成。原告用于证明证据1真实性的证据为证据21、证据22、协议书。

其中证据21、证据22系证人证言，该两项证据系超期提交，且证人未出席复审委的口头审理接受质证；《协议书》的内容与证据1无关。因此，原告没有证据证明证据1的真实性，第9384号决定认为证据1不能作为有效证据使用，本院予以支持。

证据5为域外形成的杂志《钢铁》（1996年第4期）及中译文，原告用于证明证据5的证据为证据18、证据19、证据20。证据18为证据5版权页的中译文；证据19与本案无关；证据20系《钢铁》杂志复印件，其上盖印有某图书馆“1995 1 4”章，该章盖印亦为复印件，该证据均为复印件，且章上时间与杂志注明的年份互相矛盾，故该证据无法采信。因此，证据18、证据19、证据20无法证明作为域外证据5的真实性。第9384号决定未采纳证据5，本院予以支持。

综上，原告关于证据1、证据5、证据18、证据19、证据20及协议书均应被作为证据采信、用于评价本专利的新颖性及创造性的主张，本院不予支持。

2. 关于本专利是否符合《专利法》第二十六条第三、四款的规定。

《专利法》第二十六条第三款规定，说明书应当对发明或者实用新型作出清楚、完整的说明，以所属技术领域的技术人员能够实现为准。原告认为本专利说明书中对狼牙棒的公开不充分。狼牙棒系古代兵器，其形状为众所周知。本领域技术人员在说明书公开粒化轮结构为狼牙棒外形后，能够实施相关技术方案，因此，第9384号决定认为原告关于本专利不符合《专利法》第二十六条第三款的理由不能成立，本院予以支持。

《专利法》第二十六条第四款规定，权利要求书应当以说明书为依据，说明要求专利保护的范围。因说明书中“狼牙棒外形”的描述是清楚的，故权利要求得到了说明书的支持。因此，第9384号决定认为本专利符合《专利法》第二十六条第四款的规定，本院予以支持。

3. 关于本专利是否符合《专利法》第二十二条第二、三款的规定。

因证据1不能采纳，因此原告关于本专利与证据1相比没有新颖性的主张，本院不予支持。

根据《专利法》第二十二条第三款的规定，实用新型的创造性，是指同申请日以前已有的技术相比，该实用新型有实质性特点和进步。证据1、证据5不能采纳，证据2、证据3、证据4、证据6、证据7、证据9均没有公开本专利权利要求1中脱水器由“壳体内齿圈”、“托圈”构成等技术特征，故本专利权利要求1具有创造性。在权利要求1具有创造性的前提下，作为从属权利要求的2-6也相应地具有创造性。因此，第9384号决定认为本专利相对于原告提交的证据具有创造性，本院予以支持。

综上，复审委的第9384号决定证据确凿，适用法律法规正确，符合法定程序，本院应予维持。原告关于撤销第9384号决定的诉讼请求没有依据，本院不予支持。原告关于宣告本专利无效的诉讼请求不在人民法院行政诉讼职权范围内。依照《中华人民共和国行政诉讼法》第五十四条第（一）项之规定，判决如下：

维持被告国家知识产权局专利复审委员会第9384号无效宣告请求审查决定。

本案诉讼费100元，由原告莱芜钢铁集团有限公司负担（已交纳）。

如不服本判决，可在本判决书送达之日起15日内，向本院递交上诉状，并按对方当事人人数提出副本，预交上诉案件受理费100元，上诉于北京市高级人民法院。在上诉期满后7日内未预交上诉案件受理费又不提交缓交申请的，按自动撤回上诉处理。

审　判　长　娄宇红
代理审判员　乔　军
代理审判员　刘井玉
二〇〇七年六月二十七日
书　记　员　张　涵

北京市高级人民法院
行政判决书

（2007）高行终字第 586 号

上诉人（一审原告）：莱芜钢铁集团有限公司，住所地山东省莱芜市钢城区友谊大街 38 号

委托代理人：孙君，女，43 岁，汉族，山东大学教工，住山东省济南市历城区洪家楼办事处洪家楼 15 号 13 号楼 6 单元 203 号

委托代理人：赵祉荣，男，37 岁，汉族，包头冶金设计院工程师，住内蒙古包头市昆都仑区友谊小区南区 27 栋 50 号

被上诉人（一审被告）：国家知识产权局专利复审委员会，住所地北京市海淀区北四环西路 9 号银谷大厦 10~12 层

被上诉人（一审第三人）：唐山嘉恒铸造有限责任公司，住所地河北省滦南县青坨营镇

法定代表人：廖涛，副主任

法定代表人：张维环，总经理

委托代理人：赵明，男，国家知识产权局专利复审委员会审查员

委托代理人：张鹏，男，国家知识产权局专利复审委员会审查员

委托代理人：刁玉生，男，北京国林贸知识产权代理有限公司专利代理人

上诉人莱芜钢铁集团有限公司因专利无效宣告请求审查决定一案，不服北京市第一中级人民法院（2007）一中行初字第 572 号行政判决，向本院提出上诉。本院依法组成合议庭，公开开庭审理了本案。上诉人莱芜钢铁集团有限公司（以下简称莱芜公司）的委托代理人孙君、赵祉荣；被上诉人国家知识产权局专利复审委员会（以下简称专利复审委）的委托代理人赵明、张鹏；被上诉人唐山嘉恒铸造有限责任公司（以下简称嘉恒公司）的委托代理人刁玉生到庭参加了诉讼。本案现已审理终结。2006 年 12 月 25 日，专利复审委作出第 9384 号《无效宣告请求审查决定》（以下简称第 9384 号决定），认定嘉恒公司的第 97228276.9 号实用新型专利权（以下简称本专利）具备《中华人民共和国专利法》（以下简称《专利法》）第二十二条第三款规定的创造性，决定维持本专利权有效。莱芜公司不服该决定，遂诉至北京市第一中级人民法院。北京市第一中级人民法院经审理认为：1. 关于证据。证据 1 宣传页系在域外形成。莱芜公司用于证明证据 1 真实性的证据为证据 21、证据 22、协议书。其中证据 21、证据 22 系证人证言，该两项证据系超期提交，且证人未出席复审委的口头审理接受质证；《协议书》的内容与证据 1 无关。因此，莱芜公司没有证据证明证据 1 的真实性，对第 9384 号决定认为证据 1 不能作为有效证据使用予以支持。证据 5 为域外形成的杂志《钢铁》（1996 年第 4 期）及中文译文，莱芜公司用于证明证据 5 的证据为证据 18、证据 19、证据 20。证据 18 为证据 5 版权页的中文译文；证据 19 与本案无关；证据 20 系《钢铁》杂志复印件，其上盖印有某图书馆“1995 1 4”章，该章盖印亦为复印件，该证据均为复印件，且章上时间与杂志注明的年份互相矛盾，故该证据无法采信。因此，证据 18、证据 19、证据 20 无法证明作为域外证据 5 的真实性。对第 9384 号决定对证据 5 不予接受予以支持。对莱芜公司关于证据 1、证据 5、证据 18、证据 19、证据 20 及协议书均应被作为证据采信、用于评价本专利的新颖性及创造性的主张不予支持。2. 关于本专利是否符合《专利法》第二十六条第三、四款的规定。根据《专利法》第二十六条第三款规定，莱芜公司认为本专利说明书中对狼牙棒的公开不充分。狼牙棒系古代兵器，其形状为众所周知。本领域技术人

员在说明书公开粒化轮结构为狼牙棒外形后，能够实施相关技术方案。对第 9384 号决定认为莱芜公司关于本专利不符合《专利法》第二十六条第三款的理由不能成立予以支持。根据《专利法》第二十六条第四款规定，因说明书中“狼牙棒外形”的描述是清楚的，故权利要求得到了说明书的支持。对第 9384 号决定认为本专利符合《专利法》第二十六条第四款的规定予以支持。3. 关于本专利是否符合《专利法》第二十二条第二、三款的规定。因证据 1 不能采纳，因此对莱芜公司关于本专利与证据 1 相比没有新颖性的主张不予支持。根据《专利法》第二十二条第三款的规定，证据 1、证据 5 不能采纳，证据 2、证据 3、证据 4、证据 6、证据 7、证据 9 均没有公开本专利权利要求 1 中脱水器由“壳体内齿圈”、“托圈”构成等技术特征，故本专利权利要求 1 具有创造性。在权利要求 1 具有创造性的前提下，作为从属权利要求的 2~6 也相应地具有创造性。对第 9384 号决定认为本专利相对于莱芜公司提交的证据具有创造性予以支持。依照《中华人民共和国行政诉讼法》第五十四条第（一）项之规定，判决维持专利复审委第 9384 号决定。莱芜公司不服一审判决，向本院提出上诉，主要理由是：“狼牙棒外形”究竟是什么样的结构，在没有任何文字说明或图示时，公众难以准确了解。因说明书中没有关于“狼牙棒外形”的文字描述，也没有附图，因此该技术方案是不清楚的。本领域技术人员不经创造性劳动无法实施该技术特征。证据 6、证据 7、证据 9 和证据 2、证据 3、证据 4 结合后，覆盖了本专利权利要求的技术特征，本专利权利要求 1~6 属于本领域公知技术的拼凑，不具有《专利法》第二十二条第三款规定的创造性。请求二审法院撤销一审判决，判令专利复审委宣告本专利无效，本案一、二审诉讼费由被上诉人负担。专利复审委答辩认为，在无效程序中，双方当事人均认可空腔水冷的粒化轮是常规技术，莱芜公司所强调的只是狼牙棒的形状公开不充分。而根据本专利说明书图及证据 7、证据 8、证据 9 中有关转鼓的记载，粒化轮是有齿的转轮，在本专利中粒化轮外形为狼牙棒外形，《辞海》的相关内容仅是用于说明“狼牙棒”的形状对公众来说是清楚的，本领域技术人员在说明书公开粒化轮的结构为狼牙棒外形后，能够理解并实施相关技术方案。莱芜公司在上诉状中提出使用证据 6、证据 7、证据 9 和证据 2、证据 3、证据 4 结合评价本专利权利要求的创造性，首先，上述组合方式在无效程序中并未提出。其次，上述证据均未公开权利要求 1 中脱水器由“壳体内齿圈”“托圈”构成等技术特征，即上述证据没有公开由壳体内齿圈、托圈等构成脱水器的技术内容的启示。请求二审法院判决驳回上诉，维持一审判决。被上诉人嘉恒公司答辩认为，第 9384 号决定以及一审判决均认定事实清楚，适用法律正确，程序合法，请求二审法院驳回上诉，维持一审判决。

经审理查明，1997 年 10 月 17 日，嘉恒公司向国家知识产权局申请名称为“轮法炉渣粒化装置”实用新型专利权，1999 年 2 月 24 日授权公告，即本专利。授权公告的权利要求书载明：

1. 一种轮法炉渣粒化装置，包括传动装置，炉渣溜嘴，粒化器，脱水器，下料斗排汽筒，其特征在于，脱水器由壳体内齿圈，托圈轮鼓，轮架，筛网，筛片构成，炉渣嘴位于粒化器上方的炉渣入口处，粒化轮位于粒化器壳体内，外与传动装置相联，粒化器壳体出水渣端伸入脱水器内，脱水器位于排汽筒下方，外与传动装置相联，下料斗伸入脱水器内上方。

2. 根据权利要求 1 所述轮法炉渣粒化装置，其特征在于，粒化轮结构为空腔水冷狼牙棒外形。

3. 根据权利要求 1 所述轮法炉渣粒化装置，其特征在于，粒化器内设挡渣板。

4. 根据权利要求 1 所述轮法炉渣粒化装置其特征在于，粒化器上配装高压水管。

5. 根据权利要求 1 所述轮法炉渣粒化装置其特征在于，脱水器下方设有溢流装置。

6. 根据权利要求 1 所述轮法炉渣粒化装置其特征在于，排汽筒上设有冷风虹吸装置。

2005 年 3 月 3 日，莱芜公司针对本专利向专利复审委提出无效宣告请求。最终确定的无效宣告请求理由是，本专利说明书不符合《专利法》第二十六条第三款的规定；权利要求 2 不符合《专利法》

第二十六条第四款的规定；使用证据1评价权利要求1、3、4、6的新颖性；使用证据5、证据2的结合、证据3、证据7的结合、证据4、证据7的结合或证据6、证据7的结合评价权利要求1的创造性，使用证据5、证据2和证据7的结合或证据5、证据2和证据9的结合评价权利要求2的创造性，使用证据5、证据2和证据3的结合评价权利要求3的创造性，使用证据5、证据2的结合评价权利要求4和5的创造性，使用证据5、证据2并结合公知常识评价权利要求6的创造性。该公司先后向专利复审委提交了以下证据：

证据1：俄罗斯图拉冶金工厂的产品宣传页复印件及中文译文，共3页；

证据2：美国专利说明书US4909821A（公开日1990年3月20日）及中文译文，共13页；

证据3：苏联专利说明书SU1426956A1（公开日1988年9月30日）及中文译文，共5页；

证据4：苏联专利说明书SU1482120A（公开日1996年11月10日）及中文译文，共7页；

证据5：封面印有“世界图书出版西安公司”字样的俄罗斯《钢铁》杂志（1996年4月）第69、70、79、80页及封面俄文复印件，及其相关内容中译文《冶金科技》1997年第2期，封面、目录、第1.2页复印件，共9页；

证据6：苏联专利说明书SU1161170A（公开日1985年6月15日）及中文译文，共5页；

证据7：苏联专利说明书SU1350134A（公开日1987年11月7日）及中文译文，共6页；

证据8：苏联专利说明书SU727589A（公开日1980年4月15日）及中文译文，共5页；

证据9：苏联专利说明书SU979287A（公开日1982年12月7日）及中文译文，共5页。

证据10：加盖有山东省专利信息中心检索专用章的苏联专利说明书SU1609758A（公开日1990年11月30日）及中文译文，共7页。

证据11：第93219177.0号中国实用新型专利说明书，授权公告日1994年6月15日，共12页；

证据12：第95242342.1号中国实用新型专利说明书，授权公告日1996年12月11日，共6页。

证据13：《机械原理》下册，1987年8月第一版、1990年1月第二次印刷，重庆大学出版社出版，封面、目录、出版信息页及第八章第1、2页复印件，共5页；

证据14：《齿轮手册》上册，1990年11月第1版、1994年7月第3次印刷，机械工业出版社出版，封面、目录、出版信息页及第二篇第2-6和2-7页复印件，共5页；

证据15：《冶金炉热工基础》，1980年7月第一版、1980年7月第一次印刷，冶金工业出版社出版，封面、目录、出版信息页及第二篇第101、102页复印件，共5页；

证据16：《重有色冶金企业采暖通风设计参考资料》，1980年8月第一版、1980年8月第一次印刷，冶金工业出版社出版，封面、目录、出版信息页及第383页复印件，共4页；

证据17：《机器制造工厂采暖通风设计手册》修订本，1969年5月第一版、1971年9月第二次印刷，机械工业出版社出版，封面、目录、出版信息页及第47、186页复印件，共6页；

证据18：证据5出版信息页的中文译文，共1页；

证据19：2006年《俄文期刊购权目录》，世界图书出版西安公司2005年5月发行，封面、扉页、目录及第11页复印件，共5页；

证据20：1996年第4期俄文《钢》杂志，封面、出版信息页、目录、第70页、图片复印件，共5页；

证据21：证明人白玉祥、刘瑞雪于2005年7月18日出具的证明复印件，共1页；

证据22：证明人路家齐于2005年7月18日出具的证明复印件，共1页。

莱芜公司另外还提交了证据1、证据5及证据13、证据14、证据15、证据16、证据17和证据19的原件及《协议书》。

嘉恒公司认为本专利符合《专利法》的相关规定，向专利复审委提交了以下证据材料：反证1. 专利号为ZL98106855.3的第60215号发明专利证书复印件，共1页；反证2、第98106855.3号中国发明专利申请公开说明书，公开日1998年11月25日，共10页。

专利复审委经审查后，作出第9384号决定。认定的主要理由如下：

1. 关于文本的认定。本决定是针对1999年2月24日授权公告的说明书和权利要求1~6进行的。

2. 关于证据的认定。请求人在无效宣告请求期间提交了证据1、证据2、证据3、证据4、证据5、证据6、证据7、证据8、证据9、证据10、证据11、证据12、证据13、证据14、证据15、证据16、证据17、证据18、证据19、证据20、证据21、证据22和"协议书"，并在口头审理时宣布放弃证据8和证据10、证据11、证据12，在所使用的证据中，证据2、证据3、证据4、证据6、证据7和证据9均为专利文献，属于公开出版物，专利权人对其真实性及中文译文的准确性无异议，并且它们的公开日均早于本专利的申请日，故可以作为本专利申请日前的已有技术。

请求人作为公知常识证据补充提交了证据13、证据14、证据15、证据16、证据17，并同时提交了上述证据的原件，专利权人对证据13、证据14没有异议，但认为证据15、证据16、证据17不属于合议组要求请求人提供的资料，是超过了举证期限的证据。合议组经核实后认为，证据13、证据14、证据15、证据16、证据17的复印件与原件一致，而且证据15、证据16、证据17是为了证明"冷风虹吸"是公知技术，属于合议组在口审中要求请求人提交的证据材料，因此合议组认为证据13、证据14、证据15、证据16、证据17可以接受，对其真实性予以确认。

证据1是俄罗斯图拉冶金工厂的产品宣传页，请求人在口审中出示了原件，专利权人认可该证据的复印件与原件相符，但认为产品宣传页不是公开出版物，而且属于域外证据，应当提交公证认证材料。合议组认为，该产品宣传页属于域外形成的证据，请求人应当提交相关的公证认证材料，因此要求其在指定期限内提交上述证明材料。请求人在指定期限内并没有提交公证认证等相关证明，只是补充提交了两份证人证言——证据21和证据22，请求人以此说明证据1的真实性与公开性，专利权人认为上述证言属于新证据，而且证人没有当庭接受质询，不能作为证据使用。合议组认为，证据21和证据22并不属于合议组在口审中要求请求人提交的证据材料，由于出具证言的证人未参加口审接受质证，并且没有其他证据予以佐证，因此合议组无法对上述证据的真实性进行调查，因此对证据21和证据22不予采信。综上，由于请求人没有在规定期限内提交证据1的公证认证等相关证明，所出具的证人证言不能被采信，因此证据1不能作为有效证据使用。

此外，请求人在口审中提交了一份"协议书"，用以说明请求人于1996年就开始了俄罗斯新库兹涅茨克—莫斯科联合股份公司有关技术的推广工作，但合议组注意到，请求人并不是该协议书的签署方，而且协议书中也没有记载请求人为该协议书的执行方，同时请求人又未提交其他证据对其上述主张予以佐证，因此该"协议书"并不能支持请求人的上述主张，合议组对该"协议书"不予采信。

证据5是俄罗斯出版的《钢铁》杂志（1996年第4期），及《冶金科技》1997年第2期，请求人确认《冶金科技》杂志仅作为该证据中《钢铁》杂志的中文译文使用，而不作为出版物公开的证据。请求人在口审中提交了上述证据的原件，专利权人认可上述证据的复印件与原件相符，但认为证据5是国外的出版物，应当提供公证认证材料，虽然该证据的封页印有"世界图书出版西安公司"的字样，但其上没有出版号、出版日期和发行日期等信息，因此是一种内部刊物，同时对证据5没有提供出版信息页的中文译文提出异议。合议组注意到，请求人提交的证据5原件只在封面上印有"世界图书出版西安公司"的字样，除此之外没有记载任何其在国内出版或发行的相关信息以及出版的具体时间，故无法确定该证据在本专利申请日之前在国内公开发行。虽然请求人认为证据5是发行在世界各地的杂志，在国内许多图书馆都有定购，因此该证据不属于域外证据，但合议组认为，请求人目前提交的证据并不足以支持其上述主张，因此在口头审理中，合议组要求请求人在指定期限内补交证据5在国内外获得途径的证据。在指定期限内，请求人提交了证据18、证据19、证据20，其中证据18为证据5出版信息页的中文译文，专利权人对其准确性没有异议，合议组对证据18予以认可。对于证据19，专利权人认为该证据是2005年5月出版的目录，与本专利无关。合议组认为，证据19是世界图书出版西安公司于2005年发行的2006年《俄文期刊购权目录》，其并不能证明证据5在本专利申请日前已在国内公开发行或可以通过国内的公开渠道获得，故证据19不足以证实证据5在本专利申请日之前合法公开。证据20为《钢铁》杂志原版的复印件，请求人以此说明该证据由钢铁研究总院对外公开借阅，从而证明《钢铁》杂志的原版与影印板均在我国可以公开查阅到。专利权人对该证据前4页与原件的一致性没有异议，但认为第5页的图片属于新证据，并认为证据20与证据5不是相同的杂志，属于新证据。合议组认为，请求人提交证据20的目的在于证明证据5可以在国内公开查阅到，但请求人并没有提交该证据的原件，同时也没有提交可以在国内公共渠道获得该证据的其他证明，因此合议组认为证据20不足以支持请求人的上述主张，证据20不能作为有效证据使用。综上，由于请求人补充提交的证据——证据18、证据19、证据20并不能证明证据5在本专利申请日前已在国内公开发行或可以在国内的公开渠道获得，因此合议组对证据5不予接受，证据18作为证据5出版信息页的中文译文，因此也不能作为有效的证据。

综上所述，由于请求人放弃证据8和证据10、证据11、证据12，证据1、证据5、证据18、证据19、证据20、证据21、证据22和协议书不能作为有效证据使用，因此，本无效宣告请求中可以使用的证据为证据2、证据3、证据4、证据6、证据7、证据9和证据13、证据14、证据15、证据16、证据17，其中证据2、证据3、证据4、证据6、证据7、证据9作为本专利的已有技术，可用于评述新颖性和创造性，附件13、附件14、附件15、附件16、附件17作为本专利的公知常识性证据。

由于证据1和证据5在本案中不能作为证据使用，因此涉及到这两份证据的无效理由将不再进行评述。

3. 关于《专利法》第二十六条第三款。如果本领域技术人员在阅读了说明书之后，根据已有技术和说明书公开的内容，不需要创造性的劳动就能够理解和实施该发明或者实用新型，解决其技术问题并产生预期的技术效果，则说明书就满足充分公开的要求。

请求人认为说明书第1页倒数第3段记载的“粒化轮结构为空腔水冷狼牙棒外形”在附图和实施例中都没有描述，本领域技术人员在阅读时无法推知其具体技术方案。

在口审过程中，当事人双方均认可空腔水冷的粒化轮是常规技术，请求人所强调的只是狼牙棒的形状公开不充分。对此合议组认为，根据本专利说明书图1的记载，以及证据7、证据8、证据9中有关转鼓的记载，粒化轮是有齿的转轮。本专利中粒化轮外形为狼牙棒外形，虽然没有图示，但狼牙棒是中国古代的一种兵器，在1979年版的《辞海》中有下述的文字记载及附图“狼牙棒 古代兵器的一种，用坚重的木头制成棒，长四五尺，上端长圆作枣子形，遍植铁钉，形如狼牙”，因此它的形状对公众来说是清楚的，本领域的技术人员在看到“狼牙棒外形”的描述后，能够理解并加以实施本专利所述的技术方案，因此本专利说明书不符合《专利法》第二十六条第三款的规定的无效理由不能成立。

4. 关于《专利法》第二十六条第四款。权利要求的保护范围，应当与专利申请说明书公开的内容相适应，对于每一项权利要求而言，其所要求保护的技术方案，应当是所属技术领域的技术人员能够从说明书充分公开的内容中直接得到或概括得出的技术方案。

请求人认为权利要求2中所记载的“狼牙棒外形”没有得到实质上的支持，本领域技术人员不能得到唯一的外形。

基于与第（三）点同样的理由，合议组认为，“狼牙棒外形”这一描述是清楚的，本领域的技术人员根据说明书的记载可以直接得到权利要求 2 的技术方案，该权利要求符合《专利法》第二十六条第四款的规定。

5. 关于《专利法》第二十二条第二款。请求人提出本专利权利要求 1、3、4、6 与证据 1 相比，不具有新颖性，不符合《专利法》第二十二条第二款的规定。由于证据 1 不能作为有效的证据使用，故不再对此无效理由进行评述。

6. 关于《专利法》第二十二条第三款。实用新型的创造性应当考虑其技术方案的所有技术特征的变化，如果一项技术方案相对于现有技术而言具有实质性特点和进步，则该实用新型技术方案具有创造性。

本专利提供一种轮法炉渣粒化装置，目的在于克服现有技术占地面积大、能耗大、污染严重等缺陷，其通过下述技术方案来实现：一种轮法炉渣粒化装置，包括传动装置，炉渣溜嘴，粒化器，脱水器，下料斗排汽筒，脱水器由壳体内齿圈，托圈轮鼓，轮架，筛网，筛片构成，炉渣嘴位于粒化器上方的炉渣入口处，粒化轮位于粒化器壳体内，外与传动装置相联，粒化器壳体出水渣端伸入脱水器内，脱水器位于排汽筒下方，外与传动装置相联，下料斗伸入脱水器内上方。

证据 2 公开了一种冶炼粒化装置，包括粒化装置（1）、供水装置（13）、流槽（2）、直齿（6）的旋转转鼓（3），转鼓（3）下安装水箱（11），带有溢流装置（12），粒化器（1）和槽（3）安装在转鼓内，转鼓的下部与水箱（11）连接，水箱安装在溢流装置（12）下，粒化装置配有一个槽（22），渣粒通过槽从转鼓（3）中排出（参见证据 2 摘要，图 1、2）。

证据 3 涉及一种冶金熔渣粒化装置，包括液态渣受料溜槽，其下端有粒化器，转鼓上有钻孔板，腔内的突出直齿用以运输碎渣，蓄水池及溢流装置位于转鼓下方，液态渣受料溜槽和粒化器安装在转鼓腔内（参见证据 3 译文第 1 页，图 1、2）。

证据 4 公开了一种冶金熔渣粒化装置，包括液态熔渣受料溜槽 1，其下端有粒化器 2，带有打眼表面的转鼓 4 和在其内部安装的钻孔板 5，转鼓 4 外侧由直齿 10 和筛网组成，该装置还设有净水箱 15 及溢流装置 14，粒化时生成的蒸汽通过内壁 3 进入管道 18 排入大气（参见证据 3 译文第 1~2 页，图 1、2）。

证据 6 公开了一种熔渣粒化器，包括熔渣受料溜槽 1、外壁 2 及内部安装有带有筛网的转鼓 3，转鼓安装成可旋转式，其中被灌满水并带有直齿 4，转鼓上带有渣包 7，位于转鼓 3 的一端直齿 4 的下面（参见证据 6 译文第 1 页，图 1-3）。

证据 7 公开了一种辊轮式熔渣粒化器，包括圆盘式受料溜槽 1，其前端低部有喷嘴 2，叶式水冷转鼓带有出渣孔 4 和入渣孔 5，其对面设有固定喷嘴 6、7 及冲洗部分渣的喷嘴（参见证据 7 译文第 1 页及附图）。

证据 9 公开了一种冶金熔渣粒化装置，包括熔渣受料溜槽 1，其低部有水冷转鼓 2 和直齿，转鼓 2 的供排水辊子 3 被钻上小孔 4，水管 5 安装在其内腔并留有环行缝隙，以便将水排入集水池 6，直齿转鼓 2 上方盖有水冷外壳 7，备有高压水枪 8 和 9（参见证据 9 译文第 2 页，图 1-2）。

由此可见，证据 2、证据 3、证据 4、证据 6、证据 7 或证据 9 均没有公开权利要求 1 中脱水器由“壳体内齿圈”“托圈”构成等技术特征，即上述证据均没有公开由壳体内齿圈、托圈等构成脱水器的技术内容的启示。虽然请求人强调使用齿圈传动是本领域的常用技术手段，并提交了证据 13、证据 14 作为证据，合议组注意到上述证据仅仅证明了内齿传动是公知的技术，而本专利的脱水器由“壳体内齿圈，托圈，轮鼓，轮架，筛网，筛片”构成，需要将内齿圈、托圈、轮鼓等结合在一起才能使用，本领域的技术人员仅仅根据内齿传动的公知技术，不经过创造性的劳动是不能得到本专利内齿圈、托圈、轮鼓组合为一体的结构的。对本领域技术人员来说基于证据2、证据3、证据4、证据6、或证据7以及公知常识不能显而易见地得到权利要求1的技术方案，并且即使将上述证据任意进行组合也不能得出权利要求1所要保护的技术方案，同时该装置具有占地面积小、投资少、能耗低、结构紧凑等优点，因此权利要求1相对于证据2、证据3和证据7的组合、证据4和证据7的组合、证据6和证据7的组合都具备创造性。

权利要求2~6均为权利要求1的从属权利要求，在权利要求1具备创造性的基础上，上述权利要求相对于证据2、证据3和证据7的组合、证据4和证据7的组合、证据6和证据7的组合也具备《专利法》第二十二条第三款所规定的创造性。

请求人还主张权利要求2相对于证据5、证据2、证据7的组合、证据5、证据2、证据9的组合不具有创造性，权利要求3相对于证据5、证据2、证据3的组合不具有创造性。由于证据5在本案中不能作为证据使用，因此合议组对上述组合方式中的证据5不予考虑。基于与权利要求1创造性的同样理由，由于证据2、证据3、证据7、证据9中均没有给出脱水器由内齿圈、托圈、轮鼓组合为一体的启示及教导，对本领域技术人员来说基于证据2、证据3、证据7或证据9及其上述组合以及公知常识并不能显而易见地得到权利要求2或3的技术方案，并且即使将上述证据任意进行组合也不能得出权利要求2或3所要保护的技术方案，因此请求人的上述主张不成立，权利要求2相对于证据2和证据7的组合、证据2和证据9的组合、权利要求3相对于证据2和证据3的组合都具备创造性。

请求人提交的证据15、证据16、证据17用于证明“冷风虹吸”是公知技术，该技术涉及从属权利要求6，但在权利要求1具备创造性的基础上，权利要求6也具备《专利法》第二十二条第三款所规定的创造性。

专利复审委决定维持本专利权有效。

专利复审委在一审中提交了以下证据：

1. 第9384号决定的扉页复印件；

2. 本专利说明书复印件；

3. 俄罗斯图拉冶金工厂的产品宣传页复印件及中文译文（即第9384号决定中的证据1）；

4. 美国专利说明书US4909821A及中文译文（即第9384号决定中的证据2）；

5. 苏联专利说明书SU1426956A1及中文译文（即第9384号决定中的证据3）；

6. 苏联专利说明书SU1482120A及中文译文（即第9384号决定中的证据4）；

7. 封面印有“世界图书出版西安公司”字样的俄罗斯《钢铁》杂志（1996年4月）第69、70、79、80页及封面俄文复印件，及其相关内容中译文《冶金科技》1997年第2期，封面、目录、第1、2页复印件（即第9384号决定中的证据5）；

8. 苏联专利说明书SU1161170A及中文译文；（即第9384号决定中的证据6）；

9. 苏联专利说明书SU1350134A及中文译文（即第9384号决定中的证据7）；

10. 苏联专利说明书SU979287A（公开日1982年12月7日）及中文译文（即第9384号决定中的证据9）；

11. 《机械原理》下册，封面、目录、出版信息页及第八章第1、2页复印件（即第9384号决定中的证据13）；

12. 《齿轮手册》上册，封面、目录、出版信息页及第二篇第2-6和2-7页复印件（即第9384号决定中的证据14）；

13.《冶金炉热工基础》，封面、目录、出版信息页及第二篇第101、102页复印件（即第9384号决定中的证据15）；

14.《重有色冶金企业采暖通风设计参考资料》，冶金工业出版社出版，封面、目录、出版信息页及第383页复印件，共4页（即第9384号决定中的证据16）；

15.《机器制造工厂采暖通风设计手册》修订本，封面、目录、出版信息页及第47、186页复印件，共6页（即第9384号决定中的证据17）；

16. 证据5出版信息页的中文译文（即第9384号决定中的证据18）；

17. 2006年《俄文期刊购权目录》，世界图书出版西安公司2005年5月发行，封面、扉页、目录及第11页复印件（即第9384号决定中的证据19）；

18. 1996年第4期俄文《钢》杂志，封面、出版信息页、目录、第70页、图片复印件（即第9384号决定中的证据20）；

19. 证明人白玉祥、刘瑞雪于2005年7月18日出具的证明复印件；（即第9384号决定中的证据21）

20. 证明人路家齐于2005年7月18日出具的证明复印件，共1页（即第9384号决定中的证据22）；

21. 口头审理记录表。

莱芜公司在一审中提交了上述的证据3、证据4、证据5、证据6、证据7、证据8、证据9、证据10以及《协议书》、教材和证明材料。

嘉恒公司在一审中未提交证据。

上述证据材料一并随案移送本院。本院经庭审质证，并予以审查后认为，专利复审委提交的证据能够证明本案相关事实，且证据来源合法，内容真实有效，本院予以采信。莱芜公司提交的《协议书》及证明材料，属于在行政程序中其未予提交的证据，根据最高人民法院《关于行政诉讼证据若干问题的规定》第五十九条规定，一审法院不予采纳正确。莱芜公司提交的其他证据，本院予以确认。一审法院在庭审中依职权调取了的证据，即1996年第4期俄文《钢》杂志封面、出版信息页、目录、第70页及图片复印件，本院亦予认可。在二审庭审中，各方当事人当庭认可专利复审委以及一审法院对证据的认证意见，并明确表示对此不持异议。一审法院对本案证据的认证正确，本院予以确认。

本院认为，在本专利是否符合《专利法》第二十六条第三、四款的规定的问题上，主要争议于本专利说明书表述的“粒化轮结构为空腔水冷狼牙棒外形”是否清楚、完整，本领域技术人员能否实现。关于空腔水冷的粒化轮是常规技术，莱芜公司和嘉恒公司均予认可，仅对“狼牙棒外形”存在异议。本专利说明书附图1中，标示号为3的部分可见空腔水冷粒化轮的截面图形，其外齿部分呈狼牙状。说明书中表述为“狼牙棒外形”，确系存在用词不严谨之处，但并不影响本领域技术人员的正确理解，并能够实现技术方案。权利要求在得到了说明书及其附图说明的情况下，专利复审委认为本专利符合《专利法》第二十六条第三、四款的规定是正确的。关于本专利是否符合《专利法》第二十二条第三款的规定的问题，本案的有效证据中均未披露本专利权利要求1中脱水器由“壳体内齿圈”、“托圈”构成等技术特征，故本专利权利要求1具有创造性。在权利要求1具有创造性的基础上，从属权利要求2-6也具有创造性。第9384号决定认为本专利具有创造性正确。综上，一审法院判决维持专利复审委所作第9834号决定，认定事实清楚，适用法律正确，程序合法，本院应予维持。上诉人莱芜公司的上诉理由不能成立，本院不予支持。依据《中华人民共和国行政诉讼法》第六十一条第（一）项的规定，判决如下：

驳回上诉，维持一审判决。

二审案件受理费人民币 100 元，由上诉人莱芜钢铁集团有限公司负担（已交纳）。

本判决为终审判决。

审　判　长　郭　宜

代理审判员　张学磊

代理审判员　赵宇晖

二〇〇七年十二月十九日

书　记　员　程钰玮

043

高压舱用微阻力全自动吸排氧装置

无效宣告请求审查决定（第9385号）

决　　定　　号 第9385号
决　　定　　日 2006年12月25日
发明创造名称 高压舱用微阻力全自动吸排氧装置
国 际 分 类 号 A61G 10/02
无效宣告请求人 孙承永
专　利　权　人 荆祥礼，吴钟琪
专　　利　　号 02212037.8
申　　请　　日 2002年1月8日
授 权 公 告 日 2002年12月4日
合 议 组 组 长 李　隽
主　　审　　员 胡文辉
参　　审　　员 钟　华

法　律　依　据 专利法第9条，第22条第2款、第3款；专利法实施细则第13条第1款
决　定　要　点

判断两项发明创造是否属于同样的发明创造时，应当对两项专利的权利要求进行比较，而不是将一项专利的说明书与另一项专利的权利要求进行比较。如果两项专利的权利要求限定的技术方案保护范围相同，则是同样的发明创造，属于重复授权。

一、案由

本无效宣告请求涉及国家知识产权局于2002年12月4日授权公告的02212037.8号实用新型专利权，名称为“高压舱用微阻力全自动吸排氧装置”，申请日为2002年1月8日，专利权人为荆祥礼、吴钟琪。授权公告的权利要求书如下：

“1. 高压舱用微阻力全自动吸排氧装置，它包括壳体（28），壳体（28）上设透视镜（22）吸氧波纹管接口（23）排氧波纹管接口（24），供氧管路接口（25）排氧管路接口（26），供氧管路接口（25）与供氧管路（10）相连接，供氧管路（10）上设供氧阀门（27）供氧压力表（21），排氧管路接口（26）与排氧管路（14）相连接，其特征在于供氧管路（10）与供氧阀箱（17）相连接，供氧阀箱（17）上设供氧活门（9），在供氧阀箱（17）内设供氧活门阀杆（8），与供氧活门（9）相连接，在供氧阀箱（17）上设连接管（29），连接管（29）上设吸氧波纹管接口（6），通过波纹管与壳体（28）上的吸氧波纹管接口（23）相连接，然后通过波纹管与吸氧面罩连为一体；连接管（29）

上设吸氧气囊接口（5），与吸氧气囊（1）相连接，形成一个密闭的软体腔室，在吸氧气囊（1）内设供氧机械传动联杆（3），供氧机械传动联杆（3）中心设供氧活门拉杆（2），与供氧活门阀杆（8）相连接，在供氧机械传动联杆（3）与供氧阀箱（17）之间设供氧过渡管（4）；排氧管路（14）与排氧阀箱（19）相连接，排氧阀箱（19）内设排氧活门（15），在排氧活门（15）上设排氧活门阀杆（16），与排氧活门（15）相连接，在排氧阀箱（19）上方设连接管（30），连接管（30）上设排氧波纹管接口（7），通过波纹管与壳体（28）上的排氧波纹管接口（24）相连接，然后再通过波纹管与吸氧面罩连为一体，连接管（30）上设排氧气囊接口（20），与排氧气囊（11）连为一体，形成一个密闭的空腔，在排氧气囊（11）内设排氧机械传动联杆（13），排氧机械传动联杆（13）中心设排氧活门拉杆（12），与排氧活门阀杆（16）相连接，在排氧机械传动联杆（12）与排氧阀箱（19）之间设排氧过渡管（18）。"

针对本专利权，孙承永（下称请求人）于2003年9月3日向专利复审委员会提出无效宣告请求，其理由是：本实用新型专利不具有新颖性和创造性，不符合中国专利法第22条的规定。同时请求人认为本专利属于重复授权，不符合专利法第9条和专利法实施细则第13条第1款的规定。请求人提交了下列附件作为证据：

证据1：第01222271.2号实用新型专利说明书，授权公告日为2002年1月30日；

证据2：《拉杆联动式氧舱供氧装置》论文证书复印件，及收录有该论文的《高压氧舱设计使用与安全技术论文集》复印件共3页；

证据3：第98216455.6号实用新型专利说明书，授权公告日为1999年9月1日；

证据4：第99202688.1号实用新型专利说明书，授权公告日为1999年12月29日；

证据5：烟台冰轮高压氧舱有限公司与请求人签订的“氧气反馈控制拉杆联动式供氧装置”合作协议复印件

证据6：烟台冰轮高压氧舱有限公司出具的证明复印件一份；

证据7：请求人自己申请的专利一览表。

经形式审查合格，专利复审委员会受理了上述请求，并于2003年10月14日将宣告专利权无效请求书及其他有关文件副本转送给了专利权人，要求其在指定的期限内答复。

专利权人于2003年11月12日寄交了意见陈述书。认为本专利与对比文件相比不属于同样的发明创造，因此不违反专利法实施细则第13条第1款的规定。同时，专利权人认为请求人提供的证据不能破坏本专利的新颖性和创造性。专利权人提供了本实用新型专利的说明书和浙江省科技信息研究所的科技查新报告作为证据。

2004年4月19日，专利复审委员会向双方当事人发出了口头审理通知书，定于2004年6月2日进行口头审理，并将专利权人的意见陈述书副本随口头审理通知书一起转送给了请求人。

口头审理如期举行。专利权人提交口头审理回执表示参加口头审理但实际未出席。请求人参加了口头审理。请求人在口头审理时未能出示证据2、5、6的原件。合议组许可请求人在口头审理结束一周内提交原件，否则对上述三份证据的真实性不予认可，请求人在合议组指定的时间内仅提交了证据2中论文集的原件，没有提交其他证据的原件。

2006年1月20日，专利复审委员会收到了请求人的意见陈述。

在此基础上，合议组认为本案事实已经清楚，可以作出无效宣告请求审查决定。

二、决定的理由

1. 关于证据

请求人提供的证据1是专利权人为本案请求人的一份中国实用新型专利说明书，其申请日为

2001 年 4 月 30 日，早于本实用新型的申请日，授权公告日为 2002 年的 1 月 30 日，晚于本实用新型的申请日，因此，证据 1 仅能作为评价本专利新颖性及是否为重复授权的对比文件，不能作为评价本专利创造性的对比文件。

请求人提供的证据 2 是《高压氧舱设计使用与安全技术论文集》中的第 120 页，名称为《拉杆联动式氧舱供氧装置》的论文，请求人提交了该论文集的原件，合议组认可其真实性。请求人声称其在 2001 年 9 月银川会议发表该论文，后被收录于本论文集中，该主张与论文集的内容简介及前言中表述的论文集汇集了历次学术交流会上的主要论文的内容是一致的。但是对于论文集的公开日期，合议组注意到该论文集的封里中注有“2001 年·上海”字样，因此按照审查指南对于公开出版物中仅标有年代没有标明具体月日的出版物公开时间的认定原则，该论文集的出版时间应认定为 2001 年 12 月 31 日，该公开日期早于本实用新型专利的申请日，因此该论文中载明的技术内容可以作为评价本专利新颖性和创造性的现有技术。

请求人提供的证据 3 和 4 都是在本实用新型专利的申请日之前公开的专利文件，构成本专利的现有技术，可以用来评价本专利的新颖性和创造性。

请求人未在合议组指定的口头审理结束一周内提交证据 5 和证据 6 的原件，也没有提交可以证明其真实性的任何证据，因此合议组对证据 5、6 的真实性不予认可。

证据 7 为请求人自己申请专利的清单，与本案没有直接的关联性，合议组不予评述。

2. 关于新颖性

专利法第 22 条第 2 款规定，新颖性，是指在申请日以前没有同样的发明或者实用新型在国内外出版物上公开发表过、在国内公开使用过或者以其他方式为公众所知，也没有同样的发明或者实用新型由他人向国务院专利行政部门提出过申请并且记载在申请日以后公布的专利申请文件中。

证据 1 公开的是一种氧气反馈控制拉杆联动式供氧装置，它包括吸氧面罩、氧气控制阀等，氧气控制阀的下方增设了与氧气控制阀、吸氧面罩连通的弹性气囊，氧气控制阀的阀针末端与拉杆相联，拉杆垂直设置在氧气控制阀与弹性气囊中，位于弹性气囊内的拉杆的下端设有上下控制杆，上下控制杆的连接处可绕轴转动，且与弹性气囊的内壁相连，下控制杆与拉杆末端的托盘相连。请求人认为证据 1 公开了权利要求 1 的全部必要技术特征。合议组认为将该技术方案与本专利的权利要求 1 所限定的技术方案比较可以看出，证据 1 没有公开权利要求 1 中的前序部分关于“壳体（28）上设透视镜（22）供氧管路（10）上设供氧阀门（27）供氧压力表（21），排氧管路接口（26）与排氧管路（14）相连接”等技术特征；同时权利要求 1 中的关于排氧功能的相应结构、装置和连接方式也都没有在证据 1 中公开；此外，机械传动联杆和吸氧气囊的相对关系设置也不同。因此权利要求 1 所限定的技术方案与证据 1 相比具有专利法第 22 条第 2 款规定的新颖性。

证据 2 的《拉杆联动式氧舱供氧装置》论文所公开的内容，正如请求人自己所认定的一样，与证据 1 的内容基本相同，比如其附图的内容完全相同。因此，与上述证据 1 不能破坏本专利权利要求 1 的新颖性的理由一样，证据 2 也不能破坏本专利权利要求 1 的新颖性。

证据 3 公开了一种高压氧舱微阻吸排氧装置，它由呼吸面罩、气体流量调节器、输气管道及气体单向阀组成，呼吸面罩与进氧流量调节器之间的输氧管处接入一吸氧集气囊，在呼吸面罩与排气流量调节器之间的排气管处接入一排气集气囊。证据 3 没有公开权利要求 1 中的壳体、透视镜等前序部分的技术特征，同时也没有公开权利要求 1 中“供氧机械传动联杆”“排氧机械传动联杆”及其相应的与其他部件的连接关系的技术特征。因此，权利要求 1 所限定的技术方案与证据 3 相比具有专利法第 22 条第 2 款规定的新颖性。

证据 4 公开了一种自动调控氧量的高压氧舱微阻吸排氧装置，它由呼吸面罩、与呼吸面罩相连的

“Y”型三通管及波纹软管等组成，进氧管道口与“Y”型三通管的波纹软管之间接入吸氧集气囊、吸氧集气囊之间接入自动进氧流量调节器；排气管道口与“Y”型三通管的另一波纹管之间接入排气集气囊、排气集气囊之后接入自动排气流量调节器，并进一步限定自动进氧流量调节器、自动排气流量调节器分别是在原有吸排氧调节阀的调节螺钉与橡胶波纹膜片之间增加了调节弹簧。证据4没有公开权利要求1中的壳体、透视镜等前序部分的技术特征，同时也没有公开权利要求1中“供氧机械传动联杆”、“排氧机械传动联杆”及其相应的与其他部件的连接关系的技术特征。因此，权利要求1所限定的技术方案与证据4相比具有专利法第22条第2款规定的新颖性。

综上所述，证据1、2、3、4公开的内容均不能破坏本专利权利要求1的新颖性。

3. 关于重复授权

专利法第9条规定，两个以上的申请人分别就同样的发明创造申请专利的，专利权授予最先申请的人。

专利法实施细则第13条第1款规定，同样的发明创造只能被授予一项专利。

请求人认为本专利属于重复授权的理由是权利要求1限定的技术方案与证据1公开的内容相同。

合议组认为，判断两项发明创造是否属于同样的发明创造，应当对两项专利的权利要求进行比较，而不是将一项专利的说明书与另一项专利的权利要求进行比较。证据1的唯一的一项权利要求限定的技术方案是：“一种氧气反馈控制拉杆联动式供氧装置，它包括吸氧面罩、氧气控制阀等，氧气控制阀由阀针、密封垫及弹簧等组成，其特征在于：在氧气控制阀的下方增设了与氧气控制阀、吸氧面罩连通的弹性气囊，氧气控制阀的阀针末端与拉杆相联，拉杆垂直设置在氧气控制阀与弹性气囊中，位于弹性气囊内的拉杆的下端设有上、下控制杆，上、下控制杆的连接处可绕轴转动，且与弹性气囊的内壁相连，下控制杆与拉杆末端的托盘相连。”通过对比可以看出，该权利要求与本专利权利要求1限定的技术方案明显不是同样的发明创造，因此，本专利的授权不属于重复授权，不违反专利法第9条和专利法实施细则第13条第1款的规定。

4. 关于创造性

专利法第22条第3款规定，创造性，是指同申请日以前已有的技术相比，该发明有突出的实质性特点和显著的进步，该实用新型有实质性特点和进步。

合议组认为证据2是与本专利最接近的现有技术。证据2附图和使用说明公开的是一种拉杆联动式氧舱供氧装置，它包括吸氧面罩、氧气控制阀等，氧气控制阀的下方增设了与氧气控制阀、吸氧面罩连通的橡胶气囊，氧气控制阀的阀针末端与拉杆相联，拉杆设置在氧气控制阀与橡胶气囊中，位于橡胶气囊内的拉杆的下端设有上下控制杆，上下控制杆的连接处可绕轴转动，且与弹性气囊的内壁相连，下控制杆与拉杆末端的托盘相连。将证据2公开的技术方案与权利要求1相比较可以看出，其主要区别在于（1）权利要求1中的前序部分关于壳体、透视镜等技术特征；（2）权利要求1中的关于排氧功能的相应结构、装置和连接方式等特征；（3）机械传动联杆和吸氧气囊的相对关系设置不同。

合议组注意到证据3和证据4公开的高压氧舱微阻吸排氧装置和自动调控氧量的高压氧舱微阻吸排氧装置，都公开了可以采用吸氧集气囊和排气集气囊的技术方案，分别对应于本专利权利要求1中的吸氧气囊和排氧气囊，但两份证据中都没有公开上述的区别特征（1）和（3），并且也没有给出可以采用上述技术特征的启示。对于区别特征（1）请求人认为作为一个单独的产品销售，制作一个壳体、设置一个透视镜、一个压力表、设置各种接口等都是本领域技术人员将其商品化过程中必然想到的，是显而易见的，合议组认为，本专利将整套装置设置在一个保护壳体内，使吸氧与排氧组件紧凑地安装在一起，客观上可以起到保护设备以避免意外撞击损伤的技术效果；对于区别特征（3），合议组认为由于本专利中的机械传动联杆设置在气囊的上方，克服了现有技术中因拉杆自身重力引起下垂导致的阀门关闭不严的缺陷。因此具备实质性特点和进步。

关于专利权人提出的区别之一为“阀箱内设置了自动供氧控制元件和能使阀杆回复定位的装置”的主张，因权利要求中没有限定，说明书中也没有记载，因此对该主张，合议组不予支持。

综上所述，本专利的权利要求 1 与证据 2、3、4 及其组合相比具有实质性特点和进步，根据申请人提供的现有证据尚不足破坏权利要求 1 的创造性。

三、决定

维持第 02212037 号实用新型专利权有效。

当事人对本决定不服的，可以根据专利法第 46 条第 2 款的规定，自收到本决定之日起三个月内向北京市第一中级人民法院起诉。根据该款的规定，一方当事人起诉后，另一方当事人应当作为第三人参加诉讼。

044

一种方形型煤的推进装置

无效宣告请求审查决定（第9389号）

决　定　号　第9389号
决　定　日　2006年12月28日
发明创造名称　一种方形型煤的推进装置
国际分类号　F24B 13/04
无效宣告请求人　庄河市华通环保型煤锅炉厂
专　利　权　人　大连现代轨道交通有限公司
专　利　号　00252687.5
申　请　日　2000年10月29日
授权公告日　2001年11月28日
合议组组长　陈迎春
主　审　员　田　华
参　审　员　朱明雅

法律依据　专利法第22条第2款、第3款
决定要点

如果无法证明在申请日之前专利产品或者与专利相同的产品由于制造、使用、销售等方式而导致专利技术方案的公开，或者导致技术方案处于公众可以得知的状态，则该专利不构成使用公开。

权利要求所述技术方案与现有技术公开的技术方案之间存在区别技术特征，则该权利要求具有新颖性；如果现有技术没有给出任何技术启示，本领域技术人员需要付出创造性劳动才能得到权利要求所述技术方案，则该权利要求具有创造性。

一、案由

本无效宣告请求涉及国家知识产权局于2001年11月28日授权公告的00252687.5号实用新型专利权，名称为“一种方形型煤的推进装置”，申请日为2000年10月29日，原专利权人为王永江，现专利权人为大连现代轨道交通有限公司。授权公告的权利要求书如下：

“1. 一种方形型煤的推进装置，其特征在于：可置于托条（1）上的托架（4）其宽度与型煤边长相对应，在托架长、宽各一个边框上设有凸出边框的挡块（6），托架向上的一面两型煤位之间的托架边框上均设有与型煤导角相对应并高于边框平面的定位块（7），正面可与托架接触的竖直推煤板（8）背面设有推煤座板（9），垂直于推煤板的丝杆（10）一端置于可将其与推煤板连在一起的推煤座板内，该有外螺纹的丝杆伸到锅炉外的部分套有与其螺纹相啮合的螺母（12），该螺母设在支座

上，在螺母或丝杆上设有驱动机构。

2. 根据权利要求 1 所述的一种方形型煤的推进装置，其特征在于：托架每个型煤位中间的位置均设有与宽度方向边框平行的支撑筋（5）。

3. 根据权利要求 1 或 2 所述的一种方形型煤的推进装置，其特征在于：托条截面为圆形或圆环形。

4. 根据权利要求 3 所述的一种方形型煤的推进装置，其特征在于：托条下面设与之垂直的加强支板（2）。

5. 根据权利要求 4 所述的一种方形型煤的推进装置，其特征在于：托条是内有循环水的圆管。

6. 根据权利要求 5 所述的一种方形型煤的推进装置，其特征在于：托条上点焊有与之平行的细钢筋（3）。"

针对本专利权，庄河市华通环保型煤锅炉厂（下称请求人）于 2005 年 11 月 30 日向专利复审委员会提出无效宣告请求，其理由是本实用新型专利不符合中国专利法第 22 条、23 条的规定。请求人同时提交了下列证据：

附件 1：大连华宇环保供热设备厂宣传资料复印件 2 页、CMH 高效节能型煤供热器标牌照片复印件 1 页；

附件 2：《国经贸厅技［1997］327 号附件一（国家技术创新项目计划项目立项建议书）》（1999 年 1 月），即辽宁省凤城市航宇锅炉制造有限公司申报的"CWH 系列双向上燃型煤常压锅炉"项目立项建议书首页及其中 4 页的复印件，共 5 页；

附件 3：《凤城日报》1999 年 9 月 24 日第三版的复印件及包括有交易会、展览会会场照片、标有"凤城市航宇锅炉制造有限公司"的锅炉外观照片等 5 张宣传照片的复印件，共 3 页；

附件 4：本实用新型专利说明书首页；

附件 5：98239185. 4 号实用新型专利说明书首页，授权公告日为 2000 年 1 月 19 日。

请求人认为：（1）专利权人、请求人及辽宁省凤城市航宇锅炉制造有限公司均于本专利申请日前生产、开发型煤锅炉，并印制产品说明书及使用说明书，其图示与本专利相同或相近似，构成在先发表；（2）专利权人、请求人及凤城市航宇锅炉制造有限公司均于本专利申请日前销售型煤锅炉，与本专利相同，构成在先使用；（3）专利号为 98239185. 4，名称为"型煤锅炉用进煤出渣推拉器"、专利号为 99250678. 6，名称为"炉排"和专利号为 99318022. 1，名称为"锅炉"的专利，从结构到外观与本专利相同或相近似，构成在先申请。

经形式审查合格，专利复审委员会受理了上述请求，并于 2005 年 12 月 1 日将无效宣告请求书及其他有关文件副本转送给了专利权人，要求其在指定的期限内答复。

2006 年 1 月 27 日，请求人又提交了补充意见陈述书及如下证据：

附件 6：96238784. 3 号实用新型专利说明书首页，授权公告日为 1998 年 4 月 15 日；

附件 7：92241902. 7 号实用新型专利说明书首页，公开日为 1992 年 4 月 29 日；

附件 8：请求人罗列的大连华通环保锅炉厂 2000 年以前生产的锅炉复印件 1 页；

附件 9：请求人罗列的 2000 年以前外单位销售的锅炉复印件 1 页；

附件 10：编号为 0344450 的辽宁省大连市工业企业货物销售发票的复印件；

附件 11：编号为 0069309 的辽宁省大连市工业企业货物销售发票的复印件；

附件 12：2005 年 12 月 20 日辽宁省锅炉产品性能质量监督检验站出具的鉴定报告复印件，共 13 页。

请求人称本次提交的证据材料已于 2005 年 12 月 31 日向国家知识产权局专利局提交了，已进入专利号为 00252688. 3 中，现将本案的证据材料补交在本卷中。

2006 年 4 月 17 日，专利复审委员会向双方当事人发出了口头审理通知书，定于 2006 年 6 月 22 日进行口头审理，并将请求人于 2006 年 1 月 27 日提交的意见陈述书及其附件的副本随口头审理通知书一起转送给了专利权人。专利权人在指定期限内未予答复。

请求人寄交了口头审理回执，表示参加口头审理。

口头审理如期举行，双方当事人均出席了口头审理。在口审中，请求人当庭出示附件 1、附件 2 的原件、附件 3 中 1999 年 9 月 24 日出版的《凤城日报》以及 5 张宣传照片的原件。请求人明确以专利法第 22 条为无效理由，放弃以专利法第 23 条为无效理由。请求人认可以请求无效宣告时提出的证据即附件 1~5 为依据宣告本案权利要求 1~6 不符合专利法第 22 条规定的新颖性和创造性，并进一步明确以附件 1~3 证明本案专利产品在申请日前已经公开销售，使用附件 5 破坏本案专利的新颖性、创造性。专利权人对附件 1~3 原件与复印件的一致性没有异议，但只认可附件 3 原件的真实性。合议组当庭告知双方当事人，请求人于 2006 年 1 月 17 日向专利复审委提交的证据即附件 6~12 已经超过一个月的举证期限，因此，合议组对其不予考虑。

口头审理结束后，请求人于 2006 年 7 月 4 日提交了口头审理陈述整理。其内容与口审意见一致。

至此，合议组认为本案事实已经清楚，在此基础上做出如下结论。

二、决定的理由

1. 关于证据

对于请求人于 2006 年 1 月 27 日提交的补充证据即附件 6~12 及相关意见陈述，合议组认为其已经超过专利法实施细则第 66 条规定的一个月期限，并且该补充证据也不是对提出无效请求时提交的附件 1~5 进行完善、补强；另外，经合议组查证，该证据材料并未如请求人所称已于 2005 年 12 月 31 日提交在专利号为 00252688. 3 的案卷中。因此，合议组对该补充证据不予考虑。

请求人提交了附件 1~3 的原件，专利权人对原件与复印件的一致性无异议，但只认可附件 3 的真实性。合议组认为，请求人提交原件已经完成其举证责任，专利权人也未提出其他证据证明附件 1~2 不具有真实性，因此，专利权人对附件 1、2 真实性的异议合议组不予支持，合议组认可附件1~3 的真实性。

附件 5 为专利文献的首页，合议组当庭将该专利文献的全文转给双方当事人，该专利的公开日早于本专利的申请日，因此可以作为本专利的现有技术。

2. 关于附件 5 是否可以破坏本专利的新颖性和创造性

专利法第 22 条第 2 款规定，新颖性，是指在申请日以前没有同样的发明或者实用新型在国内外出版物上公开发表过、在国内公开使用过或者以其他方式为公众所知，也没有同样的发明或者实用新型由他人向国务院专利行政部门提出过申请并且记载在申请日以后公布的专利申请文件中。

专利法第 22 条第 3 款规定，创造性，是指同申请日以前已有的技术相比，该发明有突出的实质性特点和显著的进步，该实用新型有实质性特点和进步。

附件 5 涉及一种型煤锅炉用进煤出渣推拉器，该型煤锅炉用进煤出渣推拉器由设置在锅炉燃烧室内的型煤托排（相当于本专利的托条），由转动丝杠（11）（相当于本专利的丝杠）带动的固定在托排上的型煤推板（12）（相当于本专利的竖直推煤板），以及一个设置在各燃烧室前端的中间位置的传动机构组成。传动机构备有由一个电动机（1）带动的，具有顺序拨位器（9），以及和燃烧室数相同的多输出轴变速器（8）。还和带动推板运动的丝杠同轴布置手摇轮（16）（相当于本专利的驱动机构）。

本专利权利要求 1 与附件 5 相比，区别在于：置于托条上的托架其宽度与型煤边长相对应，在托架长、宽各一个边框上设有凸出边框的挡块，托架向上的一面两型煤位之间的托架边框上均设有与型煤导角相对应并高于边框平面的定位块，正面可与托架接触的竖直推煤板背面设有推煤座板，垂直于推煤板的丝杆一端置于可将其与推煤板连在一起的推煤座板内，该有外螺纹的丝杆伸到锅炉外的部分套有与其螺纹相啮合的螺母，该螺母设在支座上，在螺母或丝杆上设有驱动机构。

请求人认为，本专利与附件5是相同的主题，附件5中的型煤托排（14）、型煤推板（12）、转动丝杠（11）、手摇轮（16）与本专利权利要求1中的托条、竖直推煤板、丝杠、驱动机构是相同的，其他名称稍有差异，但实际上权利要求1已经被附件5清楚完整地公开了。同时请求人认为，权利要求3、4、5、6的附加技术特征都是常规技术。因此，本专利的权利要求1~6均没有新颖性和创造性。

合议组认为，附件5只是公开了本专利权利要求1的部分技术特征，权利要求1中的挡块、定位块等技术特征及其连接方式附件5并没有公开，并且也不存在请求人声称的仅仅是名称有差异的情形，也就是说，权利要求1的技术方案与附件5不同，因此，附件5不能破坏权利要求1的新颖性。

由于独立权利要求1具有新颖性，其从属权利要求2~6也具有新颖性。

另外，附件5中也没有给出任何技术启示，将权利要求1与附件5的区别技术特征应用到附件5中，从而得到权利要求1的技术方案，并且请求人未提出任何证据证明上述区别技术特征是公知常识，也就是说，权利要求1的技术方案相对于现有技术是非显而易见的，具有实质性特点和进步，因此，附件5不能破坏权利要求1的创造性。

由于独立权利要求1具有创造性，其从属权利要求2~6也具有创造性。

3. 关于附件1~3是否构成本专利使用公开

由于使用而导致技术方案的公开，或者导致技术方案处于公众可以得知的状态，这种公开方式称为使用公开。使用公开的方式包括能够使公众得知其技术内容的制造、使用、销售、进口、交换、馈赠、演示、展出等方式。

附件1的第1页和第2页为大连华宇环保供热设备厂的宣传页，宣传页上没有标注日期，其上印刷有该厂大门的照片和高效节能静压型煤供热器的外观照片以及供热器分别与供暖系统、洗浴系统安装的示意图，附件1的第3页为CMH高效节能型煤供热器的产品标牌，其上标注的出厂日期是98年10月。

附件2为国经贸厅技［1997］327号附件一：《国家技术创新项目计划项目立项建议书（新技术推广）》（申报单位是辽宁省凤城市航宇锅炉制造有限公司）的部分页，它们分别为CWH系列双向上燃型煤常压锅炉的项目立项建议书的封皮、实施方案、该型号锅炉的产品照片、CWH双向上燃节能无压锅炉示意图和CWH锅炉结构图。锅炉示意图中有关型煤推进装置的结构公开了上、下层进煤器、进煤门和出渣门，CWH锅炉示意图中有关型煤推进装置的结构公开了上、下托煤轨道、机械进煤器和出渣口挡板。

附件3为《凤城市报》1999年9月24日关于航宇锅炉的报道，其上面印刷有凤城市航宇锅炉制造有限公司的CWC系列和CWH系列锅炉的外观照片，还包括展览会会场照片及锅炉外观照片等5张宣传照片。

请求人认为附件1~3可以证明本案专利产品在申请日前已经公开销售。

合议组认为，首先，附件1与附件2、3公开了两个不同厂家的锅炉产品，因此，附件1与附件2、3之间无关联性，无法形成证据链证明本案专利产品在申请日前已经公开销售。其次，从附件1公开的内容中只能表明CMH高效节能型煤供热器在本专利申请日前公开销售了，但由于附件1中并没有公开该供热器的具体结构，就无法证明该产品中包含有本专利的技术内容，所以仅凭附件1中的宣传页和产品标牌不能证明本专利产品已经在申请日前公开销售。

附件2是风城市航宇锅炉制造有限公司新技术推广的CWH系列双向上燃型煤常压锅炉项目立项建议书，附件3公开的内容表明风城市航宇锅炉制造有限公司生产的CWC系列和CWH系列锅炉在本专利申请日前已经许诺销售了，合议组认为，对于一个企业来说新技术推广的目的就是生产、销售，风城市航宇锅炉制造有限公司在1999年1月立项，9月作出广告宣传，则可以认定其在9月的许诺销售中销售的是立项建议书中的产品。附件2中航宇锅炉制造有限公司的项目立项建议书中虽公开了CWH锅炉的结构示意图，但有关型煤推进装置只公开了上下托煤轨道、进煤器和出渣板这几个结构特征，并未公开本专利权利要求1中的全部结构特征，附件3中也未公开这两种系列产品的内部结构。因此，附件2、3只能证明包含有上下托煤轨道、进煤器和出渣板结构的锅炉在本专利申请日前公开销售，而并不能证明包含有本专利型煤推进装置的锅炉在本专利申请日前已经公开销售。

综上所述，合议组认为附件1~3不能证明本案专利产品在申请日前已经公开销售。

此外，请求人认为附件1~3中两个厂家销售的产品的技术方案已经体现在附件5中。合议组认为，请求人未提供证据证明附件1~3与附件5之间的关联性，无法说明附件1~3中的产品使用了附件5的技术方案。即使请求人能够证明使用了附件5的技术方案，由于合议组已经评述附件5与本专利产品的技术方案不同，所以也无法证明附件1~3的产品使用了与本专利相同的技术方案。因此，合议组对请求人的上述主张不予支持。

三、决定

维持00252687.5号实用新型专利权有效。

当事人对本决定不服的，可以根据专利法第46条第2款的规定，自收到本决定之日起三个月内向北京市第一中级人民法院起诉。根据该款的规定，一方当事人起诉后，另一方当事人应当作为第三人参加诉讼。

045

易装拆活页式光纤电缆接头盒

无效宣告请求审查决定（第9409号）

决　　定　　号　第9409号
决　　定　　日　2006年12月30日
发明创造名称　易装拆活页式光纤电缆接头盒
国 际 分 类 号　G02B 6/36
无效宣告请求人　佛山市顺德区景业光电讯设备有限公司
专　利　权　人　顺德讯通邮电设备有限公司
专　　利　　号　01256042.1
申　　请　　日　2001年9月29日
授 权 公 告 日　2002年6月26日
合 议 组 组 长　陈迎春
主　　审　　员　张　曦
参　　审　　员　张惠军

法　律　依　据　专利法第26条第3款、第4款，第22条第3款；专利法实施细则第20条第1款、第21条第2款

决　定　要　点

一个技术方案是解决技术问题的技术手段的集合，而某种技术手段可以由多种实施方式来实现，所属技术领域的技术人员根据权利要求限定的技术方案，能够对具体的实施方式进行选择，权利要求中没有必要对具体实施方式作出限定。

一、案由

本无效宣告请求涉及国家知识产权局于2002年6月26日授权公告的名称为“易装拆活页式光纤电缆接头盒”的01256042.1号实用新型专利权（下称本专利），其申请日是2001年9月29日，专利权人是顺德讯通邮电设备有限公司。本专利授权公告的权利要求书如下：

“1. 易装拆活页式光纤电缆接头盒，包括竖式盒体（1）盒罩（2）和转接器（3），盒体（1）上设置密封的筒形缆线进/出口（4）和固定座（5），盒罩（2）将固定座（5）密封；其特征是：转接器（3）由多个易装拆活页式线盘（6）构成，所述线盘（6）与固定座（5）的连接架（7）活动式连接，所述连接架（7）呈扇形或斜坡形、其内侧设有与线盘（6）连接的弹性连接扣，各线盘（6）可向上转30°~60°并且能单独装/拆，固定座（5）上设置余线接收盘（8）使线盘（6）上的光纤缆线得以延长；位于筒形缆线进/出口（4）一端设置潮湿检测器（9），固定座（5）上分布多个检测

点、该检测点通过密封引线连接到潮湿检测器（9）。

2. 根据权利要求1所述的易装拆活页式光纤电缆接头盒，其特征是：盒罩（2）与盒体（1）的连接处设置弹性密封圈（10）和环形紧箍圈（11），弹性密封圈（10）位于盒罩（2）与盒体（1）的接触处，紧箍圈（11）可驱动盒罩（2）盒体（1）上下压迫弹性密封圈（10），形成密封状态。

3. 根据权利要求1或2所述的易装拆活页式光纤电缆接头盒，其特征是：固定座（5）上的检测点、地线连接点和加强芯连接点与固定座一体成型，所述连接点上所用的介子为双脚介子，介子的双脚能卡住连接点、不能左/右转动。

4. 根据权利要求1或2所述的易装拆活页式光纤电缆接头盒，其特征是：固定座（5）的加强芯连接点为阶梯位，扩大加强芯与固定座（5）的连接接触面。

5. 根据权利要求1或2所述的易装拆活页式光纤电缆接头盒，其特征是：固定座（5）的底部设置储备及分期线盒（13），与之相应，筒形缆线进/出口（4）设置密封式储备及分期进/出线端口。

6. 根据权利要求1或2所述的易装拆活页式光纤电缆接头盒，其特征是：所述连接架（7）位于固定座（5）的前端，筒形缆线进/出口（4）进入的光纤电缆可直接挂接在线盘（6）的模块上。

7. 根据权利要求1或2所述的易装拆活页式光纤电缆接头盒，其特征是：线盘（6）上的模块大于国家规定的标准，线盘（6）中的弯曲半径大于国家标准。

8. 根据权利要求1或2所述的易装拆活页式光纤电缆接头盒，其特征是：线盘（6）由带状光纤活页、单芯光纤活页两种规格活页盘片构成，构成混合式接线盘。

9. 根据权利要求1或2所述的易装拆活页式光纤电缆接头盒，其特征是：筒形缆线进/出口（4）为圆筒形、方形、六角形或八角形，其端部呈阶梯型，对应于不同半径尺寸的光纤电缆线。

10. 根据权利要求1或2所述的易装拆活页式光纤电缆接头盒，其特征是：盒罩（2）表面设有加强筋（12）。”

针对上述专利权，佛山市顺德区景业光电讯设备有限公司于2005年8月30日向专利复审委员会提出了无效宣告请求，其理由是：本专利说明书对连接扣、检测器、双脚介子、加强芯连接点、混合式接线盘的描述不清楚，不符合专利法第26条第3款的规定；权利要求1中限定的“弹性连接扣部件”和“潮湿检测器”的技术特征导致权利要求1的技术方案不能从说明书概括得出或者直接推导出，因此权利要求1不符合专利法第26条第4款的规定，其从属权利要求2~10也不符合专利法第26条第4款的规定；由于说明书未充分地对活动式连接、弹性扣件的形状、结构、操作做出限定，导致权利要求1中使用的功能性限定造成权利要求1不清楚，而且“潮湿检测器”不是本领域的通用名称，权利要求1未给出潮湿检测器的结构，因此权利要求1不符合专利法实施细则第20条第1款的规定，此外权利要求2中的“紧箍圈”、权利要求3中的“介子”、权利要求4中的“加强芯连接点”、权利要求5中的“储备及分期线盒”、权利要求6和7中的“模块”、权利要求8中的“混合式接线盘”的限定均不清楚，并且由于权利要求2~10均引用权利要求1，因此权利要求2~10均不符合专利法实施细则第20条第1款的规定；权利要求1中未记载弹性连接扣的结构、形状，缺少解决技术问题的必要技术特征，不符合专利法实施细则第21条第2款的规定；权利要求1相对于证据1与证据2和公知常识的结合不具备创造性，权利要求2的附加技术特征已被证据3公开，权利要求5的附加技术特征已被证据2公开，权利要求9和10的附加技术特征已被证据1~3公开，因此权利要求1、2、5、9和10不符合专利法第22条第3款关于创造性的规定；认为广东省佛山市中级人民法院开庭笔录可以证明在本专利申请日之前，已经有构造相同的产品在国内公开使用、销售过，因此本专利权利要求1~10不符合专利法第22条第2款关于新颖性的规定。请求人提交了如下证据：

证据1：授权公告号为CN2283866Y的实用新型专利说明书，其授权公告日为1998年6月10日；

证据2：公开号为CN1248708A的发明专利申请公开说明书，其公开日为2000年3月29日；

证据3：授权公告号为CN2356442Y的实用新型专利说明书，其授权公告日为1999年12月29日。

经形式审查合格后，专利复审委员会受理了上述无效宣告请求，于2005年9月1日向双方当事人发出了《无效宣告请求受理通知书》，并将无效宣告请求书及其附件清单中所列附件副本转送给专利权人，要求其在指定期限内答复。

针对上述无效宣告请求，专利权人于2005年10月14日向专利复审委员会提交了意见陈述书，专利权人认为：弹性连接是公知技术，而本专利说明书对连接扣的形状和结构进行了清楚的描述；现有技术中的光缆接头盒已经存在内置式潮湿检测器，其结构和作用是本领于普通技术人员所知悉的；单脚介子或双脚介子是常用的机械部件，其结构和形状是公知技术；现有技术的光纤电缆接头盒中加强芯与固定座之间的连接处就是所述的加强芯连接点；本专利将线盘设计成由多片易装/拆式活页片构成，活页片包括带状光纤活页和单芯光纤活页两种规格，集两种光纤盘片于一身，因此符合专利法第26条第3款的规定；权利要求1中限定的“弹性连接扣”和“潮湿检测器”能够得到说明书的实质性支持，因此权利要求1符合专利法第26条第4款的规定；权利要求1~10均清楚地限定了所要求保护的技术方案，符合专利法实施细则第20条第1款的规定；权利要求1中限定的“弹性连接扣”既是一种带功能性结构性部件，又是本领域技术人员能够理解和实施的一种结构性的部件，根据说明书及其附图的解释，本领域技术人员已经能够清楚了解“弹性连接扣”的结构、形状，实施权利要求1的技术方案已经显而易见，因此权利要求1构成完整的技术解决方案，不缺少必要技术特征；证据2未公开权利要求1中“连接架的内侧设有与线盘连接的弹性连接扣，各线盘能单独装/拆”和“设置外置式潮湿检测器，该外置式潮湿检测器与盒体内的检测点通过密封线连接”的技术特征，在证据1和2中也没有关于单独装/拆和外置潮湿检测的技术启示，因此权利要求1具备创造性，权利要求2~10也具备创造性；佛山市中级人民法院开庭笔录中涉及的产品均为专利权人在本专利申请日之前生产和销售的早期产品，与本专利要求保护的光纤电缆接头盒结构不同，使用效果也不同，并且开庭笔录和封存的产品与本专利权利要求1~10无关，不能破坏本专利权利要求1~10的新颖性。

专利复审委员会依法成立合议组对本无效宣告请求案进行了审理，本案合议组于2006年6月12日向双方当事人发出口头审理通知书，指出本案定于2006年7月20日举行口头审理，并随口审通知书向请求人转送了专利权人于2005年10月14日提交的意见陈述书的副本。

口头审理如期举行，双方当事人均出席了口头审理，双方对对方出席人员的资格没有异议，对变更后的合议组成员没有回避请求。在口头审理过程中，请求人当庭提交了作为公知常识证据的《中华人民共和国通信行业标准YD/T814-1996》（证据4）及《中华人民共和国通信行业标准YD/T815-1996》（证据5）共4份，其中一份加盖有“顺德标准与编码所”印章，合议组当庭将一份副本转给专利权人，专利权人对证据1~3的真实性无异议，对证据2的证明效力有异议，认为该证据已经在5W05630号无效宣告请求案件中提交过，认为当庭提交的公知常识证据超出了举证期限，对证据4和5是否为原件有异议，认为顺德标准与编码所没有提供这个证据的资格。请求人认为本专利说明书中记载的“活动连接”“潮湿检测器”“双脚介子”“加强芯连接点”和“混合式接线盘”不清楚，导致所属技术领域的技术人员无法实现本专利的技术方案，不符合专利法第26条第3款的规定，基于相同事实，请求人认为权利要求1~10不符合专利法实施细则第20条第1款的规定；权利要求1中限定的“弹性连接扣部件”和“潮湿检测器”的技术特征导致权利要求1的技术方案不能从说明书概括得出或者直接推导出，因此权利要求1不符合专利法第26条第4款的规定；弹性连接和活动连接是语义上的重复，没有实质技术内容，权利要求1不符合专利法实施细则第21条第2款的规定；请求人放弃关于新颖性的无效宣告请求理由及证据；关于权利要求1的创造性，请求人认为证据1也可以实现接线盘向上转动30°~60°，潮湿检测器是无法找到对比文件的，现有技术中没有出现过这种仪器，尾缆可能与潮湿检测有关，这是国家强制要求要设置的部件。证据1也是有盒的，也可以起到余线接收的作用，证据2权利要求第一页所述的“盘”就是“余线接收盘”，因此权利要求1相对于证据1和2的结合不具备专利法第22条第3款规定的创造性，请求人还具体阐述了权利要求5、9和10不具备创造性的理由。专利权人认为请求人关于专利法第26条第3、4款，专利法实施细则第20条第1款、第21条第2款的无效请求理由均不成立，并且认为证据1中未公开线盘可以向上转动，本专利解决了现有技术中线盘只能从下往上装、从上往下拆的技术问题，尾缆与本专利的潮湿检测器结构不同，权利要求1相对于证据1和2具备创造性。

合议组给予专利权人口头审理后15日针对请求人当庭提交的公知常识证据进行意见陈述。

2006年8月4日，专利权人向专利复审委员会提交了意见陈述书，专利权人认为：证据4在5W05630号无效宣告请求案件中已经使用过，在本案中不能使用，而且该标准中并未涉及产品的内部结构，也未涉及权利要求1的技术特征，证据5是对光缆线路监测尾缆的说明，尾缆并不是附设在光纤电缆接头盒中，从该证据中也得不到将其与光纤电缆接头盒结合的任何启示，并且证据5公开的结构与本专利权利要求1中的潮湿检测器不同，专利权人还针对请求人提出的无效宣告理由再次陈述了意见。

在上述事实的基础上，合议组经合议依法作出审查决定。

二、决定的理由

1. 关于证据

请求人提交的证据1~3为专利文献，专利权人对其真实性无异议，经合议组审查，证据1~3可以作为本案证据使用，并且其公开日均在本专利申请日之前，其上记载的内容构成本专利的现有技术；请求人当庭提交的证据4和5均为中华人民共和国通信行业标准，专利权人认为该证据超出了举证期限，并且认为顺德标准与编码所没有出证资格，经合议组审查，证据4和5是作为公知常识证据提交的，因此不受专利法实施细则第66条关于举证期限的约束，应予接受；虽然专利权人对其真实性提出异议，但合议组认为，作为国内公开的通信行业标准，专利权人核实其真实性不存在客观困难，并且该证据加盖有第三人“顺德标准与编码所”公章，该公章上包括该出证单位的业务咨询电话，专利权人也未对出证机关是否存在以及是否具备出证资格进行核实，并未提交相关证据，因此合议组对其主张不予支持，合议组经审查认可其真实性，可以作为本案证据使用，并且证据4和5均于1996年7月1日实施，其公开日在本专利申请日之前，可以作为本案的公知常识证据使用。

2. 关于专利法第26条第3款

专利法第26条第3款规定，说明书应当对发明或者实用新型作出清楚、完整的说明，以所属技术领域的技术人员能够实现为准。

请求人主张，本专利说明书对连接扣、检测器、双脚介子、加强芯连接点、混合式接线盘的描述不清楚，因此无法实现本专利技术方案。

针对说明书对连接扣的描述是否清楚，合议组认为，本专利说明书优选实施例部分记载了线盘6与固定座5的连接架7活动式连接，连接架7呈扇形、其内侧设置与线盘6活动连接的连接扣，各线盘6能独立装/拆、可绕连接架7的连接扣向上转30°~60°，由此可见，说明书已经清楚地说明了该连接扣的作用在于与线盘活动连接，并具体限定了该连接扣的设置位置，本专利中对于该连接扣的具体结构并没有特殊的要求，所属技术领域的技术人员根据上述功能的要求，可以从能够实现这种功能的各种现有连接扣中进行选择，实现本专利的连接扣并不存在任何技术障碍。

针对说明书对检测器的描述是否清楚，合议组认为，本专利说明书优选实施例部分记载了进/出口3端设置检测器9，检测器9通过引线延伸到固定座5上的多个检测点，固定座5上的检测点、地线连接点和加强芯连接点与固定座一体成型。由此可见，说明书已经清楚地说明了该检测器设置的位置以及其检测点的连接和设置，并且在说明书技术内容部分记载了该检测器为潮湿检测器，因而也清楚地描述了该检测器所起的作用是用于检测潮湿，而作为检测器，通过导线将感应部件引入需要进行检测的环境中，对于所属技术领域的技术人员而言也是不需要创造性劳动就能够想到的，并且本专利中对于该检测器的具体参数并没有特殊的要求，所属技术领域的技术人员根据上述功能的要求，可以从能够实现这种功能的各种现有检测器中进行选择，实现本专利的检测器并不存在任何技术障碍。

针对说明书对双脚介子的描述是否清楚，合议组认为，介子是垫片、垫圈的另一种称谓，其作用就是介于两个连接部件之间使二者稳固的固定，而双脚介子，顾名思义，就是在介子上存在伸出的双脚，以通过卡接或在双脚上增设固定装置来进行进一步的固定连接，本专利说明书记载了该双脚介子用于连接点上，双脚能卡住连接点，使介子不能左右转动，可见说明书中已经清楚地说明了该介子设置的位置、作用以及双脚如何实现使连接更稳固，而本专利中对于该双脚介子的大小、形状和具体型号并没有特殊要求，所属技术领域的技术人员根据上述功能的要求，可以从能够实现这种功能的各种现有双脚介子中进行选择，实现本专利的双脚介子并不存在任何技术障碍。

针对说明书对加强芯连接点的描述是否清楚，合议组认为，在光纤电缆接头盒中，由于光纤电缆柔软且容易损坏，因而需要加强芯增加其强度，而各个线盘在接头盒中的位置是高低不同的，如果将加强芯在固定座上的连接点也按照高低位置不同设置，即说明书所述的固定座的加强芯连接点为阶梯位，则可以将需要引入不同高度线盘的加强芯固定在相应高度的加强芯连接点上，这样可以避免由于将加强芯固定在同一高度的连接点上而产生的加强芯扭转角度过大而引起的连接松动，从而达到说明书中所述的使加强芯与固定座的连接更牢固的作用，由此可见，所属技术领域的技术人员根据说明书对于加强芯连接点的设置位置和作用的记载，完全能够无需创造性劳动实现该技术方案。

针对说明书对混合式接线盘的描述是否清楚，合议组认为，本专利说明书优选实施例部分记载了线盘6包括带状光纤电缆活页、单芯光纤活页两种规格活页盘片，形成混合式接线盘。可见本专利技术方案中的线盘包括了两种不同规格的活页盘片，所属技术领域的技术人员在根据本专利说明书设计制造该接头盒时，必然能够根据活页盘片的规格不同对用于连接接线盘与固定座的连接架、转接器的规格尺寸进行适应性的改变，以兼容两种不同规格的接线盘，因此在本专利说明书中已经清楚地描述了该线盘所包括的线盘种类的情况下，对连接部件规格的适应性改变是无需创造性劳动的，在设计过程中就能够避免请求人提出的两种接线盘厚度不同不能混用的问题，不会导致说明书所述的技术方案无法实现。

请求人在口头审理中还提出说明书中对余线接收盘和接线盘上的模块以及模块大于国家标准的说明不清楚。合议组认为，本专利说明书优选实施例部分记载了固定座5上设置余线接收盘8，其作用是使线盘6上的光纤缆线得以延长，并且在附图中也表示出该余线接收盘的位置，而线盘上的模块是用于挂接绕在线盘上的光纤电缆，并且说明了模块的尺寸大于国家标准，由此可见，本专利中对于余线接收盘和模块的具体结构并没有特殊要求，而模块的尺寸只要能够大于国家标准，具体的尺寸选择是根据实际情况和设计要求进行选择的，因此所属技术领域的技术人员能够在各种余线接收盘和满足上述尺寸要求的各种模块中进行选择，实现本专利的余线接收盘和模块不存在任何技术障碍。

因此，本专利说明书符合专利法第26条第3款的规定。

3. 关于专利法第26条第4款

专利法第26条第4款规定，权利要求书应当以说明书为依据，说明要求专利保护的范围。

请求人主张，本专利权利要求1中限定的“弹性连接扣”、“活动式连接”、“潮湿检测器”的技术特征得不到说明书的支持，权利要求2~4也涉及上述技术特征，因而也得不到说明书支持。

经审查，说明书技术内容部分分别记载了转接器由多个易装拆活页式线盘构成，线盘与固定座连接架活动式连接，以及连接架内侧设有与线盘连接的弹性连接扣，位于筒形缆线进/出口一端设置潮湿检测头，固定座上分布多个检测点、该检测点通过密封引线连接到潮湿检测头的内容，说明书优选实施例部分也相应记载了线盘6与固定座5的连接架7活动式连接，连接架7内侧设置与线盘6活动连接的连接扣，以及进/出口3端设置检测器9，检测器9通过引线延伸到固定座5上的多个检测点的内容。合议组认为，说明书已经清楚描述了弹性连接扣和潮湿检测器设置的位置及与其他部件的连接关系，并且给出了具体实施方式，弹性连接扣和活动式连接并不仅仅是功能性的描述，弹性还表示该连接扣具有能够形变的特征，而活动式连接是对线盘与固定座连接架连接方式的说明，因此，权利要求1限定的弹性连接扣、活动式连接、潮湿检测器的技术特征均记载在说明书中，权利要求1的概括未超出说明书公开的范围，同理权利要求2~4也是对说明书公开范围的合理概括，权利要求1~4均符合专利法第26条第4款的规定。

4. 关于专利法实施细则第20条第1款

专利法实施细则第20条第1款规定，权利要求书应当说明发明或者实用新型的技术特征，清楚、简要地表述请求保护的范围。

请求人主张，权利要求1~10与说明书不清楚所涉及的事实相同。

合议组认为，基于与评述说明书是否清楚时相同的理由，权利要求1~10中均已经限定了弹性连接扣、潮湿检测器、双脚介子、加强芯连接点、混合式接线盘设置的位置及其与其他部件的连接关系，清楚地描述了该产品的结构特征，本专利并未对上述各个部件的具体结构提出特殊要求，所属技术领域的技术人员根据说明书对各个部件功能的描述，可以从能够实现这些功能的弹性连接扣、潮湿检测器、双脚介子、加强芯连接点、混合式接线盘中进行选择，至于各个部件的具体参数、形状、操作等是所属技术领域的技术人员需要根据具体的实际情况进行选择的，不存在任何技术上的障碍，也不需要付出创造性的劳动，因此权利要求1~10已经清楚地限定了所要求保护的技术方案，符合专利法实施细则第20条第1款的规定。

5. 关于专利法实施细则第21条第2款

专利法实施细则第21条第2款规定，独立权利要求应当从整体上反映发明或者实用新型的技术方案，记载解决技术问题的必要技术特征。

请求人主张，权利要求1中没有限定的连接扣的结构、形状是实现本专利权利要求1的技术方案的必要技术特征，因此权利要求1缺少必要技术特征。

根据本专利说明书的记载，本专利所要解决的技术问题之一是转接器的活页为层叠式结构，必须按顺序从上往下拆卸及从下往上安装，转接、增容或减容操作不方便，针对上述技术问题，权利要求1中采用了线盘与固定座的连接架活动式连接，并且在连接架内侧设有与线盘连接的弹性连接扣，线盘能单独装/拆的技术手段，并且还限定了各个部件的连接关系。由此可见，权利要求1整体上能够实现一种完整的易装拆活页式光纤电缆接头盒产品，并且也能够解决上述技术问题，合议组认为，一个技术方案是解决技术问题的技术手段的集合，而某种技术手段可以由多种实施方式来实现，具体到本案，权利要求1中限定了通过弹性连接扣使线盘与连接架活动式连接使线盘能单独装/拆，达到了不受安装顺序限制、方便安装线盘的目的，而具体采用何种连接扣以及连接扣的具体结构和形状如何，则是该技术手段的具体实施方式，所属技术领域的技术人员根据权利要求1限定的技术方案，能够对具体的实施方式进行选择，而权利要求1中没有必要对具体实施方式作出限定，因此权利要求1不缺少必要技术特征，符合专利法实施细则第21条第2款的规定。

6. 关于专利法第 22 条第 3 款

专利法第 22 条第 3 款规定，创造性，是指同申请日以前已有的技术相比，该发明有突出的实质性特点和显著的进步，该实用新型有实质性特点和进步。

请求人主张，权利要求 1 相对于证据 1、2 和公知常识不具备创造性。

权利要求 1 请求保护一种易装拆活页式光纤电缆接头盒，包括竖式盒体（1）盒罩（2）和转接器（3），盒体（1）上设置密封的筒形缆线进/出口（4）和固定座（5），盒罩（2）将固定座（5）密封；其特征是：转接器（3）由多个易装拆活页式线盘（6）构成，所述线盘（6）与固定座（5）的连接架（7）活动式连接，所述连接架（7）呈扇形或斜坡形、其内侧设有与线盘（6）连接的弹性连接扣，各线盘（6）可向上转 30°~60°并且能单独装/拆，固定座（5）上设置余线接收盘（8）使线盘（6）上的光纤缆线得以延长；位于筒形缆线进/出口（4）一端设置潮湿检测器（9），固定座（5）上分布多个检测点、该检测点通过密封引线连接到潮湿检测器（9）。

证据 1 公开了一种光缆接头盒，其包括盒体 20、盒盖 4，盒盖上设有三个光缆进、出通孔，光缆 1 通过密封螺帽 2 和密封垫 3 穿过盒盖 4 的进、出通孔进入接头盒内，光缆 1 的光缆骨架 6 穿过固装在盒盖 4 内面的光缆固定卡 5，其光缆 1 的光缆加强芯 7 通过加强芯固定座 11 和加强芯固定螺帽 12 固定在光缆固定卡 5 的前端，而光纤 15 则通过光缆固定卡 5 前端的护纤的护纤环 8 盘绕在托板 10 的卡槽 18 内，在光缆固定卡 5 的前端还接有地线 9、14。在盒盖 4 的内面还固装有其前端面为斜面的方筒 19，方筒 19 的前端斜面两侧的相应位置设有圆孔，托板 10 后端设有相应的弹力连接轴与其活动连接，在托板 10 上设有光缆接头增强保护卡 16 和托板交连 17，托板 10 每边设有两排卡槽 18，托板 10 的安装个数是根据光缆的芯数而确定的，最少 2 个，最多 6 个，可适应 2~84 芯各种光缆。

将本专利权利要求 1 与证据 1 进行对比，证据 1 中的盒体、盒盖、托板、方筒、托板末端部位、光缆进、出通孔、固定卡、弹力连接轴分别公开了权利要求 1 中的盒体、盒罩、线盘、连接架、转接器、缆线进/出口、固定座、弹性连接扣的技术特征，证据 1 未公开余线接收盘、潮湿检测器及相应的检测点的技术特征。

证据 2 公开了一种光纤电缆的连接装置，其中未公开权利要求 1 中限定的竖式盒体、连接架呈扇形或斜坡形、其内侧设有余线盘连接的弹性连接扣、筒形缆线进/出口设置潮湿检测器及相应的检测点的技术特征。

由此可见，证据 1 和 2 均未公开本专利权利要求 1 中的潮湿检测器及相应的检测点的技术特征，请求人提交的公知常识证据 4 和 5 中记载了用于直埋光缆的光缆接头盒外壳应具有光缆线路监测尾缆引出的功能，以及该监测尾缆主要用于监测光缆金属护套的对地绝缘，还可监测光缆通信线路中光缆接头盒的密封性能。证据 4 和 5 中也没有公开权利要求 1 中限定的在筒形缆线进/出口一端设置潮湿检测器，固定座上分布多个检测点、该检测点通过密封引线连接到潮湿检测器的技术特征，而且该尾缆的作用也与本专利中的潮湿检测器不同，而上述技术特征的存在使本专利的光纤电缆接头盒能够在外部对接头盒内的湿度进行检测。综上所述，证据 1、2、4 和 5 均未给出在光纤电缆接头盒中应用潮湿检测器的技术启示，因此权利要求 1 相对于证据 1、2、4 和 5 具有实质性特点和进步，符合专利法第 22 条第 3 款关于创造性的规定。

当独立权利要求 1 具备创造性时，其从属权利要求 2~10 也具有实质性特点和进步，符合专利法第 22 条第 3 款关于创造性的规定。

综上所述，本专利符合专利法第 26 条第 3、4 款，第 22 条第 3 款；专利法实施细则第 20 条第 1 款、第 21 条第 2 款的规定，请求人的无效宣告理由均不成立。

三、决定

维持 01256042.1 号实用新型专利权有效。

当事人对本决定不服的，可以根据专利法第 46 条第 2 款的规定，在收到本决定之日起三个月内向北京市第一中级人民法院起诉。根据该款的规定，一方当事人起诉后，另一方当事人应当作为第三人参加诉讼。

北京市第一中级人民法院
行政判决书

（2007）一中行初字第 301 号

原告佛山市顺德区景业光电讯设备有限公司，住所地广东省佛山市顺德区大良街道红岗古楼工业区

委托代理人韩龙，北京市浩天律师事务所律师

被告国家知识产权局专利复审委员会，住所地北京市海淀区北四环西路 9 号银谷大厦 10~12 层

法定代表人廖涛，副主任

委托代理人张曦，国家知识产权局专利复审委员会审查员

委托代理人王丽颖，国家知识产权局专利复审委员会审查员

第三人佛山市顺德区迅通邮电设备有限公司，住所地广东省佛山市顺德区大良街道凤山西路 19 号

法定代表人何幸芳，董事长

委托代理人张文雄，广州广信知识产权代理有限公司专利代理人

原告佛山市顺德区景业光电讯设备有限公司（简称景业光电讯设备公司）不服被告国家知识产权局专利复审委员会（简称专利复审委员会）2006 年 12 月 30 日作出的第 9409 号无效宣告请求审查决定（简称第 9409 号决定），于法定期限内向本院提起诉讼。本院于 2007 年 2 月 28 日受理本案后，依法组成合议庭，并按照法律有关规定通知佛山市顺德区迅通邮电设备有限公司（简称迅通邮电设备公司）作为第三人参加诉讼，于 2007 年 4 月 12 日公开开庭进行了审理。原告景业光电讯设备公司的委托代理人韩龙，被告专利复审委员会的委托代理人张曦、王丽颖，第三人迅通邮电设备公司的委托代理人张文雄到庭参加了诉讼。本案现已审理终结。专利复审委员会第 9409 号决定系就景业光电讯设备公司对迅通邮电设备公司享有的第 01256042.1 号实用新型专利（简称本专利）所提出的无效宣告请求作出的。专利复审委员会在该决定中认定：1. 迅通邮电设备公司对景业光电讯设备公司提交的附件 1、附件 2、附件 3 的真实性均无异议，其公开日均在本专利申请日之前，因此上述附件中记载的内容可以作为本专利的现有技术。景业光电讯设备公司提交的附件 4 和附件 5 是中华人民共和国通信行业标准，其公开日均在本专利申请日之前，可以作为公知常识使用。2. 本专利说明书对弹性连接扣、潮湿检测器、双脚介子技术特征设置的位置及作用进行了限定，对弹性连接扣和潮湿检测器的具体结构以及双脚介子的大小、形状、型号并没有特殊要求，因此所属技术领域的技术人员根据上述技术特征的功能要求，可以从能够实现该功能的各种现有部件中进行选择，实现本专利的上述技术特征不存在任何技术障碍。本专利说明书对于加强芯连接点的设置位置和作用以及混合式接线盘所包括的线盘种类进行了限定，对余线接收盘和模块的具体结构也没有特殊要求，因此所属技术领域的技术人员实现本专利的上述部件亦不存在任何技术障碍。因此，本专利符合《中华人民共和国专利法》（简称《专利法》）第二十六条第三款的规定。3. 弹性连接扣、活动式连接、潮湿检测器的技术特征均记载在本专利说明书中，权利要求 1~4 的概括均未超出本专利说明书公开的范围，因此本

专利符合专利法第二十六条第四款的规定。4. 本专利权利要求清楚的限定了所要求保护的技术方案，符合《中华人民共和国专利法实施细则》（简称《专利法实施细则》）第二十条第一款的规定。5. 本专利权利要求 1 中限定了通过弹性连接扣使线盘与连接架活动式连接，使线盘能单独装、拆，从而达到不受安装顺序限制、方便安装线盘的目的，而具体采用何种连接扣以及连接扣的具体结构和形状如何，则是该技术手段的具体实施方式，所属技术领域的技术人员根据权利要求 1 限定的技术方案，能够对具体的实施方式进行选择，而权利要求 1 没有必要对具体实施方式作出限定，因此权利要求 1 并不缺少必要技术特征，符合《专利法实施细则》第二十一条第二款的规定。6. 景业光电讯设备公司提交的附件 1、附件 2 以及公知常识 4、5 均未给出在接头盒中应用潮湿检测器的技术启示，因此本专利权利要求 1 具有创造性。综上，专利复审委员会作出第 9409 号决定，维持本专利权有效。景业光电讯设备公司不服，在法定期限内向本院提起行政诉讼。其诉称：1. 迅通邮电设备公司认为在接头盒中设置潮湿检测器是现有技术，专利复审委员会也认为实现本专利的潮湿检测器不存在任何技术障碍，而在判定本专利创造性时却认为在光缆接头盒外设置潮湿检测器能够带来创造性，因此专利复审委员会关于潮湿检测器的判断标准前后矛盾。此外，专利复审委员会并未在实现潮湿检测功能的设备中选择哪一种具体设备以及该设备的具体结构方面进行举证。2. 本专利说明书和附图并未对本专利权利要求中弹性连接扣这一必要技术特征进行说明和解释，且迅通邮电设备公司在给专利复审委员会的意见陈述中对于弹性连接扣的结构和形状作出了具体描述，因此本专利的弹性连接扣具有特定的结构，专利复审委员会关于任意一种弹性连接扣都能实现本发明目的的认定是错误的。3. 专利复审委员会关于弹性连接扣、潮湿检测器、双脚介子、加强芯连接点、混合式接线盘、余线接收盘及模块等技术特征均为所属领域技术人员根据情况进行选择的结论缺乏事实依据，本专利说明书和附图对上述技术特征并未做出清楚、完整的解释，所属领域技术人员亦无法实现上述技术特征，且迅通邮电设备公司也未举证证明上述技术特征为本领域公知常识。因此本专利不符合《专利法》第二十六条第三款的规定。4. 弹性连接扣、活动式连接以及潮湿检测器三项技术特征得不到说明书的支持，因此本专利不符合《专利法》第二十六条第四款的规定。5. 由于上述技术特征说明不清楚，因此本专利的保护范围亦不能确定，不符合《专利法实施细则》第二十条第一款的规定。6. 本专利权利要求 1 中没有限定弹性连接扣的具体结构和形状，缺乏必要的技术特征，本专利不符合《专利法实施细则》第二十一条第二款的规定。7. 根据我公司提交的附件 1、附件 2 以及公知常识，本专利不具有创造性。综上，专利复审委员会认定事实和适用法律均有错误，请求法院判令撤销第 9409 号决定，宣告本专利权无效。被告专利复审委员会辩称，坚持作出第 9409 号决定的证据和理由，景业光电讯设备公司的诉讼理由不能成立，请法院驳回其诉讼请求，维持专利复审委员会的第 9409 号决定。第三人迅通邮电设备公司述称：1. 关于潮湿检测器。现有技术中的光缆接头盒中存在内置的潮湿检测器，而本专利的发明点之一在于，将内置的潮湿检测器设置于缆线的进出口端，用户可以在接头盒外检测盒内的受潮情况。所属领域技术人员根据本专利说明书的描述，不需付出创造性的劳动就能够再现外置潮湿检测器。在本专利申请日之前，还没有带外置式潮湿检测器的接头盒出现，景业光电讯设备公司提交的附件 1 和附件 2 也没有关于外置式潮湿检测器的技术启示，附件 4 和附件 5 中的监测尾缆结构和用途亦均与本专利的潮湿检测器不同。2. 关于弹性连接扣。在现有技术领域，光缆接头盒中的活页不能任意拆装，且拆装时必须将活页本身弯曲，并占有大量空间。而本专利的活页可以通过弹性连接扣实现任意拆装，拆装时无需弯曲。弹性连接扣设置在梯形的连接架内，所属领域技术人员可以在现有技术的基础上想到弹性连接扣的结构。至于我公司在无效程序中关于弹性连接扣的陈述，应视为一种具体的实施方式，除此之外，所属领域技术人员可以依据说明书的记载，无需付出创造性的劳动实现其他的弹性连接。3. 关于双脚介子。现有技术领域使用的单脚介子与本专利使用的双脚介子均是一种常用的机械部件，其结构和形状是所属领域技术人员了解的。本专利使用双脚介子的目的在于介子卡住连接点后，不能再左右转动。4. 关于加强芯连接点和混合式接线盘，同意专利复审委员会在第9409号决定中的理由。综上，请求驳回景业光电讯设备公司的诉讼请求。

本院经审理查明：

本案涉及国家知识产权局于2002年6月26日授权公告的名称为“易装拆活页式光纤电缆接头盒”的01256042.1号实用新型专利权（即本专利），其申请日为2001年9月29日，专利权人为迅通邮电设备公司。本专利授权公告的权利要求书如下：

“1. 易装拆活页式光纤电缆接头盒，包括竖式盒体（1）盒罩（2）和转接器（3），盒体（1）上设置密封的筒形缆线进/出口（4）和固定座（5），盒罩（2）将固定座（5）密封，其特征是：转接器（3）由多个易装拆活页式线盘（6）构成，所述线盘（6）与固定座（5）的连接架（7）活动式连接，所述连接架（7）呈扇形或斜坡形、其内侧设有与线盘（6）连接的弹性连接扣，各线盘（6）可向上转30°~60°并且能单独装/拆，固定座（5）上设置余线接收盘（8）使线盘（6）上的光纤缆线得以延长；位于筒形缆线进/出口（4）一端设置潮湿检测器（9），固定座（5）上分布多个检测点、该检测点通过密封引线连接到潮湿检测器（9）。

2. 根据权利要求1所述的易装拆活页式光纤电缆接头盒，其特征是：盒罩（2）与盒体（1）的连接处设置弹性密封圈（10）和环形紧箍圈（11），弹性密封圈（10）位于盒罩（2）与盒体（1）的接触处，紧箍圈（11）可驱动盒罩（2）盒体（1）上下压迫弹性密封圈（10），形成密封状态。

3. 根据权利要求1或2所述的易装拆活页式光纤电缆接头盒，其特征是：固定座（5）上的检测点、地线连接点和加强芯连接点与固定座一体成型，所述连接点上所用的介子为双脚介子，介子的双脚能卡住连接点、不能左/右转动。

4. 根据权利要求1或2所述的易装拆活页式光纤电缆接头盒，其特征是：固定座（5）的加强芯连接点为阶梯位，扩大加强芯与固定座（5）的连接接触面。

5. 根据权利要求1或2所述的易装拆活页式光纤电缆接头盒，其特征是：固定座（5）的底部设置储备及分期线盒（13），与之相应，筒形缆线进/出口（4）设置密封式储备及分期进/出线端口。

6. 根据权利要求1或2所述的易装拆活页式光纤电缆接头盒，其特征是：所述连接架（7）位于固定座（5）的前端，筒形缆线进/出口（4）进入的光纤电缆可直接挂接在线盘（6）的模块上。

7. 根据权利要求1或2所述的易装拆活页式光纤电缆接头盒，其特征是：线盘（6）上的模块大于国家规定的标准，线盘（6）中的弯曲半径大于国家标准。

8. 根据权利要求1或2所述的易装拆活页式光纤电缆接头盒，其特征是线盘（6）由带状光纤活页、单芯光纤活页两种规格活页盘片构成，构成混合式接线盘。

9. 根据权利要求1或2所述的易装拆活页式光纤电缆接头盒，其特征是：筒形缆线进/出口（4）为圆筒形、方形、六角形或八角形，其端部呈阶梯型，对应于不同半径尺寸的光纤电缆线。

10. 根据权利要求1或2所述的易装拆活页式光纤电缆接头盒，其特征是：盒罩（2）表面设有加强筋（12）。”

本专利说明书载明：本实用新型的线盘由各自独立的易拆式活页盘片构成，活页为倒置式，用户可以根据需要从上往下或从下往上任意拆卸。固定座中的各种接线点与固定座一体成型，加强芯安装处设有梯级位。此外还设有介子凹位，介子为双脚。线盘和余线接收盘的弯曲半径大于国家标准37.5mm。线盘包括带状光纤电缆活页、单芯光纤活页两种规格活页盘片，形成混合式接线盘。

本专利说明书优选实施例内容为：“转接器由多个易装拆活页式线盘构成，所述线盘与固定座的连接架活动式连接，所述连接架呈扇形，其内侧设置与线盘活动连接的连接扣。各线盘能独立装、拆，可绕连接架的连接扣向上转 30°~60°，固定座上设置余线接收盘，使线盘上的光纤缆线得以延长。进出口端设置检测器，检测器通过引线延伸到固定座上的多个检测点。固定座上设有地线和加强芯连接点。固定座上的检测点、地线连接点和加强芯连接点与固定座一体成型。所述连接点上所用的介子为双脚介子，所述介子的双脚能卡住连接点，使介子不能左右转动。固定座的加强芯连接点为阶梯位。”

此外，迅通邮电设备公司在意见陈述书中对弹性连接扣的结构和位置关系进行了描述。相关内容为：参照本实用新型的说明书和附图，扇形连接架的内侧设置倾斜式开放口凹槽，开口凹槽向下凸起一个弧形凸点，活页片同时设有两个圆柱形凸耳。在装、拆活页片时，只需使活页片上的圆柱形凸耳沿着扇形连接架的开口凹槽插入或拉出就行，无需弯曲活页片本身，在装、拆过程中不会对相邻的活页片构成影响。

针对本专利，景业光电讯设备公司于 2005 年 8 月 30 日向专利复审委员会提出无效宣告请求。在专利复审委员会进行口头审理时，景业光电讯设备公司明确其无效理由为本专利不符合《专利法》第二十六条第三、四款，《专利法实施细则》第二十条第一、二款以及本专利权利要求 1 不符合《专利法》第二十二条第三款之规定，不具有创造性。其中，针对本专利不具有创造性的无效理由，提交了附件 1、附件 2、附件 3、附件 4、附件 5。

附件 1 为“光缆接头盒”实用新型专利说明书（授权公告号 CN2283866Y），公开的相关技术内容为：“其包括盒体、盒盖，盒盖上设有三个光缆进出通孔，光缆通过密封螺帽和密封垫穿过盒盖的进出通孔进入接头盒内，光缆的光缆骨架穿过固装在盒盖内面的光缆固定卡，其光缆的光缆加强芯通过加强芯固定座和加强芯固定螺帽固定在光缆固定卡的前端，而光缆则通过光缆固定卡前端的护纤的护纤环盘绕在托板的卡槽内，在光缆固定卡的前端还接有地线。在盒盖的内面还固定有其前端面为斜面的方筒，方筒的前端斜面两侧的相应位置设有圆孔，托板后端设有相应的弹力连接轴与其活动连接，在托板上设有光缆接头增强保护卡和托板交连，托板每边设有两排卡槽，托板的安装个数是根据光缆的芯数而确定的，最少二个，最多六个，可适应 2~84 芯各种光缆”。

附件 2 为“光纤电缆的连接装置”发明专利申请公开说明书（公开号为 CN1248708A），公开的权利要求书相关技术内容为：“1. 一种光纤电缆的连接装置，以一种密封箱的形式出现，它包括有一个显见很平坦的底部和一个顶盖，箱内装的一些设施可以完成下列 4 项功能……（3）在配有这种光学机构的可转动小盒内，存放电缆接头和光纤的超长部分；（4）可能存放待用的光纤，尤其可存放走向电缆的光纤。其特征在于……（4）至于这个基脚，可接在能用以接纳所称待用的其他光纤的第二自由空间之后”。其附图 14 和 16 则显示了接纳待用光纤的第二自由空间位于堆叠的小盒之下，在密封箱的底部之上。

附件 5 为《中华人民共和国通信行业标准》（TD/T815-1996），相关内容为：光缆线路监测尾缆主要用于监测光缆金属护套的对地绝缘，还可监测光缆通信线路中光缆接头盒的密封性能。由绝缘密封头、监测尾缆、密封元件、光缆接头盒进水监测模块和监测标石配套件五部分组成。绝缘密封头是本产品的主体，应能在壳体内的绝缘端子板上至少提供 6 个测试端子，且有明显的监测尾缆芯线色谱位号标记。监测尾缆是绝缘密封头与被测光缆之间的连接导体。密封元件用于绝缘密封头内部及其与监测尾缆之间的密封。光缆接头盒进水监测模块与监测尾缆的芯线相连后牢固地固定在光缆接头盒壳体底部。

专利复审委员会认为，将本专利权利要求 1 与附件 1 对比，附件 1 未公开余线接收盘、潮湿检测器及相应监测点的技术特征。附件 2 未公开竖式盒体、呈扇形或斜坡形的连接架、内侧设有余线盘连接的弹性连接扣、潮湿检测器及相应检测点。附件 1 和附件 2 均未公开本专利权利要求 1 的技术特征为潮湿检测器和相应的检测点。潮湿检测器是公知常识，本专利的发明点之一就在于在接头盒之外设置潮湿检测器，不用打开盒体就可以监测盒体内的湿度变化。景业光电讯设备公司认为，附件 2 给出了余线接收盘的技术启示，其提交的附件 5 亦证明潮湿检测器和相应的检测点为公知常识。迅通邮电设备公司认为附件 1 和附件 2 均未公开余线接收盘、潮湿检测器及相应检测点的技术特征。虽然潮湿检测器和监测尾缆均设置在光缆接头盒体之外，但两者的区别在于监测尾缆不设置潮湿检测点，其作用在于监测光缆的绝缘状态，光缆因相互触碰或潮湿的原因均可能造成不绝缘。

上述事实，有本专利权利要求书及说明书、第 9409 号决定、附件 1、附件 2、附件 5 和当事人陈述等证据在案佐证。

本院认为，本案各方争议的焦点问题在于：

1. 本专利是否符合《专利法》第二十六条第三款之规定。

我国《专利法》第二十六条第三款规定，说明书应当对发明或者实用新型作出清楚、完整的说明，以所属技术领域的技术人员能够实现为准。

在本案中，景业光电讯设备公司主张本专利说明书对弹性连接扣、潮湿检测器、双脚介子、加强芯连接点、混合式接线盘、余线接收盘和接收盘上的模块及其大小等技术特征公开不充分。而基于本专利说明书记载的相关技术内容，弹性连接扣的位置在连接架的内侧，与线盘连接，其作用为实现线盘的随意活动式连接。在权利要求书和说明书对该技术特征的具体结构没有特定要求的情况下，所属技术领域的技术人员根据其位置、连接关系、功能要求以及自身具有的专业知识，可以从现有实现其功能的连接扣中进行选择、运用，并不存在任何技术障碍。需要指出的是，迅通邮电设备公司虽在意见陈述中对弹性连接扣的结构和连接关系有过具体的描述，但该部分内容并未记载于本专利说明书和附图中，且本专利说明书实施例中亦没有关于该技术特征有特定实施方式的记载，因此迅通邮电设备公司的描述仅应视为其在制造专利产品过程中，在诸多弹性连接扣实现方式中的一种具体选择和应用，不应将其引入权利要求，并用以确定本专利的保护范围。

关于潮湿检测器，专利复审委员会和迅通邮电设备公司强调的发明点之一在于潮湿检测器设置位置，而非潮湿检测器本身。该技术特征的作用在于检测光缆接头盒内的湿度变化，其位于缆线的进出口一端，通过密封引线与固定座上的检测点连接，所属技术领域的技术人员根据其位置、连接关系、功能要求以及包括行业标准在内的技术手段，可以从现有实现其功能的检测仪器中进行选择和运用，并不存在任何技术障碍。

关于双脚介子，其位置在连接点上，用双脚卡住连接点，在权利要求书和说明书对该技术特征的大小、形状和型号没有特定要求的情况下，所属技术领域的技术人员根据其位置、连接关系功能要求以及自身具有的专业知识，可以从现有实现其功能的双脚介子中进行选择和运用，并不存在任何技术障碍。

关于加强芯连接点，由于加强芯的作用在于提高光缆线的强度，在本专利中的位置与各线盘在接头盒中的位置相呼应，如果将连接点在固定座上设置为阶梯位，则扩大了加强芯与固定座连接的接触面，达到连接更牢固的作用。本领域技术人员根据说明书对加强芯连接点的设置位置和作用的记载，以及自身具有的专业知识，无需付出创造性的劳动即可实现该技术方案。

关于混合式接线盘，在本专利说明书中记载了带状光纤电缆活页和单芯光纤活页两种活页盘片。所属领域的技术人员在根据本专利说明书设计制造接头盒时，能够根据两种活页盘片的规格，对连接架、转接器的规格尺寸进行相应的调整，从而兼容两种活页盘片。这种相应的调整无需付出创造性的劳动。

对于余线接收盘和模块以及模块的大小，本专利说明书记载了余线接收盘设置在固定座上，其作用在于使线盘上的光纤缆线延长。模块的作用在于挂接绕在线盘上的光纤缆线，模块大于国家标准，其具体尺寸可以根据实际需要进行选择。所属领域技术人员可以在各种余线接收盘和满足相应需要尺寸的模块中进行选择，不存在任何技术障碍。

综上，景业光电讯设备公司关于本专利不符合《专利法》第二十六条第三款之规定的主张，缺乏事实和法律依据，本院不予支持。

2. 本专利是否符合《专利法》第二十六条第四款之规定。

我国《专利法》第二十六条第四款规定，权利要求书应当以说明书为依据，说明要求专利保护的范围。《审查指南》第二部分第二章3.2.1节规定，对于含有功能性限定的特征的权利要求，应当审查该功能性限定是否得到说明书的支持。

在本案中，本专利说明书已经清楚的描述了弹性连接扣、潮湿检测器设置的位置，及与其他部件的连接关系，弹性还表示该连接扣具有能够变形的特征，而活动式连接是对线盘和固定座连接架连接方式的说明，因此本专利权利要求1限定的弹性连接扣、活动式连接、潮湿检测器技术特征的位置、连接关系、功能要求均记载于本专利说明书中，所属领域的技术人员根据其自身具有的专业知识，可以从现有实现相应功能的部件中进行选择、运用。因此，本专利权利要求1得到了说明书的支持。此外，本专利权利要求2~4中也包括此三个技术特征，基于同样的理由，亦得到了说明书的支持。因此，景业光电讯设备公司关于本专利不符合《专利法》第二十六条第四款之规定的主张，缺乏事实和法律依据，本院不予支持。

3. 本专利是否符合《专利法实施细则》第二十条第一款之规定。

《专利法实施细则》第二十条第一款规定，权利要求书应当说明发明或者实用新型的技术特征，清楚、简要地表述请求保护的范围。本院认为，基于与认定本专利符合《专利法》第二十六条第三款规定相同的理由，本专利权利要求书中已经限定了弹性连接扣、潮湿检测器、双脚介子、加强芯连接点、混合式接线盘设置的位置及其与各部件的连接关系，且并未对上述技术特征的具体结构提出特殊要求。因此本专利权利要求对技术特征进行了说明，清楚、简要地表述了本专利的保护范围，所属领域技术人员可以根据说明书对各部件的功能、参数、形状的描述及其自身具有的专业知识，从实现相应功能的现有技术部件中进行选择。因此，景业光电讯设备公司关于本专利不符合《专利法实施细则》第二十条第一款规定的主张，缺乏事实和法律依据，本院不予支持。

4. 本专利是否符合《专利法实施细则》第二十一条第二款之规定。

《专利法实施细则》第二十一条第二款规定，独立权利要求应当从整体上反映发明或者实用新型的技术方案，记载解决技术问题的必要技术特征。

景业光电讯设备公司主张本专利权利要求1没有限定弹性连接扣的结构和形状，缺少必要技术特征。本院认为，对所属领域技术人员而言，弹性连接可以通过多种技术手段实现，而本专利的发明目的在于实现弹性连接，对弹性连接扣的结构和形状并无特殊要求。所属领域技术人员在本专利中采取何种技术手段实现弹性连接是常规技术选择，无需付出创造性的劳动。因此景业光电讯设备公司所主张的弹性连接扣的结构和形状为必要技术特征，本专利缺少该技术特征不符合《专利法》第二十条第二款规定的主张，缺乏事实和法律依据，本院不予支持。

5. 本专利是否具有创造性。

根据我国《专利法》第二十二条第三款的规定，创造性是指同申请日以前已有的技术相比，该实用新型具有实质性特点和进步。在本案中，附件1、附件2的公开日早于本专利的申请日，构成了本专利的现有技术，附件5作为国内公开的通信行业标准，公开日亦在本专利申请日之前，可以作为本案的公知常识使用。上述三份附件均可以用于评价本专利的创造性。

（1）基于查明的事实，附件2公开了与基脚相连接的用以接纳待用光纤的第二自由空间，其附图14和16亦显示该第二自由空间位于堆叠的小盒之下，密封箱底部之上，而第二自由空间在附件2

中的位置关系和作用与余线接收盘在本专利中的位置关系相似，作用相同。因此，本院认为所属领域技术人员根据附件 2 中的第二自由空间的位置关系和所起的作用，可以得到在附件 1 上设置余线接收盘的技术启示。且第 9409 号决定中亦认定本专利权利要求 1 与附件 1 和附件 2 相比，区别特征在于潮湿检测器和相应检测点，并不包括余线接收盘。因此，迅通邮电设备公司认为附件 2 未公开余线接收盘这一技术特征的主张缺乏事实和法律依据，本院不予支持。

（2）本案中，各方当事人均确认的区别特征在于：①位于筒形缆线进出口一端设置潮湿检测器；②固定座上分布多个检测点。上述区别特征所达到的技术效果在于通过在接头盒体外设置检测器检测盒内湿度的技术手段，解决现有技术领域中需打开盒体检测盒内湿度的技术问题。而判断潮湿检测器这一技术特征的创造性标准，应当与该技术特征在适用《专利法》第二十六条第三款时的评判尺度相适应。在本案中，附件 5 的相关技术内容作为本领域的公知常识，记载了光缆接头盒外壳具有监测尾缆引出功能以及监测尾缆各部件的位置、功能和连接关系。其中的绝缘密封头通过尾缆线与光缆接头盒内的被测光缆连接，接头盒壳体内的绝缘端子板上至少有六个测试端子，进水监测模块与尾缆芯线相连后固定在接头盒壳体的底部。上述技术内容的表述，给所属领域的技术人员带来了在接头盒外设置仪器，通过导线将感应部件引入需要进行潮湿检测的盒体内检测潮湿度的技术启示。且专利复审委员会和迅通邮电设备公司均认为潮湿检测器为公知常识，因此所属领域技术人员将上述技术启示应用到检测光缆接头盒内湿度的技术领域无需付出创造性的劳动。而在光缆接头盒外如何设置潮湿检测器以及在盒体内如何设置检测点亦属于所属领域技术人员的常规技术选择，不需付出创造性的劳动。因此，上述区别特征不属于本专利与现有技术的实质性差别，不会给本专利带来实质性特点，不具有创造性。专利复审委员会关于本专利具有创造性的评述缺乏事实和法律依据，本院予以纠正。

综上，专利复审委员会作出的第 9409 号决定认定事实不清，适用法律错误，本院予以撤销。关于景业光电讯设备公司撤销第 9409 号决定的部分理由成立，本院予以支持。由于专利复审委员会未对景业光电讯设备公司提出的本专利不具有创造性无效理由所依据的全部证据进行评述，其应当在对这些证据进行审查的基础上重新作出无效宣告请求审查决定。依照《中华人民共和国行政诉讼法》第五十四条第（二）项第 1 目、第 2 目之规定，本院判决如下：

1. 撤销被告国家知识产权局专利复审委员会作出的第 9409 号无效宣告请求审查决定；

2. 被告国家知识产权局专利复审委员会重新就第 01256042. 1 号名称为“易装拆活页式光纤电缆接头盒”的实用新型专利权作出无效宣告请求审查决定。

案件受理费 1000 元，由被告国家知识产权局专利复审委员会负担（于本判决生效之日起七日内交纳）。

如不服本判决，各方当事人可于本判决送达之日起 15 日内，向本院提交上诉状及其副本，并交纳上诉案件受理费 100 元，上诉于北京市高级人民法院。

审 判 长 仪 军
代理审判员 侯占恒
代理审判员 刘元霞
二〇〇七年十二月十七日
书 记 员 王 溪

北京市高级人民法院
行政判决书

（2007）高行终字第402号

上诉人（原审第三人）佛山市顺德区迅通邮电设备有限公司，住所地广东省佛山市顺德区大良街道凤山西路19号

委托代理人张文雄，广州广信知识产权代理有限公司专利代理人

被上诉人（原审原告）佛山市顺德区景业光电讯设备有限公司，住所地广东省佛山市顺德区大良街道红岗古楼工业区

法定代表人肖锋，董事长

委托代理人韩龙，北京市浩天信和律师事务所律师

委托代理人陈永秋，男，汉族，1970年12月15日出生，该公司职员，住广东省佛山市顺德区大良街道金桂西园茶园南街四巷9号

原审被告国家知识产权局专利复审委员会，住所地北京市海淀区北四环西路9号银谷大厦10~12层

法定代表人廖涛，副主任

委托代理人张曦，该委员会审查员

委托代理人王丽颖，该委员会审查员

上诉人佛山市顺德区迅通邮电设备有限公司（简称迅通邮电设备公司）因专利行政纠纷一案，不服北京市第一中级人民法院（2007）一中行初字第301号行政判决，向本院提起上诉。本院2007年8月6日受理后，依法组成合议庭，于2007年8月29日公开开庭审理了本案。上诉人迅通邮电设备公司的委托代理人张文雄，被上诉人佛山市顺德区景业光电讯设备有限公司（简称景业光电讯设备公司）的委托代理人韩龙、陈永秋，原审被告国家知识产权局专利复审委员会（简称专利复审委员会）的委托代理人张曦、王丽颖到庭参加了诉讼。本案现已审理终结。本案涉及国家知识产权局于2002年6月26日授权公告的名称为“易装拆活页式光纤电缆接头盒”的实用新型专利权（简称本专利），其申请日为2001年9月29日，专利权人为迅通邮电设备公司。针对本专利，景业光电讯设备公司于2005年8月30日向专利复审委员会提出无效宣告请求。2006年12月30日，专利复审委员会作出第9409号无效宣告请求审查决定（简称第9409号决定），维持本专利权有效。景业光电讯设备公司不服，以专利复审委员会认定事实和适用法律均有错误为由，向北京市第一中级人民法院提起诉讼，请求判令撤销第9409号决定，宣告本专利权无效。北京市第一中级人民法院认为：景业光电讯设备公司关于本专利不符合《专利法》第二十六条第三款、《专利法》第二十六条第四款、《专利法实施细则》第二十条第一款、《专利法》第二十条第二款之规定的主张，缺乏事实和法律依据。附件2公开了与基脚相连接的用以接纳待用光纤的第二自由空间，其附图14和16亦显示该第二自由空间位于堆叠的小盒之下，密封箱底部之上，而第二自由空间在附件2中的位置关系和作用与余线接收盘在本专利中的位置关系相似，作用相同。因此，所属领域技术人员根据附件2中的第二自由空间的位置关系和所起的作用，可以得到在附件1上设置余线接收盘的技术启示。且第9409号决定中亦认定本专利权利要求1与附件1和附件2相比，区别特征在于潮湿检测器和相应检测点，并不包括余线接收盘。因此，迅通邮电设备公司认为附件2未公开余线接收盘这一技术特征的主张缺乏事实和法律

依据。各方当事人均确认的区别特征在于：(1) 位于筒形缆线进出口一端设置潮湿检测器；(2) 固定座上分布多个检测点。在本案中，附件5的相关技术内容作为本领域的公知常识，记载了光缆接头盒外壳具有监测尾缆引出功能以及监测尾缆各部件的位置、功能和连接关系。其中的绝缘密封头通过尾缆线与光缆接头盒内的被测光缆连接，接头盒壳体内的绝缘端子板上至少有六个测试端子，进水监测模块与尾缆芯线相连后固定在接头盒壳体的底部。上述技术内容的表述，给所属领域的技术人员带来了在接头盒外设置仪器，通过导线将感应部件引入需要进行潮湿检测的盒体内检测潮湿度的技术启示。且专利复审委员会和迅通邮电设备公司均认为潮湿检测器为公知常识，因此所属领域技术人员将上述技术启示应用到检测光缆接头盒内湿度的技术领域无需付出创造性的劳动。而在光缆接头盒外如何设置潮湿检测器以及在盒体内如何设置检测点亦属于所属领域技术人员的常规技术选择，不需付出创造性的劳动。因此，专利复审委员会关于本专利具有创造性的评述缺乏事实和法律依据，应予以纠正。综上，专利复审委员会作出的第9409号决定认定事实不清，适用法律错误，应予撤销。由于专利复审委员会未对景业光电讯设备公司提出的本专利不具有创造性无效理由所依据的全部证据进行评述，其应当在对这些证据进行审查的基础上重新作出无效宣告请求审查决定。北京市第一中级人民法院依照《中华人民共和国行政诉讼法》第五十四条第（二）项第1目、第2目之规定，判决：1. 撤销专利复审委员会作出的第9409号决定；2. 专利复审委员会重新就第01256042.1号名称为“易装拆活页式光纤电缆接头盒”的实用新型专利权作出无效宣告请求审查决定。迅通邮电设备公司不服原审判决，向本院提起上诉，请求撤销原审判决，维持专利复审委员会第9409号决定。其主要理由是：1. 原审判决认定事实错误。一是错误地将附件5监测尾缆的绝缘密封头壳体当成本专利光纤电缆接头盒盒体；二是错误地将附件5监测尾缆绝缘密封头内绝缘端子板上的测试端子当成本专利光纤电缆接头盒内固定座上的检测点。2. 本专利与附件5的结构、检测效果不同，附件5没有在光缆接头盒体设置检测点的任何提示。3. 原审判决未对本专利的权利要求2~10进行审查并无不当，且原审判决即否定本专利的创造性不符合法律规定。专利复审委员会、景业光电讯设备公司服从原审判决。

经审理查明：本案涉及国家知识产权局于2002年6月26日授权公告的名称为“易装拆活页式光纤电缆接头盒”的01256042.1号实用新型专利权（即本专利），其申请日为2001年9月29日，专利权人为迅通邮电设备公司。本专利授权公告的权利要求书如下：

1. 易装拆活页式光纤电缆接头盒，包括竖式盒体（1）盒罩（2）和转接器（3），盒体（1）上设置密封的筒形缆线进/出口（4）和固定座（5），盒罩（2）将固定座（5）密封，其特征是：转接器（3）由多个易装拆活页式线盘（6）构成，所述线盘（6）与固定座（5）的连接架（7）活动式连接，所述连接架（7）呈扇形或斜坡形、其内侧设有与线盘（6）连接的弹性连接扣，各线盘（6）可向上转30°-60°并且能单独装/拆，固定座（5）上设置余线接收盘（8）使线盘（6）上的光纤缆线得以延长；位于筒形缆线进/出口（4）一端设置潮湿检测器（9），固定座（5）上分布多个检测点、该检测点通过密封引线连接到潮湿检测器（9）。

2. 根据权利要求1所述的易装拆活页式光纤电缆接头盒，其特征是：盒罩（2）与盒体（1）的连接处设置弹性密封圈（10）和环形紧箍圈（11），弹性密封圈（10）位于盒罩（2）与盒体（1）的接触处，紧箍圈（11）可驱动盒罩（2）盒体（1）上下压迫弹性密封圈（10），形成密封状态。

3. 根据权利要求1或2所述的易装拆活页式光纤电缆接头盒，其特征是：固定座（5）上的检测点、地线连接点和加强芯连接点与固定座一体成型，所述连接点上所用的介子为双脚介子，介子的双脚能卡住连接点、不能左/右转动。

4. 根据权利要求1或2所述的易装拆活页式光纤电缆接头盒，其特征是：固定座（5）的加强芯连接点为阶梯位，扩大加强芯与固定座（5）的连接接触面。

5. 根据权利要求1或2所述的易装拆活页式光纤电缆接头盒，其特征是：固定座（5）的底部设置储备及分期线盒（13），与之相应，筒形缆线进/出口（4）设置密封式储备及分期进/出线端口。

6. 根据权利要求1或2所述的易装拆活页式光纤电缆接头盒，其特征是：所述连接架（7）位于固定座（5）的前端，筒形缆线进/出口（4）进入的光纤电缆可直接挂接在线盘（6）的模块上。

7. 根据权利要求1或2所述的易装拆活页式光纤电缆接头盒，其特征是：线盘（6）上的模块大于国家规定的标准，线盘（6）中的弯曲半径大于国家标准。

8. 根据权利要求1或2所述的易装拆活页式光纤电缆接头盒，其特征是线盘（6）由带状光纤活页、单芯光纤活页两种规格活页盘片构成，构成混合式接线盘。

9. 根据权利要求1或2所述的易装拆活页式光纤电缆接头盒，其特征是：筒形缆线进/出口（4）为圆筒形、方形、六角形或八角形，其端部呈阶梯型，对应于不同半径尺寸的光纤电缆线。

10. 根据权利要求1或2所述的易装拆活页式光纤电缆接头盒，其特征是：盒罩（2）表面设有加强筋（12）。

本专利说明书载明：本实用新型的线盘由各自独立的易拆式活页盘片构成，活页为倒置式，用户可以根据需要从上往下或从下往上任意拆卸。固定座中的各种接线点与固定座一体成型，加强芯安装处设有梯级位。此外还设有介子凹位，介子为双脚。线盘和余线接收盘的弯曲半径大于国家标准37.5mm。线盘包括带状光纤电缆活页、单芯光纤活页两种规格活页盘片，形成混合式接线盘。

本专利说明书优选实施例内容为："转接器由多个易装拆活页式线盘构成，所述线盘与固定座的连接架活动式连接，所述连接架呈扇形，其内侧设置与线盘活动连接的连接扣。各线盘能独立装、拆，可绕连接架的连接扣向上转30°~60°，固定座上设置余线接收盘，使线盘上的光纤缆线得以延长。进出口端设置检测器，检测器通过引线延伸到固定座上的多个检测点。固定座上设有地线和加强芯连接点。固定座上的检测点、地线连接点和加强芯连接点与固定座一体成型。所述连接点上所用的介子为双脚介子，所述介子的双脚能卡住连接点，使介子不能左右转动。固定座的加强芯连接点为阶梯位。"

针对本专利，景业光电讯设备公司于2005年8月30日向专利复审委员会提出无效宣告请求。在专利复审委员会进行口审时，景业光电讯设备公司明确其无效理由为本专利不符合《专利法》第二十六条第三、四款，《专利法实施细则》第二十条第一、二款以及本专利权利要求1不符合《专利法》第二十二条第三款之规定，不具有创造性。其中，针对本专利不具有创造性的无效理由，提交了附件1、附件2、附件3、附件4、附件5。

附件1为"光缆接头盒"实用新型专利说明书（授权公告号CN2283866Y），公开的相关技术内容为："其包括盒体、盒盖，盒盖上设有三个光缆进出通孔，光缆通过密封螺帽和密封垫穿过盒盖的进出通孔进入接头盒内，光缆的光缆骨架穿过固装在盒盖内面的光缆固定卡，其光缆的光缆加强芯通过加强芯固定座和加强芯固定螺帽固定在光缆固定卡的前端，而光缆则通过光缆固定卡前端的护纤的护纤环盘绕在托板的卡槽内，在光缆固定卡的前端还接有地线。在盒盖的内面还固定有其前端面为斜面的方筒，方筒的前端斜面两侧的相应位置设有圆孔，托板后端设有相应的弹力连接轴与其活动连接，在托板上设有光缆接头增强保护卡和托板交连，托板每边设有两排卡槽，托板的安装个数是根据光缆的芯数而确定的，最少二个，最多六个，可适应2-84芯各种光缆"。

附件2为"光纤电缆的连接装置"发明专利申请公开说明书（公开号为CN1248708A），公开的权利要求书相关技术内容为："1. 一种光纤电缆的连接装置，以一种密封箱的形式出现，它包括有一个显见很平坦的底部和一个顶盖，箱内装的一些设施可以完成下列4项功能……（3）在配有这种光学机构的可转动小盒内，存放电缆接头和光纤的超长部分；（4）可能存放待用的光纤，尤其可存放走向电缆的光纤。其特征在于……（4）至于这个基脚，可接在能用以接纳所称待用的其他光纤的第二自由空间之后”。其附图 14 和 16 则显示了接纳待用光纤的第二自由空间位于堆叠的小盒之下，在密封箱的底部之上。

附件 5 为《中华人民共和国通信行业标准》（TD/T815-1996），相关内容为：光缆线路监测尾缆主要用于监测光缆金属护套的对地绝缘，还可监测光缆通信线路中光缆接头盒的密封性能。由绝缘密封头、监测尾缆、密封元件、光缆接头盒进水监测模块和监测标石配套件五部分组成。绝缘密封头是本产品的主体，应能在壳体内的绝缘端子板上至少提供 6 个测试端子，且有明显的监测尾缆芯线色谱位号标记。监测尾缆是绝缘密封头与被测光缆之间的连接导体。密封元件用于绝缘密封头内部及其与监测尾缆之间的密封。光缆接头盒进水监测模块与监测尾缆的芯线相连后牢固地固定在光缆接头盒壳体底部。

2006 年 12 月 30 日，专利复审委员会作出第 9409 号决定。该决定认定：1. 景业光电讯设备公司提交的附件 1、附件 2、附件 3 中记载的内容可以作为本专利的现有技术；附件 4 和附件 5 是中华人民共和国通信行业标准，其公开日均在本专利申请日之前，可以作为公知常识使用。2. 本专利符合《专利法》第二十六条第三款的规定。3. 权利要求 1~4 的概括均未超出本专利说明书公开的范围，因此本专利符合《专利法》第二十六条第四款的规定。4. 本专利权利要求清楚的限定了所要求保护的技术方案，符合《专利法实施细则》第二十条第一款的规定。5. 权利要求 1 并不缺少必要技术特征，符合《专利法实施细则》第二十一条第二款的规定。6. 景业光电讯设备公司提交的附件 1、附件 2 以及公知常识 4、5 均未给出在接头盒中应用潮湿检测器的技术启示，因此本专利权利要求 1 具有创造性。综上，专利复审委员会作出维持本专利权有效的决定。

上述事实，有本专利权利要求书及说明书、第 9409 号决定、附件 1、附件 2、附件 5 和当事人陈述等证据在案佐证。

本院认为：原审判决认定“附件 5 作为本领域的公知常识，记载了光缆接头盒外壳具有监测尾缆引出功能以及监测尾缆各部件的位置、功能和连接关系。其中的绝缘密封头通过尾缆线与光缆接头盒内的被测光缆连接，接头盒壳体内的绝缘端子板上至少有六个测试端子，进水监测模块与尾缆芯线相连后固定在接头盒壳体的底部。上述技术内容的表述，给所属领域的技术人员带来了在接头盒外设置仪器，通过导线将感应部件引入需要进行潮湿检测的盒体内检测潮湿度的技术启示。”综上所述，原审判决并未“将附件 5 监测尾缆的绝缘密封头壳体当成本专利光纤电缆接头盒盒体；将附件 5 监测尾缆绝缘密封头内绝缘端子板上的测试端子当成本专利光纤电缆接头盒内固定座上的检测点”。因此，迅通邮电设备公司关于原审判决认定事实错误无事实依据，本院不予支持。

本专利与附件 1、附件 2 的区别特征在于：（1）位于筒形缆线进出口一端设置潮湿检测器；（2）固定座上分布多个检测点。上述区别特征所达到的技术效果在于通过在接头盒体外设置检测器检测盒内湿度的技术手段，解决现有技术领域中需打开盒体检测盒内湿度的技术问题。附件 5 记载了光缆接头盒外壳具有监测尾缆引出功能以及监测尾缆各部件的位置、功能和连接关系。其中绝缘密封头能在壳体内的绝缘端子板上至少提供 6 个测试端子；监测尾缆是绝缘密封头与被测光缆之间的连接导体；进水监测模块与尾缆芯线相连后固定在接头盒壳体的底部。上述技术内容的表述，给所属领域的技术人员带来了在接头盒外设置仪器，通过导线将感应部件引入需要进行潮湿检测的盒体内检测潮湿度的技术启示。且专利复审委员会和迅通邮电设备公司均认可潮湿检测器为公知常识，所属领域技术人员将上述技术启示应用到检测光缆接头盒内湿度的技术领域无需付出创造性的劳动。此外，虽然本专利还有在固定座上分布多个检测点的区别特征，但在光缆接头盒体内如何设置检测点通常为所属领域技术人员根据具体情况而进行选择，在本专利并未给出其特殊技术效果的情况下，实现该技术特征亦不需付出创造性的劳动。因此，原审判决关于上述区别特征不属于本专利与现有技术的实质性差别，专利复审委员会关于本专利具有创造性的评述缺乏事实和法律依据的认定正确，应予维持。

在专利复审委员会进行口审时，景业光电讯设备公司明确其无效理由为本专利权利要求 1 不符合《专利法》第二十二条第三款有关创造性的规定，此外，原审判决专利复审委员会就本专利重新作出无效审查决定。因此，景业光电讯设备公司关于原审判决未对本专利权利要求 2~10 进行审查即否定本专利的创造性的主张没有依据，本院不予支持。

综上，原审判决认定事实清楚，适用法律正确，应予维持。专利复审委员会作出的第 9409 号决定认定事实不清，适用法律错误，应予撤销。迅通邮电设备公司的上诉理由不能成立，其上诉请求本院不予支持。依照《中华人民共和国行政诉讼法》第六十一条第（一）项之规定，本院判决如下：

驳回上诉，维持原判。

一审案件受理费 1000 元，由国家知识产权局专利复审委员会负担（于本判决生效之日起 7 日内交纳）；二审案件受理费 100 元，由佛山市顺德区迅通邮电设备有限公司负担（已交纳）。

本判决为终审判决。

审　判　长　张　冰
代理审判员　程　霞
代理审判员　钟　鸣
二〇〇七年九月二十六日
书　记　员　迟雅娜
书　记　员　张见秋

046

组合式数字测力计的制造方法

无效宣告请求审查决定（第9413号）

决　定　点　第9413号
决　定　日　2006年12月30日
发明创造名称　组合式数字测力计的制造方法
国 际 分 类 号　G01G 3/14，G01G 23/01
无效宣告请求人　库宝达株式会社
专　利　权　人　梅特勒-托利多有限公司
专　利　号　91111168.9
申　请　日　1988年11月30日
优　先　权　日　1987年11月30日
授 权 公 告 日　1997年4月30日
合 议 组 组 长　李　隽
主　审　员　张梅珍
参　审　员　刘颖杰

法　律　依　据　专利法第22条第3款
决　定　要　点

当一项权利要求的技术内容被两篇对比文件和公知常识公开时，如果两篇对比文件存在明显的结合启示，则该权利要求不具备创造性。

一、案由

本无效宣告请求涉及国家知识产权局于1997年4月30日授权公告的名称为“组合式数字测力计的制造方法”的91111168.9号发明专利权，其申请日是1988年11月30日，优先权日为1987年11月30日，专利权人是梅特勒-托利多有限公司。授权公告的权利要求书如下：

“1. 一种制造组合式数字测力计的方法，所述测力计包括推力元件、安装在所述推力元件上的换能装置，以及安装在所述推元件上的用于提供加在所述推力元件上的负荷的数字式表示的数字电路装置，其特征在于所述方法包括以下步骤：

（1）为所述换能装置和所述数字电路装置提供密封的外壳，

（2）为所述数字电路装置与外部的通信提供穿过所述外壳的通路，

（3）使所述推力元件经受各种负荷量和各种工作条件，并且，在所述各种条件下取得数字式负荷表示，

（4）利用所述负荷表示确定所述测力计的数字式修正因数，以及

（5）存储所述修正因数以供所述测力计工作时使用。

2. 如权利要求 1 所要求的方法，其特征在于：所述推力元件是摇杆，所述方法还包括为所述推力元件确定一个数字式非线性修正因素的步骤，和包括储存所述非线性修正因素的步骤。

3. 如权利要求 1 所要求的方法，其特征在于：所述数字电路装置包含用于产生所述推力元件的温度的数字式表示的装置，所述方法还包括为所述推力元件确定温度修正因素的步骤，和包括存储所述温度修正因数以便利用所述温度的数字式表示和所述温度修正因数来修正所述数字式负荷表示的步骤。"

针对上述发明专利权（下称本专利），库宝达株式会社（下称请求人）于 2004 年 4 月 20 日向专利复审委员会提出了无效宣告请求，理由是本专利权利要求 1~3 不符合专利法第 22 条第 3 款的规定，并提交了如下证据：

证据 1：GB1462808 号英国专利文献及其中文译文，其公开日为 1977 年 1 月 26 日；

证据 2：US4691290 号美国专利说明书，其授权公告日为 1987 年 9 月 1 日；

证据 3：昭 62-130320 号日本公开特许公报及其中文译文，其公开日为 1987 年 6 月 12 日；

证据 4：昭 35-2392 号日本使用新案公报及其中文译文，其公开日为 1960 年 2 月 11 日；

证据 5：蒲生良治编著的《微机用测量电路和其接口》，包括封面页、版权页以及第 12 页共 3 页复印件及其中文译文（1 页），其公开日为 1983 年 2 月 20 日；

证据 6：昭 60-39521 号日本公开特许公报及其中文译文，其公开日为 1985 年 3 月 1 日；

证据 7：日本机械学会编制的《机械工学遍览》，包括目次页在内共 9 页复印件，其公开日为 1987 年 4 月 15 日。

经形式审查合格后，专利复审委员会受理了该无效请求，于 2004 年 5 月 12 日向双方当事人发出无效宣告请求受理通知书，并将无效宣告请求书及其附件清单中所列附件副本转给了专利权人，要求其在指定的期限内答复。

针对上述无效宣告请求受理通知书，专利权人于 2004 年 6 月 24 日提交了意见陈述书，指出：（1）证据 2、3、5、6、7 为外文证据，但证据 2、7 未提交中文译文，证据 3、5、6 只提交了部分中文译文，同时证据 5、7 没有进行公证认证，也不能反映具体的公开时间，因此证据 5、7 不能用于评价本专利的新颖性和创造性。（2）在车辆称重中存在将测力计进行密封的需求，但密封结构会降低测力计的性能。采用金属杯或管的密封方式会对测力计带来非线性、滞后作用和儒变，而本专利的数字测力计可以在制造过程中数字化调整这些参数。另外，模拟测力计元件必须在最后封装之前进行调试和校正，并且最后的封装也会对其性能产生影响，但本专利的数字测力计可以在测试开始之前进行完整的封装。因此本专利的密封结构带来了有益效果。（3）证据 1~6 均不能破坏本专利的创造性。

2006 年 5 月 24 日本案合议组向双方当事人发出口头审理通知书，定于 2006 年 7 月 11 日对本案举行口头审理，随同口头审理通知书将专利权人于 2004 年 6 月 24 日提交的意见陈述书转送给请求人。

口头审理如期举行，双方当事人均参加了口头审理。请求人明确无效理由及范围：本专利权利要求 1~3 不符合专利法第 22 条第 3 款关于创造性的规定。请求人当庭提交了证据 2 的部分中文译文以及证据 5、7 的公证书复印件，并将上述文件当庭转交给专利权人一份，请求人明确表示放弃证据 7，指出证据 5~6 作为参考。专利权人认可证据 1、3、4、6 的真实性以及其中文译文的准确性，认可证据 2 的真实性以及请求人在无效宣告请求书中引用的证据 2 的部分中文译文的准确性，认可证据 5、7 的公证书复印件的真实性以及证据 5 的真实性。合议组告知专利权人应当于庭后 7 日内对请求人当庭

提交的证据 2 的部分中文译文的准确性发表意见，逾期未提交，视为对上述文件的准确性无异议。请求人认为本专利权利要求 1~3 相对于证据 1、2、4 的结合，证据 1、4 的结合，证据 1、2、3 的结合，证据 1、3 的结合，证据 2、3 的结合不具备创造性。

双方关于本专利是否具备创造性的辩论意见如下。

1. 关于本专利权利要求 1 的创造性

（1）请求人用证据 1、2、4 评价权利要求 1 的创造性。

请求人认为证据 1 和 2 均单独公开了权利要求 1 前序部分的技术特征和特征部分的步骤（3）~（5），证据 4 公开了权利要求 1 中步骤（1）和（2），因此本专利权利要求 1 相对于证据 1、2、4 的结合不具备创造性。请求人认为证据 1、2 与本专利领域相同，并且也在制造过程中补偿。

专利权人认为证据 1 仅仅涉及对加载不均匀进行的补偿，并且是称重过程中的补偿，而本专利是制造过程中的补偿；证据 2 用于一般商业用途，不是组合式测力，并且用于对蠕变进行补偿，而本专利是车辆称重且为组合式称重；证据 4 是先进行调试而后对称重器具进行封闭，而本专利是先封闭后调试；证据 1 事先存储加载不均匀对应的修正因数，证据 2 在制造过程中并未存储修正因数，而本专利在制造过程中存储修正因数，同时在制造过程以及使用过程均可以进行修正，认为证据 4 没有提供本专利特征部分步骤（2）的启示。

（2）请求人用证据 1 和 4 评价权利要求 1 的创造性，理由同上。

专利权人除坚持上述意见外，认为证据 4 未提及修正，证据 1 没有主控制器对各个处理器的控制，并且不能从外部进行控制和调试。

（3）请求人用证据 1、2、3 评价权利要求 1 的创造性。

请求人认为证据 1 和 2 均单独公开了权利要求 1 前序部分的技术特征和特征部分的步骤（3）~（5），证据 3 公开了权利要求 1 中步骤（1）和（2），证据 3 公开的密封与本专利中的密封作用相同，因此权利要求 1 相对于证据 1、2、3 的结合不具备创造性。

专利权人认为证据 3 是测量发动机水路温度的传感器，不涉及灰尘侵入，仅仅防止热量的传输，不同于本专利的封闭，且领域不同，同时认为证据 3 没有提供本专利特征部分步骤（2）的启示。

（4）请求人用证据 1、3 评价权利要求 1 的创造性，理由同上。

专利权人坚持上述（3）中的意见。

（5）请求人用证据 2、3 评价权利要求 1 的创造性，理由同上。

专利权人坚持上述（3）中的意见。

2. 关于本专利权利要求 2 的创造性

请求人认为证据 4 中的柱状载荷杆公开了本专利的推力元件，本专利的背景技术提到摇杆形式的推力元件是现有技术，证据 1 公开了确定和存储非线性修正因数，同时在本专利背景技术中提到此特征为现有技术，因此权利要求 2 不具备创造性。

专利权人认为证据 1 未公开摇杆，证据 4 中的载荷杆上下不对称，也未提及曲率半径大于摇杆高度的一半，因此不是摇杆，证据 1 实施例仅仅提到对加载不均匀的修正，未涉及非线性，并且权利要求 2 的附加技术特征解决了推力元件容易倒的问题。

3. 关于本专利权利要求 3 的创造性

请求人认为证据 1 公开了对温度的修正。专利权人认为证据 1 实施例未具体披露对温度的修正。

口头审理后，在指定期限内，专利权人并未对请求人当庭提交的证据 2 的部分中文译文的准确性提交书面意见。

至此，本案合议组认为事实已经清楚，可以依法作出审查决定。

二、决定的理由

1. 关于证据

请求人在无效宣告程序中共提交了 7 份证据，即证据 1~7，其在口头审理中明确表示放弃证据 7，证据 5~6 仅作为参考。请求人当庭提交了证据 2 的部分中文译文以及证据 5、7 的公证书、认证书复印件，并将上述文件当庭转交给专利权人一份，专利权人认可证据 1、3、4、6 的真实性以及其中文译文的准确性，认可证据 2 的真实性以及请求人在无效宣告请求书中引用的证据 2 的部分中文译文的准确性，认可证据 5、7 的公证书、认证书复印件的真实性以及证据 5 的真实性。专利权人未在规定期限内对请求人当庭提交的证据 2 的部分中文译文的准确性提出异议，因此证据 2 公开部分的内容以请求人当庭提交的该部分中文译文为准。由于上述证据 1~4 均为专利文献，其公开日均早于本专利申请日，可以作为本案的证据使用，其上记载的内容构成本专利的现有技术。

而对于证据 5、6，请求人在口头审理时明确表示仅将其作为参考，并且请求人在陈述本专利不具备创造性的具体理由和事实中，也没有涉及到证据 5、6，在这种情况下，合议组不对证据 5、6 作出评价。

2. 关于权利要求的创造性

专利法第 22 条第 3 款规定的创造性，是指同申请日以前已有的技术相比，该发明有突出的实质性特点和显著的进步，该实用新型具有实质性特点和进步。

请求人认为权利要求 1~3 相对于证据 1、2、4 的结合，证据 1、4 的结合，证据 1、2、3 的结合，证据 1、3 的结合，证据 2、3 的结合不具备创造性。

本案合议组经审理，查明以下事实：

证据 1 公开了一种称重装置，其包括受力器，该受力器可为由固定座支承的称重平台，在固定座和称重平台之间有多个挠性件，每个挠性件具有一个应变件，所述应变件的连接使在对挠性件加载时产生一应变件输出的变化，可见由多个挠性件以及对应的多个应变件形成的测量就是组合式测量；与受力器连接用来提供模拟重量表示的换能器以及用于将换能器的模拟信号转换称数字形式的装置；对每个换能器分别有一个与之配合的数据存储装置，其存储有校准数据，用于对各换能器的输出进行调整和校正，可以对多种误差源，例如零点误差和测量范围误差、非线性、滞变和与重量无关的参数例如温度和压力的换能器输出的依赖关系进行补偿。

证据 4 公开了一种密闭型载荷计，其包括圆柱状的载荷杆 1，贯通上述载荷杆的筒状外壳 8，嵌合在上述外壳的上端外周的罩盖 11，与上述载荷杆和筒状外壳焊接固定、并在外壳内形成空腔 10 的盖板 6、7，在上述空腔 10 内粘贴在上述载荷杆 1 上的电阻丝应变计 2，上述电阻丝应变计 2 的连接线 16 通过固定在盖板上的杆 14 导出，继而通过罩盖 11 上的插孔 17 可与外部元件电连接。

将本专利权利要求 1 与证据 1 相比较，其区别在于：（1）数字电路装置安装在推力元件上，（2）为所述换能装置和所述数字电路装置提供密封的外壳以及为所述数字电路装置的外部控制提供穿过所述外壳的通路。对于上述区别，合议组认为：区别技术特征（1）为本领域的惯常安装方式，对于区别技术特征（2），证据 4 公开了为载荷杆和粘贴在其上的应变计提供密封的外壳以及为应变计与外部电路的连接提供穿过所述外壳的通路。本领域技术人员在证据 1 的基础上，为了使该测力计能够适于户外，很容易想到将证据 4 中公开的密封外壳以及穿过外壳为与外部电路的连通提供的通路结合进来，同时对数字电路的安装位置进行调整，从而得到本专利权利要求 1 的技术方案，因此权利要求 1 相对于证据 1 和证据 4 的结合不具备突出的实质性特点和显著的进步，不具备创造性。

专利权人在口头审理中指出：（1）证据 1 仅仅涉及对加载不均匀进行的补偿，并且是称重过程中的补偿，而本专利是制造过程中的补偿；（2）证据 1 没有主控制器对各个处理器的控制，并且不能从外部进行控制和调试。(3) 证据 4 是先进行调试而后对称重器具进行封闭，而本专利是先封闭后调试。

对此，合议组认为：(1) 本专利权利要求 1 中仅仅提到数字式修正因数，但并未指明是对什么误差源作出补偿，并且证据 1 中说明书第 2 页明确提到可以对零点误差和测量范围误差、非线性、滞变和与重量无关的参数例如温度和压力的换能器输出的依赖关系进行补偿。另外，本专利和证据 1 一样都是在制造过程中获取补偿因数，在实际称重时对重量进行补偿。(2) 一项专利的保护范围是以其权利要求记载的内容所限定，本专利权利要求 1 并未记载其主控制器对各个处理器进行控制，因此专利权人所述第 (2) 点意见不能证明权利要求 1 具备创造性。(3) 正如专利权人在答复无效宣告请求受理通知书时所述的，模拟测量装置通常先进行调试而后进行封闭，对于数字测量装置由于调节手段不同其可以在系统封闭之后进行调试，因此本领域技术人员在将反映数字测量的证据 1 与反映模拟测量的证据 4 结合起来时，很容易想到将受力元件、换能器和数字电路封闭之后利用数字电路强大的调节手段对测量误差进行补偿。综上所述，专利权人的上述主张不成立，不能证明本专利权利要求 1 相对于证据 1 和证据 4 的结合具备创造性。

从属权利要求 2 限定部分的附加技术特征为：所述推力元件是摇杆，所述方法还包括为所述推力元件确定一个数字式非线性修正因素的步骤，和包括储存所述非线性修正因素的步骤。证据 1 中公开了数据存储装置存储有校准数据，可以对非线性误差进行补偿。证据 4 中公开了圆柱状的载荷杆，而摇杆是本领域一种常用的推力元件，因此当权利要求 1 不具备创造性时，从属权利要求 2 也不具备创造性。

从属权利要求 3 限定部分的附加技术特征为：所述数字电路装置包含用于产生所述推力元件的温度的数字式表示的装置，所述方法还包括为所述推力元件确定温度修正因素的步骤，和包括存储所述温度修正因数以便利用所述温度的数字式表示和所述温度修正因数来修正所述数字式负荷表示的步骤。证据 1 中公开了存储有校准数据的数据存储装置可以对温度和压力的换能器输出的依赖关系进行补偿，也就是说其公开了权利要求 3 中的"存储所述温度修正因数以便利用所述温度的数字式表示和所述温度修正因数来修正所述数字式负荷表示的步骤"，并且既然该称重装置能够存储温度修正因数针对温度造成重量测量的误差进行补偿，而则该称重装置也会具备确定温度数值的装置，同时也应当具备确定温度修正因数的能力，因此当权利要求 1 不具备创造性时，从属权利要求 3 也不具备创造性。

综上所述，本专利权利要求 1~3 均不具备创造性，因此本案合议组作出如下决定。

三、决定

宣告 91111168.9 号发明专利权全部无效。

当事人对本决定不服的，可以根据专利法第 46 条第 2 款的规定，自收到本决定之日起叁个月内向北京市第一中级人民法院起诉。根据该款的规定，一方当事人起诉后，另一方当事人应当作为第三人参加诉讼。

047

洒布车可调旋转圆锥形后喷头

无效宣告请求审查决定（第9415号）

决　　定　　号　第9415号
决　　定　　日　2006年12月30日
发明创造名称　洒布车可调旋转圆锥形后喷头
国 际 分 类 号　E01C 19/16
无效宣告请求人　杭州市政机械厂
专　利　权　人　杭州美通特种机械制造有限公司
专　　利　　号　02216281.X
申　　请　　日　2002年3月21日
授 权 公 告 日　2003年1月15日
合 议 组 组 长　陈迎春
主　　审　　员　王桂莲
参　　审　　员　刘颖杰

法　律　依　据　专利法第22条第2款、第3款
决　定　要　点

证言是证人对其亲身经历的事实的陈述，证人应当对其出具的证言出庭接受质证，未经质证的证人证言不能单独作为认定案件事实的依据。

一、案由

本无效宣告请求涉及国家知识产权局于2003年1月15日授权公告的02216281.X号、名称为"洒布车可调旋转圆锥形后喷头"的实用新型专利（下称本专利），其申请日是2002年3月21日，专利权人是杭州美通特种机械制造有限公司。

本专利授权公告的权利要求书如下：

"1. 一种洒布车可调旋转圆锥形后喷头，具有横管（1），其特征在于：横管（1）上设有数个等距弯管（2），弯管的端头装有喷头（3），喷头由圆锥形的喷头盖（3-1）和与之相配的带底圆环柱体喷头座（3-2）构成，两者之间螺纹配合，喷头盖之锥尖对准喷头座上的锥形喷孔（3-2-1）。

2. 根据权利要求1所述的洒布车可调旋转圆锥形后喷头，其特征在于：所述弯管（2）呈90°，喷头（3）之锥形喷孔（3-2-1）也呈90°圆锥形。"

2004年4月20日，杭州市政机械厂（下称请求人）针对本专利向专利复审委员会提出无效宣告请求，理由是本专利权利要求1、2不具备创造性，请求人提交了两份附件作为证据：

附件 1（下称证据 1）：杭州市政机械厂编号 QLS1. 3-1-6-125 的“喷咀盖”和编号为 QLS1. 3-1-6-124 的“喷咀座”的图纸复印件各 1 页，该两份图纸中的日期栏中写有“86. 7”的字样，描图一栏签有陈丽达的名字，校核一栏中签有张胜利的名字；

附件 2（下称证据 2）：杭州市政机械厂介绍材料复印件 9 页。

请求人认为本专利权利要求 1 的“喷头”在专利设计人仇德胜任杭州市政机械厂（即请求人）厂长期间的 1986 年就设计制造出来，是公知公用产品。证据 1 是杭州市政机械厂于 1986 年 7 月所出权利要求 1 的“喷头”的图纸，包括“喷咀盖”和“喷咀座”，前者是权利要求 1 中的“喷头盖”，后者是权利要求 1 中的“喷头座”；证据 2 是仇德胜任杭州市政机械厂厂长时该厂的样本书复印件，其中第 2 页左上为厂长仇德胜照相形象，第 4 页左下为所述“喷头”安装于沥青洒布车手持喷枪喷洒演示照片，也显示了沥青的圆锥射流；因此权利要求 1 相对于已有技术，无实质性特点和进步，不具备创造性。而权利要求 2 的附加技术特征对本领域技术人员来说是显而易见的，无实质性特点和进步，也不具备创造性。

经形式审查合格，专利复审委员会受理了上述无效宣告请求，并于 2004 年 4 月 21 日向请求人和专利权人发出无效宣告请求受理通知书，同时将无效宣告请求书及其附件 1、2 的副本转给专利权人，要求其在指定的期限内陈述意见。

请求人于 2004 年 5 月 19 日提交了意见陈述书，并补充提交了如下证据：

补充附件 1（下称证据 3）：李国林出具的书面证言复印件 1 页，其证言内容是李国林于 1983 年至 1990 年任杭州市政机械厂（原厂名：市政公司机修厂）厂长，在任职期间主持开发了该厂沥青洒布车第一代产品，该产品中手提喷枪就应用了旋转喷头，且曾将旋转喷头应用于后排喷管；

补充附件 2（下称证据 4）：市政委（83）字第 28 号中共杭州市市政工程公司委员会文件复印件 1 页，其内容是关于李国林任市政工程公司机修厂厂长、张胜利任市政工程公司机修厂付厂长的任职报告；

补充附件 3（下称证据 5）：张胜利出具的书面证明复印件 1 页，证言内容是其自 1982 年至 1989 年在杭州市政机械厂任技术副厂长，期间参与了沥青洒布车的设计工作，QLS1. 3-1-6-124 喷咀座及 QLS1. 3-1-6-125 喷咀盖的图纸是其 1986 年从事研制过程中对图纸校核的其中两个零件，图纸上的签字是其亲笔所签；该喷嘴当时主要用于手提喷枪，也曾用于后排管；

补充附件 4（下称证据 6）：张胜利身份证复印件 1 页；

补充附件 5（下称证据 7）：陈丽达出具的书面证明复印件 1 页，证言内容是其自 1971 年至 1988 年在杭州市政机械厂从事描图工作，曾经参与沥青洒布车的开发工作，QLS1. 3-1-6-124 喷咀座及 QLS1. 3-1-6-125 喷咀盖的图纸是其亲手所描，签字也是其亲笔所签；

补充附件 6（下称证据 8）：南京市玄武区市政工程管理所出具的书面证明复印件 1 页，其证明内容是该单位于 1998 年至 2000 年分别在杭州市政机械厂购买二台沥青洒布车，该车上的手提喷枪的喷头的结构与本专利的喷头结构相同；

补充附件 7（下称证据 9）：河北邯郸峰峰公路站出具的书面证明复印件 1 页，其证明内容是该单位于 1992 年在杭州市政机械厂购买一台沥青洒布车，该车上的手提喷枪的喷头的结构与本专利的喷头结构相同；

补充附件 8（下称证据 10）：宁国市公路管理所出具的书面证明复印件 1 页，其证明内容是该单位于 1995 年、1997 年、2001 年分别从杭州市政机械厂购买了一台沥青洒布车，该车的手提喷枪一直使用这种旋转喷头，使用良好无故障。

专利权人于 2004 年 5 月 25 日提交了意见陈述书，对证据 1、2 的真实性表示异议，并认为证据

1、2 的结构与本专利不同，请求人目前制造的产品仍然与本专利不同，因而请求人的无效请求理由不成立，专利权人提交了如下反证：

反证 1：2004 年第 4 期《中国公路》的复印件 3 页；

专利权人于 2004 年 7 月 21 日再次提交了意见陈述书，认为请求人早期使用在沥青洒布车上的喷嘴与本专利不同，请求人关于本专利在申请日之前公开使用的理由不成立，专利权人补充提交了如下反证：

反证 2：（2004）葫证民字第 1715 号公证书的复印件；

反证 3：（2004）葫证民字第 1716 号公证书的复印件；

反证 4：（2004）葫证民字第 1790 号公证书的复印件；

反证 5：双箭牌沥青洒布车改造前后的照片复印件共 4 张。

2005 年 4 月 6 日，本案合议组向双方当事人发出口头审理通知书，定于 2005 年 5 月 24 日对本案进行口头审理，并将专利权人于 2004 年 5 月 25 日和 2004 年 7 月 21 日提交的上述两份意见陈述书及其所附反证 1-5 转给请求人，将请求人于 2004 年 5 月 19 日提交的意见陈述书和证据 3-10 转给专利权人。

口头审理如期举行，请求人一方由专利代理人梁寅春出庭、专利权人一方由专利代理人翁霁明出庭。请求人明确无效宣告请求的理由是本专利在申请日之前公开销售，不具有新颖性，与证据 1 所示喷嘴相比不具有创造性，请求宣告权利要求 1-2 无效。请求人提交了证据 1~3、5、7~10 的原件，未提交证据 4、6 的原件。专利权人确认证据 1~3、5、7~10 的复印件与原件一致，但对上述证据的真实性有异议；专利权人认为，证据 1、2 是请求人自己的图纸和介绍，可随意绘制或印制，而证据 3、5、7 是在打印之后证明人再签的字，且这些证人都未出庭接受质证，证据 8-10 也是打印之后再盖的单位公章，并且没有法定代表人签字。请求人对专利权人提交的反证的真实性没有异议，但认为不能证明本专利权利要求 1、2 有创造性。请求人认为证据 1 中的喷嘴与本专利中圆锥形喷头盖和与之相配的带底圆环柱体喷头座构成的喷头结构相同。专利权人认为证据 1 没有涉及本专利权利要求 1 中的如下技术特征：横管（1）横管上设有数个等距弯管（2）及弯管的端头装有喷头（3）。请求人认为弯管（2）及喷头（3）之锥形喷孔（3-2-1）呈 90°圆锥形是本领域技术人员通过常规设计可以选择的。专利权人认为其提交的反证可以证明请求人使用的喷嘴不是本专利中的圆锥形喷头。

至此，合议组经过合议，认为本案事实已经清楚，可以依法作出审查决定。

二、决定的理由

1. 关于证据

证据 1、2 经确认与原件一致，其形式上的真实性可以得到确认，但该两份证据都是请求人自己绘制和印刷的，其内容的真实性在没有其他证据可以佐证的情况，难以得到确认。请求人提交了证据 5、7 的证人证言意欲证明证据 1 图纸的真实性，但是提供证言的证人并没有到庭进行质证，因而其证言内容的真实性也无法确认，这种情况下，证据 5、7 也无法佐证证据 1、2 的真实性。另外与证据 5 有关的还有证据 4、6，其中证据 4 是证据 5 中证人的任职报告，但请求人没有提供证据 4 的原件，该证据的真实性难以确认，因而其也不能用以佐证证据 5 证言的真实性；证据 6 是证据 5 的证人的身份证复印件，其也不能用于佐证该证人的证言的真实性。基于上述理由，证据 1、2、4~7 不能作为本案定案的依据。

证据 3 是证人证言，提供该证言的证人也没有出庭质证，在没有其他证据佐证的情况下，该证言的真实性也得不到确认。证据 4 是证据 3 中的证人的任职报告，如前所述，该证据的真实性难以确认，因而该报告也不能对证据 3 的真实性加以佐证。因此，证据 3 也不能作为本案定案的依据。

证据8~10是单位提供的证明，其内容属于证人证言，证人证言应当是证人陈述的其亲历的具体事实，因而只有自然人才能是作出证人证言的主体，但是出具上述证据中的证言的证人并未对其所作证言签字，并且也没有出庭进行质证，因而上述证据的证言的真实性不能确认，因此，证据8~10也不能作为本案定案的依据。

2. 关于本专利的新颖性、创造性

基于上面的分析可知，请求人提供的所有证据均不能作为定案的依据，在这种情况下，请求人认为本专利不符合专利法第22条第2、3款的理由由于没有证据支持而不能成立。

基于此，合议组作出如下决定。

三、决定

维持02216281. X号实用新型专利权有效。

当事人对本决定不服的，可以根据专利法第46条第2款的规定，在收到本决定之日起三个月内向北京市第一中级人民法院起诉。根据该款规定，一方当事人起诉后，另一方当事人应当作为第三人参加诉讼。

048

内置式数显靶式流量计

无效宣告请求审查决定（第9423号）

决定号 第9423号
决定日 2006年12月26日
发明创造名称 内置式数显靶式流量计
国际分类号 G01F 1/28
无效宣告请求人 泉州恒劲科博测控技术有限公司
专利权人 泉州日新流量仪器仪表有限公司
专利号 00201624.9
申请日 2000年1月6日
授权公告日 2000年11月1日
合议组组长 张惠军
主审员 王琦琳
参审员 刘 畅

法律依据 专利法第9条、第22条；专利法实施细则第13条第1款
决定要点

如果一项专利的权利要求与另一项专利的所有权利要求的保护范围均不同，则该专利符合专利法第9条和专利法实施细则第13条第1款的规定；如果一项权利要求与现有技术相比存在区别特征，而且现有技术并未给出将该区别特征应用至该现有技术的技术启示，则该项权利要求具备实质性特点和进步，符合专利法第22条第3款的规定。

一、案由

本无效宣告请求涉及国家知识产权局于2000年11月1日授权公告的名称为“内置式数显靶式流量计”的00201624.9号实用新型专利权（下称本专利），其申请日是2000年1月6日，专利权人是泉州日新流量仪器仪表有限公司。本专利授权公告时的权利要求书如下：

“内置式数显靶式流量计，包括由信号处理电路和显示器组成的数据处理装置，其特征在于：还包括传感装置和采样装置，传感装置包括传感器座和传感器，传感器由金属应变筒体和设于筒体内壁的应变片组成，采样装置包括靶杆和固定于靶杆上的靶片，靶杆固定于传感器的筒体外。”

针对上述实用新型专利权，泉州恒劲科博测控技术有限公司（下称请求人）于2006年6月12日向专利复审委员会提出了无效宣告请求，并提交了如下证据：

证据1：ZL99201800.5号实用新型专利说明书，其授权公告日为2000年3月15日，申请日为

1999 年 1 月 5 日，专利权人为万国庆。

结合上述证据，请求人认为：证据 1 的独立权利要求与本专利的权利要求属于同样的发明创造，不符合专利法第 9 条和专利法实施细则第 13 条的规定。

经形式审查合格，专利复审委员会依法受理了上述无效宣告请求，并于 2006 年 6 月 13 日向双方当事人发出了无效宣告请求受理通知书，随同无效宣告请求受理通知书将专利权无效宣告请求书及其附件清单中所列附件副本转送给专利权人，要求其在指定的期限内答复。

请求人于 2006 年 6 月 27 日向专利复审委员会补充提交了意见陈述书，增加了无效宣告理由，并提交了如下补充证据：

证据 2：ZL98241837. X 号实用新型专利说明书，其授权公告日为 1999 年 10 月 13 日；

证据 3：《Encyclopedia of Fluid Mechanics》VOLUME 1 “Flow Phenomena and Measurement” 英文原文封面、扉页、版权页各 1 页、目录页 5 页、特别感谢页 3 页、编辑介绍 1 页、前言 1 页、卷目录 1 页、第 1408~1433 页复印件共 39 页，以及上述英文原文复印件的相关部分译文共 29 页。

结合上述证据，请求人认为：本专利相对于证据 2 仅是应变片贴法不同，不具备专利法第 22 条第 3 款规定的创造性；本专利相对于证据 3 第 1412 页的剖面结构图所示的技术方案来说，并不具有积极的效果，本专利不符合专利法第 22 条第 3 款规定的创造性。

请求人于 2006 年 7 月 11 日向专利复审委员会再次提交了意见陈述书，并提交了如下补充证据：

证据 4：中国建筑工业出版社出版的《建筑电气设备手册》的封面、版权页、第 966 页复印件共 3 页，其出版日期为 1986 年 12 月；

证据 5：机械工业出版社出版的《机械工程手册》的封面、第 9 卷扉页、第 9 卷版权页、第 52~44 页至第 52~45 页复印件共 5 页，其出版日期为 1982 年 5 月；

证据 6：机械工业出版社出版的《机械工程测试技术基础》的封面、版权页、前言页、第 220 页至第 221 页复印件共 5 页，其出版日期为 1985 年 12 月；

证据 7：中南工业大学出版社出版的《检测技术与智能仪表》的封面、版权页、前言页、第 90 页至第 91 页复印件共 5 页，其出版日期为 1998 年 3 月；

证据 8：上海交通大学出版社出版的《流量检测及仪表》的封面、版权页、前言页、目录页 2 页、第 152 页至第 156 页复印件共 10 页，其出版日期为 1987 年 4 月；

证据 9：云南科技出版社出版的《简明机械工程师手册（下册）》的封面、版权页、第 1689 页、第 1694 页复印件共 4 页，其出版日期为 1988 年 5 月；

证据 10：机械工业出版社出版的《流量测量工程手册》的封面、版权页、序言 4 页、目录页 3 页、第 502 页至第 514 页复印件共 22 页，其出版日期为 1990 年 5 月。

请求人认为本专利早就被上述证据所公开，因而不具备专利法第 22 条规定的新颖性和创造性，但未具体陈述理由。

专利复审委员会于 2006 年 7 月 26 日收到专利权人寄交的意见陈述书以及如下反证：

反证 1：ZL98241837. X 号实用新型专利证书（证书号为第 346040 号）复印件 1 页；

反证 2：“6 月份总经办财务及后勤工资表”复印件 1 页；

反证 3：福建省泉州市中级人民法院于 2006 年 5 月 10 日作出的（2006）泉民保字第 5 号民事裁定书复印件 2 页；

反证 4：由中国科学技术信息研究所于 2000 年 3 月 10 日出具的，编号为 00662 的科研成果查新证明书复印件共 4 页；

反证 5：科学技术部科技型中小企业技术创新基金管理中心颁发的，立项代码为 00C26213501030

的“科技型中小企业技术创新基金立项证书”复印件1页；

反证6：福建省科学技术进步奖评审委员会办公室于2002年3月1日颁发的，证书编号为2001-3-100-3的获奖证书复印件1页；

反证7：泉州市人民政府于2002年1月5日颁发的，证书编号为2001-4-008-2的获奖证书复印件1页。

结合上述反证，专利权人认为：根据反证4、反证5、反证7可知本专利具备新颖性、创造性；本专利是应变片内置式传感器而证据1是应变片外置式传感器，两者结构完全不同，本专利有更为优秀的技术效果。

专利复审委员会依法成立合议组，并于2006年10月13日向双方当事人发出无效宣告请求口头审理通知书，指出本案定于2006年11月27日举行口头审理，随同无效宣告请求口头审理通知书，将请求人于2006年6月27日提交的意见陈述书及其附件清单中所列附件副本以及请求人于2006年7月11日提交的意见陈述书及其附件清单中所列附件副本转送给专利权人，将专利复审委员会于2006年7月26日收到的专利权人所提交的意见陈述书及其附件清单中所列附件副本转送给请求人。

口头审理如期举行，双方当事人均参加了口头审理。在口头审理中，请求人当庭提交证据11（ZL98208475.7号实用新型专利说明书，其授权公告日为1999年9月8日），合议组当庭将其转给专利权人，并告知双方当事人证据11为超期证据。专利权人当庭提交反证8（请求号为06-0806的实用新型专利检索报告）原件和复印件，合议组当庭将其转给请求人。请求人当庭提交了证据3至7和证据9的原件，专利权人对证据1至证据7、证据9和证据11的真实性无异议，对证据3的译文准确性无异议；请求人当庭提交了加盖有“华侨大学图书馆”印章的证据8和证据10的复印件，专利权人认为请求人当庭提交的是复印件而不是原件，因此对证据8、证据10的真实性不予认可。专利权人当庭提交了反证3至反证7的原件，请求人对反证1、反证3至反证8的真实性表示无异议，对反证2的真实性表示异议，并认为反证2与本案无关联性；专利权人认为请求人在提交证据4至证据10时没有结合证据4至证据10具体说明，不符合审查指南的相关规定，应不予考虑。合议组当庭告知请求人证据11为超期证据，不予考虑，请求人坚持采用证据11评价本专利的创造性；请求人明确其无效宣告理由是本专利相对于证据1不符合专利法第9条和专利法实施细则第13条第1款的规定，相对于证据2或者证据3不具备创造性，相对于证据3与证据4至证据10中任意一个的结合不具备创造性。专利权人认为证据2或者证据3的图和文字部分均没有公开本专利应变片的位置以及传感器的形状构造，而其他证据也没有公开上述本专利与证据2或者证据3的区别技术特征。双方当事人均对各自证据的使用方式和双方的证据能否影响本专利权利要求的新颖性、创造性充分发表了意见。

至此，合议组认为事实已经清楚，在此基础上，合议组经合议依法作出审查决定。

二、决定的理由

1. 关于证据和现有技术

（1）关于请求人提交的证据1~11。

请求人共提交了11份证据，其中证据1和证据2为实用新型专利说明书，专利权人对证据1和证据2的真实性无异议，合议组经核实认为，证据1和证据2可以作为本案证据使用。证据1和证据2均为专利文献，其中证据1的申请日在本专利申请日之前、授权公告日在本专利申请日之后，可用于评述本专利是否符合专利法第9条和专利法实施细则第13条第1款的规定；证据2的授权公告日在本专利申请日之前，其上公开的内容构成本专利的现有技术，可用于评价本专利的新颖性和创造性。

证据3是百科全书类技术资料，其出版日期早于本专利的申请日，专利权人对其真实性和译文准确性均无异议，合议组经审查认为，证据3可以作为本案证据使用。

证据4~7和证据9均为国内公开出版的出版物，且出版日期均早于本专利的申请日，请求人当庭提交了证据4~7、证据9的原件，且专利权人对其真实性无异议，合议组经审查认为，证据4~7以及证据9可以作为本案证据使用。

证据8和证据10均为国内公开出版的图书的复印件，请求人提交了加盖有“华侨大学图书馆”印章的证据8和证据10的复印件，并且其上还附有华侨大学图书馆咨询部出具的证言，该证言证明该复印件与图书馆藏书中相应部分的内容相符。专利权人对证据8、证据10的真实性不予认可，但是未提供任何证据支持其观点。合议组认为，华侨大学图书馆属于国内正规的公共图书馆，其作为拥有证据8、证据10的书籍原件的收藏单位，与本案双方当事人并无利害关系，在无相反证据的情况下，应当认可证据8和证据10的真实性，故证据8和证据10可以作为本案证据使用。

专利权人认为请求人在提交证据4~10时没有对证据4~10进行具体说明，不符合审查指南的相关规定，应不予考虑。合议组认为，证据4~10是请求人在其提出无效宣告请求之日起的一个月之内提交的，不属于新证据，请求人虽然未具体对比说明，但是在提交证据4~10时已明确表明证据4~10用于评价本专利的新颖性和创造性。另外，证据4~10均属于教科书或者技术手册类的证据，其内容具有一定的公知性，而且作为流量计领域的技术人员从证据4~10中所包含的原理图或者设计图中，也能够很容易地明了证据4~10所公开的流量计的具体结构。综上所述，合议组对专利权人的上述主张不予支持。

请求人于口审当庭提交的证据11属于在提出无效宣告请求之日起一个月后补充的新证据，该证据既不属于与在先提交证据相关联的补强类证据，也不属于技术词典、技术手册、教科书等所属技术领域的公知常识性证据，故在本案中对证据11不予考虑。

（2）关于专利权人提交的反证1~8。

专利权人当庭提交了反证3至反证7的原件，请求人对反证1、反证3至反证7的真实性无异议，对反证2的真实性表示异议。合议组认为反证1、反证3至反证7在本案中可以做为证据使用；由于专利权人没有提供反证2的原件，且请求人对反证2的真实性不予认可，在缺乏其他佐证对其加以印证的情况下，反证2的真实性难以确定，在本案中对反证2不予考虑。专利权人于口审当庭提交的反证8（请求号为06-0806的实用新型专利检索报告）用于证明本专利具有新颖性、创造性，但是由于检索报告不是生效的行政决定，检索报告的结论和意见仅是参考性的，其中对于本专利新颖性及创造性的评价对本无效宣告请求审查决定无任何约束作用，在本案中，反证8不作为本案证据使用。

2. 关于本专利权利要求是否符合专利法第9条和专利法实施细则第13条第1款的规定

专利法第9条规定：两个以上的申请人分别就同样的发明创造申请专利的，专利权授予最先申请的人。

专利法实施细则第13条第1款规定：同样的发明创造只能被授予一项专利。

审查指南第二部分第三章第6节指出：“同样的发明创造”是指两件或两件以上申请（或专利）中存在保护范围相同的权利要求。

请求人认为：本专利与证据1等同，只是证据1没有写明应变片设置于筒体内壁，但是该特征属于公知技术，而且证据1包括了应变片贴于内外壁的两种贴法。

经审查，本专利权利要求是“内置式数显靶式流量计，包括由信号处理电路和显示器组成的数据处理装置，其特征在于：还包括传感装置和采样装置，传感装置包括传感器座和传感器，传感器由金属应变筒体和设于筒体内壁的应变片组成，采样装置包括靶杆和固定于靶杆上的靶片，靶杆固定于传感器的筒体外。”证据 1 的权利要求 1 公开了一种靶式流量计，其中公开了以下技术特征：该靶式流量计包括测量室、靶杆、靶片、传感器、信号处理及显示装置；传感器包括传感器体和四支应变计，传感器体是管状体，应变计紧贴于传感器体的外圆柱面上，互相连接成平衡电桥。证据 1 的权利要求 1 以及其从属权利要求 2~4 中的任何一个均没有公开本专利权利要求的将应变计这样的应变传感器单元贴于传感器体内部的技术特征。也就是说，证据 1 的任何一个权利要求的保护范围与本专利权利要求的保护范围均不相同。所以，本专利与证据 1 不属于相同的发明创造，符合专利法第 9 条和专利法实施细则第 13 条第 1 款的规定。

3. 关于本专利权利要求是否符合专利法第 22 条第 3 款关于创造性的规定

专利法第 22 条第 3 款规定：创造性，是指同申请日以前已有的技术相比，该发明有突出的实质性特点和显著的进步，该实用新型有实质性特点和进步。

请求人认为本专利不具备创造性，分别用证据 2 或者证据 3 单独与本专利对比，或者将证据 3 与证据 4~证据 10 分别结合来评价本专利权利要求的创造性。

本专利的权利要求涉及一种内置式数显靶式流量计，证据 3 译文的第 1412 页中的附图 4A 以及译文第 1411 页第 3 段至第 4 段也公开了一种应变测量靶式流量计，其中包括靶片 10、靶杆 6、传感器感应管 5（相当于本专利的金属应变筒体）应变计 11（相当于本专利的应变片）；证据 3 译文的第 1409 页图 1A 以及图 1B 公开了表头；证据 3 译文的第 1426 页图 8 及其相关部分译文公开了数字读数器（相当于本专利的数据处理装置）。本专利权利要求与证据 3 的区别技术特征在于“设于筒体内壁的应变片”和“靶杆固定于传感器的筒体外”。根据本专利权利要求的限定并参考说明书、说明书附图可知，本专利的应变片是设置于金属应变筒体的内壁上的，而且靶杆是作为一个在外部的单独部件与传感器内的金属筒体连接的，通过这样的结构使传感器与靶杆不存在空隙，因此在各种含杂液体中都能使用，因而带来了有益的技术效果。

请求人认可证据 3 没有公开应变片贴在筒体内壁的技术特征，但是请求人认为证据 3 第 1411 页第 5 行公开了“传感器感应管的侧没有接触流体的外表面粘贴有应变计”，由此可以推知应变片应该贴在筒体内壁。对此合议组认为，证据 3 所公开的上述内容仅是提示本领域普通技术人员为了确保应变片的灵敏度，应将其与所检测的流体隔开，并明确表示应将应变计粘贴在传感器感应管的没有接触液体的外表面。对于本领域普通技术人员来说，从证据 3 公开的内容并不能容易地想到将应变片设在筒体内壁。因此，请求人的上述主张不能被接受，本专利相对于证据 3 具有实质性特点和进步，具备专利法第 22 条第 3 款规定的创造性。

证据 2 是本专利说明书背景技术部分中提到了的、专利权人的另一项实用新型专利，也公开了一种数显靶式流量计，其中公开了：一种主要由表头（相当于本专利的数据处理装置）传感器（相当于本专利的传感装置）靶片和腔体构成的数显靶式流量计，表头包括有常规的计算机信号处理器和显示器，与传感器信号输出连接，靶片固定在靶杆上，传感器选用筒式力应变传感器（相当于本专利的金属应变筒体），筒式力应变传感器套设于靶杆外围构成采样机构（相当于本专利的采样装置），并直接设置固定在腔体中。但是，证据 2 中也没有公开上述区别技术特征，即没有公开本专利权利要求中的“设于筒体内壁的应变片”和“靶杆固定于传感器的筒体外”的技术特征。而且，从证据 2 所公开的内容中也无法得出将应变片设在筒体内壁的技术启示，本专利权利要求相对于证据 2 具有实质性特点和进步，具备专利法第 22 条第 3 款所规定的创造性。

请求人用证据 4~10 中任何一个与证据 3 结合来评价本专利权利要求的创造性，其认为：证据 4 的图 8. 6. 10-1 公开了本专利的技术特征，证据 5 的图 52. 4-26 可以证明靶杆上装有靶片，证据 6 第

221 页最后一段文字证明本专利不具备创造性，证据 7 第 91 页图 8-22 及原文证明了应变片既可以内贴也可以外贴，证据 8 的图 10-1 公开了本专利的技术特征，证据 9 第 1694 页下方的图证明本专利不具备创造性，证据 10 第 503 页图 11.3 证明靶片与靶杆的关系是公知技术。

合议组经审理认为，证据 4 公开了一种利用电阻应变片组成的四臂电桥的靶式流量变送器；证据 5 公开了一种气动靶式流量计；证据 6 公开了一种自补偿靶式流量计；证据 8 公开了一种靶式流量计下部靶片和靶杆关系的图；证据 9 公开了一种靶式流量计的示意图；证据 10 第 503 页图 11.3 公开了一种力平衡式靶式流量计的靶杆和靶片部的结构；从证据 4 至证据 6 以及证据 8 至证据 10 所公开的内容中均无法得出将应变片设在筒体内壁的技术启示；另外，证据 7 的图 8-22（b）中虽然显示出将应变片设置在传感器内，但仅给出了一种应变式测力传感器的环式结构，证据 7 是关于检测技术方面的技术书刊，其介绍了一种能够测量多种物理量的传感器结构，本领域技术人员并不会必然地将其应用至比如流量计这样的一个特定领域，而且证据 7 图 8-22（b）中的环式结构虽然是将应变片贴于环内，但是从配置方式和具体结构方面看，环式结构也与本专利的筒式结构存在很大差异，本领域技术人员从证据 7 所公开的内容无法得到将环式应变式测力传感器应用于检测流量的技术启示。由于证据 4 至证据 10 均没有公开本专利权利要求的上述区别技术特征，特别是没有公开或教导在靶式流量计中将应变片设置在筒体内壁，证据 3 与证据 4 至证据 10 中任何一个证据即使结合，也不能显而易见地得到本专利权利要求的技术方案。因此，本专利权利要求相对于证据 3 与证据 4 至证据 10 中任何一个证据的结合具备专利法第 22 条第 3 款所规定的创造性。

对于本专利来说，通过将应变片设置在内壁，将靶杆设于金属应变筒体之外，具有使得传感器与靶杆之间不存在空隙，能够广泛适用于各种流体，而且避免了靶杆被粘住的技术效果，确保了传感器的灵敏度。

综上所述，本专利相对于证据 2、证据 3 或者证据 3 与证据 4~10 之一的结合，均具备实质性特点和进步，符合专利法第 22 条第 3 款规定的创造性。

三、决定

维持 00201624.9 号实用新型专利权有效。

当事人对本决定不服的，可以根据专利法第 46 条第 2 款的规定，自收到本决定之日起叁个月内向北京市第一中级人民法院起诉。根据该款的规定，一方当事人起诉后，另一方当事人应当作为当事人参加诉讼。

北京市第一中级人民法院
行政判决书

（2007）一中行初字第 235 号

原告泉州恒劲科博测控技术有限公司，住所地泉州市鲤城区江南树兜工业区奇树路 59-61 号

委托代理人闵蓉，男，南昌佳诚专利事务所专利代理人

委托代理人王建通，福建立行律师事务所律师

被告国家知识产权局专利复审委员会，住所地北京市海淀区北四环西路 9 号银谷大厦 10~12 层

法定代表人廖涛，副主任

委托代理人王琦琳，专利复审委员会审查员

委托代理人王伟艳，专利复审委员会审查员

第三人泉州日新流量仪器仪表有限公司，住所地泉州市鲤城区南环路二号桥日新大厦

法定代表人倪聪明，董事长

委托代理人张松亭，厦门市首创君合专利事务所有限公司专利代理人

原告泉州恒劲科博测控技术有限公司（简称恒劲科博公司）不服被告国家知识产权局专利复审委员会（简称专利复审委员会）于2006年12月26日作出的第9423号无效宣告请求审查决定（简称第9423号决定），于法定期限内向本院提起诉讼。本院于2007年2月1日受理本案后，依法组成合议庭，并依法通知泉州日新流量仪器仪表有限公司（简称日新公司）作为第三人参加诉讼，于2007年4月6日公开开庭进行了审理。原告恒劲科博公司的委托代理人闵蓉、王建通，被告专利复审委员会的委托代理人王绮琳、王伟艳，第三人日新公司的法定代表人倪聪明以及委托代理人张松亭到庭参加诉讼。本案现已审理终结。2006年6月12日，原告恒劲科博公司针对第三人日新公司的名称为“内置式数显靶式流量计”的00201624.9号实用新型专利权（下称本专利）向被告专利复审委员会提出无效宣告请求。2006年12月26日，被告专利复审委员会作出第9423号决定，认为：1. 关于证据。证据3是百科全书类技术资料，证据4、证据5、证据6、证据7和证据9均为国内公开出版的出版物，证据8和证据10均为国内公开出版的图书的复印件，上述证据均可用于评价本专利的创造性，可以作为本案证据使用。证据11属于在提出无效宣告请求之日起一个月后补充的新证据，不予考虑。2. 关于本专利权利要求是否符合《专利法》第二十二条第三款关于创造性的规定。本专利的权利要求涉及一种内置式数显靶式流量计，证据3译文的第1412页中的附图4A以及译文第1411页第3段至第4段也公开了一种应变测量靶式流量计，其中包括靶片10、靶杆6、传感器感应管5、应变计11；证据3译文的第1409页图1A以及图1B公开了表头；证据3译文的第1426页图8及其相关部分译文公开了数字读数器。本专利权利要求与证据3的区别技术特征在于“设于筒体内壁的应变片”和“靶杆固定于传感器的筒体外”。根据本专利权利要求的限定并参考说明书、说明书附图可知，本专利的应变片是设置于金属应变筒体的内壁上的，而且靶杆是作为一个在外部的单独部件与传感器内的金属筒体连接的，通过这样的结构使传感器与靶杆不存在空隙，因此在各种含杂液体中都能使用，因而带来了有益的技术效果。本专利相对于证据3具有实质性特点和进步，具备创造性。由于证据4证据10均没有公开本专利权利要求的上述区别技术特征，特别是没有公开或教导在靶式流量计中将应变片设置在筒体内壁，证据3与证据4证据10中任何一个证据即使结合，也不能显而易见地得到本专利权利要求的技术方案。因此，本专利权利要求相对于证据3与证据4证据10中任何一个证据的结合都具备《专利法》第二十二条第三款所规定的创造性。基于上述理由，专利复审委员会作出第9423号决定，维持本案专利权有效。原告恒劲科博公司不服该决定，在法定期限内向本院提起诉讼，称：1. 证据11作为公开的专利文献，是我国专利法意义上的出版物，是所属技术领域中的公知常识性证据，因此在无效宣告的审查程序之中，应该将国家知识产权局已公开的专利文献当作技术词典、技术手册、教科书一样看待。另外，第9423号决定认定证据11为超期证据，不予考虑的描述也不符合客观实际。2. 本专利技术方案相对于证据3不具有创造性。第9423号决定认定“本专利权利要求与证据3的区别技术特征在于‘设于筒体内壁的应变片’和‘靶杆固定于传感器的筒体外’……通过这样的结构使传感器与靶杆不存在间隙”是错误的理解所形成的认定。因为：（1）对于“设于筒体内壁的应变片”这一方式，证据3的第1411页的第5行“传感器弹性感应体的侧没有接触流体的外表面粘贴有应变计。应变计以这种方式粘贴在这一部件上，四个应变计组成一个斯惠顿电桥组，并形成一个单点悬臂梁的活动测力机构力臂”定义了应变片的贴法。证据8的第227页中详细说明了“靶式流量计适用于测量高粘度、高杂质、带悬浮颗粒的介质和浆液介质的测量”。如果应

用在上述脏污、含杂质的流体场合，就必须将力传感器进行倒立安装，使得靶杆固定于传感器应变体的正下方，并和靶片连接置于测量腔体内，如果浸泡在流体中直接接触流体，将损坏应变片，功能失效，这是本技术领域普通技术人员知晓的基本常识，只能、也必须将应变片粘贴筒体的内壁上。(2) 靶杆固定传感器的筒体外的定义不正确，从本说明书及说明书附图看均不支持“之外”的上位概念。准确的描述应该是“将靶杆连接在传感器的下方”，而决定中根本未考虑此技术的描述正确性，从而扩大了本专利的保护范围。(3) 决定中错误地认定“传感器与靶杆不存在间隙”，实际上零部件之间的连接都应该有间隙存在。在这一点上本专利技术特征与证据3的技术特征等同，因此本专利不具备创造性。基于以上客观事实和理由，请求法院撤销第9423号决定，宣告本专利权全部无效。被告专利复审委员会辩称：在无效程序中已经明确告知过原告证据11属于超期证据，不予采用；另外该证据为专利文献，不属于公知技术范畴，故不予以考虑。同时证据3第1411页第5行所公开的内容仅是提示本领域普通技术人员为了确保应变片的灵敏度应将其与所检测的流体隔开，而且还明确表示将应变片粘贴在传感器感应管的没有接触液体的外表面上。所以原告主张的“只能、也必须将应变片粘贴在筒体的内壁上”的观点不成立。原告认为“靶杆固定传感器的筒体外”的定义不正确，得不到说明书的支持，但原告并未在无效程序中提出该无效理由，故不应予以考虑。证据3的靶式流量计的靶杆是从安装支管壳中向外伸出的，在靶杆和管壳之间存在间隙，而本专利中靶杆是固定于金属筒外的，筒内壁上的应变片是与流体隔绝的，二者结构上的差异导致本专利产生了可与流体客观隔绝的技术效果。综上所述，第9423号决定认定事实清楚、适用法律正确、审理程序合法，请求人民法院予以维持。第三人日新公司陈述意见认为第9423号决定认定事实清楚、适用法律正确，诉争专利具备新颖性和创造性。请求人民法院驳回原告恒劲科博公司全部诉讼请求，维持第9423号决定。

经审理查明：

名称为“内置式数显靶式流量计”的00201624.9号实用新型专利权（即本案专利），其申请日是2000年1月6日，专利权人是日新公司。本专利授权公告时的权利要求书如下：

“内置式数显靶式流量计，包括由信号处理电路和显示器组成的数据处理装置，其特征在于：还包括传感装置和采样装置，传感装置包括传感器座和传感器，传感器由金属应变筒体和设于筒体内壁的应变片组成，采样装置包括靶杆和固定于靶杆上的靶片，靶杆固定于传感器的筒体外。”

2006年6月12日，恒劲科博公司针对本专利向专利复审委员会提出无效宣告请求，认为本专利与证据1属于同样的发明创造，不符合《专利法》第九条和《专利法实施细则》第十三条的规定；本专利相对于证据2、证据3以及证据3分别与证据4、证据5、证据6、证据7、证据8、证据9、证据10之一的结合不具备创造性，应宣告其专利权无效。为支持其无效理由，恒劲科博公司在举证期限内先后提交了证据1、证据2、证据3、证据4、证据5、证据6、证据7、证据8、证据9、证据10，其中证据3为《Encyclopedia of Fluid Mechanics》VOLUME 1“Flow Phenomena and Measurement”英文原文封面、扉页、版权页各1页、目录页5页、特别感谢页3页、编辑介绍1页、前言1页、卷目录1页、第1408~1433页复印件共39页，以及上述英文原文复印件的相关部分译文共29页。

2006年10月13日专利复审委员会发出无效宣告请求口头审理通知书，定于2006年11月27日举行口头审理。口头审理如期举行，原告及第三人均参加了口头审理。在口头审理中，原告当庭提交证据11（ZL98208475.7号实用新型专利说明书，其授权公告日为1999年9月8日），专利复审委员会明确告知原告证据11为超期证据，不予考虑。

2006年12月26日，专利复审委员会作出第9423号决定。

上述事实，有本专利说明书、第9423号决定、证据3、证据11、口头审理记录表以及当事人的陈述等证据在案佐证。

本院认为：本案中双方争议的焦点在于证据 11 是否应予考虑以及证据 3 是否公开将应变片设在筒体内壁的技术内容或者给出了可以得出上述技术特征的技术启示。

1. 关于超期举证的证据 11 应否采用。被告专利复审委员会在无效程序中明确告知原告，其口审过程中提交的证据 11 超过举证期限，在原告无正当理由的情况下，专利复审委员会对原告超期提交的证据不予考虑并无不当。原告关于专利文献属于公开出版物的认识正确，但关于专利文献属于公知常识性证据的认识错误。专利文献显然不属于审查指南规定的公知技术范畴，即不属于教科书、技术手册类的公知技术。因此原告恒劲科博公司关于证据 11 即使超期举证也应予采用的主张不成立，本院不予支持。

2. 关于证据 3 是否公开将应变片设在筒体内壁的技术内容或者给出了可以得出上述技术特征的技术启示。

本专利权利要求与证据 3 的区别之处在于：（1）设于筒体内壁的应变片；（2）靶杆固定于传感器的筒体外。

证据 3 第 141 页第 5 行到第 6 行记载了“传感器弹性感应体的侧没有接触流体的外表面粘贴有应变计”，并明确表示将应变计粘贴在传感器感应管的没有接触液体的外表面。结合证据 3 第 1412 页的图 4A 可知，靶杆 6 是从安装支管壳 4 中向外伸出的，在靶杆 6 和管壳 4 之间存在间隙，其通过在靶杆 6 外表面粘贴应变片的部位设置传感器弹性感应体 5，使应变片与液体隔开而不接触。对于本领域技术人员来说，证据 3 既没有明确记载将应变片设在筒体内壁的内容，也未给出将应变片设在筒体内壁的技术启示，其仅给出本领域技术人员为了确保应变片的灵敏度应将其与所检测的流体隔开的技术启示。因此原告有关只能、也必须将应变片粘贴在筒体的内壁上的主张因缺少事实依据而不成立。本专利中靶杆是固定于金属筒外的，筒内壁上的应变片是与流体客观隔绝的，不需要如证据 3 中的传感器弹性感应体，与证据 3 相比本专利在结构上存在本质不同。因此本专利相对于证据 3 具有实质性特点和进步，具备《专利法》第二十二条第三款规定的创造性。原告恒劲科博公司关于本专利相对于证据 3 不具备创造性的主张缺乏事实和法律依据，本院不予支持。

原告认为“靶杆固定传感器的筒体外”的定义不正确，得不到说明书的支持，鉴于原告在无效程序中并未提出过该项无效理由，因此对原告的该项主张本院不予支持。

综上所述，被告专利复审委员会作出的第 9423 号决定认定事实清楚，适用法律正确，审理程序合法，应予维持。依照《中华人民共和国行政诉讼法》第五十四条第（一）项之规定，判决如下：维持被告国家知识产权局专利复审委员会作出的第 9423 号无效宣告请求审查决定。

案件受理费 1000 元，由原告泉州恒劲科博测控技术有限公司负担（已交纳）。

如不服本判决，各方当事人可于本判决送达之日起 15 日内，向本院提交上诉状及其副本，并交纳上诉案件受理费 100 元，上诉于北京市高级人民法院。

审 判 长　任　进
代理审判员　董晓敏
代理审判员　于立彪
二〇〇七年六月四日
书 记 员　朱　平

北京市高级人民法院
行政判决书

（2007）高行终字第397号

上诉人（原审原告）泉州恒劲科博测控技术有限公司，住所地福建省泉州市鲤城区江南树兜工业区奇树路59-61号

委托代理人王建通，福建立行律师事务所律师

委托代理人熊焕祈，男，汉族，1972年10月9日出生，泉州恒劲科博测控技术有限公司总经理，住福建省泉州市丰泽区津淮街623号3幢1018室

被上诉人（原审被告）国家知识产权局专利复审委员会，住所地北京市海淀区北四环西路9号银谷大厦10~12层

被上诉人（原审第三人）泉州日新流量仪器仪表有限公司，住所地福建省泉州市鲤鱼区南环路二号桥日新大厦

法定代表人廖涛，副主任

法定代表人倪聪明，董事长

委托代理人王琦琳，该委员会审查员

委托代理人郭鹏鹏，该委员会审查员

委托代理人张松亭，男，汉族，1963年1月29日出生，厦门市首创君合专利事务所有限公司专利代理人，住福建省厦门市湖里区金安里19号504室

上诉人泉州恒劲科博测控技术有限公司（简称恒劲科博公司）因专利无效行政纠纷一案，不服北京市第一中级人民法院（2007）一中行初字第235号行政判决，向本院提起上诉。本院2007年8月6日受理后，依法组成合议庭，于2007年9月5日公开开庭审理了本案。上诉人恒劲科博公司的委托代理人王建通、熊焕祈，被上诉人国家知识产权局专利复审委员会（简称专利复审委员会）的委托代理人王琦琳、郭鹏鹏，被上诉人泉州日新流量仪器仪表有限公司（简称日新公司）的法定代表人倪聪明及其委托代理人张松亭到庭参加诉讼。本案现已审理终结。北京市第一中级人民法院经审理认为，本案中双方争议的焦点在于证据11是否应予考虑以及证据3是否公开将应变片设在筒体内壁的技术内容或者给出了可以得出上述技术特征的技术启示。专利复审委员会在无效程序中明确告知恒劲科博公司，其口审过程中提交的证据11超过举证期限，在恒劲科博公司无正当理由的情况下，专利复审委员会对其超期提交的证据不予考虑并无不当。专利文献不属于审查指南规定的公知技术范畴，即不属于教科书、技术手册类的公知技术。因此恒劲科博公司关于证据11即使超期举证也应予采用的主张不成立。关于证据3是否公开将应变片设在筒体内壁的技术内容或者给出了可以得出上述技术特征的技术启示。本专利权利要求与证据3的区别之处在于：（1）设于筒体内壁的应变片；（2）靶杆固定于传感器的筒体外。证据3第1411页第5行到第6行记载了“传感器弹性感应体的侧没有接触流体的外表面粘贴有应变计”，并明确表示将应变计粘贴在传感器感应管的没有接触液体的外表面。结合证据3第1412页的图4A可知，靶杆6是从安装支管壳4中向外伸出的，在靶杆6和管壳4之间存在间隙，其通过在靶杆6外表面粘贴应变片的部位设置传感器弹性感应体5，使应变片与液体隔开而不接触。对于本领域技术人员来说，证据3既没有明确记载将应变片设在筒体内壁的内容，也未给出将应变片设在筒体内壁的技术启示，其仅给出本领域技术人员为了确保应变片的灵敏度

应将其与所检测的流体隔开的技术启示。因此恒劲科博公司有关只能、也必须将应变片粘贴在筒体的内壁上的主张因缺少事实依据而不成立。本专利中靶杆是固定于金属筒外的，筒内壁上的应变片是与流体客观隔绝的，不需要如证据3中的传感器弹性感应体，与证据3相比本专利在结构上存在本质不同。因此本专利相对于证据3具有实质性特点和进步，具备《专利法》第二十二条第三款规定的创造性。恒劲科博公司关于本专利相对于证据3不具备创造性的主张缺乏事实和法律依据。依照《中华人民共和国行政诉讼法》第五十四条第（一）项之规定，判决：维持国家知识产权局专利复审委员会作出的第9423号无效宣告请求审查决定（简称第9423号决定）。恒劲科博公司不服原审判决，向本院提起上诉，请求撤销原审判决及第9423号决定书，由专利复审委员会重新作出无效宣告请求审查决定。主要理由为：（1）上诉人在无效宣告程序过程中提出的证据11应当认定为公知常识性证据；（2）专利复审委员会在无效宣告请求审查过程中程序违法。日新公司在无效宣告审查过程中，提交了ZL00201624.9《实用新型检索报告》做为反证，该报告的引证文件就是证据11，专利复审委员会应当给予我方在指定期限内补充证据，结合该证据具体说明相关无效宣告理由，但其不仅未另行指定举证期限，反之对于我方提交的引证对比文件告知超期不予考虑，程序违法。（3）日新公司的ZL00201624.9专利不具备创造性，依法应被宣告无效。上诉人提供的冲量流量计的专利文献、靶式流量变送器、《流量测量方法和仪表的选用》等证据均可证明本专利不具有创造性，依法应被宣告无效。专利复审委员会、日新公司服从原审判决。

经审理查明：名称为“内置式数显靶式流量计”的00201624.9号实用新型专利权（即本专利），其申请日是2000年1月6日，专利权人是日新公司。本专利授权公告时的权利要求书如下：

“内置式数显靶式流量计，包括由信号处理电路和显示器组成的数据处理装置，其特征在于：还包括传感装置和采样装置，传感装置包括传感器座和传感器，传感器由金属应变筒体和设于筒体内壁的应变片组成，采样装置包括靶杆和固定于靶杆上的靶片，靶杆固定于传感器的筒体外。”

2006年6月12日，恒劲科博公司针对本专利向专利复审委员会提出无效宣告请求，认为本专利与证据1属于同样的发明创造，不符合《专利法》第九条和《专利法实施细则》第十三条的规定；本专利相对于证据2、证据3以及证据3分别与证据4、证据5、证据6、证据7、证据8、证据9、证据10之一的结合不具备创造性，应宣告其专利权无效。为支持其无效理由，恒劲科博公司在举证期限内先后提交了证据1、证据2、证据3、证据4、证据5、证据6、证据7、证据8、证据9、证据10，其中证据3为《Encyclopedia of Fluid Mechanics》VOLUME 1“Flow Phenomena and Measurement”英文原文封面、扉页、版权页各1页、目录页5页、特别感谢页3页、编辑介绍1页、前言1页、卷目录1页、第1408~1433页复印件共39页，以及上述英文原文复印件的相关部分译文共29页。

2006年10月13日专利复审委员会发出无效宣告请求口头审理通知书，定于2006年11月27日举行口头审理。口头审理如期举行，恒劲科博公司及日新公司均参加了口头审理。在口头审理中，恒劲科博公司当庭提交证据11（ZL98208475.7号实用新型专利说明书，其授权公告日为1999年9月8日），专利复审委员会明确告知恒劲科博公司证据11为超期证据，不予考虑。

2006年12月26日，专利复审委员会作出第9423号决定。

上述事实，有本专利说明书、第9423号决定、证据3、证据11、口头审理记录表以及当事人的陈述等证据在案佐证。

本院认为：审查指南是专利法及其实施细则的具体化，是专利复审委员会依法行政的依据和标准，可以作为本院处理本案的参照依据。根据审查指南的规定，请求人在提出无效宣告请求之日起一个月后补充证据的，专利复审委员会一般不予考虑，但下列情形除外：在口头审理辩论终结前提交技术词典、技术手册和教科书等所属技术领域中的公知常识性证据或者用于完善证据法定形式的公证书、原件等证据，并在该期限内结合该证据具体说明相关无效宣告理由的。显然，专利文献不属于该规定中所指的公知常识性证据。恒劲科博公司关于证据 11 属公知常识性证据，即使超期举证亦应采用的理由不能成立，本院不予支持。

关于日新公司提交的《实用新型检索报告》，专利复审委员会在作出无效宣告审查决定的过程中，并没有将其作为证据使用，故无需另给上诉人指定举证期限补充证据。上诉人认为专利复审委员会在无效宣告请求审查过程中程序违法没有事实依据，本院不予支持。

关于本专利是否具备创造性的问题。经过庭审核实，上诉人确认，其为证明本专利不具有创造性而列举的证据中，冲量流量计的专利文献是指在无效宣告审查程序中提交的证据 11，靶式流量变送器是指证据 4，即《建筑电气设备手册》《流量测量方法和仪表的选用》在无效宣告审查程序中未提交。

因专利复审委员会第 9423 号决定的作出并没有依据证据 11 和《流量测量方法和仪表的选用》，对上诉人在二审程序中提交的上述证据，本院不予采纳。上诉人在原审起诉过程中并未对证据 4 提出异议，原审法院亦未将其纳入审理范围，本院对该证据亦不予采纳。鉴于上诉人在二审程序中对本专利不具备创造性的主张未举出有效证据，本院对上诉人的该项上诉请求不予支持。

综上，专利复审委员会第 9423 号决定和一审判决认定事实清楚，适用法律正确，审理程序合法，本院予以维持。上诉人的上诉理由不能成立，其上诉请求不予支持。据此，依照《中华人民共和国行政诉讼法》第六十一条第（一）项之规定，判决如下：

驳回上诉，维持原判。

一、二审案件受理费共计 1100 百元，由泉州恒劲科博测控技术有限公司负担（均已交纳）。

本判决为终审判决。

审　判　长　刘继祥
代理审判员　莎日娜
代理审判员　焦　彦
二〇〇七年九月二十六日
书　记　员　孙　娜

049

数显靶式流量计

无效宣告请求审查决定（第9437号）

决　　定　　号　第9437号
决　　定　　日　2007年1月12日
发明创造名称　数显靶式流量计
国 际 分 类 号　G01F 1/28
无效宣告请求人　泉州恒劲科博测控技术有限公司
专　利　权　人　泉州日新流量仪器仪表有限公司
专　　利　　号　98241837. X
申　　请　　日　1998年10月27日
授 权 公 告 日　1999年10月13日
合 议 组 组 长　张惠军
主　　审　　员　王琦琳
参　　审　　员　刘　畅

法　律　依　据　专利法第22条第3款
决　定　要　点

如果一项专利同现有技术相比存在区别特征，但是现有技术针对该区别特征已经给出了足够的技术启示，本领域普通技术人员根据该技术启示无须付出创造性劳动就可以得到该项专利的技术方案，则该项专利不具备实质性特点和进步，不符合专利法第22条第3款的规定。

一、案由

本无效宣告请求涉及国家知识产权局于1999年10月13日授权公告的、名称为“数显靶式流量计”的98241837. X号实用新型专利权（下称本专利），其申请日是1998年10月27日，专利权人是泉州日新流量仪器仪表有限公司。本专利授权公告的权利要求书如下：

“数显靶式流量计主要由表头、传感器、靶片和腔体构成，表头包括有常规的计算机信号处理器和显示器，与传感器信号输出连接，其特征在于靶片固定在靶杆上，传感器选用筒式力应变传感器，筒式力应变传感器套设于靶杆外围构成采样机构，并直接设置固定在腔体中。”

针对上述实用新型专利权，泉州恒劲科博测控技术有限公司（下称请求人）于2006年6月12日向专利复审委员会提出了无效宣告请求，并提交了如下证据：

证据1：ZL94225089. 3号实用新型专利说明书，其授权公告日为1994年11月30日；

证据2：ZL92210410. 7号实用新型专利申请说明书，其公告日为1992年9月2日。

结合上述证据，请求人认为：本专利权利要求相对于证据1和公知常识的结合不具备专利法第22条第3款规定的创造性，本专利权利要求相对于证据2和公知常识的结合也不具备专利法第22条第3款规定的创造性。

经形式审查合格，专利复审委员会依法受理了上述无效宣告请求，并于2006年6月13日向双方当事人发出了无效宣告请求受理通知书，随同无效宣告请求受理通知书将专利权无效宣告请求书及其附件清单中所列附件副本转送给专利权人，要求其在指定的期限内答复。

请求人于2006年6月27日向专利复审委员会补充提交了意见陈述书，提交了如下补充证据：

证据3：国家知识产权局专利检索咨询中心作出的编号为G060840的检索报告复印件共4页；

证据4：《Encyclopedia of Fluid Mechanics》VOLUME 1 “Flow Phenomena and Measurement” 英文原文封面、扉页、版权页各1页、目录页5页、特别感谢页3页、编辑介绍1页、前言1页、卷目录1页、第1408~1433页复印件共39页，以及上述英文原文复印件的相关部分译文共29页。

结合上述证据，请求人认为：根据证据3，本专利权利要求不具备专利法第22条第3款规定的创造性；根据证据4第1408~1433页，尤其是从第1412页的剖面结构图所示的技术方案和第1414页的测试图表所公开的内容来看，本专利与证据4所揭示的产品完全一致。

请求人于2006年7月11日向专利复审委员会再次提交了意见陈述书，并提交了如下补充证据：

证据5：中国建筑工业出版社出版的《建筑电气设备手册》的封面、版权页、第966页复印件共3页，其出版日期为1986年12月；

证据6：机械工业出版社出版的《机械工程手册》的封面、第9卷扉页、第9卷版权页、第52~44页至第52~45页复印件共5页，其出版日期为1982年5月；

证据7：机械工业出版社出版的《机械工程测试技术基础》的封面、版权页、前言页、第220页至第221页复印件共5页，其出版日期为1985年12月；

证据8：中南工业大学出版社出版的《检测技术与智能仪表》的封面、版权页、前言页、第90页至第91页复印件共5页，其出版日期为1998年3月；

证据9：上海交通大学出版社出版的《流量检测及仪表》的封面、版权页、前言页、目录页2页、第152~156页复印件共10页，其出版日期为1987年4月；

证据10：云南科技出版社出版的《简明机械工程师手册（下册）》的封面、版权页、第1689页、第1694页复印件共4页，其出版日期为1988年5月。

请求人认为本专利相对于上述证据不具有专利法第22条规定的新颖性和创造性，早就被上述公开出版物所公开，但未具体陈述理由。

针对上述无效宣告请求，专利权人于2006年7月21日向专利复审委员提交了意见陈述书，并提交了如下反证：

反证1：质技监局计发【1998】170号国家质量技术监督局文件及其附件复印件共3页；

反证2：编号为D98-204的技术合同复印件共4页，其项目名称为“SBL型数显靶式流量计”，其项目承担单位为“泉州日新流量仪器仪表有限公司”；

反证3：质技监计函【2000】062号国家质量技术监督局司发文复印件1页，国家质量技术监督局组织鉴定的，质技监鉴字【2000】第01号科学技术成果鉴定证书复印件9页；上述科学技术成果鉴定证书所附带的“科技成果完成单位情况”表格1页，“主要研制人员名单”表格1页，“鉴定委员会名单”复印件1页。

结合上述反证，专利权人认为：根据反证1至反证3可知，本专利具备新颖性、创造性；本专利权利要求中的实质是保护筒式力应变传感器及由套设于靶杆外围的力应变传感器所构成的采样机构，其实质是直接将作用于靶片上的力转换为电信号输出，证据1专利权利要求中的实质是保护支承杆和扭力杆，证据2专利权利要求中的实质是保护扭力器、支承板和挂重杆，显而易见，本专利与请求人提供的证据1和证据2之间无论从原理上还是结构上均存在本质上的差异。

请求人于2006年8月23日又一次向专利复审委员会提交了意见陈述书，并提交了如下补充证据：

证据11：ZL98208475.7号实用新型专利说明书，其授权公告日为1999年9月8日，申请日为1998年4月9日，专利权人为上海普联科技有限公司，其共同专利权人为范蓉。

结合上述证据，请求人认为：本专利与证据11完全相同，本专利不符合专利法第9条、专利法实施细则第13条第1款的规定。

专利复审委员会依法成立合议组，对本案进行审理。合议组于2006年10月16日向双方当事人发出无效宣告请求口头审理通知书，指出本案定于2006年11月27日举行口头审理，随同无效宣告请求口头审理通知书，将请求人于2006年6月27日提交的意见陈述书及其附件清单中所列附件副本、请求人于2006年7月11日提交的意见陈述书及其附件清单中所列附件副本以及请求人于2006年8月23日提交的意见陈述书及其附件清单中所列附件副本转送给专利权人，将专利权人于2006年7月21日提交的意见陈述书及其附件清单中所列附件副本转送给请求人。

口头审理如期举行，双方当事人均参加了口头审理。在口头审理中，专利权人对证据1和证据2的真实性无异议。请求人当庭提交了证据3至证据8以及证据10的原件，专利权人认为证据3至证据8以及证据10的复印件与原件一致，对其真实性无异议，对证据4的中文译文准确性无异议；请求人当庭提交了加盖有“华侨大学图书馆”印章的证据9的复印件，专利权人认为请求人当庭提交的是复印件而不是原件，因此对证据9的真实性不予认可。专利权人当庭提交了反证1和反证3的原件，请求人认为反证1和反证3的复印件与原件一致，对其真实性无异议，对反证2的真实性表示异议，并认为反证1至反证3与本案无关联性；专利权人认为请求人在举证期限内没有结合证据3至证据10具体说明相关的无效宣告理由，不符合审查指南的相关规定，应不予考虑。合议组当庭告知双方当事人证据11为超期证据，不予考虑，请求人坚持要采用证据11评价本专利的创造性。请求人明确其无效宣告理由是：本专利相对于证据1或证据2分别与证据4的结合不符合专利法第22条第3款规定的创造性；本专利相对于证据3不符合专利法第22条第3款规定的创造性；本专利相对于证据4不符合专利法第22条第2款、第3款的规定；本专利相对于证据5~证据10之一分别与证据4的结合不符合专利法第22条第3款的规定；本专利相对于证据11不符合专利法第9条以及专利法实施细则第13条第1款的规定。请求人还当庭补充新的无效理由为：本专利权利要求不符合专利法实施细则第21条第2款的规定。专利权人认为请求人所提出的本专利权利要求不符合专利法实施细则第21条第2款的无效理由属于基于新事实的新理由，应不予接受。双方当事人均对各自证据的使用方式和双方的证据能否影响本专利权利要求的新颖性、创造性充分发表了意见。

至此，合议组认为事实已经清楚，在此基础上，合议组经合议依法作出审查决定。

二、决定的理由

1. 关于证据和现有技术

（1）关于请求人提交的证据1~11。

请求人共提出了11份证据，其中证据1和证据2为中国实用新型专利说明书，其授权公告日或公告日在本专利的申请日之前，专利权人对证据1和证据2的真实性无异议，合议组经核实认为，证据1和证据2可以作为本案的证据使用，其上公开的内容构成本专利的现有技术，可用于评价本专利的新颖性和创造性。

证据3是检索报告，专利权人对证据3的真实性无异议，但是由于检索报告不是生效的行政决定，检索报告的结论和意见仅是参考性的，其中对于本专利新颖性及创造性的评价对于本无效宣告请求审查决定无任何约束作用，因此在本案中，证据3不作为证据使用。

证据4是百科全书类技术资料，其出版日期早于本专利的申请日，专利权人对其真实性和译文准确性均无异议，合议组经审查认为，证据4可以作为本案证据使用，其公开的内容以其中文译文为准。

证据5~8以及证据10均为国内公开出版的出版物，且出版日期均早于本专利的申请日，请求人当庭提交了证据5~8以及证据10的原件，且专利权人对其真实性无异议，合议组经审查认为，证据5~8以及证据10可以作为本案证据使用。

证据9为国内公开出版的图书的复印件，请求人提交了加盖有“华侨大学图书馆”印章的证据9的复印件，并且其上还附有华侨大学图书馆咨询部出具的证言，该证言证明该复印件与图书馆藏书中相应部分的内容相符。专利权人对证据9的真实性不予认可，但是未提供任何证据支持其观点。合议组认为，华侨大学图书馆属于国内正规的公共图书馆，其作为拥有证据9的书籍原件的收藏单位，与本案双方当事人并无利害关系，在无相反证据的情况下，应当认可证据9的真实性，故证据9可以作为本案证据使用。

专利权人认为请求人在提交证据3~10时没有对证据3~10结合其无效宣告请求的理由进行具体说明，不符合审查指南的相关规定，应不予考虑。合议组认为：①证据3是检索报告，在本案中不作为证据使用；②在请求人于2006年6月27日提交的意见陈述书中，请求人已经表明了证据4记载了本专利的技术方案，因此已明确在本案中，证据4是作为影响本专利新颖性、创造性的证据使用的；③证据5~10是请求人在其提出无效宣告请求之日起的一个月之内提交的，不属于新证据，请求人虽然未具体对比说明，但是在提交证据5~10时已明确表明证据5~10用于评价本专利的新颖性和创造性。另外，证据5~10均属于教科书或者技术手册类的证据，其内容具有一定的公知性，而且作为流量计领域的技术人员从证据5~10中所包含的原理图或者设计图中，也能够很容易地明了证据5~10所公开的流量计的具体结构。综上所述，合议组对专利权人的上述主张不予支持。

请求人于2006年8月23日提交的证据11属于在提出无效宣告请求之日起一个月后补充的新证据，该证据既不属于与在先提交证据相关联的补强类证据，也不属于技术词典、技术手册、教科书等所属技术领域的公知常识性证据，故在本案中对证据11不予考虑。

（2）关于专利权人提交的反证1~3。

专利权人当庭提交了反证1和反证3的原件，请求人对其真实性无异议，合议组经审查认为，反证1和反证3在本案中可以作为证据使用；由于专利权人未提供反证2的原件，且请求人对反证2的真实性不予认可，在缺乏其他佐证对其真实性加以印证的情况下，反证2的真实性难以确定，在本案中对反证2不予考虑。

2. 关于本专利权利要求相对于证据1~4是否符合专利法第22条第3款规定的创造性

本专利权利要求涉及一种数显靶式流量计，证据4（参见其中文译文第1412页的附图4A以及译文第1411页第3段至第4段）也公开了一种应变测量靶式流量计，其中包括靶10、靶杆6，靶10固定在靶杆6上，而其管壳4和传感器感应管5之间的空间相当于本专利的腔体，其传感器感应管5相当于本专利的筒式力应变传感器，而且从该附图4A中能明显看出，传感器感应管5套设于靶杆6的外围，而且传感器感应管5直接设置在管壳4之内。由此可见本专利权利要求与证据4所公开的上述技术方案相比，其区别在于：本专利的表头包括有常规的计算机信号处理器和显示器。

证据4中文译文第1426页的附图8也公开了一种靶式流量计，其是配备有数字读数器的靶式流量计，在证据 4 中文译文第 1425 页的相关文字说明中指出，“应变计式靶式流量计的电气输出是低压直流电，可直接通过感应元件直接测出，并与流量的平方成比例”，“指示器可以是按比例确定的满量程百分比或直接采用工程学单位的数字仪或模拟仪”。在证据 4 中文译文第 1426 页的相关文字说明中指出，信号处理可以采用简单两线制变送器或者以微处理器为基础的变送器，通过以微处理器为基础的变送器，一些例如压力、温度、流量和密度等感应到的变量之间的复杂关系，可被容易地转换成所想要形式的准确信息。

由此可见，证据 4 的附图 8 及其相关文字说明公开了：靶式流量计的输出是低压直流电信号，其可以通过微处理器处理之后转换成所想要形式的准确信息，对该信息用不同的方法运算处理，并最终通过指示系统反馈给使用者。即，附图 8 的靶式流量计中的数字读数器给出了在附图 4A 所公开的技术方案中配备常规计算机信号处理器和显示器的技术启示。虽然证据 4 中并未明确指出将计算机信号处理器和显示器集成在靶式流量计的表头中，但是在本专利中，对其表头上的计算机信号处理器和显示器的具体结构和连接关系在说明书中未给出具体说明，而且在权利要求中也表明其是“常规的”计算机信号处理器和显示器，即，本专利相对于现有技术的区别仅仅在于，将本领域公知的常规信号处理设备和显示设备集成到了靶式流量计的表头处。对于本领域普通技术人员来说，将本领域的常规设备集成到流量计的表头上，无须付出创造性劳动即可实现，而且这对于本领域普通技术人员来说是很容易想到的，因此，本专利相对于证据 4 不具备创造性。

在口头审理中，专利权人认为：（1）本专利的筒式传感器与证据 4 的传感器感应管，它们的长径比不同，不是相等同的部件；（2）本专利传感器直接套设于靶杆外围也与证据 4 不同。

针对专利权人的上述意见，合议组认为：（1）本专利在权利要求书和说明书部分均未对传感器的具体尺寸结构进行任何限定，本专利限定保护的是一种筒式力应变传感器，而证据 4 附图 4A 中所公开的是一种应变测量靶式流量计的传感器感应管，它们均属于力应变传感器，而且也都是空心圆柱体状，而二者的原理和作用都相同，均是利用靶片与传感器之间的刚性连接对流量进行测量，所以二者为等同的部件；（2）从证据 4 附图 4A 中可以清楚看到传感器感应管 5 套设于靶杆 6 的外围，这一点与本专利是相同的。所以，专利权人的上述主张并不能证明本专利的权利要求相对于证据 4 具备创造性。

综上所述，本专利权利要求相对于证据 4 不具备创造性，不符合专利法第 22 条第 3 款的规定。

鉴于本专利权利要求相对于证据 4 不具备创造性，不符合专利法第 22 条第 3 款的规定，关于本专利相对于其他证据是否符合专利法第 22 条第 3 款的规定以及请求人提出的其他无效宣告请求的理由是否成立，合议组不再一一评述。

三、决定

宣告 98241837. X 号实用新型专利权无效。

当事人对本决定不服的，可以根据专利法第 46 条第 2 款的规定，自收到本决定之日起三个月内向北京市第一中级人民法院起诉。根据该款的规定，一方当事人起诉后，另一方当事人应当作为第三人参加诉讼。

050

从氨厂变换气中脱除二氧化碳的变压吸附工艺

无效宣告请求审查决定（第9445号）

决　　定　　号　第9445号
决　　定　　日　2007年1月17日
发明创造名称　从氨厂变换气中脱除二氧化碳的变压吸附工艺
国 际 分 类 号　C01B 3/02
无效宣告请求人　成都天立化工科技有限公司
专　利　权　人　西南化工研究设计院
专　　利　　号　91107278.0
申　　请　　日　1991年8月24日
授 权 公 告 日　1995年8月23日
合 议 组 组 长　朱文广
主　　审　　员　崔　震
参　　审　　员　赵　明

法　律　依　据　专利法第26条第3款、第4款，第22条第2款、第3款，第56条第1款
决　定　要　点

发明或者实用新型专利权的保护范围以其权利要求书的内容为准，说明书及附图可以用于解释权利要求。

在创造性判断的过程中不仅要考虑发明的技术方案本身，而且还要考虑发明所属技术领域，所要解决的技术问题和所产生的技术效果，将其作为一个整体来看待。

一、案由

本无效宣告请求涉及中华人民共和国国家知识产权局于1995年8月23日授权公告的、名称为“从氨厂变换气中脱除二氧化碳的变压吸附工艺”的发明专利权（以下简称本专利），其专利号是91107278.0，申请日是1991年8月24日，专利权人是西南化工研究设计院。该专利授权公告时的权利要求书如下：

“1. 一种从合成氨变换气中脱除二氧化碳的变压吸附法，其特征是采用多床真空变压吸附，每个吸附床在一次循环中依次经历吸附、均压降、逆向降压、抽空、均压升、最终升压等变压吸附工艺所要求的各步骤。

2. 根据权利要求1的变压吸附法，其特征是吸附床可为两个或两个以上（直至十个）的组合。

3. 根据权利要求1和2的变压吸附法，其特征是均压降次数随吸附床数量的变化可分一次至五

次完成。

4. 根据权利要求 1 和 2 的变压吸附法，其特征是均压升次数随吸附床数量的变化可分一次至五次完成。

5. 根据权利要求 1 和 2 的变压吸附法，其特征：当为四床二均系统时，每床在一次循环中必须增加隔离步骤，可安排在二次均压降之间，或者安排在二次均压升之间，或者同时在二次均压降之间以及二次均压升之间各安排一个隔离步骤。

6. 根据权利要求 1 和 2 的变压吸附法，其特征是可用沸石分子筛、活性炭、硅胶、活性氧化铝等作吸附剂。

7. 根据权利要求 1 或 2 的变压吸附法，其特征是吸附步骤时的吸附压力控制在 0.1～3.0MPa 范围。

8. 根据权利要求 1 或 2 的变压吸附法，其特征是抽空步骤时的压力控制在 2～30KPa 范围。

9. 根据权利要求 1 和 2 的变压吸附法，其特征是最终升压步骤可用产品气从产品端对吸附床进行最终升压，也可用原料气从进料端对吸附床进行最终升压，也可以用产品气从产品端和原料气从进料端同时对吸附床进行最终升压。”

针对上述专利权，成都天立化工科技有限公司（以下简称请求人）于 2005 年 5 月 9 日向专利复审委员会提出无效宣告请求，其提交的附件如下：

附件 1：叶振华编著、化学工业出版社出版、1988 年 9 月第一版第一次印刷的《吸着分离过程基础》封面、出版信息页、目录、第一章绪论页、第 288～303 页、第九章流化床吸附分离页和第 304 页的复印件（以下简称对比文件 1）。

请求人认为，本专利的权利要求 1～9 相对于对比文件 1 和公知常识不具备创造性；本专利的说明书不符合专利法第 26 条第 3 款的规定；本专利的独立权利要求不符合专利法实施细则第 21 条第 2 款的规定。

经形式审查合格，专利复审委员会依法受理了上述无效宣告请求，并于 2005 年 8 月 10 日向双方发出无效宣告请求受理通知书，同时将无效宣告请求书及其附件清单中所列附件的副本转送给专利权人，并要求专利权人在指定的期限内陈述意见。

在指定的期限内专利权人未陈述意见。

专利复审委员会本案合议组于 2006 年 1 月 12 日向双方发出无效宣告请求口头审理通知书，定于 2006 年 2 月 22 日举行口头审理。

口头审理如期举行，双方当事人均参加了口头审理。在口头审理中，请求人明确其无效的理由、范围和证据为：权利要求 1～9 相对于对比文件 1 不具备创造性；本专利说明书不符合专利法第 26 条第 3 款的规定，涉及的是权利要求 1；权利要求 1 和 2 不符合专利法第 26 条第 4 款的规定。请求人当庭放弃了专利法实施细则第 21 条第 2 款的无效理由。请求人在口审中提交了对比文件 1 的原件，专利权人对对比文件 1 的真实性没有异议。在此基础上，合议组对上述无效理由逐一进行了调查，并充分听取了双方当事人的意见。

2006 年 2 月 28 日，专利权人针对口审提交了意见陈述书。

2006 年 3 月 1 日，请求人也针对口审提交了意见陈述书。

针对上述专利权，请求人于 2006 年 3 月 16 日向专利复审委员会再次提出无效宣告请求，并提交了如下的附件作为证据：

附件 2：中国发明专利申请公开说明书 CN1040354A，公开日为 1990 年 3 月 14 日，复印件共 25 页（以下简称对比文件 2）；

附件3：美国专利文献US4857083，公开日为1989年8月15日，复印件共10页（以下简称对比文件3）；

请求人认为，本专利权利要求1~4、6~9相对于对比文件2不具备新颖性；权利要求1~9相对于对比文件2不具备创造性；权利要求1~9相对于对比文件3不具备创造性；权利要求1~9相对于对比文件1和3的结合不具备创造性。

经形式审查合格，专利复审委员会依法受理了上述无效宣告请求，并于2006年4月12日向双方发出无效宣告请求受理通知书，同时将无效宣告请求书及其附件清单中所列附件的副本转送给专利权人，并要求专利权人在指定的期限内陈述意见。

2006年4月17日，复审委员会收到请求人提交的对比文件3的中文译文以及意见陈述书。

2006年4月19日，专利复审委员会本案合议组向专利权人发出《转送文件通知书》，将请求人于2006年4月17日提交的意见陈述书以及对比文件3的中文译文转送给专利权人。

专利复审委员会本案合议组于2006年7月7日向双方发出无效宣告请求口头审理通知书，定于2006年8月30日举行口头审理。

2006年8月22日，专利权人针对专利复审委员会2006年4月19日发出的《转送文件通知书》陈述了意见。

2006年8月30日，口头审理如期举行，双方当事人均参加了口头审理。在口头审理中，专利权人对请求人出庭人员（韦庆文、范桂荣和宋宇文）中的韦庆文和范桂荣出席身份有异议，对宋宇文的身份没有异议。请求人的代理人（韦庆文、范桂荣）因不符合专利代理的相关规定不允许参加口头审理，合议组告知请求人可以选择另行进行口头审理或者继续进行口头审理，请求人选择继续进行口头审理。请求人对专利权人的代理人的出席身份没有异议，双方当事人对合议组成员包括书记员没有回避请求。请求人明确其无效理由、范围和证据为：权利要求1~4和6~9相对于对比文件2不具备新颖性，权利要求1~9相对于对比文件2或者对比文件3或者对比文件3和1的组合不具备创造性。专利权人对对比文件1~3的真实性没有异议，对对比文件3的中文译文的准确性也没有异议。合议组当庭将第一次口审后双方提交的意见陈述书分别转交给对方。

2006年8月31日，专利权人针对2006年8月30日的口头审理提交了意见陈述书。

2006年9月5日，请求人也针对2006年8月30日的口头审理提交了意见陈述书。

2006年9月12日，专利复审委员会本案合议组向请求人发出《转送文件通知书》，将专利权人于2006年8月22日提交的意见陈述书转送给请求人。

2006年9月25日，请求人针对上述转文通知书提交了意见陈述书。

至此，合议组认为本案事实已经清楚，可以作出审查决定。

二、决定的理由

1. 无效的理由、范围和证据

请求人就本案先后提出了两次无效宣告请求，综合两次无效请求，其所提出的全部无效理由、范围和证据为：本专利说明书不符合专利法第26条第3款的规定，涉及的权利要求是权利要求1；权利要求1和2不符合专利法第26条第4款的规定；权利要求1~4和6~9相对于对比文件2不具备新颖性；权利要求1~9相对于对比文件1或者对比文件2或者对比文件3或者对比文件3和1的组合不具备创造性。

2. 关于证据和现有技术

请求人在两次无效宣告请求中共提交了三份证据，即对比文件1~3，专利权人对三份证据的真实性没有异议，合议组经审查认定该三份证据可以作为本案的证据使用。由于这三份证据的公开日均早于本专利的申请日，因此，可以作为本专利申请日之前的现有技术使用。

3. 关于专利法第 26 条第 3 款

专利法第 26 条第 3 款规定：说明书应当对发明作出清楚、完整的说明，以所属技术领域的技术人员能够实现为准。也就是说，说明书应该满足充分公开发明的要求。

请求人认为，无论在本专利说明书所描述的技术方案中，还是在其公开的具体实施例中，其原料气的组成均如表一所示。其中原料气中氢气的含量范围为 40%～60%（摩尔体积），氮气的含量范围为 10%～22%（摩尔体积），经计算其氢氮之比的范围是 1.8～6：1。显然，当氢氮之比高于 3：1 乃至6：1时，原料气中氢气过量乃至大大过量，而氮气明显不足。而对于本领域技术人员来说，根据说明书所记载的内容并结合公知常识，对于这种氢氮之比高于 3：1 直至高达 6：1 的原料气，通过本专利特别限定的"使用本发明的 PSA 工艺，就无需从外界补充氮或从造气工段引入过量空气……无需对它的上游工序和下游工序作任何改动"（见说明书第 3 页第 5 栏第 1 自然段）的前提下，使用本专利的这种氮的损失大于氢的损失的变压吸附工艺，将氢氮之比调节或控制在 3：1 是根本无法实现的。另外，请求人认为本专利说明书中的第三个发明目的，即仅从变换气中脱除二氧化碳和沸点比它高的组分，并使其在氢氮混合气中的浓度低于 0.5%（摩尔体积）同样存在公开不充分的问题。

对此，合议组认为，本专利权利要求 1 请求保护一种从合成氨变换气中脱除二氧化碳的变压吸附法，其采用多床真空变压吸附，每个吸附床在一次循环中依次经历吸附、均压降、逆向降压、抽空、均压升、最终升压等步骤。本专利说明书对上述六个步骤做了详细的描述，说明书第 2 页表一给出了所要处理的原料气的典型组成，并且实施例还给出了三床、四床和六床的具体实施方式以及效果数据。由此可见，本专利说明书已经对权利要求 1 所要保护的技术方案作出了清楚、完整的说明，本领域技术人员按照说明书记载的内容，就能够实现权利要求 1 所要保护的技术方案，解决其技术问题，并且产生预期的技术效果。

至于请求人的上述观点，合议组认为，本专利说明书中的表一仅是给出了所要处理的原料气的典型组成，即各组成成分的含量范围，并未具体限定氢氮气之间的比例关系，请求人在仅考虑氢氮比在 3：1～6：1，而未考虑实际生产中各种因素的情况下，单凭简单的逻辑分析而得出本专利由于变压吸附中氮的损失要大于氢的损失因而根本无法实现氢氮比为 3 的发明目的的观点完全是错误的。对于请求人认为本专利说明书公开的技术内容不能实现其仅从变换气中脱除二氧化碳和沸点比它高的组分，并使其在氢氮混合气中的浓度低于 0.5%（摩尔体积）的发明目的的观点，合议组认为，请求人仅是提出了问题，而未提供具体的证据或实验数据予以证明权利要求 1 所述的技术方案按照说明书记载的内容不能实现上述的发明目的，因此，合议组对请求人的上述主张不予支持。

4. 关于专利法第 26 条第 4 款

专利法第 26 条第 4 款规定：权利要求书应当以说明书为依据，说明要求专利保护的范围。

请求人认为本专利权利要求 1 和 2 所要求保护的技术方案中均包括了"两个变压吸附床"的技术方案，但其说明书从头至尾都没有给出两个变压吸附床的实施方法、实施流程、实施时序表等任何具体内容，因此，权利要求 1 和 2 中"两个变压吸附床"的技术方案没有得到说明书的支持，不符合专利法第 26 条第 4 款的规定。

为此，专利权人于 2006 年 2 月 28 日提交了关于两床的工艺步骤表：

请求人针对专利权人的上述关于两床的工艺表，于 2006 年 9 月 5 日提交了意见陈述书。请求人认为，专利权人早在其 88105938.2（即对比文件 2）的说明书中就已经在多处明确提出"由两个以上的塔组成的变压吸附系统，其中必须有一个塔处于选择吸附阶段，而其他塔则处于解吸再生阶段的不同步骤……"（说明书第 4 页第 3 段），"在任何时候，总有一个塔处于吸附步骤……"（说明书第 6

页最后一段)。显然，这是两个塔组成的变压吸附系统不可能实现的。

床一	FR	A	ED	D	VC	ER
床二	D	VC	ER	FR	A	ED
时间（min）	0.5	6	0.5	0.5	6	0.5

合议组经审查后认为，本专利权利要求1和2所要保护的技术方案中包括了两个吸附床的情况，尽管本专利说明书的实施例只给出了三床、四床和六床的具体实施方式，而未给出两床的具体流程，但这并不足以说明包含权利要求1所述六个步骤的两个变压吸附床的系统不能解决本发明所要解决的技术问题并产生预期的技术效果。对此，请求人并没有提供充分的理由和证据以支持其观点。而专利权人针对请求人提出的不支持的问题，给出了两床的工艺步骤表，从表中明显可见，其每个吸附床在一次循环中依次经历了如权利要求1所述的六个步骤并给出了每一步骤所用的时间，而对此请求人只是引用专利权人更早的一篇专利文献，即对比文件2来说明“由两个以上的塔组成的变压吸附系统，其中必须有一个塔处于选择吸附阶段，而其他塔则处于解吸再生阶段的不同步骤……”（说明书第4页第3段），“在任何时候，总有一个塔处于吸附步骤……”（说明书第6页最后一段)。对此，合议组认为，首先，请求人引用的对比文件2所要解决的技术问题与本专利所要解决的技术问题并不相同，对比文件2的发明目的在于利用变压吸附方法从富含二氧化碳的混合气体中提取二氧化碳，而本专利所要解决的技术问题则是如何脱除二氧化碳的问题，显然，对比文件2中对变压吸附系统中各吸附床的规定并不适用于本专利的情况；其次，请求人仅是断章取义地摘取对比文件2中的上述内容，并未全面考虑对比文件2公开这些内容的前因后果。实际上，上述“必须有一个塔处于选择吸附阶段”以及“在任何时候，总有一个塔处于吸附步骤”在对比文件2中针对的是三塔、四塔的情况，而对于两塔流程，如对比文件2表3所示，在某一时段内两塔可以均不处于选择吸附阶段；第三，本专利说明书中也未提及由两个或两个以上吸附床组成的吸附系统必须要有一个床层处于吸附步骤中。对于本领域技术人员来说，当吸附床仅为两个，并且如上表所示“均压升”和“均压降”步骤在这两个吸附床中同时进行时，上游的原料气可通过暂时存放在缓冲罐的方式以实现整个系统的正常运行。

综上所述，请求人关于权利要求1和2中两个变压吸附床的技术方案未得到说明书支持的主张缺乏事实依据，合议组不予支持。

5. 关于专利法第22条第2款

专利法第22条第2款规定：新颖性是指在申请日以前没有同样的发明或者实用新型在国内外出版物上公开发表过、在国内公开使用过或者以其他方式为公众所知，也没有同样的发明或者实用新型由他人向国务院行政部门提出过申请并且记载在申请日以后公布的专利申请文件中。

(1) 本专利权利要求1的技术方案。

依据专利法第56条第1款的规定，发明或者实用新型专利权的保护范围以其权利要求书的内容为准，说明书及附图可以用于解释权利要求。

本专利授权的权利要求书包括了一项独立权利要求，即权利要求1，权利要求1的内容如下：

“1. 一种从合成氨变换气中脱除二氧化碳的变压吸附法，其特征是采用多床真空变压吸附，每个吸附床在一次循环中依次经历吸附、均压降、逆向降压、抽空、均压升、最终升压等变压吸附工艺所要求的各步骤。”

本专利权利要求1为方法权利要求，其要求保护的主题是“从合成氨变换气中脱除二氧化碳的变压吸附（PSA）法”，其特征是所述变压吸附法为“多床真空变压吸附”，即“每个吸附床在一次循环中依次经历（1）吸附、（2）均压降、（3）逆向降压、（4）抽空、（5）均压升、（6）最终升压等变压吸附工艺所要求的各步骤”。

对于权利要求1中的“吸附”步骤的含义，说明书第3栏第5段描述为：将原料气送入具有最高压力的吸附床进料端并进行吸附，选择性地吸附一种或几种易吸附的组分（例如二氧化碳、碳化氢、水等），并在床层内建立杂质吸附区，不易吸附的组分（例如氢、氮、甲烷、一氧化碳等）通过整个吸附床并从产品端排出，杂质吸附区的前沿移动到床层的一定位置时，中止原料气，停止吸附。

对于权利要求1中的“均压降”步骤的含义，说明书第3栏第6段描述为：在吸附步骤之后，从吸附床产品端将床层内气体排出，由于排出过程中床内压力不断下降，故杂质组分吸附前沿随吸附区不断向床的产品端移动，当吸附前沿刚移至产品端时中止气体排放。

对于权利要求1中的“逆向降压”步骤的含义，说明书第4栏第2段描述为：在均压降步骤结束后，吸附床内尚残留的气体通过床层的进料端排走，直至达到几乎等于大气压的程度。

对于权利要求1中的“抽空”步骤的含义，说明书第4栏第3段描述为：为了使床层再生得更彻底，采用抽真空的方法，更进一步降低逆向降压步骤之后的床层中杂质的分压，把残余的杂质组分从床层的进料端排走。

对于权利要求1中的“均压升”步骤的含义，说明书第4栏第4段描述为：利用正处于均压降步骤的吸附床排出的产品气，从产品端进入已结束抽空步骤处于真空状态的吸附床，使它逐步升高压力。

对于权利要求1中的“最终升压”步骤的含义，说明书第4栏第5段描述为：用正处于吸附步骤的吸附床所输出的产品气的一部分从产品端对该吸附床升压，亦可用原料气从进料端对该吸附床升压或产品气从产品端和原料气从进料端同时对吸附床进行最终升压，直至达到吸附压力。

（2）对比文件1~3公开的技术方案。

对比文件1公开了双塔变压吸附和四塔变压吸附，其中，在双塔变压吸附中介绍了用双塔变压吸附制取干燥的精制气体（参见对比文件1第291页图8~12）和对H_2-N_2气体系统用5A合成沸石精制取得氢气（参见对比文件1第292页图8~13）。在四塔变压吸附工艺中，每个床层都要经历七个阶段，以床层Ⅰ为例：第一步吸附：在指定的压力使原料气吸附，传质波前沿未到达床层出口时，停止吸附，使前沿和床层出口之间保留一段床层，所得产品气体，一部分作为床层Ⅳ的二段充压气体，使之达到产品的压力，一部分作为产品放出。第二步均压：床层Ⅰ和再生完毕处于低压状态的床层Ⅱ以出口端相连均压，对床层Ⅱ是一段均压，均压后床层压力约为原始压力的一半，此时床层Ⅰ的传质波前沿向前推进，但仍未到达出口。第三步顺向放压：床层Ⅰ的气体节流到最低压力，用以清洗已经逆向放压到最低的床层Ⅲ，顺向放压的压力控制到传质波前沿刚到达床层Ⅰ的出口，而尚未穿透时为止。第四步逆向放压：开启床层Ⅰ进口端的阀门，使残余气体的压力降至最低的压力，使吸附的杂质排出一部分。第五步清洗：利用床层Ⅳ顺向放压的气体清洗床层Ⅰ，清洗后，床层Ⅰ的吸附剂基本再生完毕。第六步一段充压：利用床层Ⅱ的均压气体使床层Ⅰ一段充压。第七步二段充压：用床层Ⅲ产品气体的一部分使床层Ⅰ充压到产品的压力，以准备下一循环吸附（参见对比文件1第292~294页）。

对比文件2公开了从各种富含二氧化碳混合气中提取二氧化碳的变压吸附工艺，通常由一系列装有吸附剂的塔组成，其中每个塔都经历了如下步骤：a吸附步骤：富含二氧化碳混合气在变压吸附系统中几个装填有吸附剂的吸附塔中的一个塔内得到分离，不易吸附的组份是氢、氧、氩、氮、一氧化碳和甲烷，它们从塔出口端释放，易被吸附组份二氧化碳留在塔内，此时塔内二氧化碳浓度得到初步提高。b压力均衡步骤：即从塔的出口方向减压，在步骤a结束后，该塔与某一已结束抽真空步骤的吸附塔进口端相通，使已吸附的塔内气体输往另一塔，直至两个塔压力基本相等为止。c顺向减压步骤：在步骤 b 之后，已吸附的塔进一步顺着出口端方向减压，直至塔内压力降低至接近大气压，塔内二氧化碳浓度又一次提高。d 置换步骤：让产品气的一部分，在顺向减压终时的压力下，对刚结束步骤 C 的塔进行回流置换，置换气从进口端向出口端方向通过，置换尚残留在塔内的其他组分。e 逆向减压步骤：在步骤 d 之后，使塔内二氧化碳逆向从塔的进口端排出，直至塔压降到某一负压为止，这部分排出的二氧化碳即为产品气的一部分。f 抽真空步骤：在步骤（e）之后，塔内压力已为负压，但还吸留有一部分二氧化碳组份，这部分气体将通过继续抽真空抽出，抽出气亦为产品气的一部份。g 一次充压步骤：利用另一刚处于压力均衡步骤的塔顶释放气，对已完成步骤 f 的塔，从塔的进口端往出口端方向进行充压，使塔的压力升至与供气源塔的压力基本相等为止。h 二次充压步骤：利用另一处于吸附步骤的塔顶释放气，对完成步骤 g 的塔，从塔的出口端往进口端方向进行再次充压，使塔内压力升至基本上等于吸附压力为止。其中，在对比文件 2 说明书第 5 页最后一段中指出被吸附组分即二氧化碳通过逆向减压和抽真空二个步骤从各吸附塔进口端的产品气总管 49 排出。

对比文件 3 公开了具有真空辅助的内部清洗的真空变换吸附工艺，用于从多组分混合进料气的弱吸附组分中脱除二氧化碳和除甲烷以外的气态烃类。其中，附图 1 为四塔流程图，附图 2 为六塔流程图。该工艺主要包括下列步骤顺序：（a）吸附——将进料气通过总管 A 进入一个即将要经历吸附步骤的吸附柱。（b）均压 I——吸附步骤一结束，将处于超大气压力下的第一吸附柱与一个预先抽空的第二吸附柱进行连接，此时，第二组分（即二氧化碳和气态烃类）沿着与初始进料相同的方向从第一吸附柱流入已抽空的第二吸附柱。（c）放空到大气压力——均压 I 步骤结束后，将包含载有二氧化碳的吸附剂的第一吸附柱降压或放空到大气压力，使得二氧化碳进一步解吸。具体地说，压力沿着与进料相反的方向从第一吸附柱的进料端被释放。（d）抽空——在步骤（c）中被减压到接近环境压力的第一吸附柱随后被真空泵抽真空，由此，吸附柱内部压力降低，并且大量的第二组分沿着与初始进料相同的方向被进一步解吸。（e）均压 II——抽空步骤（d）后，第一吸附柱由导入的富含第二组分的吸附气体升压到一个中间压力，从第二吸附柱排放出来的压力沿着与进料相同的方向优先导入第一吸附柱的进料端。（f）再加压——第一吸附柱随后通过将步骤（a）中收集的高纯度的第一组分产品沿着与进料相反的方向引入吸附柱而升压到步骤（a）的超大气压力（参见对比文件 3 中译文）。

（3）关于权利要求 1~4、6~9 相对于对比文件 2 的新颖性。

请求人认为本专利权利要求 1~4 和 6~9 相对于对比文件 2 不具备新颖性，不符合专利法第 22 条第 2 款的规定。

合议组经审查后认为，首先，对比文件 2 与本专利所要解决的技术问题并不相同，对比文件 2 的发明目的在于利用变压吸附方法从富含二氧化碳的混合气体中提取出浓度为 99% ~ 99.9%（体积）的工业二氧化碳，而本专利所要解决的技术问题则是如何脱除变换气中的二氧化碳并使其在氢氮混合气中的浓度低于 0.5%（摩尔体积）以及最大限度地回收原料气中的氢和氮并维持氢氮比为 3 的问题；其次，将本专利权利要求 1 所要保护的技术方案与对比文件 2 公开的内容相比可以看出，权利要求 1 中的均压升是利用正处于均压降步骤的吸附床排出的产品气从产品端（即出口端）进入已结束抽空步骤处于真空状态的吸附床的，而对比文件 2 中与权利要求 1 中均压升相对应的一次充压步骤是从塔的进口端进行充压的，两者之间存在着明显的区别技术特征，因此，权利要求 1 相对于对比文件 2 具备新颖性，符合专利法第 22 条第 2 款的规定。权利要求 2~4、6~9 为权利要求 1 的从属权利要求，在权利要求 1 具备新颖性的情况下，其从属权利要求也具备新颖性。

6. 关于专利法第 22 条第 3 款

专利法第 22 条第 3 款规定：创造性是指同申请日以前已有的技术相比，该发明有突出的实质性特点和显著的进步，该实用新型有实质性特点和进步。

在创造性判断的过程中不仅要考虑发明的技术方案本身，而且还要考虑发明所属技术领域，所要解决的技术问题和所产生的技术效果，将其作为一个整体来看待。

（1）权利要求 1~9 相对于对比文件 1 的创造性。

将本专利权利要求 1 与上述对比文件 1 公开的内容相比可以看出，对比文件 1 中的四塔流程中没有公开权利要求 1 中的抽空步骤，尽管在对比文件 1 中的两塔流程中提到抽空，但也未具体指出抽空的方向，并且其针对的是气体的干燥以及制氢的问题与本专利所要解决的从变换气中脱除二氧化碳并使二氧化碳等在氢氮混合气中的浓度低于 0.5%，以及最大限度地回收原料气中的氢和氮并维持氢氮比为 3 的技术问题完全不同，而本专利通过采用进料端（即进口端）抽空，保护了抽空塔的出口端的吸附部不被二氧化碳污染，进而确保吸附步骤对氢氮混合气的二氧化碳的浓度控制，实现了本专利的发明目的。由此可见，由于对比文件 1 既没有指出本专利所要解决的技术问题，又没有公开上述区别技术特征，因此，本领域技术人员在对比文件 1 的基础上不能显而易见的得出权利要求 1 所要保护的技术方案，权利要求 1 相对于对比文件 1 具备创造性，符合专利法第 22 条第 3 款的规定。

权利要求 2~9 为权利要求 1 的从属权利要求，在权利要求 1 具备创造性的情况下，其从属权利要求 2~9 也具备创造性。

（2）权利要求 1~9 相对于对比文件 2 的创造性。

从上述新颖性的评述中可以看出，本专利与对比文件 2 所要解决的技术问题完全不同，并且权利要求 1 与对比文件 2 存在着明显的区别技术特征，即权利要求 1 中的均压升是利用正处于均压降步骤的吸附床排出的产品气从产品端（即出口端）进入已结束抽空步骤处于真空状态的吸附床的，而对比文件 2 中与权利要求 1 中均压升相对应的一次充压步骤是从塔的进口端进行充压的。本专利通过采用出口端充压（即均压升），使床层上部残留的少量二氧化碳冲向塔底部，进一步净化了床层的上部，提高了床层的利用效率。由此可见，由于对比文件 2 既没有指出本专利所要解决的技术问题，又没有公开上述区别技术特征，因此，本领域技术人员在对比文件 2 的基础上不能显而易见的得出权利要求 1 所要保护的技术方案，权利要求 1 相对于对比文件 2 具备创造性，符合专利法第 22 条第 3 款的规定。

权利要求 2~9 为权利要求 1 的从属权利要求，在权利要求 1 具备创造性的情况下，其从属权利要求 2~9 也具备创造性。

（3）权利要求 1~9 相对于对比文件 3 的创造性。

将本专利权利要求 1 与上述对比文件 3 公开的内容相比，两者存在如下的区别技术特征：本专利权利要求 1 为进口端抽空，而对比文件 3 则是沿着与初始进料相同的方向解吸，即出口端抽空；本专利权利要求 1 是从出口端进行均压升，而对比文件 3 则是通过进料端（即进口端）进行均压升。由于对比文件 3 与本专利权利要求 1 在抽空方向和充压方向上存在明显的区别，本领域技术人员在对比文件 3 的基础上不能显而易见的得出权利要求 1 所要保护的技术方案并且采用本专利所述的抽空和均压方向可以达到前述（1）和（2）中的技术效果，因此，权利要求 1 相对于对比文件 3 具备创造性，符合专利法第 22 条第 3 款的规定。

权利要求 2~9 为权利要求 1 的从属权利要求，在权利要求 1 具备创造性的情况下，其从属权利要求 2~9 也具备创造性。

（4）权利要求 1~9 相对于对比文件 1 和 3 的创造性。

由上述（1）的评述可知，对比文件 1 未公开本专利权利要求 1 中采用进料端（即进口端）抽空这一工艺步骤，而对比文件 3 采用的是出口端抽空，与权利要求 1 中的抽空方向正好相反，本领域技术人员在对比文件 1 和 3 的基础上并不能显而易见的得出权利要求 1 所要保护的技术方案，并且采用本专利所限定的抽空方向可以达到前述（1）中的技术效果，因此，权利要求1相对于对比文件1和3具备创造性，符合专利法第22条第3款的规定。

权利要求2~9为权利要求1的从属权利要求，在权利要求1具备创造性的情况下，其从属权利要求2~9也具备创造性。

基于以上事实和理由，本案合议组作出如下审查决定。

三、决定

维持91107278.0号发明专利权有效。

当事人对本决定不服的，可以根据专利法第46条第2款的规定，自收到本决定之日起3个月内向北京市第一中级人民法院起诉。根据该款的规定，一方当事人起诉后，另一方当事人应当作为第三人参加诉讼。

北京市第一中级人民法院
行政判决书

（2007）一中行初字第690号

原告成都天立化工科技有限公司，住所地四川省成都高新区芳草西二街30号117C。

委托代理人詹炯，四川天润华邦律师事务所律师。

委托代理人董巍，男，1968年4月27日出生，汉族，北京化工研究院法律顾问，住北京市朝阳区倚林佳园13号楼1单元101号。

被告国家知识产权局专利复审委员会，住所地北京市海淀区北四环西路9号银谷大厦10~12层。

法定代表人廖涛，副主任。

委托代理人赵明，该委员会审查员。

委托代理人程强，该委员会审查员。

第三人西南化工研究设计院，住所地四川省成都高新区高朋大道5号。

法定代表人古共伟，院长。

委托代理人张新，成都天嘉专利事务所专利代理人。

委托代理人张杰，男，1970年8月2日出生，汉族，西南化工研究设计院职员，住四川省成都市高新区天益街78号2栋2单元20号。

原告成都天立化工科技有限公司（简称天立公司）不服被告国家知识产权局专利复审委员会（简称专利复审委员会）于2007年1月17日作出的第9445号无效宣告请求审查决定（简称第9445号决定），于法定期限内向本院提起诉讼。本院于2007年5月10日受理本案后，依法组成合议庭，并按照法律有关规定通知西南化工研究设计院（简称化工设计院）作为第三人参加诉讼，于2007年8月22日公开开庭进行了审理。原告天立公司的委托代理人詹炯、董巍，被告专利复审委员会的委托代理人赵明、程强，第三人化工设计院的委托代理人张新、张杰到庭参加了诉讼。本案现已审理终结。2005年5月9日、2006年3月16日，原告天立公司针对第三人化工设计院拥有的名称为“从氨厂变换气中脱除二氧化碳的变压吸附工艺”的第91107278.0号发明专利（简称本案专利）分别向被告专利复审委员会提出两次无效宣告请求。2007年1月17日，被告专利复审委员会作出第9445号决定，认为：（1）无效的理由、范围和证据。天立公司就本案专利先后提出了两次无效宣告请求，其所提出的全部无效理由、范围和证据为：本案专利说明书不符合《专利法》第二十六条第三款的规定，涉及的权利要求是权利要求 1；权利要求 1 和 2 不符合《专利法》第二十六条第四款的规定；权利要求 1~4 和 6~9 相对于对比文件 2 不具备新颖性；权利要求 1~9 相对于对比文件 1 或者对比文件 2 或者对比文件 3 或者对比文件 3 和对比文件 1 的结合不具备创造性。（2）关于证据和现有技术。天立公司在两次无效宣告请求中共提交了三份证据，即对比文件 1、对比文件 2、对比文件 3，化工设计院对三份证据的真实性没有异议，专利复审委员会经审查认定该三份证据可以作为本案的证据使用。由于这三份证据的公开日均早于本案专利的申请日，因此，可以作为本案专利申请日之前的现有技术使用。（3）关于《专利法》第二十六条第三款。本案专利权利要求 1 请求保护一种从合成氨变换气中脱除二氧化碳的变压吸附法，其采用多床真空变压吸附，每个吸附床在一次循环中依次经历吸附、均压降、逆向降压、抽空、均压升、最终升压等步骤。本案专利说明书对上述六个步骤做了详细的描述，说明书第 2 页表一给出了所要处理的原料气的典型组成，并且实施例还给出了三床、四床和六床的具体实施方式以及效果数据。由此可见，本案专利说明书已经对权利要求 1 所要保护的技术方案作出了清楚、完整的说明，本领域技术人员按照说明书记载的内容，就能够实现权利要求 1 所要保护的技术方案，解决其技术问题，并且产生预期的技术效果。（4）关于《专利法》第二十六条第四款。天立公司认为本案专利权利要求 1 和 2 中“两个变压吸附床”的技术方案没有得到说明书的支持，不符合《专利法》第二十六条第四款的规定。为此，化工设计院于 2006 年 2 月 28 日提交了关于两床的工艺步骤表。专利复审委员会认为，本案专利权利要求 1 和 2 所要保护的技术方案中包括了两个吸附床的情况，尽管本案专利说明书的实施例只给出了三床、四床和六床的具体实施方式，而未给出两床的具体流程，但这并不足以说明包含权利要求 1 所述六个步骤的两个变压吸附床的系统不能解决本发明所要解决的技术问题并产生预期的技术效果。对此，天立公司并没有提供充分的理由和证据以支持其观点，而专利权人针对天立公司提出的不支持的问题，给出了两床的工艺步骤表，从表中明显可见，其每个吸附床在一次循环中依次经历了如权利要求 1 所述的六个步骤并给出了每一步骤所用的时间，而对此天立公司只是引用化工设计院更早的一篇专利文献，即对比文件 2 来说明“由两个以上的塔组成的变压吸附系统，其中必须有一个塔处于选择吸附阶段，而其他塔则处于解吸再生阶段的不同步骤……”，“在任何时候，总有一个塔处于吸附步骤……”。对此，专利复审委员会认为，首先，天立公司引用的对比文件 2 所要解决的技术问题与本案专利所要解决的技术问题并不相同，对比文件 2 的发明目的在于利用变压吸附方法从富含二氧化碳的混合气体中提取二氧化碳，而本案专利所要解决的技术问题则是如何脱除二氧化碳的问题，显然，对比文件 2 中对变压吸附系统中各吸附床的规定并不适用于本案专利的情况；其次，天立公司仅是断章取义地摘取对比文件 2 的上述内容，并未全面考虑对比文件 2 公开这些内容的前因后果。实际上，上述“必须有一个塔处于选择吸附阶段”以及“在任何时候，总有一个塔处于吸附步骤”在对比文件 2 中针对的是三塔、四塔的情况，而对于两塔流程，如对比文件 2 表 3 所示，在某一时段内两塔可以均不处于选择吸附阶段；第三，本案专利说明书也未提及由两个或两个以上吸附床组成的吸附系统必须要有一个床层处于吸附步骤中。对于本领域技术人员来说，当吸附床仅为两个，并且如上表所示“均压升”和“均压降”步骤在这两个吸附床中同时进行时，上游的原料气可通过暂时存放在缓冲罐的方式以实现整个系统的正常运行。综上所述，天立公司关于本案专利权利要求 1 和 2 中两个变压吸附床的技术方案未得到说明书支持的主张缺乏事实依据，不予支持。（5）关于《专利法》第二十二条第二款。关于权利要求 1~4、6~9 相对于对比文件 2 的新颖性首先，对比文件 2 与本案专利所要解决的技术问题并不相同，对比文件 2 的发明目的在于利用变压吸附方法从富含二氧化碳的混合气体中提取出浓度为 99%~99.9%（体积）的工业二氧化碳，而本案专利所要解决的技术问题则是如何脱除变换气中的二氧化碳并使其在氢氮混合气中的浓度低于0.5%（摩尔体积）以及最大限度地回收原料气中的氢和氮并维持氢氮比为3的问题；其次，将本案专利权利要求1所要保护的技术方案与对比文件2公开的内容相比可以看出，权利要求1中的均压升是利用正处于均压降步骤的吸附床排出的产品气从产品端（即出口端）进入已结束抽空步骤处于真空状态的吸附床的，而对比文件2中与权利要求1中均压升相对应的一次充压步骤是从塔的进口端进行充压的，两者之间存在着明显的区别技术特征。因此，权利要求1相对于对比文件2具备新颖性，符合《专利法》第二十二条第二款的规定。权利要求2~4、6~9为权利要求1的从属权利要求，在权利要求1具备新颖性的情况下，其从属权利要求也具备新颖性。（6）关于《专利法》第二十二条第三款。①权利要求1~9相对于对比文件1的创造性将本案专利权利要求1与对比文件1公开的内容相比可以看出，对比文件1中的四塔流程中没有公开权利要求1中的抽空步骤，尽管在对比文件2中的两塔流程中提到抽空，但也未具体指出抽空的方向，并且其针对的是气体的干燥以及制氢的问题与本案专利所要解决的技术问题完全不同，而本案专利通过采用进料端（即进口端）抽空，保护了抽空塔的出口端的吸附部不被二氧化碳污染，进而确保吸附步骤对氢氮混合气的二氧化碳的浓度控制，实现了本案专利的发明目的。由此可见，由于对比文件1既没有指出本案专利所要解决的技术问题，又没有公开上述区别技术特征，因此，本领域技术人员在对比文件1的基础上不能显而易见的得出权利要求1所要保护的技术方案，权利要求1相对于对比文件1具备创造性，符合《专利法》第二十二条第三款的规定。权利要求2~9为权利要求1的从属权利要求，在权利要求1具备创造性的情况下，其从属权利要求2~9也具备创造性。②权利要求1~9相对于对比文件2的创造性从上述新颖性的评述中可以看出，本案专利与对比文件2所要解决的技术问题完全不同，并且权利要求1与对比文件2存在着明显的区别技术特征，即权利要求1中的均压升是利用正处于均压降的吸附床排出的产品气从产品端（即出口端）进入已结束抽空步骤处于真空状态的吸附床的，而对比文件2中与权利要求1中均压升相对应的一次充压步骤是从塔的进口端进行充压的。本案专利通过采用出口端充压（即均压升），使床层上部残留的少量二氧化碳冲向塔底部，进一步净化了床层的上部，提高了床层的利用效率。由此可见，由于对比文件2既没有指出本案专利所要解决的技术问题，又没有公开上述区别技术特征，因此，本领域技术人员在对比文件2的基础上不能显而易见的得出权利要求1所要保护的技术方案，权利要求1相对于对比文件2具备创造性，符合《专利法》第二十二条第三款的规定。权利要求2~9为权利要求1的从属权利要求，在权利要求1具备创造性的情况下，其从属权利要求2~9也具备创造性。③权利要求1~9相对于对比文件3的创造性将本案专利权利要求1与上述对比文件3公开的内容相比，两者存在如下的区别技术特征：本案专利权利要求1为进口端抽空，而对比文件3则是沿着与初始进料相同的方向解吸，即出口端抽空；本案专利权利要求1是从出口端进行均压升，而对比文件3则是通过进料端（即进口端）进行均压升。由于对比文件3与本案专利权利要求1在抽空方向和充压方向上存在明显的区别，本领域技术人员在对比文件3的基础上不能显而易见的得出权利要求1所要保护的技术方案并且采用本案专利所述的抽空和均压方向可以达到前述①和②中的技术效果，因此，权利要求1相对于对比文件3具备创造性，符合《专利法》第二十二条第三款的规定。权利要求2~9为权利要求1的从属权利要求，在权利要求1具备创造性的情况下，其从属权利要求2~9也具备创造性。④权利要求1~9相对于对比文件1和对比文件3的创造性由上述①的评述可知，对比文件1未公开本案专利权利要求1中采用进料端（即进口端）抽空这一工艺步骤，而对比文件3采用的是出口端抽空，与权利要求1中的抽空方向正好相反，本领域技术人员在对比文件1和对比文件3的基础上并不能显而易见的得出权利要求1所要保护的技术方案，并且采用本案专利所限定的抽空方向可以达到前述①中的技术效果，因此，权利要求1相对于对比文件1和对比文件3具备创造性，符合《专利法》第二十二条第三款的规定。权利要求2~9为权利要求1的从属权利要求，在权利要求1具备创造性的情况下，其从属权利要求2~9也具备创造性。基于上述理由，专利复审委员会作出第9445号决定，维持本案专利权有效。原告天立公司不服该决定，在法定期限内向本院提起诉讼，称：（1）第9445号决定存在违反“听证原则”的情形。专利复审委员会的决定理由之一为“本案专利说明书中也未提及由两个或两个以上吸附床组成的吸附系统必须要有一个床层处于吸附步骤中。对于本领域技术人员来说，当吸附床仅为两个，并且如上表所示均压升和均压降步骤在这两个吸附床中同时进行时，上游的原料气可通过暂时存放在缓冲罐的方式实现整个系统的正常运行”，但专利复审委员会未将该理由及其依据的证据告知天立公司，也没有给天立公司陈述意见的机会。专利复审委员会未将化工设计院于2006年8月22日、8月31日提交的意见陈述书转送给天立公司。化工设计院于2006年8月10日撰写并于8月28日提交专利复审委员会的意见陈述书，专利复审委员会于2006年9月12日才转送给天立公司，违反法定程序。（2）专利复审委员会不允许天立公司的代理人参加口头审理缺乏事实和法律依据，违反公正执法原则。（3）本案专利说明书未提及吸附床仅为两个，并且均压升和均压降步骤在两个吸附床中同时进行时，上游的原料气可以通过暂存放在缓冲罐的方式实现整个系统的正常运行，且化工设计院也未提交证据证明上述方式属于公知常识，故专利复审委员会认定本案专利权利要求1和2中两个变压吸附床的技术方案得到说明书支持的主要证据不足。（4）第9445号决定将本案专利说明书中提及但未写入权利要求中的技术特征，作为本案专利区别于已有技术的依据。本案专利相对于对比文件2或对比文件3或对比文件1和对比文件3均不具备创造性。（5）本案专利的说明书不符合《专利法》第二十六条第三款的规定。（6）本案专利权利要求1、2不符合《专利法》第二十六条第四款的规定。（7）本案专利与对比文件2所要解决的技术问题实质相同，不存在明显的区别技术特征，故本案专利的权利要求1~4、6~9相对于对比文件2没有新颖性。综上所述，第9445号决定的主要证据不足，违反法定程序，适用法律错误，请求人民法院予以撤销，并宣告本案专利权无效。被告专利复审委员会辩称：（1）关于合法、听证原则。变压吸附流程中通过缓冲罐实现系统的平稳运行，在对比文件1和对比文件2中均有描述，并不存在违反听证原则的情形。化工设计院于口审后提交的文件，均不是专利复审委员会要求双方提交的文件，只是双方口审意见的书面总结，不需要进行转文。化工设计院于2006年8月22日提交的意见陈述书，专利复审委员会于口审后即转给天立公司，天立公司对此提交了意见陈述，并不存在天立公司声称的未转送文件的情形。（2）关于公正执法。天立公司的委托代理人韦庆文曾接受化工设计院的委托办理本案专利的专利无效事宜，现又接受天立公司的委托办理本案，违反相关法律规定，专利复审委员会不允许其出庭是完全正确的，并且专利复审委员会在口审中明确告知天立公司可以另行择日口审，天立公司自行选择的继续口审。（3）关于实体问题。专利复审委员会坚持第9445号决定中的论述，并称权利要求的保护范围应当根据其所用词语的含义来理解，本案专利的说明书对“吸附”、“均压升”、“最终升压”等术语进行了明确地限定，故其保护范围应当按照说明书中的限定予以确定。综上，第9445号决定认定事实清楚，适用法律正确、审查程序合法，请求人民法院予以维持。第三人化工设计院认为：（1）本领域技术人员阅读本案专利说明书后，能够通过暂时存放在缓冲的方式来实现整个系统的正常运行。（2）本案专利与对比文件2或对比文件3相比较，主题、技术领域、发明目的、技术方案均不相同，对比文件2也不能达到本案专利的技术效果，并且，当对比文件2缺少“顺向减压”和“置换”这两个步骤，也无法实现本案专利所述的高二氧化碳提取率的变压吸附方法。综上，第9445号决定认定事实清楚，适用法律正确，请求人民法院驳回原告的诉讼请求，维持第9445号决定。

经审理查明：

本案专利系名称为“从氨厂变换气中脱除二氧化碳的变压吸附工艺”的91107278.0号发明专利

（即本案专利），申请日为1991年8月24日，授权公告日为1995年8月23日，专利权人为化工设计院。本案专利授权公告时的权利要求书如下：

“1. 一种从合成氨变换气中脱除二氧化碳的变压吸附法，其特征是采用多床真空变压吸附，每个吸附床在一次循环中依次经历吸附、均压降、逆向降压、抽空、均压升、最终升压等变压吸附工艺所要求的各步骤。

2. 根据权利要求1的变压吸附法，其特征是吸附床可为两个或两个以上（直至十个）的组合。

3. 根据权利要求1和2的变压吸附法，其特征是均压降次数随吸附床数量的变化可分一次至五次完成。

4. 根据权利要求1和2的变压吸附法，其特征是均压升次数随吸附床数量的变化可分一次至五次完成。

5. 根据权利要求1和2的变压吸附法，其特征：当为四床二均系统时，每床在一次循环中必须增加隔离步骤，可安排在二次均压降之间，或者安排在二次均压升之间，或者同时在二次均压降之间以及二次均压升之间各安排一个隔离步骤。

6. 根据权利要求1和2的变压吸附法，其特征是可用沸石分子筛、活性炭、硅胶、活性氧化铝等作吸附剂。

7. 根据权利要求1或2的变压吸附法，其特征是吸附步骤时的吸附压力控制在0.1~3.0MPa范围。

8. 根据权利要求1或2的变压吸附法，其特征是抽空步骤时的压力控制在2~30KPa范围。

9. 根据权利要求1或2的变压吸附法，其特征是最终升压步骤可用产品端对吸附床进行最终升压，也可用原料气从进料端对吸附床进行最终升压，也可以用产品气从产品端和原料气从进料端同时对吸附床进行最终升压。”

本案专利说明书载明：“本发明的目的是提供一种不在制氨过程中引入过量空气，又不需添制昂贵的空分装置的PSA脱除变换气中二氧化碳的方法。本发明的另一个目的是这种PSA方法能最大限度地回收原料气中的氢和氮，并维持氢氮比为3。本发明还有一个目的是仅从变换气中脱除二氧化碳和沸点比它高的组分，并使其在氢氮混合气中的浓度低于0.5（摩尔体积）”；“本发明的PSA工艺至少需要有两个或两个以上（直至十个）吸附床组成的一个循环系统，它们中的每个吸附床在一次循环中必须依次经历以下步骤。(1) 吸附（A）：将原料气送入具有最高压力的吸附床进料端并进行吸附，选择性地吸附一种或几种易吸附的组分（例如二氧化碳、碳化氢、水等），并在床层内建立了杂质吸附区，因此，不易吸附的组分（例如氢、氮、甲烷、一氧化碳等）通过整个吸附床并从产品端排出、杂质吸附区在吸附过程中不断向床的产品端移动，当吸附区的前沿移动到床层的一定位置时，中止原料气，停止吸附。(2) 压力均衡降（简称均压降，ED）：在A步骤之后，从吸附床产品端将床层内气体排出，由于排出过程中床内压力不断下降，故杂质组分吸附前沿随吸附区亦不断向床的产品端移动，当吸附前沿刚移至产品端时中止气体排放，此时，杂质吸附区基本上全留在床层内，也就是说，排出的气体基本上不含有杂质组分（例如二氧化碳、硫化氢、水等），这股气体可用于已再生好的床层的升压。根据吸附压力，处理能力，床层数目的情况，均压降可分一次或多次（最多五次）完成，即分成一个或多个（最多为五个）压力等级逐级降压来完成，压力等级从高到低可依次简称为E1D、E2D、E3D、E4D、E5D，而最后一次均压降，亦均压降压力等级最低一级结束之时，杂质吸附前沿应该正好到达吸附床的产品端。(3) 逆向降压（D）：在上述ED步骤结束后，吸附床内尚残留的气体则是通过床层的进料端排走，直至达到几乎等于大气压的程度，此时在吸附期间吸附的杂质的相当一部分被解吸出来，随排走的气体离开床层。(4) 抽空（VC）：为了使床层内再生得更彻底，采用抽真空的方法，更进一步地降低 D 步骤之后的床层中杂质的分压，把残余的杂质组分从床层的进料端排走，这一过程通常需要使床层压力降至 2~30KPa。(5) 压力均衡升（简称均压升，ER）：这一步是与 ED 步骤相对应，即利用正处于 ED 步骤的吸附床排出的产品气，从产品端进入已结束 VC 步骤处于真空状态的吸附床，使它逐步升高压力，同样，这一步骤可一次或至多五次（即 E1D、E2D、E3D、E4D、E5D）完成。(6) 最终升压（FR）：由于 ER 步骤无法使吸附床达到吸附压力，因此需要用正处于 A 步骤的吸附床所输出的产品气的一部分从产品端对该吸附床升压，亦可用原料气从进料端对该吸附床升压或产品气从产品端和原料气从进料端同时对吸附床进行最终升压，直至达到吸附压力"；"当具有 0.1~3.0MPa 的变换气通过本发明的 PSA 工艺时，在产品气中二氧化碳浓度可控制在 0.5%（摩尔体积）以下，此时，产品气压力略低于原料气压力 0.1MPa，而氢气的回收率可大于 95%，氮气的回收率大于 90%，通过调节很容易使氢氮比控制在 2.8~3.5 的范围内"。

1997 年 5 月 23 日，北京思创专利事务所专利代理人韦庆文、范桂荣接受化工设计院的委托，代为办理宣告本案专利无效的相关事宜。

2005 年 5 月 9 日、2006 年 3 月 16 日，天立公司针对本案专利分别向专利复审委员会提出两次无效宣告请求，并委托北京思创毕升专利事务所专利代理人韦庆文、范桂荣代为办理宣告本案专利无效的事宜，同时提交了如下证据，其中：

对比文件 1：叶振华编著、化学工业出版社出版、1988 年 9 月第一版第一次印刷的《吸着分离过程基础》封面、出版信息页、目录、第一章绪论页、第 288~303 页、第九章流化床吸附分离页和第 304 页的复印件。该对比文件公开了双塔变压吸附和四塔变压吸附，其中在双塔变压吸附中介绍了用双塔变压吸附制取干燥的精制气体和对 H_2-N_2 气体系统用 5A 合成沸石精制取得氢气。在四塔变压吸附工艺中，每个床层都要经历七个阶段，以床层Ⅰ为例，第一步吸附：在指定的压力使用原料气吸附，传质波前沿未到达床层出口时，停止吸附，使前沿和床层出口之间保留一段床层，所得产品气体，一部分作为床层Ⅳ的二段充压气体，使之达到产品的压力，一部分作为产品放出。第二步均压：床层Ⅰ和再生完毕处于低压状态的床层Ⅱ以出口端相连均压，对床层Ⅱ是一段均压，均压后床层压力约为原始压力的一半，此时床层Ⅰ的传质波前沿向前推向放压到最低的床层Ⅲ，顺向放压的压力控制到传质波前沿刚到达床层Ⅰ的出口，而尚未穿透时为止。第四步逆向放压：开启床层Ⅰ进口端的阀门，使残余气体的压力降至最低的压力，使吸附的杂质排出一部分。第五步清洗：利用床层Ⅳ顺向放压的气体清洗床层Ⅰ，清洗后，床层Ⅰ的吸附剂基本再生完毕。第六步一段充压：利用床层Ⅱ的均压气体使床层Ⅰ一段充压。第七步二段充压：用床层Ⅲ产品的一部分使床层Ⅰ充压到产品的压力，以准备下一循环吸附。

对比文件 2：名称为"变压吸附法从混合气中提取二氧化碳"的第 CN1040354A 发明专利申请公开说明书，公开日为 1990 年 3 月 14 日。该对比文件公开了从各种富含二氧化碳混合气中提取二氧化碳的变压吸附工艺，通常由一系列装有吸附剂的塔组成，其中每个塔都经历了如下步骤：a 吸附步骤：富含二氧化碳混合气在变压吸附系统中几个装填有吸附剂的吸附塔中的一个塔内得到分离，不易吸附的组份是氢、氧、氩、氮、一氧化碳和甲烷，它们从塔出口端释放，易被吸附组份二氧化碳留在塔内，此时塔内二氧化碳浓度得到初步提高。b 压力均衡步骤：即从塔的出口方向减压，在步骤 a 结束后，该塔与某一已结束抽真空步骤的吸附塔进口端相通，使已吸附的塔内气体输往另一塔，直至两个塔压力基本相等为止。c 顺向减压步骤：在步骤 b 之后，已吸附的塔进一步顺着出口端方向减压，直至塔内压力降低至接近大气压，塔内二氧化碳浓度又一次提高。d 置换步骤：让产品气的一部分，在顺向减压终时的压力下，对刚结束步骤 c 的塔进行回流置换，置换气从进口端向出口端方向通过，置换尚残留在塔内的其他组分。e 逆向减压步骤：在步骤 d 之后，使塔内二氧化碳逆向从塔的进口端排出，直至塔压降到某一负压为止，这部分排出的二氧化碳即为产品气的一部分。f 抽真空步骤：在步骤 e 之后，塔内压力已为负压，但还吸留有一部分二氧化碳组份，这部分气体将通过继续抽真空抽出，抽出气亦为产品气的一部分。g 一次充压步骤：利用另一刚处于压力均衡步骤的塔顶释放气，对已完成步骤 f 的塔，从塔的进口端往出口端方向进行充压，使塔的压力升至与供气源塔的压力基本相等为止。h 二次充压步骤：利用另一处于吸附步骤的塔顶释放气，对完成步骤 g 的塔，从塔的出口端往进口端方向进行再次充压，使塔内压力升至基本上等于吸附压力为止。其中，在该对比文件说明书第 5 页最后一段中指出被吸附组分即二氧化碳通过逆向减压和抽真空二个步骤从各吸附塔进口端的产品气总管 49 排出。

对比文件 3：美国专利文献 US4857083，公开日为 1989 年 8 月 15 日。该对比文件的中文译文公开了具有真空辅助的内部清洗的真空变换吸附工艺，用于从多组分混合进料气的弱吸附组分中脱附近二氧化碳和除甲烷以外的气态烃类。其中，附图 1 为四塔流程图，附图 2 为六塔流程图。该工艺主要包括下列步骤顺序：（a）吸附——将进料气通过总管 A 进入一个即将要经历吸附步骤的吸附柱。（b）均压Ⅰ——吸附步骤一结束，将处于超大气压力下的第一吸附柱与一个预先抽空的第二吸附柱进行连接，此时，第二组分（即二氧化碳和气态烃类）沿着与初始进料相同的方向从第一吸附柱流入已抽空的第二吸附柱。（c）放空到大气压力——均压Ⅰ步骤结束后，将包含载有二氧化碳的吸附剂的第一吸附柱

降压或放空到大气压力，使得二氧化碳进一步解吸。具体地说，压力沿着与进料相反的方向从第一吸附柱的进料端被释放。（d）抽空——在步骤（c）中被减压到接近环境压力的第一吸附柱随后被真空泵抽真空，由此，吸附柱内部压力降低，并且大量的第二组分沿着与初始进料相同的方向被进一步解吸。（e）均压Ⅱ——抽空步骤（d）后，第一吸附柱由导入的富含第二组分的吸附气体升压到一个中间压力，从第二吸附柱排放出来的压力沿着与进料相同的方向优先导入第一吸附柱的进料端。（f）再加压——第一吸附柱随后通过将步骤（a）中收集的高纯度的第一组分产品沿着与进料相反的方向引入吸附柱而升压到步骤（a）的超大气压力。

2006 年 2 月 28 日，针对天立公司关于本案专利权利要求 1 和 2 中“两个变压吸附床”的技术方案没有得到说明书支持的无效理由，化工设计院提交了关于两床的工艺步骤表：

2006 年 2 月 22 日、8 月 30 日，专利复审委员会进行了两次口头审理。在第二次口头审理中，化工设计院对天立公司的委托代理人韦庆文和范桂荣身份提出异议。韦庆文和范桂荣因不符合专利代理的相关规定不允许参加口头审理，专利复审委员会告知天立公司可以选择另行进行口头审理或者继续进行口头审理，天立公司选择继续进行口头审理，并由其法定代表人宋宇文出席口头审理。天立公司当庭明确其无效宣告理由、范围和证据为：本案专利权利要求 1~4 和 6~9 相对于对比文件 2 不具备新颖性；权利要求 1~9 相对于对比文件 2 或对比文件 3 或者对比文件 3 和对比文件 1 的组合不具备创造性。化工设计院对对比文件 1、对比文件 2、对比文件 3 的真实性无异议，对对比文件 3 的中文译文的准确性亦无异议。第二次口头审理后，化工设计院和天立公司均提交了意见陈述书。

2006 年 8 月 22 日，化工设计院向专利复审委员会以邮寄方式提交了其于 2006 年 8 月 10 日撰写的意见陈述书，专利复审委员会的收文章显示收文日期为 2006 年 8 月 28 日。专利复审委员会称其主审员于第二次口头审理后才收到该意见陈述书。2006 年 9 月 12 日，专利复审委员会将该意见陈述书转送天立公司。

2007 年 1 月 17 日，专利复审委员会作出第 9445 号决定。

本案诉讼过程中，专利复审委员会为证明其于 2006 年 9 月 12 日将化工设计院于 2006 年 8 月 22 日的意见陈述书转送给天立公司，向本院提交了转送文件通知书。天立公司未提供相反证据。

上述事实，有第9445号决定、口头审理记录表、本案专利授权公告文本、对比文件1、对比文件2、对比文件3、相关专利代理委托书、当事人的陈述等证据在案佐证。

本院认为：

一、关于第9445号决定涉及的程序问题

关于专利复审委员会是否违反公正执法原则的问题。首先，针对本案专利的无效宣告请求，韦庆文、范桂荣曾经作为专利权人化工设计院的委托代理人处理相关事宜，现又作为无效请求人天立公司的委托代理人提起无效宣告请求，显然违反《专利代理条例》第十条关于“专利代理机构接受委托后，不得就同一内容的专利事务接受有利害关系的其他委托人的委托”的规定。其次，虽然化工设计院在第一次口头审理中未提出异议，但其于第二次口头审理时提出了异议，专利复审委员会核实情况后不允许韦庆文和范桂荣继续参加口头审理，并无不当。再次，专利复审委员会取消韦庆文和范桂荣代理资格后，明确告知天立公司可以选择另行进行口头审理，即天立公司可以重新聘请委托代理人，但天立公司选择了继续口头审理，主动放弃了重新聘请委托代理人的权利。综上，天立公司主张专利复审委员会违反公正执法原则，缺乏事实和法律依据，本院不予支持。

关于专利复审委员会是否违反听证原则的问题。虽然专利复审委员会于2006年8月28日已经收到化工设计院于同年8月10日撰写、8月22日邮寄的意见陈述书，但专利复审委员会关于其主审员于口头审理后收到的解释并非违反常理，且专利复审委员会于同年9月12日将该意见陈述书转送给天立公司，况且天立公司与化工设计院在第二次口头审理中均充分陈述了各自的意见，故天立公司据此主张专利复审委员会违反听证原则，缺乏事实和法律依据，本院不予支持。因化工设计院于2006年8月31日提交的意见陈述书系对其无效理由的进一步阐述，也是对第二次口头审理的意见总结，故专利复审委员会未转送天立公司并无不妥。本案专利权利要求1和2不符合《专利法》第二十六条第四款的规定系天立公司提出的无效理由之一，化工设计院为此提交了关于两个变压吸附床的工艺步骤表，天立公司亦提交了意见陈述书详细阐述了自己的观点，而专利复审委员会经审查认定本案专利权利要求1和2中两个变压吸附床的技术方案符合《专利法》第二十六条第四款的规定，并非引用新的无效理由和证据，故专利复审委员会无需告知当事人。天立公司要求专利复审委员会告知并给予其陈述意见的机会，缺乏法律依据，本院不予支持。综上，天立公司主张专利复审委员会违反听证原则，缺乏事实和法律依据，本院不予支持。

二、关于本案专利说明书是否符合《专利法》第二十二条第三款的规定

《专利法》第二十六条第三款规定，说明书应当对发明作出清楚、完整的说明，以所属技术领域的技术人员能够实现为准。说明书作为权利要求书的依据，在确定专利权的保护范围时，用于解释权利要求。

本案专利权利要求1和2所述的从合成氨变换气中脱除二氧化碳的变压吸附方法，其采用多床真空变压吸附，且限定每床在一次循环中依次经历吸附、均压降、逆向降压、抽空、均压升、最终升压等变压吸附工艺所要求的六步骤。本案专利说明书详细阐述了上述六个步骤的具体实施方式，列举了本发明所要处理的原料气的典型组成，还给出了三、四、六个吸附床系统的具体实施方式及技术效果的相关数据，因此，本案专利说明书已经对权利要求1请求保护的技术方案作了清楚、完整的说明，本领域技术人员根据说明书记载的内容能够实现本案专利权利要求1所述的技术方案，解决其技术问题，并产生预期的技术效果。天立公司未能提供相应的证据证明本案专利说明不符合《专利法》第二十六条第三款的规定，故本院不予支持。

三、关于本案专利权利要求1和2是否符合《专利法》第二十六条第四款的规定

《专利法》第二十六条第四款规定，权利要求书应当以说明书为依据，说明要求专利保护的

范围。

本案专利权利要求 1 和 2 请求保护的技术方案采用的是多床变压吸附，当然包括两个吸附床的情况，虽然本案专利说明书仅给出了三、四、六个吸附床系统的具体实施方式及技术效果的相关数据，但不足以说明本案专利权利要求 1 和 2 所述技术方案中两个吸附床系统不能得到说明书的支持。化工设计院所提交的两床工艺步骤表，给出了两个吸附床分别依次经历的六个步骤及所需时间，本领域技术人员从本案专利说明书公开的内容能够概括得出该工艺步骤表记载的内容，即本领域技术人员能够得知，当“均压升”和“均压降”步骤在这两个吸附床中同时进行时，通过将上游的原料气暂存于缓冲罐的方式即可实现系统的正常运行，故本案专利权利要求 1 和 2 所述技术方案中两个吸附床系统能够得到说明书的支持。天立公司未能提供相应证据证明本案专利权利要求书不能得到说明书的支持，故本院不予支持。

四、关于本案专利权利要求 1~4、6~9 相对于对比文件 2 是否具备新颖性的问题

新颖性，是指在申请日以前没有同样的发明在国内外出版物上公开发表过、在国内公开使用过或者以其他方式为公众所知，也没有同样的发明由他人向国务院行政部门提出过申请并且记载在申请日以后公布的专利申请文件中。

将本案专利权利要求 1~4、6~9 与对比文件 2 进行比较，二者所要解决的技术问题不同，本案专利所要解决的技术问题是从合成氨变换气中脱除二氧化碳并使其在氢氮混合气中的浓度低于 0.5%（摩尔体积）以及最大限度地回收原料气中的氢和氮并维持氢氮比为 3，对比文件 2 所要解决的技术问题是从富含二氧化碳的混合气体中提取出浓度为 99~99.9% 的工业二氧化碳；二者所述的技术方案不同，本案专利权利要求 1 所述的“均压升”步骤与对比文件 2 所述的“一次充压”步骤存在明显的区别。综上，本案专利权利要求 1 相对于对比文件 2 具备新颖性。权利要求 2~4、6~9 系从属权利要求，在权利要求 1 具备新颖性的情况下，其从属权利要求也具备新颖性。因此，本案专利权利要求 1~4、6~9 相对于对比文件 2 具备新颖性。

五、关于本案专利权利要求 1~9 相对于对比文件 1 或对比文件 2 或对比文件 3 或对比文件 1 和对比文件 3 是否具备创造性的问题

创造性，是指同申请日以前已有的技术相比，该发明有突出的实质性特点和显著的进步。

将本案专利权利要求 1 与对比文件 1 公开的内容相比较，对比文件 1 中的四塔流程没有“抽空”步骤，两塔流程虽然有“抽空”步骤，但未具体指出抽空的方向，本案专利说明书针对权利要求 1 所述的“抽空”步骤所作的解释限定了抽空的方向，故二者所述的“抽空”步骤存在明显区别。况且，本案专利与对比文件 1 公开的技术所要解决的技术问题及所达到的技术效果均不相同，因此，在对比文件 1 的基础上，本领域技术人员得出本案专利权利要求 1 所述的技术方案并非显而易见，故本案专利权利要求 1 相对于对比文件 1 具备创造性。权利要求 2~9 为权利要求 1 的从属权利要求，在权利要求 1 相对于对比文件 1 具备创造性的情况下，其从属权利要求 2~9 相对于对比文件 1 也具备创造性。

将本案专利权利要求 1 与对比文件 2 公开的内容相比较，二者存在明显的区别技术特征，即本案专利权利要求 1 所述的“均压升”步骤与对比文件 2 所述的“一次充压”步骤存在明显差异，且二者所要解决的技术问题亦不相同，因此，在对比文件 2 的基础上，本领域技术人员得出本案专利权利要求 1 所述的技术方案并非显而易见，故本案专利权利要求 1 相对于对比文件 2 具备创造性。权利要求 2~9 为权利要求 1 的从属权利要求，在权利要求 1 相对于对比文件 2 具备创造性的情况下，其从属权利要求 2~9 相对于对比文件 2 也具备创造性。

将本案专利权利要求 1 与对比文件 3 公开的内容相比较，二者在抽空方向和充压方向均存在明显

的区别技术特征，因此，在对比文件3的基础上，本领域技术人员得出本案专利权利要求1所述的技术方案并非显而易见，故本案专利权利要求1相对于对比文件3具备创造性。权利要求2~9为权利要求1的从属权利要求，在权利要求1相对于对比文件3具备创造性的情况下，其从属权利要求2~9相对于对比文件3也具备创造性。

将本案专利权利要求1与对比文件1和对比文件3公开的内容相比较，对比文件1未公开本案专利权利要求1所述的“抽空”步骤中的抽空方向，对比文件3所述的抽空方向与本案专利权利要求1所述的抽空方向相反，因此，在对比文件1和对比文件3的基础上，本领域技术人员得出本案专利权利要求1所述的技术方案并非显而易见，故本案专利权利要求1相对于对比文件1和对比文件3具备创造性。权利要求2~9为权利要求1的从属权利要求，在权利要求1相对于对比文件1和对比文件3具备创造性的情况下，其从属权利要求2~9相对于对比文件1和对比文件3也具备创造性。

综上所述，被告专利复审委员会作出的第9445号决定认定事实清楚，适用法律正确，程序合法，应予维持。依照《中华人民共和国行政诉讼法》第五十四条第（一）项之规定，判决如下：

维持被告国家知识产权局专利复审委员会作出的第9445号无效宣告请求审查决定。

案件受理费100元，由原告成都天立化工科技有限公司负担（已交纳）。

如不服本判决，各方当事人可于本判决送达之日起15日内，向本院提交上诉状及其副本，并交纳上诉案件受理费100元，上诉于北京市高级人民法院。

审　判　长　彭文毅
代理审判员　江建中
代理审判员　马晓亚
二〇〇七年十一月七日
书　记　员　瞿文伟

051

家用中央空调辅助电加热器

无效宣告请求审查决定（第9465号）

决　定　号　第9465号
决　定　日　2007年1月26日
发明创造名称　家用中央空调辅助电加热器
国际分类号　F24H 1/20
无效宣告请求人　镇江市东方制冷空调设备配件有限公司
专利权人　陈桂军，佘广根
专　利　号　200420007537.2
申　请　日　2004年3月29日
授权公告日　2005年3月2日
合议组组长　黄　颖
主　审　员　刘敏飞
参　审　员　刘　犟

法律依据　专利法第22条第2款、第3款
决定要点

专利权人在口头审理之前主动提交了权利要求书的修改替换页，合议组经审查认为上述修改的修改时机及修改方式均符合专利法、专利法实施细则以及审查指南的相关规定，予以接受，并在口头审理中以该修改后的权利要求书为基础进行，如果专利权人在口头审理结束后以请求人提交的证据没有原件为由提出撤回对权利要求书的修改的请求，则为了保障无效程序公正、平等地进行，防止审查程序成本的不必要增加，合议组对专利权人提出的上述请求不予接受。

一、案由

本无效宣告请求涉及国家知识产权局于2005年3月2日授权公告的名称为“家用中央空调辅助电加热器”的专利权（以下简称本专利），其专利号是200420007537.2，申请日为2004年3月29日，专利权人为陈桂军、佘广根。本专利授权公告的权利要求书如下：

“1. 一种家用中央空调辅助电加热器，它是一种卧式圆柱型的金属壳体，外壳体的上方设有进水口和出水口，在底部有安装底座，其特征在于壳体内设有金属内胆，壳体和内胆之间的保温层中填有保温材料，在内胆的中部焊接有导流隔板，导流隔板的下端与下部的内胆设有通道，在内胆中设置有多根U形电热管，电热管固定在壳体的法兰上并有导线与电源相连，电热管的中间放置有传感器套管，传感器套管内放置有温度传感器和超温保护器，电热管和传感器套管均在同一侧；壳体的法兰上

安装有金属安全防护罩，在金属安全防护罩内设有玻璃钢防水绝缘罩，玻璃钢防水绝缘罩内设有电热管固定端子、传感器套管固定端子和接线端子及引线孔，接线端子与温度传感器和超温保护器由导线与温控装置相连接。

2. 根据权利要求 1 所述的家用中央空调辅助电加热器，其特征在于在壳体上方进水口和出水口之间设置有安全泄压阀。

3. 根据权利要求 1 所述的家用中央空调辅助电加热器，其特征在于在壳体和内胆之间保温层的材料为硅酸铝保温材料。

4. 根据权利要求 1 所述的家用中央空调辅助电加热器，其特征在于玻璃钢防水绝缘罩是由玻璃钢防水绝缘材料制成的。”

针对本专利，镇江市东方制冷空调设备配件有限公司（以下简称请求人）于 2005 年 10 月 27 日向专利复审委员会提出无效宣告请求，其理由是本专利权利要求 1、2 不符合专利法第 22 条第 2 款、第 3 款的规定、权利要求 3、4 不符合专利法第 22 条第 3 款的规定，其提交的如下：

证据 1：《户式中央空调辅助电加热器使用说明书》封面、封底、目录页、第 1~11 页原件，共 8 页；

证据 2 包括：

证据 2.1：宁波惠康国际工业有限公司河南分公司出具的证明原件，共 1 页；

证据 2.2：出卖人为“镇江市东方制冷空调设备配件有限公司”、买受人为“宁波惠康国际工业有限公司河南分公司”的《工业品买卖合同》复印件，共 1 页；

证据 2.3：编号为 0046363 的江苏省镇江市工业企业通用发票复印件，共 1 页；

证据 2.4：中国建设银行电汇凭证（回单）复印件，共 1 页；

证据 3：由印刷厂家签章的《电加热系列产品》样本的封面、封底、公司简介页、目录页、第 1~31页原件，共 18 页；

证据 4 包括：

证据 4.1：委托方为“镇江市东方制冷空调设备配件有限公司”、承制方为“扬州市文化馆文化艺术服务部（扬州群艺广告）”的《印刷品委托承制合同》复印件，共 1 页；

证据 4.2：编号为 0011250 的江苏省扬州市广告业专用发票复印件，共 1 页；

证据 4.3：清单复印件，共 1 页；

证据 5：授权公告号为 CN2540593Y 的实用新型专利说明书复印件共 5 页，申请日为 2002 年 4 月 24 日，授权公告日为 2003 年 3 月 19 日；

证据 6：公告号为 CN2096026U 的实用新型专利申请说明书首页，申请日为 1991 年 3 月 21 日，公告日为 1992 年 2 月 12 日，共 1 页；

证据 7：《中华人民共和国国家标准 GB 4706.32-1996 家用和类似用途电器的安全 热泵、空调器和除湿机的特殊要求》封面、第 2、3、5、10~13 页复印件，共 8 页。

请求人认为：本专利的权利要求 1 的所有技术特征均被证据 1、证据 3 所覆盖，因此本专利的权利要求 1 不具备新颖性；权利要求 1 的所有技术特征已被证据 5 和公知常识所覆盖，权利要求 1 不具备创造性；权利要求 1 中所有的技术特征已被证据 5 和证据 6 共同覆盖，因此本专利的权利要求 1 不具备创造性；权利要求 2 的全部技术特征也已被证据 1 所覆盖，权利要求 2 也不具备新颖性；证据 3 本身已记载了本专利权利要求 1 的全部技术特征，在电热水装置中，为防止容器内因加热产生的过高压力带来危险而使用泄压阀，属于本领域的公知常识，证据 7 的国家标准中对此就有明确要求，因此根据证据 3 和公知常识，本案专利的权利要求 2 没有创造性；使用泄压阀也属于本领域的公知常识，根据证据 5 和公知常识，本案专利的权利要求 2 也没有创造性；证据 6 中还记载了泄压式安全阀这一技术特征（即安全泄压阀），因此根据证据 5 和证据 6 也可以得出本案专利权利要求 2 没有创造性这一结论；由于本案权利要求 3 和权利要求 4 仅仅是对权利要求 1 中电加热器的保温层和防水绝缘罩的材料进行了限定，是一种单纯的材料选择，因此在权利要求 1 本身没有新颖性和创造性的条件下，本案专利的权利要求 3 和权利要求 4 也没有新颖性和创造性。

经形式审查合格，专利复审委员会受理了上述请求，并于 2005 年 11 月 16 日向双方当事人发出《无效宣告请求受理通知书》，随同该通知书将请求人提交的《专利权无效宣告请求书》及其附件清单中所列附件副本转送给专利权人，并要求其在指定的期限内答复。

针对上述无效宣告请求，专利权人于 2005 年 12 月 19 日提交了意见陈述书，并提交了本专利权利要求书的修改替换页，修改后的权利要求书如下：

“1. 一种家用中央空调辅助电加热器，它是一种卧式圆柱型的金属壳体，外壳体的上方设有进水口和出水口，在底部有安装底座，壳体内设有金属内胆，壳体和内胆之间的保温层中填有保温材料，在内胆的中部焊接有导流隔板，导流隔板的下端与下部的内胆设有通道，在内胆中设置有多根 U 形电热管，电热管固定在壳体的法兰上并有导线与电源相连，电热管的中间放置有传感器套管，传感器套管内放置有温度传感器和超温保护器，电热管和传感器套管均在同一侧；壳体的法兰上安装有金属安全防护罩，在金属安全防护罩内设有玻璃钢防水绝缘罩，玻璃钢防水绝缘罩内设有电热管固定端子、传感器套管固定端子和接线端子及引线孔，接线端子与温度传感器和超温保护器由导线与温控装置相连接，其特征在于：在壳体上方进水口和出水口之间设置有安全泄压阀。

2. 根据权利要求 1 所述的家用中央空调辅助电加热器，其特征在于在壳体和内胆之间保温层的材料为硅酸铝保温材料。

3. 根据权利要求 1 所述的家用中央空调辅助电加热器，其特征在于玻璃钢防水绝缘罩是由玻璃钢防水绝缘材料制成的。”

专利权人认为：证据 1 上没有出版日期和印刷日期的记载，所以不能作为在本专利申请日之前公开的出版物；证据 2 中的发票金额与合同及汇款凭证的金额不同，因此它不能证明合同所述产品在本专利申请日之前已经公开销售；证据 3 的产品样本没有印刷和出版日期，因此不能成为本专利申请日之前的公开出版物；证据 4 是产品样本的印刷合同，由于没有发票和付款凭证，不能证明合同已经履行，因此它不能证明证据 3 的产品样本是在本专利申请日之前已经公开了；证据 7 上没有相关技术内容的描述，因此它不作为能影响本专利新颖性和创造性的公开文献。本专利修改后的权利要求 1 与现有技术的主要区别技术特征是：在壳体上方进水口和出水口之间设置有安全泄压阀。在证据 5 公开的内容中，没有安全阀内容的描述，因此，本专利修改后的权利要求 1 与证据 5 相比具备新颖性；由于证据 5 没有公开安全泄压阀的技术内容，证据 6 所述的阀与本专利泄压阀的作用完全不同，且由于本专利权利要求 1 采用安全泄压阀这一技术方案，该技术方案对于本领域的普通技术人员来说是非显而易见的，并具有显著的进步，因此本专利的权利要求 1 具备创造性。由于本专利的权利要求 1 具备创造性，所以本专利修改的权利要求 2 和 3 也具备创造性。

专利复审委员会依法组成合议组，对上述无效宣告请求进行审查。

本案合议组于 2006 年 3 月 20 日向双方当事人发出口头审理通知书，定于 2006 年 4 月 28 日举行口头审理，同时将专利权人于 2005 年 12 月 19 日提交的意见陈述书副本及修改后的权利要求书副本转送给请求人。

口头审理如期举行，双方均出席了口头审理。口头审理针对的权利要求为修改后的权利要求书。请求人明确其无效的理由、证据和范围为：权利要求 1 不符合专利法第 22 条第 2 款的规定、权利要求1~3不符合专利法第22条第3款的规定。请求人当庭提交了证据7′江苏省技术监督情报研究所盖章的《中华人民共和国国家标准GB 4706.32-1996家用和类似用途电器的安全 热泵、空调器和除湿机的特殊要求》的复印件共24页，用于证明证据7的真实性；请求人当庭明确表示使用证据6的实用新型专利申请说明书全文，专利权人对此明确表示没有异议；请求人当庭提交了新证据2.4.1报单号码No. D39002214号中国人民银行电划贷方补充报单第三联复印件，并当庭提供了2002年11月镇江市东方制冷空调设备配件厂记帐凭证一整本，其中包括证据2.4.1的原件。请求人当庭提供了2003年12月镇江市东方制冷空调设备配件厂记帐凭证一整本，其中包括证据4.2的原件。合议组当庭将请求人当庭提供的上述证据副本转送给专利权人。请求人明确表示放弃证据2.3：编号为0046363的江苏省镇江市工业企业通用发票复印件1页；请求人明确证据2.4：中国建设银行电汇凭证（回单）复印件无原件。专利权人认为证据1的原件与复印件相符，认为证据1不真实，其中说明书第5页中图1的尺寸线上未标注尺寸，图标14的字体与其他图标的字体明显不同，并提交了反证1：《户式中央空调辅助电加热器使用说明书》共8页（镇江市东方制冷空调设备配件有限公司制造；清华同方人工环境有限公司监制）。合议组当庭将反证1转给请求人。请求人认可专利权人提供的反证1的真实性，认为说明书中的附图为示意图有可能不符合机械制图的标准，属于不同版本。专利权人认为证据2.1为证人证言，其无证人出庭质证因而无法核对其真实性。专利权人对证据2.2、3、4、5、6的真实性无异议，对证据2.4.1的真实性无异议，但不能证明证据2.4的真实性。专利权人经核对认为，证据7与请求人当庭提交的证据7′的复印件的内容相符，但认为证据7′因为盖章不清楚，所盖章为长条章，不是公章，从而真实性无法核实，对证据7′的真实性表示怀疑，进而对证据7的真实性表示怀疑。请求人用证据1和2证明证据1说明书所示结构的产品在本专利申请日之前使用公开，只用于证明本专利权利要求1无新颖性，证据3、4用来证明《电加热系列产品》样本在本专利申请日前印刷，专利权人也认为证据3确实如证据4所述在本专利申请日前的2003年10月8日由扬州市文化馆文化艺术服务部印刷，但是认为不能证明证据3在本专利申请日之前公开散发了。请求人明确使用证据3、4和公知常识的结合；证据3、4和证据6的结合；证据3、4和证据7的结合；证据5和6的结合、证据5和7的结合、证据5和公知常识的结合来评述本专利权利要求1~3不具备创造性。专利权人还当庭提交了反证2：2004年5月25日-5月28日第十八届中国大连进出口商品交易会广告册的封面、封底内页共2页原件；反证3：2004年3月1日-3月3日第五届中国国际供热供暖空调锅炉技术与设备（北京）展览会广告册的封面、封底内页共2页原件；反证4：镇江市东方制冷空调设备配件有限公司的《电加热系列产品》广告册共14页原件；反证5：慧聪商情广告总第17期，2002年3月封面、封面内第2页（镇江市东方制冷空调设备配件有限公司所做的广告页）共2页原件。合议组当庭将上述反证的副本转送给请求人。请求人对反证2、3、4、5的真实性无异议。口头审理最后，请求人表示已对本案充分发表意见，没有其他的无效理由、证据和事实，专利权人表示已针对请求人的无效理由、证据和事实充分发表意见，没有其他意见需要补充。

2006年5月8日，本专利的专利权人主动提交了意见陈述书，该意见陈述书仅有专利权人之一佘广根的签名，认为由于在口头审理中，请求人没有能够提供相应证据的原件，因此专利权人认为其证据不能够支持其主张，因此决定撤回对本专利权利要求的修改，请求在原权利要求基础上维持本专利权有效。

由于请求人在2006年4月28日举行的口头审理中提出权利要求2、3的附加技术特征为材料特征，在评价创造性时应该不予考虑，而从2006年7月1日起施行的新审查指南的第四部分第六章中规定“在实用新型专利创造性的审查中，应当考虑其技术方案中的所有技术特征，包括材料特征和方法特征”，因此，专利复审委员会本案合议组于2006年12月8日向双方当事人发出无效宣告请求口头审理通知书，定于2007年1月16日再次举行口头审理，并在口头审理通知书中指出双方应重新对权利要求2、3的创造性发表意见。随同口头审理通知书，将专利权人于2006年5月8日提交的意见陈述书副本转送给请求人。

口头审理如期举行，双方均出席了口头审理。请求人认为根据禁止反悔的原则，专利权人提出的撤销对权利要求的修改不能接受。专利权人认为其撤销修改的原因在于请求人在第一次口头审理中没有提供证据的原件，不能证明其真实性。合议组当庭宣布对专利权人撤回权利要求的修改不予接受，本次口头审理在专利权人于2005年12月19日提交的修改后的权利要求书的基础上进行审查，审查的范围为权利要求2、3的创造性。请求人当庭提交证据8、9、10，其中：证据8：高等学校教材《热处理炉》1989年8月第1版，1989年8月第1次印刷，封面页、出版信息页以及第7页，复印件共3页；证据9：高等专科学校试用教材《热处理炉及车间设备》，1985年6月第1版，1985年6月第一次印刷，封面页，出版信息页 以及第7页，复印件共3页；证据10：《中国玻璃钢工业大全》中国国防大学出版社出版，1992年2月第1版，1992年2月第1次印刷，封面页、出版信息页以及第6页（原件中的第6页并无页码，合议组根据前后页推出此页为第6页）、第702页，复印件共4页。合议组当庭将证据8、9、10转给专利权人。请求人当庭出示了证据8、9、10的原件。专利权人经核实认为复印件与原件相符，对证据8、9、10的真实性没有异议。关于权利要求2的创造性：请求人认为：证据8、9分别证明普通硅酸铝纤维是最为广泛使用的耐火纤维、硅酸铝耐火纤维有良好的绝热性能，因此权利要求2选硅酸铝材料是本领域的公知常识，在前面的权利要求都没有创造性的前提下，权利要求2也没有创造性。专利权人认为：在权利要求1具备创造性的前提下权利要求2也具备创造性，虽然硅酸铝是公知的保温材料但将其用在中央空调辅助电加热器中是具备创造性的，材料是公知的，材料除了保温性能外还防止灼伤，本专利强调组合，不是强调材料。关于权利要求3的创造性：请求人认为：证据10中讲到玻璃钢可以用作各种电器的罩壳，具有绝缘和防水的性能，根据证据10权利要求3的附加技术特征是公知常识。专利权人认为：基于权利要求1有创造性所以权利要求3有创造性。

至此，合议组认为本案的事实已清楚，依法作出如下审查决定。

二、决定的理由

1. 审查文本

针对请求人的无效宣告请求书，专利权人于2005年12月19日提交了意见陈述书，并提交了本专利权利要求书的修改替换页，将本专利原权利要求1删除，原权利要求2改为新权利要求1，将原权利要求2和3合并为新权利要求2，将原权利要求2和4合并为新权利要求3，新权利要求2、3均引用新权利要求1。合议组经审查，认为专利权人对权利要求书所作的上述修改其修改时机及修改方式均符合专利法、专利法实施细则以及审查指南的相关规定，予以接受，因此在第一次口头审理中以该修改后的权利要求书为基础进行。

在口头审理结束后，专利权人于2006年5月8日主动提交了意见陈述书，提出撤回对本专利权利要求的修改，理由是请求人没能提交证据原件。就此合议组认为，专利权人是于收到请求人提交的无效宣告请求书及其附件之后，随同提交的意见陈述书提出对权利要求书进行修改，也就是说专利权人是在知晓了请求人提交的全部证据之后主动提出修改权利要求书，缩小权利要求的保护范围。虽然专利权人在第一次口头审理结束后提交的意见陈述书中指出由于在口头审理中，请求人没有能够提供相应证据的原件，因此决定撤回对本专利权利要求的修改，但由于请求人的证据是否有原件在口头审理当庭专利权人就明确得知，而并非在口头审理结束后才得知，并且在第一次口头审理中，当事人双方已经针对双方提交的证据、以专利权人修改后的权利要求书为基础充分陈述了意见，专利权人在口头审理结束时已经明确表示已针对请求人的无效理由、证据和事实充分发表意见，没有其他意见需要补充，所以专利权人在口头审理结束后提出的撤回对权利要求所作修改的主张不能被接受；并且，专利权人是在口头审理结束后提出撤回对权利要求书的修改，请求人明确表示不能接受专利权人撤销对权利要求的修改，因此，为了保障无效程序公正、平等地进行，也为了防止审查程序成本的不必要增加，合议组对专利权人提出的上述撤回对权利要求书的修改的请求不予接受。基于上述理由，合议组对专利权人在口头审理结束后提出的撤回对权利要求的修改的请求不予接受，本审查决定以专利权人于 2005 年 12 月 19 日提交的修改后的权利要求书为基础进行。

2. 关于证据

证据 1 为《户式中央空调辅助电加热器使用说明书》原件，封面上印有“镇江市东方制冷空调设备配件有限公司制造”，从而该证据 1 来源于请求人，在该证据 1 第 5 页“三、产品结构即尺寸”中的“图 1 加热器结构图”中，“出水管”与“进水管”之间的尺寸标注线被部件“14”从中间截断，该尺寸线上没有标注尺寸，图标“14. 安全阀（6bar）根据客户要求配”的字体与其他图标的字体明显不同，并且在第 6 页记载尺寸参数的表-4 中指出了尺寸“L1”的具体数值，但在第 5 页的图 1 中并没有标注该尺寸“L1”，上述几点均不符合一般工程制图的要求，即使如请求人所主张的该图为示意图，但作为生产厂家提供给使用者的使用说明书，也不应出现证据 1 中给出了尺寸“L1”的具体数值，但没有在图 1 中标注出该尺寸“L1”的这种明显瑕疵。并且，专利权人提供的反证 1 也为《户式中央空调辅助电加热器使用说明书》，请求人认可该反证 1 的真实性，其封面上也印有“镇江市东方制冷空调设备配件有限公司制造”，从而反证 1 也来源于请求人，在反证 1 第 5 页“三、产品结构即尺寸”中的“图 1 加热器结构图”中，“出水管”与“进水管”之间的尺寸标注线是连续的，该尺寸线上标注有尺寸“L1”，图标中没有记载部件 14，除此之外，反证 1 中第 5 页的图 1 及第 6 页的表-4 分别与证据 1 第 5 页的图 1 及第 6 页的表-4 相同。将反证 1 与证据 1 相比较，可明显看出，反证 1 并不存在证据 1 中所存在的上述瑕疵。虽然证据 2. 1 为宁波惠康国际工业有限公司河南分公司出具的证明，证明上有“万本平”的签字，证明内容涉及宁波惠康国际工业有限公司河南分公司与镇江市东方制冷空调设备配件有限公司签订合同，所收货物内附有产品说明书，其公司签字确认的说明书即为其中的一本，并且在证据 1 的目录页中盖有“宁波惠康国际工业有限公司河南分公司”的章，并有“万本平”的签字，但是由于万本平没有出席口头审理接受质证，证人的身份无法核实，并且也无法得知证言内容是否是其亲历的具体事实，所以无法核实该证明内容的真实性，进而不能证明证据 2. 1 中所述的宁波惠康国际工业有限公司河南分公司与镇江市东方制冷空调设备配件有限公司签订合同，所收货物内附有证据 1 的产品说明书，从而证据 2. 1 也不能证明证据 1 的真实性。由此合议组认为，证据 1 来源于请求人本身，而证据 1 本身存在瑕疵，并且专利权人又提出了与证据 1 相对应的反证 1，证据 2. 1 也不能证明证据 1 的真实性，因此仅凭现有证据尚不足以确认证据 1 的真实性，合议组对证据 1 不予采信。

请求人当庭提交了盖有宁波惠康国际工业有限公司河南分公司蓝章的证据 2. 2 的原件，经核实原件与复印件相符，专利权人对证据 2. 2 的真实性无异议，因此合议组认可证据 2. 2 的真实性。

请求人明确表示证据 2. 4 无原件，并当庭提交了证据 2. 4. 1，用于证明证据 2. 4 的真实性。合议组认为，由于证据 2. 4. 1 是用于证明证据 2. 4 真实性的证据，不属于专利法、实施细则和审查指南规定的超出一个月期限提交的新证据，因此予以接受。请求人在口头审理当庭出示了证据 2. 4. 1 的原件，专利权人对证据 2. 4. 1 的真实性没有异议，合议组认可证据 2. 4. 1 的真实性。证据 2. 4. 1 为报单号码 No. D39002214 号的中国人民银行电划贷方补充报单第三联，其上记载的日期为 02 年 11 月 11 日，汇款人名称为宁波惠康国际工业有限公司河南分公司，收款人账号为 1104060009000005202，收款人名称为镇江市东方制冷空调设备配件有限公司，金额为 8 704.00 元，事由为订电辅转大港办。证据 2.4 为中国建设银行电汇凭证（回单），其上的汇款人全称、收款人全称、收款人账号、金额均与证据 2.4.1 相同，日期为 2002 年 11 月 6 日，汇款用途也为订电辅，由此可以得出，证据 2.4 与证据 2.4.1 相对应，说明宁波惠康国际工业有限公司河南分公司向镇江市东方制冷空调设备配件有限公司电汇了 8 704.00 元，用于订电辅，因此可以认定证据 2.4 的真实性。

证据 3 为《电加热系列产品》样本原件，证据 4 包括证据 4.1、4.2 和 4.3，其中证据 4.1 为印刷品委托承制合同，证据 4.2 为编号为 0011250 的江苏省扬州市广告业专用发票，证据 4.3 为一份清单，请求人当庭提供了证据 4.1 和证据 4.2 的原件，专利权人对证据 3 和证据 4 的真实性无异议，合议组经审查认可证据 3 和证据 4 的真实性。请求人用证据 4 证明证据 3 在本专利申请日前印刷，专利权人也认为证据 3 确实如证据 4 所述在本专利申请日前的 2003 年 10 月 8 日由扬州市文化馆文化艺术服务部印刷，但是认为不能证明证据 3 在本专利申请日之前公开散发了。合议组经合议认为，生产厂家印制产品样本的目的就是向公众介绍厂家自身及推销其产品，因此在印制完成之后就要向公众散发，以实现其印制产品样本的目的，并且产品样本在印制完成以后，一般是尽快向公众散发，专利权人又认可了证据 3 的产品样本在本专利申请日前的 2003 年 10 月 8 日印刷，该时间早于本专利的申请日近半年的时间，按照常态推断，该产品样本应当公开在本专利申请日之间，并且在审查指南第二部分第三章第 2.1.3.1 节中也明确规定了出版物的印刷日视为公开日，专利权人没有提供证据证明该产品样本未曾公开散发或散发在本专利申请日之后，因此，合议组认为证据 3 的产品样本在本专利的申请日之前公开，其上记载的技术方案能够作为本专利的现有技术。

证据 5 和证据 6 均为中国实用新型专利说明书，专利权人对证据 5 和 6 的真实性无异议，并且证据 5 和证据 6 的公开日均早于本专利的申请日，因此证据 5 和证据 6 可以作为本专利的现有技术。

证据 7 为《中华人民共和国国家标准 GB 4706.32-1996 家用和类似用途电器的安全 热泵、空调器和除湿机的特殊要求》，请求人当庭提供了证据 7′用于证明证据 7 的真实性。合议组认为，由于证据 7′是用于证明证据 7 真实性的证据，不属于专利法、实施细则和审查指南规定的超出一个月期限提交的新证据，因此予以接受。专利权人提出证据 7′上盖章不清楚，所盖章为长条章，不是公章，因此无法证明真实性，但是专利权人没有证据来支持其关于长条章不能证明证据 7′真实性的主张，并且能够确认证据 7′上盖有江苏省技术监督情报研究所的蓝章，虽然证据 7′上还盖有“作废”蓝章，但是合议组认为，该蓝章仅能说明证据 7′所述标准已经不再执行，不能说明其是不真实的，并且证据 7′上盖有江苏省技术监督情报研究所的蓝章，所以合议组认可证据 7′的真实性。专利权人经核对认为证据 7 与证据 7′的内容相符，由此合议组也认可证据 7 的真实性。在证据 7′上印有“1997-01-01 实施”，并且在证据 7 上也印有“1997-01-01 实施”，因此证据 7 的公开日早于本专利的申请日，证据 7 上记载的内容可以作为本专利的现有技术。

请求人在口头审理当庭提交了证据 8、9、10，并出示了证据 8、9、10 的原件，专利权人经核实认为复印件与原件相符，对证据 8、9、10 的真实性没有异议。合议组经审查认可证据 8、9、10 的真实性。请求人用证据 8、9 证明权利要求 2 的附加技术特征为公知常识，用证据 10 证明权利要求 3 的附加技术特征为公知常识。合议组经合议认定作为证明公知常识的证据，可以接受证据 8、9、10。

由于请求人明确放弃证据 2.3，因此合议组对证据 2.3 不予评述。

专利权人提交了反证 2、3、4、5，请求人对反证 2、3、4、5 的真实性无异议，合议组经审查认可反证 2、3、4、5 的真实性。

3. 关于新颖性

根据专利法第 22 条第 2 款的规定，新颖性，是指在申请日以前没有同样的发明或者实用新型在国内外出版物上公开发表过、在国内公开使用过或者以其他方式为公众所知，也没有同样的发明或者实用新型由他人向国务院专利行政部门提出过申请并且记载在申请日以后公布的专利申请文件中。

请求人用证据1和2来证明证据1说明书所示结构的产品在本专利申请日之前使用公开，证明本专利权利要求1不具备新颖性。

如上所述，证据1的真实性无法核实，并且因无法核实证据2.1证明内容的真实性，从而不能证明宁波惠康国际工业有限公司河南分公司与镇江市东方制冷空调设备配件有限公司签订合同所收货物内附有证据1的产品说明书，而证据2.2、2.4、2.4.1仅涉及工业品买卖合同、电汇凭证和电划贷方补充报单，均不涉及产品的具体结构，从而不能由证据1和2得出与本专利权利要求1相同结构的产品已经在本专利申请日之前使用公开，所以请求人关于用证据1和证据2来证明本专利权利要求1不具备新颖性的主张合议组不予支持。

4. 关于创造性

根据专利法第22条第3款的规定，创造性，是指同申请日以前已有的技术相比，该发明有突出的实质性特点和显著的进步，该实用新型有实质性特点和进步。

如果权利要求所述技术方案与现有技术公开的技术方案之间存在区别技术特征，但在另一篇现有技术文件中公开了该区别技术特征，或者该区别技术特征是本领域的公知常识，并且两者所起的作用相同，从而现有技术给出了结合该区别技术特征得出所述权利要求技术方案的技术启示，进而本领域技术人员不需花费创造性的劳动就能得出该权利要求所述的技术方案，则该权利要求不具备创造性。

请求人用证据3、4证明《电加热系列产品》样本在本专利申请日前印刷，并明确使用证据3、4和公知常识的结合、证据3、4和证据6的结合、证据3、4和证据7的结合、证据5和6的结合、证据5和7的结合、证据5和公知常识的结合来评述本专利权利要求1不具备创造性；用证据8、9证明权利要求2选硅酸铝材料是本领域的公知常识，从而权利要求2不具备创造性；用证据10证明权利要求3的附加技术特征是公知常识，因此权利要求3不具备创造性。

证据3公开了一种户式中央空调辅助电加热器，其全体采用了不锈钢结构，并整体进行了防水设计，具有卧式圆柱型不锈钢外壳，外壳的上方设有进水管和出水管，在底部有加热器底座5，外壳内设有不锈钢内胆，外壳和内胆之间的保温层11中填有保温材料，在内胆的中部有折流板，折流板的下端与下部的内胆设有通道，在内胆中设置有多根U形电加热器9，电加热器固定在壳体的法兰盘7上，电加热器的中间放置有温控管8，温控管可以用来控制水温和缺水超温保护，电加热器和温控管均在同一侧，法兰盘上安装有端盖6，在端盖6内设有绝缘密封盖1，在绝缘密封盖上设有引线圈4。由于证据3中的外壳内设有电加热器9，从而为使电加热器工作，其必然会有导线与电源相连；因温控管8可以控制水温和进行缺水超温保护，因此温控管8必然具有温度传感器和超温保护器，并且为了实现水温控制和缺水超温保护，必然会设置温控装置和接线端子，使接线端子与温度传感器和超温保护器由导线与温控装置相连接；而由于辅助电加热器全体采用了不锈钢结构，从而最外侧的端盖6也是由不锈钢制成；并且由于电加热器9和温控管8均固定在法兰盘7上并位于内胆内，从而电加热器的固定端子、温控管的固定端子以及接线端子均位于内胆外侧，即位于绝缘密封盖1内。

将本专利权利要求1与证据3公开的户式中央空调辅助电加热器相比较，证据3中的外壳、内胆、进水管、出水管、加热器底座、折流板、U形电加热器、温控管、端盖和引线圈分别相当于权利要求1中的壳体、内胆、进水口、出水口、安装底座、导流隔板、U形电热管、传感器套管、金属安全防护罩和引线孔，两者的区别在于：权利要求1的导流隔板焊接在内胆中，绝缘罩为玻璃钢防水绝缘罩，以及在壳体上方进水口和出水口之间设置由安全泄压阀。其中，通过焊接的方式固定导流隔板是本领域技术人员惯常采用的技术手段，证据3中公开了在端盖6内设置绝缘密封盖1，并且整体进行了防水设计，从而本领域技术人员能够从证据3中得到启示，很容易想到使端盖6内的绝缘密封盖1采用防水设计，并且将端盖采用防水设计替换成端盖内绝缘密封盖采用防水设计对本领域技术人员来说也是显而易见的。而玻璃钢则是常规的防水绝缘材料，例如证据9中就公开了玻璃钢具有电绝缘、防水性能，用作各类电器的罩壳是很理想的。

由于对于电加热器这种压力容器来说，在容器上设置安全泄压阀，以确保在容器内部压力超过安全值时，释放压力，达到保证加热器正常工作及保障系统安全的目的是本领域的公知常识，例如在证据7中家用和类似用途电器的安全热泵、空调器和除湿机的特殊要求的国家标准中就提及了压力释放装置，其可以是压力驱动阀或者行使自动释放过高压力职能的易破裂的薄弱件，无论是水加热用热泵的容器中所带有的或单独提供的压力释放装置应能防止容器中压力超过允许过压0.1Mpa。可见，辅助电加热器这种压力容器中设置压力释放装置以防止容器过压是公知常识。而将安全泄压阀设置在加热器壳体上方的进水口和出水口之间也是本领域技术人员根据实际需要而很容易想到的。因此，在证据3、4的基础上结合公知常识，或者在证据3、4的基础上结合证据7得出本专利权利要求1的技术方案，对本领域技术人员来说是显而易见的，所以权利要求1相对于证据3、4与公知常识的结合，或者证据3、4与证据7的结合不具备创造性，不符合专利法第22条第3款的规定。

此外，证据6公开了一种贮水式电热水器，在箱体下部装有温控器，在热水器出水管上安装有泄压式安全阀，用于过热泄压安全保护，使电热水器在0.1Mpa压力下运行，当出现非正常使用时，如出水口被堵塞，就会造成贮水器内压力的上升，当贮水器内压力上升至0.1Mpa时，安全阀的橡胶密封垫就被顶开，使贮水器内压力经安全阀体内腔，阀芯与大气相通而泄压，贮水器内压力随之下降，从而避免器具的损坏和造成其他伤害。专利权人认为，证据6是过热保护，本专利是过压保护。而根据本专利说明书的记载，一旦系统失灵或人为误操作，使进入家用中央空调辅助电加热器瞬间产生高温，高压的水蒸气，将使中央空调的系统遭到破坏，事故的发生，由于在本家用中央空调辅助电加热器的上方设置有安全泄压阀，当辅助电加热器24内部压力超过设定的安全值时，安全泄压阀就会自动打开基座泄漏，释放压力，使家用中央空调辅助电加热器24内部压力不超过安全值，保证正常工作。由此可见，证据6中的泄压式安全阀与本专利权利要求1中安全泄压阀的作用相同，均为在系统内压力超过设定值时，产生动作排出压力容器的内容物，释放系统压力，保证系统安全，因此证据6给出了在电热水器上设置安全泄压阀的技术启示。虽然专利权人强调本专利的泄压阀是用于排放气体，而证据6中的泄压阀是用于排放水，但合议组认为，由于证据6已经给出了在压力容器中设置泄压阀以释放压力，保证系统正常工作的技术启示，并且排放气体的泄压阀与排放水的泄压阀均是本领域常规采用的泄压阀，从而将证据6中排放水的泄压阀替换为排放气体的泄压阀也不能使其技术方案具备创造性。因此，本领域技术人员能够从证据6公开的上述内容中得到启示，很容易想到在证据3的辅助电加热器的进水管与出水管之间设置安全泄压阀，以达到释放系统压力，保证系统安全的目的。因此在证据3公开的辅助电加热器的基础上结合证据6得到本专利权利要求1的技术方案，对本领域技术人员来说是显而易见的，所以权利要求1相对于证据3、4与证据6的结合不具备创造性，不符合专利法第22条第3款的规定。

从属权利要求2引用权利要求1，其进一步限定了在壳体和内胆之间保温层的材料为硅酸铝保温材料。证据8公开了陶瓷耐火纤维是一种新型的耐火保温材料，兼有耐火和保温材料的特性，普通硅酸铝纤维是最为广泛使用的耐火纤维。另外，证据9中公开了硅酸铝耐火纤维有着良好的耐火和绝热性能。可见，证据8或证据9均证明了硅酸铝是一种常规的保温材料，并且专利权人也认为硅酸铝是公知的保温材料。虽然专利权人指出本专利是强调保温材料与家用中央空调辅助电加热器的组合，而不是强调材料。但是如上所述，权利要求1请求保护的家用中央空调辅助电加热器不具备创造性，从而权利要求2将公知的保温材料用于权利要求1请求保护的电加热器，也不能使其具备创造性。因此当其引用的权利要求1不具备创造性时，权利要求2也不具备创造性，不符合专利法第22条第3款的规定。

从属权利要求3引用权利要求1，其进一步限定了玻璃钢防水绝缘罩是由玻璃钢防水绝缘材料制成。由于玻璃钢是常规的防水绝缘材料，例如证据9中就公开了玻璃钢具有电绝缘、防水性能，用作各类电器的罩壳是很理想的。因此当其引用的权利要求1不具备创造性时，权利要求3也不具备创造性，不符合专利法第22条第3款的规定。

综上所述，本专利权利要求1~3均不具备创造性，不符合专利法第22条第3款的规定。

此外，即使考虑授权公告时的权利要求1，由于权利要求2引用了权利要求1，其包括权利要求1的全部技术特征，而如上所述，修改后的权利要求1即授权公告时的权利要求2不具备创造性，因此授权公告时的权利要求1也不具备创造性，不符合专利法第22条第3款的规定。

专利权人还提交了反证2~5，其中反证2对镇江市东方制冷空调设备配件有限公司的电加热系列产品作了介绍，反证3对镇江市东方制冷空调设备配件有限公司的家用/商用中央空调辅助电加热器系列产品做了介绍，反证4对镇江市东方制冷空调设备配件有限公司的电加热系列产品做了介绍，反证5对镇江市东方制冷空调设备配件有限公司作了概括介绍，专利权人以此来证明其在申请专利之前，所有的同类产品都没有安全阀。但是如上对权利要求创造性的评述，上述反证均不能证明本专利具备创造性。

基于上述理由，合议组依法作出如下决定。

三、决定

宣告200420007537.2号实用新型专利权全部无效。

当事人对本决定不服的，可以根据专利法第46条第2款的规定，自收到本决定之日起3个月内向北京市第一中级人民法院起诉。根据该款的规定，一方当事人起诉后，另一方当事人应当作为第三人参加诉讼。

052

叠层建筑波浪板

无效宣告请求审查决定（第 9473 号）

决　　定　　号　第 9473 号
决　　定　　日　2007 年 1 月 31 日
发明创造名称　叠层建筑波浪板
国 际 分 类 号　E04C 2/02，E04C 2/32，B32B 5/02
无效宣告请求人　李　艳
专　利　权　人　英格里·倪
专　　利　　号　02242494.6
申　　请　　日　2002 年 8 月 12 日
授 权 公 告 日　2003 年 9 月 3 日
合 议 组 组 长　李广峰
主　　审　　员　刘瑞斌
参　　审　　员　刘敏飞

法　律　依　据　专利法第 22 条第 3 款，专利法实施细则第 2 条第 2 款
决　定　要　点

在一项实用新型专利中，如果其保护的技术方案中存在用材料限定具有形状、构造的产品的情形时，当这种材料是已知的，该技术方案就不是对材料本身提出的技术方案，那么该技术方案属于实用新型专利保护的客体。

一、案由

本无效宣告请求涉及国家知识产权局于 2003 年 9 月 3 日授权公告的、名称为“叠层建筑波浪板”的实用新型专利权（以下简称本专利），其专利号是 02242494.6，申请日是 2002 年 8 月 12 日，专利权人是英格里·倪。本专利授权公告时的权利要求书如下：

“1. 一种叠层建筑波浪板，它包含呈波浪状的本体；其特征在于所述本体具有复数个分别相平行间隔的本体层及复数个分别介于相邻两本体层之间的麻纤维层。

2. 根据权利要求 1 所述的叠层建筑波浪板，其特征在于所述的本体层为树脂层。

3. 根据权利要求 1 所述的叠层建筑波浪板，其特征在于所述的本体层为木质层。

4. 根据权利要求 2 或 3 所述的叠层建筑波浪板，其特征在于所述的每一麻纤维层与每一树脂层或木质层相并结合。”

针对本专利，李艳（以下简称请求人）于 2005 年 8 月 26 日向专利复审委员会提出第一次无效宣

告请求，随同无效宣告请求书提交了如下附件作为证据：

附件 1-1：公告日为 1999 年 9 月 7 日的美国专利文献 US5948198 全文；

附件 1-2：公开日为 1998 年 9 月 8 日，公开号为特开平 10-235665 的日本公开特许公报全文及其中文译文；

附件 1-3：公开日为 2000 年 2 月 22 日，公开号为特开 2000-54551 的日本公开特许公报全文及其中文译文；

附件 1-4：公开日为 2001 年 11 月 15 日，公开号为 WO01/85409A1 的专利文献全文；

请求人认为：（1）权利要求 1、3 相对于附件 1-1 不具备新颖性；（2）权利要求 1、2、4 相对于附件 1-1 和附件 1-2 的结合不具备创造性；（3）权利要求 2~4 中均含有非形状或构造的特征，因此不符合专利法实施细则第 2 条第 2 款的规定。

请求人于 2005 年 9 月 2 日向专利复审委员会提交了意见陈述书，并补充提交了如下附件：

附件 1-5：授权公告日为 1994 年 5 月 18 日，授权公告号为 CN2165173Y 的中国实用新型专利说明书；

附件 1-1 和附件 1-4 的中文译文。

经形式审查合格，专利复审委员会依法受理了上述无效宣告请求，并于 2005 年 12 月 14 日向请求人和专利权人发出无效宣告请求受理通知书，随同该通知书将请求人提交的无效宣告请求书及其附件清单中所列附件的副本转送给专利权人，并要求其在指定的期限内陈述意见。

针对上述无效宣告请求书，专利权人于 2006 年 1 月 23 日向专利复审委员会提交了意见陈述书。专利权人认为：（1）本专利权利要求 1 相对于附件 1~1 具备新颖性，相对于附件 1~1 和附件 1~2 的结合具备创造性；（2）权利要求 2~4 从属于权利要求 1，因此也具备新颖性和创造性；（3）权利要求 2~4 中包含有构造特征，因此符合专利法实施细则第 2 条第 2 款的规定。

专利复审委员会依法组成合议组对本无效请求进行审查，合议组于 2006 年 3 月 8 日向双方发出无效宣告请求口头审理通知书，定于 2006 年 4 月 18 日举行口头审理。随同口头审理通知书，将专利权人于 2006 年 1 月 23 日提交的意见陈述书转送给了请求人。

口头审理如期举行，双方当事人均参加了口头审理。

在口头审理中，（1）请求人明确其无效理由、事实、证据为：权利要求 1~4 相对于附件 1~1 和附件 1~2 的结合不具备创造性；权利要求 1~4 中均含有非形状或构造的特征，因此不符合专利法实施细则第 2 条第 2 款的规定；（2）请求人当庭放弃使用附件 1~3 和 1~5，附件 1~4 只用于证明层状结构的各层之间除了粘接方式外还有用铆钉、缝纫结合的方式；（3）专利权人对上述所有附件以及中文译文没有异议。

请求人于 2006 年 7 月 10 日针对本专利向专利复审委员会提出第二次无效宣告请求，并提交了如下附件作为证据：

附件 2-1：台湾復文书局出版，1998 年 10 月第四版《酚醛树脂》封面页、版权页、第 335~355 页，第 382~385 页的复印件，共 15 页；以及盖有“公证人张淑媛”印章的由叶国樑签字的证明书复印件 1 页；

附件 2-2：公开日为 1989 年 9 月 11 日，公开号为 00118643 的台湾专利说明书复印件，共 12 页。

请求人认为，本专利相对于附件 2-1 不具备创造性，相对于附件 2-2 与附件 1-1 的结合不具备创造性。

请求人于 2006 年 8 月 1 日向专利复审委员会提交了由北京市公证协会出具的证明材料复印件 1 页。

经形式审查合格，专利复审委员会依法受理了上述无效宣告请求，并于2006年9月6日向请求人和专利权人发出无效宣告请求受理通知书，随同该无效宣告请求受理通知书将上述第二次无效宣告请求书及其附件清单中所列附件的副本转送给专利权人，要求其在指定的期限内陈述意见。

专利复审委员会于2006年10月8日收到专利权人的陈述意见，专利权人认为本无效宣告请求与请求人2005年8月26日提出的无效请求是独立的无效案件，其证据不能组合使用。附件2-1和附件2-2不能证明本专利不具备新颖性和创造性。

请求人于2006年9月15日针对本专利向专利复审委员会提出第三次无效宣告请求，并提交了如下附件作为证据：

附件3-1：公告日为1999年9月7日的美国专利文献US5948198A全文及中文译文；

附件3-2：公开日为1998年9月8日，公开号为特开平10-235665的日本公开特许公报及其中文译文；

附件3-3：公开日为2000年2月22日，公开号为特开2000-54551的日本公开特许公报及其中文译文；

附件3-4：公开日为2001年11月15日，公开号为WO01/85409A1的专利文献及其中文译文；

附件3-5：台湾復文书局出版，1998年10月第四版《酚醛树脂》封面页、版权页、第335~355页，第382~385页的复印件，共15页；以及盖有“公证人张淑媛”印章的由叶国樑签字的证明书复印件1页，由北京市公证协会出具的证明材料复印件1页；

附件3-6：公开日为1989年9月11日，公开号为00118643的台湾专利说明书复印件，共12页；

附件3-7：授权公告日为1994年5月18日，授权公告号为CN2165173Y的中国实用新型专利说明书。

请求人认为，本专利权利要求1~4相对于附件3-5或者附件3-1与附件3-6的结合不具备创造性；权利要求1~4中含有“麻纤维层”这一材料特征，因此不符合专利法实施细则第2条第2款的规定。

经形式审查合格，专利复审委员会依法受理了上述无效宣告请求，并于2006年10月9日向请求人和专利权人发出无效宣告请求受理通知书，随同该无效宣告请求受理通知书将上述第三次无效宣告请求书及其附件清单中所列附件的副本转送给专利权人，要求其在指定的期限内陈述意见。

专利复审委员会依法再次组成合议组，合议组于2006年11月7日向专利权人和请求人发出无效宣告请求口头审理通知书，定于2006年12月21日对上述三次无效宣告请求进行口头审理。

专利复审委员会于2006年11月27日收到专利权人的意见陈述，专利权人认为本专利相对于附件3-1和附件3-6的结合或者附件3-5具备新颖性和创造性，本专利符合专利法实施细则第2条第2款的规定。

口头审理如期进行，双方均出席了口头审理。

在口头审理中，（1）对于第一次无效宣告请求，双方坚持在2006年4月18日口头审理中的意见；（2）请求人当庭表示撤回第二次无效宣告请求；（3）对于第三次无效宣告请求，请求人认为权利要求1、2相对于附件3-5不具备创造性，权利要求3、4相对于附件3-5与附件3-1的结合不具备创造性。其中附件3-1、3-3、3-6、3-7用于证明波形浪板是惯用技术，权利要求1~4相对于附件3-1与3-6的结合不具备创造性；请求人当庭放弃附件3-2、3-4，明确表示除上述理由外没有其他的无效理由；（4）专利权人对附件3-1、3-3、3-7的真实性及译文的准确性没有异议，对附件3-5和附件3-6的真实性有异议；（5）请求人当庭提交了由“北京市公证协会”印章密封的信封，专利权人确认该信封上由“北京市公证协会”印章骑缝的封口完好，合议组当庭拆封，信封内装有由復文书局出版的名称为《酚醛树脂》的书一册及落款为“北京市公证协会 二〇〇六年八月一日”的、内容中包括“将海基会寄来孙仿卫的认证书副本共1件转给贵处”的证明一张和盖有“公证人张淑媛”印章的由购买人叶国樑签字并盖章的证明书一张，用于证明附件3-5的真实性，专利权人看过上述内容后对附件3-5的真实性无异议；6. 请求人当庭提交了盖有“苏州市科学技术情报研究所情报资料专用章”印章的附件3-6，专利权人认为上述附件3-6中的说明书全文没法得到，不认可其真实性，请求人指出可以在苏州市情报研究所调取附件3-6的全文；合议组给专利权人一周时间按照请求人提供的途径调取附件3~6的全文并对其真实性发表意见，否则视为对其真实性无异议。

口审结束后，专利权人逾期没有对附件3-6的真实性发表意见。

至此，合议组认为本案事实清楚，现依法作出审查决定。

二、决定的理由

1. 关于证据和现有技术

专利权人对请求人提交的附件1-1、1-2无异议，并认可其译文的准确性，合议组经审查认可上述附件的真实性，其公开的内容以请求人提供的译文为准。由于附件1-1、1-2的公开日期均在本专利的申请日前，因此附件1-1、1-2可以作为本专利的现有技术使用。

专利权人对请求人提交的附件3-1、3-3、3-5、3-7的真实性及附件3-1、3-3译文的准确性没有异议，合议组经审查认可上述附件的真实性，同时对于外文证据附件3-1、3-3的公开内容以请求人提供的译文为准。由于上述附件的公开日期均在本专利的申请日前，因此附件3-1、3-3、3-5、3-7可以作为本专利的现有技术使用。

专利权人对请求人提供的附件3-6的真实性有异议，请求人当庭提供了盖有“苏州市科学技术情报研究所情报资料专用章”印章的附件3-6，并指出可以在苏州市情报研究所调取附件3-6的全文，合议组指定期限要求专利权人对上述证据的真实性发表意见，专利权人逾期没有发表意见，合议组经审查后认可附件3-6的真实性，由于附件3-6的公开日期在本专利申请日之前，因此附件3-6可以作为本专利的现有技术使用。

2. 关于专利法实施细则第2条第2款

专利法实施细则第2条第2款规定，专利法所称实用新型，是指对产品的形状、构造或者其结合所提出的适于实用的新的技术方案。

现行审查指南第一部分第二章第6.3节中规定，如果权利要求中既包含形状、构造特征，又包含对材料本身提出的技术方案，则不属于实用新型专利保护的客体，这是由于该权利要求包含了对材料本身提出的技术方案，因而不属于实用新型专利保护的客体，但是将现有技术中已知的材料应用于具有形状、构造的产品上不属于对材料本身提出的技术方案。

请求人在第一、三次无效宣告请求中认为本专利权利要求1中的“麻纤维”属于材料特征，因此权利要求1及直接或间接引用权利要求1的权利要求2~4不符合专利法实施细则第2条第2款的规定。

合议组认为，由于在请求人提供的附件1-2中已经明确公开了麻纤维，因此麻纤维已经是一种现有技术中已知的材料，本专利权利要求1~4所保护的技术主题是一种叠层建筑波浪板，在上述权利要求中限定了该波浪板的结构特征，而麻纤维只是应用于该波浪板中某一层次的已知的材料，而不属于对材料本身提出的技术方案，因此本专利权利要求1~4属于实用新型保护的客体，符合专利法实施细则第2条第2款的规定。

3. 关于创造性

专利法第22条第3款规定，创造性，是指同申请日以前已有的技术相比，该发明有突出的实质性特点和显著的进步，该实用新型有实质性特点和进步。

请求人在第一次无效宣告请求中提交的附件 1-1 公开了一种波浪形木质材料结构单元，该结构单元由多层且至少三层类似木质材料板粘结形成，该结构单元可以用作建筑墙或天花板。附件 1-2 公开了一种板状体，该板状体在混合了麻纤维、竹纤维等植物性天然纤维的棕榈纤维构成的纤维垫上粘结硬化性树脂，在至少一个表面或内部中配置有无纺布，上述天然纤维可以单独使用也可以混合使用，该板状体可以用作天花板、建筑构件，可以起到吸收冲击、隔音、隔热等作用。

请求人认为本专利权利要求 1~4 相对于附件 1-1 和附件 1-2 的结合不具备创造性。

专利权人认为权利要求 1 中本体层之间有麻纤维层，形成了间隔设置的构造，这与附件 1-1 形成了构造上的区别，同时相对于附件 1-1 还增加了麻纤维层的限定，因此权利要求 1 与附件 1-1 存在区别技术特征，附件 1-2 中公开的纤维层与本专利的麻纤维不同，同时附件 1-1 与附件 1-2 没有结合的技术启示，因此权利要求 1 相对于附件 1-1 与附件 1-2 的结合具备创造性。

合议组经审查后认为，本专利权利要求 1 与附件 1-1 相比，其区别在于，波浪板具有复数个分别介于相邻本体层之间的麻纤维层，在附件 1-2 中也公开了一种板状体，该板状体为多层结构，其中含有麻纤维层，由于麻纤维层的存在使得该板具有抗冲击、吸音、隔热的性能，在附件 1-2 公开的多层板状体及其性能的启示下，本领域技术人员可以显而易见地将附件 1-1 中的木质层间隔更换为麻纤维层而形成本专利权利要求 1 保护的技术方案，因此权利要求 1 相对于附件 1-1 和附件 1-2 的结合不具备专利法第 22 条第 3 款规定的创造性。

本专利权利要求 2 从属于权利要求 1，其附加技术特征限定本体层为树脂层，在附件 1-1 和附件 1-2 中虽然都使用了树脂，但是在附件 1-1 中树脂是作为粘结相邻的两个木质层的粘结物使用的，它并不是作为一个独立的结构层出现的；在附件 1-2 中硬化性树脂被喷或浸渍在纤维垫中起到集束剂或粘合剂作用的同时还可以作为无纺布和纤维垫的结合剂，因此附件 1-2 中的树脂也不是作为一个独立的结构层出现的；附件 1-1 和附件 1-2 中均没有公开将树脂作为一个独立的结构层的技术方案，因此权利要求 2 相对于附件 1-1 和附件 1-2 的结合具备专利法第 22 条第 3 款规定的创造性。

本专利权利要求 3 从属于权利要求 1，其附加技术特征限定本体层为木质层，该技术特征被附件 1-1 公开，因此在权利要求 1 相对于附件 1-1 和附件 1-2 的结合不具备创造性的前提下，权利要求 3 也不具备专利法第 22 条第 3 款规定的创造性。

本专利权利要求 4 从属于权利要求 2 或 3，其附加技术特征限定了每一麻纤维层与每一树脂层或木质层相并结合；由于权利要求 2 相对于附件 1-1 和附件 1-2 的结合具备创造性，那么权利要求 4 中引用权利要求 2 的技术方案相对于附件 1-1 和附件 1-2 的结合具备专利法第 22 条第 3 款规定的创造性。而对于权利要求 4 中引用权利要求 3 的技术方案，由于本领域技术人员可以显而易见的将附件1-1 中的木质层间隔更换为麻纤维层，那么该技术方案对于本领域技术人员来说就是显而易见的，因此权利要求 4 中引用权利要求 3 的技术方案相对于附件 1-1 与附件 1-2 的结合不具备专利法第 22 条第 3 款规定的创造性。

由于请求人在口头审理当庭表示撤回第二次无效宣告请求，因此对于请求人在第二次无效宣告请求中所发表的意见，合议组在此不予评述。

请求人在第三次无效宣告请求中提供了附件 3-1、3-5 和 3-6 用于评价本专利的创造性，其中附件 3-1 与附件 1-1 完全相同。附件 3-5 公开了一种积层板的制造方法，该积层板的基材可以是麻，基材浸渍或涂布树脂后被切成适当尺寸，数张叠合在一起，通过热压成形为积层板，该板可以作为建材使用。附件 3-6 公开了一种麻布丝浪板的制造方法，将麻布丝浸渍胶水后经热压成形即可形成一种强韧、耐热的麻布丝浪板，该板可以用于屋顶。

请求人认为，本专利权利要求 1、2 相对于附件 3-5 不具备创造性，权利要求 3、4 相对于附件 3-5与附件 3-1 的结合不具备创造性，权利要求 1-4 相对于附件 3-1 与 3-6 的结合不具备创造性。请求人认为附件 3-5 中是将浸渍有树脂的麻纤维层数张叠合，经过热压后成形的，这就隐含了在麻纤维层之间存在树脂层的技术方案。

专利权人认为本专利的树脂层是本体层与附件 3-1 和 3-5 中的树脂作为粘合剂的作用不同。附件 3-6 中公开的是一种单层产品，没有与附件 3-1 相结合的技术启示。

合议组经合议后认为，本专利权利要求 1 与附件 3-5 相比，其区别在于，本专利中的具有复数个本体层和复数个分别介于相邻两本体层之间的麻纤维层，而附件 3-5 中公开的积层板是多个浸渍树脂的麻纤维层叠合后经热压成形的，本专利中是不同材质的两种层间隔设置，而附件 3-5 中是相同材质的多个层叠合设置，因此两者在结构上并不相同。即使将本专利中的本体层限定为树脂层，同时也认为本专利中的麻纤维层是浸渍过树脂的，也不能得出本专利与附件 3-5 两者最终形成的产品是相同的这一结论，因为作为本体层的树脂层和浸渍在麻纤维上通过热压粘结后形成的树脂其结构、功能和作用是不同的，因此本专利权利要求 1 相对于附件 3-5 具备专利法第 22 条第 3 款规定的创造性。

权利要求 2 从属于权利要求 1，权利要求 4 中存在从属于权利要求 2 的技术方案，在权利要求 1 相对于附件 3-5 具备创造性的前提下，本专利权利要求 2、权利要求 4 中引用权利要求 2 的技术方案相对于附件 3-5 也具备专利法第 22 条规定的创造性。

由于附件 3-1 中也没有公开树脂层作为本体层这一技术特征，因此结合上述对附件 3-5 的论述，本专利权利要求 4 中引用权利要求 2 的技术方案相对于附件 3-5 与附件 3-1 的结合具备专利法第 22 条第 3 款规定的创造性。

由于附件 3-1 和附件 3-6 中均没有公开树脂层作为本体层这一技术特征，因此本专利中权利要求 2 以及权利要求 4 中引用权利要求 2 的技术方案相对于附件 3-1 与附件 3-6 的结合具备专利法第 22 条第 3 款规定的创造性。

综合上面对请求人提出的第一次和第三次无效宣告请求的论述，本专利权利要求 1、权利要求 3 以及权利要求 4 中引用权利要求 3 的技术方案相对于附件 1-1 和附件 1-2 的结合不具备创造性，因此对于这些权利要求和技术方案的其他无效理由和评价方式不再予以评述。

至此，合议组依法作出如下审查决定。

三、决定

宣告 02242494.6 号实用新型专利权利要求 1、3 以及权利要求 4 中引用权利要求 3 的技术方案无效，在权利要求 2 和权利要求 4 中引用权利要求 2 的技术方案的基础上维持本专利权继续有效。

当事人对本决定不服的，可以根据专利法第 46 条第 2 款的规定，自收到本决定之日起 3 个月内向北京市第一中级人民法院起诉。根据该款的规定，一方当事人起诉后，另一方当事人应当作为第三人参加诉讼。

053

防有害生物附着涂料

无效宣告请求审查决定（第9482号）

决　定　号 第9482号
决　定　日 2007年1月31日
发明创造名称 防有害生物附着涂料
国际分类号 C09D 5/14
无效宣告请求人 孙　艳
专 利 权 人 戴钟道
专　利　号 99112532.0
申　请　日 1999年11月5日
授权公告日 2003年9月10日
合议组组长 黄　颖
主　审　员 朱文广
参　审　员 崔　震

法律依据 专利法第22条第3款
决定要点

现有技术虽然没有提到权利要求中的某一个特征术语，但权利要求中该术语所对应的具体物质即为现有技术中已公开的物质，并且作用相同，那么应当认为权利要求中的这个特征已经被现有技术中所对应的具体物质所公开。

一、案由

本无效宣告请求涉及中华人民共和国国家知识产权局于2003年9月10日授权公告的、名称为“防有害生物附着涂料”的发明专利权（以下简称本专利），其专利申请号是99112532.0，申请日是1999年11月5日，专利权人是戴钟道。本专利授权公告时的权利要求书如下：

“1. 一种防有害生物附着涂料，其特征在于该涂料由防污主剂10，10’-氧代二吩恶砒干粉和/或乳剂2%~10%、加强剂0~10%和成膜物质80%~95%三个组分相混合组成，上述组成中防污主剂和加强剂均为以各自的干粉重量或折合成干粉的重量占混合物总重量的百分数，而成膜物质则系其湿重占混合物总重的百分数；其中

所述加强剂为氧化锌、氧化铜、氧化亚铜、环烷酸铜中的任一种和/或其中两种及两种以上混合物；

所述成膜物质为溶剂性的醇酸油漆、氯化橡胶漆、环氧树脂漆、聚胺酯漆、沥青漆中的任一种或

者水乳性的丁苯乳液、丙烯酸乳液、苯乙烯乳液以及由上述的溶剂性的油漆改性而得到的浮液中的任一种。”

针对本专利权，孙艳（以下简称请求人）于2005年8月31日向专利复审委员会提出无效宣告请求，认为本专利不符合专利法第22条第3款、第26条第3款、第4款以及专利法实施细则第20条第1款的规定，请求人同时提交了如下附件：

附件1：本专利的专利说明书；

附件2：山东省临朐蚕药厂生产、上海市农药研究所研制的75号工业防霉剂的产品简介和使用说明，复印件10页。

请求人认为：本专利权利要求1相对于附件1不具备创造性；权利要求1不符合专利法第26条第4款，具体为说明书中只给出单独使用环烷酸铜和单独使用氧化亚铜作为加强剂的实施例，本领域技术人员不能预见权利要求1中的其他加强剂尤其是两种或两种以上混合后作为加强剂都能够实现本发明；此外说明书中只给出了单独采用干粉和单独采用乳剂的实施例，本领域技术人员不能预见干粉和乳剂的组合也能实现本发明；说明书中只给出醇酸油漆、氯化橡胶漆以及丁苯乳液三种作为成膜物质的实施例，本领域技术人员不能预见其他成膜物质尤其是那些溶剂性的油漆改性后得到乳液也能实现本发明；权利要求1中关于加强剂的“和/或其中两种及两种以上混合物”所要求保护的范围不清楚，因此不符合专利法实施细则第20条第1款的规定；说明书中实施例只是写了将防污主剂、成膜物质以及加强剂混匀后制得本发明的产品，其不够清楚、完整，因此不符合专利法第26条第3款的规定。

经形式审查合格，专利复审委员会依法受理了上述无效宣告请求，并于2005年9月1日向请求人和专利权人发出无效宣告请求受理通知书，同时将专利权无效宣告请求书及其附件清单中所列附件的副本转送给专利权人，并要求专利权人在指定的期限内陈述意见。

请求人于2005年9月30日向专利复审委员会提交了意见陈述书，并补充了无效宣告的理由和证据，其中补充的证据为：

附件3：公开日为1991年4月16日、公开号为JP平3-90005的日本专利文献及其中文译文，共6页，

附件4：公开日为1999年10月14日、公开号为WO99/51694的专利文献及其中文译文，共22页；

附件5：申请日为1997年4月17日、授权公告日为2002年6月19日、专利权人为日本油脂BASF涂料株式会社的中国专利文献CN1086406C，共41页；

附件6：申请日为1997年10月25日、授权公告日为2001年10月24日、专利权人为中国科学院长春应用化学研究所的中国专利文献CN1073608C，共9页；

附件7：审定公告日为1990年5月9日的中国专利文献CN1007902B，共13页；

附件8：申请日为1998年10月2日、公开日为2001年1月17日、申请人为纳幕尔杜邦公司的中国专利文献CN1280599A，共15页；

附件9：审定公告日为1990年10月10日的中国专利文献CN1009936B，共3页；

附件10：所称出版日期为1996年3月的《最新涂料品种配方和工艺集》检索页3页、目录页2页、第561~566页、第574~577页复印件；

附件11：所称出版日期为1990年4月的《特种涂料的制造与应用》检索页1页、目录页3页、第220~230页复印件。

请求人认为：权利要求1相对于附件3不具备新颖性；权利要求1相对于附件4不具备创造性；

权利要求1相对于附件4和3的结合、附件5和附件2的结合、附件6和附件2的结合、附件7和附件2的结合、附件8和附件4的结合、附件9和附件4的结合不具备创造性。

请求人于2005年10月8日提交意见陈述书并补充了新证据，

附件12：所称来自1987年5月12日《中国化工报》第三版的文章“工业生产中的新课题——工业防霉”复印件1页。

针对专利复审委员会发出的上述无效宣告请求受理通知书，专利权人于2005年10月14日提交了意见陈述书以及多份证据。专利权人认为本专利产生了巨大的经济及环境效益，并在业界、学界引起广泛关注还多次获奖，请求人的无效理由不能成立。专利权人提交的证据如下：

证据1：证书号为F2003-3-4-1、日期为2003年12月的青岛市科学技术奖证书，复印件1页；

证据2：发证日期为2004年8月、项目编号为2004KZX039的青岛市重点新产品证书，复印件1页；

证据3：证书编号为51118的中国国际发明展览会获奖证书，复印件1页；

证据4：EUREKA WORLD INVENTION FAIR EMERITUS CERTIFICATE，复印件1页；

证据5：日期为2000年1月28日的《中国海洋报》的专刊第三版，复印件1页；

证据6：中国科学院海洋研究所获奖成果登记表，复印件1页；

证据7：2001年12月5日的浙江海洋学院号外，复印件1页；

证据8：日期为2005年7月8日、统一编号为05-0086的高新技术产品认定证书，复印件1页。

专利复审委员会依法成立合议组，对本无效请求案进行了审查。

本案合议组于2006年1月12日发出转文通知书，将请求人于2005年9月30日和2005年10月8日提交的意见陈述书及其附件转给专利权人，同时将专利权人于2005年10月14日提交的意见陈述书及其附件的副本转送给请求人。

专利权人于2006年2月11日提交了意见陈述书以及苏州嘉乐威企业发展有限公司给中国科学院海洋研究所的情况说明一份（以以下简称证据9）。专利权人认为本专利具备新颖性和创造性。

请求人于2006年2月27日提交了意见陈述书，坚持本专利应被无效。

本案合议组于2006年10月13日向双方发出无效宣告请求口头审理通知书，定于2006年11月29日在专利复审委员会举行口头审理。随同口头审理通知书，将请求人于2006年2月27日提交的意见陈述书转送给专利权人，将专利权人于2006年2月11日提交的意见陈述书及其附件清单中所列附件的副本转送给请求人。

口头审理如期举行，双方当事人均参加了口头审理。

在口头审理中，（1）请求人明确其无效宣告的理由、证据和范围为：本专利不符合专利法第26条第3款的规定，权利要求1不符合专利法第26条第4款的规定，专利法实施细则第20条第1款的规定，专利法第22条第2款、第3款的规定，此次口头审理仅使用附件2~7及附件12，放弃附件8~11。（2）请求人当庭提交附件5、6的发明专利公开说明书。专利权人对附件3~7的真实性没有异议，对附件3、4译文的准确性没有异议。请求人对专利权人于2005年10月14日提交的证据的真实性没有异议，但认为与本案没有关系，对专利权人于2006年2月11日提交的证据的真实性有异议，且该证据与本案无关。（3）关于专利法实施细则第20条第1款。请求人认为权利要求1中写的“所述加强剂为氧化锌、氧化铜、氧化亚铜、环烷酸铜中的任一种和/或其他两种及两种以上的混合物”中的“和/或”不清楚，因此不符合专利法实施细则第20条第1款的规定。专利权人当庭提交权利要求书的修改文本，将该句中的“和/”删除，认为修改后的权利要求1进行了技术方案的删除，因此符合审查指南的相关规定。请求人认为修改后的权利要求扩大了原专利的保护范围，因此不符合审查指南的相关规定。合议组经合议后告知双方，专利权人新修改的权利要求书属于技术方案的删除，因此符合审查指南有关修改方式及时机方面的规定，本次口头审理以新修改的文本为基础进行。（4）关于专利法第26条第4款。专利权人认为实施例中未提到的其他加强剂和成膜物质属于性质相同现有物质，因此本领域技术人员据此能够概括得到本专利的权利要求1。（5）关于专利法第22条第3款。请求人所主张的结合方式为附件2和附件5组合，附件2和附件6组合，附件2和附件7组合，附件3和附件5组合，附件3和附件6组合，附件3和附件7组合，附件4和附件5组合、附件4和附件6组合，附件4和附件7组合。请求人认为附件5说明书第7页倒数第2段公开各种加强剂氧化亚铜；附件6说明书第1页中的涂料就是用于海洋中的防污涂料，说明书第2页中的第5）项防污助剂用了氧化亚铜，第5页实施例9、实施例10也用了氧化亚铜作防污主剂；附件7和附件6要证明的一样，说明书第1页明确指出其发明目的也是海洋用的防污涂料；附件5-7都是用于证明本专利的加强剂是常用的；附件3第1页最后一段揭示了OBPA可以加入涂料中防附着，OBPA的量已经公开了，其他的没有公开的是常用的涂料，第3行公开了可以单独使用也可以同其他附着防污剂使用，附件3中给出了启示，公开了争议专利权利要求1中的重量配比。专利权人认为本发明权利要求1的主题和附件3的主题不相同；权利要求1和附件3防污主剂的用量范围是相同的，但是本专利是从很多种化合物中选择的，所以这两者的技术特征不同，一个是上位概念；本发明的加强剂是0~10%，日本专利是没有加强剂的；附件3成膜剂的加入和本专利不一样，防污剂不是加强剂，虽然化合物一样但是用途不一样。

至此，合议组认为本案事实已经清楚，可以作出审查决定。

二、决定的理由

1. 关于证据和现有技术

请求人提交的证据包括附件3、7，专利权人对附件3、7的真实性没有异议，合议组经审查后认定附件3、7可以作为本案的证据使用。同时由于附件3、7公开日期在本专利的申请日前，因此可以作为本专利的现有技术使用。

2. 关于审查文本

审查指南第四部分第三章第4.6节在“无效宣告程序中专利文件的修改”中对修改原则、修改方式和修改方式的限制进行了规定。其中在修改原则中规定发明或者实用新型专利文件的修改仅限于权利要求书，其原则是：（1）不得改变原权利要求的主题名称。（2）与授权的权利要求相比，不得扩大原专利的保护范围。（3）不得超出原说明书和权利要求书记载的范围。（4）一般不得增加未包含在授权的权利要求书中的技术特征。其中在修改的方式中规定：修改权利要求书的具体方式一般限于权利要求的删除、合并和技术方案的删除。并且在独立权利要求未作修改的情况下，不允许对其从属权利要求进行合并式修改。在修改方式的限制中规定在专利复审委员会作出审查决定之前，专利权人可以删除权利要求或者权利要求中包括的技术方案。仅在下列三种情形的答复期限内，专利权人可以以合并的方式修改权利要求书：（1）针对无效宣告请求书。（2）针对请求人增加的无效宣告理由或者补充的证据。（3）针对专利复审委员会引入的请求人未提及的无效宣告理由或者证据。

专利权人当庭提交权利要求书的修改文本，修改后的权利要求1为：

“1. 一种防有害生物附着涂料，其特征在于该涂料由防污主剂10，10’-氧代二吩恶砒干粉和/或乳剂2%~10%、加强剂0~10%和成膜物质80%~95%三个组分相混合组成，上述组成中防污主剂和加强剂均为以各自的干粉重量或折合成干粉的重量占混合物总重量的百分数，而成膜物质则系其湿重占混合物总重的百分数；其中，

所述加强剂为氧化锌、氧化铜、氧化亚铜、环烷酸铜中的任一种或其中两种及两种以上混合物；

所述成膜物质为溶剂性的醇酸油漆、氯化橡胶漆、环氧树脂漆、聚胺酯漆、沥青漆中的任一种或者水乳性的丁苯乳液、丙烯酸乳液、苯乙烯乳液以及由上述的溶剂性的油漆改性而得到的浮液中的任一种。”

专利权人认为上述修改是将权利要求1中“所述加强剂为氧化锌、氧化铜、氧化亚铜、环烷酸铜中的任一种和/或其中两种及两种以上混合物”中的“和/”删除，因此修改后的权利要求1属于技术方案的删除，符合审查指南的相关规定。请求人认为修改后的权利要求扩大了原专利的保护范围，因此不符合审查指南的相关规定。合议组经审查后认为，原权利要求1中的“和/或”实际上是“/”前的“和”以及“/”后的“或”这两个技术方案，专利权人删除了“和/”，属于技术方案的删除，符合《审查指南》有关修改方式及时机方面的规定，因此本决定以专利权人当庭修改的文本为基础进行。

3. 本专利权利要求1的创造性。

创造性，是指同申请日以前已有的技术相比，该发明有突出的实质性特点和显著的进步，该实用新型具有实质性特点和进步。审查指南第二部分第四章有关发明创造性的审查基准中指出：判断发明是否具有突出的实质性特点就是要判断对本领域的技术人员来说，要求保护的发明相对于现有技术是否显而易见；在评价发明是否具有显著的进步时，主要应当考虑发明是否具有有益的技术效果。

本案中，请求人认为权利要求1相对于附件3和7不具备创造性。专利权人认为本专利权利要求1的主题和附件3的主题不相同；权利要求1和附件3防污主剂的用量范围是相同的，但是本专利是从很多种化合物中选择的，所以这两者的技术特征不同；本发明的加强剂是0~10%，日本专利是没有加强剂的；附件3中成膜剂的加入和本专利不一样，防污剂不是加强剂，虽然化合物一样但是用途不一样。

合议组经审查后认为，本专利权利要求1请求保护的是一种防有害生物附着涂料，附件3公开了一种贝类附着防污剂。在译文第1页第3项第2行指出“本发明涉及为了防止藤壶、紫贻贝、牡蛎等附着性贝类对在水中的构造物或船舶的接水部等附着的附着防污剂”，在译文第2页第1~3行公开以下内容：“本发明是关于以含有带苯氧基的砷化合物的贝类防污剂为重点，开发了带苯氧基的砷化合物这种已知物质的新用途。作为带苯氧基的砷化合物可以列举如下：10，10’-氧代二吩恶砒……”。说明书译文第2页第3段提到“关于本发明的贝类附着防污剂，在实用上，仅含有带苯氧基的砷化合物就可以使其贝类附着防止效果得到充分发挥，但是也可以与其他的附着防污剂混合使用”；第4段提到“还可以将上述附着防污剂加到环氧树脂等中作成涂料，再将该涂料涂布在构造物、船底等上面”；第5段提到“橡胶或合成树脂板材、薄板或者涂料中，带苯氧基的砷化合物的加量范围在0.1~10重量%是适宜的”。由此可见，附件3中的防污剂可以加到环氧树脂等中作成涂料，涂在船底上面从而形成防有害生物附着的涂料，该涂料由10，10’-氧代二吩恶砒作为防污剂，其含量为0.1~10重量%，环氧树脂等用作成膜物质，在必要时可以加入其他防污剂一起使用。附件7公开了一种船舶用防污涂料，在附件7的第9页第1段公开了氧化亚铜、氧化锌等这类铜或锌的化合物本身就是海洋生物杀伤剂。也就是说，氧化亚铜、氧化锌等铜或锌的化合物本身就可用作海洋生物防污剂。关于权利要求1中的加强剂，虽然在附件3和7中没有提到这样的术语，但权利要求1中具体限定了该加强剂可以是氧化亚铜，显然这与附件7中作为防污剂的氧化亚铜是同一种物质，两者也均可用在涂料中用来防止有害生物附着，因此权利要求1中的加强剂实质上已经被附件7中的氧化亚铜所覆盖。由此可见，附件3和7所涉及的领域相同，都涉及船舶的防污，因此作为本领域的现有技术，本领域技术人员在附件3所公开的可以与其他防污剂混合使用的启示下很容易想到也可以和氧化亚铜、氧化锌等这类铜或锌的化合物一起混合使用。对于权利要求1中的其他加强剂和成膜物质来说，显然这些物质均是本领域常用的已知材料，因此本领域技术人员也很容易想到用权利要求1中的其他加强剂和成膜物质来形成防有害生物附着涂料。在各种物质的含量方面，由于附件3中提到带苯氧基的砷化合物可以与其他的防污剂混合使用，并且具体限定了加量范围在0.1至10重量%，因此本领域技术人员在附件3和7公开内容的基础上得到权利要求1各物质的含量范围是显而易见的，并且由权利要求1所限定的技术方案相对于附件3和7也未产生预料不到的技术效果，因此权利要求1相对于附件3和7不具备创造性，不符合专利法第22条第3款的规定。

由于本专利权利要求1相对于附件3和7已不具备创造性，因此不再评述请求人针对本专利权利要求1所提出的其他无效理由和证据。

专利权人提交了证据1~9涉及一些成果证书或相关的报道及说明等，显然这些证据与请求人所提出的本专利权利要求1相对于附件3和7不具备创造性的无效理由没有直接关系，其既不能证明本专利权利要求1相对于附件3和7具备创造性，又不能证明请求人所主张的本专利权利要求1相对于附件3和7不具备创造性的无效理由不能成立。因此，合议组对专利权人的主张不予支持。

根据上述的事实和理由，本案合议组依法作出以下决定。

三、决定

宣告99112532.0号发明专利权全部无效。

当事人对本决定不服的，可以根据专利法第46条第2款的规定，自收到本决定之日起3个月内向北京市第一中级人民法院起诉。根据该款的规定，一方当事人起诉后，另一方当事人应当作为第三人参加诉讼。

054

环保型节能民用水锅炉

无效宣告请求审查决定（第9483号）

决　定　号　第9483号
决　定　日　2006年12月4日
发明创造名称　环保型节能民用水锅炉
国际分类号　F24H 1/46
无效宣告请求人　梁　海
专　利　权　人　黄振山
申　请　号　02236238.X
申　请　日　2002年5月21日
授权公告日　2003年9月17日
合议组组长　朱文广
主　审　员　刘　犨
参　审　员　刘敏飞

法　律　依　据　专利法第5条、第22条第2款、第3款、第4款
决　定　要　点

一项权利要求所限定的技术方案与现有技术相比具有区别技术特征，并且现有技术中没有给出采用这一区别技术特征的技术启示，同时该技术方案具有有益的技术效果，则该权利要求具备创造性。

一、案由

本无效宣告请求涉及中华人民共和国国家知识产权局于2003年9月17日授权公告的、名称为“环保型节能民用水锅炉”的实用新型专利权（以下简称本专利），其申请号是02236238.X，申请日是2002年5月21日，专利权人是黄振山。该专利授权公告时的权利要求书如下：

“1. 环保型节能民用水锅炉，主要由底部进水管（1）、放水阀门（5），中部由出水管（2），上部由排气安全阀（3）组成，

其特征在于：该锅炉为方型，是二次燃烧二次受热，在方型燃烧室（7）内设有一种二次加氧消烟燃烧加热器（6），燃烧室与方型受热体（8），下部为1炉一次受热，上部为2炉二次受热，二次受热体上部有一根与燃烧室连接的导流管（4）。

2. 根据权利要求1所述的环保型节能民用水锅炉，其特征在于：燃烧室为方型，受热体为长方型。

3. 根据权利要求1所述的环保型节能民用水锅炉，其特征在于：燃烧室内设有二次加氧消烟燃

烧加热器，必须铸造。

4. 根据权利要求 1 所述的环保型节能民用水锅炉，其特征在于：受热体为两部分，下部与燃烧室为 1 炉一次受热，上部为 2 炉二次受热。

5. 根据权利要求 1 所述的环保型节能民用水锅炉，其特征在于：二次受热必须设有排气安全阀。

6. 根据权利要求 1 所述的环保型节能民用水锅炉，其特征在于：二次受热体上设有一根与燃烧室连接的导流管。

7. 根据权利要求 1 所述的环保型节能民用水锅炉，其特征在于：一次、二次受热的排管，各是各炉的吸热排管。

8. 根据权利要求 1 所述的环保型节能民用水锅炉，其特征在于：凉水进水管（1）与上部二次受热是相通的，凉水到上部 2 炉，有个通水层。"

针对本专利权，梁海（以下简称请求人）于 2005 年 10 月 7 日向专利复审委员会提出无效宣告请求，认为本专利不符合专利法第 22 条、第 26 条第 3 款的规定，同时请求人提交了如下附件：

附件 1：检索附件共 4 页复印件，其中包括：附件 1-1：专利号为 95217539. 8 的摘要；附件 1-2：专利号为 01263906. 0 的摘要；

附件 2：《新华辞典影印件》第 672 页 复印件 1 页；

附件 3：中华人民共和国机械行业标准 JB/T7773-95《常压热水锅炉通用技术条件》，1995 年 6 月 16 日发布，1996 年 7 月 1 日实施，包括封面页及第 2~5 页，复印件共 5 页；

附件 4：《小型和常压热水锅炉安全监察规定》国家质量技术监督局令第 11 号，复印件 1 页。

专利复审委员会于 2005 年 11 月 25 日向请求人发出《无效宣告请求补正通知书（一）》，指出请求人所提出的无效宣告请求存在缺陷，请求人应当在收到本通知之日起七天内对该缺陷进行补正。

专利复审委员会于 2005 年 12 月 20 日收到了请求人提交的《专利权无效宣告请求书》以及附件 5~7（编号续前），其认为有关二次受热的专利检索表明已有 00232778、01261771 公开过，无新颖性（见附件 5）。民用热水锅炉不允许设安全阀（附件 6 和附件 7），本专利不符合专利法第 5 条的规定。

附件 5：专利检索（II）。

附件 6 与附件 7 与请求人所提交的附件 3 和 4 相同。

经形式审查合格，专利复审委员会依法受理了上述无效宣告请求，并于 2006 年 3 月 7 日向请求人和专利权人发出无效宣告请求受理通知书，同时将专利权无效宣告请求书及其附件清单中所列附件的副本转送给专利权人，并要求专利权人在指定的期限内陈述意见。

针对专利复审委员会于 2006 年 3 月 7 日发出的上述无效宣告请求受理通知书，专利权人于 2006 年 3 月 30 日提交了意见陈述书及证据，其中的证据 19 为授权公告日为 1998 年 2 月 25 日，专利号为 95217539. 8 的实用新型专利说明书扉页。

专利权人认为请求人所提供的证据与本专利二次受热技术互不相干，本专利中的排气安全阀实际就是大气通孔，是国家允许安装的。

专利复审委员会依法成立合议组对本无效宣告请求进行审查。

本案合议组于 2006 年 8 月 31 日向双方发出无效宣告请求口头审理通知书，定于 2006 年 10 月 23 日举行口头审理。随同口头审理通知书，将专利权人于 2006 年 3 月 30 日提交的意见陈述书及其附件清单中所列附件的副本转送给请求人。

口头审理如期举行，双方当事人均参加了口头审理。

在口头审理中，双方对对方所提交证据的真实性均无异议。请求人明确其无效宣告的理由、证据及其范围为：本专利权利要求 1、4~8 相对于附件 3、4 不符合专利法第 5 条的规定；权利要求 2、3

相对于附件 8 不符合专利法第 22 条第 2 款的规定；权利要求 2、3 相对于附件 8 不具备创造性；权利要求 2、3 相对于附件 1-1、附件 1-2 不符合专利法第 22 条第 4 款的规定；请求人明确没有其他的无效理由、证据和范围。其中：

附件 1-1：附件 1 中的专利号为 95217539.8 的摘要（该专利的公开日为 1998 年 2 月 25 日）；

附件 1-2：附件 1 中的专利号为 01263906.0 的摘要（该专利的公开日为 2002 年 12 月 4 日，申请日为 2001 年 9 月 16 日，专利权人为郭云生）；

附件 3：中华人民共和国机械行业标准 JB/T7773-95《常压热水锅炉通用技术条件》，1995 年 6 月 16 日发布，1996 年 7 月 1 日实施，包括封面页及第 2~5 页，复印件共 5 页；

附件 4：《小型和常压热水锅炉安全监察规定》国家质量技术监督局令第 11 号，复印件 1 页；

附件 8：授权公告日为 2000 年 5 月 10 日，专利号为 99215806.0 的中国实用新型专利说明书扉页。

至此，合议组认为本案事实已经清楚，可以作出审查决定。

二、决定的理由

1. 关于证据

请求人所使用的证据为附件 1-1、附件 1-2、附件 3、附件 4 和附件 8，专利权人对上述附件的真实性没有异议，合议组经审查认定上述附件可以作为本案证据使用。并且附件 8 的公开日早于本专利的申请日，所以附件 8 所记载的内容构成了本专利的现有技术。

2. 关于专利法第 5 条

专利法第 5 条：对违反国家法律、社会公德或者妨害公共利益的发明创造，不授予专利权。

根据专利法第 5 条的规定，发明创造的公开、使用、制造违反了国家法律、社会公德或者妨害了公共利益的，不能被授予专利权。

请求人认为本专利权利要求 1、4~8 相对于附件 3、4 不符合专利法第 5 条规定的具体理由是：本专利必须设排气安全阀，因此不符合附件 3 中 6.3.5 及附件 4 中第 2、4 条的规定，因此本专利不符合专利法第 5 条第规定。

合议组经审查后认为：首先根据审查指南第二部分第一章第 3.1 节的规定，违反国家法律规定的发明创造中的国家法律是指由全国人民代表大会或者全国人民代表大会常务委员会依照立法程序制定和颁布的法律。显然请求人使用的附件 3、4 均不属于专利法第 5 条规定中所涉及的国家法律。其次，附件 3 中 6.3.5 所述“常压锅炉本体最高处应开孔，并确保直通大气……”；附件 4 中第 2、4 条为“本规定适用于以水为介质的固定式小型锅炉和常压热水锅炉。本规定不适用于壁挂式热水器”，“本规定所述的常压热水锅炉是指锅炉本体开孔或者用连通管与大气相通，在任何情况下，锅炉本体顶部表压为零的锅炉”，显然上述附件中并没有绝对排斥本专利的锅炉中设置排气阀，因此请求人认为本专利权利要求 1、4~8 相对于附件 3、4 不符合专利法第 5 条规定的主张不能成立。

3. 关于专利法第 22 条第 4 款。

专利法第 22 条第 4 款的实用性是指发明或者实用新型的主题必须能够在产业上制造或者使用，并且能够产生积极效果。其中审查指南第二部分第五章第 3.2 节审查基准中给出了六种不具备实用性的情形。即无再现性、违背自然规律、利用独一无二的自然条件的产品、人体或者动物的非治疗目的的外科手术方法、无积极效果、测量人体在极限情况下的生理参数的方法。

请求人认为权利要求 2、3 相对于附件 1~1 及附件 1~2 不具备实用性，具体理由是：燃烧加热器 6 名字是错误的，其没有热源，方型燃烧室不能二次燃烧二次受热，附件 1~1 及附件 1~2 中是分两部分燃烧的，因此本专利不符合专利法第 22 条第 4 款的规定。

合议组经审查后认为：本专利中的二次燃烧是指空气通过加热器上许多小通风孔变成热风进入燃烧室，产生二次加氧，因此该加热器被专利权人命名为二次燃烧加热器。权利要求 2、3 中的燃烧室为方型，并从说明书中可以看出在该燃烧室和燃烧加热器（6）中进行了二次燃烧，受热体为二次受热，也就是说，本领域技术人员在本专利权利要求 2、3 的基础上通过参考本专利的说明书及附图是可以理解出二次燃烧加热器 6 这个名称的含义，可以看出方型燃烧室及受热体的作用，并且可以在产业上制造出该锅炉，此外该锅炉也具有节省能源、提高热效率、减少环境污染等积极效果。对于请求人所述的附件 1-1、附件 1-2 中是分两部分燃烧的观点而言，上述附件中的技术并不能证明本专利权利要求 2、3 涉及的锅炉不能在产业上制造并产生积极的效果，因此请求人的上述主张不能成立，本专利权利要求 2、3 符合专利法第 22 条第 4 款的规定。

4. 关于专利法第 22 条第 2 款、第 3 款

新颖性，是指在申请日以前没有同样的发明或者实用新型在国内外出版物上公开发表过、在国内公开使用过或者以其他方式为公众所知，也没有同样的发明或者实用新型由他人向国务院专利行政部门提出过申请并记载在申请日以后（含申请日）公布的专利申请文件中。所谓同样的发明或者实用新型，是指技术领域、所要解决的技术问题和技术方案实质上相同，预期效果相同的发明或者实用新型。

创造性，是指同申请日以前已有的技术相比，该实用新型具有实质性特点和进步。

一项权利要求所限定的技术方案与现有技术相比具有区别技术特征，并且现有技术中没有给出采用这一区别技术特征的技术启示，同时该技术方案具有有益的技术效果，则该权利要求具备创造性。

请求人认为权利要求 2、3 相对于附件 8 不具备新颖性、创造性，具体理由是二次加氧消烟燃烧器必须铸造已经在附件 8 中显示，等同于衬套。

合议组经审查后认为，附件 8 公开了一种家庭采暖节能锅炉，其基本结构是由一个具有若干条设有通风孔的半圆通风道和环板组成的燃烧室衬套，该衬套一次铸造成型，底部与风室相通。风室内具有水包通过隔板的通水孔与水套连通，在烟道内设有若干根横管和斜管组成了余热室，所设的横、斜管两端与烟囱内壁、外壁组成的水套相通，形成循环。将其与本专利权利要求 2、3 分别进行对比，至少其均未公开权利要求 2、3 中的“中部由出水管（2）”、“上部由排气安全阀（3）组成”、“二次受热体上部有一根与燃烧室连接的导流管（4）”等技术特征，因此本专利权利要求 2、3 所保护的技术方案不同于附件 8 中的技术方案，本专利权利要求 2、3 相对于附件 8 具备新颖性，请求人认为本专利权利要求 2、3 相对于附件 8 不具备新颖性的主张不同成立。

同时，请求人并没有证据证明现有技术中给出了采用上述区别技术特征的技术启示，而且本专利权利要求 2、3 还具有积极的效果，如可以节省能源、提高热效率等，因此本专利权利要求 2、3 相对于附件 8 具备创造性，请求人认为本专利权利要求 2、3 相对于附件 8 不具备创造性的主张不能成立。

根据上述的事实和理由，本案合议组依法作出以下决定。

三、决定

维持 02236238. X 号实用新型专利权有效。

当事人对本决定不服的，可以根据专利法第 46 条第 2 款的规定，自收到本决定之日起 3 个月内向北京市第一中级人民法院起诉。根据该款的规定，一方当事人起诉后，另一方当事人应当作为第三人参加诉讼。

055

框架式铝制锅炉

无效宣告请求审查决定（第9487号）

决　　定　　号 第9487号
决　　定　　日 2007年1月5日
发明创造名称 框架式铝制锅炉
国 际 分 类 号 F24H 9/02
无效宣告请求人 秦志华
专　利　权　人 宋忠军
专　　利　　号 02275147.5
申　　请　　日 2002年9月4日
授 权 公 告 日 2003年8月27日
合 议 组 组 长 赵　明
主　　审　　员 朱文广
参　　审　　员 郭建强

法 律 依 据 专利法第22条第2款
决 定 要 点

要想证明“国内使用公开”构成现有技术，则必须证明以下三方面的内容：第一，申请日前国内公开使用的事实；第二，该事实能够导致某一技术方案处于本领域技术人员想得知就能得知的状态；第三，该技术方案的内容。

一、案由

本无效宣告请求涉及中华人民共和国国家知识产权局于2003年8月27日授权公告的、名称为“框架式铝制锅炉”的实用新型专利权（以下简称涉案专利），其专利号是02275147.5，申请日是2002年9月4日，专利权人是宋忠军。该专利授权公告时的权利要求书如下：

“1. 框架式铝制锅炉，它包括有铝制锅炉炉体（1），其特征是在铝制锅炉炉体（1）的外壁安设有加固框架（2）。

2. 如权利要求1所述的框架式铝制锅炉，其特征是所述加固框架（2）由槽形金属型材纵横相连而成。

3. 如权利要求1所述的框架式铝制锅炉，其特征是在加固框架（2）上还分别设有进煤门（3）、观察门（4）和出渣门（5）。”

针对上述专利权，秦志华（以下简称请求人）于2006年6月7日向专利复审委员会提出无效宣告请求，认为在本专利申请日前请求人已研发并生产销售了铝制锅炉，因此涉案专利不符合专利法第22条第2款的规定，其提交的附件如下：

附件1：牡丹江市环境监测中心站于2002年7月4日签发的监测报告复印件1份，共3页；

附件2：开票日期为2002年6月6日的黑龙江省工商业统一发票复印件，1页；

附件3：出厂日期为2002年3月、产品型号为CWNL0.23-XM、产品名称为高效缓冲式常压热水铝炉的牡丹江市除尘环保设备厂的产品合格证书复印件1份，共2页；

附件4：经营者姓名为秦志华、注册号为2010023410101的个体工商户营业执照（副本）复印件，1页；

附件5：牡丹江市东安区志华洗浴采暖节能设备厂出具的、编号为财甲B NO.1977053的牡丹江市企业单位往来结算票据复印件，1页；

附件6：牡丹江市东安区志华洗浴采暖节能设备厂的产品标牌复印件，1页；

附件7：牡丹江市东安区志华洗浴采暖节能设备厂与韩景兰于2002年1月8日签订的工矿产品购售合同复印件，1页；

附件8：应诉通知书复印件，1页；

附件9：日期为2003年9月1日的受权书复印件，1页；

附件10：负责人为宋协文的营业执照（副本）复印件，1页。

经形式审查合格，专利复审委员会依法受理了上述无效宣告请求，并于2006年6月8日向双方发出无效宣告请求受理通知书，同时将专利权无效宣告请求书及其附件清单中所列附件的副本转送给专利权人，并要求专利权人在指定的期限内陈述意见。

请求人于2006年6月30日向专利复审委员会提交意见陈述书，补充了无效的理由和证据，其中新补充的证据为（编号续前）：

附件11：黑龙江省牡丹江市公证处出具的（2006）牡证民字第969号公证书复印件，共3页；

附件12：黑龙江省牡丹江市公证处出具的（2006）牡证民字第970号公证书复印件，共3页；

附件13：所称实物照片20张；

附件14：2002年2月8日签订的牡丹江市德盛货物运输协议复印件，1页；

附件15：2003年3月11日公布的《特种设备安全监察条例》复印件，1份；

附件16：由秦志华等出具的答辩状，共7页；

附件17：牡丹江市东安区志华洗浴采暖节能设备厂的“常压锅炉产品质量证明书”复印件，共9页。

请求人于2006年7月11日再次向专利复审委员会提交了意见陈述书，并提交了上次补充提交证据的证据目录。

针对专利复审委员会于2006年6月8日作出的上述无效宣告请求受理通知书，专利权人人于2006年7月18日提交了意见陈述书，并提交了以下证据来证明请求人的证据不真实，理由不成立：

证据1：黑龙江省牡丹江市公证处出具的（2006）牡证经字第511号公证书复印件，共7页；

证据2：牡丹江市环境监测中心站于2002年7月4日签发的监测报告复印件，共4页；

证据3：黑龙江科学技术出版社1994年4月出版的《锅炉运行与操作》版权页、第2~5页复印件；

证据4：秦志华于2005年11月12日具名的保证书复印件，1页；

证据5：经营者姓名为秦志华、注册号为2310043002757的营业执照复印件，1页；

证据6：工商局个体档案复印件，共9页；

证据7：牡丹江市财政局收费票据监管中心于2006年7月17日出具的证明复印件，1页。

专利复审委员会本案合议组于2006年10月19日向双方发出无效宣告请求口头审理通知书，定于2006年12月1日举行口头审理。随同口头审理通知书，将请求人于2006年6月30日以及2006年7月11日提交的意见陈述书及其附件清单中所列附件的副本转送给专利权人，将专利权人于2006年7月18日提交的意见陈述书及其附件清单中所列附件的副本转送给请求人。

口头审理如期举行，双方当事人均参加了口头审理。

在口头审理中，请求人认为在本专利申请日前牡市除尘环保设备厂销售给牡市西丹浴池的锅炉以及请求人销售给韩景兰的锅炉都与本专利的锅炉相同，因此本专利不具备新颖性。专利权人对请求人销售给韩景兰锅炉的事实以及该锅炉与本专利锅炉相同的事实均有异议。双方都认可以下事实：现在牡市西丹浴池有两台锅炉在使用，其中一台是小型立式锅炉，另一台较大并且是卧式的，这两台均为牡市除尘环保设备厂制造，其中的小型立式锅炉与本案无关，而较大的卧式锅炉与本专利相同。请求人用附件13来证明现在使用中的这台较大的锅炉的情况。双方争议点在于较大的卧式锅炉是否在本专利申请日前制造并使用。专利权人认为其一直在给牡市西丹浴池提供锅炉，申请日前后有多台，申请日前提供的是不带框架的，申请日后才是带框架的。请求人认为在申请日前专利权人就已将本专利的锅炉卖给牡市西丹浴池。

请求人当庭提交附件18~22作为证据，其中：

附件18：牡工商房字11904号房屋证明，核准日期2003年11月11日，复印件1页；

附件19：证明人霍维亚于2006年10月30日具名的书面证明，复印件1页；

附件20：牡丹江市安全生产监督管理局安全监督管理三科于2006年10月20日出具的书面证明，复印件1页；

附件21：牡丹江市环境监测中心站于2002年5月21日签发的监测报告，编号为MHJ02025 98量认（黑）字（00098）号，复印件2页；

附件22：牡丹江市环境监测中心站于2002年7月4日签发的监测报告，编号为MHJ02097 98量认（黑）字（00098）号，复印件3页。

专利权人当庭签收了上述附件。请求人当庭提交了附件5、7、11、12、14、19~22的原件，其中附件21、22是盖有红章的复印件。专利权人对请求人提交的所有证据的关联性均有异议。对附件4、8、9、10、15、16的真实性没有异议，对附件11、12的公证书本身无异议，但对公证的内容以及原件的真实性有异议，认为附件1、2、3、5、6、7、13、14、17的内容不真实。认为附件18~22的提交超过举证期限，不应考虑。合议组要求专利权人对附件18~22的真实性、合法性、关联性发表意见，专利权人拒绝对此发表意见。请求人对专利权人提交的证据3~7的真实性没有异议，对证据2的真实性有异议，对证据1的公证书本身没异议，但对其内容有异议，认为公证的情况已经与原始状况不同了。

至此，合议组认为本案事实已经清楚，可以作出审查决定。

二、决定的理由

1. 关于本专利的证据、现有技术和新颖性

专利法第22条第2款规定，新颖性，是指在申请日以前没有同样的发明或者实用新型在国内外出版物上公开发表过、在国内公开使用过或者以其他方式为公众所知，也没有同样的发明或者实用新型由他人向专利局提出过申请并记载在申请日以后（含申请日）公布的专利申请文件中。

请求人提交了附件1~22用来证明在申请日前牡市除尘环保设备厂销售给牡市西丹浴池锅炉以及请求人销售给韩景兰锅炉的事实，因此本专利在申请日前在国内公开使用过，不具备新颖性。关于证

据的提交日期，专利权人认为附件 18~22 的提交超过举证期限，不应考虑。合议组经审查后认为，附件 18~22 是请求人针对专利权人于 2006 年 7 月 18 日提交的反证进一步补充的证据，由于专利权人提交的反证是合议组于 2006 年 10 月 19 日发口头审理通知书时转给的请求人，因此请求人于 2006 年 12 月 1 日口头审理时提交上述证据并不违反举证期限的规定，合议组予以考虑。

关于附件 1~22，合议组经审查后认为，要想证明“国内使用公开”构成现有技术，则必须证明以下三方面的内容：第一，申请日前国内公开使用的事实；第二，该事实能够导致某一技术方案处于本领域技术人员想得知就能得知的状态；第三，该技术方案的内容。

关于请求人销售给韩景兰锅炉这一事实，所涉及的证据有附件 4、5、6、7、14、17、18、19。专利权人对请求人所主张的销售行为以及所销售锅炉与本专利锅炉相同的事实均有异议，显然在请求人所提供的上述附件中没有证据能够证明上述的第三点，即所主张销售锅炉的具体技术方案，因此关于请求人销售给韩景兰锅炉这一事实，即使请求人的证据能够证明销售行为已经发生，也不能构成一个完整的证据链来证明本专利不具备新颖性。

关于牡市除尘环保设备厂销售给牡市西丹浴池锅炉这一事实，所涉及的证据有附件 1、2、3、9、10、11、12、13、20、21、22。其中涉及技术方案的只有附件 13 所称的实物照片以及双方均认可的牡市西丹浴池现在正使用的一台较大的锅炉是与本专利相同的事实。请求人用附件 13 来证明现在使用中的这台较大的锅炉的情况。双方争议点在于较大的卧式锅炉是否在本专利申请日前制造并使用。专利权人认为其一直在给牡市西丹浴池提供锅炉，申请日前后有多台，申请日前提供的是不带框架的，申请日后才是带框架的。请求人认为在申请日前专利权人就已将本专利的锅炉卖给牡市西丹浴池。对此合议组认为，根据请求人的主张，请求人用附件 1、2、3、9、10、11、12、13、20、21、22 所要证明的是牡市除尘环保设备厂在申请日前，即于 2002 年 3 月制造了一台高效缓冲式常压热水锅炉，并销售给牡市西丹浴池，该锅炉使用至今并且处于如附件 13 中照片所示的状态。然而，从请求人提交的附件 13 可以看出，其中虽然在标牌上记载有制造日期为 2002 年 3 月的内容，但也有多幅照片显示该锅炉上标有本专利的专利号即 ZL02275147.5。显然，如果该锅炉是在本专利的申请日即 2002 年 9 月 4 日之前制造的，那么其上不可能标有专利号，因此请求人所提供的证据前后矛盾，而请求人又没有其他证据对这一矛盾作出合理的解释，因此即使申请日前销售行为能够成立，也不能推定出所销售的锅炉的具体技术方案与涉案专利是否相同或者所销售的锅炉是否就是附件 13 中所示的正在使用的锅炉，由此请求人的这一组证据同样不能构成一个完整的证据链来支持涉案专利不具备新颖性的无效请求。

根据上述的事实和理由，本案合议组作出以下决定。

三、决定

维持 02275147.5 号实用新型专利权有效。

当事人对本决定不服的，可以根据专利法第 46 条第 2 款的规定，自收到本决定之日起 3 个月内向北京市第一中级人民法院起诉。根据该款的规定，一方当事人起诉后，另一方当事人应当作为第三人参加诉讼。

056

大型工业型煤干燥炉

无效宣告请求审查决定（第9491号）

决　定　号　第9491号
决　定　日　2007年2月5日
发明创造名称　大型工业型煤干燥炉
国际分类号　F26B 15/20
无效宣告请求人　湖北三盟机械制造有限公司
专　利　权　人　裴巨先
专　利　号　03216115.8
申　请　日　2003年4月1日
授权公告日　2004年5月12日
合议组组长　李广峰
主　审　员　朱文广
参　审　员　王　冬

法　律　依　据　专利法第22条第3款
决　定　要　点

如果一项实用新型给出了一种构思不同的技术方案，并且其技术效果基本能够达到现有技术的水平，那么该实用新型具有进步。

一、案由

本无效宣告请求涉及中华人民共和国国家知识产权局于2004年5月12日授权公告的、名称为“大型工业型煤干燥炉”的实用新型专利权（以下简称本专利），其申请号是03216115.8，申请日是2003年4月1日，专利权人是裴巨先。本专利授权公告时的权利要求书如下：

“1. 一种工业型煤干燥炉，它包括炉体、支座，支座固定在炉体下，炉体有进料口、出料口、进风口、干燥器、型煤腔，干燥器设置在炉体内，干燥器外为型煤腔，干燥器经进风口与设置在炉体外的供风道相通，炉体下固定着漏斗形壳，漏斗形壳上大下小，漏斗形壳的下端为出料口，其特征是：所说的炉体为立式炉体或倾斜炉体，炉体与地面的倾斜角为30°~90°，炉体的横截面为矩形，干燥器和型煤腔与炉体的对称轴平行分布在炉体内，在干燥器的侧壁分布着吹风孔，型煤腔的上端为进料口，下端为落料口；在炉体顶部的进料口之上设置着1~3个布料三角体，布料三角体是上尖下宽成横截面为三角形的固定为一体的三块条形板，布料三角体安装于固定在炉体上方的两端挡板；在漏斗形壳内出料口上型 煤腔下安装着均料板，均料板是上尖下宽成二面角的两条形板。

2. 根据权利要求1所述的工业型煤干燥炉，其特征是：所说的干燥器为横截面为矩形的板式干燥器，板式干燥器与型煤腔依次相间分布在炉体内，板式干燥器的宽度为10~20厘米，型煤腔的宽度为20~40厘米。

3. 根据权利要求1所述的工业型煤干燥炉，其特征是：所说的干燥器为用圆钢管构成的管式干燥器，管式干燥器分成若干排设置在炉体内，管式干燥器的侧壁分布着吹风孔，管式干燥器外为相互联通的型煤腔，每排圆钢管的上端有横置的多通供风道，圆钢管的上端与多通供风道相联接通，多通供风道的两端为进风口。

4. 根据权利要求1、2或3所述的工业型煤干燥炉，其特征是：在出料口下设置着排料装置。

5. 根据权利要求4所述的工业型煤干燥炉，其特征是：所述的排料装置为下述任一种排料装置

a. 振动排料装置，振动排料装置有一呈“井”形振动架，振动架上安装着带有电动机的振动器，振动架上与出料口相对应的位置固定着大于出料口的平板，平板与出料口之间有间隔，在支座的立柱固定着安装板、安装板穿着螺栓、振动架的通孔套在螺栓上，螺栓上套着螺旋压缩弹簧，振动架的通孔套在螺旋压缩弹簧之上；

b. 机械推拉排料装置，在出料口下安装着大小与出料口相适应的平置的可平动的挡料板，挡料板与出料口之间有间隔，挡料板与联接杆推动机构联接；

c. 滑动溜槽排料装置，在出料口下铰接连接一可转动的溜槽。

6. 根据权利要求1、2或3所述的本工业型煤炉，其特征是：在加料口的布料三角体上设置上窄下宽的箕簸形溜料槽，溜料槽的下端对着布料三角体，上端对着运料的输送带，在溜料槽上端对应的带式布料机的机架固定着刮板卸料器，刮板卸料器的刮料板依次加长，最长的与输送带的宽度相应。

7. 根据权利要求4所述的本工业型煤炉，其特征是：在加料口的布料三角体上设置上窄下宽的箕簸形溜料槽，溜料槽的下端对着布料三角体，上端对着运料的输送带，在溜料槽上端对应的带式布料机的机架固定着刮板卸料器，刮板卸料器的刮料板依次加长，最长的与输送带的宽度相应。”

针对本专利权，湖北三盟机械制造有限公司（以下简称请求人）于2006年04月05日向专利复审委员会提出无效宣告请求，认为本专利不符合专利法第22条第3款的规定，同时请求人提交了如下附件：

附件1：上海科学技术出版社出版的“化工设备设计全书”《干燥设备设计》，1986年5月第1版，1990年12月第3次印刷，封面页、版权信息页、第一章绪论第14、15页、及内容第550~552、554页复印件，共8页；

附件2：授权公告日为2002年7月17日，授权公告号为CN2501006Y的中国实用新型专利说明书，共6页；

附件3：公告日为1989年6月14日、授权公告号为CN2039402U的中国实用新型专利申请说明书，共8页；

附件4：申请日为2002年2月22日、公开日为2003年5月14日、申请人光洋热系统株式会社、公开号为CN1417550A的中国发明专利申请公开说明书，共3页；

附件5：公开日为2002年4月3日、专利申请号为CN01133302.2的著录项目1页；

附件6：公开日为1995年11月22日、专利申请号为CN95200461.5的著录项目1页；

附件7：授权公告日为2002年01月16日、授权公告号为CN2472171Y的中国实用新型专利说明书首页；

附件8：公开日为2002年7月10日、专利申请号为CN01262829.8的著录项目1页；

附件9：申请日为2002年12月30日、公开日为2003年12月31日、申请人为江苏正昌集团有

限公司的专利申请号为CN02293189.9的著录项目1页；

附件10：公开日为1989年9月27日、专利申请号为CN89211195.X的著录项目1页。

请求人认为，权利要求1相对于附件1~10不具备创造性。

经形式审查合格，专利复审委员会依法受理了上述无效宣告请求，并于2006年4月6日向请求人和专利权人发出无效宣告请求受理通知书，同时将专利权无效宣告请求书及其附件清单中所列附件的副本转送给专利权人，并要求专利权人在指定的期限内陈述意见。

请求人于2006年4月29日向专利复审委员会提交意见陈述书，其补充了无效的理由和证据，其中补充的附件为：

附件11：授权公告日为2001年08月15日、授权公告号为CN2443309Y的中国实用新型专利说明书，共8页；

附件12：公开日为1999年5月19日、公开号为CN1216821A的中国发明专利申请公开说明书，共6页；

附件13：煤碳工业出版社于2001年11月出版的《型煤技术》封面页、版权信息页及第166~171页复印件，共5页。

请求人认为本专利除不具备创造性之外，还不符合专利法第26条第3款、第4款以及专利法实施细则第20条第1款和第21条第2款的规定。具体为：（1）本专利说明书和权利要求书中均记载了振动器和振动架，但说明书中并没有充分公开振动器是如何实现的，也没有充分说明振动器使振动架产生振动并使型煤按照设计要求运动的实现方案，因此不符合专利法第26条第3款的规定；（2）本专利“干燥器和型煤腔与炉体的对称轴平行”中的对称轴在说明书里没有给出明确的说明，且不是唯一的，因此权利要求得不到说明书的支持，不符合专利法第26条第4款的规定，同时权利要求也不清楚和明确，因此不符合专利法实施细则第20条第1款的规定；（3）本专利的技术效果中明确记载了“实现连续自动化生产”和“干燥效果高”，因此实现连续生产是其创造性效果之一，然而本专利权利要求1中没有记载实现连续生产的必要技术手段，即出料口外设排料装置，由此必然导致料堆积在出料口，因此权利要求1的技术方案缺少必要技术特征，不符合专利法实施细则第21条第2款的规定。

请求人于2006年4月30日再次向专利复审委员会提交意见陈述书，并补充了无效的证据，具体为：

附件4的补充：即申请日为2002年2月22日、公开日为2003年5月14日、申请人光洋热系统株式会社、公开号为CN1417550A的中国发明专利申请公开说明书，共7页；

附件14：化学工业出版社于2002年8月出版的“化学设备设计全书”《干燥设备》，2002年8月第1版，2002年8月第1次印刷，版权页、封面页、目录页、第11、87~89、97页、99、100、404~407页复印件，共16页；

附件15：公开日为2000年11月1日、公开号为CN1272173A的中国发明专利申请公开说明书，共8页；

附件16：公告日为1991年9月4日、授权公告号为CN2083995U的实用新型专利申请说明书，共6页；

附件17：1998年10月第26卷第10期《煤炭科学技术》上的“型煤干燥固结系统的组成与设计”的第40~43页复印件，共4页。

针对专利复审委员会于2006年04月06日发出的上述无效宣告请求受理通知书，专利权于2006年5月20日提交了意见陈述书，专利权人认为本专利与现有技术截然不同，具备创造性。

专利复审委员会依法成立合议组，对本案进行审查。

专利复审委员会本案合议组于2006年8月11日向双方当事人发出无效宣告请求口头审理通知书，拟定于2006年10月30日举行口头审理。同时将请求人于2006年4月29日和4月30日提交的意见陈述书及其附件清单中所列附件的副本转送给专利权人，将专利权人于2006年5月20日提交的意见陈述书副本转送给请求人。

口头审理如期举行，双方当事人均参加了口头审理。

在口头审理中，记录了以下事项：

（1）请求人明确其无效宣告的理由、证据和范围为：本专利权利要求1~4、5中的c的方案不符合专利法第22条第3款的规定；本专利不符合专利法第26条第3款、第4款、专利法实施细则第20条第1款的规定，无效的范围是全部权利要求；本专利的权利要求1~3不符合专利法实施细则第21条第2款的规定；请求人用附件11和附件2结合来评价创造性，其余证据中除附件14~17之外，全部放弃；其中附件14~17为第三次提交的证据，具体使用方式按第三次提交的意见陈述书供合议组考虑，请求人不再陈述新的意见。

（2）专利权人对附件2、11的真实性没有异议。

（3）关于专利法第26条第3款和第26条第4款以及专利法实施细则第20条第1款和第21条第2款的无效理由。请求人的具体意见同意见陈述书中的意见；此外还认为对称轴本身既有纵向的也有横向的，甚至还有斜向的，本专利中对称轴是上位概念，这样就扩大了权利要求的范围，说明书也不能唯一解释对称轴是哪个对称轴，因此不符合专利法第26条第4款、专利法实施细则第20条第1款的规定。

关于权利要求1的创造性。请求人认为：附件11公开了一种立式炉体，炉体与底面的倾斜角是90°，是30°~90°端点的数值，附件2与本专利属于同一技术领域，其中公开了炉体横截面为圆形、方形等技术方案；关于权利要求1中“在炉体顶部的进料口之上设置着1~3个布料三角体”，三角体实际是将型煤合理分布在炉体内，在对比文件中的上锥壳也是起分流作用，截面也是三角形的，虽然位置上有偏差，但是功能作用都相同；此外在附件11的图上在进料口上也有三角，标号为缓冲圈2下面用虚线表示了三角形，在三角形上面散布着型煤的颗粒；关于权利要求1中“布料三角体是上尖下宽成横截面为三角形的固定为一体的三块条形板”、“三角体安装于固定在炉体上方的两端挡板”、“在漏斗形壳内出料口上型煤腔安装着均料板”、“均料板是上尖下宽成二面角的两条形板”均是显而易见的。权利要求1的其他技术特征均已被附件11公开。专利权人认为：附件11和附件2相结合没有全部披露本专利的技术特征，本专利中的型煤腔、吹风孔、布料三角体和均料板等在结构、布置和功能作用上均与现有技术不同。

至此，合议组认为本案事实已经清楚，可以作出审查决定。

二、决定的理由

1. 关于证据和现有技术

请求人在口头审理时明确保留的证据为附件2、11和14~17，其他证据均放弃。其中附件14~17的具体使用方式按第三次提交的意见陈述书供合议组考虑，请求人不再陈述新的意见。关于附件14~17，合议组经审查后认为，请求人在第三次提交意见陈述书中仅提到依据附件1~10来证明权利要求1~7不具备创造性，并未结合附件14~17具体说明其无效理由，同时在口头审理时也未具体说明，根据审查指南第四部分第三章第4.1节第三段的规定，合议组对附件14~17不予考虑。关于附件2、11，专利权人对其真实性没有异议，因此附件2、11可以作为本案证据使用。同时由于附件2、11的公开日期在本专利的申请日前，因此可以作为本专利的现有技术使用。

2. 关于专利法第 26 条第 3 款

专利法第 26 条第 3 款规定：说明书应当对发明或者实用新型作出清楚、完整的说明，以所属技术领域的技术人员能够实现为准。由此可见，所属技术领域的技术人员依据说明书所公开的内容能否实现本发明或者实用新型是本专利是否符合专利法第 26 条第 3 款的判定依据。

请求人认为本专利说明书和权利要求书中均记载了振动器和振动架，但说明书中并没有充分公开振动器是如何实现的，也没有充分说明振动器使振动架产生振动并使型煤按照设计要求运动的实现方案，因此不符合专利法第 26 条第 3 款的规定。

合议组认为，对于本专利权利要求 5 中的 a 方案，在说明书倒数第 1 页第 1 段以及附件 2、5 中不仅详细给出了振动器和振动架的具体结构形式，也给出了两者的工作方式，即“干燥的型煤从出料口 21 落在平板上 25，平板 25 振动将型煤落到振动架 22 下由皮带输送机 26 送走”，据此，本领域技术人员已能实现本专利中的振动器和振动架并用两者振动来实现落煤。因此，请求人关于本专利不符合专利法第 26 条第 3 款的理由不能成立。

3. 关于专利法第 26 条第 4 款和专利法实施细则第 20 条第 1 款

专利法第 26 条第 4 款规定：权利要求书应当以说明书为依据，说明要求专利保护的范围。权利要求书应当以说明书为依据，是指权利要求应当得到说明书的支持。

专利法实施细则第 20 条第 1 款规定：权利要求书应当说明发明或者实用新型的技术特征，清楚、简要地表述请求保护的范围。

请求人认为本专利“干燥器和型煤腔与炉体的对称轴平行”中的对称轴在说明书里没有给出明确的说明，其本身既有纵向的也有横向的，甚至还有斜向的，本专利中对称轴是上位概念，这样就扩大了权利要求的范围，说明书也不能唯一解释对称轴是哪个对称轴，因此权利要求得不到说明书的支持，不符合专利法第 26 条第 4 款的规定，同时权利要求的描述也不清楚和明确，因此不符合专利法实施细则第 20 条第 1 款的规定。专利权人认为对称轴平行的问题是基本的常识，本专利炉体上下并不对称，根据说明书附图和实施例的描述都可以得出本专利对称轴只能是纵向的。

合议组认为，在本专利说明书第 1 页发明内容部分的第二段明确记载了以下内容：“本实用新型采取的技术方案主要是采用了立式炉体或倾斜炉体。利用型煤的自重从上向下在炉体内滑行的过程中边下滑边蒸发水份而干固硬化”，本专利权利要求 1 中明确记载了以下内容“所说的炉体为立式炉体或倾斜炉体，炉体与地面的倾斜角为 30°~90°，炉体的横截面为矩形，干燥器和型煤腔与炉体的对称轴平行分布在炉体内，在干燥器的侧壁分布着吹风孔，型煤腔的上端为进料口，下端为落料口”，由此可见，本专利中的型煤腔是上下走向的，由此使型煤借助于重力下落，因此所述炉体的对称轴也是上下方向的。显然，当炉体为立式时，如果这里的对称轴为横向的，那么型煤不可能通过自重下落，型煤腔也不可能是上端为进料口，下端为落料口，因此本领域技术人员不会将这里的对称轴理解成横向的，这里的对称轴只可能是纵向的。同理，当炉体倾斜时，该对称轴亦随之倾斜。因此请求人所述本专利权利要求不能得到说明书的支持以及权利要求不清楚的理由不能成立。

4. 关于专利法实施细则第 21 条第 2 款

专利法实施细则第 21 条第 2 款规定：独立权利要求应当从整体上反映发明或者实用新型的技术方案，记载解决技术问题的必要技术特征。

请求人认为本专利的技术效果中明确记载了“实现连续自动化生产”和“干燥效果高”，因此实现连续生产是其创造性效果之一，然而本专利权利要求 1 中没有记载实现连续生产的必要技术手段，即出料口外设排料装置，由此必然导致料堆积在出料口，因此权利要求 1 的技术方案缺少必要技术特征，不符合实施细则第 21 条第 2 款的规定。

合议组认为，请求人所述的“实现连续自动化生产”的技术效果出现在说明书第3页第2段第8行，具体为“工业型煤入炉腔前、出炉腔后可用带式输送机联接，在生产线中匹配性能好，易于实现连续自动化生产”。由此可见，所述实现连续自动化生产的技术效果是通过联接有带式输送机的方案实现的，据此尚不能看出这一技术效果属于本专利的发明目的。在本专利说明书第1页发明内容部分第1段明确表述“为了克服现有工业型煤干燥炉占地面积大、投资大、干燥效率低的不足，本实用新型提供一种投资少、占地面积小、干燥效率高的工业型煤干燥炉”，显然这一内容才是本专利的发明目的。请求人的上述理由并不能证明本专利不能实现上述发明目的，因此请求人有关本专利缺少必要技术特征从而不符合实施细则第21条第2款的无效理由不能成立。

5. 关于权利要求1~4以及5中的c方案不符合专利法第22条第3款的规定

创造性，是指同申请日以前已有的技术相比，该发明有突出的实质性特点和显著的进步，该实用新型具有实质性特点和进步。审查指南第四部分第六章第2节指出实用新型创造性的审查可以参考审查指南第二部分第四章有关发明创造性的审查原则、审查基准以及不同类型发明的创造性判断的规定。

本专利权利要求1请求保护一种工业型煤干燥炉，请求人用附件11结合附件2来评价权利要求1的创造性。合议组认为，附件11所公开的也是一种工业型煤干燥炉，其包括立式炉体、基座、进料口、出料口、进风口、条形筛槽、漏斗形底、夹层整体风腔、上锥壳、下锥壳、中心通风管、通风管，其中上锥壳、通风管和中心通风管及炉内壳都均匀分布满通气孔。附件2也公开了一种型煤干燥炉，其中说明书第2页第1行中公开了“炉体1呈柱状，横截面一般为方形，也可圆形、类圆形等”内容，请求人以此来证明本领域技术人员据此也可想到将附件11的炉体设计成方形。双方均认可权利要求1中以下三个技术特征未被附件11和附件2公开：（1）炉体顶部的进料口之上设置着1~3个布料三角体；（2）布料三角体是上尖下宽成横截面为三角形的固定为一体的三块条形板；（3）布料三角体安装于固定在炉体上方的两端档板；（4）在漏斗形壳内出料口上型煤腔下安装着均料板，均料板是上尖下宽成二面角的两条形板。对此，请求人认为：三角体实际是将型煤合理分布在炉体内，对比文件中的上锥壳也是起分流作用，截面也是三角形的，虽然位置上有偏差，但是功能作用都相同；此外在附件11的图上在进料口上也有三角，标号为缓冲圈2下面用虚线表示了三角形，在三角形上面散布着型煤的颗粒；关于权利要求1中“布料三角体是上尖下宽成横截面为三角形的固定为一体的三块条形板”、“三角体安装于固定在炉体上方的两端挡板”、“在漏斗形壳内出料口上型煤腔安装着均料板”、“均料板是上尖下宽成二面角的两条形板”均是显而易见的。权利要求1的其他技术特征均已被附件11公开。合议组认为，第一，虽然附件11中公开的上锥壳也具有分流型煤的作用，但附件11中并未给出将上锥壳上移到进料口之上的方案及启示，因此不能据此推定出该区别是显而易见的；此外，附件11中上锥壳本身还要与炉体内的中心通风管、通风管等相联，由此与其他部件关联起来对型煤进行干燥，因此上锥壳的上移并非请求人所述是显而易见的；还有，虽然附件11中附图标记2缓冲圈的下面用虚线表示出了一个三角形，但从上面散布的类似型煤的颗粒来看，其应为型煤送入时自然形成的堆角，从中尚不能明确地看出是在此布置了一个分流用的三角体，因此请求人关于上述第（1）点区别是显而易见的理由不能成立。第二，虽然用三块板来实现三角形的结构是最常见的一种形式，但附件11公开的是一个上锥壳，虽然上锥壳的剖面示图也是三角形的，但上锥壳本身是不能仅用三块板来实现的，此外附件11中并没有公开布料三角体，同时也未给出这方面的启示，因此，也不能据此认定用三块板形成布料三角形来改进附件11是显而易见的。因此请求人关于第（2）点区别是显而易见的理由不能成立。第三，基于上面第（1）和（2）点类似的理由，请求人关于第（4）点区别是显而易见的理由也不能成立。显然，上面第一、第二和第三点中只要有一点成立，就足以推定出请求人关于权利要求1相对于附件11和2不具备创造性的理由不能成立。在技术效果方面，从上述分析可以看出，本专利权利要求1至少在布料三角体和均料板的设置及具体结构方面给出了一种构思不同的技术方案，其技术效果至少是基本能够达到现有技术的水平，因此具有有益的技术效果。

由于权利要求2~5是权利要求1的从属权利要求，在请求人关于权利要求1相对于附件11和2不具备创造性的理由不能成立的情况下，请求人关于权利要求2~4以及权利要求5中的c方案相对于附件11和2不具备创造性的理由也不能成立。

根据上述的事实和理由，本案合议组依法作出以下决定。

三、决定

维持03216115.8号实用新型专利权有效。

当事人对本决定不服的，可以根据专利法第46条第2款的规定，自收到本决定之日起3个月内向北京市第一中级人民法院起诉。根据该款的规定，一方当事人起诉后，另一方当事人应当作为第三人参加诉讼。

057

电加热器

无效宣告请求审查决定（第9497号）

决　　定　　号 第9497号

决　　定　　日 2006年7月5日

发明创造名称 电加热器

国 际 分 类 号 F24H 1/12

无效宣告请求人 奥特控制有限公司

专　利　权　人 斯特里克斯有限公司

申　　请　　号 98208819.1

申　　请　　日 1998年2月17日

优　先　权　日 1997年2月17日

授 权 公 告 日 1999年6月23日

合 议 组 组 长 朱文广

主　　审　　员 欧　岚

参　　审　　员 刘瑞斌

法　律　依　据 专利法实施细则第20条第1款

决　定　要　点

若一项权利要求中出现了“例如”等类似用词，这类词则会在一项权利要求中限定出不同的保护范围，而造成权利要求保护范围不清楚，因此该项权利要求不符合专利法实施细则第20条第1款的规定。

一、案由

本无效宣告请求涉及国家知识产权局于1999年6月23日授权公告的、名称为“电加热器”的实用新型专利权（以下简称本专利），其专利号是98208819.1，申请日为1998年2月17日，优先权日为1997年2月17日，专利权人为斯特里克斯有限公司。本专利授权公告的权利要求如下：

“1. 一种厚膜电加热器，包括一设置有一厚膜电阻加热轨迹的绝缘基底，其中电阻轨迹包括至少两个由电阻率比电阻轨迹的电阻率低的材料制成的桥连接起来的分立的部分。

2. 如权利要求1所述的加热器，其中所述桥基本上是线状的。

3. 如前面任一权利要求所述的加热器，其中桥的宽度基本上是恒定的。

4. 如前面任一权利要求所述的加热器，其中桥完全横跨轨迹部分的宽度延伸。

5. 如前面任一权利要求所述的加热器，其中桥横跨轨迹部分垂直延伸。

6. 如前面任一权利要求所述的加热器，其中所述桥比各轨迹部分窄。

7. 如前面任一权利要求所述的加热器，其中所述电阻轨迹包括至少两个平行轨迹部分，在各自的端部由一导电桥连接起来。

8. 如前面任一权利要求所述的加热器，其中各电阻轨迹呈同心 C 形环的形式。

9. 如权利要求 8 所述的加热器，其中各环的端部由各桥成对地互连，从而形成一连续的电路。

10. 如权利要求 9 所述的加热器，其中相邻环的相邻端由桥连接起来。

11. 如权利要求 9 所述的加热器，其中交替环的相对端由所述桥连接在一起。

12. 如前面任一权利要求所述的加热器，其中所述各轨迹部分呈两个嵌套螺旋的形式，在外端部由一导电桥连接起来。

13. 如前面任一权利要求所述的加热器，其中至少一个桥被设置成绕过绝缘基底上的一障碍物。

14. 如前面任一权利要求所述的加热器，其中在加热器的中心设置有与电阻轨迹连接的一个或多个接头。

15. 如前面任一权利要求所述的加热器，其中一桥被设置成连接两个以上的轨迹部分。

16. 如前面任一权利要求所述的加热器，其中各导电桥形成为印制的油墨条，油墨包括高比例的导电材料例如银。

17. 一种厚膜加热器，包括设置在加热器中心区域的一对电接头。

18. 一种厚膜加热器，具有其 70% 以上、最好 80% 以上的绝缘区域被加热轨迹所覆盖。

19. 一种电加热器，包括一设置有一厚膜电阻加热轨迹的绝缘基底，其中，电阻轨迹包括多个相邻的轨迹部分，在加热器给定区域中的每个轨迹部分的宽度如此设置，使得横跨相邻轨迹部分的温度分布基本上是恒定的。

20. 一种电加热器，包括一设置有一厚膜电阻加热轨迹的绝缘基底，其中电阻轨迹包括以预定构形设置的多个相邻的轨迹部分，朝向构形边缘的轨迹部分的宽度小于朝向构形中心的轨迹部分的宽度。

21. 如权利要求 20 所述的加热器，其中加热器包括一系列同心 C 形轨迹，径向最外端和最内端轨迹窄于径向更靠中心的轨迹。

22. 一种减少一部分厚膜电阻加热轨迹的功率密度的方法，其中在所述轨迹部分的上面或下面设置导电材料部分，从而局部地覆盖所述轨迹部分。

23. 一种电加热器，包括一设置有一厚膜电阻加热轨迹的绝缘基底，其中加热轨迹的一部分的上面或下面设置有局部地覆盖所述轨迹部分的多个导电材料部分。

24. 如权利要求 22 或 23 所述的加热器或方法，其中多个导电部分以斑纹、斑点或短线图案的形式设置。

25. 如权利要求 22 或 23 所述的加热器或方法，其中导电材料包括银。”

针对本专利，奥特控制有限公司（以下简称请求人）于 2005 年 10 月 14 日向专利复审委员会提出无效宣告请求，其理由是本专利不符合专利法第 22 条第 2 款、第 3 款的规定，所提供的对比文件如下：

对比文件 1：公开日为 1995 年 6 月 8 日的德国专利文献 DE4341035A1；

对比文件 2：公开日为 1994 年 8 月 18 日的专利文献 WO9418807；

对比文件 3：公开日为 1996 年 6 月 6 日的专利文献 WO9617496；

对比文件 4：公开日为 1996 年 6 月 6 日的专利文献 WO9617497；

对比文件 5：公开日为 1988 年 10 月 12 日的欧洲专利文献 EP0286217A1；

对比文件6：公开日为1993年2月2日的美国专利文献US5184108；

对比文件7：1974年出版的《厚膜混合微电子学手册》英文复印件共6页；

对比文件8：《搪瓷金属基板及其在电子电路中的应用》英文复印件共9页；

对比文件9：公开日为1961年2月1日的英国专利文献GB860213。

请求人认为：对比文件1或7或8或9均已公开本专利权利要求1~4的内容；对比文件7或8或9已公开权利要求5的内容；对比文件7或9已公开权利要求6的内容；对比文件7或8或9已公开权利要求7的内容；对比文件8已公开权利要求8的内容；对比文件1已公开权利要求13的内容；对比文件8已公开了权利要求15的内容；对比文件2已公开了权利要求17的内容；对比文件3或4或5已公开了权利要求18的内容；因此权利要求1~8、13、15、17、18不具备新颖性；对比文件8组合对比文件7或9已公开权利要求9的内容；对比文件8结合公知技术已公开权利要求10的内容；对比文件8组合对比文件7或9已公开权利要求11的内容；对比文件3或4结合公知技术已公开权利要求12的内容；对比文件1结合对比文件2已公开了权利要求14的内容；对比文件1结合公知技术已公开了权利要求16的内容；对比文件2结合公知技术已公开了权利要求19~21的内容；对比文件6结合公知技术已公开了权利要求22、23、24的内容；对比文件6结合对比文件1已公开了权利要求25的内容；因此权利要求9~12、14、16、19~25不具备创造性。

经形式审查合格，专利复审委员会依法受理了上述无效宣告请求，并于2005年11月17日向双方发出无效宣告请求受理通知书，同时将专利权无效宣告请求书及其附件清单中所列附件的副本转送给专利权人，并要求其在指定的期限内答复。

请求人于2005年11月11日提交了上述对比文件1~9的中文译文，共25页。

针对上述无效宣告请求，专利权人于2005年12月30日提交了意见陈述书以及权利要求书的修改替换页，修改后的权利要求书如下：

“1. 一种厚膜电加热器，包括一设置有一厚膜电阻加热轨迹的绝缘基底，其中电阻轨迹包括至少两个由电阻率比电阻轨迹的电阻率低的材料制成的桥连接起来的分立的部分，其中桥的宽度基本上是恒定的，其中桥完全横跨轨迹部分的宽度延伸，其中桥横跨轨迹部分垂直延伸，其中各导电桥形成为印制的油墨条，油墨包括高比例的导电材料例如银。

2. 如权利要求1所述的加热器，其中所述桥基本上是线状的。

3. 如前面任一权利要求所述的加热器，其中所述桥比各轨迹部分窄。

4. 如前面任一权利要求所述的加热器，其中所述电阻轨迹包括至少两个平行轨迹部分，在各自的端部由一导电桥连接起来。

5. 如前面任一权利要求所述的加热器，其中各电阻轨迹呈同心C形环的形式。

6. 如权利要求5所述的加热器，其中各环的端部由各桥成对地互连，从而形成一连续的电路。

7. 如权利要求6所述的加热器，其中相邻环的相邻端由桥连接起来。

8. 如权利要求7所述的加热器，其中交替环的相对端由所述桥连接在一起。

9. 如前面任一权利要求所述的加热器，其中所述各轨迹部分呈两个嵌套螺旋的形式，在外端部由一导电桥连接起来。

10. 如前面任一权利要求所述的加热器，其中至少一个桥被设置成绕过绝缘基底上的一障碍物。

11. 如前面任一权利要求所述的加热器，其中在加热器的中心设置有与电阻轨迹连接的一个或多个接头。

12. 如前面任一权利要求所述的加热器，其中一桥被设置成连接两个以上的轨迹部分。”

专利权人将原权利要求3~5和16的附加技术特征并入权利要求1中，删除了原权利要求3~5、

16~25，并认为修改后的权利要求1相对于对比文件1、7~9满足专利法第22条第3款规定的创造性。

专利复审委员会依法组成合议组，对上述无效宣告请求进行审查。

本案合议组于2006年2月10日向双方当事人发出口头审理通知书，定于2006年3月30日举行口头审理，同时将专利权人于2005年12月30日提交的意见陈述书和修改后的权利要求书转送给请求人；将请求人于2005年11月11日提交的对比文件1~9的中文译文共25页转送专利权人。合议组于2006年2月27日重发口审通知书，定于2006年4月12日举行口头审理。

口头审理如期举行，双方当事人均参加了口头审理。

在口头审理中，请求人明确其无效宣告请求的理由、范围和证据为：本专利权利要求1不符合专利法实施细则第20条第1款的规定，没有清楚地说明其所要求保护的范围；本专利全部权利要求没有创造性，其中评价权利要求1~4所使用的证据是对比文件1加9加6或1加7加6，评价权利要求5~8时增加了一个对比文件，即2、3、4、5或8，评价权利要求9时增加对比文件3或4，评价权利要求10、12与评价权利要求1所使用的证据一致，评价权利要求11时加上一篇对比文件2。专利权人认为权利要求1是清楚的，在无效请求书里也并没有涉及这一理由。请求人对专利权人修改的权利要求书文本没有异议。请求人陈述权利要求1不符合专利法实施细则第20条第1款的规定主要指的是新修改的权利要求1的最后一句话“导电材料例如银”，限定的保护范围是不明确的。专利权人则认为这样的权利要求实际上表述了两层限定，第一层是高比例的导电材料，进一步限定成银，其内容是不会引起歧义的。请求人认为权利要求书应该满足本领域技术人员能够理解以及符合专利法实施细则撰写格式的要求，对同一个权利要求的两种不同的说法是不符合专利法实施细则第20条第1款的要求的。

2006年4月17日专利复审委员会收到请求人提交的意见陈述书，请求人在其中陈述专利权人修改后的权利要求1不符合专利法实施细则第20条第1款的规定，具体理由还在于：“油墨包括高比例的导电材料例如银”中的“高比例”是不清楚的。

2006年5月18日专利复审委员会本案合议组向双方当事人发出无效宣告请求审查通知书，指出请求人在口头审理时提出权利要求1中“导电材料例如银”导致权利要求1不清楚，同时指出专利复审委员会于2006年4月17日收到的请求人的意见陈述书中增加了新的不清楚的事实，合议组经合议后认为专利权人应在本通知书指定的期限内就请求人的上述意见陈述书中提出的不清楚的理由陈述意见，并要求请求人和专利权人针对上述事实就专利权人修改后的权利要求2~12是否符合专利法实施细则第20条第1款的规定提交意见陈述。

针对上述无效宣告请求审查通知书，请求人和专利权人分别于2006年5月22日和2006年6月16日提交了意见陈述书。请求人认为本专利权利要求1中“油墨包括高比例的导电材料例如银”中的“导电材料例如银”和“高比例”都是不清楚的；由于修改后的权利要求2~12都引用了权利要求1，并且没有对上述不清楚之处进行限定以澄清，因此从属权利要求2~12都不清楚，不符合专利法实施细则第20条第1款的规定。专利权人则认为油墨包括高比例的导电材料所涵盖的技术内容就是获得比电阻轨迹的电阻率低的电阻率，只要能够得到这样的电阻率并相应地获得本发明的技术效果，那么导电材料不限定于某一特定的比例，而且导电材料并不限定于银，在采用不同的导电材料时，为实现低电阻率相应的导电材料的比例也会不同，故权利要求1所限定的包括高比例的导电材料从而实现比电阻轨迹的电阻率低的电阻率的技术方案清楚、简要地表述了请求保护的范围，权利要求2~12的附加技术特征也都清楚、简要地表述了请求保护的范围，因此权利要求1~12均符合专利法实施细则第20条第1款的规定。

至此，合议组认为本案的事实已清楚，作出如下决定。

二、决定的理由

1. 关于决定针对的文本

专利权人于 2005 年 12 月 30 日提交了权利要求书的修改替换页，请求人在口头审理当庭陈述对该权利要求书修改文本没有异议。合议组经审查认为，专利权人对权利要求书的修改符合专利法实施细则第 68 条和审查指南的相关规定，因此本决定针对的文本为专利权人于 2005 年 12 月 30 日提交的权利要求书修改替换页。

2. 关于专利法实施细则第 20 条第 1 款

专利法实施细则第 20 条第 1 款规定：权利要求书应当说明发明或者实用新型的技术特征，清楚、简要地表述请求保护的范围。

请求人在口头审理当庭提出本专利权利要求 1 的撰写不符合专利法实施细则第 20 条第 1 款的规定，具体为：新修改的权利要求 1 的最后一句话“导电材料例如银”，限定范围是不明确的。专利权人认为权利要求 1 是清楚的，在无效请求书里也并没有涉及这一理由。

合议组经审查认为，首先，虽然请求人是在口头审理当庭提出的关于不符合专利法实施细则第 20 条第 1 款规定的无效理由，是在提出无效宣告请求之日起一个月之后提出的，但该无效理由是针对专利权人修改了权利要求书之后提出的，而专利权人对权利要求书的修改包括将原权利要求 3~5、16 的附加技术特征并如权利要求 1 中，删除了原权利要求 3~5、16~25，这其中包括有以合并方式修改权利要求，因此合议组接受请求人提出的上述无效理由；其次，审查指南第二部分第二章第 3.2.2 节规定：“权利要求中不得出现‘例如’……等类似用词。因为，这类词会在一项权利要求中限定出不同的保护范围，或者使保护范围不清楚”。因此权利要求 1 中出现的“例如”限定了不同的保护范围，不符合专利法实施细则第 20 条第 1 款的规定。

由于从属权利要求 2~12 均引用了权利要求 1，因此权利要求 2~12 也存在不符合专利法实施细则第 20 条第 1 款规定的缺陷。由于权利要求 2~12 因不清楚而无法确定其保护范围，从而不存在审查请求人提出的创造性问题的基础，故合议组引入涉及权利要求 2~12 不符合专利法实施细则第 20 条第 1 款的无效理由并进行审查，于 2006 年 5 月 18 日向双方当事人发出无效宣告请求审查通知书，请求人与专利权人均进行了答复。在此基础上，合议组认为在权利要求 1 不符合专利法实施细则第 20 条第 1 款规定的前提下，权利要求 2~12 均引用了权利要求 1，因此也不符合专利法实施细则第 20 条第 1 款的规定。

鉴于上述已经得出本专利的授权不符合专利法实施细则第 20 条第 1 款的规定，本决定对请求人提出的其他理由不作评述。

根据上述的事实和理由，本案合议组依法作出以下决定。

三、决定

宣告 98208819.1 号专利权全部无效。

当事人对本决定不服的，可以根据专利法第 46 条第 2 款的规定，自收到本决定之日起 3 个月内向北京市第一中级人民法院起诉。根据该款的规定，一方当事人起诉后，另一方当事人应当作为第三人参加诉讼。

北京市第一中级人民法院
行政判决书

（2007）一中行初字第708号

原告斯特里克斯有限公司，住所地英国马恩岛。

法定代表人迈克尔·詹姆斯·斯科特，技术总监。

委托代理人王景刚，北京市柳沈律师事务所专利代理人。

委托代理人吴观乐，北京市柳沈律师事务所专利代理人。

被告中华人民共和国国家知识产权局专利复审委员会，住所地中华人民共和国北京市海淀区北四环西路9号银谷大厦10~12层。

法定代表人廖涛，副主任。

委托代理人欧岚，女，中华人民共和国国家知识产权局专利复审委员会审查员。

委托代理人田华，女，中华人民共和国国家知识产权局专利复审委员会审查员。

第三人奥特控制有限公司，住所地英国德比郡。

法定代表人大卫·安德鲁·史密斯，主管；理查德·詹姆斯·胡，秘书。

委托代理人安晓地，北京市安伦律师事务所律师。

委托代理人刘良勇，男，1973年10月24日出生，汉族，北京市安伦律师事务所律师助理，住北京市丰台区海鹰路2号。

原告斯特里克斯有限公司不服被告中华人民共和国国家知识产权局专利复审委员会作出的第9497号无效宣告请求审查决定（以下简称无效决定），向本院提起行政诉讼。本院受理后依法组成合议庭，根据《中华人民共和国行政诉讼法》第二十七条、《中华人民共和国专利法》（以下简称《专利法》）第四十六条第二款的规定，通知奥特控制有限公司作为第三人参加诉讼。本院于2007年7月12日公开开庭审理了本案，原告的委托代理人王景刚和吴观乐、被告的委托代理人欧岚和田华、第三人的委托代理人刘良勇到庭参加了诉讼。本案现已审理终结。

被告针对原告提出的无效请求于2006年7月5日作出无效决定，其主要内容如下：

本无效宣告请求案涉及名称为“电加热器”实用新型专利权（以下简称本专利），其专利号是98208819.1，申请日为1998年2月17日，优先权日为1997年2月17日，1999年6月23日授权公告，专利权人为原告。

针对本专利，第三人于2005年10月14日向被告提出无效宣告请求及相关证据。被告经审查后认为：

1. 关于决定针对的文本

原告对权利要求书的修改符合相关规定，故审查文本为原告于2005年12月30日提交的权利要求书修改替换页。

2. 关于《中华人民共和国专利法实施细则》（以下简称《专利法实施细则》）第二十条第一款

第三人在口头审理当庭提出本专利权利要求1的撰写不符合《专利法实施细则》第二十条第一款的规定，被告认为，首先，该无效理由是针对原告修改了权利要求书之后提出的，而专利权人对权利要求书的修改包括将原权利要求3~5、16的附加技术特征并入权利要求1中，删除了原权利要求3~5、16~25，这其中包括有以合并方式修改权利要求，因此被告接受第三人提出的上述无效理由；

其次，《审查指南》第二部分第二章第 3.2.2 节规定：“权利要求中不得出现‘例如’……等类似用词。因为这类词会在一项权利要求中限定出不同的保护范围或者使保护范围不清楚”。因此权利要求 1 中出现的“例如”限定了不同的保护范围，不符合《专利法实施细则》第二十条第一款的规定。

由于从属权利要求 2~1 2 均引用了权利要求 1，在权利要求 1 不符合《专利法实施细则》第二十条第一款规定的前提下，权利要求 2~12 均引用了权利要求 1，因此也不符合《专利法实施细则》第二十条第一款的规定。

被告依据《专利法实施细则》第二十条第一款的规定，决定宣告本专利全部无效。

被告为证明无效决定的合法性，向本院提交了下列证据：（1）本专利授权公告文本；（2）原告于 2005 年 12 月 30 日提交的权力要求书的修改替换页；（3）被告于 2006 年 5 月 18 日向双方当事人发出的无效宣告请求审查通知书；（4）口头审理记录表。以上证据证明被诉决定认定事实清楚，适用法律正确。

原告诉称：（1）被告接受第三人在提出无效宣告请求一个月以后增加的新理由，违反《审查指南》的规定；（2）被告认定本专利权利要求 1 不符合《专利法实施细则》第二十条第一款规定结论错误。原告请求法院判决撤销无效决定，判令被告重新作出无效决定。

原告向本院提交了下列证据：（1）专利权无效宣告请求书，证明第三人在提出无效宣告请求 1 个月后提出的新理由不应该被接受；（2）无效宣告请求审查通知书及所附意见陈述书，证明修改后权利要求书 1 符合《专利法实施细则》第二十条第一款的规定；（3）本专利授权公告文本，证明无效决定依据的事实；（4）权利要求的修改文本以及修改参考页，证明无效决定依据的事实；（5）无效宣告请求受理通知书，证明第三人提出专利权无效宣告请求；（6）第一次无效宣告请求口头审理通知书，证明原告的意见陈述书以及对权利要求的修改于 2006 年 2 月 10 日转交给第三人；（7）2006 年 2 月 27 日发出的无效宣告请求口头审理通知书及口头审理通知书回执，证明无效宣告请求口头审理于 2006 年 4 月 12 日举行。

被告辩称：（1）由于第三人提出无效宣告请求的时间是在 2006 年 7 月 1 日以前，对于自无效宣告请求之日起 1 个月后提出的新理由、新证据的审查适用 2001 年 10 月 18 日公布的《审查指南》第四部分第三章第 3.1 节的规定，根据该规定，被告接受第三人提出的本专利权利要求 1 的撰写不符合《专利法实施细则》第二十条第一款规定的理由；（2）关于本专利是否符合《专利法实施细则》第二十条第一款规定问题，被告坚持无效决定载明的理由。由于被告的笔误，致使无效决定引用新旧《审查指南》错误，但结论正确，没有侵犯当事人的合法权益。被告请求法院判决维持无效决定、驳回原告的诉讼请求。

第三人认为无效决定认定的事实清楚、适用法律正确、审查程序合法，第三人请求法院判决维持无效决定。第三人未向本院提交证据。

经庭审质证，原告对于被告提交证据的关联性、合法性、真实性没有异议，对其证明作用持有异议；第三人对于被告提交的证据没有异议；被告对于原告提交证据的关联性、合法性、真实性没有异议，对其证据 1、2 的证明作用持有异议；第三人认为原告提交的证据 1 符合关联性、合法性、真实性的要求，对其证明作用持有异议，认为证据 2 与本案无关，对证据 3~7 没有异议。

本院根据《最高人民法院关于行政诉讼证据若干问题的规定》，对当事人提交的证据认证如下：被告和原告提交证据均符合证据的相关要求，本院对其关联性、合法性、真实性予以确认，被告和原告提交的证据可以证明本专利授权文本和修改文本及口头审理等情况。

依据上述有效证据以及均无异议的当事人陈述，本院认定事实如下：

原告于 1998 年 2 月 17 日向国家知识产权局申请名称是“电加热器”的实用新型专利权（即本专

利)，优先权日为1997年2月17日，1999年6月23日授权公告，专利权人是原告。

针对本专利，第三人于2005年10月14日向被告提出无效宣告请求，其理由是本专利不符合《专利法》第二十二条第二款、第三款的规定。第三人向被告提交了9份对比文件作为证据。

被告经形式审查合格，依法受理了上述无效宣告请求，并向原告和第三人发出无效宣告请求受理通知书，同时将双方提交的证据及意见陈述书转送对方。

针对第三人提出的无效宣告请求，原告于2005年12月30日向被告提交了意见陈述书以及权利要求书的修改替换页，修改后的权利要求书如下：

“1. 一种厚膜电加热器，包括一设置有一厚膜电阻加热轨迹的绝缘基底，其中电阻轨迹包括至少两个由电阻率比电阻轨迹的电阻率低的材料制成的桥连接起来的分立的部分，其中桥的宽度基本上是恒定的，其中桥完全横跨轨迹部分的宽度延伸，其中桥横跨轨迹部分垂直延伸，其中各导电桥形成为印制的油墨条，油墨包括高比例的导电材料例如银。

2. 如权利要求1所述的加热器，其中所述桥基本上是线状的。

3. 如前面任一权利要求所述的加热器，其中所述桥比各轨迹部分窄。

4. 如前面任一权利要求所述的加热器，其中所述电阻轨迹包括至少两个平行轨迹部分，在各自的端部由一导电桥连接起来。

5. 如前面任一权利要求所述的加热器，其中各电阻轨迹呈同心C形环的形式。

6. 如权利要求5所述的加热器，其中各环的端部由各桥成对地互连，从而形成一连续的电路。

7. 如权利要求6所述的加热器，其中相邻环的相邻端由桥连接起来。

8. 如权利要求7所述的加热器，其中交替环的相对端由所述桥连接在一起。

9. 如前面任一权利要求所述的加热器，其中所述各轨迹部分呈两个嵌套螺旋的形式，在外端部由一导电桥连接起来。

10. 如前面任一权利要求所述的加热器，其中至少一个桥被设置成绕过绝缘基底上的一障碍物。

11. 如前面任一权利要求所述的加热器，其中在加热器的中心设置有与电阻轨迹连接的一个或多个接头。

12. 如前面任一权利要求所述的加热器，其中一桥被设置成连接两个以上的轨迹部分。”

2006年4月12日举行了口头审理，原告和第三人均参加了口头审理。

在口头审理中，第三人明确其无效宣告请求的理由、范围和证据为：本专利权利要求1不符合《专利法实施细则》第二十条第一款的规定，没有清楚地说明其所要求保护的范围；本专利全部权利要求没有创造性，其中评价权利要求1~4所使用的证据是对比文件1加9加6或1加7加6，评价权利要求5~8时增加了一个对比文件，即2、3、4、5或8，评价权利要求9时增加对比文件3或4，评价权利要求10、12与评价权利要求1所使用的证据一致，评价权利要求11时加上一篇对比文件2。专利权人认为权利要求1是清楚的，在无效请求书里也并没有涉及这一理由。第三人陈述权利要求1不符合《专利法实施细则》第二十条第一款的规定主要指的是新修改的权利要求1的最后一句话“导电材料例如银”，限定的保护范围是不明确的。

2006年4月17日被告收到第三人提交的意见陈述书，第三人在其中陈述原告修改后的权利要求1不符合《专利法实施细则》第二十条第一款的规定，具体理由还在于：“油墨包括高比例的导电材料例如银”中的“高比例”是不清楚的。

2006年5月18日被告向原告和第三人发出无效宣告请求审查通知书，指出第三人在口头审理时提出权利要求1中“导电材料例如银”导致权利要求1不清楚，同时指出被告于2006年4月17日收到的第三人的意见陈述书中增加了新的不清楚的事实，被告认为原告应在本通知书指定的期限内就第三人的上述意见陈述书中提出的不清楚的理由陈述意见，并要求原告和第三人针对上述事实就原告修改后的权利要求 2~12 是否符合《专利法实施细则》第二十条第一款的规定提交意见陈述。

针对上述无效宣告请求审查通知书，第三人和原告分别提交了意见陈述书。

被告经审查后作出无效决定，宣告本专利无效。原告不服无效决定，向本院提起行政诉讼。

本院认为：根据《专利法》第四十六条第一款的规定，被告具有受理无效请求和作出无效决定的法定职权。根据国家知识产权局制定的《施行修订后审查指南的过渡办法》（以下简称《过渡办法》）规定，2006 年 7 月 1 日之前提出的专利申请和根据该申请授予的专利权，除有以下规定的事项外，自 2006 年 7 月 1 日起适用修订后的审查指南的规定……第三条规定，对于在 2006 年 7 月 1 日之前提出的无效宣告请求，对其自无效宣告请求之日起一个月后提出的新理由、新证据的审查适用 2001 年 10 月 18 日公布的审查指南第四部分第三章第 3. 1 节的规定。

本案中，第三人于 2005 年 10 月 14 日向被告提出无效宣告请求，被告针对原告提出的无效请求于 2006 年 7 月 5 日作出无效决定。第三人在口头审理时针对原告的修改文本提出了本专利权利要求不符合《专利法实施细则》第二十条第一款规定的新理由，由于该新理由系第三人在无效宣告请求之日起一个月后提出，根据《过渡办法》的规定，被告对于该理由的审查应当适用 2001 年公布的《审查指南》第四部分第三章第 3. 1 节的规定。被告依据 2006 年公布的《审查指南》认为原告以合并方式修改权利要求，被告据此接受第三人提出的新理由，属于适用法律错误。

根据《过渡办法》的规定，被告对于第三人关于本专利权利要求不符合《专利法实施细则》第二十条第一款规定的审查，应当适用 2006 年公布的《审查指南》，而被告在无效决定书中引用 2001 年公布的《审查指南》，亦属于适用法律错误。

综上所述，被告作出的无效决定适用法律、法规错误，依法应予撤销。本院对原告的诉讼请求予以支持。据此，本院根据《中华人民共和国行政诉讼法》第五十四条第（二）项第 2 目的规定，判决如下：

撤销被告中华人民共和国国家知识产权局专利复审委员会于二○○六年七月五日作出的第 9497 号无效宣告请求审查决定。

案件受理费 100 元，由被告中华人民共和国国家知识产权局专利复审委员会负担（于本判决生效后 7 日内缴纳）。

如不服本判决，原告斯特里克斯有限公司、第三人奥特控制有限公司可在本判决书送达之日起 30 日内、被告中华人民共和国国家知识产权局专利复审委员会可在本判决书送达之日起 15 日内向本院递交上诉状，并按对方当事人的人数提交副本，上诉于中华人民共和国北京市高级人民法院。

审　判　长　齐　莹
代理审判员　乔　军
人民陪审员　张燕宾
二○○七年十二月二十日
书　记　员　张　涵

北京市高级人民法院
行政判决书

（2008）高行终字第320号

上诉人（一审被告）中华人民共和国国家知识产权局专利复审委员会，住所地中华人民共和国北京市海淀区北四环西路9号银谷大厦10~12层。

法定代表人廖涛，副主任。

委托代理人欧岚，女，中华人民共和国国家知识产权局专利复审委员会审查员。

委托代理人田华，女，中华人民共和国国家知识产权局专利复审委员会审查员。

被上诉人（一审原告）斯特里克斯有限公司，住所地英国马恩岛。

法定代表人迈克尔·詹姆斯·斯科特，技术总监。

委托代理人王景刚，北京市柳沈律师事务所专利代理人。

委托代理人吴观乐，北京市柳沈律师事务所专利代理人。

一审第三人奥特控制有限公司，住所地英国德比郡。

法定代表人大卫·安德鲁·史密斯，主管；理查德·詹姆斯·胡，秘书。

委托代理人安晓地，北京市安伦律师事务所律师。

委托代理人刘良勇，男，1973年10月24日出生，汉族，北京市安伦律师事务所律师助理，住中华人民共和国北京市丰台区海鹰路2号。

上诉人中华人民共和国国家知识产权局专利复审委员会（以下简称专利复审委）因专利无效宣告请求审查决定，不服北京市第一中级人民法院（2007）一中行初字第708号行政判决，向本院提起上诉。本院依法组成合议庭进行了审理，现已审理终结。

2006年7月5日，专利复审委作出第9497号无效宣告请求审查决定（以下简称第9497号决定），宣告名称为“电加热器”的实用新型专利权全部无效。斯特里克斯有限公司不服第9497号决定，向北京市第一中级人民法院提起行政诉讼。

一审法院判决认定，奥特控制有限公司在本案口头审理时针对斯特里克斯有限公司的修改文本提出了本专利权利要求不符合《中华人民共和国专利法实施细则》（以下简称《专利法实施细则》）第二十条第一款规定的新理由，由于该新理由系奥特控制有限公司在无效宣告请求之日起一个月后提出，根据《施行修订后审查指南的过渡办法》（以下简称《过渡办法》）的规定，专利复审委对于该理由的审查应当适用2001年公布的《审查指南》第四部分第三章第3.1节的规定。专利复审委依据2006年公布的《审查指南》认为斯特里克斯有限公司以合并方式修改权利要求，并据此接受奥特控制有限公司提出的新理由，属于适用法律错误。

根据《过渡办法》的规定，专利复审委对于奥特控制有限公司关于本专利权利要求不符合《专利法实施细则》第二十条第一款规定的审查，应当适用2006年公布的《审查指南》，而专利复审委在无效决定书中引用2001年公布的《审查指南》，亦属于适用法律错误。

综上，专利复审委作出的无效决定适用法律、法规错误，根据《中华人民共和国行政诉讼法》第五十四条第（二）项第2目的规定，判决撤销专利复审委作出的第9497号决定。

专利复审委不服一审判决，于2008年1月2日提出上诉。诉称，（1）第9497号决定对请求人在口头审理当庭提出的新理由予以接受所适用的法律并无错误。在2001年版的《审查指南》第四部分

第三章第3.1节中规定了“对请求人在提出无效宣告请求之日起一个月后提出的需要新的证据支持的新的无效宣告理由和提交的用于证明在提出无效宣告请求之日起一个月内未举证主张的具体事实的新证据，合议组不予考虑”；在同一章的第5.4节中还规定“以删除以外的方式修改权利要求的，合议组应当给予请求人针对这样修改的权利要求提出新的无效宣告理由、证据和意见的适当机会”。因此，在决定中考虑到专利权人对授权后的权利要求书作出了包括以合并方式的修改，而请求人提出的新理由是针对该修改后的权利要求书的，故根据指南的规定接受了该新理由。按照一审判决中认为的本案依照《过渡办法》的规定应适用2001年版指南中的第四部分第三章第3.1节的规定，决定所述的接受请求人新理由的原因和结论是正确的，并不能从决定中的描述推知是适用了2006年的《审查指南》。对于在决定中出现的情况，新旧版指南的规定也是一致的，并不矛盾。所以，无论是适用新指南还是旧指南，决定所述的接受请求人新理由的原因和结论均是正确的。（2）一审判决没有对上诉人在决定中关于权利要求1是否符合《专利法实施细则》第二十条第一款所确认的事实进行评价和认定。综上，上诉人在无效程序中认定事实清楚、适用法律正确、审理程序合法，而一审法院判决认定事实不清，适用法律错误。请求二审法院撤销一审判决，维持专利复审委作出的第9497号决定。

被上诉人斯特里克斯有限公司及一审第三人奥特控制有限公司仍持各自在一审中的诉讼主张。

经审理查明，1998年2月17日，斯特里克斯有限公司向中华人民共和国国家知识产权局提出了名称为“电加热器”的实用新型专利申请（即本专利），1999年6月23日，本专利被授权公告，本专利优先权日为1997年2月17日，专利权人为斯特里克斯有限公司。

2005年10月14日，奥特控制有限公司针对本专利向专利复审委提出无效宣告请求，其理由是本专利不符合《中华人民共和国专利法》（以下简称《专利法》）第二十二条第二款、第三款的规定。奥特控制有限公司向专利复审委提交了9份对比文件作为证据。

专利复审委经形式审查合格，依法受理了上述无效宣告请求，并向斯特里克斯有限公司和奥特控制有限公司发出无效宣告请求受理通知书，同时将双方提交的证据及意见陈述书转送对方。

针对奥特控制有限公司提出的无效宣告请求，斯特里克斯有限公司于2005年12月30日向专利复审委提交了意见陈述书以及权利要求书的修改替换页，修改后的本专利权利要求书如下：

“1. 一种厚膜电加热器，包括一设置有一厚膜电阻加热轨迹的绝缘基底，其中电阻轨迹包括至少两个由电阻率比电阻轨迹的电阻率低的材料制成的桥连接起来的分立的部分，其中桥的宽度基本上是恒定的，其中桥完全横跨轨迹部分的宽度延伸，其中桥横跨轨迹部分垂直延伸，其中各导电桥形成为印制的油墨条，油墨包括高比例的导电材料例如银。

2. 如权利要求1所述的加热器，其中所述桥基本上是线状的。

3. 如前面任一权利要求所述的加热器，其中所述桥比各轨迹部分窄。

4. 如前面任一权利要求所述的加热器，其中所述电阻轨迹包括至少两个平行轨迹部分，在各自的端部由一导电桥连接起来。

5. 如前面任一权利要求所述的加热器，其中各电阻轨迹呈同心C形环的形式。

6. 如权利要求5所述的加热器，其中各环的端部由各桥成对地互连，从而形成一连续的电路。

7. 如权利要求6所述的加热器，其中相邻环的相邻端由桥连接起来。

8. 如权利要求7所述的加热器，其中交替环的相对端由所述桥连接在一起。

9. 如前面任一权利要求所述的加热器，其中所述各轨迹部分呈两个嵌套螺旋的形式，在外端部由一导电桥连接起来。

10. 如前面任一权利要求所述的加热器，其中至少一个桥被设置成绕过绝缘基底上的一障碍物。

11. 如前面任一权利要求所述的加热器，其中在加热器的中心设置有与电阻轨迹连接的一个或多个接头。

12. 如前面任一权利要求所述的加热器，其中一桥被设置成连接两个以上的轨迹部分。”

2006年4月12日，专利复审委对本案进行了口头审理，斯特里克斯有限公司和奥特控制有限公司均参加了口头审理。

在口头审理中，奥特控制有限公司明确其无效宣告请求的理由、范围和证据为：本专利权利要求1不符合《专利法实施细则》第二十条第一款的规定，没有清楚的说明其所要求保护的范围；本专利全部权利要求没有创造性，其中评价权利要求1~4所使用的证据是对比文件1加9加6或1加7加6，评价权利要求5~8时增加了一个对比文件，即2、3、4、5或8，评价权利要求9时增加对比文件3或4，评价权利要求10、12与评价权利要求1所使用的证据一致，评价权利要求11时加上一篇对比文件2。专利权人认为权利要求1是清楚的，在无效请求书里也并没有涉及这一理由。奥特控制有限公司陈述权利要求1不符合《专利法实施细则》第二十条第一款的规定主要指的是新修改的权利要求1的最后一句话“导电材料例如银”，限定的保护范围是不明确的。

2006年4月17日，专利复审委收到奥特控制有限公司提交的意见陈述书，奥特控制有限公司在其中陈述斯特里克斯有限公司修改后的权利要求1不符合《专利法实施细则》第二十条第一款的规定，具体理由还在于：“油墨包括高比例的导电材料例如银”中的“高比例”是不清楚的。

2006年5月18日，专利复审委向斯特里克斯有限公司和奥特控制有限公司发出无效宣告请求审查通知书，指出奥特控制有限公司在口头审理时提出权利要求1中“导电材料例如银”导致权利要求1不清楚，同时指出专利复审委于2006年4月17日收到的奥特控制有限公司的意见陈述书中增加了新的不清楚的事实，专利复审委认为斯特里克斯有限公司应在本通知书指定的期限内就奥特控制有限公司的上述意见陈述书中提出的不清楚的理由陈述意见，并要求斯特里克斯有限公司和奥特控制有限公司针对上述事实就斯特里克斯有限公司修改后的权利要求2~12是否符合《专利法实施细则》第二十条第一款的规定提交意见陈述。

针对上述无效宣告请求审查通知书，奥特控制有限公司和斯特里克斯有限公司分别提交了意见陈述书。

2006年7月5日，专利复审委作出第9497号决定，宣告本专利全部无效。主要理由是：

1. 关于第9497号决定针对的文本。斯特里克斯有限公司对本专利权利要求书的修改符合相关规定，故审查文本为斯特里克斯有限公司于2005年12月30日提交的权利要求书修改替换页。

2. 关于《专利法实施细则》第二十条第一款的规定。奥特控制有限公司在口头审理当庭提出本专利权利要求1的撰写不符合《专利法实施细则》第二十条第一款的规定。专利复审认为，首先，该无效理由是针对斯特里克斯有限公司修改了权利要求书之后提出的，而专利权人对权利要求书的修改包括将原权利要求3~5、16的附加技术特征并入权利要求1中，删除了原权利要求3~5、16~25，这其中包括有以合并方式修改权利要求，因此专利复审委接受奥特控制有限公司提出的上述无效理由。其次，《审查指南》第二部分第二章第3.2.2节规定：“权利要求中不得出现‘例如’……等类似用词。因为这类词会在一项权利要求中限定出不同的保护范围或者使保护范围不清楚”。因此本专利权利要求1中出现的“例如”限定了不同的保护范围，不符合《专利法实施细则》第二十条第一款的规定。

由于本专利从属权利要求2~12均引用了权利要求1，在权利要求1不符合《专利法实施细则》第二十条第一款规定的前提下，权利要求2~12均引用了权利要求1，因此也不符合《专利法实施细则》第二十条第一款的规定。

斯特里克斯有限公司不服上述审查决定，向北京市第一中级人民法院提起行政诉讼。

本案一审审理期间，专利复审委在法定期限内向一审法院提交了以下主要证据：（1）本专利授权公告文本；（2）施特里克斯有限公司于2005年12月30日提交的权力要求书的修改替换页；（3）专利复审委于2006年5月18日向双方当事人发出的无效宣告请求审查通知书；（4）口头审理记录表。

施特里克斯有限公司向一审法院提交了以下主要证据：（1）专利权无效宣告请求书；（2）无效宣告请求审查通知书及所附意见陈述书；（3）本专利授权公告文本；（4）权利要求的修改文本以及修改参考页；（5）无效宣告请求受理通知书；（6）第一次无效宣告请求口头审理通知书；（7）2006年2月27日发出的无效宣告请求口头审理通知书及口头审理通知书回执。

奥特控制有限公司未向一审法院提交证据。

一审法院经审查认为，专利复审委和斯特里克斯有限公司提交的证据均符合证据的相关要求，对其关联性、合法性、真实性予以确认，可以证明本专利授权文本和修改文本及口头审理等情况。

上述证据均已随案移送本院。二审期间，各方当事人没有提交新的证据。经审查核实，本院确认一审法院认证意见正确，可以作为认定本案事实的根据。

本院认为，中华人民共和国国家知识产权局制定的《过渡办法》规定，2006年7月1日之前提出的专利申请和根据该申请授予的专利权，除有以下规定的事项外，自2006年7月1日起适用修订后的《审查指南》的规定……第三条规定，对于在2006年7月1日之前提出的无效宣告请求，对其自无效宣告请求之日起一个月后提出的新理由、新证据的审查适用2001年10月18日公布的《审查指南》第四部分第三章第3.1节的规定。

本案事实表明，奥特控制有限公司于2005年10月14日向专利复审委提出无效宣告请求，专利复审委于2006年7月5日作出无效决定。奥特控制有限公司在口头审理时针对斯特里克斯有限公司的修改文本提出了本专利权利要求不符合《专利法实施细则》第二十条第一款规定的新理由，由于该新理由系奥特控制有限公司在无效宣告请求之日起一个月后提出，根据《过渡办法》的规定，专利复审委对于该理由的审查应当适用2001年公布的《审查指南》第四部分第三章第3.1节的规定。而专利复审委未引用2001年公布的《审查指南》的规定，接受奥特控制有限公司提出的新理由，属于适用法律错误。

根据《过渡办法》的相关规定，专利复审委对于奥特控制有限公司关于本专利权利要求不符合《专利法实施细则》第二十条第一款规定的审查，应当适用2006年公布的《审查指南》，而专利复审委却在无效决定中引用了2001年公布的《审查指南》，亦属于适用法律错误。

综上，专利复审委作出的第9497号决定适用法律错误，一审法院判决撤销正确。依据《中华人民共和国行政诉讼法》第六十一条第（一）项的规定，判决如下：

驳回上诉，维持一审判决。

二审案件受理费人民币100元，由上诉人中华人民共和国国家知识产权局专利复审委员会负担（已交纳）。

本判决为终审判决。

审　判　长　朱世宽
代理审判员　赵宇晖
代理审判员　高京雯
二〇〇八年六月二十日
书　记　员　张　怡

058

一种就座用软质家具

无效宣告请求审查决定（第9501号）

决　　定　　号　第9501号
决　　定　　日　2006年12月14日
发明创造名称　一种就座用软质家具
国 际 分 类 号　A47C 3/16
无效宣告请求人　许　洋
专　利　权　人　翁茂青
申　　请　　号　03247420.2
申　　请　　日　2003年6月19日
授 权 公 告 日　2004年7月7日
合 议 组 组 长　李　隽
主　　审　　员　欧　岚
参　　审　　员　侯海薏

法　律　依　据　专利法第22条第2款、第3款
决　定　要　点

评价一项权利要求的创造性时，将被评述的权利要求与最接近的现有技术进行比较，确定区别技术特征以及根据该区别技术特征所能达到的技术效果确定该权利要求实际解决的技术问题，最后判断现有技术中是否给出了将上述区别技术特征应用到该最接近现有技术以解决其实际要解决的技术问题的启示，若给出了启示则该权利要求相对于现有技术是显而易见的，无实质性特点；反之则是非显而易见的，具有实质性特点。

一、案由

本无效宣告请求涉及国家知识产权局于2004年7月7日授权公告的，名称为“一种就座用软质家具”的实用新型专利权（以下简称本专利），其申请号为03247420.2，申请日为2003年6月19日，专利权人为翁茂青。该专利授权公告时的权利要求书为：

“1. 一种就座用软质家具，其特征是：它包括内层、外层、填充物三部分，其中内层为布状材料制成的袋状结构，内层可由一层或多层结构组成，外层由不小于内层、形状与内层整体结构相同、由布状材料制成的袋状结构；填充物为颗粒状固体，填充物装入内层袋状结构中，并将开口处封住，内层结构全部装入外层袋状结构中，并将外层开口封住；内层和外层装入填充物后的立体结构适合于就座用；

2. 根据权利要求1所述的就座用软质家具，其特征是：所述的颗粒状固体指泡沫粒、或者指稻壳、或者指荞麦颗粒；

3. 根据权利要求1所述的就座用软质家具，其特征是：所述内层多层结构指内层仍嵌有内层的结构，或者是指由多个内层并列而成的结构；

4. 根据权利要求1所述的就座用软质家具，其特征是：所述所述内层布状材料是指布，或者指人造革，或者指真皮，外层布状材料为人造革、或布，或真皮；

5. 根据权利要求1所述的就座用软质家具，其特征是：所述的内层外表与外层里面设置有一个或多个成对的魔术贴；

6. 根据权利要求1所述的就座用软质家具，其特征是：所述内层和外层装入填充物后的立体结构是指底面为多边形的柱体；

7. 根据权利要求1所述的就座用软质家具，其特征是：所述内层和外层装入填充物后的立体结构是指圆柱体；

8. 根据权利要求1所述的就座用软质家具，其特征是：所述内层和外层装入填充物后的立体结构是指L型柱体；

9. 根据权利要求1所述的就座用软质家具，其特征是：所述内层和外层装入填充物后的立体结构是指底面为不规则形状的柱体；

10. 根据权利要求6，或7，或8，或9所述的就座用软质家具，其特征是：所述内层和外层装入填充物后的立体结构是指上底面小于下底面的不规则柱体，或者是指下部为柱体上部为不规则锥体的立体结构。”

针对上述专利权，许洋（以下简称请求人）于2004年8月13日向专利复审委员会提出无效宣告请求，并提交了以下附件作为证据使用：

附件1：授权公告日为1994年12月7日、授权公告号为CN2184372Y的中国实用新型专利说明书；

附件2：授权公告日为2003年1月22日、授权公告号为CN2531693Y的中国实用新型专利说明书；

附件3：授权公告日为1994年4月6日、授权公告号为CN2160271Y的中国实用新型专利说明书。

请求人在无效宣告请求书中指出，本专利的权利要求1、2、4、5、6~10相对于附件1均不具备专利法第22条第2款、第3款规定的新颖性和创造性，权利要求1~10相对于附件1和附件3的结合或附件2和附件3的结合或附件1和附件2的结合均不具备第22条第2款、第3款规定的新颖性和创造性。

经形式审查合格，专利复审委员会依法受理了上述无效宣告请求，并于2004年9月19日向双方发出无效宣告请求受理通知书，同时将专利权无效宣告请求书及其附件清单中所列附件的副本转送给专利权人，要求其在指定的期限内答复。

针对专利复审委员会作出的上述无效宣告请求受理通知书，专利权人于2004年10月19日提交了意见陈述书，在其中陈述本专利的权利要求1~10相对于附件1~3具备新颖性和创造性的理由在于：（1）本专利产品利用双套同步加魔术贴的技术，该技术能适应本产品变化无穷的功能，并可以像拆洗一件衣服外套那样随便拆洗本专利产品；（2）运用高超的几何裁剪法来裁剪布料，使本专利产品能幻化出变化无穷的功能。

专利复审委员会于2005年7月5日向双方当事人发出无效宣告请求口头审理通知书，指出本案合议组定于2005年9月13日举行口头审理。并随口头审理通知书将专利权人于2004年10月19日提交的意见陈述书转送给请求人。

由于专利权人迁移新地址不明，其未能在口头审理日之前收到口头审理通知书，专利复审委员会于2005年12月9日再次向双方当事人发出无效宣告请求口头审理通知书，指出本案合议组定于2006年3月9日举行口头审理，并于2006年1月18日对该无效宣告请求口头审理通知书进行公告。请求人于2005年12月24日向专利复审委员会提交了无效宣告请求口头审理通知书回执。双方当事人均未参加2006年3月9日举行的口头审理。

至此，合议组认为本案事实已经清楚，可以作出审查决定。

二、决定的理由

1. 关于证据

请求人提交的附件1、2和3均是授权公告日在本专利申请日之前的中国实用新型专利说明书，经过合议组审查，可以作为本专利的现有技术使用。

2. 关于新颖性和创造性

专利法第22条第2款规定的新颖性，是指在申请日以前没有同样的发明或者实用新型在国内外出版物上公开发表过、在国内公开使用过或者以其他方式为公众所知，也没有同样的发明或者实用新型由他人向国务院专利行政部门提出过申请并且记载在申请日以后公布的专利申请文件中。

专利法第22条第3款规定的创造性，是指同申请日以前已有的技术相比，该发明有突出的实质性特点和显著的进步，该实用新型有实质性特点和进步。

本案中，请求人认为权利要求1、2、4、5、6~10相对于附件1均不具备专利第22条第2款、第3款规定的新颖性和创造性，权利要求1~10相对于附件1和附件3的结合或附件2和附件3的结合或附件1和附件2的结合均不具备第22条第2款、第3款规定的新颖性和创造性。专利权人认为本专利产品利用双套同步加魔术贴的技术和运用高超的几何裁剪法来裁剪布料，使得本专利产品能幻化出变化无穷的功能，因而具备新颖性和创造性。

合议组经审查后认为，附件1公开了一种变形沙发床，其中具体公开了以下技术特征（参见其说明书第1、2页及图1~4）：由装有弹性填料的外壳、加强衬组成，外壳由表层和底层组成，加强衬由内衬和底衬组成，表层、底层材料均可为仿皮制品或皮制品，内衬、底衬是由柔软织物制作的一层结构，外壳和加强衬为全封闭的袋子，外壳包在加强衬外部与加强衬整体结构相同，弹性填料装入加强衬中，其为发泡粒子和2×2（cm）^{2}的方形海绵。与本专利的权利要求1对比，上述附件1中的“外壳、加强衬、弹性材料”分别相当于权利要求1中的“外层、内层、填充物”。由上所述，附件1公开了权利要求1的大部分技术特征，其区别仅在于：（1）权利要求1的内层还可由多层结构组成；（2）权利要求1的填充物为颗粒状固体。因此权利要求1相对于附件1具备专利法第22条第2款规定的新颖性。但附件1中已公开了一层加强衬（相当于权利要求1的内层）的结构，而本领域技术人员在附件1的启示下会根据制作加强衬的织物材料的厚薄以及出于对沙发牢固耐磨性及舒适性的考虑来选择把加强衬做成一层或多层织物结构；附件1中也已公开了弹性填料（相当于权利要求1的填充物）为发泡粒子和2×2（cm）^{2}的方形海绵，其中发泡粒子属于颗粒状固体，尽管附件1的弹性填料中还包括方形海绵，但因为权利要求1的填充物与附件1的弹性材料的作用均是使沙发为一种重量较轻、可变形的软质家具，只不过添加了方形海绵块会使沙发变得更软和富有弹性，所以本领域技术人员出于要生产不同软硬程度的沙发的考虑，在附件1的启示下会容易地选择是否添加方形海绵块。故在附件1的基础上本领域技术人员不需要创造性劳动就可以得到权利要求1保护的技术方案，因此权利要求1相对于附件1不具备专利法第22条第3款规定的创造性。

从属权利要求 2 是对权利要求 1 的进一步限定，其附加技术特征为所述颗粒状固体指泡沫粒、或者指稻壳、或者指荞麦颗粒。附件 1 中已公开了发泡粒子作为弹性填料，而且稻壳、荞麦颗粒是本领域常用的填充枕头、靠垫、沙发等软质家具用品的填料。因此在其引用的权利要求 1 相对于附件 1 不具备创造性的情况下，从属权利要求 2 也不具备专利法第 22 条第 3 款规定的创造性。

从属权利要求 3 是对权利要求 1 的进一步限定，其附加技术特征为所述内层多层结构指内层仍嵌有内层的结构，或者是指由多个内层并列而成的结构。其中关于内层多层结构指内层仍嵌有内层结构的技术方案，对于本领域技术人员来说，在附件 1 的启示下会根据制作加强衬的织物材料的厚薄以及出于对沙发牢固耐磨性及舒适性的考虑来选择把加强衬做成一层或多层织物结构，即无须创造性劳动即可得到内层嵌有内层的结构。而内层多层结构的另一种形式为多个内层并列而成的这种结构在附件 2 中已被公开。附件 2 公开了一种变形沙发，其中具体公开了以下技术特征（参见其说明书第 1、2 页及图 2）：沙发外表包裹有装饰表层，沙发内主体由软体面料如较结实的布缝制成连成一体的分隔袋，分隔袋包括两侧扶手袋、中间座位袋和后部靠背袋构成沙发基本形状，分隔袋内充填泡沫颗粒。其中附件 2 中由两侧扶手袋、中间座位袋等并列而连成一体的分隔袋相当于权利要求 3 的多个内层并列而成的内层多层结构，附件 2 中的装饰表层、泡沫颗粒分别相当于权利要求 3 中的外层、颗粒状固体的填充物。由于附件 2 与附件 1 和本专利属于相同的技术领域，它们所要解决的技术问题也相同，即是为了生产一种轻便、可变形、舒适的软质家具，因此附件 2 给出了将分隔袋结构应用到附件 1 中以解决技术问题的启示，故在附件 1 的基础上结合附件 2 得到权利要求 3 的多个内层并列而成的技术方案对本领域技术人员是显而易见的，不具备实质性特点。综上所述，从属权利要求 3 的两个技术方案分别相对于附件 1 和附件 1 与 2 的结合不具备专利法第 22 条第 3 款规定的创造性。

从属权利要求 4 是对权利要求 1 的进一步限定，其附加技术特征为所述内层布状材料是指布，或者指人造革，或者指真皮，外层布状材料为人造革、或布，或真皮。附件 1 中已公开相当于本专利内层的加强衬由内衬和底衬组成，内衬、底衬是由柔软织物制作，相当于本专利外层的外壳由表层和底层组成，表层、底层材料均可为仿皮制品或皮制品。而且布、人造革、真皮均是本领域常用的软质家具面料。因此在其引用的权利要求 1 相对于附件 1 不具备创造性的情况下，从属权利要求 4 也不具备专利法第 22 条第 3 款规定的创造性。

从属权利要求 5 是对权利要求 1 的进一步限定，其附加技术特征为所述的内层外表与外层里面设置有一个或多个成对的魔术贴。由于本专利说明书中并未对魔术贴作具体的特征描述，因此本领域技术人员由本专利说明书和附图结合本领域的现有技术理解魔术贴即是用于固定内、外层相对位置并采用粘合方式将内、外层结合在一起的块状粘贴材料。因为由本领域的现有技术可知，使用本领域常采用的块状粘贴材料就可以实现本专利所要解决的固定内、外层相对位置并将内、外层结合在一起的问题，并能达到拆洗方便的技术效果，故从属权利要求 5 所要保护的关于内外层设置魔术贴的技术方案对本领域技术人员是显而易见的，不具备实质性特点。在其引用的权利要求 1 相对于附件 1 不具备创造性的情况下，从属权利要求 5 也不具备专利法第 22 条第 3 款规定的创造性。

从属权利要求 6~9 是分别对权利要求 1 的进一步限定，从属权利要求 10 是对权利要求 6、7、8 或 9 的进一步限定，其附加技术特征为所述内层和外层装入填充物后的立体结构是指底面为多边形的柱体、圆柱体、L 型柱体、不规则形状的柱体、上底面小于下底面的不规则柱体，或者是指下部为柱体上部为不规则锥体的立体结构。由附件 1 附图 1~4 中可看出立体结构可为圆锥体、下部为柱体上部为不规则锥体、L 型柱体和不规则形状的柱体。附件 3 也公开了各种形状的变形沙发。附件 3 公开了一种变形沙发，其中具体公开了以下技术特征（参见其说明书第 1、2 页及图 1~6）：沙发由外套和填充材料构成，填充材料为聚苯乙烯泡沫塑料颗粒，外套采用普通的沙发面料如皮革、布料、人造纤维织物，沙发的外形可为普通沙发形、方块形、圆柱形、椭圆形、球型、榄球形或其他形状。因此由附件 3 的变形沙发可推知其可变形成任意的形状。由于附件 3 与附件 1 和本专利属于相同的技术领域，所要解决的技术问题相同，因此附件 3 给出了将任意变形的立体结构应用到附件 1 中以解决技术问题的启示，故在附件 1 的基础上结合附件 3 得到权利要求 6~10 的多个技术方案对本领域技术人员是显而易见的，不具备实质性特点。在其引用的权利要求 1 相对于附件 1 不具备创造性的情况下，从属权利要求 6~10 相对于附件 1 与 3 的结合也不具备专利法第 22 条第 3 款规定的创造性。

专利权人在意见陈述书中指出本专利运用高超的几何裁剪法来裁剪布料，使得本专利具备新颖性和创造性，合议组认为上述的特征没有记载在权利要求书以及说明书中，因此不予考虑。

根据上述的事实和理由，本案合议组依法作出以下决定。

三、决定

宣告 03247420.2 号实用新型专利权全部无效。

当事人对本决定不服的，可以根据专利法第 46 条第 2 款的规定，自收到本决定之日起 3 个月内向北京市第一中级人民法院起诉。根据该款的规定，一方当事人起诉后，另一方当事人应当作为第三人参加诉讼。

059

一种脱硫再生装置

无效宣告请求审查决定（第 9539 号）

决　定　号　第 9539 号
决　定　日　2007 年 3 月 1 日
发明创造名称　一种脱硫再生装置
国 际 分 类 号　C10K 1/08，B01D 53/78
无效宣告请求人　鞍山钢铁集团公司
专 利 权 人　范文松
专　利　号　200420019648.5
申　请　日　2004 年 1 月 18 日
授 权 公 告 日　2005 年 2 月 2 日
合 议 组 组 长　李广峰
主　审　员　崔　震
参　审　员　董晓静

法 律 依 据　专利法第 26 条第 3 款、第 22 条第 3 款
决 定 要 点

在判断一项实用新型专利权利要求是否具备创造性时，首先要将权利要求所述的技术方案和最接近的现有技术进行特征对比分析，确定两者之间的区别技术特征，进而考察对于所属技术领域的普通技术人员而言，在最接近的现有技术的基础上引入上述区别技术特征，从而获得权利要求所要保护的技术方案是否显而易见，如果是，则该权利要求不具备创造性。

一、案由

本无效宣告请求涉及国家知识产权局于 2005 年 2 月 2 日授权公告、申请日为 2004 年 1 月 18 日、名称为“一种脱硫再生装置”的 200420019648.5 号实用新型专利权（以下简称本专利），专利权人为范文松。

本专利授权公告的权利要求如下：

“1. 一种脱硫再生装置，它主要包括脱硫装置和再生装置，其特征在于：脱硫塔上部处设有再生塔，脱硫塔上部一侧处设有自吸式再生装置，再生塔上部与尾气回收装置的底部连接，尾气回收装置上部与尾气排放口连接。

2. 根据权利要求 1 所述的一种脱硫再生装置，其特征在于：尾气回收装置与自吸式再生装置通过管道连接。

3. 根据权利要求1所述的一种脱硫再生装置，其特征在于：脱硫塔上部一侧设有煤气出口。

4. 根据权利要求1所述的一种脱硫再生装置，其特征在于：脱硫塔下部一侧处设有再生后脱硫液出口，另一侧设有煤气入口。

5. 根据权利要求1所述的脱硫再生塔，其特征在于：再生塔一侧设有硫泡沫出口，另一侧设有再生后脱硫液出口。

6. 根据权利要求1所述的脱硫再生塔，其特征在于：脱硫塔内设有至少两层填料。"

针对上述专利权，鞍山钢铁集团公司（以下简称请求人）于2006年7月5日向专利复审委员会提出了无效宣告请求，并提交了以下附件作为证据：

附件1：授权公告日为2002年7月31日，授权公告号为CN1088391C，专利号为98114036.X的中国发明专利说明书，复印件共9页；

附件2：《鞍山技术》，1997年第6期，第8和9页，复印件共2页；

附件3：《煤气设计手册》中册，中国建筑工业出版社，1986年12月第一版，第572~575页，复印件共4页。

请求人认为，本专利权利要求1和2不符合专利法第26条第3款、第4款的规定；权利要求1、3~6不符合专利法第22条第2款、第3款的规定。

经形式审查合格后，专利复审委员会受理了上述无效宣告请求，于2006年7月31日向双方当事人发出了《无效宣告请求受理通知书》，并将《专利权无效宣告请求书》及其附件清单中所列附件副本转送给了专利权人，要求其在指定的期限内答复。

2006年9月5日，专利权人提交了意见陈述书。专利权人认为，（1）请求人提交的附件1采用液相催化氧化法进行气体脱硫的工艺方法和装置没有公开本专利权利要求1中的必要技术特征，因此权利要求1相对于附件1具备新颖性。同样附件2、3均没有公开权利要求1中的技术特征，只是具体介绍再生塔、脱硫塔、再生装置这些重要部件的选型，没有将这些部件像本脱硫再生装置那样有机地连接在一起，因此，权利要求1相对于附件2、3也具备新颖性。（2）本专利再生装置布置在脱硫塔上部，利用同时吸入空气和尾气双重结构的喷射器达到溶液再生和回收尾气，减少污染的目的。本专利利用自吸式再生装置3产生的负压吸入尾气，减少了尾气的排放，因此，本脱硫再生装置相对于附件1具备创造性；同样由于附件2、3不是完整的技术方案，无法知晓具体的技术效果，因此，本脱硫再生装置相对于附件2、3具备创造性。（3）本专利的尾气回收装置不是脱硫再生尾气洗涤装置，其中尾气回收装置4与自吸式再生器3通过管道连接后，尾气回收装置4呈附图所示的类似三通的装置，利用自吸式再生装置3产生的负压吸入尾气，减少了尾气的排放，说明书及附图已清楚、明确、完整地进行了公开和说明，符合专利法第26条的规定。

专利复审委员会依法成立合议组，对本无效宣告请求案进行审理。

专利复审委员会本案合议组于2006年10月18日向双方当事人发出了口头审理通知书，定于2006年12月5日对该无效宣告请求进行口头审理。随同口头审理通知书将专利权人于2006年9月5日提交的意见陈述书转送给请求人。

口头审理如期举行，双方当事人均参加了口头审理。请求人明确其无效宣告的理由、证据和范围为：本专利权利要求1、3~6相对于附件1、附件3不符合专利法第22条第3款的规定，附件1是最接近的对比文件；权利要求2不符合专利法第26条第3款的规定，不符合专利法实施细则第20条第1款的规定；放弃权利要求1不符合专利法第26条第3款、第4款的理由，以及权利要求1、3~6不符合专利法第22条第2款的理由，放弃权利要求2不符合专利法第26条第4款的理由。合议组当庭告知请求人，其所提出的本专利权利要求2不符合专利法实施细则第20条第1款规定的无效理由已经超出了增加无效理由的期限和范围，因此合议组不予接受。请求人当庭提交了附件1、附件3的原件，明确附件2不能提供原件。专利权人经核实，对附件1、3的真实性和公开性没有异议，对附件2的真实性有异议，因为请求人没有提供原件，而且该附件是鞍钢的内部刊物，不知道是否公开。

至此，合议组认为本案事实清楚，可以作出审查决定。

二、决定的理由

1. 关于无效的理由、范围和证据

请求人在口审时增加的权利要求2不符合专利法实施细则第20条第1款的无效理由，不符合专利法实施细则第66条以及审查指南的相关规定，因此合议组不予考虑。请求人在口审当庭明确放弃了权利要求1不符合专利法第26条第3款、第4款，权利要求2不符合专利法第26条第4款以及权利要求1、3~6不符合专利法第22条第2款的无效理由，因此，合议组对这些理由不予审理。综上，本次无效宣告请求的理由、证据和范围为：权利要求1、3~6相对于附件1、3不符合专利法第22条第3款的规定；权利要求2所记载的技术方案在说明书中公开不充分，不符合专利法第26条第3款的规定。

2. 关于证据和现有技术

请求人当庭提交了附件1和3的原件，专利权人对附件1和3的真实性和公开性没有异议，合议组经审查后确认附件1和3可以作为本案的证据使用。附件1和3的公开日均在本专利的申请日之前，因此，其可以作为本专利申请日之前的现有技术使用。由于请求人没有提交附件2的原件，专利权人对其真实性又提出了质疑，因此，合议组对请求人提交的附件2不予采信。

3. 关于专利法第26条第3款

专利法第26条第3款规定：说明书应当对发明或者实用新型作出清楚、完整的说明，以所属技术领域的技术人员能够实现为准。也就是说，说明书应该满足充分公开发明或者实用新型的要求。

请求人认为，权利要求2的附加技术特征是现有技术中没有公开过的，由于说明书对该技术方案公开不充分，不知道能否实现像说明书中所说的三种模式的再生操作，而且权利要求书没有提到盲板，尾气排放管上没有任何接口，从附图中看不到怎样把尾气接到煤气鼓风机前，因此权利要求2在说明书中公开不充分，不符合专利法第26条第3款的规定。

合议组经审查后认为，本专利针对现有脱硫再生设备占地面积大，设备初期投入和日常维护成本高，尾气排放的环保问题无法解决的缺点，提供了一种脱硫再生装置，其可以克服现有技术中的一些不足。为此，权利要求2请求保护的脱硫再生装置除包括权利要求1中的全部技术特征外，还进一步限定了尾气回收装置与自吸式再生装置通过管道连接。本专利说明书第2和3页结合说明书附图对该脱硫再生装置作了详细的描述，由说明书的这些描述可以清楚地看出权利要求2所要保护脱硫再生装置各部件之间的位置关系和连接关系。由此可见，说明书已经对权利要求2所要保护的技术方案作出了清楚、完整的说明，本领域技术人员按照说明书记载的内容就能够实现本专利权利要求2所要保护的技术方案，并且通过权利要求2附加技术特征的限定可以实现部分尾气的回收利用，解决了本专利所要解决的技术问题，因此，权利要求2在说明书中的公开是充分的，符合专利法第26条第3款的规定。

对于请求人上述公开不充分的主张，合议组认为，其并没有提供充分理由和证据证实说明书中所说的三种模式的再生操作不能实现；另外，尽管权利要求2和说明书中没有提到盲板，但作为本领域技术人员，如果要实现说明书中所说的三种模式的再生操作，在尾气回收装置与自吸式再生装置连接的管道中设置盲板等控制尾气通过的部件也是容易想到的，本领域技术人员并不需要为此付出创造性的劳动；而至于请求人提出的尾气排放管上没有任何接口，从附图中看不到怎样把尾气接到煤气鼓风机前，更与本专利所要保护的脱硫再生装置没有直接的关系。综上所述，请求人关于权利要求 2 在说明书中公开不充分的主张不能成立，合议组不予支持。

4. 关于专利法第 22 条第 3 款

专利法第 22 条第 3 款规定：创造性是指同申请日以前已有的技术相比，该发明有突出的实质性特点和显著的进步，该实用新型有实质性特点和进步。

附件 1 公开了一种采用液相催化氧化法进行气体脱硫的装置。其中在说明书第 3 页指出，对于集脱硫与再生为一体的脱硫塔，也可将再生段布置在脱硫塔的上部。当采用喷射再生方式时，脱硫富液可采用经富液泵送入布置有喷射器的能将再生用空气利用脱硫液引射面吸入的再生段。参与脱硫富液氧化反应后的乏气自行离开再生段外排，必要时经处理后再行排放。

附件 3 公开了煤气净化脱硫的主要设备，包括脱硫塔和再生塔（槽），其中，图 4-7-8 为一种木格填料脱硫塔，包括煤气出入口和溶液出入口，图 4-7-10 公开了喷射再生槽结构，包括溶液入口、空气入口、硫泡沫出口和溶液出口。

由上述附件 1 公开的内容可以看出，附件 1 公开了权利要求 1 中脱硫装置和再生装置，脱硫塔上部处设有再生塔，脱硫塔上部设有自吸式再生装置，专利权人对此也表示了认可。权利要求 1 与附件 1 的区别在于再生塔上部与尾气回收装置的底部连接，尾气回收装置上部与尾气排放口连接。尽管附件 1 没有具体公开上述区别技术特征，但在附件 1 中指出参与脱硫富液氧化反应后的乏气自行离开再生段外排，必要时经处理后再行排放。本领域技术人员在上述附件 1 的教导启示下，容易想到采用相应的处理装置对尾气进行回收处理后再行排放，也就是说，本领域技术人员在附件 1 给出的技术启示下，将上述区别技术特征与附件 1 相结合从而得到权利要求 1 所要保护的技术方案是显而易见的，并且其结合也未产生预料不到的技术效果，因此，权利要求 1 相对于附件 1 不具备突出的实质性特点和显著的进步，不符合专利法第 22 条第 3 款的规定。

权利要求 3~6 为权利要求 1 的从属权利要求，其中权利要求 3、4、6 的附加技术特征已在附件 3 第 573 页图 4-7-8 中公开，权利要求 5 的附加技术特征已在附件 3 第 574 页图 4-7-10 中公开，专利权人对此也表示了认可。由于附件 3、附件 1 与本专利的技术领域相同，本领域技术人员在附件 1 的基础上结合附件 3 从而得出权利要求 3~6 所要保护的技术方案是显而易见的，并且这种结合也未产生预料不到的技术效果，因此，权利要求 3~6 相对于附件 1 和 3 不具备专利法第 22 条第 3 款规定的创造性。

基于以上事实和理由，本案合议组作出如下审查决定。

三、决定

宣告 200420019648.5 号实用新型专利的权利要求 1、3~6 无效，在权利要求 2 的基础上维持本专利权有效。

当事人对本决定不服的，可以根据专利法第 46 条第 2 款的规定，自收到本决定之日起 3 个月内向北京市第一中级人民法院起诉。根据该款的规定，一方当事人起诉后，另一方当事人应当作为第三人参加诉讼。

060

维修与吧台座凳

无效宣告请求审查决定（第9550号）

决　定　号　第9550号
决　定　日　2007年1月29日
发明创造名称　维修与吧台座凳
国际分类号　A47C 9/00，A47C 3/00
无效宣告请求人　黄燕华
专　利　权　人　无锡震达机电有限公司
专　利　号　200520068884.0
申　请　日　2005年2月3日
授权公告日　2006年6月7日
合议组组长　徐媛媛
主　审　员　余心蕾
参　审　员　张　鹏
附　图

法律依据　专利法第22条第3款
决定要点
发明或者实用新型专利权的保护范围以其权利要求的内容为准。

一、案由

本无效宣告请求案涉及国家知识产权局于2006年6月7日授权公告、名称为“维修与吧台座凳”的200520068884.0号实用新型专利（下称本专利），其申请日为2005年2月3日，专利权人为无锡震达机电有限公司。

该专利授权公告的权利要求书如下：

“1. 一种维修与吧台座凳，包括凳面和支撑腿，其特征在于：所述凳面采用摩托车坐垫，所述支撑腿由从底盘中心向外辐射的至少三爪支撑构成，所述坐垫下的支柱插装在底盘中心的管孔中锁定。

2. 根据权利要求1所述维修与吧台座凳，其特征在于：所述坐垫下的支柱插装在底盘中心气簧升降机构的管孔中。

3. 根据权利要求2所述维修与吧台座凳，其特征在于：所述底盘的中心向外辐射出五爪支撑，每爪的端头安装万向小轮。

4. 根据权利要求2所述维修与吧台座凳，其特征在于：所述底盘的中心向外辐射出五爪支撑，每爪的端头固定杯装撑脚。”

针对上述专利权，黄燕华（下称请求人）于2006年7月4日向专利复审委员会提出无效宣告请求，其理由是：本专利的权利要求1不符合专利法第22条第2款的规定；权利要求2~4不符合专利法第22条第3款的规定。请求人同时提交了如下证据：

证据1：92209170.6号中国实用新型专利申请说明书，公告日为1992年12月9日；

证据2：94209424.7号中国实用新型专利说明书，授权公告日为1995年7月5日；

证据3：US2002/0140259A1号美国发明专利申请说明书及其中文译文，公开日为2002年10月3日；

证据4：88208737.1号中国实用新型专利申请说明书，公告日为1989年4月12日。

请求人认为：（1）将自行车座凳替换为摩托车坐垫是惯用手段的直接置换，证据3公开了权利要求1的全部技术特征，故权利要求1不具有新颖性；（2）权利要求2的附加技术特征为本领域的公知常识，故不具有创造性；（3）从证据3的说明书及其附图可以看出，权利要求3的附加技术特征被证据3所公开，故不具有创造性；（4）从证据2的说明书及附图可以看出，权利要求4的附加技术特征被证据2所公开，故不具有创造性。

经形式审查合格，专利复审委员会于2006年8月15日受理了上述无效宣告请求，并向双方当事人发出无效宣告请求受理通知书，同日将专利权无效宣告请求书及其附件清单中所列附件副本转送给了专利权人，要求专利权人在指定的期限内进行意见陈述。

针对上述无效宣告请求，专利权人于2006年9月21日进行了意见陈述，专利权人认为：

（1）证据3的发明目的在于“使人座在上面时保持半立状态”，从而满足工作和家务的需要，本发明的目的在于满足汽车维修中便于调整低位坐姿重心的使用需求，二者的发明目的不同；（2）基于不同的目的，证据3采用了自行车垫，本专利采用了摩托车垫，二者的人体工程学原理不同，并且属于采用不同产品标准的不同门类的产品，自行车垫的设计要有利于人的踩踏运动，普遍采用弹簧支撑结构，摩托车垫只需支撑人体重心，进一步考虑舒适度，因此采取宽且具有相当长度的设计，采用泡沫衬垫，如果将对比文件的自行车垫和本专利的摩托车垫置换，显然不能实现各自的发明目的；（3）基于不同的目的，二者的脚轮设计方案不同，本发明增加了可快速更换使用的固定杯装撑脚。故权利要求1具有新颖性。因为权利要求1具有新颖性，其从属权利要求2~4具有创造性。并且从说明书中可以看出，权利要求3、4的附加技术特征的万向小轮和杯装撑脚可以方便的根据使用需求快速互换，这也可反映其具备创造性。

2006年11月13日，合议组向双方当事人发出口头审理通知书，定于2006年12月21日举行口头审理。同时将专利权人于2006年9月21日提交的意见陈述书转交请求人。因故口头审理日期改为2006年12月27日。

口头审理如期举行。双方当事人均参加了口头审理。在口头审理中，双方当事人对合议组成员无回避请求，对对方当事人出席口头审理的身份和资格无异议。请求人明确无效宣告请求理由为：权利要求1相对于证据3不具备新颖性，相对于证据3与公知常识不具备创造性；权利要求2相对于证据3与证据4，或证据3与公知常识，或证据3与证据1不具备创造性；权利要求3相对于证据3与证据4，或证据3与公知常识，或证据3与证据1不具备创造性；权利要求4相对于证据3与证据2、证据4，或证据3与证据2、公知常识，或证据3与证据2、证据1不具备创造性。专利权人对证据1、证据2、证据3、证据4的真实性、合法性和关联性无异议，对请求人提交的证据3的中文译文无异议，对请求人明确的无效宣告请求理由无异议。专利权人对于权利要求2限定部分的技术特征在证据1及证据4中均得以披露无异议，对权利要求3限定部分的技术特征在证据3中得以披露无异议。

至此，合议组认为本案事实已经清楚，现依法作出审查决定。

二、决定的理由

1. 关于审查文本

由于专利权人在无效审查阶段未对本专利文本进行修改，因此本决定以授权公告文本作为审查基础。

2. 关于证据

证据 1~4 是专利文献，属专利法意义上的公开出版物，专利权人对上述证据的真实性无异议，同时上述证据的授权公告日（或公开日、公告日）早于本专利的申请日，故证据 1~4 构成本专利的现有技术，可以用于评价本专利的新颖性和创造性。此外，请求人提交了证据 3 所使用的部分中文译文，专利权人在口头审理中对证据 3 所使用部分的中文译文无异议。故合议组在下面将以请求人所提交的证据 1、2、3、4 以及证据 3 的中文译文的内容评价本专利的新颖性和创造性。

3. 关于专利法第 22 条第 3 款规定的创造性。

专利法第 22 条第 3 款规定：创造性，是指同申请日以前已有的技术相比，该发明有突出的实质性特点和显著的进步，该实用新型有实质性特点和进步。

（1）权利要求 1 的创造性。

尽管请求人在提交无效请求时针对权利要求 1 仅提出其不符合新颖性的无效理由，但其无效理由包括权利要求 2~4 不符合专利法第 22 条第 3 款规定的创造性，而权利要求 2~4 都直接或间接地引用了权利要求 1，故合议组认为，其所提出的无效宣告请求的理由中体现了其主张权利要求 1 不具有创造性的意思表示。并且，请求人在口头审理中明确了权利要求 1 不具有创造性的无效理由，故合议组对权利要求 1 是否具有创造性这一理由接受并予以审查并未违反专利法、专利法实施细则以及审查指南的相关规定。

权利要求 1 请求保护一种维修与吧台座凳，证据 3 公开了一种可调节高度的座凳，该座凳可以在工作以及干家务时使用，例如工人接线时使用或供前台、柜台接待人员使用，其中公开了如下技术内容（参见证据 3 的附图 1、3，译文第 3~4 页第【0018】段及【0019】段）：一种可调节高度的座凳，包括凳面和支撑腿，所述凳面采用自行车坐垫，所述支撑腿由底盘中心向外辐射的三爪或五爪支撑构成，所述坐垫下的支柱插装在底盘中心的管孔中锁定。可见，证据 3 公开了权利要求 1 的大部分技术特征，二者的区别在于：①两者主题名称有所不同，本专利涉及一种维修与吧台座凳，证据 3 涉及一种高度可调节的座凳。②权利要求 1 中的凳面采用摩托车坐垫，而证据 3 中采用自行车坐垫。对于区别特征①，合议组认为，证据 3 公开了其中的座凳可以在工作以及干家务时使用，例如供工人接线时使用、以及供前台接待人员使用，据此可以认定其中的座凳同样可以用于维修以及吧台使用。对于区别特征②，自行车垫和摩托车垫都是本领域常见的坐垫，并且证据 3 中的自行车坐垫和摩托车坐垫一样有利于人体与两腿配合以便于调整坐姿，故本领域技术人员不需要付出创造性劳动，即可在证据 3 的基础上采用摩托车坐垫来替代自行车坐垫，从而得到本权利要求 1 请求保护的技术方案，该权利要求请求保护的技术方案不具备实质性特点和进步，不符合专利法第 22 条第 3 款规定的创造性。

专利权人在意见陈述书和口头审理中指出：①证据 3 和本专利的发明目的不同：证据 3 的目的是“使人坐在上面时保持半立状态”，而本专利的目的在于满足汽车维修中调整低位坐姿重心的使用需求；②自行车坐垫和摩托车坐垫不同：自行车坐垫的设计要有利于踩踏，其设计采用是窄而短且有弹簧支撑结构的方案，而摩托车坐垫是处在人体重心不变的状态下，其设计只要支撑人体重心，进一步考虑舒适性，故其只是细微的前窄后宽，采用的是宽且具有相当长度的设计，并且无弹簧支撑，采用泡沫衬垫；③本专利增加了固定杯状撑脚。

针对上述意见，合议组认为：①涉案专利和证据发明目的是否相同与创造性的判断无直接、必然的关系，另外，由于证据3公开的座凳可调整上下高度，其必然也能实现“调整低位坐姿的重心”的目的；②关于自行车坐垫和摩托车坐垫的区别，合议组认为，首先，但根据专利法第56条第1款的规定，发明或者实用新型专利权的保护范围以其权利要求的内容为准，而在权利要求1中，并未对摩托车坐垫的具体结构和特点进行限定，故专利权人在意见陈述和口头审理中的意见不能作为对权利要求1中摩托车坐垫的限定；其次，即使考虑说明书的记载，从本专利说明书附图1中可以看出，本专利的坐垫明显具有前窄后宽的结构特征，和证据3所体现的前窄后宽的结构特征是一致的；再者，即使考虑二者的效果差异，专利权人所强调的本专利采用摩托车坐垫较自行车坐垫在效果上的差异也是由摩托车坐垫结构本身所带来的，并不因其使用在本专利中而带来了意想不到的效果。基于上述理由，合议组不能认可专利人关于摩托车坐垫和自行车坐垫具有显著区别的意见。③关于专利权人所述本发明增加了固定杯装撑脚的理由，由于权利要求1并未记载固定杯状撑脚的技术特征，而发明或实用新型专利权的保护范围以其权利要求的内容为准，故合议组对此不予考虑。

（2）权利要求2的创造性。

权利要求2是权利要求1的从属权利要求，其附加技术特征在于“所述坐垫下的支柱插装在底盘中心气簧升降机构的管孔中”。可见权利要求2相对于权利要求1对支柱插装的位置作了进一步的限定。证据1公开了一种可调升降转椅，并公开了如下技术特征（见权利要求1、说明书第2页第2段，附图1）：可调气动弹簧12上部与固定框架9插装连接，下部插装在外套13上。可见该附加技术特征在证据1中已经公开，并且其起到的作用与其在本权利要求的作用一样：都是将座凳与位于底盘中心的气簧装置相连，并可调节高度。因此证据1给出了将气簧装置应用到证据3公开的座凳上的技术启示。另外，在口头审理中，专利权人对于证据1公开了该附加技术特征无异议。故在证据3的基础上结合证据1，得出本权利要求请求保护的技术方案对本领域技术人员来说不需要付出创造性劳动，因此权利要求2请求保护的技术方案不具备实质性特点和进步，不符合专利法第22条第3款规定的创造性。

（3）权利要求3的创造性。

权利要求3是权利要求2的从属权利要求，其附加技术特征在于“所述底盘的中心向外辐射出五爪支撑，每爪的端头安装万向小轮”。证据3中已经公开了如下内容（见附图1）：底盘的中心向外辐射出五爪支撑，每爪的端头安装万向小轮。另外，在口头审理中，专利权人对于证据3公开了该附加技术特征并无异议。故在证据3的基础上结合证据1，得出本权利要求请求保护的技术方案，对本领域技术人员来说不需要付出创造性劳动，权利要求3请求保护的技术方案不具备实质性特点和进步，不符合专利法第22条第3款规定的创造性。

（4）权利要求4的创造性。

权利要求4的是权利要求2的从属权利要求，其附加技术特征在于“所述底盘的中心向外辐射出五爪支撑，每爪的端头固定杯装撑脚”。而证据3公开了如下特征（见附图1）：底盘的中心向外辐射出五爪支撑。证据2公开了如下特征（见摘要、权利要求1、附图2A，附图4）：一种滚球式活络支脚，滚球装入球形罩并与联结件联结后成为一体，大体呈酒杯状，即酒杯状支脚。权利要求4请求保护的技术方案不具备实质性特点和进步，不符合专利法第22条第3款规定的创造性。另外需要说明的是，根据审查指南第四部分第六章4（2）的规定可知，对于实用新型专利而言一般情况下可以引用一项或者两项现有技术评价其创造性，但同时给出了如下的教导，即对于由现有技术通过“简单的叠加”而成的实用新型专利，可以根据情况引用多项现有技术评价其创造性。就本专利权利要求4所要求保护的技术方案而言，虽然座凳、气簧装置、杯状撑脚在三个不同的证据中得以公开，但是由本专利说明书可知，这三部分是各自独立的，即各自以其常规方式工作。总的技术方案是各组合部分效果之和，组合后的技术特征之间在功能上无相互支持的作用关系，仅仅是一种简单的叠加。故评述权利要求 4 所使用的证据组合方式是符合审查指南的有关规定的。

针对专利权人的意见，尽管专利权人在口头审理中出示了实物来证明权利要求 4 的创造性，并且指出，本专利说明书第 2 页第 18~20 行记载了“固定杯状撑脚有利于提高稳定性，同时便于在平整光滑的地面移动”，而该稳定性是通过面接触来实现的，因此本专利中的“杯状撑脚”与证据 2 中的“酒杯状支脚”事实上是不同的。但合议组认为，根据专利法第 56 条第 1 款的规定，发明或者实用新型专利权的保护范围以其权利要求的内容为准，而在权利要求 4 中，对于权利要求 4 中所述的“杯状撑脚”的结构并未作具体的描述，专利权人在口头审理中出示的实物不能被当做本权利要求中所述的“杯状撑脚”的解释。故对专利权人的意见不予采信。

综上所述，权利要求 1~4 不具备创造性，不符合专利法第 22 条第 3 款的规定。

三、决定

宣告 200520068884.0 号实用新型专利专利权全部无效。

当事人对本决定不服的，可以根据专利法第 46 条第 2 款的规定，自收到本决定之日起三个月内向北京市第一中级人民法院起诉。根据该款的规定，一方当事人起诉后，另一方当事人应该作为第三人参加诉讼。

061

一种混凝土蜂巢楼盖用的结构盒

无效宣告请求审查决定（第9560号）

决　　定　　号　第9560号
决　　定　　日　2007年3月11日
发明创造名称　一种混凝土蜂巢楼盖用的结构盒
国 际 分 类 号　E04G 15/06，E04B 5/36
无效宣告请求人　颜喜东
专　利　权　人　李克翔
专　　利　　号　200420052437.1
申　　请　　日　2004年7月21日
授 权 公 告 日　2005年8月3日
合 议 组 组 长　朱文广
主　　审　　员　刘瑞斌
参　　审　　员　董晓静

法　律　依　据　专利法第22条第3款
决　定　要　点

一项实用新型与一篇对比文件中的一个技术方案相比存在的区别技术特征在该对比文件的其他部分有明确的记载，如果本领域技术人员可以显而易见地将上述区别技术特征结合到上述技术方案中，那么该实用新型相对于该对比文件不具备创造性。

一、案由

本无效宣告请求涉及国家知识产权局于2005年8月3日授权公告的、名称为“一种混凝土蜂巢楼盖用的结构盒”的实用新型专利权（以下简称本专利），其专利号是200420052437.1，申请日是2004年7月21日，专利权人是李克翔。本专利授权公告时的权利要求书如下：

“1. 一种混凝土蜂巢楼盖用的结构盒，主要包括有中空密封的混凝土盒体，在盒体的底板和顶板内有十字交叉并伸出盒体外的结构盒钢筋，其特征是：在盒体内腔的底板和顶板上有底板加劲肋和顶板加劲肋。

2. 根据权利要求1所述的结构盒，其特征是：底板加劲肋和顶板加劲肋是十字交叉型的加劲肋。

3. 根据权利要求1所述的结构盒，其特征是：所述的底板加劲肋和顶板加劲肋也可以是相互平行的加劲肋。

4. 根据权利要求1或2或3所述的结构盒，其特征是：在盒体内腔的四面侧壁上，每面侧壁还有至少二个竖直的侧壁加劲肋。

5. 根据权利要求4所述的结构盒，其特征是：在盒体侧壁的外侧四面上，每面还有至少二个竖直突出的侧壁剪力齿。”

针对上述专利权，颜喜东（以下简称请求人）于2006年7月28日向专利复审委员会提出无效宣告请求，随同无效宣告请求书提交了如下附件：

附件1：授权公告日为2003年6月25日，专利号为01139992.9的发明专利说明书，共22页；

附件2：授权公告日为2004年4月28日，专利号为01140106.0的发明专利说明书，共18页；公开日为2002年7月3日，公开号为CN1356442A（申请号01140106.0）的发明专利申请公开说明书，共16页；

附件3：申请日为2002年4月30日，公开日为2003年11月12日，公开号为CN1455066A的发明专利申请公开说明书，共64页。

请求人认为：附件1~3分别以下位概念公开了权利要求1~5的技术方案，权利要求1~5不具备新颖性和创造性。

经形式审查合格，专利复审委员会依法受理了上述无效宣告请求，并于2006年9月4日将无效宣告请求书及其附件清单中所列附件的副本转送给专利权人，并要求专利权人在指定期限内陈述意见。

专利权人逾期没有陈述意见。

专利复审委员会依法组成合议组，并于2006年11月3日向双方发出无效宣告请求口头审理通知书，指出本案合议组定于2006年12月15日针对本无效宣告请求举行口头审理。

口头审理如期举行，请求人参加了口头审理，专利权人没有参加口头审理。在口头审理中，请求人明确表示放弃附件2中授权公告日为2004年4月28日，专利号为01140106.0的发明专利说明书。其无效宣告请求的理由、事实和证据为：权利要求1~3相对于附件1或2或3不具备创造性，权利要求4、5相对于附件3不具备创造性。

至此，合议组认为本案事实清楚，现依法作出审查决定。

二、决定的理由

1. 关于证据和现有技术

请求人提交了附件1~3作为证据使用，经合议组审查认可附件1~3的真实性。请求人在口审过程中放弃了附件2中的授权公告日为2004年4月28日、专利号为01140106.0的发明专利说明书。因此在下文中附件2指公开日为2002年7月3日、公开号为CN1356442A（申请号01140106.0）的发明专利申请公开说明书。

由于附件1、2、3的公开日期均在本专利的申请日前，因此其中记载的内容可以作为本专利的现有技术使用。

2. 本专利的创造性

专利法第22条第3款规定，创造性，是指同申请日以前已有的技术相比，该发明有突出的实质性特点和显著的进步，该实用新型具有实质性特点和进步。

请求人认为本专利权利要求1~3相对于附件1或2或3不具备创造性，权利要求4、5相对于附件3不具备创造性。

合议组认为，本专利权利要求1保护一种混凝土蜂巢楼盖用的结构盒，其中包括中空密封的混凝土盒体，在盒体底板和顶板内有十字交叉并伸出盒体外的结构盒钢筋，盒体内腔的底板和顶板上有加劲肋。附件3（说明书第4页最后一行、5页第1、2行及附图73或74）公开了一种钢筋混凝土用立体承力模壳，该模壳适用于各种混凝土楼盖中，因此在功能上与本专利是相同的，该模壳由上下底及周围侧壁构成封闭空腔，该模壳的上顶板和下底板中埋置有钢筋，钢筋伸出一段锚固长度。本专利权利要求1与附件3中的上述技术方案相比的区别在于，内腔中顶板和底板上具有加强肋。附件3中（说明书第4页第11~13行及附图23~25）还公开了立体承力模壳的上、下底的内表面有加强筋的技术方案，由于加强筋同加劲肋一样都可以起到增加板的刚度的作用，因此在这一技术启示下，本领域技术人员可以显而易见地在上述上顶板和下底板中埋置有钢筋的模壳内部增设加劲肋，也就形成了本专利权利要求1的技术方案，因此权利要求1相对于附件3不具备专利法第22条第3款规定的创造性。

本专利权利要求2、3的附加技术特征分别限定了加劲肋的不同设置形式，权利要求4的附加技术特征限定了在结构盒内腔的四面侧壁的每个侧壁至少有二个竖直的加劲肋。附件3中公开了立体承力模壳，其上底、下底和周围侧壁均设置加强筋的技术方案，同时，设置在侧壁的加强筋数量的选择和上、下底加强筋平行的或十字交叉的排列对于本领域技术人员都是显而易见的，因此在上述技术启示下，本领域技术人员可以显而易见地在上顶板和下底板中埋置有钢筋的模壳内部的上、下底增设加劲肋，加劲肋可以平行或十字交叉设置，同时也可以在周围侧壁上设置竖向加劲肋，因此本专利权利要求2~4相对于附件3不具备专利法第22条第3款规定的创造性。

本专利权利要求5的附加技术特征限定了盒体四壁外侧每面至少有两个突出的侧壁剪力齿。由于附件3（说明书第4页第15~17行及附图26）中公开了模壳的周围侧壁的外表面可以形成波浪型、锯齿型等粗糙表面，这种设置客观上起到了更有效传递剪力的作用，因此在附件3的上述技术启示下，本领域技术人员可以显而易见地在结构盒四周侧壁做成每面至少两个剪力齿，因此本专利权利要求5相对于附件3不具备创造性。

鉴于本专利权利要求1~5相对于附件3不具备专利法第22条第3款规定的创造性，因此对于请求人提出的其他无效理由在此不予评述。

综上所述，本案合议组依法作出如下审查决定。

三、决定

宣告200420052437.1号实用新型专利权全部无效。

当事人对本决定不服的，可以根据专利法第46条第2款的规定，自收到本决定之日起3个月内向北京市第一中级人民法院起诉。根据该款的规定，一方当事人起诉后，另一方当事人应当作为第三人参加诉讼。

062

构件式模盒

无效宣告请求审查决定（第9561号）

决　　定　　号　第9561号
决　　定　　日　2007年3月7日
发明创造名称　构件式模盒
国 际 分 类 号　E04G 15/06，E04B 1/41
无效宣告请求人　颜喜东
专　利　权　人　李克翔
专　　利　　号　200420040445.4
申　　请　　日　2004年5月14日
授 权 公 告 日　2005年4月20日
合 议 组 组 长　朱文广
主　　审　　员　刘瑞斌
参　　审　　员　董晓静

法 律 依 据　专利法第22条第2款
决 定 要 点

如果一份对比文件中的一个技术方案与权利要求1所保护技术方案相同，并且两者属于相同的技术领域，产生了相同的技术效果，那么权利要求1相对于该对比文件不具备新颖性。

一、案由

本无效宣告请求涉及国家知识产权局于2005年4月20日授权公告的、名称为“构件式模盒”的实用新型专利权（以下简称本专利），其专利号是200420040445.4，申请日是2004年5月14日，专利权人是李克翔。本专利授权公告时的权利要求书如下：

“1. 构件式模盒，它包括盒体，其特征在于：该盒体为一个中空的密封盒体，在其底板（1）和顶板（2）中埋置钢筋（3），钢筋（3）外伸一段锚固长度。”

针对上述专利权，颜喜东（以下简称请求人）于2006年7月28日向专利复审委员会提出无效宣告请求，随同无效宣告请求书提交了如下附件：

附件1：授权公告日为2003年6月25日，专利号为01139992.9的发明专利说明书，共22页；公开日为2002年5月8日，公开号为CN1348040A（申请号01139992.9）的发明专利申请公开说明书，共22页；

附件2：授权公告日为2004年4月28日，专利号为01140106.0的发明专利说明书，共18页；

公开日为 2002 年 7 月 3 日，公开号为 CN1356442A（申请号 01140106.0）的发明专利申请公开说明书，共 16 页；

附件 3：申请日为 2002 年 4 月 30 日，公开日为 2003 年 11 月 12 日，公开号为 CN1455066A 的发明专利申请公开说明书，共 64 页。

请求人认为：附件 1~3 分别以下位概念公开了权利要求 1 的技术方案，权利要求 1 不具备新颖性和创造性。

经形式审查合格，专利复审委员会依法受理了上述无效宣告请求，并于 2006 年 9 月 4 日将无效宣告请求书及其附件清单中所列附件的副本转送给专利权人，并要求专利权人在指定期限内陈述意见。

专利权人逾期没有陈述意见。

专利复审委员会依法组成合议组，并于 2006 年 11 月 3 日向双方发出无效宣告请求口头审理通知书，指出本案合议组定于 2006 年 12 月 14 日针对本无效宣告请求举行口头审理。

口头审理如期举行，请求人参加了口头审理，专利权人没有参加口头审理。在口头审理中，请求人明确表示放弃附件 1 中的授权公告日为 2003 年 6 月 25 日、专利号为 01139992.9 的发明专利说明书和附件 2 中的授权公告日为 2004 年 4 月 28 日、专利号为 01140106.0 的发明专利说明书。其无效宣告请求的理由、事实和证据为：权利要求 1 相对于附件 1 或 2 或 3 不具备新颖性，权利要求 1 相对于附件 1 或 2 或 3 不具备创造性。

至此，合议组认为本案事实清楚，现依法作出审查决定。

二、决定的理由

1. 关于证据和现有技术

请求人提交了附件 1~3 作为证据使用，经合议组审查认可附件 1~3 的真实性。请求人在口审过程中放弃了附件 1 中的授权公告日为 2003 年 6 月 25 日、专利号为 01139992.9 的发明专利说明书和附件 2 中的授权公告日为 2004 年 4 月 28 日、专利号为 01140106.0 的发明专利说明书。因此在下文中附件 1 指公开日为 2002 年 5 月 8 日、公开号为 CN1348040A（申请号 01139992.9）的发明专利申请公开说明书，附件 2 指公开日为 2002 年 7 月 3 日、公开号为 CN1356442A（申请号 01140106.0）的发明专利申请公开说明书。

由于附件 1、2、3 的公开日期均在本专利的申请日前，因此其中记载的内容可以作为本专利的现有技术使用。

2. 本专利的新颖性

专利法第 22 条第 2 款规定，新颖性，是指在申请日以前没有同样的发明或者实用新型在国内外出版物上公开发表过、在国内公开使用过或者以其他方式为公众所知，也没有同样的发明或者实用新型由他人向专利局提出过申请并记载在申请日以后公布的专利申请文件中。

请求人认为本专利权利要求 1 相对于附件 1 或 2 或 3 不具备新颖性。

合议组认为，本专利权利要求 1 保护一种构件式模盒，它包括一中空的密封盒体，在盒体底板和顶板中埋置钢筋，钢筋外伸一段锚固长度。附件 3 公开了一种钢筋混凝土用立体承力模壳，该模壳是由上下底及周围侧壁构成封闭空腔，该模壳的上顶板和下底板中埋置有钢筋，钢筋伸出一段锚固长度（参见附图 73 或 74 及说明书第 16 页第 7~10 行）。因此附件 3 公开了本专利权利要求 1 的技术方案，两者属于相同技术领域，产生了相同的技术效果，本专利权利要求 1 相对于附件 3 不具备专利法第 22 条第 2 款规定的新颖性。

由于本专利权利要求 1 相对于附件 3 不具备新颖性，因此请求人提出的其他无效理由在此不再予以评述。

根据上述事实和理由，合议组作出如下审查决定。

三、决定

宣告200420040445.4号实用新型专利权全部无效。

当事人对本决定不服的，可以根据专利法第46条第2款的规定，自收到本决定之日起3个月内向北京市第一中级人民法院起诉。根据该款的规定，一方当事人起诉后，另一方当事人应当作为第三人参加诉讼。

063

床笠自撑式蚊帐

无效宣告请求审查决定（第9565号）

决　　定　　号　第9565号
决　　定　　日　2007年3月7日
发明创造名称　床笠自撑式蚊帐
国 际 分 类 号　A47C 29/00
无效宣告请求人　上海可大工贸发展有限公司
专 利 权 人　洪永扬
专　　利　　号　200320116002.4
申　　请　　日　2003年11月25日
授 权 公 告 日　2004年11月17日
合 议 组 组 长　徐媛媛
主　　审　　员　齐宏涛
参　　审　　员　王伟艳

法 律 依 据　专利法第22条第2款、第4款
决 定 要 点

如果本领域技术人员根据一项专利说明书和权利要求书公开的技术内容，并结合所属领域的公知常识能够重复实施该专利所采用的技术方案，则该专利具有实用性。

如果权利要求请求保护技术方案与现有技术公开的技术方案之间存在区别技术特征，而现有技术又没有就该区别技术特征给出任何技术启示，并且所述区别技术特征又能带来一定的有益效果，则该权利要求相对于现有技术具有创造性。

一、案由

本无效宣告请求涉及中华人民共和国国家知识产权局于2004年11月17日授权公告的、名称为“床笠自撑式蚊帐”的实用新型专利（下称本专利），其申请号是200320116002.4，申请日是2003年11月25日，专利权人是洪永扬。本专利授权公告时的权利要求书如下：

“1. 床笠自撑式蚊帐，前后左右四个侧面件和一顶面纱网件由纱网材料制成，底面件为底布；前后左右四个侧面件相邻的侧面件中部由缝合套（2）相缝接，可折叠支撑杆（1）穿过对角线上的2个缝合套（2），其两个端点分别由固定件（7）固定，固定件（7）由软布与底角相连接；前后、左或右三个侧面件上缝接有U型拉链，其特征是：前侧面件和后侧面件上分别缝接有拉链（10），拉链（10）位于前侧面件、后侧面件上U型拉链（6）下端与底角之间，并且位于设置有U型拉链（13）

侧面件的对应侧面件的一端；前后左右四个侧面件下端部缝接有底布（5），底布（5）的上端与纱网材料相缝接，底布（5）的下端一周缝接有一拉链（12），拉链（12）可与下檐布（14）相连接。

2. 根据权利要求 1 所述的床笠自撑式蚊帐，其特征是：所述的顶面纱网件上缝接有拉链（11）。

3. 根据权利要求 1 所述的床笠自撑式蚊帐，其特征是：所述的左侧面件或右侧面件的 U 型拉链（13）为 U 旋转 90 度水平放置的 U 型拉链。

4. 根据权利要求 1 所述的床笠自撑式蚊帐，其特征是：所述的前侧面件和后侧面件上 U 型拉链（6）紧靠缝合套（2）、蚊帐底部缝接。

5. 根据权利要求 1 所述的床笠自撑式蚊帐，其特征是：所述的底面件为四块窄底布（15），窄底布（15）与底布（5）相缝接，四角相互重叠。

6. 根据权利要求 1 所述的床笠自撑式蚊帐，其特征是：所述的顶面纱网件紧靠可折叠支撑杆（1）的顶端。"

针对本专利权，上海可大工贸发展有限公司（下称请求人）于 2005 年 12 月 1 日向专利复审委员会提出无效宣告请求，认为本专利权利要求 1~6 不符合专利法第 22 条、专利法第 26 条第 3 款、第 4 款以及专利法实施细则第 20 条的规定。请求人同时提交了如下附件作为证据：

附件 1：授权公告日为 2003 年 10 月 29 日、授权公告号为 CN2582474Y（专利号为 02266438.6）的中国实用新型专利说明书，共 3 页（以下称对比文件 1）。

请求人认为，对比文件 1 公开了自撑蚊帐的两个至三个 U 型拉链门，下部具有隔离防蚊段，因此权利要求 1 相对于对比文件 1 不具有新颖性和创造性，且本专利说明书、权利要求书描述混乱，附图模糊不清，使所属技术领域的技术人员难以理解，因此也不具备实用性。

经形式审查合格，专利复审委员会依法受理了上述无效宣告请求，并于 2006 年 4 月 13 日向双方当事人发出无效宣告请求受理通知书，同时将专利权无效宣告请求书及其附件清单中所列附件的副本转送给专利权人，并要求专利权人在指定的期限内陈述意见。对此，专利权人在指定期限内未进行任何意见陈述。专利复审委员会依法成立合议组审理此案。

本案合议组于 2006 年 11 月 13 日向双方当事人发出无效宣告请求口头审理通知书，定于 2006 年 12 月 21 日在专利复审委员会举行口头审理。因故口头审理日期变更为 2006 年 12 月 27 日。

口头审理如期举行，专利权人未出席口头审理。请求人对变更后的合议组成员无回避请求，同时结合证据就其所持主张进行了相应的意见陈述。

请求人在口审中明确无效宣告请求的理由及范围为，本专利不符合专利法第 22 条第 4 款规定的实用性，同时权利要求 1~6 相对于对比文件 1 不符合专利法第 22 条第 2 款、第 3 款规定的新颖性和创造性，其他无效宣告请求理由均放弃。关于本专利不具有新颖性、创造性的事实，请求人意见陈述同无效宣告请求书。关于本专利不具有实用性的事实，请求人认为：①固定件（7）与软布相连接，但软布在说明书全文没有相应描述，软布如何与固定件相连也没有阐述；②可折叠支撑杆（1）穿过对角线，从附图上看不出对角线；③对于顶面纱网件如何紧靠可折叠支撑杆（1）的顶端，在说明书文字与附图中均没有相应的描述。

至此，合议组认为本案事实已经清楚，可以作出审查决定。

二、决定的理由

1. 关于本案审查的无效理由、证据和范围

根据当事人处置原则，请求人可以放弃部分无效宣告理由，对于请求人放弃的无效宣告理由，专利复审委员会不再进行审查。本案口头审理过程中，请求人明确无效宣告请求的理由为本专利不符合专利法第 22 条第 2~4 款，其他无效宣告理由均放弃。因此，合议组仅就本专利的授权是否符合专利

法第 22 条第 2~4 款的规定予以审查。

对比文件 1 是专利文献，属专利法意义上的公开出版物，合议组依职权对其进行了核实，对该对比文件的真实性予以认可，且其授权公告日为 2003 年 10 月 9 日，早于本专利的申请日 2003 年 11 月 25 日，因此可以作为评价本专利之新颖性和创造性的现有技术。

2. 关于专利法第 22 条第 4 款

专利法第 22 条第 4 款规定：实用性，是指该发明或者实用新型能够制造或者使用，并且能够产生积极效果。

请求人认为本专利不具有实用性的具体理由为：本专利权利要求书、说明书的描述混乱，使所属技术领域的技术人员难以容易理解，本专利的附图尤其是支架帐顶部分模糊不清，完全不能清楚地反映本专利的结构，即连接关系。具体表现在：①固定件（7）与软布相连接，但软布在说明书全文没有相应描述，软布如何与固定件相连也没有阐述；②可折叠支撑杆（1）穿过对角线，从附图上看不出对角线；③对于顶面纱网件如何紧靠可折叠支撑杆（1）的顶端，在说明书文字与附图中均没有相应的描述。

合议组经审查后认为：首先，针对请求人所述的第一点，软布在本专利说明书中有相应描述，具体参见说明书第 1 页第 4 段第 4 行以及第 2 页第 2 行。虽然说明书并未进一步具体阐述软布如何与固定件相连，但是该技术手段是本领域的公知常识，也就是说，本领域技术人员在实施本专利的过程中可以根据本领域的惯常设计将软布与固定件相连，说明书中未具体记载这一技术细节并不会导致本专利无法实现；其次，针对请求人所述的第二点，由说明书第 1 页第 4 段第 3 行可知，2 个缝合套在蚊帐顶部相互交叉形成的就是对角线，显然从附图中可以看到这一对角线的存在；最后，针对请求人所述的第三点，与上述第一点相同，该技术特征也是本领域所惯常采用的技术手段，说明书中不记载顶面纱网件如何紧靠可折叠支撑杆的顶端并不会使得本领域技术人员无法重现本专利。因此，本领域技术人员根据本专利说明书和权利要求书公开的技术内容，并结合上述所属领域的公知常识就能够重复实施本专利所采用的技术方案。所以合议组对请求人认为本专利不符合专利法第 22 条第 4 款规定之实用性的主张不予支持。

3. 关于专利法第 22 条第 2 款

专利法第 22 条第 2 款规定：新颖性，是指在申请日以前没有同样的发明或者实用新型在国内外出版物上公开发表过、在国内公开使用过或者以其他方式为公众所知，也没有同样的发明或者实用新型由他人向国务院专利行政部门提出过申请并且记载在申请日以后公布的专利申请文件中。

具体到本案，本专利权利要求 1 请求保护一种床笠自撑式蚊帐，对比文件 1 也公开了一种单人自撑睡帐，是由纱网材料制成的前后左右四个围页（相当于本专利的四个侧面件）、帐顶 5（相当于本专利的顶面纱网件）、帐底 6（相当于本专利的底面件）与一弹性自撑杆 20（相当于本专利的可折叠支撑杆）组成一封闭帐体 100。该自撑杆是通过穿插于围页的四侧页周边上的封套 11（相当于本专利的缝合套）中而与帐页连接成一体。侧页上开有帐门 7，帐门可以为两个。除了在前或后侧页上开门外，还可在左或右侧页开门。帐门任意方向开启，可为 U 型拉链门（相当于本专利的 U 型拉链）。在帐体 100 的四侧页下部设有一由非纱网材料制成的隔离段 12（相当于本专利的底布 5）。

将权利要求 1 与对比文件 1 公开的技术方案相对比，两者存在以下四项区别技术特征：第一，本专利的可折叠支撑杆其两个端点分别由固定件固定，固定件由软布与底角相连接，而对比文件 1 的弹性自撑杆 20 为一近似 8 字状的封闭形，自撑杆的四竖杆部分 21 分别与围页的四侧页 1、2、3、4 周边连接，自撑杆的二横杆部分 22 分别与矩形帐底的二长边 61 连接。由此可见本专利的自撑杆不具有横杆部分，由端点和帐底相连接，而对比文件 1 由横杆部分与帐底相连接；第二，本专利的前后、左或右三个侧面件上缝有U型拉链，而对比文件1最多同时在两个围页上开门；第三，本专利在前侧面件和后侧面件上还分别缝接有拉链（10），拉链（10）位于前侧面件、后侧面件上U型拉链（6）下端与底角之间，并且位于设置有U型拉链（13）侧面件的对应侧面件的一端，而对比文件1不具有这一技术特征；第四，本专利底布（5）的下端一周缝有一拉链（12），拉链（12）可与下檐布（14）相连接，而对比文件1不具有这一技术特征。由于上述四项区别技术特征的存在，权利要求1相对于对比文件1具备专利法第22条第2款规定的新颖性。

权利要求2~6都是权利要求1的从属权利要求，在权利要求1具备新颖性的情况下，从属权利要求2~6也具备专利法第22条第2款规定的新颖性。

4. 关于专利法第22条第3款

专利法第22条第3款规定：创造性，是指同申请日以前已有的技术相比，该发明有突出的实质性特点和显著的进步，该实用新型有实质性特点和进步。

由上面新颖性的评述可知，本专利权利要求1所要求保护的方案与对比文件1相比存在区别之处。其中上述第三项区别在于本专利在前侧面件和后侧面件上还分别缝接有拉链（10），拉链（10）位于前侧面件、后侧面件上U型拉链下端与底角之间，并且位于设置有U型拉链（13）侧面件的对应侧面件的一端。该技术方案所能解决的问题是，在不必打开U型拉链门的情况下，拉开拉链（10）就能方便地开关灯或电视等电器。而对比文件1中的拉链门长度较长、拉开并不方便，缝接位置也与本专利的拉链（10）显著不同，由此可见对比文件1并没有教导在围页U型拉链门下端设置同本专利拉链（10）功能相同的拉链，同时请求人也没有提出证据证明该技术特征属于本领域的公知常识，所以现有技术并没有给出将这一区别技术特征应用到对比文件1中的技术启示；其次，上述第四项区别在于本专利底布的下端一周还缝有一拉链（12），拉链（12）可与下檐布相连接。该技术方案所能解决的技术问题是，当蚊帐放在床上时，下檐布可遮挡住床下的物件，视觉效果较为美观。对比文件1既没有公开这一特征，且请求人也没有证据证明该技术特征属于本领域的公知常识。因此，现有技术也没有给出将这一区别技术特征应用到对比文件1中的技术启示。综上所述，权利要求1请求保护的技术方案相对于对比文件1不是显而易见的，具有实质性特点和进步，因此具备专利法第22条第3款规定的创造性。

权利要求2~6都是权利要求1的从属权利要求，在权利要求1具备创造性的情况下，从属权利要求2~6相对于对比文件1也具备专利法第22条第3款规定的创造性。

三、决定

维持200320116002.4号实用新型专利权有效。

当事人对本决定不服的，可以根据专利法第46条第2款的规定，自收到本决定之日起三个月内向北京市第一中级人民法院起诉。根据该款的规定，一方当事人起诉后，另一方当事人应当作为第三人参加诉讼。

064

闪光彩虹蜡烛

无效宣告请求审查决定（第9567号）

决　　定　　号　第9567号
决　　定　　日　2007年3月15日
发明创造名称　闪光彩虹蜡烛
国 际 分 类 号　F21S 19/00，H03K17/94，C11C5/00
无效宣告请求人　刘珍妮
专 利 权 人　李晓锋
专　　利　　号　200320115105.9
申　　请　　日　2003年11月25日
授 权 公 告 日　2004年9月1日
合 议 组 组 长　黄玉平
主　　审　　员　张梅珍
参　　审　　员　王琦琳

法 律 依 据　专利法第22条第3款
决 定 要 点

如果一项权利要求要求保护的技术方案与一篇对比文件所公开的技术方案相比存在区别技术特征，而该区别技术特征被另一篇对比文件所公开，且所起作用相同，则该权利要求相对于上述两篇对比文件不具备创造性。

一、案由

本无效宣告请求涉及中华人民共和国国家知识产权局于2004年9月1日授权公告的、名称为“闪光彩虹蜡烛”的实用新型专利权（下称本专利），其专利号为200320115105.9，申请日是2003年11月25日，专利权人是李晓锋。该专利授权公告时的权利要求书如下：

“1. 一种闪光彩虹蜡烛，包括蜡烛本体（3），其特征在于：还包括电子发光芯（6），所述电子发光芯（6）被设置于所述蜡烛主体（3）内。

2. 如权利要求1所述的闪光彩虹蜡烛，其特征在于：还包括塑料光纤，所述塑料光纤设置在蜡烛本体（3）内，与蜡烛线燃芯（1）并行，其一端与所述电子发光芯（6）相连接。

3. 如权利要求1或2所述的闪光彩虹蜡烛，其特征在于：所述电子发光芯（6）包括控制电路、电源和发光二极管（5），所述电源与控制电路电连接，所述控制电路与发光二极管（5）电连接，用于控制发光二极管（5）的发光次序。

4. 如权利要求3所述的闪光彩虹蜡烛，其特征在于：所述电子发光芯（6）包括光触发开关电路，跨接于所述控制电路与电源之间，用于控制电源的通断。

5. 如权利要求4所述的闪光彩虹蜡烛，其特征在于：所述光触发开关电路包括光敏开关，跨接于控制电路与电源之间，所述光敏开关的受光窗口与所述塑料光纤的一端相连接，用于触发所述光敏开关的导通或截止。

6. 如权利要求2或4或5中任一顶所述的闪光彩虹蜡烛，其特征在于：所述塑料光纤被包覆于蜡烛线燃芯内或与蜡烛线燃芯贴合在一起。

7. 如权利要求5所述的闪光彩虹蜡烛，其特征在于：所述光敏开关是光敏电阻。

8. 如权利要求1、2、4、5、6中任一顶所述的闪光彩虹蜡烛，其特征在于：还包括透明容器，所述蜡烛本体被容纳于所述透明容器内。

9. 如权利要求8所述的闪光彩虹蜡烛，其特征在于：所述透明容器是玻璃密闭罐。”

针对上述专利权，刘珍妮（下称请求人）于2006年2月21日向专利复审委员会提出无效宣告请求，理由为本专利不符合专利法第22条第2~3款的规定，其提交的证据如下：

证据1：申请号为01100529.7的发明专利申请公开说明书复印件，其公开日为2002年8月21日；

证据2：申请号为91223868.2的实用新型专利申请说明书复印件，其公告日为1992年7月1日；

证据3：专利号为94227567.5的实用新型专利说明书复印件，其授权公告日为1994年11月30日。

请求人认为本专利权利要求1~7相对于证据1不具备新颖性，权利要求7相对于证据1和2的结合不具备创造性，权利要求8、9相对于证据1和3的结合不具备创造性，因此本专利的授予不符合专利法第22条第2~3款的规定。

经形式审查合格，专利复审委员会依法受理了上述无效宣告请求，于2006年4月12日向双方当事人发出无效宣告请求受理通知书，并将专利权无效宣告请求书及其附件清单中所列附件的副本转送给专利权人。

针对上述专利权无效宣告请求书，专利权人于2006年5月26日向专利复审委员会提交了意见陈述书和权利要求书修改替换页，修改后的权利要求书为：

“1. 一种闪光彩虹蜡烛，包括蜡烛本体（3）、电子发光芯（6）、塑料光纤，所述电子发光芯（6）被设置于所述蜡烛主体（3）内；所述塑料光纤设置在蜡烛本体（3）内，与蜡烛线燃芯（1）并行，其一端与所述电子发光芯（6）相连接。其特征在于：还包括透明容器，所述蜡烛本体被容纳于所述透明容器内，所述蜡烛本体与所述透明容器内壁紧贴。

2. 如权利要求1所述的闪光彩虹蜡烛，其特征在于：所述透明容器是玻璃密闭罐或玻璃罐。

3. 如权利要求2所述的闪光彩虹蜡烛，其特征在于：所述电子发光芯（6）包括控制电路、电源和发光二极管（5），所述电源与控制电路电连接，所述控制电路与发光二极管（5）电连接，用于控制发光二极管（5）的发光次序。

4. 如权利要求3所述的闪光彩虹蜡烛，其特征在于：所述电子发光芯（6）包括光触发开关电路，跨接于所述控制电路与电源之间，用于控制电源的通断。

5. 如权利要求4所述的闪光彩虹蜡烛，其特征在于：所述光触发开关电路包括光敏开关，跨接于控制电路与电源之间，所述光敏开关的受光窗口与所述塑料光纤的一端相连接，用于触发所述光敏开关的导通或截止。

6. 如权利要求2~5中任一项所述的闪光彩虹蜡烛，其特征在于：所述塑料光纤被包覆于蜡烛线燃芯内或与蜡烛线燃芯贴合在一起。

7. 如权利要求5所述的闪光彩虹蜡烛，其特征在于：所述光敏开关是光敏电阻。”

专利权人认为：1. 证据3中所披露的结构是放置蜡烛的烛台，只有在使用时，才会放置上蜡烛，也就是说蜡烛和玻璃杯体是各自独立的两个物体，而本专利中的透明容器在任何情况下始终是本专利产品的一部分，其与蜡烛本体、电子发光芯、光纤等有机地结合在一起，其产生的技术效果是：在电子发光芯发出多彩光芒时，由于罐体自身对光线的折射、反射、透射等的光学作用，使本专利闪光彩虹蜡烛的观赏性、趣味性、装饰性更佳；另外，由于不会在燃烧时使蜡烛滴到台面上，避免了污染环境。简单地将蜡烛本体放入透明容器中并不能实现本发明目的。（2）事实上，生产工艺也能说明这一点，为了保证蜡烛本体与透明容器紧密配合，成为一个整体，需要将熔化的烛蜡灌装到透明容器中，由于烛蜡的高温，必须有相关的生产工艺，避免塑料光纤被破坏甚至熔化。可见，证据3没有给出本专利新权利要求1技术方案的启示，修改后的权利要求1~7相对于证据1~3具备新颖性和创造性。

专利复审委员会依法成立合议组对本案进行审理，本案合议组于2006年9月25日向双方当事人发出无效宣告请求口头审理通知书，指出本案合议组定于2006年11月7日对本案举行口头审理。随同口头审理通知书，将专利权人于2006年5月26日提交的意见陈述书及其附件清单中所列附件的副本转送给请求人。

口头审理如期举行，双方当事人均参加了口头审理。

在口头审理中，（1）合议组当庭告知专利权人其于2006年5月26日提交的权利要求书修改替换页不符合审查指南中有关无效程序专利文件的修改原则，因此本次口头审理以授权公告的权利要求书为基础，双方当事人对此无异议。（2）请求人明确其无效理由、范围、证据为：权利要求1~6相对于证据1不具备新颖性、创造性，权利要求7相对于证据1、2的结合不具备创造性，权利要求8、9相对于证据1、3的结合不具备创造性。专利权人对证据1~3的真实性无异议，并承认本专利权利要求1~7不具备新颖性和创造性的无效理由成立，放弃权利要求1~7。专利权人认为本专利与证据3发明目的不同，且本专利蜡烛与容器是一体的，与证据3不同，因此权利要求8、9具备新颖性和创造性。同时专利权人对权利要求9的附加技术特征作了解释：当蜡烛燃烧时，透明容器是敞口的，与外界空气相通；当熄灭时，盖有盖子，故称玻璃密闭罐。双方当事人均认为蜡烛燃烧时，容器必然是敞口的，此为公知常识。

至此，合议组认为本案事实清楚，现依法作出审查决定。

二、决定的理由

1. 关于审查基础及审查范围

审查指南第四部分第三章第4.6节指出，在无效宣告程序中发明或者实用新型专利文件的修改仅限于权利要求书，其原则是：（1）不得改变原权利要求的主题名称。（2）与授权的权利要求相比，不得扩大原专利的保护范围。（3）不得超出原说明书和权利要求书记载的范围。（4）一般不得增加未包含在授权的权利要求书中的技术特征。在满足上述修改原则的前提下，修改权利要求书的具体方式一般限于权利要求的删除、合并和技术方案的删除。

本案中，专利权人于2006年5月26日提交了权利要求书的修改替换页，其中新的权利要求1是在原权利要求8基础上增加了未出现在授权文本中的技术特征“所述蜡烛本体与所述透明容器内壁紧贴”，新的权利要求2增加了未出现在授权文本中的技术特征“玻璃罐”。上述修改不符合无效宣告程序中专利文件的修改原则，并且合议组已于口头审理时告知双方当事人口头审理以授权公告的权利要求书为基础，且双方当事人对此无异议，因此本案以2004年9月1日授权公告的授权文本作为审查基础。

此外，请求人的无效理由是权利要求 1~6 不具备新颖性，权利要求 7~9 不具备创造性，鉴于专利权人放弃了权利要求 1~7，因此本案合议组仅针对本专利权利要求 8、9 是否具备创造性进行审查。

2. 关于证据和现有技术

请求人共提交了 3 份证据，即证据 1~3。上述证据为专利文献，专利权人对其真实性均予以认可，合议组经审查认为上述证据 1~3 可以作为本案的证据使用。关于证据 3，请求人提供的该证据首页上记载的授权公告日不清楚，隐约为 1994 年 1 月 30 日，合议组经核实，该授权公告日为 1994 年 11 月 30 日。由于上述证据公开日均在本专利申请日之前，其上记载的内容构成本专利的现有技术。

3. 关于专利法第 22 条第 3 款

专利法第 22 条第 3 款规定：创造性，是指同申请日以前已有的技术相比，该发明有突出的实质性特点和显著的进步，该实用新型有实质性特点和进步。

本案中，请求人认为本专利权利要求 8 和 9 相对于证据 1 和证据 3 的结合不具备创造性。

权利要求 8 分别引用了在前的权利要求 1、2、4、5、6，因此权利要求 8 所要求保护的整体技术方案分别由引用的权利要求的所有技术特征与其附加技术特征构成。

合议组经审理，查明：

证据 1 公开了一种产生光彩变化的蜡烛，包括蜡烛 10（相当于本专利中的蜡烛本体）、光产生装置 20（相当于本专利中的电子发光芯）、蕊心 11（相当于本专利中的蜡烛线燃芯）和光纤 30（相当于本专利中的塑料光纤）。光纤 30 包裹在蕊心 11 中或缠绕在蕊心 11 上并且与光产生装置 20 相连。所述光产生装置 20 被设置于蜡烛 10 中并且包括控制 IC24（相当于本专利中的控制电路）、发光二极管，光感应器 25（相当于本专利中的光触发开关）。电源供应器 26（相当于本专利中的电源）与控制 IC24 电连接、控制 IC24 与发光二极管电连接，用于控制发光二极管发光并且产生时序变化。光感应器 25 为光敏三极管且跨接在控制 IC24 与电源之间，光纤 30 与光产生装置 20 的光感应器 25 连接。当点燃蕊心 11 时，蕊心 11 燃烧时产生的光线由光纤 30 所接收，并通过光纤 30 传递此光信号，在光感应器 25 接收到此光信号后，传递一驱动信号至控制 IC24，由控制 IC24 驱动发光二极管发光并产生时序变化，当熄灭蕊心 11 的火焰时，光信号即中断，而发光二极管停止发光。

证据 3 公开了一种蜡烛艺术灯，包括金属支架和玻璃杯体，玻璃杯体设置于金属支架内，玻璃杯中放置蜡烛。

将权利要求 8 所述技术方案与证据 1 公开的内容进行比较，可知证据 1 公开了权利要求 8 分别引用的权利要求 1、2、4、5、6 的全部技术特征，并且专利权人在口头审理中明确表示承认权利要求 1~6 相对于证据 1 不具备新颖性的无效宣告理由，因此权利要求 8 所述各个技术方案与证据 1 的区别仅在于权利要求 8 的附加技术特征，即：“还包括透明容器，所述蜡烛本体被容纳于所述透明容器内”。合议组认为证据 3 中公开了将蜡烛放置于玻璃杯体中的技术方案，本领域技术人员在证据 1 的基础上，为了使蜡烛油不滴落在台面上同时增加装饰效果，很容易想到将证据 3 中的上述内容结合进来，从而得到权利要求 8 请求保护的技术方案，因此，权利要求 8 相对于证据 1 和证据 3 的结合不具有实质性特点和进步，不具备专利法第 22 条第 3 款所规定的创造性。

权利要求 9 引用了权利要求 8，其附加技术特征为：“所述透明容器是玻璃密闭罐”。专利权人对该权利要求中的“玻璃密闭罐”进行了解释：当蜡烛燃烧时，透明容器是敞口的，与外界空气相通；当熄灭时，盖有盖子。并且请求人和专利权人均认为在蜡烛燃烧时，该玻璃罐是敞口的。证据 3 中已经公开了将蜡烛放置于玻璃杯体中的技术方案，而蜡烛在不使用时，利用盖子将容纳蜡烛的容器封闭以利于收藏属于本领域的常规技术手段，因此，当其引用的权利要求 8 不具备创造性时，权利要求 9

相对于证据 1 和证据 3 的结合也不具备实质性特点和进步，不具备专利法第 22 条第 3 款所规定的创造性。

专利权人在口头审理中陈述本专利与证据 3 发明目的不同，且本专利蜡烛与容器是一体的；其在答复无效宣告请求受理通知书时也强调由于蜡烛与容器是一体的，带来了增加装饰性、避免污染环境的效果，同时其生产工艺保证蜡烛本体与透明容器紧密配合。

对此，合议组认为，证据 3 与本专利、证据 1 均属于相同的技术领域，无论本专利与证据 3 说明书中记载的发明目的是否相同，只要其公开了本专利权利要求与证据 1 之间的区别技术特征，并且所起作用与该区别技术特征在本专利中的作用相同，则证据 3 存在将上述区别技术特征应用到证据 1 中以解决其实际存在的问题的启示；至于专利权人所述的本专利蜡烛与容器是一体的以及生产工艺保证蜡烛本体与透明容器紧密配合的技术特征并未记载在权利要求中，其不能作为评价本专利是否具备创造性的依据，因此专利权人的上述主张并不能证明其权利要求 8、9 具备创造性。

综上所述，由于专利权人放弃了权利要求 1~7，而权利要求 8、9 相对于证据 1 和证据 3 的结合不具备创造性，故本案合议组作出如下审查决定。

三、决定

宣告 200320115105.9 号实用新型专利权全部无效。

当事人对本决定不服的，可以根据专利法第 46 条第 2 款的规定，自收到本决定之日起三个月内向北京市第一中级人民法院起诉。根据该款的规定，一方当事人起诉后，另一方当事人应当作为第三人参加诉讼。

065

方便安全压力锅

无效宣告请求审查决定（第9592号）

决　　定　　号　第9592号
决　　定　　日　2007年3月23日
发明创造名称　方便安全压力锅
国 际 分 类 号　A47J 27/08
无效宣告请求人　苏泊尔集团有限公司，浙江苏泊尔股份有限公司
专 利 权 人　方展崇
专　　利　　号　98217988.X
申　　请　　日　1998年8月7日
授 权 公 告 日　1999年12月15日
合 议 组 组 长　张惠军
主　　审　　员　杨军艳
参　　审　　员　刘颖杰

法 律 依 据　专利法第22条第3款
决 定 要 点

在判断创造性的过程中，应确定现有技术是否存在技术启示。如果一项专利相对于一篇对比文件的区别特征为相同技术领域中另一篇对比文件中披露的相关技术手段，且该技术手段在该对比文件中所起的作用与该区别特征在请求保护的专利中所起的作用相同，则应当认为现有技术中存在技术启示。

一、案由

本无效宣告请求涉及中华人民共和国国家知识产权局于1999年12月15日授权公告的、名称为"方便安全压力锅"的实用新型专利权（下称本专利），其专利号是98217988.X，申请日是1998年8月7日，专利权人是方展崇。该专利授权公告时的权利要求如下：

"1. 一种方便安全压力锅，它通过嵌合结构进行密封，锅盖上有限压阀8等部件，其特征是锅体上有转座1，盖柄3一端用转轴2连在转座1上，锅盖9中心连有旋柱7，可旋转的锅盖9通过旋柱7连接在盖柄3上，盖柄3有孔4，当压力锅合牢密封时孔4正下方的锅盖处有浮子阀5。

2. 根据权利要求1所述的压力锅，其特征是锅盖上有直径大于6mm以上的孔12，密封圈11封闭孔12，压块13压在密封圈上，弹簧片14连接上紧栓15压紧压块13。"

（1）针对本专利权，苏泊尔集团有限公司（下称第一请求人）于2006年3月14日向专利复审

委员会提出无效宣告请求，其提交的附件如下：

附件 1.1：授权公告号为 1991-0009541 的韩国专利文献及其中文译文，其授权公告日为 1991 年 12 月 13 日；

附件 1.2：授权公告号为 CN2207777Y 的实用新型专利说明书，其授权公告日为 1995 年 9 月 20 日；

附件 1.3：公开号为 CN1102283A 的发明专利申请公开说明书，其公开日为 1995 年 5 月 3 日。

第一请求人认为：附件 1.1 公开了本专利权利要求 1 的全部技术特征，因此权利要求 1 缺乏新颖性；权利要求 1 相对于附件 1.1、附件 1.1 与附件 1.2 的结合或者附件 1.1 与附件 1.3 的结合不具备创造性；在权利要求 1 不具备创造性的前提下，权利要求 2 也不具备创造性。

经形式审查合格，专利复审委员会依法受理了上述无效宣告请求（案件编号：5W07607），于 2006 年 3 月 15 日向双方当事人发出无效宣告请求受理通知书，并将第一请求人提交的无效宣告请求书及其附件清单中所列附件的副本转送给专利权人，告知专利权人在收到受理通知书之日起一个月内陈述意见，期满未答复不影响专利复审委员会审理。

（2）针对本专利权，浙江苏泊尔炊具股份有限公司于 2006 年 3 月 14 日向专利复审委员会提出无效宣告请求、该公司于 2006 年 4 月 27 日变更为浙江苏泊尔股份有限公司（下称第二请求人），其提交的附件如下：

附件 2.1：授权公告号为 CN2259117Y 的实用新型专利说明书，其授权公告日为 1997 年 8 月 13 日；

附件 2.2：授权公告号为 CN2207777Y 的实用新型专利说明书，其授权公告日为 1995 年 9 月 20 日（与第一请求人提交的附件 1.2 相同）。

第二请求人认为：附件 2.1 公开了本专利权利要求 1 的全部技术特征，因此权利要求 1 不具备新颖性；权利要求 1 相对于附件 2.1 与附件 2.2 的结合不具备创造性，同样权利要求 2 也不具备创造性。

经形式审查合格，专利复审委员会依法受理了上述无效宣告请求（案件编号：5W07608），于 2006 年 3 月 15 日向双方当事人发出无效宣告请求受理通知书，并将第二请求人提交的无效宣告请求书及其附件清单中所列附件的副本转送给专利权人，告知专利权人在收到受理通知书之日起一个月内陈述意见，期满未答复不影响专利复审委员会审理。

针对上述两项无效宣告请求，专利权人于 2006 年 4 月 22 日向专利复审委员会寄交了意见陈述书，认为第一请求人、第二请求人提供的附件与本专利不同，附件 1.1 的中文译文不规范，多处语法不通和错误，不知是何意思。同时，作为附件，专利权人提交了第 8027 号无效宣告请求审查决定书表格页复印件 1 页，用以说明专利复审委员会已经针对本专利做出过无效宣告审查决定。

专利复审委员会依法成立合议组，对上述两项无效宣告请求进行审理。根据审查指南第四部分第三章第 4.5 节关于“案件的合并审理”的规定，本案合议组将上述两项无效宣告请求合并口头审理。本案合议组于 2006 年 10 月 9 日向专利权人、第一请求人和第二请求人发出无效宣告请求口头审理通知书，告知三方当事人 5W07607 与 5W07608 两案合并口头审理，口头审理定于 2006 年 11 月 21 日举行。随同口头审理通知书，将专利权人于 2006 年 4 月 22 日提交的意见陈述书及其附件转给第一请求人、第二请求人。

口头审理如期举行，三方当事人均参加了口头审理。

在口头审理中，第二请求人当庭提交了《中华人民共和国国家标准 GB 13623-92 铝压力锅安全及性能要求》复印件 11 页（下称附件 2.3），并明确仅使用第 2 页的 5.10 和附录 A 用来证明现有技术的锅盖上有限压阀及其嵌合结构，其他部分不使用。合议组当庭将上述附件转给专利权人。

第一请求人当庭明确其无效理由、证据、范围是：权利要求 1 不符合专利法第 22 条第 3 款的规定，使用附件 1. 1 结合附件 1. 2 或者使用附件 1. 1 结合附件 1. 3 评述权利要求 1 的创造性；放弃针对新颖性的无效请求及针对权利要求 2 创造性的无效请求。

第二请求人当庭明确其无效理由、证据、范围是：权利要求 1 不具备新颖性和创造性，使用附件 2. 1 评述权利要求 1 的新颖性，使用附件 2. 1 结合附件 2. 2 评述权利要求 1 的创造性；放弃针对权利要求 2 创造性的无效请求。

专利权人对附件 1. 1~1. 3 及附件 2. 1~2. 3 的真实性均无异议；对附件 1. 1 全部中文译文的准确性有异议，但没有提交其认为正确的中文译文。

第一请求人认为：本专利权利要求 1 中除了“盖柄 3 有孔 4，当压力锅合牢密封时孔 4 正下方的锅盖处有浮子阀 5”这一特征之外，其余特征已被附件 1. 1 公开，而附件 1. 1 未公开的上述特征已被附件 1. 2 或附件 1. 3 所公开。

第二请求人认为：本专利权利要求 1 中的特征已被附件 2. 1 全部公开；此外由附件 2. 3 证明本专利中的压力锅结构是公知常识，并认为附件 2. 1 和 2. 2 已经公开了本专利的浮子阀。

针对第一请求人、第二请求人的意见，专利权人认为：本专利与附件 1. 1 和附件 2. 1 完全不同，本专利的浮子阀是可旋转的，并且完全不用弹簧连锁机构，而其他所有浮子阀都必须用弹簧连锁机构才能起作用，与本专利的结构不同。专利权人当庭展示了一件压力锅盖实物。

2006 年 11 月 22 日专利复审委员会收到专利权人的陈述书，重述了其口审时的意见。

2006 年 11 月 23 日专利权人再次提交了陈述书，重述了其口审时的意见，并提交了“多家报社对本案的报道”等八份参考资料。

2006 年 11 月 28 日第一请求人、第二请求人分别提交了意见陈述书，重述了他们口审时的意见。

至此，合议组认为本案事实清楚，现依法作出审查决定。

二、决定的理由

1. 关于第一请求人的无效宣告请求理由是否成立

第一请求人在提出无效宣告请求时认为，本专利权利要求 1 不具备新颖性和创造性，权利要求 2 不具备创造性。由于第一请求人在口头审理中已明确放弃针对本专利新颖性的无效宣告请求以及针对权利要求 2 创造性的无效宣告请求，因此在针对第一请求人无效宣告请求的审查中，合议组不再对本专利权利要求 1 是否具备新颖性、权利要求 2 是否具备创造性进行评述。

（1）关于证据和现有技术。

附件 1. 1~1. 3 均为专利文献，专利权人对它们的真实性均没有异议，它们的公开日或授权公告日均早于本专利的申请日，合议组经审查认为，附件 1. 1~1. 3 可以作为本案证据使用，其上记载的内容构成了本专利的现有技术。

附件 1. 1 为韩国专利文献，第一请求人提交了其中文译文。专利权人对第一请求人所提交的附件 1. 1 全部中文译文的准确性有异议，但是没有提交其认为正确的中文译文。

审查指南第四部分第八章第 2. 2. 1 节规定：对方当事人对中文译文内容有异议的，应当在指定的期限内对有异议的部分提交中文译文。没有提交中文译文的，视为无异议。

本案中，专利权人虽然对第一请求人所提交的附件 1. 1 的中文译文准确性有异议，但是其在答复意见时及口审当庭均未提交附件 1. 1 的中文译文，因此根据审查指南的上述规定，视为专利权人对附件 1. 1 的中文译文无异议，附件 1. 1 公开的内容以第一请求人提交的附件 1. 1 附图及其中文译文为准。

（2）关于本专利权利要求 1 是否具备创造性。

专利法第 22 条第 3 款规定：创造性，是指同申请日以前已有的技术相比，该发明有突出的实质性特点和显著的进步，该实用新型有实质性特点和进步。

第一请求人认为本专利权利要求 1 中除了“盖柄 3 有孔 4，当压力锅合牢密封时孔 4 正下方的锅盖处有浮子阀 5”这一特征之外，其余特征已被附件 1.1 公开，而附件 1.1 未公开的上述特征已被附件 1.2 或附件 1.3 所公开，因此权利要求 1 相对于附件 1.1 结合附件 1.2 或者附件 1.1 结合附件 1.3 不具备创造性。

对此，专利权人认为本专利与附件 1.1 完全不同，本专利的浮子阀是可旋转的、完全不用弹簧连锁机构，而其他所有浮子阀都必须用弹簧连锁机构才能起作用，与本专利的结构不同。

经审查，结合附件 1.1 的中文译文及其附图可知，附件 1.1 公开了一种内置压力锅的电饭煲，包括外层锅身 1、内层压力锅 6、锅盖 11；外层锅身 1 上端后部有转座 4，转座 4 通过销与锅盖 11 结合，使得锅盖 11 能够通过转座 4 翻转；锅盖 11 内设盖柄 12，锅盖 11 和盖柄 12 通过轴 18 的轴条 17 来结合；盖柄 12 上设有固定齿轮 13，固定齿轮 13 与可动齿轮 13′啮合，可动齿轮 13′上端设有旋转座 15，通过旋转旋转座 15，使得可动齿轮 13′旋转，带动与其啮合的固定齿轮 13 旋转，从而使得盖柄 12 旋转；盖柄 12 的下端沿周边设有多个锅牙 7′，内层压力锅 6 上端周边部分设有多个锅牙 7，通过盖柄 12 的旋转可使盖柄下端的锅牙 7′与内层压力锅上端的锅牙 7 相互结合，密封压力锅；盖柄 12 上还设有压力排出阀 14，向上穿出锅盖 11 上的长孔 16；压力排出阀 14 的手柄 20 连接有连接杆 21，连接杆 21 连接有销 22；当压力锅密封时销 22 插入到压力锅 6 上嵌合部 8 的小孔 10 中；当煮饭结束时，把压力排出阀 14 的手柄 20 向后推，排气孔开放，压力外泄，同时销 22 通过连接杆 21 上升，从小孔 10 中脱离，可以开盖。在附件 1.1 中压力锅密封时销 22 插入到小孔 10 中，只有在手动推启压力排出阀 14 的手柄 20 后，通过与手柄 20 相连的连接杆 21 带动销 22 上升，从小孔 10 中脱离，才可以开盖。

将本专利权利要求 1 与附件 1.1 进行对比：附件 1.1 公开了一种内置压力锅的电饭煲，与本专利均涉及压力锅这一技术领域；附件 1.1 中该压力锅通过盖柄 12 的旋转使得盖柄下端的锅牙 7′与内层压力锅上端的锅牙 7 相互结合，密封压力锅，可见其是通过嵌合结构进行密封的，与本专利相同；附件 1.1 中盖柄 12 上设有压力排出阀 14，相当于本专利权利要求 1 中锅盖上有限压阀；附件 1.1 中外层锅身 1 上端后部有转座 4，相当于本专利权利要求 1 中锅体上有转座。

此外，附件 1.1 中的盖柄 12 可跟随固定齿轮 13 旋转，由附件 1.1 中的附图 4 可见其轴条 17 位于盖柄 12 的中心处，锅盖 11 和盖柄 12 通过轴条 17 结合，转座 4 通过销与锅盖 11 结合，使得锅盖 11 能够通过转座 4 翻转，即附件 1.1 中的整个锅盖由外层的锅盖 11 与内层的盖柄 12 构成，两者通过位于中心处的轴条结合，内层的盖柄 12 可以旋转，外层的锅盖 11 与转座 4 结合，通过转座 4 带动整个锅盖翻转。而本专利中锅盖为一可旋转锅盖，其通过位于中心处的旋柱连接在一盖柄上，盖柄一端用转轴连在转座上，通过转座带动整个锅盖翻转。

由上述对比可知，本专利权利要求 1 与附件 1.1 的区别在于：

①本专利中锅盖为单层旋转锅盖，其相对于盖柄转动；而附件 1.1 中整个锅盖为内、外两层，内层盖柄 12 相对于外层锅盖 11 转动。因此，两者锅盖部分的结构不同。

②本专利权利要求 1 中盖柄有孔，当压力锅合牢密封时孔正下方的锅盖处有浮子阀，通过盖柄上的孔与锅盖处的浮子阀配合，使得当锅盖扣合不到位时浮子阀会被盖柄顶住，即使加热后锅内达到使浮子阀上浮的压力，浮子阀也不能上浮封闭阀孔，于是锅内压力便不会继续增大；当扣合到位时，浮子阀与盖柄上的孔相对，锅内有一定压力后浮子阀将上升、封闭阀孔，并使锅盖不能旋转，于是锅内有压力时不能开盖，从而增强了压力锅的安全性能。附件 1.1 中通过压力排出阀 14 所连的销 22 与压

力锅6上端嵌合部8中小孔10的配合，使得扣合到位密封后必须通过手动推启压力排出阀14的手柄20，带动其所连接的连接杆21上升，并由此带动销22从小孔10中脱离，才能开盖。因此，两者采用的具体结构不相同。

针对上述区别特征①：合议组认为，附件1.1中采用双层锅盖是由于其锅身为内外两层，内层锅身是压力锅，内层压力锅的嵌合密封仅通过内层盖柄12的旋转就可以实现，外层锅盖11为内层盖柄12的旋转提供支持；当制作单层锅身的压力锅时不需要双层锅盖的结构，此时本领域技术人员根据附件1.1的方案容易想到将旋转的内层盖柄12制成可旋转的单层锅盖进行嵌合密封，这时由于不再需要外层的锅盖，仅需一个简单的配合固定部件，如手柄，与转座相连，即可实现锅盖的翻转，可见附件1.1给出了采用本专利权利要求1中所述锅盖结构的技术启示。

针对上述区别特征②：附件1.2公开了一种压力锅使用保险装置，与附件1.1和本专利均涉及压力锅这一技术领域。在附件1.2中该保险装置包括固装在锅盖上的上手柄9和固装在锅体上的下手柄11及装在上下手柄之间的自锁机构；该自锁机构由装在锅盖上的安全阀和装在上手柄9上的推板4、安全杆8、弹簧13及顶杆12组成；安全阀上有一个可以上下移动的阀杆3，在手柄上可平行滑移的推板4开有与阀杆3顶部外形尺寸相配合的锁孔，锁孔位置与锅盖合拢时的安全阀相对应（见附件1.2说明书第1页倒数第5行~倒数第1行、说明书第3页第2段和附图1）。在正常工作状态下，安全阀上的阀杆3被锅内蒸汽顶起，并穿入推板4上的自锁孔内，当锅内蒸汽未排放完毕时，阀杆3不下落，推板4不能带动安全杆8复位，锅盖无法开启（见附件1.2说明书第2页第12~15行和附图3）。

合议组认为，附件1.2中安全阀上的阀杆3可根据压力锅内压力的大小被顶起或落下，当锅盖扣合到位时阀杆3与推板4上的锁孔相对应，扣合不到位时阀杆3与锁孔必然不能对应，因此附件1.2公开了在压力锅的锅盖上可以设置随压力大小上升或下落的浮子阀，并且浮子阀与其上方的孔之间具有配合关系；在附件1.2中阀杆3不下落时，由推板4带动的整套开盖机构不能运动，锅盖无法旋转，不能开盖，这与本专利中浮子阀上升后锅盖不能旋转开启的作用相同；在附件1.2中锅盖扣合不到位时阀杆3与锁孔不能对应，此时阀杆3即使被压力顶起也不能向上密封锁孔，本领域技术人员由此可以想到扣合不到位时能通过锁孔排气，这与本专利中扣合不到位时浮子阀不能上浮，于是压力不会继续增大的作用相同。可见，附件1.2给出了在压力锅的锅盖上设置浮子阀与配合孔这一结构来增强压力锅安全性能的技术启示。

本领域技术人员在上述技术启示下，容易想到将附件1.1中的锅盖略作改变并将附件1.2中浮子阀与锁孔的配合结构应用到锅盖上，以增强压力锅的安全性能，从而得到本专利权利要求1的技术方案，因此本专利权利要求1相对于附件1.1与附件1.2的结合不具备创造性，不符合专利法第22条第3款的规定。

针对专利权人认为本专利的浮子阀是可旋转的、完全不用弹簧连锁机构，而其他所有浮子阀都必须用弹簧连锁机构才能起作用的观点，合议组认为：浮子阀与什么样的部件结合来实现其上升后锅盖不能旋转的目的是由锅盖的结构决定的；附件1.2中所述结构的锅盖使用了弹簧连锁机构完成锁合及开启功能，因此浮子阀需要与弹簧连锁机构结合使用；附件1.1中所述结构的锅盖没有使用弹簧连锁机构，而是使用了齿轮啮合等机构完成锁合及开启功能，因此浮子阀也就不需要与弹簧连锁机构结合使用。此外，由于附件1.1所述压力锅的整个锅盖中内层盖柄12通过轴心相对于外层锅盖11旋转，在这种情况下只要将内层盖柄12上轴心之外的任意点相对于外层锅盖11固定，就能达到使其不能旋转的目的，因此在这类锅盖中浮子阀结构完全可以与其他机构脱离开来，单独使用并实现相应的功能。

鉴于本专利权利要求1相对于附件1.1与附件1.2的结合已不具备创造性，因此对于第一请求人关于本专利权利要求 1 相对于附件 1.1 与附件 1.3 结合不具备创造性的无效理由，合议组不再进行评述。

2. 关于第二请求人的无效宣告请求理由是否成立

第二请求人在口头审理当庭明确其无效宣告请求仅针对本专利的权利要求 1。

由于第一请求人所提交的附件 1.1 和附件 1.2 已足以否定本专利权利要求 1 的创造性，因此，对于第二请求人针对本专利权利要求 1 提出的不符合专利法第 22 条第 2~3 款的无效理由以及相关的证据，即附件 2.1、2.2 和 2.3，合议组不再进行评述。

三、决定

宣告 98217988.X 号实用新型专利权利要求 1 无效，在权利要求 2 的基础上维持专利权有效。

当事人对本决定不服的，可以根据专利法第 46 条第 2 款的规定，自收到本决定之日起三个月内向北京市第一中级人民法院起诉。根据该款的规定，一方当事人起诉后，另一方当事人应当作为第三人参加诉讼。

北京市第一中级人民法院
行政判决书

（2007）一中行初字第 471 号

原告方展崇，男，1945 年 11 月 18 日出生，汉族，佛山市顺德区永安专利技术开发有限公司经理，住广东省佛山市顺德区容桂三符里校前巷容声楼一座 201。

委托代理人张丽纯，北京市京都律师事务所律师。

委托代理人李胜宇，男，1974 年 2 月 27 日出生，中国商标专利事务所有限公司商标代理人，住北京市西城区三里河东路 8 号。

被告国家知识产权局专利复审委员会，住所地北京市海淀区北四环西路 9 号银谷大厦 10~12 层。

法定代表人廖涛，副主任。

委托代理人杨军艳，国家知识产权局专利复审委员会审查员。

委托代理人瞿晓峰，国家知识产权局专利复审委员会审查员。

第三人苏泊尔集团有限公司，住所地浙江省玉环县大麦屿经济开发区。

法定代表人苏增福，董事长。

委托代理人徐关寿，浙江杭州金通专利事务所有限公司专利代理人。

第三人浙江苏泊尔股份有限公司，住所地浙江省玉环县大麦屿经济开发区。

法定代表人苏显泽，董事长。

委托代理人贾海鹏，北京市沃尔森律师事务所律师。

委托代理人曲晶，北京市沃尔森律师事务所律师。

原告方展崇不服被告国家知识产权局专利复审委员会（以下简称专利复审委员会）于 2007 年 3 月 23 日作出的第 9592 号无效宣告请求审查决定（以下简称第 9592 号决定），于法定期限内向本院提起诉讼。本院于 2007 年 5 月 31 日受理此案后，依法组成合议庭，并按照法律规定通知苏泊尔集团有限公司（以下简称苏泊尔集团公司）、浙江省苏泊尔股份有限公司（简称苏泊尔股份公司）作为第三人参加诉讼，于 2007 年 7 月 16 日公开开庭审理了本案。原告方展崇及其委托代理人张丽纯、李胜宇，被告专利复审委员会的委托代理人杨军艳、瞿晓峰，第三人苏泊尔集团公司的委托代理人徐关寿、第三人苏泊尔股份公司的委托代理人贾海鹏、曲晶到庭参加诉讼。本案现已审理终结。

专利复审委员会第9592号决定系就苏泊尔集团公司及苏泊尔股份公司针对方展崇享有的专利号为98217988.X、名称为“方便安全压力锅”的实用新型专利（以下简称本专利）所提出的无效宣告请求作出的。专利复审委员会在该决定中认定：

苏泊尔集团公司提出无效请求的理由是本专利权利要求1不具备创造性，其提交的附件1.1~1.3均为专利文献，专利权人对它们的真实性没有异议，它们的公开日或授权公告日均早于本专利的申请日，故可以作为本案的证据使用，其上记载的内容构成本专利的现有技术。附件1.1为韩国专利文献，苏泊尔集团公司提交了中文译文，专利权人对译文的准确性有异议，但没有提交其认为正确的中文译文，根据审查指南的相关规定，视为其无异议，附件1.1公开的内容以苏泊尔集团公司提交的附件1.1附图及其中文译文为准。

将本专利权利要求1与附件1.1进行对比：附件1.1公开了一种内置压力锅的电饭煲，与本专利均涉及压力锅这一技术领域；附件1.1中该压力锅通过盖柄的旋转使得盖柄下端的锅牙与内层压力锅上端的锅牙相互结合，密封压力锅，可见其是通过嵌合结构进行密封的，与本专利相同；附件1.1中盖柄上设有压力排出阀，相当于本专利权利要求1中锅盖上有限压阀；附件1.1中外层锅身上端后部有转座，相当于本专利权利要求1中锅体上有转座。

此外，附件1.1的盖柄可随固定齿轮旋转，由附件1.1中的附图4可见其轴条位于盖柄的中心处，锅盖和盖柄通过轴条结合，转座通过销与锅盖结合，使得锅盖能够通过转座翻转，即附件1.1中的整个锅盖由外层的锅盖和内层的盖柄构成，通过转座带动整个锅盖翻转。而本专利中锅盖为一可旋转锅盖，其通过位于中心处的旋柱连接在盖柄上，盖柄一端用转轴连在转座上，通过转座带动整个锅盖翻转。

由上述对比可知，本专利权利要求1与附件1.1的区别在于：

（1）本专利中锅盖为单层旋转锅盖，其相对于盖柄转动；而附件1.1中整个锅盖为内、外两层，内层盖柄相对于外层锅盖转动。因此，两者锅盖部分结构不同；

（2）本专利权利要求1中盖柄有孔，当压力锅合牢密封时孔正下方的锅盖处有浮子阀，通过盖柄上的孔与锅盖处的浮子阀配合，使得当锅盖扣合不到位时浮子阀会被盖柄顶住，即使加热后锅内达到使浮子阀上浮的压力，浮子阀也不能上浮封闭阀孔，于是锅内压力便不会继续增大；当扣合到位时，浮子阀与盖柄上的孔相对，锅内有一定压力后浮子阀上升、封闭阀孔，并使锅盖不能旋转，于是锅内有压力时不能开盖，从而增加了压力锅的安全性能。附件1.1中通过压力排出阀所连的销与压力锅上端嵌合部中小孔的配合，使得扣合到位密封后必须通过手动推启压力排出阀的手柄，带动其所连的连接杆上升，并由此带动销从小孔中脱离，才能开盖。因此，二者采用的具体结构不相同。

针对上述区别特征（1），附件1.1采用双层锅盖是由于其锅身为内外两层，内层锅身是压力锅，内层压力锅的嵌合密封仅通过内层盖柄的旋转就可以实现，外层锅盖为内层盖柄的旋转提供支持；当制作单层锅身的压力锅时不需要双层锅盖的结构，此时本领域技术人员根据附件1.1的方案容易想到将旋转的内层盖柄制成可旋转的单层锅盖进行嵌合密封，这时由于不再需要外层的锅盖，仅需一个简单的配合固定部件，如手柄，与转座相连，即可实现锅盖的翻转，可见附件1.1给出了采用本专利权利要求1所述的锅盖结构的技术启示。

针对上述区别特征（2），附件1.2公开了一种压力锅使用保险装置，与附件1.1和本专利均涉及压力锅这一技术领域。附件1.2中安全阀上的阀杆可根据压力锅内压力的大小被顶起或落下，当锅盖扣合到位时阀杆与推板上的锁孔相对应，扣合不到位时阀杆与锁孔必然不能对应，因此，附件1.2公开了在压力锅的锅盖上可以设置随压力大小上升或落下的浮子阀，并且浮子阀与其上方的孔之间具有配合关系；在附件 1.2 中阀杆不下落时，由推板带动的整套开盖机构不能运动，锅盖无法旋转，不能开盖，这与本专利中浮子阀上升后锅盖不能旋转开启的作用相同；在附件 1.2 中锅盖扣合不到位时阀杆与锁孔不对应，此时阀杆即使被压力顶起也不能向上密封锁孔，本领域技术人员由此可以想到扣合不到位时能通过锁孔排气，这与本专利中扣合不到位时浮子阀不能上浮，于是压力不会继续增大的作用相同。可见，附件 1.2 给出了在压力锅的锅盖上设置浮子阀与配合孔这一结构来增加压力锅安全性能的技术启示。本领域技术人员在上述技术启示下，容易想到将附件 1.1 中的锅盖略作改变并将附件 1.2 中浮子阀与锁孔的配合结构应用到锅盖上，从而得到本专利权利要求 1 的技术方案，因此，本专利权利要求 1 相对于附件 1.1 与附件 1.2 的结合不具备创造性，不符合《专利法》第二十二条第三款的规定。

鉴于本专利权利要求 1 相对于附件 1.1 与附件 1.2 的结合已不具备创造性，对于苏泊尔集团公司关于本专利权利要求 1 相对于附件 1.1 与附件 1.3 结合不具备创造性，以及苏泊尔股份公司关于本专利权利要求 1 不符合《专利法》第二十二条第二、三款的无效理由均不再进行评述。

综上，专利复审委员会作出第 9592 号决定，宣告第 98217988. X 号实用新型专利权利要求 1 无效，在权利要求 2 的基础上维持专利权有效。

原告方展崇不服该决定，向本院起诉称，第一，专利复审委员会作出的第 9592 号决定认定两个对比文件与本专利的区别技术特征不全面、不准确。本专利与对比文件 1 存在七点不同，与对比文件 2 在产品的形状、结构、连接方式和技术方案及技术效果方面都显著不同，且本专利与两个对比文件的组合也不同，本专利对与比文件 1 的区别特征不是对比文件 2 披露的相关手段。第二，由于认定的区别特征不全面、不准确，第 9592 号决定对本专利权利要求 1 所作的创造性认定不正确。第三，对比文件 2 不能作为判断本专利权利要求 1 是否具备创造性的依据。对比文件 2 与专利复审委员会在先作出的第 8027 号无效宣告审查决定中的证据 4 和 5 是相同的，专利复审委员会不能以相同内容的证据作出结论不同的审查决定。第四，对比文件 1 结构复杂、工艺麻烦、没有实用性；对比文件 2 结构非常复杂、工艺麻烦，且与对比文件 1 组合时其本身功能就会丧失，不可实施。而本专利产品已在社会上广为销售使用，本专利技术方案具有明显的经济效益和社会效益。本专利不是显而易见的组合或现有技术简单的叠加，本专利比现有技术省去不止一项要素后，不仅依然保持原有的全部功能，还带来预料不到的技术效果，显然具备创造性。第五，对比文件 1 和对比文件 2 的技术方案和技术手段结合后不可能生产出本专利产品。综上，原告请求法院依法撤销第 9592 号决定，维持第 98217988. X 号“方便安全压力锅”专利有效。

被告专利复审委员会辩称，关于本专利权利要求 1 创造性的评述坚持第 9592 号决定中的意见，第 9592 号决定认定事实清楚、适用法律正确、审理程序合法，请求法院依法驳回原告的诉讼请求，维持第 9592 号决定。

第三人苏泊尔集团公司述称：专利复审委员会第 9592 号决定，无效请求受理及审查程序合法，专利复审委员会根据苏泊尔集团公司提供的对比文件，依据《专利法》第二十二条第三款实用新型专利的创造性标准进行审查并作出决定，事实认定清楚，比对分析客观科学，证据确凿，请求法院维持第 9592 号决定，驳回原告的诉讼请求。

第三人苏泊尔股份公司未向本院提交书面的陈述意见。

经审理查明，本案争议的专利为 1998 年 8 月 7 日申请的第 98217988. X 号、名称为“方便安全压力锅”的实用新型专利（即本专利），授权公告日为 1999 年 12 月 15 日，专利权人为方展崇。本专利授权公告时的权利要求如下：

“1. 一种方便安全压力锅，它通过嵌合结构进行密封，锅盖上有限压阀等部件，其特征是锅体上有转座，盖柄一端用转轴连在转座上，锅盖中心连有旋柱，可旋转的锅盖通过旋柱连接在盖柄上，盖柄有孔，当压力锅合牢密封时孔正下方的锅盖处有浮子阀。

2. 根据权利要求1所述的压力锅，其特征是锅盖上有直径大于6mm以上的孔，密封圈封闭孔，压块压在密封圈上，弹簧片连接上紧栓压紧压块。”

本专利说明书载明：盖柄可以以转轴为轴心上下转动，锅盖和盖柄连在一起，锅盖可以以旋柱为轴心旋转。浮子阀可以上下浮动，但不会掉下去。使用时，对准位置合上锅盖，旋转一定角度使之完全合牢。加热后压力上升，浮子阀浮起封闭阀孔使锅内压力进一步增大，其上端穿入盖柄的孔使锅盖不能绕旋柱旋转，即锅内有压力时不能打开锅盖。当加热结束后锅内压力下降到很低时，浮子阀落下，反方向旋转锅盖，把锅盖打开。当扣合不到位时，盖柄的孔对不准浮子阀，浮子阀被盖柄顶住，即使加热锅内达到使浮子阀上浮的压力，浮子阀也不能继续上升封闭阀孔，锅内压力便不会继续增大。以此达到安全而又开合方便的效果。

针对本专利，苏泊尔集团公司于2006年3月14日向专利复审委员会提出无效宣告请求，并提交附件1.1：授权公告号为1991-0009541的韩国专利文献及其中文译文；附件1.2：授权公告号为CN2207777Y的实用新型专利说明书；附件1.3：公开号为CN1102283A的发明专利申请公开说明书作为证据，认为：附件1.1公开了本专利权利要求1的全部技术特征，权利要求1缺乏新颖性；权利要求1相对于附件1.1、附件1.1与1.2的结合或者附件1.1与附件1.3的结合不具备创造性；在权利要求1不具备创造性的前提下，权利要求2也不具备创造性。

苏泊尔股份公司于2006年3月14日针对本专利提出无效宣告请求，并提交附件2.1：授权公告号为CN2259117Y的实用新型专利说明书及附件2.2：授权公告号为CN220777Y的实用新型专利说明书（与附件1.2相同）作为证据，其认为：本专利权利要求1相对于附件2.1不具备新颖性；相对于附件2.1和2.1的结合不具备创造性，同样权利要求2也不具备创造性。

2006年11月21日，专利复审委员会对上述两项无效宣告请求合并举行了口头审理。在口头审理中，苏泊尔集团公司明确其无效理由和证据为：权利要求1不符合《专利法》第二十二条第三款的规定，使用附件1.1结合附件1.2或者使用附件1.1结合附件1.3评述权利要求1的创造性；放弃针对新颖性的无效请求及针对权利要求2创造性的无效请求。苏泊尔股份公司明确其无效请求理由为：权利要求1不具备新颖性和创造性，使用附件2.1评述权利要求1的新颖性，使用附件2.1结合附件2.2评述权利要求1的创造性，放弃针对权利要求2创造性的无效请求。

附件1.1是名称为“压力锅开合盖装置”的韩国专利，其公开日为1991年7月29日。

附件1.2是第94206278.7号、名称为“压力锅使用保险装置”的我国实用新型专利，授权公告日为1995年9月20日。其权利要求1内容如下：一种压力锅使用保险装置，包括固装在锅盖上的上手柄和固装在锅体上的下手柄及装在上下手柄之间的自锁机构，该自锁机构由装在锅盖上的安全阀和装在上手柄上的推板、安全杆、弹簧、顶杆组成，安全阀上有一个可以上下移动的阀杆，在上手柄上可平行滑移的推板开有与阀杆顶部外形尺寸相配合的锁孔，安全杆上端与推板连接，下端置于下手柄的限位槽内，其特征在于：呈“T”形的顶杆右端套有弹簧并伸在与其对应的安全杆圆孔内，且可平行滑移，顶杆左端与密封胶圈相对，底端置于下手柄的限位槽内。其说明书载明：当锅盖未合拢时，顶杆在弹簧的作用下，顶压在密封胶圈上，使密封胶圈密封不到位，而处在排气状态，从而使锅内压力不上升。在正常工作状态下，顶杆离开密封胶圈，保险阀上的阀杆被锅内蒸汽顶起，并穿入推板上的自锁孔内，当锅内蒸汽未排放完毕时，阀杆不下落，推板不能带动安全杆复位，锅盖无法开启。

专利复审委员会于2007年3月23日作出第9592号决定。

另查：针对本专利，苏泊尔集团公司曾于2005年1月10日向专利复审委员会提出无效宣告请求，在该无效请求中，苏泊尔集团公司提交证据4：名称为“铝压力锅安全及性能要求”的中华人民共和国国家标准GB13623-92及证据5：名称为“不锈钢压力锅”的中华人民共和国国家标准GB15066-94。针对该次无效请求，专利复审委员会于2006年1月13日作出第8027号无效宣告请求审查决定（简称第8027号决定），维持本专利权有效。

本院认为，《专利法》第二十二条第三款规定，对于实用新型专利而言，创造性系指该实用新型同申请日以前已有的技术相比具有实质性特点和进步。本案中，附件1.1韩国专利（下称对比文件1）及附件1.2第94206278.7号实用新型专利（下称对比文件2）的授权公告日均早于本专利申请日，故其构成本专利的现有技术，可以用来评价本专利的创造性。专利复审委员会之前作出的第8027号决定中引用的证据4、5是两个国家标准，原告关于其与对比文件二相同的主张理由不足，故其关于专利复审委员会不能以相同内容的证据作出结论不同的审查决定、对比文件二不能作为本案对比文件使用的主张本院不予支持。

对比文件1披露了一种“压力锅开合盖装置”，专利复审委员会在第9592号决定中认定其与本专利相比有两个区别技术特征：锅盖结构不同；本专利中浮子阀与孔的配合结构与对比文件1不同。各方当事人对此不持异议，本院予以确认。本专利与对比文件2相比，当“压力锅扣合不到位”或者“锅盖未合拢时”，本专利中盖柄的孔对不准浮子阀，浮子阀被盖柄顶住，使其不能上升封闭阀孔从而达到压力不会继续增大的效果；而对比文件2是由于顶杆在弹簧的作用下顶压在密封胶圈上，使密封胶圈密封不到位而处在排气状态，从而使锅内压力不上升。当“扣合到位时”或者“正常工作状态下”，本专利中浮子阀在压力作用下上升封闭阀孔，其上端穿入盖柄的孔使锅盖不能旋转，从而在锅内有压力时锅盖不能打开；而对比文件2是由于顶杆离开密封胶圈，阀杆被锅内蒸汽顶起，并穿入推板上的自锁孔内，当锅内蒸汽未排放完毕时，阀杆不下落，推板不能带动安全杆复位，锅盖无法开启。可见，要实现“密封不到位时压力不上升、密封到位后锅内有压力时不能开盖”这一功能，对比文件2中必须通过其整套自锁结构，即包括了阀杆、孔、推板、安全杆、顶杆、弹簧等部件的整体动作才能完成。本专利中仅用浮子阀和孔的配合即实现同一功能。与对比文件2披露的自锁机构相比，本专利中浮子阀和孔的配合结构简单，具有实质性特点和进步，具备专利法要求的创造性。专利复审委员会片面强调对比文件2中公开了“阀杆和孔的配合”，而忽视了其不能单独作用，需与推板等整套自锁机构共同作用才能实现与本专利相同的功能。故本院认为专利复审委员会在此基础上所作的“对比文件2给出了浮子阀与锁孔配合的技术启示、本专利权利要求1相对于对比文件1和2的结合不具备创造性”的结论与事实不符，且不符合相关法律规定，本院依法予以撤销。因苏泊尔集团公司和苏泊尔股份公司所提起的无效宣告请求尚包含其他证据和理由，专利复审委员会应在其基础上重新进行审查。

综上，专利复审委员会作出的第9592号决定认定事实不清，适用法律有误，应予撤销。依照《中华人民共和国行政诉讼法》第五十四条第（二）项第2目之规定，判决如下：

（一）撤销被告国家知识产权局专利复审委员会作出的第9592号无效宣告请求审查决定；

（二）被告国家知识产权局专利复审委员会针对第98217988.X号实用新型专利重新作出无效宣告请求审查决定。

案件受理费100元，由被告国家知识产权局专利复审委员会负担（于本判决生效之日起7日内交纳）。

如不服本判决，各方当事人可分别于本判决送达之日起15日内，向本院提交上诉状及其副本，并分别交纳上诉案件受理费100元，上诉于北京市高级人民法院。上诉期满后7日内未交纳上诉案件受理费的，按自动撤回上诉处理。

审　判　长　任　进
代理审判员　董晓敏
人民陪审员　于立彪
二〇〇七年九月四日
书　记　员　朱　平

北京市高级人民法院
行政判决书

（2007）高行终字第545号

上诉人（原审第三人）苏泊尔集团有限公司，住所地浙江省玉环县大麦屿经济开发区。

法定代表人苏增福，董事长。

委托代理人徐关寿，男，汉族，1952年9月28日出生，浙江杭州金通专利事务所有限公司专利代理人，住浙江省杭州市西湖区九莲新村28幢96号302室。

上诉人（原审第三人）浙江苏泊尔股份有限公司，住所地浙江省玉环县大麦屿经济开发区。

法定代表人苏显泽，董事长。

委托代理人贾海鹏，北京市沃尔森律师事务所律师。

委托代理人赵海明，男，汉族，1969年8月23日出生，住山东省菏泽市牡丹区中华路1469号。

被上诉人（原审原告）方展崇，男，汉族，1945年11月18日出生，佛山市顺德区永安专利技术开发有限公司经理，住广东省佛山市顺德区容桂三符里校前巷容声楼一座201。

委托代理人余炳荣，男，汉族，1945年8月5日出生，住北京市朝阳区芍药居32楼501号。

原审被告国家知识产权局专利复审委员会，住所地北京市海淀区北四环西路9号银谷大厦10~12层。

法定代表人廖涛，副主任。

委托代理人刘颖杰，该委员会审查员。

委托代理人瞿晓峰，该委员会审查员。

上诉人苏泊尔集团有限公司（以下简称苏泊尔集团公司）、浙江省苏泊尔股份有限公司（以下简称苏泊尔股份公司）因专利权无效行政纠纷一案，不服北京市第一中级人民法院（2007）一中行初字第471号行政判决，向本院提起上诉。本院2007年11月8日受理后，依法组成合议庭，于2008年1月16日公开开庭审理了本案。上诉人苏泊尔集团公司的委托代理人徐关寿，上诉人苏泊尔股份公司的委托代理人贾海鹏、赵海明，被上诉人方展崇及其委托代理人余炳荣，原审被告国家知识产权局专利复审委员会（以下简称专利复审委员会）的委托代理人刘颖杰、瞿晓峰到庭参加诉讼。本案现已审理终结。

诉争专利为方展崇于1998年8月7日向国家知识产权局申请的第98217988.X号、名称为“方便安全压力锅”的实用新型专利（以下简称本专利），授权公告日为1999年12月15日。针对本专利，苏泊尔集团公司于2006年3月14日向专利复审委员会提出无效宣告请求，认为本专利权利要求1不具有创造性。针对本专利，苏泊尔股份公司于2006年3月14日提出无效宣告请求，认为本专利权利要求 1 不具备新颖性和创造性。2007 年 3 月 23 日，专利复审委员会作出第 9592 号无效宣告请求审查决定（以下简称第 9592 号决定），宣告本专利权无效。方展崇不服该决定，向北京市第一中级人民法院提起诉讼。

北京市第一中级人民法院人认为，附件 1.1 韩国专利（下称对比文件 1）及附件 1.2 第 94206278.7 号实用新型专利（下称对比文件 2）的授权公告日均早于本专利申请日，故其构成本专利的现有技术，可以用来评价本专利的创造性。本专利与对比文件 1 相比有两个区别技术特征：锅盖结构不同；本专利中浮子阀与孔的配合结构与对比文件 1 不同。本专利与对比文件 2 相比，当“压力锅扣合不到位”或者“锅盖未合拢时”，本专利中盖柄的孔对不准浮子阀，浮子阀被盖柄顶住，使其不能上升封闭阀孔从而达到压力不会继续增大的效果；而对比文件 2 是由于顶杆在弹簧的作用下顶压在密封胶圈上，使密封胶圈密封不到位而处在排气状态，从而使锅内压力不上升。当“扣合到位时”或者“正常工作状态下”，本专利中浮子阀在压力作用下上升封闭阀孔，其上端穿入盖柄的孔使锅盖不能旋转，从而在锅内有压力时锅盖不能打开；而对比文件 2 是由于顶杆离开密封胶圈，阀杆被锅内蒸气顶起，并穿入推板上的自锁孔内，当锅内蒸气未排放完毕时，阀杆不下落，推板不能带动安全杆复位，锅盖无法开启。可见，要实现“密封不到位时压力不上升、密封到位后锅内有压力时不能开盖”这一功能，对比文件 2 必须通过其整套自锁结构，即包括了阀杆、孔、推板、安全杆、顶杆、弹簧等等部件的整体动作才能完成。本专利中仅用浮子阀和孔的配合即实现同一功能。与对比文件 2 披露的自锁机构相比，本专利中浮子阀和孔的配合结构简单，具有实质性特点和进步，具备专利法要求的创造性。专利复审委员会片面强调对比文件 2 中公开了“阀杆和孔的配合”，而忽视了其不能单独作用，需与推板等整套自锁机构共同作用才能实现与本专利相同的功能。故专利复审委员会在此基础上所作的“对比文件 2 给出了浮子阀与锁孔配合的技术启示、本专利权利要求 1 相对于对比文件 1 和 2 的结合不具备创造性”的结论与事实不符，且不符合相关法律规定，依法予以撤销。因苏泊尔集团公司和苏泊尔股份公司所提无效宣告请求尚包含其他证据和理由，专利复审委员会应在其基础上重新进行审查。

综上，依照《中华人民共和国行政诉讼法》第五十四条第（二）项第 2 目之规定，北京市第一中级人民法院判决：1. 撤销专利复审委员会作出的第 9592 号决定；2. 专利复审委员会针对第 98217988.X 号实用新型专利重新作出无效宣告请求审查决定。

苏泊尔集团公司、苏泊尔股份公司均不服原审判决，向本院提起上诉，请求撤销原审判决，依法维持专利复审委员会作出的第 9592 号决定。上诉理由主要为：1. 原审判决认定事实错误。本专利权利要求 1 中孔与浮子阀的特征是“盖柄上有孔，当压力锅合牢密封时孔正下方的锅盖处有浮子阀”，是本专利相对于对比文件 1 的区别技术特征，该技术特征是指孔与阀的对应关系，并没有直接涉及锅盖的扣合结构或自锁结构，原审判决的认定不适当地扩大了浮子阀的功能。无论是本专利权利要求 1 中的压力锅还是对比文件 2 中的压力锅，在锅盖密封不到位时，都是因阀杆不能穿入孔内而导致蒸汽从孔中泄出；密封到位时，都是由于阀杆被顶起，在压力不下降、阀杆不下落时不能开盖，两者的作用和功能完全相同。2. 原审判决不仅缺乏对对比文件 2 公开技术内容的全面、客观分析，也缺乏把对比文件 1 和 2 进行组合的分析，十分草率又十分主观地作出认定，是非常不妥的。对比文件 2 公开的发明目的、功能与涉案专利的相同，公开的安全阀的结构和与孔的位置与涉案专利的完全相同。第 9592 号决定的认定和结论正确，符合审查指南关于创造性的审查基准。专利复审委员会、方展崇服从原审判决。

本院经审理查明，本案争议的专利为 1998 年 8 月 7 日申请的第 98217988.X 号、名称为“方便安全压力锅”的实用新型专利（即本专利），授权公告日为 1999 年 12 月 15 日，专利权人为方展崇。本专利授权公告的权利要求如下：

“1. 一种方便安全压力锅，它通过嵌合结构进行密封，锅盖上有限压阀等部件，其特征是锅体上有转座，盖柄一端用转轴连在转座上，锅盖中心连有旋柱，可旋转的锅盖通过旋柱连接在盖柄上，盖柄有孔，当压力锅合牢密封时孔正下方的锅盖处有浮子阀。

2. 根据权利要求 1 所述的压力锅，其特征是锅盖上有直径大于 6mm 以上的孔，密封圈封闭孔，压块压在密封圈上，弹簧片连接上紧栓压紧压块。”

本专利说明书载明：盖柄可以以转轴为轴心上下转动，锅盖和盖柄连在一起，锅盖可以以旋柱为轴心旋转。浮子阀可以上下浮动，但不会掉下去。使用时，对准位置合上锅盖，旋转一定角度使之完全合牢。加热后压力上升，浮子阀浮起封闭阀孔使锅内压力进一步增大，其上端穿入盖柄的孔使锅盖不能绕旋柱旋转，即锅内有压力时不能打开锅盖。当加热结束后锅内压力下降到很低时，浮子阀落下，反方向旋转锅盖，把锅盖打开。当扣合不到位时，盖柄的孔对不准浮子阀，浮子阀被盖柄顶住，即使加热锅内达到使浮子阀上浮的压力，浮子阀也不能继续上升封闭阀孔，锅内压力便不会继续增大。以此达到安全而又开合方便的效果。

针对本专利，苏泊尔集团公司于 2006 年 3 月 14 日向专利复审委员会提出无效宣告请求，并提交：附件 1.1：授权公告号为 1991-0009541 的韩国专利文献及其中文译文、附件 1.2：授权公告号为 CN2207777Y 的实用新型专利说明书、附件 1.3：公开号为 CN1102283A 的发明专利申请公开说明书作为证据。其认为：附件 1.1 公开了本专利权利要求 1 的全部技术特征，权利要求 1 缺乏新颖性；权利要求 1 相对于附件 1.1、附件 1.1 与 1.2 的结合或者附件 1.1 与附件 1.3 的结合不具备创造性；在本专利权利要求 1 不具备创造性的前提下，权利要求 2 也不具备创造性。

苏泊尔股份公司于 2006 年 3 月 14 日针对本专利提出无效宣告请求，并提交附件 2.1：授权公告号为 CN2259117Y 的实用新型专利说明书及附件 2.2：授权公告号为 CN220777Y 的实用新型专利说明书（与附件 1.2 相同）作为证据。其认为：本专利权利要求 1 相对于附件 2.1 不具备新颖性；相对于附件 2.1 和 2.1 的结合不具备创造性，同样权利要求 2 也不具备创造性。

2006 年 11 月 21 日，专利复审委员会对上述两项无效宣告请求合并举行了口头审理。在口头审理中，苏泊尔集团公司明确其无效理由和证据为：本专利权利要求 1 不符合《专利法》第二十二条第三款的规定，使用附件 1.1 结合附件 1.2 或者使用附件 1.1 结合附件 1.3 评述权利要求 1 的创造性；放弃针对新颖性的无效请求及针对权利要求 2 创造性的无效请求。苏泊尔股份公司明确其无效请求理由为：本专利权利要求 1 不具备新颖性和创造性，使用附件 2.1 评述权利要求 1 的新颖性，使用附件 2.1 结合附件 2.2 评述权利要求 1 的创造性，放弃针对权利要求 2 创造性的无效请求。

附件 1.1 是名称为“压力锅开合盖装置”的韩国专利，其公开日为 1991 年 7 月 29 日。

附件 1.2 是第 94206278.7 号、名称为“压力锅使用保险装置”的我国实用新型专利，授权公告日为 1995 年 9 月 20 日。其权利要求 1 内容如下：一种压力锅使用保险装置，包括固装在锅盖上的上手柄和固装在锅体上的下手柄及装在上下手柄之间的自锁机构，该自锁机构由装在锅盖上的安全阀和装在上手柄上的推板、安全杆、弹簧、顶杆组成，安全阀上有一个可以上下移动的阀杆，在上手柄上可平行滑移的推板开有与阀杆顶部外形尺寸相配合的锁孔，安全杆上端与推板连接，下端置于下手柄的限位槽内，其特征在于：呈“T”形的顶杆右端套有弹簧并伸在与其对应的安全杆圆孔内，且可平行滑移，顶杆左端与密封胶圈相对，底端置于下手柄的限位槽内。其说明书载明：当锅盖未合拢时，顶杆在弹簧的作用下，顶压在密封胶圈上，使密封胶圈密封不到位，而处在排气状态，从而使锅内压力不上升。在正常工作状态下，顶杆离开密封胶圈，保险阀上的阀杆被锅内蒸气顶起，并穿入推板上的自锁孔内，当锅内蒸气未排放完毕时，阀杆不下落，推板不能带动安全杆复位，锅盖无法开启。

专利复审委员会于2007年3月23日作出第9592号决定，认定：

苏泊尔集团公司提出无效请求的理由是本专利权利要求1不具备创造性，其提交的附件1.1~1.3均为专利文献，专利权人对其真实性没有异议，其公开日或授权公告日均早于本专利的申请日，故可以作为本案的证据使用，其上记载的内容构成本专利的现有技术。附件1.1为韩国专利文献，苏泊尔集团公司提交了中文译文，专利权人对译文的准确性提出异议，但没有提交其认为正确的中文译文，根据审查指南的相关规定，视为其无异议，附件1.1公开的内容以苏泊尔集团公司提交的附件1.1附图及其中文译文为准。

将本专利权利要求1与附件1.1进行对比：附件1.1公开了一种内置压力锅的电饭煲，与本专利均涉及压力锅这一技术领域；附件1.1中该压力锅通过盖柄的旋转使得盖柄下端的锅牙与内层压力锅上端的锅牙相互结合，密封压力锅，可见其是通过嵌合结构进行密封的，与本专利相同；附件1.1中盖柄上设有压力排出阀，相当于本专利权利要求1中锅盖上有限压阀；附件1.1中外层锅身上端后部有转座，相当于本专利权利要求1中锅体上有转座。此外，附件1.1的盖柄可随固定齿轮旋转，由附件1.1中的附图4可见，其轴条位于盖柄的中心处，锅盖和盖柄通过轴条结合，转座通过销与锅盖结合，使得锅盖能够通过转座翻转，即附件1.1中的整个锅盖由外层的锅盖和内层的盖柄构成，通过转座带动整个锅盖翻转。而本专利中锅盖为一可旋转锅盖，其通过位于中心处的旋柱连接在盖柄上，盖柄一端用转轴连在转座上，通过转座带动整个锅盖翻转。

由上述对比可知，本专利权利要求1与附件1.1的区别在于：

（1）本专利中锅盖为单层旋转锅盖，其相对于盖柄转动；而附件1.1中整个锅盖为内、外两层，内层盖柄相对于外层锅盖转动。因此，两者锅盖部分结构不同；

（2）本专利权利要求1中盖柄有孔，当压力锅合牢密封时孔正下方的锅盖处有浮子阀，通过盖柄上的孔与锅盖处的浮子阀配合，使得当锅盖扣合不到位时浮子阀会被盖柄顶住，即使加热后锅内达到使浮子阀上浮的压力，浮子阀也不能上浮封闭阀孔，于是锅内压力便不会继续增大；当扣合到位时，浮子阀与盖柄上的孔相对，锅内有一定压力后浮子阀上升、封闭阀孔，并使锅盖不能旋转，于是锅内有压力时不能开盖，从而增加了压力锅的安全性能。附件1.1通过压力排出阀所连的销与压力锅上端嵌合部中小孔的配合，使得扣合到位密封后必须通过手动推启压力排出阀的手柄，带动其所连的连接杆上升，并由此带动销从小孔中脱离，才能开盖。因此，二者采用的具体结构不相同。

针对上述区别特征（1），附件1.1采用双层锅盖是由于其锅身为内外两层，内层锅身是压力锅，内层压力锅的嵌合密封仅通过内层盖柄的旋转就可以实现，外层锅盖为内层盖柄的旋转提供支持；当制作单层锅身的压力锅时不需要双层锅盖的结构，此时本领域技术人员根据附件1.1的方案容易想到将旋转的内层盖柄制成可旋转的单层锅盖进行嵌合密封，这时由于不再需要外层的锅盖，仅需一个简单的配合固定部件，如手柄与转座相连，即可实现锅盖的翻转，可见附件1.1给出了采用本专利权利要求1所述的锅盖结构的技术启示。

针对上述区别特征（2），附件1.2公开了一种压力锅使用保险装置，与附件1.1和本专利均涉及压力锅这一技术领域。附件1.2中安全阀上的阀杆可根据压力锅内压力的大小被顶起或落下，当锅盖扣合到位时阀杆与推板上的锁孔相对应，扣合不到位时阀杆与锁孔必然不能对应，因此，附件1.2公开了在压力锅的锅盖上可以设置随压力大小上升或下落的浮子阀，并且浮子阀与其上方的孔之间具有配合关系；在附件1.2中的阀杆不下落时，由推板带动的整套开盖机构不能运动，锅盖无法旋转，不能开盖，这与本专利中浮子阀上升后锅盖不能旋转开启的作用相同；在附件1.2中锅盖扣合不到位时阀杆与锁孔不对应，此时阀杆即使被压力顶起也不能向上密封锁孔，本领域技术人员由此可以想到扣合不到位时能通过锁孔排气，这与本专利中扣合不到位时浮子阀不能上浮，于是压力不会继续增大的作用相同。可见，附件1.2给出了在压力锅的锅盖上设置浮子阀与配合孔这一结构来增加压力锅安全性能的技术启示。本领域技术人员在上述技术启示下，容易想到将附件1.1中的锅盖略作改变并将附件1.2中浮子阀与锁孔的配合结构应用到锅盖上，从而得到本专利权利要求1的技术方案，因此，本专利权利要求1相对于附件1.1与附件1.2的结合不具备创造性，不符合《专利法》第二十二条第三款的规定。

鉴于本专利权利要求1相对于附件1.1与附件1.2的结合不具备创造性，对于苏泊尔集团公司关于本专利权利要求1相对于附件1.1与附件1.3结合不具备创造性，以及苏泊尔股份公司关于本专利权利要求1不符合《专利法》第二十二条第二、三款的无效理由均不再进行评述。

综上，专利复审委员会作出第9592号决定，宣告本专利权利要求1无效，在权利要求2的基础上维持专利权有效。

以上事实，有第9592号决定、授权公告号为1991-0009541的韩国专利文献及其中文译文、授权公告号为CN2207777Y的实用新型专利说明书、庭审笔录以及当事人陈述等证据在案佐证。

本院认为，本案的核心问题在于对比文件2是否给出了本专利权利要求1中的"盖柄上有孔，当压力锅合牢密封时孔正下方的锅盖处有浮子阀"这一技术特征的技术启示。《专利法》第二十二条第三款规定，对于实用新型专利而言，创造性系指该实用新型同申请日以前已有的技术相比具有实质性特点和进步。判断一项权利要求是否具有创造性时，应当将权利要求的技术方案与最接近的现有技术进行比较，找出二者的区别技术特征，并判断现有技术整体上是否给出了将这些区别技术特征应用到该最接近现有技术以解决其存在的技术问题的启示。如果现有技术存在这种启示，则该方案是显而易见的。

本专利权利要求1与对比文件1的区别技术特征（2）在于：本专利权利要求1中的盖柄有孔，当压力锅合牢密封时孔正下方的锅盖处有浮子阀，通过盖柄上的孔与锅盖处的浮子阀配合，使得当锅盖扣合不到位时浮子阀会被盖柄顶住，即使加热后锅内达到使浮子阀上浮的压力，浮子阀也不能上浮封闭阀孔，于是锅内压力便不会继续增大；当扣合到位时，浮子阀与盖柄上的孔相对，锅内有一定压力后浮子阀上升、封闭阀孔，并使锅盖不能旋转，于是锅内有压力时不能开盖，从而增加了压力锅的安全性能；而对比文件1中通过压力排出阀所连的销与压力锅上端嵌合部中小孔的配合，使得扣合到位密封后必须通过手动推启压力排出阀的手柄，带动其所连的连接杆上升，并由此带动销从小孔中脱离，才能开盖。因此，二者采用的具体结构不相同。对此，各方当事人均无异议，本院予以认可。

对比文件2公开了一种压力锅使用保险装置，对比文件2中安全阀的阀杆可根据压力锅内压力的大小被顶起或落下，当锅盖扣合到位时阀杆与推板上的锁孔相对应，扣合不到位时阀杆与锁孔必然不能对应，因此，对比文件2公开了在压力锅的锅盖上可以设置随压力大小上升或落下的浮子阀，并且浮子阀与其上方的孔之间具有配合关系。在对比文件2中的阀杆不下落时，由推板带动的整套开盖机构不能运动，锅盖无法旋转，不能开盖，这与本专利权利要求1中浮子阀上升后锅盖不能旋转开启的作用相同；对比文件2中锅盖扣合不到位时阀杆与锁孔不对应，此时阀杆即使被压力顶起也不能向上密封锁孔，本领域技术人员由此可以想到扣合不到位时能通过锁孔排气，这与本专利中扣合不到位时浮子阀不能上浮，于是压力不会继续增大的作用相同。可见，对比文件2给出了在压力锅的锅盖上设置浮子阀与配合孔这一结构来增加压力锅安全性能的技术启示。上诉人苏泊尔集团公司和苏泊尔股份公司关于对比文件2给出了技术启示的上诉主张有事实和法律依据，应予支持。

原审判决认为，对比文件2要实现"密封不到位时压力不上升、密封到位后锅内有压力时不能开盖"这一功能必须通过其整套自锁结构，即包括了阀杆、孔、推板、安全杆、顶杆、弹簧等等部件的整体动作才能完成。但是，本案的关键在于对比文件2是否给出了"盖柄上有孔，当压力锅合牢密封时孔正下方的锅盖处有浮子阀”这一技术特征的技术启示，而不是是否给出了“密封不到位时压力不上升、密封到位后锅内有压力时不能开盖”的技术启示。对比文件2披露了一种压力锅使用保险装置，其目的是采用自锁机构来保证压力锅的安全，实现“密封不到位时压力不上升、密封到位后锅内有压力时不能开盖”的目的。该自锁机构包括了阀杆、孔、推板、安全杆、顶杆、弹簧等等部件，但是，阀杆在该自锁机构中有其相对独立的作用，即根据压力锅内压力的大小被顶起或落下，当锅盖扣合到位时阀杆与推板上的锁孔相对应，扣合不到位时阀杆与锁孔必然不能对应；其他部件的主要作用在于顶压密封胶圈，使其密封到位或者不到位，从而确保安全。因此，原审判决在判断对比文件2是否给出了“盖柄上有孔，当压力锅合牢密封时孔正下方的锅盖处有浮子阀”的技术启示时认定有误，应予纠正。

综上，专利复审委员会作出的第9592号决定认定事实清楚，适用法律正确，应予维持。原审判决认定事实有误，适用法律错误，应予改判。上诉人苏泊尔集团公司、苏泊尔股份公司的上诉主张有事实和法律依据，本院予以支持。据此，依据《中华人民共和国行政诉讼法》第六十一条第（三）项之规定，判决如下：

（1）撤销北京市第一中级人民法院（2007）一中行初字第471号行政判决；

（2）维持国家知识产权局专利复审委员会作出的第9592号无效宣告请求审查决定。

一审案件受理费100元，由方展崇负担（已交纳）；二审案件受理费100元，由方展崇负担（于本判决生效之日起7日内交纳）。

本判决为终审判决。

审　判　长　刘继祥
审　判　员　莎日娜
代理审判员　焦　彦
二〇〇八年三月二十日
书　记　员　毕　怡

066

一种回转窑及利用回转窑煅烧色釉料的生产方法

无效宣告请求审查决定（第9621号）

决　　定　　号　第9621号
决　　定　　日　2007年3月19日
发明创造名称　一种回转窑及利用回转窑煅烧色釉料的生产方法
国 际 分 类 号　C03B 5/14，F27B 7/00
无效宣告请求人　佛山市南海创高精细材料有限公司
专　利　权　人　贺建彪，贺建勇
专　　利　　号　200310117640.2
申　　请　　日　2003年12月27日
授 权 公 告 日　2005年11月9日
合 议 组 组 长　李广峰
主　　审　　员　王　冬
参　　审　　员　赵　明

法　律　依　据　专利法第22条第3款
决　定　要　点

在判断创造性时，如果一项发明权利要求保护的技术方案与现有技术相比是显而易见的，并且没有产生预料不到的技术效果，那么该权利要求技术方案与现有技术相比没有突出的实质性特点和显著的进步，从而不具备创造性。

一、案由

本无效宣告请求涉及中华人民共和国国家知识产权局于2005年11月9日授权公告的、名称为"一种回转窑及利用回转窑煅烧色釉料的生产方法"的发明专利权（以下简称本专利），其专利号是200310117640.2，申请日是2003年12月27日，专利权人是贺建彪和贺建勇（以下简称专利权人）。该专利授权公告的权利要求书如下：

"1. 一种回转窑，其特征在于：包括带内衬的筒体（1），筒体（1）有贯通窑头（11）和窑尾（12）的内膛，筒体（1）的下方有动力系统和与轮缘联接的支承装置，筒体（1）与水平面之间有1°~7°的倾斜角，窑头（11）高，窑尾（12）低，动力系统与筒体（1）上的筒体大齿轮（13）联接，窑头（11）设有进料口（4）和设有烟囱（5）的烟道（6），筒体（1）的内膛中设有测温装置，窑尾（12）外设有热源产生装置，窑尾（12）有出料口（7）。

2. 根据权利要求1所述的一种回转窑，其特征在于：所述的筒体（1）的倾斜度在2°~4°之间。

3. 根据权利要求1所述的一种回转窑，其特征在于：所述的进料口（4）内设有加料管（41），其一端伸入筒体（1）内，伸入筒体（1）内的加料管（41）的一端下侧固接有挡料板（42）。

4. 根据权利要求1所述的一种回转窑，其特征在于：所述的热源产生装置是由一个燃料喷枪（3）和设在燃料喷枪（3）后方的风机（30）组成，燃料喷枪（3）的喷头指向筒体（1）的内膛。

5. 根据权利要求1所述的一种回转窑，其特征在于：出料口（7）所对应的筒体的下方设有冷却池（8）。

6. 根据权利要求1所述的一种回转窑，其特征在于：测温装置为热电偶（15），其与筒体的内衬软性接触安装在靠近窑尾（12）的筒体（1）的内膛中。

7. 根据权利要求1所述的回转窑，其特征在于：所述的筒体（1）具有钢板外壳（110），内有第一层内衬（120）和第二层内衬（130），第一层内衬（120）为保温层，第二层内衬（130）为耐火高铝砖。

8. 一种利用任一上述权利要求所述回转窑煅烧色釉料的生产方法，其特征在于：开启回转窑的热源产生装置与动力系统，根据所需煅烧色釉料的颜色品种设定其相应的煅烧温度、回转窑转速，根据煅烧所需颜色的色釉料混合生料，将混合好的生料按照煅烧所需颜色色釉料的填充系数和加料速度从回转窑的进料口置入筒体的内膛中，筒体在动力系统的带动下不断转动，进入膛内的生料沿筒体轴心平行的方向从窑头向窑尾方向滚动，而热源产生装置所产生的高温气体从窑尾向窑头方向流动，这样生料经过预热、高温煅烧，到达窑尾，最后从窑尾的出料口掉出，待冷却后即可形成所需的颜色的色釉料。

9. 根据权利要求8所述的利用回转窑煅烧色釉料的生产方法，其特征在于：在煅烧过程中不断通过测温装置检测煅烧温度的变化和判断从出料口掉出的色料颜色，对热源产生装置进行控制，调控窑内的煅烧温度。”

针对上述专利权，佛山市南海创高精细材料有限公司（以下简称请求人）于2006年6月15日向专利复审委员会提出无效宣告请求，认为权利要求1~9相对于附件1不具备新颖性和创造性，其提交的附件如下：

附件1：《水泥工程师手册》，汪澜编著，中国建材工业出版社，1998年1月第1版，第450~455、458~461、464~469、474、475、486~489、492、493、586、587、590、591、594~597、600、601、606、607、614、615、620、621页的复印件，共20页。

经形式审查合格，专利复审委员会依法受理了上述无效宣告请求，并于2006年6月16日向双方当事人发出无效宣告请求受理通知书，同时将无效宣告请求书及其附件清单中所列附件的副本转送给专利权人，并要求专利权人在指定的期限内陈述意见。

请求人于2006年7月12日向专利复审委员会提交意见陈述书，补充了无效的理由和证据，其中补充的附件为：

附件1-1：《水泥工程师手册》，汪澜编著，中国建材工业出版社，1998年1月第1版，第490、491、494、495、498、499、512~519、580~585、610、611、626~629页的复印件，共13页；

附件2：《回转窑（设计、使用与维修）》，《回转窑》编写组编，冶金工业出版社，1978年5月第1版，出版信息页、前言页、目录页、第1~45、80~89、100~225、256、257页复印件，共93页；

附件3：《水泥热工机械设备》，姜煜林主编，武汉工业大学出版社，1996年12月第1版，出版信息页、第1~30页复印件，共31页；

附件4：《回转窑及单筒冷却机修理》，宋培凯、陈源兴等编著，中国建材工业出版社，封面页、目录页、第1~7、162~165、174、175、180~183页复印件，共12页；

附件5：佛山市欧陶无机材料有限公司产品宣传册复印件，1页。

请求人认为：（1）权利要求1～9相对于附件1不具备新颖性和创造性；（2）权利要求1～9相对于附件2不具备新颖性和创造性；（3）权利要求1～9相对于附件3或4也不具备新颖性和创造性。

针对专利复审委员会于2006年6月16日发出的无效宣告请求受理通知书，专利权人于2006年7月26日提交了意见陈述书，专利权人认为：请求人所提交的附件1没有公开本专利权利要求1～9的全部技术特征，权利要求1～9相对于附件1具备新颖性和创造性，符合专利法第22条第2款、第3款的规定。

专利复审委员会依法成立合议组，对本案进行审查。

专利复审委员会本案合议组于2006年9月25日向双方发出无效宣告请求口头审理通知书，定于2006年11月13日举行口头审理。随同口头审理通知书，将请求人于2006年7月12日提交的意见陈述书及其附件清单中所列附件的副本转送给专利权人，将专利权人于2006年7月26日提交的意见陈述书转送给请求人。

口头审理如期举行，双方当事人均参加了口头审理。在口头审理中，请求人明确其无效宣告的理由和范围为：本专利权利要求1～9不符合专利法第22条第2款、第3款的规定；请求人当庭提交了附件1～4的原件，并放弃附件5。专利权人对附件1～4的真实性没有异议。

请求人认为附件2公开了权利要求1～9的全部技术特征，因此，权利要求1～9相对于附件2不具备新颖性。专利权人认为，权利要求1与附件2区别是：（1）附件2的内膛与本专利的内膛不同，本专利内膛是光滑的，只设有热电偶；（2）本专利的支撑装置是直接与筒体的轮缘进行接触，而附件2的支撑装置则通过滚圈接触；（3）本专利的筒体与水平面的倾斜该是1°～7°，而附件2的角度是3°；（4）本专利的测温装置放在内膛内，窑尾侧面设有出料口，因此，权利要求1相对于附件1具备新颖性。专利权人认为，附件2第202页附图7-6挡料圈与本专利权利要求3中所述的挡料板结构不同，本专利的挡料板的作用是防止物料回流，专利权人明确加料管是不随筒体转动的，挡料板跟加料管固定在一起，挡料板跟筒体之间有缝隙；权利要求4中的燃料喷枪与附件2中的喷煤管不同，权利要求4的风机是设在燃料喷枪的后方，而附件2的风机和喷煤管的位置关系则不同；权利要求5中的冷却池与附件2中的冷却机不同；权利要求6中测温装置与筒体的内衬是软性接触，与附件2中热电偶的安装方式不同；附件2所公开的回转窑具有钢板、保温层，但仅在烧成带中有上述结构，而本专利从头到尾都是钢板内有保温层，保温层内有耐火材料；现有技术和附件2中都没有公开使用回转窑生产色釉料，色釉料是由多种化工材料合成的，与钛白粉、氧化铬的煅烧要求完全不同；附件2在煅烧过程中只是对温度的控制，没有公开根据落料品的颜色变化调控窑内的煅烧温度。

请求人认为权利要求1、2、4、5、7、9相对于附件2不具备创造性的理由与新颖性相同；权利要求3挡料板是常用装置；权利要求6相对于附件1和2不具备创造性；权利要求8实际描述的是回转窑的固有工作流程。专利权人认为附件1没有公开根据落料品的颜色变化判断窑温；附件2所揭示的设备，是用于水泥工业，与本专利技术领域不同，本专利是克服了技术偏见，达到了效率和生产成本的降低，易于控制成色。

至此，合议组认为本案事实已经清楚，可以作出审查决定。

二、决定的理由

1. 关于证据和现有技术

请求人提交的证据包括附件1～5和附件1-1，在口头审理过程中，请求人主动放弃附件5，在评述本专利权利要求新颖性和创造性时没有使用附件3和4，因此，合议组对附件3～5不予考虑。由于请求人提交的附件1和附件1-1是同一份证据原件不同部分的复印件，因此在下面的评述中通称为附件1。专利权人对附件1、2的真实性没有异议，因此附件1、2可以作为本案证据使用，同时由于附件1、2的公开日期在本专利的申请日前，因此可以作为本专利的现有技术使用。

2. 关于创造性

创造性，是指同申请日以前已有的技术相比，该发明有突出的实质性特点和显著的进步。

在判断创造性时，如果一项发明权利要求保护的技术方案与现有技术相比是显而易见的，并且没有产生预料不到的技术效果，那么该权利要求技术方案与现有技术相比没有突出的实质性特点和显著的进步，从而不具备创造性。

本专利权利要求1请求保护一种回转窑，包括带内衬的筒体（1），筒体（1）有贯通窑头（11）和窑尾（12）的内膛，筒体（1）的下方有动力系统和与轮缘联接的支承装置，筒体（1）与水平面之间有1°~7°的倾斜角，窑头（11）高，窑尾（12）低，动力系统与筒体（1）上的筒体大齿轮（13）联接，窑头（11）设有进料口（4）和设有烟囱（5）的烟道（6），筒体（1）的内膛中设有测温装置，窑尾（12）外设有热源产生装置，窑尾（12）有出料口（7）。

附件2是一本具体介绍回转窑设计、使用与维修的教科书，公开了多种回转窑的技术方案，并对回转窑的各个部件作了具体描述，其中附件2第1~3页公开了一种回转窑，所述回转窑具有带窑衬的筒体，筒体有贯通窑头（对应于本专利的“窑尾”）和窑尾（对应于本专利的“窑头”）的内膛，筒体中部有传动装置（对应于本专利的“动力系统”）和与滚圈（对应于本专利的“轮缘”）连接的支撑装置，传动装置与筒体上的筒体齿圈（对应于本专利的“大齿轮”）连接，窑尾高，窑头低，窑尾设有喂料装置（对应于本专利的“进料口”），窑头外设有燃烧器（对应于本专利的“热源产生装置”），产品从低端卸出（由此可直接地、毫无疑义地确定出所述回转窑在窑头设有出料口）。由此可见，附件2第1~3页公开的技术内容与权利要求1的区别在于：（A）附件2没有具体公开筒体与水平面之间的倾斜角度数，（B）没有公开设有烟囱的烟道，以及（C）没有公开在筒体的内膛中设有测温装置。对于区别技术特征（A），合议组认为，附件2第18~19页具体公开了所述筒体与水平面之间的倾斜角为2°、3°等，上述倾斜角度在权利要求1所述倾斜角（1°~7°）的范围内，因此，上述区别技术特征已经被附件2公开了。对于区别技术特征（B），合议组认为，附件2第3页第10~11行公开了烟气经过窑尾罩排入烟道和收尘系统，由附件2第220页图8-1可以看出，从回转窑排出的烟气经过沉降设备和带有烟囱的烟道排出，并且附件2所公开的上述结构与本专利权利要求1中所述在窑头上设有带烟囱的烟道的作用相同，因此，附件2给出了将上述技术特征应用到附件2第1~3页所公开的技术方案以解决同样的技术问题的启示，对本领域技术人员来说是显而易见的。对于区别技术特征（C），合议组认为，附件2第44~45页公开了在回转窑内膛设有测温装置，并且图2-14进一步公开了所述测温装置为热电偶（见图标4），因此，上述区别技术特征已经被附件2公开了。综上所述，对本领域技术人员来说根据附件2公开的技术内容得到权利要求1所要求保护的技术方案是显而易见的，权利要求1相对于附件2不具备创造性，不符合专利法第22条第3款的规定。

在口头审理中，专利权人认为，本专利权利要求1中支撑装置是直接与筒体的轮缘进行接触的，而附件2的支撑装置则通过滚圈接触。对此，合议组认为，附件2中滚圈的作用是在筒体外将筒体、窑衬、物料等所有回转部分的重量通过其传递给传动装置，而根据本专利说明书和权利要求书的记载，本专利中所述轮缘的连接位置、所起的作用与附件2中所述滚圈的作用是相同的，因此，本领域技术人员能够直接地、毫无疑义地确定上述轮缘与滚圈是相同的部件。

权利要求2的附加技术特征已在附件2第18~19页被公开（参见上述对权利要求1的评述）；附件2第1~3页公开了在回转窑的高端有喂料装置，附件2第202页图7-6、图7-8公开了在喂料装置的加料管一端下侧固接有挡料圈，且两者作用相同，均是阻止物料回流，因此，权利要求3的附加技术特征已被附件2全部公开；附件2第207页和图7-13具体公开了一种回转窑常用的燃烧装置（喷煤管），所述喷煤管由一个燃料喷枪和设置在喷枪后方的鼓风机组成，所述喷枪的喷头指向回转窑筒体内膛，因此，权利要求4的附加技术特征也已被附件2公开了。因此，在权利要求1不具备创造性的前提下，对本领域技术人员来说根据附件2公开的技术内容得到权利要求2~4所要求保护的技术方案是显而易见的，因此，权利要求2~4不具备创造性，不符合专利法第22条第3款的规定。

权利要求5的附加技术特征进一步限定了在出料口所对应的筒体下方设置有冷却池，附件2第6页第19行公开了回转窑产生的高温物料需要经过冷却机冷却，并具体公开了多种类型的冷却机均可用于所述高温物料的冷却，其起到的所用与权利要求5的冷却池相同，并且使用冷却池也没有产生意想不到的技术效果，因此，在权利要求1不具备创造性的前提下，对本领域技术人员来说根据附件2公开的技术内容得到权利要求5所要求保护的技术方案是显而易见的，引用权利要求1的从属权利要求5也不具备创造性，不符合专利法第22条第3款的规定。

权利要求6的附加技术特征对测温装置作了进一步限定，附件2第44~45页公开了在回转窑内膛设有测温装置，并且图2-14进一步公开了所述测温装置为热电偶（见图标4）。本领域技术人员为了防止热电偶断裂，在热电偶与耐火砖之间采用柔性接触也是容易想到的，而且本专利也未给出具体的连接方式。因此，本领域技术人员根据附件2的内容得到权利要求6要求保护的技术方案是显而易见的，权利要求6不具备创造性，不符合专利法第22条第3款的规定。

权利要求7的附加技术特征对回转窑筒体作了进一步限定，附件2第2页第1行公开了所述回转窑筒体外壳为钢板卷成，第192页倒数第4行具体公开了“隔热砖可砌在预热带、分解带的筒体与粘土砖之间”，所述隔热砖相当于权利要求7所述第一层内衬（即为保温层），粘土砖相当于第二内衬（即为高铝砖），第188~193页具体公开了可以用于回转窑窑衬的材料（粘土砖、高铝砖、磷酸盐耐火砖等），可见，使用高铝砖和粘土砖作为回转窑内衬是可以相互替代的，并且使用高铝砖代替粘土砖也没有产生意想不到的技术效果，对本领域技术人员来说，根据上述附件2的记载得到权利要求7的技术方案是显而易见的，因此，在权利要求1不具备创造性的前提下，引用权利要求1的从属权利要求7也不具备创造性，不符合专利法第22条第3款的规定。

权利要求8要求保护权利要求1~7所述回转窑煅烧色釉料的生产方法，附件2第11页倒数第1~2行以及第23页分别公开了回转窑煅烧的物料有氧化铬、钛白粉和氧化锌等，而氧化铬、钛白粉和氧化锌均属于色釉料的范畴，附件2第1页倒数第3~8行具体公开了所述回转窑的工作流程，同时第9~16页公开了回转窑煅烧的不同产品所采用的相应煅烧温度，第19页和第22页分别对回转窑转速和填充率作了具体描述，由此可见，附件2公开了权利要求8所述生产方法的全部技术特征，在其所引用的权利要求1~7不具备创造性的前提下，本领域技术人员根据附件2所公开的上述技术内容得到权利要求8所要求保护的技术方案是显而易见的，因此，该权利要求所要求保护的技术方案不具备创造性，不符合专利法第22条第3款的规定。

权利要求9的附加技术特征对色釉料的生产方法作了进一步限定，附件2第44页公开了在烧成带后部以及分解带处设置测温装置，其作用主要是检测煅烧温度的变化，以便及时调整稳定煅烧温度，附件1第514~516页及表4-10公开了熟料外观与煅烧窑温的关系，同时判断出料口落料颜色，对煅烧温度进行控制也是本领域技术人员容易想到的，没有产生意想不到的技术效果，本专利权利要求书和说明书中也没有具体公开根据出料口落料颜色控制煅烧温度的技术内容，因此，当其引用的权利要求8不具备创造性时，该权利要求要求保护的技术方案也不具备创造性，不符合专利法第22条第 3 款的规定。

根据上述的事实和理由，本案合议组依法作出以下决定。

三、决定

宣告 200310117640.2 号发明专利权全部无效。

当事人对本决定不服的，可以根据专利法第 46 条第 2 款的规定，自收到本决定之日起 3 个月内向北京市第一中级人民法院起诉。根据该款的规定，一方当事人起诉后，另一方当事人应当作为第三人参加诉讼。

北京市第一中级人民法院
行政判决书

（2007）一中行初字第 1275 号

原告贺建彪，男，1961 年 9 月 29 日出生，汉族，广东省佛山市罗村镇友邦友陶瓷原料厂总经理，住广东省佛山市禅城区弼塘西二街 2 号 703 房。

原告贺建勇，男，1963 年 8 月 17 日出生，汉族，广东省佛山市罗村镇友邦友陶瓷原料厂职员，住湖南省醴陵市解放路东段 16 号 3 栋 105 号。

委托代理人贺文华，男，1973 年 10 月 2 日出生，汉族，江门嘉权专利商标事务所有限公司佛山分公司职员，住广东省广州市天河区天河路 104 号。

委托代理人贺文华，男，1973 年 10 月 2 日出生，汉族，江门嘉权专利商标事务所有限公司佛山分公司职员，住广东省广州市天河区天河路 104 号。

被告国家知识产权局专利复审委员会，住所地北京市海淀区北四环西路 9 号银谷大厦 10~12 层。

法定代表人廖涛，副主任。

委托代理人王冬，国家知识产权局专利复审委员会审查员。

委托代理人齐宏涛，国家知识产权局专利复审委员会审查员。

第三人佛山市南海创高精细材料有限公司，住所地广东省佛山市南海区官窑红星百计上、下社红岗地。

法定代表人李平，总经理。

委托代理人詹仲国，广州三环专利代理有限公司佛山分公司专利代理人。

委托代理人谭建新，男，1969 年 10 月 8 日出生，汉族，佛山市南海创高精细材料有限公司经理，住广东省佛山市高明区荷城街道泰和路 512 号 2 梯 802。

原告贺建彪、贺建勇不服被告国家知识产权局专利复审委员会（简称专利复审委员会）于 2007 年 3 月 19 日作出的第 9621 号无效宣告请求审查决定（简称第 9621 号决定），于法定期限内向本院提起行政诉讼。本院于 2007 年 9 月 18 日受理本案后，依法组成合议庭，并通知佛山市南海创高精细材料有限公司（简称创高公司）作为本案第三人参加诉讼，于 2007 年 11 月 22 日对本案公开开庭进行了审理。原告贺建彪、贺建勇的委托代理人贺文华，被告专利复审委员会的委托代理人王冬、齐宏涛，第三人创高公司的委托代理人詹仲国、谭建新到庭参加了诉讼。本案现已审理终结。第 9621 号决定系专利复审委员会针对创高公司就贺建彪、贺建勇拥有的名称为“一种回转窑及利用回转窑煅烧色釉料的生产方法”的发明专利（简称本专利）提出的无效宣告请求作出的。专利复审委员会在该决定中认为：(1) 关于证据和现有技术。附件1、附件2可以作为本案证据使用，同时由于附件1、附件2的公开日在本专利的申请日前，因此可以作为本专利的现有技术使用。(2) 关于本专利的创造性。本专利权利要求1相对于附件2不具备创造性，不符合《中华人民共和国专利法》(简称《专利法》) 第二十二条第三款的规定。本专利权利要求2~4的附加技术特征已被附件2全部公开。因此，在权利要求1不具备创造性的前提下，对本领域的技术人员来说，根据附件2公开的技术内容得到权利要求2~4所要求保护的技术方案是显而易见的，因此，权利要求2~4不具备创造性，不符合《专利法》第二十二条第三款的规定。权利要求5的附加技术特征进一步限定了在出料口所对应的筒体下方设置有冷却池，附件2第6页第19行公开了回转窑产生的高温物料需要经过冷却机冷却，并具体公开了多种类型的冷却机均可用于所述高温物料的冷却，其起到的作用与权利要求5的冷却池相同，并且使用冷却池也没有产生意想不到的技术效果，因此，在权利要求1不具备创造性的前提下，引用权利要求1的从属权利要求5也不具备创造性，不符合《专利法》第二十二条第三款的规定。权利要求6的附加技术特征对测温装置作了进一步限定，附件2第44~45页公开了在回转窑内膛设有测温装置，并且图2-14进一步公开了所述测温装置为热电偶 (见图标4)。本领域技术人员为了防止热电偶断裂，在热电偶与耐火砖之间采用柔性接触也是容易想到的，而且本专利也未给出具体的连接方式。因此，本领域技术人员根据附件2的内容得到权利要求6要求保护的技术方案是显而易见的，权利要求6不具备创造性，不符合《专利法》第二十二条第三款的规定。权利要求7的附加技术特征对回转窑筒体作了进一步限定，附件2第2页第1行公开了所述回转窑筒体外壳为钢板卷成，第192页倒数第4行具体公开了“隔热砖可砌在预热带、分解带的筒体与粘土砖之间”，所述隔热砖相当于权利要求7所述第一层内衬 (即为保温层)，粘土砖相当于第二内衬 (即为高铝砖)，第188~193页具体公开了可以用于回转窑窑衬的材料 (粘土砖、高铝砖、磷酸盐耐火砖等)，可见，使用高铝砖和粘土砖作为回转窑内衬是可以相互替代的，并且使用高铝砖代替粘土砖也没有产生意想不到的技术效果，对本领域技术人员来说，根据上述附件2的记载得到权利要求7的技术方案是显而易见的，因此，在权利要求1不具备创造性的前提下，引用权利要求1的从属权利要求7也不具备创造性，不符合《专利法》第二十二条第三款的规定。权利要求8要求保护权利要求1~7所述回转窑煅烧色釉料的生产方法，附件2第11页倒数第1~2行以及第23页分别公开了回转窑煅烧的物料有氧化铬、钛白粉和氧化锌等，而氧化铬、钛白粉和氧化锌均属于色釉料的范畴，附件2第1页倒数第3~8行具体公开了所述回转窑的工作流程，同时第9~16页公开了回转窑煅烧的不同产品所采用的相应煅烧温度，第19页和第22页分别对回转窑转速和填充率作了具体描述，由此可见，附件2公开了权利要求8所述生产方法的全部技术特征，在其所引用的权利要求1~7不具备创造性的前提下，本领域技术人员根据附件2所公开的上述技术内容得到权利要求8所要求保护的技术方案是显而易见的，因此，该权利要求所要求保护的技术方案不具备创造性，不符合《专利法》第二十二条第三款的规定。权利要求9的附加技术特征对色釉料的生产方法作了进一步限定，附件2第44页公开了在烧成带后部以及分解带处设置测温装置，其作用主要是检测煅烧温度的变化，以便及时调整稳定煅烧温度，附件1第514~516页及表4~10公开了熟料外观与煅烧窑温的关系，同时判断出料口落料颜色，对煅烧温度进行控制也是本领域技术人员容易想到的，没有产生意想不到的技术效果，本专利权利要求书和说明书中也没有具体公开根据出料口落料颜色控制煅烧温度的技术内容，因此，当其引用的权利要求8不具备创造性时，该权利要求要求保护的技术方案也不具备创造性，不符合《专利法》第二十二条第三款的规定。综上，专利复审委员会作出第9621号决定，宣告本专利全部无效。

原告贺建彪、贺建勇不服第9621号决定，在法定期限内向本院提起诉讼。其诉称：（1）被告认定事实错误。①被告认定附件2公开的利用回转窑煅烧钛白粉、氧化锌和氧化铬等物料与本专利所涉及的回转窑煅烧色釉料为同一技术领域是错误的，理由如下：首先，本专利所述的色釉料与钛白粉、氧化锌和氧化铬等具有本质的区别。尽管色釉料的范围比较广，它的定义也没有统一的标准，但是，根据专利法第五十六条第一款的规定，从本专利的背景技术以及说明书的其他内容明显可以得知本专利所述的色釉料是特指陶瓷合成色料，例如：橘黄是由氧化锑、铬绿、钛白粉以及矿化剂经高温煅烧而成。所谓陶瓷色料，就是以过渡金属、稀土金属或其他金属为发色元素，以某种晶型为载色母体的人工合成的用于陶瓷着色的矿物。它们没有固定的分子式，是多种单一晶体形成稳定晶格的合成固溶体，与钛白粉、氧化锌和氧化铬是单一晶体形成本质的区别。虽然，陶瓷色釉料归属于无机颜料这个大类，然而它又不同于涂料、印刷、塑料、橡胶、纤维、造纸、化妆品、建材、皮革等行业中所广泛使用的无机颜料，与普通的无机颜料相比，其组成相差很大，它单独形成一类，两者是在完全不同的条件和环境下生成的，存在很大的区别。而附件2中所述的钛白粉、氧化铬、氧化锌则是普通的无机颜料，其中，钛白粉虽然也有用于陶瓷工业中，但是，它只是生产陶瓷色釉料的其中一种物料，单一的钛白粉并不能作为色釉料来使用，只有与氧化锑、铬绿、红矾钾等其他化工原料混合后，经过煅烧才能生产出色釉料。因此，钛白粉、氧化铬、氧化锌等与陶瓷色釉料之间存在巨大区别，两者技术不属同一技术领域。其次，二者的工艺过程完全不同。附件2公开的利用回转窑煅烧钛白粉、氧化锌以及氧化铬的技术属于有色冶金技术领域，在该领域中利用回转窑生产的氧化物还有氧化铅、稀土金属等，它们的反应原理是将原矿进行精选、提纯，然后在高温煅烧氧化，变成该金属氧化物。而陶瓷色料的合成恰恰相反，是利用上述方法生产出来的发色氧化物，在矿化剂和高温下通过一系列固相、液相、气相反应，合成出来一种着色矿物。如此可见，二者的工艺过程截然不同，当然属于不同的技术领域。②被告在审查决定的第8页第5行认定“附件1第514~516页及表4~10公开了熟料外观与煅烧温度的关系，同时判断出料口落料颜色，对煅烧温度进行控制也是本领域技术人员容易想到的，没有产生意想不到的技术效果……”也是错误的，因为，在表4~10公开的熟料外观只是涉及熟料颗粒大小和翻滚情况，并没有涉及熟料的颜色，通过落料的颜色来控制煅烧温度是专利权人付出了创造性劳动才得到的，而被告没有任何根据就认为这是本领域技术人员容易想到的，因此是错误的。（2）本专利的权利要求8和9相对于对比文件具备创造性。①权利要求8中技术方案具有实质性特点。权利要求8记载的技术方案所解决的技术问题以及达到的技术效果与附件2公开的技术方案所解决的技术问题以及达到的技术效果均不相同。附件2公开的利用回转窑煅烧氧化物所要解决的技术问题是如何从原矿中将金属离子分离出来，达到生产高纯度的单一晶体的氧化物。而本专利所要解决的技术问题是传统煅烧色釉料方法中存在的煅烧时间长，工人的装钵、倒钵劳动强度大，匣钵耗损大的缺点，以达到陶瓷色料能够无钵裸烧，降低生产燃料成本，快速合成色料，降低工人劳动强度的技术效果。如此可以看出，二者所要解决的技术问题和达到的技术效果均不同，因此，权利要求8具备实质性特点。②权利要求8记载的技术方案具有显著的进步。本专利申请之前，在陶瓷色釉料生产领域中，一直以来都是采用隧道窑、推板窑窑炉煅烧的方法来进行色釉料的生产，其存在煅烧时间长，工人的装钵、倒钵劳动强度大，匣钵耗损大的缺点。专利权人正是在生产过程中碰到上述问题，经过不断的研究、摸索，数百次的反复试验，创造性地提出了利用回转窑煅烧陶瓷色釉料的生产方法，克服了以往使用传统方法烧制色釉料成本高、效率低的缺点，解决了本领域人员一直渴望解决的技术难题，获得了较好的经济效益，具体节省了匣钵费、推板费用，节约人工费和油耗费，以一个年产2000吨的色料厂为例，采用本发明来煅烧色料，每年可节省成本120万元左右，经济效益十分可观，因此，具有显著的进步。③权利要求8记载的技术方案克服了技术偏见。附件2于1978年出版，其中所述利用回转窑煅烧钛白粉、氧化铬、氧化锌等普通无机颜料的技术至少已经存在了二十多年，但是，为什么一直以来，没有人尝试利用回转窑来煅烧生产色釉料，而是一直沿用传统的方法进行生产。其原因在于钛白粉、氧化铬、氧化锌等普通无机颜料与陶瓷色釉料之间在两者的组成、生成条件存在很大的区别，对于色釉料生产领域的技术人员来说，一向以来的观点是必须要将混合好的生料放进匣钵中进行烧制，不能够进行裸烧，否则会影响煅烧色釉料所需多种物质混合后的焙烧合成。之所以造成这种偏见是因为有五个方面的原因，一是，担心有些矿化剂在高温下容易挥发掉，失去矿化作用；二是，担心色料合成时液化容易流动；三是，担心如生料总是翻动，会干扰色料合成的气氛，不利于合成；四是，担心烧成时间短，色料合成不充分，着色力不稳定；五是，生料封闭煅烧，可以避免燃料烟气使合成的色料发暗，降低发色力。专利权人花了大量的人力、物力进行了数百次试验，并请教过许多专家，反复进行实地考察、求证，期间付出了许多艰辛的劳动，经历过不少失败，终于创造性地提出了利用回转窑煅烧色釉料的方法，使混合好的生料从窑头向窑尾滚动，并通过窑内的高温气体对其煅烧，从而使混合好的生料煅烧成所需的陶瓷色釉料，克服了以上技术上的偏见，取得了巨大的经济效益，根据《审查指南》第二部分第四章5.2的规定，本专利具有突出的实质性特点和显著的进步，具备创造性。④权利要求9具备创造性。在附件1第514~516页及表4~10中只公开了熟料外观中的颗粒大小与煅烧温度的关系，并没有公开落料颜色与窑温之间的关系，正是专利权人创造性地提出了通过落料颜色来对窑温进行调控，填补了这一方面的空白，提供了一种与附件1中的技术构思不同的技术方案，同样能够达到调控窑温的技术效果，根据《审查指南》第二部分第四章3.2.2的规定，权利要求9的技术方案具有显著的进步，因此，权利要求9具备创造性。综上所述，本专利的权利要求8和9具备创造性，而被告在作出审查决定中认定事实错误，导致适用法律错误，原告请求人民法院判决撤销被告所作出的第9621号决定。

被告专利复审委员会辩称：（1）关于认定事实。附件2是一本具体介绍回转窑设计、使用与维修的教科书，公开了多种回转窑的技术方案，并对回转窑的各个部件作了具体描述，同时还公开了利用回转窑煅烧钛白粉、氧化锌和氧化铬等物料的方法，而氧化铬、钛白粉和氧化锌均属于色釉料的范畴，附件2与本专利均属于无机颜料煅烧的技术领域，所起到的功能相同，因此，属于相同或相近的技术领域，第9621号决定使用附件2来评价本专利的新颖性和创造性并无不当。在回转窑工作过程中，通过观察物料的外观来判断窑内煅烧段的温度是本领域技术人员的公知常识，而物料在煅烧过程中，煅烧的温度不同其外表颜色也会不同，而对本领域技术人员来说根据物料的颜色来判断煅烧温度是容易想到的，其本专利说明书中也没有具体公开如何判断从出口掉出的色料颜色控制煅烧温度，因此，第9621号决定中关于“判断从出口掉出的色料颜色控制煅烧温度”对本领域技术人员是显而易见的判断是正确的。（2）关于权利要求8和9的创造性，被告坚持在第9621号决定中的意见。综上，被告请求人民法院维持第9621号决定。

第三人创高公司述称：（1）专利复审委员会作出的第9621号决定认定事实清楚、适用法律正确。（2）附件2与本专利为同一技术领域。本专利是一种回转窑及利用该回转窑煅烧色釉料的生产方法。附件2同样公开了回转窑及利用该回转窑煅烧钛白粉等色釉料的生产方法。钛白粉属于色釉料范畴，色釉料分为色釉料和釉料，其公开的工艺过程也完全相同。（3）通过落料的颜色来控制煅烧温度是公知技术。（4）权利要求8及权利要求9记载的内容均已公开。如前所述，钛白粉、氧化铬等属于色料，也是通过回转窑煅烧生产，利用回转窑煅烧色釉料属于公知技术，而不是所谓技术偏见。第三人请求驳回原告的诉讼请求，维持第9621号决定。

本院经审理查明：

名称为“一种回转窑及利用回转窑煅烧色釉料的生产方法”的发明专利（即本专利）由贺建彪、贺建勇于2003年12月27日向国家知识产权局提出申请，于2005年11月9日被授权公告，专利号为200310117640.2，专利权人为贺建彪、贺建勇。本专利授权公告的权利要求书如下：

“1. 一种回转窑，其特征在于：包括带内衬的筒体（1），筒体（1）有贯通窑头（11）和窑尾（12）的内膛，筒体（1）的下方有动力系统和与轮缘联接的支承装置，筒体（1）与水平面之间有1°~7°的倾斜角，窑头（11）高，窑尾（12）低，动力系统与筒体（1）上的筒体大齿轮（13）联接，窑头（11）设有进料口（4）和设有烟囱（5）的烟道（6），筒体（1）的内膛中设有测温装置，窑尾（12）外设有热源产生装置，窑尾（12）有出料口（7）。

2. 根据权利要求1所述的一种回转窑，其特征在于：所述的筒体（1）的倾斜度在2°~4°之间。

3. 根据权利要求1所述的一种回转窑，其特征在于：所述的进料口（4）内设有加料管（41），其一端伸入筒体（1）内，伸入筒体（1）内的加料管（41）的一端下侧固接有挡料板（42）。

4. 根据权利要求1所述的一种回转窑，其特征在于：所述的热源产生装置是由一个燃料喷枪（3）和设在燃料喷枪（3）后方的风机（30）组成，燃料喷枪（3）的喷头指向筒体（1）的内膛。

5. 根据权利要求1所述的一种回转窑，其特征在于：出料口（7）所对应的筒体的下方设有冷却池（8）。

6. 根据权利要求1所述的一种回转窑，其特征在于：测温装置为热电偶（15），其与筒体的内衬软性接触安装在靠近窑尾（12）的筒体（1）的内膛中。

7. 根据权利要求1所述的回转窑，其特征在于：所述的筒体（1）具有钢板外壳（110），内有第一层内衬（120）和第二层内衬（130），第一层内衬（120）为保温层，第二层内衬（130）为耐火高铝砖。

8. 一种利用任一上述权利要求所述回转窑煅烧色釉料的生产方法，其特征在于：开启回转窑的热源产生装置与动力系统，根据所需煅烧色釉料的颜色品种设定其相应的煅烧温度、回转窑转速，根据煅烧所需颜色的色釉料混合生料，将混合好的生料按照煅烧所需颜色色釉料的填充系数和加料速度从回转窑的进料口置入筒体的内膛中，筒体在动力系统的带动下不断转动，进入膛内的生料沿筒体轴心平行的方向从窑头向窑尾方向滚动，而热源产生装置所产生的高温气体从窑尾向窑头方向流动，这样生料经过预热、高温煅烧，到达窑尾，最后从窑尾的出料口掉出，待冷却后即可形成所需的颜色的色釉料。

9. 根据权利要求8所述的利用回转窑煅烧色釉料的生产方法，其特征在于：在煅烧过程中不断通过测温装置检测煅烧温度的变化和判断从出料口掉出的色料颜色，对热源产生装置进行控制，调控窑内的煅烧温度。”

本专利说明书载明：本发明涉及一种窑以及一种煅烧色釉料的生产方法，特别是一种煅烧色釉料的回转窑及利用这种回转窑煅烧色釉料的生产方法。不管采用何种窑炉煅烧色料都离不开匣钵、窑车（推板）等窑具，匣钵损耗大，且煅烧时间长，工人装钵、倒钵劳动强度大，生产成本不能有效降低。而国内外很多色料厂为了降低成本，都尝试用其他生产工艺生产陶瓷色料，如采用液相合成法和微波炉烧成法，但都不尽人意。为了解决上述问题，本发明的目的在于提供一种用于煅烧色釉料的回转窑；另外一个目的在于提供一种色釉料生产成本低、烧成质量好的利用回转窑煅烧色釉料的生产方法。本发明的有益效果是。由于该回转窑是裸烧色料，不需要匣钵、推板、窑车等窑具，不需装钵、倒钵等工序，节约劳动力，而又由于热源产生装置设在窑尾，其温度、压力更容易控制，成品率高、烧成质量好，故烧出的色料成本大大的降低，并且没有废弃的窑具，对环保十分有利。

2006年6月15日，创高公司针对本专利向专利复审委员会提出无效宣告请求，理由是本专利权利要求1~9相对于附件1不具备新颖性和创造性。创高公司在无效程序中提交了五份附件。其中附件1为汪澜编著，中国建材工业出版社出版的《水泥工程师手册》1998年1月第1版的第450~455、458~461、464~469、474、475、486~495、498、499、512~519、580~587、590、591、594~597、600、601、606、607、610、611、614、615、620、621、626~629页的复印件。附件1第514、515页载明：回转窑窑内情况的判断，看火焰温度与烧成带温度：火焰的不同颜色表示着不同的温度，因此可以通过观察火焰的颜色，来判断窑内火焰温度的高低。除此之外，还应注意观察窑内物料运动情况及物料结粒的情况，看物料结粒度大小及均匀程度，也是推测烧成带温度高低可靠的方法之一。看火焰后面的物料——“黑影”：物料在不同的带有不同的运动速度。因此要特别注意火焰后面物料的运动情况。向火焰后面下方观察时，会发现物料颜色从暗到明的变化，称作“黑影”。“黑影”的位置，可以反映烧成带的位置和温度高低。同时，附件1第514页表4~10载明了熟料颗粒大小、翻滚情况与窑温的关系。附件2为《回转窑》编写组编，冶金工业出版社出版的《回转窑（设计、使用与维修）》1978年5月第1版的相关页复印件。附件2第1页载明：回转窑属于回转圆筒类设备。筒体内有耐火砖衬及换热装置，以低速回转。物料与热烟气一般为逆流换热，物料从窑的高端（又称冷端或窑尾端）加入。由于筒体倾斜安装，在回转时，窑内物料在沿周向翻滚的同时延轴向移动。燃烧器在低端（又称热端或窑头端）喷入燃料，烟气由高端排出。物料在移动过程中得到加热，经过物理与化学变化，成为合格产品从低端卸出。附件2第11页载明：在铬的生产中，是用普通回转窑将氢氧化铬焙烧成氧化铬。同时，附件2第9~16页公开了回转窑煅烧的不同产品所采用的相应煅烧温度，第19页和第22页分别对回转窑转速和填充率作了具体描述，第23页表1-7载明的回转窑焙烧的物料有钛白粉和氧化锌，第44页公开了在烧成带后部以及分解带处设置测温装置，其作用主要是检测煅烧温度的变化，以便及时调整稳定煅烧温度。附件3为姜煜林主编，武汉工业大学出版社出版的《水泥热工机械设备》1996年12月第1版的相关页复印件。附件4为宋培凯、陈源兴等编著，中国建材工业出版社的《回转窑及单筒冷却机修理》的相关页复印件。附件5为佛山市欧陶无机材料有限公司产品宣传册复印件1页。

在本案诉讼过程中，原告贺建彪、贺建勇向本院提交了如下用于证明色釉料与色料不同的公知常识的证据：俞康泰编著，武汉工业大学出版社1998年1月第1版，2005年6月第4次印刷的《色釉料与装饰导论》一书的相关页复印件。该书第13页载明：陶瓷色料归属于无机颜料这个大类中。第17页1.2.1传统色料一节中载明：最古老的色料如锑黄（拿破尔黄）。它们一般被用作釉和坯的着色剂。多数情况下则为釉用色料。此外，原告还提交了朱骥良、吴申年主编、化学工业出版社和精细化工出版中心出版的2002年1月第2版《颜料工艺学》，证明利用回转窑煅烧陶瓷色料与氧化锌、氧化钛等不属于同一技术领域。第三人创高公司提交了如下证据证明色釉料和色料属于同一技术领域：（1）陈朝华编著，化学工业出版社1998年4月第1版《钛白粉生产技术问答》的相关页复印件，该书第166页载明：一般硫酸法制得的偏钛酸全部是锐钛型晶体。经较低温度的煅烧后，得到的全是锐钛型钛白粉。这种锐钛型通常在900℃以下是稳定的。当温度超过950℃时，就开始向金红石型晶型转化。（2）蔡飞虎、冯国娟编著，佛山陶瓷杂志出版有限公司2003年5月出版的《实用墙地砖生产技术》（《佛山陶瓷》2003年增刊），该书第66页载明：金花米黄抛光砖是在普通抛光砖的基础上开发出来的新产品。金花米黄是在坯体中加入一种特殊的色料——金红石型钛白粉，利用在高温下渗花盐与金红石型二氧化钛反应着色。（3）俞康泰编著，武汉工业大学出版社1998年1月第1版，2005年6月第4次印刷的《色釉料与装饰导论》一书的相关页复印件。该书第 1 页载明：色料是“着色材料”的统称。陶瓷色料是在陶瓷制品上所使用的着色材料的通称，它包括釉上、釉中、釉下以及使釉料、化妆土和坯体着色的材料。颜料、色料与彩料，包括色剂或着色剂这五个术语在陶瓷工业中实际使用时并没有一个严格的区分。（4）天津化工研究院等编，化学工业出版社 1996 年 6 月第 2 版，2006 年 1 月第 4 次印刷的《无机盐工业手册》（下册）第 927 页复印件。该页载明：颜料钛白为纯白色微细粉末，有锐钛、金红石两种晶型，广泛用于涂料、油墨、陶瓷、搪瓷、玻璃等工业中作为着色颜料。

在本案庭审过程中，原告同意被告作出的本专利权利要求 1~7 不具备创造性的认定。原告及第三人均对对方提交的用于证明公知常识的证据的真实性没有异议，被告对原告及第三人提交的用于证明公知常识的证据的真实性没有异议。

上述事实，有第 9621 号决定、本专利授权公告文本、附件 1、附件 2、原告及第三人在本案中提交的用于证明公知常识的证据及当事人陈述等证据在案佐证。

本院认为：

一、关于附件 2 与本专利是否属于同一技术领域

附件 2 公开了利用回转窑煅烧钛白粉、氧化锌、氧化铬等物料的生产方法。本专利权利要求 8 要求保护权利要求 1~7 所述回转窑煅烧色釉料的生产方法。首先，根据原告及第三人提交的俞康泰编著的《色釉料与装饰导论》的记载，色料是“着色材料”的通称，陶瓷色料是在陶瓷制品上所使用的着色材料的通称。而颜料、色料与彩料，包括色剂或着色剂这五个术语在陶瓷工业中实际使用时并没有一个严格的区分。其次，根据本专利说明书的记载，本专利在提及色釉料与色料时，亦没有将二者予以区分，而是将二者作为相同含义的词来使用。故本专利所述的色釉料与色料实际上具有相同的含义。根据第三人提供的《无机盐工业手册》（第二版，下册）的记载，钛白粉广泛用于陶瓷等工业中作为着色颜料。另外，根据第三人提供的《钛白粉生产技术问答》的记载，在回转窑中经较低温度的煅烧之后，得到的是锐钛型钛白粉，当温度超过 950℃时，就开始向金红石晶型转化。结合第三人提交的《实用墙地砖生产技术》的记载，金红石型钛白粉属于陶瓷工业中使用的色料。因此，钛白粉属于色釉料的范畴，故附件 2 公开的利用回转窑煅烧钛白粉、氧化锌、氧化铬等物料的生产方法与本专利权利要求 8 要求保护权利要求 1~7 所述回转窑煅烧色釉料的生产方法属于相同的技术领域。原告关于二者属于不同技术领域的主张没有事实依据，本院不予支持。

二、关于本专利权利要求 8、9 是否具备创造性

原告对被告在第 9621 号决定中认定的本专利权利要求 1~7 不具备创造性的结论没有异议，本院对此不持异议。附件 2 第 1 页具体公开了回转窑的流程，附件 2 第 9~16 页公开了回转窑煅烧的不同产品所采用的相应煅烧温度，第 19 页和第 22 页分别对回转窑转速和填充率作了具体描述。此外，如上所述，附件 2 公开了回转窑煅烧的物料包括钛白粉，而钛白粉属于色釉料的范畴，由此可见，附件 2 公开了本专利权利要求 8 所述生产方法的全部技术特征，在其所引用的权利要求 1~7 不具备创造性的前提下，本领域普通技术人员根据附件 2 所公开的技术内容得到权利要求 8 所要求保护的技术方案是显而易见的。因此，本专利权利要求 8 不具备创造性，不符合《专利法》第二十二条第三款的规定。

本专利权利要求 9 的附加技术特征对色釉料的生产方法作了进一步的限定，附件 2 公开了在烧成带后部以及分解带处设置测温装置，测温装置的主要作用是检测煅烧温度的变化，以便调整煅烧温度。此外，附件 1 公开了根据物料结粒度大小及均匀程度与煅烧窑温的关系，且公开了根据物料颜色的明暗变化判断温度高低的方法。同时，根据出料口落料的颜色对煅烧温度进行控制也是本领域普通的技术人员容易想到的，没有产生意想不到的技术效果。因此，在权利要求 8 不具备创造性的前提

下，权利要求 9 要求保护的技术方案也不具备创造性，不符合《专利法》第二十二条第三款的规定。原告关于本专利克服了技术偏见的主张没有事实依据，本院不予支持。

综上，第 9621 号决定认定事实清楚，适用法律正确，程序合法，应予维持。原告的诉讼理由不能成立，其诉讼请求本院不予支持。依照《中华人民共和国行政诉讼法》第五十四条第（一）项之规定，本院判决如下：

维持被告国家知识产权局专利复审委员会作出的第 9621 号无效宣告请求审查决定。

案件受理费 100 元，由原告贺建彪、贺建勇负担（已交纳）。

如不服本判决，各方当事人可在本判决书送达之日起 15 日内，向本院提交上诉状，并按对方当事人人数提交副本，交纳上诉案件受理费 100 元，上诉于北京市高级人民法院。

审　判　长　彭文毅
代理审判员　江建中
代理审判员　张晰昕
二〇〇七年十二月二十日
书　记　员　李冰青

067

氯化亚铁溶液中硅、铝的去除方法

无效宣告请求审查决定（第 9645 号）

决　定　号　第 9645 号
决　定　日　2007 年 4 月 10 日
发明创造名称　氯化亚铁溶液中硅、铝的去除方法
国 际 分 类 号　C23G 1/36
无效宣告请求人　安德列兹股份有限公司
专　利　权　人　黄卓林
专　利　号　00133281.3
申　请　日　2000 年 11 月 30 日
授 权 公 告 日　2004 年 10 月 20 日
合 议 组 组 长　赵　明
主　审　员　董晓静
参　审　员　崔　震

法 律 依 据　专利法第 22 条第 3 款
决 定 要 点

判断一项权利要求是否具备创造性时，应将权利要求所述的技术方案与现有技术的一个技术方案进行特征分析，确定二者之间的区别技术特征，然后考查由引入这些区别技术特征而得到的技术方案对于本领域技术人员来说是否显而易见，如果非显而易见，而且请求保护的发明产生了有益的技术效果，则该权利要求具备创造性。

一、案由

本无效宣告请求涉及中华人民共和国国家知识产权局于 2004 年 10 月 20 日授权公告的、名称为“氧化亚铁溶液中硅、铝的去除方法”的第 00133281.3 号发明专利（以下简称本专利），其申请日是 2000 年 11 月 30 日，专利权人是黄卓林。该专利授权公告的权利要求书如下：

“1. 一种氯化亚铁溶液中硅、铝元素的去除方法，其特征是先用废冷轧薄板或铁屑把氯化亚铁溶液中的余酸消除，然后加氨水调整氯化亚铁溶液中的 pH 值至 4~6，使硅离子生成硅酸铁沉淀，铝离子生成氢氧化铝沉淀，并和已生成的 $Fe(OH)_2$ 沉淀一起析出，过滤分离沉淀物，滤液经喷射焙烧，制得高纯度氧化铁红粉产品。”

针对上述专利权，安德列兹股份有限公司（以下简称请求人）于 2006 年 3 月 20 日向专利复审委员会提出无效宣告请求，同时提交以下附件：

附件1：本专利的专利说明书；

附件2：公开日为1986年8月11日、公开号为昭61-178403A的日本公开特许公报；

附件3：附件2的中文译文（以下简称对比文件1）；

附件4：公开日为1986年6月25日、公开号为AU380675B的奥地利专利说明书；

附件5：附件4的中文译文（以下简称对比文件2）。

请求人认为权利要求1相对于对比文件1和公知技术的结合，或者对比文件1、2的结合不具备创造性，不符合专利法第22条第3款的规定。

2006年4月7日，请求人向专利复审委员会提交意见陈述书，增加了无效理由并补充以下附件：

附件6："由钢铁酸洗废液制备高档氧化铁的技术概述"，《无机盐工业》，1995年第3期，封面页和第25~27页的复印件（以下简称对比文件3）；

附件7："从酸洗废液中回收高纯氧化铁粉"，《攀钢技术》，1999年第22卷第4期，第12~15页的复印件（以下简称对比文件4）。

请求人认为对比文件3、4与对比文件1、2的结合公开了权利要求1的所有必要技术特征，因此权利要求1不具备专利法第22条第3款规定的创造性。

经形式审查合格，专利复审委员会依法受理了上述无效宣告请求，并于2006年6月9日向双方发出无效宣告请求受理通知书，同时将请求人于2006年3月20日提交的专利权无效宣告请求书及其附件清单中所列附件的副本，以及2006年4月7日提交的意见陈述书及其附件的副本，转送给专利权人，要求专利权人在指定的期限内陈述意见。

针对上述无效宣告请求受理通知书，专利权人于2006年7月9日提交了意见陈述书，陈述了本专利具备创造性的理由，包括：（1）对比文件的方法是物理方法，其和本专利的化学方法都用氨水调节pH值，但二者产生的结果不一样，对比文件认为调节pH值仅仅吸附了溶液中二氧化硅、硅的胶体，硅酸则要加入沉淀剂来吸附，而本专利认为pH值调节到4~6时硅、铝离子已和铁离子反应生成沉淀，和二氧化硅、硅的胶体一同被氢氧化铁包覆沉淀下来；（2）吸附沉淀法要用电极或空气氧化三价铁、用氨水中和以及加入沉淀剂，耗时耗费且效率低，而本专利省去了物理方法的许多环节，因而简单易行，效率高。

在意见陈述书中，专利权人还请求将权利要求书修改为："1. 本方法的特征是用氨水调整溶液中的pH值至4~6，使硅离子生成硅酸铁沉淀，铝离子生成氢氧化铝沉淀，过滤分离即达到除硅、铝的目的。"但是，专利权人并未提交权利要求书的修改替换页。

专利复审委员会依法组成合议组对本案进行审查。合议组于2006年8月9日向双方发出口头审理通知书，定于2006年10月26日举行口头审理，并随同该口审通知书将专利权人于2006年7月9日提交的意见陈述书及相关文件转送给请求人。

口头审理如期进行。合议组当庭告知专利权人其修改的权利要求书扩大了专利权的保护范围，因此不予接受，本案的审理基础是授权公告的权利要求书。请求人明确其无效宣告理由是权利要求1相对于对比文件1，或者对比文件1与对比文件2~4中任一篇的结合不具备创造性。专利权人对请求人所提交对比文件1~4的真实性没有异议，对译文的准确性也没有异议。合议组就上述理由及证据逐一进行了调查，双方当事人的意见主要如下：

（1）请求人认为对比文件1公开了用氨水调节pH值为4~6的特征，硅离子生成硅酸铁沉淀和铝离子生成氢氧化铝沉淀是公知常识，因此它们的结合破坏了权利要求1的创造性；专利权人认为对比文件1只公开了权利要求1的其他技术特征，没有公开调节pH值为4~6，而且对比文件1~4都需要加入絮凝剂，本专利不用加入絮凝剂。

（2）请求人认为对比文件2公开了消除余酸、加氨水调节pH值为4~6的技术特征，对比文件3也公开了pH值，对比文件4公开了去除杂质的方法，因此它们与对比文件1的结合破坏权利要求1的创造性；专利权人则认为对比文件2、3、4均没有公开pH值为4~6的技术特征，因此权利要求1具备创造性。

至此，合议组认为本案的事实清楚，可以作出审查决定。

二、决定理由

1. 关于审查基础

专利法实施细则第68条第1款规定，在无效宣告请求的审查过程中，发明或者实用新型专利的专利权人可以修改其权利要求书，但是不得扩大原专利的保护范围。

本案中，专利权人修改权利要求书的方式是删除其中的技术特征，这扩大了原专利的保护范围，因此不符合专利法实施细则第68条第1款的规定，合议组不予接受，仍以本专利授权公告时的权利要求书为基础进行审查。

2. 关于证据和现有技术

请求人提交的证据是附件2、4和对比文件3、4，专利权人对它们的真实性和译文准确性均无异议，因此可以作为本案证据使用，附件2、4的内容分别以其译文即对比文件1、2为准。同时由于上述证据的公开日期均在本专利的申请日之前，因此可以作为本专利的现有技术使用。

3. 关于创造性

专利法第22条第3款规定，创造性，是指同申请日以前已有的技术相比，该发明具有突出的实质性特点和显著的进步。

判断一项权利要求是否具备创造性时，应将权利要求所述的技术方案与现有技术的一个技术方案进行特征分析，确定二者之间的区别技术特征，然后考查由引入这些区别技术特征而得到的技术方案对于本领域技术人员来说是否显而易见，如果非显而易见，而且请求保护的发明产生了有益的技术效果，则该权利要求具备创造性。

（1）关于本专利权利要求1相对于对比文件1的创造性。

本专利权利要求1请求保护氯化亚铁溶液中硅、铝元素的去除方法，包括用废冷轧薄板或铁屑消除余酸，加氨水调整pH=4~6，使硅、铝、铁分别生成硅酸铁、氢氧化铝和氢氧化亚铁沉淀，然后过滤分离，喷射焙烧滤液。

对比文件1公开了一种金属氯化物溶液脱硅法，其中，用盐酸溶解钢板得到的含氯化亚铁溶液先用氧气加热升温以使Si离子中的$Si_2O_2(OH)2$、$Si_2O_2(OH)Cl$等发生相当数量的变化，并且发生氧化和脱水，从而更加不溶，然后由于铝离子对pH值有很强的依存性，仅凭加热升温的方法尚不能处理完全，因此投入铁、锰或碱使pH值上升到1.5以上，可用氢氧化铵中和，并在该中和液中添加凝结剂，然后，过滤中和液，对滤液通过喷射焙烧或流动烧焙等分解成金属氧化物和盐酸（参见附件3的权利要求1，说明书第3、4页）。此外，对比文件1还公开了浓缩液的pH调节为1~6，然后添加凝结剂并过滤的方案（参见附件3的权利要求3）。

由此可见，本专利权利要求1所限定的技术方案较之对比文件1的区别技术特征为，①本专利调节pH值是先用废冷轧薄板、后用氨水，调节后的pH范围为4~6，并限定硅、铝、铁分别生成硅酸铁、氢氧化铝和氢氧化亚铁沉淀，而对比文件1调节pH值是用铁或碱如氢氧化铵，调节后的pH值范围为1~6，而且未公开硅、铝、铁的具体沉淀物分子式或化学式；②本专利调节pH后直接进行过滤分离，没有限定添加凝结剂或絮凝剂等物质的步骤，而对比文件1的技术方案需在过滤之前加入凝结剂。

鉴于对比文件1未给出调节pH值至4~6以生成硅酸铁沉淀和省略絮凝剂的任何启示和/或教导，而且如本专利说明书所述，本专利权利要求1请求保护的技术方案带来了“方法简单、成本低廉、质量稳定”的有益技术效果，因此本专利权利要求1相对于对比文件1具有专利法第22条第3款规定的创造性。

对于请求人所主张的“硅离子生成硅酸铁沉淀、铝离子生成氢氧化铝沉淀这一特征是公知常识”，由于请求人未提供任何证据证明，而且由对比文件1对脱硅方法的描述也不能得出这一结论，因此合议组对上述主张不予支持。

（2）关于本专利权利要求1相对于对比文件1、2结合的创造性。

对比文件2公开了净化含有氯化亚铁作为组分的盐酸水溶液的方法，首先是用废铁将氯化亚铁溶液中现有的剩余游离酸进行中和，并添加碱性物质例如氢氧化铵，沉淀出3~15g/L主要是氢氧化亚铁形式的铁，然后将悬浮的氢氧化亚铁放在直流电解槽内进行氧化，再在单独容器内使之成熟，倾滤，最后把氧化出来的氧化物连通所带硅酸（SiO_2）的主要部分通过压滤机压滤出来（参见附件5的权利要求1、8）。此外，对比文件2还明确指出“虽然……各种沉淀的金属氢氧化物，比如也包括三价铁的氢氧化物，会把一定数量的硅酸带走，但我们所做的一些试验表明，在仅仅采用化学沉淀时，其对具体用途的效果还是远远不够的”和“胶溶的或者胶态分布的硅酸能否随着这些氢氧化物被大量带走，主要在于这些过程能否达到目标明确的缓慢程度”（参见附件5说明书第1页第1~2段）。

由此可见，对比文件2强调了SiO_2以胶溶或胶态分布的形式被氢氧化物带出溶液和氢氧化亚铁被氧化，并没有给出将pH值调节为4~6之后硅生成硅酸铁沉淀，从而直接过滤分离、喷射焙烧滤液制得氧化铁的任何技术启示，因此，所属技术领域的技术人员在对比文件1、2的基础上不能显而易见得出本专利权利要求1请求保护的技术方案。此外，鉴于本专利说明书描述其方案能产生“方法简单、成本低廉、质量稳定”的有益技术效果，因此，本专利权利要求1相对于对比文件1、2的结合也具备专利法第22条第3款规定的创造性。

（3）关于本专利权利要求1相对于对比文件1、3结合的创造性。

对比文件3涉及由钢铁酸洗废液制备高档氧化铁的技术，介绍了对钢铁酸洗废液进行纯化的絮凝沉淀法是利用各种絮凝剂形成絮凝沉淀并吸附除去溶液中各种杂质的方法，该方法对除去各种重金属离子和硅相当有效，“絮凝剂最常用的是铁化合物，有的是将铁屑、铁氧化物或碱性化合物投入废液，将pH值调至2.5~6.5，生成一定的铁氢氧化物沉淀，此沉淀会絮凝吸附除去各种杂质，过滤后就得到纯净的原料液。”（参见附件6第26页第1.3节）

由此可见，对比文件3的技术方案是用铁的氢氧化物沉淀絮凝吸附除去杂质，并未公开当pH=4~6时硅离子通过化学反应生成硅酸铁而与氢氧化亚铁一同沉淀的技术特征，也未就此给出任何启示，因此所属技术领域的技术人员根据对比文件1和3不能显而易见地得到本专利权利要求1请求保护的技术方案。此外，鉴于本专利说明书描述其方案能产生“方法简单、成本低廉、质量稳定”的有益技术效果，因此，本专利权利要求1相对于对比文件1、3的结合也具备专利法第22条第3款规定的创造性。

（4）关于本专利权利要求1相对于对比文件1、4结合的创造性。

对比文件4涉及从酸洗废液中回收高纯氧化铁粉时除硅、铝等难溶物质的多种方法，指出“一般来说，酸液中的Si是以单硅酸、硅酸聚合物、硅酸胶体等形态存在，根据共存离子显示出复杂行为，可以说除Si技术都是着眼于这些Si的形态和特点开发的”，并介绍了日本柄尺忠义采用的使酸液升温浓缩，通入含氧废气以将硅铝离子氧化成SiO_2和Al_2O_3，然后过滤焙烧的方法，住友金属工业公司采用的用硅胶和硅泥等作为吸附材料吸附硅酸胶体的方法，近藤秀信采用的加入高分子凝结剂的方法，津崎昌夫用氨水或铁调节废液 pH 值中和游离酸，与铝或铁的氢氧化物（吸附剂）一起沉淀过滤除去 SiO_2、Al_2O_3 等杂质的方法，长谷川一雄用锰、锌等物质调节 pH>4 之后加入铝或铁的氯化物、硫酸盐等溶解，并分离沉淀物的方法，以及国内宝钢采用的“用废液通入氨水调节 pH 在 4~5，再通入空气生成三价铁将 SiO_2 包覆，然后加入絮凝剂，沉淀分离以除 SiO_2”的方法，攀钢采用的“首先在酸液中加入含铁物质，消耗游离酸，调整 pH 值，使酸溶液中杂质脱溶析出，然后再加入吸附剂吸附沉淀，最后进行过滤焙烧以获得高纯 Fe_2O_3 粉”的方法（参见附件 6 第 13 页最后一段和第 14 页）。

由此可见，对比文件 4 所介绍的多种技术方案中均没有公开当 pH 为 4~6 时硅以硅酸铁的形式与氢氧化亚铁一同沉淀，然后可以直接过滤分离、喷射焙烧滤液并得到氧化铁的任何启示，因此所属技术领域的技术人员根据对比文件 1 和 4 也不能显而易见得到本专利权利要求 1 请求保护的技术方案。此外，鉴于本专利说明书描述其方案能产生“方法简单、成本低廉、质量稳定”的有益技术效果，因此，本专利权利要求 1 相对于对比文件 1、4 的结合也具备专利法第 22 条第 3 款规定的创造性。

基于上述事实和理由，合议组作出如下决定。

三、决定

维持 00133281.3 号发明专利权有效。

当事人对本决定不服的，可以根据专利法第 46 条第 2 款的规定，自收到本决定之日起 3 个月内向北京市第一中级人民法院起诉。根据该款的规定，一方当事人起诉后，另一方当事人应当作为第三人参加诉讼。

068

MP3 手表

无效宣告请求审查决定（第9651号）

决　定　号　第9651号
决　定　日　2007年4月10日
发明创造名称　MP3手表
国际分类号　G04B 47/00，G04C 3/00，G04G 1/00
无效宣告请求人　东莞清溪三中万宝表业厂
专　利　权　人　珠海精准表业有限公司
专　利　号　200420007585.1
申　请　日　2004年3月31日
优　先　权　日　2003年12月10日
授权公告日　2004年11月10日
合议组组长　刘颖杰
主　审　员　李　礼
参　审　员　张惠军

法律依据　专利法实施细则第20条第1款，专利法第22条第3款
决定要点

实用新型的权利要求请求保护的技术方案相对于现有技术存在着区别技术特征，如果这些区别技术特征并没有被其他对比文件所公开，也没有给出任何技术启示，具有有益效果，则该权利要求具备创造性。

如果组合的各技术特征在功能上彼此支持，并取得了新的技术效果，则这种组合具有实质性特点和进步，该实用新型具备创造性。

一、案由

本无效宣告请求涉及中华人民共和国国家知识产权局于2004年11月10日授权公告的、名称为“MP3手表”的200420007585.1号实用新型专利权（下称本专利），其申请日是2004年3月31日，优先权日为2003年12月10日，专利权人是珠海精准表业有限公司。该专利授权公告时的权利要求书如下：

“1. MP3手表，包括有表玻璃、机芯、表壳、后盖、表带，所述MP3手表内部设有MP3电路板，其特征在于：由导电连接装置穿过表壳处的通孔与MP3电路板连接，所述导电连接装置与所述通孔之间设有防水装置，所述MP3手表还设有与导电连接装置连接的USB插头及耳机插座。

2. 根据权利要求1所述的MP3手表，其特征在于：所述MP3电路板与所述导电连接装置为弹性

接触。

3. 根据权利要求1所述的MP3手表，其特征在于：所述USB插头与所述导电连接装置之间以USB电缆连接，所述USB插头设置在表带上。

4. 根据权利要求1所述的MP3手表，其特征在于：所述表带设有凹槽，其中包括用来嵌入所述USB插头的凹槽（51）、用来嵌入所述USB电缆的凹槽（52）；所述USB插头（9）嵌装在所述凹槽（51）里，所述USB电缆（10）嵌装在所述凹槽（52）里。

5. 根据权利要求4所述的MP3手表，其特征在于：还有一可在表带上滑动的束环（53），所述束环（53）将嵌装在所述凹槽（51）里的所述USB插头（9）套住。

6. 根据权利要求1所述的MP3手表，其特征在于：所述导电连接装置为独立并可拆卸的。

7. 根据权利要求1所述的MP3手表，其特征在于：所述USB插头及耳机插座为独立并可拆卸的。

8. 根据权利要求1或2或3或4或5或6或7所述的MP3手表，其特征在于：所述导电连接装置为导通连接棒，所述导通连接棒周围设有防水圈，所述防水圈即所述导电连接装置与所述通孔之间所设防水装置。

9. 根据权利要求8所述的MP3手表，其特征在于：所述导通连接棒周围设有用来安装所述防水圈的环槽。

10. 根据权利要求8所述的MP3手表，其特征在于：表壳连接表带的一端设有通孔（32），表壳连接表带的另一端设有通孔（35）；

所述导电连接装置包括连接所述USB插头的导通连接棒（11）、连接所述耳机插座的导通连接棒（14）；

所述USB插头的导通连接棒（11）安装在所述表壳连接表带的一端所设有的通孔（32）里，所述耳机插座的导通连接棒（14）安装在所述表壳连接表带的另一端所设有的通孔（35）里。

11. 根据权利要求10所述的MP3手表，其特征在于：所述表壳连接表带的一端所设通孔（32）共有四个，所述USB插头的导通连接棒（11）共有四个；表壳连接表带的另一端所设通孔（35）共有三个，所述耳机插座的导通连接棒（14）共有三个。

12. 根据权利要求11所述的MP3手表，其特征在于：所述MP3电路板设有电路接点，所述导通连接棒（11）末端设有弹簧，所述USB插头导通连接棒（11）末端所设弹簧连接所述MP3电路板的相应电路接点；所述耳机插座导通连接棒（14）末端设有弹簧，所述耳机插座导通连接棒（14）末端所设弹簧连接所述MP3电路板的相应电路接点。

13. 根据权利要求11所述的MP3手表，其特征在于：所述MP3手表还具有指针，所述指针周围设有一反光圈（36），所述反光圈上设有荧光点（361），所述反光圈（36）下方设有LED控制电路板（8），所述LED控制电路板（8）设有LED灯（81），所述LED灯（81）位于所述反光圈（36）荧光点（361）下方。

14. 根据权利要求11所述的MP3手表，其特征在于：所述MP3电路板位于所述机芯下方，所述机芯周围是机芯衬套（22），所述机芯衬套设有连接销（221），所述连接销（221）一端连接所述MP3电路板（6），另一端连接所述LED控制电路板（8），所述MP3电路板与所述LED控制电路板导通连接。

15. 根据权利要求11所述的MP3手表，其特征在于：所述MP3电路板下方设有充电电池（7），所述充电电池（7）是经所述USB插头（9）从外部设备获得电源的电池。

16. 根据权利要求11所述的MP3手表，其特征在于：所述表壳连接表带的另一端还安装有麦克风（13），所述麦克风（13）连接有两个导通连接棒（14），所述表壳连接表带的另一端还设有两个通孔（35），所述麦克风（13）的两个导通连接棒（14）分别安装在所述表壳连接表带的另一端所设两个通孔（35）里，麦克风（13）的导通连接棒（14）周围设有防水圈（141），所述麦克风（13）导通连接棒（14）所设防水圈（141）填充住所述麦克风（13）导通连接棒（14）与所述表壳连接表带的另一端所设通孔（35）之间的缝隙。

17. 根据权利要求11所述的MP3手表，其特征在于：表壳侧边设有用来控制所述MP3手表工作状态的功能按键，所述功能按键与所述MP3电路板导通连接。

18. 根据权利要求11所述的MP3手表，其特征在于：所述表玻璃周围与所述表壳之间设有防水圈（38），所述表壳与所述后盖之间设有防水圈（37）。"

针对上述专利权，东莞清溪三中万宝表业厂（下称请求人）于2005年10月13日向专利复审委员会提出无效宣告请求，无效理由是：本专利权利要求第1、2、12、14、15、17项不符合专利法实施细则第20条第1款的有关规定，本专利权利要求第1~18项不符合专利法第22条第3款的有关规定，其提交的附件如下：

附件1：由广州市公证处于2003年9月10日出具的（2003）穗证内经字第1056128号公证书及附件复印件，共6页，内附有《现场工作笔录》1页、《发票联》1页、《收据》1页；

附件2：请求人声称为附件1中所购买的实物的照片，共10张；

附件3：请求人声称为2003年8月8日《香港经济日报》A16版的复印件，共1张；

附件4："XONIX"的"闪存潜水王"广告页复印件，共4页；

附件5：《新潮电子》2001年10月号封面页、版权信息页、52~54页复印件，共5页；

附件6：ZL02293251.8号实用新型专利说明书，其申请日为2002年12月17日，优先权日为2002年10月18日，授权公告日为2003年12月31日，专利权人为珠海精准表业有限公司；

附件7：专利复审委员会针对ZL02238276.3号实用新型专利作出的第6286号无效宣告请求审查决定书复印件，共7页。

请求人认为：（1）本专利权利要求1、2、12、14、15、17中都涉及"MP3电路板"，但"MP3电路板"具体指什么不清楚、包括哪些部件也未作说明，因而不符合专利法实施细则第20条第1款的有关规定；（2）附件1~5破坏本专利权利要求1~18的创造性，因而权利要求1~18不符合专利法第22条第3款的有关规定；（3）本专利权利要求1~18所保护的技术方案属于组合发明的范畴，本专利的MP3手表，其中手表依然实现常规的计时功能，MP3也仍单独以音乐播放等方式工作，仅仅是一种简单的叠加，或称之为"拼凑"，因而不符合专利法第22条第3款的有关规定。

经形式审查合格，专利复审委员会依法受理了上述无效宣告请求，于2005年10月17日向双方当事人发出了无效宣告请求受理通知书，并将无效宣告请求书及其附件清单中所列附件的副本转送给专利权人，要求其在指定期限内答复。

专利权人于2005年12月1日向专利复审委员会提交意见陈述书，认为：（1）本专利已对"MP3电路板"作了充分、清楚、完整的说明，符合专利法实施细则第20条第1款的有关规定；（2）请求人所提供的证据均不能说明本专利权利要求1~18缺乏创造性，其所限定的技术特征均未被请求人提供的证据所公开，因而本专利权利要求1~18具备新颖性及创造性；（3）本专利并非简单叠加或拼凑，其不仅实现了手表与MP3相结合的功能，而且在功能、结构上以及技术效果上能够相互配合、相互作用，相得益彰，使其具有超越了手表或MP3音乐播放器任一者技术效果的总的技术效果。

针对上述无效宣告请求，专利复审委员会依法成立合议组，本案合议组于2006年12月11日向双方当事人发出无效宣告请求口头审理通知书，指出本案定于2007年1月24日举行口头审理。随同口头审理通知书，将专利权人于2005年12月1日提交的意见陈述书转送给请求人。

口头审理如期举行，双方当事人均参加了口头审理。

在口头审理中，请求人明确其无效的理由、范围和证据为：（1）本专利权利要求1、2、12、14、15、17不符合专利法实施细则第20条第1款的有关规定；（2）本专利权利要求1~18不具备创造性，不符合专利法第22条第3款的规定。请求人认为附件1~4证明在本专利申请日以前已有与本专利相近似的产品公开销售，结合附件5所给出的MP3与手表相结合的技术启示破坏本专利权利要求1的创造性，本专利的从属权利要求2~18或已被附件2公开、或属于公知常识，因而也不具备创造性，还认为本专利属于技术叠加的发明，因而本专利权利要求1~18不具备创造。请求人当庭提交附件1、3到5以及附件7的原件，明确放弃附件6，并明确附件7仅作参考。请求人当庭提交了附件2中照片所示的封装实物（下称实物证据），宣称附件3在广州和深圳都可以买到。专利权人对附件1、5到7的原件进行核对，认可其复印件与原件一致，认为请求人当庭提交的附件2中照片所示的实物未在法定期限内提交，不应接受，附件3没有履行公证认证手续，国内无法获得，对其真实性无法认可，对附件4的真实性予以认可，但认为其公开日期无法确认。请求人称提出无效宣告请求时已提交当庭出示实物证据的照片作为附件2，实物证据由公证处保存，附件2是其自己拍摄的。合议组经核对，实物证据与附件2中的相应照片一致。请求人当庭拆开了公证处封存的实物，并进行演示，认为该实物证据为闪存表，与本专利权利要求1的区别在于未公开MP3电路板和耳机插座，而这均属于本领域技术人员容易做到的，认为该实物证据与本专利相近似，并且附件5说明MP3与手表的结合效果，也公开了本专利的部分技术特征，因而本专利权利要求1不具备创造性，本专利权利要求2~18的附加技术特征或者属于公知常识、或者被实物证据所公开，因而本专利权利要求2~18也不具备创造性。专利权人认为实物证据与本专利权利要求1的区别在于实物证据中没有防水装置，而权利要求1中通孔与导电连接装置之间设置防水装置，并且附件5中耳机与电路板的连接关系无法确定，因此本专利权利要求1具备创造性，同时本专利权利要求2~18也具备创造性。请求人认为本专利对MP3电路板未进行说明，仅对MP3芯片进行了说明，因此权利要求书中涉及“MP3电路板”的权利要求不符合专利法实施细则第20条第1款的有关规定；专利权人指出本专利说明书第8页已对MP3电路板进行了解释说明，因而本专利符合专利法实施细则第20条第1款的有关规定。双方就本专利权利要求1~18是否具备创造性、权利要求1、2、12、14、15、17是否符合专利法实施细则第20条第1款的有关规定发表了各自的意见。

至此，合议组认为本案事实清楚，现依法作出审查决定。

二、决定的理由

1. 关于证据

附件1为广州市公证处出具的公证书，请求人当庭提交了其原件，专利权人对该公证书的真实性无异议。本案合议组经审查，认为附件1可以作为本案证据使用。

请求人宣称附件2是其对附件1中所涉及封存的实物证据，以及同时所购买的其他“MP3手表”自行拍摄的照片，并于口头审理当庭提交了所封存的实物证据，合议组经当庭核对，该封存的实物证据与附件2中所涉及的相应照片一致，请求人当庭拆开公证处封存的实物证据并进行了演示。专利权人指出请求人当庭提交的封存实物证据未在法定期限内提交，并且照片上的实物证据与公证处封存的实物是否一致无法认定。合议组认为：首先，请求人宣称附件2中有部分照片是其对附件1中所涉及封存的实物证据自行拍摄的，即请求人在提出无效宣告请求时已提交了附件1中所涉及封存的实物证据的照片作为附件2，已将该封装实物证据以照片的形式作为本案证据进行了提交，该份证据的举证期限符合相关规定。请求人当庭提交的该封装实物证据与附件2中相应照片所示情况一致，该封存实物证据上有“广州市公证处二〇〇三年八月二十八日封”的封条，并盖有广州市公证处的公章。请求人当庭拆开该封装实物，内为表面标识为“XONIX（Mega Memory 32MB）”的手表。附件1是由广州市公证处于2003年9月10日作出的公证书，公证事项为保全物证，即对由王广华于2003年8月28日购买的表面标识为“XONIX（Mega Memory 32MB）”的两只手表进行保全封存，该公证书附有《现场工作笔录》、《发票联》、《收据》，编号为No. 4004830的收据的开票日期为2003年8月28日，在其名称及规格栏中记载有“XV-102闪存表XONIX 32MB”，编号为1310-9733208的发票联的开票日期为2003年8月28日，在其货品名称及规格栏中记载有“XV-102闪存表”。附件1中上述内容可以证明，在本专利申请日以前，表面标识为“XONIX（Mega Memory 32MB）”、型号为“XV-102闪存表”的闪存表已公开销售；附件2中包括由请求人自行对所封装实物证据进行拍摄的照片，其上具有“广州市公证处二〇〇三年八月二十八日封”的封条，并盖有广州市公证处的公章，请求人于口审当庭所提交的封装实物证据上同样具有“广州市公证处二〇〇三年八月二十八日封”的封条，并盖有广州市公证处的公章，当庭拆开该封装实物证据，包装内的产品为表面标识为“XONIX（Mega Memory 32MB）”的闪存表，封装的实物证据中的上述信息与附件1所记载内容均可一一对应，专利权人认为无法认定照片上的实物与公证处封存的实物是否一致，但未提出合理的理由和证据，在专利权人不能提供相应证据证明请求人于当庭提交的封装实物证据不是附件1中所封装实物的情况下，由于附件1中所提及的封存实物与附件2中涉及的照片以及当庭提交的该封存实物证据均一致，因此可以认定附件2照片所示的封装实物证据以及请求人当庭提交的封装实物，确系附件1中由广州市公证处人员在旁见证的情况下、于2003年8月28日购买并封装的两个保全物品之一，即附件1和附件2可证明在本专利申请日以前的2003年8月28日、请求人当庭提交的封装实物证据已公开销售，该封装实物证据可作为评价本专利是否具有创造性的证据使用。

另外，附件2中除3张封装的实物证据照片以外，还有7张照片，请求人宣称这7张照片是请求人对其自行购买的另外两个“MP3手表”所拍摄的照片，但是，这7张照片中的“MP3手表”与附件1中所提及的封存实物以及请求人当庭拆开的封装实物均不相同，而且也没有任何证据可以表明这些相片所示产品的来源、购买时间等，仅从相片无法认定其中所示产品与附件1公证书中所述手表的关系，因此上述相片不能作为本案证据使用。

附件3为《香港经济日报》A16版复印件1页，其发行日期为2003年8月8日，为在香港特别行政区公开发行的报纸，请求人当庭提交了原件，但未提供相应的公证认证材料，并称该报纸可在广州和深圳购买到。专利权人当庭核实其复印件与原件一致，但指出由于未履行公证认证手续，无法认可其真实性。合议组认为：附件3属于在香港地区形成的证据，根据审查指南的相关规定，此类证据应当履行相关的证明手续，请求人未提供相应的证明手续，仅宣称其可以在广州和深圳获得，但并未提供相应的证据支持其上述观点，由于附件3属于在香港地区形成的证据，未履行相应的证明手续，也没有相应证据证明其可在国内获得，且专利权人对其真实性有异议，因此附件3不能作为本案证据使用。

附件4是“XONIX”的“闪存潜水王”广告页复印页，专利权人对其真实性予以认可，但无法确定其公开日期。请求人认为附件1~4可以证明在本专利申请日以前已有与本专利相近似的产品公开销售。合议组认为：附件4中没有任何信息表示该份证据的公开日期，附件4中所示产品的型号均为“XU”系列，附件1中所附发票上记载的型号是“XV-102”，即附件4中所示产品型号与附件1中所附发票上型号存在差异，并且附件4中所示各个产品的外观与附件2中照片所涉及实物外观以及当庭出示的封装实物证据的外观均存在差别，附件4中也并没有记载其他与附件1、2相关联的信息，因而，附件4所示内容并不能与附件1及附件2形成关联。另外，附件4本身没有任何信息表示其公开日期，即无法判断该份证据是否在本专利申请日之前就已公开，是否属于现有技术，因此附件4也不能单独作为用于评价本专利是否具备创造性的证据，在评价本专利是否具备创造性时对该份证据不予考虑。

附件5是《新潮电子》2001年10月号封面页、版权信息页、第52~54页的复印件共5页，请求人当庭提交了原件，专利权人经核对认为复印件与原件一致，未对其真实性提出异议。合议组认为：专利权人对附件4的真实性无异议，因此该证据可作为本案证据使用，并且由于其出版日期在本专利申请日之前，因此该证据可作为现有技术进行使用。

鉴于请求人明确表示放弃附件6，因此本决定中不再对该份证据进行评述。

对于附件7，请求人明确其仅作为参考，因此在本决定中不将其作为证据加以考虑。

2. 关于本专利是否符合专利法实施细则第20条第1款的规定

专利法实施细则第20条第1款规定：权利要求书应当说明发明或者实用新型的技术特征，清楚、简要地表述请求包含的范围。

请求人认为本专利权利要求1、2、12、14、15、17中均涉及有“MP3电路板”，但未对MP3电路板进行说明，仅对MP3芯片进行了说明，因而不符合专利法实施细则第20条第1款的有关规定。专利权人指出本专利说明书第8页中提到了MP3电路板的概念，MP3芯片是安装在MP3电路板上的，符合专利法实施细则第20条第1款的有关规定。

经审查，首先，对于本领域技术人员来说，可以明确“MP3电路板”是具有MP3功能的集成电路板；同时，在本专利说明书第8页倒数第3~7行记载了以下内容：“机芯2下方设有MP3电路板6及充电电池7，MP3电路板6与LED控制电路板8导接，MP3电路板设有MP3芯片61、闪存芯片62及相应外围电路，闪存芯片62既可以用于存储MP3等格式的音乐文件，也可以存储其他格式的电子数据文件”，在上述内容中已对MP3电路板的结构、功能及设置位置进行了说明，上述说明与本领域技术人员对“MP3电路板”的一般理解也是一致的，在本专利中其并没有特定含义，因此在本专利权利要求1、2、12、14、15、17中记载的“MP3电路板”其含义是清楚明确的，而包含“MP3电路板”的上述权利要求所限定出的保护范围是清楚的，因此，本专利上述权利要求符合专利法实施细则第20条第1款的有关规定。

3. 关于本专利是否符合专利法第22条第3款有关创造性的规定

专利法第22条第3款规定：创造性，是指同申请日以前已有的技术相比，该发明有突出的实质性特点和显著的进步，该实用新型具有实质性特点和进步。

请求人认为本专利不具备创造性有两个主张：（1）用附件1~4证明在本专利申请日以前已有与本专利相近似的产品公开销售，结合附件5所给出的MP3与手表相结合的技术启示破坏本专利权利要求1的创造性，本专利的从属权利要求2~18或已被附件2公开、或属于公知常识，因而也不具备创造性；（2）本专利属于技术叠加的发明，属于组合发明，因而本专利权利要求1~18不具备创造。

（1）附件1~5是否破坏本专利创造性的问题。

如前面“关于证据”部分中所述，附件3、4不能作为评述本专利是否具备创造性的证据使用。附件1和附件2可证明在本专利申请日以前的2003年8月28日、请求人当庭提交的封装实物证据已公开销售，该封装实物证据可作为评价本专利是否具有创造性的证据使用。

本专利权利要求1请求保护一种MP3手表，附件2中照片所对应的实物证据具有表玻璃，机芯，表壳，后盖，表带，USB插头结构，其中导线穿过表带与表壳之间的通孔将USB插头部分与表内部电路板相连，在后盖与表壳之间具有防水圈。本专利权利要求1请求保护的技术方案与该实物证据所公开的结构的区别在于：①该实物证据中不包括MP3电路板以及耳机插座，②在表壳处的通孔处没有防水装置。

请求人认为：附件5中公开手表与MP3相结合的技术方案，并在第53页中公开了耳机插孔，而防水装置是防水圈的上位概念，而防水圈已被附件2所示实物所公开，因此附件2所示实物结合附件5破坏本专利权利要求1的创造性。

合议组认为：附件5中公开了一种手表式MP3随身听，其中该手表式MP3随身听将手表的功能与MP3播放器相结合，并具有耳机插孔，附件5公开了区别技术特征（1）。但是，附件2所示实物证据中的防水圈位于表壳与后盖之间，本专利权利要求1中的防水装置设置在“所述导电连接装置与所述通孔之间”，两者的设置位置不同，即实物证据中并未公开上述区别技术特征（2），该实物证据中的防水圈位于表壳与后盖之间，用于防止此处出现漏水，而本专利中将防水装置设置在导电连接装置与所述通孔之间，使得权利要求1请求保护的MP3手表相较于现有仅在表壳与后盖之间设置防水装置的手表，具有极佳的防水性能，保证手表内置机芯、MP3电路板等零部件得到严密保护，该实物证据中未给出区别技术特征（2）在导线穿过的通孔处设有防水装置的技术启示，而该区别为本专利带来了有益的技术效果，本领域普通技术人员在附件2所示实物证据和附件5所公开内容的基础上，并不能得到本专利权利要求1请求保护的技术方案，因此，本专利权利要求1相对于附件2所示实物证据与附件5所公开的内容具备创造性，符合专利法第22条第3款的规定。

（2）本专利是否属于组合发明。

审查指南第二部分第四章第4.2节“组合发明”中规定：组合发明，是指将某些技术方案进行组合，构成一项新的技术方案，以解决现有技术客观存在的技术问题……如果组合的各技术特征在功能上彼此支持，并取得了新的技术效果；或者说组合后的技术效果比每个技术特征效果的总和更优越，则这种组合具有实质性特点和显著的进步，发明具备创造性。其中组合发明的每个单独的技术特征本身是否完全或部分已知并不影响对该发明创造性的评价。

对于请求人认为本专利属于技术叠加发明因而不具备创造性的观点，合议组认为：根据审查指南的上述规定，本专利请求保护的MP3手表并不是简单地将手表与MP3播放器相叠加，在本专利权利要求1的技术方案中，其对手表的内部结构进行了改进，在导电连接装置与其所穿过的位于表壳处的通孔之间，设置了防水装置，这种结构提高了该MP3手表的防水特性，因为若简单地将MP3播放器的零部件装入手表，手表结构会受到改变，从而使手表本身不再具有防水性能，这样会使手表内的表芯及其他新设芯片、零部件非常容易被腐蚀、破坏、毁坏，而本专利中由于对其内部结构进行了相较于现有技术的上述改进，对其内部添加了防水结构使得具有极佳的防水性能，保证手表内置机芯、MP3电路板等零部件得到严密保护，各技术特征在功能上彼此支持，比起简单将MP3播放器与手表结合在一起所产生的技术效果更为优越，因而，本专利权利要求1具有实质性特定和进步，具备创造性，符合专利法第22条第3款的规定。

如前所述，由于请求人的上述无效理由不能成立，本专利权利要求1具备创造性，因而直接或间接从属于本专利权利要求1的本专利权利要求2~18也具备创造性。

综上所述，本专利权利要求1、2、12、14、15、17符合专利法实施细则第20条第1款的规定，权利要求1~18符合专利法第22条第3款的规定，请求人的无效宣告理由均不成立，故合议组作出如下决定。

三、决定

维持200420007585.1号实用新型专利权有效。

当事人对本决定不服的，可以根据专利法第46条第2款的规定，自收到本决定之日起三个月内向北京市第一中级人民法院起诉。根据该款的规定，一方当事人起诉后，另一方当事人应当作为第三人参加诉讼。

069

一种组合式抽屉

无效宣告请求审查决定（第9655号）

决　　定　　号　第9655号
决　　定　　日　2007年4月10日
发明创造名称　一种组合式抽屉
国 际 分 类 号　A47B 88/00
无效宣告请求人　东莞合笙榜五金制品有限公司
专　利　权　人　赵其宴
专　　　利　　号　200420083336.0
申　　请　　日　2004年8月27日
授 权 公 告 日　2005年12月14日
合 议 组 组 长　钱　芸
主　　审　　员　李　熙
参　　审　　员　李韵美

法　律　依　据　专利法第22条第3款
决　定　要　点

如果要求保护的实用新型专利与对比文件的区别仅仅是相同功能的已知手段的等效替代，而且这种替代没有产生意料不到的技术效果，则该实用新型专利不具备创造性。

一、案由

本无效宣告请求涉及中华人民共和国国家知识产权局于2005年12月14日授权公告的200420083336.0号实用新型专利（以下简称本专利），其名称为“一种组合式抽屉”，申请日为2004年8月27日，专利权人是赵其宴。

本专利授权公告的权利要求书如下：

“1. 一种组合式抽屉，它包括有底板（10）、侧板（20）、前挡板（30）和后挡板（40）以及滑轨（50），其特征在于：所述的侧板（20）与底板（10）铰接在一起，侧板（20）的后端和底板（10）的后端向内翻折形成包缘（201）和（111），后挡板（40）的侧边（401）和底边（402）插设在包缘（201）和（111）内，所述的前挡板（30）套设在侧板（20）的前端，其上设置有拉手（60）。

2. 根据权利要求1所述的组合式抽屉，其特征在于：所述拉手（60）位于开设在前挡板（30）中部的通槽（31）内，前挡板（30）的内侧还套设有一块辅助板（70），该辅助板（70）上开设有螺纹孔，所述的拉手（60）通过穿过上述螺纹孔的螺钉（71）固定住位置。

3. 根据权利要求 1 或 2 所述的组合式抽屉，其特征在于：所述的滑轨（50）位于底板（l0）和侧板（20）的两侧，总体呈‘L’形，其内侧翻折形成有多个可插设在底板（10）和侧板（20）之间的缝隙内的包缘（51）。”

针对上述专利权，东莞合笙榜五金制品有限公司（以下简称请求人）于 2006 年 1 月 11 日向专利复审委员会提出无效宣告请求，认为本专利权利要求 1~3 相对于附件 2 不符合专利法第 22 条第 2 款、第 3 款的规定，并提交了如下附件：

附件 1：中国 200420083336.0 号实用新型专利说明书（本专利，申请日为 2004 年 8 月 27 日）；

附件 2：中国 03251317.8 号实用新型专利说明书（以下简称对比文件 1，其授权公告日为 2004 年 4 月 21 日）。

请求人的具体无效理由是：本专利权利要求 1~3 的所有技术特征已被对比文件 1 公开，其相对于对比文件 1 无任何特点和进步，明显不具有新颖性、创造性，不符合专利法第 22 条的规定。

经形式审查合格后，专利复审委员会依法受理了上述请求，于 2006 年 4 月 12 日向双方当事人发出了《无效宣告请求受理通知书》，并将无效宣告请求书及其附件清单中所列附件的副本转送给专利权人，要求其在指定的期限内答复。

专利权人逾期未答复。

2006 年 11 月 28 日，专利复审委员会向双方当事人发出了《无效宣告请求口头审理通知书》，定于 2007 年 1 月 23 日对本案进行口头审理。

口头审理如期举行，专利权人未出席口头审理，请求人对合议组成员没有回避请求。请求人明确其无效理由为本专利权利要求 1~3 相对于对比文件 1 不具有新颖性、创造性。

至此，合议组认为本案事实已经调查清楚，现依法作出审查决定。

二、决定的理由

1. 关于证据

对比文件 1 是一篇中国实用新型专利说明书，其公开日期在本专利的申请日之前，并且专利权人从未对其真实性提出过异议，因此其上记载的内容构成本专利的现有技术，能够用来评述本专利的新颖性、创造性。

2. 关于专利法第 22 条第 3 款

专利法第 22 条第 3 款规定：创造性，是指同申请日以前已有的技术相比，该发明有突出的实质性特点和显著的进步，该实用新型有实质性特点和进步。

（1）本专利权利要求 1 请求保护一种组合式抽屉，它包括有底板（10）、侧板（20）、前挡板（30）和后挡板（40）以及滑轨（50），其特征在于：所述的侧板（20）与底板（10）铰接在一起，侧板（20）的后端和底板（10）的后端向内翻折形成包缘（201）和（111），后挡板（40）的侧边（401）和底边（402）插设在包缘（201）和（111）内，所述的前挡板（30）套设在侧板（20）的前端，其上设置有拉手（60）。

对比文件 1 中公开了一种金属柜的抽屉结构，其中披露了该金属柜的抽屉由前挡板 1、拉手 2、后挡板 3 及抽屉主体 4 组成；抽屉主体 4 为一平面板材，在其左右两侧各设有一条孔线 41，沿该两条孔线 41 向上 90°折起而形成抽屉的左、右两个侧面，抽屉主体 4 的底平面及折起的两个侧面后部边缘处各设有一折叠边 42；将抽屉主体 4 及两侧面的前部边缘插入前挡板后部的细凹槽 12 中，再将后挡板 3 后部的凸边 31 插入抽屉主体 4 后部边缘折叠边 42 中，即形成互相插接的结构（参见对比文件 1 说明书第 1 页倒数第 3 行至第 2 页第 11 行及说明书附图）。

由此可见，对比文件 1 已经公开了本专利权利要求 1 的大部分技术特征，并且其与本专利均涉及组合式抽屉这一相同的技术领域，对比文件1是与本专利最接近的现有技术。本专利权利要求1的技术方案与该最接近的现有技术相比，其区别仅在于：本专利侧板20与底板10铰接在一起，而对比文件1中抽屉主体4为一平面板材，在其左右两侧各设有一条孔线41，沿该两条孔线41向上90°折起而形成抽屉的左、右两个侧面。本专利权利要求1中将抽屉侧板与底板铰接在一起的目的在于将两者连接以构成抽屉的主体结构；对比文件1中抽屉底板与侧面为一体，通过孔线将两侧面上折90°的目的也是为了使抽屉侧面与底板相连并形成抽屉主体结构，对比文件1与本专利抽屉底板与侧面的连接方式虽然不同但它们能实现的功能及其所能达到的效果是完全相同的，本专利中采用铰接的连接方式并未产生预料不到的技术效果。而且，在本专利说明书第2页最后一段也给出了与对比文件1所采用连接方式完全相同的连接方式："侧板和底板可为一块整板，冲压后使侧板与底板之间留一些条带连接，侧板可相对底板转动。"显然，"将抽屉侧板与底板铰接在一起"与"将抽屉底、侧板制成一体并通过沿孔线将两侧面上折90°"这两种形成抽屉主体的方式之间仅是相同功能的已知手段的等效替代，以上本专利与对比文件1之间的区别也不能给本专利带来预料不到的技术效果，因此，本专利权利要求1不符合专利法第22条第3款的规定。

（2）本专利从属权利要求2的附加技术特征为："所述拉手（60）位于开设在前挡板（30）中部的通槽（31）内，前挡板（30）的内侧还套设有一块辅助板（70），该辅助板（70）上开设有螺纹孔，所述的拉手（60）通过穿过上述螺纹孔的螺钉（71）固定住位置。"对比文件1公开了如下技术内容：前挡板1的中部设有两螺钉孔，用于前挡板1和拉手2的固定；前挡板1的中心位置设有安装拉手2的扣接孔11；前挡板1分为前板13和后板14（参见对比文件1说明书第8页倒数第2段至第9页）；并且从对比文件1的附图7中也可清楚看到，对比文件1中的后板上同样开设有用于固定的螺纹孔，对比文件1中的后板具有辅助、加固的作用，其相当于本专利中的辅助板70。由此可见，对比文件1已经公开了权利要求2的全部附加技术特征，在其引用的权利要求1不具备创造性的前提下，该权利要求2也不符合专利法第22条第3款有关创造性的规定。

（3）本专利从属权利要求3的附加技术特征为："所述的滑轨（50）位于底板（l0）和侧板（20）的两侧，总体呈'L'形，其内侧翻折形成有多个可插设在底板（10）和侧板（20）之间的缝隙内的包缘（51）。"对比文件1中公开了如下技术内容：所述抽屉主体4的左、右两侧面下部各设有一角铁状的滑杆5，在滑杆5与抽屉主体4底平面接触的平面上设有数个向上的卡位51，该卡位向上穿过抽屉主体4上所设的孔线31（参见对比文件1说明书第8页第14~17行及附图6）。从对比文件1的附图6中可以清楚地看到角铁状的滑杆5与本专利中所述的L形滑轨50完全相同，对比文件1中滑杆5上卡位51的作用是使滑杆5固定在抽屉主体4上，其与本专利中所述包缘51的结构及功能均相同，仅在名称上略有差别。由此可见，对比文件1已经公开了权利要求3的全部附加技术特征，在其引用的权利要求1或2不具备创造性的前提下，该权利要求3也不符合专利法第22条第3款有关创造性的规定。

综上所述，本专利权利要求1~3相对于对比文件1不具备创造性，不符合专利法第22条第3款的规定。

基于上述理由，合议组作出如下决定。

三、决定

宣告200420083336.0号实用新型专利权全部无效。

当事人对本决定不服的，可以根据专利法第46条第2款的规定，自收到本决定之日起三个月内向北京市第一中级人民法院起诉。根据该款的规定，一方当事人起诉后，另一方当事人应当作为第三人参加诉讼。

070

一种草编地毯

无效宣告请求审查决定（第9660号）

决　　定　　号　第9660号
决　　定　　日　2007年4月9日
发明创造名称　一种草编地毯
国 际 分 类 号　A47G 27/02
无效宣告请求人　黄宗强
专　利　权　人　许赞有
专　　利　　号　98111367.2
申　　请　　日　1998年6月18日
授 权 公 告 日　2003年10月29日
合 议 组 组 长　张　度
主　　审　　员　汤　锷
参　　审　　员　李　熙

法 律 依 据　专利法第22条第2款、第3款，专利法实施细则第21条第2款
决 定 要 点

判断独立权利要求是否缺少必要技术特征，应当从解决的技术问题出发考虑；如果现有技术没有公开权利要求的全部技术特征，两者存在实质性区别，那么该权利要求具备新颖性；如果请求人未能举证证明或者充分说明某一技术手段是本领域的公知常识，并且专利权人不予认可的，合议组对上述技术手段是本领域公知常识的主张不予支持。

一、案由

本无效宣告请求案涉及国家知识产权局于2003年10月29日授权公告、名称为“一种草编地毯”的98111367.2号发明专利（以下简称本专利），本专利的申请日为1998年6月18日、专利权人是许赞有。

本专利授权公告的权利要求书为：

“1. 一种由灯芯草为主原料纺制的纱条织造而成的草编地毯，其特征在于草编地毯以灯芯草为主原料配有天然淡水植物纤维混纺或混编或混纺混编织造而成，天然淡水植物纤维指龙须草、玉米皮、黄麻、椰棕。

2. 根据权利要求1所述的草编地毯，其特征在于织造草编地毯的以灯芯草为主原料纺制成的纱条是双股互绞纱条，纱条直径为0.3~0.45厘米，捻度为80~150捻/米。”

针对上述专利权，黄宗强（以下简称请求人）于2006年1月24日向专利复审委员会提出无效宣告请求。请求人认为：本专利权利要求1不符合专利法第22条第2款的规定；权利要求1和2不符合专利法第22条第3款、专利法实施细则第21条第2款的规定，并提交了如下附件：

附件1：申请号为98111367.2号的中国发明专利授权公告说明书（本专利）复印件；

附件2：公开日为1986年7月2日、申请号为8510313.0的中国发明专利申请公开说明书复印件；

附件3：公开日为1996年4月17日、申请号为95109024.0的中国发明专利申请公开说明书复印件；

附件4：公开日为1987年7月29日、申请号为8710010.9的中国发明专利申请公开说明书复印件；

附件5：公开日为1996年11月5日、公开号为JP特开平8-291439A的日本专利公报复印件及其部分译文；

附件6：中国学术期刊全文数据库下载的《席草及我省的主要品种》文摘复印件；

附件7：针对本专利、编号为G050863的国家知识产权局专利检索咨询中心出具的检索报告复印件。

请求人的具体无效宣告请求的理由是：（1）权利要求1没有提及任何关于组分间配比的技术特征，而配比这一技术特征是本领域普通技术人员实施该技术方案所必需的技术条件之一，属于必要技术特征，因此，权利要求1不符合专利法实施细则第21条第2款的规定，权利要求2也缺乏该必要技术特征，不符合专利法实施细则第21条第2款的规定；（2）权利要求1相对于附件2不具备专利法第22条第2款规定的新颖性；（3）权利要求1相对于附件2和附件3或附件5不具备创造性，再结合附件4以及本领域公知常识评述权利要求2创造性。

经形式审查合格，专利复审委员会于2006年4月12日发出了无效宣告请求受理通知书，并将该无效宣告请求书及其附件清单中所列附件副本转送专利权人。

专利权人在指定的期限内没有针对请求人的无效宣告请求提交意见陈述。

本案合议组于2006年9月25日向双方当事人发出口头审理通知书，定于2006年12月14日进行口头审理。

口头审理于2006年12月14日如期举行，双方当事人均参加了口头审理。在口头审理中，双方均充分陈述了意见：

（1）双方当事人对对方出庭人员的身份没有异议。

（2）双方当事人对合议组成员没有回避请求。

（3）请求人当庭明确其无效理由为：以附件2为对比文件认为权利要求1不具备专利法第22条第2款规定的新颖性，以附件2和附件3或附件2和附件5的结合评述权利要求1的创造性，再结合附件4评述权利要求2的创造性，同时认为权利要求1不符合专利法实施细则第21条第2款的规定。

（4）专利权人对附件1~5和附件7的真实性无异议，对附件5译文的准确性无异议，对附件6的真实性有异议。

至此，合议组认为本案事实已经清楚，可以作出本决定。

二、决定的理由

1. 关于证据

专利权人对请求人提交的附件2~5、7的真实性没有异议，因此附件2~5、7可以作为本案证据使用。同时由于附件2~5的公开日期在本专利的申请日前，因此可以作为本专利的现有技术使用。

附件 6 为请求人从网上下载的文摘，在专利权人对请求人提交的附件 6 的真实性有异议，并且，请求人没有提供充分的证据以证明附件 6 的真实性的情况下，合议组无法确认附件 6 的真实性。

2. 关于专利法实施细则第 21 条第 2 款

专利法实施细则第 21 条第 2 款规定：独立权利要求应当从整体上反映发明或者实用新型的技术方案，记载解决技术问题的必要技术特征。

请求人认为，权利要求 1 仅仅对地毯的原料进行了组分上的限制，而没有提及任何关于组分间配比的技术特征，由于缺少上述必要技术特征，而无法达到增加地毯的强度和弹性又丰富了地毯的色彩的技术效果，因此，权利要求 1 不符合专利法实施细则第 21 条第 2 款的规定。

合议组认为，权利要求 1 请求保护一种草编地毯，现有技术中存在的问题是，用灯芯草织造的地毯强度与弹性较差，色彩也比较单调，为解决上述技术问题，权利要求 1 的技术方案是，采用由灯芯草为主原料配有天然淡水植物纤维织造地毯，这样就能够达到增加地毯的强度和弹性同时又丰富了地毯的色彩的技术效果。因此，权利要求 1 已经记载了解决技术问题的必要技术特征，而“地毯原料组分间配比”是起到进一步调节地毯各种色彩强度等的作用，并非解决上述技术问题的必要技术特征，因此，权利要求 1 符合专利法实施细则第 21 条第 2 款的规定。

3. 关于专利法第 22 条第 2 款

新颖性，是指在申请日以前没有同样的发明或者实用新型在国内外出版物上公开发表过、在国内公开使用过或者以其他方式为公众所知，也没有同样的发明或者实用新型由他人向国务院专利行政部门提出过申请并记载在申请日以后（含申请日）公布的专利申请文件中。如果专利申请与对比文件公开的内容相比，其权利要求所限定的技术方案与对比文件公开的技术方案实质上相同，所属技术领域的技术人员根据两者的技术方案可以确定两者能够适用于相同的技术领域，解决相同的技术问题，并具有相同的预期效果，则认为两者为同样的发明或者实用新型。

权利要求 1 请求保护一种由灯芯草为主原料纺制的纱条织造而成的草编地毯，其特征在于草编地毯以灯芯草为主原料配有天然淡水植物纤维混纺或混编或混纺混编织造而成，天然淡水植物纤维指龙须草、玉米皮、黄麻、椰棕。

请求人认为，附件 2 公开了一种榻榻米垫，并具体公开了如下特征（参见附件 2 说明书第 2 页第 4~6 行）：本发明的榻榻米垫除使用小麦杆之外，还可以使用蒲草、小叶樟草、和乐草、玉米杆、高粱杆、苇草、马绊草、龙须草、蔺草，以及其中任何一种草与其他草混合制成的原料等加工制作。另外，请求人认为蔺草又名灯芯草，因此，以蔺草（灯芯草）为主原料，配以龙须草混编/混织而成的草编地毯这一技术方案已经在附件 2 中被完全公开，因此，权利要求 1 不具有新颖性。

合议组认为，附件 2 中并没有公开：a. 权利要求 1 中该地毯是由灯芯草为主原料纺制的纱条织造而成；b. 权利要求 1 中该地毯由灯芯草纱条与天然淡水植物纤维混纺或混编或混纺混编织造而成的技术特征，由此可见，附件 2 没有公开权利要求 1 的全部技术特征，两者存在实质性区别，因此，权利要求 1 相对于附件 2 具备专利法第 22 条第 2 款规定的新颖性。

4. 关于专利法第 22 条第 3 款

创造性，是指同申请日以前已有的技术相比，该发明有突出的实质性特点和显著的进步，该实用新型具有实质性特点和进步。

权利要求 1 请求保护一种由灯芯草为主原料纺制的纱条织造而成的草编地毯。附件 2 公开了一种榻榻米垫，并具体公开了如下特征（参见附件 2 说明书第 2 页第 4~6 行）：本发明的榻榻米垫除使用小麦杆之外，还可以使用蒲草、小叶樟草、和乐草、玉米杆、高粱杆、苇草、马绊草、龙须草、蔺草，以及其中任何一种草与其他草混合制成的原料等加工制作。经比较可知，两者的区别在于：

a. 权利要求1中该地毯是由灯芯草为主原料纺制的纱条织造而成；b. 权利要求1中该地毯由灯芯草纱条与天然淡水植物纤维混纺或混编或混纺混编织造而成。

关于区别技术特征a，附件3中（参见说明书第1~4页）公开了用草本植物进行纺纱的工艺，由于灯芯草以及上述天然淡水植物都属于草本植物，因此可以用上述工艺对灯芯草等进行纺纱；关于区别技术特征b，附件5公开了（参见说明书第1栏倒数第4行至第6栏倒数第5行）一种由纺纱而成的人工灯芯草纱条与棉、麻等天然植物纤维进行混纺、混编或混纺混编织造的地毯。可见，在地毯的制造中使用混纺、混编或混纺混编等工艺已经在现有技术中公开，而且，附件2、3、5以及本专利均属于利用植物进行编制这一相同的技术领域，因此，在附件2的基础上结合附件3和附件5以得到权利要求1所请求保护的技术方案，对本领域技术人员来说是显而易见的，权利要求1不具有突出的实质性特点与显著的进步，不具备专利法第22条第3款规定的创造性。

权利要求2为权利要求1的从属权利要求，请求人认为，附件4中已经公开（说明书第17页）公开了捻度为89、98、128、148捻/米的技术特征；权利要求2中的附加技术特征“双股互绞纱条”、“纱条直径为0.3~0.45厘米”为本领域的公知常识。

合议组认为，请求人未能举证证明或者充分说明上述技术特征“双股互绞纱条”、“纱条直径为0.3~0.45厘米”是本领域的公知常识，并且专利权人不予认可，因此，合议组对上述技术特征是本领域公知常识的主张不予支持。由此可见，现有技术中并没有公开权利要求2的上述附加技术特征，也未给出任何技术启示，因此，权利要求2限定的技术方案具有突出的实质性特点与显著的进步，具备专利法第22条第3款规定的创造性。

三、决定

宣告98111367.2号专利权的权利要求1无效，在权利要求2的基础上维持专利权继续有效。

维持有效的权利要求书如下：

“1. 一种由灯芯草为主原料纺制的纱条织造而成的草编地毯，其特征在于草编地毯以灯芯草为主原料配有天然淡水植物纤维混纺或混编或混纺混编织造而成，天然淡水植物纤维指龙须草、玉米皮、黄麻、椰棕，织造草编地毯的以灯芯草为主原料纺制成的纱条是双股互绞纱条，纱条直径为0.3~0.45厘米，捻度为80~150捻/米。”

当事人对本决定不服的，可以根据专利法第46条第2款的规定，自收到本决定之日起三个月内向北京市第一中级人民法院起诉。根据该条款的规定，一方当事人起诉后，另一方当事人应当作为第三人参加诉讼。

071

高压输电线故障测试仪的上线装置

无效宣告请求审查决定（第9665号）

决　　定　　号　第9665号
决　　定　　日　2007年4月12日
发明创造名称　高压输电线故障测试仪的上线装置
国 际 分 类 号　G01R31/08，G01R15/00
无效宣告请求人　吴宝新
专　利　权　人　徐梓樵
专　　利　　号　200420027339.2
申　　请　　日　2004年5月26日
授 权 公 告 日　2005年8月31日
合 议 组 组 长　刘颖杰
主　　审　　员　佟仲明
参　　审　　员　张　曦

法　律　依　据　专利法第22条第2款
决　定　要　点

如果一项权利要求与对比文件公开的技术方案相比，虽然技术方案的名称不同，但两者实质上完全相同，所属技术领域的技术人员根据两者的技术方案可以确定两者适用于相同的技术领域，解决相同的技术问题，并且有相同的预期效果，则属于同样的实用新型。

一、案由

本无效宣告请求涉及中华人民共和国国家知识产权局于2005年8月31日授权公告的、名称为"高压输电线故障测试仪的上线装置"的实用新型专利权（下称本专利），其专利号为200420027339.2，申请日是2004年5月26日，专利权人是徐梓樵。本专利授权公告时的权利要求书如下：

"1. 一种高压输电线故障检测仪的上线装置，包括抱箍、抱箍座、扭簧、垫线板、盒体，其特征：左、右抱箍与左、右抱箍座活动连接，并由左、右抱箍扭簧控制左、右抱箍的开合；垫线板装在左、右抱箍之间的抱箍座上，并有左、右压线扭簧压在垫线板上；左、右抱箍的下端伸入盒体与绕有二次绕组的互感器的下半部铁芯连接。

2. 根据权利要求1所述的高压输电线故障检测仪的上线装置，其特征：左抱箍的下端和左抱箍座的上端及左抱箍扭簧，左压线扭簧均套装在左扭簧轴上，左抱箍扭簧压在左抱箍的左上边；右抱箍的下端和右抱箍座的上端及右抱箍扭簧、右压线扭簧均套在右扭簧轴上，且右抱箍扭簧压在右抱箍的右上边。

3. 根据权利要求 1 或 2 所述的高压输电线故障检测仪的上线装置，其特征：左、右抱箍与左、右抱箍座应用冷轧板镀钛或冷轧板镀铬或不锈钢或其他导磁材料制成；垫线板可用胶木板或其他绝缘材料制成。

4. 根据权利要求 1 或 2 所述的高压输电线故障检测仪的上线装置，其特征：垫线板中部与高压线接触的位置可做成 V 字形。”

针对上述专利权，吴宝新（下称请求人）于 2005 年 9 月 10 日向专利复审委员会提出无效宣告请求，理由是本专利的权利要求 1~4 不具备新颖性、创造性，不符合专利法第 22 条第 2、3 款的规定，其提交的证据为：

证据 1：授权公告号为 CN2393103Y 的实用新型专利说明书，其授权公告日为 2000 年 8 月 23 日。

请求人的具体理由是：除发明名称外，本专利与证据 1 的说明书所公开的内容以及附图几乎完全相同。本专利的权利要求 1 所要求保护的技术方案完全被证据 1 的内容覆盖，证据 1 的内容更具体，其可以破坏权利要求 1 的新颖性和创造性。本专利从属权利要求 2~4 所要求保护的技术方案与证据 1 中公开的技术方案完全相同，该从属权利要求 2~4 也无新颖性。

经形式审查合格，专利复审委员会依法受理了上述无效宣告请求，并于 2005 年 12 月 20 日将无效宣告请求书及其附件清单中所列附件的副本转送给专利权人，要求其在收到该通知书起一个月内陈述意见。

在指定期限内专利权人未做答复。

专利复审委员会依法成立合议组对本案进行审查，合议组于 2007 年 1 月 26 日向双方发出无效宣告请求口头审理通知书，指出本案合议组定于 2007 年 3 月 6 日举行口头审理。同时要求专利权人应在接到本通知书之日起 7 日内或者在口头审理时提交口审回执。

请求人在 2007 年 2 月 26 日寄交的口头审理通知书回执中表示不能出席口头审理，专利权人没有递交回执。

双方当事人均未出席口头审理。

至此，合议组认为本案事实清楚，现依法作出审查决定。

二、决定的理由

1. 关于证据和现有技术

证据 1 是在本专利的申请日之前授权公告的专利文献，专利权人对其真实性未提出异议。经合议组核实，确认了该证据的真实性，其上记载的内容构成本专利的现有技术。

2. 关于专利法第 22 条第 2 款。

专利法第 22 条第 2 款规定：新颖性，是指在申请日以前没有同样的发明或者实用新型在国内外出版物上公开发表过、在国内公开使用过或者以其他方式为公众所知，也没有同样的发明或者实用新型由他人向专利局提出过申请并记载在申请日以后（含申请日）公布的专利申请文件中。

本专利的权利要求 1 涉及一种高压输电线故障检测仪的上线装置，其是为了解决在检测高压线时必须停电的技术问题。证据 1 公开了一种高压输电线路无线故障测试仪定位器（参见该证据 1 说明书实施例部分，权利要求书，附图 1~2），虽然其与权利要求 1 技术方案的名称不同，但两者适用于相同的技术领域，均用于将故障测试仪固定到高压输电线上，即，两者解决同样的技术问题，产生相同的预期效果。并且，证据 1 中的定位器同样包括左、右抱箍 1，左、右抱箍座 5，左、右抱箍扭簧 2，左、右压线扭簧 3，垫线板 7，盒体 8；左、右抱箍 1 可分别绕左、右扭簧轴 4 转动，并被左、右抱箍扭簧2压紧靠合在一起，安装时，将左、右压线扭簧向上扳起并带动左、右抱箍向外转动而张开（即，相当于该权利要求1中的“由左、右抱箍扭簧控制左、右抱箍的开合”）；由于左、右抱箍可分别绕左、右扭簧轴4转动，根据图1和2可直接地、毫无疑义地确定扭簧轴固定在抱箍座上，因此，显而易见该抱箍可活动地被扭簧轴连接到抱箍座上；垫线板7用螺钉6装在左、右抱箍之间的抱箍座上；左、右压线扭簧3压在垫线板上；左、右抱箍座5的下端伸入盒体8内与绕有二次绕组的互感器的下半部铁芯连接。由此可见，本专利的权利要求1与证据1相比区别仅在于名称不同，而两者技术方案实质上完全相同，属于同样的实用新型。因此，本专利的权利要求1相对于证据1不具备新颖性，不符合专利法第22条第2款的规定。

权利要求2引用了在前的权利要求1，其附加技术特征是：左抱箍的下端和左抱箍座的上端及左抱箍扭簧，左压线扭簧均套装在左扭簧轴上，左抱箍扭簧压在左抱箍的左上边；右抱箍的下端和右抱箍座的上端及右抱箍扭簧、右压线扭簧均套在右扭簧轴上，且右抱箍扭簧压在右抱箍的右上边。与该附加技术特征完全相同的内容也已经被证据1所公开（参见该证据1权利要求1第4~7行），并且，该技术特征在证据1中与在本专利中所要解决的技术问题和预期效果相同。因此，在其引用的权利要求1不具备新颖性的情况下，该权利要求2也不具备专利法第22条第2款规定的新颖性。

权利要求3引用了在前的权利要求1，其附加技术特征是：左、右抱箍与左、右抱箍座应用冷轧板镀钛或冷轧板镀铬或不锈钢或其他导磁材料制成；垫线板7可用胶木板或其他绝缘材料制成。与该附加技术特征完全相同的内容也已经被证据1所公开（参见该证据1权利要求2），并且，该技术特征在证据1中与在本专利中所要解决的技术问题和预期效果相同。因此，在其引用的权利要求1和2都不具备新颖性的情况下，该权利要求3也不具备专利法第22条第2款规定的新颖性。

权利要求4引用了在前的权利要求1，其附加技术特征是：垫线板中部与高压线接触的位置可做成V字形。与该附加技术特征完全相同的内容也已经被证据1所公开（参见该证据1说明书第2页第5~6行），并且，该技术特征在证据1中与在本专利中所要解决的技术问题和预期效果相同。因此，在其引用的权利要求1和2都不具备新颖性的情况下，该权利要求4也不具备专利法第22条第2款规定的新颖性。

鉴于本专利的权利要求1~4相对于证据1不具备新颖性，不符合专利法第22条第2款的规定，应当被宣告无效，对于请求人的其他无效宣告的理由和证据合议组不再进行评述。

三、决定

宣告200420027339.2号实用新型专利权全部无效。

当事人对本决定不服的，可以根据专利法第46条第2款的规定，自收到本决定之日起三个月内向北京市第一中级人民法院起诉。根据该款的规定，一方当事人起诉后，另一方当事人应当作为第三人参加诉讼。

072

油田测井压力传感器

无效宣告请求审查决定（第9677号）

决　定　号　第9677号
决　定　日　2007年4月17日
发明创造名称　油田测井压力传感器
国际分类号　G01L 7/00
无效宣告请求人　北京威斯特中航机电技术有限公司
专 利 权 人　襄樊泰和电气有限公司
专　利　号　96218290.7
申　请　日　1996年8月28日
授权公告日　1997年11月5日
合议组组长　张梅珍
主　审　员　王琦琳
参　审　员　宋　瑞

法律依据　专利法第22条第2款、第3款
决定要点

如果一项权利要求的技术方案同现有技术相比存在区别特征，但是现有技术针对该区别特征已经给出了技术启示，本领域普通技术人员根据该技术启示无须付出创造性劳动就可以得到该项权利要求的技术方案，则该项权利要求不具备实质性特点和进步，不符合专利法第22条第3款的规定。

一、案由

本无效宣告请求涉及中华人民共和国国家知识产权局于1997年11月5日授权公告的、名称为“油田测井压力传感器”的实用新型专利权（下称本专利），其专利号是96218290.7，申请日是1996年8月28日，专利权人是襄樊泰和电气有限公司。该专利授权公告时的权利要求如下：

“1. 一种油田测井压力传感器由接管嘴1，弹性体2，高阻应变计3，测温补偿元件4及外壳5组成，其特征在于：传感器安装密封槽开设在接管嘴安装螺纹之后，并采用高阻值小直径应变计，使传感器外形尺寸大为减小。

2. 如权利要求1所述的传感器，其特征在于：高阻值小直径应变计3阻值在1kΩ以上，外径为φ6.6mm。

3. 如权利要求1所述的压力传感器，其特征在于：传感器外形尺寸控制在φ16mm以内。”

针对上述专利权，北京威斯特中航机电技术有限公司（下称请求人）于2006年7月7日向专利

复审委员会提出无效宣告请求，理由是本专利权利要求1、3不符合专利法第26条第4款的规定，本专利权利要求1~3不符合专利法实施细则第20条第1款的规定以及本专利权利要求1~3不符合专利法第22条第2款、第3款的规定，其提交的证据如下：

证据1：《仪表技术与传感器》1996年第8期的封面以及其中的泰和电气（襄樊）有限公司宣传广告页复印件共2页，其出刊日期为1996年8月31日；

证据2：《仪表技术与传感器》1992年第2期的封面以及其中第35~36页的“SYC—10000型石英压力传感器”一文的复印件共3页；

证据3：声称为1993年8月出版的《电阻应变式传感器》的第76~91页复印件，共8页。

请求人在专利权无效宣告请求书中指出：本专利权利要求1中的“高阻值小直径应变计”属于概括性用语，而说明书中仅给出了阻值为1kΩ，外径为φ6.6mm的实施例，权利要求3中限定“传感器外形尺寸控制在φ16mm以内”，而说明书仅给出了φ16mm的实施例，因此权利要求1、3得不到说明书的支持，不符合专利法第26条第4款的规定；权利要求1中的“高阻值小直径应变计”、权利要求2中的“阻值在1kΩ以上”以及权利要求3中的“传感器外形尺寸控制在φ16mm以内”均属于不确定用语，导致权利要求1~3的保护范围不清楚，因此权利要求1~3不符合专利法实施细则第20条第1款的规定；由于证据1已经公开了该专利产品的外形结构、参数和型号，因此本专利权利要求1相对于证据1不具备新颖性，权利要求2、3的附加技术特征属于参数特征限定，没有隐含该传感器所具有的某种特定结构和/或组成，因此在权利要求1不具备新颖性的情况下，权利要求2、3也不具备新颖性；专利权人在本专利背景技术部分介绍了现有技术中的一种油田测井压力传感器，本专利与上述现有技术的区别在于：密封槽开设在接管嘴安装螺纹之后以及测温补偿元件，证据2公开了传感器在接管嘴安装螺纹后，开设有两个密封槽，用作密封使用，证据3公开了关于温度补偿元件的详细说明，因此权利要求1不具备创造性，权利要求2、3附加技术特征属于没有隐含该传感器的特定结构的参数特征，在权利要求1没有创造性的情况下，权利要求2、3也没有创造性。

经形式审查合格，专利复审委员会依法受理了上述无效宣告请求，并于2006年7月7日向双方当事人发出了无效宣告请求受理通知书，随同无效宣告请求受理通知书将专利权无效宣告请求书及其附件清单中所列附件的副本转送给专利权人，并指出其应当于收到该通知书之日起1个月内陈述意见，期满未答复，不影响专利复审委员会的审理。

专利权人在指定的期限内未作答复。

请求人于2006年8月4日向专利复审委员会提交意见陈述书并补充了如下证据：

证据4：《仪表技术与传感器》1993年第3期封面、目次页、东莞贝科测控设备有限公司广告页及其他广告页复印件共13页；

证据5：《仪表技术与传感器》1994年第5期封面、目次页及泰和电气（襄樊）有限公司广告页复印件共3页；

证据6：《仪表技术与传感器》1995年第1期封面、目次页及泰和电气（襄樊）有限公司广告页复印件共3页；

证据7：《仪表技术与传感器》1996年第3期封面、目次页及泰和电气（襄樊）有限公司广告页复印件共3页；

证据8：《仪表技术与传感器》1996年第4期封面、目次页及北京测控技术研究所广告页复印件共3页；

证据9：《仪表技术与传感器》1996年第5期封面、目次页及北京测控技术研究所广告页复印件共3页；

证据 10：《测控技术》1993 年第 4 期封面、目次页、航空工业总公司北京测控技术研究所的部分传感器产品介绍页及其他广告页复印件共 7 页；

证据 11：《测控技术》1994 年第 2 期封面、目次页及北京测控技术研究所传感器研究室广告页复印件共 3 页；

证据 12：《测控技术》1995 年第 3 期封面、目次页及蚌埠库利特电子有限公司（中美合营）广告页复印件共 3 页；

证据 13：中华人民共和国贵州省遵义市公证处出具的（2003）遵市证字第 0496 号公证书复印件，其附有国营三四〇五厂出具的《证明》复印件以及分别声称为“井下压力传感器”、“K10G08 型压力传感器”的两件产品的实物照片复印件；

证据 14：《测控技术》1992 年第 2 期封面、目录页、第 21~23 页复印件共 5 页。

复审请求人补充的无效理由具体如下：证据 4~12 破坏了本专利的新颖性；证据 13 所公证的物品破坏了本专利的新颖性；证据 14 公开了传感器在接管嘴安装螺纹后开设有两个密封槽，与证据 1 结合可以使得本专利不具有创造性。

专利复审委员会依法成立合议组对本案进行审理，并于 2006 年 11 月 23 日向双方当事人发出无效宣告请求口头审理通知书，指出本案合议组定于 2007 年 1 月 9 日举行口头审理。随同口头审理通知书，将请求人于 2006 年 8 月 4 日提交的意见陈述书及其附件清单中所列附件副本转送给专利权人。

口头审理如期举行，请求人参加了口头审理，专利权人缺席口头审理。在口头审理中，请求人对合议组成员变更无异议，对合议组成员无回避请求。请求人当庭提交了证据 1~2、5~9、11~12、14 的加盖有国家图书馆查新专用章的复印件以及证据 3、13 的原件；请求人当庭提交了证据 4 中封面、目次页及东莞贝科测控设备有限公司广告页共 3 页的加盖有国家图书馆查新专用章的复印件，并表示放弃证据 4 中其他页的内容；同时提交了证据 10 中封面、目次页及航空工业总公司北京测控技术研究所的部分传感器产品介绍页共 3 页的加盖有国家图书馆查新专用章的复印件，并表示放弃证据 10 中其他页的内容。请求人明确其无效宣告请求的理由及证据为：本专利权利要求 1、3 不符合专利法第 26 条第 4 款的规定；本专利权利要求 1~3 不符合专利法实施细则第 20 条第 1 款的规定；本专利权利要求 1~3 相对于证据 1 及 13 中的任何一个不符合专利法第 22 条第 2 款的规定；本专利权利要求 1~3 相对于证据 2、4~12、14 中的任何一个均不符合专利法第 22 条第 3 款的规定，证据 3 用于说明测温补偿元件是公知常识。

（1）关于本专利不符合专利法实施细则第 20 条第 1 款以及本专利不符合专利法第 26 条第 4 款的规定的问题，请求人的具体意见与无效宣告请求书中的意见一致；

（2）关于本专利不符合专利法第 22 条第 2 款的规定，请求人认为本专利权利要求 1 的所有技术特征均被证据 1 公开，证据 1 附图传感器下端为接管嘴，但是弹性体、应变计和温度补偿元件设置在产品里面，从图上看不到，但应属于公知技术，承认本专利权利要求 2、3 的附加技术特征没有在证据 1 中公开，证据 13 体现了本专利所有的技术特征，可以证明使用公开；

（3）关于本专利不符合专利法第 22 条第 3 款的规定，请求人关于创造性的意见同无效宣告请求书和其于 2006 年 8 月 4 日补充提交的意见陈述一致；另外请求人认为证据 14 是最接近的现有技术，从证据 14 标有 21 页页码的图 1 中的 5Cyj 型传感器外形图可以看出该传感器具有密封槽，而应变计等均在外壳里，弹性体、应变计、补偿元件均是公知的；证据 2 第 36 页附图 2 公开了传感器密封槽及安装螺纹；证据 3 第 76~91 页中第 77 页第 2 点中关于温度补偿的内容说明测温补偿元件是公知技术，虽然其中没有文字记载在高阻应变计中使用测温补偿元件，但认为温度补偿元件本身就是应变计的一个部分；证据 4 中“东莞贝科测控设备有限公司广告页”中有关传感器的附图说明公开了相关区别技术特征；证据5“泰和电气（襄樊）有限公司广告页”的附图可看出密封槽的数量与安装螺纹的位置关系；证据6~7“泰和电气（襄樊）有限公司广告页”以及证据8~9“北京测控技术研究所广告页”的附图均可看出密封槽和螺纹；证据10“航空工业总公司北京测控技术研究所的部分传感器产品介绍页”以及证据11“北京测控技术研究所传感器研究室广告页”左下脚圆圈内的图可以看出密封槽和螺纹；证据12“蚌埠库利特电子有限公司（中美合营）广告页”左下脚的图可以看出密封槽和螺纹；承认证据2、证据3~12、证据14均未直接公开如本专利那样的弹性体、应变计、补偿元件，但认为上述特征属于公知技术。请求人对证据的使用方式和其证据是否能影响本专利的新颖性、创造性充分发表了意见。

本案合议组于2007年1月9日向专利权人发出了合议组成员告知通知书，将合议组成员的变更情况告知了专利权人，并指出如对合议组成员有回避请求，应于收到该通知书之日起7日内提交书面请求书，逾期未答复，视为无回避请求。

专利权人逾期未答复。

至此，合议组认为本案事实已经清楚，在此基础上，合议组经合议现依法作出审查决定。

二、决定的理由

1. 关于证据和现有技术

在本次无效程序中，请求人共提交了14份证据，其中证据1~3是在提出无效宣告请求时提交的，证据4~14是于提出无效宣告请求之日起一个月内提交的，上述证据的提交时间均符合审查指南的有关规定。

请求人提交的证据1~2、4~12、14是科技期刊复印件，请求人当庭提交了证据1~2、5~9、11~12、14的加盖有国家图书馆查新专用章的复印件，但是请求人当庭仅提交了证据4中封面、目次页及东莞贝科测控设备有限公司广告页共3页的加盖有国家图书馆查新专用章的复印件，并表示放弃证据4中其他页的内容；而且请求人当庭仅提交了证据10中封面、目次页及航空工业总公司北京测控技术研究所的部分传感器产品介绍页共3页的加盖有国家图书馆查新专用章的复印件，并表示放弃证据10中其他页的内容；专利权人未对上述证据的真实性发表意见。经合议组核实，请求人提交的上述证据与加盖有国家图书馆查新专用章的复印件的内容一致，在没有相反证据质疑其真实性的情况下，上述证据可以作为本案证据使用。其中证据2、4~12、14的公开日均在本专利的申请日之前，其上公开的内容构成本专利的现有技术；证据1目次页上记载的出刊日期为1996年8月31日，在本专利的申请日之后，不能作为本专利的现有技术。

请求人提交的证据3是由国防工业出版社出版发行的名称为《电阻应变式传感器》的书刊中的相关内容，其ISBN号为7-118-01058-8/TP·135，请求人当庭提交了证据3的原件，专利权人未对证据3的真实性发表意见。经合议组核实，请求人提交的证据3是上述书刊中第76~91页的复印件，其内容与原件一致，证据3可以作为本案证据使用。证据3的印刷日为1993年8月，在本专利的申请日之前，其上公开的内容构成本专利的现有技术。

请求人提交的证据13是中华人民共和国贵州省遵义市公证处出具的（2003）遵市证字第0496号公证书的复印件，请求人当庭提交了上述证据的原件，专利权人未对上述证据的真实性发表意见。经合议组核实，请求人提交的证据复印件与原件内容一致，上述证据可以作为本案证据使用。

2. 关于本专利是否符合专利法第22条第2款的规定

专利法第22条第2款规定：新颖性，是指在申请日以前没有同样的发明或者实用新型在国内外出版物上公开发表过、在国内公开使用过或者以其他方式为公众所知，也没有同样的发明或者实用新型由他人向国务院专利行政部门提出过申请并且记载在申请日以后公布的专利申请文件中。

请求人认为本专利权利要求 1 相对于证据 1 不具备新颖性，本专利权利要求 2、3 的限定特征未隐含该传感器所具有的某种特定结构和/或组成，在独立权利要求 1 没有新颖性的前提下，该从属权利要求 2、3 也不具备新颖性。

证据 1 的目次页上载明其出刊日期为 1996 年 8 月 31 日，在本专利的申请日之后，不能构成本专利的现有技术，不能评价本专利的新颖性。所以，请求人的上述观点不能成立。

请求人认为证据 13 体现了本专利所有的技术特征，可以证明使用公开。

证据 13 是中华人民共和国贵州省遵义市公证处出具的（2003）遵市证字第 0496 号公证书，其附有国营三四〇五厂出具的《证明》复印件以及分别声称为“井下压力传感器”、“K10G08 型压力传感器”的两件产品的实物照片复印件，其中所述《证明》记载了上述实物照片对应的实物为国营三四〇五厂分别于 1995 年 10 月 10 日从北京 634 所购入的一只 YP100-15Mpa 传感器和 1994 年 3 月由康宇测控仪器仪表工程公司提供的一只 K10G08 产品，该公证书用于证明与该公证书粘连的《证明》上的印鉴属实，其中所附的 2 张照片与“井下压力传感器”、“K10G08 型压力传感器”两件产品实物相符。

合议组认为，与证据 13 粘连的《证明》是国营三四〇五厂于 2003 年 8 月 8 日出具的证言，该公证书仅证明上述《证明》上的印鉴属实，不能证明上述《证明》内容的真实性。依照民事诉讼法第六十五条由有关单位向人民法院提出的证明文书，应由单位负责人签名或盖章，并加盖单位印章。上述《证明》在既没有国营三四〇五厂单位负责人签名，也没有国营三四〇五厂的法人或者有证明力的受委托人出庭作证的情况下，不能确认其真实性。由于上述《证明》内容的真实性不能确认，其无法证明与证据 13 粘连的照片对应的产品的公开日，故上述照片不能用于评价本专利的新颖性。

综上所述，请求人认为本专利权利要求 1~3 相对于证据 1 及证据 13 中的任何一个均不符合专利法第 22 条第 2 款的规定的观点不能成立。

3. 关于本专利是否符合专利法第 22 条第 3 款的规定

专利法第 22 条第 3 款规定：创造性，是指同申请日以前已有的技术相比，该发明有突出的实质性特点和显著的进步，该实用新型有实质性特点和进步。

（1）独立权利要求 1。

请求人认为：证据 14 是与本专利最接近的现有技术，证据 3 用于说明测温补偿元件是公知技术。

本专利的独立权利要求 1 要求保护一种油田测井压力传感器，证据 14 则公开了一种井下溅射薄膜压力传感器，从证据 14 第 21 页图 1 可以看出该传感器包括：一个标注外径为 φ19 的圆柱状外壳，其对应于本专利权利要求 1 中的外壳 5；面向图 1 观察位于左侧的接管嘴，其对应于本专利权利要求 1 中的接管嘴 1；在接管嘴与圆柱状外壳之间有槽，其对应于本专利权利要求 1 中的开设在接管嘴安装螺纹之后的密封槽；证据 14 第 22 页左栏第 7~14 行还记载了，为了适应油田井下温度高、压力大、体积小的要求，而新设计了一种小尺寸、电阻值大的应变栅图形，其对应于本专利权利要求 1 中的高阻值小直径应变计。

由此可见，本专利独立权利要求 1 相对于证据 14 的区别特征在于：本专利权利要求 1 的油田测井压力传感器还包括：弹性体 2、测温补偿元件 4。

证据 3 第 77 页第 2 节温度补偿部分，第 77 页第 6 行至第 81 页第 14 行公开了在温度变化造成误差时，需要在传感器中进行温度补偿。第 78 页倒数第 2 行至第 79 页第 6 行公开了采用温度补偿电阻进行温度补偿，也就相当于本专利权利要求 1 中的测温补偿元件。此外，第 77 页第 6 行公开了在传感器中具备弹性元件，电阻应变敏感元件置于弹性元件上，该弹性元件承受压力，并将此压力传递到应变敏感元件上，可见该弹性元件相当于本专利权利要求 1 中的弹性体。

根据上述内容可知，本领域普通技术人员在证据 14 的基础上，为了获得更准确的测量结果容易想到将证据 3 公开的上述内容结合进来，从而得到本专利权利要求 1 所述的技术方案，因此，本专利权利要求 1 相对于证据 14 和证据 3 的结合不具备实质性特点和进步，不符合专利法第 22 条第 3 款有关创造性的规定。

（2）从属权利要求 2~3。

从属权利要求 2 限定部分的附加技术特征是“高阻值小直径应变计 3 阻值在 1kΩ 以上，外径为 φ6.6mm”，证据 3 已经给出了使用小尺寸、电阻值大的应变栅图形的技术启示，至于应变计电阻值以及外径的数值范围，只是本领域普通技术人员的常规选择而已，无须付出任何创造性劳动，并且上述特征也未给本专利带来意想不到的技术效果，因此在其引用的权利要求 1 不具备创造性的情况下，从属权利要求 2 也不具备创造性，不符合专利法第 22 条第 3 款的规定。

从属权利要求 3 限定部分的附加技术特征是“传感器外形尺寸控制在 φ16mm 以内”，本专利说明书第 2 页第 16~17 行记载了本专利是因采用小直径应变计所以使得传感器外径被控制在 φ16mm 以内。在证据 3 已经给出了使用小尺寸、电阻值大的应变栅图形以适应油田井下环境要求的技术启示的情况下，对于本领域普通技术人员来说，在采用了小尺寸的应变计之后，相应的传感器的外径尺寸就可以减小，至于传感器外形尺寸的具体数值则是本领域普通技术人员的常规选择，无须付出任何创造性劳动，并且该特征也未给本专利带来意想不到的技术效果，因此在其引用的权利要求 1 不具备创造性的情况下，从属权利要求 3 也不具备创造性，不符合专利法第 22 条第 3 款的规定。

综上所述，本专利权利要求 1~3 不具备创造性，不符合专利法第 22 条第 3 款的规定。

鉴于本专利的全部权利要求 1~3 相对于证据 14 和证据 3 的结合不具备创造性，不符合专利法第 22 条第 3 款的规定，因此在本决定中不再对请求人提出的其他无效宣告请求的理由进行评述。

三、决定

宣告 96218290.7 号实用新型专利权全部无效。

当事人对本决定不服的，可以根据专利法第 46 条第 2 款的规定，自收到本决定之日起三个月内向北京市第一中级人民法院起诉。根据该款的规定，一方当事人起诉后，另一方当事人应当作为第三人参加诉讼。

073

一种尺带自动定位的卷尺

无效宣告请求审查决定（第9678号）

决　　定　　号　第9678号
决　　定　　日　2007年4月17日
发明创造名称　一种尺带自动定位的卷尺
国 际 分 类 号　G01B 3/10
无效宣告请求人　宁波巨联工量具有限公司
专　利　权　人　周晓刚
专　　利　　号　200420119196.8
申　　请　　日　2004年12月31日
授 权 公 告 日　2006年3月29日
合 议 组 组 长　杨军艳
主　　审　　员　马　燕
参　　审　　员　周　航

法　律　依　据　专利法第22条第2款、第3款
决　定　要　点

如果一项权利要求与一篇对比文件之间存在区别技术特征，则该权利要求相对于该对比文件具备新颖性，符合专利法第22条第2款的规定；如果各篇对比文件均没有给出该区别技术特征的技术启示，则该权利要求相对于这些对比文件的结合具备创造性，符合专利法第22条第3款的规定。

一、案由

本无效宣告请求涉及中华人民共和国国家知识产权局于2006年3月29日授权公告的、名称为“一种尺带自动定位的卷尺”的实用新型专利（下称本专利），其申请号是200420119196.8，申请日为2004年12月31日，专利权人为周晓刚。本专利授权公告时的权利要求书如下：

“1. 一种尺带自动定位的卷尺，包括有尺盒（1）及设置在其内并卷绕在一轮毂上的尺带（2），其特征在于还包括有：

一止动块（3），枢接在尺盒（1）内邻近尺盒（1）口的部位，并位于尺带（2）之上；

一弹簧（4），也设置在尺盒（1）内邻近尺盒（1）口的部位，并使所述止动块（3）的头部维持朝向尺带（2）偏转直至与尺带（2）相抵触；

一贯穿尺盒（1）设置的按钮，按钮的内侧端与所述的止动块（3）相抵，并且该按钮在被按下时驱动所述的止动块（3）偏离尺带（2）。

2. 根据权利要求1所述的尺带自动定位的卷尺，其特征在于所述的按钮设置在止动块（3）之上，该按钮（5）的中部枢接在尺盒（1）上，按钮（5）的前部具有呈J形的向下延伸部（51），该J形延伸部（51）的末端抵在所述止动块（3）后侧。

3. 根据权利要求1或2所述的尺带自动定位的卷尺，其特征在于所述的按钮设置在尺带（2）之下，而所述止动块（3）的中部则具有侧向外凸部（31），所述的按钮（6）具有一上凸部（61），绕过所述尺带（2）并与所述止动块（3）的侧向外凸部（31）相抵。

4. 根据权利要求3所述的尺带自动定位的卷尺，其特征在于所述的按钮（6）上凸部（61）与所述的止动块（3）侧向外凸部（31）之间的接触面为一斜面。

5. 根据权利要求1或2所述的尺带自动定位的卷尺，其特征在于所述的按钮（5）之下还设置有复位弹簧（7）。

6. 根据权利要求1或2所述的尺带自动定位的卷尺，其特征在于所述的弹簧（4）采用预紧的压簧，下端与止动块（3）的前侧相抵，上端与尺盒（1）的内侧壁相抵。

7. 根据权利要求3所述的尺带自动定位的卷尺，其特征在于所述的弹簧（4）采用预紧的压簧，下端与止动块（3）的前侧相抵，上端与尺盒（1）的内侧壁相抵。

8. 根据权利要求4所述的尺带自动定位的卷尺，其特征在于所述的弹簧（4）采用预紧的压簧，下端与止动块（3）的前侧相抵，上端与尺盒（1）的内侧壁相抵。

9. 根据权利要求5所述的尺带自动定位的卷尺，其特征在于所述的弹簧（4）采用预紧的压簧，下端与止动块（3）的前侧相抵，上端与尺盒（1）的内侧壁相抵。”

针对上述专利权，宁波巨联工量具有限公司（下称请求人）于2006年7月21日向专利复审委员会提出无效宣告请求（案件编号为5W08025），其理由是本专利的权利要求1、2相对于附件1.1、1.3或1.4中的任何一份都不具备新颖性和创造性，不符合专利法第22条第2款、第3款的规定；权利要求1~9相对于附件1.1~1.4的结合不具备创造性，不符合专利法第22条第3款的规定。请求人提供的附件如下：

附件1.1：ZL97239002.2号实用新型专利说明书，其授权公告日为1999年4月14日；

附件1.2：ZL01245742.6号实用新型专利说明书，其授权公告日为2002年3月13日；

附件1.3：ZL03200921.6号实用新型专利说明书，其授权公告日为2004年1月21日；

附件1.4：公开号为CN1639537A的发明专利申请公开说明书，其申请日为2002年8月1日，申请人为菲斯科工具有限公司，公开日为2005年7月13日；

附件1.5：本专利的授权公告文本。

经形式审查合格，专利复审委员会依法受理了上述无效宣告请求，于2006年8月10日向无效宣告请求人和专利权人发出无效宣告请求受理通知书，并将无效宣告请求书及其附件清单中所列附件的副本转送给专利权人，要求专利权人于收到该通知书之日起一个月内陈述意见。

针对上述无效宣告请求，专利权人于2006年9月20日向专利复审委员会提交了意见陈述书，认为：（1）请求人提供的附件1.4是PCT申请进入中国国家阶段的中国专利申请的公开文本，其公开日为2005年7月13日，晚于本专利的申请日，不能作为评判本专利新颖性和创造性的对比文件；（2）附件1.1与本专利的技术领域相同，附件1.2、1.3是传统的“尺带拉出后需额外操作才能定位的卷尺”，与本专利的技术领域不同，其技术效果也相反；（3）请求人没有具体阐述将附件1.1~1.4中的哪些文件相结合来评判本专利权利要求1~9的创造性；（4）本专利与附件1.1~1.4相比具备新颖性和创造性。

专利复审委员会依法成立合议组对上述无效宣告请求进行审查。

本案合议组于2006年10月10日向双方当事人发出无效宣告请求口头审理通知书，指出本案定于2006年11月14日举行口头审理。

2006年10月13日，本案合议组将专利权人于2006年9月20日提交的意见陈述书转送给请求人。

口头审理如期举行，双方当事人均参加了口头审理。

（1）在口头审理中，请求人当庭提交了意见陈述书以及WO 2004/013569A1号专利文献（其公开日为2004年2月12日，下称附件1.6），请求人表示附件1.6是附件1.4的国际公开文本，附件1.4是附件1.6的中文译文，合议组当庭将上述意见陈述书和附件1.6转送给专利权人；

（2）专利权人对附件1.1~1.4的真实性无异议，但认为附件1.4不是附件1.6的中文译文，且附件1.6是新提交的证据，由于已过举证期限，因此不应予以接受，此外，附件1.4的公开日在本专利的申请日之后，不能影响本专利的新颖性和创造性；合议组当庭告知专利权人，可以在7日之内针对请求人当庭提交的附件1.6补充意见陈述；

（3）请求人明确其无效理由、范围和证据为：本专利权利要求1相对于附件1.1不具备新颖性，不符合专利法第22条第2款的规定；权利要求1~9相对于附件1.1，以及附件1.1与1.2的结合或者附件1.1与1.3的结合或者附件1.1与1.4的结合不具备创造性，不符合专利法第22条第3款的规定；

（4）请求人认为，附件1.1与本申请的技术领域、所解决的技术问题、实质技术方案和技术效果均相同，其中公开了本申请权利要求1的各技术特征，因而该权利要求1不具备新颖性；附件1.1与权利要求1的一些结构具有文字上的区别，但是所述区别是常用技术手段，在其影响权利要求1的新颖性的基础上也破坏了权利要求1的创造性；附件1.2、附件1.3、附件1.4分别公开了权利要求1中的部分技术特征，其分别与附件1.1的结合可破坏权利要求1的创造性；权利要求2~9的附加技术特征在附件1.1至附件1.4中部分公开，未公开部分也是常用技术手段，没有产生预料不到的技术效果；附件1.4附图1中的凸轮34对应于止动块，枢轴点36公开了本专利的枢接，推拉杆44与铰链42相结合公开了本专利的J形延伸部，附件1.4还公开了按钮中部与枢轴件52枢接，附件1.4没有公开所述斜面和复位弹簧；对此，专利权人认为，本专利权利要求1与附件1.1的部件在结构和功能上不同，技术效果也不同，因此权利要求1具有新颖性和创造性，附件1.2、附件1.3、附件1.4分别与附件1.1结合也没有完全公开权利要求1的技术方案，在权利要求1具有新颖性和创造性的基础上，从属权利要求2~9也具有新颖性和创造性。

在指定的期限内（2006年11月16日）专利权人针对请求人当庭提交的附件1.6与附件1.4的关系提交了意见陈述书。其中坚持认为附件1.4并非附件1.6的中文译本，附件1.6无中文译文，不应该接受，附件1.4的公开日晚于本专利的申请日，不能评价本专利的新颖性和创造性。

针对上述专利权，请求人于2006年11月28日再次提出无效宣告请求（案件编号为5W08371），其理由是本专利的权利要求1相对于附件2.1不具备新颖性，不符合专利法第22条第2款的规定；权利要求1~9相对于附件2.1不具备创造性，不符合专利法第22条第3款的规定；权利要求3、4、7、8不符合专利法实施细则第20条第1款的规定；权利要求1~9不符合专利法第26条第4款的规定。请求人提交的附件如下：

附件2.1：WO 2004/013569A1号专利文献，其公开日为2004年2月12日（与附件1.6相同）；

附件2.2：附件2.1说明书的中文译文。

请求人认为，附件2.1公开了权利要求1的全部技术特征，该权利要求1不具有新颖性和创造性；权利要求2~9的附加技术特征在附件2.1中给出启示，或属于常用技术手段，因而不具备创造性；权利要求 3 引用权利要求 2 时关于“按钮”的技术特征产生矛盾，造成该权利要求 3 不清楚，进而引用权利要求 3 的权利要求 4、7、8 也不清楚；权利要求 1 中的技术特征“一贯穿尺盒（1）设置的按钮，按钮的内侧端与所述的止动块（3）相抵，并且该按钮在被按下时驱动所述的止动块（3）偏离尺带（2）”在说明书中没有实质上公开，得不到说明书支持，进而其从属权利要求 2~9 也得不到说明书支持。

经形式审查合格，专利复审委员会依法受理了上述无效宣告请求，于 2006 年 12 月 1 日向无效宣告请求人和专利权人发出无效宣告请求受理通知书，并将无效宣告请求书及其附件清单中所列附件的副本转送给专利权人，要求专利权人于收到该通知书之日起一个月内陈述意见。

2006 年 12 月 19 日专利复审委员会收到请求人提交的意见陈述书，补充无效宣告理由为本专利权利要求 1 相对于附件 2.3 不具备创造性，因此不符合专利法第 22 条第 3 款的规定。请求人补充提交的附件如下：

附件 2.3：US6431486B1 号美国专利文献，其授权公告日为 2002 年 8 月 13 日；

附件 2.4：附件 2.3 说明书第 2 栏第 22 行至第 3 栏第 29 行的中文译文。

本案合议组于 2006 年 12 月 31 日向双方当事人再次发出无效宣告请求口头审理通知书，指出针对 5W08371 一案定于 2007 年 2 月 1 日举行口头审理。随同口头审理通知书将于 2006 年 12 月 19 日收到的请求人的意见陈述书及其附件副本转送给专利权人。

针对上述无效宣告请求，专利权人于 2007 年 1 月 16 日向专利复审委员会提交了意见陈述书，认为：附件 2.2 是附件 2.1 的中文译文，但缺少对附件 2.1 首页的译文，请求人应当指明附件 2.2 是附件 2.1 的哪一部分的中文译文；附件 2.2 第 6 页第 5~6 行的译文不准确；针对请求人所提出的无效宣告理由及提供的证据一一进行了意见陈述，认为请求人所提出的无效宣告理由均不成立。

口头审理如期举行，双方当事人均参加了口头审理。

在口头审理中，（1）请求人明确其无效宣告请求的理由和范围是：本专利权利要求 1~9 不符合专利法第 26 条第 4 款的规定；权利要求 3、4、7、8 不符合专利法实施细则第 20 条第 1 款的规定；权利要求 1 相对于附件 2.1 不符合专利法第 22 条第 2 款关于新颖性的规定；权利要求 1~9 相对于附件 2.1 不符合专利法第 22 条第 3 款关于创造性的规定；权利要求 1 相对于附件 2.3 不符合专利法第 22 条第 3 款关于创造性的规定；（2）请求人明确表示放弃附件 2.1 说明书第 1~8 页及相应译文，即附件 2.2 说明书第 1~6 页，仅使用附件 2.1 的首页、第 9 页第 13 行至说明书结束，对应的译文为附件 2.2 说明书第 7~11 页；专利权人对附件 2.1、附件 2.3 的真实性表示认可，认为附件 2.2 缺少对附件 2.1 的首页的译文，因此不是全文翻译，对附件 2.2 说明书第 7~13 页的译文准确性表示认可，对附件 2.4 的译文准确性表示认可；（3）请求人坚持其请求书中关于本专利不符合专利法实施细则第 20 条第 1 款以及专利法第 26 条第 4 款的规定的理由；（4）请求人强调，关于本专利不具备新颖性、创造性的评述均是在不考虑按钮贯穿尺盒的特征的条件下做出的，并坚持其关于本专利不符合新颖性、创造性的无效理由，双方当事人对此均充分发表了意见。

经审查，合议组认为本案事实已经清楚，现依法作出如下决定。

二、决定的理由

（一）关于第一次无效宣告请求（案件编号为 5W08025）

由于请求人在第一次无效宣告请求的口头审理中当庭明确其无效宣告理由及范围是：本专利权利要求 1 相对于附件 1.1 不具备新颖性，不符合专利法第 22 条第 2 款的规定；权利要求 1~9 相对于附件 1.1，以及附件 1.1 与 1.2 的结合或者附件 1.1 与 1.3 的结合或者附件 1.1 与 1.4 的结合不具备创造性，不符合专利法第 22 条第 3 款的规定。因此，对于请求人于第一次无效宣告请求时提出的权利要求 1 相对于附件 1.3 或附件 1.4 不具备新颖性和创造性，以及权利要求 2 相对于附件 1.1、附件 1.3、附件 1.4 不具备新颖性和创造性的无效宣告理由合议组不再评述。

1. 关于证据和现有技术

附件 1.1~1.3 是中国专利文献，专利权人对它们的真实性予以认可，合议组经审查认为附件 1.1~1.3可以作为本案证据使用，同时由于附件 1.1~1.3 的公开日期均早于本专利的申请日，因此其上记载的内容已构成本专利的现有技术。

附件 1.4 是中国专利文献，专利权人对其真实性予以认可，合议组经审查认为附件 1.4 可以作为本案证据使用，但由于该附件是他人于本专利申请日之前申请、本专利申请日之后公开的，故其只能用于评述本专利的新颖性而不能用于评述本专利的创造性。

附件 1.6 是请求人于 2006 年 11 月 14 日口头审理时当庭提交的证据，并认为附件 1.4 是附件 1.6 的中文译文。对此，合议组认为，附件 1.4 是请求人在提出无效宣告请求之日提交的证据，证明于 2005 年 7 月 13 日公开了一种卷尺，即使附件 1.6 与附件 1.4 的内容相同，也仅能证明附件 1.4 的内容在附件 1.6 的公开日（2004 年 2 月 12 日）那一天也公开了，但两者属于独立的两份证据，不能认为附件 1.4 是附件 1.6 的中文译文。根据审查指南第四部分第三章的相关规定，请求人应当在提出无效宣告请求之日起一个月内补充证据，由于请求人提出无效宣告请求的日期是 2006 年 7 月 21 日，附件 1.6 的提交日为 2006 年 11 月 14 日，已经超过了请求人的举证期限，因此，合议组对附件 1.6 不予考虑。

2. 关于专利法第 22 条第 2 款

专利法第 22 条第 2 款规定：新颖性，是指在申请日以前没有同样的发明或者实用新型在国内外出版物上公开发表过、在国内公开使用过或者以其他方式为公众所知，也没有同样的发明或者实用新型由他人向国务院专利行政部门提出过申请并且记载在申请日以后公布的专利申请文件中。

在本案中，请求人认为权利要求 1 相对于附件 1.1 不具备新颖性，不符合专利法第 22 条第 2 款的规定。

经合议组审查，本专利权利要求 1 请求保护一种尺带自动定位的卷尺，附件 1.1（参见附件 1.1 说明书全文）公开了一种卷尺的改进结构，其包括卷尺本体 1（相当于本专利权利要求 1 中的“尺盒”），卷尺本体 1 内承纳卷尺 2（参见附件 1.1 的图 2，相当于本专利权利要求 1 中的“尺带”），卷尺 2 卷绕在轮毂上（参见附件 1.1 的图 2）；止动片 4，其位于卷尺本体口的部位，并位于卷尺 2 之上（参见附件 1.1 的图 2、5），其前端设有两凸缘 41，该两凸缘 41 与卷尺本体 1 的弧形滑片 11 隔着卷尺 2 相互抵触；施力弹簧 44，其设置在止动片 4 中央（参见附件 1.1 的图 3），该施力弹簧 44 迫使止动片 4 产生一向外的张力，进而使止动片 4 前端的两凸缘 41 可以隔着卷尺 2 压迫弧形滑片 11；卷尺本体 1 外侧安置释放键 3，释放键 3 下方设有一锥体 33，锥体 33 与止动片 4 的控制槽 42 处相接合（参见附件 1.1 的图 5），使用者只要压下释放键 3，位于释放键 3 下方的锥体 33 便向下进入止动片 4 尾部的控制槽 42 内，迫使止动片 4 向后作拉回的动作，此时止动片 4 的制动作用丧失，卷尺 2 得以收回（参见附件 1.1 的图 5）。

本专利独立权利要求 1 请求保护的技术方案与附件 1.1 公开的技术方案相比，其区别在于：(1) 在本专利独立权利要求 1 中，卷尺由止动块止动，止动块枢接在尺盒内，而在附件 1.1 中，卷尺由止动片止动，该止动片在释放键的控制下可前后移动；（2）在本专利独立权利要求 1 中，弹簧设置在邻近尺盒口的部位，使止动块的头部维持朝向尺带偏转直至与尺带相抵触，而在附件 1.1 中，弹簧没有设置在邻近尺盒口的部位，其作用是使止动片前端的两凸缘垂直地与卷尺相抵触；（3）在本专利独立权利要求 1 中，按钮的内侧端与止动块相抵，并且该按钮在被按下时驱动所述止动块偏离尺带，而在附件 1.1 中，释放键上的锥体与止动片的控制槽处相接合，从而驱动止动片前后移动。可见，本专利权利要求 1 与附件 1.1 两者的技术方案不同，本专利中止动块枢接在尺盒内，通过其偏转控制尺带定位和移动，使尺带更容易拉出；而附件 1.1 中止动片是前后移动，止动片前端与卷尺垂直相抵，尺带相对来说较不易拉出。

由于本专利独立权利要求 1 与附件 1.1 之间存在上述区别技术特征，因此，独立权利要求 1 相对于附件 1.1 具备新颖性，符合专利法第 22 条第 2 款的规定。

针对区别技术特征（1）中请求人认为附件 1.1 的图 3、4 中示出了弧形枢孔，止动片的两个小凸体位于该枢孔中且可枢转的观点，合议组认为，在附件 1.1 的文字部分没有记载该枢孔，从其图 3、4 中也不能清楚、唯一地确定止动片上的小凸体可在枢孔中转动，因此，对请求人的上述观点不予支持。

针对区别技术特征（2）中请求人认为附件 1.1 中的弹簧一端固定、一端自由活动，可控制止动片转动的观点，合议组认为，在附件 1.1 的文字部分没有记载上述内容，从其附图中也不能清楚地看出，因此对请求人的上述观点不予支持。

3. 关于专利法第 22 条第 3 款

专利法第 22 条第 3 款规定：创造性，是指同申请日以前已有的技术相比，该发明有突出的实质性特点和显著的进步，该实用新型有实质性特点和进步。

在本案中，请求人认为权利要求 1~9 相对于附件 1.1，以及附件 1.1 与附件 1.2 的结合或附件 1.1 与附件 1.3 的结合或附件 1.1 与附件 1.4 的结合不具备创造性，因而不符合专利法第 22 条第 3 款的规定。

（1）关于本专利权利要求与附件 1.1 相比是否具备创造性。

根据上述关于独立权利要求 1 与附件 1.1 相比具备新颖性的分析可知，独立权利要求 1 请求保护的技术方案与附件 1.1 公开的技术方案相比，其区别在于：（1）止动块的连接方式不同；（2）弹簧的设置方式及与止动块之间的关系不同；（3）按钮与止动块之间的关系不同。

请求人认为，枢接是一种惯常手段，附件 1.1 中给出了该技术启示，弹簧的安装位置可在附件 1.1 第 2 页第 2 段及附图中得到技术启示。

对此，合议组认为，首先请求人没有提供采用枢接方式设置止动块是尺带制动中惯常手段的证据。而且，附件 1.1 说明书第 2 页第 2 段记载“止动片（4）的中央设有一施力弹簧（44），并卡合于止动片（4）之中”，根据该描述，可以确定施力弹簧位于止动片中央，结合附图 3、4 可知，该施力弹簧位于止动块中间偏上的部位，并且位于远离尺盒口的位置，因此，附件 1.1 没有给出施力弹簧设置在邻近尺盒口的位置的技术启示。基于上述理由，附件 1.1 没有公开区别技术特征（1）~（3），也没有给出上述区别技术特征（1）~（3）的技术启示。因此权利要求 1 相对于附件 1.1 具备创造性，符合专利法第 22 条第 3 款的规定。

在独立权利要求 1 相对于附件 1.1 具备创造性的条件下，其从属权利要求 2~9 相对于附件 1.1 也具备创造性，因而符合专利法第 22 条第 3 款的规定。

（2）关于本专利权利要求与附件 1.1、附件 1.2 的结合相比是否具备创造性。

经审查，附件 1.2（参见附件 1.2 说明书第 1 页第 17 行至第 2 页第 12 行，图 1、2）公开了一种按钮制动式卷尺，其包括尺盒 1 和尺带 7，尺带卷绕在轮毂 4 上（参见附件 1.2 的图 1）；制动推钮 2，贯穿尺盒 1 设置，制动推钮 2 的下端连接有压片 5（相当于止动块），压片连接在尺盒内邻近尺盒口的部位，并位于尺带上方（参见附件 1.2 的图 2），当推动制动按钮时，尺带被夹在压片与设置在尺盒口部的挡块 6 之间而制动。

请求人认为，附件 1.2 附图 1 中的压片 5 公开了权利要求 1 中的止动块枢接方式，并公开了压片 5 与按钮 2 枢轴连接。

对此，合议组认为，如附件 1.2 的附图 1 和 2 中所示，压片 5 上与制动推钮 2 接合的部分是一个类似于轴的部件，在止动推钮 2 中形成了一个与该部件相配合的弧形槽，当推动制动推钮 2 时，压片 5 上的该部件在弧形槽中滑动，从而使压片 5 上升或下降，进而使压片 5 脱离或压住尺带 7。由此可知，附件 1.2 中的压片 5 上下移动，不是枢接转动的，因此附件 1.2 没有公开上述区别技术特征（1）~（3），也没有给出区别技术特征（1）~（3）的技术启示，因而独立权利要求 1 与附件 1.1、附件 1.2 的结合相比具备创造性，符合专利法第 22 条第 3 款的规定。

在独立权利要求 1 相对于附件 1.1、附件 1.2 的结合具备创造性的条件下，其从属权利要求 2~9 相对于附件 1.1、附件 1.2 的结合也具备创造性，因而符合专利法第 22 条第 3 款的规定。

（3）关于本专利权利要求与附件 1.1、附件 1.3 的结合相比是否具备创造性。

经审查，附件 1.3（参见附件 1.3 说明书第 2 页第 24 行至第 3 页第 28 行，图 1~3、8）公开了一种卷尺，其包括壳体 1（相当于尺盒）和设置在壳体内的卷尺尺条 3，卷尺尺条卷绕在轮毂上（参见附件 1.3 的图 3）；制止块 8（相当于止动块）枢接在左壳体上邻近壳体口的部位，制止块为多弯折板，其下端为斜向压板 82，位于卷尺尺条上方（参见附件 1.3 的图 3、8）；弹簧 6；按钮 2，其贯穿壳体 1 设置，其内侧端与压杆相接触，按下按钮时，按钮的下移使压杆向下移动，压杆下端推动制止块，制止块旋转并使下端斜向压板压抵卷尺尺条。

请求人认为，附件 1.3 说明书第 7、8 页以及图 3 中的“制止块 8”对应于权利要求 1 的止动块，该制止块为多弯的直板，其与壳体是枢接的。

对此，合议组认为，附件 1.3 公开了制止块枢接在壳体中的技术特征，但是其弹簧、按钮与制止块间的关系与本专利并不相同，没有公开区别技术特征（2）和（3），也没有给出区别技术特征（2）和（3）的技术启示，因此，独立权利要求 1 相对于附件 1.1、附件 1.3 的结合具备创造性，符合专利法第 22 条第 3 款的规定。

在独立权利要求 1 相对于附件 1.1、附件 1.3 的结合具备创造性的条件下，其从属权利要求 2~9 相对于附件 1.1、附件 1.3 的结合也具备创造性，因而符合专利法第 22 条第 3 款的规定。

（4）关于本专利权利要求与附件 1.1、附件 1.4 的结合相比是否具备创造性。

如前所述，附件 1.4 仅仅能评述本专利的新颖性，在评价本专利创造性时不予考虑。因此，合议组对请求人关于权利要求 1~9 相对于附件 1.1、附件 1.4 的结合不具备创造性的主张不予支持。

（二）关于第二次无效宣告请求

1. 关于证据和现有技术（案件编号为 5W08371）

附件 2.1、附件 2.3 均为专利文献，专利权人对它们的真实性予以认可，合议组经审查认为它们可以作为本案证据使用。附件 2.1、附件 2.3 的公开日期在本专利申请日之前，其上记载的内容构成了本专利的现有技术。

请求人在口头审理当庭明确表示放弃附件 2.1 说明书第 1~8 页，仅使用其首页、说明书第 9 页第 13 行至说明书结束。专利权人对附件 2.1 所使用部分的中文译文的准确性和附件 2.3 中文译文的准确性表示认可。因此，附件 2.1 所使用部分（即首页、说明书第 9 页第 13 行至说明书结束）和附件 2.3 公开的内容以请求人所提交的中文译文为准。

2. 关于专利法第 26 条第 4 款的规定

专利法第 26 条第 4 款规定：权利要求书应当以说明书为依据，说明要求专利保护的范围。

请求人认为权利要求 1“一贯穿尺盒（1）设置的按钮”中“贯穿”是穿过、连通的意思，上述技术特征表示的是“一个从尺盒（1）一侧穿入、从尺盒（1）另一侧穿出的按钮”，而说明书和附图中的按钮（5）和按钮（6）都未贯穿尺盒（1），因此权利要求1得不到说明书的支持，由于权利要求1得不到说明书的支持，因此引用权利要求1的权利要求2~9也得不到说明书的支持。

对此合议组认为，权利要求所要求保护的范围是所有技术特征构成的技术方案的整体。部件的具体位置可以由位置特征来限定，也可以由部件之间的连接关系来确定。权利要求1中记载了“一贯穿尺盒（1）设置的按钮，按钮的内侧端与所述的止动块（3）相抵”和“一止动块（3），枢接在尺盒（1）内邻近尺盒（1）口的部位”，根据上述止动块在尺盒中的位置以及按钮内侧端与止动块之间相抵的位置关系可以确定按钮应当是贯穿尺盒壁而非“贯穿”整个尺盒的。此外，说明书的发明内容和具体实施方式部分虽然都采用按钮“贯穿”尺盒的文字描述，但根据说明书和附图本领域技术人员可以确定所述的“贯穿”是指贯穿尺盒壁。因此，权利要求1得到了说明书的支持，符合专利法第26条第4款的规定。

基于上述理由，请求人认为因权利要求1中按钮贯穿尺盒而引起的引用权利要求1的权利要求2~9不符合专利法第26条第4款的主张不成立。

3. 关于专利法实施细则第20条第1款的规定

专利法实施细则第20条第1款规定：权利要求书应当说明发明或者实用新型的技术特征，清楚、简要地表述请求保护的范围。

请求人认为，权利要求2中指出按钮设置在止动块之上，权利要求3当引用权利要求2时又有按钮设置在尺带之下的技术特征，即按钮既位于止动块之上又位于尺带之下，导致权利要求3不清楚，因此也导致引用该权利要求3的权利要求4、7、8不清楚。

对此，合议组认为，判断权利要求的技术方案是否清楚，应当对权利要求所限定的技术特征整体进行理解，说明书及附图对权利要求也具有解释作用。权利要求2对权利要求1中的按钮做了进一步的限定，其中具体描述了设置在止动块之上的按钮（为了表述方便，下称第一按钮），结合权利要求1中关于按钮的限定，本领域的普通技术人员可以得知该第一按钮的位置及其独立工作时即将其按下时能够驱动止动块偏离尺带。权利要求3对权利要求2做了进一步的限定，其中具体描述了另一按钮，其位于尺带之下（下称第二按钮），并在权利要求3的附加技术特征部分对于该第二按钮与止动块的位置关系做出了详细的说明，尽管权利要求2和权利要求3在名称上没有将两个按钮加以区分，但本领域的普通技术人员通过权利要求2和权利要求3对按钮的记载可以清楚地确定权利要求3引用权利要求2的技术方案中包含两个按钮，一个按钮位于止动块之上，另一个按钮位于尺带之下，第二按钮独立工作时即将其按下时能够驱动止动块偏离尺带，或者当第一按钮和第二按钮都被按下时也可以驱动止动块偏离尺带，同时结合说明书和附图，也能够清楚、无疑义地推出上述技术方案。因此，引用权利要求2的权利要求3的保护范围是清楚的，符合专利法实施细则第20条第1款的规定，同时引用权利要求3的权利要求4、7、8也是清楚的，符合专利法实施细则第20条第1款的规定。

4. 关于专利法第22条第2款

请求人认为权利要求1相对于附件2.1不具备新颖性，不符合专利法第22条第2款的规定。

经合议组审查，附件2.1（参见附件2.1说明书第9页第13行至说明书结束，以及附图1、3）公开了一种卷尺，其包括壳体12（相当于尺盒）；中心安装柱22（相当于轮毂）从壳体的侧壁内表面的中心区域伸出，卷绕的测量片（相当于尺带）可转动地安装在中心安装柱22上；凸轮34（相当于止动块），其可转动地安装在壳体上邻近开口28（相当于尺盒口）的连接点36处，测量片可以夹紧在凸轮的摩擦接合面38和测量片接合壁32之间（相当于本专利权利要求1中的止动块位于尺带之上）；弹簧56，设置在壳体内邻近开口28的位置（参见图1），并使凸轮朝制动位置或非制动位置偏压该凸轮；开关 50 贯穿壳体 22 设置，推拉件 44 通过铰链 46 连接在开关 50 的第一端 48 上（推拉件 44 与开关 50 共同起的作用相当于权利要求 1 中的“按钮”），凸轮的杆臂 40 具有用于与刚性推拉件 44 铰链连接的孔 42，推拉件 44 沿上下方向的运动使凸轮 34 的杆臂 40 运动，因此使用者压下开关 50 的第二端 54 将使开关 50 的第一端 48 向上运动，第一端 48 的向上运动又向上拉动推拉件，使得凸轮 34 沿顺时针方向转动，从而导致制动机构向非制动位置运动，当使用者压下开关 50 的第一端 48 时，该第一端的向下运动使凸轮 34 沿逆时针方向转动，从而使制动机构向制动位置运动，测量片（即尺带）可保持固定不动。附件 2.1 的文字部分中使用了“铰链连接”来描述杆臂 40 与刚性推拉件 44 之间的连接关系，但是根据附件 2.1 的图 3 可以清楚地看出这种“铰链连接”方式实际上是推拉件 44 具有一个曲面，该曲面与孔 42 的外圆周相切并通过该曲面向孔 42 施力，从而向杆臂 40 施力。可见，推拉件 44 与杆臂 40 之间的连接方式也是一种相抵的方式。

本专利权利要求 1 请求保护的技术方案与附件 2.1 公开的技术方案相比，其区别在于：(1) 独立权利要求 1 中的弹簧使止动块的头部维持朝向尺带偏转直至与尺带相抵触，而附件 2.1 中的弹簧使凸轮朝制动位置或非制动位置偏压该凸轮；(2) 独立权利要求 1 中的按钮在被按下时驱动止动块偏离尺带，而对比文件 1 的按钮具有两端，按下第一端 48 时使凸轮处于制动状态，按下第二端 54 时驱动凸轮偏离测量片。

通过上述比较可知，首先上述区别技术特征使得本专利和附件 2.1 的技术方案不同，本专利弹簧始终使止动块偏压在尺带上，只有按下按钮后，由按钮内侧将止动块顶开，才可使止动块偏离尺带；附件 2.1 中，开关 50 和推拉件 44 具有开和关两种功能，不论使制动机构处于制动位置还是非制动位置都必须对开关 50 施力从而对推拉件 44 施力，并且配合开关 50 和推拉件 44 的这两种功能而设计的弹簧，不仅能够向非制动位置的方向推动推拉件从而使制动机构稳定于非制动位置，也能够向制动位置的方向推动推拉件从而使制动机构稳定于制动位置。其次，两者的技术效果也不同：本专利尺带可自由拉出定位，按钮按下时仅使其收回；附件 2.1 需按下按钮将尺带定位，再次按下按钮将尺带收回。

综上所述，附件 2.1 没有公开独立权利要求 1 的全部技术特征，两者方案不同且效果也不同，因此，请求人的主张不成立，独立权利要求 1 相对于附件 2.1 具备新颖性，符合专利法第 22 条第 2 款的规定。

5. 关于专利法第 22 条第 3 款

在本案中，请求人认为权利要求 1~9 相对于附件 2.1 不具备创造性，因而不符合专利法第 22 条第 3 款的规定。权利要求 1 相对于附件 2.3 不具备创造性，因而不符合专利法第 22 条第 3 款的规定。

(1) 关于本专利权利要求与附件 2.1 相比是否具备创造性。

根据上述关于独立权利要求 1 与附件 2.1 相比具备新颖性的分析可知，独立权利要求 1 请求保护的技术方案与附件 2.1 公开的技术方案相比，其区别在于：①独立权利要求 1 中的弹簧使止动块的头部维持朝向尺带偏转直至与尺带相抵触，而附件 2.1 中的弹簧使凸轮朝制动位置或非制动位置偏压该凸轮；②独立权利要求 1 中的按钮在被按下时驱动止动块偏离尺带，而对比文件 1 的按钮具有两端，按下第一端 48 时使凸轮处于制动状态，按下第二端 54 时驱动凸轮偏离测量片。

如上所述，附件 2.1 没有公开区别技术特征①和②，并且没有给出上述区别技术特征①和②的技术启示，本领域技术人员根据附件 2.1 公开的内容不容易想到使弹簧始终维持止动块与尺带相抵，按钮仅起到按下后使尺带收回的作用，因此权利要求 1 相对于附件 2.1 具备创造性，符合专利法第 22 条第 3 款的规定。

在独立权利要求 1 相对于附件 2.1 具备创造性的条件下，其从属权利要求 2~9 相对于附件 2.1 也具备创造性，因而符合专利法第 22 条第 3 款的规定。

（2）关于本专利权利要求 1 与附件 2.3 相比是否具备创造性。

附件 2.3（参见附件 2.3 说明书第 2 栏第 22 行至第 3 栏第 29 行，图 1~4）公开了一种卷尺的制动结构，其包括上尺盒 1、下尺盒 2（两者结合相当于本专利权利要求 1 中的“尺盒”），卷绕在卷尺轴 22（相当于本专利权利要求 1 中的“轮毂”）上的尺带；止动件 8（相当于本专利权利要求 1 中的“止动块”），其设置在邻近尺盒口的位置并位于尺带之上；弹簧 7，位于弹簧座 61 上，弹簧座 61 设置在止动块 6 上，弹簧 7 按压止动块 6 的一端，止动块 6 的这一端抵住止动件 8 的上端，使止动件的下端与尺带接触；贯穿尺盒的释放钮 5（相当于本专利权利要求 1 中的“按钮”），止动块 6 的上端压靠释放钮 5 的内侧端，按下释放钮 5 时压下止动块 6 的上端，止动块 6 转动，抵抗弹簧 7 的弹力，释放止动件 8，使止动件 8 由最初受夹持的尺带升起并将尺带释放。

独立权利要求 1 所要求保护的技术方案与附件 2.3 公开的技术方案相比，其区别在于：①独立权利要求 1 中的止动块枢接在尺盒内邻近尺盒开口的部位，而附件 2.1 中的止动块 6 枢接，但邻近按钮 5，其枢转带动止动件 8 上下运动，控制尺带制动；②独立权利要求 1 中的弹簧设置在邻近尺盒口的部位，并使止动块的头部维持朝向尺带偏转直至与尺带相抵触，而附件 2.3 中的弹簧按压止动块 6 的一端，止动块 6 的这一端抵住止动件 8 的上端，使止动件 8 的下端与尺带接触；③独立权利要求 1 中的按钮在被按下时驱动止动块偏离尺带，而附件 2.3 中的释放钮 5 在被按下时释放止动件 8 从而释放尺带。

针对上述区别技术特征，请求人认为，权利要求 1 实际上是将两个用于制动尺带的部件：止动件 8 和止动块 6 合并为一个，其用于制动尺带的功能和效果都未改变。

对此，合议组认为，本专利权利要求 1 中止动块相对于尺带偏转运动，控制尺带定位和收回；附件 2.3 中即使将止动块 6 与止动件 8 合并为一个部件，其对尺带的控制仍是通过止动件的上下移动完成的，没有偏转的功能，因此两者的技术方案不同，且附件 2.3 中没有给出止动件偏转运动控制尺带定位和收回的技术启示，且本专利权利要求 1 可达到尺带更易拉出的效果，因此权利要求 1 相对于附件 2.3 具备创造性。

综上所述，本专利权利要求 1~9 具备新颖性和创造性，符合专利法第 22 条第 2 款、第 3 款的规定。

基于以上事实和理由，本案合议组依法作出如下审查决定。

三、决定

维持 200420119196.8 号实用新型专利权有效。

当事人对本决定不服的，可以根据专利法第 46 条第 2 款的规定，自收到本决定之日起三个月内向北京市第一中级人民法院起诉。根据该款的规定，一方当事人起诉后，另一方当事人应当作为第三人参加诉讼。

074

水车式出灰脱硫除尘器

无效宣告请求审查决定（第9683号）

决　定　号　第9683号
决　定　日　2007年4月13日
发明创造名称　水车式出灰脱硫除尘器
国际分类号　F23J 15/04
无效宣告请求人　武晓冬
专 利 权 人　宋　清
专　利　号　200420050880.5
申　请　日　2004年5月11日
授权公告日　2005年4月27日
合议组组长　赵　明
主　审　员　朱文广
参　审　员　郭建强

法律依据　专利法第22条第3款
决定要点

基于相同原理的前后两个技术方案，在后的技术方案相对于前者如果是非显而易见并且符合进步性的要求，则相对于前者仍具备创造性。

一、案由

本无效宣告请求涉及中华人民共和国国家知识产权局于2005年4月27日授权公告的、名称为“水车式出灰脱硫除尘器”的实用新型专利权（以下简称本专利），其专利号是200420050880.5，申请日是2004年5月11日，专利权人是宋清。本专利授权公告时的权利要求书如下：

“1. 一种水车式出灰脱硫除尘器，壳体上部用隔板分为左右两个腔室，形成进气室和气水分离室，壳体下部形成贮水箱，进气室和气水分离室之间的隔板下部形成气体通道，同时连通进气室和气水分离室，在进气室的上部设计有含尘气体的入口，在气水分离室的上部设计有净气出口，其特征在于：所述壳体上连接有在纵向水平内旋转的水车式出灰机，水车式出灰机由旋转的轮毂结构在其轮圈外缘连接铲灰斗构成，轮毂呈辐射状设置有多个轮辐。

2. 如权利要求1所述的水车式出灰脱硫除尘器，其特征在于：所述多个轮辐分为长轮辐和短轮辐，长短轮辐间隔设置。

3. 如权利要求2所述的水车式出灰脱硫除尘器，其特征在于：所述铲灰斗焊接在长轮辐的端部内侧，铲灰口沿逆时针方向运动时铲灰设置，与长轮辐相邻的短轮辐其右边一个的端点与铲灰斗顶部外侧通过一个长连接杆连接，长轮辐在与其连接的铲灰斗下端点位置处连接有一个短连接杆，短连接杆的另一个端点与同长轮辐相邻的左边短轮辐的端点连接，这样连接的长连接杆和短连接杆在空间形成近似多边形的空间连接结构。

4. 如权利要求3所述的水车式出灰脱硫除尘器，其特征在于：所述铲灰斗外侧下端点通过一个支撑杆同长连接杆相连。

5. 如权利要求1、2、3或4所述的水车式出灰脱硫除尘器，其特征在于：所述铲灰斗的数量是3~6个。

6. 如权利要求1、2、3或4所述的水车式出灰脱硫除尘器，其特征在于：所述铲灰斗呈挖土机的挖土斗形状结构，在挖土斗的两侧面以及底面上设置有多个漏水孔，挖土斗的顶部在与两侧面相交时，形成一个具有便于铲灰的延伸部结构。

7. 如权利要求6所述的水车式出灰脱硫除尘器，其特征在于：所述水车式出灰机由一圆形外罩罩住，外罩与壳体连为一体。

8. 如权利要求7所述的水车式出灰脱硫除尘器，其特征在于：所述外罩设置有一出口，出口位置处固定有一用于接盛铲灰斗铲出灰泥的接灰斗，接灰斗上有许多用于漏水的小孔，接灰斗呈上大下小的扇形结构，侧边上角部呈圆弧形，接灰斗左右侧周边呈折弯结构。

9. 如权利要求1所述的水车式出灰脱硫除尘器，其特征在于：所述进气室的上部含尘气体入口处设置有旋风装置，旋风装置上部外侧连接有喷淋装置。

10. 如权利要求1所述的水车式出灰脱硫除尘器，其特征在于：所述壳体外部连接有溢流箱，溢流箱内部设置有水封结构，同时设置有溢流出口，溢流箱通过气管连通气水分离室的上部，溢流箱通过连通管伸入贮水箱中。”

针对本专利权，武晓冬（以下简称请求人）于2005年9月22日向专利复审委员会提出无效宣告请求，同时提交了如下附件：

附件1：授权公告日为1998年5月20日、授权公告号为CN2281834Y的中国实用新型专利说明书，共6页；

附件2：本专利的专利说明书；

附件3：公告日为1992年7月1日、公告号为CN2108744U的中国实用新型专利申请说明书，共7页；

附件4：北京大博创业经济技术发展公司和北京市京香环保设备厂于2001年6月1日签订的联营协议书复印件1份，共2页。

请求人认为：权利要求1相对于附件1不符合专利法第22条第2款、第3款的规定，同时不符合专利法实施细则第21条第2款的规定；权利要求2~10相对于附件1不符合专利法第22条第3款的规定。

经形式审查合格，专利复审委员会依法受理了上述无效宣告请求，并于2006年7月24日向请求人和专利权人发出无效宣告请求受理通知书，同时将专利权无效宣告请求书及其附件清单中所列附件的副本转送给专利权人，并要求专利权人在指定的期限内陈述意见。

针对专利复审委员会发出的上述无效宣告请求受理通知书，专利权人于2006年8月30日提交了意见陈述书、权利要求书的修改替换页，专利权人认为修改后的权利要求符合专利法第22条第2款、第3款以及专利法实施细则第21条第2款的规定。修改后的权利要求书为：

“1. 一种水车式出灰脱硫除尘器，壳体上部用隔板分为左右两个腔室，形成进气室和气水分离室，壳体下部形成贮水箱，进气室和汽水分离室之间的隔板下部形成气体通道，同时连通进气室和汽水分离室，在进气室的上部设计有含尘气体的入口，在汽水分离室的上部设计有净气出口，其特征在于：所述壳体上连接有在纵向水平内旋转的水车式出灰机，水车式出灰机由旋转的轮毂结构在其轮圈外缘连接铲灰斗构成，轮毂呈辐射状设置有多个轮辐；所述铲灰斗呈挖土机的挖土斗形状结构，在挖土斗的两侧面以及底面上设置有多个漏水孔，挖土斗的顶部在与两侧面相交时，形成一个具有便于铲灰的延伸部结构；所述水车式出灰机由一圆形外罩罩住，外罩与壳体连为一体；所述外罩设置有一出口，出口位置处固定有一用于接盛铲灰斗铲出灰泥的接灰斗，接灰斗上有许多用于漏水的小孔，接灰斗呈上大下小的扇形结构，侧边上角部呈圆弧形，接灰斗左右侧周边呈弯折结构。

2. 如权利要求1所述的水车式出灰脱硫除尘器，其特征在于：所述多个轮辐分为长轮辐和短轮辐，长短轮辐间隔设置。

3. 如权利要求2所述的水车式出灰脱硫除尘器，其特征在于：所述铲灰斗焊接在长轮辐的端部内侧，铲灰口沿逆时针方向运动时铲灰设置，与长轮辐相邻的短轮辐其右边一个的端点与铲灰斗顶部外侧通过一个长连接杆连接，长轮辐在与其连接的铲灰斗下端点位置外连接有一个短连接杆，短连接杆的另一个端点与同长轮辐相邻的左边短轮辐的端点连接，这样连接的长连接杆和短连接杆在空间形成近似多边形的空间连接结构。

4. 如权利要求3所述的水车式出灰脱硫除尘器，其特征在于：所述铲灰斗外侧下端点通过一个支撑杆同长连接杆相连。

5. 如权利要求1、2、3或4所述的水车式出灰脱硫除尘器，其特征在于：所述铲灰斗的数量是3~6个。

6. 如权利要求1所述的水车式出灰脱硫除尘器，其特征在于：所述进气室的上部含尘气体入口处设置有旋风装置，旋风装置上部外侧连接有喷淋装置。

7. 如权利要求1所述的水车式出灰脱硫除尘器，其特征在于：所述壳体外部连接有溢流箱，溢流箱内部设置有水封结构，同时设置有溢流出口，溢流箱通过气管连通汽水分离室的上部，溢流箱通过连通管伸入贮水箱中。”

专利复审委员会依法成立合议组。

本案合议组于2007年1月9日向双方发出无效宣告请求口头审理通知书，定于2007年3月5日在专利复审委员会举行口头审理。随同口头审理通知书，将专利权人于2006年8月30日提交的意见陈述书及修改后的权利要求书的副本转送给请求人。

口头审理如期举行，双方当事人均参加了口头审理。

在口头审理中，记录了以下事项：（1）专利权人于2006年8月30日提交了权利要求书的修改文本。双方就该文本是否符合专利法、专利法实施细则及审查指南的相关规定发表了意见，请求人表示对该文本没有异议。合议组经审查后当庭告知双方该文本符合专利法、专利法实施细则及审查指南的相关规定，本次口头审理以该修改后的权利要求书为基础进行。（2）请求人明确其无效的理由、证据、范围以及证据的使用情况为：权利要求1~7相对于附件1和3不符合专利法第22条第3款的规定；放弃专利法第22条第2款以及专利法实施细则第21条第2款的无效理由，放弃附件4作为本案证据使用。请求人明确表示除此之外没有其他的无效理由、证据、范围和证据组合形式。（3）关于证据的质证：专利权人对附件1、3的真实性表示认可。（4）关于权利要求1相对于附件1和3是否符合专利法第22条第3款的规定。专利权人认为权利要求1相对于附件1存在以下区别：①权利要求1的水车式出灰机是轮圈轮辐式，附件1是内滚筒式清泥器；②权利要求1是在轮圈外缘连接铲灰斗，附件1是筒内装有多个刮泥斗；③权利要求1中铲灰斗呈挖土机的挖土斗形；④挖土斗在顶部与两侧相交处有一个延伸部结构，附件1没有公开这样的铲灰斗；⑤权利要求1中的外罩为圆形没有被公开；⑥权利要求1中的接灰斗的具体形状没有被公开；⑦权利要求1中的接灰斗上的漏水小孔没有被公开。请求人认为上述区别不是实质性的，与附件1的工作方式没有区别，并且专利权人自身用的也不是其权利要求的技术方案，本专利的技术方案不能实施，此外轮辐结构是公知的，在附件3中也公开了。双方均认为权利要求1前序部分的技术特征已被附件1公开。

至此，合议组认为本案事实已经清楚，可以作出审查决定。

二、决定的理由

1. 关于证据和现有技术

请求人放弃附件4，使用附件1、3作为本案的证据，专利权人对附件1、3的真实性没有异议，合议组经审查也认可附件1、3的真实性，因此附件1、3可以作为本案证据使用。由于附件1、3为公开出版物，且其公开日期在本专利的申请日前，因此可以作为本专利的现有技术使用。

2. 关于专利权人提交的修改文本

审查指南第四部分第三章第4.6节在“无效宣告程序中专利文件的修改”中对修改原则、修改方式和修改方式的限制进行了规定。其中在修改原则中规定发明或者实用新型专利文件的修改仅限于权利要求书，其原则是：（1）不得改变原权利要求的主题名称。（2）与授权的权利要求相比，不得扩大原专利的保护范围。（3）不得超出原说明书和权利要求书记载的范围。（4）一般不得增加未包含在授权的权利要求书中的技术特征。其中在修改的方式中规定：修改权利要求书的具体方式一般限于权利要求的删除、合并和技术方案的删除。并且在独立权利要求未作修改的情况下，不允许对其从属权利要求进行合并式修改。在修改方式的限制中规定：在针对无效宣告请求书的答复期限内，专利权人可以以合并的方式修改权利要求书。

专利权人在无效宣告请求书指定的答复期限内，提交了权利要求书的修改文本，合议组经审查后认为：新的权利要求1相当于原权利要求8中的一个技术方案，即其相当于原权利要求8删除了一部分技术方案之后形成的权利要求，新的权利要求2~7相当于原权利要求2~5、9、10与该方案合并之后得到的权利要求，因此专利权人于2006年8月30日提交的权利要求书的修改文本符合《审查指南》的上述规定，本决定以专利权人提交的上述修改文本为基础作出。

3. 修改后的权利要求1~7相对于附件1和3是否符合专利法第22条第3款的规定

专利法第22条第3款规定，创造性，是指同申请日以前已有的技术相比，该发明有突出的实质性特点和显著的进步，该实用新型具有实质性特点和进步。审查指南第二部分第四章有关发明创造性的审查基准中指出：判断发明是否具有突出的实质性特点就是要判断对本领域的技术人员来说，要求保护的发明相对于现有技术是否显而易见；在评价发明是否具有显著的进步时，主要应当考虑发明是否具有有益的技术效果。审查指南第四部分第六章第4节指出：实用新型专利创造性审查的有关内容，包括创造性的概念、创造性的审查原则、审查基准以及不同类型发明的创造性判断等内容参照审查指南第二部分第四章的规定。

本案中，双方均认为权利要求1前序部分的技术特征已被附件1公开。专利权人认为权利要求1特征部分相对于附件1有七点区别。请求人认为这七点区别不是实质性的，本专利与附件1的工作方式没有区别，并且专利权人自身用的也不是其权利要求的技术方案，本专利的技术方案不能实施；此外轮辐结构是公知的，在附件3中也公开了。

合议组经审查后的意见如下：附件1公开了一种锅炉烟气脱硫除尘器，其由喷淋除尘器，沉淀池组成，除尘器（13）器壁上设有一个进风进水口（10），在器顶部有一出风口（8），在出风口（8）下面设有脱水器（17），在除尘器的靠进风进水口（10）的一边设隔板（16），另一边设有内滚筒式清泥器（15），由电动机（20）带着转动，在清泥器（15）的筒壁内安装4~16个刮泥斗（24），筒壁上有16~20个刮泥口（27），刮泥口（27）是在筒壁上开一斜口，斜口前边保持原有圆弧，斜口后边往外翻成斜坡，坡高为5~10mm，在对应于内滚筒式清泥器的除尘器的壁（26）上设有一个接泥斗（22）其上装一出泥口（21），通过除尘器伸向外面，在除尘器壁上部装有排热保护罩（18）。

将权利要求1与附件1相比，其主要存在以下区别：（1）在铲泥方面，附件1是一种由内滚筒式清泥器及其内筒壁安装的刮泥斗构成，其结构形式类似于滚筒式洗衣机的内滚筒；而本专利权利要求1则是由轮毂、轮辐、轮圈外缘连接的铲灰斗构成的一种水车式出灰机，其结构形式类似于水车，两者在技术构思上不同。（2）在具体的刮泥方面，附件1是在筒壁上开设斜口即刮泥口27来刮泥；而本专利权利要求1则是通过挖土斗顶部与两侧面相交处的延伸部结构以及挖土斗来铲泥。显然附件1的刮泥口27是必需的，因为没有该刮泥口就无法刮泥，而本专利权利要求1中的延伸部结构则不是必需的，因为没有该延伸部结构挖土斗也能挖泥，因此其是进一步改进的方案。（3）在接灰方面，附件1没有公开权利要求1中所限定的关于接灰斗的技术特征，即“接灰斗上有许多用于漏水的小孔，接灰斗呈上大下小的扇形结构，侧边上角部呈圆弧形，接灰斗左右侧周边呈弯折结构”。因此，本专利权利要求1与附件1相比在铲泥方面、具体的刮泥方面以及接灰方面要么是提供了一种构思不同的手段，要么是提供了一种更为具体的手段。虽然附件3公开了一种水车式轮架，并且水车轮架本身也是一种公知技术，但上述这些技术均不是本专利和附件1所属的技术领域，同时附件1中也没有给出明确的启示来应用上述技术。此外，请求人所提供的附件1和3也没有给出这方面的启示引导本领域技术人员在挖土斗前缘设置一延伸部结构并且将接灰斗设计成如权利要求1中具体限定的那样，因此权利要求1相对于附件1和3具有实质性特点。同时显然，本专利的水车式出灰脱硫除尘器能够较好地实现铲泥、接灰，并能在接灰斗这里进一步脱除水分，具有进步性。因此本专利权利要求1的技术方案相对于附件1和3具备创造性。

由于权利要求1相对于附件1和3具备创造性，因此从属权利要求2~7相对于附件1和3也具备创造性。

由于本案所涉及的是本专利权利要求相对于附件1和3的创造性，因此与专利权人在实际使用中所采用的技术方案无关。此外，基于相同的工作原理可能会有不同的实现形式，而创造性的判断所针对的又是某一具体方案的非显而易见性和进步性，因此不能以两个方案基本原理相同就认为在后的技术方案没有创造性。换句话说，基于相同原理的前后两个技术方案，在后的技术方案如果是非显而易见并且符合进步性的要求，则仍具备创造性。

根据上述的事实和理由，本案合议组依法作出以下决定。

三、决定

在专利权人于2006年8月30提交的权利要求书的修改文本的基础上维持200420050880.5号实用新型专利权有效。

当事人对本决定不服的，可以根据专利法第46条第2款的规定，自收到本决定之日起3个月内向北京市第一中级人民法院起诉。根据该款的规定，一方当事人起诉后，另一方当事人应当作为第三人参加诉讼。

075

一种水处理方法

无效宣告请求审查决定（第9687号）

决　定　号　第9687号
决　定　日　2007年4月11日
发明创造名称　一种水处理方法
国 际 分 类 号　C02F 5/00，1/46，1/52，1/58
无效宣告请求人　沈阳新锐自动化设备有限公司，聂森
专 利 权 人　张小安
专　利　号　97105004.X
申　请　日　1997年1月7日
授 权 公 告 日　2000年6月14日
合 议 组 组 长　黄玉平
主　审　员　张惠军
参　审　员　杨军艳

法 律 依 据　专利法第22条第3款
决 定 要 点

如果一项权利要求相对于对比文件存在区别技术特征，且现有技术中没有给出采用该区别技术特征解决实际技术问题的启示，则该权利要求相对于现有技术具备创造性。

一、案由

本无效宣告请求涉及中华人民共和国国家知识产权局于2000年6月14日授权公告的、名称为“一种水处理方法”的发明专利权（下称本专利），其专利号是97105004.X，申请日是1997年1月7日，专利权人是张小安。该专利授权公告时的权利要求书如下：

“1. 一种对锅炉和工业冷却用水进行除氧防垢的水处理方法，其特征在于设置由铁或铁合金材料制成的阳极［1］和由不锈钢或其他金属材料制成的阴极［2］，被处理的水［3］在两极间通过，阳极铁被消耗，生成二价氢氧化亚铁再与水中的氧气反应生成絮凝状的三价氢氧化铁，成为水中盐类的结晶核心，使析出的盐类形成水渣被排出，为加速反应，水在电解前或电解后，投入0.1~500ppm的NaOH或Na_2CO_3，或混合投入NaOH和Na_2CO_3。

2. 按权利要求1所述的水处理方法，其特征在于两极的间距在0.5~300mm之间。

3. 按权利要求1所述的水处理方法，其特征在于通过两个电极的电流密度在1μA~1.5A/cm^{2}之间。”

针对本专利权，沈阳新锐自动化设备有限公司（下称第一请求人）于2003年1月14日向专利复审委员会提出无效宣告请求（原案件编号为4W00617，现案件编号为4W01483），其无效理由是本专利不具备新颖性和创造性，不符合专利法第22条第2款、第3款的规定。第一请求人提交了如下对比文件：

对比文件1-1：黑龙江科学技术出版社1984年出版、名称为《低压锅炉水处理及水分析》的封面、第39~42页、第51、164、169、208、211页的复印件，共10页；

对比文件1-2：第92208789.X号实用新型专利申请说明书，其公告日为1992年9月30日；

对比文件1-3：科学出版社1980年出版、名称为《锅炉水处理及水分析》（增订第二版）的封面、第7、10、176、177、179页的复印件，共6页；

对比文件1-4：第94103287.6号发明专利申请公开说明书，其公开日为1995年8月30日；

对比文件1-5：第94210039.5号实用新型专利说明书，其授权公告日为1995年1月18日；

对比文件1-6：西安交通大学出版社出版、1988年10月第一次印刷，名称为《金属腐蚀与防护》的封面、版权页和序言以及第9页的复印件，共3页；

对比文件1-7：第90202351.9号实用新型专利申请说明书，其公告日为1991年5月1日。

第一请求人认为本专利权利要求1不具备新颖性，不符合专利法第22条第2款的规定；权利要求1~3不具备创造性，不符合专利法第22条第3款的规定。

经形式审查合格后，专利复审委员会依法受理了上述无效宣告请求，并于2003年1月15日向第一请求人和专利权人发出无效宣告请求受理通知书，同时将无效宣告请求书及其附件清单中所列附件的副本转给专利权人。

针对上述无效宣告请求，专利复审委员会于2003年4月28日收到了专利权人的意见陈述书及以下附件：

附件1-1：黑龙江科学技术出版社出版的《低压锅炉水处理及水分析》复印件39页；

附件1-2：本专利申请公开说明书；

附件1-3：科学出版社1989年出版的《电化学动力学导论》封面、第436~439页复印件，共3页；

附件1-4：大连工学院1979年11月《金属腐蚀》复印件4页；

附件1-5：浙江科学技术出版社《电镀废水治理设计手册》复印件2页；

附件1-6：清华大学检测报告复印件2页；

附件1-7：大连理工大学检测报告复印件7页；

附件1-8：国家知识产权局专利局检索咨询中心出具的查新检索报告复印件1页；

附件1-9：西安交通大学出版社《金属腐蚀与防护》复印件3页；

附件1-10：化学工业出版社《工业水处理技术》复印件2页；

附件1-11：上海科学技术出版社出版的《合金相电化学》复印件2页；

附件1-12：科学出版社《物理化学》以及化学工业出版社《胶体与表面化学》复印件共5页；

附件1-13：东北师范大学出版社出版的《表面化学基础》版权页、第40~41页复印件，以及人民教育出版社出版的《化学》封面、第19~21页复印件；

附件1-14：沈阳天泉高新技术开发公司的“除氧、防垢、防偷水多功能水处理设备”宣传册；

附件1-15：烃加工出版社出版的《化学数据手册》封面等复印件共5页；

附件1-16：《工业锅炉水处理及水质分析》复印件3页；

附件1-17：中国建筑工业出版社出版的《低压锅炉水处理基本知识》复印件5页；

附件 1-18：上海科学技术出版社出版的《重要无机化学反应》复印件 2 页；

附件 1-19：中国建设信息“供热制冷专刊”复印件 3 页；

附件 1-20：中国科学院大连化学物理研究所《颗粒度分析测试报告》复印件 3 页；

附件 1-21：大连理工大学出版社出版的《锅炉给水处理技术》复印件 3 页；

附件 1-22：沈阳新锐自动化设备有限公司《供暖系统“防盗水、除氧、抑垢自动控制装置典型用户》复印件 2 页；

附件 1-23：辽宁省高级人民法院（2003）辽民四终字第 13 号民事判决书复印件；

附件 1-24：XR-III 型系列防盗水、除氧设备说明书（2）复印件 8 页；

附件 1-25：2002 年第 3 期《区域供热》复印件 2 页。

针对上述同一专利权，聂森（下称第二请求人）于 2003 年 6 月 10 日向专利复审委员会提出无效宣告请求（原案件编号为 4W00676，现案件编号为 4W01484），其提交了如下对比文件：

对比文件 2-1：第 94210039.5 号实用新型专利说明书，其授权公告日为 1995 年 1 月 18 日；

对比文件 2-2：中国建筑工业出版社于 1993 年 9 月第一次印刷的《锅炉水处理》复印件 5 页；

对比文件 2-3：科学出版社 1980 年 6 月增订第二版的《锅炉水处理及水分析》封面、版权页、第 176、177、179 页复印件，共 4 页；

对比文件 2-4：黑龙江科学技术出版社 1984 年出版的《低压锅炉水处理及水分析》封面、封二、封底、第 39~41、211、213 页复印件，共 8 页；

对比文件 2-5：华东师范大学出版社 1989 年 7 月第一次印刷的《金属阳极》复印件 4 页；

对比文件 2-6：宇航出版社 1990 年 6 月第一次印刷的《锅炉除垢与水处理》封面、封二、版权页、第 60~63 页复印件，共 4 页；

对比文件 2-7：大连理工大学出版社 1994 年 5 月第一版，1997 年 5 月第二次印刷的《锅炉给水处理技术》封面、封二、版权页、第 198~199 页复印件，共 4 页；

对比文件 2-8：第 92208789.X 号实用新型专利申请说明书，其公告日为 1992 年 9 月 30 日。

此外，第二请求人还提交了本专利授权公告文本。

第二请求人的无效理由是本专利权利要求 1~3 不具备新颖性和创造性，不符合专利法第 22 条第 2、3 款的规定。

经形式审查合格后，专利复审委员会依法受理了上述无效宣告请求，并于 2003 年 7 月 3 日向第二请求人和专利权人发出无效宣告请求受理通知书，同时将无效宣告请求书及其附件清单中所列附件的副本转送给专利权人。

2003 年 6 月 24 日，第二请求人补充提交了如下对比文件：

对比文件 2-9：中国建筑工业出版社 1983 年 8 月第一次印刷的《水化学与微生物学》封面、版权页、第 148~149、156~157 页复印件，共 4 页；

对比文件 2-10：清华大学出版社 1983 年 8 月第一次印刷的《当代给水与废水处理原理讲义》封面、版权页、第 139、141~144、149~154 页复印件，共 13 页；

对比文件 2-11：清华大学出版社 1982 年 8 月第一次印刷的《水的物理化学处理》封面、版权页、第 1、47~49、52~53、67~71 页复印件，共 9 页；

对比文件 2-12：中国建筑工业出版社 1982 年 10 月第一次印刷的《论水的混凝》封面、版权页、第 1~5、67~103、212~217、242~256、288~289、302~303、324~326 页复印件。

针对上述无效宣告请求，专利权人于 2003 年 8 月 8 日向复审委员会提交了意见陈述书及如下附件：

附件 2-1：《电化学动力学导论》复印件 3 页；

附件 2-2：《金属腐蚀》复印件 4 页；

附件 2-3：《电镀废水治理设计手册》复印件 2 页；

附件 2-4：清华大学《检测报告》复印件 2 页；

附件 2-5：大连理工大学《检测报告》复印件 7 页；

附件 2-6：国家知识产权局专利局检索咨询中心出具的查新检索报告复印件 1 页；

附件 2-7：《低压锅炉水处理及水分析》复印件 14 页；

附件 2-8：《锅炉水处理及水分析》（增订第二版）复印件 2 页；

附件 2-9：第 97105004. X 号发明专利申请公开说明书（即本专利申请公开说明书）；

附件 2-10：沈阳天泉高新技术开发公司“除氧、防垢、防偷水多功能水处理设备”宣传册；

附件 2-11：中国建筑信息“供热制冷专刊”复印件 3 页；

附件 2-12：《锅炉水处理》复印件 8 页；

附件 2-13：中国科学院大连化学物理研究所“颗粒度分析测试报告”复印件 3 页；

附件 2-14：《锅炉给水处理技术》复印件 3 页；

附件 2-15：沈阳新锐自动化设备有限公司《供暖系统“防盗水、除氧、抑垢自动控制装置”》典型用户复印件 2 页；

附件 2-16：辽宁省高级人民法院（2003）辽民四终字第 13 号民事判决书复印件；

附件 2-17：2002 年第 3 期《区域供热》复印件 2 页。

针对上述两个无效宣告请求，专利复审委员会于 2003 年 8 月 26 日进行合并口头审理。在该次口头审理中，第一请求人明确其无效理由为：权利要求 1 相对于对比文件 1-1 与对比文件 1-3 的结合不具备创造性，权利要求 2 相对于对比文件 1-1、1-3 与 1-2 的结合不具备创造性，权利要求 3 相对于对比文件 1-1、1-3 与 1-4 的结合不具备创造性，其余证据仅作为参考。第二请求人明确其无效理由为：权利要求 1~3 相对于对比文件 2-3 与对比文件 2-9 的结合不具备创造性，放弃对比文件 2-2、2-5、2-6、2-7、2-10、2-11 作为证据使用，其他证据仅作为参考。专利复审委员会于 2004 年 8 月 3 日作出了第 6299 号无效宣告请求审查决定（下称第 6299 号无效决定）。决定认为：将本专利权利要求 1 与对比文件 1-3 和对比文件 1-1 相比较，对比文件 1-3 中公开的电化学除氧原理与该权利要求 1 除氧方式相同，均是利用电保护原理，即利用外加直流电流，人为地将金属铝或其他金属作为阳极，以钢板作为阴极，一边消耗水中的氧，而达到除氧的目的，且两者反应原理相同，即从对比文件 1-3 对使用铝作为阳极的反应实例，本领域技术人员可以明确地看出，在对比文件 1-3 使用铁合金作阳极时，其反应与权利要求 1 所述的反应过程相同。因此，对比文件 1-3 公开了权利要求 1 中除氧部分的技术特征。此外，对比文件 1-1 已经明确披露了可以将碳酸钠和氢氧化钠混合投入来防垢的技术启示，并且权利要求 1 中所述的这些防垢方法实际上是水处理领域公知的技术，至于投入的浓度值，本领域普通技术人员根据该公知方法的原理以及水质的区别，完全能够应用自己所具有的知识进行简单的计算得出，况且上述两对比文件已经给出了浓度的算法，并且一些相关的推荐值也在权利要求 1 所限定的范围内，因此本专利权利要求 1 不具备创造性，宣告本专利的权利要求 1 无效，在权利要求 2 和 3 的基础上维持其专利权有效。

专利权人不服第 6299 号无效宣告请求审查决定，向北京市第一中级人民法院提起行政诉讼。北京市第一中级人民法院经审理于 2005 年 11 月 25 日作出（2005）一中行初字第 539 号行政判决书。判决书认为：（1）本专利权利要求 1 为“凝絮状的三价氢氧化铁，成为水中盐类的结晶核心．使析出的盐类形成水渣被排出，为加速反应，水在电解前或电解后，投入 0.1 ~ 500ppm 的 NaOH 或

Na_2CO_3，或混合投入 NaOH 和 Na_2CO_3。”，而第 6299 号无效决定中认为本专利权利要求 1 公开的是“……由于三价氢氧化亚铁为凝絮状，最后与盐类一起被排出。而该方法防垢是通过在上述电解除氧前或者电解除氧后，向水中投入一定浓度的氢氧化钠或碳酸钠，或者将两者混合投入。”，第 6299 号无效决定对本专利权利要求 1 公开内容的表述与本专利权利要求 1 的描述内容不一致，无效决定中的表述没有依据，属于认定事实不清。（2）无效决定中认定对比文件 1-3 使用铁合金作阳极时，其反应与本专利权利要求 1 所述的反应过程相同，缺乏事实依据，据此认定的对比文件 1-3 已经公开了本专利权利要求 1 技术方案中除氧部分的技术特征，缺乏事实依据。（3）对比文件 1-3 要求水温为 70℃，本专利说明书中指出水温在自然温度下 5℃～25℃即可除去水中的溶解氧，无效决定没有指出本专利与对比文件 1-3 在上述技术效果上的不同。（4）对比文件 1-1、1-3 公开的防垢方法为向水中投入碳酸钠、氢氧化钠或者两者的混合物，本专利公开的防垢方法为絮凝状的三价氢氧化铁，成为水中盐类的结晶核心，使析出的盐类形成水渣被排出，水在电解前或电解后投入 0.1～500ppm 的 NaOH 或 Na_2CO_3，或混合投入 NaOH 和 Na_2CO_3 的目的是为了加速反应，无效决定没有指出本专利与对比文件 1-1、1-3 在防垢方法上的区别技术特征，认定本专利的防垢方法是水处理领域的公知技术，已经在水处理领域应用了相当长时间，缺乏事实依据。（5）本专利利用氢氧化亚铁除氧产生的氢氧化铁防垢，功能上是相互关联的，无效决定中认定本专利权利要求 1 限定的除氧和防垢反应是分别进行的，与本专利权利要求书公开的内容不一致，缺乏事实依据。因此，第 6299 号无效宣告请求审查决定根据对比文件 1-1、1-3 认定本专利权利求 1 不具备创造性的评价认定事实不清，主要证据不足，应予撤销。

专利复审委员会针对上述两项无效宣告请求重新立案，案件编号分别为 4W01483 和 4W01484。

针对本专利权，第二请求人于 2004 年 5 月 11 日再次向专利复审委员会提出无效宣告请求，其无效理由为本专利权利要求 1～3 不符合专利法第 22 条第 2、3 款的规定。其提交的对比文件如下：

对比文件 3-1：上海科学普及出版社于 1995 年 10 月第一次印刷的《工业用水处理技术》封面、版权页、第 37～44 页复印件，共 10 页；

对比文件 3-2：科学出版社于 1980 年 6 月第三次印刷的《锅炉水处理及水分析》（增订第二版）的封面、版权页、第 176～177、179 页复印件（与对比文件 2-3 相同），共 4 页；

对比文件 3-3：中国建筑工业出版社于 1983 年 8 月第一次印刷的《水化学与微生物学》的封面、版权页、第 80～83、121～125、148～149、156～157 页复印件（与对比文件 2-9 相同）。

除此之外，第二请求人还提供了本专利授权公告文本及如下两份判决：

判决 1：辽宁省沈阳市中级人民法院于 2002 年 12 月 11 日作出的［2002］沈民（4）初字第 14 号民事判决书复印件；

判决 2：辽宁省高级人民法院于 2003 年 3 月 17 日作出的（2003）辽民四终字第 13 号民事判决书。

第二请求人认为对比文件 3-1、3-2 和 3-3 均公开了本专利的全部权利要求，因此本专利权利要求不具有新颖性和创造性，应当被宣告无效。

经形式审查合格，专利复审委员会依法受理了上述无效宣告请求，于 2004 年 6 月 15 日向第二请求人和专利权人发出无效宣告请求受理通知书（案件编号为 4W00876），并将第二请求人提交的无效宣告请求书及其附件清单中所列附件的副本转送给专利权人，要求专利权人在指定期限内答复，并告知期满未答复的，不影响专利复审委员会审理。

针对上述无效宣告请求，专利权人于 2004 年 7 月 14 日向专利复审委员会寄交了意见陈述书，认为对比文件 3-1、3-2 和 3-3 中电化学除氧不能解决低温除氧问题，满足不了供暖行业锅炉用水的需要，而本专利技术方案解决了低温除氧问题；对比文件电化学除氧的技术方案，虽然提到阳极可用任何金属，但却明确提到用铝作阳极，而本专利的技术方案仅采用铁作阳极，且是唯一的；对比文件均没有谈及电解后的氢氧化铁可用于供暖行业这个封闭且高温、高压系统来防止锅炉结垢，而本专利却提到用电解后的 F_2（OH）$_3$ 胶体成为水中盐类的结晶核心，在供暖行业锅炉中达到防垢目的，克服了本领域长期以来传统的水处理技术偏见，即禁止任何形式的铁进入锅炉水系统中。此外，本专利自实施以来，在我国锅炉水处理供暖行业，产生了极大的经济效益和社会效益。专利权人同时提交了以下附件：

附件 3-1：沈阳天泉高新技术开发公司"除氧、防垢、防偷水多功能水处理设备"宣传册；

附件 3-2：建设部科技发展促进中心主办的"建设科技首届华夏建设科学技术奖"2003 增刊（总第 24 期）复印件 4 页；

附件 3-3：工商行政管理局公司设立登记申请书（注册号：2101042100401）复印件 4 页；

附件 3-4：辽宁省沈阳市中级人民法院于 2003 年 6 月 2 日作出的［2003］沈民四知初字第 26 号民事调解书复印件 5 页；

附件 3-5：沈阳三义流体设备有限责任公司"EC0 系列电化学除氧（防窃水、阻垢）设备"说明书复印件 8 页；

附件 3-6：沈阳塞尔自动化设备有限公司说明书复印件 5 页。

专利复审委员会针对上述三项无效宣告请求依法成立合议组，根据《审查指南》第四部分第三章第 4.5 节"案件的合并审理"的相关规定，本案合议组将上述三项无效宣告请求案件进行合并口头审理。本案合议组于 2006 年 11 月 29 日向各方当事人发出无效宣告请求口头审理通知书，指出本案定于 2007 年 1 月 18 日举行口头审理，并告知各方当事人上述三项无效宣告请求将合案审理。随同口头审理通知书，将专利权人于 2004 年 7 月 14 日针对编号为 4W00876 的无效宣告请求提交的意见陈述书及其附件的副本转送给第二请求人。

专利复审委员会于 2006 年 11 月 28 日收到专利权人针对编号为 4W00876 的无效宣告请求提交的意见陈述书及以下附件（编号从前）：

附件 3-7：北京市第一中级人民法院于 2005 年 11 月 25 日作出的（2005）一中行初字第 539 号行政判决书复印件；

附件 3-8：《水化学与微生物学》复印件 5 页；

附件 3-9：本专利申请公开说明书；

附件 3-10：《工业用水处理技术》复印件 10 页；

附件 3-11：《锅炉给水处理技术》复印件 2 页；

附件 3-12：《工业锅炉水处理及水质分析》复印件 2 页；

附件 3-13：《工业水处理技术》复印件 2 页；

附件 3-14：《工业水处理技术问答及常用数据》复印件 2 页；

附件 3-15：《低压锅炉水处理基本知识》复印件 2 页；

附件 3-16：大连理工大学精细化工国家重点实验室出具的"检测报告"复印件 7 页；

附件 3-17：清华大学化工系绿色反应工程与工艺北京市重点实验室出具的"检测报告"复印件 2 页；

附件 3-18：《低压锅炉水处理及水分析》复印件 2 页。

2006 年 12 月 6 日，合议组将于 2006 年 11 月 28 日收到的专利权人提交的上述意见陈述书及附件转送给第二请求人，要求第二请求人在收到所述文件之日起一个月内答复；期满未答复的，视为当事人已得知转送文件中所涉及的事实、理由和证据，并且未提出反对意见。

第二请求人期满未作答复。

口头审理如期举行，第一请求人、第二请求人和专利权人均参加了口头审理。

（1）关于编号为4W01483的无效宣告请求：

在口头审理中，合议组告知双方当事人，4W01483案中所用证据的编号与针对原案4W00617作出的第6299号无效审查决定中的证据编号相同，原口头审理（原案件编号为4W00617）时已经明确的无效理由、范围和证据使用情况是：权利要求1相对于对比文件1-1与对比文件1-3的结合不具备创造性，权利要求2相对于对比文件1-1、1-3与1-2的结合不具备创造性，权利要求3相对于对比文件1-1、1-3与1-4的结合不具备创造性，其余证据仅作为参考。本次口头审理的范围、证据使用和组合情况为原口头审理时所明确的无效理由和证据使用情况。

关于权利要求1的创造性，第一请求人认为针对该请求作出的第6299号无效决定只存在形式缺陷，法院判决并未排除对比文件1-1和对比文件1-3结合影响权利要求1的创造性，在对比文件1-1和1-3中均公开了以铁作阳极，无须高温，投入碳酸钠等防垢，只是在原决定中没有写入，将上述内容补入第6299号决定中，即可纠正其缺陷，因此第一请求人明确表示使用对比文件1-3与对比文件1-1的结合评价本专利的创造性，认为对比文件1-3是最接近的对比文件，公开了使用铁合金作为阳极，只是未公开铁作为阳极时的反应式，但对比文件1-1公开了阳极为铁时发生的反应，且公开了氢氧化亚铁除氧不需要高温，在冷的状态下即可进行，另外对比文件1-1公开了投入氢氧化钠、碳酸钠来防垢且公开了用量的计算公式，并描述了加速反应是公知常识；此外，对比文件1-1公开了氢氧化亚铁的除氧防垢功能，由于使用了对比文件1-1中新的事实，故不应受法院判决的约束。

对此专利权人认为，对比文件1-1没有公开本专利中除氧防垢的技术特征，其公开的是化学除氧机理，是一种投药方法，而本专利是电化学除氧方法，是电解池；对比文件1-1是单纯防垢，而本专利投入氢氧化钠、碳酸钠是为了加速反应，这一点在对比文件1-1中没有给出启示；此外，本专利氢氧化亚铁最终形成三价氢氧化铁来防垢。

第一请求人明确表示：关于本专利权利要求2和3的无效理由与原来相同，即权利要求2相对于对比文件1-1、1-3与1-2的结合不具备创造性，权利要求3相对于对比文件1-1、1-3与1-4的结合不具备创造性。

专利权人认为对比文件1-1、1-3没有公开权利要求2和3的附加技术特征，因此权利要求2和3具有创造性。

（2）关于编号为4W01484的无效宣告请求：

在口头审理中，合议组告知双方当事人，4W01484案中所用证据的编号与针对原案4W00676作出的第6299号无效审查决定中的证据编号相同。在针对原案4W00676的口头审理时已经明确的无效理由和证据使用情况是：权利要求1~3相对于对比文件2-3与对比文件2-9的结合不具备创造性，放弃对比文件2-2、2-5、2-6、2-7、2-10、2-11作为证据使用，其他证据仅作为参考，本次口头审理的证据使用和组合情况为原口头审理时所明确的无效理由和证据使用情况。

关于权利要求1的创造性，第二请求人认为对比文件2-3未公开铁作为阳极的反应式，但公开了用废旧钢材作为阳极的特征，给出铁作为阳极的技术启示，并且铁化学反应方程式是原理性公式，对比文件2-9公开了铁作为阳极，并且公开了用氢氧化钠软化水，给出了用氢氧化钠、碳酸钠去除金属离子的启示；对比文件2-3、2-9公开了加药用量的技术特征，而加入量属于公知常识。

对此专利权人认为，对比文件2-3只是电化学除氧，没有公开防垢，其通过一步反应形成氢氧化铝，而未公开二阶铁与氧反应生成三价铁以及三价铁作为盐类结晶的核心，且对比文件 2-9 中指出其目的是从水中以三价铁的形式去除金属铁，与本发明目的不一样，并未体现除氧、防垢作用；对比文件 2-9 中要产生氧且必须有氧存在。

关于权利要求 2 和 3 的创造性，第二请求人认为对比文件 2-9 公开了权利要求 2 的附加技术特征，对比文件 2-3 公开了权利要求 3 的附加技术特征。

对此专利权人认为，对比文件 2-3、2-9 没有公开本专利权利要求 2 和 3 的附加技术特征。

（3）关于编号为 4W00876 的无效宣告请求：

在口头审理中，第二请求人明确表示无效理由和范围是本专利权利要求 1~3 不符合专利法第 22 条第 3 款的规定，明确表示放弃专利法第 22 条第 2 款的无效理由。第二请求人当庭提交对比文件 3-1 的原件，并明确表示放弃判决 1 和判决 2 作为证据使用。专利权人表示对于对比文件 3-1 至对比文件 3-3 的真实性没有异议。

关于权利要求 1 的创造性，第二请求人表示以对比文件 3-2 为最接近的对比文件，以对比文件 3-1结合对比文件 3-2 评价本专利权利要求 1 的创造性，并认为对比文件 3-2 和 3-1 唯一没有公开的是权利要求 1 中“水在电解前或电解后投入 0.1~500ppm 的 NaOH 或 Na_2CO_3，或混合投入 NaOH 和 Na_2CO_3”这一技术特征，但认为该特征为公知常识，此外对比文件 1-1、1-3 均为教科书类科普读物，均披露了上述技术特征。对此专利权人认为，对比文件 3-2 没有反应过程，没有除氧和除垢过程；对比文件 3-1 第 37 页说明其阳极要产生氧，与本专利不同；对比文件 3-1 没有阐述氢氧化铁能够产生防垢作用，其用电凝聚法处理水中悬浮物，而悬浮物不是防垢的概念，并认为对比文件 3-1 没有给出锅炉除氧的技术启示。

第二请求人认为，对比文件 3-1 中用铝作为阳极，如果换成铁作阳极的话过程中就把氧气吸收了，没有气泡产生；并认为对比文件 3-1 公开了本专利以铁作为阳极时同时进行除氧和防垢，同样是用二价铁除氧，用三价铁防垢，并认为悬浮物中包含碳酸钙。对此专利权人认为对比文件 3-1 中要得到三价氢氧化铁必须有氧存在，但从对比文件 3-1 得不出在锅炉中用于水处理的技术启示。

关于权利要求 2 和 3 的创造性，第二请求人认为本专利权利要求 2 的附加技术特征已被对比文件 3-1 披露，权利要求 3 的附加技术特征已被对比文件 3-2 披露，因此本专利权利要求 2 和 3 也不具备创造性。对此专利权人认为对比文件 3-1 和 3-2 均没有披露权利要求 2 和 3 的附加技术特征，因此权利要求 2 和 3 具备创造性。

口头审理结束后，专利复审委员会于 2007 年 1 月 23 日收到了第一请求人针对 4W01483 一案提交的意见陈述书，在意见陈述书中第一请求人重申了其认为本专利权利要求 1~3 相对于对比文件 1-1 与 1-3 的结合不具备创造性的理由。

专利权人于 2007 年 1 月 23 日向专利复审委员会提交了意见陈述书，对 4W00876、4W01483 和 4W01484 无效宣告请求案的口头审理意见进行了归纳总结，重申了其认为本专利权利要求 1~3 具备创造性的理由。

至此，合议组认为本案事实已清楚，现依法作出审查决定。

二、决定的理由

1. 关于证据和现有技术

第一请求人共提交了 7 份证据，在所提交的证据中，第一请求人明确对比文件 1-5、1-6 和 1-7 仅作为参考，使用对比文件 1-1、1-3、1-2 和 1-4 来评价本专利权利要求的创造性，其中对比文件 1-1、1-3 为国内出版的教科书类证据，且其出版时间均早于本专利的申请日；对比文件 1-2 和 1-4 为国内专利文献，且其授权公告日或公开日均早于本专利的申请日，并且专利权人对于对比文件 1-

1、1-2、1-3 和 1-4 的真实性均没有异议。合议组经审查认为对比文件 1-1、1-2、1-3 和 1-4 可以作为本案证据使用，其上记载的内容构成了本专利的现有技术。

在第二请求人针对 4W01484 无效宣告请求案共提交了 12 份证据，在所提交的证据中，第二请求人明确表示放弃对比文件 2-2、2-5、2-6、2-7、2-10、2-11，对比文件 2-1、2-4、2-8 和 2-12 仅作为参考，使用对比文件 2-3 和 2-9 来评价本专利的创造性，其中对比文件 2-3 和 2-9 均为国内出版的教科书类证据，且其出版时间均早于本专利的申请日。专利权人对于对比文件 2-3 和 2-9 的真实性均没有异议。合议组经审查认为对比文件 2-3 和 2-9 可以作为本案证据使用，其上记载的内容构成了本专利的现有技术。

在第二请求人针对 4W00876 无效宣告请求案共提交了 5 份证据，在所提交的证据中，第二请求人明确表示放弃判决 1 和判决 2，使用对比文件 3-1、3-2 和 3-3 来评价本专利的创造性。对比文件 3-1、3-2 和 3-3 均为国内出版的教科书类证据，且其出版时间均早于本专利的申请日。专利权人对于对比文件 3-1、3-1 和 3-3 的真实性均没有异议。合议组经审查认为对比文件 3-1、3-2 和 3-3 可以作为本案证据使用，其上记载的内容构成了本专利的现有技术。

2. 关于第一请求人（案件编号为 4W01483）的无效宣告理由是否成立

第一请求人的无效理由及范围是：本专利权利要求 1 相对于对比文件 1-1 与对比文件 1-3 的结合不具备创造性，权利要求 2 相对于对比文件 1-1、1-3 与 1-2 的结合不具备创造性，权利要求 3 相对于对比文件 1-1、1-3 与 1-4 的结合不具备创造性，并以对比文件 1-3 作为最接近的对比文件。

需要说明的是，尽管（2005）一中行初字第 539 号行政判决书已就第一请求人的无效理由及证据进行了审理，但该判决仅指出第 6299 号无效决定中对于对比文件 1-1、1-3 所公开事实的认定有误，并未对本专利权利要求 1 相对于所述对比文件是否具备创造性作出认定。审查指南第四部分第一章第 8 节规定“因主要证据不足或者法律适用错误导致审查决定被撤销的，不得以相同的理由和证据作出与原决定相同的决定。”，而在本案重新审理中，第一请求人于口头审理中明确在评价权利要求 1 的创造性时所依据的对比文件 1-1、1-3 所公开的事实与第 6299 号无效决定中认定的公开事实不同，即依据对比文件中新的事实来评价本专利权利要求 1 的创造性。合议组认为，鉴于第一请求人依据对比文件 1-1、1-3 中新的事实来评述权利要求 1 的创造性，其不属于审查指南中规定的“相同的理由和证据”的情形，故本案中应当对第一请求人关于创造性的无效理由和证据重新进行审理。

对比文件 1-1 与 1-3 的结合是否影响本专利权利要求 1 的创造性。经审查，对比文件 1-3 第 7 页公开了在锅炉中加入防垢剂，使进入锅炉的给水中的硬质物质不结硬垢，而变成沉渣加以排出，并列举出可作为防垢剂的成分可以为碳酸钠及氢氧化钠等；对比文件1-3第 10 页披露了在小型锅炉中可采用碳酸钠或氢氧化钠进行水处理，能除垢，并且能起到防止系统腐蚀的作用。对比文件 1-3 第 176、177、179 页披露了电化学除氧的原理，其中以钢板作为阴极，以铝板或铝带为阳极，通过通入直流电，水中的氧在阴极形成氢氧根，阳极铝与氢氧根反应，生成氢氧化铝，由此可消除水中的溶解氧。并且在第 177 页指出阳极金属可选任何金属，例如废旧钢材（即铁），但对比文件 1-3 并未具体给出以铁作为阳极时的化学反应过程。

本专利权利要求 1 与对比文件 1-3 的区别在于，对比文件 1-3 虽然披露了可通过向锅炉中添加碳酸钠或氢氧化钠而实现除垢的目的，用铝作为阳极通过电化学反应可除去水中的溶解氧，但对比文件 1-3 并没有公开当使用铁作为阳极时的反应过程；此外，对比文件 1-3 中披露的除氧和防垢过程是彼此独立的，之间不存在任何关联，而本专利中除氧与防垢在功能上是相互关联的，本专利通过以铁作为阳极，利用二价氢氧化亚铁与溶解氧反应生成的三价氢氧化铁作为水中盐类的结晶核心，使析出的盐类形成水渣被排出，其同时实现了除氧与防垢的功能。另外，对比文件 1-3 没有公开本专利权利要求 1 中有关氢氧化钠、碳酸钠的投入量的技术特征。

对比文件 1-1 公开了锅炉给水的炉内处理，其第 39、40~42 和 51 页披露了通过向锅炉内加入氢氧化钠、碳酸钠等，从而使锅炉防垢，并且还公开了加药量的用量计算，公开了本专利权利要求 1 中关于碱投入量的技术特征；对比文件 1-1 第 164 页公开了铁在水中发生腐蚀的反应式，其表明铁在水中遭到腐蚀会生成二价阳离子，二价阳离子与水中的氢氧根反应生成氢氧化亚铁，而氢氧化亚铁与氧反应生成三价氢氧化铁，其实质上公开了铁在水中被腐蚀的腐蚀反应以及所生成的产物；在对比文件 1-1 第 208 页披露了可用氢氧化亚铁作为除氧剂，利用氢氧化亚铁与氧反应生成三价氢氧化铁，从而除去水中的溶解氧。对比文件 1-1 第 211 页公开了电化学反应除氧原理和以铝作为阳极时的反应式，并指出阳极金属不一定选用铝，可选用任何金属，但并未给出以铁作为阳极和铁作为阳极时的反应过程。

合议组认为，虽然对比文件 1-1 披露了通过向锅炉内投入氢氧化钠或碳酸钠能达到除垢的目的，并公开了铁在水中发生化学腐蚀的过程，以及以铝作为阳极时的电化学反应过程，其披露的除氧和防垢过程是彼此独立的，没有任何关联。但与本专利权利要求 1 相比，对比文件 1-1 并没有公开当使用铁作为阳极时的反应过程，以及以铁作为阳极，利用二价氢氧化亚铁与氧生成的三价氢氧化铁作为水中盐类的结晶核心除去水中的盐，从而同时实现除氧与防垢的技术特征。而且，对比文件 1-1 并没有就所述区别特征给出相应的技术启示。本专利权利要求 1 通过采用铁作为电化学反应的阳极，具有同时实现除氧与防垢的技术效果。在结合对比文件 1-3 与对比文件 1-1 的基础上，要获得本专利权利要求 1 的技术方案，对于本领域技术人员来说需要付出创造性的劳动。因此，本专利权利要求 1 相对于对比文件 1-3 与对比文件 1-1 的结合具有突出的实质性特点和显著进步，具备专利法第 22 条第 3 款所规定的创造性。

权利要求 2 和权利要求 3 在权利要求 1 的基础上分别进一步限定“两电极的间距在 0.5~300nm 之间”和“通过两个电极的电流密度在 1μA~1.5A/cm^2 之间”。

第一请求人认为，权利要求 2 相对于对比文件 1-1、1-2 与 1-3 的结合不具备创造性，权利要求 3 相对于对比文件 1-1、1-3 和 1-4 的结合不具备创造性。

经审查，对比文件 1-2 公开了一种板式离子防垢器，由外壳、进水口、出水口、阴极、阳极组成，阳极为具有较高电极电位的板状金属或非金属材料，阳极为电极电位较低的板状金属材料，两极板平行布置，间距为 3~20mm。阳极材料用板条状石墨材料制成，阳极用防锈铝镁合金制作。

对比文件 1-4 公开了一种涉及电解-氧化法的废水处理方法，其阳极由铁和铝的混合物构成，阴极由铁单独构成，在给电极通电的情况下，向上流动的废水经历电化学反应，由此使废水中的杂质分离出来，并从柱的顶部排走，然后对水进行过滤，并可通过在底部通入气态的氧气，式氧气气泡穿过废水向上流动，废水利用电化学、氧化和溶解空气浮选处理的协同作用，将杂质从废水中分离出来（参见对比文件 1-4 说明书第 4 页第 2、4 段），并公开了电流密度为 0.5~65mA/cm^2。

可见，对比文件 1-2 和 1-4 也均没有公开本专利权利要求 1 与对比文件 1-1、1-3 的上述区别技术特征，即没有公开“以铁作为阳极，利用二价氢氧化亚铁与溶解氧反应生成的三价氢氧化铁作为水中盐类的结晶核心，使析出的盐类形成水渣被排出”这些技术特征。因此合议组在考虑第一请求人评价从属权利要求的创造性时所引入的新的对比文件 1-2 和 1-4 的公开内容之后，认为仍然不会影响本专利权利要求 1 的创造性。在权利要求 1 具备创造性时，其从属权利要求 2 和 3 也具备创造性。

3. 关于第二请求人针对案件编号为 4W01484 的无效宣告理由是否成立

（1）关于本专利权利要求 1 是否具备创造性。

第二请求人认为本专利权利要求 1~3 相对于对比文件 2-3 与对比文件 2-9 的结合不具备创造性。

经审查，对比文件 2-3 第 176、177、179 页披露了电化学除氧的原理，其中以钢板作为阴极，以铝板或铝带为阳极，通过通入直流电，水中的氧在阴极形成氢氧根，阳极铝与氢氧根反应，生成氢氧化铝，由此可消除水中的溶解氧。并且在第 177 页指出阳极金属可选任何金属，例如废旧钢材（即铁），但对比文件 2-3 并未具体给出以铁作为阳极时的化学反应过程。

本专利权利要求 1 与对比文件 2-3 的区别在于，对比文件 2-3 没有披露：（a）当使用铁作为阳极时生成氢氧化亚铁，并利用氢氧化亚铁与氧反应生成的三价氢氧化铁作为水中盐类的结晶核心，使析出的盐类形成水渣被排出；（b）通过向锅炉中添加碳酸钠或氢氧化钠，起到加速反应并具有防垢作用。本专利中通过以铁作为阳极，利用二价氢氧化亚铁与溶解氧反应生成的三价氢氧化铁作为水中盐类的结晶核心，使析出的盐类形成水渣被排出，其同时实现了除氧与防垢的功能。

对比文件 2-9 公开了电化学混凝作用，披露了当直流电通过电极时，铝板或铁板的阳极溶解，如果在电解槽中采用金属铁作为阳极，则金属铁溶解到水中转化为二阶铁离子。为了从水中以 $F_3(OH)_3$ 的形式去除金属铁，要求水中存在溶解氧或活性氯。由此可见，对比文件 2-9 中虽然提到了以铁作为电化学反应的阳极，并且二价铁与氧反应可生成三价氢氧化铁，但其目的是以三价氢氧化铁的形式去除水中的铁，而且要求必须有溶解氧或活性氯的存在才能实现其去除铁的目的，因而对比文件 2-9 中并没有公开利用铁作为阳极去除水中溶解氧，同时利用二价氢氧化亚铁与氧反应生成的三价氢氧化铁作为水中盐类的结晶核心以实现防垢的技术特征，也未给出相应的技术启示，并且也没有公开通过加入碳酸钠或氢氧化钠来加速反应并具有防垢作用，即对比文件 2-9 没有披露本专利权利要求 1 相对于对比文件 2-3 的上述区别技术特征，特别是没有给出以铁作为电化学反应的阳极同时利用二价氢氧化亚铁与溶解氧反应生成的三价氢氧化铁作为水中盐类的结晶核心，使析出的盐类形成水渣被排出，从而实现除氧和防垢的技术启示，因此权利要求 1 相对于对比文件 2-3 与 2-9 的结合具有突出的实质性特点和显著的进步，具备创造性，符合专利法第 22 条第 3 款的规定。

（2）在独立权利要求 1 具备创造性的情况下，其从属权利要求 2 和 3 也具备创造性，符合专利法第 22 条第 3 款的规定。

4. 关于第二请求人针对案件编号为 4W0876 的无效宣告理由是否成立

第二请求人表示以对比文件 3-2 为最接近的对比文件，以对比文件 3-1 结合对比文件 3-2 评价本专利权利要求 1~3 的创造性，并认为对比文件 3-2 和 3-1 唯一没有公开的是权利要求 1 中“水在电解前或电解后投入 0.1~500ppm 的 NaOH 或 Na_2CO_3，或混合投入 NaOH 和 Na_2CO_3”这一技术特征，但认为该特征应当为公知常识，此外认为教科书类科普读物（第二请求人在口头审理中以对比文件 1-1、1-3 作为公知常识类证据）均披露了上述技术特征。

（1）关于权利要求 1 是否具备创造性。

经审查，对比文件 3-2 第 176、177、179 页披露了电化学除氧的原理，其中以钢板作为阴极，以铝板或铝带为阳极，通过通入直流电，水中的氧在阴极形成氢氧根，阳极铝与氢氧根反应，生成氢氧化铝，由此可消除水中的溶解氧。并且在第 177 页指出阳极金属可选任何金属，例如废旧钢材（即铁），但对比文件 3-2 并未具体给出以铁作为阳极时的化学反应过程。

本专利权利要求 1 与对比文件 3-2 的区别在于，对比文件 3-2 没有披露：（a）当使用铁作为阳极时生成氢氧化亚铁，并利用氢氧化亚铁与氧反应生成的三价氢氧化铁作为水中盐类的结晶核心，使析出的盐类形成水渣被排出；（b）通过向锅炉中添加碳酸钠或氢氧化钠，起到加速反应并具有防垢作用。本专利通过以铁作为阳极，利用二价氢氧化亚铁与溶解氧反应生成的三价氢氧化铁作为水中盐类的结晶核心，使析出的盐类形成水渣被排出，其同时实现了除氧与防垢的功能。

对比文件 3-1 公开了电凝聚的基本原理，其用于对生活用水进行进一步净化，也可用于处理生活污水和各种工业污水。其中以铝作为阳极，以不锈钢作为阴极，当直流电源接通后，阳极金属成为金属离子进入水中，溶液中带负电荷的氢氧根离子向阳极移动，在阳极放电，生成新生态的氧，在阴极产生氢气气泡，在阳极产生氧气气泡，这些气泡上升时，能将悬浮物带到水面在水面上形成浮渣层。并指出，如果用铁作为阳极，则铁在水中溶解生成二价氢氧化亚铁，而二价氢氧化亚铁与氧反应生成三价氢氧化铁，三价氢氧化铁或氢氧化铝与水中的悬浮物颗粒生成絮状物，这些絮状物比重较小时就上浮分离，比重较大时就下沉分离（参见第37、38页）。对比文件3-1还披露了电极间距为3~20mm（参见第39页第1段），在去除水藻时水温为18℃、电流密度为2mA/cm^2。从对比文件3-1可以看出，其虽然披露了可采用铁作为电化学反应的阳极去除水中的溶解氧，且给出的化学反应式也是以铁作为电化学反应的阳极，与水中的氢氧根生成二价氢氧化亚铁，二价氢氧化亚铁与水中的氧反应生成三价氢氧化铁，并提到了三价氢氧化铁可将水中的悬浮小粒凝聚起来，依靠比重的不同上浮分离或沉淀分离，但其只是利用三价氢氧化铁除去水中的悬浮颗粒，而并没有给出使用三价氢氧化铁作为水中盐类的结晶核心，通过结晶作用来防垢，并且同时实现除氧与防垢的技术启示，此外也没有公开通过向锅炉中投入碳酸钠或氢氧化钠来加速反应、增强防垢作用。另外，对比文件3-1的应用领域是对水进行净化处理，而本专利应用于对锅炉和工业冷却用水进行除氧防垢水处理，对比文件3-1中没有给出在锅炉中采用三价氢氧化铁来防垢的技术启示。

关于第二请求人认为向锅炉内投药以及投药用量的技术特征均为公知常识的主张，合议组认为，即便考虑公知常识类证据即对比文件1-1和1-3，该对比文件1-1和1-3虽然披露了通过向锅炉中加入碳酸钠或氢氧化钠能达到防垢的作用，并给出了碱投入量的计算公式，但没有给出使用铁作为电化学反应的阳极，利用二价氢氧化亚铁与氧反应生成三价氢氧化铁作为水中盐类的结晶核心，从而同时实现除氧与防垢的作用的技术启示。因此，即使考虑公知常识类证据即对比文件1-1和1-3，也不能影响本专利权利要求1的创造性。

综上，对比文件3-2与3-1均没有给出利用铁作为阳极，利用二价氢氧化亚铁与氧反应生成三价氢氧化铁作为水中盐类的结晶核心，从而同时实现除氧与防垢的技术效果的技术启示，即本专利权利要求1相对于对比文件3-2与3-1的结合具有突出的实质性特点和显著进步，具备创造性，符合专利法第22条第3款的规定。

此外，对比文件3-3与对比文件2-9相同，如前面所述，对比文件3-3也没有给出以铁作为电化学反应的阳极，利用二价氢氧化亚铁与氧反应生成三价氢氧化铁作为水中盐类的结晶核心，从而同时实现除氧和防垢的技术启示。因此即使考虑对比文件3-3披露的内容，也不能影响本专利权利要求1的创造性。

（2）在权利要求1具备创造性的条件下，其从属权利要求2和3也具备创造性，符合专利法第22条第3款的规定。

综上所述，第二请求人提出的无效宣告理由（案件编号为4W00876）不成立。

三、决定

维持97105004. X号发明专利权有效。

当事人对本决定不服的，可以根据专利法第46条第2款的规定，自收到本决定之日起三个月内向北京市第一中级人民法院起诉。根据该款的规定，一方当事人起诉后，另一方当事人应当作为第三人参加诉讼。

076

高效节能保温锅

无效宣告请求审查决定（第9688号）

决　　定　　号　第9688号
决　　定　　日　2007年4月15日
发明创造名称　高效节能保温锅
国 际 分 类 号　A47J 27/00
无效宣告请求人　潮安县彩塘佳来福不锈钢制品厂
专　利　权　人　潮安县彩塘炉具设备公司
专　　利　　号　98233515.6
申　　请　　日　1998年1月6日
授 权 公 告 日　1999年6月2日
合 议 组 组 长　黄毅斐
主　　审　　员　李韵美
参　　审　　员　孙治国

法　律　依　据　专利法第22条第2款
决　定　要　点

一项实用新型专利与对比文件的相关内容相比，如果其技术领域、所解决的技术问题、技术方案和预期效果实质上相同，则认为两者为同样的实用新型。需要注意的是，在进行新颖性判断时，首先应当判断该项实用新型专利的技术方案与对比文件的技术方案是否实质上相同，若存在区别技术特征使得两者的技术方案不同，则应当认为该项实用新型专利相对于对比文件具有新颖性。

一、案由

本无效宣告请求案涉及国家知识产权局于1999年6月2日授权公告、名称为“高效节能保温锅”的98233515.6号实用新型专利（以下简称本专利），本专利的申请日为1998年1月6日、专利权人是潮安县彩塘炉具设备公司。本专利授权公告的权利要求书为：

“1. 一种高效节能保温锅包括锅具（3）、保温体（9）和托架（7），所述保温体（9）由钢质内、外壳夹保温材料构成的保温主体（5）、保温盖（1）及保温底座（8）组成；其特征在于：托架（7）与保温主体（5）底部有间隙地挂接，托架（7）上安装有聚热环条（6），锅具（3）置于聚热环条（6）上，通过托架（7）随保温主体（5）一齐移动。”

针对上述专利权，潮安县彩塘佳来福不锈钢制品厂（以下简称请求人），于2006年8月1日向专利复审委员会提出无效宣告请求。请求人所提交的证据为：

附件 1：中国 97230279.4 号实用新型专利说明书（以下简称对比文件 1），申请日为 1997 年 12 月 17 日，公告日为 1999 年 3 月 17 日，专利权人为孙定华。

请求无效的理由是：本专利权利要求 1 相对于对比文件 1 不符合专利法第 22 条规定的新颖性和创造性。

请求人认为：（1）对比文件 1 公开了焖炊多用蒸锅，具体公开或隐含公开了权利要求 1，对比文件 1 与权利要求 1 相比，构成技术方案的各个技术特征完全相同或等同，完全可以由对比文件 1 直接推导出来，作用也相同或实质相同，没有新颖性。

（2）本专利技术方案所解决的技术问题是提供一种加热快速、节能，并能蓄能保温的高效节能保温锅，对比文件 1 提供一种配加保温罩体，得以减少烧锅散热，离开炉火后又可延长降温时间并具有焖制效果的焖炊多用蒸锅，所要解决的技术问题实质相同。

（3）本专利技术方案所述技术效果具有使用方便，高效节能，断火继续加温、保温焖烧，对比文件 1 技术方案的技术效果是蒸煮食物时，烧锅架持托架上，正置炉火火焰最高燃烧温度处，外套的无底罩体及罩盖可有效地防止烧锅散热，有助于缩短食物熟化时间与节约能耗；离火后放置盘座上封闭孔缺，食物得以焖烧且延长保温时间；选用不锈钢板材制作，清洁卫生；具有蒸煮、焖烧及保温多种功能。本专利技术方案的技术效果也完全被对比文件 1 所覆盖。

（4）由于本专利相对于对比文件 1 不具有新颖性，因此也不具有实质性特点和进步，不符合专利法第 22 条第 3 款的规定。

经形式审查合格，专利复审委员会受理了上述无效宣告请求，并于 2006 年 8 月 1 日发出了无效宣告请求受理通知书，并将请求人的无效宣告请求书及其附件清单中所列附件副本转送专利权人。

针对上述无效宣告请求，专利权人于 2006 年 8 月 30 日向专利复审委员会提交了意见陈述书，主要内容如下：

（1）请求人所提交对比文件 1 的申请日为 1997 年 12 月 17 日，授权公告日为 1999 年 3 月 17 日，本专利的申请日为 1998 年 1 月 6 日，由于对比文件 1 是在本专利申请日之前申请、申请日后公告的专利文献，根据专利法实施细则第 30 条的规定，其所记载的内容不是现有技术而不适用于评价本专利的创造性。

（2）本专利涉及一种具有节能的保温锅，达到加热快速、节能，并能蓄能保温的高效节能的目的。为达到该目的，本专利在将锅具置于保温体这么一个基础上，主要是在用于架持锅具的托架上设置一具有吸热放热的聚热环条（本专利的实质性特点），并与保温主体底部有间隙挂接（本专利实质性特点）。所述聚热环条在加热时置于火焰中能吸热蓄能，而一旦断火或移开火源后又能凭借其自身放热不断地对锅具加热，从而使得本专利能达到所谓的蓄能（吸热）和节能（断火继续加温或断火持久不降温）的目的。另外，为了提高聚热环条的吸热和放热效果，本专利还设置了将聚热环条与保温主体底部有间隙地挂接并随保温主体一齐移放的技术特征，一方面达到减少与保温体的接触面积，阻隔了聚热环条的热传递，确保断火后能持久地对锅具进行加热，另一方面便于移放。具有高效节能、断火继续加温的优点，取得了预料不到的技术效果。

（3）对比文件 1 涉及一种焖炊多用蒸锅，达到减少烧锅散热，离开炉火后又可延长降温时间的目的。为达到该目的，对比文件 1 采用了将烧锅内置于一保温体中而得以保温、延长降温的技术方案。对比文件 1 也公开了用于架持烧锅的托架，所述托架为一个由两个不等径圆经架梁将其同心相接而成且外圆小于罩体孔缺的架体，这是日常公知公用的架体，从其说明书或说明书附图中所显示或隐含的功能也仅仅是用于架持烧锅而已，并没有隐含或启示了与本专利所公开的具有蓄能（吸热）和节能（断火继续加温或断火持久不降温）的聚热环条这么一个技术特征。而从公知公用的用于架持锅具的架体演变为具有吸热放热功能的带有聚热环条的架体也是非显而易见的。二者在特征上存在着区别，所要达到的功能效果也不一样，具有实质性的区别。也正是由于对比文件1没有本专利所述的设置于托架上的聚热环条这么一个技术特征，所以其目的也只能依靠其保温体来达到离开火炉后延长降温时间（断火降温）。这与本专利断火继续加温或断火持久不降温具有实质性的区别。另外，对比文件1所公开的托架为一个由两个不等径圆经架梁将其同心相接而成且外圆小于罩体孔缺的架体，架体的外圆小于罩体孔缺，意味着该架体是架持在罩体孔缺处并可上下活动，移放不便，这与本专利的托架挂接于保温体底部达到一齐移动（使用方便）的特征是明显不同。综上所述，本专利与对比文件1所要解决的技术问题和由此而采用的技术方案实质不同，预期效果也不同，这意味着本专利与对比文件1并不是同样的发明创造，所以，本专利符合专利法第22条第2款的规定，具有新颖性。

本案合议组于2007年1月18日向双方当事人发出口头审理通知书，定于2007年3月7日进行口头审理，并随该口头审理通知书向请求人转送专利权人于2006年8月30日提交的意见陈述书。

口头审理于2007年3月7日如期举行，双方当事人均参加了口头审理。在口头审理中，双方当事人对合议组成员没有回避请求；双方当事人对对方出庭人员的身份没有异议；请求人明确无效理由为本专利权利要求1相对于对比文件1不具有新颖性，不符合专利法第22条第2款的规定；请求人明确放弃专利法第22条第3款的无效理由；专利权人明确表示对对比文件1的真实性无异议，予以认可。

基于上述的工作，合议组认为本案事实已经清楚，可以作出本决定。

二、决定的理由

1. 关于证据

经合议组审查，请求人提交的对比文件1的申请日早于本专利的申请日，公开日晚于本专利的申请日，且对比文件1的专利权人为孙定华，与本专利的专利权人不同，因此，对比文件1属于由他人在本专利的申请日以前向专利局提出申请并且在申请日以后公布的实用新型专利，可以适用专利法第22条第2款，用于评价本专利的新颖性。

2. 关于本专利权利要求1的新颖性

专利法第22条第2款规定：新颖性，是指在申请日以前没有同样的实用新型在国内外出版物上公开发表过、在国内公开使用过或者以其他方式为公众所知，也没有同样的实用新型由他人向国务院专利行政部门提出过申请并且记载在申请日以后公布的专利申请文件中。

一项实用新型专利与对比文件的相关内容相比，如果其技术领域、所解决的技术问题、技术方案和预期效果实质上相同，则认为两者为同样的实用新型。需要注意的是，在进行新颖性判断时，首先应当判断该项实用新型专利的技术方案与对比文件的技术方案是否实质上相同，若存在区别技术特征使得两者的技术方案不同，则应当认为该项实用新型专利相对于对比文件具有新颖性。

本专利权利要求1相对于对比文件1是否具有新颖性。

本专利权利要求1请求保护一种高效节能保温锅，包括锅具、保温体和托架，所述保温体由钢质内、外壳夹保温材料构成的保温主体、保温盖及保温底座组成；其特征在于：托架与保温主体底部有间隙地挂接，托架上安装有聚热环条，锅具置于聚热环条上，通过托架随保温主体一齐移动。

对比文件1公开了一种焖炊多用蒸锅，说明书附图1为其整体结构示意图，罩盖1、罩体2及盘座6均是由中间填充有硅酸铝软板的保温层9之双层不锈钢板材所制成（说明书第1页倒数第3行至倒数第2行），盘座6为一个周沿上翻并设有环围盘墙7的平底盘，当罩体2及内置烧锅放置其上时，盘底封堵住罩体2的孔缺5、盘墙7环围于罩体2之外，使烧锅处在封闭的保温体中（说明书第2页第3~5行）。其中由保温层构成的罩盖、罩体、盘座分别与权利要求1中的由保温盖和保温主体、保温底座组成的保温体结构相同，所起的作用也相同，即利用保温层的保温效果形成一个上部空间以容纳锅体，达到隔绝锅体与外部空气的热交换从而减少热量散失的功能。锅体 4 为单层不锈钢板材制成，易于传热（说明书第 2 页第 2~3 行），可见，对比文件 1 中也公开了盛放待保温物体的容器，即锅体，与本专利权利要求 1 中的锅具相同。根据上述说明，对比文件 1 中的技术方案已经完全公开了本专利权利要求 1 中的锅具和保温体这两个技术特征。

对比文件 1 中公开的托架为：罩体 2 的下底开设有一个与内置烧锅直径相当的圆形孔缺 5（说明书第 1 页倒数第 2 行至倒数第 1 行），烧锅配用的托架 8 为一个由两个不等径圆经 4~6 根架梁呈放射状将两圆同心相接成外圆小于罩体 2 之孔缺 5 的架体（说明书第 2 页第 5~6 行），该托架 8 在用锅蒸煮时置于孔缺 5 以承托烧锅，使烧锅底正置炉火燃烧的高温位置（说明书第 2 页第 8 行），在蒸煮食物时，烧锅架持托架上，正置炉火火焰最高燃烧温度处，外套的无底罩体及罩盖可有效地防止烧锅散热，有助于缩短食物熟化时间与节约能耗（说明书第 1 页第 18~20 行）；离火后放置盘座上封闭孔缺，食物得以焖烧且延长保温时间（说明书第 1 页第 20 行）。

可见，对比文件 1 中的托架 8 的外圆（即最大直径）小于孔缺 5 的架体，且无论制作该托架的两个同心圆的材料是什么，都能够在被加热时吸收一定的热量，即起到聚热的作用；托架 8 和孔缺 5 紧密配合，其作用是在对锅体进行加热的过程中用于承托锅体，离火后，托架 8 与孔缺 5 形成的唯一可直接与空气进行热传递的缺口被盘座封闭，使锅体完全被封闭在保温层内；而本专利权利要求 1 中的托架与保温主体底部有间隙地挂接，并使锅具通过托架随保温主体一齐移动。即本专利权利要求 1 中的托架的圆形外径可以架持在保温主体底部上，而不会从保温主体的底部脱出。

根据上述说明，本专利权利要求 1 中的托架没有直接与保温主体底部相连接，而是存在间隙，而对比文件 1 中没有公开其托架与保温主体底部有间隙地挂接这一技术特征。因此，本专利权利要求 1 与对比文件 1 公开的技术方案存在区别技术特征，即托架与保温主体之间的连接结构存在不同。因此，本专利权利要求 1 相对于对比文件 1 具有新颖性，符合专利法第 22 条第 2 款的规定。

三、决定

维持 98233515.6 号实用新型专利权有效。

当事人对本决定不服的，可以根据专利法第 46 条第 2 款的规定，自收到本决定之日起三个月内向北京市第一中级人民法院起诉。根据该条款的规定，一方当事人起诉后，另一方当事人应当作为第三人参加诉讼。

077

连续式双滚筒再生沥青拌合装置

无效宣告请求审查决定（第 9695 号）

决　　定　　号　第 9695 号
决　　定　　日　2007 年 4 月 12 日
发明创造名称　连续式双滚筒再生沥青拌合装置
国 际 分 类 号　E01C 19/10
无效宣告请求人　爱斯太克公司
专　利　权　人　杨林江，司癸卯，冯忠绪
专　　利　　号　02254715.0
申　　请　　日　2002 年 9 月 19 日
授 权 公 告 日　2003 年 9 月 24 日
合 议 组 组 长　黄玉平
主　　审　　员　王琦琳
参　　审　　员　周　航

法　律　依　据　专利法第 22 条第 3 款
决　定　要　点

如果一项专利所请求保护的技术方案同现有技术相比存在区别特征，但是有证据表明该区别特征是本领域常用的技术手段，属于公知常识，本领域普通技术人员结合上述公知常识，无须付出创造性劳动就可以得到该项专利所请求保护的技术方案，则该项专利的技术方案不具备实质性特点和进步，不符合专利法第 22 条第 3 款的规定。

一、案由

本无效宣告请求涉及国家知识产权局于 2003 年 9 月 24 日授权公告的 02254715.0 号实用新型专利权，其名称为“连续式双滚筒再生沥青拌合装置”，其申请日是 2002 年 9 月 19 日，专利权人是杨林江、司癸卯、冯忠绪。其授权公告的权利要求书如下：

“1. 一种连续式双滚筒再生沥青拌合装置，包括底架（1），其特征在于底架（1）上设有燃烧器（3），带加料口和出料口（21）的外滚筒（7），部分置于外滚筒（7）内带电机及减速器组（11）的内滚筒（9），分别置于内滚筒（9）两端的进料口（10）和卸料口（15）；所述内滚筒（9）的内壁上设有翻料叶片（19），外壁上设有搅拌叶片（20）。

2. 按权利要求 1 所述的连续式双滚筒再生沥青拌合装置，其特征在于所述底架（1）上设有导轨（2），燃烧器（3）置于导轨（2）内的小车（18）上。

3. 按权利要求 1 所述的连续式双滚筒再生沥青拌合装置，其特征在于所述的内滚筒（9）设有分布于内滚筒两边的两个电机及减速器组（11）。

4. 按权利要求 1 或 3 所述的连续式双滚筒再生沥青拌合装置，其特征在于所述内滚筒（9）上还设有与电机及减速器组（11）连接传动的驱动齿圈（8）。

5. 按权利要求 1 或 3 所述的连续式双滚筒再生沥青拌合装置，其特征在于所述内滚筒（9）上还设有支承滚圈（17），底架（1）上还设有与支承滚圈配套的支承滚轮（22）。

6. 按权利要求 1 或 2 所述的连续式双滚筒再生沥青拌合装置，其特征在于所述底架（1）的底部还设有短底座（16），长底座（12）。

7. 按权利要求 1 所述的连续式双滚筒再生沥青拌合装置，其特征在于所述的外滚筒（7）上的加料口包括旧沥青混合料进料口（4），再生料进料口（5），石粉进料口（6），热沥青进料口（13）。

8. 按权利要求 1 或 7 所述的连续式双滚筒再生沥青拌合装置，其特征在于所述外滚筒（7）上还设有红外测温仪（14）。”

针对上述实用新型专利权（下称本专利），爱斯太克公司（下称请求人）于 2005 年 10 月 19 日向专利复审委员会提出了无效宣告请求，其理由是，本专利不符合专利法第 22 条第 1~3 款有关新颖性和创造性的规定，不符合专利法实施细则第 21 条第 2 款，不符合专利法第 26 条第 3 款和第 4 款的规定以及不符合专利法实施细则第 20 条第 1 款的规定，本专利说明书不符合专利法第 26 条第 3 款的规定。请求人提交的证据如下：

证据 1：US4867572 号美国专利文献及其中文译文，其授权日为 1989 年 9 月 19 日；

证据 2：US5320426 号美国专利文献及其中文译文，其授权日为 1994 年 6 月 14 日；

证据 3：US5380082 号美国专利文献及其中文译文，其授权日为 1995 年 1 月 10 日；

证据 4：US5052810 号美国专利文献及其中文译文，其授权日为 1991 年 10 月 1 日；

证据 5：US5261738 号美国专利文献及其中文译文，其授权日为 1993 年 11 月 16 日；

证据 6：US5380084 号美国专利文献及其中文译文，其授权日为 1995 年 1 月 10 日；

此外，请求人还提交了本专利的授权公告文本。

请求人认为：（1）本专利的权利要求 1~8 相对于证据 1~6 无新颖性或创造性，不符合专利法第 22 条第 1~3 款的规定；（2）本专利的权利要求 1~8 缺少必要技术特征，不符合专利法实施细则第 21 条第 2 款的规定，即，本专利权利要求 2 并未记载用以实现调整火焰在内滚筒的位置这一技术目的所需要的必要技术特征，权利要求 3 并未记载用于保证两个电机及减速器组同步协调运转的必要技术特征，权利要求 8 并未记载关于红外测温仪的必要技术特征，此外，本专利权利要求 1~8 还缺少关于短底座、长底座、进料口和进料口的位置的技术特征；（3）本专利的权利要求 1~8 得不到说明书的支持，不符合专利法第 26 条第 4 款的规定，即，说明书中仅公开了一个实施例，权利要求 1~5 和 7~8 包括了内滚筒为水平的方案，权利要求 1~8 包括了内滚筒的进料口位于低端而卸料口位于高端的技术方案，超出了说明书的公开范围；（4）本专利的权利要求 2 的保护范围不清楚，不符合专利法实施细则第 20 条第 1 款的规定，即，权利要求 2 中未对小车及其安装连接方式进行限定；（5）说明书中未对小车的结构、连接方式，移动方式等进行说明，也未对如何实现两个电机及减速器组的同步协调运转进行说明，因此，本专利的说明书未对本实用新型做出清楚完整的说明，致使所属技术领域的技术人员不能实现其技术方案，不符合专利法第 26 条第 3 款的规定。

经形式审查合格，专利复审委员会依法受理了上述无效宣告请求，并于 2005 年 11 月 30 日向双方当事人发出了无效宣告请求受理通知书，并将专利权无效宣告请求书及其附件清单中所列附件副本转送给了专利权人，要求其在指定的期限内答复。

专利权人逾期未答复。

专利复审委员会依法组成合议组，对本案进行审理，合议组于2006年10月8日向双方当事人发出无效宣告请求口头审理通知书，定于2006年11月22日举行口头审理。随口头审理通知书，告知专利权人，其应当在收到通知书之日起7日内或者在口头审理当庭对请求人提交的证据的真实性、合法性、关联性以及外文证据中文译文的准确性发表意见。

专利权人逾期未答复。

口头审理如期举行，仅请求人一方参加了口头审理，专利权人缺席口头审理。在口头审理中，请求人当庭补充提交了由中国公路学会筑路机械学会主编，人民交通出版社于1999年9月印刷出版的《沥青路面施工机械与机械化施工》一书的封面、版权页、目录页、封底、以及正文第174~191页、第260~269页复印件，共18页（下称证据7）作为公知常识性证据使用；请求人还当庭提交了证据7的原件。经合议组核实，其复印件与原件一致。请求人明确其无效宣告请求的理由、证据、范围是：（1）本专利权利要求1~8相对于证据1~7不符合专利法第22条第2、3款的规定，具体为独立权利要求1相对于证据1或证据2不具备新颖性，从属权利要求2相对于证据2与证据7的结合或证据1与证据7的结合不具备创造性，从属权利要求3相对于证据1与公知常识的结合或者证据2与公知常识的结合不具备创造性，从属权利要求4~7的附加技术特征在证据1或证据2中公开，因此也不具备新颖性和创造性，此外，从属权利要求7相对于证据1与证据3的结合或证据2与证据3的结合也不具备创造性，从属权利要求8的附加技术特征在证据2中公开，同时其也是惯用手段，因而也不具备新颖性和创造性，关于证据4~6的使用方式与请求书中的意见一致；（2）关于本专利说明书不符合专利法第26条第3款的规定，请求人认为，本专利权利要求2的小车移动位置、如何定位、如何调整、小车能否在导轨内移动、小车如何置于导轨等特征均未给出；而且本专利权利要求3中提到了设有分布于内滚筒两边的两个电机及减速器组，但是说明书对上述内容均没有作清楚完整的说明；（3）关于本专利权利要求1~8不符合专利法第26条第4款的规定的理由与请求书中的意见一致；（4）关于本专利权利要求2不符合专利法实施细则第20条第1款的规定，请求人认为，本专利权利要求2的燃烧器和滚筒如何对接未描述清楚，同时关于在小车移动调整火焰时，小车上的燃烧器与滚筒如何进行对接配合以实现调整燃烧器火焰位置的技术效果，说明书也未给出清楚的限定；（5）关于本专利权利要求1不符合专利法实施细则第21条第2款的规定，请求人认为，本专利权利要求1没有“通过设置在底架的两端的短底座和长底座来使内滚筒的轴线相对于水平面倾斜”以及“内滚筒的进料口设置在其高端，内滚筒的出料口设置在其低端”的技术特征；（6）请求人当庭提交的证据7涉及常见的沥青路面施工机械，其用于披露本专利权利要求2中的导轨和小车。请求人针对其证据的使用方式、其证据能否影响本专利的新颖性、创造性以及本专利涉及的其他问题充分发表了意见。

由于专利权人缺席口头审理，本案合议组于2006年11月23日向专利权人发出转送文件通知书，在转送文件通知书中：（1）将请求人于口头审理当庭提交的作为公知常识证据使用的证据7复印件转送给专利权人；（2）将请求人在口头审理中针对其认为本专利权利要求2不符合专利法实施细则第20条第1款的规定的无效理由所增加的具体理由转告专利权人；（3）再次告知专利权人若其对请求人提交的外文证据中文译文的具体内容有异议的，应当在收到本通知书之日起一个月内对有异议的部分提交中文译文。

专利权人逾期未答复。

在上述事实的基础上，合议组认为本案事实已经清楚，经合议依法作出审查决定。

二、决定的理由

1. 关于证据和现有技术

请求人提交的证据 1~6 是美国专利文献及其中文译文。专利权人未对证据 1~6 的真实性发表意见，合议组经核实，证据 1~6 的真实性可以认定，并可以作为本案证据使用。对于证据 1~6 中美国专利文献的相关中文译文准确性，由于合议组在口头审理通知书和转送文件通知书中均告知专利权人，要求其对该证据 1~6 中的中文译文准确性发表意见，而专利权人在指定期限内未作答复，故合议组视为其对请求人提交的中文译文的准确性无异议。由于证据 1~6 的授权日均在本专利的申请日之前，其上记载的内容构成本专利的现有技术，可以用来评价本专利的新颖性、创造性，其中证据 1~6文字部分所公开的内容以其中文译文为准。

请求人于口头审理中提交的证据 7 是由中国公路学会筑路机械学会主编，人民交通出版社于 1999 年 9 月印刷出版的《沥青路面施工机械与机械化施工》一书的封面、版权页、目录页、封底、以及正文第 174~191 页、第 260~269 页复印件，针对该证据 7，请求人提交了原件，合议组经核实，可认定证据 7 的真实性，由于该证据属于公开日在本专利申请日之前的公知常识类证据，合议组当庭予以接受。鉴于专利权人缺席口头审理，合议组在口审结束后将该证据副本转送给了专利权人，并要求其在指定的期限内答复，专利权人逾期未答复。

2. 关于本专利权利要求 1~8 是否符合专利法第 22 条第 3 款的规定

专利法第 22 条第 3 款规定：创造性，是指同申请日以前已有的技术相比，该发明有突出的实质性特点和显著的进步，该实用新型有实质性特点和进步。

在本案中，结合请求人在提交的无效宣告请求书及口头审理情况，请求人认为本专利权利要求 1~8相对于证据 2 不具备创造性，且证据 7 可作为公知常识类证据使用。

（1）本专利权利要求 1 要求保护一种连续式双滚筒再生沥青拌合装置，证据 2 则公开了一种沥青筒式混合器，其中包括：框架 18（证据 2 中文译文第 3 页倒数第 3 行，其相当于本专利的底架 1），燃烧器 27（证据 2 中文译文第 4 页第 10 行），固定套筒 32（证据 2 中文译文第 4 页第 17 行，其相当于本专利的外滚筒 7），进口 45（证据 2 中文译文第 5 页第 3 行，其相当于本专利的加料口），出料口 40（证据 2 中文译文第 5 页第 5 行，其相当于本专利的出料口 21），部分置于固定套筒内的滚筒 12（证据 2 中文译文第 3 页倒数第 3 行，其相当于本专利的内滚筒 9），电机 21 通过与圆筒齿轮 22 啮合而驱动筒旋转（证据 2 中文译文第 3 页倒数第 1~2 行），填料进口槽 23（证据 2 说明书第 4 页第 1 行，其相当于本专利的进料口 10），出口 24（证据 2 说明书第 4 页第 4 行，其相当于本专利的卸料口 15），叶片或翼片 26（证据 2 说明书第 4 页第 5 行，其相当于本专利的翻料叶片 19），桨状叶片或混合刀片 42（证据 2 说明书第 4 页倒数第 4 行，其相当于本专利的搅拌叶片）。

由此可见，本专利权利要求 1 要求保护的技术方案与证据 2 所公开的技术方案相比，其区别特征在于：在本专利权利要求 1 的内滚筒上带有减速器组（11），而证据 2 只是具体说明电机通过与圆筒齿轮 22 啮合而驱动筒旋转（证据 2 中文译文第 3 页倒数第 2 行）。尽管证据 2 中没有关于减速器组的文字记载，但该证据 2 中公开了电机 21 通过与圆筒齿轮 22 啮合而驱动筒旋转（证据 2 中文译文第 3 页倒数第 2 行），同时在证据 2 的说明书附图 1 中也能清楚看见电机 21 是通过一个部件与齿轮相耦合然后驱动滚筒的。而且电机由于其旋转速度很快，通常都需要连接减速器组来驱动各个部件，故电机连接减速器组的方式显然是本领域的公知常识。

综上所述，对于本领域普通技术人员来说，在证据 2 公开的技术方案的基础上结合本领域的常用技术手段，无须付出创造性劳动，即可获得本专利权利要求 1 所述的技术方案。因此，本专利权利要求 1 相对于证据 2 来说，不具备实质性特点和进步，不符合专利法第 22 条第 3 款的规定。

（2）权利要求 2 从属于权利要求 1，其附加技术特征为：“所述底架（1）上设有导轨（2），燃烧器（3）置于导轨（2）内的小车（18）上”。证据 7 作为公知常识类证据，其正文第 189 页图 3-1-13 公开了一种轴流型喷气式燃烧器，并且该燃烧器同样是用于沥青混合料搅拌设备之中的，与本专利属于相同的领域。证据 7 公开了用滑动支架前后移动，以取得最佳燃烧状态的技术方案，该技术方案给出了通过横向移动火焰的位置以调整燃烧状态的技术启示。同时证据 7 还给出了燃烧器不直接固定在底架上，而以小台车为载体放置在底架上的技术启示。以小车作为载体实现横方向的移动是本领域常见的方式，本领域普通技术人员基于证据 7 所给出的采用滑架方式实现横向移动的技术启示，很容易想到将燃烧器置于小车上，通过轴向移动的小车调整火焰位置的技术方案，由此结合证据 2 和证据 7 得到本专利权利要求 2 所述技术方案，无须付出任何创造性劳动。因此，本专利权利要求 2 相对于证据 2 和证据 7 的结合来说，不具备创造性，不符合专利法第 22 条第 3 款的规定。

（3）权利要求 3 从属于权利要求 1，其附加技术特征为：“所述内滚筒（9）设有分布于内滚筒两边的两个电机及减速器组（11）”。证据 2 中公开了在内滚筒一侧设置了一个电机和相应驱动结构的技术方案。与证据 2 设有一个驱动结构相比，本专利基于增大驱动动力的目的，又增设了一个驱动结构，然而其完全可以根据具体需要来进行改变，显然属于常规技术手段。因此，在权利要求 3 引用的权利要求不具备创造性的情况下，权利要求 3 也不具备创造性，不符合专利法第 22 条第 3 款的规定。

（4）权利要求 4 从属于权利要求 1 或 3，其附加技术特征为“所述内滚筒（9）上还设有与电机及减速器组（11）连接传动的驱动齿圈（8）”。证据 2 说明书第 3 页倒数第 1 行已经公开了电机 21 通过与圆周齿轮 22 啮合而驱动筒旋转，其中的圆周齿轮 22 就相当于本专利权利要求 4 中的驱动齿圈（8）。而所述电机连接减速器组属于本领域的常规技术手段。因此，在权利要求 4 引用的权利要求不具备创造性的情况下，权利要求 4 也不具备创造性，不符合专利法第 22 条第 3 款的规定。

（5）权利要求 5 从属于权利要求 1 或 3，其附加技术特征为“所述内滚筒（9）上还设有支承滚圈（17），底架（1）上还设有与支承滚圈配套的支承滚轮（22）”。证据 2 说明书第 3 页倒数第 2 行已经公开了轴承 19 与环绕滚筒 12 的圆周安装的滚圈 20 啮合，其中的轴承 19 就相当于本专利中的支承滚轮，滚圈 20 就相当于本专利中的支承滚圈。因此，在权利要求 5 引用的权利要求不具备创造性的情况下，权利要求 5 也不具备创造性，不符合专利法第 22 条第 3 款的规定。

（6）权利要求 6 从属于权利要求 1 或 2，其附加技术特征为“所述底架（1）的底部还设有短底座（16），长底座（12）”。证据 2 说明书第 3 页倒数第 5 行、第 4 页第 19 行以及说明书附图 1 均公开了上述特征。因此，在权利要求 6 引用的权利要求不具备创造性的情况下，权利要求 6 也不具备创造性，不符合专利法第 22 条第 3 款的规定。

（7）权利要求 7 从属于权利要求 1，其附加技术特征为“所述的外滚筒（7）上的加料口包括旧沥青混合料进料口（4），再生料进料口（5），石粉进料口（6），热沥青进料口（13）”。证据 2 说明书第 5 页第 1~8 行以及说明书附图 1 公开了液态沥青供应管 44（相当于本专利的热沥青进料口），进口 45，进口 48（相当于本专利的石粉进料口 6），其中本专利具有再生料进料口和旧沥青混合料进料口，而证据 2 中的进口 45 也用于投入再生铺路沥青的添加剂，故两者并无实质上的区别。因此，在权利要求 7 引用的权利要求不具备创造性的情况下，权利要求 7 也不具备创造性，不符合专利法第 22 条第 3 款的规定。

（8）权利要求 8 从属于权利要求 1 或 7，其附加技术特征为“所述外滚筒（7）上还设有红外测温仪（14）”。证据 2 说明书第 2 页第 1~2 行和说明书第 5 页倒数第 6 行均公开了上述技术特征。因此，在权利要求 8 引用的权利要求不具备创造性的情况下，权利要求 8 也不具备创造性，不符合专利法第 22 条第 3 款的规定。

鉴于本专利的全部权利要求 1~8 相对于证据 2 不具备创造性，不符合专利法第 22 条第 3 款的规定，故对请求人提出的其他无效宣告请求的理由，合议组不再进行评述。

三、决定

宣告 02254715.0 号实用新型专利权无效。

当事人对本决定不服的，可以根据专利法第 46 条第 2 款的规定，自收到本决定之日起三个月内向北京市第一中级人民法院起诉。根据该款的规定，一方当事人起诉后，另一方当事人应当作为第三人参加诉讼。

078

制香机

无效宣告请求审查决定（第9715号）

决　　定　　号　第9715号
决　　定　　日　2007年4月23日
发明创造名称　制香机
国 际 分 类 号　A47G 33/00，A16L 9/00
无效宣告请求人　刘宪武
专 利 权 人　陈有为
专　　利　　号　200520108890.4
申　　请　　日　2005年6月9日
授 权 公 告 日　2006年8月2日
合 议 组 组 长　徐洁玲
主　　审　　员　任晓兰
参　　审　　员　李亚林

法 律 依 据　专利法第22条第3款
决 定 要 点

在判断一项实用新型权利要求的新颖性和创造性时，首先将权利要求的技术方案与对比文件的技术方案进行对比，判断二者是否存在区别特征，是否为实质上相同的技术方案。当二者存在区别特征，所述权利要求的技术方案具有新颖性时，考察所述区别特征的引入对本领域技术人员来说是否显而易见，如果所述区别特征是本领域中解决相同技术问题的常用手段，则该区别特征的引入并不能使得所述权利要求的技术方案具有创造性。

一、案由

本无效宣告请求案涉及国家知识产权局于2006年8月2日公告授予的、名称为“制香机”的实用新型专利（下称本专利），其申请号为200520108890.4，申请日为2005年6月9日，专利权人为陈有为。该专利授权公告的权利要求书如下：

“1. 一种制香机：主要包含有提供接纳成束香杆滚筒；促使所有的滚筒产生移位式的公转及其自转的A号运转机构与B号运转机构；具有定时自动输送香料的D号输送机构；与其具有产生一上一下的揉搓动作使滚筒内的成束香杆产生支支各别张开作用的C号传动机构，所共同组合完成；其特征在于：

所述的滚筒的前段是由圆形筒做为壳体，并在该圆形筒对称的四个端缘边上，贯穿有数孔等间隙的鸠形孔，且于该鸠形孔的外层包裹有一凸延的L弧形的掣爪，另，圆形筒顶端的内缘侧，粘著一层稍具有凸起的粗糙面；又，滚筒的后段是由较小口径的圆形管所以枢接构成，其管径的内侧可接纳套装一组相互配合使用的阳螺纹杆与阴螺纹杆，另，其管径的外端缘面上以固定方式锁接有一棘轮，且于棘轮两侧的对应面上分虽套置有活动转动的套筒元件，藉此，而构成一完整的滚筒结构；

该撮使滚筒内的成束香杆产生揉搓张开作用的C号传动机构，包含有：

一马达及三角皮带，是作为动力产生的来源；

一组圆形轮，是设置于该C号传动机构的底端，具有平行运转的功效；

一组偏心轮筒，是设置于上项圆形轮的顶侧，具有产生偏心运转，与其使该机构发生一上一下的揉搓动作；

一毛刷带，是分别包裹于圆形轮及偏心轮筒上，而藉其在揉着过程中产生略具有较大的摩擦作用。"

针对上述专利权，刘宪武（下称请求人）于2006年9月28日向专利复审委员会提出无效宣告请求，认为本专利不符合专利法第22条第2款和第3款的规定，不符合专利法实施细则第20条第1款的规定，也不符合专利法实施细则第2条的规定，请求宣告该专利权全部无效，并提交了以下证据：

证据1：中国实用新型专利说明书ZL 93247581.7，授权公告日为1994年11月9日，复印件共15页；

证据2：公告号为280311的台湾新型专利说明书公告文本，复印件共17页；

证据3：公告号为225245的台湾新型专利说明书公告文本，复印件共11页；

证据4：公告号为090437的台湾新型专利公报，复印件共2页。

请求人认为：（1）本专利的技术方案与证据1的权利要求1~3完全相同，二者属相同的技术领域，达到的技术效果也相同，因此，本专利相对于证据1不具备新颖性和创造性。基于相同的理由，本专利相对于证据2~4也不具备新颖性和创造性。（2）本专利权利要求1第6、7、8和14行中的"……孔等间隙……"、"……粘著……"、"……所以枢接……"、"……设置于上项圆形轮……与其使……"不清楚，导致权利要求1不符合专利法实施细则第20条第1款的规定。（3）基于本专利与证据1的技术方案完全相同，因此，本专利不是新的技术方案，不符合专利法实施细则第2条的规定。

经形式审查合格后，专利复审委员会受理了上述请求，于2006年11月15日向双方当事人发出《无效宣告请求受理通知书》，并将《专利权无效宣告请求书》及其他有关文件的副本转送给专利权人，要求其在指定的期限内答复，同时成立合议组对本无效宣告请求案进行审理。专利权人未在指定的期限内进行答复。

2007年2月27日，本案合议组向双方当事人发出《无效宣告请求口头审理通知书》，定于2007年4月16日对本无效宣告请求案进行口头审理。

2007年4月16日，口头审理如期进行，请求人的代理人出席了口头审理，专利权人缺席。请求人对合议组成员无回避请求。合议组在专利权人缺席的情况下就本无效宣告请求案进行了庭审调查：合议组当庭告知请求人，其在提出无效宣告请求时主张本专利相对于证据2~4不具备新颖性和创造性，但未具体说明理由，并且在提出无效宣告请求之日起一个月内也未结合所述证据具体说明无效理由，因此，合议组对请求人所主张的"本专利相对于证据2~4不具备新颖性和创造性"的无效理由不予考虑。请求人放弃证据2~4以及本专利相对于证据2~4不具备新颖性和创造性的无效理由。请求人同时放弃本专利权利要求1不符合专利法实施细则第20条第1款的规定、以及本专利不符合专利法实施细则第2条的规定的无效理由。其最终确定的无效理由是：本专利权利要求1相对于证据1

不具备新颖性和创造性。合议组就本无效宣告请求案的无效理由及证据逐一进行了调查，请求人充分陈述了意见。

至此，合议组认为本案的事实清楚，可以作出审查决定。

二、决定的理由

1. 关于证据

请求人提交的证据 1 为中国实用新型专利说明书。经核实，合议组认可其真实性。基于其公开时间在本专利的申请日之前，因此可以作为本专利的现有技术。

2. 关于新颖性和创造性

专利法第 22 条第 2 款规定，新颖性，是指在申请日以前没有同样的发明或者实用新型在国内外出版物上公开发表过、在国内公开使用过或者以其他方式为公众所知，也没有同样的发明或者实用新型由他人向国务院专利行政部门提出过申请并且记载在申请日以后公布的专利申请文件中。

专利法第 22 条第 3 款规定，创造性，是指同申请日以前已有的技术相比，该发明具有突出的实质性特点和显著的进步，该实用新型具有实质性特点和进步。

在判断一项实用新型权利要求的新颖性和创造性时，首先将权利要求的技术方案与对比文件的技术方案进行对比，判断二者是否存在区别特征，是否为实质上相同的技术方案。当二者存在区别特征，所述权利要求的技术方案具有新颖性时，考察所述区别特征的引入对本领域技术人员来说是否显而易见，如果所述区别特征是本领域中解决相同技术问题的常用手段，则该区别特征的引入并不能使得所述权利要求的技术方案具有创造性。

就本案而言，权利要求 1 要求保护一种制香机，其主要包括 5 个部分，即，提供接纳成束香杆滚筒、促使所有的滚筒产生移位式的公转及其自转的 A 号运转机构与 B 号运转机构、定时自动输送香料的 D 号输送机构、与通过揉搓动作使滚筒内的成束香杆产生支支各别张开作用的 C 号传动机构。请求人提供的证据 1 公开了一种制香机，该制香机也包括如上所述的 5 个部分（参见证据 1 的权利要求 1）。

将本专利权利要求 1 的技术方案与对比文件 1 的技术方案（参见对比文件 1 权利要求，说明书第 5 页倒数第 2 段，附图 1~6）进行对比可以发现，二者具有以下相同之处（括号内的数字，前者为本专利附图中的附图标记，带下划线的数字是证据 1 中相应的附图标记）：主要包括提供接纳成束香杆的滚筒（1，1），促使所有的滚筒产生移位式的公转及其自转的 A 号运转机构（A，A）与 B 号运转机构（B，B）、定时自动输送香料的 D 号输送机构（D，D）、与通过具有产生一上一下的揉搓动作使滚筒内的成束香杆产生支支各别张开作用的 C 号传动机构（C，C），其中，所述滚筒的前段由圆形筒（10，10）作为壳体，在该圆形筒对称的四个端缘边上贯穿有数个鸠形孔（11，槽孔 11），且于该鸠形孔的外层包裹有一凸延的 L 弧形的掣爪（12，制爪 12），在圆形筒顶端的内缘侧粘着一层稍具有凸起的粗糙面（13，13）；滚筒的后段由较小口径的圆形管（14，14）构成，其管径的内侧可接纳套装一组相互配合使用的阳螺纹杆与阴螺纹杆（15 和 16，15 和 16），其管径的外端缘面上以固定方式锁接有一棘轮（19，19），在棘轮两侧的对应面上分别套置有活动转动的套筒元件（20 和 21，20 和 21），从而构成一完整的滚筒结构；促使滚筒内的成束香杆产生揉搓张开作用的 C 号传动机构包括：作为动力产生来源的一个马达（6，6）和皮带（61，61），设置于 C 号传动机构的底端、具有平行运转功效的一组圆形轮（631，631），设置于圆形轮的顶侧、具有产生偏心运转、使该机构发生一上一下的揉搓动作的一组偏心轮筒（641，641），分别包裹于圆形轮及偏心轮筒上、从而在揉着过程中产生略具有较大摩擦作用的毛刷带（632 和 642，632 和 642）。二者的区别在于：（a）权利要求 1 中贯穿在圆形筒上的数个鸠形孔是等间隙的，证据 1 未公开这一特征；（b）权利要求 1 中处于滚筒后段的小口径圆形管以枢接构成，证据 1 未公开这一特征；（c）权利要求 1 中 C 号传动机构上设置有三角皮带，在证据 1 中仅公开相应的特征为带动皮带。

基于权利要求 1 与证据 1 相比存在上述区别特征，而这三个具体的技术特征又使得权利要求 1 所要求保护的制香机与证据 1 中公开的制香机成为两个实质上不相同的技术方案，因此，权利要求 1 具有新颖性，符合专利法第 22 条第 2 款的规定。

在此基础上考察权利要求 1 技术方案的创造性，即，需要判断以上三个区别特征能否使权利要求 1 的技术方案具有创造性，也就是需要考察所述区别特征的引入对本领域技术人员来说是否显而易见。

根据本专利说明书所述，本实用新型的目的是提供一种自动化生产香支的制香机，这与证据 1 的目的完全相同，而且，二者解决该问题所采用的自动化机器的组成部分也完全相同，因此，本实用新型实际要解决的技术问题是，提供一种可替换的制香机。

从本专利与证据 1 的制香机可以知道，滚筒壳体上的鸠形孔（在证据 1 中相应地为槽孔）是供导入香料和甩出残余香料用的，尽管证据 1 中未明示槽孔在圆形筒上等间隙分布，而仅仅在其附图 3 中示意性地给出了槽孔大略均一的分布状态，但是，通常情况下，为了使香料均匀分布，本领域技术人员容易想到使鸠形孔等间隙地分布在圆形筒上。

对于以上区别特征（b），首先，在本专利说明书中既未明确给出二者如何进行“枢接”，也未提及采用“枢接”方式将会产生哪些有益的效果；其次，滚筒上小口径圆形管与大口径圆形管采取何种连接方式对于整个滚筒的功能不会产生任何影响，基于这一考虑，本领域技术人员在证据 1 的基础上，采用常见的枢接方式将滚筒前段大口径圆形筒与后段小口径圆形筒连接起来并不需要花费创造性的劳动。

另外，对于以上区别特征（c），尽管在证据 1 中未批露 C 号传动机构上的带动皮带为三角皮带，但是，根据 C 号传动机构上的皮带仅仅起到传动作用这一点，本领域技术人员在具体实施过程中使用常用的三角皮带是显而易见的。

综上，基于以上区别特征均是本领域中解决相同技术问题的常用手段，本领域技术人员在证据 1 的基础上，结合其知晓的普通技术知识获得权利要求 1 的技术方案是显而易见的，因此，权利要求 1 相对于证据 1 不具备创造性，不符合专利法第 22 条第 3 款的规定。

基于以上事实和理由，本案合议组作出如下审查决定。

三、决定

宣告第 200520108890.4 号实用新型专利权全部无效。

当事人对本决定不服的，可以根据专利法第 46 条第 2 款的规定，自收到本决定之日起三个月内向北京市第一中级人民法院起诉。根据该款的规定，一方当事人起诉后，另一方当事人应当作为第三人参加诉讼。

079

头颈矫治器

无效宣告请求审查决定（第9717号）

决　　定　　号　第9717号
决　　定　　日　2007年4月25日
发明创造名称　头颈矫治器
国 际 分 类 号　A47G 9/10，A61M 37/00，A61H 23/00
无效宣告请求人　南京中脉科技发展有限公司
专　利　权　人　郑州日月神保健品有限公司
专　　利　　号　00205576.7
申　　请　　日　2000年2月28日
授 权 公 告 日　2001年1月24日
合 议 组 组 长　张田勇
主　　审　　员　马　燕
参　　审　　员　王琦琳

法　律　依　据　专利法第22条第3款
决　定　要　点

如果一项发明是在可能的、有限的范围内选择具体的尺寸或参数，而这些选择可以由本领域的技术人员通过常规手段得到并且没有产生预料不到的技术效果，则该项发明不具备创造性，不符合专利法第22条第3款的规定。

一、案由

本无效宣告请求涉及国家知识产权局于2001年1月24日授权公告的名称为“头颈矫治器”的00205576.7号专利权（下称本专利），其申请日为2000年2月28日，专利权人为陈冠卿，后于2003年8月22日变更为郑州新登集团欣丽服装有限公司，又于2004年4月23日变更为郑州日月神保健品有限公司，本专利授权公告时的权利要求书如下：

“1. 一种由枕套（1）、枕芯（2）构成的头颈矫治器，其特征在于由凹陷槽（3）、头枕（4）、颈枕（5）、脸侧枕（6）、气囊（9）构成，可制成长方形、圆柱形、长椭圆形等不同形状，其整体尺寸是长为50~150cm、宽为20~60cm、高为6~18cm，并可根据人的男女老幼、高矮胖瘦及治疗不同病症等不同情况设计制作不同型号。

2. 根据权利要求1所述的头颈矫治器，其特征在于头枕（4）和颈枕（5）的上面缝缀装置药垫（7）。

3. 根据权利要求 1 所述的头颈矫治器，其特征在于颈枕（5）是近似于颈椎生理曲度的弧形凸突物，长为 10~30cm、宽为 8~16cm、高为 5~16cm，内装有振动按摩器（8）。

4. 根据权利要求 1 所述的头颈矫治器，其特征在于头枕（4）的有关尺寸是：长为 10~30cm、宽为 8~25cm，厚为 2~10cm。

5. 根据权利要求 1 所述的一种头颈矫治器，其特征在于枕套（1）由丝、棉、麻、化纤等织物及毛、皮等制成。

6. 根据权利要求 1 所述的一种头颈矫治器，其特征在于气囊（9）是中空的，由塑料或橡胶制成，通过充气或放气，可改变本实用新型的高度或低度及柔软舒适度。”

针对上述专利权，南京中脉科技发展有限公司（下称请求人）于 2005 年 10 月 27 日向专利复审委员会提出无效宣告请求，其理由是本专利权利要求 1~6 均不具备创造性，不符合专利法第 22 条第 3 款的规定。请求人提交了如下证据：

证据 1：公开号为 CN1237404A 的中国发明专利申请公开说明书，公开日为 1999 年 12 月 8 日；

证据 2：授权公告号为 CN2251310Y 的中国实用新型专利说明书，授权公告日为 1997 年 4 月 9 日；

证据 3：公开号为 CN1191106A 的中国发明专利申请公开说明书，公开日为 1998 年 8 月 26 日；

证据 4：授权公告号为 CN2195953Y 的中国实用新型专利说明书，授权公告日为 1995 年 5 月 3 日；

证据 5：公开号为 CN1088769A 的中国发明专利申请公开说明书，公开日为 1994 年 7 月 6 日；

证据 6：公告号为 CN2098215U 的中国实用新型专利申请说明书，公告日为 1992 年 3 月 11 日；

证据 7：授权公告号为 CN2261780Y 的中国实用新型专利说明书，授权公告日为 1997 年 9 月 10 日。

经形式审查合格，专利复审委员会受理了上述无效宣告请求，于 2006 年 8 月 16 日向双方当事人发出无效宣告请求受理通知书，并随无效宣告请求受理通知书将专利权无效宣告请求书及其附件清单中所列附件的副本转送给专利权人，要求其在指定的期限内答复。

针对上述无效宣告请求，专利权人于 2006 年 9 月 22 日向专利复审委员会提交了意见陈述书，同时提交了以下反证作为参考：

反证 1：中华人民共和国卫生部主管、中华预防医学会主办、国内统一刊号为 CN11-0112 的《保健时报》第 462 期的“龙卿牌　头颈康枕　专版”和第 10 版版面原件，出版日期为 2004 年 1 月 15 日。

专利权人认为，将证据 1 与本专利的权利要求、说明书附图进行对比，证实二者是不一样的，本专利的权利要求 1 相对于证据 1 的权利要求 1 有实质性特点和进步；将证据 2~7 与本专利的权利要求、说明书附图进行对比，二者的构造和权利要求不同；无效宣告请求人对本专利权利要求 2~6 的否定没有实质性依据和理由。因此本专利具备创造性，符合专利法第 22 条第 3 款的规定。反证 1 中的“枕头的革命”一文详细地阐明了本专利具备实质性特点和进步，文中的头颈康枕是头颈矫治器的商品名称。

专利复审委员会依法组成合议组，对上述无效宣告请求进行审理。

本案合议组于 2006 年 12 月 31 日向双方当事人发出无效宣告请求口头审理通知书，定于 2007 年 1 月 29 日举行口头审理，随同无效宣告请求口头审理通知书将专利权人于 2006 年 9 月 22 日提交的意见陈述书和反证 1 转送给请求人。

口头审理如期举行，请求人出席了口头审理，专利权人缺席口头审理。

在口头审理中，（1）请求人表示未收到专利权人于2006年9月22日提交的反证1，合议组当庭将反证1转送给请求人，请求人对反证1的真实性无异议；（2）请求人明确表示证据5~7仅作为参考，并明确表示其无效理由及范围是本专利权利要求1、5相对于证据1、2的结合不具有创造性，权利要求2、4、6相对于证据1、2和公知常识的结合不具有创造性，权利要求3相对于证据1~3和公知常识的结合不具备创造性，认为反证1不能证明本专利的权利要求1~6相对于证据1~4具备创造性。

至此，合议组认为本案的事实已清楚，依法作出如下决定。

二、决定的理由

1. 关于证据

请求人明确表示证据5~7仅作为参考，因此本决定中不再对证据5~7进行评述。

证据1~4是中国专利文献，公开日均在本专利的申请日之前，专利权人未对证据1~4的真实性提出异议，经合议组审查，证据1~4可以作为本案的定案依据，并且其上记载的内容构成本专利的现有技术，能够用来评述本专利权利要求的创造性。

专利权人提交的反证1是第462期《健康时报》的专版和第10版版面，其上记载有报纸的刊号和出版信息以及出版日期，属于专利法意义上的公开出版物，请求人对其真实性无异议，合议组经审查认为，专利权人在2006年9月22日提交的意见陈述书中明确表示反证1“供参考”，虽然反证1的真实性可以认定，但是反证1中仅记载有本专利的“头颈康枕”产品及其特点，不能用于证明本专利权利要求1~6相对于证据1~4具备创造性，因此反证1不能作为本案的定案依据。

2. 关于专利法第22条第3款

专利法第22条第3款规定：创造性，是指同申请日以前已有的技术相比，该发明有突出的实质性特点和显著的进步，该实用新型有实质性特点和进步。

（1）关于权利要求1是否具备创造性。

本专利权利要求1公开了一种由枕套、枕芯构成的头颈矫治器，证据1（说明书第5页第10行至第6页第7行，说明书附图1、2，权利要求书）公开了一种由枕套1和枕芯2构成的预防、治疗颈椎病的颈椎乐枕头，包括：凹陷槽3、凹陷槽3下面的枕头实体部分（相当于本专利中的“头枕”）、颈垫4（相当于本专利中的“颈枕”）、说明书附图2中凹陷槽3左右两边的部分（相当于本专利中的“脸侧枕”），在颈垫4内装有药物6，药物6由能预防和治疗颈椎病的药物构成，该颈椎乐枕头可制成长方形、圆柱形、长椭圆形等不同形状，其整体尺寸一般是长为500~4000mm（即50~400cm）、宽为200~600mm（即20~60cm）、高为60~180mm（即6~18cm），可根据人的男女老幼、高矮胖瘦等不同情况设计不同的型号。

证据1公开的颈椎乐枕头与本专利权利要求1要求保护的头颈矫治器相比，其区别在于：①本专利权利要求1的头颈矫治器可根据治疗不同病症设计制作不同型号；②本专利权利要求1的头颈矫治器包括气囊。

对于区别技术特征①，证据1中的枕头能有效地治疗因风寒湿邪、肝肾气虚、气血不足、痰湿凝阻、经络淤滞、气滞血淤以及因年老体衰，颈椎发生退行性病变等原因引起的颈椎病（参见说明书第5页倒数第2行至第6页第1行），即，证据1中的枕头具有治疗不同病症的作用，不同人所患的颈椎病的程度不尽相同，为了实现有效地治疗颈椎病的目的，必然要根据人的不同病症及其程度来设计不同型号的枕头，因此，证据1中给出了根据治疗不同病症而设计不同型号的枕头的启示。

证据2公开的高低可调保健枕中，披露了该保健枕中包括气囊5，且该气囊的作用是通过充、放气来调整枕头的高低，与本专利权利要求1中的气囊所起的作用相同，由此可知，证据2公开了上述区别技术特征②，并且证据 2 与证据 1 属于相同的技术领域，对本领域技术人员来说，在证据 1 的基础上结合证据 2 得出本专利权利要求 1 要求保护的技术方案是显而易见的，因此，本专利权利要求 1 不具备创造性，不符合专利法第 22 条第 3 款的规定。

（2）关于权利要求 2 是否具备创造性。

本专利权利要求 2 是权利要求 1 的从属权利要求，其附加技术特征为：头枕和颈枕的上面缝缀装置药垫。

经审查合议组认为，在具有预防、治疗颈椎病的枕头中放置药物是本领域的常用技术手段，且药物一般是放置在接近于人体头部的颈枕或头枕上，或者同时放置在颈枕和头枕上。例如在证据 4（说明书第 6 页第 7、8 行，图 3）公开的颈椎病预防、治疗枕中，披露了在颈枕 3 的上表面固定有一个对颈椎病有特效的中药垫 4；在证据 1 中公开了在颈垫内装有预防和治疗颈椎病的药物（说明书第 5 页第 17~24 行，权利要求 8、说明书附图），在证据 3 中公开了在基枕垫 2 上或按摩触点 3 上放置有内装药物的药垫（说明书第 1 页第 13、14 行）。由此可知，本专利权利要求 2 的附加技术特征属于本领域的常用技术手段，因此在其引用的权利要求 1 不具备创造性时，从属权利要求 2 也不具备创造性，不符合专利法第 22 条第 3 款的规定。

（3）关于权利要求 3 是否具备创造性。

权利要求 3 是权利要求 1 的从属权利要求，其附加技术特征为：颈枕是近似于颈椎生理曲度的弧形凸突物，长为 10~30cm、宽为 8~16cm、高为 5~16cm，内装有振动按摩器。

证据 1 的权利要求 3 公开了以下技术特征：颈垫是近似于颈椎生理曲度的弧形凸突物，高为 30~120mm（即 3~12cm）、宽为 80~160mm（即 8~16cm），内装有永磁体和药物。证据 3（参见说明书第 1 页第 6~18 行、第 2 页第 5~12 行，图 2A、2B）公开的颈椎病治疗枕中，披露了在承托颈椎的基枕垫 2（相当于本专利中的“颈枕”）下设置振动装置，该振动装置实现对颈椎穴位或病灶部位的动态按摩，其作用与本专利中的振动按摩器的作用相同。尽管证据 1 没有公开颈垫的长度尺寸，但是该尺寸的选择可以由本领域的技术人员通过常规手段得到并且没有产生预料不到的技术效果，因此，在证据 1 的基础上结合证据 2、3 以及使用本领域常用技术手段得出权利要求 3 的技术方案对本领域技术人员来说是显而易见的，权利要求 3 不符合专利法第 22 条第 3 款的规定。

（4）关于权利要求 4 是否具备创造性。

权利要求 4 是权利要求 1 的从属权利要求，其附加技术特征为：头枕的有关尺寸是：长为 10~30cm、宽为 8~25cm、厚为 2~10cm。

证据 1（参见第 5 页第 15~16 行以及附图）公开了凹陷槽的尺寸：长为 100~300mm（即 10~30cm）、宽为 80~250mm（即 8~25cm）、深为 20~100mm（即 2~10cm）。合议组认为，头枕是头颈矫治器中位于颈枕之间的凹陷部分，是头颈矫治器的实体的一部分，而凹陷槽是指头枕上方的空间，由此可见，凹陷槽的长度、宽度与头枕的长度、宽度是对应的，但凹陷槽的深度是指本专利枕头中部向下凹陷的深度，并不能对应于头枕自身的厚度，因此，证据 1 没有公开头枕的厚度尺寸，但是，证据 1 中枕头是用于平躺放置头部时，让使用者的颈椎保持颈椎的生理曲度的，因此，本领域技术人员能够根据人体颈椎的生理弯曲曲线和平躺的使用要求来设置头枕的厚度，使枕头在使用过程中保持使用者的颈椎的生理曲度，即本专利权利要求 4 中将头枕的厚度设置为 2~10cm 是本领域技术人员在可能的、有限的范围内选择的具体尺寸，并且没有产生预料不到的技术效果，因此，在其引用的权利要求 1 不具备创造性时，从属权利要求 4 也不具备创造性，不符合专利法第 22 条第 3 款的规定。

（5）关于权利要求 5 是否具备创造性。

权利要求 5 是权利要求 1 的从属权利要求，其附加技术特征为，枕套由丝、棉、麻、化纤等织物及毛、皮等制成。

证据1（参见说明书第5页第11行）披露了枕套由丝、棉、麻、化纤等织物或毛、皮等制成。由此可知，本专利权利要求5的附加技术特征在证据1中公开，在其引用的权利要求1不具备创造性时，从属权利要求5也不具备创造性，不符合专利法第22条第3款的规定。

（6）关于权利要求6是否创造性。

权利要求6是权利要求1的从属权利要求，其附加技术特征为：气囊是中空的，由塑料或橡胶制成，通过充气或放气，可改变本实用新型的高度或低度及柔软舒适度。

证据2（参见说明书第2页第14、15行，第2页第23行至第3页第11行，图1）公开的高低可调保健枕中，披露了该保健枕中包括气囊（参见图1中的“5”），并且该气囊的作用是通过充、放气来调整枕头的高低，并且可以使枕头的软硬达到最理想的程度。尽管证据2没有公开气囊是由塑料或橡胶制成，但合议组认为，这属于本领域的常用技术手段。因此，在其引用的权利要求1不具备创造性时，从属权利要求6也不具备创造性，不符合专利法第22条第3款的规定。

综上所述，本专利权利要求1~6均不具备创造性，不符合专利法第22条第3款的规定。

在此基础上，合议组依法作出如下决定。

三、决定

宣告00205576.7号实用新型专利权全部无效。

当事人对本决定不服的，可以根据专利法第46条第2款的规定，自收到本决定之日起三个月内向北京市第一中级人民法院起诉。根据该款的规定，一方当事人起诉后，另一方当事人应当作为第三人参加诉讼。

北京市第一中级人民法院
行政判决书

（2007）一中行初字第1420号

原告郑州日月神保健品有限公司，住所地郑州市二七区大学路82号。

法定代表人陈冠卿，总经理。

被告国家知识产权局专利复审委员会，住所地北京市海淀区北四环西路9号银谷大厦10~12层。

法定代表人廖涛，副主任。

委托代理人马燕，国家知识产权局专利复审委员会审查员。

委托代理人朱明雅，国家知识产权局专利复审委员会审查员。

第三人南京中脉科技发展有限公司，住所地南京市浦口经济开发区浦珠路8号。

法定代表人王尤山，董事长。

委托代理人顾伯兴，南京众联专利代理有限公司专利代理人。

委托代理人吴永纪，男，1955年6月20日出生，南京中脉科技发展有限公司职员，住南京市白下区石门坎119号6幢902室。

原告郑州日月神保健品有限公司（简称日月神公司）不服被告国家知识产权局专利复审委员会（简称专利复审委员会）于2007年5月12日作出的第9717号无效宣告请求审查决定（以下简称第9717号决定），在法定期限内向本院提起诉讼。本院于2007年10月15日受理本案后，依法组成合议庭，并通知南京中脉科技发展有限公司（以下简称中脉公司）作为本案第三人参加诉讼，于2007年12月13日公开开庭进行了审理。原告日月神公司的法定代表人陈冠卿，被告专利复审委员会的委托代理人马燕、朱明雅，第三人中脉公司的委托代理人吴永纪到庭参加诉讼。本案现已审理终结。

第9717号决定系专利复审委员会就请求人中脉公司针对专利权人日月神公司拥有的名称为“头颈矫治器”实用新型专利（以下简称本专利）所提出的无效宣告请求作出的。专利复审委员会在该决定中认定：

1. 关于证据

中脉公司确表示证据5~7作为参考，因此在决定中不再对证据5~7进行评述：

证据1~4是中国专利文献，公开日均在本专利的申请日之前，日月神公司未对证据1~4的真实性提出异议，经专利复审委员会审查，证据1~4可以作为本案的定案依据，并且其上记载的内容均成本专利的现有技术，能够用来评述本专利权利要求的创造性。

日月神公司提交的反证1是第462期《健康时报》的专版和第10版版面，其上记载有报纸的刊号和出版信息以及版日期，属于专利法意义上的公开出板物，中脉公司对其真实性无异议，专利复审委员会经审查认为，日月神公司在2006年9月22日提交的意见陈述书中明确表示反证1“供参考”，虽然反证1的真实性可以认定，但是反证1中仅记载有本专利的“头颈康枕”产品及其特点，不能用于证明本专利权利要求1~6相对于证据1~4具备创造性，因此反证1不能作为本案的定案依据。

2. 关于《专利法》第二十二条第三款

（1）关于权利要求1是否具备创造性。

本专利权刮要求1公开了一种由枕套、枕芯构成的头颈矫治器，证据1公开的颈椎乐枕头与本专利权利要求1要求保护的头颈矫治器相中，其区别在于：①本专利权利要求1的头颈矫治器可根据治疗不同病症设计制作不同型号；②本专利权利要求1的头颈矫治器包括气囊。

对于区别技术特征①，证据1中的枕头能有效地治疗因风寒湿邪、肝肾气虚、气血不足、痰湿凝阻、经络淤滞、气滞血淤以及因年老体衰，颈椎发生退行性病变等原因引起的颈椎病（参见说明书第5页倒数第2行至第6页第1行），即，证据1中的枕头具有治疗不同病症的作用，不同人所患的颈椎病的程度不尽相同，为了实现有效地治疗颈椎病的目的，必然要根据人的不同病症及其程度来设计不同型号的枕头，因此，证据1中给出了根据治疗不同病症而设计不同型号的枕头的启示。

证据2公开的高低可调保健枕中，披露了该保健枕中包括气囊5，且该气囊的作用是通过充、放气来调整枕头的高低，与本专利权利要求1中的气囊所起的作用相同，由此可知，证据2公开了上述区别技术特征②，并且证据2与证据1属于相同的技术领域，对本领域技术人员来说，在证据1的基础上结合证据2得出本专利权利要求1要求保护的技术方案是显而易见的，因此，本专利权利要求1不具备创造性，不符合《专利法》第二十二条第三款的规定。

（2）关于权利要求2是否具备创造性。

本专利权利要求2是权利要求1的从属权利要求，其附属技术特征为：头枕和颈枕的上面缝缀装置药垫。

经审查专利复审委员会认为，在具有预防、治疗颈椎病的枕头中放置药物是本领域的常用技术手段，且药物一般是放置在接近于人体头部的颈枕或头枕上，或者同时放置在颈枕和头枕上。例如在证据4（说明书第6页第7、8行，图3）公开的颈椎病预防、治疗枕中，披露了在颈枕3的上表面固定有一个对颈椎病有特效的中药垫4；在证据1中公开了在颈垫内装有预防和治疗颈椎病的药物（说明书第5页第17~24行，权利要求8、说明书附图），在证据3中公开了在基枕垫2上或按摩触点3上放置有内装药物的药垫（说明书第1页第13、14行）。由此可知，本专利权利要求2的附加技术特征属于本领域的常用技术手段，因此在其引用的权利要求 1 不具备创造性时，从属权利要求 2 也不具备创造性，不符合专利法第二十二条第三款的规定。

（3）关于权利要求 3 是否具备创造性。

权利要求 3 是权利要求 1 的从属权利要求，其附加技术特征为：颈枕是近似于颈椎生理曲度的弧形凸突物，长为 10~30cm、宽为 8~16cm、高为 5~16cm，内装有振动按摩器。

证据 1 的权利要求 3 公开了以下技术特征：颈垫是近似于颈椎生理曲度的弧形凸突物，高为 30~120mm（即 3~12cm），宽为 80~160mm（即 8~16cm），内装有永磁体和药物。证据 3（参见说明书第 1 页第 6~18 行、第 2 页第 5~12 行，图 2A、2B）公开的颈椎病治疗枕中，披露了在承托颈椎的基枕垫 2（相当于本专利中的“颈枕”）下设置振动装置，该振动装置实现对颈椎穴位或病灶部位的动态按摩，其作用与本专利中的振动按摩器的作用相同。尽管证据 1 没有公开颈垫的长度尺寸，但是该尺寸的选择可以由本领域的技术人员通过常规手段得到并且没有产生预料不到的技术效果，因此，在证据 1 的基础上结合证据 2、3 以及使甲本领域常用技术手段得出利要求 3 的技术方案对本领域技术人员来说是显而易见的，权利要求 3 不符合《专利法》第二十二条第三款的规定。

（4）关于权利要求 4 是否具备创造性。

权利要求 4 是权利要求 1 的从属权利要求，其附加技术特征为：头枕的有关尺寸是：长为 10~30cm、宽为 8~25cm、厚为 2~10cm。

证据 1（参见第 5 页第 15~16 行以及附图）公开了凹陷槽的尺寸：长为 100~300mm（即 10~30cm）、宽为 80~250mm（即 8~25cm）、深为 20~100mm（即 2~10cm）。专利复审委员会认为，头枕是头颈矫治器中位于颈枕之间的凹陷部分，是头颈矫治器的实体的一部分，而凹陷槽是指头枕上方的空间。由此可见，凹陷槽的长度、宽度与头枕的长度、宽度是对应的，但凹陷槽的深度是指本专利枕头中部向下凹陷的深度，并不能对应于头枕自身的厚度，因此，证据 1 没有公开头枕的厚度尺寸，但是，证据 1 中枕头是用于平躺放置头部时，让使用者的颈椎保持颈椎的生理曲度的，因此，本领域技求人员能够根据人体颈椎的生理弯曲曲线和平躺的使用要求来设置头枕的厚度，使枕头在使用过程中保持使用者的颈椎的生理曲度，即本专利权利要求 4 中将头枕的厚度设置为 2~10cm 是本领域技术人员在可能的、有限的范围内选择的具体尺寸，并且没有产生预料不到的技术效果，因此，在其引用的权利要求 1 不具备创造性时，从属权利要求 4 也不具备创造性，不符合《专利法》第二十二条第三款的规定。

（5）关于权利要求 5 是否具备创造性。

权利要求 5 是权利要求 1 的从属权利要求，其附加技术特征为，枕套由些、棉、麻、化纤等织物及毛、皮等制成。

证据 1（参见说明书第 5 页第 11 行）披露了枕套由丝、棉、麻、化纤等织物或毛、皮等制成。由此可知，本专利权利要求 5 的附加技术特征在证据 1 中公开，在其引用的权利要求 1 不具备创造性时，从属权利要求 5 也不具备创造性，不符合《专利法》第二十二条第三款的规定。

（6）关于权利要求 6 是否具备创造性。

权利要求 6 是权利要求 1 的从属权利要求，其附加技术特征为：气囊是中空的，由塑料或橡胶制成，通过充气或放气，可改变本实用新型的高度或低度及柔软舒适度。

证据 2（参见说明书第 2 页第 14、15 行，第 2 页第 23 行至第 3 页第 11 行，图 1）公开的高低可调保健枕中，披露了该保健枕中包括气囊（参见图 1 中的“5”），并且该气囊的作用是通过充、放气来调整枕头的高低，并且可以使枕头的软硬达到最理想的程度。尽管证据 2 没有公开气囊是由塑料或橡胶制成，但专利复审委员会认为，这属于本领域的常用技术手段。因此，在其引用的权利要求 1

不具备创造性时，从属权利要求 6 也不具备创造性，不符合《专利法》第二十二条第三款的规定。

综上，专利复审委员会作出第 9717 号决定，宣告本专利无效。

原告日月神公司不服第 9717 号决定，在法定期限内向本院提起行政诉讼称：（1）本专利的权利要求 1 与证据 1 对比具有创造性。本专利的权利要求 1 与证据 1 的权利要求 1 相比增加了以下新的技术特征：头枕（4）、颈枕（5）、脸侧枕（6）、气囊（9）构成。可制成长方形、圆柱形、长椭圆形等不同形状，其整体尺寸是长为 50~150cm、宽为 20~60cm、高为 6~18cm，并可根据人的男女老幼、高矮胖瘦及治疗不同病症等不同情况设计制作不同型号。并产生了预料不到的技术效果：巧妙地将具有不同形状不同数据的头枕、颈枕和脸侧枕完美地结合在一起，在使用时，最符合和适应人体头颈肩背脸的生理构造特点，使人在仰卧或侧卧睡觉时颈椎都能保持自然正常的生理状态。还有反向自然牵引矫正、药物治疗、磁疗按摩等综合功能，对一些病症有良效，如对颈椎病的治疗就有高达 95% 以上的有效率。被誉为是枕头的革命。（2）本专利的权利要求 1 与证据 2 对比具有创造性。本专利的权利要求 1 与证据 2 的权利要求 1 相比，除“气囊”相同外，本专利权利要求 1 的其他技术特征与证据 2 的权利要求 1 相比是完全不同的。不能以有一个技术特征相同就完全否定其他技术特征的存在，因此，权利要求 1 具有创造性。（3）被告用“相当于”、“启示”这些推理性的臆断来否定本专利权利要求 1 的实质性特点和进步。被告将证据 1 中没有说明存在的技术特征或某些部分用推理性的臆断来否定本专利的权利要求 1 显然是不公平和不正确的。（4）本实用新型在某种程度上属于组合发明，它是多种技术特征的结合，结合后的效果已经超过了证据 1 和证据 2 全部技术特征的总和，具有创造性，并且已经产生了如上所述的意想不到的效果。（5）被告以发明专利的标准来判定本实用新型是有失公正的。(6)《专利法》第二十二条第三款规定：“创造性，是指同申请日以前已有的技术相比，该发明有突出的实质性特点和显著的进步，该实用新型有实质性特点和进步。”这就说明，专利申请被授予专利权是有先决条件的，无论是发明或实用新型专利，只有符合具有创造性的前提条件，才能被授予专利权，反之就不能被授予专利权。本专利在 2001 年 1 月 24 日已被公告授权，这就说明，本专利在被授权时就已被国家知识产权局认定具有新颖性、创造性和实用性了。综上，原告请求人民法院判令：依法撤销被告专利复审委员会作出的第 9717 号决定。

被告专利复审委员会辩称：（1）被告作出的决定中指出，本专利权利要求 1 相对于证据 1、2 的结合不具备创造性，而不是本专利分别相对于证据 1、证据 2 均不具备创造性。（2）在判断创造性时，应当将权利要求所要求保护的技术方案与对比文件的全部技术内容或部分技术内容进行比较，而不仅仅是将两者的权利要求进行比较。（3）本专利将枕头的不同部分命名为“头枕”、“颈枕”、“脸侧枕”，证据 1 中虽然没有相对应的部分进行命名，但这些部分是实际存在的。（4）实用新型专利申请在授予专利权之前没有经过实质审查，只经过了初步审查，但初步审查不审查实用新型专利申请是否具备新颖性、创造性和实用性。综上，专利复审委员会坚持其在第 9717 号决定中的意见，认为第 9717 号决定认定事实清楚，适用法律正确，审理程序合法，原告的诉讼理由不能成立，请求人民法院驳回原告的诉讼请求，维持第 9717 号决定。

第三人中脉公司在庭审前没有提交书面意见，其在开庭审理下表示同意专利复审委员会的意见。

本院经审理查明：

本专利的名称为“头颈矫治器”，其申请日为 2000 年 2 月 28 日，申请号为 00205576.7、授权公告日为 2001 年 1 月 24 日、授权时专利权人为陈冠卿，于 2003 年 8 月 22 日变更为郑州新登集团欣丽服装有限公司，又于 2004 年 4 月 23 日变更为日月神公司，本专利授权公告时的权利要求书如下：

“1. 一种由枕套（1）、枕芯（2）构成的头颈矫治器，其特征在于由凹陷槽（3）、头枕（4）、颈枕（5）、脸侧枕（6）、气囊（9）构成，可制成长方形、圆柱形、长椭圆形等不同形状，其整体尺寸是长为50~150cm、宽为20~60cm、高为6~18cm，并可根据人的男女老幼、高矮胖瘦及治疗不同病症等不司情况设计制作不同型号。

2. 根据权利要求1所述的头颈矫治器，其特征在于头枕（4）和颈枕（5）的上面缝缀装置药垫（7）。

3. 根据权利要求1所述的头颈矫治器，其特征在于颈枕（5）是近似于颈椎生理曲度的弧形凸突物，长为10~30cm、宽为8~16cm、高为5~16cm，内装有振动按摩器（8）。

4. 根据权利要求1所述的头颈矫治器，其特征在于头枕（4）的有关尺寸是：长为10~30cm、宽为8~25cm，厚为2~10cm。

5. 根据权利要求1所述的一种头颈矫治器，其特征在于枕套（1）由丝、棉、麻、化纤等织物及毛、皮等制成。

6. 根据权利要求1所述的一种头颈矫治器，其特征在于气囊（9）是中空的，由塑料或橡胶制成，通过充气或放气，可改变本实用新型的高度或低度及柔软舒适度。”

针对上述专利权，中脉公司作为无效请求人于2005年10月27日向专利复审委员会提出无效宣告请求，其理由是本专利权利要求1~6均不具备创造性，不符合《专利法》第二十二条第三款的规定。请求人提交了如下证据：

证据1：公开号为CN1237404A的中国发明专利申请公开说明书，公开日为1999年12月8日；证据1（说明书第5页第10行至第6页第7行，说明书附图1、2，权利要求书）公开了一种由枕套1和枕芯2构成的预防、治疗颈椎病的颈椎乐枕头，包括：凹陷槽3、凹陷槽3下面的枕头实体部分（相当于本专刊中的“头枕”）、颈垫4（相当于本专利中的“颈枕”）、说明书附图2中凹陷槽3左右两边的部分（相当于本专利中的“脸侧枕”）：在颈垫4内装有药物6，药物6由能预防和治疗颈椎病的药物构成，该颈椎乐枕头可制成长方形、圆柱形、长椭圆形等不同形状，其整体尺寸一般是长为500~4000mm（即50~400cm）、宽为200~600mm（即20~60cm）、高为60~180mm（即6~18cm），可根据人的男女老幼、高矮胖瘦等不同情况设计不同的型号。

证据2：授权公告号为CN2251310Y的中国实用新型专利说明书，授权公告日为1997年4月9日；

证据3：公开号为CN1191106A的中国发明专利申请公开说明书，公开日为l998年8月26日；

证据4：授权公告号为CN2195953Y的中国实用新型专利说明书，授权公告日为1995年5月3日；

证据5：公开号为CN1088769A的中国发明专利申请公开说明书，公开日为1994年7月6日；

证据6：公告号为CN2098215U的中国实用新型专利申请说明书，公告日为1992年3月11日；

证据7：授权公告号为CN2261780Y的中国实用新型专利说明书，授权公告日为1997年9月10日。

针对上述无效宣告请求，日月神公司于2006年9月22日向专利复审委员会提交了意见陈述书，同时提交了以下反证作为参考：

反证1：中华人民共和国卫生部主管、中华预防医学会主办、国内统一刊号为CN11-0112的《保健时报》第462期的“龙卿牌头颈康枕专版”和第10版版面原件，出版日期为2004年1月15日。

日月神公司认为，将证据1与本专利的权利要求、说明书附图进行对比，证实二者是不一样的，本专利的权利要求1相对于证据1的权利要求1有实质性特点和进步；将证据2~7与本专利的权利要求、说明书附图进行对比，二者的构造和权利要求不同；请求人对本专利权利要求2~6的否定没有实质性依据和理由。因此本专利具备创造性，符合《专利法》第二十二条第三款的规定。反证1中的"枕头的革命"一文详细地阐明了本专利具备实质性特点和进步，文中的头颈康枕是头颈矫治器的商品名称。

专利复审委员会依法组成合议组，于2007年1月29日举行了口头审理，中脉公司出席了口头审理，日月神公司缺席口头审理。

在口头审理中，(1) 中脉公司表示未收到日月神公司于2006年9月22日提交的反证1，专利复审委员会当庭将反证1转送给请求人，中脉公司对反证1的真实性无异议；(2) 中脉公司明确表示证据5~7仅作为参考，并明确表示其无效理由及范围是本专利权利要求1、5相对于证据1、2的结合不具有创造性，权利要求2、4、6相对于证据1、2和公知常识的结合不具有创造性，权利要求3相对于证据1~3和公知常识的结合不具备创造性，认为反证1不能证明本专利的权利要求1~6相对于证据1~4具备创造性。

2007年5月12日，专利复审委员会作出第9717号决定，宣告本专利无效。

在庭审过程中，日月神公司明确表示只对本专利的权利要求1的创造性认定有异议，在权利要求1不具备创造性时，对权利要求2~6不具备创造性没有异议。

上述事实，有本专利授公告文本、证据1、证据2、第9717号决定及当事人陈述等证据在案佐证。

本院认为：

《专利法》第二十二条第三款规定的创造性，是指同申请日以前已有的技术相比、该发明有突出的实质性特点和显著的进步，该实用新型有实质性特点和进步。

针对原告的诉讼主张，本案的争议点在于本专利权利要求1是否具有创造性。

1. 关于证据1是否公开了头枕、颈枕和脸侧枕

由证据1公开的内容可知，证据1中的凹陷槽下面的枕关的实体部分就是头枕。证据1中颈垫是近似于颈椎生理曲度的孤形突出物，可以使颈椎在唾眠中得到依托和保护，其所起的作用与本专利中的颈枕的作用相同，因此，证据1中的颈垫就是本专利中的颈枕。由证据1的附图与本专利的附图相比可以清楚看出，证据1中位于凹陷槽左右两边的部分就是脸侧枕。因此，证据1已经公开了头枕、颈枕和脸侧枕这些技术特征。对于原告认为本专利中的头枕、颈枕和脸侧枕是具有具体形状的独立的部分的主张，由于在本专利的说明书和权利要求中没有任何记载，同时根据本专利附图1中的头颈矫治器的剖面图可以明显地看出上述头枕和颈枕是一体的、而不是如原告所主张的头枕和颈枕是彼此分离的独立的构造，因此，原告认为本专利中头枕、颈枕和脸侧枕是具有具体形状的独立的构造的诉讼主张没有事实基础，不能成立，本院不予支持。

2. 关于本专利是否为组合发明

组合发明，是指将某些技术方案进行组合，构成一项新的技术方案，以解决现有技术客观存在的技术问题。本专利的头颈矫治器并不是将证据1中公开的颈椎乐枕头与证据2中公开的气囊组合构成的一项新的技术方案，证据2公开的高低可调保健枕中，披露了该保健枕中包括气囊5，且该气囊的作用是通过充、放气来调整枕头的高低，这与本专利权利要求1中的气囊所起的作用相同，证据2与证据1以及本专利所属的技术领域相同，都是保健枕领域，由此可知，证据2已经给出了将上述技术手段应用到证据1中以解决其技术问题的启示，对本领域技术人员来说，在证据1的基础上结合证据2得出本专利权利要求1要求保护的技术方案是显而易见的，且上述结合并没有带来任何意想不到的技术效果，因此，本专利权利要求1不具备创造性。原告所主张的本专利为组合发明没有事实和法律依据，本院不予支持。

由于原告在本专利权利要求1不具备创造性时，对权利要求2~6的创造性没有异议，故关于权利要求2~6的创造性本院在本案中不再予以评述。

综上，被告作出的第9717号决定认定事实清楚，适用法律正确，审理程序合法。原告的诉讼理由不能成立，对其诉讼请求，本院不予支持。依照《中华人民共和国行政诉讼法》第五十四条第（一）项之规定，本院判决如下：

维持被告国家知识产权局专利复审委员会作出的第9717号无效宣告请求审查决定。

案件受理费100元，由原告郑州日月神保健品有限公司负担（已交纳）。

如不服本判决，各方当事人可在本判决书送达之日起15日内，向本院提交上诉状并交纳上诉案件受理费100元，上诉于北京市高级人民法院。

审　判　长　任　进
代理审判员　江建中
人民陪审员　高　伟
二〇〇八年四月十四日
书　记　员　吴　江

080

射流虹吸排泥机

无效宣告请求审查决定（第9719号）

决　定　号　第9719号
决　定　日　2007年4月20日
发明创造名称　射流虹吸排泥机
国际分类号　B01D 21/02
无效宣告请求人　徐州市自来水总公司
专利权人　韩恒瑞
专　利　号　98227202.2
申　请　日　1998年6月24日
授权公告日　1999年9月15日
合议组组长　赵　明
主　审　员　王　冬
参　审　员　任颖丽

法律依据　专利法第33条，专利法实施细则第68条
决定要点

在无效程序中，如果专利权人对权利要求书的修改符合专利法实施细则和审查指南的有关规定，且请求人所提出的无效理由并不涉及修改后的权利要求书，那么合议组可以在该修改之后的权利要求书的基础之上作出维持专利权有效的决定。

一、案由

本无效宣告请求涉及中华人民共和国国家知识产权局于1999年9月15日授权公告的、名称为“射流虹吸排泥机”的实用新型专利权（以下简称本专利），其专利号是98227202.2，申请日是1998年6月24日，专利权人是韩恒瑞。该专利授权公告时的权利要求书如下：

“1. 一种射流虹吸排泥机，主体是‘U’形虹吸排泥管，其特征是：‘U’形排泥管的吸泥口插入水池底部，出口插入溢水槽中，‘U’形管的最上端连接真空形成器件和放气阀门。

2. 根据权利要求1所述的射流虹吸排泥机，其特征是：真空形成器件是蜂窝水射器，其主体部分是两块开有若干对应蜂窝小孔的隔板。

3. 根据权利要求1所述的射流虹吸排泥机，其特征是：吸泥口制作成管条状，底部开有若干吸孔。”

针对上述专利权，徐州市自来水总公司（以下简称请求人）于2006年6月22日向专利复审委员

会提出无效宣告请求，其提交的附件如下：

附件1：公告日为1990年11月14日、公告号为CN2065627U的中国实用新型专利申请说明书；

附件2-1：连云港市自来水有限责任公司于2005年8月26日出具的“第三水厂虹吸排泥机简介”一份，共1页；

附件2-2：连云港市自来水有限责任公司于2005年9月5日出具的证明一份，共1页；

附件2-3：江苏省连云港市公证处于2006年6月16日做出的（2006）连证民内字第242号公证书；

附件2-4：连云港市自来水公司与连云港市工业设备安装工程公司于1995年1月26日签订的《建设工程施工合同协议条款》复印件，共9页。

请求人认为：（1）附件1公开了权利要求1的全部技术特征，因此，权利要求1不具备新颖性，不符合专利法第22条第2款的规定；（2）权利要求1与附件1公开的一部分技术方案属于同一技术方案，附件2中连云港自来水有限公司1995年6月30日投入使用的虹吸排泥机与权利要求1中虹吸管插入溢水槽中是相同的技术方案，因此，权利要求1不具备创造性，不符合专利法第22条第3款的规定。

经形式审查合格，专利复审委员会依法受理了上述无效宣告请求，并于2006年9月21日向双方发出无效宣告请求受理通知书，同时将专利权无效宣告请求书及其附件清单中所列附件的副本转送给专利权人，并要求专利权人在指定的期限内陈述意见。

针对专利复审委员会于2006年9月21日作出的上述无效宣告请求受理通知书，专利权人于2006年10月19日提交了意见陈述书，专利权人认为：（1）请求人徐州市自来水公司的主体资格已经不存在；（2）权利要求1相对于附件1具备新颖性，相对于附件1、2具备创造性。

专利复审委员会依法成立合议组，对本案进行审查。

专利复审委员会本案合议组于2007年1月9日向双方发出无效宣告请求口头审理通知书，定于2007年3月13日举行口头审理。随同口头审理通知书，将专利权人于2006年10月19日提交的意见陈述书转送给请求人。

口头审理如期举行，双方当事人均参加了口头审理，双方对对方出席人员的资格无异议，对合议组成员无回避请求。

在口头审理中，请求人明确其无效的理由、证据、范围以及证据的使用情况为：权利要求1相对于附件1或2没有新颖性和创造性。请求人当庭提交了公知常识性证据：《给水排水设计手册》第9册，专用机械的复印件，合议组当庭转交给专利权人，专利权人当庭核实复印件与原件一致。专利权人当庭提交了权利要求书的修改替换页，删除了原权利要求1，组成新的权利要求1和2，修改后的权利要求书如下：

“1. 一种射流虹吸排泥机，主体是‘U’形虹吸排泥管，其特征是：‘U’形排泥管的吸泥口插入水池底部，出口插入溢水槽中，‘U’形管的最上端连接真空形成器件和放气阀门，真空形成器件是蜂窝水射器，其主体部分是两块开有若干对应蜂窝小孔的隔板。

2. 一种射流虹吸排泥机，主体是‘U’形虹吸排泥管，其特征是：‘U’形排泥管的吸泥口插入水池底部，出口插入溢水槽中，‘U’形管的最上端连接真空形成器件和放气阀门，吸泥口制作成管条状，底部开有若干吸孔。”

合议组当庭将权利要求书修改替换页转给请求人。鉴于专利权人已经放弃了原权利要求1，无效宣告请求的基础已经不存在了，请求人表示已没有其他的无效理由、证据和事实。

至此，合议组认为本案事实已经清楚，可以作出审查决定。

二、决定的理由

专利法实施细则第68条规定：在无效宣告请求的审查过程中，发明或者实用新型专利的专利权人可以修改其权利要求书，但是不得扩大原专利的保护范围。

在无效程序中，如果专利权人对权利要求书的修改符合专利法实施细则和审查指南的有关规定，且请求人所提出的无效理由并不涉及修改后的权利要求书，那么合议组可以在该修改之后的权利要求书的基础之上作出维持专利权有效的决定。

专利权人在口头审理中当庭提交了权利要求书的修改替换页，删除了原权利要求1，保留原权利要求2和3并组成新的权利要求1和2，合议组经过审查，认定其当庭提交的权利要求书未超出原始说明书和权利要求书记载的范围，符合专利法第33条的规定，同时也符合专利法实施细则第68条以及审查指南第四部分第三章第4.6节的关于修改时机及修改方式的规定。合议组认为，专利权人对权利要求书的修改可以被接受。由于专利权人删除了原权利要求1，请求人所提出的无效宣告请求的基础已经不存在了，而针对该修改后的权利要求书，请求人没有提出任何无效宣告请求的证据和理由。因此，在修改后的权利要求书的基础上维持专利权有效。

三、决定

在专利权人于2007年3月13日提交的权利要求书的修改文本的基础上维持98227202.2号实用新型专利权有效。

当事人对本决定不服的，可以根据专利法第46条第2款的规定，自收到本决定之日起3个月内向北京市第一中级人民法院起诉。根据该款的规定，一方当事人起诉后，另一方当事人应当作为第三人参加诉讼。

北京市第一中级人民法院
行政判决书

（2007）一中行初字第856号

原告韩恒瑞，男，1944年2月6日出生，汉族，原徐州市自来水总公司职工，住江苏省徐州市鼓楼区东华小区9幢4单元402号。

被告国家知识产权局专利复审委员会，住所地北京市海淀区北四环西路9号银谷大厦10~12层。

法定代表人廖涛，副主任。

委托代理人王冬，国家知识产权局专利复审委员会审查员。

委托代理人高雪，国家知识产权局专利复审委员会审查员。

第三人徐州市自来水总公司，住所地江苏省徐州市青年东路104号。

法定代表人翟广成，总经理。

委托代理人陈晓勤，男，1952年7月27日出生，徐州首创水务有限责任公司副总经理，住江苏省徐州市解放路1-5号五单元302室。

委托代理人姜天美，男，1972年9月28日出生，徐州首创水务有限责任公司总经理办公室副主任，住江苏省徐州市风华园围4D一单元701室。

原告韩恒瑞不服被告国家知识产权局专利复审委员会（简称专利复审委员会）于2007年4月20日作出的第9719号无效宣告请求审查决定（简称第9719号决定），于法定期限内向本院提起行政诉讼。本院于2007年6月21日受理后，依法组成合议庭，并根据相关法律规定通知徐州市自来水总公司作为第三人参加本案诉讼，于2007年8月29日公开开庭进行了审理。原告韩恒瑞，被告专利复审委员会的委托代理人王冬、高雪，第三人徐州市自来水总公司的委托代理人陈晓勤、姜天美到庭参加了诉讼。本案现已审理终结。第9719号决定系专利复审委员会针对徐州市自来水总公司就韩恒瑞所拥有的98227202.2号实用新型专利（简称本专利）所提出的无效宣告请求而作出的。专利复审委员会在第9719号决定中认定：韩恒瑞在口头审理中当庭提交了权利要求书的修改替换页，删除了原权利要求1，保留原权利要求2和3并组成新的权利要求1和2，经过审查，其当庭提交的权利要求书未超出原始说明书和权利要求书记载的范围，符合《专利法》第三十三条的规定，同时也符合《专利法实施细则》第六十八条以及《审查指南》第四部分第三章第4.6节关于修改时机及修改方式的规定。韩恒瑞对权利要求书的修改可以被接受。由于韩恒瑞删除了原权利要求1，徐州市自来水总公司所提出的无效宣告请求的基础已经不存在了，而针对该修改后的权利要求书，徐州市自来水总公司没有提出任何无效宣告请求的证据和理由。因此，专利复审委员会作出第9719号决定，在韩恒瑞2007年3月13日提交的修改后的权利要求书的基础上维持专利权有效。原告韩恒瑞不服该决定，向本院提起行政诉讼，其诉称：（1）本专利是1998年申请，1999年被授权的，应当适用修改前的专利法。而修改前的专利法规定了提出无效的期限只有半年，本案中第三人提出无效的时间已经超过期限，被告受理并作出决定违反法律规定。（2）本专利权利要求1是符合专利法三性要求，只是在书写上存在瑕疵，没有把替代关系明确地写在权利要求的前叙部分，在口头审理中又不容我就说明书的相关部分作相关的说明。我不可能主动放弃权利要求1。原权利要求2根本不需要改动。在口头审理时，我在主审员代写的权利要求书上签字，是被误导、忽悠的结果，不应具有法律效果。主审员在口头审理前就让我“删改”，在口头审理中给我造成了巨大的压力，在强势的审查员的面前，最终听从了主审员的误导，签了字。我一签完字就后悔了，第二天我就找到了专利局信访处，下午又找到了主审员陈述了我的意见。可见删除权利要求1不是我本意，第9719号决定剥夺我的主动修改的权利显失公平，这是审查员滥用职权。因此请求人民法院撤销第9719号决定，允许原告依据专利法实施细则第六十八条对权利要求书作主动修改，重新审理。被告专利复审委员会辩称：《审查指南》第四部分第三章第4.6节对无效宣告程序中专利文件的修改作出了明确的规定，包括修改的原则、方式、时间限制等。第9719号无效宣告请求审查决定是严格依照上述规定作出的。原告在口头审理当庭提交权利要求书的修改替换页，其修改的方式仅限于删除的修改方式，并且经当事人签字确认，并不存在原告所说的审查员对其误导。因此，被告在专利权人主动提交的权利要求书修改替换页的基础上作出的第9719号决定认定事实清楚、适用法律正确、审查程序合法，原告的诉讼请求不能成立，请求人民法院驳回原告的诉讼请求，维持第9719号决定。第三人徐州市自来水总公司述称，原告所有的起诉理由不是事实的反映，其理由不成立，原告的起诉理由可以归结为两个字就是后悔，但是第三人认为第9719号决定审理程序合法，内容真实，应予以维持。请求法院驳回原告的诉讼请求。

本院经审理查明：

本案涉及国家知识产权局于1999年9月15日授权公告的、名称为“射流虹吸排泥机”的实用新型专利，其申请日为1998年6月24日、专利号为98227202.2、专利权人为韩恒瑞。本专利授权公告的权利要求书为：

1. 一种射流虹吸排泥机，主体是“U”形虹吸排泥管，其特征是：“U”形排泥管的吸泥口插入水池底部，出口插入溢水槽中，“U”形管的最上端连接真空形成器件和放气阀门。

2. 根据权利要求1所述的射流虹吸排泥机，其特征是：真空形成器件是蜂窝水射器，其主体部分是两块开有若干对应蜂窝小孔的隔板。

3. 根据权利要求1所述的射流虹吸排泥机，其特征是：吸泥口制作成管条状，底部开有若干吸孔。

针对本专利，徐州市自来水总公司于2006年6月22日以本专利权利要求1不具备新颖性、创造性为由，向专利复审委员会提出无效宣告请求，并提交相应证据。经形式审查合格，专利复审委员会依法受理了上述无效宣告请求，并于2006年9月21日向韩恒瑞和徐州市自来水总公司发出无效宣告请求受理通知书，同时将专利权无效宣告请求书及其附件清单中所列附件的副本转送给韩恒瑞，并要求韩恒瑞在指定的期限内陈述意见。韩恒瑞于2006年10月19日提交了意见陈述书，表示如果将权利要求1和3合并，加上说明书中的解释，就具备创造性，因此提出修改申请。

2007年3月13日，专利复审委员会主持进行了口头审理。在口头审理中，徐州市自来水总公司明确其无效理由为权利要求1没有新颖性和创造性。专利权人当庭签字同意对权利要求书进行修改，删除了原权利要求1，组成新的权利要求1和2，修改后的权利要求书如下：

1. 一种射流虹吸排泥机，主体是"U"形虹吸排泥管，其特征是："U"形排泥管的吸泥口插入水池底部，出口插入溢水槽中，"U"形管的最上端连接真空形成器件和放气阀门，真空形成器件是蜂窝水射器，其主体部分是两块开有若干对应蜂窝小孔的隔板。

2. 一种射流虹吸排泥机，主体是"U"形虹吸排泥管，其特征是："U"形排泥管的吸泥口插入水池底部，出口插入溢水槽中，"U"形管的最上端连接真空形成器件和放气阀门，吸泥口制作成管条状，底部开有若干吸孔。

专利复审委员会当庭将权利要求书修改替换页转给徐州市自来水总公司。

2007年4月20日，专利复审委员会作出第9719号决定。

在本案诉讼中，专利复审委员会提交了口头审理记录表，记录表载明"专利权人当庭提交了权利要求书的修改替换页，删除了权利要求1，组成新的权利要求1和2"，韩恒瑞在该记录表上签字。专利复审委员会还提交了权利要求书修改替换页，其内容为删除原权利要求1后组成的新的权利要求1和2，韩恒瑞在该替换页上签字并注明"当庭提交"。在庭审过程中，韩恒瑞确认上述签字的真实性。

上述事实有本专利授权公告说明书、第9719号决定、韩恒瑞2006年10月19日的意见陈述书、口头审理记录表、权利要求修改替换页及当事人陈述等证据在案佐证。

本院认为：

1992年《中华人民共和国专利法》第四十一条规定：自专利局公告授予专利权之日起六个月内，任何单位或者个人认为该专利权的授予不符合本法有关规定的，都可以请求专利局撤销该专利权。第四十八条规定：自专利局公告授予专利权之日起满六个月后，任何单位或者个人认为该专利权的授予不符合本法有关规定的，都可以请求专利复审委员会宣告该专利权无效。2000年修改后的《中华人民共和国专利法》第四十五条规定：自国务院专利行政部门公告授予专利权之日起，任何单位或者个人认为该专利权的授予不符合本法有关规定的，可以请求专利复审委员会宣告该专利权无效。因此，不管是修改前还是修改后的《专利法》，对于提出无效宣告请求的时间均不是限制在如原告所述的在专利授权之日起六个月内。本案中第三人提出无效宣告请求的时间符合专利法的规定，原告关于被告受理该无效宣告请求超出法定期限的主张是对法律的理解有误，本院不予支持。

《中华人民共和国专利法实施细则》第六十八条规定：在无效宣告请求的审查过程中，发明或者实用新型专利的专利权人可以修改其权利要求书，但是不得扩大原专利的保护范围。将权利要求书中某项权利要求删除，不会扩大原专利的保护范围，符合关于权利要求书修改的相关法律规定。本案中，在第三人对本专利提出无效宣告请求后，原告在相关的意见陈述中已经表示要对本专利权利要求书进行修改，在口头审理过程中，原告同意删除本专利权利要求1，保留原权利要求2和3并组成新的权利要求1和2，并在该修改替换页上签字确认，同时也在口头审理记录表中对该修改情况签字确认，这是原告作为专利权人对自己专利权的处分，该删除权利要求1的修改方式符合法律规定，被告在其修改后的权利要求书的基础上作出第9719号决定符合法律规定。原告虽主张删除权利要求1是被误导的结果，但从其签字确认的事实看，在没有相反证据予以推翻的情况下，本院认为该修改行为是其真实意思表示，原告应当对该处分行为承担相应的法律后果。原告现要求撤销第 9719 号决定并对本专利权利要求重新进行修改的主张没有事实和法律依据，本院不予支持。

综上，被告作出的第 9719 号决定审查程序合法，认定事实清楚，适用法律正确，本院予以维持。原告请求撤销该决定的理由不能成立，本院不予支持。依照《中华人民共和国行政诉讼法》第五十四条第（一）项之规定，本院判决如下：

维持被告国家知识产权局专利复审委员会作出的第 9719 号无效宣告请求审查决定。

案件受理费 100 元，由原告韩恒瑞负担（已交纳）。

如不服本判决，各方当事人可于本判决送达之日起 15 日内，向本院提交上诉状及其副本，并交纳上诉案件受理费 100 元，上诉于北京市高级人民法院。

审　判　长　刘海旗
代理审判员　周云川
代理审判员　马晓亚
二〇〇七年九月七日
书　记　员　高　颖

北京市高级人民法院
行政判决书

（2007）高行终字第 502 号

上诉人（原审原告）韩恒瑞，男，1944 年 2 月 6 日出生，汉族，原徐州市自来水总公司职工，住江苏省徐州市鼓楼区东华小区 9 幢 4 单元 402 号。

委托代理人韩正扬，男，1973 年 10 月 9 日出生，汉族，住江苏省徐州市云发区民富园小区 47 号楼 4 单元 501 室。

被上诉人（原审被告）国家知识产权局专利复审委员会，住所地北京市海淀区北四环西路 9 号银谷大厦 10~12 层。

法定代表人廖涛，副主任。

委托代理人王冬，该专利复审委员会审查员。

委托代理人瞿晓峰，该专利复审委员会审查员。

原审第三人徐州市自来水总公司，住所地江苏省徐州市青年东路 104 号。

法定代表人翟广成，总经理。

委托代理人陈晓勤，男，1952 年 7 月 27 日出生，徐州首创水务有限责任公司副总经理，住江苏省徐州市解放路 1-5 号五单元 302 室。

委托代理人姜天美，男，1972 年 9 月 28 日出生，徐州首创水务有限责任公司总经理办公室副主任，住江苏省徐州市风华园围 4D 一单元 701。

上诉人韩恒瑞因专利行政纠纷一案，不服北京市第一中级人民法院（2007）一中行初字第 856 号行政判决，向本院提起上诉。本院 2007 年 11 月 3 日受理后，依法组成合议庭，于 2007 年 11 月 29 日公开开庭审理了本案。上诉人韩恒瑞及委托代理人韩正扬，被上诉人国家知识产权局专利复审委员会

（简称专利复审委员会）的委托代理人王冬、瞿晓峰，第三人徐州市自来水总公司的委托代理人陈晓勤、姜天美到庭参加了诉讼。本案现已审理终结。本案涉及国家知识产权局于1999年9月15日授权公告的、名称为“射流虹吸排泥机”的实用新型专利（简称本专利），其申请日为1998年6月24日、专利号为98227202.2、专利权人为韩恒瑞。针对本专利，徐州市自来水总公司于2006年6月22日向专利复审委员会提出无效宣告请求。2007年4月20日，专利复审委员会作出第9719号无效宣告请求审查决定（简称第9719号决定），在韩恒瑞提交的修改后的权利要求书的基础上维持专利权有效。韩恒瑞不服该决定，向北京市第一中级人民法院提起诉讼。北京市第一中级人民法院认为：本案第三人对本专利提出无效宣告请求后，韩恒瑞在相关的意见陈述中已经表示要对本专利权利要求书进行修改，在口头审理过程中，其同意删除本专利权利要求1，保留原权利要求2和3并组成新的权利要求1和2，并在该修改替换页上签字确认，同时也在口头审理记录表中对该修改情况签字确认，该删除权利要求1的修改方式符合法律规定，专利复审委员会在其修改后的权利要求书的基础上作出第9719号决定符合法律规定，该修改行为是其真实意思表示，现韩恒瑞要求撤销第9719号决定并对本专利权利要求重新进行修改的主张没有事实和法律依据。据此，北京市第一中级人民法院依照《中华人民共和国行政诉讼法》第五十四条第（一）项之规定，判决：维持专利复审委员会第9719号决定。韩恒瑞不服原审判决，向本院提起上诉，请求撤销原审判决，发回重审或改判。其主要理由是：原审判决认定事实错误。（1）专利复审委员会应首先对本专利是否符合专利法进行审查，专利复审委员会审查程序不合法。（2）本专利符合专利法的要求，本人不可能主动放弃权利要求1；在口头审理时，本人的签字是被误导的结果，不应具有法律效果。因此删除权利要求1不是本人真实意思表示。专利复审委员会、徐州市自来水总公司服从原审判决。

经审理查明：本案涉及国家知识产权局于1999年9月15日授权公告的名称为“射流虹吸排泥机”的实用新型专利（即本专利），其申请日为1998年6月24日、专利号为98227202.2、专利权人为韩恒瑞。本专利授权公告的权利要求书为：

1. 一种射流虹吸排泥机，主体是“U”形虹吸排泥管，其特征是：“U”形排泥管的吸泥口插入水池底部，出口插入溢水槽中，“U”形管的最上端连接真空形成器件和放气阀门。

2. 根据权利要求1所述的射流虹吸排泥机，其特征是：真空形成器件是蜂窝水射器，其主体部分是两块开有若干应蜂窝小孔的隔板。

3. 根据权利要求1所述的射流虹吸排泥机，其特征是：吸泥口制作成管条状，底部开有若干吸孔。

针对本专利，徐州市自来水总公司于2006年6月22日向专利复审委员会提出无效宣告请求，并提交相应证据。专利复审委员会依法受理了上述无效宣告请求，并于2006年9月21日向韩恒瑞和徐州市自来水总公司发出无效宣告请求受理通知书，同时将专利权无效宣告请求书及其附件清单中所列附件的副本转送给韩恒瑞，并要求韩恒瑞在指定的期限内陈述意见。2006年10月19日，韩恒瑞提交了意见陈述书表示如果将权利要求1和3合并，加上说明书中的解释，具备创造性，但其未提交相应的修改替换页。

2007年3月13日，专利复审委员会主持进行了口头审理。在口头审理中，徐州市自来水总公司明确其无效理由为权利要求1没有新颖性和创造性。专利权人当庭签字同意对权利要求书进行修改，并提交了相应的修改替换页，删除了原权利要求1，组成新的权利要求1和2，修改后的权利要求书如下：

1. 一种射流虹吸排泥机，主体是“U”形虹吸排泥管，其特征是：“U”形排泥管的吸泥口插入水池底部，出口插入溢水槽中，“U”形管的最上端连接真空形成器件和放气阀门，真空形成器件是蜂窝水射器，其主体部分是两块开有若干对应蜂窝小孔的隔板。

2. 一种射流虹吸排泥机，主体是“U”形虹吸排泥管，其特征是：“U”形排泥管的吸泥口插入水池底部，出口插入溢水槽中，“U”形管的最上端连接真空形成器件和放气阀门，吸泥口制作成管条状，底部开有若干吸孔。

专利复审委员会当庭将权利要求书修改替换页转给徐州市自来水总公司。

2007 年 4 月 20 日，专利复审委员会作出第 9719 号决定。

原审诉讼中，专利复审委员会提交了口头审理记录表，记录表载明“专利权人当庭提交了权利要求书的修改替换页，删除了权利要求 1，组成新的权利要求 1 和 2”。该记录表上有韩恒瑞签名。专利复审委员会还提交了权利要求书修改替换页，其内容为删除原权利要求 1 后组成的新的权利要求 1 和 2，韩恒瑞在该替换页上签字并注明“当庭提交”。在庭审过程中，韩恒瑞确认上述签字的真实性。

上述事实有本专利授权公告说明书、第 9719 号决定、韩恒瑞 2006 年 10 月 19 日的意见陈述书、口头审理记录表、权利要求修改替换页及当事人陈述等证据在案佐证。

本院认为：《专利法实施细则》第六十八条规定，在无效宣告请求的审查过程中，发明或者实用新型专利的专利权人可以修改其权利要求书，但是不得扩大原专利的保护范围。将权利要求书中某项权利要求删除，不会扩大原专利的保护范围，符合关于权利要求书修改的相关法律规定。审查指南对修改方式有限制性的规定，即在无效宣告请求的答复期限内，专利权人的修改方式的可以以合并的方式修改；在作出审查决定之前，专利权人可以删除权利要求等。本案中，第三人对本专利提出无效宣告请求后，韩恒瑞在答复期限内提交的意见陈述中虽然表示要对本专利权利要求书进行修改，但未提交相应的修改替换页；在口头审理过程中，提交了修改替换页，其内容为删除原权利要求 1 后组成的新的权利要求 1 和 2，韩恒瑞在该替换页上签字并注明“当庭提交”，同时，韩恒瑞在口头审理记录表中对该修改情况签字确认。因此，该行为应是韩恒瑞真实意思表示，且该删除权力要求 1 的修改方式亦符合相关的规定。韩恒瑞主张删除权利要求 1 是被误导的结果，但并无相关的证据证明，在没有相反证据予以推翻的情况下，韩恒瑞所提签字并非其真实意思表示的主张没有事实和法律依据，本院不予支持。

审查指南规定，在无效宣告请求审查中，专利复审委员会应当遵循当事人处置原则。因此韩恒瑞关于专利复审委员会应首先对本专利是否符合专利法进行审查、专利复审委员会审查程序不合法的主张于法无据，对此，本院不予支持。

综上，原审判决及专利复审委员会第 9719 号决定审查程序合法，认定事实清楚，适用法律正确，本院予以维持。韩恒瑞的上诉理由不能成立，其上诉请求本院不予支持。依照《中华人民共和国行政诉讼法》第六十一条第（一）项之规定，判决如下：

驳回上诉，维持原判。

一审案件受理费 100 元，由韩恒瑞负担（已交纳）；二审案件受理费 100 元，由韩恒瑞负担（已交纳）。

本判决为终审判决。

审　判　长　张　冰
代理审判员　张　冰
代理审判员　钟　鸣
二〇〇七年十二月十二日
书　记　员　迟雅娜
书　记　员　张见秋

081

蒸锅的烹饪容器

无效宣告请求审查决定（第9733号）

决　定　号　第9733号
决　定　日　2007年4月19日
发明创造名称　蒸锅的烹饪容器
国际分类号　A47J 27/05
无效宣告请求人　上虞威斯特电器制造有限公司
专　利　权　人　SEB股份有限公司
专　利　号　99813439.2
申　请　日　1999年11月19日
授权公告日　2004年6月2日
合议组组长　张宗任
主　审　员　李玲玲
参　审　员　郑　直

法律依据　专利法第22条第3款，专利法实施细则第20条第1款，专利法实施细则第21条第2款

决定要点

对于一项发明专利的权利要求的技术方案，如果其与请求人提供的最接近的一篇对比文件公开的内容相比较存在区别技术特征，而该对比文件及请求人提供的其他对比文件也未公开该区别技术特征或给出任何技术启示使本领域技术人员将其与该最接近的对比文件公开的内容结合以得出该权利要求的技术方案，而且该区别技术特征使得权利要求的技术方案能够产生有益效果，则该权利要求相对于请求人提交的这些对比文件的结合具备创造性。

如果一件发明专利的独立权利要求中记载了解决该发明专利所要解决的技术问题的全部技术特征，则该发明专利的独立权利要求并不缺少必要技术特征。

一、案由

本无效宣告请求涉及国家知识产权局于2004年6月2日授权公告、专利号为99813439.2、名称为“蒸锅的烹饪容器”的发明专利（下称本专利），本专利的申请日是1999年11月19日，优先权日是1998年11月19日，专利权人是SEB股份有限公司。本专利授权公告的权利要求书内容如下：

“1. 用于蒸锅的烹饪部件，它由管状侧壁（1）和可移动开孔底（2）构成，管状侧壁（1）在其内周边上具有一个凸肩（10），开孔底（2）将支撑在其上，其特征在于，它具有安装在管状侧壁

（1）内部的、或者安装在开孔底（2）下面的至少一个挡块（14），用于卡住安装在开孔底（2）下部或者在管状侧壁（1）内部的舌片（22）。

2. 根据权利要求1所述的烹饪部件，其特征在于，挡块（14）或者舌片（22）具有用于当开孔底插入到管状侧壁内时推开对应的舌片（22）或挡块的一个斜面（13）。

3. 根据权利要求2所述的烹饪部件，其特征在于，用于卡住安置在开孔底（2）下面的一个或多个舌片（22）的挡块（14）由凸肩（10）构成，凸肩具有一个用于推开舌片的外边的上斜面（13）。

4. 根据权利要求1所述的烹饪部件，其特征在于，开孔底（2）的布置使得能够通过拉动安装在开孔底（2）上的把手（3），而与管状侧壁（1）脱开连接。

5. 根据权利要求4所述的烹饪部件，其特征在于，开孔底（2）具有两个与两个舌片（22）径向对齐的把手（3）安装点，舌片设置在把手安装点的周边。

6. 根据权利要求4所述的烹饪部件，其特征在于，开孔底（2）具有两个开口（22），用于可拆卸把手（3）的快速安装。

7. 根据权利要求1至6之一所述的烹饪部件，其特征在于，开孔底（2）在至少1/10的周边上具有一个没有上侧壁的区域。

8. 根据权利要求7所述的烹饪部件，其特征在于，开孔底（2）由一个没有上侧壁的格栅形成。

9. 根据权利要求1所述的烹饪部件，其特征在于，开孔底（2）和管状侧壁（1）由聚碳酸酯构成。

10. 根据权利要求1所述的烹饪部件，其特征在于，开孔底（2）具有多个椭圆形和圆形的开口。

11. 根据权利要求1所述的烹饪部件，其特征在于，开孔底（2）具有至少15%的蒸汽通过开口。”

针对上述专利权，上虞威斯特电器制造有限公司（下称请求人）于2006年9月5日向国家知识产权局专利复审委员会提出无效宣告请求，其无效宣告请求的理由为本专利权利要求1至11不符合专利法实施细则第21条第2款、专利法第22条第3款的规定，权利要求4、11不符合专利法实施细则第20条第1款的规定。请求人提交了如下附件作为证据：

附件1（下称对比文件1）：88217029.5号中国实用新型专利申请说明书全文复印件，其公开日为1989年6月7日；

附件2（下称对比文件2）：93223860.2号中国实用新型专利说明书首页、权利要求书第1页、说明书第1、3页、说明书附图第1、2页复印件，其公开日为1994年10月12日；

附件3（下称对比文件3）：87203065U号中国实用新型专利说明书全文复印件，其公开日为1988年1月13日；

附件4（下称对比文件4）：92243875.7号中国实用新型专利说明书全文复印件，其公开日为1993年11月10日；

附件5（下称对比文件5）：86206756U号中国实用新型专利说明书全文复印件，其公开日为1987年12月12日；

附件6（下称对比文件6）：96202397.3号中国实用新型专利说明书全文复印件，其公开日为1997年10月15日；

附件7（下称对比文件7）：93217387.X号中国实用新型专利说明书首页复印件，其公开日为1995年4月26日；

附件8（下称对比文件8）：94224476.1号中国实用新型专利说明书首页复印件，其公开日为1995年6月7日；

附件9（下称对比文件9）：92204689.1号中国实用新型专利说明书全文复印件，其公开日为1992年10月7日；

附件10（下称对比文件10）：92238331.6号中国实用新型专利说明书首页复印件，其公开日为1993年7月28日；

附件11（下称对比文件11）：86207778U号中国实用新型专利说明书首页复印件，其公开日为1987年9月9日；

附件12（下称对比文件12）：88218760.0号中国实用新型专利说明书全文复印件，其公开日为1989年2月8日；

附件13（下称对比文件13）：88203343.3号中国实用新型专利说明书全文复印件，其公开日为1989年2月8日。

请求人在无效宣告请求书中陈述的具体理由主要包括以下十点：

（1）本专利要解决的技术问题是“方便蒸锅烹饪部件的搬动”、“方便可移动底的抽出”，根据说明书第7页第3段和附图3a、3b可知，需要借助一个特制的把手，该把手的头部和可移动底的开口需要有特别的形状，并且具有弹性，才能使得把手插入并与可移动底相互连接。以上特征均未被记载在独立权利要求中，仅就权利要求1记载的技术特征而言尚不能方便地将格栅抽出，因此权利要求1缺少解决技术问题的必要技术特征，权利要求2~11也未记载所缺的必要技术特征，权利要求1~11不符合专利法实施细则第21条第2款的规定。

（2）权利要求1分别相对于下列对比文件的组合缺乏创造性：

①对比文件1和对比文件4结合（以对比文件1为最接近的对比文件）；

②对比文件2和对比文件4结合（以对比文件2为最接近的对比文件）；

③对比文件3和对比文件4结合（以对比文件3为最接近的对比文件）；

④对比文件2和对比文件6至11揭示的卡扣连接的公知常识结合（以对比文件2为最接近的对比文件）；

⑤对比文件1、对比文件4和对比文件13结合（以对比文件2为最接近的对比文件），对比文件13中公开了在蒸盘上连接活动手柄，以方便在蒸菜后将蒸盘取出，在本专利申请日前已是公知技术，基于第①种组合方式的理由，权利要求1是显而易见的。

（3）对比文件4公开了权利要求2的附加技术特征，另外，对比文件6~11揭示了权利要求2的附加特征本身是公知常识，因此权利要求2缺乏创造性。

（4）对比文件4公开了权利要求3的附加技术特征，另外，对比文件6~11揭示了权利要求3的附加特征是本领域的公知常识，因此权利要求3缺乏创造性。

（5）权利要求4的附加技术特征是功能性描述，不符合专利法实施细则第20条第1款的规定。

（6）对比文件12公开的内容与权利要求5的附加技术特征相比，仅是安装点数量少一个，并无实质性区别，因此权利要求5不具备创造性。

（7）对比文件13公开的内容与权利要求6的附加技术特征相比，仅是安装点数量少一个，并无实质性区别，因此权利要求6不具备创造性。

（8）对比文件1、2、3和5所显示的开孔底均无侧壁，因此权利要求7和8均不具备创造性。

（9）权利要求9的附加技术特征是材料特征，而聚碳酸酯是烹饪器皿上的常用材料，因此权利要求9的技术方案无创造性；对比文件3附图显示的蒸帘的开孔就是圆形，圆形和椭圆形都是常规形状，因此权利要求10的技术方案不具备创造性。

（10）权利要求11属于功能性描述，不符合专利法实施细则第20条第1款的规定。

经形式审查合格后，专利复审委员会受理了上述请求，于 2006 年 9 月 5 日发出无效宣告请求受理通知书，将上述无效宣告请求书及其附件清单中所列附件副本寄送专利权人。

针对上述无效宣告请求，专利权人于 2006 年 10 月 18 日提交意见陈述书，具体指出：

（1）本专利所要解决的技术问题是，针对在现有的蒸锅结构中，固定的开孔底缺乏可移动性而可移动的开孔底又缺乏稳定性的技术问题，提供一种使开孔底既能够平稳固定，又能够方便搬动的烹饪部件，"方便烹饪部件的搬动"并不是如请求人所断定的"如何来搬动烹饪部件"。因此，利用权利要求 1 的技术特征就完全可以解决该技术问题并达到预期的技术效果。至于把手（3）本身并不是烹饪部件中的零件，在烹饪过程中并不需要把手参加，因此不是本专利的必要技术特征。因此本专利权利要求 1 符合专利法实施细则第 21 条第 2 款的规定，从而本专利权利要求 2 至 11 也符合专利法实施细则第 21 条第 2 款的规定。

（2）本专利权利要求 1 符合专利法第 22 条第 3 款的规定。理由如下：

①关于权利要求 1 相对于对比文件 1 和对比文件 4 结合的创造性问题，对比文件 1 仅公开了权利要求 1 前序部分的特征，而对比文件 4 所要解决的技术问题与本专利所要解决的技术问题不同，对比文件 4 采用的是在延长臂的弯头上或者架脚上有弹性定位器，与架脚上或延长臂弯头上的定位孔相配合的卡扣结构，与本专利的挡块与舌片相配合的卡扣结构有本质的区别，且对比文件 4 是在蒸锅的侧壁与开孔底之间放置一个蒸箅架来实现对开孔底的支撑，所涉及的卡扣结构是用于蒸箅架自身的，与作为烹饪部件的蒸锅侧壁和开孔底没有关系；而本专利的改进是在蒸锅侧壁与开孔底之间设置卡扣结构，以实现本专利的目的，而不需要其他的部件辅助。可见，对比文件 4 与本专利所采用的结构和技术方案也不同，且对比文件 1 和对比文件 4 也没有提供在结合后能形成本专利技术方案的技术启示。因此，权利要求 1 相对于对比文件 1 和对比文件 4 的结合具备创造性。

②关于对比文件 2 和对比文件 4 结合的创造性问题，同样，对比文件 4 所要解决的技术问题与本专利所要解决的技术问题不同，对比文件 4 与本专利所采用的结构和技术方案也不同，且对比文件 2 和对比文件 4 也没有提供在结合后能形成本专利技术方案的技术启示。权利要求 1 相对于对比文件 2 和对比文件 4 的结合具备创造性。

③关于对比文件 3 和对比文件 4 结合的创造性问题，对比文件 3 与本专利不属于同一个技术领域，相差较远，而且，对比文件 3 也未给出任何教导或提示，因此权利要求 1 相对于对比文件 3 和对比文件 4 的结合具备创造性。

④关于对比文件 2 和对比文件 6 至 11 揭示的卡扣连接的公知常识结合（以对比文件 2 为最接近的对比文件）的创造性问题，对比文件 2 与本专利权利要求 1 的区别在于：对比文件 2 的蒸帘与蒸帘之间缺少了由挡块和舌片组成的卡扣结构。对比文件 6~11 与本专利属于截然不同的技术领域，所要解决的技术问题与本专利所要解决的技术问题不同，产品的结构和技术方案也不同。因此权利要求 1 相对于对比文件 2 与对比文件 6~11 的结合具备创造性。

⑤关于对比文件 1、对比文件 4 和对比文件 13 结合（以对比文件 2 为最接近的对比文件）的创造性问题，对比文件 13 是本专利申请日之前的公知技术，相对于对比文件 2、4 和 13 的结合，本专利权利要求 1 具备创造性。

（3）本专利权利要求 2 具备创造性，对比文件 4 所要解决的技术问题与本专利所要解决的技术问题不同，所采用的技术方案也与本专利不同，对于本领域技术人员来说，从中得到启示再将其与另一篇对比文件相结合来解决本专利所解决的技术问题，得到本专利的技术方案，并不是显而易见的。特别是，对比文件 6~11 全都与本专利属于不同的技术领域，且相差较远。因此，在权利要求 1 具有创造性的情况下，权利要求 2 具备创造性。

（4）本专利权利要求3具备创造性，如前所述，对比文件4所要解决的技术问题与本专利所要解决的技术问题不同，所采用的技术方案也与本专利不同，对于本领域技术人员来说，从中得到启示再将其与另一篇对比文件相结合来解决本专利所解决的技术问题，得到本专利的技术方案，并不是显而易见的。特别是，对比文件6~11全都与本专利属于不同的技术领域，且相差较远。因此，在权利要求1具有创造性的情况下，权利要求3具备创造性。

（5）本专利权利要求4符合专利法第20条第1款的规定，权利要求4所限定的技术方案是对权利要求1进行的进一步限定，本领域技术人员能清楚地、无歧义地理解权利要求4中描述的技术方案。

（6）关于本专利权利要求5~10的创造性问题，前面已经清楚地说明，权利要求1具有创造性，所以权利要求2~10也具有创造性。

（7）本专利权利要求11符合专利法第20条第1款的规定，权利要求11进一步限定了开口在格栅上所占据的面积的百分比，其限定用语并不是功能性的，而是实质性的。

专利复审委员会依法成立合议组，对本无效宣告请求进行审查。合议组于2006年12月8日向双方当事人发出口头审理通知书，定于2007年1月17日对本案进行口头审理，同时随口头审理通知书将专利权人于2006年11月3日提交的意见陈述书副本转寄给请求人。请求人于2006年12月25日提交了无效宣告请求口头审理通知书回执，表示按时参加口头审理。

口头审理如期举行，专利权人到庭出席了口头审理，请求人并未到庭出席口头审理。在口头审理过程中，专利权人对合议组成员无回避请求。专利权人对对比文件1~13的真实性无异议。专利权人指出对比文件1~13都没有公开权利要求1中的特征：安装在开孔底（2）下面的至少一个挡块（14），用于卡住安装在开孔底（2）下部或者在管状侧壁（1）内部的舌片（22）。因此，本专利权利要求相对于请求人提供的所有对比文件的组合方式具备创造性。专利权人还陈述了本专利权利要求符合专利法实施细则第20条第1款和第21条第2款的规定的理由。

在上述工作的基础上，合议组认为本案事实已经清楚，可依法作出无效宣告请求审查决定。

二、决定的理由

1. 关于证据

对比文件1至13都是公开日在本专利的优先权日之前的中国实用新型专利文献，属于公开出版物，且专利权人对对比文件1~13的真实性无异议。因此，对比文件1~13可以作为评价本专利创造性的证据。

2. 关于本专利独立权利要求1是否符合专利法实施细则第21条第2款的规定

专利法实施细则第21条第2款规定，独立权利要求应当从整体上反映发明或者实用新型的技术方案，记载解决技术问题的必要技术特征。

根据本专利说明书的记载，本专利所要解决的技术问题是，针对在现有的蒸锅结构中，固定的开孔底缺乏可移动性、而可移动的开孔底又缺乏稳定性的技术问题，提供一种具有既能够平稳固定、又能够方便搬动的开孔底的烹饪部件。本专利的权利要求1保护一种用于蒸锅的烹饪部件，其技术方案为：该烹饪部件由管状侧壁和可移动开孔底构成，管状侧壁在其内周边上具有一个凸肩，开孔底将支撑在其上，该烹饪部件具有安装在管状侧壁内部的、或者安装在开孔底下面的至少一个挡块，用于卡住安装在开孔底下部或者在管状侧壁内部的舌片。而把手本身并不是烹饪部件中的零件，在烹饪过程中并不需要把手参加，而挡块和舌片的组合结构简单，且相互配合能够起到固定作用，采用权利要求1中的挡块和舌片结构能够使烹饪部件的开孔底既能够平稳固定、又能够方便搬动。因此权利要求1中没有记载有关把手的特征不会导致本专利权利要求1不符合专利法实施细则第 21 条第 2 款的规定。

3. 关于本专利权利要求 4、11 是否清楚

专利法实施细则第 20 条第 1 款规定，权利要求书应当说明发明或者实用新型的技术特征，清楚、简要地表述请求保护的范围。

权利要求 4 的附加技术特征为：开孔底（2）的布置使得能够通过拉动安装在开孔底（2）上的把手（3），而与管状侧壁（1）脱开连接。权利要求 11 的附加技术特征为：开孔底（2）具有至少 15% 的蒸汽通过开口。首先，上述两个权利要求的附加技术特征的语句表述都是清楚的。其次，本领域技术人员能够明确权利要求 4 的限定部分清楚地限定了开孔底与管状侧壁是活动式连接，并明确了二者脱开连接需借助安装在开孔底上的把手，而权利要求 11 的限定部分清楚地限定了开口在格栅上所占的面积的百分比。因此，本专利权利要求 4 和权利要求 11 都不存在请求人提出的不符合专利法实施细则第 20 条第 1 款的规定的缺陷。

4. 关于本专利权利要求 1 的创造性

专利法第 22 条第 3 款规定的创造性是指，同申请日以前已有的技术相比，该发明有突出的实质性特点和显著的进步，该实用新型有实质性特点和进步。

本专利权利要求 1 保护一种用于蒸锅的烹饪部件，它由管状侧壁（1）和可移动开孔底（2）构成，管状侧壁（1）在其内周边上具有一个凸肩（10），开孔底（2）将支撑在其上，其特征在于，它具有安装在管状侧壁（1）内部的、或者安装在开孔底（2）下面的至少一个挡块（14），用于卡住安装在开孔底（2）下部或者在管状侧壁（1）内部的舌片（22）。

对比文件 1（参见说明书第 1 页倒数第 2 段及附图 3）公开了一种压力锅，图 3 中 1 为锅体，其底部呈圆弧形，侧面安有下手柄 11，与下手柄对称的位置上还可以安有把手 2，锅体 1 中装有桶形锅套 5，锅套 5 的侧壁上设有二道向内的凸缘，上面可以放蒸帘 4 和 6，为使蒸馒头时，增加锅套 5 的透气性，在其侧壁上开有多个小孔，锅盖 9 的直径略大于锅套 5，套在锅套 5 的外面，锅盖 9 的凸缘中装有密封圈 3，锅盖 9 上还设有安全阀 7 和压力阀 8，并且装有上手柄 10。

对比文件 2（参见说明书第 1 页倒数第 1~2 段及附图 1）公开了一种节能蒸格，由蒸格体 1、箅子 3 组成，其特征在于蒸格体 1 与箅子 3 为分体式，箅子 3 与蒸格体 1 下沿为活动式连接。蒸格体 1 上部设有外翻式上沿 2，下部设有内弯式下沿 4。

对比文件 3（参见说明书第 1 页倒数第 1 段及附图 1）公开了一种两用饭盒，盒盖 1、蒸帘 2、盒体 3 分别采用薄铝板制成。在盒体 3 的两侧分别压有两条装饰筋，盒盖 1 的上部压有一条装饰筋，蒸帘 2 的表面压有凹凸槽和钻有通气孔。使用时，可将蒸帘 2 根据需要放入盒体 3 的第一条或第二条装饰筋上，底部装入水将食品放在蒸帘 2 上。

对比文件 4（参见说明书第 1 页倒数第 4 段）的发明目的在于，设计一种可适用于不同直径尺寸的锅所使用的蒸箅架，其具体公开了可调式蒸箅架（参见说明书第 5 页倒数第 4~5 段及附图 1、5、15），架臂 1 和架脚 2 的滑动方式，采用“[”型导轨形式，延长臂 4 可以采用滑动伸缩式或采用折叠伸缩式结构，在延长臂 4 的弯头 6 上或在架脚 2 上有弹性定位器 12，并与架脚 2 上或延长臂弯头 6 上的定位孔 13 相配合。

对比文件 6（参见说明书摘要及摘要附图）公开了一种塑料箱，塑料箱的箱体与箱盖通过卡扣结合。

对比文件 7（参见说明书摘要及摘要附图）公开了一种汽车内装饰用卡扣，由注塑件扣盖 1 和扣底 2 组成。

对比文件 8（参见说明书摘要及摘要附图）公开了一种改良构造的发夹，其基座由分离式卡扣部

和轴部组成。

对比文件9（参见说明书摘要及摘要附图）公开了一种塑料门窗卡扣，由卡钳和插头所组成，卡钳是由塑料制成的环形钳体和卡头，卡头与插头的颈部相配合。

对比文件10（参见说明书摘要及摘要附图）公开了一种免系鞋带卡扣。它主要由一个中间有呈楔型槽的长凹体和带卡紧齿的凸型体组成。

对比文件11（参见说明书摘要及摘要附图）公开了日常生活中的手电筒，特别是塑料的直接式卡扣手电筒。采用电珠正、负极直接接电源正、负极的直接式电路和筒体与尾盖的卡扣式连接。

对比文件13（参见说明书第2页倒数第一段及附图）公开了电饭煲蒸菜盘，盘中心有蒸汽孔4，蒸汽孔4的上部活动连接着手柄6，蒸菜时手柄6取出，蒸菜后手柄6接入蒸菜盘，一起从电饭煲中取出蒸菜盘。

（1）以对比文件1为最接近的对比文件结合对比文件4时。

将本专利权利要求1的技术方案与对比文件1公开的上述内容比较可知，二者存在以下区别技术特征：本专利权利要求1中用于蒸锅的烹饪部件还具有：a、安装在管状侧壁内部的、或者安装在开孔底下面的至少一个挡块，和b、用于卡住安装在开孔底下部或者在管状侧壁内部的舌片。所述两点区别下文中简称为“区别技术特征ab”。

对比文件4公开的技术方案是通过弹性定位器12与定位孔13相配合，其中并未公开上述区别技术特征ab的挡块和舌片以及二者的具体位置和配合方式。对比文件4中定位孔13是孔状结构，设置在架脚12或延长臂4的弯头6上，本专利权利要求1中的档块14是块状结构，安装在管状侧壁内部或者安装在开孔底下面，因此二者的形状结构明显不同，设置位置和配合方式也不相同，因此二者不能相互等同。

同时，对比文件1和4中也未给出在对比文件1公开的内容的基础上采用上述区别技术特征的启示。另外，采用上述区别技术特征ab的本专利权利要求1的技术方案能够产生如下有益效果：烹饪部件中的开孔底既能够平稳固定，又能够方便搬动。因此，本专利权利要求1的技术方案相对于对比文件1和4的结合具备突出的实质性特点和显著的进步，符合专利法第22条第3款有关创造性的规定。

（2）以对比文件2或3为最接近的对比文件分别结合对比文件4时。

由前述对比文件2和3公开的内容可知，对比文件2和3也未公开前述区别技术特征ab，同时，对比文件2、3、4中也均未给出采用上述区别技术特征ab的技术启示，另外，采用上述区别技术特征ab的本专利权利要求1的技术方案能够产生如下有益效果：烹饪部件中的开孔底既能够平稳固定，又能够方便搬动。因此，相对于对比文件2或3为最接近的对比文件分别结合对比文件4时，本专利权利要求1具备创造性，符合专利法第22条第3款的规定。

（3）以对比文件2为最接近的对比文件结合对比文件6~11时。

前面已经指出本专利权利要求1与对比文件2相比存在上述区别技术特征ab，而对比文件6至11中所公开的所谓卡扣连接方式均与上述区别技术特征ab不同，均不能证明上述区别技术特征ab的挡块和舌片以及二者的具体位置和配合方式属于本领域的公知常识，同时也不能给出相应的技术启示。因此，相对于对比文件2和对比文件6~11所揭示的内容相比，本专利权利要求1具备创造性，符合专利法第22条第3款的规定。

（4）以对比文件1或2为最接近的对比文件结合对比文件4和对比文件13时。

对比文件13中公开了在蒸盘上连接活动手柄，以方便在蒸菜后将蒸盘取出。然而，本专利权利要求1中并没有包括在蒸盘上连接活动手柄以方便在蒸菜后将蒸盘取出的相关技术特征。由前述分析可知，本专利权利要求1与对比文件1、2都存在上述区别技术特征ab，而对比文件4和13同样也未公开上述区别技术特征ab，同时，对比文件1、2、4、13中也均未给出采用上述区别技术特征ab的技术启示。因此，本专利权利要求1无论相对于对比文件1、4、13的结合或是相对于对比文件2、4、13的结合均具备创造性，符合专利法第22条第3款的规定。

（5）关于本专利权利要求2、3、5~10的创造性。

对比文件5（参见说明书摘要及说明书全文）公开了一种无外溢饭锅，主要依靠设置在锅体内的防外溢装置上的向下凸起的喇叭型孔道排除气泡里的气体达到防外溢目的，且防外溢器还可作蒸隔使用。

对比文件12（参见说明书第8页倒数第6行至第9页第7行、附图1、2）公开了一种铸铁锌黄铜复合锅，蒸格6圆周剪三个缺口10，靠圆心方位不剪，再将缺口部位的材料向圆心卷曲成鹰钩15，该鹰钩15用于提动蒸格6。

由此可见，对比文件5和12中均未公开上述区别技术特征ab，也未给出采用上述区别技术特征ab的技术启示，结合前面的分析可知，对比文件1~4、对比文件6~11和对比文件13均未公开上述区别技术特征ab，也不能给出相应的技术启示，在本专利权利要求1相对于请求人提交的上述证据组合方式具有创造性的基础上，作为其从属权利要求的权利要求2、3、5至10相对于上述对比文件1至13的任意组合也具有创造性，符合专利法第22条第3款的规定。

（6）关于本专利权利要求4、11的创造性。

请求人在提出无效宣告请求时没有结合对比文件具体说明本专利权利要求4、11不具备创造性的理由，且在提出无效宣告请求之日起一个月内也未补充具体说明。根据审查指南第四部分第三章第4.1节的规定：请求人在提出无效宣告请求时没有具体说明的无效宣告理由以及没有用于具体说明相关无效宣告理由的证据，且在提出无效宣告请求之日起一个月内也未补充具体说明的，专利复审委员会不予考虑。因此合议组对请求人提出的关于本专利权利要求4、11不符合专利法第22条第3款的规定的理由不予考虑。

综上，本专利权利要求1不存在请求人提出的不符合专利法实施细则第21条第2款的规定的缺陷，权利要求4、11不存在请求人提出的不符合专利法实施细则第20条第1款的规定的缺陷，权利要求1~3、5~10相对于请求人提交的证据符合专利法第22条第3款的规定。

三、决定

维持99813439.2号发明专利权有效。

当事人对本决定不服的，可以根据专利法第46条第2款的规定，自收到本决定之日起3个月内向北京市第一中级人民法院起诉。根据该款规定，一方当事人起诉后，另一方当事人应当作为第三人参加诉讼。

北京市第一中级人民法院
行政判决书

（2007）一中行初字第776号

原告上虞威斯特电器制造有限公司，住所地浙江省上虞市百官工业区（南湖）。

委托代理人王兵，杭州天正专利事务所有限公司专利代理人。

被告中华人民共和国国家知识产权局专利复审委员会，住所地中华人民共和国北京市海淀区北四环西路9号银谷大厦10-12层。

法定代表人廖涛，副主任。

委托代理人李玲玲，中华人民共和国国家知识产权局专利复审委员会审查员。

委托代理人张华，中华人民共和国国家知识产权局专利复审委员会审查员。

第三人SEB股份有限公司（SEBS. A.），住所地法兰西共和国埃克黎69130。

法定代表人德洛努瓦·德·拉图尔·达尔戴兹·蒂耶里，董事长兼总经理。

委托代理人夏志泽，北京市万慧达观勤律师事务所律师。

委托代理人张一军，北京万慧达知识产权代理有限公司专利代理人。

原告上虞威斯特电器制造有限公司（简称威斯特公司）诉被告中华人民共和国国家知识产权局专利复审委员会、第三人SEB股份有限公司专利无效行政纠纷一案，本院于2007年5月28日受理本案后，依法组成合议庭进行审理。在本案审理过程中，原告威斯特公司于2007年7月4日向本院书面申请撤回对被告中华人民共和国国家知识产权局专利复审委员会的起诉。

本院认为，原告威斯特公司的撤诉申请是其真实意思表示，未违反有关法律规定，应予准许。依照行政诉讼法第51条之规定，裁定如下：

准予原告上虞威斯特电器制造有限公司撤回对被告中华人民共和国国家知识产权局专利复审委员会的起诉。

案件受理费100元，减半收取50元，由原告上虞威斯特电器制造有限公司负担（已交纳）。

审 判 长　刘海旗
代理审判员　佟　姝
代理审判员　马晓亚
二〇〇七年七月十三日
书 记 员　高　颖

082

气流中二氧化碳的去除

无效宣告请求审查决定（第 9738 号）

决　定　号 第 9738 号
决　定　日 2007 年 4 月 13 日
发明创造名称 气流中二氧化碳的去除
国 际 分 类 号 B01D 53/04，F25J 3/04
无效宣告请求人 环球油品公司
专　利　权　人 波克股份有限公司
专　利　号 95121341.5
优　先　权　日 1994 年 12 月 23 日
申　请　日 1995 年 12 月 19 日
授 权 公 告 日 2002 年 10 月 2 日
合 议 组 组 长 李人久
主　审　员 孙跃飞
参　审　员 程　强

法 律 依 据 专利法第 33 条、第 26 条第 3 款，专利法实施细则第 20 条第 1 款，专利法第 22 条第 2 款、第 3 款

决 定 要 点

对于域外证据，通常应提交该证据形成地所在国公证机关予以证明的公证文件以及相应的认证文件来证明其真实性。

将原始文本中明确记载的数值范围的端值删除而形成的不包括端值的数值范围，可以认为能够从原申请文件记载的内容中直接地、毫无疑义地确定，这种修改符合专利法第 33 条的规定。

对于化学方法发明所用的原料物质，应当说明其成分、性能、制备方法或者来源，使得本领域技术人员能够得到。如果说明书中针对原料物质成分的记载足够清晰，使得本领域技术人员在阅读说明书记载的内容后，能够结合公知常识，根据现有技术中公开的制备方法制备得到该原料物质，则本领域技术人员可以实现该化学方法发明。

对于权利要求中的表述，如果本领域技术人员结合说明书中的内容，可以得出唯一的解释，则权利要求的保护范围是清楚的。

如果本专利权利要求所限定的数值范围与对比文件公开的数值范围部分重叠或者有一个共同的端点，则认为对比文件已经公开了该数值范围，将破坏该权利要求的新颖性。

如果权利要求的技术方案与最接近的比文件相比，其区别技术特征已被另一篇对比文件公开，且该特征在该对比文件中所起的作用与在本发明中所起的作用相同，则该权利要求不具备创造性。

一、案由

本无效宣告请求涉及国家知识产权局于2002年10月2日授权公告的、名称为“气流中二氧化碳的去除”的第95121341.5号发明专利权（以下简称本专利），其申请日为1995年12月19日，优先权日为1994年12月23日，专利权人为波克股份有限公司。本专利授权公告时的权利要求书为：

“1. 一种由含有CO_2和极性小于CO_2的气体的气流中去除CO_2的方法，其特征在于，它包括在5至80℃利用硅/铝原子比为1.0至<1.15的X型沸石对所述气流进行吸附。

2. 根据权利要求1所述的方法，其特征在于，其中的吸附是变温吸附、变压吸附或变真空吸附，或是它们的组合。

3. 根据权利要求2所述的方法，其特征在于，其中所述吸附剂是硅对铝的原子比为1.0~1.1的X型沸石。

4. 根据权利要求2所述的方法，其特征在于，其中所述吸附步骤的操作温度在20~80℃范围内。

5. 根据权利要求1至4中任一项所述的方法，其特征在于，其中所述吸附剂是一种X型沸石，其中的可交换阳离子选自1A、2A、3A、3B族、镧系元素的离子及其混合离子。

6. 根据权利要求1至4中任一项所述的方法，其特征在于，其中所述气流中的CO_2分压不高于2.5×10^3 Pa。

7. 根据权利要求1至4中任一项所述的方法，其特征在于，其中所述气流是氧气、氮气、氩气、氢气、氦气或其混合物。

8. 根据权利要求2所述的方法，其特征在于，其中所述气流中的CO_2分压不高于1.0×10^3 Pa。

9. 根据权利要求8所述的方法，其特征在于，其中的吸附剂是硅/铝原子比为1.0的X型沸石。

10. 根据权利要求4所述的方法，其特征在于，其中所述气流中CO_2分压不高于5×10^2 Pa。

11. 根据权利要求7所述的方法，其特征在于，其中吸附步骤的操作温度在30~60℃范围内。

12. 根据权利要求11所述的方法，其特征在于，其中所述气流是空气。

13. 根据权利要求7所述的方法，其特征在于，它还包括，在由所述气流中去除CO_2之前，令气流通过选自氧化铝，硅胶，沸石及其混合物的吸附剂以除去其中的水汽。

14. 根据权利要求12所述的方法，其特征在于，还包括对去除CO_2后的空气进行低温蒸馏，由此产生高纯度的氮气和/或高纯度的氧气。

15. 根据权利要求14所述的方法，其特征在于，其中所述吸附剂还从所述空气中吸附除去水汽。

16. 根据权利要求14所述的方法，其特征在于，它还包括，在去除CO_2之前，令空气通过选自氧化铝、硅胶、沸石及其混合物的吸附剂，从空气中除去水汽。”

2004年10月11日，针对上述专利权，环球油品公司（以下简称请求人）向国家知识产权局专利复审委员会提出无效宣告请求，同时提交了以下证据：

证据1：《ZEOLITE MOLECULAR SIEVES》，第92~95、636~637页，作者为D. W. Breck，1974年，John Wiley & Sons，Inc. 出版，复印件共5页；

证据2：美国专利US 2882244，授权公告日为1959年4月14日，复印件共9页；

证据3：欧洲专利EP 0284850 B1，授权公告日为1992年6月17日，复印件共10页；

证据4：美国专利US 4775396，授权公告日为1988年10月4日，复印件共5页；

证据5：《Russian Journal of Physical Chemistry》，42（1），1968，第87~90页，复印件共4页；

证据6：“Investigation of the Isosteric Heat of Adsorption of Carbon Dioxide on Synthetic Sodium Zeolites of Different Structural Types”，作者为S. S. Khvoshchev和S. P. Zhdanov，第1~7页，复印件共7页；

证据7：欧洲专利EP 0294588 A2，公开日为1988年12月14日，复印件共4页；

证据8：美国专利US 3885927，授权公告日为1975年5月27日，复印件共4页；

证据9：英国专利GB 1580928，公开日为1980年12月10日，复印件共9页；

证据10：《化工百科全书》，第4卷，化学工业出版社出版，1993年9月北京第1次印刷，封面、版权页、第812~816页，复印件共7页；

证据11：证据1~9所使用部分的中文译文12页。

请求人认为：(1) 权利要求1中将硅/铝原子比从"1.0至1.15"修改为"1.0至<1.15"、将吸附温度从"-50至80℃"修改为"5至80℃"，其中"<1.15"这一上限既未在原始说明书和权利要求书中记载，也不能从原始文本毫无疑义地导出，因此权利要求1、2、4~8和10~16修改超范围，不符合专利法第33条的规定；(2) 权利要求1要求保护的硅/铝原子为1.0至<1.15，而说明书的实施例中仅公开了硅/铝原子为1.02，在说明书公开内容的基础上，本领域技术人员难以预见在1.0至<1.15的范围内，本发明的目的都能实现，因此权利要求1~16得不到说明书的支持，不符合专利法第26条第4款的规定；同时这也意味着说明书没有充分公开权利要求1所定义的技术方案，因此说明书不符合专利法第26条第3款的规定；说明书中也没有具体公开变温吸附、变压吸附、变真空吸附的吸附方式，因此说明书不符合专利法第26条第3款的规定；(3) 权利要求1缺少CO_2分压、吸附压力、气体中CO_2的浓度、最终产品的回收步骤等必要技术特征，因此权利要求1~16不符合专利法实施细则第21条第2款的规定；(4) 权利要求1未清楚描述通过该方法最终获得了什么产品，没有清楚地描述所要求保护的范围；从权利要求书看，权利要求2的吸附方式针对的是吸附本身，而说明书中并未针对这些技术方案进行描述，从说明书看，这些吸附方式是针对沸石的再生而言，因此权利要求1~16未清楚描述所要求保护的范围，不符合专利法实施细则第20条第1款的规定；(5) 权利要求1~16相对于证据1~10不具备新颖性或创造性，不符合专利法第22条第2款、第3款的规定。基于上述理由，请求人宣告本专利权利要求1~16全部无效。

经形式审查合格后，专利复审委员会受理了该无效宣告请求，并于2004年11月8日向双方当事人发出了《无效宣告请求受理通知书》，并向专利权人转送了《专利权无效宣告请求书》及其附件清单中所列附件副本。

2004年11月11日，请求人提交了意见陈述书，补充提交了以下证据：

证据1'(完整的证据1)：《ZEOLITE MOLECULAR SIEVES》，第92~95、636~637页，作者为D. W. Breck，1974年，John Wiley & Sons，Inc. 出版，复印件共5页；

证据5'(完整的证据5)：《Russian Journal of Physical Chemistry》，42 (1)，1968，第87~90页，复印件共7页；

证据6'(声称是证据6的俄文文本)：文章名为"二氧化碳在不同结构类型合成钠沸石上的等量吸附热的研究"，作者为"S. S. Khvoshchev和S. P. Zhdanov"，杂志名为"吸附剂，其制备、性质及应用"，公开于"苏联第三届吸附剂大会文集"，1971年，第121~124页，复印件共9页。

证据11'：证据1~9所使用部分的中文译文第1~29页(替换证据11)。

2004年12月22日，专利权人提交了意见陈述书，针对请求人的无效宣告请求进行了答复。专利权人提交了权利要求书修改替换页，用新的权利要求1~7替换授权公告的权利要求1~16，该权利要求1~7如下：

"1. 一种由含有CO_2和极性小于CO_2的气体的气流中去除CO_2的方法，其特征在于，它包括在30~60℃利用硅/铝原子比为1.0至<1.15的X型沸石对所述气流进行吸附，其中所述气流中的CO_2分压不高于2.5×10^3 Pa，其中所述气流是氧气、氮气、氩气、氢气、氦气或其混合物。

2. 根据权利要求1所述的方法，其特征在于，其中所述吸附剂是一种X型沸石，其中的可交换阳离子选自 1A、2A、3A、3B 族、镧系元素的离子及其混合离子。

3. 根据权利要求 1 所述的方法，其特征在于，其中所述气流是空气。

4. 根据权利要求 1 所述的方法，其特征在于，它还包括，在由所述气流中去除 CO_2之前，令气流通过选自氧化铝，硅胶，沸石及其混合物的吸附剂以除去其中的水汽。

5. 根据权利要求 3 所述的方法，其特征在于，还包括对去除 CO_2后的空气进行低温蒸馏，由此产生高纯度的氮气和/或高纯度的氧气。

6. 根据权利要求 5 所述的方法，其特征在于，其中所述吸附剂还从所述空气中吸附除去水汽。

7. 根据权利要求 5 所述的方法，其特征在于，它还包括，在去除 CO_2之前，令空气通过选自氧化铝、硅胶、沸石及其混合物的吸附剂，从空气中除去水汽。"

同时还提交了以下证据：

反证 1：欧洲专利 EP 0196103 A2，公开日为 1986 年 10 月 1 日，复印件共 36 页，及所使用部分的中文译文 1 页。

专利权人认为：（1）请求人于 2004 年 10 月 11 日提交的外文证据的译文存在三处错误，并给出了修改意见；（2）修改后的权利要求 1~7 已经克服了请求人所提出的所有缺陷，请求基于该权利要求 1~7 维持本专利有效。

2005 年 8 月 8 日，专利复审委员会本案合议组向双方当事人发出《无效宣告请求口头审理通知书》，拟定于 2005 年 9 月 20 日对本案进行口头审理。同时向请求人转送了专利权人于 2004 年 12 月 22 日提交的意见陈述书及其附件，向专利权人转送了请求人于 2004 年 11 月 11 日提交的意见陈述书及其附件。

2005 年 9 月 20 日，口头审理如期举行，双方当事人的代理人均参加了口头审理。庭审过程中，本案合议组对请求人提出的无效理由和证据进行了充分调查并听取了双方当事人的陈述，并记录了以下事实：

（1）对于专利权人于 2004 年 12 月 22 日针对权利要求书所作的修改请求人无异议，合议组经审查认为该修改符合相关规定，以下审查针对该修改后的权利要求 1~7 进行；

（2）请求人声明证据 1、2、9、10 仅作为背景技术使用，不用来评价本专利的新颖性和创造性；

（3）对于证据 6 和 6'，请求人放弃证据 6，保留证据 6'；

（4）请求人当庭提交了证据 5'、6'的公证认证文件，合议组当庭将上述公证认证文件的复印件转送给专利权人；

（5）专利权人认为域外形成的证据 5'、6'的公证认证程序不合法，请求合议组不予采信。专利权人对请求人提交的其他证据的真实性无异议；

（6）对于请求人于 2004 年 11 月 11 日提交的证据 1~9 所使用部分的中文译文（证据 11'）的准确性，专利权人无异议；

（7）请求人对反证 1 的真实性及译文准确性均无异议；

（8）请求人主张的无效理由为：①针对权利要求 1~7，由于权利要求 1 中将硅/铝原子比从"1.0 至 1.15"修改为"1.0 至<1.15"，因此权利要求 1~7 不符合专利法第 33 条的规定；②针对权利要求 1~7，由于说明书中没有公开低硅沸石的来源，因此说明书公开不充分，不符合专利法第 26 条第 3 款的规定；③针对权利要求 1、2、4，由于其中"气流"的成分前后矛盾，因此权利要求 1、2、4 不清楚，不符合专利法实施细则第 20 条第 1 款的规定；④证据 3 公开了权利要求 1~3、5、6 的所有技术特征，证据 4 公开了权利要求 1 的所有技术特征，因此权利要求 1~3、5、6 不具备新颖性，不符合专利法第 22 条第 2 款的规定；⑤权利要求 1 相对于证据 3 与证据 5'、证据 3 与证据 6'或者证

据5’与公知常识的结合不具备创造性，不符合专利法第22条第3款的规定；⑥此外，证据2、证据7、证据8公开了权利要求2~5、7的附加技术特征，在权利要求1不具备创造性的基础上，权利要求2~5、7不具备创造性，权利要求6由于没有新颖性而没有创造性，因此权利要求2~7不符合专利法第22条第3款的规定；

（9）请求人放弃除上述无效理由以外的其他无效理由，对于专利法第26条第3款和专利法实施细则第20条第1款的无效理由，请求人坚持以口头审理的陈述为准；

（10）对于请求人在口头审理当庭提出的关于专利法第26条第3款和专利法实施细则第20条第1款的具体无效理由，专利权人要求答辩时间，合议组同意专利权人在口头审理后一个月内提交书面陈述意见。

2005年9月29日，请求人提交了意见陈述书，对无效请求的理由、证据进行了补充陈述。

2005年10月20日，专利权人提交了意见陈述书，同时提交了以下证据：

反证2：英国专利GB1051621，公开日为1966年12月14日，复印件共6页，及其中文译文5页；

反证3：《zeolites》，1987年9月，第7卷，第451~457页，复印件共7页，及其中文译文13页；

反证4：《ZEOLITE MOLECULAR SIEVES》，第649~650页，作者为D. W. Breck，1974年，John Wiley & Sons，Inc. 出版，复印件共4页，及其中文译文3页。

在该意见陈述书中，（1）专利权人进一步陈述了对证据5’、6’的证据效力存在异议的理由；（2）专利权人认为请求人在口头审理当庭提出的关于专利法第26条第3款以及专利法实施细则第20条第1款的无效理由的具体论述为提出无效宣告请求后一个月期限后提出的，恳请合议组不予考虑；（3）专利权人结合上述反证补充陈述了本专利符合专利法和专利法实施细则相关规定的理由。

2006年2月23日，本案合议组向请求人发出《转送文件通知书》，将专利权人于2005年10月20日提交的意见陈述书及其所列附件的副本转送给请求人，要求请求人在指定期限内针对其中涉及的理由、事实、证据以及中文译文的准确性进行意见陈述。

2006年4月10日，针对上述《转送文件通知书》，请求人提交了意见陈述书，同时提交了标有部分中文译文的证据5’第二页的复印件1页。请求人认为：（1）其已经履行了对证据5’、6’的公证认证义务，证据5’、6’真实、有效；（2）证据3、4、5’、6’分别公开了修改后权利要求1的所有技术特征，该权利要求1分别相对于证据3、4、5’、6’不具备新颖性和创造性；（3）修改后权利要求1相对于证据3与证据5’、证据3与证据6’的结合没有创造性；（4）在修改后权利要求1不具备新颖性和创造性的基础上，基于请求人已经陈述过的具体理由，修改后的权利要求2~7也不具备新颖性和创造性；（5）针对权利要求1~7，由于权利要求1中将硅/铝原子比从“1.0至1.15”修改为“1.0至<1.15”，因此权利要求1~7不符合专利法第33条的规定；（6）针对权利要求1~7，由于说明书中没有公开低硅沸石的来源，因此说明书公开不充分，不符合专利法第26条第3款的规定；（7）针对权利要求1、2、4，由于其中“气流”的成分前后矛盾，因此权利要求1、2、4不清楚，不符合专利法实施细则第20条第1款的规定。

2007年3月9日，请求人补充提交了证据5’、6’的公证认证文件的中文译文。

经过上述审理程序，合议组认为本案事实已经查清，可以依法作出审查决定。

二、决定的理由

1. 文本认定

2004年12月22日，专利权人在《无效宣告请求受理通知书》指定期限内答复时提交了权利要求书的修改替换页，用新的权利要求1~7替换授权公告的权利要求1~16。修改后的独立权利要求1

相当于授权公告的权利要求 6、7 与 11 的合并，修改后的权利要求 2~7 分别相当于授权公告的权利要求 5、12~16 与权利要求 6、7 及 11 的合并。请求人对该修改替换页无异议，合议组经审查后确认上述修改符合审查指南相关规定，可以被接受。授权公告的权利要求书视为放弃，本决定针对专利权人于 2004 年 12 月 22 日提交的权利要求 1~7 作出。

2. 证据的真实性以及中文译文的准确性

（1）关于证据 1~4、7~11 以及反证 1~4。

专利权人对请求人提交的证据 1~4、7~10 的真实性无异议，合议组认可这些证据的真实性。并且证据 1~4、7~10 的公开日早于本专利的优先权日，因此证据 1~4、7~10 可以作为现有技术评价本专利的新颖性和创造性。

请求人于 2004 年 10 月 11 日提交了证据 1~9 所使用部分的中文译文（证据 11），于 2004 年 11 月 11 日重新提交了证据 1~9 所使用部分的中文译文（证据 11’）以替换证据 11。专利权人对证据 11’的准确性无异议，因此以下评述以证据 11’的中文译文为准。

请求人对反证 1~4 的真实性及其中文译文的准确性均未提出异议，合议组认可反证 1~4 的真实性及其中文译文的准确性。

（2）关于证据 5’、6’的真实性。

请求人是否履行了其对域外证据 5’、6’的公证认证义务，从而可以确认证据 5’、6’的真实性，是本案的争议焦点之一。

域外证据是指在中华人民共和国领域外形成的证据，该证据应当经所在国公证机关予以证明，并经中华人民共和国驻该国使领馆予以认证，或者履行中华人民共和国与该所在国订立的有关条约中规定的证明手续。

如果符合下述三种情况，当事人可以在无效宣告程序中不办理上述公证认证手续：

①该证据是能够从除中国香港、澳门、台湾地区外的国内公共渠道获得的，如从专利局获得的国外专利文件，或者从公共图书馆获得的国外文献资料；

②有其他证据足以证明该证据真实性的；

③对方当事人认可该证据的真实性的。

在无效宣告程序中请求人仅提交了证据 5’、6’的复印件（未提交原件），还提交了美国公证机关的证明文件及其相应的认证文件以证实证据 5’、6’的真实性。

首先，证据 5’的复印件显示其发行人为“The CHEMICAL SOCIETY”，其地址为“Burlington House London W. 1.”，如果证据 5’是真实的话其形成地应为英国；证据 6’的复印件显示其为俄文文献，公开于“苏联第三届吸附剂大会文集”，如果证据 6’是真实的话其形成地应为俄罗斯。因此证据 5’、6’均是在中华人民共和国领域外形成的证据，应在各自的证据形成地——英国和俄罗斯分别办理相应的公证认证手续来证明证据 5’、6’的真实性。请求人仅提交了并非证据 5’、6’的形成地——美国的公证机关的证明文件及其相应的认证文件，因此不满足关于域外证据公证认证手续的要求。

此外，（1）专利权人不认可域外证据 5’、6’的真实性；（2）请求人也没有提供证据证明域外证据 5’、6’能够从除中国香港、澳门、台湾地区外的国内公共渠道获得；（3）从请求人提交的公证认证文件的内容看，其仅仅公证了 UOP LLC 公司的专利事务助理秘书约翰·G. 特洛美于 2005 年 8 月 15 日在美国伊利诺伊州库克县向公证人雷尼·A. 海耶斯提交了一份证人证言，在这份证人证言上约翰·G. 特洛美宣称所附的证据 5’、6’的复印件是真实的。美国公证人对于该证人确实在其面前发表了上述证言进行了公证，但公证书并未对证据 5’、6’本身的真实性进行公证，因此这份美国的公证认证文件不足以证明域外证据 5’、6’的真实性。

综上所述，合议组认为：从现有的证据出发，尚无法确认证据5’、6’的真实性，证据5’、6’不能作为有效的证据来评价本专利的新颖性和创造性。

3. 无效理由及范围

（1）请求人在口头审理过程中明确主张其无效理由以口头审理的陈述为准，对于请求人在口头审理后于2006年4月10日提交的意见陈述书中又增加的诸如权利要求1分别相对于证据5’、6’不具备新颖性以及权利要求4、7不具备新颖性等无效理由，合议组不予接受，以下评述仅针对请求人在口头审理时确认最终的无效理由和范围。

（2）专利法实施细则第66条规定：在专利复审委员会受理无效宣告请求后，请求人可以在提出无效宣告请求之日起1个月内增加理由或者补充证据。逾期增加理由或者补充证据的，专利复审委员会可以不予考虑。

国家知识产权局令第三十八号规定：对于在2006年7月1日之前提出的无效宣告请求，对其自无效宣告请求之日起一个月后提出的新理由、新证据的审查适用2001年10月18日公布的审查指南第四部分第三章第3.1节的规定。

2001年10月18日公布的审查指南第四部分第三章第3.1节的规定：对请求人在提出无效宣告请求之日起一个月后提出的需要新的证据支持的新的无效宣告理由和提交的用于证明在提出无效宣告请求之日起一个月内未举证主张的具体事实的新证据，合议组不予考虑。

由于请求人在无效宣告请求之日已经提出了专利法第26条第3款以及专利法实施细则第20条第1款的无效理由；并且请求人在口头审理当庭提出的对上述无效理由的具体论述不需要新证据支持；此外，对于这些具体论述专利权人在口头审理当庭未表示异议并进行了答辩；合议组也应专利权人的请求，允许专利权人针对这些新的具体陈述在口头审理后一个月内提交书面意见，因此合议组考虑请求人关于专利法第26条第3款以及专利法实施细则第20条第1款的无效理由及其陈述。

4. 关于专利法第33条

专利法第33条规定：申请人可以对其专利申请文件进行修改，但是，对发明和实用新型专利申请文件的修改不得超出原说明书和权利要求书记载的范围。

将原始文本中明确记载的数值范围的端值删除而形成的不包括端值的数值范围，可以认为能够从原申请文件记载的内容中直接地、毫无疑义地确定，这种修改符合专利法第33条的规定。

就本案而言，本专利原始文本中已经明确记载了“硅/铝原子比均为1.0至1.15”，授权的权利要求1以及专利权人于2004年12月22日提交的权利要求1其被改为“硅/铝原子比为1.0至<1.15”，这种修改实质上是将原始数值范围的一个端值“1.15”删除，形成新的数值范围“1.0至<1.15”，由于通常情况下，数值范围的端值可以被认为是具体公开的点，因此上述修改后的数值范围能够从原申请文件记载的内容中直接地、毫无疑义地确定，该修改符合专利法第33条的规定，请求人关于本专利不符合专利法第33条规定的主张不成立。

5. 关于专利法第26条第3款

专利法第26条第3款规定：说明书应当对发明或者实用新型作出清楚、完整的说明，以本领域技术人员能够实现为准。说明书对发明或者实用新型作出的清楚、完整的说明，应当达到本领域技术人员能够实现的程度。

本领域技术人员能够实现，是指本领域技术人员按照说明书记载的内容，就能够实现该发明或者实用新型的技术方案，解决其技术问题，并且产生预期的技术效果。

对于化学方法发明所用的原料物质，应当说明其成分、性能、制备方法或者来源，使得本领域技术人员能够得到。如果说明书中针对原料物质成分的记载足够清晰，使得本领域技术人员在阅读说明书记载的内容后，能够结合公知常识，根据现有技术中公开的制备方法制备得到该原料物质，则本领域技术人员可以实现该化学方法发明。

就本案而言，本专利保护的是一种由含有 CO_2和极性小于 CO_2 的气体的气流中去除 CO_2 的方法，其通过选择 X 型沸石的硅/铝原子比以及吸附温度和 CO_2分压从而获得预料不到的 CO_2去除效果（参见本专利说明书实施例 1 中表格及其说明）。对于上述方法所用的原料物质，本专利明确记载了所选择的 X 型沸石的硅对铝的原子比约在 1.0~1.15 之间，优选的吸附剂是硅对铝的原子比在 1.0~1.1 之间的 X 型沸石，最优的是该比约为 1.0 的 X 型沸石，一般称为低硅 X 沸石或 LSX 沸石（参见本专利说明书第 3 页第 18~21 行），并且在实施例 1 中具体实施了硅/铝比为 1.02 的钠 X 型沸石（NaLSX）的技术方案。同时，X 型沸石是本技术领域的公知常识（参见证据 10 第 816 页），而且对于各种硅/铝原子比的 X 型沸石（包括本专利所选择的为 1.0 至<1.15 的低硅 X 型沸石）本身及其制备方法在现有技术中已有多处论述（参见证据 1、证据 2、证据 9、反证 2、反证 3 等）。因此，合议组认为：本专利说明书中针对所选择的低硅 X 型沸石成分的记载已经足够清晰，使得本领域技术人员在阅读本专利说明书记载的内容后，能够结合公知常识，根据现有技术中公开的制备方法制备得到本专利所选择的低硅 X 型沸石，请求人关于本专利说明书不符合专利法第 26 条第 3 款规定的主张不成立。

6. 关于专利法实施细则第 20 条第 1 款

专利法实施细则第 20 条第 1 款规定：权利要求书应当说明发明或者实用新型的技术特征，清楚、简要地表述请求保护的范围。

对于权利要求中的表述，如果本领域技术人员结合说明书中的内容，可以得出唯一的解释，则权利要求的保护范围是清楚的。

就本案而言，本专利权利要求 1 保护“一种由含有 CO_2和极性小于 CO_2 的气体的气流中去除 CO_2 的方法”，并限定了“其中所述气流是氧气、氮气、氩气、氢气、氦气或其混合物”。请求人认为上述表述相互矛盾，导致权利要求 1、2、4 的保护范围不清楚。对此，合议组认为：（1）“含有 CO_2和极性小于 CO_2 的气体的气流”的表述本身是清楚的；（2）从本专利说明书来看，本专利涉及的是气流中 CO_2 的去除方法，这里 CO_2是作为杂质存在的，对于本领域技术人员来说，将需被净化的气流限定为“氧气、氮气、氩气、氢气、氦气或其混合物”并不表示该气流为纯净的“氧气、氮气、氩气、氢气、氦气或其混合物”，其中必然包含待去除的 CO_2杂质，其与“含有 CO_2和极性小于 CO_2 的气体的气流”的表述也不存在矛盾，因此，请求人关于本专利权利要求 1、2、4 不符合专利法实施细则第 20 条第 1 款规定的主张不成立。

7. 关于专利法第 22 条第 2 款

专利法第 22 条第 2 款规定：新颖性，是指在申请日以前没有同样的发明或者实用新型在国内外出版物上公开发表过、在国内公开使用过或者以其他方式为公众所知，也没有同样的发明或者实用新型由他人向国务院专利行政部门提出过申请并且记载在申请日以后公布的专利申请文件中。

如果本专利权利要求所限定的技术方案与对比文件公开的技术方案实质上相同，所属技术领域的技术人员根据两者的技术方案可以确定两者能够适用于相同的技术领域，解决相同的技术问题，并具有相同的预期效果，则认为两者为同样的发明。

如果本专利权利要求所限定的数值范围与对比文件公开的数值范围部分重叠或者有一个共同的端点，则认为对比文件已经公开了该数值范围，将破坏该权利要求的新颖性。

就本案而言，权利要求 1 保护一种由含有 CO_2和极性小于 CO_2 的气体的气流中去除 CO_2 的方法，包括在 30~60℃利用硅/铝原子比为 1.0 至<1.15 的 X 型沸石对所述气流进行吸附，其中所述气流中的 CO_2 分压不高于 2.5×10^3Pa，其中所述气流是氧气、氮气、氩气、氢气、氦气或其混合物。

证据3涉及一种用于干燥和纯化气体物流的方法，其发明概述部分公开了该方法包含以下步骤：(a) 在低于100℃下，含有主要部分为不可吸附的气体以及其他混合的杂质组分的原料气体物流通过装有活化状态的沸石分子筛吸附剂的固定吸附床，所述的沸石分子筛吸附剂包括具有八面沸石晶体结构的沸石晶体，其骨架Si/Al比为1.0~2.5，从而所述的杂质组分被选择性吸附在所述的吸附剂上，且从所述的吸附床回收有较低杂质含量的气体物流……（参见证据11'第5~6页发明概述部分）；并且在发明详述部分具体描述了上述技术方案中使用的术语和工艺：原料的主要成分包括，但不限于空气、氧气、氢气、氮气、氦气、氖气、氩气和甲烷，且可包含除水之外或作为水的替代，诸如二氧化碳、硫化氢、氨、氮氧化物、二氧化硫和烯属及炔属不饱和烃之类可吸附材料作为杂质（参见证据11'第7页倒数第三段）；用于本方法中的沸石分子筛吸附剂具有八面沸石晶体结构的沸石晶体结构和1.0至2.5的骨架Si/Al比，具有至少90%、优选至少95%阳离子当量的离子半径大于Cd++的二价阳离子，这种阳离子包括Ca++、Sr++和Ba++（参见证据11'第7页倒数第二段）；进行吸附-纯化步骤的温度应低于进行冲洗再生步骤的温度，即100℃，优选的吸附-纯化步骤在5℃至50℃下，在大气压至173巴（2500psig）压力下进行（参见证据11'第8页第二段）；参照附图，包含370ppm（V）CO_2（相当于CO_2分压约为37Pa）和用水蒸气饱和的原料环境空气于约37℃和1.01巴（0psig）通过管线10进入系统……流出物的压力为7.2巴（90psig）……吸附剂床30包含90%当量锶交换的X型沸石的三叶状颗粒作为吸附剂……在临界点之前，水杂质比CO_2被更强烈地吸附……来自床30的干燥且无CO_2的流出空气流经管线32、阀34和管线36流到达冷箱38，在其中进行作为从混合物中分离氮气和氧气并生产基本上纯的组分的液化和蒸馏（参见证据11'第9页第二段）。

由此可见，与证据3公开的内容相比，本专利权利要求1的技术方案中30~60℃的吸附温度范围与证据3的5℃至50℃吸附-纯化温度范围部分重叠，X型沸石的硅/铝原子比为1.0至<1.15与证据3的骨架Si/Al比为1.0~2.5有一个共同的端点且部分重叠（X型沸石即低硅八面沸石），证据3气流中的CO_2分压约为37Pa落入本专利权利要求1的CO_2分压不高于2.5×10^3Pa的数值范围内，因此，合议组认为：本专利权利要求1的技术方案与证据3公开的技术方案实质上相同，本领域技术人员根据两者的技术方案可以确定两者能够适用于相同的技术领域，解决相同的技术问题，并具有相同的预期效果，权利要求1不具备新颖性，不符合专利法第22条第2款的规定。

专利权人认为：证据3中没有公开过Si/Al比为1.0的沸石在吸附CO_2和极性小于CO_2的气体的气流中去除CO_2的技术方案，而且Si/Al比为1.0是X型沸石的一个理论极值，因此不能认为证据3公开了本专利硅/铝原子比为1.0至<1.15的范围。

对此，(1) 首先，本专利在说明书第3页倒数第二段记载了“由于沸石结构中会有缺陷，会有杂质（如夹杂的氧化铝和/或铝酸盐），分析测量中会有误差，所以低至0.9的X型沸石的表观硅铝比也曾有报道。但是，硅对铝的理论最小原子比为1.0，并以此理论最小值用于本发明，而且，我们拟将具有可能最低硅铝原子比的X型沸石均包括在本发明范围内”，由此可知，本专利明确要求保护X型沸石Si/Al比为1.0的端值，并不因其为理论极值而不要求保护；(2) 其次，虽然证据3没有公开用Si/Al比为1.0的沸石作为吸附剂的具体实施例，但是证据3在发明详述部分公开了“骨架Si/Al比为1.0~2.5”的沸石作为吸附剂的技术方案。通常情况下，数值范围的端值可以被认为是具体公开的点，也正是出于这种考虑，合议组才认为本专利将原始文本的“硅/铝原子比均为1.0至1.15”修改为“硅/铝原子比为1.0至<1.15”没有超出原始文件记载的范围；(3) 而且，对于本领域技术人员来说，结合公知常识，根据现有技术中公开的制备方法能够制备得到上述Si/Al比为1.0的X型沸石，因此合议组不接受专利权人的争辩意见。

从属权利要求2引用权利要求1，限定了X型沸石的可交换阳离子。如上所述，证据3公开了可交换阳离子包括 Ca++、Sr++和 Ba++，落在从属权利要求 2 的范围内，因此在其引用的权利要求 1 不具备新颖性的情况下，从属权利要求 2 也不具备新颖性。

同样地，证据 3 公开了从属权利要求 3、5、6 的附加技术特征（参见在对权利要求 1 新颖性评述中描述的证据 3 具体公开的内容），因此在这些权利要求所引用的权利要求不具备新颖性的情况下，从属权利要求 3、5、6 也不具备新颖性。

8. 关于专利法第 22 条第 3 款

专利法第 22 条第 3 款规定：创造性，是指同申请日以前已有的技术相比，该发明有突出的实质性特点和显著的进步，该实用新型有实质性特点和进步。

如果权利要求的技术方案与最接近的比文件相比，其区别技术特征已被另一篇对比文件公开，且该特征在该对比文件中所起的作用与在本发明中所起的作用相同，则该权利要求不具备创造性。

从属权利要求 4 引用权利要求 1，其附加技术特征为“还包括，在由所述气流中去除 CO_2 之前，令气流通过选自氧化铝，硅胶，沸石及其混合物的吸附剂以除去其中的水汽”。

从属权利要求 7 引用权利要求 5，其附加技术特征为“还包括，在去除 CO_2 之前，令空气通过选自氧化铝、硅胶、沸石及其混合物的吸附剂，从空气中除去水汽”。

以证据 3 为最接近的对比文件，从属权利要求 4 和 7 的区别技术特征为上述附加技术特征，该特征在本专利中所起的作用是在去除 CO_2 之前先除去水蒸气以提高 CO_2 的去除效率。

证据 8 公开了一种从空气中去除 CO_2 的方法，吸附剂采用钡离子形式的 X 型沸石，与本专利的技术领域相同，并具体公开了“应用串联排列的两个双床分子筛吸附剂单元，每一单元在单独容器中。第一单元是以循环方式操作的干燥器，即，当一个床正在吸附水时，另一个床正在再生以为吸附步骤作准备。第二单元，即纯化器，用于 CO_2 的脱除且同样以循环方式操作”（参见证据 11’第 28 页第三段）。同样地，该技术手段的作用也是在去除 CO_2 之前先除去水蒸气以提高 CO_2 的去除效率。

因此，合议组认为：权利要求 4 和 7 相对于证据 3 的区别技术特征已在证据 8 中公开，该特征在证据 8 中所起的作用与在本专利中所起的作用相同，且该技术特征的引入未产生预料不到的技术效果，因此权利要求 4、7 相对于证据 3 与证据 8 的结合不具备创造性，不符合专利法第 22 条第 3 款的规定。

鉴于上述无效宣告理由成立，合议组对于请求人所提出的其他无效理由及证据不再进行评述。

基于上述事实和理由，合议组作出下述决定。

三、决定

宣告第 95121341.5 号发明专利权无效。

当事人对本决定不服的，可以根据专利法第 46 条第 2 款的规定，自收到本决定之日起 3 个月内向北京市第一中级人民法院起诉。根据该款规定，一方当事人起诉后，另一方当事人应当作为第三人参加诉讼。

083

石英手表机芯紧固装置

无效宣告请求审查决定（第9750号）

决　　定　　号　第9750号
决　　定　　日　2007年4月26日
发明创造名称　石英手表机芯紧固装置
国 际 分 类 号　G04C 3/00
无效宣告请求人　东莞广宇电子实业有限公司
专　利　权　人　高德平
专　　利　　号　200420039479.1
申　　请　　日　2004年3月22日
授 权 公 告 日　2005年3月23日
合 议 组 组 长　张惠军
主　　审　　员　杨军艳
参　　审　　员　李　礼

法　律　依　据　专利法第22条第2款、第3款
决　定　要　点
当被评价的权利要求与现有技术的技术方案不同时，该权利要求相对于该现有技术具备新颖性。

一、案由

本无效宣告请求涉及中华人民共和国国家知识产权局于2005年3月23日授权公告的、名称为“石英手表机芯紧固装置”的实用新型专利权（下称本专利），其专利号是200420039479.1，申请日是2004年3月22日，专利权人是高德平。本专利授权公告的权利要求书如下：

“1. 石英手表机芯紧固装置，包括机芯本体、定子钢片、线圈铁芯以及两金属压紧防脱圈，机芯本体上固设有两定位柱；定子钢片上开有两分别对应于两定位柱的第一定位孔；线圈铁芯上开有两分别对应于两定位柱的第二定位孔；定子钢片以及线圈铁芯分别通过两第一定位孔和两第二定位孔依次套接于两定位柱上；其特征在于：所述的两金属压紧防脱圈上均带有防脱结构；两金属压紧防脱圈分别套接于两定位柱并压紧于线圈铁芯上。

2. 根据权利要求1所述的石英手表机芯紧固装置，其特征在于：所述的两定位柱均为带有锥度的定位柱。

3. 根据权利要求1或2所述的石英手表机芯紧固装置，其特征在于：所述的防脱结构为防脱棘爪、毛刺、倒刺、阻力刺、倒钩或倒螺旋凸起。

4. 根据权利要求1或2所述的石英手表机芯紧固装置，其特征在于：所述的两定位柱均与机芯本体一体成型。”

针对上述专利权，东莞广宇电子实业有限公司（下称请求人）于2006年8月3日向专利复审委员会提出无效宣告请求，理由是本专利不具备新颖性和创造性，其提交的附件如下：

附件1：授权公告号为CN2326989Y的实用新型专利说明书首页和权利要求书页，共2页，其授权公告日为1999年6月30日；

附件2：本专利授权公告文本的首页和权利要求书页，共2页。

请求人认为本专利的技术特征与附件1的技术特征相同或等同，因此本专利不符合专利法第22条的规定，不具备新颖性和创造性。

经形式审查合格，专利复审委员会依法受理了上述无效宣告请求，于2006年9月6日向请求人和专利权人发出无效宣告请求受理通知书，随同该受理通知书将无效宣告请求书及其附件清单中所列附件的副本转送给专利权人，要求专利权人在指定期限内答复，并告知其期满未答复不影响专利复审委员会审理。

专利权人逾期未答复。

针对上述无效宣告请求，专利复审委员会依法成立合议组。本案合议组于2007年2月26日向双方当事人发出无效宣告请求口头审理通知书，指出本案定于2007年4月5日举行口头审理。

口头审理如期举行，请求人参加了本次口头审理，专利权人未出席。

在口头审理中，请求人明确其无效宣告请求的理由为专利法第22条第2~3款，所针对的是本专利权利要求1~4，使用的证据为附件1。

请求人认为本专利权利要求1的前序部分都是现有技术，附件1公开了本专利的机芯本体、定子钢片和线圈铁芯，其定位方式与本专利相同，其定位柱上端的两个紧固圈与本专利的两个金属压紧防脱圈相同，其勾爪结构就是本专利的防脱结构；此外，本专利的定子钢片和线圈铁芯的设置方式是显而易见的。

针对从属权利要求2~4，请求人认为附件1中已经作了上位描述，本专利权利要求2~4只是限定了下位的具体结构。

至此，合议组认为本案事实已清楚，现依法作出审查决定。

二、决定的理由

1. 关于证据和现有技术

附件1为专利文献，专利权人对它的真实性没有提出异议，经审查合议组认为附件1可以作为本案证据使用。附件1的授权公告日在本专利申请日之前，因此其上记载的内容构成了本专利的现有技术。

2. 关于本专利的新颖性和创造性

新颖性，是指在申请日以前没有同样的发明或者实用新型在国内外出版物上公开发表过、在国内公开使用过或者以其他方式为公众所知，也没有同样的发明或者实用新型由他人向国务院专利行政部门提出过申请并且记载在申请日以后公布的专利申请文件中。

创造性，是指同申请日以前已有的技术相比，该发明有突出的实质性特点和显著的进步，该实用新型有实质性特点和进步。

请求人认为本专利的技术特征与附件1的技术特征相同或等同，因此本专利不符合专利法第22条的规定，不具备新颖性和创造性。

（1）关于新颖性。

本专利权利要求1请求保护石英手表机芯紧固装置，包括机芯本体、定子钢片、线圈铁芯以及两金属压紧防脱圈，机芯本体上固设有两定位柱；定子钢片上开有两分别对应于两定位柱的第一定位孔；线圈铁芯上开有两分别对应于两定位柱的第二定位孔；定子钢片以及线圈铁芯分别通过两第一定位孔和两第二定位孔依次套接于两定位柱上；其特征在于：所述的两金属压紧防脱圈上均带有防脱结构；两金属压紧防脱圈分别套接于两定位柱并压紧于线圈铁芯上。

经审查，附件 1 公开了一种具有双紧固圈和双夹片结构的表芯，包括由主夹板 6 和上夹板 2 构成的机架，由定子、铁芯、线圈和转子 3 组成的步进电机 1，步进电机 1 固定在机架的一侧，由主夹板 6 的两根定位柱提供定位，在两定位柱的上端用两个紧固圈 18 来压紧，由不锈钢制作的上下夹片分别被铆于机架的上下两面，上夹片上还设置了几个勾爪结构（见附件 1 权利要求 1 和摘要附图）。

将本专利权利要求 1 请求保护的技术方案与附件 1 所公开的内容进行比较：两者均涉及手表机芯这一技术领域，且均具有紧固装置；附件 1 表芯中由主夹板 6 和上夹板 2 构成的机架与本专利中的机芯本体相同；附件 1 步进电机 1 中的定子和铁芯与本专利中的定子钢片和线圈铁芯相同；附件 1 中由主夹板 6 提供两根定位柱，相当于本专利中机芯本体上固设有两定位柱；附件 1 中在两定位柱上端用两个紧固圈 18 来压紧，相当于本专利中两金属压紧防脱圈分别套接于两根定位柱并压紧。

本专利权利要求 1 与附件 1 的区别在于：①附件 1 中未公开定子、铁芯、紧固圈之间的位置关系，以及定子、铁芯与主夹板上的定位柱之间的关系，而本专利权利要求 1 中定子钢片和线圈铁芯上均开有两对应于定位柱的孔，定子钢片和线圈铁芯依次套接于两定位柱上，两金属压紧防脱圈压紧于线圈铁芯上；②附件 1 未公开紧固圈上设有防脱结构，而本专利权利要求 1 中的两金属压紧防脱圈上均带有防脱结构。

由于本专利权利要求 1 与附件 1 相比存在上述区别技术特征，因此权利要求 1 相对于附件 1 具备新颖性，符合专利法第 22 条第 2 款的规定。

在权利要求 1 具备新颖性的情况下，其从属权利要求 2~4 相对于附件 1 也具备新颖性，符合专利法第 22 条第 2 款的规定。

（2）关于创造性。

针对上述区别特征①，请求人认为附件 1 的定位方式与本专利相同，而且本专利中定子钢片和线圈铁芯的设置方式是显而易见的。对此，合议组认为尽管附件 1 与本专利均采用了机架上的两根定位柱进行定位，但是附件 1 仅公开了将紧固圈套在定位柱上进行定位和紧固，而本专利是通过将定子钢片、线圈铁芯和金属压紧防脱圈均套在定位柱上进行定位和紧固，因此两者的定位方式并不相同；即使本专利中定子钢片和线圈铁芯之间的设置关系属于手表机芯中的常规设置方式，附件 1 也没有给出将其表芯中的的定子、铁芯和紧固圈均套在机架的两根定位柱上进行定位和紧固的技术启示。

针对上述区别特征②，请求人认为附件 1 中上夹片上设置的勾爪结构就等同于本专利中的防脱结构。对此，合议组认为本专利中的防脱结构设置在两金属压紧防脱圈上，其作用是为了防止金属圈脱落、从而有效地压紧；附件 1 中的上下夹片铆于机架的上下两面，其上夹片上设置勾爪结构并不能起到防止紧固圈脱落的作用，因此附件 1 中公开的上夹片上设置勾爪结构不能够给出在其表芯中的紧固圈上设置防脱结构以防止紧固圈脱落的技术启示。

综上所述，附件 1 中未公开上述区别特征，也未给出将上述区别特征应用到其技术方案中解决手表机芯定位和紧固的技术启示，且本专利权利要求 1 的技术方案具有结构简单、紧固牢固的有益效果，因此本专利权利要求 1 相对于附件 1 具备创造性，符合专利法第 22 条第 3 款的规定。

在本专利权利要求 1 具备创造性的情况下，其从属权利要求 2~4 相对于附件 1 也具备创造性，符合专利法第 22 条第 3 款的规定。

三、决定

维持 200420039479.1 号实用新型专利权有效。

当事人对本决定不服的，可以根据专利法第 46 条第 2 款的规定，自收到本决定之日起三个月内向北京市第一中级人民法院起诉。根据该款的规定，一方当事人起诉后，另一方当事人应当作为第三人参加诉讼。

084

一种二甲基甲酰胺反应器

无效宣告请求审查决定（第9756号）

决　　定　　号 第9756号
决　　定　　日 2007年4月20日
发明创造名称 一种二甲基甲酰胺反应器
国 际 分 类 号 B01J 8/04
无效宣告请求人 章丘日月化工有限公司
专　利　权　人 山东华鲁恒升化工股份有限公司
专　　利　　号 200420041357.6
申　　请　　日 2004年6月16日
授 权 公 告 日 2005年6月15日
合 议 组 组 长 赵　明
主　　审　　员 董晓静
参　　审　　员 王　冬

法　律　依　据 专利法第26条第3款、第22条第2款、第3款
决　定　要　点

如果本领域技术人员依据说明书公开的内容，结合其所掌握的现有技术的知识，能够实现本实用新型的技术方案，解决其技术问题，并产生预期的技术效果，则说明书对于要求保护的技术方案的描述就是清楚和完整的。

如果单独地比较一项权利要求所请求保护的技术方案与请求人提供的现有技术，二者技术方案不同，则请求人关于该项权利要求不具备新颖性的理由不成立。

如果一项权利要求所请求保护的技术方案相对于请求人提供的现有技术是非显而易见的，而且产生了有益的技术效果，则请求人关于该项权利要求不具备创造性的理由不成立。

一、案由

本无效宣告请求涉及中华人民共和国国家知识产权局于2005年6月15日授权公告的、名称为“一种二甲基甲酰胺反应器”的实用新型专利权（以下简称本专利），其专利号是200420041357.6，申请日是2004年6月16日，专利权人是山东华鲁恒升化工股份有限公司。本专利授权公告的权利要求书如下：

“1. 一种二甲基甲酰胺反应器，其结构包括一个板式塔（3）和一个合成塔（5），其特征是：反应器的上部是一个板式吸收塔（3），下部是一个合成塔（5）；在合成塔（5）内设置有与外部连通的

圆管（4）；在圆管（4）上安装有喷嘴（6）。

2. 根据权利要求1所述的一种二甲基甲酰胺反应器，其特征是：在板式吸收塔（3）内固定设置有塔板（2）。

3. 根据权利要求2所述的一种二甲基甲酰胺反应器，其特征是：所述塔板（2）为相隔一定距离的多层，交错相对排列。

4. 根据权利要求2或3所述的一种二甲基甲酰胺反应器，其特征是：塔板（2）上设有浮阀。

5. 根据权利要求1或2所述的一种二甲基甲酰胺反应器，其特征是：在反应器内圆管（4）的上方、塔板（2）的下方设置有与外部连通的文丘里管（11）。

6. 根据权利要求1或2所述的一种二甲基甲酰胺反应器，其特征是：所述圆管（4）为双圆管。

7. 根据权利要求1或5所述的一种二甲基甲酰胺反应器，其特征是：所述圆管（4）可排列成两层以上。

8. 根据权利要求5所述的一种二甲基甲酰胺反应器，其特征是：所述圆管（4）可排列成塔状。"

针对上述专利权，章丘日月化工有限公司（以下简称请求人）于2006年5月29日向专利复审委员会提出无效宣告请求，其提交的附件如下：

附件1：公开日为2002年10月9日、公开号为CN1373749A的中国发明专利申请公开说明书；

附件2：公开日为1993年3月10日、公开号为CN1069757A的中国发明专利申请公开说明书。

请求人认为：权利要求1~7相对于附件1或附件1、2的结合不具备新颖性，权利要求1~8相对于附件1或附件1、2的结合不具备创造性，权利要求8的具体内容未被说明书公开，不符合专利法第26条第3款的规定。

经形式审查合格，专利复审委员会依法受理了上述无效宣告请求，并于2006年5月29日向双方当事人发出无效宣告请求受理通知书，同时将专利权无效宣告请求书及其附件清单中所列附件的副本转送给专利权人，并要求专利权人在指定的期限内陈述意见。

请求人于2006年6月27日向专利复审委员会提交意见陈述书，补充了无效的理由和证据。其中补充的附件为：

附件3：魏兆灿、李宽宏主编、上海科学技术出版社出版、1988年11月第一版的《塔设备设计》封面、版权信息页、目录页和第2~7、17、95~101页的复印件，共18页。

请求人认为本专利权利要求1~8相对于附件3与附件1的结合不具备创造性，不符合专利法第22条第3款的规定。

针对专利复审委员会于2006年5月29日发出的上述无效宣告请求受理通知书，专利权人于2006年7月12日提交了意见陈述书，认为请求人提出的无效宣告理由没有充足的证据支持，本专利相对于附件1和2具备新颖性和创造性。

专利复审委员会依法成立合议组，对本案进行审查。本案合议组于2006年11月14日向双方发出无效宣告请求口头审理通知书，定于2006年12月21日举行口头审理。同时，随同口头审理通知书，将请求人于2006年6月27日提交的意见陈述书及其附件清单中所列附件的副本转送给专利权人，将专利权人于2006年7月12日提交的意见陈述书副本转送给请求人。

口头审理如期举行，双方均参加了口头审理。请求人当庭明确其无效宣告请求的理由和范围是权利要求1~8不符合专利法第26条第3款的规定；权利要求1~7相对于附件1不具备新颖性，权利要求1~8相对于附件3、1的结合，或者附件1、2的结合不具备创造性。专利权人对附件1、2、3的真实性没有异议，认为请求人新增权利要求1~7不符合专利法第26条第3款的无效理由超过了期限，不应允许。请求人辩称这不是新增无效宣告理由，而是新增权利要求1不符合专利法第26条第3款的事实。合议组当庭告知双方当事人：对于请求人提出的权利要求 1 不符合专利法第 26 条第 3 款规定的无效宣告理由，合议组不予考虑。

在口头审理中，合议组针对上述无效理由逐一进行了调查，双方的意见包括：

（1）就权利要求 1~7 相对于附件 1 是否具备新颖性的问题，请求人认为虽然附件 1 没有公开权利要求 1 所述的板式塔或板式吸收塔，但这一区别被附件 3 证明是公知技术，因此权利要求 1 不具备新颖性。专利权人认为存在的上述区别就证明本专利具备新颖性。

（2）就权利要求 1~8 相对于附件 1、3 的结合或附件 1、2 的结合是否具备创造性的问题，请求人主张独立权利要求 1 的板式塔特征被附件 3 和附件 2 公开，圆管和喷嘴被附件 1 公开，因此不具备创造性；从属权利要求 2、3 的附加技术特征均被附件 2、3 公开，从属权利要求 4 的附加技术特征是公知技术同时也被附件 3 公开，从属权利要求 5 的附加技术特征是公知技术，从属权利要求 6 的附加技术特征是本领域技术人员容易想到的，从属权利要求 7 的附加技术特征被附件 1 公开，从属权利要求 8 的附加技术特征公开不充分，即使理解成两层以上尺寸逐渐变化的结构，也相对于附件 1 公开的两层喷嘴结构不具备创造性。专利权人则认为附件 1、3 的结合和附件 1、2 的结合都没有公开本专利的技术方案，因此权利要求 1~8 具备创造性。

（3）就所属技术领域的技术人员能否实现权利要求 8 所述的“所述圆管可排列成塔状”的问题，请求人认为其对“塔”的理解就是指多层结构，这将导致权利要求 8 和 7 的范围重叠，对于除此之外的其他结构和排列方式，请求人表示不能理解圆管将如何排列。专利权人则认为设置成塔状的目的是让气体分布均匀，与液体充分接触，具体形状是本领域技术人员能够实现的。

2007 年 1 月 19 日，请求人提交以下附件，用来证明多种形式的吸收方式在一个设备中结合使用是化工领域惯用的技术手段：

附件 4：公开日为 1987 年 9 月 16 日、公开号为 CN85109383A 的中国发明专利申请公开说明书；

附件 5：公开日为 1988 年 7 月 13 日、公开号为 CN87102058A 的中国发明专利申请公开说明书；

附件 6：公开日为 1990 年 8 月 15 日、公开号为 CN1044599A 的中国发明专利申请公开说明书；

附件 7：授权公告日为 1996 年 10 月 23 日、授权公告号为 CN2238081Y 的中国实用新型专利说明书；

附件 8：授权公告日为 1999 年 5 月 12 日、授权公告号为 CN2317927Y 的中国实用新型专利说明书；

附件 9：公开日为 1998 年 12 月 16 日、公开号为 CN1201784A 的中国发明专利申请公开说明书；

附件 10：授权公告日为 2003 年 10 月 22 日、授权号为 CN2581052Y 的中国实用新型专利说明书。

至此，合议组认为本案事实已经清楚，可以作出审查决定。

二、决定的理由

1. 关于证据

请求人提交的附件 1、2 是中国发明专利申请公开说明书，附件 3 是公开出版物，专利权人对它们的真实性没有异议，因此可以作为本案证据使用。由于上述附件的公开日期在本专利申请日之前，因此可以作为本专利的现有技术。

请求人提交的附件 4~10 并不是公知常识性证据，也超出了专利法实施细则第 66 条规定的期限，因此合议组不予接受，不作为本案证据使用。

2. 关于无效宣告的理由

针对请求人在口头审理期间要求增加权利要求 1~7 不符合专利法第 26 条第 3 款的无效理由，并认为增加的是权利要求 1 的上部板式吸收塔和下部反应塔特征无法实现的事实而非增加无效理由的意见，合议组认为：

（1）由于请求人提出权利要求1~7不符合专利法第26条第3款规定的无效宣告理由的时机是在提出无效宣告请求之日起1个月后，不符合专利法实施细则第66条的规定，因此合议组不予考虑。

（2）对于请求人关于其增加的是事实而非无效理由的主张，合议组也不予支持，因为请求人在口头审理时明确主张本专利权利要求1不符合专利法第26条第3款的规定，这不是仅仅对事实的陈述，而是提出了一项新的无效宣告理由。而且，即使将请求人的上述意见理解成其主张的是权利要求8因引用权利要求1而包括了上部板式吸收塔和下部反应塔的技术特征，因而不符合专利法第26条第3款的规定，由于请求人未在提出无效宣告请求时或提出无效宣告之日起1个月内对此进行具体说明，因此不符合专利法实施细则第64条第1款的规定，合议组不予审理。

综上，本案合议组的审理范围是说明书对权利要求8所请求保护的技术方案中“所述圆管可排列成塔状”的说明是否符合专利法第26条第3款的规定；权利要求1~7相对于附件1是否具有专利法第22条第2款规定的新颖性；权利要求1~8相对于附件3、1的结合，或者附件1、2的结合是否具有专利法第22条第3款规定的创造性。

3. 关于专利法第26条第3款

专利法第26条第3款规定，说明书应当对发明或者实用新型作出清楚、完整的说明，以所属技术领域的技术人员能够实现为准。

如果本领域技术人员依据说明书公开的内容，结合其所掌握的现有技术的知识，能够实现本实用新型的技术方案，解决其技术问题，并产生预期的技术效果，则说明书对于要求保护的技术方案的描述就是清楚和完整的。

本案中，权利要求8的附加特征为“所述圆管可排列成塔状”，说明书与此相关的描述除了对圆管位置、结构和排列方式的介绍之外，具体指出圆管的作用是为了喷出气体以增加气液接触，“为了进一步提高反应效率，所述圆管可排列成两层以上，也可以将圆管排列成塔状”（参见说明书具体实施方式部分）。因此，合议组认为，在说明书描述了圆管的位置和用途的基础上，所属技术领域的技术人员结合其所掌握的现有技术的知识，能够确定具体的塔状构造，从而实现权利要求8所请求保护的技术方案，达到增加气液接触的目的和预期的技术效果。

因此，请求人关于权利要求8不符合专利法第26条第3款规定的主张不成立。

4. 关于专利法第22条第2款、第3款

专利法第22条第2款和第3款分别规定，新颖性，是指在申请日之前没有同样的发明或者实用新型在国内外出版物上公开发表过、在国内公开使用过或者以其他方式为公众所知，也没有同样的发明或者实用新型由他人向国务院专利行政部门提出过申请并且记载在申请日以后公布的专利申请文件中；创造性，是指同申请日以前已有的技术相比，该实用新型有实质性特点和进步。

如果单独地比较一项权利要求所请求保护的技术方案与请求人提供的一项现有技术，二者技术方案不同，则请求人关于该项权利要求不具备新颖性的理由不成立。如果一项权利要求所请求保护的技术方案相对于请求人提供的现有技术是非显而易见的，而且产生了有益的技术效果，则请求人关于该项权利要求不具备创造性的理由不能成立。

（1）关于本专利权利要求1~7相对于附件1的新颖性。

本专利权利要求1为了解决将气体通入盛有液体反应物的反应器中制备二甲基甲酰胺的方法中气液接触不充分，反应效率低的问题，提供了一种二甲基甲酰胺反应器，反应器上部是板式塔，下部是合成塔，合成塔内设置有与外部连通的圆管，圆管上安装有喷嘴。

附件1为了解决吸收塔因塔板或填料导致聚合物污染的问题，在吸收塔的内部区安装具有横档的环形栅格，并在栅格和横挡上设置多个液体喷嘴来代替塔板或填料，而且可在吸收塔的上部和/或下部传热区安装多级空心锥形喷嘴（参见附件 1 说明书第 1 页第 9~21 行，第 4 页第 1~23 行，第 5 页第 5~6 行，和附图 1、2）。

由此可见，本专利权利要求 1 相对于附件 1 的区别技术特征在于，①反应器包括上部板式塔，而附件 1 不涉及塔板；②反应器下部塔设备内设置与外部连通的圆管，圆管上安装有喷嘴，而附件 1 则是塔设备内设置环形栅格和液体喷嘴，栅格不同于圆管。因此，权利要求 1 的技术方案未被附件 1 公开，其相对于附件 1 具有专利法第 22 条第 2 款规定的新颖性。

在权利要求 1 具备新颖性的基础上，其从属权利要求 2~7 相对于附件 1 也具有专利法第 22 条第 2 款规定的新颖性。

（2）关于权利要求 1~8 相对于附件 1 和 2 的创造性。

如上述，本专利权利要求 1 相对于附件 1 的区别技术特征在于，反应器包括上部板式塔而且下部塔设备内设置圆管和喷嘴。因此权利要求 1 实际解决的技术问题是用圆管从外部引入被喷射气体，并且通过塔板液层增加气液反应效率。

附件 2 为了解决吸收剂从粗煤气混合物中洗涤除去乙炔时起泡的问题，将尽可能不含乙炔的液流和/或一部分回流冷凝液流在吸收塔外部与吸收剂相混合，并将此混合物送入吸收塔中，包括在两层塔板之间设置一个上方开口的混合容器，混合容器的导入管与所述混合物的来源相通，可以在混合容器中交叉成多个管段，并优选在导入管和/或管段的上表面开设流出孔以使混合物弥散送入吸收剂中，所述混合物有利的送入位置是在粗煤气供入位置和吸收剂供入位置之间（参见附件 2 说明书第 1、3~5 页和附图 1）。

在此基础上，合议组认为，由于附件 2 从外部引入介质的流出位置在两个塔板之间，主要是通过分散到吸收剂中以抑制起泡，因此，所属技术领域的技术人员根据附件 2 不能得出将上述混合物引入装置设置在板式塔最下端塔板的下方并改造成圆管和喷嘴结构以作为合成塔的任何启示和/或教导，更不能显而易见地结合附件 1 并得到本专利权利要求 1 的技术方案。而且，本专利权利要求 1 请求保护的反应器可以增大气、液接触比表面积，延长反应时间，进一步提高反应效率，产生了有益的技术效果（参见说明书第 1 页第 16~20 行和第 4 页第 2~6 行）。因此，本专利权利要求 1 相对于附件 1 和 2 的结合具有专利法第 22 条第 3 款规定的创造性。

在权利要求 1 具备创造性的基础上，其从属权利要求 2~8 相对于附件 1 和 2 的结合也具有专利法第 22 条第 3 款规定的创造性。

（3）关于权利要求 1~8 相对于附件 3 和 1 结合的创造性。

附件 3 指出“按塔的内件结构分为板式塔（图 1-1）和填料塔（图 1-2）两大类……在板式塔中，塔内装有一定数量的塔盘，气体以鼓泡或喷射的形式穿过塔盘上的液层使两相密切接触，进行传质”，图 1-1 所示板式塔设备主要包括精馏段塔盘和提馏段塔盘等部件（参见附件 3 第 2、3 页）。由此可见，本专利权利要求 1 请求保护的反应器结构较之附件 3 的区别技术特征在于，反应器的结构除了板式塔之外，还包括下部设置有与外部连通的圆管和喷嘴的合成塔，而附件 3 仅公开板式精馏塔，未公开塔板或塔盘下部存在圆管和喷嘴。因此，权利要求 1 所实际解决的技术问题是通过在板式塔下部设置合成塔并在塔内设置圆管和喷嘴，增加气液接触的反应效率。

经考察附件 1 可知，附件 1 公开了在吸收塔安装具有横档的环形栅格，栅格和横档上设置多个液体喷嘴以代替塔板或填料的技术方案（参见附件 1 说明书第 1 页第 9~21 行，第 4 页第 1~23 行，第 5 页第 5~6 行和附图 1、2）。因此，合议组认为，由于附件 1 明确指出用液体喷嘴代替塔板以克服塔板带来的缺陷，因此对所属技术领域的技术人员来说，根据附件 1 不能得到关于将栅格和液体喷嘴结构设置在一个板式吸收塔的塔板下方作为反应器并提高反应效率的任何启示和/或教导，更不能显而易见地结合附件 3 得到权利要求 1 请求保护的技术方案。而且，权利要求 1 请求保护的反应器起到了增大气、液接触比表面积，延长反应时间，提高反应效率的有益效果（参见说明书第 1 页第 16~20 行和第 4 页第 2~6 行）。因此，本专利权利要求 1 相对于附件 3 和 1 的结合具有专利法第 22 条第 3 款规定的创造性。

在权利要求 1 具备创造性的基础上，其从属权利要求 2~8 相对于附件 3 和 1 的结合也具有专利法第 22 条第 3 款规定的创造性。

此外，针对请求人在口头审理期间关于“在塔的下部设置分布器是公知的”和“本专利只是在现有的板式塔技术上使用了附件 1 公开的分布器”的意见，合议组认为，请求人并未提供证据证明分布器是公知的，附件 3 和附件 1 也未公开或给出教导来说明塔下部设置分布器是公知的，根据附件 1 的记载也不能得出其栅格和喷嘴结构是安装在塔板下方的分布器的结论，因此请求人的上述主张不成立。

根据上述的事实和理由，本案合议组作出以下决定。

三、决定

维持 200420041357.6 号实用新型专利权有效。

当事人对本决定不服的，可以根据专利法第 46 条第 2 款的规定，自收到本决定之日起 3 个月内向北京市第一中级人民法院起诉。根据该款的规定，一方当事人起诉后，另一方当事人应当作为第三人参加诉讼。

北京市第一中级人民法院
行政判决书

（2007）一中行初字第 1162 号

原告章丘日月化工有限公司，住所地山东省章丘市水寨镇水南村。

委托代理人苗峻，济南舜源专利事务所有限公司专利代理人。

委托代理人王沛谋，男，1956 年 10 月 23 日出生，章丘日月化工有限公司员工，住山东省章丘市明水荷花路 11 号 2 号楼 5 单元 209 号。

被告国家知识产权局专利复审委员会，住所地北京市海淀区北四环西路 9 号银谷大厦 10~12 层。

法定代表人廖涛，副主任。

委托代理人董晓静，国家知识产权局专利复审委员会审查员。

委托代理人隋璐，国家知识产权局专利复审委员会审查员。

第三人山东华鲁恒升化工股份有限公司，住所地山东省德州市德城区天衢西路 24 号。

法定代表人程广辉，董事长。

委托代理人陈浩，北京汇泽知识产权代理有限公司专利代理人。

委托代理人武君，北京汇泽知识产权代理有限公司专利代理人。

原告章丘日月化工有限公司（简称日月公司）不服被告国家知识产权局专利复审委员会（简称专利复审委员会）于 2007 年 4 月 20 日作出的第 9756 号无效宣告请求审查决定（简称第 9756 号决定），于法定期限内向本院提起行政诉讼。本院于 2007 年 8 月 24 日受理本案后，依法组成合议庭，并通知山东华鲁恒升化工股份有限公司（简称华鲁恒升公司）作为本案第三人参加诉讼，于2007年10月25日公开开庭进行了审理。原告日月公司的委托代理人苗峻、王沛谋，被告专利复审委员会的委托代理人董晓静、隋璐，第三人华鲁恒升公司的委托代理人陈浩、武君到庭参加了诉讼。本案现已审理终结。第9756号决定系专利复审委员会针对日月公司就华鲁恒升公司所拥有的第200420041357.6号、名称为“一种二甲基甲酰胺反应器”的实用新型专利（简称本专利）所提出的无效宣告请求而作出的。专利复审委员会在该决定中认定：1）关于证据日月公司提交的附件1、附件2是中国发明专利申请公开说明书，附件3是公开出版物，华鲁恒升公司对它们的真实性没有异议，因此可以作为本案证据使用。由于上述附件的公开日期在本专利申请日之前，因此可以作为本专利的现有技术。日月公司提交的附件4、附件5、附件6、附件7、附件8、附件9、附件10并不是公知常识性证据，也超出了《中华人民共和国专利法实施细则》（简称《专利法实施细则》）第六十六条规定的期限，因此不予接受，不作为本案证据使用。2）关于无效宣告的理由（1）由于日月公司提出权利要求1~7不符合《中华人民共和国专利法》（简称《专利法》）第二十六条第三款规定的无效宣告理由的时间是在提出无效宣告请求之日起一个月后，不符合《专利法实施细则》第六十六条的规定，因此不予考虑。（2）对于日月公司关于其上述请求增加的是有关权利要求1的上部板式吸收塔和下部反应塔特征无法实现的事实而非增加无效理由的主张，专利复审委员会也不予支持，因为日月公司在口头审理时明确主张本专利权利要求1不符合《专利法》第二十六条第三款的规定，这不是仅仅对事实的陈述，而是提出了一项新的无效宣告理由。而且，即使将日月公司的上述意见理解成其主张的是权利要求8因引用权利要求1而包括了上部板式吸收塔和下部反应塔的技术特征，因而不符合《专利法》第二十六条第三款的规定，由于其未在提出无效宣告请求时或提出无效宣告之日起一个月内对此进行具体说明，因此不符合《专利法实施细则》第六十四条第一款的规定，专利复审委员会不予审理。综上，本案的审理范围是说明书对权利要求8所请求保护的技术方案中“所述圆管可排列成塔状”的说明是否符合《专利法》第二十六条第三款的规定；权利要求1~7相对于附件1是否具有《专利法》第二十二条第二款规定的新颖性；权利要求1~8相对于附件3和附件1的结合或者附件1和附件2的结合是否具有《专利法》第二十二条第三款规定的创造性。3）关于权利要求8中“所述圆管可排列成塔状”的说明是否符合《专利法》第二十六条第三款的规定。权利要求8的附加特征为“所述圆管可排列成塔状”，说明书与此相关的描述除了对圆管位置、结构和排列方式的介绍之外，具体指出圆管的作用是为了喷出气体以增加气液接触，“为了进一步提高反应效率，所述圆管可排列成两层以上，也可以将圆管排列成塔状”。因此，在说明书描述了圆管的位置和用途的基础上，所属技术领域的技术人员结合其所掌握的现有技术的知识，能够确定具体的塔状构造，从而实现权利要求8所请求保护的技术方案，达到增加气液接触的目的和预期的技术效果。因此，日月公司关于权利要求8不符合《专利法》第二十六条第三款规定的主张不成立。4）关于《专利法》第二十二条第二款、第三款。（1）关于本专利权利要求1~7相对于附件1的新颖性本专利权利要求1相对于附件1的区别技术特征为：①反应器包括上部板式塔，而附件1不涉及塔板；②反应器下部塔设备内设置与外部连通的圆管，圆管上安装有喷嘴，而附件1则是塔设备内设置环形栅格和液体喷嘴，栅格不同于圆管。因此，权利要求1的技术方案未被附件1公开，其相对于附件1具有《专利法》第二十二条第二款规定的新颖性。在权利要求1具备新颖性的基础上，其从属权利要求2~7相对于附件1也具有《专利法》第二十二条第二款规定的新颖性。（2）关于权利要求1~8相对于附件1和附件2的创造性如上述，本专利权利要求1相对于附件1的区别技术特征在于，反应器包括上部板式塔而且下部塔设备内设置圆管和喷嘴。因此权利要求1实际解决的技术问题是用圆管从外部引入被喷射气体，并且通过塔板液层增加气液反应效率。由于附件2从外部引入介质的流出位置在两个塔板之间，主要是通过分散到吸收剂中以抑制起泡，因此，所属技术领域的技术人员根据附件2不能得出将上述混合物引入装置设置在板式塔最下端塔板的下方并改造成圆管和喷嘴结构以作为合成塔的任何启示和/或教导，更不能显而易见地结合附件1并得到本专利权利要求1的技术方案。而且，本专利权利要求1请求保护的反应器可以增大气、液接触比表面积，延长反应时间，进一步提高反应效率，产生了有益的技术效果。因此，本专利权利要求1相对于附件1和附件2的结合具有《专利法》第二十二条第三款规定的创造性。在权利要求1具备创造性的基础上，其从属权利要求2~8相对于附件1和附件2的结合也具有《专利法》第二十二条第三款规定的创造性。(3) 关于权利要求1~8相对于附件3和附件1结合的创造性本专利权利要求1请求保护的反应器结构较之附件3的区别技术特征在于，反应器的结构除了板式塔之外，还包括下部设置有与外部连通的圆管和喷嘴的合成塔，而附件3仅公开板式精馏塔，未公开塔板或塔盘下部存在圆管和喷嘴。因此，权利要求1所实际解决的技术问题是通过在板式塔下部设置合成塔并在塔内设置圆管和喷嘴，增加气液接触的反应效率。由于附件1明确指出用液体喷嘴代替塔板以克服塔板带来的缺陷，因此对所属技术领域的技术人员来说，根据附件1不能得到关于将栅格和液体喷嘴结构设置在一个板式吸收塔的塔板下方作为反应器并提高反应效率的任何启示和/或教导，更不能显而易见地结合附件3得到权利要求1请求保护的技术方案。而且，权利要求1请求保护的反应器起到了增大气、液接触比表面积，延长反应时间，提高反应效率的有益效果。因此，本专利权利要求1相对于附件3和附件1的结合具有《专利法》第二十二条第三款规定的创造性。在权利要求1具备创造性的基础上，其从属权利要求2~8相对于附件3和附件1的结合也具有《专利法》第二十二条第三款规定的创造性。此外，针对日月公司在口头审理期间关于“在塔的下部设置分布器是公知的”和“本专利只是在现有的板式塔技术上使用了附件1公开的分布器”的意见，专利复审委员会认为，日月公司并未提供证据证明分布器是公知的，附件3和附件1也未公开或给出教导来说明塔下部设置分布器是公知的，根据附件1的记载也不能得出其栅格和喷嘴结构是安装在塔板下方的分布器的结论，因此日月公司的上述主张不成立。基于以上事实和理由，专利复审委员会作出第9756号决定，宣告维持本专利权有效。

原告日月公司不服该决定，向本院提起行政诉讼称：(1) 关于本专利权利要求1~71、本专利权利要求1不具备创造性。①附件2公开了本专利中上部是板式塔、下部为喷嘴的结构，事实上，本专利权利要求1的技术方案只不过取出了附件2的一个单元，决定所称的本专利权利要求1的效果，是板式塔本身的效果，事实上，这种结构在增大气、液接触比表面积这一点上，与板式塔效果相比，只能是变劣，而不会效果更好，因此，本专利权利要求1根本谈不上创造性。结合附件2、附件1以及公知常识可知，本专利权利要求1不仅不具备创造性，事实上，其效果较现有技术还有变劣的一面，应当宣告其无效。②关于权利要求2~5的创造性由附件3的内容可知，权利要求2~4均为板式塔结构的公知技术，而且，该书中还提及了与权利要求5相关的内容，经与专利权人讨论，专利权人也承认权利要求2~5所述的内容均为公知技术，并记录在案。因此，权利要求2~5也不具备创造性。③关于权利要求6、7的创造性权利要求6、7的特征均已被附件1所公开。由附件1说明书附图2可知，该图公开了双圆管结构，因此，权利要求6不具备创造性。附件1中的一个优选的实施方案是：“所述的喷嘴遍布整个吸收塔”，明显可以导出其所述的方案即是将安装在圆管上的喷嘴设置在整个吸收塔中，也就是说，它需要使用多层带有喷嘴的圆管结构。由此可见，虽然描述方式不同，但附件1在此描述的技术方案与本专利权利要求7的方案是完全相同的。因此，本专利权利要求7不具备创造性。(2) 关于权利要求8的技术方案，说明书公开不充分，且该权利要求不具备创造性。纵观本专利的整个说明书，均没有对塔状结构作出说明。那么，塔有多种结构，其结果不是唯一的，从形状上分有尺寸渐大或渐小的塔、有上下尺寸一样的塔、有直径不规则变化的塔等，从结构上分，有分别与外部连接的塔，有在塔设置内腔中直接连接的塔，那么，按照《审查指南》的规定，如果推测的结构不是唯一的，即为公开不充分，应当被无效。此外，如果该权利要求所述的塔状是分别与外部连接的塔，那么，附件 2 已将该结构公开，而且，附件 1 也称喷嘴可遍布整个塔设备，那么，其圆管自然也是叠加的塔式结构。从这一角度看，该权利要求同样应当被宣告无效。综上所述，原告认为被告作出的第 9756 号决定事实认定错误，法律适用不当，故请求人民法院撤销第 9756 号决定并判决宣告本专利权无效。

被告专利复审委员会辩称：（1）关于本专利权利要求 1~7 的创造性问题。首先，从附件客观公开的内容来说，附件 2 公开的是混合物经流出孔以弥散到吸收剂中的送入位置在粗煤气供入位置和吸收剂供入位置之间，优选在吸收塔下部的三分之一区域，而不是原告所述"附件 2 公开了本专利中的上部是板式塔、下部为喷嘴的结构"；其次，从附件之间是否存在结合启示来说，附件 2 从外部引入介质的目的在于将混合物弥散到吸收剂中以阻止形成泡沫，附件 1 又明确指出在吸收塔的内部构件中安装液体喷嘴来代替塔板，因此对所属技术领域的技术人员来说，由上述附件并不能得出将附件 2 的混合物送入管段或附件 1 的喷嘴设置在板式塔下部的合成塔内，从而也就不能显而易见得到本专利权利要求 1 的技术方案，因此本专利权利要求 1 具备创造性，而且在本专利权利要求 1 具备创造性的基础上，其从属权利要求也相对于附件 2、附件 1 的结合具备创造性。（2）关于本专利权利要求 8 的技术方案是否符合《专利法》第二十六条第三款的问题，仍坚持第 9756 号决定中的观点。综上，被告认为第 9756 号决定认定事实清楚，适用法律法规正确，审理程序合法，请求人民法院维持该决定。第三人华鲁恒升公司未提交书面意见陈述，其在庭审过程中认为专利复审委员会作出的第 9756 号决定完全正确，请求法院予以维持。

本院经审理查明：

本案涉及中华人民共和国国家知识产权局于 2005 年 6 月 15 日授权公告、专利号为 200420041357.6、名称为"一种二甲基酰胺反应器"的实用新型专利（即本专利），其申请日是 2004 年 6 月 16 日，专利权人为华鲁恒升公司。其授权公告的权利要求如下：

"1. 一种二甲基甲酰胺反应器，其结构包括一个板式塔（3）和一个合成塔（5），其特征是：反应器的上部是一个板式吸收塔（3），下部是一个合成塔（5）；在合成塔（5）内设置有与外部连通的圆管（4）；在圆管（4）上安装有喷嘴（6）。

2. 根据权利要求 1 所述的一种二甲基甲酰胺反应器，其特征是：在板式吸收塔（3）内固定设置有塔板（2）。

3. 根据权利要求 2 所述的一种二甲基甲酰胺反应器，其特征是：所述塔板（2）为相隔一定距离的多层，交错相对排列。

4. 根据权利要求 2 或 3 所述的一种二甲基甲酰胺反应器，其特征是：塔板（2）上设有浮阀。

5. 根据权利要求 1 或 2 所述的一种二甲基甲酰胺反应器，其特征是：在反应器内圆管（4）的上方、塔板（2）的下方设置有与外部连通的文丘里管（11）。

6. 根据权利要求 1 或 2 所述的一种二甲基甲酰胺反应器，其特征是：所述圆管（4）为双圆管。

7. 根据权利要求 1 或 5 所述的一种二甲基甲酰胺反应器，其特征是：所述圆管（4）可排列成两层以上。

8. 根据权利要求 5 所述的一种二甲基甲酰胺反应器，其特征是：所述圆管（4）可排列成塔状。"

2006 年 5 月 29 日，日月公司向专利复审委员会提出无效宣告请求，其无效理由为本专利权利要求 1~7 相对于附件 1 或附件 1、附件 2 的结合不具备新颖性，权利要求 1~8 相对于附件 1 或附件 1、附件 2 的结合不具备创造性，权利要求 8 的具体内容未被说明书公开，不符合《专利法》第二十六条第三款的规定。为证明其无效主张，日月公司提交了如下 2 份附件作为证据：

附件 1：公开日为 2002 年 10 月 9 日、公开号为 CN1373749A 的中国发明专利申请公开说明书。附件 1 公开了一种生产丙烯腈的方法，包括在一种催化剂的存在下使丙烯、氨和氧气输送到反应器 1 中发生反应，将含有丙烯腈的反应器流出物输送到急冷塔 5 中冷却，将该冷却的反应器流出物输送到吸收塔 9 中，与一种水流接触，提出其中的粗丙烯腈，之后，粗丙烯腈经纯化、回收。其中，吸收塔 9 的内部区包含一个具有横档 41 的环形栅格，栅格 37 和横档 41 被改造成具有沿环形栅格 37 和横档 41 安置的多个液体喷嘴，液体喷嘴 39 的设置方式是从喷嘴 39 喷出来的水将吸收塔的整个塔的周边包围，使喷出来的水与冷却的反应器流出物能够充分接触。喷嘴的个数取决于塔的尺寸，目的是确保塔的整个周边都被覆盖。可在吸收塔的上部和/或下部传热区安装空心锥形或实心锥形液体喷嘴。一个优选的实施方案是以喷嘴和层面间的适当间距安装多级空心锥形喷嘴。在吸收塔的内部构件中安装液体喷嘴来代替塔板或填料，以消除或基本消除聚合物污染的问题。

附件 2：公开日为 1993 年 3 月 10 日、公开号为 CN1069757A 的中国发明专利申请公开说明书。附件 2 公开了一种在多层塔板组成的吸收塔中用吸收剂进行洗涤的手段从主要包含两碳原子碳氢化合物的粗煤气混合物中除去乙炔的方法。该吸收塔有多层塔板，将粗煤气混合物送入吸收塔的下部区域，将再生过的吸收剂从吸收塔的上部区域供给，在两层塔板之间设置了一个上方开口的混合容器 5；将尽可能不含乙炔的碳原子碳氢化合物液流和/或一部分回流冷凝液流在吸收塔外部与吸收剂相混合，并经管道 3 送入混合容器 5，管道 3 在混合容器 5 内部这一段的上表面开有流出孔 6，混合物通过这些流出孔弥散到拦截在混合容器中的吸收剂中，从而抑制吸收剂在吸收塔中趋向于起泡的问题。

经形式审查合格，专利复审委员会依法受理了上述无效宣告请求。

2006 年 6 月 27 日，日月公司向专利复审委员会提交意见陈述书，补充了无效的理由和证据。日月公司认为本专利权利要求 1~8 相对于附件 3 与附件 1 的结合不具备创造性，不符合《专利法》第二十二条第三款的规定。其补充的证据为：

附件 3：魏兆灿、李宽宏主编、上海科学技术出版社出版、1988 年 11 月第一版的《塔设备设计》封面、版权信息页、目录页和第 2~7、17、95~101 页的复印件，共 18 页。附件 3 公开了按塔的内件结构分为板式塔和填料塔两大类；在板式塔中，塔内装有一定数量的塔盘，气体以鼓泡或喷射的形式穿过塔盘上的液层使两相密切接触，进行传质。

2006 年 12 月 21 日，专利复审委员会就本无效请求案举行口头审理，双方均参加了口头审理。请求人日月公司当庭明确其无效宣告请求的理由和范围是：权利要求 1~8 不符合《专利法》第二十六条第三款的规定；权利要求 1~7 相对于附件 1 不具备新颖性；权利要求 1~8 相对于附件 3、附件 1 的结合或者附件 1、附件 2 的结合不具备创造性。专利权人华鲁恒升公司对附件 1、附件 2、附件 3 的真实性均没有异议，认为日月公司新增权利要求 1~7 不符合《专利法》第二十六条第三款的无效理由超过了期限，不应允许。日月公司辩称这不是新增无效宣告理由，而是新增权利要求 1 不符合《专利法》第二十六条第三款的事实。

2007 年 1 月 19 日，日月公司提交以下附件，用来证明多种形式的吸收方式在一个设备中结合使用是化工领域惯用的技术手段：

附件 4：公开日为 1987 年 9 月 16 日、公开号为 CN85109383A 的中国发明专利申请公开说明书；

附件 5：公开日为 1988 年 7 月 13 日、公开号为 CN87102058A 的中国发明专利申请公开说明书；

附件 6：公开日为 1990 年 8 月 15 日、公开号为 CN1044599A 的中国发明专利申请公开说明书；

附件 7：授权公告日为 1996 年 10 月 23 日、授权公告号为 CN2238081Y 的中国实用新型专利说明书；

附件8：授权公告日为1999年5月12日、授权公告号为CN2317927Y的中国实用新型专利说明书；

附件9：公开日为1998年12月16日、公开号为CN1201784A的中国发明专利申请公开说明书；

附件10：授权公告日为2003年10月22日、授权号为CN2581052Y的中国实用新型专利说明书。

在此基础上，专利复审委员会于2007年4月20日作出第9756号决定。

以上事实有本专利授权公告说明书、第9756号决定、附件1、附件2、附件3以及当事人陈述等在案佐证。

本院认为，从原告诉称内容中可知原告对第9756号决定中关于证据的采信及对本专利新颖性评述没有提出异议，故本院对此予以确认。针对原告的无效请求主张及本案当事人的诉辩主张，本案涉及以下两个争议焦点问题：

一、关于权利要求8中“所述圆管可排列成塔状”的说明是否符合《专利法》第二十六条第三款的规定

《专利法》第二十六条第三款规定，说明书应当对发明或者实用新型作出清楚、完整的说明，以所属技术领域的技术人员能够实现为准。如果本领域技术人员依据说明书公开的内容，结合其所掌握的现有技术的知识，能够实现本实用新型的技术方案，解决其技术问题，并产生预期的技术效果，则说明书对于要求保护的技术方案的描述就是清楚和完整的。

权利要求8的附加特征为“所述圆管可排列成塔状”，说明书中记载了“为了进一步提高反应效率，所述圆管可排列成两层以上，也可以将圆管排列成塔状”（参见说明书具体实施方式部分），说明书中描述了圆管位置、结构和排列方式，并具体指出圆管的作用是为了喷出气体以增加气液接触。在此基础上，所属技术领域的技术人员结合其所掌握的现有技术的知识，能够确定具体的塔状构造，即构成塔状的圆管的个数及直径，从而实现权利要求8所请求保护的技术方案，并达到增加气液接触的目的和预期的技术效果。因此，原告关于权利要求8的技术方案的说明不符合《专利法》第二十六条第三款规定的主张缺乏事实和法律依据，本院不予支持。

二、关于本专利权利要求1~8的创造性

1. 相对于附件1和附件2的结合

附件1中公开了在吸收塔的内部构件中安装液体喷嘴来代替现有的塔板或填料，喷嘴可以设置于吸收塔的塔顶和/或塔底传热区或遍布吸收塔，只要该设置方式使得从喷嘴喷出来的水将吸收塔的整个塔的周边包围，但是附件1没有公开本专利权利要求1中的反应器即上部是一个板式吸收塔、下部是一个安装有喷嘴的合成塔的组合式结构；另外，附件1中公开的是环形栅格和液体喷嘴的结构，没有记载栅格就是圆管，并且从说明书和附图中不能毫无疑问地得出栅格就是圆管的唯一结论，故附件1并没有公开本专利权利要求1中的圆管。由此可见，本专利权利要求1相对于附件1存在上述两个区别技术特征。

附件2公开的是在两个塔板之间设置混合容器，并将在吸收塔外部混合的混合物导入该混合容器中，通过导入管上表面开设的流出孔使混合物弥散到吸收塔内的吸收剂中，以防止在吸收塔中形成泡沫导致的运行中断或产品煤气中出现乙炔。可见，附件2没有公开上述两个区别技术特征。原告诉称“附件2公开了本专利中上部是板式塔、下部为喷嘴的结构”缺乏事实依据，不能成立。

由于附件2没有公开上述两个区别技术特征，并且从附件2中也不能得出将上述混合容器和导入管设置在板式塔最下端塔板的下方并改造成圆管和喷嘴结构以作为合成塔的任何启示和/或教导，所属技术领域的技术人员不能在附件1的基础上结合附件2显而易见地获得本专利权利要求1的技术方案。因此，本专利权利要求1相对于附件1和附件2的结合具有《专利法》第二十二条第三款规定的创造性。

2. 相对于附件 3 和附件 1 的结合

附件 3 仅公开了板式塔的结构，未公开塔板或塔盘下部存在圆管和喷嘴。本专利权利要求 1 请求保护的反应器结构与附件 3 的区别技术特征在于，反应器的结构除了板式塔之外，还包括下部设置有与外部连通的圆管和喷嘴的合成塔。

附件 1 公开了在吸收塔的内部构件中安装环形栅格和液体喷嘴的结构，但是附件 1 又明确指出用液体喷嘴代替现有技术中的塔板以克服塔板带来的缺陷，由此附件 1 没有给出将栅格和液体喷嘴的结构设置在一个板式吸收塔的塔板下方组合成一个反应器的任何启示和/或教导，对所属技术领域的技术人员来说，不能显而易见地将附件 1 结合到附件 3 中得到本专利权利要求 1 请求保护的技术方案。因此，本专利权利要求 1 相对于附件 3 和附件 1 的结合具有《专利法》第二十二条第三款规定的创造性。

在本专利权利要求 1 具备创造性的基础上，其从属权利要求 2~8 也具有《专利法》第二十二条第三款规定的创造性。

综上，专利复审委员会作出的第 9756 号决定证据充分，适用法律正确，程序合法，应予维持。日月公司请求撤销该决定的理由不能成立，对其诉讼请求，本院不予支持。依照《中华人民共和国行政诉讼法》第五十四条第（一）项之规定，本院判决如下：

维持被告国家知识产权局专利复审委员会作出的第 9756 号无效宣告请求审查决定。

案件受理费 100 元，由原告章丘日月化工有限公司负担（已交纳）。

如不服本判决，各方当事人可在本判决送达之日起 15 日内，向本院递交上诉状及副本，并交纳上诉案件受理费 100 元，上诉于北京市高级人民法院。上诉期满后 7 日内未交纳上诉案件受理费的，按自动撤回上诉处理。

审 判 长 赵 静
代理审判员 乔 平
代理审判员 唐晓君
二〇〇七年十二月十日
书 记 员 严 哲

北京市高级人民法院
行政判决书

（2008）高行终字第 212 号

上诉人（原审原告）章丘日月化工有限公司，住所地山东省章丘市水寨镇水南村。

法定代表人王绪仁，董事长。

委托代理人苗峻，女，汉族，1965 年 8 月 15 日出生，济南舜源专利事务所有限公司专利代理人，住山东省济南市历下区燕子山小区南区 2 号楼 3 单元 602 号。

委托代理人王沛谋，男，汉族，1956 年 10 月 23 日出生，章丘日月化工有限公司职工，住山东省章丘市明水荷花路 11 号 2 号楼 5 单元 209 号。

被上诉人（原审被告）国家知识产权局专利复审委员会，住所地北京市海淀区北四环西路 9 号银谷大厦 10~12 层。

法定代表人廖涛，副主任。

委托代理人董晓静，该委员会审查员。

委托代理人隋璐，该委员会审查员。

原审第三人山东华鲁恒升化工股份有限公司，住所地山东省德州市天衢西路 24 号。

法定代表人程广辉，董事长。

委托代理人陈浩，男，汉族，1977 年 5 月 24 日出生，北京汇泽知识产权代理有限公司专利代理人，住湖北省襄樊市襄城区南街十组。

委托代理人武君，女，汉族，1979 年 1 月 7 日出生，北京汇泽知识产权代理有限公司专利代理人，住河北省邯郸市丛台区光明北大街 175 号 2 号楼 3 单元 13 号。

上诉人章丘日月化工有限公司（简称日月公司）因专利无效行政纠纷一案，不服北京市第一中级人民法院（2007）一中行初字第 1162 号行政判决，向本院提起上诉。本院 2008 年 3 月 24 日受理后，依法组成合议庭，于 2008 年 4 月 21 日公开开庭进行了审理。上诉人日月公司的委托代理人苗峻、王沛谋，被上诉人国家知识产权局专利复审委员会（简称专利复审委员会）的委托代理人董晓静、隋璐，原审第三人山东华鲁恒升化工股份有限公司（简称华鲁恒升公司）的委托代理人陈浩、武君到庭参加了诉讼。本案现已审理终结。

本案涉及国家知识产权局于 2005 年 6 月 15 日授权公告、专利号为 200420041357.6、名称为“一种二甲基酰胺反应器”的实用新型专利（简称本专利），其申请日是 2004 年 6 月 16 日，专利权人为华鲁恒升公司。

2006 年 5 月 29 日，日月公司针对本专利向专利复审委员会提出无效宣告请求，其无效理由为本专利权利要求 1~7 相对于附件 1 或附件 1、2 的结合不具备新颖性，权利要求 1~8 相对于附件 1 或附件 1、2 的结合不具备创造性，权利要求 8 的具体内容未被说明书公开，不符合《专利法》第二十六条第三款的规定。

2007 年 4 月 20 日，专利复审委员会作出第 9756 号无效宣告请求审查决定（简称第 9756 号决定），宣告维持本专利权有效。

日月公司不服该决定，向原审法院提起诉讼。

北京市第一中级人民法院认为：本专利权利要求 8 的附加技术特征为“所述圆管可排列成塔状”，说明书中记载了“为了进一步提高反应效率，所述圆管可排列成两层以上，也可以将圆管排列成塔状”，说明书中描述了圆管位置、结构和排列方式，并具体指出圆管的作用是为了喷出气体以增加气液接触。在此基础上，所属技术领域的技术人员结合其所掌握的现有技术的知识，能够确定具体的塔状构造，即构成塔状的圆管的个数及直径，从而实现权利要求 8 所请求保护的技术方案，并达到增加气液接触的目的和预期的技术效果。因此，日月公司关于权利要求 8 的技术方案的说明不符合《专利法》第二十六条第三款规定的主张缺乏事实和法律依据，不予支持。

附件 1 中公开了在吸收塔的内部构件中安装液体喷嘴来代替现有的塔板或填料，喷嘴可以设置于吸收塔的塔顶和/或塔底传热区或遍布吸收塔，只要该设置方式使得从喷嘴喷出来的水将吸收塔的整个塔的周边包围，但是附件 1 没有公开本专利权利要求 1 中的反应器即上部是一个板式吸收塔、下部是一个安装有喷嘴的合成塔的组合式结构；另外，附件 1 中公开的是环形栅格和液体喷嘴的结构，没有记载栅格就是圆管，并且从说明书和附图中不能毫无疑问地得出栅格就是圆管的唯一结论，故附件 1 并没有公开本专利权利要求 1 中的圆管。由此可见，本专利权利要求 1 相对于附件 1 存在上述两个区别技术特征。

附件 2 公开的是在两个塔板之间设置混合容器，并将在吸收塔外部混合的混合物导入该混合容器中，通过导入管上表面开设的流出孔使混合物弥散到吸收塔内的吸收剂中，以防止在吸收塔中形成泡沫导致的运行中断或产品煤气中出现乙炔。可见，附件2没有公开上述两个区别技术特征。日月公司所称“附件2公开了本专利中上部是板式塔、下部为喷嘴的结构”缺乏事实依据，不能成立。

由于附件2没有公开上述两个区别技术特征，并且从附件2中也不能得出将上述混合容器和导入管设置在板式塔最下端塔板的下方并改造成圆管和喷嘴结构以作为合成塔的任何启示和/或教导，所属技术领域的技术人员不能在附件1的基础上结合附件2显而易见地获得本专利权利要求1的技术方案。因此，本专利权利要求1相对于附件1和2的结合具有《专利法》第二十二条第三款规定的创造性。

附件3仅公开了板式塔的结构，未公开塔板或塔盘下部存在圆管和喷嘴。本专利权利要求1请求保护的反应器结构与附件3的区别技术特征在于，反应器的结构除了板式塔之外，还包括下部设置有与外部连通的圆管和喷嘴的合成塔。附件1公开了在吸收塔的内部构件中安装环形栅格和液体喷嘴的结构，但是附件1又明确指出用液体喷嘴代替现有技术中的塔板以克服塔板带来的缺陷，由此附件1没有给出将栅格和液体喷嘴的结构设置在一个板式吸收塔的塔板下方组合成一个反应器的任何启示和/或教导，对所属技术领域的技术人员来说，不能显而易见地将附件1结合到附件3中得到本专利权利要求1请求保护的技术方案。因此，本专利权利要求1相对于附件3和1的结合具有《专利法》第二十二条第三款规定的创造性。

在本专利权利要求1具备创造性的基础上，其从属权利要求2~8也具有《专利法》第二十二条第三款规定的创造性。

综上，北京市第一中级人民法院依照《中华人民共和国行政诉讼法》第五十四条第（一）项之规定，判决：维持专利复审委员会第9756号决定。

日月公司不服原审判决，向本院提起上诉，请求撤销专利复审委员会第9756号决定，并宣告本专利全部无效。其主要理由是：（1）本专利权利要求1的内容已由附件1公开，附件1说明书的背景部分指出：“吸收塔通常包括三个区：（1）下部传热区……；（2）吸收区……；（3）上部传热区。在现有技术方法中，吸收塔这三个区的内部构件通常包含再分馏塔板或结构化填料。”而本专利的技术方案是：“可在吸收塔的上部和/或下部传热区安装空心锥形或实心锥形液体喷嘴”。由此可知，本专利技术方案只是对吸收塔的上部和/或下部的传热区进行了改进，未对吸收区进行改进，对于板式塔来说，上部和中部为塔板、下部为喷嘴的情况即公开了本专利权利要求1的结构。另外，附件1的说明书附图中的环形结构栅格虽然可能不是圆管，但从图中可知并没有其他管路与喷嘴相同，而且设计多余的连接管不仅机构复杂、影响设备正常运行、增加运行成本、增多维修次数和投入，因此对于一个有常识的技术人员来说，将栅格采用管式结构是显而易见的。即使栅格不是管式结构，而采用另外的管道连接，其技术方案也基本相同。因此结合附件1、2以及附件3可知，本专利权利要求1不具备创造性。（2）由附件3可知，本专利权利要求2~5均为板式塔结构的公知技术，因此也不具备创造性。（3）本专利权利要求6、7的特征已经被附件1的一个优选实施方案“所属喷嘴遍布整个吸收塔”所公开。（4）本专利说明书中没有对权利要求8所述“圆管排列成塔状”的结构做出说明，而塔有多种结构，按照《审查指南》的规定，如果推测的结构不是唯一的，即为公开不充分。如果权利要求8所述的塔状是分别与外部连接的塔，则该结构已被附件3公开；附件1也称喷嘴可遍布整个塔设备，则圆管自然是叠加的塔式结构，因此权利要求8也没有创造性

专利复审委员会和华鲁恒升公司服从原审判决。

经审理查明：本专利系2004年6月16日申请并于2005年6月15日授权公告、专利号为200420041357.6、名称为“一种二甲基酰胺反应器”的实用新型专利，专利权人为华鲁恒升公司。本

专利授权公告的权利要求如下：

“1. 一种二甲基甲酰胺反应器，其结构包括一个板式塔（3）和一个合成塔（5），其特征是：反应器的上部是一个板式吸收塔（3），下部是一个合成塔（5）；在合成塔（5）内设置有与外部连通的圆管（4）；在圆管（4）上安装有喷嘴（6）。

2. 根据权利要求1所述的一种二甲基甲酰胺反应器，其特征是：在板式吸收塔（3）内固定设置有塔板（2）。

3. 根据权利要求2所述的一种二甲基甲酰胺反应器，其特征是：所述塔板（2）为相隔一定距离的多层，交错相对排列。

4. 根据权利要求2或3所述的一种二甲基甲酰胺反应器，其特征是：塔板（2）上设有浮阀。

5. 根据权利要求1或2所述的一种二甲基甲酰胺反应器，其特征是：在反应器内圆管（4）的上方、塔板（2）的下方设置有与外部连通的文丘里管（11）。

6. 根据权利要求1或2所述的一种二甲基甲酰胺反应器，其特征是：所述圆管（4）为双圆管。

7. 根据权利要求1或5所述的一种二甲基甲酰胺反应器，其特征是：所述圆管（4）可排列成两层以上。

8. 根据权利要求5所述的一种二甲基甲酰胺反应器，其特征是：所述圆管（4）可排列成塔状。”

2006年5月29日，日月公司向专利复审委员会提出无效宣告请求，其无效理由为本专利权利要求1~7相对于附件1或附件1、2的结合不具备新颖性；权利要求1~8相对于附件1或附件1、2的结合不具备创造性；权利要求8的具体内容未被说明书公开，不符合《专利法》第二十六条第三款的规定。为证明其主张，日月公司提交了如下证据：

附件1：公开日为2002年10月9日、公开号为CN1373749A的中国发明专利申请公开说明书。附件1公开了一种生产丙烯腈的方法，包括在一种催化剂的存在下使丙烯、氨和氧气输送到反应器1中发生反应，将含有丙烯腈的反应器流出物输送到急冷塔5中冷却，将该冷却的反应器流出物输送到吸收塔9中，与一种水流接触，提出其中的粗丙烯腈，之后，粗丙烯腈经纯化、回收。其中，吸收塔9的内部区包含一个具有横档41的环形栅格，栅格37和横档41被改造成具有沿环形栅格37和横档41安置的多个液体喷嘴，液体喷嘴39的设置方式是从喷嘴39喷出来的水将吸收塔的整个塔的周边包围，使喷出来的水与冷却的反应器流出物能够充分接触。喷嘴的个数取决于塔的尺寸，目的是确保塔的整个周边都被覆盖。可在吸收塔的上部和/或下部传热区安装空心锥形或实心锥形液体喷嘴。一个优选的实施方案是以喷嘴和层面间的适当间距安装多级空心锥形喷嘴。在吸收塔的内部构件中安装液体喷嘴来代替塔板或填料，以消除或基本消除聚合物污染的问题。

附件2：公开日为1993年3月10日、公开号为CN1069757A的中国发明专利申请公开说明书。附件2公开了一种在多层塔板组成的吸收塔中用吸收剂进行洗涤的手段从主要包含两碳原子碳氢化合物的粗煤气混合物中除去乙炔的方法。该吸收塔有多层塔板，将粗煤气混合物送入吸收塔的下部区域，将再生过的吸收剂从吸收塔的上部区域供给，在两层塔板之间设置了一个上方开口的混合容器5；将尽可能不含乙炔的碳原子碳氢化合物液流和/或一部分回流冷凝液流在吸收塔外部与吸收剂相混合，并经管道3送入混合容器5，管道3在混合容器5内部这一段的上表面开有流出孔6，混合物通过这些流出孔弥散到拦截在混合容器中的吸收剂中，从而抑制吸收剂在吸收塔中趋向于起泡的问题。

经形式审查合格，专利复审委员会依法受理了上述无效宣告请求。

2006年6月27日，日月公司向专利复审委员会提交意见陈述书，补充了无效的理由和证据。日月公司认为本专利权利要求1~8相对于附件3与附件1的结合不具备创造性，不符合《专利法》第二十二条第三款的规定。其补充的证据为：

附件3：魏兆灿、李宽宏主编、上海科学技术出版社出版、1988年11月第一版的《塔设备设计》封面、版权信息页、目录页和第2~7、17、95~101页的复印件，共18页。附件3公开了按塔的内件结构分为板式塔和填料塔两大类；在板式塔中，塔内装有一定数量的塔盘，气体以鼓泡或喷射的形式穿过塔盘上的液层使两相密切接触，进行传质。

2006年12月21日，专利复审委员会进行了口头审理，日月公司和华鲁恒升公司均参加了口头审理。日月公司当庭明确其无效宣告请求的理由和范围是：权利要求1~8不符合《专利法》第二十六条第三款的规定；权利要求1~7相对于附件1不具备新颖性；权利要求1~8相对于附件3、1的结合或者附件1、2的结合不具备创造性。华鲁恒升公司对附件1、2、3的真实性均没有异议，认为日月公司新增权利要求1~7不符合《专利法》第二十六条第三款的无效理由超过了期限，不应允许。日月公司辩称这不是新增无效宣告理由，而是新增权利要求1不符合《专利法》第二十六条第三款的事实。

2007年1月19日，日月公司提交以下附件，用来证明多种形式的吸收方式在一个设备中结合使用是化工领域惯用的技术手段：

附件4：公开日为1987年9月16日、公开号为CN85109383A的中国发明专利申请公开说明书；

附件5：公开日为1988年7月13日、公开号为CN87102058A的中国发明专利申请公开说明书；

附件6：公开日为1990年8月15日、公开号为CN1044599A的中国发明专利申请公开说明书；

附件7：授权公告日为1996年10月23日、授权公告号为CN2238081Y的中国实用新型专利说明书；

附件8：授权公告日为1999年5月12日、授权公告号为CN2317927Y的中国实用新型专利说明书；

附件9：公开日为1998年12月16日、公开号为CN1201784A的中国发明专利申请公开说明书；

附件10：授权公告日为2003年10月22日、授权号为CN2581052Y的中国实用新型专利说明书。

2007年4月20日，专利复审委员会作出第9756号决定，该决定认定：

1. 关于证据

日月公司提交的附件1、2是中国发明专利申请公开说明书，附件3是公开出版物，华鲁恒升公司对它们的真实性没有异议，因此可以作为本案证据使用。由于上述附件的公开日期在本专利申请日之前，因此可以作为本专利的现有技术。

日月公司提交的附件4~10并不是公知常识性证据，也超出了《专利法实施细则》第六十六条规定的期限，因此不予接受，不作为本案证据使用。

2. 关于无效宣告的理由

（1）由于日月公司提出权利要求1~7不符合《专利法》第二十六条第三款规定的无效宣告理由的时间是在提出无效宣告请求之日起一个月后，不符合《专利法实施细则》第六十六条的规定，因此不予考虑。

（2）对于日月公司关于其上述请求增加的是有关权利要求1的上部板式吸收塔和下部反应塔特征无法实现的事实而非增加无效理由的主张，专利复审委员会也不予支持，因为日月公司在口头审理时明确主张本专利权利要求1不符合《专利法》第二十六条第三款的规定，这不是仅仅对事实的陈述，而是提出了一项新的无效宣告理由。而且，即使将日月公司的上述意见理解成其主张的是权利要求8因引用权利要求1而包括了上部板式吸收塔和下部反应塔的技术特征，因而不符合《专利法》第二十六条第三款的规定，由于其未在提出无效宣告请求时或提出无效宣告之日起一个月内对此进行具体说明，因此不符合《专利法》实施细则第六十四条第一款的规定，专利复审委员会不予审理。

综上，本案的审理范围是说明书对权利要求 8 所请求保护的技术方案中“所述圆管可排列成塔状”的说明是否符合《专利法》第二十六条第三款的规定；权利要求 1~7 相对于附件 1 是否具有《专利法》第二十二条第二款规定的新颖性；权利要求 1~8 相对于附件 3 和 1 的结合或者附件 1 和 2 的结合是否具有《专利法》第二十二条第三款规定的创造性。

3. 关于权利要求 8 中“所述圆管可排列成塔状”的说明是否符合《专利法》第二十六条第三款的规定

权利要求 8 的附加特征为“所述圆管可排列成塔状”，说明书与此相关的描述除了对圆管位置、结构和排列方式的介绍之外，具体指出圆管的作用是为了喷出气体以增加气液接触，“为了进一步提高反应效率，所述圆管可排列成两层以上，也可以将圆管排列成塔状”。因此，在说明书描述了圆管的位置和用途的基础上，所属技术领域的技术人员结合其所掌握的现有技术的知识，能够确定具体的塔状构造，从而实现权利要求 8 所请求保护的技术方案，达到增加气液接触的目的和预期的技术效果。因此，日月公司关于权利要求 8 不符合《专利法》第二十六条第三款规定的主张不成立。

4. 关于《专利法》第二十二条第二款、第三款

（1）关于本专利权利要求 1~7 相对于附件 1 的新颖性。

本专利权利要求 1 相对于附件 1 的区别技术特征为：①反应器包括上部板式塔，而附件 1 不涉及塔板；②反应器下部塔设备内设置与外部连通的圆管，圆管上安装有喷嘴，而附件 1 则是塔设备内设置环形栅格和液体喷嘴，栅格不同于圆管。因此，权利要求 1 的技术方案未被附件 1 公开，其相对于附件 1 具有《专利法》第二十二条第二款规定的新颖性。

在权利要求 1 具备新颖性的基础上，其从属权利要求 2~7 相对于附件 1 也具有《专利法》第二十二条第二款规定的新颖性。

（2）关于权利要求 1~8 相对于附件 1 和 2 的创造性。

如上述，本专利权利要求 1 相对于附件 1 的区别技术特征在于，反应器包括上部板式塔而且下部塔设备内设置圆管和喷嘴。因此权利要求 1 实际解决的技术问题是用圆管从外部引入被喷射气体，并且通过塔板液层增加气液反应效率。

由于附件 2 从外部引入介质的流出位置在两个塔板之间，主要是通过分散到吸收剂中以抑制起泡，因此，所属技术领域的技术人员根据附件 2 不能得出将上述混合物引入装置设置在板式塔最下端塔板的下方并改造成圆管和喷嘴结构以作为合成塔的任何启示和/或教导，更不能显而易见地结合附件 1 并得到本专利权利要求 1 的技术方案。而且，本专利权利要求 1 请求保护的反应器可以增大气、液接触比表面积，延长反应时间，进一步提高反应效率，产生了有益的技术效果。因此，本专利权利要求 1 相对于附件 1 和 2 的结合具有《专利法》第二十二条第三款规定的创造性。

在权利要求 1 具备创造性的基础上，其从属权利要求 2~8 相对于附件 1 和 2 的结合也具有《专利法》第二十二条第三款规定的创造性。

（3）关于权利要求 1~8 相对于附件 3 和 1 结合的创造性。

本专利权利要求 1 请求保护的反应器结构较之附件 3 的区别技术特征在于，反应器的结构除了板式塔之外，还包括下部设置有与外部连通的圆管和喷嘴的合成塔，而附件 3 仅公开板式精馏塔，未公开塔板或塔盘下部存在圆管和喷嘴。因此，权利要求 1 所实际解决的技术问题是通过在板式塔下部设置合成塔并在塔内设置圆管和喷嘴，增加气液接触的反应效率。

由于附件 1 明确指出用液体喷嘴代替塔板以克服塔板带来的缺陷，因此对所属技术领域的技术人员来说，根据附件 1 不能得到关于将栅格和液体喷嘴结构设置在一个板式吸收塔的塔板下方作为反应器并提高反应效率的任何启示和/或教导，更不能显而易见地结合附件 3 得到权利要求 1 请求保护的

技术方案。而且，权利要求1请求保护的反应器起到了增大气、液接触比表面积，延长反应时间，提高反应效率的有益效果。因此，本专利权利要求1相对于附件3和附件1的结合具有《专利法》第二十二条第三款规定的创造性。

在权利要求1具备创造性的基础上，其从属权利要求2~8相对于附件3和附件1的结合也具有《专利法》第二十二条第三款规定的创造性。

此外，针对日月公司在口头审理期间关于“在塔的下部设置分布器是公知的”和“本专利只是在现有的板式塔技术上使用了附件1公开的分布器”的意见，专利复审委员会认为，日月公司并未提供证据证明分布器是公知的，附件3和附件1也未公开或给出教导来说明塔下部设置分布器是公知的，根据附件1的记载也不能得出其栅格和喷嘴结构是安装在塔板下方的分布器的结论，因此日月公司的上述主张不成立。

基于以上事实和理由，专利复审委员会宣告维持本专利权有效。

上述事实有本专利授权公告的权利要求书和说明书、第9756号决定、附件1~3以及当事人陈述等证据在案佐证。

本院认为：《专利法》第二十二条第三款规定，创造性，是指同申请日以前已有的技术相比，该实用新型有实质性特点和进步。

在附件1说明书的发明详述部分对吸收塔的内部结构进行了描述：“吸收塔的内部区包含一个具有横档的环形栅格。栅格和横档被改造成具有沿环形栅格和横档安置的多个液体喷嘴，液体喷嘴的设置方式是从喷嘴喷出来的水将吸收塔的整个塔的周边包围，使喷出来的水与冷却的反应器流出物能够充分接触……塔中使用的喷嘴的个数将取决于塔的尺寸，目的是确保塔的整个周边都被覆盖……另外，喷嘴的实际结构并不重要，只要实质上塔的全部周边被从喷嘴喷出的喷流包围就行……据观察，在吸收塔的内部构件中安装液体喷嘴来代替塔板或结构化或无规则的填料产生了下列改进的益处……”由此可以看出，附件1公开了在吸收塔内部安装多个液体喷嘴以代替塔板或填料，喷嘴的设置能够使从喷嘴中喷出的液体将吸收塔的整个周边包围的技术方案。由于附件1明确指出用液体喷嘴代替塔板或填料能够克服现有缺陷，因此从附件1也就没有公开本专利权利要求1所示上部为板式吸收塔、下部为装有喷嘴的合成塔的结构。附件1中的环形栅格和喷嘴是用来安置喷嘴所用，但附件1并未给出将液体引入喷嘴的任何结构，从其说明书和附图中也不能毫无疑义地得出栅格就是圆管的结论，因此附件1也没有公开本专利权利要求1中的圆管。综上，本专利权利要求1相对于附件1存在上部为板式吸收塔，下部有与外部连通的圆管、圆管上安装有喷嘴这两个区别技术特征。由于附件1已经明确排除使用塔板或填料，而且栅格与圆管所起作用差别极大，因此根据附件1不能得到将栅格改成圆管在其上安装喷嘴并将之设置在一个板式吸收塔的塔板下方的任何启示和/或教导。因此日月公司关于附件1已经公开了本专利权利要求1的内容的主张缺乏事实依据，本院不予支持。

附件2公开的是在两塔板之间设置混合容器，并将在吸收塔外部混合的混合物导入该混合容器中，通过导入管上表面开设的流出孔使混合物弥散到吸收塔内的吸收剂中的技术方案。因此，附件2也没有公开上述两个区别技术特征。从附件2中也不能得出将上述混合容器和导入管设置在板式塔最下端塔板的下方并改造成圆管和喷嘴结构以作为合成塔的任何启示和/或教导，所属技术领域的技术人员不能在附件1的基础上结合附件2显而易见地获得本专利权利要求1的技术方案。因此，本专利权利要求1相对于附件1和2的结合具有《专利法》第二十二条第三款规定的创造性。

附件3仅公开了板式塔的结构，未公开塔板下部存在圆管和喷嘴。同时，附件1又明确排除使用塔板而以液体喷嘴来代替，因此对所属技术领域的技术人员来说，不能显而易见地将附件1结合到附件3中得到本专利权利要求1请求保护的技术方案。因此，本专利权利要求1相对于附件3和1的结合具有《专利法》第二十二条第三款规定的创造性。

在本专利权利要求1具备创造性的基础上，其从属权利要求2~8也具有《专利法》第二十二条第三款规定的创造性。

综上，日月公司关于本专利权利要求1~7不具备创造性的上诉理由于法无据，本院不予支持。

《专利法》第二十六条第三款规定，说明书应当对发明或者实用新型作出清楚、完整的说明，以所属技术领域的技术人员能够实现为准。

本专利权利要求8的附加特征为“所述圆管可排列成塔状”，说明书中除了关于圆管位置、结构和排列方式的介绍外，还具体说明了圆管的作用在于增加喷出气体与液体的接触，以提高反应效率，为此“所述圆管可排列成两层以上，也可以将圆管排列成塔状”。在此基础上，所属技术领域的技术人员结合其所掌握的现有技术的知识，能够确定具体的塔状构造，从而实现本专利权利要求8所请求保护的技术方案，以达到增加气液接触的目的和预期的技术效果。因此，日月公司关于本专利权利要求8的技术方案的说明不符合《专利法》第二十六条第三款规定的主张缺乏事实和法律依据，本院不予支持。

综上，原审判决及专利复审委员会第9756号决定认定事实清楚，适用法律正确，应予维持。上诉人日月公司所提上诉请求及其理由缺乏事实和法律依据，本院不予支持。依照《中华人民共和国行政诉讼法》第六十一条第（一）项之规定，判决如下：

驳回上诉，维持原判。

一审案件受理费人民币100元，由章丘日月化工有限公司负担（已交纳）；二审案件受理费人民币100元，由章丘日月化工有限公司负担（已交纳）。

审 判 长 张 冰
审 判 员 莎日娜
代理审判员 钟 鸣
二〇〇八年三月十六日
书 记 员 陈 明

085

弹跳鞋

无效宣告请求审查决定（第9758号）

决　　定　　号　第9758号
决　　定　　日　2007年4月29日
发明创造名称　弹跳鞋
国 际 分 类 号　A63B 25/10
无效宣告请求人　浙江博伟工贸有限公司
专　利　权　人　陈军生
专　　利　　号　02260554.1
申　　请　　日　2002年10月8日
授 权 公 告 日　2003年9月24日
合 议 组 组 长　杨军艳
主　　审　　员　马　燕
参　　审　　员　张田勇

法　律　依　据　专利法第22条第2款、第3款
决　定　要　点

如果一项权利要求与一篇对比文件相比的区别在于权利要求请求保护的技术方案中具有分别实现两个功能的两个部件，而对比文件公开的技术方案中具有同时实现这两个功能的一个部件，且该区别技术特征不属于惯用手段的直接置换，则该项权利要求具备新颖性，但如果该区别技术特征对于本领域的普通技术人员来说是容易想到的，并且该项权利要求请求保护的技术方案与对比文件公开的技术方案相比并未产生预料不到的技术效果，则该项权利要求相对于该对比文件不具备创造性。

一、案由

本无效宣告请求涉及中华人民共和国国家知识产权局于2003年9月24日授权公告的、名称为“弹跳鞋”的02260554.1号实用新型专利权（下称本专利），其申请日是2002年10月8日，专利权人是葛文国，后于2006年4月21日变更为陈军生。本专利授权公告时的权利要求书如下：

“1. 一种弹跳鞋，其包括脚踏板（16）和位于脚踏板（16）上用于固定脚的束缚件，其特征在于：所述的脚踏板（16）固定在L型支架的横边（18）上表面，在所述的L型支架竖边（8）内侧设有与小腿外形相配的护腿件，所述的L型支架的竖边（8）外侧与一板条弹簧（5）的上端相固定，而板条弹簧（5）的下端固接在与地相接触的底掌（3）上，所述的底掌（3）与L型支架的横边（18）下底面之间铰接有可随弹跳动作而转动的支撑件（21）。

2. 根据权利要求 1 所述的弹跳鞋，其特征在于：所述的护腿件包括固定在支架竖边（8）内侧的护腿板（10）和设在护腿板（10）上用于固定小腿的保护带（12）。

3. 根据权利要求 2 所述的弹跳鞋，其特征在于：所述保护带（12）为两根，分别与护腿板（10）的两侧相连接。

4. 根据权利要求 3 所述的弹跳鞋，其特征在于：所述二根保护带（12）中的一根自由端装有一个供另一根保护带自由端穿过的锁扣（11）。

5. 根据权利要求 2 所述的弹跳鞋，其特征在于：所述的护腿板（10）内侧设有弹性材质的保护垫（13）。

6. 根据权利要求 1 所述的弹跳鞋，其特征在于：所述的 L 型支架的竖边（8）与横边（18）之间设有加强杆（7）。

7. 根据权利要求 1 所述的弹跳鞋，其特征在于：所述板条弹簧（5）内侧与 L 型支架直角相对应位置上设有第一护垫（6），在板条弹簧（5）自然状态下，该第一护垫（6）与 L 型支架的直角相触。

8. 根据权利要求 1 所述的弹跳鞋，其特征在于：所述的支撑件（21）上表面与 L 型直角相对应的位置上设有第二护垫（4），在板条弹簧（5）压缩状态下，该第二护垫（4）与 L 型支架的直角相触。

9. 根据权利要求 1~8 任一所述的弹跳鞋，其特征在于：所述的底掌（3）底面设有与地面相接触的缓冲垫（1）。

10. 根据权利要求 9 所述的弹跳鞋，其特征在于：所述的缓冲垫（1）下表面上设有防滑条纹（2）或凸起。”

针对上述专利权，浙江博伟工贸有限公司（下称请求人）于 2006 年 10 月 8 日向专利复审委员会提出无效宣告请求，其理由是本专利权利要求 1、6 不具备新颖性，不符合专利法第 22 条第 2 款的规定，权利要求 1~10 不具备创造性，不符合专利法第 22 条第 3 款的规定。请求人提交了如下附件作为证据：

附件 1：本专利授权公告文本；

附件 2：WO 01/05469A1 号专利文献，公开日为 2001 年 1 月 25 日（下称对比文件 1）；

附件 3：附件 2 的中文译文，共 12 页；

附件 4：授权公告号为 CN2477212Y 的实用新型专利说明书，授权公告日为 2002 年 2 月 20 日（下称对比文件 2）。

经形式审查合格，专利复审委员会依法受理了上述无效宣告请求，于 2006 年 10 月 8 日向双方当事人发出无效宣告请求受理通知书，并将无效宣告请求书及其附件清单中所列附件的副本转送给专利权人，要求其在指定的期限内答复，并告知其期满未答复不影响专利复审委员会的审理。

专利权人逾期未答复。

专利复审委员会依法组成合议组，对上述无效宣告请求进行审理。

本案合议组于 2006 年 12 月 31 日向双方当事人发出无效宣告请求口头审理通知书，指出本案定于 2007 年 1 月 30 日举行口头审理。

口头审理如期举行，请求人出席了口头审理，专利权人缺席口头审理。

在口头审理中，（1）请求人明确其无效宣告请求的理由、事实、证据为：本专利权利要求 1、6 相对于对比文件 1 不具有新颖性、创造性，权利要求 2~4 相对于对比文件 1 或者相对于对比文件 1 和 2 的结合不具有创造性，权利要求 5、7~10 相对于对比文件 1 不具有创造性；（2）请求人明确表示附件 1 不作为证据使用。在口头审理中，请求人充分发表了意见。

至此，合议组认为本案事实清楚，现依法作出审查决定。

二、决定的理由

1. 关于证据

请求人在无效宣告程序中共提交4份证据，即附件1~4。

口头审理中，请求人明确表示附件1不作为证据使用，因此本决定中不再对其进行评述。

附件2、4均是公开日期在本专利申请日之前的专利文献，附件3是附件2的中文译文，专利权人未对附件2、4的真实性提出异议，也未对附件2的中文译文（即附件3）的准确性提出异议，经合议组审查，附件2、4可以作为本案证据使用，并且其上记载的内容构成本专利的现有技术，其中附件2文字部分所公开的内容以请求人提交的中文译文（即附件3）为准。

2. 关于专利法第22条第2款、第3款

专利法第22条第2款规定：新颖性，是指在申请日以前没有同样的发明或者实用新型在国内外出版物上公开发表过、在国内公开使用过或者以其他方式为公众所知，也没有同样的发明或者实用新型由他人向国务院专利行政部门提出过申请并记载在申请日以后公布的专利申请文件中。

专利法第22条第3款规定：创造性，是指同申请日以前已有的技术相比，该发明有突出的实质性特点和显著的进步，该实用新型有实质性特点和进步。

（1）权利要求1、6相对于对比文件1是否具备新颖性。

对比文件1（参见说明书第3页第2段，第4页倒数第1段至第7页第1段，图1a、1b、5~7）公开了一种助行装置，披露了以下技术特征：该助行装置是一种通过固定在人双腿上的可卸式弹簧系统而帮助人易于自行向前行走的装置，其包括支架3（相当于权利要求1中的“L型支架”），该支架由一个用于行走人脚定位放置的底板15（相当于权利要求1中的“L型支架的横边”）以及一个以直角与底板15固定连接的中心撑杆14（相当于权利要求1中的“竖边”）组成，底板15上有一双固定的鞋（参见图1a，相当于权利要求1中的“束缚件”），该鞋用于安全定位放置行走人的脚；在中心撑杆14内侧的上部区域设有膝盖弯弓18′（相当于权利要求1中的“护腿件”），其与腿部外形相配；中心撑杆14的外侧与弹簧片1的上端固定，弹簧片1的下端固定在与地相接触的脚部杠杆5（相当于权利要求1中的“底掌”）上；脚部杠杆5与底板15的下底面之间铰接有可随弹跳动作而转动的连杆10（相当于权利要求1中的“支撑件”）。

经审查，对比文件1公开的助行装置与权利要求1请求保护的弹跳鞋相比，其区别在于：在权利要求1的弹跳鞋中，脚踏板和L型支架的横边是两个独立的部件，脚踏板位于L型支架的横边之上，用于固定脚的束缚件位于脚踏板上；而在对比文件1的助行装置中，构成支架并且在其上放置固定鞋的部件仅为底板这一个部件。

请求人认为，权利要求1中的上述结构是本领域的惯用手段。

对此，合议组认为，对比文件1中作为支架3的横边的底板不同于权利要求1中在“L型支架”的横边18上设置脚踏板的结构，而且请求人也没有举证证明这种替换属于本领域惯用手段的直接置换。由此可知，对比文件1没有公开上述区别技术特征，并且上述区别技术特征也不能由对比文件1直接地、毫无疑义地确定，因此权利要求1相对于对比文件1具备新颖性，符合专利法第22条第2款的规定。

在权利要求1相对于对比文件1具备新颖性的情况下，引用该权利要求的从属权利要求6相对于对比文件1也具备新颖性，符合专利法第22条第2款的规定。

（2）关于权利要求1是否具备创造性。

基于上述关于权利要求1的新颖性的评述可知，对比文件1公开的助行装置与权利要求1请求保护的弹跳鞋相比，其区别在于：在权利要求 1 的弹跳鞋中，脚踏板和 L 型支架的横边是两个独立的部件，脚踏板位于 L 型支架的横边之上，用于固定脚的束缚件位于脚踏板上；而在对比文件 1 的助行装置中，构成支架的横边并且在其上放置固定鞋的部件仅为底板这一个部件。

合议组认为，对比文件 1（参见说明书第 4 页倒数第 1 段）公开了支架由一个用于行走人脚定位放置的底板以及一个以直角与底板固定连接的中心撑杆组成，即，底板和中心撑杆构成了一个呈直角固定连接的支架，其中底板作为支架的横边；对比文件 1 还指出行走人的脚定位在与中心撑杆固定相连的底板上，即底板是助行装置的脚踏板，也就是说，对比文件 1 中的底板既作为支架的横边也作为脚踏板。而将同时起到两个作用的底板由分别只起到其中一个作用的两个部件即 L 型支架的横边和脚踏板来实现，对于本领域的普通技术人员来说是容易想到的，并且权利要求 1 采用 L 型横边和脚踏板的技术方案与对比文件 1 采用底板的技术方案相比并未产生预料不到的技术效果，因此，权利要求 1 相对于对比文件 1 不具备创造性，不符合专利法第 22 条第 3 款的规定。

（3）关于权利要求 2~5 是否具备创造性。

权利要求 2 的附加技术特征为：护腿件包括固定在支架竖边内侧的护腿板和设在护腿板上用于固定小腿的保护带。

请求人认为，对比文件 1 没有公开权利要求 2 的附加技术特征，但该附加技术特征属于本领域的公知常识。

对此，合议组认为，在对比文件 1 公开的助行装置中，在中心撑杆内侧仅配置了一个膝盖弯弓，而没有配置护腿板，且对比文件 1 没有给出在中心撑杆内侧配置护腿板的技术启示，此外，请求人也没有提供证明这一技术特征属于公知常识的证据。因此，权利要求 2 相对于对比文件 1 具备创造性，符合专利法第 22 条第 3 款的规定。

请求人还认为，权利要求 2 相对于对比文件 1、2 的结合不具备创造性。

对比文件 2（参见说明书第 1 页，图 1）公开了一种弹跳鞋，其中披露了以下技术特征：该弹跳鞋由弹簧 1、踏板 2 和绑带 3 组成，踏板 2 固定着弹簧 1，绑带 3 连接踏板 2，运动时将脚踏在踏板 2 上并拉紧绑带锁 4。经审查，合议组认为，对比文件 2 没有公开权利要求 2 的附加技术特征，也未给出相应的技术启示，因此，权利要求 2 相对于对比文件 1、2 的结合具备创造性，符合专利法第 22 条第 3 款的规定。

在权利要求 2 相对于对比文件 1 或对比文件 1、2 的结合具有创造性的情况下，直接或间接引用该权利要求的从属权利要求 3 至 5 也具有创造性，符合专利法第 22 条第 3 款的规定。

（4）关于权利要求 6 是否具备创造性。

权利要求 6 的附加技术特征为：L 型支架的竖边与横边之间设有加强杆。

对比文件 1 公开了辐杆（参见图 1a 中的“16”，相当于权利要求 6 中的“加强杆”）将中心撑杆与底板相连的技术特征。由此可知，权利要求 6 的附加技术特征已经被对比文件 1 公开，在其引用的权利要求 1 不具备创造性时，该从属权利要求 6 与对比文件 1 相比也不具备创造性，不符合专利法第 22 条第 3 款的规定。

（5）关于权利要求 7、8 是否具备创造性。

权利要求 7、8 的附加技术特征分别为：板条弹簧内侧与 L 型支架直角相对应位置上设有第一护垫，在板条弹簧自然状态下，该第一护垫与 L 型支架的直角相触；支撑件上表面与 L 型直角相对应的位置上设有第二护垫，在板条弹簧压缩状态下，该第二护垫与 L 型支架的直角相触。

请求人认为，权利要求 7、8 中的护垫与对比文件 1 中的缓冲件作用相同，给出了权利要求 7、8 的技术方案的启示。

对此，合议组认为，本专利第一护垫和第二护垫的作用是为了防止L型支架的直角碰撞板条弹簧和支撑件的上表面，其设置的位置与这一目的相适应，而对比文件1中橡胶缓冲件（参见图1a中的“26”）的作用是当弹簧片完全压缩时用作弹簧片终端位置挡块，使弹簧片在确定位置上中止压缩，从而不会对机械产生损害，该橡胶缓冲件设置的位置是在连杆10上。虽然对比文件1中的橡胶缓冲件所起的作用与权利要求7、8中第一护垫、第二护垫所起的作用都是为了防止部件之间的冲击造成机械损害，但是，对比文件1的助行装置在处于自然状态或压缩状态时支架的直角都不会与弹簧片接触，因此本领域的技术人员不会想到为了防止支架的直角位置碰撞弹簧片而在相应的位置设置橡胶缓冲件，因而权利要求7、8相对于对比文件1具备创造性，符合专利法第22条第3款的规定。

（6）关于权利要求9是否具备创造性。

权利要求9是权利要求1~8的从属权利要求，其限定部分的附加技术特征为：底掌底面设有与地面相接触的缓冲垫。

对比文件1公开了以下技术特征：在脚部杠杆上有一个柱面鞋底（参见图1a中的“12”），鞋底构成了与地面的接触面。

合议组认为，对比文件1的助行装置是一种通过固定在人双腿上的可卸式弹簧系统而帮助人易于自行向前行走的装置，可使人以稳健且安全的方式实现高而远的跳跃，由于从高的地方落到地面容易引起机械损伤和人体的损伤，因此该柱面鞋底具有缓冲作用是必然的，即相当于本专利中底掌底面设有缓冲垫，因而权利要求9中引用权利要求1、6的技术方案不具备创造性，不符合专利法第22条第3款的规定。

（7）关于权利要求10是否具备创造性。

权利要求10是权利要求9的从属权利要求，其限定部分的附加技术特征为：缓冲垫下表面上设有防滑条纹或突起。

合议组认为，尽管对比文件1中没有公开权利要求10的附加技术特征，但是由于该助行装置是使人处于跳跃状态，而从高的地方落到地面的过程中由于人的重心会使鞋底接触地面的位置略有不同，即人体有时以略有倾斜的方式落地，在倾斜落地的情况下容易滑倒，因此，为了稳健且安全地跳跃而在缓冲垫下表面上设有防滑条纹或突起是本领域的普通技术人员容易想到的。因此，在权利要求9中引用权利要求1、6的技术方案不具备创造性时，引用其的权利要求10也不具备创造性，不符合专利法第22条第3款的规定。

综上所述，本专利权利要求1、6，引用权利要求1、6的权利要求9，以及引用权利要求9中引用权利要求1、6的技术方案的权利要求10不具备创造性，不符合专利法第22条第3款的规定。

三、决定

宣告02260554.1号实用新型专利权的权利要求1、6，引用权利要求1、6的权利要求9，引用权利要求9中引用权利要求1、6的技术方案的权利要求10无效，在权利要求2~5、7、8，引用权利要求2~5、7、8的权利要求9，以及引用权利要求9中引用权利要求2~5、7、8的技术方案的权利要求10的基础上维持该专利权继续有效。

当事人对本决定不服的，可以根据专利法第46条第2款的规定，自收到本决定之日起三个月内向北京市第一中级人民法院起诉。根据该款的规定，一方当事人起诉后，另一方当事人应当作为第三人参加诉讼。

086

缺水保护电热开水器

无效宣告请求审查决定（第9765号）

决　　定　　号　第9765号
决　　定　　日　2007年4月26日
发明创造名称　缺水保护电热开水器
国 际 分 类 号　F24H 1/20，H01H 36/02
无效宣告请求人　江苏奥佳厨具电器有限公司
专　利　权　人　丹阳市南方装璜不锈钢热水器厂
申　　请　　号　99227964. X
申　　请　　日　1999年4月6日
授 权 公 告 日　2000年8月2日
合 议 组 组 长　朱文广
主　　审　　员　隋　璐
参　　审　　员　欧　岚

法　律　依　据　专利法第22条第2款、第3款
决　定　要　点

请求人如果无法提交作为现有技术的书证的原件，也没有其他证据能够证明书证的真实性，合议组对书证的真实性不予认可。请求人没有提交充分、确实的证据作为现有技术以支持其无效理由，将承担不利的后果。

一、案由

本无效宣告请求涉及中华人民共和国国家知识产权局于2000年8月2日授权公告的、名称为“缺水保护电热开水器”的实用新型专利权（以下简称本专利），其专利号是99227964. X，申请日是1999年4月6日，专利权人是丹阳市南方装璜不锈钢热水器厂。本专利授权公告时的权利要求书如下：

“1. 一种缺水保护电热开水器，该缺水保护电热开水器包括安装在壳体内的开水箱（1）及安装在开水箱内，相互连通的冷水箱（2）和工作水箱（3），冷水箱（2）内装有浮球阀（4），工作水箱（3）上连通有沸水管（5），其特征是：所述冷水箱（2）的一个侧壁紧靠开水箱（1）的侧壁，在冷水箱（2）和开水箱（1）的这一侧各有一个筒形的浮筒（6），两个浮筒（6）的顶面分别靠近冷水箱（2）和开水箱（1）的上述侧壁，两个浮筒分别通过连杆（7）与上下转动的固定铰链连接，在每个浮筒（6）的顶面上都固定有一块磁铁（8），此外，在上述开水箱侧壁的外侧，与两浮筒（6）浮

起位置相对应的位置安装有两个行程开关（9），行程开关（9）的压板（10）前端也固定有磁铁（8）。”

针对本专利，江苏奥佳厨具电器有限公司（以下简称请求人）于2006年10月24日向专利复审委员会提出无效宣告请求，认为本专利不符合专利法第22条第2款、第3款，专利法实施细则第64条第2款规定，请求人同时提交了如下附件：

附件1：广东新会腾飞厨房设备厂的《沸腾式电开水器使用指南》复印件，共13页；

附件2：声称为广东新会腾飞厨房设备厂沸腾式电开水器实物照片复印件，共1页。

经形式审查合格，专利复审委员会依法受理了上述无效宣告请求，并于2006年11月29日向请求人和专利权人发出无效宣告请求受理通知书，同时将专利权无效宣告请求书及其附件清单中所列附件的副本转送给专利权人，并要求专利权人在指定的期限内陈述意见。

专利权人逾期没有答复。

专利复审委员会依法成立合议组。

本案合议组于2007年2月12日向双方发出无效宣告请求口头审理通知书，定于2007年4月16日在专利复审委员会举行口头审理。

双方当事人均提交了口审回执。

口头审理如期举行，专利权人参加了口头审理，请求人未参加口头审理。

在口头审理中，专利权人对合议组成员没有回避请求；专利权人认为请求人没有提交附件1、2的原件，对附件1、2的真实性有异议，同时专利权人认为没有证据证明附件1的产品已于1998年公开销售，附件1也未公开本专利权利要求1的全部技术特征，对附件1的关联性持有异议，对附件2的关联性也有异议。

合议组认为本案事实已经清楚，当庭宣布维持第99227964. X号实用新型专利权有效。

二、决定的理由

1. 关于证据和现有技术

请求人提交的附件1、2为产品使用指南及产品照片的复印件，未提交附件1、2的原件，也未提供能证明其形成、来源的其他证据，同时，附件1没有公开任何可以证明其在本专利申请日前公开的时间信息。因此，在没有其他证据佐证的情况下，合议组不予认可附件1、2的真实性，同时，对请求人所提出的附件1在本专利申请日之前已经公开的主张亦不能予以支持，因此，附件1、2不能作为本案定案证据和现有技术使用。

2. 新颖性和创造性

专利法第22条第2款规定，新颖性，是指在申请日以前没有同样的发明或者实用新型在国内外出版物上公开发表过、在国内公开使用过或者以其他方式为公众所知。

专利法第22条第3款规定，创造性，是指同申请日以前已有的技术相比，该实用新型具有实质性特点和进步。

请求人提供的附件1、2不能作为本专利的现有技术使用，故请求人没有提交充分的证据支持其无效宣告请求的主张，其提出的无效宣告请求不成立。

三、决定

维持第99227964. X号实用新型专利权有效。

当事人对本决定不服的，可以根据专利法第46条第2款的规定，自收到本决定之日起3个月内向北京市第一中级人民法院起诉。根据该款的规定，一方当事人起诉后，另一方当事人应当作为第三人参加诉讼。

087

一体化节能荧光灯

无效宣告请求审查决定（第 9781 号）

决　　定　　号　第 9781 号
决　　定　　日　2007 年 4 月 27 日
发明创造名称　一体化节能荧光灯
国 际 分 类 号　F21M 1/00
无效宣告请求人　厦门通士达照明有限公司
专　利　权　人　虞荣康
专　　利　　号　97207183.0
申　　请　　日　1997 年 2 月 5 日
授 权 公 告 日　1998 年 10 月 21 日
合 议 组 组 长　朱文广
主　　审　　员　崔　震
参　　审　　员　刘小静

法　律　依　据　专利法第 22 条第 3 款
决　定　要　点

如果权利要求所要求保护的技术方案与请求人提供的对比文件之间存在着实质性的区别技术特征，并且该区别技术特征给权利要求所要保护的技术方案带来了有益的技术效果的话，则该权利要求相对于请求人提供的对比文件具备创造性。

一、案由

本无效宣告请求案涉及国家知识产权局于 1998 年 10 月 21 日授权公告的、申请日为 1997 年 2 月 5 日、名称为“一体化节能荧光灯”的第 97207183.0 号实用新型专利权（以下简称本专利），专利权人为虞荣康。

本专利授权公告的权利要求如下：

“1. 一体化节能荧光灯，包括灯座、安装在灯座上的灯头、安装在灯座中的镇流器、灯盖、安装在灯盖上的灯管，其特征在于具有一中间有横隔板的柱形接圈，接圈横隔板二侧的柱形面上分别开有孔，接圈柱形面的二边分别安装在灯座和灯盖上。

2. 根据权利要求 1 所述的一体化节能荧光灯，其特征在于接圈通过其柱形面二边分别卡插在灯座和灯盖上。

3. 根据权利要求 2 所述的一体化节能荧光灯，其特征在于接圈横隔板二侧的柱形面上分别开有与灯座、灯盖相配合的定位槽。

4. 根据权利要求3所述的一体化节能荧光灯，其特征在于接圈横隔板二侧的柱形面上分别有与灯座、灯盖相配合的卡口。

5. 根据权利要求1所述的一体化节能荧光灯，其特征在于接圈横隔板二侧的柱形面上各开有八个孔。

6. 根据权利要求1所述的一体化节能荧光灯，其特征在于横隔板上开有接线孔。

7. 根据权利要求1所述的一体化节能荧光灯，其特征在于灯管通过粘合剂安装在灯盖上。”

针对上述专利权，厦门通士达照明有限公司（以下简称请求人）于2006年5月9日向专利复审委员会提出了无效宣告请求，请求人提交了编号为04-263的检索报告以及如下的附件：

附件1-1：中国实用新型专利申请说明书92201517.1，公告号CN2114221U，公告日为1992年8月26日，复印件共6页；

附件1-2：日本公开特许公报JP5-258604，公开日为1993年10月8日，复印件共7页；

附件1-3：日本公开特许公报JP63-114039，公开日为1988年5月18日，复印件共5页；

附件1-4：美国专利文献US4503358，公开日为1985年3月5日，复印件共9页；

附件1-5：中国实用新型专利申请说明书，申请号为90208374.0，公告号CN2068281U，公告日为1990年12月26日，复印件共6页；

附件1-6：实用新型专利说明书ZL95208418.X，授权公告号CN2251662Y，授权公告日为1997年4月9日，复印件共6页；

附件1-7：中国实用新型专利申请说明书，申请号为89216916.8，公告号CN2053385U，公告日为1990年2月21日，复印件共8页；

附件1-8：美国专利文献US4456854，公开日为1984年6月26日，复印件共6页；

附件1-9：欧洲专利文献EP0045182A1，公开日为1982年2月3日，复印件共16页；

附件1-10：日本公开特许公报JP57-136756，公开日为1982年8月23日，复印件共6页；

附件1-11：日本公开特许公报JP64-7402，公开日为1989年1月11日，复印件共6页；

附件1-12：日本公开特许公报JP64-14804，公开日为1989年1月19日，复印件共5页；

附件1-13：日本公开特许公报JP64-14803，公开日为1989年1月19日，复印件共5页；

请求人认为，权利要求1、2、6、7相对于附件1-1不具有专利法第22条第2款规定的新颖性，权利要求3和4相对于附件1-1不具有专利法第22条第3款规定的创造性。

经形式审查合格后，专利复审委员会受理了上述无效请求，并于2006年5月9日向请求人和专利权人发出了《无效宣告请求受理通知书》，并将《专利权无效宣告请求书》及其附件清单中所列附件副本转送给了专利权人，要求其在指定的期限内答复。

在指定的期限内专利权人未答复。

2006年6月12日，请求人补充提交了如下的附件（编号续前）：

附件1-14：国家质量监督检验检疫总局2001年11月5日批准，2002年5月1日实施的中华人民共和国国家标准《插脚式灯头的型式和尺寸》，第430、474和718页，复印件；

附件1-15：日本公开特许公报JP5-258604，公开日为1993年10月8日，复印件共7页；

附件1-16：美国专利文献US5569981，公开日为1996年10月29日，复印件共8页；

附件1-17：日本公开特许公报JP10-12037，公开日为1998年1月16日，复印件共4页；

附件1-18：日本公开特许公报JP8-64178，公开日为1996年3月8日，复印件共8页；

附件1-19：中国发明专利申请公开说明书，公开号为CN1159655A，公开日为1997年9月17

日，复印件共18页；

附件1-20：日本公开特许公报JP1-294301，公开日为1989年11月28日，复印件共6页。

请求人认为，相对于附件1-14至附件1-20公开的技术内容，权利要求3和4不具备专利法第22条第3款规定的创造性。

针对上述专利权，请求人于2006年7月25日再次向专利复审委员会提出无效宣告请求，并提交了如下的附件：

附件2-1：北京市第一中级人民法院行政判决书（2006）一中行初字第410号，复印件共9页；

附件2-2：本专利说明书，复印件共3页；

附件2-3：美国专利文献US4503358，公开日为1985年3月5日，复印件9页及其中文译文5页；

附件2-4：中国实用新型专利申请说明书92201517.1，公告号CN2114221U，公告日为1992年8月26日，复印件共3页；

附件2-5：全国照明电器标准化技术委员会和中国标准出版社编写、中国标准出版社出版的《照明电器标准汇编》（第四版）——灯头和灯座卷，国家质量监督检验检疫总局2001年11月5日批准，2002年5月1日实施，封面、第430页、474页和第718页，复印件共4页；

附件2-6：全国照明电器标准化技术委员会和中国标准出版社编写、中国标准出版社出版的《照明电器标准汇编》（二）——灯头和灯座，封面、第51页和第314页，复印件共3页；

附件2-7：黄继昌等编、人民邮电出版社出版、1996年6月第1版的《实用机械机构图册》，封面、出版信息页、第27页、45页、119~124页，复印件共10页；

附件2-8：美国专利文献US5569981（公开日为1996年10月29日）的中文译文，共8页；

附件2-9：日本专利文献JP10-12037（公开日为1998年1月16日）的中文译文，共9页；

附件2-10：日本专利文献JP8-64178（公开日为1996年3月8日）的中文译文，共7页；

附件2-11：日本专利文献JP5-258604（公开日为1993年10月8日）的中文译文，共7页；

附件2-12：中国实用新型专利说明书ZL95242315.4，授权公告日为1996年9月4日，授权公告号为CN2234657Y，复印件共8页；

附件2-13：中国实用新型专利说明书ZL96227525.5，授权公告日为1997年4月30日，授权公告号为CN2253557Y，复印件共6页。

请求人认为，权利要求3相对于附件2-3不具备创造性，不符合专利法第22条第3款的规定。另外，权利要求3的附加技术特征在附件2-5和附件2-7中公开，权利要求4的附加技术特征在附件2-5和附件2-6中公开，再结合早于本专利申请日公开的专利文件，参见US5569981、JP10-12037等详细公开的定位槽、卡口的联接方式足以证明在现有技术的权利项1、2的技术方案的基础上，普通技术人员并不需要创造性思维就能将定位槽、定位槽与卡口的结合方式运用到实施例中，这种简单技术方案的叠加对该技术人员来说是显而易见的。

经形式审查合格后，专利复审委员会受理了上述无效请求，并于2006年9月14日向请求人和专利权人发出了《无效宣告请求受理通知书》，并将《专利权无效宣告请求书》及其附件清单中所列附件副本转送给了专利权人，要求其在指定的期限内答复。

在指定的期限内专利权人未答复。

专利复审委员会组成合议组对本案进行了审理。针对请求人对同一专利权提出的两次无效宣告请求，合议组于2007年1月11日向请求人和专利权人发出了口头审理通知书，定于2007年3月13日对上述两个无效宣告请求合案进行口头审理。在口头审理通知书中，合议组告知双方当事人，由于本专利的在先无效宣告请求审查决定第 7814 号已经生效，故本次口审主要调查权利要求 3 和 4 是否符合请求人提出的无效理由的规定，随口审通知书，合议组还向双方当事人转送了北京市高级人民法院行政判决书（2006）高行终字第 352 号，同时将请求人于 2006 年 6 月 12 日提交的意见陈述书及补充的证据材料附件 1-14 至附件 1-20 转交给专利权人。

口头审理如期举行，双方当事人均参加了口头审理。针对请求人提出的第一次无效宣告请求，在口审中记录了如下的内容：（1）合议组告知请求人，由于其提出无效宣告请求的时间为 2006 年 5 月 9 日，补充提交意见陈述和证据的时间为 2006 年 6 月 12 日，按照审查指南的相关规定，第二次提交证据的日期已经超过了一个月的举证期限，因此，合议组对请求人于 2006 年 6 月 12 日提交的附件 1-14 至 1-20 不予考虑，请求人对此没有异议；（2）请求人放弃附件 1-9、1-10、1-13 作为证据使用，其余的外文证据仅仅使用附图；请求人明确其无效的理由、证据和范围为：权利要求 3 相对于附件1-1、1-2、1-3、1-4、1-5、1-6、1-7、1-8、1-11、1-12 不具备创造性，权利要求 4 相对于附件 1-1 至 1-8、1-11、1-12 不具备创造性；（3）专利权人对请求人提交证据的真实性没有异议，但所有外文文献均无翻译件。针对请求人提出的第二次无效宣告请求，在口审中记录了如下的内容：（1）请求人明确用附件 2-5 至 2-7 证明定位槽是上位的概念，权利要求 3、4 相对于附件 2-3 单独使用或权利要求 3、4 相对于附件 2-4 单独使用，或者权利要求 3、4 相对于附件 2-3 和附件 2-4 的结合不具备创造性，权利要求 3、4 相对于附件 2-3 至 2-7 不具备创造性，权利要求 3、4 相对于附件 2-8 至 2-13 与附件 2-4 的组合不具备创造性；（2）请求人放弃本专利不符合专利法第 9 条、专利法实施细则第 13 条第 1 款的无效理由；（3）专利权人对请求人提交的证据的真实性以及译文的准确性没有异议。

至此，合议组认为本案事实清楚，可以作出审查决定。

二、决定的理由

1. 关于审查的基础

由于本专利的在先无效宣告请求审查决定第 7814 号经北京市第一中级人民法院（2006）一中行初字第 410 号和北京市高级人民法院（2006）高行终字第 352 号行政判决书认定为有效，因此，本次无效宣告请求案的审查是在上述生效的第 7814 号无效决定认定事实的基础上做出的。在第 7814 号无效决定中已宣告本专利的权利要求 1、2、5~7 无效，在权利要求 3、4 的基础上维持本专利有效，因此本次无效宣告请求审查的基础为权利要求 3 和 4。

2. 关于证据的认定

（1）请求人第一次无效请求共提交了 20 份证据，即附件 1-1 至附件 1-20。其中，附件 1-14 至 1-20 是在提出无效宣告请求之日起一个月后提交的，根据专利法实施细则第 66 条以及审查指南的相关规定，附件 1-14 至 1-20 不予考虑。请求人当庭放弃了附件 1-9、1-10 和 1-13，因此，合议组对这些附件不予考虑。请求人提交的附件 1-1 至 1-8、附件 1-11 以及附件 1-12 均为专利文献，其中涉及国外专利文献的证据请求人没有提交相应的中文译文，请求人在口审时明确表示涉及外文证据的仅仅使用附图。专利权人对这些附件的真实性没有异议，因此，请求人提交的附件 1-1 至 1-8、附件1-11 以及附件 1-12 可以作为本案的证据使用。

（2）请求人第二次无效请求共提交了 11 份证据，即附件 2-3 至附件 2-13。专利权人对上述附件的真实性和译文的准确性没有异议，因此，上述附件可以作为本案的证据使用。

3. 关于专利法第 22 条第 3 款

专利法第 22 条第 3 款规定：创造性是指同申请日以前已有的技术相比，该发明有突出的实质性特点和显著的进步，该实用新型有实质性特点和进步。

（1）请求人第一次无效请求涉及的创造性问题

请求人认为权利要求3和4相对于附件1-1至1-8、附件1-11、1-12不具备创造性。

合议组经审查后认为，在生效的第7814号无效决定中已认定权利要求3的附加技术特征没有在证据1（即附件1-1）中公开，为此，请求人在本次无效请求中提交了其他附件以证明定位槽已被公开。然而，虽然在请求人提交的这些附件中提到或从附图中能看到有定位槽，但这些附件中均没有公开权利要求3中在接圈横隔板二侧的柱形面上分别开有与灯座、灯盖相配合的定位槽，即本专利权利要求3的定位槽在位置、布置形式上与请求人提交的附件中所公开的定位槽的位置和布置形式是完全不同的，本领域技术人员从上述附件中不能获得本专利权利要求3定位槽位置和布置形式的技术启示，并且采用这样的定位槽可以进一步改善灯座、灯盖和接圈三者之间的定位效果，使得安装方便，结构简单，因此，权利要求3相对于上述附件具备创造性，符合专利法第22条第3款的规定。

权利要求4为权利要求3的从属权利要求，在权利要求3具备创造性的前提下，权利要求4也具备创造性，符合专利法第22条第3款的规定。

（2）请求人第二次无效请求涉及的创造性问题

请求人认为权利要求3和4相对于附件2-3、附件2-4、附件2-3和2-4的结合、附件2-3至2-7的结合、附件2-8至2-13与附件2-4的结合不具备创造性。

合议组经审查后认为，附件2-4即生效的第7814号无效决定中的证据1没有公开权利要求3的附加技术特征，同样，如上所述，该附加技术特征也没有在请求人提交的其他附件中公开，即请求人提交的所有附件均没有公开本专利权利要求3设置形式的定位槽，本领域技术人员从上述附件中不能获得本专利权利要求3定位槽位置和布置形式的技术启示，并且采用这样的定位槽可以进一步改善灯座、灯盖和接圈三者之间的定位效果，使得安装方便，结构简单，因此，权利要求3相对于上述附件具备创造性，符合专利法第22条第3款的规定。

权利要求4为权利要求3的从属权利要求，在权利要求3具备创造性的前提下，权利要求4也具备创造性，符合专利法第22条第3款的规定。

基于以上事实和理由，本案合议组作出如下审查决定。

三、决定

维持97207183.0号实用新型专利权的权利要求3和4有效。

当事人对本决定不服的，可以根据专利法第46条第2款的规定，自收到本决定之日起3个月内向北京市第一中级人民法院起诉。根据该款的规定，一方当事人起诉后，另一方当事人应当作为第三人参加诉讼。

北京市第一中级人民法院
行政判决书

（2007）一中行初字第1159号

原告厦门通士达照明有限公司，住所地厦门市海沧新阳工业区。

委托代理人陈庆华，福建天衡联合律师事务所律师。

被告国家知识产权局专利复审委员会，住所地北京市海淀区北四环西路9号。

法定代表人廖涛，副主任。

委托代理人朱文广，男，国家知识产权局专利复审委员会审查员。

委托代理人隋璐，女，国家知识产权局专利复审委员会审查员。

第三人虞荣康，男，1955年1月26日出生，汉族，个体工商户，住江苏省武进县洛阳镇阳湖村委东渠村。

委托代理人顾晓宁，南京众联专利代理有限公司专利代理人。

原告厦门通士达照明有限公司不服被告国家知识产权局专利复审委员会专利无效宣告请求审查决定，于2007年8月22日向本院提起行政诉讼。本院受理后，依法组成合议庭并通知被诉具体行政行为的利害关系人虞荣康作为第三人参加诉讼。本院于2007年10月23日公开开庭审理了本案。原告的委托代理人陈庆华，被告的委托代理人朱文广、隋璐，第三人的委托代理人顾晓宁到庭参加了诉讼。本案现已审理终结。2007年4月27日，被告作出第9781号无效宣告请求审查决定（以下简称9781号决定），维持第97207183.0号实用新型专利权的权利要求3和4有效。决定认为：（1）关于审查的基础。由于本专利的在先无效宣告请求审查决定第7814号经北京市第一中级人民法院（2006）一中行初字第410号行政判决书和北京市高级人民法院（2006）高行终字第352号行政判决书认定为有效，因此，本次无效宣告请求案的审查是在上述生效的第7814号无效决定认定事实的基础上作出的。在第7814号无效决定中已宣告本专利的权利要求1、2、5~7无效，在权利要求3、4的基础上维持本专利有效，因此本次无效宣告请求审查的基础为权利要求3和4。（2）关于证据的认定。①原告第一次无效请求共提交了20份证据，即附件1-1、附件1-2、附件1-3、附件1-4、附件1-5、附件1-6、附件1-7、附件1-8、附件1-9、附件1-10、附件1-11、附件1-12、附件1-13、附件1-14、附件1-15、附件1-16、附件1-17、附件1-18、附件1-19、附件1-20。其中，附件1-14、附件1-15、附件1-16、附件1-17、附件1-18、附件1-19、附件1-20是在提出无效宣告请求之日起一个月后提交的，根据《中华人民共和国专利法实施细则》（以下简称《专利法实施细则》）第六十六条以及《审查指南》的相关规定，附件1-14、附件1-15、附件1-16、附件1-17、附件1-18、附件1-19、附件1-20不予考虑。原告当庭放弃了附件1-9、附件1-10和附件1-13，因此，被告对这些附件不予考虑。被告提交的附件1-1、附件1-2、附件1-3、附件1-4、附件1-5、附件1-6、附件1-7、附件1-8、附件1-11以及附件1-12均为专利文献，其中涉及国外专利文献的证据原告没有提交相应的中文译文，原告在口审时明确表示涉及外文证据的仅仅使用附图。第三人对这些附件的真实性没有异议，因此，原告提交的附件1-1、附件1-2、附件1-3、附件1-4、附件1-5、附件1-6、附件1-7、附件1-8、附件1-11以及附件1-12可以作为本案的证据使用。②原告第二次无效请求共提交了11份证据，即附件2-3、附件2-4、附件2-5、附件2-6、附件2-7、附件2-8、附件2-9、附件2-10、附件2-11、附件2-12、附件2-13。第三人对上述附件的真实性和译文的准确性没有异议，因此，上述附件可以作为本案的证据使用。（3）关于《中华人民共和国专利法》（以下简称《专利法》）第二十二条第三款《专利法》第二十二条第三款规定：创造性是指同申请日以前已有的技术相比，该发明有突出的实质性特点和显著的进步，该实用新型有实质性特点和进步。①原告第一次无效请求涉及的创造性问题原告认为权利要求3和4相对于附件1-1、附件1-2、附件1-3、附件1-4、附件1-5、附件1-6、附件1-7、附件1-8、附件1-11、附件1-12不具备创造性。被告经审查后认为，在生效的第7814号无效决定中已认定权利要求3的附加技术特征没有在证据1（即附件1-1）中公开，为此，原告在本次无效请求中提交了其他附件以证明定位槽已被公开。然而，虽然在原告提交的这些附件中提到或从附图中能看到有定位槽，但这些附件中均没有公开权利要求3中在接圈横隔板二侧的柱形面上分别开有与灯座、灯盖相配合的定位槽，即本专利权利要求3的定位槽在位置、布置形式上与原告提交的附件中所公开的定位槽的位置和布置形式是完全不同的，本领域技术人员从上述附件中不能获得本专利权利要求3定位槽位置和布置形式的技术启示，并且采用这样的定位槽可以进一步改善灯座、灯盖和接圈三者之间的定位效果，使得安装方便，结构简单，因此，权利要求3相对于上述附件具备创造性，符合《专利法》第二十二条第三款的规定。权利要求4为权利要求3的从属权利要求，在权利要求3具备创造性的前提下，权利要求4也具备创造性，符合《专利法》第二十二条第三款的规定。②原告第二次无效请求涉及的创造性问题原告认为权利要求3和4相对于附件2-3、附件2-4、附件2-3和附件2-4的结合、附件2-3、附件2-4、附件2-5、附件2-6、附件2-7的结合、附件2-8、附件2-9、附件2-10、附件2-11、附件2-12、附件2-13与附件2-4的结合不具备创造性。被告经审查后认为，附件2-4即生效的第7814号无效决定中的证据1没有公开权利要求3的附加技术特征，同样，如上所述，该附加技术特征也没有在请求人提交的其他附件中公开，即原告提交的所有附件均没有公开本专利权利要求3设置形式的定位槽，本领域技术人员从上述附件中不能获得本专利权利要求3定位槽位置和布置形式的技术启示，并且采用这样的定位槽可以进一步改善灯座、灯盖和接圈三者之间的定位效果，使得安装方便，结构简单，因此，权利要求3相对于上述附件具备创造性，符合《专利法》第二十二条第三款的规定。权利要求4为权利要求3的从属权利要求，在权利要求3具备创造性的前提下，权利要求4也具备创造性，符合《专利法》第二十二条第三款的规定。基于以上事实和理由，被告作出审查决定。决定维持97207183.0号实用新型专利权的权利要求3和4有效。被告在法定的举证期限内向本院提交并经庭审质证的证据有：（1）专利号为ZL97207183.0实用新型专利说明书（即本专利说明书）；（2）中国实用新型专利申请说明书92201517.1（即附件1-1、附件2-4）；（3）日本公开特许公报JP5-258604（即附件1-2）；（4）日本公开特许公报JP63-114039（即附件1-3）；（5）美国专利文献US4503358（即附件1-4）；（6）中国实用新型专利申请说明书90208374.0（即附件1-5）；（7）中国实用新型专利说明书ZL95208418.X（即附件1-6）；（8）中国实用新型专利申请说明书89216916.8（即附件1-7）；（9）美国专利文献US4456854（即附件1-8）；（10）美国专利文献US4503358其中文译文（即附件2-3）；（11）全国照明电器标准化技术委员会和中国标准出版社编写、中国标准出版社出版的《照明电器标准汇编》——灯头和灯座卷（第四版）（即附件2-5）；（12）全国照明电器标准化技术委员会和中国标准出版社编写、中国标准出版社出版的《照明电器标准汇编》-灯头和灯座（二）（即附件2-6）；（13）《实用机械机构图册》（即附件2-7）；（14）美国专利文献US5569981的中文译文（即附件2-8）；（15）日本专利文献JP10-12037的中文译文（即附件2-9）；（16）日本专利文献JP8-64178的中文译文（即附件2-10）；（17）日本专利文献JP5-258604的中文译文（即附件2-11）；（18）中国实用新型专利说明书ZL95242315.4（即附件2-12）；（19）中国实用新型专利说明书ZL96227525.5（即附件2-13）；（20）口审记录表附表。上述证据证明9781号决定认定事实清楚、适用法律正确、审理程序合法。原告诉称：（1）第7841号无效决定是依据原无效请求人广东欧普照明有限公司针对附件2-4提出的无效理由作出的，本案原告虽然也是针对附件2-4，但是提出了不同的无效理由，第9781号决定未考虑新的无效理由就简单地认为附件2-4没有公开本专利权利要求3的附加技术特征是错误的。（2）原告认为连接扣5和7不仅起到卡口还起到定位槽的作用，是一个部件两种功能，本专利权利要求3相对于附件2-4不具备创造性，同理权利要求4相对于附件2-4也不具备创造性。（3）本专利和附件2-3相比差别只在于本专利接圈横隔板13柱形面具有二侧的定位槽和卡口，一侧固联灯座一侧固联灯盖，而附件2-3所述的分隔盘36只有一侧有定位槽和卡口与碗型构件26固联，另一侧没有具体公开与固定件76固联的方式，但从公开的固联技术方案中可以得到技术启示，简单的复制出另一侧相同固联的技术方案，这并不需要本领域技术人员经过创造性的思维。因此本领域技术人员可以从附件2-3中就能获得本专利权利要求3定位槽位置和布置形式的技术启示，特别是能结合附件2-3和附件2-4得出技术启示，本专利权利要求3、4不具备创造性。综上，第9781号决定认定事实错误，请求法院撤销第9781号决定。原告向法院提交并经过庭审质证的证据包括：（1）第7814号无效宣告请求审查决定；（2）北京市第一中级人民法院（2006）一中行初字第410号行政判决书；（3）北京市高级人民法院（2006）高行终字第352号行政判决书。上述证据证明欧普公司认为附件2-4连接扣5和7仅仅起到卡口作用，因此被告及北京市第一中级人民法院和北京市高级人民法院据此认定附件2-4未公开本专利权利要求3技术方案，但是原告认为连接扣5和7起到定位槽和卡口双重作用，已经公开本专利权利要求3的技术方案。被告辩称：（1）关于定位槽未被附件2-4公开是在先生效判决认定的事实，同样适用于本案；（2）关于附件2-3上的定位槽42、44，显然它们均不是在“接圈横隔板二侧的柱形面上分别开有的与灯座、灯盖相配合的定位槽”。该附加技术特征也没有在原告提交的其他附件中公开，本领域技术人员基于这些附件也不能获得本专利权利要求3定位槽位置和布置形式的技术启示，因此原告关于权利要求3不具备创造性的意见不能成立。综上，第9781号决定认定事实清楚、适用法律正确、审理程序合法，原告的诉讼理由不成立，请求法院依法驳回原告的诉讼请求，维持第9781号决定。第三人同意被告的答辩意见，认为第9781号决定正确，请求法院驳回原告的诉讼请求，维持该决定。第三人未向我院提交证据。

经庭审质证，原告对被告提交证据的关联性、合法性、真实性均无异议，但不同意被告主张的证明作用。第三人对被告提交证据的关联性、合法性、真实性及其主张的证明作用均无异议。被告及第三人对原告提交的证据的关联性、合法性、真实性均无异议，但不同意原告主张的证明作用。本院认为，被告及原告提交证据与被诉第9781号决定有关，且合法，各方当事人对其真实性均无异议，能够证明本案的事实，本院予以采纳。

根据上述有效证据及各方当事人在庭审中无争议的陈述，本院确认如下事实：

本案涉及申请日为1997年2月5日，授权公告日为1998年10月21日，专利号为97207183.0，名称为“一体化节能荧光灯”的实用新型专利权（即本专利）。专利权人是虞荣康（即本案第三人）。

本专利授权公告的权利要求书内容如下：

“1. 一体化节能荧光灯，包括灯座、安装在灯座上的灯头、安装在灯座中的镇流器、灯盖、安装在灯盖上的灯管，其特征在于具有一中间有横隔板的柱形接圈，接圈横隔板二侧的柱形面上分别开有孔，接圈柱形面的二边分别安装在灯座和灯盖上。

2. 根据权利要求1所述的一体化节能荧光灯，其特征在于接圈通过其柱形面二边分别卡插在灯座和灯盖上。

3. 根据权利要求2所述的一体化节能荧光灯，其特征在于接圈横隔板二侧的柱形面上分别开有与灯座、灯盖相配合的定位槽。

4. 根据权利要求 3 所述的一体化节能荧光灯，其特征在于接圈横隔板二侧的柱形面上分别有与灯座、灯盖相配合的卡口。

5. 根据权利要求 1 所述的一体化节能荧光灯，其特征在于接圈横隔板二侧的柱形面上各开有八个孔。

6. 根据权利要求 1 所述的一体化节能荧光灯，其特征在于横隔板上开有接线孔。

7. 根据权利要求 1 所述的一体化节能荧光灯，其特征在于灯管通过粘合剂安装在灯盖上。”

针对本专利权，原告于 2006 年 5 月 9 日向被告提出无效宣告请求，原告提交了编号为 04-263 的检索报告以及如下的附件：

附件 1-1：中国实用新型专利申请说明书 92201517.1，公告号 CN2114221U，公告日为 1992 年 8 月 26 日，复印件共 6 页；

附件 1-2：日本公开特许公报 JP5-258604，公开日为 1993 年 10 月 8 日，复印件共 7 页；

附件 1-3：日本公开特许公报 JP63-114039，公开日为 1988 年 5 月 18 日，复印件共 5 页；

附件 1-4：美国专利文献 US4503358，公开日为 1985 年 3 月 5 日，复印件共 9 页；

附件 1-5：中国实用新型专利申请说明书，申请号为 90208374.0，公告号 CN2068281U，公告日为 1990 年 12 月 26 日，复印件共 6 页；

附件 1-6：实用新型专利说明书 ZL95208418.X，授权公告号 CN2251662Y，授权公告日为 1997 年 4 月 9 日，复印件共 6 页；

附件 1-7：中国实用新型专利申请说明书，申请号为 89216916.8，公告号 CN2053385U，公告日为 1990 年 2 月 21 日，复印件共 8 页；

附件 1-8：美国专利文献 US4456854，公开日为 1984 年 6 月 26 日，复印件共 6 页；

附件 1-9：欧洲专利文献 EP0045182A1，公开日为 1982 年 2 月 3 日，复印件共 16 页；

附件 1-10：日本公开特许公报 JP57-136756，公开日为 1982 年 8 月 23 日，复印件共 6 页；

附件 1-11：日本公开特许公报 JP64-7402，公开日为 1989 年 1 月 11 日，复印件共 6 页；

附件 1-12：日本公开特许公报 JP64-14804，公开日为 1989 年 1 月 19 日，复印件共 5 页；

附件 1-13：日本公开特许公报 JP64-14803，公开日为 1989 年 1 月 19 日，复印件共 5 页。

原告认为，权利要求 1、2、6、7 相对于附件 1-1 不具有《专利法》第二十二条第二款规定的新颖性，权利要求 3 和 4 相对于附件 1-1 不具有《专利法》第二十二条第三款规定的创造性。

经形式审查合格后，被告受理了上述无效请求，并于 2006 年 5 月 9 日向原告和第三人发出了《无效宣告请求受理通知书》，并将《专利权无效宣告请求书》及其附件清单中所列附件副本转送给了第三人，要求其在指定的期限内答复。

在指定的期限内第三人未答复。

2006 年 6 月 12 日，原告补充提交了如下的附件（编号续前）：

附件 1-14：国家质量监督检验检疫总局 2001 年 11 月 5 日批准，2002 年 5 月 1 日实施的中华人民共和国国家标准《插脚式灯头的型式和尺寸》，第 430、474 和 718 页，复印件；

附件 1-15：日本公开特许公报 JP5-258604，公开日为 1993 年 10 月 8 日，复印件共 7 页；

附件 1-16：美国专利文献 US5569981，公开日为 1996 年 10 月 29 日，复印件共 8 页；

附件 1-17：日本公开特许公报 JP10-12037，公开日为 1998 年 1 月 16 日，复印件共 4 页；

附件 1-18：日本公开特许公报 JP8-64178，公开日为 1996 年 3 月 8 日，复印件共 8 页；

附件 1-19：中国发明专利申请公开说明书，公开号为 CN1159655A，公开日为 1997 年 9 月 17 日，复印件共 18 页；

附件1-20：日本公开特许公报JP1-294301，公开日为1989年11月28日，复印件共6页。

原告认为，相对于附件1-14、附件1-15、附件1-16附件1-17、附件1-18、附件1-19、附件1-20公开的技术内容，权利要求3和4不具备《专利法》第二十二条第三款规定的创造性。

针对上述专利权，原告于2006年7月25日再次向被告提出无效宣告请求，并提交了如下的附件：

附件2-1：北京市第一中级人民法院行政判决书（2006）一中行初字第410号，复印件共9页；

附件2-2：本专利说明书，复印件共3页；

附件2-3：美国专利文献US4503358，公开日为1985年3月5日，复印件9页及其中文译文5页；

附件2-4：中国实用新型专利申请说明书92201517.1，公告号CN2114221U，公告日为1992年8月26日，复印件共3页；

附件2-5：全国照明电器标准化技术委员会和中国标准出版社编写、中国标准出版社出版的《照明电器标准汇编》（第四版）——灯头和灯座卷，国家质量监督检验检疫总局2001年11月5日批准，2002年5月1日实施，封面、第430页、474页和718页，复印件共4页；

附件2-6：全国照明电器标准化技术委员会和中国标准出版社编写、中国标准出版社出版的《照明电器标准汇编》（二）——灯头和灯座，封面、第51页和314页，复印件共3页；

附件2-7：黄继昌等编、人民邮电出版社出版、1996年6月第1版的《实用机械机构图册》，封面、出版信息页、第27页、第45页、第119~124页，复印件共10页；

附件2-8：美国专利文献US5569981（公开日为1996年10月29日）的中文译文，共8页；

附件2-9：日本专利文献JP10-12037（公开日为1998年1月16日）的中文译文，共9页；

附件2-10：日本专利文献JP8-64178（公开日为1996年3月8日）的中文译文，共7页；

附件2-11：日本专利文献JP5-258604（公开日为1993年10月8日）的中文译文，共7页；

附件2-12：中国实用新型专利说明书ZL95242315.4，授权公告日为1996年9月4日，授权公告号为CN2234657Y，复印件共8页；

附件2-13：中国实用新型专利说明书ZL96227525.5，授权公告日为1997年4月30日，授权公告号为CN2253557Y，复印件共6页。

原告认为，权利要求3相对于附件2-3不具备创造性，不符合《专利法》第二十二条第三款的规定。另外，权利要求3的附加技术特征在附件2-5和附件2-7中公开，权利要求4的附加技术特征在附件2-5和附件2-6中公开，再结合早于本专利申请日公开的专利文件，参见US5569981、JP10-12037等详细公开的定位槽、卡口的连接方式足以证明在现有技术的权利项1、2的技术方案的基础上，普通技术人员并不需要创造性思维就能将定位槽、定位槽与卡口的结合方式运用到实施例中，这种简单技术方案的叠加对该技术人员来说是显而易见的。

经形式审查合格后，被告受理了上述无效请求，并于2006年9月14日向原告和第三人发出了《无效宣告请求受理通知书》，并将《专利权无效宣告请求书》及其附件清单中所列附件副本转送给了第三人，要求其在指定的期限内答复。

在指定的期限内第三人未答复。

被告组成合议组对本案进行了审理。针对原告对同一专利权提出的两次无效宣告请求，被告于2007年1月11日向原告和第三人发出了口头审理通知书，定于2007年3月13日对上述两个无效宣告请求合案进行口头审理。在口头审理通知书中，被告告知双方当事人，由于本专利的在先无效宣告请求审查决定第7814号已经生效，故本次口审主要调查权利要求3和4是否符合原告提出的无效理由的规定，随口审通知书，被告还向双方当事人转送了北京市高级人民法院行政判决书（2006）高行终字第352号，同时将原告于2006年6月12日提交的意见陈述书及补充的证据材料附件1-14、附件1-15、附件1-16、附件1-17、附件1-18、附件1-19、附件1-20转交给第三人。

口头审理如期举行，双方当事人均参加了口头审理。针对原告提出的第一次无效宣告请求，在口审中记录了如下的内容：(1) 合议组告知请求人，由于其提出无效宣告请求的时间为2006年5月9日，补充提交意见陈述和证据的时间为2006年6月12日，按照审查指南的相关规定，第二次提交证据的日期已经超过了一个月的举证期限，因此，被告对原告于2006年6月12日提交的附件1-14、附件1-15、附件1-16、附件1-17、附件1-18、附件1-19、附件1-20不予考虑，原告对此没有异议；(2) 原告放弃附件1-9、附件1-10、附件1-13作为证据使用，其余的外文证据仅仅使用附图；原告明确其无效的理由、证据和范围为：权利要求3相对于附件1-1、附件1-2、附件1-3、附件1-4、附件1-5、附件1-6、附件1-7、附件1-8、附件1-11、附件1-12不具备创造性，权利要求4相对于附件1-1、附件1-2、附件1-3、附件1-4、附件1-5、附件1-6、附件1-7、附件1-8、附件1-11、附件1-12不具备创造性；(3) 第三人对原告提交证据的真实性没有异议，但所有外文文献均无翻译件。针对原告提出的第二次无效宣告请求，在口审中记录了如下的内容：(1) 原告明确用附件2-5、附件2-6、附件2-7证明定位槽是上位的概念，权利要求3、4相对于附件2-3单独使用或权利要求3、4相对于附件2-4单独使用，或者权利要求3、4相对于附件2-3和附件2-4的结合不具备创造性，权利要求3、4相对于附件2-3、附件2-4、附件2-5、附件2-6、附件2-7不具备创造性，权利要求3、4相对于附件2-8、附件2-9、附件2-10、附件2-11、附件2-12、附件2-13与附件2-4的组合不具备创造性；(2) 原告放弃本专利不符合《专利法》第九条、《专利法实施细则》第十三条第一款的无效理由；(3) 第三人对原告提交的证据的真实性以及译文的准确性没有异议。

至此，被告认为本案事实清楚，作出第9781号决定，维持第97207183.0号实用新型专利权的权利要求3和4有效。

本院认为，《专利法》第二十二条第三款规定：创造性，是指同申请日以前已有的技术相比，该发明有突出的实质性特点和显著的进步，该实用新型有实质性特点和进步。本案争议的焦点问题即在于本专利权利要求3是否具备创造性。

在生效的第7814号无效决定中已认定权利要求3的附加技术特征没有在证据1（即附件1-1、附件2-4）中公开。原告虽然在本次无效请求中提交了其他附件以证明定位槽已被公开，但是，这些附件中均没有公开本专利权利要求3中在接圈横隔板二侧的柱形面上分别开有与灯座、灯盖相配合的定位槽，本领域技术人员从附件1-1（附件2-4）中不能获得本专利权利要求3定位槽位置和布置形式的技术启示。附件2-3亦没有公开本专利权利要求3设置形式的定位槽，本领域技术人员从附件2-3中亦不能获得本专利权利要求3定位槽位置和布置形式的技术启示。由于原告提交的所有附件均没有公开本专利权利要求3设置形式的定位槽，本领域技术人员从原告提交的附件中不能获得本专利权利要求3定位槽位置和布置形式的技术启示，并且采用这样的定位槽可以进一步改善灯座、灯盖和接圈三者之间的定位效果，使得安装方便，结构简单，因此，第9781号决定认定本专利权利要求3相对于原告提交的附件具备创造性，权利要求4为权利要求3的从属权利要求，在权利要求3具备创造性的前提下，权利要求4也具备创造性，符合《专利法》第二十二条第三款的规定，认定事实清楚、适用法律正确，本院予以支持。原告认为本次无效宣告请求的无效理由与第7814号无效决定中请求人所提理由不同，被告对原告的新理由没有考虑，附件1-1（附件2-4）、附件2-3公开了本专利权利要求3的附加技术特征的诉讼理由，缺乏事实及法律依据，本院不予支持。

综上，第9781号决定认定事实清楚、适用法律正确、审理程序合法，本院予以支持。原告的诉讼请求缺乏事实及法律依据，本院不予支持。依照《中华人民共和国行政诉讼法》第五十四条第（一）项之规定，判决如下：

维持被告国家知识产权局专利复审委员会于二〇〇七年四月二十七日作出的第9781号无效宣告请求审查决定。案件受理费100元，由原告厦门通士达照明有限公司负担（已交纳）。

如不服本判决，可在判决书送达之日起15日内，向本院递交上诉状，并按对方当事人的人数提出副本，预交上诉案件受理费100元，上诉于北京市高级人民法院。

审 判 长 齐 莹
代理审判员 胡华峰
代理审判员 杨一平
二〇〇七年十二月十二日
书 记 员 赵 锋

北京市高级人民法院
行政判决书

（2008）高行终字第301号

上诉人（一审原告）厦门通士达照明有限公司，住所地厦门市海沧新阳工业区。

法定代表人苏烟源，总经理。

委托代理人陈庆华，福建天衡联合律师事务所律师。

被上诉人（一审被告）国家知识产权局专利复审委员会，住所地北京市海淀区北四环西路9号。

法定代表人廖涛，副主任。

委托代理人朱文广，男，国家知识产权局专利复审委员会审查员。

委托代理人瞿晓峰，男，国家知识产权局专利复审委员会审查员。

被上诉人（一审第三人）虞荣康，男，1955年1月26日出生，汉族，个体工商户，住江苏省武进县洛阳镇阳湖村委东渠村。

委托代理人顾晓宁，江苏南京金大律师事务所律师。

上诉人厦门通士达照明有限公司（以下简称通士达公司）因专利无效宣告请求审查决定，不服北京市第一中级人民法院（以下简称一审法院）（2007）一中行初字第1159号行政判决，向本院提起上诉。本院依法组成合议庭，于2008年6月11日公开开庭审理了本案。上诉人通士达公司的委托代理人陈庆华，被上诉人国家知识产权局专利复审委员会（以下简称专利复审委）的委托代理人朱文广、瞿晓峰，被上诉人虞荣康的委托代理人顾晓宁到庭参加了诉讼。本案现已审理终结。

2007年4月27日，专利复审委依据《中华人民共和国专利法》（以下简称《专利法》）第二十二条第三款的规定，针对专利权人为虞荣康，名称为"一体化节能荧光灯"的实用新型专利权（以下简称本专利）作出第9781号无效宣告请求审查决定（以下简称被诉决定），宣告维持本专利权利要求3、4有效。通士达公司不服该被诉决定，在法定期限内向一审法院提起行政诉讼。

一审法院经审理认为，在生效的第7814号无效决定中已认定权利要求3的附加技术特征没有在证据1（即附件1-1、附件2-4）中公开。通士达公司虽然在本次无效请求中提交了其他附件以证明定位槽已被公开，但是，这些附件中均没有公开本专利权利要求3中在接圈横隔板二侧的柱形面上分别开有与灯座、灯盖相配合的定位槽，本领域技术人员从附件1-1（附件2-4）中不能获得本专利权利要求3定位槽位置和布置形式的技术启示。附件2-3亦没有公开本专利权利要求3设置形式的定位槽，本领域技术人员从附件2-3中亦不能获得本专利权利要求3定位槽位置和布置形式的技术启示。由于通士达公司提交的所有附件均没有公开本专利权利要求3设置形式的定位槽，本领域技术人员从通士达公司提交的附件中不能获得本专利权利要求3定位槽位置和布置形式的技术启示，并且采用这样的定位槽可以进一步改善灯座、灯盖和接圈三者之间的定位效果，使得安装方便，结构简单。因此，被诉决定认定本专利权利要求3相对于通士达公司提交的附件具备创造性，权利要求4为权利要求3的从属权利要求，在权利要求3具备创造性的前提下，权利要求4也具备创造性，符合《专利法》第二十二条第三款的规定。被诉决定认定事实清楚、适用法律正确、审理程序合法。通士达公司的诉讼请求缺乏事实及法律依据。依照《中华人民共和国行政诉讼法》第五十四条第（一）项之规定，判决维持专利复审委作出的被诉决定。

通士达公司不服上述一审判决上诉称：（1）一审判决认定事实错误。附件中均没有公开本专利权利要求3中在接圈横隔板两侧的柱形面上分别开有与灯座、灯盖相配合的定位槽，这是新颖性的判断标准，而不是创造性的判断标准。附件1-1（附件2-4）与本专利技术方案相比均有本专利权利要求1、2的技术特征，区别在于本专利的定位槽和卡口是分别设置的，而附件1-1（附件2-4）的定位件与卡口是一起设置的，其连接扣5和7不仅起到卡口，还起到定位的作用，是一个部件两种功能。（2）被诉决定程序错误。第7814号无效决定案中，因为原无效请求人广东欧普照明有限公司认为附件1-1（附件2-4）连接扣5和7仅起到卡口的作用，所以第7814号无效决定才认为附件1-1（附件2-4）没有公开定位槽。本案中上诉人虽然也是引用附件1-1（附件2-4），但是提出了连接扣5和7起到卡口和定位槽双重作用这个不同的无效理由，被诉决定就应当重新进行审查，而不能仅以第7814号无效决定已被北京高院维持作为理由不重新审查，这显然存在程序上的错误。（3）本专利和附件2-3相比差别只在于本专利接圈横隔板13柱形面具有二侧的定位槽和卡口，一侧固联灯座一侧固联灯盖，而附件2-3所述的分隔盘36只有一侧有定位槽和卡口与碗型构件26固联，另一侧没有具体公开与固定件76固联的方式，但从公开的固联技术方案中可以得到技术启示，简单的复制出另一侧相同固联的技术方案，这并不需要本领域技术人员经过创造性的思维。因此本领域技术人员可以从附件2-3中就能获得本专利权利要求3定位槽位置和布置形式的技术启示，特别是能结合附件2-3和附件2-4得出技术启示，本专利权利要求3、4不具备创造性。附件2-5是照明电器标准，在该标准中已经明确给出在一侧需设置定位槽的技术方案，从该标准中一侧设置定位槽到本专利在两侧设置定位槽不需要付出创造性劳动，权利要求3相对于附件2-5不具备创造性。请求二审法院撤销一审判决，撤销被诉决定。

专利复审委辩称：（1）关于定位槽未被附件1-1公开是在先生效判决认定的事实，同样适用于本案；（2）关于附件2-3上的定位槽42、44，显然它们均不是在“接圈横隔板二侧的柱形面上分别开有的与灯座、灯盖相配合的定位槽”。该附加技术特征也没有在通士达公司提交的其他附件中公开，本领域技术人员基于这些附件也不能获得本专利权利要求3定位槽位置和布置形式的技术启示，因此通士达公司关于权利要求3不具备创造性的意见不能成立。第9781号决定认定事实清楚、适用法律正确、审理程序合法，通士达公司的上诉理由不成立，请求二审法院驳回上诉，维持一审判决，维持被诉决定。

虞荣康同意专利复审委的答辩意见，同时认为附件2-5照明电器标准的公布时间晚于本专利的申请时间，不构成本专利的现有技术，不能与本专利进行对比。请求法院驳回上诉，维持一审判决，维持被诉决定。

专利复审委在法定的举证期限内向一审法院提交了如下证据：本专利说明书、附件1-1至1-8、附件2-3至2-13、口审记录表附表。

通士达公司向一审法院提交了如下证据：（1）第7814号无效宣告请求审查决定；（2）北京市第一中级人民法院（2006）一中行初字第410号行政判决书；（3）北京市高级人民法院（2006）高行终字第352号行政判决书。

虞荣康未向一审法院提交证据。

上述证据均已随案移送本院，经本院审查认为，专利复审委、通士达公司提交证据与被诉决定有关，且真实、合法，一审法院予以采纳正确，本院予以确认。

经审理查明，本专利是申请日为1997年2月5日，授权公告日为1998年10月21日，专利号为97207183.0，名称为“一体化节能荧光灯”，专利权人是虞荣康的实用新型专利权。本专利授权公告的权利要求书如下：

“1. 一体化节能荧光灯，包括灯座、安装在灯座上的灯头、安装在灯座中的镇流器、灯盖、安装在灯盖上的灯管，其特征在于具有一中间有横隔板的柱形接圈，接圈横隔板二侧的柱形面上分别开有孔，接圈柱形面的二边分别安装在灯座和灯盖上。

2. 根据权利要求1所述的一体化节能荧光灯，其特征在于接圈通过其柱形面二边分别卡插在灯座和灯盖上。

3. 根据权利要求2所述的一体化节能荧光灯，其特征在于接圈横隔板二侧的柱形面上分别开有与灯座、灯盖相配合的定位槽。

4. 根据权利要求3所述的一体化节能荧光灯，其特征在于接圈横隔板二侧的柱形面上分别有与灯座、灯盖相配合的卡口。

5. 根据权利要求1所述的一体化节能荧光灯，其特征在于接圈横隔板二侧的柱形面上各开有八个孔。

6. 根据权利要求1所述的一体化节能荧光灯，其特征在于横隔板上开有接线孔。

7. 根据权利要求1所述的一体化节能荧光灯，其特征在于灯管通过粘合剂安装在灯盖上。”

针对本专利权，通士达公司于2006年5月9日向专利复审委提出无效宣告请求，同时提交了编号为04-263的检索报告以及如下的附件：

附件1-1：中国实用新型专利申请说明书92201517.1，公告号CN2114221U，公告日为1992年8月26日，复印件共6页；

附件1-2：日本公开特许公报JP5-258604，公开日为1993年10月8日，复印件共7页；

附件1-3：日本公开特许公报JP63-114039，公开日为1988年5月18日，复印件共5页；

附件1-4：美国专利文献US4503358，公开日为1985年3月5日，复印件共9页；

附件1-5：中国实用新型专利申请说明书，申请号为90208374.0，公告号CN2068281U，公告日为1990年12月26日，复印件共6页；

附件1-6：实用新型专利说明书ZL95208418.X，授权公告号CN2251662Y，授权公告日为1997年4月9日，复印件共6页；

附件1-7：中国实用新型专利申请说明书，申请号为89216916.8，公告号CN2053385U，公告日为1990年2月21日，复印件共8页；

附件1-8：美国专利文献US4456854，公开日为1984年6月26日，复印件共6页；

附件1-9：欧洲专利文献EP0045182A1，公开日为1982年2月3日，复印件共16页；

附件1-10：日本公开特许公报JP57-136756，公开日为1982年8月23日，复印件共6页；

附件1-11：日本公开特许公报JP64-7402，公开日为1989年1月11日，复印件共6页；

附件1-12：日本公开特许公报JP64-14804，公开日为1989年1月19日，复印件共5页；

附件1-13：日本公开特许公报JP64-14803，公开日为1989年1月19日，复印件共5页。

通士达公司认为，权利要求1、2、6、7相对于附件1-1不具有《专利法》第二十二条第二款规定的新颖性，权利要求3和4相对于附件1-1不具有《专利法》第二十二条第三款规定的创造性。

经形式审查合格后，专利复审委受理了上述无效请求，并于2006年5月9日向通士达公司和虞荣康发出了《无效宣告请求受理通知书》，并将《专利权无效宣告请求书》及其附件清单中所列附件副本转送给了虞荣康，要求其在指定的期限内答复。

在指定的期限内虞荣康未答复。

2006年6月12日，通士达公司补充提交了附件1-14至1-20。通士达公司认为，相对于附件1-14至附件1-20公开的技术内容，权利要求3和4不具备《专利法》第二十二条第三款规定的创造性。

针对上述专利权，通士达公司于2006年7月25日再次向专利复审委提出无效宣告请求，并提交了如下的附件：

附件2-1：北京市第一中级人民法院行政判决书（2006）一中行初字第410号，复印件共9页；

附件2-2：本专利说明书，复印件共3页；

附件2-3：美国专利文献US4503358，公开日为1985年3月5日，复印件9页及其中文译文5页；

附件2-4：中国实用新型专利申请说明书92201517.1，公告号CN2114221U，公告日为1992年8月26日，复印件共3页；

附件2-5：全国照明电器标准化技术委员会和中国标准出版社编写、中国标准出版社出版的《照明电器标准汇编》（第四版）——灯头和灯座卷，国家质量监督检验检疫总局2001年11月5日批准，2002年5月1日实施，封面、第430页、474页和718页，复印件共4页；

附件2-6：全国照明电器标准化技术委员会和中国标准出版社编写、中国标准出版社出版的《照明电器标准汇编》（二）——灯头和灯座，封面、第51页和314页，复印件共3页；

附件2-7：黄继昌等编、人民邮电出版社出版、1996年6月第1版的《实用机械机构图册》，封面、出版信息页、第27页、45页、119~124页，复印件共10页；

附件2-8：美国专利文献US5569981（公开日为1996年10月29日）的中文译文，共8页；

附件2-9：日本专利文献JP10-12037（公开日为1998年1月16日）的中文译文，共9页；

附件2-10：日本专利文献JP8-64178（公开日为19963月8日）的中文译文，共7页；

附件2-11：日本专利文献JP5-258604（公开日为1993年10月8日）的中文译文，共7页；

附件2-12：中国实用新型专利说明书ZL95242315.4，授权公告日为1996年9月4日，授权公告号为CN2234657Y，复印件共8页；

附件2-13：中国实用新型专利说明书ZL96227525.5，授权公告日为1997年4月30日，授权公告号为CN2253557Y，复印件共6页。

通士达公司认为，权利要求3相对于附件2-3不具备创造性，不符合《专利法》第二十二条第三款的规定。另外，权利要求3的附加技术特征在附件2-5和附件2-7中公开，权利要求4的附加技术特征在附件2-5和附件2-6中公开，再结合早于本专利申请日公开的专利文件，参见US5569981、JP10-12037等详细公开的定位槽、卡口的联接方式足以证明在现有技术的权利项1、2的技术方案的基础上，普通技术人员并不需要创造性思维就能将定位槽、定位槽与卡口的结合方式运用到实施例中，这种简单技术方案的叠加对该技术人员来说是显而易见的。

经形式审查合格后，专利复审委受理了上述无效请求，并于2006年9月14日向通士达公司和虞荣康发出了《无效宣告请求受理通知书》，并将《专利权无效宣告请求书》及其附件清单中所列附件副本转送给了虞荣康，要求其在指定的期限内答复。

在指定的期限内虞荣康未答复。

专利复审委组成合议组对本案进行了审理。针对通士达公司对同一专利权提出的两次无效宣告请求，专利复审委于2007年1月11日向通士达公司和虞荣康发出了口头审理通知书，定于2007年3月13日对上述两个无效宣告请求合案进行口头审理。在口头审理通知书中，专利复审委告知双方当事人，由于本专利的在先无效宣告请求审查决定第7814号已经生效，故本次口审主要调查权利要求3和4是否符合通士达公司提出的无效理由的规定，随口审通知书，专利复审委还向双方当事人转送了北京市高级人民法院行政判决书（2006）高行终字第352号，同时将通士达公司于2006年6月12日提交的意见陈述书及补充的证据材料附件1-14至附件1-20转交给虞荣康。

口头审理如期举行，双方当事人均参加了口头审理。针对通士达公司提出的第一次无效宣告请求，在口审中记录了如下的内容：（1）合议组告知请求人，由于其提出无效宣告请求的时间为2006年5月9日，补充提交意见陈述和证据的时间为2006年6月12日，按照审查指南的相关规定，第二次提交证据的日期已经超过了一个月的举证期限，因此，专利复审委对通士达公司于2006年6月12日提交的附件1-14至1-20不予考虑，通士达公司对此没有异议；（2）通士达公司放弃附件1-9、1-10、1-13作为证据使用，其余的外文证据仅仅使用附图；通士达公司明确其无效的理由、证据和范围为：权利要求3相对于附件1-1、1-2、1-3、1-4、1-5、1-6、1-7、1-8、1-11、1-12不具备创造性，权利要求4相对于附件1-1至1-8、1-11、1-12不具备创造性；（3）虞荣康对通士达公司提交证据的真实性没有异议，但所有外文文献均无翻译件。针对通士达公司提出的第二次无效宣告请求，在口审中记录了如下的内容：1. 通士达公司明确用附件2-5至2-7证明定位槽是上位的概念，权利要求3、4相对于附件2-3单独使用或权利要求3、4相对于附件2-4单独使用，或者权利要求3、4相对于附件2-3和附件2-4的结合不具备创造性，权利要求3、4相对于附件2-3至2-7不具备创造性，权利要求3、4相对于附件2-8至2-13与附件2-4的组合不具备创造性；2. 通士达公司放弃本专利不符合《专利法》第九条、《专利法实施细则》第十三条第一款的无效理由；3. 虞荣康对通士达公司提交的证据的真实性以及译文的准确性没有异议。

2007年4月27日，专利复审委作出第9781号决定，维持权利要求3和4有效。决定理由如下：

1. 关于审查的基础

由于本专利的在先无效宣告请求审查决定第7814号经北京市第一中级人民法院（2006）一中行初字第410号和北京市高级人民法院（2006）高行终字第352号行政判决书认定为有效，因此，本次无效宣告请求案的审查是在上述生效的第7814号无效决定认定事实的基础上作出的。在第7814号无效决定中已宣告本专利的权利要求1、2、5~7无效，在权利要求3、4的基础上维持本专利有效，因此本次无效宣告请求审查的基础为权利要求3和4。

2. 关于证据的认定

（1）通士达公司第一次无效请求共提交了20份证据，即附件1-1至附件1-20。其中，附件1-14至1-20是在提出无效宣告请求之日起一个月后提交的，根据《专利法实施细则》第六十六条以及《审查指南》的相关规定，附件1-14至1-20不予考虑。通士达公司当庭放弃了附件1-9、1-10和1-13，因此，专利复审委对这些附件不予考虑。专利复审委提交的附件1-1至1-8、附件1-11以及附件1-12均为专利文献，其中涉及国外专利文献的证据通士达公司没有提交相应的中文译文，通士达公司在口审时明确表示涉及外文证据的仅仅使用附图。虞荣康对这些附件的真实性没有异议，因此，通士达公司提交的附件1-1至1-8、附件1-11以及附件1-12可以作为本案的证据使用。

（2）通士达公司第二次无效请求共提交了11份证据，即附件2-3至附件2-13。虞荣康对上述附件的真实性和译文的准确性没有异议，因此，上述附件可以作为本案的证据使用。

3. 关于《专利法》第二十二条第三款

《专利法》第二十二条第三款规定：创造性是指同申请日以前已有的技术相比，该发明有突出的实质性特点和显著的进步，该实用新型有实质性特点和进步。

（1）通士达公司第一次无效请求涉及的创造性问题。

通士达公司认为权利要求3和4相对于附件1-1至1-8、附件1-11、1-12不具备创造性。

专利复审委经审查后认为，在生效的第7814号无效决定中已认定权利要求3的附加技术特征没有在证据1（即附件1-1）中公开，为此，通士达公司在本次无效请求中提交了其他附件以证明定位槽已被公开。然而，虽然在通士达公司提交的这些附件中提到或从附图中能看到有定位槽，但这些附件中均没有公开权利要求3中在接圈横隔板两侧的柱形面上分别开有与灯座、灯盖相配合的定位槽，即本专利权利要求3的定位槽在位置、布置形式上与通士达公司提交的附件中所公开的定位槽的位置和布置形式是完全不同的，本领域技术人员从上述附件中不能获得本专利权利要求3定位槽位置和布置形式的技术启示，并且采用这样的定位槽可以进一步改善灯座、灯盖和接圈三者之间的定位效果，使得安装方便，结构简单，因此，权利要求3相对于上述附件具备创造性，符合《专利法》第二十二条第三款的规定。

权利要求4为权利要求3的从属权利要求，在权利要求3具备创造性的前提下，权利要求4也具备创造性，符合《专利法》第二十二条第三款的规定。

（2）通士达公司第二次无效请求涉及的创造性问题。

通士达公司认为权利要求3和4相对于附件2-3、附件2-4、附件2-3和2-4的结合、附件2-3至2-7的结合、附件2-8至2-13与附件2-4的结合不具备创造性。

专利复审委经审查后认为，附件2-4即生效的第7814号无效决定中的证据1没有公开权利要求3的附加技术特征，同样，如上所述，该附加技术特征也没有在请求人提交的其他附件中公开，即通士达公司提交的所有附件均没有公开本专利权利要求3设置形式的定位槽，本领域技术人员从上述附件中不能获得本专利权利要求3定位槽位置和布置形式的技术启示，并且采用这样的定位槽可以进一步改善灯座、灯盖和接圈三者之间的定位效果，使得安装方便，结构简单，因此，权利要求3相对于上述附件具备创造性，符合《专利法》第二十二条第三款的规定。

权利要求4为权利要求3的从属权利要求，在权利要求3具备创造性的前提下，权利要求4也具备创造性，符合《专利法》第二十二条第三款的规定。

本院认为：针对本专利的在先第7814号无效决定已宣告本专利的权利要求1、2、5~7无效，在权利要求3、4的基础上维持本专利有效，该决定业已经过人民法院的终审判决认定有效。因此，本案争议焦点仅在于本专利权利要求3、4的创造性问题。

《专利法》第二十二条第三款规定：创造性，是指同申请日以前已有的技术相比，该发明有突出的实质性特点和显著的进步，该实用新型有实质性特点和进步。

本专利权利要求3引用权利要求2，其进一步限定的附加技术特征为“接圈横隔板二侧的柱形面上分别开有与灯座、灯盖相配合的定位槽”，生效的第7814号决定已经认定证据1（即本案附件1-1、附件2-4）没有公开本专利权利要求3的附加技术特征，因此，本专利权利要求3相对于附件1-1（附件2-4）具备创造性的结论不容置疑。同时通士达公司提交的其他证据也没有公开本专利权利要求3的附加技术特征，通过这些证据也不能获得本专利权利要求3定位槽位置和布置形式的技术启示。权利要求3这样的定位槽可以进一步改善灯座、灯盖和接圈三者之间的定位效果，使得安装方便，结构简单。因此，专利复审委认定本专利权利要求3具备创造性正确。附件2-3虽然也公开了一种具有定位作用的分隔盘上的凹槽，但附件2-3凹槽的位置、布置形式与本专利权利要求3完全不同，附件2-3未给出本专利权利要求3定位槽位置和布置形式的技术启示。附件2-5的公布时间晚于本专利的申请时间，不构成本专利的现有技术，不能与本专利进行对比。因此，通士达公司关于本专利权利要求3不具备创造性的上诉理由缺乏事实依据，本院不予支持。

权利要求4为权利要求3的从属权利要求，在权利要求3具备创造性的前提下，权利要求4也具备创造性，符合《专利法》第二十二条第三款的规定。

综上所述，被诉决定认定事实清楚、适用法律正确、审理程序合法，一审法院予以维持正确。通士达公司的上诉理由缺乏事实及法律依据。依照《中华人民共和国行政诉讼法》第六十一条第（一）项之规定，判决如下：

驳回上诉，维持一审判决。

二审案件受理费人民币100元，由上诉人厦门通士达照明有限公司负担（已交纳）。

本判决为终审判决。

审　判　长　郭　宜
审　判　员　张学磊
代理审判员　朱海宏
二〇〇八年六月十九日
书　记　员　程钰玮

088

一种用中低碳锰铁冶炼炉渣生产锰硅合金的方法

无效宣告请求审查决定（第9790号）

决　　定　　号　第9790号
决　　定　　日　2007年5月15日
发明创造名称　一种用中低碳锰铁冶炼炉渣生产锰硅合金的方法
国 际 分 类 号　C22B 7/04
无效宣告请求人　湖南铁合金集团有限公司
专 利 权 人　纪　翔
专　　利　　号　01129197.4
申　　请　　日　2001年12月17日
授 权 公 告 日　2004年11月10日
合 议 组 组 长　刘　犟
主　　审　　员　巩克栋
参　　审　　员　王　琳

法 律 依 据　专利法第26条第3款
决 定 要 点

说明书中给出了技术手段，但对所属技术领域的技术人员来说，该手段是含糊不清的，根据说明书记载的内容无法具体实施，则该技术方案不能够实现。

一、案由

本无效宣告请求涉及国家知识产权局于2004年11月10日授权公告的、名称为“一种用中低碳锰铁冶炼炉渣生产锰硅合金的方法”的第01129197.4号发明专利（以下简称本专利），其申请日为2001年12月17日，专利权人为纪翔，本专利授权公告的权利要求如下：

“1. 一种用中低碳锰铁冶炼炉渣生产锰硅合金的方法，依序由中低碳锰铁冶炼炉出渣工序、渣包配料高温还原融合工序，终渣水淬工序、锰硅合金液锭模冷却工序及脱模成型工序组成，其特征在于：所述的渣包配料高温还原融合工序，是将1500℃左右的中低碳锰铁冶炼炉渣装入渣包内，同时加入炉渣重量15%~20%的硅铁粉还原剂，在充分摇动的条件下，使炉渣与硅铁粉在高温下充分接触，发生$2MnO+Si=2Mn+SiO_2$还原反应，生成锰和二氧化硅，并使硅铁与金属锰高温融合成锰硅合金的工艺。

2. 要按照权利要求1所述的用中低碳锰铁冶炼炉渣生产锰硅合金的方法，其特征在于：将配料后的渣包吊放到摇包机上，以40~47转/分钟的转速，将渣包摇动8~15分钟，以确保渣包内两种原料充分接触，发生还原反应。

3. 要按照权利要求1所述的用中低碳锰铁冶炼炉渣生产锰硅合金的方法，其特征在于：将在渣包内完成还原反应的终渣，倒入水池中进行水淬处理，从而使氧化锰含量低于5%的终渣颗粒变小，作为生产水泥的原料。”

2006年10月11日，湖南铁合金集团有限公司（以下简称请求人）针对该专利权向国家知识产权局专利复审委员会提出无效宣告请求。请求人认为本专利权利要求1~3不符合专利法第26条第3款、第4款的规定，不符合专利法实施细则第20条第1款、专利法实施细则第21条第2款的规定，本专利权利要求1~3相对于附件1和公知常识不符合专利法第22条第3款的规定，并提交了下述附件：

附件1：期刊《铁合金》1997年第1期的扉页、目录页、第5、35页，复印件共4页。

请求人认为：（1）本专利说明书缺乏实施例、未说明原料的物质成分和性能、对还原剂硅铁粉的粒径未做任何说明、对硅铁添加方法未做任何说明、说明书中出现“静置几分钟”导致用词含糊不清、说明书没有背景技术部分，因此说明书不符合专利法第26条第3款的规定。（2）因为说明书公开不充分，因此权利要求1~3不符合专利法第26条第4款的规定。（3）权利要求1中出现含义不确定的词语“充分摇动”和“充分接触”，权利要求2~3是权利要求1的从属权利要求，因此权利要求1~3不符合专利法实施细则第20条第1款的规定；权利要求3中附加技术特征“水淬”工序不是生产锰硅合金的工序，与保护的主题无关，因此权利要求3不符合专利法实施细则第20条第1款的规定。（4）摇包机转速、摇动时间、摇包机停转后的静置工序是实现本发明必不可少的技术特征，而在权利要求1~3中没有记载，因此权利要求1~3不符合专利法实施细则第21条第2款的规定。（5）权利要求1与附件1的区别仅在于硅铁粉添加量不同，该区别带来消极效果，权利要求2与附件1的区别仅在于摇包机转速不同，而摇包机容量不同则转速不同，权利要求3的附加技术特征是公知常识，权利要求1~3不符合专利法第22条第3款的规定。

经形式审查合格后，专利复审委员会受理了该无效请求，于2006年10月11日向双方当事人发出了无效宣告请求受理通知书，并将专利权无效宣告请求书及其附件清单所列附件副本转送给专利权人，要求其在指定期限内答复，同时成立合议组对本无效宣告请求案进行审理。

2006年11月23日，专利权人针对上述无效宣告请求受理通知书陈述了意见，并提交了如下反证：

反证1：《铁合金冶炼》，王希廉主编，冶金工业出版社1996年10月第1次印刷，封面页、出版信息页、第59~62页，复印件共6页；

反证2：《铁合金冶炼工艺学》，许传才主编，西北大学出版社1994年6月第1次印刷，封面页、出版信息页、第136~138页，复印件共5页；

反证3：黑色冶金工业标准汇编《生铁、铁合金及其他钢铁产品》，中国标准出版社1994年12月第1次印刷，封面页、出版信息页、第71~72页，复印件共4页；

反证4：第01129197.4号中国发明专利申请公开说明书复印件共5页，公开日为2002年8月14日；

反证5：《铁合金冶炼工艺学》，许传才主编，西北大学出版社1994年6月第1版，封面页、出版信息页、第127页，复印件共3页。

专利权人认为：（1）本专利说明书中有具体实施方式的记载；中低碳锰铁冶炼过程是可控的（见反证1和反证2），所以该过程产生的炉渣成分也是可控可知的；静置几分钟已经清楚地表示出静置所需的时间长度范围；在说明书印刷出版过程中，将原公开文本中“背景技术部分”遗漏

（见反证 4），因此本专利说明书已对发明做出清楚完整的说明，符合专利法第 26 条第 3 款的规定。（2）权利要求 1~3 在说明书中有记载，说明书具体实施方式也记载了权利要求 1~3 的技术方案，因此权利要求 1~3 在形式上和实质上都得到了说明书的支持，符合专利法第 26 条第 4 款的规定。（3）"充分摇动"和"充分接触"的含义是不言自明的，"终渣水淬工序"是为了利用中低碳锰铁冶炼炉渣同时生产锰硅合金材料和水泥原料所需的一道工序，因此权利要求 1~3 符合专利法实施细则第 20 条第 1 款的规定。（4）权利要求 1 中记载有"充分摇动"和"充分接触"的要求，因此隐含有摇包机转速和摇动时间，摇包机停转后的静置工序是所属技术领域技术人员公知的，因此权利要求 1~3 符合专利法实施细则第 21 条第 2 款的规定。（5）本发明的目的在于：提供一种用中低碳锰铁冶炼炉渣生产锰硅合金材料和水泥原料的方法。本发明的优点和/或有益效果在于：从废弃的中低碳锰铁冶炼炉渣中制取锰硅合金，并使炉渣内 MnO 含量由 15%~19% 降低到 5% 以下。权利要求 1 与附件 1 的区别在于：①产品不同：渣中氧化锰含量降低到 5% 以下；②工艺不同：权利要求 1 的工艺是将 1500℃ 左右的中低碳锰铁冶炼炉渣装入渣包内，同时加入炉渣重量 15%~20% 的硅铁粉还原剂。采用该工艺，可以将炉渣内的 MnO 降低到 5% 以下，并获得质量较好的锰硅合金，如不按照上述比例操作则出现消极效果。因此权利要求 1~3 符合专利法第 22 条第 3 款有关创造性的规定。

2007 年 2 月 2 日，本案合议组向双方当事人发出无效宣告请求口头审理通知书，定于 2007 年 4 月 2 日举行口头审理，同时将专利权人于 2006 年 11 月 23 日提交的意见陈述书及其附件清单所列附件的副本转送给请求人。

2007 年 4 月 2 日，口头审理如期举行。双方当事人均到庭参加口头审理，并对双方当事人的身份和出庭资格均无异议，对合议组成员组长刘翠、主审员巩克栋、参审员王琳没有回避请求。请求人当庭提交了附件 2~4 作为公知常识的证据：

附件 2：冶金继续工程教育丛书《铁合金生产技术》，科学出版社，封面页、序、前言、第 280~281 页，复印件共 4 页；

附件 3：《铁合金生产实用技术手册》，冶金工业出版社 2006 年 7 月第 3 次印刷，1998 年 4 月第 1 版，封面页、版权信息页、第 83 页，复印件共 3 页；

附件 4：《铁合金设计参考资料》，冶金工业出版社 1980 年 7 月第 1 次印刷，封面页、出版信息页及第 458~459 页，复印件共 3 页；

在口头审理过程中，专利权人当庭提交了反证 6，以证明炉渣的成分是可控可知的：

反证 6：《铁合金冶炼（上册）》，重庆大学冶金及材料工程系炼钢教研室编，1987 年 6 月，封面页、第 250~255 页，复印件共 7 页。

本案合议组将上述提交的文件当庭转送给对方当事人。

请求人出示了附件 1~4 的原件，专利权人对附件 1~4 的真实性没有异议，但认为附件 2 和附件 4 不是公知常识，超出举证期限。专利权人当庭出示了反证 1~3、5、6 的原件，请求人对反证 1~3、5、6 的真实性没有异议，但认为反证 6 不是公开出版物，且超出举证期限。

请求人明确其无效理由为：权利要求 1~3 不符合专利法第 26 条第 3 款和第 4 款、专利法实施细则第 20 条第 1 款和专利法实施细则第 21 条第 2 款的规定；权利要求 1~2 相对于附件 1 不具备创造性，权利要求 3 的附加技术特征是公知常识，权利要求 3 也不具备创造性。关于专利法第 26 条第 3 款的无效理由，请求人认为本专利未说明原料物质成分、性能，特别是未对所使用的还原剂硅铁粉的化学成分作任何说明，而硅铁有多种，每种硅铁的含硅量及化学成分并不相同，含量高低相差可达 1 倍以上。专利权人认为本专利所使用的还原剂硅铁粉就是硅铁合金，已经有国家标准反证 3 可以参照，因此无须对其规格和粒度作进一步说明。

在此基础上，合议组对请求人提出的无效理由和事实进行了调查，并充分听取了双方当事人的意见。

至此，合议组认为本案的事实已经调查清楚，可以依法作出审查决定。

二、决定的理由

1. 关于附件 1 和反证 3

在口头审理时，请求人当庭出示了附件 1 的原件，专利权人对附件 1 的真实性没有异议，合议组经审查后认为附件 1 可以作为本案证据使用，同时附件 1 为公开出版物，其公开时间为 1997 年，早于本专利的申请日为 2001 年 12 月 17 日，因此附件 1 可以作为本专利的现有技术。

在口头审理时，专利权人当庭出示了反证 3 的原件，请求人对反证 3 的真实性没有异议，合议组经审查后认为反证 3 可以作为本案证据使用，同时反证 3 为公开出版物，其公开时间为 1994 年 12 月，早于本专利的申请日 2001 年 12 月 17 日，因此反证 3 可以作为本专利的现有技术。

2. 关于专利法第 26 条第 3 款

专利法第 26 条第 3 款规定：说明书应当对发明或者实用新型作出清楚、完整的说明，以所属技术领域的技术人员能够实现为准。

所属技术领域的技术人员能够实现，是指所属技术领域的技术人员按照说明书记载的内容，就能够实现该发明或者实用新型的技术方案，解决其技术问题，并且产生预期的技术效果。说明书中给出了技术手段，但对所属技术领域的技术人员来说，该手段是含糊不清的，根据说明书记载的内容无法具体实施，则该技术方案不能够实现。

本发明的发明目的在于：提供一种用中低碳锰铁冶炼炉渣生产锰硅合金材料和水泥原料的方法，以解决锰铁冶炼炉渣废料的再利用及消除它对环境的污染。

本发明所采用的技术方案要点为：通过氧化还原反应来制取锰硅合金，即将 1500℃左右的中低碳锰铁冶炼炉渣装入渣包内，加入炉渣重量 15%～20%的硅铁粉还原剂，在充分摇动的条件下，使炉渣与硅铁粉在高温下充分接触，发生 $2MnO+Si=2Mn+SiO_2$ 的反应，生成锰和二氧化硅。由此可知，尽管加入的还原剂是硅铁粉，但根据上述技术方案，参加反应的是还原剂中的 Si，即本专利生产锰硅合金的方法中所采用的还原剂实质上是硅铁粉中的 Si。

根据本专利说明书的记载及专利权人的陈述，本发明的技术效果为：从废弃的中低碳锰铁冶炼炉渣中制取锰硅合金，并使炉渣内 MnO 的含量由 15%～19%降低到 5%以下。

根据本专利说明书和专利权人的陈述，要达到上述技术效果，则必须依赖于还原剂硅铁粉加入量的选择：如专利权人所述，硅铁粉加入量不足时，不能将炉渣中氧化锰含量由 15%～19%降低到 5%以下，达不到本发明的技术效果；若硅铁粉加入量过多，将会导致摇包内熔体温度下降，粘度增加，无法将摇包内生产的锰硅合金从炉渣中分离出来，也就无法将炉渣内氧化锰含量由 15%～19%降低到 5%以下。因此，不按照说明书和权利要求书记载的比例添加还原剂，则无法产生本专利的技术效果，即，要实现该发明，必须将还原剂硅铁粉控制在一个特定的范围内：占炉渣重量的 15%～20%。由于在上述氧化还原反应中，起还原作用的实质上是硅铁粉中的硅，因此要实现该发明，必须将硅铁粉中的硅控制在一个特定的范围内。

在本专利权利要求书和说明书中，仅披露了还原剂硅铁粉的加入量占炉渣重量的 15%～20%，而未披露硅铁粉中 Si 的百分比或所采用的硅铁粉成分、含量等参数。尽管专利权人提供了反证 3 硅铁的国标，但是如反证 3 所述，按照国家标准 GB 2272-87 硅铁分为 16 个牌号，其中 Si 的含量最低为 40%、最高为 95%，因此硅铁牌号不同，硅的百分含量不同甚至相差一倍多，占炉渣重量 15%～

20%的不同牌号的硅铁粉所含的 Si 也不同甚至相差一倍多。而在本专利权利要求书和说明书中，并未公开硅铁粉中硅的含量，因此说明书并未明示 Si 的加入量范围。

同时，作为现有技术的附件 1 公开了一种回收中低碳锰铁炉渣中锰的回收方法：利用摇包回收中低碳锰铁炉渣中的锰，其技术领域与本发明相同，摇包放置在冶炼炉前，直接接炉渣，由于炉渣的温度取决于冶炼炉的温度，而中低碳锰铁冶炼炉的温度在 1 500℃左右，因此炉渣温度为1 500℃左右，在炉渣中加入 75%硅铁，加入量为每一炉加 300kg，启动摇包，控制转速在 52 转/分，摇动时间在 10~12 分钟，静置 5 分钟后扒渣、取渣样、浇注、取铁样、精装入库。由此可知，附件 1 与权利要求 1 的区别仅在于硅铁加入量的不同：附件 1 每一炉加入 300kg 75%硅铁，而权利要求 1 加入占炉渣重量 15%~20%的硅铁粉，而该区别特征导致了技术效果不同：即附件 1 炉渣中 Mn 的含量为 11.20%，而本发明炉渣中 MnO 含量小于 5%。由此可知，硅铁粉中硅含量对于实现本发明的目的及技术效果等起着关键的作用，而在本专利说明书和权利要求书中，以及专利权人提供的反证中，并没有教导为了实现发明目的、解决其技术问题并能产生预期的技术效果，如何选择适合标号的硅铁粉，即没有教导如何选择硅铁粉中硅的含量。对于所属技术领域的技术人员来说，希望能够从炉渣回收尽可能多的 Mn，即炉渣中 MnO 的含量越低越好，但采用相同工艺路线仅硅铁加入量不同的两个方案，所达到的技术效果却完全不同，因此，加入特定含量范围的 Si 从而将炉渣中的 MnO 降低到 5%以下，不是所属技术领域的技术人员不付出创造性劳动就能确定的。综上所述，本发明仅给出了硅铁粉的加入范围，而未对其中的 Si 加入量进行限定，所属技术领域的技术人员在不付出创造性劳动的前提下不能确定 Si 的加入量范围，因此也就达不到本专利炉渣中 MnO 含量由 15%~19%降低到低于 5%的技术效果。

综上，本专利给出了技术手段，但该技术手段中“加入炉渣重量 15%~20%的硅铁粉还原剂”，对于所属技术领域的技术人员来说是含糊不清的，根据说明书记载的内容无法具体实施该技术方案，也就达不到本专利所宣称的“使炉渣内 MnO 的含量由 15%~19%降低到 5%以下”的技术效果。因此权利要求 1 保护的技术方案所属技术领域的技术人员不能够实现，不符合专利法第 26 条第 3 款的规定。

权利要求 2~3 是权利要求 1 的从属权利要求，也未记载硅铁粉中 Si 的含量范围，因此对于所属技术领域的技术人员来说，也不能够实现，不符合专利法第 26 条第 3 款的规定。

基于以上事实和理由，本案合议组作出如下审查决定。

三、决定

宣告第 01129197.4 号发明专利的权利要求 1~3 全部无效。

当事人对本决定不服的，可以根据专利法第 46 条第 2 款的规定，自收到本决定之日起 3 个月内向北京市第一中级人民法院起诉。根据该款的规定，一方当事人起诉后，另一方当事人应当作为第三人参加诉讼。

089

折叠式电子琴

无效宣告请求审查决定（第9791号）

决　　定　　号　第9791号
决　　定　　日　2007年5月17日
发明创造名称　折叠式电子琴
国 际 分 类 号　G10H 1/34，G10H 1/32
无效宣告请求人　晋江恒盛玩具有限公司
专　利　权　人　义乌市精彩实业有限公司
专　　利　　号　200420096409. X
申　　请　　日　2004年10月9日
授 权 公 告 日　2005年11月16日
合 议 组 组 长　张梅珍
主　　审　　员　张春伟
参　　审　　员　高桂莲

法　律　依　据　专利法第22条第3款
决　定　要　点

若权利要求请求保护的技术方案与最接近的现有技术的区别技术特征已被另一篇对比文件公开，且该区别技术特征在所述另一篇对比文件中所起的作用与其在该权利要求的技术方案中所起的作用相同，则本领域技术人员无须付出创造性劳动，即可将所述区别技术特征结合到最接近的现有技术中，即该权利要求缺乏创造性。

一、案由

本无效宣告请求涉及国家知识产权局于2005年11月16日授权公告的、名称为“折叠式电子琴”的200420096409. X号实用新型专利（下称本专利），其申请日是2004年10月9日，专利权人是义乌市精彩实业有限公司。该专利授权公告的权利要求书如下：

“1. 一种折叠式电子琴，包括电子琴主机和安装在电子琴主机上的琴键键盘，其特征在于：所述的琴键键盘包括：

一柔性底板和柔性上盖，在所述的柔性上盖上印有相应的琴键；

在上述柔性底板和柔性上盖之间设置有一下柔性线路板和一上柔性线路板，在上柔性线路板的下表面和下柔性线路板的上表面上设有相对应的若干接点及相应的与接点相连的线路，所述的若干接点对应于琴键键盘上各按键；两柔性线路板之间的非接点部位布设有若干绝缘点凸起，使所述的两柔性线路板上的接点在未受压时不接触；两柔性线路板中相应的线路与电子琴主机上相应的线路电连接。

2. 如权利要求1所述的折叠式电子琴，其特征在于：所述琴键键盘宽度方向一侧安装在电子琴主机上。

3. 如权利要求1或2所述的折叠式电子琴，其特征在于：在所述的柔性上盖对应于键盘的位置为成上凹状。”

针对上述实用新型专利权，晋江恒盛玩具有限公司（下称请求人）于2006年11月7日向国家知识产权局专利复审委员会提出了无效宣告请求，理由是本专利权利要求1、2不符合专利法第22条第3款的规定，并提供了如下证据：

证据1：WO2004/015684A1号国际专利申请公开说明书复印件及其部分内容的中文译文6页，其公开日为2004年2月19日；

证据2：US6259006B1号美国专利说明书复印件及其部分内容的中文译文1页，其公开日为2001年7月10日；

证据3：CN2447925Y号实用新型专利说明书，其授权公告日为2001年9月12日；

证据4：CN2272592Y号实用新型专利说明书，其授权公告日为1998年1月14日。

请求人认为：本专利权利要求1~2相对于证据1和2的结合或证据3和4的结合不具备专利法第22条第3款规定的创造性。

经形式审查合格，专利复审委员会受理了上述无效宣告请求，并于2006年11月27日向双方当事人发出了无效宣告请求受理通知书，随同无效宣告请求受理通知书将专利权无效宣告请求书及其附件清单中所列附件副本转送给专利权人，要求其在指定的期限内答复。

专利权人于2007年1月7日向专利复审委员会提交了意见陈述书，专利权人认为：（1）证据1中使用的是印刷线路板即PCB（Printed Circuit Board），本专利采用的却是柔性线路板即FPC（Flexible Printed Circuit），两种线路板完全不同，证据1和证据2均没有公开“柔性线路板”这一特征。（2）本专利权利要求1中的接点是设置在上、下柔性线路板上，与证据2中设置在硬键上的接点完全不同。（3）证据3和证据4均是有关计算机键盘的发明创造，与本专利技术领域不同，不能作为本专利的对比文件使用。基于上述理由，本专利权利要求1、2具备创造性。

专利复审委员会依法成立合议组，并于2007年2月15日向双方当事人发出无效宣告请求口头审理通知书，定于2007年4月5日举行口头审理，同时将专利权人于2007年1月7日提交的意见陈述书副本转送给请求人。

口头审理如期举行，双方当事人均参加了口头审理。在口头审理中，请求人当庭提交了意见陈述书（共5页），并表示其具体意见与口头审理当庭陈述的一致，合议组将该意见陈述书副本转送专利权人。请求人明确其无效宣告请求的理由和范围是本专利权利要求1和2分别相对于证据1和2的结合不具备创造性，本专利权利要求1和2分别相对于证据3和4的结合不具备创造性。专利权人认为证据1、证据2均是复印件，无法核实其真实性，认为证据1和2的中文译文不完整，不能从译文中确认其公开时间，但对证据1和2中文译文的准确性无异议，对证据3和4的真实性无异议。关于证据1、2的真实性，请求人表示证据1、2属于公开出版物，在专利局或网上均可看到。关于证据1、2的公开时间，请求人认为证据1、2均为专利文献，由证据1扉页上代码（43）对应内容可知证据1公开时间为2004年2月19日，证据2扉页上的代码（45）表明其公开时间为2001年7月10日。

请求人认为：（1）通过证据1和证据2的结合，本领域技术人员能够容易想到本专利权利要求1的技术方案，其中，证据1附图3b-9公开了本专利权利要求1的技术特征，本专利柔性底板和柔性上盖被证据1标号19表示的键盘覆盖物所公开，本专利柔性线路板为证据1标号1、2表示的上部PCB板、下部PCB板所公开，认为线路板肯定设有相应的接点和线路；本专利凸起为证据1第3页第2段的标号3表示的突起所公开；证据1第3页及附图3b公开在受压时PCB板接触，从而形成接点。证据2说明书中在每一个键下设置一个触点，其启示了本领域普通技术人员采用触点来控制声音的产生，从而得到本专利权利要求1的技术方案；证据1的附图9公开了从属权利要求2的附加技术特征；（2）通过证据3、证据4和公知常识的结合，本领域技术人员能够容易想到本专利权利要求1的技术方案；而权利要求2的附加技术特征为公知常识，故不具备创造性。

专利权人认为：（1）本专利与证据1的区别在于：本专利使用的是柔性线路板，而证据1采用的是PCB板，PCB板与柔性线路板是两种完全不同的线路板，线路板的不同导致技术效果的不同，柔性线路板的可折叠性比PCB板强；关于接点，证据1没有接点，本专利的接点与证据2的接点结构不同，本专利接点是设置在柔性线路板上的，是凸出平面的接点，而由证据2附图9可知，其接点设置在硬键上，本专利的接点与证据2的接点作用不同，本专利中当绝缘点凸起高度确定后，可利用该接点调节电子琴的灵敏度，而证据2接点的作用是能够导通；（2）证据3和4的技术领域与本专利不同也不相近似，并且证据3、证据4没有公开本专利上下柔性盖、柔性线路板及接点等技术特征；（3）在权利要求1具备创造性的基础上，其从属权利要求2也具备创造性。在口头审理中专利权人当庭出示了两个实物称其分别是柔性PCB板与可卷起的PCB板，认为从两实物看柔性PCB板能折叠得非常小，而后者仅可弯曲并不能折叠得很小。

在上述工作的基础上，合议组认为本案事实已经清楚，且双方当事人已充分表达了意见，可以依法作出审查决定。

二、决定的理由

1. 证据认定

证据1和2分别为外国专利说明书复印件及其使用部分的中文译文，专利权人认为证据1、2为复印件无法确认其真实性，并且由于该译文不完整，不能确定证据1和2的公开日期。对此，合议组认为该证据1、2为专利文献，任何人均可通过互联网的官方网站对其真实性进行核实，合议组对上述证据进行了核实，经查证，上述证据1、2的内容与专利局网站上检索到的相一致。此外，各国专利文献均使用巴黎联盟专利局间情报检索国际合作委员会制定的专利文献著录项目的国际标准代码，其中规定（43）表示未经审查和尚未批准专利的说明书印刷或类似方法出版的日期，（45）表示经审查批准专利的说明书的印刷或类似方法出版的日期，因此，尽管该中文译文部分没有标明公开日期，本领域技术人员通过证据1、2的公开说明书扉页上相应代码（43）或（45）可明显得出证据1和2的公开日期，且该日期早于本专利的申请日，因此，证据1和2可以作为本案的证据使用，其上记载的内容构成本专利的现有技术，并且专利权人对证据1和2中文译文的准确性无异议，因此，证据1、2公开内容以其中文译文为准。

证据3和4均为实用新型专利说明书，专利权人对其真实性无异议，因此，证据3和4可以作为本案的证据使用，它们的授权公告日均早于本专利的申请日，因此，其上记载的内容构成本专利的现有技术。

2. 关于权利要求1的创造性

专利法第22条第3款规定：创造性，是指同申请日以前已有的技术相比，该发明有突出的实质性特点和显著的进步，该实用新型有实质性特点和进步。

在本案中，请求人认为权利要求1~2相对于证据1和2的结合或证据3和4的结合不具备创造性。

合议组经审查，查明：证据1涉及一种卷起式电子钢琴，其包括电子钢琴主机和安装在该主机上的键盘，键盘10包括由硅橡胶制成的上部和下部键盘覆盖物19（相当于本专利的柔性上盖和柔性底板），在上、下部键盘覆盖物19之间设置有上部PCB薄膜1和下部PCB薄膜2（相当于本专利的上柔性线路板和下柔性线路板），上、下PCB薄膜具有各自的线路，上部PCB薄膜1和下部PCB薄膜2之间有多个由绝缘材料制成的突起3，使上部PCB薄膜1和下部PCB薄膜2在未受压时不接触，上部PCB薄膜1和下部PCB薄膜2经由金属连线与声音芯片相连，在上、下PCB薄膜接触时流过电流，继而通过声音芯片发出相应的声音。

权利要求1要求保护的技术方案与证据1公开的上述内容相比，其区别技术特征在于：上柔性线路板的下表面和下柔性线路板的上表面上设有相对应的若干接点，所述的若干接点对应于琴键键盘上各按键。

证据2公开了一种折叠式电子钢琴，其中具体公开了在每一个键下设置一个或多个触点，对应于上述触点的位置设有模板15，其上也设置相应的触点，这样上下触点接触产生信号并经电路传输该信号发出声音，一对触点对应一个音准，多对触点对应多个音准。证据2中设置触点的作用就是通过对应触点的接触来导通对应音准线路，从而发出相应声音，其作用与本专利中接点的作用相同。至于接点是设置在线路板上还是按键上，则属于本领域的常规选择。因此，在证据1和2的基础上获得权利要求1所要求保护的技术方案，对所属技术领域的技术人员来说是显而易见的，因此权利要求1不具备实质性特点和进步，因而不具备创造性。

专利权人认为：（1）证据1中的印刷线路板PCB板与本专利中的柔性线路板FPC板不同，并且导致技术效果不同，柔性线路板的可折叠性比PCB板强，并当庭提交了声称为柔性线路板和可卷起的PCB板的实物，以证实二者柔性的区别；（2）本专利的接点与证据2的触点作用不同，本专利接点的作用是当绝缘点凸起高度确定后，可利用该接点调节电子琴的灵敏度，而证据2触点的作用是能够导通。

对此，合议组认为：（1）本专利柔性线路板就是一种具有柔性的线路板，而证据1已经公开了PCB薄膜是具有灵活性和弹性的（参见证据1中文译文部分第3页第2段第11行），从而可实现电子钢琴的卷起，因此，证据1中的PCB薄膜也是一种具有柔性的线路板，至于柔性线路板的可折叠性比PCB板强，完全是本领域技术人员根据实际需要对PCB薄膜的灵活性和弹性程度进行选定即可实现的；对于专利权人当庭提交的两个实物以证明柔性线路板和可卷起的PCB板的柔性有区别，合议组认为权利要求1明确记载的仅仅为柔性线路板，而并未作更进一步的限定。因此，权利要求1的保护范围应以其记载的内容为准，不能以其当庭提交的实物为准，并且专利权人并未证明上述两个实物确实分别为柔性PCB板与可卷起的PCB板。（2）尽管证据2中的接触点是设置在硬件上的，但通过该触点可以实现线路的导通，从而发出对应的声音，同时由于模板15的存在，其上的触点也可以实现电子钢琴灵敏度的调整，因此，证据2中触点的作用与本专利完全相同。

3. 关于权利要求2的创造性

权利要求2限定部分的附加技术特征为“所述琴键键盘宽度方向一侧安装在电子琴主机上”。

合议组经审查后认为，上述附加技术特征已被证据1所公开（参见证据1附图9）：琴键键盘宽度方向一侧安装在电子钢琴主机上。由此可见，在权利要求1不具备创造性的基础上，其从属权利要求2也不具备创造性，不符合专利法第22条第3款的规定。

综上所述，本专利的权利要求1和2分别相对于证据1和2的结合不具备专利法第22条第3款规定的创造性，从而导致权利要求1~2无效，因此合议组不再针对请求人提出的权利要求1~2相对于证据3和4的结合是否具备创造性进行评述。

基于上述理由，合议组依法作出如下决定。

三、决定

宣告200420096409. X号的实用新型专利权权利要求1和2无效，在权利要求3的基础上维持200420096409. X号实用新型专利有效。

当事人对本决定不服的，可以根据专利法第46条第2款的规定，自收到本决定之日起三个月内向北京市第一中级人民法院起诉。根据该款的规定，一方当事人起诉后，另一方当事人应当作为第三人参加诉讼。

090

环保型节能民用水锅炉

无效宣告请求审查决定（第9798号）

决　定　号　第9798号
决　定　日　2007年5月21日
发明创造名称　环保型节能民用水锅炉
国际分类号　F24H 1/46
无效宣告请求人　梁　海
专利权人　黄振山
专　利　号　02236237.1
申　请　日　2002年5月21日
授权公告日　2003年9月17日
合议组组长　朱文广
主　审　员　董晓静
参　审　员　隋　璐

法律依据　专利法第5条
决定要点

专利法第5条规定的国家法律是指由全国人民代表大会或者全国人民代表大会常务委员会依照立法程序制定和颁布的法律，它不包括行政法规和规章。

一、案由

本无效宣告请求涉及中华人民共和国国家知识产权局于2003年9月17日授权公告的、名称为“环保型节能民用水锅炉”的实用新型专利权（以下简称本专利），其专利号是02236237.1，申请日是2002年5月21日，专利权人是黄振山。该专利授权公告时的权利要求书如下：

“1. 环保型节能民用水锅炉，主要由底部进水管（1）、放水阀门（5），上部由出水管（2）、排气安全阀（3）组成，其特征在于：该锅炉为二次燃烧二次受热，设有二次燃烧加热器（8），在排烟体外部有一根两炉连接管（4），设有方体燃烧室（11）及与之连接的三返结构排烟受热体（12），冷凝排水防腐孔（9）、打灰上盖（7）、二次除灰门（6）。

2. 根据权利要求1所述的环保型节能民用水锅炉，其特征在于：燃烧室内设有二次燃烧加热器、消烟器。

3. 根据权利要求1所述的环保型节能民用水锅炉，其特征在于：排烟体三返受热结构为长方体型。

4. 根据权利要求 1 所述的环保型节能民用水锅炉，其特征在于：燃烧室与 1 返 2 返为一次受热，3 返为二次受热，由 1 根两炉连接管连接。

5. 根据权利要求 1 所述的环保型节能民用水锅炉，其特征在于：3 返受热排烟体上部设有打灰上盖，下侧设有二次除灰门，底部设有冷凝排水孔。

6. 根据权利要求 1 所述的环保型节能民用水锅炉，其特征在于：可将冷凝排水孔取消，利用冷凝水回收煤焦油，煤焦油是精细化工原料和高级植物生长素。

7. 根据权利要求 1 所述的环保型节能民用水锅炉，其特征在于：冷水进水管（1）必须设在二次受热体下侧，热出水管（2）必须设在一次受热炉上侧。

8. 根据权利要求 1 所述的环保型节能民用水锅炉，其特征在于：一次受热、二次受热及二次除灰门因是分左右的，可根据实际需要左右设制。”

针对上述专利权，梁海（以下简称请求人）于 2006 年 9 月 1 日向专利复审委员会提出无效宣告请求，其提交的附件如下：

附件 1：《常压热水锅炉通用技术条件》，中华人民共和国机械行业标准 JB/T 7773-95，中华人民共和国机械工业部 1995-6-16 发布，1996-7-1 实施，封面页和第 2~5 页的复印件，共 5 页；

附件 2：《小型和常压热水锅炉安全监察规定》，国家质量技术监督局局务会议于 2000 年 5 月 15 日通过，国家质量技术监督局令第 11 号于 2000 年 6 月 15 日发布，自 2000 年 8 月 1 日起施行，复印件，1 页。

请求人认为：根据本专利说明书可知两炉是独立循环的两个结构，这样就会产生压力，所以必须设安全阀，但是附件 1 规定“常压锅炉本体最高处应开孔，并确保直通大气”，附件 2 规定“常压热水锅炉是指锅炉本体开孔或者用连通管与大气相通，在任何情况下，锅炉本体顶部表压力为零的锅炉”，因此本专利权利要求 1、4、7、8 不符合专利法第 5 条的规定。

经形式审查合格，专利复审委员会依法受理了上述无效宣告请求，并于 2006 年 9 月 4 日向双方当事人发出无效宣告请求受理通知书，同时将专利权无效宣告请求书及其附件清单中所列附件的副本转送给专利权人，并要求专利权人在指定的期限内陈述意见。

专利权人未在指定的期限内答复。

专利复审委员会依法组成合议组对本无效宣告请求进行审查。本案合议组于 2006 年 11 月 16 日向双方当事人发出口头审理通知书，定于 2006 年 12 月 25 日进行口头审理。

请求人于 2006 年 12 月 2 日提交口头审理通知书回执时提交了 8 页证据，但未说明如何使用这些证据。

2006 年 12 月 12 日，专利权人针对上述口头审理通知书提交意见陈述书和相关附件，认为行业标准属于制造工艺，与发明创新和专利法无关，而且本专利由一根两炉连接管连接，并在二次受热体上设有排气安全阀即大气通孔，如将自动排气安全阀取消，利用导管安装就是大气通孔，只是取名不同，本专利没有违法专利法第 5 条的相关规定。此外，专利权人还在意见陈述书中介绍了研发过程及其与本案请求人签订合作协议的过程以及双方产生的专利许可使用费合同纠纷（附件 1 页~附件 18 页），认为请求人提供的专利检索号不能破坏 02236237.1 号专利的新颖性和创造性，二次加氧、二次燃烧具有可行性（附件 19 页~附件 25 页）。

口头审理如期举行，双方当事人均参加了口头审理。合议组将专利权人于 2006 年 12 月 12 日提交的意见陈述书及有关附件的副本转给请求人，同时将请求人于 2006 年 12 月 2 日提交的附件共 8 页转送给专利权人。请求人当庭提交以下附件：

附件 3：《特种设备安全监察条例》，2003 年 2 月 19 日国务院第 68 次常务会议通过，2003 年 3 月

11 日中华人民共和国第 373 号国务院令公布，自 2003 年 6 月 1 日起施行；

附件 4：《中华人民共和国安全生产法》，2002 年 6 月 29 日由中华人民共和国第九届全国人民代表大会常务委员会第二十八次会议通过，2002 年 6 月 29 日中华人民共和国第 70 号主席令发布，自 2002 年 11 月 1 日起施行。

请求人放弃使用附件 1，并明确其无效宣告理由是用附件 2、3、4 证明本专利权利要求 1、4、7、8 不符合专利法第 5 条的规定，因为权利要求 1、4、7、8 的锅炉必然产生压力，设有排气安全阀，根据附件 4 第 29、30 条的规定，附件 3 第 2 条的规定，以及附件 2 第 2、4、28 条的规定，本专利不符合专利法第 5 条的规定。专利权人对附件 2~4 的真实性没有异议，认为它们与专利法和发明创造没有关系，本专利符合专利法第 5 条的规定。

2006 年 12 月 26 日，专利权人提交两份意见陈述书，认为请求人提交的附件 3、4 不符合专利法实施细则第 66 条的规定，请求人主张的本专利不符合行业标准应有国家有关科技部门的技术鉴定支持，而且本专利符合专利法第 5 条的规定。

至此，合议组认为本案事实已经清楚，可以作出审查决定。

二、决定的理由

1. 关于证据

本案中，请求人提交附件 1~4。其中，附件 1 已被请求人主动放弃，故本决定对其不进行评述。对于附件 2~4，专利权人对其真实性没有异议，但是认为附件 3、4 不符合专利法实施细则第 66 条的规定。对此合议组认为，附件 3、4 虽然是请求人于口头审理时提交的，但是国家法律法规的规定属于公知性常识，因此附件 3、4 并不违反专利法实施细则第 66 条的规定，附件 2~4 均予以考虑。

请求人于 2006 年 12 月 2 日提交了证据共 8 页，但未说明如何使用这些证据。请求人在口头审理中也未使用到这些证据，同时表示除附件 2~4 外没有其他证据，因此这些证据均不予考虑。

2. 关于专利法第 5 条

专利法第 5 条规定，对违反国家法律、社会公德或者妨害公共利益的发明创造，不授予专利权。

专利法第 5 条所述的“国家法律”是指全国人民代表大会或者全国人民代表大会常务委员会依照立法程序制定和颁布的法律，不包括行政法规和部门规章。

本专利的独立权利要求 1 请求保护二次燃烧二次加热的环保型节能民用水锅炉，锅炉上部由出水管、排气安全阀组成；其从属权利要求 4 进一步限定包括两炉连接管，权利要求 7 进一步限定包括冷水进水管和热出水管，权利要求 8 进一步限定了受热和除灰如何设制。

请求人提交的附件 2~4 中，

（1）附件 4 第 29 条规定安全设备的设计、制造、安装、使用、检测、维修、改造和报废应当符合国家标准和行业标准，第 30 条规定“生产经营单位使用的涉及生命安全、危险性较大的特种设备必须按照国家有关规定，由专业生产单位生产并经取得专业资质的检测检验机构检测、检验合格，取得安全使用证或者安全标志，方可投入使用……涉及生命安全、危险性较大的特种设备的目录由国务院负责特种设备安全监督管理的部门制定，报国务院批准后执行”。

（2）附件 3 第 2 条规定“本条例所称特种设备是指涉及生命安全、危险性较大的锅炉、压力容器、压力管道、电梯、其中机械、客运索道、大型游乐设施。前款特种设备的目录由国务院负责特种设备安全监督管理的部门制订，报国务院批准后执行。”

（3）附件 2 第 2 条指出该规定适用于以水为介质的固定式小型锅炉和常压热水锅炉，不适用于壁挂式热水器，第 4 条限定所述的常压热水锅炉是指锅炉本体开孔或者用连通管与大气相通，在任何情况下锅炉本体顶部表压为零的锅炉，第 28 条规定“小型汽水两用锅炉不得采用弹簧式安全阀，应当采用符合下列要求的水封式安全装置……（三）水封管上不得装设任何阀门，同时应当有防冻措施”。

在此基础上，合议组认为，首先，附件2、3非专利法第5条所规定的国家法律，而附件4中并未规定锅炉不得设有排气安全阀，因此本专利权利要求1、4、7、8设置排气安全阀没有违反附件4《中华人民共和国安全生产法》的规定。第二，相关条款的规定只能说明涉及生命安全、危险性较大的锅炉必须按照国家有关规定，由专业生产单位生产并经特定机构检测、检验合格才能投入使用，并不能得出附件4所述的“国家有关规定”就是指附件2，违反附件2就导致违反附件4的结论。第三，即使附件4所述的“国家有关规定”是指附件2，由于附件2上述条款要求的是常压热水锅炉需本体开孔或用连通管与大气相通，以及小型汽水两用锅炉不得采用弹簧式安全阀，并没有绝对排斥本专利权利要求1、4、7、8所请求保护的锅炉中设置排气安全阀，因此本专利权利要求1、4、7、8的技术方案并不违背附件2的上述规定，从而也就没有违反附件4。

综上，请求人的理由不成立，本专利权利要求1、4、7、8符合专利法第5条的规定。

根据上述的事实和理由，本案合议组依法作出以下决定。

三、决定

维持02236237.1号实用新型专利权有效。

当事人对本决定不服的，可以根据专利法第46条第2款的规定，自收到本决定之日起3个月内向北京市第一中级人民法院起诉。根据该款的规定，一方当事人起诉后，另一方当事人应当作为第三人参加诉讼。

北京市第一中级人民法院
行政判决书

（2007）一中行初字第1065号

原告梁海，男，汉族，1951年4月28日出生，住内蒙古自治区扎兰屯市石桥街物资楼501室。

被告国家知识产权局专利复审委员会，住所地北京市海淀区北四环西路9号银谷大厦10~12层。

法定代表人廖涛，副主任。

委托代理人董晓静，国家知识产权局专利复审委员会审查员。

委托代理人隋璐，国家知识产权局专利复审委员会审查员。

第三人黄振山，男，汉族，1953年8月出生，住内蒙古自治区扎兰屯市向阳办永兴街93号。

本院认为，原告梁海的撤诉申请未违反法律规定，应予准许。依照《中华人民共和国行政诉讼法》第五十一条之规定，裁定如下：

准许原告梁海撤回对被告国家知识产权局专利复审委员会、第三人黄振山的起诉。

案件受理费100元，减半收取50元，由原告梁海负担（已交纳）。

审 判 长　仪　军
代理审判员　侯占恒
代理审判员　王　卓
二〇〇七年九月十四日
书 记 员　王东勇

091

全自动塑料吹瓶机的模具开合连动器

无效宣告请求审查决定（第9800号）

决　　定　　号　第9800号
决　　定　　日　2007年4月29日
发明创造名称　全自动塑料吹瓶机的模具开合连动器
国　际　分　类　号　B29C 49/56
无效宣告请求人　沧州市运西众益塑料机械厂
专　利　权　人　贾福君
专　　利　　号　03204345.7
申　　请　　日　2003年2月19日
授　权　公　告　日　2004年1月7日
合　议　组　组　长　崔　震
主　　审　　员　隋　璐
参　　审　　员　刘　犟

法　律　依　据　专利法第22条第3款
决　定　要　点

如果一项权利要求所要求保护的技术方案与现有技术所公开的技术方案相比，存在区别技术特征，而该区别技术特征是本领域常规技术手段，并且该常规技术手段的替换并没有带来意想不到的技术效果，则该权利要求相对于现有技术不具备创造性。

一、案由

本无效宣告请求涉及国家知识产权局于2004年1月7日授权公告的、名称为“全自动塑料吹瓶机的模具开合连动器”的实用新型专利权（以下简称本专利），其专利号是03204345.7，申请日是2003年2月19日，专利权人是贾福君。本专利授权公告时的权利要求书如下：

“1. 一种全自动塑料吹瓶机的模具开合连动器，它包括定模、动模，其特征是定模（1）和动模（2）由合叶轴（12）相连接，动模（2）上装连着锁头（3）由转轴（4）连接支板（11），支板（11）又由铰链轴（10）连接着连杆（5），连杆（5）的另一端由支座联轴（7）连接支座（6），并在连杆的套头体上由连杆支架芯轴（8）连接着汽缸阀杆（9）。

2. 根据权利要求1所述的模具开合连动器，其特征是连杆（5）为长度伸缩可调式连杆。”

针对本专利权，沧州市运西众益塑料机械厂（以下简称请求人）于2006年9月20日向专利复审委员会提出无效宣告请求，认为本专利不符合专利法第22条第3款有关创造性的规定，请求人同时提交了如下证据：

证据1：北京化工学院、华南工学院合编，轻工业出版社出版，1983年4月第1版第1次印刷的《塑料机械设计》封面、版权页、第427、429、430页复印件，共5页；

证据2：机械工业出版社出版，2001年2月第1版第1次印刷的《实用模具设计与制造手册》封面、版权页、第496、497页复印件，共4页；

证据3：公告日为1989年10月25日、公告号为CN2046437U的中国实用新型专利申请说明书，共6页。

经形式审查合格，专利复审委员会依法受理了上述无效宣告请求，并于2006年9月21日向请求人和专利权人发出无效宣告请求受理通知书，同时将专利权无效宣告请求书及其证据清单中所列证据的副本转送给专利权人，并要求专利权人在指定的期限内陈述意见。

请求人于2006年10月18日向专利复审委员会提交了意见陈述书，并补充了无效宣告的理由和证据，其中补充的证据为：

证据4：审定公告日为1990年5月23日、审定号为CN1008077B的中国发明专利申请审定说明书，共10页；

证据5：公开日为2000年4月25日、公开号为US6053723的美国专利文献原文及部分章节的译文，共7页。

请求人认为：权利要求1相对于证据4、1的结合或证据5、1的结合没有创造性。

针对无效宣告请求受理通知书，专利权人于2006年10月19日提交了意见陈述书，认为请求人提交的证据1~3未公开权利要求1中的技术特征：合叶轴及其连接，动模的连接，支板、铰链轴结构及其连接，（可调）连杆的连接，支座、联轴结构及其连接。本领域的普通技术人员非经创造性劳动不能从证据1~3得到权利要求1的技术方案。权利要求1相对于证据1~3所公开的技术内容具有实质性特点和进步，具有专利法第22条第3款规定的创造性。权利要求2是权利要求1的从属权利要求，在权利要求1具备创造性的情况下，权利要求2也具备创造性。

专利复审委员会成立合议组对本案进行审理。合议组于2007年1月12日向双方发出无效宣告请求口头审理通知书，定于2007年3月5日在专利复审委员会举行口头审理。并随同口头审理通知书，将专利权人于2006年10月19日提交的意见陈述书转送给请求人；同时发出转送文件通知书，将请求人于2006年10月18日提交的意见陈述书及其证据清单中所列证据的副本转送给专利权人。

针对转文通知书，专利权人于2007年2月17日提交了补充意见陈述。认为证据4、1的结合或证据5、1的结合没有公开权利要求1的技术特征，权利要求1具备创造性，权利要求2是权利要求1的从属权利要求，在权利要求1具备创造性的情况下，权利要求2也具备创造性。

合议组将专利权人于2007年2月17日提交的意见陈述书于2007年3月5日转送给请求人。

口头审理如期举行，双方当事人均参加了口头审理。在口头审理中，（1）请求人明确其无效的理由、范围和证据为权利要求1相对于证据3和2的结合不具备创造性，权利要求2的附加技术特征在证据3或1中公开了。权利要求1相对于证据4和1结合或者证据5和1的结合不具备创造性；（2）请求人当庭出示了证据1的原件，盖有国家图书馆科技查新中心红章的证据2的复印件；专利权人认可证据1和2的真实性，专利权人表示不清楚证据3~5是否真实，合议组告知专利权人在口审结束后3日内如果对证据3~5的真实性没有提出具体的异议理由视为专利权人对证据3~5的真实性无异议，专利权人对此表示了认可，专利权人对证据5的中文译文的准确性无异议。

至此，合议组认为本案事实已经清楚，可以作出审查决定。

二、决定的理由

1. 关于证据和现有技术

请求人提交的证据 1 是教科书、证据 2 是技术手册，专利权人对上述证据的真实性没有异议，因此，证据 1 和 2 可以作为本案的证据使用。证据 3、4 是中国专利说明书，证据 5 是美国专利文献原文及部分章节的译文，专利权人虽对证据 3~5 的真实性提出了质疑，但未提供充分的证据以支持其观点的成立，合议组经审查后对证据 3~5 的真实性予以确认。由于专利权人对证据 5 译文的准确性没有异议，因此证据 5 以其中文译文为准，证据 3~5 可以作为本案证据使用。同时由于证据 1、2 的印刷日、证据 3~5 的公开日期均在本专利的申请日前，因此可以作为本专利的现有技术使用。

2. 关于专利法第 22 条第 3 款

专利法第 22 条第 3 款规定：创造性，是指同申请日以前已有的技术相比，该发明有突出的实质性特点和显著的进步，该实用新型具有实质性特点和进步。

如果一项权利要求所要求保护的技术方案与现有技术所公开的技术方案相比，存在区别技术特征，而该区别技术特征是本领域常规技术手段，并且该常规技术手段的替换并没有带来意想不到的技术效果，则该权利要求相对于现有技术不具备创造性。

（1）权利要求 1 的创造性。

权利要求 1 为“一种全自动塑料吹瓶机的模具开合连动器，它包括定模、动模，其特征是定模（1）和动模（2）由合叶轴（12）相连接，动模（2）上装连着锁头（3）由转轴（4）连接支板（11），支板（11）又由铰链轴（10）连接着连杆（5），连杆（5）的另一端由支座连轴（7）连接支座（6），并在连杆的套头体上由连杆支架芯轴（8）连接着汽缸阀杆（9）”。请求人认为使用证据 2 和 3 的结合可破坏权利要求 1 的创造性。合议组经审查后认为：证据 3 公开了一种生产塑料容器的设备，此设备包括模具成型机构，模具成型机构包括定模板 2，定模板安装在机座 1 上，定模板 2 连接定模 3，定模和定模板连接导杆 4，导杆穿过动模 5 和动模板 6，机座的另一端是固定板 9，固定板和动模板上有固定环 10、15，固定环 10 与连杆 11 相连，连杆 11 连接调节连杆 12，两调节连杆 12、14 中间由调节螺母 13 相连，连杆 11 与活塞杆 8 连接，活塞杆由汽缸带动，汽缸内的气体推动活塞向上运动，从而活塞杆推动连杆并带动调节连杆，调节连杆带动动模，开模，活塞杆反向运动即合模（参见证据 3 说明书的第 2 页倒数第 2 行至第 3 页第 6 行、附图 1）。其中定模 3 相当于权利要求 1 中的定模 1；动模 5 相当于权利要求 1 中的动模 2；由调节螺母 13 连接的两调节连杆 12、14 相当于权利要求 1 中的支板 11；动模板上有固定环 15 与由调节螺母 13 连接的调节连杆 12、14 相连相当于权利要求 1 中的动模上装连着锁头由转轴连接支板；连杆 11 相当于权利要求 1 中的连杆 5；连杆 11 连接调节连杆 12、14 相当于权利要求 1 中的支板由铰链轴连接着连杆；固定板 9 上的固定环 10 与连杆 11 相连相当于权利要求 1 中的连杆的另一端由支座联轴连接支座；连杆 11 与活塞杆 8 连接，活塞杆由汽缸带动相当于权利要求 1 中的在连杆的套头体上由连杆支架芯轴（8）连接着汽缸阀杆。

由此可见，权利要求 1 相对于证据 3 的区别在于：证据 3 中定模和动模之间是由导杆连接的，而权利要求 1 中动模和定模之间是由合叶轴连接的。

合议组认为：铰链式模具、等距离开闭模具、三开模具都是塑料模具行业中常见的模具类型（如证据 2 第 497 页表 7-29 吹塑成型模的分类），合叶轴也是常见的模具连接轴，证据 3 中的模具属于等距离开闭模具，将等距离开闭模具替换成铰链式模具，即用合叶轴连接动模、定模是本领域技术人员在设计时可以根据具体情况所作的惯常选择，无须花费创造性劳动，也未带来任何意料不到的技术效果。因此，权利要求 1 所要求保护的技术方案相对于证据 3 和 2 的结合不具有实质性特点和进步，不具备专利法第 22 条第 3 款规定的创造性。

（2）权利要求2的创造性。

权利要求2是权利要求1的从属权利要求，其附加技术特征为“连杆为长度伸缩可调式连杆”。将连杆的长度设计为长度伸缩可调，其目的是通过调整连杆避免机械磨损，实现开合模具灵活可靠。合议组认为：证据3公开了两调节连杆12、14中间由调节螺母13相连，其作用也是旋转调节螺母，调节连杆长度，减少机械磨损。由此可见，证据3已经给出了将连杆机构中一个连杆设计为长度伸缩可调的技术启示，本领域普通技术人员在上述教导启示下，选择在不同的连杆上设计成长度伸缩可调并不需要花费创造性劳动，并且证据3和本专利的调节连杆所解决的技术问题、采用的技术手段以及所能达到的技术效果是基本相同的，因此，在其引用的独立权利要求1不具备创造性的情况下，从属权利要求2也不具备专利法第22条第3款规定的创造性。

鉴于权利要求1和2不符合专利法第22条第3款的规定，应予无效，故合议组对请求人提出的其他证据组合形式不再进行评述。

根据上述的事实和理由，本案合议组依法作出以下决定。

三、决定

宣告03204345.7号实用新型专利权全部无效。

当事人对本决定不服的，可以根据专利法第46条第2款的规定，自收到本决定之日起3个月内向北京市第一中级人民法院起诉。根据该款的规定，一方当事人起诉后，另一方当事人应当作为第三人参加诉讼。

092

从含氮混合气中分离氮的方法

无效宣告请求审查决定（第9809号）

决　　定　　号　第9809号
决　　定　　日　2007年5月18日
发明创造名称　从含氮混合气中分离氮的方法
国 际 分 类 号　B01D 53/04
无效宣告请求人　杨维稼
专　利　权　人　普莱克斯技术有限公司
申　　请　　号　88104710.4
申　　请　　日　1988年6月29日
公　　告　　日　1991年6月12日
合 议 组 组 长　于　萍
主　　审　　员　董晓静
参　　审　　员　刘　犟

法　律　依　据　专利法第22条第3款
决　定　要　点

在判断发明专利的一项权利要求是否具备创造性时，首先应当确定现有技术中与要求保护的发明最密切相关的一个技术方案，即最接近的现有技术，并分析要求保护的发明与最接近现有技术相比有哪些区别技术特征，根据该区别技术特征所能达到的技术效果确定发明实际解决的技术问题，然后，从最接近的现有技术和发明实际解决的技术问题出发，判断现有技术中是否给出将上述区别技术特征应用到该最接近的现有技术以解决其存在的技术问题的启示，如果存在这种启示，则发明是显而易见的，不具备突出的实质性特点。

一、案由

本无效宣告请求涉及中华人民共和国国家知识产权局于1991年6月12日审定公告的、名称为“从含氮混合气中分离氮的方法”的发明专利权（以下简称本专利），其专利申请号是88104710.4，申请日是1988年6月29日，优先权日是1987年6月30日，专利权人是普莱克斯技术有限公司（原为联合碳化公司，于2006年11月17日依次变更为康塔丽思提克斯国际公司、UOP公司、普莱克斯公司、普莱克斯技术有限公司）。

本专利授权公告时的权利要求书如下：

“1. 一种从含极性较小的物质的含氮混合气中选择性吸附氮的方法，包括在50~10 000毫米汞柱操作压力下和 15~70℃操作温度下，使所述气体混合物与具有骨架 SiO_2/Al_2O_3 摩尔比不大于 3.0 的并至少具有 88% 的与锂阳离子缔合的 AlO_2-四面体单元的晶体 X 型沸石吸附剂接触。

2. 根据权利要求 1 所述的方法，其特征为 X 型沸石吸附剂的骨架 SiO_2/Al_2O_3 摩尔比为2.0~2.5。

3. 根据权利要求 1 所述的方法，其特征为 X 型沸石吸附剂至少有 99% 的 AlO_2-四面体单元与锂阳离子缔合。

4. 根据权利要求 2 所述的方法，其特征为 X 型沸石吸附剂至少含有 95% 的 AlO_2-四面体单元与锂阳离子缔合。

5. 根据权利要求 3 所述的方法，其特征为含有极性较小的物质的氮混合气的主要成分是氮和氧。

6. 根据权利要求 5 所述的方法，其特征为氮和氧的混合气与 X 型沸石吸附剂相接触。

7. 根据权利要求 1 所述的方法，其特征为温度从 20℃到 50℃。”

针对上述专利权，杨维稼（以下简称请求人）于 2005 年 7 月 11 日向专利复审委员会提出无效宣告请求，认为本专利权利要求 1~7 不符合专利法第 22 条第 3 款的规定，请求人同时提交了如下附件：

证据 1：公开日为 1964 年 7 月 14 日的美国专利文献 US3140933 及其中文译文；

证据 2：公开日为 1959 年 4 月 14 日的美国专利文献 US2882244 及其中文译文。

请求人认为：

（1）本专利权利要求 1 的技术方案相对于证据 1、2 的结合不具备创造性，因为：本专利权利要求 1 与证据 1 的区别仅在于“至少有 88% 的 AlO_2-四面体单元与锂阳离子缔合”即离子交换度至少为 88%，而证据 1 给出的实施例离子交换度为 86%，但是证据 1 提到“选择性的提高与交换度有关，因此应当优选相对高的接近 100% 的交换度”，从而给出了使用更高的离子交换度以改善 LiX 沸石对氮吸附特性的启示；而且证据 2 描述了相同领域的用作吸附剂的沸石晶体，指出通过改变溶液中的交换离子浓度、或改变离子交换的时间、或改变温度，交换离子最高可置换接近 100% 的钠离子，从而为本领域技术人员提供了将 LiX 沸石的离子交换度提高到 88% 以上的方法。因此，本专利权利要求 1 的技术方案相对于证据 1、2 显而易见，不具备创造性；同理从属权利要求 3、4 也不具备创造性。

（2）从属权利要求 2、5、6、7 的附加技术特征被证据 1 公开，当上述权利要求所引用的权利要求不具备创造性时，上述权利要求也都不具备创造性。

经形式审查合格，专利复审委员会依法受理了上述无效宣告请求，并于 2005 年 12 月 14 日向请求人和专利权人发出无效宣告请求受理通知书，同时将专利权无效宣告请求书及其附件清单中所列附件的副本转送给专利权人，并要求专利权人在指定的期限内陈述意见。

针对上述无效宣告请求受理通知书，专利权人于 2006 年 2 月 4 日提交了意见陈述书、权利要求书的修改替换页、证据 1 的中文译文以及有关附件。其中，修改后的权利要求书内容为：

“1. 一种从含极性较小的物质的含氮混合气中选择性吸附氮的方法，包括在 50~10 000 毫米汞柱操作压力下和 15~70℃操作温度下，使所述气体混合物与具有骨架 SiO_2/Al_2O_3 摩尔比为 2.0~2.5 的并至少具有 88% 的与锂阳离子缔合的 AlO_2-四面体单元的晶体 X 型沸石吸附剂接触。

2. 根据权利要求 1 所述的方法，其特征为 X 型沸石吸附剂至少有 99% 的 AlO_2-四面体单元与锂阳离子缔合。

3. 根据权利要求 1 所述的方法，其特征为 X 型沸石吸附剂至少含有 95% 的 AlO_2-四面体单元与锂阳离子缔合。

4. 根据权利要求 2 所述的方法，其特征为含有极性较小的物质的氮混合气的主要成分是氮和氧。

5. 根据权利要求 4 所述的方法，其特征为氮和氧的混合气与 X 型沸石吸附剂相接触。

6. 根据权利要求 1 所述的方法，其特征为温度从 20℃到 50℃。”

专利权人提交的附件为：

反证 1：Charles G. Coe，“用于分离空气的分子筛吸附性能的结构效应”，《走近纳米多孔材料》，Plenum 出版社，纽约，1995，第 213～229 页（Charles G. Coe，Structural Effects on the Adsorptive Properties of Molecular Sieves for Air Separation，Access in Nanoporous Materials，Plenum Press，New York，1995，pages 213～229），复印件；

反证 2：公开日为 1984 年 11 月 6 日的美国专利文献 US4481018；

反证 3：Günter H. Kühl，“低二氧化硅八面沸石（SiO_2/Al_2O_3 约为 2.0）的结晶”，《沸石》，第 7 卷第 451～457 页，1987 年 9 月（Günter H. Kühl，“Crystallization of Low-silica Faujasite（SiO_2/Al_2O_3～2.0）”，Zeolites，Vol. 7，pages 451～457，1987，September），复印件；

反证 4：公开日为 1967 年 4 月 11 日的美国专利文献 US3313091；

反证 5：Robert T. Cassidy 和 Ervine S. Holmes，“‘绝热’吸附工艺的二十五年进展”，《美国化学工程师学会专题论文集系列丛书》，第 233 期，第 80 卷，第 68～75 页，1984 年（Robert T. Cassidy，Ervine S. Holmes，Twenty-five Years of Progress in “Adiabatic” Adsorption Processes，AIChE Symposium Series，Adsorption and Ion Exchange，No. 233，Vol. 80，pages 68～75，1984 年），复印件。

专利权人的意见可概括如下：

（1）提交证据 1 的全文译文，因为请求人提交的证据 1 中文译文存在缺陷例如“孔尺寸”应为“孔径”。

（2）就本专利的基本内容来说，本专利作出了 4 个重要贡献，即，首次合成出 $SiO_2/Al_2O_3=2.0$ 的吸附剂 LiX，在 SiO_2/Al_2O_3 的摩尔比从 2.5 降到 2.0 时使得氮氧选择性出乎预料地增加，在 Li 交换容量高于 88%时使氮载荷出乎预料地提高，首次在 PSA 空气分离使用低 SiO_2/Al_2O_3 摩尔比的 LiX 材料。

（3）就证据 1 而言，证据 1 仅在单一的低温（-78℃或 0℃）和气压（1atm）下评价了 86% Li 交换的 X 沸石比其他单价交换的 X 型沸石具有更好的 N_2 容量和 N_2/O_2 选择性，评价条件与变压吸附方法无关，又没有提供常温或接近常温下的数据；而且，证据 1 仅提到 X 型沸石的化学通式和作为该通式定义一部分的 SiO_2/Al_2O_3 摩尔比，并没有提及或者教导 SiO_2/Al_2O_3 摩尔比以及该摩尔比可对 N_2 容量和/或 N_2/O_2 选择性有影响的启示。因此，证据 1 没有就本专利的室温下操作方法给出任何启示，无法对所属领域的技术人员提供寻求用于空气分离的或者是高 Li 交换或者低 SiO_2/Al_2O_3 摩尔比的 X 型沸石的启示或动机。而且由反证 1、2、4、5 介绍的吸附法分离空气领域的历史可知，根据证据 1 的教导就将 LiX 应用与空气分离方法中是不太引人注目的，无法给出有用的启发或者暗示，因此所属技术领域的技术人员在考虑本发明所面对的技术问题时不会考虑证据 1。此外，虽然证据 1 预测了交换水平对选择性的影响，但是人们据此只会预计选择性会线性增加，但是由本专利的表 II 可知在 Li 交换水平从 86%增加到 100%时选择性提高了将近 60%，超乎预期。

（4）就证据 2 而言，证据 2 给出的是 X 型沸石的通式定义，其中 SiO_2/Al_2O_3 摩尔比从理论最低值 2.0 延伸到最大值 3.0，虽然给出了 X 型沸石在-75℃下分离氮的潜力，但是没有就常温下所述沸石的吸附能力给出任何教导，而且由反证 3 可知，根据证据 2 的教导无法获得 SiO_2/Al_2O_3 摩尔比为 2.0 的 X 型沸石，因此证据 2 与证据 1 的结合不能显而易见本专利的方案。

专利复审委员会依法组成合议组对本案进行审理。

2006 年 4 月 5 日，专利复审委员会本案合议组向专利权人发出《外文证据处理通知书》，要求专利权人在收到该通知书的一个月内补交反证 1～5 的所使用部分的中文译文。

2006年4月14日，专利复审委员会收到专利权人于2006年3月29日针对无效宣告请求受理通知书提交的意见陈述书，并附上反证1~5及其中文译文。

2006年5月8日，专利复审委员会收到专利权人于2006年4月10日针对《外文证据处理通知书》提交的意见陈述书、反证1~5及其中文译文，以及证据1的中文译文，其内容分别和专利权人于2006年2月4日、2006年3月29日提交的相应文件相同。

2006年7月14日，专利复审委员会本案合议组发出转文通知书，将专利权人于2006年2月4日和2006年4月10日提交的意见陈述书及其附件清单中所列文件的副本转给请求人。

2007年1月16日，专利复审委员会本案合议组于向双方发出无效宣告请求口头审理通知书，定于2007年4月12日在专利复审委员会举行口头审理。

口头审理如期举行，双方当事人均参加口头审理并充分发表了意见：

（1）请求人对专利权人提交的权利要求书修改文本没有异议，合议组当庭宣布本次口头审理以修改后的权利要求书为基础进行；请求人明确其无效宣告理由是权利要求1~6相对于证据1、2的结合不具备创造性。

（2）专利权人对证据1、2的真实性没有异议，对证据2的译文准确性没有异议，并提交反证1、3、5公证认证手续的原件和复印件，合议组当庭转给请求人。请求人认可专利权人所提交的证据1的中文译文，对反证1~5的真实性、合法性、译文准确性没有异议，对反证1、3、5的公证认证手续的原件的真实性、合法性也没有异议。

（3）关于创造性，请求人认为独立权利要求1相对于证据1的区别仅在于离子交换度不同，其方案相对于证据1和2的结合不具备创造性，从属权利要求2~6也不具备创造性；专利权人认为权利要求1与证据1有3个区别技术特征即温度、摩尔比和离子交换度数值，具备创造性，其从属权利要求也具备创造性。

至此，合议组认为本案事实已经清楚，可以作出审查决定。

二、决定的理由

（一）关于审查基础

专利法实施细则第68条规定，在无效宣告请求的审查过程中，发明或者实用新型专利的专利权人可以修改其权利要求书，但是不得扩大原专利的保护范围。

审查指南第四部分第三章第4.6.2节规定，修改权利要求书的具体方式一般限于权利要求的删除、合并和技术方案的删除。

本案中，专利权人修改后的权利要求1、3分别对应授权公告的权利要求2、4，修改后的权利要求2、4、5、6分别由授权公告的权利要求2和3，2和5，2和6，2和7合并得到，因此符合专利法实施细则第68条和审查指南上述章节的规定，本决定以专利权人于2006年4月10日提交的权利要求1~6作为审查基础。

（二）关于证据和现有技术

请求人提交的证据是证据1、2及其中文译文，专利权人对证据1、2的真实性和证据2的译文准确性没有异议，对证据1的译文准确性有异议并提交了证据1的全文译文，请求人对专利权人所提交的证据1的译文准确性没有异议。因此，证据1、2可以作为本案证据使用，证据1的公开内容以专利权人所提交的中文译文为准，证据2的公开内容以请求人所提交的中文译文为准。同时由于证据1、2的公开日期在本专利的优先权日之前，因此其上记载的内容构成本专利的现有技术，可以用来评价本专利的新颖性和创造性。

专利权人提交的证据是反证1~5及其中文译文，并提交了反证1、3、5的公证认证手续，请求人对反证 1~5 的真实性和译文准确性没有异议。因此，反证 1~5 可以作为本案证据使用，其公开内容分别以其各自的译文为准。

（三）关于创造性

创造性，是指同申请日以前已有的技术相比，该发明有突出的实质性特点和显著的进步，该实用新型具有实质性特点和进步。

在判断发明专利的一项权利要求是否具备创造性时，首先应当确定现有技术中与要求保护的发明最密切相关的一个技术方案，即最接近的现有技术，并分析要求保护的发明与最接近现有技术相比有哪些区别技术特征，根据该区别技术特征所能达到的技术效果确定发明实际解决的技术问题，然后，从最接近的现有技术和发明实际解决的技术问题出发，判断现有技术中是否给出将上述区别技术特征应用到该最接近的现有技术以解决其存在的技术问题的启示，如果存在这种启示，则发明是显而易见的，不具备突出的实质性特点。

1. 关于独立权利要求 1 的创造性

独立权利要求 1 请求保护从含极性较小的物质的含氮混合气中选择性吸附氮的方法，包括在50~10000 毫米汞柱操作压力下和 15~70℃操作温度下使所述气体混合物与具有骨架 SiO_2/Al_2O_3 摩尔比为 2.0~2.5 的并至少具有 88% 的与锂阳离子缔合的 AlO_2-四面体单元的晶体 X 型沸石吸附剂接触。

证据 1 公开了一种分离氧氮混合物的方法，包括在 0.5~5 绝对大气压的进料压力下提供一种含有氮氧原料气体的混合物，使这种原料气体在约 30℃~-150℃的温度下与锂 X 型沸石的吸附床接触，从而吸附该气体混合物中的氮，并从该吸附床排放出氧浓缩的气体产物（参见译文的权利要求 2）。对于其采用的锂 X 型沸石，证据 1 的相关描述为，该锂 X 型沸石是化学式为 $0.9\pm0.2M_2/nO$：Al_2O：$2.5\pm0.5SiO_2$：yH_2O 的 X 型沸石经与锂离子交换而形成的，比较用元素周期表第 I 族金属的阳离子进行交换的 X 型沸石在-78℃下对于 25% 氧-75% 氮的混合物的氮选择性可知 86% 交换度的锂 X 型沸石的选择性高于其他金属交换的 X 型沸石，比较 86% 交换的锂 X 型沸石对 1 大气压总压的 20% 氧-80% 氮混合物在不同温度下的氮氧选择性可知分离系数随吸附温度而增大，容量随温度升高而降低（参见译文第 3 页第 25 行~第 4 页第 12 行，第 6 页第 12~18 行，第 8 页第 3~11 行）。

比较本专利权利要求 1 与证据 1，二者在操作压力、温度、SiO_2/Al_2O_3 摩尔比范围上均存在重叠，因此权利要求 1 相对于证据 1 的区别技术特征仅在于晶体 X 型沸石具有至少 88% 的与锂阳离子缔合的 AlO_2-四面体单元，也就是说 Li 离子的交换度为至少 88%，而证据 1 所述的锂 X 型沸石的离子交换度为 86%。根据本专利说明书对这一区别技术特征所起效果的描述（参见第 5 页第 14 行和第 12~13 页），本专利实际解决的技术问题就是通过提高 Li 离子的交换度，从而在非常高氮浓度交换时显示出更好的对氮吸附特性，例如更好的氮容量、氮选择性和吸附脱附载荷差即 δ 载荷。

但是，证据 1 除了描述锂 X 型沸石的离子交换度为 86% 之外，还就离子交换度与吸附选择性的关系描述如下，“选择性的改善与交换度有关，因此，人们优选接近 100% 的较高的交换度。但是，在晶体沸石中由于种种因素，这并不总能实现的，这些因素包括由于将阳离子适当地定位在结构中而伴随的位阻因素，以及该沸石阴离子结构对所涉及应力的阻力”（参见译文第 7 页第 2~6 行）。

而且相同领域的证据 2 公开了化学式为 $0.9\pm0.2M_2/nO$：Al_2O：$2.5\pm0.5SiO_2$：yH_2O 的 X 型沸石的离子交换方法，包括将 X 型沸石充填入直立柱中，然后传送待交换的阳离子可溶性盐水引入沸石中（参见译文第 8 页第 1 段），并指出“钠阳离子可以部分或者全部通过用其他一价或二价或三价阳离子的离子交换替代。一价离子，小于钠的如锂可自如地进入 X 型沸石的结构”（参见译文第 7 页第 5 段），“通过改变溶液中的锌或其他交换离子浓度、或改变离子交换的时间、或改变温度，交换离子最高可置换接近 100% 的钠离子”（参见译文第 8 页第 6 段）。

因此，对所属技术领域的技术人员来说，根据证据1上述对离子交换度提高有助于选择性改善的启示，以及证据2对于如何提高离子交换度的教导，在面对在非常高氮浓度交换时获得更好的氮吸附特性，例如改善氧氮吸附分离选择性的技术问题时，显而易见可以想到通过提高锂离子交换度的方法在证据1的基础上进行改进，从而得到锂离子交换度为至少88%的X型沸石。

此外，证据1除了指出锂离子交换对吸附选择性有影响之外，还指出“沸石优先吸附空气中的氮是由于在氮分子的四极矩及沸石中阳离子之间的强相互作用。现已发现，其大小取决地阳离子的大小及电荷”（译文第3页第37~39行），“吸附该气体混合物中至少大部分的氮……通过将其中的气体抽空至低于进料压力的第二负压而脱附该分子筛材料上的氮组分”（译文第7页第12~22行）。因此，对所属技术领域的技术人员来说，当面对在非常高氮浓度交换时获得诸如更好的氮吸附量和吸附脱附载荷差的氮吸附特性的技术问题时，显而易见会想到在证据1的基础上通过增加离子交换度的技术手段来调节氮吸附量和吸附脱附载荷差。

综上，本专利的权利要求1相对于证据1和2的结合不具备专利法第22条第3款的创造性。

针对专利权人的意见陈述和反证1~5，合议组认为，

（1）专利权人主张本专利相对于证据1在 N_2/O_2 的选择性和氮容量方面有着出乎预料的提高效果，依据是用本专利说明书表I和表II所示试样的N2载荷及 N_2/O_2 分离系数随Li交换度的变化绘制的图；还主张其LiX型沸石具有在PSA分离中的应用性，依据是本专利的解吸压力和吸附压力差增加了2倍。对此，合议组认为，首先，专利权人所绘制的图多处在样本数较少的情况下采用外推和/或内推，没有直接与证据1进行比较，而且其表I和II所示的增加趋势仍属于由证据1可以预期的范畴，因此其关于产生预料不到的技术效果的主张不成立。其次，由于证据1公开了加压吸附、减压脱附的PSA方法，使得所属技术领域的技术人员在此基础上即可通过有限的试验确定压力差，因此其关于首次发现应用性的主张也不成立。

（2）专利权人主张证据1没有提供常温数据也没有教导 SiO_2/Al_2O_3 摩尔比对吸附性能的影响，并不能对给出有用的启发或暗示，其依据是反证1、2、4和反证5，专利权人认为反证1描述了本专利的重要性，反证2引用证据1却并未采用高Li交换度的事实说明证据1不能给出相应启示，反证4、5证明证据1没有给出吸附剂特征和生产时的工艺性能之间的教导。对此，合议组认为，如前所述，证据1描述了温度和锂交换度对分离系数的影响，也指出 SiO_2/Al_2O_3 摩尔比存在一个数值范围，这足以使所属技术领域的技术人员循此教导进行合乎逻辑的分析推理和有限次的试验，从而得到本专利的技术方案。至于反证1、2、4、5，合议组认为它们均属于其作者的个人观点，也没有记载诸如相同实验条件下的效果数据等的任何证据足以推翻证据1的相关内容，因此也不足以支持专利人关于证据1没有给出启示的主张。

（3）专利权人还主张本专利首次合成出 $SiO_2/Al_2O_3=2.0$ 的吸附剂LiX（2.0），证据2不能与证据1结合得到上述摩尔比，其依据是反证3对证据2的描述“在这种范围内的混合物组成中不能产生 SiO_2/Al_2O_3 摩尔比为2.0的八面沸石结构，可得到的最低值为约2.3”（参见反证3译文第1页第25~26行）。对此，合议组认为，由于本专利权利要求1限定的是摩尔比范围2.0~2.5而非点值2.0，而且证据2不仅描述了反证3所引用的混合物组成，还描述了其他能制成钠型X沸石的混合物组成，因此专利权人的上述主张不成立。

2. 关于从属权利要求2~6的创造性

从属权利要求2、3均引用权利要求1，分别限定X型沸石吸附剂至少含有99%、95%的 AlO_2^- 四面体单元与锂阳离子缔合。结合对权利要求1的评述，由于证据1给出了Li离子交换对氮吸附性能的启示，所属技术领域的技术人员在此基础上仅仅通过合乎逻辑的分析推理和有限次的试验即可确

定 Li 交换度范围，而获得权利要求 2、3 所述的技术方案，且其技术效果也是预料之中的。因此在权利要求 1 不具备创造性的基础上，权利要求 2、3 也不具备专利法第 22 条第 3 款的创造性。

从属权利要求 4 引用权利要求 2，进一步限定含有极性较小的物质的氮混合气的主要成分是氮和氧，权利要求 5 引用权利要求 4，进一步限定氮和氧的混合气与 X 型沸石吸附剂相接触。由于证据 1 已经公开了使氮氧混合物接触锂 X 型沸石的吸附剂从而进行分离的方法（参见证据 1 译文的权利要求 2），即公开了权利要求 4、5 的附加技术特征，因此在其引用的权利要求不具备创造性的基础上，权利要求 4、5 也不具备专利法第 22 条第 3 款的创造性。

从属权利要求 6 引用权利要求 1，进一步限定温度为 20℃ 到 50℃。由于证据 1 公开了操作温度范围是 30～-150℃，其范围与从属权利要求 6 所限定的温度范围存在重叠部分，而且对所属技术领域的技术人员来说，通过有限的试验即可根据工艺要求选择合适的吸附温度，因此，在权利要求 1 不具备创造性的基础上，权利要求 6 也不具备专利法第 22 条第 3 款的创造性。

根据上述的事实和理由，本案合议组依法作出以下决定。

三、决定

宣告 88104710.4 号发明专利权全部无效。

当事人对本决定不服的，可以根据专利法第 46 条第 2 款的规定，自收到本决定之日起 3 个月内向北京市第一中级人民法院起诉。根据该款的规定，一方当事人起诉后，另一方当事人应当作为第三人参加诉讼。

093

节能型饮水机

无效宣告请求审查决定（第9813号）

决　　定　　号　第9813号
决　　定　　日　2007年5月28日
发明创造名称　节能型饮水机
国 际 分 类 号　A47J 31/00
无效宣告请求人　赵　涛
专　利　权　人　巫宗权
专　　利　　号　02271829. X
申　　请　　日　2002年7月18日
授 权 公 告 日　2003年2月12日
合 议 组 组 长　程　强
主　　审　　员　刘　静
参　　审　　员　张家祥

法　律　依　据　专利法第22条第2款、第3款
决　定　要　点

如果请求人在无效宣告请求之日起一个月之后提交的公证书所证明的事实并未在此之前提及，则该公证书不属于对证据形式完善的情形。

本案中的合同书、客户表、照片这三者之间无法形成证据链来证明与本专利结构相同的饮水机在申请日以前公开销售，因此请求人关于本专利不具备新颖性的主张不能成立。

一、案由

本无效宣告请求案涉及国家知识产权局于2003年2月12日公告授予的、名称为“节能型饮水机”的第02271829. X号实用新型专利（下称本专利），其申请日为2002年7月18日，专利权人为巫宗权。该专利授权公告的权利要求如下：

“1. 节能型饮水机，包括箱体（4），在箱体（4）内设有电开水器（1-0）、净水器（3）和热交换器（5-0），其特征是：热交换器（5-0）由外管（5-2）和至少两根内管（5-1）组成，内管（5-1）位于外管（5-2）的内腔，电开水器（1-0）的进水口与外管（5-2）的出水口连接、出水口与内管（5-1）的进水口连接，内管（5-1）的出水口连接用水龙头（7），外管（5-2）与电开水器（1-0）的入水口的连接处设置内泄式安全阀（2）。

2. 根据权利要求1所述的节能型饮水机，其特征是：所述热交换器（5-0）的内管（5-1）、外

管（5-2）呈螺旋形。

3. 根据权利要求 1 所述的节能型饮水机，其特征是：电开水器（1-0）由罐体（1-1）、保温层（1-2）、发热管（1-3）和进水管（1-4）构成，保温层（1-2）附着于罐体（1-1）的外表面，进水管（1-4）在罐体的下部，发热管（1-3）呈弯月形，出水口位于罐体（1-1）的顶端。

4. 根据权利要求 1 所述的节能型饮水机，其特征是：在电开水器（1-0）中设置温度检测器，净水器（3）与自来水龙头的连接处设有电磁阀（12），电磁阀（12）的控制端连接所述温度检测器的信号输出端，所述温度检测器设定一个温度检测值、并在水温达到设定值时输出信号控制电磁阀开启、电开水器（1-0）的出水口有开水流出。

5. 根据权利要求 1 所述的节能型饮水机，其特征是：电开水器（1-0）的出水口分成三路输出，第一路输出与内管（5-1）的进水口连接、第二路输出直接与用水龙头（11）连接、第三路输出通过调节阀（6）与内管（5-1）的出水口连接。

6. 根据权利要求 1 所述的节能型饮水机，其特征是：箱体（4）上设有接水盘（7），接水盘（7）上开有排水口（9）。

7. 根据权利要求 6 所述的节能型饮水机，其特征是：接水盘（7）上装有（1~6）个弯形龙头，或喷水龙头，弯形龙头直接与开水出口或温开水出口连接，喷水龙头与温开水出口连接。

8. 根据权利要求 1 所述的节能型饮水机，其特征是：净水器（3）至少包括三级，分别包括 PP 棒、活性炭、中空纤维过滤层。”

针对上述专利权，赵涛（下称请求人）于 2006 年 7 月 18 日向专利复审委员会提出无效宣告请求，其理由是权利要求 1 不符合专利法第 22 条第 2、3 款的规定。请求人同时提交了如下证据：

证据 1：第 99235282.7 号实用新型专利说明书，申请日为 1999 年 1 月 26 日，授权公告日为 2000 年 3 月 1 日，4 页；

证据 2：第 00240715.9 号实用新型专利说明书，申请日为 2000 年 10 月 21 日，授权公告日为 2001 年 9 月 19 日，4 页；

证据 3：第 93208913.5 号实用新型专利说明书，申请日为 1993 年 4 月 12 日，授权公告日为 1994 年 6 月 22 日，2 页；

证据 4：第 91225671.0 号实用新型专利说明书，申请日为 1991 年 9 月 29 日，授权公告日为 1993 年 4 月 28 日，2 页；

证据 5：第 95211811.4 号实用新型专利说明书，申请日为 1995 年 5 月 12 日，授权公告日为 1996 年 7 月 3 日，1 页；

证据 6：第 02271829.X 号实用新型专利（本专利）说明书，申请日为 2002 年 7 月 18 日，授权公告日为 2003 年 2 月 12 日，7 页；

证据 7：广东省中级人民法院应诉通知书，（2006）佛中法民三初字第 141 号，2006 年 6 月 21 日，1 页。

请求人认为：（1）证据 1 公开了以下技术特征：壳体、电开水器（3）、净水器（4）、热交换器的冷水进水管（6）和热水出水管（5）、出水龙头（1）；分别与本专利的箱体（4）、电开水器（1-0）、净水器（3）、外管（5-2）、内管（5-1）、用水龙头（7）一一对应；证据 2 公开了安全阀（5），与本专利的内泄式安全阀对应；可见，本专利权利要求 1 的全部技术特征被证据 1、2 公开，权利要求 1 不符合专利法第 22 条第 3 款规定的创造性。（2）权利要求 2 公开的内管、外管呈螺旋形与证据 1 的热水出水管和冷水出水管均呈螺旋形相同；权利要求 3 公开的电开水器的罐体、保温层、发热管、进水管、出水管与证据 1、2 公开的附图基本相同；根据证据 3~5 可知，权利要求 4 公开的电开水器的温度检测器及电磁阀为本领域公知的公用技术；根据证据2公开的调节混水阀（6）可知，权利要求5公开的电开水器的出水口分成三路输出和调节阀为本领域公知公用技术；权利要求6公开的箱体、接水盘、排水口与证据1的附图相同；权利要求7的弯形龙头或喷水龙头与证据1的附图相同；权利要求8公开的净水器与证据1的附图相同；因此权利要求2~8不具备专利法第22条第3款规定的创造性。（3）另有证据证明，该节能型饮水机在申请本专利之前已大量销售、公开使用，因此不具备专利法第22条第2款规定的新颖性。

经形式审查合格后，专利复审委员会受理了上述无效宣告请求，于2006年7月19日向双方当事人发出《无效宣告请求受理通知书》，并将《专利权无效宣告请求书》及其附件清单中所列附件的副本转送给专利权人，要求其在指定的期限内答复。

针对上述无效宣告请求，专利权人于2006年8月4日向专利复审委员会提交了意见陈述书，同时提交了附件1：广东省顺德市产品质量监督检验所于2003年7月29日出具的检验报告，复印件，3页。专利权人认为：（1）本专利权利要求1与证据1相比，证据1缺少两个必要技术特征：①热交换器由外管和至少两根内管组成，②外管与电开水器的入水口的连接处设置内泄式安全阀；本专利权利要求1相对于证据1热效率高、可防止电开水器爆炸、防止虹吸，前两个有益效果可以由提供的附件1证实。（2）证据2公开的安全阀设置在热水出水口处，因此存在缺点；即使将证据1、2组合，也缺少前述的两个必要技术特征，而且从证据1得不到防止热水倒流和节约电能的任何启示，因此证据1、2的结合不能破坏权利要求1的创造性。（3）证据1、2不能破坏本专利权利要求2、3的创造性，证据3~5不能破坏本专利权利要求4的创造性，在本专利权利要求1具备创造性的前提下，权利要求5~8也具备创造性。（4）本专利申请日之前，市场上销售的饮水机没有在电开水器的进水口设置安全阀，而且热交换器的内管为单管式，因此不能影响权利要求1~8的新颖性。

2006年8月10日，请求人向专利复审委员会提交意见陈述书，同时补充提交了如下证据：

证据8：第00255204.3号实用新型专利说明书，申请日为2000年9月28日，授权公告日为2001年8月29日，4页；

证据9：包括6份合同书、1份客户表以及4张照片，具体如下：

证据9.1：东莞市万江第三中学与顺德市大良区碧丽电器商店在2001年8月9日签订的关于全自动节能饮水机“JN-4”、“JN-2K”的合同书，复印件，1页；

证据9.2：东莞大朗镇长塘小学与顺德市大良区碧丽电器商店在2001年12月29日签订的关于碧丽全自动饮水机“JN-4”、“JN-12K”的合同书，复印件，1页；

证据9.3：东莞市东城区为民小学与顺德市大良区碧丽饮水机制造有限公司在2002年2月25日签订的关于碧丽饮水机“JN-3”的合同书，复印件，1页；

证据9.4：东莞市中堂镇黄涌小学与顺德市大良区碧丽饮水机制造有限公司在2002年3月5日签订的关于全自动节能饮水机“JN-12K”、“JN-22K”的合同书，复印件，1页；

证据9.5：东莞市中堂镇鹤田小学与顺德市大良区碧丽饮水机制造有限公司在2002年4月23日签订的关于碧丽全自动节能饮水机“JN-12K”的合同书，复印件，1页；

证据9.6：东莞市东城区东城小学与顺德市大良区碧丽饮水机制造有限公司在2002年5月21日签订的关于碧丽全自动节能饮水机的“JN-6”、“JN-3”的合同书，复印件，1页；

证据9.7：东莞市东城区为民小学于2006年8月4日填写的节能饮水机客户表，表上显示出购买型号为“JN-3”，购买时间为2002年2月25日，经手人李长生，复印件，1页；

证据9.8：4张照片，复印件，2页。

请求人认为：证据8公开了“其内套管能够是多根”，证据9证明本专利在申请日前已在国内公开销售并使用，因此权利要求1~8不符合专利法第22条第2、3款规定的新颖性、创造性。

2006年11月10日，请求人提交了意见陈述书，补充提交了证据10：佛山市顺德区公证处于2006年10月19日出具的公证书，(2006)佛顺内民证字第10154号，复印件，21页。请求人认为：证据10表明本专利在申请日前已在国内公开销售并使用，不符合专利法第22条第2款的规定。

2006年12月28日，专利复审委员会向双方当事人发出《无效宣告请求口头审理通知书》，定于2007年2月5日对本案进行口头审理，并随口头审理通知书向请求人转送专利权人于2006年8月4日提交的意见陈述书及其附件清单中所列附件的副本，向专利权人转送了请求人于2006年8月10日、2006年11月10日提交的意见陈述书及其附件清单中所列附件的副本，要求双方在口头审理时一并答复。

2007年2月5日，口头审理如期进行，双方当事人均委托代理人出席了口头审理。请求人当庭出示了证据8~10的原件，专利权人认为证据10属于超期证据，不应考虑。合议组经过合议后，当庭告知双方当事人：请求人在无效宣告请求之日起一个月后补充的证据10，并且证据10中的销售事实并未在无效宣告请求之日起一个月内提及，因此合议组对超期的证据10不予考虑。专利权人对证据1~5、8以及证据9中合同书的真实性没有异议，但认为证据9.7客户表上没有厂家的盖章，而且经手人李长生早已不是本公司的职员，因此对证据9.7的真实性表示质疑，此外无法确认证据9.8的照片是否在申请日以前所拍，也无法确认零部件是否更换过。专利权人没有提供附件1的原件，请求人对附件1的真实性提出异议。庭审过程中，请求人明确其无效理由、证据为：(1)使用证据9评价本专利权利要求1~8的新颖性；(2)本专利权利要求1相对于证据1、2、8的结合不具备创造性；(3)本专利权利要求2~8在证据1、2、8的基础上，结合证据3~5作为公知常识，不具备创造性。在此基础上，双方当事人充分陈述了各自的意见。

至此，合议组认为本案的事实已经调查清楚，可以作出审查决定。

二、决定的理由

1. 关于证据

请求人提交了证据1~10，其中证据10是佛山市顺德区公证处出具的一份公证书，证明王江于2006年9月26日对星宝百货商场的“JN-22K碧丽全自动节能饮水机”进行了证据保全。由于证据10是请求人在无效宣告请求之日起一个月后提交的，该证据属于超期证据；而且在无效宣告请求之日起一个月内并未提及“星宝百货商场购买过JN-22K碧丽全自动节能饮水机”这一事实，即证据10不属于完善证据法定形式的公证书，根据审查指南第4部分第3章第4.3.1节的规定，合议组对证据10不予考虑。

请求人当庭出示了证据8~9的原件，专利权人对证据1~5、8以及证据9中合同书的真实性没有异议，因此合议组对证据1~5、8以及证据9.1~9.6的真实性予以认可，证据1~5、8的授权公告日都在本专利的申请日之前，可以用来评价本专利的创造性。

关于证据9.7，合议组认为：东莞市东城区为民小学与顺德市大良区碧丽饮水机制造有限公司在2002年2月25日签订了“JN-3型”碧丽饮水机的合同，客户表的信息也表明东莞市东城区为民小学在2002年2月25日购买了“JN-3型”饮水机，可见客户表的信息与上述合同的信息一致，因此合议组对证据9.7的真实性予以认定。

2. 关于新颖性

专利法第22条第2款规定，新颖性是指在申请日以前没有同样的发明或者实用新型在国内外出版物上公开发表过、在国内公开使用过或者以其他方式为公众所知，也没有同样的发明或者实用新型由他人向国务院专利行政部门提出过申请并且记载在申请日以后公布的专利申请文件中。

请求人认为：证据9表明本专利的产品在申请日以前公开销售，照片中除了看不出“内管”、

“内管位于外管的空腔”，权利要求1的其他特征都可看到。

合议组经过调查，认为：(1) 证据9.8中的照片1只能看出饮水机的长方形外形和3个龙头，不能体现饮水机的内部结构；照片2仅仅是“JN-3”的标牌，标牌和产品是可以分开拍摄的，而且没有反映任何结构；照片3可以看到饮水机的内部结构，但是看不出本专利权利要求1的“多根内管”的技术特征，而且从照片上无法判断拍摄时间、零件是否更换过等等；照片4显示的是质量检验合格证，同样可以与产品分开拍摄，而且没有反映出任何结构。综上所述，证据9.8中4张照片的拍摄时间无法确定，拍摄时零件是否更换过也不能确定，而且4张照片是否是针对同一台饮水机拍摄的也不能确定，因此既不能确认证据9.8的照片对应的是JN-3型碧丽饮水机，也不能确认证据9.8的照片所显示的产品结构与本专利的结构完全相同。(2) 证据9.3、证据9.7只能说明东莞市东城区为民小学在2002年2月25日向顺德市大良区碧丽饮水机制造有限公司购买了“JN-3”型碧丽饮水机，但是由于既不能确认证据9.8显示的结构对应于“JN-3”型碧丽饮水机，又不能确认证据9.8显示的结构与本专利的饮水机完全相同，因此证据9.3、9.7、9.8无法形成证据链来证明与本专利结构相同的饮水机在申请日以前公开销售。(3) 证据9.1-9.2、9.4-9.6涉及JN-K、JN-2K、JN-12K、JN-22K、JN-6等多种型号的饮水机，仅仅依据合同书的内容不能将上述型号的饮水机与本专利的产品进行结构对比，因此请求人关于新颖性的主张不能成立。

3. 关于创造性

专利法第22条第3款规定，创造性是指同申请日以前已有的技术相比，该实用新型有实质性特点和进步。

(1) 关于权利要求1的创造性。

请求人认为：本专利权利要求1相对于证据1、2、8的结合不具备创造性，其中证据1是最接近的对比文件。

本专利权利要求1要求保护一种节能型饮水机，包括箱体(4)，在箱体(4)内设有电开水器(1-0)、净水器(3)和热交换器(5-0)，其特征是：热交换器(5-0)由外管(5-2)和至少两根内管(5-1)组成，内管(5-1)位于外管(5-2)的内腔，电开水器(1-0)的进水口与外管(5-2)的出水口连接、出水口与内管(5-1)的进水口连接，内管(5-1)的出水口连接用水龙头(7)，外管(5-2)与电开水器(1-0)的入水口的连接处设置内泄式安全阀(2)。

证据1公开了一种节能饮水机，在其壳体内设有一接水盘，在接水盘上设有与电开水器相通的出水龙头；其特征在于，电开水器(3)的一热水出水管(5)及冷水进水管(6)均呈螺旋形，且冷水进水管(6)套在该热水出水管5外(参见权利要求1、图1)。

证据2公开了一种可调节水温的饮水机，主要包括外壳(9)、热水罐(4)、发热元件(3)、混水阀(6)、安全阀(5)和三通阀(1)，其特征在于：三通阀(1)的一端为进水口，另两端分别与混水阀(6)合热水罐进水口(2)相连接，热水罐(4)中装有发热元件(3)，热水罐(4)的上部设有热水罐出水口(8)，热水罐出水口(8)与安全阀(5)连接后，再与混水阀(6)相连接(参见权利要求、图1)。

证据8涉及换热器领域，公开了内管是多根的换热器(参见权利要求，图2)。

将本专利权利要求1与证据1对比可知，本专利的箱体(4)相当于证据1的壳体，本专利的电开水器(1-0)相当于证据1的电开水器(3)，本专利的净水器(3)相当于证据1的净水器(4)，本专利的外管(5-2)相当于证据1的冷水进水管(6)，本专利的内管(5-1)相当于证据1的热水出水管(5)，本专利的用水龙头(7)相当于证据1的出水龙头(1)，本专利权利要求1与证据1的区别在于：①本专利权利要求1在电开水器的进水口设置了内泄式安全阀，证据1没有安全阀；②本专利权利要求 1 的热交换器有至少两根内管（5-1），证据 1 只有一根热水出水管 5。

关于区别特征 1，由于证据 2 是在热水罐的出水口设置安全阀，该安全阀只能起到热水罐的压力过大时通过安全阀泄压的作用；而本专利是在电开水器的进水口设置内泄式安全阀，这样当自来水管停水的情况下，即使打开出水龙头，由于内泄式安全阀起到单向阀的作用，只能让自来水进入水罐，而不会让水罐的水倒流至水管，由此可以防止倒流、干烧，延长电开水器的使用寿命。由于证据 1、2、8 都没有给出在电开水器的进水口设置内泄式安全阀的启示，同时在电开水器的进水口设置内泄式安全阀这一特征使本专利权利要求 1 产生了有益的技术效果，因此本专利权利要求 1 相对于证据 1、2、8 的结合具备实质性特点和进步，符合专利法第 22 条第 3 款规定的创造性。

（2）关于权利要求 2~8 的创造性。

请求人认为：本专利权利要求 2~8 在证据 1、2、8 的基础上，结合证据 3~5 作为公知常识，不具备创造性。

证据 3 的开水器公开了电磁阀，证据 4 公开了由温控线路连锁控制的电磁阀，证据 5 的开水器公开了温度检测电路的输入端设有烧水探头和保温探头，但是证据 1~3、5、8 都没有公开在电开水器的进水口设置内泄式安全阀的特征，也没有给出在电开水器的进水口设置内泄式安全阀起到防止倒流作用的启示，同时上述特征使本专利权利要求 1 产生了有益的技术效果，因此本专利权利要求 2~8 相对于证据 1~3、5、8 或其结合都具备实质性特点和进步，符合专利法第 22 条第 3 款规定的创造性。

基于以上事实和理由，本案合议组作出如下审查决定。

三、决定

维持第 02271829. X 号实用新型专利权有效。

当事人对本决定不服的，可以根据专利法第 46 条第 2 款的规定，自收到本决定之日起三个月内向北京市第一中级人民法院起诉。根据该款的规定，一方当事人起诉后，另一方当事人应当作为第三人参加诉讼。

北京市第一中级人民法院
行政判决书

（2007）一中行初字第 1208 号

原告赵涛，男，汉族，1974 年 6 月 30 日出生，佛山市顺德区勒流镇金泉涞饮水设备厂经营者，住四川省西充县仁和镇马鞍山村 6 组。

委托代理人唐强熙，佛山市粤顺知识产权代理事务所专利代理人。

委托代理人王超，广东道邦律师事务所律师。

被告国家知识产权局专利复审委员会，住所地北京市海淀区北四环西路 9 号银谷大厦 10~12 层。

法定代表人廖涛，副主任。

委托代理人刘静，国家知识产权局专利复审委员会审查员。

委托代理人郭鹏鹏，国家知识产权局专利复审委员会审查员。

第三人巫宗权，男，汉族，1956 年 11 月 5 日出生，佛山市顺德区碧丽饮水机制造有限公司总经理，住广东省顺德市大良区昌裕花园美居阁二座。

委托代理人张文雄，广州广信知识产权代理有限公司专利代理人原告赵涛不服被告国家知识产权局专利复审委员会（以简称专利复审委员会）于 2007 年 5 月 28 日作出的第 9813 号无效宣告请求审查决定（以下简称第 9813 号决定），于法定期限内向本院提起诉讼。本院于 2007 年 9 月 5 日受理此案后，依法组成合议庭，并按照法律规定通知巫宗权作为第三人参加诉讼，于 2007 年 10 月 25 日公开开庭审理了本案。原告赵涛的委托代理人唐强熙，被告专利复审委员会的委托代理人郭鹏鹏，第三人巫宗权的委托代理人张文雄到庭参加诉讼。本案现已审理终结。专利复审委员会第 9813 号决定系就赵涛针对巫宗权享有的专利号为 02271829. X、名称为“节能型饮水机”的实用新型专利（下称本专利）所提出的无效宣告请求作出的。专利复审委员会在该决定中认定：关于证据。赵涛提交了证据 1、证据 2、证据 3、证据 4、证据 5、证据 6、证据 7、证据 8、证据 9、证据 10，其中证据 10 是佛山市顺德区公证处出具的一份公证书，证明王江于 2006 年 9 月 26 日对星宝百货商场的“JN-22K 碧丽全自动节能饮水机”进行了证据保全。由于证据 10 是赵涛在无效宣告请求之日起一个月后提交的，该证据属于超期证据；而且在无效宣告请求之日起一个月内并未提及“星宝百货商场购买过 JN22-K 碧丽全自动节能饮水机”这一事实，即证据 10 不属于完善证据法定形式的公证书，根据《审查指南》第四部分第三章第 4. 3. 1 节的规定，对证据 10 不予考虑。赵涛当庭出示了证据 8、证据 9 的原件，专利权人巫宗权对证据 1、证据 2、证据 3、证据 4、证据 5、证据 8 以及证据 9 中合同书的真实性没有异议，因此对证据 1、证据 2、证据 3、证据 4、证据 5、证据 8，以及证据 9. 1、证据 9. 2、证据 9. 3、证据 9. 4、证据 9. 5、证据 9. 6 的真实性予以认可，证据 1、证据 2、证据 3、证据 4、证据 5、证据 8 的授权公告日都在本专利的申请日之前，可以用来评价本专利的创造性。关于证据 9. 7，东莞市东城区为民小学与顺德市大良区碧丽饮水机制造有限公司在 2002 年 2 月 25 日签订了“JN-3 型”碧丽饮水机的合同，客户表的信息也表明东莞市为民小学在 2002 年 2 月 25 日购买了“JN-3 型”饮水机，可见客户表的信息与上述合同的信息一致，故对证据 9. 7 的真实性予以认定。关于新颖性。赵涛认为：证据 9 表明本专利产品在申请日以前公开销售，照片中除了看不出“内管”、“内管位于外管的空腔”，权利要求 1 的其他特征都可看到。但，证据 9. 8 中的照片 1 只能看出饮水机的长方形外形和 3 个龙头，不能体现饮水机的内部结构；照片 2 仅仅是“JN-3”的标牌，标牌和产品是可以分开拍摄的，而且没有反映任何结构；照片 3 可以看到饮水机的内部结构，但是看不出本专利权利要求 1 的“多根内管”的技术特征，而且从照片上无法判断拍摄时间、零件是否更换过等等；照片 4 显示的是质量检验合格证，同样可以与产品分开拍摄，而且没有反映出任何结构。综上所述，证据 9. 8 中 4 张照片的拍摄时间无法确定，拍摄时零件是否更换过也不能确定，而且 4 张照片是否是针对同一台饮水机拍摄的也不能确定，因此既不能确认证据 9. 8 的照片对应的是“JN-3”型碧丽饮水机，也不能确认证据 9. 8 的照片所显示的产品结构与本专利的结构完全相同。证据 9. 3、证据 9. 7 只能说明东莞市东城区为民小学在 2002 年 2 月 25 日向顺德市大良区碧丽饮水机制造有限公司购买了“JN-3”型碧丽饮水机，无法与证据 9. 8 形成证据链来证明与本专利结构相同的饮水机在申请日以前公开销售。证据 9. 1、证据 9. 2、证据 9. 4、证据 9. 5、证据 9. 6 涉及 JN-K、JN-2K、JN-12K、JN-22K、JN-6等多种型号的饮水机，仅仅依据合同书的内容不能将上述型号的饮水机与本专利的产品进行结构对比，因此赵涛关于新颖性的主张不能成立。关于创造性。赵涛认为，本专利权利要求 1 相对于证据 1、证据 2、证据 8 的结合不具备创造性，其中证据 1 是最接近的对比文件。将本专利与证据 1 对比可知，本专利的箱体相当于证据 1 的壳体，本专利的电开水器相当于证据 1 的电开水器，本专利的净水器相当于证据 1 的净水器，本专利的外管相当于证据 1 的冷水进水管，本专利的内管相当于证据 1 的热水出水管，本专利的用水龙头相当于证据 1 的出水龙头，本专利权利要求 1 与证据 1 的区别在于：（1）本专利权利要求 1 在电开水器的进水口设置了内泄式安全阀，证据 1 没有安全阀；（2）本专利权利要求 1 的热交换器有至少两根内管，证据 1 只有一根热水出水管。关于区别特征（1），由于证据2是在热水罐的出水口设置安全阀，该安全阀只能起到热水罐的压力过大时通过安全阀泄压的作用；而本专利是在电开水器的进水口设置内泄式安全阀，这样当自来水管停水的情况下，即使打开出水龙头，由于内泄式安全阀起到单向阀的作用，只能让自来水进入水罐，而不会让水罐的水倒流至水管，由此可以防止倒流、干烧，延长电开水器的使用寿命。由于证据1、证据2、证据8都没有给出在电开水器的进水口设置内泄式安全阀的启示，同时在电开水器的进水口设置内泄式安全阀这一特征使本专利权利要求1产生了有益的技术效果，因此本专利权利要求1相对于证据1、证据2、证据8的结合具备实质性特点和进步，符合《专利法》第二十二条第三款规定的创造性。赵涛认为，本专利权利要求2~8在证据1、证据2、证据8的基础上，结合证据3、证据4、证据5作为公知常识，不具备创造性。证据3的开水器公开了电磁阀，证据4公开了由温控线路连锁控制的电磁阀，证据5的开水器公开了温度检测电路的输入端设有烧水探头和保温探头，但是证据1、证据2、证据3、证据5、证据8都没有公开在电开水器的进水口设置内泄式安全阀的特征，也没有给出在电开水器的进水口设置内泄式安全阀起到防止倒流作用的启示，同时上述特征使本专利权利要求1产生了有益的技术效果，因此本专利权利要求2~8相对于证据1、证据2、证据3、证据5、证据8或其结合都具备实质性特点和进步，符合《专利法》第二十二条第三款规定的创造性。基于以上事实和理由，专利复审委员会作出第9813号决定，维持第02271829.X号实用新型专利权有效。原告赵涛不服该决定，向本院起诉称，第一，被告将公知常识“内泄式安全阀”认定为区别技术特征导致作出错误决定。内泄式安全阀是一种市售产品，是公知公用的技术，不是第三人的发明。被告认定的“可以防止倒流、干烧，延长电开水器的使用寿命”的作用，是内泄式安全阀本身的结构所决定的，不是第三人的改进。内泄式安全阀安装在热水罐的进水口附近是一种公知常识，其只能并且必须安装在进水口附近，否则它就不能泄压泄水，这更不是第三人的创新。第二，被告在决定中对证据的认定方面存在错误。对于证据10，专利复审委员会简单以超期举证为由不予采信是不恰当的。第三人在其他法院审理时已承认公证的产品是其产品，对该证据已经质证；且原告在2006年7月16日的无效请求书中已经说明“该节能饮水机在申请专利之前已大量销售，在顺德本地众多中、小学校等单位公开使用”，即早已提出该主张，原告新获得该公证文书并及时提交，被告应作为证据审查。将证据10与原告在先提交的证据9结合即能证明第三人的专利产品在申请日前已在国内公开销售和使用。综上，请求法院撤销被告作出的第9813号决定，宣告第02271829.X号专利权全部无效。被告专利复审委员会辩称，第一，原告关于权利要求1的无效理由是其相对于证据1、证据2、证据8的结合不具备创造性，原告在无效宣告请求书以及口审调查中均没有主张内泄式安全阀是公知常识，而且也没有提供任何公知常识性的证据。因此被告在该区别技术特征的基础上认定权利要求1具备创造性是正确的。第二，《专利法实施细则》第六十四条第一款规定，无效宣告请求书应当结合提交的所有证据，具体说明无效宣告请求的理由，并指明每项理由所依据的证据。原告在无效宣告请求书中，仅仅写明“另有证据表明（稍后邮出，该节能型饮水机在申请专利之前已大量销售）”，显然不符合“具体说明”的规定。原告在无效宣告请求之日起一个月后提交证据10，在一个月内也从未提及“星宝百货商场购买过JN-22K碧丽全自动节能饮水机”这一事实。故对该证据不予考虑是正确的。且证据10的公证书与证据9所涉及的事实完全不同，不存在证据10可以佐证证据9的情况。综上，第9813号决定认定事实清楚、适用法律正确，原告的诉讼理由不能成立，请求法院驳回原告的诉讼请求，维持第9813号决定。第三人巫宗权述称：第一，关于本专利的创造性问题。本专利要保护的是包括“在电开水器进水口设置内泄式安全阀”这一必要技术特征的技术方案整体，原告错误地将其中一个技术特征拆分出来进行评价是错误的。在进水口处设置安全阀不是公知常识，具有创造性。原告新增加的证据不应考虑。第二，关于新颖性问题。原告在无效程序中提交的公证书属于超期证据，专利复审委员会不予采纳是正确的。综上，请求法院驳回原告的诉讼请求，维持专利复审委员会第9813号决定。

经审理查明，本案争议的专利为2002年7月18日申请的第02271829.X号、名称为“节能型饮水机”的实用新型专利（即本专利），授权公告日为2003年2月12日，专利权人为巫宗权。本专利授权公告时的权利要求如下：

“1. 节能型饮水机，包括箱体，在箱体内设有电开水器、净水器和热交换器，其特征是：热交换器由外管和至少两根内管组成，内管位于外管的内腔，电开水器的进水口与外管的出水口连接、出水口与内管的进水口连接，内管的出水口连接用水龙头，外管与电开水器的入水口的连接处设置内泄式安全阀。

2. 根据权利要求1所述的节能型饮水机，其特征是：所述热交换器的内管、外管呈螺旋形。

3. 根据权利要求1所述的节能型饮水机，其特征是：电开水器由罐体、保温层、发热管和进水管构成，保温层附着于罐体的外表面，进水管在罐体的下部，发热管呈弯月形，出水口位于罐体的顶端。

4. 根据权利要求1所述的节能型饮水机，其特征是：在电开水器中设置温度检测器，净水器与自来水龙头的连接处设有电磁阀，电磁阀的控制端连接所述温度检测器的信号输出端，所述温度检测器设定一个温度检测值、并在水温达到设定值时输出信号控制电磁阀开启、电开水器的出水口有开水流出。

5. 根据权利要求1所述的节能型饮水机，其特征是：电开水器的出水口分成三路输出，第一路输出与内管的进水口连接、第二路输出直接与用水龙头连接、第三路输出通过调节阀与内管的出水口连接。

6. 根据权利要求1所述的节能型饮水机，其特征是：箱体上设有接水盘，接水盘上开有排水口。

7. 根据权利要求6所述的节能型饮水机，其特征是：接水盘上装有1~6个弯形龙头，或喷水龙头，弯形龙头直接与开水出口或温开水出口连接，喷水龙头与温开水出口连接。

8. 根据权利要求1所述的节能型饮水机，其特征是：净水器至少包括三级，分别包括PP棒、活性炭、中空纤维过滤层。”

2006年7月18日，赵涛针对本专利提出无效宣告请求，其理由是：本专利权利要求1~8不符合《专利法》第二十二条第三款关于创造性的规定，另有证据证明（稍后邮出），该节能型饮水机在申请专利之前已大量销售，在顺德本地众多中、小学校等单位公开使用，因此，它也不符合《专利法》第二十二条关于新颖性的规定。赵涛共提交7份证据，其中证据1为第99235282.9号实用新型专利说明书，授权公告日为2000年3月1日，其权利要求1内容如下：一种节能饮水机，在其壳体内设有电开水器，在其壳体上设有一接水盘，在接水盘上设有与电开水器热水出水管相连通的出水龙头；其特征在于：电开水器的一热水出水管及冷水进水管均呈螺旋形，且冷水进水管套在该热水出水管外。证据2为2001年9月19日授权的第00240715.9号实用新型专利说明书，其权利要求内容如下：一种可调节水温的饮水机，主要包括外壳、热水罐、发热元件、混水阀、安全阀和三通阀，其特征在于：三通阀的一端为进水口，另两端分别与混水阀和热水罐进水口相连接，热水罐中装有发热元件，热水罐的上部设有热水罐出水口，热水罐出水口与安全阀连接后，再与混水阀相连接。

2006年8月10日，赵涛补充提交了证据8：2001年8月29日授权公告的第00255204.3号实用新型专利说明书和包括8项内容的证据9。其认为证据8公开了“内套管能够是多根”，证据9包括6所东莞地区中小学校购买饮水机的合同书、1份客户表以及4张照片，用以证明本专利在申请日前已在国内公开销售并使用。

2006年11月10日，赵涛补充提交了证据10：佛山市顺德区公证处2006年10月19日出具的（2006）佛顺内民证字第10154号公证书，公证的内容是对位于东莞市东城区星宝百货商场的一台“JN-22K碧丽全自动节能饮水机”进行拆卸并拍摄的过程。同样用以证明本专利在申请日前在国内公开销售使用，不符合《专利法》第二十二条第二款的规定。

2007 年 2 月 5 日，赵涛在口头审理中明确其无效理由和证据为：（1）证据 9 评价本专利权利要求 1~8 的新颖性；（2）本专利权利要求 1 相对于证据 1、证据 2、证据 8 的结合不具备创造性；（3）本专利权利要求 2~8 在证据 1、证据 2、证据 8 的基础上，结合证据 3、证据 4、证据 5 作为公知常识，不具备创造性。

专利复审委员会于 2007 年 5 月 28 日作出第 9813 号决定。

本院认为，根据原告的起诉请求，本案的争议焦点在于：（1）专利复审委员会对于证据 10 不予采纳是否正确；（2）专利复审委员会根据“在电热水器进水口设置内泄式安全阀”这一区别特征认定权利要求 1 具备创造性是否正确。

关于焦点问题一。证据 10 是赵涛在提起无效请求之日起一个月后提交的证据。按照《审查指南》第四部分第三章关于举证期限的规定，专利复审委员会对于上述证据一般不予考虑，只有下列情形例外：针对专利权人以合并方式修改的权利要求或者提交的反证在指定期限内补充的证据、口头审理辩论终结前提交关于公知常识性证据或者完善证据法定形式的公证书、原件等证据。本案中，证据 10 的公证书与赵涛在举证期限内提交的证据 9 虽然均为证明本专利在申请日前已在国内公开销售并使用这一事实，但二者在内容上并无关联，故不属于上述规定中的完善证据法定形式的公证书，专利复审委员会对该证据不予采纳是符合法律规定的，原告对此所提质疑缺乏法律依据，本院不予支持。

关于焦点问题二。首先，赵涛在无效宣告程序中明确以证据 1、证据 2、证据 8 的结合判断本专利权利要求 1 的创造性问题，并未提出有关公知常识的主张。且其直至本案审理阶段均未提供任何公知常识方面的证据，故本院对其关于在电热水器进水口处设置内泄式安全阀是公知常识的主张不予支持。证据 2 中在热水罐出水口处设置的安全阀，所起到的作用是罐内压力过大时泄压的作用。

而本专利在电开水器进水口处设置内泄式安全阀，可以防止电开水器内的水倒流从而出现干烧现象，延长电开水器的使用寿命。可见在出水口处设置安全阀和在进水口处设置安全阀所实现的功能和达到的效果是不同的，现有技术中并未给出在进水口处设置内泄式安全阀的技术启示，且该特征使本专利权利要求 1 产生了有益的技术效果，专利复审委员会在此基础上认定权利要求 1 相对于证据 1、证据 2、证据 8 的结合具有实质性特点和进步，符合《专利法》第二十二条第三款的规定是正确的，本院予以维持。赵涛关于该点争议所提出的新的证据或者理由应当通过其他途径解决，本案中不作评述。

综上，专利复审委员会作出的第 9813 号决定认定事实清楚，适用法律正确，应予维持。依照《中华人民共和国行政诉讼法》第五十四条第（一）项之规定，判决如下：

维持被告国家知识产权局专利复审委员会作出的第 9813 号无效宣告请求审查决定。

案件受理费 100 元，由原告赵涛负担（已交纳）。

如不服本判决，各方当事人可分别于本判决送达之日起 15 日内，向本院提交上诉状及其副本，并分别交纳上诉案件受理费 100 元，上诉于北京市高级人民法院。上诉期满后 7 日内未交纳上诉案件受理费的，按自动撤回上诉处理。

审 判 长　任 进
代理审判员　董晓敏
代理审判员　唐晓君
二〇〇七年十二月十二日
书 记 员　袁 伟

094

智能型家用全自动豆浆机

无效宣告请求审查决定（第9815号）

决定号 第9815号
决定日 2007年5月18日
发明创造名称 智能型家用全自动豆浆机
国际分类号 A47J 43/04，A23C 11/10
无效宣告请求人 慈溪市西贝乐电器有限公司；上海帅佳电子科技有限公司；蔡雁庭
专利权人 王旭宁
申请号 99112253.4
申请日 1999年6月1日
授权公告日 2001年12月5日
合议组组长 李　隽
主审员 杨存吉
参审员 张　鹏

法律依据 专利法第26条第3款、第4款，第22条第3款
决定要点

如果本领域的技术人员按照说明书记载的内容，能够实现发明的技术方案，解决其技术问题，并且产生预期的技术效果，则该发明的说明书符合专利法第26条第3款的规定。

如果本领域技术人员能够从说明书充分公开的内容中得到或概括得出权利要求请求保护的技术方案，则该权利要求符合专利法第26条第4款的规定。

如果现有技术中未给出将一项权利要求的区别技术特征应用到最接近的现有技术中以解决其存在的技术问题的技术启示，那么就不能认为该权利要求不具备专利法第22条第3款规定的创造性。

一、案由

本无效宣告请求涉及国家知识产权局于2001年12月5日授权公告的99112253.4号发明专利权（下称本专利），其名称为“智能型家用全自动豆浆机”，申请日为1999年6月1日，专利权人为王旭宁。

本专利授权公告的权利要求为：

“1. 一种智能型家用全自动豆浆机，包括有机头、下盖和杯体，机头扣装在下盖上端，下盖下端扣置在杯体口上，在机头上设置有电源插座，在下盖上部固定装有电机、变压器和控制线路板，电热器和防溢探头固定在下盖下部，刀片直接固定安装在外伸于下盖下方的电机长轴轴端，过滤网罩外套

刀片和电机长轴旋装固定于下盖下部的过滤网罩安装体上，其特征在于，在下盖下端还固定安装有一个温度传感器，温度传感器是在下盖下端固定安装有一个温度测定棒，在温度测定棒前端装有一个温度传感头，该温度传感头与下盖上部的控制线路板连接。

2. 如权利要求 1 所述的一种智能型家用全自动豆浆机，其特征在于，在过滤网罩下端固定安装有支撑架。

3. 如权利要求 1 或 2 所述的一种智能型家用全自动豆浆机，其特征在于，在机头上部设置有一个提手，在提手与机头连接的凹弧形侧壁上部设置有通气孔。”

针对上述专利权，慈溪市西贝乐电器有限公司（下称请求人 1）于 2006 年 7 月 13 日向专利复审委员会提出专利权无效宣告请求，理由是本专利不符合专利法第 26 条第 3 款的规定，权利要求 1~3 不具备专利法第 22 条第 2 款和第 3 款规定的新颖性和创造性，并提供如下附件作为证据：

附件 1-1：公告号为 CN2066118U 的实用新型专利申请说明书，公告日为 1990 年 11 月 21 日；

附件 1-2：公告号为 CN2121649U 的实用新型专利申请说明书，公告日为 1992 年 11 月 11 日；

附件 1-3：授权公告号为 CN2147467Y 的实用新型专利说明书，授权公告日为 1993 年 11 月 24 日；

附件 1-4：授权公告号为 CN2209925Y 的实用新型专利说明书，授权公告日为 1995 年 10 月 18 日。

请求人 1 认为：本专利说明书未对温度传感器的品种、控制线路的电路及其连接方式作出明确的说明，本领域技术人员无法依据说明书作出正确的选择，因此本专利的说明书不符合专利法第 26 条第 3 款的规定；本专利权利要求 1 的前序部分已经被附件 1-4 公开，在液体加热装置中安装一个温度传感器以测定被加热液体是必需的，并且也是本领域技术人员所熟知的，附件 1-2 中的测温探头 5 相当于本专利中的温度测定棒和温度传感头，该测温探头也与温度控制器连接，另外温度传感器的位置也为本领域普通技术人员所熟知，因此附件 1-4 和 1-2 公开了本专利权利要求 1 的全部技术特征，该权利要求不具备专利法第 22 条规定的新颖性和创造性；另外，附件 1-1 和附件 1-3 也公开了两种与本专利类似的温度传感器，其工作原理、工作方式和产品结构与本专利权利要求 1 的特征部分完全相同；本专利权利要求 2 的附加技术特征属于公知常识，因此权利要求 2 不具备创造性；权利要求 3 的附加技术特征在附件 1-1 中被公开，也不具备创造性。

形式审查合格后，专利复审委员会受理了该无效宣告请求（立案号为 4W01454），并于 2006 年 7 月 13 日向请求人 1 和专利权人发出无效宣告受理通知书，并同时将专利权无效宣告请求书及其附件清单中所列附件副本转送给专利权人，要求其在指定的期限内答复。

2006 年 7 月 26 日，请求人 1 提交了补充的意见陈述，并增加了如下附件作为证据：

附件 1-5：授权公告号为 CN2303562Y 的实用新型专利说明书，授权公告日为 1999 年 1 月 13 日。

请求人 1 认为：本专利说明书不符合专利法第 26 条第 3 款的规定；附件 1-2 中的测温探头 5′和附件 1-5 中的温敏电阻 10 分别相当于本专利的温度测定棒和温度传感头，测温探头 5′和温敏电阻 10 也与温度控制器和线路板连接，因此本专利权利要求 1 的全部技术特征被附件 1-2 和 1-5 公开，附件 1-5 和本专利的豆浆生产过程都是以水的温度信号来自动控制先加热水再打豆并加热煮熟，液体加热装置中安装一个温度传感器以测定被加热液体是本领域技术人员所熟知的，温度传感器的安装位置对于本领域人员来说也是熟知的，将附件 1-2、1-5 和附件 1-4 相结合并不需要付出创造性的劳动，因此本专利权利要求 1 不具备创造性；附件 1-1 和 1-3 公开了与本专利类似的温度传感器；权利要求 2 的附加技术特征属于公知常识，所以权利要求 2 不具备创造性；权利要求 3 的附加技术特征在附件 1-4中被公开，所以权利要求 3 不具备创造性。

专利权人于2006年8月25日提交了意见陈述书，认为根据本专利说明书公开的信息，本领域技术人员不经过创造性的劳动就可得出温度传感器的品种、控制线路的电路以及连接方式，因此符合专利法说明书第26条第3款的规定；新颖性适用单独对比原则，任何一篇对比文件均不能否认本专利的新颖性；附件1-4没有公开本专利权利要求1前序部分中的“在机头上设置有电源插座”和“电热器和防溢探头固定在下盖下部”特征，本专利限定了一种集成的机头上置的方案，该方案避免了操作系统（电机、电加热装置）和控制系统（控制电路）分置和机头下置方案中的缺点，本专利中限定的集成上置方案能够被市场广泛接受也证明本专利具备创造性，因此本专利权利要求1具备专利法第22条第3款规定的创造性；在权利要求1具备创造性的情况下，权利要求2和3也具备专利法第22条第3款规定的创造性。

针对上述专利权，上海帅佳电子科技有限公司（下称请求人2）于2006年7月13日向专利复审委员会提出专利权无效宣告请求，理由是本专利不符合专利法第26条第3款的规定，权利要求1~3不具备专利法第22条第2款规定的新颖性和第3款规定的创造性，并提供如下附件作为证据：

附件2-1：公告号为CN2066118U的实用新型专利申请说明书（同附件1-1）；

附件2-2：公告号为CN2121649U的实用新型专利申请说明书（同附件1-2）；

附件2-3：授权公告号为CN2147467Y的实用新型专利说明书（同附件1-3）；

附件2-4：授权公告号为CN2209925Y的实用新型专利说明书（同附件1-4）。

请求人2认为：本专利说明书未对温度传感器的品种、控制线路的电路及其连接方式作出明确的说明，本领域技术人员无法依据说明书作出正确的选择，因此本专利的说明书不符合专利法第26条第3款的规定；本专利权利要求1的前序部分已经被附件2-4公开，在液体加热装置中安装一个温度传感器以测定被加热液体是必须的，并且也是本领域技术人员所熟知的，附件2-2中的测温探头5′相当于本专利中的温度测定棒和温度传感头，该测温探头也与温度控制器连接，另外温度传感器的位置也为本领域普通技术人员所熟知，因此附件2-4和2-2公开了本专利权利要求1的全部技术特征，该权利要求不具备专利法第22条规定的新颖性和创造性；另外，附件2-1和附件2-3也公开了两种与本专利类似的温度传感器，其工作原理、工作方式和产品结构与本专利权利要求1的特征部分完全相同；本专利权利要求2的附加技术特征属于公知常识，因此权利要求2不具备创造性；权利要求3的附加技术特征在附件2-1中被公开，也不具备创造性。

经过形式审查合格后，专利复审委员会受理了该无效宣告请求（立案号为4W01455），并于2006年7月13日向请求人2和专利权人发出无效宣告受理通知书，并同时将专利权无效宣告请求书及其附件清单中所列附件副本转送给专利权人，要求其在指定的期限内答复。

2006年7月26日，请求人2提交了补充的意见陈述，并增加了如下附件作为证据：

附件2-5：授权公告号为CN2303562Y的实用新型专利说明书（同附件1-4）。

请求人2认为：本专利说明书不符合专利法第26条第3款的规定；附件2-2中的测温探头5′和附件2-5中的温敏电阻10分别相当于本专利的温度测定棒和温度传感头，测温探头5′和温敏电阻10也与温度控制器和线路板连接，因此本专利权利要求1的全部技术特征被附件2-2和2-5公开，附件2-5和本专利的豆浆生产过程都是以水的温度信号来自动控制先加热水再打豆并加热煮熟，液体加热装置中安装一个温度传感器以测定被加热液体是本领域技术人员所熟知的，温度传感器的安装位置对于本领域人员来说也是熟知的，将附件2-2、2-5和附件2-4相结合并不需要付出创造性的劳动，因此本专利权利要求1不具备创造性；附件2-1和2-3公开了与本专利类似的温度传感器；权利要求2的附加技术特征属于公知常识，所以权利要求2不具备创造性；权利要求3的附加技术特征在附件2-4中被公开，所以权利要求3不具备创造性。

专利权人于2006年8月25日提交了意见陈述书，认为根据本专利说明书公开的信息，本领域技术人员不经过创造性的劳动就可得出温度传感器的品种、控制线路的电路以及连接方式，因此符合专利法说明书第26条第3款的规定；新颖性适用单独对比原则，任何一篇对比文件均不能否认本专利的新颖性；附件2-4没有公开本专利权利要求1前序部分中的“在机头上设置有电源插座”和“电热器和防溢探头固定在下盖下部”特征，本专利限定了一种集成的机头上置的方案，该方案避免了操作系统（电机、电加热装置）和控制系统（控制电路）分置和机头下置方案中的缺点，本专利中限定的集成上置方案能够被市场广泛接受也证明本专利具备创造，因此本专利权利要求1具备专利法第22条第3款规定的创造性；在权利要求1具备创造性的情况下，权利要求2和3也具备专利法第22条第3款规定的创造性。

针对上述专利权，蔡雁庭（下称请求人3）于2006年8月21日向专利复审委员会提出专利权无效宣告请求，理由是本专利不符合专利法第26条第3款、第4款的规定，权利要求1~3不具备专利法第22条第3款规定的创造性，并提供如下附件作为证据：

附件3-1：授权公告号为CN2209925Y的实用新型专利说明书（同附件1-4）；

附件3-2：授权公告号为CN2212368Y的实用新型专利说明书，授权公告日为1995年11月15日；

附件3-3：公开号为CN1090628A的发明专利申请公开说明书，公开日为1994年8月10日；

附件3-4：公开号为CN1092635A的发明专利申请公开说明书，公开日为1994年9月28日。

请求人3认为：本专利说明书未对温度测定棒和温度传感头、温度传感头与控制线路板连接关系、控制线路板、水温水量信号、标准水温值等作出清楚说明，控制线路板指令电热器首先工作和控制线路板才指令电机工作缺乏基本技术数据、本专利的技术效果亦未说明清楚，所以本专利说明书不符合专利法第26条第3款的规定；附件3-2、3-3和3-4中的温控方案具体而清楚，而本专利权利要求1中的抽象而上位，所以本专利权利要求1不具备专利法第22条第3款规定的创造性；本专利说明书未对“以水的温度信号来自动控制先加热水再打豆并加热煮熟的豆浆生产过程”作出清楚、完整的说明，因此本专利的权利要求没有以说明书的内容为依据，不符合专利法第26条第4款的规定；附件3-1中公开了权利要求2中的“支撑架”和权利要求3中的“提手”方案，因此本专利权利要求2和3不具备专利法第22条第3款规定的新颖性。

经过形式审查合格后，专利复审委员会受理了该无效宣告请求（立案号为4W01542），并于2006年10月9日向请求人3和专利权人发出无效宣告受理通知书，并同时将专利权无效宣告请求书及其附件清单中所列附件副本转送给专利权人，要求其在指定的期限内答复。

专利权人于2006年11月24日针对4W01524号无效宣告请求案提交了意见陈述书。专利权人认为：通过本专利说明书公开的内容，在现有技术的基础上可以实现本专利的技术方案，因此本专利符合专利法第26条第3款、第4款的规定；请求人3在评价本专利创造性中所用的所有对比文件均不是豆浆机领域，其结构组成以及连接关系与本专利无可比性，请求人3认为本专利权利要求1不具备创造性的理由不能成立，在权利要求1具备创造性的情况下，权利要求2和3也具备专利法第22条第3款规定的创造性。

专利复审委员会依法成立合议组决定对上述三个无效宣告请求进行合并审理，并于2006年12月27日向各方当事人发出无效宣告请求口头审理通知书，定于2007年2月6日上午在专利复审委员会进行口头审理，同时将请求人1和请求人2于2006年7月26日提交的补充意见陈述书和附件转送给专利权人，并将专利权人于2006年8月25日提交的意见陈述书分别转送给请求人1和请求人2，将专利权人于2006年11月24日提交的意见陈述书转送给请求人3。

口头审理如期举行，各方当事人均到庭出席了口头审理。在口头审理中，各方当事人对合议组成员无回避请求，对对方出庭人员身份和资格无异议。请求人1和请求人2明确其无效的理由是本专利说明书不符合专利法第26条第3款的规定，本专利权要求1相对于CN2209925Y和CN2121649U的结合或CN2209925Y和CN2303562Y的结合不具备专利法第22条第3款规定的创造性，针对本专利权利要求2和3无效理由与在前提交的意见陈述书中的意见相同，同时放弃专利法第22条第2款的无效理由。请求人3明确其无效理由是本专利不符合专利法第26条第3款、第4款以及专利法第22条第3款的规定，并放弃专利法第22条第2款无效理由。

至此，合议组认为本案事实已经查清，可以依法作出审查决定。

二、决定的理由

1. 关于证据

附件1-1和附件2-1为公告号为CN2066118U实用新型专利申请说明书，经核查属实，可以作为本案证据使用。该附件的公告日为1990年11月21日，早于本专利的申请日，其公开内容可以作为本专利的现有技术。

附件1-2和附件2-2为公告号为CN2121649U实用新型专利申请说明书，经核查属实，可以作为本案证据使用。该附件（下称对比文件3）的公告日为1992年11月11日，早于本专利的申请日，其公开内容可以作为本专利的现有技术。

附件1-3和附件2-3为授权公告号为CN2147467Y实用新型专利说明书，经核查属实，可以作为本案证据使用。该附件的授权公告日为1993年11月24日，早于本专利的申请日，其公开内容可以作为本专利的现有技术。

附件1-4、附件2-4和附件3-1为授权公告号为CN2209925Y实用新型专利说明书，经核查属实，可以作为本案证据使用。该附件（下称对比文件1）的授权公告日为1995年10月18日，早于本专利的申请日，其公开内容可以作为本专利的现有技术。

附件1-5和附件2-5为授权公告号为CN2303562Y实用新型专利说明书，经核查属实，可以作为本案证据使用。该附件（下称对比文件2）的授权公告日为1999年1月13日，早于本专利的申请日，其公开内容可以作为本专利的现有技术。

附件3-2为授权公告号为CN2212368Y实用新型专利说明书，经核查属实，可以作为本案证据使用。附件3-2的授权公告日为1995年11月15日，早于本专利的申请日，其公开内容可以作为本专利的现有技术。

附件3-3为公开号为CN1090628A发明专利申请公开说明书，经核查属实，可以作为本案证据使用。附件3-3的公开日为1994年8月10日，早于本专利的申请日，其公开内容可以作为本专利的现有技术。

附件3-4为公开号为CN1092635A发明专利申请公开说明书，经核查属实，可以作为本案证据使用。附件3-4的公开日为1994年9月28日，早于本专利的申请日，其公开内容可以作为本专利的现有技术。

2. 关于专利法第26条第3款

专利法第26条第3款规定：说明书应当对发明或者实用新型作出清楚、完整的说明，以所属技术领域的技术人员能够实现为准；必要的时候，应当有附图。摘要应当简要说明发明或者实用新型的技术要点。

如果本领域的技术人员按照说明书记载的内容，就能够实现发明的技术方案，解决其技术问题，并且产生预期的技术效果，则该发明的说明书符合专利法第26条第3款的规定。

本发明涉及一种智能型家用全自动豆浆机，该豆浆机通过在打豆之前自动控制电热器将水温加热到某个标准水温，然后才开始打豆并加热煮熟豆浆，从而解决在不同环境中由于打豆前初始水温的不同而带来的豆浆饮用口感差异较大和糊电热器现象的技术问题。本发明的说明书记载了该全自动豆浆机的结构和工作过程如下：在现有全自动豆浆机的下盖下端还固定安装有一个温度传感器，例如是一个温度测定棒，在温度测定棒前端装有一个温度传感头，该温度传感头与下盖上部的控制线路板连接；下盖下端扣置在杯体口上，下盖下端固定安装的温度测定棒插入杯体内水液中，温度测定棒前端的温度传感头即将水温水量信号传递给控制线路板上的控制电控元气件，控制线路板将检测到水温信号与标准水温作比较，当检测到的水温低于标准水温时，控制线路板指令电热器首先工作，加热水，温度传感头不断地检测水温，并将水温信号传递给控制线路板，直至水温达到标准水温时，控制线路板才指令电机工作，开始打豆，指令的电机开始工作时间是与设定的理想打豆水温相协调。

请求人 1 和请求人 2 认为本发明的说明书未对温度传感器的品种、控制线路的电路及其连接方式作出明确的说明，本领域技术人员无法依据说明书作出正确的选择，因此本专利说明书不符合专利法第 26 条第 3 款的规定。请求人 3 认为本专利说明书未对温度测定棒和温度传感头、温度传感头与控制线路板连接关系、控制线路板、水温水量信号、标准水温值等作出清楚说明，控制线路板指令电热器首先工作和控制线路板才指令电机工作缺乏基本技术数据、本专利的技术效果亦未说明清楚，所以本专利说明书不符合专利法第 26 条第 3 款的规定。

对此，合议组认为：温度传感器和控制线路板早已成为人们熟知的产品，将温度传感器与控制线路板连接起来进而实现温控功能也属于常规技术手段；本发明说明书对传感器的品种未作出具体限定，是因为它是本领域技术人员依赖常规现有技术就可实现；水温水量信号的类型是本领域技术人员可以根据传感器的类型进行选择，且这种选择属于常规技术手段；标准水温并不是一个特定唯一的温度，它是与该全自动豆浆机的其他参数相对应的，例如对应打豆后不同的加热煮熟时间就可以设定不同的标准水温，所以本发明无须对该标准水温作出限定；控制线路板和电机的基本技术数据都是本领域通常采用的数据。另外，请求人 1、请求人 2 和专利权人均认可温度传感器的品种、控制线路的电路及其连接方式属于现有技术。综上所述，本领域的技术人员按照说明书记载的内容，就能够选择合适的温度传感器和控制线路板并将两者连接起来以实现本发明的技术方案，解决其技术问题，并且产生预期的技术效果，所以请求人 1、请求人 2 和请求人 3 认为本专利说明书不符合专利法第 26 条第 3 款的主张不能成立。

3. 关于专利法第 26 条第 4 款

专利法第 26 条第 4 款规定：权利要求书应当以说明书为依据，说明要求专利保护的范围。

如果本领域技术人员能够从说明书充分公开的内容中得到或概括得出权利要求请求保护的技术方案，则该权利要求符合专利法第 26 条第 4 款的规定。

请求人 3 认为本专利说明书未对“以水的温度信号来自动控制先加热水再打豆并加热煮熟的豆浆生产过程”作出清楚、完整的说明，因此本专利的权利要求没有以说明书的内容为依据，不符合专利法第 26 条第 4 款的规定。

对此，合议组认为：本专利权利要求 1 在说明书第 2 页和第 3 页分别有记载，权利要求 2 和 3 在说明书第 4 页有记载。并且根据说明书记载的具体实施方式以及说明书附图给出的智能型家用自动豆浆机的具体结构，本领域技术人员可以概括得出本专利权利要求请求保护的技术方案，因此本专利所有权利要求均得到说明书的支持，请求人 3 认为本专利不符合专利法第 26 条第 4 款的主张不能成立。

4. 关于专利法第 22 条第 3 款

专利法第 22 条第 3 款规定：创造性，是指同申请日以前已有的技术相比，该发明有突出的实质性特点和显著的进步，该实用新型有实质性特点和进步。

如果现有技术中未给出技术启示，以将另一份对比文件中披露的技术手段结合到最接近的现有技术中，并解决其存在的技术问题，那么就不能认为该权利要求不具备专利法第 22 条第 3 款规定的创造性。

本专利权利要求 1 请求保护一种智能型家用全自动豆浆机，对比文件 1 公开一种全自动豆浆机，其由上盖 2、长轴电机 3、变压器 4、下座 5、杯体 6、刀片 8、电热管 9、过滤网罩 11、电路板 12 等构成，上盖扣装在下座上端，下座下端扣置在杯体上，下座上固定有长轴电机、变压器和电路板，电热管固定在下座下端，刀片直接固定安装于长轴电机的长轴轴端，过滤网罩的上平面与下座的下面固定连接，长轴电机的长轴直接通入过滤网罩内底部（参见对比文件 1 说明书第 3 页和说明书附图 1）。对比文件 1 的上盖和下座分别相当于本专利权利要求 1 的机头和下盖。专利权人对对比文件 1 公开了本专利权利要求 1 前序部分其他技术特征没有异议，但认为没有公开“在机头上设置有电源插座”和“防溢探头固定在下盖下部”两个技术特征。对此，合议组认为：对比文件公开的内容不仅包括其中明确记载的内容，还包括对于所属技术领域的技术人员来说，隐含的且可直接地、毫无疑义地确定的技术内容。对于电动的豆浆机而言，其必然要设置电源插座，对比文件 1 中的电动豆浆机为电机上置式，从整个豆浆机的结构上可以看出该电源插座也必然是设置在上盖上的，所以对比文件 1 实质上公开了“在机头上设置有电源插座”这一技术特征；另一方面，本专利是同一发明人基于对比文件 1 作出的改进发明，同时本专利说明书第 2 页第 3 行也指出对比文件 1 的全自动豆浆机包括固定在下盖下部的防溢探头，而且对比对比文件 1 和本专利的附图可知，对比文件 1 在同样的位置绘有与本专利防溢探头相同结构的部件，由此可认定对比文件 1 公开了“防溢探头固定在下盖下部”这一技术特征。故专利权人的上述主张不能成立。

综上所述，合议组认为：本专利权利要求 1 与对比文件 1 的区别技术特征在于其特征部分，即：在下盖下端还固定安装有一个温度传感器，温度传感器是在下盖下端固定安装有一个温度测定棒，在温度测定棒前端装有一个温度传感头，该温度传感头与下盖上部的控制线路板连接。本专利权利要求 1 请求保护的技术方案实际解决的技术问题是：防止出现在不同环境中由于打豆前初始水温的不同而带来的豆浆饮用口感差异较大和糊电热器的现象。

对比文件 2 公开一种电机下置式自动家用豆浆机，其中在杯体下方接合部装有温敏电阻 10，它是一个负温度电阻，操作时，将浸泡后的豆子放入滤网内，加入适量的水，加热管对豆子进行初加热，当达到一定温度时，电机开始工作，将豆子粉碎，过滤，豆浆流入烧煮杯内，加热管继续加热烧煮，将豆浆反复烧开几次后停机，温敏电阻感知杯中液体温度变化，确定加热烧煮的电能输入量，防止因地区或季节不同而产生的温差使豆浆煮不熟或煮熟后继续长时间烧煮而破坏豆浆的营养成分（参见对比文件 2 说明书第 2 页和附图 1）。

请求人 1 和请求人 2 认为对比文件 2 中的温敏电阻 10 相当于本专利的温度测定棒和温度传感头，并且该温敏电阻 10 也与控制电路相连接，因此本专利权利要求 1 的上述区别技术特征被对对比文件 2 公开，该权利要求相对于对比文件 1 和对比文件 2 的结合不具备专利法第 22 条第 3 款规定的创造性。对此，合议组认为：评价一个技术特征是否被公开时，不应仅因为它的某些部件功能相当于现有技术中某个部件的功能就认为该技术特征被公开，而应全面考虑该技术特征其他内容对相关部件结构的限定作用，如果该技术特征限定了一个更为具体的结构，那么就不应当认为该技术特征被公开。虽然对比文件 1 中的温敏电阻 10 与本专利权利要求 1 中的温度传感器都能够感知水温，但是前者是在提手 3 与杯 4 的下方接合部装有的温敏电阻，而后者为一个在豆浆机下盖下端固定安装的前端带有温度传感头的温度测定棒，该温度测定棒测定水温时与水直接接触，其本身的结构和安装位置明显不同于对比文件 1 中的温敏电阻，因此对比文件 2 同样未公开上述区别技术特征，由于现有技术中未给出将上述区别技术特征引入本专利权利要求 1 请求保护的技术方案的技术启示，所以请求人 1 和请求人 2 认为对比文件 2 公开了本专利权利要求 1 的上述区别技术特征并进而认为该权利要求相对于对比文件 1 和对比文件 2 的结合不具备专利法第 22 条第 3 款规定的创造性的主张不能成立。

对比文件 3 公开一种紧凑型电热水器，其中水箱 3 的上端面留有三个孔，其中一个孔供安装温度控制器 5 的测温探头 5′，测温探头 5′的头部穿过水箱测温孔伸入水箱 3 中，安放在低于水箱出水管下端又高于电热器 4 顶部的位置，从而测温探头 5′总能真实反映水温的变化（参见对比文件 3 的说明书第 3 页和附图 1）。

请求人 1 和请求人 2 认为对比文件 3 中的测温探头 5′相当于本专利权利要求 1 中的温度测定棒和温度传感头并且其也与温度控制器相连，因此本专利权利要求 1 的上述区别技术特征被对对比文件 3 公开，该权利要求相对于对比文件 1 和对比文件 3 的结合不具备专利法第 22 条第 3 款规定的创造性。对此，合议组认为：对比文件 3 属于有热发生装置的水加热器领域（参见第 8 版国际专利分类表），其解决结构紧凑的技术问题；而本专利属于厨房用具领域（参见同上），解决在不同环境中由于打豆前初始水温的不同而带来的豆浆饮用口感差异较大和糊电热器现象的技术问题。由于技术领域和解决技术问题的不同，对本领域普通技术人员而言不存在将二者予以结合的技术启示，并且即使两者结合也未给出本专利权利要求 1 的上述区别技术特征应用到现有技术中以解决其存在的技术问题的技术启示，所以请求人 1 和请求人 2 认为认为本专利权利要求 1 相对于对比文件 1 和对比文件 3 的结合不具备专利法第 22 条第 3 款规定的创造性的主张不能成立。

请求人 3 认为附件 3-2、3-3 和 3-4 中的温控方案具体而清楚，而本专利权利要求 1 中的抽象而上位，所以本专利权利要求 1 不具备专利法第 22 条规定的创造性。对此，合议组认为：评价一项权利要求是否具有创造性，应当考虑该权利要求请求保护的技术方案本身，而不是单独考虑其中某个技术特征。附件 3-2、3-3 和 3-4 中虽然公开了具体的温控方案，但是它们均未涉及家用豆浆机的技术方案，所以请求人 3 认为本专利权利要求 1 不具备专利法第 22 条规定的创造性的主张不能成立。

在本专利权利要求 1 不具备创造性主张不能成立的情况下，认为其从属权利要求 2 和 3 也不具备专利法第 22 条第 3 款规定的创造性的主张同样不能成立。

综上所述，请求人 1、请求人 2 和请求人 3 的无效宣告请求的理由不能成立，合议组作出如下决定。

三、决定

维持 99112253.4 号发明专利权有效。

当事人如对本决定不服，可以根据专利法第 46 条第 2 款的规定，自收到本决定通知书之日起三个月内向北京市第一中级人民法院起诉。根据该款的规定，一方当事人起诉后，另一方当事人应当作为第三人参加诉讼。

北京市第一中级人民法院
行政判决书

（2007）一中行初字第1107号

原告慈溪市西贝乐电器有限公司，住所地浙江省慈溪市范市镇西村旧闸桥路。

法定代表人孙善庆，总经理。

委托代理人陈际红，北京市中伦文德律师事务所律师。

委托代理人蔡鹏，北京市中伦文德律师事务所律师。

被告国家知识产权局专利复审委员会，住所地北京市海淀区北四环西路9号银谷大厦10~12层。

法定代表人廖涛，副主任。

委托代理人杨存吉，男，国家知识产权局专利复审委员会审查员。

委托代理人张鹏，男，国家知识产权局专利复审委员会审查员。

第三人王旭宁，男，1969年3月27日出生，汉族，山东省九阳小家电有限公司董事长，住山东省济南市历下区山大路179号3号楼3单元201号。

委托代理人程凌军，男，1973年3月31日出生，汉族，山东省九阳小家电有限公司员工，住山东省济南市历城区铁厂路17号。

委托代理人宋哲，男，1972年11月17日出生，北京金之桥知识产权代理有限公司员工，住湖北省武汉市武昌区体育街4-3-101号。

第三人上海帅佳电子科技有限公司，住所地上海市浦东康桥工业区沪南路2821号。

法定代表人李铁男，董事长。

委托代理人陈际红，北京市中伦文德律师事务所律师。

委托代理人刘佳宁，北京市中伦文德律师事务所律师助理。

第三人蔡雁庭，女，1974年8月17日出生，汉族，个体工商户，住广东省中山市东凤镇万兴西路7号。

委托代理人尹学谦，男，1956年5月2日出生，汉族，退休干部，住湖北省荆门市东宝区解放路67号。

原告慈溪市西贝乐电器有限公司不服被告国家知识产权局专利复审委员会作出的专利无效宣告请求审查决定，向本院提起行政诉讼。本院受理后，依法组成合议庭，依照《中华人民共和国行政诉讼法》第二十七条的规定，通知与本案有利害关系的王旭宁、上海帅佳电子科技有限公司（以下简称上海帅佳公司）、蔡雁庭为本案第三人参加诉讼，并于2007年9月27日公开开庭审理了本案。原告的委托代理人陈际红，被告的委托代理人杨存吉、张鹏，王旭宁的委托代理人程凌军、宋哲，上海帅佳公司的委托代理人陈际红、刘佳宁，蔡雁庭的委托代理人尹学谦到庭参加了诉讼。本案现已审理终结。

2007年5月18日，被告作出第9815号无效宣告请求审查决定（以下简称被诉决定），宣告维持王旭宁所有的专利号为99112253.4、名称为"智能型家用全自动豆浆机"的发明专利权（以下简称本专利）有效。

为证明被诉行为合法，被告在法定举证期限内向本院提交了以下证据：（1）CN2066118U实用新型专利申请说明书（即被诉决定中附件1-1）；（2）CN2121649U实用新型专利申请说明书（即被诉决定中附件1-2）；（3）CN2147467Y实用新型专利说明书（即被诉决定中附件1-3）；（4）

CN2209925Y 实用新型专利说明书（即被诉决定中附件 1-4）；（5）CN2 303562Y 实用新型专利说明书（即被诉决定中附件 1-5）；（6）本专利说明书。

原告诉称，被告认定事实错误，被诉决定违反了《中华人民共和国专利法》（以下简称《专利法》）第二十二条第三款的规定。本专利要解决的技术问题是：现有家用全自动豆浆机普遍存在的一个问题，由于电热器的工作时间和电机打豆的工作时间都是由厂家预先设置在控制线路的电控元气件内，即都是以工作时间为程序执行信号；争议专利采用的技术方案是：公开一种智能型家用全自动豆浆机结构，控制线路能够根据实际工作条件采集的信号自动调整确认电热器和电机的工作时间，争议专利所要达到的技术效果是：使豆浆机能够在各异的工作条件下保证是在符合工艺下运行。附件 1-4 公布了一种全自动豆浆机，本专利与其相比，其区别特征，即：在下盖下端还固定安装有一个温度传感器，温度传感器是在下盖下端固定安装有一个温度测定棒，在温度测定棒前端装有一个温度传感头，该温度传感头与下盖上部的控制电路板连接（以下简称本专利温度装置）。附件1-5 公布了一种家用豆浆机，其与本专利的区别技术特征在于附件 1-5 是一种电机和控制板下置式的设计方案，而本专利采取的是上置式的设计方案。本专利的说明书在陈述现有技术时也承认，纵观家用豆浆机的研究探索过程，大致可以概括为：电机布置由下置式改为上置式；控制方式由机械式改为微电子程序控制。故上述区别技术特征属于现有技术的范畴。附件 1-5 技术方案中公布了温度测定和控制装置。其要解决的技术问题和采用技术手段是：在加工豆浆的过程中，实现对温度的测定，根据温度启动电机的操作，控制豆浆的加热时间；达到的技术效果是，使得豆浆加热适当。附件 1-5 中的温度测定方案和本专利温度装置比，由于所要解决的技术问题、采取的技术方案和达到的技术效果均有一致性，给出了将区别特征应用到最接近现有技术以解决其存在技术问题的启示。附件 1-5 中温度测定方案采用的是温敏电阻测定温度装置，而本专利限定的是温度传感头，这一区别不能使得本专利具备专利法规定的创造性，仅属于常规手段的等效替代。同时，附件 1-1、1-2、1-3 亦同时给出了实现本专利与附件 1-4 区别技术特征的技术启示。《审查指南》第四章 4.5（1）第二段规定："但是，如果要素关系的变化，不能使发明产生预料不到的技术效果，则发明不具备创造性。"《审查指南》第四章 4.5（2）第二段规定，但是如果发明是相同功能的已知手段的等效替代，……则该发明不具备创造性。" 关于创造性问题，对比文件 1 中根本不存在其所称的温敏电阻，被告据此作出的决定也没有事实基础。本专利的区别技术特征同附件 1-5 所公布的温度测定装置比，所要解决的技术、采取的技术方案和达到的技术效果都是相同的，只是位置和形状要素进行了变化，而这种要素的变化，并没有产生任何进步的技术效果，所以不产生专利法所规定的创造性。同时，本专利的权利要求 2 和权利要求 3 所保护的技术方案的特征，也已经在现有文献中全部公开，不具备专利法所要求的创造性。综上所述，本专利不符合《专利法》第二十三条第三款的规定，请求法院依法判决撤销被诉决定。

原告为证明其主张，在本院开庭审理前提交了五份证据，同被告证据 1-5。

被告辩称，被诉决定第 9 页倒数第 1 段所述的"对比文件 1 中的温敏电阻"应为"对比文件 2 中的温敏电阻"，结合上下文可以看出上述内容属明显笔误。坚持被诉决定中本专利是否具备《专利法》第二十二条第三款规定的创造性的意见。被诉决定认定事实清楚，适用法律正确，行政程序合法，请求予以维持。

第三人王旭宁同意被诉决定。

第三人上海帅佳公司同意原告的起诉意见，请求撤销被诉决定。该公司提交了与原告相同的证据。

第三人蔡雁庭认为被诉决定认定事实不清，请求予以撤销。蔡雁庭未向本院提交证据。

本案开庭审理中，本院依职权调取了原告在行政程序中提交的无效请求书、口审记录表，以及被诉决定中使用的附件 3-2、3-3、3-4。

庭审质证中，各方当事人均对以上证据发表了各自的质证意见。经本院审查，被告、原告共同提交的证据及本院调取的证据与审查被诉行为的合法性有关，且符合真实性合法性要求，本院均予以确认。上述证据能够证明被告对本专利无效宣告审查的程序过程，各方当事人在无效审查程序中的主张和意见，以及本专利和被诉决定中使用的对比文件、附件所公开的内容。

根据以上确认的有效证据及各方当事人无争议的事实陈述，本院确定事实如下：

2001 年 12 月 5 日，国家知识产权局授权公告了本专利，其申请日为 1999 年 6 月 1 日，专利权人为本案第三人王旭宁。本专利授权公告的权利要求为：

（1）一种智能型家用全自动豆浆机，包括有机头、下盖和杯体，机头扣装在下盖上端，下盖下端扣置在杯体口上，在机头上设置有电源插座，在下盖上部固定装有电机、变压器和控制线路板，电热器和防溢探头固定在下盖下部，刀片直接固定安装在外伸于下盖下方的电机长轴轴端，过滤网罩外套刀片和电机长轴旋装固定于下盖下部的过滤网罩安装体上，其特征在于，在下盖下端还固定安装有一个温度传感器，温度传感器是在下盖下端固定安装有一个温度测定棒，在温度测定棒前端装有一个温度传感头，该温度传感头与下盖上部的控制线路板连接。

（2）如权利要求 1 所述的一种智能型家用全自动豆浆机，其特征在于，在过滤网罩下端固定安装有支撑架。

（3）如权利要求 1 或 2 所述的一种智能型家用全自动豆浆机，其特征在于，在机头上部设置有一个提手，在提手与机头连接的凹弧形侧壁上部设置有通气孔。

针对本专利，原告于 2006 年 7 月 13 日向被告提出无效宣告请求，理由是本专利不符合《专利法》第二十六条第三款的规定，权利要求 1~3 不具备《专利法》第二十二条第二款和第三款规定的新颖性和创造性，并提供如下附件作为证据：

附件 1-1：公告号为 CN2066118U 的实用新型专利申请说明书，公告日为 1990 年 11 月 21 日；

附件 1-2：公告号为 CN2121649U 的实用新型专利申请说明书，公告日为 1992 年 11 月 11 日；

附件 1-3：授权公告号为 CN2147467Y 的实用新型专利说明书，授权公告日为 1993 年 11 月 24 日；

附件 1-4：授权公告号为 CN2209925Y 的实用新型专利说明书，授权公告日为 1995 年 10 月 18 日。

经形式审查合格，被告受理了该无效宣告请求（立案号为 4W01454），并于 2006 年 7 月 13 日向原告和王旭宁发出无效宣告受理通知书，并同时将专利权无效宣告请求书及上述附件副本转送王旭宁，要求其在指定的期限内答复。同年 7 月 26 日，原告提交了补充的意见陈述，并增加了附件 1-5 作为证据，即授权公告号为 CN2303562Y 的实用新型专利说明书，授权公告日为 1999 年 1 月 13 日。王旭宁于 2006 年 8 月 25 日提交了意见陈述书。

针对本专利权，第三人上海帅佳公司于 2006 年 7 月 13 日向被告提出专利权无效宣告请求，理由是本专利不符合《专利法》第二十六条第三款的规定，权利要求 1~3 不具备《专利法》第二十二条第二款规定的新颖性和第三款规定的创造性，并提供与原告相同的附件作为证据。

经形式审查合格，被告受理了该无效宣告请求（立案号为 4W01455），并于 2006 年 7 月 13 日向上海帅佳公司和王旭宁发出无效宣告受理通知书，并同时将专利权无效宣告请求书及其附件清单中所列附件副本转送给王旭宁，要求其在指定的期限内答复。同年 7 月 26 日，上海帅佳公司提交了补充的意见陈述，并增加了附件 2-5，即授权公告号为 CN2303562Y 的实用新型专利说明书（同附件 1-4）。上海帅佳公司认为：本专利说明书不符合《专利法》第二十六条第三款的规定；附件 2-2 中的测温探头 5′和附件 2-5 中的温敏电阻 10 分别相当于本专利的温度测定棒和温度传感头，测温探头 5′

和温敏电阻10也与温度控制器和线路板连接，因此本专利权利要求1的全部技术特征被附件2-2和2-5公开，附件2-5和本专利的豆浆生产过程都是以水的温度信号来自动控制先加热水再打豆并加热煮熟，液体加热装置中安装一个温度传感器以测定被加热液体是本领域技术人员所熟知的，温度传感器的安装位置对于本领域人员来说也是熟知的，将附件2-2、2-5和附件2-4相结合并不需要付出创造性的劳动，因此本专利权利要求1不具备创造性；附件2-1和2-3公开了与本专利类似的温度传感器；权利要求2的附加技术特征属于公知常识，所以权利要求2不具备创造性；权利要求3的附加技术特征在附件2-4中被公开，所以权利要求3不具备创造性。

王旭宁于2006年8月25日提交了意见陈述书，认为根据本专利说明书公开的信息，本领域技术人员不经过创造性的劳动就可得出温度传感器的品种、控制线路的电路以及连接方式，因此符合《专利法》第二十六条第三款的规定；新颖性适用单独对比原则，任何一篇对比文件均不能否认本专利的新颖性；附件2-4没有公开本专利权利要求1前序部分中的“在机头上设置有电源插座”和“电热器和防溢探头固定在下盖下部”特征，本专利限定了一种集成的机头上置的方案，该方案避免了操作系统（电机、电加热装置）和控制系统（控制电路）分置和机头下置方案中的缺点，本专利中限定的集成上置方案能够被市场广泛接受也证明本专利具备创造，因此本专利权利要求1具备《专利法》第二十二条第三款的规定；在权利要求1具备创造性的情况下，权利要求2和3也具备创造性。

针对本专利，蔡雁庭于2006年8月21日向被告提出专利权无效宣告请求，理由是本专利不符合《专利法》第二十六条第三、四款的规定，权利要求1~3不具备《专利法》第二十二条第三款规定的创造性，并提供如下附件作为证据：

附件3-1：授权公告号为CN2209925Y的实用新型专利说明书（同附件1-4）；

附件3-2：授权公告号为CN2212368Y的实用新型专利说明书，授权公告日为1995年11月15日；

附件3-3：公开号为CN1090628A的发明专利申请公开说明书，公开日为1994年8月10日；

附件3-4：公开号为CN1092635A的发明专利申请公开说明书，公开日为1994年9月28日。

蔡雁庭认为：本专利说明书未对温度测定棒和温度传感头、温度传感头与控制线路板连接关系、控制线路板、水温水量信号、标准水温值等作出清楚说明，控制线路板指令电热器首先工作和控制线路板才指令电机工作缺乏基本技术数据、本专利的技术效果亦未说明清楚，所以本专利说明书不符合《专利法》第二十六条第三款的规定；附件3-2、3-3和3-4中的温控方案具体而清楚，而本专利权利要求1中的抽象而上位，所以本专利权利要求1不具备《专利法》第二十二条第三款规定的创造性；本专利说明书未对“以水的温度信号来自动控制先加热水再打豆并加热煮熟的豆浆生产过程”作出清楚、完整的说明，因此本专利的权利要求没有以说明书的内容为依据，不符合《专利法》第二十六条第四款的规定；附件3-1中公开了权利要求2中的“支撑架”和权利要求3中的“提手”方案，因此本专利权利要求2和3不具备《专利法》第二十二条第二款规定的新颖性。

经形式审查合格，被告受理了上述无效宣告请求（立案号为4W01542），并于2006年10月9日向蔡雁庭和王旭宁发出无效宣告受理通知书，并同时将专利权无效宣告请求书及其附件清单中所列附件副本转送给王旭宁，要求其在指定的期限内答复。同年11月24日王旭宁针对4W01524号无效宣告请求案提交了意见陈述书，认为：通过本专利说明书公开的内容，在现有技术的基础上可以实现本专利的技术方案，因此本专利符合《专利法》第二十六条第三、四款的规定；蔡雁庭在评价本专利创造性中所用的所有对比文件均不是豆浆机领域，其结构组成以及连接关系与本专利无可比性，在权利要求1具备创造性的情况下，权利要求2和3也具备《专利法》第二十二条第三款规定的创造性。

被告依法成立合议组决定对上述三个无效宣告请求进行合并审理，并于2006年12月27日向各方当事人发出无效宣告请求口头审理通知书，同时将上海帅佳公司及蔡雁庭提交的补充意见陈述书和附件转送给王旭宁，并将王旭宁于2006年8月25日提交的意见陈述书分别转送给原告和上海帅佳公司，将原告于2006年11月24日提交的意见陈述书转送给蔡雁庭。

2007年2月6日口头审理如期举行，各方当事人均到庭出席了口头审理。在口头审理中，各方当事人对合议组成员无回避请求，对对方出庭人员身份和资格无异议。原告和上海帅佳公司明确其无效的理由是本专利说明书不符合《专利法》第二十六条第三款的规定，本专利权要求1相对于附件1-4和附件1-2的结合或附件1-4和附件1-5的结合不具备《专利法》第二十二条第三款规定的创造性，针对本专利权利要求2和3无效理由与在前提交的意见陈述书中的意见相同，同时放弃《专利法》第二十二条第二款的无效理由。蔡雁庭明确其无效理由是本专利不符合《专利法》第二十六条第三、四款以及第二十二条第三款的规定，并放弃《专利法》第二十二条第二款无效理由。

被告经审查，作出以下认定：

1. 关于证据

附件1-1和附件2-1为公告号为CN2066118U实用新型专利申请说明书，经核查属实，可以作为本案证据使用。该附件的公告日为1990年11月21日，早于本专利的申请日，其公开内容可以作为本专利的现有技术。

附件1-2和附件2-2为公告号为CN2121649U实用新型专利申请说明书，经核查属实，可以作为本案证据使用。该附件（下称对比文件3）的公告日为1992年11月11日，早于本专利的申请日，其公开内容可以作为本专利的现有技术。

附件1-3和附件2-3为授权公告号为CN2147467Y实用新型专利说明书，经核查属实，可以作为本案证据使用。该附件的授权公告日为1993年11月24日，早于本专利的申请日，其公开内容可以作为本专利的现有技术。

附件1-4、附件2-4和附件3-1为授权公告号为CN2209925Y实用新型专利说明书，经核查属实，可以作为本案证据使用。该附件（下称对比文件1）的授权公告日为1995年10月18日，早于本专利的申请日，其公开内容可以作为本专利的现有技术。

附件1-5和附件2-5为授权公告号为CN2303562Y实用新型专利说明书，经核查属实，可以作为本案证据使用。该附件（下称对比文件2）的授权公告日为1999年1月13日，早于本专利的申请日，其公开内容可以作为本专利的现有技术。

附件3-2为授权公告号为CN2212368Y实用新型专利说明书，授权公告日为1995年11月15日；附件3-3为公告号为CN1090628A发明专利申请公开说明书，公开日为1994年8月10日；附件3-4为公告号为CN1092635A发明专利申请公开说明书，公开日为1994年9月28日。上述附件经核查属实，可以作为本案证据使用。且均早于本专利的申请日，其公开内容可以作为本专利的现有技术。

2. 关于《专利法》第二十六条第三款

本发明的说明书记载了本专利全自动豆浆机的结构和工作过程如下：在现有全自动豆浆机的下盖下端还固定安装有一个温度传感器，例如是一个温度测定棒，在温度测定棒前端装有一个温度传感头，该温度传感头与下盖上部的控制线路板连接；下盖下端扣置在杯体口上，下盖下端固定安装的温度测定棒插入杯体内水液中，温度测定棒前端的温度传感头即将水温水量信号传递给控制线路板上的控制电控元气件，控制线路板将检测到水温信号与标准水温作比较，当检测到的水温低于标准水温时，控制线路板指令电热器首先工作，加热水，温度传感头不断地检测水温，并将水温信号传递给控制线路板，直至水温达到标准水温时，控制线路板才指令电机工作，开始打豆，指令的电机开始工作时间是与设定的理想打豆水温相协调。

由于温度传感器和控制线路板早已成为人们熟知的产品，将温度传感器与控制线路板连接起来进而实现温控功能也属于常规技术手段；本发明说明书对传感器的品种未作出具体限定，是因为它是本领域技术人员依赖常规现有技术就可实现；水温水量信号的类型是本领域技术人员可以根据传感器的类型进行选择，且这种选择属于常规技术手段；标准水温并不是一个特定唯一的温度，它是与该全自动豆浆机的其他参数相对应的，例如对应打豆后不同的加热煮熟时间就可以设定不同的标准水温，所以本发明无须对该标准水温作出限定；控制线路板和电机的基本技术数据都是本领域通常采用的数据。原告、上海帅佳公司、蔡雁庭均认可温度传感器的品种、控制线路的电路及其连接方式属于现有技术。因此，本领域的技术人员按照说明书记载的内容，就能够选择合适的温度传感器和控制线路板并将两者连接起来以实现本发明的技术方案，解决其技术问题，并且产生预期的技术效果，原告、上海帅佳公司、蔡雁庭认为本专利说明书不符合《专利法》第二十六条第三款的主张不能成立。

3. 关于《专利法》第二十六条第四款

蔡雁庭认为本专利说明书未对“以水的温度信号来自动控制先加热水再打豆并加热煮熟的豆浆生产过程”作出清楚、完整的说明，因此本专利的权利要求没有以说明书的内容为依据。被告认为：本专利权利要求 1 在说明书第 2 页和第 3 页分别有记载，权利要求 2 和 3 在说明书第 4 页有记载。并且根据说明书记载的具体实施方式以及说明书附图给出的智能型家用自动豆浆机的具体结构，本领域技术人员可以概括得出本专利权利要求请求保护的技术方案，因此本专利所有权利要求均得到说明书的支持，蔡雁庭关于本专利不符合《专利法》第二十六条第四款的主张不能成立。

4. 关于《专利法》第二十二条第三款

本专利权利要求 1 请求保护一种智能型家用全自动豆浆机，对比文件 1 公开一种全自动豆浆机，其由上盖 2、长轴电机 3、变压器 4、下座 5、杯体 6、刀片 8、电热管 9、过滤网罩 11、电路板 12 等构成，上盖扣装在下座上端，下座下端扣置在杯体上，下座上固定有长轴电机、变压器和电路板，电热管固定在下座下端，刀片直接固定安装于长轴电机的长轴轴端，过滤网罩的上平面与下座的下面固定连接，长轴电机的长轴直接通入过滤网罩内底部（参见对比文件 1 说明书第 3 页和说明书附图 1）。对比文件 1 的上盖和下座分别相当于本专利权利要求 1 的机头和下盖。专利权人对对比文件 1 公开了本专利权利要求 1 前序部分其他技术特征没有异议，但认为没有公开“在机头上设置有电源插座”和“防溢探头固定在下盖下部”两个技术特征。对此，被告认为：对比文件公开的内容不仅包括其中明确记载的内容，还包括对于所属技术领域的技术人员来说，隐含的且可直接地、毫无疑义地确定的技术内容。对于电动的豆浆机而言，其必然要设置电源插座，对比文件 1 中的电动豆浆机为电机上置式，从整个豆浆机的结构上可以看出该电源插座也必然是设置在上盖上的，所以对比文件 1 实质上公开了“在机头上设置有电源插座”这一技术特征；另一方面，本专利是同一发明人基于对比文件 1 作出的改进发明，同时本专利说明书第 2 页第 3 行也指出对比文件 1 的全自动豆浆机包括固定在下盖下部的防溢探头，而且对比对比文件 1 和本专利的附图可知，对比文件 1 在同样的位置绘有与本专利防溢探头相同结构的部件，由此可认定对比文件 1 公开了“防溢探头固定在下盖下部”这一技术特征。因此，本专利权利要求 1 与对比文件 1 的区别技术特征在于其特征部分，即：在下盖下端还固定安装有一个温度传感器，温度传感器是在下盖下端固定安装有一个温度测定棒，在温度测定棒前端装有一个温度传感头，该温度传感头与下盖上部的控制线路板连接。本专利权利要求 1 请求保护的技术方案实际解决的技术问题是：防止出现在不同环境中由于打豆前初始水温的不同而带来的豆浆饮用口感差异较大和糊电热器的现象。

对比文件 2 公开一种电机下置式自动家用豆浆机，其中在杯体下方接合部装有温敏电阻 10，它是一个负温度电阻，操作时，将浸泡后的豆子放入滤网内，加入适量的水，加热管对豆子进行初加热，当达到一定温度时，电机开始工作，将豆子粉碎，过滤，豆浆流入烧煮杯内，加热管继续加热烧煮，将豆浆反复烧开几次后停机，温敏电阻感知杯中液体温度变化，确定加热烧煮的电能输入量，防止因地区或季节不同而产生的温差使豆浆煮不熟或煮熟后继续长时间烧煮而破坏豆浆的营养成分（参见对比文件 2 说明书第 2 页和附图 1）。

原告和上海帅佳公司认为对比文件 2 中的温敏电阻 10 相当于本专利的温度测定棒和温度传感头，并且该温敏电阻 10 也与控制电路相连接，因此本专利权利要求 1 的上述区别技术特征被对比文件 2 公开，该权利要求相对于对比文件 1 和对比文件 2 的结合不具备创造性。被告认为，对比文件 2 中的温敏电阻 10 与本专利权利要求 1 中的温度传感器都能够感知水温，但是前者是在提手 3 与杯 4 的下方接合部装有的温敏电阻，而后者为一个在豆浆机下盖下端固定安装的前端带有温度传感头的温度测定棒，该温度测定棒测定水温时与水直接接触，其本身的结构和安装位置明显不同于对比文件 2 中的温敏电阻，因此对比文件 2 同样未公开上述区别技术特征，由于现有技术中未给出将上述区别技术特征引入本专利权利要求 1 请求保护的技术方案的技术启示，所以原告和上海帅佳公司认为对比文件 2 公开了本专利权利要求 1 的上述区别技术特征并进而认为该权利要求相对于对比文件 1 和对比文件 2 的结合不具备创造性的主张不能成立。

对比文件 3 公开一种紧凑型电热水器，其中水箱 3 的上端面留有三个孔，其中一个孔供安装温度控制器 5 的测温探头 5′，测温探头 5′的头部穿过水箱测温孔伸入水箱 3 中，安放在低于水箱出水管下端又高于电热器 4 顶部的位置，从而测温探头 5′总能真实反映水温的变化（参见对比文件 3 的说明书第 3 页和附图 1）。对比文件 3 属于有热发生装置的水加热器领域（参见第 8 版国际专利分类表），其解决结构紧凑的技术问题；而本专利属于厨房用具领域（参见同上），解决在不同环境中由于打豆前初始水温的不同而带来的豆浆饮用口感差异较大和糊电热器现象的技术问题。由于技术领域和解决技术问题的不同，对本领域普通技术人员而言不存在将二者予以结合的技术启示，并且即使两者结合也未给出本专利权利要求 1 的上述区别技术特征应用到现有技术中以解决其存在的技术问题的技术启示，所以原告和上海帅佳公司认为本专利权利要求 1 相对于对比文件 1 和对比文件 3 的结合不具备创造性的主张不能成立。

蔡雁庭认为附件 3-2、3-3 和 3-4 中的温控方案具体而清楚，而本专利权利要求 1 中的抽象而上位，所以本专利权利要求 1 不具备创造性。对此，被告认为：评价一项权利要求是否具有创造性，应当考虑该权利要求请求保护的技术方案本身，而不是单独考虑其中某个技术特征。附件 3-2、3-3 和 3-4 中虽然公开了具体的温控方案，但是它们均未涉及家用豆浆机的技术方案，所以蔡雁庭的上述主张不能成立。在本专利权利要求 1 不具备创造性主张不能成立的情况下，蔡雁庭认为其从属权利要求 2 和 3 也不具备创造性的主张同样不能成立。

综上，被告作出被诉决定，原告不服，诉至本院。

在本院开庭审理中，各方当事人对被告在被诉决定中使用的证据无异议。原告、上海帅佳公司对被诉决定中关于本专利符合《专利法》第二十六条第三款的认定无异议。

本院认为，《专利法》第二十六条第三款规定，说明书应当对发明或者实用新型作出清楚、完整的说明，以所属技术领域的技术人员能够实现为准。因此，本领域的技术人员根据说明书记载的内容，能够实现发明的技术方案，解决其技术问题，并且产生预期的技术效果，则该发明的说明书符合上述法律规定。本案中，原告、上海帅佳公司、蔡雁庭主张本专利说明书未对温度传感器的品种、控制线路的电路及其连接方式、温度测定棒、温度传感头与控制线路板的连接关系、水温水信号、标准水温值作出清楚的说明，并缺少有关基本数据及本专利的技术效果。由于温度传感器的品种、控制线路的电路及其连接方式属于现有技术，水温水量信号的类型亦可由本领域技术人员根据传感器的类型采取常规技术手段进行选择。因此被告关于本领域的技术人员按照说明书记载的内容，就能够选择合适的温度传感器和控制线路板并将两者连接起来以实现本专利的技术方案，解决其技术问题，并且产生预期的技术效果的认定正确，且理由充分，本院予以认可。蔡雁庭关于本专利不符合《专利法》第二十六条第三款规定的主张事实依据不足，本院不予支持。

《专利法》第二十六条第四款规定，权利要求书应当以说明书为依据，说明要求专利保护的范围。本案中，本专利权利要求 1 在说明书第 2 页和第 3 页分别有记载，权利要求 2 和 3 在说明书第 4 页有记载，且说明书记载的具体实施方式以及说明书附图给出的智能型家用自动豆浆机的具体结构的事实清楚，本领域技术人员能够从上述充分公开的内容中实现豆浆的整个生产加工过程，得到本专利权利要求请求保护的技术方案。因此，本专利所有权利要求均能得到说明书支持，符合上述法律规定，被告所作的有关认定正确，本院应予支持。

《专利法》第二十二条第三款规定：创造性，是指同申请日以前已有的技术相比，该发明有突出的实质性特点和显著的进步，该实用新型有实质性特点和进步。本案中，原告、上海帅佳公司主张对比文件 1、2、3 已公开了本专利权利要求 1 的技术特征，本专利权利要求 1 不具有创造性。蔡雁庭主张附件 3-2、3-3、3-4 中温控方案具体清楚，本专利权利要求 1 是抽象而上位的，本专利权利要求 1 不具有创造性。

经审查，根据对比文件 1、2 公开的技术内容，本院认同被告将本专利权利要求 1 与对比文件 1、对比文件 2 分别相比所认定的区别技术特征。被告据此针对原告、上海帅佳公司关于本专利权利要求 1 相对于对比文件 1 与 2 结合不具有创造性的理由予以评价，得出上述主张不成立的结论之事实依据充分，本院亦予确认。对比文件 1 与本专利领域相同，但对比文件 3 是一种紧凑型电热水器，解决热水器占地空间小的问题，属于有热发生装置的水加热器领域，与本专利涉及的厨房用具领域明显不同，所解决的技术问题亦不同，因此对本领域技术人员没有将二者相结合的技术启示，被告据此认定原告、上海帅佳公司关于本专利权利要求 1 相对于对比文件 1 和 3 的结合不具有创造性的主张不成立正确。

由于附件 3-2、3-3、3-4 中公开的具体温控方案未涉及家用豆浆机的技术方案，故不能用于评价本专利权利要求 1 所要保护的技术方案是否具有创造性，蔡雁庭主张本专利权利要求 1 不具备创造性的理由不成立。

综上，被诉决定认定事实清楚，适用法律正确，行政程序合法，本院应予维持。原告、上海帅佳公司、蔡雁庭的诉讼意见均缺乏事实及法律依据，本院不予支持。依照《中华人民共和国行政诉讼法》第五十四条第（一）项之规定，判决如下：

维持被告国家知识产权局专利复审委员会于二〇〇七年五月十八日作出的第 9815 号无效宣告请求审查决定。

案件受理费 100 元，由原告慈溪市西贝乐电器有限公司负担（已交纳）。

如不服本判决，各方当事人可在判决书送达之日起 15 日内，向本院递交上诉状，并按对方当事人的人数提出副本，预交上诉案件受理费 100 元，上诉于北京市高级人民法院。上诉人在上诉期满后 7 日内未预交上诉费，又不提出缓交申请的，按自动撤回上诉处理。

审　判　长　梁　菲
代理审判员　何慧君
代理审判员　司品华
二〇〇八年一月十八日
书　记　员　王　丽

北京市高级人民法院
行政判决书

（2008）高行终字第288号

上诉人（一审原告）慈溪市西贝乐电器有限公司，住所地浙江省慈溪市范市镇西村旧闸桥路。

法定代表人孙善庆，董事长。

委托代理人陈际红，北京市中伦金通律师事务所律师。

委托代理人蔡鹏，北京市中伦文德律师事务所律师。

被上诉人（一审被告）国家知识产权局专利复审委员会，住所地北京市海淀区北四环西路9号银谷大厦10~12层。

法定代表人廖涛，副主任。

委托代理人杨存吉，男，国家知识产权局专利复审委员会审查员。

委托代理人张鹏，男，国家知识产权局专利复审委员会审查员。

被上诉人（一审第三人）王旭宁，男，1969年3月27日出生，汉族，山东省九阳小家电有限公司董事长，住山东省济南市历下区山大路179号3号楼3单元201号。

委托代理人程凌军，男，1973年3月31日出生，汉族，山东省九阳小家电有限公司员工，住山东省济南市槐荫区匡山小区101号楼2单元501号。

委托代理人宋哲，男，1972年11月17日出生，汉族，北京金之桥知识产权代理有限公司员工，住湖北省武汉市武昌区体育街4-3-101号。

一审第三人上海帅佳电子科技有限公司，住所地上海市浦东康桥工业区沪南路2821号。

法定代表人李铁男，董事长。

一审第三人蔡雁庭，女，1974年8月17日出生，汉族，个体工商户，住广东省中山市东凤镇万兴西路7号。

委托代理人尹学谦，男，1956年5月2日出生，汉族，退休干部，住湖北省荆门市东宝区解放路67号。

上诉人慈溪市西贝乐电器有限公司（以下简称西贝乐公司）因专利无效宣告请求审查决定，不服北京市第一中级人民法院（2007）一中行初字第1107号行政判决，向本院提起上诉。本院受理后，依法组成合议庭，对本案进行了公开审理。上诉人西贝乐公司的委托代理人陈际红、蔡鹏，被上诉人国家知识产权局专利复审委员会（以下简称专利复审委）的委托代理人杨存吉、张鹏，被上诉人王旭宁的委托代理人程凌军、宋哲到庭参加了诉讼。一审第三人上海帅佳电子科技有限公司（以下简称帅佳公司）、蔡雁庭经合法传唤，无正当理由未到庭参加诉讼。本案现已审理终结。

2007年5月18日，专利复审委作出第9815号无效宣告请求审查决定（以下简称第9815号决定），宣告维持王旭宁持有的第99112253.4号“智能型家用全自动豆浆机”发明专利权（以下简称本专利）有效。西贝乐公司不服该决定，向北京市第一中级人民法院（以下简称一审法院）提起行政诉讼。

一审法院经审理认为，由于温度传感器的品种、控制线路的电路及其连接方式属于现有技术，水温水量信号的类型亦可由本领域技术人员根据传感器的类型采取常规技术手段进行选择。因此专利复审委关于本领域的技术人员按照说明书记载的内容，就能够选择合适的温度传感器和控制线路板并将两者连接起来以实现本专利的技术方案，解决其技术问题，并且产生预期的技术效果的认定正确，且理由充分，应予以认可。故西贝乐公司、帅佳公司、蔡雁庭（以下简称三无效请求人）关于本专利说明书未对温度传感器的品种、控制线路的电路及其连接方式、温度测定棒、温度传感头与控制线路板的连接关系、水温水量信号、标准水温值作出清楚的说明，并缺少基本数据及技术效果的主张不能成立。

本专利权利要求 1 在说明书第 2 页和第 3 页分别有记载，权利要求 2 和 3 在说明书第 4 页有记载，且说明书记载的具体实施方式以及说明书附图给出的智能型家用自动豆浆机的具体结构的事实清楚，本领域技术人员能够从上述充分公开的内容中实现豆浆的整个生产加工过程，得到本专利权利要求请求保护的技术方案。因此，本专利所有权利要求均能得到说明书支持，符合上述法律规定，专利复审委所作的有关认定正确，应予支持。

一审法院经对对比文件 1、2 的技术内容进行审查，认同专利复审委将本专利权利要求 1 与对比文件 1、对比文件 2 分别相比所认定的区别技术特征。同时认为专利复审委据此针对西贝乐公司、帅佳公司关于本专利权利要求 1 相对于对比文件 1 与 2 结合不具有创造性的理由予以评价，得出上述主张不成立的结论之事实依据充分。对比文件 1 与本专利领域相同，但对比文件 3 是一种紧凑型电热水器，解决热水器占地空间小的问题，属于有热发生装置的水加热器领域，与本专利涉及的厨房用具领域明显不同，所解决的技术问题亦不同，因此对本领域技术人员没有将二者相结合的技术启示，专利复审委据此认定西贝乐公司、上海帅佳公司关于本专利权利要求 1 相对于对比文件 1 和 3 的结合不具有创造性的主张不成立正确。

由于附件 3-2、3-3、3-4 中公开的具体温控方案未涉及家用豆浆机的技术方案，故不能用于评价本专利权利要求 1 所要保护的技术方案是否具有创造性，蔡雁庭主张本专利权利要求 1 不具备创造性的理由不成立。

综上，一审法院认为第 9815 号决定认定事实清楚，适用法律正确，行政程序合法，应予维持。三无效请求人的诉讼意见均缺乏事实及法律依据，不予支持。依照《中华人民共和国行政诉讼法》第五十四条第（一）项之规定，判决维持了第 9815 号决定。

西贝乐公司不服一审判决，提起上诉。该公司认为，其在无效审查期间提交的附件 1-4 公开了一种全自动豆浆机，与本专利相比，其区别特征在于权利要求 1 的特征部分，即：在下盖下端还固定安装有一个温度传感器，温度传感器是在下盖下端固定安装有一个温度测定棒，在温度测定棒前端装有一个温度传感头，该温度传感头与下盖上部的控制电路板连接。附件 1-5 公开了一种家用豆浆机，公开了温度测定和控制装置，其要解决的技术问题和采用的技术手段是：在加工豆浆的过程中，实现对温度的测定，根据温度启动电机的操作，控制豆浆的加热时间，达到的技术效果是使得豆浆加热适当。该附件中的温度测定方案和本专利温度装置比，由于所要解决的技术问题、采取的技术方案和达到的技术效果均有一致性，可以认为附件 1-5 给出了将区别特征应用到最接近现有技术以解决其存在技术问题的启示。

第 9815 号决定认定事实有两个错误，一是对附件 1-1 的技术方案理解错误，认定该附件存在根本不具有的“温敏电阻”，进而据以作出了违背事实的决定。二是对本专利创造性的认定错误。该公司认为本专利的温度装置和附件 1-5 中的温敏电阻具有一定区别，但这种区别并没有带来任何技术上的进步效果。专利复审委仅仅因为“本身的结构和安装位置明显不同于附件 1-1 中的温敏电阻”，就得出本专利具有创造性的结论没有事实依据，也违反了法律规定。相反，本专利同现有技术比，不具有突出的实质性特点，也没有显著进步。本专利与附件 1-5 公开的温度测定装置比，所要解决的技术问题、采取的技术方案和达到的技术效果都是相同的，只是位置和形状要素进行了变化，而这种要素的变化，并没有产生任何进步的技术效果，所以，不具有创造性。

一审判决对上述错误一所涉及的事实没有查证，遗漏了该公司重要争议事项。同时关于本专利的创造性审查中，就该公司提出的没有证据证明本专利温感装置位置的变化带来了任何的技术进步的意见，只是简单的以“……得出上述主张不成立的结论之事实依据充分，本院予以确认”而潦草带过。

综上，该公司认为一审判决认定事实错误，遗漏争议事项，对重要争议没有查清，判决错误。请求二审法院撤销一审判决和第 9815 号决定。

专利复审委答辩认为，本专利与对比文件 1 的区别技术特征在于，在下盖下端还固定安装有一个温度传感器，温度传感器是在下盖下端固定安装有一个温度测定棒，在温度测定棒前端装有一个温度传感头，该温度传感头与下盖上部的控制线路板连接。虽然对比文件 2 中的温敏电阻与本专利权利要求 1 中的温度传感器都能感知水温，但是前者是在提手与杯的下方接合部装有的温敏电阻，而后者为一个在豆浆机下盖下端固定安装的前端带有温度传感头的温度测定棒，该温度测定棒测定水温时与水直接接触，其本身的结构和安装位置明显不同于对比文件 2 中的温敏电阻。因此，对比文件 2 未公开上述区别技术特征。故，西贝乐公司关于对比文件 2 公开了本专利权利要求 1 的上述特征并进而认为该权利要求相对于对比文件 1 和对比文件 2 的结合不具有创造性的主张不能成立。据此认为，第 9815 号决定认定事实清楚，适用法律正确，请求二审法院判决维持该决定和一审判决。

关于第 9815 号决定第 9 页第 4 自然段第 7 行、第 10 行关于“对比文件 1”的表述，该委当庭更正应为“对比文件 2”。

王旭宁未提交书面答辩意见。当庭表示同意专利复审委的答辩意见。

一审第三人帅佳公司未提交书面意见。

一审第三人蔡雁庭提交了书面意见。蔡雁庭认为，在无效程序期间，王旭宁提交的意见陈述书中表明，（1）通过本专利权利要求限定的技术方案或者说明书，在现有技术的基础上完全可以解决。包括请求人提出的问题用请求人自身提供的对比文件就可以解决。该意见表明，蔡雁庭提交的附件3-2（授权公告号 CN2212368Y“温控全自动电饭煲”专利中提供的四个温控解决方案也可以解决本专利的“实现”。因此，本专利是不清楚的，对比文件对本专利存在技术启示，故本专利没有创造性；（2）王旭宁将其专利的上位概念与蔡雁庭提交对比文件中“温控全自动电饭煲”中提供的四个温控解决方案做了下位关联，王旭宁的自认行为应作为证据认定。王旭宁在说明书中称“在温度测定棒前端装有一个温度传感头”，以上位模糊概念主张其权利，而其说明书中又没有任何一个涉及具体温度传感头的实施方案支持其权利要求；而蔡雁庭在同类技术方案中找到的在先文献记载：热敏元件“碟形双金属片”K21 温度传感头；热敏“电阻”K22 温度传感头；热敏元件“磁钢限稳器”K23 温度传感头；热敏元件“碟形双金属片”K24 温度传感头等几种具体的温度传感头用于同类技术方案。综上，对比文件否定了本专利的创造性。第 9815 号决定认定事实不清，回避重要证据不予审查，程序违法，请求撤销该决定。

一审法院审理期间，专利复审委在法定举证期限内提交了以下证据材料：（1）附件 1-1：CN2066118U 实用新型专利申请说明书；（2）附件 1-2：CN2121649U 实用新型专利申请说明书；（3）附件 1-3：CN2147467Y 实用新型专利说明书；（4）附件 1-4：CN2209925Y 实用新型专利说明书；（5）附件 1-5：CN2303562Y 实用新型专利说明书；（6）本专利说明书。

西贝乐公司在一审开庭前也提交了上述证据材料的（1）~（5）。

一审法院在开庭审理中，依职权调取了西贝乐公司在行政程序中提交的无效请求书、口审记录表，以及第 9815 号决定中使用的附件 3-2：授权公告号 CN2212368Y 实用新型专利说明书；附件 3-3：授权公告号 CN1090628A 发明专利说明书；附件 3-4：授权公告号 CN1092635A 发明专利说明书。

上述证据材料已随案移送本院。经审查，专利复审委和西贝乐公司提交的上述证据来源合法，内容真实，且均为本专利申请日前公开，专利复审委经审查，将上述证据作为现有技术证据予以采信，本院不持异议。

经审理查明，本专利系被上诉人王旭宁于1999年6月1日申请的“智能型家用全自动豆浆机”的发明专利，国家知识产权局于2001年12月5日授予其专利权，专利号为99112253.4。本专利授权公告的权利要求如下：(1) 一种智能型家用全自动豆浆机，包括有机头、下盖和杯体，机头扣装在下盖上端，下盖下端扣置在杯体口上，在机头上设置有电源插座，在下盖上部固定装有电机、变压器和控制线路板，电热器和防溢探头固定在下盖下部，刀片直接固定安装在外伸于下盖下方的电机长轴轴端，过滤网罩外套刀片和电机长轴旋装固定于下盖下部的过滤网罩安装体上，其特征在于，在下盖下端还固定安装有一个温度传感器，温度传感器是在下盖下端固定安装有一个温度测定棒，在温度测定棒前端装有一个温度传感头，该温度传感头与下盖上部的控制线路板连接。

(2) 如权利要求1所述的一种智能型家用全自动豆浆机，其特征在于，在过滤网罩下端固定安装有支撑架。

(3) 如权利要求1或2所述的一种智能型家用全自动豆浆机，其特征在于，在机头上部设置有一个提手，在提手与机头连接的凹弧形侧壁上部设置有通气孔。

2006年7月13日，西贝乐公司以本专利不符合《专利法》第二十六条第三款的规定，权利要求1~3不具备《专利法》第二十二条第二款和第三款规定的新颖性和创造性为由，向专利复审委提出无效宣告请求，并提交了前述附件1-2~1-4。

2006年7月26日，西贝乐公司提交了补充的意见陈述和附件1-5：1999年1月13日授权公告的CN2303562Y号实用新型专利说明书。

2006年7月13日，帅佳公司以本专利不符合《专利法》第二十六条第三款的规定，权利要求1~3不具备《专利法》第二十二条第二款规定的新颖性和第三款规定的创造性为由，向专利复审委提出宣告本专利无效的请求，并提交了附件2-1~2-4（即附件1-1~1-4）作为证据。

同年7月26日，帅佳公司提交了补充的意见陈述，补充提交了附件2-5（同附件1-5）。2006年8月21日，蔡雁庭以本专利不符合《专利法》第二十六条第三、四款的规定，权利要求1~3不具备《专利法》第二十二条第三款规定的创造性为由，向专利复审委提出宣告本专利无效的请求，并提交了附件3-1~3-4，其中附件3-1同附件1-4。

专利复审委受理了上述无效宣告请求后，依法成立合议组，决定对上述请求合并审理，并分别向无效请求人及王旭宁送达了受理通知书，告知了口头审理的时间，向王旭宁转送了各无效请求人的无效宣告请求书及附件。王旭宁分别针对各无效请求人的无效理由和附件提交了意见陈述书。

2007年2月6日，专利复审委就本案进行了口头审理。其间，西贝乐公司和帅佳公司明确其无效理由是本专利说明书不符合《专利法》第二十六条第三款的规定；本专利权要求1相对于附件1-4和附件1-2的结合或附件1-4和附件1-5的结合不具有创造性，本专利权利要求2和3也不具有创造性；蔡雁庭坚持其无效理由是本专利说明书不符合《专利法》第二十六条第三、四款以及第二十二条第三款的规定。上述无效请求人均放弃了本专利不具有新颖性的无效理由。

专利复审委经审查认为，附件1-1和附件2-1为公告号为CN2066118U实用新型专利申请说明书，经核查属实，可以作为本案证据使用。该附件的公告日为1990年11月21日，早于本专利的申请日，其公开内容可以作为本专利的现有技术。附件1-2和附件2-2为公告号为CN2121649U实用新型专利申请说明书，经核查属实，可以作为本案证据使用。该附件（下称对比文件3）的公告日为1992年11月11日，早于本专利的申请日，其公开内容可以作为本专利的现有技术。附件1-3和附件 2-3 为授权公告号为 CN2147467Y 实用新型专利说明书，经核查属实，可以作为本案证据使用。该附件的授权公告日为 1993 年 11 月 24 日，早于本专利的申请日，其公开内容可以作为本专利的现有技术。附件 1-4、附件 2-4 和附件 3-1 为授权公告号为 CN2209925Y 实用新型专利说明书，经核查属实，可以作为本案证据使用。该附件（下称对比文件 1）的授权公告日为 1995 年 10 月 18 日，早于本专利的申请日，其公开内容可以作为本专利的现有技术。附件 1-5 和附件 2-5 为授权公告号为 CN2303562Y 实用新型专利说明书，经核查属实，可以作为本案证据使用。该附件（下称对比文件 2）的授权公告日为 1999 年 1 月 13 日，早于本专利的申请日，其公开内容可以作为本专利的现有技术。附件 3-2 为授权公告号为 CN2212368Y 实用新型专利说明书，授权公告日为 1995 年 11 月 15 日；附件 3-3 为公告号为 CN1090628A 发明专利申请公开说明书，公开日为 1994 年 8 月 10 日；附件 3-4 为公告号为 CN1092635A 发明专利申请公开说明书，公开日为 1994 年 9 月 28 日。上述附件经核查属实，可以作为本案证据使用，且均早于本专利的申请日，其公开内容可以作为本专利的现有技术。

在第 9815 号决定中，专利复审委将附件 1-4 确定为对比文件 1，将附件 1-5 确定为对比文件 2，将附件 1-2 确定为对比文件 3。

该委认为，本发明的说明书记载了本专利全自动豆浆机的结构和工作过程，即在现有全自动豆浆机的下盖下端还固定安装有一个温度传感器，例如是一个温度测定棒，在温度测定棒前端装有一个温度传感头，该温度传感头与下盖上部的控制线路板连接；下盖下端扣置在杯体口上，下盖下端固定安装的温度测定棒插入杯体内水液中，温度测定棒前端的温度传感头将水温水量信号传递给控制线路板上的控制电控元气件，控制线路板将检测到水温信号与标准水温作比较，当检测到的水温低于标准水温时，控制线路板指令电热器首先工作，加热水，温度传感头不断地检测水温，并将水温信号传递给控制线路板，直至水温达到标准水温时，控制线路板才指令电机工作，开始打豆，指令的电机开始工作时间是与设定的理想打豆水温相协调。

由于温度传感器和控制线路板早已成为人们熟知的产品，将温度传感器与控制线路板连接起来进而实现温控功能也属于常规技术手段；本发明说明书对传感器的品种未作出具体限定，是因为它是本领域技术人员依赖常规现有技术就可实现；水温水量信号的类型是本领域技术人员可以根据传感器的类型进行选择，且这种选择属于常规技术手段；标准水温并不是一个特定唯一的温度，它是与该全自动豆浆机的其他参数相对应的，例如对应打豆后不同的加热煮熟时间就可以设定不同的标准水温，所以本发明无须对该标准水温作出限定；控制线路板和电机的基本技术数据都是本领域通常采用的数据。由于三无效请求人均认可温度传感器的品种、控制线路的电路及其连接方式属于现有技术。因此，本领域的技术人员按照说明书记载的内容，就能够选择合适的温度传感器和控制线路板并将两者连接起来以实现本发明的技术方案，解决其技术问题，并且产生预期的技术效果，故三无效请求人认为本专利说明书不符合《专利法》第二十六条第三款的主张不能成立。

由于本专利权利要求 1 在说明书第 2 页和第 3 页分别有记载，权利要求 2 和 3 在说明书第 4 页有记载。并且根据说明书记载的具体实施方式以及说明书附图给出的智能型家用自动豆浆机的具体结构，本领域技术人员可以概括得出本专利权利要求请求保护的技术方案，因此本专利所有权利要求均得到说明书的支持，故蔡雁庭关于本专利说明书对“以水的温度信号来自动控制先加热水再打豆并加热煮熟的豆浆生产过程”未作出清楚、完整的说明，本专利的权利要求没有以说明书的内容为依据的主张不能成立。

对比文件 1 公开一种全自动豆浆机，其由上盖、长轴电机、变压器、下座、杯体、刀片、电热管、过滤网罩、电路板等构成，上盖扣装在下座上端，下座下端扣置在杯体上，下座上固定有长轴电机、变压器和电路板，电热管固定在下座下端，刀片直接固定安装于长轴电机的长轴轴端，过滤网罩的上平面与下座的下面固定连接，长轴电机的长轴直接通入过滤网罩内底部（参见对比文件1说明书第3页和说明书附图1）。对比文件1的上盖和下座分别相当于本专利权利要求1的机头和下盖。故对比文件1公开的内容不仅包括其中明确记载的内容，还包括对于所属技术领域的技术人员来说，隐含的且可直接地、毫无疑义地确定的技术内容。对于电动的豆浆机而言，其必然要设置电源插座，对比文件1中的电动豆浆机为电机上置式，从整个豆浆机的结构上可以看出该电源插座也必然是设置在上盖上的，所以对比文件1实质上公开了“在机头上设置有电源插座”这一技术特征；另一方面，本专利是同一发明人基于对比文件1作出的改进发明，同时本专利说明书第2页第3行也指出对比文件1的全自动豆浆机包括固定在下盖下部的防溢探头，而且对比对比文件1和本专利的附图可知，对比文件1在同样的位置绘有与本专利防溢探头相同结构的部件，由此可认定对比文件1公开了“防溢探头固定在下盖下部”这一技术特征。

因此，本专利权利要求1与对比文件1的区别技术特征在于其特征部分，即：在下盖下端还固定安装有一个温度传感器，温度传感器是在下盖下端固定安装有一个温度测定棒，在温度测定棒前端装有一个温度传感头，该温度传感头与下盖上部的控制线路板连接。本专利权利要求1请求保护的技术方案实际解决的技术问题是：防止出现在不同环境中由于打豆前初始水温的不同而带来的豆浆饮用口感差异较大和糊电热器的现象。

对比文件2公开一种电机下置式自动家用豆浆机，其中在杯体下方接合部装有温敏电阻10，它是一个负温度电阻，操作时，将浸泡后的豆子放入滤网内，加入适量的水，加热管对豆子进行初加热，当达到一定温度时，电机开始工作，将豆子粉碎，过滤，豆浆流入烧煮杯内，加热管继续加热烧煮，将豆浆反复烧开几次后停机，温敏电阻感知杯中液体温度变化，确定加热烧煮的电能输入量，防止因地区或季节不同而产生的温差使豆浆煮不熟或煮熟后继续长时间烧煮而破坏豆浆的营养成分。

西贝乐公司和上海帅佳公司认为对比文件2中的温敏电阻相当于本专利的温度测定棒和温度传感头，并且该温敏电阻也与控制电路相连接，因此本专利权利要求1的上述区别技术特征被对比文件2公开，该权利要求相对于对比文件1和对比文件2的结合不具备创造性。专利复审委认为，对比文件2中的温敏电阻与本专利权利要求1中的温度传感器都能够感知水温，但是前者是在提手与杯的下方接合部装有的温敏电阻，而后者为一个在豆浆机下盖下端固定安装的前端带有温度传感头的温度测定棒，该温度测定棒测定水温时与水直接接触，其本身的结构和安装位置明显不同于对比文件2中的温敏电阻，因此对比文件2同样未公开上述区别技术特征，由于现有技术中未给出将上述区别技术特征引入本专利权利要求1请求保护的技术方案的技术启示，所以西贝乐公司和上海帅佳公司认为对比文件2公开了本专利权利要求1的上述区别技术特征并进而认为该权利要求相对于对比文件1和对比文件2的结合不具备创造性的主张不能成立。

对比文件3公开了一种紧凑型电热水器，其中水箱的上端面留有三个孔，其中一个孔供安装温度控制器的测温探头5′，测温探头5′的头部穿过水箱测温孔伸入水箱中，安放在低于水箱出水管下端又高于电热器顶部的位置，从而测温探头5′总能真实反映水温的变化（参见对比文件3的说明书第3页和附图1）。对比文件3属于有热发生装置的水加热器领域（参见第8版国际专利分类表），其解决结构紧凑的技术问题；而本专利属于厨房用具领域（参见同上），解决在不同环境中由于打豆前初始水温的不同而带来的豆浆饮用口感差异较大和糊电热器现象的技术问题。由于技术领域和解决技术问题的不同，对本领域普通技术人员而言不存在将二者予以结合的技术启示，并且即使两者结合也未给出本专利权利要求1的上述区别技术特征应用到现有技术中以解决其存在的技术问题的技术启示，所以西贝乐公司和上海帅佳公司认为本专利权利要求1相对于对比文件1和对比文件3的结合不具备创造性的主张不能成立。

蔡雁庭关于附件 3-2、3-3 和 3-4 中的温控方案具体而清楚，而本专利权利要求 1 中的抽象而上位，所以本专利权利要求 1 不具备创造性的主张。专利复审委认为：评价一项权利要求是否具有创造性，应当考虑该权利要求请求保护的技术方案本身，而不是单独考虑其中某个技术特征。附件 3-2、3-3 和 3-4 中虽然公开了具体的温控方案，但是它们均未涉及家用豆浆机的技术方案，所以蔡雁庭的上述主张不能成立。在本专利权利要求 1 不具备创造性的主张不能成立的情况下，蔡雁庭认为其从属权利要求 2 和 3 也不具备创造性的主张同样不能成立。

基于上述理由，专利复审委于 2007 年 5 月 18 日作出第 9815 号决定。

一审法院开庭审理中，各方当事人对专利复审委在第 9815 号决定中使用的证据没有提出异议。西贝乐公司、帅佳公司对第 9815 号决定中关于本专利符合《专利法》第二十六条第三款的认定不持异议。

针对本案争议问题，本院认为，

1. 关于权利要求书和说明书的问题

专利复审委在第 9815 号决定中确认本专利温度传感器与控制线路板连接技术以及传感器的品种、水温水量信号的选择为本领域技术人员依赖常规现有技术就可实现的，故本专利说明书未对上述技术特征给予进一步的说明的限定是被允许的；由于三无效请求人均认可温度传感器的品种、控制线路的电路及其连接方式属于现有技术。因此，三无效请求人关于本专利说明书不符合《专利法》第二十六条第三款的主张不能成立。

关于蔡雁庭提出的本专利说明书对“以水的温度信号来自动控制先加热水再打豆并加热煮熟的豆浆生产过程”未作出清楚完整的说明，本专利的权利要求没有以说明书的内容为依据的主张，经审查，第 9815 号决定已就本专利权利要求在说明书中的具体记载内容给予了具体标注，认为根据说明书记载的具体实施方式以及说明书附图给出的智能型家用自动豆浆机的具体结构，本领域技术人员可以概括得出本专利权利要求请求保护的技术方案，因此，本院同意专利复审委关于蔡雁庭的上述主张不能成立的判断。

2. 关于本专利的创造性

经本院审查，对比文件 1、2 同属豆浆机的技术方案，与本专利属相同的技术领域；对比文件 3 为一种紧凑型电热水器，与本专利使用在厨房中的豆浆机所要达到的技术目的不同，不属相同技术领域；附件 3-2、3-3 和 3-4 虽公开了具体的温控方案，但因同样未涉及家用豆浆机的技术方案，因此，也不能作为本专利的对比文件。故，专利复审委用对比文件 1、2 作为评价本专利创造性的证据使用是正确的。

本专利是对对比文件 1 的改进技术，为同一专利权人。作为改进的技术方案，对比文件与本专利权利要求 1 的区别技术特征是：本专利在下盖下端还固定安装有一个温度传感器，温度传感器是在下盖下端固定安装有一个温度测定棒，在温度测定棒前端装有一个温度传感头，该温度传感头与下盖上部的控制线路板连接。而本专利权利要求 1 温度传感器的设置是解决“防止出现在不同环境中由于打豆前初始水温的不同而带来的豆浆饮用口感差异较大和糊电热器的现象”的技术手段。本专利温度传感器的设置与对比文件 1 相比较具有突出的实质性特点和显著进步。

对比文件 2 为一种电机下置式自动家用豆浆机，其中在杯体下方接合部装有温敏电阻，以感知杯中液体温度变化。对比文件 2 中的温敏电阻与本专利权利要求 1 中的温度传感器虽然都能够感知水温，但对比文件 2 是在提手与杯的下方接合部装有的温敏电阻，而本专利则是在豆浆机下盖下端固定安装了温度传感头的温度测定棒，该温度测定棒测定水温时与水直接接触，其本身的结构和安装位置明显不同于对比文件 2 中的温敏电阻，因此对比文件 2 未公开本专利中关于温度测定棒的技术特征。

故专利复审委关于西贝乐公司和帅佳公司认为对比文件 2 公开了本专利权利要求 1 的上述区别技术特征并进而认为该权利要求相对于对比文件 1、2 的结合不具备创造性的主张不能成立的判断正确。

3. 关于第 9815 号决定中的两处笔误

经对第 9815 号决定的内容进行审阅并结合前后文的内容，该决定第 9 页第 4 自然段第 7 行、第 10 行关于“对比文件 1”的表述确为笔误，故对该委当庭作出的更正，本院予以认可。

综上，第 9815 号决定在对两处笔误已经作出更正的情况下，认定事实基本清楚，适用法律正确，审查程序合法，一审判决维持该决定符合《中华人民共和国行政诉讼法》第五十四条第（一）项的规定。西贝乐公司的上诉主张不能成立。据此，依据《中华人民共和国行政诉讼法》第六十一条第（一）项的规定，判决如下：

驳回上诉，维持一审判决。

二审案件受理费人民币 100 元由上诉人慈溪市西贝乐电器有限公司自行负担（已交纳）。

本判决为终审判决。

审　判　长　郭　宜
审　判　员　张学磊
代理审判员　朱海宏
二〇〇八年六月十九日
书　记　员　程钰玮

095

电子发音书装置

无效宣告请求审查决定（第9818号）

决　　定　　号　第9818号
决　　定　　日　2007年5月31日
发明创造名称　电子发音书装置
国 际 分 类 号　G10L 15/26，G06F 17/28
无效宣告请求人　中山市学而乐电子有限公司
专　利　权　人　刘鸿标
专　　利　　号　200420003299.8
申　　请　　日　2004年2月18日
授 权 公 告 日　2005年6月8日
合 议 组 组 长　张梅珍
主　　审　　员　张田勇
参　　审　　员　李　礼

法　律　依　据　专利法第22条第3款
决　定　要　点

如果当事人提交有外文证据，但其未在专利复审委员会书面指定期限内补交该外文证据的中文译文，那么该外文证据视为未提交。

一、案由

本无效宣告请求涉及国家知识产权局于2005年6月8日授权公告的、名称为“电子发音书装置”的200420003299.8号实用新型专利权（下称本专利），其申请日为2004年2月18日，专利权人为刘鸿标。本专利授权公告的权利要求书如下：

“1. 一种电子发音书装置，它包括一盒体，盒体内装设有由中央处理模块、存储单元、语音处理单元及电源单元所组成的数据处理电路；所述语音处理单元包括D/A转换电路、功率放大电路及安装在盒体内的扬声器；中央处理模块通过总线分别与语音处理单元、存储单元连接；所述电源单元包括容纳电池的电池盒、整流电路及设置在盒体上的电源插孔、电源开关及设置在盒体背面的电池盒盖，其特征在于：它还包括感应信号发射笔、语音数据存储器及语言教材；

所述盒体上表面内侧布设有电子感应坐标阵列，其表面设有控制按键阵列，在盒体内还设有与电子感应坐标阵列、控制按键阵列连接的信号采集模块及放大整形模块；所述信号采集模块的输出端连接放大整形模块输入端；放大整形模块的输出连接中央处理模块；所述盒体表面设有与所述总线连接的数据接口；

所述感应信号发射笔为一柱状中空壳体，该中空壳体内一端设有无线信号发射线圈，其中部设有与无线信号发射线圈连接的发射电路，其另一端内设有与发射电路连接的电池，或者设置有伸出该中空壳体的导线，该导线将发射电路的电源端与所述电源单元中设置的电源输出口连接；中空壳体表面还设有与发射电路连接电源开关；

所述语音数据存储器上设有能够与所述数据接口对应插接的插口，该语音数据存储器中储存有与所述语言教材内容相对应的语音数据；所述语言教材在使用中铺设在盒体的上表面。

2. 根据权利要1所述的电子发音书装置，其特征在于：所述的电子感应坐标阵列是在PCB板上沿横向、纵向敷设的多条导线而构成的坐标矩阵。

3. 根据权利要1或2所述的电子发音书装置，其特征在于：所述的控制按键阵列由一个以上的按键或感应回路构成，该控制按键阵列设置在盒体边缘；所述感应回路设置在所述PCB板表面；所述控制按键阵列中包括用于指定所述语言教材页数的数字键、翻页键、语音播放控制键及音量键。

4. 根据权利要1所述的电子发音书装置，其特征在于：所述的盒体表面上开设有用于容纳所述语音数据存储器的槽、该槽的尺寸与语音数据存储器的尺寸相匹配；所述数据接口设置在槽内。

5. 根据权利要1或4所述的电子发音书装置，其特征在于：所述的数据接口为USB接口或金手指插口。

6. 根据权利要1所述的电子发音书装置，其特征在于：所述的数据处理电路中还设有录音模块，在盒体上还设有话筒插孔及耳机插孔；所述话筒插孔通过放大电路与所述录音模块连接，该录音模块与所述存储单元通讯连接；所述耳机插孔与所述语音处理单元中的扬声器电气连接。

7. 根据权利要1或2或4或6所述的电子发音书装置，其特征在于：所述的盒体上还设有另一个中空板体，该中空板体的边缘通过枢轴/枢孔机构与所述盒体边缘枢接；所述中空板体的上表面内侧布设有通过枢轴/枢孔机构内部与所述信号采集模块电气连接的另一电子感应坐标阵列及另一控制按键阵列；当所述中空板体扣合在所述盒体表面时，中空板体的上表面与盒体的上表面被相对贴合在该中空板体与盒体所构成的书状整体之间。

8. 根据权利要7所述的电子发音书装置，其特征在于：所述的盒体侧面设有可横向滑动的拨动开关，其内侧枢设有与该拨动开关联动的挂钩，该挂钩通过盒体上表面边缘开设的长孔及所述中空板体边缘对应处开设的锁孔将中空板体锁扣在盒体表面上。

9. 根据权利要7所述的电子发音书装置，其特征在于：所述的盒体上表面的边缘处还开设有能够容纳所述感应信号发射笔的凹槽，并且在所述中空板体的上表面的相对位置处也开设有相同的另一个凹槽，当中空板体扣合在盒体上时，两个凹槽扣合形成容纳所述感应信号发射笔的容置舱。

10. 根据权利要7所述的电子发音书装置，其特征在于：所述的中空板体的背面设有一凹陷部，该凹陷部中枢设有用于翻开中空板体的拉手。”

针对上述专利权，中山市学而乐电子有限公司（下称请求人）于2005年12月30日向专利复审委员会提出无效宣告请求，其提供的证据如下：

证据1：WO03/102895A1号国际知识产权组织PCT专利文献的英文文本，公开日为2003年12月11日；

证据2：CN1453741A号中国发明专利申请公开说明书，公开日为2003年11月5日；

证据3：CN2591865Y号中国实用新型专利说明书，授权公告日为2003年12月10日；

证据4：CN2512043Y号中国实用新型专利说明书，授权公告日为2002年9月18日；

证据5：CN1457018A号中国发明专利申请公开说明书，公开日为2003年11月19日；

证据6：US5877458号美国专利文献的英文文本，公开日为1999年3月2日。

请求人认为：证据1、证据2和证据4与证据5或证据6结合可以实现本专利的无线有源的功能设计，并且证据3中公开了笔式信号发生器，即公开了本专利权利要求1的信号发生原理，并给出了本专利权利要求1的笔式壳体结构的启示。本领域技术人员通过结合证据1~6便能得出本专利的电子发音书装置。因此本专利不具备创造性，不符合专利法第22条第3款的规定。

经形式审查合格，专利复审委员会受理了上述无效宣告请求，于2006年4月13日向双方当事人发出无效宣告请求受理通知书，同时将无效宣告请求书及其附件清单中所列附件的副本转送给专利权人，要求其在指定的期限内答复。

专利权人期满未答复。

专利复审委员会依法组成合议组，对上述无效宣告请求进行审查。

本案合议组于2006年9月25日向双方当事人发出口头审理通知书，指出本案定于2006年11月9日举行口头审理。

口头审理如期举行，双方当事人均出席口头审理。在口头审理中，请求人明确其无效宣告的理由、范围为本专利权利要求1~10相对于证据5与公知常识的结合或相对于证据1、证据5与公知常识的结合分别不具备创造性，不符合中国专利法第22条第3款的规定。

请求人明确表示放弃证据2、3、4、6作为本案证据使用。请求人当庭提交了公开号为CN1659604A的中国发明专利申请公开说明书（下称证据1-1）作为证据1的中文译文。专利权人对证据1、5的真实性没有异议，但认为CN1659604A中国发明专利申请仅是要求外国优先权的专利文献，对其中文译文的准确性也不能确定，因此不能接受请求人当庭提交的证据1-1作为证据1的中文译文。合议组当庭告知请求人应于7日内重新提交证据1的中文译文。

在口头审理中，请求人未对本专利权利要求1~10相对于证据5与本领域公知常识的结合不具备创造性的无效宣告理由具体陈述意见；请求人陈述了本专利权利要求1~10相对于证据1、证据5与公知常识的结合不具备创造性的具体理由。专利权人认为，本专利权利要求1相对于证据5和本领域公知常识的结合具备创造性；请求人使用证据1、5结合了大量的公知常识，不能否定本专利的创造性。

请求人于2006年11月29日向专利复审委员会提交了证据1的中文译文（下称证据1-2）。

经审理，合议组认为本案的事实清楚，现依法作出如下决定。

二、决定的理由

1. 关于证据和现有技术

请求人放弃证据2、3、4、6作为本案证据使用，因此本决定不再对这些证据进行评述。

请求人提交的证据1是WO03/102895A1号国际知识产权组织PCT专利文献的英文文本，专利权人对证据1的真实性没有异议。请求人于2006年11月9日的口头审理当庭提交了证据1-1作为证据1的中文译文；专利权人认为证据1-1仅是证据1要求外国优先权的中国专利文献，对该中文译文的准确性也不能确定，因此不能接受将证据1-1作为证据1的中文译文。对此合议组认为，证据1-1是公开号为CN1659604A的中国发明专利申请公开说明书，不能直接作为WO03/102895A1号国际知识产权组织PCT专利文献（证据1）的中文译文，合议组当庭告知请求人应于7日内重新提交证据1的中文译文，并经双方当事人在口审记录中签字确认。

请求人于2006年11月29日向专利复审委员会提交了证据1-2作为证据1的中文译文，合议组经审查认为，请求人此次提交证据1-2的日期超出了合议组于口头审理当庭指定的提交期限，因此对证据1-2不予考虑，并且根据2001版审查指南第四部分第一章第14节的规定“当事人提交外文证据的，应当在提交该外文证据的同时提交所使用部分的中文译文。当事人未在提交外文证据的同时提交中文译文的，应当主动补交。在专利复审委员会书面指定期限内仍未补交的，该外文证据视为未提交”，由于请求人未在指定期限内补交证据 1 的中文译文，因此证据 1 视为未提交。

证据 5 是公开日期在本专利申请日之前的中国专利文献，专利权人对其真实性无异议，经合议组审查，证据 5 可以作为本案的定案根据，并且其上记载的内容构成本专利的现有技术。

2. 关于专利法第 22 条第 3 款

专利法第 22 条第 3 款规定：创造性，是指同申请日以前已有的技术相比，该发明有突出的实质性特点和显著的进步，该实用新型有实质性特点和进步。

请求人认为本专利权利要求 1~10 分别相对于证据 5 与本领域公知常识的结合以及证据 1、证据 5 与本领域公知常识的结合不具备创造性。

如上所述，由于证据 1 视为未提交，因此，本决定中仅对本专利权利要求 1~10 相对于证据 5 与本领域公知常识的结合是否具备创造性进行评述。

证据 5 公开了一种通常为电磁感应电路装置的笔式输入产品，该电磁感应装置包含：发射电磁波的无线电磁笔与一数字板。电磁笔内具有一由电感电容所组成的震荡线路，当碰触笔尖时，将产生电感量的变化，因而使得电震荡频率亦随之产生变化；数字板包含了检测器、放大器、带通滤波器、整流器、波峰检测器、模拟数字转换器等元件。此类传统的数字板的中央区域为一感应回路，在感应回路的双面具有以阵列方式等距排列的单向天线，单向天线回路的主要用途仅在于接收专用的电磁笔所发射的电磁波信号，当电磁笔发射电磁波时，单向天线将会接收该电磁波，并经由数字板利用电磁感应的方式取得相关的信息。

本专利权利要求 1 保护一种电子发声书装置，本专利权利要求 1 保护的技术方案与证据 5 公开的内容相比，区别在于：本专利权利要求 1 请求保护一种电子发音书装置，包括一盒体，盒体内装设有由中央处理模块、存储单元、语音处理单元及电源单元所组成的数据处理电路；所述语音处理单元包括 D/A 转换电路、功率放大电路及安装在盒体内的扬声器；中央处理模块通过总线分别与语音处理单元、存储单元连接；所述电源单元包括容纳电池的电池盒、整流电路及设置在盒体上的电源插孔、电源开关及设置在盒体背面的电池盒盖，它还包括感应信号发射笔、语音数据存储器及语言教材；电子感应坐标阵列设置在所述盒体上表面内侧，其表面还设有控制按键阵列，在盒体内控制按键阵列也与信号采集模块及放大整形模块连接；所述盒体表面设有与所述总线连接的数据接口；所述感应信号发射笔为一柱状中空壳体，该中空壳体内一端设有无线信号发射线圈，其中部设有与无线信号发射线圈连接的发射电路，其另一端内设有与发射电路连接的电池，或者设置有伸出该中空壳体的导线，该导线将发射电路的电源端与所述电源单元中设置的电源输出口连接；中空壳体表面还设有与发射电路连接电源开关；所述语音数据存储器上设有能够与所述数据接口对应插接的插口，该语音数据存储器中储存有与所述语言教材内容相对应的语音数据；所述语言教材在使用中铺设在盒体的上表面。

上述区别特征涉及电子发音书装置的具体构造，而证据 5 中仅公开了利用发射电磁波的无线电磁笔与数字板构成的笔式输入产品，其中没有给出上述电子发音书装置的结构的相应启示；同时，请求人也没有举证证明上述区别特征属于本领域的公知常识，因此，证据 5 与本领域公知常识结合不能破坏本专利权利要求 1 的创造性，本专利权利要求 1 保护的技术方案具备专利法第 22 条第 3 款规定的创造性。

权利要求 2~9 是权利要求 1 的从属权利要求，在权利要求 1 相对于证据 5 与本领域公知常识的结合具备创造性的情况下，从属权利要求 2~10 相对于证据 5 与本领域公知常识的结合也具备专利法第 22 条第 3 款规定的创造性。

综上所述，本专利权利要求1~10具备创造性。

三、决定

维持200420003299.8号实用新型专利权有效。

当事人对本决定不服的，可以根据专利法第46条第2款的规定，自收到本决定之日起三个月内向北京市第一中级人民法院起诉。根据该款的规定，一方当事人起诉后，另一方当事人应当作为第三人参加诉讼。

096

辊道式隧道一条龙砖瓦窑炉

无效宣告请求审查决定（第9819号）

决　　定　　号　第9819号
决　　定　　日　2007年5月25日
发明创造名称　辊道式隧道一条龙砖瓦窑炉
国 际 分 类 号　F27B 9/02
无效宣告请求人　张纯林
专　利　权　人　唐光明
专　　利　　号　200420105884.9
申　　请　　日　2004年12月29日
授 权 公 告 日　2006年2月15日
合 议 组 组 长　刘瑞斌
主　　审　　员　郭建强
参　　审　　员　巩克栋

法　律　依　据　专利法第22条第3款
决　定　要　点

将多份现有技术中的技术内容组合在一起判断一项权利要求的创造性时，如果该多份现有技术并不能完全公开该权利要求的所有技术特征，同时该权利要求与多份现有技术的区别特征带来了一定的技术效果，则该权利要求具备创造性。

一、案由

本无效宣告请求涉及中华人民共和国国家知识产权局于2006年2月15日授权公告的、名称为“辊道式隧道一条龙砖瓦窑炉”的实用新型专利权（以下简称本专利），其专利号是200420105884.9，申请日是2004年12月29日，专利权人是唐光明。本专利授权公告时的权利要求书如下：

“1. 辊道式隧道一条龙砖瓦窑炉，包括隧道窑的窑体，中间形成窑孔，有通风系统，窑车及其运转系统，燃烧系统，窑门，其特征在于：在隧道窑窑孔内的上部空间安装至少一排有动力带动的辊棒排列组成的辊道。

2. 根据权利要求1所述的辊道式隧道一条龙砖瓦窑炉，其特征在于：瓦坯的入口与烧成后的砖坯出口在隧道窑一端，烧成的瓦出口与待烧的砖坯入口在隧道窑的另一端。

3. 根据权利要求1所述的辊道式隧道一条龙砖瓦窑炉，其特征在于：窑孔的顶部为平盖8，平盖8的底部距辊道表面的距离为80~120毫米，辊道的中心线距窑车上码的砖坯顶部距离为80~150。

4. 根据权利要求 1 所述的辊道式隧道一条龙砖瓦窑炉，其特征在于：辊棒的中心线垂直于隧道窑的轴线，所形成辊道大部分在窑体内，两端各伸出一部分形成坯料的入口端和烧成后产品的出口端。

5. 根据权利要求 4 所述的辊道式隧道一条龙砖瓦窑炉，其特征在于：在坯料的入口端设有一条皮带传送装置 4，传送装置 4 及坯料的入口端的悬空部分由钢架 6 支撑。

6. 根据权利要求 3 所述的辊道式隧道一条龙砖瓦窑炉，其特征在于：平盖 8 为轻质保温材料组成的厚层，在预热和冷却部分稍薄，中间的烧成部分较厚，所形成的平盖 8 通过吊钩由一排钢梁 9 支撑，钢梁由窑顶的承重墙 10 支撑。"

针对本专利，张纯林（以下简称请求人）于 2006 年 12 月 6 日向专利复审委员会提出无效宣告请求，认为本专利的权利要求 1 不符合专利法第 22 条第 2 款的规定、权利要求 1~6 不符合专利法第 22 条第 3 款的规定，请求人同时提交了如下附件：

附件 1：由登封市亚星耐火材料厂出具的证明材料复印件一份，共 1 页；

附件 2：由蓬安县杨家四通建材厂出具的证明材料复印件一份，共 1 页；

附件 3：由重庆市金顶琉璃瓦厂出具的证明材料复印件一份，共 1 页；

附件 4：申请号为 86100024 的中国专利文献著录项目页，共 1 页；

附件 5：申请号为 86205263 的中国专利文献著录项目页，共 1 页。

请求人认为：本专利权利要求 1 相对于附件 4 和 5 不具备新颖性，本专利权利要求 1~6 相对于附件 1~5 不具备创造性。

经形式审查合格，专利复审委员会依法受理了上述无效宣告请求，并于 2006 年 12 月 7 日向请求人和专利权人发出无效宣告请求受理通知书，同时将专利权无效宣告请求书及其附件清单中所列附件的副本转送给专利权人，并要求专利权人在指定的期限内陈述意见。

针对专利复审委员会发出的上述无效宣告请求受理通知书，专利权人于 2007 年 1 月 4 日提交了意见陈述书和如下证据：

证据 1：由南充市蓬安县工商行政管理局出具的合伙企业基本情况文件复印件，共 1 页。

专利权人认为：本专利是在隧道窑内建有一排由辊棒排列组成的辊道，下面烧砖，上面烧瓦，而附件 4 所说的环形窑实际上是公知技术所称的轮窑，与本专利是两个不同的窑种，附件 5 是一种用于中小型锅炉燃煤用的炉排，与本专利在技术领域，发明目的，技术手段和效果上都不同。因此附件 4 和 5 不能否定本专利的新颖性和创造性。附件 1~3 只是证言，没有公开窑炉的结构，不能作为影响本专利新颖性和创造性的证据。证据 1 证明附件 2 中蓬安县杨家四通建材厂的经营范围仅为页岩砖，没有销售过瓦，因此附件 2 的证言不真实。

专利复审委员会依法成立合议组对本案进行审理。

本案合议组于 2007 年 3 月 1 日向双方发出无效宣告请求口头审理通知书，定于 2007 年 4 月 25 日在专利复审委员会举行口头审理，后改期为 2007 年 4 月 27 日进行口头审理。随同口头审理通知书，将专利权人于 2007 年 1 月 4 日提交的意见陈述书及其附件清单中所列证据 1 的副本转送给请求人。

口头审理如期举行，双方当事人均参加了口头审理。在口头审理中，（1）合议组首先明确了审查基础是授权公告时的权利要求书。（2）请求人明确其请求无效的理由、证据和范围为：本专利的权利要求 1~6 不符合专利法第 22 条第 3 款的规定，放弃本专利不具备新颖性的无效理由；用附件1~3 结合本专利的背景技术来评价本专利权利要求 1~6 的创造性，用附件 4、5 相结合来评价本专利权利要求 1~6 的创造性；请求人当庭明确附件 4、5 仅仅使用其向专利复审委员会提交的著录项目页。（3）关于证据的质证，专利权人当庭出示了证据 1 的原件，请求人对专利权人提交的证据 1 的真实性没有异议。专利权人对请求人提交的附件 1~3 的真实性有异议，对附件 4、5 的真实性没有异议。请求人当庭提交了四份公证书以及三张照片以证明附件 1~3 的真实性，如下：（附件编号续前）

附件 6：四川省成都市蜀都公证处出具的（2007）川成蜀证内民字第 18658 号公证书；

附件 7：四川省成都市蜀都公证处出具的（2007）川成蜀证内民字第 18659 号公证书；

附件 8：四川省成都市蜀都公证处出具的（2007）川成蜀证内民字第 18660 号公证书；

附件 9：四川省成都市蜀都公证处出具的（2007）川成蜀证内民字第 20157 号公证书；

附件 10：三张照片。

专利权人当庭核实了上述四份公证书和三张照片，认为前三份公证书（附件 6~8）只能证明附件 1~3 的复印件与原件相一致，不能证明其内容的真实性；第四份公证书（附件 9）是在举证期限以后提交的，不能考虑；对照片（附件 10）的真实性也有异议，并且认为这些照片也超过了一个月的举证期限。（4）合议组经合议，当庭宣布请求人提交的附件 9 和 10 已经超过了一个月的举证期限，因此合议组不予考虑。但是附件 6~8 是用来完善附件 1~3 的法定形式的公证书，因此合议组予以接受，（5）双方就权利要求 1~6 相对于本专利背景技术和附件 1~3 的结合，以及附件 4、5 的结合是否具备创造性充分发表了意见。

至此，合议组认为本案事实已经清楚，可以作出审查决定。

二、决定的理由

1. 关于证据和现有技术

请求人提交的证据包括附件 1 至 10，专利权人对附件 4 和 5 的真实性没有异议；专利权人当庭出示了证据 1 的原件，请求人对证据 1 的真实性没有异议，经合议组审查后认为请求人提交的附件 4 和 5 以及专利权人提交的证据 1 可以作为本案证据使用。同时由于附件 4 和 5 作为中国专利文献的著录项目页，其公开日期在本专利的申请日前，因此可以作为本专利的现有技术使用。

关于附件 1 至 3 以及请求人当庭提交的公证书（附件 6 至 8），附件 1 至 3 实质上是证人证言，三份公证书（附件 6 至 8）只是分别证明了上述三份证言的复印件与原件相一致以及原件形式上的真实性（指出具证言的单位的印鉴属实），但是并不能证明其证言内容的真实性。且上述三份证言作为单位出具的书面证言，只有单位印章，没有单位负责人签名或者盖章，无正当理由该单位的工作人员也没有出庭接受询问，进行质证，因此合议组认为上述三份证言内容的真实性无法得到确认，合议组不予采信。

请求人口审当庭提交的附件 9 和 10 属于补充的新证据，已经超过了审查指南第四部分第三章 4.3.1 节所规定的自提出无效宣告请求之日起一个月的举证期限，因此合议组不予考虑。

2. 关于无效的理由和范围

附件 1 至 3 和 6 至 8 中证言内容的真实性合议组不予采信，因此关于请求人使用附件 1 至 3 结合本专利的背景技术来评价本专利权利要求 1~6 不具备创造性的无效理由，合议组不予支持。请求人当庭放弃了本专利不具备新颖性的无效理由，因此最后确定的本专利无效的理由和范围为：本专利权利要求 1~6 相对于附件 4、5 的结合不具备创造性。

3. 关于本专利的创造性

专利法第 22 条第 3 款规定，创造性，是指同申请日以前已有的技术相比，该发明有突出的实质性特点和显著的进步，该实用新型具有实质性特点和进步。

根据该规定，将多份现有技术中的技术内容组合在一起判断一项权利要求的创造性时，如果该多份现有技术并不能完全公开该权利要求的所有技术特征，同时该权利要求与多份现有技术的区别特征带来了一定的技术效果，则该权利要求具备创造性。

本案中，请求人认为，附件4、5为专利申请的著录项目页，附件4中公开了本专利权利要求1中的隧道窑、窑门、窑体、窑孔、通风系统、窑车、运转系统，附件5中公开了本专利权利要求1的特征部分，交错推炉排就相当于本专利权利要求1中的辊棒排列组成的辊道，因此附件4、5相结合就公开了隧道窑和辊道窑两种窑炉的结合使用，即公开了本专利权利要求1的技术方案，本专利权利要求1因此不具备创造性。权利要求2~6的附加技术特征是公知技术，因此也不具备创造性。

专利权人认为，附件4、5的技术方案与本专利有很大的区别，附件4是轮窑，轮窑是环形的炉体，环形窑在使用过程中不需要窑车，附件5的窑体本身与本专利区别很大，附件5的交错推动炉排是用来烧锅炉的，其上放置煤粉，与本专利辊道窑的工作原理不同，锅炉中的炉排为板式，二者传动方式不同，本专利的辊道为棒式，两端用齿轮带动，因此附件5中的用于煤粉燃烧的炉排与本专利的传递瓦坯的辊道在结构、传动方式均不相同。专利权人不同意权利要求2~6的附加技术特征是公知技术。

合议组经审查后认为，本专利权利要求1保护的是一种辊道式隧道一条龙砖瓦窑炉，包括隧道窑的窑体，中间形成窑孔，有通风系统，窑车及其运转系统，燃烧系统，窑门，在隧道窑窑孔内的上部空间安装至少一排有动力带动的辊棒排列组成的辊道。附件4公开了一种环形隧道窑，包括窑体、窑孔、窑门、通风系统、燃烧系统，其与本专利权利要求1的区别在于，没有公开本专利的窑车及其运转系统，以及在隧道窑窑孔内的上部空间安装至少一排有动力带动的辊棒排列组成的辊道。附件5公开了一种由炉条和炉排支架组成的相向交错推动炉排，但其属于燃烧设备，主要用于拨火作用，使放置其上的煤加速燃烧，而本专利权利要求1中的辊棒排列组成的辊道是用来传递辊道窑中烧制的瓦坯的，两者结构、作用不同，技术领域、目的、技术方案、效果都不一样，因此附件5没有公开上述三个区别技术特征（窑车、运转系统、辊道）中的任何一个。附件4和5相结合不能完全公开本专利权利要求1的技术方案，而权利要求1的技术方案具有砖、瓦同炉，节约能源的技术效果。因此本专利权利要求1相对于附件4和5具备专利法第22条第3款规定的创造性。

在独立权利要求1具备创造性的基础上，其从属权利要求2~6相对于附件4和5的结合也具备创造性。

根据上述的事实和理由，本案合议组依法作出以下决定。

三、决定

维持200420105884.9号实用新型专利权有效。

当事人对本决定不服的，可以根据专利法第46条第2款的规定，自收到本决定之日起3个月内向北京市第一中级人民法院起诉。根据该款的规定，一方当事人起诉后，另一方当事人应当作为第三人参加诉讼。

097

保健育儿背巾

无效宣告请求审查决定（第9821号）

决　定　号　第9821号
决　定　日　2007年5月31日
发明创造名称　保健育儿背巾
国 际 分 类 号　A47D 13/02，A47D 13/00
无效宣告请求人　深圳市海伦服饰公司
专　利　权　人　深圳市日研科技有限公司
申　请　号　200420102202.9
申　请　日　2004年11月30日
授 权 公 告 日　2005年11月30日
合 议 组 组 长　黄玉平
主　审　员　周　航
参　审　员　李　礼

法 律 依 据　专利法第22条第2款、第3款
决 定 要 点

专利权的保护范围应当以其权利要求的内容为准，权利要求中未记载的内容不能作为与对比文件相对比、评价其是否具备创造性的依据。如果权利要求所请求保护的技术方案在对比文件中全部公开，则该权利要求不具备新颖性；如果权利要求与对比文件存在区别，但该区别是本领域的常用技术手段，则该权利要求不具备创造性。

一、案由

本无效宣告请求涉及中华人民共和国国家知识产权局于2005年11月30日授权公告的、名称为“保健育儿背巾”的实用新型专利权（下称本专利），其申请号是200420102202.9，申请日是2004年11月30日，专利权人是深圳市日研科技有限公司。该专利授权公告时的权利要求书如下：

“1. 一种保健育儿背巾，其特征是包括巾条，巾条的头端部设有环绕圈，该环绕圈上套有两个环扣，两个环扣是用于套压环绕过它们的巾条尾段的。

2. 根据权利要求1保健育儿背巾，其特征在于：所述环绕圈是巾条的头端部折叠缝合而成的。

3. 根据权利要求1保健育儿背巾，其特征在于：所述巾条的两边缝合有边带。

4. 根据权利要求1保健育儿背巾，其特征在于：巾条上近环绕圈段缝合有垫肩。

5. 根据权利要求1保健育儿背巾，其特征在于：所述巾条的两边缝合有边带，巾条上近环绕圈

段缝合有垫肩。

6. 根据权利要求1保健育儿背巾，其特征在于：所述巾条的两边缝合有边带，巾条上近环绕圈段缝合有垫肩，环绕圈是巾条的头端部折叠缝合而成的。

7. 根据权利要求1保健育儿背巾，其特征在于：所述环扣是塑料环扣、或不锈钢环扣、或者铝合金环扣。”

针对上述专利权，深圳市海伦服饰公司（下称请求人）于2006年2月14日向专利复审委员会提出无效宣告请求，其理由是，本专利不符合中国专利法第22条第1~3款的规定，其提交的证据如下：

证据1：US6065655A号美国专利申请公开文本，其授权日为2000年5月23日；

证据2：ZL95215571.0号中国实用新型专利说明书，其授权公告日为1996年7月31日；

证据3：JP2003-47542A号日本专利特许公开文本，其公开日为2003年2月18日；

证据4：国家知识产权局专利检索咨询中心对项目名称为“保健育儿背巾”出具的编号为G052297的检索报告复印件（共4页）；

证据5：吉林人民出版社于2001年9月印刷的《亲密育儿百科（下）》封面、版权页、目录、第415~429页复印件（共10页）；

请求人认为：证据1是最接近的对比文件，其单独破坏本专利权利要求第1~7项的新颖性和创造性；证据2、3分别单独破坏本专利权利要求第1、3~5项的新颖性和创造性，以及权利要求2、6的创造性；证据5也单独破坏本专利权利要求第1~6项的新颖性和创造性，以及权利要求7的创造性。

经形式审查合格，专利复审委员会依法受理了上述无效宣告请求，并于2006年3月15日向双方当事人发出无效宣告请求受理通知书，同时将无效宣告请求书及其附件清单中所列附件的副本转给专利权人，要求其在收到该通知之日起一个月内陈述意见。

针对上述无效宣告请求，专利权人于2006年4月15日提交了意见陈述书，认为本专利具备新颖性和创造性，具体理由是：本专利技术方案中的巾条尾段没有采用特别设置的“尾束”部分，而是呈自然开放状，故可以根据需要调节背巾的长度和形式，而证据1~3和5中的带身长度是固定的，带身尾部均设置有“尾束”之类的构造，不能根据需要调整长度。

专利复审委员会依法成立合议组对上述无效宣告请求进行审查，合议组于2007年1月19日向双方当事人发出无效宣告请求口头审理通知书，指出定于2007年4月3日在复审委员会举行本案的口头审理。随同口头审理通知书，将专利权人于2006年4月15日提交的意见陈述书副本转给请求人。

口头审理如期举行，双方当事人均参加了口头审理。在口头审理中，请求人明确其无效宣告的理由、证据和范围是：本专利权利要求第1~6项相对于证据1不具备新颖性，权利要求7相对于证据1不具备创造性；权利要求1、3~5相对于证据2不具备新颖性，权利要求2、6、7相对于证据2不具备创造性；权利要求1~6相对于证据5不具备新颖性，权利要求2、6、7相对于证据5不具备创造性。请求人明确表示证据3、4仅供参考，不作为证据使用，此外，其还当庭提交了证据1文字部分的中文译文，但表示与本专利进行对比时仅参照证据1的附图部分，当庭提交的文字部分的中文译文不作为证据使用，仅供参考。专利权人对请求人提供的所有证据的真实性均无异议，并同意使用证据1附图公开的内容与本专利进行对比。

在口头审理的辩论过程中，（1）请求人将证据1附图所公开的内容与本专利的权利要求技术方案进行了对比，认为证据1附图中标号18的部件相当于本专利的巾条，标号14的部件相当于本专利的环绕圈，标号12的部件相当于本专利的环扣，环扣用于套压巾条尾段的技术特征可以从证据1图

3A 和 3B 中看出，标号 20 的部件相当于本专利的边带，标号 16 的部件相当于本专利的垫肩，因此认为本专利权利要求 1~6 的全部技术特征均已分别被证据 1 公开，而权利要求 7 的附加技术特征中涉及的材料是公知常识。(2) 请求人还将证据 2 和证据 5 公开的技术方案分别与本专利权利要求的技术方案进行了对比，认为上述证据也能够分别影响本专利权利要求的新颖性或创造性。(3) 专利权人认可请求人所述的本专利与证据 1 中巾条、环绕圈、环扣等技术特征的对应关系，但认为证据 1、2、5 与本专利的发明目的和技术领域均不相同，本专利的背巾可以将母亲的信息共振传递给婴儿，有养育作用，而证据 1、2、5 的背巾只是携带工具；此外本专利的背巾在结构上也与证据 1、2、5 有所不同，从本专利附图可以看出，本专利的背巾尾段呈自然开放状，从而可以根据需要调整背巾的使用长度和内外沿的松紧，同时背巾尾段还对婴儿有遮盖作用，而证据 1、2、5 中的背巾尾段均具有尾束构造，其使用长度固定。(4) 专利权人还当庭演示了本专利的背巾实物以证明其与证据 1 的背巾效果有所不同，请求人认为专利权人所列举的上述区别并未记载在本专利的权利要求书中。

在上述工作的基础上，合议组认为本案事实已经清楚，可以依法作出审查决定。

二、决定的理由

1. 关于证据

请求人在提出无效宣告请求时共提交了 5 份证据，在口头审理中明确证据 1、2、5 作为证据使用，并表示证据 3 和证据 4 仅供参考而不作为证据使用，专利权人对证据 1、2、5 的真实性均没有异议。经审查，证据 1 是美国专利申请，其公开日在本专利申请日之前，故上面记载的内容已构成现有技术，尽管请求人在口审当庭才提交证据 1 文字部分的中文译文，已超出举证期限，但鉴于请求人明确表示只使用证据 1 的附图部分与本专利的技术方案相对比，文字部分的中文译文仅供参考而不作为证据使用，专利权人同意使用证据 1 附图所公开的内容与本专利进行对比，故合议组认为，附图作为一种工程语言，其上所示的能唯一确定的内容同样可作为公开的内容，因此证据 1 附图部分的公开内容构成了本专利的现有技术，可以用来评价本专利新颖性或创造性。证据 2 是中国实用新型专利，其授权公告日在本专利申请日之前，构成本专利的现有技术，可以用来评价本专利的新颖性和创造性。证据 5 是《亲密育儿百科（下）》一书的相关页复印件，请求人未提供该书原件，但鉴于专利权人认可了该复印件内容的真实性，故合议组认为该证据 5 可以作为本案证据使用，该书印刷日为 2001 年 9 月，早于本专利的申请日，故上面记载的内容已构成本专利的现有技术。

2. 关于新颖性和创造性

专利法第 22 条第 2 款规定：新颖性是指在申请日以前没有同样的发明或者实用新型在国内外出版物上公开发表过、在国内公开使用过或者以其他方式为公众所知，也没有同样的发明或者实用新型由他人向国务院专利行政部门提出过申请并且记载在申请日以后公布的专利申请文件中。

专利法第 22 条第 3 款规定：创造性是指同申请日以前已有的技术相比，该发明有突出的实质性特点和显著的进步，该实用新型有实质性特点和进步。

在本案中，请求人认为本专利的权利要求 1~6 相对于证据 1 不具备新颖性，权利要求 7 的材料限定是公知常识，故其相对于证据 1 不具备创造性。

本专利权利要求 1 请求保护一种保健育儿背巾，从证据 1 的附图部分可以明显看出，证据 1 涉及一种包裹婴儿的背巾（参见图 4a、4b、5a、5b），与本专利的技术领域相同；参见图 1、2a，可明显看出其巾体（18）呈长条状，两侧边各缝合出一边带（20），其中填充有纤维状填充物（32）；参见图 2c 和 2d，巾体一端［头端］穿过两个环扣（12）折叠缝合在巾体上，使环扣处于巾体一端的端部，巾体另一端（尾端）具有两条束带状设置；参见图 3a、3b，在使用时，首先将所述尾端束带穿过头端的两环扣再回绕穿过两环扣之间从而被套压固定在环扣处。此外从图 1、2a、2b 还可以看出，该背巾头端（即靠近环绕圈处）还缝合出一梯形区域（16 或 36），内填充纤维状物质，在使用时（参见图 4a、4b、5a、5b）该区域位于背负婴儿者的肩部，即构成垫肩。

在口头审理中，专利权人已认可上述证据 1 附图部分公开的内容。可见，证据 1 已经公开了本专利独立权利要求 1 的全部技术特征，即巾条、环绕圈（即证据 1 中巾体一端（头端）穿过两个环扣折叠缝合在巾体上形成设置）、环扣的结构和设置部位，并且二者技术领域和作用效果均相同，因此本专利权利要求 1 相对于证据 1 不具备新颖性，不符合专利法第 22 条第 2 款的规定。

专利权人强调，本专利与证据 1 的区别在于：（1）本专利的背巾可以将母亲的信息共振传递给婴儿，有养育作用，而证据 1、2、5 的背巾只是携带工具；（2）本专利的背巾尾段呈自然开放状，以根据需要调整背巾的使用长度和内外沿的松紧，同时还对婴儿有遮盖作用，而证据 1 中的背巾尾段具有尾束状构造，其使用长度相对固定。

针对专利权人强调的理由（1），合议组认为，从证据 1 和本专利各自的附图可以看出，证据 1 的背巾与本专利的背巾在使用时都使婴儿与母亲紧密接触，因而同样可以将母亲的亲情传递给婴儿，对婴儿有养育作用，故就专利权人强调的上述功能来说证据 1 与本专利权利要求 1 并无区别。

针对专利权人强调的理由（2），合议组认为，专利权的保护范围应当以其权利要求的内容为准，权利要求中未记载的内容不能作为与对比文件相对比、评价其是否具备创造性的依据，由于本专利权利要求 1 中记载的全部技术特征均在证据 1 中公开，而专利权人所提及“本专利的背巾尾段呈自然开放状”这一区别在权利要求 1 中并未记载，因此不能据此认为权利要求 1 具备新颖性。

本专利权利要求 2~6 从属于独立权利要求 1，其附加技术特征进一步限定了背巾的环绕圈构造以及边带和垫肩的设置，其中具体涉及环绕圈是巾条的头端部折叠缝合而成，边带缝合在巾条两边，垫肩缝合在巾条上近环绕圈段。上述附加技术特征均已经在证据 1 中公开（参见上面对证据 1 公开内容的描述），因此在其引用的权利要求 1 不具备新颖性的情况下，从属权利要求 2~6 也均不具备新颖性，不符合专利法第 22 条第 2 款的规定。

本专利权利要求 7 从属于独立权利要求 1，其附加技术特征进一步限定了所述环扣是塑料或不锈钢或铝合金环扣。尽管证据 1 的附图中并没有示出所用环扣的材质，然而合议组认为环扣采用上述材质是本领域十分常见的，本领域技术人员根据需要进行选择并应用到背巾中无须付出创造性劳动。因此在其引用的权利要求 1 不具备新颖性的情况下，该从属权利要求 7 的技术方案不具备实质性特点和进步，不符合专利法第 22 条第 3 款有关创造性的规定。

鉴于本专利的权利要求第 1~7 项相对于证据 1 不具备新颖性或创造性，故本案合议组不再针对请求人提出的其他证据使用方式进行审查和评述。

基于以上事实和理由，本案合议组依法作出如下审查决定。

三、决定

宣告 200420102202. 9 号实用新型专利的权利要求全部无效。

当事人对本决定不服的，可以根据专利法第 46 条第 2 款的规定，在收到本决定之日起三个月内向北京市第一中级人民法院起诉。根据该款的规定，一方当事人起诉后，另一方当事人可以作为第三人参加诉讼。

098

体视显微镜照明灯

无效宣告请求审查决定（第9834号）

决　　定　　号　第9834号
决　　定　　日　2007年5月31日
发明创造名称　体视显微镜照明灯
国 际 分 类 号　G02B 21/06
无效宣告请求人　杭州亿奥光电有限公司，杭州亿奥光电有限公司
专　利　权　人　杨仕桐
专　　利　　号　96237149.1
申　　请　　日　1996年7月3日
授 权 公 告 日　1998年4月22日
合 议 组 组 长　张惠军
主　　审　　员　张　曦
参　　审　　员　高桂莲

法　律　依　据　专利法第22条第3款
决　定　要　点

如果相近技术领域的对比文件中给出了应用一项技术方案与最接近的现有技术之间区别技术特征的技术启示，则对于本领域技术人员而言，该技术方案不具有实质性特点和进步，因此不具备创造性。

一、案由

本无效宣告请求涉及国家知识产权局于1998年4月22日授权公告的、名称为“体视显微镜照明灯”的96237149.1号实用新型专利权（下称本专利），其申请日是1996年7月3日，专利权人是杨仕桐。本专利授权公告时共包括4项权利要求，其中权利要求1为独立权利要求。

在本无效宣告请求之前，杭州亿奥光电有限公司曾于2003年7月22日向专利复审委员会提出过无效宣告请求（案件编号：5W05183），在该无效宣告审查程序中，专利权人于2004年5月17日针对该在先的无效宣告请求提交了权利要求书的修改替换页，修改后的权利要求书如下：

“1. 一种体视显微镜照明灯，由外壳、灯管（2）、工作电路和开关（8）构成，外壳包括连接座（1）、灯管罩（3）、灯管座、电路板盒（6）和盖板（7）以及开关基板（9）等，工作电路安装在电路板盒内，盖板盖于电路板盒上；其特征在于所说的连接座上有若干个螺母座（10），螺母座内有注塑时预留的螺母槽（11）和与槽方向垂直的贯通螺钉孔（12），槽内装有一金属螺母（13）。

2. 按权利要求 1 所述的照明灯，其特征在于所说的连接座（1）上有三个均布的螺母座（10）。”

复审委员会以上述权利要求书为基础，于 2004 年 6 月 23 日作出了第 6227 号无效宣告请求审查决定，维持了本专利权有效，并且该决定已经生效。

针对上述专利权，杭州亿奥光电有限公司（下称请求人）于 2005 年 10 月 8 日向专利复审委员会提出了无效宣告请求，请求人的具体理由是：本专利与证据 1 的技术领域和用途相同，本专利权利要求 1 和 2 所记载的技术方案已被证据 1.1、1.2 和 1.3 记载的内容公开，因此不符合专利法第 22 条第 3 款的规定。请求人提交的证据如下：

证据 1.1：US4855646 号美国专利说明书及其中文译文，其公开日为 1989 年 8 月 8 日；

证据 1.2：US3932971 号美国专利说明书及其部分中文译文，其公开日为 1976 年 1 月 20 日；

证据 1.3：张志纯译、徐氏基金会出版、1991 年 1 月第 1 版的《塑胶制品设计手册》封面页、第 208~211 页、封底页复印件，共 4 页，其封面上盖有“浙江图书馆信息服务部”印章；

证据 1.4：专利复审委员会针对本专利的在先无效宣告请求案（案件编号：5W05183）作出的第 6227 号无效宣告请求审查决定书复印件。

经形式审查合格后，专利复审委员会受理了上述无效宣告请求，于 2005 年 10 月 8 日向双方当事人发出无效宣告请求受理通知书，并将无效宣告请求书及附件清单中所列附件副本转送给专利权人，要求其在指定期限内答复（案件编号：5W07151）。

2005 年 11 月 8 日，请求人向专利复审委员会提交了以下补充证据（编号续前）：

证据 1.5：授权公告号为 CN2282121Y 的实用新型专利说明书，其申请日为 1996 年 5 月 28 日，授权公告日为 1998 年 5 月 20 日，专利权人为上海宏源照明电器有限公司；

证据 1.6：授权公告号为 CN2261655Y 的实用新型专利说明书，其申请日为 1996 年 11 月 1 日，授权公告日为 1997 年 9 月 3 日，专利权人为陈千奎。

针对上述无效宣告请求，专利权人于 2005 年 11 月 23 日向专利复审委员会寄交了意见陈述书，专利权人在其意见陈述书中表示在已经生效的专利复审委员会第 6227 号无效宣告审查决定中已经涉及证据 1.1，应适用一事不再理原则；证据 1.2 与本专利应用的技术领域不同；证据 1.3 与本专利是完全不同的技术，本专利是注塑时在脱模的不同方向预留螺母槽，然后将金属螺母放入槽内，再用封塞封紧槽口。

针对上述专利权，请求人杭州亿奥光电有限公司于 2006 年 7 月 4 日再次向专利复审委员会提出无效宣告请求，请求人的具体理由是：本专利权利要求前序部分的技术特征已经被证据 2.1 公开，区别特征被证据 2.1、2.2、2.3、2.4 公开，因此本专利不符合专利法第 22 条第 3 款的规定。请求人的证据如下：

证据 2.1：US4855646 号美国专利说明书及其中文译文，其公开日为 1989 年 8 月 8 日（同证据 1.1）；

证据 2.2：US3932971 号美国专利说明书及其部分中文译文，其公开日为 1976 年 1 月 20 日（同证据 1.2）；

证据 2.3：US4729646 号美国专利说明书及其部分中文译文，其公开日为 1988 年 3 月 8 日；

证据 2.4：US4021825 号美国专利说明书及其部分中文译文，其公开日为 1977 年 5 月 3 日；

证据 2.5：专利复审委员会针对本专利的在先无效宣告请求案（案件编号：5W05183）作出的第 6227 号无效宣告请求审查决定书复印件（同证据 1.4）。

经形式审查合格后，专利复审委员会受理了上述无效宣告请求，于 2006 年 9 月 4 日向双方当事人发出无效宣告请求受理通知书，并将无效宣告请求书及附件清单中所列附件副本转送给专利权人，要求其在指定期限内答复（案件编号：5W08080）。

针对上述无效宣告请求，专利权人于2006年10月17日向专利复审委员会提交了意见陈述书以及两份附件作为反证，专利权人在其意见陈述书中表示在已经生效的专利复审委员会第6227号无效宣告审查决定中已经涉及证据2.1，应适用一事不再理原则；证据2.2与本专利应用的技术领域、结构和使用不同；证据2.3与本专利毫无相同之处；证据2.4主要描述了显微镜、望远镜与照相机的适配器，没有具体描述连接的方法和结构，没有公开本专利的必要技术特征。专利权人提交的反证如下：

反证2.1：北京市高级人民法院（2005）高行终字第142号行政判决书复印件，共10页；

反证2.2：浙江省杭州市中级人民法院（2003）杭民三初第128号民事判决书复印件，共7页。

依照审查指南第四部分第三章第4.5节有关“案件的合并审理”的相关规定，本案合议组决定对上述两项无效宣告请求案进行合并口头审理。

本案合议组于2007年1月4日向双方当事人发出无效宣告请求口头审理通知书，指出定于2007年2月6日对上述两项无效宣告请求（案件编号：5W07151，5W08080）进行合并口头审理，并随口头审理通知书向请求人转送了专利权人分别于2005年11月23日针对5W07151案和2006年10月17日针对5W08080案提交的意见陈述书副本，向专利权人转送了请求人于2005年11月8日针对5W07151案提交的意见陈述书及补充证据的副本。

口头审理如期举行，双方当事人均出席了口头审理，双方当事人对合议组成员无回避请求，对对方出庭人员的身份无异议。在口头审理过程中：

针对案件编号为5W07151的无效宣告请求案，请求人明确表示使用证据1.1和证据1.2的结合评价权利要求1和2的创造性，使用证据1.1与证据1.3的结合评价权利要求1的创造性，证据1.4证明权利要求1的前序部分技术特征已经被证据1.1公开。专利权人对请求人提交的证据1.1至1.6的真实性及证据1.1和1.2的中文译文准确性没有异议，但认为证据1.5是抵触申请，证据1.6是本专利的在后申请，不能评价本专利的创造性。请求人明确表示放弃证据1.5和证据1.6及其相关组合方式。请求人认为证据1.1公开了本专利的前序部分的全部技术特征，证据1.2中螺母与螺丝的结构与本专利是完全相同的。证据1.1和证据1.2相结合完全公开了本专利权利要求1的技术特征；权利要求2中的“螺丝均布”是一个常识；证据1.3证明了金属件与塑料件结合是公知技术。专利权人认为本专利与证据1.1解决的是同样的问题，而证据1.1是金属制造的，本专利则是塑胶制造的，证据1.1的译文第3页第15行证明其是铝质的，认同证据1.1公开了本专利的前序部分，本专利的螺母座是注塑制得的，证据1.2与本专利的技术领域不同，证据1.2没有公开注塑这个技术特征，证据1.2是内连接，是一种固定的连接，本专利是外连接，可以活动连接，两者的发明目的不同；证据1.3没有预留槽，只是沿着螺钉放入，本专利是沿垂直于螺母槽的方向将螺丝插入螺钉孔，而证据1.3仅有螺钉孔。

针对案件编号为5W08080的无效宣告请求案，请求人表示使用证据2.1和2.2的结合评价本专利权利要求1和2的创造性，证据2.1和2.3结合公开了权利要求1的区别技术特征，使用证据2.1和2.4结合评述权利要求1的技术方案，证据2.5证明权利要求1的前序部分已经被证据2.1公开。专利权人表示对证据2.1至2.5的真实性和证据2.1至2.4的中文译文准确性没有异议。双方表示证据2.1与证据2.2结合评价本专利权利要求1和2的创造性的意见与证据1.1与证据1.2结合评价本专利权利要求1和2的创造性的意见相同。请求人表示证据2.3的附图3公开了权利要求1的区别技术特征，螺母是垂直放在槽里的，螺丝与螺母是垂直方向插入的，螺丝的头部分相当于螺母槽，本专利中没有强调是用塑料制成的，证据2.4的图4中公开了螺母槽、螺母和螺丝，认为脱模的方式是公知常识，证据 2.4 的图 4 中也显示了螺母，也是起到锁紧的作用。专利权人指出证据 2.3 看不出是注塑的，证据 2.3 译文部分第 1 页倒数第 4 行，“铸件”证明证据 2.3 是金属制造的，而本专利是塑料注塑制造的，证据 2.3 螺钉不是旋进去的，只是固定的螺栓，且看不出有螺钉孔，只是两边都有槽直接放进去的，而本专利是有螺钉孔的，证据 2.4 也是金属制造的，其所解决的是纯粹的连接问题，注塑是需要脱模的，而证据 2.4 看不出有脱模的孔，且证据 2.4 与本专利所解决的技术问题是不同的。

请求人表示对专利权人提供的反证 2.1 和 2.2 的真实性无异议，但认为与本案没有关联，专利权人表示反证 2.1 和 2.2 仅作为参考。

在上述事实的基础上，合议组经合议依法作出审查决定。

二、决定的理由

1. 关于证据

请求人在口头审理过程中明确表示放弃证据 1.5 和 1.6，因此本决定中对证据 1.5 和 1.6 不予评价。专利权人对请求人提交的证据 1.1~1.4、2.1~2.5 的真实性及证据 1.1、1.2、2.1~2.4 的中文译文准确性无异议，经审查，上述证据可以作为本案证据使用，并且证据 1.1~1.3、2.1~2.4 的公开日均在本专利申请日之前，可以作为现有技术评价本专利的创造性，其中证据 1.1、1.2、2.1~2.4 公开的内容以其中文译文为准。证据 1.4 和证据 2.5 相同，是专利复审委员会针对在先无效宣告请求案（案件编号：5W05183）作出的第 6227 号无效宣告请求审查决定，且专利权人对其真实性没有异议，证据 1.4（2.5）可以作为本案证据使用。

2. 关于“一事不再理”原则在本案中是否适用

专利权人认为在已经生效的专利复审委员会第 6227 号无效宣告请求审查决定中已经涉及证据 1.1（2.1），因此应当适用一事不再理原则。审查指南第四部分第三章第 2.1 节中对“一事不再理原则”进行了明确的规定，即对已作出审查决定的无效宣告案件涉及的专利权，以同样的理由和证据再次提出无效宣告请求的，不予受理和审理。对此，合议组认为，第 6227 号无效宣告请求审查决定中仅以证据 1.1（2.1）一篇对比文件评价权利要求 1 和 2 的创造性，而本案中，请求人将该证据与其他证据相结合来评价权利要求 1 和 2 的创造性，因此请求人提出的支持其无效宣告请求理由的证据发生了变化，不适用一事不再理原则。

3. 本专利权利要求 1 和 2 是否符合专利法第 22 条第 3 款的规定

创造性，是指同申请日以前已有的技术相比，该发明有突出的实质性特点和显著的进步，该实用新型有实质性特点和进步。

口头审理中，请求人使用证据 1.1 和 1.2 的结合、证据 1.1 和 1.3 的结合、证据 2.1 和 2.2 的结合、证据 2.1 和 2.3 的结合以及证据 2.1 和 2.4 的结合来评述权利要求 1 的创造性，并认为权利要求 2 的附加技术特征为公知常识。

（1）关于权利要求 1。

本案中，双方均认为权利要求 1 的前序部分的技术特征均已被证据 2.1 公开，合议组经审查后对此予以确认，证据 2.1 公开了一种带电源变换器的荧光灯，该荧光灯包括固定塞环 34 以及固定螺丝 36、38 和 40，其中固定塞环也是用于连接机架与显微镜，与本专利的连接座作用相同，可见证据 2.1 中螺丝与固定塞环之间采用了螺丝连接的方式，因此可以推定固定塞环 34 上必然存在与三个螺丝相配合的内螺纹，但不能推定该证据公开了本专利权利要求 1 的特征部分的技术特征“连接座上有若干个螺母座”、“螺母座内有注塑时预留的螺母槽（11）和与槽方向垂直的贯通螺钉孔（12）”以及“槽内装有一金属螺母”，因此上述三个技术特征构成了本专利权利要求 1 与证据 2.1 的区别技术特征。

证据 2.3 公开了一种采用射出零件做标准模块的多用途显微镜，其中通过螺栓对立柱上的滑块进行调节，螺母 77 被塞在 T 型槽 70 中来阻止旋转，而螺栓头 75 为圆形的，可以在槽 76 中转动。可见证据 2.3 公开了一种在装置内采用螺栓和螺母的连接结构，其中该 T 型槽也是预留出来的空间以用于盛放螺母，并且在与螺母放置平面相垂直的方向上存在供螺栓贯通的开孔，该开孔与螺母所处的空间构成了 T 字型形状。

证据 2.3 涉及了显微镜这种光学仪器，与本专利的显微镜照明灯属于相近的技术领域，虽然证据 2.3 未公开 T 型槽是注塑时预留的，但无论证据 2.3 的产品是金属铸件、注塑件或是其他材料、其他工艺制成的，就证据 2.3 产品本身的结构而言，该 T 型槽与本专利权利要求 1 中的螺母槽和螺钉孔构成的结构相同，螺母也是置于该 T 型槽内以限制螺栓的转动，并与螺栓相配合以旋紧或旋松，因此该产品的材料以及在该产品整个制造过程中何时开设该 T 型槽，均不会对该产品最终的结构和作用产生影响，由此可见证据 2.3 公开了本专利权利要求 1 中的螺母槽和螺钉孔的技术特征，给出了在光学仪器中采用上述技术特征进行连接、固定和调节的技术启示，而螺母采用金属制成是一种惯用的技术手段，也不会为本专利带来意想不到的技术效果。至于本专利权利要求 1 中连接座上的若干个螺母座的技术特征，合议组认为，证据 2.1 公开了在连接座上采用多个螺丝固定的技术特征，在证据 2.3 的技术启示下，本领域技术人员很容易想到采用证据 2.3 中公开的技术手段对连接座进行固定，而如果在连接座上设置螺母槽和螺钉孔，则开设螺母槽和螺钉孔的位置势必会形成不同于连接座其他位置的一种结构，换言之，在设计和制造带有证据 2.3 中公开的 T 型槽的显微镜照明灯连接座时，本领域技术人员必然会在相应部位进行结构上的适应性变化，以容纳该 T 型槽，该部位必然形成了带有螺母槽和螺钉孔的螺母座结构，本专利权利要求 1 中限定的螺母座的技术特征，其就是为了容纳螺母槽和螺钉孔，因此在证据 2.3 给出了上述技术启示的情况下，本领域技术人员很容易想到在连接座上形成能够容纳螺母槽和螺钉孔的结构，即螺母座的技术特征不能为本专利权利要求 1 的创造性带来实质性影响。

综上所述，本领域技术人员在证据 2.1 的基础上结合证据 2.3 得到本专利权利要求 1 的技术方案是显而易见的，权利要求 1 不具备实质性特点和进步，不符合专利法第 22 条第 3 款有关创造性的规定。

（2）关于权利要求 2。

本专利权利要求 2 进一步限定了连接座上有三个均布的螺母座，证据 2.1 的荧光灯连接座上均布了三个螺钉，如评述权利要求 1 时所述的，证据 2.3 已经给出了在显微镜照明灯上应用螺母槽和螺钉孔的技术启示，也必然给出了在连接座上形成能够容纳螺母槽和螺钉孔的结构的技术启示，在这种情况下，本领域技术人员很容易想到按照证据 2.1 中三个螺钉的均布方式设置容纳螺母槽和螺钉孔的结构，即螺母座。因此权利要求 2 的附加技术特征也不能为本专利的创造性带来实质性影响，权利要求 2 也不具备实质性特点和进步，不符合专利法第 22 条第 3 款有关创造性的规定。

鉴于本专利权利要求 1 和 2 相对于证据 2.1 与 2.3 的结合不具备创造性，本决定中不再对本专利权利要求 1 和 2 相对于请求人提出的其他的证据组合方式是否具备创造性进行评述。

综上所述，本专利权利要求 1 和 2 均不符合专利法第 22 条第 3 款的规定。故此，本案合议组作出如下决定。

三、决定

宣告 96237149.1 号实用新型专利权全部无效。

当事人对本决定不服的，可以根据专利法第 46 条第 2 款的规定，自收到本决定之日起三个月内向北京市第一中级人民法院起诉。根据该款的规定，一方当事人起诉后，另一方当事人应当作为第三人参加诉讼。

099

一种水壶

无效宣告请求审查决定（第9846号）

决　　定　　号　第9846号
决　　定　　日　2007年5月30日
发明创造名称　一种水壶
国际分类号　A47J 27/21
无效宣告请求人　李卫东
专　利　权　人　梁炽明
专　　利　　号　02248474.4
申　　请　　日　2002年9月30日
授权公告日　2003年10月8日
合议组组长　程　强
主　　审　　员　李　娟
参　　审　　员　汪送来

法　律　依　据　专利法第26条第4款，专利法第22条第3款，专利法实施细则第20条第1款
决　定　要　点

如果所属技术领域的技术人员可以合理预测权利要求中的上位概念所涵盖的所有下位概念均具备相同的性能，都能够解决发明要解决的技术问题并达到预期的技术效果，则应当允许申请人在权利要求中使用该上位概念。

在判断要求保护的技术方案是否具有创造性时，关键是要确定现有技术整体上是否存在某种技术启示，使本领域技术人员在面对所要解决的技术问题时，有动机改进最接近的现有技术并获得要求保护的技术方案。如果要求保护的技术方案与最接近的现有技术的区别特征是本领域中解决上述技术问题的惯用技术手段或公知常识，或者是在相同领域的另一份对比文件中披露的相关技术手段，且该技术手段在该对比文件中所起的作用与上述区别特征在要求保护的技术方案中所起的作用相同，则认为现有技术中存在技术启示。

一、案由

本无效宣告请求涉及国家知识产权局于2003年10月8日授权公告的、名称为“一种水壶”的第02248474.4号实用新型专利权（下称本专利），其申请日为2002年9月30日，专利权人为梁炽明。本专利授权公告时的权利要求书为：

“1. 一种水壶，由壶体（1）、壶体（1）上的壶盖（2）和焊接在壶体（1）上的壶嘴（3）构

成，其特征在于壶体（1）上固定有一支架（4），支架（4）的上端有一挂钩（10），挂钩（10）通过顶销（11）安装在一活动提手（5）中部的凹槽（9）内，挂钩（10）的后端顶住凹槽（9）的后壁，活动提手（5）的前端顶住一安装在支架（4）上的杠杆（6）的一端，杠杆（6）通过支耳（12）安装在支架（4）的前销（13）上，杠杆（6）的另一端接一壶嘴盖（7）。

2. 根据权利要求1所述的一种水壶，其特征在于所述的支架（4）上有横杆（24），横杆（24）的下面挡住活动提手（5）的前端。

3. 根据权利要求1所述的一种水壶，其特征在于杠杆（6）的下方设置有一复位装置。

4. 根据权利要求2所述的一种水壶，其特征在于复位装置是一弹簧片（8），弹簧片（8）的一端安装在支架（4）的由上凸台（17）和中凸台（18）所形成的槽中，另一端顶住接近活动提手（5）的杠杆（6）的一端的下方。

5. 根据权利要求1所述的一种水壶，其特征在于所述的壶体（1）上固定有一支架（4）的连接方法是：在壶体（1）上焊接有带罗纹孔的固定片（14）和上端弯曲的定位固定片（15），支架（4）的底部有底槽（25）和带台阶的安装孔（20），安装孔（20）内的螺钉（19）与底槽（25）内的带罗纹孔的固定片（14）连接固定，定位固定片（15）的上端卡在支架（4）的下凸台（16）与中凸台（18）之间。

6. 根据权利要求1所述的一种水壶，其特征在于所述的壶嘴盖（7）的内部有一隔片（21），隔片（21）与壶嘴盖（7）连接的边缘处有两个小孔（22），壶嘴盖（7）有相应的两个气孔（23）。”

2006年7月28日，针对上述专利权，李卫东（下称请求人）向国家知识产权局专利复审委员会提出无效宣告请求，同时提交了以下证据：

证据1：中国实用新型专利说明书CN2427142Y，授权公告日为2001年4月25日，复印件共8页；

证据2：中国实用新型专利申请CN87211399U，公告日为1988年9月14日，复印件共5页。

请求人认为：权利要求1~2、4~5相对于对比文件1不具备专利法第22条第3款规定的创造性，权利要求6相对于对比文件1、2不具备专利法第22条第3款规定创造性，权利要求3得不到说明书的支持，不符合专利法第26条第4款的规定；请求人同时提出权利要求1~2、4~6不符合专利法第22条第2款的无效宣告理由，但未具体说明。

经形式审查合格后，专利复审委员会受理了该无效宣告请求，于2006年9月4日向双方当事人发出了《无效宣告请求受理通知书》，并向专利权人转送了《专利权无效宣告请求书》及相关附件的副本，要求其在指定的期限内答复，同时成立合议组对本无效请求案进行审理。专利权人在指定期限内未答复。

2007年1月4日，专利复审委员会本案合议组向双方当事人发出《无效宣告请求口头审理通知书》，定于2007年3月5日对本案进行口头审理。

2007年3月5日，口头审理如期举行，请求人参加了口头审理，专利权人缺席。庭审过程中，本案合议组对请求人提出的无效理由和证据进行了充分调查，并听取了当事人的陈述。

（1）请求人当庭放弃专利法第22条第2款的无效宣告理由；

（2）请求人明确无效理由和范围是：权利要求1、2、4、5、6不符合专利法第22条第3款的规定，权利要求3不符合专利法第26条第4款的规定；

（3）请求人当庭明确证据1单独使用评价权利要求1、2、4、5的创造性，证据1和2结合使用评价权利要求6的创造性，证据1为最接近对比文件；

（4）合议组当庭告知请求人，合议组依职权引入专利法实施细则第20条第1款，对权利要求4

进行审查，请求人对此无异议。

口头审理结束后，合议组于2007年3月22日向专利权人发出《无效宣告请求审查通知书》，指出合议组依职权引入专利法实施细则第20条第1款的理由，对权利要求4进行审查，要求专利权人在收到通知书之日起七日内答复，期满未答复，视为当事人已得知通知书所涉及事实、理由和证据。

专利权人在指定期限内未答复。

经过上述审理程序，合议组认为本案事实已经清楚，可以依法作出审查决定。

二、决定的理由

1. 关于证据

请求人提交的证据1和2均为中国实用新型专利文献，公开日在本专利的申请日之前，为本专利的现有技术，合议组经核实，认可证据1和2的真实性，可以作为本案的证据使用。

2. 关于专利法第26条第4款

专利法第26条第4款规定，权利要求书应当以说明书为依据，说明要求专利保护的范围。

如果所属技术领域的技术人员可以合理预测权利要求中的上位概念所涵盖的所有下位概念均具备相同的性能，都能够解决发明要解决的技术问题并达到预期的技术效果，则应当允许申请人在权利要求中使用该上位概念。

本专利的权利要求3保护根据权利要求所述的一种水壶，其特征在于杠杆（6）的下方设置有一复位装置。

请求人认为，对于权利要求3中的复位装置，说明书只给出了弹簧片，本领域的技术人员无法推知弹簧片以外的其他复位装置，因此，权利要求3得不到说明书的支持。

复位装置是指能够回复到原来位置的装置，是弹簧片的上位概念。根据本专利说明书的记载，权利要求3的复位装置所要解决的技术问题及所达到的技术效果是，在倒完水后使杠杆（6）与提手（5）接触的一端上翘，另一端向壶嘴（3）移动，从而使壶嘴（3）被盖上，亦即，使杠杆（6）回复到没有外力作用时的状态。尽管说明书只给出了弹簧片的实施方式，但根据这一装置在本发明中的作用，本领域的技术人员可以合理预测，凡是能够回复原位的装置均能够解决上述技术问题并达到使壶嘴被盖上的技术效果，而并不局限于弹簧片这一种方式，因此，权利要求3的上述概括是合理的，能够得到说明书的支持，符合专利法第26条第4款的规定。

3. 关于专利法实施细则第20条第1款

请求人认为，本专利的权利要求4不符合专利法第22条第3款有关创造性的规定。合议组经审查认为该权利要求的表述不清楚，无法确定其保护范围，导致不存在审查其创造性的基础，因此，依职权引入专利法实施细则第20条第1款的理由，对权利要求4进行审查。

专利法实施细则第20条第1款规定，权利要求书应当说明发明或者实用新型的技术特征，清楚、简要地表述请求保护的范围。

权利要求书中的每一项权利要求应当清楚，同时构成权利要求书的所有权利要求作为一个整体也应当清楚。其中构成权利要求书的所有权利要求作为一个整体应当清楚，即是指权利要求之间的引用关系应当清楚。

本专利中，权利要求4引用了在先的权利要求2，特征部分是对“复位装置”的进一步限定，但“复位装置”这一技术特征既未出现在其引用的权利要求2中，也未出现在权利要求2所引用的权利要求1中，因此，权利要求4的引用关系不清楚，导致其保护范围不清楚，不符合专利法实施细则第20条第1款的规定。

4. 关于创造性

专利法第22条第3款规定：创造性，是指同申请日以前已有的技术相比，该实用新型有实质性特点和进步。

在判断要求保护的技术方案是否具有创造性时，关键是要确定现有技术整体上是否存在某种技术启示，使本领域技术人员在面对所要解决的技术问题时，有动机改进最接近的现有技术并获得要求保护的技术方案。如果要求保护的技术方案与最接近的现有技术的区别特征是本领域中解决上述技术问题的惯用技术手段或公知常识，或者是在相同领域的另一份对比文件中披露的相关技术手段，且该技术手段在该对比文件中所起的作用与上述区别特征在要求保护的技术方案中所起的作用相同，则认为现有技术中存在技术启示。

权利要求1保护一种水壶，由壶体（1）、壶体（1）上的壶盖（2）和焊接在壶体（1）上的壶嘴（3）构成，其特征在于壶体（1）上固定有一支架（4），支架（4）的上端有一挂钩（10），挂钩（10）通过顶销（11）安装在一活动提手（5）中部的凹槽（9）内，挂钩（10）的后端顶住凹槽（9）的后壁，活动提手（5）的前端顶住一安装在支架（4）上的杠杆（6）的一端，杠杆（6）通过支耳（12）安装在支架（4）的前销（13）上，杠杆（6）的另一端接一壶嘴盖（7）。

证据1与本专利的技术领域相同，其中公开了一种茶壶，由一带有壶嘴12的壶体1、壶盖2、一结合于壶体的提把3及一用于开闭壶嘴12的壶嘴盖4构成，其特征在于，壶体1包含一基座5，基座5具有二高低对立的缺口51、52，提把3近中央处枢接于基座5的较高缺口51，壶嘴盖4盖柄42枢接于基座5较低缺口52，盖柄42与提把3前端枢接，盖柄42下方有一弹片56，弹片56下端固定定位，上端支于盖柄42底下，并于壶嘴12紧闭时保持被盖柄42压迫状态；基座5与提把3以栓53枢接，使提把3以栓53为支点而自由摆动；基座5以栓54将壶嘴盖4枢接，使壶嘴盖4以栓54为支点自由摆动（参见证据1的说明书第2页第1段，附图3-5）。

将本专利权利要求1的技术方案与证据1相比，二者的壶体、壶盖、壶嘴、壶嘴盖均是相互对应的，证据1的基座5对应于权利要求1的支架（4），提把3对应于权利要求1的活动提手（5），盖柄42对应于权利要求1的杠杆（6），栓53对应于权利要求1的顶销（11），栓54对应于权利要求1的前销（13）。证据1与本专利均是通过连续的两个杠杆的作用实现提壶倒水、自动开闭壶嘴盖的过程，且两个杠杆分别以其与基座/支架的连接点为支点，在一定范围内摆动。

权利要求1与证据1的区别在于：a. 权利要求1的活动提手（5）与支架（4）之间是通过挂钩（10）和顶销（11）连接，支架（4）在活动提手（5）的凹槽（9）内，挂钩（10）的后端顶住凹槽（9）的后壁，证据1的提把3与基座5之间是通过栓53连接，提把在基座的较高缺口内；b. 权利要求1的杠杆（6）是通过支耳（12）安装在支架（4）上，证据1的盖柄42直接以栓54连在基座5上，没有另设支耳；c. 权利要求1具体限定了壶嘴（3）是通过焊接的方式与壶体（1）相连的。

对于区别a，无论是把支架连在活动提手内的凹槽内还是将提把连在基座的缺口内，仅是改变了活动提手/提把和支架/基座在连接点横断面上的内外位置关系，两种连接方式也都是本领域技术人员所熟知并常用的技术手段，其作用、所解决的技术问题也均相同，即，在支点位置将活动提手/提把连接在支架/基座上；对于上述区别b，权利要求1和证据1的连接方式均是本领域的技术人员所熟知并常用的技术手段，证据1没有另设支耳，实际上是采用了比权利要求1更为简单、方便的连接方式，两种连接方式的作用及所解决的技术问题均相同，即，在支点位置将壶嘴盖和活动提手/提把之间的杠杆连接于支架/基座上；对于上述区别c，用焊接的方式将壶嘴与壶体相连属于公知常识。根据说明书的记载，本专利所要解决的技术问题及预期的技术效果是：提供一种壶嘴盖能够自动开关、结构简单、使用方便的带壶嘴盖的水壶，与证据1所解决的技术问题及达到的技术效果均相同，由此可见，证据1已给出了使用两个连续的杠杆来实现壶嘴盖自动开闭的技术启示，对本领域的技术人员来说，根据证据1所公开的技术方案，用本领域中惯用的技术手段改变两个杠杆与基座的具体连接方式，从而得到权利要求1的技术方案是显而易见的，并且权利要求1的技术方案相对于证据1没有产生预料不到的技术效果，因此不符合专利法第22条第3款对创造性的规定。

权利要求2对权利要求1作了进一步限定，其限定技术特征为：所述的支架（4）上有横杆（24），横杆（24）的下面挡住活动提手（5）的前端。

证据1中虽未在基座上设置横杆，但其中公开了相关的技术手段：盖柄42界定出一凹部43，以接纳提把3的前端，再以销55径向贯穿二者；盖柄42上的销孔44为横长方形，使销55有足够空间配合提把3的摆动，并于销孔44内移动（参见证据1的说明书第2页第1段倒数第1~3行）。证据1的销55与权利要求2的横杆（24）所起的作用、所解决的技术问题及达到的技术效果均是相同的，即，控制提把或活动提手前端在上下一定幅度的范围内移动，使其在无外力作用时保持在一定的平衡位置，因此，在权利要求1相对于证据1不具备创造性的基础上，根据证据1的内容得到权利要求2的技术方案对本领域的技术人员而言是显而易见的，因而权利要求2相对于证据1也不具备专利法第22条第3款规定的创造性。

根据上述第3项决定理由，鉴于权利要求4未清楚限定其保护范围，缺乏创造性审查的基础，因此，本决定不再对权利要求4的创造性进行审查。

权利要求5是对权利要求1中的壶体（1）与支架（4）连接方法的进一步限定。根据本专利说明书的记载，其发明目的及所要解决的技术问题是：提供一种壶嘴盖能够自动开关、结构简单、使用方便的带壶嘴盖的水壶。权利要求5中所限定的焊接、以螺钉连接等方式也是本领域常用的技术手段，其作用是使基座/支架连接在壶体上，对本专利所要解决的技术问题及达到的技术效果均无实质性影响，在权利要求1相对于证据1不具备创造性的基础上，得到权利要求5的技术方案对本领域技术人员而言也是显而易见的，因此，权利要求5相对于证据1也不具备专利法第22条第3款规定的创造性。

权利要求6是权利要求1的从属权利要求，其特征部分为：所述的壶嘴盖（7）的内部有一隔片（21），隔片（21）与壶嘴盖（7）连接的边缘处有两个小孔（22），壶嘴盖（7）有相应的两个气孔（23）。上述限定技术特征所解决的技术问题是：水沸时发出鸣响。

证据2与本专利属于相同的技术领域，其中公开了一种水壶叫哨，叫哨1安装在水壶盖上，内有一空腔，边上开孔，下端开孔5，中间有带斜面的塞块4，把叫哨内部分为上下二部分，塞块旁边留有气流通道6，水烧开时，水蒸汽通过进入叫哨，气流经过带斜面的塞块旁边留有的窄长的气流通道6进入叫哨上部空间2，最后从边上的长方形出气口3出去，同时发出鸣叫声（参见证据2的权利要求1、说明书第4页第1段）。

虽然证据2的塞块4与权利要求6的隔片（21）名称不同，证据2的叫哨只有一个进气口和一个出气口，权利要求6中分别有两个孔，但其分别所起的作用是相同的，即设置上、下孔，并在上、下气孔之间隔离出一个水蒸汽上升的气流通道，使水蒸汽从下面的孔进入通道再进入上部空间，然后从上面的孔排出，从而达到鸣响的目的，塞块与隔片的区别以及孔的个数并不影响鸣响的效果；至于叫哨是安装在壶盖上还是壶嘴盖上，也均不影响鸣响的技术效果，叫哨根据需要，既可安装在壶盖上也可安装在壶嘴盖上。由此可见，证据2已给出了在水壶上安装叫哨以在水沸时鸣响的技术启示，在权利要求1相对于证据1不具备创造性的基础上，结合证据2公开的内容及公知常识，得到权利要求6的技术方案对于本领域的技术人员而言是显而易见的，因此，权利要求6相对于证据1和2不具备专利法第 22 条第 3 款规定的创造性。

基于上述事实和理由，合议组作出下述决定。

三、决定

宣告第 02248474.4 号实用新型专利的权利要求 1~2、4~6 无效，维持权利要求 3 有效。

当事人对本决定不服的，可以根据专利法第 46 条第 2 款的规定，自收到本决定之日起三个月内向北京市第一中级人民法院起诉。根据该款规定，一方当事人起诉后，另一方当事人应当作为第三人参加诉讼。

100

一种镜片

无效宣告请求审查决定（第9853号）

决　　定　　号　第9853号
决　　定　　日　2007年6月6日
发明创造名称　一种镜片
国 际 分 类 号　G02C 7/02
无效宣告请求人　意视镜片有限公司
专 利 权 人　厦门虹泰光学有限公司
专　　利　　号　200420093784.9
申　　请　　日　2004年9月28日
授 权 公 告 日　2005年10月26日
合 议 组 组 长　杨军艳
主　　审　　员　张惠军
参　　审　　员　徐晓亚

法 律 依 据　专利法实施细则第20条第1款
决 定 要 点

如果权利要求中使用了并非本领域经常采用的术语，并且在说明书中也没有对该术语的含义给出清楚的限定，致使所属领域技术人员不清楚该权利要求所要保护的范围，则认为该权利要求不清楚。

一、案由

本无效宣告请求涉及国家知识产权局于2005年10月26日授权公告的、名称为"一种镜片"的200420093784.9号实用新型专利权（下称本专利），其申请日是2004年9月28日，专利权人是厦门虹泰光学有限公司。本专利授权公告时共包括3项权利要求，具体如下：

"1. 一种镜片，其特征在于：呈曲面状，其横向的曲度大于纵向的曲度。

2. 如权利要求1所述的一种镜片，其特征在于：镜片的横向曲度为10C，而纵向曲度为4.5C。

3. 如权利要求1所述的一种镜片，其特征在于：镜片的横向曲度为6.5C，而纵向曲度为4C。"

针对上述专利权，意视镜片有限公司（下称请求人）于2006年6月1日向专利复审委员会提出无效宣告请求，其理由是，本专利权利要求1~3不具备新颖性，不符合专利法第22条第2款的规定。同时，请求人提交了如下一份证据：

证据1：ZL03205511.0号实用新型专利说明书，其申请日为2003年7月28日、授权公告日为2005年3月23日、专利权人为意视镜片有限公司。

请求人认为，证据1是一份由请求人在本专利申请日以前向国务院专利行政部门提出过申请并且在申请日以后公布的专利申请文件，且同样涉及镜片，与本专利属于相同技术领域，而且证据1与本专利的技术特征和限定范围均完全相同，本专利的权利要求1相对于证据1不具备新颖性。本专利从属权利要求2和3为根据眼镜尺寸对权利要求1中所述镜片的形状的具体限定，在权利要求1不具备新颖性的前提下，权利要求2和3同样不具备新颖性。

经形式审查合格后，专利复审委员会受理了上述无效宣告请求，于2006年6月1日向双方当事人发出无效宣告请求受理通知书，并将无效宣告请求书及其附件清单中所列附件副本转送给专利权人。

针对上述无效宣告请求，专利权人于2006年7月11向专利复审委员会提交了意见陈述书，同时提交了权利要求书的修改替换页，删除了原权利要求1。修改后的权利要求书共包括两项权利要求，具体为：

“1. 一种镜片，其特征在于：呈曲面状，其横向的曲度大于纵向的曲度，镜片的横向曲度为10C，而纵向曲度为4. 5C。

2. 一种镜片，其特征在于：呈曲面状，其横向的曲度大于纵向的曲度，镜片的横向曲度为6. 5C，而纵向曲度为4C。”

专利权人认为，新的权利要求1与证据1存在明显区别：镜片的横向曲度为10C，而纵向曲度为4. 5C，尽管证据1中给出的镜片的横向曲率半径为53~65毫米，镜片垂直方向的曲率半径为95~130毫米，但是本专利的数值范围并不在证据1的范围之内，而且本领域普通技术人员不经过创造性劳动，无法从证据1直接得到上述具体的曲度，本专利新的权利要求1相对于证据1具备专利法第22条第3款规定的创造性。基于同样的理由，新的权利要求2相对于证据1也具备专利法第22条第3款规定的创造性。

专利复审委员会依法成立合议组对本案进行审理。本案合议组于2006年10月12日向双方当事人发出无效宣告请求口头审理通知书，指出定于2006年12月14日对本案进行口头审理。随同口头审理通知书，将专利权人于2006年7月11日提交的意见陈述书及其附件转送给请求人。

口头审理如期举行，双方当事人均委托代表参加，且对对方出席口头审理人员的身份及资格均无异议。请求人表示已经收到了专利权人提交的意见陈述书及修改后的权利要求书，合议组当庭告知双方当事人，该修改后的权利要求书符合审查指南的相关规定，本次口头审理以该修改后的文本为审理基础。

请求人明确其无效理由、范围和证据是：本专利权利要求1相对于证据1不符合专利法第22条第2款的规定，明确表示放弃关于权利要求2不具备新颖性的无效理由。请求人当庭增加本专利权利要求1和2不清楚、不符合专利法实施细则第20条第1款的规定这一无效理由。专利权人表示对证据1的真实性没有异议。

请求人认为权利要求1和2中的“曲度”和“C”所表述的含义不清楚。对此专利权人认为，“曲度”是本领域的公知常识，就是弯曲度，“C”是本领域的常用单位。曲度和曲率半径之间是有换算公式的：曲率半径等于525除以曲度，得出的曲率半径的单位是毫米。在台湾的镜片行业中单位是C。10C对应的曲率半径为52. 5毫米，6. 5C对应的曲率半径是80. 8毫米，4. 5C对应的曲率半径是116. 7毫米，4C对应的曲率半径是131. 25毫米。请求人要求专利权人对其提供的换算公式提出相关证据，并表示即使该换算公式成立，证据1也公开了权利要求1的数值，影响权利要求1的新颖性。合议组当庭告知专利权人应当向合议组提交关于证明“曲度与曲率半径”关系的公式以及曲度和单位C是眼镜行业常用术语和单位的相关证据原件，以便合议组对相关证据的真实性进行核实。

2007年1月18日，专利权人向复审委员会提交了意见陈述书，称本专利权利要求中的“曲度”（F）亦称作“焦度”、“屈光度”，其与球面曲率半径（R）的换算公式是：F=（n’-n）/R，其中，n’、n为球面两侧屈光介质的折射率，一般玻璃镜片的折射率为1.523~1.525，空气的折射率近似为1.00，R的单位为m，因此，对于玻璃镜片来说，曲度（F）与球面曲率半径（R）的换算公式是：F=0.525/R；且认为该公式属于球面透镜的常识，可见教科书及天津科学技术出版社出版的《实用镜片学》，但专利权人并未提交教科书及该《实用镜片学》一书作为证据。

至此，合议组认为本案的事实已经清楚，现依法作出审查决定。

二、决定的理由

1. 决定所针对的权利要求

专利权人于2006年7月11向专利复审委员会提交了权利要求书的修改替换页，删除了原权利要求1。修改后的权利要求书共包括两项独立权利要求1和2，为本决定所针对的权利要求。

2. 关于专利法实施细则第20条第1款

请求人于口头审理当庭增加了本专利权利要求1和2不符合专利法实施细则第20条第1款的无效理由。经合议组审查，本无效宣告请求是在2006年6月1日提出的，根据2006年7月1日起施行的审查指南（2006版）的“过渡办法”中的规定：对于在2006年7月1日之前提出的无效宣告请求……对其自无效宣告请求之日起一个月后提出的新理由、新证据的审查适用2001年10月18日公布的审查指南第四部分第三章第3.1节的规定。因此，在本案中对该当庭增加的有关专利法实施细则第20条第1款的无效理由的审查应适用审查指南（2001版）的相关规定。

根据审查指南（2001版）第四部分第三章第3.1节的规定，对请求人在提出无效宣告请求之日起一个月后提出的需要新的证据支持的新的无效宣告理由，合议组不予考虑。在本案中，鉴于专利法实施细则第20条第1款这一无效理由无须证据支持，合议组对该新增加的本专利权利要求1和2不符合专利法实施细则第20条第1款这一无效理由予以接受。

专利法实施细则第20条第1款规定：权利要求书应当说明发明或者实用新型的技术特征，清楚、简要地表述请求保护的范围。

如果权利要求中使用了并非本领域经常采用的术语，并且在说明书中也没有对该术语的含义给出清楚地限定，致使所属领域技术人员不清楚该权利要求所要保护的范围，则认为该项权利要求不清楚。

在口头审理中，请求人认为本专利权利要求1和2中的“曲度”和“C”所表述的含义不清楚。对此专利权人认为，“曲度”是本领域的公知常识，就是弯曲度，“C”是本领域的常用单位。曲度和曲率半径之间的换算公式为：曲率半径等于525除以曲度，得出的曲率半径的单位是毫米；在台湾的镜片行业中单位是C。合议组当庭告知专利权人应当向合议组提交关于证明“曲度与曲率半径”关系的公式以及曲度和单位C是眼镜行业常用术语和单位的相关证据原件，以便合议组对相关证据的真实性进行核实。

虽然专利权人就此于2007年1月18日向复审委员会提交了意见陈述书，阐述了其认为对于玻璃镜片来说，曲度（F）与球面曲率半径（R）的换算公式是：F=0.525/R，属于球面透镜的常识，并称可见于天津科学技术出版社出版的《实用镜片学》（作者：梅满海），但实际并未按照合议组的要求提交任何证据以支持其主张。

合议组经审查认为，本专利权利要求1请求保护一种镜片，其特征在于：呈曲面状，其横向的曲度大于纵向的曲度，镜片的横向曲度为10C，而纵向曲度为4.5C。权利要求2请求保护一种镜片，其特征在于：呈曲面状，其横向的曲度大于纵向的曲度，镜片的横向曲度为6.5C，而纵向曲度为4C。

其中“曲度”一词及其单位“C”并不是本领域常用的术语，而且说明书中也没有给出有关“曲度”的定义、或者曲度与曲率半径之间的换算关系式，致使权利要求1和2请求保护的范围不清楚，不符合专利法实施细则第20条第1款的规定。

关于专利权人认为“曲度”就是“弯曲度”，亦称作“焦度”、“屈光度”，以及“曲度”与曲率半径之间的换算关系属于公知常识的主张，合议组认为，首先，专利权人并没有提交用于证明其所述主张的相关证据，其所述主张缺乏证据支持；其次，在眼镜镜片领域中，根据镜片的种类、材料和薄厚，“屈光度”（或称之为“焦度”）与曲率半径之间的换算关系是不同的，即使专利权人能够证明其权利要求中的“曲度”就是本领域中通常采用的“屈光度”，也无法唯一得出曲度（F）与球面曲率半径（R）的换算公式是：F=0.525/R；最后，在眼镜镜片领域中，通常用D表示屈光度的单位，而本专利中，“曲度”的单位为“C”，虽然专利权人声称台湾眼镜行业中一般用“C”作为屈光度的单位，但缺乏相关证据的支持，合议组对其主张不予支持。

综上，合议组认为，本专利权利要求1和2所请求保护的范围不清楚，不符合专利法实施细则第20条第1款的规定。

鉴于本专利权利要求1和2不符合专利法实施细则第20条第1款的规定，合议组对于本专利权利要求1相对于证据1是否符合专利法第22条第2款的规定的无效理由不再予以评价。

三、决定

宣告第200420093784.9号实用新型专利权全部无效。

当事人对本决定不服的，可以根据专利法第46条第2款的规定，自收到本决定之日起三个月内向北京市第一中级人民法院起诉。根据该款的规定，一方当事人起诉后，另一方当事人应当作为第三人参加诉讼。

101

动感装饰时钟

无效宣告请求审查决定（第9875号）

决　　定　　号　第9875号
决　　定　　日　2007年6月12日
发明创造名称　动感装饰时钟
国 际 分 类 号　G04C 3/00，G04B 45/00
无效宣告请求人　广州市康时达电子有限公司
专 利 权 人　杨　津
专　　利　　号　200320117781. X
申　　请　　日　2003年11月6日
授 权 公 告 日　2005年1月5日
合 议 组 组 长　杨军艳
主　　审　　员　王琦琳
参　　审　　员　张田勇

法 律 依 据　专利法第22条第2款、第3款
决 定 要 点

如果一项权利要求保护的技术方案与现有技术相比存在区别特征，而现有技术中并未给出相应的技术启示，并且该区别特征也不属于本领域的公知常识，则该权利要求具备创造性。

一、案由

本无效宣告请求涉及国家知识产权局于2005年1月5日授权公告的、名称为“动感装饰时钟”的200320117781. X号实用新型专利权（以下简称本专利），其申请日是2003年11月6日，专利权人是杨津。授权公告时的权利要求书如下：

“1. 一种动感装饰时钟，包括主电机（1）及指针（6）、钟圈（7），其特征在于：它还包括被驱动的至少两根附加轴（2）和固定在附加轴上至少两个彼此啮合的附加齿轮（3）；所述指针（6）、钟圈（7）与部分或全部附加齿轮（3）设置在同一可视范围内。

2. 根据权利要求1所述的时钟，其特征在于：所述附加轴（2）、附加齿轮（3）由主电机（1）驱动。

3. 根据权利要求1所述的时钟，其特征在于：所述附加轴（2）、附加齿轮（3）由附加电机（8）驱动，该附加电机（8）与所述主电机（1）是相互独立运动的不同电机。

4. 根据权利要求1所述的时钟，其特征在于：所述附加轴（2）上有装饰元件（5）。

5. 根据权利要求4所述的时钟，其特征在于：所述装饰元件（5）为固定在附加轴（2）末端的轮状体。

6. 根据权利要求4所述的时钟，其特征在于：所述装饰元件（5）是由固定在附加轴（2）上的回转元件驱动的运动件。

7. 根据权利要求6所述的时钟，其特征在于：所述运动件是曲柄连杆、摆杆或摇杆。

8. 根据权利要求1~7中任一项所述的时钟，其特征在于：所述主电机（1）驱动指针（6）转动。

9. 根据权利要求1~7中任一项所述的时钟，其特征在于：所述主电机（1）驱动钟圈（7）转动。”

针对本专利权，广州市康时达电子有限公司（下称请求人）于2006年5月29日向专利复审委员会提出了无效宣告请求，并提交了如下证据：

证据1：JP特开2001-336594A号日本专利文献及其中文译文，公开日为2001年12月7日；

证据2：US5161130A号美国专利文献及其中文译文，公开日为1992年11月3日；

证据3：US6229768B1号美国专利文献及其中文译文，公开日为2001年5月8日。

结合上述证据，请求人认为：本专利权利要求1、2、4、6、7相对于证据1不具备新颖性；本专利权利要求1、3相对于证据2不具备新颖性；本专利权利要求4~7相对于证据1和证据3的结合或者证据2和证据3的结合不具备创造性；本专利权利要求8、9的附加技术特征为本领域的常规技术，在权利要求1~7不具备新颖性、创造性的情况下，权利要求8、9也不具备创造性；本专利说明书实施例中没有对装饰元件5为运动件的技术方案作出清楚、完整的说明，使得本专利说明书公开不充分，不符合专利法第26条第3款的规定，同时使得本专利权利要求6、7得不到说明书的支持，不符合专利法第26条第4款的规定。

经形式审查合格，专利复审委员会受理了上述无效宣告请求，并于2006年6月19日向双方当事人发出了无效宣告请求受理通知书，随同无效宣告请求受理通知书将专利权无效宣告请求书及其附件清单中所列附件副本转送给专利权人，要求其在指定的期限内答复，并告知其期满未答复，不影响专利复审委员会审理。

专利权人逾期未答复。

针对上述无效宣告请求，专利复审委员会依法成立合议组。本案合议组于2007年2月6日向双方当事人发出无效宣告请求口头审理通知书，指出本案定于2007年4月4日举行口头审理。

口头审理如期举行，双方当事人均参加了口头审理。在口头审理中，请求人明确其无效宣告的理由、事实和范围为：本专利权利要求1、3、4、6~8相对于证据1不符合专利法第22条第2款的规定；本专利权利要求4~8相对于证据1和证据2的结合不符合专利法第22条第3款的规定；本专利权利要求4~8相对于证据1和证据3的结合不符合专利法第22条第3款的规定；本专利权利要求2、9相对于证据1与公知常识的结合不符合专利法第22条第3款的规定；请求人明确表示放弃本专利权利要求6、7不符合专利法第26条第3款、第4款的无效宣告理由。专利权人明确表示认可证据1~3的真实性以及证据1~3中文译文的准确性。请求人认为，证据1的附图2~4公开了本专利权利要求1的技术特征，表盘打开的时候能看到齿轮处于可视范围内；本专利相当于把有数字的表盘拆了，证据2、3分别公开了本专利从属权利要求4~8的附加技术特征，因此权利要求4~8不具备创造性；专利权人认为，本专利“指针、钟圈与部分或全部附加齿轮设置在同一可视范围内”的技术特征在证据1~3中均没有被公开，基于此，本专利权利要求均具备新颖性、创造性。双方当事人均对各自证据的使用方式和双方的证据能否影响本专利权利要求的新颖性、创造性充分发表了意见。

至此，合议组认为本案事实已经清楚，现依法作出如下审查决定。

二、决定的理由

1. 关于证据和现有技术

请求人提交的证据1~3为专利文献，专利权人对证据1~3的真实性以及它们的中文译文的准确性均表示认可，合议组经审查认为，证据1~3可以作为本案证据使用，它们的公开日均在本专利申请日之前，其上记载的内容构成了本专利的现有技术。此外，证据1~3文字部分公开的内容以请求人提交的中文译文的内容为准。

2. 关于本专利权利要求是否符合专利法第22条第2款关于新颖性的规定

专利法第22条第2款规定：新颖性，是指在申请日以前没有同样的发明或者实用新型在国内外出版物上公开发表过、在国内公开使用过或者以其他方式为公众所知，也没有同样的发明或者实用新型由他人向国务院专利行政部门提出过申请并且记载在申请日以后公布的专利申请文件中。

审查指南第二部分第二章3.2.2节指出：权利要求的保护范围应当根据其所用词语的含义来理解。一般情况下，权利要求中的用词应当理解为相关技术领域通常具有的含义。在特定情况下，如果说明书中指明了某词具有特定的含义，并且使用了该词的权利要求的保护范围由于说明书中对该词的说明而被限定得足够清楚，这种情况也是允许的。

请求人在口审当庭表示：本专利权利要求1、3、4、6~8相对于证据1不具备新颖性，不符合专利法第22条第2款的规定。请求人在提出无效宣告请求时还认为：本专利权利要求2相对于证据1不具备新颖性；本专利权利要求1、3相对于证据2不具备新颖性。

（1）本专利权利要求1相对于证据1是否具备新颖性。

本专利权利要求1要求保护一种动感装饰时钟，证据1公开了一种时钟装置，其中（说明书附图2~4）包括：指针300、时钟外框100，其分别相当于本专利中的指针和钟圈；旋转轴511、521和固定在旋转轴上的第1旋转体510和第2旋转体520，其分别相当于本专利中的附加轴和附加齿轮；该时钟装置的钟盖200可高效地开合，其中的装饰体600在钟盖开的同时下降，在钟盖合的同时上升。

本专利权利要求1的技术方案与证据1相比其区别在于：本专利权利要求1中还包括“主电机”以及“所述指针（6）、钟圈（7）与部分或全部附加齿轮（3）设置在同一可视范围内”。

对于区别特征“主电机”，请求人认为证据1中虽然未公开主电机，但其结构中肯定包含有主电机。合议组认为：在本专利中主电机的作用是“主电机通过传动机构驱动指针相对静止的钟圈7转动实现正常的指示时间的功能”，证据1中没有公开用以实现时间指示功能的主电机，证据1中虽然包括驱动装饰体的马达400，但是对于时钟本身的驱动方式未作限定，在本领域中存在电机驱动、机械驱动等多种驱动方式的情况下，不能从证据1中直接地、毫无疑义地推导出其结构中包括有驱动指针的主电机。

对于区别特征“所述指针（6）、钟圈（7）与部分或全部附加齿轮（3）设置在同一可视范围内”，合议组认为：本专利说明书（说明书第3页第11~12行，说明书附图1）中已明确表示本专利是一种在任何时间都动感强烈的动感装饰时钟，从附图中也可明显看出，本专利的附加齿轮、附加轴均是可以与指针、钟圈一起被直接观察到的。因此，本专利权利要求1中“所述指针（6）、钟圈（7）与部分或全部附加齿轮（3）设置在同一可视范围内”这一技术特征应当理解为指针、钟圈与部分或全部附加齿轮是可随时直接观察到的。而证据1中的旋转体以及内部传动结构仅在表盘打开的特定时间段内才能被观察到，与本专利并不相同。

综上所述，证据 1 并未完全公开本专利权利要求 1 的技术方案，本专利权利要求 1 相对于证据 1 具备新颖性，符合专利法第 22 条第 2 款的规定，其从属权利要求 2、3、4、6~8 相对于证据 1 也具备新颖性，符合专利法第 22 条第 2 款的规定。

（2）本专利权利要求 1 相对于证据 2 是否具备新颖性。

本专利权利要求 1 要求保护一种动感装饰时钟，证据 2 公开了一种表盘零件可横向打开的时钟，其中包括：由时钟机芯 1 驱动转动的时间指示针 20a、20b，上述时间指示针 20a、20b 和表盘一起显示时间，由驱动马达 7 驱动的齿轮，小齿轮 7a 与传递齿轮 8 啮合，传递齿轮 8 的小齿轮 8a 与一个齿轮 9 啮合，该齿轮 9 与另一齿轮 10 啮合，齿轮 9 和齿轮 10 具有轴 9a 和 10a，该轴 9a 和 10a 对应于本专利权利要求 1 中的附加轴。证据 2 技术方案的目的在于通过驱动马达来驱动偏心凸轮的方式，实现表盘零件的打开和闭合，由于使弹簧与表盘零件配合，使得无论表盘零件打开或闭合，马达的负载都变得均衡，同时马达的最大负载也被降低，有助于在闭合状态下使得表盘零件借助于自身的重量而保持在正确的静止位置。

本专利权利要求 1 的技术方案与证据 2 相比其区别在于：本专利权利要求 1 中还包括“所述指针（6）、钟圈（7）与部分或全部附加齿轮（3）设置在同一可视范围内”。

对于区别特征“所述指针（6）、钟圈（7）与部分或全部附加齿轮（3）设置在同一可视范围内”，合议组认为：如上所述，本专利权利要求 1 中“所述指针（6）、钟圈（7）与部分或全部附加齿轮（3）设置在同一可视范围内”这一技术特征应当理解为指针、钟圈与部分或全部附加齿轮是可随时直接观察到的，而证据 2 中的装饰物以及齿轮传动系统等结构仅在表盘打开的特定时间段内才能被观察到，与本专利并不相同。

综上所述，证据 2 并未完全公开本专利权利要求 1 的技术方案，本专利权利要求 1 相对于证据 2 具备新颖性，符合专利法第 22 条第 2 款的规定，其从属权利要求 3 相对于证据 1 也具备新颖性，符合专利法第 22 条第 2 款的规定。

3. 关于本专利权利要求是否符合专利法第 22 条第 3 款关于创造性的规定

专利法第 22 条第 3 款规定：创造性，是指同申请日以前已有的技术相比，该发明有突出的实质性特点和显著的进步，该实用新型有实质性特点和进步。

请求人在口审当庭明确表示：本专利权利要求 4~8 相对于证据 1 和证据 2 的结合不具备创造性，不符合专利法第 22 条第 3 款的规定；本专利权利要求 4~8 相对于证据 1 和证据 3 的结合不具备创造性，不符合专利法第 22 条第 3 款的规定；本专利权利要求 2、9 相对于证据 1 与公知常识的结合不具备创造性，不符合专利法第 22 条第 3 款的规定。请求人在提出无效宣告请求时还认为：本专利权利要求 4~7 相对于证据 2 和证据 3 的结合不具备创造性；本专利权利要求 8、9 的附加技术特征为本领域的常规技术。

（1）本专利权利要求 2、4~9 相对于证据 1 与证据 2 或者证据 1 与证据 3 的结合是否具备创造性。

权利要求 2、4~9 均是直接或间接引用了独立权利要求 1 的从属权利要求，所以权利要求 2、4~9 所限定的技术方案中均包括了独立权利要求 1 的技术方案。

如上所述，本专利权利要求 1 的技术方案与证据 1 相比其区别在于：本专利权利要求 1 中还包括“主电机”和“所述指针（6）、钟圈（7）与部分或全部附加齿轮（3）设置在同一可视范围内”。

对于区别特征“主电机”，合议组认为：在时钟装置中采用电机机构来驱动指针的转动，是一种常见的方式，因此在证据 1 公开的时钟装置中采用主电机驱动指针，对本领域技术人员来说是显而易见的。

对于区别特征“所述指针（6）、钟圈（7）与部分或全部附加齿轮（3）设置在同一可视范围内”，合议组认为：如上所述，证据2中的装饰物以及齿轮传动系统等结构仅在表盘打开的特定时间段内才能被观察到，因此证据2并未公开上述区别特征，也未给出相应的技术启示。

证据3涉及一种把戏动作型时钟，其通过表盘或者其他隐藏的一个装饰物的盖等的改变，产生强烈冲击效果，而且该时钟在打开或者关闭表盘或其他隐藏装饰物的盖时，能够保持平稳，其中齿轮、轴均在表盘打开时才能观察到，因此，证据3并未公开上述区别特征，也未给出相应的技术启示。

可见，证据2和证据3均未公开“所述指针（6）、钟圈（7）与部分或全部附加齿轮（3）设置在同一可视范围内”这一区别特征，并且没有对上述区别特征给出技术启示，此外请求人也没有提供其他证据证明上述区别特征属于本领域的公知常识，且本专利可获得在任何时间都动感强烈的效果。

因此权利要求1相对于证据1和证据2的结合或者证据1和证据3的结合具备创造性，包含了权利要求1技术方案并对其进行了进一步限定的权利要求2、4~9相对于证据1和证据2的结合或者证据1和证据3的结合也具备创造性，符合专利法第22条第3款的规定。

（2）本专利权利要求4~9相对于证据2与证据3的结合是否具备创造性。

权利要求4~9均是直接或间接引用了独立权利要求1的从属权利要求，所以权利要求4~9所限定的技术方案中均包括了独立权利要求1的技术方案。

如上所述，本专利权利要求1的技术方案与证据2相比其区别在于：本专利权利要求1中还包括“所述指针（6）、钟圈（7）与部分或全部附加齿轮（3）设置在同一可视范围内”。

上述区别特征在证据3中没有公开，并且证据3也没有对上述区别特征给出技术启示，此外请求人也没有提供其他证据证明上述区别特征属于本领域的公知常识，且本专利可获得在任何时间都动感强烈的效果。

因此权利要求1相对于证据2和证据3的结合具备创造性，包含了权利要求1技术方案并对其进行了进一步限定的权利要求4~9相对于证据2和证据3的结合也具备创造性，符合专利法第22条第3款的规定。

此外，针对请求人认为的证据1表盘打开的时候能看到齿轮处于可视范围内，本专利权利要求1没有限定是24小时都可见的，本专利只是把证据1的表盘给拆了让人看到里面的零件的这一观点，合议组认为：首先，本专利权利要求1中“所述指针（6）、钟圈（7）与部分或全部附加齿轮（3）设置在同一可视范围内”这一技术特征应当理解为指针、钟圈与部分或全部附加齿轮是可随时直接观察到的；其次，本专利正是为了实现在任何时间都动感强烈这一发明目的而将附加轴和附加齿轮与指针、钟圈设置在同一可视范围内的，换句话说，本专利的这种设置方式并不是简单的拆除现有技术中的表盘而是为了追求特定技术效果进行的改进，获得了“在任何时间都动感强烈”的技术效果。因此，请求人的上述观点不能成立。

三、决定

维持200320117781. X号实用新型专利权有效。

当事人对本决定不服的，可以根据专利法第46条第2款的规定，自收到本决定之日起三个月内向北京市第一中级人民法院起诉。根据该款的规定，一方当事人起诉后，另一方当事人应当作为第三人参加诉讼。

北京市第一中级人民法院
行政判决书

（2007）一中行初字第1341号

原告广州市康时达电子有限公司，住所地广东省广州市白云区人和镇方石十七社灰沙氹。

法定代表人黎广平，总经理。

委托代理人曾旻辉，男，广州华进联合专利商标代理有限公司专利代理人。

委托代理人赵磊，男，广州华进联合专利商标代理有限公司职员。

被告国家知识产权局专利复审委员会，住所地北京市海淀区北四环西路9号银谷大厦10~12层。

法定代表人廖涛，副主任。

委托代理人王琦琳，男，国家知识产权局专利复审委员会审查员。

委托代理人齐宏涛，男，国家知识产权局专利复审委员会审查员。

第三人杨津，男，1952年4月28日出生，汉族，广州市华洋有限公司工程师，住辽宁省沈阳市和平区三好街二段十里1号。

委托代理人邓亚琥，男，北京金言诚信知识产权代理有限公司专利代理人。

原告广州市康时达电子有限公司不服被告国家知识产权局专利复审委员会作出的专利无效宣告请求审查决定，向本院提起行政诉讼。本院受理后，依法组成合议庭，依照《中华人民共和国行政诉讼法》第二十七条的规定，通知与本案有利害关系的杨津为本案第三人参加诉讼，并于2007年11月13日公开开庭审理了本案。原告的委托代理人赵磊，被告的委托代理人王琦琳、齐宏涛，第三人的委托代理人邓亚琥到庭参加了诉讼。本案现已审理终结。

2007年6月12日，被告作出第9875号无效宣告请求审查决定（以下简称被诉决定），宣告维持第三人所有的专利号为200320117781.X、名称为“动感装饰时钟”的实用新型专利权（以下简称本专利）有效。

为证明被诉决定合法，被告在法定举证期限内向本院提交了以下证据：1.（被诉决定中证据1）JP2001-336584A日本专利文献及其中文译文；2.（被诉决定中证据2）US5161130A号美国专利文献及其中文译文；3.（被诉决定中证据3）US6229768B1号美国专利文献及其中文译文；4. 本专利说明书。

原告诉称，本专利的权利要求为：一种动感装饰时钟，包括主电机（1）及指针（6）、钟圈（7），其特征在于：它还包括被驱动的至少两根附加轴（2）和固定在附加轴上至少两个彼此啮合的附加齿轮（3）；所述指针（6）、钟圈（7）与部分或全部附加齿轮（3）设置在同一可视范围内。证据1公开的“时钟装置”包括马达/电机（400）、指针（300）、时钟外框/钟圈（100），还有被驱动的两根转轴（511）、（521）和固定在转轴上的两个彼此啮合的回转齿轮（510）、（520），所述指针、时钟外框/钟圈与部分获全部回转齿轮设置在同一可视范围内。证据2公开的“表盘零件可打开的时钟”包括驱动马达/（主）电机（7）、指针（20a）、（20b）、钟圈（在盒上），还包括被驱动的两根转轴（9a）、（10a）和固定在转轴上的两个彼此啮合的齿轮（9）、（10），以及可移动装饰物中齿轮系19中相互啮合的齿轮及其转轴，所述指针、钟圈与部分或全部齿轮设置在同一可视范围内。因此可见证据1和证据2分别公开了涉案专利的技术方案。就算如被告所认为的，证据1和证据2中装饰物以及齿轮传动系统仅在特定的一段时间内可见，也应属于“设置在同一可视范围内”，作为下位概念的证据1和证据2同样可以破坏涉案专利的新颖性；况且在原权利要求中并未限定“任意时间可见”，上述限定均为被告事后加入，故此，被告对该事实认定存在错误，并作出了错误的决定。综上所述，被告作出的被诉决定中，对事实认定存在错误，请求撤销被诉决定，判令被告重新作出行政决定，由被告承担诉讼费用。

原告未向本院提交证据。

被告辩称，关于新颖性问题，本专利说明书（说明书第3页第11~12行，说明书附图1）中已明确表示本专利是一种在任何时候都强烈动感的动感装饰时钟，从附图中也可以明显看出，本专利的附加齿轮、附加轴均是可以与指针、钟圈一起被直接观察到的。因此，本专利权利要求1中“所述指针（6）、钟圈（7）与部分或全部附加齿轮（3）设置在同一可视范围内”这一技术特征应当理解为指针、钟圈与部分或全部附加齿轮是可随时直接观察到的。而证据1中的旋转体以及内部传统结构仅在表盘打开的特定时间段内才能被观察到，与本专利并不相同；且证据2中的装饰物以及齿轮传统系统等结构仅在表盘打开的特定时间段内才能被观察到，与本专利也不相同。关于创造性问题，我委坚持被诉决定中的观点。综上所述，我委认为：被诉决定认定事实清楚、适用法律正确，请求依法驳回原告的诉讼请求，维持被诉决定。

第三人述称，被诉决定第5页第1段正确地指出：对于区别特征“所述指针（6）、钟圈（7）与部分或全部附加齿轮（3）设置在同一可视范围内”，合议组认为本专利说明书（说明书第3页第11~12行，说明书附图1）中已明确表示本专利是一种在任何时间都动感强烈的动感装饰时钟，从附图中也可明显看出，本专利的附加齿轮、附加轴均是可以与指针、钟圈一起被直接观察到的。因此本专利权利要求1中“所述指针（6）、钟圈（7）与部分或全部附加齿轮（3）设置在同一可视范围内”这一技术特征，应当理解为指针、钟圈与部分或全部附加齿轮是可以随时直接观察到的。证据1中的旋转体以及内部传动结构仅在表盘打开的特定时间内段内才能被观察到，与本专利并不相同。被诉决定的同页末段对证据2进行分析后，也得出了“证据2中的装饰物以及齿轮传动系统等结构仅在表盘打开的特定时间段内才能被观察到，与本专利不相同”的结论。《决定书》的上述分析对比及其结论的法律依据是《中华人民共和国专利法》（以下简称《专利法》）第五十六条：“发明或者实用新型专利权的保护范围以其权利要求的内容为准，说明书及附图可以用于解释权利要求。”因此，《决定书》第4页第3段正确地引用了以《专利法》上述条款为依据而写成的《审查指南》第二部分第二章的3.2.2节（第2~28页第3段）：“权利要求的保护范围应当根据其所用词语的含义来理解。一般情况下，权利要求中的用词应当理解为相关技术领域通常具有的含义。在特定情况下，如果说明书中指出了某词特定的含义，并且使用了该词的权利的保护范围由于说明书中对该词的说明而被限定得足够清楚，这种情况也是允许的。”《决定书》正是根据上述法律、法规的规定和本专利说明书及其附图中的有关内容，得出了该权利要求1中的技术特征“所述指针（6）、钟圈（7）与部分或全部附加齿轮（3）设置在同一可视范围内”，应当理解为指针、钟圈与部分或全部附加齿轮是可随时直接观察到的这一结论，而这正是不同于证据1和证据2的区别特征，后二者的旋转体及内部传动结构仅在表盘打开的特定时间段内才能被观察到。但是原告起诉状中，脱离该专利说明书及其附图的有关内容来解释权利要求1中的技术持征“所述指针（6）、钟圈（7）与部分或全部附加齿轮（3）设置在同一可视范围内”，将该技术特征简单的说成是将这些构件“设置在同一可视范围内”。其实，除了《决定书》中引用的本专利说明书的有关部分能说明《决定书》的上述解释是正确的外，本专利说明书第3页的背景技术和发明目的的部分也有力地说明了这一解释的正确性：“现有的钟表的动感装饰仅限于单摆、扭摆，比较单调。中国专利号为95234155.7的实用新型公开了一种机械钟报时装置，其特点是在原机械摆钟机芯基础上加长打三轮轴，报时时，通过加长打三轮轴端八角轮和附加轮轴上二角齿轮，将打锤摆动传递到出鸟杆和风箱连杆上，从而实现动感仿声报时。这种钟仅在整点报时的时候产生动感，并非整点时则无动感可言。”“本实用新型的目的是提供一种在任何时间都动感强烈的动感装饰时钟。”实际上，正是由于该时钟实现了“在任何时候都动感强烈”的效果，看上去就像一台正在不停运转的机器，放置室内或室外极具观赏性，所以很受一些消费者欢迎，几年来大批量地出口到欧美国家。所以，请求驳回原告的诉讼请求，维持被诉决定。

第三人未向本院提交证据。

另外，本院依职权向被告调取了以下证据：（1）口头审理记录表；（2）原告提交的专利权无效宣告请求书。

经庭审质证，原告、第三人对被告提交的证据及本院依职权调取的证据均无异议。经审查，上述证据与本案具有关联，且符合真实性、合法性要求，本院予以确认。

根据以上确认的有效证据及当事人无争议的陈述，本院认定事实如下：

2005年1月5日，国家知识产权局授权公告了本专利，其申请日是2003年11月6日。本专利授权公告时的权利要求书如下：

1. 一种动感装饰时钟，包括主电机（1）及指针（6）、钟圈（7），其特征在于：它还包括被驱动的至少两根附加轴（2）和固定在附加轴上至少两个彼此啮合的附加齿轮（3）；所述指针（6）、钟圈（7）与部分或全部附加齿轮（3）设置在同一可视范围内。

2. 根据权利要求1所述的时钟，其特征在于：所述附加轴（2）、附加齿轮（3）由主电机（1）驱动。

3. 根据权利要求1所述的时钟，其特征在于：所述附加轴（2）、附加齿轮（3）由附加电机（8）驱动，该附加电机（8）与所述主电机（1）是相互独立运动的不同电机。

4. 根据权利要求1所述的时钟，其特征在于：所述附加轴（2）上有装饰元件（5）。

5. 根据权利要求4所述的时钟，其特征在于：所述装饰元件（5）为固定在附加轴（2）末端的轮状体。

6. 根据权利要求4所述的时钟，其特征在于：所述装饰元件（5）是由固定在附加轴（2）上的回转元件驱动的运动件。

7. 根据权利要求6所述的时钟，其特征在于：所述运动件是曲柄连杆、摆杆或摇杆。

8. 根据权利要求1~7中任一项所述的时钟，其特征在于：所述主电机（1）驱动指针（6）转动。

9. 根据权利要求1~7中任一项所述的时钟，其特征在于：所述主电机（1）驱动钟圈（7）转动。

2006年5月29日，原告针对本专利向被告提出了无效宣告请求，并提交了证据1~3支持其主张。原告认为：本专利权利要求1、2、4、6、7相对于证据1不具备新颖性；本专利权利要求1、3相对于证据2不具备新颖性；本专利权利要求4~7相对于证据1和证据3的结合或者证据2和证据3的结合不具备创造性；本专利权利要求8、9的附加技术特征为本领域的常规技术，在权利要求1~7不具备新颖性、创造性的情况下，权利要求8、9也不具备创造性；本专利说明书实施例中没有对装饰元件5为运动件的技术方案作出清楚、完整的说明，使得本专利说明书公开不充分，不符合《专利法》第二十六条第三款的规定，同时使得本专利权利要求6、7得不到说明书的支持，不符合《专利法》第二十六条第四款的规定。

经形式审查合格，被告受理了上述无效宣告请求，并于2006年6月19日向双方当事人发出了无效宣告请求受理通知书，并将专利权无效宣告请求书及其附件清单中所列附件副本转送给第三人，要求其在指定的期限内答复。第三人逾期未答复。

2007年2月6日，被告向双方当事人发出无效宣告请求口头审理通知书。同年4月4日口头审理如期举行，双方当事人均参加了口头审理。在口头审理中，原告明确其无效宣告的理由、事实和范围为：本专利权利要求1、3、4、6~8相对于证据1不符合《专利法》第二十二条第二款的规定；本专利权利要求4~8相对于证据1和证据2的结合不符合《专利法》第二十二条第三款的规定；本专利权利要求4~8相对于证据1和证据3的结合不符合《专利法》第二十二条第三款的规定；本专利权利要求2、9相对于证据1与公知常识的结合不符合《专利法》第二十二条第三款的规定；原告明确表示放弃本专利权利要求6、7不符合《专利法》第二十六条第三款、第四款的无效宣告理由。第三人明确表示认可证据1~3的真实性以及证据1~3中文译文的准确性。双方当事人均对各自证据的使用方式和双方的证据能否影响本专利权利要求的新颖性、创造性充分发表了意见。

被告经审查作出以下认定：

关于证据，被告认为证据1~3可以作为本案证据使用，它们的公开日均在本专利申请日之前，其上记载的内容构成了本专利的现有技术，其文字部分公开的内容以原告提交的中文译文的内容为准。

1. 关于本专利权利要求是否符合《专利法》第二十二条第二款的问题

被告认为：（1）本专利权利要求1要求保护一种动感装饰时钟，证据1公开了一种时钟装置，其中（说明书附图2~4）包括：指针300、时钟外框100，其分别相当于本专利中的指针和钟圈；旋转轴511、521和固定在旋转轴上的第1旋转体510和第2旋转体520，其分别相当于本专利中的附加轴和附加齿轮；该时钟装置的钟盖200可高效地开合，其中的装饰体600在钟盖开的同时下降，在钟盖合的同时上升。

本专利权利要求1的技术方案与证据1相比其区别在于：本专利权利要求1中还包括“主电机”以及“所述指针（6）、钟圈（7）与部分或全部附加齿轮（3）设置在同一可视范围内”。

对于区别特征“主电机”，被告认为在本专利中主电机的作用是“主电机通过传动机构驱动指针相对静止的钟圈7转动实现正常的指示时间的功能”，证据1中没有公开用以实现时间指示功能的主电机，证据1中虽然包括驱动装饰体的马达400，但是对于时钟本身的驱动方式未作限定，在本领域中存在电机驱动、机械驱动等多种驱动方式的情况下，不能从证据1中直接地、毫无疑义地推导出其结构中包括有驱动指针的主电机。对于区别特征“所述指针（6）、钟圈（7）与部分或全部附加齿轮（3）设置在同一可视范围内”，被告认为：本专利说明书（说明书第3页第11~12行，说明书附图1）中已明确表示本专利是一种在任何时间都动感强烈的动感装饰时钟，从附图中也可明显看出，本专利的附加齿轮、附加轴均是可以与指针、钟圈一起被直接观察到的。因此，本专利权利要求1中“所述指针（6）、钟圈（7）与部分或全部附加齿轮（3）设置在同一可视范围内”这一技术特征应当理解为指针、钟圈与部分或全部附加齿轮是可随时直接观察到的。而证据1中的旋转体以及内部传动结构仅在表盘打开的特定时间段内才能被观察到，与本专利并不相同。

因此，证据1并未完全公开本专利权利要求1的技术方案，本专利权利要求1相对于证据1具备新颖性，其从属权利要求2、3、4、6~8相对于证据1也具备新颖性，符合《专利法》第二十二条第二款的规定。

（2）本专利权利要求1要求保护一种动感装饰时钟，证据2公开了一种表盘零件可横向打开的时钟，其中包括：由时钟机芯1驱动转动的时间指示针20a、20b，上述时间指示针20a、20b和表盘一起显示时间，由驱动马达7驱动的齿轮，小齿轮7a与传递齿轮8啮合，传递齿轮8的小齿轮8a与一个齿轮9啮合，该齿轮9与另一齿轮10啮合，齿轮9和齿轮10具有轴9a和10a，该轴9a和10a对应于本专利权利要求1中的附加轴。证据2技术方案的目的在于通过驱动马达来驱动偏心凸轮的方式，实现表盘零件的打开和闭合，由于使弹簧与表盘零件配合，使得无论表盘零件打开或闭合，马达的负载都变得均衡，同时马达的最大负载也被降低，有助于在闭合状态下使得表盘零件借助于自身的重量而保持在正确的静止位置。

本专利权利要求1的技术方案与证据2相比其区别在于：本专利权利要求1中还包括“所述指针（6）、钟圈（7）与部分或全部附加齿轮（3）设置在同一可视范围内”。被告认为：如上所述，本专利权利要求1中的上述技术特征应当理解为指针、钟圈与部分或全部附加齿轮是可随时直接观察到的，而证据2中的装饰物以及齿轮传动系统等结构仅在表盘打开的特定时间段内才能被观察到，与本专利并不相同。因此，证据2并未完全公开本专利权利要求1的技术方案，本专利权利要求1相对于证据2具备新颖性，其从属权利要求3相对于证据2也具备新颖性，符合《专利法》第二十二条第二款的规定。

2. 关于本专利权利要求是否符合《专利法》第二十二条第三款规定的问题

被告认为：（1）权利要求2、4~9均是直接或间接引用了独立权利要求1的从属权利要求，所以权利要求2、4~9所限定的技术方案中均包括了独立权利要求1的技术方案。本专利权利要求1的技术方案与证据1相比其区别在于：本专利权利要求1中还包括“主电机”和“所述指针（6）、钟圈（7）与部分或全部附加齿轮（3）设置在同一可视范围内”。

对于区别特征“主电机”，在时钟装置中采用电机机构来驱动指针的转动，是一种常见的方式，因此在证据1公开的时钟装置中采用主电机驱动指针，对本领域技术人员来说是显而易见的。

对于区别特征“所述指针（6）、钟圈（7）与部分或全部附加齿轮（3）设置在同一可视范围内”，由于证据2中的装饰物以及齿轮传动系统等结构仅在表盘打开的特定时间段内才能被观察到，因此证据2并未公开上述区别特征，也未给出相应的技术启示。

证据3涉及一种把戏动作型时钟，其通过表盘或者其他隐藏的一个装饰物的盖等的改变，产生强烈冲击效果，而且该时钟在打开或者关闭表盘或其他隐藏装饰物的盖时，能够保持平稳，其中齿轮、轴均在表盘打开时才能观察到，因此，证据3并未公开上述区别特征，也未给出相应的技术启示。

证据2和证据3均未公开“所述指针（6）、钟圈（7）与部分或全部附加齿轮（3）设置在同一可视范围内”这一区别特征，并且没有对上述区别特征给出技术启示，此外原告也没有提供其他证据证明上述区别特征属于本领域的公知常识，且本专利可获得在任何时间都动感强烈的效果。

因此权利要求1相对于证据1和证据2的结合或者证据1和证据3的结合具备创造性，权利要求1技术方案并对其进行了进一步限定的权利要求2、4~9相对于证据1和证据2的结合或者证据1和证据3的结合也具备创造性，符合《专利法》第二十二条第三款的规定。

（2）权利要求4~9均是直接或间接引用了独立权利要求1的从属权利要求，所以权利要求4~9所限定的技术方案中均包括了独立权利要求1的技术方案。本专利权利要求1的技术方案与证据2相比其区别在于：本专利权利要求1中还包括“所述指针（6）、钟圈（7）与部分或全部附加齿轮（3）设置在同一可视范围内”。

上述区别特征在证据3中没有公开，并且证据3也没有对上述区别特征给出技术启示，此外原告也没有提供其他证据证明上述区别特征属于本领域的公知常识，且本专利可获得在任何时间都动感强烈的效果。因此权利要求1相对于证据2和证据3的结合具备创造性，包含了权利要求1技术方案并对其进行了进一步限定的权利要求4~9相对于证据2和证据3的结合也具备创造性，符合《专利法》第二十二条第三款的规定。

针对原告提出的的证据1表盘打开的时候能看到齿轮处于可视范围内，本专利权利要求1没有限定是24小时都可见的，本专利只是把证据1的表盘给拆了让人看到里面的零件的这一观点，被告认为：本专利权利要求1中“所述指针（6）、钟圈（7）与部分或全部附加齿轮（3）设置在同一可视范围内”这一技术特征应当理解为指针、钟圈与部分或全部附加齿轮是可随时直接观察到的；本专利正是为了实现在任何时间都动感强烈这一发明目的而将附加轴和附加齿轮与指针、钟圈设置在同一可视范围内的。本专利的这种设置方式并不是简单的拆除现有技术中的表盘而是为了追求特定技术效果进行的改进，获得了“在任何时间都动感强烈”的技术效果。因此，原告的上述观点不能成立。

综上，被告作出被诉决定，原告不服，诉至本院。

本案开庭审理中，原告、第三人明确表示对被诉决定作出的行政程序，以及对被诉决定中案由部分记载的内容、及其使用的证据无争议。

本院认为，针对各方当事人明确表示无争议的内容，经本院审查，对其合法性予以确认。

《专利法》第二十二条第二款规定：新颖性，是指在申请日以前没有同样的发明或者实用新型在国内外出版物上公开发表过、在国内公开使用过或者以其他方式为公众所知，也没有同样的发明或者实用新型由他人向国务院专利行政部门提出过申请并且记载在申请日以后公布的专利申请文件中。

本案中，从本专利权利要求1记载的技术特征及说明书中公开的内容可以确认，“所述指针（6）、钟圈（7）与部分或全部附加齿轮（3）设置在同一可视范围内”即为指针、钟圈、部分或者全部的齿轮能够随时并直接看到。本专利权利要求1中公开的技术特征与证据1相比，证据1未公开本专利权利要求1中“主电机”以及“所述指针（6）、钟圈（7）与部分或全部附加齿轮（3）设置在同一可视范围内”的技术特征。经审查，被告对上述区别技术特征的认定理由充分，本院予以认可。因此，本专利权利要求1相对于证据1具有新颖性，其从属权利要求2、3、4、6~8相对于证据1亦具有新颖性。

由于证据2中公开的“装饰物及齿轮传动系统等结构仅在表盘打开的特定时间段才能被观察到”，与本专利权利要求1记载的“所述指针（6）、钟圈（7）与部分或全部附加齿轮（3）设置在同一可视范围内”的技术特征存在区别，二者技术方案不同，所产生的技术效果不同，故本专利权利要求1相对于证据2具有新颖性，其从属权利要求3相对于证据2亦具有新颖性。

原告主张本专利权利要求1中“所述指针（6）、钟圈（7）与部分或全部附加齿轮（3）设置在同一可视范围内”的技术特征，与证据1、2所公开的特定时间段能够看到“旋转体以及内部传动结构”、“装饰物以及齿轮传动系统等结构”之间属于上、下位概念的关系，缺乏事实及法律依据，本院不予支持。

《专利法》第二十二条第三款规定：创造性，是指同申请日以前已有的技术相比，该发明有突出的实质性特点和显著的进步，该实用新型有实质性特点和进步。

本案中，根据无效宣告请求及口头审理记录，能够确认原告主张本专利不具有创造性理由及证据使用的结合方式为：本专利权利要求4~8相对于证据1和2结合、证据1和证据3结合不具有创造性；本专利权利要求4~7相对于证据2和3结合不具有创造性；本专利权利要求2、9相对于证据1与公知常识的结合不具有创造性；本专利权利要求8、9的附加技术特征为本领域常规技术。由于证据1、2、3均未公开本专利权利要求1中“所述指针（6）、钟圈（7）与部分或全部附加齿轮（3）设置在同一可视范围内”的技术特征，亦不能得到相关技术启示。且原告未举证证明上述区别技术特征属于本领域公知常识。因此，基于上述理由，在本专利权利要求2、4~9直接或间接引用了独立权利要求1的从属权利要求，包含了独立权利要求1的技术方案的情况下，原告提出的上述各种证据的结合均不能支持其本专利不具有创造性的主张，且本专利能够获得在任何时间均具有强烈的动感效果，故被告的相关认定理由充分，本院予以确认。

综上，原告请求撤销被诉决定的诉讼理由缺乏事实及法律依据，对其诉讼请求本院不予支持。依照最高人民法院《关于执行<中华人民共和国行政诉讼法>若干问题的解释》第五十六条第（四）项的规定，判决如下：

驳回原告广州市康时达电子有限公司的诉讼请求。

案件受理费 100 元，由原告广州市康时达电子有限公司负担（已交纳）。

如不服本判决，各方当事人可在判决书送达之日起 15 日内，向本院递交上诉状，并按对方当事人的人数提出副本，预交上诉案件受理费 100 元，上诉于北京市高级人民法院。上诉人在上诉期满后 7 日内未预交上诉费，又不提出缓交申请的，按自动撤回上诉处理。

审　判　长　梁　菲
代理审判员　司品华
代理审判员　贾志刚
二〇〇八年一月十八日
书　记　员　王　丽

102

一种多用途线型灯饰

无效宣告请求审查决定（第9898号）

决　　定　　号　第9898号
决　　定　　日　2007年6月8日
发明创造名称　一种多用途线型灯饰
国 际 分 类 号　F21S 4/00，F21V 23/00，H05B 37/02，F21W 121/00，F21Y 101/02
无效宣告请求人　鹤山银雨灯饰有限公司
专　利　权　人　杨华贵
专　　利　　号　200520073343.7
申　　请　　日　2005年7月1日
授 权 公 告 日　2006年8月2日
合 议 组 组 长　张惠军
主　　审　　员　张春伟
参　　审　　员　高桂莲

法　律　依　据　专利法第22条第2款、第3款
决　定　要　点

如果一项权利要求与最接近的对比文件相比存在区别技术特征，但其中一部分区别技术特征被相同领域的另一对比文件所公开，另一部分区别技术特征为本领域普通技术知识，且将上述两篇对比文件和普通技术知识结合起来以获得该权利要求所要求保护的技术方案是显而易见的，则该权利要求不具备创造性。

一、案由

本无效宣告请求涉及中华人民共和国国家知识产权局于2006年8月2日授权公告的、名称为"一种多用途线型灯饰"的实用新型专利权（下称本专利），其专利号是200520073343.7，申请日是2005年7月1日，专利权人是杨华贵。该专利授权公告时的权利要求书如下：

"1. 一种多用途线型灯饰，其特征在于：它由整流装置（1）、与整流装置（1）相连接的接插件（2）、柔性线型灯壳（3），位于灯壳（3）内的骨架（4）上贯通的设有依次与直流电源线（5）并接的发光源组（6）所构成。

2. 根据权利要求1所述的一种多用途线型灯饰，其特征在于：所述的发光源组（6）由多只发光二极管（7）与至少1只以上的限流电阻（8）串接组成。

3. 根据权利要求2所述的一种多用途线型灯饰，其特征在于：所述的发光二极管（7）的一管脚

通过弹簧（9）与另一只发光二极管（7）一管脚或限流电阻（8）的一端电连接。

4. 根据权利要求1所述的一种多用途线型灯饰，其特征在于：所述的骨架（4）的横断面为矩形或V形、U形。

5. 根据权利要求4所述的一种多用途线型灯饰，其特征在于：所述骨架（4）上等距离的设有1只以上的发光二极管（7）安装孔。

6. 根据权利要求1或4或5所述的一种多用途线型灯饰，其特征在于：所述的骨架（4）位于发光二极管（7）的连接面上设有凹槽（10）。

7. 根据权利要求1所述的一种多用途线型灯饰，其特征在于：所述的灯壳（3）外侧的底部至发光面（11）为槽形安装面（12）。

8. 根据权利要求1或7所述的一种多用途线型灯饰，其特征在于：所述的灯壳（3）外侧发光面（11）可为蘑菇形或梯形。”

针对上述专利权，鹤山银雨灯饰有限公司（下称请求人）于2006年8月20日向专利复审委员会提出了无效宣告请求，其理由是本专利不符合专利法第22条第2款、第3款的规定。请求人提交的作为证据使用的附件如下：

附件1：HK1063970A号香港短期专利说明书，其授权公告日为2004年12月31日；

附件2：专利号为02289285.0、名称为“金粉水发光笔”的实用新型专利说明书，其授权公告日为2003年10月29日；

附件3：专利号为02270824.3、名称为“带纵向槽的二线打孔美耐灯”的实用新型专利说明书，其授权公告日为2003年7月23日；

附件4：本专利授权公告文本。

请求人认为：（1）附件1公开了权利要求1、2、4、5的全部技术特征，因此，权利要求1、2、4、5相对于附件1不具备专利法第22条第2款规定的新颖性；（2）权利要求3相对于附件1和2的结合不具备专利法第22条第3款规定的创造性；权利要求6相对于附件1和3的结合不具备专利法第22条第3款规定的创造性；权利要求7相对于附件1与公知常识的结合不具备专利法第22条第3款规定的创造性；权利要求8相对于附件1不具备专利法第22条第2款规定的新颖性，相对于附件1与公知常识的结合不具备专利法第22条第3款规定的创造性。

经形式审查合格，专利复审委员会受理了上述无效宣告请求，并于2006年11月1日向双方当事人发出了无效宣告请求受理通知书，随同无效宣告请求受理通知书将专利权无效宣告请求书及其附件清单中所列附件副本转送给专利权人，要求其在指定的期限内答复。

针对上述无效宣告请求，专利权人于2006年12月11日向专利复审委员会提交意见陈述书，专利权人认为：（1）附件1的技术方案都具有“散光体”这一结构，将附件1的技术方案与本专利权利要求1的技术方案进行比较，可以看出本专利权利要求1限定的技术方案没有“散光体”，所以二者的技术方案并不相同。由于存在上述结构上的差异，从而决定二者的发光原理不同，因此，权利要求1相对于附件1具备新颖性和创造性，由此，引用权利要求1的从属权利要求2、4、5也具备新颖性和创造性；（2）附件2的技术领域与本专利不同，其中的弹簧与权利要求3中弹簧的作用不同，不可能给出本专利弹簧的技术启示，因此，权利要求3相对于附件1和2的结合具备创造性；权利要求6~8相对于对比文件1和3的结合具备创造性。

专利复审委员会依法成立合议组，对本无效宣告请求案进行审查。本案合议组于2007年2月13日向双方当事人发出无效宣告请求口头审理通知书，定于2007年3月29日对本案举行口头审理，同时将专利权人于2006年12月11日提交的意见陈述书副本（共6页）转送给请求人。

口头审理如期举行，双方当事人均参加了口头审理。在口头审理中，双方当事人对对方出庭人员的身份和资格无异议，对合议组成员没有回避请求。请求人明确其无效宣告请求的理由和范围为：权利要求 1、2、4、5 相对于附件 1 不具备新颖性；权利要求 3、6 相对于附件 1 和 3 的结合不具备创造性；权利要求 7、8 相对于附件 1 和公知常识的结合不具备创造性；明确表示放弃对附件 2 的使用。专利权人对附件 1 和 3 的真实性无异议。

请求人认为：（1）附件 1 公开了权利要求 1 的技术方案和权利要求 2、4、5 的全部技术特征，因此权利要求 1、2、4、5 不具备新颖性；（2）附件 1 中所述的串联连接线 05 以及附件 3 的图 3 中和说明书第 3 页第 8 行的“扭结 2-2”均给出了权利要求 3 中“弹簧”的技术启示；附件 3 的权利要求 2 中的凹槽相当于本专利权利要求 6 中的凹槽，因此，权利要求 3、6 相对于附件 1 和 3 的结合不具备创造性；此外，附件 1 中公开了“槽形安装面”和多种灯壳形状，权利要求 7、8 相对于附件 1 和公知常识的结合不具备创造性。

专利权人认为：（1）本专利柔性线型灯壳与附件 1 中的包覆层不同，柔性线型灯壳有对光源发出的光线进行背投的作用；附件 1 中的技术方案具有散光体，而本专利没有散光体；权利要求 1 中“贯通的设有”表明发光二极管是从上向下设置的，而附件 1 中并未公开这一特征；权利要求 1 中“并接”是并联的意思，而附件 1 中是串联方式，没有公开并联关系；权利要求 4 的骨架等同于附件 1 发明内容中的内芯，与附件 1 说明书第 2 页最后一行及第 3 页第 1 行公开的内芯不同；（2）附件 3 只公开了扭结，而扭结与弹簧是不同的；附件 3 的凹槽作用与本专利不同，附件 3 的上面的槽 1-3 是为了卡住外皮 4，防止其移动的作用，而本专利的凹槽是为了放置弹簧和限流电阻；本专利灯壳 3 的外侧发光面的形状是蘑菇形或梯形，而不是灯壳的形状，这个形状是为了进一步装饰和没有缝隙，具有防水效果。

专利复审委员会于 2007 年 4 月 13 日向双方当事人发出合议组成员告知通知书，告知双方当事人本案合议组组长变更为张惠军，如对变更后的合议组成员有回避请求，要求在指定期限内答复，逾期未答复视为无回避请求。

双方当事人对变更后的合议组成员均未提出回避请求。

口头审理后，专利权人于 2007 年 4 月 13 日向专利复审委员会提交了意见陈述书，重申了其认为本专利具备新颖性、创造性的意见。

至此，合议组认为本案事实已经清楚，现依法作出审查决定。

二、决定的理由

1. 关于证据

请求人共提交了三份附件，即附件 1、2 和 3，并在口头审理时明确表示放弃附件 2，在本决定中对附件 2 不再予以评价。附件 1 和附件 3 均为专利文献，其公开日均在本专利的申请日之前，且专利权人对附件 1 和附件 3 的真实性无异议，因此附件 1 和附件 3 可作为本案证据使用，其上公开的内容可用于评述本专利的新颖性、创造性。

2. 关于新颖性

专利法第 22 条第 2 款规定：新颖性，是指在申请日之前没有同样的发明或者实用新型在国内外出版物上公开发表过、在国内公开使用过或者以其他方式为公众所知，也没有同样的发明或者实用新型由他人向国务院专利行政部门提出过申请并且记载在申请日以后公布的专利申请文件中。

在本案中，请求人认为权利要求 1、2、4、5、8 相对于附件 1 不具备新颖性。

本专利权利要求 1 要求保护一种多用途线型灯饰，它由整流装置、与整流装置相连接的接插件、柔性线型灯壳，位于灯壳内的骨架上贯通的设有依次与直流电源线并接的多个发光源组所构成。

附件 1 公开了一种软管灯改良结构，其中披露了以下技术特征（参见附件 1 说明书第 7 页第 2

段，第6页第2段，第8页第2段至第4段第4行，附图1、2、5、6)：照明装置具有LED驱动元件17（相当于权利要求1的整流装置)，与驱动元件17相连接的接头14（相当于权利要求1的接插件)，包覆层09（相当于权利要求1的柔性线型灯壳)，在包覆层09内的芯线02（相当于权利要求1的骨架）上贯通的设置有串联在铜绞合线01a，01b之间的多个LED相连构成的一个灯组，芯线的形状可设置为圆形或方形，并且间距均匀地冲制出横向通孔以安装发光二极管。

本专利权利要求1要求保护的技术方案和附件1的区别在于：附件1没有公开权利要求1中“位于灯壳内的骨架上贯通的设有依次与直流电源线并接的多个发光源组”这一技术特征，即，权利要求1中是由多个发光源组并联在直流电源线上的，而附件1中是多个LED相连构成的一个灯组串联在线路中。

由此可见，权利要求1的技术特征在附件1中没有全部被公开，权利要求1相对于附件1具备专利法第22条第2款规定的新颖性。

权利要求2、4、5和8均直接或间接从属于权利要求1，因此，在权利要求1具备新颖性的基础上，权利要求2、4、5和8相对于附件1均具备专利法第22条第2款规定的新颖性。

3. 关于创造性

专利法第22条第3款规定：创造性，是指同申请日以前已有的技术相比，该发明有突出的实质性特点和显著的进步，该实用新型有实质性特点和进步。

如果一项权利要求与最接近的对比文件相比存在区别技术特征，但其中一部分区别技术特征被相同领域的另一对比文件所公开，另一部分区别技术特征为本领域普通技术知识，且将上述两篇对比文件和普通技术知识结合起来以获得该权利要求所要求保护的技术方案是显而易见的，则该权利要求不具备创造性。

在本案中，请求人认为权利要求3、6相对于附件1和3的结合不具备创造性；权利要求7、8相对于附件1和公知常识的结合不具备创造性。

（1）关于权利要求3的创造性。

权利要求3的附加技术特征为：“所述的发光二极管（7）的一管脚通过弹簧（9）与另一只发光二极管（7）一管脚或限流电阻（8）的一端电连接。”

由于证据1、3均没有公开通过弹簧与另一只发光二极管一管脚或限流电阻的一端电连接的方式，也没有给出使用上述固定方式的任何技术启示，因此权利要求3相对于附件1和3的结合具备专利法第22条第3款规定的创造性。

请求人认为：本专利权利要求3中的弹簧9能够从对比文件1的图1中的05和说明书第6页第2段第3行中所述的串联连接线05以及对比文件3的图3中和说明书第3页第8行的“扭结2-2”得到技术启示。

对此，合议组认为：①附件1中的串联连接线05与本专利中弹簧的结构并不相同，串联连接线仅为扭结状，并不会起到本专利中通过弹簧在柔性线形灯壳弯曲时对连接点的保护作用，因此，附件1中并未给出本专利中弹簧连接的任何技术启示；②附件3中的扭结的设置是为了实现发光体的连接（参见说明书第5页第9行)，而本专利中弹簧有在柔性线形灯壳弯曲时对连接点的保护作用，因此，二者作用不同，附件3中也未给出本专利中弹簧连接的任何技术启示。

（2）关于权利要求6的创造性。

由于权利要求6是权利要求1、4或5的从属权利要求，因此，在判断权利要求6相对于附件1和3的结合是否具备创造性时，应当将权利要求6分别引用权利要求1、4或5时所构成的三个技术方案各自相对于附件1和3的结合是否具备创造性进行判断。

当权利要求6引用权利要求1时，其技术方案包含权利要求1的全部技术特征与权利要求6的附加技术特征。权利要求6的附加技术特征为："所述的骨架（4）位于发光二极管（7）的连接面上设有凹槽（10）"。如上所述，附件1公开了本专利权利要求6中的整流装置、接插件、柔性线型灯壳和骨架。因此，在引用权利要求1时，将权利要求6与附件1相比较，两者的区别在于附件1没有公开权利要求6中的以下技术特征：位于灯壳内的骨架上贯通的设有依次与直流电源线并接的多个发光源组，所述的骨架位于发光二极管的连接面上设有凹槽。

附件3公开了一种带有纵向槽的二线打孔美耐灯，由芯线、发光体、连接线、外皮组成。在芯线1下方设有纵向槽1-2用来把扭结2-2及连接线3或电子元件塞入纵向槽1-2中（参见附件3说明书第3页第3~10行，附图1），该纵向槽1-2形成于芯线上（即相当于本专利骨架上），并且其作用是为了放置电子元件，与本专利中凹槽的定位弹簧和限流电阻的作用相同，由于附件1、3属于相同技术领域，本领域普通技术人员可以很容易从附件3中的纵向槽1-2想到在附件1芯线上形成凹槽以达到设置电子元件的目的。并且，选择一组灯的串联和多组灯的并联完全是本领域技术人员根据实际需要即可选取的普通技术手段，而且在使用一组灯时采用串联连通变为当在使用多组灯时的并联连通，其所产生的效果完全是本领域技术人员可以想到的。因此，在附件1和3的基础上结合普通技术知识得出权利要求6的技术方案对本领域技术人员来说是显而易见的。因此，当引用权利要求1时，权利要求6不具备专利法第22条第3款规定的创造性。

当权利要求6引用权利要求4时，其技术方案包含权利要求4的全部技术特征与权利要求6的附加技术特征。而权利要求4为权利要求1的从属权利要求，因此权利要求6的技术方案包括权利要求1的全部技术特征和权利要求4、权利要求6的附加技术特征。权利要求4的附加技术特征为："所述的骨架（4）的横断面为矩形或V形、U形"。

由于附件1已经披露了芯线的形状可设置为圆形或方形（参见说明书第2页最后1行至第3页第1行），而方形就是矩形的一种。因此，当引用权利要求4时，将权利要求6与附件1相比较，两者的区别仍在于：位于灯壳内的骨架上贯通的设有依次与直流电源线并接的多个发光源组，所述的骨架位于发光二极管的连接面上设有凹槽。因此，由在先分析可知，在附件1和3的基础上结合普通技术知识得出权利要求6的技术方案对本领域技术人员来说是显而易见的。因此，当引用权利要求4时，权利要求6不具备专利法第22条第3款规定的创造性。

当权利要求6引用权利要求5时，其技术方案包含权利要求5的全部技术特征与权利要求6的附加技术特征。权利要求5为权利要求4的从属权利要求，因此权利要求6的技术方案包括权利要求1的全部技术特征及权利要求4、权利要求5和权利要求6的附加技术特征。权利要求5的附加技术特征为："所述骨架（4）上等距离的设有1只以上的发光二极管（7）安装孔"。

由于附件1已经披露了可间距均匀地冲制出横向通孔以安装发光二极管（参见说明书第5页第12~14行）。因此，当引用权利要求5时，将权利要求6与附件1相比较，两者的区别仍在于：位于灯壳内的骨架上贯通的设有依次与直流电源线并接的多个发光源组，所述的骨架位于发光二极管的连接面上设有凹槽。因此，由在先分析可知，在附件1和3的基础上结合普通技术知识得出权利要求6的技术方案对本领域技术人员来说是显而易见的。因此，当引用权利要求5时，权利要求6不具备专利法第22条第3款规定的创造性。

由于从属权利要求6是对其引用的权利要求1、4或5所作的进一步限定，其包含了权利要求1、4或5的全部技术特征，所以当权利要求6不具备创造性时，通过上述创造性评述过程可知权利要求1、4或5也必然不具备创造性，不符合专利法第22条第3款的规定。

（3）关于权利要求7的创造性。

权利要求7是权利要求1的从属权利要求，权利要求7的附加技术特征为：“所述的灯壳（3）外侧的底部至发光面（11）为槽形安装面（12）”。其槽形安装面的作用就是为了便于将灯壳安装在轨道内，本领域普通技术人员在附件1的基础上很容易想到在将灯饰嵌入墙体内时采用槽形的安装方式，从而得到权利要求7的技术方案。因此，在权利要求1不具备创造性时，从属权利要求7也不具备专利法第22条第3款规定的创造性。

（4）关于权利要求8的创造性。

权利要求8的附加技术特征为：“所述的灯壳（3）外侧发光面（11）可为蘑菇形或梯形”。由于附件1没有公开外露发光部分为蘑菇形或梯形，也没有给出使用上述固定方式的任何技术启示，因此权利要求8相对于附件1和公知常识的结合具备专利法第22条第3款规定的创造性。

请求人认为：本专利权利要求8中的外侧发光面可为梯形，并且未在权利要求中对梯形上下放置形状给出限定，而附件1中披露的包覆层为凸形就相当于梯形。

对此，合议组认为：附件1包含嵌入不透光罩壳16的包覆层的整体形状近似为蘑菇形，而权利要求8中明确限定的是灯壳外侧发光面的形状，由本专利说明书及附图2可知，灯壳外侧发光面11只是灯壳外露部分，不含有嵌入不透光罩壳部分，本领域普通技术人员从附件1中只能得出包覆层外露部分为半圆形，而半圆形与蘑菇形和梯形是明显不同的，其亦不具有蘑菇形和梯形结构带来得防水效果。由此，权利要求8具备专利法第22条第3款规定的创造性。

综上所述，权利要求1、4、5、6、7不具备专利法第22条第3款规定的创造性。本专利权利要求2相对于附件1具备专利法第22条第2款规定的新颖性；权利要求3、8相对于附件1和3具备专利法第22条第3款规定的创造性。

基于上述理由，合议组依法作出如下审查决定。

三、决定

宣告200520073343.7号实用新型专利权的权利要求1、4~7无效，在权利要求2、3、8的基础上维持该专利权继续有效。

当事人对本决定不服的，可以根据专利法第46条第2款的规定，自收到本决定之日起三个月内向北京市第一中级人民法院起诉。根据该款的规定，一方当事人起诉后，另一方当事人应当作为第三人参加诉讼。

103

保湿防溢调色盒

无效宣告请求审查决定（第9899号）

决　　定　　号　第9899号
决　　定　　日　2007年6月12日
发明创造名称　保湿防溢调色盒
国 际 分 类 号　B44D 3/08
无效宣告请求人　宁波市江北美第琦文具厂
专　利　权　人　陈　强
专　　利　　号　03216880.2
申　　请　　日　2003年3月25日
授 权 公 告 日　2004年4月7日
合 议 组 组 长　张惠军
主　　审　　员　张春伟
参　　审　　员　李　礼

法　律　依　据　专利法第22条第2款、第3款
决　定　要　点

如果在一项权利要求中包括对比文件所没有公开的技术特征，在对比文件中也未给出采用该技术特征的相关技术启示，同时，该权利要求的技术方案与对比文件相比获得了有益的技术效果，则该权利要求具有创造性。

一、案由

本无效宣告请求涉及国家知识产权局于2004年4月7日授权公告的、名称为“保湿防溢调色盒”的实用新型专利权（下称本专利），其申请日为2003年3月25日，专利权人为陈强。本专利授权公告的权利要求书如下：

“1. 一种调色盒，包括盒盖（1）和盒体（5），盒体（5）由龙骨（6）分隔成多个小格，盒盖（1）有盒盖边沿（4），其特征是：盒盖（1）的内表面由突起（2）隔成与盒体（5）的龙骨（6）及盒体侧壁（7）上沿相对应的沟槽（3）。

2. 根据权利要求1所述的调色盒，其特征是：盒体侧壁（7）内表面平齐，其下部的厚度为其上部的厚度和盒盖边沿（4）的厚度之和，在盒体侧壁（7）外表面形成一与其垂直的阶梯状平台，当将盒盖（1）盖在盒体（5）上时，整个调色盒的外表面为平滑平面。

3. 根据权利要求2所述的调色盒，其特征是：当将盒盖（1）盖在盒体（5）上时，盒盖边沿

(4) 同平台 (8) 之间留有 0.5~2mm 的空隙。

4. 根据权利要求 1 或 3 所述的调色盒，其特征是：调色盒为长方体，盒体（5）由同盒体侧壁（7）等高、纵横交叉的龙骨隔成若干个小方格，盒盖上的突起（2）为方框形，方框形突起（2）高度低于盒盖边沿（4），方框形突起（2）的外沿尺寸与小方格的内面相同，框壁厚度为 1~4mm。

5. 根据权利要求 1 或 2 所述的调色盒，其特征是：盒盖（1）的内表面上的沟槽（3）宽度同盒体（5）上的龙骨（6）厚度相同或比盒体（5）上的龙骨（6）厚度小 0.1~0.3mm。

6. 根据权利要求 1 或 2 所述的调色盒，其特征是：盒盖（1）由软质塑料或橡胶注塑成一体结构。

7. 根据权利要求 4 所述的调色盒，其特征是：盒盖（1）由软质塑料或橡胶注塑成一体结构。

8. 根据权利要求 1 或 2 所述的调色盒，其特征是：盒体（5）由硬质塑料注塑为一体结构，龙骨（6）和盒体侧壁（7）的上沿呈楔形。

9. 根据权利要求 7 所述的调色盒，其特征是：盒体（5）由硬质塑料注塑为一体结构，龙骨（6）和盒体侧壁（7）的上沿呈楔形。"

针对上述专利权，宁波市江北美第琦文具厂（下称请求人）于 2006 年 9 月 27 日向专利复审委员会提出了无效宣告请求，其理由是本专利不符合专利法第 22 条第 2 款、第 3 款的规定。请求人提交的作为证据使用的附件如下：

附件 1：ZL96247902.0 号实用新型专利说明书，其授权公告日为 1997 年 11 月 5 日；

附件 2：ZL99247090.0 号实用新型专利说明书，其授权公告日为 2000 年 9 月 6 日，专利权人为陈强；

附件 3：ZL02228238.6 号实用新型专利说明书，其授权公告日为 2003 年 2 月 5 日。

请求人认为：(1) 附件 1、2 和 3 分别公开了本专利权利要求 1 的全部技术特征，因此，本专利权利要求 1 相对于附件 1、2 或 3 均不具备新颖性；附件 2 公开了本专利权利要求 2~9 的附加技术特征，因此，本专利权利要求 2~9 相对于附件 2 不具备新颖性；(2) 本专利权利要求 1 分别相对于附件 1、2 或 3 不具备创造性；本专利权利要求 2~9 的附加技术特征已被附件 2 所公开，也属于公知技术领域，因此不具备创造性。

经形式审查合格，专利复审委员会受理了上述无效宣告请求，并于 2006 年 11 月 1 日向双方当事人发出无效宣告请求受理通知书，并将无效宣告请求书及其附件清单中所列附件的副本转送给专利权人。

针对上述无效宣告请求，专利权人于 2006 年 12 月 15 日向专利复审委员会提交了意见陈述书，认为：本专利权利要求 1 与附件 1、2 和 3 相比，发明目的不同，技术方案不同，技术效果不同；本专利克服了本领域的技术偏见和误区，直接在盒盖内表面上设置突起，隔成与盒体的龙骨及盒体侧壁上沿相对应的沟槽，因而本专利权利要求 1~9 符合专利法第 22 条第 2 款、第 3 款规定的新颖性、创造性。同时，专利权人提交了国家知识产权局于 2006 年 4 月 10 日针对本专利作出的实用新型专利检索报告复印件（以下称反证 1），用于证明本专利具备新颖性、创造性。

针对上述无效宣告请求，专利复审委员会依法成立合议组，对本无效宣告请求案进行审理。本案合议组于 2007 年 3 月 2 日向双方当事人发出无效宣告请求口头审理通知书，指出本案定于 2007 年 4 月 25 日举行口头审理。随口头审理通知书将专利权人于 2006 年 12 月 15 日提交的意见陈述书及其附件清单所列附件的副本转给请求人。

专利权人于 2007 年 3 月 16 日向专利复审委员会提交了（2006）青民三初字第 129 号山东省青岛市中级人民法院民事判决书复印件共 13 页（下称反证 2）。

口头审理如期举行，双方当事人均参加了口头审理。合议组将专利权人于2007年3月16日提交的反证2的副本当庭转送给请求人。请求人明确其无效的理由、范围和证据是：（1）本专利权利要求1相对于附件2或3不具备新颖性；（2）本专利权利要求2、5、6、8相对于附件2不具备新颖性；（3）本专利权利要求1相对于附件2分别与附件1、3的结合不具备创造性；（4）本专利权利要求2~9相对于附件2与附件3的结合不具备创造性。请求人明确表示放弃关于权利要求3、4、7、9的新颖性的无效理由。专利权人对附件1至3的真实性没有异议。专利权人指出其所提交的反证2作为证据使用，但未提供原件。请求人对反证2的真实性不予认可，并认为其与本无效宣告请求无关联性。请求人对反证1的真实性无异议，但认为检索报告的结论不影响本无效宣告请求的结果。同时，请求人具体指出：本专利权利要求1中仅限定了“盒盖的内表面”，未限定不包含盒塞，未明确限定盒盖上的突起是否与盒盖是一体结构，有可能添加其他部件，附件2或附件3中虽然有盒塞，但均位于盒盖内表面，因此，盒塞上形成的突起也即是将突起形成在盒盖内表面上。

专利权人认为：附件1~3中均具有盒塞，而本专利权利要求1中是盒盖内表面直接设置突起，附件1~3均未公开这一特征。附件1~3具有软体的盒塞，而不是将突起直接形成在盒盖上。本专利如此设置克服了现有技术中的技术偏见，并且具有良好的市场前景，并非显而易见的。

至此，合议组认为本案事实已经清楚，现依法作出审查决定。

二、决定的理由

1. 关于证据

附件1~3均为中国实用新型专利说明书，其授权公告日均早于本专利申请日，且专利权人对附件1~3的真实性无异议，因此附件1~3可以作为本案的证据使用，其上记载的内容构成本专利的现有技术。

反证1是国家知识产权局针对本专利作出的检索报告，且请求人对其真实性无异议，因此反证1可以作为本案证据使用。但由于检索报告不是生效的行政决定，检索报告的结论和意见仅是参考性的，其中对于本专利新颖性及创造性的评价对本无效宣告请求审查决定无任何约束作用。

反证2是（2006）青民三初字第129号山东省青岛市中级人民法院民事判决书，专利权人仅提供了复印件未提交原件，请求人对其真实性不予认可。经合议组审查，该份民事判决书中涉及的原告和被告，即为本无效宣告请求案的专利权人和请求人，请求人应该了解该份判决书的具体内容，但请求人并未针对该份判决书内容的真实性提出任何实质性的反对意见。合议组对该反证2的真实性予以认可。

2. 关于专利法第22条第2款

专利法第22条第2款规定：新颖性，是指在申请日以前没有同样的发明或者实用新型在国内外出版物上公开发表过、在国内公开使用过或者以其他方式为公众所知，也没有同样的发明或者实用新型由他人向国务院专利行政部门提出过申请并且记载在申请日以后公布的专利申请文件中。

请求人使用附件2或附件3评价本专利权利要求1的新颖性，使用附件2评价本专利权利要求2、5、6和8的新颖性。

附件2是本专利专利权人在先获得的另一个专利，其涉及一种保湿防溢调色盒，其中披露了如下特征（参见说明书权利要求1，附图2~9）：该调色盒由盒盖、盒底（相当于权利要求1的盒体）和盒塞组成，盒底由龙骨分隔成多个小格，盒盖有盒盖边沿，盒塞的一面与盒盖的内面配合，另一面在与盒底内的每个龙骨的相对应的位置上，都有由突起隔成与盒底的龙骨相对应的沟槽。

将本专利权利要求1和附件2进行比较，二者至少存在以下区别：权利要求1的盒盖的内表面设置有由突起隔成与盒体的龙骨及盒体侧壁上沿相对应的沟槽，附件2中盒盖上没有沟槽，沟槽设置在盒塞上。

可见，附件2中没有全部公开本专利权利要求1的技术特征，因此，权利要求1相对于附件2具备专利法第22条第2款规定的新颖性。由于权利要求2、5、6和8均是权利要求1的从属权利要求，因此在权利要求1相对于附件2具备新颖性的情况下，权利要求2、5、6和8相对于附件2也具备新颖性。

附件3涉及一种分离组合式颜料盒，其中披露了如下特征：该颜料盒具有盒体和盒盖，盒体内含有多个分离组合式颜料容器，颜料容器具有密封盖，密封盖的内表面有与颜料容器及侧壁上沿相对应的沟槽（参见图8）。请求人认为附件3中密封盖4相当于本专利权利要求1中的盒盖，对此合议组认为：根据附件3说明书第3页倒数第1段的记载，附件3中各个分离的颜料容器可各有一个密封盖，或者为两个、三个或者多个颜料容器共用一个密封盖，其目的在于可根据使用者的需要，灵活变更各个颜料容器的位置，因此，其密封盖的作用是密封各个颜料容器，与本专利中盒盖的作用不同，本专利中盒盖用于与盒体扣合，从而使盒体与盒盖成一整体，而附件3中盒盖2是用于与其盒体扣合成为一整体的，因此，附件3中盒盖2相当于本专利的盒盖。

将本专利权利要求1和附件3进行比较，二者至少存在以下区别：权利要求1的盒盖的内表面设置有由突起隔成与盒体的龙骨及盒体侧壁上沿相对应的沟槽，附件3中盒盖上没有沟槽，沟槽设置在密封盖上。

可见，权利要求1的技术特征在附件3中没有全部被公开，因此，权利要求1相对于附件3具备专利法第22条第2款规定的新颖性。

3. 关于专利法第22条第3款的创造性

专利法第22条第3款规定：创造性，是指同申请日以前已有的技术相比，该发明有突出的实质性特点和显著的进步，该实用新型有实质性特点和进步。

在本案中，请求人认为本专利权利要求1相对于附件2分别与附件1、3的结合不具备创造性，以附件2作为最接近的现有技术；本专利权利要求2~9相对于附件2与附件3的结合不具备创造性。

如上所述，本专利权利要求1与附件2的区别在于：权利要求1的盒盖的内表面设置有由突起隔成与盒体的龙骨及盒体侧壁上沿相对应的沟槽，附件2中盒盖上没有沟槽，沟槽设置在盒塞上。

附件1涉及一种密封绘画调色盒，具体披露了如下特征（参见说明书第1页第4段到第6段，附图1）：该调色盒具有盒盖1、海绵层2、软质内盖3、方格色盒6和底盒9组成，在软质内盖上形成有内盖凸起4，方格色盒的上凹槽5供内盖凸起4插入，方格色盒的下凹槽7供底盒凸起8插入。

将本专利权利要求1与附件1进行比较，附件1中具有软质内盖，在软质内盖上设置凸起，而本专利权利要求1中是盒盖内表面直接设置突起，附件1并未公开本专利与附件2的上述区别技术特征，同时也未给出在盒盖内表面上直接设置突起以克服现有技术偏见的技术启示，因此，本专利权利要求1所限定的技术方案对本领域技术人员而言并非是显而易见的，需要付出创造性的劳动，因此，权利要求1相对于附件2和附件1的结合具备专利法第22条第3款规定的创造性。

如上所述，附件3披露了如下特征：该颜料盒具有盒体和盒盖，盒体内含有多个分离组合式颜料容器，颜料容器具有密封盖，密封盖的内表面有与颜料容器及侧壁上沿相对应的沟槽（参见图8）。因此，附件3也没有公开在盒盖的内表面设置有由突起隔成与盒体的龙骨及盒体侧壁上沿相对应的沟槽，同时也未给出在盒盖内表面上直接设置突起以克服现有技术偏见的技术启示，因此，本专利权利要求1所限定的技术方案对本领域技术人员而言并非是显而易见的，需要付出创造性的劳动，因此，权利要求1相对于附件2和附件3的结合具备专利法第22条第3款规定的创造性。

请求人认为：本专利权利要求1中仅限定了“盒盖的内表面”，未限定不包含盒塞，未明确限定盒盖上的突起是否与盒盖是一体结构，有可能添加其他部件，附件2或附件3中虽然有盒塞，但均位于盒盖内表面，因此，盒塞上形成的突起也即是将突起形成在盒盖内表面上，因此，本专利权利要求1相对于附件2与附件1和3的结合不具备创造性。

合议组认为：（1）附件1、2和3中均有独立的盒盖和盒塞结构，该盒盖结构对应于本专利权利要求1的盒盖特征，同时，专利权人在本专利的说明书中对盒盖已给出了清楚的界定，使其区别于盒塞，在盒盖上直接形成突起，盒盖与突起之间是不添加其他部件的（参见说明书第1页）；（2）现有技术中的技术偏见就是不将突起直接设置在盒盖上，而是设置在添加在盒盖上的其他部件如盒塞等上，本专利的发明目的就是克服以往的技术偏见，直接将突起设置在盒盖上，进而实现减少材料耗费和降低成本。因此，合议组对请求人上述关于盒盖的观点不予认可。

综上所述，本专利权利要求1相对于附件2与附件1的结合及附件2与附件3的结合具备专利法第22条第3款规定的创造性。

由于权利要求2~9均为权利要求1的从属权利要求，因此，在权利要求1相对于附件2与附件3的结合具备创造性的情况下，权利要求2~9也相对于附件2与附件3的结合具备专利法第22条第3款规定的创造性。

基于上述理由，合议组依法作出如下决定。

三、决定

维持03216880.2号实用新型专利权有效。

当事人对本决定不服的，可以根据专利法第46条第2款的规定，自收到本决定之日起三个月内向北京市第一中级人民法院起诉。根据该款的规定，一方当事人起诉后，另一方当事人应当作为第三人参加诉讼。

104

连续氧化生产锰酸钾的方法和设备

无效宣告请求审查决定（第 9903 号）

决　　定　　号　第 9903 号
决　　定　　日　2007 年 5 月 30 日
发明创造名称　连续氧化生产锰酸钾的方法和设备
国 际 分 类 号　C01G 45/12
无效宣告请求人　遵义双源化工（集团）有限责任公司
专　利　权　人　重庆嘉陵化工厂
专　　利　　号　92108224. X
申　　请　　日　1992 年 7 月 23 日
授 权 公 告 日　1996 年 3 月 13 日
合 议 组 组 长　崔　震
主　　审　　员　巩克栋
参　　审　　员　刘　犟

法　律　依　据　专利法第 22 条第 3 款、第 4 款
决　定　要　点

如果一项权利要求中的部分技术特征未被已有的技术公开，或者现有技术并未给出将区别技术特征应用到最接近的现有技术以解决其存在的技术问题的启示，则该权利要求保护的技术方案是非显而易见的，具有突出的实质性特点。

一、案由

本无效宣告请求涉及国家知识产权局于 1996 年 3 月 13 日授权公告的、申请日为 1992 年 7 月 23 日、名称为“连续氧化生产锰酸钾的方法和设备”的第 92108224. X 号发明专利（以下简称本专利），本专利的专利权人为重庆嘉陵化工厂（以下简称专利权人），本专利授权公告的权利要求如下：

“1. 一种生产锰酸钾的方法，包括在高温下用含氧气体对锰矿粉和氢氧化钾溶液的混合料进行连续氧化，其特征在于：

（1）所说的含氧气体是预热到 200～220℃温度的压缩空气，

（2）所说的锰矿粉和氢氧化钾溶液的混合料是将锰矿粉与 47%～49%（重）氢氧化钾溶液，以 0. 6～1. 2：1的重量比混配后预热到 140～180℃温度，加入 2%～6%（重）Mn^{6+}氧化引发剂，再与预热到 225℃的 47%～49%（重）氢氧化钾溶液混合而成，锰碱比为 1：12～30，

（3）所说的连续氧化是在一个‘多层流化床连续氧化反应塔’中，从塔顶引入锰矿粉和氢氧化

钾溶液的混合料，从塔底引入含氧气体，在0.1～0.5MPa压力，194～260℃温度条件下逆流接触反应，连续生产锰酸钾粗产物。

2. 按照权利要求1所述的生产锰酸钾的方法，其特征在于所说的反应塔的194～260℃温度条件是利用除尘烟道气体作加热介质来保证的。

3. 按照权利要求1所述的生产锰酸钾的方法，其特征是在所说的含氧气体中补充水蒸气，使其水含量在25%～34%范围。

4. 按照权利要求1所述的生产锰酸钾的方法，其特征在于所说的锰矿粉中二氧化锰丰度≥65%（重）。

5. 一种连续生产锰酸钾的设备，其特征在于它是一个多层流化床连续氧化反应塔，由三相分离段（I）、反应段（II）和富集器（III）三部分组成，在三相分离段（I）设有浓碱和混配料进口（A）和废气放空口（D），反应段（II）均布多层锥型中空筛板（1），每层筛板设有一根溢流管（2），反应段（II）塔壁设有加热夹套（3），加热夹套（3）下部设烟道气进口（F1）、上部设烟道气出口（F2），在锥型中空筛板（1）的上端面和锥面上都均布有筛孔，并在筛板中心设有一个通道，在富集器（III）设有压缩空气和水蒸气进口（B）和锰酸钾粗产物出口（C）。

6. 按照权利要求5所述的连续生产锰酸钾的设备，其特征在于所说的三相分离段（I）和反应段（II）的直径比（d1/d2）＝1.3～1.7∶1。

7. 按照权利要求5所述的连续生产锰酸钾的设备，其特征在于所说的锥型中空筛板（1）的数量随反应塔的生产能力和高度变化而有不同。”

2006年8月4日，遵义双源化工（集团）有限责任公司（以下简称请求人）针对该专利权向国家知识产权局专利复审委员会提出无效宣告请求。请求人提交了如下证据：

附件1：《无机盐工业》1980年第4期（总第23期）封面页、目录页、第12～17页，复印件共8页；

附件2：《无机盐工业》1991年第2期（总第111期）封面页、目录页、第15～17、26页，复印件共6页；

附件3：《化工辞典》，燃料化学工业出版社，封面页、目录页、第244页，复印件共3页；

附件4：《已有技术中流化床连续制锰酸钾新技术与本专利技术三相加压氧化制锰酸钾比较表》（其为请求人所绘制的表格）第1～2页；

附件5：第92108224.X号中国发明专利申请公开说明书，复印件共9页。

请求人认为：本专利权利要求1～4相对于附件2、1990年2月广州同济化工厂采用该技术建成年产3000吨生产线，其区别在于“流化床连续氧化……”两个分离室直径大于反应段直径，并无实质性的不同与改进，因而不具备创造性。

经形式审查合格后，专利复审委员会受理了该无效宣告请求，于2007年1月26日向双方当事人发出了无效宣告请求受理通知书，并将专利权无效宣告请求书及其附件清单中所列附件副本转送给专利权人，要求其在指定期限内答复。

2007年2月16日，专利权人针对上述无效宣告请求受理通知书和意见陈述书陈述了意见，并提交了如下反证：

反证1：中华人民共和国国家知识产权局信复字［2006］242号，复印件共1页；

反证2：照片及照片说明，复印件共6页；

反证3：化学工业部颁发的证书号码为93I-1-003-1获奖证书，获奖单位为重庆嘉陵化工厂，复印件共1页；

反证 4：国家知识产权局颁发的中国专利优秀奖证书，复印件共 1 页；

反证 5：化学工业部颁发的证书号为 93I－1－003－1 号获奖证书，获奖者为李守昌，复印件共 1 页。

专利权人认为：本专利与附件 2 的工艺流程、配料比、工作压力、反应器结构均不相同，因此本专利具备创造性。

2007 年 3 月 9 日，专利复审委员会本案合议组向双方当事人发出无效宣告请求口头审理通知书，定于 2007 年 4 月 26 日举行口头审理，并将专利权人于 2007 年 2 月 16 日提交的意见陈述书及其附件清单所列附件的副本转送给请求人。

2007 年 4 月 26 日，口头审理如期举行，双方当事人均到庭参加口头审理。请求人当庭提交了附件 6（《化工容器及设备》，化学工业出版社 1980 年 11 月第 1 版第 1 次印刷，封面页、出版信息页、第 372～385 页，复印件共 16 页）作为公知常识使用，证明化学工业中采用反应塔是公知常识。

本案合议组当庭将附件 6 转送给专利权人。

请求人当庭表示放弃专利法第 22 条第 2 款作为无效理由，并放弃附件 3 作为对比文件使用。请求人确认的无效理由为：权利要求 1～4 不具备实用性，不符合专利法第 22 条第 4 款的规定。相对于附件 1、2 和 6 的结合，权利要求 1～4 不具备创造性，不符合专利法第 22 条第 3 款的规定。请求人明确表示没有其他的无效理由、证据、范围和证据组合形式。专利权人对上述无效理由、范围及证据的组合形式没有异议。

请求人出示了附件 1、2 的原件、附件 6 的复印件，专利权人对附件 1～2 的真实性、公开性没有异议，但对附件 6 的真实性有异议。请求人对专利权人提交的反证 1、3、4、5 的真实性没有异议，但认为与本案无关，对反证 2 的真实性有异议。

在此基础上，合议组对请求人提出的无效理由和事实进行了调查，并充分听取了双方当事人的意见。

至此，本案合议组认为本案的事实已经调查清楚，可以依法作出审查决定。

二、决定的理由

1. 关于证据和现有技术

请求人在口头审理时当庭出示了附件 1 和 2 的原件，专利权人对上述附件的真实性和公开性没有异议，本案合议组经审查对上述附件予以确认，附件 1 和 2 可以作为本案的证据使用，同时由于上述附件的公开日期早于本专利的申请日，因此附件 1 和 2 可以作为本专利的现有技术使用。

请求人当庭未出示附件 6 的原件，且专利权人对附件 6 的真实性有异议，因此附件 6 的真实性不能确定，附件 6 不能作为本案的证据使用。

2. 实用性

根据专利法第 22 条第 4 款的规定，实用性，是指发明或者实用新型能够制造或者使用，并且能够产生积极效果。

在产业上能够制造或者使用的技术方案，是指符合自然规律、具有技术特征的任何可实施的技术方案。能够产生积极效果，是指发明或者实用新型专利申请在提出申请之日，其产生的经济、技术和社会的效果是所属技术领域的技术人员可以预料到的。

请求人认为本专利权利要求 1 中限定的“多层流化床连续氧化反应塔”容易造成堵塞，与现有技术相比是变劣的发明，因而权利要求 1～4 均不具备实用性。

本案合议组经审查后认为：第一，请求人主张“权利要求 1 中限定的‘多层流化床连续氧化反应塔’容易造成堵塞，与现有技术相比是变劣的发明”的事实缺乏证据支持，本案合议组不予认定，同时，就反应塔容易堵塞而言，其本身与实用性也不存在必然的联系，根据专利法第22条第4款的规定，只要权利要求1保护的技术方案在产业上能够制造或者使用，同时其产生的技术效果是所属技术领域的技术人员可以预料到的即可；第二，权利要求1~4保护的技术方案利用锰矿粉中MnO_2、KOH和O_2的氧化还原反应以在一定的工艺条件和工艺设备来生产锰酸钾，因此权利要求1~4保护的技术方案符合自然规律并具有技术特征；由于权利要求1~4保护的技术方案能够实现锰酸钾的生产，因此上述技术方案是可实施的。综上所述，权利要求1~4保护的技术方案在产业上能够制造或者使用。在本专利的申请日1992年7月23日以前，利用氢氧化钾和锰矿粉的混合物与氧气进行氧化反应制备锰酸钾是已知技术，本专利权利要求1~4保护的技术方案是在已知技术的基础上，仅采用了不同的物料配比、设备和工艺过程，因此对于所属技术领域的技术人员来说，根据现有技术和本专利的记载，权利要求1~4保护的技术方案产生的经济、技术和社会效果是可以预见的，因此权利要求1~4保护的技术方案能够产生积极效果。

综上所述，权利要求1~4保护的技术方案能够在产业上制造或者使用，并且能够产生积极效果，符合专利法第22条第4款有关实用性的规定。

3. 创造性

根据专利法第22条第3款的规定，创造性，是指同申请日以前已有的技术相比，该发明有突出的实质性特点和显著的进步，该实用新型有实质性特点和进步。

发明有突出的实质性特点，是指对所属技术领域的技术人员来说，发明相对于现有技术是非显而易见的。如果一项权利要求中的部分技术特征未被已有的技术公开，或者现有技术并未给出将区别技术特征应用到最接近的现有技术以解决其存在的技术问题的启示，则该权利要求保护的技术方案是非显而易见的，具有突出的实质性特点。

附件1披露了一种采用液相法生产锰酸钾的方法，其将软锰矿粉加入含锰酸盐的KOH液中，在260℃温度下，不断通入热空气或氧气，使MnO_2氧化成锰酸钾，空气经压缩后预热到150~200℃后吹入反应器5中，KOH在反应器中加热升温后，投入Mn，投锰以3次为宜，起始KOH的浓度为50%，在开始生产时需要加入K_2MnO_4氧化引发剂。权利要求1与附件1的不同在于：（1）权利要求1采用锰矿粉与KOH溶液以0.6~1.2：1的重量比混配后预热到140~180℃，加入Mn^{6+}氧化引发剂的量为2%~6%，再与预热到225℃的氢氧化钾溶液混合而成进料，锰碱比为1：12~30。而附件1软锰矿粉分3次加入KOH溶液中，氧化引发剂K_2MnO_4加入量为2.5：3g/L，锰碱比为1：30~60克分子比。（2）权利要求1采用连续氧化法，氧化设备为“多层流化床连续氧化反应塔”，从塔顶引入锰矿粉和KOH的混合料，塔底引入含氧气体，二者逆流接触反应，反应条件为0.1~0.5MPa、194~260℃。而附件1将锰矿粉加入装有KOH反应器5内反应4小时后，经液下泵16转移至分离器7以进行分离析晶，由该工艺可知，附件1的氧化为间歇式而不是连续式。由附件1中液相法生产锰酸钾流程可以看出，氧气和锰矿粉以及KOH均是从反应器5的上部进入，而非逆流接触，同时反应器5也不是多层流化床反应塔。

附件2披露了一种液相自循环三相流化床连续生产锰酸钾的方法，该方法利用空气对MnO_2和KOH的混合进料连续氧化生产锰酸钾，连续氧化在一个三相反应器中进行，MnO_2和KOH在调浆槽1调成悬浮液后进入预反应器2加热后，经加料器3从塔顶将MnO_2和KOH的混合进料引入反应器，从塔底引入空气，逆流接触反应。权利要求1与附件2的不同在于：（1）权利要求1的空气为预热到200~220℃的压缩空气，而附件2未披露温度和是否压缩。（2）附件2未披露锰矿粉与KOH的混合物加入2%~6%Mn^{6+}氧化引发剂后，再与KOH溶液混合，也未披露KOH的浓度、预热温度、锰矿粉与KOH的混配比以及锰碱比等工艺条件。（3）附件2未披露连续氧化反应塔的操作条件：压力为

0.1~0.5MPa，温度为194~260℃。

首先，本专利的发明目的在于：采用区别于现有技术的物料配比、设备结构和工艺过程，用一个氧化反应器在低压下三相连续进料反应，进一步提高 MnO_2 的转化率，降低能耗和环境污染，生产出消耗低、品质优的锰酸钾。附件1披露的生产锰酸钾的方法为间歇式液相法，附件2披露的生产锰酸钾的方法为三相流化床连续氧化法，附件1的生产方法间歇操作，附件2的生产方法连续操作，二者属于完全不同的工艺，因此，对于所属技术领域的技术人员来说，将附件2连续氧化操作的三相反应器替换附件1间歇操作的反应器，或者将附件1间歇操作的工艺条件结合附件2连续氧化操作的工艺，都需要付出创造性的劳动。即附件1和附件2都未给出结合的启示，二者的结合不是显而易见的。

其次，由权利要求1与附件1和附件2的对比可知，附件1和附件2均未公开权利要求1中的如下技术特征：（1）锰矿粉与KOH的混合步骤及工艺参数：锰矿粉与KOH混合后，加入氧化引发剂，再与经预热的KOH混合，以及混合步骤中的混配比、锰碱比等工艺参数；（2）氧化反应的操作条件：压力为0.1~0.5MPa。请求人声称上述区别技术特征是公知常识，但其并未提供证据证明。

尽管请求人认为化学工业中采用反应塔是公知常识，但合议组认为，附件1采用间歇操作而附件2采用连续操作，二者不仅所采用的设备不同，工艺路线和工艺条件也不同，将附件1中的间歇式反应器替换为反应塔，不仅设备改变，工艺路线和工艺条件也要随之改变，由此所产生的技术效果是难以预见的，这种替换需要付出创造性的劳动，是非显而易见的。

综上所述，请求人认为附件1和2与公知常识结合从而破坏权利要求1创造性的主张不能成立。

由于权利要求2~4从属于权利要求1，因此请求人认为权利要求2~4不具备创造性的主张也不能成立。

基于以上事实和理由，本案合议组作出如下审查决定。

三、决定

维持第92108224.X号发明专利权有效。

当事人对本决定不服的，可以根据专利法第46条第2款的规定，自收到本决定之日起3个月内向北京市第一中级人民法院起诉。根据该款的规定，一方当事人起诉后，另一方当事人应当作为第三人参加诉讼。

北京市第一中级人民法院
行政判决书

（2007）一中行初字第1248号

原告遵义双源化工（集团）有限责任公司，住所地贵州省遵义市新舟路29号。

委托代理人刁玉生，北京国林贸知识产权代理有限公司专利代理人。

被告中华人民共和国国家知识产权局专利复审委员会，住所地北京市海淀区北四环西路9号银谷大厦。

法定代表人廖涛，副主任。

委托代理人巩克栋，男，中华人民共和国国家知识产权局专利复审委员会审查员。

委托代理人齐宏涛，男，中华人民共和国国家知识产权局专利复审委员会审查员。

第三人重庆嘉陵化学制品有限公司（原重庆嘉陵化工厂），住所地重庆市荣昌县昌元镇王家坪村。

法定代表人李守昌，董事长。

委托代理人陈朝军，男，重庆嘉陵化学制品有限公司副总经理。

委托代理人余长江，重庆永和律师事务所律师。

原告遵义双源化工（集团）有限责任公司不服被告中华人民共和国国家知识产权局专利复审委员会于2007年5月30日作出的第9903号无效宣告请求审查决定，向本院提起行政诉讼。本院受理后，依法组成合议庭进行了审理。在案件审理期间，原告主动向本院申请撤诉。

本院经审查认为，原告有权在诉讼期间依法处分其诉讼权利。原告以其已与第三人重庆嘉陵化学制品有限公司达成和解为由，自愿申请撤回对被告的起诉，是原告依法处分其诉权的真实意思表示。该行为未侵犯国家、集体和他人的合法权益，本院应予准许。因此，依照《中华人民共和国行政诉讼法》第五十一条的规定，裁定如下：

准许原告遵义双源化工（集团）有限责任公司撤回起诉。

案件受理费100元，减半收取50元，由原告遵义双源化工（集团）有限责任公司负担（已交纳）。

审　判　长　强刚华
代理审判员　何君慧
代理审判员　司品华
二〇〇八年十二月十四日
书　记　员　董　伟

105

自承式模板构件

无效宣告请求审查决定（第9905号）

决　　定　　号 第9905号
决　　定　　日 2007年5月31日
发明创造名称 自承式模板构件
国 际 分 类 号 E04G 11/36
无效宣告请求人 EVG有限公司
专　利　权　人 浙江杭萧钢构股份有限公司
申　　请　　号 03240945.1
申　　请　　日 2003年3月17日
授 权 公 告 日 2004年2月18日
合 议 组 组 长 朱文广
主　　审　　员 王　森
参　　审　　员 刘瑞斌

法　律　依　据 专利法第22条第2款、第3款
决　定　要　点

如果一项专利与对比文件公开的内容相比，其权利要求所限定的技术方案与对比文件公开的技术方案实质上相同，所属技术领域的技术人员根据两者的技术方案可以确定两者属于相同的技术领域，能够解决相同的技术问题，并具有相同的预期效果，则认为两者为同样的发明或者实用新型。

判断发明是否具有突出的实质性特点就是要判断对本领域的技术人员来说，要求保护的发明相对于现有技术是否显而易见。

一、案由

本无效宣告请求涉及中华人民共和国国家知识产权局于2004年2月18日授权公告的、名称为"自承式模板构件"的实用新型专利权（以下简称本专利），其专利号是03240945.1，申请日是2003年3月17日，专利权人是浙江杭萧钢构股份有限公司。本专利授权公告时的权利要求书如下：

"1. 自承式模板构件，其特征是设有平行相间布设的桁架，此桁架设有上弦杆（1）和下弦杆（4），上、下弦杆之间焊接有斜腹杆（2），所述的桁架其下面联接有模板（7）。

2. 如权利要求1所述的自承式模板构件，其特征是在所述的桁架与桁架之间联接有固定筋（3）。

3. 如权利要求2所述的自承式模板构件，其特征是所述的桁架其下面联接有模板（7）是指模板（7）经吊杆（6）与桁架相联接。

4. 如权利要求3所述的自承式模板构件，其特征是所述的固定筋有上固定筋（31）和下固定筋（32）。

5. 如权利要求1所述的自承式模板构件，其特征是所述的下弦杆（4）有平行相间的下弦杆I（41）和下弦杆II（42）。

6. 如权利要求5所述的自承式模板构件，其特征是所述的桁架其下面联接有模板（7）是指模板（7）经吊杆（6）与桁架相联接。

7. 如权利要求2所述的自承式模板构件，其特征是所述的固定筋（3）为蛇形固定筋，所述的桁架其下面联接有模板（7）是指模板（7）与蛇形固定筋相焊联。

8. 如权利要求1所述的自承式模板构件，其特征是所述的桁架其下面联接有模板（7）是指模板（7）与所述的斜腹杆（2）相焊接。

9. 如权利要求7所述的自承式模板构件，其特征是所述的下弦杆（4）有平行相间的下弦杆I（41）和下弦杆II（42）。”

针对本专利权，EVG有限公司（以下简称请求人）于2006年12月6日向专利复审委员会提出无效宣告请求，认为本专利不符合专利法第22条第1款、第2款、第3款的规定，请求人同时提交了如下附件：

附件1：美国专利文献US6006483A全文及其中文译文，共22页，公开日为1999年12月28日；

附件2：日本专利公开文本平3-187453A全文及其中文译文，共11页，公开日为1991年8月15日；

附件3：美国专利文献US5448866A全文及其中文译文，共17页，公开日为1995年9月12日；

附件4：日本专利公开文本特开平11-131666A全文及其中文译文，共10页，公开日为1999年5月18日；

附件5：日本专利公开文本平3-36347A全文及其中文译文，共8页，公开日为1991年2月18日；

附件6：美国专利文献US5235791A全文及其中文译文，共26页，公开日为1993年8月17日；

附件7：本实用新型专利（ZL03240945.1）的授权文本。

请求人认为：权利要求1、2、5、7、8相对于证据1不符合专利法第22条第2款和第3款的规定，权利要求3相对于证据1和3不符合专利法第22条第3款的规定，权利要求6相对于证据1和3或证据1和6不符合专利法第22条第3款的规定，权利要求9相对于证据1不符合专利法第22条第3款的规定；权利要求1、2、5、8相对于证据2不符合专利法第22条第2款和第3款的规定，权利要求3相对于证据2和3不符合专利法第22条第3款的规定，权利要求4、6相对于证据2和3或证据2和6不符合专利法第22条第3款的规定，权利要求7、9相对于证据2和6不符合专利法第22条第3款的规定；权利要求1~3、5、6相对于证据3不符合专利法第22条第2款和第3款的规定，权利要求4相对于证据2和3不符合专利法第22条第3款的规定，权利要求7、9相对于证据3和6不符合专利法第22条第3款的规定；权利要求1、5相对于证据4不符合专利法第22条第2款和第3款的规定，权利要求2~4相对于证据4和5不符合专利法第22条第3款的规定，权利要求6相对于证据4和证据1、2、3、6之一的结合不符合专利法第22条第3款的规定；权利要求1、2、7相对于证据5不符合专利法第22条第2款和第3款的规定，权利要求3、4相对于证据5和证据3、4、6之一的结合不符合专利法第22条第3款的规定；权利要求1、2、5、7~9相对于证据6不符合专利法第22条第2款和第3款的规定，权利要求3、6相对于证据3和6不符合专利法第22条第3款的规定。

经形式审查合格，专利复审委员会依法受理了上述无效宣告请求，并于2006年12月29日向请求人和专利权人发出无效宣告请求受理通知书，同时将专利权无效宣告请求书及其附件清单中所列附件的副本转送给专利权人，并要求专利权人在指定的期限内陈述意见。

专利权人于2007年2月12日提交了意见陈述，认为本专利采用的是模板，而非证据1中的“承板垫板20”，因此本专利相对于证据1具备新颖性和创造性。基于同样的理由，本专利相对于证据2~6也具备新颖性和创造性。

专利复审委员会依法成立合议组。

本案合议组于2007年3月7日向双方发出无效宣告请求口头审理通知书，定于2007年5月16日在专利复审委员会举行口头审理。随同口头审理通知书，将专利权人于2007年2月12日提交的意见陈述书转送给请求人。

请求人于2007年4月30日就专利权人提交的意见陈述书提交了意见陈述书。

口头审理如期举行，双方当事人均参加了口头审理。

在口头审理中，请求人坚持以下无效理由：权利要求1~3、5、6相对于附件3不符合专利法第22条第2款和第3款的规定，权利要求4相对于附件2和3不符合专利法第22条第3款的规定，权利要求7、9相对于附件3和6不符合专利法第22条第3款的规定，权利要求8相对于附件6不符合专利法第22条第2款的规定，双方就上述这些理由陈述了各自的意见。合议组当庭将请求人于2007年4月30日提交的意见陈述书转送给专利权人。

至此，合议组认为本案事实已经清楚，可以作出审查决定。

二、决定的理由

1. 关于证据和现有技术

请求人提交的证据包括附件1~6，专利权人对附件1~6的真实性没有异议。合议组经审查认为附件1~6可以作为本案证据使用。请求人提交的附件1~6为外文，专利权人在口头审理中除对请求人提交的附件1中的“deck plate”、附件3中的“formwork”、附件6中的“form”单词译文翻译持有异议外，对附件1~6的中文译文没有异议，合议组要求专利权人应在指定时间内对上述有异议的单词译文进行核实，并告知逾期不答复或者答复时未对上述单词译文提出异议则视为专利权人表示认可。专利权人于2007年5月25日提交的意见陈述书中未给出其认为正确的中文译文，因此附件1~6的公开内容以请求人提交的中文译文为准。由于附件1~6为公开出版物，且其公开日期在本专利的申请日前，因此附件1~6可以作为本专利的现有技术使用。

2. 关于权利要求1~3、5、6、8的新颖性

新颖性，是指在申请日以前没有同样的发明或者实用新型在国内外出版物上公开发表过、在国内公开使用过或者以其他方式为公众所知，也没有同样的发明或者实用新型由他人向国务院专利行政部门提出过申请并记载在申请日以后公布的专利申请文件中。

如果专利申请与对比文件公开的内容相比，其权利要求所限定的技术方案与对比文件公开的技术方案实质上相同，所属技术领域的技术人员根据两者的技术方案可以确定两者能够适用于相同的技术领域，解决相同的技术问题，并具有相同的预期效果，则认为两者为同样的发明或者实用新型。

本案中，双方均认为：附件3中的桁架A，上弦构件1、下弦构件2、支撑构件3分别相当于本专利的桁架、上弦杆、下弦杆、斜腹杆。附件6中的桁架、附图标记2、3、4所示构件分别相当于本专利的桁架、上弦杆、下弦杆、斜腹杆。

请求人认为：附件3中的钢板模板B相当于本专利的模板（译文第1页第13行和14行），图5中公开了固定筋，附件3中公开了吊杆4，附件3中有两根下弦构件2。附件6中的附图标记1所示构件相当于本专利的模板，附件6的技术领域部分记载了其可以用来作为模板。

专利权人认为：附件3的附图5中仅能看到有一根钢筋。并认为上述附件中均未公开模板这一技术特征。

合议组经审查后认为：附件3公开了一种桁架和由其加强的预制混凝土板，其包括空间桁架、悬挂在空间桁架上的吊钩、及悬挂在吊钩上的钢板模板，其中的空间桁架包括由上弦构件、下弦构件和支撑构件构成的平面桁架、钢板模板和吊钩（见附件3译文第1页第13和14行及权利要求1）。由此可知，本专利权利要求1所要求保护的技术方案与附件3公开的技术内容实质上相同，两者的技术领域相同，解决的技术问题相同，并具有相同的预期效果，因而本专利权利要求1不具备专利法第22条第2款规定的新颖性。

附件3中公开了桁架之间具有与其垂直的钢筋；吊钩4安装到钢板模板B上，吊钩4的吊钩部分4a接收桁架的下弦构件2和支撑构件3；桁架具有两根平行的下弦构件2（见附件3译文第5页第10~19行及图5）。虽然在附件3中没有明确说明与桁架垂直的钢筋为固定筋，但通过图5公开的技术内容中该钢筋同下弦构件2垂直连接，本领域的技术人员可以毫无疑义地确定该钢筋是用于提高桁架结构强度的钢筋，显然该钢筋即为固定筋。由此可知，本专利权利要求2、3、5、6所要求保护的技术方案与附件3公开的技术内容实质上相同，两者的技术领域相同，解决的技术问题相同，并具有相同的预期效果，因而本专利权利要求2、3、5、6不具备专利法第22条第2款规定的新颖性。

附件6中公开了一种板，该板可以用来作为模板；桁架通过把部分4c固定到表面1a上而刚性地固定到底部构件1上，其中的桁架包括上部钢筋2、下部钢筋3、钢筋4，钢筋4的部分4c触及表面1a，所有构件都可以借助于焊接来结合在一起（见附件6译文第1页第1~6行、第8页第9~13行及图6）。由此可知，本专利权利要求8所要求保护的技术方案与附件6公开的技术内容实质上相同，两者的技术领域相同，解决的技术问题相同，并具有相同的预期效果，因而本专利权利要求8不具备专利法第22条第2款规定的新颖性。

3. 关于权利要求4、7、9的创造性

创造性，是指同申请日以前已有的技术相比，该发明有突出的实质性特点和显著的进步，该实用新型具有实质性特点和进步。

判断发明是否具有突出的实质性特点就是要判断对本领域的技术人员来说，要求保护的发明相对于现有技术是否显而易见。

双方均认为：附件2中的桁架，附图标记1、2、3所示构件分别相当于本专利的桁架、上弦杆、下弦杆、斜腹杆。

请求人认为：附件2附图3，4公开了上固定筋4（附件2图3，4）和下固定筋6，即权利要求4的附加技术特征。附件6（译文第9页第20~22行）公开了模板与蛇形固定筋相焊接。

专利权人认为：附件2中的上固定筋4和下固定筋6是受力的。

合议组经审查后认为，权利要求4与附件3的区别为：固定筋有上固定筋和下固定筋。附件2公开了一种板钢筋板，其中公开了将与弦杆正交的上分布钢筋4焊接到上弦杆1上，将下分布钢筋6焊接到下弦杆2上（见附件2译文第3页第11和12行及图3和4）。即附件2给出了可设置分别与上下弦杆连接的上下分布钢筋的技术启示，又由于附件2与附件3属于同一技术领域，本领域的技术人员很容易将附件2与附件3相结合从而得到权利要求4请求保护的技术方案，因此权利要求4相对于附件3和2不具备专利法第22条第3款规定的创造性。附件2中的上、下分布钢筋的设置形式与本专利的上、下固定筋设置形式相同，并且本专利也没有限定上、下固定筋是否受力，因此专利权人的理由不能成立。

权利要求7与附件3之间的区别为：固定筋为蛇形固定筋，模板与蛇形固定筋相焊连。附件6公开了一种板，其中钢筋9的部分9a下侧刚性地固定到表面1a上，所有构件可以借助于焊接接合在一起（见附件6译文第9页第19~22行及图10）。钢筋9相当于权利要求7中的蛇形固定筋。由于附件6与附件3属于同一技术领域，本领域的技术人员很容易将附件6与附件3结合从而得到权利要求7请求保护的技术方案，因此权利要求7相对于附件3和6不具备专利法第22条第3款规定的创造性。由上述可知，权利要求9的附加技术特征已在附件3中公开，因此在权利要求9所引用的权利要求7相对于附件3和6不具备创造性的前提下，权利要求9相对于附件3和6也不具备专利法第22条第3款规定的创造性。

由于请求人的上述理由及证据已经影响本专利全部权利要求的新颖性和/或创造性，因此对于请求人其他的理由不再进行评述。

根据上述的事实和理由，本案合议组依法作出以下决定。

三、决定

宣告03240945.1号实用新型专利权全部无效。

当事人对本决定不服的，可以根据专利法第46条第2款的规定，自收到本决定之日起3个月内向北京市第一中级人民法院起诉。根据该款的规定，一方当事人起诉后，另一方当事人应当作为第三人参加诉讼。

北京市第一中级人民法院
行政判决书

（2007）一中行初字第1270号

原告浙江杭萧钢构股份有限公司，住所地中华人民共和国浙江省杭州市萧山经济技术开发区。

委托代理人王梨华，浙江永鼎律师事务所律师。

委托代理人王晓峰，男，杭州丰禾专利事务所有限公司专利代理人。

被告中华人民共和国国家知识产权局专利复审委员会，住所地中华人民共和国北京市海淀区北四环西路9号银谷大厦。

法定代表人廖涛，副主任。

委托代理人王森，男，中华人民共和国国家知识产权局专利复审委员会审查员。

委托代理人隋璐，女，中华人民共和国国家知识产权局专利复审委员会审查员。

第三人EVG有限公司，住所地奥地利共和国拉巴行政区。

法定代表人克劳斯·里特尔，董事长。

委托代理人朱德强，男，中国国际贸易促进委员会专利商标事务所专利代理人。

委托代理人赵培训，男，中国国际贸易促进委员会专利商标事务所专利代理人。

原告浙江杭萧钢构股份有限公司不服被告中华人民共和国国家知识产权局专利复审委员会于2007年5月31日作出的第9905号无效宣告请求审查决定（以下简称第9905号决定），于2007年9月24日向本院提起行政诉讼。本院受理后，依法组成合议庭，向被告送达了起诉状副本和应诉通知书，并依法通知EVG有限公司作为本案第三人参加诉讼，于2008年6月16日公开开庭审理了本案。浙江杭萧钢构股份有限公司的委托代理人王梨华，被告的委托代理人王森、隋璐，第三人EVG有限公司的委托代理人朱德强、赵培训到庭参加了诉讼。本案现已审理终结。

2007年5月31日，被告作出第9905号决定，根据《中华人民共和国专利法》（以下简称《专利法》）第二十二条第二款、第三款的规定，宣告03240945.1号实用新型专利权（以下简称本专利）全部无效。

被告在法定期限内向本院提交了下列证据：（1）美国专利文献US5448866A全文及其中文译文（即附件3）；（2）美国专利文献US5235791A全文及其中文译文（即附件6）；（3）日本专利公开文本平3-187453A全文及其中文译文（即附件2）；（4）本专利《实用新型专利说明书》；（5）口头审理记录表附表。

原告诉称：（1）本专利权利要求1、2、3、5、6相对于附件3具备新颖性。权利要求1相对附件3，两者的主题不同，权利要求1主题为“自承式模板构件”，附件3为“桁架和由其加强的预制混凝土板”，权利要求1中的特征之一“桁架其下面联接有模板（7）”与附件3的特征不相同，权利要求1为模板，该模板在浇注混凝土后是可以重复使用的，因此桁架和模板之间不是固定联接的，是一种配合搭配关系，而附件3的板是作为桁架的一部分，是焊接的，是固定的，因此不可以重复使用，两者的结构不相同。因此，权利要求1具备新颖性。权利要求1具备新颖性，那么所有从属权利要求2、3、5和6具备新颖性。权利要求2相对于附件3具备新颖性，因附件3没有公开“桁架与桁架之间联接有固定筋”这个技术特征。权利要求3相对于附件3具备新颖性，因附件3没有公开“模板经吊环与桁架相联接”这个技术特征。权利要求5相对于附件3具备新颖性，因附件3没有公开“下弦杆”这个技术特征。权利要求6相对于附件3具备新颖性，因附件3没有公开“模板经吊环与桁架相联接”这个技术特征。（2）本专利权利要求8相对附件6具备新颖性。权利要求8相对于附件6，两者的主题不同，本专利为“自承式模板构件”，而附件6为“承板”，权利要求8中的特征之一“桁架其下面联接有模板（7）”与附件6的特征不相同，权利要求8的为模板，该模板在浇注混凝土后是可以重复使用的，因此桁架和模板之间不是固定联接的，而附件8的板是作为桁架的一部分，是焊接的，是固定的，因此不可以重复使用，两者的结构不相同。因此，权利要求8具备新颖性。（3）被告认为，本专利权利要求4相对附件2和附件3不具备创造性，原告认为，权利要求4的上固定筋和下固定筋这个技术特征没有被公开，且两者的技术效果不相同，因此权利要求4具备创造性。（4）被告认为，本专利权利要求7和9相对于附件3和附件6不具备创造性，原告认为，权利要求7的上“蛇形固定筋”“和“模板与蛇形固定筋相焊接”的技术特征没有公开，且两者的技术效果不相同，因此权利要求7具备创造性，权利要求9的上“下弦杆”技术特征没有公开，且两者的技术效果不相同，因此权利要求9具备创造性。综上，请求法院撤销第9905号决定。

原告未向本院提交证据。

被告辩称：（1）本专利权利要求1与附件3仅主题名称略有差异，附件3中公开的即是钢板模板，该模板显然具有原告所称的模板功能。权利要求1所要求保护的技术方案与附件3公开的技术内容实质上相同，两者的技术领域相同，解决的技术问题相同，并具有相同的预期效果。而且本专利权利要求1中也没有限定原告所述的“桁架和模板不是固定联接的，是一种配合搭接的关系”。附件3中公开了桁架之间具有与其垂直的钢筋；吊钩4安装到钢板模板B上，吊钩4的吊钩部分4a接受桁架的下弦构件2和支撑构件3；桁架具有两根平行的下弦构件2。虽然在附件3中没有明确说明与桁架垂直的钢筋为固定筋，但通过图5公开的技术内容中该钢筋同下弦构件2垂直连接，本领域技术人员可以毫无疑义地确定该钢筋是用于提高桁架结构强度的钢筋，显然该钢筋即为固定筋。由此可知，本专利权利要求2、3、5、6所要求保护的技术方案与附件3公开的技术内容实质上相同，两者的技术领域相同，解决的技术问题相同，并具有相同的预期效果，因而本专利权利要求2、3、5、6不具备《专利法》第二十二条第二款规定的新颖性。（2）本专利权利要求8与附件6也仅主题名称略有差异，附件6明确说明了其公开的板可以用来作为模板，本专利权利要求8所要求保护的技术方案与附件6公开的技术内容实质上相同，两者的技术领域相同，解决的技术问题相同，并具有相同的预期效果，因而本专利权利要求8不具备《专利法》第二十二条第二款规定的新颖性。并且本专利权利要求8明确限定了“所述的桁架其下面联接有模板（7）是指模板（7）与所述的斜腹杆（2）相焊接”。(3) 附件2公开了一种板钢筋板，其中公开了将与弦杆正交的上分布钢筋4焊接到上弦杆1上，将下分布钢筋6焊接到下弦杆2上。附件2给出了可设置分别与上下弦杆连接的上下分布钢筋的技术启示，又由于附件2与附件3属于同一技术领域，因而对于本领域的技术人员来说，将附件2与附件3相结合从而得到权利要求4请求保护的技术方案是显而易见的，因此权利要求4相对于附件3和2不具备《专利法》第二十二条第三款规定的创造性。(4) 权利要求7与附件3之间的区别为：固定筋为蛇形固定筋，模板与蛇形固定筋相焊联。附件6公开了一种板，其中钢筋9的部分9a下侧刚性地固定到表面1a上，所有构件可以借助于焊接接合在一起。钢筋9相当于权利要求7中的蛇形固定筋。由于附件6与附件3属于同一技术领域，本领域的技术人员很容易将附件6与附件3结合从而得到权利要求7请求保护的技术方案，因此权利要求7相对于附件3和6不具备《专利法》第二十二条第三款规定的创造性。权利要求9的附加技术特征已在附件3中公开，因此在权利要求9所引用的权利要求7相对于附件3和6不具备创造性的前提下，权利要求9相对于附件3和6也不具备《专利法》第二十二条第三款规定的创造性。综上，第9905号决定认定事实清楚，适用法律正确，审查程序合法，审查结论正确，原告的诉讼理由不能成立，请法院依法驳回原告的诉讼请求，维持第9905号决定。

第三人未向本院提交书面意见及证据，其在庭审中请求法院驳回原告诉讼请求，维持第9905号决定。

经庭审质证，原告和第三人对被告提交的证据无异议，本院经审查认为被告的证据真实、合法、与本案有关联，予以采纳。

根据上述有效证据及当事人陈述，本院确认如下事实：

第三人于2006年12月6日针对本专利向被告提出了无效宣告请求。本专利名称为“自承式模板构件”实用新型，专利权人为原告，专利号为03240945.1，申请日为2003年3月17日，授权公告日为2004年2月18日，授权公告的权利要求书为：

“1. 自承式模板构件，其特征是设有平行相间布设的桁架，此桁架设有上弦杆（1）和下弦杆（4），上、下弦杆之间焊接有斜腹杆（2），所述的桁架其下面联接有模板（7）。

2. 如权利要求1所述的自承式模板构件，其特征是在所述的桁架与桁架之间联接有固定筋（3）。

3. 如权利要求2所述的自承式模板构件，其特征是所述的桁架其下面联接有模板（7）是指模板（7）经吊杆（6）与桁架相联接。

4. 如权利要求3所述的自承式模板构件，其特征是所述的固定筋有上固定筋（31）和下固定筋（32）。

5. 如权利要求1所述的自承式模板构件，其特征是所述的下弦杆（4）有平行相间的下弦杆Ⅰ（41）和下弦杆Ⅱ（42）。

6. 如权利要求5所述的自承式模板构件，其特征是所述的桁架其下面联接有模板（7）是指模板（7）经吊杆（6）与桁架相联接。

7. 如权利要求2所述的自承式模板构件，其特征是所述的固定筋（3）为蛇形固定筋，所述的桁架其下面联接有模板（7）是指模板（7）与蛇形固定筋相焊联。

8. 如权利要求1所述的自承式模板构件，其特征是所述的桁架其下面联接有模板（7）是指模板

(7) 与所述的斜腹杆 (2) 相焊接。

9. 如权利要求7所述的自承式模板构件，其特征是所述的下弦杆 (4) 有平行相间的下弦杆Ⅰ (41) 和下弦杆Ⅱ (42)。”

第三人认为本专利不符合《专利法》第二十二条第一款、第二款、第三款的规定，其提交的证据为：附件1：美国专利文献US6006483A全文及其中文译文，共22页，公开日为1999年12月28日；附件2：日本专利公开文本平3-187453A全文及其中文译文，共11页，公开日为1991年8月15日；附件3：美国专利文献US5448866A全文及其中文译文，共17页，公开日为1995年9月12日；附件4：日本专利公开文本特开平11-131666A全文及其中文译文，共10页，公开日为1999年5月18日；附件5：日本专利公开文本平3-36347A全文及其中文译文，共8页，公开日为1991年2月18日；附件6：美国专利文献US5235791A全文及其中文译文，共26页，公开日为1993年8月17日。

第三人认为：权利要求1、2、5、7、8相对于附件1不符合《专利法》第二十二条第二款和第三款的规定，权利要求3相对于附件1和附件3不符合《专利法》第二十二条第三款的规定，权利要求6相对于附件1和附件3或附件1和附件6不符合《专利法》第二十二条第三款的规定，权利要求9相对于附件1不符合《专利法》第二十二条第三款的规定；权利要求1、2、5、8相对于附件2不符合《专利法》第二十二条第二款和第三款的规定，权利要求3相对于附件2和附件3不符合《专利法》第二十二条第三款的规定，权利要求4、6相对于附件2和附件3或附件2和附件6不符合《专利法》第二十二条第三款的规定，权利要求7、9相对于附件2和附件6不符合《专利法》第二十二条第三款的规定；权利要求1~3、5、6相对于附件3不符合《专利法》第二十二条第二款和第三款的规定，权利要求4相对于附件2和附件3不符合《专利法》第二十二条第三款的规定；权利要求7、9相对于附件3和附件6不符合《专利法》第二十二条第三款的规定；权利要求1、5相对于附件4不符合《专利法》第二十二条第二款和第三款的规定；权利要求2~4相对于附件4和附件5不符合《专利法》第二十二条第三款的规定；权利要求6相对于附件4和附件1、2、3、6之一的结合不符合《专利法》第二十二条第三款的规定；权利要求1、2、7相对于附件5不符合《专利法》第二十二条第二款和第三款的规定；权利要求3、4相对于附件5和附件3、4、6之一的结合不符合《专利法》第二十二条第三款的规定；权利要求1、2、5、7~9相对于附件6不符合《专利法》第二十二条第二款和第三款的规定；权利要求3、6相对于附件3和附件6不符合《专利法》第二十二条第三款的规定。

被告对该无效宣告请求予以受理并履行转文和当事人意见陈述程序，原告和第三人参加了被告于2007年5月16日举行的口头审理。

2007年5月31日，被告作出决定认为：

(1) 原告对第三人提交的证据附件1~6的真实性无异议，经审查可以作为本案证据使用。原告对第三人提交的证据附件的中文译文中的数处单词提出了异议，但未在指定的时间内提出其认为正确的中文译文，因此附件1~6的公开内容以第三人提交的中文译文为准。附件1~6为公开出版物，且其公开日期在本专利的申请日前，可以作为本专利的现有技术使用。

(2) 关于权利要求1~3、5、6、8的新颖性。附件3公开了一种桁架和由其加强的预制混凝土板，其包括空间桁架、悬挂在空间桁架上的吊钩、及悬挂在吊钩上的钢板模板，其中的空间桁架包括由上弦构件、下弦构件和支撑构件构成的平面桁架、钢板模板和吊钩。由此可知，本专利权利要求1所要求保护的技术方案与附件3公开的技术内容实质上相同，两者的技术领域相同，解决的技术问题相同，并具有相同的预期效果，因而本专利权利要求1不具备《专利法》第二十二条第二款规定的新颖性。附件3中公开了桁架之间具有与其垂直的钢筋；吊钩4安装到钢板模板B上，吊钩4的吊钩部分4a接收桁架的下弦构件2和支撑构件3；桁架具有两根平行的下弦构件2。虽然在附件3中没有明确说明与桁架垂直的钢筋为固定筋，但通过图5公开的技术内容中该钢筋同下弦构件2垂直连接，本领域的技术人员可以毫无疑义地确定该钢筋是用于提高桁架结构强度的钢筋，显然该钢筋即为固定筋。由此可知，本专利权利要求2、3、5、6所要求保护的技术方案与附件3公开的技术内容实质上相同，两者的技术领域相同，解决的技术问题相同，并具有相同的预期效果，因而本专利权利要求2、3、5、6不具备《专利法》第二十二条第二款规定的新颖性。附件6公开了一种板，该板可以用来作为模板；桁架通过把部分4c固定到表面1a上而刚性地固定到底部构件1上，其中的桁架包括上部钢筋2、下部钢筋3、钢筋4，钢筋4的部分4c触及表面1a，所有构件都可以借助于焊接来结合在一起。由此可知，本专利权利要求8所要求保护的技术方案与附件6公开的技术内容实质上相同，两者的技术领域相同，解决的技术问题相同，并具有相同的预期效果，因而本专利权利要求8不具备《专利法》第二十二条第二款规定的新颖性。

（3）关于权利要求4、7、9的创造性。权利要求4与附件3的区别为：固定筋有上固定筋和下固定筋。附件2公开了一种板钢筋板，其中公开了将与弦杆正交的上分布钢筋4焊接到上弦杆1上，将下分布钢筋6焊接到下弦杆2上。附件2给出了可设置分别与上下弦杆连接的上下分布钢筋的技术启示，又由于附件2与附件3属于同一技术领域，本领域的技术人员很容易将附件2与附件3相结合从而得到权利要求4请求保护的技术方案，因此权利要求4相对于附件3和2不具备《专利法》第二十二条第三款规定的创造性。附件2中的上、下分布钢筋的设置形式与本专利的上、下固定筋设置形式相同，并且本专利也没有限定上、下固定筋是否受力，因此专利权人认为附件2的上固定筋4和下固定筋6是受力的理由不能成立。权利要求7与附件3之间的区别为：固定筋为蛇形固定筋，模板与蛇形固定筋相焊联。附件6公开了一种板，其中钢筋9的部分9a下侧刚性地固定到表面1a上，所有构件可以借助于焊接接合在一起。钢筋9相当于权利要求7中的蛇形固定筋。由于附件6与附件3属于同一技术领域，本领域的技术人员很容易将附件6与附件3结合从而得到权利要求7请求保护的技术方案，因此权利要求7相对于附件3和6不具备《专利法》第二十二条第三款规定的创造性。权利要求9的附加技术特征已在附件3中公开，因此在权利要求9所引用的权利要求7相对于附件3和6不具备创造性的前提下，权利要求9相对于附件3和6也不具备《专利法》第二十二条第三款规定的创造性。

鉴于根据上述理由及证据已经影响本专利全部权利要求的新颖性和/或创造性，因此对于第三人提出的其他理由被告不再进行评述。

根据上述事实和理由，被告决定宣告本专利全部无效。

在庭审中原告和第三人确认对被诉决定“案由”部分及被告的行政程序无异议。

本院认为，本案对比文件2、3、6为公开出版物，其公开时间在本专利申请日前，可以作为现有技术来评价本专利的新颖性、创造性。

根据《专利法》第二十二条第二款规定，新颖性，是指在申请日以前没有同样的发明或者实用新型在国内外出版物上公开发表过、在国内公开使用过或者以其他方式为公众所知，也没有同样的发明或者实用新型由他人向国务院专利行政部门提出过申请并记载在申请日以后公布的专利申请文件中。根据《审查指南》规定，如果一项专利与对比文件公开的内容相比，其权利要求所限定的技术方案与对比文件公开的技术方案实质上相同，所属技术领域的技术人员根据两者的技术方案可以确定两者能够适用于相同的技术领域，解决相同的技术问题，并具有相同的预期效果，则认为两者为同样的发明或者实用新型。

关于本专利权利要求1的新颖性问题。本专利权利要求1为：“自承式模板构件，其特征是设有平行相间布设的桁架，此桁架设有上弦杆（1）和下弦杆（4），上、下弦杆之间焊接有斜腹杆（2），所述的桁架其下面联接有模板（7）”。附件3公开了一种空间桁架和由其加强的预制混凝土板，其包括空间桁架、悬挂在空间桁架上的吊钩、及悬挂在吊钩上的钢板模板，其中的空间桁架包括由上弦构件、下弦构件和支撑构件构成的平面桁架、钢板模板和吊钩。两者技术方案实质上相同，技术领域相同，解决的技术问题相同，并具有相同的预期效果，因此被告对本专利权利要求1不具备新颖性的认定结论正确，具有事实和法律根据。原告主张两者主题不同，但该主张并不能否定的两者技术方案实质上相同、技术领域相同的事实，对原告该主张本院不予支持。原告主张本专利权利要求1中的模板是可以重复使用的，桁架和模板之间不是固定联接的，而附件3中的板是焊接固定的，不可以重复使用，两者的结构不相同，本院认为，原告所主张的该技术方案并未在本专利权利要求1中予以限定，对该主张本院不予支持。

关于本专利权利要求2、3、5、6的新颖性问题。关于本专利权利要求2“桁架与桁架之间联接有固定筋”这个技术特征，附件3的图5中公开了桁架之间具有与其垂直的钢筋，该钢筋与下弦构件垂直连接，被告认为本领域技术人员可以毫无疑义地确定该钢筋是用于提高桁架结构强度的钢筋，即固定筋，据此本专利权利要求2不具备新颖性，本院认为被告的认定具有事实根据。关于本专利权利要求3、5、6中“模板经吊杆与桁架相联接”、“下弦杆有平行相间的下弦杆Ⅰ和下弦杆Ⅱ”的技术特征，附件3公开了吊钩4安装到钢板模板B上、吊钩4的吊钩部分4a接受桁架的下弦构件2和支撑构件3、桁架具有两根平行的下弦构件2，两者相比较，技术方案实质相同、技术领域相同、解决的技术问题相同、并具有相同的预期效果，因此本专利权利要求3、5、6不具备新颖性，本院认同被告该认定。

关于本专利权利要求8的新颖性问题。附件6公开了一模板，桁架通过把部分4c固定到表面1a上而刚性地固定到底部构件1上（相当于本专利中的模板），其中的桁架包括上部钢筋2、下部钢筋3、钢筋4（相当于本专利中的斜腹杆），钢筋4的部分4c触及表面1a，所有构件都可以借助于焊接来结合在一起，与本专利权利要求8“所述的桁架其下面联接有模板（7）是指模板（7）与所述的斜腹杆（2）相焊接”相比较，两者技术方案实质相同、技术领域相同、解决的技术问题相同、并具有相同的预期效果，因此被告认定本专利权利要求8不具备新颖性正确。

关于本专利的创造性问题。根据《专利法》第二十二条第三款规定，创造性，是指同申请日以前已有的技术相比，该发明有突出的实质性特点和显著的进步，该实用新型有实质性特点和进步。

本专利权利要求4与附件3的区别为：固定筋有上固定筋和下固定筋；但是根据同一技术领域的附件2给出的在上下弦杆设置与其连接的上下分布钢筋的技术启示，本领域的技术人员将附件2与附件3相结合从而得到权利要求4请求保护的技术方案是显而易见的，因此权利要求4相对于附件3和2不具备创造性，被告的相关认定具有事实和法律根据，本院予以支持。本专利权利要求7与附件3的区别为：固定筋为蛇形固定筋，模板与蛇形固定筋相焊联；但是根据同一技术领域的附件6公开的钢筋9（相当于蛇形固定筋）的部分9a下侧刚性地固定（可以是焊接）到表面1a（相当于模板表面）上的技术启示，本领域的技术人员将附件6与附件3结合从而得到权利要求7请求保护的技术方案是显而易见的，因此被告认定本专利权利要求7相对于附件3和6不具备创造性具有事实和法律根据，本院予以支持。本专利权利要求9引用权利要求7，其附加技术特征为“所述的下弦杆有平行相间的下弦杆Ⅰ和下弦杆Ⅱ”，由于附件3已公开该技术特征，因此在权利要求7不具备创造性的前提下，权利要求9亦无创造性，被告的相关认定具有事实和法律根据，本院予以支持。

综上，第9905号决定认定事实清楚，适用法律正确，程序合法，本院应予维持，原告的诉讼请求缺乏事实和法律依据，本院不予支持。依照《中华人民共和国行政诉讼法》第五十四条第（一）项的规定，判决如下：

维持被告中华人民共和国国家知识产权局专利复审委员会作出的第 9905 号无效宣告请求审查决定。

案件受理费人民币 100 元，由原告浙江杭萧钢构股份有限公司负担（已交纳）。

如不服本判决，原告浙江杭萧钢构股份有限公司、被告中华人民共和国国家知识产权局专利复审委员会可在判决书送达之日起 15 日内，第三人 EVG 有限公司可在判决书送达之日起 30 日内，向本院提交上诉状，并按对方当事人的人数提交副本，预交上诉案件受理费人民币 100 元，上诉于中华人民共和国北京市高级人民法院。

审　判　长　吴　月
代理审判员　胡华峰
代理审判员　张靛卿
二〇〇八年六月十八日
书　记　员　郎莉萍

北京市高级人民法院
行政判决书

（2008）高行终字第 679 号

上诉人（一审原告）浙江杭萧钢构股份有限公司，住所地中华人民共和国浙江省杭州市萧山经济技术开发区。

法定代表人单银木，董事长。

委托代理人王梨华，浙江永鼎律师事务所律师。

委托代理人陈丽霞，浙江永鼎律师事务所律师。

被上诉人（一审被告）中华人民共和国国家知识产权局专利复审委员会，住所地中华人民共和国北京市海淀区北四环西路 9 号银谷大厦。

法定代表人廖涛，副主任。

委托代理人王森，男，中华人民共和国国家知识产权局专利复审委员会审查员。

委托代理人隋璐，女，中华人民共和国国家知识产权局专利复审委员会审查员。

被上诉人（一审第三人）EVG 有限公司，住所地奥地利共和国拉巴行政区。

法定代表人克劳斯·里特尔，董事长。

委托代理人朱德强，男，中国国际贸易促进委员会专利商标事务所专利代理人。

委托代理人赵培训，男，中国国际贸易促进委员会专利商标事务所专利代理人。

上诉人浙江杭萧钢构股份有限公司（以下简称杭萧公司）因专利无效宣告请求审查决定一案，不服中华人民共和国北京市第一中级人民法院（2007）一中行初字第 1270 号行政判决，向本院提起上诉，本院依法组成合议庭进行了公开开庭审理。上诉人杭萧公司的委托代理人王梨华，被上诉人中华人民共和国国家知识产权局专利复审委员会（以下简称专利复审委）的委托代理人王森、隋璐，被上诉人 EVG 有限公司的委托代理人朱德强到庭参加了诉讼。本案现已审理终结。

2007 年 5 月 31 日，专利复审委作出第 9905 号无效宣告请求审查决定（以下简称第 9905 号决定），根据《中华人民共和国专利法》（以下简称《专利法》）第二十二条第二款、第三款的规定，宣告03240945.1号实用新型专利权（以下简称本专利）全部无效。杭萧公司不服专利复审委作出的上述决定，向中华人民共和国北京市第一中级人民法院（以下简称一审法院）提起行政诉讼。

一审法院判决认定，本案对比文件2、3、6为公开出版物，其公开时间在本专利申请日前，可以作为现有技术评价本专利的新颖性、创造性。

本专利权利要求1与附件3，两者技术方案实质上相同，技术领域相同，解决的技术问题相同，并具有相同的预期效果，因此专利复审委对本专利权利要求1不具备新颖性的认定正确。

关于本专利权利要求2的技术特征，专利复审委认定不具备新颖性的事实清楚。关于本专利权利要求3、5、6与附件3相比较，技术方案实质相同、技术领域相同、解决的技术问题相同、并具有相同的预期效果，因此专利复审委认定本专利权利要求3、5、6不具备新颖性正确。

本专利权利要求8与附件6相比较，两者技术方案实质相同、技术领域相同、解决的技术问题相同、并具有相同的预期效果，因此专利复审委认定本专利权利要求8不具备新颖性正确。

本专利权利要求4的技术方案，本领域的技术人员将附件2与附件3相结合从而得到权利要求4请求保护的技术方案是显而易见的，因此权利要求4相对于附件3和2不具备创造性。本专利权利要求7的技术方案，本领域的技术人员将附件6与附件3结合从而得到权利要求7请求保护的技术方案是显而易见的，因此专利复审委认定本专利权利要求7相对于附件3和6不具备创造性具有事实和法律根据。本专利权利要求9引用权利要求7，其附加技术特征为“所述的下弦杆有平行相间的下弦杆Ⅰ和下弦杆Ⅱ”，由于附件3已公开该技术特征，因此在权利要求7不具备创造性的前提下，权利要求9亦无创造性。

综上，专利复审委所作的第9905号决定认定事实清楚，适用法律正确，程序合法。依照《中华人民共和国行政诉讼法》第五十四条第（一）项的规定，判决予以维持。

杭萧公司不服一审判决，于2008年9月13日提出上诉。诉称，（1）本专利权利要求1、2、3、5、6相对于附件3具备新颖性。权利要求1相对附件3，两者的主题不同，权利要求1主题为“自承式模板构件”，附件3为“桁架和由其加强的预制混凝土板”，权利要求1中的特征之一“桁架其下面联接有模板（7）”与附件3的特征不相同，权利要求1为模板，该模板在浇注混凝土后是可以重复使用的，因此桁架和模板之间不是固定联接的，是一种配合搭配关系，而附件3的板是作为桁架的一部分，是焊接的，是固定的，因此不可以重复使用，两者的结构不相同。因此，权利要求1具备新颖性。权利要求1具备新颖性，那么所有从属权利要求2、3、5和6具备新颖性。权利要求2相对于附件3具备新颖性，因附件3没有公开“桁架与桁架之间联接有固定筋”这个技术特征。权利要求3相对于附件3具备新颖性，因附件3没有公开“模板经吊环与桁架相联接”这个技术特征。权利要求5相对于附件3具备新颖性，因附件3没有公开“下弦杆”这个技术特征。权利要求6相对于附件3具备新颖性，因附件3没有公开“模板经吊环与桁架相联接”这个技术特征。（2）本专利权利要求8相对附件6具备新颖性。权利要求8相对于附件6，两者的主题不同，本专利为“自承式模板构件”，而附件6为“承板”，权利要求8中的特征之一“桁架其下面联接有模板（7）”与附件6的特征不相同，权利要求8的为模板，该模板在浇注混凝土后是可以重复使用的，因此桁架和模板之间不是固定联接的，而附件8的板是作为桁架的一部分，是焊接的，是固定的，因此不可以重复使用，两者的结构不相同。因此，权利要求8具备新颖性。（3）专利复审委认为，本专利权利要求4相对附件2和附件3不具备创造性，杭萧公司认为，权利要求4的上固定筋和下固定筋这个技术特征没有被公开，且两者的技术效果不相同，因此权利要求4具备创造性。（4）专利复审委认为，本专利权利要求7和9相对于附件3和附件6不具备创造性，杭萧公司认为，权利要求7的上“蛇形固定筋”“和“模板与蛇形固定筋相焊接”的技术特征没有公开，且两者的技术效果不相同，因此权利要求7具备创造性，权利要求9的上“下弦杆”技术特征没有公开，且两者的技术效果不相同，因此权利要求9具备创造性。综上，一审法院判决认定事实错误，请求二审法院撤销一审判决。

被上诉人专利复审委仍持第9905号决定意见，并认为一审法院判决认定事实清楚，适用法律正确，审判程序合法，请求二审法院驳回上诉，维持一审判决。

被上诉人EVG有限公司同意专利复审委的意见。本案一审审理期间，专利复审委在法定期限内向一审法院提交了以下主要证据：（1）美国专利文献US5448866A全文及其中文译文（即附件3）；（2）美国专利文献US5235791A全文及其中文译文（即附件6）；（3）日本专利公开文本平3-187453A全文及其中文译文（即附件2）；（4）本专利《实用新型专利说明书》；（5）口头审理记录表附表。

杭萧公司、EVG有限公司未向一审法院提交证据。

一审法院经审查认为，专利复审委的证据真实、合法、与本案具有关联，予以采纳。

上述证据均已随案移送本院。二审期间，各方当事人没有提交新的证据。经庭审质证及审查核实，本院确认一审法院认证意见正确，并据此认定本案如下事实：

2003年3月17日，杭萧公司向中华人民共和国国家知识产权局提出了名称为“自承式模板构件”的实用新型专利（即本专利）申请，2004年2月18日，本专利被授权公告，专利号为03240945.1，专利权人为杭萧公司。本专利授权公告的权利要求为：

“1. 自承式模板构件，其特征是设有平行相间布设的桁架，此桁架设有上弦杆（1）和下弦杆（4），上、下弦杆之间焊接有斜腹杆（2），所述的桁架其下面联接有模板（7）。

2. 如权利要求1所述的自承式模板构件，其特征是在所述的桁架与桁架之间联接有固定筋（3）。

3. 如权利要求2所述的自承式模板构件，其特征是所述的桁架其下面联接有模板（7）是指模板（7）经吊杆（6）与桁架相联接。

4. 如权利要求3所述的自承式模板构件，其特征是所述的固定筋有上固定筋（31）和下固定筋（32）。

5. 如权利要求1所述的自承式模板构件，其特征是所述的下弦杆（4）有平行相间的下弦杆Ⅰ（41）和下弦杆Ⅱ（42）。

6. 如权利要求5所述的自承式模板构件，其特征是所述的桁架其下面联接有模板（7）是指模板（7）经吊杆（6）与桁架相联接。

7. 如权利要求2所述的自承式模板构件，其特征是所述的固定筋（3）为蛇形固定筋，所述的桁架其下面联接有模板（7）是指模板（7）与蛇形固定筋相焊联。

8. 如权利要求1所述的自承式模板构件，其特征是所述的桁架其下面联接有模板（7）是指模板（7）与所述的斜腹杆（2）相焊接。

9. 如权利要求7所述的自承式模板构件，其特征是所述的下弦杆（4）有平行相间的下弦杆Ⅰ（41）和下弦杆Ⅱ（42）。”

2006年12月6日，EVG有限公司针对本专利向专利复审委提出了无效宣告请求，认为本专利不符合《专利法》第二十二条第一款、第二款、第三款的规定，其提交的证据为：附件1，美国专利文献US6006483A全文及其中文译文，共22页，公开日为1999年12月28日；附件2，日本专利公开文本平3-187453A全文及其中文译文，共11页，公开日为1991年8月15日；附件3，美国专利文献US5448866A全文及其中文译文，共17页，公开日为1995年9月12日；附件4，日本专利公开文本特开平11-131666A全文及其中文译文，共10页，公开日为1999年5月18日；附件5，日本专利公开文本平3-36347A全文及其中文译文，共8页，公开日为1991年2月18日；附件6，美国专利文献 US5235791A 全文及其中文译文，共 26 页，公开日为 1993 年 8 月 17 日。

EVG 有限公司认为：本专利权利要求 1、2、5、7、8 相对于附件 1 不符合《专利法》第二十二条第二款和第三款的规定，权利要求 3 相对于附件 1 和附件 3 不符合《专利法》第二十二条第三款的规定，权利要求 6 相对于附件 1 和附件 3 或附件 1 和附件 6 不符合《专利法》第二十二条第三款的规定，权利要求 9 相对于附件 1 不符合《专利法》第二十二条第三款的规定；权利要求 1、2、5、8 相对于附件 2 不符合《专利法》第二十二条第二款和第三款的规定，权利要求 3 相对于附件 2 和附件 3 不符合《专利法》第二十二条第三款的规定，权利要求 4、6 相对于附件 2 和附件 3 或附件 2 和附件 6 不符合《专利法》第二十二条第三款的规定，权利要求 7、9 相对于附件 2 和附件 6 不符合《专利法》第二十二条第三款的规定；权利要求 1~3、5、6 相对于附件 3 不符合《专利法》第二十二条第二款和第三款的规定，权利要求 4 相对于附件 2 和附件 3 不符合《专利法》第二十二条第三款的规定；权利要求 7、9 相对于附件 3 和附件 6 不符合《专利法》第二十二条第三款的规定；权利要求 1、5 相对于附件 4 不符合《专利法》第二十二条第二款和第三款的规定；权利要求 2~4 相对于附件 4 和附件 5 不符合《专利法》第二十二条第三款的规定；权利要求 6 相对于附件 4 和附件 1、2、3、6 之一的结合不符合《专利法》第二十二条第三款的规定；权利要求 1、2、7 相对于附件 5 不符合《专利法》第二十二条第二款和第三款的规定；权利要求 3、4 相对于附件 5 和附件 3、4、6 之一的结合不符合《专利法》第二十二条第三款的规定；权利要求 1、2、5、7~9 相对于附件 6 不符合《专利法》第二十二条第二款和第三款的规定；权利要求 3、6 相对于附件 3 和附件 6 不符合《专利法》第二十二条第三款的规定。

专利复审委对该无效宣告请求予以受理并履行转文和当事人意见陈述程序，杭萧公司及 EVG 有限公司参加了专利复审委于 2007 年 5 月 16 日举行的口头审理。

2007 年 5 月 31 日，专利复审委作出第 9905 号决定，宣告本专利权全部无效。主要理由是：

（1）杭萧公司对 EVG 有限公司提交的证据附件 1~6 的真实性无异议，经审查可以作为本案证据使用。杭萧公司对 EVG 有限公司提交的证据附件的中文译文中的数处单词提出了异议，但未在指定的时间内提出其认为正确的中文译文，因此附件 1~6 的公开内容以 EVG 有限公司提交的中文译文为准。附件 1~6 为公开出版物，且其公开日期在本专利申请日之前，可以作为本专利的现有技术使用。

（2）关于权利要求 1~3、5、6、8 的新颖性。附件 3 公开了一种桁架和由其加强的预制混凝土板，其包括空间桁架、悬挂在空间桁架上的吊钩、及悬挂在吊钩上的钢板模板，其中的空间桁架包括由上弦构件、下弦构件和支撑构件构成的平面桁架、钢板模板和吊钩。由此可知，本专利权利要求 1 所要求保护的技术方案与附件 3 公开的技术内容实质上相同，两者的技术领域相同，解决的技术问题相同，并具有相同的预期效果，因而本专利权利要求 1 不具备《专利法》第二十二条第二款规定的新颖性。附件 3 中公开了桁架之间具有与其垂直的钢筋；吊钩 4 安装到钢板模板 B 上，吊钩 4 的吊钩部分 4a 接收桁架的下弦构件 2 和支撑构件 3；桁架具有两根平行的下弦构件 2。虽然在附件 3 中没有明确说明与桁架垂直的钢筋为固定筋，但通过图 5 公开的技术内容中该钢筋同下弦构件 2 垂直连接，本领域的技术人员可以毫无疑义地确定该钢筋是用于提高桁架结构强度的钢筋，显然该钢筋即为固定筋。由此可知，本专利权利要求 2、3、5、6 所要求保护的技术方案与附件 3 公开的技术内容实质上相同，两者的技术领域相同，解决的技术问题相同，并具有相同的预期效果，因而本专利权利要求 2、3、5、6 不具备《专利法》第二十二条第二款规定的新颖性。附件 6 公开了一种板，该板可以用来作为模板；桁架通过把部分 4c 固定到表面 1a 上而刚性地固定到底部构件 1 上，其中的桁架包括上部钢筋 2、下部钢筋 3、钢筋 4，钢筋 4 的部分 4c 触及表面 1a，所有构件都可以借助于焊接来结合在一起。由此可知，本专利权利要求 8 所要求保护的技术方案与附件 6 公开的技术内容实质上相同，两者的技术领域相同，解决的技术问题相同，并具有相同的预期效果，因而本专利权利要求 8 不具备《专利法》第二十二条第二款规定的新颖性。

（3）关于权利要求 4、7、9 的创造性。权利要求 4 与附件 3 的区别为：固定筋有上固定筋和下固定筋。附件 2 公开了一种板钢筋板，其中公开了将与弦杆正交的上分布钢筋 4 焊接到上弦杆 1 上，将下分布钢筋 6 焊接到下弦杆 2 上。附件 2 给出了可设置分别与上下弦杆连接的上下分布钢筋的技术启示，又由于附件 2 与附件 3 属于同一技术领域，本领域的技术人员很容易将附件 2 与附件 3 相结合从而得到权利要求 4 请求保护的技术方案，因此权利要求 4 相对于附件 3 和 2 不具备《专利法》第二十二条第三款规定的创造性。附件 2 中的上、下分布钢筋的设置形式与本专利的上、下固定筋设置形式相同，并且本专利也没有限定上、下固定筋是否受力，因此专利权人认为附件 2 的上固定筋 4 和下固定筋 6 是受力的理由不能成立。权利要求 7 与附件 3 之间的区别为：固定筋为蛇形固定筋，模板与蛇形固定筋相焊联。附件 6 公开了一种板，其中钢筋 9 的部分 9a 下侧刚性地固定到表面 1a 上，所有构件可以借助于焊接接合在一起。钢筋 9 相当于权利要求 7 中的蛇形固定筋。由于附件 6 与附件 3 属于同一技术领域，本领域的技术人员很容易将附件 6 与附件 3 结合从而得到权利要求 7 请求保护的技术方案，因此权利要求 7 相对于附件 3 和 6 不具备《专利法》第二十二条第三款规定的创造性。权利要求 9 的附加技术特征已在附件 3 中公开，因此在权利要求 9 所引用的权利要求 7 相对于附件 3 和 6 不具备创造性的前提下，权利要求 9 相对于附件 3 和 6 也不具备《专利法》第二十二条第三款规定的创造性。

鉴于上述理由及证据已经影响本专利全部权利要求的新颖性和创造性，因此对于 EVG 有限公司提出的其他理由专利复审委不再进行评述。

杭萧公司不服专利复审委作出的第 9905 号决定，向一审法院提起行政诉讼。

本院认为，本案对比文件 2、3、6 为公开出版物，其公开时间在本专利申请日之前，可以作为现有技术评价本专利的新颖性、创造性。

关于本专利权利要求 1、2、3、5、6、8 的新颖性问题。

对于专利权利要求新颖性的问题，《专利法》第二十二条第二款规定，新颖性，是指在申请日以前没有同样的发明或者实用新型在国内外出版物上公开发表过、在国内公开使用过或者以其他方式为公众所知，也没有同样的发明或者实用新型由他人向国务院专利行政部门提出过申请并记载在申请日以后公布的专利申请文件中。《审查指南》同时规定，如果一项专利与对比文件公开的内容相比，其权利要求所限定的技术方案与对比文件公开的技术方案实质上相同，所属技术领域的技术人员根据两者的技术方案可以确定两者能够适用于相同的技术领域，解决相同的技术问题，并具有相同的预期效果，则认为两者为同样的发明或者实用新型。

本专利权利要求 1 为："自承式模板构件，其特征是设有平行相间布设的桁架，此桁架设有上弦杆（1）和下弦杆（4），上、下弦杆之间焊接有斜腹杆（2），所述的桁架其下面联接有模板（7）"。附件 3 公开了一种空间桁架和由其加强的预制混凝土板，其包括空间桁架、悬挂在空间桁架上的吊钩、及悬挂在吊钩上的钢板模板，其中的空间桁架包括由上弦构件、下弦构件和支撑构件构成的平面桁架、钢板模板和吊钩。两者技术方案实质上相同，技术领域相同，解决的技术问题相同，并具有相同的预期效果，因此，专利复审委对本专利权利要求 1 不具备新颖性的认定具有事实和法律根据，结论正确。杭萧公司主张两者主题不同，但该主张并不能否定两者技术方案实质上相同、技术领域相同的事实。杭萧公司主张本专利权利要求 1 中的模板是可以重复使用的，桁架和模板之间不是固定联接的，而附件 3 中的板是焊接固定的，不可以重复使用，两者的结构不相同，本院认为，杭萧公司所主张的该技术方案并未在本专利权利要求 1 中予以限定，对该主张本院不予支持。

对于本专利权利要求 2"桁架与桁架之间联接有固定筋"的技术特征，附件 3 的图 5 中公开了桁架之间具有与其垂直的钢筋，该钢筋与下弦构件垂直连接，专利复审委认为本领域技术人员可以毫无疑义地确定该钢筋是用于提高桁架结构强度的钢筋，即固定筋，据此，本专利权利要求2不具备新颖性的认定具有事实根据。对于本专利权利要求3、5、6中“模板经吊杆与桁架相联接”、“下弦杆有平行相间的下弦杆Ⅰ和下弦杆Ⅱ”的技术特征，附件3公开了吊钩4安装到钢板模板B上、吊钩4的吊钩部分4a接受桁架的下弦构件2和支撑构件3、桁架具有两根平行的下弦构件2，两者相比较，技术方案实质相同、技术领域相同、解决的技术问题相同、并具有相同的预期效果。因此，专利复审委认定本专利权利要求3、5、6不具备新颖性正确。

对于本专利权利要求8的新颖性问题。附件6公开了一模板，桁架通过把部分4c固定到表面1a上而刚性地固定到底部构件1上（相当于本专利中的模板），其中的桁架包括上部钢筋2、下部钢筋3、钢筋4（相当于本专利中的斜腹杆），钢筋4的部分4c触及表面1a，所有构件都可以借助于焊接来结合在一起，与本专利权利要求8“所述的桁架其下面联接有模板（7）是指模板（7）与所述的斜腹杆（2）相焊接”相比较，两者技术方案实质相同、技术领域相同、解决的技术问题相同、并具有相同的预期效果。因此，专利复审委认定本专利权利要求8不具备新颖性正确。

关于本专利权利要求4、7、9的创造性问题。

对于专利权利要求的创造性问题，《专利法》第二十二条第三款规定，创造性，是指同申请日以前已有的技术相比，该发明有突出的实质性特点和显著的进步，该实用新型有实质性特点和进步。

本专利权利要求4与附件3的区别为：固定筋有上固定筋和下固定筋；但是根据同一技术领域的附件2给出的在上下弦杆设置与其连接的上下分布钢筋的技术启示，本领域的技术人员将附件2与附件3相结合从而得到权利要求4请求保护的技术方案是显而易见的。因此，专利复审委认定本专利权利要求4相对于附件3和2不具备创造性具有事实和法律根据。本专利权利要求7与附件3的区别为：固定筋为蛇形固定筋，模板与蛇形固定筋相焊联；但是根据同一技术领域的附件6公开的钢筋9（相当于蛇形固定筋）的部分9a下侧刚性地固定（可以是焊接）到表面1a（相当于模板表面）上的技术启示，本领域的技术人员将附件6与附件3结合从而得到权利要求7请求保护的技术方案是显而易见的。因此，专利复审委认定本专利权利要求7相对于附件3和6不具备创造性具有事实和法律根据。本专利权利要求9引用权利要求7，其附加技术特征为“所述的下弦杆有平行相间的下弦杆Ⅰ和下弦杆Ⅱ”，由于附件3已公开该技术特征，因此，专利复审委作出在本专利权利要求7不具备创造性的前提下，权利要求9亦无创造性的认定具有事实和法律根据。

综上，专利复审委作出的第9905号决定宣告03240945.1号实用新型专利权全部无效合法，一审法院判决维持正确。依据《中华人民共和国行政诉讼法》第六十一条第（一）项的规定，判决如下：

驳回上诉，维持一审判决。

二审案件受理费人民币100元，由上诉人浙江杭萧钢构股份有限公司负担（已交纳）。

本判决为终审判决。

审　判　长　程　琥
审　判　员　朱世宽
代理审判员　赵宇晖
二〇〇八年十二月八日
书　记　员　张　怡

106

一种新型喷涂防护膜

无效宣告请求审查决定（第9906号）

决　定　号　第9906号
决　定　日　2007年6月1日
发明创造名称　一种新型喷涂防护膜
国际分类号　B05D 7/04，B05D 7/14
无效宣告请求人　苏　东
专利权人　永清县冀顶塑料厂
专　利　号　03263149.9
申　请　日　2003年9月24日
授权公告日　2004年12月8日
合议组组长　赵　明
主　审　员　欧　岚
参　审　员　王　博

法律依据　专利法第22条第3款
决定要点

评价一项权利要求的创造性时，将被评述的权利要求与最接近的现有技术进行比较，确定区别技术特征以及根据该区别技术特征所能达到的技术效果确定该权利要求实际解决的技术问题，最后判断现有技术中是否给出了将上述区别技术特征应用到该最接近现有技术以解决其实际要解决的技术问题的启示。

一、案由

本无效宣告请求涉及中华人民共和国国家知识产权局于2004年12月8日授权公告的、名称为“一种新型喷涂防护膜”的实用新型专利权（以下简称本专利），其专利号是03263149.9，申请日是2003年9月24日，专利权人是永清县冀顶塑料厂。本专利授权公告时的权利要求书如下：

“1. 本实用新型涉及一种新型喷涂防护膜，主要由塑料膜（1）、美纹纸胶带（2）、空心纸筒（3）等部分组成，其特征在于塑料膜呈对折的两个M形状，塑料膜（1）的凸出的大约2厘米的宽度粘在美纹纸胶带上。”

针对本专利权，苏东（以下简称请求人）于2006年11月20日向专利复审委员会提出无效宣告请求，认为本专利权利要求1相对于附件2或附件3不具备创造性；权利要求1不符合专利法第26条第4款和专利法实施细则第20条第1款的规定，请求人同时提交了如下附件：

附件1：本专利的专利说明书；

附件2：编号为特开平7-8857、公开日为1995年1月13日的日本专利文献及其中文译文，共15页；

附件3：编号为特开2003-41204、公开日为2003年2月13日的日本专利文献及其中文译文，共22页。

经形式审查合格，专利复审委员会依法受理了上述无效宣告请求，并于2006年12月4日向请求人和专利权人发出无效宣告请求受理通知书，同时将专利权无效宣告请求书及其附件清单中所列附件的副本转送给专利权人，并要求专利权人在指定的期限内陈述意见。

针对专利复审委员会发出的上述无效宣告请求受理通知书，专利权人没有在指定的期限内提交意见陈述书。

专利复审委员会依法成立合议组。本案合议组于2007年2月15日向双方发出无效宣告请求口头审理通知书，定于2007年4月10日在专利复审委员会举行口头审理。

口头审理如期举行，双方当事人均参加了口头审理。

在口头审理中，请求人认为本专利不符合专利法第22条第3款的规定，所使用的证据是附件2、附件3；本专利不符合专利法第26条第4款、专利法实施细则第20条第1款的规定。专利权人对附件2、附件3的真实性没有异议，对它们的中文译文的准确性也没有异议。请求人认为附件2的中文译文第3页中记载的内容与本专利的技术领域相同，附件2公开了塑料膜1，空心纸筒3以及塑料膜的凸出的大约2厘米的宽度粘在胶带上，与本专利的区别仅仅在于本专利中是美纹纸胶带和”M”状的折叠方式，而美纹纸胶带是公知的产品，在附件2中揭示了采用胶带的时候可以在现有的胶带中进行选择，折叠的目的是减少宽度和长度，便于携带，是常规的选择，从说明书中没有显示出”M”状的折叠方式有什么好的效果，因此权利要求1相对于附件2不具备创造性。专利权人认为附件2与本专利的发明目的不同，权利要求1中的塑料膜和附件2的低温处理的膜不是一回事，权利要求1中用的是美纹纸胶带，特点是耐高温、环保、不漏胶，附件2没有具体的指明是什么胶带，塑料膜成对折的两个M形、塑料膜的凸出的大约2厘米的宽度粘在美纹纸胶带上在附件2中没有公开，对折成M形是为了生产加工方便、减少产品的宽度，2厘米是为了保证产品在使用时的粘贴强度，附件2的第6页第2~4行中讲了塑料膜的宽度，与本专利塑料膜的宽度不同，因此附件2除了公开了“空心纸筒”这一特征外，其他的特征均没有被公开，本专利与附件2相比有实质性的特征和显著的进步。

至此，合议组认为本案事实已经清楚，可以作出审查决定。

二、决定的理由

1. 关于证据和现有技术

请求人提交的附件2和3均为日本专利文献，专利权人对附件2和3的真实性没有异议，且其公开日期在本专利的申请日前，因此可以作为本专利的现有技术使用。专利权人对附件2和3中文译文的准确性也没有异议，因此附件2和3的公开内容分别以其中文译文为准。

2. 关于创造性

专利法第22条第3款规定：创造性，是指同申请日以前已有的技术相比，该实用新型具有实质性特点和进步。

评价一项权利要求的创造性时，将被评述的权利要求与最接近的现有技术进行比较，确定区别技术特征以及根据该区别技术特征所能达到的技术效果确定该权利要求实际解决的技术问题，最后判断现有技术中是否给出了将上述区别技术特征应用到该最接近现有技术以解决其实际要解决的技术问题的启示。

本案中，请求人认为附件 2 公开了权利要求 1 的塑料膜 1，空心纸筒 3 以及塑料膜的凸出的大约 2 厘米的宽度粘在胶带上，与本专利的区别仅仅在于本专利中是美纹纸胶带和” M” 状的折叠方式，对本领域的技术人员来说，看到了附件 2 可以想出采用美纹纸胶带和” M” 状的折叠方式，因此权利要求 1 相对于附件 2 不具备创造性。

合议组经审查后认为，权利要求 1 请求保护一种新型喷涂防护膜，附件 2 公开了一种涂漆用遮蔽膜滚筒体，具体公开了以下技术特征（参见附件 2 中文译文第 2 页至第 9 页及附图 1）：纸管 1、薄膜 2、胶带 3，其中胶带 3 粘在进行了结点折叠和双层折叠而形成 6 层的薄膜 2 向左侧的凸出部分，薄膜 2 可采用聚烯烃系树脂制造，因此可以是一种塑料膜。由此可见，附件 2 中的纸管 1、薄膜 2、胶带 3 分别对应于权利要求 1 的空心纸筒 3、塑料膜 1、美纹纸胶带 2，权利要求 1 相对于附件 2 的区别在于：（1）胶带具体限定为美纹纸胶带；（2）塑料膜呈对折的两个 M 形状；3）塑料膜与美纹纸胶带的粘接宽度为 2 厘米。

关于第一个区别技术特征，由于美纹纸胶带所具有的耐高温、环保、不漏胶、不移胶、无起泡等优点，使得其是喷涂行业特用的一种遮盖用胶带，因此本领域技术人员在现有技术的基础上很容易想到采用美纹纸胶带；对于第二个区别技术特征，虽然附件 2 中具体公开薄膜的折叠方式与权利要求 1 不同，但是两者的目的均是将大面积的塑料膜折叠成较小的面积便于卷绕在纸筒外缘，减小产品的宽度，方便携带，因此本领域技术人员根据最终产品规格的要求，选择适当的折叠方式并不需要付出创造性的劳动，即折成两个 M 形状的薄膜折叠方式是很容易想到的；对于第三个区别技术特征，尽管附件 2 中没有具体限定薄膜与胶带的粘接宽度为 2 厘米，但本领域技术人员根据附件 2 公开的胶带粘在薄膜向左侧凸出部分的技术方案以及选用胶带的具体宽度，并考虑薄膜与胶带粘贴的牢固性及产品使用时的粘贴强度，经过有限的试验可以得到它们之间最合适的粘贴宽度。

综上所述，权利要求 1 的技术方案对本领域技术人员来说是容易想到的，不具有实质性特点，不符合专利法第 22 条第 3 款的规定。

专利权人认为美纹纸胶带具有耐高温、环保、不漏胶等特点，但这属于这种现有产品自身的特点，并不是因为选择了美纹纸胶带而产生的新的效果；专利权人还认为对折成 M 形是为了生产加工方便、减少产品的宽度，但附件 2 的折叠方式同样可以达到所述效果；专利权人还认为 2 厘米的粘贴宽度是为了保证产品在使用时的粘贴强度，但合议组认为，为了保证粘贴强度，本领域技术人员会根据薄膜的种类、产品的规格尺寸等来具体确定胶带的粘贴宽度。

鉴于上述已经得出本专利的权利要求 1 不符合专利法第 22 条第 3 款规定的结论，本决定对请求人提出的其他理由不再评述。

根据上述的事实和理由，本案合议组依法作出以下决定。

三、决定

宣告 03263149.9 号实用新型专利权全部无效。

当事人对本决定不服的，可以根据专利法第 46 条第 2 款的规定，自收到本决定之日起 3 个月内向北京市第一中级人民法院起诉。根据该款的规定，一方当事人起诉后，另一方当事人应当作为第三人参加诉讼。

107

保温节能墙面装饰板

无效宣告请求审查决定（第9907号）

决　　定　　号　第9907号
决　　定　　日　2007年6月13日
发明创造名称　保温节能墙面装饰板
国 际 分 类 号　E04C 2/284，E04F 13/00
无效宣告请求人　李　霞
专　利　权　人　邓　超
专　　利　　号　200420061687.1
申　　请　　日　2004年10月13日
授 权 公 告 日　2006年3月1日
合 议 组 组 长　刘瑞斌
主　　审　　员　欧　岚
参　　审　　员　董晓静

法　律　依　据　专利法第22条第3款
决　定　要　点

评价一项实用新型权利要求的创造性时，将被评述的权利要求与最接近的现有技术进行比较，确定区别技术特征以及根据该区别技术特征所能达到的技术效果确定该权利要求实际解决的技术问题，最后判断现有技术中是否给出了将上述区别技术特征应用到该最接近现有技术以解决其实际要解决的技术问题的启示，若给出了启示则该权利要求相对于现有技术是显而易见的，无实质性特点；反之则是非显而易见的，具有实质性特点。

一、案由

本无效宣告请求涉及中华人民共和国国家知识产权局于2006年3月1日授权公告的、名称为“保温节能墙面装饰板”的实用新型专利权（以下简称本专利），其专利号是200420061687.1，申请日是2004年10月13日，专利权人是邓超。本专利授权公告时的权利要求书如下：

“1. 一种保温节能墙面装饰板，其特征在于：保温节能墙面装饰板为一层状结构，其保温层（3）表面上胶合有一层表层（2），表层（2）上面涂有一涂层（1），保温层（3）为双层，中间加有一金属薄板增强层（4）。

2. 根据权利要求1所述的一种保温节能墙面装饰板，其特征在于：所说的保温层（3）为XPS挤塑聚苯板或硬质聚氨脂发泡板或酚醛发泡板。

3. 根据权利要求1所述的一种保温节能墙面装饰板，其特征在于：所说的表层（2）为薄铝板或铝蜂窝板或纤维增强硅酸钙板或纤维增强水泥板。

4. 根据权利要求1所述的一种保温节能墙面装饰板，其特征在于：所说的金属薄板可以用金属片材作替代层。

5. 根据权利要求1所述的一种保温节能墙面装饰板，其特征在于：所说的涂层为氟碳涂料或丙烯酸涂料或聚酯涂料或底漆。

6. 根据权利要求1所述的一种保温节能墙面装饰板，其特征在于：保温层（3）下表面设有一底层（5）。

7. 根据权利要求1和6所述的一种保温节能墙面装饰板，其特征在于：所说的底层（5）为金属薄板或金属片材或纤维增强硅酸钙板或纤维增强水泥板或PVC、PE、PP塑料板。”

针对本专利权，李霞（以下简称请求人）于2006年11月28日向专利复审委员会提出无效宣告请求，认为本专利不符合专利法第22条第2款、第3款的规定，请求人同时提交了如下附件：

附件1：授权公告日1997年4月23日，授权公告号CN2252837Y的中国实用新型专利说明书，共4页；

附件2：授权公告日为2000年9月13日、授权公告号为CN2396121Y的中国实用新型专利说明书，共7页；

附件3：公开日2000年4月5日、公开号为CN1249237A的中国发明专利申请公开说明书，共11页；

附件4：中国计划出版社出版、2004年1月第一版的2004CPXY全国民用建筑工程设计技术措施《建筑产品选用技术》建筑·装修，扉页、出版信息页、JC15、JC22、JC23、JC28、JC39、JC57、JC58、JC59、JC98、JC99、JC100、J121、J122、J126、J128、J134、J195、J199的复印件共20页。

请求人认为：（1）附件1~4公开了涉案专利权利要求1层状结构的主要技术特征，在铝板上涂层属于本领域技术人员的公知常识，与附件1~4相比，权利要求1不具备新颖性和创造性；（2）权利要求2~7的附加技术特征属于本领域技术人员对常规材料的选择和置换，也不具备新颖性和创造性。

经形式审查合格，专利复审委员会依法受理了上述无效宣告请求，并于2006年12月6日向请求人和专利权人发出无效宣告请求受理通知书，随同该受理通知书将专利权无效宣告请求书及其附件清单中所列附件的副本转送给专利权人，并要求专利权人在指定的期限内陈述意见。

针对专利复审委员会发出的上述无效宣告请求受理通知书，专利权人于2007年1月15日提交了意见陈述书及证据1、2、3：

证据1：中国建筑标准设计研究院组织编制的国家建筑标准设计图集06J121-3《外墙外保温建筑构造（三）》，原件；

证据2：国家技术监督局批准并发布、发布日为1997年12月22日、实施日期为1998年8月1日的中华人民共和国国家标准《铝及铝合金轧制板材》GB/T 3880-1997封面页、10-1-3、10-1-4的复印件，共3页；

证据3：本专利与附件1~4的对比分析。

专利权人认为：本专利和请求人提交的附件1~4不但发明目的不同、技术方案不同，所产生的技术效果也不同，具备新颖性和创造性。而且本专利已被国家建设部作为规范，见证据1；本专利中的金属板与附件1中的铝箔厚度不同，见证据2。

专利复审委员会依法成立合议组。

本案合议组于2007年2月15日向双方发出无效宣告请求口头审理通知书，定于2007年4月18日在专利复审委员会举行口头审理。随同口头审理通知书，将专利权人于2007年1月15日提交的意见陈述书及其附件清单中所列附件的副本转送给请求人。

口头审理如期举行，双方当事人均参加了口头审理。

在口头审理中，（1）请求人明确其无效的理由、证据、范围以及证据的使用情况为：权利要求1相对于附件1、附件4和专利权人提交的证据2的结合不具备创造性，相对于附件2、附件4和专利权人提交的证据2的结合也不具备创造性。权利要求2~5的附加技术特征被附件4公开，也没有创造性。权利要求6的附加技术特征被附件1、2、4公开，权利要求7的附加技术特征被附件4公开，都没有创造性。请求人明确放弃附件3，并表示没有其他的无效理由、证据、范围和证据组合形式。（2）专利权人对附件1~4的真实性没有异议。请求人对证据1~2的真实性没有异议。（3）关于权利要求1是否符合专利法第22条第3款的规定。请求人的具体主张为权利要求1相对于附件1和附件2（实施例2，图4~6、8）的区别均是涂层和金属薄板增强层，涂层被附件4（JC15倒数第3行、JC23、39、121）公开，附件2中加强板（3）是金属薄板增强层的相互替换，用证据2证明金属的厚度决定强度，是显而易见的，因此不具备创造性。专利权人认为附件1、2不是复合结构，是整体浇铸的与本专利不相同；涂装涂料是公知技术。（4）关于权利要求2~5是否符合专利法第22条第3款的规定。请求人的具体主张为：权利要求2的附加技术特征被附件4的JC58公开；权利要求3的附加技术特征被附件4的JC39、JC15、JC16公开。专利权人认为材料都是公知技术。（5）关于权利要求6、7是否符合专利法第22条第3款的规定。请求人的具体主张为附件1、2都公开有底层，权利要求7被附件4公开。专利权人同意权利要求6、7的附加技术特征是公知技术。

至此，合议组认为本案事实已经清楚，可以作出审查决定。

二、决定的理由

1. 关于证据和现有技术

请求人提交并使用的证据包括附件1、2、4，专利权人对附件1、2、4的真实性没有异议，因此附件1、2、4可以作为本案证据使用。同时由于附件1、2为中国专利文献，附件4为公开出版物，且它们的公开日期均在本专利的申请日前，因此可以作为本专利的现有技术使用。

专利权人提交的证据包括证据2，请求人对其真实性没有异议，因此可以作为本案的证据使用。同时由于证据2的公开日在本专利的申请日前，因此其上记载的内容可以作为本专利的现有技术。

2. 关于创造性

专利法第22条第3款规定的创造性，是指同申请日以前已有的技术相比，该发明有突出的实质性特点和显著的进步，该实用新型有实质性特点和进步。

（1）权利要求1。

本案中，请求人认为权利要求1相对于附件1、附件4和证据2的结合不具备创造性，权利要求1相对于附件2、附件4和证据2的结合不具备创造性。

附件1公开了一种屋面墙体所用的轻质复合保温板，具体公开以下技术特征（参见说明书第1页及附图1）：包括由聚苯乙烯发泡塑料压制而成的轻质发泡塑料板作为轻质保温隔热层，轻质发泡塑料板的表面复合有韧性增强硬化层，该硬化层通过用玻璃纤维网格布裹紧发泡塑料板的表面，然后涂覆水泥或其他可硬化的胶凝材料而形成，轻质发泡塑料板的中间复合有一铝箔热反射层。由此可见，附件1中的轻质发泡塑料板、韧性增强硬化层分别对应于权利要求1的保温层、表层，但是权利要求1相对于附件1存在明显的区别：①表层上涂有一涂层；②保温层为双层，中间加有一金属薄板增强层。请求人认为涂层被附件4公开，金属薄板增强层与铝箔热反射层类似，并用专利权人提交的证据

2 证明金属的厚度决定强度。

合议组认为，附件 1 中的铝箔热反射层与权利要求 1 中的金属薄板增强层在作用上并不相同，在附件 1 的保温板中设置铝箔的作用是反射来自两个方向的辐射热，而本专利的保温板中设置金属薄板是为了增强装饰板的强度，因此在附件 1 中设置铝箔的目的和在本专利中设置金属薄板的目的是完全不同的，而且在保温板中设置铝箔在客观上起不到增加其强度的作用。综上所述，附件 1 和证据 2 均不能够给出将区别技术特征 B 应用到附件 1 中以解决其要解决的技术问题的启示，即本领域技术人员由附件 1 公开的铝箔热反射层，根本想不到将其改为金属薄板增强层而获得权利要求 1 保护的技术方案，而且在附件 4 中也未公开在保温装饰板中加入金属增强层的技术启示。所以权利要求 1 的技术方案相对于附件 1、4 和证据 2 的结合是非显而易见的，具备专利法第 22 条第 3 款规定的创造性。

附件 2 公开了一种作为内、外墙的墙体保温复合板，具体公开以下技术特征（参见说明书第 1、2 页及附图 4~6、8）：包括墙体面层和由聚苯乙烯泡沫制作的芯层 4，所说的墙体面层为上下两层的上、下墙体面层 1，它们的中间设置加强板层 3，并在加强板层 3 与上、下墙体面层 1 之间分别设置芯层 4，所说的上、下墙体面层 1 和加强板层 3 由氯氧水泥加玻璃纤维进行整体成形。由此可见，附件 2 中的由聚苯乙烯泡沫制作的芯层、墙体面层分别对应于权利要求 1 的保温层、表层。但是权利要求 1 相对于附件 2 存在明显的区别：①表层上涂有一涂层；②保温层为双层，中间加有一金属薄板增强层。请求人认为涂层被附件 4 公开，附件 2 中的加强板层 3 是金属薄板增强层的相互替换，附件 2 的墙体保温复合板可以当墙体用，也可以用于装饰板。

合议组认为，附件 2 说明书第 1 页中已描述了该复合板属于房屋建筑墙体用复合板，包括内、外墙的墙体材料，其实施例也都是作为内墙的墙体使用，没有公开其可以作为墙面装饰板使用，而在墙体中设置加强板是必需的，这并不能给出在装饰板中设加强层的启示。附件 2 设置的加强板层是保证该保温板作为墙体具有一定的强度和隔音效果，而本专利考虑到作墙面装饰板时为达到不变形的效果，才设置金属薄板来保证该保温板能够坚挺不变形。综上所述，本领域技术人员由附件 2 公开的加强板层，根本想不到将其改为金属薄板增强层而获得权利要求 1 保护的技术方案。在附件 4 和证据 2 中也没有给出在装饰板中设加强层的技术启示。所以权利要求 1 的技术方案相对于附件 2、4 和证据 2 也是非显而易见的，具备专利法第 22 条第 3 款规定的创造性。

（2）权利要求 2~7。

权利要求 2~6 均引用了权利要求 1，权利要求 7 是对权利要求 6 的进一步限定。由于其引用的权利要求具备创造性，因此权利要求 2~7 也具备创造性，符合专利法第22 条第3 款关于创造性的规定。

根据上述的事实和理由，本案合议组依法作出以下决定。

三、决定

维持 200420061687. 1 号实用新型专利权有效。

当事人对本决定不服的，可以根据专利法第 46 条第 2 款的规定，自收到本决定之日起 3 个月内向北京市第一中级人民法院起诉。根据该款的规定，一方当事人起诉后，另一方当事人应当作为第三人参加诉讼。

108

一种利用铬渣作矿化剂制备水泥熟料的方法

无效宣告请求审查决定（第9911号）

决　定　号　第9911号
决　定　日　2007年6月1日
发明创造名称　一种利用铬渣作矿化剂制备水泥熟料的方法
国 际 分 类 号　C04B 7/42，C04B 7/43，C04B 22/14
无效宣告请求人　胡荣良
专　利　权　人　四川安县银河建化集团有限公司
专　利　号　02133634.2
申　请　日　2002年8月19日
授 权 公 告 日　2006年4月26日
合 议 组 组 长　赵　明
主　审　员　任颖丽
参　审　员　刘　犟

法　律　依　据　专利法第22条第2款、第3款
决　定　要　点

如果权利要求所限定的技术方案与现有技术公开的技术内容相比，存在区别技术特征，使得二者技术方案不同，则该权利要求具备新颖性。

权利要求要求保护的技术方案与现有技术公开的技术方案之间存在区别技术特征，现有技术中也没有给出得出该权利要求技术方案的任何技术启示，本领域技术人员需要付出创造性的劳动才能得到权利要求的技术方案，且该技术方案具有有益效果，则该权利要求具备创造性。

一、案由

本无效宣告请求涉及中华人民共和国国家知识产权局于2006年4月26日授权公告的、名称为“一种利用铬渣作矿化剂制备水泥熟料的方法”的发明专利权（以下简称本专利），其专利号是02133634.2，申请日是2002年8月19日，专利权人是四川安县银河建化集团有限公司。本专利授权公告时的权利要求书如下：

“1. 一种利用铬渣作矿化剂制备水泥熟料的方法，其特征在于由下述步骤组成：

a. 在水泥生料中加入铬渣作矿化剂，其重量比为生料的0.1%~10%；

b. 将加入矿化剂铬渣的生料置于窑内煅烧，反应温度为1 100~1 600℃，反应时间为25~60min；

c. 在步骤b的产物中加入催化稳定剂，加入量为步骤b的产物重量的0.01%~0.1%；所述催化

稳定剂为硫酸亚铁、亚硫酸钠或硫代硫酸钠。

2. 根据权利要求 1 所述的一种利用铬渣作矿化剂制备水泥熟料的方法，其特征是：其中的窑为回转窑或立窑。”

针对本专利权，胡荣良（以下简称请求人）于 2006 年 12 月 12 日向专利复审委员会提出无效宣告请求，认为本专利权利要求 1 和 2 不符合专利法第 22 条的规定，请求人同时提交了如下附件：

附件 1：授权公告日为 2000 年 3 月 8 日、授权公告号为 CN1050112C 的中国发明专利说明书，共 7 页；

附件 2：授权公告日为 2006 年 4 月 26 日、授权公告号为 CN1253396C 的中国发明专利说明书（即本专利）；

附件 3：附件 1 与本专利制备方法比较表。

请求人认为：附件 1 与本专利发明目的相同、技术方案相同、生产工艺流程相同，因此本专利不符合专利法第 22 条的规定，不能授予专利权。

经形式审查合格，专利复审委员会依法受理了上述无效宣告请求，并于 2007 年 1 月 11 日向请求人和专利权人发出无效宣告请求受理通知书，同时将专利权无效宣告请求书及其附件清单中所列附件的副本转送给专利权人，并要求专利权人在指定的期限内陈述意见。

针对专利复审委员会发出的上述无效宣告请求受理通知书，专利权人于 2007 年 2 月 15 日提交了意见陈述书及权利要求书的修改替换页，其中修改后的权利要求书为：

“1. 一种利用铬渣作矿化剂制备水泥熟料的方法，其特征在于由下述步骤组成：

a. 在水泥生料中加入铬渣作矿化剂，其重量比为生料的 0. 1% ~2. 9%；

b. 将加入矿化剂铬渣的生料置于窑内煅烧，反应温度为 1 100~1 600℃，反应时间为25~60min；

c. 在步骤 b 的产物中加入催化稳定剂，加入量为步骤 b 的产物重量的 0. 01% ~0. 1%；所述催化稳定剂为硫酸亚铁、亚硫酸钠或硫代硫酸钠。

2. 根据权利要求 1 所述的一种利用铬渣作矿化剂制备水泥熟料的方法，其特征是：其中的窑为回转窑或立窑。”

专利权人认为：（1）附件 1 没有公开具体的煅烧工艺条件；（2）权利要求 1 的步骤 c 在附件 1 中完全没有记载，而本发明由于采用了步骤 c 有效避免了在后续加工过程中 Cr^{3+} 被氧化为 Cr^{6+}，使铬渣的处理真正具备实用性。

专利复审委员会依法成立合议组。

本案合议组于 2007 年 3 月 7 日向双方发出无效宣告请求口头审理通知书，定于 2007 年 4 月 26 日在专利复审委员会举行口头审理。随同口头审理通知书，将专利权人于 2007 年 2 月 15 日提交的意见陈述书及权利要求书的修改替换页转送给请求人。

2007 年 4 月 26 日，口头审理如期举行，双方当事人均参加了口头审理。

在口头审理中，合议组告知双方，专利权人于 2007 年 2 月 15 日提交的权利要求书修改替换页不符合审查指南的相关规定，不予接受，口头审理以授权公告的权利要求书为基础进行。请求人明确其无效宣告的理由、证据和范围是：权利要求 1 和 2 相对于附件 1 不符合专利法第 22 条第 2 款、第 3 款的规定。专利权人对附件 1 的真实性没有异议。请求人当庭提交了一份公知常识性证据，依序标号为附件 4：《水泥生产基本知识》封面页、版权页、第 87、88 页的复印件共 4 页，并出示了该附件的原件。合议组当庭将附件 4 的复印件转交给专利权人，专利权人经核实对其真实性没有异议。

口头审理中，双方当事人充分发表了意见。请求人认为：附件 4 可以证明步骤 b 的数据是本领域的公知常识；步骤 c 不是生产水泥熟料的步骤；权利要求 2 的附加技术特征是本领域的公知常识，因此，权利要求 1~2 不具备新颖性和创造性。专利权人认为附件 4 中没有记载步骤 b 中的具体参数，步骤 c 没有被附件 1 公开，步骤 c 可以避免三价铬被氧化为六价铬，步骤 a、b、c 是一个整体，因此权利要求 1~2 具备新颖性和创造性。

至此，合议组认为本案事实已经清楚，可以作出审查决定。

二、决定的理由

1. 关于审查文本

专利法实施细则第 68 条规定，在无效宣告请求的审查过程中，发明或者实用新型专利的专利权人可以修改其权利要求书，但是不得扩大原专利的保护范围。

审查指南第四部分第三章第 4.6.2 节规定："在满足修改原则的前提下，修改权利要求书的具体方式一般限于权利要求的删除、合并和技术方案的删除。"

本案中，专利权人对权利要求书进行了修改，将权利要求 1 步骤 a 中铬渣占生料的重量比由"0.1%~10%"修改为"0.1%~2.9%"，合议组经审查后认为：该修改方式不属于权利要求的删除、合并或技术方案的删除，不符合审查指南的规定，因此合议组不予接受。本决定以授权公告的文本作为审查基础。

2. 关于证据

请求人请求使用附件 1 作为证据，专利权人对附件 1 的真实性没有异议，同时由于其公开日期早于本专利的申请日，因此可以作为本专利的现有技术使用。

请求人提交了公知常识性证据附件 4，用以证明步骤 b 中的反应温度和反应时间是公知常识，专利权人对其真实性没有异议，合议组对附件 4 予以接受。

3. 关于专利法第 22 条第 2 款

专利法第 22 条第 2 款规定，新颖性，是指在申请日以前没有同样的发明或者实用新型在国内外出版物上公开发表过，在国内公开使用过或者以其他方式为公众所知，也没有同样的发明或者实用新型由他人向国务院专利行政部门提出过申请并且记载在申请日以后公布的专利申请文件中。

如果权利要求所限定的技术方案与现有技术公开的技术内容相比，存在区别技术特征，使得二者技术方案不同，则该权利要求具备新颖性。

本专利权利要求 1 要求保护一种利用铬渣作矿化剂制备水泥熟料的方法，包括 a——配料、b——煅烧、c——加催化稳定剂三个步骤。

附件 1 也公开了一种用铬盐渣生产水泥熟料的方法（参见权利要求书），包括：将铬盐渣、石灰石、粘土等原料制成粉状生料与煤粉混合，所述粉状生料的干基成分范围为：铬盐渣 3%~16%（重量）、石灰石 69.5~87%（重量）、粘土 4%~15%（重量），再加水成球并投入立窑内煅烧至部分熔融，然后卸出冷却，得到以硅酸钙为主要成分的硅酸盐水泥熟料。

由此可见，附件 1 所述的"将铬盐渣、石灰石、粘土等原料制成粉状生料与煤粉混合，铬盐渣 3%~16%（重量）"相当于本专利权利要求 1 的步骤 a；附件 1 的"加水成球并投入立窑内煅烧至部分熔融"相当于权利要求 1 步骤 b 中的"将加入矿化剂铬渣的生料置于窑内煅烧"。但是，附件 1 并没有公开权利要求 1 的步骤 c，也没有公开权利要求 1 步骤 b 中的"反应温度为 1 100~1 600℃，反应时间为 25~60min"的技术特征。

由于权利要求 1 与附件 1 存在上述区别，因此，二者是不同的技术方案，权利要求 1 相对于附件 1 具备专利法第 22 条第 2 款规定的新颖性。

在独立权利要求 1 具备新颖性的基础上，其从属权利要求 2 也具备专利法第 22 条第 2 款规定的新颖性。

4. 关于专利法第 22 条第 3 款

专利法第 22 条第 3 款规定，创造性，是指同申请日以前已有的技术相比，该发明有突出的实质性特点和显著的进步，该实用新型具有实质性特点和进步。

权利要求要求保护的技术方案与现有技术公开的技术方案之间存在区别技术特征，现有技术中也没有给出得出该权利要求技术方案的任何技术启示，本领域技术人员需要付出创造性的劳动才能得到权利要求的技术方案，且该技术方案具有有益效果，则该权利要求具备创造性。

如前所述，权利要求 1 相对于附件 1 的区别技术特征是“反应温度为 1 100~1 600℃，反应时间为 25~60min”和“c. 在步骤 b 的产物中加入催化稳定剂，加入量为步骤 b 的产物重量的 0.01%~0.1%；所述催化稳定剂为硫酸亚铁、亚硫酸钠或硫代硫酸钠”。其中，“反应温度为 1 100~1 600℃，反应时间为 25~60min”这一区别技术特征是本领域普通技术人员根据原料的种类、粒度和性质以及煅烧条件等因素就能够确定的，不需要付出创造性的劳动，并且本专利说明书中也没有记载该区别技术特征带来了任何预料不到的技术效果。步骤 c 所能达到的技术效果是避免煅烧后的物料中的 Cr^{3+} 在后续加工过程中被氧化为 Cr^{6+}，使制成的水泥早期强度高、安全稳定、三价铬不返黄和色泽好（参见本专利说明书第 3 页第 15~16 行）。因此，合议组认为，权利要求 1 的技术方案较之附件 1 所实际解决的技术问题就是在步骤 b 的产物中加入催化稳定剂以避免 Cr^{3+} 在后续加工过程中被氧化为 Cr^{6+}。根据附件 1 所公开的内容，本领域技术人员无法得到技术启示将催化稳定剂加入到煅烧后的水泥熟料中从而得到权利要求 1 的技术方案，因此，权利要求 1 的技术方案对本领域技术人员来说是非显而易见的，具有突出的实质性特点。并且，权利要求 1 的技术方案由于采用了步骤 c，避免了煅烧后的物料中的 Cr^{3+} 在后续加工过程中被氧化为 Cr^{6+}，产生了有益的技术效果，具有显著的进步。所以，权利要求 1 相对于附件 1 具备专利法第 22 条第 3 款规定的创造性。

在独立权利要求 1 具备创造性的基础上，其从属权利要求 2 也具备专利法第 22 条第 3 款规定的创造性。

根据上述的事实和理由，本案合议组依法作出以下决定。

三、决定

维持 02133634.2 号发明专利权有效。

当事人对本决定不服的，可以根据专利法第 46 条第 2 款的规定，自收到本决定之日起 3 个月内向北京市第一中级人民法院起诉。根据该款的规定，一方当事人起诉后，另一方当事人应当作为第三人参加诉讼。

109

用于空调器内外机的接管

无效宣告请求审查决定（第9912号）

决　　定　　号　第9912号
决　　定　　日　2007年6月8日
发明创造名称　用于空调器内外机的接管
国 际 分 类 号　F24F 13/00
无效宣告请求人　新昌县制冷部件厂
专　利　权　人　左铁军，赵越
专　　利　　号　200420040094.7
申　　请　　日　2004年4月20日
授 权 公 告 日　2005年7月6日
合 议 组 组 长　刘瑞斌
主　　审　　员　姜　岩
参　　审　　员　欧　岚

法　律　依　据　专利法第22条第2款
决　定　要　点

如果一项专利与对比文件公开的内容相比，其权利要求所限定的技术方案与对比文件公开的技术方案实质上相同，所属技术领域的技术人员根据两者的技术方案可以确定两者能够适用于相同的技术领域，解决相同的技术问题，并具有相同的预期效果，则认为两者为同样的发明或者实用新型。

一、案由

本无效宣告请求涉及中华人民共和国国家知识产权局于2005年7月6日授权公告的、名称为“用于空调器内外机的接管”的实用新型专利权（以下简称本专利），其专利号是200420040094.7，申请日是2004年4月20日，专利权人是左铁军、赵越。本专利授权公告时的权利要求书如下：

“1. 一种用于空调器内外机的接管，其特征是在纯铝管段（1）两端各焊接有铜管接头（2）组成。

2. 如权利要求1所述的用于空调器内外机的接管，其特征是在上述纯铝管段（1）和铜管接头（2）及其间的焊缝之外表面有塑层（3）。”

针对本专利，新昌县制冷部件厂（以下简称请求人）于2007年1月16日向专利复审委员会提出无效宣告请求，认为本专利不符合专利法第22条第2款、第3款的规定，请求人同时提交了如下附件：

附件1：专利号为00255717.7的中国实用新型专利说明书，授权公告日为2002年1月2日，共5页；

附件2：专利号为02267470.5的中国实用新型专利说明书，授权公告日为2003年11月5日，共5页；

附件3：专利号为02250082.0的中国实用新型专利说明书，授权公告日为2003年11月5日，共7页；

附件4：专利号为03273421.2的中国实用新型专利说明书，申请日为2003年8月14日，授权公告日为2004年9月15日，专利权人为广东科龙电器股份有限公司，共6页。

请求人认为：（1）附件1、3、4中分别公开了本专利权利要求1中的技术方案，因此权利要求1分别相对于附件1、3、4不具备新颖性。（2）附件3、4中还分别公开了权利要求2中的附加技术特征，因此，权利要求2分别相对于附件3、4不具备新颖性。（3）附件1为本专利最接近的现有技术，并公开了权利要求1的全部技术内容，附件2中公开了权利要求2的附加技术特征，因此权利要求2相对于附件1和2的结合不具备创造性。

经形式审查合格，专利复审委员会依法受理了上述无效宣告请求，并于2007年1月29日向请求人和专利权人发出无效宣告请求受理通知书，同时将专利权无效宣告请求书及其附件清单中所列附件的副本转送给专利权人，并要求专利权人在指定的期限内陈述意见。

针对专利复审委员会发出的上述无效宣告请求受理通知书，专利权人于2007年3月4日提交了意见陈述书，认为：（1）附件1中连接管的构造与本专利完全不同。原因是：采用异种材料复合构成管路，其产品中异种材料结合的技术方案是十分关键的，本专利中采用插入式焊接方式，实现了连接管平整美观，而附件1中未指出铜管和铝管的结合方式，因此本专利相对于附件1具备新颖性。（2）附件3中也没有指出铜管和铝管相结合的技术方案，因此本专利相对于附件3也具备新颖性。（3）附件4中铜管和铝管的结合方式与权利要求1中不同，因此本专利相对于附件4具备新颖性。

专利复审委员会依法成立合议组对本案进行审查。本案合议组于2007年3月26日向双方发出无效宣告请求口头审理通知书，定于2007年6月5日在专利复审委员会举行口头审理。随同口头审理通知书，将专利权人于2007年3月4日提交的意见陈述书转送给请求人。

口头审理如期举行，双方当事人均参加了口头审理。在口头审理中，确定本次口头审理以授权公告时的权利要求书为基础。请求人的无效理由和范围：权利要求1相对于附件1、3、4没有新颖性，权利要求2相对于附件3、4没有新颖性，权利要求2相对于附件1、2的结合没有创造性。专利权人对附件1~4的真实性没有异议。关于权利要求1的新颖性，请求人的意见同无效宣告请求书中的意见——即附件1、3、4分别公开了权利要求1中的技术内容，因此权利要求1分别相对于附件1、3、4不具备新颖性。专利权人认为请求人提交的附件1、3、4中虽然也都采用焊接，但是不同于本专利采用的插入式焊接，因此，附件1、3、4不影响本专利的新颖性，专利权人认可其余的特征已经被附件1、3、4分别公开了。关于权利要求2的新颖性，请求人的意见同请求书中的意见——即附件3、4中分别公开了权利要求2的附加技术特征，因此权利要求2相对于附件3、4不具备新颖性。专利权人认为附件3、4中的塑层的位置与本专利中塑层的位置不相同，本专利说明书发明内容第三段公开铜管接头的两端口附近不覆盖塑层。关于权利要求2的创造性，请求人的意见与请求书的相同——即附件2中公开了权利要求2的附加技术特征，因此权利要求2相对于附件1和2的结合不具备创造性。专利权人认为附加2中塑层的位置与本专利的不同，附件2中的塑层在整个表面，本专利不是在整个表面。请求人认为在附件2说明书中也公开了保护层膜5实际上不包括法兰边2。

至此，合议组认为本案事实已经清楚，可以作出审查决定。

二、决定的理由

1. 关于证据和现有技术

请求人提交的证据包括附件 1~4，专利权人对附件 1~4 的真实性没有异议，经合议组审查附件 1~4可以作为本案证据使用，且附件 1~3 的公开日期在本专利的申请日前，因此可以作为本专利的现有技术使用，附件 4 为本专利申请日前由他人向专利局提出的、在本专利申请日后公开的专利文献，因此其仅能用来评述本专利的新颖性。

2. 本专利的权利要求 1、2 的新颖性

专利法第 22 条第 2 款规定：新颖性，是指在申请日以前没有同样的发明或者实用新型在国内外出版物上公开发表过、在国内公开使用过或者以其他方式为公众所知，也没有同样的发明或者实用新型由他人向国务院专利行政部门提出过申请并记载在申请日以后公布的专利申请文件中。

如果一项专利与对比文件公开的内容相比，其权利要求所限定的技术方案与对比文件公开的技术方案实质上相同，所属技术领域的技术人员根据两者的技术方案可以确定两者能够适用于相同的技术领域，解决相同的技术问题，并具有相同的预期效果，则认为两者为同样的发明或者实用新型。

合议组经合议后认为：权利要求 1 保护一种空调器内外机的接管，附件 4 也公开了一种空调器室内、外机的连接管，并具体公开了如下技术内容：该连接管的两端分别是铜管，中间为铝管，铜、铝管通过焊接连接（参见附件 4 说明书第 1 页倒数第 5 行至倒数第 4 行）。因此，附件 4 公开了本案权利要求 1 的全部技术特征，而且附件 4 与本专利属于相同的技术领域，可以解决相同的技术问题，并产生了相同的技术效果，因此权利要求 1 相对于附件 4 不具备新颖性，不符合专利法第 22 条第 2 款的规定。

权利要求 2 是独立权利要求 1 的从属权利要求，其附加技术特征为在铝管段、铜管接头以及二者之间的焊缝的外表面有塑层。附件 4 说明书第 1 页倒数第 2 行中公开了在连接管整个表面（包括铝管、铜管及焊接处的表面）上覆盖电泳漆膜层。由于漆膜属于塑层的一种，是塑层的下位概念，因此附件 4 中的电泳漆膜层也公开了权利要求 2 中的塑层这一技术特征，故附件 4 公开了权利要求 2 的全部技术特征，而且附件 4 与本专利属于相同的技术领域，可以解决相同的技术问题，并产生了相同的技术效果，因此权利要求 2 相对于附件 4 不具备新颖性，不符合专利法第 22 条第 2 款的规定。

关于专利权人所述“本专利的焊接是插入式焊接，而附件 4 中未具体公开焊接方式”的区别，以及“本专利说明书发明内容部分第三段中公开了两端口附近不涂覆塑层，而附件 4 中为整个管段都覆盖塑层”的区别。合议组认为，本专利权利要求 1 中并未将焊接形式限定为插入式焊接，本案权利要求 2 中并未限定铜管接头的两端口附近不涂覆塑层。因此专利权人的这种解释是没有事实依据的，合议组不予考虑。

鉴于本专利权利要求 1、2 相对于附件 4 不具备新颖性，因此请求人提出的其他无效理由和证据在本决定中不再予以评述。

根据上述的事实和理由，本案合议组依法作出以下决定。

三、决定

宣告 200420040094. 7 号实用新型专利权全部无效。

当事人对本决定不服的，可以根据专利法第 46 条第 2 款的规定，自收到本决定之日起 3 个月内向北京市第一中级人民法院起诉。根据该款的规定，一方当事人起诉后，另一方当事人应当作为第三人参加诉讼。

北京市第一中级人民法院
行政判决书

（2007）一中行初字第1294号

原告左铁军，男，1952年6月14日出生，汉族，青岛市海青机械总厂厂长，住山东省青岛市市南区沛县路11号2单元402户。

原告赵越，男，1960年8月9日出生，汉族，中国海洋大学教师，住山东省青岛市市北区威海路270号2单元301户。

上述二原告之共同委托代理人聂磊，山东铭丰律师事务所律师。

上述二原告之共同委托代理人刘海峰，山东铭丰律师事务所律师。被告国家知识产权局专利复审委员会，住所地北京市海淀区北四环西路9号银谷大厦10~12层。

法定代表人廖涛，副主任。

委托代理人姜岩，女，国家知识产权局专利复审委员会审查员。

委托代理人朱明雅，女，国家知识产权局专利复审委员会审查员。

第三人新昌县制冷部件厂，住所地浙江省新昌县城关镇塔山村。

法定代表人吴岳民，厂长。

委托代理人戴晓翔，男，浙江翔隆专利事务所专利代理人。

原告左铁军、赵越不服被告国家知识产权局专利复审委员会作出的专利无效宣告请求审查决定，向本院提起行政诉讼。本院受理后，依法组成合议庭，依照《中华人民共和国行政诉讼法》第二十七条的规定，通知与本案有利害关系的新昌县制冷部件厂为本案第三人参加诉讼，并于2007年11月23日公开开庭审理了本案。原告的委托代理人聂磊，被告的委托代理人姜岩、朱明雅，第三人的法定代表人吴岳民、委托代理人戴晓翔到庭参加了诉讼。本案现已审理终结。

2007年6月8日，被告作出第9912号无效宣告请求审查决定（以下简称被诉决定），宣告原告所有的专利号为200420040094.7、名称为“用于空调器内外机的接管”的实用新型专利权（以下简称本专利）全部无效。

为证明被诉决定合法，被告在法定举证期限内向本院提交了以下证据：（1）本专利说明书；（2）授权公告日为2004年9月15日、专利权人为广东科龙电器股份有限公司、专利号为ZL03273421.2的中国实用新型专利说明书（即被诉决定中的附件4），共6页。另外，本院依职权当庭向被告调取了口头审理记录表，共4页。

原告诉称，根据《审查指南》第三章3.1节的规定，审查新颖性应该是附件4与本实用新型是同样或相同内容的发明或实用新型，即其技术领域、所解决的技术问题、技术方案和预期效果实质上相同。而实质上本专利与附件4相比，两者的技术方案不同。本专利的权利要求1的“纯铝管段两端各焊接由铜管接头”这一区别技术特征在本专利说明书第1页“发明内容”部分第2段给予了说明，即“本实用新型的基本结构是在长铝管（段）两端采用插入式焊接方式，各焊接一小段铜管组成”。根据《中华人民共和国专利法》（以下简称《专利法》）第五十六条第一款规定：“发明或者实用新型专利权的保护范围以其权利要求的内容为准，说明书及附图可以用于解释权利要求”。本专利的区别技术特征应界定为：纯铝管段两端各焊接由铜管接头，其方式是插入式焊接。附件4权利要求书、说明书都没有披露本专利的插入式焊接方式。同样，本专利的权利要求2的“上述纯铝管段和铜管接头及其间的焊缝之外表面有塑层”这一区别技术特征在本专利说明书第1页“发明内容”部分第3段第2行给予了说明，即“两端口附近除外”。本专利明确说明两端口附近不涂覆塑层而附件4权利要求书、说明书都没有披露这一点。故本专利与附件4相比，两者的技术方案不同。故请求人民法院撤销被诉决定。原告未向本院提交证据。

被告辩称，关于本专利与附件4的技术方案是否相同，原告认为，本专利说明书中给出了在纯铝管段两端焊接铜管接头要采用插入式焊接方式，以及纯铝管段和铜管接头处的两端口附近不涂覆塑层，而附件4的权利要求书和说明书中均未公开这两部分技术特征，因此本专利与附件4技术方案是不同的。但根据《专利法》第五十六条规定，发明或者实用新型专利权的保护范围以其权利要求的内容为准，说明书及附图可以用于解释权利要求。就本实用新型而言，原告所述的本专利与附件4的区别部分的技术特征并未写入权利要求中构成对技术方案的限定，因此不能据此认为本专利与附件4的技术方案具有区别技术特征，属于不同的技术方案。所以，被诉决定认定事实清楚、适用法律正确、审理程序合法，请求驳回原告请求，维持被诉决定。

第三人述称，附件4涉及空调内外机连接管的技术方案，其说明书描述道：分体式空调器的室内、外机的连接管的两端分别是铜管，中间为铝管，铜、铝管通过焊接连接”、“连接两端的铜管进行扩口，再进行连接”（见说明书第1页倒数第5行至倒数第4行，第2页倒数第7行）。可见“在纯铝管段两端各焊接有铜管接头”的结构已记载在附件4中，权利要求1明显缺乏新颖性。附件4同时描述道：“在连接管这个表面（包括铝管、铜管及覆盖金属锌层的焊接处的表面）上覆盖电泳漆膜层”（见说明书第1页倒数第2行）。所以，“铝管段和铜管接头及其间的焊缝之外表面有塑层”也记载在附件4中，权利要求2同样丧失新颖性。本专利权利要求1和2中，并未记载“插入式焊接”、“（连接管）两端口附近不涂覆塑层”等技术特征，未依前述内容对权利要求进行限定，故不能依据权利要求未记载的技术特征评价专利性。其次，说明书可以解释权利要求，并非可以改写权利要求，原告试图用说明书的内容重新改写权利要求，将前述内容塞入权利要求，是对法律规定的错误解读。第三，插入式焊接、端口不涂覆塑层均属本领域常规手段和常识，属于实质相同的情形。因此，原告的起诉理由不能成立。综上，被诉决定正确，应予维持。第三人亦未向本院提交证据。

经庭审质证，原告对被告证据无异议。经审查，本院认为，被告证据与本案审查被诉行为的合法性具有关联，且合法、真实，本院予以确认。

根据以上确认的有效证据及各方当事人无争议的陈述，本院认定事实如下：

2005年7月6日，国家知识产权局授权公告了本专利，其申请日是2004年4月20日。本专利授权公告时的权利要求书如下：

“1. 一种用于空调器内外机的接管，其特征是在纯铝管段（1）两端各焊接有铜管接头（2）组成。

2. 如权利要求1所述的用于空调器内外机的接管，其特征是在上述纯铝管段（1）和铜管接头（2）及其间的焊缝之外表面有塑层（3）。”

2007年1月16日第三人针对本专利，向被告提出无效宣告请求，认为本专利不符合《专利法》第二十二条第二款、第三款的规定，同时提交了4份附件作为证据。

经形式审查合格，被告依法受理了上述无效宣告请求，并于2007年1月29日向原告发出了无效宣告请求受理通知书，同时转送了专利权无效宣告请求书及上述附件的副本，并要求原告在指定的期限内陈述意见。原告于2007年3月4日提交了意见陈述书。

2007年3月26日，被告向双方当事人发出无效宣告请求口头审理通知书，同时将原告提交的上述意见陈述书转送给第三人。

2007年6月5日，口头审理如期举行，双方当事人均参加了口头审理。在口头审理中，第三人确定的无效理由和范围是：本专利权利要求1相对于附件1、3、4没有新颖性，权利要求2相对于附件3、4没有新颖性，权利要求2相对于附件1、2的结合没有创造性。原告对附件1~4的真实性没有异议。被告经审查认为附件1~4可以作为本案证据使用，且附件1~3的公开日期在本专利的申请日前，因此可以作为本专利的现有技术使用。附件4为本专利申请日前申请，在本专利申请日后公开的专利文献，因此其仅能用来评述本专利的新颖性。

关于本专利权利要求1、2的新颖性问题，被告经审查认为：

权利要求1保护一种空调器内外机的接管，附件4也公开了一种空调器室内、外机的连接管，并具体公开了如下技术内容：该连接管的两端分别是铜管，中间为铝管，铜、铝管通过焊接连接（参见附件4说明书第1页倒数第5行至倒数第4行）。因此，附件4公开了本案权利要求1的全部技术特征，而且附件4与本专利属于相同的技术领域，可以解决相同的技术问题，并产生了相同的技术效果，因此权利要求1相对于附件4不具备新颖性，不符合《专利法》第二十二条第二款的规定。

权利要求2是独立权利要求1的从属权利要求，其附加技术特征为在铝管段、铜管接头以及二者之间的焊缝的外表面有塑层。附件4说明书第1页倒数第2行中公开了在连接管整个表面（包括铝管、铜管及焊接处的表面）上覆盖电泳漆膜层。由于漆膜属于塑层的一种，是塑层的下位概念，因此附件4中的电泳漆膜层也公开了权利要求2中的塑层这一技术特征，故附件4公开了权利要求2的全部技术特征，因此权利要求2相对于附件4不具备新颖性，不符合《专利法》第二十二条第二款的规定。

针对原告所述“本专利的焊接是插入式焊接，而附件4中未具体公开焊接方式”的区别，以及“本专利说明书发明内容部分第三段中公开了两端口附近不涂覆塑层，而附件4中为整个管段都覆盖塑层”的区别。被告认为，本专利权利要求1中并未将焊接形式限定为插入式焊接，本案权利要求2中并未限定铜管接头的两端口附近不涂覆塑层。因此原告的上述意见无事实依据。

鉴于本专利权利要求1、2相对于附件4不具备新颖性，因此被告对第三人提出的其他无效理由和证据未予评述。综上，被告作出被诉决定。原告不服，诉至本院。

本案开庭审理中，原告明确表示对被诉决定作出的行政程序无异议，并对以下事实无争议：1. 附件4为本专利的附件4；2. 本专利与附件4涉及的技术方案属于相同的技术领域；3. 本专利权利要求1不具备新颖性。

本院认为，对于原告明确表示无争议的事实，本院经审查予以确认。本案争议焦点是：本专利权利要求2相对于附件4是否具备新颖性。

《专利法》第二十二条第二款规定：新颖性，是指在申请日以前没有同样的发明或者实用新型在国内外出版物上公开发表过、在国内公开使用过或者以其他方式为公众所知，也没有同样的发明或者实用新型由他人向国务院专利行政部门提出过申请并记载在申请日以后公布的专利申请文件中。本案中，本专利权利要求2附加的技术特征明确为“纯铝管段（1）和铜管接头（2）及其间的焊缝之外表面有塑层”，并未对“塑层”涂覆位置作出部分的限定，而附件4说明书公开了“在连接管整个表面（包括铝管、铜管及焊接处的表面）上覆盖电泳漆膜层”的技术特征。在塑层包括漆膜层的情况下，本专利权利要求2附加的技术特征已被附件4所公开，二者塑层（漆膜层）涂覆的位置相同。因此，被告认定本专利权利要求2不具备新颖性正确。

原告主张本专利说明书中公开了“铜管接头的两端口附近不覆盖塑层”的技术特征，与附件4公开的“漆膜层”覆盖的位置不同，因此本专利权利要求2具备新颖性。本院认为，《专利法》第五十六条第一款规定：“发明或者实用新型专利权的保护范围以其权利要求的内容为准，说明书及附图可以用于解释权利要求。”因此，说明书能够用于解释权利要求，但不能因此扩大或限定权利要求所保护的范围。原告提出的“铜管接头的两端口附近不覆盖塑层”的技术特征，未记载于本专利权利要求中，故本专利说明书对权利要求2的技术特征予以限定缺乏法律依据。因此原告所提上述诉讼意见缺乏事实依据，其诉讼请求本院不予支持。

综上，被诉决定认定事实清楚，适用法律正确，行政程序合法，本院应予维持。依照《中华人民共和国行政诉讼法》第五十四条第（一）项之规定，判决如下：

维持被告国家知识产权局专利复审委员会于二〇〇七年六月八日作出的第9912号无效宣告请求审查决定。

案件受理费100元，由原告左铁军、赵越负担（已交纳）。

如不服本判决，各方当事人可在判决书送达之日起15日内，向本院递交上诉状，并按对方当事人的人数提出副本，预交上诉案件受理费100元，上诉于北京市高级人民法院。上诉人在上诉期满后7日内未预交上诉费，又不提出缓交申请的，按自动撤回上诉处理。

审 判 长 梁 菲
代理审判员 司品华
人民陪审员 吴 群
二〇〇七年十二月二十八日
书 记 员 王 丽

北京市高级人民法院
行政判决书

（2008）高行终字第297号

上诉人（一审原告）左铁军，男，1952年6月14日出生，汉族，青岛市海青机械总厂厂长，住山东省青岛市市南区沛县路11号2单元402户。

上诉人（一审原告）赵越，男，1960年8月9日出生，汉族，中国海洋大学教师，住山东省青岛市市北区威海路270号2单元301户。

以上二上诉人之共同委托代理人苗峻，济南舜源专利事务所有限公司职员。

被上诉人（一审被告）国家知识产权局专利复审委员会，住所地北京市海淀区北四环西路9号银谷大厦10~12层。

法定代表人廖涛，副主任。

委托代理人姜岩，女，国家知识产权局专利复审委员会审查员。

委托代理人朱明雅，女，国家知识产权局专利复审委员会审查员。

被上诉人（一审第三人）新昌县制冷部件厂，住所地浙江省新昌县城关镇塔山村。

法定代表人吴岳民，厂长。

委托代理人戴晓翔，浙江翔隆专利事务所专利代理人。

上诉人左铁军、赵越因专利无效宣告审查决定一案，不服北京市第一中级人民法院（2007）一中行初字第1294号行政判决，向本院提起上诉。本院依法组成合议庭，公开开庭审理了本案。上诉人左铁军、赵越的委托代理人苗峻；被上诉人国家知识产权局专利复审委员会（以下简称专利复审委）的委托代理人姜岩、朱明雅；被上诉人新昌县制冷部件厂（以下简称新昌部件厂）的委托代理人戴晓翔到庭参加了诉讼。本案现已审理终结。

2007 年 6 月 8 日，专利复审委作出的第 9912 号无效宣告请求审查决定（以下简称第 9912 号决定），宣告左铁军、赵越所有的第 200420040094. 7 号“用于空调器内外机的接管”实用新型专利权（以下简称本专利）全部无效。左铁军、赵越不服专利复审委所作决定，向北京市第一中级人民法院提起行政诉讼。

北京市第一中级人民法院经审理认为，本专利权利要求 2 附加的技术特征明确为“纯铝管段（1）和铜管接头（2）及其间的焊缝之外表面有塑层”，并未对“塑层”涂覆位置作出部分的限定，而附件 4 说明书公开了“在连接管整个表面（包括铝管、铜管及焊接处的表面）上覆盖电泳漆膜层”的技术特征。在塑层包括漆膜层的情况下，本专利权利要求 2 附加的技术特征已被附件 4 所公开，二者塑层（漆膜层）涂覆的位置相同。因此，专利复审委认定本专利权利要求 2 不具备新颖性正确。左铁军、赵越主张本专利说明书中公开了“铜管接头的两端口附近不覆盖塑层”的技术特征，与附件 4 公开的“漆膜层”覆盖的位置不同，因此本专利权利要求 2 具备新颖性。本院认为，《中华人民共和国专利法》（以下简称《专利法》）第五十六条第一款规定：“发明或者实用新型专利权的保护范围以其权利要求的内容为准，说明书及附图可以用于解释权利要求。”因此，说明书能够用于解释权利要求，但不能因此扩大或限定权利要求所保护的范围。提出的“铜管接头的两端口附近不覆盖塑层”的技术特征，未记载于本专利权利要求中，故本专利说明书对权利要求 2 的技术特征予以限定缺乏法律依据。被诉决定认定事实清楚，适用法律正确，行政程序合法。依照《中华人民共和国行政诉讼法》第五十四条第（一）项之规定，判决维持第 9912 号决定。

左铁军、赵越不服一审判决，向本院提出上诉。上诉理由是：本专利与对比文件相比，两者技术方案不同。本专利权利要求 2 的“上述纯铝管段和铜管接头及其间的焊缝之外表面有塑层”这一特征在本专利说明书给予了说明，即“两端口附近除外”，对比文件没有披露这一点。因此，一审判决认定事实不清，适用法律错误，请求本院撤销一审判决，撤销专利复审委作出的第 9912 号决定。

被上诉人专利复审委答辩认为，本案中本专利权利要求 1 中并未限定“铜管接头的两端口附近不覆盖塑层”的技术特征，因此不能以未限定在权利要求中的技术特征作为权利要求 1 与对比文件的区别技术特征。上诉人的上诉理由不能成立。请求本院判决驳回上诉，维持一审判决。

被上诉人新昌部件厂答辩认为，本专利铜管接头的两端口附近不覆盖塑层的技术特征，已被附件 4 所公开，故权利要求 2 丧失新颖性。说明书可以解释权利要求，并非可以扩大或者缩小保护范围，改写权利要求；本专利“两端口附近除外”的限定技术特征，并未记载在权利要求 2 中；两个端口不涂敷塑层属本领域常规手段或常识。上诉人要求将未记载在权利要求中的技术特征作为限定或区别特征对待，从而认定其有别于对比文件，缺乏事实和法律依据。专利复审委决定正确，请求本院驳回上诉，维持一审判决。

一审审理期间，专利复审委在法定期限内向一审法院提交了以下证据：（1）本专利说明书；（2）附件 4，即专利号为 ZL03273421. 2 的中国实用新型专利说明书，申请日为 2003 年 8 月 14 日，授权公告日为 2004 年 9 月 15 日，专利权人为广东科龙电器股份有限公司。左铁军、赵越以及新昌部件厂均未向一审法院提交证据。一审法院依职权向专利复审委调取了口头审理记录表四页。

一审法院经审查认为，专利复审委提交的证据与第 9912 号决定具有关联性，且真实、合法，故予以确认。

上述证据均已随案移送本院。二审期间，各方当事人未向本院提交新证据。经审查，本院确认一审法院认证意见正确。

根据以上有效证据，本院确认如下事实：

2004年4月20日，左铁军、赵越向国家知识产权局申请本专利，2005年7月6日获得授权。本专利授权公告的权利要求书载明：

“1. 一种用于空调器内外机的接管，其特征是在纯铝管段（1）两端各焊接有铜管接头（2）组成。

2. 如权利要求1所述的用于空调器内外机的接管，其特征是在上述纯铝管段（1）和铜管接头（2）及其间的焊缝之外表面有塑层（3）。”

2007年1月16日，新昌部件厂以本专利不符合《专利法》第二十二条第二款、第三款规定为由，向专利复审委提出无效宣告请求，并提交四份附件作为证据。其中，附件4：专利号为ZL03273421.2的中国实用新型专利说明书，申请日为2003年8月14日，授权公告日为2004年9月15日。2007年6月5日专利复审委举行口头审理。专利复审委认为附件4为本专利申请日前申请，在本专利申请日后公开的专利文献，可用以评价本专利新颖性。

专利复审委经审查认为：权利要求1保护一种空调器内外机的接管，附件4也公开了一种空调器室内、外机的连接管，并具体公开了如下技术内容：该连接管的两端分别是铜管，中间为铝管，铜、铝管通过焊接连接（参见附件4说明书第1页倒数第5行至倒数第4行）。因此，附件4公开了本专利权利要求1的全部技术特征，而且附件4与本专利属于相同的技术领域，可以解决相同的技术问题，并产生了相同的技术效果，因此本专利权利要求1相对于附件4不具备新颖性，不符合《专利法》第二十二条第二款的规定。

本专利权利要求2是独立权利要求1的从属权利要求，其附加技术特征为在铝管段、铜管接头以及二者之间的焊缝的外表面有塑层。附件4说明书第1页倒数第2行中公开了在连接管整个表面（包括铝管、铜管及焊接处的表面）上覆盖电泳漆膜层。由于漆膜属于塑层的一种，是塑层的下位概念，因此附件4中的电泳漆膜层也公开了权利要求2中的塑层这一技术特征，故附件4公开了权利要求2的全部技术特征，因此本专利权利要求2相对于附件4不具备新颖性，不符合《专利法》第二十二条第二款的规定。

专利复审委针对左铁军、赵越所述“本专利的焊接是插入式焊接，而附件4中未具体公开焊接方式”，以及“本专利说明书发明内容部分第三段中公开了两端口附近不涂覆塑层，而附件4中为整个管段都覆盖塑层”的意见认为，本专利权利要求1中并未将焊接形式限定为插入式焊接；权利要求2中并未限定铜管接头的两端口附近不涂覆塑层。因此左铁军、赵越的意见无事实依据。

鉴于本专利权利要求1、2相对于附件4不具备新颖性，专利复审委对新昌部件厂提出的其他无效理由和证据不再评述，据此宣告本专利全部无效。故左铁军、赵越遂诉至法院。

本院认为，鉴于庭审中，左铁军、赵越以及新昌部件厂对专利复审委作出的第9912号决定的行政程序不持异议，故本院对此书面审理后认定，专利复审委的行政程序符合法律规定，本院予以确认。

在事实方面，左铁军、赵越认可专利复审委对附件4能构成本专利现有技术的认定；对本专利与附件4涉及的技术方案属于相同的技术领域表示认可；对本专利权利要求1不具备新颖性不持异议。本院对上述无争议的事实，经书面审理后认为，专利复审委对上述事实的认定正确，本院亦予以确认。

本案争议的焦点问题是：本专利权利要求2相对于附件4是否具备新颖性。根据《专利法》第二十二条第二款的规定：“新颖性，是指在申请日以前没有同样的发明或者实用新型在国内外出版物上公开发表过、在国内公开使用过或者以其他方式为公众所知，也没有同样的发明或者实用新型由他人向国务院专利行政部门提出过申请并记载在申请日以后公布的专利申请文件中。”

本专利权利要求2载明的附加技术特征为“在纯铝管段（1）和铜管接头（2）及其间的焊缝之外表面有塑层（3）”。附件4说明书中公开的技术内容为“在连接管整个表面再覆盖电泳漆膜层”。电泳漆膜层是塑层的一种，属于塑层的下位概念。因此，附件4所披露的该技术特征已经公开了本专利权利要求2中“塑层”这一技术特征。

《专利法》第五十六条第一款规定，实用新型专利的保护范围以其权利要求的保护范围为准。本案中，本专利权利要求2仅表述为“在纯铝管段（1）和铜管接头（2）及其间的焊缝之外表面有塑层（3）”，因此，权利要求2中并未限定上诉人所主张的“铜管接头的两端口附近不覆盖塑层”技术特征内容。故不能以未限定在本专利权利要求中的技术特征作为区别特征用以比对附件4的技术特征，因此专利复审委的认定正确。

综上所述，专利复审委所作第9912号决定认定本专利权利要求1、2相对于附件4不符合《专利法》第二十二条第二款的规定正确。一审法院所作判决认定事实清楚，适用法律正确，审理程序合法，本院应予维持。左铁军、赵越的上诉理由缺乏事实和法律依据，本院不予支持。依照《中华人民共和国行政诉讼法》第六十一条第（一）项的规定，判决如下：

驳回上诉，维持一审判决。

二审案件受理费人民币100元，由上诉人左铁军、赵越负担（已交纳）。

本判决为终审判决。

审　判　长　朱世宽
代理审判员　赵宇晖
代理审判员　朱海宏
二〇〇八年八月五日
书　记　员　张　怡

110

复合多级滤芯及其制造方法

无效宣告请求审查决定（第9913号）

决　定　号　第9913号
决　定　日　2007年6月7日
发明创造名称　复合多级滤芯及其制造方法
国际分类号　B01D 39/18
无效宣告请求人　北京望族净化技术开发有限责任公司
专　利　权　人　李少华，李安，张化明
专　利　号　02121346.1
申　请　日　2002年6月14日
授权公告日　2005年5月4日
合议组组长　刘　犟
主　审　员　王　冬
参　审　员　郭建强

法律依据　专利法第22条第2款、第3款、第4款
决定要点

授予专利权的发明必须能够解决技术问题，并且能够应用，也就是说，如果申请的是一种产品，那么该产品必须在产业中能够制造，并且能够解决技术问题。如果申请的是一种方法，那么这种方法也必须在产业中能够使用，并且能够解决技术问题。在产业上能够制造或者使用的技术方案，是指符合自然规律、具有技术特征的任何可实施的技术方案。

新颖性，是指在申请日以前没有同样的发明或者实用新型在国内外出版物上公开发表过、在国内公开使用过或者以其他方式为公众所知，也没有同样的发明由他人向国务院专利行政部门提出过申请并记载在申请日以后公布的专利申请文件中。

创造性，是指同申请日以前已有的技术相比，该发明有突出的实质性特点和显著的进步，该实用新型具有实质性特点和进步。

一、案由

本无效宣告请求涉及中华人民共和国国家知识产权局于2005年5月4日授权公告的、名称为“复合多级滤芯及其制造方法”的发明专利权（以下简称本专利），其专利号是02121346.1，申请日是2002年6月14日，专利权人是李少华、李安、张化明。本专利授权公告的权利要求书如下：

“1. 一种复合多级滤芯，其特点是：复合多级滤芯采用复合材料A，其结构为具有三层同轴复合

层的中空圆柱，从外向内依次为5~10目材料的粗滤层、10~30目材料的中滤层、30~50目材料的深滤层，其中上述所用的复合材料A是经过下述方法处理得到的混合物：

（1）将花生壳用旋切机粉碎至5~50目，按5~10目、10~30目、30~50目分选后，用3%~7%对甲苯磺酸或盐酸、磷酸浸泡2~5小时；

（2）将油脂厂产生的下脚料棉籽壳干燥、去掉部分残余的棉籽仁，按10~30目、30~50目分选后，以3%~8%的液碱浸泡15~20小时；

（3）将选自香蕉叶、椰子叶、椰皮、龙须草、黄交藤、席草、稻草、麦秸、蔗渣、竹子、芦苇中的一种或多种植物纤维切割粉碎至10~50目，按10~30目、30~50目分选后，以2%的液碱浸泡1~5小时；

（4）将椰壳粉碎至5~50目后，按5~10目、10~30目、30~50目分选后，用5%液碱浸泡15~20小时；

（5）选用5~50目的硅胶，按5~10目、10~30目、30~50目分选后，用胺化合物浸泡20分钟后干燥处理；

（6）选用10~50目活性炭，按10~30目、30~50目分选后，用胺化合物浸泡20~30分钟后干燥处理；

将上述处理过的原料及5~50目的氧化铝以5~10目为一料区、10~30目为一料区、30~50目为一料区，按如下重量份进行混合搅拌配比：

5~10目料区　花生壳30~70份、椰壳13~50份、硅胶1~3份、氧化铝1~3、3%~9%的水玻璃或3%~9%的氢氧化钠1~2份；

10~30目料区和30~50目料区　花生壳30~70份、棉籽壳5~20份、植物纤维5~18份、椰壳13~50份、氧化铝1~3份、硅胶1~3份、活性炭2~10份、3%~9%的水玻璃或3%~9%的氢氧化钠1~2份。

2. 如权利要求1所述的复合多级滤芯，其特征是：该A型复合材料使用次氯酸钠、硫酸、硝酸、双氧水和氢氧化钠其中之一作为活化剂，以酸木素、单宁和碱木素其中之一作填充剂。

3. 如权利要求1所述的复合多级滤芯，其特征是：处理硅胶和活性炭所用的胺化合物为乙胺、二乙胺、三乙胺、单乙基醇胺、单异丙基醇胺、二亚乙基三胺其中之一。

4. 一种复合多级滤芯，其特点是：复合多级滤芯采用复合材料B，其结构为具有三层同袖复合层的中空圆柱，从外向内依次为5~10目材料的粗滤层、10~30目材料的中滤层、30~50目材料的深滤层，其中上述所用的复合材料B是经过下述方法处理得到的混合物：

（1）将垃圾分离出黑色金属、有色金属、玻璃、陶瓷及灰土；

（2）将分拣、分选后剩余的纸状垃圾、破布、包装袋、废医用品、废卫生巾、竹、木、植物茎叶、塑料中的一种或多种垃圾，投入密封式沤化池进行沤化；

（3）将沤化的垃圾捞出，以150℃的高温对垃圾进行干燥，粉碎至5~50目后，按5~10目、10~30目、30~50目分选；

（4）将粉碎后的垃圾用的7%的液碱进行浸泡5~10小时；

（5）将花生壳用旋切机粉碎至5~50目，按5~10目、10~30目、30~50目分选后，用3%~7%对甲苯磺酸或盐酸、磷酸浸泡2~5小时；

（6）将油脂厂产生的下脚料棉籽壳干燥、去掉部分残余的棉籽仁，按10~30目、30~50目分选后，以3%~8%的液碱浸泡15~20小时；

（7）将椰壳粉碎至5~50目后，按5~10目、10~30目、30~50目分选后，用5%液碱浸泡15~20

小时；

（8）将剑麻头粉碎至5~50目后，按5~10目、10~30目、30~50目分选后，用5%液碱浸泡15~20小时；

（9）选用10~100目的硅胶，按10~30目、30~50目分选后，用胺化合物浸泡20分钟后干燥处理；

（10）选用25~100目活性炭，按25~30目、30~50目分选后，用胺化合物浸泡20~30分钟后干燥处理；

将上述处理后的材料及25~100目的氧化铝以5~10目为一料区、10~30目为一料区、30~50目为一料区，按如下重量份进行混合搅拌配比：

5~10目料区　酸处理后的花生壳40~80份、碱处理后的椰壳5~45份、碱处理后的剑麻头3~25份、碱处理后的垃圾物20~50份、3%~9%的水玻璃或3%~9%的氢氧化钠1~2份；

10~30目料区和30~50目料区　酸处理后的花生壳40~80份、碱处理后的棉籽壳3~20份、碱处理后的椰壳5~45份、碱处理后的剑麻头3~25份、碱处理后的垃圾物20~50份、硅胶1~3份、氧化铝1~3份、碱处理后的活性炭2~10份、3%~9%的水玻璃或3%~9%的氢氧化钠1~2份。

5. 如权利要求4所述的复合多级滤芯，其特征点是：在沤化过程中对沤化物喷洒液酸。

6. 一种权利要求1或4所述的复合多级滤芯的制造方法，其特征是：把原料A或B以5~10目为一料区，10~30目为一料区，30~50目为一料区分三次加入模具内，经冷压成型干燥后，在150~200℃、3.5~10MPa的条件下热压成型。”

针对上述专利权，北京望族净化技术开发有限责任公司（以下简称请求人）于2006年5月17日向专利复审委员会提出无效宣告请求，请求人认为，权利要求1~6不具备实用性，且权利要求1~6相对于附件1不具备创造性。请求人提交的附件如下：

附件1：授权公告日为2001年9月5日、授权公告号为CN2446282Y的实用新型专利说明书。

经形式审查合格，专利复审委员会依法受理了上述无效宣告请求，并于2006年8月10日向双方发出无效宣告请求受理通知书，同时将专利权无效宣告请求书及其附件清单中所列附件的副本转送给专利权人，并要求专利权人在指定的期限内陈述意见。

专利权人于2006年9月12日提交了意见陈述书，认为请求人提出的无效宣告理由不成立。

专利复审委员会依法成立合议组，对本案进行审查。

专利复审委员会本案合议组于2007年3月2日向双方发出无效宣告请求口头审理通知书，定于2007年4月16日举行口头审理。

口头审理如期举行，双方当事人均参加了口头审理。

在口头审理中，请求人明确其无效宣告请求的理由、事实和证据为：权利要求1、4、5相对于附件1不符合专利法第22条第2款、第3款的规定，权利要求1~6不符合专利法第22条第4款的规定。

关于专利法第22条第4款，在口头审理中，请求人认为，本专利中的原料有的是经过浸泡有的经过干燥，无法做成整体结构，且浸泡之后的原料目数无法保证与浸泡前相同，因此，本专利不具备实用性。专利权认为，本专利采用先分选再浸泡的方法，具备实用性。

关于专利法第22条第2款、第3款，请求人认为，附件1公开了网滤芯、纸滤芯、毡滤芯三层结构的机油滤清器，因此，权利要求1、4、5相对于附件1不具备新颖性和创造性。专利权人认为，附件1没有公开滤芯各层的目数和其他技术特征，因此，权利要求1、4、5相对于附件1具备新颖性和创造性。

至此，合议组认为本案事实已经清楚，可以作出审查决定。

二、决定的理由

1. 关于证据和现有技术

请求人提交的附件1是中国实用新型专利说明书，专利权人对其真实性没有异议，经合议组核实附件1可以作为本案证据使用。由于附件1的公开日期在本专利的申请日之前，因此可以作为本专利的现有技术。

2. 关于专利法第22条第4款

专利法第22条第4款规定：实用性，是指该发明或者实用新型能够制造或者使用，并且能够产生积极效果。

根据该规定，授予专利权的发明或者实用新型，必须能够解决技术问题，并且能够应用，也就是说，如果申请的是一种产品，那么该产品必须在产业中能够制造，并且能够解决技术问题。如果申请的是一种方法，那么这种方法必须在产业中能够使用，并且能够解决技术问题。在产业上能够制造或者使用的技术方案，是指符合自然规律、具有技术特征的任何可实施的技术方案。

本案中，请求人认为，本专利中的原料有的是经过浸泡有的经过干燥，无法做成整体结构，且浸泡之后的原料目数无法保证与浸泡前相同，因此，本专利权利要求1~6不能在产业上再现，不具备实用性。

对此，合议组经审查后认为：本专利权利要求1和4分别要求保护一种复合多级滤芯，权利要求2和3分别对权利要求1作了进一步限定，其附加技术特征分别为：该A型复合材料使用次氯酸钠、硫酸、硝酸、双氧水和氢氧化钠其中之一作为活化剂，以酸木素、单宁和碱木素其中之一作填充剂；处理硅胶和活性炭所用的胺化合物为乙胺、二乙胺、三乙胺、单乙基醇胺、单异丙基醇胺、二亚乙基三胺其中之一。权利要求5对权利要求4作了进一步限定，其附加技术特征为：在沤化过程中对沤化物喷洒液酸。权利要求6要求保护一种权利要求1或4所述的复合多级滤芯的制造方法，其包括把原料A或B以5~10目为一料区，10~30目为一料区，30~50目为一料区分三次加入模具内，经冷压成型干燥后，在150~200℃、3.5~10MPa的条件下热压成型，可见，本领域技术人员能够理解所述复合材料A或B中的各组分原料是在分别粉碎、按不同目数分选后再经过浸泡或干燥的，然后再按不同目数分成若干料区混合搅拌配比，最后经冷压成型干燥后，在150~200℃、3.5~10MPa的条件下热压成型，因此，本专利给出了制备所述复合多级滤芯用料的制备方法，本领域技术人员根据权利要求书和说明书的记载能够实现本发明权利要求1~6要求保护的技术方案。对于请求人认为本专利所述滤芯无法做成整体结构，且浸泡之后的原料目数无法保证与浸泡前相同，合议组认为，请求人仅仅是通过推测和怀疑而认为本专利的原料有的是经过浸泡有的经过干燥，无法做成整体结构，且浸泡之后的原料目数无法保证与浸泡前相同，从而作出本专利不具备实用性的判断，并没有提出合理的理由，也没有提供相关的证据加以证明，因此，对请求人关于本专利不具备实用性的主张合议组不予支持。

综上所述，合议组认为，请求人关于权利要求1~6不具备实用性的理由不成立，权利要求1~6具备实用性，符合专利法第22条第4款的规定。

3. 关于新颖性

专利法第22条第2款规定，新颖性，是指在申请日以前没有同样的发明或者实用新型在国内外出版物上公开发表过、在国内公开使用过或者以其他方式为公众所知，也没有同样的发明或者实用新型由他人向国务院专利行政部门提出过申请并记载在申请日以后公布的专利申请文件中。

根据该规定，所谓同样的发明或者实用新型，是指技术领域、所要解决的技术问题和技术方案实质上相同，预期效果相同的发明或者实用新型。如果对比文件与本专利不是同样的发明或者实用新型，则本专利具备新颖性。

请求人认为权利要求 1、4、5 相对于附件 1 不具备新颖性。

对此，合议组认为，本案中，附件 1 公开了一种机油滤清器，所述机油滤清器有网滤芯、纸滤芯、毡滤芯三层滤芯，该三层滤芯为同轴中空圆筒（附件 1 权利要求 1 和附图 1、2）。由此可见，本专利权利要求 1 或 4 与附件 1 相比，附件 1 中至少没有公开本专利中各层滤芯材料的目数，也没有公开所述各层滤芯采用的复合材料。由于本专利权利要求 1 或 4 分别与附件 1 存在上述区别技术特征，即附件 1 与权利要求 1、权利要求 4 相比是不同的技术方案，因此权利要求 1 或 4 相对于附件 1 具备新颖性。由于权利要求 5 是权利要求 4 的从属权利要求，在权利要求 4 具备新颖性时，从属权利要求 5 也具备新颖性。

4. 关于创造性

专利法第 22 条第 3 款规定，创造性，是指同申请日以前已有的技术相比，该发明有突出的实质性特点和显著的进步，该实用新型具有实质性特点和进步。

根据该规定，在判断一项权利要求的创造性时，首先应当将权利要求与最接近的现有技术进行比较，找出它们的区别技术特征和发明实际解决的技术问题，如果现有技术中没有给出将上述区别技术特征应用到该最接近的现有技术已解决其存在的技术问题的技术启示，则该权利要求对本领域技术人员来说是非显而易见的，并且如果该权利要求具有有益的技术效果，则该权利要求具备创造性。

请求人认为权利要求 1、4、5 相对于附件 1 不具备创造性。

对此，合议组认为，本案中，如上所述，本专利权利要求 1 或 4 与附件 1 的区别技术特征为：附件 1 中没有公开本专利权利要求 1 或 4 中各层滤芯材料的目数，也没有公开本专利权利要求 1 或 4 中所述滤芯采用的复合材料。而请求人也未提供证据证明现有技术中有将上述区别技术特征应用到附件 1 中以解决其存在的技术问题的技术启示，本领域技术人员根据附件 1 不能显而易见的得到权利要求 1 或 4 要求保护的技术方案，并且本发明提供了一种寿命长，过滤精度高，且能对杂质进行选择吸附的复合多级滤芯，具有有益的技术效果，因此，权利要求 1 和 4 具备创造性。权利要求 5 是对权利要求 4 的进一步限定，在权利要求 4 具备创造性的前提下，该权利要求也具备创造性。

根据上述的事实和理由，本案合议组依法作出以下决定。

三、决定

维持 02121346.1 号发明专利权有效。

当事人对本决定不服的，可以根据专利法第 46 条第 2 款的规定，自收到本决定之日起 3 个月内向北京市第一中级人民法院起诉。根据该款的规定，一方当事人起诉后，另一方当事人应当作为第三人参加诉讼。

111

冷渣排渣器

无效宣告请求审查决定（第9914号）

决 定 号 第9914号
决 定 日 2007年6月14日
发明创造名称 冷渣排渣器
国 际 分 类 号 F23J 1/06
无效宣告请求人 张年富
专 利 权 人 宋志安
专 利 号 99114028.1
优 先 权 日 1998年10月14日
申 请 日 1999年1月20日
授 权 公 告 日 2004年3月17日
合 议 组 组 长 刘 犟
主 审 员 王 冬
参 审 员 王 琳

法 律 依 据 专利法第22条第2款、第3款
决 定 要 点

在判断一项发明权利要求的创造性时，首先应当将权利要求与最接近的现有技术进行比较，找出它们的区别技术特征和发明实际解决的技术问题，然后判断现有技术中是否给出将上述区别技术特征应用到该最接近的现有技术以解决其存在的技术问题的技术启示，如果存在这种技术启示，则该权利要求对本领域技术人员来说是显而易见的，不具备创造性，如果没有这种技术启示，则该权利要求对本领域技术人员来说是非显而易见的，具备创造性。

一、案由

本无效宣告请求涉及中华人民共和国国家知识产权局于2004年3月17日授权公告的、名称为“冷渣排渣器”的发明专利权（以下简称本专利），其专利号是99114028.1，申请日是1999年1月20日，专利权人是宋志安。本专利授权公告时的权利要求书如下：

“1. 一种冷渣排渣器，包括机架、冷渣转筒、驱动装置，所说的冷渣转筒中设置有隔管，其特征在于：所说的隔管为圆形管，管内分布螺旋叶片。

2. 根据权利要求1所述的冷渣排渣器，其特征在于：所说的冷渣转筒水平安装在机架上。

3. 根据权利要求1所述的冷渣排渣器，其特征在于：隔管内焊接有二至三个螺旋叶片。

4. 根据权利要求1所述的冷渣排渣器，其特征在于：所说的冷渣转筒的内径为150至600mm，螺旋叶片的导程为冷渣转筒内径的一至二倍，螺旋叶片的宽度为30至60mm，厚度为3至12mm。”

针对上述专利权，张年富（以下简称请求人）于2006年9月28日向专利复审委员会提出无效宣告请求，并提交了如下附件：

附件1：授权公告日为1994年11月23日、授权公告号为CN2183502Y的中国实用新型专利说明书；

附件2：申请日为1998年2月9日，授权公告日为1999年6月23日、授权公告号为CN2325657Y的中国实用新型专利说明书，专利权人为陈崇亮；

附件3：授权公告日为1997年9月10日、授权公告号为CN2262171Y的中国实用新型专利说明书。

请求人认为：（1）本专利权利要求1、2相对于附件1不具备新颖性，不符合专利法第22条第2款的规定；（2）权利要求1相对于附件2不具备新颖性，不符合专利法第22条第2款的规定；（3）权利要求1~4相对于附件1不具备创造性，不符合专利法第22条第3款的规定；（4）权利要求1~4相对于附件1和3的结合不具备创造性，不符合专利法第22条第3款的规定。

经形式审查合格，专利复审委员会依法受理了上述无效宣告请求，并于2006年12月6日向双方发出无效宣告请求受理通知书，同时将专利权无效宣告请求书及其附件清单中所列附件的副本转送给专利权人，并要求专利权人在指定的期限内陈述意见。

在指定的期限内专利权人没有提交陈述意见。

专利复审委员会依法成立合议组，对本案进行审查。

专利复审委员会本案合议组于2007年4月6日向双方发出无效宣告请求口头审理通知书，定于2007年6月4日举行口头审理。

口头审理如期举行，双方当事人均参加了口头审理。

在口头审理中，请求人明确其无效的理由、范围以及证据为：权利要求1、2相对于附件1不具备新颖性，权利要求1相对于附件2没有新颖性，权利要求1~4相对于附件1没有创造性，权利要求1~4相对于附件3和附件1的结合没有创造性。专利权人对请求人提供的附件1~3的真实性没有异议。

专利权人认为：请求人张年富的身份无法核实，请求人的主体资格无法确认。合议组经合议当庭宣布：双方应在6月15日上午9：00来复审委员会针对请求人身份的问题进行质证。后经专利权人请求，认为请求人和专利权人均在南京，专利权人要求在南京自行核实，并将提供关于身份核实的书面意见。合议组要求请求人在6月15日前递交关于身份证明的文件。如果请求人没有提交身份证明文件，则认为请求人主体资格不合格，如果专利权人既未出庭核实又未递交意见陈述则认为对请求人身份无异议。

（1）关于权利要求1、2相对于附件1是否符合专利法第22条第2款的规定。请求人认为，附件1公开了权利要求1的全部技术特征，权利要求2的附加技术特征被附件1的附图1所公开，所以不具备新颖性。专利权人认为，附件1所对应的产品是双层套筒排渣机，本专利是转筒式冷渣排渣机，产品的类型不同，附件1中的内筒不同于本专利的隔管，且附件1没有公开水平安装。

（2）关于权利要求1相对于附件2是否符合专利法第22条第2款的规定。请求人认为，附件2完全披露了权利要求1的全部技术特征，附件2中的螺旋导渣板的作用与本专利螺旋叶片的作用是相同的，附件2说明书第2页倾斜安装与本专利的水平安装的实质是相同的。专利权人认为，附件2与本专利的产品的技术领域相同，附件2的螺旋导渣板的目的仅仅是冷却，而本专利的螺旋叶片的目的是传输煤渣，可使冷渣转筒水平安装。

（3）关于权利要求1~4相对于附件1是否符合专利法第22条第3款的规定。请求人认为，由于权利要求1、2相对于附件1不具备新颖性，所以权利要求1、2也不具备创造性。权利要求3的冷渣转筒隔管内焊接有二至三个螺旋叶片被附件1公开了，权利要求4中的螺旋叶片的导程是根据公式计算出来的数值，是现有技术，且本专利没有记载该尺寸的选择具有显著的技术效果。专利权人认为，权利要求3的冷渣转筒隔管内焊接有二至三个螺旋叶片是特定的选择，权利要求4中所选择的数值是特定的，并不是公知的，且请求人没有提供公知技术的证明。

（4）关于权利要求1~4相对于附件3和附件1的结合是否符合专利法第22条第3款的规定。请求人认为，附件3相对于本专利权利要求1、2的区别特征是附件3在隔管内设置筋板，而本专利是螺旋叶片，该区别技术特征在附件1中已经公开，权利要求3、4在附件3的基础上，技术参数的选择没有显著的进步，所以没有创造性。专利权人认为，附件3中的隔管与附件1中内筒是不同的，附件1和附件3属于不同的产品，两者的结合对本专利的创造性没有影响。

专利权人于2007年6月8日提交了意见陈述书，其中对请求人身份核查问题发表了意见，认为：请求人张年富的身份证上的地址与无效宣告请求书中记载的请求人的地址不符，因此，不能核实该身份证所表明的张年富就是本案申请人。

请求人于2007年6月11日提交了由南京市公安局出具的有关请求人（张年富）的身份证明，并附有张年富的身份证复印件。

至此，合议组认为本案事实已经清楚，可以作出审查决定。

二、决定的理由

1. 关于请求人资格

合议组经核实认为，请求人提交的关于张年富身份的证明真实有效，张年富的身份可以得到确认，并且由于其符合无效宣告请求请求人资格的要求，因此，可以认定张年富即为本案请求人。专利权人在请求人提供证据证明本案请求人就是身份证所表明的张年富后仅根据地址不同就推定身份证所表明的张年富并不一定是本案申请人，由于审查指南中并没有要求请求人提出无效宣告请求时的地址必须与其身份证上所载地址相同，且专利权人也没有提供相应的证据证明身份证所表明的张年富不是本案请求人，因此，专利权人关于请求人主体资格无法确认的主张不能成立。

2. 关于证据和现有技术

请求人提交的证据是附件1~3，专利权人对附件1~3的真实性没有异议，经合议组核实，附件1~3均为中国专利文献，对其真实性予以确认，因此，附件1~3可以作为本案证据使用。同时由于附件1和3的公开日期在本专利的申请日前，因此可以作为本专利的现有技术使用。附件2为他人于本专利申请日前向中国国家知识产权局提出的、在本专利申请日后公开的专利文献，因此其仅能用来评述本专利的新颖性。

3. 关于新颖性

专利法第22条第2款规定：新颖性，是指在申请日以前没有同样的发明或者实用新型在国内外出版物上公开发表过、在国内公开使用过或者以其他方式为公众所知，也没有同样的发明或者实用新型由他人向国务院专利行政部门提出过申请并记载在申请日以后（含申请日）公布的专利申请文件中。

所谓同样的发明，是指技术领域、所要解决的技术问题和技术方案实质上相同，预期效果相同的发明。

本专利权利要求1要求保护一种冷渣排渣器，包括机架、冷渣转筒、驱动装置，所说的冷渣转筒中设置有隔管，其特征在于：所说的隔管为圆形管，管内分布螺旋叶片。

附件2公开了一种冷渣排渣机（参见附件2权利要求1、4，说明书第1~3页及附图），包括支架（对应于权利要求1中的机架）、外筒（对应于权利要求1所述冷渣转筒）、动力装置（对应于权利要求1所述驱动装置），所述外筒中装有至少两个圆筒状冷渣管（对应于权利要求1所述冷渣转筒中设置有隔管，隔管为圆形管），在冷渣管内壁上焊有螺旋导板（对应于权利要求1中所述管内分布螺旋叶片）。由此可见，附件1公开了权利要求1的全部技术特征，并且附件2与本发明属于相同的技术领域（即冷渣机）、解决的技术问题相同、预期效果相同，因此，权利要求1相对于附件2不具备新颖性，不符合专利法第22条第2款的规定。

专利权人认为，附件2的螺旋导板的目的仅仅是冷却，而本专利的螺旋叶片的目的是传输煤渣，可使冷渣转筒水平安装。对此，合议组认为，附件2中的螺旋导板一方面起到了冷却的作用，另一方面，由于其特定的螺旋结构同样起到了传输煤渣的作用，不能认为附件2中的螺旋导板的目的仅仅是冷却，因此，合议组对专利权人的上述主张不予支持。

4. 关于创造性

专利法第22条第3款规定：创造性，是指同申请日以前已有的技术相比，该发明有突出的实质性特点和显著的进步，该实用新型具有实质性特点和进步。

在判断一项发明权利要求的创造性时，首先应当将权利要求与最接近的现有技术进行比较，找出它们的区别技术特征和发明实际解决的技术问题，然后判断现有技术中是否给出将上述区别技术特征应用到该最接近的现有技术以解决其存在的技术问题的技术启示，如果存在这种技术启示，则该权利要求对本领域技术人员来说是显而易见的，不具备创造性，如果没有这种技术启示，则该权利要求对本领域技术人员来说是非显而易见的，具备创造性。

本专利权利要求1要求保护一种冷渣排渣器，包括机架、冷渣转筒、驱动装置，所说的冷渣转筒中设置有隔管，其特征在于：所说的隔管为圆形管，管内分布螺旋叶片。

相同领域的附件1公开了一种双层套管筒螺旋滚动水冷式干冷渣机（参见附件1权利要求1），所述干冷渣机包括轴架（对应于权利要求1中的机架，用于支撑所述干冷渣机转筒）、外筒（对应于权利要求1所述冷渣转筒）、主动轮通过电机带动（对应于权利要求1所述驱动装置），所述外筒中装有内筒，内筒呈圆筒状，在内筒内壁上焊有螺旋导渣板，并从附图上可以看出该冷渣机可以水平安装。

相同领域的附件3公开了一种冷渣排渣器（参见附件3权利要求1、5，附图1），包括机架、冷渣转筒、驱动装置，所述冷渣转筒内设置有隔管，所述隔管为圆管，管内设有肋板。

本专利权利要求1与附件3相比，其区别技术特征为：权利要求1所述隔管内设置有螺旋叶片，而附件3所述隔管内设置有肋板。对于该区别技术特征，合议组认为，权利要求1中所述隔管内设有螺旋叶片，其实际解决的技术问题是：本专利所述冷渣排渣器由于在隔管内采用了螺旋叶片使得其可以水平安装，降低了对安装空间及环境的要求；附件1中所述水冷式干冷渣机在内筒中焊有螺旋导渣板，使得渣料可以在螺旋板的滚动下从进口方向移动到渣口方向，从而使得该冷渣机可以水平安装，即附件1中给出了在冷渣机的料渣运动空间内设置螺旋导渣板（即螺旋叶片）以解决水平安装的技术问题的技术启示，本领域技术人员在附件3所公开的内容的基础上结合附件1公开的技术方案得到本专利权利要求1要求保护的技术方案是显而易见的，并且专利权人亦未提供证据证明本专利权利要求1具有意料不到的技术效果，因此，权利要求1相对于附件3和1的结合不具有突出的实质性特点和显著的进步，不符合专利法第22条第3款有关创造性的规定。

本专利权利要求2的附加技术特征为：所说的冷渣转筒水平安装在机架上。由上所述附件1中所公开的冷渣机也是可以水平安装的。此外，本专利请求保护的冷渣排渣器由于在隔管内采用了螺旋叶片使得其可以水平安装，而附件1中所述冷渣机的内筒内也使用了螺旋导渣板，可以推知，附件1中的冷渣机是能够水平安装的，结合附件1附图1可知，附件1公开了权利要求2的附加技术特征，因此，本领域技术人员在附件3所公开的内容的基础上结合附件1公开的技术方案得到本专利权利要求2要求保护的技术方案是显而易见的，权利要求2相对于附件3和1的结合不具有突出的实质性特点和显著的进步，不符合专利法第22条第3款有关创造性的规定。

本专利权利要求3的附加技术特征是：隔管内焊接有二至三个螺旋叶片。附件1说明书第2页倒数第3段指出：所述螺旋导渣板可以制成多头，也可制成单头，头数与筒的转速成反比，本领域技术人员根据上述记载并结合现场实际情况而将附件1中所述螺旋导渣板制成二至三头是显而易见的，同时，本专利说明书中也没有记载上述螺旋叶片个数的选择能够产生意想不到的技术效果，因此，当其引用的权利要求1相对于附件3和1的结合不具备创造性时，权利要求3相对于附件3和1的结合不具有突出的实质性特点和显著的进步，不符合专利法第22条第3款有关创造性的规定。

本专利权利要求4的附加技术特征是：所说的冷渣转筒的内径为150至600mm，螺旋叶片的导程为冷渣转筒内径的一至二倍，螺旋叶片的宽度为30至60mm，厚度为3至12mm。

请求人认为，权利要求4附加技术特征虽然没有被附件1或3公开，但认为根据附件1说明书中“螺旋导渣板的螺距要求有一定宽度，即能容纳一定量的热渣，即不可过密”的相关陈述，本领域技术人员相对于有限范围内的冷渣转筒内径尺寸，结合工作目的和要求，根据公式计算可以直接选择设计出螺旋叶片导程及叶片宽度、厚度等尺寸，因此，权利要求4相对于附件1或附件3和1的结合不具备创造性。对此，合议组认为，本专利权利要求4的附加技术特征是对所述冷渣转筒内径、螺旋叶片的相关尺寸进行的进一步限定，请求人没有提供证据证明本领域技术人员是如何根据公式计算可以直接选择设计出螺旋叶片导程及叶片宽度、厚度等尺寸的，现有技术中也没有给出选择上述尺寸的技术启示，本领域技术人员根据附件1或附件3和1的结合无法显而易见地得到权利要求4所要求保护的技术方案，并且上述尺寸的选择增大了隔管的冷却面积，提高了冷却效果，产生了有益的技术效果，因此，权利要求4相对于附件1或附件3和1的结合具备创造性，符合专利法第22条第3款的规定。

根据上述的事实和理由，本案合议组依法作出以下决定。

三、决定

宣告99114028.1号发明专利权的权利要求1~3无效，在权利要求4的基础上维持该专利权继续有效。

当事人对本决定不服的，可以根据专利法第46条第2款的规定，自收到本决定之日起3个月内向北京市第一中级人民法院起诉。根据该款的规定，一方当事人起诉后，另一方当事人应当作为第三人参加诉讼。

北京市第一中级人民法院
行政判决书

（2007）一中行初字第1007号

原告宋志安，男，1955年12月26日出生，汉族，住山东省章丘县明水镇明水热电厂宿舍。

委托代理人毛依星，江苏致邦律师事务所律师。

被告国家知识产权局专利复审委员会，住所地北京市海淀区北四环西路9号银谷大厦10~12层。

法定代表人廖涛，副主任。

委托代理人王冬，国家知识产权局专利复审委员会审查员。

委托代理人刘妍，国家知识产权局专利复审委员会审查员。

第三人张年富，男，1963年9月3日出生，汉族，住江苏省南京市鼓楼区四卫头64号一单元501室。

委托代理人汪旭东，南京知识律师事务所律师。

委托代理人陈静，南京知识律师事务所律师。

原告宋志安不服被告国家知识产权局专利复审委员会于2007年6月14日作出的第9914号无效宣告请求审查决定，向本院提起了行政诉讼。本院于2007年7月26日受理后，依法组成合议庭对本案进行了审理。在本案审理过程中，原告宋志安于2007年10月10日向本院提出书面申请，请求撤回对被告国家知识产权局专利复审委员会的起诉。

本院经审查认为，原告宋志安的撤诉申请意思表示真实，符合有关法律规定，应予准许。依照《中华人民共和国行政诉讼法》第五十一条之规定，本院裁定如下：

准许原告宋志安撤回对被告国家知识产权局专利复审委员会的起诉。

案件受理费100元，减半收取50元，由原告宋志安负担（已交纳）。

审 判 长　赵 静
代理审判员　张晰昕
代理审判员　姜庶伟
二〇〇七年十月十九日
书 记 员　李冰青

112

带基础层的复合跑道

无效宣告请求审查决定（第9921号）

决　　定　　号　第9921号
决　　定　　日　2007年6月8日
发明创造名称　带基础层的复合跑道
国 际 分 类 号　E01C 13/06
无效宣告请求人　南京震天宇体育场地设施工程有限公司
专　利　权　人　广州市旭鸿体育设施工程有限公司
专　　利　　号　02248881.2
申　　请　　日　2002年10月24日
授 权 公 告 日　2003年11月26日
合 议 组 组 长　刘瑞斌
主　　审　　员　齐宏涛
参　　审　　员　姜岩

法　律　依　据　专利法第22条第2款、第3款，专利法实施细则第2条第2款
决　定　要　点

有效公证文书所证实的事实，应当作为认定事实的根据，但有相反证据足以推翻公证证明的除外。

从属权利要求对某一产品各宏观组分比例做了进一步限定，同时根据该产品的功能，本领域技术人员也清楚地得知其中各组分所必然具有的排列规律，那么由于各组分的排列规律一定，改变各组分的配比就是相当于改变了产品的构造，因此对产品宏观组分比例进行限定所得到的技术方案，符合专利法实施细则第2条第2款有关实用新型保护客体的规定。

一、案由

本无效宣告请求涉及中华人民共和国国家知识产权局于2003年11月26日授权公告的、名称为“带基础层的复合跑道”的实用新型专利权（下称本专利），其专利号是02248881.2，申请日是2002年10月24日，专利权人是广州市旭鸿体育设施工程有限公司。本专利授权公告时的权利要求书如下：

“1. 一种带基础层的复合跑道，其特征在于是由一层基础层（1）和一层弹性上层（2）以及其上表面的喷面层（3）粘结而成，基础层（1）由石米、橡胶粒和聚氨酯胶水制成，弹性上层（2）由橡胶黑颗粒和聚氨酯胶水制成，喷面层由单液型面漆、三元乙丙（EDPM）颗粒和三元乙丙（EDPM）

粉制成。

2. 根据权利要求 1 所述的复合跑道，其特征在于基础层（1）的厚度为 17-19 毫米。

3. 根据权利要求 1 所述的复合跑道，其特征在于弹性上层（2）的厚度为 7-9 毫米。

4. 根据权利要求 1 所述的复合跑道，其特征在于喷面层（3）的厚度为 2~3 毫米。

5. 根据权利要求 1 所述的复合跑道，其特征在于石米的粒度为 2~5 毫米。

6. 根据权利要求 1 所述的复合跑道，其特征在于橡胶黑颗粒的粒度为 1~4 毫米。

7. 根据权利要求 1 所述的复合跑道，其特征在于三元乙丙（EDPM）颗粒的粒度为 1~2 毫米。

8. 根据权利要求 1 所述的复合跑道，其特征在于基础层（1）中的石米，橡胶粒和聚氨酯胶水的重量比为 15：5：1.2。

9. 根据权利要求 1 所述的复合跑道，其特征在于弹性上层（2）中的三元乙丙（EDPM）颗粒、聚氨酯胶水的重量比为 5：1。

10. 根据权利要求 1 所述的复合跑道，其特征在于喷面层（3）中单液型面漆、三元乙丙（EDPM）颗粒和三元乙丙（EDPM）粉和重量比为 37.5：30：4。”

针对本专利，南京震天宇体育场地设施工程有限公司（下称请求人）于 2006 年 11 月 29 日向专利复审委员会提出无效宣告请求，认为本专利不符合专利法第 22 条第 1、2、3 款，第 26 条第 3、4 款及专利法实施细则第 2 条第 2 款的规定，同时提交了如下附件：

附件 1（下称证据 1）：郑州市第二十三中学与郑州市博鑫贸易有限责任公司于 2001 年 6 月 27 日签订的工程承包合同及补充协议的复印件，共 3 页；

附件 2（下称证据 2）：南京市雨花台区公证处于 2006 年 11 月 21 日做出的（2006）宁雨证内经字第 282 号公证书的复印件，共 7 页；

附件 3（下称证据 3）：江苏省产品质量监督检验研究院于 2006 年 11 月 23 日做出的第（2006）SJFGC-WT3116 号检验报告的复印件，共 3 页；

附件 4（下称证据 4）：辞海编辑委员会编著、上海辞书出版社出版、1991 年 6 月第 3 次印刷的《辞海》封面、版权页、第 4775 页的复印件，共 3 页；

附件 5（下称证据 5）：公告日为 1992 年 5 月 21 日、公告号为 184497 的我国台湾地区专利文献，共 2 页；

附件 6（下称证据 6）：公告日为 1995 年 5 月 21 日、公告号为 248208 的我国台湾地区专利文献，共 3 页；

附件 7：本专利的授权公告文本，共 5 页；

附件 8：湖北省武汉市中级人民法院（2006）武知初字第 131 号应诉通知书的复印件，共 1 页；

附件 9（下称证据 9）：郑州市博鑫贸易有限责任公司于 2001 年 9 月 5 日出具的工程验收合格证明书的复印件，共 1 页；

附件 10：南京震天宇体育场地设施工程有限公司的企业法人营业执照的复印件，共 1 页。

请求人认为：本专利权利要求 1~7 不符合专利法第 22 条第 2 款、第 3 款有关新颖性和创造性的规定，权利要求 8~10 不符合专利法实施细则第 2 条第 2 款的规定，请求宣告其全部无效。

经形式审查合格，专利复审委员会依法受理了上述无效宣告请求，并于 2006 年 12 月 1 日向请求人和专利权人发出无效宣告请求受理通知书，同时将专利权无效宣告请求书及其附件清单中所列附件的副本转送给专利权人，并要求专利权人在指定的期限内陈述意见。

针对专利复审委员会发出的上述无效宣告请求受理通知书，专利权人于 2007 年 1 月 12 日提交了意见陈述书。

专利权人认为：附件1~3不是真实的，附件4、5也没有公开本专利的技术特征，因此，本专利符合专利法第22条的规定，具有新颖性和创造性。

专利复审委员会依法成立合议组，对本案进行审理。

本案合议组于2007年2月12日向双方发出无效宣告请求口头审理通知书，定于2007年4月10日在专利复审委员会举行口头审理。

口头审理如期举行，双方当事人均参加了口头审理。

在口头审理中，请求人当庭明确其无效宣告请求的理由、范围是，权利要求1~7不符合专利法第22条第2、3款的规定，权利要求8~10不符合专利法实施细则第2条第2款的规定，并放弃其他无效理由。

关于证据，请求人当庭提交了证据1、2、3、4、9的原件，合议组当庭转交给专利权人进行核实。关于证据1、2和9，专利权人首先认为证据1承包方不是请求人本身，而是当事人以外的单位企业，又没有提供当地的工商证明以及发票来佐证，所以证据1的真实性无法确认。其次，证据1中是郑州博鑫贸易有限公司，证据2中是河南博鑫工程有限公司，两者没有必然联系，郑州市第二十三中学在证据1中签字的人不是证据2公证书中的韦红彬，韦红彬是谁也没有证明，因此对证据2公证书内容的真实性也有异议。最后，专利权人还对证据2骑缝印章和证据9上的印章有疑义，并据此怀疑证据2和9的真实性。请求人则认为首先从证据1来看，任柯曾经是郑州博鑫贸易有限公司的职员，找的做笔录的被采访人也是他，所以他应当知道跑道施工的全过程，从证据2公证书来看，任柯也和公证员去到了场地的现场，在公证书中有记载，虽然没有公司的发票，但参与整个过程的人也就是任柯对此做了公证。任柯在证据1和2都是有签名的，如果是两个人的话不可能有同一个笔迹。其次，郑州市第二十三中学的总务副主任韦红彬也做了公证，证明郑州市第二十三中学的体育场跑道是2001年夏天建造的，并且还证明了原件的来源。在证据2公证书的第1页上倒数第11行中记载的内容，清楚的记录了韦红彬的身份，并且很清楚的说明了证据1、9的来源。最后，虽然证据1合同书上没有关于韦红彬的记载，但作为主任和领导其必然了解有关总务的一些事情，这是他的职责所在；关于证据3检验报告，专利权人认为检验报告中有两个疑点，第一点是检验依据，第二点是备注，以本专利权利要求作为检验依据是超越范围的；关于证据4，专利权人对其真实性无异议；关于证据5和6，合议组告知请求人根据审查指南第四部分第三章第4.1节的规定，由于其在提出无效宣告请求时没有结合无效宣告理由具体说明证据5和6，因此证据5、6在本次无效宣告请求过程中不再予以考虑，请求人对此没有异议。

关于新颖性，请求人用证据1、2、4、9以及证据2所封存的样块来说明在本专利申请日之前已经有公开使用的行为导致本专利权利要求1~7没有新颖性。针对权利要求1，请求人认为从样块本身来看有三层，这三层是粘在一起的，分别是基础层、弹性层和面层。在基础层中白颜色的是石米，黑颜色的是橡胶粒，用胶水把它们粘在一起，弹性层是黑颜色的橡胶黑颗粒，面层的三元乙丙颗粒就是用红色的EPDM橡胶颗粒形成了上面的颗粒，是喷上去的。面层上的粉，如果跟胶水掺和以后就不可能还原回来的。请求人认为本专利中单液型面漆的作用就是把橡胶颗粒和EPDM粉颜色胶合在一起。颗粒是红的，粉也是红的，从外观上看只能看到颗粒了，漆和粉现在已经看不出来了，从这个样块上也看不出是不是用过漆和粉。证据4可以说明聚氨酯的作用，与权利要求1中的胶水有关联，涉及基础层和弹性层。权利要求2~7的附加技术特征也被样块公开。至于公开日期，证据1合同、证据2公证文书以及证据9结合可以证明样块在本专利申请日之前已经公开了。专利权人则认为样块可以看出来基础层和弹性层，但最上面层的成分看不出来。

关于创造性，请求人用证据1、2、3、4、9来说明在本专利权利要求1~7没有创造性。证据3是样块的检验报告，其公开了权利要求2~6的附加技术特征，可以用来评价权利要求2~6的创造性，同时仅仅是颗粒粒度变化不能使本专利的技术方案具备创造性，因此权利要求7也不具备创造性。专利权人则认为作为检验报告应该有产品以及手段，证据3的检验报告没有记载手段，并且检测结果应该是具体的数值，不应该是一个范围，因此对检测报告内容的真实性表示怀疑。

关于专利法实施细则第2条第2款，请求人认为权利要求8~10仅仅是材料的配方或配比不是实用新型保护的客体，因此不符合《专利法实施细则》第2条第2款。专利权人则认为权利要求8~10实际上是配比，可以理解为结构方面的特征，在有前提的情况下，比例是有特别规定的，从承上启下来看是结构的方式，是应该受到保护的。

至此，合议组认为本案事实已经清楚，可以作出审查决定。

二、决定的理由

1. 关于证据和现有技术

专利法实施细则第30条规定，现有技术是指申请日（有优先权的，指优先权日）前在国内外出版物上公开发表、在国内公开使用或者以其他方式为公众所知的技术。

请求人当庭提交了证据4原件，经合议组核实其与复印件相一致，专利权人对其真实性也没有异议，且其公开日期在本专利的申请日前，因此证据4可以作为本专利的现有技术使用。

请求人提交证据1、2和9试图证明证据2公证书中所封存的样块在证据9记载的日期2001年9月5日前就已经使用公开了。其中，证据1工程承包合同和证据9工程验收合格证明书都盖有郑州市第二十三中学和郑州市博鑫贸易有限公司的公章。证据2是南京市雨花台区公证处出具的（2006）宁雨证内经字第282号公证书，包括公证书正文，附件《现场记录》以及《工作记录》、含有塑胶样块的证物袋。针对专利权人对上述证据真实性的异议，合议组认为，首先，证据1、9证明郑州市第二十三中学的运动场于2001年铺设了塑胶跑道，证据2证明了公证员在郑州市第二十三中学运动场塑胶跑道上进行了取样，证据1、9和证据2的联系在于郑州市第二十三中学，因此，郑州博鑫贸易有限公司与河南博鑫体育设施工程有限公司名称的差异并不能否认证据1、2的真实性；其次，韦红彬的身份以及证据1、9的来源都是证据2公证书中记载的事实。根据中华人民共和国公证法的规定，经公证的民事法律行为、有法律意义的事实和文书，应当作为认定事实的根据，但有相反证据足以推翻该项公证的除外。因此，在专利权人未提出相应的反证的情况下，其否认证据2记载内容真实性的主张合议组不予支持。合议组根据上述三份证据，能够确认以下事实的存在：甲方郑州市第二十三中学与乙方郑州市博鑫贸易有限责任公司于2001年6月27日签订了一份工程承包合同，约定由乙方为甲方铺设塑胶跑道和人造草皮，总施工期为60个工作日。该工程于2001年9月5日全部竣工，并由甲方验收完毕。南京市雨花台区公证处公证员陶赟及公证员助理郭志勤与南京震天宇体育场地设施工程有限公司委托代理人赵卫星于2006年11月13日赴郑州市第二十三中学进行取证，在该校总务处主任韦红彬的陪同下来到该校运动场，在运动场东北角取塑胶跑道一块，并分割成四块，其中一块封存于证据2物证袋中，一块送江苏省产品质量监督检验研究所国家工程复合材料产品质检中心，并签订了《江苏省产品质量检验中心所委托检验协议书》。基于上述事实，证据2物证袋中封存的塑胶样块于2001年9月5日之前被铺设在郑州市第23中学的运动场上。由于学校的运动场并非保密场所，所以该塑胶样块已经处于公众想得知就能够得知的状态。因此，该样块公开日期早于本专利的申请日，可以构成本专利的现有技术。

请求人提交的证据3是一份由江苏省产品质量监督检验研究院出具的检验报告，其盖有江苏省产品质量监督检验研究院的检验专用章，并且具有经办负责人的签名，因此其本身的真实性可以得到确认。在没有其他反证的情况下，由该证据3以及上述证据2确认的事实，合议组可以确认证据3记载的对样块的检验结果构成本专利的现有技术。

2. 本专利权利要求 1~7 的新颖性

专利法第 22 条第 2 规定，新颖性，是指在申请日以前没有同样的发明或者实用新型在国内外出版物上公开发表过、在国内公开使用过或者其他方式为公众所知，也没有同样的发明或者实用新型由他人向国务院专利行政部门提出过申请并且记载在申请日以后公布的专利申请文件中。

由证据 2 的样块本身以及证据 3 的检验结果可知，该样块由一层基础层和一层弹性上层以及其上表面的喷面层粘结而成。基础层由石米、橡胶粒和胶水制成，弹性上层由橡胶黑颗粒和胶水制成，喷面层为赭红色橡胶颗粒状。将样块公开的技术方案与本专利权利要求 1 相比，可以发现存在两点区别：1、权利要求 1 中的胶水具体限定为聚氨酯胶水，而样块中的胶水类型不明；2、权利要求 1 中的喷面层由单液型面漆、三元乙丙（EDPM）颗粒和三元乙丙（EDPM）粉组成，而样块的喷面层仅由赭红色橡胶颗粒组成。其中，针对上述第一点，请求人提出的证据 4 仅能证明聚氨酯可用作合成橡胶，但并不能证明可用作合成橡胶的胶水都是聚氨酯胶水，因此，胶水与聚氨酯胶水是上下位概念的关系，上位概念不能破坏下位概念的新颖性；针对上述第二点，请求人也承认从样块本身看不出使用过漆和粉，同时对于赭红色橡胶颗粒是否就是三元乙丙（EDPM）颗粒，请求人也没有提出相应证据加以证明。因此，由于上述两项区别技术特征的存在，权利要求 1 相对于证据 1、2、3、4、9 形成的证据链所证明的使用公开的事实具备专利法第 22 条第 2 款规定的新颖性。

权利要求 2~7 都是权利要求 1 的从属权利要求，在权利要求 1 具备新颖性的情况下，从属权利要求 2~7 也具备专利法第 22 条第 2 款规定的新颖性。

3. 本专利权利要求 1~7 的创造性

专利法第 22 条第 3 款规定，创造性，是指同申请日以前已有的技术相比，该发明有突出的实质性特点和显著的进步，该实用新型有实质性特点和进步。

由上面新颖性的评述可知，本专利权利要求 1 所要求保护的方案与证据 1、2、3、4、9 公开的现有技术相比存在两处区别技术特征。然而，请求人并未提交相应证据证明这些区别技术特征已被其他现有技术所公开、或者这些区别特征属于本领域的公知常识、或者对本领域技术人员而言权利要求 1 请求保护的技术方案是易于想到的。因此，请求人没有完成其举证责任，不能证明权利要求 1 的技术方案相对于现有技术是显而易见的。此外，请求人在无效宣告请求书里面指出权利要求 1 与现有技术的区别是组份不同，而组份属于实用新型创造性不予考虑的技术特征。对此，合议组认为，根据审查指南（2006 年版）第六章第 4 节的规定，在实用新型专利创造性的审查中，应当考虑其技术方案中所有的技术特征，包括材料特征和方法特征，因此请求人的这一主张亦不能得到支持。权利要求 1 保护的技术方案相对于证据 1、2、3、4、9 形成的证据链所证明的使用公开的事实，具有实质性特点和进步，具备专利法第 22 条第 3 款规定的创造性。

权利要求 2~7 都是权利要求 1 的从属权利要求，在权利要求 1 具备创造性的情况下，从属权利要求 2~7 也具备专利法第 22 条第 3 款规定的创造性。

4. 本专利权利要求 8~10 是否符合专利法实施细则第 2 条第 2 款

专利法实施细则第 2 条第 2 款规定，专利法所称实用新型，是指对产品的形状、构造或者其结合所提出的适于实用的新的技术方案。

审查指南第一部分第二章第 6.3 节规定，产品的构造是指产品的各个组成部分的安排、组织和相互关系。

具体到本案，本专利权利要求 8 的附加技术特征为“基础层（1）中的石米，橡胶粒和聚氨酯胶水的重量比为 15∶5∶1.2”。其虽然对基础层各成分的重量比做了进一步限定，但是从权利要求 8 请求保护的技术方案整体来看，作为跑道的一个层，组成基础层的各种组分应当是尽可能的均匀混合在一起的，限定一种基础层中各组分的比例，实质上就限定了各组分在基础层中的安排、组织和相互关系，也就限定出了一种基础层的构造。因此，权利要求8实质上仍然是对构造特征进行限定的技术方案。故本专利权利要求8符合专利法实施细则第2条第2款的规定。同理，权利要求9和10也符合专利法实施细则第2条第2款的规定。

根据上面论述，合议组做出如下审查决定。

三、决定

维持02248881.2号实用新型专利权有效。

当事人对本决定不服的，可以根据专利法第46条第2款的规定，自收到本决定之日起3个月内向北京市第一中级人民法院起诉。根据该款的规定，一方当事人起诉后，另一方当事人应当作为第三人参加诉讼。

北京市第一中级人民法院
行政判决书

（2007）一中行初字第1253号

原告南京震天宇体育场地设施工程有限公司，住所地南京市溧水县永阳镇工业园。

法定代表人谢宁建，总经理。

委托代理人赵卫星，男，南京震天宇体育场地设施工程有限公司法务经理。

被告国家知识产权局专利复审委员会，住所地北京市海淀区北四环西路9号银谷大厦10~12层。

法定代表人廖涛，副主任。

委托代理人齐宏涛，男，国家知识产权局专利复审委员会审查员。

委托代理人郭鹏鹏，男，国家知识产权局专利复审委员会审查员。

第三人广州市旭鸿体育设施工程有限公司，住所地广州市番禺区钟村镇钟屏岔道9号。

法定代表人何敏慈，执行董事。

委托代理人李海成，广州市旭鸿体育设施工程有限公司法务经理。

原告不服被告作出的第9921号专利无效宣告请求审查决定，于2007年9月13日向本院提起诉讼。本院受理后，依法组成合议庭并通知被诉具体行政行为的利害关系人广州市旭鸿体育设施工程有限公司作为第三人参加诉讼。2007年2月27日，本院公开开庭审理了本案。原告的委托代理人赵卫星，被告的委托代理人齐宏涛、郭鹏鹏，第三人的委托代理人李海成到庭参加了诉讼。本案现已审理终结。

2007年6月8日，被告作出第9921号无效宣告审查决定（以下简称第9921号决定），依据《中华人民共和国专利法》（以下简称《专利法》）第二十二条第二、三款，《中华人民共和国专利法实施细则》（以下简称《专利法实施细则》）第二条第二款，维持02248881。2号“带基础层的复合跑道”实用新型专利权（以下简称本专利）全部有效。

被告在法定举证期限内向本院提交以下证据：证据1：塑胶跑道样块（即行政程序中的附件2中所封存的样块，作为实物证据当庭提交）；证据2：江苏省产品质量监督检验研究院于2006年儿月23日做出的第（2006）SJFGC-WT3116号检验报告的复印件（即行政程序中的附件3）；证据3：辞海编辑委员会编著、上海辞书出版社出版、1991 年 6 月第 3 次印刷的《辞海》封面、版权页、第 4775 页的复印件（即行政程序中的附件 4）；证据 4：本专利授权公告文本复印件；证据 5：口审记录表及口头审理纪录。以上证据用以证明被诉决定认定事实清楚，适用法律正确、审查程序合法。

原告诉称：1. 第 9921 号决定与事实与法律不相符。根据第 9921 号决定中“该样块公开日期早于本专利的申请日，可以构成本专利的现有技术”和“样块的检验结果构成本专利的现有技术”的结论，被告认可了在专利的申请日前就已使用了本专利的技术，因此本专利已丧失了专利技术所必须具备的新颖性和创造性。对于被告认为我方没有提交证据证明样块公开的技术方案与本专利要求的区别技术特征已被其他现有技术所公开的问题，我方已提供了在专利申请日前就使用过的样块，但样块中的胶水类型不是原告不能举证，而是我国国内现有技术手段无法检验进而无法举证。2. 被告在第 9921 号决定中大量的强调了诸如：聚氨酯胶水、EPDM 橡胶颗粒、EPDM 红粉等材料特征的细节。原告认为：在进行实用新型创造性审查时，如果技术方案中的非形状、构造技术特征导致该产品的形状，构造或者其结合产生变化，则只考虑该技术特征所导致的产品形状，构造或者其结合的变化，而不考虑非形状、构造技术特征本身。技术方案中的那些不导致产品的形状、构造或者其结合产生变化的技术特征视为不存在。3. 原告出具的经检验的样块显示在产品形状上、构造上和其结合发生变化上都与本专利的权利要求书所述一致。而被告在第 9921 号决定中以“胶水的类型不明”、“样块的喷面层仅有赭红色橡胶颗粒组成”以及“请求人提出的证据 4 仅能证明聚氨酯可用作合成橡胶，但并不能证明可用作合成橡胶的胶水都是聚氨酯胶水，因此，胶水与聚氨酯胶水是上位概念的关系，上位概念不能破坏下位概念的新颖性”，和“对于赭红色橡胶颗粒是否就是三元乙丙颗粒，请求人也没有提出相应证据加以证明”等等为理由维护了本专利的创造性。技术方案中的材料特征与最接近的现存技术中的相应特征相比，其区别在于材料不同，而材料的不同并未带来产品在形状、构造或者其结合上发生变化的，即使由于材料的不同使得包括材料特征在内的该技术方案的效果优于或不同于最接近的现有技术，该材料特征在实用新型的创造性审查中仍然不予考虑，而被告的决定恰恰相反，过多的强调了材料特征。4. 被告在第 9921 号决定中的决定要点里阐明产品的组分比例对作出 9921 号决定的重要性，但在 9921 号决定第 3 条中又明确表示：“而组分属于实用新型创造性不予考虑的技术特征”。综上，原告认为第 9921 号决定存在自相矛盾的地方，违背了《专利法》的相关规定，请求依法撤销被告第 9921 号决定。

原告在法定的举证期限内未向本院提交证据。

被告辩称：首先，原告认为样块已经公开了本专利的技术方案，至于胶水类型等区别技术特征是由于现有技术手段无法检验而无法举证，并非原告没有完成举证责任。对此，我方认为原告的理由自相矛盾，假如现有技术无法检验出该样块中的胶水成分，原告从何得知其一定与本专利权利要求请求保护的胶水完全一样呢？此外，现有技术是指某特定专利申请日前公开的所有技术内容，但并非现有技术就一定能够破坏该专利的新颖性和创造性，原告认为“样块和检验结果构成本专利的现有技术，因此本专利就不符合专利法的相关规定”，是对专利法基本知识的重大误解。其次，原告认为在实用新型创造性判断中不应考虑材料和组分特征，对此，我方认为，根据《审查指南》（2006 年版）第四部分第六章第 4 节的规定，在实用新型专利创造性的审查中，应当考虑其技术方案中所有的技术特征，包括材料特征和方法特征，因此原告的这一主张也不能成立。至于原告所述的“决定中明确表示：而组分属于实用新型创造性不予考虑的技术特征”，其实只是决定中对原告意见的客观陈述，并非被告意见，决定中并没有自相矛盾之处。综上，第 9921 号决定认定事实清楚、适用法律正确、审理程序合法、审理结论正确，原告的诉讼理由不能成立，请求法院维持第 9921 号决定。

第三人同意被告的答辩意见，其未向本法庭提交证据。

在开庭审理中，原告、第三人对被告提交的证据没有异议。经庭审质证，被告提交的证据与被诉第9921号决定有关，且合法，真实，能够证明本案的相关事实，本院予以采纳。

根据上述有效证据及各方当事人在庭审中无争议的陈述，本院确认如下事实：

本案涉及申请日为2002年10月24日，授权公告日为2003年11月26日，申请号为02248881.2，名称为“带基础层的复合跑道”的实用新型专利，专利权人为广州市旭鸿体育设施工程有限公司。

本专利授权公告时的权利要求书如下：“1. 一种带基础层的复合跑道，其特征在于是由一层基础层（1）和一层弹性上层（2）以及其上表面的喷面层（3）粘结而成，基础层（1）由石米、橡胶粒和聚氨酯胶水制成，弹性上层（2）由橡胶黑颗粒和聚氨酯胶水制成，喷面层由单液型面漆、三元乙丙（EDPM）颗粒和三元乙丙（EDPM）粉制成。2. 根据权利要求1所述的复合跑道，其特征在于基础层（1）的厚度为17~19毫米。3. 根据权利要求1所述的复合跑道，其特征在于弹性上层（2）的厚度为7~9毫米。4. 根据权利要求1所述的复合跑道，其特征在于喷面层（3）的厚度为2~3毫米。5. 根据权利要求1所述的复合跑道，其特征在于石米的粒度为2~5毫米。6. 根据权利要求1所述的复合跑道，其特征在于橡胶黑颗粒的粒度为1~4毫米。7. 根据权利要求1所述的复合跑道，其特征在于三元乙丙（EDPM）颗粒的粒度为1~2毫米。8. 根据权利要求1所述的复合跑道，其特征在于基础层（1）中的石米，橡胶粒和聚氨酯胶水的重量比为15：5：1.2。9. 根据权利要求1所述的复合跑道，其特征在于弹性上层（2）中的三元乙丙（EDPM）颗粒、聚氨酯胶水的重量比为5：1。10. 根据权利要求1所述的复合跑道，其特征在于喷面层（3）中单液型面漆、三元乙丙（EDPM）颗粒和三元乙丙（EDPM）粉和重量比为37.5：30：4。”

针对本专利，原告南京震天宇体育场地设施工程有限公司于2006年11月29日向被告提出无效宣告请求，认为本专利不符合《专利法》第二十二条第一、二、三款，第二十六条三、四款及《专利法实施细则》第二条第二款的规定，同时提交了如下附件：附件1（下称证据1）、郑州市第二十三中学与郑州市博鑫贸易有限责任公司于2001年6月27日签订的工程承包合同及补充协议的复印件；附件2（下称证据2）、南京市雨花台区公证处于2006年11月21日做出的（2006）宁雨证内经字第282号公证书的复印件；附件3（下称证据3）、江苏省产品质量监督检验研究院于2006年11月23日做出的第（2006）SJFGC-WT3116号检验报告的复印件；附件4（下称证据4）、辞海编辑委员会编著、上海辞书出版社出版、1991年6月第3次印刷的《辞海》封面、版权页、第4775页的复印件；附件5（下称证据5）、公告日为1992年5月21日、公告号为184497的我国台湾地区专利文献；附件6（下称证据6）、公告日为1995年5月21日、公告号为248208的我国台湾地区专利文献；附件7、本专利的授权公告文本；附件8、湖北省武汉市中级人民法院（2006）武知初字第131号应诉通知书的复印件；附件9（下称证据9）、郑州市博鑫贸易有限责任公司于2001年9月5日出具的工程验收合格证明书的复印件；附件10、南京震天宇体育场地设施工程有限公司的企业法人营业执照的复印件。

原告请求宣告本专利无效的具体理由为：本专利权利要求1~7不符合《专利法》第二十二条第二、三款有关新颖性和创造性的规定，权利要求8~10不符合《专利法实施细则》第二条第二款的规定，请求宣告本专利全部无效。

经形式审查合格，被告受理了上述无效宣告请求，并向双方发出无效宣告请求受理通知书，并进行转文。

第三人在规定期限内提交以下意见陈述：附件1~3不是真实的，附件4、5也没有公开本专利的技术特征，因此，本专利符合《专利法》第二十二条的规定，具有新颖性和创造性。

被告进行了口头审理，双方当事人均参加了口头审理。在口头审理中，原告当庭明确其无效宣告请求的理由、范围是，权利要求1~7不符合《专利法》第二十二条第二、三款的规定，权利要求8~10不符合《专利法实施细则》第二条第二款的规定，并放弃其他无效理由。

关于证据，原告口审当庭提交了证据1、2、3、4、9的原件，被告当庭转交给第三人进行核实。关于证据1、2和9，第三人首先认为证据1承包方不是原告本身，而是当事人以外的单位企业，又没有提供当地的工商证明以及发票来佐证，所以证据1的真实性无法确认。其次，证据1中是郑州博鑫贸易有限公司，证据2中是河南博鑫工程有限公司，两者没有必然联系，郑州市第二十三中学在证据1中签字的人不是证据2公证书中的韦红彬，韦红彬是谁也没有证明，因此对证据2公证书内容的真实性也有异议。最后，第三人还对证据2骑缝印章和证据9上的印章有疑义，并据此怀疑证据2和9的真实性。原告则认为首先从证据1来看，任柯曾经是郑州博鑫贸易有限公司的职员，做笔录的被采访人也是他，所以他应当知道跑道施工的全过程，从证据2公证书来看，任柯也和公证员去到了场地的现场，在公证书中有记载，虽然没有公司的发票，但参与整个过程的人也就是任柯对此做了公证。任柯在证据1和2都是有签名的，如果是两个人的话不可能有同一个笔迹。其次，郑州市第二十三中学的总务副主任韦红彬也做了公证，证明郑州市第二十三中学的体育场跑道是2001年夏天建造的，并且还证明了原件的来源。在证据2公证书的第1页上倒数第11行中记载的内容，清楚的记录了韦红彬的身份，并且很清楚的说明了证据1、9的来源。最后，虽然证据1合同书上没有关于韦红彬的记载，但作为主任和领导其必然了解有关总务的一些事情，这是他的职责所在；关于证据3检验报告，第三人认为检验报告中有两个疑点，第一点是检验依据，第二点是备注，以本专利权利要求作为检验依据是超越范围的；关于证据4，第三人对其真实性无异议；关于证据5和6，被告告知原告根据《审查指南》第四部分第三章第4.1节的规定，由于其在提出无效宣告请求时没有结合无效宣告理由具体说明证据5和6，因此证据5、6在本次无效宣告请求过程中不再予以考虑，原告对此没有异议。

关于新颖性，原告用证据1、2、4、9以及证据2所封存的样块来说明在本专利申请日之前已经有公开使用的行为导致本专利权利要求1~7没有新颖性。针对权利要求1，原告认为从样块本身来看有三层，这三层是粘在一起的，分别是基础层、弹性层和面层。在基础层中白颜色的是石米，黑颜色的是橡胶粒，用胶水把它们粘在一起，弹性层是黑颜色的橡胶黑颗粒，面层的三元乙丙颗粒就是用红色的EPDM橡胶颗粒形成了上面的颗粒，是喷上去的。面层上的粉，如果跟胶水掺和以后就不可能还原回来的。原告认为本专利中单液型面漆的作用就是把橡胶颗粒和EPDM粉颜色胶合在一起。颗粒是红的，粉也是红的，从外观上看只能看到颗粒了，漆和粉现在已经看不出来了，从这个样块上也看不出是不是用过漆和粉。证据4可以说明聚氨酯的作用，与权利要求1中的胶水有关联，涉及基础层和弹性层。权利要求2~7的附加技术特征也被样块公开。至于公开日期，证据1合同、证据2公证文书以及证据9结合可以证明样块在本专利申请日之前已经公开了。第三人则认为样块可以看出来基础层和弹性层，但最上面层的成分看不出来。

关于创造性，原告用证据1、2、3、4、9来说明在本专利权利要求1~7没有创造性。证据3是样块的检验报告，其公开了权利要求2~6的附加技术特征，可以用来评价权利要求2~6的创造性，同时仅仅是颗粒粒度变化不能使本专利的技术方案具备创造性，因此权利要求7也不具备创造性。第三人则认为作为检验报告应该有产品以及手段，证据3的检验报告没有记载手段，并且检测结果应该是具体的数值，不应该是一个范围，因此对检测报告内容的真实性表示怀疑。

原告认为权利要求8~10仅仅是材料的配方或配比不是实用新型保护的客体，因此不符合《专利法实施细则》第二条第二款。第三人则认为权利要求8~10实际上是配比，可以理解为结构方面的特征，在有前提的情况下，比例是有特别规定的，从承上启下来看是结构的方式，是应该受到保护的。

1. 关于证据和现有技术。被告认为，原告当庭提交了证据 4 原件，经被告核实其与复印件相一致，第三人对其真实性也没有异议，且其公开日期在本专利的申请日前，因此证据 4 可以作为本专利的现有技术使用；

原告提交证据 1、2 和 9 试图证明证据 2 公证书中所封存的样块在证据 9 记载的日期 2001 年 9 月 5 日前就已经使用公开了。其中，证据 1 工程承包合同和证据 9 工程验收合格证明书都盖有郑州市第二十三中学和郑州市博鑫贸易有限公司的公章。证据 2 是南京市雨花台区公证处出具的（2006）宁雨证内经字第 282 号公证书，包括公证书正文，附件《现场记录》以及《工作记录》、含有塑胶样块的证物袋。针对第三人对上述证据真实性的异议，被告认为，首先，证据 1、9 证明郑州市第二十三中学的运动场于 2001 年铺设了塑胶跑道，证据 2 证明了公证员在郑州市第二十三中学运动场塑胶跑道上进行了取样，证据 1、9 和证据 2 的联系在于郑州市第二十三中学，因此，郑州博鑫贸易有限公司与河南博鑫体育设施工程有限公司名称的差异并不能否认证据 1、2 的真实性；其次，韦红彬的身份以及证据 1、9 的来源都是证据 2 公证书中记载的事实。根据《中华人民共和国公证法》的规定，经公证的民事法律行为、有法律意义的事实和文书，应当作为认定事实的根据，但有相反证据足以推翻该项公证的除外。因此，在第三人未提出相应的反证的情况下，其否认证据 2 记载内容真实性的主张不予支持。

被告认为，根据上述三份证据，能够确认以下事实的存在：甲方郑州市第二十三中学与乙方郑州市博鑫贸易有限责任公司于 2001 年 6 月 27 日签订了一份工程承包合同，约定由乙方为甲方铺设塑胶跑道和人造草皮，总施工期为 60 个工作日。该工程于 2001 年 9 月 5 日全部竣工，并由甲方验收完毕。南京市雨花台区公证处公证员陶赟及公证员助理郭志勤与南京震天宇体育场地设施工程有限公司委托代理人赵卫星于 2006 年 11 月 13 日赴郑州市第二十三中学进行取证，在该校总务处主任韦红彬的陪同下来到该校运动场，在运动场东北角取塑胶跑道一块，并分割成四块，其中一块封存于证据 2 物证袋中，一块送江苏省产品质量监督检验研究所国家工程复合材料产品质检中心，并签订了《江苏省产品质量检验中心所委托检验协议书》。基于上述事实，证据 2 物证袋中封存的塑胶样块于 2001 年 9 月 5 日之前被铺设在郑州市第 23 中学的运动场上。由于学校的运动场并非保密场所，所以该塑胶样块已经处于公众想得知就能够得知的状态。因此，该样块公开日期早于本专利的申请日，可以构成本专利的现有技术。

原告提交的证据 3 是一份由江苏省产品质量监督检验研究院出具的检验报告，其盖有江苏省产品质量监督检验研究院的检验专用章，并且具有经办负责人的签名，因此其本身的真实性可以得到确认。在没有其他反证的情况下，由该证据 3 以及上述证据 2 确认的事实，被告认为可以确认证据 3 记载的对样块的检验结果构成本专利的现有技术。

2. 关于本专利权利要求 1~7 的新颖性，被告认为：由证据 2 的样块本身以及证据 3 的检验结果可知，该样块由一层基础层和一层弹性上层以及其上表面的喷面层粘结而成。基础层由石米、橡胶粒和胶水制成，弹性上层由橡胶黑颗粒和胶水制成，喷面层为赭红色橡胶颗粒状。将样块公开的技术方案与本专利权利要求 1 相比，可以发现存在两点区别：（1）权利要求 1 中的胶水具体限定为聚氨酯胶水，而样块中的胶水类型不明；（2）权利要求 1 中的喷面层由单液型面漆、三元乙丙（EDPM）颗粒和三元乙丙（EDPM）粉组成，而样块的喷面层仅由赭红色橡胶颗粒组成。其中，针对上述第一点，原告提出的证据 4 仅能证明聚氨酯可用作合成橡胶，但并不能证明可用作合成橡胶的胶水都是聚氨酯胶水，因此，胶水与聚氨酯胶水是上下位概念的关系，上位概念不能破坏下位概念的新颖性；针对上述第二点，原告也承认从样块本身看不出使用过漆和粉，同时对于赭红色橡胶颗粒是否就是三元乙丙

（EDPM）颗粒，原告也没有提出相应证据加以证明。因此，由于上述两项区别技术特征的存在，权利要求1相对于证据1、2、3、4、9形成的证据链所证明的使用公开的事实具备《专利法》第二十二条第二款规定的新颖性。权利要求2至7都是权利要求1的从属权利要求，在权利要求1具备新颖性的情况下，从属权利要求2~7也具备《专利法》第二十二条第二款规定的新颖性。

3. 关于本专利权利要求1~7的创造性，被告认为，由上面新颖性的评述可知，本专利权利要求1所要求保护的方案与证据1、2、3、4、9公开的现有技术相比存在两处区别技术特征。然而，原告并未提交相应证据证明这些区别技术特征已被其他现有技术所公开，或者这些区别特征属于本领域的公知常识、或者对本领域技术人员而言权利要求1请求保护的技术方案是易于想到的。因此，原告没有完成其举证责任，不能证明权利要求1的技术方案相对于现有技术是显而易见的。此外，原告在无效宣告请求书里面指出权利要求1与现有技术的区别是组份不同，而组份属于实用新型创造性不予考虑的技术特征。对此，被告认为，根据《审查指南》（2006年版）第六章第4节的规定，在实用新型专利创造性的审查中，应当考虑其技术方案中所有的技术特征，包括材料特征和方法特征，因此原告的这一主张亦不能得到支持。权利要求1保护的技术方案相对于证据1、2、3、4、9形成的证据链所证明的使用公开的事实，具有实质性特点和进步，具备《专利法》第二十二条第三款规定的创造性。权利要求2~7都是权利要求1的从属权利要求，在权利要求1具备创造性的情况下，从属权利要求2~7也具备《专利法》第二十二条第三款规定的创造性。

4. 关于本专利权利要求8~10是否符合《专利法实施细则》第二条第二款的问题，被告认为，本专利权利要求8的附加技术特征为“基础层（1）中的石米，橡胶粒和聚氨酯胶水的重量比为15：5：1.2”。其虽然对基础层各成份的重量比做了进一步限定，但是从权利要求8请求保护的技术方案整体来看，作为跑道的一个层，组成基础层的各种组分应当是尽可能的均匀混合在一起的，限定一种基础层中各组分的比例，实质上就限定了各组分在基础层中的安排、组织和相互关系，也就限定出了一种基础层的构造。因此，权利要求8实质上仍然是对构造特征进行限定的技术方案。故本专利权利要求8符合《专利法实施细则》第二条第二款的规定。同理，权利要求9和10也符合《专利法实施细则》第二条第二款的规定。

综上，被告作出第9921号决定。原告不服，在法定期限内向本院提起行政诉讼。

本院认为：根据《专利法》第二十二条第二款的规定，专利的新颖性是指在申请日以前没有同样的发明或者实用新型在国内外出版物上公开发表过、在国内公开使用过或者其他方式为公众所知，也没有同样的发明或者实用新型由他人向国务院专利行政部门提出过申请并且记载在申请日以后公布的专利申请文件中。本案中，原告提供的现有技术，与本专利存在区别特征，故本专利相对于对比文件具有新颖性。

根据《专利法》第二十二条第三款之规定，授予专利权的实用新型，应当具备创造性。实用新型的创造性是指同申请日以前已有的技术相比，该实用新型有实质性特点和进步。在实用新型专利创造性的审查中，应当考虑其技术方案中的所有技术特征，不仅要考虑技术方案本身，而且还要考虑其所属技术领域、所解决的技术问题和所产生的技术效果。本专利权利要求1所要求保护的方案与原告提交证据所公开的现有技术相比存在区别技术特征。然而，原告并未提交相应证据证明这些区别技术特征已被其他现有技术所公开、或者这些区别特征属于本领域的公知常识、或者对本领域技术人员而言本专利权利要求请求保护的技术方案是易于想到的。因此，原告没有完成其举证责任，不能证明本专利权利要求保护的技术方案相对于现有技术是显而易见的。

《专利法实施细则》第二条第二款规定：专利法所称实用新型，是指对产品的形状、构造或者其结合所提出的适于实用的新的技术方案。《审查指南》（2006年版）第一部分第二章第6.3节规定：

产品的构造是指产品的各个组成部分的安排、组织和相互关系。第四部分第六章第4节规定：在实用新型专利创造性的审查中，应当考虑其技术方案中所有的技术特征，包括材料特征和方法特征。按照上述规定可以确认，原告认为在实用新型的创造性审查中，产品的材料特征及组分属于不予考虑的技术特征的观点，缺乏法律依据。

综上所述，被告作出的第9921号决定，认定事实清楚，对证据的判断适当，适用法律正确，符合法定程序，本院应予维持；原告提出本专利权利要求不具有创造性的理由不成立，其诉讼请求本院不予支持。依照《中华人民共和国专利法》第二十二条第二、三款，《中华人民共和国专利法实施细则》第二条第二款，《中华人民共和国行政诉讼法》第五十四条第（一）项之规定，判决如下：

维持被告国家知识产权局专利复审委员会于二〇〇七年六月八日作出的第9921号无效宣告请求审查决定。

案件受理费100元，由原告南京震天宇体育场地设施工程有限公司负担（已交纳）。

如不服本判决，可在判决书送达之日起15日内，向本院递交上诉状，并按对方当事人的人数提出副本，预交上诉案件受理费100元，上诉于北京市高级人民法院。

审 判 长　饶亚东
审 判 员　刘景文
人民陪审员　孟玉珍
二〇〇八年二月一日
书 记 员　李　智

北京市高级人民法院
行政判决书

（2008）高行终字第306号

上诉人（一审原告）南京震天宇体育场地设施工程有限公司，住所地南京市溧水县永阳镇工业园。

法定代表人谢宁建，总经理。

委托代理人赵卫星，男，南京震天宇体育场地设施工程有限公司法务部经理。

被上诉人（一审被告）国家知识产权局专利复审委员会，住所地北京市海淀区北四环西路9号银谷大厦10~12层。

法定代表人廖涛，副主任。

委托代理人齐宏涛，男，国家知识产权局专利复审委员会审查员。

委托代理人隋璐，女，国家知识产权局专利复审委员会审查员。

被上诉人（一审第三人）广州市旭鸿体育设施工程有限公司，住所地广州市番禺区市桥镇康乐路168号。

法定代表人何敏慈，执行董事。

委托代理人范佐全，广州市旭鸿体育设施工程有限公司工程研发部经理。

上诉人南京震天宇体育场地设施工程有限公司（以下简称震天宇公司）因专利无效宣告请求审查决定，不服北京市第一中级人民法院（以下简称一审法院）（2007）一中行初字第1253号行政判决，向本院提起上诉。本院依法组成合议庭，于2008年6月12日公开开庭审理了本案。上诉人震天宇公司的委托代理人赵卫星，被上诉人国家知识产权局专利复审委员会（以下简称专利复审委）的委托代理人齐宏涛、隋璐，被上诉人广州市旭鸿体育设施工程有限公司（以下简称旭鸿公司）的委托代理人范佐全到庭参加了诉讼。本案现已审理终结。

2007年6月8日，专利复审委依据《中华人民共和国专利法》（以下简称《专利法》）第二十二条第二、三款、《中华人民共和国专利法实施细则》（以下简称《专利法实施细则》）第二条第二款的规定，针对专利权人为旭鸿公司，名称为“带基础层的复合跑道”的实用新型专利权（以下简称本专利）作出第9921号无效宣告请求审查决定（以下简称第9921号决定），宣告本专利权全部有效。震天宇公司不服该被诉决定，在法定期限内向一审法院提起行政诉讼。

一审法院经审理认为，本专利权利要求1所要求保护的方案与震天宇公司提交证据所公开的现有技术相比存在区别技术特征。震天宇公司并未提交相应证据证明这些区别技术特征已被其他现有技术所公开、或者这些区别特征属于本领域的公知常识、或者对本领域技术人员而言本专利权利要求请求保护的技术方案是易于想到的。因此，震天宇公司没有完成其举证责任，不能证明本专利权利要求保护的技术方案相对于现有技术是显而易见的。

专利复审委作出的第9921号决定，认定事实清楚，对证据的判断适当，适用法律正确，符合法定程序；震天宇公司提出本专利权利要求不具有创造性的理由不成立。依照《专利法》第二十二条第二、三款，《专利法实施细则》第二条第二款，《中华人民共和国行政诉讼法》第五十四条第（一）项之规定，判决维持专利复审委作出的第9921号决定。

震天宇公司不服上述一审判决向本院上诉称：1. 原审法院认定事实不清。（1）在之前湖北宜昌中院的庭审中，本案第三人已经认可了我方所提供的证据，作出了“该样块公开日期早于本专利的申请日，可以构成本专利的现有技术”和“样块的检验结果构成本专利的现有技术”的结论，也即被上诉人认可了在专利的申请日前就已使用了本专利的技术，因此本专利已丧失了专利技术所必须具备的新颖性。（2）在进行实用新型创造性审查时，如果技术方案中的非形状、构造技术特征导致该产品的形状、构造或者其结合产生变化，则只考虑该技术特征所导致的产品形状、构造或者其结合的变化，而不考虑非形状、构造技术特征本身。技术方案中的那些不导致产品的形状、构造或者其结合产生变化的技术特征视为不存在。上诉人的这一观点有充分的法律依据。2. 一审法院不应认定上诉人举证不足。上诉人已提供了在专利申请日前就使用过的样块，但样块中的胶水类型不是震天宇公司不能举证，而是我国国内现有技术手段无法检验，从而导致上诉人举证不能。这种由现有科技水平造成的举证不能，其不利后果若由上诉人全部承担，实属不公。请求二审法院撤销一审判决，撤销第9921号决定。

专利复审委辩称：震天宇公司承认根据现有技术无法检验出样块中的胶水成份，也就是说其无法证明所述样快与本专利权利要求请求保护的技术方案完全一致。而且，对于这些区别技术特征，震天宇公司在无效程序中自始至终也未充分举证，其应当承担主张不能成立的后果。根据《审查指南》（2006年版）第四部分第六章第4节的规定，在实用新型专利创造性的审查中，应当考虑其技术方案中所有的技术特征，包括材料特征和方法特征，因此震天宇公司关于不应考虑材料特征和组份特征的主张不能成立。第9921号决定认定事实清楚，适用法律正确，程序合法，一审法院予以维持正确。请求二审法院驳回上诉，维持一审判决，维持被诉的第9921号决定。

旭鸿公司未向本院提交书面答辩意见，在庭审中表示同意专利复审委的答辩意见。请求二审法院驳回上诉，维持一审判决，维持被诉的第9921号决定。

专利复审委在法定举证期限内向一审法院提交以下证据：1. 塑胶跑道样块（即行政程序中的附

件2中所封存的样块，作为实物证据当庭提交）；2. 江苏省产品质量监督检验研究院于2006年11月23日做出的第（2006）SJFGC-WT3116号检验报告的复印件（即行政程序中的附件3）；3. 辞海编辑委员会编著、上海辞书出版社出版、1991年6月第3次印刷的《辞海》封面、版权页、第4775页的复印件（即行政程序中的附件4）；4. 本专利授权公告文本复印件；5. 口头审理记录。

震天宇公司、旭鸿公司在法定的举证期限内未向一审法院提交证据。

上述证据均已随案移送本院，经本院审查认为，专利复审委提交的证据与本案具有关联性，且合法、真实，能够证明本案的相关事实，一审法院予以采纳正确，本院予以确认。

经审理查明，本专利是申请日为2002年10月24日，授权公告日为2003年11月26日，名称为“带基础层的复合跑道”，专利权人为旭鸿公司的实用新型专利。本专利授权公告时的权利要求书如下：

“1. 一种带基础层的复合跑道，其特征在于是由一层基础层（1）和一层弹性上层（2）以及其上表面的喷面层（3）粘结而成，基础层（1）由石米、橡胶粒和聚氨酯胶水制成，弹性上层（2）由橡胶黑颗粒和聚氨酯胶水制成，喷面层由单液型面漆、三元乙丙（EDPM）颗粒和三元乙丙（EDPM）粉制成。

2. 根据权利要求1所述的复合跑道，其特征在于基础层（1）的厚度为17~19毫米。

3. 根据权利要求1所述的复合跑道，其特征在于弹性上层（2）的厚度为7~9毫米。

4. 根据权利要求1所述的复合跑道，其特征在于喷面层（3）的厚度为2~3毫米。

5. 根据权利要求1所述的复合跑道，其特征在于石米的粒度为2~5毫米。

6. 根据权利要求1所述的复合跑道，其特征在于橡胶黑颗粒的粒度为1~4毫米。

7. 根据权利要求1所述的复合跑道，其特征在于三元乙丙（EDPM）颗粒的粒度为1~2毫米。

8. 根据权利要求1所述的复合跑道，其特征在于基础层（1）中的石米，橡胶粒和聚氨酯胶水的重量比为15∶5∶1.2。

9. 根据权利要求1所述的复合跑道，其特征在于弹性上层（2）中的三元乙丙（EDPM）颗粒、聚氨酯胶水的重量比为5∶1。

10. 根据权利要求1所述的复合跑道，其特征在于喷面层（3）中单液型面漆、三元乙丙（EDPM）颗粒和三元乙丙（EDPM）粉和重量比为37.5∶30∶4。”

针对本专利，震天宇公司于2006年11月29日向专利复审委提出无效宣告请求，认为本专利不符合《专利法》第二十二条第一、二、三款，第二十六条三、四款及《专利法实施细则》第二条第二款的规定，同时提交了如下附件：附件1（下称证据1）、郑州市第二十三中学与郑州市博鑫贸易有限责任公司于2001年6月27日签订的工程承包合同及补充协议的复印件；附件2（下称证据2）、南京市雨花台区公证处于2006年11月21日做出的（2006）宁雨证内经字第282号公证书的复印件；附件3（下称证据3）、江苏省产品质量监督检验研究院于2006年11月23日做出的第（2006）SJFGC-WT3116号检验报告的复印件；附件4（下称证据4）、辞海编辑委员会编著、上海辞书出版社出版、1991年6月第3次印刷的《辞海》封面、版权页、第4775页的复印件；附件5（下称证据5）、公告日为1992年5月21日、公告号为184497的我国台湾地区专利文献；附件6（下称证据6）、公告日为1995年5月21日、公告号为248208的我国台湾地区专利文献；附件7、本专利的授权公告文本；附件8、湖北省武汉市中级人民法院（2006）武知初字第131号应诉通知书的复印件；附件9（下称证据9）、郑州市博鑫贸易有限责任公司于2001年9月5日出具的工程验收合格证明书的复印件；附件10、南京震天宇体育场地设施工程有限公司的企业法人营业执照的复印件。

震天宇公司请求宣告本专利无效的具体理由为：本专利权利要求1~7不符合《专利法》第二十

二条第二、三款有关新颖性和创造性的规定，权利要求 8~10 不符合《专利法实施细则》第二条第二款的规定，请求宣告本专利全部无效。

经形式审查合格，专利复审委受理了上述无效宣告请求，并向双方发出无效宣告请求受理通知书，并进行转文。

旭鸿公司在规定期限内提交以下意见陈述：附件 1~3 不是真实的，附件 4、5 也没有公开本专利的技术特征，因此，本专利符合《专利法》第二十二条的规定，具有新颖性和创造性。

专利复审委进行了口头审理，双方当事人均参加了口头审理。在口头审理中，震天宇公司当庭明确其无效宣告请求的理由、范围是，权利要求 1~7 不符合《专利法》第二十二条第三、三款的规定，权利要求 8~10 不符合《专利法实施细则》第二条第二款的规定，并放弃其他无效理由。

关于证据，震天宇公司口审当庭提交了证据 1、2、3、4、9 的原件，专利复审委当庭转交给旭鸿公司进行核实。关于证据 1、2 和 9，旭鸿公司首先认为证据 1 承包方不是震天宇公司本身，而是当事人以外的单位企业，又没有提供当地的工商证明以及发票来佐证，所以证据 1 的真实性无法确认。其次，证据 1 中是郑州博鑫贸易有限公司，证据 2 中是河南博鑫工程有限公司，两者没有必然联系，郑州市第二十三中学在证据 1 中签字的人不是证据 2 公证书中的韦红彬，韦红彬是谁也没有证明，因此对证据 2 公证书内容的真实性也有异议。最后，旭鸿公司还对证据 2 骑缝印章和证据 9 上的印章有疑义，并据此怀疑证据 2 和 9 的真实性。震天宇公司则认为首先从证据 1 来看，任柯曾经是郑州博鑫贸易有限公司的职员，做笔录的被采访人也是他，所以他应当知道跑道施工的全过程，从证据 2 公证书来看，任柯也和公证员去到了场地的现场，在公证书中有记载，虽然没有公司的发票，但参与整个过程的人也就是任柯对此做了公证。任柯在证据 1 和 2 都是有签名的，如果是两个人的话不可能有同一个笔迹。其次，郑州市第二十三中学的总务副主任韦红彬也做了公证，证明郑州市第二十三中学的体育场跑道是 2001 年夏天建造的，并且还证明了原件的来源。在证据 2 公证书的第 1 页上倒数第 11 行中记载的内容，清楚的记录了韦红彬的身份，并且很清楚的说明了证据 1、9 的来源。最后，虽然证据 1 合同书上没有关于韦红彬的记载，但作为主任和领导其必然了解有关总务的一些事情，这是他的职责所在；关于证据 3 检验报告，旭鸿公司认为检验报告中有两个疑点，第一点是检验依据，第二点是备注，以本专利权利要求作为检验依据是超越范围的；关于证据 4，旭鸿公司对其真实性无异议；关于证据 5 和 6，专利复审委告知震天宇公司根据《审查指南》第四部分第三章第 4.1 节的规定，由于其在提出无效宣告请求时没有结合无效宣告理由具体说明证据 5 和 6，因此证据 5、6 在本次无效宣告请求过程中不再予以考虑，震天宇公司对此没有异议。

关于新颖性，震天宇公司用证据 1、2、4、9 以及证据 2 所封存的样块来说明在本专利申请日之前已经有公开使用的行为导致本专利权利要求 1~7 没有新颖性。针对权利要求 1，震天宇公司认为从样块本身来看有三层，这三层是粘在一起的，分别是基础层、弹性层和面层。在基础层中白颜色的是石米，黑颜色的是橡胶粒，用胶水把它们粘在一起，弹性层是黑颜色的橡胶黑颗粒，面层的三元乙丙颗粒就是用红色的 EDPM 橡胶颗粒形成了上面的颗粒，是喷上去的。面层上的粉，如果跟胶水掺和以后就不可能还原回来的。震天宇公司认为本专利中单液型面漆的作用就是把橡胶颗粒和 EDPM 粉颜色胶合在一起。颗粒是红的，粉也是红的，从外观上看只能看到颗粒了，漆和粉现在已经看不出来了，从这个样块上也看不出是不是用过漆和粉。证据 4 可以说明聚氨酯的作用，与权利要求 1 中的胶水有关联，涉及基础层和弹性层。权利要求 2~7 的附加技术特征也被样块公开。至于公开日期，证据 1 合同、证据 2 公证文书以及证据 9 结合可以证明样块在本专利申请日之前已经公开了。旭鸿公司则认为样块可以看出来基础层和弹性层，但最上面层的成分看不出来。

关于创造性，震天宇公司用证据 1、2、3、4、9 来说明在本专利权利要求 1~7 没有创造性。证据 3 是样块的检验报告，其公开了权利要求 2~6 的附加技术特征，可以用来评价权利要求 2~6 的创造性，同时仅仅是颗粒粒度变化不能使本专利的技术方案具备创造性，因此权利要求 7 也不具备创造性。旭鸿公司则认为作为检验报告应该有产品以及手段，证据 3 的检验报告没有记载手段，并且检测结果应该是具体的数值，不应该是一个范围，因此对检测报告内容的真实性表示怀疑。

震天宇公司认为权利要求 8~10 仅仅是材料的配方或配比，不是实用新型保护的客体，因此不符合《专利法实施细则》第二条第二款。旭鸿公司则认为权利要求 8~10 实际上是配比，可以理解为结构方面的特征，在有前提的情况下，比例是有特别规定的，从承上启下来看是结构的方式，是应该受到保护的。

专利复审委经审查认为事实已经查清，遂于 2007 年 6 月 8 日作出第 9921 号决定，维持本专利权全部有效。其理由如下：

1. 关于证据和现有技术。专利复审委认为，震天宇公司当庭提交了证据 4 原件，经专利复审委核实其与复印件相一致，旭鸿公司对其真实性也没有异议，且其公开日期在本专利的申请日前，因此证据 4 可以作为本专利的现有技术使用；

震天宇公司提交证据 1、2 和 9 试图证明证据 2 公证书中所封存的样块在证据 9 记载的日期 2001 年 9 月 5 日前就已经使用公开了。其中，证据 1 工程承包合同和证据 9 工程验收合格证明书都盖有郑州市第二十三中学和郑州市博鑫贸易有限公司的公章。证据 2 是南京市雨花台区公证处出具的（2006）宁雨证内经字第 282 号公证书，包括公证书正文，附件《现场记录》以及《工作记录》、含有塑胶样块的证物袋。针对旭鸿公司对上述证据真实性的异议，专利复审委认为，首先，证据 1、9 证明郑州市第二十三中学的运动场于 2001 年铺设了塑胶跑道，证据 2 证明了公证员在郑州市第二十三中学运动场塑胶跑道上进行了取样，证据 1、9 和证据 2 的联系在于郑州市第二十三中学，因此，郑州博鑫贸易有限公司与河南博鑫体育设施工程有限公司名称的差异并不能否认证据 1、2 的真实性；其次，韦红彬的身份以及证据 1、9 的来源都是证据 2 公证书中记载的事实。根据《中华人民共和国公证法》的规定，经公证的民事法律行为、有法律意义的事实和文书，应当作为认定事实的根据，但有相反证据足以推翻该项公证的除外。因此，在旭鸿公司未提出相应的反证的情况下，其否认证据 2 记载内容真实性的主张不予支持。

专利复审委认为，根据上述三份证据，能够确认以下事实的存在：甲方郑州市第二十三中学与乙方郑州市博鑫贸易有限责任公司于 2001 年 6 月 27 日签订了一份工程承包合同，约定由乙方为甲方铺设塑胶跑道和人造草皮，总施工期为 60 个工作日。该工程于 2001 年 9 月 5 日全部竣工，并由甲方验收完毕。南京市雨花台区公证处公证员陶赟及公证员助理郭志勤与南京震天宇体育场地设施工程有限公司委托代理人赵卫星于 2006 年 11 月 13 日赴郑州市第二十三中学进行取证，在该校总务处主任韦红彬的陪同下来到该校运动场，在运动场东北角取塑胶跑道一块，并分割成四块，其中一块封存于证据 2 物证袋中，一块送江苏省产品质量监督检验研究所国家工程复合材料产品质检中心，并签订了《江苏省产品质量检验中心所委托检验协议书》。基于上述事实，证据 2 物证袋中封存的塑胶样块于 2001 年 9 月 5 日之前被铺设在郑州市第 23 中学的运动场上。由于学校的运动场并非保密场所，所以该塑胶样块已经处于公众想得知就能够得知的状态。因此，该样块公开日期早于本专利的申请日，可以构成本专利的现有技术。

震天宇公司提交的证据 3 是一份由江苏省产品质量监督检验研究院出具的检验报告，其盖有江苏省产品质量监督检验研究院的检验专用章，并且具有经办负责人的签名，因此其本身的真实性可以得到确认。在没有其他反证的情况下，由该证据 3 以及上述证据 2 确认的事实，专利复审委认为可以确认证据 3 记载的对样块的检验结果构成本专利的现有技术。

2. 关于本专利权利要求1~7的新颖性，专利复审委认为：由证据2的样块本身以及证据3的检验结果可知，该样块由一层基础层和一层弹性上层以及其上表面的喷面层粘结而成。基础层由石米、橡胶粒和胶水制成，弹性上层由橡胶黑颗粒和胶水制成，喷面层为赭红色橡胶颗粒状。将样块公开的技术方案与本专利权利要求1相比，可以发现存在两点区别：（1）权利要求1中的胶水具体限定为聚氨酯胶水，而样块中的胶水类型不明；（2）权利要求1中的喷面层由单液型面漆、三元乙丙（EDPM）颗粒和三元乙丙（EDPM）粉组成，而样块的喷面层仅由赭红色橡胶颗粒组成。其中，针对上述第一点，震天宇公司提出的证据4仅能证明聚氨酯可用作合成橡胶，但并不能证明可用作合成橡胶的胶水都是聚氨酯胶水，因此，胶水与聚氨酯胶水是上下位概念的关系，上位概念不能破坏下位概念的新颖性；针对上述第二点，震天宇公司也承认从样块本身看不出使用过漆和粉，同时对于赭红色橡胶颗粒是否就是三元乙丙（EDPM）颗粒，震天宇公司也没有提出相应证据加以证明。因此，由于上述两项区别技术特征的存在，权利要求1相对于证据1、2、3、4、9形成的证据链所证明的使用公开的事实具备《专利法》第二十二条第二款规定的新颖性。权利要求2~7都是权利要求1的从属权利要求，在权利要求1具备新颖性的情况下，从属权利要求2~7也具备《专利法》第二十二条第二款规定的新颖性。

3. 关于本专利权利要求1~7的创造性，专利复审委认为，由上面新颖性的评述可知，本专利权利要求1所要求保护的方案与证据1、2、3、4、9公开的现有技术相比存在两处区别技术特征。然而，震天宇公司并未提交相应证据证明这些区别技术特征已被其他现有技术所公开、或者这些区别特征属于本领域的公知常识、或者对本领域技术人员而言权利要求1请求保护的技术方案是易于想到的。因此，震天宇公司没有完成其举证责任，不能证明权利要求1的技术方案相对于现有技术是显而易见的。此外，震天宇公司在无效宣告请求书里面指出权利要求1与现有技术的区别是组份不同，而组份属于实用新型创造性不予考虑的技术特征。对此，专利复审委认为，根据《审查指南》（2006年版）第六章第4节的规定，在实用新型专利创造性的审查中，应当考虑其技术方案中所有的技术特征，包括材料特征和方法特征，因此震天宇公司的这一主张亦不能得到支持。权利要求1保护的技术方案相对于证据1、2、3、4、9形成的证据链所证明的使用公开的事实，具有实质性特点和进步，具备《专利法》第二十二条第三款规定的创造性。权利要求2至7都是权利要求1的从属权利要求；在权利要求1具备创造性的情况下，从属权利要求2~7也具备《专利法》第二十二条第三款规定的创造性。

4. 关于本专利权利要求8~10是否符合《专利法实施细则》第二条第二款的问题，专利复审委认为，本专利权利要求8的附加技术特征为“基础层（1）中的石米，橡胶粒和聚氨酯胶水的重量比为15：5：1.2”。其虽然对基础层各成份的重量比做了进一步限定，但是从权利要求8请求保护的技术方案整体来看，作为跑道的一个层，组成基础层的各种组分应当是尽可能的均匀混合在一起的，限定一种基础层中各组分的比例，实质上就限定了各组分在基础层中的安排、组织和相互关系，也就限定出了一种基础层的构造。因此，权利要求8实质上仍然是对构造特征进行限定的技术方案。故本专利权利要求8符合《专利法实施细则》第二条第二款的规定。同理，权利要求9和10也符合《专利法实施细则》第二条第二款的规定。

本院认为：震天宇公司对被诉决定认定本专利权利要求8~10符合《专利法实施细则》第二条第二款不持异议，经本院审查，专利复审委对此问题的审查认定正确。在此基础上，本案的争议焦点在于：被诉决定认定本专利权利要求1~7具有新颖性、创造性的结论是否正确。

关于本专利权利要求1~7是否具有新颖性的问题。《专利法》第二十二条第二款的规定，新颖性是指在申请日以前没有同样的发明或者实用新型在国内外出版物上公开发表过、在国内公开使用过或者其他方式为公众所知，也没有同样的发明或者实用新型由他人向国务院专利行政部门提出过申请并且记载在申请日以后公布的专利申请文件中。被诉的第9921号决定认定震天宇公司提供的证据1、2、3、4、9形成的证据链所证明的使用公开的事实构成了本专利的现有技术，可以与本专利进行新颖性对比。震天宇公司、旭鸿公司对此不持异议。经本院审查认为，专利复审委对上述证据的审查认定正确，震天宇公司提供的证据1、2、3、4、9形成的证据链所证明的事实构成了本专利的现有技术。经过对比，本专利与现有技术存在以下两点区别特征，（1）权利要求1中的胶水具体限定为聚氨酯胶水，而样块中的胶水类型不明；（2）权利要求1中的喷面层由单液型面漆、三元乙丙（EDPM）颗粒和三元乙丙（EDPM）粉组成，而样块的喷面层仅由赭红色橡胶颗粒组成。由于上述两项区别技术特征的存在，权利要求1相对于证据1、2、3、4、9形成的证据链所证明的使用公开的事实具备《专利法》第二十二条第二款规定的新颖性。权利要求2至7都是权利要求1的从属权利要求，在权利要求1具备新颖性的情况下，从属权利要求2~7也具备《专利法》第二十二条第二款规定的新颖性。专利复审委关于本专利权利要求1~7具有新颖性的认定正确。

关于本专利权利要求1~7是否具有创造性的问题。《专利法》第二十二条第三款之规定，授予专利权的实用新型，应当具备创造性。实用新型的创造性是指同申请日以前已有的技术相比，该实用新型有实质性特点和进步。《专利法实施细则》第二条第二款规定：专利法所称实用新型，是指对产品的形状、构造或者其结合所提出的适于实用的新的技术方案。《审查指南》（2006年版）第一部分第二章第6.3节规定：产品的构造是指产品的各个组成部分的安排、组织和相互关系。第四部分第六章第4节规定：在实用新型专利创造性的审查中，应当考虑其技术方案中所有的技术特征，包括材料特征和方法特征。本专利权利要求1所要求保护的方案与震天宇公司提交证据所公开的现有技术相比存在区别技术特征。震天宇公司提供的现有证据不能证明这些区别技术特征已被其他现有技术所公开，或者这些区别特征属于本领域的公知常识，区别技术特征对本领域技术人员而言本专利权利要求请求保护的技术方案是易于想到的。因此，现有证据不能证明本专利权利要求1保护的技术方案相对于现有技术是显而易见的。本专利权利要求1相对于证据1、2、3、4、9形成的证据链所证明的使用公开的事实具备《专利法》第二十二条第三款规定的创造性，权利要求2至7都是权利要求1的从属权利要求，在权利要求1具备创造性的情况下，从属权利要求2~7也具备《专利法》第二十二条第三款规定的创造性。专利复审委认定本专利权利要求1~7具有创造性的认定正确。震天宇公司认为在实用新型的创造性审查中，产品的材料特征及组分属于不予考虑的技术特征的观点，缺乏法律依据。

综上所述，专利复审委作出的第9921号决定，认定事实清楚，适用法律正确，符合法定程序，一审法院予以维持正确；震天宇公司提出的上诉理由没有事实和法律依据，本院不予支持。依照《中华人民共和国行政诉讼法》第六十一条第（一）项之规定，判决如下：

驳回上诉，维持一审判决。

二审案件受理费人民币100元，由上诉人南京震天宇体育场地设施工程有限公司负担（已交纳）。

本判决为终审判决。

审 判 长　郭　宜
审 判 员　张学磊
代理审判员　朱海宏
二〇〇八年六月十九日
书 记 员　程钰玮

113

反射式电暖器

无效宣告请求审查决定（第9922号）

决　定　号　第9922号
决　定　日　2007年6月14日
发明创造名称　反射式电暖器
国 际 分 类 号　F24D 13/00，F24C 15/22，F24C 7/04
无效宣告请求人　环球拔萃有限公司
专　利　权　人　饶建明，孙志革
专　利　号　200520056762.X
申　请　日　2005年4月8日
授 权 公 告 日　2006年7月19日
合 议 组 组 长　刘　犟
主　审　员　姜　岩
参　审　员　王　博

法 律 依 据　专利法第22条第2款、第3款
决 定 要 点

如果与对比文件公开的内容相比，专利的权利要求所限定的技术方案与对比文件公开的技术方案实质上相同，所属技术领域的技术人员根据两者的技术方案可以确定两者能够适用于相同的技术领域，解决相同的技术问题，并具有相同的预期效果，则认为两者为同样的发明或者实用新型。

如果一项权利要求与最接近现有技术的区别特征是本领域的公知常识，则本领域的技术人员面对所述技术问题时，有动机改进该最接近的现有技术并获得该项权利要求所保护的技术方案，则该权利要求不具备实用新型专利所要求的创造性。

一、案由

本无效宣告请求涉及中华人民共和国国家知识产权局于2006年7月19日授权公告的、名称为“反射式电暖器”的实用新型专利权（以下简称本专利），其专利号是200520056762.X，申请日是2005年4月8日，专利权人是饶建明、孙志革。本专利授权公告时的权利要求书如下：

“1. 反射式电暖器，包括电热发热体、连接于电热发热体的电源引线及其反射体，其特征在于：所述反射罩下方设置有反射体，所述电热发热体由固定装置固定在反射体上。

2. 根据权利要求1所述的反射式电暖器，其特征在于：所述反射罩呈伞形。

3. 根据权利要求1所述的反射式电暖器，其特征在于：所述反射体外表面呈曲面，其反射角呈

放射状，所述曲面为平滑过渡的曲面或阶梯状曲面。

4. 根据权利要求 1 或 2 或 3 所述的反射式电暖器，其特征在于：在所述反射罩下方，设置有将电热发射体及反射体封闭于其内部的安全网罩。

5. 根据权利要求 4 所述的反射式电暖器，其特征在于：一支撑体于底部支撑所述安全网罩、反射体及其反射罩。

6. 根据权利要求 5 所述的反射式电暖器，其特征在于：所述反射罩、反射体及其安全网罩是由一固定架连接成一个组件。

7. 根据权利要求 6 所述的反射式电暖器，其特征在于：所述支撑体与所述组件为可分离式连接。

8. 根据权利要求 6 所述的反射式电暖器，其特征在于：所述电热发热体为环状发热管或半圆形发热管。

9. 根据权利要求 6 所述的反射式电暖器，其特征在于：所述电热发热体为卤素发热管或石英发热管或金属发热管。

10. 根据权利要求 6 所述的反射式电暖器，其特征在于：所述反射罩、反射体、安全网罩及其固定架为可分离式连接。”

针对本专利权，环球拔萃有限公司（以下简称请求人）于 2006 年 10 月 26 日向专利复审委员会提出无效宣告请求，同时提交了如下附件：

附件 1：US6，304，719B1 号美国专利说明书复印件，公开日为 2001 年 10 月 16 日，共 5 页。

请求人认为：（1）附件 1 与本专利属于相同的技术领域，且附件 1 公开了本专利权利要求 1 的全部技术特征，因此权利要求 1 不具备新颖性；另外，即使具备新颖性，其技术方案相对于附件 1 也不具备实质性的特点，因此权利要求 1 也不具备创造性。（2）附件 1 中公开了本专利权利要求 2 的附加技术特征，因此权利要求 2 相对于附件 1 不具备新颖性；另外，即使具备新颖性，反射罩的各种形状都是本领域公知常识，因此权利要求 2 不具备创造性。（3）附件 1 公开了权利要求 3 中的“反射体外表面呈曲面，反射角呈发射状，反射体外表面为平滑过渡曲面”，因此权利要求 3 不具备新颖性；另外，即使具备新颖性，该附加技术特征也是本领域公知常识，因此权利要求 3 不具备创造性。（4）附件 1 中公开了权利要求 4~7 的附加技术特征，因此权利要求 4~7 不具备新颖性；另外，即使具备新颖性，也不具备实质性特点，从而不具备创造性。（5）附件 1 中公开了权利要求 8 中的“环形发热管”，因此权利要求 8 不具备新颖性；另外，即使权利要求 8 具备新颖性，电热发热体形状为环形或半圆形是本领域的公知常识，因此权利要求 8 的技术方案不具有实质性特点，权利要求 8 不具备创造性。（6）附件 1 中公开了权利要求 9 中的“卤素发热管”，因此权利要求 9 不具备新颖性；另外，即使具备新颖性，选择卤素发热管或石英发热管或金属发热管作为电发热体是本领域的公知常识，因此权利要求 9 不具备创造性。（7）附件 1 中公开了权利要求 10 的附加技术特征，因此权利要求 10 行对于附件 1 不具备新颖性；即使具备新颖性，由于反射罩、反射体、安全网罩及其固定架具为可分离连接是本领域的惯用连接方式，因此权利要求 10 不具备创造性。（8）同时还认为权利要求 1~10 不符合专利法实施细则第 20 条第 1 款的规定。

请求人于 2006 年 11 月 24 日提交了附件 1 的中文译文。

经形式审查合格，专利复审委员会依法受理了上述无效宣告请求，并于 2006 年 11 月 29 日向请求人和专利权人发出无效宣告请求受理通知书，同时将专利权无效宣告请求书及其附件清单中所列附件的副本转送给专利权人，并要求专利权人在指定的期限内陈述意见。专利权人在指定期限内没有答复。

专利复审委员会依法成立合议组对本案进行审查。本案合议组于 2007 年 2 月 25 日向双方发出无效宣告请求口头审理通知书，定于2007年4月3日在专利复审委员会举行口头审理。

2007年4月3日，口头审理如期举行，在口头审理中，专利权人没有出席口头审理，请求人单方出席了口头审理，请求人对变更后的合议组成员组长刘翚、主审员姜岩、参审员王博没有回避请求。

（1）请求人明确其无效的理由、证据、范围以及证据的使用情况为：权利要求1~10相对于附件1不具备新颖性、创造性。权利要求1~10不符合专利法实施细则第20条第1款的规定。

（2）关于专利法实施细则第20条第1款。请求人的具体主张同无效宣告请求书中相同。所以权利要求1~10不符合专利法实施细则第20条第1款的规定。但请求人同时认为通过说明书可以理解权利要求1的技术方案。

（3）关于权利要求1~10的新颖性创造性理由具体同其无效宣告请求书中理由。另外调查了如下内容：

请求人认为：附件1中第3栏第3~8行及第18~24行及附图1、2公开了本专利权利要求6中附加技术特征，即固定架80和卡缘122都可以将反射罩，反射体，安全网罩连接成一个组件。

请求人认为："支撑体和所述组件为可分离式连接"在附件1中文字部分未公开，但可由文字部分叙述的连接关系结合附图得知。

口头审理结束后，合议组于2007年4月3日向专利权人发出了合议组成员告知通知书及转送文件通知书，随转送文件通知书将口头审理记录以及请求人于2006年11月24日提交的附件1的中文译文寄送专利权人，并要求专利权人在指定的期限针对合议组成员变更、口头审理记录以及请求人提交的外文证据译文的具体内容陈述意见。

专利权人期满未作答复。

至此，合议组认为本案事实已经清楚，可以作出审查决定。

二、决定的理由

1. 关于证据和现有技术

请求人提交的附件1为一篇美国专利文献，并在一个月内补充提交其译文。专利权人既未出席口头审理，又未在指定的期限内对该附件的真实性及译文的准确性发表意见，因此视为专利权人对该附件的真实性及译文的准确性无异议。经合议组审查，该附件可以作为本案的证据使用，该附件公开内容以其中文译文为准。同时，由于附件1的公开日为2001年10月16日，早于本专利的申请日，因此可以作为本专利的现有技术使用。

2. 关于本专利的权利要求1~10的新颖性和创造性

新颖性，是指在申请日以前没有同样的发明或者实用新型在国内外出版物上公开发表过、在国内公开使用过或者以其他方式为公众所知，也没有同样的发明或者实用新型由他人向国务院专利行政部门提出过申请并记载在申请日以后（含申请日）公布的专利申请文件中。

如果与对比文件公开的内容相比，专利的权利要求所限定的技术方案与对比文件公开的技术方案实质上相同，所属技术领域的技术人员根据两者的技术方案可以确定两者能够适用于相同的技术领域，解决相同的技术问题，并具有相同的预期效果，则认为两者为同样的发明或者实用新型。

创造性，是指同申请日以前已有的技术相比，该实用新型有实质性特点和进步。

如果一项权利要求与最接近现有技术的区别特征是本领域的公知常识，则本领域的技术人员面对所述技术问题时，有动机改进该最接近的现有技术并获得该项权利要求所保护的技术方案，则该权利要求不具备实用新型专利所要求的创造性。

（1）关于权利要求1的新颖性。

合议组认为：附件1中公开了一种具有卤素灯的辐射式取暖器，参见附件1说明书译文部分及附图，其中附件 1 中的卤素灯 110 相当于本专利权利要求 1 中的电发热体；电源引线 2 相当于本专利权利要求 1 中连接于电热体的电源引线；抛物形的反射体 90 相当于本专利权利要求 1 中的反射体；反射罩 92 的下方设有反射体 90 相当于本专利权利要求 1 中所述反射罩下方设置有反射体；卤素灯管 110 通过由其支撑 112 和圆台 80 构成的固定装置固定在反射体上相当于本专利权利要求 1 中所述电热发热体由固定装置固定在反射体上。由此可见附件 1 公开了本专利权利要求 1 的全部技术特征，其与本专利适用于相同的技术领域，可以解决相同的技术问题，并且具有相同的预期效果，因此本专利权利要求 1 相对于附件 1 不具备新颖性。

（2）关于权利要求 2 的新颖性。

合议组认为：权利要求 2 是权利要求 1 的从属权利要求，其附加技术特征是“所述反射罩呈伞形”。由附件 1 译文第 3 页第 7~9 行及说明书附图 1、2 可知，附件 1 中的反射罩的形状呈抛物形，也即在视觉上呈伞形。因此，附件 1 公开了权利要求 2 的附加技术特征，在其引用的权利要求 1 不具备新颖性的条件下，权利要求 2 不具备新颖性。

（3）关于权利要求 3 的新颖性和创造性。

权利要求 3 中包括如下两个并列的附加技术特征：第一，所述反射体外表面呈曲面，其反射角呈放射状，所述曲面为平滑过渡的曲面；第二，所述反射体外表面呈曲面，其反射角呈放射状，所述曲面为阶梯状曲面。附件 1 中公开了反射体的外表面为抛物形（参见译文第 3 页第 7~9 行及附图 1、2），显然属于一种平滑过渡的曲面，且其反射角呈放射状。因此附件 1 公开了上述并列的第一个附加技术特征，而且由于本专利权利要求 1 已经不具备新颖性，那么在权利要求 3 中使用上述第一个并列附加技术特征对权利要求 1 进行进一步限定之后形成的技术方案不具备新颖性。而采用阶梯状曲面也是本领域的常规技术手段，因此应用阶梯状曲面对电发热体散发的热量进行反射也是容易想到的，阶梯状的曲面其反射角很明显也是放射状的，而且该特征并未带来任何意料不到的技术效果，因此权利要求 3 中使用上述第二个并列附加技术特征对权利要求 1 进行进一步限定后形成的技术方案不具备创造性。

（4）关于权利要求 4 的新颖性和创造性。

合议组认为：由附件 1 译文第 3 页及附图 1 和 2 中可以看出，在反射罩 92 的下方设有安全罩 120，该安全罩将卤素灯管 110 和反射体 90 封闭于内部。因此，权利要求 4 的附加技术特征已经被附件 1 公开，因此，在其引用权利要求 1 或 2 或 3 的技术方案相对于附件 1 不具备新颖性或创造性时，权利要求 4 不具备新颖性或创造性。

（5）关于权利要求 5 的新颖性和创造性。

合议组认为：由附件 1 译文第 3 页及附图 1 和 2 可知，其中的安全罩 120 通过卡缘 122 与反射体 90 和反射罩 92 固定，反射体 90 和反射罩 92 与头部 60 具有固定连接，也就是说，头部 60 于底部支撑安全网 120、反射体 90 和反射罩 92，即附件 1 中的头部 60 相当于本专利权利要求 5 中的支撑体。因此，附件 1 中公开了权利要求 5 的附加技术特征。因此，当其引用的权利要求 4 不具备新颖性或创造性时，权利要求 5 也不具备新颖性或创造性。

（6）关于权利要求 6 的新颖性和创造性。

合议组认为：由附件 1 译文第 3 页及附图 1 和 2 可知，卡缘 122 将反射体 90 和反射罩 92 以及安全罩连接成为一个组件，其中卡缘 122 相当于本专利权利要求 6 中的固定架，因此附件 1 公开了权利要求 6 的附加技术特征。因此，当其引用的权利要求 5 不具备新颖性或创造性时，权利要求 6 也不具备新颖性或创造性。

（7）关于权利要求 7 的新颖性和创造性。

合议组认为：由附件 1 译文第 3 页及附图 1 和 2 可知，由头部 60 与反射体 90、反射罩 92 和安全罩 120 构成的组件是分离式连接。因此，附件 1 中公开了权利要求 6 的附加技术特征，当其引用的权利要求 6 不具备新颖性或创造性时，权利要求 7 也不具备新颖性或创造性。

（8）关于权利要求 8 的新颖性和创造性。

合议组认为：权利要求 8 中包括如下两个并列的附加技术特征，第一，所述电热发热体为环状发热管；第二，所述电发热体为半圆形发热管。由附件 1 附图 1 和 2 可知，其中卤素管 110（相当于本专利中的电热发热体）呈环状，因此附件 1 公开了权利要求 8 中第一个附加技术特征；由于本专利权利要求 6 已经不具备新颖性或创造性，那么在权利要求 8 中使用上述第一个并列的附加技术特征对权利要求 6 进行进一步限定后形成的技术方案不具备新颖性或创造性。而采用半圆形发热管也是本领域常规技术手段，同时该特征未带来任何意料不到的技术效果，由于其引用的权利要求 6 不具备新颖性或创造性，权利要求 8 中使用第二个并列的附加技术特征对权利要求 8 进行进一步限定后形成的技术方案也不具备创造性。

（9）关于权利要求 9 的新颖性和创造性。

合议组认为：权利要求 9 中包括三个并列的附加技术特征：第一，所述电热发热体为卤素发热管；第二，所述电热发热体为石英发热管；第三，所述电热发热体为金属发热管。其中附件 1 中公开了发热管为卤素管，由于其引用的权利要求 6 不具备新颖性或创造性，那么在权利要求 9 中使用第一个并列的附加技术特征对权利要求 6 进行进一步限定后形成的技术方案不具备新颖性或创造性。而石英发热管、金属发热管都属于本领域常用的发热管，因此应用这两种发热管作为电热发热体也是容易想到的，同时该特征未带来任何意料不到的技术效果，因此，当其引用的权利要求 6 不具备新颖性或创造性时，权利要求 9 中使用第二、三个并列的附加技术特征对权利要求 6 进行进一步限定后形成的技术方案也不具备创造性。

（10）关于权利要求 10 的新颖性和创造性。

合议组认为：由附件 1 译文第 3 页及附图 1 和 2 可知，反射罩 92、反射体 90、安全罩 120 以及圆台支撑 80 显然也具有可分离式连接。因此，权利要求 10 的附加技术特征也被附件 1 公开，因此，当其引用的权利要求 6 不具备新颖性或创造性时，权利要求 10 也不具备新颖性或创造性。

鉴于本专利权利要求 1~10 不符合专利法第 22 条第 2 款、第 3 款的规定，因此对于上述权利要求 1~10 的其他无效理由不再评述。

根据上述的事实和理由，本案合议组依法作出以下决定。

三、决定

宣告 200520056762. X 号实用新型专利权全部无效。

当事人对本决定不服的，可以根据专利法第 46 条第 2 款的规定，自收到本决定之日起 3 个月内向北京市第一中级人民法院起诉。根据该款的规定，一方当事人起诉后，另一方当事人应当作为第三人参加诉讼。

114

热风缝口密封机

无效宣告请求审查决定（第9932号）

决　　定　　号　第9932号
决　　定　　日　2007年6月15日
发明创造名称　热风缝口密封机
国 际 分 类 号　B29C 65/10
无效宣告请求人　江门市江海区业伟成机械厂
专 利 权 人　劳敬满
专　　利　　号　200420118615.6
申　　请　　日　2004年12月30日
授 权 公 告 日　2006年2月15日
合 议 组 组 长　崔　震
主　　审　　员　姜　岩
参　　审　　员　王　冬

法 律 依 据　专利法第22条第3款
决 定 要 点

如果一项实用新型权利要求与最接近的现有技术的区别特征为另一份对比文件披露的相关技术手段，该技术手段在该对比文件中所起的作用与该区别特征在要求保护的实用新型中为解决其技术问题所起到的作用相同，则认为现有技术中存在将上述区别特征应用到该最接近的现有技术以解决其存在的技术问题的技术启示，该权利要求的技术方案是显而易见的，不具有实质性特点。

一、案由

本无效宣告请求涉及中华人民共和国国家知识产权局于2006年2月15日授权公告的、名称为“热风缝口密封机”的实用新型专利权（以下简称本专利），其专利号是200420118615.6，申请日是2004年12月30日，专利权人是劳敬满。本专利授权公告时的权利要求书如下：

“1. 一种热风缝口密封机，包括电器控制系统、机械操作系统和气动系统，其中电器部分由控制面板、脚踏开关、风机、电机、主电路板组成，其特征在于：所述电器部分的电机采用了步进电机（1），并且在主电路板（2）上增加了微电脑控制电路（4）和改进了控制面板（3），主电路板（2）一端与控制面板（3）相连，另一端与步进电机（1）相连。”

针对本专利权，江门市江海区业伟成机械厂（以下简称请求人）于2006年9月19日向专利复审委员会提出无效宣告请求，认为本专利权利要求1不符合专利法第22条第3款的规定，请求人同时提交了如下附件：

附件1：美国专利US6053230A的专利说明书，公开日为2000年4月25日，共11页；

附件2：专利号为02291890.6的中国实用新型专利说明书，授权公告日为2003年11月5日，共8页；

附件3：美国专利US6053230A专利说明书的中文译文，共22页。

经形式审查合格，专利复审委员会依法受理了上述无效宣告请求，并于2006年9月20日向请求人和专利权人发出无效宣告请求受理通知书，同时将专利权无效宣告请求书及其附件清单中所列附件的副本转送给专利权人，并要求专利权人在指定的期限内陈述意见。

针对专利复审委员会发出的上述无效宣告请求受理通知书，专利权人于2006年10月27日提交了意见陈述书，认为本专利权利要求1相对于附件1和2具备创造性。

专利复审委员会依法成立合议组对本案进行审查，本案合议组于2007年2月15日向双方发出无效宣告请求口头审理通知书，定于2007年3月27日举行口头审理。随同口头审理通知书，将专利权人于2006年10月27日提交的意见陈述书的副本转送给请求人，告知请求人在口头审理时一并答复。

口头审理如期举行，双方当事人均参加了口头审理。

在口头审理中，请求人明确其无效宣告请求的理由、范围及所依据的证据为：权利要求1相对于附件1和2的结合不具备创造性。专利权人对附件1和2的真实性、公开性没有异议，对附件1译文的准确性没有异议。

至此，合议组认为本案事实已经清楚，可以作出审查决定。

二、决定的理由

1. 关于证据和现有技术

请求人提交的证据包括附件1、2，专利权人对附件1、2的真实性没有异议，而且附件1、2均为专利文献，经合议组审查，对附件1、2的真实性予以认可，且其公开日期在本专利的申请日前，因此可以作为本专利的现有技术使用。

其中请求人提交的附件1为外文证据，请求人提供了其中文译文，专利权人对附件1的中文译文也没有异议，因此附件1的公开内容以其中文译文为准。

2. 关于本专利的权利要求1的创造性

创造性，是指同申请日以前已有的技术相比，该实用新型具有实质性特点和进步。

如果一项实用新型权利要求与最接近的现有技术的区别特征为另一份对比文件披露的相关技术手段，该技术手段在该对比文件中所起的作用与该区别特征在要求保护的实用新型中为解决其技术问题所起到的作用相同，则认为现有技术中存在将上述区别特征应用到该最接近的现有技术以解决其存在的技术问题的技术启示，该权利要求的技术方案是显而易见的，不具有实质性特点。

本案中，请求人认为：附件1公开了除权利要求1中气动系统及电器部分的主电路板之外的全部技术特征；但认为主电路板虽然未在附件1中明确公开，但可以由附件1直接导出；附件2中公开了气动系统，并且其与本专利的气动系统所起到的作用相同。

专利权人对上述权利要求1的全部技术特征在附件1和2中已经被公开没有异议，对附件2中公开的气动系统与本专利中的气动系统所起的作用相同没有异议，但认为附件1是用于两层面料之间的热风密封，而本专利是用于缝口与防水胶带之间的热风密封，是有区别的。

合议组经审查后认为，附件1公开了一种热风缝口密封机，与本专利属于相同的技术领域，并且具体公开了如下技术特征：计算机控制模块23包括计算机控制系统75、与计算机控制系统75相连接的按键60，开关62和显示屏64（60，62，64相当于本专利中的控制面板）、四个与计算机控制系统电相连的脚踏开关 52~55；计算机控制系统 75 根据输入端输入的数据控制热风组件 29，热风组件 29 包括风机 85；计算机控制系统 75 的输出端通过脉冲放大器 77、79 与步进电机 40，42 相连（以上部分相当于本专利中电器控制系统）。计算机控制系统 75 将输入端输入的数据经过脉冲放大器处理后最终通过步进电机控制上下压轮组件 25、27（该两个压轮组件相当于本专利中的机械操作系统）（参见附件 1 的附图 5 及其译文第 8~10 页内容）。虽然附件 1 中未明确提到包括一个主电路板，但正如双方认同的那样，根据附件 1 中包括的计算机控制系统 75 可以推知，其中一定包括主电路板用于处理数据。

权利要求 1 与附件 1 的区别在于：附件 1 中未提到使用气动系统。本专利中仅在说明书中对气动系统有如下描述："气动部分由上柱汽缸、剪刀组成"，由此可知该气动系统所起的作用是切断作用。附件 2 公开了一种塑料薄膜补片装置，并具体公开了以下技术内容：该装置包括切断汽缸和切刀，用于切断补片塑料薄膜，切断汽缸设于机架上的一侧边，切刀设于送料胶辊与热合部件之间，并与切断汽缸的传动部件连接；当热合部件的上下压板夹住补片塑料薄膜时，切断汽缸动作，切刀切断补片塑料薄膜"，在附件 2 中详细公开了切断塑料薄膜装置及其切断过程，附件 2 中上述技术特征所起的作用与上述区别技术特征在本专利中所起作用相同，因此，附件 2 给出了将上述区别技术特征应用到附件 1 以解决其存在的技术问题的技术启示，本领域技术人员在附件 1 的基础上结合附件 2 中公开的技术内容得到权利要求 1 请求保护的技术方案是显而易见的，而且上述区别技术特征也没有使权利要求 1 所要保护的技术方案产生预料不到的技术效果，因此权利要求 1 保护的技术方案不具备实质性特点和进步，不符合专利法第 22 条第 3 款的规定。

关于专利权人所述的附件 1 是用于两层面料之间的热风密封，而本专利是用于缝口与防水胶带之间的热风密封，二者是有区别的。合议组认为，实用新型专利权的保护范围以其权利要求的内容为准，说明书及附图用于解释权利要求；专利权人所述的区别点并未体现在权利要求的技术方案中。此外，本专利请求保护的是热风缝口密封机，是一种装置，专利权人没有提供证据来证明由于密封对象的不同对本专利权利要求 1 的装置产生了实质性的限定作用，并且从本专利与附件 1 公开的内容上看，无论密封对象如何，其采用的方法都是通过向缝口处吹送热风来实现密封，因此，专利权人的上述观点并不能够证明本专利权利要求 1 相对于附件 1、2 具备创造性，合议组不予支持。

根据上述的事实和理由，本案合议组依法作出以下决定。

三、决定

宣告 200420118615.6 号实用新型专利权全部无效。

当事人对本决定不服的，可以根据专利法第 46 条第 2 款的规定，自收到本决定之日起 3 个月内向北京市第一中级人民法院起诉。根据该款的规定，一方当事人起诉后，另一方当事人应当作为第三人参加诉讼。

115

大型振动流化床干燥装置

无效宣告请求审查决定（第9934号）

决　　定　　号　第9934号
决　　定　　日　2007年6月1日
发明创造名称　大型振动流化床干燥装置
国 际 分 类 号　F26B 3/092
无效宣告请求人　辽宁国能集团铁岭精工机械有限公司
专　利　权　人　青岛海化干燥工程机械有限公司
专　　利　　号　00215784.5
申　　请　　日　2000年8月3日
授 权 公 告 日　2001年6月27日
合 议 组 组 长　李广峰
主　　审　　员　王　冬
参　　审　　员　王　博

法　律　依　据　专利法第22条第3款
决　定　要　点

在判断一项实用新型权利要求是否具备创造性时，如果该权利要求与最接近的现有技术存在区别技术特征，且现有技术中没有给出将该区别技术特征应用到最接近的现有技术中已解决其存在的技术问题的启示，则该权利要求是非显而易见的，具备创造性。

一、案由

本无效宣告请求涉及中华人民共和国国家知识产权局于2001年6月27日授权公告的、名称为“大型振动流化床干燥装置”的实用新型专利权（以下简称本专利），其专利号是00215784.5，申请日是2000年8月3日，专利权人是青岛海化干燥工程机械有限公司。本专利授权公告的权利要求书如下：

“1. 一种大型振动流化床干燥装置，有吸入室（2）、风箱（5）和激振器（10），在吸入室（2）和风箱（5）之间夹有分布板（3），分布板（3）上有多排气孔，激振器（10）由电机（13）带动，其特征是所述的风箱（5）通过板弹簧（8）和螺旋弹簧（9）与下质体（6）连接，下质体（6）下面装有橡胶缓冲垫（7）。

2. 如权利要求1所述的装置，其特征是所述的激振器（10）安装在风箱（5）进料端一侧的中部。

3. 如权利要求 1 所述的装置，其特征是所述的多排气孔中每排气孔下均有一细长固定板（16），鸭嘴状的分布帽（15）通过螺栓（18）、弹簧垫片（14）、螺帽（17）固定在固定板（16）上。”

针对本专利权，辽宁国能集团铁岭精工机械有限公司（以下简称请求人）于 2006 年 6 月 15 日向专利复审委员会提出无效宣告请求，认为本专利的权利要求 1~3 不符合专利法第 22 条第 3 款的规定，请求人同时提交了如下附件：

附件 1：公开日为 1999 年 7 月 28 日、公开号为 CN1224146A 的中国发明专利申请公开说明书，共 7 页；

附件 2：公开日为 1973 年 10 月 30 日的美国专利文献 US3768174，共 4 页。

附件 3：公开日为 1979 年 9 月 12 日的英国专利文献 GB2015377A，共 5 页；

附件 4：国家知识产权局专利检索咨询中心针对本专利做出的查新检索报告复印件一份，共 4 页。

请求人认为：权利要求 1 相对于附件 1、2 和公知常识的结合不具备创造性；权利要求 2 的附加技术特征为公知常识，因此权利要求 2 也不具备创造性；权利要求 3 中的附加技术特征与附件 3 的区别仅在于弹簧垫片这一惯用的技术手段，因此权利要求 3 不具备创造性。

经形式审查合格，专利复审委员会依法受理了上述无效宣告请求，并于 2006 年 6 月 16 日向请求人和专利权人发出无效宣告请求受理通知书，同时将专利权无效宣告请求书及其附件清单中所列附件的副本转送给专利权人，并要求专利权人在指定的期限内陈述意见。

请求人于 2006 年 7 月 11 日向专利复审委员会提交了意见陈述书，并补充提交了附件 2 的中文译文附件 5，附件 3 的中文译文附件 6。

专利权人于 2006 年 7 月 31 日提交了意见陈述书，认为请求人提交的证据不能破坏本专利的创造性。

专利复审委员会依法成立合议组，对本案进行审查。

本案合议组于 2007 年 1 月 9 日向双方发出无效宣告请求口头审理通知书，定于 2007 年 3 月 12 日在专利复审委员会举行口头审理。随同口头审理通知书，将请求人于 2006 年 7 月 11 日提交的意见陈述书及其附件清单中所列附件的副本转送给专利权人，将专利权人于 2006 年 7 月 31 日提交的意见陈述书的副本转送给请求人。

口头审理如期举行，双方当事人均参加了口头审理。

在口头审理中，请求人明确其无效的理由、范围以及证据的使用情况为：权利要求 1 相对于附件 2、1 的结合、权利要求 2 相对于附件 2、1 的结合以及权利要求 3 相对于附件 2、1 和 3 的结合不符合专利法第 22 条第 3 款的规定。专利权人对请求人提交的附件 1~4 的真实性没有异议，对附件 2 和 3 的中文译文的准确性没有异议，但认为附件 4 不能作为证据使用。

请求人认为本专利与附件 2 的区别有两点：（1）激振器由电机带动，（2）下质体下面装有橡胶缓冲垫。其中附件 1 公开了振动电机，而振动电机是由电机和激振器结合在一起组成的，其是激振器由电机带动的下位概念。附件 2 公开了橡胶块是弹性支撑部件，可以起到减振和缓冲的作用，附件 2 给出了将橡胶垫应用于支架底部的技术启示。专利权人认为，本专利下质体与橡胶缓冲垫结合形成二次缓冲使得大型设备对地基基础的要求不高，附件 1 中振动电机是一个单独的设备，振动电机本身参与振动。

请求人认为，权利要求 2 的附加技术特征是本领域的公知常识，本领域技术人员根据附件 1 经过有限次实验容易得到将振动电机安装在进料端一侧的技术特征。

请求人认为，权利要求 3 的附加技术特征被附件 3 的附图及说明书完全公开。专利权人认为，附件 3 和权利要求 3 的技术方案设计原理相同但结构不同。

至此，合议组认为本案事实已经清楚，可以作出审查决定。

二、决定的理由

1. 关于证据和现有技术

请求人提交的附件 1 是中国发明专利申请公开说明书，专利权人对附件 1 的真实性没有异议，可以作为本案证据使用，同时由于附件 1 的公开日期在本专利的申请日前，因此可以作为本专利的现有技术使用。

附件 2 为美国专利文献，专利权人对其真实性没有异议，请求人提交了附件 5 作为其中文译文，专利权人对该中文译文的准确性也没有异议，因此附件 2 的公开内容以附件 5 中文译文为准，可以作为本案证据使用。同时由于附件 2 的公开日期在本专利的申请日前，因此可以作为本专利的现有技术使用。

附件 3 为英国专利文献，专利权人对其真实性没有异议，请求人提交了附件 6 作为其中文译文，专利权人对该中文译文的准确性也没有异议，因此附件 3 的公开内容以附件 6 中文译文为准，可以作为本案证据使用。同时由于附件 3 的公开日期在本专利的申请日前，因此可以作为本专利的现有技术使用。

附件 4 是国家知识产权局专利局专利检索咨询中心所作的查新检索报告，其不是具有既判力的法律文件，不具有对本案审理结果产生强制性影响的法律效力，因此仅能作为参考，对其结论性意见不予采信。

2. 关于创造性

专利法第 22 条第 3 款规定：创造性，是指同申请日以前已有的技术相比，该发明有突出的实质性特点和显著的进步，该实用新型具有实质性特点和进步。

在判断一项实用新型权利要求是否具备创造性时，如果该权利要求与最接近的现有技术存在区别技术特征，且现有技术中没有给出将该区别技术特征应用到最接近的现有技术中已解决其存在的技术问题的启示，则该权利要求是非显而易见的，具备创造性。

附件 2 公开了一种流化床设备，包括风箱、激振器、风箱上方的水平金属板（相当于分布板）、水平金属板上方的室体（相当于吸入室），水平金属板在其上室体和风箱之间，所述水平金属板上有多个小孔，风箱通过螺旋弹簧和板弹簧与静止支架（相当于下质体）连接。

附件 1 公开了一种内热式振动流化床干燥器，所述干燥器使用振动电机进行振动，所述振动电机是一种将激振器和电机连接为一体的单独部件。

本专利权利要求 1 与作为最接近的现有技术的附件 2 相比，其区别在于：附件 2 没有公开（A）激振器由电机带动，（B）下质体下面装有橡胶缓冲垫。对于区别特征（A），请求人认为，附件 1 第 1 页最后一段第 2 行公开了激振器由电机带动，而振动电机是激振器由电机带动的下位概念，也即附件 1 公开了该区别特征，对此，合议组认为，附件 1 所使用的振动电机是一种将激振器和电机连接为一体的单独部件，在振动过程中其作为振动源整体参与振动，而权利要求 1 则使用电机带动激振器进行振动，电机本身不参与振动，使得电机的使用寿命增长，对地基的要求不高，因此，附件 1 并没有公开区别技术特征（A），也没有给出相应的技术启示将该区别技术特征应用到附件 2 中以解决其存在的技术问题。对于区别技术特征（B），请求人认为，虽然附件 2 没有公开静止支架下安装橡胶缓冲垫，但附件 2 给出了橡胶块作为弹性支撑部件可以起到缓冲作用的技术启示，因此，本领域技术人员根据附件 2 的启示很容易想到在下质体下面装有橡胶缓冲垫以起到减振和缓冲的作用。对此，合议组认为，该区别技术特征所要解决的技术问题是克服现有的要由吸入室和风箱构成的单质体通过弹簧与基础连接，对基础要求高的问题，本专利通过增设下质体并在下质体下面安装橡胶缓冲垫的方式实现二次缓冲，从而降低设备对基础的要求；根据附件2的记载“螺旋弹簧也可以换成橡胶块或者其他可以弹性支撑部件1和5的构件”，其中所述橡胶块仅是单质体结构干燥机中的缓冲机构，仅起到权利要求1中的板弹簧和螺旋弹簧所起的作用，因此，附件2没有公开该区别技术特征，本领域技术人员得到的技术启示是静止支架上方与风箱连接的螺旋弹簧可以用“橡胶块或者其他可以弹性支撑部件1和5的构件”代替，而不能得到在下质体下面装有橡胶缓冲垫以起到减振和缓冲的作用的技术启示。另外，请求人还认为区别技术特征（B）属于公知常识。对此，合议组认为没有证据证明该区别技术特征为公知常识，并且请求人也未对此进行举证，因此，对于请求人的该观点，合议组不予支持。因此，附件2和1相结合也没有公开权利要求1的全部技术特征，并且本领域技术人员也不能从附件1和2中得到相应的技术启示从而显而易见地得到权利要求1要求保护的技术方案，权利要求1相对于附件2和1的结合具有实质性特点，同时，权利要求1采用两级缓冲结构，降低了设备对基础的要求，而使用电机带动激振器进行振动，电机本身不参与振动，使得电机的使用寿命增长，对地基的要求不高，克服了现有的不足，在技术上取得了进步。

综上所述，合议组认为，请求人关于权利要求1相对于附件2、1的结合不符合专利法第22条第3款规定的无效理由不成立。

请求人认为，权利要求2的附加技术特征是本领域的公知常识，本领域技术人员根据附件1经过有限次实验容易得到将振动电机安装在进料端一侧的技术特征；权利要求3的附加技术特征被附件3的附图及说明书完全公开，因此，权利要求2相对于附件2、1的结合、权利要求3相对于附件2、1和3的结合不符合专利法第22条第3款的规定。

对此，合议组认为，基于与权利要求1相同的理由，请求人关于权利要求1的从属权利要求2相对于附件2、1的结合、权利要求3相对于附件2、1和3的结合不符合专利法第22条第3款规定的无效理由不成立。

根据上述的事实和理由，本案合议组依法作出以下决定。

三、决定

维持00215784.5号实用新型专利权有效。

当事人对本决定不服的，可以根据专利法第46条第2款的规定，自收到本决定之日起3个月内向北京市第一中级人民法院起诉。根据该款的规定，一方当事人起诉后，另一方当事人应当作为第三人参加诉讼。

116

对制管设备采用负压模块的改进

无效宣告请求审查决定（第9947号）

决　定　号　第9947号
决　定　日　2007年6月12日
发明创造名称　对制管设备采用负压模块的改进
国际分类号　B29D 23/18
无效宣告请求人　潍坊中云机器有限公司
专　利　权　人　曼夫瑞德·A. A. 鲁波克
专　利　号　89107110.5
申　请　日　1989年9月15日
优　先　权　日　1988年9月16日
授权公告日　1993年12月15日
合议组组长　金泽俭
主　审　员　汪送来
参　审　员　赵　明

法律依据　专利法第26条第4款、第22条第3款
决定要点

如果所属技术领域的技术人员可以合理预测说明书给出的实施方式的所有等同替代方式或明显变型方式都具备相同的性能或用途，则应当允许申请人将权利要求的保护范围概括至覆盖所有的等同替代或明显变型的方式；当一个实施例足以支持权利要求所概括的技术方案时，说明书中可以只给出一个实施例。

如果权利要求与最接近的现有技术存在区别技术特征，该区别技术特征能够解决该最接近的现有技术存在的技术问题，而现有技术中没有给出将所述区别技术特征应用到该最接近的现有技术以解决该技术问题的启示，则该权利要求对于本领域技术人员来说是非显而易见的，具备创造性。

一、案由

本无效宣告请求涉及国家知识产权局于1993年12月15日授权公告的、名称为“对制管设备采用负压模块的改进”的89107110.5号发明专利权（以下简称本专利），其申请日为1989年9月15日，优先权日为1988年9月16日，专利权人为曼夫瑞德·A. A. 鲁波克。本专利授权公告时的权利要求书为：

“1. 加工热塑波纹管（34）的设备，该设备包括一对互补的模具部件（14、15），各部件包括模

块（16），该模块被同步驱动形成一个由配成对的模块（16）向前移动形成的模具孔道，挤压装置设在模具孔道的入口处，将热塑材料管（34）压入孔道，各个模块（16）都有一个含有模面的表面，并具有内部通道（76）经过各模块（16）导槽（75）里的第一入口（37、49）和固定负压室（80）配合导轨（81）里的第二入口（78）联通模面和固定负压室的负压，其特征是第一和第二入口（78）设于凸榫（22）和凹槽（24）连接部，这个连接部是在运载块的凹槽（75）和负压室的导轨（81）的互补表面上。

2. 根据权利要求1所述的设备，其特征是：各个模块（16）包括一个运载块（46）和一个可更换的模具（36）组成的一个组件。

3. 根据权利要求1所述的设备，其特征是：凸榫联接（22）在负压室（80）的导轨（81）上，与其互补的凹槽联接（24）在各模块（16）的导槽（75）内。

4. 根据权利要求1所述的设备，其特征是：凸榫（22）和凹槽（24）的联接部之间有锐利的边缘。”

针对上述专利权，潍坊中云机器有限公司（以下简称请求人）于2006年4月24日向专利复审委员会提出专利权无效宣告请求，并提交了下述附件：

附件1：US4319872（公开日为1982年3月16日）复印件及其中文译文，共24页；

附件2：US4199314（公开日为1980年4月22日）复印件及其中文译文，共24页；

附件3：CA902314A（公开日为1972年6月13日）复印件及其中文译文，共24页；

附件4：美国专利5002478再审查证书（公开日1999年10月5日）及其中文译文，共10页。

请求人认为：（1）本专利不符合专利法第22条第3款的规定，理由是：附件1或者附件2公开了一种加工热塑波纹管的设备，本专利权利要求1保护的技术方案与附件1或附件2所公开的技术内容相比，其区别在于：第一和第二入口设于凸榫和凹槽连接部，这个连接部是在运载块的凹槽和负压室的导轨的互补表面上。上述区别技术特征已经在附件3中公开，且所公开的上述技术特征在附件3中的作用与其在权利要求1中的作用相同，因此权利要求1不具备创造性；本专利从属权利要求的附加技术特征同样已在附件3中公开，因此权利要求2~4不具备创造性。

（2）本专利权利要求1~4不符合专利法第26条第4款的规定，其理由是：①对于权利要求1中的“第一和第二入口设于凸榫和凹槽连接部，这个连接部是在运载块的凹槽和负压室的导轨的互补表面上”，本专利说明书仅公开了一种如说明书图2、3所示的特定方式，在没有其他替代方式的情况下，权利要求却概括了附件3的连接方式，本领域技术人员不能明了的完成该功能的其他方法或者全部方法，是不允许的；②权利要求2、3、4在说明书中只有一个实施例，而权利要求却概括了本领域技术人员不能明了的完成该功能的其他方法或者全部方法，如附件3的具体结构。

（3）美国专利5002478是与本专利相同的专利申请，附件4是该专利在美国再审后的再审查证书，该再审查公开的专利已推翻了权利要求1~4。请求人提供附件4供审查员参考。

经形式审查合格后，专利复审委员会受理了上述请求，于2006年5月29日向双方当事人发出《无效宣告请求受理通知书》，并将《专利权无效宣告请求书》及其附件的副本转送给专利权人，要求其在指定的期限内答复，同时成立合议组对本无效请求案进行审理。

2006年5月23日请求人补充提交了意见陈述书和以下附件，

附件5：美国专利5002478说明书（公开日为1991年3月26日）复印件及其中文译文，共10页；

附件6：美国专利局允许复审请求指令的复印件及其中文译文，共6页；

附件7：美国专利局复审意见通知书复印件及其中文译文，共8页。

请求人指出，提供附件4~7供审查员参考。并进一步认为本专利权利要求1~4与附件3（CA902314A）单独比较也不具备创造性。

2006年7月11日专利权人提交了意见陈述书，对于上述意见（1），认为①对于请求人在请求书中认为附件1~3中所公开的技术特征，没有指出具体公开的位置，没有将本专利与附件之间详细的技术特征进行对比和分析，没有完成举证责任；②附件1或2中没有公开“第一入口和第二入口”，因此没有公开“各个模块（16）都有一个含有模面的表面，并具有内部通道（76）经过各模块（16）导槽（75）里的第一入口（37、49）和固定负压室（80）配合导轨（81）里的第二入口（78）联通模面和固定负压室的负压”这一技术特征；③附件3没有公开“将凸榫和凹槽连接的连接部”和“将第一入口和第二入口设置于该连接部”的特征，因此没有公开“第一和第二入口（78）设于凸榫（22）和凹槽（24）连接部，这个连接部是在运载块的凹槽（75）和负压室的导轨（81）的互补表面上”这一特征，④附件1~3没有公开任何有关运载块的记载。两者技术手段明显不同，其作用和效果的比较分析无法阐述，因此权利要求1具备创造性；⑤在权利要求1具备创造性的前提下，从属权利要求2~4自然具备创造性，另外，附件1~3都没有涉及“凹槽”和“凸榫”，对“凹槽”和“凸榫”作进一步限定的从属权利要求3~4当然具备创造性；

对于上述意见（2），专利权人认为，本专利“连接部”是指凸榫22和凹槽24的连接之处，它是对相互位置关系非常明确的一种结构性描述。本专利文字和附图都清楚地表明凹槽和凸榫的配合以及第一入口和第二入口的位置关系，权利要求1得到了说明书的支持；请求人认为本专利的连接方式概括了本领域技术人员不能明了的在对比文件3中公开的具体结构的观点是错误的，对比文件3没有公开凹槽和凸榫，与本专利的连接方式不同；

对上述意见（3），专利权人认为，①根据巴黎公约第四条之二所规定的“专利独立性原则”，不同国家所取得的专利是相互独立的，美国专利5002478再审查证书对本案没有证据意义；②美国专利权利要求6的内容实质上与本专利的权利要求1相同。

2006年10月13日，合议组将请求人于2006年5月23日提交的意见陈述书及其附件的副本转送给专利权人，并将专利权人于2006年7月11日提交的意见陈述书的副本转送给请求人，要求双方当事人在一个月内答复。

专利权人于2006年11月16日提交了意见陈述书，认为：①请求人提交的补充意见超过了法律允许的期限，不应当被考虑；②美国专利5002478被复审与本案没有关系；③附件3没有公开“将凸榫和凹槽连接的连接部”、“将第一入口和第二入口设置于该连接部”和“运载块”，且附件3所述的结构复杂，易漏气，本专利与之相比具有明显的改进，具备创造性。

2006年12月19日，本案合议组向双方当事人发出《无效宣告请求口头审理通知书》，告知双方当事人定于2007年2月5日对该专利权的无效请求案进行口头审理，并将专利权人于2006年11月16日提交的意见陈述书的副本转送给请求人，要求其在口头审理时一并答复。

2007年2月5日，口头审理如期进行，双方当事人均出席了口头审理。请求人当庭提交了意见陈述书，并提交了以下附件：

附件8：美国专利5002478的美国专利局复审意见通知书及其中文译文复印件共16页。

附件9-1：《机械设备密封知识》，河北人民出版社，1984年5月第1次印刷，封面，封底、第160~163页，复印件。

附件9-2：《密封装置设计基础》，安徽科学技术出版社，1987年1月第1版第1次印刷，封面，出版信息页，第348~351页，复印件。

口头审理过程中，合议组就本案的无效理由及证据逐一进行了调查，专利权人不再坚持请求人于

2006年5月23日提交的意见陈述书和附件5至附件7超过了举证期限的主张。专利权人对附件1至附件5、附件9-1和附件9-2的真实性无异议，对于附件6至附件8，认为没有说明其国内的来源，而若来自国外，又没有履行相应的公证认证手续，因而对其真实性、合法性和关联性均不认可；对所有译文的准确性没有异议；专利权人认为附件4、附件5公布日晚于本专利申请日，不能作为对比文件，不应采用。附件9-1、9-2的提交超出了自请求日起一个月的期限。请求人放弃了附件2，并声明附件6至附件8仅供合议组参考。合议组当庭裁定附件9-1和附件9-2是教科书性质的书籍，属于公知常识性证据，合议组予以考虑，并给予专利权人一个月的期限对其进行答复。

请求人确定本案的无效范围和理由是本专利不符合专利法第22条第3款和第26条第4款的规定并明确采用①附件3；②附件3与附件9-1、9-2结合，其中附件3为最接近现有技术；③附件1与附件3和附件9-1、9-2结合，其中附件1为最接近现有技术这三种方式评价权利要求1~4的创造性。另外，请求人认为附件4和附件5能说明本专利应该被无效。之后双方当事人充分陈述了各自的意见。

2007年3月5日，专利权人提交了口头审理代理意见书，认为本案的合法对比文件仅有1、3、9，并论述了本专利权利要求1~4相对于这些对比文件具备创造性，权利要求1“连接部”的记载得到了说明书的支持。

至此，合议组认为本案的事实已经清楚，可以作出审查决定。

二、决定的理由

1. 审查文本

本决定以授权公告的文本为审查基础。

2. 证据

在口头审理时，请求人放弃了附件2；附件4的公开日为1999年10月5日，附件5的公开日为1991年3月26日，均晚于本专利的申请日1989年9月15日，不属于本专利的现有技术。本专利对应技术方案在美国专利申请的审批结果也不能作为本案的定案依据；请求人提交附件6至附件8供合议组参考，附件6至附件8均为域外形成的证据材料，请求人没有履行相关的公证认证手续，尽管请求人指出是从国内获得的，但请求人没有明确具体从何处获得，如何获得，在专利权人对其真实性、合法性、关联性提出了异议的情况下，合议组对其真实性不予认可，并且合议组认为，附件6至附件8是美国专利审批过程和审批结果的相关材料，美国专利审批过程和审批结果并不能作为本案的定案依据。基于上述理由，合议组在评价本专利创造性时不考虑附件2、附件4至附件8。

附件9-1和附件9-2属于公知常识性证据，在口头审理辩论终结前提交，合议组予以考虑。专利权人对附件1、附件3、附件9-1和附件9-2的真实性没有异议，对所有中文译文的准确性均没有异议。附件1为美国专利文件，附件3为加拿大专利文件，附件9-1和附件9-2为公开出版的书籍，均为专利法意义上的公开出版物，公开日期早于本专利优先权日，因此，属于本专利的现有技术，可以作为评价本专利创造性的证据。

3. 专利法第26条第4款

专利法第26条第4款规定，权利要求书应当以说明书为依据，说明要求专利保护的范围。

如果所属技术领域的技术人员可以合理预测说明书给出的实施方式的所有等同替代方式或明显变型方式都具备相同的性能或用途，则应当允许申请人将权利要求的保护范围概括至覆盖所有的等同替代或明显变型的方式；当一个实施例足以支持权利要求所概括的技术方案时，说明书中可以只给出一个实施例。

本专利权利要求1保护一种加工热塑波纹管（34）的设备，其中用结构部件及其相互之间的关系对该设备进行了限定，例如“该设备包括一对互补的模具部件（14、15），各部件包括模块（16），该模块被同步驱动形成一个由配成对的模块（16）向前移动形成的模具孔道……”说明书第3栏至第5栏以及附图1-4对该设备的一个具体实施例进行了详细的说明。

请求人认为，本专利权利要求1是功能性描述，也是上位概念，只有一个实施例无法支持，并列举了权利要求1第一行至第六行“孔道”的技术特征作为未获得支持的例子。对此，合议组认为，这些特征不是功能性特征，权利要求1中用部件结构特征及其相互之间的关系对所保护的设备进行了限定，如“该设备包括一对互补的模具部件（14、15）”，并对模具部件等逐步进行了进一步限定，如“各部件包括模块（16），该模块被同步驱动形成一个由配成对的模块（16）向前移动形成的模具孔道……”对于请求人关于权利要求1都是功能性描述的主张合议组不予支持。对于权利要求1中的某些带有功能性含义的技术特征，如挤压装置等，其属于现有技术（如附件3中已经使用），并且与本专利相对于现有技术的改进不是密切相关的，对这种已知的技术特征，无须在权利要求中具体限定其结构特征。

请求人还认为，对于权利要求1中的“第一和第二入口设于凸榫和凹槽连接部，这个连接部是在运载块的凹槽和负压室的导轨的互补表面上”，本专利说明书仅公开了一种如说明书图2、3所示的特定方式，在没有其他替代方式的情况下，权利要求却概括了附件3的连接方式，本领域技术人员不能明了的完成该功能的其他方法或者全部方法，是不允许的。

对此，合议组认为，权利要求1中的连接部即凸榫和凹槽相配合的部位，这个连接部是在运载块的凹槽（75）和负压室的导轨（81）的互补表面上，很清楚地描述了连接部件相对于运载块和负压室之间的位置关系，虽然权利要求1没有进一步限定凸榫（22）和凹槽（24）以及凹槽（75）和导轨（81）的具体形状结构，但是，说明书中对于这些部件给出了具体的实施方式（参见附图2和附图3），本领域技术人员在阅读说明书之后，根据本专利要解决的技术问题、凸榫（22）和凹槽（24）以及凹槽（75）和导轨（81）所起的作用（如在评价权利要求1的创造性时所述），能够合理地预测权利要求1覆盖的说明书记载的具体实施方式的所有等同替代方式和明显的变型方式都具有相同的性能和用途，因此，本专利说明书中给出一个实施例也可支持权利要求1所概括的范围。此外，请求人并没有任何证据证明这种概括包含了其效果难予预先确定和评价的内容，其权利要求得不到说明书支持的主张不成立。另外，如上所述，“第一和第二入口设于凸榫和凹槽连接部，这个连接部是在运载块的凹槽和负压室的导轨的互补表面上”已构成与附件3的区别技术特征，请求人认为权利要求1概括了附件3的连接方式没有依据。

综上所述，合议组认为，权利要求1得到了说明书的支持，符合专利法第26条第4款的规定。

权利要求2~4是权利要求1的从属权利要求。请求人认为，权利要求2、3、4在说明书中只有一个实施例，而权利要求却概括了本领域技术人员不能明了的完成该功能的其他方法或者全部方法，如附件3的具体结构。但是，请求人仅仅笼统地指出权利要求2~4概括了本领域技术人员不能明了的完成该功能的其他方法或者全部方法，并没有提供具体的证据和理由说明这些权利要求概括了哪些得不到说明书支持的方式，并且也没有结合附件3进行具体说明。合议组认为，不能仅仅基于说明书中只提供了一个实施例，就得出权利要求2~4得不到说明书支持的结论，请求人没有为其有关权利要求2~4得不到说明书的主张提供具体的理由和证据，其主张不能成立。

4. 专利法第22条第3款

专利法第22条第3款规定，创造性是指同申请日以前已有的技术相比，该发明有突出的实质性特点和显著的进步，该实用新型有实质性特点和进步。

如果权利要求与最接近的现有技术存在区别技术特征，该区别技术特征能够解决该最接近的现有技术存在的技术问题，而现有技术中没有给出将所述区别技术特征应用到该最接近的现有技术以解决该技术问题的启示，则该权利要求对于本领域技术人员来说是非显而易见的，具备创造性。

请求人在口头审理过程中确定以下述三种方式评价本专利权利要求 1~4 的创造性：（1）采用附件 3 单独对比的方式；（2）采用附件 3 与附件 9-1 和附件 9-2 结合的对比方式，附件 3 为最接近的现有技术；（3）采用附件 1 与附件 3、附件 9-1 和附件 9-2 结合的对比方式，附件 1 为最接近的现有技术。

（1）采用附件 3 单独对比的方式。

如案由中所述，本专利权利要求 1 保护一种加工热塑波纹管（34）的设备。附件 3 公开了一种真空成型连续中空制品的机器 10，其主要包括挤出机 12、大体上是镜像的模具 14 和 16，其安装在传送带上以便移动通过成型站 18、链轮齿 22 周围的开放区 20、冷却区 24、第二链轮齿 28 周围的第二开放区 26 和闭合站 30 并返回成型站 18。每个模具 14 和 16 具有分隔室 32 于其中，其通过通道 36 与模腔 34 连接，该模腔是由配合模具对 14 和 16 处于闭合位置时形成，通道 36 与分隔室 32 相连接。模具 14 和 16 固定在平台 42 上，分隔室 32 通过穿过模具底部的孔 38 与平台 42 中的通道 40 相连接，通道 40 的终端是平台 42 的侧缘 70 和 72 中的孔 68，这些侧缘被安装在抽吸密封管 76 中适当的狭槽 74 内，该抽吸密封管延伸了成型站长度的距离。密封管 76 各自具有通过适当的通道 80 与狭槽 74 相通的纵向通道 78，通过适当的密封衬垫装置 82 将狭槽 74 围绕端部边缘 70 或 72 密封，通过软管 84 将密封管 76 连接到被泵 88 抽空的真空室 86。平台 42 可绕枢轴销 48 旋转地安装在固定装置或支架 46 上，每个支架 46 包括平板 50，在其上枢轴销 48 安装在适当的枢轴 52 中，链节 54、56 布置在平板 50 上枢轴 52 的对面上。平板 50 的相对侧缘 60 和 62 被安装在一对相对的通道部件 64 和 66 内并由其导向，它保证平板 50 并由此保证模具平台 42 和模具 14 和 16 处于适当位置。链节 54 和 56 以及销 58 与链轮齿 22 和 28 的齿相配合来驱动和运送模具 14 和 16 通过其迂回路线。在工作中，在挤出机 12 机口附近连续闭合每队模具 14 和 16（参见附件 3 中文译文第 2 页第 2 段至第 3 页第 1 段，第 3 页最后一段至第 4 页第 1 段，附图 1-5）。

经过将本专利权利要求 1 的设备与附件 3 的机器对比，双方当事人在口头审理时一致认为，本专利权利要求 1 的“加工热塑波纹管（34）的设备……将热塑材料管（34）压入孔道”这些技术特征已在附件 3 中公开，合议组对这一事实予以确认。

经进一步对比，合议组认为，附件 3 中模具 14 和 16 具有含有半圆球形模面的表面（见附件 3 图 2 中模腔 34 的内表面），即相当于本专利权利要求 1 中所述的各个模块（16）都有一个含有模面的表面，附件 3 中的通道 36、模腔 34、孔 38、通道 40、孔 68 一起构成连通模面和固定负压室负压的通道，即相当于本专利权利要求 1 中的通道 76，该通道与通入负压室的通道 80 的端口相连通，其中孔 38 与通道 40 相连接的端口即相当于本专利权利要求 1 的第一入口（37，49），通道 80 的端口相当于本专利权利要求 1 的第二入口（78）。两者的区别技术特征在于：在本专利权利要求 1 中，第一和第二入口（78）设于凸榫（22）和凹槽（24）连接部，这个连接部是在运载块的凹槽（75）和负压室的导轨（81）的互补表面上，而在附件 3 中，通道 40 的终端是平台 42 的侧缘 70 和 72 中的孔 68，这些侧缘被安装在抽吸密封管 76 中适当的狭槽 74 内，通过适当的密封衬垫装置 82 将狭槽 74 围绕端部边缘 70 或 72 密封，密封管 76 各自具有通过适当的通道 80 与狭槽 74 相通的纵向通道 78，通道软管 84 将密封管 76 连接到被泵 88 抽空的真空室 86。

请求人认为，本专利权利要求使用的是上位概念限定，所以“凸榫和凹槽”相当于附件 3 中的平台 42 的侧缘 70 和 72、密封管 76 的侧面开口 74，只是反着装的，在不看说明书的情况下，凸榫和凹槽与导轨和凹槽是一回事。对此，合议组认为，由本专利说明书可知，本专利解决的技术问题是在加工热塑波纹管设备的运载块与负压室平滑接合的前提下，改进运载块与负压室之间对负压的密封，于是设计了“第一和第二入口（78）设于凸榫（22）和凹槽（24）连接部，这个连接部是在运载块的凹槽（75）和负压室的导轨（81）的互补表面上”这样的技术特征。如本专利说明书中所述，凸榫22和凹槽24要比导槽75与导轨81之间的配合紧，在运行中，当运载块46通过凹槽75套上导轨81与负压室配合时，运载块就将凸榫22和凹槽24紧密配合在一起，这种连接比直接通过凹槽75和导轨81方便地获得，连接更加精确和牢固，并且这种更精确牢固的连接提供了在运载块46和负压室之间对负压的好的密封。由此可见，虽然权利要求1中没有对凸榫22和凹槽24以及凹槽75和导轨81的结构进一步限定，但是，对于本领域技术人员来说，可以理解凹槽75和导轨81的功能是使运载块46方便、平滑地与负压室80配合，而凸榫22和凹槽24的配合是为了提供运载块46和负压室80之间对负压的密封，两者对结构的要求如配合的紧密性不相同，因此，不能认为凸榫和凹槽与导轨和凹槽是一回事，并且也不能认为“凸榫和凹槽”就是附件3中的平台42的侧缘70和72、密封管76的狭槽74，因为附件3中要通过适当的密封衬垫装置82将狭槽74围绕端部侧缘70或72密封，在没有密封衬垫装置82的情况下，狭槽74与侧缘70和72本身并不要求具有密封负压的功能，因此在结构上，例如对配合紧密性的要求，与本专利凸榫22和凹槽24不相同。

本专利权利要求1的加工热塑波纹管（34）的设备通过“第一和第二入口（78）设于凸榫（22）和凹槽（24）连接部，这个连接部是在运载块的凹槽（75）和负压室的导轨（81）的互补表面上”这些技术特征，既能使运载块46与负压室之间平滑地、顺畅地配合，又能改进运载块与负压室之间对负压的密封。附件3中平板50的相对侧缘60和62和通道部件64和66具有导向平板50和平台42以及模具14和16的作用，但是由于其远离平台42和模具14和16，因此，侧缘60和62与通道部件64和66之间相对位置稍有改变，即可使平台42特别是其侧缘70和72发生较大的偏移，从而使其不能顺畅地与狭槽74配合，而且侧缘70和72需要通过密封衬垫装置进行密封。本领域技术人员在附件3的基础上并不能获得将上述区别技术特征应用到附件3中以解决既能使运载块46与负压室之间平滑地、顺畅地配合，又能改进运载块与负压室之间对负压的密封的技术问题的启示，因此，对于本领域技术人员来说，权利要求1的加工热塑波纹管（34）的设备相对于附件3是非显而易见的，因此具备创造性。

（2）采用附件3与附件9-1和附件9-2结合的对比方式，附件3为最接近的现有技术。

本专利权利要求1与附件3之间的区别技术特征及其作用如上所述，附件9-1和附件9-2公开的是一种迷宫密封，如附件9-1所述，迷宫式密封是非接触密封的一种，即转动部件和静止部件之间是无接触的（参见附件9-1第161页最后1段，附件9-2第349页倒数第3段）。合议组认为，本专利权利要求1中凸榫（22）与凹槽（24）以及凹槽（75）与导轨（81）之间并不是转动部件与静止部件之间的关系，而且凸榫（22）与凹槽（24）之间以及凹槽（75）与导轨（81）之间是相互接触的。因此，附件9-1和附件9-2中所述的迷宫密封与本专利权利要求1的凸榫（22）与凹槽（24）以及凹槽（75）与导轨（81）不相关，附件9-1和附件9-2没有给出将上述区别技术特征应用到附件3中以解决既能使运载块46与负压室之间平滑地、顺畅地配合，又能改进运载块与负压室之间对负压的密封的技术问题的启示，因此，权利要求1相对于附件3与附件9-1和附件9-2的结合具备创造性。

（3）采用附件1与附件3、附件9-1和附件9-2结合的对比方式，附件1为最接近的现有技术。

请求人在无效宣告请求书和当庭提交的意见陈述书中指出，本专利权利要求1与附件1的区别技术特征在于：第一和第二入口设于凸榫和凹槽连接部，这个连接部是在运载块的凹槽和负压室的导轨的互补表面上。在口头审理时认为，附件1是最接近的对比文件，其公开了权利要求1第一字至第6

行“孔道”的技术特征，后面的特征在附件 3 和附件 9-1 和 9-2 中公开。也就是说，请求人承认本专利权利要求 1 与附件 1 的区别技术特征为“第一和第二入口（78）设于凸榫（22）和凹槽（24）连接部，这个连接部是在运载块的凹槽（75）和负压室的导轨（81）的互补表面上”。合议组经审查也确认了上述区别技术特征。如前所述，附件 3、附件 9-1 和附件 9-2 也没有公开上述区别技术特征，没有给出将上述区别技术特征应用到附件 1 中以解决既能使运载块 46 与负压室之间平滑地、顺畅地配合，又能改进运载块与负压室之间对负压的密封的技术问题的启示。基于同样的理由，可以得出权利要求 1 相当于附件 1、附件 3、附件 9-1 和附件 9-2 的结合具备创造性的结论。

综上所述，权利要求 1 相当于附件 3 或者附件 3 与附件 9-1 和附件 9-2 的结合或者附件 1 与附件 3、附件 9-1 和附件 9-2 的结合具备创造性，符合专利法第 22 条第 3 款的规定。

在权利要求 1 具备创造性的情况下，其从属权利要求 2~4 相当于上述现有技术必然具备创造性，符合专利法第 22 条第 3 款的规定。

基于以上事实和理由，本案合议组作出如下审查决定。

三、决定

维持第 89107110.5 号发明专利权有效。

当事人对本决定不服的，可以根据专利法第 46 条第 2 款的规定，自收到本决定之日起 3 个月内向北京市第一中级人民法院起诉。根据该款的规定，一方当事人起诉后，另一方当事人应当作为第三人参加诉讼。

北京市第一中级人民法院
行政判决书

（2007）一中行初字第 1161 号

原告潍坊中云机器有限公司，住所地山东省昌邑市饮马镇。

法定代表人张其智，董事长。

委托代理人申健，北京中博世达专利商标代理有限公司专利代理人。

委托代理人祁献民，北京中博世达专利商标代理有限公司专利代理人。

被告中华人民共和国国家知识产权局专利复审委员会，住所地北京市海淀区北四环西路 9 号银谷大厦 10~12 层。

法定代表人廖涛，国家知识产权局专利复审委员会副主任。

委托代理人汪送来，国家知识产权局专利复审委员会审查员。

委托代理人瞿晓峰，国家知识产权局专利复审委员会审查员。

第三人曼夫瑞德·A. A. 鲁波克（Manfred. A. A. Lupke），男，加拿大国籍，住所地加拿大安大略省多伦多市肯考德区麦克莱瑞街 10 号。

委托代理人帅科，上海华诚律师事务所律师。

委托代理人张黎明，上海华诚律师事务所律师。

原告潍坊中云机器有限公司（简称潍坊中云公司）因不服被告国家知识产权局专利复审委员会（简称专利复审委员会）作出的第 9947 号无效宣告请求审查决定（简称第 9947 号决定），于法定期限内向本院提起行政诉讼。本院于 2007 年 8 月 24 日受理后，依法组成合议庭，并通知曼夫瑞德·A.

A. 鲁波克（简称曼夫瑞德）作为第三人参加诉讼，于2007年11月26日公开开庭审理了本案。原告潍坊中云公司的委托代理人申健、祁献民，被告专利复审委员会的委托代理人汪送来、瞿晓峰，第三人曼夫瑞德的委托代理人帅科、张黎明到庭参加了诉讼。本案现已审理终结。

第9947号决定系被告专利复审委员会针对原告潍坊中云公司就第三人曼夫瑞德拥有的名称为“对制管设备采用负压模块的改进”的第89107110.5号发明专利（简称本专利）所提起的无效宣告请求而作出的。第9947号决定认为：

1. 关于证据

附件4和5的公开日均晚于本专利的申请日，不属于本专利的现有技术。专利复审委员会对附件6至附件8的真实性不予认可。并且，附件6至附件8是美国专利审批过程和审批结果的相关材料，美国专利审批过程和审批结果并不能作为本案的定案依据。基于上述理由，专利复审委员会在评价本专利创造性时不考虑附件2、附件4至附件8。

2.《专利法》第二十六条第四款

本专利权利要求1保护一种加工热塑波纹管（34）的设备，其中用结构部件及其相互之间的关系对该设备进行了限定，说明书第3栏至第5栏以及附图1~4对该设备的一个具体实施例进行了详细的说明。潍坊中云公司认为，本专利权利要求1是功能性描述，也是上位概念，只有一个实施例无法支持，并列举了权利要求1第一行至第六行“孔道”的技术特征作为未获得支持的例子。对此，专利复审委员会认为，这些特征不是功能性特征，权利要求1中用部件结构特征及其相互之间的关系对所保护的设备进行了限定，并对模具部件等逐步进行了进一步限定。对于潍坊中云公司关于权利要求1都是功能性描述的主张专利复审委员会不予支持。对于本专利权利要求1中的某些带有功能性含义的技术特征，如挤压装置等，其属于现有技术，并且与本专利相对于现有技术的改进不是密切相关的，对这种已知的技术特征，无须在权利要求中具体限定其结构特征。

潍坊中云公司还认为，对于权利要求1中的“第一和第二入口设于凸榫和凹槽连接部，这个连接部是在运载块的凹槽和负压室的导轨的互补表面上”，本专利说明书仅公开了一种如说明书图2、3所示的特定方式，在没有其他替代方式的情况下，权利要求却概括了附件3的连接方式，本领域技术人员不能明了地完成该功能的其他方法或者全部方法，是不允许的。对此，专利复审委员会认为，权利要求1中的连接部即凸榫和凹槽相配合的部位，这个连接部是在运载块的导槽（75）和负压室的导轨（81）的互补表面上，很清楚地描述了连接部件相对于运载块和负压室之间的位置关系，虽然权利要求1没有进一步限定凸榫（22）和凹槽（24）以及导槽（75）和导轨（81）的具体形状结构，但是，说明书中对于这些部件给出了具体的实施方式（参见附图2和附图3），本领域技术人员在阅读说明书之后，根据本专利要解决的技术问题、凸榫（22）和凹槽（24）以及导槽（75）和导轨（81）所起的作用（如在评价权利要求1的创造性时所述），能够合理地预测权利要求1覆盖的说明书记载的具体实施方式的所有等同替代方式和明显的变型方式都具有相同的性能和用途，因此，本专利说明书中给出一个实施例也可支持权利要求1所概括的范围。此外，潍坊中云公司并没有任何证据证明这种概括包含了其效果难于预先确定和评价的内容，其权利要求得不到说明书支持的主张不成立。另外，如上所述，“第一和第二入口设于凸榫和凹槽连接部，这个连接部是在运载块的导槽和负压室的导轨的互补表面上”已构成与附件3的区别技术特征，潍坊中云公司认为本专利权利要求1概括了附件3的连接方式没有事实依据。

综上所述，专利复审委员会认为，本专利权利要求1得到了说明书的支持，符合《专利法》第二十六条第四款的规定。

本专利权利要求2~4是权利要求1的从属权利要求。潍坊中云公司认为，本专利权利要求2、3、

4 在说明书中只有一个实施例，而权利要求却概括了本领域技术人员不能明了的完成该功能的其他方法或者全部方法，如附件 3 的具体结构。但是，潍坊中云公司仅仅笼统地指出权利要求 2~4 概括了本领域技术人员不能明了的完成该功能的其他方法或者全部方法，并没有提供具体的证据和理由说明这些权利要求概括了哪些得不到说明书支持的方式，并且也没有结合附件 3 进行具体说明。专利复审委员会认为，不能仅基于本专利说明书中只提供了一个实施例，就得出本专利权利要求 2~4 得不到说明书支持的结论，潍坊中云公司没有为其有关权利要求 2~4 得不到说明书支持的主张提供具体的理由和证据，其主张不能成立。

3.《专利法》第二十二条第三款

潍坊中云公司在口头审理过程中确定以下述三种方式评价本专利权利要求 1~4 的创造性：（1）采用附件 3 单独对比的方式；（2）采用附件 3 与附件 9-1 和附件 9-2 结合的对比方式，附件 3 为最接近的现有技术；（3）采用附件 1 与附件 3、附件 9-1 和附件 9-2 结合的对比方式，附件 1 为最接近的现有技术。

（1）采用附件 3 单独对比的方式。

在口头审理时双方一致认为，本专利权利要求 1 的“加工热塑波纹管（34）的设备……将热塑材料管（34）压入孔道，这些技术特征已在附件 3 中公开，专利复审委员会对这一事实予以确认。

经进一步对比，附件 3 中模具 14 和 16 具有含有半圆球形模面的表面（见附件 3 图 2 中模腔 34 的内表面），即相当于本专利权利要求 1 中所述的各个模块（16）都有一个含有模面的表面，附件 3 中的通道 36、模腔 34、孔 38、通道 40、孔 68 一起构成连通模面和固定负压室负压的通道，即相当于本专利权利要求 1 中的通道 76，该通道与通入负压室的通道 80 的端口相连通，其中孔 38 与通道 40 相连接的端口即相当于本专利权利要求 1 的第一入口（37，49），通道 80 的端口相当于本专利权利要求 1 的第二入口（78）。两者的区别技术特征在于：在本专利权利要求 1 中，第一和第二入口（78）设于凸榫（22）和凹槽（24）连接部，这个连接部是在运载块的凹槽（75）和负压室的导轨（81）的互补表面上，而在附件 3 中，通道 40 的终端是平台 42 的侧缘 70 和 72 中的孔 68，这些侧缘被安装在抽吸密封管 76 中适当的狭槽 74 内，通过适当的密封衬垫装置 82 将狭槽 74 围绕端部边缘 70 或 72 密封，密封管 76 各自具有通过适当的通道 80 与狭槽 74 相通的纵向通道 78，通道软管 84 将密封管 76 连接到被泵 88 抽空的真空室 86。

潍坊中云公司认为，本专利权利要求使用的是上位概念限定，所以“凸榫和凹槽”相当于附件 3 中的平台 42 的侧缘 70 和 72、密封管 76 的侧面开口 74，只是反着装的，在不看说明书的情况下，凸榫和凹槽与导轨和凹槽是一回事。对此，专利复审委员会认为，由本专利说明书可知，本专利解决的技术问题是在加工热塑波纹管设备的运载块与负压室平滑接合的前提下，改进运载块与负压室之间对负压的密封，于是设计了“第一和第二入口（78）设于凸榫（22）和凹槽（24）连接部，这个连接部是在运载块的凹槽（75）和负压室的导轨（81）的互补表面上”这样的技术特征。如本专利说明书中所述，凸榫 22 和凹槽 24 要比导槽 7 5 与导轨 81 之间的配合紧，在运行中，当运载块 46 通过凹槽 75 套上导轨 81 与负压室配合时，运载块就将凸榫 22 和凹槽 24 紧密配合在一起，这种连接比直接通过凹槽 75 和导轨 81 方便地获得，连接更加精确和牢固，并且这种更精确牢固的连接提供了在运载块 46 和负压室之间对负压的好的密封。由此可见，虽然权利要求 1 中没有对凸榫 22 和凹槽 24 以及凹槽 75 和导轨 81 的结构进一步限定，但是，对于本领域技术人员来说，可以理解凹槽 75 和导轨 81 的功能是使运载块 46 方便、平滑地与负压室 80 配合，而凸榫 22 和凹槽 24 的配合是为了提供运载块 46 和负压室 80 之间对负压的密封，两者对结构的要求如配合的紧密性不相同，因此，不能认为凸榫和凹槽与导轨和凹槽是一回事，并且也不能认为“凸榫和凹槽”就是附件 3 中的平台 42 的侧缘 70 和

72、密封管 76 的狭槽 74，因为附件 3 中要通过适当的密封衬垫装置 82 将狭槽 74 围绕端部侧缘 70 或 72 密封，在没有密封衬垫装置 82 的情况下，狭槽 74 与侧缘 70 和 72 本身并不要求具有密封负压的功能，因此在结构上，例如对配合紧密性的要求，与本专利凸榫 22 和凹槽 24 不相同。

本专利权利要求 1 的加工热塑波纹管（34）的设备通过“第一和第二入口（78）设于凸榫（22）和凹槽（24）连接部，这个连接部是在运载块的凹槽（75）和负压室的导轨（81）的互补表面上”这些技术特征，既能使运载块 46 与负压室之间平滑地、顺畅地配合，又能改进运载块与负压室之间对负压的密封。附件 3 中平板 50 的相对侧缘 60 和 62 和通道部件 64 和 66 具有导向平板 50 和平台 42 以及模具 14 和 16 的作用，但是由于其远离平台 42 和模具 14 和 16，因此，侧缘 60 和 62 与通道部件 64 和 66 之间相对位置稍有改变，即可使平台 42 特别是其侧缘 70 和 72 发生较大的偏移，从而使其不能顺畅地与狭槽 74 配合，而且侧缘 70 和 72 需要通过密封衬垫装置进行密封。本领域技术人员在附件 3 的基础上并不能获得将上述区别技术特征应用到附件 3 中以解决既能使运载块 46 与负压室之间平滑地、顺畅地配合，又能改进运载块与负压室之间对负压的密封的技术问题的启示，因此，对于本领域技术人员来说，权利要求 1 的加工热塑波纹管（34 ）的设备相对于附件 3 是非显而易见的，因此具备创造性。

（2）采用附件 3 与附件 9-1 和附件 9-2 结合的对比方式，附件 3 为最接近的现有技术。

本专利权利要求 1 与附件 3 之间的区别技术特征及其作用如上所述，附件 9-1 和附件 9-2 公开的是一种迷宫密封。本专利权利要求 1 中凸榫（22）与凹槽（ 24）以及凹槽（75）与导轨（81）之间并不是转动部件与静止部件之间的关系，而且凸榫（22）与凹槽（24）之间以及凹槽（75）与导轨（81）之间是相互接触的。因此，附件 9-1 和附件 9-2 中所述的迷宫密封与本专利权利要求 1 的凸榫（22）与凹槽（24）以及凹槽（75）与导轨（81）不相关，附件 9-1 和附件 9-2 没有给出将上述区别技术特征应用到附件 3 中以解决既能使运载块 46 与负压室之间平滑地、顺畅地配合，又能改进运载块与负压室之间对负压的密封的技术问题的启示，因此，权利要求 1 相对于附件 3 与附件 9-1 和附件 9-2 的结合具备创造性。

（3）采用附件 1 与附件 3、附件 9-1 和附件 9-2 结合的对比方式，附件 1 为最接近的现有技术。

潍坊中云公司认为本专利权利要求 1 与附件 1 的区别技术特征在于：第一和第二入口设于凸榫和凹槽连接部，这个连接部是在运载块的凹槽和负压室的导轨的互补表面上。在口头审理时认为，附件 1 是最接近的附件，其公开了权利要求 1 第一字至第 6 行“孔道”的技术特征，后面的特征在附件 3 和附件 9-1 和 9-2 中公开。也就是说，潍坊中云公司承认本专利权利要求 1 与附件 1 的区别技术特征为“第一和第二入口（78）设于凸榫（22）和凹槽（24）连接部，这个连接部是在运载块的凹槽（75）和负压室的导轨（81）的互补表面上”。专利复审委员会经审查也确认了上述区别技术特征。如前所述，附件 3、附件 9-1 和附件 9-2 也没有公开上述区别技术特征，没有给出将上述区别技术特征应用到附件 1 中以解决既能使运载块 46 与负压室之间平滑地、顺畅地配合，又能改进运载块与负压室之间对负压的密封的技术问题的启示。基于同样的理由，可以得出本专利权利要求 1 相当于附件 1、附件 3、附件 9-1 和附件 9-2 的结合具备创造性的结论。

综上所述，本专利权利要求 1 相当于附件 3 或者附件 3 与附件 9-1 和附件 9-2 的结合或者附件 1 与附件 3、附件 9-1 和附件 9-2 的结合具备创造性，符合《专利法》第二十二条第三款的规定。

在本专利权利要求 1 具备创造性的情况下，其从属权利要求 2~4 相当于上述现有技术必然具备创造性，符合《专利法》第二十二条第三款的规定。

基于上述理由，专利复审委员会于 2007 年 6 月 12 日作出第 9947 号决定，宣告维持本专利权有效。

原告潍坊中云公司不服第9947号决定，在法定期限内向本院提起行政诉讼，称：（1）本专利与附件3、附件9（机械领域公知常识）相比无创造性。本专利权利要求1中的技术特征“第一和第二入口设于凸榫和凹槽连接部，这个连接部是在运载块的凹槽和负压室的导轨的互补表面上”已在附件3（参见附件和附图）中公开，“第一入口37、49”相对附件3为“磨具底部孔38与平台中的通道40”，“第二入口78”相对附件3为“密封管76的侧面开口74”。由于本专利权利要求使用的是上位概念限定，所以“凸榫和凹槽”相对与附件3就是平台42的侧缘70和72、密封管76的6的侧面开口74。“这个连接部是在运载块的凹槽和负压室的导轨的互补表面上。”见附件3的图2、3。退一步讲，“凸榫和凹槽”限定的就是其说明书附图的结构，上述技术特征已在附件9中机械领域公知常识中“迷宫式密封”公开。本专利“凸榫和凹槽”目的是加强运载块与负压室之间的密封性，本专利“凸榫和凹槽”是一个机械领域公知的“迷宫式气密封结构”。迷宫式气密封原理是在密封间隙内形成阻止流体泄漏的各种流阻效应的机构。本专利“凸榫和凹槽”就是迷宫式密封，凸榫和凹槽的各个直角转折处形成膨胀小室，凸榫和凹槽的相互平行的狭缝就是节流间隙。本专利权利要求2与附件3结构相同，无创造性。在本专利权利要求1无创造性的前提下，权利要求3限定的结构是必然选择，无创造性；权利要求4限定的结构是迷宫式密封的常规结构，并且附件3也是锐利的边缘，无创造性。（2）本专利与附件1、3以及附件9（机械领域公知常识）相比无创造性。独立权利要求1所要求保护的技术方案与该附件1所公开的技术内容相比，其区别在于：第一和第二入口设于凸榫和凹槽连接部，这个连接部是在运载块的凹槽和负压室的导轨的互补表面上。上述区别技术特征已在附件3、9中公开，具体论述第一部分相应内容相同。权利要求2~4，不具备创造性。具体论述与第一部分相应内容相同。（3）关于《专利法》第二十六条第四款（说明书支持权利要求）。在本案中其说明书仅公开了一种如说明书图2、3所示的特定方式，再没有其他替代方式的情况下，而本专利权利要求却概括了附件3中的连接方式，本领域技术人员不能明了完成该功能的其他方法或者全部方法，是不允许的。（4）关于美国专利5002478再审查证书。关于美国专利5002478再审查的5份文件，即附件4~8，用于证明如下事实：与本案涉及专利要求同一优先权的美国专利5002478，其发明目的、发明内容、有益效果与本案涉及专利相同；权利要求实质相同，但没描述“凸榫和凹槽”。1998年该美国专利在美国再审，再审请求人提供了附件3，证明其无创造性。参见附件8中文译文的第4页画黑线部分，再审时，该专利权人认为“凸榫和凹槽”是其重要的发明关键，但美国专利局依据附件3，认为与附件3并无创造性的不同，而驳回其全部权利要求。该专利权人在修改权利要求后，重新获得专利权。但新权利要求也放弃了对“凸榫和凹槽”的限定，即美国专利局也认为美国专利相对与附件3，“凸榫和凹槽”并无创造性。综上所述，第9947号决定认定事实不清，适用法律有误。潍坊中云公司请求人民法院撤销第9947号决定，并责令专利复审委员会重新作出无效宣告请求审查决定。

被告专利复审委员会辩称：坚持第9947号决定中的意见。（1）评价本专利创造性时不考虑附件2、附件4至附件8。（2）本专利权利要求1相对于附件1、附件3、附件9-1和附件9-2的结合具备创造性。在权利要求1具备创造性的情况下，权利要求2~4必然具备创造性。（3）本专利权利要求1得到了说明书的支持，符合《专利法》第二十六条第四款的规定。潍坊中云公司没有为其有关权利要求2~4得不到说明书的主张提供具体的理由和证据，其主张不能成立。综上，专利复审委员会认为第9947号决定认定事实清楚、适用法律正确、审理程序合法，请求法院驳回潍坊中云公司的诉讼请求，维持第9947号决定。

第三人曼夫瑞德述称：（1）附件1、3和9，没有揭示本专利权利要求1的全部技术特征，本专利权利要求1当然具备创造性。①附件没有揭示导轨81和固定负压室80以及第二入口（78）；没有揭示本专利的运载块46；没有揭示本专利技术特征下的凹槽24和凸榫22结构；没有揭示设置于该凹槽24和凸榫22连接部的第一入口和第二入口；没有揭示本专利的内部通道走向。②附件1、附件3和附件9不能结合得出本专利。在本专利权利要求1具备创造性的情况下，权利要求2~4也具备创造性。（2）本专利权利要求1“连接部”的记载得到了说明书的支持，符合《专利法》第二十六条第四款的规定。“凸榫和凹槽的连接部”的记载不是功能性概括，而是一种具体的结构性描述，没有包括其他不能概括的内容。（3）“美国专利再审查证书”对本案不具有参考意义。①根据保护工业产权巴黎公约第四条之二所规定的“专利独立性原则”，美国专利与中国专利是当然相互独立的。美国专利5002478再审查是基于美国的专利律制度而做出，与中国专利没有必然联系，附件4~8对本案没有参考意义。②美国专利并非如潍坊中云公司所称的那样已经被无效，而只是根据美国专利法重新授权，附件4即是经重新授权后的有效专利。③美国专利再审后有6个独立权利要求，其中的权利要求6的内容实质上与本专利的权利要求1相同。（4）第9947号无效宣告请求审查决定书适用法律正确。潍坊中云公司仅在起诉状中称本决定适用法律有误，但未具体指出错误之处，该主张明显不具有法律依据，不应予以支持。综上所述，第9947号决定认定事实清楚，法律适用正确。潍坊中云公司的诉讼请求没有事实和法律依据，应当被驳回。

本院经审理查明：本专利系名称为“对制管设备采用负压模块的改进”的第89107110.5号发明专利，其申请日为1989年9月15日，优先权日为1988年9月16日，授权公告日为1993年12月15日，专利权人为曼夫瑞德·A. A. 鲁波克。

本专利授权公告的权利要求书如下：

“1. 加工热塑波纹管（34）的设备，该设备包括一对互补的模具部件（14、15），各部件包括模块（16），该模块被同步驱动形成一个由配成对的模块（16）向前移动形成的模具孔道，挤压装置设在模具孔道的入口处，将热塑材料管（34）压入孔道，各个模块（16）都有一个含有模面的表面，并具有内部通道（76）经过各模块（16）导槽（75）里的第一入口（37、49）和固定负压室（80）配合导轨（81）里的第二入口（78）联通模面和固定负压室的负压，其特征是第一和第二入口（78）设于凸榫（22）和凹槽（24）连接部，这个连接部是在运载块的凹槽（75）和负压室的导轨（81）的互补表面上。

2. 根据权利要求1所述的设备，其特征是：各个模块（16）包括一个运载块（46）和一个可更换的模具（36）组成的一个组件。

3. 根据权利要求1所述的设备，其特征是：凸榫联接（22）在负压室（80）的导轨（81）上，与其互补的凹槽联接（24）在各模块（16）的导槽（75）内。

4. 根据权利要求1所述的设备，其特征是：凸榫（22）和凹槽（24）的联接部之间有锐利的边缘。”

本专利说明书第2栏第14~23行载明：“当运载块被驱动向前时，由于它们必须很便利地与负压室平滑接合而不受干扰，运载块导槽与负压室导轨之间的间隙要相当大，进而为了达到更平滑和便于接合，配合导槽和导轨都趋向于采用圆形边缘。由于采取了这些导致传送链平稳运行的措施，使运载块与负压室之间保持真空连接的密封性却出现了问题。现在已经发现有可能改进真空通道与运载块之间的密封”。第3栏最后一行至第5栏倒数第二行载明：“凸榫22和凹槽24要比导槽75与导轨81之间的配合紧。在运行中，当运载块46通过凹槽75套上导轨81与负压室配合时，运载块就将凸榫22和凹槽24紧密配合在一起，这种连接比直接通过凹槽75和导轨81方便地获得，连接更加精确和牢固，并且这种更精确牢固的连接提供了在运载块46和负压室之间对负压的好的密封”。另外，本专利权利要求1中的凹槽75与说明书中的凹槽75或导槽75是指同一个部件，但不同于凹槽 24。

2006 年 4 月 24 日，潍坊中云公司针对本专利向专利复审委员会提出无效宣告请求，其主要理由为：（1）本专利权利要求 1~4 不符合《专利法》第二十二条第三款规定的创造性；（2）本专利权利要求 1~4 不符合《专利法》第二十六条第四款的规定；（3）美国专利 5002478 是与本专利相同的专利申请，附件 4 是该专利在美国再审后的再审查证书，其所公开的专利已推翻了本专利权利要求 1~4。潍坊中云公司向专利复审委员会提交了 9 份附件，其中：

附件 1：US4319872（公开日为 1982 年 3 月 16 日）复印件及其中文译文，共 24 页；

附件 3：CA902314A（公开日为 1972 年 6 月 13 日）复印件及其中文译文，共 24 页；其公开了一种真空成型连续中空制品的机器 10，其主要包括挤出机 12、大体上是镜像的模具 14 和 16，其安装在传送带上以便移动通过成型站 18、链轮齿 22 周围的开放区 20、冷却区 24、第二链轮齿 2 8 周围的第二开放区 26 和闭合站 30 并返回成型站 18；每个模具 14 和 16 具有分隔室 32 于其中，其通过通道 36 与模腔 34 连接，该模腔是由配合模具对 14 和 16 处于闭合位置时形成，通道 36 与分隔室 32 相连接；模具 14 和 16 固定在平台 42 上，分隔室 32 通过穿过模具底部的孔 38 与平台 42 中的通道 40 相连接，通道 40 的终端是平台 42 的侧缘 70 和 72 中的孔 68，这些侧缘被安装在抽吸密封管 76 中适当的狭槽 74 内，该抽吸密封管延伸了成型站长度的距离；密封管 76 各自具有通过适当的通道 80 与狭槽 74 相通的纵向通道 7 8，通过适当的密封衬垫装置 82 将狭槽 74 围绕端部边缘 70 或 72 密封，通过软管 84 将密封管 76 连接到被泵 88 抽空的真空室 86；平台 42 可绕枢轴销 48 旋转地安装在固定装置或支架 46 上，每个支架 46 包括平板 50，在其上枢轴销 48 安装在适当的枢轴 52 中，链节 54、56 布置在平板 50 上枢轴 52 的对面上；平板 50 的相对侧缘 60 和 62 被安装在一对相对的通道部件 64 和 66 内并由其导向，它保证平板 50 并由此保证模具平台 42 和模具 14 和 16 处于适当位置；链节 54 和 56 以及销 58 与链轮齿 22 和 28 的齿相配合来驱动和运送模具 14 和 16 通过其迂回路线；在工作中，在挤出机 12 机口附近连续闭合每对模具 14 和 16（详见附件 3 中文译文第 2 页第 2 段至第 3 页第 1 段，第 3 页最后一段至第 4 页第 1 段，附图 1~5）。

附件 4-8：美国专利 500247 8（公开日 1999 年 10 月 5 日）再审查的相关资料。

附件 9-1：《机械设备密封知识》，河北人民出版社，1984 年 5 月第 1 次印刷，封面，封底、第 160~163 页，复印件。附件 9-1 第 161 页最后 1 段载明："迷宫式密封是非接触密封的种，即转动部件和静止部件之间是无接触的。这种密封的优点是：可靠、简单和材料选择方便，但允许有一定的泄漏。"。

附件 9-2：《密封装置设计基础》，安徽科学技术出版社，1987 年 1 月第 1 版第 1 次印刷，封面，出版信息页，第 348~351 页，复印件。附件 9-2 第 349 页倒数第 3 段载明："迷宫密封主要用于各种气体和蒸汽介质的密封。转件和机体间有各种形状急剧变化的流道截面的迷宫小室。因此，运动件和固定件之间的密封部位不接触，无须润滑，允许一定的热膨胀，故可用于高温、高压、高转速的场合。"

曼夫瑞德于 2006 年 7 月 11 日及 2006 年 11 月 16 日分别提交了意见陈述书，主要观点是：（1）本专利权利要求 1~4 具备创造性；（2）本专利"连接部"是指凸榫 22 和凹槽 24 的连接之处，它是对相互位置关系非常明确的一种结构性描述，本专利文字和附图都清楚地表明凹槽和凸榫的配合以及第一入口和第二入口的位置关系，因此本专利权利要求 1 得到了说明书的支持。潍坊中云公司认为本专利的连接方式概括了本领域技术人员不能明了的在附件 3 中公开的具体结构的观点是错误的，附件 3 没有公开凹槽和凸榫，与本专利的连接方式不同；（3）根据巴黎公约第四条之二所规定的"专利独立性原则"，不同国家所取得的专利是相互独立的，美国专利 5002478 再审查证书对本案没有证据意义；并且再审后授权的权利要求6的内容实质上与本专利的权利要求1相同。

2007年2月5日，专利复审委员会进行了口头审理。在口头审理中，潍坊中云公司放弃了附件2，明确其无效理由是本专利不符合《专利法》第二十二条第三款和第二十六条第四款的规定，并明确采用a）附件3；b）附件3与附件9-1、9-2结合，其中附件3为最接近现有技术；c）附件1与附件3和附件9-1、9-2结合，其中附件1为最接近现有技术的三种方式评价权利要求1~4的创造性。同时，潍坊中云公司认为附件4和附件5能说明本专利应该被无效。另外，潍坊中云公司与曼夫瑞德均确认附件3公开了本专利权利要求1的“加工热塑波纹管（34）的设备……将热塑材料管（34）压入孔道”等技术特征。

2007年6月12日，专利复审委员会作出第9947号决定。

本案行政诉讼庭审中，潍坊中云公司明确附件4~8仅供法院参考，不作为证据使用，并明确表示对专利复审委员会关于附件4~8的认定不持异议，并表示对专利复审委员会关于本专利权利要求1与附件3技术特征的对比描述不持异议，但强调本专利权利要求1与附件3不存在区别技术特征。

上述事实，有本专利授权公告文本、第9947号决定、附件3~9、口头审理记录表、各方当事人陈述等在案佐证。

本院认为：

一、关于创造性

此部分争议点在于：（1）附件3是否公开了本专利权利要求1中的技术特征“第一和第二入口设于凸榫（22）和凹槽（24）连接部，这个连接部是在运载块的凹槽（75）和负压室的导轨（81）的互补表面上”。（2）上述技术特征是否被附件9-1、9-2中机械领域公知常识“迷宫式密封”公开。

关于第1点，首先，本专利解决的技术问题是在加工热塑波纹管设备的运载块与负压室平滑接合的前提下，改进运载块与负压室之间对负压的密封。上述技术特征的结构解决了该技术问题，因为：（1）设于导槽75和导轨81的互补表面上的凸榫2 2和凹槽24之间的紧密配合使得运载块与负压室的配合更加精确和牢固，并且提供了对负压的好的密封；（2）同时，能够放松对导槽75和导轨81的配合要求，例如将导槽75和导轨81的间隙增加，便于了运载块与负压室的平滑接合。可见，导槽75和导轨81与凸榫22和凹槽24的位置不同、作用不同、对配合的紧密性要求也不同，因此导槽75和导轨81与凸榫22和凹槽24不是一回事。

其次，在附件3中，平台42通过枢轴销48旋转地安装在支架46上，支架46包括平板50，上述结构整体类似于本专利中的运载块，提供对模具14和16的固定支撑。平板50的相对侧缘60和62、通道部件64和66是对上述类似运载块的部件及模具14和16起导向作用的部件，即相当于本专利中的导轨81和导槽75。平台42的侧缘70和72、抽吸密封管76的狭槽74和密封衬垫装置82，上述结构整体类似于本专利中的凸榫和凹槽，是运载块与负压室之间起密封作用的部件。然而，上述起导向作用的部件与起密封作用的部件之间相互远离，平台42的侧缘70和72、抽吸密封管76的狭槽74和密封衬垫装置82没有设置在平板50的相对侧缘60和62、通道部件64和66的互补表面上，并且附件3的负压室不是设置在上述起导向作用的部件中，而是设置在平台42的两侧面的抽吸密封管76中，因此附件3没有公开本专利权利要求1所述的技术特征“第一和第二入口设于凸榫（22）和凹槽（24）连接部，这个连接部是在运载块的凹槽（75）和负压室的导轨（81）的互补表面上”。

关于第2点，迷宫式密封是非接触密封的一种，即转动部件和静止部件之间是无接触的。本专利权利要求1中凸榫（22）与凹槽（24）以及凹槽（75）与导轨（81）之间并不是转动部件与静止部件之间的关系，而且凸榫（22）与凹槽（24）之间以及凹槽（75）与导轨（81）之间是相互接触的。因此，附件9-1、9-2中所述的迷宫式密封与本专利权利要求1的凸榫（22）与凹槽（24）以及凹槽（75）与导轨（81）不相关，也没有公开上述技术特征。而且，附件1也没有公开上述技术特征。

综上，本专利权利要求1相对于附件3、附件3和附件9-1或附件9-2的结合、或者附件1和附件3和附件9-1或附件9-2的结合具备《专利法》第二十二条第三款规定的创造性。在权利要求1具备创造性的情况下，其从属权利要求2~4也具备《专利法》第二十二条第三款规定的创造性。潍坊中云公司主张本案专利权利要求1~4具备创造性，缺乏事实和法律依据，本院不予支持。

二、关于《专利法》第二十六条第四款

《专利法》第二十六条第四款规定，权利要求书应当以说明书为依据，说明要求专利保护的范围。权利要求通常由说明书记载的一个或者多个实施方式或实施例概括而成。如果所属技术领域的技术人员可以合理预测说明书给出的实施方式的所有等同替代方式或明显变型方式都具备相同的性能或用途，则应当允许申请人将权利要求的保护范围概括至覆盖所有的等同替代或明显变型的方式，即使说明书中仅给出了一个实施方式或实施例。对于权利要求概括得是否恰当，则应当参照与之相关的现有技术进行判断。

首先，本专利权利要求1中的连接部即凸榫（22）和凹槽（24）相配合的部位，这个连接部是在运载块的凹槽（75）和负压室的导轨（81）的互补表面上，概括地描述了凸榫（22）和凹槽（24）之间、运载块的凹槽（75）和负压室的导轨（81）之间的配合关系及各个部件相互之间的位置关系，包括了本专利说明书中给出的一个具体实施方式（参见附图2和附图3），即导轨81上表面的凸榫22与导槽75下表面上的凹槽24相配。本领域技术人员根据本专利要解决的技术问题，凸榫（22）和凹槽（ 24）以及凹槽（75 ）和导轨（81）所起的作用，能够明了还具有其他的、说明书未提到的等同 替代万式和明显的变型方式，例如将凹槽24设于导轨81上表面并与设于导槽75下表面上的凸榫22相配合等，并合理地预测所有等同替代方式和明显的变型方式都具有相同的性能和用途，即使说明书中仅给出一个具体实施方式，仍然应当允许本专利权利要求1进行上述概括。

其次，从现有技术的角度看，本专利权利要求1所述“第一和第二入口设于凸榫和凹槽连接部，这个连接部是在运载块的凹槽和负压室的导轨的互补表面上”的技术特征已构成与附件3的区别技术特征，潍坊中云公司认为权利要求1的概括包含了附件3的连接方式没有依据，可见本专利权利要求1的概括是恰当的。综上，本专利权利要求1得到了说明书的支持，符合《专利法》第二十六条第四款的规定。

本专利权利要求2~4是权利要求1的从属权利要求，潍坊中云公司没有提供具体的证据和理由说明这些权利要求概括了哪些得不到说明书支持的方式，也没有结合附件3进行具体说明。因此，不能仅仅基于说明书中只提供了一个实施例，就得出本专利权利要求2~4得不到说明书支持的结论。潍坊中云公司关于本专利权利要求2~4得不到说明书的主张，缺乏事实和法律依据，本院不予支持。

三、关于美国专利5002478再审查的相关资料

本案行政诉讼庭审中，潍坊中云公司对专利复审委员会关于附件4~8的认定不持异议，且美国专利5002478再审查的审批资料及结果对本案的审理不具有约束力，潍坊中云公司主张参考美国专利5002478再审查的相关资料，本院不予支持。

综上所述，专利复审委员会作出的第9947号决定，审查程序合法，认定事实清楚，适用法律并无不当，本院予以维持。本院依据《中华人民共和国行政诉讼法》第五十四条第（一）项之规定，判决如下：

维持被告中华人民共和国国家知识产权局专利复审委员会作出的第 9947 号无效宣告请求审查决定。

案件受理费人民币 100 元，由原告潍坊中云机器有限公司负担（已交纳）。

如不服本判决，原告和被告可在本判决送达之日起 15 日内，第三人可在本判决送达之日起 30 日内，向本院递交上诉状及副本，并交纳上诉案件受理费人民币 100 元，上诉于中华人民共和国北京市高级人民法院。

审　判　长　彭文毅
代理审判员　江建中
人民陪审员　唐晓君
二〇〇八年三月十一日
书　记　员　吴　江

北京市高级人民法院
行政判决书

（2008）高行终字第 507 号

上诉人（原审原告）潍坊中云机器有限公司，住所地中华人民共和国山东省昌邑市饮马镇。

法定代表人张其智，董事长。

委托代理人申健，男，汉族，1969 年 11 月 11 日出生，北京中博世达专利商标代理有限公司专利代理人，住中华人民共和国河南省鹤壁市山城区新建街 19 号楼 5 号。

委托代理人祁献民，男，汉族，1973 年 9 月 1 日出生，北京中博世达专利商标代理有限公司专利代理人，住中华人民共和国北京市东城区和平里中街甲 7 号。

被上诉人（原审被告）中华人民共和国国家知识产权局专利复审委员会，住所地中华人民共和国北京市海淀区北四环西路 9 号银谷大厦 10~12 层。

法定代表人廖涛，副主任。

委托代理人汪送来，该委员会审查员。

委托代理人瞿晓峰，该委员会审查员。

原审第三人曼夫瑞德·A. A. 鲁波克（Manfred·A. A. Lupke），男，加拿大国籍，住所地加拿大安大略省多伦多市肯考德区麦克莱瑞街 10 号。

委托代理人帅科，上海市华诚律师事务所律师。

委托代理人张黎明，上海市华诚律师事务所律师。

上诉人潍坊中云机器有限公司（简称潍坊中云公司）因发明专利权无效行政纠纷一案，不服中华人民共和国北京市第一中级人民法院（以下简称北京市第一中级人民法院）（2007）一中行初字第 1161 号行政判决，向本院提起上诉。本院 2008 年 8 月 1 日受理本案后，依法组成合议庭，于 2008 年 10 月 22 日公开开庭进行了审理。上诉人潍坊中云公司的委托代理人申健、祁献民，被上诉人中华人民共和国国家知识产权局专利复审委员会（简称专利复审委员会）的委托代理人汪送来、瞿晓峰，原审第三人曼夫瑞德·A. A. 鲁波克（简称曼夫瑞德）的委托代理人帅科、张黎明到庭参加了诉讼。本案现已审理终结。

北京市第一中级人民法院认定，涉案专利系曼夫瑞德拥有的名称为“对制管设备采用负压模块的改进”的89107110.5号发明专利（简称本专利）。针对本专利，2006年4月24日，潍坊中云公司向专利复审委员会提出无效宣告请求，其主要理由为：（1）本专利权利要求1~4不符合《专利法》第二十二条第三款规定的创造性；（2）本专利权利要求1~4不符合《专利法》第二十六条第四款的规定。2007年6月12日，专利复审委员会作出第9947号无效宣告请求审查决定（简称第9947号决定），维持本专利有效。

北京市第一中级人民法院认为，附件3没有公开本专利权利要求1所述的技术特征“第一和第二入口设于凸榫（22）和凹槽（24）连接部，这个连接部是在运载块的凹槽（75）和负压室的导轨（81）的互补表面上”。附件9-1、9-2中所述的迷宫式密封与本专利权利要求1的凸榫（22）与凹槽（24）以及凹槽（75）与导轨（81）不相关，也没有公开上述技术特征。而且，附件1也没有公开上述技术特征。本专利权利要求1相对于附件3、附件3和附件9-1或附件9-2的结合、或者附件1和附件3和附件9-1或附件9-2的结合具备《专利法》第二十二条第三款规定的创造性。关于本专利权利要求书是否得到说明书的支持的问题，首先，本领域技术人员根据本专利要解决的技术问题，凸榫（22）和凹槽（24）以及凹槽（75）和导轨（81）所起的作用，能够明了还具有其他的、说明书未提到的等同替代方式和明显的变型方式，并合理地预测所有等同替代方式和明显的变型方式都具有相同的性能和用途，即使说明书中仅给出一个具体实施方式，仍然应当允许本专利权利要求1进行上述概括。其次，从现有技术的角度看，本专利权利要求1所述“第一和第二入口设于凸榫和凹槽连接部，这个连接部是在运载块的凹槽和负压室的导轨的互补表面上”的技术特征已构成与附件3的区别技术特征，可见本专利权利要求1的概括是恰当的。综上，本专利权利要求1得到了说明书的支持，符合《专利法》第二十六条第四款的规定。

北京市第一中级人民法院依据《中华人民共和国行政诉讼法》第五十四条第（一）项之规定，判决：维持第9947号决定。

潍坊中云公司不服原审判决，向本院提起上诉，请求撤销原审判决，撤销第9947号决定，判决专利复审委员会重新做出无效宣告审查决定。其理由为：（1）本专利与附件3、附件9相比无创造性。本专利权利要求1中的技术特征“第一和第二入口设于凸榫和凹槽连接部，这个连接部是在运载块的凹槽和负压室的导轨的互补表面上”已在附件3中公开。而且“凸榫和凹槽”限定的就是其说明书附图的结构，该技术特征已在附件9中机械领域公知常识中“迷宫式密封”公开。本专利权利要求2与附件3结构相同，无创造性。在本专利权利要求1无创造性的前提下，权利要求3限定的结构是必然选择，无创造性；权利要求4限定的结构是迷宫式密封的常规结构，并且附件3也是锐利的边，无创造性。（2）本专利与附件1、3以及附件9相比无创造性。（3）关于《专利法》第二十六条第四款。在本案中其说明书仅公开了一种如说明书图2、3所示的特定方式，再没有其他替代方式的情况下，而本专利权利要求却概括了附件3中的连接方式，本领域技术人员不能明了完成该功能的其他方法或者全部方法，是不允许的。专利复审委员会、曼夫瑞德服从原审判决。

本院经审理查明，涉案专利系名称为“对制管设备采用负压模块的改进”的89107110.5号发明专利（即本专利），其申请日为1989年9月15日，优先权日为1988年9月16日，授权公告日为1993年12月15日，专利权人为曼夫瑞德。

本专利授权公告的权利要求书如下：

“1. 加工热塑波纹管（34）的设备，该设备包括一对互补的模具部件（14、15），各部件包括模块（16），该模块被同步驱动形成一个由配成对的模块（16）向前移动形成的模具孔道，挤压装置设在模具孔道的入口处，将热塑材料管（34）压入孔道，各个模块（16）都有一个含有模面的表面，并具有内部通道（76）经过各模块（16）导槽（75）里的第一入口（37、49）和固定负压室（80）配合导轨（81）里的第二入口（78）联通模面和固定负压室的负压，其特征是第一和第二入口（78）设于凸榫（22）和凹槽（24）连接部，这个连接部是在运载块的凹槽（75）和负压室的导轨（81）的互补表面上。

2. 根据权利要求 1 所述的设备，其特征是：各个模块（16）包括一个运载块（46）和一个可更换的模具（36）组成的一个组件。

3. 根据权利要求 1 所述的设备，其特征是：凸榫联接（22）在负压室（80）的导轨（81）上，与其互补的凹槽联接（24）在各模块（16）的导槽（75）内。

4. 根据权利要求 1 所述的设备，其特征是：凸榫（22）和凹槽（24）的联接部之间有锐利的边。”

本专利说明书第 2 栏第 14~23 行载明：“当运载块被驱动向前时，由于它们必须很便利地与负压室平滑接合而不受干扰，运载块导槽与负压室导轨之间的间隙要相当大，进而为了达到更平滑和便于接合，配合导槽和导轨都趋向于采用圆形边。由于采取了这些导致传送链平稳运行的措施，使运载块与负压室之间保持真空联接的密封性却出现了问题。现在已经发现有可能改进真空通道与运载块之间的密封”。第 3 栏最后一行至第 5 栏倒数第二行载明：“凸榫 22 和凹槽 24 要比导槽 75 与导轨 81 之间的配合紧。在运行中，当运载块 46 通过凹槽 75 套上导轨 81 与负压室配合时，运载块就将凸榫 22 和凹槽 24 紧密配合在一起，这种连接比直接通过凹槽 75 和导轨 81 方便地获得，连接更加精确和牢固，并且这种更精确牢固的连接提供了在运载块 46 和负压室之间对负压的好的密封”。另外，本专利权利要求 1 中的凹槽 75 与说明书中的凹槽 75 或导槽 75 是指同一个部件，但不同于凹槽 24。

2006 年 4 月 24 日，潍坊中云公司针对本专利权向专利复审委员会提出无效宣告请求，其主要理由为：（1）本专利权利要求 1~4 不符合《专利法》第二十二条第三款规定的创造性；（2）本专利权利要求 1~4 不符合《专利法》第二十六条第四款的规定；（3）美国专利 5002478 是与本专利相同的专利申请，附件 4 是该专利在美国再审后的再审查证书，其所公开的专利已推翻了本专利权利要求 1~4。潍坊中云公司向专利复审委员会提交了 9 份附件，其中：

附件 1：US4319872（公开日为 1982 年 3 月 16 日）复印件及其中文译文，共 24 页；

附件 3：CA902314A（公开日为 1972 年 6 月 13 日）复印件及其中文译文，共 24 页；其公开了一种真空成型连续中空制品的机器 10，其主要包括挤出机 12、大体上是镜像的模具 14 和 16，其安装在传送带上以便移动通过成型站 18、链轮齿 22 周围的开放区 20、冷却区 24、第二链轮齿 28 周围的第二开放区 26 和闭合站 30 并返回成型站 18；每个模具 14 和 16 具有分隔室 32 于其中，其通过通道 36 与模腔 34 连接，该模腔是由配合模具对 14 和 16 处于闭合位置时形成，通道 36 与分隔室 32 相连接；模具 14 和 16 固定在平台 42 上，分隔室 32 通过穿过模具底部的孔 38 与平台 42 中的通道 40 相连接，通道 40 的终端是平台 42 的侧 70 和 72 中的孔 68，这些侧被安装在抽吸密封管 76 中适当的狭槽 74 内，该抽吸密封管延伸了成型站长度的距离；密封管 76 各自具有通过适当的通道 80 与狭槽 74 相通的纵向通道 78，通过适当的密封衬垫装置 82 将狭槽 74 围绕端部边 70 或 72 密封，通过软管 84 将密封管 76 连接到被泵 88 抽空的真空室 86；平台 42 可绕枢轴销 48 旋转地安装在固定装置或支架 46 上，每个支架 46 包括平板 50，在其上枢轴销 48 安装在适当的枢轴 52 中，链节 54、56 布置在平板 50 上枢轴 52 的对面上；平板 50 的相对侧 60 和 62 被安装在一对相对的通道部件 64 和 66 内并由其导向，它保证平板 50 并由此保证模具平台 42 和模具 14 和 16 处于适当位置；链节 54 和 56 以及销 58 与链轮齿 22 和 28 的齿相配合来驱动和运送模具 14 和 16 通过其迂回路线；在工作中，在挤出机 12 机口附近连续闭合每对模具 14 和 16（详见附件 3 中文译文第 2 页第 2 段至第 3 页第 1 段，第 3 页最后一段至第 4 页第 1 段，附图 1~5）。

附件 4-8：美国专利 5002478（公开日 1999 年 10 月 5 日）再审查的相关资料。

附件 9-1：《机械设备密封知识》，河北人民出版社，1984 年 5 月第 1 次印刷，封面，封底、第 160~163 页，复印件。附件 9-1 第 161 页最后 1 段载明："迷宫式密封是非接触密封的一种，即转动部件和静止部件之间是无接触的。这种密封的优点是：可靠、简单和材料选择方便，但允许有一定的泄漏。"。

附件 9-2：《密封装置设计基础》，安徽科学技术出版社，1987 年 1 月第 1 版第 1 次印刷，封面，出版信息页，第 348~351 页，复印件。附件 9-2 第 349 页倒数第 3 段载明：

"迷宫密封主要用于各种气体和蒸汽介质的密封。转件和机体间有各种形状急剧变化的流道截面的迷宫小室。因此，运动件和固定件之间的密封部位不接触，无须润滑，允许一定的热膨胀，故可用于高温、高压、高转速的场合。"

2007 年 6 月 12 日，专利复审委员会作出第 9947 号决定，认为：

1. 关于证据

附件 4 和 5 的公开日均晚于本专利的申请日，不属于本专利的现有技术。专利复审委员会对附件 6 至附件 8 的真实性不予认可。并且，附件 6 至附件 8 是美国专利审批过程和审批结果的相关材料，美国专利审批过程和审批结果并不能作为本案的定案依据。基于上述理由，专利复审委员会在评价本专利创造性时不考虑附件 2、附件 4 至附件 8。

2.《专利法》第二十六条第四款

本专利权利要求 1 保护一种加工热塑波纹管（34）的设备，其中用结构部件及其相互之间的关系对该设备进行了限定，说明书第 3 栏至第 5 栏以及附图 1~4 对该设备的一个具体实施例进行了详细的说明。潍坊中云公司认为，本专利权利要求 1 是功能性描述，也是上位概念，只有一个实施例无法支持，并列举了权利要求 1 第一行至第六行"孔道"的技术特征作为未获得支持的例子。对此，专利复审委员会认为，这些特征不是功能性特征，权利要求 1 中用部件结构特征及其相互之间的关系对所保护的设备进行了限定，并对模具部件等逐步进行了进一步限定。对于潍坊中云公司关于权利要求 1 都是功能性描述的主张专利复审委员会不予支持。对于本专利权利要求 1 中的某些带有功能性含义的技术特征，如挤压装置等，其属于现有技术，并且与本专利相对于现有技术的改进不是密切相关的，对这种已知的技术特征，无须在权利要求中具体限定其结构特征。

潍坊中云公司还认为，对于权利要求 1 中的"第一和第二入口设于凸榫和凹槽连接部，这个连接部是在运载块的凹槽和负压室的导轨的互补表面上"，本专利说明书仅公开了一种如说明书图 2、3 所示的特定方式，在没有其他替代方式的情况下，权利要求却概括了附件 3 的连接方式，本领域技术人员不能明了地完成该功能的其他方法或者全部方法，是不允许的。对此，专利复审委员会认为，权利要求 1 中的连接部即凸榫和凹槽相配合的部位，这个连接部是在运载块的导槽（75）和负压室的导轨（81）的互补表面上，很清楚地描述了连接部件相对于运载块和负压室之间的位置关系，虽然权利要求 1 没有进一步限定凸榫（22）和凹槽（24）以及导槽（75）和导轨（81）的具体形状结构，但是，说明书中对于这些部件给出了具体的实施方式（参见附图 2 和附图 3），本领域技术人员在阅读说明书之后，根据本专利要解决的技术问题、凸榫（22）和凹槽（24）以及导槽（75）和导轨（81）所起的作用（如在评价权利要求 1 的创造性时所述），能够合理地预测权利要求 1 覆盖的说明书记载的具体实施方式的所有等同替代方式和明显的变型方式都具有相同的性能和用途，因此，本专利说明书中给出一个实施例也可支持权利要求 1 所概括的范围。此外，潍坊中云公司并没有任何证据证明这种概括包含了其效果难于预先确定和评价的内容，其权利要求得不到说明书支持的主张不成立。另外，如上所述，“第一和第二入口设于凸榫和凹槽连接部，这个连接部是在运载块的导槽和负压室的导轨的互补表面上”已构成与附件3的区别技术特征，潍坊中云公司认为本专利权利要求1概括了附件3的连接方式没有事实依据。

综上所述，专利复审委员会认为，本专利权利要求1得到了说明书的支持，符合《专利法》第二十六条第四款的规定。

本专利权利要求2~4是权利要求1的从属权利要求。潍坊中云公司认为，本专利权利要求2、3、4在说明书中只有一个实施例，而权利要求却概括了本领域技术人员不能明了地完成该功能的其他方法或者全部方法，如附件3的具体结构。但是，潍坊中云公司仅仅笼统地指出权利要求2~4概括了本领域技术人员不能明了地完成该功能的其他方法或者全部方法，并没有提供具体的证据和理由说明这些权利要求概括了哪些得不到说明书支持的方式，并且也没有结合附件3进行具体说明。专利复审委员会认为，不能仅基于本专利说明书中只提供了一个实施例，就得出本专利权利要求2~4得不到说明书支持的结论，潍坊中云公司没有为其有关权利要求2~4得不到说明书支持的主张提供具体的理由和证据，其主张不能成立。

3.《专利法》第二十二条第三款

潍坊中云公司在口头审理过程中确定以下述三种方式评价本专利权利要求1~4的创造性：（1）采用附件3单独对比的方式；（2）采用附件3与附件9-1和附件9-2结合的对比方式，附件3为最接近的现有技术；（3）采用附件1与附件3、附件9-1和附件9-2结合的对比方式，附件1为最接近的现有技术。

（1）采用附件3单独对比的方式。

在口头审理时双方一致认为，本专利权利要求1的“加工热塑波纹管（34）的设备……将热塑材料管（34）压入孔道”这些技术特征已在附件3中公开，专利复审委员会对这一事实予以确认。

经进一步对比，附件3中模具14和16具有含有半圆球形模面的表面（见附件3图2中模腔34的内表面），即相当于本专利权利要求1中所述的各个模块（16）都有一个含有模面的表面，附件3中的通道36、模腔34、孔38、通道40、孔68一起构成联通模面和固定负压室负压的通道，即相当于本专利权利要求1中的通道76，该通道与通入负压室的通道80的端口相连通，其中孔38与通道40相连接的端口即相当于本专利权利要求1的第一入口（37，49），通道80的端口相当于本专利权利要求1的第二入口（78）。两者的区别技术特征在于：在本专利权利要求1中，第一和第二入口（78）设于凸榫（22）和凹槽（24）连接部，这个连接部是在运载块的凹槽（75）和负压室的导轨（81）的互补表面上，而在附件3中，通道40的终端是平台42的侧70和72中的孔68，这些侧被安装在抽吸密封管76中适当的狭槽74内，通过适当的密封衬垫装置82将狭槽74围绕端部边70或72密封，密封管76各自具有通过适当的通道80与狭槽74相通的纵向通道78，通道软管84将密封管76连接到被泵88抽空的真空室86。

潍坊中云公司认为，本专利权利要求使用的是上位概念限定，所以“凸榫和凹槽”相当于附件3中的平台42的侧70和72、密封管76的侧面开口74，只是反着装的，在不看说明书的情况下，凸榫和凹槽与导轨和凹槽是一回事。对此，专利复审委员会认为，由本专利说明书可知，本专利解决的技术问题是在加工热塑波纹管设备的运载块与负压室平滑接合的前提下，改进运载块与负压室之间对负压的密封，于是设计了“第一和第二入口（78）设于凸榫（22）和凹槽（24）连接部，这个连接部是在运载块的凹槽（75）和负压室的导轨（81）的互补表面上”这样的技术特征。如本专利说明书中所述，凸榫22和凹槽24要比导槽75与导轨81之间的配合紧，在运行中，当运载块46通过凹槽75套上导轨81与负压室配合时，运载块就将凸榫22和凹槽24紧密配合在一起，这种连接比直接通过凹槽 75 和导轨 81 方便地获得，连接更加精确和牢固，并且这种更精确牢固的连接提供了在运载块 46 和负压室之间对负压的好的密封。由此可见，虽然权利要求 1 中没有对凸榫 22 和凹槽 24 以及凹槽 75 和导轨 81 的结构进一步限定，但是，对于本领域技术人员来说，可以理解凹槽 75 和导轨 81 的功能是使运载块 46 方便、平滑地与负压室 80 配合，而凸榫 22 和凹槽 24 的配合是为了提供运载块 46 和负压室 80 之间对负压的密封，两者对结构的要求如配合的紧密性不相同，因此，不能认为凸榫和凹槽与导轨和凹槽是一回事，并且也不能认为“凸榫和凹槽”就是附件 3 中的平台 42 的侧 7O 和 72、密封管 76 的狭槽 74，因为附件 3 中要通过适当的密封衬垫装置 82 将狭槽 74 围绕端部侧 70 或 72 密封，在没有密封衬垫装置 82 的情况下，狭槽 74 与侧 70 和 72 本身并不要求具有密封负压的功能，因此在结构上，例如对配合紧密性的要求，与本专利凸榫 22 和凹槽 24 不相同。

本专利权利要求 1 的加工热塑波纹管（34）的设备通过“第一和第二入口（78）设于凸榫（22）和凹槽（24）连接部，这个连接部是在运载块的凹槽（75）和负压室的导轨（81）的互补表面上”这些技术特征，既能使运载块 46 与负压室之间平滑地、顺畅地配合，又能改进运载块与负压室之间对负压的密封。附件 3 中平板 50 的相对侧 60 和 62 和通道部件 64 和 66 具有导向平板 50 和平台 42 以及模具 14 和 16 的作用，但是由于其远离平台 42 和模具 14 和 16，因此，侧 60 和 62 与通道部件 64 和 66 之间相对位置稍有改变，即可使平台 42 特别是其侧 70 和 72 发生较大的偏移，从而使其不能顺畅地与狭槽 74 配合，而且侧 70 和 72 需要通过密封衬垫装置进行密封。本领域技术人员在附件 3 的基础上并不能获得将上述区别技术特征应用到附件 3 中以解决既能使运载块 46 与负压室之间平滑地、顺畅地配合，又能改进运载块与负压室之间对负压的密封的技术问题的启示，因此，对于本领域技术人员来说，权利要求 1 的加工热塑波纹管（34）的设备相对于附件 3 是非显而易见的，因此具备创造性。

（2）采用附件 3 与附件 9-1 和附件 9-2 结合的对比方式，附件 3 为最接近的现有技术。

本专利权利要求 1 与附件 3 之间的区别技术特征及其作用如上所述，附件 9-1 和附件 9-2 公开的是一种迷宫密封。本专利权利要求 1 中凸榫（22）与凹槽（24）以及凹槽（75）与导轨（81）之间并不是转动部件与静止部件之间的关系，而且凸榫（22）与凹槽（24）之间以及凹槽（75）与导轨（81）之间是相互接触的。因此，附件 9-1 和附件 9-2 中所述的迷宫密封与本专利权利要求 1 的凸榫（22）与凹槽（24）以及凹槽（75）与导轨（81）不相关，附件 9-1 和附件 9-2 没有给出将上述区别技术特征应用到附件 3 中以解决既能使运载块 46 与负压室之间平滑地、顺畅地配合，又能改进运载块与负压室之间对负压的密封的技术问题的启示，因此，权利要求 1 相对于附件 3 与附件 9-1 和附件 9-2 的结合具备创造性。

（3）采用附件 1 与附件 3、附件 9-1 和附件 9-2 结合的对比方式，附件 1 为最接近的现有技术。

潍坊中云公司认为本专利权利要求 1 与附件 1 的区别技术特征在于：第一和第二入口设于凸榫和凹槽连接部，这个连接部是在运载块的凹槽和负压室的导轨的互补表面上。在口头审理时认为，附件 1 是最接近的附件，其公开了权利要求 1 第一字至第 6 行“孔道”的技术特征，后面的特征在附件 3 和附件 9-1 和 9-2 中公开。也就是说，潍坊中云公司承认本专利权利要求 1 与附件 1 的区别技术特征为“第一和第二入口（78）设于凸榫（22）和凹槽（24）连接部，这个连接部是在运载块的凹槽（75）和负压室的导轨（81）的互补表面上”。专利复审委员会经审查也确认了上述区别技术特征。如前所述，附件 3、附件 9-1 和附件 9-2 也没有公开上述区别技术特征，没有给出将上述区别技术特征应用到附件 1 中以解决既能使运载块 46 与负压室之间平滑地、顺畅地配合，又能改进运载块与负压室之间对负压的密封的技术问题的启示。基于同样的理由，可以得出本专利权利要求 1 相对于附件 1、附件 3、附件 9-1 和附件 9-2 的结合具备创造性的结论。

综上所述，本专利权利要求1相对于附件3或者附件3与附件9-1和附件9-2的结合或者附件1与附件3、附件9-1和附件9-2的结合具备创造性，符合《专利法》第二十二条第三款的规定。

在本专利权利要求1具备创造性的情况下，其从属权利要求2~4相对于上述现有技术必然具备创造性，符合《专利法》第二十二条第三款的规定。

基于上述理由，专利复审委员会宣告维持本专利权有效。

上述事实，有本专利授权公告文本、第9947号决定、附件3-9、口头审理记录表、各方当事人陈述等在案佐证。

本院认为：

一、关于《专利法》第二十六条第四款

《专利法》第二十六条第四款规定，权利要求书应当以说明书为依据，说明要求专利保护的范围。权利要求通常由说明书记载的一个或者多个实施方式或实施例概括而成。如果所属技术领域的技术人员可以合理预测说明书给出的实施方式的所有等同替代方式或明显变型方式都具备相同的性能或用途，则应当允许申请人将权利要求的保护范围概括至覆盖所有的等同替代或明显变型的方式，即使说明书中仅给出了一个实施方式或实施例。对于权利要求概括得是否恰当，则应当参照与之相关的现有技术进行判断。

本专利权利要求1中的连接部即凸榫（22）和凹槽（24）相配合的部位，这个连接部是在运载块的凹槽（75）和负压室的导轨（81）的互补表面上，概括地描述了凸榫（22）和凹槽（24）之间、运载块的凹槽（75）和负压室的导轨（81）之间的配合关系及各个部件相互之间的位置关系，包括了本专利说明书中给出的一个具体实施方式（参见附图2和附图3），即导轨81上表面的凸榫22与导槽75下表面上的凹槽24相配。本领域技术人员根据本专利要解决的技术问题，凸榫（22）和凹槽（24）以及凹槽（75）和导轨（81）所起的作用，能够明了还具有其他的、说明书未提到的等同替代方式和明显的变型方式，例如将凹槽24设于导轨81上表面并与设于导槽75下表面上的凸榫22相配等，并合理地预测所有等同替代方式和明显的变型方式都具有相同的性能和用途，即使说明书中仅给出一个具体实施方式，仍然应当允许本专利权利要求1进行上述概括。因此，本专利权利要求1得到了说明书的支持，符合《专利法》第二十六条第四款的规定。潍坊中云公司关于本专利权利要求1不符合《专利法》第二十六条第四款的规定的上诉主张于法无据，本院不予支持。

二、关于创造性

创造性是指同申请日以前已有的技术相比，该发明有突出的实质性特点和显著的进步。此部分争议点在于：（1）附件3是否公开了本专利权利要求1中的技术特征“第一和第二入口设于凸榫（22）和凹槽（24）连接部，这个连接部是在运载块的凹槽（75）和负压室的导轨（81）的互补表面上”。（2）上述技术特征是否被附件9-1、9-2中机械领域公知常识“迷宫式密封”公开。

关于第（1）点，首先，本专利解决的技术问题是在加工热塑波纹管设备的运载块与负压室平滑接合的前提下，改进运载块与负压室之间对负压的密封。上述技术特征的结构解决了该技术问题，因为：（1）设于导槽75和导轨81的互补表面上的凸榫22和凹槽24之间的紧密配合使得运载块与负压室的配合更加精确和牢固，并且提供了对负压的好的密封；（2）同时，能够放松对导槽75和导轨81的配合要求，例如将导槽75和导轨81的间隙增加，便于了运载块与负压室的平滑接合。可见，导槽75和导轨81与凸榫22和凹槽24的位置不同、作用不同、对配合的紧密性要求也不同，因此导槽75和导轨81与凸榫22和凹槽24并不等同。

其次，在附件3中，平台42通过枢轴销48旋转地安装在支架46上，支架46包括平板50，上述结构整体类似于本专利中的运载块，提供对模具14和16的固定支撑。平板50的相对侧60和62、通道部件64和66是对上述类似运载块的部件及模具14和16起导向作用的部件，即相当于本专利中的导轨81和导槽75。平台42的侧70和72、抽吸密封管76的狭槽74和密封衬垫装置82，上述结构整体类似于本专利中的凸榫和凹槽，是运载块与负压室之间起密封作用的部件。然而，上述起导向作用的部件与起密封作用的部件之间相互远离，平台42的侧70和72、抽吸密封管76的狭槽74和密封衬垫装置82没有设置在平板50的相对侧60和62、通道部件64和66的互补表面上，并且附件3的负压室不是设置在上述起导向作用的部件中，而是设置在平台42的两侧面的抽吸密封管76中，因此附件3没有公开本专利权利要求1所述的技术特征“第一和第二入口设于凸榫（22）和凹槽（24）连接部，这个连接部是在运载块的凹槽（75）和负压室的导轨（81）的互补表面上”。

关于第（2）点，迷宫式密封是非接触密封的一种，即转动部件和静止部件之间是无接触的。本专利权利要求1中凸榫（22）与凹槽（24）以及凹槽（75）与导轨（81）之间并不是转动部件与静止部件之间的关系，而且凸榫（22）与凹槽（24）之间以及凹槽（75）与导轨（81）之间是相互接触的。因此，附件9-1、9-2中所述的迷宫式密封与本专利权利要求1的凸榫（22）与凹槽（24）以及凹槽（75）与导轨（81）不相关，也没有公开上述技术特征。而且，附件1也没有公开上述技术特征。

因此，本专利权利要求1相对于附件3、附件3和附件9-1或附件9-2的结合、或者附件1和附件3和附件9-1或附件9-2的结合具备《专利法》第二十二条第三款规定的创造性。在权利要求1具备创造性的情况下，其从属权利要求2~4也具备《专利法》第二十二条第三款规定的创造性。潍坊中云公司主张本案专利权利要求1~4不具备创造性的上诉主张缺乏事实和法律依据，本院不予支持。

综上所述，潍坊中云公司的上诉主张没有事实和法律依据，本院不予支持。原审判决认定事实清楚，适用法律正确。依照《中华人民共和国行政诉讼法》第六十一条第一款第（一）项之规定，判决如下：

驳回上诉，维持原判。

一审案件受理费100元，由潍坊中云机器有限公司负担（已交纳）；二审案件受理费100元，由潍坊中云机器有限公司负担（已交纳）。

本判决为终审判决。

审　判　长　刘　辉
代理审判员　岑宏宇
代理审判员　焦　彦
二〇〇八年十一月六日
书　记　员　陈　明

117

超存放量鞋柜

无效宣告请求审查决定（第9948号）

决 定 号 第9948号
决 定 日 2007年6月10日
发明创造名称 超存放量鞋柜
国 际 分 类 号 A47B 61/04
无效宣告请求人 毛小星
专 利 权 人 深圳市真荣实业有限公司
申 请 号 200420088319.6
申 请 日 2004年9月14日
授 权 公 告 日 2005年11月23日
合 议 组 组 长 崔国振
主 审 员 吴红权
参 审 员 任晓兰

法 律 依 据 专利法第22条第2款，专利法第22条第3款
决 定 要 点

如果一项权利要求所保护的技术方案与现有技术公开的技术方案相比存在区别技术特征，则两者属于不同的技术方案，该要求保护的技术方案具有新颖性。

如果要求保护的技术方案与最接近的对比文件公开的技术方案相比，区别特征仅在于本领域技术人员的公知常识，那么认为现有技术中已经存在将所述公知常识应用到所述最接近的对比文件中的启示，所要求保护的技术方案相对于现有技术来说是显而易见的，不具有创造性。

一、案由

本无效宣告请求案涉及国家知识产权局于2005年11月23日授权公告、申请日为2004年9月14日、名称为“超存放量鞋柜”的第200420088319.6号实用新型专利权（下称本专利），专利权人为深圳市真荣实业有限公司。

本专利授权公告的权利要求书如下：

“1. 一种超存放量鞋柜，包括：柜体（1）以及安装在柜体（1）内腔的搁板（2），该搁板（2）由固定在柜体（1）侧板上的搁板钉（3）所支撑，其特征在于：所述搁板（2）包括在垂直方向交错布置的水平搁板（21）和向左或向右倾斜的倾斜搁板（22）。

2. 根据权利要求1所述的超存放量鞋柜，其特征在于：所述搁板钉（3）包括：支撑所述水平搁

板（21）的水平搁板钉（31）和支撑倾斜搁板（22）的倾斜搁板钉（32）。

3. 根据权利要求 1 所述的超存放量鞋柜，其特征在于：在所述鞋柜的一个存放单元中，相邻两水平搁板（21）之间的垂直距离为 15 至 20 厘米，位于相邻两水平搁板（21）之间的倾斜搁板（22）左右两侧边的高差为 10 至 15 厘米，所述水平搁板（21）的长度为 30 至 35 厘米。

4. 根据权利要求 3 所述的超存放量鞋柜，其特征在于：所述鞋柜只包括一个存放单元，或在鞋柜的长度方向上并列设置两个或以上的存放单元。

5. 根据权利要求 1、3 或 4 所述的超存放量鞋柜，其特征在于：所述鞋柜的厚度为 15 厘米或 25 厘米。

6. 根据权利要求 1、2、3 或 4 所述的超存放量鞋柜，其特征在于：所述搁板钉（3）为插入柜体（1）侧板小孔的短销。”

针对上述专利权，毛小星（下称请求人）于 2006 年 1 月 16 日向专利复审委员会提出无效宣告请求，并提交了以下附件：

附件 1：申请日为 2004 年 9 月 14 日，授权公告日为 2005 年 11 月 23 日，授权公告号为 CN2741433Y 的实用新型专利说明书（本专利），复印件共 6 页；

附件 2：申请日为 1992 年 5 月 22 日，公告日为 1992 年 10 月 28 日，公告号为 CN2119829U 的实用新型专利申请说明书（下称证据 1），复印件共 6 页；

附件 3：申请日为 2001 年 8 月 12 日，授权公告日为 2002 年 8 月 21 日，授权公告号为 CN2506133Y 的实用新型专利说明书（下称证据 2），复印件共 11 页。

请求人认为：本专利权利要求 1~6 相对于证据 1 不具有新颖性；本专利权利要求 1 相对于证据 1 和证据 2 的结合不具有创造性；本专利权利要求 2~6 相对于证据 1、证据 2 和公知常识的结合不具有创造性。此外，请求人提到权利要求 1~6 不符合专利法实施细则第 2 条第 2 款的规定，但对此没有具体说明理由。

经形式审查合格后，专利复审委员会受理了上述请求，于 2006 年 4 月 12 日向双方当事人发出了《无效宣告请求受理通知书》，并将《宣告专利权无效请求书》及其附件的副本转送给专利权人，要求其在指定的期限内答复，同时成立合议组对本无效请求案进行审理。

2006 年 5 月 24 日，专利权人针对该无效宣告请求陈述了意见，同时，专利权人对其权利要求进行了修改，将原权利要求 3 的附加技术特征补入原权利要求 1 中，组成新的独立权利要求 1，删除原权利要求 2，将原权利要求 4、5 和 6 分别重新编号为新的权利要求 2、3 和 4，修改后的权利要求如下：

“1. 一种超存放量鞋柜，包括：柜体（1）以及安装在柜体（1）内腔的搁板（2），该搁板（2）由固定在柜体（1）侧板上的搁板钉（3）所支撑，其特征在于：所述搁板（2）包括在垂直方向交错布置的水平搁板（21）和向左或向右倾斜的倾斜搁板（22）；在所述鞋柜的一个存放单元中，相邻两水平搁板（21）之间的垂直距离为 15~20 厘米，位于相邻两水平搁板（21）之间的倾斜搁板（22）左右两侧边的高差为 10~15 厘米，所述水平搁板（21）的长度为 30~35 厘米。

2. 根据权利要求 1 所述的超存放量鞋柜，其特征在于：所述鞋柜只包括一个存放单元，或在鞋柜的长度方向上并列设置两个或以上的存放单元。

3. 根据权利要求 1 或 2 所述的超存放量鞋柜，其特征在于：所述鞋柜的厚度为 15 厘米或 25 厘米。

4. 根据权利要求 1 或 2 所述的超存放量鞋柜，其特征在于：所述搁板钉（3）为插入柜体（1）侧板小孔的短销。”

专利权人认为：证据1和证据2中都没有公开原权利要求3的附加技术特征，因此修改后的权利要求1具有新颖性，并认为原权利要求3的附加技术特征不属于公知技术，因此修改后的权利要求1也具有创造性，在修改后的权利要求1具有新颖性和创造性的情况下，从属权利要求2~4也具有新颖性和创造性。

2006年8月22日，合议组向请求人发出《转送文件通知书》，将专利权人于2006年5月24日提交的意见陈述和修改的权利要求书转送给请求人，要求其在一个月内答复。

2006年10月6日，请求人针对《转送文件通知书》进行了意见陈述，认为：修改后的权利要求1~4仍不具有创造性。

2006年10月16日，合议组向双方当事人发出《无效宣告请求口头审理通知书》，拟定于2006年12月11日举行口头审理，并将请求人于2006年10月6日提交的意见陈述书及其附件的副本转送给专利权人，要求其在口头审理时答复。

2006年12月11日，口头审理如期举行，双方当事人的代理人均参加了口头审理，双方对对方出庭人员身份无异议，对变更后的合议组成员无回避请求。在此情况下，合议组就本案的无效理由及证据逐一进行了庭审调查，庭审确认的事项有：（1）口头审理所针对的权利要求书是专利权人于2006年5月24日提交的权利要求第1~4项；（2）请求人放弃专利法实施细则第2条第2款的无效理由；（3）请求人使用证据1评述权利要求1~4的新颖性，证据1结合公知常识以及证据1与证据2结合公知常识评述权利要求1~4的创造性；

至此，合议组认为本案的事实已经调查清楚，可以依法作出审查决定。

二、决定的理由

1. 关于无效宣告理由和证据的认定

请求人提交的证据1和2是中国实用新型专利说明书，合议组经核实后，对其真实性予以认可，基于其公开时间分别为1992年10月28日和2002年8月21日，早于本专利的申请日，因此均可作为本专利的现有技术。

基于请求人当庭放弃了本专利权利要求不符合专利法实施细则第2条第2款的无效理由，因此请求人最终确定以及合议组审理的无效理由和范围为：权利要求1~4相对于证据1不具有新颖性，权利要求1~4相对于证据1和公知常识的结合或证据1、2与公知常识的结合不具有创造性。

2. 关于专利法第22条第2款

专利法第22条第2款规定，新颖性，是指在申请日以前没有同样的发明或者实用新型在国内外出版物上公开发表过、在国内公开使用过或者以其他方式为公众所知，也没有同样的发明或者实用新型由他人向国务院专利行政部门提出过申请并且记载在申请日以后公布的专利申请文件中。

如果一项权利要求所保护的技术方案与现有技术公开的技术方案相比存在区别技术特征，则两者属于不同的技术方案，该要求保护的技术方案具有新颖性。

就本案而言，权利要求1要求保护一种超存放量鞋柜，其包括：柜体（1）以及安装在柜体（1）内腔的搁板（2），该搁板（2）由固定在柜体（1）侧板上的搁板钉（3）所支撑，其特征在于：所述搁板（2）包括在垂直方向交错布置的水平搁板（21）和向左或向右倾斜的倾斜搁板（22）；在所述鞋柜的一个存放单元中，相邻两水平搁板（21）之间的垂直距离为15至20厘米，位于相邻两水平搁板（21）之间的倾斜搁板（22）左右两侧边的高差为10至15厘米，所述水平搁板（21）的长度为30至35厘米。

请求人认为权利要求1不具有新颖性所依据的是证据1。证据1公开了一种可调式组合鞋柜，与本专利属于相同的技术领域，其中证据1公开了如下内容：一种可调式组合鞋柜，它包括箱体1（相当于本专利的柜体），垂直搁板3、水平搁板4、斜搁板5（相当于本专利安装在柜体内腔中的搁板，所述搁板为在垂直方向交错布置的水平搁板和向左或向右倾斜的倾斜搁板），证据1还公开了以下技术特征：这些矩形空间分格成多个与鞋子外形相吻合的基本空间，本实用新型的优点是充分利用鞋的外形的特点为每个家庭提供一个用最小的占地面积和空间存放大量鞋子的新颖家具（参见证据1的权利要求书和附图）。将权利要求1与证据1公开的上述内容进行对比，发现权利要求1中的三个技术特征"相邻两水平搁板（21）之间的垂直距离为15~20厘米，位于相邻两水平搁板（21）之间的倾斜搁板（22）左右两侧边的高差为10~15厘米，所述水平搁板（21）的长度为30~35厘米"在证据1中没有公开。请求人认为这三个技术特征属于本领域的公知常识。

合议组认为，如果权利要求的技术方案与对比文件公开的内容相比存在区别技术特征，即使所述的区别技术特征是本领域技术人员的公知常识，也认为权利要求所述的技术方案与对比文件公开的技术方案实质上不同。权利要求1中有三个技术特征"相邻两水平搁板（21）之间的垂直距离为15~20厘米，位于相邻两水平搁板（21）之间的倾斜搁板（22）左右两侧边的高差为10~15厘米，所述水平搁板（21）的长度为30~35厘米"在证据1中没有公开，因而，具有所述具体尺寸范围的权利要求1的鞋柜与证据1中公开的鞋柜实质上并不相同，因此，权利要求1相对于证据1具有新颖性，符合专利法第22条第2款的规定。

在独立权利要求1具有新颖性的情况下，其从属权利要求2~4也具有新颖性，符合专利法第22条第2款的规定。

3. 关于专利法第22条第3款

专利法第22条第3款规定，创造性，是指同申请日以前已有的技术相比，该发明有突出的实质性特点和显著的进步，该实用新型有实质性特点和进步。

如果要求保护的技术方案与最接近的对比文件公开的技术方案相比，区别特征仅在于本领域技术人员的公知常识，那么认为现有技术中已经存在将所述公知常识应用到所述最接近的对比文件中的启示，所要求保护的技术方案相对于现有技术来说是显而易见的，不具有创造性。

（1）关于权利要求1的创造性。

基于以上对于新颖性的评述，权利要求1与证据1的区别在于：在所述鞋柜的一个存放单元中，相邻两水平搁板（21）之间的垂直距离为15~20厘米，位于相邻两水平搁板（21）之间的倾斜搁板（22）左右两侧边的高差为10~15厘米，所述水平搁板（21）的长度为30~35厘米。根据说明书的内容可知，本专利实际要解决的技术问题是增加鞋柜的储存量，提高鞋柜内空间的利用率。

一般说来，普通鞋后跟的厚度要大于前部，为了节省空间，增加鞋柜的贮存量，本领域技术人员容易想到在两块水平搁板之间交错放置两只鞋，并且根据本领域的常识，如通过测量普通鞋的厚度来确定相邻两块水平搁板之间的高度，在此基础上，将相邻两块水平搁板的高度调节成15~20厘米是显而易见的。对本领域技术人员来说，很显然，相邻两块水平搁板之间的高度过低将无法交错放置两只正常的成年人鞋，高度过高将会造成空间的浪费。

另外，由于普通鞋通常类似为"楔"形，因此，对本领域技术人员来说，显然，当希望在一空间中容纳一只普通鞋时，将容纳空间设计成与鞋的形状基本相同是最节省空间的，因此，本领域技术人员根据普通鞋尺码范围将倾斜搁板左右两侧边的高差设为10~15厘米。将水平搁板的长度设为30~35厘米是显而易见的。因此，本领域技术人员在证据1的基础上，结合其知晓的公知常识，得到权利要求1的技术方案是显而易见的，因而，权利要求1不具有创造性，不符合专利法第22条第3款的规定。

（2）关于从属权利要求 2 的创造性。

从属权利要求 2 的附加技术特征是所述鞋柜只包括一个存放单元，或在鞋柜的长度方向上并列设置两个或以上的存放单元。这一特征已在证据 1 中公开（参见证据 1 的说明书，即，在箱体左右两侧外表面的四个边角位置处各有一个组合槽 6，当两个鞋柜在垂直方向组合时，将固定插销 7 插入相邻的两个组合槽 6 中，两个鞋柜即成为一个整体，以及附图 1）。在权利要求 1 不具备创造性的情况下，权利要求 2 相对于证据 1 和公知常识的结合同样不具备创造性，不符合专利法第 22 条第 3 款的规定。

（3）关于从属权利要求 3 的创造性。

从属权利要求 3 进一步将所述鞋柜的厚度限定为 15 厘米或 25 厘米。然而，基于普通鞋的宽度，当本领域技术人员需要确定鞋柜的厚度时，根据本领域技术人员的常识就可以确定鞋柜的厚度，并且当希望存放一只鞋时，可以将鞋柜的厚度设为较窄，而当希望并排存放两只鞋时，可以相应地将鞋柜的厚度设为较宽，因此，将鞋柜的厚度设为 15 厘米或 25 厘米是本领域技术人员的公知常识，在权利要求 1 不具备创造性的情况下，权利要求 3 相对于证据 1 和公知常识的结合同样不具备创造性，不符合专利法第 22 条第 3 款的规定。

（4）关于从属权利要求 4 的创造性。

从属权利要求 4 的附加技术特征是所述搁板钉（3）为插入柜体（1）侧板小孔的短销。该特征已在证据 2 中公开（参见证据 2 说明书第 3 页第 2 段：本实用新型的超储放量鞋柜，包括柜体（1）以及安装在柜体（1）内腔的搁板（2），该搁板（2）由固定在柜体（1）侧板的搁板钉（3）所支撑，所述的搁板钉（3）为插入柜体（1）侧板小孔的短销）。由于证据 1、证据 2 与本专利属于相同的技术领域，同时，所述搁板钉在证据 2 中所起的作用与其在本专利中所起的作用相同，因此，本领域技术人员将证据 2 中公开的搁板钉应用于证据 1 中以替换其中用于支撑搁板的搁板槽是显而易见的，因此在证据 1、证据 2 的基础上结合公知常识得到权利要求 4 的技术方案是显而易见的，权利要求 4 不具有创造性，不符合专利法第 22 条第 3 款的规定。

鉴于根据上述无效理由和证据已经得出本专利所有的权利要求都不符合专利法第 22 条第 3 款规定的结论，本决定对请求人提出的其他无效理由和证据不再评述。

根据上述事实和理由，合议组作出如下审查决定。

三、决定

宣告第 200420088319.6 号实用新型专利权全部无效。

当事人对本决定不服的，可以根据专利法第 46 条第 2 款的规定，自收到本决定之日起三个月内向北京市第一中级人民法院起诉。根据该款规定，一方当事人起诉后，另一方当事人应当作为第三人参加诉讼。

118

具有双紧固圈和双夹片结构的表芯

无效宣告请求审查决定（第9954号）

决　定　号　第9954号
决　定　日　2007年6月18日
发明创造名称　具有双紧固圈和双夹片结构的表芯
国际分类号　G04B 33/02
无效宣告请求人　深圳市精瑞机芯有限公司
专　利　权　人　东莞广宇电子实业有限公司
专　利　号　98233918.6
申　请　日　1998年3月31日
授权公告日　1999年6月30日
合议组组长　刘颖杰
主　审　员　沈乐平
参　审　员　马　燕

法律依据　专利法第22条第2款
决定要点

虽然一项实用新型专利与现有技术涉及相同的技术领域，但是如果二者的技术方案不同，则该项实用新型专利具备专利法第22条第2款规定的新颖性。

一、案由

本无效宣告请求涉及国家知识产权局于1999年6月30日授权公告的、名称为“具有双紧固圈和双夹片结构的表芯”的98233918.6号实用新型专利权（下称本专利），其申请日是1998年3月31日，专利权人是东莞广宇电子实业有限公司。本专利授权公告时的权利要求书如下：

“1. 一种具有双紧固圈和双夹片结构的表芯，包括由主夹板（6）和上夹板（2）构成的机架，由定子、铁芯、线圈和转子（3）组成的步进电机（1），由传动轮（4），秒轮（8），过轮（10），分轮（7）和跨轮（11）组成的齿轮减速机构，电子控制器，调时（拨针）机构和电池仓，其特征在于步进电机固定在机架的一侧，由主夹板的两根定位柱提供定位，在两定位柱的上端用两个紧固圈（18）来压紧，由不锈钢制作的上下夹片即正极片（5）和压片（17）分别被铆于机架的上下两面，上夹片上还设置了几个勾爪结构。”

针对本专利，深圳市精瑞机芯有限公司（下称请求人）于2006年9月30日向专利复审委员会提出了无效宣告请求，并提交了如下附件：

附件1：98233918.6号专利（即本专利）的著录项目页，共1页；

附件2：《钟表配件》1995年4月期第149页复印件，共1页；

附件3：《钟表配件》1996年5月期第350页复印件，共1页。

结合上述证据，请求人认为：附件2中的PC21A（PC21S）型表芯具有双紧固圈和双夹片结构，附件3中的PC21A-S表芯具有双紧固圈和双夹片结构，因此本专利与其申请日前在国内外出版物上公开发表过的产品相似，也在申请日前为公众所知，因而不具备新颖性。

经形式审查合格，专利复审委员会受理了上述无效宣告请求，并于2006年10月18日向双方当事人发出了无效宣告请求受理通知书，随同无效宣告请求受理通知书将无效宣告请求书及其附件清单中所列附件副本转送给专利权人，要求其在指定的期限内答复。

请求人于2006年10月30日向专利复审委员会提交意见陈述书和如下补充附件：

附件4：《钟表配件》1995年4月期第149页复印件，共1页（同附件2）；

附件5：《钟表配件》1996年5月期第350页复印件，共1页（同附件3）；

附件6：广宇公司宣传广告复印件共1页；

附件7：《时计配件》1996年4月期第231页复印件，共1页；

附件8：公开号为CN1111766A的发明专利申请公开说明书，共9页，其公开日为1995年11月15日。

请求人认为：附件4中的Y121E型表芯具有双夹片结构；附件5中的AL21E、Y121E等机芯具有双紧固圈和双夹片结构；附件6上刊印的是98233918.6号实用新型（即本专利）产品，其中的表芯为圆形，步进电机固定在机架的一侧，由主夹板的两根定位柱提供定位，在两定位柱的上端用两个紧固圈来压紧；附件7中部分机芯具有双紧固圈和双夹片结构；附件8的说明书的附图1中显示了2个用于固定电机的紧固圈。因而本专利不具备新颖性。

针对上述无效宣告请求，专利权人于2006年12月13日向专利复审委员会提交了意见陈述书和如下反证：

反证1：专利号为ZL98233918.6（即本专利）的《实用新型专利证书》复印件，共1页；

反证2：国家知识产权局提供的针对专利号为98233918.6的实用新型专利（即本专利）做出的《实用新型专利检索报告》复印件，共4页。

专利权人认为上述反证1和反证2表明本专利具备新颖性。

专利复审委员会依法成立合议组，对本案进行审理，合议组于2007年1月30日向双方当事人发出无效宣告请求口头审理通知书，告知双方当事人本案合议组定于2007年4月11日举行口头审理，同时将请求人于2006年10月30日提交的意见陈述书及附件4~8（共18页）转送给专利权人，将专利权人于2006年12月13日提交的意见陈述书及反证1~2（共6页）转送给请求人，并在口头审理通知书中告知请求人复印件单独不能作为定案依据，请求人最迟需在口头审理开庭前提交原件，如果提交的证据是在香港地区形成的，应当履行相关的证明手续。

口头审理如期举行，双方当事人委托的代理人均参加了口头审理，在口头审理中，

（1）请求人明确其无效宣告请求的理由为本专利权利要求1不符合专利法第22条第2款关于新颖性的规定。

（2）请求人明确其使用的证据为：证据1：《钟表配件》1995年4月期封底内页复印件，共1页（即附件2），并说明请求书中将附件2误称为是179页，实际上应当是封底内页；证据2：《钟表配件》1996年5月期第350页复印件共1页（即附件3）；证据3：《时计配件》1996年4月期第231页复印件共1页（即附件7）；证据4：广宇公司宣传广告复印件共1页（即附件6）；证据5：公开号为

CN1111766A 的发明专利申请公开说明书，共 9 页（即附件 8）。

（3）请求人当庭提交证据 1~4 的原件，表示证据 1~3 是行业刊物，在本行业内公开，是真实的合法的，证据 1~3 是其从国内深圳市钟表协会取得。证据 4 是专利权人所在公司于 1998 年发出的广告页，但是没有其他旁证证明其发行时间。

（4）专利权人表示证据 1~3 的原件与其收到的复印件一致，认为证据 1~证据 3 装订松散，质疑其为非法出版物，不予认可其真实性。认为证据 1~证据 3 是香港出版的，应该履行相关的证明手续，并且证据 1~3 无中文译文。认为证据 4 不是其所在公司发的，也不能确定证据 4 的出版日期，不认可该证据的真实性。认为证据 5 与本案无关联性。

（5）请求人认为本专利权利要求 1 中“步进电机固定在机架一侧”属于公知常识，“由主夹板的两根定位柱提供定位”也是公知的，在证据 1~3 中的 PC21A/S 型表芯公开了双夹片，所有的机芯都设置在机架一侧，证据 5 的附图公开了紧固圈，但是没有相应的文字说明。

（6）专利权人认为从证据 1~3 的图片上不能看出机芯的内部结构，不能确定步进电机的位置，不认可证据 1~3 中的机芯具有双夹片结构，并且使用反证 2 来证明本专利具备新颖性。

至此，合议组认为事实已经清楚，在此基础上，合议组经合议依法作出审查决定。

二、决定的理由

1. 关于证据和现有技术

请求人明确其所使用的证据为证据 1~5，其中证据 1 是 1995 年 4 月期的《钟表配件》的封底内页，证据 2 是 1996 年 5 月期的《钟表配件》的第 350 页，证据 3 是 1996 年 4 月期的《时计配件》的第 231 页，上述三份证据均为在香港出版的刊物。根据审查指南第四部分第八章第 2.2.2 节的规定，当事人向专利复审委员会提交的证据是在香港地区形成的，应当履行相关的证明手续，但是在以下三种情况下，当事人可以在无效宣告程序中不办理相关的证明手续：①该证据是能够从除香港、澳门、台湾地区外的国内公共渠道获得的，如从国家知识产权局网站上打印的专利文献。②有其他证据足以证明该证据真实性的。③对方当事人认可该证据的真实性的。由于请求人没有对在香港形成的证据 1~3 履行证明手续，也没有证据支持其所陈述的证据 1~3 是从深圳市钟表协会取得的主张，且专利权人质疑证据 1~3 的真实性，另外，请求人也没有其他证据来证明证据 1~3 的真实性。因此，本案中合议组对证据 1~3 不予采信。

证据 4 是一份宣传广告，专利权人对其真实性有异议。合议组经审查认为，证据 4 是一份单页广告，其上没有出版、发行者的信息，也没有出版、发行时间，其真实性与公开时间都无法得到确认，因此本案中合议组对该证据不予采信。

证据 5 是公开号为 CN1111766A 的发明专利申请公开说明书，其公开日为 1995 年 11 月 15 日。合议组经审查认为，证据 5 可以作为本案证据使用。由于证据 5 的公开日早于本专利的申请日，因此证据 5 上记载的内容可以作为本专利的现有技术。

2. 关于本专利权利要求 1 是否符合专利法第 22 条第 2 款的规定

由于合议组对证据 1~4 均不予采信，因此在此仅对本专利相对于证据 5 是否具备新颖性进行评价。

专利法第 22 条第 2 款规定：新颖性，是指在申请日以前没有同样的发明或者实用新型在国内外出版物上公开发表过、在国内公开使用过或者以其他方式为公众所知，也没有同样的发明或者实用新型由他人向国务院专利行政部门提出过申请并且记载在申请日以后公布的专利申请文件中。

证据 5 公开了一种表的结构，该表具有通过转轴、齿轮安装步进电机的机架，印刷电路板还设置在机架中，印刷电路板具有固定在其上的用以控制电机的微型控制器，盖子安装在齿轮上方，并有安装齿轮轴杆的孔。

证据 5 的说明书文字部分没有公开本专利权利要求 1 中的技术特征“在两定位柱的上端用两个紧固圈（18）来压紧”。

请求人认为证据 5 的说明书附图 1 公开了 2 个固定电机的紧固圈，因此本专利权利要求 1 不具备新颖性。

合议组认为：证据 5 的说明书附图 1 的附图标记 16 所表示的是电机，标记 16 上的双层圆圈的含义在证据 5 中无任何文字描述，仅根据附图 1 的记载不能唯一地确定该双层圆圈就是本专利权利要求 1 中的“紧固圈”。

因此，虽然证据 5 与本专利都涉及表芯，但是二者的技术方案存在区别，因而本专利权利要求 1 相对于证据 5 具备专利法第 22 条第 2 款规定的新颖性。

综上所述，本专利权利要求 1 相对于证据 5 具备专利法第 22 条第 2 款规定的新颖性。

三、决定

维持 98233918. 6 号实用新型专利权有效。

当事人对本决定不服的，可以根据专利法第 46 条第 2 款的规定，自收到本决定之日起三个月内向北京市第一中级人民法院起诉。根据该款的规定，一方当事人起诉后，另一方当事人应当作为第三人参加诉讼。

119

子母口砌块

无效宣告请求审查决定（第 9955 号）

决　　定　　号　第 9955 号
决　　定　　日　2007 年 6 月 14 日
发明创造名称　子母口砌块
国 际 分 类 号　E04C 1/00
无效宣告请求人　北京市燕兴隆新型墙体材料有限公司
专 利 权 人　刘书文
专　　利　　号　00258141.8
申　　请　　日　2000 年 10 月 18 日
授 权 公 告 日　2002 年 4 月 10 日
合 议 组 组 长　于　萍
主　　审　　员　姜　岩
参　　审　　员　王　琳

法 律 依 据　专利法第 26 条第 3 款、第 4 款，专利法实施细则第 20 条第 1 款、第 21 条第 2 款，专利法第 22 条第 2 款、第 3 款
决 定 要 点
如果专利所要求保护的技术方案与最接近现有技术的区别特征为公知常识，则认为现有技术中存在将该公知常识结合到该最接近现有技术从而获得专利要求保护的技术方案的启示。

一、案由

本无效宣告请求涉及中华人民共和国国家知识产权局于 2002 年 4 月 10 日授权公告的、名称为“子母口砌块”的实用新型专利权（以下简称本专利），其专利申请号是 00258141.8，申请日是 2000 年 10 月 18 日，专利权人是刘书文。本专利授权公告时的权利要求书如下：

“1. 一种子母口的砌块，是由砌体（1）所组成，其特征是在砌块体（1）的四周上各设有两个子口（2）及两个母口（3）（也可以是若干个子母口）子口（2）凸起，母口（3）凹下，子口（2）母口（3）的形状可以是方形、圆形、三角形、半圆形和锥形，只要相对耦合即可。”

针对本专利权，北京市燕兴隆新型墙体材料有限公司（以下简称请求人）于 2006 年 12 月 15 日向专利复审委员会提出无效宣告请求，认为本专利权利要求 1 不符合专利法第 22 条第 2 款、第 3 款、第 26 条第 4 款、第 33 条以及专利法实施细则第 20 条第 1 款、第 21 条第 2 款、第 13 条第 1 款的规定，说明书不符合专利法第 26 条第 3 款的规定，请求人同时提交了如下附件：

附件1：授权公告日为1999年10月27日，专利号为98248479.8的中国实用新型专利文献，共5页。

请求人认为：(1) 本案专利说明书不符合专利法第26条第3款的规定。本案权利要求1中限定了“子母口的形状可以是方形、圆形、三角形、半圆形和锥形，只要相对耦合即可”，但对子母口多种形状的改进并没有详细说明，也没有附图，因此，本领域的技术人员根据说明书的内容，无法做出其他形状的子母口的砌块。(2) 本案专利权利要求1不符合专利法第26条第4款的规定。本案专利权利要求1限定了在砌块四周上各设有两个子口及两个母口（也可以是若干子母口）等内容，但说明书对在砌块四周上“也可以是若干个子母口“这一技术特征没有说明，而且也没有相应的描述和支持；同时，说明书中给出的方案是“在砌块的四周有2个子口和2个母口”，与权利要求书保护的“砌块四周各有2个子口和2个母口”是完全不同的两个技术方案。因此权利要求书得不到说明书的支持。(3) 本案专利权利要求1不符合专利法实施细则第20条第1款的规定。其中的“若干”没有明确的数量，因此权利要求1的该技术特征不清楚，保护的范围不明确。(4) 本案专利权利要求1不符合专利法实施细则第21条第2款的规定。“若干个子母口”数量不确定，导致权利要求1的技术方案不完整。(5) 本案专利权利要求1相对于附件1不符合专利法第22条第2款、第3款的规定。方形、圆形、三角形、半圆形和锥形都属于公知的几何形状，用其替换梯形应属于惯用手段的替换。(6) 本案专利不符合专利法实施细则第13条第1款的规定。附件1和本专利权利要求属于同样的发明创造。(7) 本案权利要求1还不符合专利法第33条的规定。由授权文本上的穿孔日可以确定，本案专利在授权时进行了修改，而授权的权利要求与说明书不符，超出了说明书的范围。

经形式审查合格，专利复审委员会依法受理了上述无效宣告请求，并于2006年12月18日向请求人和专利权人发出无效宣告请求受理通知书，同时将专利权无效宣告请求书及其附件清单中所列附件的副本转送给专利权人，并要求专利权人在指定的期限内陈述意见。

针对专利复审委员会发出的上述无效宣告请求受理通知书，专利权人于2007年1月14日提交了意见陈述书，认为本专利符合专利法第26条第3款、第4款，第22条第2款、第3款，专利法实施细则第20条第1款、第21条第2款、第13条第1款的规定，并认为请求人关于本专利不符合专利法第33条的无效宣告请求理由没有证据支持。

本案合议组于2007年2月25日向双方发出无效宣告请求口头审理通知书，定于2007年4月16日在专利复审委员会举行口头审理。随同口头审理通知书，将专利权人于2007年1月14日提交的意见陈述书副本转送给请求人。

口头审理如期举行，双方当事人均参加了口头审理。在口头审理中，请求人当庭放弃本专利不符合专利法第33条及专利法实施细则第13条第1款的无效理由。请求人明确其无效的理由、范围以及证据的使用情况为：权利要求1不符合专利法第26条第3款、第4款，及专利法实施细则第20条第1款、第21条第2款，相对于附件1不符合专利法第22条第2款、第3款。专利权人对附件1的真实性没有异议。关于专利法实施细则第20条第1款。请求人认为：“若干个子母口”的描述不清楚，并认为该描述应理解为四周边各有若干个子口及若干个母口，即砌块每个边上都有若干个子口和若干个母口。专利权人认为：权利要求1有两种方案，第一种方案为砌块四周各设有2个子口及2个母口，即四周各设有子口或母口，四周边共有2个子口2个母口；第二个方案为四周也可以是若干子母口，即有的边有子母口，有的边没有子母口，四周共若干个。关于专利法第26条第3款。请求人的具体主张为：说明书附图1及图2是不对应的，图2多了的四条线从附图及说明书中都没有说清楚，一般的本领域技术人员通过该图1、2是做不出来实际产品的。另外，若干个子母口是怎么设在周边上在说明书中也没有说明，所以不清楚。专利权人认为：本专利图2应为图1的仰视图，中间的竖线部分表示空心砌块的筋。专利权人提出根据2003年国家标准《轻基料空心砌块》可知水泥砌块都是空心的，所以即使说明书将图2误写为俯视图，本领域技术人员应当能够理解出来其应是仰视图。关于专利法第26条第4款。请求人认为：权利要求1中限定在砌块体的四周上各设有两个子口及两个母口，但说明书第四自然段中砌块的四周一共设有两个子口两个母口，附图只有两个子口两个母口，所以权利要求书得不到说明书的支持。专利权人认为：权利要求中所述的四周各有两个子口两个母口就是四周共有两个子口两个母口，与说明书中描述的方案一致。关于专利法实施细则第21条第2款。请求人的具体主张为：对于"若干个"没有限定数量，缺少数量的技术特征，所以无法实施。专利权人意见同前。关于权利要求1不符合专利法第22条第2款的规定。请求人的具体主张为：除了若干个子母口及圆形、三角形、半圆形和锥形子母口外，本专利权利要求中的其他技术特征均被附件1的文字内容及附图公开，而本领域技术人员在附件1的启示下可以想到其他形状的子母口。专利权人认为：本专利中砌块同附件1中的砌块一样都是共有2个子口和2个母口，子口凸起，母口凹下，子口母口的形状是梯形和方形在附件1中公开，并认可圆形、三角形、半圆形和锥形子母口本领域技术人员可以想到，但专利权人认为附件1是石膏制品，与本专利中采用的材料不同，导致两者的产品不同，所以没有可比性。同时又认可石膏可以制成砌块。关于权利要求1不符合专利法第22条第3款的规定。请求人的具体主张为：若干个应当是公知的，本领域技术人员在施工过程中遇到障碍可以想到在砌块上开口。专利权人认可本领域人员可以想到在实际施工时在砌块上开口。

合议组认为本案事实已经清楚，可以作出审查决定。

二、决定的理由

1. 关于审查的基础

在无效程序中专利权人未提交权利要求书的修改文本，因此，以本专利授权公告时的权利要求书为审查的基础。

2. 关于证据和现有技术

请求人提交了附件1，该附件为国家知识产权局于1999年10月27日公告的专利文献，专利权人对其真实性没有异议，因此可以作为本案的证据使用，同时由于附件1为公开日期在本专利的申请日前的专利文献，因此可以作为本专利的现有技术使用。

3. 关于专利法第26条第3款

专利法第26条第3款规定：说明书应当对发明或者实用新型作出清楚、完整的说明，以所属技术领域的技术人员能够实现为准。

如果说明书中虽未对某技术手段进行详细的描述，但所属技术领域的技术人员可以从说明书中的内容直接、唯一地得出，应当认为说明书是清楚和完整的。

请求人认为，根据本专利的说明书的文字记载附图2是附图1的俯视图，但二者不对应，附图2中多了四条竖线，本领域技术人员通过图是做不出来本专利的产品的；另外，若干个子母口在周边上如何设置在说明书中也没有说明。因此本专利说明书不符合专利法第26条第3款的规定。

专利权人认为，本专利的附图2是附图1的仰视图，说明书中所述附图2为附图1的俯视图为笔误；由于砌块通常是空心的，所以仰视图会出现图2中所示的4条竖线，这4条竖线表示空心砌块的筋。专利权人认为"若干子母口"设在周边上的含义是清楚的，与权利要求1中另一个技术方案"两个子口和两个母口"的设置类似。

合议组经合议后认为：水泥、砂石等轻基料制成的砌块通常是空心的，因此虽然说明书中误写成附图2为附图1的俯视图，本领域技术人员结合本领域的常识也还是可以理解出来附图2是附图1的仰视图的，那么由此可知本专利附图2中的四条竖线表示的就是空心砌块的筋。另外，虽然"若干子母口怎样设在周边上的”在说明书中未作具体说明，但由权利要求1可知“若干个子母口”是用于替换“两个子口和两个母口”的，而“两个子口和两个母口”如何设在周边上在说明书中充分公开了，因此，本领域的技术人员根据说明书中的内容可以直接、唯一地推想出若干个子母口如何设在周边上，因此认为说明书是清楚、完整的，符合专利法第26条第3款的规定。

4. 关于专利法实施细则第20条第1款。

专利法实施细则第20条第1款规定：权利要求书应当说明发明或者实用新型的技术特征，清楚、简要地表述请求保护的范围。

权利要求的保护范围应当根据其使用词的词义来解释。当说明书中指明了某词具有特定的含义，在权利要求中使用了该词进行限定，并且权利要求的范围由于说明书中对该词的说明而被限定得足够清楚时，可以根据说明书来解释权利要求中的词。

请求人认为，本专利的权利要求1的撰写不符合专利法实施细则第20条第1款的规定，具体为：权利要求1中“（也可以是若干个子母口）”不清楚，并认为其含义只能是在四个周边的每条边上都有若干个子口和若干个母口。

专利权人认为，权利要求1有两种方案，第一种方案为砌块四周各设有两个子口和两个母口，即四周上各设有子口或母口，四周边上共有两个子口两个母口；第二个方案为四周也可以是若干子口母口，若干的数量小于4，即在砌块的四周边某些边上可以设子母口，某些边上可以不设子母口，设有子母口的边上也仅有一个子口或者一个母口。

合议组认为：权利要求的保护范围应当以其权利要求的内容为准，说明书及附图可以用于解释权利要求。虽然根据权利要求1的文字描述，权利要求1中的第一个技术方案有两种理解，即第一种理解为：砌块四周的每一个边都分别设有两个子口和两个母口；第二种理解为：砌块四周分别设有子口或母口，四周共有两个子口、两个母口。但结合本专利说明书第四自然段中“在四周有两个子口和两个母口”以及附图可以理解，本专利权利要求1中第一个方案中所述的砌块的四周“各”有两个子口及两个母口的含义应该是：砌块四周边上“各”边都设有子口或母口，共形成两个子口和两个母口。同理，权利要求1第二个技术方案中的“若干个子母口”也应理解为四个周边上“各”边都设有子母口，共有若干个子母口。“若干个”的具体数目虽不确定，但本领域的技术人员可以理解其含义为“多个”，因此，权利要求1是清楚的，符合专利法实施细则第20条第1款的规定。

5. 关于专利法第26条第4款。

专利法第26条第4款规定：权利要求书应当以说明书为依据，说明要求专利保护的范围。权利要求书中的每一项权利要求所要求保护的技术方案应当是所属领域的技术人员能够从说明书充分公开的内容中得到或者概括得出的技术方案，并且不得超出说明书公开的范围。

请求人认为本专利的权利要求1中的特征“砌块的四周各有两个子口及两个母口”，而在本专利说明书第四自然段中“在四周有两个子口和两个母口”，二者含义不同，因此权利要求书得不到说明书的支持。

专利权人认为：各有两个子口母口就是四周共有两个子口两个母口。

合议组认为：如上所述，权利要求1中所述“砌块的四周各有两个子口及两个母口”，其中“各”是限定“四周”的，即四周边的各个边都带有子母口（子口或母口），共有两个子口和两个母口，与说明书中的内容实际上是相同的。因此权利要求1符合专利法第26条第4款的规定。

6. 关于专利法实施细则第21条第2款。

专利法实施细则第21条第2款规定：独立权利要求应当从整体上反映实用新型的技术方案，记载解决技术问题的必要技术特征。

请求人认为本专利的权利要求1缺少必要技术特征，具体为：由于“若干个子母口”的数量不确定，因此权利要求1的技术方案不完整，不能实现说明书中提到的技术效果。

合议组认为：本专利说明书中要实现的技术效果是墙体的垂直和平整，子母口的具体数量对该技术方案来说并不是必要技术特征，即使没有具体公开其具体数量，也不影响技术方案的实施。因此，权利要求1中技术方案是完整的，符合专利法实施细则第21条第2款的规定。

7. 关于本专利的权利要求1的新颖性和创造性。

新颖性，是指在申请日以前没有同样的发明或者实用新型在国内外出版物上公开发表过、在国内公开使用过或者以其他方式为公众所知，也没有同样的发明或者实用新型由他人向国务院专利行政部门提出过申请并记载在申请日以后（含申请日）公布的专利申请文件中。

如果要求保护的发明或者实用新型专利申请与对比文件公开的内容相比，其技术特征并未全部在对比文件中公开，并且与对比文件之间的区别技术特征也不是具体的上下位概念或惯用手段的直接置换，则认为两者的技术方案不同，是不相同的发明或者实用新型。

创造性，是指同申请日以前已有的技术相比，该实用新型具有实质性特点和进步。

如果专利所要求保护的技术方案与最接近现有技术的区别特征为公知常识，则认为现有技术中存在将该公知常识结合到该最接近现有技术从而获得专利要求保护的技术方案的启示。

本案的权利要求1包括两个并列的技术方案：

第一个技术方案：一种子母口的砌块，是由砌体（1）所组成，其特征是在砌块体（1）的四周上各设有两个子口（2）及两个母口（3），子口（2）凸起，母口（3）凹下，子口（2）母口（3）的形状可以是方形、圆形、三角形、半圆形和锥形，只要相对耦合即可。

第二个技术方案：一种子母口的砌块，是由砌体（1）所组成，其特征是在砌块体（1）的四周上各设有若干个子母口，子口（2）凸起，母口（3）凹下，子口（2）母口（3）的形状可以是方形、圆形、三角形、半圆形和锥形，只要相对耦合即可。

关于权利要求1第一个技术方案的新颖性和创造性。

对于第一个技术方案中“四周上各设有两个子口及两个母口”的理解，如上述对本专利是否符合专利法实施细则第20条第1款规定的评述中所述，根据本专利说明书及附图对权利要求的解释应理解为：四周的每一边上都设有子口或者母口，但共设有两个子口和两个母口。

附件1公开了一种石膏砌块，并具体公开了如下技术内容：石膏砌块1的外形结构为凸块2（相当于本专利中的子口）和凹槽3（相当于本专利中的母口）形成侧边，凸块2为梯形凸边，凹槽3为梯形凹槽，凸边为相邻的两条边，凹槽为相邻的两条边，各块砌块凹、凸相拼接。由此可见，权利要求1第一个技术方案相对于附件1的区别在于：附件1中公开了凸边为梯形，但权利要求1中的子口形状是方形、圆形、三角形、半圆形和锥形。口审中双方也均认为：附件1中公开了方案一中除子口母口的形状之外的其他全部技术特征。因此权利要求1第一个技术方案相对于附件1具备新颖性。

合议组经审查后认为：本领域的技术人员在附件1公开的子口和母口是互相配合的以及子口和母口为梯形的基础上，根据本领域的公知常识，只要子母口能够形成互相配合的结构，采用其他常见的几何形状的子、母口都可以达到使砌块形成的墙体垂直和稳定的技术目的，因此很容易想到应用其他常见的、可相互配合的子、母口形状，例如方形、三角形等，所以本领域技术人员在附件1公开内容的基础上，结合公知常识即可得到权利要求1的技术方案，因此权利要求1的第一个技术方案相对于附件1不具备创造性。

专利权人认为附件1是石膏制品，与本专利中采用的材料不同导致产品不同，所以没有可比性。对此合议组认为，专利的保护范围是由权利要求的内容确定的，本专利的权利要求1中并未限定砌块是水泥砌块或是轻基料砌块，而石膏砌块是砌块的一种，所以可以使用石膏砌块来评价本专利权利要求1的创造性。并且，由本专利说明书第二页第3~4行可知，子母口砌块的材料可以是一切可作砌块的材料，因此本专利中并不排除用石膏制作的砌块。

关于第二个技术方案的新颖性和创造性。

对于第二个技术方案中砌块体（1）的四周各设有“若干个子母口”的理解，如上述对本专利是否符合专利法实施细则第20条第1款的规定的评述，应理解为：砌块体（1）的各边上都设有子口或者母口，四周共设有若干个子母口。

附件1公开了一种石膏砌块，并具体公开了如下技术内容：石膏砌块1的外形结构为凸块2（相当于本专利中的子口）和凹槽3（相当于本专利中的母口）形成侧边，凸块2为梯形凸边，凹槽3为梯形凹槽，凸边为相邻的两条边，凹边为相邻的两条边，各块砌块凹、凸相拼接。由此可见，权利要求相对于附件1的区别在于：（1）附件1中公开了凸边为梯形，但权利要求1中的子口形状是方形、圆形、三角形、半圆形和锥形；（2）附件1中公开的技术方案中砌块的四个边上都设有子口或母口，共有两个子口和两个母口，但权利要求1中在四个边上设若干个子母口。因此权利要求1第二个技术方案相对于附件1具备新颖性。

关于上述区别（1），合议组的意见与上述意见相同，认为：本领域的技术人员在附件1公开的子口和母口是互相配合的以及子口和母口为梯形的基础上，根据本领域的公知常识，只要子母口能够形成互相配合的结构，采用其他常见的几何形状的子、母口都可以达到使砌块形成的墙体垂直和稳定的技术目的，因此很容易想到应用其他常见的、可相互配合的子、母口形状，例如方形、三角形等。关于上述区别（2），合议组经审查后认为：在使用砌块砌筑时，如果遇到例如管道等障碍物时，本领域技术人员很容易想到在砌块上开口从而形成一个周边上带有若干个子母口的砌块结构，也即本领域的技术人员在附件1的基础上结合公知常识很容易得到权利要求1所要求保护的第二个技术方案，因此权利要求1第二个技术方案也不具备专利法第22条第3款规定的创造性。

专利权人在对权利要求1第二个技术方案进行解释时认为：“四周有若干子口母口，若干的数量小于4，即在砌块的四周边某些边上可以设子母口，某些边上可以不设子母口”，由于砌筑结构与水泥砂浆等地基接触的一层不需要砌块耦合，因此在接地边上不设置子母口也是本领域的技术人员很容易地想到，也即四周边的某一边可以不设置任何子口或母口。因此，按照这种解释的权利要求1的第二个技术方案仍然是本领域技术人员在附件1的基础上结合公知常识很容易得到的，也不具备专利法第22条第3款规定的创造性。

综上所述，权利要求1相对于附件1具备新颖性，但不具备创造性。

根据上述的事实和理由，本案合议组依法作出以下决定。

三、决定

宣告00258141.8号实用新型专利权全部无效。

当事人对本决定不服的，可以根据专利法第46条第2款的规定，自收到本决定之日起3个月内向北京市第一中级人民法院起诉。根据该款的规定，一方当事人起诉后，另一方当事人应当作为第三人参加诉讼。

120

双室真空镀膜装置

无效宣告请求审查决定（第9957号）

决　定　号　第9957号
决　定　日　2007年6月1日
发明创造名称　双室真空镀膜装置
国际分类号　C23C 14/24
无效宣告请求人　肇庆市科润真空设备有限公司
专　利　权　人　苏贵方
专　利　号　03243370.0
申　请　日　2003年3月26日
授权公告日　2004年10月27日
合议组组长　于　萍
主　审　员　郭建强
参　审　员　姜　岩

法　律　依　据　专利法第22条第2款、第3款
决　定　要　点

如果专利所要求保护的技术方案与一份最接近的现有技术对比文件的区别特征在另一篇对比文件中公开，且该区别特征在该对比文件中所起的作用与该区别特征在本专利中所起的作用相同，则认为对于本领域技术人员来说，可以获得将该另一篇对比文件中公开的该区别特征用于最接近的现有技术中而得到本专利技术方案的技术启示。

一、案由

本无效宣告请求涉及中华人民共和国国家知识产权局于2004年10月27日授权公告的、名称为“双室真空镀膜装置”的实用新型专利权（以下简称本专利），其专利号是03243370.0，申请日是2003年3月26日，专利权人是苏贵方。本专利授权公告时的权利要求书如下：

“1. 一种双室真空镀膜装置，包括有真空室、设置在该真空室内的蒸发加热器、外置的蒸发加热电源装置，以及真空获得设备组，通过配置有真空阀门的真空管道，将上述装置内各台单个设备连接起来，使之构成一个系统装置，其中，真空获得设备组包括有与真空室相连的初级抽气真空泵组和深度抽气真空泵组，其特征在于，所述的真空室由被并联的A真空室（1）和B真空室（1’）所构成，A真空室（1）内设置有第一蒸发加热器（14），B真空室（1’）内设置有第二蒸发加热器（21），所述的初级抽气真空泵组和深度抽气真空泵组是相互分开的，前者由一台第一真空泵（6）串联一台第

一罗茨泵（5）所组成，从第一罗茨泵（5）引出的真空管道，分头经过第一真空阀（3）和第二真空阀（3’）将A真空室（1）和B真空室（1’）并联起来，而后者的深度抽气真空泵组由一台第二真空泵（10）串联一台扩散泵（13）所组成，从扩散泵（13）引出的深度抽气真空管道，经过一种真空阀，分头连接到A真空室（1）和B真空室（1’）之上。

2. 根据权利要求1所述的双室真空镀膜装置，其特征在于，所述的深度抽气真空泵组，包括在第二真空泵（10）引出的真空管道上，先串联上一台第二罗茨泵（11），经一个前置真空阀（12），再串联到扩散泵（13）上。

3. 根据权利要求1或2所述的双室真空镀膜装置，其特征在于，所述的从扩散泵（13）引出的管道，分头连接到A真空室和B真空室之间所经过的一种真空阀，是一个连体真空阀（8），该连体真空阀（8）由第一阀体（8-1），第一汽缸（8-2），第一阀盖（8-3）和第二阀体（8-1’），第二汽缸（8-2’），第二阀盖（8-3’）所组成，第一阀体（8-1）与第二阀体（8-1’）连成一体，从第一阀体和第二阀体分别引出真空管道，分头连接到A真空室（1）和B真空室（1’）之上。

4. 根据权利要求1或2所述的双室真空镀膜装置，其特征在于，所述的蒸发加热电源装置，由断路器（16）、接触器（17）、调压器（18）、变压器（19），以及第一转换开关（15）和第二转换开关（20）所组成，当第一转换开关（15）接通时，电源对第一蒸发加热器（14）供电；当第二转换开关（20）接通时，电源对第二蒸发加热器（21）供电。

5. 根据权利要求3所述的双室真空镀膜装置，其特征在于，所述的蒸发加热电源装置，由断路器（16）、接触器（17）、调压器（18）、变压器（19），以及第一转换开关（15）和第二转换开关（20）所组成，当第一转换开关（15）接通时，电源对第一蒸发加热器（14）供电，当第二转换开关（20）接通时，电源对第二蒸发加热器（21）供电。”

针对本专利权，肇庆市科润真空设备有限公司（以下简称请求人）于2006年9月20日向专利复审委员会提出无效宣告请求，请求人认为本专利的权利要求1~5不符合专利法第22条第1款、第3款的规定，请求人同时提交了如下附件：

附件1：公开日为2001年9月5日、公开号为CN1311348A（专利申请号为00113303.9）的中国发明专利申请公开说明书，共7页；

附件2：公告日为1992年10月21日、公告号为CN2119428U（专利申请号为91225278.2）的中国实用新型专利申请说明书，共7页。

请求人认为：本专利权利要求1的技术特征在附件1和2中被全部公开，因此相对于附件1和2不具备创造性；权利要求2中的附加技术特征“罗茨泵”是公知常识，因此该权利要求2也不具备创造性；权利要求3中的“连体真空阀”相对于附件1中的分体的阀体是惯用手段的置换，因此也不具备创造性；权利要求4和5中的蒸发加热电源装置被对比文件2中的“电控系统设有切换开关”以及其他公知常识所公开，因此也不具备创造性。

经形式审查合格，专利复审委员会依法受理了上述无效宣告请求，并于2006年9月20日向请求人和专利权人发出无效宣告请求受理通知书，同时将专利权无效宣告请求书及其附件清单中所列附件的副本转送给专利权人，并要求专利权人在指定的期限内陈述意见。

请求人于2006年10月20日向专利复审委员会提交了意见陈述书，并补充了无效宣告的理由和证据，其中补充的证据为：（编号续前）

附件3：国防工业出版社1991年11月第一版、1991年11月北京第一次印刷、兰州物理研究所达道安主编的《真空设计手册》（修订版）的封面页、版权页、第202~203页复印件，共4页。

请求人认为：本专利的权利要求1的所有技术特征都被附件1所公开，因此相对于附件1没有新颖性；本专利权利要求2中的附加技术特征在附件1的说明书附图1中被公开，相对于附件1的图1所示的技术方案和图2所示的技术方案的结合没有创造性；本专利权利要求2中的附加技术特征在附件3中公开，因此相对于附件1和附件3也没有创造性。

针对专利复审委员会发出的上述无效宣告请求受理通知书，专利权人于2006年12月29日提交了意见陈述书。

专利权人认为：附件1中没有公开本专利权利要求1中的“蒸发加热电源装置”，附件2中的“电控装置”与上述“蒸发加热电源装置”的结构和功能也不相同，因此附件1和2不能影响本专利权利要求1的创造性；专利权人经过反复实践证明，罗茨泵和前置真空泵有助于提高真空镀膜装置的工作稳定性和镀膜质量，因此本专利权利要求2相对于附件1和2具备创造性；本专利权利要求3中的“连体真空阀”相对于附件1中的分体阀结构，结构和功能上具有显著的进步，因此也具备创造性；从属权利要求4~5在前述权利要求具备创造性的基础上也具备创造性。

专利复审委员会依法成立合议组对本案进行审理。本案合议组于2007年3月1日向双方发出无效宣告请求口头审理通知书，定于2007年4月19日在专利复审委员会举行口头审理。随同口头审理通知书，将请求人于2006年10月20日提交的意见陈述书及其附件清单中所列附件的副本转送给专利权人，将专利权人于2006年12月29日提交的意见陈述书副本转送给请求人。

口头审理如期举行，双方当事人均参加了口头审理。

在口头审理中，（1）请求人明确无效请求的理由、范围和证据为：本专利的权利要求1相对于附件1没有新颖性；权利要求1相对于附件1和附件2的结合不具备创造性；权利要求2的附加技术特征在附件1或3中公开，因此没有创造性；权利要求3的附加技术特征是公知常识，故没有创造性；权利要求4和权利要求5的附加技术特征在附件2中公开，因此没有创造性。请求人放弃其他的无效理由。（2）请求人当庭出示了附件3的原件。专利权人对附件1、2、3的真实性没有异议。（3）双方就本专利的新颖性和创造性充分发表了意见。请求人认为，本专利权利要求1中的“外置的蒸发加热电源装置”虽然在附件1的说明书附图中没有显现出来，但是该装置是真空镀膜装置的现有技术中必不可少的部件，此外，该装置也在附件2中被“电控系统”所公开。专利权人认为该装置不是普通的电源装置，是说明书特别定义的名词，不是本领域技术人员容易想到的，权利要求4、5中的附加技术特征就是其具体形式，此外，该装置与附件2中的电控系统也不相同。双方均认可附件1中的滑阀泵、旋片泵是真空泵的下位概念，分别对应于本专利中的第一和第二真空泵。另外双方均认可本专利权利要求2中的附加技术特征被附件1或附件3所公开，均认可附件2中的切换开关公开了权利要求4、5中的第一转换开关和第二转换开关。双方还就权利要求3中的“连体真空阀”以及权利要求4、5中的“断路器”和“接触器”是否公知常识进行了辩论。（4）合议组要求专利权人在口审结束后7日内提交有关权利要求4、5中断路器和接触器的作用的书面意见。

专利权人于2007年4月29日向专利复审委员会提交了意见陈述书，解释了断路器和接触器的主要作用是相互配合对线路进行过载保护及控制。

至此，合议组认为本案事实已经清楚，可以作出审查决定。

二、决定的理由

1. 关于证据和现有技术

请求人提交的证据包括附件1至3，专利权人对附件1至3的真实性没有异议，而且附件1、2为已公开的中国专利文献，附件3为公开出版物，因此合议组认为附件1至3可以作为本案证据使用。同时由于附件1至3的公开日期在本专利的申请日之前，因此可以作为本专利的现有技术使用。

2. 关于本专利的新颖性和创造性

专利法第 22 条第 2 款规定，新颖性，是指在申请日以前没有同样的发明或者实用新型在国内外出版物上公开发表过、在国内公开使用过或者以其他方式为公众所知，也没有同样的发明或者实用新型由他人向国务院专利行政部门提出过申请并记载在申请日以后（含申请日）公布的专利申请文件中。

专利法第 22 条第 3 款规定，创造性，是指同申请日以前已有的技术相比，该实用新型具有实质性特点和进步。

根据上述规定，如果专利所要求保护的技术方案与一份最接近的现有技术对比文件的区别特征在另一篇对比文件中公开，且该区别特征在该对比文件中所起的作用与该区别特征在本专利中所起的作用相同，则认为对于本领域技术人员来说，可以获得将该另一篇对比文件中公开的该区别特征用于最接近的现有技术中而得到本专利技术方案的技术启示。

（1）关于权利要求 1 的新颖性和创造性。附件 1 公开了一种真空镀膜机，其包括两套并联的真空室，每个真空室中都有一个蒸发电极（相当于蒸发加热器），两套真空获得设备（即粗抽和精抽，或称初抽和深抽），粗抽由罗茨泵串联滑阀泵（相当于第一真空泵）组成，罗茨泵引出的真空管道分头经过左、右粗抽阀（即第一、第二真空阀）与左、右真空室连接，精抽由旋片泵（相当于第二真空泵）串联扩散泵组成，从扩散泵引出的真空管道经过左、右精抽阀（即真空阀）分头连接到左、右真空室上。由此可见，附件 1 公开了权利要求 1 的大部分技术特征，两者的区别仅在于：权利要求 1 中还具有外置的蒸发加热电源装置。请求人认为权利要求 1 中的“外置的蒸发加热电源装置”虽然在附件 1 的说明书附图中没有显现出来，但是该装置是真空镀膜装置的现有技术中必不可少的部件，因此权利要求 1 相对于附件 1 没有新颖性。对此，合议组认为，由于附件 1 并没有公开上述区别技术特征，即附件 1 并没有公开权利要求 1 完整的技术方案，因此权利要求 1 相对于附件 1 具备新颖性。

关于上述区别技术特征的含义，专利权人认为权利要求 1 中的“外置的蒸发加热电源装置”不是普通的电源装置，是说明书特别定义的名词，不是本领域技术人员容易想到的，权利要求 4、5 中的附加技术特征就是其具体的形式，此外，该装置与附件 2 中的电控系统也不相同。然而合议组认为，按照本领域技术人员的正常理解，“外置的蒸发加热电源装置”只能理解为其为一种外置的、为真空室镀膜设备中的蒸发加热器提供可控的稳定电力的电源装置，而不能进一步理解成如专利权人所辩称的那样将从属权利要求 4、5 中的所有附加技术特征加入其中。因此从这个意义上说，显然该区别技术特征被附件 2 中双真空室镀膜设备的电控系统 D 所公开了，该电控系统 D 在附件 2 的双真空室镀膜设备中起的作用与蒸发加热电源装置在本专利中起的作用是相同的，都是作为真空室中的蒸发加热器的电源，并且可以左右切换，交替加热两个真空室。因此，应该认为现有技术中给出了技术启示，使得本领域技术人员在面对需要使蒸发加热器的电源装置具有可控性的技术问题时，有动机将附件 2 中的电控系统 D 应用到附件 1 中，从而得到本专利权利要求 1 的技术方案，即权利要求 1 的技术方案对本领域的技术人员来说是显而易见的，因此本专利权利要求 1 相对于附件 1 和 2 的结合不具备创造性。

（2）权利要求 2 的附加技术特征为：深度抽气真空泵组，包括在第二真空泵（10）引出的真空管道上，先串联上一台第二罗茨泵（11），经一个前置真空阀（12），再串联到扩散泵（13）上。合议组经审查认为，关于真空泵串联罗茨泵从而起到增效作用的附加技术特征被附件 1 中的附图 1 或者附件 3 中关于罗茨泵的使用方式所公开，并且在口头审理中，双方均认可权利要求 2 的附加技术特征被附件 1 或 3 所公开。因此在其引用的权利要求 1 没有创造性的基础上，权利要求 2 相对于附件 1 和 2 的结合，或者附件 1、2、3 的结合也是显而易见的，即不具备创造性。

（3）权利要求4的附加技术特征为：所述的蒸发加热电源装置，由断路器（16）、接触器（17）、调压器（18）、变压器（19），以及第一转换开关（15）和第二转换开关（20）所组成，当第一转换开关（15）接通时，电源对第一蒸发加热器（14）供电；当第二转换开关（20）接通时，电源对第二蒸发加热器（21）供电。双方均认可附件2中的切换开关公开了其中的第一转换开关和第二转换开关。请求人认为断路器、接触器、调压器、变压器均是现有技术，专利权人承认调压器、变压器是现有技术，但否认断路器、接触器是电源装置中的现有技术。合议组认为：附件2中的电控系统D对应于本专利中的蒸发加热电源装置，其切换开关公开了本专利权利要求4中关于切换开关及其工作方式的附加技术特征，调压器、变压器在本专利说明书中指定了其型号，说明其是现有技术，是工业电源装置中的常规组件。并且，断路器、接触器作为高压线路中常用的过载保护部件和电源控制部件，也是工业电源装置中的常规组件。因此，合议组认为权利要求4中对蒸发加热电源装置的限定，只不过是由若干个属于现有技术的零部件拼凑组成，没有实质性特点和进步，也没有产生预料不到的技术效果，在其引用的权利要求1或2没有创造性的基础上，分别相对于附件1和2的结合，或者附件1、2、3的结合不具备创造性。

（4）权利要求3的附件技术特征为：所述的从扩散泵（13）引出的管道，分头连接到A真空室和B真空室之间所经过的一种真空阀，是一个连体真空阀（8），该连体真空阀（8）由第一阀体（8-1），第一汽缸（8-2），第一阀盖（8-3）和第二阀体（8-1’），第二汽缸（8-2’），第二阀盖（8-3’）所组成，第一阀体（8-1）与第二阀体（8-1’）连成一体，从第一阀体和第二阀体分别引出真空管道，分头连接到A真空室（1）和B真空室（1’）之上。合议组认为，该权利要求3进一步限定的连体真空阀及其结构在附件1至3中都没有公开，且并没有证据证明其是公知常识，而且本专利的连体真空阀相对于附件1中的分体式真空阀来说，减少了一部分管道连接，增强了阀体的密封性，便于两个真空室之间的切换，具有非显而易见性和进步，因此权利要求3相对于附件1、2、3的各种结合都具备创造性。

请求人认为虽然权利要求3的附加技术特征没有被附件1至3所公开，但是连体真空阀是公知常识。由于请求人没有提供证据证明这一点，故合议组不予支持。

（5）权利要求5是对权利要求3的进一步限定，在其所引用的权利要求3具备创造性的情况下，该权利要求5也具备创造性。

根据上述的事实和理由，本案合议组依法作出以下决定。

三、决定

宣告03243370.0号实用新型专利权的权利要求1、2、4无效，在权利要求3和5的基础上维持该专利权继续有效。

当事人对本决定不服的，可以根据专利法第46条第2款的规定，自收到本决定之日起3个月内向北京市第一中级人民法院起诉。根据该款的规定，一方当事人起诉后，另一方当事人应当作为第三人参加诉讼。

121

机油滤清器外壳

无效宣告请求审查决定（第9974号）

决　　定　　号　第9974号
决　　定　　日　2007年5月24日
发明创造名称　机油滤清器外壳
国 际 分 类 号　B01D 35/30
无效宣告请求人　乔银春
专　利　权　人　刘　军
专　　利　　号　200520110560.9
申　　请　　日　2005年6月29日
授 权 公 告 日　2006年8月9日
合 议 组 组 长　李广峰
主　　审　　员　王　冬
参　　审　　员　任颖丽

法　律　依　据　专利法第22条第2款、第3款
决　定　要　点

在发明或者实用新型的新颖性判断中，由他人在该专利的申请日以前向专利局提出并且在该专利申请日后（含申请日）公布的同样的发明或者实用新型，能够损害该专利的新颖性；而由他人在该专利的申请日以前向专利局提出并且在该专利申请日后（含申请日）公布的外观设计，即使公开了相同的技术方案，也不能损害该专利的新颖性。

一、案由

本无效宣告请求涉及中华人民共和国国家知识产权局于2006年8月9日授权公告的、名称为“机油滤清器外壳”的实用新型专利权（以下简称本专利），其专利号是200520110560.9，申请日是2005年6月29日，专利权人是刘军。本专利授权公告的权利要求书如下：

“1. 一种机油滤清器外壳，其特征在于：该外壳由主体及端头构成，主体为圆筒形，端头的外廓为多面体形状，端头位于主体的顶部，端头与主体连接为一体，所述端头带有内孔，内孔为多边形孔。

2. 根据权利要求1所述的机油滤清器外壳，其特征在于：所述端头外廓形状为正三面体、正四面体、正五面体、正六面体、正七面体、正八面体中的一种。

3. 根据权利要求1所述的机油滤清器外壳，其特征在于：所述内孔为三边形孔、四边形孔、五

边形孔、六边形孔、七边形孔、八边形孔中的一种。

4. 根据权利要求1所述的机油滤清器外壳，其特征在于：所述主体与端头之间有过渡连接体。

5. 根据权利要求4所述的机油滤清器外壳，其特征在于：所述主体与过渡连接体是直接拉伸一体成型，所述端头焊接在过渡连接体上。

6. 根据权利要求4所述的机油滤清器外壳，其特征在于：所述主体、过渡连接体、端头是直接拉伸一体成型。

7. 根据权利要求4所述的机油滤清器外壳，其特征在于：所述过渡连接体为锥体或弧面锥体。

8. 根据权利要求7所述的机油滤清器外壳，其特征在于：所述过渡连接体的锥面与水平面的夹角在0~60°范围内。"

针对上述专利权，乔银春（以下简称请求人）于2006年9月20日向专利复审委员会提出无效宣告请求，并提交了如下附件：

附件1：公开日为2006年7月26日、申请日为2005年6月17日、专利权人为乔银春、公开号为CN3547206的外观设计图片，共1页；

附件2：声称为本专利产品的外包装复印件，共1页。

请求人认为：附件1是他人在本专利申请日前申请、在后公开的外观设计专利，其中附件1公开了权利要求1~8的全部技术特征，因此，权利要求1~8不符合专利法第22条第2款、第3款的规定。

经形式审查合格，专利复审委员会依法受理了上述无效宣告请求，并于2006年11月29日向双方发出无效宣告请求受理通知书，同时将专利权无效宣告请求书及其附件清单中所列附件的副本转送给专利权人，并要求专利权人在指定的期限内陈述意见。

在指定期限内专利权人没有针对该无效宣告请求陈述意见。

专利复审委员会依法成立合议组，对本案进行审查。

专利复审委员会本案合议组于2007年3月2日向双方发出无效宣告请求口头审理通知书，定于2007年4月19日举行口头审理。

请求人于2007年3月13日提交了无效宣告请求口头审理通知书回执，表示不参加口头审理。

口头审理如期举行，双方当事人均未参加口头审理。

至此，合议组认为本案事实已经清楚，可以作出审查决定。

二、决定的理由

1. 关于证据和现有技术

专利法第9条规定，两个以上的申请人分别就同样的发明创造申请专利的，专利权授予最先申请的人。专利法实施细则第13条第1款规定，同样的发明创造只能被授予一项专利。为了避免对同样的发明创造重复授予专利权，根据专利法第22条第2款的规定，在发明或者实用新型的新颖性判断中，由他人在该专利的申请日以前向专利局提出并且在该专利申请日后（含申请日）公布的同样的发明或者实用新型，能够损害该专利的新颖性（为描述方便，在判断新颖性时，将这种损害新颖性的专利申请，称为抵触申请）。发明和实用新型专利权要求保护的是一种技术方案，而外观设计专利权要求保护的是产品富有美感的外观设计方案，两者要求保护的客体不同，因此，一份发明或实用新型专利申请与一份外观设计专利申请不涉及相同的发明创造。就本案而言，附件1为于本实用新型专利申请日前向专利局提出的、在本专利申请日后公开的外观设计专利，因此，根据上述对抵触申请的描述，由于附件1是一份外观设计专利申请，与发明或实用新型不是同样的发明创造，不存在重复授权的问题，因而其不能用作抵触申请来评价本实用新型专利的新颖性。

另外，由于请求人提交的附件 1 的公开日在本专利申请日之后，因此，其也不能作为现有技术评价本专利的新颖性和创造性。

附件 2 是产品广告页复印件，请求人没有提供原件，无法证明其真实性，同时，广告页上没有公开日期，无法证明其在申请日前已经处于公众想要得知就能得知的状态，因此，附件 2 不能作为本案证据使用。

2. 关于新颖性和创造性

新颖性，是指在申请日以前没有同样的发明或者实用新型在国内外出版物上公开发表过、在国内公开使用过或者以其他方式为公众所知，也没有同样的发明或者实用新型由他人向国务院专利行政部门提出过申请并记载在申请日以后公布的专利申请文件中。

创造性，是指同申请日以前已有的技术相比，该发明有突出的实质性特点和显著的进步，该实用新型具有实质性特点和进步。

由于附件 1 不能用来评价本专利的新颖性和创造性，附件 2 不能作为本案证据使用，因此，请求人关于本专利权利要求 1~8 不符合专利法第 22 条第 2 款、第 3 款的无效宣告理由不能成立。

根据上述的事实和理由，本案合议组依法作出以下决定。

三、决定

维持 200520110560. 9 号实用新型专利权有效。

当事人对本决定不服的，可以根据专利法第 46 条第 2 款的规定，自收到本决定之日起 3 个月内向北京市第一中级人民法院起诉。根据该款的规定，一方当事人起诉后，另一方当事人应当作为第三人参加诉讼。

122

带电子脉冲自动点火的家用燃气灶具意外熄火保护装置

无效宣告请求审查决定（第9975号）

决　　定　　号　第9975号
决　　定　　日　2007年6月15日
发明创造名称　带电子脉冲自动点火的家用燃气灶具意外熄火保护装置
国 际 分 类 号　F24B 1/187
无效宣告请求人　广州市红日燃具有限公司
专　利　权　人　肖云生
专　　利　　号　95209040.6
申　　请　　日　1995年4月27日
授 权 公 告 日　1997年3月19日
合 议 组 组 长　刘瑞斌
主　　审　　员　董晓静
参　　审　　员　姜　岩

法　律　依　据　专利法第22条第2款、第3款
决　定　要　点

判断新颖性时适用单独对比原则，应当将实用新型专利的每项权利要求分别与一项现有技术的相关技术内容单独地进行比较。

如果实用新型的一项权利要求的某一技术特征没有被请求人所提供的证据披露，现有技术中也没有给出将该技术特征引入该证据的任何启示，而且该特征为权利要求所述的技术方案带来了技术效果，则该项权利要求具备创造性。

一、案由

本无效宣告请求涉及中华人民共和国国家知识产权局于1997年3月19日授权公告的、名称为“带电子脉冲自动点火的家用燃气灶具意外熄火保护装置”的实用新型专利权（以下简称本专利），其专利号是95209040.6，申请日是1995年4月27日，专利权人是肖云生。

本专利授权公告时的权利要求书如下：

“1. 一种带电子脉冲自动点火的家用燃气灶具意外熄火保护装置，采用电子电路组成的模块作为控制系统，电子脉冲自动点火，由电磁阀控制燃气通路的开启与关闭，灶具的点燃及熄灭状况与火力调节阀分离控制方式，其特征是：灶具的点燃、熄灭及意外熄火保护监控由一只独立的可操纵的电源开关来控制，开关安装在灶具控制面板上。

2. 一种带电子脉冲自动点火的家用燃气灶具意外熄火保护装置，在灶具结构上采用燃烧器内环火焰感应及内环点火方式，其特征是：安装在燃烧器内环旁的火焰感应针作为火焰感应装置的一个电极，而将燃烧器内环下部作为另一个电极。

3. 根据权利要求 2 所述的带电子脉冲自动点火的家用燃气灶具意外熄火保护装置，其特征是：所述的燃烧器内环上部是一个盖状结构，它与下部结合的部分为一斜面，斜面靠圆心部分为一平口凸出台阶，斜面与台阶部分由内向外放射状等分地开在若干凹槽。

4. 根据权利要求 2 所述的带电子脉冲自动点火的家用燃气灶具意外熄火保护装置，其特征是：感应针为倒 L 形结构，其水平部分是与所述的燃烧器内环外圆相适应的圆弧形，其弧长应大于或等于燃烧器内环两相邻喷火孔中心距离，并不超过该距离的 5 倍。”

在本专利被授权之后，广东神州燃气用具有限公司曾在 2003 年 4 月 11 日针对本专利提出无效宣告请求。在专利复审委员会进行审查的过程中，专利权人于 2003 年 5 月 9 日对权利要求书进行修改，其修改方式是删除原权利要求 3，将原权利要求 4 的编号改为 3，修改后的权利要求书为：

“1. 一种带电子脉冲自动点火的家用燃气灶具意外熄火保护装置，采用电子电路组成的模块作为控制系统，电子脉冲自动点火，由电磁阀控制燃气通路的开启与关闭，灶具的点燃及熄灭状况与火力调节阀分离控制方式，其特征是：灶具的点燃、熄灭及意外熄火保护监控由一只独立的可操纵的电源开关来控制，开关安装在灶具控制面板上。

2. 一种带电子脉冲自动点火的家用燃气灶具意外熄火保护装置，在灶具结构上采用燃烧器内环火焰感应及内环点火方式，其特征是：安装在燃烧器内环旁的火焰感应针作为火焰感应装置的一个电极，而将燃烧器内环下部作为另一个电极。

3. 根据权利要求 2 所述的带电子脉冲自动点火的家用燃气灶具意外熄火保护装置，其特征是：感应针为倒 L 形结构，其水平部分是与所述的燃烧器内环外圆相适应的圆弧形，其弧长应大于或等于燃烧器内环两相邻喷火孔中心距离，并不超过该距离的 5 倍。”

以上述修改后的权利要求书为基础，专利复审委员会于 2003 年 9 月 1 日作出第 5339 号无效宣告请求审查决定，宣告权利要求 1 无效，维持权利要求 2、3 有效。广东神州燃气用具有限公司不服上述决定，向北京市第一中级人民法院起诉。北京市第一中级人民法院于 2004 年 6 月 18 日作出（2004）一中行初字第 23 号行政判决书，维持专利复审委员会作出的第 5339 号决定。广东神州燃气用具有限公司未在指定期限内继续提出上诉，因此专利复审委员会第 5339 号无效请求审查决定生效。

1. 第一个无效宣告请求（案件编号 5W08107）

针对上述已被部分无效的专利权，广州市红日燃具有限公司（以下简称请求人）于 2006 年 9 月 4 日向专利复审委员会提出无效宣告请求，认为本专利被专利复审委员会第 5339 号审查决定维持有效的权利要求 2、3 不符合专利法第 22 条第 2 款和第 3 款的规定。其提交的附件如下：

附件 1：专利复审委员会第 5339 号无效宣告请求审查决定；

附件 2：赵士滨编、广东科技出版社出版、1990 年 12 月第 1 版的《家用燃气具的使用与维修》的封面页、扉页、版权信息页和第 108~109、130~131、112~123 页的复印件；

附件 3：奚黛玲、李聚等编、国防工业出版社出版、1991 年 8 月第 1 版的《民用燃气用具的使用和保养》的封面页、版权信息页、第 240~243 页的复印件；

附件 4：授权公告日为 1993 年 8 月 25 日、授权公告号为 CN2141040Y 的实用新型专利说明书；

附件 5：授权公告日为 1994 年 11 月 2 日、授权公告号为 CN2181633Y 的实用新型专利说明书；

附件 6：公开日为 1986 年 11 月 19 日、公开号为 CN85103752A 的发明专利申请公开说明书；

附件 7：公告日为 1989 年 2 月 22 日、公告号为 CN2033097U 的实用新型专利申请说明书；

附件8：授权公告日为1993年11月10日、授权公告号为CN2145934Y的实用新型专利说明书；

附件9：授权公告日为1994年3月30日、授权公告号为CN2160073Y的实用新型专利说明书；

附件10：公告日为1991年11月6日、公告号为CN2088208U的实用新型专利申请说明书；

附件11：授权公告日为1993年10月20日、授权公告号为CN2144258Y的实用新型专利说明书；

附件12：同济大学等编、中国建筑工业出版社出版、1988年7月第2版的《燃气燃烧与应用》的封面页、版权信息页和第376页的复印件；

附件13：广东省中山市燃气具工业集团公司的“威力燃气具新一代琴键脉冲安全炉”的广告宣传页复印件；

附件14：授权公告日为1994年9月21日、授权公告号为CN2177893Y的实用新型专利说明书；

附件15：《煤气设计手册》编写组编、中国建筑工业出版社出版、1987年6月第1版的《煤气设计手册》下册的封面页、版权信息页和第550、562页的复印件；

附件16：公开日为1995年4月26日、公开号为CN1102000A的发明专利申请公开说明书；

附件17：公告日为1992年6月10日、公告号为CN2106968U的实用新型专利申请说明书；

附件18：2006年8月10日国家知识产权局专利检索咨询中心针对本专利作出的编号G061521的检索报告。

请求人的意见可概括为：

（1）权利要求2、3不具备新颖性，因为权利要求2的前序部分既是行业内的普通常识又被附件2扉页、附件4和13公开，其特征部分被附件2第108~109、112~123、131页公开，从属权利要求3的附加技术特征也是所属技术领域的公知常识。

（2）权利要求2、3不具备创造性，因为附件2与本专利权利要求2的技术特征完全一致；附件2~6、9、12~17说明内环火感应检测意外熄火保护检测技术和脉冲点火技术均是公知技术，由此即可得到本专利；而且权利要求2与附件7的区别在于“将燃烧器的内环作为另一个电极”，这是所属领域的公知常识，所以权利要求2相对于附件7和公知常识的结合不具备创造性；权利要求3的附加技术特征是公知常识，因此不具备创造性；附件18的检索结论说明本专利不具备创造性。

经形式审查合格，专利复审委员会依法受理了上述无效宣告请求，并于2006年9月4日向双方发出无效宣告请求受理通知书，同时将专利权无效宣告请求书及其附件清单中所列附件的副本转送给专利权人，并要求专利权人在指定的期限内陈述意见。

请求人于2006年9月29日向专利复审委员会提交意见陈述书，其补充了无效的理由和证据，包括，补充提交了附件2第102~107页的复印件，附件15封底内页上刊载的产品广告复印件，以及附件19：

附件19：公告日为1992年2月5日、公告号为CN2095354U的实用新型专利申请说明书。

请求人在意见陈述书中认为本专利权利要求2相对于附件2不具备新颖性，权利要求2相对于附件2和公知常识或附件16的结合，以及附件7和公知常识的结合不具备创造性，权利要求3的附加技术特征是普通常识也没有创造性。此外，请求人明确表示附件2~3、7、9、10、12、15、17用于证明权利要求2特征部分的“火焰离子检测技术”是现有公知技术，附件2、4、13和附件13、16、17分别用于证明权利要求2前序部分的“内环点火方式”和“内环火焰感应”是现有公知技术，附件2、15、16、19用于证明“双环燃烧器技术”已被广泛采用，附件16用于证明“内环离子火焰检测技术”是现有公知技术，并认为这些公知技术的拼凑不能为本专利带来创造性。

针对专利复审委员会发出的上述受理通知书，专利权人于2006年10月12日提交了意见陈述书，认为本专利权利要求2、3具备新颖性和创造性，并对附件13的真实性和附件18的检索部门主体合法性提出异议，对附件2、3、6~12、14、15、17和本专利的关联性提出异议。此外，专利权人为了证明与附件2扉页的广告中注明的专利号相对应的专利并不是如请求人所述的“中心小火点火”而是螺旋单环火燃烧器，提供以下附件作为反证：

反证1：公告日为1991年7月3日、公告号为CN2080141U的实用新型专利申请说明书。

专利复审委员会依法组成合议组对本无效宣告请求案进行审查。本案合议组于2006年12月19日发出转送文件通知书，将请求人于2006年9月29日提交的意见陈述书及其附件清单中所列附件的副本转送给专利权人，将专利权人于2006年10月12日提交的意见陈述书及其附件清单中所列附件的副本转送给请求人，并要求双方当事人在指定期限内进行答复。

针对上述转送文件通知书，请求人于2007年1月17日提交了意见陈述书和以下附件：

附件20：林眺寰主编、中国轻工业出版社出版、1993年7月第1版的《燃气具用户手册》的封面、版权信息页、42~43、50~57页的复印件。

请求人表示附件20对附件13相应产品的说明能证明附件13的真实性，并坚持认为本专利权利要求2、3不具备新颖性和创造性。

针对上述转送文件通知书，专利权人于2007年1月24日提交了意见陈述书，坚持认为本专利权利要求2、3具备新颖性和创造性。

专利复审委员会本案合议组于2007年2月12日向双方发出口头审理通知书，定于2007年4月17日在专利复审委员会举行口头审理。随同口头审理通知书，将请求人于2007年1月17日提交的意见陈述书及其附件清单中所列附件的副本转送给专利权人，将专利权人于2007年1月24日提交的意见陈述书转送给请求人。

2. 第二个无效宣告请求（案件编号5W08167）

针对上述已被部分无效的专利权，请求人广州市红日燃具有限公司还于2006年8月21日向专利复审委员会提出无效宣告请求，认为本专利权利要求2、3不符合专利法第22条第2款、第3款的规定。其提交的附件如下：

附件1’：专利复审委员会第5339号无效宣告请求审查决定；

附件2’：赵士滨编、广东科技出版社出版、1990年12月第1版的《家用燃气具的使用与维修》的封面页、扉页、版权信息页和第108~109、130~131、112~123页的复印件；

附件3’：奚黛玲、李聚等编、国防工业出版社出版、1991年8月第1版的《民用燃气用具的使用和保养》的封面页、版权信息页、第240~243、254、255页的复印件；

附件4’：授权公告日为1993年8月25日、授权公告号为CN2141040Y的实用新型专利说明书；

附件5’：授权公告日为1994年11月2日、授权公告号为CN2181633Y的实用新型专利说明书；

附件6’：公开日为1986年11月19日、公开号为CN85103752A的发明专利申请公开说明书；

附件7’：公告日为1989年2月22日、公告号为CN2033097U的实用新型专利申请说明书；

附件8’：授权公告日为1993年11月10日、授权公告号为CN2145934Y的实用新型专利说明书；

附件9’：授权公告日为1994年3月30日、授权公告号为CN2160073Y的实用新型专利说明书；

附件10’：公告日为1991年11月6日、公告号为CN2088208U的实用新型专利申请说明书；

附件11’：授权公告日为1993年10月20日、授权公告号为CN2144258Y的实用新型专利说明书；

附件12’：同济大学等编、中国建筑工业出版社出版、1988年7月第2版的《燃气燃烧与应用》的封面页、版权信息页和第376页的复印件；

附件13’：广东省中山市燃气具工业集团公司的“威力燃气具新一代琴键脉动安全炉”的广告宣

传页复印件；

附件14'：授权公告日为1994年9月21日、授权公告号为CN2177893Y的实用新型专利说明书；

附件15'：《煤气设计手册》编写组编、中国建筑工业出版社出版、1987年6月第1版的《煤气设计手册》下册的封面页、版权信息页和第550、562页的复印件；

附件16'：公开日为1995年4月26日、公开号为CN1102000A的发明专利申请公开说明书；

附件17'：授权公告日为1992年6月10日、授权公告号为CN2106968U的实用新型专利申请说明书；

附件18'：授权公告日为1994年3月30日、授权公告号为CN2160073Y的实用新型专利说明书（与附件9'相同）；

附件19'：2006年8月10日国家知识产权局专利检索咨询中心针对本专利作出的编号G061521的检索报告。

请求人的意见可概括为：

（1）权利要求2、3不具备新颖性，因为权利要求2的前序部分既是行业内的普通常识又被附件2'扉页、附件4'和13'公开，其特征部分被附件2'第108~109、112~123、131页公开，从属权利要求3的附加技术特征也是所属技术领域的公知常识。

（2）权利要求2、3不具备创造性，因为附件2'与本专利权利要求2的技术特征完全一致；附件2'~6'、9'、12'~17'说明内环火感应检测意外熄火保护检测技术和脉冲点火技术均是公知技术，由此即可得到本专利；而且权利要求2与附件7'的区别在于"将燃烧器的内环作为另一个电极"，这是所属领域的公知常识，所以权利要求2相对于附件7'和公知常识的结合不具备创造性；权利要求3的附加技术特征是公知常识，因此不具备创造性；附件19'的检索结论说明本专利不具备创造性。

经形式审查合格，专利复审委员会依法受理了上述无效宣告请求，并于2006年11月1日向双方发出无效宣告请求受理通知书，同时将专利权无效宣告请求书及其附件清单中所列附件的副本转送给专利权人，并要求专利权人在指定的期限内陈述意见。

针对专利复审委员会发出的上述受理通知书，专利权人于2006年12月3日提交了意见陈述书，认为权利要求2、3具备新颖性和创造性，并对附件13'的真实性和附件19'的检索部门主体合法性提出异议，对附件2'、3'、6'~12'、14'、15'、17'和本专利的关联性提出异议。此外，专利权人为了证明与附件2扉页的广告中注明的专利号相对应的专利并不是如请求人所述的"中心小火点火"燃烧器而是螺旋单环火燃烧器，提供以下附件作为反证：

反证1'：公告日为1991年7月3日、公告号为CN2080141U的实用新型专利申请说明书。

专利复审委员会依法组成合议组对本无效宣告请求案进行审查。本案合议组于2006年12月19日发出转送文件通知书，将专利权人于2006年12月3日提交的意见陈述书及其附件清单中所列附件的副本转送给请求人。

针对上述转送文件通知书，请求人于2007年1月17日提交了意见陈述书，同时提交了以下附件：

附件20'：林眺寰主编、中国轻工业出版社出版、1993年7月第1版的《燃气具用户手册》的封面、版权信息页、第42~43、50~57页的复印件。

请求人表示用附件20'对附件13'所对应产品的说明来证明附件13'的真实性，并坚持认为其提供的附件能够证明本专利权利要求2、3不具备新颖性和创造性。

专利复审委员会本案合议组于2007年2月12日向双方发出无效宣告请求口头审理通知书，定于2007年4月17日在专利复审委员会举行口头审理。随同口头审理通知书，将请求人于2007年1月

17 日提交的意见陈述书及其附件清单中所列附件的副本转送给专利权人。

3. 合并口头审理

专利复审委员会本案合议组于 2007 年 4 月 17 日针对上述两个无效宣告请求案进行合并口头审理，双方当事人均出席并充分发表了意见。

在第一个无效宣告请求的口头审理过程中，请求人明确其无效宣告请求的范围是用附件 2 评价权利要求 2 的新颖性，用附件 16 和 2 的结合、附件 16 和 13 的结合、附件 16 和 4 的结合，以及附件 7 和 13 的结合评价权利要求 2 的创造性，权利要求 3 的附加技术特征是公知的，也没有创造性；请求人明确表示放弃之前提交的其他附件，并当庭出示了附件 2、13 的原件。专利权人对附件 2、4、7、16 的真实性没有异议，对附件 13 的真实性提出异议。请求人对反证 1 的真实性没有异议。

在第二个无效宣告请求的口头审理过程中，请求人明确其意见与第一个请求审查过程中陈述的意见相同，专利权人明确其答辩意见也与第一个请求相同。

至此，合议组认为本案事实已经清楚，可以作出审查决定。

二、决定理由

1. 关于审查基础

鉴于专利复审委员会第 5339 号无效宣告请求审查决定已生效，而且专利权人未在本次无效宣告程序中修改权利要求书，因此本次审查的基础是该 5339 号审查决定维持有效的权利要求 2、3。

2. 关于证据和现有技术

请求人在第一个无效宣告请求中提交的证据是附件 1~20。其中，对于附件 1、3、5、6、8~12、14、15、17~19，由于它们已被请求人在口头审理过程中明确放弃，因此本决定不作评述。对于附件 20，专利权人认为该附件的提交期限不符合审查指南关于举证期限的规定，合议组经审查，认可专利权人的这一主张，对附件 20 不予考虑。对于附件 13，由于专利权人对其真实性提出异议，理由是附件 13 没有出版日期和出版单位，很容易制造，而且请求人没有提供足以证明其真实性的其他证据，因此合议组对附件 13 不予采信。对于附件 2、4、7、16，由于专利权人对附件 2、4、7、16 的真实性没有异议，经合议组审查认为它们可以作为本案证据使用，而且它们的公开日期都在本专利的申请日之前，其上记载的内容可以作为本专利的现有技术评价新颖性和创造性。

专利权人在第一个无效宣告请求中提交的反证是反证 1，由于请求人对其真实性没有异议，而且其为中国专利文献，经合议组审查其可以作为本案证据使用。

在第二个无效宣告请求中，请求人提交的证据是附件 1’~20’，其中附件 1’、3’~17’、20’与第一个请求的附件 1、3~17、20 完全相同，附件 18’、19’分别与附件 9、18 完全相同，附件 2’除了比附件 2 少第 102~107 页之外其他部分完全相同。由于请求人明确表示其针对第二个无效宣告请求的意见和第一个请求相同，因此请求人在第二个无效请求中已经放弃附件 1’、3’、5’、6’、8’~12’、14’、15’、17’~19’，仅用附件 2’、4’、7’、13’、16’评价本专利的新颖性和创造性。因此如同对第一个无效宣告请求相关证据的评述，合议组对附件 13’不予采信，对附件 20’不予考虑，认为附件 2’、4’、7’、16’可以作为本案证据使用，其上记载的内容可以作为本专利的现有技术评价新颖性和创造性。

综上，由于附件 13、13’不能作为本案证据使用，因此其据此提出的无效理由也不能成立。合议组进一步审理的无效请求是权利要求 2、3 相对于附件 2 或 2’是否具备专利法第 22 条第 2 款规定的新颖性，相对于附件 16 和 2 的结合，或者附件 16’和 2’的结合，或者附件 16 和 4 的结合，或者附件 16’和 4’的结合是否具备专利法第 22 条第 3 款规定的创造性。

3. 关于权利要求 2、3 相对于附件 2、2’是否具备新颖性

专利法第 22 条第 2 款规定，新颖性，是指在申请日以前没有同样的发明或者实用新型在国内外出版物上公开发表过、在国内公开使用过或者以其他方式为公众所知，也没有同样的发明或者实用新型由他人向国务院专利行政部门提出过申请并记载在申请日以后公布的专利申请文件中。

判断新颖性时适用单独对比原则，应当将发明或者实用新型专利的每项权利要求分别与一项现有技术或申请在先公布在后的发明或者实用新型的相关技术内容单独地进行比较，不得将其与几项现有技术或者一份对比文件中的多项技术方案的组合进行对比。

本案中，附件 2、2’的扉页公开了广州燃气用具实业公司关于好运牌 JZY2-8210C 燃气炉的图示广告，并注明其为专利产品旋流式节能炉，专利申请号为 90222415.8；第 108 页公开了脉冲电子打火器；第 113 页公开了双金属簧片式熄火装置以双金属簧片作为热传感器，放置在小火旁；第 115 页公开了热电偶熄火保护装置用热电偶作热敏感元件，放置在小火或主燃烧器的火焰范围内；第 119、120 页公开了检验小火火焰的热电式熄火保护装置及其工作过程；第 121 页介绍了“炽热的燃气火焰有电离粒子流，所以有导电性，只要在燃烧器的外壳安装一个电极，在火焰中放入一根铬镍合金丝作另一个电极，电极的另一端与电源连接起来，当燃烧器燃烧时，火焰便会把两个电极连成电流通路”；第 122 页图 5-27 和文字部分公开了一种火焰导电式熄火保护装置，其中火焰棒既是小火燃烧器又是火焰检测器，一个电极接地（通常以燃烧器头部作为接地极），另一个电极置于火焰中，是一个耐热的金属棒；第 130 页图 6-2 的燃烧器涉及外圈头部、内圈头部和长明小火。

请求人引用上述段落并据此认为附件 2、2’公开了火焰导电式熄火保护装置、电极、电脉冲点火、内环火焰感应和内环点火方式的技术特征，权利要求 2 相对于附件 2、2’不具备新颖性。专利权人则认为判断新颖性时应该单独比对，附件 2、2’与本专利没有关联性，反证 1 证明附件 2、2’的扉页广告没有公开内环点火，因此附件 2、2’不能破坏本专利的新颖性。

对此，合议组经审查后认为，首先，请求人所引用的附件 2、2’各部分分别涉及好运牌燃气炉、脉冲电子打火器、熄火装置分类、热电式熄火保护装置等，是用一份对比文件中的多个技术方案与一项权利要求进行对比，不符合新颖性判断的单独对比原则；其次，将本专利的权利要求 2 分别与附件 2、2’的上述各个方案进行比较，由于附件 2、2’扉页的广告图示和文字说明没有公开内环火焰感应、内环点火方式和电极的技术特征，而且第 108、113、115、119~121、130 页各自仅涉及脉冲电子打火器、双金属簧片式、热电偶式和火焰导电式熄火装置、燃烧器的技术方案，上述方案均没有完全公开本专利权利要求 2 所限定的全部技术特征，因此不能破坏本专利权利要求 2 的新颖性，权利要求 2 相对于附件 2 或 2’具备新颖性。

由于权利要求 3 是权利要求 2 的从属权利要求，包含了权利要求 2 的所有技术特征，因此在权利要求 2 具备新颖性的基础上，权利要求 3 相对于附件 2 或附件 2’也具备新颖性。

4. 关于创造性

专利法第 22 条第 3 款规定，创造性，是指同申请日以前已有的技术相比，该发明有突出的实质性特点和显著的进步，该实用新型具有实质性特点和进步。

如果实用新型的一项权利要求的某一技术特征没有被请求人所提供的证据披露，现有技术中也没有给出将该技术特征引入该证据的任何启示，而且该特征为权利要求所述的技术方案带来了技术效果，则该项权利要求具备创造性。

（1）关于权利要求 2、3 相对于附件 16 和 4 的结合或者附件 16’和 4’的结合是否具备创造性。

本案中，附件 16、16’涉及一种燃具尤其是燃气灶具使用的火焰离子探环和探针，其解决的技术问题是当前由于燃气灶一般是双眼灶和多环火且使用地点多风，检测困难，不能以离子检测技术立足

市场，需要改进探针结构以提高检测灵敏度的问题，提供的方案是把灶具锅架作为支架式火焰离子探测器，用金属锅架并使其与检测电炉的检测导线电联结而且与灶体绝缘即为探环，由合金丝、绝缘瓷管、弹性卡圈和螺钉构成可调探针，而且实施例的结构存在主火盖出火口和中心火盖出火口，合金丝瓷管通过压板固定在中心火管上，合金丝与中心火盖出火口距离在 1.5~3 毫米之内为好（参见说明书第 1~3 页和附图）。

请求人认为上述附件公开了离子检测和离子内环检测的方案，其中的合金丝对应本专利的火焰感应针而且公开了电极，背景技术部分提到的燃气灶为双眼灶和多环火公开了熄火保护装置和内环火的技术特征。专利权人认可火焰感应针被公开，但是认为电子脉冲点火、内环点火和以燃烧器内环下部作为另一个电极的技术特征没有被公开。

对此，合议组认为，附件 16 或 16’中安装在燃烧器中心火旁的可调探针即是火焰感应针，由于检测线与探针和金属锅架相连，因此该可调探针是一个电极，金属锅架是另一个电极，但是，附件 16 或 16’并没有公开可调探针用于内环火焰感应和灶具采用内环点火。因此，本专利权利要求 2 相对于附件 16 或 16’的区别技术特征在于：（1）电子脉冲点火；（2）灶具结构上采用燃烧器内环火焰感应及内环点火方式；（3）以燃烧器内环下部作为另一个电极。

附件 4、4’第 3 页最后两行至第 4 页第 5 行公开了“现有的可燃炉头设计上，均是将其点火装置设置于炉心喷嘴侧，而在开启可燃气炉时，由炉心喷嘴先行供应可燃气，并由点火装置将炉心喷嘴点燃，然后再借由可燃气炉外环喷嘴上所开设的一道引火槽将炉心喷嘴的火焰导引至可燃气炉头周围的外环喷嘴处”。由此可知，附件 4、4’没有公开电子脉冲点火、内环火焰感应和以燃烧器内环下部作为另一个电极的技术特征，也没有给出启示。

而且本专利通过将感应针装在内环旁，可以确保当火力调节处于小火（即内环火）状态下时也可以可靠地实现意外熄火保护，通过采用脉冲点火、内环感应和燃烧器内环下部作为电极还实现了对燃气灶具的燃烧状况反应灵敏、控制可靠和机械结构简单的技术效果。

综上，权利要求 2 相对于附件 16 和 4 的结合或者附件 16’和 4’的结合具备专利法第 22 条第 3 款规定的创造性。

在权利要求 2 具备创造性的基础上，其从属权利要求 3 相对于附件 16 和 4 的结合或者附件 16’和 4’的结合也具备专利法第 22 条第 3 款规定的创造性。

（2）关于权利要求 2、3 相对于附件 16 和 2 的结合或者附件 16’和 2’的结合是否具备创造性。

附件 2、2’的公开内容如前所述。请求人引用扉页和第 122 页，认为扉页广告公开了中心点火和脉冲点火，第 122 页对电极原理的描述公开了电极，因为燃烧器外壳和头部都是铁，是相通的，所以都是作为电极。专利权人则认为附件 2 扉页广告图中的点火针明显高于内环，点火针是尖端放电，比内环高的点火针不可能为内环点火，而且附件 2 只是公开原理，没有公开具体结构。

对此，合议组认为，附件 2、2’的扉页广告的文字部分说明其是电脉冲点火，但是根据图示不能确定所述点火针采用内环点火方式，第 121 页对火焰导电式熄火保护装置原理的描述仅提到以燃烧器外壳安装一个电极，没有明确是燃烧器内环下部，因此附件 2、2’没有公开上述的本专利与附件 16 或 16’的部分区别技术特征，也没有给出应用内环点火和内环火焰感应的任何技术启示。

而且，本专利通过采用燃烧器内环点火方式，可以在小火（即内环火）情况下点燃炉具，通过将感应针装在内环旁，可以确保当火力调节处于小火（即内环火）状态下时也可以可靠地实现意外熄火保护。

综上，权利要求 2 相对于附件 16 和 2 的结合或者附件 16’和 2’的结合具备专利法第 22 条第 3 款规定的创造性。

在权利要求2具备创造性的基础上，其从属权利要求3相对于附件16和2的结合或者附件16’和2’的结合也具有专利法第22条第3款规定的创造性。

根据上述的事实和理由，本案合议组作出以下决定。

三、决定

在专利复审委员会第5339号无效宣告请求审查决定宣告权利要求1无效，维持权利要求2、3有效的基础上，维持95209040.6号实用新型专利权继续有效。

当事人对本决定不服的，可以根据专利法第46条第2款的规定，自收到本决定之日起3个月内向北京市第一中级人民法院起诉。根据该款的规定，一方当事人起诉后，另一方当事人应当作为第三人参加诉讼。

123

一种镀金属抛釉陶瓷制品及其制作工艺

无效宣告请求审查决定（第9976号）

决　定　号　第9976号
决　定　日　2007年6月18日
发明创造名称　一种镀金属抛釉陶瓷制品及其制作工艺
国际分类号　C04B 33/34，C03C8/04
无效宣告请求人　佛山市禅城区汇美陶艺术腰线厂
专　利　权　人　陈满坚
申　请　号　200410051820. X
申　请　日　2004年10月13日
授权公告日　2006年9月13日
合议组组长　崔　震
主　审　员　王　冬
参　审　员　王　琳

法律依据　专利法第22条第2款、第3款
决定要点

产品广告册不同于出版单位印刷出版的书籍、期刊杂志，任何单位均可自行印刷或委托印刷单位印刷，随意性比较大，在没有相关佐证证明其来源和形成过程的情况下，无法确认其真实性；广告册上即使印刷有“某年某月印刷”字样，在没有提交其他相关佐证证明其在申请日前处于能够为公众获得的状态的情况下，无法确认产品广告册的公开日期，该产品广告册不能作为证据使用。

一、案由

本无效宣告请求涉及中华人民共和国国家知识产权局于2006年9月13日授权公告的、名称为“一种镀金属抛釉陶瓷制品及其制作工艺”的发明专利权（以下简称本专利），其专利号是200410051820. X，申请日是2004年10月13日，专利权人是陈满坚。本专利授权公告时的权利要求书如下：

“1. 一种镀金属抛釉陶瓷制品，包括砖坯（1），砖坯（1）上表面制作图案层（2），其特征在于：所述图案层（2）的图案表面覆盖两块或两块以上由熔块粉（31）烧结而成的表面平滑的透明块（33），透明块（33）之间形成的凹槽（32）内填充金属镀层（42）。

2. 根据权利要求1所述的镀金属抛釉陶瓷制品，其特征在于：所述金属镀层（42）是钛金或钛银层。

3. 一种制作权利要求1所述的镀金属抛釉陶瓷制品的制作工艺，依次包括以下步骤：（A）在砖坯（1）上表面制作图案层（2）；

（B）在图案层（2）的图案（21）上铺撒熔块粉（31），熔块粉（31）之间留空形成凹槽（32）；

（C）烧成，使熔块粉（31）烧结形成透明块（33）；

（D）在步骤C的半成品表面镀上金属层，使金属镀层填满凹槽（32）；

（E）表面抛光，去除覆盖于透明块（33）表面的金属镀层。

4. 根据权利要求3所述的制作工艺，其特征在于：步骤A所述的制作包括绘制、印制图案、堆釉或贴花技法。

5. 根据权利要求3所述的制作工艺，其特征在于：所述熔块粉包括以下主要成分，其质量百分比含量如下：

SiO_2 55%~65%	MgO 0.2%~0.3%	Al_2O_3 8%~9%
K_2O 2%~4%	Fe_2O_3 0.1%~0.2%	Na_2O 1%~2%
CaO 2%~3%	ZnO% 2.5%~4%	BaO 2.5%~4%
ZrO_2 0.1%~0.5%	B_2O_3% 15%~20%。	

6. 根据权利要求3所述的制作工艺，其特征在于：步骤E中抛光工序采用的抛光粉主要成分是Al_2O_3。

7. 根据权利要求3所述的制作工艺，其特征在于：步骤D中镀上的金属层为钛金层或钛银层。”

针对本专利权，佛山市禅城区汇美陶艺术腰线厂（以下简称请求人）于2006年11月28日向专利复审委员会提出无效宣告请求，请求人同时提交了如下证据：

证据1：公开日为2003年12月10日、公开号为CN1460662A（专利申请号为03126756.4）的中国发明专利申请公开说明书首页和著录项目、摘要和主权项页，共2页；

证据2：“镀金法”、“三次烧技术”复印件，共5页；

证据3：综合装饰及“三次或多次重烧”装饰复印件，共15页；

证据4：《陶瓷》，1998年第5期总第135期第9~11页，载有“煅烧干粒的制备与研究”的文章复印件，共3页；

证据5：“抛光”复印件，共1页。

请求人认为，权利要求1~7不符合专利法第22条第2款和专利法实施细则第30条第1款的规定；权利要求要求1不符合专利法实施细则第2条第1款的规定。

经形式审查合格，专利复审委员会依法受理了上述无效宣告请求，并于2006年12月20日向请求人和专利权人发出无效宣告请求受理通知书，同时将专利权无效宣告请求书及其附件清单中所列附件的副本转送给专利权人，并要求专利权人在指定的期限内陈述意见。

请求人于2006年12月27日补充提交了意见陈述书，同时补充提交了如下附件：

附件1：公开日为2003年12月10日、公开号为CN1460662A（专利申请号为03126756.4）的中国发明专利申请公开说明书首页和著录项目、摘要和主权项页，共2页；

附件2：佛山陶瓷杂志出版有限公司编辑、出版的《佛山陶瓷》2003增刊，《实用墙地砖生产技术》封面页、目录页、第146~149页复印件，共6页；

附件3：武汉理工大学出版社出版，俞康泰主编的《现代陶瓷色釉料与装饰技术手册》封面页、版权信息页、第289~304页复印件，共18页；

附件4-1：南海罗村自然的陶装饰材料厂2004年新产品“高的抛晶玉”广告册；

附件4-2：2003年11月4日发行的“东西：传讯”第A.8版报摘复印件，1页；

附件4-3：2004年4月30日发行的“东西：传讯”第A.6版报摘复印件，1页；

附件4-4：由南海罗村自然的陶装饰材料厂出具的“证明”复印件，1页；

附件4-5：由一剪梅彩色印刷厂出具的“证明”复印件；1页；

附件5：《陶瓷》，1998年第5期总第135期第9~11页，载有“煅烧干粒的制备与研究”的文章复印件，共3页；

附件6：化学工业出版社出版、王芬、张超武、黄剑锋编著的硅酸盐工业丛书《硅酸盐制品的装饰及装饰材料》封面页、版权信息页、第345页复印件，共3页。

请求人认为：权利要求1的技术方案已被附件1~4组合的内容覆盖，因此，不符合专利法第22条第2款的规定；权利要求2、3、4、7完全被附件1~3所覆盖，因此，不符合专利法第22条第2款、第3款的规定；附件5公开了干粒的组成范围及其用途，附件6公开了多种“抛光”材料，因此，权利要求5、6不符合专利法第22条第2款、第3款的规定。

针对专利复审委员会发出的上述无效宣告请求受理通知书，专利权人于2007年2月5日提交了意见陈述书，专利权人认为，请求人提出的无效宣告请求理由不成立。

专利复审委员会依法成立合议组，对本案进行审查。

本案合议组于2007年3月2日向双方发出无效宣告请求口头审理通知书，定于2007年4月25日在专利复审委员会举行口头审理。随同口头审理通知书，将请求人于2006年12月27日提交的意见陈述书及其附件清单中所列附件的副本转送给专利权人，将专利权人于2007年2月5日提交的意见陈述书转送给请求人。

口头审理如期举行，双方当事人均参加了口头审理。

在口头审理中，请求人明确其无效宣告请求的理由、范围和证据为：本专利权利要求1~2相对于附件4-1不符合专利法第22条第2款的规定；权利要求1~2相对于附件4-1或附件2或附件4-1与附件4-3的结合或附件4-1与附件2的结合或附件4-1与附件3的结合或附件1与附件4-3的结合或附件2与附件4-3的结合或附件1、附件3、附件4-3的结合或附件2与附件3的结合或附件1和3的结合不符合专利法第22条第3款的规定；权利要求3相对于附件4-1或附件4-1与附件2的结合或附件4-1与附件3的结合或附件4-1与附件4-3的结合不符合专利法第22条第3款的规定；权利要求4、5、7的附加技术特征在附件2中公开，权利要求6的附加技术特征在附件6中公开，因此，权利要求4~7不符合专利法第22条第3款的规定。请求人明确没有其他无效宣告请求理由，同时放弃第一次提出的证据和附件5。请求人当庭出示了附件2、3、4-3、6的原件。专利权人对附件1~3、6的真实性、公开性没有异议，对附件4-1、4-2、4-3、4-4、4-5、5的真实性、公开性有异议。请求人认为，附件1公开了在陶瓷制品上镀金技术，附件2公开了三次烧技术和如何在陶瓷产品上进行金属镀膜，附件3公开了三次烧技术和镀金技术，附件4-1的文字部分和图结合公开了权利要求1~2的全部技术特征，附件4-3公开了地毯砖的概念。

至此，合议组认为本案事实已经清楚，可以作出审查决定。

二、决定的理由

1. 关于证据和现有技术

请求人提交的证据包括附件1~3、4-1、4-2、4-3、4-4、4-5和6，专利权人对附件1~3、6的真实性没有异议，同时由于附件1~3、6均为公开出版物，且其公开日期在本专利的申请日前，因此可以作为本专利的现有技术使用。

附件4-1是南海罗村自然的陶装饰材料厂2004年新产品“高的抛晶玉”广告册，附件4-4是由南海罗村自然的陶装饰材料厂出具的“证明”，该证据称南海罗村自然的陶装饰材料厂在2004年开始向市场推销“高的抛晶玉”产品及相关宣传图册，附件4-5是由一剪梅彩色印刷厂出具的“证明”，该证据称一剪梅彩色印刷厂从2003年起承印高的装饰砖厂的名片、表格、宣传资料等印刷业务。请求人使用附件4-4和4-5佐证附件4-1的真实性和公开性，认为附件4-1、4-4和4-5能够结合组成证据链来证明附件4-1的真实性和公开性。对此，合议组认为：附件4-4和4-5为单位出具的证明复印件，请求人没有提供原件，同时专利权人又对其真实性提出异议，因此附件4-4和4-5不能作为本案证据使用。虽然请求人提交了附件4-1的原件，但因产品广告册不同于出版单位出版的书籍、期刊杂志，任何单位均可自行印刷或委托印刷单位印刷，随意性比较大，因此，在没有其他相关佐证的情况下，无法证明该证据的来源和形成过程，也就无法证明其真实性。即使附件4-4和4-5的真实性能够得到确认，附件4-4仍然无法证明附件4-1就是南海罗村自然的陶装饰材料厂在2004年开始向市场推销“高的抛晶玉”产品的相关宣传图册，附件4-5也无法证明附件4-1的广告宣传册就是一剪梅彩色印刷厂为高的装饰砖厂印刷的宣传资料，即附件4-4和4-5均无法表明与附件4-1的关系，因此，虽然附件4-1上印刷有“2004年2月印刷”字样，但产品广告册上记载的日期也不足以作为真实反映印刷产品广告册的日期或将其公开散发的日期，请求人没有提供证据表明附件4-1在本专利申请日前已经处于公众想得知就能得知的状态，因而其公开性也无法得到确认。综上所述，合议组认为，请求人提交的附件4-1、4-4和4-5不能作为本案证据使用。

附件4-2是2003年11月4日发行的“东西：传讯”第A.8版报摘复印件，请求人没有提供原件，专利权人又对其真实性提出异议，合议组认为，仅根据该复印件证据无法对其真实性进行确认，因此附件4-2不能作为本案证据使用。

附件4-3是2004年4月30日发行的“东西：传讯”第A.6版报摘复印件，请求人提供了原件，原件上有临广审字（2003）第23号、主办单位及地址、期号等，虽然专利权人对其真实性提出了异议，但并没有提供充分的证据证明其主张的成立，因此，在没有相反证据推翻其真实性的情况下，附件4-3可以作为本案证据使用，且其公开日期在本专利的申请日前，因此可以作为本专利的现有技术使用。

2. 关于新颖性

新颖性，是指在申请日以前没有同样的发明或者实用新型在国内外出版物上公开发表过、在国内公开使用过或者以其他方式为公众所知，也没有同样的发明或者实用新型由他人向国务院专利行政部门提出过申请并记载在申请日以后公布的专利申请文件中。

请求人认为，附件4-1公开了权利要求1~2的全部技术特征，因此，权利要求1~2相对于附件4-1不符合专利法第22条第2款有关新颖性的规定。合议组认为，由于附件4-1不能作为本案证据使用，权利要求1~2缺少与之进行比较的现有技术，因此，请求人关于权利要求1~2不符合专利法第22条第2款的规定的无效宣告理由不能成立。

3. 关于创造性

专利法第22条第3款规定：创造性，是指同申请日以前已有的技术相比，该发明有突出的实质性特点和显著的进步。

在判断一项权利要求的创造性时，首先应当将该权利要求与最接近的现有技术进行比较，找出它们的区别技术特征和确定发明实际解决的技术问题，如果现有技术中没有给出将上述区别技术特征应用到该最接近的现有技术以解决其存在的技术问题的技术启示，则该权利要求要求对本领域技术人员来说并非是显而易见的，并且如果该发明具有有益的技术效果，则该权利要求具备创造性。

（1）关于权利要求 1 和 2 的创造性。

权利要求 1 公开了一种镀金属抛釉陶瓷制品，包括砖坯，砖坯上表面制作图案层，所述图案层的图案表面覆盖两块或两块以上由熔块粉烧结而成的表面平滑的透明块，透明块之间形成的凹槽内填充金属镀层。

附件 1 公开了一种金色陶瓷制品的制作方法，具体公开了在陶瓷制品上镀金属的方法。附件 2 公开了陶瓷镀金法（即在陶瓷表面镀金属膜的方法）以及三次烧技术的概念和工艺流程。附件 4-3 是关于卡诺尔抛晶艺术地毯砖的新闻报道，其中介绍了所述地毯砖的概念。附件 3 公开了陶瓷三次烧成装饰工艺，并具体公开了三次烧工艺中的堆釉步骤。

请求人认为，权利要求 1~2 相对于附件 4-1 或附件 2 或附件 4-1 与附件 4-3 的结合或附件 4-1 与附件 2 的结合或附件 4-1 与附件 3 的结合或附件 1 与附件 4-3 的结合或附件 2 与附件 4-3 的结合或附件 1、附件 3、附件 4-3 的结合或附件 2 与附件 3 的结合或附件 1 和 3 的结合不符合专利法第 22 条第 3 款的规定。

合议组认为，由于附件 4-1 不能作为本案证据使用，因此请求人据此提出的权利要求 1~2 相对于附件 4-1 不具备创造性的无效理由不能成立，同时，在使用附件 4-1 与其他附件结合评价权利要求 1~2 创造性时对其不予考虑。

权利要求 1 与附件 2 的区别技术特征为："所述图案层的图案表面覆盖两块或两块以上由熔块粉烧结而成的表面平滑的透明块"以及"透明块之间形成的凹槽内填充金属镀层"两个技术特征，上述区别技术特征达到了使得所述抛釉瓷砖表面具有凹槽、凹槽内镀有金属层、镀金属凹槽与透明块表面凹凸不一致、立体感强的技术效果，从而解决了本发明增强立体感和装饰效果的技术问题，而附件 3、4-3 中也没有给出将上述区别技术特征应用到附件 2 以解决该实际要解决的技术问题的技术启示，因此，权利要求 1 要求保护的技术方案对本领域技术人员来说是非显而易见的，权利要求 1 相对于附件 2、附件 4-1 与 2 的结合、附件 2 与 4-3 的结合、附件 2 与 3 的结合具有突出的实质性特点，而且由于本发明提供了一种立体感强、表面晶莹剔透、装饰效果好的镀金属抛釉陶瓷制品，具有有益的技术效果，因此，权利要求 1 具备创造性，符合专利法第 22 条第 3 款的规定。由于权利要求 2 是权利要求 1 的从属权利要求，因此，当权利要求 1 具备创造性时，权利要求 2 也具备创造性，符合专利法第 22 条第 3 款的规定。因此，请求人关于权利要求 1、2 相对于附件 2、附件 4-1 与 2 的结合、附件 2 与 4-3 的结合、附件 2 与 3 的结合不具备创造性的无效理由不能成立。

附件 1 仅公开了一种金属陶瓷制品的制作方法，附件 1 与 4-3 的结合、附件 1、3 与 4-3 的结合以及附件 1 与 3 的结合均至少没有公开"所述图案层的图案表面覆盖两块或两块以上由熔块粉烧结而成的表面平滑的透明块"以及"透明块之间形成的凹槽内填充金属镀层"两个区别技术特征。此外，由于附件 4-1 不予考虑，因此附件 4-1 与 4-3 的结合、附件 4-1 与 3 的结合也没有公开上述区别技术特征，而且也均没有给出应用上述区别技术特征以解决该实际要解决的技术问题的技术启示，因此，权利要求 1 要求保护的技术方案对本领域技术人员来说是非显而易见的，具备创造性，符合专利法第 22 条第 3 款的规定。由于权利要求 2 是权利要求 1 的从属权利要求，因此，当权利要求 1 具备创造性时，权利要求 2 也具备创造性，符合专利法第 22 条第 3 款的规定。因此，请求人关于权利要求 1 相对于附件 4-1 与 4-3 的结合、附件 4-1 与 3 的结合、附件 1 与 4-3 的结合、附件 1、3 与 4-3 的结合以及附件 1 与 3 的结合不具备创造性的无效理由不能成立。

（2）关于权利要求 3 的创造性。

权利要求 3 要求保护一种制作权利要求 1 所述的镀金属抛釉陶瓷制品的制作工艺，依次包括以下步骤：（A）在砖坯（1）上表面制作图案层（2）；（B）在图案层（2）的图案（21）上铺撒熔块粉

(31)，熔块粉（31）之间留空形成凹槽（32）；（C）烧成，使熔块粉（31）烧结形成透明块（33）；（D）在步骤 C 的半成品表面镀上金属层，使金属镀层填满凹槽（32）；（E）表面抛光，去除覆盖于透明块（33）表面的金属镀层。

合议组认为，由于附件 4-1 不能作为本案证据使用，因此请求人据此提出的权利要求 3 相对于附件 4-1 不具备创造性的无效理由不能成立，同时，在使用附件 4-1 与其他附件结合评价权利要求 3 创造性时对其不予考虑。

合议组认为，附件 4-1 与 2 的结合、附件 4-1 与 3 的结合以及附件 4-1 与 4-3 的结合与权利要求 3 相比均至少没有公开权利要求 1 中的“熔块粉之间留空形成凹槽”和“使金属镀层填满凹槽”两个技术特征，而上述区别技术特征实际解决的技术问题是使得所述制作工艺制备的抛釉瓷砖表面具有凹槽、凹槽内镀有金属层、镀金属凹槽与透明块表面凹凸不一致、立体感强的效果，而附件 2、附件 3、附件 4-3 以及附件 6 均没有给出应用上述区别技术特征以解决该实际要解决的技术问题的技术启示，因此，权利要求 3 要求保护的技术方案对本领域技术人员来说是非显而易见的，权利要求 3 具有突出的实质性特点，而且由于本发明提供了一种立体感强、表面晶莹剔透、装饰效果好的镀金属抛釉陶瓷制品，具有有益的技术效果，因此，权利要求 3 具备创造性，符合专利法第 22 条第 3 款的规定。由于权利要求 3 具备创造性，因此，其从属权利要求 4~7 也具备创造性，符合专利法第 22 条第 3 款的规定。因此，请求人关于权利要求 3 相对于附件 4-1 与 2 的结合、附件 4-1 与 3 的结合以及附件 4-1 与 4-3 的结合不具备创造性以及权利要求 4~7 不具备创造性的无效理由不能成立。

根据上述的事实和理由，本案合议组依法作出以下决定。

三、决定

维持 200410051820. X 号发明专利权有效。

当事人对本决定不服的，可以根据专利法第 46 条第 2 款的规定，自收到本决定之日起 3 个月内向北京市第一中级人民法院起诉。根据该款的规定，一方当事人起诉后，另一方当事人应当作为第三人参加诉讼。

124

果汁机压料棒

无效宣告请求审查决定（第9977号）

决　　定　　号　第9977号
决　　定　　日　2007年6月18日
发明创造名称　果汁机压料棒
国 际 分 类 号　A47J 19/02
无效宣告请求人　慈溪市高至电器有限公司
专 利 权 人　顾逞涛
专　　利　　号　200420081613.4
申　　请　　日　2004年7月29日
授 权 公 告 日　2005年10月12日
合 议 组 组 长　黄玉平
主　　审　　员　宋　瑞
参　　审　　员　高桂莲

法 律 依 据　专利法第22条第2款、第3款，专利法实施细则第2条第2款、第20条第1款

决 定 要 点

如果一项权利要求和对比文件之间存在区别技术特征，且现有技术中没有给出运用所述区别技术特征的技术启示，则该权利要求的技术方案相对于该对比文件是非显而易见的，该权利要求具备创造性。

如果实用新型申请的权利要求既包含形状、构造特征，又包含材料特征，且该材料特征是将已知材料用在具有形状、构造的产品上，则该权利要求属于专利法实施细则第2条第2款规定的实用新型专利保护的客体。

一、案由

本无效宣告请求涉及国家知识产权局于2005年10月12日授权公告的、名称为“果汁机压料棒”的200420081613.4号实用新型专利权，其申请日是2004年7月29日，专利权人是顾逞涛。其授权公告的权利要求书如下：

“1. 一种果汁机压料棒，由机座、带电机的集汁机构及集汁杯组成，所述的机座上部放置所述的集汁杯，所述的机座的底部装置一所述的电机，所述的电机通过电机轴带动由刀具构成的制汁机构，集汁杯内放置一底部与制汁机构相连接的离心网，所述的离心网的上面相配有凹罩，凹罩上相配有压

盖，所述的电机的下部设置有一控制所述的电机的开启或关闭动作的微动开关，其特征在于：所述的离心网（4）的中部设置为圆筒体（41），所述的圆筒体（41）的两端各连接一较大内径的上口筒体（42）与较大内径的下口筒体（43），所述的离心网（4）的上部配置一压料棒（5）。

2. 根据权利要求1所述的果汁机压料棒，其特征在于：所述的下口筒体（43）与所述的带刀具的制汁机构（20）相连接。

3. 根据权利要求1所述的果汁机压料棒，其特征在于：所述的上口筒体（42）设置为碗锥体状，所述的下口筒体（43）具有较长的筒体长度。

4. 根据权利要求1所述的果汁机压料棒，其特征在于：所述的压料棒（5）包含一圆柱形的下棒体（53），所述的下棒体（53）上部连接一封闭定位面（52），所述的封闭定位面（52）的上端连接一手柄（53）。

5. 根据权利要求1或4所述的果汁机压料棒，其特征在于：所述的压料棒（5）的底部设置一压力平面（54），所述的压力平面（54）当所述的下棒体（53）全部放进所述的离心网（4）时与所述的刀具（22）保持10~30毫米的距离。

6. 根据权利要求1或4所述的果汁机压料棒，其特征在于：所述的下棒体（53）的外径与所述的离心网的中部圆筒体（41）的内径相滑动配合。

7. 根据权利要求1或4所述的果汁机压料棒，其特征在于：所述的凹罩（6）设置一配合面（61），所述的封闭定位面（52）与所述的配合面（61）相配合。

8. 根据权利要求1所述的果汁机压料棒，其特征在于：所述的压料棒（5）由对人体无害的工程塑料制作。”

针对上述实用新型专利权（下称本专利），慈溪市高至电器有限公司（下称请求人）于2006年10月28日向专利复审委员会提出了无效宣告请求，认为本专利不符合专利法第22条第2款和专利法实施细则第20条第1款的规定，并提交了如下附件作为证据：

附件1：由浙江出入境检验检疫局电气安全实验室出具的申请编号为040635的产品型式试验报告复印件共3页；

附件2：由浙江出入境检验检疫局电气安全实验室出具的申请编号为051125的产品型式试验报告复印件共3页；

附件3：由浙江出入境检验检疫局电气安全实验室出具的申请编号为03683的产品型式试验报告复印件共3页；

附件4：由浙江出入境检验检疫局电气安全实验室出具的申请编号为041799的产品型式试验报告复印件共3页；

附件5：编号为380200204016015的出境货物报检单复印件共5页；

附件6：编号为380200203056296的出境货物报检单复印件共4页。

结合上述附件，请求人无效宣告请求的具体理由为：权利要求1~8的主题与内容不一致，不符合专利法实施细则第20条第1款的规定；使用附件1、2和5用于证明和本专利相同的产品在本专利申请日之前在国内公开制造及销售，使用附件3、4和6用于证明和本专利相同的产品在本专利申请日之前在国内公开制造及销售，因此本专利不符合专利法第22条第2款的规定。

请求人于2006年11月21日再次向专利复审委员会提交无效宣告请求书，并补充提交了以下证据：

证据1：专利号为01242639.3的中国实用新型专利说明书复印件，其授权公告日为2002年5月29日；

证据2：申请号为02143410.7的中国发明专利申请公开说明书复印件，其公开日为2003年7月9日；

证据3：专利号为02347913.2的中国外观设计专利公告页复印件，其公告日为2003年4月16日；

证据4：专利号为02347921.3的中国外观设计专利公告页复印件，其公开日为2003年5月7日；

证据5：专利号为01358891.5的中国外观设计专利公告页复印件，其公开日为2003年2月12日。

结合上述补充证据，请求人认为本专利权利要求1相对于证据1、2以及公知常识的结合不符合专利法第22条第3款有关创造性的规定；权利要求1相对于证据1~5的结合不符合专利法第22条第3款有关创造性的规定；权利要求2、4~7相对于证据1和2的结合不符合专利法第22条第3款有关创造性的规定；权利要求3中的“较长”的描述不清楚，不符合专利法实施细则第20条第1款的规定，同时证据3、4的图示中已经公开了权利要求3的附加技术特征；权利要求8的附加技术特征为材料特征，不属于实用新型专利保护的客体，因此权利要求8不符合专利法实施细则第2条第2款的规定。

经形式审查合格后，专利复审委员会于2006年12月8日受理了该无效宣告请求，并向双方当事人发出无效宣告请求受理通知书，同时将请求人于2006年10月28日提交的无效宣告请求书及其附件清单中所列附件的副本转给了专利权人，要求专利权人在指定期限内答复。

请求人于2006年12月12日向专利复审委员会提交了意见陈述书，指出其于2006年11月21日提交的材料属于补充理由和证据。

针对上述无效宣告请求受理通知书，专利权人于2007年1月12日向专利复审委员会提交了意见陈述书和由国家知识产权局专利检索咨询中心出具的检索报告复印件一份。专利权人认为请求人提交的附件1~6与本专利毫无关系，本专利符合专利法第22条和专利法实施细则第20条的规定。

针对上述无效宣告请求，专利复审委员会依法成立合议组对本案进行审理。

本案合议组于2007年4月11日向双方当事人发出口头审理通知书，指出定于2007年5月29日在专利复审委员会举行口头审理，同时将请求人于2006年11月21日补充提交的无效宣告请求书及其附件清单所列附件副本一份和请求人于2006年12月12日提交的意见陈述书副本转送给专利权人，将专利权人于2007年1月12日提交的意见陈述书及其附件清单中所列附件副本转给请求人。

口头审理如期举行，双方当事人均出席了口头审理。请求人当庭未能提供附件1~6的原件或其他能证明其真实性的证据。请求人明确表示其无效宣告请求的理由及范围为：本专利权利要求1~8不符合专利法实施细则第20条第1款的规定；权利要求1~7相对于证据1~5不符合专利法第22条第3款的规定；权利要求8不符合专利法实施细则第2条第2款的规定。请求人明确表示放弃将附件1~6作为本案证据使用，并放弃将专利法第22条第2款作为本案的无效宣告请求的理由。专利权人对证据1~5的真实性无异议。关于专利法实施细则第20条第1款的问题，请求人认为本专利权利要求1的主题名称为“一种果汁机压料棒”，而具体却限定该果汁机压料棒是由机座、带电机的集汁机构及集汁杯组成，集汁杯内放置一底部与制汁机构相连接的离心网，离心网的上部配置一压料棒，因此，本领域普通技术人员无法理解上述方案；权利要求3中包括“下口筒体具有较长的筒体长度”的技术特征，其中“较长”的筒体长度使本领域普通技术人员无法正确理解其所要求保护的范围，因此权利要求1及其从属权利要求2~8不清楚。对此，专利权人认为本专利权利要求保护的不单指压料棒，根据说明书和附图可以理解本专利是指一种带有压料棒的果汁机，权利要求3的技术特征可以从说明书附图中清楚看出，所保护的是一种形状、结构，因此，权利要求1~8不存在不清楚的地方。关于专利法实施细则第2条第2款的问题，请求人认为权利要求8的附加技术特征是材料特征，没有涉及具体形状，不属于实用新型保护的范围。对此，专利权人认为材料特征可以写入实用新型专利的保护范围。关于创造性的问题，请求人认为，本专利权利要求1相对于证据1、2的结合或者证据1~5的结合不具有创造性；对于上述第一种证据结合方式（证据1、2的结合），最接近的对比文件为证据1，将权利要求1的技术方案与证据1相比，其区别仅在于：权利要求1中具有离心网并配有压料棒，以及离心网上面的凹罩，这相当于杯子上面的盖子，认为是公知技术。虽然离心网的形状特征在证据1、2中均未公开，但认为离心网的上述形状为公知技术，而压料棒被证据2附图2标号18推料器公开，二者作用相同，也属于公知技术。专利权人认为：本专利保护的是形状和结构，本专利附图与证据1的图完全不同；本专利的凹罩在权利要求7中有所描述，并不是简单的盖板，有一个配合面用于配合压料棒封闭定位面的；本专利的压料棒与证据2的推料器形状及功能完全不同，证据1、2中没有上大、下大的圆筒体特征，本专利离心网的形状的优点在本专利说明书第3页第2段有记载，说明书第3段对凹罩进行了描述，说明凹罩和封闭定位面配合。请求人认为：本专利权利要求2的附加技术特征在证据1图2有公开。专利权人认为：本专利权利要求2是对权利要求1的限定，在本专利权利要求1具有创造性的基础上，权利要求2也同样具有创造性。请求人认为：本专利权利要求3的附加技术特征属于公知技术，是容易想到的；本专利权利要求4的附加技术特征在证据2附图2有公开，同时也属于常用技术手段，权利要求5的附加技术特征属于公知常识，证据2标号36公开了手柄。专利权人认为：本专利压料棒的功能、作用及效果均与证据2中的推料器不同，证据2的推料器没有压力平面，而是斜切面，本专利封闭定位面是和凹罩上的配合面相配合的，证据2与本专利的结构不同，证据2第7页说明推料器的作用与本专利不同，证据2的推料器底部有斜切的自由端导致效率降低。请求人认为：本专利权利要求7的附加技术特征属于公知技术。专利权人认为：封闭定位面的作用是避免溢出，本专利压力平面可以把细碎的果品打碎，证据2底下是一个斜面可增加离心力，影响挤出和切碎的效力，本专利能够克服这一缺点，证据2没有配合面。请求人表示：对于第二种证据结合方式（证据1~5的结合），用证据3~5说明本专利中离心网的形状结构为公知技术，其余评述方式与第一种结合方式中的相同。认为权利要求1相对于上述证据的结合不具备创造性。专利权人认为：证据5为外观设计专利，单从证据5图中不能看出具体结构和连接关系，本专利权利要求1的特征部分没有被证据5公开，仅公开了机座、电机、刀具和集汁杯，没有公开离心网和压料棒。证据3~5的离心网没有分段的结构，整体只有一段为圆筒体。请求人认为，证据3~5用于说明本专利中离心网的形状结构为公知技术，证据3~5中的离心网上下两端均为塑料体，中部靠下端为离心网，同塑料架相结合，其中离心网上下两端为非网状结构，但是具有上口大、下口大的技术特征。

在上述事实的基础上，合议组经合议认为本案事实已经清楚，现依法作出审查决定。

二、决定的理由

鉴于请求人在口头审理中明确表示放弃关于专利法第22条第2款的无效宣告请求理由，故本决定不再对专利法第22条第2款的无效宣告请求理由进行审查及评述。

1. 关于证据

由于请求人放弃将附件1~6作为证据使用，因此在此次无效宣告请求中请求人使用的证据为证据1~5。证据1~5均为专利文献，专利权人对其真实性无异议，合议组经审查认为证据1~5可以作为本案证据使用，且由于证据1~5的公开日期均在本专利的申请日之前，因此证据1~5构成了本专利的现有技术。

2. 关于专利法实施细则第20条第1款

专利法实施细则第20条第1款规定：权利要求书应当说明发明或者实用新型的技术特征，清楚、简要地表述请求保护的范围。

请求人认为，本专利权利要求1的主题名称为“一种果汁机压料棒”，但是却具体限定该果汁机压料棒由机座、带电机的集汁机构及集汁杯组成，本领域普通技术人员无法理解上述方案；权利要求3中包括“下口筒体具有较长的筒体长度”的技术特征，其中“较长”的筒体长度使本领域普通技术人员无法正确理解其所要求保护的范围，因此权利要求1及其从属权利要求2~8不清楚。

对此，合议组认为：(1) 判断一项权利要求的保护范围是否清楚时，应当考虑该项权利要求的所有技术特征，并从整体上判断其技术方案是否清楚。具体到本案，根据本专利权利要求1技术特征的记载，并结合说明书的内容，本领域普通技术人员能够理解本专利权利要求1保护的不单是指果汁机压料棒，实际上应是由机座、带电机的集汁机构及集汁杯组成的带有压料棒的果汁机机构。尽管本专利权利要求1的主题名称为果汁机压料棒，但其主题名称的限定并不足以影响到本领域普通技术人员对权利要求1技术方案进行整体的理解和对其保护范围的确定，因此权利要求1符合专利法实施细则第20条第1款的规定。同理，从属权利要求2~8中涉及的相同问题也不会导致权利要求2~8不符合专利法实施细则第20条第1款的规定。(2) 本专利权利要求3的附加技术特征为“所述的上口筒体 (42) 设置为碗锥体状，所述的下口筒体 (43) 具有较长的筒体长度”，其中“较长”一词是对下口筒体形状的进一步限定，“较长”是一个相对概念，结合权利要求3附加技术特征的前半部分内容可以理解，权利要求3中的“较长”一词是指相对于上口筒体而言，下口筒体较长。这一点从本专利说明书附图1中也可以得到印证。因此权利要求3的技术方案是清楚的。综上所述，本专利权利要求1~8符合专利法实施细则第20条第1款的规定。

3. 关于专利法第22条第3款

专利法第22条第3款规定：创造性，是指同申请日以前已有的技术相比，该发明有突出的实质性特点和显著的进步，该实用新型有实质性特点和进步。

如果一项权利要求和对比文件之间存在区别技术特征，且现有技术中没有给出运用所述区别技术特征的技术启示，则该权利要求的技术方案相对于该对比文件是非显而易见的，该权利要求具备创造性。

请求人认为，本专利权利要求1~7相对于证据1、2的结合或者证据1~5的结合不具有创造性。

对于第一种证据结合方式（证据1、2的结合），请求人认为证据1是最接近的对比文件。

本专利权利要求1请求保护一种果汁机压料棒，证据1公开了一种食物搅拌机（参见证据1说明书第5~8页具体实施方式和附图2），包括电机1、基座2、联轴器3、相当于本专利权利要求1中的集汁杯的搅拌杯4、搅拌刀片，电机安装在基座中，电机的转轴连接到联轴器的下部，联轴器的上部连接搅拌刀片的转轴，搅拌杯可以固定在基座上，搅拌杯中有双层环形过滤网罩，搅拌杯上端有搅拌杯盖10，搅拌杯盖上面有压盖板11，电机电路上连接有微动弹性开关，相当于本专利权利要求1中的微动开关。由此可见，将本专利权利要求1的技术方案与证据1相比，权利要求1还存在以下区别技术特征：(1) 离心网上面相配的凹罩，凹罩上相配有压盖；(2) 所述的离心网的中部设置为圆筒体，所述的圆筒体的两端各连接一较大内径的上口筒体与较大内径的下口筒体，即离心网为三段式结构；(3) 所述离心网的上部配置一压料棒。

证据2公开了一种食品加工工具（参见证据2说明书第5页优选实施方案详细说明部分），例如榨汁机，包括支撑柱状体的底座，柱状体上设有对中部件，使得其可以容纳设有倾倒口10的果汁容腔。一个用来使食品保持与一个擦子接触的推料器可以自由沿着导槽滑动。由此可见，证据2也没有公开上述区别特征 (1)、(2)。

请求人认为上述区别技术特征 (1) 中的凹罩就是盖子，果汁机都有盖子，因此区别技术特征

（1）是公知常识，上述区别技术特征（2）也是公知技术。对此，合议组认为，本专利权利要求 1 中的凹罩是与离心网、压盖相配合的，用于避免粉碎制汁作业时的汁液外出，且凹罩上相配有压盖，显然凹罩本身并不是盖子，因此请求人认为上述区别技术特征（1）是公知常识的理由不成立。本专利权利要求 1 中所述的离心网的中部设置为圆筒体，所述的圆筒体的两端各连接一较大内径的上口筒体与较大内径的下口筒体，形成三段式结构，正如本专利说明书中记载的（参见本专利说明书第 3 页第 5~7 行），这样的离心网结构是为了便于将要粉碎的果子倒入离心网，并使离心网能够容纳较多的尚未粉碎的果子，因此在证据 1、2 均未公开本专利这样的三段式离心网结构的情况下，并不能将这种对离心网形状结构的具体限定认定为公知技术。鉴于证据 1、2 的结合没有公开本专利权利要求 1 的全部技术特征，本领域普通技术人员也没有从中得到应用上述区别技术特征（1）、（2）的技术启示，且本专利的技术方案带来了有益的技术效果，因此权利要求 1 相对于证据 1、2 的结合符合专利法第 22 条第 3 款的规定，具备创造性。

在权利要求 1 具备创造性的情况下，直接或间接引用权利要求 1 的从属权利要求 2~7 相对于证据 1 和 2 的结合也符合专利法第 22 条第 3 款的规定，具备创造性。

对于第二种证据结合方式（证据 1~5 的结合），请求人表示用证据 3~5 说明本专利权利要求 1 中离心网的形状结构为公知技术，对权利要求 1 其余部分以及从属权利要求的评述方式与第一种证据结合方式中的相同。

专利权人认为，证据 5 为外观设计专利，单从证据 5 图中不能看出具体结构和连接关系，证据 5 仅公开了机座、电机、刀具和集汁杯，没有公开压料棒，并且证据 5 中的离心网形状与本专利权利要求 1 中的不同。

证据 3 是中国外观设计专利文件，名称为搅拌机（2），共包括 6 幅照片，在证据 3 中没有其他关于搅拌机结构的文字说明的情况下，仅从图中尚不能明确确定哪部分是离心网部件，更无法看出本专利权利要求 1 中相对于证据 1 或证据 2 的上述区别技术特征（1）、（2）。

证据 4 是中国外观设计专利文件，名称为搅拌机过滤网（1），共包括 3 幅照片，分别是俯视图、仰视图和主视图，从其俯视图中可以看出该过滤网上部具有一个倒置的圆台体，内径逐渐变小，从其仰视图可以看出该过滤网下部具有一个圆台体，内径逐渐变小。因此从证据 4 的图中只能看到所述搅拌机过滤网由两个圆台体构成，并没有公开本专利权利要求 1 与证据 1、2 的上述区别技术特征（2），同时证据 4 也没有公开上述区别技术特征（1）。

证据 5 是中国外观设计专利文件，名称为食品粉碎机（2066 型），共包括 40 幅照片。从证据 5 粉碎杯 2 的视图中可以看到粉碎杯 2 内部包括一个过滤网，从其仰视图中可以看出过滤网的内径有一个变小的过渡，但是并不能看到该过滤网具有如上述区别技术特征（2）那样的结构形式，从证据 5 中也无法看出过滤网上部是否配有凹罩，因此证据 5 也没有公开上述区别技术特征（1）、（2）。

由于证据 3~5 均没有公开上述区别技术特征（1）、（2），同时证据 1~5 中也没有给出应用上述区别技术特征的技术启示，因此证据 1~5 的结合也不能影响本专利权利要求 1 的创造性，权利要求 1 相对于证据 1~5 的结合符合专利法第 22 条第 3 款的规定。

在权利要求 1 具备创造性的情况下，直接或间接引用权利要求 1 的从属权利要求 2~7 相对于证据 1~5 的结合也符合专利法第 22 条第 3 款的规定，具备创造性。

4. 关于专利法实施细则第 2 条第 2 款

专利法实施细则第 2 条第 2 款规定：专利法所称实用新型，是指对产品的形状、结构或者其结合所提出的适于实用的新的技术方案。

请求人认为本专利权利要求 8 的附加技术特征是材料特征，没有涉及具体形状，因此权利要求 8

不属于实用新型保护的范围。

根据2006年7月1日开始施行的审查指南第一部分第二章第6.3节的规定，如果权利要求中既包含形状、构造特征，又包含对材料本身提出的技术方案，则不属于实用新型专利保护的客体。但是将现有技术中已知的材料应用于具有形状、构造的产品上，不属于对材料本身提出的技术方案。

合议组认为，权利要求8引用权利要求1，因此其具有权利要求1中产品的形状、构造特征，其附加技术特征是用已知材料制作压料棒，因此权利要求8不属于对材料本身提出的技术方案，符合专利法实施细则第2条第2款的规定，属于实用新型专利保护的客体。

基于上述事实和理由，本案合议组依法作出如下审查决定。

三、决定

维持200420081613.4号实用新型专利权有效。

当事人对本决定不服的，可以根据专利法第46条第2款的规定，自收到本决定之日起三个月内向北京市第一中级人民法院起诉。根据该款的规定，一方当事人起诉后，另一方当事人应当作为第三人参加诉讼。

125

稀土金属丝包芯线

无效宣告请求审查决定（第9982号）

决定号 第9982号
决定日 2007年6月1日
发明创造名称 稀土金属丝包芯线
国际分类号 C22C 35/00，C22C 33/06，C21C 7/00
无效宣告请求人 包头稀土研究院，包头市大漠稀土有限责任公司
专利权人 左生华
专利号 01133539.4
申请日 2001年10月8日
授权公告日 2004年5月26日
合议组组长 刘犟
主审员 巩克栋
参审员 王琳

法律依据 专利法第22条第2款、第3款
决定要点

如果一项发明是所属技术领域的技术人员在现有技术的基础上仅仅通过合乎逻辑的分析、推理或者有限的试验就可以得到，则该发明是显而易见的，即该发明不具备突出的实质性特点，从而不具备创造性。

一、案由

本无效宣告请求涉及国家知识产权局于2004年5月26日授权公告的、申请日为2001年10月8日、名称为“稀土金属丝包芯线”的第01133539.4号发明专利（以下简称本专利），本专利的专利权人为左生华（以下简称专利权人），本专利授权公告的权利要求如下：

“1. 一种用于炼钢过程的稀土金属丝包芯线，其特征在于所述的稀土金属丝包芯线由稀土金属丝的芯及包在该芯外表面上的金属包覆层构成，所述的稀土金属丝的芯的截面直径为Φ1.0~5.5mm，所述的金属包覆层为厚度0.5~0.1mm钢包覆层或厚度为0.6~0.1mm铝包覆层。

2. 如权利要求1所述的稀土金属丝包芯线，其特征在于所述的钢包覆层为低碳或超低碳钢包覆层。

3. 如权利要求2所述的稀土金属丝包芯线，其特征在于所述的钢包覆层为含碳≤0.10%的低碳钢包覆层。

4. 如权利要求 2 所述的稀土金属丝包芯线，其特征在于所述的钢包覆层为含碳≤0.05%的超低碳钢包覆层。

5. 如权利要求 1 所述的稀土金属丝包芯线，其特征在于所述的钢包覆层的厚度为 0.4~0.2mm。

6. 如权利要求 1 所述的稀土金属丝包芯线，其特征在于所述的钢包覆层的厚度为0.35~0.25mm。

7. 如权利要求 1 所述的稀土金属丝包芯线，其特征在于所述的铝包覆层的厚度为 0.5~0.2mm。

8. 如权利要求 1 所述的稀土金属丝包芯线，其特征在于所述的铝包覆层的厚度为0.4~0.25mm。"

2006 年 11 月 16 日，包头稀土研究院（以下简称请求人 1）、包头市大漠稀土有限责任公司（以下简称请求人 2）针对该专利权向国家知识产权局专利复审委员会分别提出无效宣告请求（案件编号分别为 4W01579 和 4W01578）。其中请求人 1 提交了如下证据：

附件 1：《技术鉴定证书》，编号为冶钢字 257 号，项目名称为小方坯连铸结晶器喂丝设备和工艺，鉴定日期为 1981 年 12 月 3 日，复印件共 5 页；

附件 2：《LZ81-2 型喂丝机和包皮机的研制》，鉴定会资料之二，1981 年 11 月，复印件共 4 页；

附件 3：《稀土丝包皮机简介》，包头冶金研究所，复印件共 3 页；

附件 4：《稀土在连铸中的应用和喂丝技术的发展》，鉴定会资料之三，1981 年 11 月，复印件共 8 页；

附件 5：《稀土》，1981 年第 4 期（总字第 24 期），封面页、目录页、第 52 页，复印件共 3 页；

附件 6：《包头日报》，1981 年 9 月 1 日，第 1 版和第 3 版，复印件共 2 页；

附件 7：《稀土处理钢研究》，第三届全国稀土在钢中应用学术讨论会论文（摘要）集上集，1987 年 10 月，封面页、目录第 1~2 页、第 1~3 页，复印件共 6 页；

附件 8：特开昭 50-141526 号日本公开特许公报第 153~159 页，复印件共 7 页；

附件 8A：附件 8 相关部分中文译文，共 3 页；

附件 9：《钢中稀土》，冶金工业出版社，1982 年 5 月第一版第一次印刷，封面页、扉页、出版信息页、第 170 页，复印件共 4 页；

附件 10：《钢铁》第三分册，1979 年，科学技术文献出版社重庆分社，封面页、第 31 页，复印件共 2 页。

请求人 2 与请求人 1 提交了相同的上述附件 1~8、9~10，此外请求人 2 还提交了附件 11（附件 11：呼和浩特市中级人民法院传票，（2006）呼民四初字第 194 号，复印件共 1 页），但请求人 2 并未提交上述附件 8 的中文译文。

请求人 1 和 2 均认为：本专利权利要求 1~8 相对于附件 1~10 不符合专利法第 22 条第 2 款、第 3 款和专利法实施细则第 2 条第 1 款的规定。

经形式审查合格后，专利复审委员会受理了上述两个无效宣告请求，于 2006 年 11 月 20 日针对上述两个无效宣告请求向各方当事人发出了无效宣告请求受理通知书，并将上述两个无效宣告请求书及其附件清单中所列附件副本都转送给专利权人，要求其在指定期限内答复。同时成立合议组对本无效宣告请求案进行审理。

2006 年 12 月 22 日，专利权人针对上述两个无效宣告请求受理通知书陈述了意见，专利权人认为请求人 1 和 2 的无效理由不成立。

2007 年 3 月 23 日，合议组向各方当事人发出无效宣告请求口头审理通知书，定于 2007 年 5 月 24 日举行口头审理，并将专利权人于 2006 年 12 月 22 日提交的针对上述两个案件的意见陈述书副本分别转送给请求人 1 和 2。

2007 年 5 月 24 日，口头审理如期举行。三方当事人均到庭参加口头审理，均对各方当事人的身份和出庭资格无异议。请求人2当庭提交了附件8的相关部分的中文译文和附件12，附件12（YB/T053-2000中华人民共和国黑色冶金行业标准，2000-12-05发布，复印件共6页）作为公知常识使用，请求人当庭出示了附件12的原件。本案合议组当庭将上述提交的文件转送给专利权人。

专利权人对：（1）请求人1提供的附件8译文的准确性没有异议；（2）对请求人1和2分别提供的附件1、2、4~10、12的真实性没有异议；对附件1~4、7的公开性有异议，认为附件1、2、4是鉴定会的资料，是保密材料，不能作为公开文献使用，附件7是讨论会的论文摘要，论文是在特定范围内阅读的，不是对社会公开的；附件3没有公开日期；（3）同时认为请求人2未在规定时间内提交附件8的译文，所以附件8在请求人2提出的无效宣告请求中应当不予考虑。

请求人1和请求人2明确其无效的理由、证据、范围以及证据的使用情况为：权利要求1~6相对于附件1~10不具备新颖性。本专利权利要求1~6因为没有新颖性，所以没有创造性。并且因为本专利权利要求1~6不具备新颖性和创造性，从而权利要求1~6不符合专利法实施细则第2条第1款的规定。请求人1和请求人2均放弃对本专利权利要求7~8的无效理由，放弃权利要求1中涉及“铝包覆层”的技术方案的无效理由。

在此基础上，合议组对请求人提出的无效理由和事实进行了调查，并充分听取了双方当事人的意见。

至此，合议组认为本案的事实已经调查清楚，可以依法作出审查决定。

二、决定的理由

1. 无效证据

在口头审理时，专利权人对附件8的真实性和公开性没有异议，对附件8相关部分的译文（附件8A）的准确性没有异议，合议组经审查后认为附件8可以作为本案证据使用，同时附件8公开日早于本专利申请日，因此附件8可以作为本专利的现有技术。

2. 关于专利法第22条第2款

专利法第22条第2款规定，新颖性，是指在申请日以前没有同样的发明或者实用新型在国内外出版物上公开发表过、在国内公开使用过或者以其他方式为公众所知，也没有同样的发明或者实用新型由他人向国务院专利行政部门提出过申请并且记载在申请日以后公布的专利申请文件中。

保护的发明与现有技术相比，如果其技术领域、所解决的技术问题、技术方案和预期效果实质上相同，则认为两者是同样的发明。

附件8公开了一种包芯线，其由直径4.3mm的稀土金属丝作为芯材，其外包覆一层厚度为0.38mm或者0.15mm的薄钢板构成，该包芯线用于炼钢过程。由此可知，附件8披露了权利要求1中“钢包覆层”这个技术方案的全部技术特征，且二者属于相同的技术领域，解决相同的技术问题，并能产生相同的预期效果，因此权利要求1中“钢包覆层”这个技术方案不符合专利法第22条第2款有关新颖性的规定。

权利要求5是权利要求1的从属权利要求，其附加技术特征为“所述的钢包覆层的厚度为0.4~0.2mm”，附件8公开了钢包覆层的厚度为0.38mm，落入了权利要求5的数值范围内，因此附件8披露了权利要求5的附加技术特征，在其引用的权利要求1中的“钢包覆层”这个技术方案不具备新颖性时，权利要求5保护的技术方案也不符合专利法第22条第2款有关新颖性的规定。

3. 关于专利法第22条第3款

专利法第22条第3款规定，创造性，是指同申请日以前已有的技术相比，该发明有突出的实质性特点和显著的进步，该实用新型有实质性特点和进步。

发明有突出的实质性特点，是指对所属技术领域的技术人员来说，发明相对于现有技术是非显而易见的。如果发明是所属技术领域的技术人员在现有技术的基础上仅仅通过合乎逻辑的分析、推理或者有限的试验可以得到的，则该发明是显而易见的，也就不具备突出的实质性特点，从而不具备创造性。

权利要求2从属于权利要求1，其附加技术特征为对钢包覆层含碳量的限定。对于所属技术领域的技术人员来说，为了提高钢水的洁净度，包芯线的包覆层一般都会选择弱反应性金属且含碳量较低，采用低碳钢和超低碳钢作为包芯线的包覆层，是公知常识。因此当其引用的权利要求1中“钢包覆层”技术方案不具备新颖性时，权利要求2也不具备突出的实质性特点和显著的进步，不符合专利法第22条第3款有关创造性的规定。

权利要求3~4从属于权利要求2，其附加技术特征为对钢包覆层中含碳量的具体限定。如上所述，选择低碳钢和超低碳钢作为包芯线的包覆层是公知常识，因此对于所属技术领域的技术人员来说具体选择含碳≤0.10%的低碳钢以及含碳≤0.05%的超低碳钢作为包覆层，是在作为公知常识的低碳和超低碳包覆层内具体选择含碳量，这种选择可以由所属技术领域的技术人员通过常规手段得到并且没有产生预料不到的技术效果，因此在权利要求2不具备创造性时，权利要求3~4保护的技术方案不具备突出的实质性特点和显著的进步，不符合专利法第22条第3款有关创造性的规定。

权利要求6从属于权利要求1，其附加技术特征为“钢包覆层的厚度为0.35~0.2mm”。附件8的实施例已经公开了钢包覆层的厚度为0.38mm或0.15mm，并且公开了包覆层厚度的计算公式，因此所属技术领域的技术人员在附件8的基础上，仅通过合乎逻辑的分析、推理或者有限的试验，就可以得出权利要求6保护的技术方案，不需要付出创造性的劳动，该选择是显而易见的，因此在权利要求1中“钢包覆层”技术方案不具备新颖性时，权利要求6保护的技术方案不具备突出的实质性特点和显著的进步，不符合专利法第22条第3款有关创造性的规定。

综上，相对于附件8，权利要求1“钢包覆层”技术方案、权利要求5不具备新颖性，不符合专利法第22条第2款的规定；权利要求2~4、6不具备创造性，不符合专利法第22条第3款的规定。

基于以上事实和理由，本案合议组作出如下审查决定。

三、决定

宣告01133539.4号发明专利的权利要求1涉及“钢包覆层”的技术方案、权利要求2~6无效，维持权利要求1涉及“铝包覆层”的技术方案、权利要求7~8有效。

当事人对本决定不服的，可以根据专利法第46条第2款的规定，自收到本决定之日起3个月内向北京市第一中级人民法院起诉。根据该款的规定，一方当事人起诉后，另一方当事人应当作为第三人参加诉讼。

北京市第一中级人民法院
行政判决书

（2007）一中行初字第1000号

原告左生华，男，1951年9月9日出生，汉族，湖北生华稀土有限公司总经理，住湖北省京山县新市镇文峰西路12号。

委托代理人张安国，湖北武汉永嘉专利代理有限公司专利代理人。

被告国家知识产权局专利复审委员会，住所地北京市海淀区北四环西路9号银谷大厦10~12层。

法定代表人廖涛，副主任。

委托代理人程强，男，国家知识产权局专利复审委员会审查员。

委托代理人巩克栋，男，国家知识产权局专利复审委员会审查员。

第三人包头稀土研究院，住所地包头市稀土高新区黄河大街36号。

法定代表人赵增祺，院长。

委托代理人夏国金，男，包头稀土研究院高级工程师。

第三人包头市大漠稀土有限责任公司，住所地包头市稀土高新区创业中心。

法定代表人马鹏起，总经理。

委托代理人马小可，男，包头市大漠稀土有限责任公司职员。

原告左生华不服被告国家知识产权局专利复审委员会第9982号专利无效宣告请求审查决定一案，本院受理后，依法通知包头稀土研究院（以下简称稀土研究院）和包头市大漠稀土有限责任公司（以下简称大漠稀土公司）作为本案第三人参加诉讼。2007年10月24日，本院依法组成合议庭，公开开庭进行了审理。原告左生华及其委托代理人张安国，被告的委托代理人程强，第三人稀土研究院的委托代理人夏国金，第三人大漠稀土公司的法定代表人马鹏起及其委托代理人马小可到庭参加了诉讼。现本案已审理终结。

2007年6月21日，被告根据第三人的请求，对原告的“稀土金属丝包芯线”发明专利（以下简称本专利）进行审查后，依据《中华人民共和国专利法》（以下简称《专利法》）第二十二条第二款、第三款的规定作出被诉决定，宣告本专利权利要求1涉及“钢包覆层”的技术方案、权利要求2~6无效；维持权利要求1涉及“铝包覆层”的技术方案、权利要求7~8有效。其具体理由如下：

（1）关于新颖性问题。附件8（即：特开昭50-141526号日本公开特许公报第153~159页）披露了权利要求1中“钢包覆层”的全部技术特征，且二者属于相同的技术领域，解决相同的技术问题，并能产生相同的预期效果，因此权利要求1中“钢包覆层”这个技术方案不符合《专利法》第二十二条第二款有关新颖性的规定。权利要求5是权利要求1的从属权利要求，其附加技术特征为“所述的钢包覆层的厚度为0.4~0.2mm”，附件8公开了钢包覆层的厚度为0.38mm，落入了权利要求5的数值范围内，因此附件8披露了权利要求5的附加技术特征，在其引用的权利要求1中的“钢包覆层”这个技术方案不具备新颖性时，权利要求5保护的技术方案也不符合《专利法》第二十二条第二款有关新颖性的规定。

（2）关于创造性的问题。权利要求2从属于权利要求1，其附加技术特征为对钢包覆层含碳量的限定，对于所属技术领域的技术人员来说，为了提高钢水的洁净度，包芯线的包覆层一般都会选择弱反应性金属且含碳量较低，采用低碳钢和超低碳钢作为包芯线的包覆层，是公知常识。因此当其引用的权利要求1中“钢包覆层”技术方案不具备新颖性时，权利要求2也不具备突出的实质性特点和显著的进步。权利要求3~4从属于权利要求2，其附加技术特征为对钢包覆层中含碳量的具体限定。如上所述，选择低碳钢和超低碳钢作为包芯线的包覆层是公知常识，因此对于所属技术领域的技术人员来说具体选择含碳≤0.10%的低碳钢以及含碳≤0.05%的超低碳钢作为包覆层，是在作为公知常识的低碳和超低碳包覆层内具体选择含碳量，这种选择可以由所属技术领域的技术人员通过常规手段得到并且没有产生预料不到的技术效果，因此在权利要求2不具备创造性时，权利要求3~4保护的技术方案不具备突出的实质性特点和显著的进步。权利要求6从属于权利要求1，其附加技术特征为“钢包覆层的厚度为0.35~0.2mm”。附件8的实施例已经公开了钢包覆层的厚度为0.38mm或0.15mm，并且公开了包覆层厚度的计算公式，因此所属技术领域的技术人员在附件8的基础上，仅通过合乎逻辑的分析、推理或者有限的试验，就可以得出权利要求6保护的技术方案，不需要付出创造性的劳动，该选择是显而易见的，因此在权利要求1中“钢包覆层”技术方案不具备新颖性时，权利要求6

保护的技术方案不具备突出的实质性特点和显著的进步。因此，权利要求2~4、6不符合《专利法》第二十二条第三款的规定。

在法定期限内，被告向本院提交了以下证据：（1）本专利说明书；（2）被诉决定中的附件8；（3）被诉决定的附件12；（4）口头审理记录表。

原告诉称：被告的审查决定程序违法，证据不足，对事实认定错误，且不符合公平、公正原则及听证原则，请求法院撤销被诉决定。具体事实陈述如下：

（1）被告在审查权利要求2、3、4、6是否具有突出的实质性特点时，未按《审查指南》第二部分第四章3.2.1节的规定程序进行审查。

（2）被告认定“为了提高钢水的洁净度，包芯线的包覆层一般都会选择弱反应性金属且含碳量较低，采用低碳钢和超低碳钢作为包芯线的包覆层，是公知常识”，但未提供任何证据证明，选择含碳量低的弱反应性金属作稀土包芯线的外皮是公知技术。

（3）附件8未公开如何确定所述公式中的参数A、H的值，在A、H的值未确定之前，仅凭该公式算不出钢包覆层的厚度为0.35~0.2mm，也就是说权利要求6的附加技术特征未被公开。被告认为用附件8的公式可以算出包覆层厚度是对事实的错误认定。

（4）在2007年5月24日口头审理结束时，被告告知双方在口审结束后10日内补交欠缺的证明文件，及意见陈述书。原告于2007年6月1日递交了意见陈述书时，被告在未阅读原告的意见陈述书时就于2007年6月1日作出被诉决定的行政行为不符合公平、公正原则及听证原则。

为支持其诉讼主张，原告在法定期限内向本院提供了本专利的说明书及被诉决定的附件8。

被告辩称：原告的诉讼主张不成立，请求法院驳回原告诉讼请求，维持被诉决定。理由如下：

（1）权利要求2、3、4、6均为从属权利要求，其最接近的现有技术必然是独立权利要求所确认的最接近的现有技术，即附件8。权利要求2、3、4、6的附加技术特征就是区别特征。被诉决定关于实质性特点判断符合《审查指南》的相关规定；

（2）附件8披露了采用弱反应性金属作包芯线的包覆层，所述的弱反应性金属是指比添加金属的反应要弱的金属，这是所属技术领域的常用技术术语。被诉决定认为采用低碳钢和超低碳钢作为包覆层是公知常识，例如附件8实施例采用薄钢板作为包覆层，同时在炼钢领域中，引入含碳物质会降低钢的性能，因此包覆层必然是低碳或超低碳的，而对于钢板来说，含碳量越低延展性越好，从而包覆层越薄，由此理论常识也可获知权利要求3的附加技术特征为公知常识，而权利要求4的附加技术特征为在公知常识范围内的具体选择，该选择也是显而易见的。

（3）被诉决定对权利要求6的创造性的评述，不是仅仅根据包覆层厚度计算而来的，而是在附件8中公开了钢包覆层厚度为0.38mm或0.15mm，因此在附件8的技术上，通过合乎逻辑的分析、推理或者实验，就可以得出钢包覆层厚度为0.35~0.2mm而不需要付出创造性的劳动，得到该技术方案是显而易见的。而且，通过附件8的实施例和计算公示（1），所属技术领域的技术人员可以反推出A等参数，因此所属技术领域的技术人员完全可以根据具体应用环境确定H、V、I）从而根据该公示确定除包皮金属的厚度，这是显而易见的。因此，被诉决定对权利要求6的创造性的评述符合相关规定。

（4）根据《审查指南》的规定，专利权人应当在指定的答复期限内提交证据和证据的具体说明，专利权人提交或者补充证据不符合上述期限规定或者未在上述期限内对所提交或者补充的证据具体说明的，专利复审委员会不予考虑。我委在本案口头审理结束时，并未告知双方再补交意见陈述书，只是要求稀土研究院在口头审理结束后10日内提交委托书和身份证复印件，否则视为为出席本次口头审理。原告在口头审理记录表中明确表示“专利权人表示已经针对请求人的无效理由、证据和事实充分发表意见，没有其他意见需要补充”。因此，我委对原告在口头审理结束后提交对证据及证据的相关说明、意见陈述不予考虑，符合规定。

两第三人未提交书面陈述意见和证据，在开庭审理中其口头表示同意被诉决定。

在庭审质证中，原告和两第三人对被告的证据没有争议。被告和两第三人对原告证据的真实性没有异议，但不同意原告的举证主张。

经审查，上述证据为行政程序中的有效证据，本院予以确认。

根据上述有效证据，本院认定事实如下：

本专利的申请日为2001年10月8日，授权公告日为2004年5月26日，授权公告的权利要求如下：

“1. 一种用于炼钢过程的稀土金属丝包芯线，其特征在于所述的稀土金属丝包芯线由稀土金属丝的芯及包在该芯外表面上的金属包覆层构成，所述的稀土金属丝的芯的截面直径为Φ1.0~5.5mm，所述的金属包覆层为厚度0.5~0.1mm钢包覆层或厚度为0.6~0.1mm铝包覆层。

2. 如权利要求1所述的稀土金属丝包芯线，其特征在于所述的钢包覆层为低碳或超低碳钢包覆层。

3. 如权利要求2所述的稀土金属丝包芯线，其特征在于所述的钢包覆层为含碳≤0.1 0%的低碳钢包覆层。

4. 如权利要求2所述的稀土金属丝包芯线，其特征在于所述的钢包覆层为含碳≤0.05%的超低碳钢包覆层。

5. 如权利要求1所述的稀土金属丝包芯线，其特征在于所述的钢包覆层的厚度为0.4~0.2mm。

6. 如权利要求1所述的稀土金属丝包芯线，其特征在于所述的钢包覆层的厚度为0.35~0.25mm。

7. 如权利要求1所述的稀土金属丝包芯线，其特征在于所述的铝包覆层的厚度为0.5~0.2mm。

8. 如权利要求1所述的稀土金属丝包芯线，其特征在于所述的铝包覆层的厚度为0.4~0.25mm。”

2006年11月16日，稀土研究院、大漠稀土公司分别针对本专利权，向被告提出无效宣告请求，其理由是本专利权利要求1~8相对于附件1~10不符合《专利法》第二十二条第二款、第三款和《专利法实施细则》第二条第一款的规定。同时，其提交了附件1~10，其中包括附件8及相关部分的中文译文。

大漠稀土公司提交了上述附件1~10外还提交了附件11（内容略），但其未提交附件8的中文译文。

经形式审查合格后，被告予以受理，并将上述请求和附件向原告转送，同时成立合议组对本案进行审理。

2006年12月22日，原告针对上述两个无效宣告请求受理通知书陈述了意见，其认为两第三人的无效理由不成立。

2007年3月23日，被告将原告的意见陈述书向两第三人转送。2007年5月24日，被告进行口头审理，原告和两第三人均到庭参加口头审理，大漠稀土公司当庭提交了附件8的中文译文和附件12及原件（即YB/T053-2000中华人民共和国黑色冶金行业标准，2000年12月5日发布，复印件共6页）作为公知常识使用。

原告对上述证据发表了以下意见：

（1）稀土研究院的附件8译文的准确性没有异议；

（2）对附件1、2、4~10、12的真实性没有异议；

（3）对附件1~4、7的公开性有异议；

（4）认为附件 1、2、4 是鉴定会的资料，是保密材料，不能作为公开文献使用；

（5）附件 7 是讨论会的论文摘要，论文是在特定范围内阅读的，不是对社会公开的；

（6）附件 3 没有公开日期。

（7）大漠稀土公司未在规定时间内提交附件 8 的译文，所以请求被告对大漠稀土公司的附件 8 不予考虑。

两第三人的意见如下：

（1）权利要求 1~6 相对于附件 1~10 不具备新颖性和创造性；

（2）因为本专利权利要求 1~6 不具备新颖性和创造性，从而权利要求 1~6 不符合《专利法实施细则》第二条第一款的规定；

（3）放弃对本专利权利要求 7~8 的无效理由；

（4）放弃权利要求 1 中涉及“铝包覆层”的技术方案的无效理由。

被告经过审查，认定了以下内容：

（1）在口头审理时，原告对附件 8 的真实性和公开性没有异议，对附件 8 相关部分的译文（附件 8A）的准确性没有异议，附件 8 可以作为本案证据使用，同时附件 8 公开日早于本专利申请日，因此附件 8 可以作为本专利的现有技术。

（2）关于新颖性的问题。

附件 8 公开了一种包芯线，其由直径 4.3mm 的稀土金属丝作为芯材，其外包覆一层厚度为 0.38mm 或者 0.15mm 的薄钢板构成，该包芯线用于炼钢过程。由此可知，附件 8 披露了权利要求 1 中“钢包覆层”这个技术方案的全部技术特征，且二者属于相同的技术领域，解决相同的技术问题，并能产生相同的预期效果，因此权利要求 1 中“钢包覆层”这个技术方案不符合《专利法》第二十二条第二款有关新颖性的规定。

权利要求 5 是权利要求 1 的从属权利要求，其附加技术特征为“所述的钢包覆层的厚度为 0.4~0.2mm”，附件 8 公开了钢包覆层的厚度为 0.38mm，落入了权利要求 5 的数值范围内，因此附件 8 披露了权利要求 5 的附加技术特征，在其引用的权利要求 1 中的“钢包覆层”这个技术方案不具备新颖性时，权利要求 5 保护的技术方案也不符合《专利法》第二十二条第二款有关新颖性的规定。

（3）关于创造性的问题。

权利要求 2 从属于权利要求 1，其附加技术特征为对钢包覆层含碳量的限定。对于所属技术领域的技术人员来说，为了提高钢水的洁净度，包芯线的包覆层一般都会选择弱反应性金属且含碳量较低，采用低碳钢和超低碳钢作为包芯线的包覆层，是公知常识。因此当其引用的权利要求 1 中“钢包覆层”技术方案不具备新颖性时，权利要求 2 也不具备突出的实质性特点和显著的进步，不符合《专利法》第二十二条第三款有关创造性的规定。

权利要求 3~4 从属于权利要求 2，其附加技术特征为对钢包覆层中含碳量的具体限定。如上所述，选择低碳钢和超低碳钢作为包芯线的包覆层是公知常识，因此对于所属技术领域的技术人员来说具体选择含碳≤0.10% 的低碳钢以及含碳≤0.05% 的超低碳钢作为包覆层，是在作为公知常识的低碳和超低碳包覆层内具体选择含碳量，这种选择可以由所属技术领域的技术人员通过常规手段得到并且没有产生预料不到的技术效果，因此在权利要求 2 不具备创造性时，权利要求 3~4 保护的技术方案不具备突出的实质性特点和显著的进步，不符合《专利法》第二十二条第三款有关创造性的规定。

权利要求 6 从属于权利要求 1，其附加技术特征为“钢包覆层的厚度为 0.35~0.2mm”。附件 8 的实施例已经公开了钢包覆层的厚度为 0.38mm 或 0.15mm，并且公开了包覆层厚度的计算公式，因此所属技术领域的技术人员在附件 8 的基础上，仅通过合乎逻辑的分析、推理或者有限的试验，就可以得出权利要求6保护的技术方案，不需要付出创造性的劳动，该选择是显而易见的，因此在权利要求1中“钢包覆层”技术方案不具备新颖性时，权利要求6保护的技术方案不具备突出的实质性特点和显著的进步，不符合《专利法》第二十二条第三款有关创造性的规定。

据此，被告认为相对于附件8，权利要求1“钢包覆层”技术方案、权利要求5不具备新颖性，不符合《专利法》第二十二条第二款的规定；权利要求2~4、6不具备创造性，不符合《专利法》第二十二条第三款的规定。因此，被告于2007年6月1日作出上述被诉决定，并于同年6月21日以邮寄方式向原告和第三人送达。

原告不服，于2007年7月16日向本院起诉。

在开庭审理中，原告和第三人对下列内容没有异议：

（1）被告的审查职责和审查程序；

（2）被诉决定的案由部分记载的内容；

（3）被诉决定认定权利要求1涉及“钢包覆层”的技术方案和权利要求5不具备新颖性的内容。

本院认为：根据当事人无争议的陈述，本院经书面审查，对上述无争议的内容予以确认。在此基础上，本院将围绕原告争议的内容对被诉决定进行合法性审查。

首先，关于被告的行政程序是否违反公平、公正原则及听证原则的问题。

被告的口头审理记录表一共4页，记载了原告和两第三人的各自的意见，且每页上均有各自代理人的签字，能够证明被告举行口头审理的内容。在该记录表中，明确记载了“专利权人表示已针对请求人的无效理由、证据和事实充分发表意见，没有其他意见需要补充”。而且，该记录表没有记载被告告知原告可以在口头审理结束后提交意见陈述书的内容。因此，原告称“在口头审理结束时，被告告知双方可以在口头审理结束后10日内补充欠缺的证明文件及意见陈述书缺乏证据支持。其认为被告未阅读其在口头审理结束后提交的意见陈述书即匆忙作出决定的行为不合法的主张缺乏事实和法律依据。

其次，关于被告对本专利创造性的认定内容是否合法的问题。

在评价专利的创造性方面，应根据《专利法》第二十二条第三款的规定和《审查指南》中有关创造性的判断标准。基于原告对被诉决定认定权利要求不具备新颖性的结论没有争议，权利要求1当然不具备专利法意义上的创造性。在此基础上，权利要求1的从属权利要求2的附加技术特征是“钢包覆层为低碳或超低碳钢包覆层”。附件8公开了“金属线用弱反应性金属包覆”，在此基础上，为了解决该问题，提高钢水的洁净度，被告认为本领域技术人员能够通过选择含碳量较低的低碳钢和超低碳钢作为包芯线的包覆层是公知常识的事实清楚。

权利要求3~4是权利要求2的从属权利要求，其附加技术特征是对钢包覆层的含碳量进行了具体限定。在权利要求2为公知技术的前提下，权利要求3~4对钢包覆层的含碳量是所属技术领域的技术人员通过常规手段能够得到的，而且原告对这一选择没有明确其有预料不到的技术效果，因此被告认定在权利要求2不具备创造性时，权利要求3~4保护的技术方案不具备突出的实质性特点和显著进步的事实清楚。

权利要求6从属于权利要求1，其附加技术特征为“钢包覆层的厚度为0.35~0.2mm”。在附件8的实施例中公开了“钢包覆层的厚度为0.38mm或0.15mm”和包覆层厚度的计算公式，被告认定所属技术领域的技术人员在附件8的基础上，仅通过合乎逻辑的分析、推理或者有限的试验，就可以得出权利要求6保护的技术方案显而易见且不需要付出创造性的劳动，在权利要求1中“钢包覆层”技术方案不具备新颖性时，权利要求6保护的技术方案不具备创造性的事实清楚。

综上，被诉决定认定事实清楚，程序合法，符合《专利法》第二十二条第三款以及《审查指南》

第二部分第四章第3节的规定，本院应予维持。故，依照《中华人民共和国行政诉讼法》第五十四条第（一）项，判决如下：

维持国家知识产权局专利复审委员会于二〇〇七年六月二十一日作出的第9982号专利无效宣告请求审查决定。

案件受理费100元，由原告左生华负担（已交纳）。

如不服本判决，可在本判决书送达之日起15日内向本院递交上诉状，并按对方当事人的人数提出副本及预交上诉案件受理费100元，上诉于北京市高级人民法院。

审　判　长　饶亚东
审　判　员　刘景文
人民陪审员　吴　群
二〇〇七年十二月二十日
书　记　员　蒋利玮